U0917558

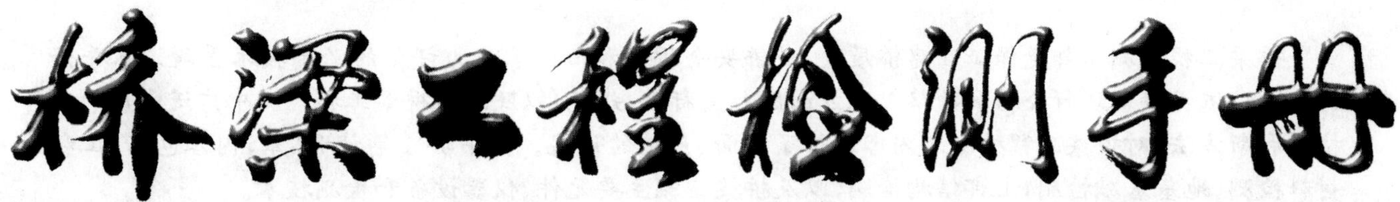

Manual of Engineering Testings and Inspections of Bridges

（第二版）

主　编：刘自明　陈开利
副主编：党志杰　林亚超

人民交通出版社
China Communications Press

内 容 提 要

桥梁工程检测工作是保证在建桥质量、成桥安全运营和旧桥承载力评估的必要技术手段。本手册(第二版)依据我国现行公路和铁路工程方面的相关标准、规范,以及目前桥梁工程检测中广泛采用的新技术和新方法,对桥梁工程检测的内容进行了全面、系统的论述。全书共4篇计32章,内容包括:工程材料检测,地基基础检测,上部结构检测,以及桥梁检测主要元件、仪器设备和检测技术。

本手册可供桥梁工程技术人员参考,可作为从事检测工作人员的实用手册,亦可作高等院校有关工程专业的教学参考书。

图书在版编目(CIP)数据

桥梁工程检测手册/刘自明,陈开利主编—2版.
—北京:人民交通出版社,2010.8
ISBN 978-7-114-08322-8

I. ①桥… II. ①刘… ②陈… III. ①桥梁工程—检测—技术手册 IV. ①U446-62

中国版本图书馆CIP数据核字(2010)第050371号

书　　名:桥梁工程检测手册(第二版)
著 作 者:刘自明　陈开利
责任编辑:吴有铭　李　农　王　霞
出版发行:人民交通出版社
地　　址:(100011)北京市朝阳区安定门外外馆斜街3号
网　　址:http://www.ccpress.com.cn
销售电话:(010)59757969,59757973
总 经 销:人民交通出版社发行部
经　　销:各地新华书店
印　　刷:北京市凯鑫彩色印刷有限公司
开　　本:880×1230　1/16
印　　张:68.5
字　　数:2045千字
版　　次:2002年4月　第1版
　　　　　2010年8月　第2版
印　　次:2010年8月　第2版　第1次印刷　总第3次印刷
书　　号:ISBN 978-7-114-08322-8
定　　价:198.00元
(如有印刷、装订质量问题的图书,由本社负责调换)

《桥梁工程检测手册》
编写委员会

主　　　编：刘自明　陈开利

副　主　编：党志杰　林亚超

编写组成员：（按姓氏笔画为序）

王天亮　王戒躁　田启贤　刘　宏

刘德煜　安群慧　汪双炎　汪正兴

吴海涛　林一宁　张国庆　欧阳华林

周明星　郑平伟　姜　辉　胡贵琼

赵　建　钟继卫　彭旭民　程宝辉

童智洋　魏利明

本手册第二版仍着重于在建桥质量、成桥安全运营检测和旧桥承载力评估检测。本次再版，系依据我国现行公路和铁路工程新标准、规范，以及目前桥梁工程检测工作中已被广泛应用的新技术和新方法，对手册第一版进行增删补改，以适应当前桥梁工程检测实践的需要。

相对第一版，有如下主要改动。第一篇，第一章钢材的力学性能测试和第二章水泥及混凝土的检测根据新标准、新规范对内容作了大量增删补改，第三章新材料的检测为新增内容。第二篇，新增内容主要有：第四章基桩承载能力自平衡测试，第六章地下连续墙深基坑施工监测，第七章深水钻孔桩钢护筒和海洋超长钢管桩施工检测，第八章钢吊箱施工安全监测和承台大体积混凝土温控检测。第三篇，第一章钢结构检测、第五章斜拉桥检测和第六章悬索桥检测根据新标准、新规范和当前新进展对内容做了必要的修改充实，第四章钢管混凝土拱桥检测和第十一章桥梁健康监测为新增内容。第四篇，新增内容主要有：第八章光导纤维传感器和全球定位系统(GPS)，第九章桥梁工程检测单位主要仪器设备，第十章桥梁工程检测技术。

本手册共4篇，计32章，较第一版篇幅、内容相应增多。随着我国公路、铁路桥梁建设规模扩大，发展速度加快，在建桥梁须确保工程质量，成桥须确保安全运营，旧桥须确保承载力评估后的维修和加固，因而，桥梁工程检测任务仍将日趋繁重。希本手册能对读者有所裨益，编者幸甚。

由于水平所限，时间仓促，错误和不妥之处，恳请读者指正。

编　者

2010年2月于武汉

近50年来，特别是改革开放20余年来，我国兴建了许多各种类型的公路桥梁、铁路桥梁、铁路公路两用桥梁、城市桥梁及立交桥等。这些桥梁在建设和运营管理期间都需要进行大量的检测工作，以保证建设质量和运营安全。

实践证明，对桥梁工程进行客观、准确、及时的检测，是保证在建桥工程质量的重要技术手段，有时甚至是施工必不可少的步骤之一；同时也是了解成桥（特别是病害桥）健康状况、查清病害程度与原因的重要手段。

本书编著者们的所在单位——铁道部大桥工程局桥梁科学研究院自1959年建院以来，曾先后为南京长江大桥、枝城长江大桥、九江长江大桥、长东黄河大桥、天津永和斜拉桥、钱塘江二桥、孙口葵河大桥、深圳大沙河桥、武汉长江二桥、广东虎门大桥、广东汕头海湾大桥、南昆铁路清水河大桥、宜昌西陵长江大桥、武汉白沙洲长江大桥、武汉军山长江大桥、武汉江汉五桥和芜湖长江大桥等近100座各类桥梁工程进行过一系列的试验、检测和研究工作，在钢结构、预应力混凝土结构、钢筋混凝土结构、地基基础、建筑材料和桥梁科技信息等方面均有所成就。本书的编著者们曾长期从事相关工作，既有相关的理论水平，又有丰富的实践经验。本手册有理论、有实例，全面系统地讲述了桥梁工作检测工作，具有较强的实用性和可操作性，能较好地满足桥梁工作检测工作的实际需要。

笔者认为，系统地分析和总结国内外桥梁工程检测的经验和方法，可以促进桥梁结构检测理论和技术的发展，是进一步发展桥梁建设事业的需要，是确保桥梁安全运营的需要，也是从事桥梁设计、施工、检测和管理工作人员的愿望。

本书共4篇，计24章。第一篇讲述工程材料检测，第二篇讲述地基基础检测，第三篇讲述上部结构检测，第四篇讲述检测使用的主要元件、仪表和仪器设备等。笔者在介绍检测方法的同时，一般都在理论上作了一些论述，力图将理论与实践相结合的原则贯穿于本书的始终。

笔者在此对支持本书出版的人民交通出版社表示感谢。

限于水平，本书内容如有错误和不妥之处，恳请读者指正。

笔　者

2001年9月于武汉

目录 MULU

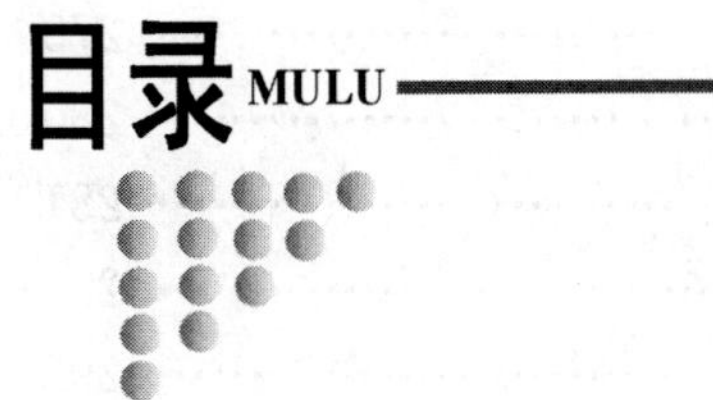

第一篇　工程材料检测

第二篇　地基基础检测

第三篇　上部结构检测

第四篇　桥梁检测主要元件、仪器设备及检测技术

第一篇　工程材料检测

第一章　钢材力学性能测试

第一节　桥梁用钢标准、化学成分和力学性能要求

一、钢材性能的基础知识

1. 铁碳合金状态图

先解释几个名词：

- 组元：组成合金的元素和稳定化合物称组元。
- 晶格：金属原子均依一定规律排列，称空间格子或晶格。
- 体心立方晶格：此种晶格，立方体八个角和立方体中心各有一原子，如 α 铁。
- 面心立方晶格：立方体八个角和六个面的中心各有一个原子，如 γ 铁。
- 固溶体：组成合金的各组元，在凝固后，仍保持相互溶解的状态，则形成固溶体。

生铁与钢都是铁和碳的合金。含碳大于 2%的称为生铁，小于 2%的称为钢。为了对生铁与钢的内部组织构造及其变化有比较完整的概念，以便更好地利用它们，并且为制订热处理、焊接等工艺规程打下基础，必须首先研究铁碳合金状态图。

铁碳状态图如图 1-1-1 所示。该图并不是一张完整的状态图，而只是含碳在 6.67%以下的部分，这是因为，在实际生产中含碳高于 5%的合金没有实用价值，而且 Fe_3C 中的含碳量恰好是 6.67%。此处将要研究的铁碳状态实际上是 Fe-Fe_3C 的状态图。

(1)铁素体：根据铁的同素异晶转变可知，在 910℃以下是呈体心立方晶格的 α 铁，在 910～1390℃之间是呈面心立方晶格的 γ 铁。碳能溶于 α 铁中形成固溶体，称铁素体。但碳在 α 铁中的溶解度极小，在 725℃时，最大溶解度为 0.02%，在室温时只有 0.008%。因此，铁素体的性质与纯铁相差不大(HB=80，δ=50%)。

(2)奥氏体：碳也能溶解于 γ 铁而形成固溶体，称为奥氏体。碳在 γ 铁中的最大溶解度为 2%(1 130℃)。奥氏体为高温组织，无磁性，塑性很好(HB=160～200，δ=40%～50%)。

(3)渗碳体：铁与碳的化合物(Fe_3C)称为渗碳体，共熔点大约为 1 550℃，硬度极高(HB=800)，塑性极低($\delta\approx$0%)。

(4)珠光体：铁素体与渗碳体组成的共析体，即一种固相同时析出两种新的固相形成机械混合物(共析反应)。

(5)莱氏体：奥氏体和渗碳体组成共晶体，即一种液相同时结晶出两种固相形成的机械混合物(共晶反应)。

2. 铁碳状态图分析

如图 1-1-1，A 点(1535℃)为纯铁的熔点，D 点(1550℃)为 Fe_3C 的熔点，G 点(910℃)为纯铁 $\alpha\leftrightarrow\gamma$ 的同素异晶转变温度，E 点为 1 130℃时碳在 γ 铁中的最大溶解度(2.0%)，C 点为共晶点。

图中左上角的部分，在实际应用中意义不大，为了简便起见，将这部分省略而集中为一点 A。简化

后，液相线为 ACD，固相线为 $AECF$。沿液相线 AC 由液体中结晶出奥氏体；而沿液相线 CD，则结晶出渗碳体。在温度 1 130℃，碳的含量为 4.3%（C 点的含碳量）时，将从液体中同时结晶出奥氏体和渗碳体而形成共晶体，这种共晶体称为莱氏体，它是机械混合物（奥氏体＋渗碳体）。

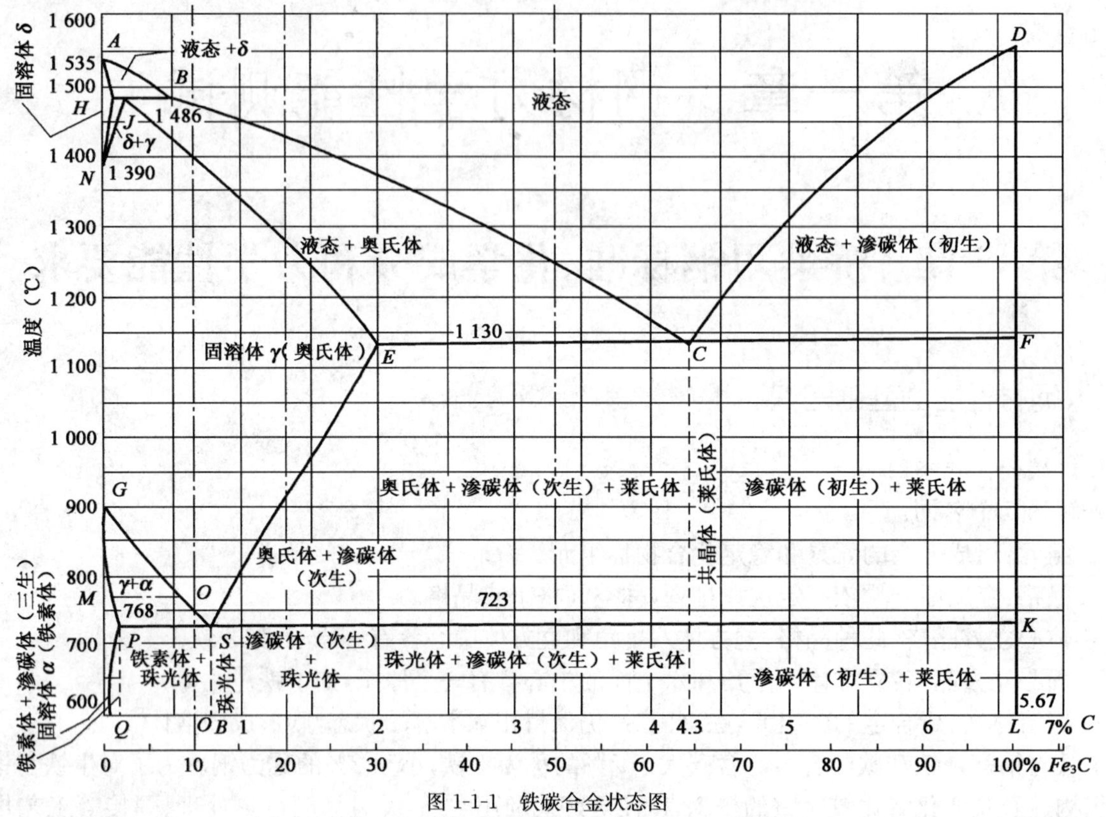

图 1-1-1　铁碳合金状态图

我们感兴趣的是含碳量 1%及以下部分。含碳量为 1%的钢，当温度达到 t_1 时便开始结晶，此时由液体中开始结晶出奥氏体（固溶体）。随着温度的下降，奥氏体增多，而奥氏体与液体的成分各沿着固相线（AE）和液相线（AC）变化。如在温度 t_2 时，奥氏体的成分由 a 点确定，液体的成分由 b 点确定。当温度降到 t_3 时合金全部凝固。此时合金组织仅由奥氏体所组成。

现在来研究一下在固态下所发生的转变（二次结晶，为铁碳状态图的左下部分）。铁碳合金中所发生的二次结晶是由于 γ 铁在冷却时转变成 α 铁，从而使奥氏体发生分解。这种分解是在温度为 723℃，含碳量 0.8%的条件下，即在 S 点时产生的。奥氏体分解后形成了铁素体与渗碳体的机械混合物（如层片状结构）——珠光体。

含碳量低于 0.8%的钢（亚共析钢）在温度高于 GS 时呈单相组织——奥氏体。GS 线相应于奥氏体开始析出铁素体的温度，通常以 A_3 表示。因此自 GS 线上的温度 t_4，便有铁素体自奥氏体中析出，因而在 GS 线以下，合金呈二相组织——奥氏体＋铁素体。所有成分的铁碳合金（钢和生铁）中的奥氏体冷却到 PSK 线（723℃）时，都分解成珠光体。PSK 线通常称 A_1 线。应当指出，上述的 A_1 与 A_3 等都是平衡状态下的临界点，而在实际的冷却条件下，总有过冷（加热时转变也有滞后现象），因而实际的临界点（不平衡状态）就与状态图中（平衡状态）有所不同。为了区别起见，把冷却时的临界点加上注脚“r”，把加热时的临界点加上注脚“c”，如冷却时奥氏体分解为珠光体的温度称 A_{r1}，加热时珠光体转变成奥氏体的温度称 A_{c1}。同理，冷却时从奥氏体析出铁素体的开始温度称 A_{r3}，加热时铁素体溶入奥氏体的终了温度称 A_{c3}。

3. 钢加热时的相变

钢常温下平衡状态时具有铁素体和珠光体的组织（亚共析钢）、珠光体组织（共析钢）或珠光体和渗碳体的组织（过共析钢）。当将这样的组织加热时，将发生遵循于铁碳状态图的相变。为说明这个相变过程，可以共析钢为例，当它被加热至A_{c1}温度时，在渗碳体及铁素体片层的相界面上将形成奥氏体的晶核，随着温度的升高及时间的延续，这些晶核逐渐长大形成一个一个的奥氏体晶粒，直到将所有珠光体组织取代完了为止。这样就得到了在A_{c1}温度以上高温状态的奥氏体组织。

由此可见，这个相变过程虽然是在固态下进行的，但它与液体金属的结晶过程相似，也包含有晶核的形成及长大，因此有时将此过程称为重结晶过程。

当加热温度超过相变温度不多时，形成的新的奥氏体晶粒总是很细小的，但如果进一步提高加热温度或保温时间过长，则将发生奥氏体晶粒的相互吞并长大。因此加热温度超过相变温度愈多，则得到的奥氏体晶粒亦愈大。

只要控制加热温度略超过相变温度，则将得到细小的奥氏体晶粒，如果自这样的状态进行冷却，则不论其加热前原始组织的晶粒是多么粗大，都将获得性能较好的细晶粒珠光体组织，这就是重结晶退火细化晶粒的原理。

4. 钢冷却时的相变

仍以共析钢为例，大家知道，当自高温奥氏体状态缓慢冷却至A_{r1}温度时，奥氏体将分解为珠光体。这个相变过程也包含结晶核心的形成及长大。首先沿奥氏体晶界形成珠光体晶核，然后长大，直到奥氏体完全消失。

形成的珠光体是层片状渗碳体及铁素体的机械混合物，它是在缓慢的冷却速度下形成的，因而相变过程是遵循铁碳状态图进行的，所得组织是平衡组织。

如果自高温奥氏体状态进行较快的冷却，则由于条件不同，相变过程也将与状态图所示情况相脱离。所得产物将属于不平衡组织。当冷却速度很快时，奥氏体分解过程甚至受到某种抑制，以至于得到完全不同的相变过程。

图 1-1-2 所示为共析钢在各种不同冷却速度下奥氏体分解温度的变化及分解产物的名称。以低于v_1的速度缓慢冷却时，过冷度较小，A_{r1}点降低不多，奥氏体分解形成珠光体。当以$v_1 \sim v_2$之间的速度进行冷却时，由于过冷度增大，奥氏体将在较低的温度分解，得到较细的产物(铁素体及渗碳体的片层较薄、较短)，强度、硬度也较通常的珠光体高(HB250～300)，称为索氏体。当以$v_2 \sim v_3$之间的速度冷却时，奥氏体分解温度更低，分解产物的组织更细，其强度、硬度更高(HB350～400)，称为屈氏体(Troostife，也有译为托氏体)。

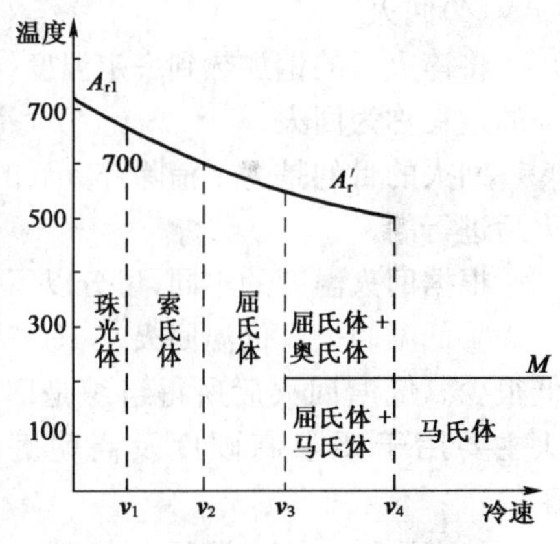

图 1-1-2　奥氏体转换—冷却速度的关系

索氏体与屈氏体都是铁素体与渗碳体的机械混合物，和珠光体无本质上的差别，只是由于它们是在较快的冷却速度下形成的，故组织较细。

当以$v_3 \sim v_4$之间的速度冷却时，此时由于冷却速度更快，奥氏体来不及完全分解，只是其中的一部分分解形成屈氏体，而另一部分则只发生$\gamma \to \alpha$的晶格转变而渗碳体来不及析出，结果形成了碳在α铁中的过饱和固溶体，通常称为马氏体。马氏体的形成是在显著低于A_r的另一个临界点 M 下发生的，因此在$v_3 \sim v_4$的范围内临界点也分裂为两个。

继续提高冷却速度至v_4以上时，奥氏体全部趋向马氏体转变，此时A_{r1}点消失。

马氏体是钢淬火后的基本组织，它与珠光体、索氏体及屈氏体完全不同。其显微组织具有针状特征，具有很高的硬度(HB≈680)和较大的脆性。奥氏体转变为马氏体是在一定的温度范围内进行的。图 1-1-2 中M线是马氏体开始转变的温度，而其转变终了的温度则还要更低一些。从M线起温度降得愈低，形成的马氏体数量也愈多，但即使冷却至马氏体转变终了的温度也还或多或少会保留一部分残余奥氏体，也就是说马氏体转变是不可能进行得很完全的。马氏体转变的开始温度及终了温度决定于钢的化学成分，不依冷却速度而改变。

钢中保证奥氏体完全趋向马氏体转变的最低冷却温度(图 1-1-2 中的v_4)称为临界淬火速度。不同化学成分的钢，具有不同的临界冷却速度。

5.钢的正火、淬火、回火和再结晶退火

(1)正火

将钢加热至 A_{c3} 以上 30～50℃，保温一定时间后，在空气中冷却，这一过程称为正火。其冷却速度介于淬火及退火之间，所得组织是片状的索氏体组织。尤其对于微合金化的钢，获得细化晶粒，增加韧性，优化钢的综合性能。

正火是一种方便而经济的热处理工序。通常对于低碳钢工件可用正火来代替重结晶退火。

(2)重结晶退火

将工件加热到相变温度以上，通常亚共析钢的加热温度为 A_{c3} 以上 20～30℃。此时形成的奥氏体具有细小的晶粒尺寸。工件在该温度保温一段时间，然后缓慢地冷却下来，冷却速度一般不应大于50～100℃/h，通常是随炉冷却。

重结晶退火的目的就在于细化晶粒，消除内应力以及使金属硬度降低以利于切削加工等。

(3)淬火

淬火是将钢加热到 A_{c3} 以上 30～50℃的温度，在该温度下保持一段时间，然后以大于临界淬火速度的冷却速度急速冷却。淬火后形成马氏体及少量残余奥氏体。

淬火时为了得到足够的冷却速度，必须选择适当的淬火剂。水是最便宜而冷却能力又较强的一种淬火剂，常用于碳素钢工件的淬火。当水中溶有少量的盐类时，还可显著地改善其淬火的能力。油也是应用很广的淬火剂，但其冷却能力较水低，常用于合金钢工件或小的碳素钢工件的淬火。淬火时冷却速度很快，因而会在材料内部造成很大的内应力。对塑性好的金属来说，内应力可以引起塑性变形，从而能使一部分内应力得到解除；而对脆性金属来说，当内应力超过它们的强度极限时，就会产生裂纹。

(4)回火

将淬火后的钢加热到一定温度（在临界点 A_{c1} 以下），在该温度下停留一定时间，然后加以冷却。这样的过程称为回火。

回火的目的是为了消除淬火后的内应力、提高钢的韧性和适当降低钢的硬度。回火总是紧接在淬火后进行的。

根据回火温度的不同，可分以下三种方式：

①低温回火　低温回火在 150～250℃时进行。主要是为了减小内应力，提高冲击韧性，而硬度降低很少。低温回火后所得组织是回火马氏体。这种回火主要用于要求高硬度及高耐磨性的刀具、量具等工件。

②中温回火　中温回火在 300～450℃时进行，所得组织为回火屈氏体。此时内应力大部分消除，硬度下降一些，韧性提高。弹簧、锻模等工件常进行淬火及中温回火。

③高温回火　高温回火在 500～650℃时进行，所得组织为回火索氏体。此时内应力完全消除，韧性进一步提高，硬度又下降一些。高温回火后材料具有良好的综合机械性能，即其强度、硬度、冲击韧性等指标都不差，因此许多重要的机器零件，如轴、齿轮等先进行淬火，然后进行回火。淬火后加高温回火，总称调质处理。

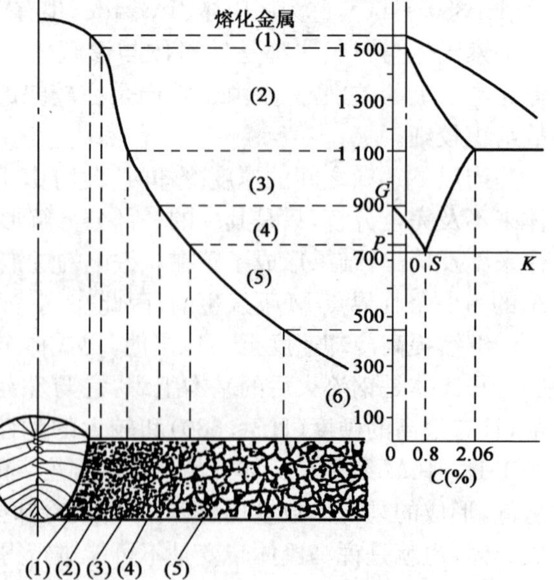

图 1-1-3　焊接时冶金作用示意图

6.钢的焊接

焊接是利用局部加热的方法，使被焊件在连接处达到熔化状态，相互融合并冷却凝固而连接成整体。图 1-1-3示出焊缝区域划分和相应温度范围，将其和铁碳合金状态图联系，就可知道各区的加热和冷却时的组织变化，从而可分析知道其性能的变化。

(1)半熔化区。靠近焊缝的基本金属，温度 1 500℃以上，处于固相线及液相线之间的温度范围内，熔化和未熔化金属同时存在，称为不完全熔化区或半熔化区。此区属于过热组织，奥氏体晶粒粗大，冷却后晶粒粗大，对接头塑性和韧性有不利影响。

(2)过热区。焊缝过热区温度范围为 1490～1100℃。高温下过热区奥氏组织晶粒长大，在高温停留时间越长，晶粒越粗大，冷却越快过热区范围越窄。过热区金属性能强度高，韧、塑性低、硬度高。

(3)正火区。金属加热至 A_{c3} 稍高，形成晶粒细小的奥氏体，冷却时分解为细小铁素体及珠光体组织，强度及韧、塑性均较高。

(4)部分重结晶区。该区域温度约为 700～900℃，组织不均匀，一部分是经过重结晶的细小铁素体和珠光体，另一部分是未熔的粗大铁素体，晶粒大小差别较大，力学性能差。该区采用埋弧自动焊则窄小，手工焊则较宽。

(5)再结晶区。只有经冷塑性变形的钢才会产生重结晶过程，未经冷塑性变形的钢则无影响。对冷塑性变形的钢十分不利。

(6)蓝脆区。当热影响区金属加热至 200～500℃，特别是在 200～300℃时，钢的塑性及冲击韧性急剧下降。

由上述焊接过程的再冶金特点分析可以看到：

不适当的焊接材料选择、不适当的焊接工艺，会带来接头热影响区组织晶粒长大、硬度提高，塑、韧性下降，以及形成组织缺陷。在活载下，形成疲劳裂纹和裂纹扩张，在一定条件下造成构件疲劳断裂，甚至灾难性脆性破坏。这就是为什么必须针对某种母材进行焊接试验，选择合适的配套焊接材料和合理焊接工艺，使焊接接头性能满足设计要求；同时也表明，为什么在钢桥维护及维修时，不能随意采用烧切、焊接补焊的原因。

7.钢材的交货状态——热轧、正火、控轧

(1)热轧

钢的热加工是在 1200～1300℃的高温下开始进行，此时钢具有很好的塑性、锻焊性(压力焊)，在压力下钢锭中的小气泡、小裂纹疏松等缺陷会焊合，使金属组织更致密，另外，破坏铸造疏松组织，细化晶粒，因此，热轧钢比铸钢具有更好的力学性能。热轧使晶粒中有害杂质沿加工方向伸长，形成条状，称粗型纤维组织。因此具有粗型纤维组织的热轧钢冲击韧性、力学性能依赖于轧制方向：取样方向与轧制方向大于 40°后，韧性和塑性有明显差别，当 90°时性能最差。这就是我们为什么要按轧制方向使用，使受力方向与轧制方向一致。同时这时亚共析钢具有带状组织的特点：铁素体和珠光体成层交替分布，非金属夹杂物集中在某一层，停轧温度不是略高于 GS 线(A_3)而是在 GS 与 PS 线间(A_3、A_1 线间)促进生成带状组织，带状组织的存在，造成各向性能差别，尤其厚度方向韧、塑性差。

(2)正火

正火钢可消除上述的带状组织。将钢加热至 A_3 以上 30～50℃，保温一定时间后，在空气中冷却。上面已讲过加热至略超过 A_3 线以上即相变温度以上不多时将获得细小晶粒奥氏体，此后的冷却也同样获得晶粒细化。热轧虽然也是空气中冷却，但加热温度在 1200℃，终轧温度控制也不一定高于 GS 线(A_3)。

(3)控轧

控轧是 20 世纪 80 年代发展起来的冶金新技术。它是在钢微合金化的基础上，在钢的轧制过程中，通过对钢坯加热、轧制变形和轧后冷却的合理控制，将钢的形变与相变效果结合起来，作为改善和控制钢显微组织和结构的最强有力的手段。它是不经过热处理而使热轧状态钢材具有优质低温韧性和高强度的综合热轧技术。

控轧的主要目的是获得均匀细小的显微组织，以得到最佳的强度—韧性配合。为此钢在加热中的组织结构变化、高温变形以及奥氏体—铁素体相变、冷却条件、终止条件，均需严格控制。

(4)热机械轧制(TMCP)

热机械轧制就是在热轧过程中，在控制加热温度、轧制温度和压下量的控制轧制的基础上，再控制冷却及加速冷却的技术总称。随着市场对TMCP钢的要求不断提高，TMCP工艺本身也在应用中不断发展。从近几年的研究工作看，重点是放在控制冷却，尤其是加速冷却方面。通过加快轧制后的冷却速度，不仅可以抑制晶粒的长大，而且可以获得高强度高韧性所需的超细铁素体组织或者贝氏体组织，甚至获得马氏体组织。目前正在研发的在线加速冷却，是在轧制后直接将钢板冷却至常温。

在线冷却的输送方式分为“一步冷却”与“通过型冷却”两种。所谓“一步冷却”就是将冷却水一下子喷射到轧制后的整个钢板上进行冷却。该方法需要超过钢板长度的大冷却装置，而且也难以避免冷却不均匀问题。“通过型冷却”，即钢板一面通过一面接受冷却，现已成为加速冷却的主流方式。另外，冷却方式又分“约束冷却”与“无约束冷却”两种。所谓“约束冷却”是指用上下辊约束钢板的条件下进行冷却，采用喷雾水口；而“无约束冷却”则是用层流式水口对输出辊道上的钢板进行冷却。

关于供货状态，TB 10002.2—2005规定，明确Q235q及Q345q热轧状态，其余正火状态；GB/T 714—2008规定：热轧或控轧或正火或热机械轧制或淬火＋正火；GB 1591—94规定：热轧、控轧或正火，正火加回火。

订货方在合同中应明确规定供货状态，否则由供方定。

8.钢中的元素对钢性能的影响

(1)含碳量对热轧钢及正火钢力学性能的影响

含碳量对热轧钢的力学性能的影响是，随着钢中含碳量的增加，热轧及正火碳钢的各项强度性能都有所增加，但塑性下降，而冲击韧性下降得更快，提高临界脆性转变温度，也就是增加了钢的冷脆性。

含碳量对正火钢各项力学性能的影响与热轧钢几乎相同，热轧碳钢的疲劳极限随含碳量的提高而降低。这是由于，含碳量的提高使热轧钢中的残余应力及组织不均匀性增加，使疲劳裂纹在残余拉应力最大处或组织薄弱处容易过早形成。

因此，采用热轧钢承受交变荷载时，含碳量不宜过高。在含碳量大于0.26%时，如果要提高热轧钢的疲劳极限，可以采用正火或退火处理。但当含碳量较小时，正火与退火不但不能提高疲劳极限，有时反而会使其略为降低。既然钢中的碳形成不溶于铁中的渗碳体，那么钢中含碳量的增加无疑会使其抗腐蚀稳定性降低。

钢中含碳量的提高使其焊接性能显著下降。

(2)磷对钢各项性能的影响

磷是增加钢的冷脆性的杂质之一。一般认为，磷之所以导致建筑钢的冷脆性，是因为磷在钢中会产生严重的偏析。由于磷含量较高的富磷区其铁素体晶格产生严重歪扭，因此，富磷区具有很大的脆性。钢中的含磷量越高，其总体积越大，钢的冷脆性也就越大。含磷量高造成的这种冷脆性的增加，对承受冲击荷载或在零下温度使用的建筑结构用钢是十分有害的。

磷是显著降低钢的焊接性能的杂质。对于焊接结构用钢，为了保证它有良好的焊接性，就必须控制其含磷量。但同时，适当的磷含量可以提高钢在大气作用下的腐蚀稳定性。对优质钢，磷含量应小于0.040%，对于高级优质钢，磷含量则应小于0.030%～0.035%，或更低。

(3)硫对钢各项性能的影响

硫在钢中是以硫化物夹杂形式存在，并沿加工方向伸展。

硫对钢的热加工性能有着极其有害的影响，它使钢产生热脆性。钢的热脆性是指钢在红热温度范围(800～1 200℃)热加工时变脆而易于开裂的现象。硫降低钢的熔点，扩大其结晶区间，而使钢具有热脆性，因此，含硫量的提高，无疑会增加熔化区及热影响区热裂纹形成的倾向。此外，如果钢材中的含硫量较高，那么焊接时不仅促进焊缝冷却时热裂纹的形成，而且也会降低焊缝金属的质量，显而易见，硫是显著变坏钢的焊接性能的元素。为了改善含硫钢的焊接性能，而提高焊缝的质量，最好使用碱性焊条，这是因为，使用碱性焊条可使熔化的焊缝金属得到脱硫，以减小其被硫增浓的程度，减小焊缝热裂纹形成的倾向。

硫在钢中以硫化物的形式存在，在进行加工时，由于较脆的、强度较低的条状硫化物沿加工方向伸长并以层状夹杂存在，钢的厚度方向力学性能显著降低。

以硫化物形式存在的硫对钢的疲劳强度的影响，也是值得注意的。硫化物是可塑性的，在变形时沿加工方向伸长，强度较低、较脆的硫化物夹杂物，相当于内部切口的作用，容易在其尖角处附近引起应力集中，这无疑会引起疲劳强度的降低。

从硫对钢的力学性能的影响来看，硫是钢中的有害杂质。而且，硫也是钢中偏析最严重的夹杂之一，硫在钢中的偏析程度越大，则它的有害作用就越大，由此可见，为了提高钢材的质量和性能，不仅要生产低硫钢，而且也要通过减小硫在钢中的偏析程度以提高钢的质量和性能。优质结构钢硫含量控制在0.015%～0.020%以下。

(4)锰对钢力学性能和工艺性能的影响

锰对钢的力学性能的影响，主要是通过锰对铁素体的结构和性能的影响而起作用。溶解于铁素体中的少量锰(小于0.8%)不仅可以使铁素体的强度提高，而且还可以略为改善其塑性及冲击韧性。锰之所以能强化铁素体，是因为溶解于铁素体中的锰能使其晶格歪扭，而阻止位错的移动及滑移变形。至于少量锰并不使塑性和冲击韧性下降，而甚至使其略有增加，即可用锰能增加原子间的结合力并使某些有害杂质的作用削弱来解释。

少量锰(小于0.8%)对碳钢的力学性能的影响特征在于：在保持原有的塑性及冲击韧性或使其只略降的条件，而使钢的屈服极限及强度极限大为提高。

钢中加入锰能去除引起热脆性的 FeS 及 FeO，因而可能减小或消除它们引起的热脆性。毫无疑问，加入足够的锰可以大大改善钢的热加工性能。

锰对钢的焊接性能的影响，在含锰量很低时，锰消除热脆性的作用是主导的，此时锰对焊接性的影响，特别是硫略高时，无疑是有益的，而在含锰量远远超过消除热脆性所必需的含锰量时，锰就会显著增加奥氏体的过冷能力，这时以增加冷裂纹形成倾向为其主导作用，无疑会降低钢的焊接性能。

由上述分析中可得出结论，锰是钢中的有益杂质。因此，钢中的含锰量，并不是越低越好，而是必须保证标准中所规定的含锰量。

如果钢中的含锰量低于标准规定的下限，可能引起强度的降低和热脆性及冷脆性的增加，因此是不允许的。

(5)硅对钢性能的影响

硅对铁素体结构的影响表现在：溶于铁素体晶格中的硅原子使其晶格歪扭。铁素体中溶解的硅越多，则铁素体晶格的歪扭就越大。

由于硅使铁素体晶格产生严重歪扭而阻碍其滑移变形，因此显著提高铁素体的硬度和强度，溶解的硅越多，铁素体的硬度及强度就越高。少量硅(0.5%～0.8%)并不显著降低铁素体的冲击韧性和塑性，对钢的显微组织也几乎无影响。

通常硅含量小于0.8%～1.0%的硅，特别是少量的硅，可以使强度极限和屈服极限提高，使塑性及冲击韧性的下降并不显著，而且使钢的工艺性能变坏亦不显著，因此，可以认为，少量硅是钢中的有益杂质。

但是，当含硅量大于0.8%～1.0%时，它会使钢的塑性和冲击韧性显著降低，增加冷脆性，并使钢的焊接性能变差，因此，甚至目前应用的合金结构钢，其含硅量一般不大于1.0%。

(6)铌(Nb)、钒(V)和钛(Ti)

铌、钒、钛与碳有极强的亲和力，生成强碳化物(如碳氮化物 NbCN)，成弥散析出相，有细化晶粒，提高韧性，降低脆性转变温度的作用。在芜湖桥的焊接研究中发现：适当的 Nb 含量，使母材达到较好强度和韧性，但应避免焊缝渗入过多 Nb 增加热裂倾向，应限制 Nb 在0.10%～0.035%范围，而 GB/T 714—2000 对 Nb 含量的要求为不大于0.045%。

(7)氮对钢性能的影响

氮在钢中的存在形式有两种:溶于铁素体中,形成固溶体;形成氮化物。

氮对钢的力学性能的影响,与碳和磷的影响很相似。随着含氮量的增加,钢的屈服极限、强度极限、弹性极限及硬度都显著提高,而钢的塑性及冲击韧性却急剧下降。

此外,含氮量的提高,也增加钢的冷脆倾向和时效倾向(时效敏感性)。

氮元素能显著使钢强化和显著降低钢的冲击韧性和塑性,增加钢的时效倾向、冷脆性和热脆性,使钢的可焊接性变差及冷弯性能降低,因此,应该尽量减小和限制钢中的氮元素含量。规范规定含量≤0.012%。

9.桥梁用钢的主要力学性能指标

桥梁用钢材的主要力学性能指的是钢厂生产的板材、棒材、管材、线材以及由焊缝连接的接头等力学性能:抗拉强度、弯曲性能、冲击韧性、硬度、疲劳强度等。

(1)抗拉强度(R_m)

金属的抗拉强度通过金属试件的拉伸试验测得,拉伸试验同时获得抗拉强度 R_m、屈服强度 R_e、伸长率 A 及断面收缩率 Z。试件在加载过程金属由弹性变形至塑性变形,屈服阶段然后强化断裂,这样的破坏形式和过程,称为强度破坏。弹性阶段卸载后无残余变形,弹性阶段最大应力称弹性极限;当进入弹塑性、塑性阶段,荷载不增加,变形仍会增加,此现象称屈服。此时的应力称屈服强度。对于有些高强度钢材,拉伸时无明显屈服,此时规定一个引伸计标距百分率时的应力,称规定非比率延伸强度 R_p 对应于屈服强度 R_e。当金属材料在加载进入强化后破断时的应力称抗拉强度 R_m。

(2)弯曲性能

弯曲检验钢材加工时塑性变形而不开裂的工艺性指标,既规定的弯芯直径下,弯过规定的角度而不开裂。

(3)冲击韧性

冲击韧性是指金属材料在冲击荷载作用下,断裂时吸收能量的能力,它是钢材抵抗脆性破坏的力学性能指标。

(4)硬度

硬度是钢材抵抗其他较硬物体压入的能力,实际上硬度为钢材抵抗塑性变形的能力。测定钢材硬度常用的方法有布氏法、洛氏法和维氏法,相应的硬度指标为布氏硬度(HB)、洛氏硬度(HR)和维氏硬度(HV)。硬度常用于检查钢材质量和确定合理的加工工艺。硬度与强度有近似关系,当强度指标难以测定时,可检测硬度作为强度参考或工艺指标。

(5)伸长率和断面收缩率

荷载作用下的钢材,若在破断前产生较大的塑性变形,则称此钢材具有良好延展性,或称此钢材具有良好塑性。

钢材的塑性常用静力拉伸试验中的伸长率和断面收缩率来衡量。伸长率是钢材受拉产生破断时所能承受的永久变形能力。试件拉断后标距长度的增量与原标距长度之比的百分率即伸长率。断面收缩率是指试件拉断后缩颈处横断面积的最大缩减量占原横断面积的百分率。

良好的塑性是钢构件抗疲劳裂纹扩展和抗脆性断裂的重要指标。

(6)疲劳强度和疲劳寿命

钢构件在重复加载的应力或应力幅作用下,由于裂纹萌生、扩展而断裂,这种现象称为疲劳破坏。在某确定的重复加载次数下破坏的应力或应力幅称疲劳强度;在某确定的应力或应力幅作用下的加载次数称疲劳寿命。要限定某疲劳破断的事件要具有下述要素:荷载重复作用、应力或应力幅大小、裂纹源和循环加载的次数。此处的应力或应力幅又可分为等幅和变幅,实际桥梁构件均为变幅加载。疲劳问题为耐久性问题,开裂和破断时的平均应力往往远小于屈服强度。但疲劳裂缝的充分扩展,在一定因素下会引起脆性破坏。

二、钢结构桥梁用钢牌号及性能要求

(一)桥梁钢的牌号

1.桥梁钢的牌号组成

桥梁钢的牌号由4部分组成,例如:

Q370qE　Q——屈服点之汉语拼音第一字母;

370——屈服点数值,MPa;

q——桥梁钢的汉语拼音第一字母;

E——质量等级,A、B、C、D、E;

F——沸腾钢"沸"字汉语拼音首位字母;

Z——镇静钢"镇"字汉语拼音首位字母;

TZ——特殊镇静钢"特镇"字汉语拼音首位字母,在牌号组成表示方法中,"Z"、"TZ"可省略;

NH——耐候汉语拼音首位字母,表示具有耐候性性能;

Z——表示具有Z向性能。

2.桥梁常用碳素结构钢和合金高强度结构钢牌号

20MnTiB　20——表示平均含碳量,0.20%;

Mn——表示Mn平均含量,1.0%~1.5%,Mn_1,1省略;

TiB——另外尚含有少量Ti和B。

40Cr　40——表示平均含碳量0.4%左右;

Cr——主要合金元素,Cr平均含量1.0%;

Si——平均含量0.3%以下;

Mn——平均含量0.5%左右。

$50Mn_2$　50——含碳量0.5%左右;

Mn_2——平均1.0%以上,1.50%~1.80%间,Mn_2表示区别于Mn。

30　30——平均含碳量0.30%左右;

Si、Mn分别低于0.30%和0.5%~0.65%,不表示。

知道上述表示方式后,由钢牌号便知其大致化学成分。如:45号钢,平均含碳量0.45%,Si平均0.3%,Mn平均0.65%。

15MnVB,平均含碳量0.15%,Si平均0.3%,Mn平均1.0%~1.5%;

3.桥梁支座、鞍座等用铸钢(GB11352)

ZG270—500　ZG——汉语拼音铸钢的首字母;

270——屈服强度270MPa;

500——抗拉强度500MPa。

ZG270-500H　H——可焊接用铸钢。

4.其他

BL_2、BL_3——铆钉、普通螺栓用钢;

ML_{15}——栓钉剪力键用钢。

(二)相关规范对钢结构桥梁用钢性能的要求

以下介绍《铁路桥梁钢结构设计规范》(TB 10002.2—2005)、《桥梁用结构钢》(GB/T 714—2008)、《低合金高强度钢》(GB 1591—94)、《碳素结构钢》(GB/T 700—2006)对桥梁用钢的性能要求。

1.铁路桥梁用钢

Q235qD、Q345qD、Q345qE、Q370qD、Q370qE、Q420qD、Q420qE 主要技术条件见《铁路桥梁钢结构设计规范》(TB 10002.2—2005)。

(1)桥梁钢化学成分应符合表 1-1-1a 的规定，添加微量元素应符合表 1-1-1b 的规定。

桥梁钢化学成分(%)　　表 1-1-1a

钢　号	质量等级	C	Si	Mn	P	S	ALs
					不大于		
Q235q	D	≤0.18	≤0.30	0.50～0.80	0.025	0.025	0.015
Q345q	D	≤0.18	≤0.60	1.10～1.60	0.025	0.025	0.015
Q345q	E	≤0.17	≤0.50	1.20～1.60	0.020	0.015	0.015
Q370q	D	≤0.17	≤0.50	1.20～1.60	0.025	0.025	0.015
Q370q	E	≤0.17	≤0.50	1.20～1.60	0.020	0.015	0.015
Q420q	D	≤0.17	≤0.60	1.30～1.70	0.025	0.025	0.015
Q420q	E	≤0.17	≤0.60	1.30～1.70	0.020	0.015	0.015

添加微量元素的最大量表(%)　　表 1-1-1b

V	Nb	Ti	N
≤0.08	0.010～0.035	≤0.02	≤0.018

注：Q420qD、Q420qE 钢 V 与 Ti 的添加微量元素总量不得大于 0.08%。

(2)桥梁钢力学性能应符合表 1-1-1c 的规定。

(3)铁路桥梁用钢交货状态：Q235q、Q345q 热轧状态交货；Q370qD、Q370qE、Q420qD、Q420qE 均应正火状态交货。Q370qE 钢板实物的冲击韧性交货条件：－40℃时冲击功，板厚小于等于 24mm 不低于 100J，板厚大于 24mm 不低于 120J；Q420qE 钢板实物的冲击韧性交货条件为－40℃冲击功不低于 120J。

铁路桥梁钢力学性能　　表 1-1-1c

牌号	质量等级	厚度(mm)	屈服强度 σ_s (MPa)	抗拉强度 σ_b (MPa)	伸长率 δ_s (%)	V 形冲击功(纵向)			180°弯曲试验 钢材厚度(mm)	
						温度(℃)	J	时效(J)	≤16	>16
			不小于							
Q235q	D	≤16	235	390	26	－20	27	27	$d=1.5a$	$d=2.5a$
		>16～35	225	380						
Q345q	D	≤16	345	510	21	－20	34	34	$d=2a$	$d=3a$
		>16～35	325	490	20					
	E	≤16	345	510	21	－40				
		>16～35	325	490	20					
		>35～40	315	470	20					

续上表

牌号	质量等级	厚度(mm)	屈服强度 σ_s (MPa)	抗拉强度 σ_b (MPa)	伸长率 δ_s (%)	V形冲击功(纵向) 温度(℃)	J	时效(J)	180°弯曲试验 钢材厚度(mm) ≤16	>16
			不小于							
Q370 q	D	≤16	370	530	21	−20	41	41	d=2a	d=3a
		>16～35	355	510	20					
		>35～40	330	490	20					
	E	≤16	370	530	21	−40				
		>16～35	355	510	20					
		>35～50	330	490	20					
		>50～60	330	490	20					
Q420q	D	≤16	420	570	20	20	47	47		
		>16～35	410	550	19					
		>35～40	400	540	19					
	E	≤16	420	570	20	−40				
		>16～35	410	550	19					
		>35～50	400	540	19					
		>50～60	390	530	19					

(4)桥梁钢的最大碳当量应符合表1-1-1d的要求。

碳当量计算公式：

$$C_{eq}(\%)=C+\frac{Mn}{6}+\frac{Si}{24}+\frac{Ni}{40}+\frac{Cr}{5}+\frac{Mo}{4}+\frac{V}{14} \tag{1-1-1}$$

最大碳当量　　表1-1-1d

牌号	Q345q	Q370q	Q420q
碳当量 Ceq	0.43%	0.44%	0.45%

2.《桥梁用结构钢》(GB/T 714—2008)

原GB/T 714—2000标准已由GB/T 714—2008替代，与GB/T 714—2000相比，新标准主要变化如下：

增加了Q460q、Q500q、Q550q、Q620q、Q690q钢级；

修改了钢的化学成分的规定，严格了对磷、硫等有害元素的控制；

修改了碳当量计算公式；

增加了裂纹敏感系数的规定；

增加了钢的炉外精炼要求；

修改了钢材的交货状态；

修改了钢材厚度效应规定；

提高了冲击吸收能量值，取消了时效冲击的规定；

增加了各牌号钢厚度方向性能要求；

修改了检验规则。

(1)牌号及化学成分

①牌号及化学成分(熔炼分析)应符合表 1-1-2a、表 1-1-2b 的规定。

表 1-1-2a

牌号	质量等级	化学成分(质量分数)(%)														
		C	Si	Mn	P	S	Nb	V	Ti	Cr	Ni	Cu	Mo	B	N	Als
					不大于											不小于
Q235q	C	≤0.17	≤0.35	≤1.40	0.030	0.030	—	—	—	0.30	0.30	0.30	—	—	0.012	0.015
	D				0.025	0.025										
	E				0.020	0.010										
Q345q	C	≤0.20	≤0.55	0.90～1.70	0.030	0.025	0.06	0.08	0.03	0.80	0.50	0.55	0.20	—	0.012	0.015
	D	≤0.18			0.025	0.020										
	E				0.020	0.010										
Q370q	C	≤0.18	≤0.55	1.00～1.70	0.030	0.025	0.06	0.08	0.03	0.80	0.50	0.55	0.20	0.004	0.012	0.015
	D				0.025	0.020										
	E				0.020	0.010										
Q420q	C	≤0.18	≤0.55	1.00～1.70	0.030	0.025	0.06	0.08	0.03	0.80	0.70	0.55	0.35	0.004	0.012	0.015
	D				0.025	0.020										
	E				0.020	0.010										
Q460q	C	≤0.18	≤0.55	1.00～1.80	0.030	0.020	0.06	0.08	0.03	0.80	0.70	0.55	0.35	0.004	0.012	0.015
	D				0.025	0.015										
	E				0.020	0.010										

表 1-1-2b

牌号	质量等级	化学成分(质量分数)(%)														
		C	Si	Mn*	P	S	Nb	V	Ti	Cr	Ni	Cu	Mo	B	N	Als
					不大于											不小于
Q500q	D	≤0.18	≤0.55	1.00～1.70	0.025	0.015	0.06	0.08	0.03	0.80	1.00	0.55	0.40	0.004	0.012	0.015
	E				0.020	0.010										
Q550q	D	≤0.18	≤0.55	1.00～1.70	0.025	0.015	0.06	0.08	0.03	0.80	1.00	0.55	0.40	0.004	0.012	0.015
	E				0.020	0.010										
Q620q	D	≤0.18	≤0.55	1.00～1.70	0.025	0.015	0.06	0.08	0.03	0.80	1.00	0.55	0.60	0.004	0.012	0.015
	E				0.020	0.010										
Q690q	D	≤0.18	≤0.55	1.00～1.70	0.025	0.015	0.09	0.08	0.03	0.80	1.00	0.55	0.60	0.004	0.012	0.015
	E				0.020	0.010										

注：* 当碳含量不大于 0.12%时，Mn 含量上限可达到 2.00%。

②细化晶粒元素 Nb、V、Ti 可以单独加入或以任一组合形式加入。当单独加入时，其含量应符合表 1-1-2 所列，若混合加入两种或两种以上时，其总量不大于 0.12%。

③耐候钢、淬火加回火钢的合金元素含量，可根据供需双方协议进行调整。

④经供需双方协商，厚度大于 15mm 的保证厚度方向性能的各牌号钢板，其 S 元素含量应符合表 1-1-2c 的规定。

表 1-1-2c

Z 向性能级别	Z15	Z25	Z35
S(%)	≤0.010	≤0.007	≤0.005

⑤各牌号钢的碳当量(CEV)应符合表1-1-2d、表1-1-2e、表1-1-2f的规定。

碳当量应由熔炼分析成分并采用式(1-1-2a)计算：

$$CEV = C + Mn/6 + (Cr + Mo + V)/5 + (Ni + Cu)/15 \tag{1-1-2a}$$

表1-1-2d

牌　号	交货状态	碳当量CEV(%)	
		厚度≤50mm	厚度>50～100mm
Q345q	热轧、控轧、正火/正火轧制	≤0.42	≤0.43
Q370q		≤0.43	≤0.44
Q420q		≤0.44	≤0.45
Q460q		≤0.46	≤0.50

表1-1-2e

牌　号	交货状态	碳当量CEV(%)	
		厚度≤50mm	厚度>50～100mm
Q345q	热机械轧制(TMCP)	≤0.38	≤0.40
Q370q		≤0.40	≤0.42
Q420q		≤0.44	≤0.46
Q460q		≤0.45	≤0.47

表1-1-2f

牌　号	交货状态	碳当量CEV(%)	
		厚度50mm	厚度>50～100mm
Q460q	淬火+正火、热机械轧制(TMCP)、热机械轧制(TMCP)+回火	≤0.46	≤0.48
Q500q		≤0.46	≤0.56
Q550q		—	—
Q620q		—	—
Q690q		—	—

⑥当各牌号钢的碳含量不大于0.12%时，采用焊接裂纹敏感性指数(P_{cm})代替碳当量评估钢材的可焊性，P_{cm}应采用式(1-1-2b)由熔炼分析计算，其值应符合表1-1-2g的规定：

$$P_{cm} = C + Si/30 + Mn/20 + Cu/20 + Ni/60 + Cr/20 + Mo/15 + V/10 + 5B \tag{1-1-2b}$$

表1-1-2g

牌　号	P_{cm}(%)	牌　号	P_{cm}(%)
Q420q	≤0.20	Q550q	≤0.25
Q460q	≤0.23	Q620q	≤0.25
Q500q	≤0.23	Q690q	≤0.27

(2)冶炼方法及交货状态

桥梁用结构钢由转炉或电炉冶炼，并应进行炉外精炼。

Q345q、Q370q、Q420q、Q460q、Q500q、Q550q、Q620q、Q690q钢材的交货状态应符合1-1-2d～表1-1-2f的规定。

(3)力学性能

①钢材的力学性能应符合表1-1-2h的规定。推荐使用的钢牌号，其力学性能应符合表1-1-2i的规定。

表 1-1-2h

牌　号	质量等级	拉伸试验①,②				V形冲击试验③		屈强比 R_{eL}/R_m
		下屈服强度 R_{el}(MPa)		抗拉强度 R_m(MPa)	断后伸长率 A(%)	试验温度(℃)	冲击吸收能量 KV_2(J)	
		厚度(mm)						
		≤50	>50～100					
		不小于					不小于	
Q235q	C	235	225	400	26	0	34	0.563～0.588
	D					−20		
	E					−40		
Q345q	C	345	335	490	20	0	47	0.684～0.704
	D					−20		
	E					−40		
Q370q	C	370	360	510	20	0	47	0.706～0.725
	D					−20		
	E					−40		
Q420q	C	420	410	540	19	0	47	0.759～0.778
	D					−20		
	E					−40		
Q460q	C	460	450	570	17	0	47	0.789～0.807
	D					−20		
	E					−40		

注：①当屈服不明显时，可测量 $R_{p0.2}$ 代替下屈服强度。

②钢板及钢带的拉伸试验取横向试样，型钢的拉伸试验取纵向试样。

③冲击试验取纵向试样。

④厚度不大于 16mm 的钢材，断后伸长率提高 1%(绝对值)。

表 1-1-2i

牌　号	质量等级	拉伸试验①,②				V形冲击试验③		屈强比 R_{eL}/R_m
		下屈服强度 R_{el}(MPa)		抗拉强度 R_m(MPa)	断后伸长率 A(%)	试验温度(℃)	冲击吸收能量 KV_2(J)	
		厚度(mm)						
		≤50	>50～100					
		不小于					不小于	
Q500q	D	500	480	600	16	−20	47	0.800～0.833
	E					−40		
Q550q	D	550	530	660	16	−20	47	0.803～0.833
	E					−40		
Q620q	D	620	580	720	15	−20	47	0.806～0.861
	E					−40		
Q690q	D	690	650	770	14	−20	47	0.844～0.896
	E					−40		

注：①当屈服不明显时，可测量 $R_{p0.2}$ 代替下屈服强度。

②拉伸试验取横向试样。

③冲击试验取纵向试样。

②厚度为小于 6mm 或直径不小于 12mm 的钢材，应做冲击试验，冲击试样尺寸取 10mm×10mm×55mm 的标准试样；当钢材不足以制取试样时，应采用 10mm×7.5mm×55mm 或 10mm×5mm×55mm 小尺寸试样，冲击吸收能量分别为不小于表 1-1-2h、表 1-1-2i 规定值的 75％或 50％，优先采用较大尺寸试样。

③钢材的冲击试验结果按一组 3 个试样的算术平均值进行计算，允许其中有 1 个试验值低于规定值，但不应低于规定值的 70％。

如果没有满足上述条件，应从同一抽样产品上再取 3 个试样进行试验，先后 6 个试样试验结果的算术平均值不得低于规定值，允许有 2 个试样的试验结果低于规定值，但其中低于规定值 70％的试样只允许有一个。

④Z 向钢厚度方向断面收缩率应符合表 1-1-2j 的规定。3 个试样的平均值应不低于表 1-1-2j 规定的平均值，仅允许其中一个试样的单值低于表 1-1-2j 规定的平均值，但不得低于表 1-1-2j 中相应级别的单个试样值。

表 1-1-2j

项　目	Z 向钢断面收缩率 Z(％)		
	Z 向性能级别		
	Z15	Z25	Z35
3 个试样平均值	≥15	≥25	≥35
	≥10	≥15	≥25

(4)工艺性能

钢材的弯曲试验应符合表 1-1-2k 的规定，弯曲试验后试样弯曲外表面应无肉眼可见裂纹。当供方保证时，可不做弯曲试验。

表 1-1-2k

180°弯曲试验	
厚度≤16mm	厚度＞16mm
$d=2a$	$d=3a$

注：d 为弯心直径，a 为试样厚度。钢板和钢带取横向试样。

(5)特殊要求

根据供需双方协议，钢材可进行无损检验，其检验标准和级别应在协议或合同中明确。根据供需双方协议，钢材也可进行其他项目的检验。

(6)试验方法

钢材的各项检验的检验项目、取样数量、取样方法和试验方法，应符合表 1-1-2l 的规定。

表 1-1-2l

序　号	检 验 项 目	取 样 数 量	取 样 方 法	试 验 方 法
1	化学成分(熔炼分析)	1 个/炉	GB/T 20066	GB/T 223 GB/T 4336 GB/T 20125
2	拉伸试验	1 个/批	GB/T 2975	GB/T 228
3	弯曲试验	1 个/批	GB/T 2975	GB/T 232
4	冲击试验	3 个/批	GB/T 2975	GB/T 229
5	Z 向钢厚度方向断面收缩率	3 个/批	GB/T 5313	GB/T 5313
6	无损检验	逐张或逐件	按无损检验标准规定	协商

(7)检验规则

①检查和验收

钢材的检查和验收由供方进行，需方有权对本标准或合同中所规定的任一项目进行检查和验收。

②组批

钢材应成批验收。每批应由同一牌号、同一炉号、同一规格、同一轧制制度及同一热处理制度的钢材组成。每批质量不大于60t。

对于Z向的钢的厚度方向力学性能试验的批量规定为：在符合上述组批要求下，当S≤0.005%时，每批钢材的质量不大于60t；否则，Z15每批不大于25t，Z25、Z35每批为一个轧制坯轧制的钢材。

(8)复验与判定规则

①力学性能的复验与判定

钢材的冲击试验结果不符合(3)、③的规定时，抽样钢材应不予验收，再从该试验单元的剩余部分取两个抽样产品，在每个抽样产品上各选取新的一组3个试样，这两组试样的试验结果均应合格，否则该批钢材应拒收。

② Z向钢的厚度方向断面收缩率的复验与判定

当初验结果不满足(3)、④条规定，并且初验的每个试样都不低于表1-1-2j规定的最小值，允许对剩余的3个备用试样进行复验。新的试验结果应与原来的结果一起取平均值，其值应不小于表1-1-2j规定的平均值，且6个试样的试验结果低于平均值但不低于最小值的试样不能多于2个，否则该批钢材不能验收。

3.《低合金高强度结构钢》(GB/T 1591—2008)

GB/T 1591—2008为低合金高强度结构钢系列，如Q345、Q390、Q420、Q460、Q500、Q550、Q620及Q690。含碳量，S、P含量，夏比冲击韧性，可焊性较《低合金高强度结构钢》(GB/T 1591—94)虽有所改善，仍然较《桥梁用结构钢》(GB/T 714—2008)稍差。

(1)GB/T 1591—2008系列钢化学成分见表1-1-3。

低合金结构钢化学成分 表1-1-3

牌号	质量等级	化学成分(%)										
		C (≤)	Mn (≤)	Si (≤)	P (≤)	S (≤)	V	Nb	Ti	Al (≥)	Cr (≤)	Ni (≤)
	A				0.035	0.035						
	B	0.20			0.035	0.035						
Q345	C		1.70	0.50	0.030	0.030	0.15	0.07	0.20	0.015	0.30	0.50
	D	0.18			0.030	0.025						
	E				0.025	0.020						
	A				0.035	0.035						
	B				0.035	0.035						
Q390	C	0.20	1.70	0.50	0.030	0.030	0.20	0.07	0.20	0.015	0.30	0.50
	D				0.030	0.025						
	E				0.025	0.020						
	A				0.035	0.035						
	B				0.035	0.035						
Q420	C	0.20	1.70	0.50	0.030	0.030	0.20	0.07	0.20	0.015	0.30	0.80
	D				0.030	0.025						
	E				0.025	0.020						

续上表

牌号	质量等级	化学成分(%)										
		C (≤)	Mn (≤)	Si (≤)	P (≤)	S (≤)	V	Nb	Ti	Al (≥)	Cr (≤)	Ni (≤)
Q460	C	0.20	1.80	0.60	0.030	0.030	0.20	0.11	0.20	0.015	0.30	0.80
	D				0.030	0.025						
	E				0.025	0.020						
Q500	C	0.180	1.80	0.60	0.030	0.030	0.12	0.11	0.20	0.015	0.60	0.80
	D				0.030	0.025						
	E				0.025	0.020						
Q550	C	0.18	2.00	0.60	0.030	0.030	0.12	0.11	0.20	0.015	0.80	0.80
	D				0.030	0.025						
	E				0.025	0.020						
Q620	C	0.18	2.00	0.60	0.030	0.030	0.12	0.11	0.20	0.015	1.00	0.80
	D				0.030	0.025						
	E				0.025	0.020						
Q690	C	0.18	2.00	0.60	0.030	0.030	0.12	0.11	0.20	0.015	1.00	0.80
	D				0.030	0.025						
	E				0.025	0.020						

注：1.型材及棒材P、S含量可提高0.005%，其中A级钢上限可为0.045%。

2.当细化晶粒元素组合加入时，20(Nb+V+Ti)≤0.22%，20(Mo+Cr)≤0.30%。

(2)除各牌号A级钢外，当以热轧、控轧状态交货时，其最大碳当量值应符合下表1-1-4规定；当以正火、正火轧制、正火加回火状态交货时，其最大碳当量值应符合下表1-1-5规定；当以热机械轧制(TMCP)或热机械轧制加回火状态交货时，其最大碳当量值应符合下表1-1-6规定。碳当量(CEV)应以熔炼成分按下式计算。

$$CEV = C + Mn/6 + (Cr + Mo + V)/5 + (Ni + Cu)/15 \quad (1\text{-}1\text{-}3a)$$

热轧、控轧状态交货钢材碳当量值　　表1-1-4

牌　号	碳当量(CEV)%		
	工程厚度或直径≤63 mm	工程厚度或直径>63～250mm	工程厚度>250mm
Q345	≤0.44	≤0.47	≤0.47
Q390	≤0.45	≤0.48	≤0.48
Q420	≤0.45	≤0.48	≤0.48
Q460	≤0.46	≤0.49	—

正火、正火轧制、正火加回火状态交货钢材碳当量值　　表1-1-5

牌　号	碳当量(CEV)%		
	工程厚度或直径≤63 mm	工程厚度或直径>63～250mm	工程厚度>250mm
Q345	≤0.45	≤0.48	≤0.48
Q390	≤0.46	≤0.48	≤0.49
Q420	≤0.48	≤0.50	≤0.52
Q460V	≤0.53	≤0.54	≤0.55

热机械轧制(TMCP)或热机械轧制加回火状态交货钢材碳当量值 表 1-1-6

<table>
<tr><th rowspan="2">牌　号</th><th colspan="3">碳当量(CEV)(%)</th></tr>
<tr><th>工程厚度或直径≤63 mm</th><th>工程厚度或直径>63～250mm</th><th>工程厚度>250mm</th></tr>
<tr><td>Q345</td><td>≤0.44</td><td>≤0.45</td><td>≤0.45</td></tr>
<tr><td>Q390</td><td>≤0.46</td><td>≤0.47</td><td>≤0.47</td></tr>
<tr><td>Q420</td><td>≤0.46</td><td>≤0.47</td><td>≤0.47</td></tr>
<tr><td>Q460</td><td>≤0.47</td><td>≤0.48</td><td>≤0.48</td></tr>
<tr><td>Q500</td><td>≤0.47</td><td>≤0.48</td><td>≤0.48</td></tr>
<tr><td>Q550</td><td>≤0.47</td><td>≤0.48</td><td>≤0.48</td></tr>
<tr><td>Q620</td><td>≤0.48</td><td>≤0.49</td><td>≤0.49</td></tr>
<tr><td>Q690</td><td>≤0.49</td><td>≤0.49</td><td>≤0.49</td></tr>
</table>

(3)热机械轧制(TMCP)或热机械轧制加回火状态交货钢材碳含量不大于0.12%时，可采用焊接裂纹敏感性指数(P_{cm})代替碳当量评估钢材的可焊性(见表1-1-7)。P_{cm}应以熔炼成分按下式计算：

$$P_{cm}=C+Si/30+(Mn+Cu+Cr)/20+Ni/60+Mo/15+v/10+5B \quad (1\text{-}1\text{-}3b)$$

经由双方协商，可指定碳当量或焊接裂纹敏感性指数作为评估钢材的可焊性的指标，未指定时，供方可任选其一。

热机械轧制(TMCP)或热机械轧制加回火状态交货钢材Pcm值 表 1-1-7

牌　号	P_{cm}(%)	牌　号	P_{cm}(%)
Q345	≤0.20	Q500	≤0.25
Q390	≤0.20	Q550	≤0.25
Q420	≤0.20	Q620	≤0.25
Q460	≤0.20	Q690	≤0.25

(4)夏比(V型)冲击试验的试验温度和冲击吸收能量见表1-1-8。

(5)GB 1591—2008系列钢材力学性能及工艺性能见表1-1-9。

夏比(V型)冲击试验的试验温度和冲击吸收能量 表 1-1-8

<table>
<tr><th rowspan="3">牌　号</th><th rowspan="3">质量等级</th><th rowspan="3">试验温度(℃)</th><th colspan="3">冲击吸收能量(KV2)/J *</th></tr>
<tr><th colspan="3">工程厚度(直径、边长)</th></tr>
<tr><th>12～150mm</th><th>>150～250mm</th><th>>250～400mm</th></tr>
<tr><td rowspan="4">Q345</td><td>B</td><td>20</td><td rowspan="4">≥34</td><td rowspan="4">≥27</td><td rowspan="2">—</td></tr>
<tr><td>C</td><td>0</td></tr>
<tr><td>D</td><td>−20</td><td rowspan="2">27</td></tr>
<tr><td>E</td><td>−40</td></tr>
<tr><td rowspan="4">Q390</td><td>B</td><td>20</td><td rowspan="4">≥34</td><td rowspan="4">—</td><td rowspan="4">—</td></tr>
<tr><td>C</td><td>0</td></tr>
<tr><td>D</td><td>−20</td></tr>
<tr><td>E</td><td>−40</td></tr>
<tr><td rowspan="4">Q420</td><td>B</td><td>20</td><td rowspan="4">≥34</td><td rowspan="4">—</td><td rowspan="4">—</td></tr>
<tr><td>C</td><td>0</td></tr>
<tr><td>D</td><td>−20</td></tr>
<tr><td>E</td><td>−40</td></tr>
<tr><td rowspan="3">Q460</td><td>C</td><td>0</td><td rowspan="3">≥34</td><td>—</td><td>—</td></tr>
<tr><td>D</td><td>−20</td><td>—</td><td>—</td></tr>
<tr><td>E</td><td>−40</td><td>—</td><td>—</td></tr>
<tr><td rowspan="3">Q500
Q550
Q620
Q690</td><td>C</td><td>0</td><td>≥55</td><td>—</td><td>—</td></tr>
<tr><td>D</td><td>−20</td><td>≥47</td><td>—</td><td>—</td></tr>
<tr><td>E</td><td>−40</td><td>≥31</td><td>—</td><td>—</td></tr>
</table>

* 冲击试样验纵向取样

合金结构钢力学性能　　表 1-1-9

<table>
<tr><th rowspan="4">牌号</th><th rowspan="4">质量等级</th><th colspan="22">拉伸试验*</th></tr>
<tr><th colspan="9" rowspan="2">以下工程厚度(直径,边长)下屈服强度(R_{eL})(MPa)</th><th colspan="7" rowspan="2">以下工程厚度(直径,边长)下屈服强度(R_{eL})(MPa)</th><th colspan="6">断后伸长率(A)(%)</th></tr>
<tr><th colspan="6">工程厚度(直径,边长)</th></tr>
<tr><th>≤16mm</th><th>>16～40mm</th><th>>40～63mm</th><th>>63～80mm</th><th>>80～100mm</th><th>>100～150mm</th><th>>150～200mm</th><th>>200～250mm</th><th>>250～400mm</th><th>≤40mm</th><th>>40～63mm</th><th>>63～80mm</th><th>>80～100mm</th><th>>100～150mm</th><th>>150～250mm</th><th>>250～400mm</th><th>≤40mm</th><th>>40～63mm</th><th>>63～100mm</th><th>>100～150mm</th><th>>150～250mm</th><th>>250～400mm</th></tr>
<tr><td rowspan="5">Q345</td><td>A</td><td rowspan="5">≥345</td><td rowspan="5">≥335</td><td rowspan="5">≥325</td><td rowspan="5">≥315</td><td rowspan="5">≥305</td><td rowspan="5">≥285</td><td rowspan="5">≥275</td><td rowspan="5">≥265</td><td rowspan="3">—</td><td rowspan="5">470～630</td><td rowspan="5">470～630</td><td rowspan="5">470～630</td><td rowspan="5">470～630</td><td rowspan="5">450～600</td><td rowspan="5">450～600</td><td rowspan="2">—</td><td rowspan="2">≥20</td><td rowspan="2">≥19</td><td rowspan="2">≥19</td><td rowspan="2">≥18</td><td rowspan="2">≥17</td><td rowspan="3">—</td></tr>
<tr><td>B</td></tr>
<tr><td>C</td><td rowspan="3">450～600</td><td rowspan="3">≥21</td><td rowspan="3">≥20</td><td rowspan="3">≥20</td><td rowspan="3">≥19</td><td rowspan="3">≥18</td></tr>
<tr><td>D</td><td rowspan="2">≥265</td><td rowspan="2">≥17</td></tr>
<tr><td>E</td></tr>
<tr><td rowspan="5">Q390</td><td>A</td><td rowspan="5">≥390</td><td rowspan="5">≥370</td><td rowspan="5">≥350</td><td rowspan="5">≥330</td><td rowspan="5">≥330</td><td rowspan="5">≥310</td><td rowspan="5">—</td><td rowspan="5">—</td><td rowspan="5">—</td><td rowspan="5">490～650</td><td rowspan="5">490～650</td><td rowspan="5">490～650</td><td rowspan="5">490～650</td><td rowspan="5">470～620</td><td rowspan="5">—</td><td rowspan="5">—</td><td rowspan="5">≥20</td><td rowspan="5">≥19</td><td rowspan="5">≥19</td><td rowspan="5">≥18</td><td rowspan="5">—</td><td rowspan="5">—</td></tr>
<tr><td>B</td></tr>
<tr><td>C</td></tr>
<tr><td>D</td></tr>
<tr><td>E</td></tr>
<tr><td rowspan="5">Q420</td><td>A</td><td rowspan="5">≥420</td><td rowspan="5">≥400</td><td rowspan="5">≥380</td><td rowspan="5">≥360</td><td rowspan="5">≥360</td><td rowspan="5">≥340</td><td rowspan="5">—</td><td rowspan="5">—</td><td rowspan="5">—</td><td rowspan="5">520～680</td><td rowspan="5">520～680</td><td rowspan="5">520～680</td><td rowspan="5">520～680</td><td rowspan="5">500～650</td><td rowspan="5">—</td><td rowspan="5">—</td><td rowspan="5">≥19</td><td rowspan="5">≥18</td><td rowspan="5">≥18</td><td rowspan="5">≥18</td><td rowspan="5">—</td><td rowspan="5">—</td></tr>
<tr><td>B</td></tr>
<tr><td>C</td></tr>
<tr><td>D</td></tr>
<tr><td>E</td></tr>
<tr><td rowspan="3">Q460</td><td>C</td><td rowspan="3">≥460</td><td rowspan="3">≥440</td><td rowspan="3">≥420</td><td rowspan="3">≥400</td><td rowspan="3">≥400</td><td rowspan="3">≥380</td><td rowspan="3">—</td><td rowspan="3">—</td><td rowspan="3">—</td><td rowspan="3">550～720</td><td rowspan="3">550～720</td><td rowspan="3">550～720</td><td rowspan="3">550～720</td><td rowspan="3">530～700</td><td rowspan="3">—</td><td rowspan="3">—</td><td rowspan="3">≥17</td><td rowspan="3">≥16</td><td rowspan="3">≥16</td><td rowspan="3">≥16</td><td rowspan="3">—</td><td rowspan="3">—</td></tr>
<tr><td>D</td></tr>
<tr><td>E</td></tr>
<tr><td rowspan="3">Q500</td><td>C</td><td rowspan="3">≥500</td><td rowspan="3">≥480</td><td rowspan="3">≥470</td><td rowspan="3">≥450</td><td rowspan="3">≥440</td><td rowspan="3">—</td><td rowspan="3">—</td><td rowspan="3">—</td><td rowspan="3">—</td><td rowspan="3">610～770</td><td rowspan="3">600～760</td><td rowspan="3">590～750</td><td rowspan="3">540～730</td><td rowspan="3">—</td><td rowspan="3">—</td><td rowspan="3">—</td><td rowspan="3">≥17</td><td rowspan="3">≥17</td><td rowspan="3">≥17</td><td rowspan="3">—</td><td rowspan="3">—</td><td rowspan="3">—</td></tr>
<tr><td>D</td></tr>
<tr><td>E</td></tr>
</table>

续上表

牌号	质量等级	拉伸试验*																					
		以下工程厚度(直径,边长)下屈服强度(R_{el})(MPa)									以下工程厚度(直径,边长)下屈服强度(R_{el})(MPa)							断后伸长率(A)(%) 工程厚度(直径,边长)					
		≤16mm	>16~40mm	>40~63mm	>63~80mm	>80~100mm	>100~150mm	>150~200mm	>200~250mm	>250~400mm	≤40mm	>40~63mm	>63~80mm	>80~100mm	>100~150mm	>150~250mm	>250~400mm	≤40mm	>40~63mm	>63~100mm	>100~150mm	>150~250mm	>250~400mm
	C																						
Q550	D	≥550	≥530	≥520	≥500	≥490	—	—	—	—	670~830	620~810	600~790	590~780	—	—	—	≥16	≥16	≥16	—	—	—
	E																						
	C																						
Q620	D	≥620	≥600	≥590	≥570	—	—	—	—	—	710~880	690~880	670~860	—	—	—	—	≥15	≥15	≥15	—	—	—
	E																						
	C																						
Q690	D	≥690	≥670	≥660	≥640	—	—	—	—	—	770~940	750~920	730~900	—	—	—	—	≥14	≥14	≥14	—	—	—
	E																						

注：*1. 当屈服不明显时，可测量 $R_{p0.2}$，代替下屈服强度。

2. 宽度不小于 600mm 扁平材，拉伸试验取横向试样；宽度小于 600mm 扁平材、型材及棒材取纵向试样，断后伸长率最小值相应提高 1%(绝对值)。

3. 厚度>250~400mm 的数值适用于扁平材。

(6)弯曲试验应符合表1-1-10规定

弯曲试验　表1-1-10

牌　号	试样方向	180°弯曲试验(d=弯心直径,a=试样厚度或直径)	
		钢材厚度(直径,边长)	
		≤16	>16~100mm
Q345 Q390 Q420 Q460	宽度不小于600mm扁平材,拉伸试验取横向试样,宽度小于600mm扁平材、型材及棒材取纵向试样	2a	3a

4.《碳素结构钢》(GB/T 700—2006)

(1)牌号和化学成分

牌号和化学成分(熔炼分析)应符合表1-1-11的规定。

牌号和化学成分　表1-1-11

牌号	统一数字代号①	等　级	厚度(或直径)(mm)	脱氧方法	化学成分(质量分数)(%)不大于				
					C	Si	Mn	P	S
Q195	U1952	—	—	F、Z	0.12	0.30	0.50	0.35	0.040
Q215	U12152	A	—	F、Z	0.15	0.35	1.20	0.045	0.050
	U12512	B							0.045
Q235	U12352	A	—	F、Z	0.22	0.35	1.40	0.45	0.050
	U12355	B			0.20②				0.045
	U12358	C		Z	0.17			0.040	0.040
	U12359	D		TZ				0.035	0.035
Q275	U12752	A	—	F、Z	0.24	0.35	1.50	0.045	0.050
	U12755	B	≤40	Z	0.21			0.045	0.045
	U12758	C	>40	Z	0.22			0.040	0.040
	U12759	D	—	TZ	0.20			0.035	0.035

注:①表中为镇静钢、特殊镇静钢牌号的统一数字,沸腾钢牌号的统一数字代号如下:

Q195F——U11950;

Q215AF——U12150,Q215BF——U12153;

Q235AF——U12350,Q235BF——U12353;

Q275AF——U12750。

②经需方同意,Q235B的碳含量可大于0.22%。

说明:

①D级钢应有足够细化晶粒的元素,并在质量证明书中注明细化晶粒元素的含量。当采用铝脱氧时,钢中酸溶铝含量应不小于0.015%,或总铝含量应不小于0.020%。

②钢中残余元素铬、镍、铜含量应各不大于0.30%,氮含量应不大于0.008%。

③氮含量允许超过0.008%的规定量,但氮含量每增加0.001%,磷的最大含量应减少0.005%,熔炼分析氮的最大含量应不大于0.012%;如果钢中的酸溶铝含量不小于0.015%或总铝含量不小于0.020%,氮含量的上限值可以不受限制。固定氮的元素在质量证明书中注明。

④冶炼方法及交货状态

钢由氧气转炉或电炉冶炼。除非需方有特殊要求并在合同中注明,冶炼方法一般由供方自行选择。

钢材一般以热轧、控轧或正火状态交货。

(2)钢材力学性能

钢材拉伸及冲击试验结果见表 1-1-12 规定，弯曲结果见表 1-1-13 规定。

拉伸及冲击试验的规定 表 1-1-12

牌号	等级	屈服强度[①] ReH(N/mm²)，不小于						抗拉强度[②] *Rm* (N/mm²)	断后伸长率 A(%)，不小于					冲击试验(V形缺口)	
		厚度(或直径)(mm)							厚度(或直径)(mm)					温度(℃)	冲击吸收功(纵向)(J)不小于
		≤16	>16~40	>40~60	>60~100	>100~150	>150~200		≤40	>40~60	>60~100	>100~150	>150~200		
Q195	—	195	185	—	—	—	—	315~430	33	—	—	—	—	—	—
Q215	A	215	205	195	185	175	165	335~450	31	30	29	27	26	—	
	B													+20	27
Q235	A	235	225	215	215	195	185	370~500	26	25	24	22	21	—	—
	B[③]													+20	27
	C													0	
	D													−20	
Q275	A	275	265	255	245	225	215	410~540	22	21	20	18	17	—	—
	B													+20	27
	C													0	
	D													−20	

注：①Q195 的屈服强度值仅供参考，不作交货条件。

②厚度大于 100mm 的钢材，抗拉强度下限允许降低 20N/mm²，宽带钢(包括剪切钢板)抗拉强度上限不作交货条件。

③厚度小于 25mm 的 Q235B 级钢材，如供方能保证冲击吸收功值合格，经需方同意，可不作检验。

冷 弯 试 验 规 定 表 1-1-13

牌 号	试 样 方 向	冷弯试验 180° $B=2a$	
		钢材厚度(或直径)(mm)	
		≤60	>60~100
		弯心直径 d	
Q195	纵	0	—
	横	0.5a	
Q215	纵	0.5a	1.5a
	横	a	2a
Q235	纵	a	2a
	横	1.5a	2.5a
Q275	纵	1.5a	2.5a
	横	a	3a

注：1. B 为试样宽度，a 为试样厚度(或直径)。

2. 钢材厚度(或直径)大于 100mm 时，弯曲试验由双方协商确定。

说明：

①做拉伸和冷弯试验时，型钢和钢棒取纵向试样；钢板取横向试样，断后伸长率允许比表 1-1-12 值降低 2%(绝对值)。窄钢带取横向试样，如果受宽度限制时，可以取纵向试样；冲击试样的纵向轴线应平行轧制方向。

②夏比(V形缺口)冲击吸收功值按一组 3 个试样单值的算术平均值计算，允许其中 1 个试样的单个值低于规定值，但不得低于规定值的 70%。

如果没有满足上述条件，可从同一抽样产品上再取 3 个试样进行试验，先后 6 个试样的平均值不得低于规定值，允许有2个试样低于规定值，但其中低于规定值70％的试样只允许有1个。

钢材的夏比(V形缺口)冲击试验结果不符合上述规定时，抽样产品应报废，再从该检验批的剩余部分取两个抽样产品，在每个抽样产品上各选取新的一组3个试样，这两组试样的复验结果均应合格，否则该产品不得交货。

当冲击试件宽度小于10mm时，当按比例折减。

5. 主缆、斜拉索用钢

(1)桥梁缆索用盘条的主要技术条件

桥梁缆索用盘条目前尚无国标或部标，可参考日本《琴钢丝用盘条》(JISG 3502)和宝钢企业标准《桥梁缆索用镀锌钢丝用盘条》(BZJ 521—2004)选用，或由供需双方协议商定。

①主要化学成分，见表1-1-14。

桥梁镀锌钢丝钢绞线用盘条的特殊要求对照表　　表1-1-14

序号		1	2	3	4	5
项目 \ 标准代号		JISG3502 SWRS82B	HBSG3507 HWRC82B	川畸PAC斜材	YB/T146—1998 82MnA	宝钢 B82MnQL
化学成分(熔炼分析)	C	0.80～0.85	0.80～0.85	0.80～0.83	0.80～0.85	0.79～0.86
	Mn	0.60～0.90	0.60～0.90	0.76～0.86	0.60～0.90	0.60～0.90
	Si	0.12～0.32	0.80～1.00	0.15～0.32	0.12～0.32	0.15～0.35
	S	≤0.025	≤0.025	≤0.010	≤0.025	≤0.025
	P	≤0.025	≤0.025	≤0.015	≤0.025	≤0.025
	Cr	—	≤0.06	—	—	≤0.025
	Ni	—	≤0.06	—	—	—
	Cu	≤0.20	≤0.06	≤0.05	≤0.20	≤0.20
夹杂物含量(％)		协议	≤0.07	≤0.04	协议	≤0.10
表面缺陷深度(mm)		≤0.10	≤0.07	≤0.04	≤0.10	≤0.10
脱碳层深度(mm)		≤0.07	≤0.07	≤0.03	≤1.5％D	≤0.07
备注		有关数据均引自内部交流资料。1、2、3为日本标准，"PAC斜材"是指斜拉索用镀锌钢绞线盘条				

②盘条力学性能。上述标准中，直径为11.0mm、12.0mm、12.5mm、13.0mm的盘条力学性能均符合表1-1-15的规定。

盘条力学性能　　表1-1-15

直径(mm)	抗拉强度 R_m(MPa)	断后伸长率 A(％)	断面收缩率 Z(％)
11.0、12.0	1180～1270	≥8	≥30
12.5、13.0	1170～1260	≥8	≥30

③国产桥梁缆索用盘条的验收标准，见表1-1-16。

桥梁缆索用盘条的验收标准　　表1-1-16

序号	检验项目	取样数量	取样方法及部位	试验方法
1	化学成分	每炉(罐)1个	GB/T 222	GB/T 223
2	拉伸试验	2	不同根盘条	GB/T 228
3	脱碳	2	不同根盘条	GB/T 224
4	晶粒度	2	不同根盘条	YB/T 5148
5	冷弯试验	1	GB/T 2975	GB/T 232
6	冷顶锻试验	4	不同根盘条、两端	GB/T 233
7	索氏体含量	2	不同根盘条	YB/T 169
8	非金属夹杂	2	不同根盘条	JISG 0555
9	显微组织	2	不同根盘条	GB/T 13298
10	尺寸	逐盘	—	千分尺、游标卡尺
11	表面	逐盘	—	目测

(2)桥梁缆索用钢丝技术性能要求

桥梁缆索主要指斜拉桥斜拉索和悬索桥的主缆、吊索，拱桥吊杆索也按斜拉索要求。《桥梁缆索用热镀锌钢丝》(GB/T 17101—2008)给出力学性能要求见表 1-1-17。ϕ5mm 钢丝用于主缆时，无松弛要求，用于斜拉索时有低松弛和抗疲劳性能要求，具体参见表 1-1-19 及表 1-1-17。验收项目见表 1-1-18。

GB/T 17101—2008 要求钢丝力学性能 表 1-1-17

公称直径(mm)	抗拉强度(MPa)不小于	规定非比例伸长应力			伸长率	弯曲次数		松弛性能		
		无松弛要求(MPa)	I级松弛要求(MPa)	II级松弛要求(MPa)	L_0=250mm不小于	次数/180°不小于	弯曲半径(mm)	初始应力相当于公称抗拉强度的百分数(%)	1000h应力不大于(%)	
		不小于	不小于	不小于					I级松弛	II级松弛
5.00	1670	1340	1340	1490	4.0	4	15	70	7.5	2.5
	1770	1420	1420	1580						
	1870	1490	1490	1660						
7.00	1670	—	—	1490	4.0	5	20			
	1770	—	—	1580						

注：钢丝按公称面积确定其荷载值，公称面积应包括锌层厚度在内。

钢丝检验项目、取样数量应符合表 1-1-18 规定。试验方法见本章第七节有关线材的几项试验和《桥梁缆索用热镀锌钢丝》(GB/T 17101—2008)。

表 1-1-18

序号	检验项目	取样数量	取样部位
1	抗拉强度	1根/盘	盘的任一端
2	规定非比例伸长应力	1根/10盘	盘的任一端
3	伸长率	1根/盘	盘的任一端
4	弹性模量	1根/10盘	盘的任一端
5	松弛试验	1根/300t	—
6	疲劳试验	1根/2000t	—
7	缠绕试验	1根/10盘	盘的任一端
8	锌层质量	1根/10盘	盘的任一端
9	锌层附着力	1根/10盘	盘的任一端
	锌层均匀性	1根/10盘	盘的任一端
11	表面质量	逐盘	—
12	直径	逐盘	盘的任一端
13	不圆度	逐盘	盘的任一端
14	扭转试验	1根/10盘	盘的任一端
15	反复弯曲	1根/10盘	盘的任一端
16	伸直性能	1根/10盘	盘的任一端

(3)主缆用高强镀锌钢丝技术性能及检测办法

设计部门常采用的主缆用高强镀锌钢丝技术性能及检测办法见表 1-1-19。

1670MPa 级主缆用高强镀锌钢丝技术性能及检测办法 表 1-1-19

<table>
<tr><th colspan="2">项　目</th><th>技术性能要求</th><th>检 测 方 法</th></tr>
<tr><td rowspan="2">直径</td><td>直径</td><td>5.2±0.06 mm</td><td>用精度为 1/100mm 的量具，量测同一断面处的最大和最小直径，两者的平均值为钢丝直径，两者之差为不圆度</td></tr>
<tr><td>不圆度</td><td>≤0.06 mm</td><td></td></tr>
<tr><td rowspan="16">机械性能</td><td>抗拉强度</td><td>σ_b≥1670MPa</td><td>将试件两端夹固，钳口距离为 350mm，启动拉伸试验机缓慢加载至试件破坏，如从夹固处破断或有异常时须重做检验。考虑钢丝直径的影响，按照下列要求实测抗拉强度：实测抗拉强度＝实测破断拉力/实测面积</td></tr>
<tr><td>屈服强度</td><td>$\sigma_{0.2}$≥1410MPa</td><td>将试件两端夹固，钳口距离为 350mm，启动拉伸试验机缓慢加载至试件破坏，按照实测面积，得到应力—应变图，在应力—应变图上与 0.2％的残余应变对应得应力值为屈服强度</td></tr>
<tr><td>松弛率</td><td>≤2.5％</td><td>在温度为 20℃±2℃，70％屈服强度内确定应力应变关系（低应力状态）</td></tr>
<tr><td>断后延伸率</td><td>≥4.0％</td><td>试验及试验方法同上，标定间距为 250mm，加载直至破坏，测定标定点间的延长量。则断后延伸率＝钢丝破断后标定点之间伸长量(mm)/250(mm)</td></tr>
<tr><td>弹性模量</td><td>(2.0±0.1)×10^5 MPa</td><td>试件及加载条件同上，在 70％的屈服强度内确定应力与应变的关系</td></tr>
<tr><td>反复弯曲</td><td>≥4 次</td><td>取试件一段做 180°弯曲试验，弯曲圆弧半径为 $3d$＝15.6mm，反复弯曲 4 次后，试件表面不得产生任何折损现象</td></tr>
<tr><td>缠绕性能</td><td>8 圈</td><td>在直径为钢丝公称直径 3 倍(15.6mm)的芯杆上紧密缠绕 8 圈后，钢丝不得发生任何折损现象</td></tr>
<tr><td>扭转性能</td><td>≥8 转</td><td>试件两端紧固，钳口间距 $100d$，试件的一端可沿试件轴线方向移动，另一端以小于每分钟 60 转的速度转动，直至试件扭断，转动次数应≥8 转</td></tr>
<tr><td>应力疲劳</td><td>≥2.0×10^6次（不要求）</td><td>在疲劳试验机上按上限 0.45σ_b，应力幅 360MPa，反复拉伸 2.0×10^6次不破坏</td></tr>
<tr><td>镀锌方式</td><td>熔融锌</td><td></td></tr>
<tr><td>锌层附着量</td><td>＞300g/m^2</td><td>取试件长 30～60cm，称其质量（精确到 0.01g），再泡入含锑的盐酸液中，镀锌层溶化后称其质量，两次质量之差为镀锌附着量，附着面积按镀锌层溶化后实测钢丝平均直径</td></tr>
<tr><td>硫酸铜试验</td><td>≥4 次</td><td>每次取一段试件，浸置于硫酸铜溶液中 1min，迅速取出，立即用净水冲洗，棉花擦干后观察，表面不发生挂铜现象，≥4 次</td></tr>
<tr><td>镀锌附着性能</td><td>≥2 圈</td><td>将试件精密缠绕在 25mm 直径的试验芯轴上，缠绕≥2 圈，缠绕后试件镀锌层应附着牢固，不允许出现开裂、起皮、剥落现象</td></tr>
<tr><td>表观质量</td><td>优良</td><td>钢丝的表观质量应光滑、均匀，无疤点、裂纹、毛刺、机械损伤、油污、锈斑及有害附着物，表观质量良好</td></tr>
<tr><td>锌纯度</td><td>99.95％</td><td></td></tr>
<tr><td rowspan="4">直线性</td><td>自由翘头高度</td><td>15cm</td><td>5m 长钢丝在自由状态下置于光滑平面上时，端部上翘值不得大于 15 cm</td></tr>
<tr><td>自由弯曲直径</td><td>≥8m</td><td></td></tr>
<tr><td>弦长矢高</td><td>≤30mm</td><td>弦长为 1m 的钢丝在自由状态下，置于平面上时，端部上翘值不得大于 15cm</td></tr>
<tr><td>钢丝长度</td><td></td><td>每盘钢丝（含抽丝长度）中均不得存有任何形式的接头</td></tr>
</table>

(4)几座典型悬索桥所用 1 770MPa 级及以上热镀锌钢丝性能比较，见表 1-1-20。

典型悬索桥所用 1 770MPa 级及以上热镀锌钢丝性能比较 表 1-1-20

序号	项　目		日本本州四国联络桥	红光桥技术条件	西堠门大桥
1	直径及公差(mm)		5.0±0.06	5.1±0.06	5.25±0.06
2	不圆度(mm)≤		0.06	0.06	0.06
3	直线性(mm/m)		矢高≤50	≤30	≤30
4	抗拉强度(MPa)		≥1 760~1 960	≥1 770	≥1 770
5	屈服强度(MPa)		≥1 370	≥1 410	≥1 410
6	延伸率(%)		≥4.0	≥4.0	≥4.0
7	反复弯曲(次)		无要求	≥4	≥4
8	扭转(次)		≥14	≥10	≥8
9	缠绕		3D　8 圈	3D　8 圈	3D　8 圈
10	松弛(%)		无要求	≤8.0	≤8.0
11	弹性模量(GPa)		无要求	200±10	200±10
12	化学成分(%)	C	按钢丝强度级别分别选用 σ_b:1 570~1 760MPa 选用 SWRS77B σ_b:1 760~1 960MPa 选用 SWRC82B (表 1-1-8)	符合日本 JIS G3502 标准 SWRS82B(表 1-1-8)	0.80~0.85
		Si			0.15~1.00
		Mn			0.60~0.90
		S			≤0.025
		P			≤0.025
		Cu			≤0.06
		Cr			≤0.20
13	锌层质量(g/m²)		≥ 300	≥ 300	≥ 300
14	附着力		5D　2 圈	5D　2 圈	5D　2 圈
15	硫酸铜试验(次)≥		无要求	≥4	≥4
16	疲劳$^{0.45\sigma_b}_{360MPa}$		无要求	200 万次	无要求

(三)其他桥梁构件用钢

见表 1-1-21。

其他桥梁构件用钢 表 1-1-21

构 件 名 称	钢 材 牌 号	应符合标准
桥梁辅助结构	Q235-B、Z	《碳素结构钢》(GB 700)
铆钉、精粗制螺栓	BL2、BL3	《标准件用碳素热轧圈钢》(GB 715)
高强度螺栓及螺母垫圈	20MnTiB、35VB	《合金结构钢技术条件》(GB 3077)《高强度大六角头螺栓、大六角螺母、垫圈和技术条件》(GB/T 1228—1231)
	35、45、15 MnVB	
铸钢件(支座鞍座、索夹等)	ZG230-450 或 ZG230-450H ZG270-500 或 ZG270-500H	《一般工程用铸造碳钢件》(GB 11352)《焊接结构用碳素钢铸件》(GB 7659)
栓钉剪力键	ML15	《圆柱头焊钉》(GB 10433)
销、铰、轴	35 号锻钢、40Cr、35CrMo	《优质碳素结构钢钢号和一般技术条件》(GB 699)、《合金结构钢技术条件》(GB 3077)

(四)厚度方向性能钢板(GB 5313—85)

桥梁设计上承受厚度方向力即 Z 向力的部位有：横梁及联结系之节点板对整体节点板产生 Z 向力；斜拉桥锚拉板对主梁上竖缘产生 Z 向力；锚箱锚板附加弯曲对箱梁外腹板产生 Z 向力等。凡此种部位对钢板必须提出 Z 向性能要求：要求钢板具有 Z 向抗层状撕裂性能。

(1)GB 5313—85)适于厚度 15～150mm，$\sigma_s \leqslant$500MPa 的镇静钢板材。小于 15mm 及大于 150mm 时与供方协商。

(2)技术要求。

①硫含量，见表 1-1-22。

表 1-1-22

Z 向性能级别	Z15	Z25	Z35
含硫量(%)，不大于	0.01	0.007	0.005

②断面收缩率平均值及单个值要求，见表 1-1-23。试件需按厚度方向取样，试验按 GB 228 金属拉力试验法进行。

表 1-1-23

级　别	断面收缩率(%)	
	三个试件平均	单个试件
	不小于	
Z15	15	10
Z25	25	15
Z35	35	25

③圆试样直径符合表 1-1-24 规定，详见 GB 5313—85。

表 1-1-24

板厚 A(mm)	试样直径 d_0(mm)
$A \leqslant 25$	$d_0=6$
$A>25$	$d_0=10$

(3)试件制作时采用摩擦焊接，将厚度方向接长如图 1-1-4，在专用摩擦焊接机床上，高速旋转和压力，使被连接构件界面塑化和结合。图中的卷边是加热塑化和压力所致。

(4)试验：拉伸试验及试验报告按《金属材料室温拉伸试验方法》(GB/T 228—2002)要求进行。

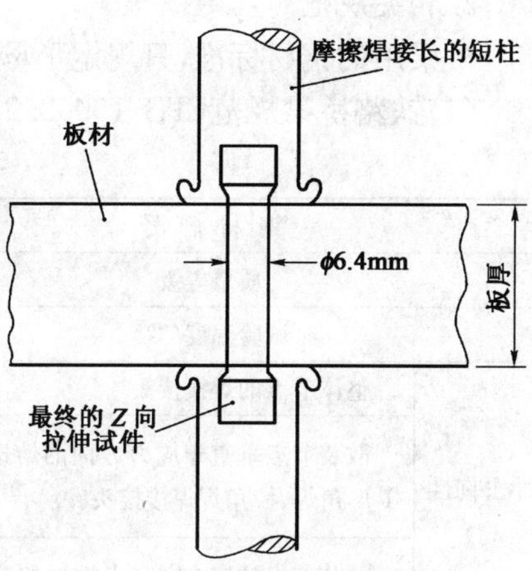

图 1-1-4　摩擦焊接长的 Z 向拉伸试件

(五)基材和焊接接头的韧性

1.脆性转变温度

钢材和焊接接头材料均存在一个脆性转变温度，高于此温度材料处于韧性和塑性工作状态，在此温度及其以下时，材料变脆，韧塑性很差。当构件在脆性状态时，如果有缺陷、缺口、裂纹，构件内积聚的弹性应变能(无荷载时)或受动荷载时，便可能发生脆性破坏。

通常，脆性转变温度由 V 形缺口冲击试验冲击功 J—温度关系曲线来确定，确定条件常用上平台 1/2 的冲击功对应的温度，如图 1-1-5，分别给出了板材系列冲击曲线和对接焊缝系列冲击曲线。不同取值标准，不同试验方法结果差别较大，此处只提供一个概念，来说明韧性的影响。

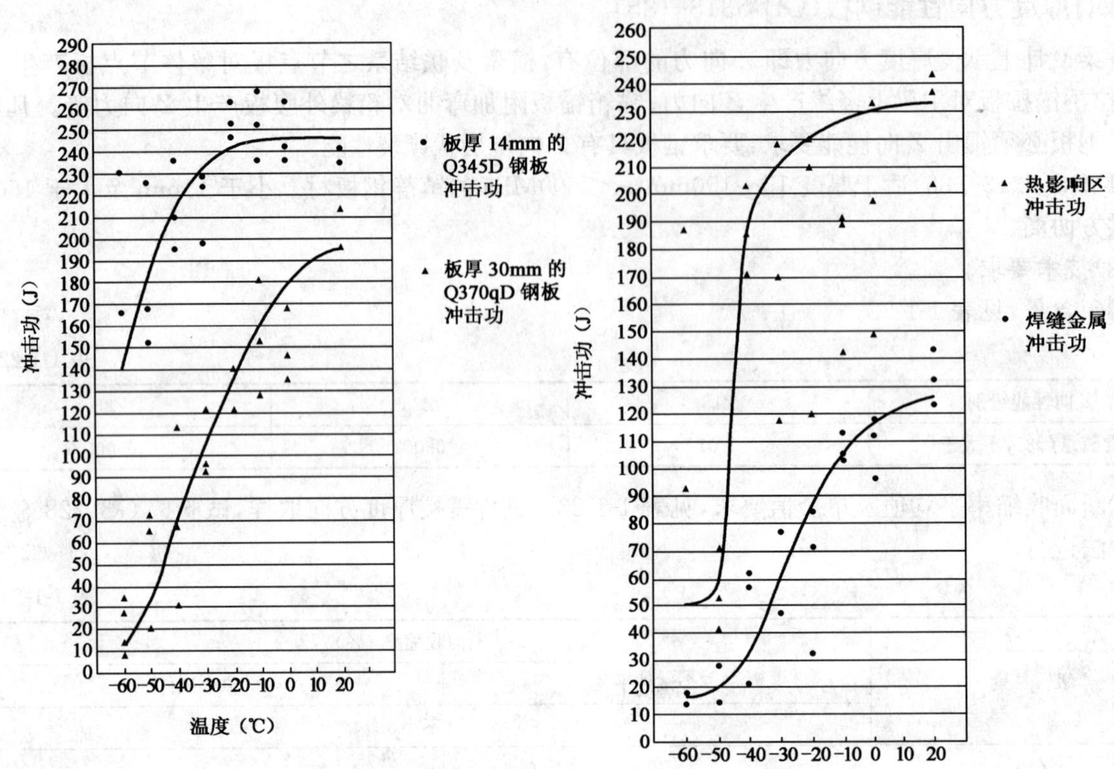

a) 板材系列冲击曲线　　b) 对接焊缝系列冲击曲线

图 1-1-5　系列冲击曲线

30mm 板材：上平台取 190J，1/2×190=95J，转变温度约−35℃；焊缝转变温度：上平台取 120J，1/2 上平台 60J，约−30℃，焊缝的转变温度较母材高 5℃。

如果某桥桥址最低温度−14℃−5℃=−19℃，则设计取−20℃，满足要求。应该知道：规范 GB/T 714—2008 对材料韧性要求−20℃时，34J 或 47J，是规范对材料验收的规定，与钢材脆性转变温度对应的韧性值不同，不能混淆。

2. 相关规范的规定

桥梁用的钢材标准，只规定了母材强度及韧性要求，焊接接头应另作规定或由设计作出限定。

(1)铁路桥梁规范(TB 10002.2—2005)有如下规定，见表 1-1-25。

焊接接头冲击韧性　　表 1-1-25

钢材牌号		Q345q		Q370q		Q420q	
质量等级		D	E	D	E	D	E
试验温度(℃)		−20	−40	−20	−40	−20	−40
冲击韧性(J)	整体节点的焊接接头	34		41		47	
	散装节点垂直于应力方向的熔透对接焊、T 形角焊、棱角焊焊接接头	34		41		47	
	散装节点顺应力方向未熔透的 T 形角焊、棱角焊焊接接头	29		35		40	

整体节点焊接接头(包括焊缝金属和热影响区)冲击韧性不得低于母材标准；散装节点，垂直于受力方向的熔透对接焊、T 形角焊、棱角焊焊接接头(包括焊缝金属和热影响区)冲击韧性不得低于母材标准，顺

应力方向未熔透的T形角焊、棱角焊焊接接头冲击韧性根据钢材牌号不同不得低于1-1-25的规定。

(2)GB/T 714—2000及GB 1591—94及交通运输部现行钢桥规范无明确规定，但交通运输部设计图纸上一般均做规定："焊接接头力学性能原则上应与基材等屈服等韧性"，这项要求一般情况下达不到——一般焊后屈服强度、极限强度均会上升，而韧、塑性下降。

应该知道，屈服强度过高并无好处，因此芜湖长江大桥建设中要求，焊接接头不低于母材标准，但也不能高出太多，对接焊缝强度不能高出母材标准100MPa；角接焊缝不能高出母材标准120MPa；对接焊缝韧性－30℃ V形缺口冲击功不小于48J；角接焊缝韧性－30℃ V形缺口冲击功不少于34J。

(3)抗断设计

《铁路桥梁钢结构设计规范》(TB 10002.2—2005)抗断设计的一些数据表，是通过钢的牌号、质量等级、拉应力水平和桥址设计最低温度确定板材最大使用厚度。或由板材最大使用厚度根据桥址设计最低温度、拉应力水平确定钢的牌号和质量等级。

受拉焊接构件板件的最大厚度应根据拉应力的大小、最低设计温度及钢板和焊接接头的冲击韧性等因素，经设计计算、试验确定。顺应力及垂直应力方向均有焊缝的构件，设计使用的最大板件厚度不得超过表1-1-26a、b的规定。仅顺应力方向有焊缝的构件，设计使用的最大板件厚度不得超过表1-1-27a及b的规定。

顺应力及垂直应力方向均有焊缝的构件的最大使用厚度　　表1-1-26a

构件序号	设计拉应力(MPa)(按毛截面计算)			钢材质量等级	最低设计温度(℃)										
	钢材牌号				0	－5	－10	－15	－20	－25	－30	－35	－40	－45	－50
	Q345q	Q370q	Q420q		使用的钢板最大厚度(mm)										
1	—	105	115	E	50	50	50	50	50	50	50	50	50	50	50
	100	—	—	E	40	40	40	40	40	40	40	40	40	40	40
2	—	140	155	E	50	50	50	50	50	50	50	50	50	44	36
	135	—	—	E	40	40	40	40	40	40	40	40	40	40	36
3	—	175	190	E	50	50	50	50	50	50	46	38	32	25	20
	165	—	—	E	40	40	40	40	40	40	40	38	32	25	20
4	—	190	210	E	50	50	50	50	50	44	36	30	24	18	14
	185	—	—	E	40	40	40	40	40	40	36	30	24	18	14
5	—	210	230	E	50	50	50	48	42	36	28	22	18	14	—
	200	—	—	E	40	40	40	40	40	36	28	22	18	14	—

顺应力及垂直应力方向均有焊缝的构件的最大使用厚度　　表1-1-26b

构件序号	设计拉应力(MPa)(按毛截面计算)		钢材质量等级	最低设计温度(℃)										
	钢材牌号			0	－5	－10	－15	－20	－25	－30	－35	－40	－45	－50
	Q345q	Q370q		使用的钢板最大厚度(mm)										
1	100	105	D	35	35	35	35	35	35	35	35	35	35	35
2	135	140	D	35	35	35	35	35	35	35	35	35	30	24
3	165	175	D	35	35	35	35	35	35	32	26	20	14	—
4	185	190	D	35	35	35	35	35	30	25	18	14	—	—
5	200	210	D	35	35	35	34	28	22	18	14	—	—	—

注：1. 此表可根据设计拉应力数值采用内插法推算出板件的最大使用厚度。

2. 最低设计温度为桥址处历年极端最低气温减5℃。

3. 经过研究和科学试验并得到批准，板厚可不受本表的限制。

仅顺应力方向有焊缝的构件的最大使用厚度　表 1-1-27a

构件序号	设计拉应力(MPa)(按净截面计算)			钢材质量等级	最低设计温度(℃)										
	钢材牌号				0	−5	−10	−15	−20	−25	−30	−35	−40	−45	−50
	Q345q	Q370q	Q420q		使用的钢板最大厚度(mm)										
1	—	105	115	E	50	50	50	50	50	50	50	50	50	50	50
	100	—	—	E	40	40	40	40	40	40	40	40	40	40	40
2	—	140	155	E	50	50	50	50	50	50	50	50	50	50	50
	135	—	—	E	40	40	40	40	40	40	40	40	40	40	40
3	—	175	190	E	50	50	50	50	50	50	50	50	50	50	42
	165	—	—	E	40	40	40	40	40	40	40	40	40	40	40
4	—	190	210	E	50	50	50	50	50	50	50	50	50	42	34
	185	—	—	E	40	40	40	40	40	40	40	40	40	40	34
5	—	210	230	E	50	50	50	50	50	50	50	50	44	36	28
	200	—	—	E	40	40	40	40	40	40	40	40	40	36	28

仅顺应力方向有焊缝的构件的最大使用厚度　表 1-1-27b

构件序号	设计拉应力(MPa)(按净截面计算)		钢材质量等级	最低设计温度(℃)										
	钢材牌号			0	−5	−10	−15	−20	−25	−30	−35	−40	−45	−50
	Q345q	Q370q		使用的钢板最大厚度(mm)										
1	100	105	D	35	35	35	35	35	35	35	35	35	35	35
2	135	140	D	35	35	35	35	35	35	35	35	35	35	35
3	165	175	D	35	35	35	35	35	35	35	35	34	26	20
4	185	190	D	35	35	35	35	35	35	35	34	26	20	14
5	200	210	D	35	35	35	35	35	35	34	28	20	14	—

注：1. 此表可根据设计拉应力数值采用内插法计算出板件的最大使用厚度。

2. 最低设计温度为桥址处历年极端最低温度气温减5℃。

3. 经过研究和科学试验并得到批准，板厚可不受本表的限制。

使用该表首先要确定：最低设计温度＝桥址最低温度－5℃；焊缝的形式；设计应力。一般构件板厚已定，首先考虑D级钢Q345q是否满足要求，不满足再选E级钢。例如烟大铁路栈桥，大连桥址最低温度为－21.1℃，则－21.1℃－5℃＝26.1℃，设计最低温度取－26℃。按《铁路桥梁钢结构设计规范》，板厚50mm，应力150～170MPa，栈桥设计只能选Q370qE级钢。

上述表是通过深缺口宽板断裂试验和大量V形缺口冲击试数据，得到结构材料抗力函数：

$$K_c = F \times f(T, \text{vTre}, \dot{\varepsilon}, t) \tag{1-1-4a}$$

式中：K_c——深缺口宽板拉伸试验测定的断裂韧性(MPa·$\sqrt{\text{m}}$)；

T——试验温度(K)；

vTre——能量转变温度，由V形缺口冲击试验，$\frac{1}{2}$上平台能量确定(J)；

$\dot{\varepsilon}$——加载速率；

t——板厚(mm)

F——裂纹尖锐程度修正系数。

然后经过结构分析确定结构断裂驱动力

$$K_1 = Y\sigma\sqrt{\pi a} \tag{1-1-4b}$$

式中：σ——杆件应力(MPa)；

a——临界裂纹尺寸；

Y——应力集中状况。

建立断裂力学判据：

$$K_1 \leqslant K_c \tag{1-1-5}$$

通过上述判据可得到焊接接头最大板材使用厚度。

三、混凝土桥梁用钢牌号及性能要求

在《公路钢筋混凝土及预应力混凝土桥涵设计规范》(JTG D62—2004)中规定，公路混凝土桥涵的钢筋应按下列规定采用：钢筋混凝土及预应力混凝土构件中的普通钢筋宜选用热轧光圆钢筋 HPB235 和 HPB300；普通热轧钢筋 HRB335、HRB400、HRB500、细晶粒热轧钢筋 HRBF335、HRBF400、HRBF500 和 KL400 钢筋。预应力混凝土构件中的箍筋应选用其中的带肋钢筋，按构造配置的钢筋网可采用冷轧带肋钢筋。

预应力混凝土构件中的预应力钢筋应选用钢绞线、钢丝；中、小型构件或竖向、横向预应力筋，也可选用精轧螺钢筋。

现据相应标准给出牌号及性能要求。

1.《热轧光圆钢筋》(GB 1499.1—2008)

(1)钢筋牌号与分级

钢筋按屈服强度特征值分为 235 级和 300 级，其牌号构成 HPB235、HPB300。HPB 为“Hot rolled Plain Bars”缩写。后面数字为屈服强度值。公称直径(mm)：6(6.5)、8、10、12、14、16、18、20 和 22。直径 6.5mm 为过渡性产品。

(2)化学成分及力学性能

见表 1-1-28 及表 1-1-29。

HPB 钢筋化学成分　　表 1-1-28

牌　号	化学成分(质量分数)(%)不大于				
	C	S	Mn	P	S
HPB235	0.22	0.30	0.65	0.045	0.050
HPB300	0.25	0.55	1.50		

力学性能及工艺性能　　表 1-1-29

牌　号	R_{eL}(MPa)	R_m(MPa)	A(%)	A_{gt}(%)	冷弯试验 180°—弯心直径 a—钢筋公称直径
	不小于				
HPB235	235	370	25	10	$d=a$
HPB300	300	420	25	10	

(3)检验项目

每批钢筋的检验项目、取样方法及试验方法见表 1-1-30。

检 验 项 目 表　　表 1-1-30

序号	检验项目	取样数量	取样方法	试验方法
1	化学成分(熔炼分析)	1	GB/T 20066	GB/T 223 GB/T 4336
2	拉伸	2	任选两根钢筋切取	GB/T 228、 GB 1499.1—2008 8.2 条
3	弯曲	2	任选两根钢筋切取	GB/T 232、 GB 1499.1—2008 8.2 条

续上表

序号	检 验 项 目	取 样 数 量	取 样 方 法	试 验 方 法
4	尺寸	逐支(盘)		GB 1499.1—2008 8.3条
5	表面	逐支(盘)		目视
6	质量偏差	GB 1999.1　8.4条		GB 1499.1—2008 8.4条

注:对化学分析和拉伸试验结果有争议时,仲裁试验分别按GB/T 223、GB/T 228进行。

2.《热轧带肋钢筋》(GB 1499.2—2007)

(1)钢筋牌号及分级

钢筋按屈服强度特征分为3级,335、400、500。其牌号构成HRB335、HRB400、HRB500及HRBF335、HRBF400、HRBF500,HRB为"Hot rolled Ribbd Bars"缩写,F为"Fine"(细)字首,后面数字为屈服强度特征值,HRB为普通热轧带肋钢筋,HRBF为细精粒热轧带肋钢筋。公称直径(mm):6、8、10、12、14、16、18、20、22、25、28、32、36、40和50。月牙肋表面及截面形状见图1-1-6。

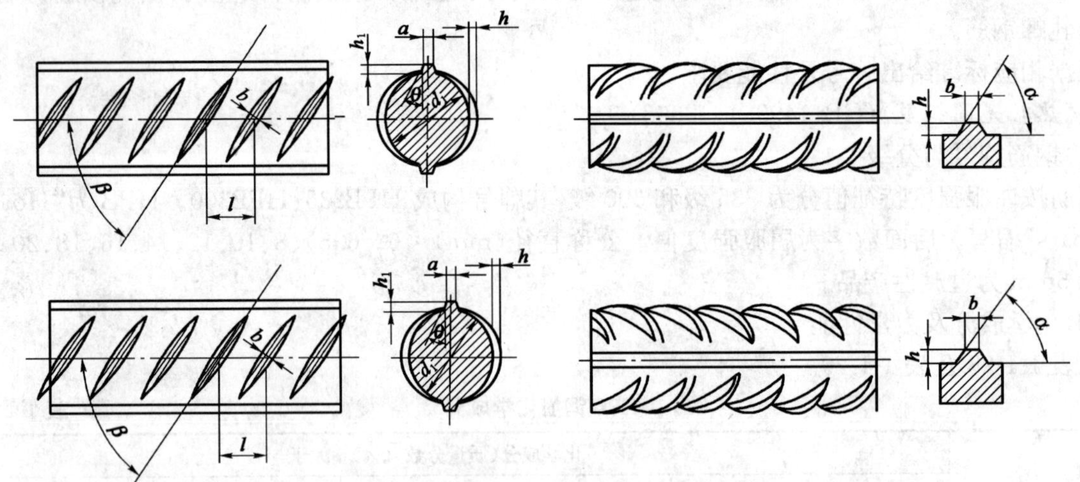

图1-1-6　月牙肋钢筋(带纵肋)表面及截面形状

d_1-钢筋内径;a-横肋斜角;h-横肋高度;β-械肋与轴线夹角;h_1-纵肋高度;θ-纵肋斜角;a—纵肋顶宽;l-横肋间距;b-横肋顶宽

(2)化学成分及力学性能

钢筋牌号及化学成分和碳当量(熔炼分析)应符合表1-1-31的规定。根据需要,钢中还可加入V、Nb、Ti等元素。

表1-1-31

牌　　号	化学成分(质量分数)(%)不大于					
	C	S	Mn	P	S	Ceq
HRB335 HRBF335						0.32
HRB400 HRBF400	0.25	0.80	1.60	0.045	0.045	0.54
HRB500 HRBF500						0.55

说明:1.碳当量Ceq(百分比)值可按下式计算:

$$Ceq = C + Mn/6 + (Cr + V + Mo)/5 + (Cu + Ni)/15$$

2.钢的氮含量应不大于0.012%。供方如能保证可不作分析。钢中如有足够数量的氮结合元素,含氮量的限制可适当放宽。

3.钢筋的成品化学成分允许偏差应符合GB/T 222的规定,碳当量Ceq的允许偏差为+0.03%。

(3)钢筋的屈服强度 R_{eL}、抗拉强度 R_m、断后伸长率 A、最大力总伸长率 A_{gt} 等力学性能特征值应符表 1-1-32。表 1-1-32 所列各力学性能特征值，可作为交货检验的最小保证值。

表 1-1-32

牌　号	R_{eL}	R_m(MPa)	A(%)	A_{gt}(%)
	不小于			
HRB335 HRBF335	335	455	17	7.5
HRB400 HRBF400	400	540	16	
HRB500 HRBF500	500	630	15	

注：1. 直径 28～40mm 各牌号钢筋的断后伸长率 A 可降低 1%；直径大于 40mm 各牌号钢筋的断后伸长率 A 可降低 2%。

2. 有较高要求的抗震结构适用牌号为 HRB400E、HRBF400E 钢筋。该类钢筋尚应满足以下的要求：

a. 钢筋实测抗拉强度与实测屈服强度之比 R_m^0/R_{eL}^0 不小于 1.25（R_m^0 为钢筋实测抗拉强度；R_{eL}^0 为钢筋实测屈服强度）。

b. 钢筋实测屈服强度与表 1-1-26 规定的屈服强度特征值之比 R_{eL}^0/R_{eL} 不大于 1.30。

c. 钢筋的最大力总伸长率 A_{gt} 不小于 9%。

3. 对于没有明显屈服强度的钢，屈服强度特征值 R_{eL} 应采用规定非比例延伸强度 $R_{p0.2}$。

(4)工艺性能

①弯曲性能

按表 1-1-33 规定的弯心直径弯曲 180°后，钢筋受弯曲部位表面不得产生裂纹。

弯曲试验弯心直径　　表 1-1-33

牌　号	公称直径 d(mm)	弯 心 直 径
HRB335 HRBF335	6～25	3d
	28～40	4d
	>40～50	5d
HRB400 HRBF400	6～25	4d
	28～40	5d
	>40～50	6d
HRB500 HRBF500	6～25	6d
	28～40	7d
	>40～50	8d

②反向弯曲性能

根据需方要求，钢筋可进行反向弯曲性能试验，反向弯曲试验的弯心直径比弯曲试验相应增加一个钢筋公称直径。反向弯曲试验：先正向弯曲 90°后再反向弯曲 20°。两个弯曲角度均应在去载之前测量，经反向弯曲试验后，钢筋受弯曲部位表面不得产生裂纹。

(5)疲劳试验

技术要求和试验方法，由供需双方协商确定。

(6)焊接要求

细晶粒钢的焊接工艺应经试验确定。晶粒度不粗于 9 级，碳当量满足表 1-1-31 要求。

(7)检验项目

检验项目见表 1-1-34。

检验项目表　　表 1-1-34

序号	检验项目	取样数量	取样方法	试验方法
1	化学成分(熔炼分析)	1	GB/T 20066	GB/T 223 GB/T 4336
2	拉伸	2	任选两根钢筋切取	GB/T 228、 GB 1499.2—2007 8.2 条
3	弯曲	2	任选两根钢筋切取	GB/T 232、 GB 1499.2—2007 8.2 条
4	反向弯曲	1		YB/T 5126、 GB 1499.2—2007 8.2 条
5	疲劳试验	供需双方协议		
6	尺寸	逐支		GB 1499.2—2007 8.3 条
7	表面	逐支		目视
8	质量偏差	GB 1499.2—2007 8.4 条		GB 1499.2—2007 8.4 条
9	晶粒度	2	任选两根钢筋切取	GB/T 6349

注:对化学分析和拉伸试验结果有争议时,仲裁试验分别按 GB/T 223、GB/T 228 进行。

3.《钢筋混凝土用余热处理钢筋》(GB 13014—91)

余热处理钢筋,是热轧后立即穿水,进行表面控制冷却,然后利用芯部余热自身完成回火处理所得的成品钢筋。钢筋级别为Ⅲ级,强度代号为 KL400。

公称直径范围 8～40mm,本标准推荐的钢筋公称直径为 8mm、10mm、12mm、16mm、20mm、25mm、32mm 和 40mm。月牙肋形状见图 1-1-7。

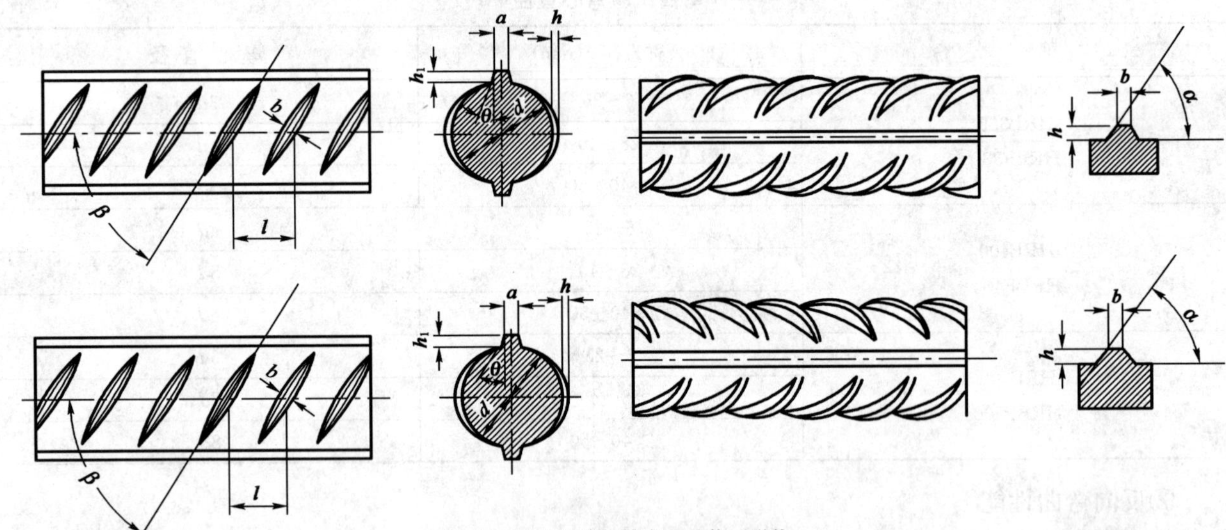

图 1-1-7　月牙肋钢筋表面及截面形状

d-钢筋内径;h-横肋高度;h_1-纵肋高度;a-纵肋顶宽;b-横肋顶宽;α-横肋斜角;β-横肋与轴线夹角;θ-纵肋斜角;l-横肋间距

(1)牌号及化学成分

钢的牌号及化学成分(熔炼分析)应符合表 1-1-35 的规定。

牌号及化学成分　　表 1-1-35

表面形状	钢筋级别	强度代号	牌号	化学成分(%)				
				C	Si	Mn	P	S
							不大于	
月牙肋	Ⅲ	KL400	20MnSi	0.17～0.25	0.40～0.80	1.20～1.60	0.045	0.045

钢中铬、镍、铜的残余含量应各不大于 0.30%，其总量不大于 0.60%。经需方同意，铜的残余含量可不大于 0.35%。供方保证可不作分析。

冶炼方法以氧气转炉、平炉或电炉冶炼。

交货状态为热轧后经余热处理状态交货。

(2)力学性能和工艺性能

钢筋的力学性能、工艺性能应符合表 1-1-36 的规定。冷弯试验时，受弯曲部位外表面不得产生裂纹。

力学性能及工艺性能　　表 1-1-36

表面形状	钢筋级别	强度等级代号	公称直径(mm)	屈服点 σ_s(MPa)	抗拉强度 σ_b(MPa)	伸长率 Δ_s(%)	冷弯 d—弯心直径 a—钢筋公称直径
				不小于			
月牙肋	III	KL400	8～25 28～40	440	600	14	90° $d=3a$ 90° $d=4a$

注：征得需方同意，在 KL400 III 级钢筋性能符合表 1-1-36 规定，且伸长率冷弯试验符合 GB1499 表 1-1-26 中 II 级钢筋的要求时，可按 RL335II 级钢筋交货。此时应在质量证明书中注明。

(3)力学性能、工艺性能检验项目

拉伸、弯曲和反弯曲试样不允许车削加工。检验方法见表 1-1-37。

检验项目及方法　　表 1-1-37

序号	检验项目	取样方法	取样数量	试验方法
1	化学成分	GB 222	1	GB 223
2	拉伸	任选两根钢筋切取	2	GB 228、GB 13014—91 6.2 条
3	冷弯	任选两根钢筋切取	2	GB 232、GB 13014—91 6.2 条
4	尺寸		逐支	GB 13014—91 6.3 条
5	表面		逐支	肉眼
6	质量偏差	GB 13014—91 6.4 条		GB 13014—91 6.4 条

4.《预应力混凝土用钢丝》(GB/T 5223—2002)

本标准适用于预应力混凝土用冷拉或消除应力的光圆、螺旋肋和刻痕钢丝。冷拉钢丝是将盘条通过拔丝模或轧辊经冷加工而成的产品，并以盘卷供货的钢丝。消除应力钢丝是按下述工艺一次性连续处理方法之一生产的钢丝：钢丝在塑性变形下(轴向应变)进行的短时热处理，得到的低松弛钢丝，或钢丝通过矫直工序后在适当温度下进行短时热处理，得到的普通松弛钢丝(本规范不推荐普通松弛级钢丝)。螺旋肋钢丝是钢丝表面沿长度方向上具有规则间隔肋条的钢丝，其外形如图 1-1-8a)。刻痕钢丝是表面沿长度方向上个有规则间隔的压痕，其外形如图 1-1-8b)。

(1)钢丝标识

冷拉钢丝 WCO；光圆钢丝 P；低松弛钢丝 WLR；螺旋肋钢丝 H；普通松弛钢丝 WNR；刻痕钢丝 I。

完整标识应包括预应力钢丝，公称直径，强度等级，代号和标准号，见如下示例。

示例 1：直径为 4mm，抗拉强度为 1670MPa 冷拉光圆钢丝，其标记为：

预应力钢丝　4-1670-WCD-P-GB/T 5223—2002

示例 2：直径为 7mm，抗拉强度为 1570MPa 低松弛螺旋肋钢丝，其标记为：

预应力钢丝　7-1570-WLR-H-GB/T 5223—2002

光圆钢丝公称直径 d_n 为：3.00mm、4.00mm、5.00mm、6.00mm、6.25mm、7.00mm、8.00mm、9.00mm、10.00mm、12.00mm；常用直径为 4.00mm、5.00mm、6.00mm；

螺旋肋钢丝公称直径为：4.00mm、4.80mm、5.00mm、6.00mm、6.25mm、7.00mm、8.00mm、9.00mm、10.00mm；常用直径为 7.00mm、8.00mm、9.00mm；

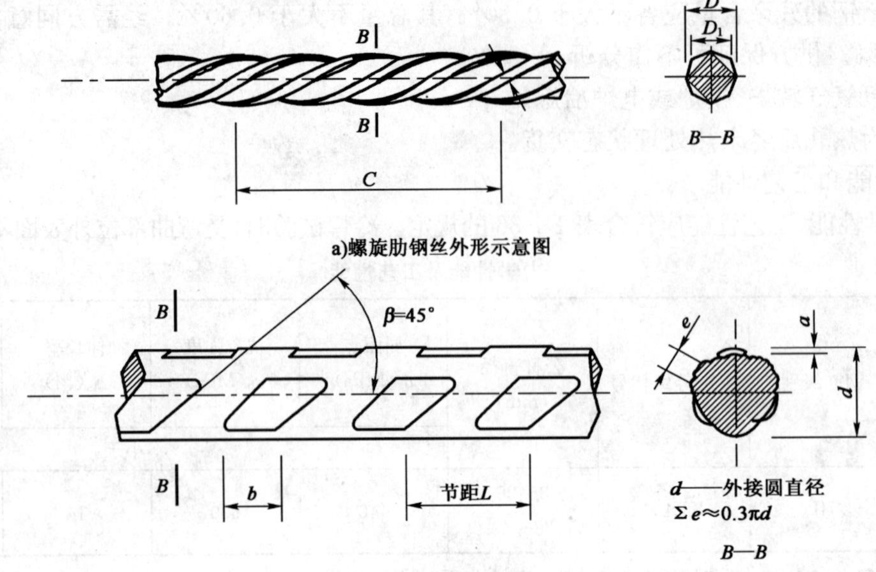

图 1-1-8　螺旋肋及刻痕钢丝外形示意

三面刻痕钢丝公称直径 d_n 为 ≤5.00mm、>5.00mm,常用为 5.00mm、7.00mm。

上述各直径及形状允许偏差见 GB/T 5223—2002 6.1、6.2 及 6.3。

(2)牌号及化学成分

牌号及化学成分应符合 YB/T 146 或 YB/T 170,不作为交货条件。

(3)力学性能

①冷拉钢丝的力学性能应符合表 1-1-38 的规定。规定非比例伸长应力 $\sigma_{p0.2}$ 值不小于公称抗拉强度的 75%。除抗拉强度、规定非比例伸长应力外,对压力管道用钢丝还需进行断面收缩率、扭转次数、松弛率的检验;对其他用途钢丝还需进行断后伸长率、弯曲次数的检验。

②消除应力的光圆及螺旋肋钢丝的力学性能应符合表 1-1-39 的规定。规定非比例伸长应力 $\sigma_{p0.2}$ 值对松弛钢丝应不小于公称抗拉强度的 88%,对普通松弛钢丝应不小于公称抗拉强度的 85%。

③消除应力的刻痕钢丝的力学性能应符合表 1-1-40 规定。规定非比例伸长应力 $\sigma_{p0.2}$ 值对低松弛钢丝应不小于公称抗拉强度的 88%,对普通松弛钢丝应不小于公称抗拉强度的 85%。

④为便于日常检验,表 1-1-38 中最大力下的总伸长率可采用 L_0 =200mm 的断后伸长率代替,但其数值应不小于 1.5%;表 1-1-39 和表 1-1-40 中最大力下的总伸长率可采用 L_0 =200mm 的断后伸长率代替,但其数值应不小于 3%。仲裁试验以最大力下总伸长率为准。

冷拉钢丝的力学性能　　表 1-1-38

<table>
<tr><th>公称直径 d_a(mm)</th><th>抗拉强度 σ_b(MPa)</th><th>规定非比例伸长应力 $\sigma_{p0.2}$(MPa) 不小于</th><th>最大力下总伸长率 (L_0=200mm) δ_{gt}(%) 不小于</th><th>弯曲次数 (次/180°) 不小于</th><th>弯曲半径 R(mm)</th><th>断面收缩率 Φ(%) 不小于</th><th>每 210mm 扭矩的扭转次数 n 不小于</th><th>初始应力相当于 70%公称抗拉强度时,1000h 后应力松弛率 r(%) 不大于</th></tr>
<tr><td>3.00</td><td rowspan="3">1470
1570
1670
1770</td><td rowspan="3">1100
1180
1250
1330</td><td rowspan="6">1.5</td><td>4</td><td>7.5</td><td>—</td><td>—</td><td rowspan="6">8</td></tr>
<tr><td>4.00</td><td>4</td><td>10</td><td rowspan="2">35</td><td>8</td></tr>
<tr><td>5.00</td><td>4</td><td>15</td><td>8</td></tr>
<tr><td>6.00</td><td rowspan="3">470
1570
1670
1770</td><td rowspan="3">1100
1180
1250
1330</td><td>5</td><td>15</td><td rowspan="3">30</td><td>7</td></tr>
<tr><td>7.00</td><td>5</td><td>20</td><td>6</td></tr>
<tr><td>8.00</td><td>5</td><td>20</td><td>5</td></tr>
</table>

⑤每一交货批钢丝的实际强度不应高于其公称强度级 200MPa。

⑥钢丝弹性模量为(205±10)GPa,但不作为交货条件。

⑦根据供货协议,可以供应表 1-1-38～表 1-1-40 以外其他强度级别的钢丝,其力学性能按协议。

消除应力的光圆及螺旋肋钢丝的力学性能　　表 1-1-39

公称直径 d_n(mm)	抗拉强度 σ_b(MPa)	规定非比例伸长应力 $\sigma_{P0.2}$(MPa)不小于		最大力下总伸长率(L_0=200mm) Δg_t(%)不小于	弯曲次数(次/180°)不小于	弯曲半径 R(mm)	应力松弛性能 初始应力相当于公称抗拉强度的百分数(%)	1000h后应力松弛率 r(%)不大于	
		WLR	WNR				对所有规格	WLR	WNR
4.00	1470	1290	1250	3.5	3	10	60	4.5	
	1570	1380	1330						
4.80	1670	1470	1410		4	15			
	1770	1560	1500						
5.00	1850	1640	1580						
6.00	1470	1290	1250		4	15			
6.25	1570	1380	1330		4	20	70	8	
	1670	1470	1410						
7.00	1770	1560	1500		4	20			
8.00	1470	1290	1250		4	20			
9.00	1570	1380	1330		4	25	80	12	
10.00	1470	1290	1250		4	25			
12.00					4	30			

消除应力的刻痕钢丝的力学性能　　表 1-1-40

公称直径 d_n(mm)	抗拉强度 σ_b(MPa)	规定非比例伸长应力 $\sigma_{P0.2}$(MPa)不小于		最大力下总伸长率(L_0=200mm) Δg_t(%)不小于	弯曲次数(次/180°)不小于	弯曲半径 R(mm)	应力松弛性能 初始应力相当于公称抗拉强度的百分数(%)	1000h后应力松弛率 r(%)不大于	
		WLR	WNR				对所有规格	WLR	WNR
≤5.0	1470	1290	1250	3.5	3	15	60	1.5	4.5
	1570	1380	1330						
	1670	1470	1410						
	1770	1560	1500						
	1860	1640	1580				70	2.5	8
>5.0	1470	1290	1250			20			
	1570	1380	1330						
	1670	1470	1410				80	4.5	12
	1770	1560	1500						

(4)常规检验项目及取样数量

见表 1-1-41。

出厂常规检验项目及取样数量 表 1-1-41

序号	检验项目	取样数量	取样部位	检验方法
1	表面	逐盘	在每(任一)盘中任意一端截取	目视
2	外形尺寸	逐盘		按 GB/T 5223—2002 8.2 规定执行
3	消除应力钢丝伸直性	1 根/盘		用分度值为 1mm 的量具测量
4	抗拉强度	1 根/盘		按 GB/T 5223—2002 8.4.1 规定执行
5	规定非比例伸长应力	3 根/每批		按 GB/T 5223—2002 8.4.2 规定执行
6	最大力下总伸长率	3 根/每批		按 GB/T 5223—2002 8.4.3 规定执行
7	断后伸长率	1 根/盘		按 GB/T 5223—2002 8.4.4 规定执行
8	弯曲	1 根/盘		按 GB/T 5223—2002 8.5 规定执行
9	扭转	1 根/盘		按 GB/T 5223—2002 8.6 规定执行
10	断面收缩率	1 根/盘		按 GB/T 5223—2002 8.4.5 规定执行
11	镦头强度	3 根/每批		按 GB/T 5223—2002 8.8 规定执行
12	应力松弛性能	不少于 1 根/每合同批		按 GB/T 5223—2002 8.7 规定执行

注：合同批为一个订货合同的总量，在特殊情况下，松弛试验可以由工厂连续检验提供同一种原料，同一生产工艺的数据所代替。

5.《预应力混凝土用钢绞线》(GB/T 5224—2003)

本标准适用于冷拉光圆钢丝及刻痕钢丝捻制的用于预应力混凝土结构的钢绞线（以下简称钢绞线）。

钢绞线按结构分为 5 类，其代号为：

用两根钢丝捻制的钢绞线　　1×2

用三根钢丝捻制的钢绞线　　1×3

用三根刻痕钢丝捻制的钢绞线　　1×3I

用七根钢丝捻制的标准型钢绞线　　1×7

用七根钢丝捻制又经模拔的钢绞线　　(1×7)C

钢绞线标记内容应包括：预应力钢绞线，结构代号，公称直径，强度级别，标准号。

示例 1：公称直径为 15.20mm，强度级别为 1 860MPa 的七根钢丝捻制的标准型钢绞线其标记为：

预应力钢绞线 1×7—15.20—1860—GB/T 5224—2003

示例 2：公称直径为 8.74mm，强度级别为 1 670MPa 的三根刻痕钢丝捻制的钢绞线，其标记为：

预应力钢绞线 1×3I—8.74—1670—GB/T 5224—2003

示例 3：公称直径为 12.70mm，强度级别为 1 860MPa 的七根钢丝捻制又经模拔的钢绞线，其标记为：

预应力钢绞线(1×7)C—12.70—1 860—GB/T 5224—2003

钢绞线外形、尺寸、质量及允许偏差相关规定分别见图 1-1-9 及表 1-1-42～表 1-1-44。

1×2 结构钢绞线尺寸及允许偏差、每米参考质量 表 1-1-42

钢绞线结构	公称直径		钢绞线直径允许偏差 (mm)	钢绞线参考截面积 S_n (mm^2)	每米钢绞线参考质量 (g/m)
	钢绞线直径 D_n(mm)	钢丝直径 d(mm)			
1×2	5.00	2.50	+0.15 −0.05	9.82	77.1
	5.80	2.90		13.2	104
	8.00	4.00	+0.25 −0.10	25.1	197
	10.00	5.00		39.3	309
	12.00	6.00		56.5	444

a)1×2 结构钢绞线外形示意图

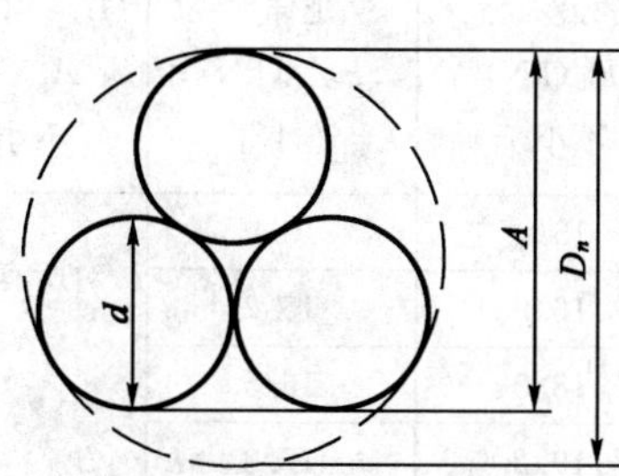

b)1×3 结构钢绞线外形示意图

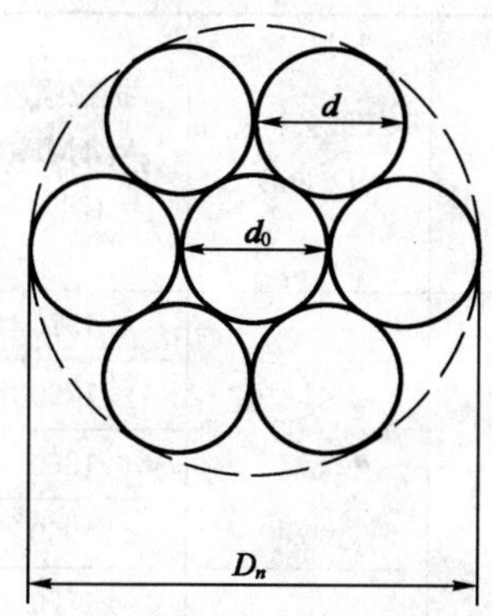

c)1×7 结构钢绞线外形示意图

图 1-1-9　钢绞线外形示意图

1×3 结构钢绞线尺寸及允许偏差、每米参考质量　　表 1-1-43

钢绞线结构	公称直径		钢绞线测量尺 A(mm)	测量尺寸 A 允许偏差 (mm)	钢绞线参考截面积 S_n(mm²)	每米钢绞线参考质量 (g/m)
	钢绞线直径 D_n(mm)	钢丝直径 d(mm)				
1×3	6.20	2.90	5.41	+0.15 −0.05	19.8	155
	6.50	3.00	5.60		21.2	166
	8.60	4.00	7.46	+0.20 −0.10	37.7	296
	8.74	5.05	7.56		38.6	303
	10.80	5.00	9.33		58.9	462
	12.90	6.00	11.2		84.8	666
1×3	8.74	4.05	7.56		38.6	303

1×7 结构钢绞线的尺寸及允许偏差、每米参考质量　　表 1-1-44

钢绞线结构	公称直径 D_n (m)	直径允许偏差 (mm)	钢绞线参考截面积 S_n (mm²)	每米钢绞线参考质量 (g/m)	中心钢丝直径 d_2 加大范围(%) 不小于
1×7	9.50	+0.30 −0.15	54.8	430	2.5
	11.10		74.2	582	
	12.70	+0.40 −0.20	98.7	775	
	15.20		140	1101	
	15.70		150	1178	
	17.80		191	1500	
(1×7)C	12.70	+0.40 −0.20	112	890	
	15.20		165	1295	
	18.00		223	1750	

(1)牌号及化学成分

牌号和化学成分应符合 YB/T 146 或 YB/T 170 的相关规定。化学成分不作为交货条件。

(2)力学性能

1×2 结构钢绞线的力学性能应符合表 1-1-45 规定。1×3 结构钢绞线的力学性能应符合表 1-1-46 规定。1×7 结构钢绞线的力学性能应符合表 1-1-47 规定。

1×2 结构钢绞线力学性能 表 1-1-45

钢绞线结构	钢绞线公称直径 D_n(m)	抗拉强度 R_m(MPa) 不小于	整根钢绞线的最大力 F_m(kN) 不小于	规定非比例延伸力 $F_{p0.2}$(kN) 不小于	最大力总伸长率 (L_0≥400mm) A_{gt}(%) 不小于	应力松弛性能	
						初始负荷相当于公称最大力的百分数(%)	1000h 后应力松弛率 r(%) 不大于
1×2	5.00	1570	15.4	13.9	对所有规格	对所有规格	对所有规格
		1720	16.9	15.2			
		1860	18.3	16.5			
		1960	19.2	17.3			
	5.80	1570	20.7	18.6			
		1720	22.7	20.4		60	1.0
		1860	24.6	22.1			
		1960	25.9	23.3			
	8.00	1470	36.9	33.2	3.5		
		1570	39.4	35.5		70	2.5
		1720	43.2	38.9			
		1860	46.7	42.0			
		1960	49.2	44.3		80	4.5
	10.00	1470	57.8	52.0			
		1570	61.7	55.5			
		1720	67.6	60.8			
		1860	73.1	65.8			
		1960	77.0	69.3			
	12.00	1470	83.1	74.8			
		1570	88.7	79.8			
		1720	97.2	87.5			
		1860	105	94.5			

注：规定非比例延伸力 $F_{p0.2}$ 值不小于整根钢绞线公称最大力 Fm 的 90%。

1×3 结构钢绞线力学性能 表 1-1-46

钢绞线结构	钢绞线公称直径 D_n(m)	抗拉强度 R_m(MPa) 不小于	整根钢绞线的最大力 F_m(kN) 不小于	规定非比例延伸力 $F_{p0.2}$(kN) 不小于	最大力总伸长率 (L_0≥400mm) A_{gt}(%) 不小于	应力松弛性能	
						初始负荷相当于公称最大力的百分数(%)	1000h 后应力松弛率 r(%) 不大于
1×3	6.20	1570	31.1	28.0	对所有规格	对所有规格	对所有规格
		1720	34.1	30.7			
		1860	36.8	33.1			
		1960	38.8	34.9			
	6.50	1570	33.3	30.0			
		1720	36.5	32.9			
		1860	39.4	35.5			
		1960	41.6	37.4			

续上表

钢绞线结构	钢绞线公称直径 D_n(m)	抗拉强度 R_m(MPa) 不小于	整根钢绞线的最大力 F_m(kN) 不小于	规定非比例延伸力 $F_{p0.2}$(kN) 不小于	最大力总伸长率 (L_0≥400mm) A_{gt}(%) 不小于	应力松弛性能	
						初始负荷相当于公称最大力的百分数(%)	1000h 后应力松驰率 r(%) 不大于
1×3	8.60	1470	55.4	49.9	对所有规格	对所有规格	对所有规格
		1570	59.2	53.3			
		1720	64.8	58.3			
		1860	70.1	63.1			
		1960	73.9	66.5			
	8.74	1570	60.6	54.5			
		1670	64.5	58.1			
		1860	71.8	64.6			
	10.80	1470	86.6	77.9			
		1570	92.5	83.3			
		1720	101	90.9		60	1.0
		1860	110	99.0			
		1960	115	104			
	12.90	1470	125	113		70	2.5
		1570	133	120			
		1720	146	131	3.5		
		1860	158	142			
		1960	166	149			
	8.74	1570	60.6	54.5		80	4.5
		1670	64.5	58.1			
		1860	71.8	64.6			

注：规定非比例延伸力 $F_{p0.2}$值不小于整根钢绞线公称最大力 F_m 的 90%。

1×7 结构钢绞线力学性能　　表 1-1-47

钢绞线结构	钢绞线公称直径 D_n(m)	抗拉强度 R_m(MPa) 不小于	整根钢绞线的最大力 F_m(kN) 不小于	规定非比例延伸力 $F_{p0.2}$(kN) 不小于	最大力总伸长率 (L_0≥400mm) A_{gt}(%) 不小于	应力松弛性能	
						初始负荷相当于公称最大力的百分数(%)	1000h 后应力松驰率 r(%) 不大于
1×7	9.50	1720	94.3	84.9	对所有规格	对所有规格	对所有规格
		1860	102	91.8			
		1960	107	96.3			
	11.10	1720	128	115			
		1860	138	124			
		1960	145	131			

续上表

钢绞线结构	钢绞线公称直径 D_n(m)	抗拉强度 R_m(MPa) 不小于	整根钢绞线的最大力 F_m(kN) 不小于	规定非比例延伸力 $F_{p0.2}$(kN) 不小于	最大力总伸长率 (L_0≥400mm) A_{gt}(%) 不小于	应力松弛性能	
						初始负荷相当于公称最大力的百分数(%)	1000h 后应力松弛率 r(%) 不大于
1×7	12.70	1720	170	153	对所有规格	对所有规格	对所有规格
		1860	184	166			
		1960	193	174			
	15.20	1470	206	185			
		1570	220	198			
		1670	234	211			
		1720	241	217			
		1860	260	234		60	10
		1960	274	247			
	15.70	1770	266	239			
		1860	279	251			
	17.80	1720	327	294		70	2.5
		1860	353	318	3.5		
(1×7)C	12.70	1860	208	187			
	15.20	1820	300	270			
	18.00	1720	384	346		80	4.5

注：规定非比例延伸力 $F_{p0.2}$ 值不小于整根钢绞线公称最大力 F_m 的 90%。

供方每一交货批钢绞线的实际强度不能高于其抗拉强度级别 200MPa。钢绞线弹性模量为(195±10)GPa，但不作为交货条件。

6.《预应力混凝土用螺纹钢筋》(GB/T 20065—2006)

本标准适用于采用热轧、轧后余热处理或热处理等工艺生产的预应力混凝土用螺纹钢筋。

预应力混凝土用螺纹钢筋，以屈服强度划分级别，代号为 PSB，即 Prestressing Screw Bars 首位字母大写，如 PSB830 即为预应力螺纹钢筋，其屈服强度为 830MPa。

预应力螺纹钢筋公称直径范围为 18mm、25mm、32mm、40mm、50mm，本规范推荐使用 25mm 和 32mm，并可按用户要求供货。钢筋表面及截面形状见图 1-1-10。

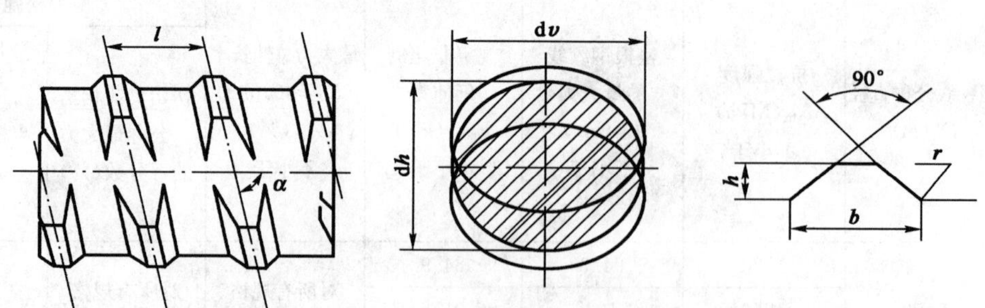

dh-基圆直径；dv-基圆直径；h-螺纹高；b-螺纹底宽；l-螺距；r-螺纹根弧；α-导角

图 1-1-10 钢筋表面及截面形状

钢筋以热轧状态、轧后余热处理状态或热处理状态按直条交货。

(1)牌号及化学成分

钢筋的熔炼分析中，硫磷含量不大于0.035%。生产厂应进行化学成分和合金元素的选择，以保证经不同方法加工的成品钢筋能满足表1-1-39规定力学性能要求。

(2)力学性能

钢筋的力学性能，应符合表1-1-48的规定。

表1-1-48

级　别	屈服强度 R_{el}(MPa)	抗拉强度 R_m(MPa)	断后伸长率 A(%)	最大力下总伸长率 A_{gt}(%)	应力松弛性能	
	不小于				初始应力	1000h后应力松弛率 V_t(%)
PSB785	785	980	7	3.5	0.8R_{eL}	≤3
PSB830	830	1030	6			
PSB930	930	1080	6			
PSB1080	1080	1230	6			

注：无明显屈服时，用规定非比例延伸强度($R_{p0.2}$)代替

供方在保证钢筋1000h松弛性能合格的基础上，可进行10h松弛试验，初始应力为公称屈服强度的80%，松弛率不大于1.5%。

伸长率类型通常选用A，经供需双方协商，也可选用Agt。

经供需双方协商，可进行疲劳试验。

(3)检验项目

每批钢筋的检验项目、取样方法和试验方法，应符合表1-1-49的规定。

表1-1-49

序　　号	检 验 项 目	取 样 方 法	取 样 数 量	试 验 方 法
1	化学成分	GB/T 20066	1	GB/T 223、GB/T 4336
2	拉伸①	任选两根钢筋	2	GB/T 228、GB/T 20065—2006 8.2条
3	松弛②	任选一根钢筋	1/每1000t	GB/T 10120、GB/T 20065—2006 8.3条
4	疲劳	任选一根钢筋	1	GB/T 3075
5	表面		逐支	目视
6	质量偏差	GB/T 20065—2006 6.7条		

注：①拉伸试验

拉伸试验应采用全截面尺寸钢筋试样进行。不允许用机加工减少截面的试样。单位应力测定应按公称横截面积计算，A_{gt}的测量见GB/T 20065—2006附录A。

②松弛试验

钢筋的应力松弛性能试验应按GB/T 10120的规定进行。试验期间，试样的环境温度应保持在20℃±2℃内。试样标距长度不小于公称直径的60倍。试样制备后不得进行任何热处理和冷加工。初始负荷应在3～5min内均匀施加完毕，持荷1min后开始初录松弛值。允许用至少100h的测试数据推算1000h的松弛率值。

第二节　拉 伸 试 验

一、金属材料

室温拉伸试验：金属材料室温拉伸试验应符合《金属材料室温拉伸试验方法》(GB/T 228—2002)要求，该规范适用于金属材料室温拉伸的抗拉强度R_m、屈服强度R_e、伸长率A及断面收缩率Z的测定。包括板材、棒材、线材、管材及其相应的焊接接头、焊缝及熔敷金属等。

该规范使用的主要符号说明，见表 1-1-50。

主要符号说明 表 1-1-50

符　　号	单　　位	名　　称	说　　明
力			
F_m	N	最大力	R_m 对应的力
屈服强度—规定强度—抗拉强度			
R_{e_H}	N/mm²	上屈服强度	图 1-1-1d)
R_{eL}	N/mm²	下屈服强度	图 1-1-11d)
R_p	N/mm²	规定非比例延伸强度	图 1-1-11b)
R_t	N/mm²	规定总延伸强度	总延伸率等于规定引伸计百分率时的应力
R_r	N/mm²	规定残余延伸强度	图 1-1-11c)
R_m	N/mm²	抗拉强度	图 1-1-11d)
E	N/mm²	弹性模量	
伸长			
ΔL_m	mm	最大力(F_m)总延伸	
—	mm	断后伸长(L_u-L_0)	
A	%	断后伸长率：$\frac{L_u-L_0}{L_0}\times 100$	图 1-1-11a)
A_t	%	断裂总伸长率	图 1-1-11a)
A_e	%	屈服点延伸率	图 1-1-11a)
A_g	%	最大力(F_m)非比例伸长率	图 1-1-11a)
A_{gt}	%	最大力(F_m)总伸长率	图 1-1-11a)
Z	%	断面收缩率：$\frac{S_0-S_u}{S_0}\times 100$	

1. 试样

(1)形状与尺寸

①一般要求。试样的形状与尺寸取决于被试验的金属产品的形状与尺寸。通常从产品、压制坯或铸锭切取样坯经机加工制成试样。但具有恒定横截面的产品，如型材、棒材、线材等，可以不经机加工而进行试验。

试样横截面可以为圆形、矩形、多边形、环形、特殊情况下可以为某些其他形状。

试样原始标距与原始横截面积有 $L_0=k\sqrt{S_0}$ 关系者称为比例试样。国际上使用的比例系数 k 的值为 5.65。原始标距应不小于 15mm。当试样横截面积太小，以致采用比例系数 k 为 5.65 的值不能符合这一最小标距要求时，可以采用较高的值(优先采用 k 为 11.3 的值)或采用非比例试样。非比例试样其原始标距(L_0)与其原始横截面积(S_0)无关。

试样的尺寸公差应符合规范 GB/T 228—2002 相应的附录要求。

②机加工的试样。如试样的夹持端与平行长度的尺寸不相同，它们之间应以过渡弧连接(见图 1-1-12、图 1-1-13)，此弧的过渡半径的尺寸很重要，圆形截面 $r\geqslant 0.75d$，矩形截面 $r\geqslant$12mm。

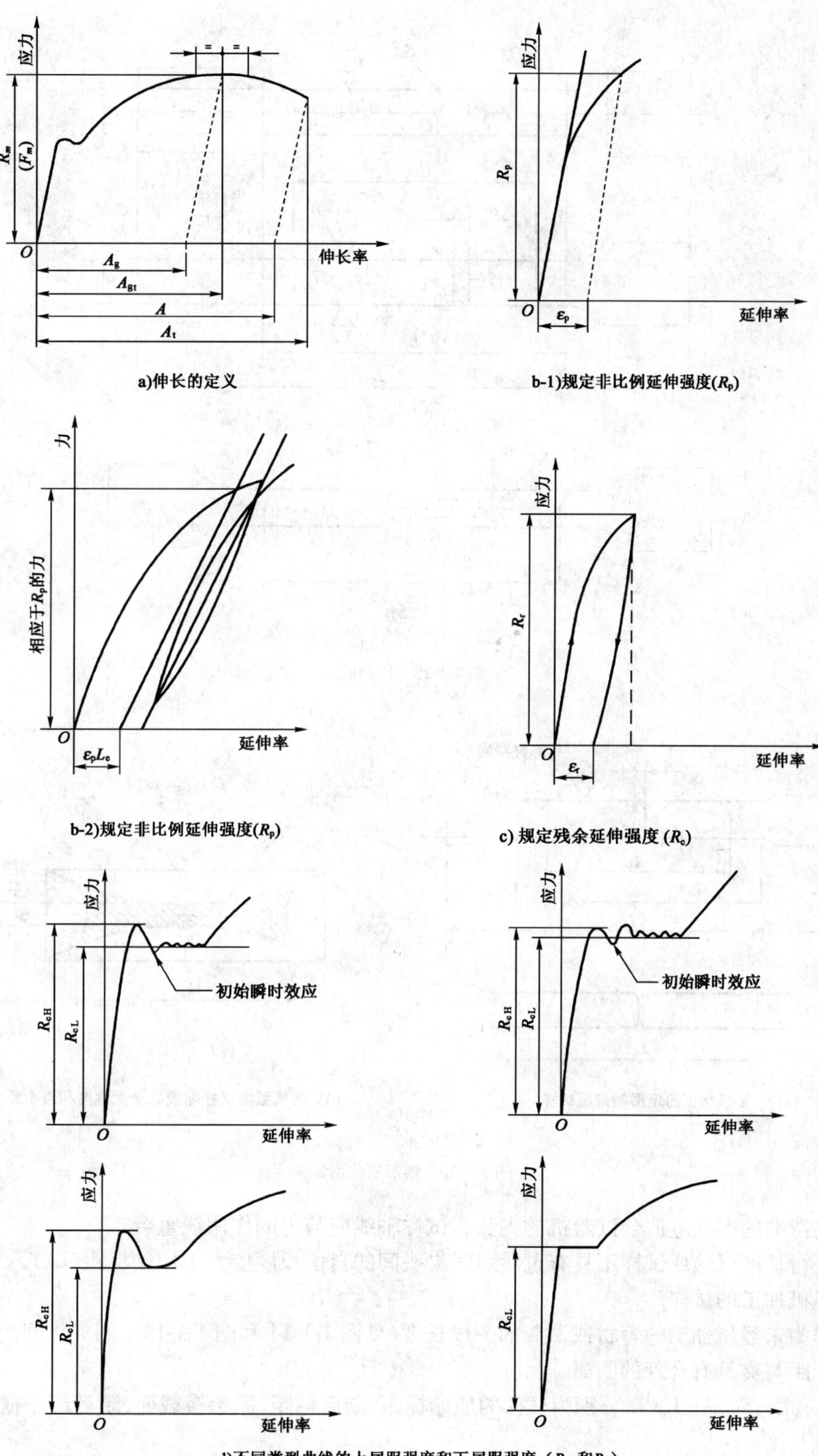

图 1-1-11　GB/T 228—2002 符号、定义示意

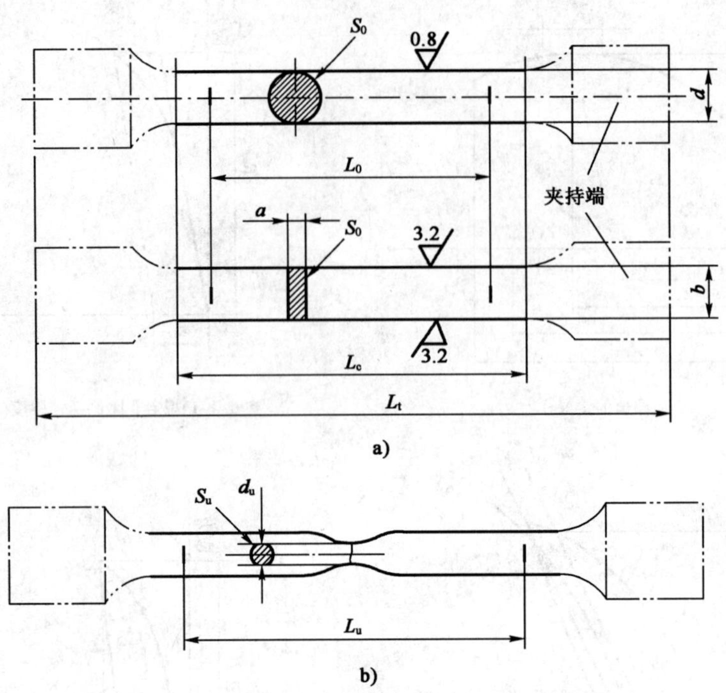

图 1-1-12　比例试样

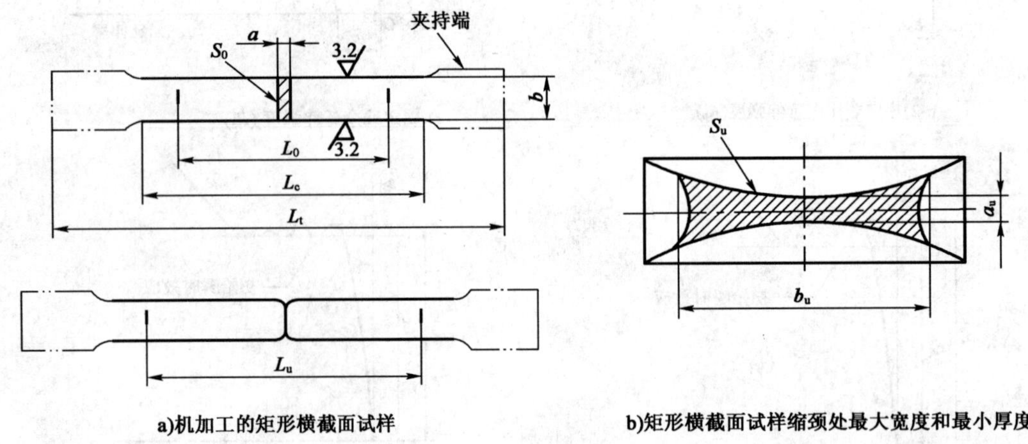

a)机加工的矩形横截面试样　　b)矩形横截面试样缩颈处最大宽度和最小厚度

图 1-1-13　矩形横截面试样

试样夹持端的形状应适合试验机的夹头。试样轴线应与力的作用线重合。

试样平行长度(L_c)或试样不具有过渡弧时夹头间的自由长度应大于原始标距(L_0)。

③不经机加工的试样

如试样为未经机加工的管材或试棒的一段长度(见图 1-1-14 和图 1-1-15)，两夹头间的长度应足够，以使原始标距与夹具有合理的距离。

图中 L_0、L_u、S_0、S_u、L_c、L_t分别为试样的原始标距、断后标距、原始横截面、断后最小横截面、平行长度及试样总长度。

(2)试件设计及加工

常用试件分别见表 1-1-51～表 1-1-53，试件的加工应满足设计尺寸及尺寸公差及形位公差要求。

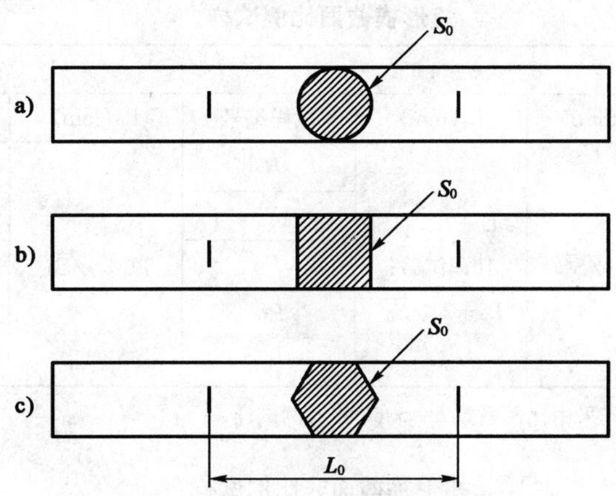

图 1-1-14　为产品一部分不经机加工试样

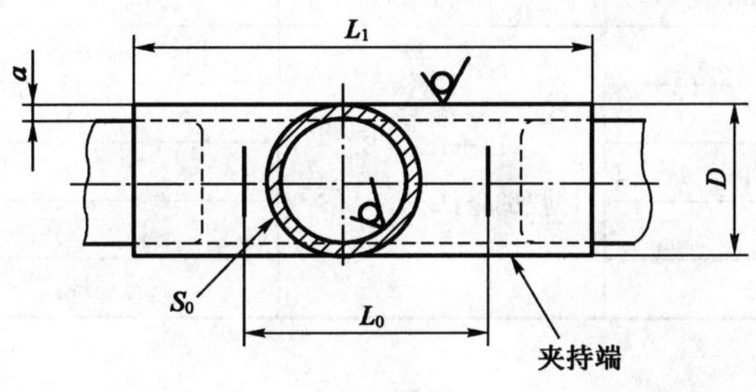

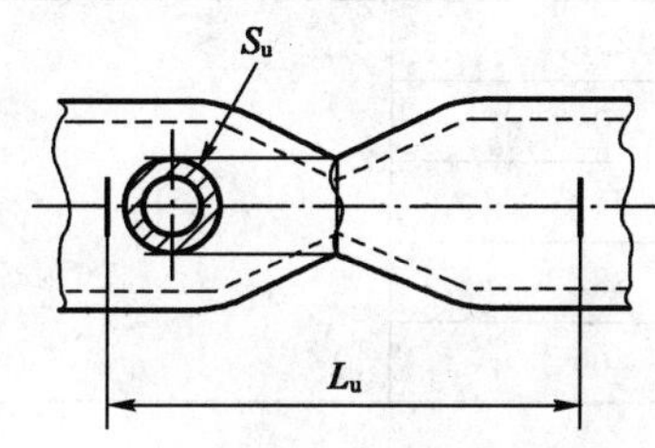

a)管段试验段

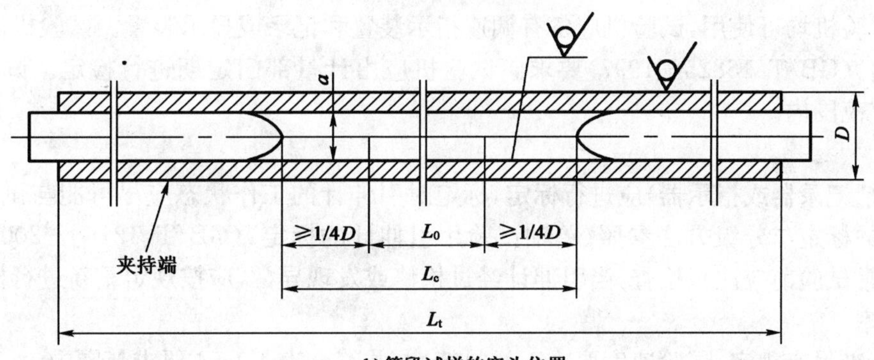

b)管段试样的塞头位置

图 1-1-15　管段试样

圆形横截面比例试样　　表 1-1-51

d(mm)	r(mm)	k=5.65			k=11.3		
		L_0(mm)	L_c(mm)	试样编号	L_0(mm)	L_c(mm)	试样编号
25	≥0.75d	5d	≥$L_0+d/2$ 仲裁试验：L_0+2d	R_1	10d	≥$L_0+d/2$ 仲裁试验：L_0+2d	R_{01}
20				R_2			R_{02}
15				R_3			R_{03}
10				R_4			R_{04}
8				R_5			R_{05}
6				R_6			R_{06}
5				R_7			R_{07}
3				R_8			R_{08}

注：1. 如相关产品标准无具体规定，优先采用 R_2、R_4 或 R_7 试样。

2. 试样总长度取决于夹持方法，原则上 $L_t>L_c+4d$。

矩形横截面比例试样

表 1-1-52

d(mm)	r(mm)	k=5.65			k=11.3		
		L_0(mm)	L_c(mm)	试样编号	L_0(mm)	L_c(mm)	试样编号
12.5	≥12	$5.65\sqrt{S_0}$	$\geqslant L_0+1.5\sqrt{S_0}$ 仲裁试验：$L_0+2\sqrt{S_0}$	P_7	$11.3\sqrt{S_0}$	$\geqslant L_0+1.5\sqrt{S_0}$ 仲裁试验：$L_0+2\sqrt{S_0}$	P_{07}
15				P_8			P_{08}
20				P_9			P_{09}
25				P_{10}			P_{10}
30				P_{11}			P_{11}

注：如相关产品标准无具体规定，优先采用比例系数 k=5.65 的比例试样。

矩形横截面非比例试样

表 1-1-53

b(mm)	r(mm)	L_0(mm)	L_c(mm)	试 样 编 号
12.5	≥12	50	$\geqslant L_0+1.5\sqrt{S_0}$ 仲裁试验：$L_0+2\sqrt{S_0}$	P_{12}
20		80		P_{13}
25		50		P_{14}
38		50		P_{15}
40		200		P_{16}

2. 试验设备及加载速率

(1)试验机

各种类型试验机均可使用，试验机应备有调速指示装置和记录或显示装置。试验机误差应符合《拉伸试验机的检验》(GB/T 16825—1997)要求。试验机应由计量部门定期进行检定。试验时所使用力的范围应在检定范围内。

(2)引伸计

引伸计(包括记录器或指示器)应进行标定，标定时引伸计的工作状态应尽可能与试验时的工作状态相同，引伸计的标定与分级方法参照《单轴试验用引伸计的标定》(GB/T 12160—2002)。经过标定的引伸计，在日常试验前应注意检查，当引伸计经过检修或发现异常，应按规定重新进行标定。

(3)加载速率

除非产品标准另有规定，试验速度取决于材料特性，并符合表 1-1-54 要求范围内。

材料的弹性模量与加载速率

表 1-1-54

金属材料的弹性模量(MPa)	应力速率($MPa \cdot s^{-1}$)	
	最小	最大
<150 000	2	20
≥150 000	6	60

(4)测定试件的原始标准及横截面

原始标距的测定应准确至±1%，由测定的原始尺寸计算原始横截面积，每个尺寸应准确至±0.5%。圆试件应在标距两端及中间三处两个相互垂直方向量测直径，取其算术平均值，并取三处测得之最小横截面；矩形试件，在标距两端和中间三处测量宽度和厚度，取用三处测得的最小截面积。宽度的测量误差不应大于±0.2%。

3. R_m、R_{eH}、R_{eL}、A 及 Z 等参数测量

(1)抗拉强度测定

按定义，最大力 F_m 除以原始截面 S_0 即为 R_m[如图 1-1-11a)]。最大力则由图解法或指针法测定。

对于呈现明显屈服(不连续屈服)现象的金属材料,从记录的力—延伸或力—位移曲线图,或从测力度盘,读取屈服阶段之后的最大力,见图 1-1-11a),对于呈现无明显屈服(连续屈服)现象的金属材料,从记录的力—延伸或力—位移曲线图,或从测力度盘,读取试验过程中的最大力。如具有微机处理系统,可自动记录不绘制拉伸曲线。

(2)上、下屈服强度测定

呈现明显屈服(不连续屈服)现象的金属材料,相关产品标准规定测定上屈服强度和下屈服强度两者或两者之一,如未具体规定,应测定上屈服强度和下屈服强度,见图 1-1-11d)。按照定义采用图解法、指针法或自动装置。

①图解方法:试验时记录力—延伸曲线或力—位移曲线。从曲线图读取力首次下降前的最大力和不计初始瞬时效时屈服阶段中的最小力或屈服平台的恒定力。将其分别除以试样原始横截面积 S_0,得到上屈服强度和下屈服强度,见图 1-1-11d)。仲裁试验采用图解方法。

②指针方法:试验时,读取测定度盘指针首次回转前指示的最大力和不计初始瞬时效应时屈服阶段中指示的最小力或首次停止转动指示的恒定力。将其分别除以试样原始横截面积 S_0,得到上屈服强度和下屈服强度。

③可以使用自动装置(例如微处理机等)或自动测试系统测定上屈服强度和下屈服强度,可以不绘制拉伸曲线图。

(3)规定非比率延伸强度

见图 1-1-11b-1)和 b-2)。

根据力—延伸曲线图测定规定非比例延伸强度。在曲线图上,画一条与曲线的弹性直线段部分平行,且在延伸上与此直线段的距离等效于规定非比例延伸率。例如 0.2%的直线,此平行线与曲线的交截点给出相应于所求规定非比例延伸强度的力。此力除以试样原始横截面积 S_0,得到规定非比例延伸强度,见图 1-1-11b-1)。

准确绘制力—延伸曲线图十分重要。

如力—延伸曲线图的弹性直线部分不能明确地确定,以致不能以足够的准确度划出这一平行线,推荐采用如下方法[见图 1-1-11b-2)]。

试验时,当已超过预期的规定非比例延伸强度后,将力降至约为已达到的力的 10%。然后再施加力直至超过原已达到的力。为了测定规定非比例延伸强度,过滞后环画一直线。然后经过横轴上与曲线原点的距离等效于所规定的非比例延伸率的点,作平行于此直线的平行线,平行线与曲线的交截点给出相应于规定非比例延伸强度的力,此力除以试样原始横截面积 S_0,得到规定非比例延伸强度,见图 1 -1-11b-2)。

可以使用自动装置(例如微机处理机等)或自动测试系统测定规定非比例延伸强度,可以不绘制力—延伸曲线图。

日常一般试验允许采用绘制力—夹头位移曲线的方法测定规定非比例延伸率等于或大于 0.2%的规定非比例延伸强度。仲裁试验不采用此方法。

(4)规定残余延伸强度测定

卸除应力后残余延伸率等于规定的引伸计标距(L_e)百分率时对应的应力,见图 1-1-11c)。使用的符号应附以下脚注说明所规定的百分率。例如 $R_{p0.2}$,表示规定残余延伸率为 0.2%时的应力。

测定规定残余延伸强度可采用卸力法,举例说明如下:

试验材料:钢,预期的规定残余延伸强度 $R_{r0.2}\approx800\text{N/mm}^2$;试样尺寸:$d=10\text{mm}$,$S_0=78.54\text{mm}^2$;引伸计:表式引伸计,1 级准确度,$L_e=50\text{mm}$,每一分度值为 0.01mm;试验机:最大量程 200kN,选用度盘为 100kN;试验速率:按照表 1-1-54 的规定要求。

按照预期的规定残余延伸度计算相应于应力值 10%的预拉力为:$F_0=R_{r0.2}\cdot S_0\times10\%=6\,283.2\text{N}$,化整后取 6 000N。此时,引伸计的条件零点为 1 分度。

使用的引伸计标距为50mm，测定规定残余延伸强度$R_{r0.2}$所要达到的残余延伸应力$50 \times 0.2\% = 0.1$mm。将其折合成引伸计的分度数为：$0.1 \div 0.01 = 10$分度。

从F_0起第一次施加力直至试样在引伸计标距的长度上产生总延伸(相应于引伸计的分度数)应为：$10+(1\sim2)=11\sim12$分度。由于条件零点为1分度，总计为13分度。保持力10～12s后，将力降至F_0。引伸计读数为23分度，即残余延伸为1.3分度。

第二次施加力直至引伸计达到读数应为：在上一次读数13分度的基础上，加上规定残余延伸10分度与已得残余延伸1.3分度之差，再加上1～2分度，即$13+(10-1.3)+2=23.7$分度。保持力10～12s，将力降至F_0后得到7.3分度的残余延伸读数。

第三次施加力直至引伸计达到的读数应为：$23.7+(10-7.3)+1=27.4$分度。

试验直至残余延伸读数达到或稍微超过10分度为止。试验记录见表1-1-55。

规定残余延伸强度$R_{r0.2}$计算如下：

由表1-1-55查出残余延伸读数最接近10分度的力值读数为61000N，亦即测定的规定残余延伸力应在61 000～62 000N之间，用线性内插法求得规定残余延伸力为：

$$F_{r0.2} = \frac{(10.5-10)\times 61000 + (10-9.7)\times 62000}{10.5-9.7} = 61375\text{N}$$

得到：

$$R_{r0.2} = \frac{61375}{78.54} = 781.45\text{N}$$

按要求修约后结果为：$R_{r0.2}=780\text{N/mm}^2$。

力—残余延伸数据记录 表1-1-55

力(N)	施加力引伸计读数分度	预拉力引伸计读数分度	残余延伸分度
6000	1.0	—	—
41000	13.0	2.3	1.3
57000	23.7	8.3	7.3
61000	27.4	10.7	9.7
62000	28.7	11.5	10.5

(5)断后伸长率测定

为了测定断后伸长率，应将试样断裂的部分仔细配接在一起使其轴线处于同一直线上，并保证试样断裂部分适当接触，测量断后标距，使用量具分辨率≤0.1mm，测量断后标距L_n精确至±0.25mm，按表1-1-53分式计算。

(6)断面收缩率测定

按照定义测定断面收缩率。断裂后最小横截面积的测定应准确到±2%。

测量时，如需要，将试样断裂部分仔细地配接在一起，使其轴线处于同一直线上。对于圆形横截面试样，在缩颈最小处相互垂直方向测量直径，取其算术平均值计算最小横截面积；对于矩形横截面试样，测量缩颈处的最大宽度和最小厚度，两者之乘积为断后最小横截面积。

原始横截面积S_0与断后最小横截面积S_u之差除以原始横截面积S_0的百分率得到断面收缩率。

二、焊接接头、焊缝金属

焊接接头、焊缝金属室温拉伸，按国标《焊接接头拉伸试验方法》(GB/T 2651—2008)进行。除非另有要求，环境温度应为23℃±5℃，拉伸试验及参数测定方法同GB/T 228—2002。对试件的设计和制造，检查及断后检测有不同的关注点。

1. *焊接接头*

焊接接头包括熔化焊和摩擦压力焊。

试件应从焊接接头垂直于焊缝轴线方向截取，试样加工完成后，焊缝的轴线应位于平行长度部分的中间。试件在接头中截取位置及加工后焊缝的位置，见图 1-1-16～图 1-1-19。试件过渡弧半径 $r \geqslant$ 25mm，平行长度 $L_c \geqslant L_s + 60$mm，夹持部分适应试验机夹具要求。十字焊接接头如图 1-1-20。

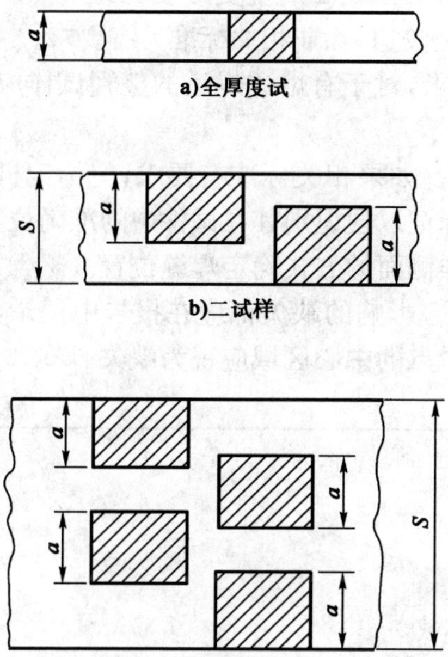

a)全厚度试

b)二试样

c)多试样

图 1-1-16　接头中试件截取位置

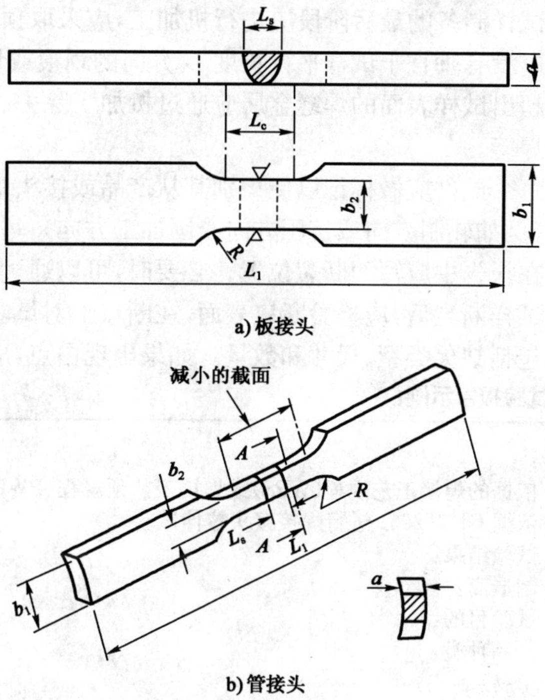

a)板接头

减小的截面

b)管接头

图 1-1-17　板和管接头板状试样

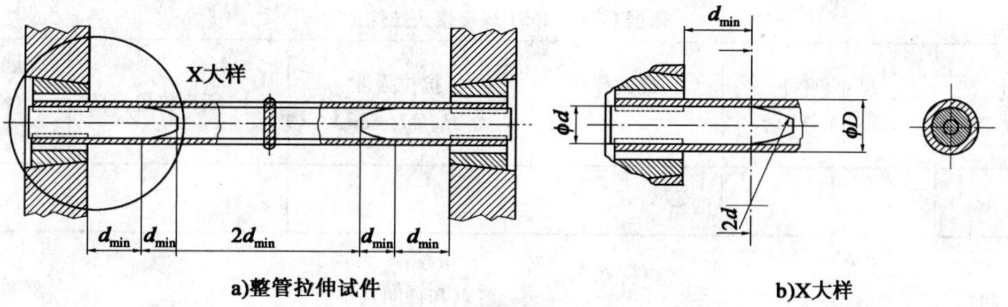

X大样

a)整管拉伸试件

b)X大样

图 1-1-18　整管拉伸试样

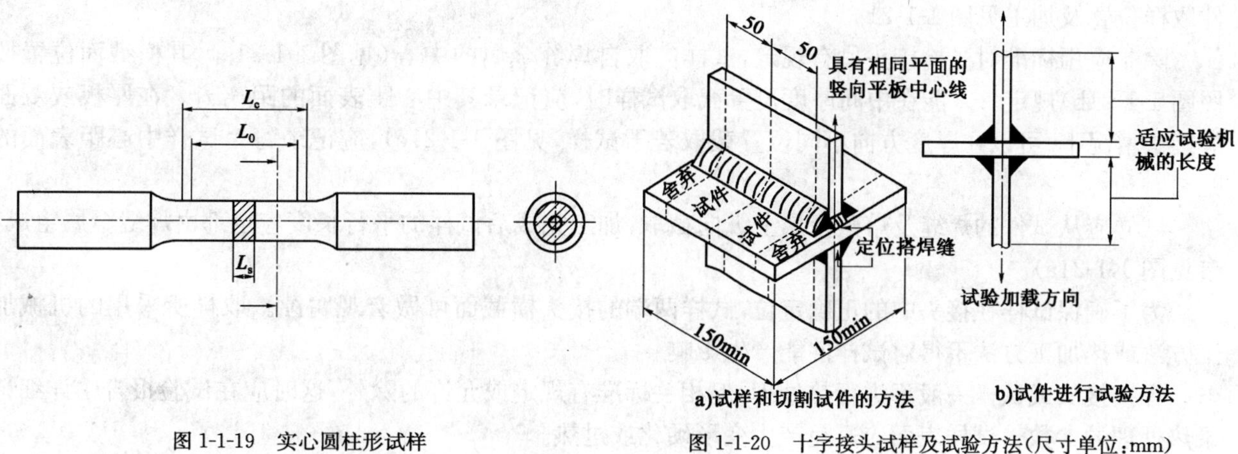

图 1-1-19　实心圆柱形试样

图 1-1-20　十字接头试样及试验方法(尺寸单位:mm)

取样所采用的机械加工方法或热加工方法不得对试样性能产生影响。

焊接接头或试样一般不进行热处理，但相关标准规定或允许被试验的焊接接头进行热处理除外，这时应在试验报告中详细记录热处理的参数。

试样制备的最后阶段应进行机加工，应采取预防措施避免加工在表面产生变形硬化或过热。试样表面应没有垂直于试样平行长度 L_c 方向的划痕或切痕，不得除去咬边，除非相关标准另有要求。

超出试样表面的焊缝金属应通过机加工除去。除非另有要求，对于有熔透焊道的整管试样应保留管内焊缝。

每个试件应做标记以便识别其从产品或接头中取出的位置。如果相关标准有要求，应标记机加工方向（例如轧制方向或挤压方向或刨加工方向），每个试样应做标记以便识别其在试件中的准确位置。

在报告中应写明断裂位置。必要时，可以通过宏观侵蚀试样侧面的方式确定焊缝位置。

试样断裂后，应检验断口表面，在断口上对试验可能产生有害影响的缺欠都应在报告中记录，记录内容包括缺欠类型、尺寸和数量。如果出现白点，应予以记录，白点的中心区域应视为缺欠。

试验报告示例：

编号：

依据的焊接工艺规程（WPS）或焊接工艺预规程（PWPS）；

依据 GB/T2651 进行焊接接头拉伸试验。

试验结果：

制造商：

试验目的：

产品种类：

母材：

填充金属：

试验温度：

依据 GB/T 2651 焊接接头拉伸试验

试样编号 No. 位置	尺寸/直径 (mm)	最大载荷 F_m(N)	抗拉强度 R_m(N/mm^2)	断口位置	说明 (例如缺欠的类型和尺寸)

检测：　　　　　　　　　　　　审核：

（签名和日期）　　　　　　　　（签名和日期）

2. 焊缝及熔敷金属拉伸试验

焊缝及熔敷金属拉伸试验，按《焊缝及熔敷金属拉伸试验方法》(GB/T 2652—2008)进行。焊缝试件取样位置及加工见图 1-1-21。

除非应用标准对受检接头另有规定，试样应取自焊缝金属的中心（见图 1-1-21a），其横截面位置按照图 1-1-21b）规定。未能在中间厚度位置截取试样时，应记录其中心距表面的距离 t_1。在厚板或双面焊接头情况下，可以在厚度方向不同位置截取若干试样，见图 1-1-21c），应记录每个试样中心距表面的距离 t_1 和 t_2。

试样应从试件的焊缝及熔敷金属上纵向截取，加工完成后试样的平行长度应全部由焊缝金属组成，参见图 1-1-21a）。

为了确保试样在接头中的正确定位，试样两端的接头横截面可做宏观腐蚀。取样所采用的机械加工方法或热加工方法不得对试样性能产生影响。

焊接接头或试样一般不进行热处理，但相关标准有规定或允许的除外，这时应在试验报告中详细记录热处理的参数。试样表面应避免产生变形硬化或过热。

每个试件都应做标记以识别其在接头中的准确位置，每个试样都应做标记以识别其在试件中的准

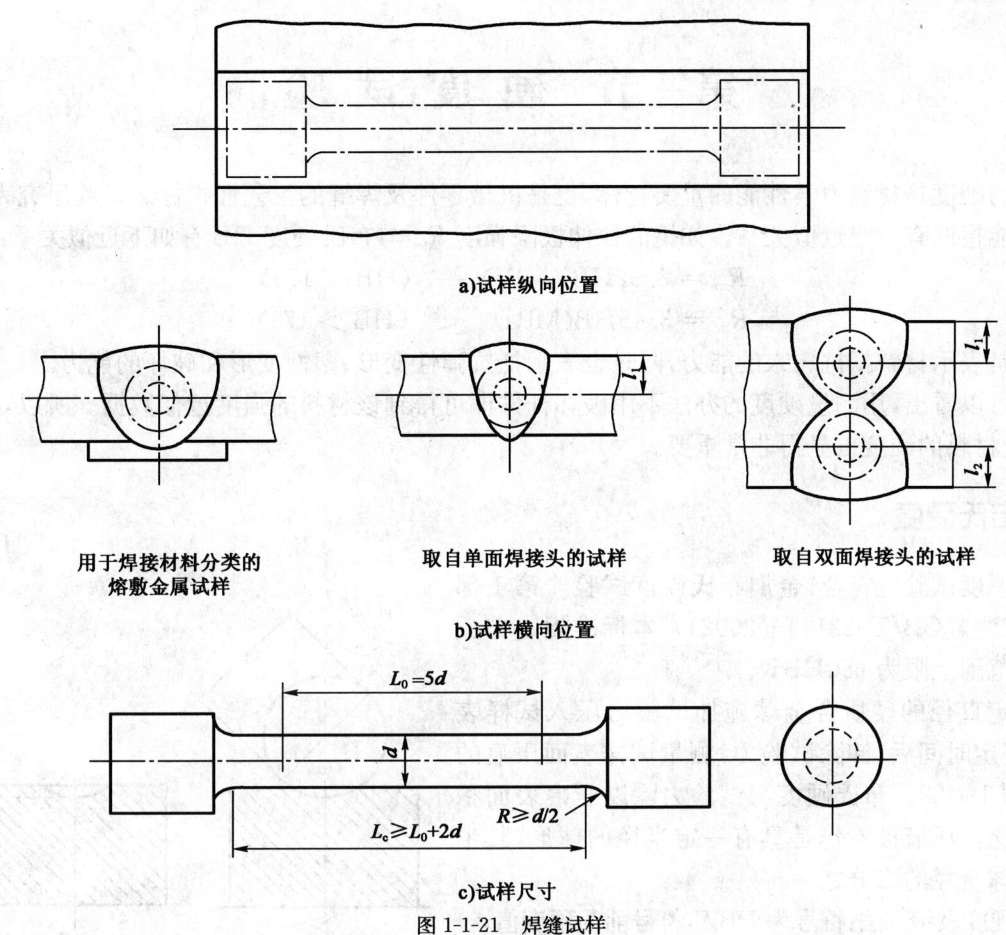

图 1-1-21　焊缝试样

确位置。

试验及参数检测按(GB/T 228—2002)进行。

试样断裂后,应检验断口表面,在断口上对试验可能产生有害影响的缺欠都应在报告中记录,记录内容包括缺欠类型、尺寸和数量。有白点存在时,应作记录且仅将白点的中心区域视为缺欠。

报告编写示例:

编号:

依据的焊接工艺规程(WPS)或焊接工艺预规程(pWPS)

依据 GB/T2652 进行焊缝及熔敷金属拉伸试验。

试验结果:

制造商:

试验目的:

产品种类:

母材:

填充金属:

依据 HN/T2652 焊缝及熔敷金属拉伸试验

试样编号 No. 位置	尺寸/直径 (mm)	屈服力 F_p(N)	最大力 F_m(N)	屈服强度 R_p (N/mm^2)	抗拉强度 R_m (N/mm^2)	原始标距 L_0(mm)	伸长率 A(%)	断面收缩率 Z(%)	试验温度 (℃)	备注 (例如缺欠类型和尺寸)

检测:　　　　　　　　　　　　审核:

(签名和日期)　　　　　　　　　(签名和日期)

第三节　硬 度 试 验

材料的硬度是材料力学性能的重要指标，也是机械零件及焊缝的工艺性指标。试验研究表明，硬度与强度性能指标有一定近似关系。如钢的拉伸极限强度 R_m 与布氏硬度 HB 有如下近似关系：

$$R_m = 3.62\text{HB}\ (\text{MPa}) \qquad (\text{HB} < 175)$$
$$R_m = 3.45\text{HB}(\text{MPa}) \qquad (\text{HB} > 175) \tag{1-1-6}$$

硬度是表示材料抵抗压入的能力，同时也表示抵抗弹性变形、塑性变形和破坏的能力。

由此可以看出，用测量硬度的办法不用破坏杆件即可得到该材料的强度近似数据。所以，在工程检测中，测量材料的硬度也显得非常重要。

一、布氏硬度

布氏硬度试验应符合《金属布氏硬度试验　第 1 部分：试验方法》(GB/T 231.1—2002)。本标准规定布氏硬度试验范围上限为 650HBW。

对一定直径的硬质合金球施加试验力压入试样表面，保持规定时间后，卸除试验力，测量试样表面压痕的直径，见图 1-1-22。布氏硬度与试验力除以压痕表面积的商成正比。压痕被看作是具有一定半径的球形，其半径是压头球直径的二分之一。

布氏硬度表示方法：符号为 HBW，符号前为硬度值，符号后依次为钢球直径 D(mm)，压力 F 数值(N)及保持压力时间，10～15s 可不表示。符号及计算公式见表 1-1-56。

示例 1：350HBW5/750　表示用直径 5mm 的硬质合金球在 7.355kN 试验力下保持 10～15s 测定的布氏硬度值为 350。

示例 2：600HBW1/30/20　表示用直径 1mm 的硬质合金球在 294.2N 试验力下保持 20s 测定的布氏硬度值为 600。

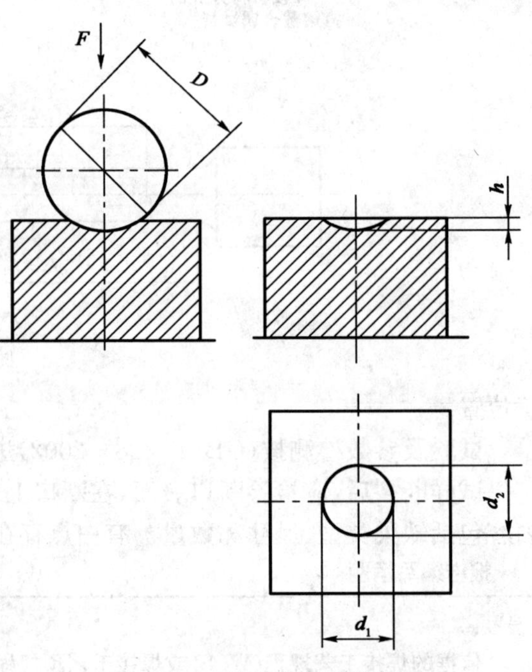

图 1-1-22　布氏硬度试验原理图

符 合 及 公 式 表　　表 1-1-56

符　号	说　明	单　位
D	球直径	mm
F	试验力	N
d	压痕平均直径 $\left(d=\dfrac{d_1+d_2}{2}\right)$	mm
d_1,d_2	在两相互垂直力方向测量的压痕直径	mm
h	压痕深度$=\dfrac{D-\sqrt{D^2-d^2}}{2}$	mm
HBW	布氏硬度$=$常数$\times\dfrac{\text{试验力}}{\text{压痕表面积}}$ $=0.102\times\dfrac{2F}{\pi D(D-\sqrt{D^2-d^2})}$	
$0.102\times F/D^2$	试验力—球直径平方的比率	

布氏硬度计施加的试验力、硬质合金球压头及压痕测量装置，应符合《金属布氏硬度试验第 2 部分：硬度计检验》(GB/T 231.2—2002)的规定要求。

1. 试样

试样表面应光滑、平坦，并且不应有氧化皮及外界污物，尤其不应有油脂。试样表面应能保证压痕直径的精确测量，表面粗糙度参数一般不大于 Ra 1.6μm。

制备试样时，应使过热或冷加工等因素对表面性能的影响减至最小。

试样厚度至少应为压痕深度的 8 倍。试样压痕深与平均直径的关系见表 1-1-47。当试样厚≤10mm 时，见标准 GB/T 231.2—2002 的附录 A。

试验后，试样背后如出现可见变形，则表明试样太薄。

2. 试验

试验一般在 10～35℃室温进行，对于温度要求严格的试验，温度为 23℃±5℃。

对于钢，试验力—压力球直径平方的比率($0.102F/D^2$)比值仅用 30。当试样尺寸允许时，应优先选用直径 10mm 的球压头进行试验。

使压头与试样表面接触，无冲击和振动地垂直于试样表面施加试验力，直至达到规定试验力值。从加力开始至施加完全部试验力的时间应在 2～8s 之间。试验力保持时间为 10～15s。对于要求试验力保持时间较长的材料，试验力保持时间允许误差为±2s。

在整个试验期间，硬度计不应受到影响试验结果的冲击和振动。

任一压痕中心距试样边缘的距离至少为压痕平均直径的 2.5 倍。

两相邻压痕中心间距离至少为压痕平均直径的 3 倍。

应在两相互垂直方向测量压痕直径。用两个读数的平均值计算布氏硬度。

3. 试验报告

试验报告应包括如下内容：

(1)采用的国家标准编号：

(2)有关试样的详细资料；

(3)试验温度；

(4)试验结果；

(5)不在标准 GB/T 231.2—2002 规定之内的各种操作；

(6)影响试验结果的各种细节。

二、洛氏硬度

金属的洛氏硬度试验应符合《金属洛氏硬度试验　第 1 部分：试验方法》(GB/T 230.1—2004)规定。本部分仅介绍惯用的适于钢材范围的 A、C、D 标尺，见表 1-1-57。

洛 氏 硬 度 标 尺　　表 1-1-57

洛氏硬度标尺	硬度符号	压头类型	初试验力 F_0(N)	主试验 F_1(N)	总试验力 F(N)	适用范围
A	HRA	金刚石圆锥	98.07	490.3	588.4	20HRA～88HRA
C	HRC	金刚石圆锥	98.07	1373	1471	20HRC～70HRA
D	HRD	金刚石圆锥	98.07	882.6	980.7	40HRD～77HRD

将压头(金刚石圆锥)按图 1-1-23 分两个步骤压入试样表面，经规定保持时间后，卸除主试验力，测量在初试验力下的残余压痕深度 h。

根据h值及常数N及表1-1-58公式计算洛氏硬度。

符号及名称　　表1-1-58

符号	名　称	单　位
F_0	初试验力	N
F_1	主试验力	N
F	总试验力	N
S	给定标尺的单位	mm
N	给定标尺的硬度数	
h	卸除主试验力后，在初试验力下压痕残留的深度(残余压痕深度)	mm
HRA HRC HRD	洛氏硬度$=N-\frac{h}{s}=100-\frac{h}{0.002}$	

A、C和D标尺洛氏硬度用硬度值、符号HR和标尺字母表示，如洛氏硬度值为59，标尺为C，表示为：59HRC。

1. 硬度计

硬度计应能按表1-1-48施加预定的试验力，并符合《金属洛氏硬度试验　第2部分　硬度计的检验》(GB/T 230.2—2004)要求。金刚石圆锥压头锥角为120°。顶部曲率半径为0.2mm，并符合GB/T 230.2的要求。压痕深度测量装置应符合GB/T 230.2的要求。

2. 试样

试样表面应光滑平坦，无氧化皮及外来污物，尤其不应有油脂，建议试样表面粗糙度不大于Ra 0.8μm，产品或材料标准另有规定除外。

试样的制备应使受热或冷加工等因素对表面硬度的影响减至最小。试验后试样背后不应出现可见变形。

对于用金刚石圆锥压头进行的试验，试样或试验厚度应不小于残余压痕深度的10倍。

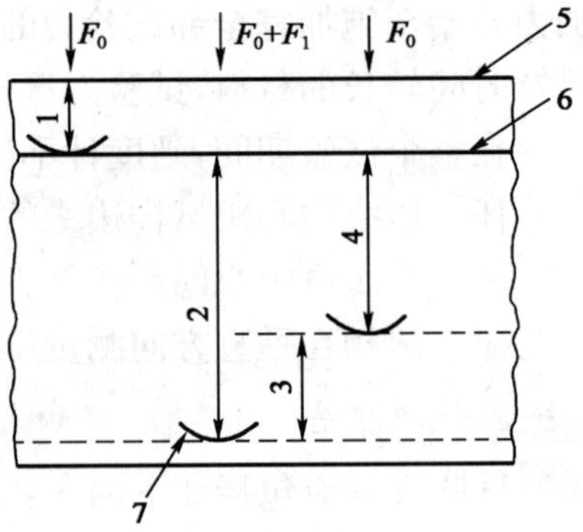

图1-1-23　洛氏硬度试验原理图

1-在初试验力F_0下的压入深度；2-由主试验力F_0引起的压入深度；3-卸除主试验力F_1后的弹性回复深度；4-残余压入深度h；5-试样表面；6-测量基准面；7-压头位置

3. 试验

试验一般在10～35℃室温进行，对于温度要求严格的试验，应控制在23℃±5℃之内。

试样应平稳地放在刚性支承物上，并使压头轴线与试样表面垂直，以避免试样产生位移。

应对圆柱形试样作适当支承，例如放置在洛氏硬度值不低于60HRC的带有V形槽的钢支座上。尤其应注意使压头、试样、V形槽与硬度计支座中心对中。

使压头与试样表面接触，无冲击和振动地施加初试验力F_0。初试验力保持时间不应超过3s。

无冲击和振动地将测量装置调整至基准位置，从初试验力F_0施加至总试验力F的时间应不小于1s且不大于8s。

总试验力F保持时间为4s±2s。然后卸除主试验力F_1，保持初试验力F_0，经短时间稳定后，进行读数。对于低硬度材料，经协商试验力保持时间可以延长，允许偏差±2s。试验过程中，硬度计应避免受到冲击和振动。

两相邻压痕中心之间的距离至少应为压痕直径的4倍，并且不应小于2mm；任一压痕中心中距试样边缘的距离至少应为压痕直径的2.5倍，并且不应小于1mm。

如无其他规定，每个试样上的试验点数不少于4点，第1点不计。

4. 试验报告

试验报告应包括如下内容：

(1)采用的国家标准号；

(2)与试样相关的资料；

(3)不在 23℃±5℃范围的试验温度；

(4)试验结果：洛氏硬度值至少应精确至 0.5HR；

(5)本部分规定以外的操作；

(6)各种可能影响试验结果的细节。

三、维氏硬度

金属的维氏硬度试验应符合《金属材料—维氏硬度试验法　第 1 部分：试验方法》(GB/T 4340—2009)。

将顶部两相对面具有规定角度的正四棱锥体金刚石压头用试验力压入试样表面，保持规定时间后，卸除试验力，测量试样表面压痕对角线长度(见图 1-1-24)。其符号及计算公式见表 1-1-59。

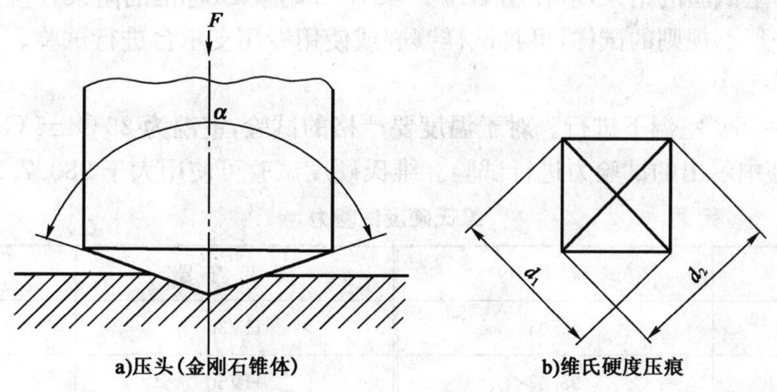

图 1-1-24　维氏硬度试验原理图

维氏硬度值是试验力除以压痕表面积所得的商，压痕被视为具有正方形基面并与压头角度相同的理想形状。

符号及计算公式　　表 1-1-59

符合	说　明	单　位
α	金刚石压头顶部两相对面夹角(136°)	
F	试验力	N
D	两压痕对角线长度 d_1 和 d_2 的算术平均值	mm
HV	维氏硬度 = 常数 × $\frac{试验力}{压痕表面积}$ $= 0.102\frac{2F\sin\frac{136°}{2}}{d^2} \approx 0.1891\frac{F}{d^2}$	

维氏硬度用 HV 表示，符号之前为硬度值，符号之后按如下顺序排列：

(1)选择的试验力值；

(2)试验力保持时间，10～15s 不标注。

示例：

640HV30　表示在试验力为 294.2N 下保持 10～15s 测定的维氏硬度值为 640。

$640HV\frac{30}{20}$ 表示在试验力为 294.2N 保持 20s 测定的维氏硬度值为 640。

1.硬度计

硬度计应符合《金属材料　维氏硬度试验　第 2 部分:硬度计的检验与校准》(GB/T 4340.2)规定,在要求的试验力范围内施加规定的试验力。

压头应是具有正方形基面的金刚石锥体,并符合 GB/T 4340.2 规定。

维氏硬度压痕测量装置应符合 GB/T 4340.2 相应要求。

2.试样

试样表面应平坦光滑,试验面上应无氧化皮及外来污物,尤其不应有油脂,除非在产品标准中另有规定。试样表面的质量应能保证压痕对角线长度的精确测量,建议试样表面粗糙度不大于 0.4μm。

制备试样时应使例如由于发热或冷加工等因素对试样表面硬度的影响减至最小。

试样或试验层厚度至少应为压痕对角线长度的 1.5 倍,试验后试样背面不应出现可见变形痕迹。

对于在曲面试样上试验的结果,应使用 GB/T 4340.2 附录 B(标准的附录)进行修正。

对于小截面或外形不规则的试样,可将试样镶嵌或使用专用支承台进行试验。

3.试验

试验一般在 10～35℃室温下进行。对于温度要严格的试验,室温为 23℃±5℃。

应选用表 1-1-60 中示出的试验力进行试验。维氏硬度试验可使用大于 980.7N 的试验力。

维氏硬度试验力　　表 1-1-60

硬度符号	试验力(N)	硬度符号	试验力(N)
HV5	49.03	HV30	294.2
HV10	98.07	HV50	490.3
HV20	196.1	HV100	980.7

试样支承面应清洁且无其他污物(氧化皮、油脂、灰尘等)。试样应稳定地放置于刚性支承台上以保证试验中试样不产生位移。

使压头与试样表面接触,垂直于试验面施加试验力,加力过程中不应有冲击和振动,直至将试验力施加至规定值。从加力开始至全部试验力施加完毕的时间应在 2～10s 之间。对于小负荷维氏硬度试验和显微维氏硬度试验,压头下降速度应不大于 0.2mm/s。

试验力保持时间为 10～15s。对于特殊材料,试验力保持时间可以延长,但误差应在±2s 之内。

在整个试验期间,硬度计应避免受到冲击和振动。

任一压痕中心距试样边缘距离,对于钢合金至少应为压痕对角线长度的 2.5 倍;两相邻压痕中心之间距离,对于钢合金至少应为压痕对角线长度的 3 倍;如果相邻两压痕大小不同,应以较大压痕确定压痕间距。

应测量压痕两条对角线的长度,用其算术平均值按表 1-1-59 公式计算硬度值。

在平面上压痕两对角线长度之差应不超过对角线平均值的 5%,如果超过 5%,则应在试验报告中注明。

在一般情况下,建议对每个试样报出三个点的硬度测试值。

4.报告

(1)采用的国家标准编号;

(2)与试样有关的详细资料;

(3)试验结果；

(4)不在标准(GB/T 4340.2)规定之内的各种操作；

(5)影响试验结果的各种细节；

(6)如果试验温度不在规定范围时，应注明试验温度。

5. 注意事项

(1)仅在试验力相同的条件下，才可以对硬度值作精确比较。

(2)尚无普遍通用的方法将某一硬度精确地换算成其他硬度或抗拉强度，因此应避免这种换算，除非通过对比试验建立换算的基础。

(3)应注意材料的各向异性，例如经过严重冷加工变形的材料，在这些材料上压出的压痕，两条对角线长度会明显不同。如有可能，应使压痕对角线方向与冷加工变形方向呈45°角，应在材料产品技术条件中对压痕两对角线长度差进行限定。

(4)有迹象表明，一些材料对变形速度比较敏感，它会改变材料的屈服强度，因此压痕变形速度对硬度值也会有相应影响。

四、焊接接头

对于电弧焊接头硬度测试可按《焊接接头硬度试验方法》(GB/T 2654—2008)进行；压焊接头和堆焊接头参照执行。本法不适于奥氏体不锈钢焊缝。硬度试验采用维氏硬度试验法GB/T 4340.1及布氏硬度GB/T 231.1进行。除非另有规定，试验环境温度应为23℃±5℃。硬度可以标线测定(*R*)(见图1-1-25)或单点测定(*E*)(图1-1-26)。当焊缝类型有所不同时，可按接头形式参照执行。角接及T形焊缝分别见图1-1-27和图1-1-28，对接焊缝见图1-1-29，单焊道及多焊道硬度评估见图1-1-30和图1-1-31。

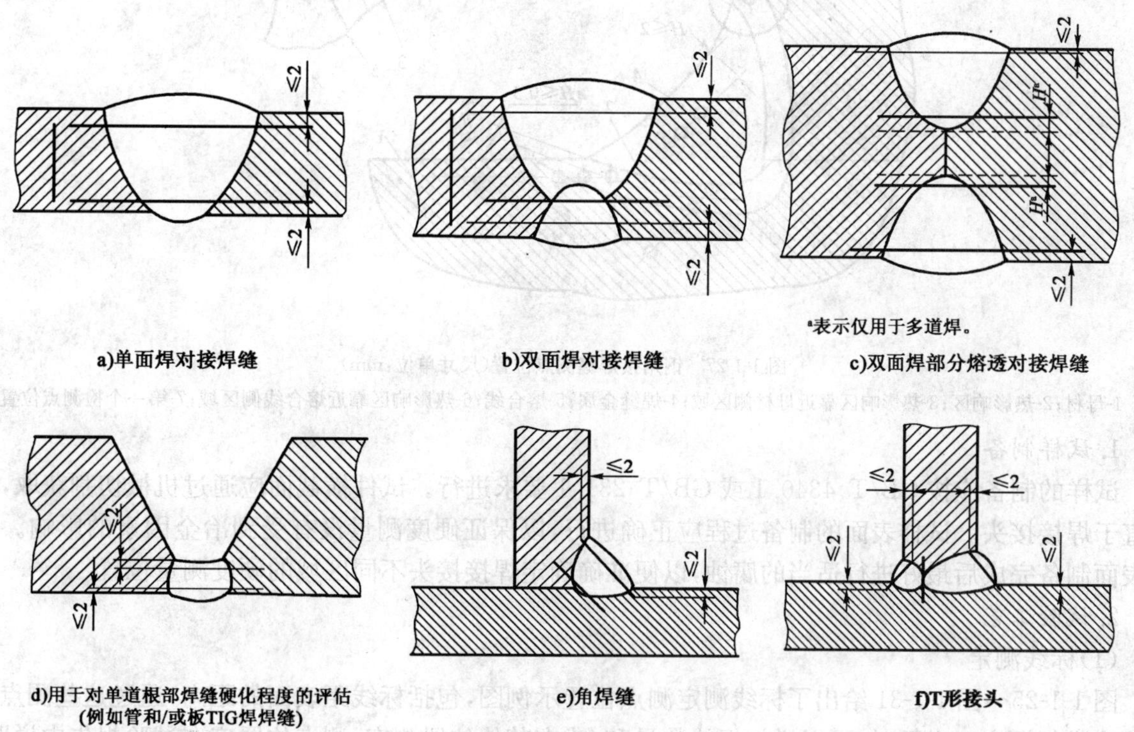

图1-1-25　钢焊缝标线测定(*R*)示例(尺寸单位：mm)

图中*E*、*R*分别表示单点测定和标线测定；*L*为热影响区相邻测点中心距；*t*为试样厚度。

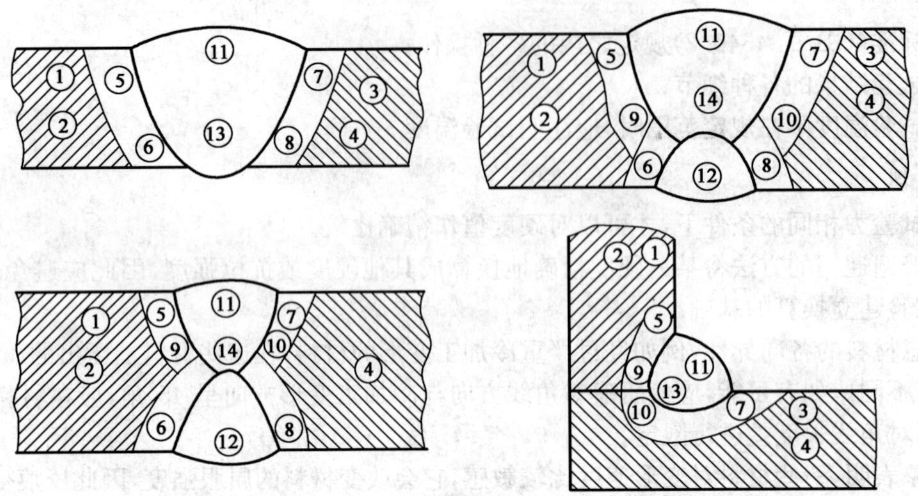

图 1-1-26 单点测定(E)区域示例

1～4-母材；5～10—热影响区；11～14-焊缝金属

注：依据协议要求，可以在其他区域检测。

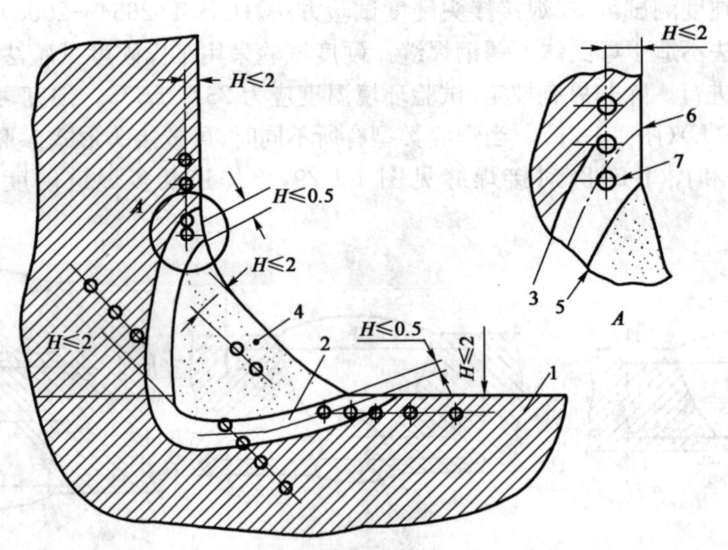

图 1-1-27 钢角接焊缝测点位置(尺寸单位：mm)

1-母材；2-热影响区；3-热影响区靠近母材侧区域；4-焊缝金属；5-熔合线；6-热影响区靠近熔合线侧区域；7-第一个检测点位置

1. 试样制备

试样的制备应按 GB/T 4340.1 或 GB/T 231.1 要求进行。试件横截面应通过机械切割获取，通常垂直于焊接接头。试样表面的制备过程应正确进行，以保证硬度测量没有受到冶金因素的影响。被检测表面制备完成后最好进行适当的腐蚀，以便准确确定焊接接头不同区域的硬度测量位置。

2. 试验工艺

(1)标线测定

图 1-1-25～图 1-1-31 给出了标线测定测点位置示例图，包括标线距表面的距离，通过这些测点可以对接头进行评定。必要时，可以增加标线数量和/或在其他位置测定，测点位置应在试验报告中说明。

典型的 T 形接头的标线测定测点位置见图 1-1-28。

测点的数量和间距应足以确定由于焊接导致的硬化或软化区域。在热影响区相邻测点中心的推荐距离见表 1-1-61。

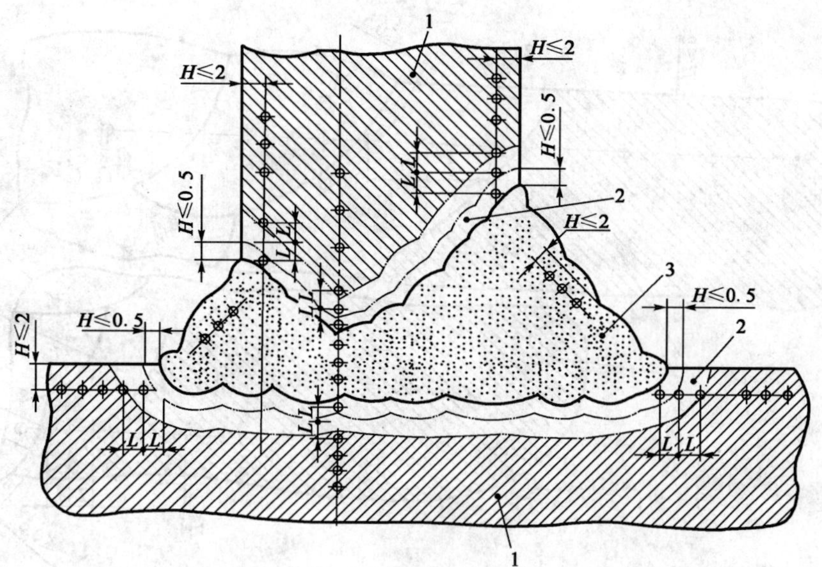

图 1-1-28　钢 T 形接头测点位置(尺寸单位：mm)

1-母材；2-热影响区；3-焊缝金属

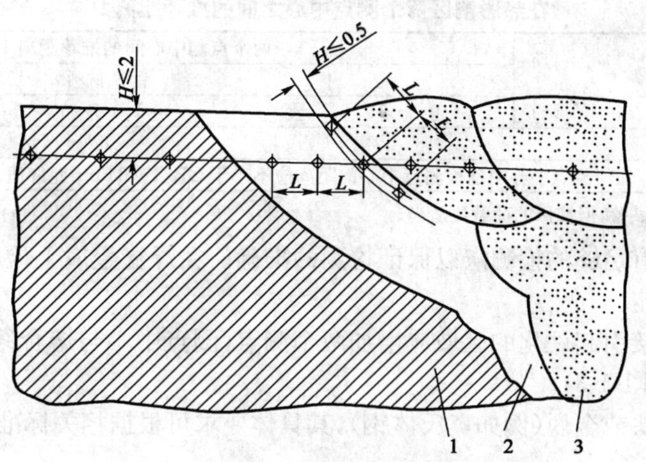

图 1-1-29　钢对接焊缝测点位置(尺寸单位：mm)

1-母材；2-热影响区；3-焊缝金属

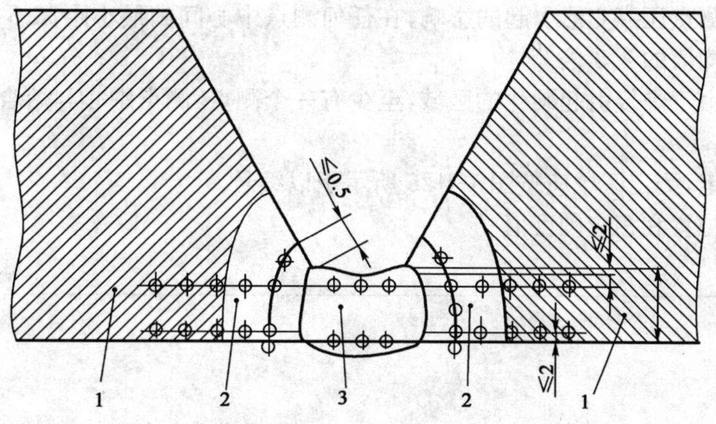

图 1-1-30　钢根部单焊道焊缝评估硬化程度的测点位置(尺寸单位：mm)

1-母材；2-热影响区；3-焊缝金属

注：对于厚度 $t \leqslant 4\text{mm}$ 试样，标线测定的位置应在厚度方向的中间部位。

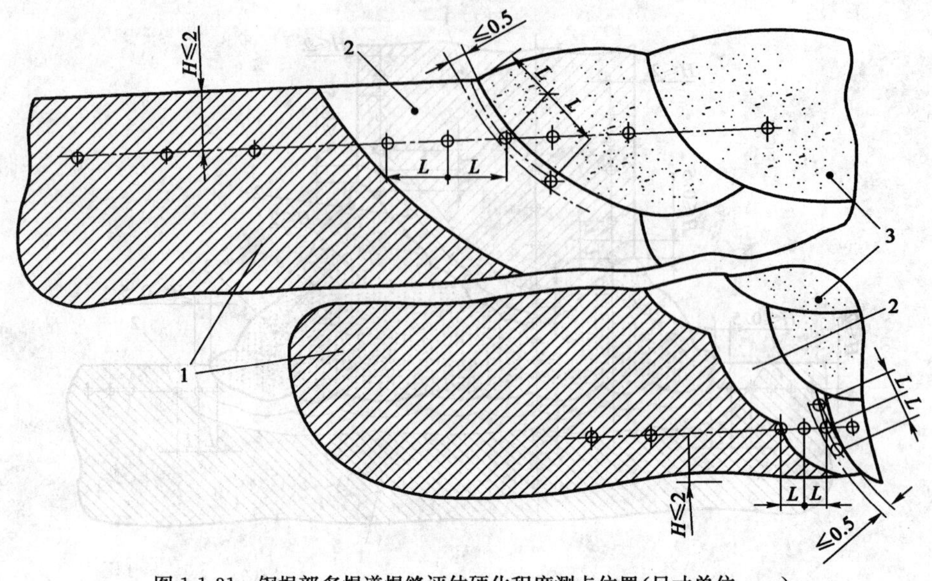

图 1-1-31 钢根部多焊道焊缝评估硬化程度测点位置(尺寸单位:mm)
1-母材;2-热影响;3-焊缝金

在热影响区两个测点中心之间的推荐距离 *L* 表 1-1-61

硬度符号	两个点测中心间的推荐距离 L(mm)
	钢铁材料
HV5	0.7
HV10	1
任何测点中心距已检测点中心的距离应不小于于 GB/T 4340.1 允许值	

注:本表也可用于布氏硬度试验,但使用的荷载要适当。

在母材上检测时应有足够的检测点以保证检测的准确。在焊缝金属上检测时,测点间距离的选择应确保对其做出准确评定。

热影响区中由于焊接引起硬化的区域应增加两个测点,测点中心与熔合线之间的距离小于或等于0.5mm,见图 1-1-27~图 1-1-31。

对于其他形状的接头或金属(例如奥氏体钢),其具体要求可根据相关标准或协议要求。

(2)单点测定(E)

图 1-1-26 给出测点位置的典型区域。图中 1~4 点表示在母材,5~10 点表示在热影响区,11~14 点表示在焊缝金属。此外,还可根据金相检验确定测点位置。

为了防止由测点压痕变形引起的影响,在任何测点中心间的最小距离不得小于最近测点压痕的对角线或直径的平均值的 2.5 倍。

热影响区中由于焊接引起硬化的区域,至少有一个测点,测点中心与熔合线之间的距离小于或等于0.5mm。

对于单点测定,测定区域应按图 1-1-26 所示予以编号。

应记录测点位置和相应硬度值。

3. 试验报告

硬度试验类型:
母材:
试样厚度:
焊缝类型:
焊接方法:
焊接材料:
焊后热处理和/或时效处理:
试样示意图:

试样示意图中给示尺寸、检测区域位置及测点位置，其标示方法见表 1-1-62。

检测部位、区域编号规定　　表 1-1-62

检测部位	检测区域	检测位置	硬度值 HV 或 HBW_a
母材	1	表层	
	2	心部	
	3	表层	
	4	心部	
热影响区	5	焊缝上部	
	6	焊缝底部	
	7	焊缝上部	
	8	焊缝底部	
	9	根部焊道	
	10	根部焊道	
焊缝金属	11	最后的焊道	
	12	最后的焊道	
	13	根部焊道	
	14	根部焊道，内侧	
	15 至		

标线测定也可以图 1-1-32 表示结果，图中标注 a、b 分别表示荷载，按 GB/T 4340.1 或 GB/T 231.1 取值。

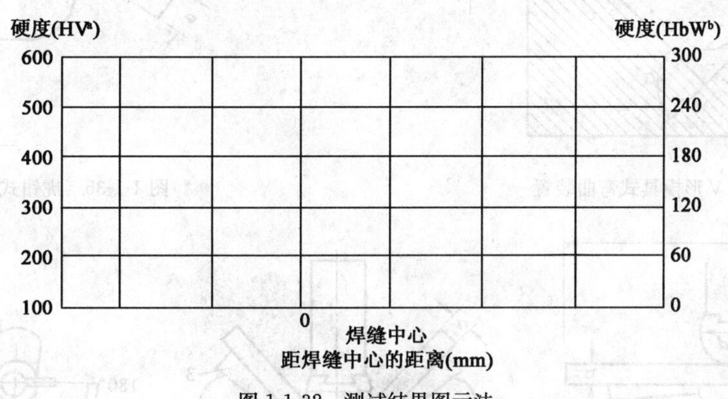

图 1-1-32　测试结果图示法

第四节　弯曲试验

一、轧制钢材

弯曲试验应按《金属材料　弯曲试验方法》(GB/T 232—2002)进行，试样应按相应规范制备。弯曲是桥梁钢材的重要工艺性能，用以检验钢材在常温下承受规定弯曲程度的弯曲变形能力，并显示其缺陷。

工程中经常需对钢材进行常温弯曲加工，弯曲试验就是模拟钢材弯曲加工而确定的。通过弯曲试验不仅能检验钢材适应冷加工的能力和显示钢材内部缺陷(如起层、非金属夹渣等)状况，而且由于弯曲时试件中部受弯部位受到冲头挤压以及弯曲和剪切的复杂作用，因此也是考察钢材在复杂应力状态下发展塑性变形能力的一项指标，所以，弯曲试验对钢材质量是一种较严格的检验。

所谓工程中常用钢材，包括圆钢、板材、光圆或带肋钢筋和焊接接头等。

1. 试验原理及试验设备

弯曲试验是以试样在弯曲装置上（如图 1-1-33～图 1-1-36 所示），经受弯曲塑性变形，不改变加力方向，直至达到规定的弯曲角度。加力是以压力机或试验机实现。弯曲试验时，试样两臂的轴线保持在垂直于弯曲的平面内，如为弯曲 180°角的弯曲试验，按照相关产品标准的要求，将试样弯曲至两臂相距规定距离且相互平行或两臂直接接触。

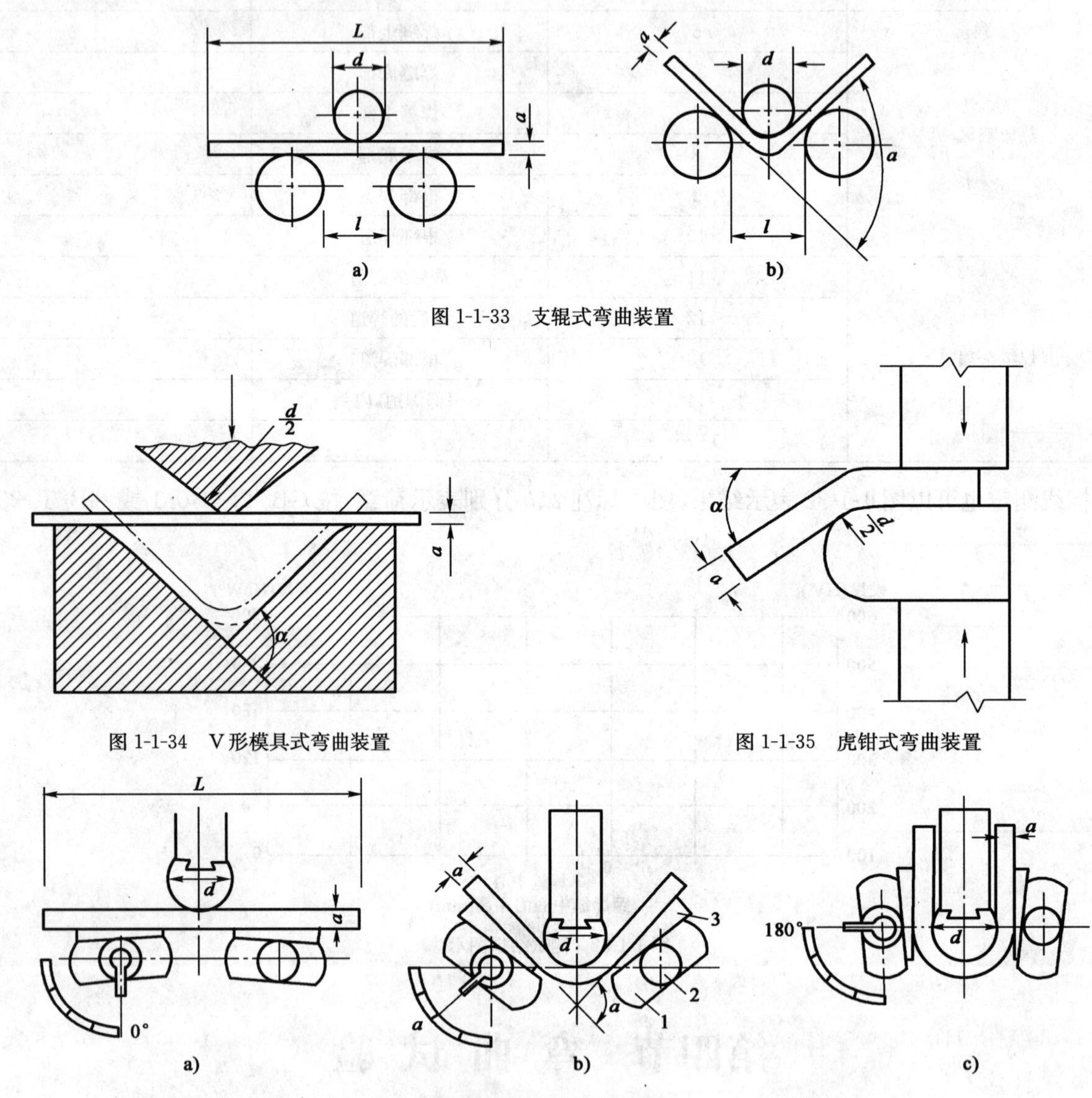

图 1-1-33　支辊式弯曲装置

图 1-1-34　V 形模具式弯曲装置

图 1-1-35　虎钳式弯曲装置

图 1-1-36　翻板式弯曲装置

2. 试样

(1)试验使用圆形、方形、矩形或多边形横截面的试样。样坯的切取位置和方向应按照相关产品标准的要求。如未具体规定，对于钢产品应按照 GB/T 2975 的要求。试样应通过机加工去除由于剪切或火焰切割等影响了材料性能的部分，热轧光圆或带肋钢筋则不允许车削加工。

(2)试样表面不得有划痕和损伤。方形、矩形和多边形横截面试样的棱边应倒圆，倒圆半径不超过试样厚度的$\frac{1}{10}$，棱边倒圆时不应形成影响试验结果的横向毛刺、伤痕或刻痕。

(3)试样宽度应按照相关产品标准的要求。如未具体规定，试样宽度应按照如下要求：

①当产品宽度不大于 20mm 时，试样宽度为原产品宽度；

②当产品宽度大 20mm，厚度小于 3mm 时，试样宽度为 20mm±5mm；厚度不小于 3mm 时，试样宽度在 20～50mm 之间。

(4)试样厚度或直径应按照相关产品标准的要求，如未具体规定，应按照以下要求。

对于板材、带材和型材，产品厚度不大于 25mm 时，试样厚度应为原产品的厚度；产品厚度大于 25mm 时，试样厚度可以机加工减薄至不小于 25mm，并应保留一侧原表面，弯曲试验时试样保留的原表面应位于受拉变形的一侧。

直径或多边形横截面内切圆直径不大于 50mm 的产品，其试样横截面应为产品的横截面，如试验设备能力不足，对于直径或多边形横截面内切圆直径超过 30～50mm 的产品，可以将其机加工成横截面内切圆直径为不小于 25mm 的试样。直径或多边形横截面内切圆直径大于 50mm 的产品，应按照最厚处将其机加工成横截面内切圆直径为不小于 25mm 的试样，试样未经机加工的原表面应置于受拉变形的一侧。除非另有规定，钢筋类产品均以其全截面进行试验。

(5)锻材、铸材和半成品，其试样尺寸应在交货要求或协议中规定。

(6)非仲裁试验，经协议可以用大于(3)条和(4)条规定的宽度和厚度的试样进行试验。

(7)试样长度应根据试样厚度和所使用的试验设备确定，采用图 1-1-36 的方法时，可以按照式(1-1-7)确定：

$$L = 0.5\pi(d + a) + 140\text{mm} \tag{1-1-7}$$

式中：π——圆周率，其值取 3.1。

图中或公式中符号及单位说明见表 1-1-63。

符号说明及单位　　表 1-1-63

符　号	说　明	单　位
a	试样厚度或直径或多边形横截面内切圆直径	mm
b	试样宽度	mm
L	试样长度	mm
l	支辊间或翻板间距离	mm
d	弯曲压头或弯心直径	mm
α	弯曲角度	(°)

3. 试验程序

(1)试验一般在 10～35℃的室温范围内进行。对温度要求严格的试验，试验温度应为 23℃±5℃。

(2)由相关产品标准规定，采用下列方法之一完成试验。

①试样在图 1-1-33、图 1-1-36 所给定的条件和力作用下弯曲至规定的弯曲角度。

②试样在力作用下弯曲至两臂相距规定距离且相互平行(见图 1-1-36 和图 1-1-37)。

③试样在力作用下弯曲至两臂直接接触[见图 1-1-37c)]。

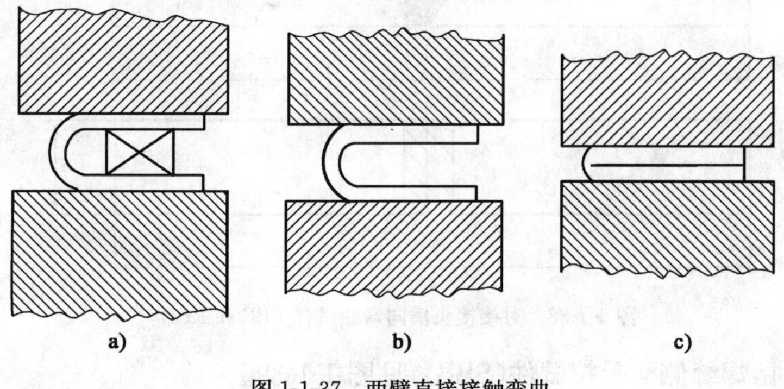

图 1-1-37　两臂直接接触弯曲

(3)试样弯曲至规定弯曲角度的试验,应将试样放于两支辊(见图1-1-33)或V形模具(见图1-1-34)或两水平翻板(见图1-1-36)上,试样轴线应与弯曲压头轴线垂直,弯曲压头在两支座之间的中点处对试样连续施加力使其弯曲,直至达到规定的弯曲角度。

如不能直接达到规定的弯曲角度,应先将试样置于两平行压板之间,连续施加力压其两端使进一步弯曲,直至达到规定的弯曲角度。

(4)试样弯曲至180°角两臂相距规定距离且相互平行的试验,采用图1-1-33的方法时,首先对试样进行初步弯曲(弯曲角度应尽可能大),然后将试样置于两平行压板之间(见图1-1-37)连续施加力,压其两端使进一步弯曲,直至两臂平行(见图1-1-37)。试验时可以加或不加垫块。除非产品标准中另有规定,垫块厚度等于规定的弯曲压头直径;采用图1-1-36的方法时,在力作用下不改变力的方向,弯曲直至达到180°角[见图1-1-36c)]。

(5)试样弯曲至两臂直接接触的试验,应首先将试样进行初步弯曲(弯曲角度应尽可能大),然后将其置于两平行压板之间(见图1-1-37),连续施加力压其两端使进一步弯曲,直至两臂直接接触[见图1-1-37c)]。

(6)可以采用图1-1-35所示的方法进行弯曲试验。试样一端固定,绕弯心进行弯曲,直至达到规定的弯曲角度。

(7)弯曲试验时,应缓慢施加弯曲力。

4.结果评定

(1)应按照相关产品标准的要求评定弯曲试验结果,如未规定具体要求,弯曲试验后试样弯曲外表面无肉眼可见裂纹应评定为合格。

(2)相关产品标准规定的弯曲角度认作为最小值;规定的弯曲半径认作为最大值。

5.试验报告

试验报告至少应包括下列内容:

(1)采用的国家标准编号;

(2)试样标识(材料编号,炉号,取样方向等);

(3)试样形状和尺寸;

(4)试验条件(弯曲压头直径或弯心直径,弯曲角度);

(5)试验结果。

二、焊接接头

金属材料熔化焊接头的弯曲试验应按《焊接接头　弯曲试验方法》(GB/T 2653—2008)进行。本部分仅叙述对接接头正弯曲、对接接头背弯曲及对接接头侧弯曲和对接接头纵向弯曲。

对接接头正弯试样(FBB),焊缝表面受拉的试样,对于双面焊时为焊缝较宽或焊接开始一面受拉,见图1-1-38。

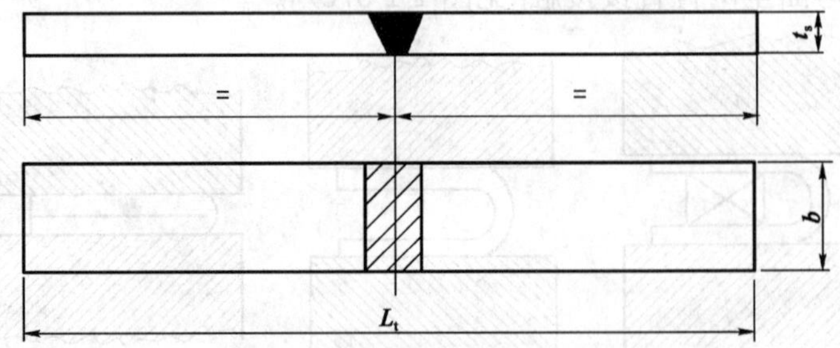

图1-1-38　对接接头横向弯曲试样FBB和RBB

对接接头侧弯试件,焊缝侧面受拉试件(SBB),见图1-1-39。

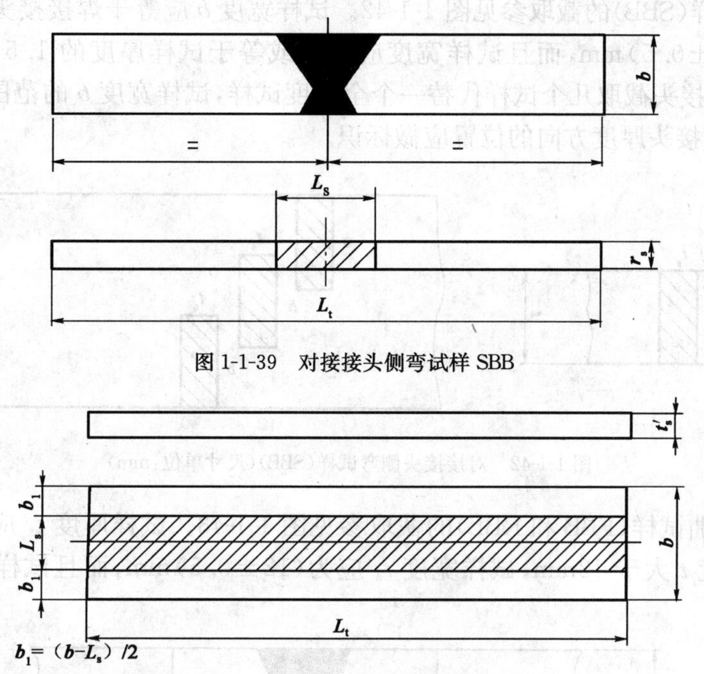

图 1-1-39 对接接头侧弯试样 SBB

图 1-1-40 对接接头纵向弯曲试样 FBB 和 RBB

对接接头纵向弯曲试样(FBB 和 RBB),见图 1-1-40。

图中符号 t_s、L_t、L_s、b 分别为试样厚度、试样总长度、试样上焊缝最大宽度、加工后及熔合线外宽度,单位均为 mm 计。

对从焊接接头截取的横向或纵向试样进行弯曲,不改变弯曲方向,通过弯曲产生塑性变形,使焊接接头的表面或横截面发生拉伸变形。

除非另有规定,试验环境温度应为 23℃±5℃。

1. 试样制备

试样的制备应不影响母材和焊缝金属性能,焊接接头和试样不进行热处理,除非相关标准规定或允许被试验的焊接接头要进行热处理,如进行热处理应在报告中详细记录热处理的参数。

对于对接接头横向弯曲试验,应从产品或试件的焊接接头上横向截取试样以保证加工后焊缝的轴线在试样的中心或适合于试验的位置,对于对接接头纵向弯曲试验,应从产品或试件的焊接接头上纵向截取试样,采用机械加工方法或热加工方法截取的试样不应改变试样的性能。

每个试件都应标记其在产品或接头中的准确位置,如相关标准有要求,应标记试样的加工方向(例如轧制方向或挤压方向),每个试样都应标记焊缝在试件中的准确位置。

对接接头弯曲试样(FBB 和 RBB)的截取参见图 1-1-41。试样厚度 t_s 应等于焊接接头处母材的厚度,当相关标准要求对整个厚度(30mm 以上)进行试验时,可以截取若干个试样覆盖整个厚度,在这种情况下,试样在焊接接头厚度方向的位置应做标识。

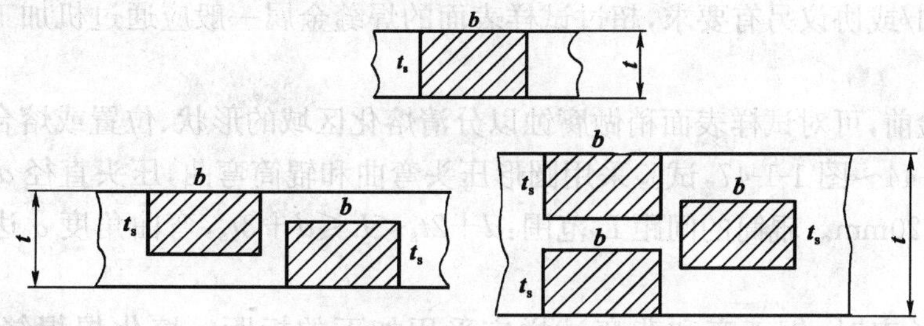

图 1-1-41 对接接头弯曲试样(FBB 和 RBB)(尺寸单位:mm)

对接接头侧弯试样(SBB)的截取参见图 1-1-42。试样宽度 b 应等于焊接接头处母材的厚度。试样厚度 t_s 至少应为(10±0.5)mm，而且试样宽度应大于或等于试样厚度的 1.5 倍。当接头厚度超过 40mm 时，允许从焊接接头截取几个试样代替一个全厚度试样，试样宽度 b 的范围为 20～40mm。在这种情况下，试样在焊接接头厚度方向的位置应做标识。

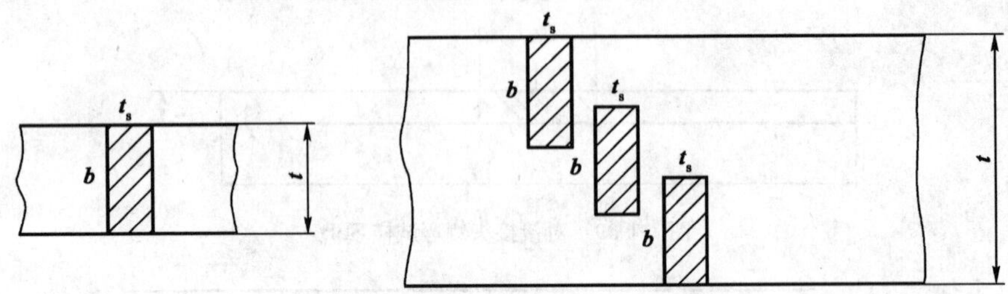

图 1-1-42　对接接头侧弯试样(SBB)(尺寸单位：mm)

对接接头纵向弯曲试样(FBB 和 RBB)的截取参见图 1-1-43。试样厚度 t_s 应等于焊接接头处母材的厚度，如果试件厚度 t 大于 12mm，试样宽度 t_s 应为(12±0.5)mm，而且试样应取自焊缝的正面或背面。

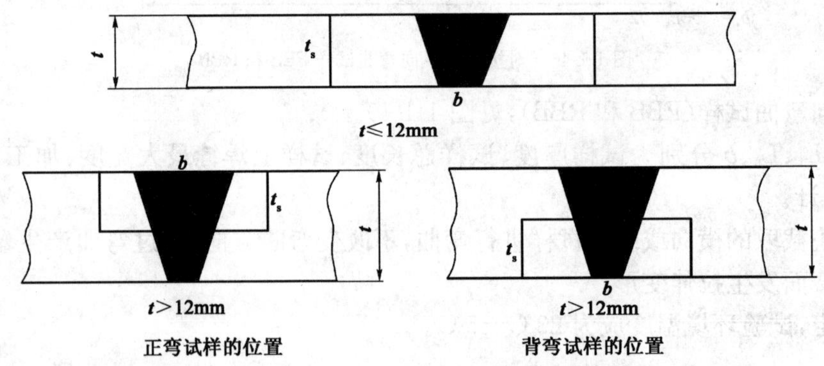

图 1-1-43　对接接头纵向弯曲试样(FBB 和 RBB)(尺寸单位：mm)

试样的长度 L_t 应为 $L_t \geqslant L+2R$，且至少应满足相关标准的要求。R 为辊筒直径。横向正弯和背弯试样，钢板试样宽度 b 应不小于 $1.5t$，最小为 20mm。见图 1-1-44、图 1-1-45。

侧弯试样，试样宽度 b 一般等于焊接接头处母材厚度。

纵向弯曲试样，试样宽度 b 应为 $b=L_s+2b_1$。b_1 取值当厚度≤20mm，$b_1=10$mm；当厚度＞20mm，$b_1=15$mm。

棱角，试样拉伸面棱角应加工成圆角，其半径不超过 0.2mm，最大为 3mm。

表面制备，试样加工的最后工序应采用机加工或磨削，其目的是为了避免材料的表面变形硬化或过热。在试验的长度 l 范围内，试样表面应没有横向划痕或切痕，不得除去咬边(除非相关标准和或协议另有要求)。

除非相关标准和/或协议另有要求，超过试样表面的焊缝金属一般应通过机加工方法除去。

2. 试验

在开始弯曲试验前，可对试样表面稍做腐蚀以分清熔化区域的形状、位置或熔合线。

试验详见图 1-1-44～图 1-1-47，试验采用圆形压头弯曲和辊筒弯曲，压头直径 d 应依据相关标准确定，辊筒直径不小于 20mm。辊筒的间距 L 范围：$d+2t_s<L\leqslant d+3t_s$，弯曲角度 α 达到相关规范要求数值时，试验完成。

当需要测量伸长率时，钢正弯和背弯试样应采用如下的标距。熔化焊焊缝：$L_0=L_s$ 或 $2L_s$，或 L_s+t_s。

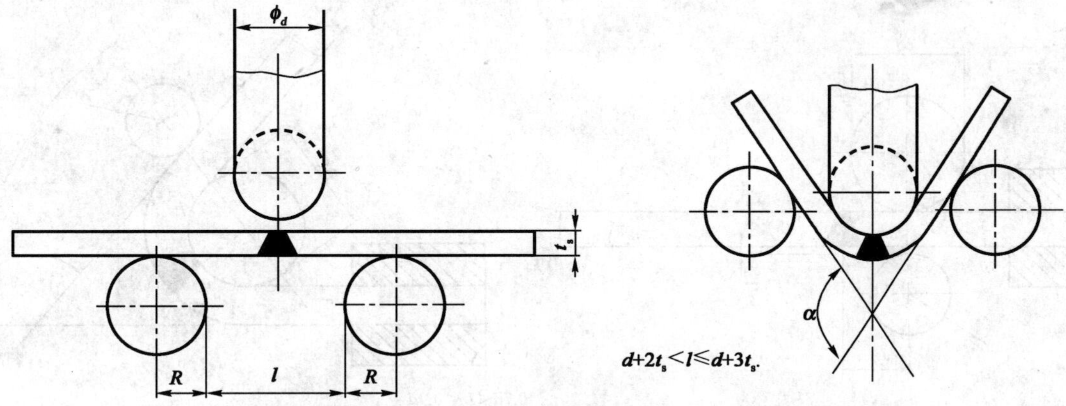

图 1-1-44　横向正弯及背弯试验

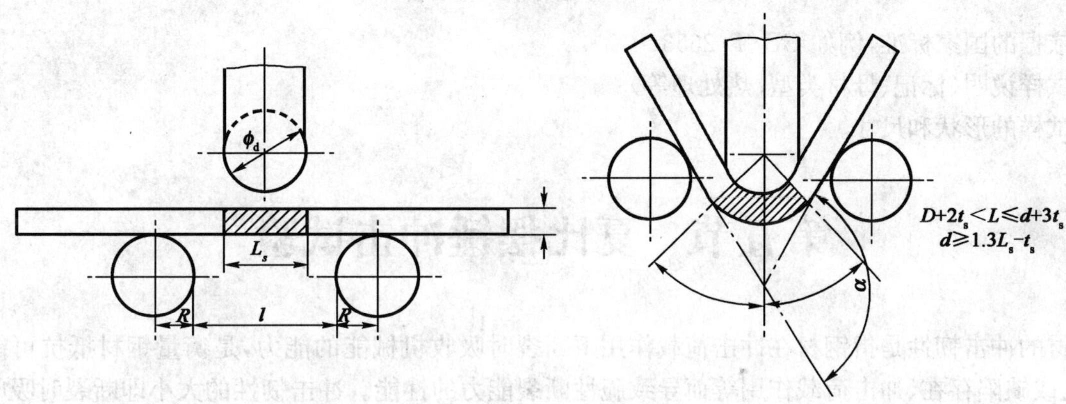

图 1-1-45　侧向弯曲试验

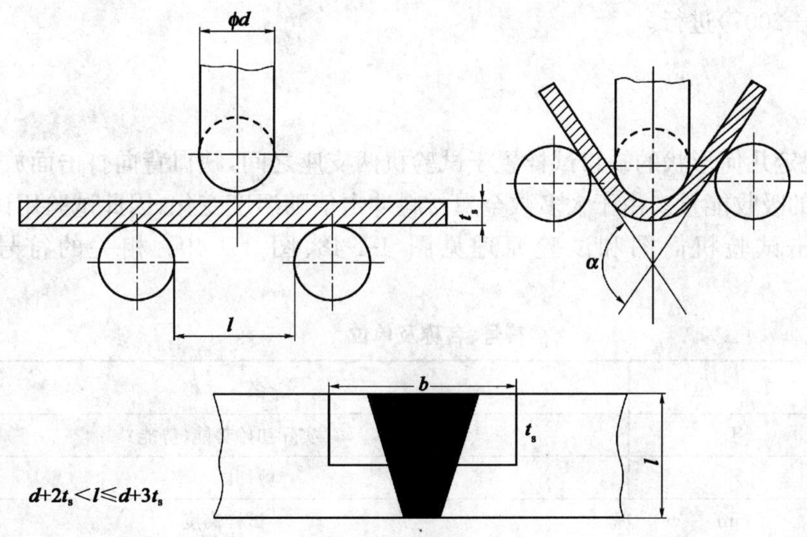

图 1-1-46　纵向弯曲试验

3. 试验结果及试验报告

(1)试验结果

弯曲结束后，试样的外表面和侧面都应进行检验。

依据相关标准对弯曲试样进行评定并记录。

除非另有规定，在试样表面上小于 3mm 长的缺欠应判为合格。

(2)试验报告

试验报告至少应包括以下内容：

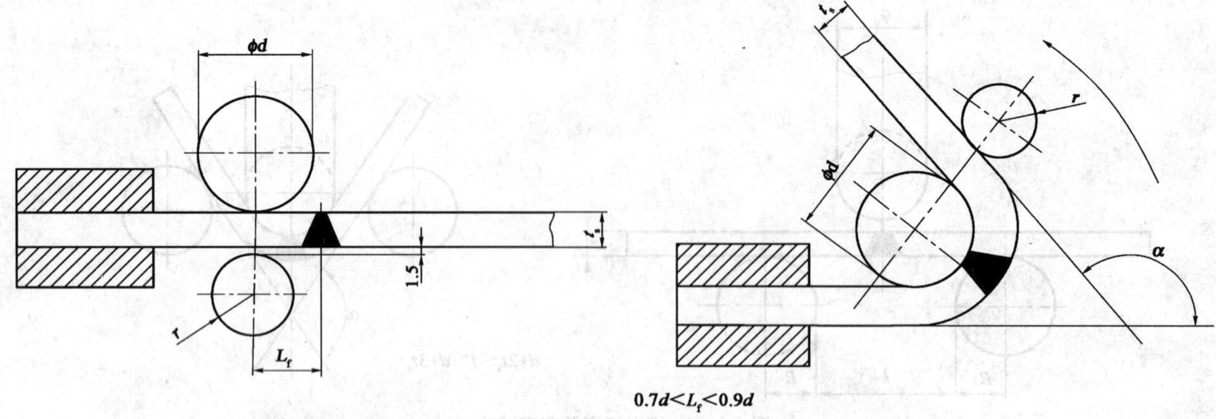

图 1-1-47　辊筒弯曲试验方法

①依据的国家标准，例如 GB/T 2653；
②试样说明(标记、母材类型、热处理等)；
③试样的形状和尺寸。

第五节　夏比摆锤冲击试验

钢材的冲击韧性是指钢材在冲击荷载作用下断裂时吸收机械能的能力，是衡量钢材抵抗可能因低温、裂纹或缺陷存在、冲击荷载作用等而导致脆性断裂能力的性能。冲击韧性的大小即断裂时吸收能量的多少，是通过夏比(Charpy)摆锤冲击试验测定。夏比摆锤冲击试验按《金属材料　夏比摆锤冲击试验方法》(GB/T 229—2007)进行。

一、金属材料

冲击试验是将规定几何形状的缺口试样置于试验机两支座之间，缺口背向打击面放置，用摆锤一次打击试样，测定试样的吸收能量。由于大多数金属材料冲击值随温度变化，因此试验用试件应在规定温度下进行试验。冲击试验机简图和试验原理见图 1-1-48、图 1-1-49。相关的符号、名称及单位见表 1-1-64。

符号、名称及单位　　表 1-1-64

符　号	单　位	名　称
K_p	J	实际初始势能(势能)
F_A	%	剪切断面率
h	mm	试样高度
KU_t	J	U 缺口试样在 2mm 摆锤刀刃下的冲击吸收能量
KU_k	J	U 缺口试样在 8mm 摆锤刀刃下的冲击吸收能量
KV_η	J	V 缺口试样在 2mm 摆锤刀刃下的冲击吸收能量
KV_μ	J	V 缺口试样在 8mm 摆锤刀刃下的冲击吸收能量
LE	mm	侧膨胀值
l	mm	试样长度
T_t	℃	转变温度
w	mm	试样宽度

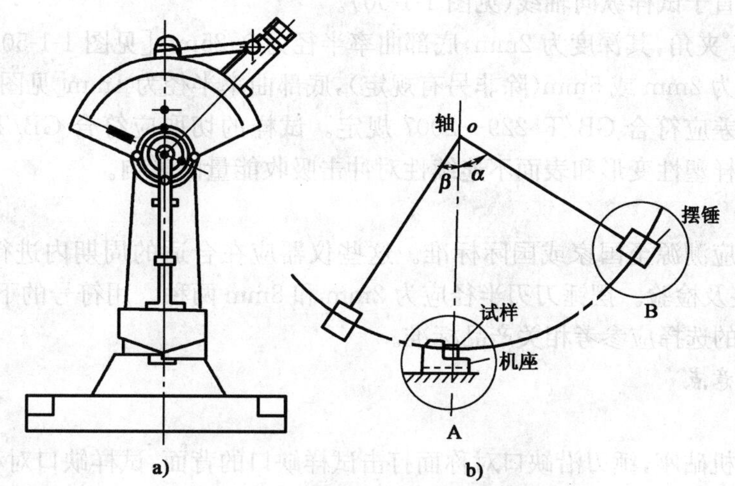

图 1-1-48　冲击试验机简图和试验原理

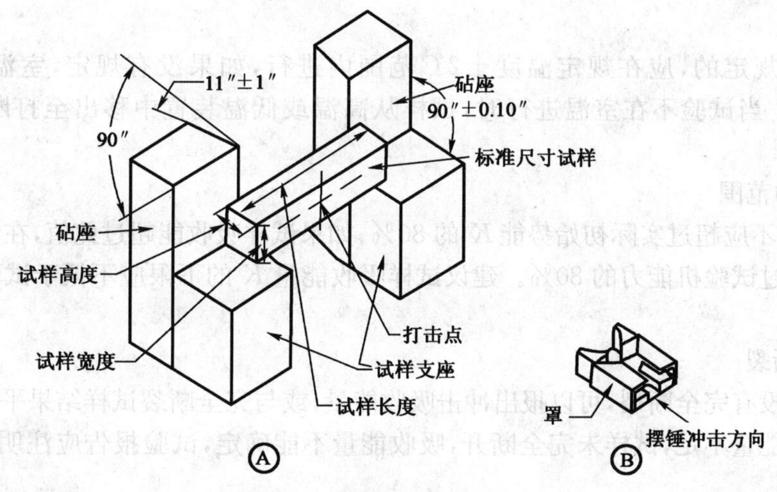

图 1-1-49　A、B 大样

1. 试样制备

标准尺寸冲击试样长度为 55mm，横截面为 10mm×10mm 方形截面。在试样长度中间有 V 形或 U 形缺口，见图 1-1-50。

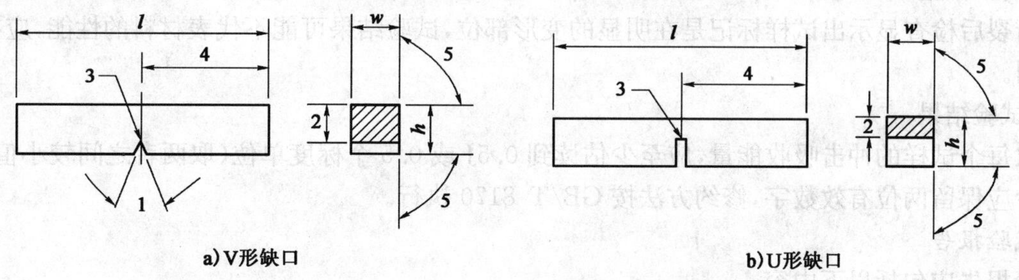

图 1-1-50　夏比冲击试件

如试料不够制备标准尺寸试样，可使用宽度 7.5mm、5mm 或 2.5mm 的小尺寸试样。

试样表面粗糙度应优于 $R_a 5\mu m$，端部除外。

对于需热处理的试验材料，应在最后精加工前进行热处理，除非已知两者顺序改变不导致性能的差别。

对缺口的制备应仔细，以保证缺口根部处没有影响吸收能的加工痕迹。

缺口对称面应垂直于试样纵向轴线(见图 1-1-50)。

V 形缺口应有 45°夹角,其深度为 2mm,底部曲率半径为 0.25mm[见图 1-1-50a)]。

U 形缺口深度应为 2mm 或 5mm(除非另有规定),底部曲率半径为 1mm[见图 1-1-50b)]。

机加工尺寸及偏差应符合 GB/T 229—2007 规定。试样的切取应符合 GB/T 2975—1998 规定。试样的标记应避免试样塑性变形和表面不连续性对冲击吸收能量的影响。

2. 试验设备

所有测量仪器均应溯源至国家或国际标准。这些仪器应在合适的周期内进行校准。试验机应按 GB/T 3808 进行安装及检验。摆锤刀刃半径应为 2mm 和 8mm 两种。用符号的下标数字表示:KV_2或 KV_8。摆锤刀刃半径的选择应参考相关产品标准。

3. 试验程序及注意点

(1)一般要求

试样应紧贴试验机砧座,锤刃沿缺口对称面打击试样缺口的背面,试样缺口对称面偏离两砧座间的中点应不大于 0.5mm(见图 1-1-49)。试验前应检查摆锤空打时的回零差或空载能耗。试验前应检查砧座跨距,砧座跨距应保证在 $40^{+0.2}$mm 以内。

(2)试验温度

对于试验温度有规定的,应在规定温度±2℃范围内进行,如果没有规定,室温冲击试验应在 23℃±5℃范围进行。当试验不在室温进行时,试样从高温或低温装置中移出至打断的时间应不大于 5s。

(3)试验机的能力范围

试样吸收能量 K 不应超过实际初始势能 K 的 80%,如果试样吸收能超过此值,在试验报告中应报告为近似值并注明超过试验机能力的 80%。建议试样吸收能量 K 的下限应不低于试验机最小分辨力的 25 倍。

(4)试样未完全断裂

对于试样试验后没有完全断裂,可以报出冲击吸收能量,或与完全断裂试样结果平均后报出。

由于试验机打击能量不足,试样未完全断开,吸收能量不能确定,试验报告应注明用×J 的试验机试验,试样未断开。

(5)试样卡锤

如果试样卡在试验机上,试验结果无效,应彻底检查试验机,否则试验机的损伤会影响测量的准确性。

(6)断口检查

如断裂后检查显示出试样标记是在明显的变形部位,试验结果可能不代表材料的性能,应在试验报告中注明。

(7)试验结果

读取每个试样的冲击吸收能量,应至少估读到 0.5J 或 0.5 个标度单位(取两者之间较小值)。试验结果至少应保留两位有效数字,修约方法按 GB/T 8170 执行。

4. 试验报告

试验报告应包括以下内容:

(1)必要的内容

①采用的国家标准编号;

②试样相关资料(例如钢牌号、炉罐号等);

③缺口类型(缺口深度);

④与标准尺寸不同的试样尺寸;

⑤试验温度;

⑥吸收能量 KV_2、KV_8、KU_2、KU_8；

⑦可能影响试验的异常情况。

(2)可选的内容

①试样的取向；

②试验机的标称能量(J)；

③侧膨胀值 LE；

④断口形貌与剪切断面率；

⑤吸收能量—温度曲线；

⑥转变温度，判断标准；

⑦没有完全断裂的试样数。

5. 可选内容要点描述

(1)侧膨胀值(LE)

侧膨胀值的测定见图 1-1-51。锤击时试件缺口根部变形是压缩变形，此变形是材料抵抗三轴应力断裂的能力。断面相对侧的膨胀量代表压缩量。以原始侧面为基础，测量两半断样两侧突出量。

例如：$A_1>A_2$，$A_3=A_4$，$LE=A_1+(A_3或A_4)$

$A_1>A_2$，$A_3>A_4$，$LE=A_1+A_3$

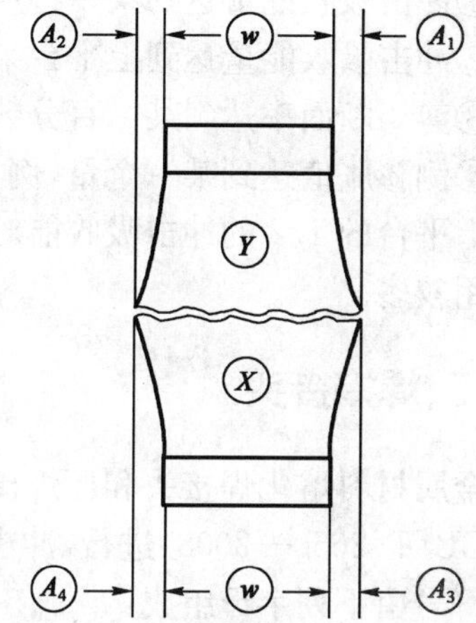

图 1-1-51　夏比冲击试样断后两截试样侧膨胀值 A_1、A_2、A_3、A_4和原始宽度 w

(2)断面形貌

夏比冲击试样的断口表面常用剪切断面率评定(如图 1-1-52)。剪切断口常称为纤维断口，解理断口或晶状断口往往针对剪切断口反向评定。0%剪切断口就是100%解理断口。剪切断面率越高，材料韧性越好。大多数夏比冲击试样的断口形貌为剪切和解理断裂的混合状态。由于对断口评定带有很高的主观性，因此建议不作为技术规范使用，可作参考指标。

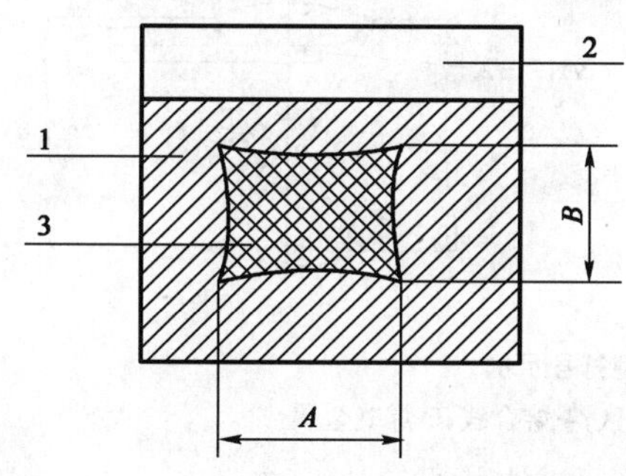

注1：测量A和B的平均尺寸应精确至0.5mm。

注2：使用图注1测量断口解理部分长A和宽B的平均尺寸确定剪切断面率，应精确至0.5mm。

a)剪切断面率示意图

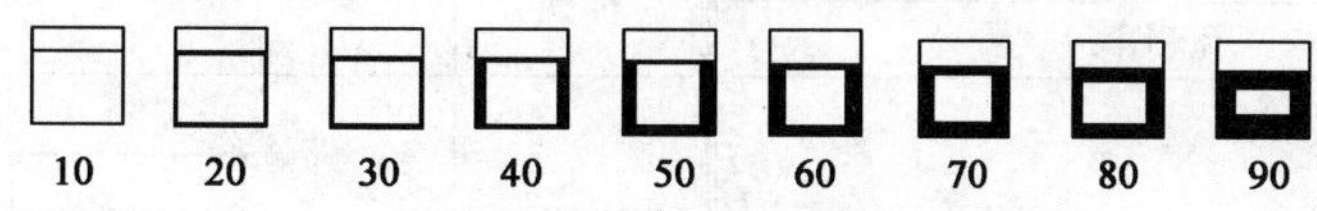

b)估计断口形貌示意

图 1-1-52　剪切断面率测试图示

1-剪切面积；2-缺口；3-解理面积

(3)系列冲击曲线及转变温度

冲击吸收能量—温度曲线(K-T 曲线)表明，对于给定形状的试样，冲击吸收能量是试验温度的函数，如图 1-1-53 所示。通常曲线是通过拟合单独的试验点得到的。曲线的形状和试验结果的分散程度依赖于材料、试样形状和冲击速度。出现转变区的曲线，具有上平台①、转变区②和下平台③。

转变温度即材料由韧性转变到脆性的温度。

转变温度 T,表征冲击吸收能量—温度曲线陡峭的位置。因为陡峭区通常覆盖较宽的温度范围,因此不能明确定义为一个温度,在某项研究或评定中,往往通过协议采用如下几种判据之一或二或三项定义转变温度:

①冲击吸收能量达到某一特定值时,例如:$KV_8=27J$;

②冲击吸收能量达到上平台某一百分数,例如 50%;

③剪切断面率达到某一百分数,例如 50%;

④侧膨胀值达到某一个量,例如 0.9mm。

上平台的 1/2 的冲击吸收能对应的温度即脆性转变温度,即②应用较多。

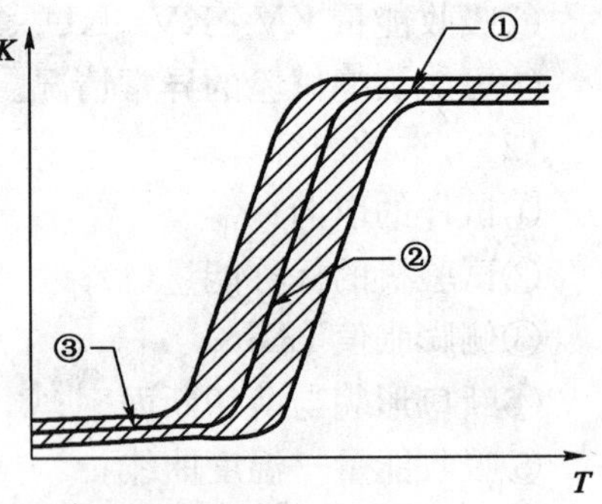

图 1-1-53　冲击吸收能量—温度曲线示意图

1-上平台区;2-转变区;3-下平台区

二、焊接接头

金属材料熔化焊接头和压焊接头的冲击试验取样、缺口方向及试验报告按《焊接接头冲击试验方法》(GB/T 2650—2008)进行,冲击试验按 GB/T 229—2007 进行。缺口位置通过宏观腐蚀确定。

符号由下列字母组成:

第一个字母:U 为夏比 U 形缺口;V 为夏比 V 形缺口。

第二个字母:W 为缺口在焊缝;H 为缺口在热影响区。

第三个字母:S 为缺口面平行于焊缝表面;T 为缺口面垂直于焊缝表面。

第四个字母:a 为缺口中心线距参考线的距离(如果缺口中心线在参考线,则记录 $a=0$)。

第五个字母:b 为试样表面距焊缝表面的距离(如果试样表面在焊缝表面,则记录 $b=0$)。可以图 1-1-54表示,或表 1-1-65 和表 1-1-66 表示。图和表中 RL 为参考线。

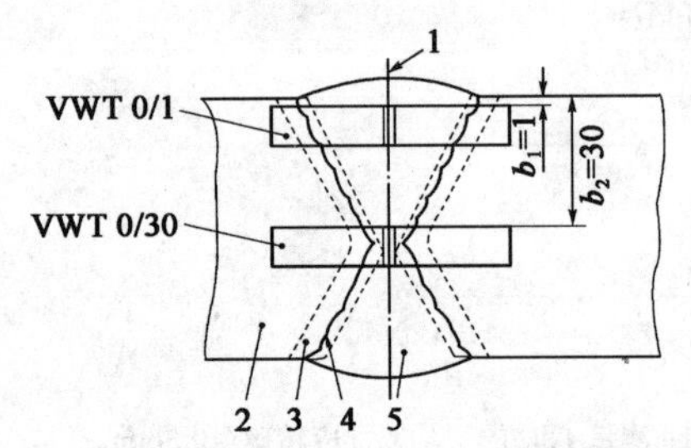

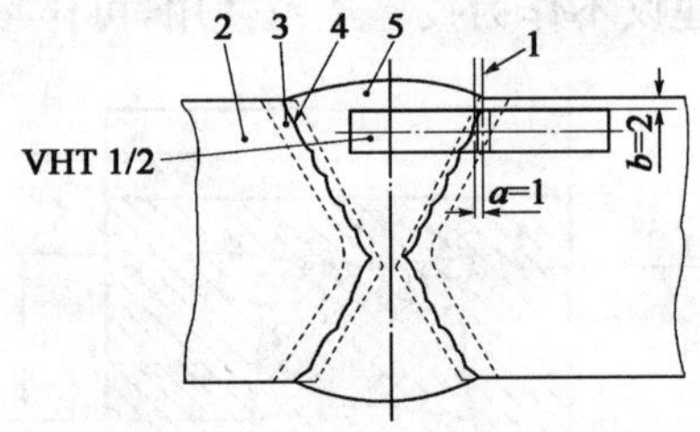

图 1-1-54　典型符号示例

1-缺口轴线;2-母材;3-热影响区;4-熔合线;5-焊缝金属

S 位置(缺口面平行于试件表面)　　表 1-1-65

符号	缺口在焊缝 示意图	符号	缺口在热影响区 示意图
VWS a/b	b l a RL	VHS a/b (压焊)	b a RL
		VHS a/b (熔化焊)	b a RL

T 位置(缺口面垂直于试件表面)　　表 1-1-66

符号	缺口在焊缝 示意图	符号	缺口在热影响区 示意图
VWT 0/*b*	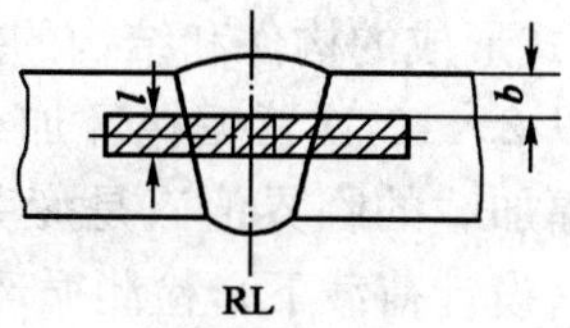	VHT 0/*b*	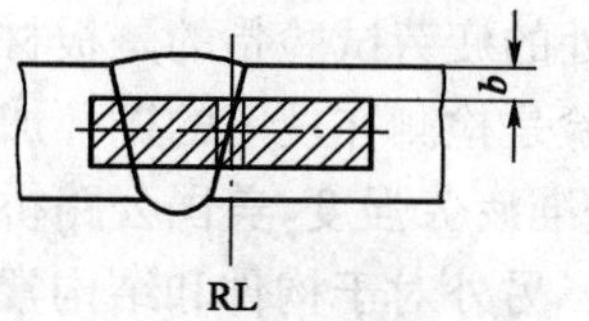
VWT *a*/*b*	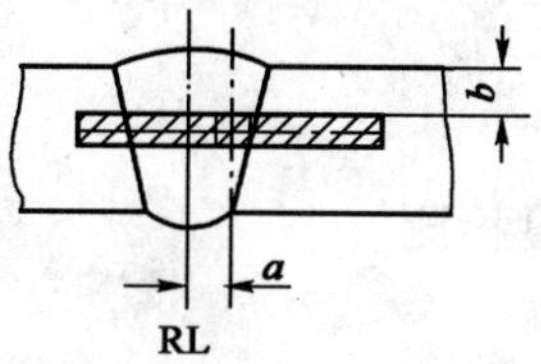	VHT *a*/*b*	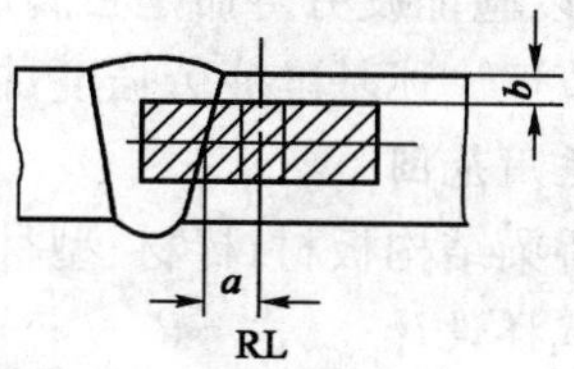
VWT 0/*b*	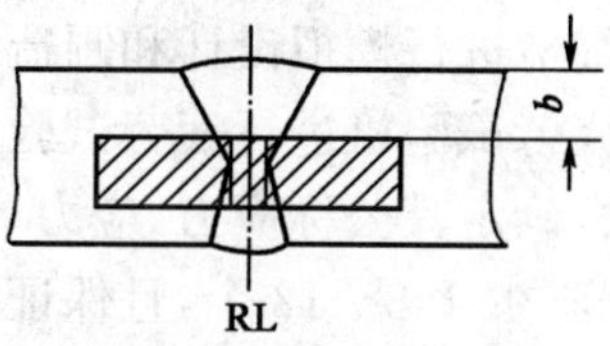	VHT *a*/*b*	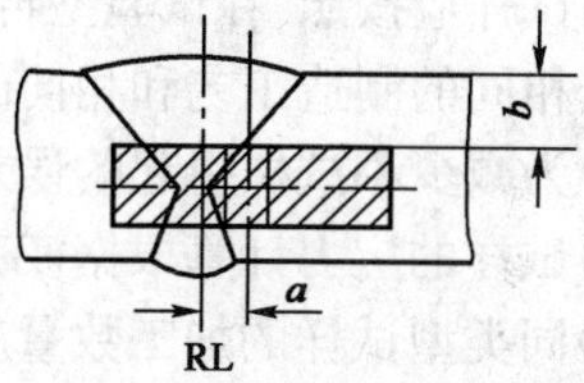
VWT *a*/*b*	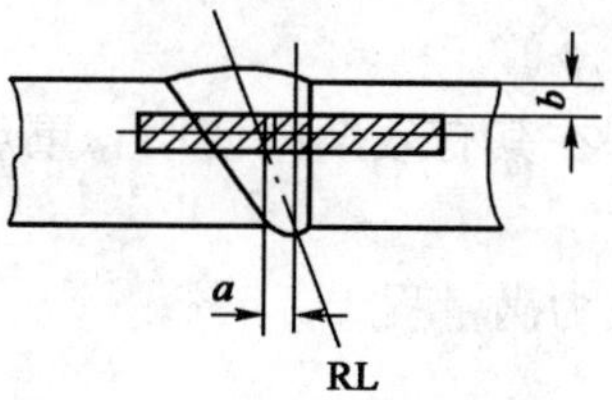	VHT *a*/*b*	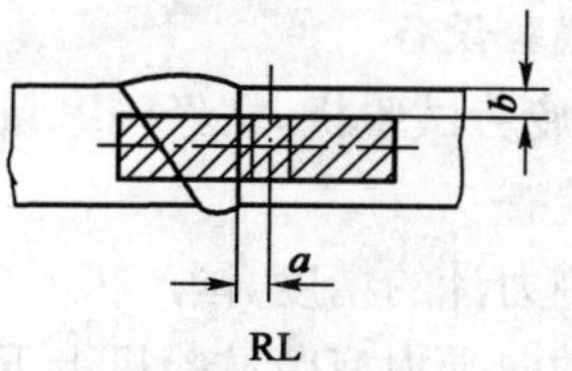

试验报告示例

编号：

依据的焊接工艺规程(WPS)或焊接工艺预规程(Pwps)：

依据 GB/T 2650 进行焊接接头冲击试验。

试验结果：

制造商：

试验目的：

产品种类：

母材：

填充金属：

依据 GB/T 2650 的冲击试验表

试样编号 No.	符号	尺寸 (mm)	试验温度 (℃)	冲击韧度 (J/mm²)	冲击吸收功 (J)	说明		
						断口的位置*	断口的类型*	缺欠类型及尺寸

注：* 必要时。

检测：　　　　　　　　　　　　审核：

(签名和日期)　　　　　　　　　(签名和日期)

第六节　疲劳试验

此处的疲劳试验指的是板材、棒材、线材以及各种连接方式形成的构件和结构的疲劳试验。大量的疲劳试验是检测在规定的循环加载次数下的疲劳强度值，如以 2×10^6 次常幅循环加载的基准疲劳强度试验（基准疲劳强度，美国公路桥设计规范称作 2×10^6 次常幅加载的临界值），是疲劳设计和验算的基础数据。另外对于构件和结构常规定常幅加载应力或应力幅（设计荷载下），检测循环加载的次数，即疲劳寿命，以验证疲劳寿命是否满足桥梁结构的设计寿命。

本节仅论述基准疲劳强度试验（2×10^{-6} 次）。

1. 适用范围

为桥梁结构板材、棒材、型材以及各种连接的基准疲劳强度检测。

2. 试样设计

(1)试样应按照"在试验室再现实际结构疲劳破坏"的原则，根据桥梁的结构特点，采用与实桥相同的母材、相同的制造工艺和相同的加工状态，对必要的构造细节进行模拟设计和制造。

(2)为减少小试样引起的误差，对重要细节选用大吨位疲劳试验机进行疲劳试验。

(3)试样的应力计算根据疲劳荷载采用弹性理论分析法，确定其公称应力，应力单位取 MPa。

(4)同类型试样的加工数量应使试验后得到的有效数据不少于 8～12 个，且保证疲劳回归线点分布合理。

3. 试验设备

(1)疲劳试验机，需经国家认证的标准计量单位标定，并在其有效期内使用。重点注意以下方面的标定和检查：

①测力计的精度，国产机不低于满量程的±1%，进口机为满量程±0.5%；

②轴向受力疲劳试验机上下夹具的同轴度；

③夹具的磨损度，并要求在试验全过程中试样与夹具之间不得有往复跳动式滑移；

④具有液压脉动器的疲劳试验机，试验前必须进行动态标定，标定对象是对不同质量的试样和加载频率进行惯性力影响修正。

(2)辅助试验设施：根据需要，允许借助于加载梁或特制加力架使试件承受预定荷载。但必须对试样实际承受荷载和试验机测力计指示荷载的关系予以修正。

4. 加载

(1)选择尽可能重现实桥工作应力状态的加载方式。

(2)应力循环采用正弦波应力循环。

(3)应力循环参数规定如下：

最大应力 σ_{max}，最小应力 σ_{min}，使用实桥相应构造细节的 σ_{max} 和 σ_{min}。

应力比 $R=\sigma_{min}/\sigma_{max}$，或对焊结结构试验取 $R=0$。应力范围 $\sigma_r=\sigma_{max}-\sigma_{min}$；应力幅 $\sigma_a=\sigma_r/2$；平均应力 $\sigma_m=\sigma_{max}+\sigma_{min}$。此处应力幅为 σ_a，但试验中习惯于称应力全幅 σ_r 为应力幅。

加载应力对非焊接结构以 σ_{max} 和 $R=\sigma_{min}/\sigma_{max}$，为了作出回归线，可采用变换 σ_{max} 值。

对焊接结构采用 σ_r 和 $R=0$，为了作出回归线，可采用变换 σ_r 值。

(4)加载频率控制在 $f\leqslant20$Hz。

(5)试验可在大气环境和室温下进行。

5. 试件疲劳失效的判别

采用裂纹达到非稳定扩展时的疲劳循环次数 N，作为试件的疲劳寿命 N_f，试验过程中，监测并记录裂纹产生和不同扩展长度 a_c 的相应加载次数。

6. 试验步骤

(1)测量试件尺寸并通过外观和无损检测检验在加工过程中有无缺陷。

(2)调试试验机和辅助加载设施。

(3)安装试样，进行静应力测试，检验计算应力的正确性。

(4)开机进行疲劳试验。记录项目按表 1-1-67。

疲劳试验记录　　表 1-1-67

试样编号	试验起始	中途间歇时刻～时刻	首次发现微小裂纹			裂纹长度 a_c时		试样破坏		
			时刻	裂纹长度(mm)	循环次数	时刻	循环次数	时刻	循环次数	断口描述
1										
2										
…										
n										

7. 试验注意事项

(1)同一组试样应在同一台试验机上进行试验。

(2)试样安装时应避免受力偏心引起附加应力。

(3)正式试验前，应防止试样承受超过预定疲劳荷载和过大的预变形。

(4)试验过程中应观察是否有过大振动、发热或其他反常现象，必要时应中断试验或调整重装。

(5)试样破坏后，保护好断口，对裂纹部位、裂纹源和裂纹的扩展状态做好详细记录和描述，并予以拍照。

8. 试验数据处理

(1)将相应数据按表 1-1-68 填写。

(2)疲劳抗力曲线保证率取 97.7%。

(3)将表 1-1-68 中应力幅和循环次数在双对数坐标纸上按最小二乘法线性回归统计：

$$\lg N = A - m\lg\sigma \tag{1-1-8}$$

步骤如下：

$$S_{XX}=\sum(\lg\sigma_i-\overline{\lg\sigma})^2$$

$$S_{XY}=\sum(\lg\sigma_i-\overline{\lg\sigma})(\lg N_i-\overline{\lg N})$$

$$S_{YY}=\sum(\lg N_i-\overline{\lg N})^2$$

式中：σ_i——应力幅($i=1,2,\cdots,n$)(MPa)；

N_i——相应于 σ_i 的试样疲劳失效时的循环次数(次)；

$\overline{\lg\sigma}$——同组数据的 $\lg\sigma_i$ 的算求平均值；

$\overline{\lg N}$——同组数据的 $\lg N_i$ 的算求平均值。

则

$$m=-\frac{S_{XY}}{S_{XX}}$$

$$A=\overline{\lg N}+m\,\overline{\lg\sigma}$$

疲劳试验加载情况及结果　　表 1-1-68

试样编号	应力幅(MPa)	应力比 R	加载频率(次/s)	循环次数(万次)	断口说明
1					
2					
…					
n					

该组试验数据的相关系数 γ 由下式求出：

$$\gamma=\frac{S_{XY}}{\sqrt{S_{XX}S_{YY}}}$$

该组试验数据的标准差 S 由下式求出：

$$S=\left[\frac{S_{YY}+mS_{XY}}{(n-2)}\right]^{1/2}$$

式中：n——有效试验数据个数。

则本组试验数据整理得疲劳曲线方程为：

$$\lg N=A-m\lg\sigma-2S \tag{1-1-9}$$

(4)绘制疲劳曲线：按式(1-1-7)，在双对数坐标图上绘制疲劳抗力曲线，如图 1-1-55。

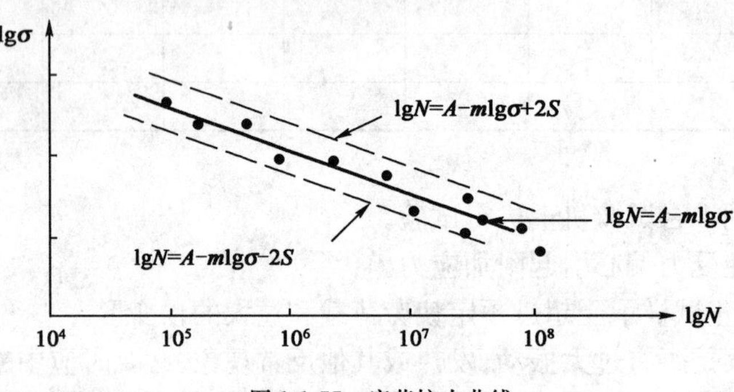

图 1-1-55　疲劳抗力曲线

9. 疲劳试验报告内容

(1)试件的材质、力学性能及化学成分；

(2)试样的构造细节设计和加工工艺；

(3)疲劳试验设备及辅助设施；

(4)试样理论应力分析与实测应力对比；

(5)试验过程及破坏特征；

(6)按照 8(3)和 8(4)进行疲劳试验数据的整理；

(7)试验结果的分析和结论。

10. 附表

试验结果计算形式如下表 1-1-69 所示。

试验结果计算表　　表 1-1-69

顺序	试件号	$\Delta\sigma_i$(MPa)	$X_i=\lg\Delta\sigma_i$	$N_i\times10^4$	$Y_i=\lg N_i+4$	附　注
1	101					断于焊缝端
2	102					2×10^6 未断
3	103					断于过渡圆弧
4	104					

第七节　有关线材的几项试验

桥梁上用的金属线材，主要指高强度钢丝和钢绞线。本节叙述线材的疲劳试验、钢绞线的偏斜拉伸试验、应力松弛试验、反复弯曲试验、扭转试验及缠绕试验的要求及方法。

一、疲劳试验

作为斜拉索用 ϕ5mm、ϕ7mm 高强度钢丝和钢绞线应满足在规定的最大应力和应力幅条件下，2×10^6次循环加载不断丝或断丝试样数小于某一百分比的要求。

《桥梁缆索用热镀锌钢丝》(GB/T 17101—2008)钢丝疲劳试验取样数量 1 根/2000t(见表 1-1-12)，并规定了试验方法。对于斜拉索用钢绞线材料疲劳性能则无规范要求的试验方法。对于钢丝的取样规定每 2000t 取一根试样，对于中小斜拉样，由于试样数太少和数据的离散性，则可能无法做出疲劳性能的评定。

本节依据斜拉索设计实践、结合 GB/T 17101—2008 规范和美国《斜拉索设计、测试和安装条例》(第四版)，及疲劳试验的特点给出可行的试验方法及要求。

1. 斜拉索用高强度钢丝

(1)取样

同一炉钢生产同一规格、同一牌号的钢丝批，每 10t 取一根试样，长 300mm，并保证夹具之间自由长度≥140mm。构成一个集合，然后到随机抽取 5%试样进入试验。记录试样代表的批。

(2)试验条件

要求试验夹具不使试件破坏在夹持部位，并试验中试件无滑移、发热等影响。断面夹持部位试件为无效试件，无效试件重取试验。

试验机加载频率不大于 50Hz。

加载上限应力 $0.45\sigma_b$(σ_b为极限抗拉强度)，应力幅值 360MPa；试验机加载精度至少±1%；加载次数 2×10^6次。

(3)评定要求

按上述试验加载，试件不断裂，随后静拉至破断，试件应达到不小于公称抗拉强度的 95%，即认为疲劳试验合格。如果某一试件疲劳试验达不到要求的加载次数而断裂或随后静力抗拉强度达不到 95%公称抗拉强度，认为不合格，应再从试件集合中随机抽取两个试件进行上述试验。如果再次破坏则认为试件代表的批疲劳性能不合格。

2. 斜拉索用钢绞线

(1)取样

同一炉生产、同一牌号、同一规格的钢绞线批，每 10t 取一根至少 1m 长试件，试验机夹距间自由长度不小于 500mm，构成一个集合，然后随机抽取 5%进入试验。记录试件代表的批。

(2)试验

要求试件不断在夹持部位，否则视为无效试件，应在集合中再取一根试验。

试验机加载频率≤50Hz。

加载上限应力 $0.45\sigma_b$(σ_b为极限抗拉强度)，应力幅值 250MPa；试验机加载精度至少±1%。加载次数 2×10^6次。

(3)评定要求

按上述试验试件不断裂，随后静拉断裂，其破断时抗拉强度应不小于公称抗拉强度的 95%，即认为疲劳性能合格。如某一试件达不到要求之加载加次，或随后静力抗拉强度不满足公称抗拉强度的 95%，则认为不合格，应从集合中再取两个试件试验。如仍满足要求，则验收批疲劳性能不满足要求。

桥梁上使用的体外索或系杆索应参照上述规定。

对于钢丝试件的大集合体，求得某一循环加载次数，某一可靠度的疲劳应力幅值，可采用韦布尔分布密度函数进行统计处理。如贝尔格莱德萨瓦河桥，每 4 卷钢丝取一试样，共有 210 根试样进入试验。分 4 种应力幅 $2\sigma_A$ = 350MPa，400MPa，450MPa，500MPa 和 550MPa，上限取 750MPa，进行疲劳试验；试件长 200mm，加载 2×10^6 次，求取 95% 可靠度的疲劳幅值。通过试验得到钢丝不同应力幅的破坏概率与加载次数的关系，进而可得 *P-S-N* 曲线并得到 2×10^6 次加载、95% 可靠度的应力幅 340MPa，并按下式 $\Delta\sigma_{索}=\sigma_{钢丝}-\Delta\sigma$ 计算斜拉索的 2×10^6 次加载、95% 可靠度的应力幅值。$\Delta\sigma$ 取值为 140MPa。$\Delta\sigma$ 值实际表示由钢丝经制束和制锚后疲劳强度的降低。

多试样统计分析也可采用双对数坐标最小二乘法进行统计，获得规定加载次数与可靠度的应力幅值。参见本章第六节疲劳试验。

关于斜拉索更详细的试验与检测，详见第三篇第五章第二节斜拉索的检测。

二、钢丝和钢绞线的应力松弛试验

钢丝和钢绞线的应力松弛试验按《金属应力松弛试验法》(GB/T 10120—1996)方法进行，并应分别符合 GB/T 17101 和 GB/T 5224—2003 标准要求。

松弛试验的原理为在规定温度下，对试样施加试验力，保持初始应变、变形或位移恒定，测定应力随时间变化的关系。

1. 试样

对于钢丝和钢绞线试件标距长不小于公称直径的 60 倍，标距超过引伸计时，至少应为 48 倍；制备后不得施加任何影响金属组织和力学性能的冷、热加工等工艺；样坯的切取部位、方向和数量应符合相应产品标准或协议规定。

2. 试验机和测试仪器

拉伸应力松弛试验机应能对试样施加准确的轴向拉伸试验力，试验机力的示值误差不应超过 ±1%。试验机力的同轴度不应大于 15%。试验机应定期校验。

拉伸应力松弛试验机应具有连续自动调节试验力的装置，以便在试验期间保持试样的初始应变或变形或标距恒定。

试验机应安装在无外来冲击、振动和温度稳定的环境中。

温度测量仪器误差不应超过 ±1℃，分辨率不应大于 0.5℃，并应定期校验。

测温热电偶应符合 JJG 141 或 JJG 351 中 2 级热电偶要求。热电偶冷端温度应保持恒定，偏差不超过 ±0.5℃。

测量试样横截面尺寸的量具最小分度值不应大于 0.01mm。

测量压痕间距的量具最小分度值不应大于 0.001mm。

3. 试验程序

(1)试验温度应为 20℃±2℃。试样应置于试验环境中足够的时间，确认达到温度平衡后施加初始试验力。

(2)初始试验力应为公称抗拉强度的 70% 乘以公称截面积，钢绞线试件也可按协议采用公称抗拉强度的 60% 或 80%。

(3)除非相关产品标准或协议另作规定，应在 3～5min 内均匀地施加全部初始试验力。在加力过程中不应超过初始试验力。初始试验力保持时间为 1min。保持时间结束点作为零时间，在零时间应立即保持初始总应变或标距恒定。在试验期间试样应变的波动应控制在 $\pm5\times10^{-6}$mm/mm 以内。

(4)连续或定时记录试验力和试验温度，必要时监测试样的初始总应变或标距。采用定时记录时，如无其他规定，建议按下列时间间隔记录：1min、3min、6min、9min、15min、30min、45min、1h、1.5h、2h、4h、8h、10h、24h，以后每隔 24h 记录一次，直至试验结束。

4. 试验数据处理

(1)达到规定试验时间的松弛率按式(1-1-9)计算，F_0、F_r分别为初始试验力和剩余试验力。

$$R(\%) = (F_0 - F_r)/F_0 \times 100 \tag{1-1-10}$$

(2)为了比较材料的相对松弛特性，可以绘制松弛率与对数时间或对数时间或对数松弛率与对数时间的关系曲线。

(3)可以绘制剩余试验力或松弛力与时间或对数时间的关系曲线，或绘制对数剩余试验力或对数松弛力与对数时间的关系曲线。

(4)可以采用试验数据的线性回归分析方法对试验数据进行推算。推算1000h的应力松弛性能时，建议最短试验时间不少于100h。

5. 试验报告

试验报告应包括如下内容：

(1)试验材料种类及标志；

(2)热处理制度及组织状态；

(3)试验机型号；

(4)试样形状、尺寸及编号；

(5)试验温度；

(6)初始应力(或初始试验力)

(7)初始试验力保持时间；

(8)试验时间；

(9)试验数据、曲线及外推方法；

(10)规定试验时间的应力松弛性能(例如应力松弛速率、松弛应力、松弛率等)；

(11)试验中异常现象；

(12)试验日期、单位及试验者。

三、钢绞线的偏斜拉伸试验

偏斜拉伸试验也称芯轴试验，是测量钢绞线韧性的方法。韧性好的钢绞线意味着对缺口的敏感性较小。偏拉试验应符合《预应力混凝土用钢绞线》(GB/T 5224—2003)附录B规定。

1. 试样

(1)用于偏斜拉伸的试样应从力学性能合格的样品上一次截取相当于12根试样的长度。两端各取1根进行轴向拉伸试验确定钢绞线的最大力。其余再截成10根用偏斜拉伸试验，并保证有7个有效的试验结果计算偏斜系数。

(2)试样长度应满足试样进行拉伸和锚固用。

(3)试样除被切割外不能进行任何的加工处理。

2. 试验设备

试验机具有刚性机架，以满足本标准规定的试验要求。试验机包括一个固定夹头和带测力装置的活动锚固夹头，一个加载装置和一个带凹槽的心轴。试验设备尺寸见图1-1-56。

试样两端轴向中心线应垂直于锚固夹头的轴承平面，不正确的设计尺寸和定位会出现错误的试验结果。

锚固头应满足下列要求：

(1)用这组夹具进行轴向拉伸试验时应达到常规拉伸试验最大力F_m的95%以上，F_m的公称抗拉强度。

(2)偏斜拉伸试验中，在90%最大力F_m时中心钢丝与外层钢丝的相对位移量应小于0.5mm；加载力F_m由0%到破断允许最大滑移5mm，从50%到破断允许最大滑移2.5mm。

(3)在试验过程中楔形夹片与锚固夹胎之间应该是扣紧的,无任何活动。

(4)夹片的最小齿长为钢绞线直径的 2.5～3 倍。

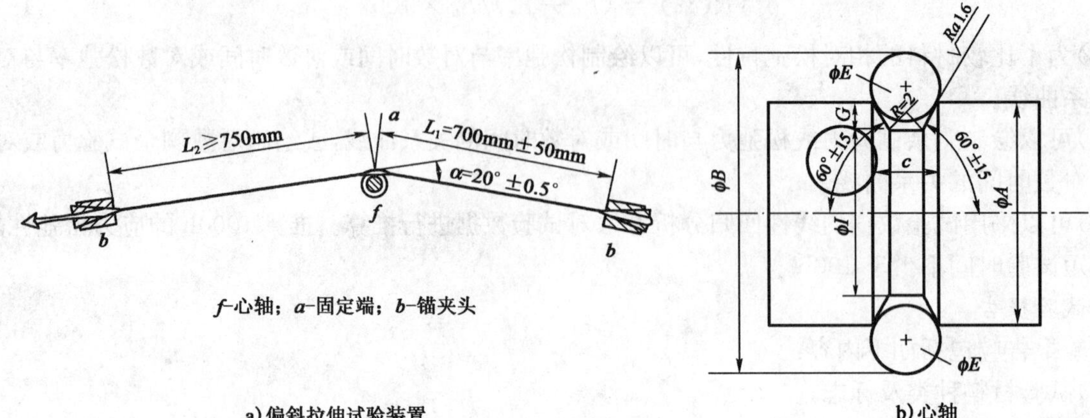

心轴尺寸（单位：mm）

各部分尺寸	钢绞线尺寸		
	12.5~13.0	15.0~16.0	17.0~18.0
外轮廓尺寸 φA	40.0	49.0	59.0
凹槽深度 G	7.6	9.5	12.0
凹槽最小宽度 C	14.4	17.9	21.9
凹槽底部直径 φI	24.7±0.1	29.9±0.1	34.9±0.1
凹槽中量棒外径 φB	57.0±0.1	72.0±0.1	81.0±0.1
量棒直径 φE	14.0	18.0	20.0

图 1-1-56　偏斜拉伸试验

心轴应用工具钢制造。其化学成分、显微组织及热处理应使其具有高韧性和高耐磨性能,表面性能应达到 58～62HRC。

加载设备最好有测力传感器,误差应不大于±10％。

加载速度应可调节,试验期间应控制加载速度,载荷在 0～50％F_m 范围内加载速度应控制在 60MPa/s。

3.试验及结果评定

(1)试验

①试验前心轴凹槽表面应仔细清理,如钢绞线有轻微弯曲,曲率应与偏斜方向一致。加载之前安装锚具过程中应正确调整钢绞线。加载期间钢绞线与夹片之间不能有任何滑移,以验证锚固效果。

②当钢绞线的一根或多根钢丝不在心轴位置破断时,试验无效。

③有效试验的 F_{ai} 要求精确记录,对应的偏斜拉伸系数 D_i 可按下式进行计算,F_{ai}、F_{mm} 为破断荷载和实际极限强度。

$$D_i=(1-F_{ai}/F_{mm})\times 100\% \qquad (1\text{-}1\text{-}11)$$

④去掉最大值和最小值,D 值应取 D_i 的平均值。

$$D=\frac{1}{5}\sum_{i=1}^{5}D_i \qquad (1\text{-}1\text{-}12)$$

(2)评定

①一般用途的钢绞线其偏斜拉伸系数应为 $D\leqslant 28\%$。

②用于斜拉索的钢绞线其偏斜拉伸系数应为 $D\leqslant 20\%$。

四、金属材料线材反复弯曲试验

ϕ5mm 及 ϕ7mm 钢丝的反复弯曲试验应符合《金属材料　线材　反复弯曲试验方法》(GP/T 238—2002)，反复弯曲试验测定弯曲时承受塑性变形的能力。反复弯曲是将试验试样一端固定，绕规定半径的圆柱支座弯曲 90°，再沿相反方向弯曲的重复弯曲试验(见图 1-1-57)。图 1-1-57a)中 $d(a)$、r、h、d_g 及 y 分别为线材公称直径或厚度、圆柱支座半径、圆柱支座顶部至拔杆底部距离、拔杆孔直径和两圆柱支座轴线所在平面与夹块顶面距离。

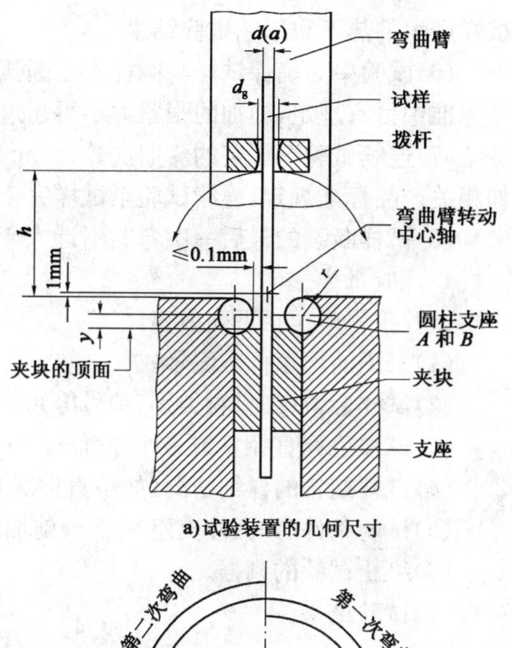

图 1-1-57　线材反复弯曲试验

1. 试验设备要求

见图 1-1-57 及表 1-1-70。

(1)圆柱支座和夹持块应有足够的硬度(以保证其刚度和耐磨性)。

(2)圆柱支座半径不得超出表 1-1-70 给出的公称尺寸允许偏差。

(3)圆柱支座轴线应垂直于弯曲平面并相互平行，而且在同一平面内，偏差不超过 0.1mm。

(4)夹块的夹持面应稍突出于圆柱支柱但不超过 0.1mm，即测量两圆柱支座的曲率中心连线上试样与圆柱支座间的间隔不大于 0.1mm。

(5)对于所有尺寸的圆柱支座，弯曲臂的转动轴心至圆柱支座顶部的距离均为 0.1mm。拔杆孔两端应稍大，且孔径应符合表 1-1-70 的规定。

试验设备几何尺寸要求　　表 1-1-70

线材公称直径或厚度 $d(a)$	圆柱支座半径 r	距离 h	拔杆孔直径 d_g
$4.0<d(a)\leqslant6.0$	15±0.1	50	4.5 和 7.0
$6.0<d(a)\leqslant8.0$	20±0.1	75	7.0 和 9.0
较小的拔杆孔直径适用于较细公称直径的线材，而较大的拔杆孔直径适用于较粗公称直径的线材。对于表列范围直径，应选择合适的拔杆孔直径以保证线材在孔内自由运动			

2. 试样

(1)线材试样应尽可能平直。但试验时，在其弯曲平面内允许有轻微的弯曲。

(2)必要时试样可以用手矫直。在用手不能矫直时，可在木材、塑性材料或铜质平面上用相同材料的锤头矫直。

(3)在矫直过程中，不得损伤线材表面，且试样也不得产生任何扭曲。

(4)有局部硬弯的线材应不矫直。

3. 试验

(1)试验一般应在室温 10～35℃内进行，对温度要求严格的试验，试验温度应为 23℃±5℃。

(2)根据表 1-1-70 所列线材直径，选择圆柱支座半径 r、圆柱支座顶部至拔杆底部距离 h 以及拔杆孔直径 d_g。

(3)如图 1-1-57a)所示，使弯曲臂处于垂直位置，将试样由拔杆孔插入，试样下端用夹块夹紧，并使试样垂直于圆柱支座轴线。

(4)弯曲试验是将试样弯曲90°,再向相反方向交替进行;将试样自由端弯曲90°,再返回至起始位置作为第一次弯曲。然后,如图1-1-57b)所示,依次向相反方向进行连续而不间断地反复弯曲。

(5)弯曲操作应在每5s不超过一次的均匀速率平衡无冲击地进行,必要时,应降低弯曲速率以确保试样产生的热不致影响试验结果。

(6)试验中为确保试样与圆柱支座圆弧面连续接触,可对试样施加某种形式的张紧力。除非相关产品标准中另有规定,施加的张紧力不得超过试样公称抗拉强度相对应力值的2%。

(7)连续试验至规定的弯曲次数:ϕ5mm钢丝≥4次,ϕ7mm钢丝≥5次,并无肉眼可见的裂纹或者如相关产品标准规定,连续试验至试样完全裂断为止。

(8)试样断裂的最后一次弯曲不计入弯曲次数N_b。

4.试验报告

试验报告应包括下列内容:

(1)采用的国家标准编号。

(2)试样标识(如材料类别、炉号等)。

(3)试样公称直径d或最小厚度a。

(4)试样制备的详细情况(如矫直情况)。

(5)试验条件(如圆柱支座半径r、施加的张紧力)。

(6)终止试验的判据。

(7)试验结果。

五、金属线材的扭转试验

ϕ5mm、ϕ7mm高强度钢丝扭转试验应符合《金属线材扭转试验方法》(GB/T 239—1999)的技术要求内容和方法。扭转试验测定金属线材单向或双向扭转中承受塑性变形的能力以及显示线材表面和内部缺陷。

单向扭转:试样绕自身轴线向一个方向均匀旋转360°作为一次扭转,直至规定次数或试样断裂。

双向扭转:试样绕自身轴线向一个方向均匀旋转360°作为一次扭转,至规定次数后,向相反方向旋转相同次数或试样断裂。

1.试样

(1)试样应尽可能是平直的。

(2)必要时,可用手对试样进行矫直,当用手不能矫直时,可将试样置于木材、塑料或铜质平面上,用由这些材料制成的锤子或其他合适的方法轻轻矫直。

(3)矫直时,不得损伤试样表面,也不得扭曲试样。

(4)存在局部硬弯的线材不得用于试验。

(5)除非另有规定,试验机两夹头间的标距长度应符合50$d$mm的规定。此处d为线材直径。

2.设备要求

(1)试验机夹头应具有足够的硬度,夹持钳口的硬度为55～65HRC。

(2)试验期间,两夹头应保持在同一轴线上,并对试样不施加任何弯曲力,不得妨碍由试样引起的夹头之间长度的变化。

(3)试验机夹头的一端应能绕试样轴线双向旋转,而另一端不得有任何转动,但能沿轴向自由移动。

(4)试验机应有对试样施加拉紧力的装置。

(5)试验机的速度应能调节,并有自动记录扭转次数的装置及测量两夹头间标距长度的刻度尺。

3.试验

(1)试验一般应在10～35℃的室温下进行,如有特殊要求,试验温度应为23℃±5℃。

(2)将试样置于试验机夹持钳口中,使其轴线与夹头轴线相重合。为使试样在试验过程中保持平直，应施加某种形式的拉紧力，这种拉紧力不得大于该线材公称抗拉强度相应力值的 2%。

(3)除非另有规定，否则应按有关材质的线材直径选用相应的扭转速度，其偏差应控制在规定转速的±10%以内。ϕ5～ϕ10mm 时钢丝转速度应选用：单向扭转 30 次/min；双向扭转 30 次/min。

(4)试样置于试验机后，以一合适的恒定速度旋转可转动夹头，计数装置同时自动记数，直至试样断裂或达到规定的次数为止。

(5)当试样的扭转次数、表面及断口符合有关标准规定时，则该试验有效。如果试样未达到规定的次数，且断口位置在离夹头 2d 范围内，则该试验无效。在试验过程中，如试样发生严重劈裂，则最后一次扭转不计。

(6)试样的扭转断裂类型、外观形貌及断口特征典型分类如表 1-1-71 所示。

典型断口特征表　　表 1-1-71

断裂类型	类型编号		外观形貌	断口特征描述	断裂面
正常扭转断裂	1	a		断裂面平滑且垂直于线材轴线(或稍微倾斜)；断裂面上无裂纹。	或
		b		脆性断裂面与线材轴线约成45°；断裂面上无裂纹	
局部裂纹断裂(表面有局部裂纹)	2	a		断裂面平滑且垂直于线材轴线(或稍微倾斜)；并有局部裂纹。	或
		b		阶梯式，部分断裂面平滑；并有局部裂纹	
		c		不规则断裂面，断裂面上无裂纹	
螺旋裂纹断裂(试样全长或大部分长度上有螺旋裂纹)	3	a		断裂面平滑且垂直于线材轴线(或稍微倾斜)；断裂面上有局部或贯穿整个截面的裂纹。	或
		b		阶梯式，部分断裂面平滑，有局部或贯穿整个截面的裂纹。	
		c		脆性断裂面与线材轴线约成45°，并有局部或贯穿整个截面的裂纹。	
		d		或不规则断裂面，并有局部或贯穿整个截面的裂纹	

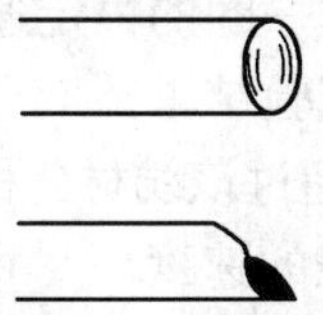

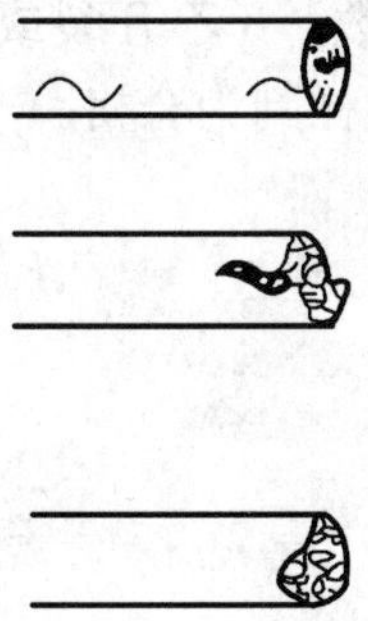

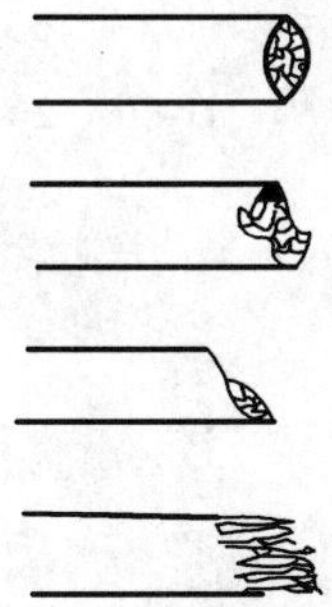

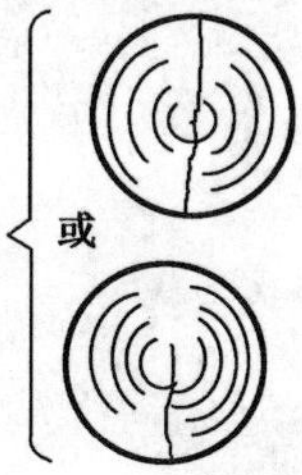

合格与否判定满足≥8 次、≥10 次或 14 次。日本采用 14 次，GB/T 17101—2008 规定要求≥8 次。

4. 试验报告

试验报告至少应包括下列内容：

(1)采用的标准编号；

(2)试样标识(如材质、牌号)；

(3)试样公称直径 d；

(4)如必要，试样制备情况(如矫直方法)；

(5)试验条件(如标距长度、速度、拉紧力)；

(6)试验结果(如扭转次数、断裂类型)。

六、金属线材缠绕试验

金属线材 ϕ5mm、ϕ7mm 高强度钢丝缠绕试验是检验钢丝在缠绕过程中承受塑性变形的能力。缠绕试验应按《金属材料　线材　缠绕试验方法》(GB/T 2976—2004)进行。

缠绕试验是将线材试样在符合相关标准规定直径的芯棒上紧密缠绕规定螺旋圈数。本试验也可包括特殊程序的缠绕、解圈甚至再缠绕。

1. 试验设备

试验设备应能满足线材绕芯棒缠绕，并使相邻线圈紧密排列呈螺旋线圈。用作试验的线材，只要符合规定的芯棒直径且具有足够的硬度，也可用作芯棒。

2. 试验程序

(1)试验一般应在 10～35℃的室温下进行，如有特殊要求，试验温度应为 23℃±5℃。

(2)试样应在没有任何扭转的情况下，以每秒不超过一圈的恒定速度沿螺旋线方向紧密缠绕在芯棒上。必要时，可减慢缠绕速度，以防止温度升高而影响试验结果。

(3)为确保缠绕紧密，缠绕时可在试样自由端施加不超过该线材公称抗拉强度相应力值 5%的拉紧力。

(4)如果要求解圈或解圈后再缠绕，其解圈和再缠绕的速度应尽可能的慢，以防止温度升高而影响试验结果，解圈时试样末端应至少保留一个缠绕圈。

(5)缠绕试验结果判定：芯杆直径 $3d$，满足缠绕圈数≥8 不开裂或损伤。如无具体要求，可在不用放大工具的情况下检查试样表面，如未发现裂纹则该试样判为合格。

3. 试验报告

试验报告应包括下列内容：

(1)采用的标准编号；

(2)试样标记(如材质、镀层类别等)；

(3)试样的直径或厚度；

(4)芯棒直径；

(5)试验条件(如圈数或缠绕长度)；

(6)试验结果。

第二章　水泥及混凝土的检测

本章将介绍桥梁工程中常用的水泥的检测、水泥混凝土拌合物试验检测和硬化水泥混凝土性能试验检测。

第一节　水泥的检测

一、水泥取样方法

1. 适用范围

本方法规定了水泥取样的工具、部位、数量及步骤等。

本方法适用于硅酸盐水泥、普通硅酸盐水泥、矿渣硅酸盐水泥、粉煤灰硅酸盐水泥、火山灰硅酸盐水泥、复合硅酸盐水泥、桥面硅盐水泥及指定采用本方法的其他品种水泥。

2. 仪器设备

(1)袋装水泥取样器,图 1-2-1。

(2)散装水泥取样器,图 1-2-2。

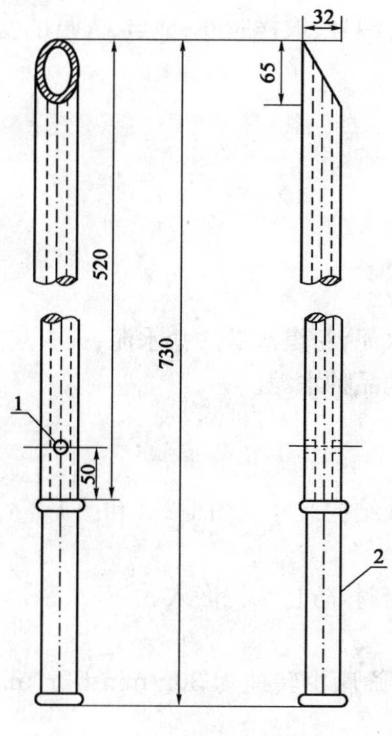

图 1-2-1　袋装水泥取样管(尺寸单位:mm)

1-气孔;2-手柄

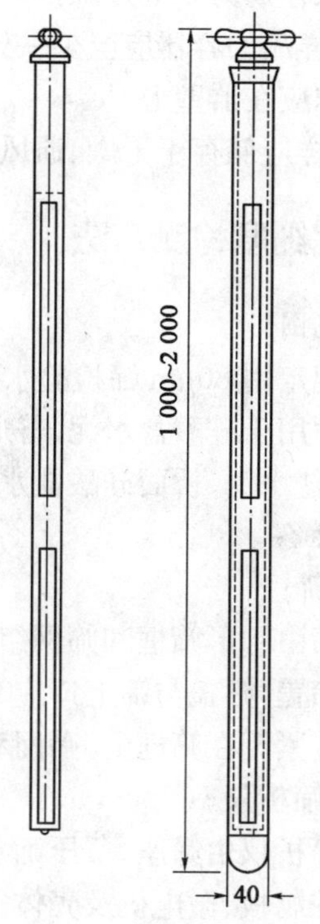

图 1-2-2　散装水泥取样管(尺寸单位:mm)

3.取样步骤

(1)取样数量应符合各相应水泥标准的规定。

(2)分割样：

①袋装水泥：第1/10编号从一袋中取至少6kg。

②散装水泥：每1/10编号在5min内取至少6kg。

(3)袋装水泥取样器：采用图1-2-1的取样管取样。随机选择20个以上不同的部位，将取样管插入水泥适当深度，用大拇指按住气孔，小心抽出取样管。将所取样品放入洁净、干燥、不易受污染的容器中。

(4)散装水泥取样器：采用图1-2-2的槽形管式取样器取样，通过转动取样器内管控制开关，在适当位置插入水泥一定深度，关闭后小心抽出。将所取样品放入洁净、干燥、不易受污染的容器中。

4.样品制备

(1)样品缩分

样品缩分可采用二分器，一次或多次将样品缩分到标准要求的规定量。

(2)试验样及封存样

将每一编号所取水泥混合样通过0.9mm方孔筛，均分为试验样和封存样。

(3)分割样

每一编号所取10个分割样应分别通过0.9mm方孔筛，不得混杂。

5.样品的包装与储存

(1)样品取得后应存放在密封的金属容器中，加封条。容器应洁净、干燥、防潮、密闭、不易破损、不与水泥发生反应。

(2)封存样应密封保管3个月。试验样与分割样亦应妥善保管。

(3)在交货与验收时，水泥厂和用户共同取实物试样，封存样由买卖双方共同签封。以抽取实物试样的检验结果为验收依据时，水泥厂封存样保存期为40d；以同编号水泥的检验报告为验收依据时，水泥厂封存样保存期为3个月。

(4)存放样品的容器应至少一处加盖清晰、不易擦掉的标有编号、取样时间、地点、人员的密封印，如只在一处标志应在器壁上。

(5)封存样应储存于干燥、通风的环境中。

二、水泥细度检测方法

1.适用范围

本方法规定用80μm筛检验水泥细度的测试方法。

本方法适用于硅酸盐水泥、普通硅酸盐水泥、矿渣硅酸盐水泥、粉煤灰硅酸盐水泥、火山灰硅酸盐水泥、复合硅酸盐水泥、桥面硅酸盐水泥及指定采用本方法的其他品种水泥。

2.仪器设备

(1)试验筛

①试验筛由圆形筛框和筛网组成，分负压筛和水筛两种，其结构尺寸见图1-2-3和图1-2-4。负压筛应附有透明筛盖，筛盖与筛上口应有良好的密封性。

②筛网应紧绷在筛框上，筛网和筛框接触处，应用防水胶密封，防止水泥嵌入。

(2)负压筛析仪

①负压筛析仪由筛座、负压筛、负压源及收尘器组成，其中筛座由转速为30r/min±2r/min的喷气嘴、负压表、控制板、微电机及壳体等部分构成，见图1-2-5。

②筛析仪负压可调范围为4000～6000Pa。

③喷气嘴上口平面与筛网之间距离为2～8mm。

④喷气嘴的上开口尺寸见图 1-2-6。

⑤负压源和收尘器，由功率≥600W 的工业吸尘器和小型旋风收尘筒等组成或用其他具有相当功能的设备。

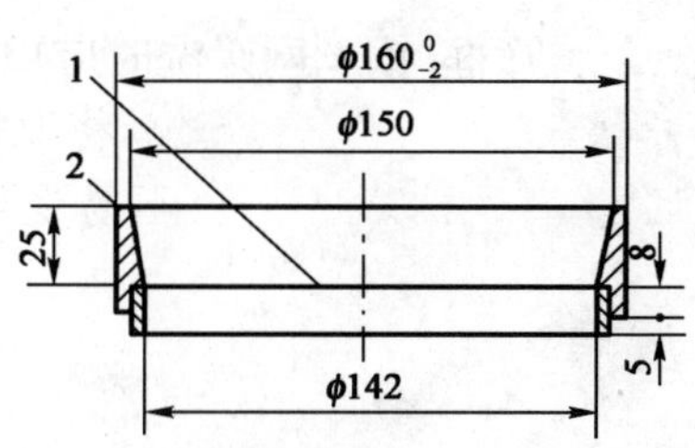

图 1-2-3　负压筛（尺寸单位：mm）
1-筛网；2-筛框

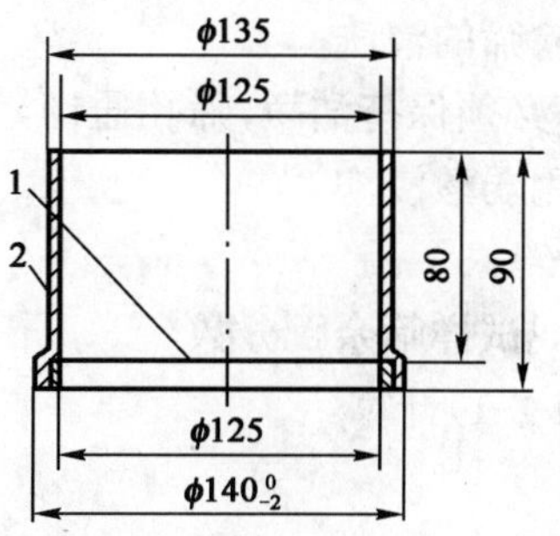

图 1-2-4　水筛（尺寸单位：mm）
1-筛网；2-筛框

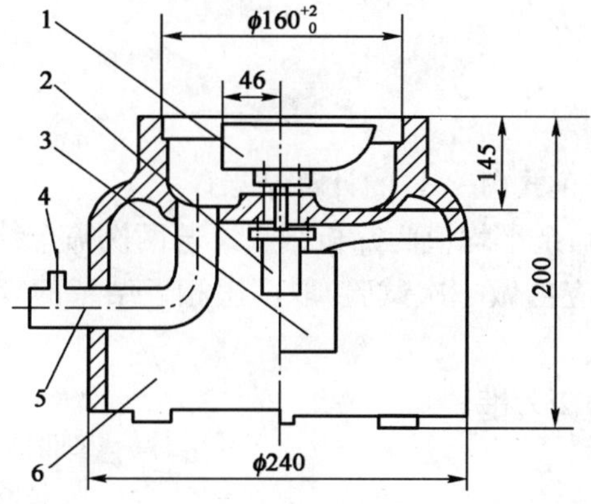

图 1-2-5　筛座（尺寸单位：mm）
1-喷气嘴；2-微电机；3-控制板开口；4-负压表接口；
5-负压源及收尘器接口；6-壳体

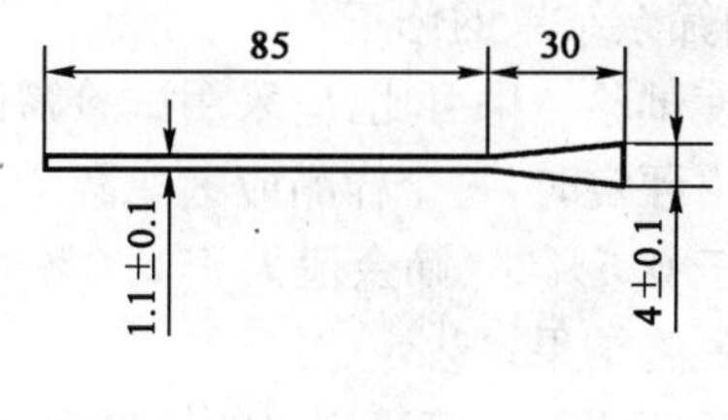

图 1-2-6　喷气嘴上开口（尺寸单位：mm）

(3)水筛架和喷头

水筛架和喷头的结构尺寸应符合《水泥物理检验仪器　标准筛》(JC/T 728—1996)的规定，但其中水筛架上筛座内径为 140^{0}_{-3}mm。

(4)天平

量程应大于 100g，感量不大于 0.05g。

3. 样品处理

水泥样品应充分拌匀，通过 0.9mm 方孔筛，记录筛余物情况，要防止过筛时混进其他水泥。

4. 试验步骤

(1)负压筛法

①筛析试验前，应把负压筛放在筛座上，盖上筛盖，接通电源，检查控制系统，调节负压至4000～6000Pa 范围内。

②称取试样 25g，置于洁净的负压筛中，放在筛座上，盖上筛盖，开动筛析仪连续筛析 2min，在此期间如有试样附着在筛盖上，可轻轻地敲击筛盖使试样落下。筛毕，用天平称量筛余物。

③当工作负压小于 4000Pa 时，应清理吸尘器内水泥，使负压恢复正常。

(2)水筛法

①筛析试验前，使水中无泥、砂，调整好水压及水筛架的位置，使其能正常运转。喷头底面和筛网之间距离为 35～75mm。

②称取试样 25g，置于洁净的水筛中，立即用淡水冲洗至大部分细粉通过后，放在水筛架上，用水压为 0.05MPa±0.02MPa 的喷头连续冲洗 3min。筛毕，用少量水把筛余物冲至蒸发皿中，等水泥颗粒全部沉淀后，小心倒出清水，烘干并用天平称量筛余物。

(3)试验筛的清洗

试验筛必须保持洁净，筛孔通畅，使用 10 次后要进行清洗。金属筛框、铜丝网筛洗时应用专门的清洗剂，不可用弱酸浸泡。

5. 试验结果

(1)水泥试样筛余百分数

按式(1-2-1)计算：

$$F=\frac{R_s}{m}\times 100 \tag{1-2-1}$$

式中：F——水泥试样的筛余百分数(%)；

R_s——水泥筛余物的质量(g)；

m——水泥试样的质量(g)。

计算结果精确到 0.1%。

(2)筛余结果的修正

为使试验结果可比，应采用试验筛修正系数方法来修正式(1-2-1)的计算结果。

合格评定时，每个样品应称取两个试样分别筛析，取筛余平均值为筛析结果。若两次筛余结果绝对误差大于 0.5%时(筛余值大于 5.0%时可放至 1.0%)，应再做一次试验，取两次相近结果的算术平均值作为最终结果。

负压筛法与水筛法测定的结果发生争议时，以负压筛法为准。

6. 试验报告

试验报告应包括以下内容：

(1)试样编号；

(2)要求检测的项目名称；

(3)原材料的品种、规格和产地；

(4)试验日期及时间；

(5)仪器设备的名称、型号及编号；

(6)环境温度和湿度；

(7)试验采用方法；

(8)执行标准；

(9)水泥试样的筛余百分数；

(10)要说明的其他的内容。

三、水泥密度检测方法

1. 适用范围

本方法规定了水泥密度的测量方法。

本方法适用于硅酸盐水泥、普通硅酸盐水泥、矿渣硅酸盐水泥、粉煤灰硅酸盐水泥、火山灰硅酸盐水泥、复合硅酸盐水泥、桥面硅酸盐水泥的密度及指定采用本方法的其他粉状物料密度的测定。

2. 仪器设备

(1)李氏瓶。检定水泥密度用的李氏瓶应符合关于公差、符号、长度以及均匀刻度的要求，容积为 220～250mL，带有长 180～200mm、直径约 10mm 的细颈，细颈上刻度读数由 0mL 至 24mL，且 0～1mL

和 18～24mL 之间应具有 0.1mL 刻度线，见图 1-2-7。

(2)恒温水槽或其他保持恒温的盛水玻璃容器。

(3)天平：量程大于 100g，感量不大于 0.01g。

(4)温度计：分度值不大于 0.1℃。

(5)滤纸。

3. 试验方法

(1)将无水煤油注入李氏瓶中，液面至 0mL 到 1mL 刻度线内(以弯月液面的下部为准)。盖上瓶盖并放入恒温水槽内，使刻度部分浸入水中(水温应控制在李氏瓶刻度上的温度)，恒温 30min，记下第一次读数。

(2)从恒温水槽中取出李氏瓶，用滤纸将李氏瓶内零点以上没有煤油的部分仔细擦净。

(3)水泥预先通过 0.9mm 的方孔筛，在 110℃±5℃温度下干燥 1h，并且在干燥器内冷却至室温。称取水泥 60g，精确至 0.01g，用小匙借助洗净烘干的玻璃漏斗装入李氏瓶中，反复摇动，直至没有气泡排出，再次放入恒温水槽，在相同温度下恒温 30min，记下第二次读数。

(4)两次读数时，恒温水槽温差不大于 0.2℃。

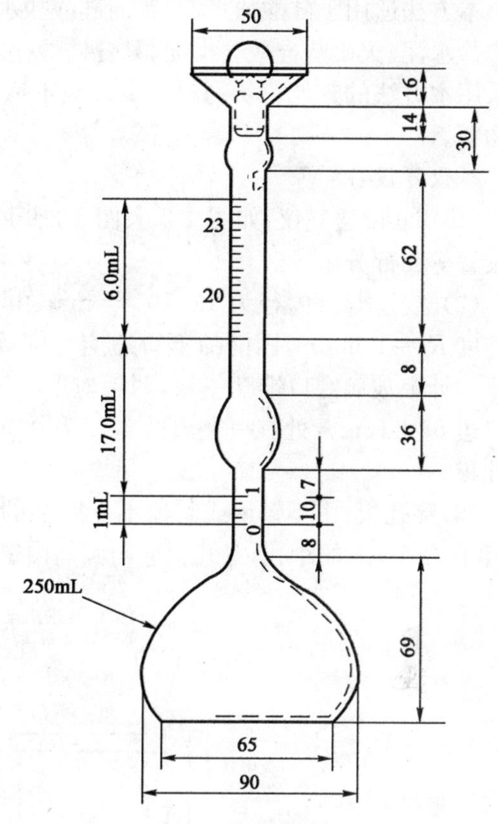

图 1-2-7　测定密度的仪器(李氏密度瓶)(尺寸单位：mm)

4. 试验结果

(1)水泥密度按式(1-2-2)计算

$$\rho = 1000 \times \frac{P}{V} \tag{1-2-2}$$

式中：ρ——水泥的密度(kg/m³)；

P——装入密度瓶的水泥质量(g)；

V——在试验所确定温度条件下被水泥所排出的液体体积，即李氏密度瓶第二次读数减去第一次读数(cm³)。

(2)密度须以两次试验结果的平均值确定，计算精确至 10kg/m³。两次试验结果之差不得超过 20kg/m³。

5. 试验报告

试验报告应包括以下内容：

(1)原材料的品种、规格和产地；

(2)试验日期及时间；

(3)仪器设备的名称、型号及编号；

(4)环境温度和湿度；

(5)执行标准；

(6)水泥试样的密度；

(7)要说明的其他内容。

四、水泥比表面积检测方法

1. 适用范围

本方法规定采用勃氏法进行水泥比表面积测定。

本方法适用于硅酸盐水泥、普通硅酸盐水泥、矿渣硅酸盐水泥、粉煤灰硅酸盐水泥、火山灰硅酸盐水泥、复合硅酸盐水泥、桥面硅酸盐水泥以及指定采用本方法的其他粉状物料。本方法不适用于测定多孔材料及超细粉状物料。

2. 仪器设备

(1)Blaine 透气仪：如图 1-2-8、图 1-2-9 所示，由透气圆筒、压力计、抽气装置等三部分组成。

(2)透气圆筒：内径为 $12.70_{0}^{+0.05}$ mm，由不锈钢制成。圆筒内表面的粗糙度 R_a＝1.60μm，圆筒的上口边应与圆筒主轴垂直，圆筒下部锥度应与压力计上玻璃磨口锥度一致，两者应严密连接。在圆筒内壁，距离圆筒上口边 55±10mm 处有一突出的宽度为 0.5～1mm 的边缘，以放置金属穿孔板。

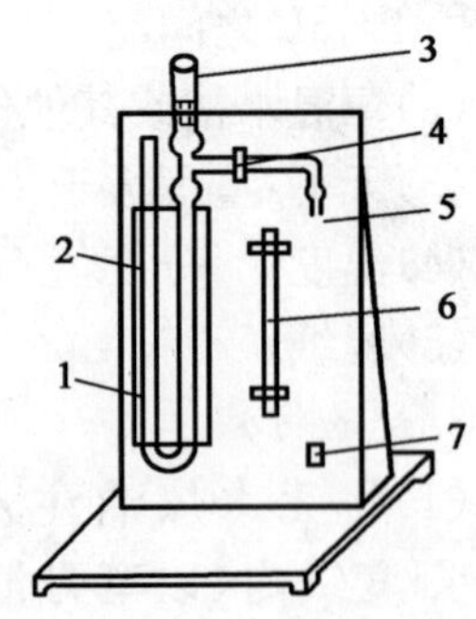

图 1-2-8 Blaine 透气仪示意图

1-U 形压力计；2-平面镜；3-透气圆筒；4-活塞；5-背面接微型电磁泵；6-温度计；7-开关

(3)穿孔板：由不锈钢或其他不受腐蚀的金属制成，厚度为 $1.0_{-0.1}^{0}$ mm。在其面上，等距离地打有 35 个直径 1mm 的小孔，穿孔板应与圆筒内壁密合。穿孔板两平面应平行。

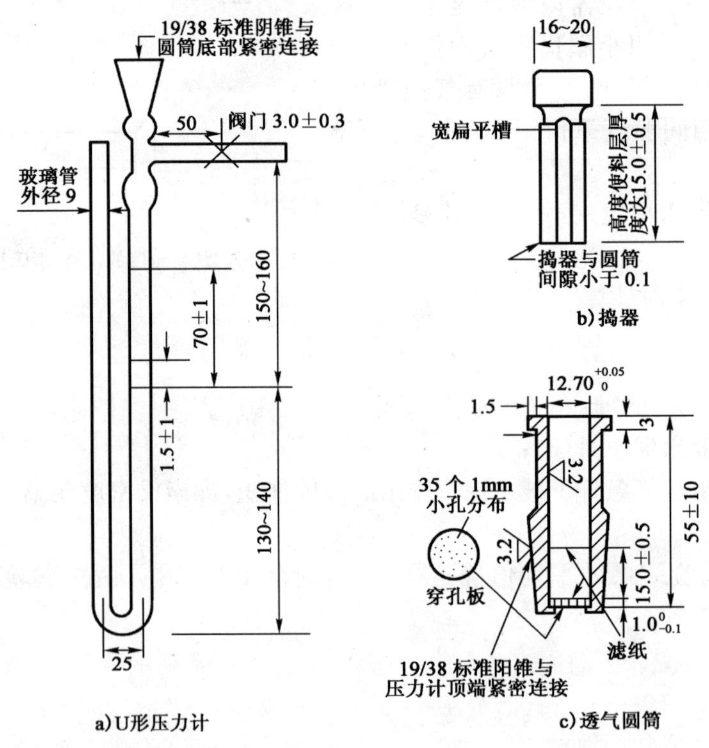

图 1-2-9 Blaine 透气仪结构及主要尺寸(尺寸单位：mm)

(4)捣器：用不锈钢制成，插入圆筒时，其间隙不大于 0.1mm。捣器的底面应与主轴垂直，侧面有一个扁平槽，宽度 3.0mm±0.3mm。捣器的顶部有一个支持环，当捣器放入圆筒时，支持环与圆筒上口边接触，这时捣器底面与穿孔圆板之间的距离为 15.0mm±0.5mm。

(5)压力计：U 形压力计尺寸如图 1-2-9 所示，由外径为 9mm 的具有标准厚度的玻璃管制成。压力计一个臂的顶端有一锥形磨口与透气圆筒紧密连接，在连接透气圆筒的压力计臂上刻有环形线。从压力计底部往上 280～300mm 处有一个出口管，管上装有一个阀门，连接抽气装置。

(6)抽气装置：用小型电磁泵，也可用抽气球。

(7)滤纸：采用中速定量滤纸。

(8)天平：感量为 1mg。

(9)秒表:分度值为 0.5s。

(10)其他:烘干箱、干燥箱和毛刷等。

3.材料

(1)压力计液体

压力计液体采用带有颜色的蒸馏水。

(2)基本材料

基本材料采用中国水泥质量监督检验中心制备的标准试样。

4.仪器校准

(1)漏气检查

将透气圆筒上口用橡皮塞塞紧,接到压力计上。用抽气装置从压力计一臂中抽出部分气体,然后关闭阀门,观察是否漏气。如发现漏气,用活塞油脂加以密封。

(2)试料层体积的测定

①水银排代法:将两片滤纸沿圆筒壁放在透气圆筒内,用一个直径略比透气圆筒小的细长棒往下按,直到滤纸平整放在金属的穿孔板上。然后装满水银,用一小块薄玻璃板轻压水银表面,使水银面与圆筒平齐,并须保证在玻璃板和水银表面之间没有气泡或空洞存在。从圆筒中倒出水银,称量,精确至 0.05g。重复几次测定,到数值基本不变为止。然后从圆筒中取出一片滤纸,试用约 3.3g 的水泥,按照本方法 5(3)的要求压实水泥层。再在圆筒上部空间注入水银,同上述方法除去气泡、压平、倒出水银称量,重复几次,直到水银称量值相差小于 0.05g 为止。

②圆筒内试料层体积 V 按式(1-2-3)计算,精确到 $5\times10^{-9}\mathrm{m}^3$:

$$V = 10^{-6}\times(P_1 - P_2)/\rho_{水银} \tag{1-2-3}$$

式中:V——试料层体积(m^3);

P_1——未装水泥时,充满圆筒的水银质量(g);

P_2——装水泥时,充满圆筒的水银质量(g);

$\rho_{水银}$——试验温度下水银的密度($\mathrm{g/cm}^3$),见表 1-2-1。

在不同温度下水银密度、空气黏度 η 和 $\sqrt{\eta}$　　表 1-2-1

室温(℃)	水银密度($\mathrm{g/cm}^3$)	空气黏度 η(Pa·s)	$\sqrt{\eta}$
8	13.58	0.0001749	0.01322
10	13.57	0.0001759	0.01326
12	13.57	0.0001768	0.01330
14	13.56	0.0001778	0.01333
16	13.56	0.0001788	0.01337
18	13.55	0.0001798	0.01341
20	13.55	0.0001808	0.01345
22	13.54	0.0001818	0.01348
24	13.54	0.0001828	0.01352
26	13.53	0.0001837	0.01355
28	13.53	0.0001847	0.01359
30	13.52	0.0001857	0.01363
32	13.52	0.0001867	0.01366
34	13.51	0.0001876	0.01370

③试料层体积的测定,至少应进行两次。每次应单独压实,若两次数值相差不超过 $5\times10^{-9}\mathrm{m}^3$,则取两者的平均值,精确至 $10^{-10}\mathrm{m}^3$,并记录测定过程中圆筒附近的温度。每隔一季度至半年应重新校正试料层体积。

5. 试验步骤

(1)试样准备

①将 110℃±5℃下烘干并在干燥器中冷却到室温的标准试样，倒入 100mL 的密闭瓶内，用力摇动 2min，将结块成团的试样振碎，使试样松散。静置 2min 后，打开瓶盖，轻轻搅拌，使在松散过程中落到表面的细粉，分布到整个试样中。

②水泥试样，应先通过 0.9mm 方孔筛，再在 110℃±5℃下烘干，并在干燥器中冷却至室温。

(2)确定试样量

校正试验用的标准试样量和被测定的水泥质量，应达到在制备的试料层中的空隙率为0.500±0.005(50.0%±0.5%)，计算式为：

$$W = \rho V(1-\varepsilon) \tag{1-2-4}$$

式中：W——需要的试样量(kg)，精确至 1mg；

ρ——试样密度(kg/cm³)；

V——按本方法 4(2)测定的试料层体积(m³)；

ε——试料层空隙率。

(3)试料层制备

将穿孔板放入透气圆筒的突缘上，用一根直径比圆筒略小的细棒把一片滤纸送到穿孔板上，边缘压紧。称取按本方法 5(2)确定的水泥量，精确到 0.001g，倒入圆筒，轻敲圆筒的边，使水泥层表面平坦。再放入一片滤纸，用捣器均匀捣实试料直至捣器的支持环紧紧接触圆筒顶边并旋转两周，慢慢取出捣器。

(4)透气试验

①把装有试料层的透气圆筒连接到压力计上，要保证紧密连接不致漏气，并不振动所制备的试料层。

②打开微型电磁泵慢慢从压力计一臂中抽出空气，直到压力计内液面上升到扩大部下端时关闭阀门。当压力计内液体的弯月液面下降到第一个刻度线时开始计时，当液体的弯月面下降到第二条刻度线时停止计时，记录液面从第一条刻度线下降到第二刻度线所需的时间，以秒表(s)记录，并记下试验时的温度(℃)。

6. 试验结果

(1)当被测物料的密度、试料层中空隙率与标准试样相同，试验时温差不大于±3℃时，可按式(1-2-5)计算：

$$S_c = \frac{S_s\sqrt{T}}{\sqrt{T_s}} \tag{1-2-5}$$

如试验时温差大于±3℃时，则按式(1-2-6)计算：

$$S_c = \frac{S_s\sqrt{T}\sqrt{\eta_s}}{\sqrt{T_s}\sqrt{\eta}} \tag{1-2-6}$$

式中：S_c——被测试样的比表面积(m²/kg)；

S_s——标准试样的比表面积(m²/kg)；

T——被测试样试验时，压力计中液面降落测得的时间(s)；

T_s——标准试样试验时，压力计中液面降落测得的时间(s)；

η——被测试样试验温度下的空气黏度(Pa·s)；

η_s——标准试样试验温度下的空气黏度(Pa·s)。

(2)当被测试样的试料层中空隙率与标准试样试料层中空隙率不同，试验时温差不大于±3℃时，可按式(1-2-7)计算：

$$S_c=\frac{S_s\sqrt{T}(1-\varepsilon_s)\sqrt{\varepsilon^3}}{\sqrt{T_s}(1-\varepsilon)\sqrt{\varepsilon_s^3}} \tag{1-2-7}$$

如试验时温差大于±3℃时，则按式(1-2-8)计算：

$$S_c=\frac{S_s\sqrt{T}(1-\varepsilon_s)\sqrt{\varepsilon^3}\sqrt{\eta_s}}{\sqrt{T_s}(1-\varepsilon)\sqrt{\varepsilon_s^3}\sqrt{\eta}} \tag{1-2-8}$$

式中：ε——被测试样试料层中的空隙率；

ε_s——标准试样试料层中的空隙率。

其余符号意义同上。

(3)当被测试样的密度和空隙率均与标准试样不同，试验时温差不大于±3℃时，可按式(1-2-9)计算：

$$S_c=\frac{S_s\sqrt{T}(1-\varepsilon_s)\sqrt{\varepsilon^3}\rho_s}{\sqrt{T_s}(1-\varepsilon)\sqrt{\varepsilon_s^3}\rho} \tag{1-2-9}$$

如试验时温差大于±3℃时，则按式(1-2-10)计算：

$$S_c=\frac{S_s\sqrt{T}(1-\varepsilon_s)\sqrt{\varepsilon^3}\rho_s\sqrt{\eta_s}}{\sqrt{T_s}(1-\varepsilon)\sqrt{\varepsilon_s^3}\rho\sqrt{\eta}} \tag{1-2-10}$$

式中：ρ——被测试样的密度(kg/m^3)；

ρ_s——标准试样的密度(kg/m^3)。

(4)比表面积值的单位为m^2/kg，精确至$1m^2/kg$。

(5)水泥比表面积应由两次透气试验结果的平均值确定，精确至$1m^2/kg$。如两次试验结果相差2%以上时，应重新试验。

7.试验报告

试验报告应包括以下内容：

(1)原材料的品种、规格和产地；

(2)试验日期及时间；

(3)仪器设备的名称、型号及编号；

(4)环境温度和湿度；

(5)水泥试样的比表面积；

(6)执行标准；

(7)要说明的其他内容。

五、水泥标准稠度用水量、凝结时间、安定性检测方法

1.适用范围

本方法规定了水泥标准稠度用水量、凝结时间和体积安定性的测试方法。

本方法适用于硅酸盐水泥、普通硅酸盐水泥、矿渣硅酸盐水泥、粉煤灰硅酸盐水泥、火山灰硅酸盐水泥、复合硅酸盐水泥、桥面硅酸盐水泥及指定采用本方法的其他品种水泥。

2.仪器设备

(1)水泥净浆搅拌机。

(2)标准法维卡仪：如图1-2-10所示，标准稠度测定用试杆[见图1-2-10c)]有效长度为50mm±1mm、由直径为ϕ10mm±0.05mm的圆柱形耐腐蚀金属制成。测定凝结时间时取下试杆，用试针[见图1-2-10d)、1-2-10e)]代替试杆。试杆由钢制成，其有效长度初凝针为50mm±1mm、终凝针为30mm±1mm、直径为ϕ1.13mm±0.05mm的圆柱体。滑动部分的总质量为300g±1g。与试杆联结的滑动杆表面应光滑，能靠重力自由下落，不得有紧涩和旷动现象。

盛装水泥净浆的试模[见图 1-2-10a)]应由耐腐蚀的、有足够硬度的金属制成。试模深 40mm±0.2mm、顶内径 ϕ65mm±0.5mm、底内径 ϕ75mm±0.5mm 的截顶圆锥体，每只试模应配备一个大于试模、厚度大于等于 2.5mm 的平板玻璃底板。

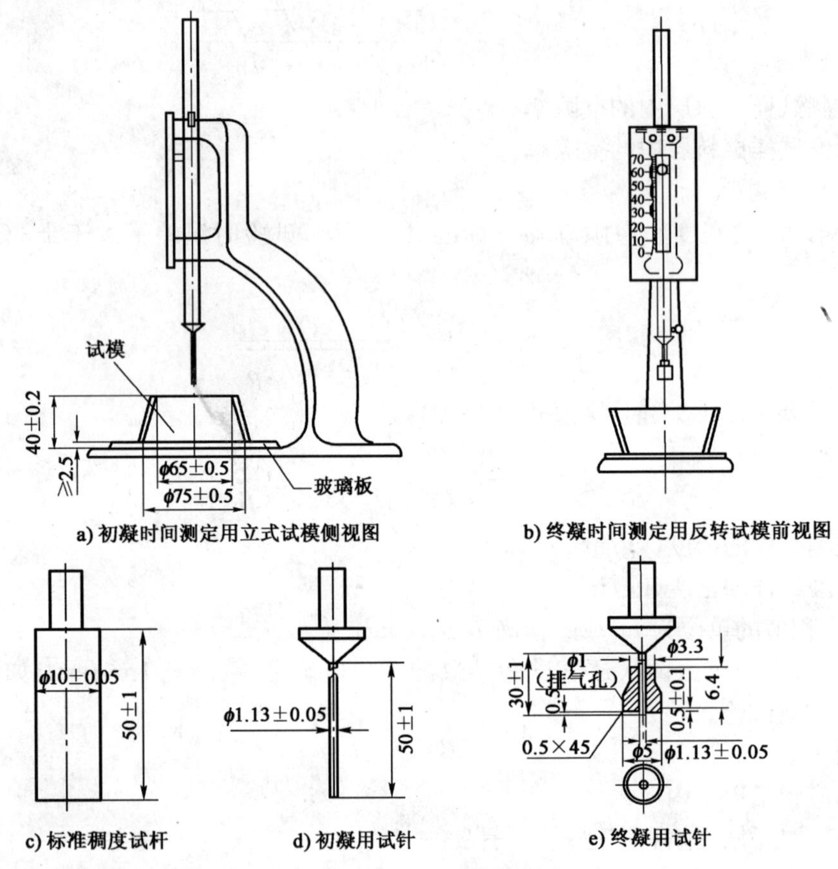

图 1-2-10　测定水泥标准稠度和凝结时间用的维卡仪（尺寸单位：mm）

(3)代用法维卡仪。

(4)沸煮箱：有效容积约为 410mm×240mm×310mm，箅板结构应不影响试验结果，箅板与加热器之间的距离大于 50mm。箱的内层由不易锈蚀的金属材料制成，能在 30min±5min 内将箱内的试验用水由室温升至沸腾并可保持沸腾状态 3h 以上，整个试验过程中不需补充水量。

(5)雷氏夹膨胀仪：由铜质材料制成，其结构如图 1-2-11。当一根指针的根部先悬挂在一根金属丝或尼龙丝上，另一根指针的根部再挂上 300g 质量的砝码时，两根指针的针尖距离增加应在 17.5mm±2.5mm 范围以内，即 2χ=17.5mm±2.5mm，当去掉砝码后针尖的距离能恢复至挂砝码前的状态。雷氏夹受力示意图如图 1-2-12。

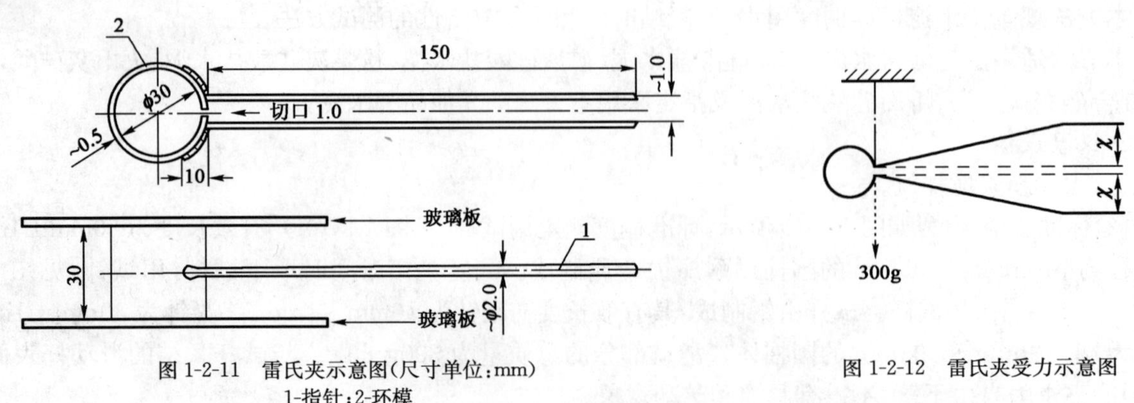

图 1-2-11　雷氏夹示意图（尺寸单位：mm）
1-指针；2-环模

图 1-2-12　雷氏夹受力示意图

(6)量水器：分度值为0.1mL，精度1%。

(7)天平：量程1000g，感量1g。

(8)湿气养护箱：应能使温度控制在20℃±1℃，相对湿度大于90%。

(9)雷氏夹膨胀值测定仪：如图1-2-13所示，标尺最小刻度0.5mm。

(10)秒表：分度值1s。

3.试样及用水

(1)水泥试样应充分拌匀，通过0.9mm方孔筛并记录筛余物情况，但要防止过筛时混进其他水泥。

(2)试验用水必须是洁净的淡水，如有争议时可用蒸馏水。

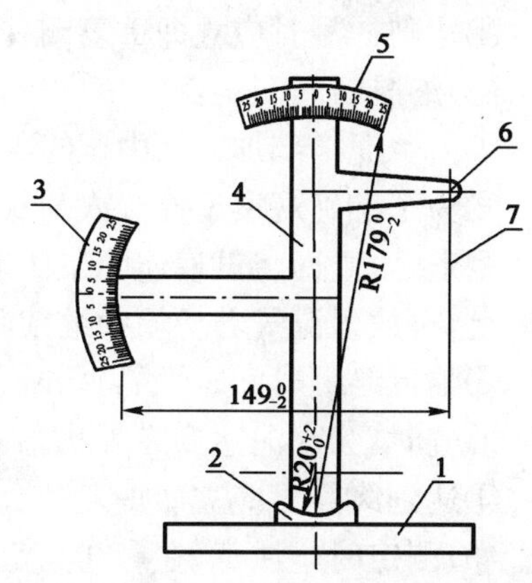

图1-2-13　雷氏膨胀值测量仪(尺寸单位：mm)
1-底座；2-模子座；3-测弹性标尺；4-立柱；5-测膨胀值标尺；6-悬臂；7-悬丝

4.试验室温度、相对湿度

(1)试验室的温度为20℃±2℃，相对湿度大于50%。

(2)水泥试样、拌和水、仪器和用具的温度应与试验室内室温一致。

5.标准稠度用水量测定(标准法)

(1)试验前必须做到

①维卡仪的金属棒能够自由滑动。

②调整至试杆接触玻璃板时指针对准零点。

③水泥净浆搅拌机运行正常。

(2)水泥净浆拌制

用水泥净浆搅拌机搅拌，搅拌锅和搅拌叶片先用湿布擦过，将拌和水倒入搅拌锅中，然后在5～10s内小心将称好的500g水泥加入水中，防止水和水泥溅出；拌和时，先将锅放在搅拌机的锅座上，升至搅拌位置，启动搅拌机，低速搅拌120s，停15s，同时将叶片和锅壁上的水泥浆刮入锅中间，接着高速搅拌120s停机。

(3)标准稠度用水量测定步骤

①拌和结束后，立即将拌制好的水泥净浆装入已放在玻璃板上的试模中，用小刀插捣，轻轻振动数次，刮去多余的净浆。

②抹平后迅速将试模和底板移到维卡仪上，并将其中心定在试杆下，降低试杆直到与水泥净浆表面接触，拧紧螺丝1～2s后，突然放松，使试杆垂直自由地沉入水泥净浆中。在试杆停止沉入或释放试杆30s时记录试杆到底板的距离，升起试杆后，立即擦净。

③整个操作应在搅拌后1.5min内完成。以试杆沉入净浆并距底板6mm±1mm的水泥净浆为标准稠度净浆。其拌和水量为该水泥的标准稠度用水量(P)，按水泥质量的百分比计。

④当试杆距玻璃板小于5mm时，应适当减水，重复水泥浆的拌制和上述过程；若距离大于7mm时，则应适当加水，并重复水泥浆的拌制和上述过程。

6.凝结时间测定

(1)测定前准备工作：调整凝结时间测定仪的试针接触玻璃板，使指针对准零点。

(2)试件的制备：以标准稠度用水量按5(2)制成标准稠度净浆(记录水泥全部加入水中的时间作为凝结时间的起始时间)一次装满试模，振动数次刮平，立即放入湿气养护箱中。

(3)初凝时间测定：

①记录水泥全部加入水中至初凝状态的时间作为初凝时间，用“min”计。

②试件在湿气养护箱中养护至加水后30min时进行第一次测定。测定时，从湿气养护箱中取出试模放到试针下，降低试针与水泥净浆表面接触。拧紧螺丝1～2s后，突然放松，使试杆垂直自由沉入水泥净浆中。观察试针停止沉入或释放试针30s时指针的读数。

③临近初凝时，每隔5min测定一次。当试针沉至距底板4mm±1mm时，为水泥达到初凝状态。

④达到初凝时应立即重复测一次，当两次结论相同时才能定为达到初凝状态。

(4)终凝时间测定：

①由水泥全部加入水中至终凝状态的时间为水泥的终凝时间，用“min”计。

②为了准确观察试件沉入的状况，在终凝针上安装了一个环形附件[见图 1-2-10e)]。在完成初凝时间测定后，立即将试模连同浆体以平移的方式从玻璃板下翻转 180°，直径大端向上、小端向下放在玻璃板上，再放入湿气养护箱中继续养护。

③临近终凝时间时每隔 15min 测定一次，当试针沉入试件 0.5mm 时，即环形附件开始不能在试件留下痕迹时，为水泥达到终凝状态。

④达到终凝时应立即重复一次，当两次结论相同时才能定为达到终凝状态。

(5)测定时应注意，在最初测定的操作时应轻轻扶持金属柱，使其徐徐下降，以防止试针撞弯，但结果以自由下落为准；在整个测试过程中试针沉入的位置至少要距试模内壁 10mm。每次测定不能让试针落入原针孔，每次测试完毕须将试针擦净并将试模放回湿气养护箱内，整个测试过程要防止试模振动。

7.标准稠度用水量测定(代用法)

(1)标准稠度用水量的测定可用调整水量法和不变水量法两种方法中的任一种，如发生争议时，以调整水量法为准。采用调整水量法测定标准稠度用水量时，拌和水量应按经验确定加水量；采用不变水量法测定时，拌和水量为 142.5mL，水量精确到 0.5mL。

(2)试验前须检查项目：仪器金属棒应能自由滑动；试锥降至锥模顶面位置时，指针应对准标尺零点；搅拌机运转应正常等。

(3)水泥净浆拌制同 5(2)。

(4)标准稠度用水量测定：

①拌和结束后，立即将拌好的净浆装入锥模内，用小刀插捣，振动数次后，刮去多余净浆，抹平后迅速放到试锥下面固定位置上。将试锥降到净浆表面处，拧紧螺丝 1～2s 后，突然放松，让试锥垂直自由沉入净浆中，到试锥停止下沉或释放试锥 30s 时记录试锥下沉深度。整个操作应在搅拌后 1.5min 内完成。

②用调整水量法测定时，以试锥下沉深度 28mm±2mm 时的净浆为标准稠度净浆。其拌和水量为该水泥的标准稠度用水量(P)，按水泥质量的百分比计。如下沉深度超出范围，须另称试样，调整水量，重新试验，直到达到 28mm±2mm 时为止。

③用不变水量法测定时，根据测得的试锥下沉深度 S(mm)，按式(1-2-11)(或仪器上对应标尺)计算得到标准稠度用水量 P(%)：

$$P = 33.4 - 0.185S \tag{1-2-11}$$

当试锥下沉深度小于 13mm 时，应改用调整水量法测定。

8.安定性测定(标准法)

(1)测定前的准备工作

每个试样需要两个试件，每个雷氏夹需配备质量约 75～80g 的玻璃板两块。凡与水泥净浆接触的玻璃板和雷氏夹表面都要稍稍涂上一层油。

(2)雷氏夹试件的制备方法

将预先准备好的雷氏夹放在已稍擦油的玻璃板上，并立刻将已制好的标准稠度净浆装满雷氏夹。装浆时一只手轻轻扶持雷氏夹，另一只手用宽约 10mm 的小刀插捣数次然后抹平，盖上稍涂油的玻璃板，接着立刻将雷氏夹移至湿气养护箱内养护 24h±2h。

(3)沸煮

①调整好沸煮箱内的水位，使之在整个沸煮过程中都能没过试件，不需中途添补试验用水，同时保证在 30min±5min 内水能沸腾。

②脱去玻璃板取下试件，先测量雷氏夹指针尖端间的距离 A，精确到 0.5mm，接着将试件放入水中箅板上，指针朝上，试件之间互不交叉，然后在 30min±5min 内加热水至沸腾，并恒沸 3h±5min。

(4)结果判别

沸煮结束后，即放掉箱中的热水，打开箱盖，待箱体冷却至室温，取出试件进行判别。

测量雷氏夹指针尖端间的距离 C，精确至 0.5mm，当两个试件煮后增加距离($C-A$)的平均值不大于 5.0mm 时，即认为该水泥安定性合格；当两个试件的($C-A$)值相差超过 4.0mm 时，应用同一样品立即重做一次试验。再如此，则认为该水泥为安定性不合格。

9. 安定性测定(代用法)

(1)测定前的准备工作

每个样品需准备两块约 100mm×100mm 的玻璃板。凡与水泥净浆接触的玻璃板都要稍稍涂上一层隔离剂。

(2)试饼的成型方法

将制好的净浆取出一部分分成两等份，使之呈球形，放在预先准备好的玻璃板上，轻轻振动玻璃板并用湿布擦净的小刀由边缘向中央抹动，做成直径 70～80mm、中心厚约 10mm、边缘渐薄、表面光滑的试饼，接着将试饼放入湿气养护箱内养护 24h±2h。

(3)沸煮

①调整好沸煮箱内的水位，使之在整个沸煮过程中都能没过试件，不需中途添补试验用水，同时保证在 30min±5min 内能沸腾。

②脱去玻璃板取下试件，先检查试饼是否完整(如已开裂、翘曲，要检查原因，确定无外因时，该试饼已属不合格品，不必沸煮)，在试饼无缺陷的情况下将试饼放在沸煮箱的水中箅板上，然后在 30min±5min 内加热至水沸腾，并恒沸 3h±5min。

(4)结果判别

沸煮结束后，即放掉箱中的热水，打开箱盖，待箱体冷却至室温，取出试件进行判别。目测试饼未发现裂缝，用钢直尺检查也没有弯曲(使钢直尺和试饼底部紧靠，以两者间不透光为不弯曲)的试饼为安定性合格；反之为不合格。当两个试饼判别结果有矛盾时，该水泥的安全性为不合格。

10. 试验报告

试验报告应包括以下内容：

(1)要求检测的项目名称；

(2)试样编号；

(3)试验日期及时间；

(4)仪器设备的名称、型号及编号；

(5)环境温度和湿度；

(6)执行标准；

(7)使用检测方法；

(8)水泥试样的标准稠度用水量、凝结时间、安定性；

(9)要说明的其他内容。

六、水泥胶砂强度检测方法

1. 适用范围

本方法规定水泥胶砂强度检验基准方法的仪器、材料、胶砂组成、试验条件、操作步骤和结果计算。

本方法适用于硅酸盐水泥、普通硅酸盐水泥、矿渣硅酸盐水泥、粉煤灰硅酸盐水泥、复合硅酸盐水泥、桥面硅酸盐水泥及石灰石硅酸盐水泥的抗折与抗压强度检验。采用其他水泥时必须研究本方法的适用性。

2. 仪器设备

(1)胶砂搅拌机

胶砂搅拌机属行星式，其搅拌叶片和搅拌锅作相反方向的转动。叶片和锅由耐磨的金属材料制成，叶片与锅底、锅壁之间的间隙为叶片与锅壁最近的距离。

(2)振实台

振实台图 1-2-14。由装有两个对称偏心轮的电动机产生振动，使用时固定于混凝土基座上。基座高约 400mm，混凝土的体积约 0.25m³，重约 600kg。为防止外部振动影响振实效果，可在整个混凝土基座下放一层厚约 5mm 的天然橡胶弹性衬垫。

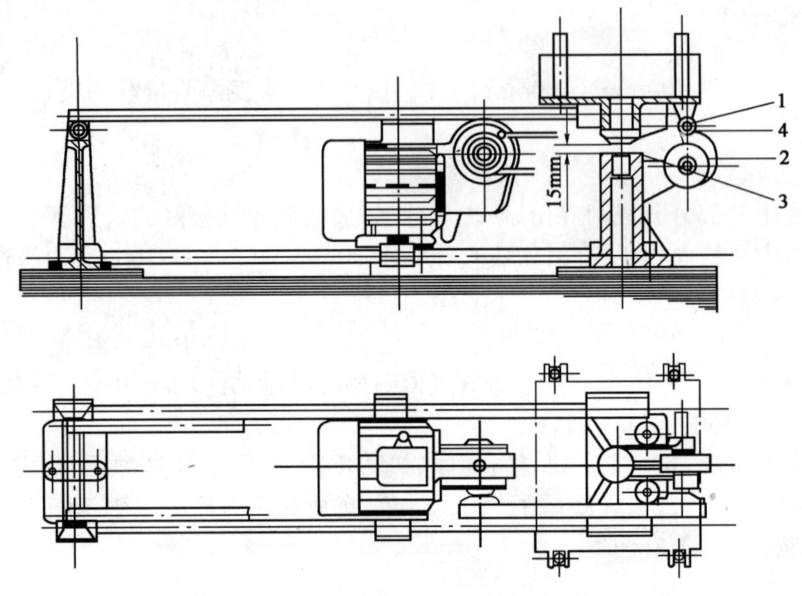

图 1-2-14 典型振实台

1-突头；2-凸轮；3-止动器；4-随动器

将仪器用地脚螺丝固定在基座上，安装后设备成水平状态，仪器底座与基座之间要铺一层砂浆以确保它们完全接触。

(3)代用振动台

使用该设备最终得到的 28d 抗压强度与按《水泥的试验方法　水泥强度的测定》(ISO 679—1989) 规定方法得到的强度之差在 5%内为合格。使用代用振动台，其频率为 2800～3000 次/min，振动台为全波振幅 0.75mm±0.02mm。代用胶砂振动台（图 1-2-15）应符合《水泥物理检验仪器　胶砂振动台》(JC/T 723—2005)的规定。

(4)试模及下料漏斗

①试模为可装卸的三联模，由隔板、端板、底座等部分组成。可同时成型三条截面为 40mm×40mm×160mm 的棱形试件。

②下料漏斗（图 1-2-16）由漏斗和模套两部分组成。漏斗用厚为 0.5mm 的白铁皮制作，下料口宽度一般为 4～5mm。模套高度为 20mm，用金属材料制作。套模壁与模型内壁应重叠，超出内壁不应大于 1mm。

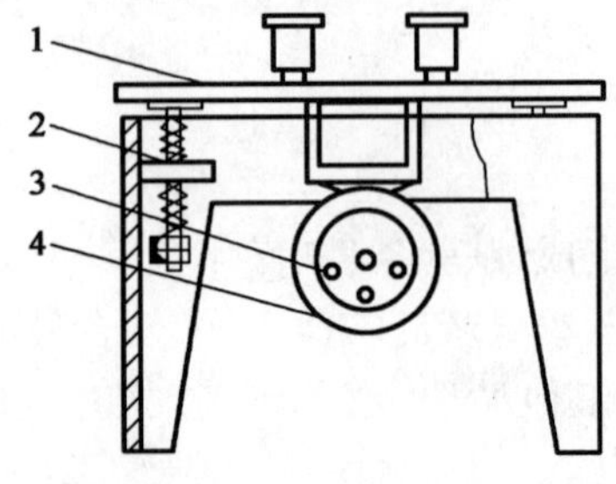

图 1-2-15 代用胶砂振动台

1-台面；2-弹簧；3-偏重轮；4-电动机

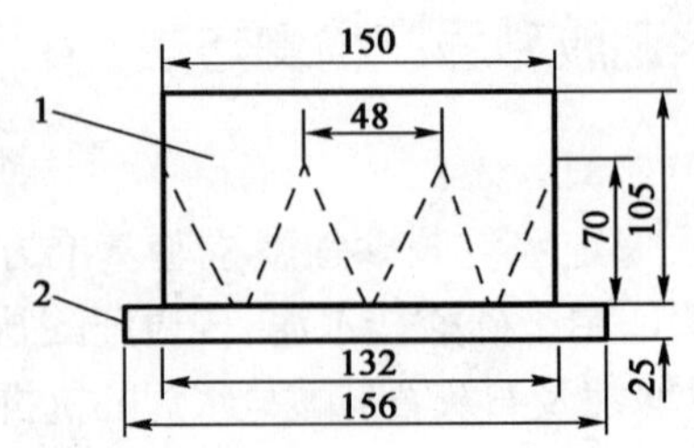

图 1-2-16 下料漏斗（尺寸单位：mm）

1-漏斗；2-模套

(5)抗折试验机和抗折夹具

抗折试验机，一般采用双杠杆式，也可采用性能符合要求的其他试验机。加荷与支撑圆柱必须用硬质钢材制造。通过三根圆柱轴的三个竖向平面应该平行，并在试验时继续保持平行和等距离垂直试件的方向，其中一根支撑圆柱能轻微地倾斜使圆柱与试件完全接触，以便荷载沿试件宽度方向均匀分布，同时不产生任何扭转应力，如图 1-2-17。

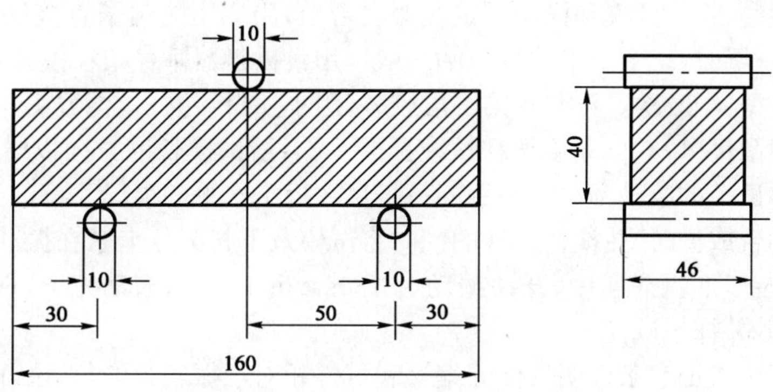

图 1-2-17　抗折强度测定加荷图(尺寸单位：mm)

抗折强度也可用抗压强度试验机[见本方法 2(6)]来测定，此时应使用符合上述规定的夹具。

(6)抗压试验机和抗压夹具

①抗压试验机的吨位以 200～300kN 为宜。抗压试验机，在较大的 4/5 量程范围内使用时，记录的荷载应有±1.0％的精度，并具有按 2400N/s±200N/s 速率加荷的能力，应具有一个能指示试件破坏时荷载的指示器。

压力机的活塞竖向轴应与压力机的竖向轴重合，而且活塞作用的合力要通过试件中心。压力机的下压板表面应与该机的轴线垂直并在加荷过程中一直保持不变。

②当试验机没有球座，或球座已不灵活或直径大于 120mm 时，应采用抗压夹具，由硬质钢材制成，受压面积为 40mm×40mm。

(7)天平：感量为 1g。

3. 材料

(1)水泥试样从取样到试验要保持 24h 以上时，应将其储存在基本装满和气密的容器中，这个容器不能和水反应。

(2)ISO 标准砂。各国生产的 ISO 标准砂都可以用来按本方法测定水泥强度。中国 ISO 标准砂符合《水泥的试验方法　水泥强度的测定》(ISO 679—1989)要求。

(3)试验用水为饮用水。仲裁试验时用蒸馏水。

4. 温度与相对湿度

(1)试件成型试验室应保持试验室温度为 20℃±2℃(包括强度试验室)，相对湿度大于 50％。水泥试样、ISO 砂、拌和水及试模等的温度应与室温相同。

(2)养护箱或雾室温度 20℃±1℃，相对湿度大于 90％，养护水的温度 20℃±1℃。

(3)试件成型试验室的空气温度和相对湿度在工作期间每天应至少记录一次。养护箱或雾室温度和相对湿度至少每 4h 记录一次。

5. 试件成型

(1)成型前将试模擦净，四周的模板与底座的接触面上应涂黄油，紧密装配，防止漏浆，内壁均匀地刷一薄层机油。

(2)水泥与 ISO 砂的质量比为 1：3，水灰比 0.5。

(3)每成型三条试件需称量的材料及用量为：水泥 450g±2g；ISO 砂 1350g±5g；水 225mL±1mL。

(4)将水加入锅中，再加入水泥，把锅放在固定架上并上升至固定位置。然后立即开动机器，低速搅拌30s后，在第二个30s开始的同时均匀将砂子加入，当砂是分级装时，应从最粗粒级开始，依次加入，再高速搅拌30s。

停拌90s。在停拌中的第一个15s内用胶皮刮具将叶片和锅壁上的胶砂刮入锅中。在高速下继续搅拌60s。各个阶段时间误差应在±1s内。

(5)用振实台成型时，将空试模和模套固定在振实台上，用适当的勺子直接从搅拌锅中将胶砂分为两层装入试模。装第一层时，每个槽里约放300g砂浆，用大播料器垂直架在模套顶部，沿每个模槽来回一次将料层播平，接着振实60次。再装入第二层胶砂，用小播料器播平，再振实60次。移走模套，从振实台上取下试模，并用刮尺以90°的角度架在试模顶的一端，沿试模长度方向以横向锯割动作慢慢向另一端移动，一次将超出试模的胶砂刮去。并用同一直尺在近乎水平的情况下将试件表面抹平。

(6)当用代用振动台成型时，在搅拌胶砂的同时将试模及下料漏斗卡紧在振动台台面中心。将搅拌好的全部胶砂均匀地装于下料漏斗中，开动振动台120s±5s停车。振动完毕，取下试模，用刮平尺按5(5)方法刮去多余胶砂并抹平试件。

(7)在试模上作标记或加字条标明试件的编号和试件相对于振实台的位置。两个龄期以上的试件，编号时应将同一试模中的三条试件分在两个以上的龄期内。

(8)试验前或更换水泥品种时，须将搅拌锅、叶片和下料漏斗等抹擦干净。

6. 养护

(1)编号后，将试模放入养护箱养护，养护箱内箅板必须水平。水平放置时刮平面应朝上。对于24h龄期的，应在破型试验前20min内脱模。对于24h以上龄期的，应在成型后20～24h内脱模。脱模时要非常小心，应防止试件损伤。硬化较慢的水泥允许延期脱模，但须记录脱模时间。

(2)试件脱模后即放入水槽中养护，试件之间间隙和试件上表面的水深不得小于5mm。每个养护池中只能养护同类水泥试件，并应随时加水，保持恒定水位，不允许养护期间全部换水。

(3)除24h龄期或延迟48h脱模的试件外，任何到龄期的试件应在试验(破型)前15min从水中取出。抹去试件表面沉淀物，并用湿布覆盖。

7. 强度试验

(1)各龄期(试件龄期从水泥加水搅拌开始算起)的试件应在下列时间内进行强度试验：

龄期	试验时间
24h	24h±15min
48h	48h±30min
72h	72h±45min
7d	7d±2h
28d	28d±8h

(2)抗折强度试验。

①以中心加荷法测定抗折强度。

②采用杠杆式抗折试验机试验时，试件放入前，应使杠杆成水平状态，将试件成型侧面朝上放入抗折试验机内。调整夹具，使杠杆在试件折断时尽可能地接近水平位置。

③抗折试验加荷速度为50N/s±10N/s，直至折断，并保持两个半截棱柱试件处于潮湿状态直至抗压试验。

④抗折强度按式(1-2-12)计算：

$$R_f = \frac{1.5F_f \cdot L}{b^3} \tag{1-2-12}$$

式中：R_f——抗折强度(MPa)；

F_f——破坏荷载(N)；

L——支撑圆柱中心距(mm)；

b——试件断面正方形的边长，为 40mm。

抗折强度计算值精确到 0.1 MPa。

⑤抗折强度结果取三个试件平均值，精确至 0.1 MPa。当三个强度值中有超过平均值±10%的，应剔除后再平均，以平均值作为抗折强度试验结果。

(3)抗压强度试验

①抗折试验后的断块应立即进行抗压试验。抗压试验须用抗压夹具进行，试件受压面为试件成型时的两个侧面，面积为 40mm×40mm。试验前应清除试件受压面与加压板之间的砂粒或杂物。试件的底面靠紧夹具定位销，断块试件应对准抗压夹具中心，并使夹具对准压力机压板中心，半截棱柱体中心与压力机压板中心差应在±0.5mm 内，棱柱体露在压板外的部分约为 10mm。

②压力机加荷速度应控制在 2400N/s±200N/s 速率范围内，在接近破坏时更应严格掌握。

③抗压强度按式(1-2-13)计算：

$$R_c = \frac{F_c}{A} \tag{1-2-13}$$

式中：R_c——抗压强度(MPa)；

F_c——破坏荷载(N)；

A——受压面积，40mm×40mm=1600mm^2。

抗压强度计算值精确到 0.1 MPa。

④抗压强度结果为一个组 6 个断块试件抗压强度的算术平均值，精确至 0.1 MPa。如果 6 个强度值中有一个值超过平均值±10%的，应剔除后以剩下的 5 个值的算术平均值作为最后结果。如果 5 个值中再有超过平均值±10%的，则此组试件无效。

8. 试验报告

试验报告应包括以下内容：

(1)要求检测的项目名称；

(2)原材料的品种、规格和产地；

(3)试验日期及时间；

(4)仪器设备的名称、型号及编号；

(5)环境温度和湿度；

(6)执行标准；

(7)不同龄期对应的水泥试样的抗折强度、抗压强度，报告中应包括所有单个强度结果(包括舍去的试验结果)和计算出的平均值；

(8)要说明的其他内容。

七、水泥胶砂流动度检测方法

1. 适用范围

本方法规定水泥胶砂流动度测定方法的仪器和操作步骤。

本方法适用于火山灰硅酸盐水泥、复合硅酸盐水泥和掺有火山灰的普通硅酸盐水泥、矿渣硅酸盐水泥及指定采用本方法的其他品种水泥的胶砂流动度测定。

2. 仪器设备

(1)胶砂搅拌机。

(2)水泥胶砂流动度测定仪(简称跳桌)。

(3)试模：用金属材料制成，由截锥圆模和模套组成。

截锥圆模内壁须光滑，尺寸为：高度 60mm±0.5mm；上口内径 70mm±0.5mm；下口内径100mm±0.5mm；下口外径 120mm，模壁厚度大于 5mm。模套与截锥圆模配合使用。

(4)捣棒：用金属材料制成，直径为 20±0.5mm，长度约 200mm，捣棒底面与侧面成直角，其下部光滑，上部手柄滚花。

(5)卡尺：量程不小于 300mm，分度值不大于 0.5mm。

(6)小刀：刀口平直，长度大于 80mm。

(7)秒表：分度值为 1s。

3. 试样制备

(1)材料准备

胶砂材料用量按相应标准要求或试验设计确定。水泥试样、标准砂和试验用水及试验条件应符合《水泥胶砂强度检验方法(ISO 法)》(GB/T 17671—1999)。

(2)胶砂制备

按 GB/T 17671—1999 中有关规定进行。

4. 试验步骤

(1)如跳桌在 24h 内未被使用，先空跳一个周期 25 次。

(2)在制备胶砂的同时，用潮湿棉布擦拭跳桌台面、试模内壁、捣棒以及与胶砂接触的用具，将试模放在跳桌台面中央并用潮湿棉布覆盖。

(3)将拌好的胶砂分两层迅速装入流动试模，第一层装至截锥圆模高度约 2/3 处，用小刀在相互垂直的两个方向上各划 5 次，用捣棒由边缘至中心均匀捣压 15 次，之后装第二层胶砂，装至高出截锥圆模约 20mm，用小刀在相互垂直的两个方向上各划 5 次，再用捣棒由边缘至中心均匀捣压 10 次。捣压后应使胶砂略高于截锥圆模。捣压深度，第一层捣至胶砂高度的 1/2，第二层捣实不超过已捣实底层表面。捣压顺序见图 1-2-18、图 1-2-19。装胶砂和捣压时，用手扶稳试模，不要使其移动。

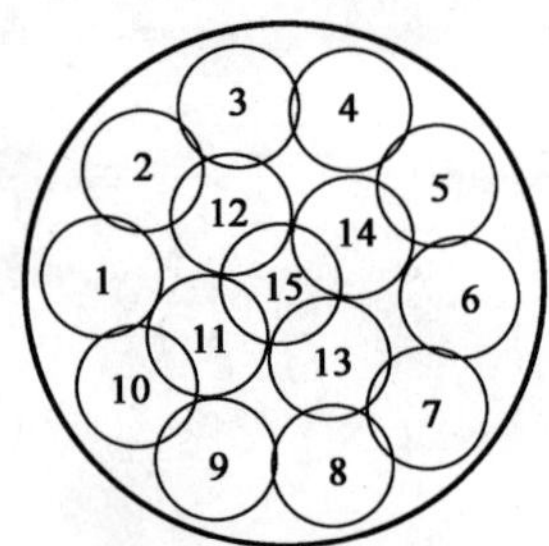

图 1-2-18　第一层捣压顺序

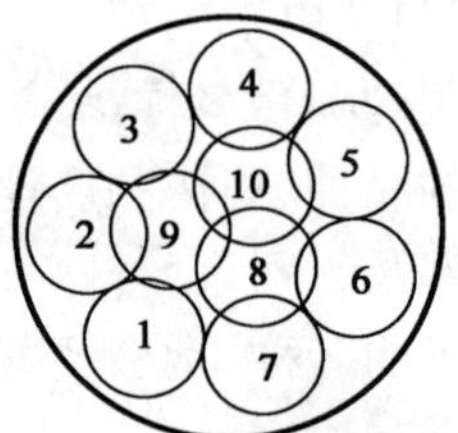

图 1-2-19　第二层捣压顺序

(4)捣压完毕，取下模套，用小刀由中间向边缘分两次以近水平的角度将高出截锥圆模的胶砂刮去并抹平，擦去落在桌面上的胶砂。将截锥圆模垂直向上轻轻提起，立刻开动跳桌，每秒钟一次，在 25s±1s 内完成 25 次跳动。

(5)跳动完毕，用卡尺测量胶砂底面最大扩散直径及与其垂直方向的直径，计算平均值，精确至 1mm，即为该水量下的水泥胶砂流动度。

流动度试验，从胶砂拌和开始到测量扩散直径结束，须在 6min 内完成。

(6)电动跳桌与手动跳桌测定的试验结果发生争议时，以电动跳桌为准。

5. 试验报告

试验报告应包括以下内容：

(1)要求检测的项目名称；

(2)原材料的品种、规格和产地；

(3)试验编号；

(4)试验日期及时间；

(5)仪器设备的名称、型号及编号；

(6)环境温度和湿度；

(7)执行标准；

(8)使用砂的类型；

(9)水泥胶砂流动度；

(10)要说明的其他内容。

八、水泥浆体流动度检测方法

1. 适用范围

本方法规定水泥浆体流动度测定方法的仪器和操作步骤。

本方法适用于硅酸盐水泥、普通硅酸盐水泥、矿渣硅酸盐水泥、粉煤灰硅酸盐水泥、火山灰硅酸盐水泥、复合硅酸盐水泥、桥面硅酸盐水泥浆体及指定采用本方法的其他浆体流动度的测定。

2. 仪器设备

(1)流动度筒：具体尺寸见图 1-2-20，材料可以为透明的有机玻璃。长方体透明塑料容器的内壁尺寸为 102.4mm×102.4mm×500mm，壁厚 8mm，容器内装直径为 25.6mm 玻璃球 160 个，共 10 层，其空隙率为 44.4%。

(2)容器：容积最小 2000mL，分度值不大于 5mL。

(3)支架：用金属材料制成，用于支撑流动度筒。

(4)水平尺。

(5)秒表：分度值不大于 0.2s。

(6)胶砂搅拌机。

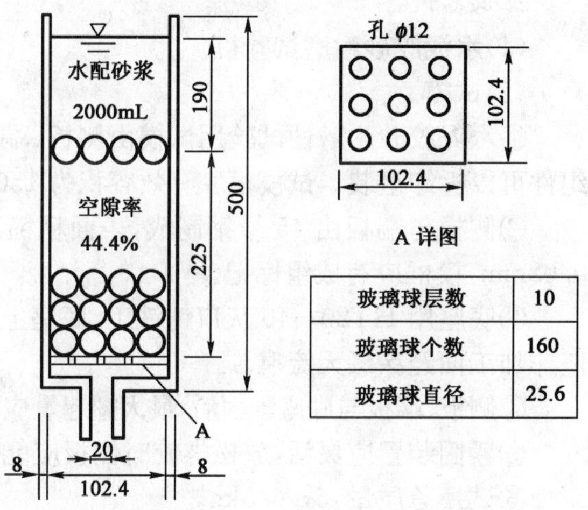

玻璃球层数	10
玻璃球个数	160
玻璃球直径	25.6

图 1-2-20　砂浆筒球流动仪示意图(尺寸单位：mm)

3. 仪器的标定

试验前确保流动度筒稳定，并用水准仪检查是否垂直。

4. 试验步骤

(1)室内温度应保持在 20℃±2℃。

(2)在使用前，将筒和球用水润湿。

(3)快速将 2000mL±5mL 浆体加入筒中，同时按下秒表。

(4)当灌入浆体中部出现明显分层时再次按下秒表，此时间为砂浆流动度。

(5)同一种材料至少进行两次试验，浆体不得重复使用。

(6)试验应在搅拌结束 1min 内完成。

(7)使用完成后应将筒、球清洗干净。

5. 试验结果

(1)试验结果以两次以上试验结果的平均值为准，平均值修约到最近的 0.2s 上。每次试验的结果应在平均值±2s 以内。

(2)压力灌浆时，浆体出现上、下层分离，即砂粒下沉，水泥浆上浮。为了区分浆体的保水性和均匀性，可采用上、下分层差值来表征，精确至 1mm。

6. 试验报告

试验报告应包括以下内容：

(1)要求检测的项目名称、执行标准；

(2)原材料的品种、规格和产地；

(3)试验日期及时间；

(4)仪器设备的名称、型号及编号；

(5)环境温度和湿度；

(6)材料配合比；

(7)水泥浆体流动度；

(8)分层差值；

(9)要说明的其他内容。

九、水泥胶砂耐磨性检测方法

1.适用范围

本方法规定水泥胶砂耐磨性试验的仪器设备和操作步骤。

本方法适用于硅酸盐水泥、普通硅酸盐水泥、矿渣硅酸盐水泥、粉煤灰硅酸盐水泥、桥面硅酸盐水泥、复合硅酸盐水泥，以及指定采用本方法的其他品种水泥或建筑材料的耐磨性试验。

2.仪器设备

(1)水泥胶砂耐磨试验机。

(2)试模。

①水泥胶砂耐磨性试验用试模由侧板、端板、底座、紧固装置及定位销组成，如图1-2-21所示。各组件可以拆卸组装。试模模腔有效容积为150mm×150mm×30mm。

②侧板与端板由45号钢制成，表面粗糙度R_a不大于6.3μm，组装后模框上下面的平行度不大于0.02mm，模框应有成组标记。

③底座用HT20—40灰口铸铁工，底座上表面粗糙度R_a不大于6.3μm，平面度不大于0.03mm，底座非加工面经涂漆无流痕。

④侧板、端板与底座紧固后，最大翘起量应不大于0.05mm，其模腔对角线长度误差不大于0.1mm。

⑤紧固装置应灵活，放松螺旋时侧板应能方便地从端板中取出或装入。

⑥试模总质量：6～6.5kg。

(3)模套：结构与尺寸如图1-2-22所示。

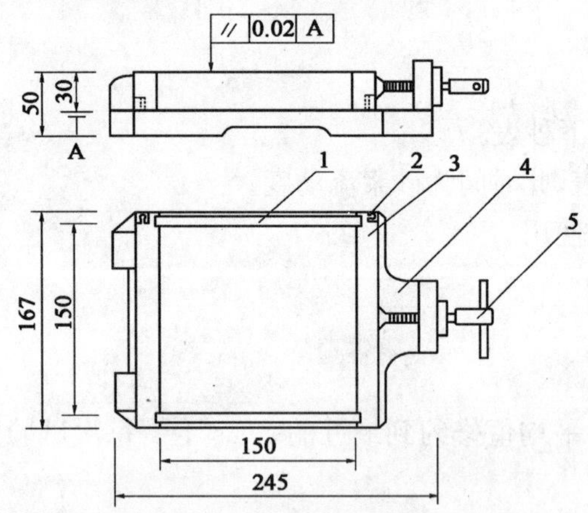

图1-2-21 试模示意图(尺寸单位：mm)

1-侧板；2-端板；3-底座；4-紧固装置；5-定位销

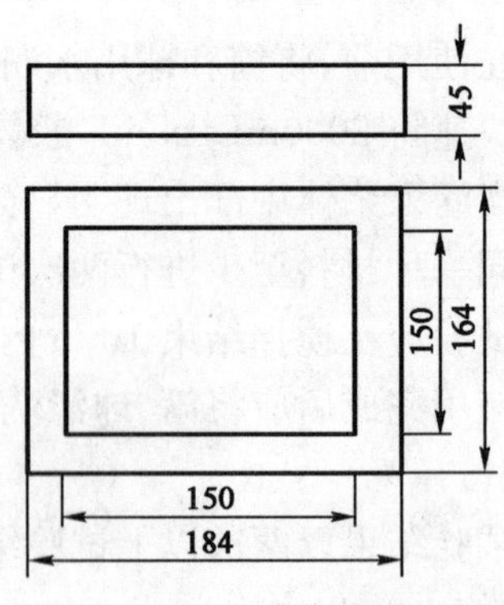

图1-2-22 模套(尺寸单位：mm)

(4)干燥箱：温度不低于105℃且带有鼓风装置。

(5)胶砂搅拌机：应符合《行星式胶砂搅拌机》(JC/T 681—1997)的规定。

(6)胶砂振动台：应符合《水泥胶砂强度检验方法(ISO法)》(GB/T 17671—1999)中11.7条代用振动台的规定。

(7)天平：量程不小于2000g，感量不大于2g。

3. 试样制备

(1)水泥试样应充分拌匀，通过 0.9mm 方孔筛，在试验前一天送到试验室储存。

(2)试验用砂采用符合《水泥胶砂强度检验方法(ISO 法)》(GB/T 17671—1999)规定的粒度范围在 0.5～1.0mm 的标准砂。

(3)试验用水应是洁净的饮用水。

4. 试件成型及养护

(1)成型室及养护箱的温度、湿度要求：

成型室：20℃±2℃，相对湿度＞50％；

养护箱：20℃±1℃，相对湿度＞90％；

养护水：20℃±1℃。

试样、标准砂和试验用水以及试模的温度应与室温相同。

(2)成型前将试模擦净，模板与底座的接触面应涂黄油，紧密装配，防止漏浆，内壁均匀刷上一薄层机油。

(3)试件的灰砂比为 1∶2.5，硅酸盐水泥、普通硅酸盐水泥、矿渣水泥的水灰比为 0.44；火山灰水泥、粉煤灰水泥为 0.46。每一试样需成型 3 块试件，分别搅拌成型。每成型 1 块试件应称水泥 400g，标准砂 1000g。

(4)将水加入锅中，再加入水泥，把锅放在固定架上。然后立即开动机器，低速搅拌 30s 后，在第二个 30s 开始的同时均匀将砂子加入。当各级砂是分装时，应从最粗粒级开始依次加入。

停拌 90s，在停拌中的第一个 15s 内用胶皮刮具将叶片和锅壁上的胶砂刮入锅中。在高速下继续搅拌 60s。在各个阶段时间误差应在±1s 内。

(5)在胶砂搅拌的同时，将试模及模套卡紧在振动台台面中心位置，并将拌和好的全部胶砂均匀地装入试模内，开动振动台，约 10s 时，开始用小刀插划胶砂，横划 14 次，竖划 14 次，另外在试件四角分别用小刀插 10 次，整个插捣工作在 90s 内完成。插划胶砂方法如图 1-2-23 所示。振动 120s±5s 后自动停机。

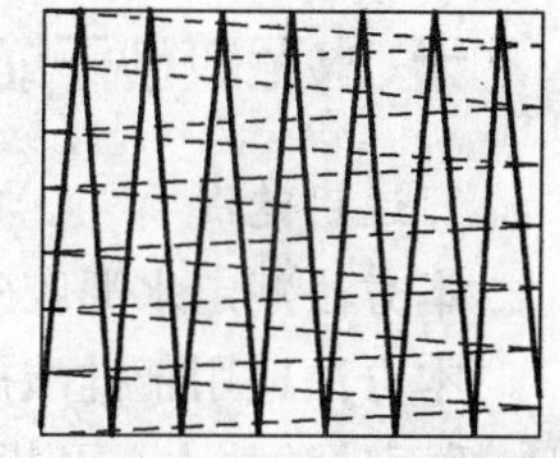

图 1-2-23　胶砂插划方法

(6)振毕，取下试模，去掉模套，刮平、编号。放入养护箱中养护至 24h±0.25h(从加水开始算起)，取出脱模。脱模时应防止试件损伤，硬化较慢的水泥允许延长脱模时间，但需记录脱模时间。

(7)脱模后，立即将试件放入 20℃±1℃水中养护，试件间应留有间隙，水面至少高出试件 20mm，养护水应每两周更换一次，试件在水槽中养护到 27d 龄期取出，立即擦干立放，在空气中自然干燥 24h，在 60℃±5℃的烘箱中烘干 4h，然后冷却至室温。

5. 试验步骤

(1)取经干燥处理后的试件，将刮平面朝下，放至耐磨试验机的水平转盘上，做好定位标记，并用夹具轻轻固紧。接着在 300N 负荷下预磨 30 转，取下试件扫净粉粒称量，该质量作为试件的原始质量 m_1；然后再将试件放回到水平转盘的原来位置上放平、固紧(注意不要在试件与转盘之间残颗粒以免影响试件与磨头的接触)，再磨 40 转，取下试件扫净粉粒称质量 m_2。整个磨损过程应将吸尘器对准试件磨损面，使磨下的粉尘及时从磨损面上被吸走。

(2)花轮磨头与水平转盘作相反方向转动，磨头沿着试件表面环形轨迹磨削，使试件表面产生一个内径约为 30mm，外径约为 130mm 的环形磨损面。

(3)花轮片磨损质量损失 0.5g 时，应将同一组的花轮片内外调换位置，再磨损 0.5g 时，应予淘汰。

6.试验结果计算

(1)每一试件单位面积的磨损量按式(1-2-14)计算，精确至0.001kg/m²，计算式为：

$$G=\frac{m_1-m_2}{0.0125} \tag{1-2-14}$$

式中：G——单位面积的磨损量(kg/m²)；

m_1——试件的原始质量(kg)；

m_2——试件磨损后的质量(kg)；

0.0125——磨损面积(m²)。

(2)取三块试件结果的平均值作为试件的磨损量。其中磨损量超过平均值15%的应予以剔除，剔除一块时，取余下两块试件结果的平均值，剔除两块时，应重新做试验。

7.试验报告

试验报告应包括以下内容：

(1)要求检测的项目名称；

(2)原材料的品种、规格和产地；

(3)试验日期及时间；

(4)仪器设备的名称、型号及编号；

(5)环境温度和湿度；

(6)执行标准；

(7)水泥胶砂的磨损量；

(8)要说明的其他内容。

十、水泥胶砂干缩检测方法

1.适用范围

本方法规定水泥胶砂干缩试验的胶砂组成、仪器设备及试验步骤。

本方法适用于硅酸盐水泥、普通硅酸盐水泥、矿渣硅酸盐水泥、粉煤灰硅酸盐水泥、复合硅酸盐水泥、桥面硅酸盐水泥及指定采用本方法的其他品种水泥。

2.方法原理

本方法是采用上端装有球形钉头的25mm×25mm×280mm、灰砂比为1：2的胶砂试件，在一定温度、一定湿度的空气中养护后，用比长仪测量不同龄期试件的长度变化来确定水泥胶砂的干缩性能。

3.仪器设备

(1)胶砂搅拌机。

(2)流动度试验用跳桌、截锥圆模、模套、圆柱捣棒、游标卡尺。

(3)试模。试模为三联模，由互相垂直的隔板、端板、底座以及定位用螺丝组成，结构如图1-2-24所示。各组件可以拆卸，组装后每联内壁尺寸为25mm×25mm×280mm。端板有3个安置测量钉头的小孔，其位置应保证成型后试件的测量钉头在试件的轴线上。

(4)测量钉头用不锈钢或铜制成，规格如图1-2-25所示。成型试件时测量钉头伸入试模端板的深度为10mm±1mm。

(5)隔板和端板用钢制成，表面粗糙度R_a不大于6.3μm。

(6)底座用HT20-40灰口铸铁加工，底座上表面粗糙度R_a不大于6.3μm，底座非加工面以涂漆无流痕。

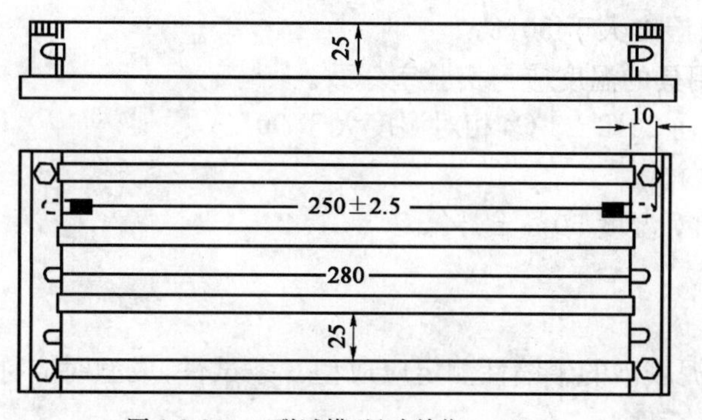

图 1-2-24　三联试模(尺寸单位:mm)

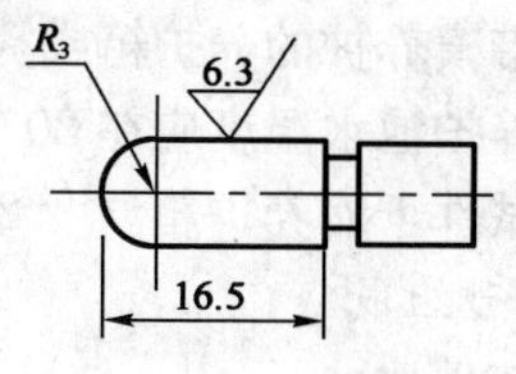

图 1-2-25　钉头(尺寸单位:mm)

(7)捣棒。捣棒包括方捣棒和缺口捣棒两种,均为金属材料。方捣棒受压面积为 23mm×23mm。缺口捣棒用于捣固测量头两侧的胶砂,规格如图 1-2-26 所示。

(8)刮板。用于易锈蚀和不被水泥浆腐蚀的金属材料制成,规格见图 1-2-27。

(9)水泥胶砂干缩养护湿度控制箱。用不易被药品腐蚀的塑料制成,其最小单元能养护 6 条试件并自成密封系统,最小单元的结构如图 1-2-28 所示。有效容积为 340mm×220mm×200mm,有 5 根放置试件的箅条,分为上、下部分,箅条宽 10mm,高 15mm,相互间隔 45mm,箅条上部放置试件的空间高为 65mm,箅条下部用于放置控制单元湿度用的药品盘,药品盘由塑料制成,大小应能从单元下部自由进出,容积约 2.5L。

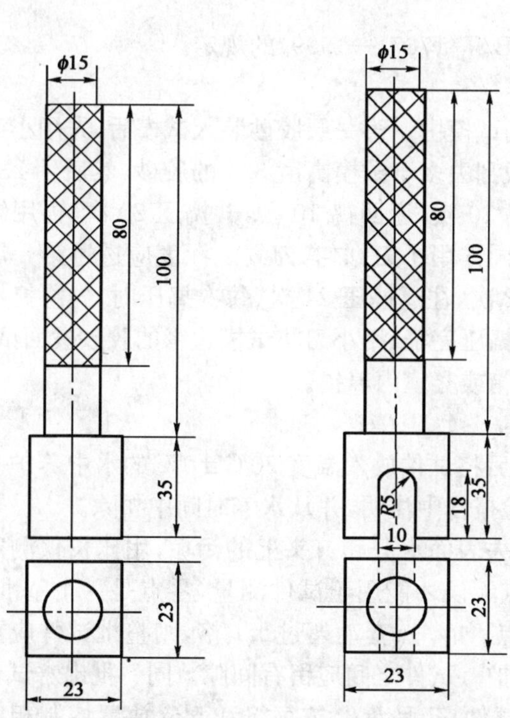

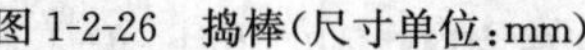

图 1-2-26　捣棒(尺寸单位:mm)

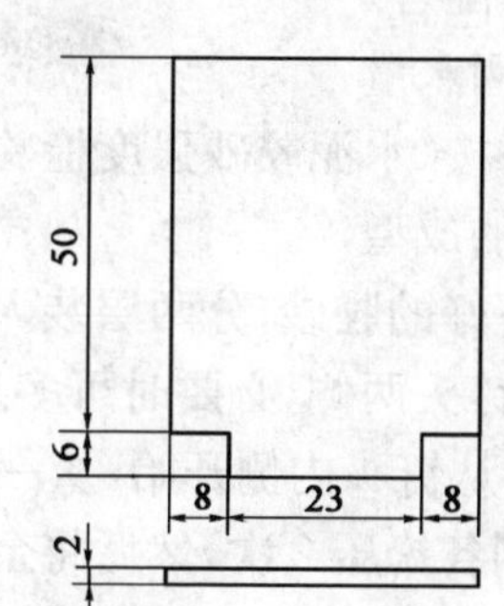

图 1-2-27　刮板(尺寸单位:mm)

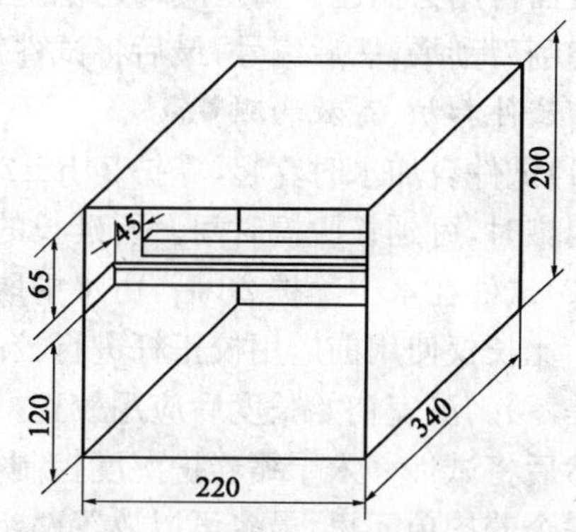

图 1-2-28　干缩养护湿度控制箱单元示意图(尺寸单位:mm)

(10)测长设备:

①比长仪。由百分表、支架及校正杆组成,百分表分度值为 0.01mm,最大基长不小于 300mm,量程为 10mm,校正杆中部与手接触部分应套上绝热层。

②允许用其他形式的测长仪,但精度必须符合上述要求,在仲裁检验时,应以比长仪为准。

4. 试验材料

(1)试验用砂采用符合《水泥胶砂强度检验方法(ISO 法)》(GB/T 17671—1999)规定的粒度范围在 0.5～1.0mm 的标准砂。试验用水应是洁净的饮用水。

(2)试件成型室温度为20℃±2℃，相对湿度大于50%。

(3)水泥试样、拌和水、标准砂、仪器和用具的温度应与实验室一致。

(4)带模养护的养护箱或雾室温度保持在20℃±1℃，相对湿度大于90%。

(5)养护池水温度应在20℃±1℃范围内。

(6)试件干缩养护箱温度20℃±3℃，相对湿度50%±4%。

5.胶砂组成

(1)灰砂比

胶砂中水泥与标准砂比例为1∶2。水泥胶砂的干缩性测定应成型3条试件，成型时应称取水泥试样500g，标准砂1000g。

(2)胶砂用水量

胶砂的用水量，按制成胶砂流动度达到130～140mm来确定。胶砂流动度的测定按本节水泥胶砂流动度测定方法进行，但灰砂比应按本方法5(1)要求。

6.试件成型

(1)试模的准备

成型前将试模擦净，四周的模板与底座的接触面上应涂黄油，紧密装配，防止漏浆，内壁均匀刷一薄层机油。然后将钉头擦净，在钉头的圆头端沾上少许黄油，将钉头嵌入试模孔中，并在孔内左右转动，使钉头与孔准确配合。

(2)胶砂用水量

胶砂制备按《水泥胶砂强度检验方法(ISO法)》(GB/T 17671—1999)的规定。

(3)试件的成型

将已制备好的胶砂，分两层装入两端已装有钉头的试模内。第一层胶砂装入试模后，先用小刀来回划实，尤其是钉头两侧，必要时可多划几次，再用刮砂板刮去多于试模高度3/4的胶砂，然后用23mm×23mm方捣棒从钉头内侧开始，从一端向另一端顺序捣10次，返回捣10次，共捣压20次，再用缺口捣棒在钉头两侧各捣压2次，然后将余下胶砂装入模内，同样用小刀划匀，刀划之深度应透过第一层胶砂表面，再用23mm×23mm捣棒从一端开始顺序捣压12次，往返捣压24次(每次捣压时，先将捣棒接触胶砂表面再用力捣压。捣压应均匀稳定，不得冲压)。捣压完毕，用小刀将试模边缘的胶砂拨回试模内，用三棱刮刀刮平，然后编号，最后将试件带模放入养护箱或雾室内养护。

7.试件养护、存放和测量

(1)试件自加水时算起，养护24h±2h后脱模。然后将试件放入温度20℃±1℃的水中养护。如脱模有困难时，可延长脱模时间。所延长的时间应在试验报告中注明，并从水养时间中扣除。

(2)试件在水中养护2d后，由水中取出，用湿布擦去表面水分和钉头上的污垢，用比长仪测定初始长度。比长仪使用前应用校正杆进行校准，确认其零点无误才能用于试件测量(零点是一个基准数，不一定是零)。测完初始长度后应用校正杆重新检查零点，如零点变动超过±1格，则整批试件应重新测定。然后将试件移入干缩养护湿度控制箱的箅条上养护。试件之间应留有间隙。同一批出水试件可以放在一个养护单元里，最多可以放置两组同时出水的试件，药品盘上按每组0.5kg放置控制相对湿度的药品。药品一般可使用硫氰酸钾固体，也可使用其他能控制规定相对湿度的盐，但不能用对人体与环境有害的物质。关紧单元门闩使其密闭与外部隔绝。箱体周围环境温度控制在20℃±3℃，此时药品应能使单元内相对湿度为50%±4%。

干缩试件也可放在能满足规定相对湿度和温度的条件下养护，但应在试验报告中作特别说明，在结论有矛盾时以干缩养护湿度控制箱养护的结果为准。

(3)从试件放入箱中时算起，在放置4d、11d、18d、25d时(即从成型时算起为7d、14d、21d、28d时)，分别取出测量长度。

(4)试件长度测量应在17～25℃的试验室里进行，比长仪应在试验室温度恒温后才能使用。

(5)每次测量时试件在比长仪中的上、下位置都应相同。读数时应左右旋转试件，使试件钉头和比长仪正确接触，指针摆动不得大于0.02mm。读数应记录至0.001mm。

测量结束后，应用校正杆校准零点，当零点变动超过0.01mm，整批试件应重新测量。

8.试验结果

(1)水泥胶砂试件各龄期干缩率S_t(%)按式(1-2-15)计算，计算精确至0.001%。

$$S_t=\frac{L_0-L_r}{250}\times 100 \tag{1-2-15}$$

式中：L_0——初始测量读数(mm)；

L_r——某龄期的测量读数(mm)；

250——试件有效长度(mm)。

(2)结果处理

以三条试件的干缩率的平均值作为试件的干缩结果，计算精确至0.001%，如有一条干缩率超过中间值15%时取中间值作为试样的干缩结果；当有两条试件超过中间值15%时应重新做试验。

9.试验报告

试验报告应包括以下内容：

(1)要求检测的项目名称；

(2)原材料的品种、规格和产地；

(3)试验日期及时间；

(4)仪器设备的名称、型号及编号；

(5)环境温度和湿度；

(6)执行标准；

(7)指定龄期的水泥胶砂试件干缩率；

(8)要说明的其他内容。

第二节　水泥混凝土拌合物试验检测

一、水泥混凝土拌合物的拌和与现场取样方法

1.适用范围

本方法规定了在常温环境中室内水泥混凝土拌合物的拌和与现场取样方法。

轻质水泥混凝土、防水水泥混凝土、碾压水泥混凝土等其他特种水泥混凝土的拌和与现场取样方法，可以参照本方法进行，但因其特殊性所引起的对试验设备及方法的特殊要求，均应遵照对这些水泥混凝土的有关技术规定进行。

2.仪器设备

(1)搅拌机：自由式或强制式。

(2)振动台：标准振动台，符合《混凝土试验用振动台》的要求。

(3)磅秤：感量满足称量总量1%的磅秤。

(4)天平：感量满足称量总量0.5%的天平。

(5)其他：铁板、铁铲等。

3.材料

(1)所有材料均应符合有关要求，拌和前材料应放置在温度20℃±5℃的室内。

(2)为防止粗集料的离析，可将集料按不同粒径分开，使用时再按一定比例混合。试样从抽取至试验完毕过程中，不要风吹日晒，必要时应采取保护措施。

4. 拌和步骤

(1)拌和时保持室温 20℃±5℃。

(2)拌合物的总量至少应比所需量高 20%以上。拌制混凝土的材料用量应以质量计，称量的精确度：集料为±1%，水、水泥、掺合料和外加剂为±0.5%。

(3)粗集料、细集料均以干燥状态为基准，计算用水量时应扣除粗集料、细集料的含水量。

(4)外加剂的加入。

对于不溶于水或难溶于水且不含潮解型盐类，应先和一部分水泥拌和，以保证充分分散。

对于不溶于水或难溶于水但含潮解型盐类，应先和细集料拌和。

对于水溶性或液体，应先和水拌和。

其他特殊外加剂，应遵守有关规定。

(5)拌制混凝土所用各种用具，如铁板、铁铲、抹刀，应预先用水润湿，使用完后必须清洗干净。

(6)使用搅拌机前，应先用少量砂浆进行涮膛，再刮出涮膛砂浆，以避免正式拌和混凝土时水泥砂浆黏附筒壁的损失。涮膛砂浆的水灰比及砂灰比，应与正式的混凝土配合比相同。

(7)用搅拌机拌和时，拌和量宜为搅拌机公称容量 1/4～3/4 之间。

(8)搅拌机搅拌。按规定称好原材料，往搅拌机内顺序加入粗集料、细集料、水泥。开动搅拌机，将材料拌和均匀，在拌和过程中徐徐加水，全部加料时间不宜超过 2min。水全部加入后，继续拌和约 2min，而后将拌合物倾出在铁板上，再经人工翻拌 1～2min，务必使拌合物均匀一致。

(9)人工拌和。采用人工拌和时，先用湿布将铁板、铁铲润湿，再将称好的砂和水泥在铁板上拌匀，加入粗集料，再混合搅拌均匀。而后将此拌合物堆成长堆，中心扒成长槽，将称好的水倒入约一半，将其与拌合物仔细拌匀，再将材料堆成长堆，扒成长槽，倒入剩余的水，继续进行拌和，来回翻拌至少 6 遍。

(10)从试样制备完毕到开始做各项性能试验不宜超过 5min(不包括成型试件)。

5. 现场取样

(1)新混凝土现场取样：凡由搅拌机、料斗、运输小车以及浇制的构件中采取新拌混凝土代表性样品时，均须从三处以上的不同部位抽取大致相同分量的代表性样品(不要抽取已经离析的混凝土)，集中用铁铲翻拌均匀，而后立即进行拌合物的试验。拌合物取样量应多于试验所需数量的 1.5 倍，其体积不小于 20L。

(2)为使取样具有代表性，宜采用多次采样的方法，最后集中用铁铲翻拌均匀。

(3)从第一次取样到最后一次取样不宜超过 15min。取回的混凝土拌合物应经过人工再次翻拌均匀，而后进行试验。

二、水泥混凝土拌合物稠度试验检测(坍落度仪法)

1. 适用范围

本方法规定了采用坍落度仪测定水泥混凝土拌合物稠度的方法和步骤。

本方法适用于坍落度大于 10mm，集料公称最大粒径不大于 31.5mm 的水泥混凝土的坍落度测定。

2. 仪器设备

(1)坍落筒：如图 1-2-29 所示，符合《水泥混凝土坍落度仪》(JG 3021)中有关技术要求。坍落筒为铁皮制成的截头圆锥筒，厚度不小于 1.5mm，内侧平滑，没有铆钉头之类的突出物，在筒上方约 2/3 高度处有两个把手，近下端两侧焊有两个踏脚板，保证坍落筒可以稳定操作，坍落筒尺寸如表 1-2-2。

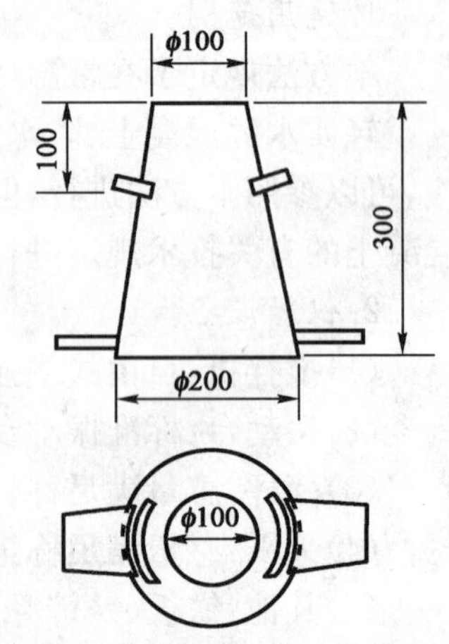

图 1-2-29　坍落度试验用坍落筒(尺寸单位：mm)

坍 落 筒 尺 寸　　表 1-2-2

集料公称最大粒径(mm)	筒 的 名 称	筒的内部尺寸(mm)		
		底面直径	顶面直径	高度
<31.5	标准坍落筒	200±2	100±2	300±2

(2)捣棒:符合《水泥混凝土坍落度仪》(JG 3021)中有关技术要求,为直径 16mm,长约 600mm 并具有半球形端头的钢质圆棒。

(3)其他:小铲、木尺、小钢尺、镘刀和钢平板等。

3. 试验步骤

(1)试验前将坍落筒内外洗净,放在经水润湿过的平板上(平板吸水时应垫以塑料布),踏紧踏脚板。

(2)将代表样分三层装入筒内,每层装入高度稍大于筒高的 1/3,用捣棒在每一层的横截面上均匀插捣 25 次。插捣在全部面积上进行,沿螺旋线由边缘至中心,插捣底层时插至底部,插捣其他两层时,应插透本层并插入下层约 20～30mm,插捣须垂直压下(边缘部分除外),不得冲击。在插捣顶层时,装入的混凝土应高出坍落筒口,随插捣过程随时添加拌合物。当顶层插捣完毕后,将捣棒用锯和滚的动作,清除掉多余的混凝土,用镘刀抹平筒口,刮净筒底周围的拌合物。而后立即垂直地提起坍落筒,提筒在 5～10s 内完成,并使混凝土不受横向及扭力作用。从开始装料到提出坍落度筒整个过程应在 150s 内完成。

(3)将坍落筒放在锥体混凝土试样一旁,筒顶平放木尺,用小钢尺量出木尺底面至试样顶面最高点的垂直距离,即为该混凝土拌合物的坍落度,精确至 1mm。

(4)当混凝土试件的一侧发生崩坍或一边剪切破坏,则应重新取样另测。如果第二次仍发生上述情况,则表示该混凝土和易性不好,应记录。

(5)当混凝土拌合物的坍落度大于 220mm 时,用钢尺测量混凝土扩展后最终的最大直径和最小直径,在这两个直径之差小于 50mm 的条件下,用其算术平均值作为坍落扩展度值;否则,试验无效。

(6)坍落度试验的同时,可用目测方法评定混凝土拌合物的下列性质,并予记录。

①棍度:按插捣混凝土拌合物时难易程度评定。分“上”、“中”、“下”三级。

“上”:表示插捣容易;

“中”:表示插捣时稍有石子阻滞的感觉;

“下”:表示很难插捣。

②含砂情况:按拌合物外观含砂多少而评定,分“多”、“中”、“少”三级。

“多”:表示用镘刀抹拌合物表面时,一两次即可使拌合物表面平整无蜂窝;

“中”:表示抹五、六次才可使表面平整无蜂窝;

“少”:表示抹面困难,不易抹平,有空隙及石子外露等现象。

③黏聚性:观测拌合物各组分相互黏聚情况。评定方法是用捣棒在已坍落的混凝土锥体侧面轻打,如锥体在轻打后逐渐下沉,表示黏聚性良好;如锥体突然倒坍、部分崩裂或发生石子离析现象,即表示黏聚性不好。

④保水性:指水分从拌合物中析出情况,分“多量”、“少量”、“无”三级评定。

“多量”:表示提起坍落筒后,有较多水分从底部析出;

“少量”:表示提起坍落筒后,有少量水分从底部析出;

“无”:表示提起坍落筒后,没有水分从底部析出。

4. 试验结果

混凝土拌合物坍落度和坍落扩展度值以毫米(mm)为单位,测量精确至 1mm,结果修约至最接近的 5mm。

5. 试验报告

试验报告应包括以下内容:

(1)要求检测的项目名称、执行标准;

(2)原材料的品种、规格和产地以及混凝土配合比;

(3)试验日期及时间;

(4)仪器设备的名称、型号及编号;

(5)环境温度和湿度;

(6)搅拌方式;

(7)水泥混凝土拌合物坍落度(坍落扩展度值);

(8)要说明的其他内容,如棍度、含砂情况、黏聚性和保水性。

三、水泥混凝土拌合物稠度试验检测(维勃仪法)

1.适用范围

本方法规定用维勃稠度仪来测定水泥混凝土拌合物稠度的方法和步骤。

本方法适用于集料公称最大粒径不大于31.5mm的水泥混凝土及维勃时间在5~30s之间的干稠性水泥混凝土的稠度测定。

2.仪器设备

(1)稠度仪(维勃仪):如图1-2-30所示。

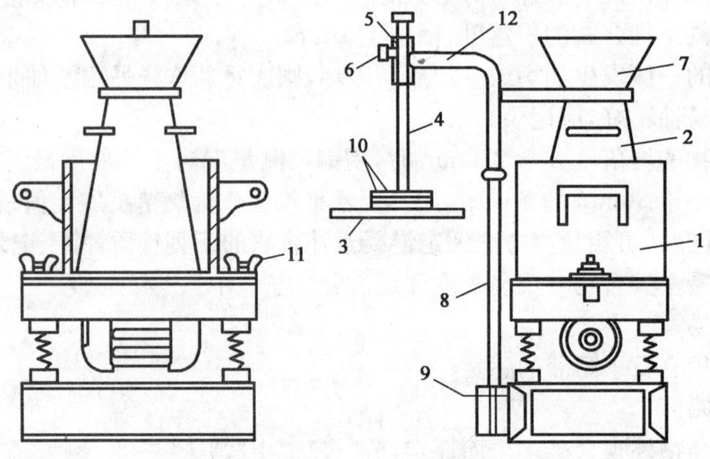

图1-2-30 稠度计(维勃仪)

1-容器;2-坍落度筒;3-圆盘;4-滑杆;5-套筒;6-螺钉;7-漏斗;8-支柱;9-定位螺丝;10-荷重块;11-元宝螺母;12-旋转架

①容器1:为金属圆筒,内径240mm±5mm,高200mm±2mm,壁厚3mm,底厚7.5mm。容器应不漏水并有足够刚度,上有把手,底部外伸部分可用螺母将其固定在振动台上。

②坍落度筒2:为截头圆锥,筒底直径200mm±2mm,顶部直径100mm±2mm,高度300mm±2mm,壁厚不小于1.5mm,上下开口并与锥体轴线垂直,内壁光滑,筒外安有把手。

③圆盘3:用透明塑料制成,上装有滑杆4。滑棒可以穿过套筒5垂直滑动。套筒装在一个可用螺钉6固定位置的旋转臂上。悬臂上还装有一个漏斗7。坍落筒在容器中放好后,转动旋臂,使漏斗底部套在坍落筒上口。旋臂装在支柱8上,可用定位螺丝9固定位置。滑棒和漏斗的轴线应与容器的轴线重合。

圆盘直径230mm±2mm,厚10mm±2mm,圆盘、滑棒及荷重块组成的滑动部分总质量为2750g±50g。滑棒刻度可用来测量坍落度值。

④振动台:工作频率50Hz,空载振幅0.5mm,上有固定容器的螺栓。

(2)捣棒、镘刀等。

(3)秒表:分度值为0.5s。

3. 试验步骤

(1)将容器1用螺母固定在振动台上，放入润湿的坍落筒2，把漏斗7转到坍落筒上口，拧紧螺丝9，使漏斗对准坍落筒口上方。

(2)按坍落度试验步骤，分三层经漏斗装入拌合物，用捣棒每层捣25次，捣毕第三层混凝土后，拧松螺丝6，把漏斗转回到原先的位置，并将筒模顶上的混凝土刮平，然后轻轻提起筒模。

(3)拧紧螺丝9，使圆盘可定向地向下滑动，仔细转圆盘到混凝土上方，并轻轻与混凝土接触。检查圆盘是否可以顺利滑向容器。

(4)开动振动台并按动秒表，通过透明圆盘观察混凝土的振实情况，当圆盘底面刚为水泥浆布满时，迅即按停秒表和关闭振动台，记下秒表所记时间，精确至1s。

(5)仪器每测试一次后，必须将容器、筒模及透明圆盘洗净擦干，并在滑棒等处涂薄层黄油，以备下次使用。

4. 试验结果

秒表所表示时间即为混凝土拌合物稠度的维勃时间，精确到1s。以两次试验结果的平均值为混凝土拌合物稠度的维勃时间。

5. 试验报告

试验报告应包括以下内容：

(1)项目名称、执行标准；

(2)原材料的品种、规格和产地以及混凝土配合比；

(3)试验日期及时间；

(4)仪器设备的名称、型号及编号；

(5)环境温度和湿度；

(6)搅拌方式；

(7)混凝土拌合物维勃时间；

(8)要说明的其他内容。

四、水泥混凝土拌合物表观密度试验检测

1. 适用范围

本方法规定了水泥混凝土拌合物表观密度测定的试验步骤。

本方法适用于测定水泥混凝土拌合物捣实后的密度，以备修正、核实水泥混凝土配合比计算中的材料用量。当已知所用原材料密度时，还可以算出拌合物近似含气量。

2. 仪器设备

(1)试样筒

试样筒为刚性金属圆筒，两侧装有把手，筒壁坚固且不漏水。对于集料公称最大粒径不大于31.5mm的拌合物采用5L的试样筒，其内径与内高均为186mm±2mm，壁厚为3mm。对于集料公称最大粒径大于31.5mm的拌合物所采用试样筒，其内径与内高均应大于集料公称最大粒径的4倍。

(2)捣棒：符合《水泥混凝土坍落度仪》(JG 3021)中有关技术要求。

(3)磅秤：量程100kg，感量为50g。

(4)振动台：标准振动台。

(5)其他：金属直尺、镘刀、玻璃板等。

3. 试验步骤

(1)试验前用湿布将试样筒内外擦拭干净，称出质量(m_1)，精确至50g。

(2)当坍落度不小于70mm时，宜用人工捣固：

对于5L试样筒，可将混凝土拌合物分两层装入，每层插捣次数为25次。

对于大于5L的试样筒，每层混凝土高度不应大于100mm，每层插捣次数按每10000mm^{2}截面不小于12次计算。用捣棒从边缘到中心沿螺旋线均匀插捣。捣棒应垂直压下，不得冲击，捣底层时应至筒底，捣上两层时，须插入其下一层约20～30mm。每捣毕一层，应在量筒外壁拍打5～10次，直至拌合物表面不出现气泡为止。

(3)当坍落度小于70mm时，宜用振动台振实，应将试样筒在振动台上夹紧，一次将拌合物装满试样筒，立即开始振动，振动过程中如混凝土低于筒口，应随时添加混凝土，振动直至拌合物表面出现水泥浆为止。

(4)用金属直尺齐筒口刮去多余的混凝土，用镘刀抹平表面，并用玻璃板检验，而后擦净试样筒外部并称其质量(m_2)，精确至50g。

4.试验结果计算

(1)按下式计算拌合物表观密度ρ_h：

$$\rho_h=\frac{m_2-m_1}{V}\times 1000 \qquad (1\text{-}2\text{-}16)$$

式中：ρ_h——拌合物表观密度(kg/m^3)；

m_1——试样筒质量(kg)；

m_2——捣实或振实后混凝土和试样筒总质量(kg)；

V——试样筒容积(L)。

试验结果计算精确到10kg/m^3。

(2)以两次试验结果的算术平均值作为测定值，精确到10kg/m^3，试样不得重复使用。

5.试验报告

试验报告应包括以下内容：

(1)要求检测的项目名称、执行标准；

(2)原材料的品种、规格和产地以及混凝土配合比；

(3)试验日期及时间；

(4)仪器设备的名称、型号及编号；

(5)环境温度和湿度；

(6)搅拌方式；

(7)水泥混凝土拌合物表观密度；

(8)要说明的其他内容。

五、水泥混凝土拌合物含气量试验检测

1.适用范围

本方法规定了采用混合式气压法测定水泥混凝土拌合物含气量的仪器设备和试验步骤。

本方法适用于集料公称最大粒径不大于31.5mm，含气量不大于10%且有坍落度的水泥混凝土。

2.仪器设备

(1)混合式气压法含气量测定仪：包括量钵和量钵盖，钵体与钵盖之间有密封圈，如图1-2-31所示。

(2)测定仪附件：校正管、100mL量筒、注水器、水平尺、插捣棒。

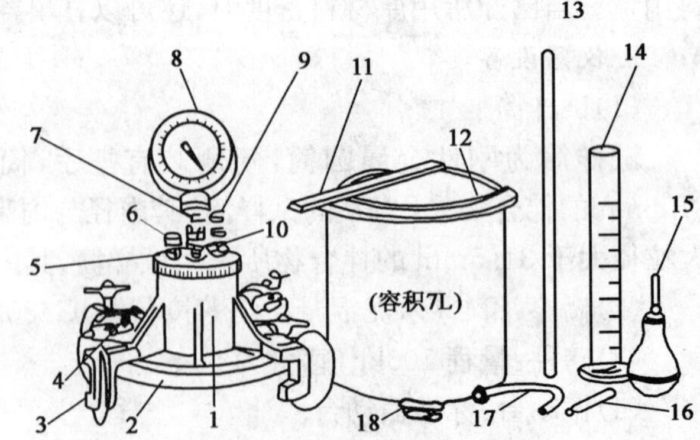

图1-2-31　混合式气压法含气量测定仪

1-气室；2-上盖；3-夹子；4-小龙头；5-出水口；6-微调阀；7-排气阀；8-压力表；9-手泵；10-阀门杆；11-刮尺；12-量钵；13-捣棒；14-量筒；15-注水器；16-校正管(2)；17-校正管(1)；18-水平尺

(3)压力表：量程为0.25MPa；分度值为0.01MPa。

(4)台秤：量程50kg，感量为50g。

(5)橡皮锤：应带有质量约250g的橡皮锤头。

(6)振动台。

3.试验步骤

(1)标定仪器

①量钵容积的标定

先称量含气量测定仪量钵和玻璃板总重，然后将量钵加满水，用玻璃板沿量钵顶面平推，使量钵内盛满水且玻璃板无气泡。擦干钵体外表面后连同玻璃板一起称重。两次质量的差值除以该温度下水的密度即为量钵的容积V。

②含气量0%点的标定

把量钵加满水，将校正管(2)接在钵盖下面小龙头的端部。将钵盖轻放在量钵上，用夹子夹紧使其气密良好并用水平仪检查仪器的水平。打开小龙头，松开排气阀，用注水器从小龙头处加水，直至排气阀出水口冒水为止，然后拧紧小龙头和排气阀，此时钵盖和钵体之间的空隙被水充满。用手泵向气室充气，使表压稍大于0.1MPa，然后用微调阀调整表压使其为0.1MPa。按下阀门杆1～2次，使气室的压力气体进入量钵内，读压力表读数，此时指针所示压力相当于含气量0%。

③含气量1%～10%的标定

含气量0%标定后，将校正管(1)接在钵盖小龙头的上端，然后按一下阀门杆，慢慢打开小龙头，量钵中的水就通过校正管(1)流到量筒中。当量筒中的水为量钵容积的1%时，关闭小龙头。

打开排气阀，使量钵内的压力与大气压平衡，然后重新用手泵加压，并用微调阀准确地调到0.1MPa。按1～2次阀门杆，此时测得的压力表读数值相当于含气量1%，同样方法可测得含气量2%、3%～10%的压力表读数。

以压力表读数值为横坐标，含气量为纵坐标，绘制含气量与压力表读数值关系曲线。

(2)混凝土拌合物含气量测定

①擦净量钵与钵盖内表面，并使其水平放置，将新拌混凝土拌合物均匀适量地装入量钵内，用振动台振实，振动时间15～30s为宜。也可用人工捣实，将拌合物分三层装料，每层插捣25次，插捣上层时捣棒应插入下层10～20mm。

②刮去表面多余的混凝土拌合物，用镘刀抹平，并使表面光滑无气泡。

③擦净钵体和钵盖边缘，将密封圈放于钵体边缘的凹槽内，盖上钵盖，用夹子夹紧，使之气密良好。

④打开小龙头和排气阀，用注水器从小龙头处往量钵中注水，直至水从排气阀出水口流出，再关紧小龙头和排气阀。

⑤关好所有阀门，用手泵打气加压，使表面稍大于0.1MPa，用微调阀准确地将表压调到0.1MPa。

⑥按下阀门杆1～2次，待表压指针稳定后，测得压力表读数P_{01}。

⑦开启排气阀，压力仪表应归零，对容器中的试样再测定一次压力值P_{02}。

⑧如果P_{01}和P_{02}的相对误差小于0.2%，以两次测值的算术平均值，按压力与含气量关系曲线查得所测混凝土样品的仪器测定含气量A_1值(精确至0.1%)作为试验结果；如果不满足，则应进行第三次试验，测得压力值P_{03}。当P_{03}与P_{01}、P_{02}中较接近一个值的相对误差不大于0.2%时，则取两值的算术平均值，按压力与含气量关系曲线查得所测混凝土样品的仪器测定含气量A_1值(精确至0.1%)作为试验结果。当仍大于0.2%时，须重作试验。

(3)集料含气量C测定

①在容器中先注入1/3高度的水，然后把集料慢慢倒入容器。水面升高25mm左右就应轻轻插捣10次，并略予搅动，以排除夹杂进去的空气；加料过程中应始终保持水面高出集料的顶面；集料全部加入后，应浸泡约5min，再用橡皮锤轻敲容器外壁，排净气泡，除去水面气泡，加水至满，擦净容器上的口

边缘；装好密封圈，加盖拧紧螺栓。

②关闭操作阀和排气阀，开启进气阀，用气泵向气室内注入空气，打开操作阀，使气室内的压力略大于0.1MPa，待压力表显示值稳定后，打开排气阀，并用操作阀调整压力至0.1MPa，然后关紧所有阀门。

③开启操作阀，使气室里的压缩空气进入容器，待压力表显示稳定后记录显示值P_{g1}，然后开启排气阀，压力仪表应归零。

④重复②、③步骤，对容器内的试样再检测一次，记为P_{g2}。

⑤如果P_{g1}和P_{g2}的相对误差小于0.2%，以两次测值的平均值，按压力与含气量关系曲线查得集料的含气量C(精确至0.1%)作为试验结果。如果不满足，则应进行第三次试验，测得压力值P_{g3}。P_{g3}与P_{g1}、P_{g2}中较接近一个值的相对误差不大于0.2%时，则取两值的算术平均值，按压力与含气量关系曲线查得集料的含气量C(精确至0.1%)作为试验结果，当仍大于0.2%时，须重作试验。

4.试验结果

含气量按下式计算：

$$A = A_1 - C \tag{1-2-17}$$

式中：A——混凝土拌合物含气量(%)；

A_1——仪器测定含气量(%)；

C——集料含气量(%)。

结果精确至0.1%。

5.试验报告

试验报告应包括以下内容：

(1)要求检测的项目名称，执行标准；

(2)原材料的品种、规格和产地以及混凝土配合比；

(3)试验日期及时间；

(4)仪器设备的名称、型号及编号；

(5)环境温度和湿度；

(6)搅拌方式；

(7)水泥混凝土拌合物含气量；

(8)要说明的其他内容。

六、水泥混凝土拌合物凝结时间试验检测

1.适用范围

本方法规定了测定水泥混凝土拌合物凝结时间的方法，以控制现场施工流程。

本方法适用于各通用水泥和常见外加剂以及不同水泥混凝土配合比、坍落度值不为零的水泥混凝土拌合物的凝结时间测定。

2.仪器设备

(1)贯入阻力仪：如图1-2-32所示，最大测量值不大于1000N，刻度盘分度值为10N。

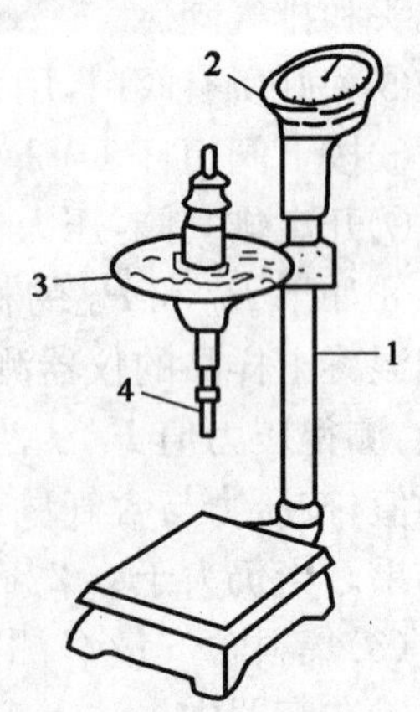

图1-2-32 贯入阻力仪示意图

1-主体；2-刻度盘；3-手轮；4-测针

(2)测针：长约100mm，平面针头圆面积为$100mm^2$、$50mm^2$和$20mm^2$三种，在距离贯入端25mm处刻有标记。

(3)试模：上口径为160mm，下口径为150mm，净高150mm的刚性容器，并配有盖子。

(4)捣棒：直径16mm，长650mm。

(5)标准筛:孔径4.75mm,符合《试验筛　金属丝编织网、穿孔板和电成型薄板筛孔的基本尺寸》(GB/T 6005—1997)规定的金属方孔筛。

(6)其他:铁制拌和板、吸液管和玻璃片。

3.试样制备

(1)取混凝土拌合物代表样,用4.75mm筛尽快地筛出砂浆,再经人工翻拌后,装入一个试模。每批混凝土拌合物取一个试样,共取三个试样,分装三个试模。

(2)对于坍落度不大于70mm的混凝土宜用振动台振实砂浆,振动应持续到表面出浆为止且应避免过振;对于坍落度大于70mm的宜用捣棒人工捣实,沿螺旋方向由外向中心均匀插捣25次,然后用橡皮锤轻击试模侧面以排除在捣实过程中留下的空洞。进一步整平砂浆的表面,使其低于试模上沿约10mm,砂浆试样筒应立即加盖。

(3)试件静置于温度20℃±2℃或尽可能与现场相同的环境中,并在以后的试验中,环境温度始终保持20℃±2℃。在整个测试过程中,除在吸取泌水或贯入试验外,试筒应始终加盖。

(4)约1h后,将试件一侧稍微垫高20mm,使其倾斜静置约2min,用吸管吸去泌水。以后每到测试前约2min,同上步骤用吸管吸去泌水(低温或缓凝的混凝土拌合物试样,静置与吸水间隔时间可适当延长)。若在贯入测试前还有泌水,也应吸干。

4.试验步骤

(1)将试件放在贯入阻力仪底座上,记录刻度盘上显示的砂浆和容器总质量。

(2)根据试样的贯入阻力大小,选择适宜的测针。一般当砂浆表面测孔边出现微裂缝时,应立即改换较小截面积的测针,如表1-2-3。

测针选用参考　　表1-2-3

单位面积贯入阻力(MPa)	0.2～3.5	3.5～20.0	20.0～28.0
平头测针圆面积(mm²)	100	50	20

(3)先使测针端面刚刚接触砂浆表面,然后转动手轮,使测针在10s±2s内垂直且均匀地插入试样内,深度为25mm±2mm,记下刻度盘显示的增量,精确至10N,并记下从开始加水拌和起所经过的时间(精确至1min)及环境温度(精确至0.5℃)。

测定时,测针应距试模边缘至少25mm,测针贯入砂浆各点间净距至少为所有测针直径的两倍且不小于15mm。三个试模每次各测1～2点,取其算术平均值为该时间的贯入阻力值。

(4)每个试样作贯入阻力试验应在0.2～28MPa间,且不少于6次。最后一次的单位面积贯入阻力应不低于28MPa。从加水拌和时算起,常温下普通混凝土3h后开始测定,以后每次间隔为0.5h;早强混凝土或在气温较高的情况下,则宜在2h后开始测定,以后每隔0.5h测一次;缓凝混凝土或在低温情况下,可在5h后开始测定,每隔2h测一次。在临近初凝、终凝时可增加测定次数。

5.试验结果

(1)单位面积贯入阻力f_{PR}按下式计算:

$$f_{PR}=\frac{P}{A} \tag{1-2-18}$$

式中:P——测针贯入深度为25mm时的贯入压力(N);

A——贯入测针截面面积(mm²)。

计算精确至0.1MPa。

(2)以单位面积贯入阻力为纵坐标,测试时间为横坐标,绘制单位面积贯入阻力与测试时间关系曲线。经3.5MPa及28MPa画两条平行于横坐标的直线,则直线与曲线相交点的横坐标即为初凝及终凝时间。见示意图1-2-33。

(3)凝结时间取三个试样的平均值。三个测值中的最大值或最小值,如果有一个与中间值之差超过中间值的10%，则以中间值为试验结果；如果最大值和最小值与中间值之差均超过中间值的10%时，则此试验无效。

凝结时间用h:min表示，并精确至5min。

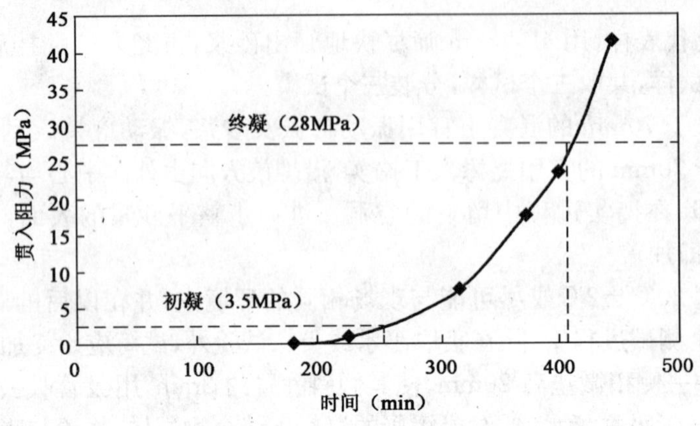

图1-2-33　时间—贯入阻力曲线

6. 试验报告

试验报告应包括以下内容：

(1)要求检测的项目名称、执行标准；

(2)原材料的品种、规格和产地以及混凝土配合比；

(3)试验日期及时间；

(4)仪器设备的名称、型号及编号；

(5)环境温度和湿度；

(6)每次贯入阻力试验时对应的环境温度、时间、贯入压力、测针面积和计算出来的贯入阻力值；

(7)贯入阻力和时间曲线、初凝时间和终凝时间；

(8)要说明的其他内容。

七、水泥混凝土拌合物泌水试验检测

1. 适用范围

本方法规定了测定水泥混凝土拌合物泌水性的方法和步骤。

本方法适用于集料公称最大粒径不大于31.5mm的水泥混凝土拌合物泌水的测定。

2. 仪器设备

(1)试样筒：试样筒为刚性金属圆筒，两侧装有把手，筒壁坚固且不漏水。对于集料公称最大粒径不大于31.5mm的拌合物采用5L的试样筒，其内径与内高均为186mm±2mm，壁厚为3mm，并配有盖子。对于集料公称最大粒径大于31.5mm的拌合物采用的试样筒，其内径与内高均应大于集料公称最大粒径的4倍。

(2)台秤：量程为50kg，感量为50g。

(3)量筒：容量为10mL、50mL、100mL的量筒及吸管，量筒分度值均为1mL。

(4)捣棒。

(5)秒表：分度值为1s。

3. 试验步骤

(1)试验中室温应保持在20℃±2℃。

(2)应用湿布湿润试样筒内壁后立即称量，记录试样筒的质量。再将混凝土试样装入试样筒，混凝土的装料及捣实方法如下：

①坍落度不大于70mm，用振动台振实。将试样一次装入试样筒内，开启振动台，振动应持续到表面出浆为止，且应避免过振；并使混凝土拌合物低于试样筒表面30mm±3mm，并用抹刀抹平，抹平后立即称量并记录试样筒与试样的总质量，开始计时。

②坍落度大于70mm，用捣棒捣实。混凝土拌合物应分两层装入，每层的插捣次数为25次；捣棒由边缘向中心均匀地插捣，插捣底层时捣棒应贯穿整个深度，插捣第二层时，捣棒应插透本层至下一层的表面；每一层捣完后用橡皮锤轻轻敲击容器外壁5～10次，直到拌合物表面插捣孔消失并不见大气泡为止；并使混凝土拌合物表面低于试样筒表面30mm±3mm，并用抹刀抹平，抹平后立即称量并记录试样筒与试样的总质量，开始计时。

(3)保持试样筒水平且不振动，试验过程中除了吸水操作外，应始终盖好盖子。

(4)拌合物加水拌和开始计时，从计时开始后的60min内，每10min吸取一次试样表面渗出的水。60min后，每30min吸取一次试样表面渗出的水，直到认为不再泌水为止。为便于吸水，每次吸水前2min，将一片35mm厚的垫块垫入筒底一侧使其倾斜；吸水后，恢复水平。吸出的水放入量筒中，记录每次吸水的水量并计算吸水累计总量，精确至1mL。当吸水累计总量用质量表述时，用w_w表示。

4.试验结果

(1)泌水量按下式计算：

$$B_a = \frac{V}{A} \tag{1-2-19}$$

式中：B_a——泌水量(mL/mm^2)；

V——吸水量累计(mL)；

A——试件外露表面面积(mm^2)。

计算精确至0.01mL/mm^2。泌水量取三个试样的平均值。如果其中一个与中间值之差超过中间值的15%，则以中间值为试验结果。如果最大值和最小值与中间值之差均超过中间值的15%，则试验无效。

(2)泌水率按下式计算：

$$B = \frac{w_w}{(w/m)(m_1 - m_0)} \times 100\% \tag{1-2-20}$$

式中：B——泌水率(%)；

w_w——累计吸水总量(g)；

m——拌和混凝土时，拌合物总质量(g)；

w——拌和混凝土时，拌合物所需总用水量(g)；

m_1——泌水前试样筒及试样总质量(g)；

m_0——试样筒质量(g)。

计算精确至1%，泌水率取三个试样的平均值，如果其中一个与中间值之差超过中间值的15%，则以中间值为试验结果。如果最大值和最小值与中间值之差均超过中间值的15%，则试验无效。

5.试验报告

试验报告应包括以下内容：

(1)要求检测的项目名称、执行标准；

(2)原材料的品种、规格和产地以及混凝土配合比；

(3)试验日期及时间；

(4)仪器设备的名称、型号及编号；

(5)环境温度和湿度；

(6)搅拌方式；

(7)水泥混凝土拌合物总用水量和总质量；

(8)试样筒质量、试样筒和试样总质量；

(9)每次吸水时间和对应的吸水量；

(10)泌水量和泌水率；

(11)要说明的其他内容。

八、水泥混凝土拌合物配合比分析试验

1.适用范围

本方法规定了水泥混凝土拌合物配合比分析试验的仪器设备和试验步骤。

本方法适用于用水洗分析法测定普通水泥混凝土拌合物中四组分(水泥、水、砂、石)的含量，但不适用于集料含泥量波动较大以及用特细砂和山砂配制的水泥混凝土。

2.仪器设备

(1)广口瓶：容积为2000mL的玻璃瓶，并配有玻璃盖板；

(2)台秤：量程为50kg，感量为50g；

(3)电子秤：量程不小于5kg，感量不大于1g；

(4)试样筒：容积为5L和10L的试样筒并配有玻璃盖板；

(5)标准筛：孔径为4.75mm和0.15mm标准筛各一个。

3.在进行本试验前，应对混凝土下列原材料进行相关项目的试验与测定：

(1)水泥表观密度试验，按第一节水泥密度检测方法进行。

(2)粗集料、细集料的表观密度试验，按《公路工程集料试验规程》(JTG E42)试验；

(3)细集料修正系数按下述方法测定：

向广口瓶中注水至筒口，再一边加水一边徐徐推进玻璃板，注意玻璃板下不带有任何气泡，盖严后擦净板面和广口瓶壁的余水，如玻璃板下有气泡，必须排除；测定广口瓶、玻璃板和水的总质量。取具有代表性的两个细集料试样，每个试样的质量为2kg，精确至1g。分别倒入盛水的广口瓶中，充分搅拌、排气后浸泡约半小时；然后向广口瓶中注水至筒口，再一边加水一边徐徐推进玻璃板，注意玻璃板下不得带有任何气泡，盖严后擦净板面和瓶壁的余水，称得广口瓶、玻璃板、水和细集料的总质量。则细集料在水中的质量为：

$$m_{ys} = m_{ks} - m_p \tag{1-2-21}$$

式中：m_{ys}——细集料在水中的质量(g)；

m_{ks}——细集料和广口瓶、水及玻璃板的总质量(g)；

m_p——广口瓶、玻璃板和水的总质量(g)。

应以两个试样试验结果的算术平均值作为测定值，计算应精确至1g。

然后用0.15mm的标准筛将细集料过筛，用以上同样的方法测得大于0.15mm细集料在水中的质量：

$$m_{ys1} = m_{ks1} - m_p \tag{1-2-22}$$

式中：m_{ys1}——大于0.15mm的细集料在水中的质量(g)；

m_{ks1}——大于0.15mm的细集料和广口瓶、水及玻璃板的总质量(g)；

m_p——广口瓶、玻璃板和水的总质量(g)。

应以两个试样试验结果的算术平均值作为测定值，计算应精确于1g。

细集料修正系数为：

$$C_s = \frac{m_{ys}}{m_{ys1}} \tag{1-2-23}$$

式中：C_s——细集料修正系数；

m_{ys}——细集料在水中的质量(g)；

m_{ys1}——大于0.15mm的细集料在水中的质量(g)。

计算精确至0.01。

4. 水泥混凝土拌合物的取样

(1)水泥混凝土拌合物的取样应按本节一、的规定进行。

(2)当水泥混凝土中粗集料的公称最大粒径≤37.5mm 时，混凝土拌合物的取样量≥50kg，混凝土中粗集料公称最大粒径＞37.5mm 时，混凝土拌合物的取样量≥100kg。

(3)进行混凝土配合比(水洗法)分析时，当混凝土中粗集料的公称最大粒径≤37.5mm 时，每份取12kg 试样；当混凝土中粗集料公称最大粒径＞37.5mm 时，每份取 15kg 试样。剩余的混凝土拌合物试样，按本节四的规定，进行拌合物表观密度的测定，并测量其体积 V。

5. 试验步骤

(1)整个试验过程的环境温度在 15～25℃之间，从最后加水至试验结束，温差不应超过 2℃；试验至少进行两次。

(2)用试样筒称取质量为 m_0 的混凝土拌合物试样，精确至 50g 并应符合上述第 4 条中的有关规定，然后按下式计算混凝土拌合物试样的体积：

$$V = \frac{m_0}{\rho_h} \tag{1-2-24}$$

式中：V——试样的体积(cm^3)；

m_0——试样的质量(g)；

ρ_h——混凝土拌合物的表观密度(g/cm^3)。

(3)把试样筒中混凝土拌合物和水的混合物全部移到 4.75mm 筛上水洗过筛，水洗时，要用水将筛上粗集料仔细冲洗干净，粗集料上不得粘有砂浆，筛子应备有不透水的底盘，以收集全部冲洗过筛的砂浆和水的混合物，称量洗净的粗集料试样质量 m_g。粗集料表观密度符号为 ρ_g，单位 g/cm^3。

(4)将全部冲洗过筛的砂浆与水的混合物全部移到试样筒中，加水至试样筒 2/3 高度，用棒搅拌，以排除其中的空气；如水面上有不能破裂的气泡，可以加少量的异丙醇试剂以消除气泡；让试样静止10min 以使固体物质沉积于容器底部。加水至满，再一边加水一边徐徐推进玻璃板，注意玻璃板下不得带有任何气泡，盖严后应擦净板面和筒壁的余水。移出砂浆与水的混合物和试样筒、水及玻璃板的总质量。应按下式计算砂浆在水中的质量：

$$m'_m = m_k - m_D \tag{1-2-25}$$

式中：m'_m——砂浆在水中的质量(g)；

m_k——砂浆与水的混合物和试样筒、水及玻璃板的总质量(g)；

m_D——试样筒、玻璃板和水的总质量(g)。

计算应精确至 1g。

(5)将试样筒中的砂浆与水的混合物在 0.15mm 筛上冲洗，然后将在 0.15mm 筛上洗净的细集料全部移至广口瓶中，加水至满，再一边加水一边徐徐推进玻璃板，注意玻璃板下不得带有任何气泡，盖严后应擦净板面和瓶壁的余水；称出细集料试样、广口瓶、水及玻璃板总质量，应按下式计算细集料在水中的质量：

$$m'_s = C_s(m_{ks} - m_p) \tag{1-2-26}$$

式中：m'_s——细集料在水中的质量(g)；

C_s——细集料修正系数；

m_{ks}——细集料试样、广口瓶、水及玻璃板总质量(g)；

m_p——广口瓶、玻璃板和水的总质量(g)。

计算应精确至 1g。

6. 试验结果

混凝土拌合物中四种组分的结果计算及确定应按下述方法进行：

(1)混凝土拌合物试样中四种组分的质量应按以下公式计算：

①试样中的水泥质量应按下式计算：

$$m_c = (m'_m - m'_s) \times \frac{\rho}{\rho - 1} \tag{1-2-27}$$

式中：m_c——试样中的水泥质量(g)；

m'_m——砂浆在水中的质量(g)；

m'_s——细集料在水中的质量(g)；

ρ——水泥的密度(g/cm³)；

计算应精确至1g。

②试样中细集料的质量应按下式计算

$$m_s = m'_s \times \frac{\rho_s}{\rho_s - 1} \tag{1-2-28}$$

式中：m_s——试样中细集料的质量(g)；

m'_s——细集料在水中的质量(g)；

ρ_s——处于干燥状态下的细集料的密度(g/cm³)。

计算应精确至1g。

③试样中的水的质量应按下式计算

$$m_w = m_0 - (m_g + m_s + m_c) \tag{1-2-29}$$

式中：m_w——试样中的水的质量(g)；

m_0——拌合物试样质量(g)；

m_g、m_s、m_c——分别为试样中粗集料、细集料和水泥的质量(g)。

计算应精确至1g。

④混凝土拌合物试样中粗集料的质量应按上述5(3)中得出的粗集料质量m_g，单位g。

(2)混凝土拌合物中水泥、水、粗集料、细集料的单位用量，分别按下式计算：

$$C = \frac{m_c}{V} \times 1000 \tag{1-2-30}$$

$$W = \frac{m_w}{V} \times 1000 \tag{1-2-31}$$

$$G = \frac{m_g}{V} \times 1000 \tag{1-2-32}$$

$$S = \frac{m_s}{V} \times 1000 \tag{1-2-33}$$

式中：C、W、G、S——分别为水泥、水、粗集料、细集料的单位用量(kg/m³)；

m_c、m_w、m_g、m_s——分别为试样中水泥、水、粗集料、细集料的质量(g)；

V——试样体积(cm³)。

计算应精确至1kg/m³。

(3)以两个试样试验结果的算术平均值作为测定值，两次试验结果差值的绝对值应符合下列规定：水泥≤6kg/m³，水≤4kg/m³，砂≤20kg/m³，石≤30kg/m³。否则此次试验无效。

7.试验报告

试验报告应包括以下内容：

(1)要求检测的项目名称、执行标准；

(2)原材料的品种、规格和产地；

(3)仪器设备的名称、型号及编号；

(4)环境温度和湿度；

(5)试样的质量;

(6)水泥的密度;

(7)粗集料和细集料的表观密度;

(8)试样中水泥、水、细集料和粗集料的质量;

(9)水泥混凝土拌合物中水泥、水、粗集料和细集料的单位用量;

(10)水泥混凝土拌合物水灰比;

(11)其他要说明的问题。

第三节　硬化水泥混凝土性能试验检测

一、水泥混凝土试件制作与硬化水泥混凝土现场取样方法

1.适用范围

本方法规定了在常温环境中室内试验时水泥混凝土试件制作与硬化水泥混凝土现场取样方法。

轻质水泥混凝土、防水水泥混凝土、碾压混凝土等其他特种水泥混凝土的制作与硬化水泥混凝土现场取样方法,可以参照本方法进行,但因其特殊性所引起的对试验设备及方法的特殊要求,均应遵照对这些水泥混凝土试件制作和取样的有关技术规定进行。

2.仪器设备

(1)搅拌机:自由式或强制式。

(2)振动台:标准振动台,应符合《混凝土试验用振动台》(JG/T 3020—1994)要求。

(3)压力机或万能试验机:压力机除符合《液压式压力试验机》(GB/T 3722)及《试验机通用技术要求》(GB/T 2611)中的要求外,其测量精度为±1%。试件破坏荷载应大于压力机全量程的20%且小于压力机全量程的80%。同时应具有加荷速度指示装置或加荷速度控制装置。上下压板平整并有足够刚度,可以均匀地连续加荷卸荷。可以保持固定荷载,开机停机均灵活自如,能够满足试件破型吨位要求。

(4)球座:钢质坚硬,面部平整度要求在100mm距离内高低差值不超过0.05mm,球面及球窝粗糙度Ra=0.32μm,研磨、转动灵活。不应在大球座上作小试件破型,球座最好放置在试件顶面(特别是棱柱试件),并凸面朝上,当试件均匀受力后,一般不宜再敲动球座。

(5)试模

①非圆柱试模:应符合《混凝土试模》(JG 3019—1994),内表面刨光磨光(粗糙度$R_a=3.2\mu m$)。内部尺寸允许偏差为±0.2%;相邻面夹角为90°±0.3°。试件边长的尺寸公差为1mm。

②圆柱试模:直径误差小于$\frac{1}{200}d$,高程误差应小于$\frac{1}{100}h$。试模底板的平面度公差不超过0.02mm。组装试模时,圆筒纵轴与底板应成直角,允许公差为0.5°。

为了防止接缝处出现渗漏,要使用合适的密封剂,如黄油,并采用紧固方法使底板固定在模具上。

常用的几种试件尺寸(试件内部尺寸)规定如表1-2-4。所有试件承压面的平面度公差不超过0.0005d(d为边长)。

(6)捣棒:符合《水泥混凝土坍落度仪》(JG 3021)中有关技术要求,为直径16mm、长约600mm并具有半球形端头的钢质圆棒。

(7)压板:用于圆柱试件的顶端处理,一般为厚6mm以上的毛玻璃,压板直径应比试模直径大25mm以上。

(8)橡皮锤:应带有质量约250g的橡皮锤头。

试 件 尺 寸　　表 1-2-4

试件名称	标准尺寸(mm)	非标准尺寸(mm)
立方体抗压强度试件	150×150×150(31.5)	100×100×100(26.5) 200×200×200(53)
圆柱抗压强度试件	ϕ150×300(31.5)	ϕ100×200(26.5) ϕ200×400(53)
芯样抗压强度试件	ϕ150×l_m(31.5)	ϕ100×l_m(26.5)
立方体劈裂抗拉强度试件	150×150×150(31.5)	100×100×100(26.5)
抗压弹性模量试件	150×150×300(31.5)	200×200×400(53) 100×100×300(26.5)
圆柱抗压弹性模量试件	ϕ150×300(31.5)	ϕ100×200(26.5) ϕ200×400(53)
抗弯拉强度试件	150×150×600(31.5) 150×150×550(31.5)	100×100×400(26.5)
抗弯拉弹性模量试件	150×150×600(31.5) 150×150×550(31.5)	100×100×400(26.5)
水泥混凝土干缩试件	100×100×515(19)	150×150×515(31.5) 200×200×515(50)
抗渗试件	上口直径 175mm，下口直径 185mm，高 150mm 的锥台	上下直径与高度均为 150mm 的圆柱体

注：括号中的数字为试件中集料公称最大粒径，单位 mm，标准试件的最短尺寸大于公称最大粒径 4 倍。

(9)钻孔取样机：钻机一般用金刚石钻头，从结构表面垂直钻取，钻机应具有足够的刚度，保证钻取的芯样周面垂直且表面损伤最少。钻芯时，钻头应作无显著偏差的同心运动。

(10)锯：用于切割适于抗弯拉试验的试件。

(11)游标卡尺。

3. 非圆柱体试件成型

(1)水泥混凝土的拌和参照上节水泥混凝土拌合物的拌和与现场取样方法。成型前试模内壁涂一薄层矿物油。

(2)取拌合物的总量至少应比所需量高 20％以上，并取出少量混凝土拌合物代表样，在 5min 内进行坍落度或维勃试验，认为品质合格后，应在 15min 内开始制件或做其他试验。

(3)对于坍落度小于 25mm 时，可采用 ϕ25mm 的插入式振捣棒成型。将混凝土拌合物一次装入试模，装料时应用抹刀沿各试模壁插捣，并使混凝土拌合物高出试模口；振捣时振捣棒距底板 10～20mm，且不要接触底板。振捣直到表面出浆为止，且应避免过振，以防止混凝土离析，一般振捣时间为 20s。振捣棒拔出时要缓慢，拔出后不得留有孔洞。用刮刀刮去多余的混凝土，在临近初凝时，用抹刀抹平。试件抹面与试模边缘高低差不得超过 0.5mm。

(4)当坍落度大于 25mm 且小于 70mm 时，用标准振动台成型。将试模放在振动台上夹牢，防止试模自由跳动，将拌合物一次装满试模并稍有富余，开动振动台至混凝土表面出现乳状水泥浆时为止，振动过程中随时添加混凝土使试模常满，记录振动时间(约为维勃秒数的 2～3 倍，一般不超过 90s)。振动结束后，用金属直尺沿试模边缘刮去多余混凝土，用镘刀将表面初次抹平，待试件收浆后，再次用镘刀将试件仔细抹平，试件抹面与试模边缘的高低差不得超过 0.5mm。

(5)当坍落度大于 70mm 时，用人工成型，拌合物分厚度大致相等的两层装入试模。捣固时按螺旋方向从边缘到中心均匀地进行。插捣底层混凝土时，捣棒应到达模底；插捣上层时，捣棒应贯穿上层后插入下层 20～30mm 处，插捣时应用力将捣棒压下，保持捣棒垂直，不得冲击，捣完一层后，用橡皮锤轻轻击打试模外端面 10～15mm 处，以填平插捣过程中留下的孔洞。

每层插捣次数 100cm^2 截面积内不得少于 12 次。试件抹面与试模边缘高低差不得超过 0.5mm。

4. 圆柱体试件制作

(1)水泥混凝土的拌合参照前节水泥混凝土拌合物的拌和与现场取样方法。成型前试模内壁涂一薄层矿物油。

(2)取拌合物的总量至少应比所需量高20%以上，并取出少量混凝土拌合物代表样，在5min内进行坍落度或维勃试验，认为品质合格后，应在15min内开始制件或做其他试验。

(3)对于坍落度小于25mm时，可采用ϕ25mm的插入式振捣棒成型。拌合物分厚度大致相等的两层装入试模。以试模的纵轴为对称轴，呈对称方式填料；插入密度以每层分三次插入。振捣底层时，振捣棒距底板10～20mm且不要接触底板，振捣上层时，振捣棒插入该层底面下15mm深。振捣直至表面出浆为止，且应避免过振，以防止混凝土离析。一般时间为20s。捣完一层后，如有棒坑留下，可用橡皮锤敲击试模侧面10～15下，振捣棒拔出时要缓慢，用刮刀刮去多余的混凝土，在临近初凝时，用抹刀抹平，使表面略低于试模边缘1～2mm。

(4)当坍落度大于25mm且小于70mm时，用标准振动台成型。将试模放在振动台上夹牢，防止试模自由跳动，将拌合物一次装满试模并稍有富余，开动振动台至混凝土表面出现乳状水泥浆时为止。振动过程中随时添加混凝土使试模常满，记录振动时间(约为维勃秒数的2～3倍，一般不超过90s)。振动结束后，用金属直尺沿试模边缘刮去多余混凝土，用镘刀将表面初次抹平，待试件收浆后，再次用镘刀将试件仔细抹平，使表面略低于试模边缘1～2mm。

(5)当坍落度大于70mm时，用人工成型。

对于试件直径为200mm时，拌合物分厚度大致相等的三层装入试模。以试模的纵轴为对称轴，呈对称方式填料，每层插捣25下，捣固时按螺旋方向从边缘到中心均匀地进行。插捣底层时，捣棒应到达模底，插捣上层时，捣棒插入该层底面下20～30mm处。插捣时应用力将捣棒压下，不得冲击。插捣一层后，如有棒坑留下，可用橡皮锤敲击试模侧面10～15下。用镘刀将试件仔细抹平，使表面略低于试模边缘1～2mm。

而对于试件直径为100mm或150mm时，分两层装料，各层厚度大致相等。试件直径为150mm时，每层插捣15下；试件直径为100mm时，每层插捣8下，捣固时按螺旋方向从边缘到中心均匀地进行。插捣底层时，捣棒应到达模底。插捣上层时，捣棒插入该层底面下15mm深。用镘刀将试件仔细抹平，使表面略低于试模边缘1～2mm。

当所确定的插捣次数使混凝土拌合物产生离析现象时，可酌情减少插捣次数至拌合物不产生离析的程度。

(6)对试件端面应进行整平处理，但加盖层的厚度应尽量薄。

①拆模前当混凝土具有一定强度后，用水洗去上表面的浮浆，并用干抹布吸去表面水之后，抹上干硬性水泥浆，用压板均匀地盖在试模顶部。加盖层应与试件的纵轴垂直。为防止压板和水泥浆之间的黏结，应在压板下垫一层薄纸。

②对于硬化试件的端面处理，可采用硬石膏或硬石膏和水泥的混合物，加水后平铺在端面，并用压板进行整平，在材料硬化之前，应用湿布覆盖试件。

③对不采用端部整平处理的试件，可采用切割的方法达到端面和纵轴垂直。整平后的端面应与试件的纵轴相垂直，端面的平整度公差在±0.1mm以内。

5. 养护

(1)试件成型后，用湿布覆盖表面(或其他保持湿度办法)，在室温20℃±5℃，相对湿度大于50%的环境下，静放一个到两个昼夜，然后拆模并作第一次外观检查、编号、对有缺陷的试件应除去，或加工补平。

(2)将完好试件放入标准养护室进行养护，标准养护室温度20℃±2℃。相对湿度在95%以上，试件宜放在铁架或木架上，间距至少10～20mm，试件表面应保持一层水膜，并避免用水直接冲淋。当无标准养护室时，将试件放入温度20℃±2℃的不流动的$Ca(OH)_2$饱和溶液中养护。

(3)标准养护龄期为28d(以搅拌加水开始)，非标准的龄期为1d、3d、7d、60d、90d、180d。

6.硬化水泥混凝土现场试样的钻取或切割取样

(1)芯样的钻取

①钻取位置：在钻取前应考虑由于钻芯可能导致的对结构的不利影响，应尽可能避免在靠近混凝土构件的接缝或边缘处钻取，且基本上不应带有钢筋。

②芯样尺寸：芯样直径应为混凝土所用集料公称最大粒径的 4 倍，一般为 150mm±10mm 或 100mm±10mm。

对于桥面，芯样长径比宜为 1.9～2.1。对于长径比超过 2.1 的试件，可减少钻芯深度；也可先取芯样长度与桥面厚度相等，再在室内加工成长径比为 2 的试件；对于长径比不足 1.8 的试件，可按不同试验项目分别进行修正。

③标记：钻出后的每个芯样应立即清楚地编号，并记录所取芯样的在混凝土结构中的位置。

(2)切割

对于现场采用的不规则混凝土试块，可按表 1-2-4 所列棱柱体尺寸进行切割，以满足不同试验的需求。

(3)检查

①外观检查。每个芯样应详细描述有关裂缝、接缝、分层、麻面或离析等不均匀，必要时应记录以下事项：

集料情况：估计集料的最大粒径、形状及种类，粗细集料的比例与级配。

密实性：检查并记录存在的气孔、气孔的位置、尺寸与分布情况，必要时应拍下照片。

②测量。平均直径 d_m：在芯样高度的中间及两个 1/4 处按两个垂直方向测量三对数值确定芯样的平均直径 d_m，精确至 1.0mm；平均长度 L_m：取芯样直径两端侧面测定钻取后芯样的长度及加工后的长度，其尺寸差应在 0.25mm 之内，取平均值作为试件平均长度 L_m，精确至 1.0mm；平均长、高、宽：对于切割棱柱体，分别测量所有边长，精确至 1.0mm。

二、水泥混凝土立方体抗压强度试验检测

1.适用范围

本方法规定了测定水泥混凝土抗压极限强度的方法和步骤。本方法可用于确定水泥混凝土的强度等级，作为评定水泥混凝土品质的主要指标。

本方法适于各类水泥混凝土立方体试件的极限抗压强度试验。

2.仪器设备

(1)压力机或万能试验机。

(2)球座。

(3)混凝土强度等级大于等于 C60，试验机上、下压板之间应各垫一钢垫板，平面尺寸应不小于试件的承压面，其厚度至少为 25mm。钢垫板应机械加工，其平面度允许偏差±0.04mm；表面硬度大于等于 55HRC；硬化层厚度约 5mm。试件周围应设置防崩裂网罩。

3.试件制备和养护

(1)试件制备和养护应符合本节一、中表 1-2-4 规定。

(2)混凝土抗压强度试件尺寸符合本节一、中表 1-2-4 规定。

(3)集料公称最大粒径符合本节一、中表 1-2-4 规定。

(4)混凝土抗压强度试件应同龄期者为一组，每组为 3 个同条件制作和养护的混凝土试块。

4.试验步骤

(1)至试验龄期时，自养护室取出试件，应尽快试验，避免其湿度变化。

(2)取出试件，检查其尺寸及形状，相对两面应平行。量出棱边长度，精确至 1mm。试件受力截面积按其与压力机上下接触面的平均值计算。在破型前，保持试件原有湿度，在试验时擦干试件。

(3)以成型时侧面为上下受压面，试件中心应与压力机几何对中。

(4)强度等级小于C30的混凝土取0.3～0.5MPa/s的加荷速度；强度等级大于C30小于C60时，则取0.3～0.8MPa/s的加荷速度；强度等级大于C60的混凝土取0.8～1.0MPa/s的加荷速度。当试件接近破坏而开始迅速变形时，应停止调整试验机油门，直至试件破坏，记录破坏极限荷载F(N)。

5.试验结果

(1)混凝土立方体试件抗压强度按下式计算：

$$f_{cu}=\frac{F}{A} \tag{1-2-34}$$

式中：f_{cu}——混凝土立方体抗压强度(MPa)；

F——极限荷载(N)；

A——受压面积(mm^2)。

(2)以3个试件测值的算术平均值为测定值，计算精确至0.1MPa。三个测值中的最大值或最小值中如有一个与中间值之差超过中间值的15%，则取中间值为测定值；如最大值和最小值与中间值之差均超过中间值的15%，则该组试验结果无效。

(3)混凝土强度等级小于C60时，非标准试件的抗压强度应乘以尺寸换算系数(见表1-2-5)，并应在报告中注明。当混凝土强度等级大于等于C60时，宜用标准试件，使用非标准试件时，换算系数由试验确定。

立方体抗压强度尺寸换算系数　　表1-2-5

试件尺寸(mm)	尺寸换算系数	试件尺寸(mm)	尺寸换算系数
100×100×100	0.95	200×200×200	1.05

6.试验报告

试验报告应包括以下内容：

(1)要求检测的项目名称和执行标准；

(2)原材料的品种、规格和产地；

(3)仪器设备的名称、型号及编号；

(4)环境温度和湿度；

(5)水泥混凝土立方体抗压强度值；

(6)要说明的其他内容。

三、水泥混凝土圆柱体轴心抗压强度试验方法

1.适用范围

本方法规定了测定圆柱体水泥混凝土极限抗压强度的方法。

本方法适用于各类水泥混凝土的圆柱体试件及现场芯样的极限抗压强度试验。

2.仪器设备

(1)压力机或万能试验机。

(2)球座。

(3)混凝土强度等级大于等于C60时，试验机上、下压板之间应各垫一钢垫板，平面尺寸应不小于试件的承压面，其厚度至少为25mm。钢垫板应机械加工，其平面度允许偏差±0.04mm；表面硬度大于等于55HRC；硬化层厚度约5mm。试件周围应设置防崩裂网罩。

(4)游标卡尺：量程300mm，分度值0.02mm。

3.试件制备和养护

(1)试件制备和养护应符合本节一、中相关规定。

(2)混凝土抗压强度试件尺寸符合表1-2-4规定。

(3)集料公称最大粒径也应符合表1-2-4规定。

(4)对于现场芯样,长径比大于等于1,适宜的长径比为1.9～2.1,最大长径比不能超过2.1。芯样最小直径为100mm,直径至少是公称最大粒径的2倍。

(5)混凝土抗压强度试件要求同龄期者为一组,每组为三个同条件制作和养护的混凝土试块。

4.试验步骤

(1)圆柱试件在试验前,务必进行端面整平。

(2)在破型前,保持试件原有湿度,在试验时擦干试件。测量其尺寸及外观。首先测量沿试件高度中央部位相互垂直的两个方向的直径,分别记为 d_1、d_2。再分别测量相互垂直两个方向直径端点的四个高度。

(3)将试件置于上下压板之间,试件轴中心应与压力机几何对中。

(4)强度等级小于C30的混凝土取0.3～0.5MPa/s的加荷速度;强度等级大于C30小于C60时,则取0.5～0.8MPa/s的加荷速度;强度等级大于C60的混凝土取0.8～1.0MPa/s的加荷速度。当试件接近破坏而开始迅速变形时,应停止调整试验机油门,直至试件破坏,记下破坏极限荷载 F(N)。

5.试验结果

(1)圆柱体试件抗压强度按下式计算:

$$f_{cc}=\frac{4F}{\pi d^2} \tag{1-2-35}$$

式中:f_{cc}——混凝土圆柱体抗压强度(MPa);

F——极限荷载(N);

d——试件计算直径(mm)。

其中 d 按下式计算:

$$d=\frac{d_1+d_2}{2} \tag{1-2-36}$$

式中:d_1、d_2——两个垂直方向的直径(mm),精确至0.1mm。

(2)以3个试件测值的算术平均值为测定值。三个测值中的最大值或最小值中有一个与中间之差超过中间值的15%,则取中间值为测定值;如最大值和最小值与中间值之差均超过中间值的15%,则该组试验结果无效。结果计算精确至0.1MPa。

(3)混凝土强度等级小于C60时,非标准试件的抗压强度应乘以尺寸换算系数(见表1-2-6),并应在报告中注明。当混凝土强度等级大于等于C60时,宜用标准试件,使用非标准试件时,换算系数由试验确定。

圆柱体抗压强度尺寸换算系数 表1-2-6

试件尺寸(mm)	尺寸换算系数	试件尺寸(mm)	尺寸换算系数
ϕ100×200	0.95	ϕ200×400	1.05

(4)对于现场采取的非标准芯样,进行如下修正:

对于长径比不为2的试件,按表1-2-7修正。

抗压强度尺寸修正系数 表1-2-7

长度与直径比 L/d	修正系数	说明
2.00	1.00	当 L/d 为表列中间值时,修正系数可用插入法求得
1.75	0.98	
1.50	0.96	
1.25	0.93	
1.00	0.87	

6. 试验报告

试验报告应包括以下内容：

(1)要求检测的项目名称、执行标准；

(2)原材料的品种、规格和产地；

(3)仪器设备的名称、型号及编号；

(4)环境温度和湿度；

(5)混凝土圆柱体抗压强度；

(6)要说明的其他内容。

四、水泥混凝土棱柱体抗压弹性模量试验检测

1. 适用范围

本方法规定了测定水泥混凝土在静力作用下的受压弹性模量方法，水泥混凝土的受压弹性量取轴心抗压强度 1/3 进对应的弹性模量。

本方法适用于各类水泥混凝土的直角棱柱体试件。

2. 仪器设备

(1)压力机或万能试验机。

(2)球座。

(3)微变形测量仪：千分表 2 个(0 级或 1 级)；或精度不低于 0.001mm 的其他仪表，如引伸仪。

(4)微变形测量仪固定架两对，标距为 150mm，如图 1-2-34 和图 1-2-35。

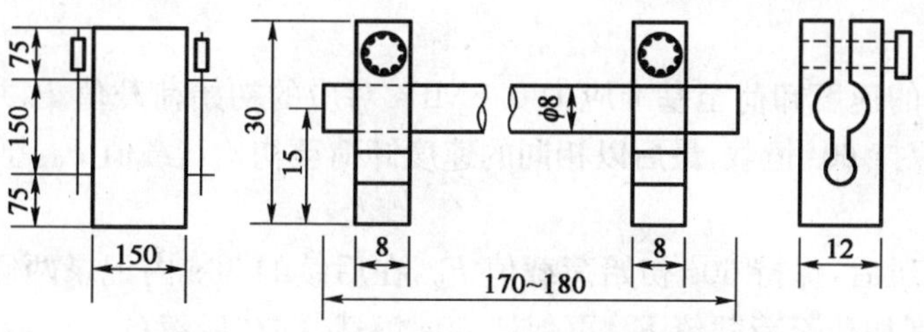

图 1-2-34　千分表座示意图(一对)(尺寸单位：mm)

(5)钢尺(量程 600mm，分度值为 1mm)、502 胶水、铅笔和秒表等。

3. 试件制备

(1)试件尺寸与棱柱体轴心抗压强度试件尺寸相同，符合表 1-2-4规定。

(2)每组为同龄期同条件制作和养护的试件 6 根，其中 3 根用于测定轴心抗压强度，提出弹性模量试验的加荷标准，另 3 根则作弹性模量试验。

4. 试验步骤

(1)试件取出后，用湿毛巾覆盖并及时进行试验，保持试件干湿状态不变。

(2)擦净试件，量出尺寸并检查外形，尺寸量测精确至 1mm，试件不得明显缺损，端面不平时须预先抹平。

(3)取 3 根试件进行轴心抗压强度试验，计算棱柱体轴心抗压强度值 f_{cp}。

(4)取另 3 根试件作抗压弹性模量试验，微变形量测仪应安装

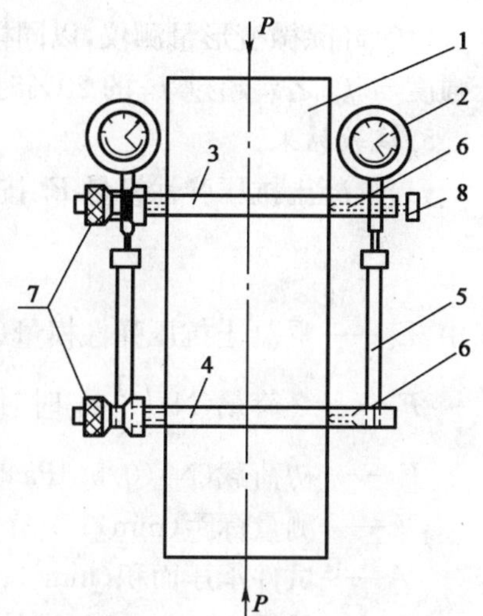

图 1-2-35　框式千分表座示意图(一对)

1-试件；2-量表；3-上金属环；4-下金属环；5-接触杆；6-刀口；7-金属环固定螺丝；8-千分表固定螺丝

在试件两侧的中线上并对称于试件两侧。

(5)将试件移于压力机球座上，几何对中。加荷方法见图1-2-36。

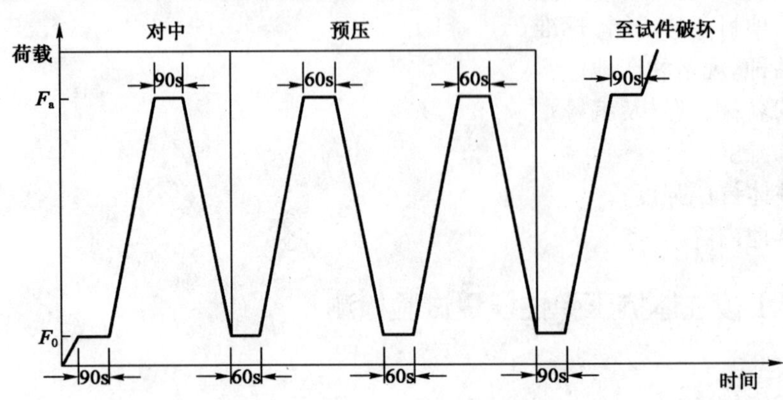

图 1-2-36　弹性模量加荷方法示意图

(6)调整试件位置。

开动压力机，当上压板与试件接近时，调整球座，使接触均衡。加荷至基准应力为0.5MPa对应的初始荷载值 F_0。保持恒载 60s 并在以后的 30s 内记录两侧变形量测仪的读数 $\varepsilon_0^{左}$，$\varepsilon_0^{右}$。应立即以 0.6MPa/s±0.4MPa/s 的加荷速率连续均匀加荷至 1/3 轴心抗压强度 f_{cp}对应的荷载值 F_a，保持恒载 60s 并在以后的 30s 内记录两侧变形量测仪的读数 $\varepsilon_a^{左}$，$\varepsilon_a^{右}$。

(7)以上读数应和它们的平均值相差在 20%以内，否则应重新对中试件后重复 6)中的步骤。如果无法使差值降低至 20%以内，则此次试验无效。

(8)预压

确认(7)后，以相同的速度卸荷至基准应力 0.5MPa 对应的初始荷载值 F_0并持荷 60s。以相同的速度加荷至荷载值 F_a，再保持 60s 恒载，最后以相同的速度卸荷至初始荷载值 F_0，至少进行两次预压循环。

(9)测试

在完成最后一次预压后，保持 60s 初始荷载值 F_0，在后续的 30s 内记录两侧变形量测仪的读数 $\varepsilon_0^{左}$，$\varepsilon_0^{右}$，再用同样的加荷速度加荷至荷载值 F_a，再保持 60s 恒载，并在后续的 30s 内记录两侧变形量测仪的读数 $\varepsilon_a^{左}$，$\varepsilon_a^{右}$。

(10)卸除微变形量测仪，以同样的速度加荷至破坏，记下破坏极限荷载 F(N)。如果试件的轴心抗压强度与 f_{cp}之差超过 f_{cp}的 20%时，应在报告中注明。

5. 试验结果

(1)混凝土抗压弹性模量 E_c 按下式计算：

$$E_c = \frac{F_a - F_0}{A} \times \frac{L}{\Delta n} \tag{1-2-37}$$

式中：E_c——混凝土抗压弹性模量(MPa)；

F_a——终荷载(N)$\left(\frac{1}{3}f_{cp}\text{时对应的荷载值}\right)$；

F_0——初荷载(N)(0.5MPa 时对应的荷载值)；

L——测量标距(mm)；

A——试件承压面积(mm^2)；

Δn——最后一次加荷时，试件两侧在 F_a 及 F_0作用下变形差平均值(mm)；

$$\Delta n = (\varepsilon_a^{左} + \varepsilon_a^{右})/2 - (\varepsilon_0^{左} + \varepsilon_0^{右})/2 \tag{1-2-38}$$

ε_a——F_a时标距间试件变形(mm)；

ε_0——F_0时标距间试件变形(mm)。

(2)以 3 根试件试验结果的算术平均值为测定值。如果其循环后的任一根与循环前轴心抗压强度与之差超过后者的 20%，则弹性模量值按另两根试件试验结果的算术平均值计算；如有两根试件试验结果超过上述规定，则试验结果无效。

结果计算精确至 100MPa。

6. 试验报告

试验报告应包括以下内容：

(1)要求检测的项目名称、执行标准；

(2)原材料的品种、规格和产地；

(3)试验日期及时间；

(4)仪器设备的名称、型号及编号；

(5)环境温度和湿度；

(6)抗压弹性模量值；

(7)要说明的其他内容。

五、水泥混凝土抗弯拉强度试验检测

1. 适用范围

本方法规定了测定水泥混凝土抗弯拉极限强度的方法，以提供设计参数，检查水泥混凝土施工品质和确定抗弯拉弹性模量试验加荷标准。

2. 仪器设备

(1)压力机或万能试验机。

(2)抗弯拉试验装置(即三分点处双点加荷和三点自由支承式混凝土抗弯拉强度与抗弯拉弹性模量试验装置)，如图 1-2-37 所示。

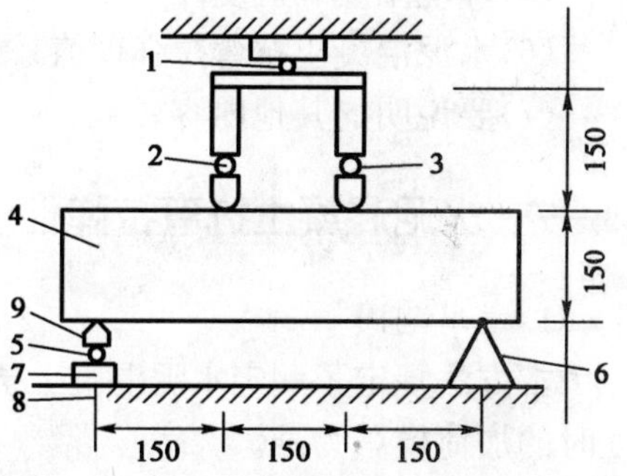

图 1-2-37　抗弯拉试验装置(尺寸单位：mm)

1、2-一个钢球；3、5-两个钢球；4-试件；6-固定支座；7-活动支座；8-机台；9-活动船形垫块

3. 试件制备和养护

(1)试件尺寸应符合表 1-2-4 的规定，同时在试件长向中部 1/3 区段内表面不得有直径超过 5mm、深度超过 2mm 的孔洞。

(2)混凝土抗弯拉强度试件应取同龄期者为一组，每组 3 根同条件制作和养护的试件。

4. 试验步骤

(1)试件取出后，用湿毛巾覆盖并及时进行试验，保持试件干湿状态不变。在试件中部量出其宽度和高度，精确至 1mm。

(2)调整两个可移动支座，将试件安放在支座上，试件成型时的侧面朝上，几何对中后，务必使支座及承压面与活动船形垫块的接触面平稳、均匀，否则应垫平。

(3)加荷时，应保持均匀、连续。当混凝土的强度等级小于 C30 时，加荷速度为0.02～0.05MPa/s；当混凝土的强度等级大于等于 C30 且小于 C60 时，加荷速度为0.05～0.08MPa/s；当混凝土的强度等级大于等于 C60 时，加荷速度为 0.08～0.10MPa/s。当试件接近破坏而开始迅速变形时，不得调整试验机油门，直至试件破坏，记下破坏极限荷载 F(N)。

(4)记录下最大荷载和试件下边缘断裂的位置。

5. 试验结果

(1)当断面发生在两个加荷点之间时，抗弯拉强度 f_f按下式计算：

$$f_f = \frac{FL}{bh^2} \tag{1-2-39}$$

式中：f_f——抗弯拉强度(MPa)；

F——极限荷载(N)；

L——支座间距离(mm)；

b——试件宽度(mm)；

h——试件高度(mm)。

(2)以3个试件测值的算术平均值为测定值。3个试件中最大值或最小值中如有一个与中间值之差超过中间值的15%，则把最大值和最小值舍去，以中间值作为试件的抗弯拉强度；如最大值和最小值与中间值之差值均超过中间值15%，则该组试验结果无效。

3个试件中如有一个断裂面位于加荷点外侧，则混凝土抗弯拉强度按另外两个试件的试验结果计算。如果这两个测值的差值不大于这两个测值中较小值的15%，则以两个测值的平均值为测试结果，否则结果无效。

如果有两根试件均出现断裂面位于加荷点外侧，则该组结果无效。

抗弯拉强度计算精确至0.1MPa。

(3)采用100mm×100mm×400mm非标准试件时，在三分点加荷的试验方法同前，但所取得的抗弯拉强度值应乘以尺寸换算系数0.85。当混凝土强度等级大于等于C60时，应采用标准试件。

6.试验报告

试验报告应包括以下内容：

(1)要求检测的项目名称、执行标准；

(2)原材料的品种、规格和产地；

(3)试验日期及时间；

(4)仪器设备的名称、型号及编号；

(5)环境温度和湿度；

(6)水泥混凝土抗弯拉强度值；

(7)要说明的其他内容。

六、水泥混凝土抗弯拉弹性模量试验检测

1.适用范围

本方法规定了测定水泥混凝土抗弯拉弹性模量的方法和步骤。抗弯拉弹性模量是以1/2抗弯拉强度时的加荷模量为准。

2.仪器设备

(1)压力机、抗弯拉试验装置。

(2)千分表：一个。分度值为0.001mm，0级或1级。

(3)千分表架：一个。图1-2-38为金属刚性框架，正中为千分表插座，两端有三个圆头长螺杆，可以调整高度。

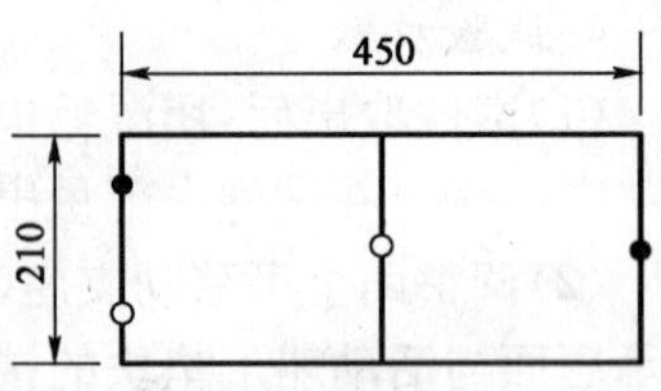

图1-2-38 千分表架(尺寸单位：mm)

(4)毛玻璃片(每片约1.0cm²)、502胶水、平口刮刀、丁字尺、直尺、钢卷尺和铅笔等。

3.试件制备

(1)试件尺寸符合表1-2-4的规定，同时在试件长向中部1/3区段内表面不得有直径超过5mm、深度超过2mm的孔洞。

(2)每组6根同龄期同条件制作的试件，3根用于测定抗弯拉强度，3根则用作抗弯拉弹性模量试验。

4.试验步骤

(1)至试验龄期时，自养护室取出试件，用湿布覆盖，避免其湿度变化。清除试件表面污垢，修平与装置接触的试件部分(对抗弯拉强度试件即可进行试验)。在试件上下面(即成型时两侧面)划出中线和装置位置线，在千分表架共四个脚点处，用干毛巾先擦干水分，再用502胶水粘牢小玻璃片，量出试件中

部的宽度和高度，精确至1mm。

(2)将试件安放在支座上，使成型时的侧面朝上，千分表架放在试件上，压头及支座线垂直于试件中线且无偏心加载情况，而后缓缓加上约1kN压力，停机检查支座等各接缝处有无空隙(必要时需加金属薄垫片)，应确保试件不扭动，而后安装千分表，其触点及表加触点稳立在小玻璃片上，如图1-2-39。

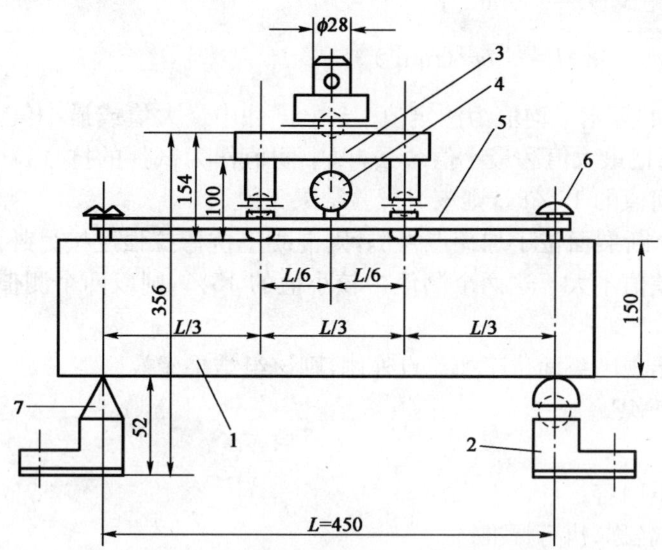

图1-2-39　抗弯拉弹性模量试验装置示意图(尺寸单位：mm)

1-试件；2-可移动支座；3-加荷支座；4-千分表；5-千分表架；6-螺杆；7-固定支座

(3)取抗弯拉极限荷载平均值的1/2为抗弯拉弹性模量试验的荷载标准(即$F_{0.5}$)，进行5次加卸荷载循环，由1kN起，以0.15～0.25kN/s的速度加荷，至3kN刻度处停机(设为F_0)，保持约30s(在此段加荷时间中，千分表指针应能起动，否则应提高F_0至4kN等)，记下千分表读数Δ_0，而后继续加至$F_{0.5}$，保持约30s，记下千分表读数$\Delta_{0.5}$；再以同样速度卸荷至1kN，保持约30s，为第一次循环，如图1-2-40。

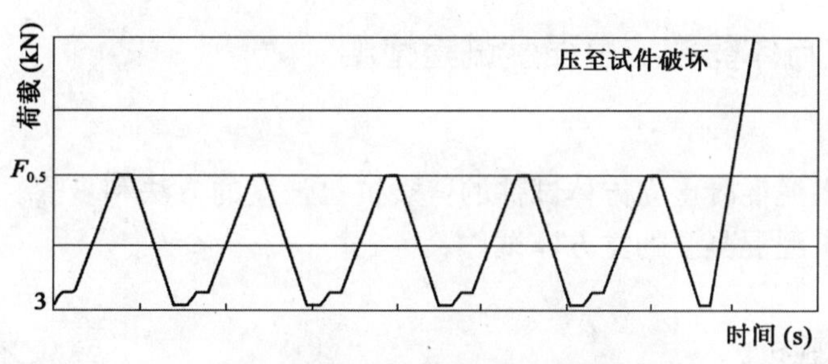

图1-2-40　抗弯拉弹性模量试验加荷示意图

(4)同第一次循环，共进行五次循环，取第五次循环的挠度值为准。如第五次与第四次循环挠度值相差大于0.5μm时，须进行第六次循环，直到两次相邻循环挠度值之差符合上述要求为止，取最后一次挠度值为准。

(5)当最后一次循环完毕，检查各读数无误后，立即去掉千分表，继续加荷直至试件折断，记下循环后抗弯拉强度f_f'，观察断裂面形状和位置。如断面在三分点外侧，则此根试件结果无效；如有两根试件结果无效，则该组试验无效。

5. 试验结果

(1)混凝土抗弯拉弹性模量E_f按简支梁在三分点各加荷载$\frac{F_{0.5}}{2}$的跨中挠度公式反算求得：

$$E_f=\frac{23L^3(F_{0.5}-F_0)}{1296J\mid\Delta_{0.5}-\Delta_0\mid} \tag{1-2-40}$$

式中：E_f——混凝土抗弯拉弹性模量（MPa）；

$F_{0.5}$、F_0——终荷载及初荷载（N）；

$\Delta_{0.5}$、Δ_0——对应 $F_{0.5}$ 及 F_0 的千分表读数（mm）；

L——试件支座间距离（$L=450$mm）；

J——试件断面转动惯量，$J=\frac{1}{12}bh^3$（mm^4）。

（2）以3个试件测值的算术平均值为测定值。3个试件中最大值或最小值中如有一个与中间值之差超过中间值的15%，则把最大值和最小值舍去，以中间值作为试件的抗弯拉强度。如有两个测值与中间值的差值均超过中间值的15%时，则该组试验结果无效。

3个试件中如有一个断裂面位于加荷点外侧，则混凝土抗弯拉强度按另外两个试件的试验结果计算。如果这两个测值的差值不大于这两个测值中较小值的15%，则以两个测值的平均值为测试结果，否则结果无效。

如果有两根试件均出现断裂面位于加荷点外侧，则该组结果无效。

结果计算精确至100MPa。

6.试验报告

试验报告应包括以下内容：

（1）要求检测的项目名称、执行标准；

（2）原材料的品种、规格和产地；

（3）试验日期及时间；

（4）仪器设备的名称、型号及编号；

（5）环境温度和湿度；

（6）抗弯拉弹模性量；

（7）断裂位置；

（8）要说明的其他内容。

七、水泥混凝土立方体劈裂抗拉强度试验检测

1.适用范围

本方法规定了测定水泥混凝土立方体试件的劈裂抗拉强度的方法和步骤。

本方法适用于各类水泥混凝土的立方体试件。

2.仪器设备

（1）压力机或万能试验机。

（2）劈裂钢垫条和三合板垫层（或纤维板垫层），如图1-2-41所示。钢垫条顶面为半径75mm的弧形，长度不短于试件边长。木质三合板或硬质纤维板垫层的宽度为20mm，厚为3～4mm，长度不长于试件长度，垫层不得重复使用。

（3）钢尺：分度值为1mm。

3.试件制备和养护

（1）试件尺寸符合表1-2-4的规定。

（2）本试件应同龄期者为一组，每组为3个同条件件制作和养护的混凝土试块。

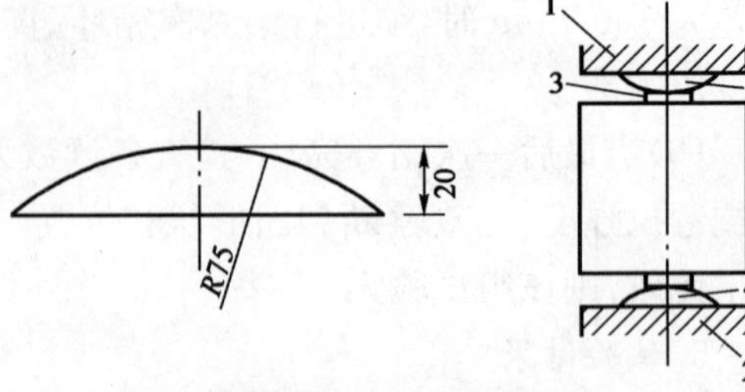

图1-2-41 劈裂试验用钢垫条（尺寸单位：mm）

1-上压板；2-下压板；3-垫层；4-垫条

4.试验步骤

（1）至试验龄期时，自养护室取出试件，用湿布覆盖，避

免其湿度变化，检查外观，在试件中部划出劈裂面位置线，劈裂面与试件成型时的顶面垂直。尺寸测量精确至1mm。

(2)试件放在球座上，几何对中，放妥垫层垫条，其方向与试件成型时顶面垂直。

(3)当混凝土的强度等级小于C30时，加荷速度为0.02～0.05MPa/s；当混凝土的强度等级大于等于C30且小于C60时，加荷速度为0.05～0.08MPa/s；当混凝土的强度等级大于等于C60时，加荷速度为0.08～0.10MPa/s；当试件接近破坏而开始迅速变形时，不得调整试验机油门，直至试件破坏，记下破坏极限荷载F(N)。

5.试验结果计算

(1)混凝土立方体劈裂抗拉强度f_{ts}按下式计算：

$$f_{ts}=\frac{2F}{\pi A}=0.637\frac{F}{A} \tag{1-2-41}$$

式中：f_{ts}——混凝土立方体劈裂抗拉强度(MPa)；

F——极限荷载(N)；

A——试件劈裂面面积(mm^2)，为试件横截面面积。

(2)劈裂抗拉强度测定值的计算及异常掌握的取舍原则为：以3个试件测值的算术平均值为测定值。如3个试件中最大值或最小值中如有一个与中间值的差值超过中间值的15%，则取中间值为测定值；如有两个测值与中间值的差值均超过上述规定时，则该组试验结果无效。计算结果精确至0.01MPa。

6.试验报告

试验报告应包括以下内容：

(1)要求检测的项目名称、执行标准；

(2)原材料的品种、规格和产地；

(3)试验日期及时间；

(4)仪器设备的名称、型号及编号；

(5)环境温度和湿度；

(6)立方体试件的劈裂抗拉强度值；

(7)要说明的其他内容。

八、水泥混凝土动弹性模量试验检测

1.适用范围

本方法规定了采用共振仪测定水泥混凝土动弹性模量的方法和步骤。

本方法适于各种符合尺寸要求的水泥混凝土试件的动弹性模量测定。测定水泥混凝土的动弹性模量，以检验水泥混凝土在经受冻融或其他侵蚀作用后遭受破坏的程度，评定其耐久性能。

2.仪器设备

(1)共振法混凝土动弹性模量测定仪(简称共振仪)：输出频率可调范围为0.1～20kHz，输出功率也应能激励试件产生受迫振动，以便能用共振的原理测定出试件的基频振动频率。

在无专用仪器的情况下，可将各类仪器组合进行试验。

共振仪输出频率的可调范围应与所测试件的尺寸、密度及混凝土品种相匹配，一般为0.1～20kHz，输出功率也应能激励试件产生受迫振动，其基本原理示意如图1-2-42所示。

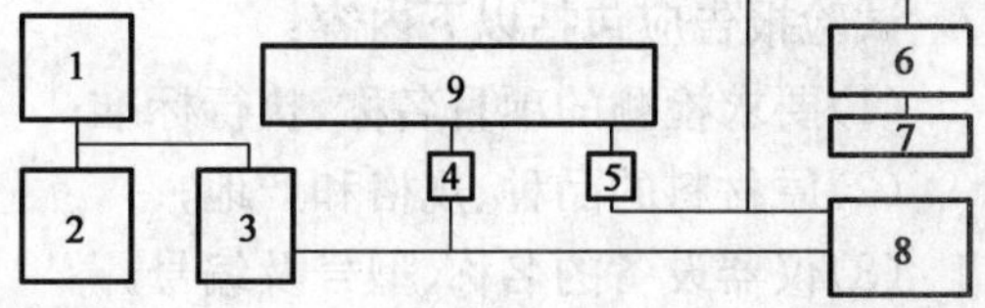

图1-2-42　共振法混凝土动弹性模量测定工作原理图

1-振荡器；2-频率计；3-放大器；4-激振换能器；5-拾振换能器；6-放大器；7-微安表；8-示波器；9-试件

(2)试件支承件：硬橡胶韧型支座或约20mm厚的软泡

沫塑料型。

(3)台秤：量程 20kg，感量为 10g。

3. 试件制备

本试验采用截面为 100mm×100mm 的棱柱体试件，其长宽比一般为 3～5。标准试件尺寸为 100mm×100mm×400mm。

4. 试验步骤

(1)试验前测定试件的质量和尺寸。3 个试件质量与其平均值的允许偏差为±0.5%，尺寸与其平均值的允许偏差为 1%。每个试件的长度和截面尺寸均取 3 个部位的平均值。

(2)将试件安放在支承体上，并定出以共振法测量试件横向基频振动频率时，激振换能器和拾振器的位置，如图 1-2-43 所示。将激振器和拾振器的测杆轻轻地压在试件的表面上(测杆与试件接触面一般涂一薄层黄油或凡士林)，测杆压力的大小以不出现噪声为宜。

(3)用共振仪进行测定时，可根据试件共振频率的大小，选择相应的频率测量范围。调整激振功率和接受增益旋钮至适当位置。以粗调迅速找到试件的共振点后，再进行细调。当微安表和示波器指示的幅度值一致增加，达到最大的幅度时即为共振。此时，从数字计数器上读出的频率，就是试件的自振频率。

(4)用组合仪器进行测定时，采用示波器作显示仪器，示波器的图形调成一个正圆时的频率作为共振频率。当仪器同时具有指示电表和示波器时，以电表指针达到最大值时的频率作为共振频率。

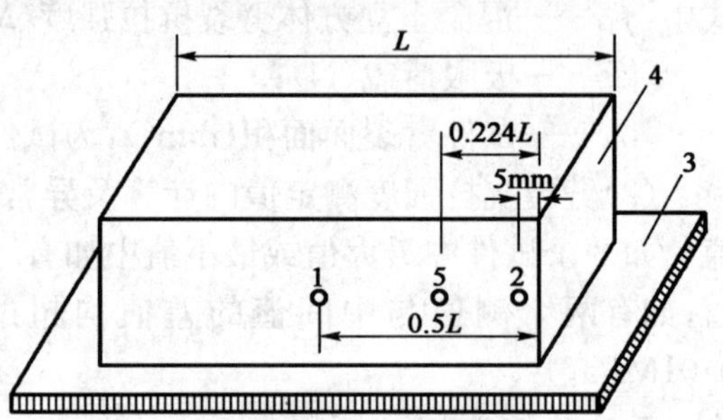

图 1-2-43　测试位置示意图

1-激振器位置；2-拾振器位置；3-泡沫塑料垫；4-试件(测量时试件成型面朝上)；5-节点

(5)观测时，应重复测试两次，测试结果的波动范围，以小于±0.5%为宜。以两次试验的平均值作为该试件的测值。

5. 试验结果

混凝土动弹性模量应按下式计算：

$$E_{\mathrm{d}} = 9.46 \times 10^{-4} \frac{WL^3 f^2}{a^4} \times K \tag{1-2-42}$$

式中：E_{d}——混凝土动弹性模量(MPa)；

a——正方形截面试件的边长(mm)；

L——试件的长度(mm)；

W——试件的质量(kg)；

f——试件横向振动时的基振频率(Hz)；

K——试件尺寸修正系数：$L/a=3$ 时，$K=1.68$；$L/a=4$ 时，$K=1.40$；$L/a=5$ 时，$K=1.26$。

混凝土动弹性模量以 3 个试件的平均值作为试验结果，计算结果精确到 100MPa。

6. 试验报告

试验报告应包括以下内容：

(1)要求检测的项目名称、执行标准；

(2)原材料的品种、规格和产地；

(3)仪器设备的名称、型号及编号；

(4)环境温度和湿度；

(5)混凝土动弹性模量；

(6)要说明的其他内容。

九、水泥混凝土抗冻性试验检测

1.适用范围

本方法规定用快冻法测定水泥混凝土抵抗水和负温共同反复作用的能力。

本方法适用于以动弹性模量、质量损失率和相对耐久性指数作为评定指标的水泥混凝土抗冻性试验。本方法特别适用于抗冻性要求高的水泥混凝土。

2.仪器设备

(1)快速冻融试验装置:能使试件固定在水中动,依靠热交换液体的温度变化而连续、自动地按照本方法第4条的要求进行冻融的装置。满载运行时冻融箱内各点温度的极差不得超过2℃。

(2)试件盒:橡胶盒(也可用不锈钢板制成),净截面尺寸为110mm×110mm,高为500mm。

(3)动弹性模量测定仪:共振法频率测量范围0.1~20kHz。

(4)台秤:量程不小于20kg,感量不大于10g。

(5)热电偶电位差计:能测量试件中心温度,测量范围－20~20℃,允许偏差为±0.5℃。

3.试样制备

(1)试样制备:采用100mm×100mm×400mm的棱柱体混凝土试件,每组3根,在试验过程中可连续使用。除制作冻融试件外,尚应制备中心可插入热电偶电位差测温的同样形状、尺寸的标准试件,其抗冻性能应高于冻融试件。

(2)也可以是现场切割的试件,尺寸为100mm×100mm×400mm。

4.试验步骤

(1)按本节水泥混凝土试件制作与硬化水泥混凝土现场取样方法规定进行试件的制作和养护。试验龄期如无特殊要求一般为28d。在规定龄期的前4d,将试件放在20℃±2℃的饱和石灰水浸泡,水面至少高出试件20mm(对水中养护的试件,到达规定龄期时,可直接用于试验)。浸泡4d后进行冻融试验。

(2)浸泡完毕,取出试件,用湿布擦去表面水分。按上述八、《水泥混凝土动弹性模量试验方法(共振仪法)》测横向基频,并称其质量,作为评定抗冻性的起始值,并做必要的外观描述。

(3)将试件放入橡胶试件盒中,加入清水,使其没过试件顶面约1~3mm(如采用金属试件盒,则应在试件的侧面与底部垫放适当宽度与厚度的橡胶板或多根直径3mm的电线,用于分离试件和底部)。将装有试件的试件盒放入冻融试验箱的试件架中。

(4)按规定进行冻融循环试验,应符合下列要求:

①每次冻融循环应在2~5h完成,其中用于融化的时间不得小于整个冻融时间的1/4。

②在冻结和融化终了时,试件中心温度应分别控制在－18℃±2℃和5℃±2℃。中心温度应以测温标准试件实测温度为准。

③在试验箱内,各个位置上的每个试件从3℃降至－16℃所用的时间,不得少于整个受冻时间的1/2,每个试件从－16℃升至3℃所用的时间也不得少于整个融化时间的1/2,试件内外温差不宜超过28℃。

④冻和融之间的转换时间不应超过10min。

(5)通常每隔25次冻融循环对试件进行一次横向基频的测试并称重,也可根据试件抗冻性高低来确定测试的间隔次数。测试时,小心将试件从试件盒中取出,冲洗干净,擦去表面水,进行称重及横向基频的测定,并做必要的外观描述。测试完毕后,将试件调头重新装入试件盒中,注入清水,继续试验。试件在测试过程中,应防止失水,待测试件须用湿布覆盖。

(6)如果试验因故中断,应将试件在受冻状态下保存在原试验箱内。如果达不到这个要求,试件处在融解状态下的时间不宜超过两个循环。

(7)冻融试验到达以下三种情况的任何一种时,即可停止试验。

①冻融至300次循环。

②试件的相对动弹性模量下降至60%以下。

③试件的质量损失率达5%。

5.试验结果

(1)相对动弹性模量P按下式计算：

$$P=\frac{f_n^2}{f_0^2}\times 100 \tag{1-2-43}$$

式中：P——经n次冻融循环后试件的相对动弹性模量(%)；

f_n——冻融n次循环后试件的横向基频(Hz)；

f_0——试验前试件的横向基频(Hz)。

以3个试件的平均值为试验结果，结果精确至0.1%。

(2)质量变化率W_n按下式计算：

$$W_n=\frac{m_0-m_n}{m_0}\times 100 \tag{1-2-44}$$

式中：W_n——n次冻融循环后的试件质量变化率(%)；

m_0——冻融试验前的试件质量(kg)；

m_n——n次冻融循环后的试件质量(kg)。

以3个试件的平均值为试验结果，精确至0.1%。

(3)相对耐久性指数K_n按下式计算：

$$K_n=P\times N/300 \tag{1-2-45}$$

式中：K_n——经n次冻融循环后的试件相对耐久性指数(%)；

N——达到本试验4(7)规定的冻融循环次数；

P——经n次冻融循环后3个试件的相对动弹模量平均值(%)。

精确至0.1%。

(4)当P不大于60%或质量损失率达5%时的冻融循环次数n，即为试件的最大抗冻循环次数。

(5)冻融循环结束时试件的抗弯拉强度(可选)。

当试件外观完整时，可按照本节水泥混凝土抗弯拉强度试验方法进行抗弯拉强度试验。

6.试验报告

试验报告应包括以下内容：

(1)要求检测的项目名称、执行标准；

(2)原材料的品种、规格和产地；

(3)仪器设备的名称、型号及编号；

(4)环境温度和湿度；

(5)试件的质量变化率、最大抗冻循环次数和相对耐久性指数；

(6)冻融循环结束时试件的抗弯拉强度(可选)；

(7)要说明的其他内容。

十、水泥混凝土干缩性试验检测

1.适用范围

本方法规定了在恒温、恒湿条件下，测定水泥混凝土试件由于失水引起的轴向长度变形的方法。

本方法适用于不同水泥混凝土干缩性能的比较，本方法规定集料公称最大粒径不大于26.5mm。

2.仪器设备

(1)试模：规格为100mm×100mm×400mm或100mm×100mm×515mm的金属试模，两个端板的

中心有放置测钉的孔，用于安装测钉。

(2)测钉：以不生锈的金属制成，如图 1-2-44 所示。

(3)测长仪器：

①测量标距为 540～600mm，允许偏差为 0.01mm 的测微计(附有标准棒)。

②其他测长仪，至少达到 0.002％的相对测量精度。

③测量混凝土变形的装置应具有铟钢或石英玻璃制作的标准杆，以便在测量前及测量过程中校核仪器的读数。

(4)干缩室(箱)：室(箱)内控温度为 20℃±2℃，相对湿度为 60％±5％。室(箱)内配有温度、湿度自动记录仪，记录温度、湿度变化。置于恒温室中的干缩箱内须放干燥剂去湿。

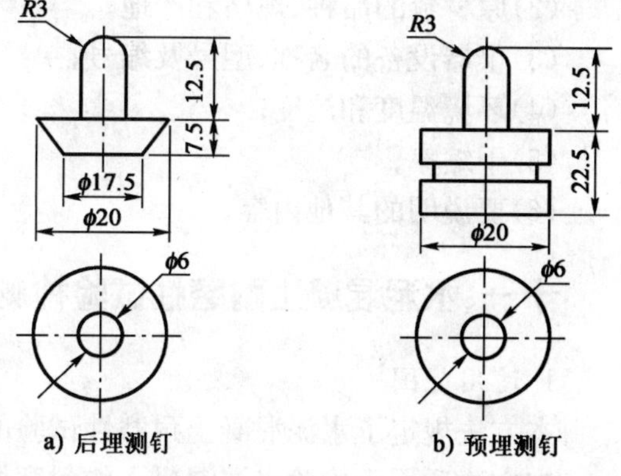

图 1-2-44　轴心收缩仪测钉(尺寸单位：mm)

3. 试验步骤

(1)干缩率试验以三个试件为一组。

(2)如果采用预埋测钉，将干净的测钉安置在试模两头端板的中心孔中。成型试件的过程中，应防止测钉脱落。试件成型后送养护室养护，约 2～4h 后抹平表面，并防止水珠滴在试件表面。试件应带模养护 1～2d(视当时混凝土实际强度而定)。

(3)如果采用后埋测钉，成型试件后，试件应带模养护 1～2d(视当时混凝土实际强度而定)。拆模后，立即用环氧树脂或其他化学黏结剂加固轴心测钉。

(4)试件应在 3d 龄期(从搅拌混凝土加水时起算)从标准养护室取出，并立即移入干缩室内测定初始长度(含测头)。初始长度应重复测定三次，取算术平均值作为基准长度的测定值。

(5)从移入干缩室之日起计算，在 1d、3d、7d、14d、28d、60d、90d、120d、150d、180d 测定试件的长度。

(6)测量前应先用标准杆校正仪器的零点，并应在半天的测定过程中至少校核 1～2 次(其中一次在全部试件测读完后)。如复核时发现零点与原值的偏差超过±0.01mm，应调零后重新测定。

(7)试件每次在收缩仪上放置的位置、方向应保持一致。为此，应在试件上标明相应的记号。试件在放置及取出时应仔细，不能碰撞表架及表杆，否则应重新校核零点。

每次读数应重复 3 次。

(8)试件经测长和称量后，将底面架空置于不吸水的硬质网格垫板上，连同垫板放在试件架上，试件之间的间距不小于 30mm。

(9)需要测定混凝土自收缩的试件，在 3d 龄期时从标准养护室取出立即密封处理。密封处理可采用金属套或蜡封，采有金属套时试件装入后应盖严焊死，不得留有任何缝隙，外露的测头周围应用石蜡封堵。蜡封时至少应涂蜡 3 次，每次涂蜡前应用浸蜡的纱布裹严，蜡封完毕后应套塑料布。

收缩试验期间，试件应无质量变化，在 180d 内质量变化不超过 10g，否则无效。

4. 试验结果计算

某一龄期混凝土的干缩率按下式计算：

$$S_d = \frac{(X_{01} - X_{t1})}{L_0} \times 100 \tag{1-2-46}$$

式中：S_d——龄期 d 天的混凝土干缩率(％)；

L_0——试件的测量标距，等于混凝土试件的长度(不计测头凸出部分)减去 2 倍测头埋入深度(mm)；

X_{01}——试件的初始长度(含测头)(mm)；

X_{t1}——龄期 t 天时干缩长度测值(含测头)(mm)。

取 3 个试件干缩率的算术平均值作为试验结果，干缩率计算精确至 0.0001％。

5. 试验报告

试验报告应包括以下内容：

(1)要求检测的项目名称、执行标准；

(2)原材料的品种、规格和产地；

(3)仪器设备的名称、型号及编号；

(4)环境温度和湿度；

(5)干缩率；

(6)要说明的其他内容。

十一、水泥混凝土耐磨性试验检测

1. 适用范围

本方法规定了水泥混凝土耐磨性试验的方法和步骤。

本方法适用于检验水泥混凝土的耐磨性，按规定的磨损方式磨削，以试件磨损面上单位面积的磨损量作为评定水泥混凝土耐磨性的相对指标。

2. 仪器设备

(1)混凝土磨耗试验机，应符合以下条件：

①水平转盘上的卡具，应能卡紧 150mm×150mm×150mm 立方体试件或直径为 ϕ150mm 的钻孔取芯试件，卡紧后试件不上浮和翘起。

②磨头与水平转盘间有效净空为 160～180mm。

(2)磨头花轮刀片。

(3)试模：模腔有效容积为 150mm×150mm×150mm，符合表 1-2-4 的规定。

(4)烘箱：调温范围为 50～200℃，控制温度允许偏差为±5℃。

(5)电子秤：量程大于 10kg，感量不大于 1g。

3. 试样

混凝土磨耗试验采用 150mm×150mm×150mm 立方体标准试件，每组 3 个试件。

4. 试验步骤

(1)试件养护至 27d 龄期从养护地点取出，擦干表面水分放在室内空气中自然干燥 12h，再放入 60℃±5℃烘箱中，烘 12h 至恒重。

(2)试件烘干处理后放至室温，刷净表面浮尘。

(3)将试件放至耐磨试验机的水平转盘上(磨削面应与成型时的顶面垂直)，用夹具将其轻轻紧固。在 200N 负荷下磨 30 转，然后取下试件刷净表面粉尘称重，记下相应质量 m_1，该质量作为试件的初始质量，然后在 200N 负荷下磨 60 转，然后取下试件刷净表面粉尘称重，并记录剩余质量 m_2。

整个磨损过程应将吸尘器对准试件磨损面，使磨下的粉尘被及时吸走。如果混凝土具有高耐磨性，可再增加旋转次数，并应特别注明。

(4)每组花轮刀片只进行一组试件的磨耗试验，进行第二组磨耗试验时，必须更换一组新的花轮刀片。

5. 试验结果

(1)按下式计算每一试件的磨损量，以单位面积的磨损量来表示。

$$G_c = \frac{m_1 - m_2}{0.0125} \tag{1-2-47}$$

式中：G_c——单位面积的磨损量(kg/m^2)；

m_1——试件的初始质量(kg)；

m_2——试件磨损后的质量(kg)；

0.0125——试件磨损面积(m^2)。

(2)以 3 块试件磨损量的算术平均值作为试验结果，计算结果精确至 0.001kg/m^2。当其中一块磨损量超过平均值的15%时，应予以剔除，取余下两块试件结果的平均值作为试验结果，如两块磨损量均超过平均值15%时，应重新试验。

6.试验报告

试验报告应包括以下内容：

(1)要求检测的项目名称、执行标准；

(2)原材料的品种、规格和产地；

(3)仪器设备的名称、型号及编号；

(4)环境温度和湿度；

(5)单位面积的磨损量；

(6)要说明的其他内容。

十二、水泥混凝土抗渗性试验检测

1.适用范围

本方法规定了水泥混凝土抗渗性试验的方法和步骤。

本方法适用于检测水泥混凝土硬化后的防水性能以及测定其抗渗等级。

2.仪器设备

(1)水泥混凝土渗透仪：应能使水压按规定方法稳定地作用在试件上。

(2)成型试模：上口直径175mm，下口直径185mm，高150mm的锥台或上下直径与高度均为150mm的圆柱体。

(3)螺旋加压器、烘箱、电炉、浅盘、铁锅、钢丝刷等。

(4)密封材料：如石蜡，内掺松香约2%。

3.试件制备

(1)制备和养生符合本节一、的规定。试块养护期不少于28d，不超过90d。

(2)试件成型后24h拆模，用钢丝刷刷净两端面水泥浆膜，标准养护龄期为28d。

4.试验步骤

(1)试件到龄期后取出，擦干表面，用钢丝刷刷净两端面，待表面干燥后，在试件侧面滚涂一层熔化的密封材料，然后立即在螺旋加压器上压入经过烘箱或电炉预热过的试模中，使试件底面和试模底平齐，待试模变冷后，即可解除压力，装在渗透仪上进行试验。

如在试验过程中，水从试件周边渗出，说明密封不好，要重新密封。

(2)试验时，水压从0.1MPa开始，每隔8h增加水压0.1MPa，并随时注意观察试件端面情况，一直加至6个试件中有3个试件表面发现渗水，记下此时的水压力，即可停止试验。

5.试验结果

混凝土的抗渗等级以每组6个试件中4个未发现有渗水现象时的最大水压力表示。抗渗等级按下式计算：

$$S=10H-1 \tag{1-2-48}$$

式中：S——混凝土抗渗等级；

H——第三个试件顶面开始有渗水时的水压力(MPa)。

6.试验报告

试验报告应包括以下内容：

(1)要求检测的项目名称、执行标准；

(2)原材料的品种、规格和产地；

(3)仪器设备的名称、型号及编号；

(4)环境温度和湿度；

(5)抗渗等级；

(6)要说明的其他内容。

十三、水泥砂浆立方体抗压强度试验检测

1. 适用范围

本试验规定了测定水泥砂浆抗压极限强度的方法，以确定水泥砂浆的强度等级，作为评定水泥砂浆品质的主要指标。

本试验适用于各类水泥砂浆的70.7mm×70.7mm×70.7mm立方体试件。

2. 仪器设备

(1)试模为70.7mm×70.7mm×70.7mm立方体，由铸铁或钢制成，应具有足够的刚度并拆装方便。试模的内表面应机械加工，其平面度应为每100mm不超过0.05mm，组装后各相邻面的垂直度不应超过±0.5°。

(2)捣棒：直径10mm、长350mm的钢棒，端部应磨圆。

(3)压力试验机。

(4)垫板：试验机上、下压板及试件之间可垫以钢垫板，垫板的尺寸应大于试件的承压面，其平面度应为每100mm不超过0.02mm。

3. 试件制备及养护

(1)制作砌筑砂浆试件时，将无底试模放在普通黏土砖上(砖的吸水率不小于10%，含水率不大于2%)，试模内壁事先涂刷薄层机油或脱模剂。

(2)使用前预先在普通黏土砖上铺上吸水性较好的纸，如湿的新闻纸(或其他未粘过胶凝材料的纸)，纸的大于要以能盖过砖的四边为准。砖的使用面要求平整，凡砖四个垂直面粘过水泥或其他胶结材料后，不允许再使用。

(3)向试模内一次注满砂浆，用捣棒均匀由外向里按螺旋方向插捣25次，为了防止低稠度砂浆插捣后可能留下孔洞，允许用油灰刀沿模壁插数次，使砂浆高出试模顶面6～8mm。

(4)当砂浆表面开始出现麻斑状态时(约15～30min)，将高出部分的砂浆沿试模顶面削去抹平。

(5)试件制作后应在20℃±5℃温度环境下放置一昼夜(24h±2h)，当气温较低时，可适当延长时间，但不应超过两昼夜，然后对试件进行编号并拆模。试件拆模后，应在标准养护条件下继续养护至28d，然后进行试压。

(6)标准养护的条件：

①水泥混合砂浆：标准养护的条件为温度20℃±2℃，相对湿度60%～80%。

②水泥砂浆和微沫砂浆：标准养护的条件为温度20℃±2℃，相对湿度90%以上。

③养护期间，试件彼此间隔10mm以上。

4. 试验步骤

(1)试件从养护地点取出后，应尽快进行试验，以免试件内部的温、湿度发生显著变化。先将试件擦拭干净，测量尺寸，并检查其外观。试件尺寸测量精确至1mm，如果实测尺寸与公称尺寸之差不超过1mm，按公称尺寸进行计算。

(2)将试件安放在试验机的下压板上(或下垫板上)，试件的承压面应与成型时的顶面垂直，试件中心应与试验机下压板(或下垫板)中心对准。

开动试验机，当上压板与试件(或下垫板)接近时，调整球座，使接触面均衡受压。承压试验应连续而均匀加荷，加荷速度为0.5～5kN/s(砂浆强度5MPa及5MPa以下时，取下限为宜，砂浆强度5MPa以上取上限为宜)，保持试验机油门，直至试件破坏。

5. 试验结果计算

(1)立方体抗压强度

$$f_{m,cu}=\frac{F_u}{A} \tag{1-2-49}$$

式中：$f_{m,cu}$——砂浆立方体抗压强度(MPa)；

F_u——破坏荷载(N)；

A——试件承压面积(mm^2)。

(2)结果处理

以 6 个试件的算术平均值作为该组试件的抗压强度，精确至 0.1MPa。

6. 试验报告

试验报告应包括以下内容：

(1)要求检测的项目名称、执行标准；

(2)原材料的品种、规格和产地；

(3)仪器设备的名称、型号及编号；

(4)环境温度和湿度；

(5)立方体抗压强度；

(6)要说明的其他内容。

第三章　新材料的检测

本章将介绍近期桥梁工程中常见的几种新材料检测技术：高性能混凝土（包括免振自密实混凝土、缓凝混凝土及海工高耐久混凝土）的检测；改性沥青SMA铺装材料检测；环氧沥青铺装材料检测。

第一节　高性能混凝土的检测

高性能混凝土必须具备以下四方面的性能：(1)良好的工作性；(2)较高的强度；(3)针对具体环境条件下的高耐久性；(4)不易开裂性(尤其是早期抗裂性)。从20世纪80年代末期高性能混凝土出现至今20余年的时间，很多国家对高性能混凝土进行了大量研究开发工作，技术日新月异。高性能混凝土以其良好的工作性、较高的力学性能、高耐久性，在土建工程中得到推广应用，如广泛用于公路工程、桥梁、房屋建筑、海工工程、重要水工建筑物等。而我国虽然对高性能混凝土的研究发展较快，但却缺少统一规划和计划，很多研究只是在低水平的重复，简单追求混凝土的高强度。近年来，我国正值国内道桥建设的高峰期，随着现代桥梁不断向大跨度、高技术、超优化方向发展，因而应用于桥梁工程中的混凝土对下列各项性能指标提出了更高的要求：耐久性、工作性、适用性、强度、体积稳定性、经济性。如处于海洋性气候环境中的东海大桥和杭州湾跨海大桥工程的结构设计使用年限为100年，即要求100年内结构钢筋不发生锈蚀。高性能混凝土技术的不断创新，也有力地促进了桥梁技术的不断发展。

众所周知，钢筋腐蚀仍是海工钢筋混凝土建筑物耐久性的一大隐患。它使钢筋截面减小，混凝土胀裂剥落，危及建筑物的正常使用。目前，我国的海工钢筋混凝土建筑物，一般建造不到10年，在浪溅区就会出现严重的钢筋腐蚀。引起钢筋腐蚀的原因是海水中的氯离子渗入混凝土，通过混凝土保护层抵达钢筋表面，破坏钢筋表面钝化膜，使其失去保护而腐蚀。因此，减少混凝土中的氯离子渗入量，是防止钢筋腐蚀的根本途径。

近年来，处于海洋性环境中的东海大桥、杭州湾跨海大桥等工程相继建成，它们均处于海洋环境中，要求混凝土具有高耐久性，设计使用寿命为100年，这在国内没有先例。跨海大桥混凝土结构必须经得起海水长时间浸泡和氯离子的腐蚀，所配置的混凝土也必须适应海上恶劣的施工作业条件。所以，中铁大桥局集团对海洋环境下高性能混凝土的耐久性进行试验研究，课题的成果已成功用于杭州湾跨海大桥70m预制箱梁。

近年来，国内大量钢管混凝土拱桥的修建，对混凝土拌合物的自密实性能和缓凝性能提出了很高的要求，所以，结合工程实际需要，对混凝土拌合物的自密实性能和缓凝性能进行研究是非常必要的。

目前我国海工钢筋混凝土建筑物的使用寿命普遍达不到设计寿命。有些桥梁因配筋密集、形体复杂、薄壁等导致振捣困难，从而造成内部质量缺陷；大体积混凝土灌注时间长容易出现施工界面以及混凝土远程输送时的坍落度损失大等问题。为了解决以上问题，中铁大桥局集团武汉桥科院对高性能混凝土（免振自密实混凝土、缓凝混凝土及海工高耐久混凝土）作了许多试验和研究的检测工作，现介绍如下，供应用参考。

一、免振自密实混凝土的试验和检测

免振自密实混凝土作为高性能混凝土的一种，它的主要性能表现在工作性上，即拌合物具有很高的流动性而不离析、不泌水，能依靠自重自行填充模板内空间，且对于密集配筋和形体复杂的结构都具有良好的填充性，能在不经振捣（或略作振捣）的情况下，形成密实的混凝土结构，并且还具有良好的力学性能和耐久性能。本次试验研究对免振自密实混凝土的技术要求为：

(1)力学性能：混凝土强度等级分别达C50,C60。

(2)工作性能：拌合物出机坍落度≥250mm，扩展度在550mm左右，9h后坍落度≥120mm。

(3)长期性能及耐久性能：对免振自密实混凝土进行抗渗、抗冻及收缩徐变试验，为其使用积累资料。

(4)模型试验：设计制作一定规模的难于振捣和浇注的复杂钢筋混凝土结构模型，进行免振自密实浇注试验，并通过回弹法、钻孔取芯及超声波无损检测确定其强度、密实度和均匀性。

(一)免振自密实混凝土用原材料和检测

1. 水泥

试验采用武汉亚东水泥有限公司生产的42.5R级普通硅酸盐水泥，根据国家标准《水泥标准稠度用水量、凝结时间、安定性检验方法》(GB/T 1346—2001)、《水泥化学分析方法》(GB 176—96)、《水泥细度检验方法(80μm筛筛析法)》(GB/T 1345—91)及《水泥胶砂强度检验方法》(GB/T 17671—1999)中的试验方法，对其物理力学性能进行试验，结果见表1-3-1。

水泥物理力学性能　　表1-3-1

品质指标	三氧化硫(%)	烧失量(%)	氧化镁(%)	80μm筛余(%)	凝结时间(h:min)		抗折强度(MPa)		抗压强度(MPa)		安定性(雷氏法)
					初凝	终凝	3d	28d	3d	28d	
国家标准	≤3.5	≤5.0	≤5.0	≤10.0	≥0:45	≤10:00	≥4.0	≥6.5	≥21.0	≥42.5	合格
试验结果	1.94	1.33	3.25	0.5	2:50	3:23	5.2	7.8	26.9	51.2	合格

2. 细集料

采用湖北浠水县砂。按照国家标准《建筑用砂》(GB/T 14684—2001)进行试验，其颗粒级配结果见表1-3-2。通过两次平行试验，经计算，该砂的细度模数为2.9(2.3～3.0)，属于II区中砂。

砂颗粒级配　　表1-3-2

筛孔尺寸(mm)	9.5	4.75	2.36	1.18	0.60	0.30	0.15	0.075
第一次累计筛余(%)	0.0	0.2	6.2	27.6	64.0	91.6	98.6	99.8
第二次累计筛余(%)	0.0	0.4	6.2	26.8	63.6	91.0	98.2	99.6

砂子其他性能指标见表1-3-3。

根据砂的性能指标判定该砂为II类砂(宜用于强度等级C30～C60及抗冻、抗渗及其他要求的混凝土)。

砂性能指标　　表1-3-3

品质指标	表观密度(kg/m³)	含泥量(%)	含水率(%)	备注
试验结果	2600	1.4	0.5	—

3. 粗集料

试验采用的粗集料为石灰岩碎石，按照《建筑用碎石、卵石》(GB/T 14685—2001)中的试验方法，碎石颗粒级配结果见表1-3-4。该碎石为5～20mm的连续粒级。

碎石颗粒级配 表 1-3-4

筛径尺寸(mm)	26.5	19.0	16.0	9.50	4.75	2.36	筛底
第一次累计筛余(%)	0.0	3.0	11.1	49.8	94.3	99.1	99.7
第二次累计筛余(%)	0.0	3.2	12.0	50.0	94.0	99.0	100.0

碎石其他基本性能指标见表 1-3-5。

碎石性能指标 表 1-3-5

碎石基本性能	表观密度(kg/m^3)	含泥量(%)	泥块含量(%)	含水率(%)	针、片状含量(%)	压碎指标(%)
试验结果	2550	3.45	3.1	0.2	7	14.0

根据碎石的性能指标结果判定该碎石为Ⅱ类碎石(宜用于强度等级 C30～C60 及抗冻、抗渗及其他要求的混凝土)。

4. 掺合料

试验用掺合料为武汉市新阳建材有限公司生产的Ⅰ级粉煤灰。检验项目及结果见表 1-3-6。掺合料性能检验合格，满足试验要求。

Ⅰ级粉煤灰性能指标 表 1-3-6

检验项目	细度(%)	烧失量(%)	三氧化硫含量(%)	含水率(%)	需水量比(%)
性能指标	≤12	≤5.0	≤3.0	≤1.0	≤95
检验结果	4.6	3.34	0.78	0.23	93

5. 外加剂

(1)高效减水剂：采用由瑞典西卡广州建筑材料有限公司生产的 3390 高效减水剂。表1-3-7为其性能指标。

外加剂 3390 性能指标 表 1-3-7

检验项目	外观	固体含量(%)	密度(g/mL)	pH 值(25℃)	减水率(%)	备注
检验结果	浅棕色液体	27.01	1.08	7.05	20～25	合格

(2)缓凝剂：采用由瑞典西卡广州建筑材料有限公司生产的缓凝剂 Retardol，其具体性能指标见表 1-3-8。

缓凝剂 Retardol 性能指标 表 1-3-8

检验项目	外观	固体含量(%)	密度(g/mL)	pH 值(25℃)	碱含量(%)	备注
检验结果	浅绿色液体	13.55	1.094	6.84	2.111	合格

6. 水

试验采用自来水。

(二)免振自密实混凝土的试配

免振自密实混凝土除力学性能应满足相同等级普通混凝土的力学性能要求外，其拌合物的工作性能应具有高流动性、高抗离析性、高钢筋间隙通过性和高填充性，并且其坍落度损失小。针对这些问题，试拌时，拌合物的工作性能除进行了传统的混凝土拌合物坍落度试验外，还进行了以下试验：

(1)扩展度 D：在进行坍落度试验时，同时测定拌合物扩展到 30s 时的直径。

(2)L 形流动仪：图 1-3-1 为试验自行制作的 L 形流动仪。用来观测混凝土拌合物通过钢筋间隙抗堵塞的能力。当混凝土充满立筒并打开立筒活门后，立筒内混凝土通过钢筋间隙在水平槽中流出，测定拌合物流动至 150mm 时的时间 t_{150}、立筒内混凝土坍落度 T 和水平流动距离 L。

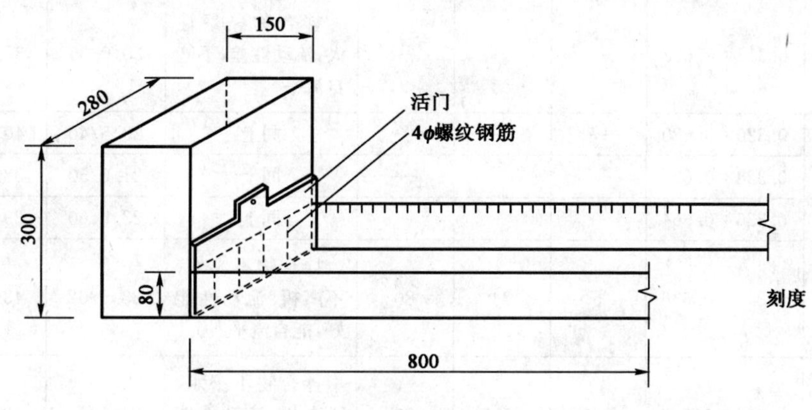

图 1-3-1　L 形流动仪(尺寸单位：mm)

在试验中对每种配合比拌合物均成型了立方体抗压强度试件，龄期分别为 3d、7d、28d，来测试其力学性能。

影响免振自密实混凝土流变特性的因素很多，主要有外加剂、浆集比、砂率、外掺料掺量等。通过变化这些因素，进行试配，总结它们对免振自密实混凝土性能的影响规律。下面分别来叙述。

1. 外加剂对免振自密实混凝土性能的影响

高效减水剂是配制免振自密实混凝土的一种关键原材料。不同的高效减水剂对新拌混凝土的流动性、黏性和离析倾向等影响各不相同。因此，选用了由武汉浩源有限公司生产的 FDN-9000、瑞典西卡广州建筑材料有限公司生产的 3390、3380 三种高效减水剂进行试验。结果见表 1-3-9。表 1-3-9 中 3 个配合比的其他原料完全相同，外加剂按厂家推荐的掺量掺加。由表 1-3-9 可看出：掺入 3390 高效减水剂的拌合物的各种性能较好。所以，后面的试验选用 3390 高效减水剂。

高效减水剂对拌合物工作性能的比较　　表 1-3-9

配合比编号	高效减水剂	坍落度(cm)	扩展度(cm)	拌合物工作性能描述
1	3390	24.5	63.5	工作性能良好
2	3380	22.0	56.5	有凸包、拌合物严重泌水
3	FDN—9000	17.5	35.5	拌合物过于干稠，有凸包

2. 浆集比对免振自密实混凝土性能的影响

浆集比是指每立方米混凝土中浆体材料体积(水与胶凝材料体积总和)和集料体积之比。试验中通过调整浆集比，改变胶凝材料的含量，来摸索其对免振自密实混凝土工作性能和抗压强度的影响规律。试验采用了 11 种配合比。每种配合比拌合物工作性能及混凝土力学性能见表 1-3-10。

(1)从表中混凝土的力学性能来看，11 种配合比的 28d 立方体抗压强度均超过 50MPa，均达到 C50 普通混凝土力学性能的要求。

(2)从拌合物的工作性能来看，当水胶比一定时。随着浆集比的增加，拌合物的坍落度逐渐增大。但当浆集比≤0.336∶0.664 时，拌合物内阻力较大，流动性差，不通过 L 形流动仪，不能自流密实；当浆集比在 0.344∶0.656～0.360∶0.640 之间时，拌合物不泌水，不离析，能自流平。当浆集比≥0.368∶0.632 时，拌合物离析，泌水，在 L 形流动仪中不能自流平。

浆集比对免振自密实混凝土性能的影　　表 1-3-10

配合比编号	每方混凝土中胶凝材料B用量(kg)	浆集比(体积比)	拌合物工作性能					抗压强度(MPa)		
			L 形流动仪				坍落度/扩展度(cm)	3d	7d	28d
			t_{150}(s)	T(cm)	L(cm)	试验描述				
W-1	461	0.312∶0.688	—	—	—	拌合物黏聚性大，流动性差，不能自流平	20.0/35	37.5	42.4	50.9
W-2	476	0.320∶0.680	—	—	—	同上	20.5/40	40.1	48.7	59.4
W-3	491	0.328∶0.672	—	—	—	同上	21.0/50	38.2	43.3	53.2
W-4	506	0.336∶0.664	—	—	—	同上	23.5/60	39.9	44.5	51.9
W-5	521	0.344∶0.656	5	24	80	拌合物不泌水、不离析、流动性能好，能自流平	23.5/62	43.5	44.4	58.0
W-6	537	0.352∶0.648	3.5	25.5	80	拌合物不泌水、不离析、流动性能好，能自流平	24.0/74	43.4	46.1	62.7
W-7	552	0.360∶0.640	4.0	25.5	80	拌合物不泌水、不离析，流动性能好，能自流平	24.5/70	37.0	48.5	54.0
W-8	567	0.368∶0.632	—	—	—	拌合物离析、有泌水倾向、流动性能差	25.0/66	34.2	47.1	55.6
W-9	582	0.375∶0.625	—	—	—	拌合物离析、泌水，不能自流平	25.5/68	39.5	44.5	56.9
W-10	597	0.384∶0.616	—	—	—	同上	26.0/69	38.6	42.7	56.2
W-11	612	0.391∶0.609	—	—	—	同上	26.5/70.5	38.8	43.1	56.4
备注	以上配合比的共同点是：砂率β=0.46、水胶比W/B=0.326(其中W为用水量、B为每立方米混凝土中胶凝材料用量，B=C+F)、F为粉煤灰，其占胶凝材料B的25%，并且超量取代水泥1.2倍。C为水泥。高效减水剂3390用量=B×2%									

从试验结果分析可知：当水胶比一定，浆集比在0.344∶0.656～0.360∶0.640时，拌合物的工作性能较好，可自流密实。

3. *砂率对免振自密实混凝土性能的影响*

砂率对混凝土流变特性的影响较大。在试验中，保持水胶比和胶凝材料的用量不变。调整砂率，改变粗、细集料的用量。试验采用了11种配合比。对不同的砂率，测试拌合物的工作性能及其硬化物的强度情况，从中选出满足要求的砂率范围。表1-3-11中列出了每种配合比的工作性能和力学性能。

(1)从表1-3-11中可以看出，当砂率在β=0.36～0.70时，混凝土的28d立方体体抗压强度均超过50MPa，11种配合比均满足C50普通混凝土力学性能要求。

(2)在力学性能的测试中，试验测试了3种不同砂率配合比的混凝土弹性模量，可以看到，随着砂率的增加，混凝土弹性模量降低。

(3)当浆集比一定，在砂率小于或等于0.40时，拌合物不保水，有离析倾向，流动性能较差，在做坍落度试验中，拌合物中间有严重的凸包，在L形流动仪试验中不能够自流平。随着砂率逐渐增大，粗细集料包裹的很好，可以看到在β=0.42～0.48时，拌合物的坍落度/扩展度都逐渐增大，基本不离析泌水，流动性能也较好，能够流平L形流动仪，工作性能良好，而当β≥0.50时，拌合物过于干稠，流动性能不好，工作性能差。

砂率对免振自密实混凝土性能的影响　表 1-3-11

配合比编号	砂率 β	拌合物工作性能					力学性能			
		L 形流动仪				坍落度/扩展度(cm)	3d 抗压强度(MPa)	7d 抗压强度(MPa)	28d 抗压强度(MPa)	弹性模量(GPa)
		t_{150}(s)	T(cm)	L(cm)	试验描述					
β-1	0.36	—	—	—	拌合物不保水、离析、工作性能差	21.5/62.0	28.0	40.4	50.3	
β-2	0.38	—	—	—	同上	22.0/63.0	41.1	45.4	51.9	
β-3	0.40	—	—	—	同上	24.5/71.5	36.7	50.5	54.2	
β-4	0.42	6.0	23.5	80	拌合物工作性能好，能自流平	24.0/71.0	41.2	50.3	54.5	41.6
β-5	0.44	5.5	24.5	80	同上	25.0/70.5	38.3	48.9	53.3	
β-6	0.46	5.0	26.0	80	同上	27.0/65.5	35.4	48.2	54.4	39.3
β-7	0.48	5.5	25.5	80	同上	23.5/64.0	37.5	43.7	57.0	
β-8	0.50	—	—	—	拌合物过于干稠，黏聚性大，不能自流平	26.0/67.5	36.8	41.5	55.3	38.8
β-9	0.52	—	—	—	同上	26.0/65.5	37.3	39.4	51.2	
β-10	0.55	—	—	—	同上	26.0/66.5	39.1	44.5	58.1	
β-11	0.70	—	—	—	同上	25.0/59.0	38.6	44.8	58.9	
备注	以上配合比的共同点是：水胶比 $W/B=0.311$。 混凝土各材料量依次为：用水量 $W=167\text{kg/m}^3$、水泥 $C=375\text{kg/m}^3$、粉煤灰 $F=162\text{kg/m}^3$、高效减水剂 3390 $=10.74\text{kg/m}^3$									

从拌合物的工作性能、力学性能综合比较，确定免振自密实混凝土的理想砂率范围为 42%～48%。

4. 外掺料掺量对免振自密实混凝土性能的影响

外掺料作为免振自密实混凝土中的胶结料的一部分，起到了改善混凝土拌合物工作性能的作用，使混凝土拌合物更不容易离析，提高了新拌混凝土的稳定性。本次试验选用了粉煤灰作为外掺料，主要由于它的颗粒比较小，水化速度缓慢、潜在活性高。但粉煤灰掺量的多少对高性能混凝土的流变性能和力学性能都有较大的影响。因此，通过调整粉煤灰的掺量，设计了 6 种配合比，并成型了立方体抗压强度试件。表 1-3-12 中列出了 6 种配合比的拌合物工作性能和抗压强度。

粉煤灰掺量对免振自密实混凝土性能的影响　表 1-3-12

配合比编号	粉煤灰掺量	拌合物工作性能					抗压强度(MPa)		
		L 形流动仪				坍落度/扩展度(cm)	3d	7d	28d
		t_{150} (s)	T (cm)	L (cm)	拌合物试验描述				
F-1	0	—	—	—	泌水、不能自流平	22.0/52.0	38.5	48.5	59.0
F-2	10%	—	—	—	泌水、不能自流平	23.0/61.5	38.0	48.3	58.6
F-3	20%	—	—	—	泌水、不能自流平	25.0/66.5	36.5	45.6	57.6
F-4	25%	3.8	25.5	80	流动性能好，能自流平	26.0/69.0	35.9	44.6	56.6
F-5	30%	4.1	25.0	80	能自流平	25.5/70.5	33.3	38.9	52.1
F-6	40%	—	—	—	过于干稠，不能自流平	24.0/67.0	22.2	33.3	49.4
备注	以上配合比的共同点是：$W=175\text{kg/m}^3$、砂率 $\beta=0.46$、水胶比 $W/B=0.33$								

从表 1-3-12 中可以看出：

(1)粉煤灰掺量≤30%时，混凝土的 28d 抗压强度均超过 50MPa，其中 3d 抗压强度均超过 28d 抗压强度的 63%；7d 抗压强度均超过 28d 抗压强度的 74%。说明 5 种配合比的混凝土抗压强度均达到普通 C50 混凝土抗压强度的要求。而且可以看出随着粉煤灰掺量的逐渐增加，混凝土的早期抗压强度逐渐降低。

(2)在 F-1 配合比中，未掺加粉煤灰，其拌合物的坍落度/扩展度都较小，拌合物泌水，不能够流平 L 形流动仪。随着粉煤灰掺量的逐渐增大，拌合物的坍落度/扩展度缓慢增大，当粉煤灰掺量在 25%～30%范围内，拌合物的工作性能较好。

综上所述，当水胶比、浆集比和砂率不变时，试验所选择的粉煤灰适宜掺量为 25%～30%。当粉煤灰掺量在此范围内时，拌合物的工作性能和混凝土的力学性能都能满足试验要求。

(三)C50 免振自密实混凝土

根据上述试验总结的外加剂、浆集比、砂率及矿物掺合料对免振自密实混凝土的影响规律，确定的 C50 免振自密实混凝土配合比如表 1-3-13。

C50 免振自密实混凝土配合比 表 1-3-13

配合比编号	每立方米混凝土中各材料用量(kg)						水胶比	浆 集 比
	水泥	粉煤灰	水	砂	碎石	外加剂 3390		
C50Z	375.0	162.0	167.2	767.0	901.0	10.74	0.352	0.352：0.648

1. C50 免振自密实混凝土拌合物工作性能

C50 免振自密实混凝土拌合物的工作性能指标见表 1-3-14。从表中可以看出试验所配制的免振自密实混凝土拌合物具有优良的工作性。

C50 免振自密实混凝土拌合物的工作性能 表 1-3-14

L 形流动仪试验				坍落度/扩展度(cm)	凝结时间(h)	
t_{150} (s)	T (cm)	L (cm)	试验描述		初凝	终凝
3.5	26	80	拌合物不离析、不泌水、流动性能好，能自流平	27.5/70.0	14	45.5

在表 1-3-14 中，混凝土拌合物的凝结时间是根据《混凝土外加剂》(GB 8076—2008)中的贯入阻力法测试。同时，也测试了拌合物的坍落度经时损失，其结果见表 1-3-15。

C50 免振自密实混凝土拌合物坍落度经时损失测试结果 表 1-3-15

经时时间(h)	坍落度(cm)	坍落度经时损失(cm)	经时时间(h)	坍落度(cm)	坍落度经时损失(cm)
0	27.5	—	13	10.0	17.5
9	22.0	5.5	13.5	3.5	24.0
11	18.5	9.0			

表 1-3-15 的结果说明，所配制的 C50 免振自密实混凝土拌合物的坍落度经时损失值小。

2. C50 免振自密实混凝土的力学性能

C50 免振混凝土的力学性能是根据《普通混凝土力学性能试验方法》(GB/T 50081—2002)进行试验的。试件成型后放在温度为 20℃±3℃，湿度为 90%标准室中养护。表 1-3-16 为 C50 免振自密实混凝土及 C50 普通混凝土的力学性能。从表中看出 C50 免振自密实混凝土的力学性能均达到了 C50 普通混凝土的力学性能指标。

C50 免振自密实混凝土及 C50 普通混凝土力学性能指标 表 1-3-16

配合比	力学性能（MPa）					
C50Z	3d 抗压强度	7d 抗压强度	28d 抗压强度	28d 抗折强度	28d 劈裂强度	28d 弹性强度
	32.3	42.2	54.6	5.2	3.81	3.92×10^4
C50 普通混凝土	—	—	50	—	—	3.50×10^4

3. C50 免振自密实混凝土长期性能和耐久性能

(1)C50 免振自密实混凝土的抗渗性能

按照《混凝土结构耐久性设计规范》(GB/T 50476—2008)抗渗性能试验中的规定，成型了 6 个试件：顶面 ϕ175mm，底面 ϕ185mm，高 150mm。抗渗试验从 0.1MPa 开始，每隔 8h 增加 0.1MPa 水压，直至 6 个试件中有 3 个端面渗水，停止试验，并以此计算抗渗标号。

将水压持续到抗渗仪的最大量程 4MPa 时，6 个试件均未有渗漏现象，将做完试验的抗渗试件劈裂后发现，水位最高的只有 4mm，试件渗透性很低，混凝土抗渗性能良好。抗渗等级大于 S39。

(2)C50 免振自密实混凝土抗冻性能

混凝土的冻融破坏是指混凝土在负温和正温的交替循环作用下，使混凝土从表层开始发生剥落、结构疏松、强度降低，直到破坏的一种现象。按照《混凝土结构耐久性设计规范》(GB/T 50476—2008)抗冻性能试验中慢冻法的规定，进行了 200 次冻融试验，试验结果见表 1-3-17。试验结果满足技术要求，混凝土抗冻性能良好。

C50 免振自密实混凝土抗冻性能 表 1-3-17

编号	冻融循环次数	对比试件质量(g)	冻后试件质量(g)	质量损失率(%)	对比试件强度(MPa)	冻后试件强度(MPa)	强度损失率(%)	外观破坏现象	抗冻标号
1	200 次	2405	2400	0.14	59.3	58.5	1.55	良好	>200
2		2370	2365		56.6	56.3		良好	
3		2400	2400		58.5	57.2		良好	

(3)C50 免振自密实混凝土收缩徐变性能

C50 免振自密实混凝土的收缩徐变按《混凝土结构耐久性设计规范》(GB/T 50476—2008)中徐变和收缩的规定进行试验的。收缩试件采用 100mm×100mm×515mm 的棱柱体标准试件。徐变试件采用 100mm×100mm×400mm 的棱柱体试件。试件成型后，放入标准养护室养护至 28d 龄期，然后移入收缩徐变试验室进行试验。收缩徐变测量结果见表 1-3-18。表 1-3-19 为 C50 免振自密实混凝土徐变值与 C50 普通混凝土徐变值的比较。

收缩徐变测量结果 表 1-3-18

加载龄期(d)	徐变加载 t 天的总变形量				徐变加载 t 天的收缩量				徐变值
	单个试件的变形值（$\times10^{-3}$mm）			相对变形值（$\times10^{-6}$）	单个试件的变形值（$\times10^{-3}$mm）			相对变形值（$\times10^{-6}$）	（$\times10^{-6}$）
	1 号	2 号	3 号		1 号	2 号	3 号		
1	11.8	12.0	12.5	60	2.52	2.63	2.95	5	55
3	16.5	15.5	16.0	80	7.48	7.66	7.80	15	65
7	28.5	27.0	27.5	140	18.7	20.1	18.5	40	100
14	38.2	39.5	39.0	190	27.3	28.55	28.6	60	130
28	51.0	53.5	53.0	260	40.0	45.0	44.0	90	170
45	57.8	57.5	58.0	290	53.0	54.0	50.0	110	180
60	67.2	67.5	68.0	340	64.9	67.8	69.7	140	200
90	77.8	78.0	79.5	390	73.9	75.3	74.8	150	240

C50 免振自密实混凝土和普通混凝土徐变值比较 表 1-3-19

加载龄期 t (d)	C50 免振自密实混凝土			C50 普通混凝土		
	徐变加载 t 天的总变形量 ($\times10^{-6}$)	徐变加载 t 天的收缩值 ($\times10^{-6}$)	徐变值 ($\times10^{-6}$)	徐变加载 t 天的总变形量 ($\times10^{-6}$)	徐变加载 t 天的收缩值 ($\times10^{-6}$)	徐变值 ($\times10^{-6}$)
1	60	5	55	50	10	40
3	80	15	65	100	30	70
7	140	40	100	180	60	120
14	190	60	130	250	90	160
28	260	90	170	340	120	220
45	290	105	185	450	190	260
60	340	135	205	490	210	280
90	390	150	240	550	220	330

图 1-3-2 为 C50 免振自密实混凝土与 C50 普通混凝土徐变值随龄期变化的比较。从表 1-3-19 和图 1-3-2 中可以看出，C50 免振自密实混凝土的早期徐变值大于普通混凝土。后期徐变值小于普通混凝土。

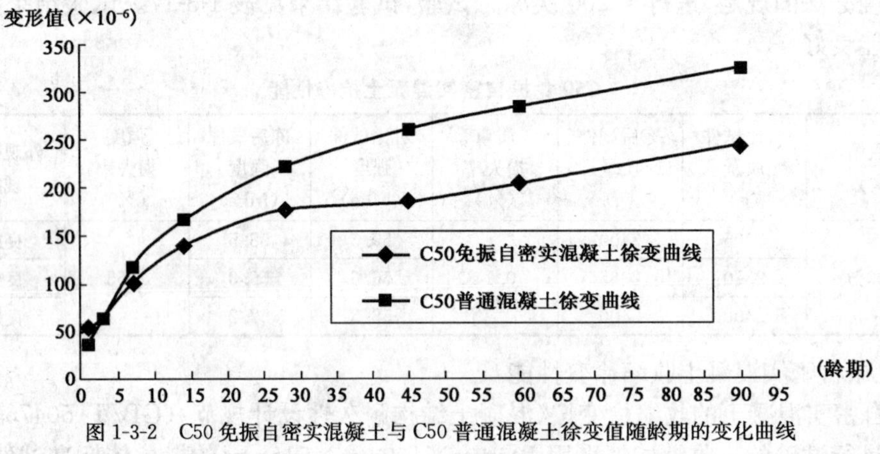

图 1-3-2 C50 免振自密实混凝土与 C50 普通混凝土徐变值随龄期的变化曲线

(四)C60 免振自密实混凝土

根据试配 C50 免振自密实混凝土的配合比总结的规律和经验，C60 混凝土采用的配合比如表 1-3-20。

C60 免振自密实混凝土配合比 表 1-3-20

配合比编号	每立方米混凝土中各材料用量(kg)						水胶比	胶骨比
	水泥	粉煤灰	水	砂	碎石	外加剂 3390		
C60Z	403.7	174.9	174.6	809.2	809.2	11.56	0.316	0.371∶0.629

1. C60 免振自密实混凝土拌合物工作性能

表 1-3-21 中为 C60 免振自密实混凝土拌合物工作性能。从中看出，拌合物工作性能良好。

C60 免振自密实混凝土拌合物工作性能 表 1-3-21

L 形流动仪试验				坍落度/扩展度 (cm)
t_{150} (s)	T (cm)	L (cm)	试验描述	
4.0	25.5	80	拌合物不离析、不泌水、流动性能好，能自流平	26.5/69.5

2. C60免振自密实混凝土力学性能

表1-3-22中列出了C60免振自密实混凝土各项力学性能试验结果。从表中可以看出，所配制的C60混凝土满足C60普通混凝土力学性能要求。

C60免振自密实混凝土力学性能　　表1-3-22

配合比	力学性能(MPa)					
C60Z	3d抗压强度	7d抗压强度	28d抗压强度	28d抗折强度	28d劈裂强度	28d弹性模量
	35.2	45.9	62.5	5.7	4.16	3.98×10^4
C60普通混凝土	—	—	60	—	—	3.65×10^4

(五)免振自密实混凝土模型试验

为了验证免振自密实混凝土拌合物的工作性能，即高流动性、高抗离析型、高间隙通过性、高填充性及其力学性能。试验选用了上述C50免振自密实混凝土配合比作为模型混凝土配合比，模型混凝土配合比见表1-3-13。

通过试验前调研，发现混凝土T形结构下翼缘、混凝土箱梁腹板与底板交界位置难以浇注混凝土。将这两种结构结合在一起的模型比较有代表性，因此本试验采用的模型为：模型左半部分模拟T形结构，而右半部分则模拟箱梁腹板与底板交界处的结构。在横向分布上，钢筋分三种间距布置，三种钢筋净距分别为4.5cm、6.4cm、8.9cm。钢筋间距逐渐增大，并在T形结构上布置三根波纹管作为预应力筋孔道。模型中受力筋选用$\phi16$带肋钢筋，箍筋选用$\phi8$光圆钢筋；钢筋最小净距为4.5cm，钢筋体积含量为7.5%。

在试验过程中，将按上述配合比配制的混凝土拌合物自模型顶端灌入，依靠混凝土自重填充整个模型，并观察混凝土拌合物的流动情况。模型成型后，在自然状态下养护，3d后进行拆模。达到28d龄期后，检查其外观，并对其密实性和强度进行了测试。

试验结果如下：

1. 外观检查

模型拆去模板后，对模型外观进行了检查。发现模型外表美观，色度比较均匀，基本没有表面气泡和蜂窝麻面等质量缺陷。

2. 超声法检查密实性

为了验证模型浇筑的密实性，根据《超声法检测混凝土缺陷技术规程》(CECS 21:2001)，对模型进行了超声无损检测，本次超声波检测采用对测的方法，在相互平行的3对测试面上共布置了48对测点，每个测点间隔10cm。超声波数据结果见表1-3-23。

超声波检测结果　　表1-3-23

测点	混凝土声速(m/s)	测点	混凝土声速(m/s)	测点	混凝土声速(m/s)	测点	混凝土声速(m/s)
1	4896	13	4754	25	4835	37	4960
2	4784	14	4865	26	4798	38	4867
3	4820	15	4998	27	4902	39	4937
4	4861	16	5000	28	4978	40	4892
5	4953	17	4976	29	4935	41	4901
6	4921	18	4983	30	4964	42	4798
7	4761	19	4765	31	4879	43	4731
8	4743	20	4825	32	4891	44	4821
9	4915	21	4967	33	4875	45	4967
10	4882	22	4835	34	4739	46	4921
11	4867	23	4768	35	4718	47	4903
12	4786	24	4921	36	4861	48	4867

经计算知，平均声速 $m_v=4870\text{m/s}$，标准差 $S_V=79$，判断值 $X_0=4681\text{m/s}$，小于波速最小值4718m/s。因此可以判定混凝土内部不存在不密实区和空洞位置。且发现超声波在混凝土内部的传播速度比较均匀，离散性较小，因此密实性均匀，较好。

3.模型强度

为了验证模型浇筑的混凝土强度，试验对模型混凝土进行了回弹、钻孔取芯和试件强度试验。

(1)根据《回弹法检测混凝土抗压强度技术规程》(JGJ/T 23—2001)中的规定，在模型上选取了5个测区，对模型混凝土强度进行了检测，回弹检测结果见表1-3-24。模型的混凝土强度为54.6MPa。

回弹检测结果　　表1-3-24

测区数	测区回弹平均值(MPa)	测区混凝土强度换算值(MPa)	模型混凝土强度推定值(MPa)
1	46.3	55.8	54.6
2	46.2	55.5	
3	45.8	54.6	
4	46.0	55.0	
5	46.4	56.0	

(2)按照《钻芯法检测混凝土强度技术规程》(CECS 03:2007)的规定，从模型中钻取了三个芯样进行强度测定。表1-3-25为芯样强度检验结果。该混凝土强度为55.4MPa。

芯样强度检验结果　　表1-3-25

试块编号	高径比	单块压力(kN)	单块抗压强度(MPa)	相当于150mm试块抗压强度(MPa)	检验结论(MPa)
1	1.1	396	50.4	55.4	该芯样的混凝土强度为55.4MPa
2	1.1	390	49.7	54.6	
3	1.1	401	51.1	56.2	

(3)试件强度对比试验

在灌注模型过程中，同时成型了免振和振捣型试件，测试其龄期分别为3d、7d、28d立方体抗压强度。比较试验结果及结论见表1-3-26。

对比试验结果　　表1-3-26

试件类型	力学性能(MPa)			结论
	3d	7d	28d	
免振	36.5	46.8	55.1	免振混凝土和振捣混凝土的抗压强度相差很小
振捣	37.2	48.5	56.0	

三种试验结果显示，该混凝土强度已经达到C50等级普通混凝土强度。

4.耐久性试验

由于免振自密实高性能混凝土是按耐久性设计的，故对模型混凝土进行了耐久性测试，试验通过测定氯离子在混凝土中的扩散系数，来反映混凝土抗氯离子渗透的能力。28d龄期时，混凝土氯离子扩散系数及结论见表1-3-27。

氯离子扩散系数　　表1-3-27

试块编号	氯离子扩散系数($\times10^{-12}\text{m}^2/\text{s}$)	检验结论
1	1.52	该混凝土的氯离子扩散系数为$1.58\times10^{-12}\text{m}^2/\text{s}$，说明该混凝土抵抗氯离子渗透能力强
2	1.58	
3	1.63	

从上述模型试验结果可以看出：

(1)免振自密实混凝土拌合物的工作性能优越，它能依靠混凝土自重便能均匀密实地填充模型；

(2)免振自密实混凝土能够完全达到普通混凝土的力学性能；

(3)免振自密实混凝土具有优良的耐久性。

二、缓凝混凝土的试验和检测

缓凝混凝土同样是高性能混凝土的一种，它除了具有良好的力学性能和耐久性能外，其工作性能主要体现在混凝土凝结时间很长，坍落度经时损失小，能延长混凝土的施工时间，适合大体积混凝土的施工泵送需要和混凝土远程输送的需要。本次试验检测对缓凝混凝土的技术要求为：

(1)力学性能：混凝土强度等级分别达到 C50、C60。

(2)工作性能：拌合物坍落度≥220mm，9h 后坍落度损失≤100mm。

(3)长期性能及耐久性能：对缓凝混凝土进行抗渗、抗冻及收缩徐变试验，为其使用积累资料。

缓凝混凝土用原材料及其检测同上述免振自密实混凝土，不再赘述。

(一)缓凝混凝土的试配

缓凝混凝土的试配除力学性能应满足相同强度等级普通混凝土的力学性能要求外，其拌合物坍落度≥220mm，9h 后坍落度损失≤100mm。

影响缓凝混凝土拌合物工作性能的主要因素有缓凝剂的掺量、粉煤灰的掺量。试验通过调整这两个参数来摸索它们对于混凝土拌合物坍落度、凝结时间的影响。同时，在试验过程中，还比较了粉煤灰和矿渣这两种活性矿物掺合料对拌合物坍落度损失的影响。

1. 缓凝剂的掺量

缓凝剂的掺量可以改变其延缓混凝土凝结的能力。试验通过调整缓凝剂掺量，观察其对拌合物凝结时间的影响及坍落度经时变化。试验采用了 9 种配合比。表 1-3-28 列出了每种配合比拌合物工作性能和力学性能。

缓凝剂掺量对 C50 缓凝混凝土性能的影响　　表 1-3-28

配合比编号	缓凝剂掺量(%)	拌合物工作性能						抗压强度(MPa)		
		坍落度(cm)	坍落度损失(cm)					3d	7d	28d
			2h	4h	6h	8h	9h			
Re-0	0	18.5	1.5	2.0	3.5	4.5	5.5	39.8	43.2	53.5
Re-1	0.3	22.5	1.0	1.5	2.0	3.5	4.5	40.2	45.5	53.8
Re-2	0.4	21.0	1.0	1.5	2.0	3.0	4.0	38.2	45.9	54.0
Re-3	0.5	21.5	0.5	1.0	1.5	2.5	3.5	35.4	42.3	51.7
Re-4	0.6	22.0	0.5	1.0	1.5	2.5	2.5	31.7	40.6	53.2
Re-5	0.7	22.0	0.5	1.0	1.0	1.0	1.5	30.9	40.2	54.0
Re-6	0.8	22.0	0.5	0.5	1.0	1.0	1.0	28.6	39.8	54.3
Re-7	0.9	22.0	0.0	0.5	0.5	1.0	1.0	23.9	39.8	53.5
Re-8	1.0	21.0	0.0	0.0	0.5	0.5	0.5	18.7	36.1	65.7
备注	1. 缓凝剂掺量指缓凝剂占胶凝材料总量的百分数； 2. 每立方米混凝土中不变的其他各材料用量： 水泥 C=432kg；粉煤灰 F=57.6kg；砂子 S=672kg；碎石 G=1050.4kg；3390 减水剂=9.792kg，其中砂率 β=0.46，水胶比 W/B=0.343									

从表中看出：

(1)随着缓凝剂掺量的增加，混凝土的 3d 立方体抗压强度逐渐降低；随着混凝土龄期的增加，9 种配合比的混凝土强度逐渐接近，到28d龄期时，它的抗压强度均达到C50等级。

(2)表中列出的拌合物工作性能中，9h后坍落度损失均≤100mm。但随着缓凝剂掺量的增加，坍落度损失逐渐减小。

2.粉煤灰的掺量

不同的粉煤灰掺量对混凝土拌合物的坍落度经时损失及其硬化物的抗压强度的影响见表1-3-29。试验采用了5种不同的粉煤灰掺量。

粉煤灰掺量对C50缓凝混凝土性能的影响 表1-3-29

配合比编号	粉煤灰掺量	拌合物工作性能						抗压强度(MPa)		
		坍落度(cm)	坍落度损失(cm)					3d	7d	28d
			2h	4h	6h	8h	9h			
F-0	0	22.0	2.5	5.5	8.5	12.5	16.0	34.2	47.9	60.6
F-1	10%	23.0	1.5	3.0	4.5	6.0	8.5	33.9	50.9	60.5
F-2	20%	23.0	1.0	3.0	4.0	4.5	5.5	31.5	42.0	56.5
F-3	30%	22.5	0.0	0.5	1.5	1.5	5.0	20.0	29.7	41.1
F-4	40%	22.5	0.0	0.0	1.0	0.5	0.5	19.4	29.6	40.9
备注	以上配合比的共同点是：水胶比$W/B=0.335$、砂率$\beta=0.39$、用水量$W=168kg/m^3$									

从表1-3-29中可以看出：

(1)粉煤灰掺量小于或等于20%时，混凝土的立方体抗压强度均超过50MPa。当粉煤灰掺量大于等于30%时，混凝土的28d抗压强度不满足要求。随着粉煤灰掺量的逐渐增加，其早期立方体抗压强度逐渐降低，也就是说，龄期越短，粉煤灰掺量对立方体抗压强度的影响也就越大，随着龄期的增加，影响逐渐减小。主要因为粉煤灰水化速度缓慢，活性低，在早期，粉煤灰活性未发挥，是非活性(填充性)混合材。故取代水泥量越多，早期相对强度越低，但由于粉煤灰有很大的潜在活性，在后期充分发挥后，成为高活性混合材。故掺量越大后期强度增长率越高。

(2)掺粉煤灰的4种配合比拌合物的坍落度损失均满足要求。9h坍落度损失最小的仅为5mm。

3.粉煤灰和矿渣对拌合物工作性能影响比较

高性能混凝土中常用的活性矿物细掺料包括粉煤灰和矿渣。为了验证二者对缓凝混凝土的拌合物工作性能和力学性能的影响。在试验中，将二者作比较。表1-3-30列出了二者的拌合物工作性能和力学性能。

粉煤灰和矿渣对C50缓凝混凝土性能的影响 表1-3-30

配合比编号	粉煤灰掺量	拌合物工作性能						抗压强度(MPa)		
		坍落度(cm)	坍落度损失(cm)					3d	7d	28d
			2h	4h	6h	8h	9h			
F-1	20%	23.5	0.5	1.0	1.0	1.5	1.5	35.8	46.3	55.2
F-2	25%	26.5	1.0	1.5	1.5	2.0	2.5	36.7	45.6	53.2
K-1	20%	18.0	1.5	2.5	3.5	4.5	4.5	38.4	47.3	28.5
K-2	25%	20.0	1.0	1.0	1.0	1.5	1.5	37.5	47.2	55.1
备注	以上四个配合比共同点： 混凝土各材料用量：用水量$W=158.9kg/m^3$、胶凝材料$B=480kg/m^3$、砂$S=675.5kg/m^3$、碎石$G=1056.5kg/m^3$。砂率$\beta=0.39$，水胶比$W/B=0.331$									

从表中数据分析可知：虽然四种配合比的混凝土立方体抗压强度都达到普通混凝土同等级的力学性能要求。但粉煤灰和矿渣掺量相同时，掺矿渣的混凝土拌合物流动性较掺粉煤灰的流动性差、坍落度较小，并且经时损失大。

(二)C50缓凝混凝土

1. C50缓凝混凝土配合比

根据上述试验过程中变化缓凝剂掺量、粉煤灰掺量而摸索出的一系列规律。最终确定的C50缓凝混凝土配合比见表1-3-31。

C50缓凝混凝土配合比　　表1-3-31

配合比编号	每立方米混凝土中各材料用量(kg)							水胶比	砂率(%)
	水泥	粉煤灰	水	砂	碎石	外加剂3390	缓凝剂		
C50h	432	57.6	158.8	672	1050.4	9.792	2.448	0.324	0.39

2. C50缓凝混凝土拌合物工作性能指标

表1-3-32为C50缓凝混凝土的拌合物工作性能。其工作性能良好。

C50缓凝混凝土拌合物工作性能　　表1-3-32

配合比编号	坍落度(cm)	坍落度损失(cm)					拌合物工作性能描述	凝结时间(h)	
		2h	4h	6h	8h	9h		初凝	终凝
C50h	23.5	0.5	1.0	1.5	2.5	3.5	拌合物不离析、不泌水，工作性能良好	24	54

3. C50缓凝混凝土力学性能

C50缓凝混凝土的力学性能是根据《普通混凝土力学性能试验方法》(GB/T 50081—2002)进行试验的。试件成型后放在温度为20℃±3℃、湿度为90%标准箱中养护。表1-3-33为其与C50普通混凝土力学性能指标。

C50缓凝混凝土与C50普通混凝土的力学性能　　表1-3-33

配合比	力学性能(MPa)					
	3d抗压强度	7d抗压强度	28d抗压强度	28d抗折强度	28d劈裂强度	28d弹性模量
C50h	38.7	47.4	54.7	5.4	3.93	3.99×10^4
C50普通混凝土	—	—	50.0	—	—	3.50×10^4

从表1-3-33中可以看出，试验所配制的C50缓凝混凝土的力学性能达到C50普通混凝土的力学性能要求。

4. C50缓凝混凝土长期性能和耐久性能

(1)C50缓凝混凝土抗渗性能

缓凝混凝土抗渗性能试验按照《普通混凝土长期性能和耐久性能试验方法》(GBJ 82—85)抗渗性能试验中的规定，成型了6个顶面Φ175mm、底面Φ185mm，高150mm的试件。抗渗试验从0.1MPa开始，每隔8h增加0.1MPa水压，直至6个试件有3个端面渗水，停止试验，并以此计算抗渗标号。

将水压持续到抗渗仪的最大量程4MPa时，6个试件均未有渗漏现象。将混凝土试件下机并劈裂后，水位最高的只有10mm。试件抗渗性良好，混凝土抗渗等级大于S39。

(2)C50缓凝混凝土抗冻性能

C50缓凝混凝土抗冻性能试验均按照《普通混凝土长期性能和耐久性能试验方法》(GBJ 82—85)中规定的方法进行。抗冻试验结果见表1-3-34。该混凝土抗冻标号D>200。

(3)C50缓凝混凝土收缩徐变性能

C50缓凝混凝土收缩徐变性能试验均按照《普通混凝土长期性能和耐久性能试验方法》(GBJ 82—85)中规定的方法进行。收缩试件采用100mm×100mm×515mm的棱柱体标准试件。徐变试件采用100mm×100mm×400mm的棱柱体试件。试件成型后，放入标准养护室养护至28d龄期，然后移入收缩徐变试验室进行试验。收缩徐变测量结果见表1-3-35。

C50 缓凝混凝土抗冻性能　　表 1-3-34

编号	冻融循环次数	冻前试件质量(g)	冻后试件质量(g)	质量损失率(%)	对比试件强度(MPa)	冻后试件强度(MPa)	强度损失率(%)	外观破坏现象	抗冻标号(D)
1	200 次	2440	2430	0.34	67.0	64.6	1.76	良好	>200
2		2430	2425		70.8	69.5			
3		2440	2430		72.0	72.0			

C50 缓凝混凝土徐变测量结果　　表 1-3-35

加载龄期(d)	徐变加载 t 天的总变形量				徐变加载 t 天的收缩值				徐变值
	单个试件的变形值($\times10^{-3}$mm)			相对变形值	单个试件的变形值($\times10^{-3}$mm)			相对变形值($\times10^{-6}$)	($\times10^{-6}$)
	1号	2号	3号		1号	2号	3号		
1	11.5	9.5	10.0	50	2.7	2.95	2.9	5	45
3	19.8	16.8	15.0	90	8.5	9.0	8.45	20	70
7	30.0	28.2	26.8	140	15.7	16.75	16.3	30	110
14	43.0	39.8	39.5	200	25.2	25.0	25.25	50	150
28	54.8	56.7	55.48	280	79.8	82.5	78.6	80	200
45	65.4	63.8	71.2	330	121.9	123.5	126.6	120	210
60	78.5	81.2	79.1	400	164.3	161.9	159.8	160	240
90	90.9	92.8	95.3	470	178.6	179.5	181.9	180	290

表 1-3-36 为 C50 缓凝混凝土与 C50 普通混凝土徐变值的比较。图 1-3-3 为 C50 缓凝混凝土及 C50 普通混凝土徐变随龄期的变化曲线。

C50 缓凝混凝土和普通混凝土徐变值比较　　表 1-3-36

加载龄期 t (d)	C50 缓凝混凝土			C50 普通混凝土		
	徐变加载 t 天的总变形量($\times10^{-6}$)	徐变加载 t 天的收缩值($\times10^{-6}$)	徐变值($\times10^{-6}$)	徐变加载 t 天的总变形量($\times10^{-6}$)	徐变加载 t 天的收缩值($\times10^{-6}$)	徐变值($\times10^{-6}$)
1	50	5	45	50	10	40
3	90	20	70	100	30	70
7	140	30	110	180	60	120
14	200	50	150	250	90	160
28	280	80	200	340	120	220
45	330	120	210	450	190	260
60	400	160	240	490	210	280
90	470	180	290	550	220	330

从表 1-3-36 和图 1-3-3 中可以看出，C50 缓凝混凝土的早期徐变值大于普通混凝土。后期徐变值小于普通混凝土。

(三)C60 缓凝混凝土

根据配制 C50 缓凝混凝土的规律和经验，C60 混凝土采用的配合比如表 1-3-37。

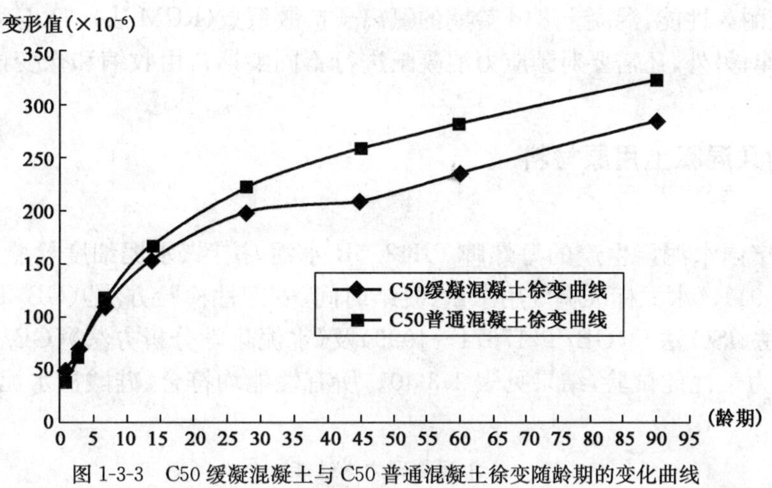

图 1-3-3 C50 缓凝混凝土与 C50 普通混凝土徐变随龄期的变化曲线

C60 缓凝混凝土配合比 表 1-3-37

配合比编号	每立方米混凝土中各材料用量(kg)							水胶比	砂率
	水泥	粉煤灰	水	砂	碎石	外加剂 3390	缓凝剂 R		
C60h	478.6	63.75	159.7	650.4	1017.2	10.84	2.712	0.294	0.39

1. C60 缓凝混凝土拌合物的工作性能

表 1-3-38 为 C60 缓凝混凝土的拌合物工作性能。其工作性能良好。

C60 缓凝混凝土拌合物工作性能 表 1-3-38

配合比编号	坍落度(cm)	坍落度损失(cm)					拌合物工作性能描述	凝结时间(h)	
		2h	4h	6h	8h	9h		初凝	终凝
C60h	23.0	0.5	0.5	1.0	2.0	3.5	拌合物不离析、不泌水，工作性能良好	22.0	51.5

2. C60 缓凝混凝土力学性能

C60 缓凝混凝土的力学性能是根据《普通混凝土力学性能试验方法》(GB/T 50081—2002)进行试验的。试件成型后放在温度为 20℃±3℃、湿度为 90%的标准箱中养护。表 1-3-39 为 C60 缓凝混凝土及 C60 普通混凝土的力学性能。从表中可以看出，C60 缓凝混凝土的力学性能达到 C60 普通混凝土力学性能指标。

C60 缓凝混凝土及 C60 普通混凝土的力学性能 表 1-3-39

配合比	力学性能(MPa)					
	3d 抗压强度	7d 抗压强度	28d 抗压强度	28d 抗折强度	28d 劈裂强度	28d 弹性模量
C60h	41.4	54.2	62.3	5.85	4.32	4.26×10^4
C60 普通混凝土	—	—	60.0	—	—	3.65×10^4

三、海工高耐久混凝土的试验和检测

海工高耐久混凝土同样也属于高性能混凝土，它除了具有良好的工作性能和力学性能外，还应具有优越的抗氯离子侵蚀能力。

试验研究主要针对大桥上部结构用 C50～C70 海工耐久混凝土，其主要技术性能指标为：

(1)工作性能：混凝土浇筑入模时的坍落度为 140～180mm，混凝土出机后 2h 的坍落度应≥120mm，混凝土初凝时间大于 8h，压力泌水率应<40%。

(2)力学性能：应满足 C50～C70 混凝土力学性能指标。

(3)长期性能及耐久性能：混凝土84d龄期的氯离子扩散系数(RCM法)$<1.5\times10^{-12}m^2/s$，并测得其随龄期的变化规律；另外，还需要对预应力混凝土进行不同龄期自由收缩和徐变试验，为其使用积累资料。

(一)海工高耐久混凝土用原材料

1. 水泥

试验采用安徽宁国水泥厂生产的海螺牌PII42.5R水泥，按照《水泥细度检验方法(80μm筛筛析法)》(GB/T 1345—91)、《水泥标准稠度用水量、凝结时间、安定性检验方法》(GB/T 1346—2001)、《水泥胶砂强度检验方法(ISO法)》(GB/T 17671—1999)及《水泥化学分析方法》(GB/T 176—1996)中的试验方法进行物理力学性能试验，结果见表1-3-40。所有性能均符合《硅酸盐水泥、普通硅酸盐水泥》(GB 175—1999)要求。

水泥物理力学性能　　表1-3-40

检测项目	烧失量(%)	碱含量(%)	细度(%)	凝结时间(h:min)		抗折强度(MPa)		抗压强度(MPa)		安定性
				初凝	终凝	3d	28d	3d	28d	
国标要求	≤3.5	—	≤10	≥0:45	≤6:30	≥4.0	≥6.5	≥22.0	≥42.5	合格
实测值	3.12	0.52	0.8	1:50	3:00	6.9	9.6	34.3	57.2	

2. 粉煤灰

采用镇江谏壁电厂产苏源牌I级粉煤灰和九江电厂三期工程II级粉煤灰，经检测其性能符合国标要求，具体检测值见表1-3-41。

粉煤灰性能　　表1-3-41

检测项目		细度(%)	需水量比(%)	烧失量(%)	含水量(%)	SO_3(%)	氧化钙含量(%)
国标要求	I	≤12	≤95	≤5	≤1	≤3	—
	II	≤20	≤105	≤8	≤1	≤3	—
	III	≤45	≤115	≤15	—	≤3	—
专用规范		—	≤100	≤8	—	≤2	—
镇江谏壁电厂		0.38	88	1.42	0.12	0.46	3.44
九江电厂三期工程		14.81	98	2.73	0.02	0.22	4.52

3. 矿渣粉

试验采用二种粒化高炉矿渣粉，它们分别是安徽朱家桥水泥厂产S95矿渣粉、上海宝田新型建材有限公司生产的S105矿渣粉，其性能指标见表1-3-42。

矿渣粉性能　　表1-3-42

序号	产地及型号	比表面积(m^2/kg)	流动度比(%)	密度(g/cm^3)	含水量(%)	烧失量(%)	SO_3(%)	活性指数(%)	
								7d	28d
1	上海宝田	444	113	2.90	0.02	0.00	0.05	81	107
2	安徽朱家桥水泥厂	432	110	2.88	0.02	1.76	0.10	75	100
GB/T 18046—2000		≥350	≥85	≥2.8	≤1.0	≤3.0	≤4.0	—	—

4. 细集料

采用福州闽江砂，经检验，该砂的细度模数为2.4，属于II区中砂，其颗粒级配结果见表1-3-43，砂子的其他性能指标见表1-3-44。由表1-3-44知，该砂为Ⅱ类砂，并且无碱活性。

砂 颗 粒 级 配　　表1-3-43

筛孔尺寸(mm)	9.5	4.75	2.36	1.18	0.60	0.30	0.15
累计筛余(%)	0	0	2	10	42	90	96

砂的物理化学性能　　表1-3-44

检测项目	表观密度(kg/m^3)	堆积密度(kg/m^3)	空隙率(%)	含泥量(%)	泥块含量(%)	SO_3含量(%)	Cl^-含量(%)	碱活性(快速碱硅酸反应,%)
指标要求	>2500	>1350	≤47	<1.0	<0.5	<0.5	≤0.02	<0.10
试验结果	2590	1520	41	0.94	0	0.2	0.012	0.06

5.粗集料

采用宁波北仑青峙第一石料场产5～25mm碎石，其主要性能见表1-3-45、表1—3—46。从表1-3-46可知，碎石属Ⅰ类碎石。

碎 石 颗 粒 级 配　　表1-3-45

尺寸(mm)	31.5	26.5	16.0	4.75	2.36
北仑碎石	0	0	38	100	100

碎石的物理化学性质　　表1-3-46

检测项目	表观密度(kg/m^3)	堆积密度(kg/m^3)	空隙率(%)	含泥量(%)	泥块含量(%)	SO_3含量(%)	针片状含量(%)	压碎指标(%)
规范要求	>2500	>1500	<47	≤0.5	≤0.25	<0.5	15	≤10
实测值	2590	1530	41	0.4	0	0.04	7	6

6.外加剂

分别选用上海麦斯特建材有限公司产Glenium C322缓凝高效减水剂，江苏博特新材料有限公司生产的JM—PCA(Ⅰ)混凝土超塑化剂，南京友西科技有限责任公司产UC—IA型新一代高性能高效减水剂。其性能见表1-3-47。它们的主要成分是聚羧酸反应型高分子聚合物，具有非引气、超塑化、高效减水和增强、低收缩等功能，产品性能符合国标GB 8076—1997(高效减水剂)一等品指标。

液体外加剂性能指标　　表1-3-47

检 测 项 目		含固量(%)	密度(g/mL)	pH值	Cl^-含量(%)	Na_2SO_4含量(%)	总碱量(%)	减水率(%)	含气量(%)
检测结果	Glenium C322	21.84	1.0566	7.44	0.01	0.20	0.89	25.0	2.3
	JM—PCA(Ⅰ)	25.08	1.0810	7.98	0.01	0.61	2.08	28.8	1.6
	UC—IA	24.94	1.0860	8.47	0.02	1.13	2.00	30.0	1.5

7.拌和用水

采用洁净的自来水。

(二)设计技术方案

根据混凝土耐久性指标要求很高的特点，混凝土配合比设计采用以下技术方案：

(1)低水胶比，大坍落度；

(2)采用双掺粉煤灰和矿渣粉方案。

配合比设计试验参数选择见表1-3-48。

试验参数选择表　　表 1-3-48

序　号	混凝土类型	坍落度(cm)	砂率(%)	用水量(kg/m³)	粉煤灰掺量(%)	矿渣掺量(%)
1	耐久性混凝土	20±2	40±2	150±4	15	25
2	耐久性混凝土	20±2	40±2	150±4	10	35
3	耐久性混凝土	20±2	40±2	142±4	15	35
4	耐久性混凝土	20±2	40±2	150±4	10	45

(三)混凝土配合比

根据原材料情况和以往的实际经验。按耐久性理念设计了 27 种混凝土配合比，经试配，得到 8 个最佳配合比，见表 1-3-49。其中 Hp1 为不掺粉煤灰和矿渣粉的普通混凝土，Shp2～Shp18 为掺 10%～15%粉煤灰和 25%～45%矿渣粉的海工耐久混凝土。

混凝土配合比设计参数　　表 1-3-49

序号	试验编号	设计参数					每立方米混凝土材料用量(kg/m³)						外加剂
		水胶比	砂率	粉煤灰掺量(%)	矿渣粉掺量(%)	外加剂品种及掺量(%)	水泥	粉煤灰	矿渣粉	砂	石	水	
1	Hp1	0.37	0.42	0	0	JM-PCA(I) 1.3	459	0	0	753	1041	168	5.97
2	Shp2	0.32	0.41	15	25	JM-PCA(I) 0.9	289	72	120	715	1030	154	4.26
3	Shp5	0.32	0.41	10	45	JM-PCA(I) 1.0	212	47	212	724	1041	150	4.72
4	Shp10	0.304	0.42	15	35	Glenium C322 1.6	240	72	168	735	1016	146	7.68
5	Shp13	0.29	0.42	15	35	UC-IA 1.3	240	72	168	735	1016	138	6.24
6	Shp16	0.32	0.41	10	35	JM-PCA(I) 1.3	264	48	168	720	1035	154	6.24
7	Shp17	0.32	0.41	10	35	JM-PCA(I) 1.3	264	48	168	720	1035	154	6.24
8	Shp18	0.32	0.41	10	35	JM-PCA(I) 1.3	264	48	168	720	1035	152	6.24

(四)混凝土拌合物性能

根据施工特点对混凝土的要求是大流动度，即混凝土出机时的坍落度为 20cm±2cm，最好出机后 2h 的坍落度不小于 12cm。

混凝土拌合物性能试验参照《普通混凝土拌合物性能试验方法标准》(GB/T 50080—2002)进行。表 1-3-50 是新拌混凝土的试验结果，从中可看出，所有配合比的混凝土出机坍落度均满足施工要求，且坍落度在 1.5h 或 2.0h 内保持较好，满足泵送混凝土的要求；掺粉煤灰和矿渣粉的海工耐久混凝土坍落度保持更好，在 1.0h 内坍落度损失仅 0.3～2.0cm(如 Shp2、Shp5、Shp13、Shp17、Shp18)，而普通混凝土在 1.0h 内坍落度损失 4.0cm；用粉煤灰和矿渣粉取代部分水泥和细集料拌制的海工耐久混凝土初期压力泌水较慢，其初期相对压力泌水率为 26%～33%，比不掺粉煤灰和矿渣粉的普通混凝土小。改善了混凝土拌合物的和易性，提高了混凝土的可泵性。经试泵，配制的海工耐久混凝土可泵性能良好。掺粉煤灰和矿渣粉的海工耐久混凝土初凝时间为12.1～18.4h，比普通混凝土略长，且均＞8h。

混凝土拌合物和易性　　表1-3-50

序　号	试验编号	室温（℃）	初凝时间（h）	含气量（%）	坍落度（cm）			压力泌水		
					出机	1h后	2h后	10s时的泌水量 V_{10}（mL）	压力泌水总量 V_{140}（mL）	10s相对压力泌水率 S_{10}（%）
1	Hp1	28.0	10.5	1.6	18.3	14.0	(8.0)	26	70	37
2	Shp2	23.0	14.2	1.5	22.0	20.5	14.0	6	19	32
3	Shp5	21.5	14.3	1.0	19.8	19.5	15.0	6	23	26
4	Shp10	28.0	18.4	2.4	20.6	17.5	14.5	8	25	32
5	Shp13	28.0	18.2	1.4	21.0	19.0	14.5	7	23	30
6	Shp16	30.5	13.6	1.5	19.0	14.7	(14.0) 5.0	7	22	32
7	Shp17	32.0	14.6	1.5	19.0	19.0	(16.5) 12.5	8	24	33
8	Shp18	32.0	12.1	1.6	20.0	18.5	(17.0) 8.0	8	24	33

注：()中的数据为静停1.5h后的坍落度。

从表1-3-49、表1-3-50还可以看出：混凝土配合比相同、坍落度相近的条件下，JM-PCA（Ⅰ）混凝土超塑化剂和UC－IA型新一代高性能高效减水剂的掺量低于GleniumC322缓凝高效减水剂。

（五）混凝土力学性能

混凝土的力学性能试验参照《普通混凝土力学性能试验方法标准》（GB/T 50081—2002）进行。混凝土的立方体抗压强度、轴心抗压强度、抗拉强度、抗折强度及静力受压弹性模量等试验结果见表1-3-51及图1-3-4。

混凝土力学性能　　表1-3-51

试验编号	立方体抗压强度（MPa）					轴心抗压强度（MPa）		静力受压弹性模量（GPa）		劈裂抗拉强度（MPa）	抗折强度（MPa）
	3d	4d	5d	7d	28d	4d	28d	4d	28d	28d	28d
Hp1	44.7	55.7	58.9	62.8	65.3	42.6	50.9	40.8	44.1	5.40	7.5
Shp2	38.9	46.5	51.2	54.0	70.3	35.1	51.6	41.0	46.5	4.87	7.0
Shp5	38.9	42.9	58.1	61.8	68.8	34.3	53.2	37.8	48.3	5.01	7.1
Shp10	32.1	42.3	50.2	51.5	63.3	32.3	54.4	38.4	46.7	5.26	6.9
Shp13	31.3	41.3	42.5	50.7	67.3	29.9	48.0	45.6	47.9	5.20	6.8
Shp16	38.8	47.3	48.6	52.4	71.3	33.9	50.7	37.9	44.4	5.30	6.5
Shp17	37.5	43.0	48.6	51.8	70.1	33.2	53.9	40.6	45.3	5.50	6.7
Shp18	46.3	49.6	55.3	64.1	82.1	36.8	58.6	39.1	46.2	5.64	7.3

从中可以看出。掺粉煤灰和磨细矿渣粉的海工耐久混凝土的早期抗压强度（3d）较普通混凝土低，但所有混凝土的后期力学性能均达到C50～C70的设计要求。掺粉煤灰和大掺量矿渣粉的海工耐久混凝土的后期力学性能与普通混凝土基本相同。这是由于粉煤灰和磨细矿渣粉在早期不参与水化反应，而在早期水化反应较快的水泥用量又较普通混凝土少。由此可见，用粉煤灰和矿渣粉取代部分水泥和

细骨料配制海工耐久混凝土是可行的。

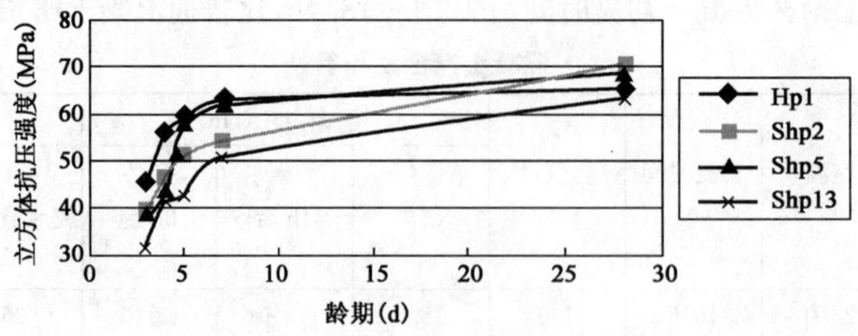

图 1-3-4 混凝土立方体抗压强度对比图

(六)混凝土早期抗裂性能

为了评价混凝土拌合物在初期凝结硬化过程中收缩开裂的性能，采用平板试件进行混凝土抗裂性测试。试验参考日本 Y－Kasai 教授提出的方法，用于浇筑试件的模具见图 1-3-5，记录试件的开裂时间为从混凝土浇筑起直至 24h 开裂情况，根据 24h 开裂情况计算下列三个参数：

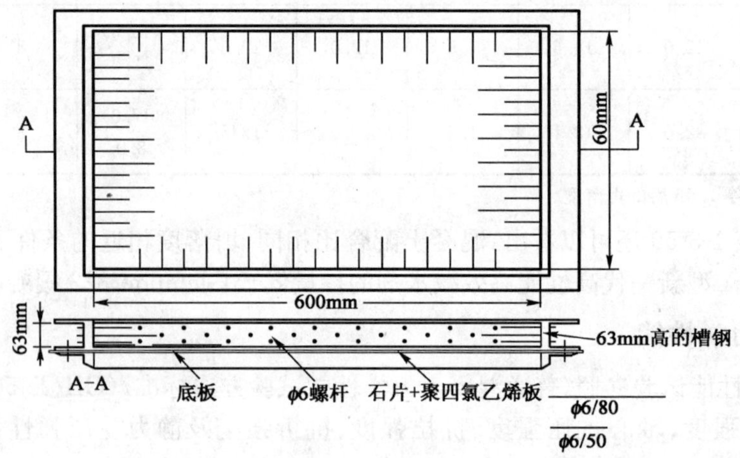

图 1-3-5 混凝土开裂试验模具图

(1)平均开裂面积

$$a=\frac{1}{2N}\sum_{i=1}^{N}W_i \cdot L_i \quad (\text{mm}^2) \tag{1-3-1}$$

(2)单位面积的总开裂裂缝数目

$$b=\frac{N}{A} \quad (\text{根/m}^2) \tag{1-3-2}$$

(3)单位面积的总开裂面积

$$c=a \cdot b \quad (\text{mm}^2/\text{m}^2)$$

上述式中：W_i——第 i 根裂缝的最大宽度(mm)；

L_i——第 i 根裂缝的长度(mm)；

N——总裂缝数目(根)；

A——试验板面积(0.36m²)。

试件早期抗裂性等级评价准则如下：

(1)仅有非常细的裂纹；

(2)平均开裂面积 $a<10\text{mm}^2$；

(3)单位面积开裂裂缝数目 $b<10$ 根/m²；

(4)单位面积总开裂面积 $C<100\text{mm}^2/\text{m}^2$。

按照上述四个准则，将抗裂性划分为五个等级：

Ⅰ级：全部满足上述四个条件；

Ⅱ级：满足上述四个条件中的3个；

Ⅲ级：满足上述四个条件中的2个；

Ⅳ级：满足上述四个条件中的1个；

Ⅴ级：一个也不满足。

对八组配合比的混凝土试件进行了抗裂性的对比试验，其结果见表1-3-52。从表中可看出，用Shp2～Shp17配合比拌制的混凝土早期抗裂性能好，它们在相应的环境条件下从浇筑起直至24h未开裂；早期抗裂评定等级为Ⅰ级。

混凝土早期抗裂性能的对比试验结果　　表1-3-52

配合比编号	温度(℃)	湿度(%)	裂缝最大宽度(mm)	抗裂性能指标			评定等级
				a(mm²)	b(根/m²)	c(mm²/m²)	
Hp1	28.0	66	0.2	60.50	7.5	453.8	Ⅳ
Shp2	23.0	68	0	0	0	0	Ⅰ
Shp5	31.0	61	0	0	0	0	Ⅰ
Shp10	31.5	64	0	0	0	0	Ⅰ
Shp13	31.5	64	0	0	0	0	Ⅰ
Shp16	27.5	80	0	0	0	0	Ⅰ
Shp17	29.0	78	0	0	0	0	Ⅰ
Shp18	28.5	78	0.15	46.35	5.6	259.6	Ⅳ

注：表中a、b、c为零表示试件在相应环境条件下未开裂。

(七)混凝土长期性能和耐久性能

为满足杭州湾大桥海工防腐蚀混凝土的性能要求，除了按照《普通混凝土长期性能和耐久性能试验方法》进行180d收缩徐变试验外，还增加了Cl^-扩散系数试验。

1. 收缩徐变试验

为了给大桥预应力混凝土提供早期张拉应力损失的资料依据，混凝土试件在标养4d后即移入徐变室，至龄期5d后开始进行收缩徐变试验。表1-3-53给出的为180d龄期的收缩徐变试验的结果。图1-3-6为3种混凝土徐变的对比情况。从表1-3-53和图1-3-6可以看出，掺粉煤灰和磨细高炉矿渣粉的海工耐久混凝土(Shp5、Shp13)与不掺粉煤灰和磨细高炉矿渣粉的海工耐久混凝土(Hp1)相比，前者的180d徐变值小61%～64%；Shp13的收缩值最小，Shp5次之，Hp1的收缩值最大，且早期预应力的施加对混凝土的徐变影响较大，这种变化直接影响预应力的损失及桥面线形的控制。设计部门应对此予以重视。

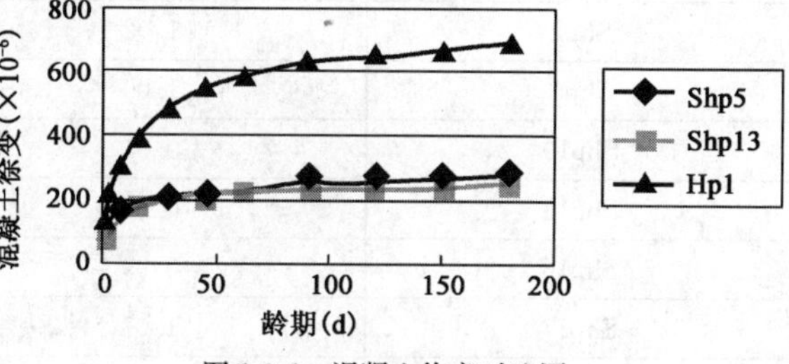

图1-3-6　混凝土徐变对比图

收缩徐变测量结果　　表1-3-53

加载计算龄期(d)	t天龄期收缩值(×10⁻⁶)			徐变加载t天龄期的徐变值(×10⁻⁶)		
	Shp5	Shp13	Hp1	Shp5	Shp13	Hp1
1	10	20	30	100/0.233	60/0.143	140/0.292
3	40	30	50	130/0.302	80/0.190	220/0.458
7	60	40	100	180/0.419	150/0.357	300/0.625
14	150	70	150	190/0.442	170/0.405	380/0.792

续上表

加载计算龄期(d)	t天龄期收缩值($\times10^{-6}$)			徐变加载t天龄期的徐变值($\times10^{-6}$)		
	Shp5	Shp13	Hp1	Shp5	Shp13	Hp1
28	180	100	220	200/0.465	190/0.452	480/1.000
45	220	120	260	210/0.488	200/0.476	540/1.125
60	230	130	290	220/0.512	220/0.524	580/1.208
90	240	140	330	250/0.581	230/0.548	630/1.312
120	280	150	350	250/0.581	230/0.548	650/1.354
150	280	150	360	260/0.605	240/0.571	670/1.396
180	280	160	370	270/0.628	250/0.595	700/1.458

注：数据项的分母为各加载龄期的徐变系数。

2.抗氯离子渗透性能试验

对于海工预应力钢筋混凝土来说，外界氯离子渗入量越少，混凝土中钢筋的腐蚀速度越慢，其结构就越耐久。因此，混凝土抗氯离子的渗透性能是衡量海工预应力钢筋混凝土耐久性的重要指标之一。目前检测混凝土抗氯离子渗透性能的方法有快速法和慢速法。快速法是对混凝土外加一电场，比较在电场作用下氯离子透过混凝土试件的难易程度，来判定混凝土的抗氯离子渗透性能，如ASTM C1202—97、《水运工程混凝土试验规程》(JTJ 270—98)7.9条及混凝土氯离子扩散系数快速测定方法(RCM法)(Rapid Chloride Migration Method of Concrete，Compliance Testing for Probabilistic Design Purposes，The European Union-Brite EuRam III，March 1999)。慢速法是将混凝土试件长期浸泡在NaCl溶液中，定期测定混凝土不同深度的氯离子含量，由此计算混凝土的氯离子扩散系数，再根据氯离子扩散系数的大小，判别混凝土抗氯离子渗透性能；但国内外至今尚无标准的试验方法。

本项目利用最新的RCM法(DuraCrete非稳态电迁移试验方法)检测混凝土Cl^-扩散系数，试验结果见表1-3-54。

Cl^-扩散系数试验结果 表1-3-54

配合比	Cl^-扩散系数($\times10^{-12}m^2/s$)		
	28d	56d	84d
Hp1	3.31	2.56	1.88
Shp2	1.02	0.57	0.38
Shp5	1.00	0.56	0.34
Shp10	0.91	0.51	0.32
Shp13	0.61	0.45	0.29
Shp16	0.99	0.62	0.37
Shp17	1.07	0.54	0.36
Shp18	1.30	0.65	0.43

从表中看出，不掺粉煤灰和矿渣粉的普通混凝土(Hp1)Cl^-扩散系数较大，84d龄期的Cl^-扩散系数为$1.88\times10^{-12}m^2/s$；而掺了粉煤灰和矿渣粉的海工耐久混凝土Cl^-扩散系数很小，28d龄期的Cl^-扩散系数为$(0.85\sim1.30)\times10^{-12}m^2/s$，84d龄期的$Cl^-$扩散系数为$(0.31\sim1.43)\times10^{-12}m^2/s$，仅为前者的1/6。表明掺粉煤灰和矿渣粉的海工耐久混凝土具备优越的抗氯离子侵蚀能力。

掺粉煤灰和磨细矿渣粉的海工耐久混凝土阻碍氯离子渗透作用的机理为：

(1)高效减水剂、粉煤灰及磨细矿渣粉本身的减水作用，使混凝土的水胶比大大降低，提高了混凝土的密实性。

(2)高效减水剂的分散作用和粉煤灰、磨细矿渣粉的“粉末效应”，使水泥颗粒“解絮”，更均匀地分散在混凝土中，水泥水化更充分；另外，粉煤灰及磨细矿渣粉与水泥水化所生成的 $Ca(OH)_2$ 起火山灰反应，使混凝土孔结构细化（混凝土中孔径≤30nm 的无害孔占 69%～87%，≥50nm 的有害孔占 2%～9%），使混凝土更密实。

(3)掺粉煤灰和磨细矿渣粉的海工耐久混凝土内部水泥石能结合和吸附较多的氯离子，使混凝土中能对钢筋起腐蚀作用的游离氯离子浓度减少，氯离子浓度梯度降低，氯离子扩散速度减慢。

第二节　改性沥青 SMA 铺装材料检测

随着我国大跨径斜拉桥和悬索桥的发展，大跨径钢桥面铺装新材料及其检测技术日臻成熟。

作为大跨径钢桥建设的一项关键技术，国外对大跨径钢桥面铺装技术的研究已有近 40 年的历史，积累了不少经验，但已建的许多钢桥面铺装层在服务期内也出现了不同类型的破坏，直接影响了桥梁的使用性能，可以说钢桥面铺装问题仍未得到很好的解决。为此，许多国家投入了大量的人力、物力进行钢桥面铺装的研究。

最早开展钢桥面铺装研究和实践的是德国，随后法国、日本、美国等国家也相继开展了这方面的工作，少数国家（如德国、日本等）还制定了相应的技术规范。这些国家对钢桥桥面铺装层设计主要采用结合材料试验检测的经验设计法。目前国内外大跨径钢箱梁桥桥面铺装已经形成了“三大铺装材料，两种铺装结构”的格局。三种铺装材料主要是改性沥青 SMA、高温拌和浇注式沥青混凝土和环氧沥青混凝土；两种铺装结构是指双层铺装结构与单层铺装结构。表 1-3-55 中列出了国内外部分桥梁的铺装类型及结构。

国内外部分桥梁的铺装类型概况　　表 1-3-55

桥型	桥梁名称	主跨(m)	主梁类型	建成年代	铺装类型
悬索桥	明石海峡大桥(日)	1991	钢桁架	1998	35mm 浇注式(下层)＋30mm 改性密级配沥青混凝土(上层)
	大贝尔特桥(丹)	1624	钢箱梁	1998	浇注式沥青混凝土
	恒文伯大桥(英)	1410	钢箱梁	1981	38mm 浇注式沥青混凝土
	江阴长江大桥(中)	1385	钢箱梁	1999	50mm 浇注式沥青混凝土
	香港青马大桥(中)	1377	钢桁架	1997	38mm 浇注式沥青混凝土
	维拉扎诺桥(美)	1298	钢桁架	1964	50mm 双层环氧沥青混凝土
	金门大桥(美)	1280	钢桁架	1937	50mm 双层环氧沥青混凝土
	Hoga Kusten(瑞典)	1210	钢箱梁	1997	60mm 浇注式沥青混凝土
	宜昌长江大桥(中)	960	钢箱梁	2001	65mm 双层 SMA
	厦门海沧大桥(中)	648	钢箱梁	1999	35mmSMA10(下层)＋30mmSMA13(上层)
	广东虎门大桥(中)	888	钢箱梁	1997	55～60mm 双层改性 SMA
斜拉桥	多多罗大桥(日)	890.9	钢箱梁	1999	35mm 浇注式(下层)30mm 改性密级配沥青混凝土(上层)
	诺曼底大桥(法)	856	钢箱梁	1995	60mm 浇注式沥青混凝土
	南京长江二桥(中)	628	钢箱梁	2000	50mm 双层环氧沥青混凝土
	武汉白沙洲大桥(中)	618	钢箱梁	2000	45mmSMA13(下层)＋35mmSMA10(上层)
	汕头宕石大桥(中)	518	钢箱梁	1999	50mmSMA13(下层)＋35mmSMA13(上层)

其实，高温拌和浇注式沥青混凝土采用的矿料规格及技术要求与改性沥青 SMA 相同，在国外，也有将改性沥青作为高温拌和浇注式混合料的胶结料。所以，本节将根据武汉白沙洲大桥总结资料介绍改性沥青 SMA 铺装材料检测；下节将根据南京长江三桥总结资料介绍环氧沥青混凝土铺装材料检测。

改性沥青 SMA 混凝土铺装层的主要优点是：柔韧性好；抗松散、抗裂能力强；具有良好的耐久性和防水性能；抗塑流和抗永久变形的能力强，不易产生车辙；具有粗糙的表面构造，防滑性能好；没有特殊的施工要求，施工期短，费用较低。其主要缺点是：铺装层较厚（大于 60mm），对集料要求高，保质年限短。

一、铺装结构和铺装材料

武汉白沙洲长江大桥主桥斜拉桥为 50m＋180m＋618m＋180m＋50m 双塔双索面五跨连续钢箱梁与预应力混凝土箱梁混合梁斜拉桥，其中主梁两端分别各有 87m 预应力混凝土箱梁，其余部分为双箱截面钢箱梁。桥面采用改性沥青 SMA 铺装材料。

（一）铺装结构

武汉白沙洲长江大桥斜拉桥，采用双层改性沥青 SMA 铺装结构。斜拉桥全长 1078m，桥面板顶宽 29.00m，行车道宽度 24.608m。中间 904m 钢桥面部分，铺装结构如图 1-3-7 所示。

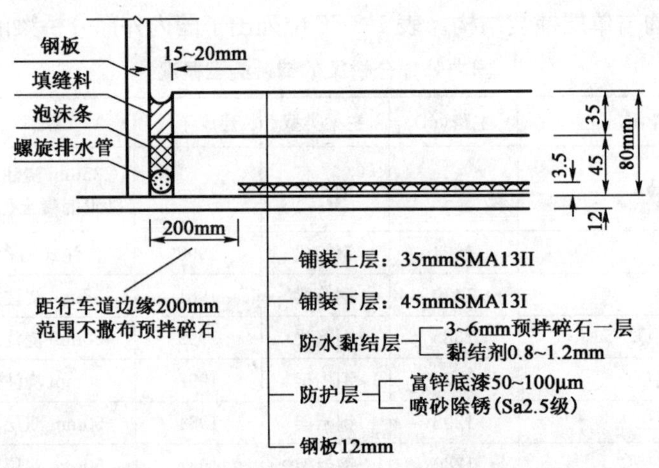

图 1-3-7　钢桥面铺装结构示意图

由钢桥面的喷砂除锈、富锌底漆防护层与防水黏结层组成防水层；防水层同密水性良好的铺装主层及边缘接缝的防水处理及铺装排水系统组成较好的排水系统，保证了桥面钢板不被锈蚀。

铺装层采用了精选的性能优良的双层 SMA 结构，保证了铺装的高温抗车辙、低温抗裂、疲劳抗裂、抗滑、密水和耐久等性能。

防水黏结层保证了铺装层与钢板的结合和共同作用，使层间具有优良的抗剪强度，并在一定程度上将 SMA 与钢板间的点接触改变为面接触。在钢桥面顶宽 29.0m 范围内均洒布 0.8～1.2mm 黏结剂，但只在行车道范围内撒布预拌碎石。

联结板部位铺设加筋玻纤网的细部，如图 1-3-8 所示。

在纵向腹板位置处的锯缝处理，如图 1-3-9 所示。

斜拉桥两端各 87m 混凝土梁体上的沥青铺装，采用与钢桥面上完全相同的双层改性沥青 SMA 铺装方案。但混凝土桥面铺装不采用钢桥面板上的防水黏结层，而采用乳化改性沥青黏层，在混凝土基面上洒布乳化改性沥青，洒布量为 0.8～1.2kg/m²，其上不撒布细碎石。如图 1-3-10 所示。

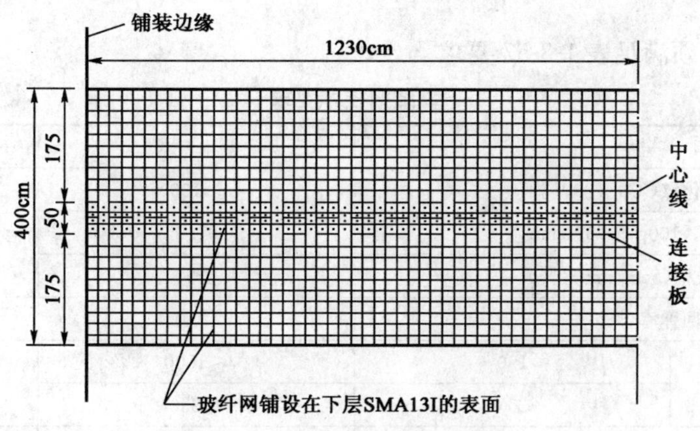

图 1-3-8　玻纤网铺设位置示意图

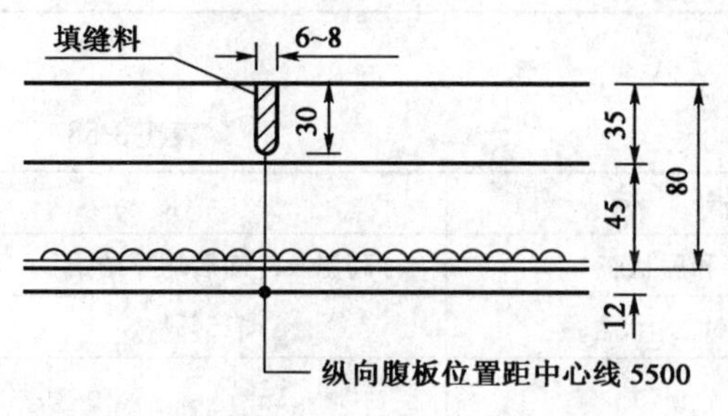

图 1-3-9　纵向腹板位置锯缝处理(尺寸单位:mm)

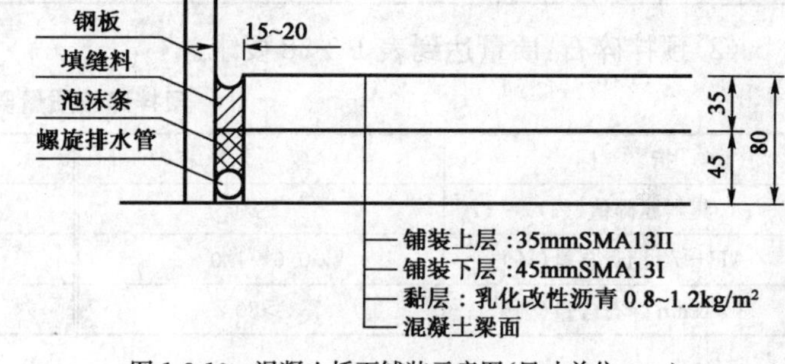

图 1-3-10　混凝土桥面铺装示意图(尺寸单位:mm)

(二)铺装材料

1. 防护漆

防护漆采用溶剂型无机富锌底漆，其技术要求，如表 1-3-56 所示。

无机富锌底漆技术要求　　表 1-3-56

技术指标		要求
生产厂家提供质检报告(参考指标)	漆面	平光
	颜色	金属灰色
	色号	1984
	体积固含量	64%
	理论涂布率	12.8m²/L(膜 50μm 计)
	闪点	14℃
	密度	2.65kg/L
	指干(20℃)	30min
	完全固化(℃)	24h
	挥发性有机合物含量(V、O、C)	535g/L
	储存期(25℃)	6 个月
检查	状态	无液体胶化或施工前胶化现象
	与钢板结合力	≥5.0MPa

2. 防水黏结层材料

防水黏结层为在经除锈后的钢桥面板上喷洒 0.8～1.2kg/m² 的黏结剂并在其上撒布压入一层预拌碎石构成。防水黏结层具有黏结防护钢板与铺装层的作用，防护钢板与铺装层良好的结合是通过防水黏结层来实现的。防水黏结层使铺装层在钢桥面上不产生滑移或流动，是桥面铺装成败的关键因素之一。防水黏结层不透水，在低温条件下不开裂，具有一定柔性，在 70℃的高温条件亦同防护钢板间保持良好的抗剪强度。

(1)黏结剂:性能必须满足表1-3-57要求。

黏结剂技术要求 表1-3-57

指标		要求	试验方法
软化点(℃)		≥100	JTJ 052—93
针入度(25℃,100g,5s)0.1mm		≤30	
5℃扯断伸长率(5cm/min)(%)		≥50	
25℃回弹率(%)		≥50	TL-PMB Teil 1
黏度(cst)	190	≤1500	ASTM D2170
	220℃	≤350	
闪点(℃)		>270	JTJ 052—93
与桥面铺装黏附力(25℃)MPa		≥1.2	参照日本本四桥

(2)预拌碎石:质量达到表1-3-58要求。

预拌碎石质量要求 表1-3-58

指标	要求	指标	要求
集料压碎值(%)	<20	拌和后状态	高温及冷却后均不结团
AH—70沥青含量(%)	0.6～1.0	集料针、片状含量	<15%
3～6mm碎石含量(%)	>80		

3. SMA铺装层材料

(1)改性沥青

武汉地区夏季炎热,最高气温达到42.2℃,冬季较寒冷,最低气温达－17.3℃。根据虎门大桥钢桥面温度检测结果推测,武汉地区钢桥面沥青铺装温度将达75℃或更高,而最低铺装温度亦将接近最低气温－17℃。武汉属我国最炎热地区之一,钢桥面沥青铺装的高温抗车辙,应为需要解决的主要问题。据调查和预测,白沙洲大桥交通荷载十分繁重,而且大型车比例很大,占41%。因此钢桥面铺装在交通荷载作用下的疲劳开裂,是另一个需要解决的重要问题。

按照美国Superpave结合料规范,结合武汉地区的最高最低气温情况,道路改性沥青性能等级应为PG82—28级,即改性沥青应能满足高温82℃和低温－28℃的性能要求。

PG82—28级改性沥青的流变力学性能,应满足表1-3-59的要求。

PG82-28级改性沥青性能要求 表1-3-59

性能指标	试验温度	要求	试验方法
原样改性沥青			
黏度(Pa·s)	135℃	≤3.00	ASTM D4402
动态剪切,$G*\sin\delta$(kPa)	82℃	1.00	AASHTO TP5
RTFO残留改性沥青			
质量损失(%)		≤1.00	AASHTO T240
动态剪切,$G*\sin\delta$(kPa)	82℃	≥2.20	AASHTO TP5
PAV残留改性沥青(老化温度100℃)			
动态剪切,$G*\sin\delta$(kPa)	31℃	≤5000	AASHTO TP5
蠕变劲度S(kPa),m值	－18℃	≤300 ≥0.30	AASHTO TP1
直接拉伸破坏应变	－18℃	≥1.0%	AASHTO TP3

PG82-28 级改性沥青还应满足表 1-3-60 所示常规指标要求。与集料的黏附性达到 4 级以上。

改性沥青常规指标要求　　　表 1-3-60

指　标		要　求	试 验 方 法
针入度(25℃,100g,5s)(0.1mm)		30～50	JTJ 052—93
软化点(℃)		≥80	
延度(5℃,5cm/min)(cm)		≥20	
黏度	60℃(泊)	≥40000	ASTM D2127
	200℃(cst)	≤300	ASTM D2170
针入度指数 PI		≥1.0	JTJ 052—93
回弹率(25℃,20mm,30min)		≥90%	TL-PMB Teil 1
闪点(℃)		≥230	
溶解度(%)		≥99	
TFOT 残留物(180℃,2.5h)	质量损失(%)	≤1.0	JTJ 052—93
	针入度比(25℃)(%)	≥65	
	延度(5℃)(cm)	≥15	
	回弹率	≥80%	

(2)集料

要求采用耐磨、抗滑、洁净的不吸水石料，粗细集料 100%轧制，颗粒形状要求为立方体。集料必须满足以下标准：

①粗集料

洛杉矶磨耗率(LA)　　最大 30%

石料磨光值(PSV)　　最小 42%

扁平细长颗粒

3∶1　　最大 15%

5∶1　　最大 5%

坚固性　　最大 12%

>4.75mm 颗粒

应至少有一个破裂面　　最小 100%

二个破裂面　　最小 90%

吸水率　　最大 2%

对沥青的黏附性　　最小 4 级(要求结合料中加抗剥剂)

视密度　　最小 2.6t/m^3

水洗法<0.075mm 颗粒含量　　最大 1%

软石含量　　最大 1%

②集料分级

为达到 SMA 沥青混合料要求的级配，并保证 SMA 混合料生产过程中配合比的准确度和一致性，使混合料质量始终稳定如一，必须对集料实行严格分级。分级集料的粒径必须满足表 1-3-61 要求，经碎石场轧制，筛选，并检验合格后，方可运至沥青厂拌场地分级堆放。

分 级 集 料 要 求　　　表 1-3-61

编　号	粒径(mm)	规　格
1	9.5～16.0	>13.2mm 和<9.5mm 的数量均≤10%
2	4.75～9.5	>9.5mm 和<4.75mm 的数量均≤10%
3	2.36～4.75	>4.75mm 和<2.36mm 的数量均≤10%
4	<2.36	>2.36mm 数量≤10%

(3)填料

采用石灰岩磨细粉末，能自由流动，而不结团，塑性指数<4，小于0.075mm含量>75%。回收矿粉用量不得大于矿粉总量的25%。

(4)纤维

纤维用作SMA混合料的稳定剂，采用进口松散型木质素纤维，厂家应提供产品的质检报告。

(5)SMA混合料设计要求

如上所述，铺装层采用双层改性沥青SMA，上下层铺装在高温抗车辙、低温抗裂和疲劳抗裂的性能要求是相同的。但上层铺装必须具有优良的抗滑功能，而下层铺装更侧重于防渗功能。上、下层均采用相同的改性沥青，但集料级配和设计空隙率有所不同，上层设计空隙率为4%，级配较粗；下层设计空隙率为3%。级配稍细。武汉地区夏季酷热，铺装混合料的热稳性应为设计考虑的主要问题，除采用高性能结合料之外，设计结合料含量适当降低，以保证铺装具有足够的热稳性。

①SMA混合料配合之比

上、下层铺装SMA13配合比应满足表1-3-62的要求。

铺装混合料配合比要求 表1-3-62

混合料类型 / 通过率(%) / 筛孔(mm)	下层SMA13 Ⅰ	上层SMA13 Ⅱ
16	100	100
13.2	90～100	90～100
9.5	55～75	50～70
4.75	24～34	20～30
2.36	20～30	16～24
0.6	14～22	12～18
0.3	12～20	10～16
0.075	9～13	8～11
改性沥青含量(%)	5.8～6.8	
纤维(%)	0.3	

②SMA混合料设计参数

见表1-3-63，按双面击实各50次马歇尔试验结果。

SMA混合料设计参数 表1-3-63

设计参数	下层SMA13 Ⅰ	上层SMA13 Ⅱ
Va(%)	3	4
VMA(%)	最小16	最小17
VFA(%)	75～90	70～85
稳定度(kN)	≥6.0	≥6.0
流值(0.1mm)	20～50	20～50
析漏(%)	≤0.3	≤0.3

③SMA混合料性能

SMA混合料的高温抗车辙性能采用70℃时轮辙试验的动稳定度检验；低温抗裂性能采用－10℃时弯曲试验检验；抗水损害性能(含抗冻融性能)采用48h浸水马歇尔试验和AASHTO T283饱水冻融间接抗拉试验进行检验。检验标准如表1-3-64所示。

SMA混合料性能要求

表1-3-64

性能指标	要求	性能指标	要求
车辙试验动稳定度70℃(次/mm)	≥2000	48h浸水马歇尔试验残留稳定度	>80%
-10℃弯曲试验极限应变	$>6\times10^{-3}$	AASHTO T283试验，冻融前后抗拉强度比	>70%

4. 黏层乳化改性沥青

黏层乳化改性沥青用于斜拉桥两端各87m的混凝土梁面，洒布量为0.8～1.2L/m²，以利于SMA铺装层与梁面的结合。乳化沥青用SBS或SBR改性，乳化改性沥青性能要求如表1-3-65。

乳化改性沥青技术指标

表1-3-65

指标		要求	试验方法
1.18mm筛上剩余量(%)		≤0.3	JTJ 052—2000
贮存稳定性(%)	5d	≤5	
	1d	≤1	
黏度C_{25}^{3}(s)		≥16	
蒸发残留物含量(%)		≥55	
残留物性质	针入度(25℃,0.1mm)	40～100	
	延度(15℃,cm) (5℃,cm)	>50 >10	
	软化点(℃)	>50	

5. 玻纤网

玻纤网在跨联结板前后4m范围内沿行车道整个宽度铺设于铺装下层表面上，与下层表面自动黏合。其作用在于加强联结板部位SMA铺装层抵抗车轮动力荷载的能力。采用进口自黏式玻纤网，其技术要求如表1-3-66。

玻纤网技术要求

表1-3-66

指标		要求
抗拉强度(kN/m)	经向	≥1000
	纬向	
弹性模量(kPa)		69×10^{6}
拉断时伸长率(%)		≤4
熔点(℃)		≥1000
背胶		感压性
网孔尺寸(mm)		12.5×12.5
卷宽(m)		1.5
卷长(m)		100
质量(g/m²)		370
材质		玻璃纤维束加固材料

6. 填缝料

在铺装层边缘与检修道之间的预置接缝及纵向腹板部位的锯缝，均需要弹性良好的填缝料灌填。填缝料的技术要求如表1-3-67。

填缝料技术要求 表1-3-67

指标		要求	试验方法
锥针入度(25℃)(0.1mm)		≤90	ASTM D3408 或 3407
流动度(60℃×5h)(mm)		0	ASTM D3408 或 3407
弹性恢复率(25℃)(%)		≥60	ASTM D3408 或 3407
拉伸率(25℃)(%)		≥250	ASTM D3408 或 3407
拉伸试验(伸长5%,3次,−10) 裂口深度(mm)		<6	ASTM D3408
气候老化 (160℃×168h)	25℃弹性率保持(%)	≥80	ASTM D3408
	25℃拉伸率保持(%)	≥65	ASTM D3408

7.螺旋排水管

采用日本进口螺旋排水管，直径18mm，由不锈钢全金属材料制成，有伸缩性及弹性。螺旋排水管设置于铺装边缘预置接缝的底部用以排出渗进铺装层的水分。

二、混合料现场配合设计和试验段的检测

1.原材料性能检测

各种原材料均要材料供应商提供质量检测报告。

对集料、填料、黏结剂、改性沥青、乳化改性沥青均需在现场试验室和(或)送当地质检中心完成检测工作。

对试生产的改性沥青和每批运至现场的改性沥青的针入度、软化点、5℃延度和25℃弹性恢复进行现场检验。

要求对PG82－28级改性沥青进行温度—黏度关系试验，完成135℃和200℃的旋转黏度试验。根据改性沥青0.17±0.02Pa.s和0.28±0.03Pa.s的黏度分别相应确定室内和现场的混合料拌合压实温度范围。

2.拌和装置计量检测

采用适当的现场易于操作的方法对拌和装置的称量系统和冷料仓的上料速度进行检测标定，确认装置计量系统的准确性，以保证混合料生产产品的一致性。

检测标定方法和结果应得到认可。

(1)拌和装置称量系统

下述方法可供参考(也可采用适当的其他方法)：用编织袋分装碎石，每袋重50kg，共20袋，用精度0.1kg磅秤称量。将碎石从热料仓口逐袋投入称料仓中，用拌和袋置计量系统称量碎石重量，应按50kg，100kg，150kg……1000kg累计显示质量，要求拌和装置计算机显示质量与实际碎石质量误差小于1.0%。然后逐袋取出碎石，显示质量应按50kg分级递减。完全取出后显示质量误差应在0±10kg范围内。

填料称料仓和沥青计量系统的精度可按类似方法进行检测，要求误差≤1.0%。

(2)冷料仓上料速度

要求某冷料仓在某一固定开口的情况下，确定上料转速(r/min)与实际上料速度(kg/min)的关系。以保证混合料拌和过程中各冷料仓上料速度准确和混合料级配的一致性。

首先由拌和装置有经验的操作人员初步确定冷料仓放料口的开口大小，并固定该开口尺寸。

对某一冷料仓从额定最低转速到最高转速单独上料 5～10min，用拌和楼计量系统进行称量，从而确定该冷料仓在该开口尺寸情况下，转速与上料速度的关系曲线。对每一冷料仓均应测出转速与上料速度的关系曲线。

根据 SMA 集料的设计配合比(集料级配)确定各冷料仓相应的上料速度，根据上料速度从转速与上料速度的关系曲线查得相应的转速，并按此速度上料，确保上料的准确与平衡。

混合料级配改变时，需要相应同时调整各冷料仓上料速度。

当冷料仓开口尺寸改变时，转速与上料速度的关系曲线必须重新测定。

3. 混合料现场配合比设计

在试验桥面铺装施工前，应完成现场 SMA 混合料试验设计。还应进行相应的性能检验。

现场混合料设计按双面击实各 50 次马歇尔试验法进行。

配合比设计结果应满足表 1-3-62 规定配合比要求。混合料(体积)设计参数应满足 1-3-63 规定要求。混合料性能指标应满足表 1-3-64 检验要求(可在稍后进行)。

现场混合料设计完成后，应进行析漏试验(采用实际拌和温度)，以检验混合料贮存、运输、摊铺过程中的稳定性。如混合料析漏量超过规定，应适当减少改性沥青含量(如减少 0.3%)。

为考虑混合料配合比波动对混合料(体积)设计参数的影响，以混合料设计级配为中值，按 13.2mm、9.5mm 两个筛孔通过率容许偏差±5%，4.75mm，2.36mm，0.6mm，0.3mm 四个筛孔通过率容许偏差±3%和 0.075mm 筛孔通过率容许偏差±2%，确定混合料级配的上下限，此时改性沥青含量不变，进行马歇尔试验；保持设计级配不变，设计改性沥青含量按±3%变化，进行马歇尔试验。检验试验结果是否符合表 1-3-63 混合料设计参数的规定。

根据现场配合比设计结果，进行生产配合比设计。生产配合比以二次筛分后的热料仓材料的级配为基础进行，集料级配与改性沥青用量应力求与现场配合比接近，接着按现场配合比进行 SMA 混合料试生产。

4. 施工组织设计

铺装工程施工组织设计应包括以下内容：

(1)试验段试验设计。

(2)工程进度计划：包括施工段落划分、施工顺序、工序网络图。

(3)材料品种、性能、数量的准备、供应及检验情况。

(4)各种施工机具设备的准备及工况，包括拌和装置计量系统的检测结果。

(5)施工质量检测与管理系统。

(6)管理技术人员组织系统，落实质量责任制。

5. 试验段检测

应在现场铺筑 200 延米试验段，半幅铺筑 SMA13I 型，另半幅铺筑 SMA13II 型。SMAI 型铺筑厚度 40mm，SMAII 型铺筑厚度 35mm，下铺设黏结防水层。每种 SMA 可按室内设计最佳改性沥青含量及比最佳含量小 0.4%各铺 100 延米。在铺筑 SMA 层之前，可在调平层上进行黏结层和玻纤网的试铺工作。可选择非斜拉桥的主桥段落进行。

试验段铺筑在铺装工程正式开工前至少 5d 完成。铺筑试验段的目的为：

(1)检验黏结层的铺筑工艺，包括黏结剂洒布数量的准确性和均匀性，预拌碎石的撒布和压入效果。

(2)检验 SMA 混合料生产工艺，包括填料、纤维的添加工艺，干、湿拌时间，热混合料产品配合比与设计值是否符合，SMA 混合料全额生产的协调性等。

(3)检验 SMA 混合料摊铺工艺，确定两台摊铺机梯形作业适合的厚度控制方法及适合的松铺系数，将摊铺速度调整到 1.0～1.5m/min 的范围，以保证摊铺与压实作业的连续性，避免摊铺机停工待料，影响压实质量。

(4)检验压实工艺，结合冷季施工的特点，混合料冷却很快，抓紧碾压至关重要，一定要在混合料冷却之前压到要求密实度，要求下层 SMA13I 型压实到最大理论密度的 95%以上(空隙率 5%以下)，上层 SMA13II 型压实到 93%以上(空隙率 7%以下)。前者采用振动压实方式，后者采用静态压实方式。

(5)检验玻纤网铺设工艺，采用进口自黏式玻纤网，通过玻纤网的背胶与轮胎压路机碾压，达到与下卧沥青层的黏结，无需洒布乳化沥青黏层。

试验段应进行以下检测：

(1)黏结剂洒布量；

(2)预拌碎石撒布量；

(3)改性沥青性能指标；

(4)混合料取样抽提筛分；

(5)混合料取样马歇尔试验及 Va、VMA、VFA 检测；

(6)压实度试验(核子法与钻孔法)；

(7)平整度；

(8)SMA 表面均匀性与构造深度；

(9)混合料析漏试验；

(10)铺筑厚度及松铺系数。

总之，铺筑试验段是为了检验上述拌和装置的过程控制、铺筑工艺、SMA 的表面形态、压实方法与检测方法，同时有充足时间对混合料配合比、施工工艺及设备进行必要的调整。

试验段完工后，应书面提出试验桥面施工总结及铺装施工工艺的调整改进意见。

三、改性沥青 SMA 铺装施工检测

1. 施工温度检测

桥面铺装 SMA 的玛蹄脂系由高黏度改性沥青、细集料、填料和纤维组成，相当黏稠，而且又在较低的环境温度条件下施工，施工难度很大，因此施工和易性要求混合料必须具有比一般改性沥青 SMA 混合料更高的施工温度。并要求桥面铺装在气温和路床温度均大于 15℃的条件下进行铺筑。

SMA 的施工温度应由改性沥青的黏度—温度曲线确定。以黏度 0.17±0.02Pa·s 相应的温度作为拌和温度；以黏度 0.28±0.03Pa·s 相应的温度作为碾压温度。根据桥面铺装施工经验，高黏度改性沥青 SMA 适合的施工温度范围如表 1-3-68 所示。

改性沥青 SMA 铺装施工温度规定　　表 1-3-68

工 序 温 度	温度要求(℃)	量 测 部 位
成品改性沥青加热温度	180～190	贮罐
集料加热温度	200～230	热料提升斗
混合料出料温度	190～200	运料车
混合料最高温度	≤210	运料车
混合料储存温度	降低≤10	储存罐及运料车
摊铺温度	180～190	摊铺机
碾压起始温度	175～185	摊铺层内
碾压终结温度	140 以上	碾压层内

以上摊铺和碾压温度应用改性沥青黏度—温度曲线校核。

沥青混合料温度应采用具有金属探测针的插入式数显温度计量测。在运料车上量测时宜在车箱侧板下方打一小孔插入不少于 15cm 量取。碾压温度可用金属改锥分几次在桥面上打孔插入量测。

2. SMA 混合料生产检测

SMA 混合料生产中应作如下检测：

(1)成品改性沥青性能检测：厂家应提供每罐成品改性沥青性能检测报告；施工单位对针入度(25℃)、软化点、5℃延度、回弹率(25℃)显微观察，每 50t 成品料检测一次。

(2)集料性能：洛杉矶磨耗值、压碎值、磨光值、视密度、颗粒形状、分级集料粒度。

(3)级配(冷料上料速度及热料仓二次级配)。

(4)矿粉添加量。

(5)纤维添加。

(6)拌和温度与拌和时间。

(7)沥青用量。

(8)储存时间。

3. 改性沥青 SMA 铺装施工检测

武汉白沙洲长江大桥改性沥青 SMA 铺装施工，检测工作项目、指标、频度以及工程质量要求见表 1-3-69。

武汉白沙洲桥改性沥青 SMA 铺装施工检测项目 表 1-3-69

项　目	检测指标	质量要求	检测频度
喷砂除锈	光洁度	≥Sa2.5 级	10 点/节段
	粗糙度	40～100μm，个别值最大 100μm	
涂装	干膜厚度	50～100μm，个别值最大 150μm	10 点/节段
	附着力	>5.0MPa，个别值最小 4.0MPa	3 点/节段
防水黏结层	黏结剂厚度	0.8～1.2mm 个别值最大 1.5mm	6 点/施工段
	外观	细碎石分布均匀，黏结牢固，基本无浮粒	随时
	层间结合力	实测记录	2 点/施工段
SMA 混合料及铺装层	施工温度	符合表 1-3-68 要求	1 次/车
	集料级配	通过下列筛孔百分率与设计值偏差厂拌取样： 13.2，9.5mm　±5% 4.75，2.36，0.6，0.3mm　±3% 0.075mm　±2%	每层每施工段 2 次
	油石比	与设计值的容许偏差 厂拌取样：±0.3% 桥面钻孔取样：±0.4%	
	空隙率	厂拌取样：下层 2%～4%，上层 3%～5% 桥面钻孔取样：下层 3%～5%，上层 4%～7%	
	饱和度	上层 70%～85%，下层 75%～90%	
	铺装厚度	上层 35～38mm，下层 42～47mm 总厚度 80mm±8mm	
	构造深度	≤1.0mm	5 次/施工段
	平整度(3m 直尺最大间隙)	≤6.0mm 或 3+1.5σ(σ 为标准差)	沿车道纵向连续量测
	铺装层外观	粗糙均匀，无明显油斑、轮迹	随时
	施工缝	紧密、平整、顺直	随时
	渗水试验	倒水观察，基本不透水 渗水仪测定，实测记录	随时 2 次/施工段

第三节　环氧沥青混凝土铺装材料检测

环氧沥青是将环氧树脂加入沥青中，经与固化剂发生固化反应，形成不可逆的化合物，这种材料从根本上改变了沥青的热塑性质，并赋予沥青优良的物理力学性质。普通的沥青混凝土是热塑性聚合物，在温度升高时会变软，以致无法承受交通荷载的重复作用与推挤。而环氧沥青混凝土结合料是热固性聚合物，在固化后不会流淌。用环氧沥青拌制的沥青混凝土，其性能比普通沥青混凝土优异得多。

环氧沥青混凝土铺装层主要优点是：强度高；高温时抗塑流和永久变形能力强，低温抗裂性能好；具有极好的抗疲劳性能；具有高度的抵抗化学物质（包括溶剂、燃料和油）侵蚀的能力。其主要缺点是：环氧沥青混合料的配制工艺比较复杂，施工中对时间和温度要求十分严格，施工难度大；环氧沥青价格较高；相关技术资料在国外多属专利产品。

本节将依据南京长江三桥环氧沥青混凝土钢桥面铺装工程总结资料，介绍环氧沥青混凝土铺装材料检测。

一、南京三桥钢桥面铺装结构及其技术标准

（一）铺装结构

南京三桥铺装分行车道与中央分隔带两部分进行设计，分别采用环氧沥青混凝土和 AC－5I 型沥青混凝土进行铺筑。

1. 行车道铺装

南京三桥钢桥面铺装的行车道采用“2.5cm＋2.5cm”的双层环氧沥青混凝土方案，铺装上下层之间、铺装下层与钢桥面板之间均用环氧沥青作为黏结层。南京三桥钢桥的桥面铺装体系中不再设专门的防水层，黏结层与钢板防锈漆担负了钢桥面板防水的功能。具体结构如图 1-3-11 所示。

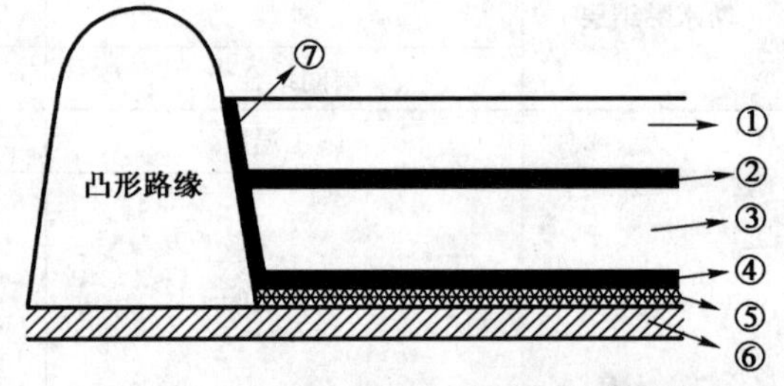

图 1-3-11　行车道环氧沥青混凝土铺装结构

①铺装上层：环氧沥青混凝土（2.5cm）；②黏结层：环氧沥青（0.45 L/m²）；③铺装下层：环氧沥青混凝土（2.5cm）；④黏结层：环氧沥青（0.68L/m²）；⑤富锌防锈层（60～80μm）；⑥Q345D 钢桥面板（14mm 或 16mm）：喷砂除锈（Sa2.5 级）；⑦边侧防水涂层：环氧沥青

2. 中央分隔带铺装

中央分隔带钢板表面喷砂除锈光洁度达到 Sa2.5 级、粗糙度 40～80μm 后，喷涂 60～80μm 环氧富锌漆，然后在其上涂布 0.3～0.6L/m² 环氧沥青黏结层，并采用 AC－5I 型沥青混凝土封闭，厚度 5cm，最后在其上表面贴一层 2cm 防水彩色橡胶板。

（二）技术标准

针对南京三桥大交通、重车多、夏季高温等特点，参照南京长江二桥的成功经验，制定了南京三桥钢桥面铺装结构技术标准，如表 1-3-70 所示。

钢桥面铺装结构技术标准　　表 1-3-70

技术指标	试验条件	技术要求
动稳定度（次/mm）	60℃，0.7MPa，60min	≥3000
	70℃，0.7MPa，60min	≥2000
60min 车辙深度（mm）	60℃，0.7MPa	≤2.00
	70℃，0.7MPa	≤2.00

续上表

技术指标	试验条件	技术要求
黏结层黏结强度(MPa)	0℃	≥2.75
	23℃	≥2.75
	60℃	≥1.75
防腐涂装附着强度(MPa)	0℃/20℃/60℃	≥6.00
混合料低温极限弯曲强度(MPa)	−15℃,1mm/min	≥10.0
混合料低温极限弯曲应变(10^{-3})	−15℃,1mm/min	≥2.0
摩擦系数(BPN)	室温,湿润	≥45
复合梁高温超载疲劳作用次数(万次)	60℃,7kN,10Hz	≥2000
	60℃,8kN,10Hz	≥2000
复合梁变温荷载疲劳作用次数(万次)	0℃/25℃/60℃, 5kN/6.5kN,10Hz	≥2000

二、钢桥面环氧沥青混凝土铺装室内试验检测

(一)室内试验检测

由于南京三桥设计交通量大,载重汽车的比重大,这对桥面铺装提出了更高的要求。为改善铺装结构的抗疲劳性能以及铺装层与钢板间的黏结性能,提高环氧沥青混凝土铺装的高温性能与抗超载车辆性能,就南京三桥环氧沥青混凝土铺装试验方案进行了多次论证,最终形成南京三桥正交异性钢桥面铺装试验规程。试验研究的内容及流程见表1-3-71和图1-3-12。

室内试验一览表　　表1-3-71

试验名称	试验条件	试验要求	备注
南京长江二桥疲劳试验的延续	5kN,10Hz,60℃	破坏或者2000万次	包括劲度模量试验
马歇尔稳定度试验	60℃固化		在121℃条件下固化4h
	70℃固化		
	60℃未固化		
类型ID和IF的黏结层拉拔试验	在121℃固化6h,每个试件3～5个圆柱头,试验温度为60℃	破坏	用于ID和IF间的比较
新系列的疲劳试验	60℃,7kN,8kN,10Hz	破坏或者2000万次	采用ID型黏结料
模量试验	0℃,20℃,70℃,5kN		
极限荷载试验	20℃	破坏	采用ID型黏结料
疲劳试验后的拉拔试验	60℃,每个试件3～4个拉头	破坏	和任务3相比较
不同油石比的超载疲劳试验	10Hz,8kN,20℃	破坏	基本油石比
变温变荷载循环的疲劳试验	10Hz;0℃、25℃、70℃; 5kN、6.5kN	2000万次或者破坏	

从表1-3-71可知,南京三桥钢桥面环氧沥青混凝土铺装室内试验包括有南京长江二桥疲劳试验的延续等九项试验,但因本篇为工程材料检测,所以仅对其原材料试验检测作介绍,其他内容可参考有关参考文献。

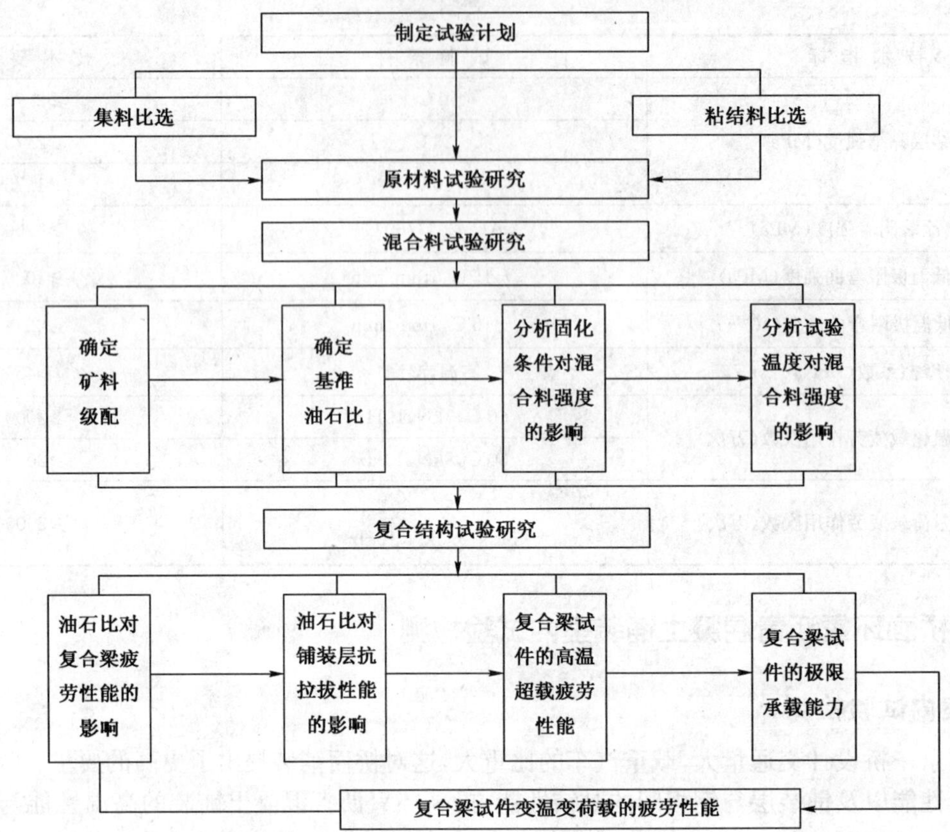

图 1-3-12　南京三桥钢桥面铺装试验研究工作流程

(二)集料检测

1. 粗、细集料检测

根据南京长江二桥及润扬大桥钢桥面铺装研究成果，环氧沥青混合料的粗、细集料均采用由玄武岩轧制而成的集料。集料应洁净干燥，表面 100% 为破碎面，形状以近似立方体为主，其性能应符合表 1-3-72的技术要求。

南京三桥环氧沥青混凝土铺装用集料技术指标　　表 1-3-72

技术指标	试验方法	钢桥面铺装要求
洛杉矶磨耗损失(100 转后)(%)	ASTM C131	≤7
洛杉矶磨耗损失(500 转后)(%)	ASTM C131	≤22
砂当量(%)	ASTM D2419	≥60
磨光值(BPN)	ASTM D3319	≥44
针片状颗粒含量(%)	ASTM D4719	≤5
视密度(g/cm³)	T0304—94	≥2.80

结合许多重点工程的经验，确定选取句容方山、句容花山、金坛花山等三处料源的玄武岩集料、石料进行对比试验，试验结果列于表 1-3-73。

玄武岩石料试验结果　　表 1-3-73

料　源	句容花山	句容方山	金坛花山
洛杉矶磨耗值(%)	15.0	12.6	10.6
压碎值(%)	10.4	11.3	8.6
磨光值(%)	47	50	52

续上表

料　源	句容花山	句容方山	金坛花山
吸水率(%)	0.8	0.9	1.0
表观密度(g/cm³)	2.958	2.968	2.995
抗压强度(MPa)	—	112	138

以洛杉矶磨耗试验为主，综合考虑集料的其他试验指标，最后确定使用由金坛花山玄武岩轧制而成的集料。金坛花山玄武岩集料的技术性能见表1-3-74，各级集料的筛分结果见表1-3-75。

金坛花山玄武岩集料的试验结果　　表1-3-74

技术指标	试验结果	技术要求
洛杉矶磨耗损失(100转后)(%)	2.4	≤7
洛杉矶磨耗损失(500转后)(%)	10.6	≤22
砂当量(%)	83	≥60
磨光值(BPN)	52	≥44
针片状颗粒含量(%)	13.2～9.5:2.65 9.5～4.75:3.95	≤5
视密度(g/cm³)	2.995	≥2.80

各种矿料的筛分结果　　表1-3-75

筛孔尺寸(mm)		13.2	9.5	4.75	2.36	1.18	0.6	0.3	0.15	0.075	表观密度(g/cm³)
各种矿料的通过百分率(%)	1号料	100	1	0							2.975
	2号料	100	99.8	0.2	0.1	0					2.969
	3号料		100	99.5	1.7	0.1	0				2.942
	4号料			100	92.9	27.4	0.3	0.1	0		2.935
	5号料					100	97.4	52.5	24.6	6.4	2.916
	6号料						100	99.6	91.7	76	2.858
	矿粉							100	95	85	2.734

2. *矿粉检测*

矿粉应由石灰石磨制而成，其碳酸钙含量应不低于90%，并且不含石灰等活性成分，石灰石矿粉应满足表1-3-76所示的技术要求。

矿粉的技术性质与技术要求　　表1-3-76

技术指标		技术要求	试验方法
表观密度(g/cm³)		≥2.5	T0352—2000
亲水系数		≤1	T0353—2000
含水率(%)		≤0.2	T0343—2000
加热安定性		不变质	T0355—2000
粒度范围	0.3mm(%)	≥90	T0351—2000
	0.15mm(%)	—	
	0.075(%)	≥80	

根据已取得的研究成果及其他工程的使用情况，经研究矿粉选用南京六合产石灰石矿粉，实测矿粉技术性质见表1-3-77。

矿粉的技术性质与技术要求

表 1-3-77

技术指标		试验结果	技术要求
表观密度(g/cm^3)		2.734	≥2.5
亲水系数		0.45	≤1
含水率(%)		0.17	≤0.2
加热安定性		不变质	不变质
粒度范围	0.3mm(%)	100	≥90
	0.15mm(%)	99.8	—
	0.075mm(%)	97.1	≥80

3.环氧沥青结合料检测

环氧沥青结合料采用与南京长江二桥相同的半成品环氧沥青，该产品包括A、B两组分。为与黏结料的环氧沥青B组分相区别，用于结合料的B组分编号为B_v，用于黏结料的B组分编号为B_{ID}。

组分A为由双酚A和表氯醇经反应得到的液态双环氧树脂，其技术要求与试验结果见表1-3-78。

组分A技术要求与试验结果

表 1-3-78

技术指标	试验结果	技术要求	试验方法
黏度(25℃)(cP)	137	100～160	ASTM D445
环氧当量(含1g环氧的材料克数)	190	185～192	ASTM D1652
颜色/加德纳(Gardner)	2	≤4	ASTM D1544
含水率(%)	0.01	≤0.05	ASTM D1744
闪点(COC)(℃)	220	≥200	ASTM D92
相对密度	1.165	1.16～1.17	ASTM D1475
外观	透明琥珀状	透明琥珀状	目视

组分B为石油沥青与环氧树脂固化剂组成的匀质合成物，它不含任何不可溶物质和污染物。组分B_v的技术要求与试验结果见表1-3-79。

组分B_v的技术要求与试验结果

表 1-3-79

技术指标	试验结果	技术要求	试验方法
酸值(KOH每克)(mg)	56.2	40～60	ASTM D664
闪点(COC)(℃)	220	≥200	ASTM D92
含水率(%)	0.01	≤0.05	ASTM D95
黏度(100℃,100转/分)(10^{-3}Pa·s)	160	≥140	ASTM D2041
相对密度(20℃)	1.001	0.98～1.02	ASTM D1475
颜色	黑	黑	目视

A与B两组分按比例混合并在一定条件下固化可得到环氧沥青结合料。由组分A与组分B_v所制备的环氧沥青结合料的技术要求及具体性能见表1-3-80。

环氧沥青结合料技术指标

表 1-3-80

技术指标	试验结果	技术要求	试验方法
抗拉强度(20℃)(MPa)	1.76	≥1.52	ASTM D638
断裂时的延伸率(20℃)(%)	282	≥200	ASTM D638
热固性(300℃)	不熔化	不熔化	小试件放在热钢板上
浸耗率(20℃)(%)	6	≤35	
吸水率(7d,20℃)(%)	0.18	≤0.3	ASTM D570
在荷载作用下的热挠曲温度(℃)	−22	−18～−25	ASTM D648
黏度增至1Pa·s(1000cP)(121℃)的时间(min)	84	≥50	JTJ 052—2000

4. 环氧沥青黏结料检测

为适应南京三桥钢桥面铺装黏结强度的技术要求，选择两种环氧沥青黏结料以供比较。黏结层的比选试验以拉伸试验与拉拔试验为主，综合考虑施工操作性与工程应用情况。

(1)环氧沥青黏结料拉伸试验

制作如图 1-3-13 所示的环氧沥青拉伸试件，然后在拉力试验机上将试件的两端夹住，夹具以 500mm/min±5mm/min 的速度匀速分离，直至断裂。测量试件工作部分拉伸到断裂时的负荷和延伸值，根据下式计算抗拉强度和断裂延伸率。

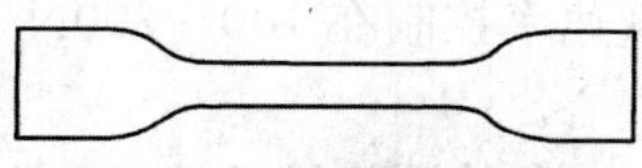

图 1-3-13　拉伸试验哑铃形试件

抗拉强度按下式计算：

$$p=\frac{P}{S} \tag{1-3-3}$$

式中：p——抗拉强度(MPa)；

P——断裂时的负荷(N)；

S——试件的截面积(mm^2)。

断裂延伸率按下式计算：

$$\varepsilon=\frac{L_1-L}{L} \tag{1-3-4}$$

式中：ε——断裂延伸率(%)；

L_1——试件断裂时的标距(mm)；

L——试件初始标距(mm)。

室温条件下用做黏结料的两种环氧沥青拉伸试验结果见表 1-3-81。由表 1-3-81 可见，两种环氧沥青黏结料的拉伸强度与断裂延伸率均较好，而类型 IF 的拉伸强度比类型 ID 高出 25%，断裂延伸率则比后者高出近 10%。

两种环氧沥青黏结料的拉伸试验结果　　表 1-3-81

试件编号		拉伸强度(MPa)	平均值/偏差系数(MPa/%)	断裂伸长率(%)	平均值/偏差系数(%/%)
类型 ID	TBID—1	11.46	11.91/3.1	220	220/0
	TBID—2*	8.99		200	
	TBID—3	12.26		220	
	TBID—4	12.14		220	
	TBID—5	11.77		220	
类型 IF	TBIF—1	12.89	12.89/8.7	230	230/0
	TBIF—2	14.71		230	
	TBIF—3	15.12		230	
	TBIF—4	16.46		230	
	TBIF—5	15.33		230	

注：* 该试件的断裂面上存在小气孔，其值剔除。

(2)黏结层拉拔试验

拉拔试验按图 1-3-14 所示的方式进行。具体试验步骤如下：

①按照与实桥相同工艺对钢板进行防腐涂装处理。

②制备环氧沥青黏结料并按照材料供应商推荐的黏结层类型与洒布率均匀涂刷黏结料。

③在涂刷过黏结料的钢板上等间距地放置 5 个拉头，紧紧压住拉头并尽可能排除拉头与钢板间的气泡。应预先对拉头进行喷砂处理以使其表面粗糙度达 0.038mm。

④将带拉头的钢板放入烘箱，按规定的养护条件固化环氧沥青黏结料。

⑤将黏结料已固化的钢板试件放入60℃的恒温烘箱中保温4～6h，使用中间有凹孔的液压千斤顶进行60℃下的拉拔试验，加载速率控制在100～200N/s。试验过程中应避免拉头和拉杆间的偏心。

⑥检测拉拔后的每个拉头表面，并且估计钢板上黏合破坏、黏结力丧失黏结层厚度范围内的内聚破坏以及拉头表面的黏合破坏的面积百分率。

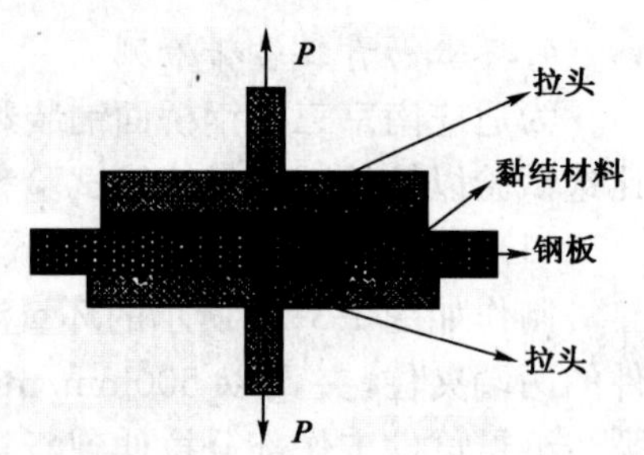

图1-3-14 黏结层拉拔试验示意图

⑦记录拉拔荷载(kN)，再除以拉头面积可得黏结强度值(MPa)。

60℃条件下两种环氧沥青黏结料的拉拔试验结果见表1-3-82。

两种黏结料拉拔试验结果 表1-3-82

试件编号		黏结强度(MPa)	平均值/偏差系数(MPa/%)	试件编号		黏结强度(MPa)	平均值/偏差系数(MPa/%)
类型ID	PBID-1	2.2	2.4/8.6	类型IF	PBIF－1	2.8	3.0/9.7
	PBID－2	2.5			PBIF－2	3.3	
	PBID－3	2.6			PBIF－3	2.8	
	PBID－4*	1.4			PBIF－4*	1.5	

注：*拉头黏结不牢，其值剔除。

由表1-3-82可见，2种环氧沥青黏结料与钢板的黏结强度均较高，而类型IF与钢板的黏结强度比类型ID高出25%。由于所有试件均为拉头与黏结层脱开，因此两种黏结料与钢板的实际黏结强度应高于所测试数据。

从拉伸试验与拉拔试验结果看，类型IF的性能优于类型ID。从两者的材料组成看，类型IF中A、B两组的比例为1:2.89，类型ID中A、B两组分的比例则为1:4.45，也即类型IF中环氧树脂组分含量约为ID的1倍；从二者的固化条件看，120℃条件下IF需要保持6h才能完成固化，而同等温度条件下类型ID的固化时间仅为IF的67%。

经对黏结层的比选及检测，确定南京三桥的黏结料采用类型ID的环氧沥青。

5.防腐涂装材料检测

钢桥面防腐涂装体系主要包括铅系防腐涂装体系、重防腐涂装体系两种。铅系防腐涂装体系是指以铅系防腐涂料为主体以富锌涂料为底漆的防腐系统，我国的铁路桥梁及早期的公路桥梁大都采用了“红丹防锈漆＋灰云铁醇酸面漆”的铅系防腐体系。该体系施工简单易行，费用较低，但耐久性较差，并且施工强度大，不符合环保技术要求，目前已经基本不再采用。重防腐涂装体系是指以富锌涂料为底漆，使用氯化橡胶等合成树脂涂料的涂装系统。该涂装系统与钢板的黏结力强，具有长达20～30年耐候使用期。目前国内采用的重防腐涂装系统大致有如下3个方案：

方案一：环氧富锌底漆＋环氧云铁中间层＋丙烯酸聚氨酯面漆(或氯化橡胶面漆)；

方案二：无机富锌底漆＋环氧云铁中间层＋丙烯酸聚氨酯面漆；

方案三：热喷金属锌(铝)＋环氧云铁中间层＋丙烯酸聚氨酯面漆。

(1)涂装比选方案

南京长江二桥、江阴大桥与润扬大桥均采用了环氧富锌漆涂装，武汉白沙洲大桥采用了无机富锌漆涂装，武汉军山大桥则采用类似方案三的涂装，但未进行封孔处理。根据已取得的研究成果及以上几种防腐涂装在实际工程中的使用状况，确定重点对环氧富锌漆与热喷金属锌进行对比研究，比选方案见表1-3-83。

防腐涂装比选方案　表 1-3-83

涂 装 方 案	干膜厚度(μm)	涂 装 方 案	干膜厚度(μm)
电弧喷锌、不封孔	150	环氧富锌漆	60～80
电弧喷锌、封孔	150		

(2)试验检测

为比较热喷金属锌防腐涂装方案与环氧富锌漆防腐涂装方案的优劣,分别对喷锌钢板与喷环氧富锌漆的钢板进行以下对比试验研究:封孔漆的热稳定性试验;防腐涂装拉拔试验。

①耐热性试验检测

封孔漆的耐热性试验考察高温对封孔漆影响,试验温度根据铺装施工时可能出现的高温确定,试验方法参照《漆膜耐热性测定法》(GB 1735—89)和《漆膜老化(人工加速)测定法》(GB 1865—89)。试验时,将两块钢板置于 240℃环境中,30min 后将试件拿出并让其自然冷却。对比未加热封孔漆试件,观察表面漆膜的颜色变化,同时用小金属棒轻轻敲击加热与未加热封孔漆试件,观察封孔漆有无脱落掉漆现象。从试验结果看,未受热的封孔漆试件略呈青色,而受热的封孔漆试件明显发黄,两种试件用小金属棒轻轻敲击均出现漆膜脱落现象,且受热试件漆膜脱落比较明显,表明这种封孔漆的热稳定性差。

②防腐涂装拉拔试验检测

不涂封孔漆的喷锌层与钢板的拉拔试验结果见表 1-3-84。喷锌层与钢板的附着力在3.8～4.0MPa 之间,平均附着力为 3.91MPa。所有试件的破坏面均在喷锌层与钢板之间,喷锌层被完全拉脱,并且被拉脱的喷锌层断面形状大致呈圆形。

不涂封孔漆的喷锌钢板拉拔试验结果　表 1-3-84

试 件 编 号	附着力(MPa)	技术要求(MPa)	破坏面描述
1	3.9	≥6.0	喷锌层与钢板之间拉脱
2	4.0		喷锌层与钢板之间拉脱
3	3.8		喷锌层与钢板之间拉脱
4	3.9		喷锌层与钢板之间拉脱
5	3.9		喷锌层与钢板之间拉脱
6	4.0		喷锌层与钢板之间拉脱

涂封孔漆的喷锌钢板拉拔试验结果见表 1-3-85。结合表 1-3-84 的试验结果可见,涂封孔漆之后,虽然破坏面仍然位于喷锌层与钢板之间,但此时的附着力普遍有所降低,在 3.4～3.7MPa 之间变化,平均附着力为 3.52MPa,比不涂封孔漆的喷锌层与钢板的附着力低出近 10%。涂封孔漆的钢板用小木棒轻轻敲击就会出现漆膜脱落现象,高温加热后,漆膜颜色变黄,表明该封孔漆在高温条件下的热稳定性差。

涂封孔漆的喷锌钢板拉拔试验结果　表 1-3-85

试 件 编 号	附着力(MPa)	技术要求(MPa)	破坏面描述
1	3.61	≥6.0	喷锌层与钢板之间拉脱
2	3.47		喷锌层与钢板之间拉脱
3	3.58		喷锌层与钢板之间拉脱
4	3.51		喷锌层与钢板之间拉脱
5	3.44		喷锌层与钢板之间拉脱
6	3.51		喷锌层与钢板之间拉脱

环氧富锌漆与钢板间的拉拔试验结果见表 1-3-86。除一个试件因没有黏结牢固使得拉拔过程中拉头脱落外,其余试件的附着力均在 6.0MPa 以上,3 个试件因附着力即将超出漆膜拉拔仪的量程停止试验,另 2 个试件的拉断面积均小于拉头的面积,因此其实际附着力比表 1-3-86 中所列数据要大。试件 5

因拉头脱落为不合格试件，扣除此不合格试件，环氧富锌漆与钢板之间平均附着力在6.4MPa以上，远远超出喷锌层与钢板的附着力。高温加热后，漆膜试件表面的颜色基本未变，亦未出现剥落现象，因此环氧富锌漆在高温条件下的稳定性较好。

环氧富锌漆钢板拉拔试验结果 表1-3-86

试件编号	附着力(MPa)	技术要求(MPa)	破坏面描述
1	6.38	≥6.0	拉头面积内80%漆膜被拉脱
2	>6.50		漆膜与钢板之间拉脱
3	>6.50		漆膜与钢板之间拉脱
4	6.12		拉头面积内90%漆膜被拉脱
5	4.74		拉头脱落
6	>6.50		漆膜与钢板之间拉脱

三、钢桥面环氧沥青混凝土铺装施工检测

(一)原材料检测

1.粗集料检测

采用清洁、干燥、无风化、无杂质的玄武岩轧制，用洁净牢固的编织袋分类袋装，每袋约重50kg并有明显标识。粗集料的粒径规格应符合设计要求，并按表1-3-87的要求选用。粗集料的施工单位自检结果见表1-3-88，其技术指标满足要求。

环氧沥青混凝土铺装用粗集料规格 表1-3-87

规格	通过下列筛孔(方孔筛,mm)的质量百分率(%)				
	13.2	9.5	4.75	2.36	1.18
1号	100	1.2			
2号		100	0.6		
3号			100	19.9	0.2

粗集料技术要求 表1-3-88

技术指标	试验结果	技术要求
抗压强度(MPa)	138	≥120
洛杉矶磨耗值率(%)	10.6	≤22.0
磨光值(BPN)	52	≥44
针片状颗粒含量(%)	3.31	≤5
压碎值(%)	8.6	≤12
黏附性(级)	4	≥4
吸水率(%)	1.0	≤1.5
坚固性(%)	1.0	≤5
软石含量(%)	0	≤1
<0.075颗粒含量(水洗法)(%)	0.1	≤1

2.细集料检测

采用坚硬、洁净、干燥、无风化、无杂质的玄武岩轧制而成的机制砂(严禁使用山场的下脚料轧制)。

细集料采用洁净牢固并内衬塑料薄膜的编织袋分类袋装并做明显标识。细集料规格要求满足表 1-3-89 的要求，其技术指标见表 1-3-90。

细 集 料 规 格　　表 1-3-89

规　格	通过下列筛孔（方孔筛，mm）的质量百分率（%）					
	2.36	1.18	0.6	0.3	0.15	0.075
4号	100	67	2	—	—	—
5号	—	100	89.9	67.1	36.8	9.8
6号	—	—	—	100	99.4	82.3

细集料技术要求　　表 1-3-90

技 术 指 标	试 验 结 果	技 术 要 求
吸水率（%）	1.0	≤1.5
坚固性（%）	2.0	≤5.0
砂当量（%）	83	≥60

3. *矿粉检测*

环氧沥青混合料的填料采用石灰石矿粉，该矿粉干燥、洁净、不含泥土、杂质和团粒，所有进场的矿粉均用洁净牢固内衬塑料薄膜的编制袋装，存放在专用的矿粉棚内。实测矿粉的技术性能见表 1-3-91，符合技术要求。

矿 粉 技 术 要 求　　表 1-3-91

技 术 指 标	试 验 结 果	技 术 要 求
视密度（g/cm^3）	2.734	≥2.65
亲水系数	0.45	≤1
含水率	0.17	≤1
安定性	不变质	不变质
塑性指数	1.2	≤4

4. *环氧沥青检测*

本工程中所用的环氧沥青由环氧树脂（用 A 表示）和沥青（用 B 表示）组成。按其用途的不同可分为两种：一种用来配制黏结料，用 B_{1d}表示；一种用于配制结合料，用 B_V 表示。材料进场后，施工单位对原材料性能进行了相关技术指标的检测，组分 A 与组分 B 以及由二者按比例混合所得到的环氧沥青的技术要求分别见表 1-3-92～表 1-3-94，它们均符合技术要求。

A 组分技术要求　　表 1-3-92

技 术 指 标	试 验 结 果	技 术 要 求	试 验 方 法
黏度（25℃）（10^{-3}Pa·s）	137	100～160	ASTM D445
环氧当量（含 1g 环氧的材料克数）	190	185～192	ASTM D1652
颜色（加德纳，Gardner）	2	≤4	ASTM D1544
含水率（%）	0.01	≤0.05	ASTM D1744
闪点（COC）（℃）	220	≥200	ASTM D92
相对密度	1.165	1.16～1.17	ASTM D1475
外观	透明琥珀状	透明琥珀状	目视

B组分技术要求

表 1-3-93

技术指标	试验结果	技术要求	试验方法
酸值(KOH每克)(mg)	56.2	40～60	ASTM D664
闪点(COC)(℃)	220	≥200	ASTM D92
含水率(%)	0.01	≤0.05	ASTM D95
黏度(100℃,100r/min)(10^{-3}Pa·s)	160	≥140	ASTM D2041
相对密度(20℃)	1.001	0.98～1.02	ASTM D1475
颜色	黑	黑	目视

环氧沥青技术要求

表 1-3-94

技术指标	试验结果	技术要求	试验方法
抗拉强度(20℃)(MPa)	1.76	≥1.52	ASTM D638
断裂时的延伸率(20℃)(%)	282	≥200	ASTM D638
热固性(300℃)	不熔化	不熔化	小试件放在热钢板上
浸耗率(20℃)(%)	6	≤35	
吸水率(7d,20℃)(%)	0.18	≤0.3	ASTM D570
在荷载作用下的热挠曲温度(℃)	−22	−18～−25	ASTM D648
黏度增至1Pa·s(1000cP)(121℃)的时间(min)	84	≥50	JTJ 052—2000

(二)环氧沥青混凝土生产配合比设计

环氧沥青混合料生产配合比的确定按照《公路沥青路面施工规范》(JTG F40—2004)附录B规定的三阶段设计法，即目标配合比设计、生产配合比设计和生产配合比验证。南京三桥主桥环氧沥青混合料的矿料级配与沥青用量应符合表1-3-95的要求，级配尽可能接近中值，按表1-3-95设计的环氧沥青混合料应满足表1-3-96的性能要求。

环氧沥青混合料级配与沥青用量

表 1-3-95

筛孔尺寸	通过下列筛孔(方孔筛,mm)的质量百分率(%)						沥青用量(%)
	12.5	9.5	4.75	2.36	0.6	0.075	
级配范围	100	95～100	65～85	50～70	28～40	7～14	5.8～6.8

环氧沥青混合料允许偏差及要求

表 1-3-96

项目	允许偏差及要求	项目	允许偏差及要求
4.75mm方孔筛的通过率(%)	±5	马歇尔稳定度(固化试件)(kN)	≥40
2.36mm方孔筛的通过率(%)	±5	流值(0.1mm)	20～50
通过0.075mm筛孔(%)	±2	残留稳定度(%)	≥85
沥青用量(%)	±0.2	间接拉伸应变(10^{-3})	≥8.0
表观密度(g/cm³)	2.48～2.62	TSR(%)	≥70
空隙率(%)	1.5～3.0		

根据审批的目标配合比，即进行生产配合比的调整确定。按目标配合比确定的冷料比例上料、烘干、筛分，然后对各热料仓取样筛分，与目标配合比设计一样进行矿料级配计算，得出不同料仓及矿料用量比例，并按此比例进行马歇尔试验，确定最佳油石比，供试拌试铺使用。

(三)环氧沥青混凝土铺装质量检测

1. 取样与试验

环氧沥青混合料按《公路工程沥青及沥青混合料试验规程》(JTJ 052—2000)的规定方法每天取1～2次样检验。

2. 环氧沥青混凝土质量检测

(1)基本要求

①环氧沥青混合料的矿料质量及矿料级配符合设计要求及施工规范的规定。

②环氧沥青材料及混合料的各项指标符合设计文件及施工规范的要求。

③严格控制各种矿料和沥青的用量及加热温度。

④拌和后的沥青混合料应均匀一致，无花白料、无离析和结团成块现象。

⑤摊铺时应严格控制厚度和平整度，仔细找平，注意控制摊铺和碾压温度及密实度。

(2)检测项目

环氧沥青面层施工完毕后，立即对厚度、横坡度、油石比、级配等技术指标进行检测，按有关规范要求及表 1-3-97 所示的质量标准进行检测验收。

环氧沥青混凝土铺装质量标准　　表 1-3-97

项目		检查频度	质量要求或允许偏差	检查方法	备注
施工温度	热料出厂 初压终了 终压终了	每车 每 30m 每 30m	110～121℃ ≥82℃ ≥65℃	红外线温度计	即检即报
黏结料洒布量		每次喷洒取两处	黏结下层：0.68±0.05L/m² 黏结上层：0.45±0.05L/m²	接着法	当天报
结合料		每天一次，3 个试件	抗拉强度：≥1.5MPa(23℃) 延伸率：≥200%(23℃)	拉伸试验	3d 内报
黏结料		每天喷洒测一次，3 个试件	抗拉强度：≥6.9MPa(23℃) 延伸率：≥190%(23℃)	拉伸试验	
矿料级配		每天上、下午各一次	接近中值	筛分法	当天报
油石比		每天上、下午各一次	设计值±0.2%	抽提法	
马歇尔试验	稳定度流值空隙率	每天上、下午各成型 6 个试件	≥40kN 20～50(0.1mm) 1.5%～3.0%	马歇尔试验	隔天报
铺装外观		随时	表面平整密实，无轮迹、裂纹、推挤、油丁、油包、离析或花料	目测	
接缝		随时	紧密、平整、顺直	目测、4m 直尺	
铺装层空隙率		每层、每 500m² 3 点	≤3%	核子密度仪	
黏结强度		仅限于试验段	23℃±2℃时≥2.75MPa 60℃±2℃时≥1.75MPa	拉拔法	即检即报
铺装层厚度		全桥	50mm±3mm	路面测厚仪	
摩擦系数(摆值)		每 500m² 一点	≥45BPN	摆式仪	
平整度		全桥每桥车道	IRI≤2.5m/km，σ≤1.5mm	连续平整度仪或激光平整度仪	

参考文献

[1] 中华人民共和国行业标准 TB 10002. 2—2005 铁路桥梁钢结构设计规范. 北京：中国铁道出版社，2005.

[2] 中华人民共和国国家标准 GB/T 714—2008 桥梁用结构钢. 北京：中国标准出版社，2008.

[3] 中华人民共和国国家标准 GB/T 1591—2008 低合金高强度结构钢. 北京：中国标准出版社，2008.

[4] 中华人民共和国国家标准 GB/T 700—2006 碳素结构钢. 北京：中国标准出版社，2006.

[5] 日本标准 JISG 3502 琴钢丝用盘条.

[6] 宝钢企业标准 BZJ 521—2004 桥梁缆索用镀锌钢丝用盘条.

[7] 中华人民共和国国家标准 GB/T 17101—2008 桥梁缆索用热镀锌钢丝. 北京：中国标准出版社，2008.

[8] 中华人民共和国国家标准 GB 5313—85 厚度方向性能钢板，1985.

[9] 中华人民共和国行业标准 JTG D62—2004 公路钢筋混凝土及预应力混凝桥涵设计规范，北京：人民交通出版社，2004.

[10] 中华人民共和国国家标准 GB 1499. 1—2008 钢筋混凝土用钢　第 1 部分：热轧光圆钢筋. 北京：中国标准出版社，2008.

[11] 中华人民共和国国家标准 GB 1499. 2—2007 钢筋混凝土用钢　第 2 部分：热轧带肋钢筋. 北京：中国标准出版社，2007.

[12] 中华人民共和国国家标准 GB 13014—91 钢筋混凝土用余热处理钢筋. 北京：中国标准出版社，1991.

[13] 中华人民共和国国家标准 GB/T 5223—2002 预应力混凝土用钢丝. 北京：中国标准出版社，2002.

[14] 中华人民共和国国家标准 GB/T 5224—2003 预应力混凝土用钢绞线. 北京：中国标准出版社，2003.

[15] 中华人民共和国国家标准 GB/T 20065—2006 预应力混凝土用螺纹钢筋. 北京：中国标准出版社，2006.

[16] 中华人民共和国国家标准 GB/T 228—2002 金属材料室温拉伸试验方法. 北京：中国标准出版社，2002.

[17] 中华人民共和国国家标准 GB/T 2651—2008 焊接接头拉伸试验方法. 北京：中国标准出版社，2008.

[18] 中华人民共和国国家标准 GB/T 2652—2008 焊缝及熔敷金属拉伸试验方法. 北京：中国标准出版社，2008.

[19] 中华人民共和国国家标准 GB/T 231. 1—2002 金属材料布氏硬度试验　第 1 部分：试验方法. 北京：中国标准出版社，2002.

[20] 中华人民共和国国家标准 GB/T 4340. 1—1999 金属材料维氏硬度试验　第 1 部分：试验方法. 北京：中国标准出版社，1999.

[21] 中华人民共和国国家标准 GB/T 230. 1—2004 金属洛氏硬度试验. 北京：中国标准出版社，2004.

[22] 中华人民共和国国家标准 GB/T 2654—2008 焊接接头硬度试验方法. 北京：中国标准出版社，2008.

[23] 中华人民共和国国家标准 GB/T 232—1999 金属材料弯曲试验. 北京：中国标准出版社，1999.

[24] 中华人民共和国国家标准 GB/T 2653—2008 焊接接头弯曲试验方法. 北京：中国标准出版社，2008.

[25] 中华人民共和国国家标准 GB/T 229—2007 金属材料夏比摆锤冲击试验方法. 北京：中国标准出版社，2007.

[26] 中华人民共和国国家标准 GB/T 2650—2008 焊接接头冲击试验方法. 北京：中国标准出版社，2008.

[27] 美国后张法协会斜拉桥委员会. 斜拉索设计、测试和安装条例(4 版). 2001.
[28] 党志杰. 斜拉索的疲劳抗力. 桥梁建设,1999(4).
[29] 中华人民共和国国家标准 GB/T 10120—1996 金属应力松弛试验方法. 北京:中国标准出版社,1996.
[30] 中华人民共和国国家标准 GB/T 238—2002 金属材料　线材　反复弯曲试验方法. 北京:中国标准出版社,2002.
[31] 中华人民共和国国家标准 GB/T 239—1999 金属线材扭转试验方法. 北京:中国标准出版社,1999.
[32] 中华人民共和国国家标准 GB/T 2976—2004 金属材料　线材　缠绕试验方法. 北京:中国标准出版社,2004.
[33] 中华人民共和国行业标准 JTG B01—2003 公路工程技术标准. 北京:人民交通出版社,2004.
[34] 中华人民共和国行业标准 JTG D60—2004 公路桥涵设计通用规范. 北京:人民交通出版社,2004.
[35] 中华人民共和国行业标准 JTJ 041—2000 公路桥涵施工技术规范. 北京:人民交通出版社,2000.
[36] 中华人民共和国行业标准 JTG F80/1—2004 公路工程质量检验评定标准(土建工程). 北京:人民交通出版社,2005.
[37] 中华人民共和国行业标准 TB 10002.1—2005 铁路桥涵设计基本规范. 北京:中国铁道出版社,2005.
[38] 中华人民共和国行业标准 TB 10203—2002 铁路桥涵施工规范. 北京:中国铁道出版社,2002.
[39] 交通部重庆公路科学研究所. 武汉白沙洲长江大桥斜拉桥桥面铺装工程施工须知. 1996.
[40] 沈金安. 改性沥青与 SMA 路面. 北京:人民交通出版社,1999.
[41] 南京长江第三大桥建设指挥部. 南京长江第三大桥主桥技术总结. 北京:人民交通出版社,2005.
[42] 广东省长大公路工程有限公司. 武汉阳逻长江公路大桥钢桥面环氧沥青铺装施工技术. 2007.
[43] 中铁大桥局集团武汉桥梁科学研究院有限公司. 高性能混凝土在桥梁工程中的应用研究. 2004.
[44] 中华人民共和国行业标准 JTG E30—2005 公路工程水泥及水泥混凝土试验规程. 北京:人民交通出版社,2005.

第二篇　地基基础检测

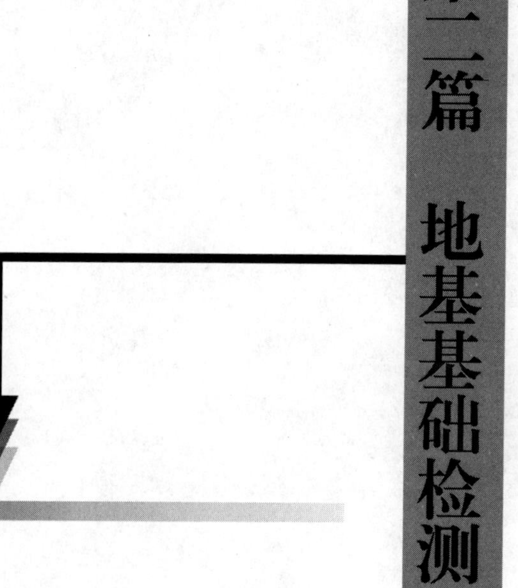

第一章　地基承载力检测

第一节　浅平基的特点及设计原则

1.浅平基的特点

直接修筑在天然地基上的桥梁墩台基础，当基础底面是平的，基底以上全部荷载由地基支承时，将其称为平基。当然所谓平基，是相对于桩基础或管柱基础而言的，完工后的平基有时基底不一定是很整齐的平面，但设计和计算中总将其作为平面考虑。

平基按基底的埋置深度不同可分为浅平基和深平基两种。从设计计算的角度，浅和深的差别主要在前者不考虑基底以上土对基础侧面的作用，而后者则考虑。而从基础工程施工角度来看，浅和深的不同主要决定于采用的施工方法。凡在明挖基坑或敞坑内修筑的平基通称为浅平基，而需特殊施工法修筑者(如沉井)算作深平基。事实上，这两种平基就因为施工方法不同才会有上述不同的计算上的界定。

对于浅平基，当基坑建成后，应立即进行坑底地基土的鉴定，看是否满足设计所要求的承载力及其他力学性能指标。鉴定的方法可以是取土样作土的物理力学性能试验和各种现场试验，如荷载板试验、标准贯入试验等。对于大中桥梁墩台基础，还要进行钻探，以检查基坑坑底以下(至少 4m)的土质情况或作现场深层荷载板试验。倘若发现土质、地基不合要求，即应改变基础设计方案或进行地基加固。由此可见，浅平基的有关试验具有重要的作用。

2.浅平基的设计原则

在浅水或无水场所和地质条件较好处，桥梁墩台一般多采用浅平基，这是由于其设计和施工都比较简单。浅平基结构虽然简单，但它与其他类型的桥梁墩台基础一样，也应具有足够的强度和稳定性，且其基底沉降也应满足设计规范要求。强度和稳定性的要求，就是要求整个基础在任何外力的作用下，都能够保持正常工作，而不致破坏。计算时，必须考虑建造时与使用期间所能发生的各种最不利的外力组合，作基底的强度和稳定性计算时，可以采用与墩台设计时相同的外力。浅平基的设计可依照桥规有关规定，按下列步骤进行。

(1)方案设计。验算每一方案能否成立，并从技术经济的观点比较能成立的方案，选用其中最优者。

(2)根据具体的地基土和结构方面的资料，确定基础的材料和形状，然后确定其深度、尺寸和结构细节。基础的深度、尺寸等是通过计算来进行的，即先假定该基础底面的埋置深度和尺寸，然后验算它能否满足基础深度、稳定、变形等基本要求。

上述三个基本要求是互相独立的，每一个要求都应得到满足，基础方案才能成立。但其中地基强度和因地基变形而引起的基础沉降这两项常常是决定性的因素。因此，要得到合理的基础设计方案，在设计前应该查明有关容许承载力和沉降的设计参数。

对于地质情况比较单纯的浅平基，地基承载力可按桥规规定的数值选用，沉降可按桥规推荐的公式计算。对于地质情况比较复杂和重要桥梁的浅平基，应该用各种试验方法来确定其承载力和变位。开挖基坑时，表层地基上的结构受到破坏或受到荷载时引起塑性挤出，还有在附加压力作用下引起的土的压缩，都使浅平基发生较大的沉降。前者在设计和施工中如加以注意，是能够加以避免的，因此，浅平基的沉降主要归因于后者。

第二节　土及碎石地基承载力检测

一、黏质土、黄土地基承载力检测

对于黏质土和黄土地基,可在现场取有代表性的土样(一般每个基础不少于 4 个土样)进行土工试验,得到地基土的有关物理力学指标,由规范求出承载力。对于老黏质土和残积黏质土地基,可取土样进行压缩试验,求得土样压缩模量,按表 2-1-1 和表 2-1-2 确定容许承载力。对于一般黏质土和新近沉积黏质土地基,测土样含水量、湿容量、液限、塑限和颗粒密度,求出土样天然孔隙比和液性指数,按表 2-1-3 和表 2-1-4 确定容许承载力。对新近堆积黄土地基,按土含水率(天然含水率 w 和液限 w_L 的比值)确定容许承载力,见表 2-1-5。对于一般新黄土地基,按天然含水率和液限比(液限 w_L 与天然孔隙比 e 的比值)确定容许承载力,见表 2-1-6。对于老黄土地基,按天然孔隙比 e 和含水比 w/w_L 确定容许承载力,见表 2-1-7。

老黏质土的容许承载力$[\sigma_0]$(kPa)　　表 2-1-1

E_s(MPa)	10	15	20	25	30	35	40
$[\sigma_0]$	380	430	470	510	550	580	620

注:老黏质土是指第四纪晚更新世(Q_3)及其以前沉积的黏质土。一般具有较高的强度和较低的压缩性。

残积黏质土的容许承载力$[\sigma_0]$　　表 2-1-2

E_s(MPa)	4	6	8	10	12	14	16	18	20
$[\sigma_0]$	190	220	250	270	290	310	320	330	340

注:本表适用于西南地区碳酸盐类岩层的残积红土,其他地区可参照使用。

一般黏质土的容许承载力$[\sigma_0]$　　表 2-1-3

e \ I_L ($[\sigma_0]$ kPa)	0	0.1	0.2	0.3	0.4	0.5	0.6	0.7	0.8	0.9	1.0	1.1	1.2
0.5	450	440	430	420	400	380	350	310	270	240	220	—	—
0.6	420	410	400	380	360	340	310	280	250	220	200	180	—
0.7	400	370	350	330	310	290	270	240	220	190	170	160	150
0.8	380	330	300	280	260	240	230	210	180	160	150	140	130
0.9	320	280	260	240	220	210	190	180	160	140	130	120	100
1.0	250	230	220	210	190	170	160	150	140	120	110	—	—
1.1	—	—	160	150	140	130	120	110	100	90	—	—	—

注:1. 一般黏质土是指第四纪全新世(Q_4)(文化期以前)沉积的黏质土。一般为正常沉积的黏质土。

2. 土中含有粒径大于 2mm 的颗粒质量超过全部质量 30%以上时,$[\sigma_0]$可酌量提高。

3. 当 $e<0.5$ 时,取 $e=0.5$;$I_L<0$ 时,取 $I_L=0$。此外,超过表列范围的一般黏质土,$[\sigma_0]$可按下式计算:

$$[\sigma_0]=57.22E_s^{0.57}$$

式中:E_s——土的压缩模量(MPa)。

新近沉积黏质土的容许承载力$[\sigma_0]$　　表 2-1-4

e \ I_L ($[\sigma_0]$ kPa)	≤0.25	0.75	1.25	e \ I_L ($[\sigma_0]$ kPa)	≤0.25	0.75	1.25
≤0.8	140	120	100	1.0	120	100	80
0.9	130	110	90	1.1	110	90	—

注:新近沉积的黏质土是指文化期以来沉积的黏质土,一般为欠固结,且强度较低。

新近堆积黄土的容许承载力[σ_0]　　表 2-1-5

w/w_L	0.4	0.5	0.6	0.7	0.8	1.0	1.2
[σ_0](kPa)	130	120	110	100	90	80	70

注：表列新近堆积黄土为湿陷性黄土地基时，经人工处理后，其承载力按下列系数提高：

1. 人工夯实（用 0.5kN 的普通石夯，落距 50cm，分别夯三遍），提高 1.2。
2. 换土夯实（表层换填卵石 16cm，三七石灰土 4cm，电动蛙式机夯打 3～4 遍），提高 1.3。
3. 重锤夯实（包括表层 1～1.5m 厚度的夯实和回填夯实）提高 2.0。
4. 打石灰砂桩（基础底面地基加固），提高 4.0。

一般新黄土的容许承载力[σ_0]　　表 2-1-6

[σ_0](kPa)　w w_L/e	≤10	13	16	19	22	25	28	31	34
22	190	180	170	150	130	110	90	70	50
25	200	190	180	160	140	120	100	80	60
28	210	200	190	170	150	130	110	90	70
31	230	210	200	180	160	140	120	100	80
34	250	230	210	190	170	150	130	110	100
37	—	250	230	210	190	170	150	130	110
40	—	—	250	230	210	190	170	150	130
43	—	—	—	250	230	210	190	170	150

老黄土的容许承载力[σ_0]　　表 2-1-7

[σ_0](kPa)　e w/w_L	<0.7	0.7～0.8	0.8～0.9	>0.9
<0.6	700	600	500	400
0.6～0.8	500	400	300	250
>0.8	400	300	250	200

注：山东老黄土性质较差，容许承载力[σ_0]应降低 100～200kPa。

二、砂土、碎石地基承载力检测

对于砂类土、碎石地基承载力可按其分类和密实度确定，表 2-1-8 和表 2-1-9 给出其容许承载力。砂石土和碎石土的分类可以按桥规规定确定。砂土的密实度可用相对密度表示，碎石土的密实度根据钻探情况按规范而定。土的密实度一般可用孔隙比 e 表示，但对砂类土和碎石土只用孔隙比一个指标还不够，密实度还与颗粒的形状、大小以及级配有关。举一个极端的情况来分析，假如用一定的方法把砂土捣实到最紧密状态，这时孔隙比称为最小孔隙比 e_{min}，对不同级配的砂土，e_{min} 不同，级配越好，e_{min} 越小。反之，即使天然孔隙比相同的几种砂土，由于级配不同而可能处于不同的密实状态。因此，引入相对密实度的概念，如用一定的试验方法测得砂土最紧密状态的孔隙比 e_{min} 和最疏松状态的孔隙比 e_{max}（最大孔隙比），则相对密实度 D_r 可由下式求得：

$$D_r = \frac{e_{max} - e}{e_{max} - e_{min}} \tag{2-1-1}$$

式中：e——砂土天然状态的孔隙比。

如 $D_r=0, e=e_{max}$，表示砂土处于最疏松的状态；如 $D_r=1$，则 $e=e_{min}$，表示砂土处于最紧密的状态。

砂土的容许承载力[σ_0] 表 2-1-8

土名	密实程度 / [σ_0] (kPa) / 湿度	密实	中密	松散
砾砂、粗砂	与湿度无度	550	400	200
中砂	与湿度无度	450	350	150
细砂	水上	350	250	100
	水下	300	200	—
粉砂	水上	300	200	—
	水下	200	100	—

砂石土的容许承载力[σ_0] 表 2-1-9

密实程度 / [σ_0] (kPa) / 湿度	密实	中密	松散
卵石	1200～1000	1000～600	500～300
碎石	1000～800	800～500	400～200
圆砾	800～600	600～400	300～200
角砾	700～500	500～300	300～200

注：1. 由硬质岩组成，填充砂土者取高值；由软质岩组成，填充黏质土者取低值。
2. 半胶结的碎石土，可按密实的同类土的[σ_0]值提高 10%～30%。
3. 松散的碎石土在天然河床中很少遇见，需特别注意鉴定。
4. 漂石、块石的[σ_0]值，可参照卵石适当提高。

不同矿物成分、不同级配和不同粒度成分的砂土，最大孔隙比和最小孔隙比都是不同的，因此，相对密度 D_r 比孔隙比 e 能全面地反映上述各因素对密实度的影响。从理论上讲，用相对密度划分砂土的密实度的概念是比较理想的，但是，测定 e_{max} 和 e_{min} 的试验方法缺少完善的标准，试验结果常常有很大的出入，同时由于很难在地下水位以下的砂土层取得原状土样，因而测定天然孔隙比的结果很不可靠，这就使相对密度的指标更难于测准。所以实际工程中直接测试相对密度并不普遍，而是通过标准贯入试验，测得地基标准贯入锤击数来确定相对密度和密实度。

第三节 荷载板试验

荷载板试验是确定天然地基承载能力的一种方法。它是通过向置于天然地基上的模型基础加荷载，测量模型在不同荷载等级作用下的沉降量，根据荷载和沉降量的关系计算地基土的变形模量和评定地基承载能力。荷载板试验属于古老的原位试验方法，该方法能克服室内压缩试验土样处于无侧胀条件下单向受力状态的局限性，可以模拟桥梁基础与地基之间的实际受力状态。

1. 试验方法

荷载板试验之前，在要建造墩台基础的土层挖试坑，坑底高程与基础底的设计高程相同。当在压缩层范围内有多层不同性质的土时，则应对每一土层各挖一试坑，其坑底要达到该土层的顶面（图 2-1-1）。

坑的大小应使试验人员下坑工作不发生困难为原则，且其宽度必须为荷载板宽度的三倍以上。为保证试验质量，挖土和排水都应特别小心，使坑底土尽量少受扰动。所施加的每一级中心荷载通过一块刚性的荷载板传到土层面上。试验的加载方法见图 2-1-2。加载方式分两大类：一类为平台加载装置，如图 2-1-2a)，荷载(钢、铁等物)分级加在平台上；另一类是千斤顶加载装置，如图 2-1-2b)，千斤顶直接压在荷载板上，而千斤顶的反力由上面的重物承受。还须提及的是：当要在埋得较深的土层面上做荷载试验(称为深层荷载板试验)时，则需要用机械(如钻机)来挖试坑；而且还需要在荷载板上设置一根足够长的、且具有足够强度和刚劲的传力杆，借此将所施加的各级荷载传给荷载板，再由荷载板传到土层。

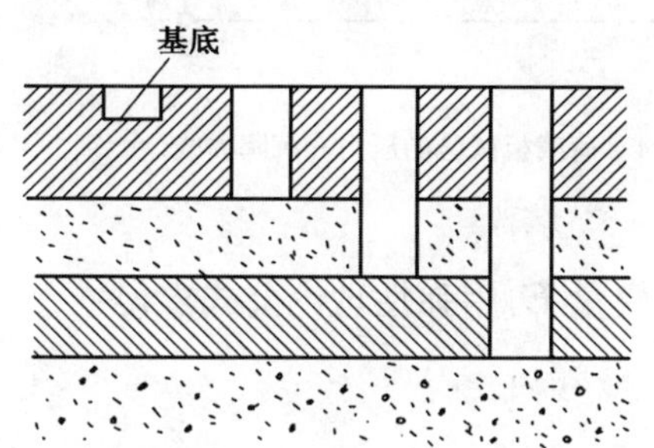

图 2-1-1 荷载板试验的试坑

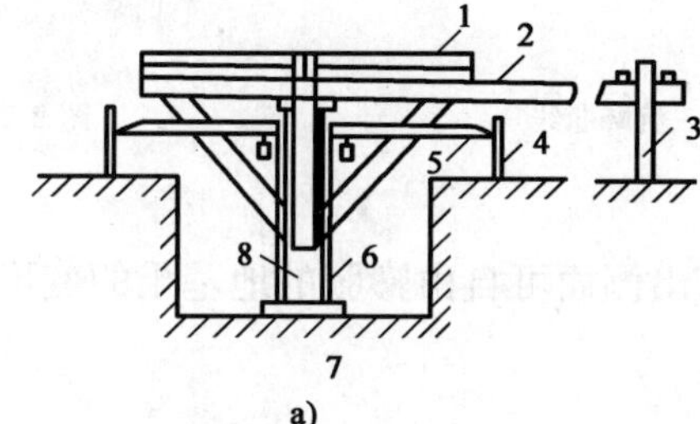

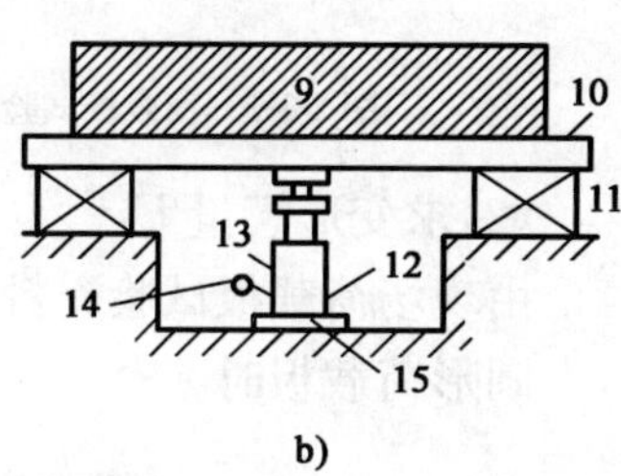

图 2-1-2 荷载板试验的加载方法

1-加载平台；2-导向梁；3-导向桩；4-标尺；5-杠杆；6-钢丝；7-压板；8-支柱；9-重物；10-梁；11-枕木垛；12-接油泵；13-千斤顶；14-压力表；15-压板

根据土层的软硬程度不同，荷载板的面积取 2500～10000cm²。显然，对松软的土应取大值，对密实的土可取小值，常用的为 5000cm²。荷载板的形状一般为方形和圆形，通常用硬木、钢板或混凝土做成。

用百分表或标尺等装置来测量荷载板的沉降量。

加载是分级进行的，视土质的坚实程度，每级荷载相当于估计的地基破坏荷载的 1/10～1/15(或相应于基底压应力 25～100kPa 的荷载)，松软的土采用较小值，坚硬的土采用较大值。刚开始加载时，荷载板沉降快，每 5～15min 观测沉降量一次。1h 后，沉降迅速减缓，对砂土可每 30min 观测沉降量一次；对黏质土则可每 60min 测一次沉降量。当每一次测出的沉降量不超过0.1mm 时，即可认为该级荷载的沉降已经稳定，便可加下一级荷载。如此逐级加荷载，直至地基达到破坏为止。

逐级施加荷载到破坏荷载时，试验就可结束。破坏荷载有时较难确定，一般认为凡满足下列条件之一的荷载取为地基破坏荷载：

(1)荷载板的沉降量超过 40mm，且最后一级荷载施加后的沉降量比前一级的大 5 倍以上；

(2)最后一级荷载施加后的沉降量虽比前一级的大两倍以上，但沉降在 24h 内仍不休止者；

(3)荷载板的沉降量虽小于 40mm，但荷载板周围的土层面上已有裂纹者。

地基破坏时的荷载叫破坏荷载，其前一级的荷载叫极限荷载。

2. 资料分析

(1)绘制沉降曲线

根据荷载板试验记录资料可以绘制出荷载板试验的时间—沉降曲线(图 2-1-3)和压力—沉降曲线(图 2-1-4)。

图 2-1-3 是压力 P=50kPa、100kPa、150kPa…的时间—沉降曲线，它反映了每级荷载时的沉降过程。从这条曲线的沉降休止点得出该压力下荷载板的沉降量 S。

图 2-1-4 曲线的 OA 段，似一条直线段，说明地基的压力与变形成直线关系。在此压力范围内，可用弹性理论公式来计算地基的变形。超过了 A 点，地基进入塑性变形阶段。到终点 D 时，对应的荷载已

满足前述的地基破坏标准，因而叫破坏荷载。前一级的荷载 P_k 称为极限荷载。

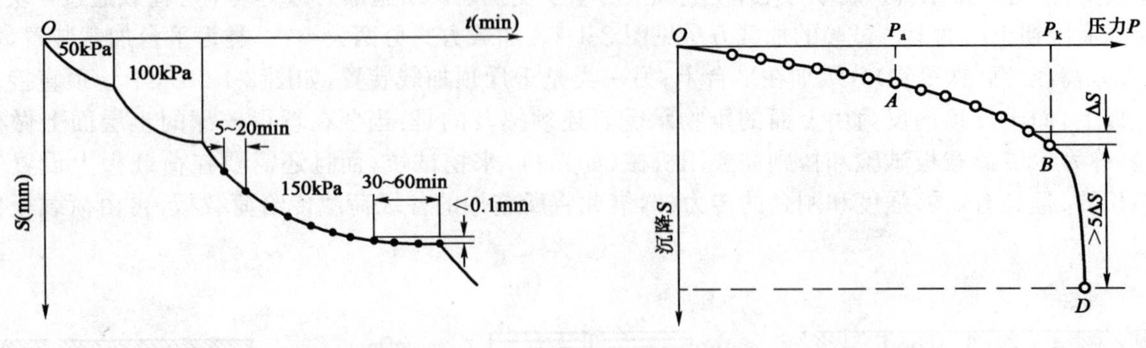

图 2-1-3　荷载板试验的时间—沉降曲线　　图 2-1-4　荷载板试验的压力—沉降曲线

(2)求变形模量 E

由现场荷载板试验资料，可求出侧面可自由膨胀的地基土的变形模量 E，用弹性理论公式求得：

圆形荷载板时

$$E=\frac{1-\mu^2}{S}\cdot\frac{P}{d}=\frac{\pi(1-\mu^2)d}{4}\cdot\frac{P}{S} \tag{2-1-2}$$

方形荷载板时

$$E=0.95\,\frac{1-\mu^2}{S}\cdot\frac{P}{a}=0.95\cdot(1-\mu^2)a\cdot\frac{P}{S} \tag{2-1-3}$$

式中：P——作用在荷载板上的单位压力，其值应小于 P_k；

S——在直线 OA 范围内对应于 P 的沉降；

d——圆形荷载板的直径；

a——方形荷载板的边长；

μ——地基土的侧膨胀系数，即泊松比。

(3)求地基的沉降量 S

由荷载板试验求得的各层土的 E 值，可直接用常用的分层总和法计算地基的沉降。这里必须注意，切不可忽略模型试验的本质，不要误认为实际基础的沉降量即是荷载板试验所得荷载沉降曲线上相当于基底压力 P 时的沉降量。因为基底形状与荷载板的形状不同，基底面积也比荷载板大得多，所以实际的沉降量要比荷载板的沉降量大得多。

(4)求地基容许承载力$[\sigma]$

利用荷载—沉降曲线可求得地基容许承载力，其方法是：

若给出了基础的容许沉降值$[S]$，则可从荷载—沉降曲线求出相应于该极限沉降量(极限沉降量$=k[S]$，k 为安全系数)的极限荷载来，将此极限荷载(单位压力)除以 k，即可求出地基容许承载力$[\sigma]$。k 一般为 2～3。也可以直接从荷载—沉降曲线上确定极限荷载，再除以相应的安全系数，即得到容许承载力$[\sigma]$。

第四节　触探试验法

触探法是在钻杆下端安装锥形探头，用动力或静力的方式把它贯入地基中，通过测定探头的贯入阻力，可间接地算出地基的承载力。显然，贯入阻力大，反映土的抗剪强度高，也就是地基承载力大，即贯入阻力与地基承载力之间存在着一定的关系。

一、静力触探试验

静力触探试验是采用静力触探仪，通过液压千斤顶或其他机械方法，把锥形探头以静力压入土层，用电阻应变仪测出土的贯入阻力，根据已建立的贯入阻力和承载力、变形模量等的相互关系，可在工地直接测定地基承载力及变形模量等数据。其最大贯入深度为30m，一般适用于软土、黏质土、砂土和黄土等。

静力触探的设备由两部分组成。一是贯入系统，其作用是将装有传感器的探头压入土中；二是量测系统，其作用是将土层的贯入阻力反映和记录下来。显然，由于各类土层的物理力学性质不一样，探头遇到的阻力也不一样。土软，阻力就小；土硬，阻力就大。土的软硬就是土的强度（即承载力）的一种表现。所以贯入阻力间接地反映了土的承载力。

图2-1-5示出了圆锥端部角为60°的固定探头，和上部钻杆或套管连成一整体，探头或套管内部贴电阻丝片，用电缆与地表的电阻应变仪相连，以测端阻或侧面摩阻力变化。探头根据电桥数量不同，又可分为单桥探头[图2-1-5b)]和双桥探头[图2-1-5c)]。前者仅用来测定探头阻力（P_s），后者的圆锥端与外套筒分开，各连一传感器（其上分别贴电阻丝片形成两个电桥），能分别测探头阻力（端阻 P_c）和套筒侧面摩阻力（f_s）。

图2-1-6示出了单桥探头测得的贯入阻力 P_s 与贯入深度 H 曲线。经验表明，探头截面尺寸对贯入阻力 P_s 的影响不大。贯入速度一般在0.5～2.0m/min，每贯入0.1～0.2m读一次数（也可自动记录）。

根据 P_s 值可用经验公式计算出基本承载力 σ_0，对于软土及 Q_4 的冲（洪）积黏质土（$I_P>10$）地基，σ_0 可用下式求得。

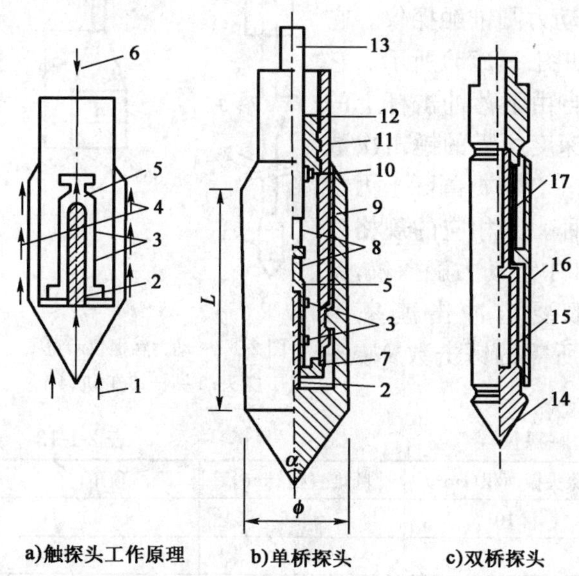

图2-1-5　固定式探头

1-锥尖阻力；2-顶柱；3-电阻丝片；4-侧壁摩阻力；5-空心柱；6-贯入力；7-防水盘根；8-导线；9-外套管；10-防水塞；11-探头管；12-密封圈；13-四芯电缆；14-探头；15-端阻传感器；16-摩擦套筒；17-摩阻传感器

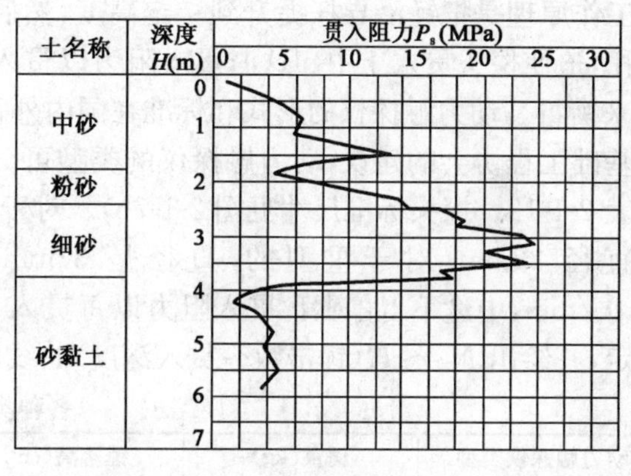

图2-1-6　静力触探仪的曲线 P_s—H 曲线

$$\sigma_0 = 5.74\sqrt{P_s} - 45.1 \quad (\text{kPa}) \tag{2-1-4}$$

式中：P_s——单桥探头阻力（kPa），如果土层在地下水位以下，P_s 应减半代入上式。

对于 Q_3 及以前堆积的老黏土（$I_P>10$）地基，承载力 σ_0 可按表2-1-10查得。

对于 $I_P<10$ 的黏质土及砂土地基，基本容许承载力 σ_0 可按下式求得。

$$\sigma_0 = 0.884P_s^{0.63} + 14.1 \quad (\text{kPa}) \tag{2-1-5}$$

P_s 的意义同式(2-1-4)。当地基土在地下水位以上时，则按上式求得的 σ_0 可增加 50％。

贯入阻力与承载力关系(冲(洪)积黏质土) 表 2-1-10

P_s (kPa)	2940	3240	3530	3830	4120	4420	4700	5000	5300	5600	5900
σ_0 (kPa)	280～300	310～330	340～370	370～400	400～430	430～460	460～490	490～520	520～560	560～590	590～620

将以上的 σ_0 值用于浅平基，还需作深、宽修正，深、宽修正系数 K_1 和 K_2 可直接根据 P_s 值由表 2-1-11查得。在得到了这些数据以后，则可以用《铁路桥涵地基和基础设计规范》(TB 10002.5—2005)第 4 章第 4.1.3 条的公式将地基的容许承载力[σ]计算出来。

由贯入阻力 P_s 定宽、深修正系数 K_1 和 K_2 表 2-1-11

P_s(kPa)	＜550	500～2000	2000～6000	6000～10000	10000～14000	14000～20000	＞20000
K_1	0	0	0	1	2	3	4
K_2	0	1	2	3	4	5	6

用静力触探还可以通过 P_s 大致找到土的其他力学指标，如压缩模量、软土的不排水抗剪强度和砂土的内摩擦角等。但是，除了确定地基承载力之外，静力触探用于其他方面还是很粗糙的，有待于进一步研究。

二、动力触探试验

当土层较硬，用静力触探无法贯入土中时，可采用动力圆锥触探仪。它的构造分为三个部分，即圆锥形探头、钻杆和冲击锤，如图 2-1-7a)所示。它的工作原理是把锤沿导杆提升到一定高度，然后使它自由下落冲击杆上的锤托，迫使探头贯入土中。这时贯入阻力以贯入一定深度所需的锤击次数 N 来衡量。动力触探仪的形式和标准在国内外很不统一。根据国际土力学和基础工程协会的建议，动力触探仪的类型可分为三种。其相应的规格列于表 2-1-12。探头标准尺寸见图 2-1-7b)。对于轻型和中型动力触探仪，钻杆直径 22mm；对于重型的，直径是 32mm。一般要求冲击速率为 30 次/min，中途不得停歇。贯入阻力以每贯入 20cm 所需的锤击数 N_{20} 来确定，并绘出 N_{20}～H(锤击数～贯入深度)曲线图。

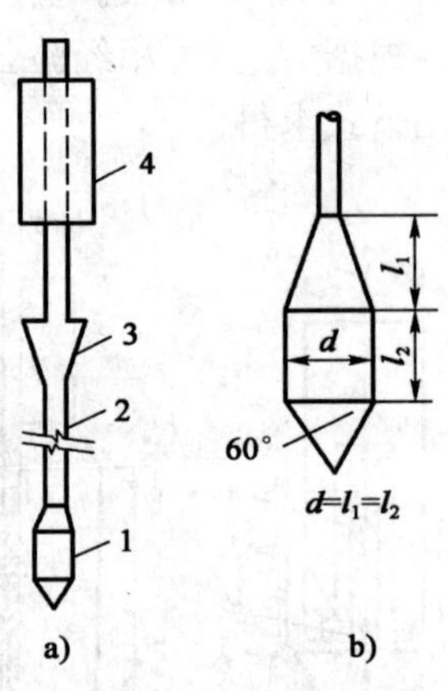

图 2-1-7 动力触探仪示意图
1-探头；2-钻杆；3-锤机；4-锤

各种类型动力触探仪 表 2-1-12

动力触探仪类型	锤重(kg)	锤落高(cm)	探头截面积(cm²)	圆锥直径(mm)	顶角(°)
轻型	10	50	10	35.6	60
中型	30	20	10	35.6	60
重型	50	50	15	43.7	60

根据锤击数 N_{20} 可以算出每锤击一次的平均下沉深度 e，然后以荷兰打桩动力公式求出贯入阻力 R_d。

$$R_d = \frac{98.1M^2H}{Ae(M+P)} \tag{2-1-6}$$

式中：R_d——探头单位面积上的阻力(kPa)；

e——每锤击一次的下沉量(cm)；

M——锤重(kg)；

H——锤落高度(cm)；

P——钻杆和探头质量(kg)；

A——探头截面积(cm²)。

对于砂土和一般黏质土地基的浅平基，可根据上列公式求 R_d，再按经验公式计算地基的基本容许承载力 σ_0，即：

$$\sigma_0 = \frac{R_d}{20} \tag{2-1-7}$$

对于饱和黏土地基，由于孔隙水承担了一部分冲击力，会暂时提高 R_d 值，这是不安全的。因此，最好采用静力触探试验。

应该特别指出，用动力触探试验测定地基容许承载力的可靠性较差，安全系数用得也较大。一般情况下最好用静力触探，只有在静力触探遇到困难时才考虑用动力触探。

三、标准贯入试验

标准贯入试验(SPT)是一种重型动力触探法，采用质量为 63.5kg 的穿心锤，以 76cm 的落距，将一定规格的标准贯入器先打入土中 15cm，然后开始记录锤击数目，将标准贯入器再打入土中 30cm，用此 30cm 的锤击数作为标准贯入试验的指标 N。标准贯入试验是国内外广泛应用的一种现场原位测试手段，该试验方法方便经济，不仅用于砂土，亦可用于黏质土的测试。标准贯入锤数 N，可用于判定砂土的密实度、黏质土的稠度、地基土的容许承载力、砂土的振动液化、桩基承载力等，也是检验地基处理效果的重要手段。

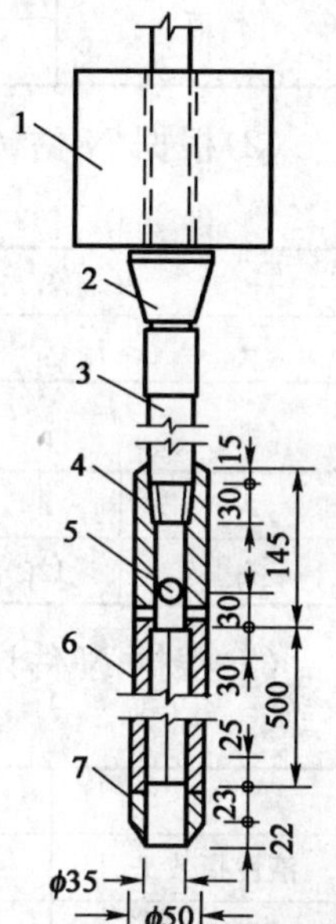

图 2-1-8　标准贯入试验设备（尺寸单位：mm）

1-穿心锤；2-锤垫；3-触探杆；4-贯入器头；5-出入孔；6-用两半圆管合成的贯入器；7-贯入器靴

1. 试验设备

标准贯入试验装置的主要部件为：

(1)落锤：质量为 63.5kg 的穿心锤。

(2)贯入器：形状和尺寸见图 2-1-8。

(3)触探杆：直径 ϕ42mm。

(4)锤垫和导向杆。

(5)自动落锤装置。

2. 试验注意事项

(1)将贯入器打入土中，贯入速率为 15～30 击/min，并记录锤击数，包括先打 15cm 的预打击数，后 30cm 中每 10cm 的锤击数以及 30cm 的累计锤击数 N。

如锤击数超过 50，则按下式换算锤击数 N：

$$N = \frac{30n}{\Delta S} \tag{2-1-8}$$

式中：n——所选取的锤击数；

ΔS——相应于 n 的锤击量(cm)。

(2)旋转触探杆，提出贯入器，并取出贯入器中的土样进行鉴别、描述、记录，必要时送试验室分析。

(3)由于钻杆的弹性压缩会引起功能损耗，钻杆过长时传入贯入器的功能降低，因而减小每击的贯入深度，也即提高了锤击数，所以需要根据杆长对锤击数进行修正：

$$N = aN_0 \tag{2-1-9}$$

式中：N_0——实际记录的锤击数；

a——修正系数，按钻杆长度由表 2-1-13 选用；

N——修正后的锤击数。

标准贯入试验钻杆长度修正系数值　　表 2-1-13

钻杆长度(m)	3	6	9	12	15	18	21
a	1.00	0.92	0.86	0.81	0.77	0.73	0.70

(4)对于同一土层应进行多次试验,然后取锤击数的平均值。

3.标准贯入试验的应用

国内外已积累了大量的标准贯入试验的实践资料,给出了砂性土和黏质土一些物理性质和标准贯入试验锤击数的经验关系,可供工程中使用。

(1)根据 N 估计砂土的密实度,见表 2-1-14。

砂土密实度表 表 2-1-14

分级		相对密实度 D_r	实测平均锤击数 N
密实		$D_r \geqslant 0.67$	30～50
稍密		$0.67 > D_r \geqslant 0.33$	10～29
松散	稍松	$0.33 > D_r \geqslant 0.20$	5～9
	极松	$D_r < 0.20$	<5

(2)根据 N 估计天然地基的容许承载力$[\sigma_0]$,见表 2-1-15 和表 2-1-16。

砂土容许承载力$[\sigma_0]$(kPa) 表 2-1-15

N	10～15	5～30	30～50
$[\sigma_0]$	140～180	180～340	340～500

一般黏质土和老黏质土的容许承载力$[\sigma_0]$(kPa) 表 2-1-16

N	3	5	7	9	11	13	15	17	19	21	23
$[\sigma_0]$	120	160	200	240	280	320	360	420	500	580	660

(3)根据 N 估计黏质土的状态,见表 2-1-17(据冶金工业武汉勘察公司资料)。

N 与黏质土稠度状态关系 表 2-1-17

N	<2	2～3	4～7	7～8	18～35	>35
液性指数 I_L	>1	1～0.75	0.75～0.5	0.5～0.25	0.25～0	<0
稠度状态	流塑	软塑	可塑	可塑～硬塑	硬塑	坚硬

(4)根据 N 估计土的内摩擦角 φ,见表 2-1-18。

N 值与土的内摩擦角 φ 的关系 表 2-1-18

研究者 \ N 值	<4	4～10	10～30	30～50	>50
Peck	<28.5°	28.5°～30°	30°～36°	36°～41°	>41°
Meyerhof	<30°	30°～35°	35°～40°	40°～45°	>45°

第二章　沉井下沉时的检测

在地质条件不宜修筑天然地基或桩基的情况下，可采用沉井基础。在深基础中，沉井是一种比较古老的形式，有着百年历史。由于其施工方便，采用的设备与机具可因地制宜，而且建成的基础刚度大，适合各种跨径桥墩台应用，所以目前其仍为桥梁墩台基础的主要形式之一。

随着桥梁科学技术的发展和提高，沉井基础的各方面技术都有突破性的发展。如为提高井壁强度，大量采用钢筋混凝土井壁；为加大下沉深度，下沉动力由自重发展成重物加载、油压加载以及作用振动打桩机的动力加载；为减小沉井下沉时侧面摩阻力，采用阶梯式沉井，壁后射水、泥浆套下沉、空气幕下沉；为减小沉井下沉时正面阻力，采用刃脚下射水、钻孔爆破炸松岩层、自动化机械挖掘和取土；为防止涌沙冒泥，采用淹没沉井；为减少水中作业，并使基础尽快达到稳定状态，采用设置沉井；为适应在岩面不平或水位落差较大的江河和近海修建深水基础，采用将桩或管柱与沉井组合起来的复合基础，此时沉井不嵌岩，只下沉到岩层顶面或覆盖层内定一定深度，水下封底后钻孔，由沉井内的桩或管柱嵌岩；当岩面不平时，根据岩面的起伏情况将沉井的刃脚做成高低状，让沉井坐落在岩石上后，沉井的刃脚与岩面基本吻合。

然而，在沉井下沉施工中，也还存在不少问题，如涌沙冒泥、沉井偏斜、机械化程度低、自动化程度不高，以及下沉深度有时难以满足设计要求等。这些问题都需要经过大量的工程实践和科学试验积累资料，逐步进行研究予以解决。其中影响沉井基础发展的关键问题之一主要是下沉深度的问题。而解决下沉深度问题，主要还是从减小土阻力着手。如采用泥浆套下沉沉井、空气幕下沉沉井都是为了减小土阻力，使沉井下沉深度增加。但是，迄今为止，国内外对沉井下沉时的土阻力检测和理论探讨工作都进行得不多，还有待不断努力和积累。

第一节　沉井基础的特点

沉井基础总的特点为：承载能力高、刚性大、抗震能力强、施工方便，可以将其下沉到较大深度的理想基层上，获得需要的承载力。下面分结构特点、设计特点、施工特点作详细介绍。

一、结构特点

1. 构造特点

按照基础外形尺寸，用各种建筑材料（混凝土、钢筋混凝土和钢）在地面或水上工作平台制成一节井筒，然后在原位（或运送到墩位处）的井筒内不断除土，借助自重或压重沉入土中。当井筒顶面露出土（水）面不多时，接筑另一节井筒，这样一直将井筒下沉到设计高程，而井筒就称为沉井。当井筒下沉到设计高程并挖土完成，在井内填筑圬工（或作空心）后即筑成沉井基础，如图 2-2-1 所示。

以常用的钢筋混凝土沉井为例，其一般结构构造由下列部分组成：刃脚、井壁、隔墙、井孔、凹槽、射水管组和探测管、封底、顶盖或承台、环墙（见图 2-2-2）。

2. 沉井分类

沉井可按平面形状、立面形状、材料、施工方法大致分类如下。

(1)按沉井的平面形状：一般有圆形、圆端形、矩形。根据井孔的布置又有单孔、双孔和多孔。见图 2-2-3。

(2)按沉井的立面形状：一般有外壁垂直无台阶形、台阶形及坡形等，见图 2-2-4。

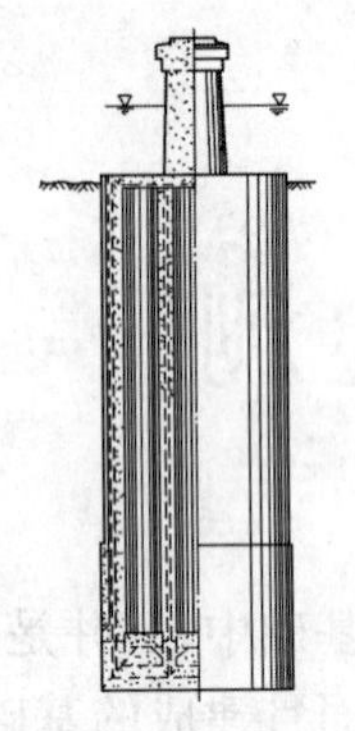

图 2-2-1 沉井基础

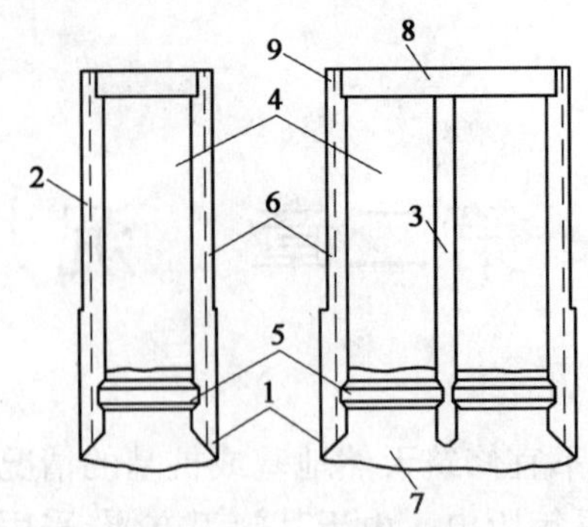

图 2-2-2 沉井一般构造

1-刃脚；2-井壁；3-隔墙；4-井孔；5-凹槽；6-射水管组、探测管；7-封底；8-顶盖或承台；9-环墙

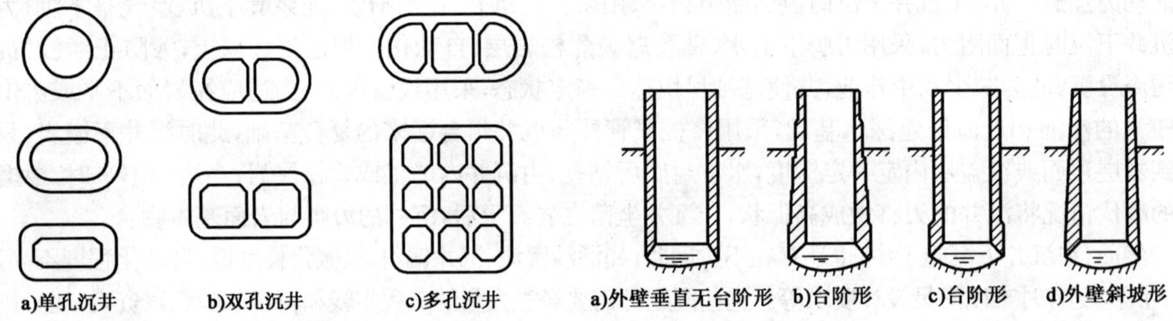

a)单孔沉井 b)双孔沉井 c)多孔沉井

图 2-2-3 沉井平面形状布置示意

a)外壁垂直无台阶形 b)台阶形 c)台阶形 d)外壁斜坡形

图 2-2-4 沉井立面形状布置示意

(3)按沉井的材料分：有混凝土、钢筋混凝土、钢和钢丝网水泥沉井等。

(4)按沉井施工方法分：有一般就地或筑岛，在墩(台)位上直接制造、下沉；采用浮运就位、下沉。

二、设计特点

一般而言，沉井设计的内容包括沉井结构设计和沉井基础设计两部分。沉井结构设计，就是结构尺寸拟定并作各种检算。沉井基础设计，就是根据拟定的沉井基础的尺寸及其他技术参数，按各种最不利荷载组合，分别检算基底应力、偏心距及稳定性等，这里不作赘述。下面仅对与沉井下沉检测工作有关的内容作以简述。

1. 结构尺寸拟定

沉井设计，首先就是根据水文、地质及上部结构情况，结合沉井的构造要求、施工方法等，拟定沉井的高度和分节、沉井的平面尺寸、井孔的大小及形状、刃脚的形式和尺寸、井孔的填料、凹槽的位置、封底及顶盖(或承台)的厚度等。

2. 特殊结构设计

当为减小沉井下沉时土摩阻力，而采用泥浆套沉井或空气幕沉井时，其结构设计应作特殊考虑。

(1)泥浆套沉井。当采用泥浆套下沉沉井时，沉井可采用薄壁设计，但为便于沉井井壁混凝土的灌筑施工，井壁厚度不宜小于 40cm。沉井刃脚踏面不宜大于 10cm，最好采用钢板包住无踏面有尖刃脚，以利于减小沉井下沉时土的正面阻力及防止漏浆。沉井外壁宜垂直，为形成泥浆套，外壁应设计成单台阶形，台阶的宽度是沉井下沉形成泥浆套的宽度，不宜过宽或太窄，一般在 10～20cm 为宜。而泥浆套构造的设计内容主要有：射口挡板、地表围圈及压浆管等。

枝城长江大桥 0～3 号墩沉井基础均采用泥浆套沉井，设计中曾有考虑：这些墩均位于浅滩上，需通过 20～30m 砂土和河卵石覆盖层，才能达设计高程。为此，可将沉井设计成重型沉井，或在沉井上压重使其达到设计高程；也可采用泥浆套的方法，用比较轻型的沉井通过覆盖层到达设计高程。经过反复比较和论证，最后这四个墩均采用泥浆套沉井设计，并首先在 0 号墩上进行泥浆套试验和土阻力的现场检测，取得成果和检测资料后逐步运用于 1～3 号墩上。0～3 号墩泥浆套沉井都是圆形混凝土沉井，各沉井有关结构尺寸和数据列示于表 2-2-1 和图 2-2-5 中。

沉井基础相关数据一览表　　表 2-2-1

项　目	计量单位	墩　号			
		0	1	2	3
沉井底平面直径	m	20	18	18	20
沉井顶平面直径①	m	19.7	17.8	17.8	19.7
沉井台阶高度	m	5	8	8	5
泥浆套厚度	cm	15	10	10	15
井孔直径	m	4/3.4②	3.4	3.4	4.1/3.9③
井孔孔数	个	9	9	9	9
沉井全高	m	17.5	25	25	28
沉井平面上围圈高度	m	2	2	2	4
沉井混凝土体积	m^3	3103	3948	3948	5215
沉井自重(不计浮力)	kN	74000	95000	95000	125000
沉井节数	节	4	6	6	7④
沉井实际下沉深度	m	19	29	30	33.5

注：①即泥浆套台阶以上沉井截面的直径。
②沉井高程 5m 以上直径为 4m。
③沉井高程 8m 以上井孔直径为 4.1m；高程 5～8m 段井孔直径为 3.9m。
④第七节为环墙，其余各墩末节内包括环墙在内。

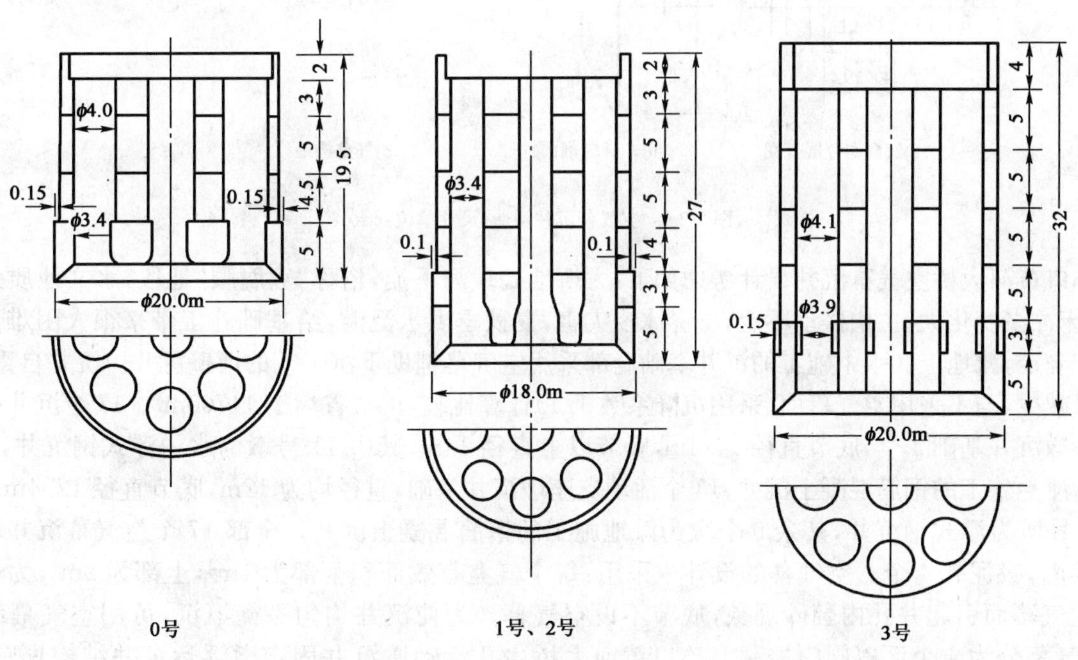

图 2-2-5　枝城长江大桥 0～3 号墩沉井基础(尺寸单位：m)

(2)空气幕沉井。为减小沉井下沉时侧面摩阻力，除采用泥浆套、射水等措施外，也可向沿沉井井壁四周预埋的气管中射以高压气流，气流由喷气孔喷出，再沿沉井外壁上升，形成一圈压气层(又称空气幕)喷出地面，减小沉井侧面摩阻力，使沉井下沉，这就是空气幕沉井。空气幕沉井，适宜于在地下水位较高的细、粉砂类土及黏质土层中下沉。压气时，气流沿沉井外壁上升，带动砂粒翻滚，形成液化，黏土则形成泥浆，从而减小井壁侧面摩阻力。压气管应分层分区布置。竖管可用塑料管或钢管，水平环管则用硬质聚氯乙烯管，沿沉井井壁外缘埋设。每层水平环管可按四角分为四个区，以便分别压气，调整沉井倾斜度。第一层可设在距刃脚底面 3m 左右的高度，保持沉井下部与土层有足够的接触面积，防止刃脚下的土挖空过多，压气时出现向井内涌砂的现象。下部的各层水平环管间距 1.0～1.5m，上部的每层间距为 2m(见图 2-2-6)在水平环管的喷气孔位置，预留模板制成棱锥形凹口，拆模后在凹口内钻 ϕ1mm 的喷气孔，称为气龛[见图 2-2-6c)]。气龛按其所负担的摩擦面积等间距分布，上、下层交错排列。

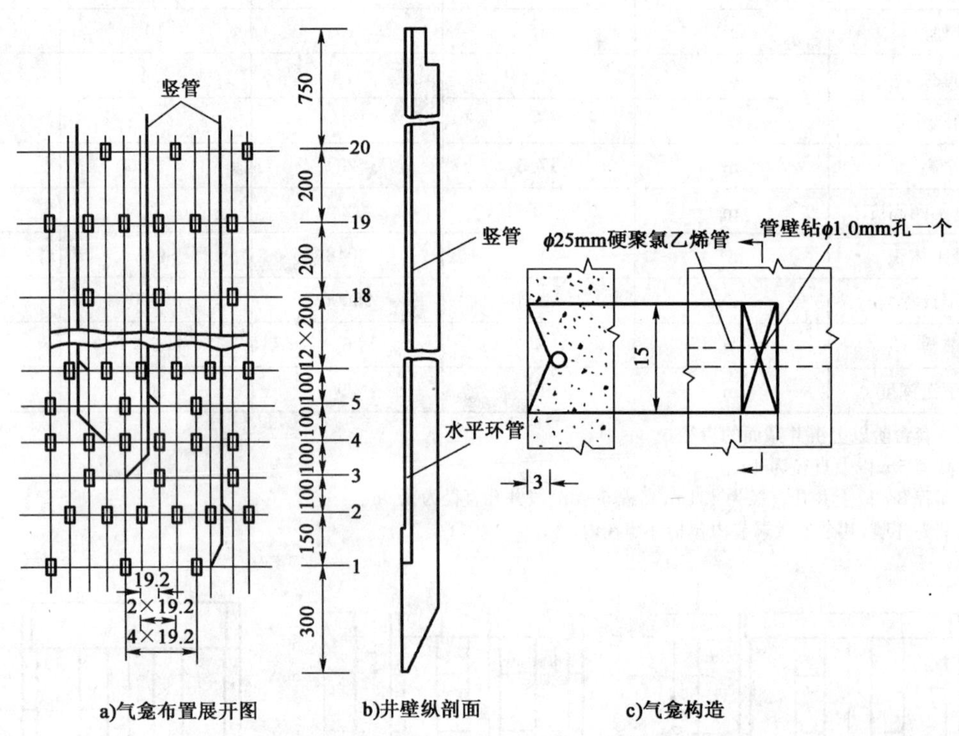

图 2-2-6　空气幕沉井构造(尺寸单位：cm)

孙口黄河大桥空气幕沉井设计考虑如下：大桥地处黄河下流，俗称“豆腐腰”地段，水文地质条件复杂，河床冲淤变化大，主槽摆动不定，早春冰凌灾害，夏秋季洪水泛滥，给基础施工带来很大困难。经综合比较确定，滩地上和水中施工的沉井基础全部采用空气幕辅助下沉工艺的薄壁沉井。沉井自重减轻、圬工量减少，与不采用空气幕面(采用沉降系数 1.1)计算比较，可节省圬工 11700m^3。17 个沉井中有固定支座墩沉井基础 4 个，底节直径 14.4m，底节以上直径 14m，其中 11 号墩为水中浮式钢沉井，另外 3 个墩为滩地施工的钢筋混凝土沉井；13 个活动支座墩沉井基础，直径均为 12m，底节直径 12.4m。其中 7～10 号墩为浮式钢沉井，其余 9 个墩为滩地施工的钢筋混凝土沉井。全部 17 个空气幕沉井均设有十字隔墙，吸泥孔 4 个。空气幕的设计中采用：每个气龛有效面积下部为 1m^2，上部为 2m^2，为避免因使用空气幕而引起井孔内翻砂现象，底节不设空气幕。为使沉井均匀平衡下沉，可用空气幕纠正倾斜，空气幕分为 4 个区以阀门控制。孙口黄河大桥主孔活动墩沉井固定墩浮运沉井结构见图 2-2-7 和图 2-2-8。

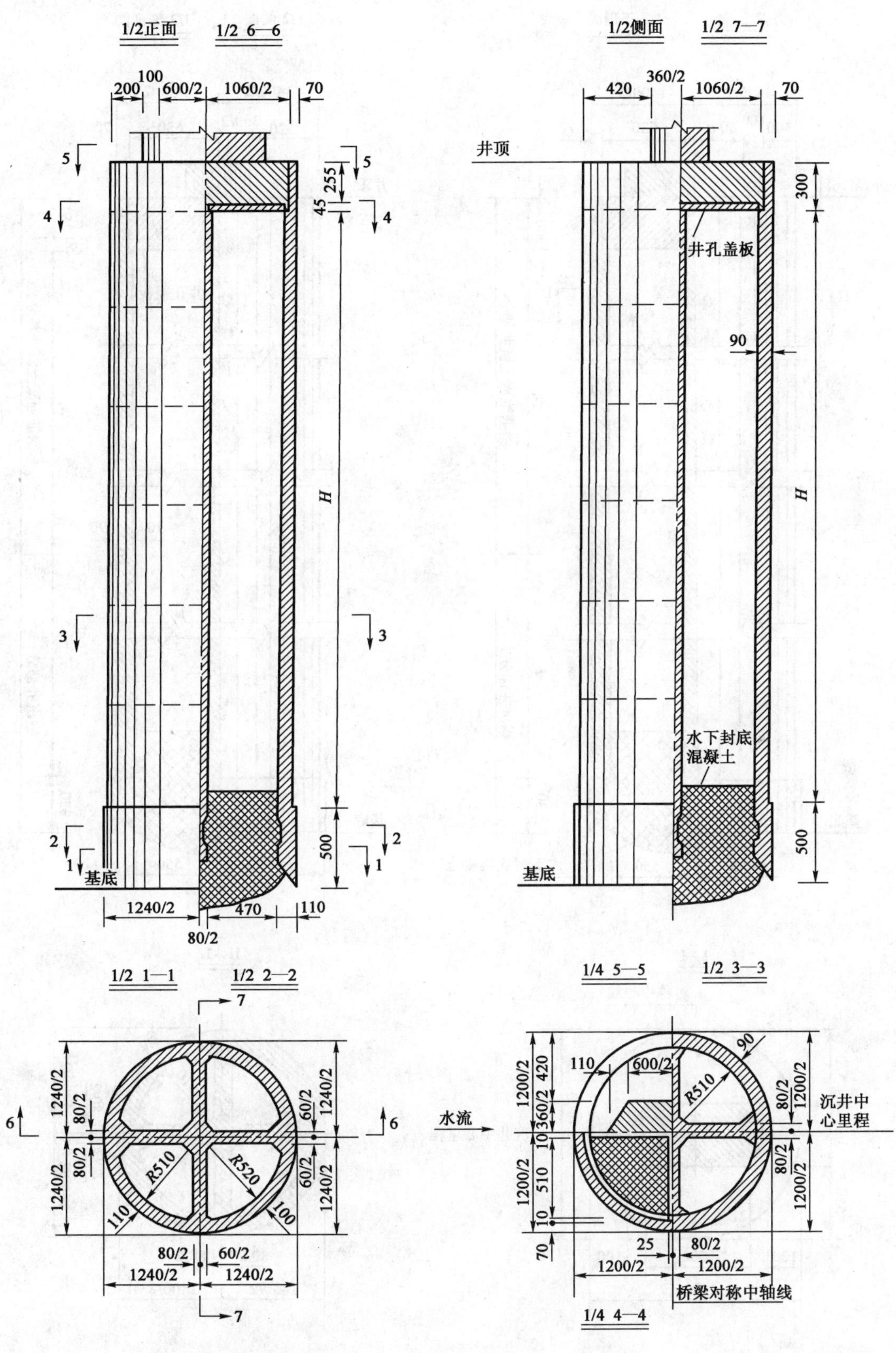

图 2-2-7　孙口黄河大桥主孔活动墩沉井(尺寸单位:cm)

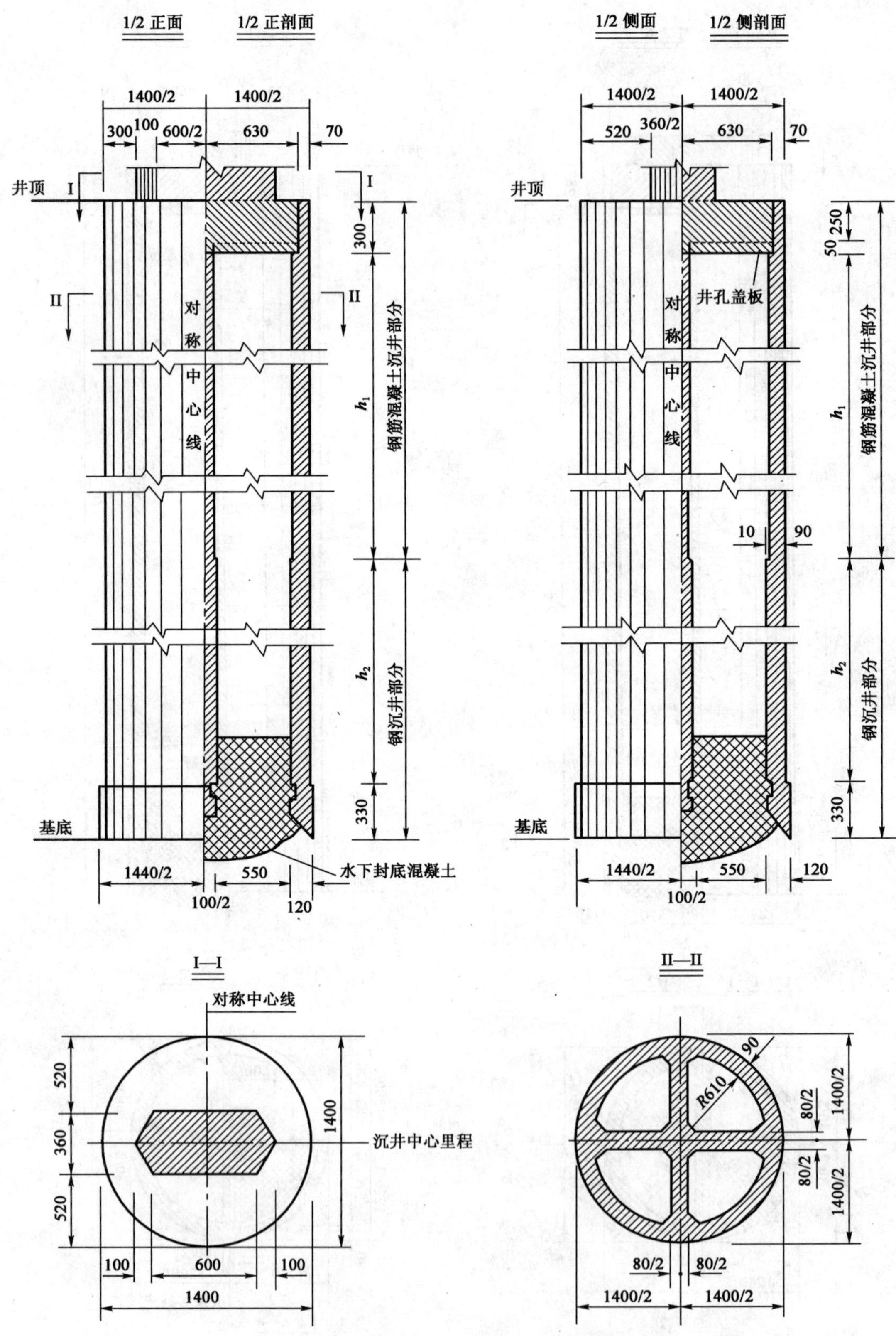

图 2-2-8　孙口黄河大桥固定墩浮运沉井(尺寸单位:cm)

3. 沉降系数计算

沉井重力，不排水下沉时应扣除浮力，其与土对井壁的总摩擦力之比称为沉降系数。沉井穿过各种土层达到设计高程，其沉降系数应大于 1.0。当沉井下沉较深或刃脚需嵌入风化岩层者，应考虑增加沉井重力，加大沉降系数。对下沉深度不大而又排水施工的沉井，沉降系数可稍大于 1.0。

沉降系数以公式表示即为：

$$K=\frac{W}{F}>0.1 \tag{2-2-1}$$

$$F=\sum f_i h_i u_i \tag{2-2-2}$$

式中：W——沉井重力（kN），不排水者扣除浮力；

F——土对沉井井壁的总摩擦力（kN）；

h_i、u_i——分别为沉井穿过第 i 层土的厚度（m）以及该段沉井的周长（m）；

f_i——第 i 土层对沉井井壁单位面积摩阻力，此值与沉井入土深度、土的性质、井壁外形及施工方法有关。应根据检测资料确定，如缺乏检测资料，可按设计规范取用。

三、施工特点

1. 沉井施工工艺流程

沉井施工的一般工艺流程如图 2-2-9 所示。

2. 泥浆套沉井施工特点

泥浆套沉井的施工工艺与一般沉井的施工工艺基本相同，仅是增加了利用泥浆的触变性能，使井壁摩阻力大大减小，因而达到节省沉井圬土数量和加快施工进度的目的。枝城长江大桥泥浆套沉井施工实践证明：泥浆套的使用与施工方法有关，同时与地质情况也有一定的关系。首先，泥浆套的作用与沉井下沉的施工方法有关，而与沉井台阶的高度关系不大。其原因是沉井下沉时，沉井轴线不是保持铅直方向下沉，而是与垂线呈某一倾斜角度摇摆下沉。当沉井倾斜时，沉井一侧压紧土壁，另一侧与土壁形成空隙，该空隙就是泥浆经由沉井刃尖返回井孔的通道。施工实践表明，沉井在下沉过程中由于各种因素的变化，其倾斜方向也是多变的。因此无论台阶设置在哪一个高程，泥浆不单存留在台阶以上，而且会流到台阶以下的沉井外壁与土壁之间。当然，这层泥浆对于减小台阶以下土对沉井的摩阻力也是有好处的。枝城长江大桥泥浆套沉井下沉有关施工资料列于表 2-2-2 和表 2-2-3。

枝城长江大桥泥浆套沉井　　表 2-2-2

项目＼墩号		0	1	2	3
地质情况		0～19m 为砂土 19m 以下 为卵石	0～4m 为中砂 14～18m 为卵石 18～27m 为中砂 27m 以下为卵石	0～4m 为细砂 4～14m 为中砂 14m 以下 为卵石	0～9m 为砂土 9m 以下 为卵石
入土深度（m）		19	29	30	33.5
沉井直径（m）		20	18.0	18.0	20
沉降系数	不用泥浆套	1.54	0.845	0.87	0.84
	用泥浆套	未算	1.97	1.88	3.05
自重克服摩擦力（kPa）		40	39.4	38.4	35.8

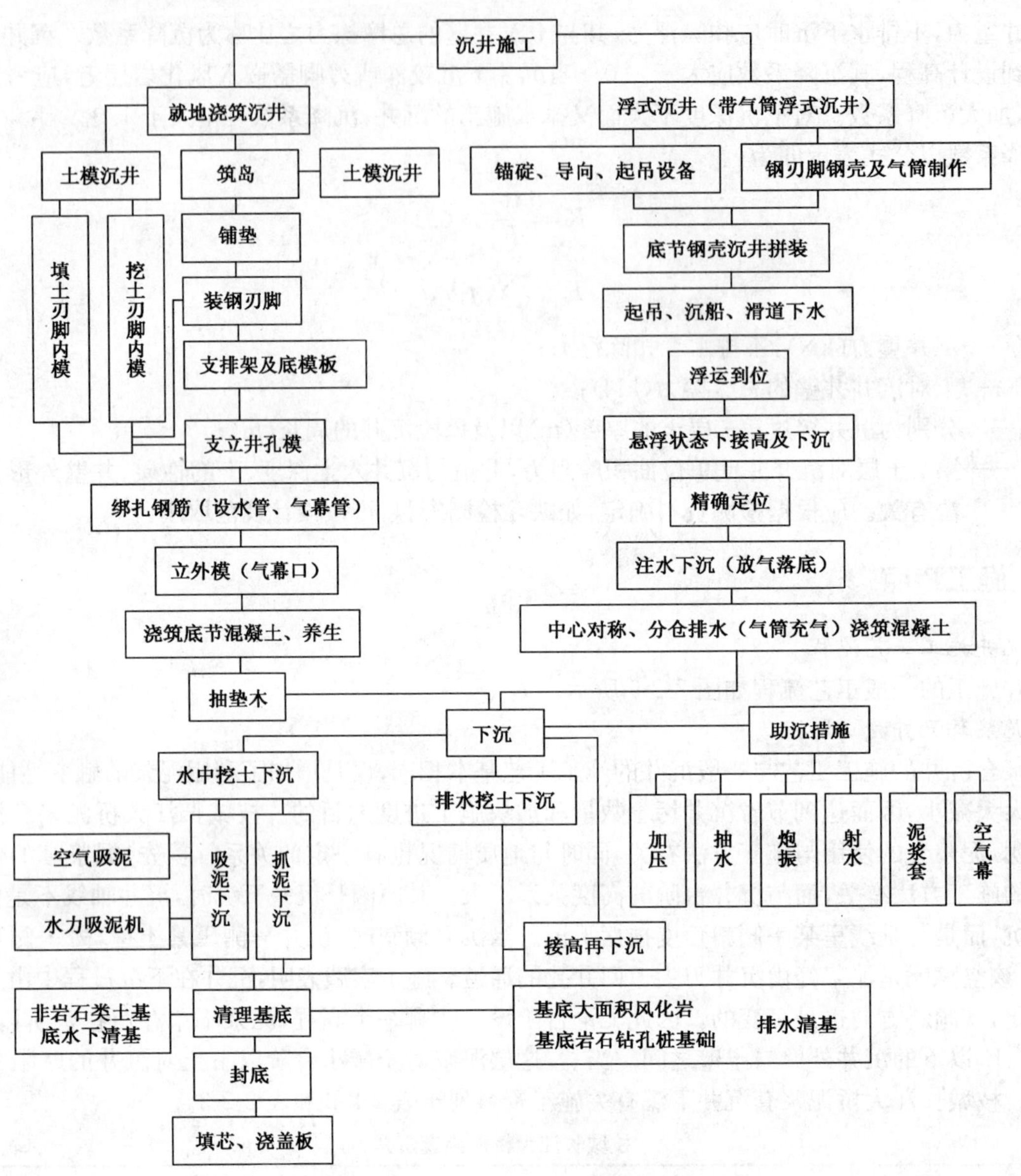

图 2-2-9　沉井施工工艺流程

枝城长江大桥泥浆套沉井施工资料　　表 2-2-3

项目＼墩号	0	1	2	3
发生故障时间	1966.7.6 13:00	1967.2.25 16:10	1967.2.22 3:00	1969.2.8 17:30
当时刃脚入土深度(m)	17.5	13.9	14.7	9.4
地表以下砂土厚度(m)	19	14	14	9
在砂土层中的取土方法	挖泥下沉	挖泥下沉 6.8m	挖泥下沉 2.8m	挖泥下沉 4.8m
	抓泥下沉	抓泥下沉 6.8m	抓泥下沉 9.1m	ϕ250 吸泥下沉 4.1m
	ϕ250 吸泥(未下)	ϕ420 吸泥下沉 0.3m	ϕ420 吸泥下沉 2.1m	ϕ420 吸泥下沉 0.5m

续上表

项目＼墩号		0	1	2	3
泥浆套发生故障前后的现象	吸出物	中孔吸泥有泥浆	—	靠北侧边孔吸泥有泥浆吸出	大石卡管，停吸
	泥浆套内	下部有土压入	泥浆面下陷 2m	—	泥面上升，浆溢出
	地表围圈	钢壳变形	1/3 圆周下陷	—	变形位置在下游
	地表土面	南侧沉井外 3m 坍陷，有裂纹，北侧裂纹不明显	沉进外围出现裂纹	大面积坍陷，一般地面下陷 0.5～1.0m	表层砂土有下陷
	其他	—	虽吸泥多日，沉井未见下沉	南侧边孔外泥浆有漏失	—
发生故障的直接原因		沉井内水位低于江水 2.5m	射水形成刃尖下内外通道	多日吸泥未下，处于中空危状	井内水头高于泥浆面 2.5m
处理办法		割去地表围圈影响下沉部分，接高沉井强吸泥下沉	继续压浆又在卵石层中下沉 13.5m	垫草袋围堰护土，未使用泥浆	继续补浆，吸泥下沉

一般情况下，泥浆套沉井下沉时，其施工作业和应力检测工作流程如图 2-2-10 所示。

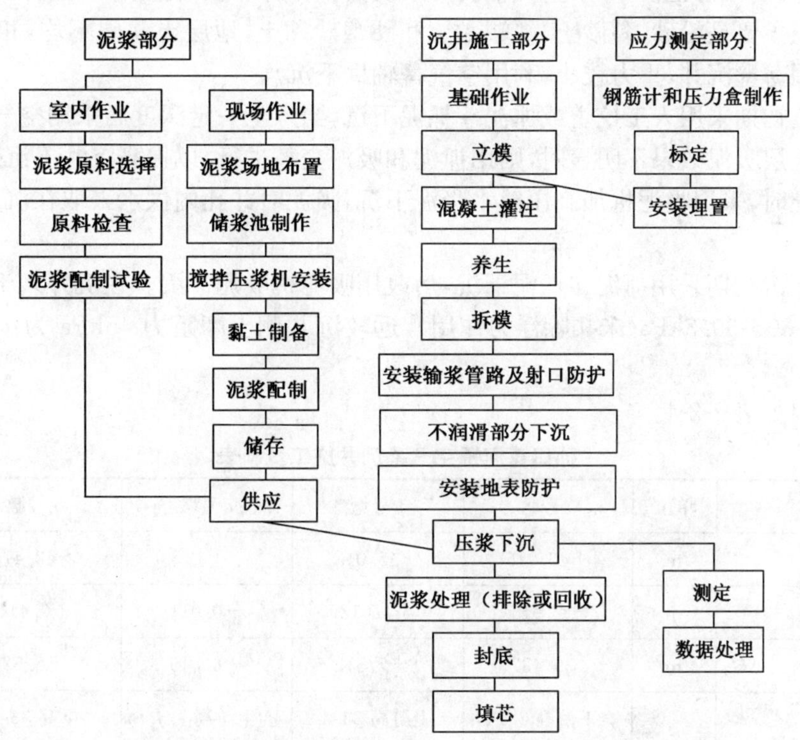

图 2-2-10　泥浆套沉井施工及检测流程

3. 空气幕沉井施工特点

空气幕沉井施工的主要特点是：通过预埋在井壁内的气管向预制在水平管上的小孔送风，有压气流从小孔向井壁外喷射，促使井壁周围的砂类土局部液化，黏质土则形成泥浆薄膜，从而达到减小土对沉井侧摩阻力的目的。但欲使砂类土液化、黏质土形成泥浆膜，除需一定压力的气流外，土中还必须有一定含水量，因此，空气幕沉井仅适用于有一定含水量的砂类土和黏质土层，而不适用于砾砂、卵石等坚硬土层。

由此可知，空气幕沉井施工还有一个特点，就是在制造时增加了气龛的制作，也就是在沉井井壁混凝土灌筑施工中有不同之处。

一般来说，气龛制作主要有以下四道工序（见图 2-2-11）。

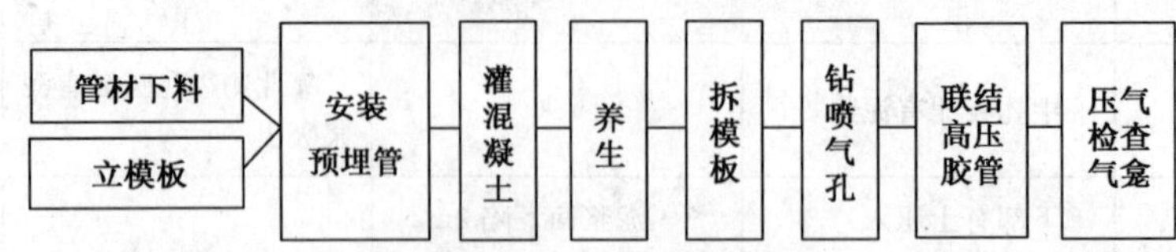

图 2-2-11　气龛制作工序流程

(1)管材加工：按设计尺寸，将预埋在井壁内的环形管和竖管下料，短管的接长和端头的封闭采用专门的塑料焊枪和塑料条焊接。此外，还需配备小压风机（风量为 0.6m^3/min，以供应焊枪的压缩空气）及可调变压器（调节焊枪的温度）。

(2)安装预埋管：立好模板后，即可安装预埋管。首先在模板内放线，钉气龛木模，再将环形管对气龛木模中心安设，并用 U 形扒钉固定在木模板上。最后安装竖管，竖管与环形管的联结是采用塑料三通，便于安装。

(3)钻喷气孔：拆模后，先在气龛内找出外露的环形管，然后用手持电钻在上面钻一个直径为 1mm 的小孔。钻孔时应注意钻通，并将周边的毛刺清理干净，不然容易堵塞气孔。

(4)检查气龛：为保证气龛的通畅，每节沉井在下沉之前，必须对新制气龛进行压气检查。发现气龛不通，尽可能采取措施进行补救。

最后，以孙口黄河大桥正桥 17 个空气幕沉井下沉为例，对其施工特点作一简介。

该工程地基土主要是粉砂、黏砂土、硬塑黏土和硬塑砂黏土，地层土软硬不均，相互交错，硬层成倾角走向分布。采用薄壁沉井，重力较小，利用空气幕辅助下沉。

滩地沉井下沉初期采用人工挖土或抓泥斗抓泥下沉，当入土一定深度后采用空气吸泥机吸泥下沉。如遇硬塑性砂黏土层吸泥效果不明显时，则用抓泥和吸泥交替进行，以提高沉井下沉速度。当沉井入土较深进入硬塑性土时，采用吸泥机加高压射水吸泥下沉，吸泥时井孔内供水采取在沉井周围围堤蓄水的办法解决。

水中墩沉井下沉初期采用抓泥斗抓泥下沉，后改用吸泥机吸泥下沉。在沉井入土较深时，由于沉井较轻，沉井重率为 30～30.3kPa（未扣除浮力作用），远较沉井侧土摩阻力 45kPa 为小，说明空气幕作用明显。

沉井施工资料如表 2-2-4。

孙口黄河桥空气幕沉井施工资料表　　表 2-2-4

项　目	单位	0 号墩	1 号墩	7 号墩	8 号墩	16 号墩
井顶高程 ΔH_1	m	+46.915	+45.012	+42	+42.416	+44.02
基底高程 ΔH_2	m	+2.915	+1.012	−0.011	+0.416	+2.02
水下封底混凝土顶面高程 ΔH_3	m	+9.437	+7.51	+6.515	+6.52	+8.03
沉井高差	cm	下游高 2.9	上游高 23.4	上游高 7.4	下高 38.5	下高 23.5
		南侧高 22.4	北侧高 22.2	南侧高 9.4	南高 50.1	南高 8.8
沉井顶面偏移	cm	偏北 40	偏南 2	偏南 25.6	偏上 63.4	偏上 80
		偏下 51.5	偏下 19	偏下 7.4	偏北 76.3	偏北 7.3
沉井刃脚偏移	cm	偏南 42.1	偏北 79.4	偏南 58.5	偏下 71.4	偏下 2.3
		偏下 62.1	偏上 66.8	偏上 18.5	偏南 99	偏南 25.5
持力层地质	—	砂黏土	砂黏土	粉砂	粉砂	软塑砂粘土

第二节　沉井侧面摩阻力检测

一、侧面摩阻力检测目的

根据上节介绍的沉降系数计算可知，为使沉井顺利下沉，沉井重力（不排水下沉时，扣除浮重）必须大于井壁与土体间的总摩擦力。而土与井壁间的摩阻力应根据实测资料确定，仅当缺乏实测资料时，可根据土的性质、施工措施，按表 2-2-5 取用，见《公路桥涵地基与基础设计规范》(JTG D63—2007)。

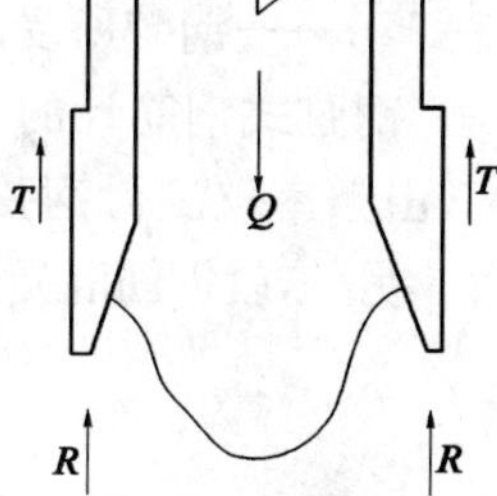

图 2-2-12　沉井受力图示

通常，设计沉井重时，是以总侧摩擦力的参考值乘以系数（一般经验采用1.25左右）来计算，当沉井刃脚下挖掘成一锅底而沉井仍不下沉（如图 2-2-12），会认为是摩阻力过大，而采用加大沉井重力来克服。但随着沉井重力的加大，井壁必然变厚，沉井正面阻力也会随之加大。因此准确地测定、全面地分析沉井下沉过程中沉井侧面摩阻力和正面阻力，对于正确进行设计和指导施工来说十分必要的。

井壁与土体间的摩阻力　　表 2-2-5

土的名称	摩阻力(kPa)	土的名称	摩阻力(kPa)
黏性土	25～50	砂砾石	15～20
砂性土	12～25	软土	10～12
砂卵石	15～30	泥浆套	3～5

为此，沉井侧面摩阻力检测的目的，就是求算实际沉降系数，从而进一步改善沉井结构及施工工艺。

二、侧面摩阻力检测方法

1. 检测方案

由上所述，沉井下沉过程中沉井侧面摩阻力现场检测，主要是通过检测沉井下沉过程中沉井侧面摩阻力的动态变化过程，进而求得沉井的沉降系数。它直接为改进沉井结构设计和正确确定下沉施工方案服务，也是作检测方案设计的基本。周密、合理的检测方案是现场检测成败的关键。制订现场检测方案需考虑的主要内容有：检测项目的确定；检测仪具的选择；测点布置和检测方法的确定等。此处仅先对沉井侧面摩阻力现场检测中检测项目的确定作以阐述，其他内容以后逐步介绍。

首先，检测项目确定的一般原则是：项目简单、结果可靠、成本低、便于现场采用；其检测元件易于现场埋设、检测仪表便于现场使用。此外，所选择的检测物理量概念明确，测值显著、数据易于分析、便于实现反馈。对于沉井下沉过程中侧面摩阻力现场检测，其检测项目确定时一般采取如下方案：当沉井下沉至不同深度时，首先由埋设在沉井井壁中不同高度上的钢筋计和土压力盒，现场实测钢筋针和压力盒的测值变化，求算侧面摩阻力值；其次，可由沉井刃脚踏面安设的土压力盒，测出正面阻力，亦可求得沉井下沉时的综合侧面摩阻力值。因这两项检测都能分别实测得到侧面摩阻力值，故能起到两者相互校核的作用。对于沉井正面阻力的检测，将在下节详细讨论。

2. 检测仪具

目前，沉井下沉过程中侧面摩阻力检测时，多采用钢弦式传感器和其配套的频率仪。这是因为钢弦式传感器在测试耐久性、防潮绝缘性和可操作性等方面比电阻式和差动式传感器都有优势。如前所述，侧面摩阻力现场检测中多采用钢弦式钢筋计和压力盒两种检测仪具，下面分别作以介绍。

对于钢筋混凝土沉井，其内力或轴力，通常可通过测定井壁受力钢筋的应力，然后根据钢筋与混凝土共同作用、变形协调条件反算得到。钢筋应力一般是通过在受力钢筋中串联连接的钢弦式钢筋计测定。其构造在第四篇中有详细介绍，这里只将其有关原理和在沉井侧面摩阻力检测中的应用作以简单说明。根据《数学物理方程》中的有关弦的振动微分方程，可推导出钢弦式传感器中钢弦应力与振动频率的关系：

$$f=\frac{2}{2L}\sqrt{\frac{\sigma}{\rho}} \tag{2-2-3}$$

式中：f——钢弦振动频率(Hz)；

L——钢弦长度(m)；

ρ——钢弦的密度(kg/m^3)；

σ——钢弦所受的张拉应力(Pa)。

钢弦式钢筋计的工作原理是，当其外壳钢管受轴力作用后，引起钢弦张力变化，从而改变其自振频率，由频率仪测得钢弦频率变化，通过标定曲线即可计算得到钢筋所受应力大小。

另外，就钢筋混凝土沉井井壁而言，其轴力大小可根据钢筋与混凝土的变形协调假定求算，其算式如下：

$$P_c=\frac{E_c}{E_t}\sigma_t(A-A_t) \tag{2-2-4}$$

式中：P_c——轴力(kN)；

E_c、E_t——混凝土和钢筋的弹性模量(MPa)；

σ_t——检测所得钢筋应力(MPa)；

A、A_t——沉井井壁截面面积和钢筋截面面积(0.1cm^2)。

按上式进行轴力换算时，沉井井壁混凝土浇筑初期应计入混凝土龄期对弹性模量的影响，在现场温度变化幅度较大季节，也需注意较剧烈温差变化对检查数据的影响。

钢弦式压力盒与钢弦式钢筋计一样，构造简单、测试结果比较稳定、受温度影响小、易于防潮、可作长期观测。其缺点是灵敏度受压力盒尺寸的限制。

其工作原理为：对于式(2-2-3)，当压力盒型号选择后，L、ρ 为定值，所以，钢弦频率只取决于钢弦上的张拉应力，而钢弦上产生的张拉应力又取决于外来压力 P，从而使钢弦频率与薄膜所受压力 P 的关系如下：

$$f^2-f_0^2=kP \tag{2-2-5}$$

式中：f——压力盒受压后钢弦的频率(Hz)；

f_0——压力盒未受压时钢弦的频率(Hz)；

P——压力盒底部薄膜所受的压力(kN)；

k——标定系数，与压力盒构造等有关，各压力盒各不相同。

如前所述，钢弦式钢筋计和压力盒的钢弦振动频率都是由频率仪来接收和测定的，这里只对其工作过程作以简述。频率仪主要由放大器、示波管、振荡和激发电路等部件组成，若为数字式频率仪，则还有一数字显示装置。其工作过程是：首先由频率仪自动激发装置发出脉冲信号、输入到钢筋计或压力盒的电磁线路，激励钢弦产生振动，钢弦的振动在电磁线路内感应交变电动势，输入频率仪放大器放大后，加在示波管的 y 轴偏转板上；调节频率仪振荡器的频率作为比较频率加在示波管的 x 轴偏转板上，使之在荧光屏上可以看到一幅椭圆图形为止。此时，频率仪上的指示频率即为所需确定的钢弦振动频率。

3. 仪具标定

对于钢筋计和压力盒这类现场检测工作所用的传感器，在使用前都应在室内进行标定。其标定目的是通过试验建立传感器输入量与输出量之间的关系，即求出传感器的输出特性曲线(又称标定曲线)。对于传感器在制造上的误差，即使仪器相同，其标定曲线也不尽相同，因此传感器的标定应在使用前或定期进行。标定的基本方法是利用标准设备产生已知的非电量标准值(如已知的标准力、压力等)作为输入量，输入到待标定的传感器中，得到传感器的输出量。然后，将传感器的输出量与输入的标准量作比较，从而得到一系列的标定曲线。标定造成的误差是一种固定的系统误差，对测试结果影响较大，故标定时应尽量设法降低标定结果的系统误差和减小偶然误差，以提高标定精度。为此，应做到以下几点：传感器标定应尽量在与其使用条件相似的状态下进行；为减小标定中的偶然误差，应增加重复标定的次数和提高测试精度；在被测定的变化频率较小时，静标定造成的误差可以忽略，所以只作静标定。

侧面摩阻力检测工作中使用的钢筋计和压力盒，各方面性能不可能完全一致，因此使用前均应逐个进行静标定。

实际检测中，钢筋计的标定在材料试验机上进行，使钢筋计处于不同数值之拉（或压）状态，同时记录其钢弦频率值，标定数次直到读数稳定为止。绘出应力（拉、压）—频率标定曲线，见图 2-2-13。压力盒的标定，一般是将压力盒放入能密封的压力罐中进行。罐内放置油或水为介质，分不同压力值作阶段加压，同时读出钢弦频率的变化值，重复数次直至数值稳定为止，然后绘出应力—频率曲线，见图 2-2-14。

标定工作关系到检测数据的正确性，工作一定要认真、细致；条件许可时还可以作些不同环境温度和使用条件下的修正试验，以提高检测精度。另外，测定频率的频率仪也应规定在使用前或每半年标定一次。

4. 测具安装

钢筋计的安装布置及安装数量，应根据检测的需要决定，但应考虑有备用量。钢筋计应考虑安设在受力情况比较单一（如轴向拉、压或纯弯曲）的部位，以减少分析中的困难，见图 2-2-15。

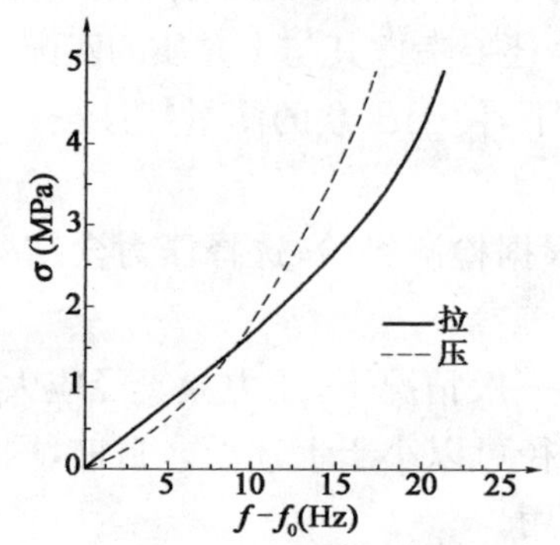

图 2-2-13　钢弦钢筋计的应力—频率标定曲线

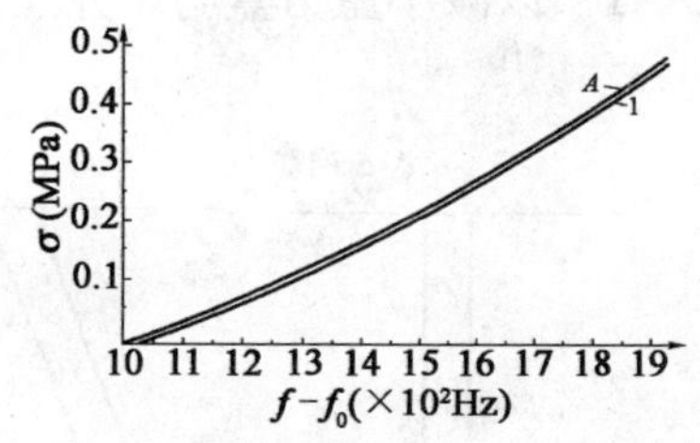

图 2-2-14　钢弦压力盒的应力—频率标定曲线

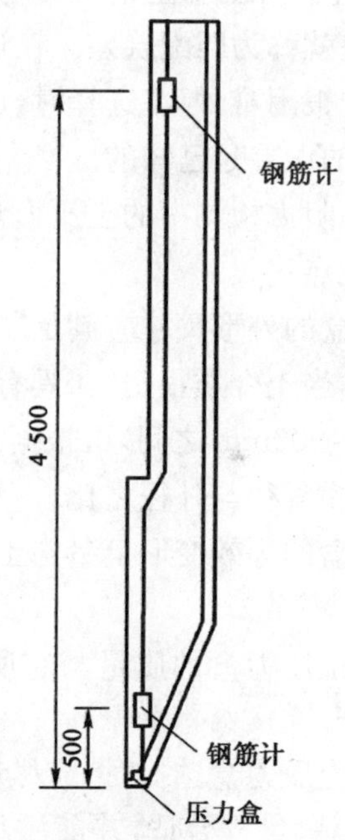

图 2-2-15　钢筋计的安装布置

（尺寸单位：mm）

当然，钢筋计布置的数量愈多，测点愈密，数据愈准确，但测试成本也愈大。压力盒的安装将在下节作介绍，在沉井正面阻力现场检测中，所用的测具主要是压力盒。

第三节　沉井正面阻力检测

一、正面阻力检测目的

沉井下沉时，根据沉井刃脚正面阻力检测可了解沉井下沉过程中沉井刃脚支承情况和正面阻力的变化，从而进一步改善沉井结构设计及下沉工艺。为此，需进行以下工作：在沉井下沉各阶段除进行上节所述沉井侧面摩阻力检测外，还应利用刃脚上埋设的土压力盒测量土对沉井刃脚的单位正面阻力；再根据同时量测到的刃脚处支承面积，其与土压力盒测得的单位正面阻力之积即为总正面阻力；最后，用沉井重力（扣除浮力）减去总正面阻力，也可得到相应的总侧摩擦力。

二、正面阻力检测方法

1. 测具选择

一般来说，沉井下沉时工作条件千变万化，但对沉井刃脚埋设的土压力盒的要求是相同的，其基本要求如下：输出与输入之间成比例关系，直线性好、灵敏度高；滞后、漂移等误差小；动态特性良好；重复性好，功耗小；抗干扰能力强，不因其接入而使测试系统受到影响；容易维修、标定，能适应沉井下沉工作条件，能长期使用。上节已介绍，常用的土压力盒有钢弦式、差动式和电阻式几类。由于钢弦式土压力盒耐久性好，能适应沉井下沉时各种复杂条件，虽其精度相对较差，但在目前沉井下沉正面阻力检测中，多用此种土压盒，其接收仪亦为频率仪。

另外，在土阻力检测仪具选择中，其与土的匹配也是应考虑的问题。这是由于压力盒与土介质的变形特性不同，因土介质变形为非线性，土压力盒就不可避免地破坏了土的原始应力场，引起其应力重分布。这样，作用在压力盒上的应力与未有压力盒时的该点应力是不相同的，该现象称为不匹配，由此引起的检测误差就称为匹配误差。在选用或设计钢弦式压力盒时，还要考虑其与土介质的匹配。当然，要做到完全匹配很困难，但在选择时，还是要在不完全匹配的条件下，使土压盒的测量特性按一定规律变化，而所产生的误差是已知的。

另因正面阻力检测中的土压力盒是典型的埋入式传感器，根据检测经验，选择压力盒结构参数时，笔者有如下几点建议：

(1)压力盒的外形尺寸应满足厚度与直径之比为 0.1～0.2；一般情况下，压力盒直径应大于土颗粒直径的 50 倍，当土介质很密实，具有较好的连续性时，敏感膜直径可以小于上述值。目前，国内外土压盒直径在 20～900mm 之间，可根据沉井下沉处土质情况选择采用。

(2)敏感膜直径与外径之比，一般选择大于 0.32，以减小压力盒的埋置误差。

(3)压力盒的等效变形模量与土介质变形模量之比应大于 5～10，以减小压力盒与土介质之间的不匹配误差。

(4)应使土压力盒的质量与它所取代的土体质量相等而达到质量的匹配。

最后，在土压力盒选择时，应尽量选取刚度大、外形扁、尺寸适中、性能可靠、量程合适，并能满足高、低频特性的压力盒，不必盲目追求高精度，要注意其稳定性和经济性。

2. 测具埋设

总结土阻力检测实践经验可知，土压力盒埋设时，最好加装有沥青囊，以扩大其受力面积，提高检测精度。在沉井正面阻力检测中，压力盒的安装埋设方法是：把刃脚角钢割开一个与压力盒外径相同的圆孔，然后将压力盒镶嵌其上，并使量测敏感膜与刃脚角钢底面在同一平面上，见图 2-2-16。一般情况，只需在其侧后面用短钢筋将其沥青囊固定即可。

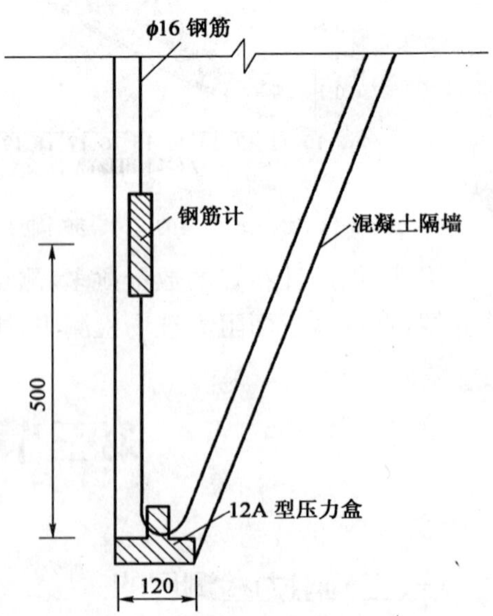

图 2-2-16　土压力盒埋设（尺寸单位：mm）

实际工作中，土压力盒的埋设应注意以下几点：

(1)埋设土压力盒时，要求压力盒感压面正向被测压力方向，其角度误差应小于规定值，埋设位置也不允许有较大偏差。

(2)埋设后的压力盒感压面与沉井结构表面齐平，且压力盒应与沉井结构刚性联结，固定结实，确保所测应力符合实际。

(3)压力盒的引出导线应从专设的位置或导管中引出，每根导线必须严格标上编号，并与其压力盒对应做好记录，引出接头均应做好密封防水处理。

(4)所有压力盒埋设完毕之后，应用测试仪器全面检查一遍。浇筑沉井混凝土前，在沉井模板上标注土压力盒埋设区和引线布置位置，在混凝土浇筑时，严禁在土压力盒埋设部位用振动器振捣。混凝土浇筑完成后，再用测试仪器对所埋土压盒全面检查一遍，以检查土压力盒埋设的最后情况。

3. 现场检测

钢弦式土压力盒的实测测读，多是采用配套的频率仪测量。测读时，只要将土压力盒的两根引出线与频率仪的两根引出线分别相连，读出土压力盒钢弦的振动频率，根据预先标定好的频率应力曲线，即可推算土压力。

当然，沉井下沉过程正面阻力的检测工作应与沉井下沉同步进行。在土压力盒埋设后，首先取初读数；沉井下沉过程中，需对每天和每个施工过程进行数据检测。当测试数据变化较大时，检测次数适当增加；而测试数据较稳定时，检测次数可适当减少。

有关检测工作的安排，应注意以下两点：

(1)应当特别注意各检测内容初读数的准确性。沉井下沉前所测读到的初读数是沉井下沉检测数据的基准点，而且又是人员、仪器、测点均较生疏的情况下，初读数的取得常常经过数次波动后才能趋于稳定。一般经验表明：连续三次测得的数值基本一致后才能将其定为初读数，否则应继续测读。

(2)检测的数据应尽可能在现场整理分析，这样既可以及早发现数据真伪性，又可尽快提交沉井下沉施工工艺决策。因为检测数据再准确，错过工程施工的最佳时机，其对工程工艺则毫无指导意义。在某种意义上，检测数据提交的及时性比单纯增加检测次数更为重要。

当然，沉井下沉中不论是侧面摩阻力检测还是正面阻力检测，检测频度都是根据沉井下沉深度和不同施工阶段而定的。一般情况下，采用：下沉期内，每下沉 0.5m 测读一次(每次，每个压力盒分别测读二个读数，其误差应小于规定值)。另外，对特殊施工阶段，如焊接钢筋和各节混凝土灌筑前后都要分别测读。

而检测数据测读的时间，应该控制在沉井即将下沉的一瞬间，因为只有此时才能检测到沉井井壁最大侧面摩阻力值。在检测的同时，还要记录下当时沉井刃脚与地层接触面积、沉井偏斜值、沉井下沉深度、土质情况、井内水位以及气温等边界条件。因为这些资料对分析沉井下沉时土的阻力值是十分必要的。记录表格式可采用如表 2-2-6。

沉井下沉土阻力检测记录表　　表 2-2-6

沉井名称：　　沉井平面尺寸：　　沉井高度：

抽水情况：　　除土方法：　　围墙情况：

下沉时间	测点号	温度(℃)	入土深(m)	基底承压面积(m^2)	测读数(Hz)			应力(MPa)	施工情况
					1	2	平均		

日期：　　测量：　　记录：　　施工技术负责人：

4. 资料分析

由于各种原因，现场沉井下沉正面阻力检测所得的原始数据，都有一定的离散性，必须进行误差分析、回归分析和归纳整理等去粗存精的分析处理后，才能很好地释解检测结果的含义，进而可充分地利用检测分析的成果。总之，检测数据分析中数学处理的目的就是验证、反馈和预报，即：将各种检测数据相互印证，以确认正面阻力检测结果的可靠性；探求沉井刃脚土阻力应力状态、分布规律，以便提供反馈，使沉井的设计和下沉工艺更合理；检测和监视沉井下沉过程中土阻力随时间的变化情况，也可对沉井下沉的最终值和变化速率进行预测和预报。

第四节　沉井下沉现场检测实例

一、泥浆套沉井下沉现场检测实例

1. 泥浆套沉井的基本原理

采用泥浆套下沉沉井是随其应用而发展起来的施工工艺。它不仅降低了井壁侧摩阻力，减少了沉井的圬工数量，使薄壁沉井得以采用；而且加大了沉井下沉的深度和提高了沉井下沉的施工效率。因而，给沉井下沉带来了轻（井壁薄、自重轻）、快（润滑、进度快）、稳（倾斜小、下沉稳）、省（圬工量少，成本省）的特点，表现出显著的经济效益，并为向沉井施工拼装化的发展提供了条件。

泥浆润滑套是泥浆套下沉沉井的关键部分，其构造主要包括：射口挡板、地表围圈及压浆管。

(1)射口挡板。通过缓冲作用防止泥浆管射出的泥浆直冲土壁，并防止土壁局部坍落堵塞出浆口。射口挡板可用角钢或钢板弯制，置于每个泥浆出口处，固定在井壁台阶上。见图 2-2-17。

(2)地表围圈。它是埋设在沉井周围保护泥浆的围壁。它确保沉井下沉时的润滑套有正确宽度，防止土体坍落在泥浆内；储存泥浆，保证在沉井下沉过程中泥浆补充到新造成的空隙内；泥浆在围圈内可流动，以调整各压浆管出浆的不均衡。地表围圈的宽度即沉井台阶的宽度，其高度一般在 1.5～2.0m 左右，顶面高出地面或岛面约 0.5m，上加顶盖，以防土、石落入或流水冲蚀。

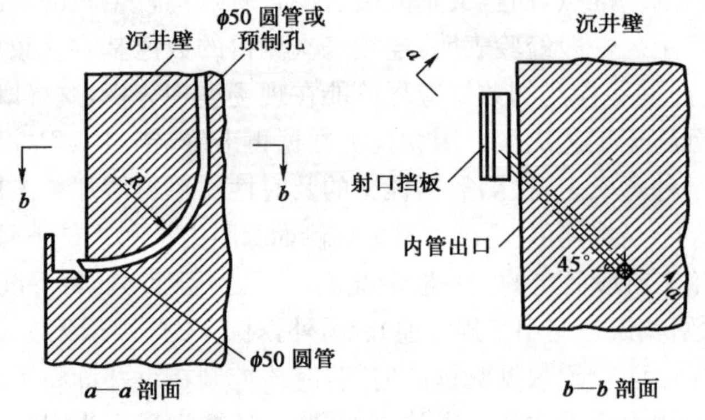

图 2-2-17　射口挡板（尺寸单位：mm）

地表围圈可用木板或钢板制作。

木板制地表围圈：是用厚 3～5cm 的木板企口连接，分块预制、就地拼装，用螺栓固定于沉井四周的围木框架上。围木框加做成两层，两端伸入土槽，以固定围圈位置，见图 2-2-18。

钢板制地表围圈：其一般是由钢板和角钢组成，分块焊接预制，就地拼接。每块底部和顶部均用铁丝联于地面（或岛面）沿沉井周围所设的锚桩上，固定围圈位置，见图 2-2-19。

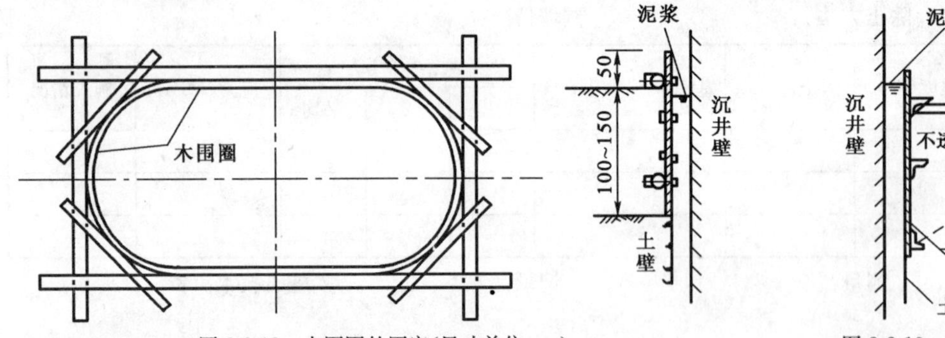

图 2-2-18　木围圈的固定（尺寸单位：cm）

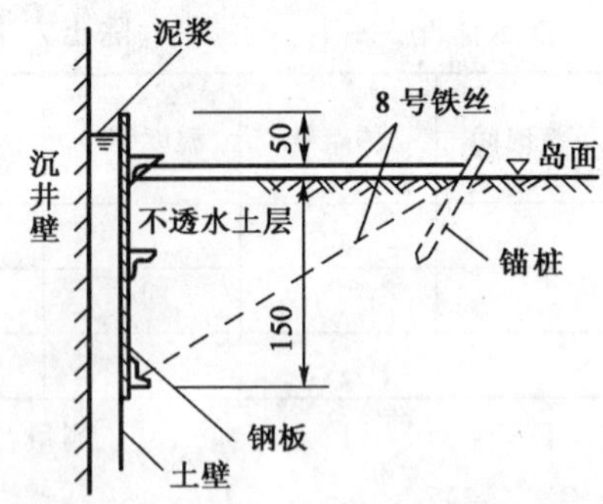

图 2-2-19　钢围圈的固定（尺寸单位：cm）

(3)压浆管。根据沉井井壁厚度，压浆管的布置有两种方式：内管法和外管法。

内管法：厚壁沉井多采用此法，即压浆管埋在井壁内（或在井壁内预制管道）。管径多为 ϕ38～ϕ50mm，间距 3～4m。射口方向与井壁成 45°角，见图 2-2-17。若压浆管堵塞，亦可采用外管法。

外管法：薄壁沉井多用此法，即压浆管布置在井壁内侧或外侧，视施工条件而定，见图 2-2-20。

沉井沉至设计高程后，为恢复土对井壁的固着作用，要破坏泥浆套、排除泥浆，所以沿井壁布置有排浆孔，见图 2-2-21，此排浆孔在沉井下沉期间应封闭或装有阀门关闭。

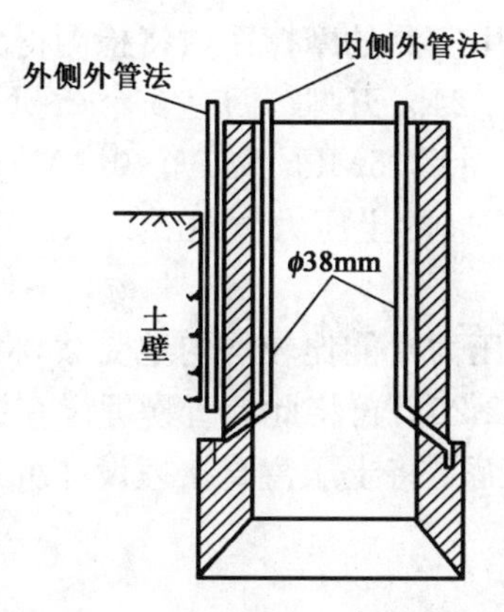

图 2-2-20　压浆管布置（尺寸单位：mm）

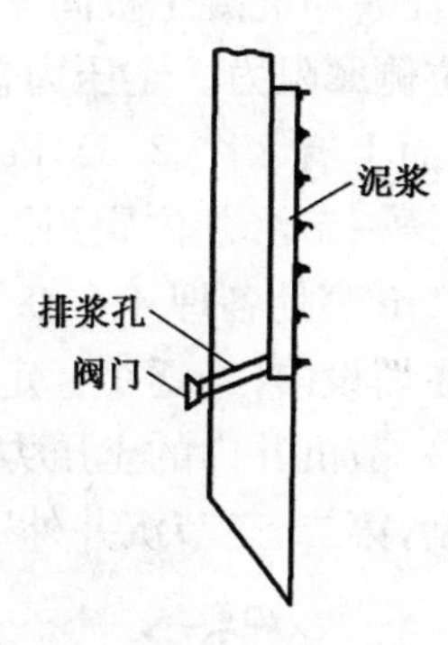

图 2-2-21　排浆孔布置（尺寸单位：cm）

2.试验沉井简介

铁路桥梁沉井施工始于 1965 年，在通让县大赉嫩江桥施工中采用泥浆套下沉沉井。1966 年，又在枝城长江大桥零号墩和京广线捞刀河桥 1 号墩开展沉浆套沉井试验。下面就以铁道部大桥局三桥处和桥梁科学研究所在枝城长江大桥零号墩的试验及现场检测的资料为例，对泥浆套沉井下沉的现场检测工作作以介绍。

枝城长江大桥零号墩，为带有钢刃脚的钢筋混凝土圆沉井，其直径为 20m，入土深度为 19m，下沉时采用了泥浆套，并作为试验沉井进行了现场检测。试验沉井位于浅滩上，沉井处的地面高程在常水位之上，沉井尺寸及地质情况示于图 2-2-22。

为改善抽垫木时的沉井受力状况，在钢刃脚下均匀地设置 8 段 20cm 宽的踏面，其总长等于沉井刃脚周长的 2/3。

试验沉井自 1966 年 4 月 1 日开始人工挖土下沉；5 月 11 日至 6 月 13 日改为抓泥下沉；7 月 3 日至 7 月 19 日改为吸泥下沉至设计高程。在沉井下沉后期，因下沉效果不显著，曾采用过三次炮震，其下沉量分别为 2cm、3cm、23.8cm。其下沉曲线示于图 2-2-23。

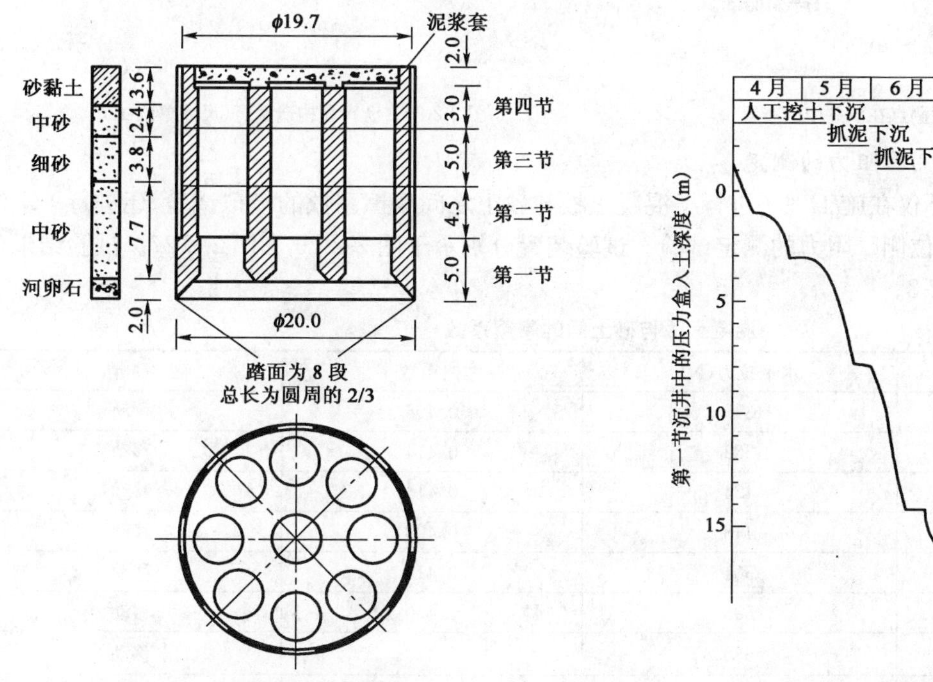

图 2-2-22　试验沉井（尺寸单位：m）

图 2-2-23　试验沉井施工下沉曲线

为进行沉井下沉时土阻力的现场检测，在沉井井壁和刃脚踏面埋设钢弦式土压力盒共 34 个，分别量土和泥浆对沉井井壁的单位侧压力及沉井刃脚的单位正面阻力。同时，在试验现场还分别进行了砂土与混凝土板、泥浆与混凝土板间摩擦系数的模拟试验，以便能用实测的摩擦系数将检测得到的单位侧压力换算为单位侧摩阻力。土压力盒测点的布置情况示于图 2-2-24。刃脚踏面有 6 个 2.5MPa 的土压力盒；刃脚全斜面上有 8 个 2.5MPa 的土压力盒；半斜面上有 3 个 2.5MPa 及 1 个 0.4MPa 的土压力盒。侧壁上，在第一节沉井内距刃脚 1.6m 高处埋设 8 个 0.4MPa 的土压力盒；在第二、三节沉井内距刃脚 5.6m 及 10m 高处各埋 4 个 0.4MPa 的土压力盒。

土压力盒在埋设前，经逐个标定，并绘制标定曲线。为使土压力盒能比较均匀地受载，将刃脚（踏面上的除外）和第一节沉井内的土压力盒先安装在沥青囊内（图 2-2-25），再将此沥青囊埋设在沉井中。踏面处因尺寸限制，第二、三节沉井外壁有泥浆套，故未用沥青囊，而是将土压盒直接埋设在沉井内。

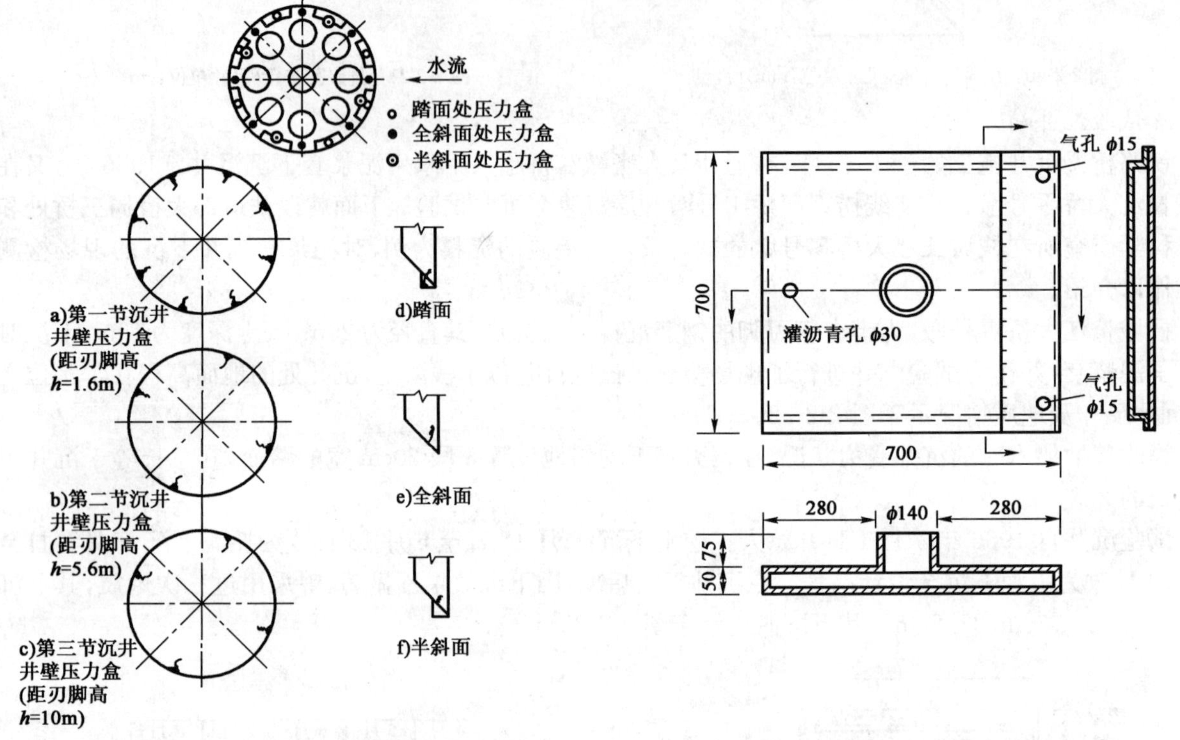

图 2-2-24　土压盒测点在沉井中的布置

图 2-2-25　沥青囊构造示意（尺寸单位：mm）

3. 摩擦系数及单位侧摩阻力的测定

本次现场检测中，不仅在施工现场进行了混凝土板与砂土之间摩擦系数的模拟试验，还进行了求混凝土板与泥浆之间的单位侧摩阻力的测定试验。试验装置分别示于图 2-2-26 和图 2-2-27。试验结果分别列于表 2-2-7 和表 2-2-8。

混凝土板与砂土间的摩擦系数　　表 2-2-7

垂直荷载(N)	水平拉力(N)	摩擦系数 f	破坏情况
922	377	0.408	移动
922	382	0.414	移动
1022	424	0.414	移动
1122	448	0.400	移动
1222	501	0.410	移动
1322	596	0.450	移动
1322	636	0.480	移动
397	187	0.471	移动
497	237	0.477	移动
597	297	0.497	移动

混凝土板与泥浆间的单位侧摩阻力　　表 2-2-8

混凝土板入泥浆的深度(m)	泥浆静止状态			泥浆搅动后静止 10min			泥浆搅动状态		
	上拔力(N)	混凝土板面积(cm^2)	单位摩阻力(Pa)	上拔力(N)	混凝土板面积(cm^2)	单位摩阻力(Pa)	上拔力(N)	混凝土板面积(cm^2)	单位摩阻力(Pa)
2	46	8840	52.2	48	8840	54.3	34	8840	38.5
3	44	8840	49.6	—	—	—	40	8840	45.3
4	46	8840	52.2	48	8840	54.3	40	8840	45.3
5	52	8840	58.5	—	—	—	—	—	—
6	46	8840	52.2	52	8840	58.6	44	8840	49.6
7	46	8840	52.2	—	—	—	46	8840	52.2
8	44	8840	49.6	54	8840	61.2	44	8840	49.6
9	44	8840	49.6	—	—	—	44	8840	49.6

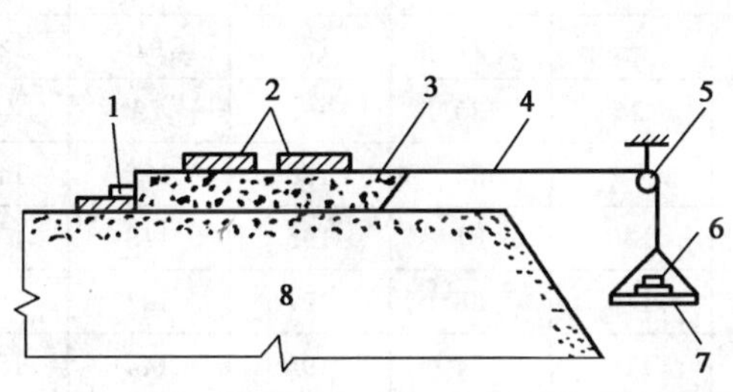

图 2-2-26　混凝土板与砂土间摩擦系数的试验装置
（沥青囊构造示意，尺寸单位：mm）
1-千分表；2-压重；3-混凝土板；4-钢丝绳；5-滚珠滑轮；6-砝码；7-加荷盘；8-砂

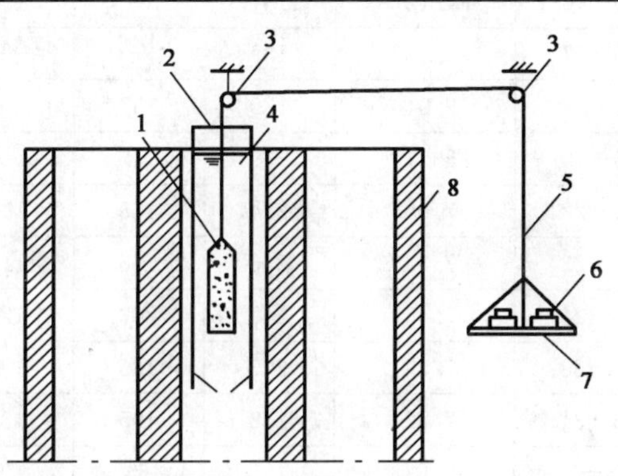

图 2-2-27　混凝土板与泥浆之间的单位侧摩阻力的试验装置
1-混凝土板；2-探测管；3-滚珠滑轮；4-泥浆；5-测绳；6-砝码；7-加荷盘；8-沉井

另外现场测定泥浆的静切力值为：泥浆静止 1min 后，在 4m 深处是 35.8Pa，在 8m 深处是 40.3Pa；泥浆静止 10min 后，在 4m 深处为 41.4Pa，在 8m 深处为 42.6Pa。将这些静切力值与表 2-2-8 中的有关数据比较，表明混凝土板与泥浆间的单位侧摩阻力大于泥浆的静切力；且混凝土板在泥浆中上拔时，破坏面不在板与泥浆的接触面，而是在靠近混凝土板泥浆中。因此可认为：沉井在泥浆套中下沉时，泥浆对沉井壁的侧摩阻力即为泥浆本身的静切力。

此处应说明如下：表 2-2-8 中的单位侧摩阻力已扣除了滑轮、测绳等的影响，以及混凝土板在泥浆中的重力。但是，当上拔混凝土板时，还要克服泥浆对板的正面阻力。虽然已将混凝土板的上端制成尖角，可减少此正面阻力，但毕竟或多或少地存在阻力。因此，表 2-2-8 中的单位侧摩阻力值是偏大的。

4. 土对沉井侧面摩阻力及正面阻力

(1)土对沉井侧面的摩阻力

从图 2-2-24 可看出，只有埋在第一节沉侧壁中的 8 个土压力盒才能测量在沉井下沉过程中土对沉井侧面的压力。所测得的数据列于表 2-2-9。

土侧压力的量测值　　表 2-2-9

量测日期	压力盒入土深(m)	土的侧压力(kPa)								
		4025	4016	4019	4022	4026	4031	4013	4018	平均值
4—23	1.379	96	56	27	11	8	17	122	100	54.6
4—24	2.012	92	90		46	27	21	65	34	53.5
4—25	2.351	116	90	84	42	42	38	120	69	75.1

续上表

量测日期	压力盒入土深(m)	土的侧压力(kPa)								
		4025	4016	4019	4022	4026	4031	4013	4018	平均值
4—26	2.602	142	88	62	22	38	39	122	102	76.8
5—6	2.785	138	77	84	53	—	43	110	116	88.9
5—7	2.789	140	79	86	55	58	46	108	116	85.8
5—10	2.967	164	—	113	—	23	37	—	—	84.2
5—11	3.085	130	71	115	67	—	49	—	—	86.4
5—12	3.169	83	61	109	76	84	50	119	96	84.7
5—13	3.300	68	41	102	72	—	54	103	102	77.4
5—14	3.687	183	93	117	58	35	30	113	108	92.1
5—16	4.127	181	69	109	58	71	51	115	116	96.4
5—17	4.583	183	—	—	97	—	47	127	96	110.0
5—18	5.016	179	157	—	83	—	47	179	91	122.5
5—19	5.519	—	53	—	35	24	30	—	79	44.2
5—22	7.003	234	173	109	135	88	52	188	192	146.3
5—23	7.338	226	188	116	125	126	81	195	173	153.8
5—24	7.457	249	207	121	120	116	68	197	197	159.4
5—28	7.521	227	185	131	131	116	74	194	144	150.5
5—31	7.527	238	195	136	136	121	82	194	167	158.2
6—2	7.673	198	64	78	140	41	71	222	164	122.3
6—3	8.041	158	130	112	—	—	39	154	—	118.6
6—4	8.572	169	104	107	54	97	77	226	102	117.0
6—5	9.124	181	195	171	108	105	63	223	80	141.0
6—6	9.695	285	181	133	110	98	58	208	134	150.9
6—7	10.199	289	97	92	88	91	87	280	147	146.6
6—8	10.983	233	87	87	81	106	106	226	112	129.5
6—9	11.626	240	150	191	85	85	89	162	116	139.6
6—10	12.320	163	95	112	106	131	122	167	129	128.2
6—11	12.508	180	118	185	98	98	105	149	125	132.0
6—12	13.267	199	115	178	141	135	123	380	118	173.4
6—13	13.749	261	175	234	145	116	107	157	133	166.0
6—14	13.865	276	177	149	138	126	116	228	124	166.7
6—18	13.869	276	189	165	149	133	110	230	122	172.0
6—22	13.884	276	195	172	153	135	111	231	127	175.0
6—24	14.431	224	152	144	142	150	132	211	128	160.5
6—26	14.909	204	207	174	129	151	105	185	121	159.7
6—26	15.077	217	235	211	146	129	99	257	152	180.7
6—27	15.215	234	245	180	138	185	137	301	138	194.7
6—27	15.365	184	263	175	152	241	142	327	154	205.0

沉井自 4 月 1 日开始下沉,7 月 19 日下沉至设计高程;土侧压力量测自 4 月 23 日开始,至 6 月 27 日止。

由摩擦系数试验，得知混凝土板与砂土间的摩擦系数为 0.4～0.497，近似地取摩擦系数为 0.4 进行计算。将计算得到的土对沉井侧面的摩擦阻力值列于表 2-2-10，并绘成图 2-2-28。

土对沉井侧面的摩阻力　　表 2-2-10

压力盒入土深 (m)	土压力的实测平均值 P (kPa)	压力盒入水深 h (m)	相应水压 γh (kPa)	$P-\gamma h$ (kPa)	$(P-\gamma h)f$ (kPa)
1.379	54.6	0	0	54.6	21.9
2.012	53.5	0	0	53.5	21.4
2.351	75.1	0	0	75.1	30.1
2.602	76.8	0	0	76.8	30.7
2.785	88.9	0	0	88.9	35.6
2.789	85.8	0	0	85.8	34.3
2.967	84.2	0	0	84.2	33.6
3.085	86.4	0	0	86.4	34.5
3.169	84.7	0	0	84.7	33.8
3.300	77.4	0	0	77.4	31.0
3.687	92.1	0	0	92.1	36.8
4.127	96.4	0.127	1.27	95.2	38.0
4.538	110.0	0.538	5.38	104.7	41.7
5.016	122.5	1.016	10.16	112.3	44.7
5.519	44.2	1.519	15.19	29.0	11.6
7.003	146.3	3.003	30.03	116.3	46.5
7.338	153.8	3.338	33.38	120.4	48.1
7.457	159.4	3.457	34.57	124.8	49.7
7.521	150.5	3.521	35.21	115.3	46.2
7.527	158.2	3.527	35.27	122.9	49.2
7.673	122.3	3.673	36.73	85.6	34.2
8.041	118.6	4.041	40.41	78.2	31.2
8.572	117.0	4.572	45.72	71.3	28.5
9.124	141.0	5.124	51.24	89.8	35.9
9.695	150.9	5.695	65.95	94.0	37.6
10.199	146.6	6.199	61.99	84.6	33.8
10.983	129.5	6.983	69.83	59.7	23.8
11.626	139.6	7.626	76.26	63.3	25.3
12.320	128.2	8.320	83.20	45.0	18.0
12.508	132.0	8.508	85.08	46.9	18.8
13.267	173.4	9.267	92.67	80.7	32.3
13.749	166.0	9.749	97.49	68.5	27.4
13.865	166.7	9.865	98.65	68.1	27.2
13.869	172.0	9.869	98.69	73.3	29.3
13.884	175.0	9.884	98.84	76.2	30.4
14.431	160.5	10.431	104.31	56.2	22.5
14.909	159.7	10.909	109.09	50.6	20.2
15.077	180.7	11.077	110.77	69.9	27.9
15.212	194.7	11.215	112.15	82.6	33.0
15.365	205.0	11.365	113.65	91.4	36.5

必须指出，由于沉井倾斜、位移等影响，泥浆可能沿沉井与土壤间的缝隙渗入，改变了沉井与土壤间的摩擦系数值，而该影响是无法测得的。摩擦系数之所以取用试验中的最小值，亦即考虑了该因素。

尽管图 2-2-28 所示出的是一条不光滑的近似曲线，但可以看出趋势如下：土对沉井侧面阻力从地表往下逐渐增加，至土压力盒入土深为 7.338m、7.457m、7.527m（此时沉井的入土深度分别为8.938m、9.057m、9.127m）时，分别为 48.1kPa、49.7kPa、49.2kPa，且 49.7kPa 为此沉井在下沉过程中侧摩阻力的最大值，再往下，摩阻力值均小于此值。

如前所述，对确定沉井尺寸、重力有决定因素的土摩阻力，是指沉井下沉瞬间的极限状态的土摩阻力。即当沉井壁与周围土之间的作用超过某一临界值时，沉井井壁与土之间才产生相互滑动，而这个临界力即是极限摩阻力。表 2-2-10 中的值并不全是极限摩阻力，需根据施工中的下沉情况进行分析。当沉井采用挖土、抓泥、吸泥等方法逐渐顺利下沉时，土压力盒所测得的摩阻力数值可看作是该高程处土对沉井井壁的极限摩阻力。因沉井下沉速度较慢，动摩擦所造成的影响可略去不计。从沉井施工下沉曲线（图 2-2-23）来看，试验沉井下沉有五个区段，分别是第一节沉井中的压力盒入土深度：0～1m、1～3m、3.5～7.8m、8～14m 和 14.3～15.3m。因此，在表 2-2-10 中，只有与这五个区段相对应的摩阻力值才是极限摩阻力值。

(2)泥浆对井壁的压力

由在泥浆套中的第二节沉井壁中的压力盒测得的资料列于表 2-2-11，并绘成图 2-2-29。可以看出：泥浆对井壁的侧压力沿深度的分布情况基本上接近三角形。

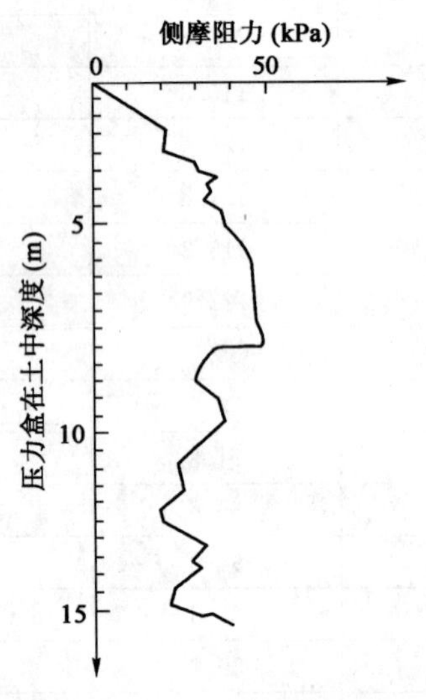

图 2-2-28　沉井侧面摩阻力

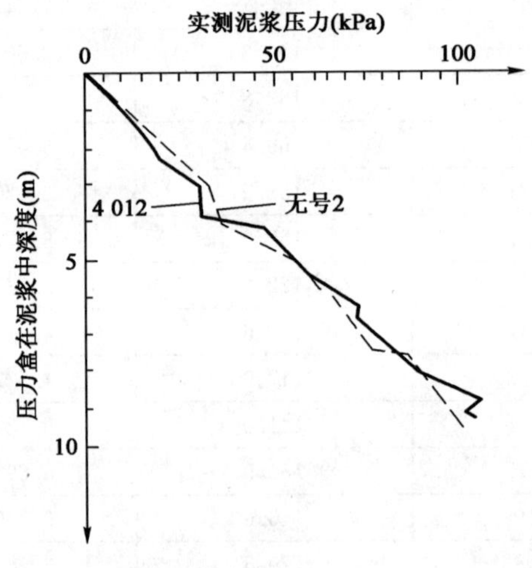

图 2-2-29　泥浆压力

实测泥浆压力　　表 2-2-11

4012		无号 2	
压力盒入泥浆深(m)	实测泥浆压力(kPa)	压力盒入泥浆深(m)	实测泥浆压力(kPa)
1.469	14.0	3.168	33.5
2.250	20.0	3.682	35.0
3.178	31.0	4.038	36.0
3.923	32.0	4.647	48.0
4.106	16.0	5.199	58.0
4.267	48.0	5.780	63.0
5.439	60.0	5.988	67.0
6.294	74.0	7.475	78.0

续上表

4012		无号 2	
压力盒入泥浆深(m)	实测泥浆压力(kPa)	压力盒入泥浆深(m)	实测泥浆压力(kPa)
6.561	73.0	7.528	86.0
8.154	90.0	8.060	91.0
8.876	107.0	9.579	103.0
9.185	162.0		
9.277	105.0		

(3)土对沉井的正面阻力

将埋设在刃脚踏面上的压力盒的实测资料汇列于表 2-2-12。由表 2-2-12 看到:在沉井入土深度相同的同一次测量中,各个压力盒的读数差别较大。可能原因是:沉井倾斜、沉井的重心偏移,刃脚下各处的除土情况不一样,总的支承面积在不断变化,以及土质不均匀等。

踏面压力盒实测的土压力　　表 2-2-12

压力盒入土深(m)	踏面压力盒测量的压力(kPa)					
	2517	2501	2514	2505	2516	2520
2.979	1665	1390	1695	1065	890	1225
3.612	1755	—	1980	1015	795	—
3.951	1845	1630	1920	990	1040	1605
4.202	1825	1645	1830	80	1120	—
4.385	—	1540	1955	—	1000	1505
4.389	1525	1525	1920	750	985	—
4.567	—	1820	2130	—	—	1715
4.685	—	—	2010	—	—	1670
4.769	1930	1860	2150	1165	1130	1480
4.900	—	1980	2090	1050	1090	1750
5.287	1930	2770	2360	1030	1500	1700
5.727	1625	1670	2150	1335	1510	1840
6.138	1845	1790	2150	1155	1180	1245
6.616	2120	—	2340	940	1320	1310
7.119	—	—	—	1275	735	1400
8.603	1910	1945	1925	1480	1010	1020
8.938	2130	2160	1905	1330	1260	1415
9.507	1925	1965	1750	1235	1115	1190
9.641	1240	1910	2070	1615	—	1405
10.172	1880	2410	1830	1475	—	1260
10.724	1865	2065	2120	1840	—	1000
11.259	1800	1770	1615	1285	—	1145
11.799	2065	1015	2120	1465	—	1530
12.583	2420	2345	1935	700	—	1170
13.126	2200	1390	1680	1007	—	1125
13.920	1350	1650	1430	1325	—	1420

续上表

压力盒入土深(m)	踏面压力盒测量的压力(kPa)					
	2517	2501	2514	2505	2516	2520
14.108	1650	1540	1975	1455	—	1345
14.862	2015	1740	2340	1275	—	1630
15.349	2560	1570	2105	1010	—	1400
15.464	2450	1470	2000	1035	—	1600

在沉井下沉过程中，正面阻力增加很快。沉井在进入卵石层后，刃脚踏面上的应力已超过2.5MPa，估计当时的正阻力已达40000kN，占沉井总重力(扣除浮力为48000kN)的5/6左右。由于采用了泥浆套，沉井侧面所受到的摩阻力却大大减少。因此，用泥浆套下沉沉井，在侧面摩阻力已大为减小的情况下，主要是克服正面阻力。所以，沉井在下沉过程中不会发生“卡住”现象，因此也不会产生拉应力。同时可看到，如沉井刃脚要进入承载力较高的卵石类土时，似不宜采用较宽的刃脚踏面。

试验沉井采用筑岛法下沉，为了解筑岛时的混凝土沉井刃脚的回填压力情况，在现场用模型试件和土压力盒进行测定。

试验装置示于图2-2-30。

模型试件重力为75kN，加载程序如下：

(1)放松链滑车，使模型试件下沉，记录下沉量和观测填土挤出的情况。

(2)安装千斤顶进行加载。

(3)第一次加载85kN，观测模型试件的下沉量和填土挤出情况，停15min后再观测一次。

(4)第二次加载150kN，观测方法同上。

(5)第三次加载100kN，观测模型试件的沉降量和填土挤出情况，30min后再观测一次。

(6)第四、五、六次加载均为100kN，观测方法同第三次加载。

其观测资料整理列于表2-2-13和示于图2-2-31。

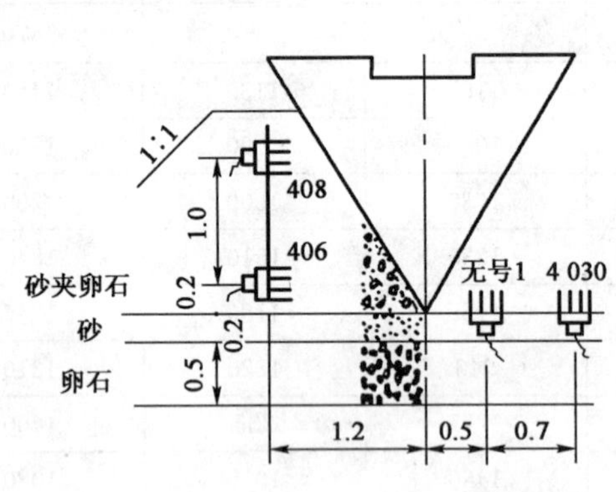

图2-2-30 刃脚回填压力测定试验(尺寸单位：m)

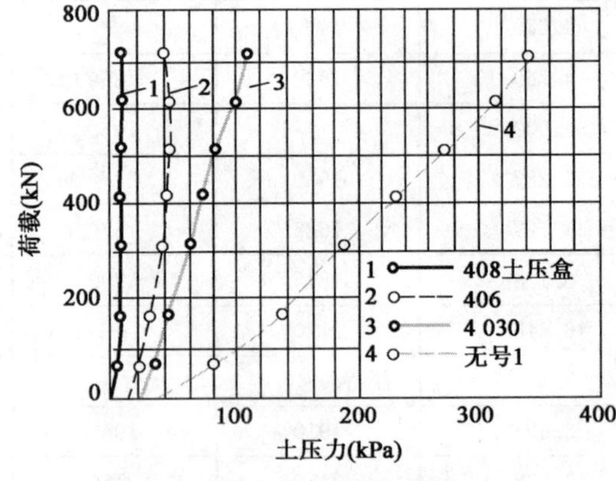

图2-2-31 土压力试验曲线

各级加载实测土压力 表2-2-13

土压力盒号	测得的土压力值(kPa)							
	刃脚未放松前	刃脚放松后自重力75kN	累计加载85+75=160kN	累计加载310kN	累计加载410kN	累计加载510kN	累计加载610kN	累计加载710kN
408	0	5	6	9	15	17	23	21
406	16	23	30	40	42	44	43	40
4030	29	36	43	63	76	85	100	110
无号1	40	81	120	191	237	275	319	345

二、空气幕沉井下沉现场检测

泥浆套在沉井施工中的应用，能有效地降低井壁的摩阻力，减少工程量，加大下沉深度和加快施工进度。但是，由于地表围圈设置不易，以及水流冲刷，泥浆套的形成没有充分把握，它在深水沉井中的应用尚有一定的困难。另外，泥浆套沉井下沉完毕后，泥浆的破坏或置换目前还没有妥善的解决方法。土壤对井壁的固着力得不到理想的恢复，这对桥梁基础的长期使用来说不利。如处在地震区，对基础的抗震能力，也有一定的影响。此外，在泥浆套沉井的施工实践中还发现：如沉井设计重力较大，基底未到岩面，则在下沉的后期，由于泥浆套继续存在而导致沉降值过大，还可能造成边清基底、边下沉，给基底的处理带来困难。上述各问题的存在，使泥浆套沉井施工方法的采用受到一定的限制。为解决该矛盾，并为深水桥基采用薄壁沉井找出可行的施工方法，铁道部大桥工程局二桥处和桥梁科学研究所在九江长江大桥北岸引桥铁路 09 号和 050 号两墩，用空气幕下沉沉井，并进行了现场检测的试验，下面就是以此两试验墩的资料为例，对空气幕下沉沉井的现场检测作介绍。最后，再对长江下游某公路悬索桥北锚碇空气幕沉井的现场试验、检测工作作以简介。

1. 空气幕沉井的基本原理

空气幕沉井的压气系统和工作原理，见图 2-2-32。

空气幕沉井是利用预设在井壁中的管路及外壁上的气龛向周围施喷高压空气，以减小井壁与土的摩阻力，使沉井顺利下沉。

具体方法：在灌注井壁混凝土之前，在外缘模板上安设气龛，然后将硬质塑料管沿气龛敷设，并引出沉井顶面。当灌完混凝土并拆模后，把每个气龛内的预埋管上钻喷气孔，然后将井顶的风管与地面风包连接，形成一压气系统。

下沉过程中，当清除刃脚土以后，由于侧面摩阻力过大而不下沉时，即可压气。气体由预埋管进入气龛喷出。当气体沿沉井壁向上扩散时，在沉井周围形成空气通路，减小了一部分摩阻力，沉井即可下沉。因压力时沉井周围形成一压气层，如同空气帷幕，故该法称为空气幕沉井。

图 2-2-32　空气幕沉井原理

1-压风机；2-风包；3-地面风管；4-沉井壁；5-竖管；6-井壁中预埋环形管；7-气龛；8-气龛中喷气孔

空气幕沉井适宜于在地下水位较高的细、粉砂类土及黏性土中下沉。压力时，气流沿沉井外壁上升，砂粒经气流带动，翻滚成液化状态，黏土则形成泥浆，从而使土对井壁的摩阻力减小。

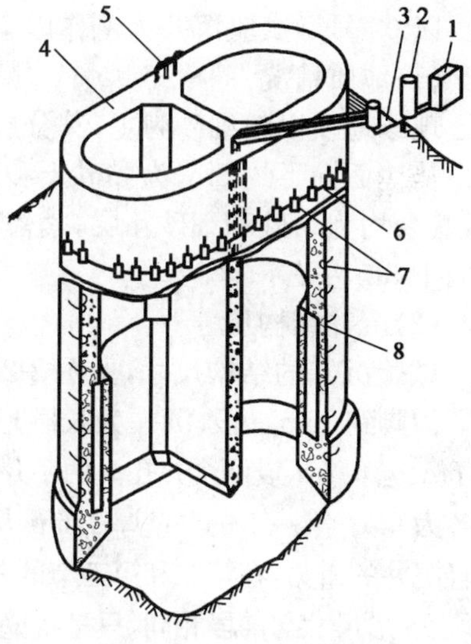

空气幕沉井与普通沉井相比，仅在构造上增加了一套压气设备，这套压气设备是由气龛、井壁中预埋管、压风机、风包及地面管路等几部分组成。

(1)气龛

气龛包括预筑在沉井外壁上的凹槽及里面的喷气孔。

凹槽的作用有三点：

①保护气孔不受土的直接磨损。

②便于气体的扩散，使喷出的高压气束经扩散空间较均匀地附壁上升，以形成气幕。

③尺寸较大的气龛，压气时凹槽充满气体，如同一个气囊，起着减小摩阻力的作用。

一个沉井往往需用几百个至几千个气龛，气龛决定着空气幕的效果。因此，它是空气幕的关键设施之一，气龛的设置一直也是空气幕沉井的一个重要问题。从实践的情况来看，使用过的气龛类型很多，有桃形、半圆形、长方形等多种形状，其大小悬殊。喷气孔也是多样的，有镀锌铁皮特制喷嘴、有长圆孔，还有直径不同的小圆孔。但从实用来看，主要是在防止堵塞的条件下，逐步向使用简单、易操作的方向发展。目前多用长方形气龛，喷气孔也多用小圆孔。

(2)井壁预埋管

预埋管的布置有两种方式：

一种同时设环形管和竖管，环形管视沉井的大小及纠偏的需要而定，可按半周或1/4周设一根。喷气孔即钻在环形管上，由竖管连结引出沉井顶。压气时，气体由竖管进入环形管，然后从各气龛喷出。还有一种方式是只设竖管，喷气孔即设在竖管上，此法好处在于管路顺直，气压损耗少。下端可设贮砂筒，贮存由气龛渗进的砂子，防止喷气孔堵塞。但由于这种方式用料多，每灌注一节沉井接长管路的工作量也大，故只有采用特殊气龛时，才考虑采用它。

(3)压风机

压风机是提供高压气的设备，压力的大小视沉井下沉深度而定。当下沉较深，普通压风机不能满足需要时，还需配有中压或高压压风机。

(4)风包

风包的作用是贮存高压气体，压气时防止压力骤然降低，影响压力效果，起到稳定风压的作用。

(5)地面风管路

它是用来连接由压风机、风包和井顶风管所组成的压气通路。由于操作和观测需要，通路中安装有各种阀门及观测仪表。

2.试验沉井设计与施工

以09号墩试验沉井为例作以介绍。

(1)地质情况

现场地质以粉细砂为主，其分层情况如下：

从地面向下约5m，为黏砂土和砂黏土互层。以下除在地面下24.6m处有一层3m多厚的中砂层外，其余均为粉砂和细砂互层，紧密程度为中密并呈饱和状态。地下水最高时在地下约1m，最低时约在地面下3m左右。

(2)沉井结构尺寸

试验沉井的结构尺寸，见图2-2-33。

刃脚到16m一段，沉井为长圆形，由两端半径为3.1m的两半圆和中间4.4m的直线组成，其平面长10.6m、宽6.2m，设两个井孔。两个井孔之间为一厚0.6m的隔墙。这部分沉井分三节：第一节高4m，第二、三节各为6m。第一节的井壁厚1.6m，从第二节开始缩进0.1m的台阶。刃脚高2m，下设8cm宽的踏面。为了减轻沉井的重力，在第二和第三节的井壁内设16个直径为0.8m的预留孔。16m以上的部分是第二次增加的一段，外形尺寸与前段相同，只是将壁厚由1.5m改为0.7m，井顶2m高的围堰厚改为0.25m。

(3)沉井的重率

空气幕沉井由于通过压气可减小井壁的摩阻力，故重力可较一般沉井减轻，也就是重率可减小。此处的重率就是沉井质量与侧面积的比值。它与沉井的单位面积可克服的摩阻力相似，不同的是在不排水的情况下，重率所表示的是没有扣除浮力，而单位面积可克服的摩阻力则是扣除浮力后的沉井实际具有的能力。

表2-2-14是试验沉井在下沉各阶段的有关数据。从表中可看出：当沉井下沉到最后阶段时，沉井质量2458.6t，重率为2.22t/m²，平均单位面积可克服的摩阻力为12.5kPa。

试验沉井下沉数据 表2-2-14

项目 \ 沉井高(m)	4	10	16	22	28	34	38	40
沉井混凝土数量(m³)	122.4	292.5	462.5	600.5	738.5	876.5	968.5	982.0
沉井侧面积(m²)	113	279	444	610	775	941	1051	1106
沉井总质量(t)	300	708	1199②	1543.2③	1874.4	2205.6	2426.4	2458.6
重率(t/m²)	2.66	2.54	2.70	2.53	2.41	2.32	2.31	2.22
可克服摩擦力(kPa)	26.6①	14.9	14.4	13.9	13.4	13.1	12.9	12.5

注：①第一节排水下沉未扣浮力。

②此时井壁中16个预留孔内已存水83m³。

③此时井壁中16个预留孔已全部充满水。

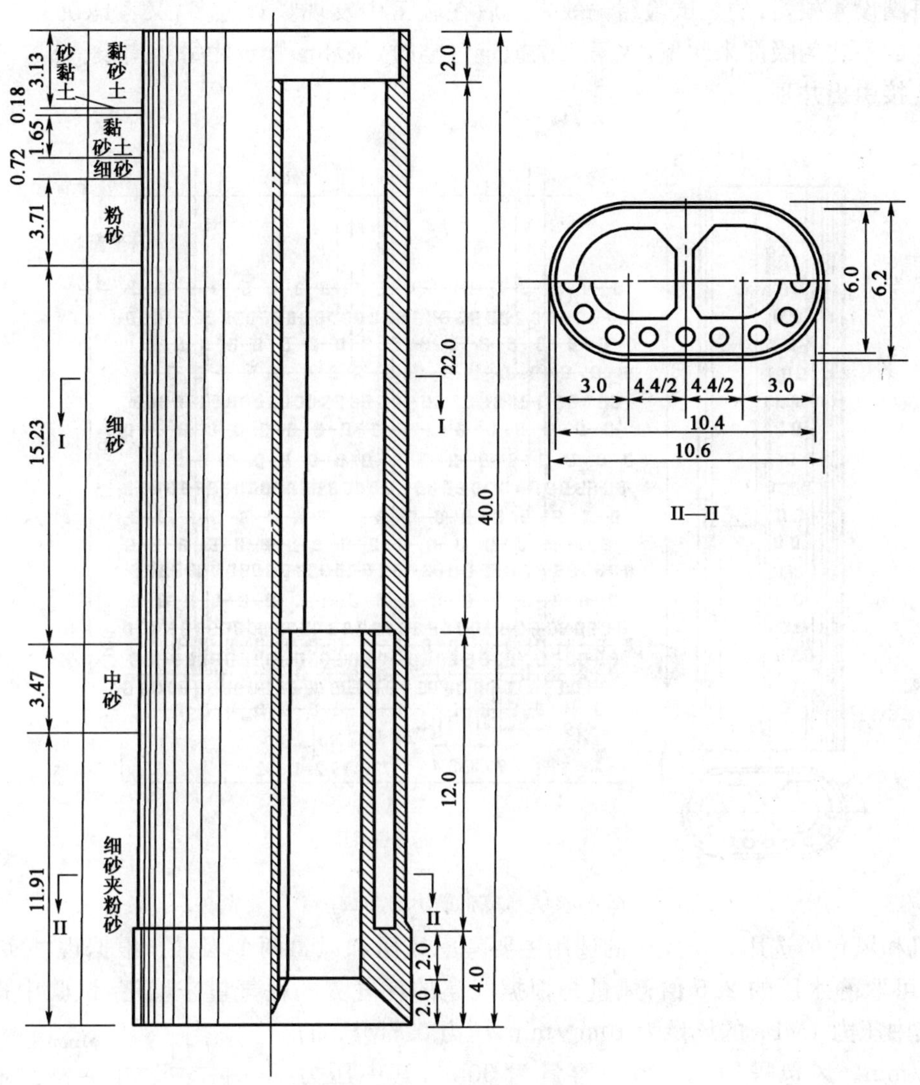

图 2-2-33　试验沉井(尺寸单位:m)

(4)压气系统的设计

压气系统决定着空气幕的效果,也关系着施工工作量的大小及机具的使用等问题。压气系统设计的内容包括气龛数量的决定、气龛排列、预埋管布置和压风机及风包选用等四个主要方面。

①气龛数量的决定。气龛数量与多种因素有关,但主要取决于沉井的侧面积。平均每个气龛的作用面积即是沉井的侧面积与气龛数量的比值。根据实践,每个气龛所分担的摩擦面积:在沉井下部是 1.3m² 每个气龛;在沉井上部是 2.6m² 每个气龛。试验沉井设气龛 18 层,共 898 个,平均每个气龛作用面积是 1.23m²,详见图 2-2-34。

②气龛的排列。试验沉井的气龛排列,在水平方向是以 38.4cm 为标准间距排列的,每层 72 个气龛。另外若干层是按两倍的标准间距排列的,每层 36 个气龛。为使压气时气体分布得更均匀,采用上、下每三层的气龛交错排列,使每三层气龛在水平投影的间距缩小在 20cm 以内。在竖向排列上,考虑砂中压气可能会引起翻砂,所以在刃脚以上 3m 一段未设气龛。另外,井顶 7.5m 一段因压气向上扩散时仍能发挥作用,故也未设气龛,所以设气龛的范围约 30m。除了上述原因外,还考虑到深处土和水的压力较大,故下面的几层气龛设置较密。

这次试验采用长方形气龛,尺寸为 15cm×15cm,喷气孔为直径 1mm 的圆孔,见图 2-2-35。

③井壁内预埋管路的布置。井壁内埋有环形管和竖管,均采用内径为 25mm 的硬塑料管。第 1～6

层的环形管每圈设4根，目的是试验纠偏效果。后在施工中发现竖管过多，又考虑沉井在上、下游方向可用两个井孔的不均匀吸泥来纠偏，故第二次拟定气龛时，将环形管定为每半周设一根。每两根环形管由一根竖管连接引出井顶。

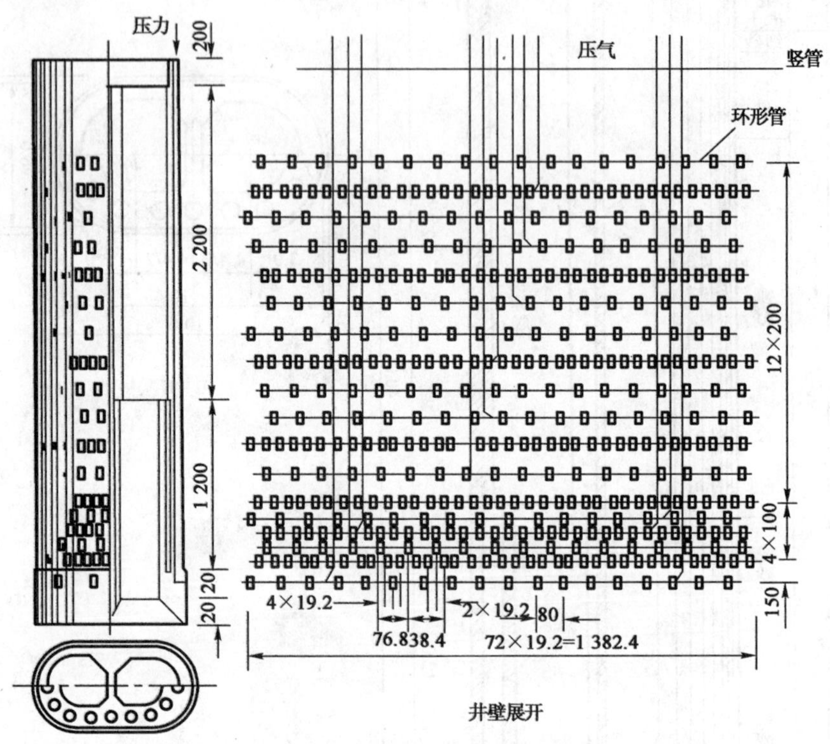

图 2-2-34　气龛布置（尺寸单位：cm）

④压风机和风包的选用。压风机的选用主要考虑风压和风量两个因素。根据现场实践：压气沉井所需的气压，可取静水压的2.5倍；风量是根据气龛的耗气龛的耗气量来确定，试验中提出总风量为25m³/min，其中压力1MPa的风量为10m³/min，压力0.7MPa的风量为15m³/min。风包采用10个，总容量为30m³，其中压力0.7MPa和1MPa各5个，容量分别为15m³。

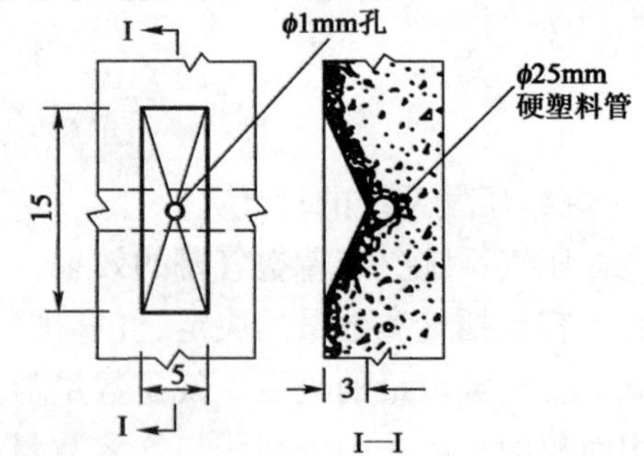

图 2-2-35　喷气孔的构造（尺寸单位：cm）

(5)沉井下沉

试验沉井的下沉分三个阶段：

入土深度0～3.03m（第一节沉井）为人工挖土、自重下沉。

入土深度3.03～20.90m（第二、三、四节沉井）为吸泥除土、自重下沉。

入土深度20.90～38.04m（第四节后半部至第八节沉井）为吸泥并辅以压气下沉。

下面详细介绍第三阶段压气下沉及检测工作情况。

实践证明，空气幕沉井侧面阻力的减小是有时间性的。即在压气时减小，停气时又恢复。这与一般沉井及泥浆套沉井是不同的，因一般沉井及泥浆套沉井下沉时，只要正面阻力消除到一定程度后就自动下沉。而空气幕沉井整个下沉过程中，当吸泥清除正面阻力后，还必须及时辅以压气，才能收到良好的下沉效果。如连续不断吸泥，井底锅底过深或井内外水位差太大时，不仅沉井不能顺利下沉，还可能引起翻砂。而吸泥太少，正面阻力消除不够，压气效果也不会好。只有充分掌握这些关系，施工中注意相互配合，才能更好地发挥空气幕的作用。因此，吸泥过程中应加强对泥面的测量，随时掌握泥面深度的变化，并注意配合压气，就能充分发挥空气幕的作用，使沉井顺利下沉。

施工中还发现：在粉细砂层中，吸泥的深度不可太深，一般不宜超过刃脚下 0.7～1.0m(沿井壁内侧量)，并在控制井孔内水位的情况下进行压气，这样效果较好，过深则容易造成翻砂。

试验沉井在下沉过程中，共压气 49 次。除开始几次无效果外，其余各次均有不同程度的下沉，平均每次下沉 0.12m，其中最大的一次下沉 0.56m。压气下沉累计为 10.47m，约占总下沉量的 30%左右。

关于每次压气的施工资料见表 2-2-15。而吸泥、压气和试验检测的测试工作，一般是按图 2-2-36 的程序进行。

压气下沉记录表　　表 2-2-15

序号	日期		时间	沉井高(m)	沉井入土深度(m)	井内水深(m)	井内泥深(m)		压气风压(MPa)	压气时间(min)	下沉量(m)
							上游孔	下游孔			
1	第一年	12—29	13:00	22	19.70	21.80	21.92	21.41	0.50	20	0.02
2		12—30	14:00	22	20.90	17.10	—	—	—	—	0.20
3	第二年	3—1	20:00	28	21.25	16.60	—	—	—	—	0.03
4		3—2	3:00	28	21.28	22.30	—	—	—	—	0.11
5		3—2	21:00	28	21.36	21.70	—	—	0.55	10	0.33
6		3—3	21:00	28	21.50	17.70	28.60	29.50	—	—	0.55
7		3—4	1:20	28	22.05	18.30	—	—	0.45	15	0.34
8		3—4	4:00	28	22.39	19.50	27.93	27.83	0.56	3	0.08
9		3—9	21:30	28	23.00	21.60	28.76	27.86	0.53	15	0.03
10		3—9	22:10	28	23.36	18.60	—	—	0.55	15	0.20
11		3—10	0:35	28	23.57	20.00	28.98	29.34	0.50	15	0.36
12		3—10	1:40	28	23.93	18.00	28.72	28.98	0.50	10	0.38
13		3—10	4:55	28	24.41	19.00	28.75	29.25	—	15	0.34
14		3—10	23:00	28	24.87	21.60	29.16	29.36	0.50	10	0.36
15		3—10	23:35	28	25.66	19.30	—	—	0.51	15	0.42
16		3—11	20:25	28	26.83	21.00	28.06	28.02	0.40	10	0.30
17		4—14	4:10	34	27.50	25.00	34.56	34.44	—	—	0.53
18		4—14	9:50	34	28.03	24.00	—	—	—	—	0.28
19		4—15	0:15	34	29.10	25.40	34.60	35.10	—	20	0.26
20		4—15	0:35	34	29.36	—	—	—	—	—	0.20
21		4—15	4:50	34	29.76	25.60	34.56	34.45	—	15	0.28
22		4—15	20:40	34	30.09	26.00	35.00	34.95	0.38	10	0.45
23		4—15	21:10	34	30.63	25.00	—	—	—	10	0.08
24		4—16	1:12	34	30.78	28.00	34.90	35.18	0.40	13	0.29
25		4—16	10:20	34	31.43	29.40	35.05	35.08	—	10	0.56
26		4—16	16:00	34	32.12	29.50	35.05	35.05	—	—	0.25
27		4—16	19:20	34	32.63	29.90	35.03	35.25	—	10	0.33
28		4—16	22:10	34	33.03	29.40	35.05	35.09	—	10	0.11

续上表

序号	日　期	时间	沉井高(m)	沉井入土深度(m)	井内水深(m)	井内泥深(m)		压气风压(MPa)	压气时间(min)	下沉量(m)
						上游孔	下游孔			
29	4—16	23:00	34	33.24	28.95	—	—	—	10	0.32
30	5—8	17:00	38	34.86	34.20	—	—	0.35	—	0.12
31	5—9	7:00	38	35.00	34.15	—	—	0.45	—	0.44
32	5—9	14:40	38	35.50	33.90	38.94	38.75	0.52	10	0.25
33	5—9	17:20	38	35.75	34.70	39.20	38.90	0.60	10	0.20
34	5—23	21:26	40	36.70	34.70	40.90	—	0.55	9	0.06
35	5—24	10:45	40	37.20	36.20	40.68	—	0.40	10	0.12
36	5—24	16:21	40	37.46	37.00	40.00	—	0.55	11	0.09
37	5—24	20:10	40	37.55	34.50	40.00	40.00	0.50	8	0.24
38	5—24	21:30	40	37.86	35.50	—	—	0.60	10	0.14
39	5—25	8:55	40	38.00	34.50	40.50	—	—	6	0.13
40	5—25	20:15	40	38.26	34.30	39.50	39.33	0.64	10	0.13
41	5—26	23:56	40	38.54	35.30	41.35	40.43	0.60	9	0.24
42	5—26	5:18	40	38.88	35.80	40.23	39.73	0.60	12	0.16
43	5—26	20:45	40	39.31	36.00	40.20	39.80	0.62	2	0.16

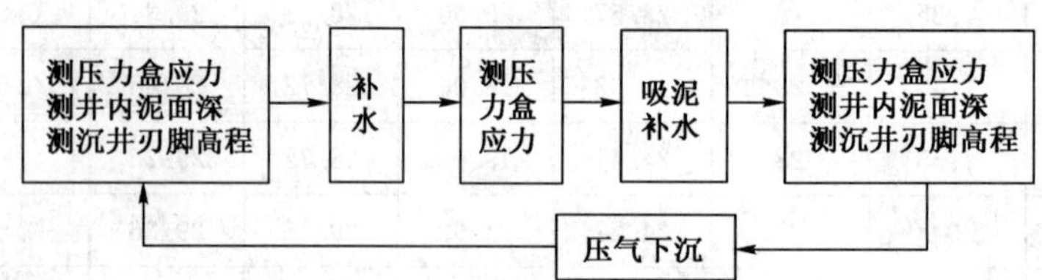

图 2-2-36　测试工作程序框图

试验沉井在各阶段的下沉速度见表 2-2-16。

试验沉井下沉速度表　　表 2-2-16

下沉节次	下沉深度(m)	起止日期		下沉时间(h)	平均下沉速度(cm/h)	下沉方法	附　注
		起	止				
1	2.0	3月11日	3月19日	64	3.1	人工挖泥吊机除土	中间曾停挖一天
2	6.0	7月22日	7月30日	108	5.6	吸泥下沉	—
3	6.0	10月20日	10月24日	72	8.3	吸泥下沉	压气无明显下沉
4	6.0	12月17日	12月30日	64	9.4	吸泥、压气下沉	—
5	6.0	2月28日	3月11日	80	7.5	吸泥、压气下沉	中间停吸几天，经常停工补水
6	6.0	4月13日	4月16日	48	12.5	吸泥、压气下沉	—
7	3.0	5月6日	5月10日	30	10.0	吸泥、压气下沉	—
8	3.0	5月23日	5月26日	36	8.3	吸泥、压气下沉	曾停吸几天

注：1."下沉时间"一栏中不是纯吸泥时间，其中包括吸泥、试验、修理机具及一切短的停工时间；

2.第5节以后沉井是第二年下沉。

压气时有两点需注意：首先，开气的顺序要先上层而后下层，否则气体可能从刃脚下冲进井内引起翻砂；其次，压气时，气压要尽可能用最大值，因压力大时压气效果较好。

3. 试验检测和资料整理

(1)检测内容及检测方案

这次检测试验的内容有三项：

①量测压气前、后沉井侧壁摩阻力的变化，以检验空气幕的效果；

②压气时气压对井壁的作用；

③土对井壁的侧压力。

根据上述内容，采取如下检测方案：

①刃脚处理设土压力盒。压气前、后分别量测出其应力实测值，即刃脚单位面积上的正面阻力；设法测量出刃脚支承面积，算出沉井正面阻力；然后根据沉井的重力和浮力，即可求出压气前、后沉井侧面摩阻力，从而也可检验空气幕的效果。

②沉井外壁上埋设土压力盒。分别在压气前和压气时测量应力，这不但可测量出压气时气压对井壁的影响，同时也可得出土对沉井侧壁的侧压力。

(2)测具布置

测具采用钢弦式土压力盒 12 个，埋设布置见图 2-2-37。

刃脚埋设压力盒 6 个，除在两圆端埋设 2 个外，其余 4 个均对称的埋设在直线段内，并在离圆弧线和直线的交点约 0.2m 处。压力盒的受力膜均与刃脚踏面在同一水平面上，压力盒中心距刃脚外缘的距离约在 0.3m 左右。

埋设在沉井侧壁的压力盒也是 6 个，分设在两个断面：

刃脚上 3.5m 处为第一断面(图中 I-I 断面)，在顺桥向的中线上埋设 2 个。

刃脚上 6.0m 处为第二断面(图中 II-II 断面)，除在顺桥方向的中线上设 2 个外，另在其垂直的另一中线上也设 2 个。

两断面均在两层气龛中间，距上、下层气龛都是 0.5m。

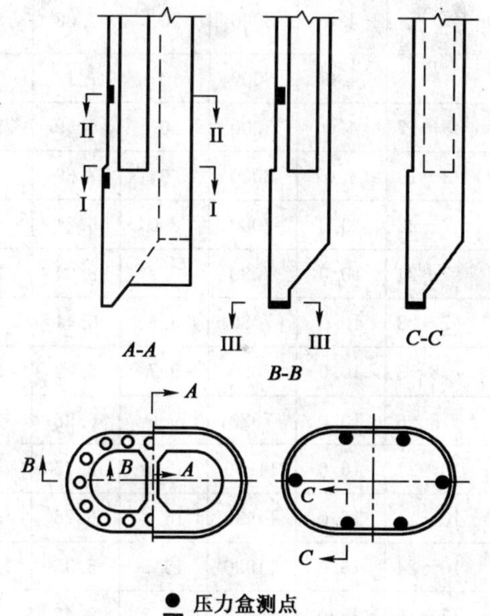

图 2-2-37　测具布置

(3)检测情况

接收器采用 PB-1 型十进频率仪，并配以激发器进行量测。刃脚支承面积大都由潜水员潜水测量。实际施工中因沉井下沉深度加大，潜水测量逐渐困难，因此曾采用井内水位变化及刃脚下压力盒应力变化之间的关系试行估算支承面积。井内水位是根据井孔内标尺测出。沉井刃脚高程大都用水平仪测出，开始曾有少数几次是根据外壁上标尺测出。地下水位是采用较长时间稳定的井内水位代替。

(4)资料整理

压气前后沉井井壁侧摩阻力用下式计算：

$$T=\frac{G-R-U}{uh} \tag{2-2-6}$$

式中：T——沉井壁上平均单位面积摩阻力(kPa)；

G——沉井的重力(kN)；

U——水浮力(kN)，利用水位计算；

u——沉井截面周长(m)；

h——沉井入土深度(m)；

R——沉井正面支承力(kN)，利用下式计算：

$$R=(\bar{\sigma}-P)A' \tag{2-2-7}$$

其中：$\bar{\sigma}$——刃脚压力盒平均应力(kPa)；

P——水对压力盒的作用力(kPa)；

A'——换算支承面积(m^2)，根据沉井的尺寸经推算得出下式：

$$A'=21.15-10.68\bar{B}-1.047\bar{B}^2 \tag{2-2-8}$$

这里，$\bar{B}$ 是刃脚脱空(未支承在土上的部分)的平均宽度(m)，是由潜水员测出的。

表 2-2-17 就是利用上述公式计算分析出来的压气前、后井壁摩阻力数值。其中，沉井重力一栏中，包括了第二、三节井壁中预留孔内的水柱重，也包括外壁台阶以上土体浮重。

井壁摩阻力计算表 表 2-2-17

量测日期	沉井全高	沉井自重	井内水深	刃脚换算支承面积	压力盒应力值	减水压力后应力值	沉井受水浮力	沉井总浮重	正面支承力	侧面摩阻力	沉井入土深	入土侧面积	平均单位摩阻力值
	H	G	h_1	A'	$\bar{\sigma}$	$\sigma=\bar{\sigma}-rh_1$	U	$Q=G-U$	$R=\sigma\cdot A'$	$Q-R$	h	uh	$T=\frac{Q-R}{uh}$
月—日	m	kN	m	m^2	kPa	kPa	kN	kN	kN	kN	m	m^2	kPa
第一年 3—4	4.0	3000	0	7.08	387	387	0	3000	2740	260	1.40	39.6	6.5
3—6	4.0	3000	0	7.17	355	355	0	3000	2545	455	2.00	56.6	8.0
3—17	4.0	3000	0	6.69	352	352	0	3000	2354	646	3.00	84.9	7.6
3—19	4.0	3000	0	7.69	248	248	0	3000	1910	1090	3.50	99.0	11.0
7—22	10.0	7080	8.0	6.21	520	440	2790	4290	2730	1560	4.20	118.7	13.1
7—24	10.0	7080	9.7	8.94	365	268	3421	3659	2395	1264	4.70	129.7	9.8
7—28	10.0	7080	9.6	5.41	527	431	3352	3728	2332	1396	5.10	143.0	9.7
8—3	10.0	7080	9.7	6.29	301	204	3281	3800	1283	2518	7.50	209.8	12.0
8—6	10.0	7320	9.5	6.98	244	149	3127	3953	1040	3153	8.90	248.4	12.7
10—21	16.0	11990	15.4	6.76	423	269	5335	6655	1820	4835	11.0	306.0	15.8
10—21	16.0	11990	15.4	6.76	560	406	5335	6655	2745	3910	11.0	306.0	12.8
10—24	16.0	11990	15.5	5.36	245	90	5190	6800	482	6318	14.30	397.6	15.9
12—19	22.0	15432	21.2	9.47	534	322	6616	8816	3050	5766	16.30	453.0	12.7
12—19	22.0	15432	20.6	9.47	915	709	6468	8964	6710	2254	16.30	453.0	5.0
12—20	22.0	15432	13.6	9.47	631	495	4344	11088	4685	6403	16.30	453.0	14.1
12—29	22.0	15432	21.2	10.04	407	195	6447	8985	1957	7028	19.70	546.0	12.8
12—29	22.0	15432	21.8	10.15	730	512	6596	8836	5200	3636	19.70	546.0	6.7
第二年 3—1	28.0	18744	18.0	9.48	450	270	5501	13243	2560	10683	21.70	601.0	17.7
3—4	28.0	18744	19.5	13.20	685	490	3857	12887	6460	6427	22.50	624.0	10.3
3—4	28.0	18744	21.8	13.80	402	184	6414	12330	2540	9790	23.00	637.0	15.4
3—4	28.0	18744	21.8	13.80	872	654	6414	12330	9010	3320	23.00	637.0	5.2
3—11	28.0	18744	27.5	7.31	441	165	7706	11038	1206	9832	26.30	729.2	13.5
3—11	28.0	18744	27.5	7.42	933	658	7706	11038	4880	6158	26.30	731.2	8.4
4—15	34.0	22056	26.9	10.57	420	150	7341	14715	1590	13125	30.72	850.0	15.5

续上表

量测日期	沉井全高	沉井自重	井内水深	刃脚换算支承面积	压力盒应力值	减水压力后应力值	沉井受水浮力	沉井总浮重	正面支承力	侧面摩阻力	沉井入土深	入土侧面积	平均单位摩阻力值
	H	G	h_1	A'	$\bar{\sigma}$	$\sigma=\bar{\sigma}-rh_1$	U	$Q=G-U$	$R=\sigma\cdot A'$	$Q-R$	h	uh	$T=\frac{Q-R}{uh}$
4—15	34.0	22056	28.8	13.20	658	370	7806	14250	4880	9370	31.00	859.0	10.9
4—16	34.0	22056	29.4	12.06	474	180	7926	14130	2173	11960	31.30	868.0	13.8
4—16	34.0	22056	30.0	17.00	582	282	8066	13990	4800	9160	31.85	883.0	10.4
5—4	38.0	24264	31.3	8.90	522	209	8326	15938	1860	14078	33.05	916.2	15.4
5—9	38.0	24264	33.9	11.18	435	96	8878	15386	1080	14306	35.50	984.0	14.5
5—9	38.0	24264	34.7	13.50	828	481	9071	15193	6496	8697	35.75	990.5	8.8
5—24	40.0	24586	36.2	13.04	480	118	9396	15190	1540	13650	36.90	1022.2	13.4
5—24	40.0	24586	36.6	16.80	666	299	9476	15110	5030	10080	37.32	1033.2	9.7

图 2-2-38 是根据表 2-2-17 的计算数值绘制的深度—摩阻力曲线。其中实线为未压气时测定曲线，虚线是压气时测定的。

从图中可看出：在不压气的情况下，井壁单位面积平均摩阻力开始随深度增加而逐渐增大。到一定深度(15～20m)以后，单位面积平均摩阻力逐渐趋于稳定，即在 14～18kPa 之间。

从压气时深度—摩阻力曲线可看出，随深度不同的摩阻力大约分三个阶段：

①最初时为摩阻力较大阶段，此时与不压气时的摩阻力近似，它反映了此时的压气效果较差。其原因可能是因当时入土的气龛少，压力产生作用的面积只占沉井入土面积很小比例的缘故。

②中间是摩阻力最小阶段，其值曾一度降至 5kPa 左右，说明此时压气效果最好。除入土气龛数量增多外，气压值与土和水压值(压力盒实测值)之比约在 2.0～2.5 之间，接近最佳气压值。

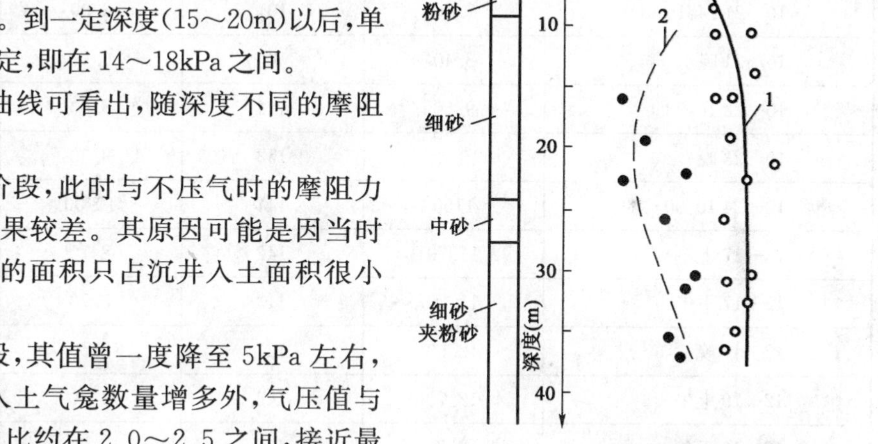

图 2-2-38　井壁单位面积摩阻力—深度曲线

1-未压气时测；2-压气时测

③最深的一段，压气效果有逐渐变差的趋势。其原因除因气压与气龛深度比例变小外，关键可能在于有部分气龛被堵塞所致。

压气时气压对井壁的影响。在压气时，曾多次进行量测，结果均未发现侧面压力有变化，即压气前和压气时的侧面压力保持不变，由此说明，压气时的气压对井壁无影响或影响甚小。

土壤侧压力。侧面压力盒的实测应力值，除土压力之外，还包括：水压力，由于压力盒薄膜变形后引起附近土体运动而造成的误差，以及沉井偏斜时引起的被动土压力。

在这次试验资料整理中，采取如下方法，将这三项影响尽可能予以消除。

①水压力是按地下水位的理论水压扣除的。关于地下水位，考虑到每下沉一节沉井时间较短，一般在 3～4d，地下水位在这样短的时间内变化不大，故对每节沉井都按同一水位计算。

②根据室内模型试验，测定出压力盒修正系数为 1.25，资料整理时，只需将压力盒的实测值乘以 1.25。

③主动和被动土压力的影响难以考虑。整理时，可取每一断面压力盒的算术平均值以消除该影响。

土的侧压力检测数据见表 2-2-18。其整理的土侧压力随深度变化曲线示于图 2-2-39。

土的侧压力测量数值 表 2-2-18

量测时间	压力盒入土深 (m)	压力盒平均应力 (kPa)	地下水深 (m)	扣水压力后的应力 (kPa)	整理应力 (kPa)
1975 年5—27	0.20	6	—	6	8
5—31	0.30	6	—	6	8
7—22 15:35	0.70	18	—	8	23
7—23 16:07	0.80	16	—	16	20
7—24 10:23	1.20	15	0.20	13	10
7—28 23:04	1.60	22	0.60	16	20
7—29 1:30	1.80	22	0.80	14	18
7—29 5:30	1.90	21	0.90	12	15
7—31 8:10	2.30	23	1.30	10	13
8—1 24:10	2.80	19	1.80	1	1
8—3 2:00	4.00	24	3.00	0	0
8—20 16:00	5.40	55	4.40	11	14
10—21 早	6.20	89	4.70	42	53
10—21 14:15	7.50	101	6.00	41	51
10—21 晚	8.40	97	6.90	28	35
10—22 14:33	9.50	114	8.00	34	43
10—23 晚	10.80	152	9.30	59	74
10—24 10:00	1150	141	10.00	41	57
12—17 上午	11.70	142	8.70	54	68
12—17 下午	11.70	113	8.70	26	33
12—17 晚	12.50	127	9.50	32	40
12—19 上午	12.70	143	9.70	46	58
12—19 下午	12.70	137	9.70	40	50
12—20	12.80	126	9.80	28	35
12—21 上午	14.25	137	11.25	24	30
12—23	15.00	145	12.00	25	31
12—28	15.80	152	12.80	24	30
12—29 13:00	16.20	175	13.20	43	54
12—30 上午	17.40	168	14.40	24	30
1976 年2—29	18.00	161	14.20	19	24
3—2 3:00	18.70	177	14.90	28	35
3—9 18:10	19.50	187	15.70	30	38
3—10 21:00	21.00	200	17.20	28	35
3—11 14:00	22.80	247	19.00	57	71

从图中可看出：经过整理的土的侧压力最初是随深度的增加而逐渐增大，但当达到一定深度后(4～6m)就接近一个常数值。

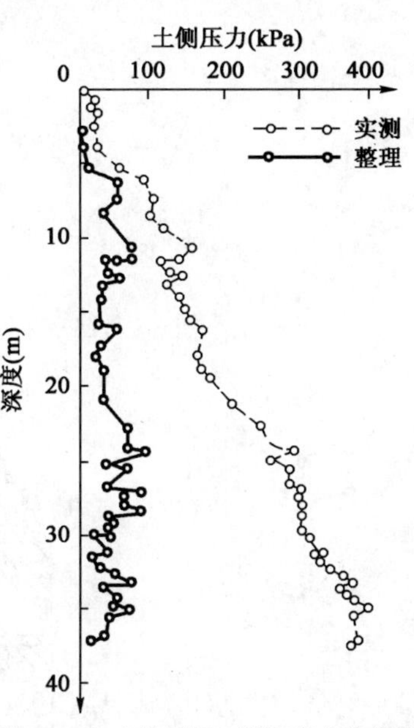

图 2-2-39　土的侧压力随深度变化曲线

4. 江阴长江公路大桥北锚碇沉井检测

(1)沉井基础结构

江阴长江公路大桥为主跨 1385m 的悬索桥，其北锚碇为沉井基础，其构造示意见图 2-2-40。沉井长 69m，宽 51m，高 58m；竖向自下而上共分 11 节，第 1 节为钢壳沉井(高 8m)，第 2 节至第 11 节均为钢筋混凝土沉井(高 5m)；沉井平面分为 36 个隔仓。为便于空气幕下沉，井壁上设有气龛。

(2)地质情况

北锚碇处地面(黄海)高为 2.0～3.0m，覆盖层厚 77.6～85.6m。自上而下分布为全新纪(Q_4)亚黏土与亚砂土互层($I_中$)(约 7.5m)，亚黏土与细砂互层(I_F)(约 12.3m)，细砂层(II)(约 23m)，上更新纪(Q_3)亚黏土(III)(约 13m)，细砂($IV_上$)(约 3.5m)，含砾中粗砂($IV_中$)(约12.7m)和细砂($IV_下$)(约 7.7m)，以下为三叠系灰岩(T)，见图 2-2-41。

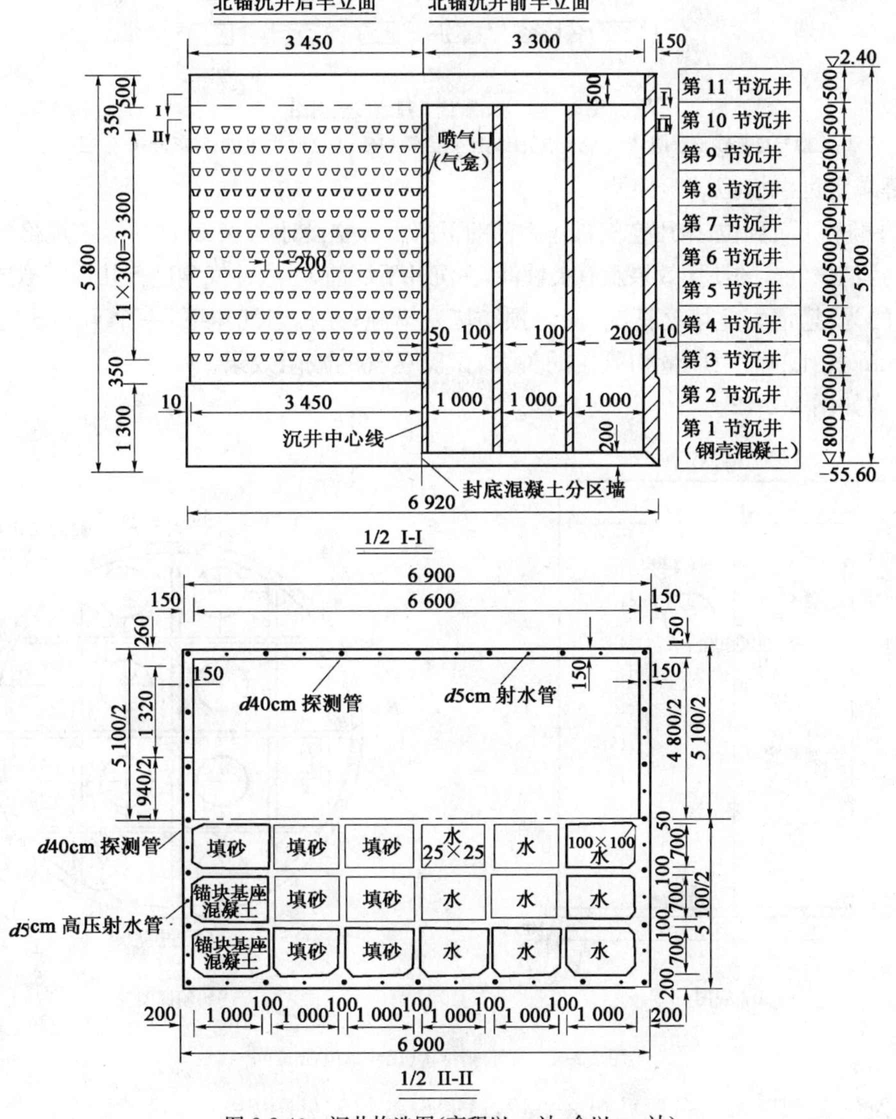

图 2-2-40　沉井构造图(高程以 m 计，余以 cm 计)

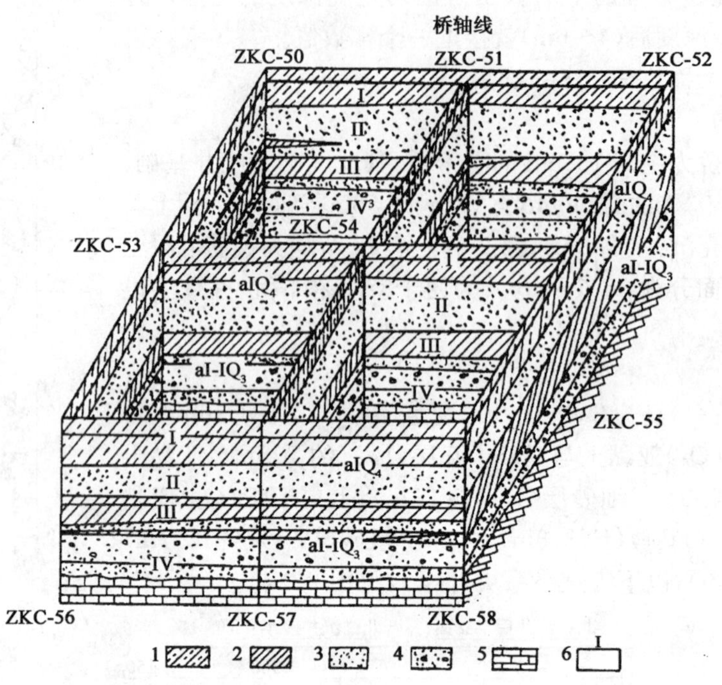

图 2-2-41　北锚碇工程地质剖面图

1-亚黏土与亚砂土互层；2-亚黏土与细砂土互层；3-细砂；4-含砾中粗砂；5-灰岩；6-分层代号

(3)空气幕减阻助沉模拟试验检测

为了将沉井顺利下沉到位，采用空气幕作为辅助下沉。气龛设计为 $\phi3$mm 气孔，该规格气龛国内以前尚未使用过，为了摸清该气龛的使用效果及有关性能，在沉井下沉前，对这种气龛进行几项模拟试验及检测。

其试验目的为：摸清气龛堵塞情况，探讨预防堵塞措施；在相当气压下，一个 $\phi3$mm 气孔的有效作用范围；一个 $\phi3$mm 气孔的需用风量和风压的关系；试验压气的减阻效果。

试验箱结构如图 2-2-42。

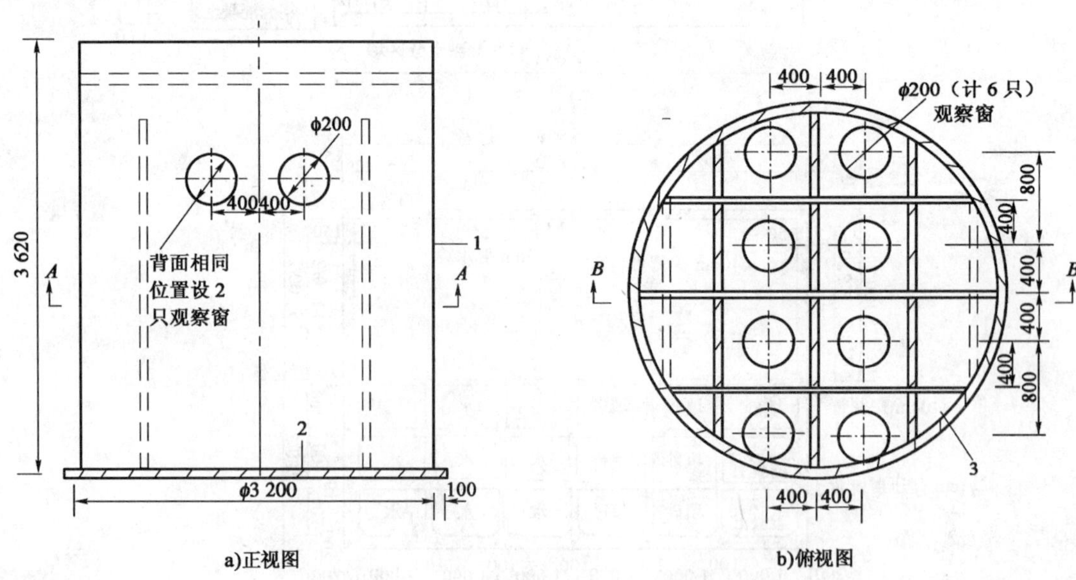

图 2-2-42　试验箱结构(尺寸单位:mm)

压气管路及气龛和压力盒布置见图 2-2-43，试验设备装配见图 2-2-44，试验设备总装见图 2-2-45。

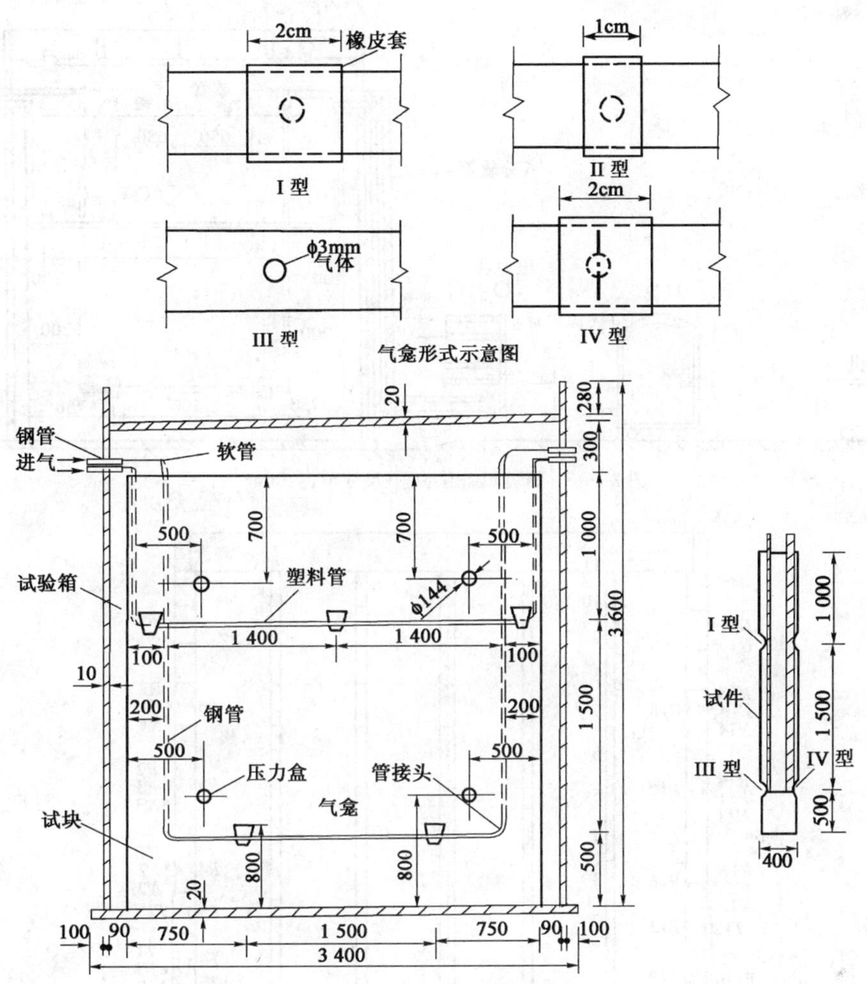

图 2-2-43　压气管路及气龛和压力盒布置(尺寸单位:mm)

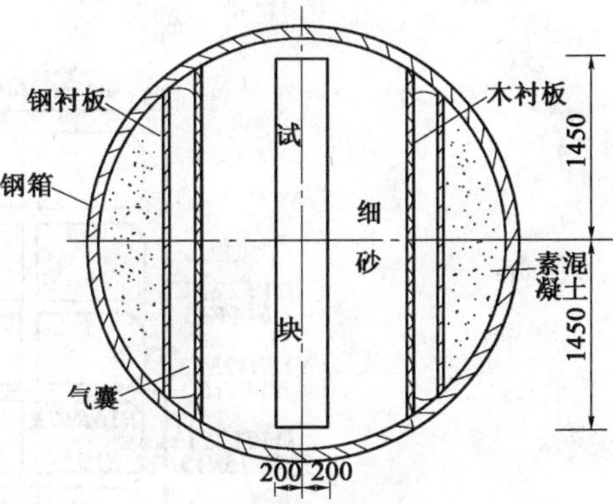

图 2-2-44　试验设备装配图(尺寸单位:mm)

通过试验检测和数据分析,最后得到可供设计、施工参考的结论:

①从对四种形式的气龛耗气量分析,相互差异不大;在管路不漏气时,四种气龛进砂量均较少;在管路漏气时,III 型气龛最易被堵,IV 型次之,I 型和 II 型较好。

②气龛密度为 1.5m×1.5m,可行。

③使用空气幕后,减阻效果明显。

(4)空气幕沉井下沉现场检测

北锚碇沉井混凝土量 5.3 万余立方米,总质量 136385t,规模大,要求施工时必须保持土体无大扰动,分四次下沉到底,第一次下沉是在第一节 8m 钢壳沉井和第 2 节钢筋混凝土沉井制作完毕,强度达到标准后进行。以后每制作完两节(7.5m×2=15m)钢筋混凝土沉井,强度达到标准后,下沉一次。开始下沉的 27m 采用排水下沉;当沉井下沉到 30m 时,要再降低井下水位困难大的,采用不排水下沉。为了平衡沉井下沉过程中各仓的水位,每节沉井隔墙中均有连通管孔。为控制下沉,在井壁内设置了探测管和高压射水管。为了穿过 III 层亚黏土,利用井壁上设置的气龛,采用空气幕下沉。为了检测沉井在整个下沉过程中的井壁摩阻力、侧压力和基底反力及钢筋的应力应变,沉井中埋置了各种量测元件,见图 2-2-46。

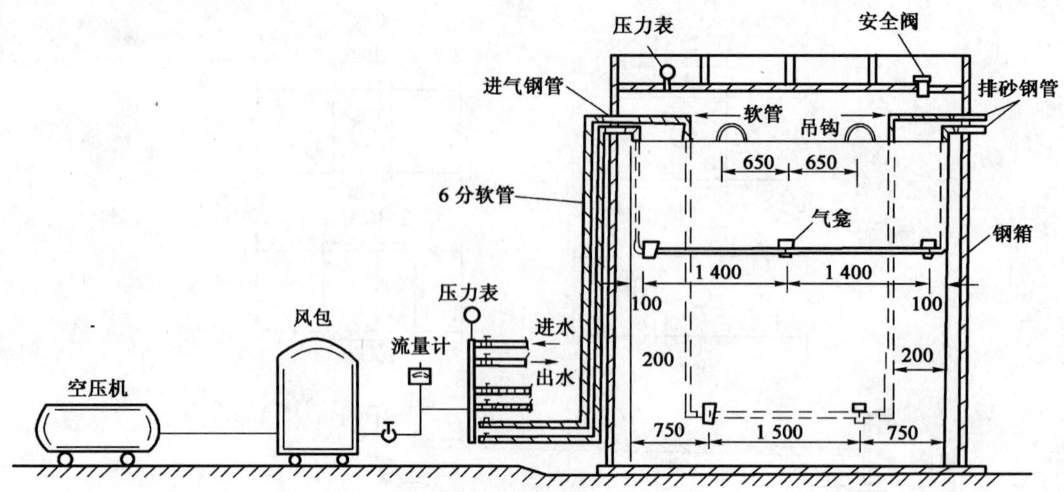

图 2-2-45　试验设备总装图(尺寸单位:mm)

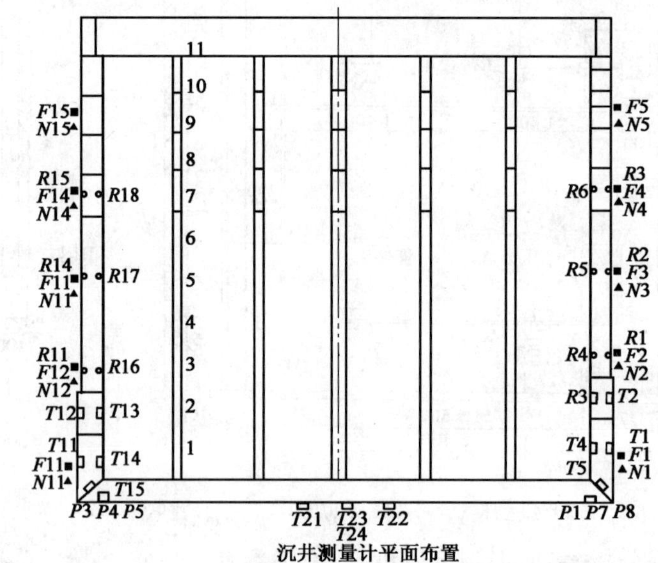

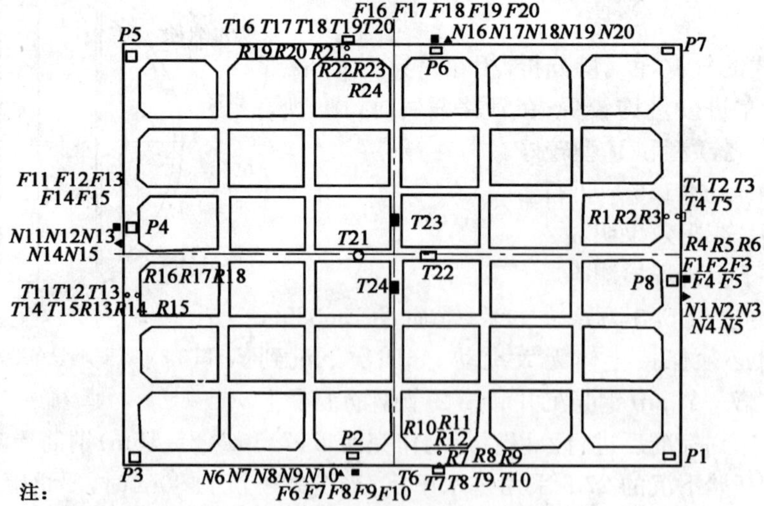

注：

各测量计图示和符号的意义及布设数量如下：

□——刃口反力计（P），共 8 台；○——钢筋计（P），共 24 台；

▲——周面摩阻计（F），共 20 台；■——测压力计（N），共 20 台；

▭——应变计（T），共 24 台

图 2-2-46　沉井下沉检测元件布置

根据沉井基础构造和地质情况，对沉井下沉进行了验算。最后，沉井的下沉曲线和沉井下沉过程中的地基承载力曲线，见图 2-2-47。

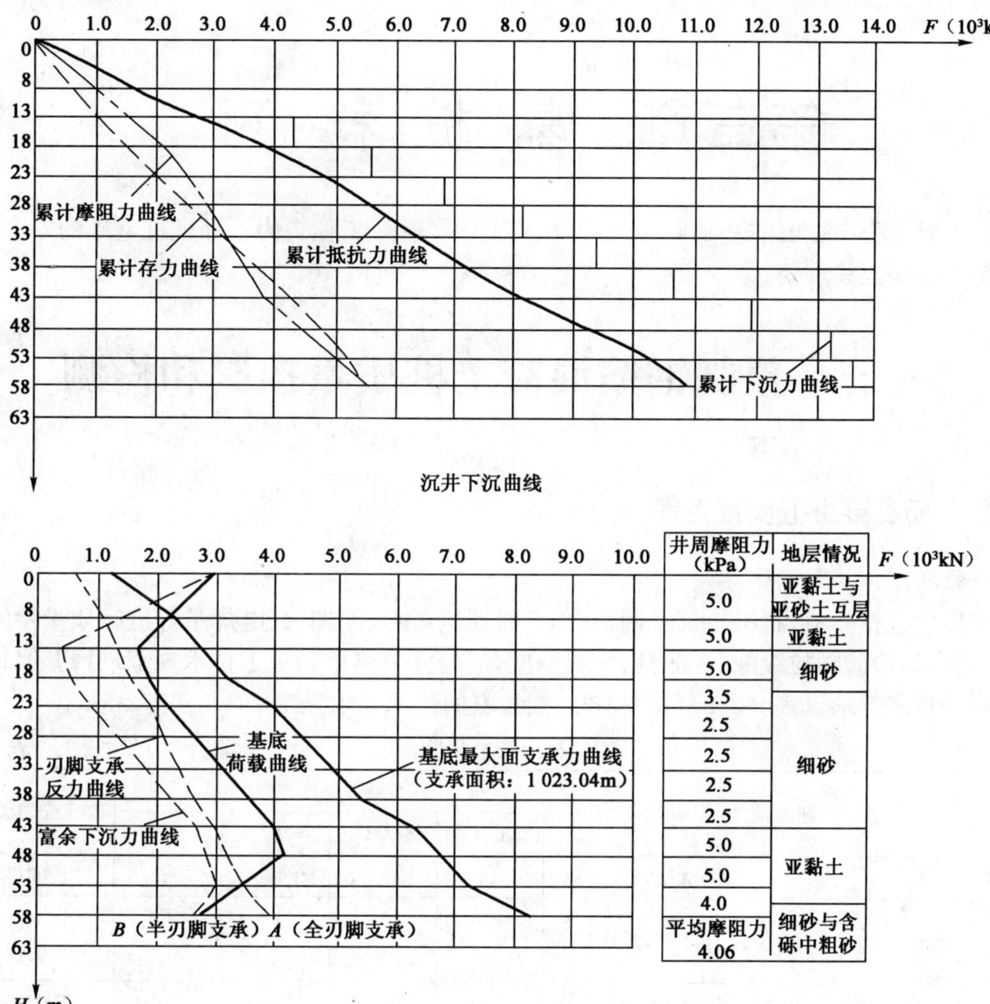

图 2-2-47　沉井下沉和地基承载力曲线

第三章 基 桩 检 测

桩基础是桥梁工程中重要的基础形式之一，在施工中属隐蔽工程。为了保证桩基础的安全可靠，基桩的质量控制和检测至关重要。

第一节 预制钢筋混凝土桩质量控制和检测

一、预制钢筋混凝土桩质量控制

1. 原材料检验

原材料的检验包括砂料、石料、水泥、钢材等，有时还应对水、添加剂、电焊条等进行质量检验。

(1)砂料、石料：检验颗粒级配、含泥量、集料强度等符合《公路桥涵施工技术规范》(JTJ 041—2000)规定。粗集料的技术要求见表 2-3-1～表 2-3-3。细集料的技术要求见表 2-3-4～表 2-3-6。

粗集料的技术要求 表 2-3-1

指标		混凝土强度等级				试验方法
		C55～C40	≥C30	≤C35	<C30	
石料压碎指标值	(不大于，%)	12	—	16	—	T 0317—2000
针片状颗粒含量	(不大于，%)	—	1.5	—	25	T 0311—2000 T 0312—2000
含泥量(<0.08mm)，按质量计	(不大于，%)	—	1.0	—	2.0	T 0310—2000
泥块含量(按质量计)	(不大于，%)	—	0.5	—	0.7	T 0310—2000
小于 2.5mm 颗粒含量	(不大于，%)	5	5	5	5	T 0302—2000

注：1. 混凝土强度为 C60 及以上时，必要时应进行岩石抗压强度检验，岩石的抗压强度与混凝土强度等级之比，不应小于 1.5，且火成岩强度不宜低于 80MPa，变质岩不宜低于 60MPa，沉积岩不宜低于 30MPa。

2. 混凝土强度等于及小于 C10 级的，其针片状颗粒含量可放宽到 40%。

砂石或卵石的坚固性指标 表 2-3-2

混凝土所处的环境条件	循环后的质量损失(%)	混凝土所处的环境条件	循环后的质量损失(%)
在寒冷地区室外使用，并经常处于潮湿或干湿交替状态下的混凝土	≤8	在其他条件下使用的混凝土	≤12

注：1. 寒冷地区系指最寒冷月份的平均温度低于－5℃的地区。

2. 对有抗疲劳、耐磨、抗冲击等要求的集料，或混凝土强度大于 C40 时，其集料的质量损失率应不大于 8%。

砂石或卵石中的有害物质含量 表 2-3-3

项目	品质指标
硫化物及硫酸盐含量折算成 SO_3，按质量计不大于(%)	1
卵石中有机质含量(用比色法试验)	颜色不深于标准色，如深于标准色，则应配制混凝土进行强度试验，抗压强度应不低于 95%

注：如含有颗粒硫酸盐或硫化物，则要进行混凝土耐久性试验，确认能满足要求时方能采用。

砂的坚固性指标　　表 2-3-4

混凝土所处的环境条件	循环后的质量损失(%)	试验方法
在寒冷地区室外使用，并经常处于潮湿或干湿交替状态下的混凝土	≤8	T 0340—94
在其他条件下使用的混凝土	≤12	

注：1. 寒冷地区系指最寒冷月份的平均温度低于−5℃的地区。

2. 当同一产源的砂，在类似的气候条件下使用已有可靠经验时，可不作坚固性检验。

3. 对于有抗疲劳、耐磨、抗冲击要求的混凝土用砂，或有腐蚀介质作用或经常处于水位变化区的地下结构混凝土用砂，其坚固性质量损失率应小于 8%。

砂含泥量及泥块含量　　表 2-3-5

混凝土强度等级	大于或等于 C30	小于 C30	试验方法	混凝土强度等级	大于或等于 C30	小于 C30	试验方法
含泥量，按质量计(%)	≤3	≤5	T 0333—94	其中泥块，含量按质量计(%)	≤1.0	≤2.0	T 0335—94

注：1. 对有抗冻、抗渗或其他特殊要求的混凝土用砂，总含泥量应不大于 3%，其中泥块含量应不大于 1%。

2. 对于 C10 及以下的混凝土用砂，根据水泥强度等级，其含泥量及泥块含量可予以放宽。

砂中的有害物质含量　　表 2-3-6

项　　目	品 质 指 标	试 验 方 法
云母含量，按质量计，不宜大于(%)	2	T 0337—94
轻物质，按质量计，不宜大于(%)	1	T 0338—94
硫化物及硫酸盐含量折算成 SO_3，按质量计不宜大于(%)	1	T 0341—94
有机物质含量(用比色法试验)	颜色不深于标准色，如深于标准色则应用经洗除有机质的和未经洗除有机质的砂样分别以相同配比配制水泥砂浆，进行强度对比试验，相对抗压强度不应低于 95%	T 0336—94

注：1. 有抗冻、抗渗要求的混凝土，砂中云母含量不应大于 1%。

2. 砂中如含有颗粒状的硫酸盐或硫化物，则要进行混凝土耐久性试验，满足要求时方能使用。

(2)水泥：检验水泥的质保单，鉴定水泥强度等级，活性不稳定的水泥应及时做试验。

(3)钢材：检验质保单，鉴定钢材技术参数，并应检验浮锈和油污等。

2. 制作质量检验

制作质量检验包括模板、钢筋骨架的制作偏差及外观质量等，应符合国家施工规范及检验标准的要求，对于公路桥梁应符合《公路桥涵施工技术规范》(JTJ 041—2000)和《公路工程质量检验评定标准》(JTG F80/1—2004)的要求。其制作允许偏差见表 2-3-7 及表 2-3-8。

桩制作的允许偏差　　表 2-3-7

<table>
<tr><th colspan="2">项　目</th><th>允许偏差(mm)</th><th>项　目</th><th>允许偏差(mm)</th></tr>
<tr><td colspan="2">混凝土强度(MPa)</td><td>符合设计要求</td><td>桩顶面与桩纵轴线的倾斜偏差</td><td>1%桩径或边长，且不大于 3</td></tr>
<tr><td colspan="2">长度</td><td>±50</td><td rowspan="2">按桩的接头平面与桩轴平面垂直度</td><td rowspan="2">0.5%</td></tr>
<tr><td rowspan="4">横截面</td><td>横截面边长</td><td>±5</td></tr>
<tr><td>空心桩空心(管心)直径</td><td>±5</td><td>纵钢筋间距</td><td>±5</td></tr>
<tr><td rowspan="2">空心(管心或管桩)中心对桩中心</td><td rowspan="2">±5</td><td>箍筋间距或螺旋筋螺距</td><td>0，−20</td></tr>
<tr><td>纵钢筋保护层</td><td>±5</td></tr>
<tr><td colspan="2">桩尖对桩纵轴线</td><td>10</td><td>桩顶钢筋网片位置</td><td>±5</td></tr>
<tr><td colspan="2">桩轴线的弯曲矢高</td><td>桩长的 0.1%，且不大于 20</td><td>纵钢筋底尖端的位置</td><td>±5</td></tr>
</table>

模板的允许偏差 表 2-3-8

<table>
<tr><th colspan="3">项　目</th><th>允许偏差（mm）</th><th colspan="3">项　目</th><th>允许偏差（mm）</th></tr>
<tr><td rowspan="8">木模板制作</td><td colspan="2">模板的长度和宽度</td><td>±5</td><td rowspan="8">钢模板制作</td><td rowspan="2">外形尺寸</td><td>长和高</td><td>0,−1</td></tr>
<tr><td colspan="2">不刨光模板相邻两板表面高低差</td><td>3</td><td>肋高</td><td>±5</td></tr>
<tr><td colspan="2">刨光模板相邻两板表面高低差</td><td>1</td><td colspan="2">面板端偏斜</td><td>≤0.5</td></tr>
<tr><td rowspan="2">平板模板表面最大的局部不平</td><td>刨光模板</td><td>3</td><td rowspan="3">连接配件（螺栓、卡子等）的孔眼位置</td><td>孔中心与板面的间距</td><td>±0.3</td></tr>
<tr><td>不刨光模板</td><td>5</td><td>板端中心与板端的间距</td><td>0,−0.5</td></tr>
<tr><td colspan="2">拼合板中木板间的缝隙宽度</td><td>2</td><td>沿板长，宽方向的孔</td><td>±0.6</td></tr>
<tr><td colspan="2">支架、拱架尺寸</td><td>±5</td><td colspan="2">板面局部不平</td><td>1.0</td></tr>
<tr><td colspan="2">榫槽嵌接紧密度</td><td>2</td><td colspan="2">板面和板侧挠度</td><td>1.0</td></tr>
</table>

注：1. 木模板中第 5 项已考虑木板干燥后在拼合板中发生缝隙的可能。2mm 以下的缝隙，可在浇筑前浇湿模板，使其密合。
2. 板面局部不平用 2m 靠尺，塞尺检测。

桩的外观质量应符合下列要求：

(1)钢筋混凝土桩的收缩裂缝宽度不得超过 0.2mm，深度不得超过 20mm；裂缝长度不得超过 1/2 桩宽。

(2)预应力混凝土桩桩身不得有裂缝。

(3)桩表面应无蜂窝、麻面。若因特殊情况出现表面蜂窝时，蜂窝深度不得超过 5mm，每面蜂窝面积不得超过该面总面积的 0.5%。

(4)有棱角的桩，棱角碰损深度应在 5mm 以内，且每 10m 长的边棱角上只有一处破损，在一根桩上边棱破损总长度不得大于 500mm。

3. 桩的起吊、堆放与运输

(1)桩的起吊

预制桩应达到设计强度的 70%方可起吊，如提前起吊，必须强度和抗裂验算合格。

桩起吊时必须做到平稳，并不使桩体受到损伤。吊点位置和数目应符合设计规定。当吊点不多于 3 个时，其位置应按正负弯矩相等的原则计算确定；当吊点多于 3 个时，其位置应按应力相等的原则确定（见图 2-3-1）。

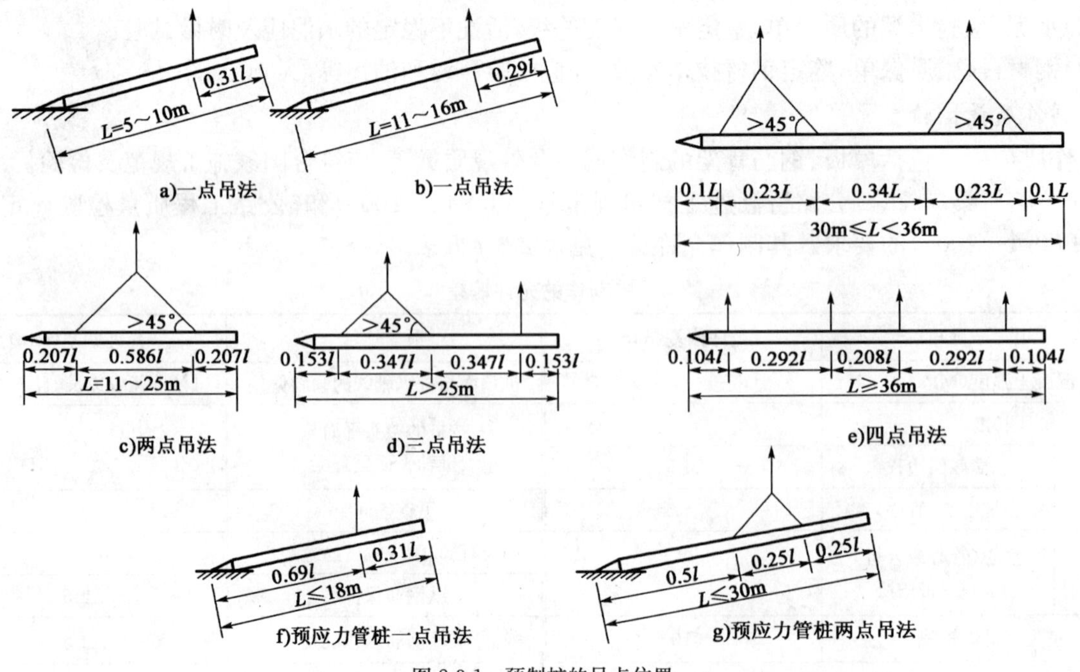

图 2-3-1　预制桩的吊点位置

(2)桩的运输

桩的搬运通常可分为预制场驳运、场外运输、施工现场驳运。

预制桩达到设计强度100%后方可运输。如提前运输，必须经过验算合格。

打桩前，将桩运到现场堆放或直接运至桩架前。一般按打桩顺序或进度随打随运，以减少二次搬运。

运桩必须平稳，不得损伤，支垫点应设在吊点处，不得因搬运使桩身产生的应力超过容许值。

运桩前，应按验收规范要求，检查桩的混凝土质量、尺寸、预埋件、桩靴或桩帽的牢固性以及打桩中使用的标志是否备全等，运到现场后，应进行外形复查。

(3)桩的堆放

堆桩场地要平稳坚实，不得产生过大的或不均匀沉陷。支点垫木的间距应与吊点位置相同，并保持在同一平面上，各层垫木应上下对齐处于同一垂直线上，最下层的垫木应适当加宽，堆桩层数，应根据地基强度和堆放时间而定，一般不宜超过四层，不得由于堆存原因，使桩身产生的应力超过容许值，甚至倾倒。

不同规格的桩应分别堆放，堆放位置和方法应根据打桩位置、吊运方式以及打桩顺序等综合考虑。

4. 强度检验

桩的强度检验内容包括：混凝土的配合比，拌制、浇筑、养护检验，试块抗压强度等。

(1)混凝土配合比检验，包括水灰比、坍落度、和易性、水用量、砂率值、密度及混凝土试块强度。

(2)混凝土拌制检验，包括原材料计量的允许偏差，搅拌加料顺序和搅拌最短时间等，混凝土原材料计量的允许偏差；水泥及外掺混合料小于±2%；粗、细集料小于±3%；水及外加剂溶液小于±2%。同时应定期检验各种计量衡器，经常测定集料含水率。

(3)混凝土的浇筑检验，包括混凝土运输离析和预防措施，浇筑前模板和支架的质量检查记录，浇筑分层高度、厚度、程序、时间、振捣等操作，以及气象条件和防雨、防冻等措施进行检验。

(4)混凝土的养护检验，包括养护方式和措施、养护时间和湿度及拆模时间等。

(5)混凝土试块检验，包括试块的制作、取样、数量、养护及强度试验等。混凝土的试块强度的平均值，不得低于$1.05R_{标}$；同批混凝土试块强度中最小一组的值不得低于$0.9R_{标}$，此处$R_{标}$为桩身混凝土强度设计强度等级。

5. 沉桩质量检验

沉桩质量检验，包括桩的接头、桩位偏差、倾斜度偏差及桩的外观质量等。

(1)接头质量检验，应按接头的形式检验接头外观质量，连接件或胶结料、焊接或胶结质量。

(2)桩位偏差检验，应按接头的基础结构特性检验桩位偏差。

(3)桩的高程偏差检验中，按高程控制的桩，桩顶高程的允许偏差为－50～＋100mm。

(4)桩的倾斜度偏差检验，直桩的倾斜度不得大于1%，斜桩倾斜度的偏差不得大于桩纵向中心线与沿垂线间的夹角正切值的1.5%。

(5)桩的外观检验，包括桩身破碎裂缝和断裂、桩身混凝土掉角露筋，接桩处拉脱开裂等。

二、预制钢筋混凝土桩质量检测

预制钢筋混凝土桩大都为打入成桩，容易发生的质量问题主要是：桩头被击碎、连接处开裂和松动及打桩过程中过大的拉应力引起的桩身混凝土开裂等。一般最大锤击应力不容许超过混凝土抗压强度的65%，预制混凝土桩质量检测的常用方法有反射波法、机械阻抗法、动力参数法及水电效应等，这些检测方法也适用于下章介绍的钻(挖)孔灌注桩的桩身质量检测。

1. 反射波法

该方法适用于检测桩身混凝土的完整性，推定缺陷类型及其在桩身中的位置，也可以对桩长进行校核，对桩身混凝土强度等级作出估计。

(1)基本原理

反射波法源于应力波理论，基本原理是在桩顶进行竖向激振。弹性波沿着桩身向下传播，在桩身存在明显波阻抗界面（如桩底、断桩或严重离析等部位）或桩身截面积变化（如缩径或扩径）部位，将产生反射波。经接收、放大滤波和数据处理，可识别来自桩身不同部位的反射信息。据此计算桩身波速、判断桩身完整性和混凝土强度等级。

当桩嵌于土体中，将受到桩周土的阻尼影响，桩的动力特性满足一维波动方程，即：

$$\frac{\partial^2 V}{\partial X^2}-\frac{1}{v_p^2}\times\frac{\partial^2 V}{\partial t^2}-\frac{n}{EA}\times\frac{\partial V}{\partial t}=0 \tag{2-3-1}$$

式中：V——质点振动位移；

X——振动质点到振源的距离；

t——质点振动的时间；

n——阻尼系数；

A——桩的截面积；

v_p——纵波在桩中传播的速度，$v_p=E/\rho$；

ρ——桩的质量密度。

当在桩顶施加瞬时外力 $F(t)$时，桩内只存在下行波，波在不同的波阻抗面上发生反射，从上式中，可推导出应力波在桩体中传播的时间及其对不同结构介质桩的纵波速度：

$$v_p=\frac{2L}{\Delta t_b} \tag{2-3-2}$$

式中：L——桩长；

Δt_b——桩底反射波到达时间。

当桩身存在缺陷或断桩时，各界面反射波使曲线变得复杂。此时应认真分析波形并选出可靠的缺陷反射时间 Δt，从而得到缺陷部位距桩顶的距离。

$$L'=\frac{v_{pm}\Delta t_b}{2} \tag{2-3-3}$$

式中：v_{pm}——同一工地内多根已测合格桩身纵波速度的平均值；

L'——缺陷部位距桩顶的距离。

（2）仪器设备及要求

反射波法检测系统基本组成见图 2-3-2。

①仪器宜由传感器，放大器，滤波器，记录、处理、监视系统以及激振设备和专用附件组成。

②传感器可选用宽频带的速度型或加速度型传感器。速度型传感器灵敏度应大于 300mV/cm/s，加速度型传感器灵敏度应大于 100mV/g。

③放大系统增益应大于 60dB，长期变化量应小于 1%。折合输入端的噪声水平应低于 3μV。频带宽度应不窄于 10～1000Hz，滤波频率可调整。

④模/数转换器的位数不应小于 8bit（bit 为二进制计数数字量的位数）。采样时间宜为 50～1000μs，可分数档调整。每个通道数据采集暂存器的容量不应小于 1kB。

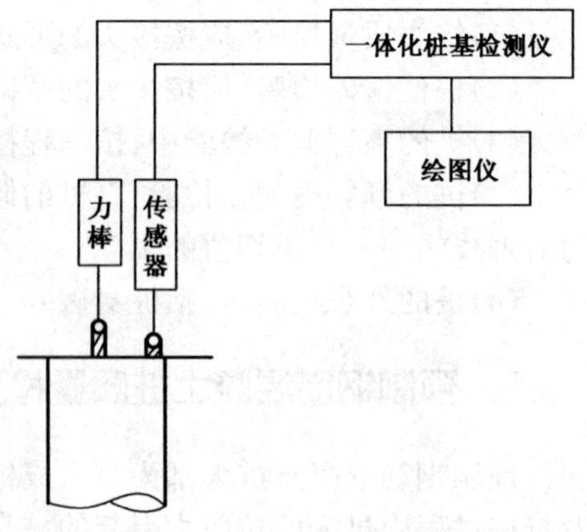

图 2-3-2　反射波法检测系统

⑤多道采集系统应具有一致性，其振幅偏差应小于 3%，相位偏差应小于 0.1ms。

⑥可根据激振条件试验要求及改变激振频谱和能量，选择符合材质和质量要求的激振设备，满足不同的检测目的。

（3）现场检测及注意事项

①被测桩应凿去浮浆，桩头平整。

②检测前应对仪器设备进行检查，性能正常方可使用。

③每个检测工地均应进行激振方式和接收条件的选择试验，确定最佳激振方式和接收条件。

④激振点宜选择在桩头中心部位，传感器应稳固地安置在桩头上，对于大直径的桩可安置两个或多个传感器。

⑤当随机干扰较大时，可采用信号增强方式，进行多次重复激振与接收。

⑥为提高检测的分辨率，应使用小能量激振，并选用高截止频率的传感器和放大器。

⑦判别桩身浅部缺陷，可同时采用横向激振和水平速度型传感器接收，进行辅助判定。

⑧每一根被检测的单桩均应进行二次及以上重复测试。出现异常波形应在现场及时研究，排除影响测试的不良因素后再重复测试。重复测试的波形与原波形具有相似性。

(4)实测曲线判读解释的基本方法

由于桩身缺陷种类复杂，实测曲线判读人员的技术水平所限，实测资料的解释是一项较为困难的工作。下面通过对桩身各种常见缺陷的反射波特性，结合一些典型的实测波形如图 2-3-3，对反射法的实测曲线的解释方法加以归纳。

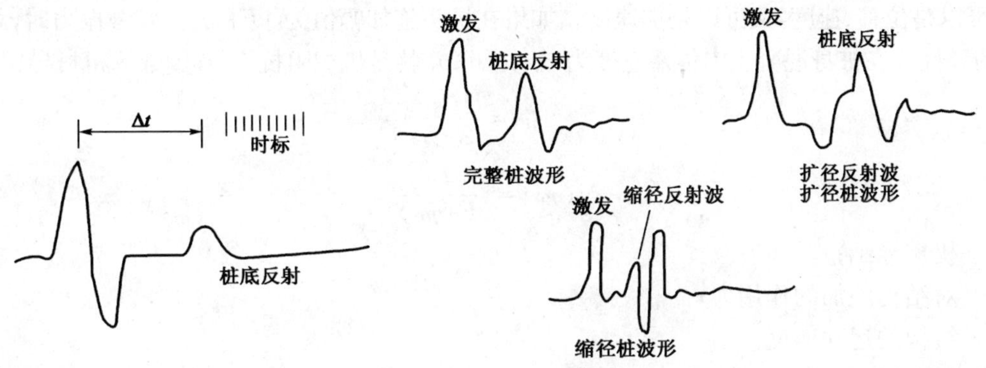

图 2-3-3　反射波法实测记录

①缺陷存在可能性的判读。判断桩身缺陷存在与否，需分辨实测曲线中有无缺陷的反射信号及分辨桩底反射信号，这对缺陷的定性及定量解释是有帮助的。桩底反射明显，一般表明桩身完整性好，或缺陷轻微、规模小。另可按公式(2-3-2)换算桩身平均纵波速 v_{pm} 从而评价桩身是否有缺陷及其严重程度。

此外，还应分析地层等资料，排除由于桩周土层波阻抗变化过大等因素造成的“假反射”现象。

②多次反射及多层反射问题。当实测曲线中出现多个反射波时，应判别它是同一缺陷面的多次反射还是桩间多处缺陷的多层反射。前者(即缺陷反射波)在桩顶面与缺陷面间来回反射，其主要特征是反射波至时间成倍增加(倍程)，反射波能量有规律递减；后者往往是杂乱的，不具有上述规律性。

多次反射现象的出现，一般表明缺陷在浅部，或反射系数较大(如断桩)。它是桩顶存在严重离析或断裂(断层)的有力证据。多层反射不只表明缺陷可能有多处，而且由下层缺陷反射波在能量上的相对差异，可推测上部缺陷的性质及相对规模。

(5)影响基桩质量检测波形的因素分析

①露出于桩头的钢筋对波形的影响。由于灌注桩考虑到以后的承台问题上，桩头均有钢筋露出，这对实测波形有一定影响，严重时可影响反射信息的识别。这是因为在桩头激振时，钢筋所产生的回声极易被检测器接收，之后又与反射信息叠加在一起。克服这一影响因素的方法是，将检波器用细砂或粒土屏蔽起来，使检波器收不到声波信息。经多次实验证明这一方法是有效的。图 2-3-4a)是某工程桩屏蔽前的实测波形，图 2-3-4b)是屏蔽后的实测波形，可以看出，屏蔽后实测波形反射信息清晰易辨，图中 i 是桩间反射旅行时间，t_b 是桩底反射旅行时间。

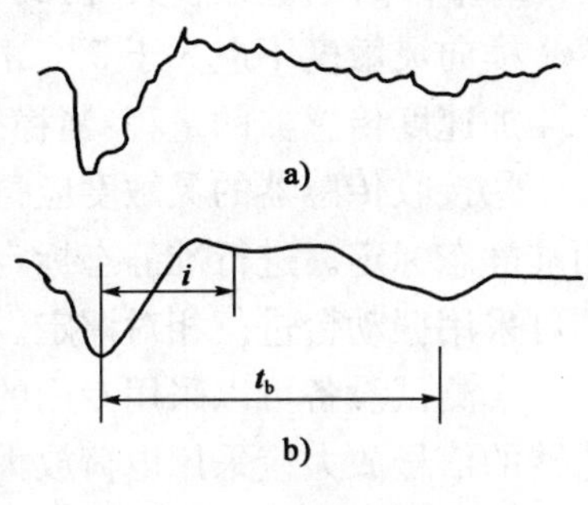

图 2-3-4　实测波形

②桩头破损对波形的影响。预制桩在贯入过程中,桩头可能产生破损,灌注桩表面松散,这将使弹性波能量很快衰减,从而削弱桩间及桩底反射信息,影响了波形的识别。有效途径是:将破损处或松散处铲去。

总之,影响基桩质量检测波形的因素较多,工作中应逐一排除,以便桩间、桩底反射信息的辨识,避免产生误判。

2.机械阻抗法

机械阻抗法适用范围较为广泛,可用于各种机械结构和土木结构的动力分析。在基桩检测中,本方法有稳态激振和瞬态激振两种方式,适用于检测桩身混凝土的完整性,推定缺陷类型及其在桩身中的部位,当有可靠同条件动、静载对比试验资料时,该方法可用于推算单桩承载力,而本方法有效测试范围为桩长与桩径之比值小于30,对摩擦端承桩或端承桩其比值可小于50。

(1)基本原理

机械阻抗的定义是,作用于某结构物上的力 F 与该结构的响应 X 之比,即机械阻抗 $Z=F/X$,而这种响应 X 既可以是位移、速度,又可以是加速度。如果在桩头施加幅值为 $|F|$ 的正弦激振力时,相应于每一激振频率的弹性波在桩身混凝土中传播速度为 v_p,则 F/v_p 就是机械阻抗 Z,其倒数为机械导纳 N,即:

$$N=\frac{1}{Z} \tag{2-3-4}$$

$$N(j\omega)=\frac{v_p(j\omega)}{F(j\omega)} \tag{2-3-5}$$

式中:N——机械导纳;

F——对结构施加的作用力;

v_p——结构的运动速度。

系统的动态力作用下的阻抗(或导纳)是以激振频率 ω 为自变量的复函数 $Z(j\omega)$ 或 $N(j\omega)$。对不同的值,阻抗(或导纳)的幅值和幅角也就不同,这就提供了用阻抗和导纳随频率变化的图像来研究系统(如桩基础)动态特性的可能性。由于桩的动力特性与桩身完整性和桩—土体系相互作用的特性密切相关,通过对桩的动态特性的分析计算,可估计桩身混凝土的缺陷类型及其在桩身中的部位,亦可估算承载力。

(2)仪器设备及要求

①接收传感器(力传感器)的技术特性应符合下列要求:

频率响应宜为:5~1500Hz,其幅度畸变应小于1dB;

灵敏度不应小于1.0pC/N;

量程:当稳态激振时,按激振力的最大值确定,当瞬态冲击时,按冲击力最大值确定。

②测量响应传感器

频率响应:宜为5~1500Hz;

灵敏度:对小桩径,速度传感器的灵敏度 Sr 应大于300mV/cm/s,加速度传感器的灵敏度 Sa,应大于1000pC/g;当桩径较大时,Sr 应大于800mV/cm/s,Sa 应大于2000 pC/g。

横向灵敏度不应大于5%;

加速度传感器的量程:当稳态激振时,应小于 $5g$,当瞬态激振时,不应小于 $20g$。

③接收传感器的灵敏度应每年评定一次,力传感器可采用振动台进行相对标定,或采用压力试验机用准静态标定。进行准静态标定所采用的电荷放大器,其输入电阻不应小于 $10^{11}\Omega$。测量响应的传感器可采用振动台进行相对评定。

④测试设备可以采用专用的机构阻抗测试仪器,也可采用通用测试仪器组成的测试装置。压电传感器的信号放大应采用电荷放大器。磁电式传感器应采用电压放大。在稳态测量中,应采用跟踪滤波或在放大器内设置性能相似的滤波器,滤波器的阻滞衰减不应小于40dB。在瞬态测试中分析仪器的选择,应具有频域平均和计算相干函数的功能。当采用数字化仪器进行数据采集分析时,其模/数转换器

位数不应小于 12bit。

机械阻抗法检测系统基本组成见图 2-3-5。

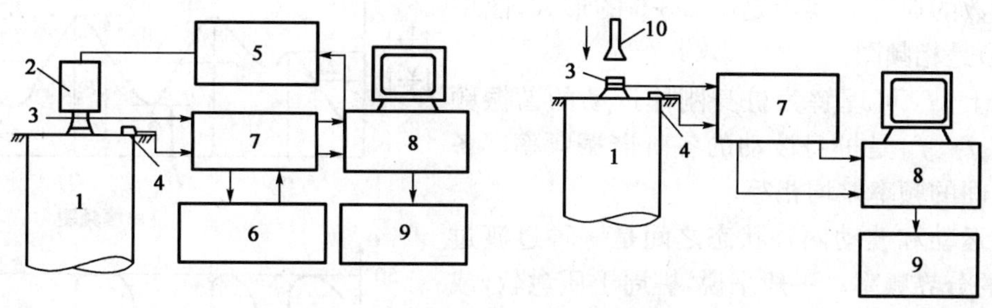

图 2-3-5　机械阻抗法检测系统基本组成图

1-桩;2-激振器;3-力传感器;4-速度传感器;5-功率放大器;6-跟踪滤波器;7-信号采信前端;8-微计算机;9-打印机(绘图仪);10-力棒、力锤

⑤信号处理分析的记录设备可采用磁带记录器、X-Y 函数记录器、与计算机配合的笔式绘图仪或打印机。磁带记录器不得少于两个通道,信噪比不得低于 45dB,频率范围不得低于 5kHz。采用的各类记录仪的系统误差应小于 1%。

⑥稳态激振设备及瞬态冲击装置应符合下列要求:

稳态激振应采用电磁激振器,并宜选择永磁式激振器。激振器的技术要求应符合下列规定:

频率范围宜为:5～1500Hz;

最大输出力:当桩径小于 1.5m 时,应大于 200N;当桩径为 1.5～3m 时,应大于 400N;当桩径大于 3m 时,应大于 600N;

非线性失真应小于 1%。

悬挂装置可采用柔性悬挂(橡皮绳)或半刚性悬挂。在采用柔性悬挂时应避免高频段出现横向振动;在采用半刚性悬挂时,当激振频率在 10～1500Hz 的范围内时,激振系统本身特性曲线出现的谐振峰(共振及反共振)不应超过 1 个。

瞬态激振应通过试验选择不同材质的锤头进行冲击,使可用于计算的谱宽度大于 1500Hz,在冲击桩头时,冲击锤应保持为自由落体。

激振装置初次使用或经长距离运输,在正式使用前进行调整,使横向振动系数控制在 10%以下,其谐振时的最大值不应超过 25%。

(3)现场检测及注意事项

①桩的振动响应测试点应按下列原则布置:

在桥梁桩基测试中,可布置 1 个测点;当只布置 2 个测点时,其测点应位于顺流向的两侧;当布置 4 个测点时,应在顺流向的两侧和顺桥纵轴方向两侧各布置 2 个测点。

②激振力应位于桩头顶面正中,采用半刚性悬挂时,则黏贴在桩头顶面中心的钢板必须保持水平。

③现场测试应按下列步骤进行:

安装全部测试设备,并应确认各项仪器装置处于正常工作状态。

在测试前应正确选定仪器系统的各项工作参数,使仪器在设定的状态下进行试验。

在瞬态激振试验时中,重复测试的次数应大于 4 次。

在测试过程中应观察各设备的工作状态,当全部设备均处于正常状态,则该次测试有效。

(4)各种激振下桩的典型导纳曲线

机械阻抗法得到的导纳函数或频响函数描述了桩—土系统的动力特性。它与激振和响应量的性质无关,即不论是用简谐稳态激振、瞬态冲击激振或随机激振,得到的导纳函数都是一样的,都能得到相同的导纳曲线,包括幅频曲线、相频曲线、实频曲线、虚频曲线等。差别仅仅在于激振方法不同、检测仪器不同和分析原理不同带来的精度不同而已。

在一般情况下，桩的竖向振动包含了低频的刚体运动和高频的波动。同时由于阻尼的存在，实际从顶上检测到的导纳函数的典型曲线应是图 2-3-6 的形式，图中 a)是幅频图，b)是相频图。

在幅频图上，f_0 可理解为桩身刚体运动的谐振频率，后面的 f_1、f_2、f_3 是桩身波动的各阶谐振频率。各谐振频率点之间的频率差均相等。

桩的刚体运动和波动两种状态之间是一种过渡过程，没有明显的分界频率。一般来说，桩周土质愈软，或者说土的支承刚度愈小，两者在导纳曲线图上区分愈明显，如果桩底支承在岩层上或嵌固在岩层中，则桩身将不会发生刚体运动，只有波动，导纳曲线上亦不存在 f_0 及其相应的导纳峰。

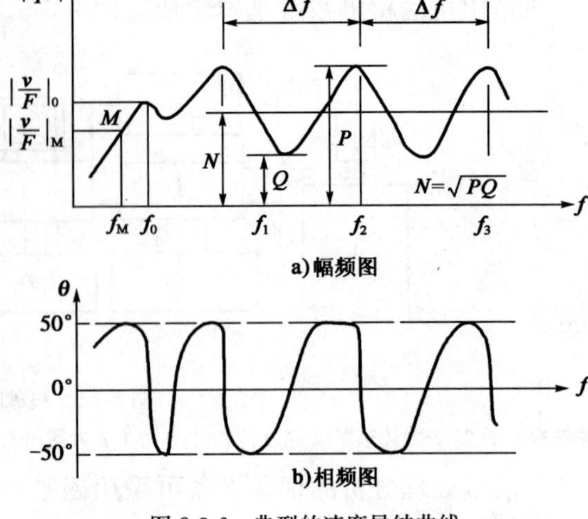

图 2-3-6 典型的速度导纳曲线

在相频曲线上，各谐振点的相角都应是零度。

(5)判别基桩质量的判据

既然导纳函数反映了桩—土系统的动力特性，那么，导纳曲线所具备的各种特征，都可作为判别基桩质量，包括完整性和承载力的数据。对于每根桩的导纳曲线，可以计算：

①桩的测量长度

$$L_m = \frac{v_{pm}}{2\Delta f} \tag{2-3-6}$$

式中：v_{pm}——整个工地上完好桩(桩长为已知)波速的平均值。

②导纳的几何平均值(测量值)

$$N_m = \sqrt{PQ} \tag{2-3-7}$$

式中：P——导纳曲线的极大值(峰值)；

Q——导纳曲线的极小值(谷值)。

③导纳曲线的理论值

$$N_t = \frac{1}{v_{pm}A} \tag{2-3-8}$$

式中：A——桩的横截面积。

④桩的动刚度 K_d

$$K_d = \frac{2\pi f_M}{\left|\frac{v}{F}\right|_M} \tag{2-3-9}$$

式中：f_M、$\left|\frac{v}{F}\right|_M$——表示曲线初始端近似为直线部分任一点的频率和导纳值。

⑤确系完好的桩可以计算波速 v_p

$$v_p = 2L\Delta f \tag{2-3-10}$$

⑥计算一阶谐振频率和 Δf 的比值

计算出上列各参数以后，再根据导纳曲线的形状即可对桩的质量进行初步估计。如果 L_m 与桩的实际长度相近，N_m 小于各桩的平均值，并与理论值 N_t 接近，K_d 接近各桩的平均值，$v_p \geqslant 3500$m/s，曲线形状无异常，此时即可断定该桩为质量良好的完整桩。

如果存在下列情况之一，就可断定桩有缺陷：

a. 根据 Δf 计算出的桩长 L_m 与建筑实际长度 L 差别较大，或测不出 Δf。此时桩身可能出现断裂、鼓肚或严重离析，这是由于桩身有大的缺陷和断裂时，波动的传播只在桩中断处以上的长度范围之内。

这样，就使测出的 L_m 值较短，而该值即为缺陷距离桩顶面的位置。桩身断面局部扩大，即所谓鼓肚或由于硬的侧向土引起的再向下传播的信号大幅度衰减，大部分信号被反射回来，波动的传播基本上只在鼓肚的下底面和桩顶间传播，此时测出的桩长就比较短。由于上述两种缺陷都导致测出的桩长较短，要进一步判断是属那一种类型的缺陷时，就必须结合测得的其他参数进行综合判断分析。桩断裂的缺陷，常常使桩的承载力下降，定值力作用下的导纳增大。如果测出的 L_m 偏小，而动刚度 K_d 小于各桩平均值较多，导纳测量值大于各桩平均值和理论值较多，即可判断为桩身断裂。反之，如桩身出现鼓肚，承载力得到加强，其动刚度就偏大，导纳测量值 N_m 就偏小了。

如果桩身严重离析，波动的传播受到不规则的漫反射，桩顶布置的传感器测不出规律的谐振峰值，Δf 难于正确地辨认。此外，沿桩长方向桩侧表面不规则的变化也会引起波的多次反射，无法采用测出的 Δf 计算出正确的桩长。

b. 导纳的几何平均值 N_m 大于理论值 N_t 和同一工地各桩的平均值很多，这种现象实际上就是在定值激振力作用下，桩的响应比预期的大，说明桩的承载能力下降。几乎桩的各种不利缺陷，如断裂、颈缩、下有软垫层、离析等，都有 N_m 偏大的情况。相反，在桩有鼓肚、横截面局部扩大等有利缺陷时，N_m 就较正常值为低，在判别时，N_m 通常结合桩的其他参数进行综合分析。当 N_m 值随频率而变化时，则表示桩的断面沿轴向变化。

c. 声波在混凝土中的传播速度 v_p＜3500m/s。v_p 与桩身混凝土的抗压强度有明确的相关关系。当 v_p 值偏小时，即表明混凝土质量不佳，可能出现离析、贫混凝土等缺陷。

d. 桩的各种不利缺陷最终都表现为承载力的下降。因此 K_d 是判定桩是否正常的一个很重要的参数。当桩身混凝土完好无缺陷时，K_d 值的降低往往意味着桩底持力层不佳，或有较厚的沉渣等。

e. 如果桩的导纳曲线与正常圆柱桩的典型曲线有较大出入，则桩身有可能出现各种缺陷。如果曲线类似调制波形（如图 2-3-7）所示，则大峰之间的 Δf_2 表示了桩身缺陷处的反射，小峰之间的 Δf_1 表示了桩底的反射或桩更深部位缺陷的反射。如果桩的导纳曲线各峰值逐渐加大或减小，而各峰之间的 Δf 均相等，则桩身横截面可能沿深度向下扩大或缩小。

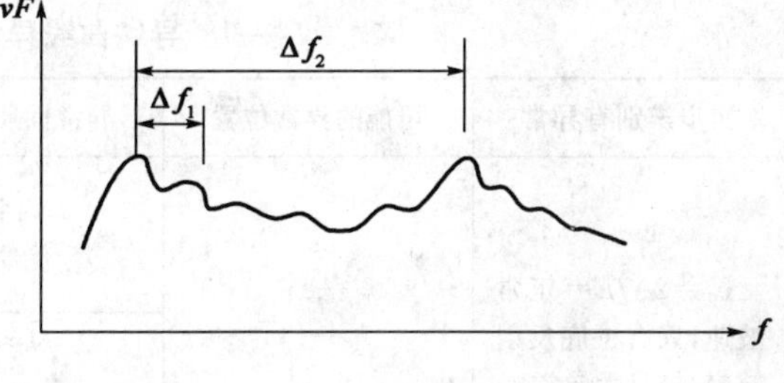

图 2-3-7　调制波形

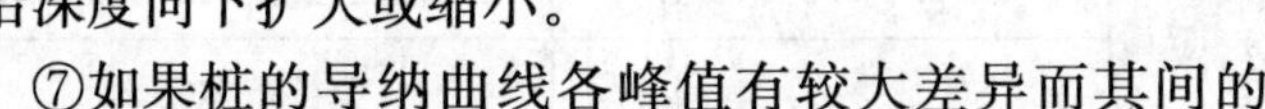

⑦如果桩的导纳曲线各峰值有较大差异而其间的 Δf 又有较大差异时，由于在通常情况下最大的峰值幅往往出现在较高的频率上，此时可以认为最大的峰幅值表示接近桩顶处有较明显的缺陷，并可以单独计算最大峰幅值处的导纳几何平均值。

$$N_{mp}=\sqrt{Q_m P_m} \tag{2-3-11}$$

式中：P_m——最大峰幅值；

Q_m——与最大峰相邻的谷幅值。

如果缺陷对桩身截面削弱愈多，或缺陷位置愈接近桩顶，则 N_{mp} 愈大，为便于距桩顶不同深度处 N_{mp} 值进行比较，可以由下式计算相对最大 N_{mp0} 值：

$$N_{mp0}=N_{mp}/L_R^2 \tag{2-3-12}$$

式中：L_R——由最大峰值计算出的缺陷距桩顶的长度。

在对实测桩的导纳曲线分析中，有时由于各种干扰和一些不可预见的情况的出现，在谐振峰中掺杂了一些假峰。特别是在判定是否有桩底反射时，假峰的干扰会增加判读和分析的困难。此时，就可借助相频曲线和相干函数来剔除假的谐振峰干扰。一般来说，相频曲线由负值变化到正值通过零相位点所对应的幅频曲线上的波峰即为有效的波峰。如果某一波峰或波谷处的相干函数值在 0.5 以下时，可以认为该峰可信度较低。

上述各种情况往往是伴随出现的，因此在判别桩可能出现的缺陷类型时，必须进行综合分析，结合在多次测试中积累的经验和钻探施工记录进行验证，才能做出符合实际的正确结论。表 2-3-9 及表 2-3-10

是按机械导纳曲线推定桩身结构完整性的一些结论，供大家参考。

按机械导纳曲线推定桩身结构完整性 表 2-3-9

<table>
<tr><th>机械导纳曲线形态</th><th colspan="2">实测导纳值 N_0</th><th colspan="2">实测动刚度 K_d</th><th>测量桩长 L_0</th><th>实测桩身波速平均值 v_{pm}(m/s)</th><th>结论</th></tr>
<tr><td rowspan="3">与典型导纳曲线接近</td><td colspan="2" rowspan="3">与理论值 N 接近</td><td>高于</td><td rowspan="3">工地平均刚度值 K_{dm}</td><td rowspan="5">与施工长度接近</td><td rowspan="3">3500～4500</td><td>嵌固良好的完整桩</td></tr>
<tr><td>接近</td><td>表面规则的完整桩</td></tr>
<tr><td>低于</td><td>桩底可能有软层</td></tr>
<tr><td rowspan="2">呈调制状波形</td><td>高于</td><td rowspan="2">导纳实测几何平均值 N_{cm}</td><td>低于</td><td rowspan="2">工地平均动刚度值 K_{dm}</td><td><3500</td><td>桩身局部离析，其位置可按主波的 Δf 判定</td></tr>
<tr><td>低于</td><td>高于</td><td>3500～4500</td><td>桩身断面局部扩大，其位置可按主波的 Δf 判定</td></tr>
<tr><td rowspan="2">与典型导纳曲线类似，但共振峰频率增量 Δf 偏大</td><td colspan="2">高于理论值 N 很多</td><td>远低于</td><td rowspan="2">工地平均动刚度值 K_{dm}</td><td rowspan="2">小于施工长度</td><td rowspan="2">—</td><td>桩身断裂，有夹层</td></tr>
<tr><td colspan="2">低于工地平均值 N_{cm} 很多</td><td>远高于</td><td>桩身有较大鼓肚</td></tr>
<tr><td>不规则</td><td colspan="2">变化或较高</td><td colspan="2">低于工地动刚度平均值 K_{dm}</td><td>无法由计算确定桩长</td><td>—</td><td>桩身不规则，有局部断裂或贫混凝土</td></tr>
</table>

注：$N_t=\frac{1}{v_{pm}A}$。

按机械导纳曲线异常程度进一步推定桩身结构完整性 表 2-3-10

<table>
<tr><th>初步辨别有异常</th><th>可能的异常位置</th><th>异常性质的判断</th><th colspan="2">异常程度的判断</th></tr>
<tr><td rowspan="4">$v_p=2\Delta fL=$正常波速，只有桩底反射效应，桩身无异常</td><td rowspan="4">—</td><td rowspan="2">$N_0\approx N$
优质柱</td><td>波峰间隔均匀，整齐</td><td>全桩完整，混凝土质量优而均匀</td></tr>
<tr><td>波峰间隔均匀，但不整齐</td><td>全桩基本完整，外表面不规则</td></tr>
<tr><td rowspan="2">$N_0\approx N$
$K_d\approx K'_d$
混凝土质量稍有不均匀</td><td>波峰间隔均匀，整齐</td><td>全桩完整，混凝土质量基本完好</td></tr>
<tr><td>波峰间隔不太均匀，欠整齐</td><td>全桩基本完整，局部混凝土质量不太均匀</td></tr>
<tr><td rowspan="3">$\Delta f_1<\Delta f_2$
$v_p=2\Delta f_1L=$正常波速，有桩底反射效应，同时 $v_p=2\Delta f_2L>$正常波速，$L'=\frac{v_p}{2\Delta f_2}>L$，表明有异常反射效应</td><td rowspan="3">$L'=\frac{v_p}{2\Delta f_2}$</td><td rowspan="2">$N_0>N$
$K_d<K'_d$</td><td>波峰圆滑，N_p 值小</td><td>有中度扩径</td></tr>
<tr><td>波峰圆滑，N_p 值大</td><td>有轻度扩径</td></tr>
<tr><td>$N_0<N$
$K_d>K'_d$
缩径或混凝土局部质量不均匀</td><td>波峰尖峭，N_p 值小</td><td>有中度裂缝或缩径</td></tr>
<tr><td rowspan="4">$v_p=2\Delta fL>$正常波速 $L'=\frac{v_p}{2\Delta f}<L$ 表明无桩底反射效应，只有其他部位的异常反射效应</td><td rowspan="4">$L'=\frac{v_p}{2\Delta f_2}$</td><td rowspan="2">$N_0>N$
$K_d<K'_d$
缩径或断裂</td><td>波峰尖峭，N_p 值小</td><td>有严重缩径</td></tr>
<tr><td>波峰间隔均匀，尖峭，N_p 值大</td><td>有严重断裂，混凝土不连续</td></tr>
<tr><td rowspan="2">$N_0<N$
$K_d>K'_d$
扩径</td><td>波峰圆滑，N_p 值小</td><td>有较严重扩径</td></tr>
<tr><td>波峰间隔均匀，圆滑，N_p 值小</td><td>有严重扩径</td></tr>
</table>

注：Δf_1——有缺陷桩导纳曲线上下峰之间的频率差。

Δf_2——有缺陷桩导纳曲线上大峰之间的频率差。

(6)单桩承载力估算

在搜集本地区同类地质条件下桩的静荷载试验资料时,应确定在单桩外部尺寸相似情况下的容许沉降值,或根据上部结构物的类型及重要程度或设计要求确定的容许沉降值,采用在容许荷载作用下的容许沉降值计算单桩竖向承载力的推算值。

单桩竖向承载力的推算值 R 可用下列公式计算:

$$R = [S]\frac{K_d}{\eta} \tag{2-3-13}$$

式中:K_d——单桩的动刚度(kN/mm);

η——桩的动静刚度测试对比系数,宜为 0.9～2.0;

$[S]$——单桩的容许沉降值(mm)。

总之,判别基桩质量的过程就是根据上述各项判别作综合分析的过程。在分析中也常运用“对比法”,即从多根桩的检测中找出质量好的一些桩的导纳曲线及其判别作为参考标准;同时为了帮助分析判断,也常事先收集有关桩位处的地质剖面、桩的设计尺寸等资料;另外,了解施工设备和成桩工艺,以及施工过程中曾发生的各种事故和处理情况等也是非常必要的。

3. 动力参数法

(1)适用范围

本方法可分为频率初速法和频率法。

当有可靠的同条件动静试验对比资料时,频率初速法可用于推算摩擦桩和端承桩的竖向承载力。

频率法的适用范围限于摩擦桩,并应有准确的地质勘探及土工试验资料作为计算依据,其中主要包括地质剖面图及各地层的内摩擦角和重度。桩在土中长度不宜大于 40m,也不宜小于 5m。

(2)仪器设备

①宜采用竖、横两向兼用的速度型传感器。传感器的频率响应宜为 10～300Hz;最大可测位移量的峰——峰值不应小于 2mm,速度灵敏度不应低于 200mV/cm/s,传感器的固有频率不得处于 20Hz 附近。

②检测基桩承载力时,低通滤波器的截止频率宜为 120Hz。

③放大器增益应大于 40dB(可调),长期绝对变化量应小于 1%,折合到输入端的噪声信号不大于 10μV。频响范围宜为 10～300Hz。

④接收系统宜采用数字式采集、处理和存储系统,并应具有实时域显示及频谱分析功能。

⑤模/数转换器的位数不应小于 8bit,采样时间间隔为 50～1000μs,并分数档可调。每道数据采集暂存器的容量不应小于 1kB。

⑥传感器和仪器系统灵敏度应在标准振动台上进行标定,每年不得少于一次。标定时取振动速度的峰峰值,在 10～300Hz 范围内应至少按单位振动速度标定 10 个频率点,并描出灵敏度系数随频率变化的曲线。

⑦激振设备宜采用带导杆的穿心锤,穿心锤底面应加工成球面。穿心孔直径比导杆直径大 3mm 左右。穿心锤的质量应在 2.5～100kg 间并形成系列,其落距宜在 180～500mm 之间,分为 2～3 档,对不同承载力的基桩,应调节冲击能量,使振波幅度基本一致。

(3)现场检测及注意事项

①检测前的准备工作应符合下列要求:

清除桩顶浮浆及破碎部分。

桩顶中心部分应凿平,并用黏结剂(如环氧树脂)黏贴一块钢垫板,待其固化后方可施测。对承载力标准值小于 2000kN 的桩,钢垫板面积宜为 100mm×100mm,厚度宜为 10mm;钢垫板中心应钻一盲孔,孔深宜为 8nn,孔径为 12mm;对承载力大于或等于 2000kN 的桩,钢垫板面积及厚度加大 2%～5%。

传感器应使用黏结剂（如烧石膏）或采用磁性底座竖向固定在桩顶，预先粘于冲击点与桩身钢筋之间的小钢板上。

传感器、滤波器、放大器与接收系统连线，应采用屏蔽线，确定仪器的参数，并检查仪器、接头与钢板与桩顶黏结情况，在检测瞬间应暂时中断附近振源。测试系统不可多点接地。

②激振步骤（图 2-3-8）：将导杆插入钢垫板的盲孔中，按选定的穿心锤质量（W_0）及落距（H）提起穿心锤任其自由下落，并在撞击垫板后自由回弹再自由下落，以完成一次测试，加以记录，宜重复测量三次，以资比较。

③每次激振后，应通过屏幕观察波形是否正常，要求出现清晰而完整的第一次及第二次冲击振动波形，并要求第一次冲击振动波形的振幅值基本保持一致。当不能满足上述要求时，应改变冲击能量，确认波形合格后方可进行记录。典型波形如图 2-3-9。

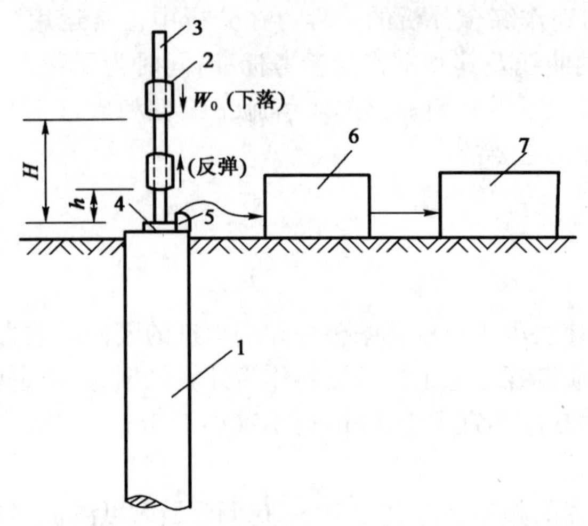

图 2-3-8　动力参数法检测

1-桩；2-穿心锤；3-导杆；4-垫板；5-传感器；6-滤波及放大器；7-采集记录及处理器

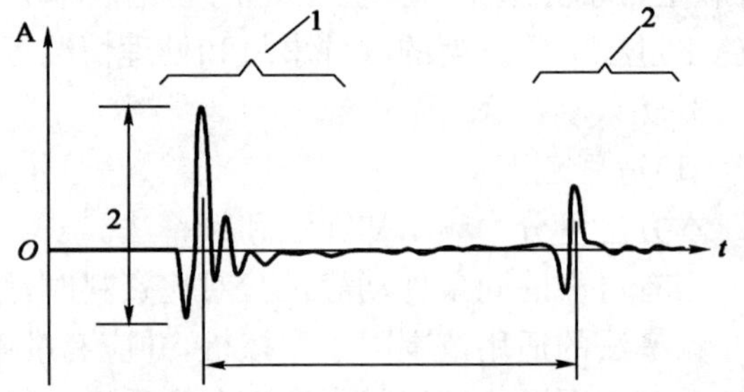

图 2-3-9　波形记录示例

1-第一次冲击的振动波形；2-回弹后第二次冲击的振动波

(4)检测数据的处理与计算

①桩—土体系的固有频率 f_0 宜通过频谱分析确定。

②穿心锤的回弹高度 h 和碰撞系数 ε 可按下列公式计算：

$$h=\frac{1}{2}g\left(\frac{t}{2}\right)^2 \tag{2-3-14}$$

式中：g——重力加速度，取 $g=9.81\text{m/s}^2$；

t——第一次冲击与回弹后第二次冲击的时间（见图 2-3-8）(s)。

$$\varepsilon=\sqrt{h/H} \tag{2-3-15}$$

式中：h——穿心锤回弹高度(m)；

H——穿心锤落距(m)。

③桩头振动初速度 v_0，可按下式计算：

$$v_0=\alpha A_{\mathrm{d}} \tag{2-3-16}$$

式中：α——与 f_0 相应的测试系统灵敏度系数(m/s/mm)；

A_{d}——第一次冲击振动波初动相位的最大峰峰值(mm)。

④单桩竖向承载力的推算值(R)按下式计算：

$$R=\frac{f_0^2(1+\varepsilon)W_0\sqrt{H}}{kv_0} \tag{2-3-17}$$

式中：R——单桩竖向承载力的推算值(kN)；

f_0——桩—土体系的固有频率(Hz)；

ε——碰撞系数；

W_0——穿心锤质量(kg)；

H——穿心锤落距(m)；

v_0——桩头振动初速度(m/s)；

k——安全系数，宜取 2。

调整系数β与仪器性能、冲击能量的大小、桩长、桩底支承条件及布桩方式等有关，应预先积累动静对比资料经统计分析加以确定。

4. 水电效应法

对于大直径长桩，应通过加大冲击激振法的激振能量，提高检测效果。参照海洋石油地震勘探技术中的"电火花"法，利用水中高压放电激起水体瞬间热膨胀产生巨大脉冲力，对桩顶施加冲击荷载激励桩的振动，该方法称为"水电效应"法。显然，水电效应法主要指的是所采用的激振方法，在测试信号的分析方面仍属一般处理方法，即在参考时域信号的波形的同时，将信号经过快速傅里叶变换处理成为频谱曲线，再由此判断桩身质量及单桩承载力。

(1)测试方法

水电效应法由西安公路研究所和中国科学院电工所联合研究，于 1982 年提出。其试验装置包括：高压放电装置、水听器、放大器、记录仪、信号处理系统、绘图仪和水管等。如图 2-3-10。

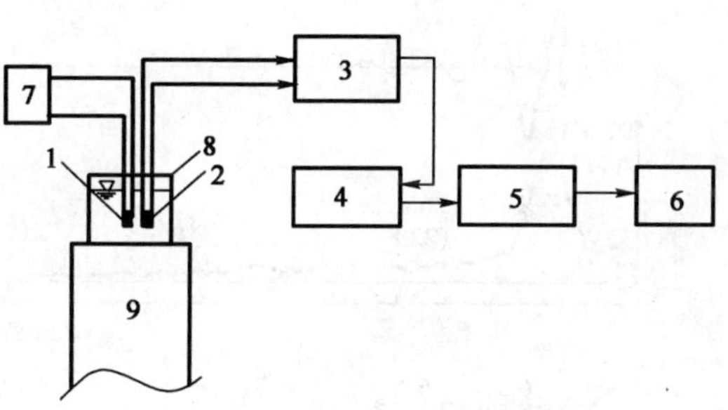

图 2-3-10　水电效应法试验装置

1-电极；2-水听器；3-放大器；4-磁带机；5-信号处理机；6-示波器；7-高压放电装置；8-水管；9-桩

测试时，首先平整桩顶面，对于钻孔灌注桩尚需凿去浮浆层，再在桩顶安放一盛水管，管高约 1m 左右，内径可略小于或略大于桩径，管材可选钢筋混凝土(壁厚约 70mm)、钢管(壁厚约 12mm)或砖砌。管内盛水深 0.8～1.0m，水中不应夹杂泥砂等污物，并保证水管与桩顶连接紧密，无渗漏水现象。在管顶水平横置一杆，悬吊高压放电电极和水听器，并用直尺检查放电电极及水听器的放置位置是否合乎要求，高压放电电极放电时，周围液体发生瞬间热膨胀而形成巨大的冲击波，从而激起桩振动。与此同时，水听器接收的信号由记录仪记录下来，再将信号回放，经过快速傅里叶变换处理成为频谱曲线，再根据频谱曲线的线形和特征判断桩身质量及单桩的承载力。

(2)桩身质量判断

对水电效应激振法所测得的信息进行各种数值化处理后，可获得评价桩身质量的各种判据。处理的结果可采用时域或频率表示。

①波形特征

从信息处理结果中可以发现，当桩的完整程度不同时，其波形曲线的形态亦不同，频谱图上的差别更为明显。

时域波形曲线是桩无损检测所应得的最基本的信息。大量计算分析和实测曲线表明，完整桩的时域波形是一条指数衰减曲线，如图 2-3-11a)所示。而断裂桩的时域波形曲线很不规则，如图 2-3-11b)所示，且当桩的直径发生改变时将导致波形畸变。

按一般的频谱分析法所得的幅值谱可反映出桩的完整性(图 2-3-11)；而且该频谱曲线比时域曲线更为直观，并可进行定性分析。如果采用功率谱，则可比振幅谱的"毛刺"更少、信噪比更高。图 2-3-12 是另两种完整桩(图 2-3-12a)及断裂桩(图 2-3-12b)的频谱曲线(自功率谱)。因其纵坐标用均方根表示，可以突出主频率的成分。

②桩身完整性判断

对水听器取得的信息，经分析处理后，可与桩的完整性建立对应的统计关系作为桩身完整性的判据，如表 2-3-11 所示。表中基频指频谱曲线上主峰所对应的频率 f_1，功率谱值比为成率谱曲线上主峰后的各峰值与主峰幅值的比值，波速 c 可由下式计算：

摩擦桩：

$$c = 2hf_0 \tag{2-3-18}$$

嵌岩桩：

$$c = 4hf_2 \tag{2-3-19}$$

其中：

$$f_0 = \frac{f_1}{\alpha}$$

$$\alpha = \frac{2hf_{st}}{c_{st}}$$

式中：h——桩长；

f_{st}、c_{st}——标准桩的基频和波速或同一场地上各桩的平均值。

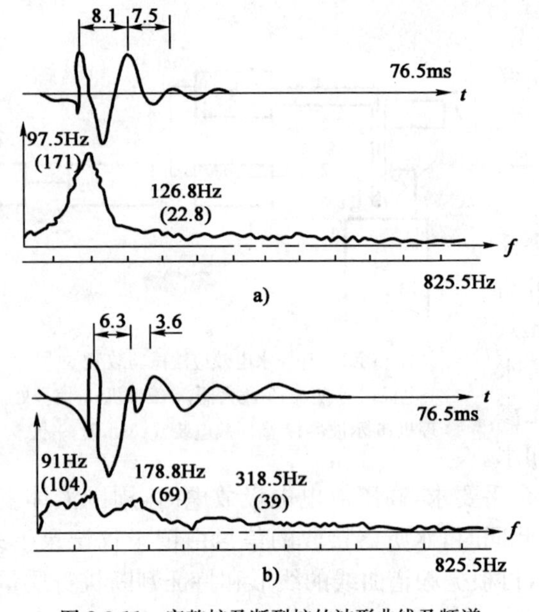

图 2-3-11　完整桩及断裂桩的波形曲线及频谱曲线示例(尺寸单位：cm)

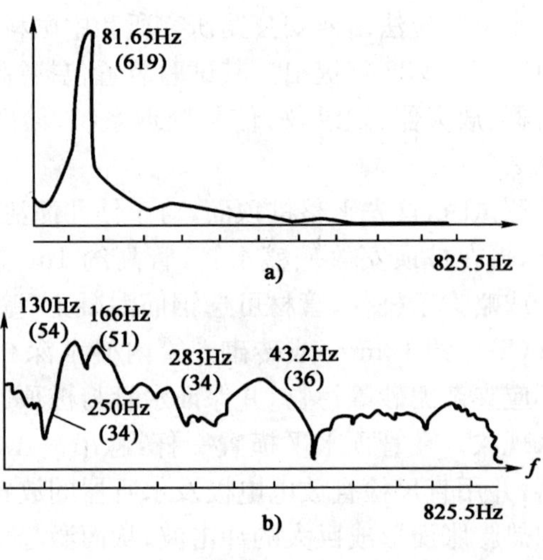

图 2-3-12　完整桩及断裂桩的自功率谱曲线示意

桩完整性判据表　　表 2-3-11

信息名称	桩完整性		
	完整	断裂	混凝土质量极差
波形	指数衰减	无规律	衰减快
波幅	较小	较小	较小
自功率谱	单峰为主	双峰、多峰	单峰为主
功率谱幅值比	<0.1	>0.35	<0.1
基频(Hz)	接近理论值	较理论值低	较理论值低很多
波速(m/s)	>3300	<3300	<1920

在绝大多数情况下，由表 2-3-11 可判断出桩身的完整性，但由于实际桩的复杂性，往往会出现与表中不完全符合的情况；此外，有时还需要判断桩径的变化情况，这就要求有辅助的判断依据作进一步的

判断。

表 2-3-12 给出了一种有关桩身完整性判断的辅助判据。

频谱曲线及波形曲线特征判据表　　表 2-3-12

频谱曲线特征	峰值比	桩的结构完整程度	桩类别
频谱曲线只有一个主峰，波形上下对称	≤0.2	混凝土质量比较好，桩径均匀，桩身结构完整	1
频谱曲线主峰值高，其他峰值较低，波形基本对称	0.2～0.35	桩身结构基本完整，具有轻微损伤，离析、桩径变化	2
频谱曲线出现双峰值，波形上下不对称	0.35～0.7	桩身有严重损坏伤、断裂或离析	3
频谱曲线出现多峰值，主峰有时不明显，波形曲线混乱	≥0.7	桩身完全损坏，并有严重断裂或离析（多处）	4

注：峰值比为频谱曲线（加速度/力谱曲线）主峰后的峰值与主峰值之比。

第二节　钻（挖）孔灌注桩质量控制和检测

一、钻（挖）孔灌注桩质量控制

1. 钻孔灌注桩护筒设置

（1）护筒内径宜比桩径大 200～400mm。

（2）护筒中心竖直线应与桩中心线重合，除设计另有规定外，平面允许误差为 50mm，竖直线倾斜不大于 1%，干处可实测定位，水域可依靠导向架定位。

（3）旱地，筑岛处护筒可采用挖坑埋设法，护筒底部和四周所填黏质土必须分层夯实。

（4）水域护筒设置，应严格注意平面位置，竖向倾斜符合上述要求，沉入时可采用压重、振动、锤击并辅以筒内除土的方法。

（5）护筒高度宜高出地面 0.3m 或 1～2m。当钻孔内有承压水时，应高于稳定后的承压水位 2.0m 以上，若承压水位不稳定或稳定后承压水位高出地下水位很多，应先做试桩，鉴定在此类地区采用钻孔灌注桩基的可行性。当处于潮水影响地区时，应高于最高施工水位 1.5～2.0m，并应采用稳定护筒内水头的措施。

（6）护筒埋置深度应根据设计要求或桩位的水文地质情况确定，一般情况埋置深度宜为 2～4m，特殊情况应加深，以保证钻孔和灌注混凝土的顺利进行。

（7）有冲刷影响的河床，应沉入局部冲刷线以下不小于 1～1.5m。

（8）护筒连接处要求筒内无突出物，应耐拉、压，不漏水。

2. 泥浆要求

（1）钻孔泥浆一般由水、黏土（或膨润土）和添加剂按适当配合比配制而成，其性能指标可参照表 2-3-13选用。

泥浆性能指标选择　　表 2-3-13

钻孔方法	地层情况	泥浆性能指标							
		相对密度	黏度（Pa·s）	含砂率（%）	胶体率（%）	失水率（mL/30min）	泥皮厚（mm/30min）	静切力（Pa）	酸碱度（pH）
正循环	一般地层	1.05～1.20	16～22	8～4	≥96	≤25	≤2	1.0～2.5	8～10
	易坍地层	1.20～1.45	19～28	8～4	≥96	≤15	≤2	3～5	8～10
反循环	一般地层	1.02～1.06	16～20	≤4	≥95	≤20	≤3	1～2.5	8～10
	易坍地层	1.06～1.10	18～28	≤4	≥95	≤20	≤3	1～2.5	8～10
	卵石土	1.10～1.15	20～35	≤4	≥95	≤20	≤3	1～2.5	8～10

续上表

钻孔方法	地层情况	泥浆性能指标							
		相对密度	黏度(Pa·s)	含砂率(%)	胶体率(%)	失水率(mL/30min)	泥皮厚(mm/30min)	静切力(Pa)	酸碱度(pH)
推钻冲抓	一般地层	1.10～1.20	18～24	≤4	≥95	≤20	≤3	1～2.5	8～11
冲击	易坍地层	1.20～1.40	22～30	≤4	≥95	≤20	≤3	3～5	8～11

注:1.地下水位高或其流速大时,指标取高限,反之取低限。
2.地质状态较好,孔径或孔深较小的取低限,反之取高限。
3.在不易坍塌的黏质土层中,使用推钻、冲抓、反循环回转钻进时,可用清水提高水头(≥2m)维护孔壁。
4.若当地缺乏优良黏质土,远运膨润土亦很困难,调制不出合格泥浆时,可掺用添加剂改善泥浆性能。

(2)直径大于2.5m的大直径钻孔灌注桩对泥浆的要求较高,泥浆的选择应根据钻孔的工程地质情况、孔位、钻机性能、泥浆材料条件等确定。

3.钻孔

(1)一般要求

①钻机就位前,应对钻孔各项准备工作进行检查。

②钻孔时,应按设计资料绘制的地质剖面图,选用适当的钻机和泥浆。

③钻机安装后的底座和顶端应平稳,在钻进中不应产生位移或沉陷,否则应及时处理。

④钻孔作业应分班连续进行,填写的钻孔施工记录,交接班时应交代钻进情况及下一班注意事项。应经常对钻孔泥浆进行检测和试验,不合要求时,应随时改正。应经常注意地层变化,在地层变化处均应捞渣样,判明后记入记录表中并与地质剖面图核对。

(2)钻孔灌注桩钻进的注意事项

①无论采用何种方法钻孔,开孔的孔位必须准确。开钻时均应慢速钻进,待导向部位或钻头全部进入地层后,方可加速钻进。

②采用正、反循环钻孔(含潜水钻)均应采用减压钻进,即钻机的主吊钩始终要承受部分钻具的重力,而孔底承受的钻压不超过钻具重力之和(扣除浮力)的80%。

③用全护筒法钻进时,为使钻机安装平正,压进的首节护筒必须竖直。钻孔开始后应随时检测护筒水平位置和竖直线,如发现偏移,应将护筒拔出,调整后重新压入钻进。

④在钻孔排渣、提钻头除土或因故停钻时,应保持孔内具有规定的水位和要求的泥浆相对密度和黏度,处理孔内事故或因故停工,必须将钻头提出孔外。

⑤变截面桩的施工

全断面一次成孔或再分级扩孔钻进,分级扩孔时变截面桩开始用大直径钻头,钻到变截面处换小直径钻头钻进,达到设计高程后,再换钻头扩孔到设计直径,依次作业2～3次直到完成符合设计要求的变截面桩。钻孔时为保持孔壁稳定,覆盖层进尺不能过快,宜采用减压吊钻钻进。

4.清孔

(1)清孔要求

①钻孔深度达到设计高程后,应对孔深、孔径进行检查,符合表2-3-14的要求后方可清孔。

②清孔方法应根据设计要求、钻孔方法、机具设备条件和地层情况决定。

③在吊入钢筋骨架后,灌注水下混凝土之前,应再次检查孔内泥浆性能指标和孔底沉淀厚度,如超过规定,则应进行第二次清孔,符合要求后方可灌注水下混凝土。

(2)清孔时应注意事项

①清孔方法有换浆、抽浆、掏渣、空压机喷射、砂浆置换等,可根据具体情况选择使用。

②不论采用何种清孔方法,在清孔排渣时,必须注意保持孔内水头,防止坍孔。

③无论采用何种方法清孔,清孔后应从孔底提出泥浆试样,进行性能指标试验。灌注水下混凝土

前，应测定孔底沉淀土厚度，泥浆指标及沉淀土厚度应符合表 2-3-14 的要求。

钻、挖孔成孔质量标准　　　　表 2-3-14

项　目	允许偏差	项　目	允许偏差
孔的中心位置(mm)	群桩：100；单排桩：50	沉淀厚度(mm)	摩擦桩：符合设计要求，当设计无要求时，对于直径不大于 1.5m 的桩，不大于 300mm，对桩径大于 1.5m 或桩长大于 40m 或土质较差的桩，不大于 500mm；支承桩：不大于设计规定
孔径(mm)	不小于设计桩径		
倾斜度	钻孔：小于 1%，挖孔：小于 0.5%		
孔深	摩擦桩：不小于设计规定 支承桩：比设计深度超过至少 50mm	清孔后泥浆指标	相对密度：1.03～1.10；黏度：17～20 Pa·s；含砂率：<2%，胶体率：>98%

注：清孔后的泥浆指标，是从桩孔的顶、中、底部分别取样检验的平均值，本项指标的测定，限指大直径桩或有特定要求的钻孔桩。

④不得用加深钻孔深度的方式代替清孔。

5. 灌注水下混凝土

(1)一般要求

①长桩骨架宜分段制作，分段长度应根据吊装条件确定，应确保不变形，接头应错开。

②应在骨架外侧设置控制保护层厚度的垫层，其间距竖向为 2m，横向圆周不得少于 4 处，骨架顶端应设置吊环。

③骨架入孔一般用吊机，无吊机时，可采用钻机钻架、灌注塔架，起吊应按骨架长度的编号入孔。

④钢筋骨架的制作和吊放的允许偏差：主筋间距(±10mm)，箍筋间距(±20mm)，骨架外径(±10mm)，骨架倾斜度(±0.5%)，骨架保护层厚度(±20mm)，骨架中心平面位置(±20mm)，骨架顶端高程(±20mm)，骨架底面高程(±50mm)。

⑤变截面桩钢筋骨架吊放按设计要求施工。

⑥灌注水下混凝土的搅拌机能力，应能满足桩孔在规定时间内灌注完毕，灌注时间不得长于首批混凝土初凝时间。若估计灌注时间长于首批混凝土初凝时间，则应掺入缓凝剂。

⑦水下灌注混凝土的泵送机具宜采用混凝土泵，距离稍远的宜采用混凝土搅拌运输车。采用普通汽车运输时，运输容器应严密坚实，不漏浆、不吸水、便于装卸，混凝土不应离析。

⑧水下混凝土一般用钢导管灌注，导管内径为 200～350mm，视桩径大小而定。导管使用前应进行水密承压和接头抗拉试验，严禁用压气试压。进行水密试验的水压不应小于孔内水深 1.3 倍的压力，也不应小于导管壁和焊缝可能承受灌注混凝土时最大内压力 P 的 1.3 倍，可按式(2-3-20)计算：

$$P = \gamma_c h_c - \gamma_w 1 H_w \tag{2-3-20}$$

式中：P——导管可能受到的最大内压力(kPa)；

γ_c——混凝土拌合物的重度，取 24kN/m^3；

h_c——导管内混凝土柱最大高度(m)，以导管全长或预计的最大高度计；

γ_w——井孔内水或泥浆的重度(kN/m^3)；

H_w——井孔内水或泥浆的深度(m)。

(2)水下混凝土配制

①可采用火山灰水泥、粉煤灰水泥、普通硅酸盐水泥或硅酸盐水泥。使用矿渣水泥时应采取防离析措施。水泥的初凝时间不宜早于 2.5h，水泥的强度等级不宜低于 42.5 级。

②粗集料宜优先选用卵石，如采用碎石宜适当增加混凝土配合比的含砂率。集料的最大粒径不应大于导管内径的 1/6～1/8 和钢筋最小净距的 1/4，同时不应大于 40mm。

③细集料宜采用级配良好的中砂。

④混凝土配合比的含砂率宜采用 0.4～0.5，水灰比宜采用 0.5～0.6。有试验依据时含砂率和水灰比可酌情增大或减小。

⑤混凝土拌合物应有良好的和易性，在运输和灌注过程中应无显著离析、泌水现象。灌注时应保持足够的流动性，其坍落度宜为 180～220mm，混凝土拌合物中宜掺用外加剂、粉煤灰等材料。

⑥水下混凝土的水泥用量不宜小于 350kg/m^3，当掺有适宜数量的减水缓凝剂或粉煤灰时，可不少于 300kg/m^3。

⑦对沿海地区（包括有盐碱腐蚀性地下水地区）应配制防腐混凝土。

(3)灌注水下混凝土的技术要求

①首批灌注混凝土的数量应能满足导管首次埋置深度（≥1m）和填充导管底部的需要（见图2-3-13），所需混凝土数量可参照式(2-3-21)计算：

$$V \geqslant \frac{\pi D^2}{4}(H_1 + H_2) + \frac{\pi d^2}{4}h_1 \qquad (2\text{-}3\text{-}21)$$

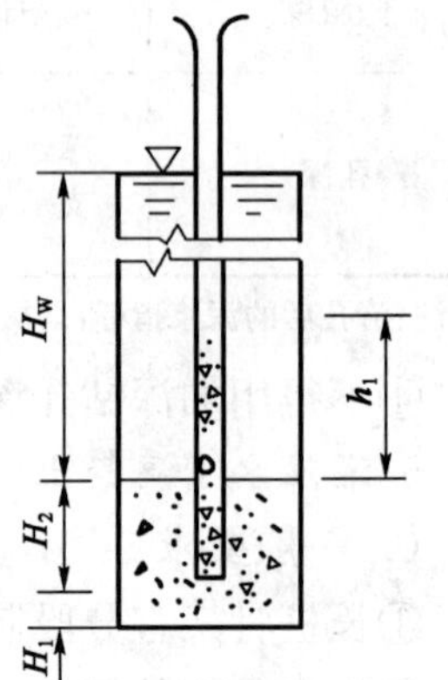

图 2-3-13　首批混凝土数量计算

式中：V——灌注首批混凝土所需数量（m^3）；

D——桩孔直径（m）；

H_1——桩孔底至导管底端间距，一般为 0.4m；

H_2——导管初次埋置深度（m）；

d——导管内径（m）；

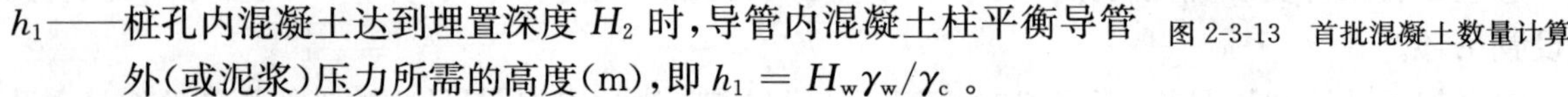

h_1——桩孔内混凝土达到埋置深度 H_2 时，导管内混凝土柱平衡导管外（或泥浆）压力所需的高度（m），即 $h_1 = H_w \gamma_w / \gamma_c$。

H_w、γ_w、γ_c 意义同式(2-3-20)。

②混凝土拌合物运至灌注地点时，应检查其均匀性和坍落度等。如不符合要求，应进行第二次拌和，二次拌和后仍不符合要求时，不得使用。

③首批混凝土拌合物下落后，混凝土应连续灌注。

④在灌注过程中，特别是潮汐地区和有承压力地下水地区，应注意保持孔内水头。

⑤在灌注过程中，导管的埋置深度宜控制在 2～6m。

⑥在灌注过程中，应经常测探井孔内混凝土面的位置，及时地调整导管埋深。

⑦为防止钢筋骨架上浮，当灌注的混凝土顶面距钢筋骨架底部 1m 左右时，应降低混凝土的灌注速度。当混凝土拌合物上升到骨架底口 4m 以上时，提升导管，使其底口高于骨架底部 2m 以上，即可恢复正常灌注速度。

⑧灌注的桩顶高程应比设计高出一定高度，一般为 0.5～1.0m，以保证混凝土强度，多余部分接桩前必须凿除，桩头应无松散层。

在灌注将近结束时，应核对混凝土的灌入数量，以确定所测混凝土的灌注高度是否正确。

⑨变截面桩灌注混凝土的技术要求。对变截面桩，应从最小截面的桩孔底部开始灌注，其技术要求与等截面桩相同。灌注至扩大截面处时，导管应提升至截面下约 2m，应稍加大混凝土灌注速度和混凝土的坍落度；当混凝土面高于扩大截面处 3m 后，应将导管提升至扩大截面处上 1m，继续灌注至桩顶。

⑩使用全护筒灌注水下混凝土时，当混凝土面进入护筒后，护筒底部始终应在混凝土面以下，随导管的提升，逐步上拔护筒。护筒内的混凝土灌注高度，不仅要考虑导管及护筒提升的高度，还要考虑因上拔护筒引起的混凝土面的降低，以保证导管的埋置深度和护筒底面低于混凝土面。要边灌注、边排水，保持护筒内水位稳定，不至过高，造成反穿孔。

在灌注过程中，应将孔内溢出的水或泥浆引流至适当地点处理，不得随意排放，污染环境及河流。

灌注中发生故障时，应查明原因，合理确定处理方案，进行处理。

6. 挖孔灌注桩

(1)一般要求

①适用范围。挖孔灌注桩适用于无地下水或少量地下水，且较密实的土层或风化岩层。若孔内产生的空气污染物超过现行《环境空气质量标准》(GB 3095)规定的三级标准浓度限值时，必须采取通风措施，方可采用人工挖孔施工。

②挖孔直径。应按照设计规定，挖孔过程中，应经常检查桩孔尺寸、平面位置和竖轴线倾斜情况，如有偏差应随时纠正。

(2)挖孔时的技术要求

①挖孔施工应根据地质和水文地质情况，因地制宜选择孔壁支护方案报批，并应经过计算，确保施工安全并满足设计要求。

②孔内遇到岩层须爆破时，应专门设计，宜采用浅眼松动爆破法，严格控制炸药用量并在炮眼附近加强支护。孔深大于 5m 时，必须采用电雷管引爆。

孔内爆破后应先通风排烟 15min 并经检查无有害气体后，施工人员方可下井继续作业。

③挖孔达到设计深度后，应进行孔底处理。必须做到孔底表面无松渣、泥、沉淀土。如地质复杂，应钎探了解孔底以下地质情况是否能满足设计要求，否则应与监理、设计单位研究处理。

另外，孔内无积水方可不采用水下灌注混凝土施工。

二、钻(挖)孔灌注桩质量检测

钻(挖)孔灌注桩的质量检测内容主要有孔形检测、沉渣厚度检测及桩身质量检测。

1. 成孔质量检测

桥梁工程中常用的灌注桩施工方式主要有钻孔、冲击成孔、冲抓成孔和人工挖孔等。人工挖孔为干作业施工，成孔后孔壁的形状、孔深、垂直度、孔底沉淀厚度以及钢筋笼的安放位置等均可通过目测或人下到孔内进行检查，成孔质量较易控制。钻孔、冲击成孔或冲抓成孔等灌注桩，通常以泥浆进行护壁，为湿作业施工。成孔后孔中充满泥浆而无法目测或人下到孔内进行检查，孔壁的形状、垂直度和沉淀土厚度等只能通过仪器进行检测。本处主要介绍湿作业灌注桩成孔质量检查的主要内容及其相应的方法。

(1)桩位偏差检查

基桩施工前应按设计桩位平面图落放桩的中心位置，施工结束后应检查中心位置的偏差，并应将其偏差绘制在桩位竣工平面图中，检测时可采用经纬仪对纵、横方向进行量测。桩孔中心位置的偏差要求，对于群桩不得大于 100mm，单排桩不得大于 50mm。当桩群中设置有斜桩时，应以水平面的偏差值计算。

(2)孔径检查

能否保证基桩的承载能力，桩径是极为关键的因素，必须检验桩的孔径不小于设计桩径。

桩孔径可用专用球形孔径仪、伞形孔径仪和声波孔壁测定仪测定。

图 2-3-14 为伞形孔径仪，其由测头、放大器和记录仪三部分组成。测头为机械式的，测头放入测孔之前，四条测腿合拢并用弹簧锁定，测头放入孔内到达孔底时，四条测腿立即自动张开。当测头往上提升时，由于弹簧作用，腿端部紧贴孔壁，随着孔壁凹凸不平状态相应张开或收拢，带动密封筒内的活塞杆上下移动，使四组串联滑动电阻来回滑动。将电阻变化转化为电压变化，经信号放大并记录，即可自动绘出孔壁形状而测出孔径尺寸。

(3)桩倾斜度检查

在灌注桩的施工过程中，能否确保基桩的垂直度，是衡量基桩能否有效地发挥作用的一个关键因素，因此，必须认真地测定桩孔的倾斜度。一般要求对于竖直桩，其允许偏差不应超过 1%，斜桩不应超过设计斜度的±2.5%。

桩倾斜度的检查可采用图 2-3-15 所示简易方法。在孔口沿钻孔直径方向设一标尺，标尺上 O 点与钻孔中心重合,并使滑轮、标尺 O 点和钻孔中心在同一铅垂线上,其高度为 H_0。穿过滑轮的测绳一端连接于钢筋弯制的圆球(圆球直径比钻孔直径略小些),另一端通过转向滑轮用手拉住。将圆球慢慢放入钻孔中,并测读测绳在标尺上的偏距 e,则倾斜角 $\alpha=\arctan(e/H)$。该方法工具简单、操作方便,但测读范围以 e 值小于钻孔的半径为最大限度,且读数较为粗糙。

a)测头　　b)孔径仪检测装置

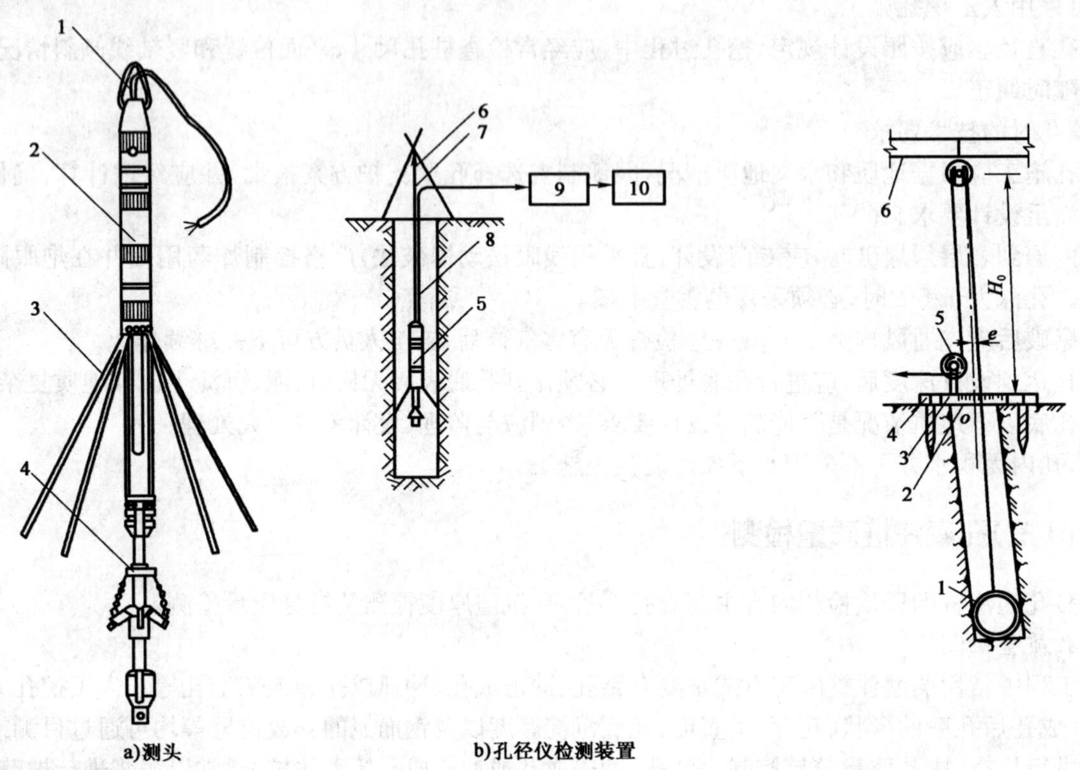

图 2-3-14　孔径仪

1-电缆;2-密封筒;3-测腿;4-锁腿装置;5-测头;6-三角架;7-钢丝绳;8-电缆;9-放大器;10-记录仪

图 2-3-15　桩的倾斜度检查

1-钢筋圆球;2-标尺;3-圆钉;4-木枋;5-导向滑轮;6-钻架横梁

当检查的桩孔较深且倾斜度较大时,可根据地质及施工情况选用 JDL-I 型陀螺测斜仪或 JJX-3 型井斜仪检查,也可采用声波孔壁测定仪绘出连续的孔壁形状和垂直度,如图 2-3-16 和图 2-3-17 所示。

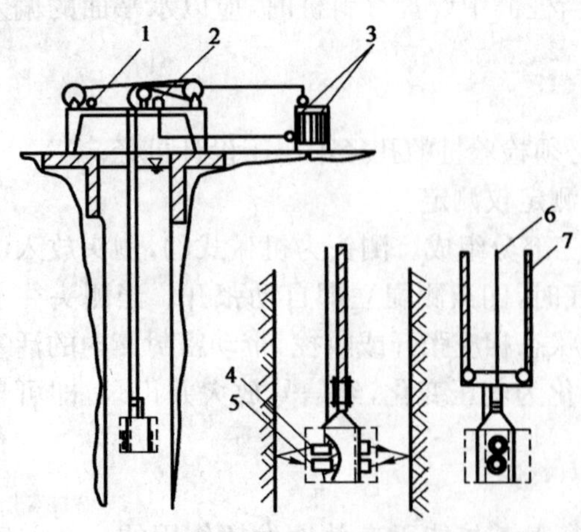

图 2-3-16　声波孔壁测定仪

1-电机;2-走纸速度控制器;3-记录仪;4-发射探头;5-接收探头;6-电缆;7-钢丝绳

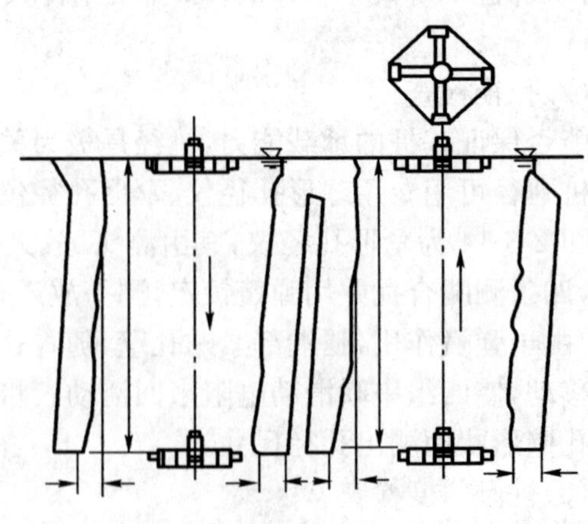

图 2-3-17　孔壁形状和偏斜

(4)孔底沉淀土厚度检查

桩底沉淀土厚度的大小极大地影响桩端承载力的发挥,因此在施工过程中必须严格控制桩底的沉淀土厚度。根据《公路桥涵施工技术规范》(JTJ 041—2000)规定,要求清孔后沉淀土厚度,对于摩擦桩不应大于 0.4~0.6d(d 为设计桩径),且应尽量争取不大于 0.4d;对于柱桩不应大于设计规定值,一般不超过 50mm。

测定沉淀土厚度的方法目前还不够成熟,下面介绍几项工程中已试用的方法。

①垂球法

垂球法是一种惯用的简易测定沉淀土厚度的方法。将重约 1kg 的铜制锥体垂球,顶端系上测绳,把垂球慢慢沉入孔内,凭手感判断沉淀土顶面位置,其施工孔深和量测孔深之差值即为沉淀土厚度。

②电阻率法

电阻率法沉淀土测定仪由测头、放大器和指示器组成。它是根据介质不同,如水、泥浆和沉淀颗粒具有不同的导电性能,由电阻阻值变化来判断沉淀土厚度。

测试时将测头慢慢沉入孔中,观察表头指针的变化,当出现突变时记录深度 h_1,继续下沉测头,指针再次突变记录深度 h_2,直到测头不能下沉为止,记录深度 h_3,设施工深度为 H,则各层沉淀土厚度为 (h_2-h_1)、(h_3-h_2)和$(H-h_3)$……

③电容法

电容法沉淀土厚度测定原理是:当金属两极板间距和尺寸不变时,其电容量和介质的电解率成正比关系,水、泥浆和沉淀土等介质的电解率有较明显差异,从而由电解率的变化量测定沉淀土的厚度。

2. 桩身质量检测

桩身质量检测方法除了在预制混凝土桩质量控制和检测一节中所述的方法外,还有声波法及取芯法。

(1)超声脉冲法

超声脉冲检测法是检测混凝土灌注桩连续性、完整性、均匀性,以及混凝土强度等级的有效方法。它能准确地检测出桩内混凝土中因灌注质量问题造成的夹层、断桩、孔洞、蜂窝,离析等内部缺陷,并能测出混凝土灌注均匀性及强度等级等性能指标。

①基本原理

声波在正常混凝土中的传播速度一般在 3000~4200m/s 之间,当传播路径上遇到混凝土有裂缝、夹泥和密实度等缺陷时,声波将发生衰减,部分声波绕过缺陷前进,产生漫射现象,因此传播时间延长,波速减小,而遇有空洞的空气界面要产生反向和散射,使波的振幅减小。桩的缺陷破坏了混凝土的连续性,使波的传播路径复杂化,引起波形畸变,所以声波在有缺陷的混凝土桩体中传播时,振幅减小、波速降低、波形畸变。

②检测仪器和方法

超声脉冲检测法的整体装置如图 2-3-18 所示,其主要由超声换能器、超声检测仪、探头升降装置、记录显示装置或数据采集及处理系统等基本部件所组成。换能器利用压电效应或磁致伸缩效应等将电能转换成声能或将声能转换成电能,通常称为发射探头(发射换能器)或接收探头(接收换能器)。超声检测仪的功能是产生、接收和显示超声脉冲,并具有测量声时、波幅、频率等物理参数的功能,为超声脉冲检测法的基本装置,常用的有 UCT-2,CTS-25 型等低频超声波检测仪。探头升降装置是为了保证探头在预埋的声测管中按要求任意升降,并使操作者准确评价探头在桩内的确切位置,记录显示装置或数据采集系统用于随时显示和记录探头在桩内任意深度时的接收波形及声波的传递时间;处理系统用于对测试的数据进行各种数值运算、分析处理。量化桩身内部各缺陷的性质、大小和位置等。

该法在检测时需在灌注桩内预埋若干根声测管作为检测通道,再将发射探头和接收探头置于声测管中,管内充满清水作为耦合剂,然后通过脉冲信号发生器发生一系列周期性电脉冲,由发射探头将其转换成为超声脉冲,穿过待测桩体的混凝土,由接收探头接收,再转换回电信号。仪器中测量系统测出超声脉冲穿过混凝土所需的时间、接收波幅值、接收脉冲主频率、接收波波形及频谱等参数，再通过数据处理系统，对接收信号的各种参数进行综合判断和分析，确定出混凝土中各种内部缺陷的性质、大小和位置等，并给出混凝土总体均匀性和强度等级评价指标。

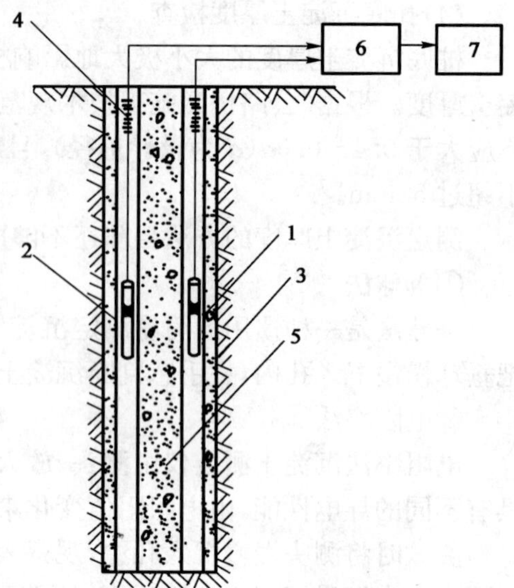

图 2-3-18　超声脉冲法检测示意图

1-发射探头；2-接收探头；3-测管；4-水耦合剂；5-桩身混凝土；6-检测仪；7-记录仪

声测管是检测时换能器进入桩体的通道，其预埋方式及其在桩的横截面上的布置形式，将直接影响检测结果，通常可采用图 2-3-19 所示三种布管方式，图中阴影部分为检测有效区。在特殊情况下，也可采用单管或桩外管量测，但检测结果的分析较为困难。

声测管可采用金属管或塑料管，管内径 50～60mm，金属管可以用螺纹连接，接管容易，刚度大，与混凝土黏结牢固，可增加钢筋笼刚度。但传声速度快，阻抗高，易使声波传播过程中断，并对障碍物的声绕射比较敏感。塑料管价格便宜，传声速度介于水和混凝土之间，不易引起障碍绕射和产生干扰谐振，但透声率较大，和混凝土黏结不好，且易破碎，在大型灌注桩中使用应慎重。此外，声测管预埋时可绑扎在钢筋笼内侧，和钢筋笼一起下到桩孔内，且必须保持声测管间的平行，还要防止起吊过程中的扭曲变形。

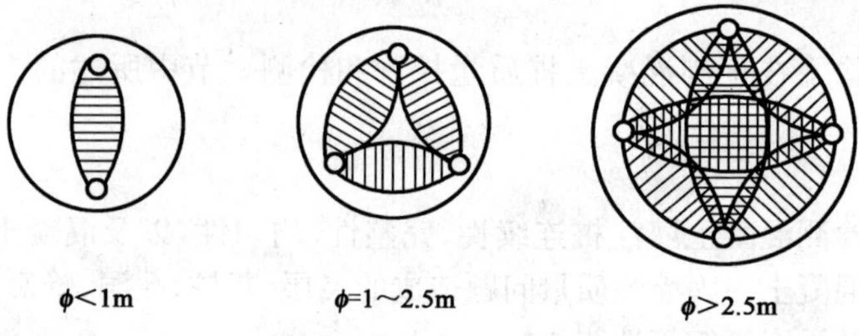

图 2-3-19　声测管的布管方式

③检测结果的分析和判断

目前，常用的缺陷分析判断方法可分为两大类：一类为数值判据法，如概率法、PSD 判断据法、多因素概率分析法等，其根据测试值，经适当的数学处理后，找出一个可能存在缺陷的临界值，作为判断的依据；另一类为声场阴影响区重叠法，即从不同的方向测出缺陷背面所形成的声阴影区，这些声阴影的重叠区即为缺陷的所在位置。下面介绍应用较方便的 PSD 判据法。

a. 判据的形成

设测点的深度为 H，相应的声时（声皮的传递时间）为 t，则声时随深度的变化规律可用 $t—H$ 曲线表示，设其函数式为：

$$t = f(H) \tag{2-3-22}$$

当桩内存在缺陷时，在缺陷与完好混凝土界面处超声传播介质的性质产生突变，声时值也相应突变，函数不连续，故该函数的不连续点即为缺陷界面的位置。但在实际检测中总是每隔一定距离检测一点，即深度增量（测点间距）ΔH 不可能趋向于零，而且由于缺陷表面凹凸不平，以及孔洞等缺陷是由于波形曲线而导致声时变化，所以实测 $t—H$ 曲线在缺陷界面处只表现为斜率的变化。各点的斜率可用下式求得：

$$S_{\mathrm{i}} = \frac{t_{\mathrm{i}} - t_{i-1}}{H_{\mathrm{i}} - H_{\mathrm{i-1}}} \tag{2-3-23}$$

式中：S_{i} ——第 $i-1$ 测点与第 i 测点之间 $t—H$ 曲线的斜率；

$t_{\mathrm{i-1}}$、t_{i} ——相邻两测点的声时值；

H_{i-1}、H_i ——相邻两测点的深度。

通常，斜率仅能反映出相邻测点之间声时值变化的速率。当检测过程中测点间距不同时，虽所求得的斜率可能相同，但所对应的声时差是不同的，而声时差值是与缺陷大小有关的参数。换言之，斜率只能反映该点缺陷的有无，要进一步反映缺陷的大小就必须引入声时差值这一参数。湖南大学首次提出了用 t—H 曲线相邻两点之间的斜率与声时差值之积(Product of Slope and Difference)作为判据，简称PSD判据，即第 i 点的PSD判据值 K_i 为：

$$K_i = S_i(t_i - t_{i-1}) = \frac{(t_i - t_{i-1})^2}{H_i - H_{i-1}} \tag{2-3-24}$$

显然，当 i 点处相邻两点的声时值没有变化或变化很小时，K_i 等于或接近于零；当声时值有明显变化或突变时，K_i 与 $(t_i - t_{i-1})^2$ 成正比，因此 K_i 将大幅度变化。

实测表明，PSD判据对缺陷十分敏感，而对因声测管不平行或因混凝土不均匀等非缺陷因素引起的声时变化都是渐变过程，相邻两测点之间的声时差很小，故基本上不予反映。因此，运用PSD判据可基本上消除声测管不平行或混凝土不均匀等非缺陷因素所造成的影响。

为了对全桩各测点进行判别，首先应将各测点的 K_i 值求出，绘制 K_i—H 曲线，凡是在 K_i 值较大的地方，均可列为缺陷可疑点。

b. 临界判据值及缺陷大小与判据的关系

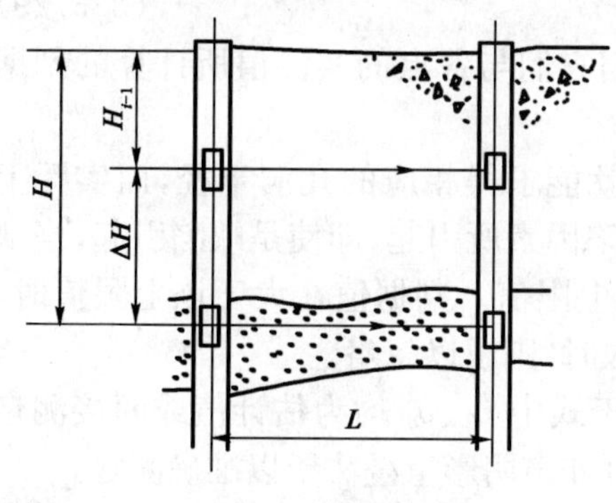

图 2-3-20　夹层示意

PSD判据实际上反映了测点间距、声波穿透距离、介质性质、测量的声时值等参数之间的综合关系，该关系随缺陷的性质不同而不同，现分别介绍如下：

(a)假定缺陷为夹层。如图 2-3-20 所示，设混凝土的声速为 v_1，夹层中杂物的声速为 v_2，声程为 L(两声测管的中心距离)，测点间距为 $\Delta H(=H_i - H_{i-1})$，即可导得遇有声速为 v_2 的夹杂物时，夹层断桩的临界判据值 K_c 为：

$$K_c = \frac{L^2(v_1 - v_2)^2}{v_1^2 v_2^2 \Delta H} \tag{2-3-25}$$

若某点 i 的PSD判据 K_i 大于该点的临界判据值 K_c，则该点可判为夹层或断桩。

应用时，一般 v_1 可取所测桩混凝土声速的平均值，v_2 则应根据预估夹杂物取样实测。例如，某桩混凝土平均声速 $v_1 = 0.37 \times 10^{-2}\text{m}/\mu\text{s}$，两管间距 $L = 0.5\text{m}$，根据地质条件及施工记录分析，该桩可能形成夹层的夹杂物为砂、砾石的混合物，取样实测 $v_2 = 0.321 \times 10^{-2}\text{m}/\mu\text{s}$，测点间距采用 $\Delta H = 0.5\text{m}$，由式(2-3-25)可求得该桩产生砂砾夹层的临界判据值 K_c 为：

$$K_c = \frac{0.5^2 \times (0.37 \times 10^{-2} - 0.321 \times 10^{-2})^2}{(0.37 \times 10^{-2})^2 \times (0.321 \times 10^{-2})^2 \times 0.5} = 851.037 \tag{2-3-26}$$

因此，当检测结果中，若某点的判据值 K_i 大于 K_c，则该点可判为砂砾夹层。

(b)假定缺陷为空洞。当缺陷是半径为 R 的空洞时，声波将绕过空洞成折线传播如图 2-3-21 所示，此时可导得判据值 K_i 与空洞半径 R 之间的关系为：

$$K_i = \frac{4R^2 + 2L^2 - 2L\sqrt{4R^2 + L^2}}{\Delta H v_1^2} \tag{2-3-27}$$

应用时，将实测 K_i 代入上式，即可解方程求得空洞的半径 R。

(c)假定缺陷为"蜂窝"或被其他介质填塞的孔洞。如图 2-3-22 所示，此时超声脉冲在缺陷区的传播有两条途径：一部分声脉冲穿过缺陷到达接收探头；另一部分沿缺陷绕行后到达接收探头；当绕行声时小于穿行声时，可按空洞处理，由式(2-3-27)计算，反之可按下式计算：

$$R = \frac{v_1 v_3 \sqrt{\Delta H K_i}}{2(v_1 - v_3)} \tag{2-3-28}$$

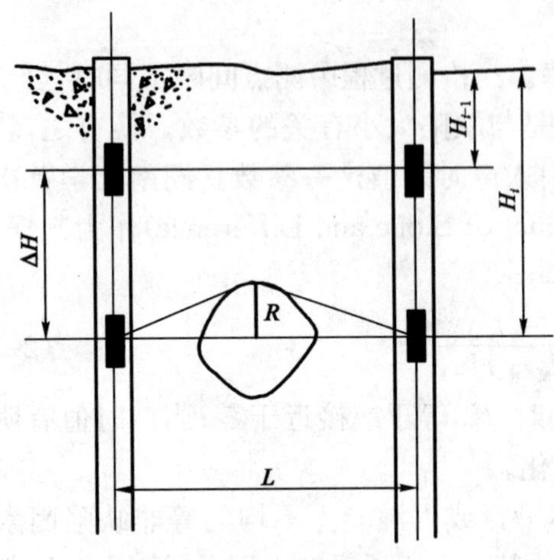

图 2-3-21　空洞示意

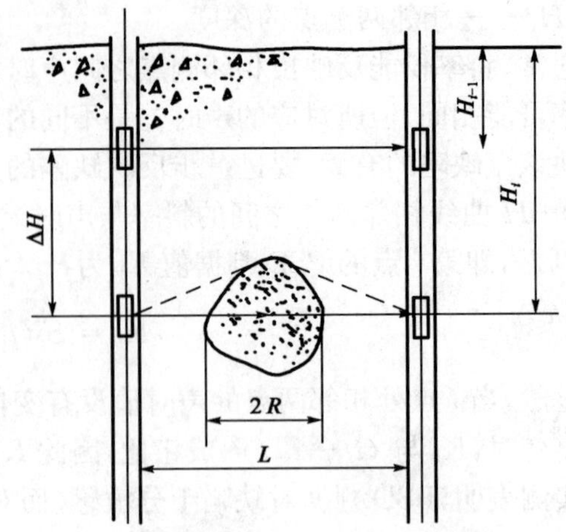

图 2-3-22　蜂窝或被泥砂等物填塞的孔洞

式中：v_3——孔洞中填塞物的声速。

根据试验，一般蜂窝状疏松区的声速约为密实混凝土声速的 80%～90%，若取 $v_3=0.85v_1$，则式(2-3-28)可写为：

$$R=2.833v_1\sqrt{\Delta HK_i} \tag{2-3-29}$$

通过上述临界判据值以及各种缺陷大小与判据值的关系式，用它们与各点的实测值所计算的判据值作比较，即可确定缺陷的位置、性质与大小。

必须指出，根据式(2-3-27)～式(2-3-29)，只在 K_i 值大于零，就能求得相应的孔洞半径，而实际上 t_{i-1} 与 t_i 的微小差异，即可使 $K_i>0$。但这些微小差异可能是非缺陷因素所引起，即使是缺陷引起，当缺陷很小时，桩内也是允许存在的。因此，实用上应规定一个判据的上限值。判据值在大于该上限值时，即应根据公式判别和计算缺陷的性质和大小；当判据值小于该上限时，则予以忽略。

实践证明，用以上判据判断缺陷的存在与否是可靠的。但由于式中 v_2、v_3 均为估计值或间接测量值，故计算的缺陷大小也是估算值，最终应采用各种细测的方法，例如声阴影重叠法予以准确测定。

(2)钻芯法

钻取桩身混凝土芯样进行状态和强度检验，是一种较可靠、直观的方法。状态检验指的是桩身是否有断桩、夹泥、混凝土密实以及沉渣厚度等。强度检验是切取混凝土芯样在压力机上进行抗压强度试验，看混凝土是否达到设计强度要求。

钻芯法是半破损检验法，用岩芯钻具从桩顶沿桩身直至桩尖下 1.5 倍桩径处钻孔，岩芯直径有 55mm、71mm、91mm 和 100mm 几种，钻头应是金刚石或符合《人造金刚石薄壁钻头》(ZB J43001—85)要求的钻头进行取样，同时应采用双套管结构。钻进过程，钻头和芯样筒在一定外加压力下同时旋转，使芯样周圈磨出一道沟槽，压力水进入芯管和钻头，通过循环水将岩屑带出孔外。

取出的芯样应在样品箱中沿深度编号摆好，岔口对上，以便检验。强度试样的试件宜采用锯切法，芯样必须有夹紧装置固定，用小型锯切机切割，没有夹紧装置，只用手扶芯样切割的则难于保证锯切质量。抗压试件端面平整度及垂直度要求很高，可用研磨或补平方法解决，芯样强度，应换算成相应于测试龄期的、边长为 150mm 立方体试块的抗压强度值。

芯样试件的混凝土强度换算值，应按下列公式计算：

$$f_{cu}^{c}=\alpha\frac{4F}{\pi D^2} \tag{2-3-30}$$

式中：f_{cu}^{c}——芯样试件混凝土强度换算值(MPa)；

F——芯样试件抗压试验测得的最大压力(N)；

D——芯样试件的平均直径(mm)；

α——不同高径比的芯样试件混凝土强度换算系数，按表 2-3-15 选用。

芯样试件混凝土强度换算系数　表 2-3-15

高径比(h/d)	1.0	1.1	1.2	1.3	1.4	1.5	1.6	1.7	1.8	1.9	2.0
系数 α	1.00	1.04	1.07	1.10	1.13	1.15	1.17	1.19	1.20	1.22	1.24

钻芯法在早期普遍使用，目前一般只用于大直径桩。该方法只对钻头通过部分的混凝土进行检验，在一根桩径为 0.8～1.0m 的桩上，一般钻 2～3 个孔，桩径大于 1m 的钻 4 个孔。

钻芯法要求有较高的技术水平和良好钻具才能保证检测质量。取样率要求达 95%以上，同时要掌握好钻孔的垂直度，一旦钻孔偏斜，容易钻到桩周土层。

钻芯法存在价格较高、速度慢等缺点，一般每小时可钻进 0.5～1.0m。

第三节　基桩承载力检测

一、静压试验

1. 加载设备

一般采用油压千斤顶加载，试验前应对千斤顶进行标定。千斤顶的反力装置可根据现场条件选用下列形式之一。

(1)锚桩承载梁反力装置

锚桩承载梁反力装置能提供的反力，应不小于预估最大荷载的 1.3～1.5 倍。

锚桩一般采用 4 根，如入土较浅或土质较松散时可增加至 6 根。锚桩与试桩的中心间距：当试桩直径(或边长)小于或等于 800mm 时，可为试桩直径(或边长)的 5 倍；当试桩直径大于 800mm，上述距离不得小于 4m。

(2)压重平台反力装置

利用平台上压重作为对桩静压试验的反力装置，压重不得小于预估最大试验荷载的 1.2 倍，压重应在试验开始前一次加上。

试桩中心至承压重平台支承边缘的距离与上述试桩中心至锚桩中心距离相同。

(3)锚桩压重联合反力装置

当试桩最大加载量超过锚桩的抗拔能力时，可在承载梁上放置或悬挂一重物，由锚桩和重物共同承受千斤顶的力。

2. 位移测量装置

测量仪表必须精确，一般使用 1/20mm 光学仪器或力学仪表，如水平仪、挠度仪、偏移计等。支承仪表的基准架应有足够的刚度和稳定性。基准梁的一端在其支承上可以自由移动，不受温度影响引起上拱或下挠。基准桩应埋入地基表面以下一定深度，不受气候条件等影响。基准桩中心与试桩、锚桩中心(或压重平台支承边缘)之间的距离宜符合表 2-3-16 的规定。

基准桩中心至试桩、锚桩中心(或压重平台支承边)的距离　表 2-3-16

反 力 系 统	基准桩与试桩	基准桩与锚桩(或压重平台支承边)
锚桩承载梁反力装置	≥4d	≥4d
压重平台反力装置	≥2m	≥2m

注：表中为试桩的直径或边长 d≤800mm 的情况，若试桩直径 d>800mm 时，基准桩中心至试桩中心(或压重平台支承边)的距离不宜小于 4m。

3. 加载方法

(1)加载重心应与试桩轴线相一致。加载时应分级进行，使荷载传递均匀，无冲击。加载过程中，不使荷载超过每级的规定值。

(2)加载分级：每级加载量为预估最大荷载的1/10～1/15。当桩的下端埋入巨粒土、粗粒土以及坚硬的黏质土中时，第一级可按2倍的分级荷载加载。

(3)预估最大荷载：对施工检验性试验，一般可采用设计荷载的2倍。

4.沉降观测

(1)下沉未达到稳定不得进行下一级加载。

(2)每级加载的观测时间规定为：每级加载完毕后，每隔15min观测一次；累计1h后，每隔30min观测一次。

5.稳定标准

每级加载下沉量，在下列时间内如不大于0.1mm时即可认为稳定。

(1)桩端下为巨粒土、砂类土、坚硬黏质土，最后30min。

(2)桩端下为半坚硬的细粒土，最后1h。

6.加载终止及极限荷载取值

(1)总位移量大于或等于40mm，本级荷载的下沉量大于或等于前一级荷载的下沉量的5倍时，加载即可终止。取此终止时荷载小一级的荷载为极限荷载。

(2)总位移量大于或等于40mm，本级荷载加上后24h未达稳定，加载即可终止。取此终止时荷载小一级的荷载为极限荷载。

(3)巨粒土、密实砂类土以及坚硬的黏质土中，总下沉量小于40mm，但荷载已大于或等于设计荷载乘以设计规定的安全系数，加载即可终止。取此时的荷载为极限荷载。

(4)施工过程中的检验性试验，一般加载应继续到桩的2倍的设计荷载为止。如果桩的总沉降量不超过40mm，及最后一级加载引起的沉降不超过前一级加载引起的沉降5倍，则该桩可以予以检验。

(5)极限荷载的确定有时比较困难，应绘制荷载—沉降曲线(P—s曲线)、沉降—时间曲线(s—t曲线)确定，必要时还应绘制s—$\lg t$曲线、s—$\lg P$曲线(单对数法)、s—$[1-P/P_{\max}]$曲线(百分率法)等综合比较，确定比较合理的极限荷载取值。

7.桩的卸载及回弹量观测

(1)卸载应分级进行，每级卸载量为两个加载级的荷载值，每级荷载卸载后，应观测桩顶的回弹量，观测办法与沉降相同。直到回弹稳定后，再卸下一级荷载。回弹稳定标准与下沉稳定标准相同。

(2)卸载到零后，至少在2h内每30min观测一次，如果桩尖下为砂类土，则开始30min内，每15min观测一次；如果桩尖下为黏质土，每一小时内，每15min观测一次。

8.试验记录

所有试验数据应按表2-3-17及时填写记录，绘制静压试验曲线，如图2-3-23所示，并编写试验报告。

静压试验记录表　　表2-3-17

______线______桥______号试桩　　地质情况______

沉桩方法及设备型号______　　桩的类型、截面尺寸及长度______

桩的入土深度______(m)　　设计荷载______(kN)　最终贯入度______(mm/击)

加载方法______　　加载顺序______

荷载编号	起止时间			间歇时间(min)	每级荷载(kN)	各表读数(mm)		平均读数(mm)	位移(mm)			气温(℃)	备注
	日	时	分			1号	2号		下沉	上拔	水平		

其他记录：

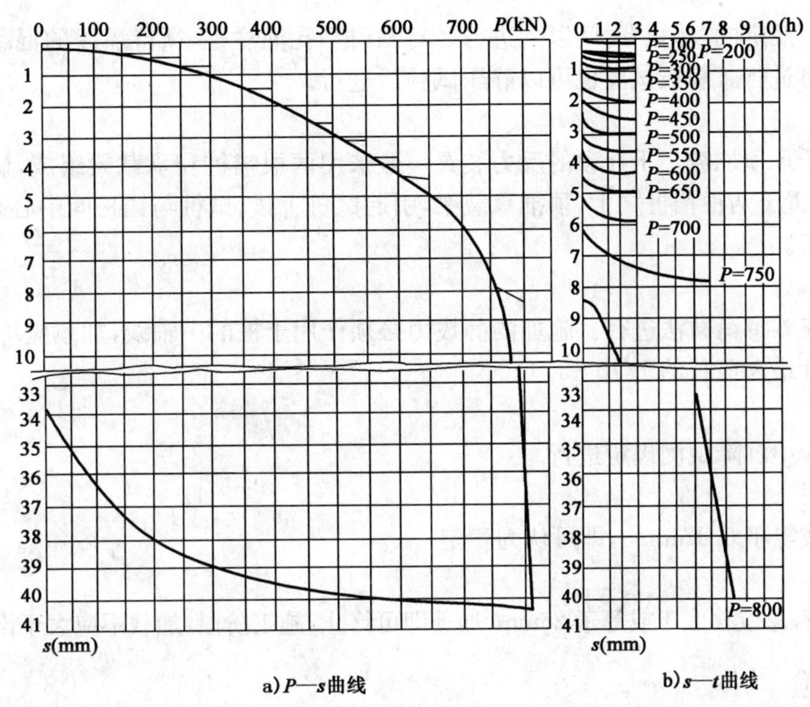

图 2-3-23　静压试验曲线

9. 桩侧摩阻力及桩端承载力测试

桩侧摩阻力及桩端承载力测试是基桩承载力试验的重要内容，其测试方法有静力测试方法和高应变测试方法，高应变测试方法将在后面的高应变测试技术中叙述，这里仅介绍静力测试的基本方法。

(1)测试原理

测试桩侧摩阻力和桩端承载力的原理，是通过测试桩身的分段轴力和桩底的压应力来推算而得。桩身相邻测试断面的轴力差即为本段的摩阻力。桩底的压应力乘以桩底面面积即为桩端承载力。

(2)测试元件

测试桩身轴力的元件，通常为应变式钢筋计、钢弦式钢筋计、差动式应变计及滑动测微计等，其测值均为测点处的应变，通过弹模换算得应力。桩端承载力测试元件通常为压力盒。

(3)侧摩阻力及端承力测试

①测试断面及测点布置

通常在土层变化处应设置测试断面，当同一土层厚度较大时，应在同一土层内增设测试断面。每一测试断面布设 4 个测点，测点布置在钢筋笼的主筋上，4 个测点位于通过桩中心的两条垂直线上。

②桩身外形图的确定

测试元件测得的是测点处的应变，通过实测弹模求得应力。而桩身测点处断面的轴力则需要通过该断面的面积乘以应力而得到，因此必须确定每一测试断面的横截面积，这就要求在桩成孔后灌注混凝土的过程中，随时测量灌注混凝土面的高程和记录相应的灌注量，进而推求桩身的分段外形图。

③侧摩阻力及端承力的确定

每一断面的轴力确定后，即可通过相邻两断面的轴力差求得该段的侧摩阻力，端承力可通过桩端应力与桩端截面积求得。

二、静拔试验

1. 试验目的

在个别桩基中设计承受拉力时，用以确定单桩抗拔容许承载力。

2.试验时间

一般可按复打规定的“休止”时间以后进行。对钻(挖)孔灌注桩，须待灌注的混凝土强度达到设计要求的强度后才可进行。静拔试验也可以静压试验后进行。

3.加载装置

可采用油压千斤顶加载。千斤顶的反力装置一般采用两根锚桩和承载梁组成，试桩和承载梁用拉杆连接，将千斤顶置于两根锚桩之上，顶推承载梁，引起试桩上拔，试桩与锚桩间中心距离可按静压试验中的有关规定确定。

4.加载方法

一般采用慢速维持荷载法进行。施加的静拔力必须作用于桩的中轴线，加载应均匀、无冲击。每级加载量不大于预计最大荷载的1/10～1/15。

5.位移观测

可按静压试验中沉降观测规定进行。

6.稳定标准

位移量小于或等于0.1mm/h，即可认为稳定。

7.加载终止

勘测设计阶段，总位移大于或等于25mm，加载即可终止，施工阶段，加载不应大于设计容许抗拔荷载。

三、静推试验

1.试验目的及试验方法

试验目的主要是确定桩的水平承载力、桩侧地基土水平抗力系数的比例系数。试验方法：对于承受反复水平荷载的基桩，采用多循环加卸载方法；对于承受长期水平荷载的基桩，采用单循环加载方法。

2.加载装置

(1)一般采用两根单桩通过千斤顶相互顶推加载；或在两根锚桩间平放一根横梁，用千斤顶向试桩加载；有条件时可利用墩台或专设反力座以千斤顶向试桩加载，在千斤顶与试桩接触处宜安设一球形铰座，保证千斤顶作用能水平通过桩身轴线。

(2)加载反力结构的承载能力应为预估最大试验荷载的1.3～1.5倍，其作用方向的刚度不应小于试桩。反力结构与试桩之间净距按设计要求确定。

(3)固定百分表的基准桩宜设在桩侧面靠位移的反方向。与试桩净距不小于试桩直径的1倍。

3.多循环加卸载试验法

(1)加载分级：可按预计最大试验荷载的1/10～1/15，一般可采用5～10kN，过软的土可采用2kN级差。

(2)加载程序与位移观测：各级荷载施加后，恒载4min测读水平位移，然后卸载至零。2min后测读残余水平位移，至此完成一个加载循环，如此循环5次，便完成一级荷载的试验观测。加载时间应尽量缩短，测量位移间隔时间应严格准确，试验不得中途停歇。

(3)加载终止条件，当遇有下列情况之一时即可终止加载：

①桩顶水平位移超过20～30mm(软土取40mm)；

②桩身已经断裂；

③桩侧地表明显裂纹或隆起。

(4)资料整理

由试验记录绘制水平荷载—时间—桩顶位移关系曲线($H—t—x$曲线)(见图2-3-24)和水平荷载—位移梯度关系曲线($H—\Delta x/\Delta H$曲线)(见图2-3-25)。

当桩身具有应力量测资料时，尚应绘制应力沿桩身分布和水平力—最大弯矩截面钢筋应力关系曲线($H—\sigma_g$曲线)，见图2-3-26。

(5)临界荷载(H_{cr})、极限荷载(H_u)及水平抗推容许承载力

①临界荷载 H_{cr}:相当于桩身开裂,受拉混凝土不参加工作时桩顶水平力,其数值可按下列方法综合确定:

a. 取 $H—t—x$ 曲线出现突变点的前一级荷载;

b. 取 $H—\Delta x/\Delta H$ 曲线的第一直线段的终点所对应的荷载;

c. 取 $H—\sigma_g$ 曲线第一突变点对应的荷载。

②极限荷载 H_u:其数值可按下列方法综合确定:

a. 取 $H—t—x$ 曲线明显陡降的前一级荷载;

b. 取 $H—t—x$ 曲线各级荷载下水平位移包络线向下凹曲的前一级荷载;

c. 取 $H—\Delta x/\Delta H$ 曲线第二直线终点的对应的荷载;

d. 桩身断裂或钢筋应力达到流限的前一级荷载。

③水平抗推容许荷载:为水平极限荷载除以设计规定的安全系数。

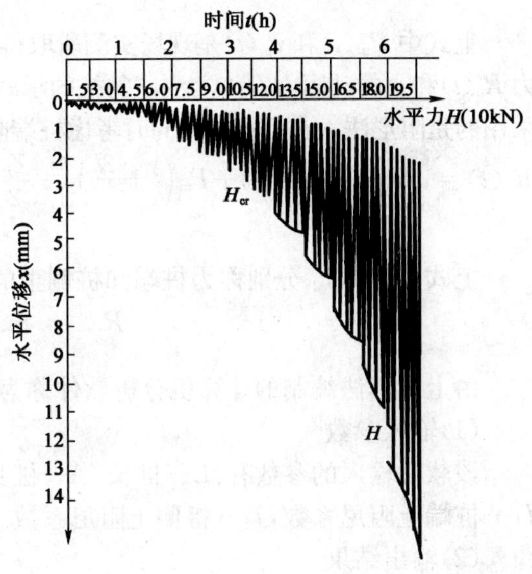

图 2-3-24　$H—t—x$ 曲线

4. 单循环加载试验法

(1)加载分级与多循环加卸载试验方法相同。

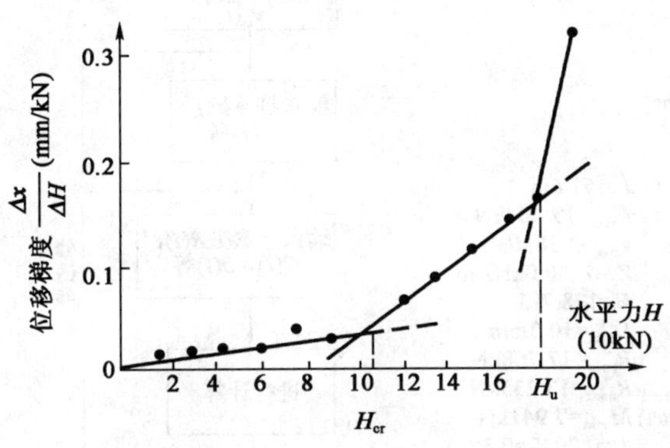

图 2-3-25　$H—\Delta x/\Delta H$ 曲线

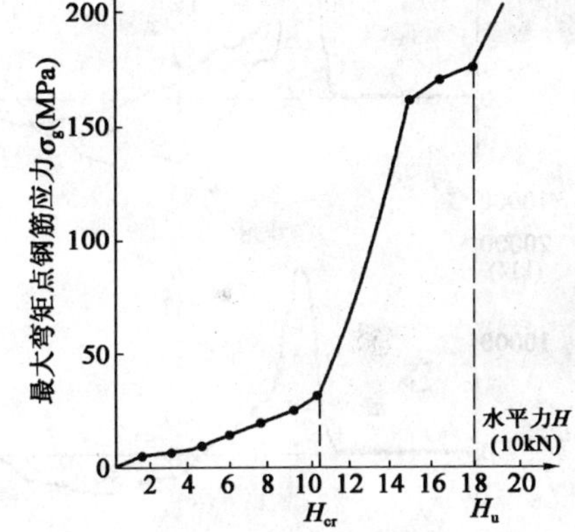

图 2-3-26　$H—\sigma_g$ 曲线

(2)加载后测读位移量与静压试验测读的方法相同。

(3)静推稳定标准:如位移量小于或等于 0.05mm/h,可认为稳定。

(4)终止加载条件:勘测设计阶段的试验,水平力作用点处位移量大于或等于 50mm,加载即可终止;施工检验性试验,加载不应超过设计的容许荷载。

5. 试验记录

所有试验观测数据应填写记录,并绘制如图 2-3-23 所示曲线图。将水平位移量改为横坐标,荷载改为纵坐标。

四、基桩承载力的高应变测试技术

1. Case 法

利用应力波在桩内以 $2L/C$ 为周期反复传播和叠加的性质,可以推导出一次锤击时沿桩身各处所受土阻力的总和为:

$$R_T(t)=\frac{1}{2}\left[P_m(t)+P_m\left(t+\frac{2l}{c}\right)\right]+\frac{Z_P}{2}\left[v_m(t)-v_m\left(t+\frac{2l}{c}\right)\right] \tag{2-3-31}$$

上式中 $P_m(t)$和 $v_m(t)$是现场实测所取得的一条力波曲线和一条速度波曲线。$R_T(t)$包含了土的静阻力 $R_s(t)$和土的动阻力 $R_d(t)$，测试的桩的承载力是土的静阻力 $R_s(t)$。确定 $R_s(t)$有延时法和阻尼法，一般采用的是阻尼法。在计算时间同时考虑桩端阻尼力和桩侧阻尼力的影响，具体计算公式如下：

$$R_s(t)=\max_{0\leqslant t\leqslant\frac{2L}{c}}\left\{\frac{1}{2}\left[P_m(t)+P_m\left(t+\frac{2l}{c}\right)\right]+\frac{Z_P}{2}\left[v_m(t)-v_m\left(t+\frac{2l}{c}\right)\right]-J_1\cdot[2P_m(t)-R_T(t)]\right\}-J_2\cdot R_{ski}/2 \tag{2-3-32}$$

上式中，J_1，J_2 分别称为桩端和桩侧土的凯斯阻尼系数。R_{ski}为桩侧摩阻力最大值，算法为：

$$R_{ski}=\max_{0\leqslant t\leqslant\frac{2L}{c}}[P_m(t)-Z_p\cdot v_m(t)] \tag{2-3-33}$$

由上式算法编制的计算机分析软件称为 Case 法分析软件，其具体操作程序如下：

(1)输入参数

该软件输入的参数有：L—桩长，A—桩身截面积，E—桩身混凝土弹性模量，ρ—桩身混凝土密度，J_1—桩端土阻尼系数，J_2—桩侧土阻尼系数。

(2)输出结果

参数输入后，程序自动运行，输出分析结果见图 2-3-27，图中：

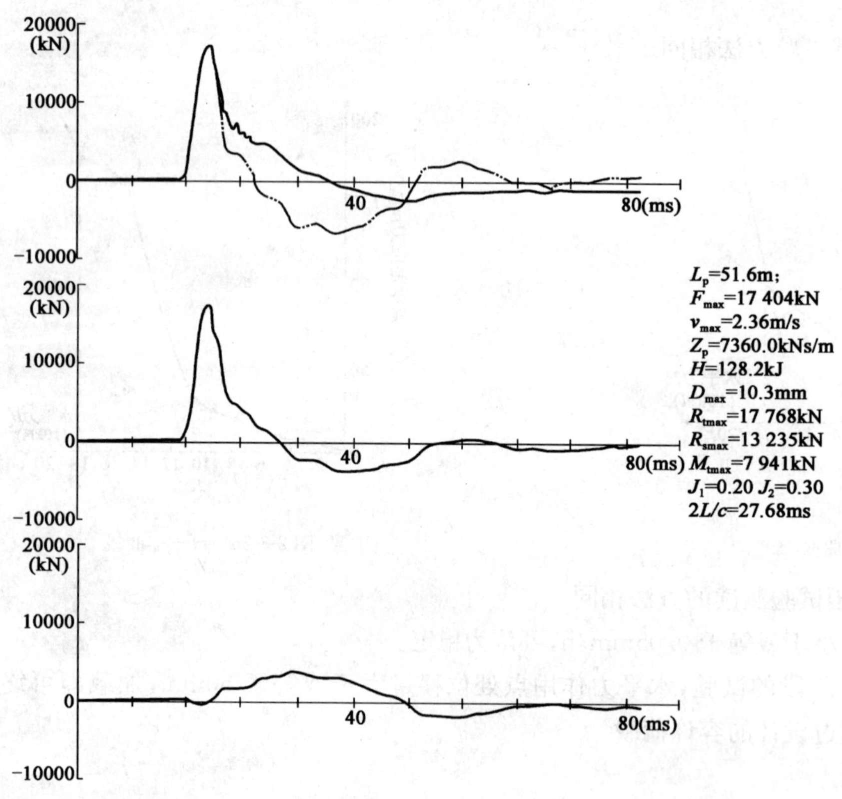

图 2-3-27　Case 法分析结果

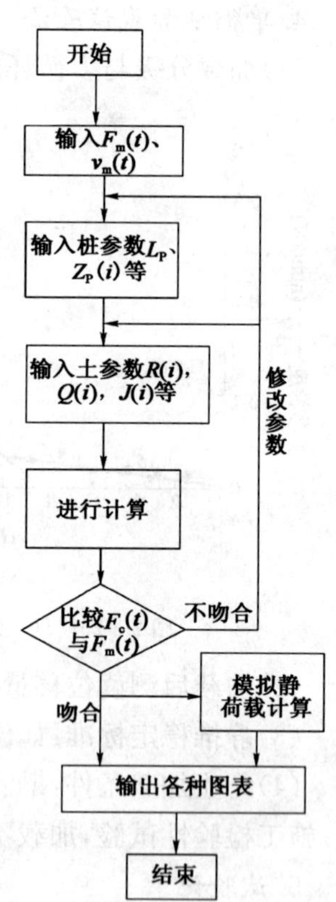

图 2-3-28　波形拟合法运算框图

L_p——桩长(m)；

F_{max}——锤击力最大值(kN)；

v_{max}——速度最大值(m/s)；

Z_p——桩身声阻抗(为传感器安装截面处)(kN · s/m)；

D_{max}——位移最大值(mm)；

R_{tmax}——总阻力(kN)；

R_{smax}——静阻力(kN)；

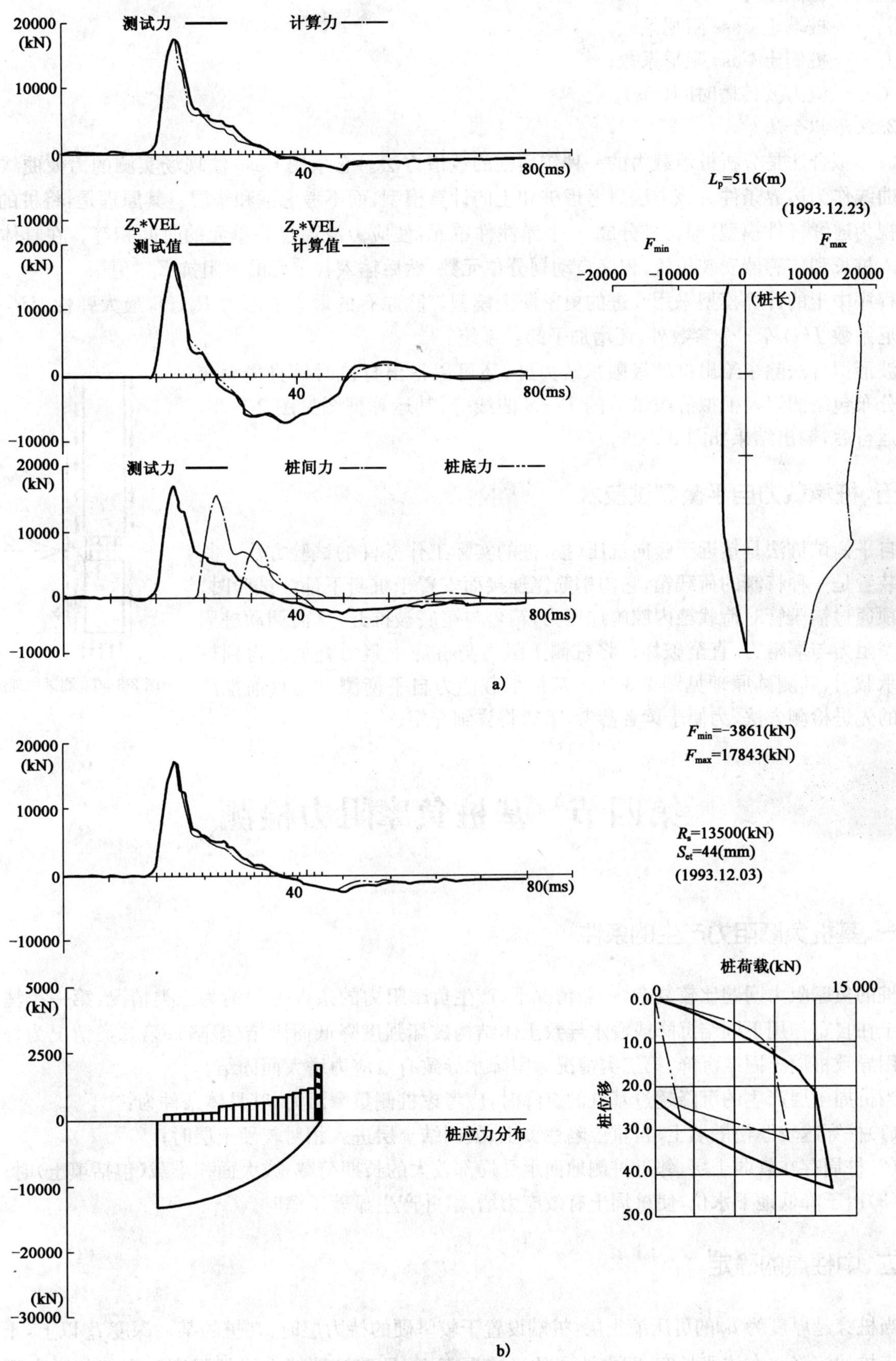

图 2-3-29　波形拟合法分析结果

M_{tmax}——桩侧阻力(kN)；

J_1——桩端土 Case 阻尼系数；

J_2——桩侧土 Case 阻尼系数；

$2L/C$——应力波传播时间(ms)。

2. 波形拟合法

波形拟合法是分析桩承载力的一种较精密的数值方法。它采用 Case 法现场实测的力波曲线和速度波曲线作为边界条件。该方法只考虑桩和土的计算模型，而不考虑锤和垫层。其原理是：将桩的计算模型视为连续杆件模型，即将桩分成 N 个弹性件单元，使应力波通过各单元的时间相等。在具体计算中输入桩长和传感器安装位置，程序自动划分单元数，然后输入各单元的声阻抗 $Z_{p(i)}$ 值。

程序中土的计算模型采用改进的史密斯土模型。除原有的最大静阻力 $R_s(i)$，最大弹性变形 $Q(i)$ 和阻尼系数 $J(i)$ 等 3 个参数外，还增加了卸载系统。

波形拟合法除了给出桩的极限承载力外，还可以得出打桩时桩身最大应力的分布包络图以及模拟静载试验的 $P—S$ 曲线等，其运算框图见图 2-3-28，程序运行后，输出结果如图 2-3-29。

五、桩承载力自平衡测试技术

自平衡试桩法是接近于竖向抗压(拔)桩的实际工作条件的试验方法。其主要装置是一种特制的荷载箱，它与钢筋笼连接而安置于桩身下部。试验时，以桩顶通过输压管对荷载箱内腔施加压力，箱盖与箱底被推开，从而调动桩周土的摩阻力与端阻力，直至破坏。将桩侧土阻力与桩底土阻力叠加而得到桩抗压承载力，其测试原理见图 2-3-30。基桩承载能力自平衡测试是目前推广应用的先进检测方法，为便于读者参考，下章将详细介绍。

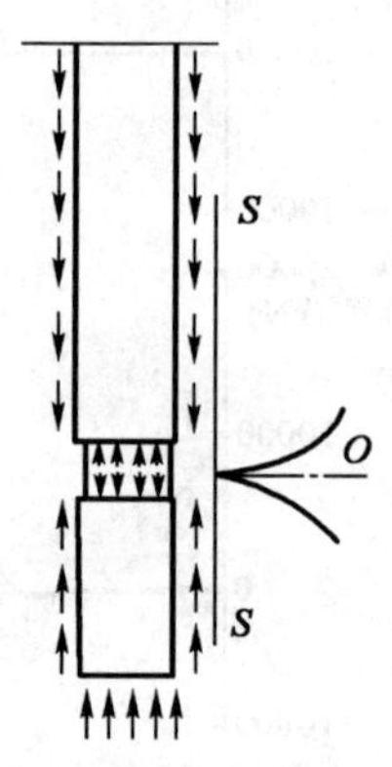

图 2-3-30　测试原理图

第四节　基桩负摩阻力检测

一、基桩负摩阻力产生的条件

桩的负摩阻力问题比较复杂，一般情况下，产生负摩阻力的条件可归纳为三类情况：第一类情况为桩周土在自重作用下固结沉降或浸水导致土体结构破坏强度降低而固结(湿陷)；第二类情况为外界荷载作用导致桩周土固结沉降；第三类情况为因降水导致有效应力增大而固结。

当桩周土层产生的沉降超过基桩的沉降时，应考虑桩侧负摩阻力，其具体条件为：

(1)桩穿越较厚松散填土、自重湿陷性黄土、欠固结土层进入相对较硬土层时；

(2)桩周存在软弱土层，邻近桩侧地面承受局部较大的长期荷载，或大面积堆载(包括填土)时；

(3)由于降低地下水位，使桩周土有效应力增大，并产生显著压缩时。

二、中性点的确定

当桩穿越厚度为 l_0 的可压缩土层，桩端设置于较坚硬的持力层时，在桩的某一深度 l_n 以上，土的沉降大于桩的沉降。在该段长度，即中性点的稳定深度 l_n，是随桩端持力层的强度和刚度的增大而增加的，其深度比 l_n/l_0 经验值见表 2-3-18。

中性点深度 l_n　　表 2-3-18

持力层性质	黏性土、粉土	中密以上砂	砾石、卵石	基　岩
中性点深度比(l_n/l_0)	0.5～0.6	0.7～0.8	0.9	1

三、负摩阻力检测

1. 测试方法

产生负摩阻力的桩的一个重要性质就是中性点的存在，在中性点以上的桩身产生负摩阻力，中性点以下的桩身产生正摩阻力。在中性点处，土层沉降与桩沉降相等，且桩身轴向力最大。因此，求中性点的位置有两种方法：其一是找出土层沉降与桩沉降相等的点；其二是在桩长方向求得轴向力最大的点，据此可得出负摩阻力大小及其发生、发展规律。一般现场测试采用第二种方法。

为求出桩身轴向力最大的点，必须沿桩身设置若干个测试断面，在每个测试断面布设 2～4 个应力(应变)测点，以测出桩身轴向力沿桩身的变化规律，据此确定桩身轴向力最大的点，并计算桩的负摩阻力大小。

2. 测试元件

由于摩阻力测试的时间较长，一般为 1 年左右，故要求测试元件的长期稳定性好。通常采用的测试元件有差动式应变计、钢弦式应变计及滑动式测微计。

差动式应变计和钢弦式应变计属常规测试元件，这里不作介绍。滑动式测微计可连续测试一条测线上的应变分布，仪器主体为一标长 1m、两端带有球状测点的位移传感器，内装一个线性电感位移计和一个热电偶温度计(温度计用来区分被测介质因温度变化而产生的应变量值)。通过屏蔽电缆连接到数字读数仪，分别测读位移数据及测段温度，并可连接打印机和计算机进行数据记录和处理。测试前在试桩内预先埋入 2 根测线管，如图 2-3-31 所示，测线上每隔 1m 安装一个环形标，其间用硬塑料管连接，滑动式测微计的测头可依次测量两个环形标之间的相对位移。环形标做成锤状，测头为球面，保证球心定位准确度达±0.001mm。环形标和测头接触面只取球面和锤面一部分。因此，只要旋转 45°就可使测头从测量状态变为滑行状态，根据测得的应变量(相对位移)和桩身弹性模量(另由声波仪实测求得)即可算出桩身应力，从而根据桩截面面积得到桩身所受内力。

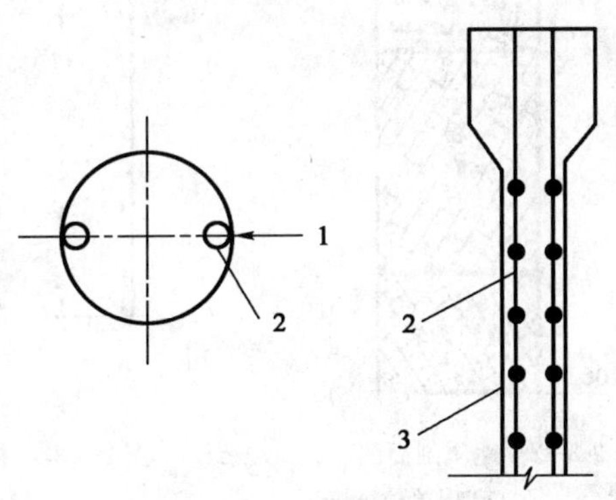

图 2-3-31　测线布置示意

1-水平力；2-HPVC 套管；3-测环

第五节　基桩承载力检测实例

一、静压试验实例

1. 试桩资料

(1)地质资料。除地表一层很薄的粉砂浆，以下可分为 4 层：第一层为卵石土，12m 厚，承载力较高；第二层为软质黏土层，质软，承载力低，约 4.2m 厚；第三层为粉砂岩，质硬，胶结程度较好，5.3m 厚；第四层为疏松砂岩，泥质胶结，胶结差，试桩进入该层 2.7m 左右。地质剖面图见图 2-3-32。

(2)试桩参数。试桩直径为 ϕ1m，入土深度 25m。为消除冲刷线以上覆盖层桩侧摩阻力的影响。施工时先钻 ϕ1.5m 孔对冲刷线，而后换钻头继续向下钻 ϕ1m 的孔，灌注混凝土前，在 ϕ1.5m 孔内下一

ϕ1.3m钢套管。整个试桩为变截面，且有 10m 多在泥浆中，见图 2-3-33。为将试桩压至破坏，以获得桩侧极限摩阻力，将试桩桩底进行了脱空，即在灌注混凝土前向孔底回填 0.5m 厚的砂，另在钢筋笼下端焊一层钢板，除在钢板周围设胶支起密封作用外，另设 3 根钢管通至桩顶，以在成桩后用高压水将钢板下的砂冲出。其构造示意图见图 2-3-34。

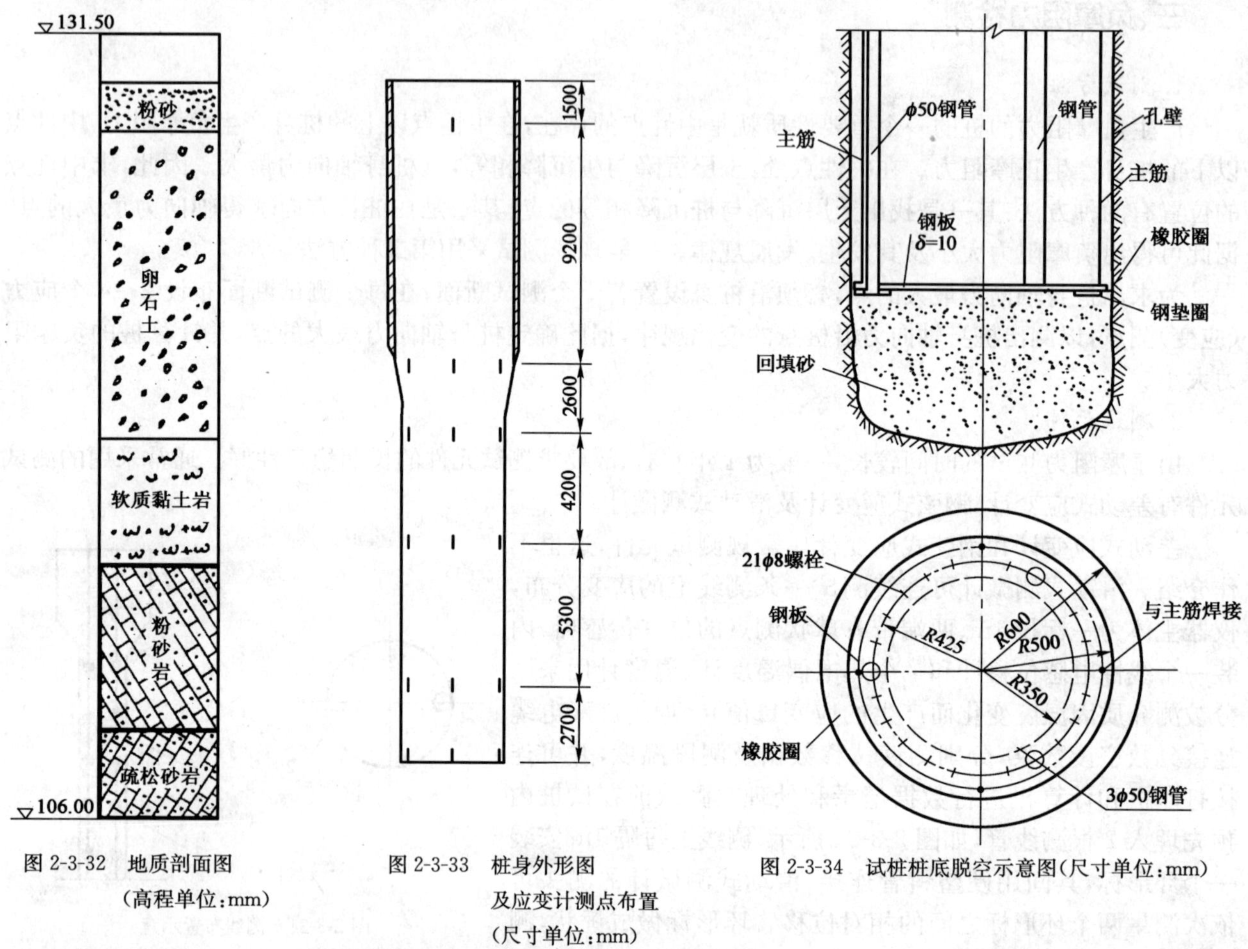

图 2-3-32 地质剖面图（高程单位：mm）

图 2-3-33 桩身外形图及应变计测点布置（尺寸单位：mm）

图 2-3-34 试桩桩底脱空示意图（尺寸单位：mm）

试桩混凝土为 C40，为实测各土层对桩侧摩阻力，根据地质构造沿桩身不同高度设 6 个观测断面，每一断面均设 4 个测点，对称埋进应变计 4 个，断面布置见图 2-3-33。

2. 加载及观测

试验以锚柱及加载架作为反力系统，用千斤顶进行加载，加载架由 2 片主梁、4 片边梁、4 个端梁、4 个锚筒及拉板等组成，最大加载能力为 20000kN，加载示意图见图 2-3-35。千斤顶共用 4 台，均为 5000kN，用电动油泵并联在一起，以油压表控制加载量。

试验采用单循环加载。荷载分级原则上每 1000kN 为一级，接近极限荷载时，荷载等级变小。

柱顶沉降用 4 块百分表测读，固定百分表的表座安装于基准梁上，基准梁采用 2 根长 12m[30 槽钢，两端支承在钢桩上，其中一端设滚动支座以在温度变化时便于伸缩。

每级加载，在第一小时内每 15min 观测一次，第二小时每半小时一次，以后每半小时观测一次，直到稳定，再加下一级荷载，稳定标准为每半小时沉降量小于 0.1mm。每级加载前和稳定后均测试桩身应变。

卸载一次为两级加载量，同时观测回弹及桩身应变。

3. 试验结果及分析

试桩的荷载（P）与沉降（S）观测数据及 P—S 曲线见图 2-3-36，S—lg$t$ 曲线见图 2-3-37。试桩加载于 11500kN 时，沉降量已大于 40mm，且下沉经一昼夜仍不休止，故确定其破坏荷载为 11500kN，极限荷载为 10500kN。

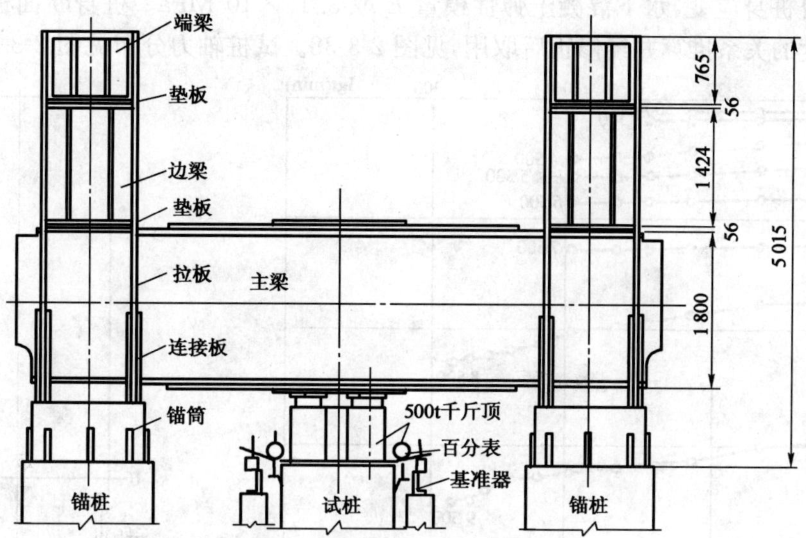

图 2-3-35 加载示意图(尺寸单位:mm)

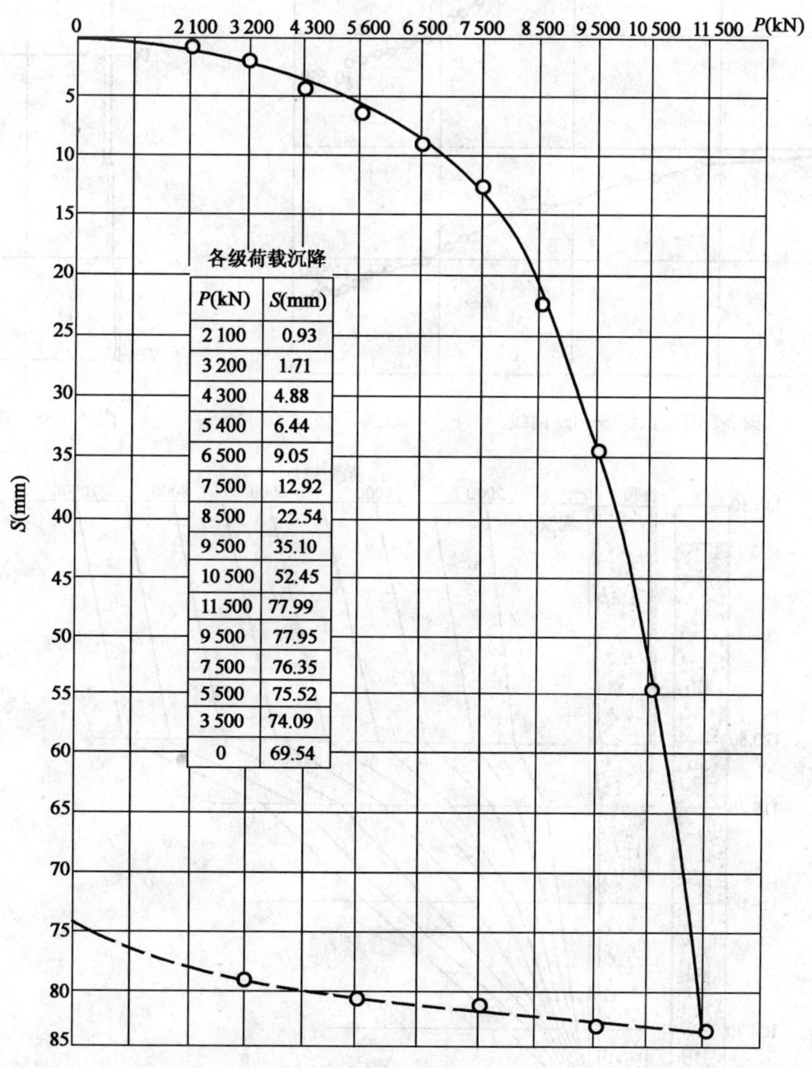

各级荷载沉降

P(kN)	S(mm)
2 100	0.93
3 200	1.71
4 300	4.88
5 400	6.44
6 500	9.05
7 500	12.92
8 500	22.54
9 500	35.10
10 500	52.45
11 500	77.99
9 500	77.95
7 500	76.35
5 500	75.52
3 500	74.09
0	69.54

图 2-3-36 试桩 $P—S$ 曲线

由应变计测得桩身应变，水下混凝土弹性模量 E 取 3.15×10^{4}MPa。桩身断面根据混凝土灌注量和混凝土上升高度的关系推算并经修正后取用，见图 2-3-38。试桩轴力分布见图 2-3-39。

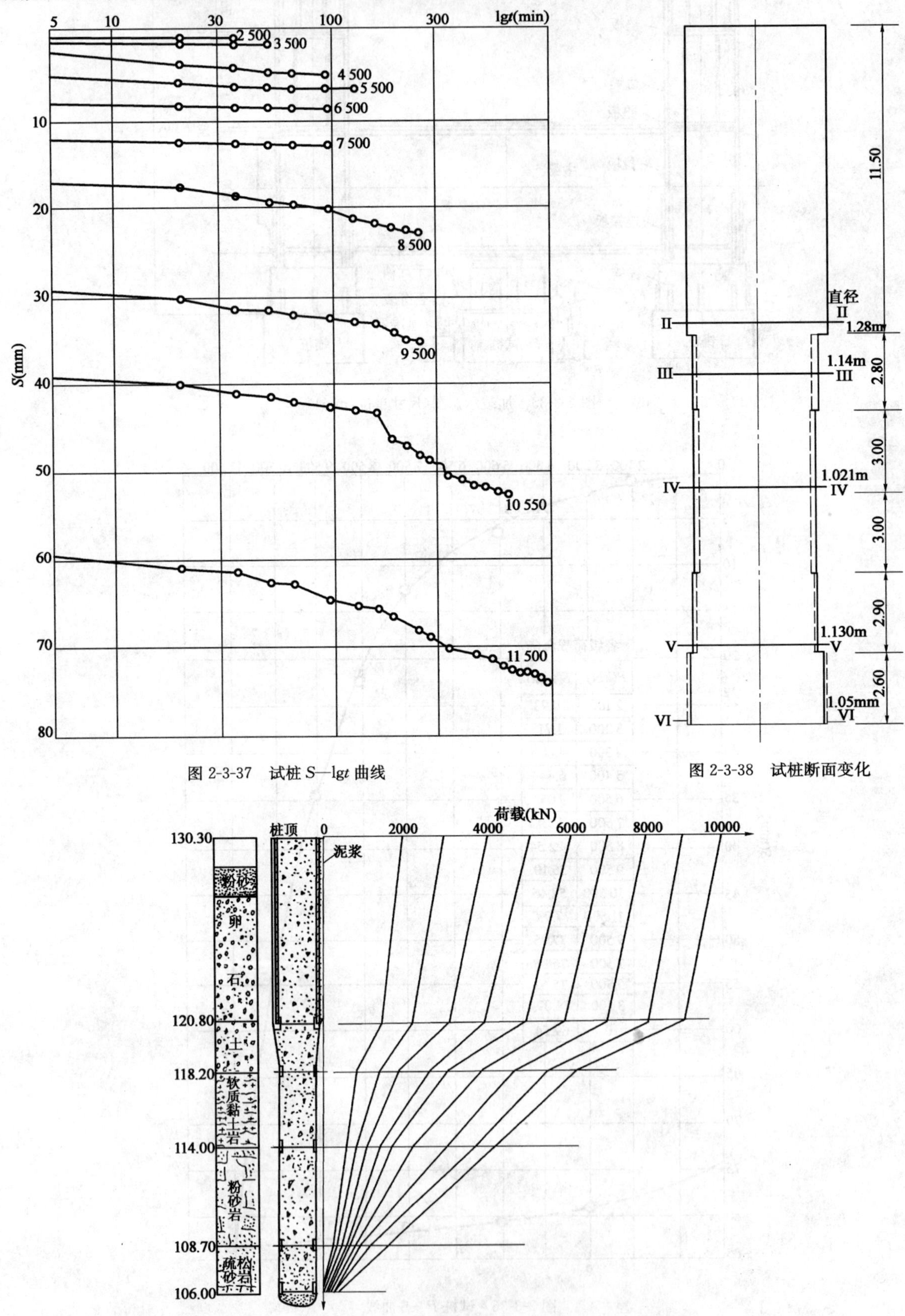

图 2-3-37　试桩 S—lg$t$ 曲线

图 2-3-38　试桩断面变化

图 2-3-39　试桩轴力图(高程单位：m)

二、静推试验实例

1. 加载及观测

试验以桩侧土墙作为反力支撑，以一台 500kN 手摇液压千斤顶作加载系统，加载示意图见图2-3-40。

加载采用单循环法分级加载，共分 9 级，最大加载量 210kN。每级加载量由 300kN 级传感器控制，传感器预先进行过标定。

为观测桩顶水平位移和转角，在试桩地面上部设置上、下 2 个观测断面，每断面对称设置 2 个百分表，上、下两断面相距 500mm。

每级荷载施加后，立即观测，稳定标准为 1h 内水平位移不大于 0.05mm。

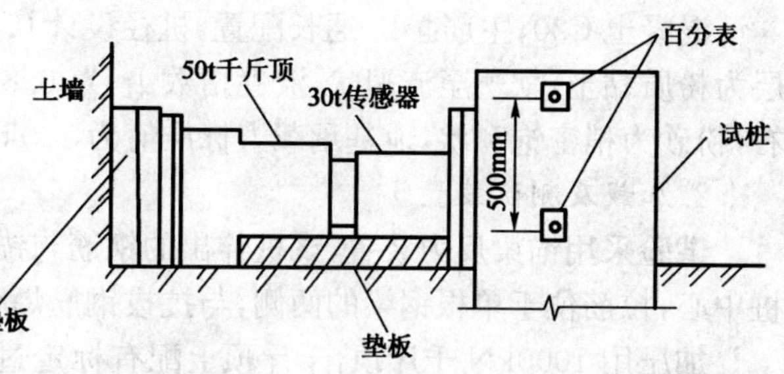

图 2-3-40　水平加载示意图

2. 试验结果

试桩荷载(H_0)与水平位移(X_0)的观测数据及H_0—X_0曲线见表 2-3-19 和图 2-3-41。S_1 为下表所测水平位移，S_2 为上表所测水平位移。每相邻荷载及差值 ΔH_0 与相应的水平位移差值 ΔX_0 之比值同荷载 H_0 的关系见图 2-3-42，每级荷载作用下地基比例系数见表 2-3-20。

试桩荷载与水平位移观测数据　　表 2-3-19

P(kN)	60	90	120	150	180	210	150	90	0
S_1(mm)下表	2.44	3.82	5.62	8.05	11.95	17.44	15.43	11.22	2.96
S_2(mm)上表	3.11	4.88	7.09	9.96	14.24	20.17	17.36	12.37	3.12
转角	0.134	0.212	0.293	0.381	0.458	0.546	0.386	0.23	0.031

每级荷载作用下地基比例系数 m 及 $\Delta H_0/\Delta X_0$　　表 2-3-20

P(kN)	60	90	120	150	180	210
$M(10^3 kg/m^4)$	5734	5303	4453	3519	2432	1659
$\Delta H_0/\Delta X_0$(kN/mm)	24.39	21.74	16.67	12.35	7.69	5.46

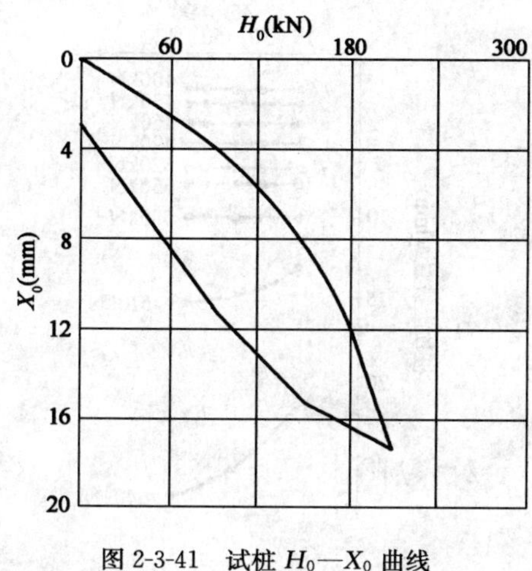

图 2-3-41　试桩 H_0—X_0 曲线

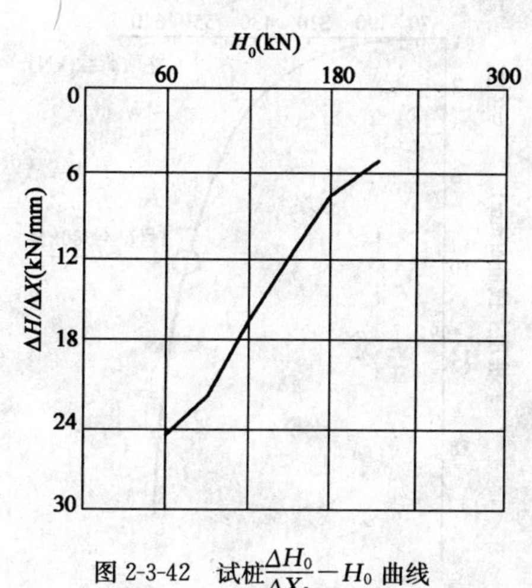

图 2-3-42　试桩$\dfrac{\Delta H_0}{\Delta X_0}-H_0$ 曲线

从 $H_0—X_0$ 曲线上看：试桩荷载加至 210kN 时，曲线未出现明显的拐点，即未出现破坏迹象。从 $\Delta H_0/\Delta X_0$ 曲线上看，亦未出现明显的转折点，故确定试桩加至 210kN 时未破坏。

三、静拔试验实例

1. 试桩资料

混凝土 C20，主筋ф 18 通长配置，桩径设计 0.6m，实际桩径 0.61m，桩长 11m，实际 11.1m，桩身土层为粉质黏土，软塑至流塑状，液性指数 I_L 为 0.86，地基承载力标准值为 100kPa，桩端进入粉砂 1m 左右，粉砂为稍密饱和状，地基承载力标准值为 120kPa。

2. 加载及测试装置

试验采用锚梁反力装置，试桩伸出的钢筋与锚梁相连并焊接牢固。千斤顶平放于钢梁上，并对准试桩中心，拉筋位于单根钢梁的两侧，与抗拔钢筋焊牢。

加压用 1000kN 千斤顶，千斤顶上配有标定过的油压表并测读加压值。桩顶附近设置两个 30mm 量程百分表以测读桩顶上拔量，精度为 0.01mm。

3. 试验方法

试验采用慢速荷载维持法，按《建筑地基基础设计规范》(GB 50007—2002)进行。

4. 试验结果及分析

试桩加载至 640kN，相对上拔量为 26.44mm，停止加荷。试验结果见表 2-3-21。试桩荷载(U)—桩顶上拔量(Δ)关系曲线见图 2-3-43。Δ—lg$t$ 曲线见图 2-3-44。综合分析试桩的极限承载力为 580kN。

试桩荷载—上拔量汇总表　　表 2-3-21

荷载(kN)	本级沉降(mm)	累计沉降(mm)	荷载(kN)	本级沉降(mm)	累计沉降(mm)
70	0.07	0.07	430	1.67	3.25
130	0.13	0.20	490	2.49	5.74
190	0.18	0.38	550	2.77	8.51
250	0.31	0.69	580	1.76	10.27
310	0.39	1.08	610	5.51	15.78
370	0.50	1.58	640	10.66	26.44

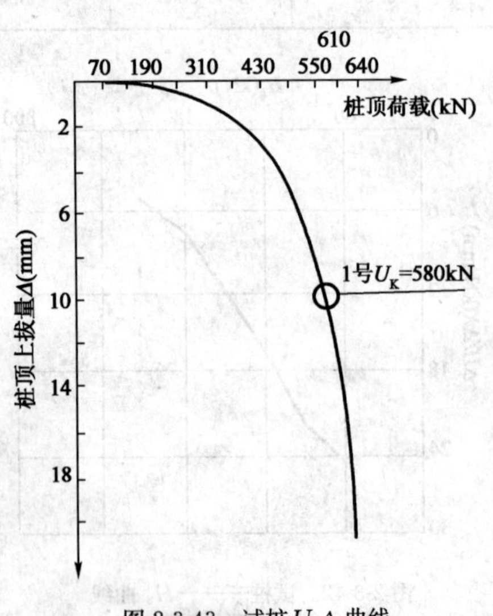

图 2-3-43　试桩 U-Δ 曲线

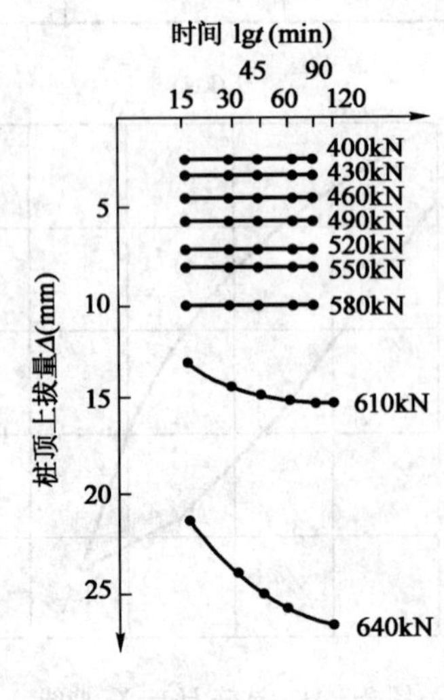

图 2-3-44　Δ-lg$t$ 曲线

四、高应变法检测实例

1. 试桩资料

试桩直径为 1m，桩长 33.85m，入土深度为 30m，桩身混凝土强度设计为 C25。

试桩穿越的土层有软塑～流塑状的黏砂土，软塑状的砂黏土并夹有薄层黏砂土和粉砂，软塑～硬塑状的砂黏土，中密状的粉砂层，最后桩尖落在中密饱和状态的细砂层中。桩穿越的土层及根据灌注量和灌注高程推算的桩身断面见图 2-3-45。

2. 动测试验及结果

动测试验使用 80kN 重锤，由吊机将锤提升到一定高度，然后快速下落锤击桩头，落锤高在 1～2m 之间，先低后高，锤击次数为 3 次。

动测试验前，对桩头进行处理，试桩灌注完毕后，先把顶面浮浆凿除，清洗干净后，将钢筋笼接长，然后灌注 C40 混凝土约 1.5m 高，并沿高度方向设了 3 层钢筋网片，养护期均在 28d 以上。

锤击前试桩顶面铺设了垫层，先铺一层约 2cm 厚的细砂再垫一层 2cm 厚的钢板，然后用 4cm 木反作垫层。

动测试验仪器采用瑞典 PID 打桩分析仪，传感器对称地安装在桩顶下 1.3m 左右，由接线盒和 16 芯电缆与预分析仪连接，传感器接收到信号在预分析仪放大、率定、平均。并把加速度信号积分成速度信号，输出平均应变和平均速度。用数字记忆示波器采集并存盘，以供计算机作进一步分析。在现场还可以用预分析仪进行 case 法计算。动测试验后，对现场记录信号采用波形拟合法分析软件进行分析。动测结果见图 2-3-46～图 2-3-48。动测试验确定的极限承载力为 4559kN。该桩亦进行了静载试验，得出的极限承载力为 4250kN，动静对比误差为 7.3%，表明动测结果良好，反映了桩的实际受力状况。

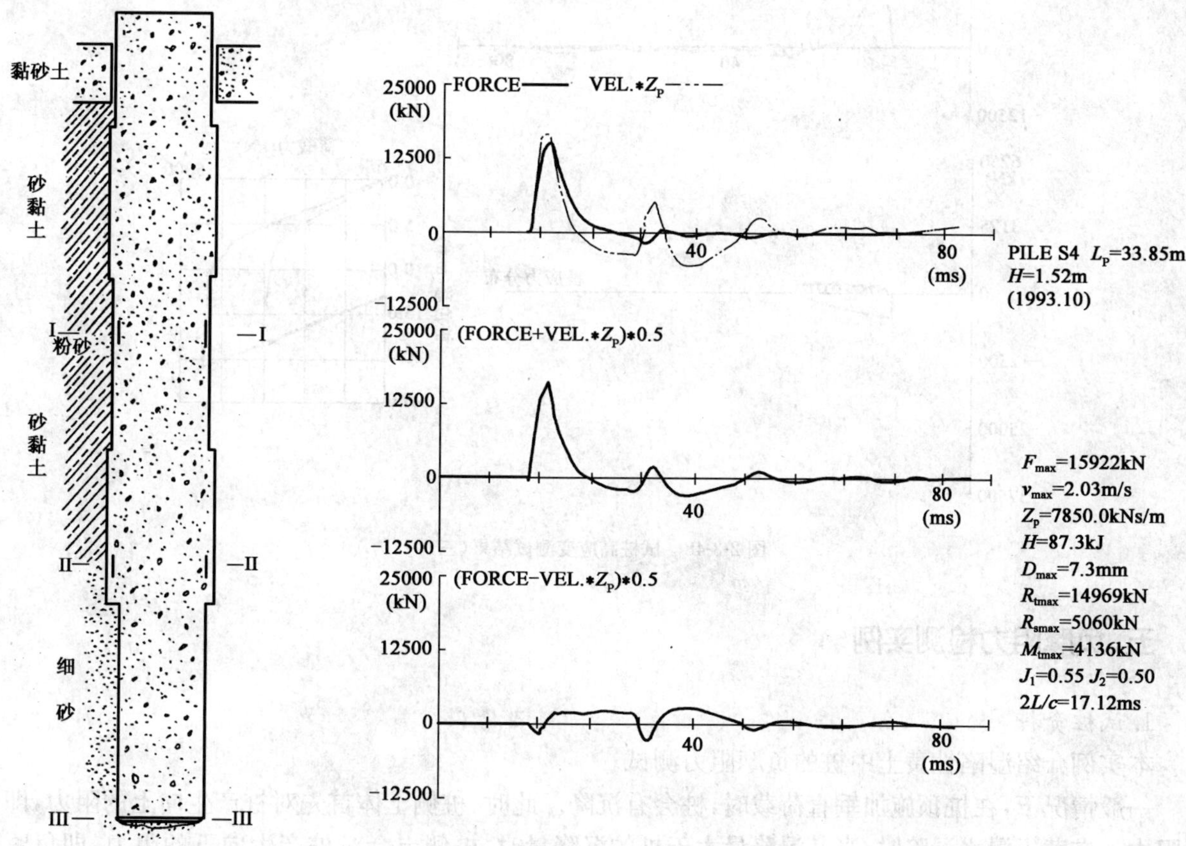

图 2-3-45　地质柱状图及桩身断面图

图 2-3-46　试桩高应变测试结果(一)

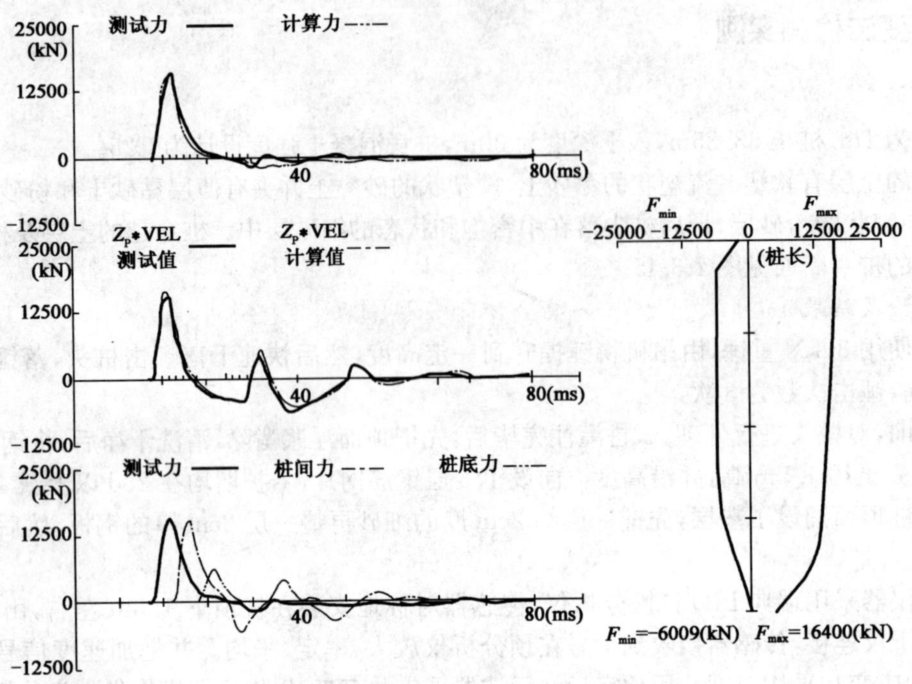

图 2-3-47　试桩高应变测试结果（二）

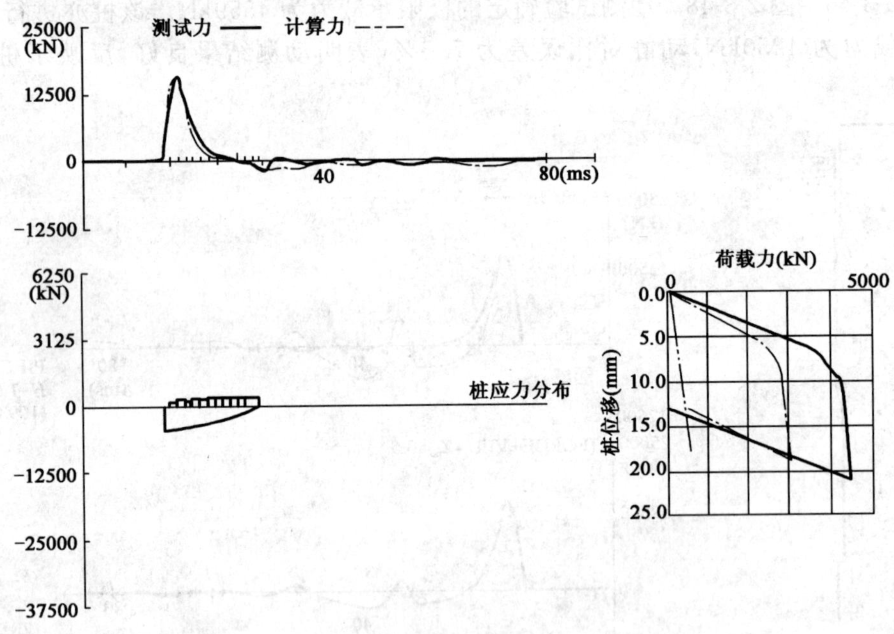

图 2-3-48　试桩高应变测试结果（三）

五、负摩阻力检测实例

1. 试桩资料

本实例介绍湿陷性黄土中桩的负摩阻力测试。

一般情况下，在桩顶施加垂直荷载时，桩会有沉降。此时，桩侧土体首先对桩产生向上的阻力，即正摩阻力。在黄土浸水湿陷时，当其湿陷量大于桩的沉降量时，桩侧土会对桩产生向下的阻力，即负摩阻力。其作用相当于在桩侧表面上增加一个外荷载。

试验桩共 4 根(A_1、A_2、B_1、B_2)，另有锚桩 10 根(C_1～C_{10})。其主要参数见表 2-3-22。

试桩和锚桩设计参数

表 2-3-22

序　号	桩　号	数量根	桩长(m)	桩 径 (m)		主　筋	混凝土强度等级
				桩身	扩大端		
1	A1、A2	2	40	1.2	2.5	8Φ25,8Φ22	C30
2	B1、B2	2	32	1.0	2.2	16Φ18	C30
3	C1～C3,C6～C8	6	40	1.0	2.2	24Φ25	C20
4	C4,C9	2	32	1.0	2.2	36Φ25	C20
5	C5,C10	2	32	1.0	2.2	20Φ25	C20

桩身内力测试采用瑞士产滑动测微计。

2. 负摩阻力测试结果

试验场地位于陕西渭北黄土塬上，地基土为黄土与石土壤成层交互分布，上部 6m 为马兰黄土(Q3)，下部为离石黄土(Q2)，总厚度为 60m。属大厚度黄土地基。

浸水试验的试坑直径 40m，坑深 1m，浸水历时 40d，注水量近 8 万 m^3，其规模之大为国内首例。由场地内各类标点实测浸水后地基土的湿陷量小于 7cm，判定本试验场地为非自重湿陷性黄土场地。

为研究桩的负摩阻力发生机理，静载荷试验分两种情况进行。A_1 和 B_1 桩在试坑浸水前，先加荷至设计荷载的 1.2 倍(分别为 6MN 和 4.8MN)，后再浸水，并在浸水期间用上述荷载量稳压，待土层湿陷沉降稳定后，进行静载试验至破坏。而 A_2 和 B_2 桩先浸水，到土层湿陷沉降稳定时，进行静载荷试验至破坏。实测浸水前后全过程中桩身轴力发展典型情况如图 2-3-49 所示。由图可见，试桩的负摩阻力是在停水后(1990 年 12 月 26 日)发生的，这是由本场地黄土的特性所决定的。与一般湿陷性黄土不同，本场地为 Q2 黄土与古土壤交互层，浸水后地基土湿陷主要是由停水后土层固结所引起的。如图 2-3-49 所示，中性点位置在浸水全过程中经历了由浅到深然后随地基沉降稳定而稳定的过程。最后稳定时中性点位置和各桩实测负摩阻力值见表 2-3-23。在地面沉降相同的情况下，桩身沉降量大的，产生负摩阻力小，中性点位置较高，表中所列的结果符合这一规律，例如 B_1 桩由于浸水期间桩沉降量最大，因而中性点位置最高，总负摩阻力和平均单位负摩阻力均最小。另外，由于桩顶垂直荷载的长期作用，使桩在浸水期间不断沉降，从而负摩阻力降低。中性点上移，使 A_1 和 B_1 桩的负摩阻力均较低。对于桩顶无荷载的 A_2 和 B_2 桩，试验期间负摩阻力已充分发挥，其值大致与桩的正摩阻力值相同，由表 2-3-23 可见，本场地虽然属于非自重湿陷性黄土，但其浸水后产生的负摩阻力仍是很大的，说明对于非自重湿陷性黄土中的桩，仍有可能产生较大的摩阻力。

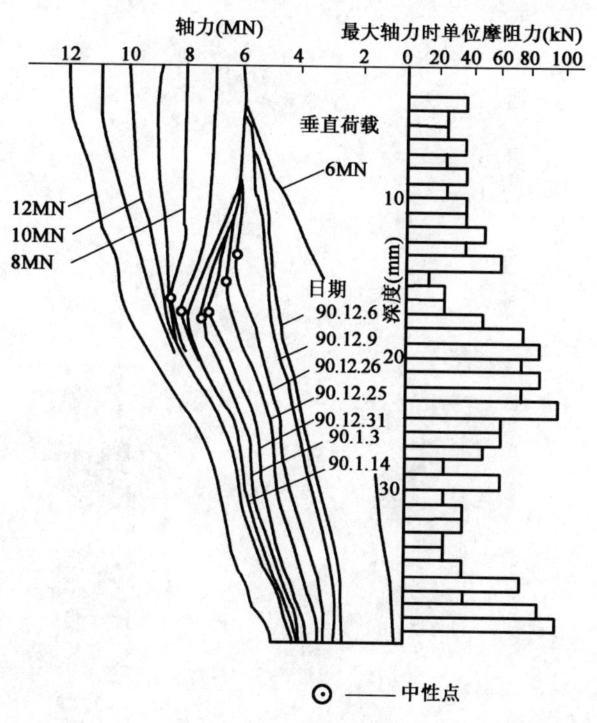

图 2-3-49　试桩荷载传递进程

桩的负摩阻力值和中性点位置　　　　表 2-3-23

桩号	垂直荷载 (MN)	桩顶沉降 (mm)	中性点位置 (m)	与桩长的比例	负摩阻力		正摩阻力		端阻力	
					总值 (kN)	平均单位值 (kPa)	总值 (kN)	平均单位值 (kPa)	总值 (kN)	单位值 (kPa)
A1	6.0	19.47	17.5	0.44	1810	27.1	3970	46.8	3840	784
B1	4.8	41.81	12.0	0.38	1030	27.3	3630	57.8	2200	579
A2	0	3.00	25.0	0.63	4110	43.6	2640	46.7	1470	300
B2	0	12.00	21.0	0.66	2960	44.9	1460	42.2	1500	394

第四章　基桩承载能力自平衡测试

随着我国公、铁路建设事业的迅速发展，桩基由于具有许多优良性能而被广泛应用。不管采用何种桩基础，规范规定必须做一定数量的基桩静载荷试验，以确定单桩极限承载力。传统的基桩静载荷试验方法有两种(在第三章基桩检测中介绍)——堆载法和锚桩法，其存在的主要问题是：前者必须解决几百吨甚至上千吨的荷载堆放及运输问题，且该法测试的单桩极限承载力最大达30000kN；后者必须设置多根锚桩及反力梁，所需费用昂贵，时间较长，还有一定危险性，该法测试的单桩极限承载力最大达34000kN。对于水上、坡地等场地复杂的试桩，传统静载法更难以满足。但随着交通运输行业的快速发展，要求结构物基础的承载力越来越高，相应的单桩承载力也越高，再加上试验场地复杂，试桩困难很大，以致许多大吨位桩的承载力不能得到试验验证，基桩的潜力不能合理发挥。

针对传统静载试验存在的诸多问题，工程界迫切需要寻找一种更方便、更有效的测试方法。自平衡测试法的思路则应运而生：将千斤顶式的荷载箱置于桩的下端(反力平衡点)，向上顶桩的同时，也向下压桩，使得桩侧摩阻和桩端阻力互为反力，分别得到向上、向下荷载—位移曲线，利用合理的处理方法即可得到单桩承载力。当荷载箱置于桩端时，这种方法可以分别测出桩的摩阻力和端阻力与上下位移的关系曲线，便于明确两者的发展过程，对于桩基础进行可靠度设计时考虑和确定分项系数也是十分重要的。这种方法的优点是节省时间、经费，受到工程界的广泛欢迎。

基桩自平衡测试方法(又名Osterberg测桩法)思路最早由日本的中山(Nakayama)和藤关(Fujiseki)提出，并在1973年取得了对钻孔桩的测试专利；1978年Sumii获得了对于预制桩的测试专利。随后，Gibson和Devenney在1973年采用类似的技术测定在钻孔中混凝土与岩石间的胶结应力。但限于当时的科学技术水平和桩基工程发展状况，自平衡测试技术并未得到应有的重视和认可。直到美国学者Osterberg于1985～1987年间，在分析、总结前人经验的基础上，对自平衡测试技术进行了系统的研究、开发，并于1989年进行了首次钻孔桩商业试验，自平衡测试技术才真正开始走向实际工程应用，为此美国深基础协会(DFI)在1989年授予Osterberg博士“杰出贡献奖”。至今，该法已在美、英、日本、加拿大、新加坡、菲律宾及我国香港等国家和地区得到推广应用，在北美已被公认为基桩静荷载试验的首选方法。该方法自问世以来，世界范围内已进行了500多次自平衡测试，安装近700个荷载箱，其中约半数是工程桩，试桩类型包括钻孔灌注桩、打入式钢管桩、打入式预制混凝土桩及矩形(或条形)“壁板桩”等多种，试桩最大深度为90m，最大直径3m，最大荷载151000kN。

清华大学李广信教授于1993年将此法引入国内，但因自平衡试桩法作为一种新兴的测试技术其自身并不完善以及限于当时国内环境、技术、信息等条件的限制，并未引起国内工程界的注意。直到浙江省建科院的史佩栋在《工业建筑》1996年第12期“国际科技交流”专栏发表了《国外高层建筑深基础及基坑支护技术若干新进展》一文，并报道了美、日、英、加、新加坡等国和我国香港特别行政区等地正在广泛应用的自平衡试桩法之后，方引起了广泛关注。随后，国内多家单位对自平衡试桩法展开了大量的理论研究、模型试验、对比试验和大范围学术争论。在积累一定数量对比试验的基础上，目前，我国的北京、江苏、甘肃等地已开始在实际工程中试用此方法，并逐步在建筑、公路、铁路等领域得到推广应用。

第一节　自平衡测试法的基本原理及其优越性

一、基本原理

自平衡测试法属于基桩静载试验的范畴，试验方法的基本出发点是利用试桩自身反力平衡的原则，在桩端附近或桩身截面处预先埋设单层（或多层）荷载箱，试验时，通过地面上的油泵对荷载箱施加压力，荷载箱则分别对其上、下桩段施加垂直荷载，从而一方面迫使上段桩桩身向上位移，使上段桩桩侧摩阻力逐渐发挥，同时迫使下段桩向下位移，使下段桩桩侧摩阻力及桩端阻力逐渐发挥。此时，上下桩段的反力大小相等、方向相反，从而达到试桩自身反力平衡加载的目的。如此荷载箱压力不断增加，直至达到试验终止条件。

测试结果可获得上下桩段两条 Q—S 曲线及相应的 S—$\lg t$ 曲线，采用合理的测试数据等效转换方法和承载力确定方法，即可确定基桩的极限承载力、桩侧及桩端阻力分担情况等。

自平衡测试法的主要装置是特别设计的液压千斤顶式的荷载箱，根据试验桩径和试验荷载的大小，荷载箱内设置一个或多个千斤顶并联而成。它按不同的桩型、截面尺寸和荷载大小设计制作。它主要由千斤顶、顶盖、底盖及附件四部分组成。荷载箱连有输压管、位移棒并伸出桩顶，以便加载和测量荷载箱顶底板的向上、向下位移。荷载箱和钢筋笼焊接成一体放入桩孔，清孔后即可灌注桩身混凝土，待桩身混凝土强度和桩土休止期皆达到要求后可开始试验。试验时通过输压管对荷载箱施压，随着压力的增加，荷载箱逐渐伸长，上下桩段产生弹（塑）性变形，从而调动上下桩段岩土的阻力，通过位移和压力测量即可获得分段的 Q—S、S—$\lg t$ 等曲线，若桩身预先埋设钢筋计，可得到桩身轴力分布及各岩土层的摩阻力发展情况，然后采用相应的承载力确定方法即可确定基桩的极限承载力。自平衡加载受力状态示意图见图 2-4-1，自平衡测试典型试验曲线见图 2-4-2。

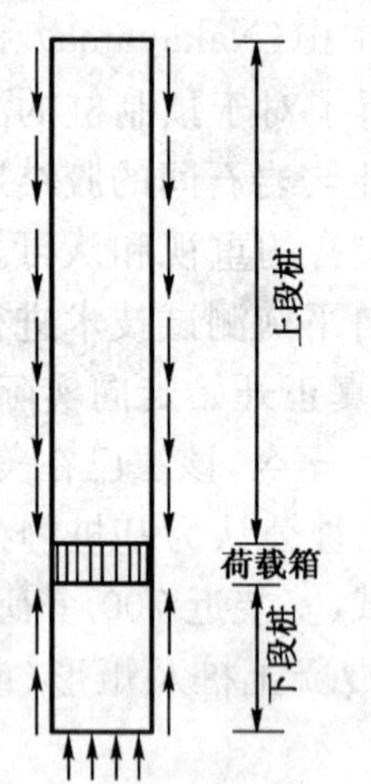

图 2-4-1　自平衡加载受力状态示意图

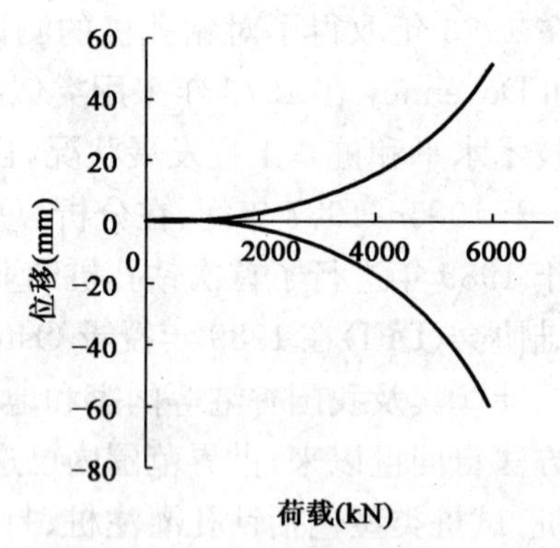

图 2-4-2　自平衡测试典型试验曲线

二、优越性

1. 技术优越性

由于自平衡法独特的加载方式，与传统静载相比显示出其潜在的优越性：

(1)分别测量桩侧摩阻力和桩端阻力。

(2)适合于水上、狭窄场地、坡地试桩及搭设堆载平台或锚桩反力架困难的情况。

(3)对有地下室的高层建筑，自平衡法可方便而准确测得基桩在地下室底板以下有效长度的承载力。

(4)可测试任意角度基桩的极限承载能力。

(5)较大的加载能力(可订做)，尤其适用于超大吨位桩和超长桩。

(6)单独测试嵌岩桩的嵌岩阻力。

(7)当荷载箱处于桩身反弯点以下时，试验后试桩通过压浆仍可作为工程桩使用。

(8)较传统静载试验，经济效益显著，同时测试工期短，附属设备安装简单、快捷。

(9)无限的循环加载能力，可研究桩土相互作用的形成机理和时间效应以及桩端压浆效果等。

2. 经济优越性

众所周知，传统静载是公认的确定单桩承载力最直观、最可靠的方法，但由于其压重平台或锚桩的方式，随着承载力的提高试验费用越大，特别是在某些恶劣的条件下，由于空间的限制而增加附属工程，使试验费用大大增加。国外有关人员根据工程实际试桩情况，对正常条件下和恶劣条件下传统静载与自平衡试桩试验费用的差异进行了分析(对锚桩法不含锚桩施工费用)，见图 2-4-3。

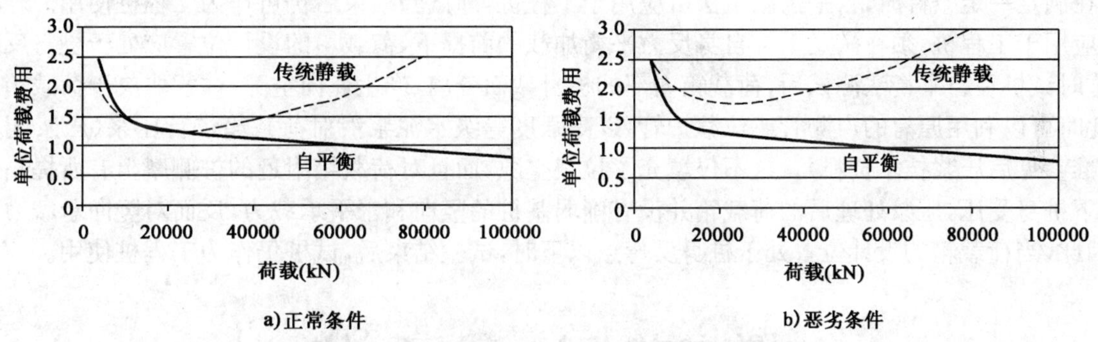

图 2-4-3　传统静载与自平衡法经济效益分析

据分析可知，在正常条件下，试桩承载力小于 20000kN 时自平衡试桩的优势不是十分明显，但随着承载力的提高自平衡法就越较传统静载法省钱。在恶劣条件下，自平衡试桩的优势十分明显，经济效益显著。同时自平衡试桩测试工期短，附属设备安装简单、快捷，体现了其时间经济性。

针对国内的施工费用和试验检测费用情况，我们按 20000kN、35000kN 和 50000kN 三种试验荷载，对正常条件下自平衡法和传统静载法所需的试验费用进行分析，见表2-4-1。

传统静载与自平衡试桩法经济效益分析　　表 2-4-1

试验方法 / 试验荷载	堆载法	锚桩法	自平衡法	备注
20000kN	25	52	20	试验检测收费均按 100 元/t，堆载法的堆载材料费和施工配合费按 5 万元计；锚桩费用为 4 根×8 万元/根＝32 万元
35000kN	60.5	75	31.5	试验检测收费标准：堆载法 150 元/t，锚桩法 100 元/t，自平衡法 90 元/t；堆载法的堆载材料费和施工配合费按 8 万元计；锚桩费用为 4 根×10 万元/根＝40 万元
50000kN	—	—	40	试验检测收费标准：自平衡法 80 元/t；传统静载法已不能实施

由上表可知，试验荷载较低时自平衡的优势不是十分明显，但随着荷载的增加，自平衡测试法的优势则凸现出来，以 35000kN 为例，单根试桩可节省试验费用约 30 万元，随着荷载的增加则节省资金，同时也可以节约施工配合和试验的时间，体现了时间的经济价值。

3. 施工质量的判断

由于自平衡测试法能单独测量(或推算)桩端阻力—桩端变位曲线,因此能通过曲线形态直观的分析桩端岩土层的承载性能,从而判断桩底沉渣是否合理。对桩底无沉渣的基桩进行桩顶加载试验就会显示此桩为合格桩,对桩底沉渣过厚的基桩进行桩顶加载试验就会显示此桩为不合格桩,但不能判断缺陷特征。然而自平衡试验就能清楚地判断此种情况的缺陷是由于施工技术原因而非地基土的固有缺陷。

钻孔灌注桩的孔壁泥皮能使桩侧摩阻力显著降低。当钻孔、清孔后,混凝土灌注前钻孔暴露时间太久会大大降低桩侧摩阻力。自平衡试验能充分验证这一点,从而指导研究确定合适的施工方法以减小泥皮厚度。

4. 桩侧摩阻力的时间效应

众所周知,对于许多土质,打入桩的桩侧摩阻力随时间增加而增加。这种现象被称为"桩的冻结"或"桩的重塑"。自平衡测试法能单独测量桩侧极限摩阻力,并且能长期重复测试,而无须重新安装反力架或堆载。

5. 工程桩的应用

在满足一定条件时,自平衡测试法可应用于工程桩,即试验结束后仍可作为工程桩使用。若将此项技术应用于工程桩,须在满足基桩自身反力平衡加载的前提下,荷载箱的设计位置应处于桩身反弯点以下,这时试桩在自平衡法测试后,荷载箱内部的桩身截面分离,产生环向空隙,体积取决于荷载箱的张开量,此时可以利用原有的声测管或位移护管,以高强度等级水泥浆液对荷载箱进行压浆(压浆配方和稳定标准参见后压浆技术资料)。这不仅填充了拉裂空隙,而且对荷载箱附近的桩侧摩阻有所提高。反弯点以下桩身受压,压浆处理后的荷载箱并没有削弱基桩的竖向和水平承载力,反而对竖向承载力有所益处,因此,当荷载箱的设计位置处于桩身反弯点以下时,试验结束后,试桩仍作为工程桩使用。

第二节 加载系统

加载系统作为整个自平衡测试系统的重要组成部分,其主要作用是为桩身提供荷载,以逐步激发上段桩桩侧摩阻力、下段桩桩侧摩阻力和桩端阻力。加载系统的设计目标为:①按预定的荷载分级,准确控制荷载、稳定荷载,实现地面控载的自动化;②加载系统不影响混凝土灌注;③保证加载系统行程满足试桩要求;④加载系统的附加措施利于安装、不影响加载及试桩的其他正常测试。

一、荷载箱

自平衡测试法的主要加载装置是特别设计的液压千斤顶式的荷载箱,根据试验桩径和试验荷载的大小,荷载内设置一个或多个千斤顶并联而成。为使荷载箱两端的桩身受力均匀、便于和钢筋笼焊接,在千斤顶上、下分别用适当厚度的钢板连接。它按不同的桩型、截面尺寸和荷载大小设计制作。它主要由千斤顶、顶盖、底盖及附件四部分组成。为保证垂直受力,荷载箱的轴线应尽量与桩身轴线保持一致。

1. 千斤顶

千斤顶作为施加荷载的主体,是荷载箱的主要组成部分。由于目前有许多生产厂家,其技术先进、加工精细、生产周期短,选择综合能力最好的厂家作为合作单位,实行产品定制。首先按照试桩设计极限承载能力的 1.2～1.5 倍确定试验最大荷载,并根据试桩的桩径、试验最大荷载等,确定千斤顶的个数和单个千斤顶的最大荷载,然后向厂家提出最大荷载、缸体直径、高度和行程等设计参数。基于有效桩长、吊装方便的考虑,千斤顶的高度控制的越小越好,根据生产能力和试验行程的因素,千斤顶的高度一般在 35～55cm。千斤顶的个数和直径是由试验最大荷载、桩径、厂家生产能力等因素综合决定的。其设计原则是:满足试验最大荷载;充裕的行程(150～200mm);千斤顶的位置和导管孔、返浆孔协调布置。由于千斤顶的进出油嘴位于缸体侧下方，为不损伤油管，千斤顶在桩身中应倒置，即千斤顶底部与顶盖板相连、活塞顶面与底盖板相连。

2. 顶、底盖板

顶底盖板材料选择钢板，其作用是将各个千斤顶连成一体，并将荷载均匀的传递至桩身截面。顶底盖板的设计要考虑导管的穿过、混凝土的返浆及声测管、位移护管的穿过等问题。为便于和钢筋笼焊接及下放钢筋笼，一般顶底盖板的直径比桩径约小 10cm。导管孔的位置一般在板的中心，特殊设计时也可位于板侧。根据施工导管的最大外径，孔径一般控制在 45～50cm。返浆孔的作用是利于混凝土充分返浆，不影响桩身施工质量，其位置一般在各千斤顶之间，孔径的设计宜以便于返浆又不过于缩小板的面积为原则，孔径一般在 30cm 左右。同时顶底盖板要设一些孔径 $6_{-0.2}$cm 的小孔，以连接声测管、位移护管，小孔的位置应根据钢筋笼设计图纸确定，以便连接平顺。顶盖板的小孔数量一般为 5 个(3 个声测管孔、2 个位移护管孔)，底盖板的小孔数量一般为 3 个(3 个声测管孔)。根据荷载的大小和千斤顶的总面积，钢板的厚度一般在 45～60mm。

3. 附件

荷载箱的附件包括声测管、位移护管的连接段和吊装的临时连接。施加压力时荷载箱顶推张开，连接段不应影响施加的荷载，连接段与底盖板的连接处要特殊处理，在较小的拉力下能够断开或自由伸张。结合灌注混凝土的要求，连接段的设计原则为：密封性能好，防止水泥浆液进入，在较小的拉力下能保证断开或伸张。经试验比较发现采用硅胶与树脂类快速黏结剂相结合的方式较好，具体操作为：测量顶底盖板的净距，相应截取外径 6cm 的焊管，焊管一端与顶盖板焊实密封，另一端用 2～3 个点与底盖板点焊固定，然后周围涂上硅胶，外层再涂上树脂类快速黏结剂。

吊装时的临时连接主要是防止荷载箱在吊运、安装、下放钢筋笼时因张开而损坏。临时连接一般用 $\phi 20$ 左右的短钢筋与顶底盖板焊接，为便于拉脱，连接位置选择在千斤顶的旁边。另外还可以用材料强度控制，即将连接钢筋靠近底板的截面削弱，截面的抗拉断力控制在吊装重力的 2 倍左右。

二、荷载箱的连接和设置

1. 荷载箱的连接

荷载箱组装完成后，运到工地和钢筋笼连接。荷载箱顶底盖板与钢筋笼的连接方式分为搭接和对接两种，见图 2-4-4。荷载箱与钢筋笼可以平地焊接，也可将钢筋笼吊起垂直焊接，但都必须保证荷载箱与钢筋笼的轴线一致。为便于引导导管穿过荷载箱及考虑加载时的应力集中，可在荷载箱上下焊接喇叭导向筋，见图 2-4-5。钢筋笼的分段根据荷载箱的位置及施工现场吊装能力综合确定，以减少分段数，便于吊装为原则。测试元件导线及油管须沿钢筋笼主筋引至桩顶，并每隔 1～2m 左右用扎丝固定，防止损伤。

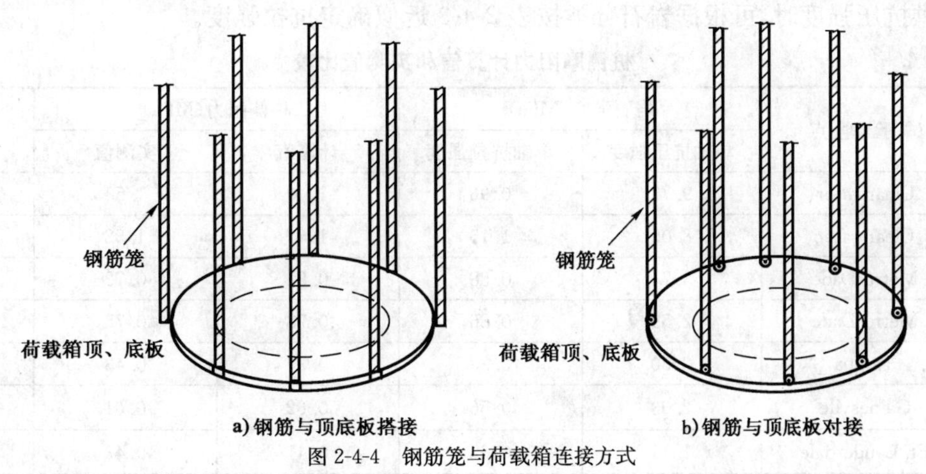

图 2-4-4　钢筋笼与荷载箱连接方式

2.荷载箱的设置

自平衡测试技术的实质是利用基桩自身反力加载，以激发极限桩侧摩阻力及桩端阻力，因此荷载箱位置的选择是试验的关键。根据试桩实际的地质情况及试验目的，按力的平衡点原则，可将荷载箱放置于桩端或桩身某个截面。以单层荷载箱为例，荷载箱位于平衡点处，将桩身分为上下两段，所谓的“平衡点”，即使上段桩的自重及桩侧摩阻力之和与下段桩的桩侧摩阻力及桩端阻力之和基本相等的位置。根据试桩处的钻孔柱状图及土层参数(极限摩阻力、容许承载力)，可按下式确定荷载箱的位置。

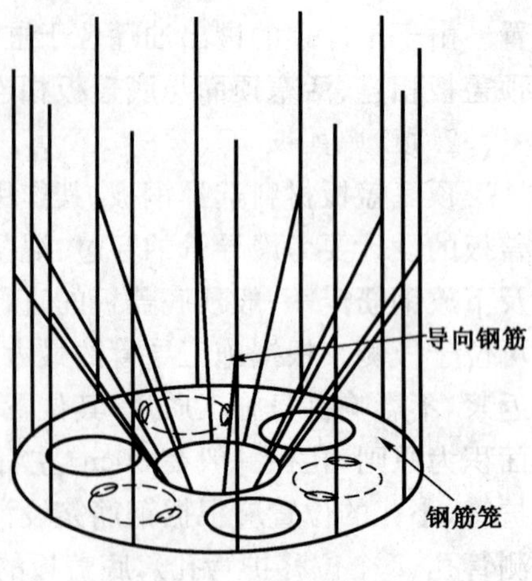

图 2-4-5　导向钢筋设置

$$\frac{\sum_{上} u_i l_i f_i}{\gamma} + G_{上} = \sum_{下} u_i l_i f_i + \sigma_R \cdot A \tag{2-4-1}$$

式中：$\sum_{上} u_i l_i f_i$——上段桩桩侧摩阻力；

$G_{上}$——上段桩自重；

γ——换算系数，对于黏性土取 0.7～0.8，对于非黏性土取 0.5～0.6，对于岩石取 1.0；

$\sum_{下} u_i l_i f_i$——下段桩桩侧摩阻力；

σ_R——持力层极限承载力，按相关规范进行深度修正；

A——桩端截面积。

大量的工程试桩表明，土层的实测极限摩阻力、容许端阻力和地质勘探部门提供的数值基本一致，而岩层的实测极限摩阻力、端阻力比地质勘探部门提供的数值有不同程度的提高。国内外的研究表明，嵌岩桩的桩侧摩阻力和桩端阻力皆与岩石的强度有关。根据大量的实测资料、室内三轴试验结果的统计分析及理论计算，地面以下 15m 岩体的强度一般为天然湿度单轴抗压强度的 1.5～2.0 倍。对于大多数嵌岩桩而言，这样的深度是容易满足的。对于嵌入岩层的基桩，建议计算荷载箱位置时将桩端极限阻力取为岩石单轴抗压强度的 1.5 倍。

根据岩石强度来计算嵌岩桩的桩侧摩阻力，具有较高的精度。目前采用较多的是由岩石 Mohr-Coulomb 包络线推导而来的公式，即：

$$f_{su} = \frac{1}{2}\sqrt{q_u q_t} \tag{2-4-2}$$

式中：q_u——岩石单轴抗压强度；

q_t——岩石单轴抗拉强度。

表 2-4-2 是利用上式计算的桩侧摩阻力结果，从中可以看出，该计算公式具有很高的精度。当地质报告中仅提供抗压强度时，可根据岩石分类按表 2-4-3 近似确定抗拉强度。

桩侧摩阻力计算值和实测值比较　　表 2-4-2

序　号	试 验 地 点	岩石强度(MPa)		桩侧阻力(MPa)		误 差 (%)
		单轴抗压强度	单轴抗拉强度	计算值	实测值	
1	Clearwater	9.77	0.96	1.49	1.53	2.7
2	Clearwater	8.05	1.15	1.57	1.52	3.2
3	Metro Dade	3.74	0.58	0.81	0.72	8.9
4	Metro Dade	2.59	0.86	0.78	0.75	4.1
5	Tampa	2.30	0.33	0.39	0.43	10.2
6	Gainesvile	2.63	0.56	0.62	0.61	1.8
7	Ft. Lauderdale	1.11	0.68	0.41	0.43	5.3

常见岩石强度对比关系　　表 2-4-3

岩石名称	抗拉强度/抗压强度	岩石名称	抗拉强度/抗压强度
花岗岩	0.028	斑岩	0.033
石灰岩	0.059	石英岩	0.112
砂岩	0.029	大理岩	0.226

当同一工地有多根条件相同的试桩时，可将试桩分阶段进行。首根试桩荷载箱位置先按式(2-4-1)进行估算，根据首根试桩的试验结果，对后续的试桩荷载箱位置进行调整。

而对于多层荷载箱，是以激发极限桩侧摩阻力和桩端阻力为目的，埋设位置并非力平衡点。以双层荷载箱为例，下层荷载箱以上桩段自重及桩侧摩阻力之和应大于其下桩段的桩侧摩阻力及桩端阻力之和，上层荷载箱以上桩段自重及桩侧摩阻力之和大于两层荷载箱之间桩段的桩侧摩阻力，同时上层荷载箱以下桩段的桩侧摩阻力及桩端阻力之和大于上层荷载箱以上桩段自重及桩侧摩阻力之和。

荷载箱的位置必须根据试桩的实际地质情况及试验目的等条件，进行详细计算，制定最优的设计方案。根据国内外的应用经验，归纳了钻孔灌注桩、人工挖孔桩和嵌岩灌注桩中，荷载箱埋设的各种方案。

(1)对于桩侧阻力与桩端阻力大致相等，或端阻力大于侧阻力而试桩目的在于测定侧阻极限值的情况，可按图 2-4-6a)方式设置。放置荷载箱前先清孔并在孔底稍做注浆或用少量混凝土找平。

(2)如图 2-4-6b)，根据力平衡原则，将荷载箱放在桩身中部某一平衡点处，使荷载箱上段桩桩身自重及桩侧阻力之和与荷载箱下段的桩侧阻力加端阻力之和基本相等，满足两者同时达到极限值。

(3)图 2-4-6c)适用于测定嵌岩桩嵌固段的侧阻力与桩端阻力之和；如需测定覆盖层的极限侧阻力，则可在嵌岩段试验后再灌注上段混凝土，待混凝土达到足够强度后再进行试桩。这种方式必须在嵌岩段中能找到加载平衡点。

(4)当预估桩端阻力小于桩侧阻力而要求测定桩侧阻力极限值时，可将桩底扩大，将荷载箱放在扩大头的上面，如图 2-4-6d)所示。

(5)当有效桩顶高程位于地面以下一定距离时(如高层建筑的地下室)，输压管及测量器件均可自桩顶引至地面。如图 2-4-6e)。

(6)如图 2-4-6f)，分层设置荷载箱，分别对荷载箱施加油压，以测出桩身上段、下段的极限侧阻力和极限端阻力。荷载箱的加载程序应以分别激发极限桩端阻力、各桩段桩侧极限摩阻力为目的。合理的加载程序如下：

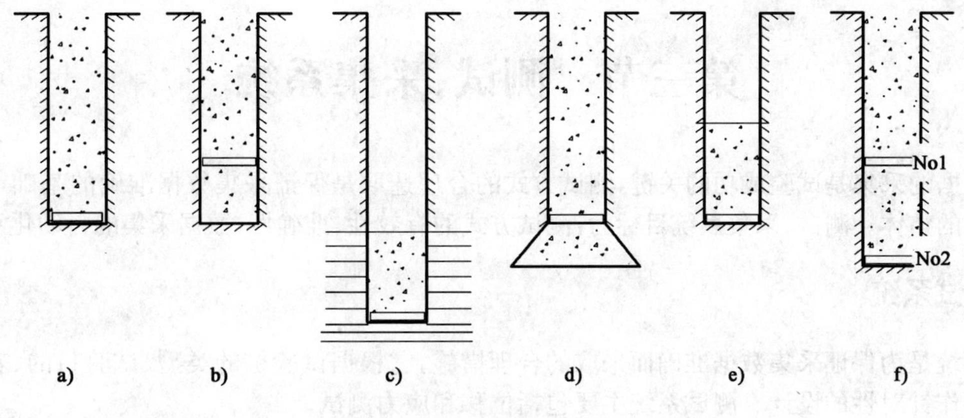

图 2-4-6　荷载箱埋设位置

①对 No. 2 荷载箱进行加载至激发极限桩端阻力；

②对 No. 2 荷载箱卸载，卸载后荷载箱处于未锁死状态；

③对 No. 1 荷载箱加载至激发 No. 1 和 No. 2 荷载箱间桩段的极限侧阻力；

④锁死 No. 2 荷载箱，对 No. 1 荷载箱进行加载以激发 No. 1 荷载箱以上桩段的极限侧阻力。

(7)对于抗拔桩试验，荷载箱的位置应布置在桩端，若桩端反力不足以提供平衡反力，可采取以下措施进行处理：

①可预埋压浆管进行桩底压浆；

②使施工桩长大于设计桩长，荷载箱布置在设计桩端的位置；

③将桩端采用扩大头处理，以此来增加桩端阻力。以上措施可根据实际情况采用一种或几种相结合的方式，其中桩端压浆的方式应慎用，避免浆液上返而加强有效桩段的桩侧摩阻力，使用时建议①②结合使用。

3. 补充反力措施

在某些特殊条件下，试桩内部不能寻找到合适的加载平衡点，这时可根据具体的试验目的和试验条件，制定合理的补充反力措施。

当桩侧阻力较小，不能平衡桩端阻力时，可在桩顶增加补充反力措施，如在试桩附近设置地锚、在桩顶架设补充反力架等。另外还可将荷载箱的形状做成上大下小，将其置于桩端，以减小桩端阻力使其能够平衡加载，测得桩端单位面积极限承载力后，按荷载箱底部与桩端尺寸换算求得桩端承载力。

4. DX 桩的应用

DX 桩是一种变截面钻孔灌注桩新桩型，是在成孔后向孔内放入专用的液压挤扩支盘成型机，通过地面液压站控制该机弓压臂的扩张和收缩，按承载能力要求和地层土质条件，在桩的不同部位挤压出对称分布的扩大支腔，然后放入钢筋笼灌注成桩。由于支盘的存在，DX 桩具有良好的抗拔性能，利用 DX 桩的高抗拔力和自平衡测试特点相结合，可以扩大自平衡测试的应用范围。

对于按柱桩设计的嵌岩桩，自平衡测试难以寻求到合适的加载平衡点，DX 桩的引入则解决了其自身反力平衡加载的难题。柱桩设计时只考虑嵌岩段侧阻力及桩端阻力，相当于桩顶位于有效嵌岩段的顶面，若将荷载箱置于此处，而将荷载箱以上桩段按试验要求设计成 DX 多支盘桩，这样就能利用 DX 桩的高抗拔力进行压桩试验（见图 2-4-7）。这种测试方式与基桩实际受力方式一致，测量的结果能直接应用而无需转换。如果 DX 桩和荷载箱的位置设计合理，不需额外补充反力就能直接测定试桩的承载力和岩土层参数。

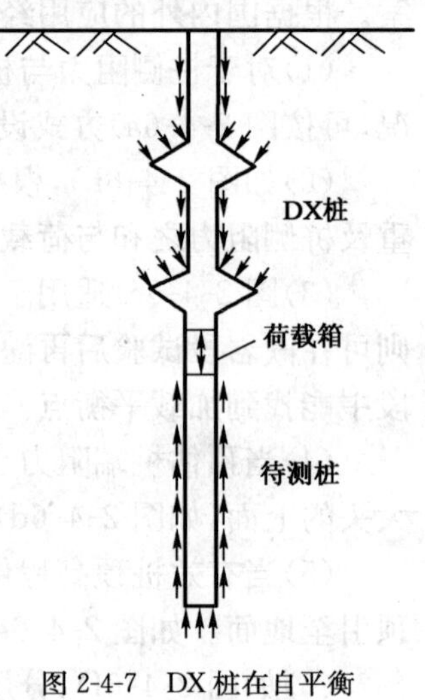

图 2-4-7 DX 桩在自平衡测试中的应用

第三节 测试、采集系统

有效数据的采集是试验成功的关键，测试方式的合理选取是保证采集数据准确的基础，数据测试、采集是有机的整体。测试、采集系统目标为：测试方式的有效性、准确性；数据采集的自动化和可控性。

一、测试系统

测试系统是为保证采集数据准确而采取的合理措施，它根据试验桩的类型、试验目的、岩土层分布等的不同而作针对性的设计。测试系统主要包括位移和应力测试。

1. 位移测试

自平衡测试属于静载试验的范畴，它的加卸载标准及终止试验标准都是以位移为基础的，同时位移数据也是判断试桩承载力的依据。自平衡测试时必须测得各级荷载下荷载箱相应的向上、向下位移，以决定试验的进程，及得到上、下桩段的 $Q—S$ 曲线或 $S—\lg t$ 曲线。除荷载箱的向上、向下位移外，位移测试内容还应包括桩顶位移、桩端位移。由荷载箱顶板的向上位移及桩顶位移可求得桩侧摩阻力引起的上段桩弹性压缩量,由荷载箱底板的向下位移及桩端位移可求得下段桩的弹性压缩量,同时由桩端位移及桩端荷载可确定桩端的荷载传递函数。

位移测试的方式分为位移棒结合传感器和钢丝结合挠度计。位移棒和位移传感器的结合使用,能实现数据采集自动化,而钢丝和挠度计的结合只能采取人工读数,综合比较后决定采用位移棒结合传感器的方式,当试桩较长位移棒设置不便时也可采用钢丝结合挠度计的方式。以钻孔灌注桩为例,荷载箱顶、底板的外径略小于桩径,在荷载箱顶、底板上布置位移棒(或用荷载箱间的相对位移计代替底板的位移棒)以测量荷载箱向上、向下位移,在桩顶设置位移测点以测量桩顶位移,声测后在声测管内放置位移棒以测量桩端位移,每个测试截面的位移测点不应少于 2 个,试验时按要求在桩顶设置基准梁,用位移传感器即可测得荷载箱顶板的向上位移、底板的向下位移及桩顶、桩端位移(见图 2-4-8、图 2-4-9)。将位移棒、位移棒外护管、荷载箱及其他附件(如声测管、钢筋计等)与钢筋笼焊接成一体,固定好各管线后,即可放入桩孔、二次清孔、浇筑混凝土成桩。其他桩型的测试与钻孔桩类似。

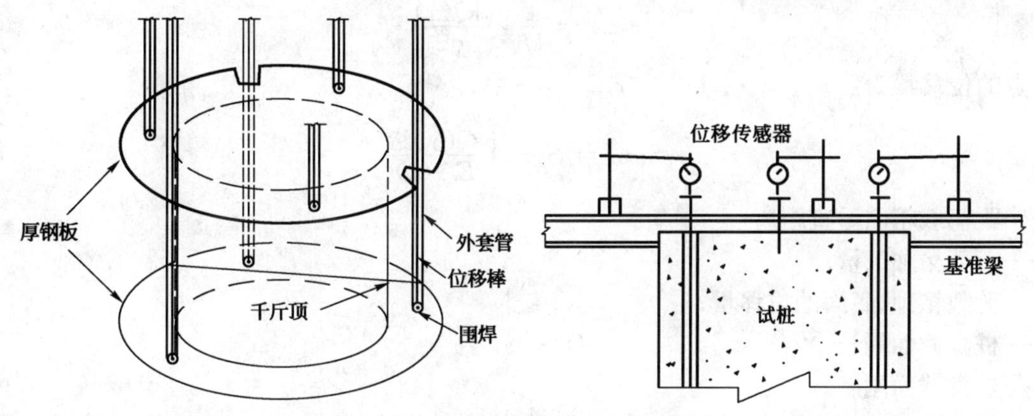

图 2-4-8　荷载箱顶、底板位移测量装置

若由于桩径等因素的限制,设计的荷载箱造成桩身混凝土灌注时翻浆不畅,混凝土质量不易保证,在荷载箱顶板附近形成局部弱强区。试验时为排除该薄弱层的影响,可采取以下两种对策:

(1)若声测发现荷载箱附近存在局部弱强区,正式测试前可预先加载进行预压,测试时扣除预压沉降。

(2) 荷载箱顶 1.0m 处预先设置若干位移测点、应力(应变)测点,以此处的 $Q—S$ 曲线代替荷载箱顶板的 $Q—S$ 曲线。

2. 应力测试

为了比较准确地了解荷载作用下桩身轴力分布、桩侧阻力及桩端阻力的变化情况,需要在桩身沿岩土层分界处和桩端埋设量测元件。同时结合桩身位移测试数据,可测量各岩土层桩段的桩侧摩阻力传递函数。应力测试元件主要有振弦式钢筋应力计、电阻应变片和埋入式混凝土应变计。大量的工程实践表明,振弦式钢筋应力计比较适用于钻孔灌注桩,电阻应变片适用于钢管桩,由于混凝土应变计的测试方向难以与桩身轴线一致,且混凝土灌注时易受扰动,故不推荐使用。

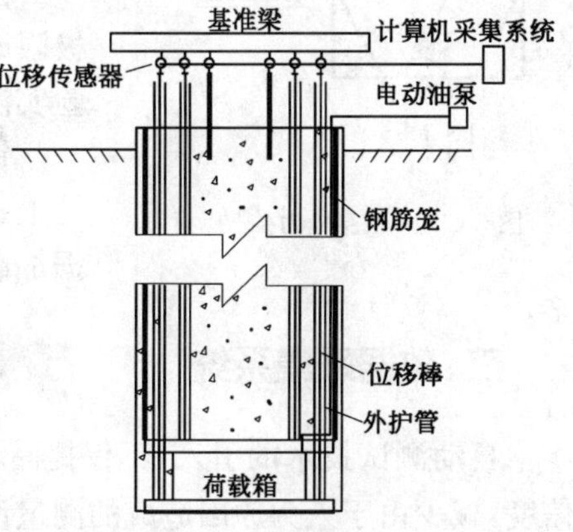

图 2-4-9　自平衡测试系统示意图

(1)振弦式钢筋应力计

在荷载作用下,埋设于桩身中的振弦式钢筋应力计中的钢弦会产生微量变形,从而改变了钢弦的原有应力状态及自振频率,钢筋应力计预先标定,得到应力与其自振频率的关系曲线。现场测量钢筋应力计的频率变化后,就可按标定资料进行换算,从而求得桩身钢筋所受的轴力。钢筋应力计直接焊接在桩身钢筋中,并代替原来的钢筋工作,为了保证钢筋应力计和桩身钢筋变形一致,选择的钢筋应力计的弹

性模量和直径，应和桩身钢筋相等。

(2)电阻应变片

电阻应变片主要用来测量桩身的应变，荷载作用时粘贴在桩身的应变片阻值变化，通过专门的仪器可测量相应的应变值，进而得到桩身应力的变化。为了保证应变片处于良好的工作状态，应选用基底很薄而且刚性较小的应变片和抗剪强度较高的黏结剂。同时为排除由于工作环境温度变化而引起的温度效应，测量时应采用温度补偿片或采用温度自补偿应变片。

自平衡试验加载时，在桩侧摩阻力作用下，桩身轴力随距荷载箱距离的增加而减小。桩身轴力的理论表达式为：

$$Q(z)=Q_0-\int_0^z \tau(\delta)U(\delta)\,\mathrm{d}\delta \tag{2-4-3}$$

故其桩侧摩阻力为：

$$\tau(z)=\frac{1}{U}\cdot\frac{\mathrm{d}Q(z)}{\mathrm{d}z} \tag{2-4-4}$$

桩身任一点的位移量为：

$$S(z)=S_0-\int_0^z \frac{Q(\delta)\,\mathrm{d}\delta}{EA(\delta)} \tag{2-4-5}$$

式中：z——距荷载箱的垂直距离；

Q_0——荷载箱加载量；

S_0——荷载箱顶、底面的位移量；

U——桩身截面周长；

EA——桩身截面刚度。

按上述理论分析，在实际工程中可按土层情况沿桩身分层埋设钢筋计，经换算后得到桩身轴力分布，即可得到分段桩侧平均摩阻力。由实测的分段桩侧平均摩阻力，可将桩身任一点的位移量公式简化为：

$$S(z)=S_0-\int_0^z \frac{Q_0-\tau_i U_i\delta}{EA}\,\mathrm{d}\delta \tag{2-4-6}$$

由此可得到桩侧分段土层的平均摩阻力与相对位移的关系及平均极限摩阻力，为桩基设计提供参考，对桩基初步设计进行校核，并为试验实测曲线的等效转换提供数据基础。

钢筋计埋设时，应考虑荷载箱荷载沿桩身应力扩散的范围，使荷载箱上、下附近的钢筋计处于桩身拉应力区之外，具体拉应力区范围可根据加载面的大小和桩身应力扩散角确定，见图 2-4-10。

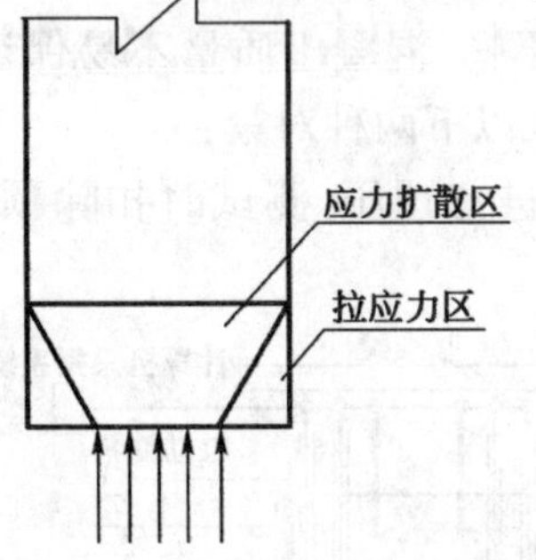

图 2-4-10　桩身应力扩散示意图

二、数据采集系统

自动测试技术的引入，不仅提高测试效率，保证测试的准确性和可信度，减少由于人为原因造成的测量误差和错误，降低生产和测试成本，而且可以对测试数据和结果进行信息管理。自平衡测试数据采集系统既要保证数据采集的自动化又要保证其准确性。

试验时，位移相对稳定标准是每小时位移量不超过 0.1mm 并连续出现两次，因此，要求选用的位移传感器精度高且具有优异的稳定性(极小的温漂和时漂)。

该项内容涉及电子自动化、计算机应用、仪器制造等众多领域，且市场上自动化采集仪器繁多，综合考虑后决定从市场上选购一种适合自平衡测试且采集精度高的产品。经充分考察、调研后决定选用在国内自动化仪器领域比较领先的岩海公司开发的数据采集系统。

数据采集系统采用 RS－JYC 基桩静荷载测试系统，系统组成如下：

(1)RS-JYC 主机　　1 台；
(2)中继器　　1 台；
(3)控载箱(控制电动油泵)　　1 台；
(4)位移传感器(调频式)　　8～9 只；
(5)压力传感器　　1 只；
(6)电源适配器　　1 只；
(7)油路接口　　1 套；
(8)连线若干。

1. 采集系统的主要功能及特点

(1)操作简便

①采用全汉字菜单式操作界面，无需记忆任何操作命令；
②每步操作均有汉字信息提示，无需说明书亦可轻松操作；
③现场可实时显示 Q—S、S—lg$Q$、S—lg$t$ 曲线及所有测试数据，便于测试人员及时了解测试状况；
④现场连接方式与传统方法相同，现场操作人员无需再培训；
⑤使用中继器转接，现场连线极其简洁；
⑥选用大容量电子硬盘，可连续测试 30 根桩，储存全部试桩数据，满足各种要求。

(2)自动化程度极高

①全自动实时观测并自动记录测试数据；
②通过控载箱，可预先设置加载程序，实现对荷载箱自动加载、补载，自动维持荷载恒定；
③自动判稳并可自动进行下级荷载的测试；
④可同时监视并记录基桩位移量；
⑤若配备双油路千斤顶及电动油泵可实现自动卸载，实现测试过程真正全自动化；
⑥对现场测试过程中出现的异常数据可实时修正。

(3)完善的自动报警功能及良好的环境适应性

①液压设备漏油时自动报警并及时停止加压；
②荷重不足(或反力不足)时自动报警并及时停止加压；
③被测基础急剧位移时自动报警；
④交、直流两种供电方式(直流可用蓄电池或汽车电瓶供电)；
⑤意外断电时数据不丢失；
⑥测试点与主机间使用单根加粗电缆连接，连线简便，同时提高抗破坏力；
⑦测试人员可以远离测试现场 30～40m，安全性极好；
⑧采用全防水且耐高低温的测试传感器，各条件下均可正常工作。

2. 技术指标

(1)荷载测试

①压力测试通道　　1 个；
②力测试通道　　1 个 ；
③采用压力测试量程　　荷载只与千斤顶大小及数量有关，可采用多顶并联；
④精度　　0.5%FS；
⑤分辨率　　0.1%FS。

(2)位移测试

①独立通道个数　　12 个 ；
②量程　　50.00mm(单次)，－327～＋326mm(多次移表)；

③精度　　　　　　　　满量程误差≤0.03mm；
④分辨率　　　　　　　0.01mm；
⑤重复性误差　　　　　≤0.01mm；
⑥时漂　　　　　　　　≤0.01mm/4h；
⑦温漂　　　　　　　　≤0.04mm/10℃。

三、安装施工时的注意事项

测试数据的准确性基于完好的测试元件和良好的桩身质量，为此必须制定合理、针对性的安装施工步骤，见图 2-4-11。安装施工时的注意事项如下：

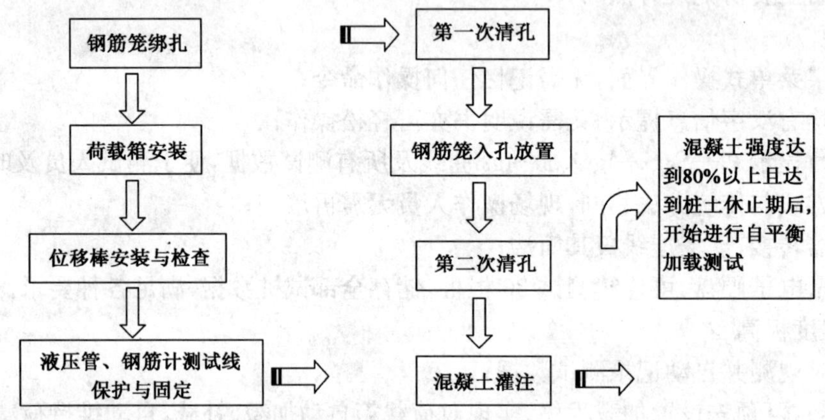

图 2-4-11　试桩施工流程图

(1)位移棒外护管之间的连接最好用套管接头并与钢筋笼焊接成整体，管壁无孔洞，确保护管不渗入泥浆。为保证上述要求，施工时要严格按如下操作步骤进行：

①安装应力测试元件及荷载箱；

②将最下段位移棒外护管焊接于上、下顶底板，将其固定在钢筋笼上；

③依次接长位移棒外护管至桩顶适当位置，外护管固定在钢筋笼上，并检查护管是否有孔洞；

④其他工作完备后，准备下放钢筋笼；

⑤测试元件导线及油管的固定与保护。

(2)钢筋笼放入桩孔中后根据需要进行二次清孔。

(3)桩身混凝土灌注时，导管经导向钢筋通过荷载箱到达桩端附近灌注混凝土，当混凝土顶面接近荷载箱底板位置时，应放慢导管提升速度，当荷载箱顶板上部混凝土在 2～3m 范围时，方可将导管拔过荷载箱，然后灌注混凝土至设置桩顶。为保证混凝土顺利通过荷载箱，桩孔填充密实，荷载箱下部灌注的混凝土坍落度宜控制在 175～225 mm。

(4)试桩施工完毕后，将应力元件及油管保护好，并将位移棒外护管的孔口密封，防止杂物落入管内。待测试时再安装位移棒、位移计，进行测试系统的调试。

第四节　自平衡测试方法

一、测试设备

1.加载设备

试验加载采用专用的荷载箱，经法定检测单位标定后使用。荷载箱轴线与试桩中心对齐，荷载箱位移方向与桩身轴线夹角≤5°，荷载箱极限加载能力应不小于预估极限承载力的1.2～1.5倍。

2.荷载与位移的量测装置

采用连于荷载箱输压管的压力表测定油压，根据荷载箱标定曲线换算荷载。桩身位移采用位移传感器或电子百分表测量，并通过伸出桩顶的位移棒测量荷载箱顶底板的向上和向下位移。

固定和支承位移传感器或百分表的基准梁采用一端固定一端自由的方式，且与试桩保持一定的距离，以保证不受气温、振动及其他外界因素影响其竖向变位。基准梁必须具有相当的刚度，并应避免日照和雨淋。试桩与基准桩之间的中心距离按下述原则确定：

(1)试桩与基准桩的中心距离应≥3D(D为试桩桩径)。

(2)试桩的桩径D≤800mm时，基准桩与试桩的中心距离不小于2m；若D>800mm时，不小于4m。

二、荷载箱的埋设位置

荷载箱的埋设位置应事先根据地质报告进行估算，基本原则是埋设在桩身自反力平衡点处；多层荷载箱以分别激发分段桩侧极限摩阻力和桩端阻力为目的。

三、试验方法

1.试验加载方式

试验采用慢速维持荷载法，即逐级加载，每级荷载达到相对稳定后方可进行下一级加载，直至试桩破坏，然后分级卸载至零。若仅对工程桩做检验性试验，考虑缩短试验时间，可采用快速维持荷载法，初始加载量为预估极限承载力的5%，每级加载后分1min、2min、4min、8min各测读一次，然后进行下一级加载，直到加至预估极限荷载。卸载阶段应至少有四级荷载—位移数据点。以下为慢速维持荷载法试验规则。

根据工程要求，可进行多次加卸载循环，且最后一次循环之前的加载量应控制在设计极限荷载70%以下。

2.加卸载及位移观测

(1)加载分级：每级加载为预估极限荷载的1/10～1/15，当桩端埋入巨粒土、粗粒土以及坚硬的黏性土中时，第一级可按2倍分级荷载施加。

(2)位移观测：每级加载完毕后第一小时每隔15min测读一次，以后每隔30min测读一次。

(3)位移相对稳定标准：在每级荷载作用下，若桩身位移量在每小时内小于0.1mm，或试桩的位移速率虽未达到小于0.1mm/h，但在连续观测的30min位移量中，出现相邻三次平均位移速率(由1.5h内连续观测的4次位移量计算)呈现衰减，即可认为该级荷载的位移已经稳定。

3.终止加载条件

当出现下列情况之一时，即可终止加载。

(1)总位移量虽未达到40mm，但已达到极限加载能力或试验规定荷载。

(2)总位移量大于或等于40mm，本级荷载下的位移量等于或大于前级荷载下位移量的5倍。

(3)总位移量大于或等于40mm，本级荷载加上后24h未达稳定。

(4)总位移量达到40mm，继续增加二级或二级以上荷载仍无陡变。

(5)达到荷载箱最大行程。

4.卸载与卸载回弹观测

卸载分级为加载分级的2倍，每级荷载维持1h，按第15min、30min、60min测读后，即可卸下一级荷载。卸载至零后，至少在2h内每30min观测一次，如果桩尖下为砂类土，则开始30min内，每15min观测一次；如果桩尖下为黏质土，第一小时内，每15min观测一次。

另外，试验对试桩的要求如下：

(1)荷载箱在成孔以后、混凝土浇筑前设置。施工要保证荷载箱与钢筋笼良好焊接在一起，焊缝满足强度要求。荷载箱要确保平放于试桩中心，其两端的钢筋笼应采取加强措施。

(2)试桩的桩土参数、成桩工艺和质量控制标准应与工程桩一致。为缩短试桩养护时间，混凝土强度等级可适当提高，或掺入早强剂。

第五节　单桩极限承载力的确定

自平衡测试与传统静压受力方式不同，其加载量为传统静载的一半，荷载箱上段桩身与传统静压的受力分析如图 2-4-12，荷载箱下段桩身受力与传统静载相同。自平衡测试的最终目的是确定试桩的极限承载能力，由于其测试方式的特殊性，因而试验中获得的数据必须进行相应的处理。桩的设计应以承载力及桩顶沉降为控制指标，目前我国工程应用中多以承载力为设计控制指标，但某些情况下尚需进行桩顶沉降计算；同时现行规范也是以桩顶沉降作为极限承载力判断依据。为便于设计人员参考及充分利用现行规范，需将自平衡测试分段曲线转换为桩顶加载的 Q—S 曲线，然后利用传统静载的单桩极限承载力的方法进行判别。根据试验目的和试验采集数据种类的不同，自平衡试桩极限承载力的判别方式分为简化和精确两种。

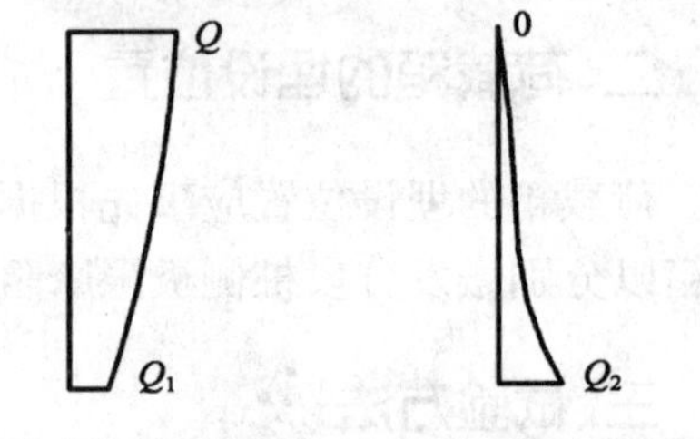

图 2-4-12　自平衡法和传统静压的上段桩荷载传递示意图

一、确定单桩极限承载力的简化方法

对于某些工程，试桩的目的仅需要测定基桩的极限承载能力，从而达到验证设计的目的。自平衡试桩极限承载能力的确定，可以按照其加载的方式和上下桩段的 Q—S 曲线，利用推导的简化承载力公式和简化等效 Q—S 曲线进行确定。

1. 简化承载力公式

由于自平衡加载方向与实际受力的不同，应考虑上段桩侧阻力与实际受力下桩侧阻力的差异以及上段桩自重，根据荷载箱上下桩段的位移随荷载的变化曲线分别确定上段桩的极限桩侧阻力及下段桩的桩侧与桩端阻力之和，综合分析自平衡加载方式下的极限承载力。此法适用于桩身未埋桩身应力元件的情况，而且要求试桩上下桩段的极限阻力几乎同时激发或对试验曲线进行外延，是对基桩极限承载力的一种近似评估。

首先依据上下桩段的 Q—S 曲线，由合适的承载力确定方法分别求得上、下桩段的极限承载力，并考虑自平衡加载时桩身存在泊松(径向变形)效应、轴向变形效应、边界效应等引起的正负摩阻力的差异，在将自平衡测试的上段桩负摩阻力转换为压桩正摩阻力时，引入综合转换系数 K，然后考虑上段桩桩身自重的影响，即可按下式计算单桩竖向抗压极限承载力：

$$Q_u = K(Q_u^{上} - W) + Q_u^{下} \tag{2-4-7}$$

式中 Q_u——单桩竖向抗压极限承载力；

$Q_u^{上}$——上段桩桩侧极限摩阻力；

$Q_u^{下}$——下段桩极限承载力；

W——上段桩桩身自重(地下水位以下按浮容重计)；

K—— 综合转换系数。

在自平衡测试技术发展初期，由于该法较为简单，应用比较广泛。在实际工程中，桩侧土层分布较为复杂，黏性土、砂土等都存在，不可能采用黏性土或砂土的单一转换系数，为保守起见，国内外工程应用时将综合转换系数取为1.0。目前该法仍在国内外试桩中使用，并且被纳入江苏省地方标准《桩承载力自平衡测试技术规程》(DB32/T 291)中。

2.简化等效转换法

简化等效转换法的转换原理如下：

考虑自平衡加载时桩身存在泊松(径向变形)效应、轴向变形效应、边界效应等引起的正负摩阻力的差异，在将自平衡测试的上段桩负摩阻力转换为压桩正摩阻力时，引入综合转换系数 K，并按理论分析的结果忽略上下桩段的相互影响。则自平衡试桩的转换后的桩顶荷载(承载力)公式为：

$$Q = K(Q^{u} - G) + Q^{d} \tag{2-4-8}$$

式中：Q——转换的传统静载桩顶荷载；

Q^{u}——上段桩桩侧摩阻力；

Q^{d}——下段桩总阻力；

G——上段桩自重(地下水位以下按浮容重计)。

由于自平衡测试结果为分段 $Q—S$ 曲线，每施加一级荷载上、下桩段的位移值不同，而传统静载是一一对应的单一 $Q—S$ 曲线。假定：①上段桩为不可压缩的刚性桩，传统静载下桩顶与荷载箱处的位移同步；②自平衡测得的向上、向下荷载—位移关系同样适用于传统静载下的相应桩段。于是根据位移 $S_i = S_i^{+} = S_i^{-}$ 的原则(以最大位移较大者为基准，位移较小的曲线采用拟合曲线外延)由自平衡分段曲线查得相应的 Q^{u}、Q^{d}，按式(2-4-8)既可得到向传统静载转换的一系列点(Q_i，S_i)，从而得出近似等效的桩顶荷载—位移曲线。转换过程见示意图2-4-13。

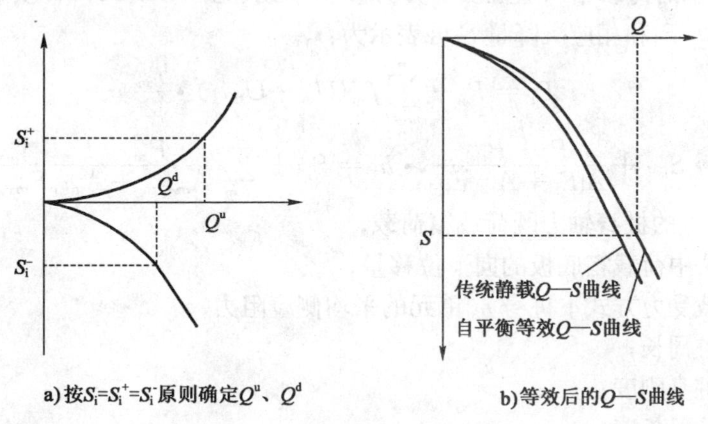

图2-4-13　自平衡等效转换示意图

3.关于综合转换系数的讨论

(1)经验取值

根据工程地质情况，K 值建议取用范围为：在正常施工工艺下，对于砂土取值为1.43，对于黏性土和粉土取值为1.25。实际工程中大多数试桩上段桩侧土层分布比较复杂，黏性土和砂土交互存在，这时不能采用某种土层的单一转换系数，在无现场对比资料的时候，应该将综合转换系数取为1.0，这样较为安全。另外，对于采用泥浆护壁的钻孔灌注桩，当泥浆过稠(相对密度>1.3)时在桩身表面形成"泥皮"，剪切滑动面将发生在泥皮内，减少了正负摩阻的差异，对此种情况可将综合转换系数较安全地取值为1.0。现行规范及各类书籍中均未提及桩—岩界面的正负摩阻差异，因此参照国外的取值情况，将桩—岩界面的综合转换系数较安全地取值为1.0。

(2)拟合法

对于某工程地质近似的地区，可预先在地层相同的一定范围内做自平衡、传统静载的对比性试验。根据试验结果拟合出本地区的综合转换系数，作为后续自平衡测试结果转换的参考值。根据相同条件下的传统静载与自平衡测试结果，按照 $S_i = S_i^+ = S_i^-$ 的原则，分别由传统静载 $Q—S$ 曲线和自平衡分段 $Q—S$ 曲线得出相同位移下的 Q、Q^u 和 Q^d，从而得到一系列的点（$Q—Q^d$、Q^u），再由最小二乘法进行拟合，即可得到综合转换系数 K。

由于桩的刚性假定，单桩承载力的简化方法忽略了桩身的弹性压缩，认为侧阻和端阻同步发挥，对于短桩（$L<15$m）和中长桩（$L=15\sim40$m）的试验结果，其误差应在合理范围之内且偏于保守；但对于长桩（$L=40\sim80$m）、超长桩（$L>80$m）和完全嵌岩桩，可能造成较大的误差，转换结果偏于不安全。

二、自平衡测试数据精确等效转换及承载力确定

1. 考虑弹性压缩的递推转换法

自平衡测试时可测定各级荷载箱荷载及相应的向上、向下的位移量，若预先沿桩身分层埋设测试元件，可测定桩身不同深度的应变或轴力。通过桩身轴力分布可计算各分段单元的平均桩侧摩阻力，同时由桩身各点的应变或轴力、各分段单元的平均断面刚度，可计算出各单元中点位移量，还可得到简化的桩侧摩阻力与桩身位移的关系。

在转换时作出以下假定：①桩为弹性体；②各分段单元的弹性变形可由单元上、下端面的平均轴力和断面刚度求得；③自平衡测试法测得的下段桩桩顶荷载与向下沉降量的关系以及上段桩各分段单元的桩侧摩阻力与位移的关系，在向传统静载桩顶荷载转换时同样适用，这样偏于保守；或根据有关资料分层设定正负摩阻比值系数，使转换结果更趋于实际情况。按以上假定，转换时将自平衡测试的荷载分段传递方式变为传统静载的自上而下的传递方式。

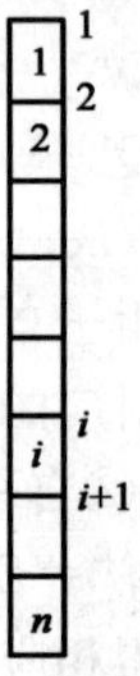

图 2-4-14　上段桩单元及节点编号示意图

将自平衡测试法中的荷载箱以上桩段划分为 n 个单元（见图 2-4-14），转换后任一单元顶 i 的桩身轴力 P_i 和相应沉降量 S_i 可表示为：

$$P_i = P_j + \sum_{m=i}^{n} f_m (U_m + U_{m+1}) \cdot \frac{h_m}{2} \tag{2-4-9}$$

$$S_i = S_{i+1} + \frac{P_i + P_{i+1}}{A_i E_i + A_{i+1} E_{i+1}} \cdot h_i = S_j^- + \sum_{m=i}^{n} \frac{P_m + P_{m+1}}{A_m E_m + A_{m+1} E_{m+1}} \cdot h_m \tag{2-4-10}$$

式中：P_j——$i=n+1$ 点的桩身轴力既荷载箱荷载；

S_j^-——自平衡法中荷载箱底板的向下位移量；

f_m——传统静载受力方式下桩身 m 单元的平均侧摩阻力；

U_m——m 点的桩周长；

$A_m E_m$——m 点处桩身刚度；

h_m——m 单元分段长度。

转换后桩单元 i 的中点沉降量 S_{mi} 可表示为：

$$S_{mi} = S_{i+1} + \frac{P_i + 3P_{i+1}}{A_i E_i + 3A_{i+1} E_{i+1}} \cdot \frac{h_i}{2} \tag{2-4-11}$$

将式（2-4-9）代入式（2-4-10）和式（2-4-11），可得：

$$S_i = S_{i+1} + \frac{h_i}{A_i E_i + A_{i+1} E_{i+1}} \cdot \left[2P_j + \sum_{m=i+1}^{n} f_m (U_m + U_{m+1}) \cdot h_m + f_i \cdot (U_i + U_{i+1}) \cdot \frac{h_i}{2}\right] \tag{2-4-12}$$

$$S_{mi} = S_{i+1} + \frac{h_i}{A_i E_i + 3A_{i+1} E_{i+1}} \cdot \left[2P_j + \sum_{m=i+1}^{n} f_m (U_m + U_{m+1}) \cdot h_m + f_i \cdot (U_i + U_{i+1}) \cdot \frac{h_i}{4}\right] \tag{2-4-13}$$

当 $i=n$ 时，有：

$$S_n = S_j^- + \frac{h_n}{A_n E_n + A_{n+1} E_{n+1}} \cdot \left[2P_j + f_n \cdot (U_n + U_{n+1}) \cdot \frac{h_n}{2}\right] \tag{2-4-14}$$

$$S_{mn} = S_j^- + \frac{h_n}{A_n E_n + 3A_{n+1}E_{n+1}} \cdot [2P_j + f_n \cdot (U_n + U_{n+1}) \cdot \frac{h_n}{4}] \tag{2-4-15}$$

另外，自平衡法加载方式下上段桩的桩侧摩阻力与桩土相对位移解析方程如下：

自平衡加载方式下桩身各单元 i 的平均摩阻力：

$$\tau_i = \frac{2(P_i' - P_{i+1}')}{(U_{i+1} + U_i) \cdot h_i} \tag{2-4-16}$$

各单元顶点 i 的位移量：

$$S_i' = S_j^+ - \sum_{m=i}^{n} \frac{P_m' + P_{m+1}'}{E_m A_m + E_{m+1} A_{m+1}} h_m = S_{i+1} - \frac{P_i' + P_{i+1}'}{E_i A_i + E_{i+1} A_{i+1}} h_i \tag{2-4-17}$$

则各单元中点位移量：

$$S_{mi}' = S_j^+ - \sum_{m=i}^{n} \frac{P_m' + 3P_{m+1}'}{E_m A_m + 3E_{m+1} A_{m+1}} \cdot \frac{h_m}{2} \tag{2-4-18}$$

式中：$P_i{}'$——自平衡加载方式下上段桩各单元 i 点的桩身轴力；

S_j^+——自平衡法中荷载箱顶板的向上位移量；

其他符号意义同上。

由于弹性压缩递推转换法是通过理论弹性压缩量计算上段桩的位移，因此上段桩桩侧摩阻力显得尤为重要。计算时可由自平衡测得的桩侧摩阻力与桩身位移的关系进行公式拟合，对于未充分激发的土层摩阻力，可根据地质钻孔资料进行外延。然后结合各分段土层的正负摩阻转换系数，求得转换后桩身各单元中点沉降量对应的摩阻力，再根据荷载箱的各级荷载及相应的向上、向下位移量，利用以上公式计算传统静载下的桩顶荷载及相应沉降。具体解析流程见图 2-4-15。

2. 模拟传统静载的迭代转换法

以上两种转换方法都是以自平衡实测位移为基础，按插值或弹性递推来确定转换的 Q—S 曲线，荷载及位移皆非等增量。模拟传统静载的迭代转换法可按传统静载分级进行转换，自平衡和传统静载试验的对比更为形象，且转换精度较高。

在转换时作出以下假定：

(1)桩为弹性体。

(2)各分段单元的弹性变形可由单元上、下端面的平均轴力和断面刚度求得。

(3)自平衡测试法测得的下段桩桩顶荷载与向下沉降量的关系以及上段桩各分段单元的桩侧摩阻力与位移的关系，在向传统静载桩顶荷载转换时同样适用，这样偏于保守；或根据有关资料分层设定正负摩阻比值系数，使转换结果更趋于实际情况。

(4)桩顶荷载作用下，在荷载未传至荷载箱顶面深度处时，桩顶荷载—位移关系采用自平衡加载方式下荷载箱荷载 QX－上段桩自重 G—向上位移 $S_{上}$ 关系。

转换荷载分级与传统静载一致，设荷载刚传至荷载箱顶面深度处时的桩顶临界荷载为 P_0，其值可通过设定荷载箱顶面深度处桩身截面荷载为一较小值，将其作为荷载箱的荷载，以下段桩的荷载—位移曲线为基础，求得该截面相应的桩身位移，然后按考虑弹性压缩的递推转换法中递推原则，求得该荷载下的桩顶荷载，即为 P_0 值。当桩顶荷载小于 P_0 时，桩顶的 Q—S 曲线按自平衡加载方式下(荷载箱荷载 Q_X－G)—向上位移 $S_{上}$ 关系确定；当桩顶荷载大于或等于 P_0 时，给定荷载箱顶面深度处桩身荷载 P_X 一较小的初始值，将其作为荷载箱的荷载，以下段桩的荷载—位移曲线为基础，求得该截面相应的桩身位移，然后按考虑弹性压缩的递推转换法中递推原则，求得该荷载下的桩顶荷载和位移，若与本级转换荷载基本吻合，则进行下一级荷载的等效转换；否则将 P_X 循环累加增量，按考虑弹性压缩的递推转换法中递推原则，求得该荷载下的桩顶荷载和位移，直至递推的桩顶荷载和本级转换荷载基本一致。

具体解析流程见图 2-4-16。

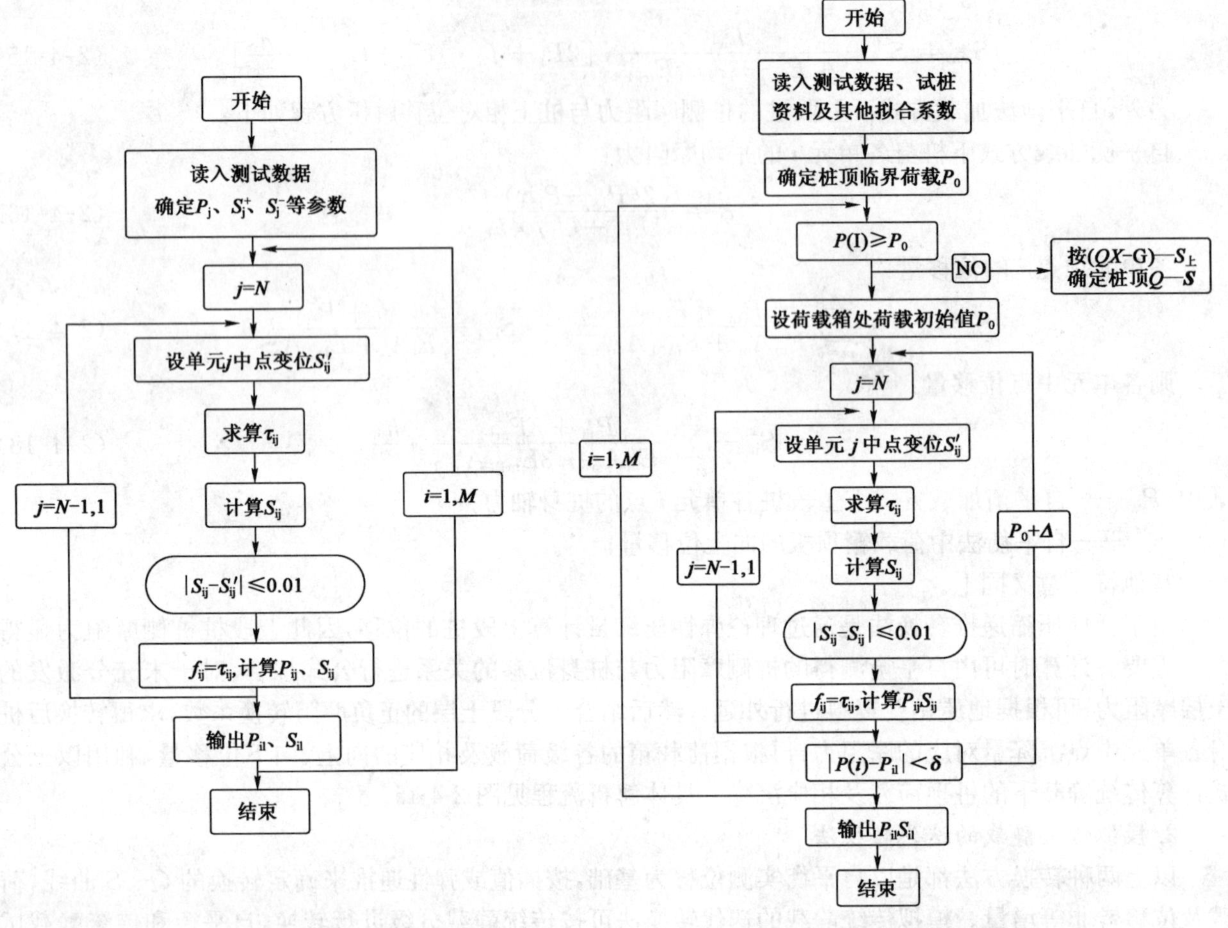

图 2-4-15　考虑弹性压缩的递推转换流程图

注：M为加载分级数，N为桩身分段数

图 2-4-16　模拟传统静载的迭代转换流程图

注：M为加载分级数，N为桩身分段数

3. 基于改进荷载传递函数的转换法

Seed 和 Reese 用荷载传递函数来分析桩的荷载传递规律及其沉降计算，它的基本概念是把桩划分为若干弹性单元，每一单元与土体之间用非线性弹簧联系，桩端处土也用非线性弹簧与桩端联系，以模拟桩土间的荷载传递关系。桩侧和桩端处的非线性弹簧应力—应变关系分别表现为τ—s和σ—s关系。荷载传递函数假定桩侧（或桩端）的位移仅与该点的桩侧摩阻力（或桩端阻力）有关，而忽略了土体的连续性，与基桩实际受力状况不符。对于自平衡试桩同样存在这样的问题：桩侧摩阻力传递函数的计算模式；向桩顶加载转换时，上段桩侧阻对桩端的影响。对于短桩影响不大，对于超长桩，可能会产生较大的误差，大量超长桩的实测结果表明，当桩端有较大位移时，桩端阻力较小，甚至为零。

(1)桩侧传递函数的改进

荷载传递函数法假定桩身任意点的位移只与该点的摩阻力有关，而与桩身其他点的应力无关，忽略了土的连续性。根据桩侧摩阻力实测资料，目前传递函数通常采用下式：

$$\tau=\frac{a\cdot S}{b+S} \tag{2-4-19}$$

式中：τ——桩侧摩阻力；

S——桩身位移；

a、b——岩土参数。

荷载传递函数法是以桩身为研究对象，荷载传递函数中的位移是桩身位移，而桩侧某点处摩阻力的发挥，取决于该点桩土的相对位移，式(2-4-19)中的S应扣除土体连续性所引起的土体位移，才能真正反映位移传递函数的本来用意。而由于土体连续性引起的土体位移：

$$S_1 = \alpha \cdot \left(\frac{z}{L}\right)^{1.5} \cdot S \tag{2-4-20}$$

式中：α——综合参数；

z——竖向坐标，桩顶处 $z=0$；

L——桩长。

于是式(2-4-19)则改写为：

$$\tau = \frac{a \cdot S[1-\alpha(z/L)^{1.5}]}{b + S[1-\alpha(z/L)^{1.5}}$$

对于特定的计算点来说，z 为常值，上式可简化为：

$$\tau = \frac{S}{B + A \cdot S} \quad (\text{其中 } A、B\text{—— 待定参数}) \tag{2-4-21}$$

显然式(2-4-21)与式(2-4-19)的表达形式是一致的，但参数的含义不同。根据自平衡试验实测数据推算某点一系列的桩侧阻力和桩身位移，利用式(2-4-21)就可回归分析确定 A、B，从而确定其荷载传递函数。利用位移协调法向桩顶加载转换时，假定实测各桩身单元的桩侧摩阻传递函数同样适用。

(2)桩端传递函数的改进

单桩桩顶受到竖向荷载后，其桩顶沉降量有以下三部分组成：

①桩身的弹性压缩；

②由于土体的连续性，桩侧摩阻力向下传递引起桩端土体压缩产生的桩端沉降；

③由于桩端荷载引起桩端土体压缩所产生的桩端沉降。

荷载传递函数忽略了土体的连续性，未考虑桩侧摩阻力向下传递而引起的桩端位移。对于自平衡试桩向传统静载转换时，则不能准确反映上段桩对下段桩特别是对桩端的影响，必须加以改进来模拟桩端的实际受力状况。

桩基荷载对地基土附加应力的分析，主要是以弹性连续介质理论模拟桩周土体的响应，假定地基为半无限弹性体，不考虑成桩对土体初始应力的影响，采用半无限体内施加荷载的 Mindlin 公式求解。将桩分成若干均匀的受载单元，各单元桩侧摩阻力沿桩身采用简化分布模式，大致可分为以下三种：

①以作用在桩端轴线上的集中力代替(Geddes)；

②以作用于桩段中间圆截面的均布应力代替(Nair)；

③以均匀分布于各单元桩周上的圆形线荷载代替(Poulos)。

第三种假定与桩的实际工作性状最符合，此处基于 Mindlin 解进行计算，计算模型示意见图2-4-17。

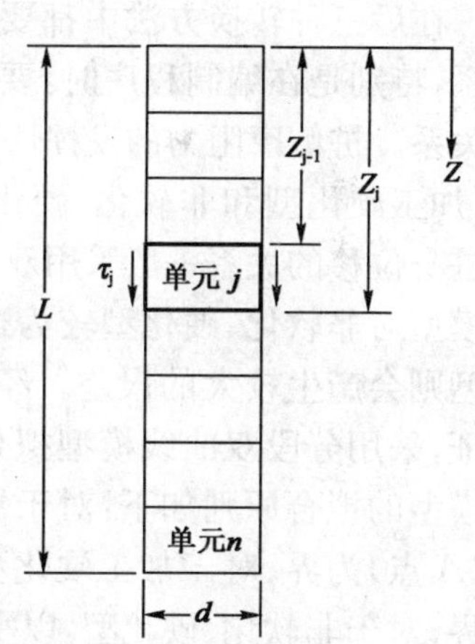

图 2-4-17 附加沉降 Mindlin 求解示意图

将桩划分为若干单元，单元的桩侧摩阻力为 τ_j，对单位集中点荷载下的 Mindlin 公式进行积分，则单元 j 的单位摩阻力对桩端中心土体产生的附加位移为：

$$I_{bj} = \pi \int_{z_{j-1}}^{z_j} I_p \mathrm{d}c = \frac{1+\mu}{8(1-\mu)} \left\{ \frac{z_1}{D_1} - 4(1-\mu)\ln(z_1 + D_1) + 8(1-2\mu+\mu^2)\ln(z+D) + \frac{[8L^2 z/d^2 - 4L - (3-4\mu)z]}{D} + \frac{Ld^2 - 16L^2 z^3/d^2}{2d^3} \right\}_{z_1=L-z_{j-1};\, z=L+z_{j-1}}^{z_1=L-z_j;\, z=L+z_j} \tag{2-4-22}$$

其中 $D=(z^2+d^2/4)^{1/2}$；$D_1=(z_1{}^2+d^2/4)^{1/2}$ (2-4-23)

则各桩身单元侧摩阻力对桩端产生的附加沉降为：

$$S_a = \frac{d}{E_b} \sum_{j=1}^{n} \tau_j \cdot I_{bj} \tag{2-4-24}$$

式中：d——桩径；

E_b——桩端土体弹模。

由于自平衡加载时上段桩对下段桩的影响可忽略不计，若把下段桩视为“虚拟桩端”而上段桩视为单独桩，则自平衡加载实测的荷载 σ_b—向下位移 S_b 曲线可视为仅由“虚拟端阻力”引起的荷载传递函数。根据上述改进桩端荷载传递函数，计算出上段桩对实际桩端的附加沉降 S_a，则自平衡试桩向传统加载转换时的“虚拟桩端”荷载传递函数应为 σ_b—S_b+S_a。另外，桩端附加沉降的计算也可先由 Mindlin 公式积分求解桩端附加应力，再由分层总和法计算沉降。

(3)转换方法

按照埋设测试元件的层数，将自平衡测试法中的荷载箱以上桩段划分为 n 个单元，利用上述原理及改进的荷载传递函数，按位移协调法并借助实测数据，就可进行有效的转换。计算步骤如下：

①假定下段桩的桩顶荷载(或桩端阻力)P_{n+1}——荷载箱加载量，然后按实测的荷载 σ_b—向下位移 S_b 曲线计算相应的桩身向下位移 S_{n+1}。

②按改进的桩侧摩阻力传递函数，用位移协调法按式(2-4-9)～式(2-4-11)从荷载箱处递推至桩顶，由此可得到桩顶荷载和沉降；

③根据上段桩各单元桩侧摩阻力，利用式(2-4-24)计算由桩侧摩阻力所引起的桩端附加沉降，并将此值叠加至相应的桩身向下位移 S_{n+1}；

④重复②～③步骤，直至前后两次计算的桩顶荷载或沉降小于容许值而收敛；

⑤若已知桩顶荷载，则可通过不断调整下段桩的桩顶荷载(或桩端阻力)P_{n+1}，重复①～④直至计算的桩顶荷载与实际荷载相差很小。

4. 变量间的数学模型

(1)关于桩侧摩阻力与桩身位移关系的拟合

在后三种转换方法中都要用到桩侧摩阻力与桩身相对位移关系，特别是在编制程序时，要选择合理的方程来准确模拟其间的关系。桩侧摩阻力的发挥性状因土性而异，一般分为加工软化型、加工硬化型和非软化、硬化型(见图 2-4-18)。目前桩侧摩阻与桩身位移的关系一般采用双曲线模型，即：$S/\tau=aS+b$，此种曲线模型对非软化、硬化型较为适合，但用于加工软化型和加工硬化型则会产生较大的误差。经过多种模型的比较和大量数据的验证，采用分段双曲线模型拟合精度较高，予以采用。分段双曲线模型的拟合原则如下：对于加工软化型，以曲线下降段的起始点(A 点)为界；对于加工硬化型，以曲线斜率明显减小时(B 点)为界；对于非软化、硬化型，以平缓段的起点(C 点)为界。

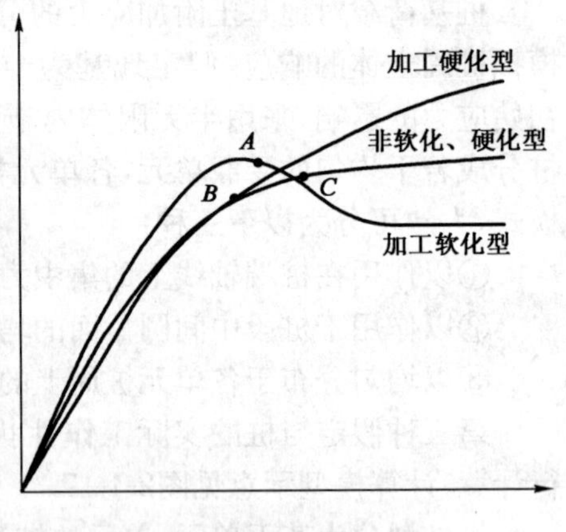

图 2-4-18　桩侧摩阻力发挥性状

当桩侧摩阻被充分激发时，就可用分段双曲线模型来进行拟合。当桩侧摩阻未被充分激发，而处于线性阶段时，就假定桩侧土为理想弹塑性，即将地质报告提供的极限摩阻作为极限值，弹性阶段按实测的数据进行线性拟合并外延，这样可部分消除桩身上部 1/3 范围内实测值偏小的误差。

(2) Q—S 曲线的数学模型

在后两种转换方法的计算过程中，需要将离散的荷载—位移实测数据，用连续的数学模型来表示以便于程序编制。经过多种数学模型的比选，分段 $\lg S$—$\lg Q$ 模型和调整双曲线模型拟合程度较高，但调整双曲线模型在由 Q 求 S 时要用牛顿迭代法求算，从精度和编程便利的双重考虑，程序中采用分段 $\lg S$—$\lg Q$模型。

5. Q—S 曲线外延数学模型

当试验 Q—S 曲线无明显拐点，需要根据实测数据进行外延来满足转换要求，外延拟合曲线的数学模型则必须拟合精度高，且能模拟并预测实际 $Q—S$ 曲线的发展趋势。

根据 $Q—S$ 曲线特征，设定其数学模型为：

$$Q=\frac{S}{a\cdot S+\frac{b\cdot S}{S^{1.5}+S_{n-1}}+c} \tag{2-4-25}$$

式中：Q——作用于桩顶的荷载(kN)；

S——桩顶沉降量(mm)；

a、b、c——拟合参数；

S_{n-1}——最后第二级荷载下的实测沉降量。

若令

$$y=\frac{S}{Q};x_1=S;x_2=\frac{S}{S^{1.5}+S_{n-1}}$$

则式(2-4-25)变为：

$$y=a\cdot x_1+b\cdot x_2+c \tag{2-4-26}$$

根据二元线性回归可确定相应的参数 a、b、c。

显见，式(2-4-25)在分母中比双曲线模型($S/Q=aS+c$)增加了含 b 的一项，且该项当 $S\to0$ 和 $S\to\infty$时均趋于 0，故能有效地自动调整曲线弹性变形和弹塑性变形阶段的特性，使拟合精度大大提高，稳定性增强。经大量计算分析验证，此数学模型与常用的双曲线模型和指数曲线模型相比，其拟合的相关指数普遍得到较大的提高，模型的适用性强，几乎适用于各种桩型、桩周桩端土质、成桩工艺等情况，并避免了 $Q—S$ 曲线弹性变形阶段试点取舍带来较大的人为因素影响。该模型能较好地预估某一沉降值下桩顶承受的荷载，并可用于未达破坏试桩的后期预估。

6. 各种转换方法的适用性

以上各种转换方法中存在各自的假定，且模拟基桩实际工作性状的程度不同，因此它们具有一定的适用范围。

(1)弹性递推和模拟静载转换法以位移协调为原则，利用实测的侧阻和端阻传递函数进行转换，对于短桩和中长桩转换精度进一步提高；但由于忽略了上段桩侧阻对桩端沉降的附加影响，对于长桩和超长桩(上段桩较长)试验结果的转换有一定误差。

(2)基于改进荷载传递函数的转换法考虑了各种因素的影响，较准确地模拟基桩的荷载传递机理，适用各种桩型。

7. 自平衡测试数据转换软件

基于上述的四种转换方法，编制了自平衡测试数据转换软件 BLM，并使之界面化，数据输入直观、简洁，并有帮助文件，输入后可显示数据文件便于检查、修改。计算结果可以数据文件、图形方式显示，并可对各种方法计算的结果进行对比显示。另外，还可显示自平衡实测数据的分段 $Q—S$ 曲线。图形曲线可动态显示，并动态显示各点的荷载、位移值。计算结果可形成 TXT 和 DAT 文件，便于用 EXCEL 等工具进行数据后处理。

第六节　自平衡测试相关计算指标及试验

一、计算指标

1. 轴力计算

为进行单桩荷载传递分析，即在桩顶荷载作用下桩身轴力沿深度的变化，试桩在灌注水下混凝土前，在钢筋笼不同深度位置(桩侧土层分界处及桩底处)埋设振弦式钢筋计(每层埋 3～4 支)，钢筋计与主筋焊接。当桩进行静载荷试验时，钢筋计中钢弦的振动频率由于受力就会发生变化，用振弦式频率仪测出钢弦的频率变化就可得出钢弦的受力大小，通过下述公式，即可得出桩身轴力，相邻两测试截面的轴力之差即为该段桩身侧阻力。桩身轴力计算公式为：

$$P(i,j)=[f(0,j)^2-f(i,j)^2]\cdot kE_cA_c/(A_sE_s) \tag{2-4-27}$$

式中：$P(i,j)$——第 i 级荷载作用下 j 截面桩身轴力(kN)；

E_c、E_s——分别为混凝土和钢筋的弹性模量(MPa)；

A_c、A_s——分别为桩身截面积和钢筋截面积(m^2)；

$f(0,j)$——加载前 j 截面钢筋计的频率(Hz)；

$f(i,j)$——第 i 级荷载作用下 j 断面钢筋计算频率(Hz)；

k——钢筋计的率定系数(kN/Hz^2)。

桩身轴力测试与加压荷载及沉降观测同步进行，在每级荷载加载完毕和稳定时，通过振弦式频率仪测读加载过程桩身各断面的受力。

2. 桩侧摩阻力计算

根据桩身轴力分布即可计算出桩侧各岩土的摩阻发展情况。桩侧摩阻力以各分段的平均值作为计算指标，则自平衡加载方式下桩身各单元 i 的平均摩阻力为：

$$\tau_i=\frac{2(P'_i-P'_{i+1})}{(U_{i+1}+U_i)\cdot h_i} \tag{2-4-28}$$

3. 桩身截面位移计算

为求得桩侧摩阻力的荷载传递函数，还需计算各桩段中点的桩身位移。各单元顶点 i 的位移量

$$S'_i=S_j-\sum_{m=i}^{n}\frac{P'_m+P'_{m+1}}{E_mA_m+E_{m+1}A_{m+1}}h_m=S_{i+1}-\frac{P'_i+P'_{i+1}}{E_iA_i+E_{i+1}A_{i+1}}h_i \tag{2-4-29}$$

则各桩段单元中点位移量

$$S'_{mi}=S_j-\sum_{m=i}^{n}\frac{P'_m+3P'_{m+1}}{E_mA_m+3E_{m+1}A_{m+1}}\cdot\frac{h_m}{2} \tag{2-4-30}$$

式中：P'_i——自平衡加载方式下桩身各单元 i 点的桩身轴力；

S_j——自平衡法中荷载箱顶板的向上(或向下)位移量；

其他符号意义同上。

二、相关试验

上述的计算中及测试数据等效转换时，都需要桩身的一些参数如弹性模量、周长、面积等，这些参数的取值将影响到整个试验结果的，需要准确测定。

1. 孔形检测

基桩的形状可以通过钻孔的形状来确定，钢筋笼下放前进行孔形测定。测试采用日本进口 KE-40 型超声波孔壁回声仪，其测试原理是利用超声波在均匀介质中传播速度恒定理论，通过实测超声波的发射，接收时间差直接得到探测器至孔壁距离，实际检测过程中，由绞车将探测器自动放下并靠探测器自重保持测试中心处于铅垂位置，各种测试数据由记录仪做同步放大并产生高压脉冲电流，利用记录笔的高压放电在专用记录纸上同时记录两孔壁信号，从而得到整个钻孔的实际形状。成桩后桩身各点的形状参数如周长、面积皆可由实测孔形图准确计算出。另外还可根据施工灌注记录来近似计算桩身的实际形状。

2. 弹性模量测定

在计算桩身压缩量时，要用到桩身的弹性模量。规范中给出了各混凝土强度等级相应的弹性模量值，但桩身实际弹性模量值与规范值之间尚存在一定差异，因此需要针对每根试桩在灌注桩身混凝土时，制作一定量的混凝土试块，为保证试块混凝土弹模与桩身混凝土弹模在发展时间上一致，待自平衡

测试时作混凝土的弹性模量试验，实测试桩的弹性模量，以保证试验结果的准确性。弹性模量的试验方法按相关规范执行。

3. 超声波检测

基桩承载力测试是在桩身质量符合规范要求的前提进行的，因此试验前应先进行超声波检测，检验桩身质量，在桩身质量满足要求的前提下再进行基桩自平衡测试。由于荷载箱钢材的影响，荷载箱位置波形会紊乱，这属正常现象。试验人员在进行承载力试验前应仔细分析声测结果，保证试桩完整性满足规范要求，从而不致影响试验测试。

第七节　现场对比试验

基桩自平衡测试的受力机理研究，加载、数据采集系统的研制，以及各种承载力确定方法的研究，最终目的是为确定基桩的承载力服务的。研究成果的效果如何需要在工程中实践中验证并逐渐完善。传统静载试验是公认的确定基桩承载力的方法，因此在同一场地相同试验条件下，与传统静载试验进行对比是检验自平衡测试技术的最佳途径。

一、对比试验结果

苏通大桥试桩工程北岸 N1、N2 试桩进行了锚桩法与自平衡测试对比试验，N1、N2 试桩参数、地质情况基本相同，都采用泥浆护壁成孔。由于试桩土层在高层－7.3～－13.3m 及－29.3～－50.8m 范围呈软塑状态，为防止塌孔，灌注时的泥浆相对密度为 1.38。试桩的有关参数及土层分布见表 2-4-4 和图 2-4-19。

试 桩 有 关 参 数　　表 2-4-4

桩号	桩径(m)	桩长(m)	桩身混凝土强度等级	设计极限承载力(kN)	试验方法	荷载箱位置
N1	1.0	76	C25	13760	锚桩法	—
N2	1.0	76	C25	13760	自平衡	顶面距桩顶 61m

N1 试桩锚桩法测试结果见表 2-4-5，实测 $Q \sim S$ 及 $S \sim \lg t$ 曲线见图 2-4-20 和图 2-4-21。

N1 试桩锚桩法荷载分级及相应位移　　表 2-4-5

级　别	荷载(kN)	位移(mm)	级　别	荷载(kN)	位移(mm)
1	2000	1.15	6	7000	7.96
2	3000	2.05	7	8000	9.85
3	4000	3.04	8	9000	12.05
4	5000	4.40	9	10000	14.64
5	6000	5.89			

N1 试桩加载过程中，加载到 10000kN 时的总沉降为 14.64mm，在加载 11000kN 时桩身突然下沉，桩顶位移达到 64.31mm，卸载后测得试桩回弹量为 9.91mm，残余沉降量为 54.40mm。由 N1 试桩 Q—S 曲线、S—$\lg P$ 曲线及 S—$\lg t$ 曲线综合判断，其单桩竖向极限承载力为 10000kN。

根据提供的土层参数计算平衡点位置，荷载箱距桩端 15m。N2 试桩自平衡测试数据见表 2-4-6。实测分段 Q—S 曲线见图 2-4-22。

图例	工程地质描述	土壤名称
	灰褐色~灰色，饱和，松散，泥质含量较高	粉砂
	单层厚约10mm，局部呈互层状，顶部含大量腐殖物	粉砂与亚粘土互层
	单层厚约10mm，局部呈互层状，顶部含大量腐殖物	粉砂夹亚粘土
	灰色，饱和，中密，夹薄层黄灰色软塑状亚粘土	粉砂
	浅灰色，软塑，含大量腐殖物	亚粘土
	青灰色，饱和密实	粉砂
	灰色，饱和，密实含砾石	细砂
	灰色，饱和密实局部为粗砂	砾砂
	青灰色，饱和密实	粉砂

图 2-4-19　试桩地质剖面

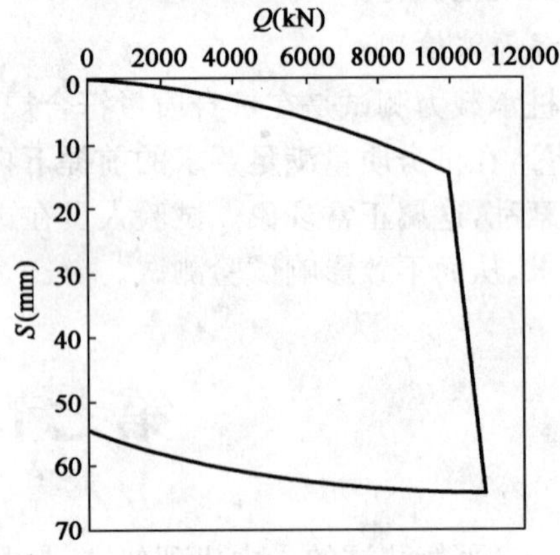

图 2-4-20　N1 试桩静载试验 Q—S 曲线

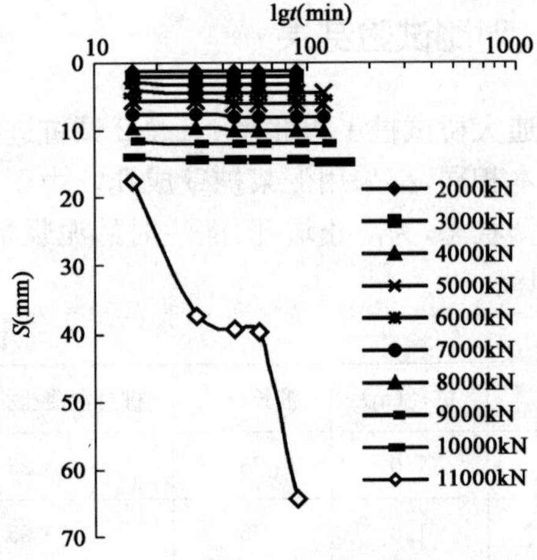

图 2-4-21　N1 试桩 S-lg$t$ 曲线

N2 试桩自平衡法荷载分级及相应位移　表 2-4-6

荷载(kN)	向上位移(mm)	向下位移(mm)	桩顶位移(mm)
1000	0.11	0.68	0.00
1500	0.28	1.96	0.00
2000	0.47	3.62	0.01
2500	0.84	6.56	0.14
3500	2.41	16.39	0.36
4000	3.38	21.39	0.50
4500	4.47	28.33	0.58
5000	5.40	33.24	0.63
5500	6.23	44.42	0.71
4500	5.87	43.18	0.59
3500	5.01	41.80	0.46
2500	4.23	40.21	0.38
1500	3.75	39.11	0.34
0	3.24	37.23	0.29

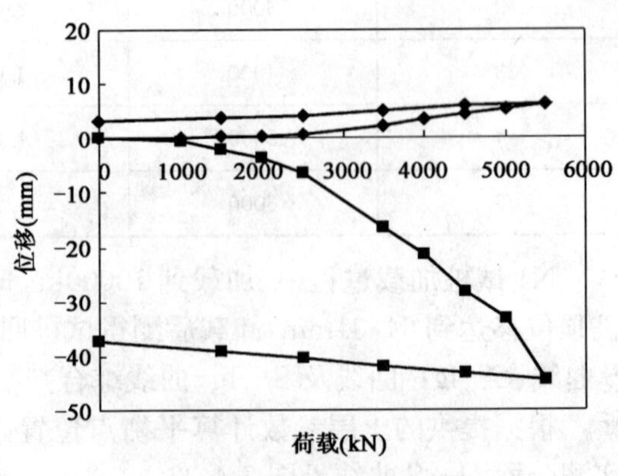

图 2-4-22　N2 试桩自平衡实测 Q—S 曲线

二、承载力对比分析

按照前述的相关计算公式，对自平衡测试数据进行处理后，计算得出试桩 N2 上段桩桩侧摩阻与相应桩身位移的关系，见表 2-4-7 及图 2-4-23。

试桩 N2 上段桩桩侧摩阻与相应桩身位移　摩阻(单位:kPa)，位移(单位:mm)　　表 2-4-7

2.2～−7.3m		−7.3～−13.3m		−13.3～−21.8m		−21.8～−29.3m		−29.3～−50.8m		−50.8～−57.8m		−57.8～−58.8m	
位移	摩阻	位移	摩阻	位移	摩阻	位移	摩阻	位移	摩阻	位移	摩阻	位移	摩阻
0.00	0.32	0.00	0.44	0.00	0.56	0.00	1.60	0.00	8.86	0.00	12.84	0.09	15.51
0.00	1.98	0.00	0.95	0.00	1.10	0.00	4.58	0.00	11.13	0.00	20.86	0.25	23.85
0.00	3.65	0.00	1.46	0.00	1.64	0.00	7.56	0.00	13.41	0.10	28.89	0.42	32.18
0.00	1.96	0.00	1.97	0.00	5.92	0.00	10.54	0.00	15.68	0.38	36.91	0.78	40.52
0.00	2.51	0.00	2.48	0.00	7.71	0.00	13.52	0.00	17.95	0.89	44.93	1.37	48.85
0.00	4.55	0.00	4.53	0.00	8.80	0.00	17.24	0.42	20.91	1.77	48.37	2.33	51.58
0.00	6.59	0.00	6.57	0.00	9.90	0.16	20.95	1.05	23.87	2.64	51.80	3.29	54.31
0.24	8.63	0.32	8.62	0.47	10.99	0.74	24.67	1.79	26.82	3.63	55.24	4.36	57.04
0.56	10.67	0.66	10.66	0.84	12.08	1.16	28.38	2.37	29.78	4.46	58.67	5.28	59.77
0.81	11.38	0.92	12.56	1.12	14.72	1.49	30.23	2.85	33.87	5.19	60.85	6.11	61.23

根据自平衡测试数据，应用编制的软件分别以等值位移插值转换法、弹性递推转换法、模拟静载迭代转换法和改进荷载传递函数法进行数据转换。由于试桩施工时泥浆相对密度过大造成桩侧泥皮过厚，等值位移转换法中综合转换系数 K 取 1.0，弹性递推转换法和模拟静载迭代转换法中正负摩阻系数 K_0 分别设为 1.0，转换结果见图 2-4-24～图 2-4-27。

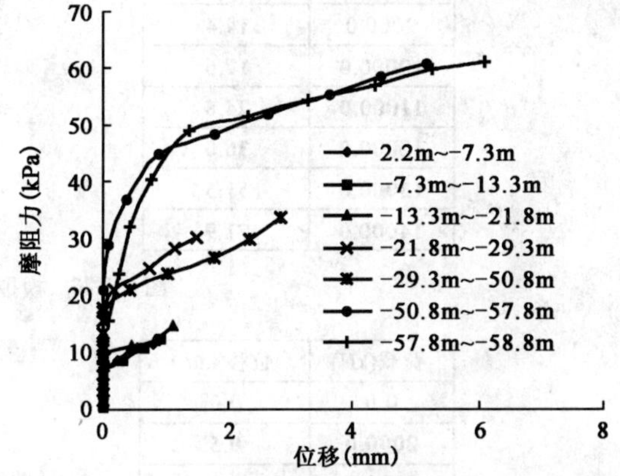

图 2-4-23　上段桩各土层摩阻力与桩身位移关系曲线

荷载(kN)	位移(mm)
0.0	0.0
4207.2	0.7
6223.3	2.0
7409.2	3.6
8552.1	6.6
9563.2	10.2
10608.7	16.4
11385.0	21.4
12135.1	28.3
12755.7	33.2
13434.8	44.4

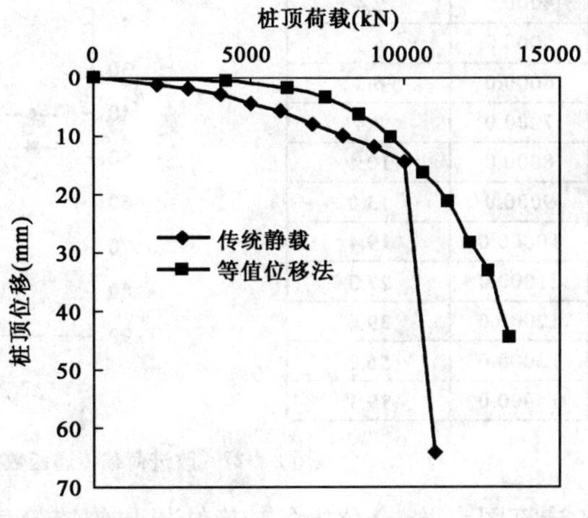

图 2-4-24　等值位移转换法转换结果

荷载(kN)	位移(mm)
0.0	0.0
8027.0	11.4
9386.6	15.1
10313.7	19.0
10863.6	23.2
11387.7	29.4
11904.8	35.7
12411.7	41.5
12917.3	49.6
13419.9	55.9
13923.7	68.3

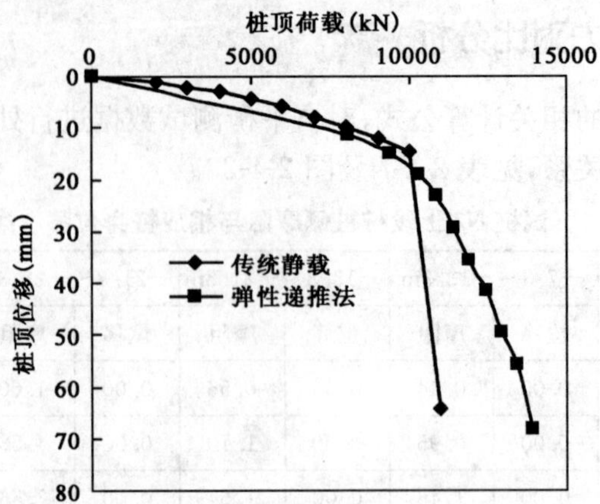

图 2-4-25　弹性递推转换法转换结果

荷载(kN)	位移(mm)
0.0	0.0
2000.0	0.5
3000.0	1.3
4000.0	2.7
5000.0	4.5
6000.0	7.0
7000.0	9.3
8000.0	11.5
9000.0	14.4
10000.0	17.6
11000.0	24.8
12000.0	36.0
13000.0	51.5
14000.0	71.9

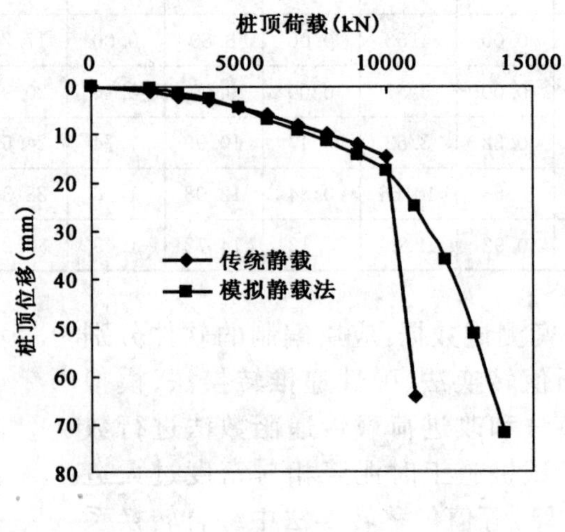

图 2-4-26　模拟静载迭代转换法转换结果

荷载(kN)	位移(mm)
0.0	0.0
2000.0	0.5
3000.0	1.2
4000.0	2.4
5000.0	4.1
6000.0	6.3
7000.0	8.4
8000.0	10.4
9000.0	13.0
10000.0	19.4
11000.0	27.3
12000.0	39.6
13000.0	56.7
14000.0	79.1

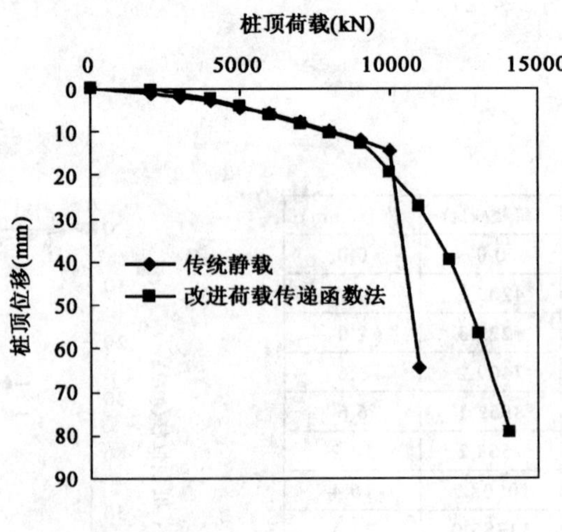

图 2-4-27　改进荷载传递函数法转换结果

根据以上各计算图表，综合分析各转换结果与传统静载的吻合性和发展趋势可知，模拟静载转换法和改进荷载传递函数法与传统静载吻合性最好，弹性递推转换法较好，等值位移插值法次之。弹性递推转换法是从桩顶荷载已传至荷载箱处开始计算，之前的荷载—位移关系采用直线过渡，而模拟静载转换法和改进荷载传递函数法考虑了整个荷载传递过程，更为符合实际。桩身荷载箱处受力以后，弹性递推转换法和模拟静载转换法、改进荷载传递函数法结果基本一致，验证了 Q—S 曲线数学模型的准确性。

三、自平衡转换曲线判断超长桩极限承载力的探讨

基桩在桩顶荷载作用下，总是桩侧摩阻力先发挥，然后桩端阻力才逐渐发挥，直至达到极限状态。但对于超长桩，由于荷载在传至桩端之前，桩身已发生很大的弹性压缩变形，使桩侧摩阻力充分激发。若桩侧摩阻力与桩土相对位移表现为加工硬化，则曲线表现为缓变型；若桩侧摩阻力与桩土相对位移表现为加工软化，增加荷载导致桩身发生应力重分布，荷载增量和重分布的迁移应力传至桩底，倘若桩端压溃或沉渣过厚，则曲线表现为陡变型。

而自平衡测试时下段桩的受力特性为短桩，桩身弹性压缩变形小，在荷载作用下主要表现为刚体位移；同时自平衡下的荷载增量为传统静载增量的一半，桩侧摩阻力逐渐发挥、桩底土被逐渐压缩，Q—S 曲线平滑无陡变。基于上述荷载传递机理的分析，自平衡法测试数据在向传统静载转换时，转化曲线和传统静载曲线在桩侧摩阻力充分发挥后则产生差异，见图 2-4-24～图 2-4-27。由于超长桩主要以桩侧摩阻力为主，因此通过自平衡转换曲线对超长桩、特别是采用泥浆护壁成孔的钻孔灌注桩进行极限承载力判断时，应以 $\lg Q$～S 曲线末端的直线段（或拟合直线段）延长，与 $\lg Q$ 轴相交，相应所得的荷载值即为桩侧极限摩阻力，也就是由自平衡转换曲线所得的基桩极限承载力。本例试桩施工时为防止塌孔灌注时的泥浆相对密度为 1.38，同时因灌注混凝土的滞后使桩底沉渣变厚，桩底承载力大大降低，当桩侧摩阻力达到极限时，由于桩身应力重分布，基桩发生陡然沉降而破坏。对本例自平衡试桩应用上述方法，应分别以等值位移插值、弹性递推转换、模拟静载转换和改进荷载传递函数转换结果进行基桩极限承载力判断（见图 2-4-28），并和桩顶位移判别法进行比较（见表 2-4-8）。

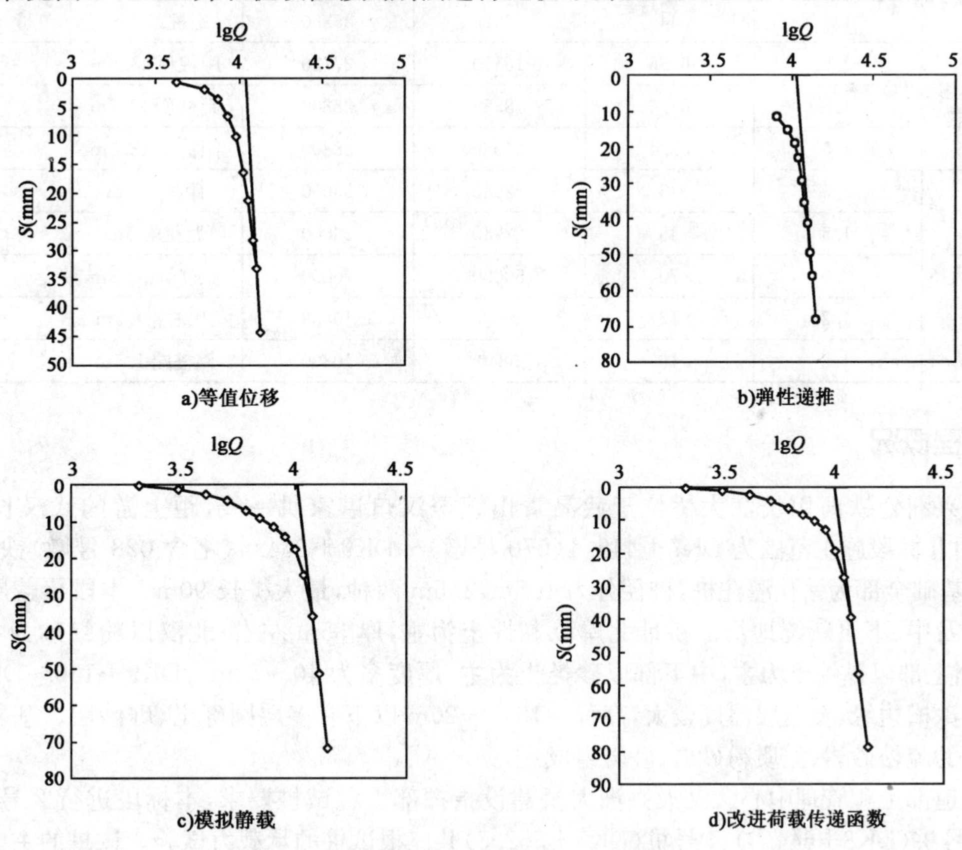

图 2-4-28　各方法转换的 $\lg Q$—S 曲线

极限承载力判别值比较(单位:kN)　　表 2-4-8

判别方法	等值位移	弹性转换	模拟静载	改进荷载传递函数
桩顶位移法	13200	12300	12280	12023
自平衡转换法	10937	10723	10413	9880

注:静载试验确定的极限承载力为 10000kN。

根据自平衡转换曲线综合确定的极限承载力为 9880kN。自平衡测试结果等效转换曲线与传统静载曲线吻合性较好;提出的判断超长钻孔桩极限承载力方法,其结果与静载试验比较接近。同时本例对改进荷载传递函数模型进行了验证,由于该方法考虑全面、模型先进,条件具备时最好使用该法进行承载力判断,其他的方法作为参考。当试桩持力层较硬,桩侧摩阻力对桩端的影响较小时,考虑到计算的工作量,可以选用弹性递推和模拟静载作为替代方案。

第八节　实　例

国内外大量的对比试验已验证,自平衡测试技术,是一种值得信赖的基桩承载力测试方法。为进一步验证、完善整个测试系统,并与实际桥梁工程紧密结合,将该技术引入到工程试桩项目中,大桥局桥科院相继在 5 个公路、铁路桥梁工程共计 11 根试桩中进行了自平衡试验研究,试验效果良好,达到了预期目的,试桩概况见表 2-4-9。这里仅选取其中的天兴洲长江大桥工程为例进行详细描述。

工程实例汇总表　　表 2-4-9

工程名称	桩径(m)	桩长(m)	设计极限承载力(kN)	设计加载能力(kN)	荷载箱位置	实测极限承载能力(kN)
武汉阳逻长江大桥	1.5	92	42800	60000	距桩顶 69m	43965
	1.5	44	16920	25380	距桩顶 43m	30909
天兴洲公铁两用长江大桥	1.5	61.6	16520	27720	距桩顶 43.9m	27457
	1.5	61.6	18580	28800	距桩顶 48.9m	35395
	1.5	62.4	20050	28800	距桩顶 48.3m	33421
武汉南太子湖大桥	1.5	45	22940	36000	距桩端 5m	35129
	1.5	45	22940	36000	距桩端 5m	38467
哈尔滨松花江大桥	2.0	70	50000	70000	距桩端 18.3m	72562
广东科韵北路跨广深铁路桥梁工程	1.2	16	5840	10800	距桩端 1.5m	7700
	1.2	16	5840	10800	距桩端 1.5m	7000

一、工程概况

武汉天兴洲公铁两用长江大桥位于武昌青山镇至汉口谌家矶一线,距上游的武汉长江二桥约 9.5km。其中Ⅱ标段施工范围为 DK7＋449.4(070 号墩)～DK9＋264.4(不含 028 号墩)铁路桥,全长 1815.0m。基础全部为钻孔灌注桩,桩径分为 1.5m、2.5m 两种,最大桩长 90m。本段覆盖层主要为第四系全新统及中、下更新统地层。桥址北岸以黏性土为主,厚 35m 左右;北汊以粉细砂为主,厚 15～35m;天兴洲上部以黏性土为主,中下部以砂类土为主,厚度多为 40～50m。DK9＋100～DK9＋264.4 段位于冲刷深槽边缘,覆盖层厚度较大,高程－16～－20m 以下有多层圆砾土、砾砂层。基岩主要由成岩程度较差的疏松砂岩、泥质粉砂岩、砂岩组成。

根据铁道部工程管理中心武汉天兴洲大桥建设指挥部工程试桩要求,本标段进行 2 号桩(DK9＋029.20)、3 号桩(DK8＋644.9)、4 号桩(DK7＋562.5)共三根试桩的承载力试验。试桩的主要参数见表 2-4-10。

试 桩 参 数 表　　　　表 2-4-10

试桩编号	试桩中心里程 (m)	试桩桩径 (m)	桩顶高程 (m)	桩底高程 (m)	桩长 (m)	参考地质钻孔	预估极限承载力 (kN)
S2	DK9+29.20	1.5	20.00	−41.6	61.6	TDZ034	16520
S3	DK8+644.90	1.5	21.3	−40.30	61.6	TDZ043	18580
S4	DK7+562.5	1.5	23.00	−39.40	62.4	TDZ067	20050

二、荷载箱

1. 荷载箱制作

根据提供的桩位处岩土层设计参数，按照反力平衡的原则设计荷载箱的埋设位置，荷载箱的加载能力均大于设计极限承载力的 1.3 倍。

荷载箱由三个 4500kN 油压千斤顶和上下钢板组成，考虑加载时的应力集中，采用厚度 50mm 的钢板，钢板设计图见图 2-4-29。荷载箱设计时考虑荷载箱下段桩身混凝土的灌注、声测管及位移测管穿过等问题，预先设置导管口、声测管口及位移管口等，声测管及位移管的布置见图 2-4-30～图 2-4-32。为便于引导导管穿过荷载箱，在荷载箱上下焊接喇叭导向筋。同时为避免钢筋笼吊装时对荷载箱的损伤，在荷载箱四周按 120°分别焊接三根短钢筋。

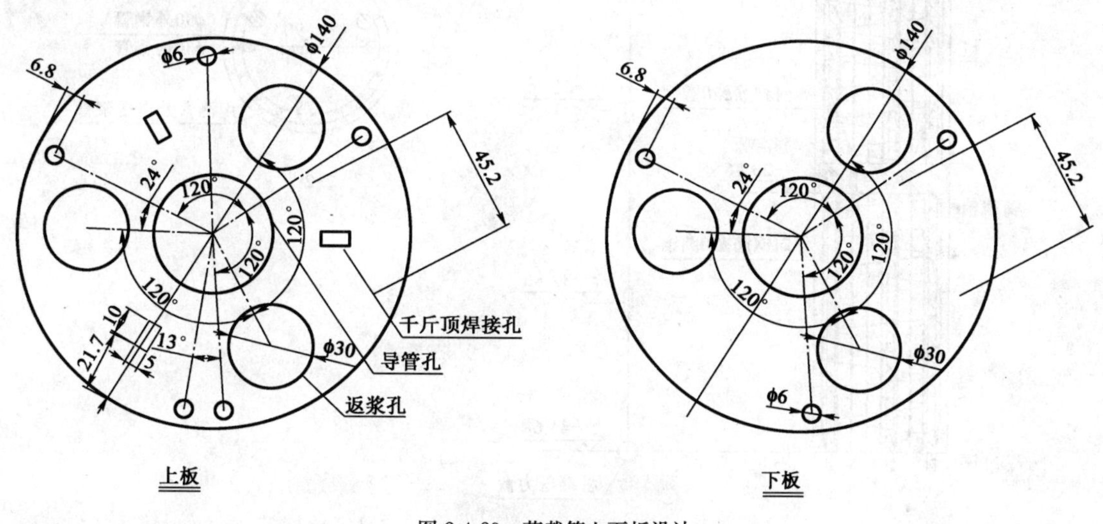

图 2-4-29　荷载箱上下板设计

注：本图尺寸单位为 cm，钢板厚度为 50mm

2. 荷载箱埋设位置

(1)S2 试桩：荷载箱位于高程−23.86m 处，见图 2-4-30。

(2)S3 试桩：荷载箱位于高程−27.57m 处，见图 2-4-31。

(3)S4 试桩：荷载箱位于高程−25.32m 处，见图 2-4-32。

三、实测结果

三根试桩的实测极限承载力详见表 2-4-9，以 S2 试桩为例进行分析。

S2 试桩整个测试过程正常，试验加载至 2×13860kN 中止加载。试验采集了各级荷载下荷载箱向上、向下位移及桩顶位移，并同步测试了各级荷载下桩身应力分布。荷载箱向上最大位移量为 49.56mm，残余位移为 44.15mm；荷载箱向下最大位移量为 26.58mm，残余位移为 22.88mm。自平衡测试位移数据见表 2-4-11 和表 2-4-12，Q—S 曲线及 S—$\lg t$ 曲线见图 2-4-33 和图 2-4-34。

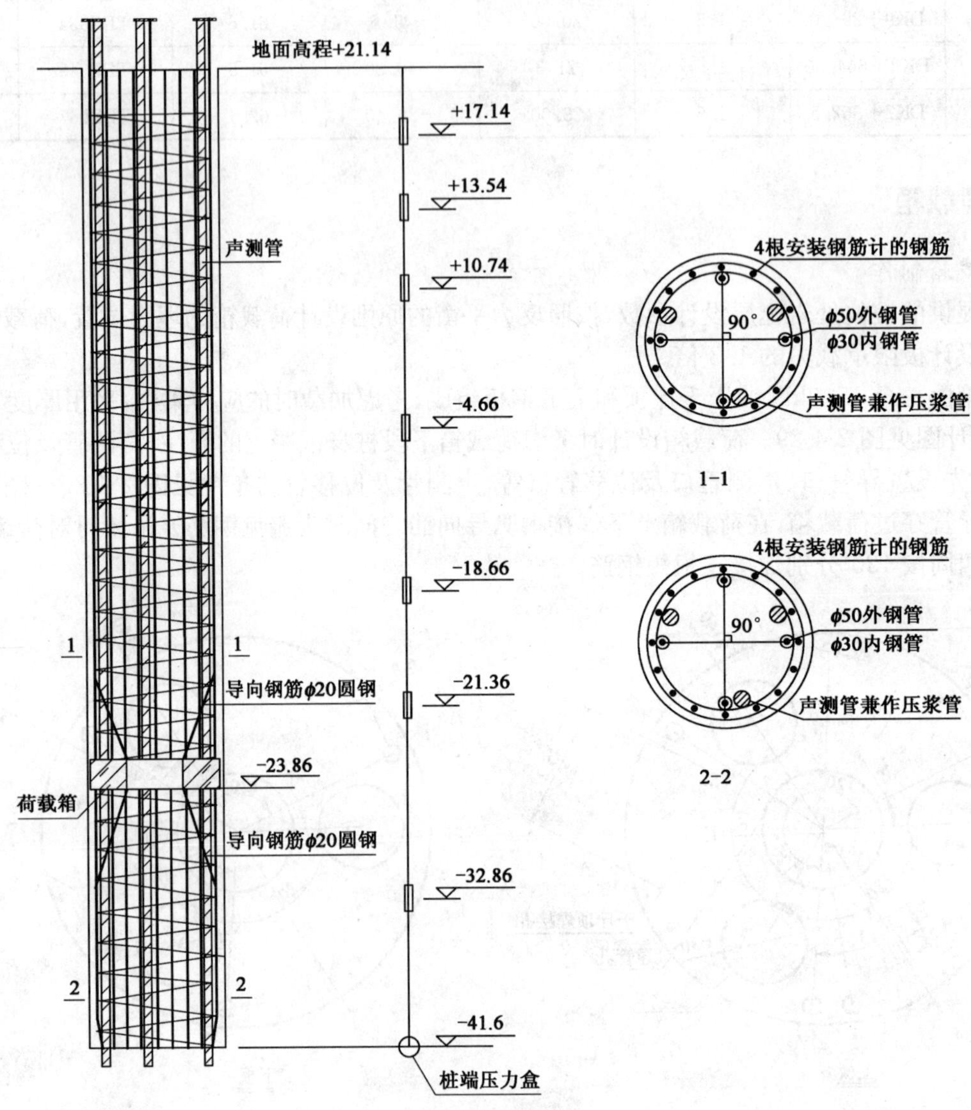

说明：

1.单位：高程单位为m，其余为mm；
2.钢管壁厚不小于3mm，焊接无孔洞；
3.每层对称埋设4个钢筋计，先切断主筋再与钢筋计焊接；
4.位移测管应伸长至可工作平台，同时内钢管超出外钢管6~8cm，并将其包裹防止外物进入。

图 2-4-30　S2 试桩荷载箱位置及钢筋计、位移管布置图

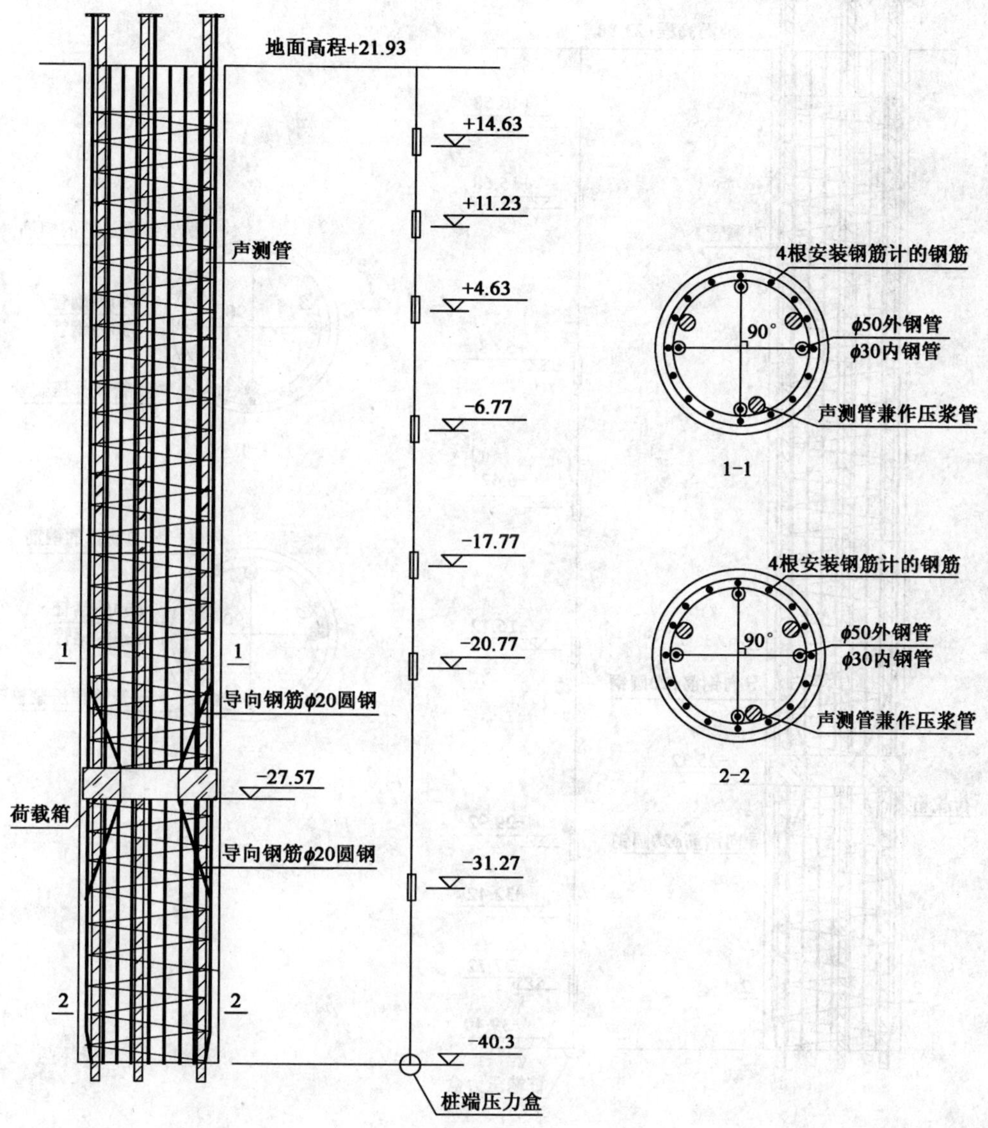

说明：

1.单位：高程单位为m，其余为mm；
2.钢管壁厚不小于3mm，焊接无孔洞；
3.每层对称埋设4个钢筋计，先切断主筋再与钢筋计焊接；
4.位移测管应伸长至可工作平台，同时内钢管超出外钢管6~8cm，并将其包裹防止外物进入。

图 2-4-31　S3 试桩荷载箱位置及钢筋计、位移管布置图

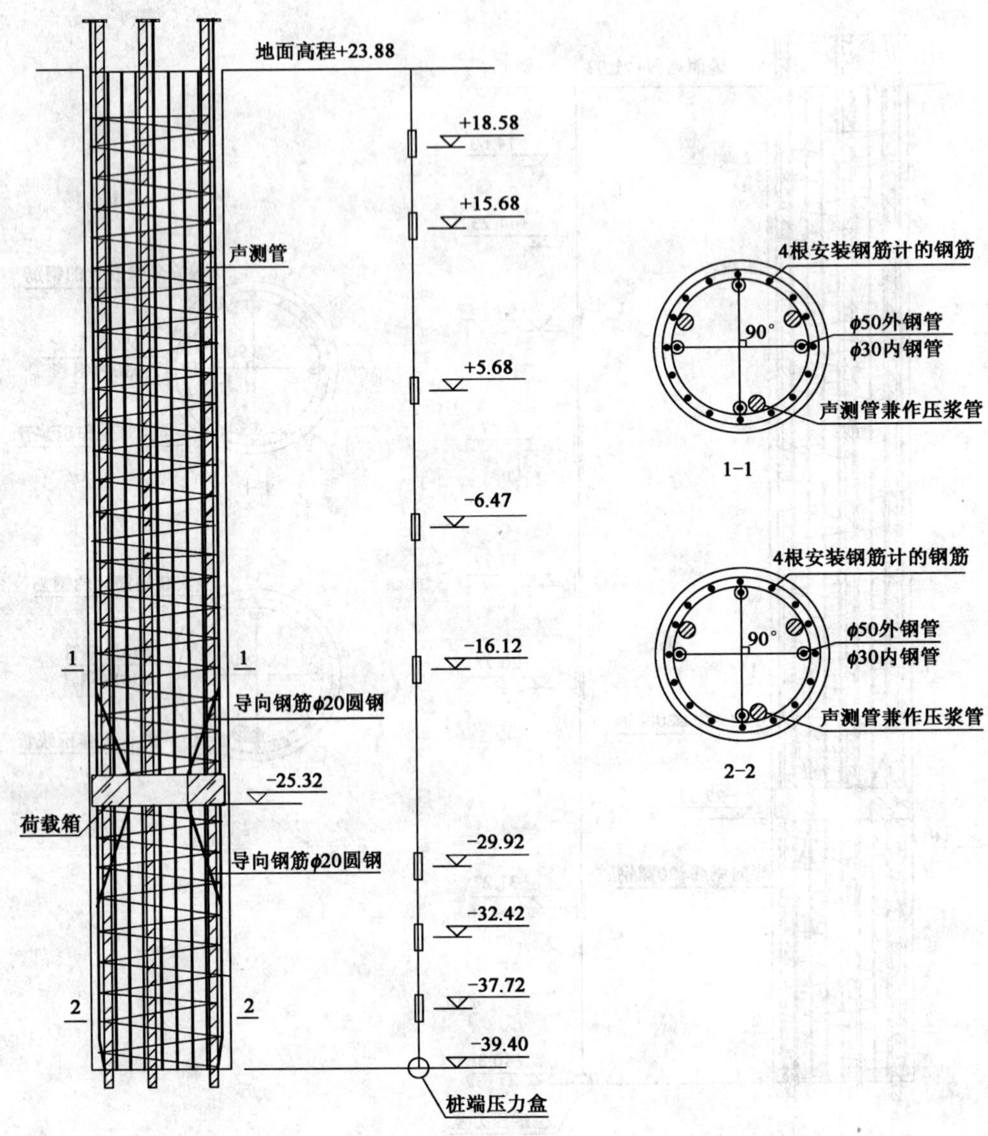

说明：

1.单位：高程单位为m，其余为mm；
2.钢管壁厚不小于3mm，焊接无孔洞；
3.每层对称埋设4个钢筋计，先切断主筋再与钢筋计焊接；
4.位移测管应伸长至可工作平台，同时内钢管超出外钢管6~8cm，并将其包裹防止外物进入。

图 2-4-32　S4 试桩荷载箱位置及钢筋计、位移管布置图

S2 试桩自平衡试验荷载分级及相应位移　　表 2-4-11

阶　段	荷载(kN)	向上位移(mm)	向下位移(mm)	桩顶位移(mm)
加载	2×1980	0.36	0.17	0
	2×2970	0.66	0.06	0.26
	2×3960	1.32	0.33	0.46
	2×4950	2.12	1.06	0.67
	2×5940	2.75	2.18	0.82
	2×6930	3.65	3.89	1.03
	2×7920	4.76	5.59	1.33
	2×8910	6.15	7.26	1.83
	2×9900	8.37	8.88	2.92
	2×10890	16.45	10.47	9.25
	2×11880	30.51	11.75	21.39
	2×12870	38.37	17.39	28.84
	2×13860	49.56	26.58	40.51
卸载	2×11880	49.54	26.64	40.55
	2×9900	49.33	26.64	40.55
	2×7920	48.82	26.27	40.55
	2×5940	48.08	25.77	40.41
	2×3960	47.15	25.23	40.23
	2×1980	45.91	24.43	39.93
	0	44.15	22.88	39.23

S2 试桩自平衡试验位移数据分析表　　表 2-4-12

最终加载值(kN)	向上最大位移(mm)	向上残余位移(mm)	上段桩土体系弹性变形(mm)	向下最大位移(mm)	向下残余位移(mm)	下段桩土体系弹性变形(mm)
2×13860	49.56	44.15	5.41	26.58	22.88	3.70

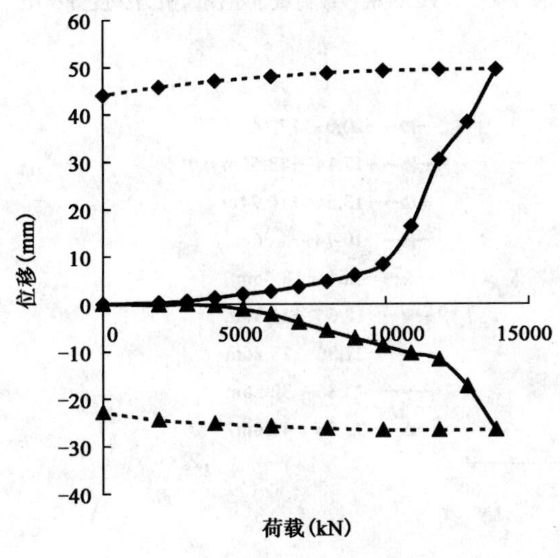

图 2-4-33　S2 试桩自平衡测试 Q—S 曲线

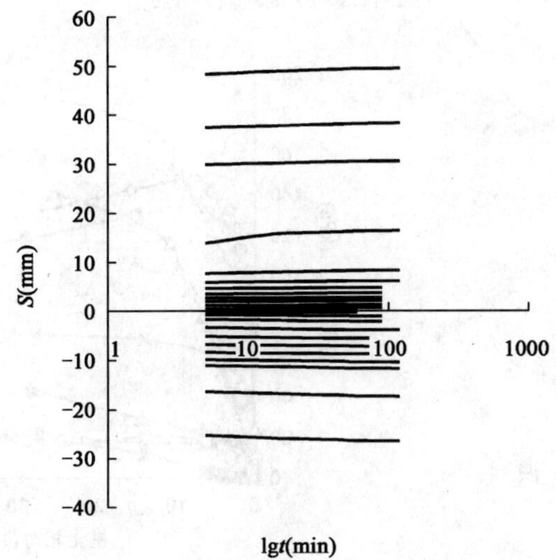

图 2-4-34　S2 试桩荷载箱向上、向下 S—lg$t$ 曲线

由于桩侧摩阻力的作用，桩身轴力随距荷载箱的距离增加而减小，其中圆砾土及砂岩段的递减速率最大，见图 2-4-35。桩侧摩阻分布及其与桩土相对位移的关系曲线见图 2-4-36 和图 2-4-37。桩侧总阻力和桩端阻力随桩顶荷载的变化见图 2-4-38，桩顶荷载基本由桩侧阻力承担。基于以上分析数据，按照等效转换原理将试验分段 $Q—S$ 曲线转换至桩顶加载下的单一 $Q—S$ 曲线，见图 2-4-39。以桩顶沉降 40mm 作为判断极限承载力的标准，S2 试桩的极限承载力为 27457kN，桩顶荷载为 16520kN 时桩顶位移为 12.14mm。

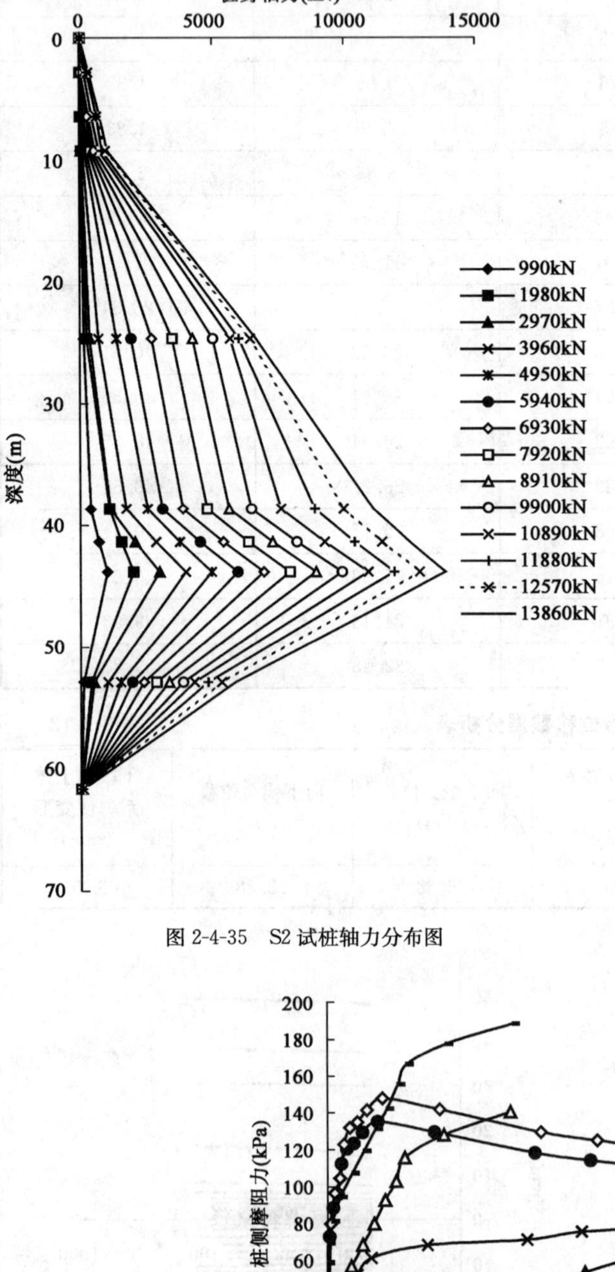

图 2-4-35　S2 试桩轴力分布图

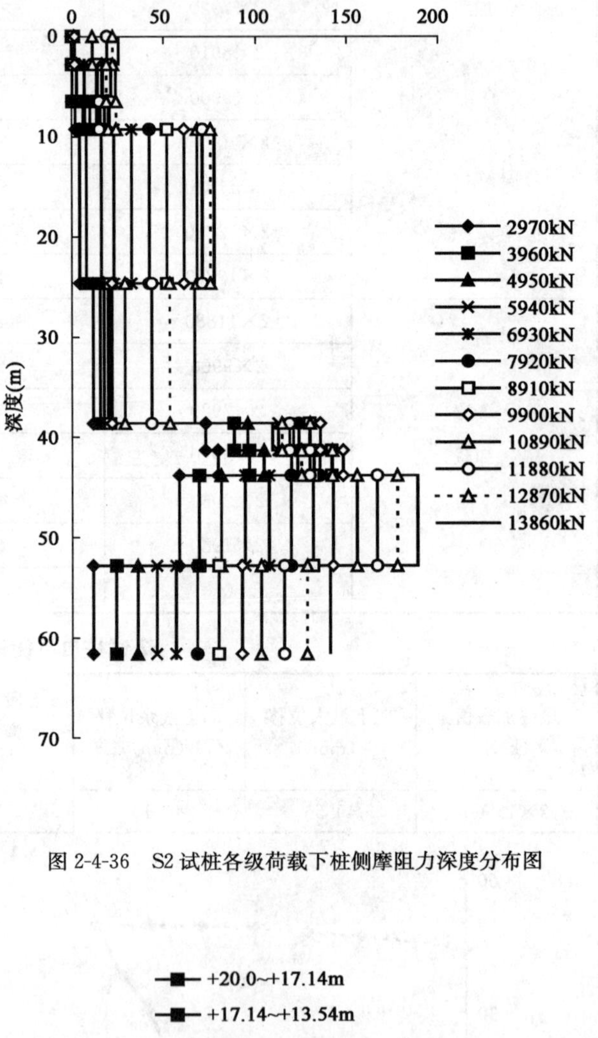

图 2-4-36　S2 试桩各级荷载下桩侧摩阻力深度分布图

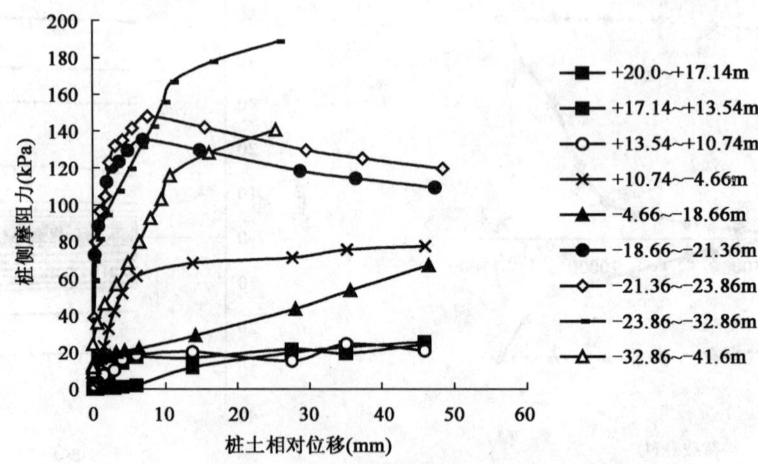

图 2-4-37　S2 试桩各岩土层桩侧摩阻力与桩土相对位移关系曲线

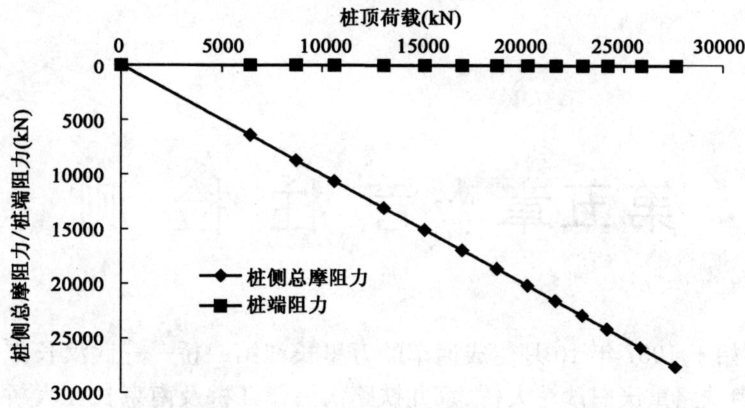

图 2-4-38　S2 试桩桩侧摩阻力与桩端阻力变化曲线

等效转换数据表	
荷载(kN)	位移(mm)
0	0.00
6424	3.16
8722	4.56
10620	5.75
13102	8.46
15116	10.65
16986	12.64
18682	15.25
20192	17.60
21604	20.05
22942	22.45
24184	24.52
25894	31.06
27658	41.15

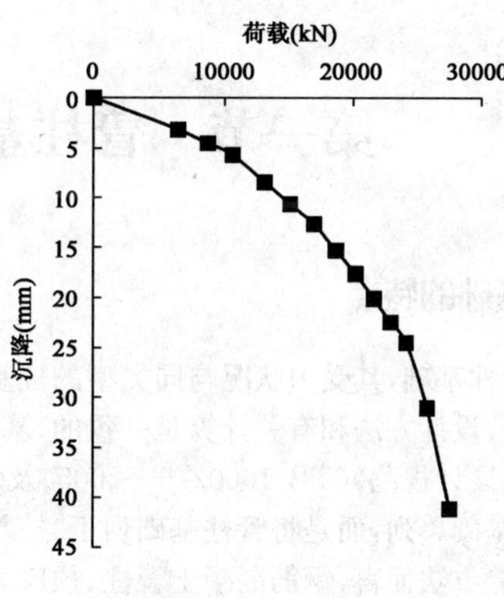

图 2-4-39　S2 试桩等效转换曲线

第五章　管 柱 检 测

管柱基础的应用始于1957年10月建成通车的万里长江第一桥——武汉长江大桥，继而在京广铁路郑州黄河大桥、川黔铁路重庆白沙沱大桥、京九铁路南昌赣江桥及南京长江大桥等许多大桥中应用。管柱外径为1.55～5.8m，其材质分别为普通钢筋混凝土、预应力钢筋混凝土或钢。

管柱基础的适用面广，特别适用于水深、覆盖层很厚或很薄，在局部范围内基岩面起伏大但其强度不太低的情况。

第一节　管柱基础的几个问题

一、管柱基础的特点

建成后的管柱基础，其受力状况与同类型的桩基础的受力状况是相同的。也就是说，管柱基础与桩基础的理论分析、设计方法和有关计算是一致的，基本组成部分也是相同的。因此，在我国现行的《铁路桥涵地基和基础设计规范》(TB 10002.5—2005)及《公路桥涵地基和基础设计规范》(JTG D63—2007)中，没有将管柱基础单列，而是将管柱基础列于"桩基础"中。

但是，就建造方法而言，钢筋混凝土管柱、预应力钢筋混凝土管柱或钢管柱，不论其直径的大小，都是预制的。管柱预制好后，运至墩位处吊装就位，用震动打桩机辅以射水、吸(抓)泥等，将管柱下沉至设计高程，继而再进行以后的工序。由此看出，管柱能否被顺利下沉至预定位置和深度，是建造管柱基础的关键。

二、已进行过的试验研究内容

从建造武汉长汉大桥开始，到京广郑州黄河大桥和南京长江大桥先后建成，前后十余年的时间，进行过成系列的大量的实体管柱和模型管柱振沉试验研究，同时也进行了土壤振动特性和岩石承载力等试验研究。归纳起来有：①管柱震沉规律的试验研究；②管柱在震沉过程中的应力测定和研究；③摩擦型管柱承载力及管柱的岩石钻孔承载力的试验研究。

进行管柱震动下沉规律的试验研究，目的在于充分了解、研究管柱在不同水文地质情况下的运动情况，包括土层对管柱的摩阻力情况，以便选用振动打桩机和确定震动打桩机在下沉不同管柱时应具备的参数，从而保证将管柱顺利穿过各种土层到达设计高程，并尽量简化工序、节约能源和提高管柱下沉速度。管柱基础中的管柱不同于一般的钢管、钢板桩和木桩等。相对而言，管柱是重型的。这种重型的管柱振动下沉时，每个振沉循环必须先射水或射水与吸(抓取)泥并用将土层对管柱的摩阻力破坏到一定的程度，才能开动振动打桩机将管柱顺利下沉。特别是当管柱下沉得较深时，仅依靠振动打桩机是不行的。射水、吸(抓)泥占用的施工时间是很长的，振动下沉占用的时间是极少的。每次开动振动打桩机的时间一般只有2～3min，超过5min是极少的，因为破坏土壤摩阻力的手段主要在于射水和吸(抓)泥。如果土壤摩阻力不被破坏到一定程度，即使震动打桩机开动的时间较长也无济于事，有时还会引起管柱损伤。

进行管柱设计时，是按施工应力考虑的。而施工应力则是以振动打桩机的振动力为依据考虑的。然而，在使用钢筋混凝土管柱乃至使用预应力钢筋混凝土管柱时，许多管柱在振动下沉时出现了裂纹和破坏。其原因显然是对“振动力”的认识不足。要解决这个问题，必须从研究分析管柱在振动下沉时的应力着手。通过测得的管柱振沉应力曲线看，表明管柱是处于振动冲击状态中。况且，应力在管柱内的传播是一种复杂的状态，即在一般情况下，振动下沉时的管柱上某点在某时刻的状态是上行波、下行波与初始状态的叠合。因此，就不能简单地仅将振动打桩机的振动力作为外力来设计管柱，而应该是将此振动力乘一个大于 1 的系数。通过大量的试验测定资料分析研究后，得到了这个大于 1 的系数。现行的《铁路桥涵地基和基础设计规范》(TB 1002.5—2005)第 6.2.4 条中的振动冲击系数 η 就是我们这里所说的“大于 1 的系数”。该条文指出：“振动冲击系数，主要是按振动下沉的入土深度、土质条件和施工辅助设施而定，可采用 1.5～2.0”。此外，对这种振动冲击性质的了解，对拟定合理的振动参数，从而提高管柱的振动下沉效果也是很有利的。

进行摩擦型管柱承载力及管柱的岩石钻孔承载力的试验研究，其目的十分清楚。要特别说明的是：20 世纪 50 年代兴建武汉长江大桥时，还没有现已广泛普遍采用的大直径钻孔灌注桩。当时采用直径 1.55mm 的普通钢筋混凝土管柱，用管柱钻孔法建成管柱基础是一种创举，是现代化桥梁深基础的开端。所谓管柱钻孔法，就是将管柱下沉至基岩面，用钻机在管柱内钻岩达到设计的必要的深度，然后放置钢筋笼：此钢筋笼的一部分在管柱内，另一部分在岩石钻孔内；再在岩石钻孔内和管柱中灌注水下混凝土，使管柱与岩盘紧密地连接起来。由此看出，管柱钻孔岩石承载力试验不同于一般的岩石强度试验。

第二节　管柱振动因素分析

一、管柱振动下沉的规律

从根本上讲，要使管柱顺利下沉，就是要能有效地破坏土层对管柱的阻力。早在 20 世纪 30 年代初期，前苏联学者洛晋加乌泽诺便建议采用一定方向作用的振动机下沉桩；随后巴尔干开始进行室内振动沉桩试验。为适应在各种土层下沉轻、重型桩的需要，前苏联先后设计制造了不同类型的振动打桩机。除个别的，绝大多数振动打桩机的震动频率不超过 1600r/min，为低频振动打桩机。他们将桩及其周围的土视为一个单自由度的强迫振动体系，因此重点研究解决强迫振动与自振的共振问题。基于该理论，振动打桩机的频率最好在 500～800r/min，不应大于 1500r/min。

20 世纪 50 年代后期，美国、法国、原联邦德国和日本对振动沉桩法也很重视。但是，他们的研究基本上是针对下沉轻型的钢管柱及钢板桩的。例如：美国保丹声频振动打桩机频率高达 6000r/min，曾将 ϕ30cm 的闭口平头钢管桩在 42s 内下沉了 22m。它的特点是利用驻波而不是利用桩的整体刚性振动，并认为当振动打桩机频率与下沉物体(桩)的自振频率相同而发生共振时，下沉效果最好。即：在声频振动打桩机的作用下，桩截面的收缩要比相应填充此收缩空间的土的膨胀要快得多，此时的桩就好比在通道中一样，桩四周的土层摩擦阻力大为减小(降低)，从而使更多的能量能用于克服桩尖端土的阻力，增大了桩尖的穿透能力。基于此观点，振动打桩机的频率应该比较高，至少应该在 3000r/min 以上，并且越高越好。当然，实践中要振动打桩机的频率太高是困难的，甚至无法实现。这是因为，频率太高会使振动打桩机的结构过于复杂、功率太大，且要求桩有很高的强度。

中国的专家们认为，以上的不同学术观点各有特点。前苏联学者们的看法适用于大(重)型管柱，以美国学者为代表的另一种看法却适用于轻型桩，如小直径的钢管桩。基于此，我国自行设计制造的大型振动打桩机单频频率均在 480～860r/min。

二、影响管柱顺利振动下沉的因素

1. 国外的有关看法

据笔者了解的情况，除前苏联外，其他国家关于振动下沉物体（桩、管柱）的系统试验研究极少，而在振动打桩机上费了不少力气。如日本在20世纪60年代，着手于新型打桩机的研制，他们将振动打桩机的电机和偏心块做成一体，其目的在于减轻振动打桩机的自重。这样一方面减少了功的无用消耗，对物体顺利下沉有利；另一方面改变了电机及机械传动部分的构造，降低了电机及机械损坏与故障。

前苏联的学者，曾对振动下沉物体（主要是对桩，而不是管柱）进行过许多试验研究，得出了以下公式，他们认为，只要符合下列条件，物体是能顺利下沉的：

$$\frac{M\omega^2}{g} \geqslant T_{kp} = \tau_{KP}HS \tag{2-5-1}$$

$$\varepsilon\frac{M}{Q} \geqslant A_0 \tag{2-5-2}$$

$$\frac{Q_0}{F} \geqslant P_0 \tag{2-5-3}$$

式中：M——振动打桩机偏心块静力矩（N·m）；

g——重力加速度（m/s^2）；

ω——偏心块角速度（s^{-1}）；

Q——振动体系重力（N）；

Q_0——振动体系重与惯性附加荷重的总和（N）；

ε——系数，取0.8～1.0；

F——桩在土内的端部支承面积（m^2）；

T_{kp}——桩产生“脱离”时的土的极限阻力（N）；

A_0——桩产生“脱离”时的必要的振幅（cm）；

P_0——保证一定下沉速度时桩上的必要压强（Pa）；

τ_{KP}——产生“脱离”时单位侧面摩阻力（Pa）；

S——桩的周长（m）；

H——桩的入土深度（m）。

A_0、P_0及τ_{KP}值分别见表2-5-1～表2-5-3。

有效地沉桩或沉板桩所需的振幅 A_0 值 表2-5-1

桩的类型	A_0 值 (mm)					
	砂土			黏土		
	频率(r/min)					
	300～700	800～1000	1200～1500	400～700	800～1000	1200～1500
钢板桩、开口钢管桩和横截面为100～150cm^2的其他构件	—	8～10	4～6	—	10～12	6～8
横截面小于800cm^2的木桩及闭口钢管桩	—	10～12	6～8	—	12～15	8～10
横截面小于2000cm^2的正方形或长方形钢筋混凝土桩	12～15	—	—	15～20	—	—
采用内掘土下沉的大型钢筋混凝土管柱	6～10	4～6	—	8～12	6～10	—

在饱和砂土和松软黏土中沉桩时建议采用的 P_0 值　　表 2-5-2

桩的类型及尺寸	P_0值(100kPa)
小直径的钢管及横截面在 150 cm^2以下的其他构件	1.5～3.0
横截面小于 800cm^2的木桩和闭口钢管桩	4.0～5.0
正方形或长方形横截面小于 2000cm^2的钢筋混凝土桩	6.0～8.0

选择振动机所用的 τ_{KP} 数值表　　表 2-5-3

土 层 类 别	产生"脱离"时的单位侧面摩阻力 τ_{KP}(t/m^2)		
	木桩及钢管桩	钢筋混凝土桩	从内部除土的钢筋混凝土开口管柱及沉井
饱和砂土及软塑性黏土	0.6	0.7	0.5
土层同上，但杂有密实黏土或砾石土层	0.8	1.0	0.7
密实的塑性黏土	1.5	1.8	1.0
硬质及半硬质黏土	2.5	3.0	2.0

2. 国内的有关看法

我国的实践证明，如果用前面介绍的式(2-5-1)～(2-5-3)等三个公式来选择用于振动下沉重型管柱的振动打桩机参数，是有问题的。概括起来，可总结为以下方面：

(1)表 2-5-1 中的 τ_{KP}值偏低。

(2)用式(2-5-2)计算出的 $\varepsilon\frac{M}{Q}$值与实测值相比较，偏小；且 ε 值应依土的阻力和地质水文条件而变动，其值可能大于 1，而不应该只限于 0.8～1.0。

(3)对大直径重型管柱而言，其自重大，端部支承面积 F 相对地较小，因此式(2-5-3)中的$\frac{Q_0}{F}$值较大。这说明不论振动打桩机重量如何，或者有无加重，仅管柱自重一项就大大超过 P_0值。这表明，P_0值对重型管柱而言，不是控制数值，无实际意义。

在 20 世纪 60 年代初期，结合南京长江大桥实体管柱的振动下沉试验研究，又进行过模型管柱的试验研究。综合两者成果，得出如下的结论：

(1)施工中简单地把振动力 P 与振动体系重力 Q 的比值作为选择低频振动打桩机的主要依据是不全面的。$\frac{P}{Q}$值绝不是影响振动下沉效果的主要因素。影响振动下沉效果的主要因素应该是：第一，振动力与土层摩阻力相互间的关系，即振动力应比土层摩阻力大，至少要大 25%；第二，振动加速度值，即振幅与频率的组合，对低频振动打桩机而言，主要是振幅的大小。

(2)施工资料和试验研究的数据表明，管柱的振幅越大，管柱的下沉效果好。这是因为：管柱的振幅越大，管柱则具有较大的振动冲击能量，更利于管柱克服摩阻力。当然，反过来说，管柱的振幅越大，说明管柱受到的摩阻力较小，受到的约束较小。

还必须指出的是：当管柱端部遇到硬层或障碍物时，端阻力会增大，振幅会有突然增大的现象，但此时管柱并不下沉，而振动打桩机的电动机电流迅速升高。这种情况应与上述情况分开。

(3)振动加速度值是破坏土的摩阻力的重要条件，一般不应小于 2000cm/s^2。用增大振动打桩机偏心块静力矩或频率的办法来提高振动力，均能导致振动加速度的增加。但由于振幅的增加与土层的摩阻力和地质水文等条件有关，故振动力的增加并不意味着振动加速度也能成比例增加。

(4)在一般的砂性土内，用单频率低频振动打桩机顺利下沉重型管柱的条件可归结为：

$$\frac{P}{Q}\geqslant 1.25 \qquad (2\text{-}5\text{-}4)$$

$$\frac{M}{Q}\geqslant 0.30 \tag{2-5-5}$$

$$P\geqslant \tau' SH \tag{2-5-6}$$

式中：P——振动打桩机振动力(N)；

Q——振动体系质量(t)，对振动下沉重型管柱而言，即振动打桩机、桩帽及管柱质量之和；

M——振动打桩机偏心块静力矩(N·m)；

τ'——土层对管柱的侧面摩擦力，当管柱内吸泥振动时取值为 10kPa，当管柱内吸泥和外射水震动时取值为 8.5kPa；

S——管柱的周长(m)；

H——管柱的入土深度(m)。

(5)当已选定振动打桩机，且满足$\frac{P}{Q}\geqslant 1.25$及$\frac{M}{Q}\geqslant 0.3$的条件时，可用下式估算管柱可能的入土深度：

$$H=\frac{P}{\tau' S} \tag{2-5-7}$$

式中各符号意义。

第三节　管柱振动下沉时的应力检测

一、管柱应力检测内容及方法

管柱在振动下沉时的应力大小和状态，是与很多因素有关的。这些因素主要有：地质情况，土层被破坏的情况（即射水吸泥的情况），振动打桩机型号，振动打桩机的振动力、转速，管柱的入土深，管柱的下沉速度及振幅等。因此，在检测管柱振动下沉应力时，必须同时记录这些相关数据资料，以便分析研究。

管柱震动下沉时的应力检测，是用粘贴（设置）在管柱上的电阻丝片进行。例如：进行钢筋混凝土管柱振动下沉应力检测，就是用设置在混凝土内和贴在钢筋上的电阻丝片、动态电阻应变仪以及示波器（或磁带记录仪）自动记录完成的。同时，在管柱上端（在桩帽下方约 2m 处）安装振动加速度计。每隔一定时间（如 15s），同时记录管柱应力、振动加速度、下沉速度以及振幅等。

还需说明的是：所谓检测应力，实际上通过电阻丝片测得的只是应变，还必须乘以弹性模量，才能得到各点的应力。显然，弹性模量取值是否准确，直接影响到应力值的精度。一般有两种办法：一是在制造管柱浇筑混凝土时同时浇筑混凝土弹性模量试件，养生，届时用同龄期试件测得的动弹性模量数值；二是直接采用有关规范或标准中规定的同强度等级的混凝土动弹性模量数值。前一种办法较准确，后一种办法相对不太准。

除了采用电阻丝片检测外，还可考虑用差动式应变计或钢弦式应变计及相应的仪器等。

二、管柱应力检测示例及分析

在南京长江大桥曾检测过管柱振动下沉应力。例如：直径 3.0m、壁厚 14cm、一根长 60m（由 8 个 7.5m 长的管节组成，法兰盘螺栓连接；入土 47m）的钢筋混凝土管柱的测点布置情况示于图 2-5-1。88 个钢筋应力测点和 24 个混凝土应力测点分别布置在沿管柱高度的 24 个截面上。每个截面上有钢筋应力测点 2～4 个，混凝土应力测点 1 个。此管柱下沉穿过的土层依次为细砂、中砂及卵石等。

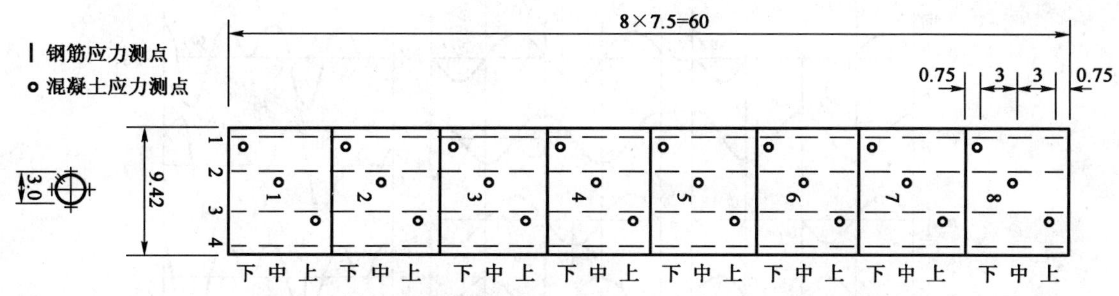

图 2-5-1　直径 3m 钢筋混凝土管柱测点布置展开图(尺寸单位:m)

混凝土应力测点的设置方法是:先预制环氧树脂水泥棒(截面尺寸 20mm×20mm,长约 100mm),将电阻丝片贴在其上,做好绝缘防潮处理。制造钢筋混凝土管柱时将其埋设固定在拟定的位置,将导线妥善引出。

现将 ϕ3.0m 钢筋混凝土管柱振动下沉时的应力和加速度曲线分别示于图 2-5-2 和图 2-5-3。

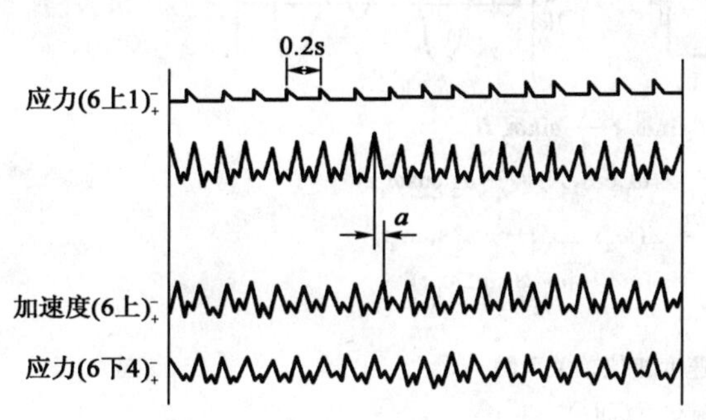

图 2-5-2　应力和振动加速度曲线 I

(图中括弧内数字表示截面编号)

* 两台 160 振动打桩机在砂土内下沉 6 节 ϕ3.0m 管柱时

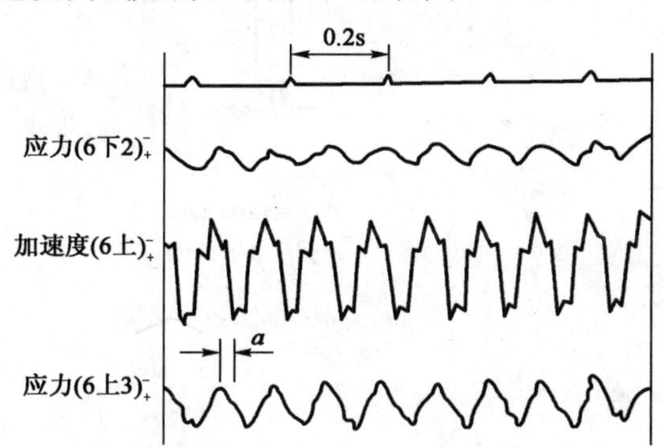

图 2-5-3　应力和振动加速度曲线 II

(图中括弧内数字表示截面编号)

* 一台中—250 振动打桩机在砂土内下沉 6 节 ϕ3.0m 管柱时

综合分析管柱振动下沉应力曲线和各有关资料时,可认为在砂土层中管柱的振沉应力有如下些性质:

(1)应力波频率与振动打桩机的频率一致。图 2-5-3 所示的应力曲线之波峰处出现倍波,似可认为此时整个振动体系的运动处于振动冲击状态。

(2)沿管柱高度各测点的应力波峰是相对应的,无明显的相位差。

(3)各点加速度曲线间无明显的相位差。

(4)加速度曲线与应力曲线之间有明显的相位差,加速度滞后。滞后的相位差角 α,随振动打桩机是单频还是双频而异,并随频率的增减而稍有增减。分析其原因,可能是由于:

①当管柱侧面土摩阻力受到破坏,而端部因遇到硬土层产生振动冲击作用,管柱振幅大而不下沉时,可以将管柱视为底端支承在弹簧上做强迫振动的刚体,弹簧的反力 R 与运动的位移 Y 成正比,方向相同[图 2-5-4a)]。此时,应力与加速度之间没有相位差,即 $\alpha=0$。

②若管柱主要受到侧面土摩阻力约束,振幅不大,下沉困难时,可以认为管柱似在黏滞性液体中做强迫振动,土对管柱的侧面摩阻力 F 与运动速度 v 成正比,方向相反;而管柱应力与 v 亦成正比,而方向却相同,应力与加速度之间有相位差。当振动打桩机是单频时,$\alpha=\frac{\pi}{2}$;当振动打桩机是双频时,$\alpha=\frac{\pi}{4}$[图 2-5-4b)、c)]。

(5)管柱在振动下沉时的应力一般均为上部大、下部小。当管柱受侧面土的摩阻力约束不能下沉时,管柱底节应力很小;而当管柱底端遇到硬层,且侧面土摩阻力基本能克服时,振幅大,底部应力则较大。

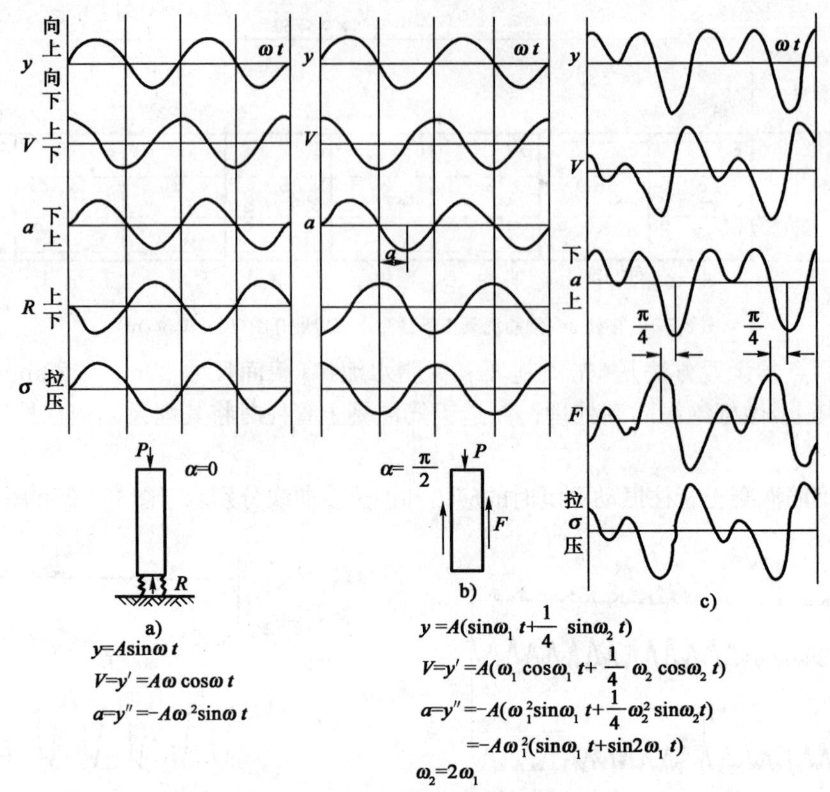

图 2-5-4　应力与振动加速度相位差关系图

（＊管柱在砂土内振动下沉时）

(6)从检测得到的管柱钢筋应力来看，有时双频振动打桩机产生的拉应力反而大于单频振动打桩机产生的拉应力，而不是与振动力成正比。见表 2-5-4，这说明采用双频振动打桩机并不能达到减小管柱拉应力的目的。当双频振动打桩机向上的振动力过小时，就不能使管柱产生需要的振幅，土层不能被充分破坏，冲击作用反而增强，对管柱是不利的。

单、双频振动打桩机下沉管柱应力比较　　表 2-5-4

振动打桩机型号	振动力(10kN)	辅助施工方法	管柱入土深度(m)	管柱下沉速度(cm/min)	管柱应力(0.1MPa)	
					拉	压
2 台 160 型	320	外射水	20～25	0～100	8.0～16.0	6.5～20.0
1 台中—250 型	250	外射水、压风	28	0～30	7.0～14.5	12.0～16.7

由以上的管柱应力检测示例和有关分析可以看出，进行管柱应力检测主要目的是为了求得振动冲击系数 η，给管柱设计提供依据；但同时也可为探讨研究管柱振动下沉规律、保证管柱顺利下沉提供数据资料。

第四节　管柱钻孔岩石承载力检测

一、管柱钻孔岩石承载力检测内容及方法

管柱钻孔法作为深水基础的一种施工方法，其具体施工方法和施工程序在本章第一节已作了说明，对于支承在岩石表面的基础，只将岩石表面的强风化部分清除掉，一般用单向受压力立方强度来计算，而对于管柱钻孔基础已不适用。

显而易见，钻孔的直径即等于管柱的内径。一般讲，管柱下端的岩石强度比管柱本身强度低，且压

缩性比管柱大。因此,直径为 d 的钢筋混凝土圆柱伸入岩石中的深度为 h 时(图 2-5-5),如何计算岩石地基的承载力,是管柱钻孔基础设计和施工中的关键问题。

这里要特别说明的是:现代的嵌岩钻(挖)孔桩,其嵌岩部分的岩石承载力的情况与这里所说的管柱钻孔岩石承载力的情况是一致的。因此,本节所述的检测方法同样适于嵌岩钻(挖)孔桩岩石承载力的检测。

管柱钻孔岩石承载力检测的内容有:探求在不同钻孔直径和不同钻孔深度的各种组合情况下,岩石支承强度、岩石与混凝土柱体摩擦力的极限强度等对岩石立方强度的关系;钻孔壁的摩擦力与底部支承力共同承受荷载时的荷载分布情况。

检测方法有两种:一是利用室内模型试验进行检测;二是利用现场天然岩体静载试验进行检测。

1. 利用室内模型试验进行检测

考虑几何相似和静力相似,用混凝土圆柱模拟管柱伸入岩石钻孔中的部分,即模拟管柱内填充的钢筋混凝土,以此作为试杆对岩石加压。其直径由小到大,以推求应力变化规律。圆柱体混凝土的等级,原则上不应低于实际的管柱内填充的混凝土等级,如 C25。

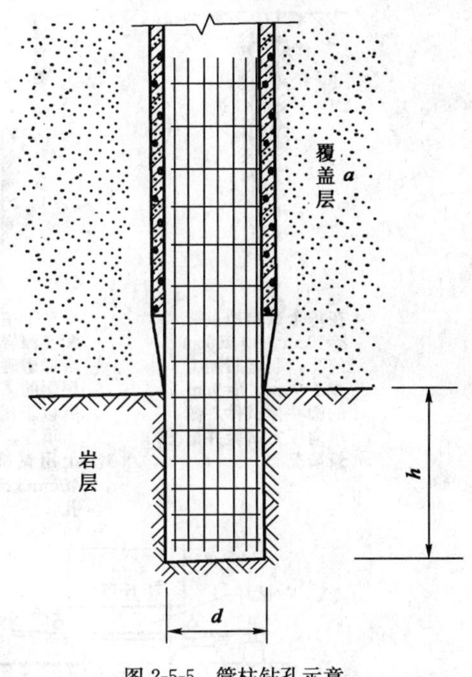

图 2-5-5　管柱钻孔示意

试验检测所用的岩石,应与管柱基础处的岩石基本一样。一般则是在管柱基础岩石的露头处开采岩石来制作试件。又因受运输条件的限制,无法采运大的石块,为使试验所用的小块岩石能代表大块岩石,特将岩石放在专制的钢筒内,岩石表面与钢筒顶端齐平,岩石四周及底面以下均填灌混凝土。这样一来,此岩石受载后的应力分布情况与大块岩石受载后的应力分布情况是相似的。

用油泵、千斤顶及反力架等加载,用传感器、千分表分别测量应变(力)及变形等数据。

2. 利用现场天然岩体静载试验进行检测

现场天然岩体静载试验的地点应该选择在相应的管柱基础处岩石的露头地点。它与室内模型试验检测的根本区别在于不是取小块岩石进行试验,而是直接在天然岩石的露头处进行试验:

(1)当进行岩石的表面试验时,先用手工将岩石凿平,然后铺 1～2mm 厚的砂,用千斤顶通过混凝土圆柱体(试杆)向岩石表面加载。为什么强调用手工将岩石表面凿平呢?这是为了避免将天然岩石人为损伤,以保证试验检测数据等资料的真实可靠性。

(2)当进行岩石钻孔试验时,先在加载点钻取岩芯,获得该处地质柱状图及孔内沿高度变化的抗压强度指标,然后用人工或钻孔机做成要求的直径和深度的孔,孔内灌注 C25 混凝土。土孔底支承及侧面摩擦共同作用试验中,混凝土是从底灌到顶的;在分开作用的试验中,借悬挂的模板使混凝土与孔底岩石有 30～50mm 的空隙,以便先做摩擦试验再做底端加压试验。现将现场天然岩体静载试验检测的程序示于图 2-5-6。待所灌注的混凝土达到规定的强度后,再在混凝土柱表面铺一层 1～2mm 厚的砂,然后,用千斤顶通过钢壳混凝土的试杆加载。

要特别指出是:共同作用的试验检测方法与先摩擦后底端的试验检测方法是大致相同的,只是混凝土柱除与孔壁接触外,还须与孔底直接接触。

用大型千斤顶(如 5000kN)加载。千斤顶反力传到 4 根锚桩上,所谓锚桩,就是先在岩石内钻孔(如 4～5m 深,ϕ30cm),再在每个钻孔内埋置 4 根角钢(如 4∠100×100×10),并在其内填筑混凝土。

关于加载的规定,可以这样考虑:做侧壁摩擦力试验检测时,所加的每级荷载应能使侧壁增加0.1～0.2MPa 的应力;做端部支承试验检测时,所加的每级荷载应能使端部增加 1～2MPa 的支承应力。每 5min 下沉量小于 0.5mm 时,加下一级荷载。当下沉量迅速增加,千斤顶压力表读数减退,不能继续加载时,即可结束试验检测。取千斤顶的压力表读数减退前的最高值作为极限承载力。

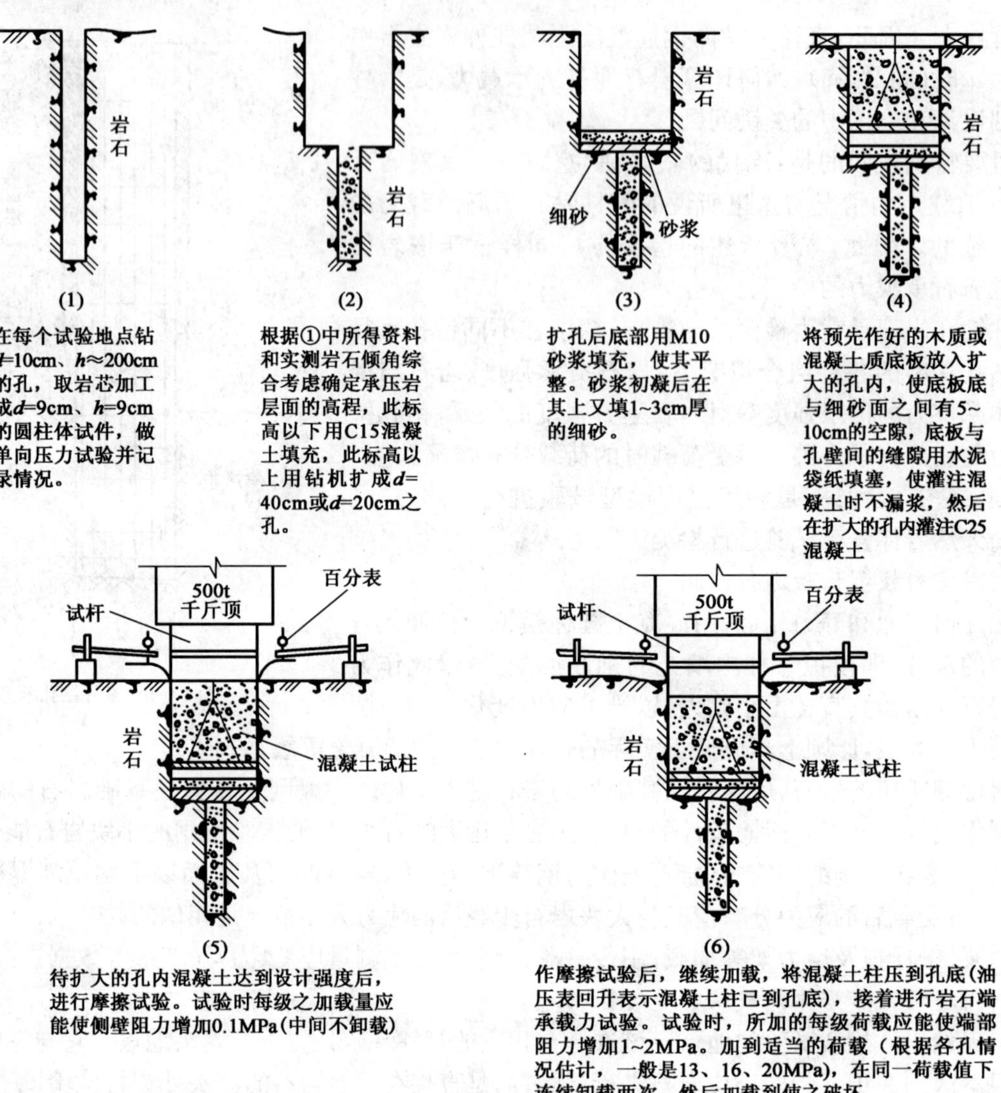

图 2-5-6　先摩擦后底端试验检测的程序说明

二、管柱钻孔岩石承载力检测示例

我们曾进行过两次大规模的管柱钻孔岩石承载力模型试验检测，有下列 4 个项目：

(1)检测岩石支承力。各种直径试杆代表不同直径的管柱，在不同立方强度的岩石表面及岩层的不同深度时，岩石承载力的变化规律。

(2)检测岩石与混凝土柱周围的摩擦力。求纯摩擦力(即当混凝土柱下端无支承力时)与岩石立方强度、混凝土柱强度、直径、深入岩石深度及粗糙程度等因素的相互关系。

(3)检测混凝土柱锚固在岩层内，其侧壁摩擦力与端支承力共同作用情况。

(4)检测群柱效应。即通过试验将管柱群对岩石表面压力、深入压力、摩擦力及支承与摩擦共同着力等与单根管柱有关情况进行比较。

试验检测的对象是红砂岩。试杆直径自 30mm 起至 400mm，自小逐渐放大。将采取的红砂岩放在内径为 1350mm、高 750mm 的钢筒中。红砂岩表面与钢筒顶面齐平，岩石四周及底面以下的均灌注混凝土。

将这两次试验检测的结果归纳如下。

1. 支承力

支承力试验检测包括表面压力和深入压力两部分。前者主要是确定表面压力 σ_0 与试杆直径 d 的关系；后者是确定深入压力 σ_h 与深径比 $\frac{h}{d}$ 的关系。此两种资料分析成果的综合，即为不同直径试杆在不同深径比时之支承力的变化规律。

(1)表面压力

A 试验检测所用用红砂岩的立方强度 R 为 10.0～13.0MPa，加压后的破坏情况为：

①当加到一定的压力值，变形为 1～5mm 时，试杆周边岩石有粉末隆起。

②与此同时，以试杆为中心，试体石块发生径向裂纹延至钢筒边。

③继续加大压力，试体石块发生与试件成同心圆的裂纹。

④石块沿同心圆裂纹隆起破坏。现将 $\frac{\sigma_0}{R}$—d 曲线示于图 2-5-7。图中 ϕ400mm 试杆破坏强度，仍为岩石的 20cm 立方体试件强度的 4 倍，故可认为无论管柱直径大小，当它施加压力于岩石表面时，岩石抗压强度均应超过其立方体试件强度。即若管柱基础置于岩层表面，用 20cm 立方体试件的抗压强度作为管柱下岩层的抗压强度是可行的，也是偏于安全的。

在 B 试验中，采用了 30～400mm 的 9 种不同直径试杆。用作试体的岩石立方强度和匀质性不相同。其中，有个别塑性较大的石块，受 ϕ3cm 试杆在表面加压时，表面未出现任何裂纹，而其他石块的破坏状态均与前述的 A 模型试验的相同。

由于石块强度不同且极限应力相差甚巨，为便于整理，选取一部分接近立方强度 R=5.0MPa及 R=10.0MPa 的较有规则的资料绘成图 2-5-8。

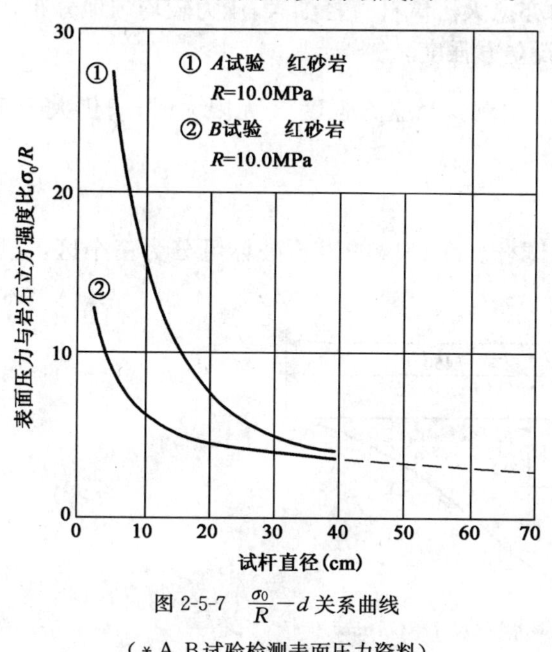

图 2-5-7　$\frac{\sigma_0}{R}-d$ 关系曲线

(＊A、B 试验检测表面压力资料)

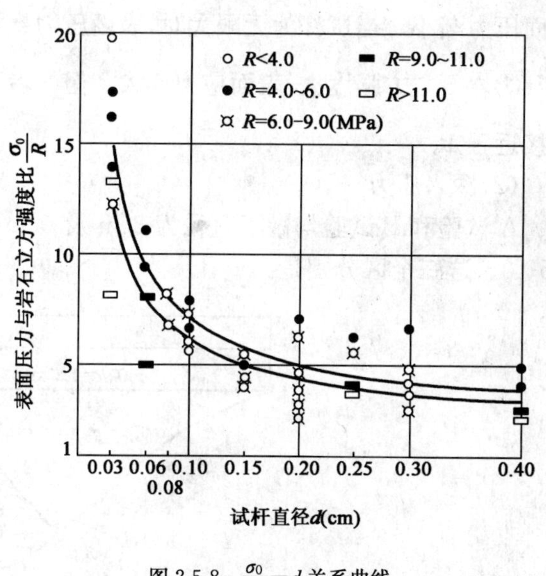

图 2-5-8　$\frac{\sigma_0}{R}-d$ 关系曲线

(＊B 试验检测表面压力资料 I)

由图 2-5-8 曲线的趋势看，当 d 无限增大，则 $\frac{\sigma_0}{R}$ 的最小值将接近 1。这就是说，当无限大试杆在无限广阔的岩层表面上，可以想象如同单向受压状态，此时 σ_0 将等于 R。因此假定 $d=\infty$，或 $\frac{1}{d}=0$ 时，$\frac{\sigma_0}{R}=1$。根据该结论，将图 2-5-8 的横坐标变成为 $\frac{1}{d}$，见图 2-5-9，可以更明显地看出不同直径的试杆表面压力之变化趋势。

在图 2-5-8 及图 2-5-9 中，R=10MPa 者均在 R=5.0MPa 者下方，由此推测，R 值越大，$\frac{\sigma_0}{R}-d$ 曲线将越在下方，即当 R 值无限增大时，$\frac{\sigma_0}{R}$ 的最小值接近于 1；或 $R=\infty$时，$\frac{\sigma_0}{R}-\frac{1}{d}$ 曲线与 $\frac{\sigma_0}{R}=1$ 的直线相吻合。

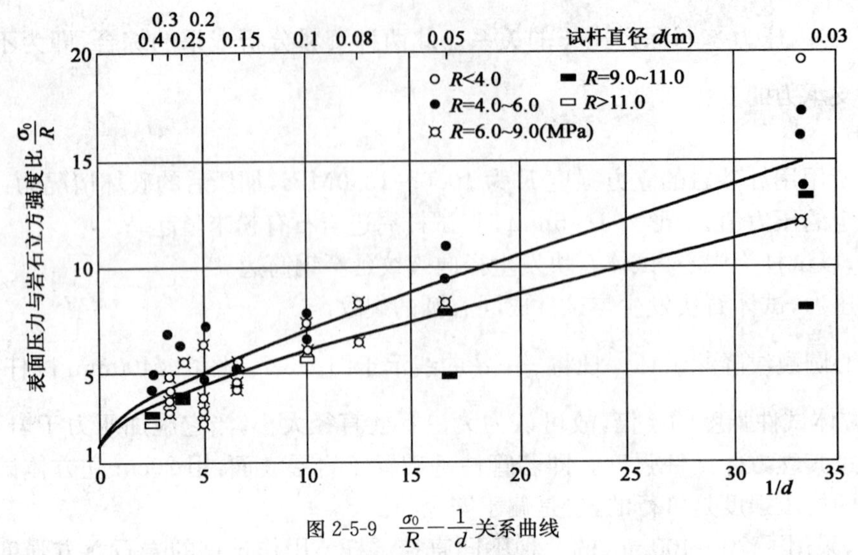

图 2-5-9 $\frac{\sigma_0}{R}-\frac{1}{d}$关系曲线

（＊B 试验检测表面压力资料 II）

通过这些分析，对表面压力与试杆直径及石料立方强度之间的相互关系可归纳于下：

①岩石的立方强度是单向受压的测定结果，而试杆下之岩石处于三向受压状态，故表面压力 σ_0 常较立方强度 R 为大。

②试杆直径愈小，压力的集中程度愈高，故表面压力亦愈大。试杆直径渐大，压力较均匀地分布，故表面压力渐小。当试杆为无限大时，表面压力接近于岩石立方强度。

③岩石立方强度大，表面应力亦大。但两者不成直线比例。当立方强度 R 无限大时，$\frac{\sigma_0}{R}$仍大于 1，且接近于 1。

(2)深入压力

A 试验和 B 试验均做了直径为 3cm 及 6cm 的两种试杆。A 试验的岩石破坏可分为三个区，见图 2-5-10。这三个区分别是：

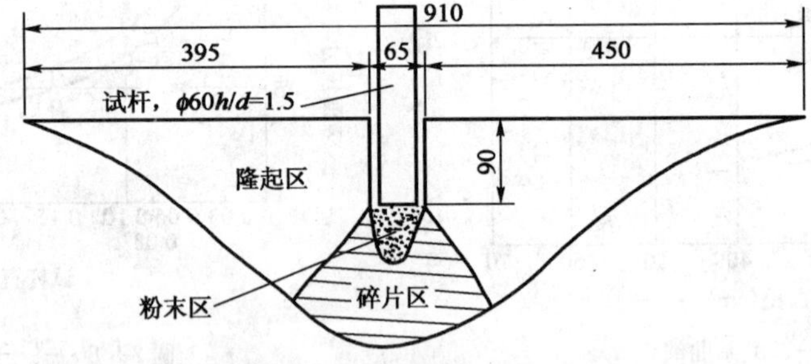

图 2-5-10 受深入压力时岩石之破坏情况（尺寸单位：mm）

①粉末区，在试杆端部以下成倒圆锥形，其粉末粒径接近一般的粗砂粒径；

②碎片区，界于粉末区与隆起区之间，石料被压成碎薄片，呈鱼鳞状；

③隆起区，石料较完整，一般由于径向开裂变为四、五块，个别试验无径向裂纹，而是整块隆起。

B 试验时，试杆伸入试块的深度自 0.5d 到 3d，即$\frac{h}{d}$=0.5～3，随着试杆深入岩石深度之不同，石块的破坏状态亦不同：在$\frac{h}{d}$=0.5 时，石块表面破碎而隆起，与表面压力的破坏情况相似；随着$\frac{h}{d}$增加至 1.0以后，表面仅发生径向裂纹，而无破碎隆起现象；当$\frac{h}{d}$在 2.0 及以上时，径向裂纹更长，由试杆周边起，达到石块周边并伸入到石块四周的混凝土内，且有的裂纹直达钢筒边。

整理这些资料并绘成曲线，分别示于图 2-5-11～图 2-5-14。由这些图示曲线可以看出：

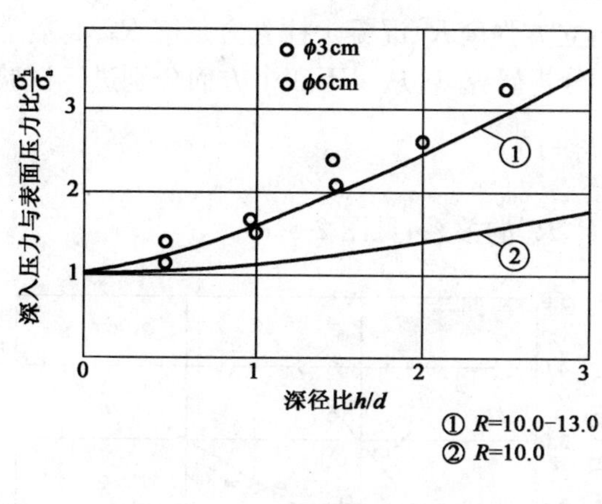

图 2-5-11　深入压力试验曲线比较(一)

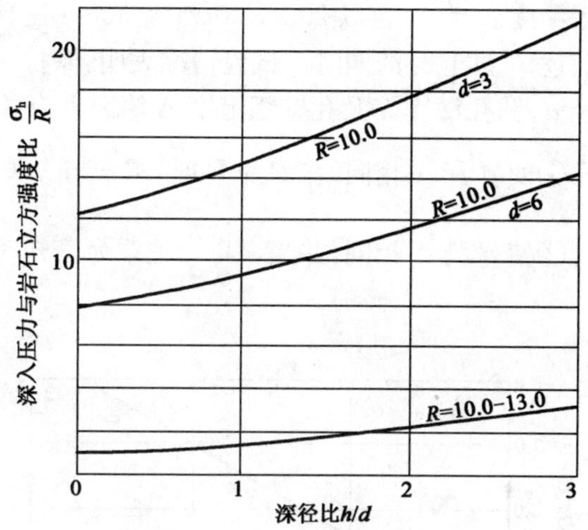

图 2-5-12　深入压力试验曲线比较(二)

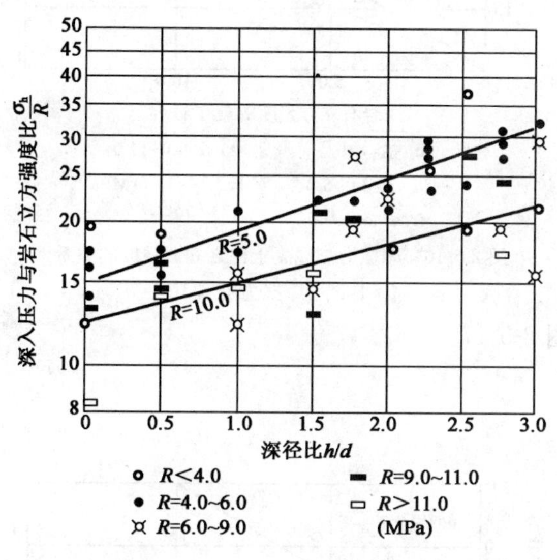

图 2-5-13　B 试验深入压力资料(一)(ϕ3cm)

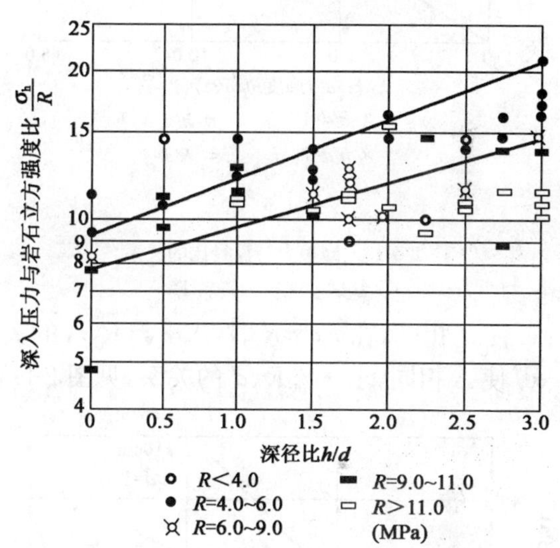

图 2-5-14　B 试验深入压力资料(二)(ϕ6cm)

①在深入压力试验中，由于受压面是在石块表面之下，故由于受压面以上的石块能抵抗受压处岩石所产生的拉应力，因此，深入压力 σ_h 常大于表面压力 σ_0，也较单向受压的岩石立方强度为大，即 $\sigma_h > R$。

②当伸入岩石深度与其试杆直径的比例$\frac{h}{d}$增加时，$\frac{\sigma_h}{\sigma_0}$及$\frac{\sigma_h}{R}$并随之增加。

2. 摩擦力

(1)A 试验

A 试验在摩擦力试验中，采用的混凝土柱之直径为 11cm、22cm 及 42cm 等三种。在石灰岩或红砂岩或花岗岩石试体中，预先凿孔并灌注混凝土。加压后，混凝土柱发生塑性变形，在混凝土与石块相连接处的周边发生破坏；当混凝土强度大于石块(红砂岩)强度，破裂在红砂岩上，破坏时混凝土柱上有红砂岩黏着；当混凝土强度小于石块强度(石灰岩及花岗岩)，在石块钻孔壁上有混凝土黏着，混凝土柱表面无岩石黏着。取出岩石块，一般在钻孔径向开裂成三、四块。摩擦面越深，达到破坏时的变形越大。在相同的深径比$\frac{h}{d}$时，直径越大的混凝土柱的变形量亦大。

(2)B 试验

B 试验的摩擦力试验，以直径 10cm 的混凝土柱为代表。深径比$\frac{h}{d}$为 1～4。岩石立方强度 R 为 3.3～13.4MPa。混凝土柱立方强度 R_c 为 3.3～13.6MPa。用手工或钻机挖孔，并将孔壁凿毛以增加其粗糙度。此外，再以 20cm、30cm 及 40cm 三种直径混凝土柱资料进行比较。在加压之后，破坏情况和前述 A 试验时的同时。试验情况表明：摩擦力 τ 和岩石立方强度 R、混凝土柱立方强度 R_c、混凝土柱直径 d、钻孔深度 h 及孔壁粗糙度 Δ 等因素有关。为便于分析研究，曾从以下四个方面分别进行试验：

①使 d 和 Δ 相同，在 $R_c \approx R$ 时，求 τ 与 $\dfrac{h}{d}$ 关系，见图 2-5-15。

②使 d 与 Δ 相同，并当 τ 与 $\dfrac{h}{d}$ 关系为已知时，求 τ 与 R、R_c 的关系，见图 2-5-16。

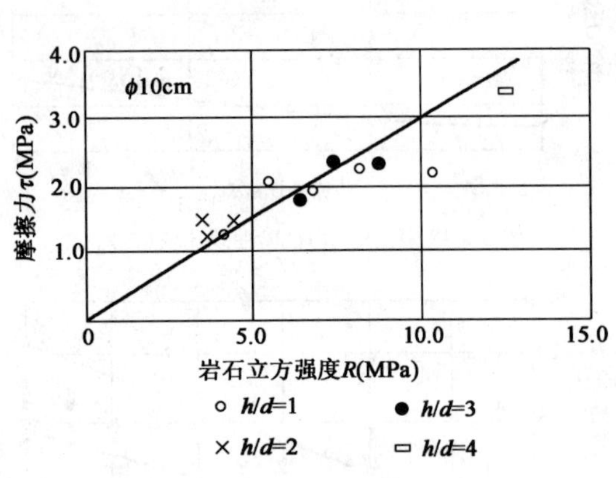

图 2-5-15 摩擦力与深径比的关系

（＊B 试验摩擦力资料 I）

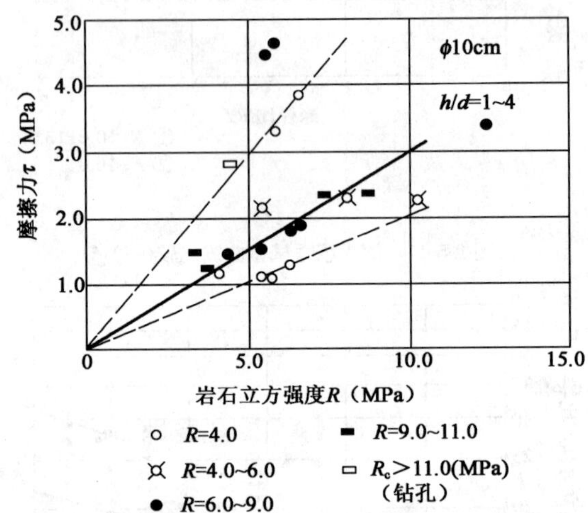

图 2-5-16 摩擦力与混凝土柱之立方强度的关系

（＊B 试验摩擦力资料 II）

c. 使 d 相同，在 $Rc \approx R$ 时，求 τ 与 R、Δ 的关系，见图 2-5-17。

d. 使 Δ 相同，求 τ 与 R、d 的关系，见图 2-5-18。

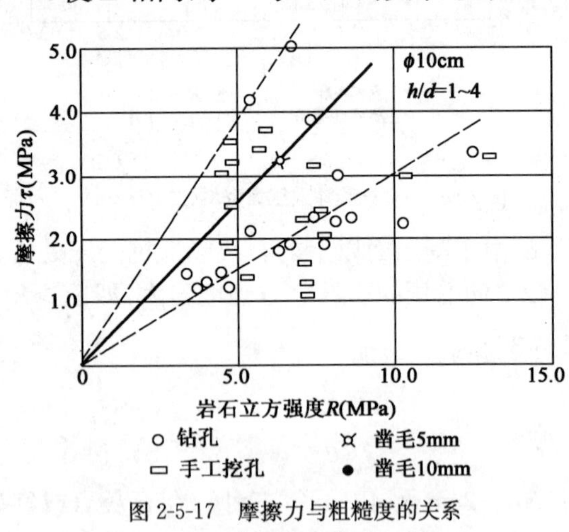

图 2-5-17 摩擦力与粗糙度的关系

（＊B 试验摩擦力资料 III）

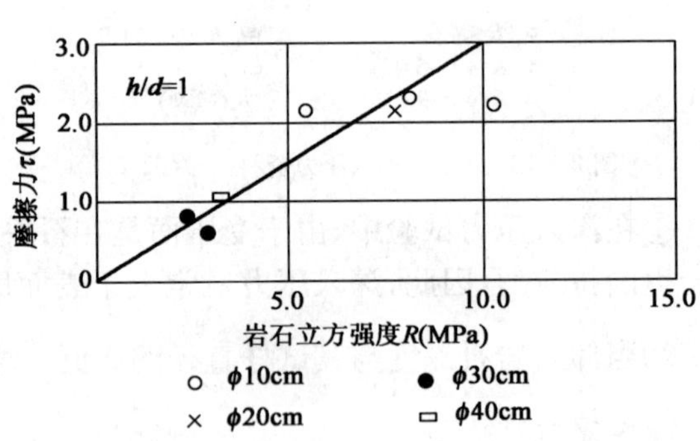

图 2-5-18 摩擦力与试杆直径的关系

（＊B 试验摩擦力资料 IV）

根据以上四种试验，通过分析，可以得知摩擦力和上述的各项因素的关系，如下：

①摩擦力与岩石立方强度的关系近似于正比，即摩擦力与岩石立方强度之比值 $\dfrac{\tau}{R}$ 接近为常数。

②混凝土柱深入岩层的深度与其直径之比 $\dfrac{h}{d}$ 等于 1～4 时，单位摩擦力为常数，即摩擦力不以深径比的增减而有显著的变化。

③混凝土柱之立方强度增加时，由于其横向变形减小，使柱周岩石所受张力减小，从而可达到较高的摩擦力。反之，混凝土柱之立方强度比岩石立方强度低得过多时，混凝土柱横向变形较大，柱周岩石将受到较大的张力，则岩石易于破坏，故其摩擦力亦较低。

④柱孔壁(即岩石的钻孔壁)粗糙度对摩擦力的影响最大,研究表明,混凝土柱与岩石接合面愈粗糙,则摩擦力愈大,在图 2-5-17 中,凿毛 5mm 及 10mm 的资料表明,当粗糙度与其直径之比自 0.05 到 0.1 时,摩擦力较一般情况有所增长,为一般情况的 1.67～2.5 倍。

⑤单位摩擦力不因混凝土柱直径的大小而异。

⑥从资料还可以看出混凝土柱之立方强度与岩石立方强度之间的关系,对确定摩擦力是有影响的。即后者对于前者有一定的依赖。

当混凝土柱之立方强度与岩石立方强度接近相等,且混凝土柱与岩石的接合面平整时,$\tau \sim R$的关系符合直线关系,而符合这些条件的大部分试验资料表明 $\tau=0.3R$。故可以认为$\frac{\tau}{R}=0.3$是摩擦力与石料立方强度的最可能比值。

当混凝土柱之立方强度小于岩石立方强度时,如图 2-5-16 中的下面一条虚线附近各点($R_c=3.5$MPa),若对其进行$\frac{\tau}{R_c}$的计算,其较小值为 0.314,故采用$\frac{\tau}{R_c}=0.3$ 是安全的。故此时应取较小的混凝土立方强度作为计算摩擦力的依据。

当混凝土柱之立方强度大于岩石立方强度时,如图 2-5-16 中上面一条虚线,线上附近三点之 $R_c=13.6$MPa,为石料立方强度的 2～3 倍,其摩擦力增加倍数约为一般的 0.85～1.09 倍;如按较低值平均估计(R_c 为 R 的一倍时),摩擦力增加约 0.55 倍。

3.支承与摩擦共同作用

管柱岩石钻孔基础所承受的荷载是由混凝土柱与柱侧壁岩石间的摩擦力和柱底面阻力(支承力)共同承受的。在做了上述的两个方面的分开试验研究后,还必须进行这两项的综合试验分析。

(1)A 试验

A 试验所采用方法是:在同一钢筒试件内,用尺寸完全相等、强度为 10.0～13.0MPa 的三块红砂石嵌入,三块红砂石之中线夹 120°角,使其锚固情况完全相同,一块做摩擦力试验,探求纯摩擦抵抗强度极限破坏荷载 P_1;另一块做深入压力试验,探求单纯端部抵抗时强度极限 P_2;第三块则在钻孔内灌筑混凝土,探求侧壁摩阻力与底端阻力共同作用时的破坏强度 P_3。用千斤顶对这三块红砂石试件分别加载,现将结果汇总于表 2-5-5。

A 试验资料汇总 表 2-5-5

组别	红砂石强度 (MPa)	混凝土柱强度 (MPa)	钻孔深 (cm)	试杆直径 (cm)	极限抗力 (10kN)		P_1+P_2 (10kN)
①	10.0～13.0	13.0	11	11	P_1	25.8	107.7
			11	11	P_2	81.9	
			11	11	P_3	172.5	
②	10.0～13.0	15.8	11	11	P_1	25.2	113.4
			11	11	P_2	88.2	
			11	11	P_3	154.2	
③	10.0～13.0	17.1	11	11	P_1	25.2	155.2
			11	11	P_2	130.0	
			11	11	P_3	161.5	

(2)B 试验

B 试验用 6cm 及 10cm 两种直径的试杆进行,深径比均等于 2。试验过程中,观察到柱周围岩石先发生径向裂纹,以后四周岩石破碎成若干片,向上隆起,有的高达 2～3cm。究其原因,混凝土柱受垂直荷载后,柱底岩石产生反力,混凝土柱变形较大,柱周围岩石出现的周涨力超过岩石抗拉强度后,岩石发生径向裂纹。此种情况与摩擦力试验相似,但混凝土柱受压力作用的变形较摩擦力试验的为大,当混凝土柱受更大的压力时，其横向变形挤压柱周的岩石，使其向上隆起。图 2-5-19 为以直径 6cm 的试杆做试验时的岩石破坏情况。在用直径 10cm 试杆的试验完毕后，凿开石料，检查混凝土柱，发现柱表面附着一大块红砂，与纯摩擦力试验中混凝土柱上仅黏附着一薄层红砂的情况不同。由此可见支承与摩擦共同作用时，混凝土柱横向变形较大，使柱周岩石严重破坏，致使部分岩石附着于混凝土柱上，改变了混凝土柱的形状。

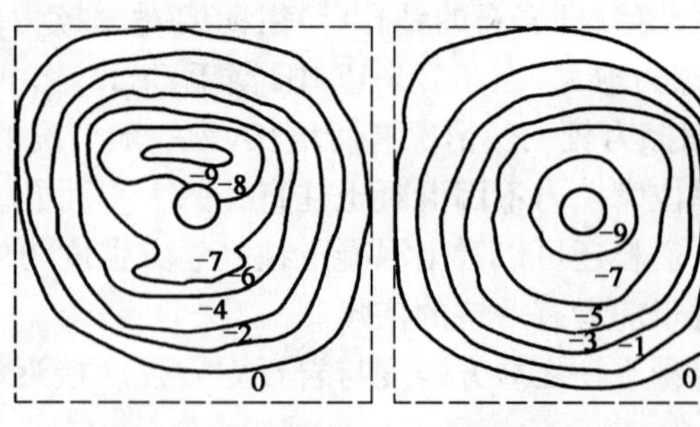

a)石料强度R=2.93MPa，混凝土柱强度R_c=15.5MPa，破坏等深线从里至外为：-9、-8、-7、-6、-4、-2、0（cm）；

b)石料强度R=3.25MPa，混凝土柱强度R_c=15.5MPa，破坏等深线从里至外为：-9、-7、-5、-3、-1、0（cm）。深径比h/d=2，石料尺寸40cm×40cm×40cm

图 2-5-19　B 试验：ϕ6cm 试杆支承力与摩擦力共同作用的岩石破坏平面情况

为了研究单柱的纯支承力、纯摩擦力以及支承与摩擦共同作用的关系，将直径 6cm 及直径 10cm 试杆的表面压力、深入压力及摩擦力等试验资料和支承与摩擦共同作用的试验资料分别绘于图 2-5-20 及图 2-5-21。图 2-5-20 中的 P_1 线系依照$\frac{\tau}{R}=0.3$计算的结果绘制。试验数据均偏在 P_1 线的上面，其他深入压力及共同作用的各点，均分别靠近在 P_2 及 P_3 线上，图 2-5-21 中除深入支承力试验的各点 $R=6.36$MPa、$P_2=433.5$kN 数值偏低远离 P_2 线外，其他试验点大致在各自的直线段附近。依照这些数据资料，初步可认为支承与摩擦的共同作用力与纯摩擦力加支承力的之和接近相等，即 $P_3\approx P_1+P_2$。

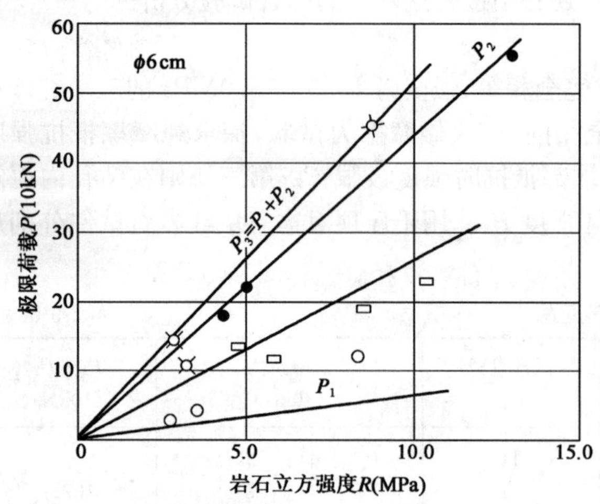

图 2-5-20　B 试验：支承力、摩擦力及共同作用

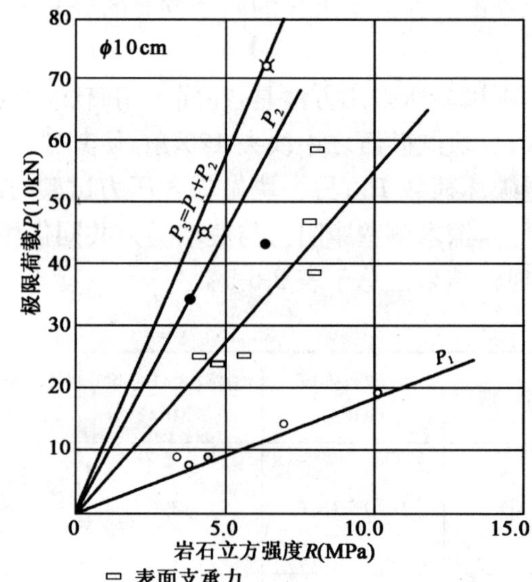

图 2-5-21　B 试验：柱群的有关资料

(3)A 试验与 B 试验的比较

从以上的分析可以看出，B 试验得出的结论是$P_3\approx P_1+P_2$；而由表 2-5-5 可知，A 试验得出的结论是 $P_3>P_1+P_2$。这两者是不一致的。究其原因，可能是因为 A 试验与 B 试验的情况不一样，前者所用的岩石的立方强度与混凝土柱之立方强度近似相等；而后者所用的岩石的立方强度与混凝土柱之立方强度相差悬殊。

4. 柱群的岩石破坏情况试验

B 试验采用三根直径为 6cm 的试杆进行柱群的表面压力、深入压力、摩擦力、支承与摩擦共同作用等四种试验。其中共同作用试验的柱中心距采用1.5d、2.0d、2.5d、3.0d四种尺寸，其他三种试验的中心距均为2.0d，除表面压力外，深径比$\frac{h}{d}=2$。

柱群试验的岩石破坏情况，依岩石强度不同而不同。在表面压力试验中，柱中距为2.0d，岩石立方强度较低的试块（$R=5.16$MPa），三柱之间中央部分岩石全部破坏。岩石立方强度较高的试块（$R=10.5$MPa），三柱之间的中央部分呈坚硬凸起状态，破坏最深处在凸起部分四周外侧，即柱群试杆位置全部破坏面形成同心圆状，见图2-5-22所示。

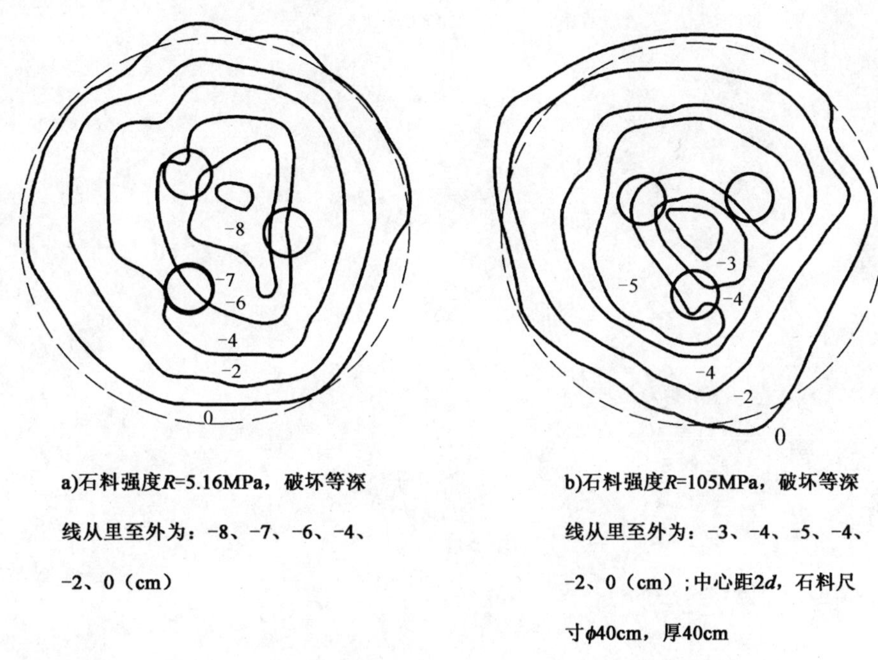

a)石料强度R=5.16MPa，破坏等深线从里至外为：-8、-7、-6、-4、-2、0（cm）

b)石料强度R=105MPa，破坏等深线从里至外为：-3、-4、-5、-4、-2、0（cm）；中心距2d，石料尺寸ϕ40cm，厚40cm

图2-5-22　B试验：3ϕ6cm试杆表面压力试验时的岩石破坏平面图

在柱群支承与摩擦共同作用的试验中，岩石破坏情况亦与柱中心距的大小有关，如柱距为1.5d时，三柱内外侧岩石全部破坏，类似单柱受力后的破坏情况。当柱距为2.0d及以上时，三柱中间部分均呈凸起坚硬之岩面，破坏最深部分在二柱间之外侧，靠近岩石边线附近部分则成同心圆状。柱中心距为1.5d、2.0d及2.5d的岩石破坏平面见图2-5-23。

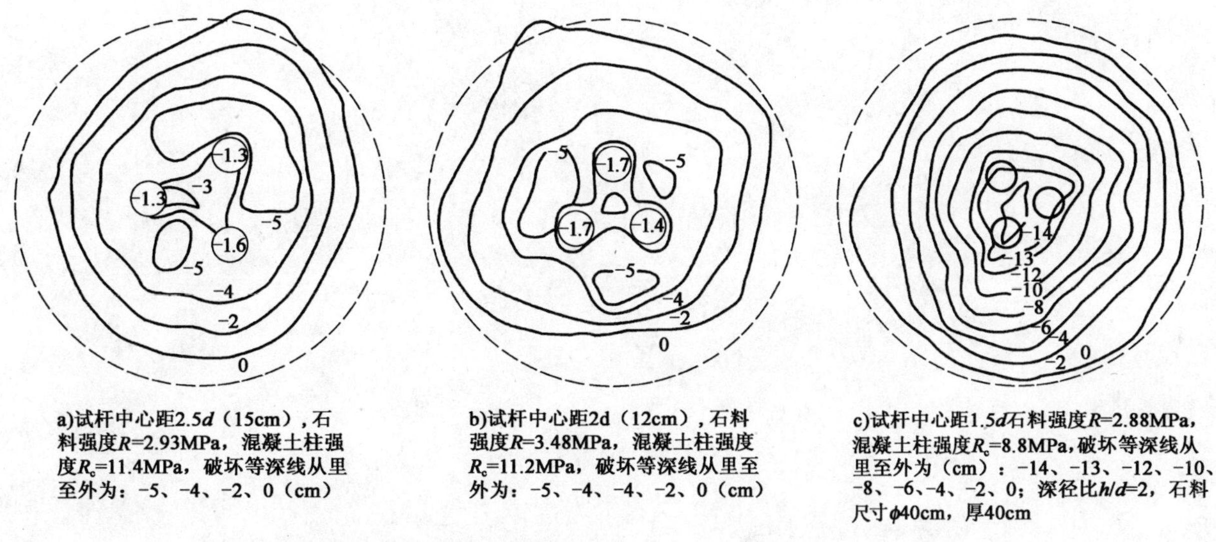

a)试杆中心距2.5d（15cm），石料强度R=2.93MPa，混凝土柱强度R_c=11.4MPa，破坏等深线从里至外为：-5、-4、-2、0（cm）

b)试杆中心距2d（12cm），石料强度R=3.48MPa，混凝土柱强度R_c=11.2MPa，破坏等深线从里至外为：-5、-4、-4、-2、0（cm）

c)试杆中心距1.5d石料强度R=2.88MPa，混凝土柱强度R_c=8.8MPa，破坏等深线从里至外为（cm）：-14、-13、-12、-10、-8、-6、-4、-2、0；深径比h/d=2，石料尺寸ϕ40cm，厚40cm

图2-5-23　B试验：3根ϕ6cm试杆支承力与摩擦力共同作用时的岩石破坏平面图

将柱群试验和单柱试验结果比较可知:在表面压力、深入压力、摩擦力及支承与摩擦共同作用等情形下,柱群中每一单根均在其邻近各柱的应力分布范围以内,产生了应力重叠效应,故在达到破坏状态时,其分担的荷载小于单柱的极限荷载。也就是说,因柱群中各柱均受邻近各柱应力的重叠分布,故每柱的平均荷载均小于单柱的破坏荷载。显然,如能较准确地求得不同情况的折减系数,则这个问题便可获得解决。若参考 B 试验为数不多的柱中心距为 2.0d 的试验资料,似可认为柱群与单柱的折减系数是 0.8,即 $P_{柱群}=0.8P_{单柱}$。

第六章　地下连续墙深基坑施工监测

随着我国悬索桥的发展，越来越多的锚碇基坑围护结构采用地下连续墙加现浇钢筋混凝土内支撑的结构形式。一般来说，锚碇地连墙工程都是大桥建设工程中的关键项目。这是因为：锚碇深基坑岩石工程的显著特点是其复杂性和不确定性，由此决定其设计与施工不可能截然分开，一般都需要在施工过程中进行监测，并据监测情况对设计进行必要的修改完善；对于悬索桥锚碇特深基坑这样的工程显然更应如此，必须实行有动态监测的信息化施工。

[典型工程]润扬长江公路大桥北锚碇基础平面为69m×50m的矩形，基底置于基岩上，采用明挖法施工，基坑深度达50m，是国内外罕见的特深基坑。北锚基础的施工实行带案招标，以中港第二航务工程局为首，与同济大学、清华大学等单位组成联合体，进行信息化施工和监测。武汉阳逻长江公路大桥南锚碇，基础采用内径70m，外径73m、深61m的圆形地下连续墙；其地处长江低漫滩平原，水文地质条件复杂，距防洪大堤仅150m，且南锚碇基坑要开挖45m深，与长江水位形成40m的落差，其施工难度之大，防洪风险之高前所未有，被称"神州第一锚"，也是大桥施工控制的关键，施工中实行全程监测和信息化施工。广州珠江黄埔大桥南汊悬索桥南、北锚碇基础分别为直径70.6m和73.0m，厚1.2m的圆形地连墙作围护体，基坑开挖采用岛式法施工内衬墙，并根据设计要求进行全过程动态监测与监控，实行信息化施工。

本章将根据润扬长江公路大桥北锚碇基坑信息化施工技术总结资料，介绍悬索桥锚碇基础深基坑信息化施工监测方法并附以具体资料，便于读者应用。

第一节　监测目的、项目及监测设计

一、监测目的

大跨悬索桥锚碇采用地下连续墙基础时，其特深基坑施工是一项涉及复杂水文、地质的岩土工程。由于地质条件、荷载条件、材料性质、施工条件和外界其他因素的复杂影响，造成目前人们对岩土工程的认识上还有一定的局限性，针对具体的工程，就很难单纯从理论上预测工程中可能遇到的情况和问题，所以，在理论指导下有计划地进行现场工程监测十分必要。对于锚碇基础这类非常重要的大型工程，就必须在施工组织设计中制定、在实际施工中实施严密的监测控制系统，以确保基础工程在施工、运行中的安全。

锚碇深基坑施工监测的目的主要有：

(1)将监测数据进行归纳整理，以期能及时发现施工过程中的不稳定因素，及时采取补救措施，确保基坑稳定安全，减少和避免损失。

(2)将现场监测结果用于优化设计，使设计达到优质安全、经济合理、施工快捷的目的。

(3)将现场监测的结果与理论预测值相比较，用反分析法推导出更为接近实际的理论公式，用以指导其他工程。

二、监测项目

锚碇深基坑施工。监测项目的选择应根据工程情况（如基坑开挖深度）及周围环境需要而定，如工程规模较大，基坑开挖深度较深，尤其是对周围环境保护要求较高时，监测项目应全面；中、小型工程，开挖深度不是太深，则可选择几个项目进行监测。一般来说，围护桩（墙）顶部的水平位移和桩（墙）测斜、支护结构的支撑轴力是主要的选取项目，因为它们能综合反映支护结构的变形和受力情况，直接反映基坑支护结构的稳定与安全。

《建筑基坑支护技术规程》（JGJ 120—99）中明确了基坑开挖监控工作方法：

(1)基坑开挖前应做出系统的开挖监控方案，监控方案应包括监控目的、监测项目、监控报警值、监测方法及精度要求、监测点的布置、监测周期、工序管理和记录制度以及信息反馈系统等。

(2)监测点的布置应满足监控要求，从基坑边缘以外 1～2 倍开挖深度范围内的需要保护物体均应作为监控对象。

(3)基坑工程监测项目可根据基坑侧壁安全等级及结构形式按表 2-6-1 选择。

基坑工程监测项目及基坑侧壁安全等级　　表 2-6-1

基坑侧壁安全等级 / 监测项目	一　级	二　级	三　级
支护结构水平位移	应测	应测	应测
周围建筑物、地下管线变形	应测	应测	宜测
地下水位	应测	应测	宜测
桩、墙内力	应测	宜测	可测
锚杆拉力	应测	宜测	可测
支撑轴力	应测	宜测	可测
立柱变形	应测	宜测	可测
土体分层竖向位移	应测	宜测	可测
支护结构界面侧向压力	应测	可测	可测

(4)位移观测基准点数量不应少于两点，且应设在影响范围以外。

(5)监测项目在基坑开挖前应测得初始值，且不应少于两次。

(6)基坑监测项目的监控报警值应根据监测对象的有关规范及支护结构设计要求确定。

(7)各项监测的时间间隔可根据施工进程确定。当变形超过有关标准或监测结果变化速率较大时，应加密观测次数。当有事故征兆时，应连续监测。

三、监测设计

1. 监测设计依据

(1)《建筑基坑支护技术规程》（JGJ 120—99）；

(2)上海市标准《基坑工程设计规范》（DBJ 08—61—97）；

(3)上海市标准《地基基础设计规范》（DGJ 08—11—1999）；

(4)上海市标准《岩土工程勘察设计规范》（DGJ 08—37—94）；

(5)《城市测量规范》（CJ 18—99）；

(6)《精密水准测量规范》（GB/T 15314—94）；

(7)《工程测量规范》（GB 50026—2007）；

(8)《孔隙水压力测试规程》（CECS 55—93）。

2. 监测设计原则

(1)系统性原则

①所设计的监测项目有机结合，并形成整体，测试的数据相互能进行校核；

②运用、发挥系统功效对基坑进行全方位、立体监测，确保所测数据的准确、及时；

③在施工过程中进行连续监测，确保数据的连续性；

④利用系统功效减少监测点布设，节约成本。

(2)可靠性原则

①设计中采用的监测手段是已基本成熟的方法；

②监测中使用的监测仪器、元件均通过计量标定且在有效期内；

③在设计中对布设的测点进行保护设计。

(3)与结构设计及科研相结合原则

①对结构设计中使用的关键参数进行监测，达到进一步优化设计的目的；

②对结构设计中在专家审查会上有争议的方法、原理所涉及的受力部位及受力内容进行监测，通过反演分析依据；

③依据设计计算情况，确定围护体、支撑结构的报警值；

④依据北锚碇科研工作大纲及相关单位提出的具体要求进行针对性布点。

(4)关键部位优先、兼顾全面的原则

①对围护体、支撑结构中相当敏感的区域加密测点数和项目，进行重点监测；

②对勘察工程中发现地质变化起伏较大的位置，施工过程中有异常的部位进行重点监测；

③除关键部位优先布设测点外，在系统性的基础上均匀布设监测点。

(5)与施工相结合原则

①结合施工实际确定测试方法、监测元件的种类、监测点的保护措施；

②结合施工实际调整监测点的布设位置，尽量减少对施工质量的影响；

(3)结合施工实际确定测试频率。

(6)经济合理原则

①监测方法的选择，在安全、可靠的前提下结合工程经验尽可能采用直观、简单、有效的方法；

②监测元件的选择，在确保可靠的基础上尽可能使用国产仪器设备；

③监测点的数量，在确保全面、安全的前提下，合理利用监测点之间联系，减少测点数量，提高工作效率，降低成本。

第二节　监测测试方法和施工监控

一、监测测试方法

锚碇深基坑施工监测一般有施工现场变形监测、基坑侧向变形监测、土压力和孔隙水压力监测、支护结构内力监测、支撑轴力监测、围檩内力监测、地下水位监测、温度监测等八项，下面将对其测试方法分别作以简介：

(一)施工现场变形观测

悬索桥锚碇基坑开挖工程施工场地变形观测的目的，就是通过对设置在场地的观测点进行周期性的测量，求得各观测点坐标和高程的变化量，为挡土结构和地基的稳定性评价提供技术数据。

1. 变形观测的一般要求

(1)变形观测的测量点

一般分为基准点、工作基点和观测点三类，其布设应符合下列要求：

①基准点为确定测量基准的控制点，是测定和检验工作基点稳定性或者直接测量变形观测点的依据。基准点应设在变形影响范围之外，并便于长期保存的稳定位置。每个工程至少应有3个稳定可靠的点作为基准点，使用时，应定期进行稳定性检查，以判断为稳定的点作为测量变形的基准点。

②工作基点是变形观测中起联系作用的，是直接测定变形观测点的依据，应设在靠近观测目标，便于观测点的稳定位置，在通视条件较好，或观测项目较小的工程，可不设工作基点，在基准点上直接观测变形。

③变形观测点是直接埋设在变形体上，且能反映变形特征的观测点。

(2)变形观测的等级

按观测点必要精度、技术指标的高低，可划分为四个等级，如表2-6-2所示。

变形观测的等级划分及精度要求 表2-6-2

变形观测等级	垂直位移测量		水平位移测量	适用范围
	变形点的高程中误差(mm)	相邻变形点高差中误差(mm)	变形点的点位中误差(mm)	
一等	±0.3	±0.1	±1.5	变形特别敏感的高层建筑、工程建筑、高耸建筑物、重要古建筑场地、精密工程设施等
二等	±0.5	±0.3	±3.0	变形比较敏感的高层建筑物、高耸构筑物、古建筑、重要工程设施和重要建筑场地的滑坡监测等
三等	±1.0	±0.5	±6.0	一般性的高层建筑、工程建筑、高耸构筑物、滑坡监测等
四等	±2.0	±1.0	±12.0	观测精度要求较低的工程建筑物，构筑物滑坡监测等

注：1.变形点的高程中误差和点位中误差，系相对于最近基准点而言。

2.当水平位移变形测量用坐标向量表示时，向量中误差为表中相应等级点位中误差的$1/\sqrt{2}$。

3.垂直位移的测量，可视需要按变形点的高程中误差或相邻变形点高差中误差测定测量等级。

(3)变形测量的观测周期

变形测量的观测周期，应根据变形速率、观测精度要求、不同施工阶段和工程地质条件等因素综合考虑。观测过程中，根据变形量的情况，作适当的调整。

(4)变形观测中应注意的问题

①首次观测成果是各周期观测的起始值，应具有比各周期观测成果更可靠的观测精度，宜采取适当增加测回数的措施。

②应定期对使用的基准点或工作基点进行稳定性检测，点位稳定后，检测周期可适当延长，当对变形成果发生怀疑时，应随时进行检核。

③观测前，对所用的仪器设备必须按有关规定进行检校，并作好记录。

④使用同一仪器和设备，固定观测人员。

⑤采用相同的观测路线和观测方法。

⑥尽可能在基本相同的环境和条件下工作。

⑦原始记录应说明观测时的气象情况、施工进度和荷载变化，以供稳定性分析参考。

2.水平位移监测网

(1)水平位移监测网布置

水平位移监测网可采用三角网、导线网、边角网、三边网和轴线等形式。宜按两级布设，由控制点组成首级网，由观测点和所连测的控制点组成扩展网。布网时应考虑图形形状，长短边边长不宜悬殊，宜采用独立的坐标系统。

(2)水平位移监测网的技术要求

水平位移监测网的主要技术要求应符合表 2-6-3 的规定。

水平位移监测网的主要技术要求　　表 2-6-3

等级	相邻基准点的点位中误差(mm)	平均边长(m)	测角中误差(″)	最弱边相对中误差	作业要求
一等	1.5	<300	±0.7	≤1/250 000	宜按国家一等三角要求观测
		<150	±1.0	≤1/120 000	宜按规范二等三角要求观测
二等	3.0	<300	±1.0	≤1/120 000	宜按规范二等三角要求观测
		<150	±1.8	≤1/70 000	宜按规范三等三角要求观测
三等	6.0	<350	±1.8	≤1/70 000	宜按规范三等三角要求观测
		<200	±2.5	≤1/40 000	宜按规范四等三角要求观测
四等	12.0	<400	±2.5	≤1/40 000	宜按规范四等三角要求观测

注：表中未考虑起始误差的影响。

(3)水平角观测的技术要求

对于一级水平位移测量，应使用不低于 J1 型的经纬仪，对于二、三级，可使用 J1 型或 J2 型经纬仪。J6 经纬仪可在三级以及低精度观测点使用。

3. 垂直位移监测网

(1)垂直位移监测网的布设

垂直位移的监测网，可布设成闭合环、结点或复合水准线等形式。起算点高程宜采用国家或测区原有的高程系统，也可采用假设的相对高程。

(2)垂直位移监测网的主要技术要求

垂直位移监测网的主要技术要求，应符合表 2-6-4 的规定。

垂直位移监测网的主要技术要求　　表 2-6-4

等级	相邻基准点高差中误差(mm)	每站高差中误差(mm)	往返校差、附合或环线闭合差(mm)	检测已测高差误差(mm)	使用仪器、观测方法及要求
一等	0.3	0.07	$0.15\sqrt{n}$	$0.2\sqrt{n}$	DS_{05}型仪器，视线长度≤15m，前后视距差≤0.3m，视距累积差≤1.5m
二等	0.5	0.13	$0.30\sqrt{n}$	$0.5\sqrt{n}$	DS_{05}型仪器，宜按国家一等水准测量的技术要求施测
三等	1.0	0.30	$0.60\sqrt{n}$	$0.8\sqrt{n}$	DS_{05}或DS_1型仪器，宜按规范二等水准测量的技术要求施测
四等	2.0	0.70	$1.40\sqrt{n}$	$2.0\sqrt{n}$	DS_1或DS_3型仪器，宜按规范三等水准测量的技术要求施测

注：n 为测段的测站数。

4. 基坑场地变形测量

(1)水平位移测量

在施工场地条件允许时，用视准线法比较简便。如场地狭窄、通视条件较差，建立视准线比较困难时，可采用小角度法、测角前方交会法和边角交会法等。观测点水平位移和施测精度应符合有 2-6-2 的要求。

水平位移测量结束后，应根据工程需要，提交下列有关资料：

①观测点平面位置图；

②水平位移量成果表；

③水平位移量曲线图；

④有关工程进度、荷载变化、温度变化与位移值相关曲线；

⑤水平位移和垂直位移综合曲线图；

⑥变形分析报告等。

(2)垂直位移测量

基坑开挖工程的垂直位移观测宜采用几何水准法。沉降观测点应布设在变形明显的部位，沉降观测的精度要求和观测方法，应符合表 2-6-5 相应等级的规定。

沉降观测点的精度要求和观测方法　　表 2-6-5

等级	高程中误差(mm)	相邻点高差中误差(mm)	观测方法	往返校差、附合或环线闭合差(mm)
一等	±0.3	±1.0	除宜按国家一等精密水准测量外，尚需设双转点，视线≤15m； 前后视视距差≤0.3m； 视距累积差≤1.5m； 精密液体静力水准测量；微水准测量等	$\leqslant 0.15\sqrt{n}$
二等	±0.5	±0.3	按国家一等精密水准测量； 精密液体静力水准测量	$\leqslant 0.30\sqrt{n}$
三等	±1.0	±0.5	按规范二等水准测量； 液体静力水准测量	$\leqslant 0.60\sqrt{n}$
四等	±2.0	±1.0	按规范三等水准测量； 短视线三角高程测量	$\leqslant 1.40\sqrt{n}$

垂直位移测量结束后，应根据工程需要，提交下列有关资料。

①观测点位置图；

②垂直位移量成果表；

③位移速率、时间、位移量曲线图；

④荷载、时间、位移量曲线图；

⑤水平位移和垂直位移综合曲线图；

⑥变形分析报告等。

(二)基坑侧向变形观测

基坑侧向变形观测是基坑开挖支护施工过程监测中一项较为直观和有效的方法。基坑侧向变形观测有许多方法，常用的方法有以下几种：

1. 肉眼巡视

由有经验的工程技术人员定期进行的施工现场肉眼巡视是一项重要的工作。许多影响基坑侧向位移，不利于支护结构稳定的因素，例如支护结构的施工质量、施工条件的改变，基坑四周堆荷的变化，管道渗漏和不适当的排水，以及气候条件变化等等，都可以在日常的巡视中被及时发现。此外，某些工程事故隐患，如基坑四周的地面裂缝、变形或渗漏也可以通过肉眼巡视及时发现，使出现的问题及时得到处理，消除事故隐患。

日常的巡视工作应正式列入监测计划，派专人按期进行，并保持正式的记录。

2. 光学仪器观测方法

所谓光学仪器观测方法是指工程测量方法。

在基坑侧向位移观测中，在有条件的场地，用视准线法比较简便。具体作法为：沿欲测某基坑边缘设置一条视准线，在该线的两端设置基准点 A、B，在此基线上沿基坑边缘设置若干个侧向位移测点。

基准点 A、B 应设置在距离基坑一定距离的稳定地段，各测点最好设在刚度较大的支护结构上，测量时采用经纬仪测出各测点对此基线的偏离值，两次偏离值之差，就是测点垂直于视准线的水平位移值。视准线法按观测偏离值的测法，又可分为活动觇标法和小角度法两种。用活动觇标法观测时，司觇者要根据司仪者的指挥移动觇标，直到觇标中心与经纬仪纵丝完全重合为止。然后，由司觇者在觇标游标上读取偏离值。小角度法采用经纬仪测出视准线与测点之间的小角度，从而算出测点的偏离值。

3. 测斜仪测量

测斜仪是一种可精确地测量沿垂直方向土层或围护结构内部水平位移的工程测量仪器。测斜仪分为活动式和固定式两种，在基坑开挖支护监测中常用活动式测斜仪。在基坑开挖之前先将有四个相互垂直导槽的测斜管埋入支护结构或被支护的土体中。测量时，将活动式测头放入测斜管，使测头上的导向滚轮卡在测斜管内壁的导槽中，沿槽滚动，活动式测头可连续地测定沿侧斜管整个深度的水平位移变化，测斜仪的工作原理是根据摆锤受重力作用为基础测定以摆锤为基准的弧角变化。当土体产生位移时，埋入土体中的测斜管随土体同步位移，测斜管的位移即为土体的位移量。放入测斜管内的活动测头，测出的量是各个不同分段点上测斜管的倾角变化 ΔX_i，而该段测管相应的位移增量 ΔS_i 为：$\Delta S_i = L_i \sin\Delta X_i$，式中 L_i 为各段点之间的单位长度，如图 2-6-1 所示。

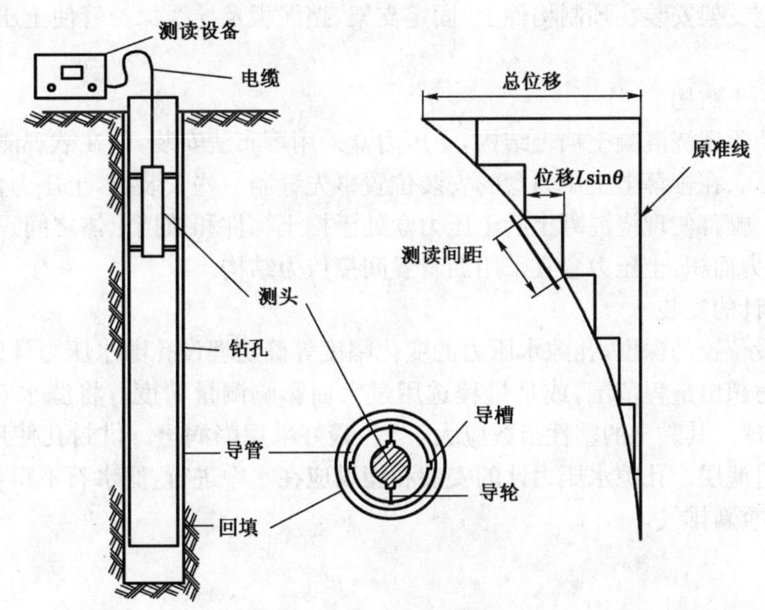

图 2-6-1　测斜仪原理图

当测斜管埋设得足够深时，管底可以认为是位移不动点，管口的水平位移值 Δn 就是各分段位移增量的总和：

$$\Delta_n = \sum_{i=1}^{n} L_i \sin X_i \tag{2-6-1}$$

在测斜管两端都有水平位移的情况下，就需要实测管口的水平位移值 Δ_0，并向下推算各测点的水平位移值 Δ，即：

$$\Delta = \Delta_0 - \sum_{i=1}^{n} L_i \sin X_i \tag{2-6-2}$$

测斜管可以用于测单向位移，也可以测双向位移。测双向位移时，由两个方向的测量值求出其矢量和，得位移的最大值和方向。

(三)土压力和孔隙水压力观测

通过现场土压力和孔隙水压力的原位观测可达到的主要目的：

(1)验证挡土构筑物各特征部位的侧压力理论分析值及沿深度的分布规律。

(2)监测土压力在基坑开挖过程中的变化规律。由观测到的土压力急剧变化，及时发现影响基坑稳定的因素，以采取相应的保证稳定的措施。

(3)积累各种条件下的土压力规律，为提高理论分析水平积累资料。

1. 观测仪器和压力传感器

国内目前常用的压力传感器根据其工作原理分为钢弦式、差动电阻式、电阻应变片和电感调频式等。其中钢弦式压力传感器长期稳定性高，对绝缘性要求较低，较适用于做土压力和孔隙水压力的长期观测。

2. 压力传感器的现场安装

(1)土压力盒的安装

土压力是作用在挡土构筑物表面的作用力。因此，土压力盒应镶嵌在挡土构筑物内，使其应力膜与构筑物表面齐平。土压力盒后面应具有良好的刚性支撑，在土压力作用下不产生任何微小的相对位移，以保证测量的可靠性。

①钢板桩或预制钢筋混凝土构件

对于钢板桩或钢筋混凝土预制构件挡土结构，施工时多用打入或振动压入方式。土压力盒及导线只能在施工之前安装在构件上，受振动冲击比较严重时，保护措施至关重要，一般采用安装结构进行安装。土压力盒用固定支架安装在预制构件上，固定支架、挡泥板及导线保护管使土压力盒和导线在施工过程中免受损坏。

②现浇混凝土挡土结构

对于地下连续墙等现浇混凝土挡土结构，土压力盒采用幕布法安装，即在欲观测槽段的钢筋笼上布置一幅土工织布帷幕。在帷幕上土压力盒的安装位置事先缝制一些安装袋，土压力盒安装在帷幕上，随钢筋笼放入槽段内。帷幕使现浇混凝土后土压力盒处于挡土构件和被挡土体之间。为使土压力盒均匀受力，且有较大的受力面积，土压力盒宜采用沥青囊间接传力结构。

(2)孔隙水压力计的安装

首先要根据埋设位置的深度，孔隙水压力的变化幅度等确定埋设孔隙水压力计的量程，以免量程太小而造成孔隙水压力超出量程范围，或是量程选用过大而影响测量精度。将滤水石排气，备足直径为1～2cm的干燥黏土球。其黏土的塑性指数应大于17，最好采用膨润土。供封孔使用。备足纯净的砂，作为压力计周围的过滤层。孔隙水压力计的安装和埋设应在水中进行，滤水石不得与大气接触，一旦与大气接触，滤水石应重新排气。

3. 压力值测试

(1)土压力

基坑开挖施工中，由于坑内土体卸载，导致墙体内外土压力失衡。对土压的变化进行监测，可以有依据地控制开挖速率，以确保施工的安全。用振弦式土压力计实测其频率的变化，根据出厂时标定的频率—压力率定值，求得土压力值，计算公式：

$$P_{土} = K(f_i^2 - f_0^2) \tag{2-6-3}$$

式中：$P_{土}$——本次土压力(kPa)(计算结果精确至1kPa)；

f_i——压力传感器的本次读数(Hz)；

f_0——压力传感器的初始读数(Hz)；

K——压力传感器的标定系数(kPa/Hz^2)。

(2)基坑外孔隙水压力

在基坑开挖施工中，需大面积井底降水以保持基坑内土体干燥，若围护结构防水性能不理想，会造成坑外水位下降，水压减小。对孔隙水压力的变化进行监测，可以有依据地控制降水的速率，减小降水影响的范围，以达到施工的安全。用振弦式孔隙式水压力计实测其频率的变化，根据出厂时标定的频率—压力率定值，求得孔隙水压力值。计算公式：

$$P_{水} = K(f_i^2 - f_0^2) \tag{2-6-4}$$

式中：$P_{水}$——孔隙水压力(kPa)(计算结果精确至1kPa)；

f_i——压力传感器的本次读数(Hz)；

f_0——压力传感器的初始读数(Hz)；

K——压力传感器的标定系数(kPa/Hz^2)。

(四)支护结构内力监测

支护结构内力监测通常是在有代表性位置的钢筋混凝土支护桩和地下连续墙的主受力钢筋上布设钢筋应力计，监测支护结构在基坑开挖过程中的应力变化。宜采用振弦式钢筋应力计。振弦式应力传感器采用非电量电测技术，其输出是振弦的自振频率讯号，因此具有抗干扰能力强、受温度影响小、零飘小、受电参数影响小，对绝缘要求低、性能稳定可靠、寿命长等特点，适应在恶劣环境中长期、远距离进行观测。

钢筋应力计安装前进行拉压两种受力状态的标定，安装采用焊接在被测主筋上的方式，安装时应注意尽可能使钢筋应力计处于不受力的状态，特别不应使钢筋应力计处于受弯状态。将应力计上的导线逐段捆扎在邻近的钢筋上，引到地面测试箱中。支护结构混凝土浇筑后，检查应力计电路电阻值和绝缘情况，做好引出线和测试匣的保护措施。

测试时，按预先标定的率定曲线，即可根据钢筋计频率推算出墙体所受的内力。计算公式：

$$\sigma_S = K(F_0^2 - F_x^2)/S \tag{2-6-5}$$

式中：K——率定系数(kN/Hz^2)；

F_0——应力计初始频率(Hz)；

F_x——应力计测试频率(Hz)；

σ_S——实测钢筋计的应力(MPa)；

S——应力计截面积(m^2)。

(五)支撑轴力监测

为了测定钢筋混凝土支撑结构的设计轴力与实际受力情况的差异，防止围护结构的失稳破坏，须对支撑结构中受力较大的断面进行监测。在被测断面埋入应变计，支撑受到外力作用后产生形变。其应变量通过振弦式频率计来测定，测试时，按预先标定的率定曲线，根据应变计频率推算出钢筋混凝土支撑轴向所受的力。计算公式：

$$F = S[K(f_i^2 - f_0^2) + C(t_i - t_0)] \tag{2-6-6}$$

式中：F——支撑轴力(kN)(计算结果精确至1kN)；

S——支撑截面积(m^2)；

f_i——应变计的本次读数(Hz)；

C——温度修正系数(kN/m^2/℃)；

t_i——实测时的现场温度(℃)；

t_0——测读K值时的温度(℃)；

K——应变计的标定系数(kN/Hz^2/m^2)。

(六)围檩内力监测

采用钢筋应力计来测试围檩内力。把钢筋应力计预先安装在围檩钢筋主筋上，以监测围檩所受的压力。安装方法见墙体钢筋应力监测，计算公式：

$$\sigma_S = K(F_0^2 - F_x^2)/S \tag{2-6-7}$$

式中：K——率定系数(kN/Hz^2)；

F_0——应力计初始频率(Hz)；

F_x——应力计测试频率(Hz)；

σ_S——实测钢筋计的应力；

S——应力计截面积(m^2)。

再根据混凝土应变与钢筋应变相同(即 $\varepsilon_S = \varepsilon_C$)的原则换算成混凝土内的应力：

$$\sigma_C = \sigma_S \cdot E_C / E_S \tag{2-6-8}$$

式中：σ_C——混凝土内应力；

E_C、E_S——混凝土和钢筋的弹性模量(正应力为压应力，负应力为拉应力)。

(七)地下水位监测

为了使地下水位保持一适当的水平，使周边建筑物及地基处于稳定状态，同时也为了检验挡土墙的渗漏特性，应对坑内、外地下水位的动态变化进行监测。

在基坑降水前测得各水位孔口高程及各孔水位深度，孔口高程减水位深度即得水位高程，初始水位为连续二次测试的平均值。每次测得水位高程与初始水位高程的差即为水位累计变化量。

$$W = W_0 - W_i \tag{2-6-9}$$

式中：W——本次水位高程(m)(计算结果精确至 0.01m)；

W_0——水位孔的孔口高程(m)；

W_i——本次水位的深度(m)。

(八)温度监测

在支撑、围檩、地下连续墙内布置温度计，掌握它们的温度变化情况，一方面将有助于对支撑、围檩地下连续墙受力进行温度修正；另一方面也是高温日照曝晒作用下对结构内力、变形研究工作的需要。测试采用 RT-2 型电阻温度计，随着埋设点处温度的变化，其内部的精密电阻值也随之发生相应变化，测读通过 VW-101 型频率仪与温度计电缆连接直接读出温度，不需要换算。

二、施工监控

锚碇深基坑施工监控的主要工作是：资料整理与提交；警戒值的确定。

(一)资料整理与提交

应在现场设立微机数据处理系统，进行实时处理。每次观测数据经检查无误后送入微机，经过专用软件处理，自动生成报表。监测成果当天提交给指挥部、总包方及其他有关方面。

现场监测工程师分析当天监测数据及累计数据的变化规律，与报警值比较，如果接近报警值时即向建设方、总包方、监理方提出告警，提请有关部门关注，同时一起参与补救方案的制定和研究。

每周提交监测周报，提交测试数据变化走势图；每个施工阶段提供监测阶段报告，监测工程结束后三周内提供监测总结报告。

(二)警戒值的确定

由于支护结构的土压力分布受支护方式、支护结构刚度、施工过程和被支护土类的影响，并直接与侧向位移有关，往往非常复杂，现行设计分析理论尚未达到成熟的阶段，基坑监测的警戒值的确定对合理指导基坑施工十分重要。

1. 基坑变形

基坑支护结构的变形允许值与土质条件、支护结构形式、地下水和基坑周围环境条件密切相关，各行业和地区中有关变形的预估值和允许值均有相关规定，可供参考。

(1)基坑变形控制保护等级标准

基坑变形控制保护等级标准，见表 2-6-6。

基坑变形控制保护等级标准　　表 2-6-6

保护等级	地面最大沉降量及围护墙水平位移控制要求	环境保护要求
特级	1. 地面最大沉降量≤0.1%H； 2. 围护墙最大水平位移≤0.14%H； 3. $K_s^* \geq 2.2$	基坑周围 10m 内有地铁、共同沟、煤气管、大型压力污水干管和纪念性建筑物重要建构筑物及设施，必须确保安全
一级	1. 地面最大沉降量≤0.2%H； 2. 围护墙最大水平位移≤0.3%H； 3. $K_s^* \geq 2.0$	离基坑周围 H 范围内没有重要干线、水管、大型在使用的构筑物、建筑物
二级	1. 地面最大沉降量≤0.5%H； 2. 围护墙最大水平位移≤0.7%H； 3. $K_s^* \geq 1.5$	离基坑周围 H 范围内没有较重要支线管道、建筑物和地下设施
三级	1. 地面最大沉降量≤1%H； 2. 围护墙最大水平位移≤1.4%H； 3. $K_s^* \geq 1.2$	离基坑周围 30m 范围内没有需保护的建筑设施和管线、构筑物

注：H 为基坑开挖深度；K_s^* 为抗隆起安全系数，按圆弧滑动公式算出。

(2)上海市基坑工程设计规程

变形监控标准见表 2-6-7。

变形监控标准　　表 2-6-7

基坑等级	墙顶位移(m)	墙体最大位移(cm)	地面最大沉降(cm)	最大差异沉降
一级	3	6	3	6/1 000
二级	6	9	6	12/1 000

(3)深圳地区建设深基坑技术规范(SJG 05—96)

深基坑支护结构最大水平位移允许值，见表 2-6-8。

深基坑支护结构最大水平位移允许值　　表 2-6-8

安全等级	支护结构最大水平位移允许值(mm)	
	排桩、地下连续墙坡率法、土钉墙	钢板桩、深层搅拌桩
一级	0.002 5H	
二级	0.005 0H	0.010 0H
三级	0.010 0H	0.020 0H

2. 结构安全判别标准

地下连续墙支护结构开挖监测安全判别标准，见表 2-6-9。

地下连续墙支护结构开挖监测安全判别标准　　表 2-6-9

量测项目	安全或危险的判别内容	安全性判别			
		判别标准	危险	注意	安全
侧压(水土压)	设计时应用的侧压力	$F_1=\frac{设计用侧压力}{实测或预测侧压力}$	$F_1<0.8$	$F_1<0.8$	$F_1>1.2$
墙体变化	墙体变化与开挖深度之比	$F_2=\frac{实测或预测变位}{开挖深度}$	$F_2>1.2\%$ $F_2>0.7\%$	$F_2>1.2\%$ $F_2>0.7\%$	$F_2<0.4\%$ $F_2<0.2\%$
墙体应力	钢筋拉应力	$F_3=\frac{钢筋抗拉强度}{实测或预测拉应力}$	$F_3<0.8$	$0.8 \leq F_3 \leq 1.0$	$F_3>1.0$
	墙体弯矩	$F_4=\frac{墙体容许弯矩}{实测或预测弯矩}$	$F_4<0.8$	$0.8 \leq F_4 \leq 1.0$	$F_4>1.0$
支撑轴力	容许轴力	$F_3=\frac{容许轴力}{实测或预测轴力}$	$F_5<0.8$	$0.8 \leq F_3 \leq 1.0$	$F_5>1.0$

续上表

量测项目	安全或危险的判别内容	安全性判别			
		判别标准	危险	注意	安全
基底隆起	隆起量与开挖深度之比	$F_6=\frac{实测或预测隆起值}{开挖深度}$	$F_6>1.0\%$ $F_6>0.5\%$ $F_6>0.2\%$	$0.4\leqslant F_6\leqslant 1.0\%$ $0.2\leqslant F_6\leqslant 0.5\%$ $0.04\leqslant F_6\leqslant 0.2\%$	$F_6<0.4\%$ $F_6<0.2\%$ $F_6<0.04\%$
基底隆起	沉降量与开挖深度之比	$F_7=\frac{实测或预测开挖值}{开挖深度}$	$F_7>1.2\%$ $F_7>0.7\%$ $F_7>0.2\%$	$0.4\leqslant F_7\leqslant 1.0\%$ $0.2\leqslant F_7\leqslant 0.5\%$ $0.04\leqslant F_7\leqslant 0.2\%$	$F_7<0.4\%$ $F_7<0.2\%$ $F_7<0.04\%$

注：F_2 有两种判别标准，上行适用于基坑近旁无建筑物或地下管线，下行适用于基坑近旁有建筑物或地下管线；F_6、F_7 有三种判别标准，上中行的适用情况同 F_2 的上、下行，而下行适用于对变形有特别严格要求的情况，一般对于中、下行都要进行地基加固；支撑容许轴力为其在允许偏心下，极限轴力除以等于或小于 1.4 的安全系数。

3.监测报警值的确定

以上是上海、深圳地区有关规程、规范的规定，仅能供参考。对于大跨悬索桥锚碇地下连续墙基础的特深基坑施工工程，应根据本工程情况和特点认真分析，并经总包方、监测单位、设计单位和监理单位共同研究，确定各监测项目报警值。

第三节　实　　例

一、工程概况

润扬长江公路大桥北锚碇基础为矩形箱式结构，长 69m，宽 50m，基坑最大开挖深度 48m。采用嵌入基岩的地下连续墙与 11 道钢筋混凝土内支撑及节点处的 16 根 ϕ1.2m 和 16 根 ϕ0.6m 钢管混凝土立柱桩作为深基坑的围护结构。

因基坑围护结构采用地下连续墙加现浇钢筋混凝土内支撑的形式，地下连续墙兼有挡土与止水两种作用，在地下连续墙外侧槽段之间接缝部位通过高压摆喷灌浆加固止水，锚碇底板以下岩层采用劈裂注浆封底抗渗。地下连续墙设计厚度和地下连续墙嵌岩深度通过数值计算分析确定。

地下连续墙厚度 1.2m，平均深度 53m，局部最大深度 56m。根据锚区地质情况、施工条件、设备情况、钢筋笼吊重及工艺要求，将地下连续墙或划分为 42 个槽段，共 8 种槽型。见图 2-6-2。

北锚基坑开挖，坑内随着土方开挖的进行，由上而下设 12 道现浇钢筋混凝土内支撑，支撑采用对称加角撑的形式。支撑杆件布置形式简捷，以便在坑内提供较大的空间方便施工，同时又保证坑壁支撑刚度比较均匀，利于控制坑壁墙体变形。坑内设 16 根 D1200 钢管混凝土桩和 16 根 D600 钢管混凝土桩作为支撑立柱。支撑立面和平面布置见图 2-6-3。

地下连续墙和内支撑混凝土强度等级均为 C30。

支撑构件截面设计尺寸见表 2-6-10。

支撑构件尺寸表　　表 2-6-10

支撑编号	构件尺寸(宽×高)(m)		
	围檩	角(对)撑	系杆
1～4 道	2×1	2×1	1×1
5～7 道	2.5×1.2	2×1.2	1×1.2
8 道	2.5×1.5	2×1.5	1×1.5
9～10 道	3×1.5		
11 道	2.8×1.2	2×1.2	1×1.2
12 道	2.5×1.2		

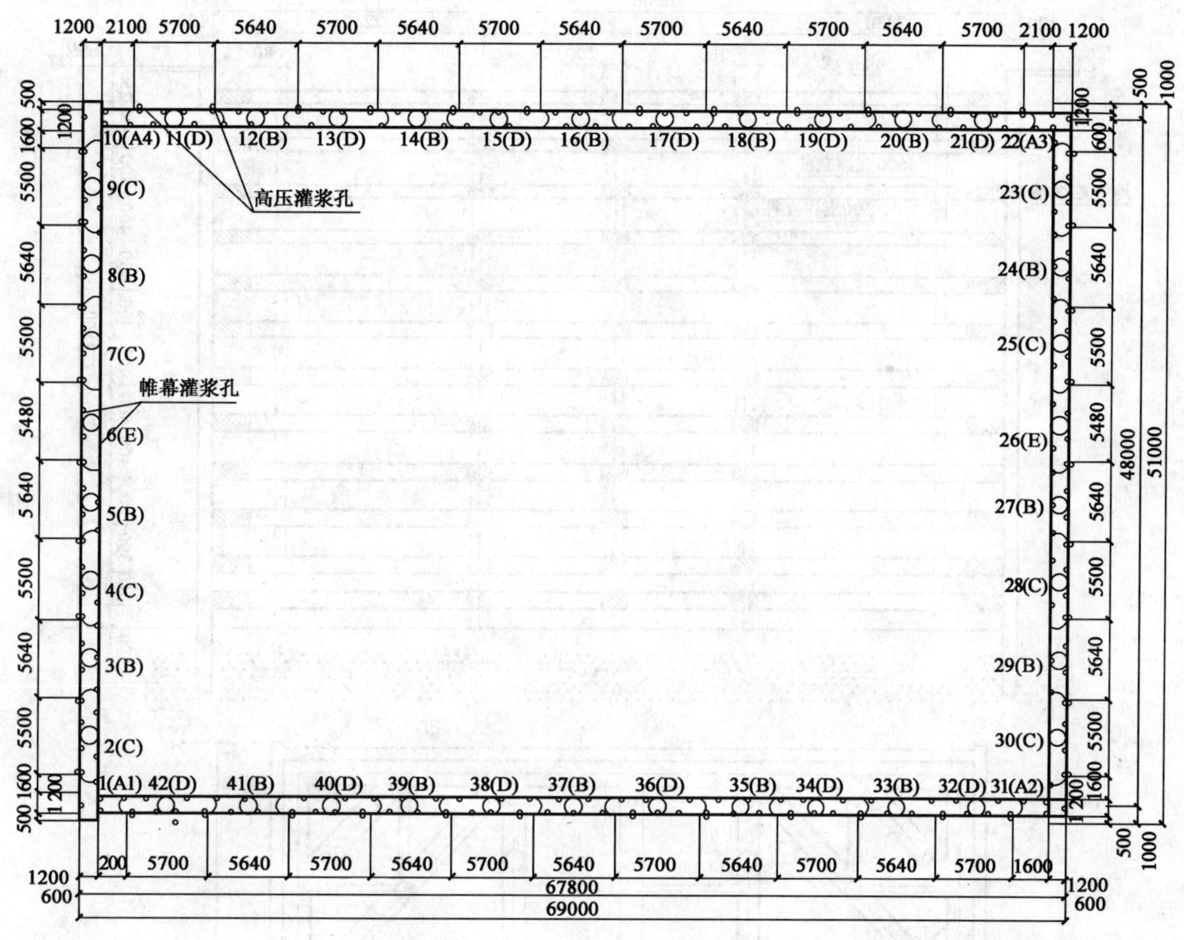

图 2-6-2　地下连续墙槽段平面布置图

根据基坑开挖和围护结构的施工步序，设计计算共考虑了以下 13 种工况：

开挖至第一道支撑底高程为第一工况；完成第一道支撑后开挖至第二道支撑底高程为第二工况；完成第二道支撑后开挖至第三道支撑底高程为第三工况；依此类推，完成第十二道支撑后开挖至坑底为第十三工况。

鉴于本工程特别重要，又缺乏类似的工程实践经验可资遵循和参考，故设计计算中采用了弹性地基梁（板）法、考虑渗流变形耦合的平面弹塑性有限元、三维非线性弹性有限元等多种计算方法，分析了围护体系的受力和变形特征，并对嵌岩地下连续墙在施工过程中的动态可靠度进行了数值模拟和分析。

从上可知，润扬长江公路大桥北锚碇工程是整个大桥的关键控制工程。在锚碇深基坑施工中，虽然采取了钢筋混凝土地下连续墙围护和防水。但深基坑工程规模庞大，垂直开挖深度超过 48m，最大降水深度超过 50m，为罕见超深基坑，加之基坑工程地质及水文地质条件和基础结构复杂多变，断层、裂隙发育，施工难度很大。而超深基坑是技术含量较高、风险最大的岩土工程。这是因为：一旦地质条件与预计情况有所变化，设计或施工考虑技术措施不周全，未留有充分安全余地；隐蔽工程技术质量难以预测，在强大坑外水压力及土压力作用下，出现任何集中渗漏、突涌或结构性破坏均难以处理，不仅耗资巨大，延误工期，甚至可能造成灾难性后果。

因此，北锚碇深基坑施工中采用全程监测、监控的信息化施工，随时改善结构受力，降低防水风险，确保工程万无一失是完全必要的。

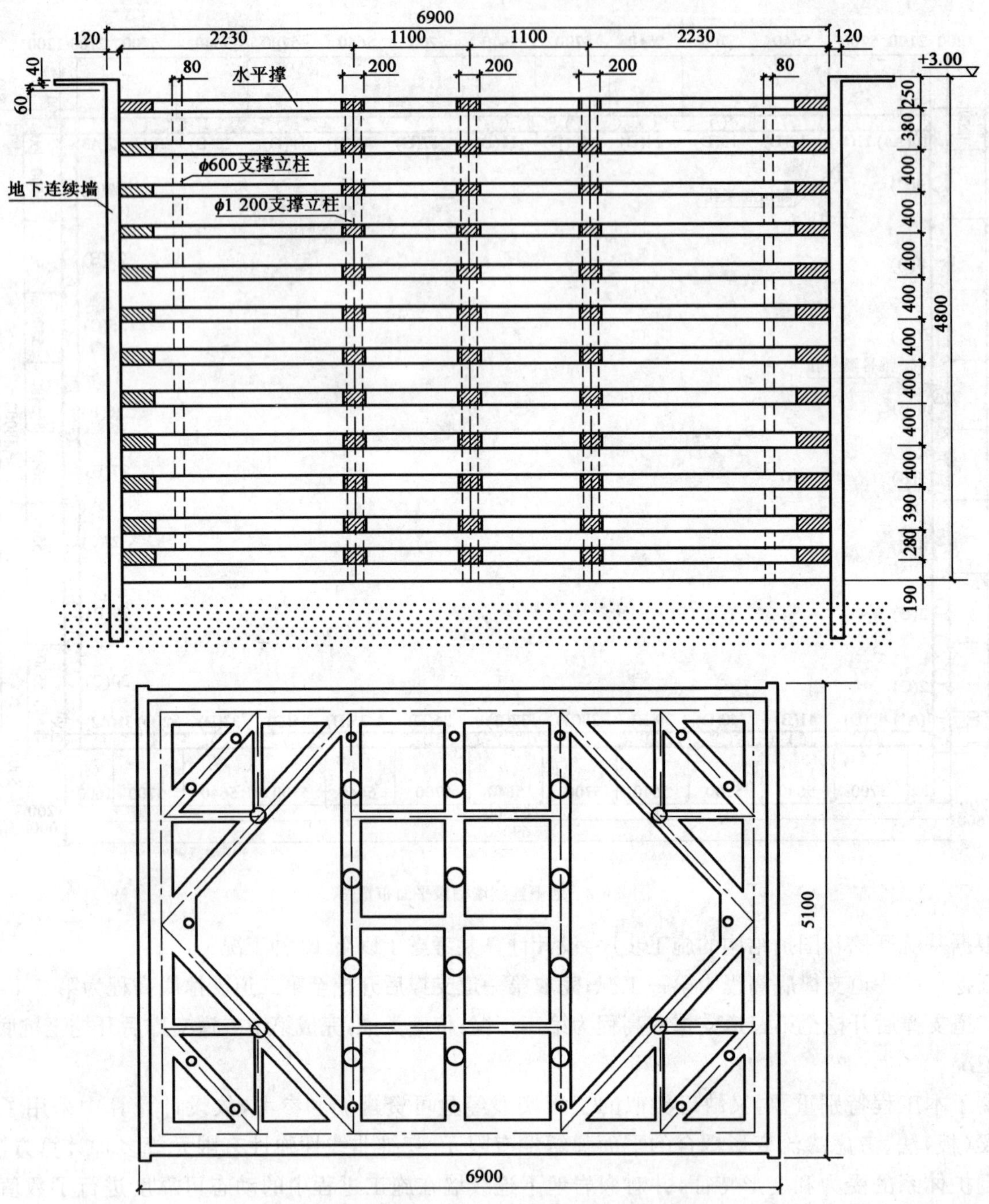

图 2-6-3　支撑立面和平面布置图(尺寸单位:cm)

二、监测内容及监测元件和仪具

(一)监测内容

由于工程中不得有任何意外,布设的监测系统应该能及时有效、准确地反映施工中围护体及周边环境的动向,为了确保施工的顺利安全进行,根据本工程特点、现场情况及设计要求,施工监测内容如下:

1. 地下连续墙监测

(1)地下连续墙顶垂直沉降、平面位移监测;

(2)地下连续墙纵向变形监测(测斜);

(3)墙体钢筋应力监测。

2. 支撑钢筋应力监测

(1)支撑轴力监测；

(2)围檩内力监测；

(3)立柱内力监测；

(4)支撑立柱回隆监测。

3. 土工监测

土压力监测。

4. 水工监测

(1)内、外地下水位监测；

(2)墙外孔隙水压力监测；

5. 环境监测

(1)坑外地基沉降、水平位移监测；

(2)长江大堤变形监测。

6. 温度监测

(1)地下连续墙温度监测；

(2)支撑及围檩温度监测。

(二)元件布置及埋设

1. 监测点布置及布设要点

(1)围檩顶面垂直及水平位移监测

在地下连续墙顶部的围檩上布设 A1～A20 共计 20 个监测点，点距约为 13～18m，保证每个围檩与支撑节点均有一个监测点，点位用一金属标志头埋设于围檩顶部。

(2)围护墙体侧向变位监测

在地下连续墙内埋设带导槽 PVC 塑料管，以跟踪围护结构位移。选择在可能产生较大变形的部位，共布设 14 个孔，实施监测时有 2 孔未予使用。

这其中长短边各设 2 孔，深度同墙深，PVC 塑料管外径 ϕ70mm，为保证测斜管的成活率，在基坑四侧各布置一根备用孔，共计 12 根测斜管。后考虑到测试精度、不同计算方法的差异情况，又在南侧 25 号、西侧 36 号地下连续墙内利用检查孔各增加埋设一根 60m 长 ϕ53mm 的小口径测斜管，所有测斜管埋设时，其导槽必须垂直于基坑边；先行埋设的测斜管用细铁丝按导槽方向固定在钢筋笼上。埋设于检查孔的测斜管需用干燥黄砂密实测斜管与钢管内壁间的空隙。

(3)地下连续墙钢筋应力监测

在地下连续墙内布设钢筋应力测孔，共布设 8 个断面，即 G1～G8，每断面分二个剖面埋设，迎土、迎坑面各埋设一个；根据本工程的特点，上截钢筋笼自墙顶向下每 5m 布设 1 只应力计，下截钢筋笼上面两只应力计也按 5m 的间隔进行布设，另三只间距控制在 2.5m 以内，每个剖面布设 10 只应力计，每个应力测孔共 20 只应力计。这样在地下连续墙内共布设 160 只应力计，用于监测地下连续墙内应力分布。应力计直径与钢筋主筋相同，其中上部钢筋应力计有五组共 40 只直径为 ϕ32，上部钢筋应力计另 40 只直径为 ϕ40；下部 80 只直径均为 ϕ40。应力计导线在墙体内用软绳统一固定在主筋上，在地下连续墙顶部用钢套管保护，引出地面，接入接线盒内保护，以免施工破坏。

(4)支撑轴力监测

在钢筋混凝土支撑内埋设混凝土应变计和钢筋应力计来测定支撑轴力，第一、二、三、四道支撑每道支撑布设 4 点(Z1～Z4)，第五、六道支撑每道支撑布设 8 点(Z1～Z8)，第七、十一道支撑每道支撑布设 9 点(Z1～Z9)，第八道支撑布设 12 点(Z1～Z12)，第九、十道支撑每道支撑布设 18 点(Z1～Z18)。每个点设 2 只应力计，放置于钢筋混凝土支撑的左右二侧，共计 196 只应力计。

(5)围檩内力监测

在围檩钢筋上布设内力监测点，第一、二道支撑不设点，第三～十一道支撑每道设 2 点(WL1～WL2)，每点设 4 只应力计，放置于围檩断面的上下左右两端，共计 72 只应力计。

(6)立柱内力监测

在立柱桩中选择 2 根立柱，在其底部布置钢筋应力计，以测定其受力情况。由于立柱下部为直径 1 500mm 的钢筋笼，上部为 1 200mm 的钢管，因此测点只能布置在下部钢筋笼内。在立柱底部的钢筋笼中的上下两端各布置一组(3 只、以 120°对称布置)直径 20mm 的钢筋应力计，应力计与钢筋笼绑焊，导线通过 PVC 软管从钢管内部引至地面。每立柱布置 6 只，共计 12 只钢筋应力计。

(7)坑外孔隙水压力监测

布置 8 只测孔(K1～K8)，深度 40m，每孔内埋设 5 只孔隙水压力计(自地面起每 8m 埋设 1 只)，共计 40 只。用 ϕ110 钻头成孔，在指定的深度埋入孔隙水压力计，周围填以细粗砂，每两只应力计之间用泥球隔开，以堵塞渗水通道，埋设孔位于地下连续墙外侧 1.5m 左右。

(8)坑外土压力监测

布置 8 只测孔(T1～T8)，深度 40m，每孔内埋设 8 只土压力计(自地面起往下 8m 埋设第一只，以此往下每 5m 埋设一只)，共计 64 只。

埋设采用两种方法，其中 4 孔采用挂布法埋设，另 4 孔采用钻孔法埋设。

挂布法埋设：安装时，预先将缝有土应力计的帆布挂帘平铺在钢筋笼表面并与钢筋笼绑扎固定，挂帘随钢筋笼一起吊入槽内，在浇筑混凝土时，由于混凝土在挂帘的内侧，利用流态混凝土的侧向挤压力将挂帘连同应力计一起压向土层，并迫使土应力计与土层垂直表面密贴。

钻孔法埋设：在基坑开挖前二周，用 ϕ110 钻头成孔，在指定的深度埋入土压力计，压力计受压面平行地下连续墙，周围以泥球填实，埋设孔位于地下连续墙外侧 1.5m 左右。

(9)坑内、外地下水位监测

地基沉降、位移测点布设 18 个，D1～D18；另布设两条垂直于坑边的沉降观测剖面：AA'与BB'，每条测线长度为 25m，设 5 个测点，测点间距为 5m，以观测坑外地基的沉降曲线。点位用一根 1m 长 ϕ20 的钢筋打入地面，周边用水泥加固。

周边的长江大堤内堤，与基坑相距约 80m，在其上部设一测斜孔，采用钻机埋设 ϕ70mm 的 PVC 管，孔深 20m。同时在大堤上沿基坑一侧，布设 7 个沉降观测点，点距 15m 左右。

(10)立柱沉降监测

布设 L1～L10 共计 10 个监测点，点位用一金属标志头埋设于立柱顶部。

(11)地基沉降、位移监测

布设地基沉降、位移测点 18 个，D1～D18；另布设二条垂直于坑边的沉降观测剖面：AA'与BB'，每条测线长度为 25m，设 5 个测点，测点间距为 5m，以观测坑外地基的沉降曲线。点位用一根 1m 长 ϕ20 的钢筋打入地面，周边用水泥加固。

周边的长江大堤内堤，与基坑相距约 80m，在其上部设一测斜孔，采用钻机埋设 ϕ70mm 的 PVC 管，孔深 20m。同时在大堤上沿基坑一侧，布设 7 个沉降观测点，点距 15m 左右。

(12)温度监测

在第一、二、三、五、七、十道支撑上每道布设 3 个测温断面，在每个断面上布设 5 只温度计：在第十一道支撑上布设 3 个测温断面，在每个断面上布设 2 只温度计；在第八道支撑布设 6 个测温断面，在每个断面布设五只温度计；在第九道支撑布设 2 个测温断面，在每个断面布设 5 只温度计；在第一、二、三、五、七、八、十、十一道围檩上布设两个测温断面，每个断面埋设 5 只温度计；在第十一道围檩上布设两个测温断面，每个断面埋设 2 只温度计；在地下连续墙内布设两个断面，在纵向上自墙顶每 8m 埋设一组 5 只温度计。合计共埋设 275 只温度计。

2. 监测方案实施细节和时间节点

(1)地下连续墙内各监测元件的埋设

地下连续墙内各监测元件的埋设时间及埋设项目，见表 2-6-11。

埋设时间及埋设的项目表　　表 2-6-11

槽段编号	6 号墙	7 号墙	15 号墙	19 号墙	25 号墙	26 号墙	28 号墙	36 号墙	40 号墙
埋设时间	2001.09.08～2001.09.10	2001.10.10～2001.10.12	2001.10.01～2001.10.03	2001.09.23～2001.09.25	2001.12.26	2001.09.10～2001.09.13	2001.10.07～2001.10.11	2001.10.26～2001.10.27 2001.12.13	2001.10.26～2001.10.28
监测点编号	G8、P8	G7、P7、T7	G6、P6、T6	G5、P5、WD6、P12	P4	G4、P3、T4、WD7	G3	G2、P2、T2、P10	G1、P1、P9
监测元件名称	①②	①②③	①②③	①②④	②	①②③④	①	①②③	①②

注：①地下连续墙内应力监测振弦式钢筋应力计。
②地下连续墙侧向变形监测测斜管。
③坑外土压力监测振弦式土压力计(挂布法)。
④地下连续温度监测电阻式温度计。

(2)基坑外侧周边环境监测点的埋设

在基坑外侧 2～3 倍开挖深度范围内的建筑及施工设施有：长江内大堤，距基坑外侧边缘 90m 左右；建筑施工临时变电站设施 4 座，距基坑外侧边缘 75m 左右；现场施工临时用房，距外边缘 80m 左右；塔吊基础，距地下连续墙 5m 左右，在基坑南侧、东侧、西侧共 3 座，塔吊下打有 20m 深钢管桩；在地下连续墙外侧边缘 25m 左右范围内呈交错型布置间距在 1m 左右的两排止水帷幕；在距基坑外侧四周 3m 和 15m 左右分别布置有一排井点降水井。监测元件及埋设时间见表 2-6-12。

坑外周边环境监测元件及埋设时间　　表 2-6-12

监测项目	监测点编号	埋设日期	监测点编号	埋设日期
坑外孔隙水压力监测：振弦式孔隙水压力计	K1	2001.12.02	K5	2001.11.26
	K2	2001.11.18	K6	2001.11.27
	K3	2001.12.04	K7	2001.11.30
	K4	2001.12.10	K8	2001.11.28
坑外土压力监测：振弦式土压力计(钻孔法)	T1	2001.12.03	T5	2001.11.26
	T3	2001.12.05	Y8	2001.11.30
坑外水位监测：水位管	SW1	2001.11.14	SW4	2001.11.24
	SW2	2001.11.20	SW5	2001.11.27
	SW3	2001.11.23	SW6	2001.11.28
基坑外侧土体沉降监测点	D1～D18；AA1～AA5；BB1～BB5		2001.12.05～2001.12.06	
长江内大堤沉降监测点	DD1～DD7		2001.12.05～2001.12.06	
长江内大堤深层土体侧向位移监测：测斜管	P13		2001.12.15	

(3)立柱桩内监测元件的埋设

在 ϕ1 500mm 的立柱桩中选择 Z102 号和 Z108 号桩测试其立柱底部内应力。监测元件及埋设时间见表 2-6-13。

立柱监测元件埋设时间　　表 2-6-13

桩　号	监 测 项 目	埋 设 时 间	监 测 点 编 号
Z102	立柱桩底部应力监测振弦式钢筋应力计	2001. 08. 29～2001. 08. 30	LZ1-G1、G2、G3、G4、G5、G6
Z108		2001. 09. 10～2001. 09. 12	LZ2-G1、G2、G3、G4、G5、G6

(4)支撑及围檩内监测元件的埋设

设计方案中钢筋混凝土内支撑及围檩共 11 道，根据设计计算受力需要，构件高度、宽度略有小幅调整变化。在地下连续墙完成后，先在开挖区域范围内进行深井降水，然后由上而下分层开挖，随着开挖的进行，坑内逐块逐层进行混凝土支撑及围檩的制作和施工。支撑及围檩监测元件及埋设时间见表2-6-14。

支撑及围檩监测元件及埋设时间　　表 2-6-14

埋 设 位 置	监 测 项 目	埋 设 时 间	埋 设 位 置	监 测 项 目	埋 设 时 间
第一道	①②	2001. 12. 05～2001. 12. 06	第六道	③⑤	2002. 02. 06～2002. 02. 15
	③④	2001. 11. 17～2001. 12. 08	第七道	③④⑤	2002. 02. 18～2002. 02. 25
第二道	③④	2001. 12. 20～2001. 12. 25	第八道	③④⑤⑥	2002. 02. 28～2002. 03. 06
第三道	③④⑤	2001. 12. 31～2002. 01. 08	第九道	③④⑤⑥	2002. 03. 10～2002. 03. 15
第四道	③⑤	2002. 01. 13～2002. 01. 22	第十道	③④⑤⑥	2002. 03. 20～2002. 03. 27
第五道	③④⑤	2002. 01. 24～2002. 02. 03	第十一道	③④⑤	2002. 03. 31～2002. 04. 07

注：①围檩平面位移、垂直沉降监测。
②立柱平面位移、垂直沉降监测。
③支撑轴力监测：混凝土应变计。
④构件温度监测：电阻式温度计。
⑤围檩应力监测：振弦式钢筋应力计。
⑥支撑轴力钢筋应力监测：振弦式钢筋应力计。

总计布设各类监测点数量如表 2-6-15。布置图见图 2-6-4。

布设各类监测点数量　　表 2-6-15

序　号	监 测 项 目	测 点 数 量	备　注
1	地下连续墙内侧位移监测	900 点	
2	地下连续墙内应力监测	160 点	
3	第一道围檩沉降、位移监测	44 点	
4	围檩内应力监测	78 点	
5	立柱顶部沉降及隆起监测	10 点	
6	立柱底部内应力	12 点	
7	支撑轴力监测	200 点	
8	围护结构温度监测	275 点	
9	基坑内水位监测	6 点	
10	基坑外侧孔隙水压力监测	40 点	
11	基坑外侧土压力监测	64 点	
12	基坑外侧土体沉降、位移监测	50 点	
13	长江内大堤沉降监测	27 点	
14	基坑外侧水位监测	6 点	

(三)主要测试仪器

监测工程中主要采用的仪器设备见表 2-6-16。

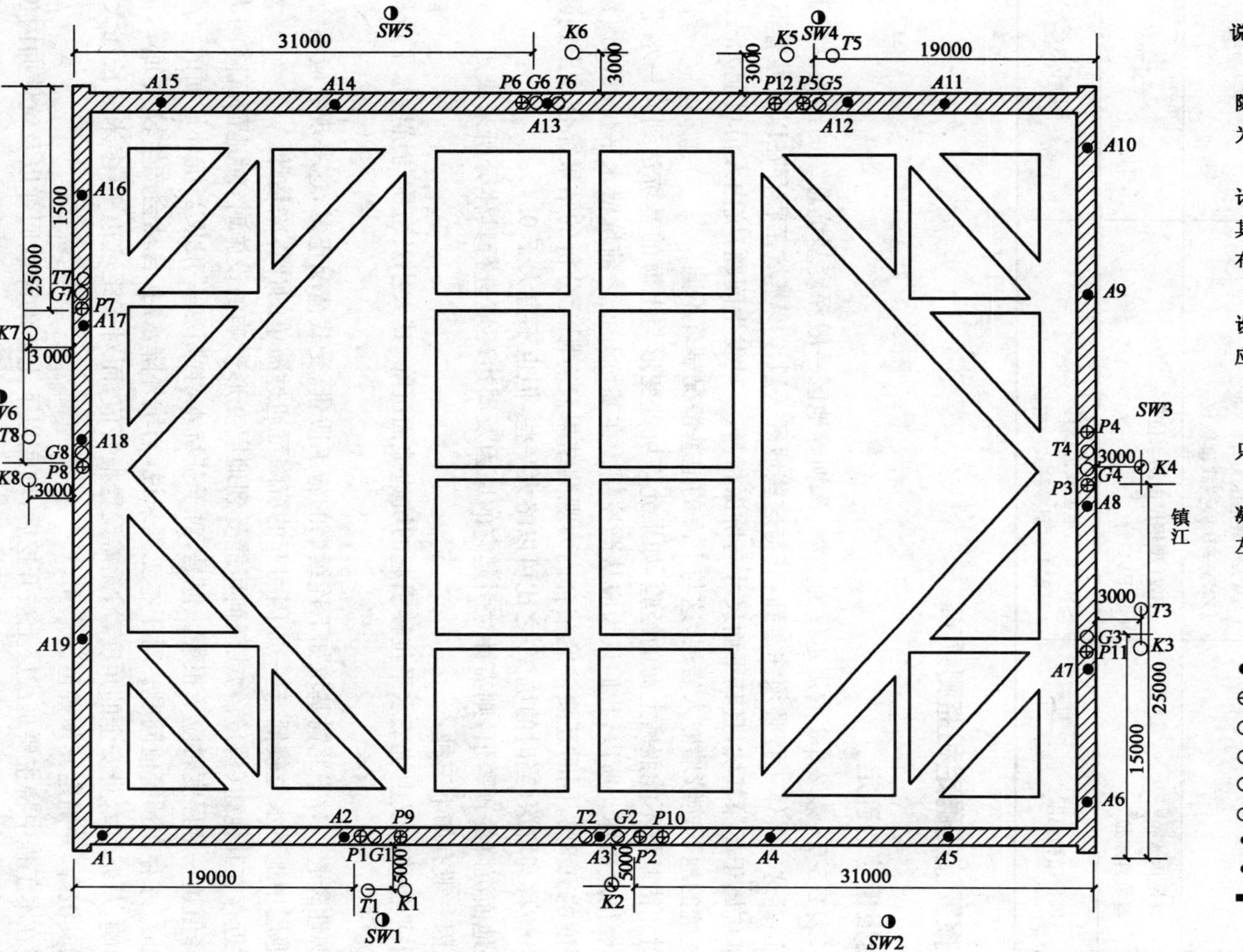

说明：

1. 孔隙水压力监测孔 8 孔，每孔设 5 只孔隙水压力计，两只压力计之间间距为 8m，孔深为 40m，共计 40 只；

2. 土压力监测孔 8 孔，每孔设 8 只土压力计，两只压力计之间间距为 5m，孔深为 40m，其中 $T1$、$T3$、$T5$、$T8$ 为钻孔埋设，其他为挂布法埋设，共计 64 只；

3. 地下连续墙钢筋应力监测孔 8 孔，每孔设 20 只应力计，应力计分墙内外侧进行埋设，应力计共计 160 只；

4. 水位监测孔 6 孔，每孔深度为 40m；

5. 支撑及围檩温度监测孔 5 孔，每孔设 5 只温度计，按照埋设点处构件高度均匀布设；

6. 支撑应力监测孔 4 孔，每孔埋设两只混凝土应变计，两只应变计根据埋设处构件宽度分左右两侧进行埋设。

图　例

- ● A(1~19) 墙体沉降、位移监测点
- ⊕ P(1~12) 墙体侧向位移监测孔
- ○ K(1~8) 孔隙水压力监测孔
- ○ T(1~8) 土压力监测孔
- ○ G(1~8) 墙体钢筋应力监测孔
- ◑ SW(1~10) 水位监测点
- • LZ(1~2) 立柱应力监测点
- • WD(1~5) 支撑、围檩温度监测点
- ▬ Z(1~4) 支撑应力监测点

图 2-6-4　润扬大桥南汊悬索桥北锚碇深基坑工程总平面监测点布置图

主要仪器设备表

表 2-6-16

序　号	监测内容	所用仪器设备	读数精度
1	围檩沉降、位移 立柱沉降 地基沉降、位移	WILD T2 经纬仪及 WILD D12000 测距仪 TOPCON 全站仪 WILD N3 精密水准仪配铟瓦尺	1+1PPm 2+2PPm ±0.1mm
2	地下连续墙侧向位移 长江内大堤深度位移	Geokon603 测斜仪 ϕ70 及 ϕ53PVC 管	±7mm/30m
3	地下连续墙内应力 立柱底部应力 支撑轴力	ZXY—II 振弦式读数仪 GJJ10 型钢弦式钢筋应力计 EBJ50 型钢弦式混凝土应变计	±1%FS
4	孔隙水压力 土压力	KYJ 型渗压计 TYJ20 型土压力计 ZXY—II 振弦式读数仪	±1%FS
5	基坑内水位 基坑外水位	SWJ 型钢尺电测水位计 53PVC 管	±1mm
6	围护结构温度	SDT9 型电阻式温度计 VW-101 型振弦式读数仪	±0.3℃

三、监测报警值的确定和监测频率

(一)监测报警值的确定

由上节知，表 2-6-6～表 2-6-9 的规定仅为上海、深圳等地区一般深度基坑总结的经验。对于润扬长江公路大桥北锚碇这一具体工程必须注意到，其与这些地区一般深度基坑工程存在以下显著不同点：

(1)北锚基坑属于超深基坑，且其平面尺寸与坑深相当，一旦发生问题，坑内人员可能无法躲避。

(2)北锚基坑的地下连续墙嵌入岩层，这与上海的地基情况显著不同。

因此，于对北锚基坑不能照搬上海的经验，如果允许坑壁变形与上海的基坑达到同一水平，那么很可能地下连续墙彻底破坏。所以，我们认为应从严控制。在基坑开挖之前坑壁水平位移的预警值可暂取对应开挖深度的 0.3%，同时还要注意结合内力观测结果及有限元分析的结果综合作出判断。当基坑深度较小时，位移与坑深(当时的坑深)之比可以略大一些，但也不宜大于 0.4%。

至于坑外地面沉降的预警值，则需针对引起它的原因及周边环境进行具体分析来决定。引起坑外地面沉降的原因一般有如下三种：

(1)坑壁水平位移。仅由坑壁水平位移引起的坑边地面沉降，其大小及范围与坑壁水平位移有相对确定的联系。

(2)坑底塑性隆起。对于北锚基坑如下连续墙的施工质量、受载情况正常，这一现象应不会发生。

(3)坑外地层中地下水位较低，这一原因引起的沉降可通过简单的计算来估计。

当基坑附近存在其他建(构)筑物或任何可能受到地层变形影响的设施时，对地面沉降的大小将提出限制，当沉降值达一定程度时应予报警。但是，对于基坑本身来说，一般仅当坑外地面的沉降是由前两种原因引起时，才存在预警值问题。对于本工程来说，当坑外降水时，自然会产生较大沉降，但这对基坑本身并无影响，从基坑本身安全的角度看，无需设置报警值，而对于距坑边 70 多米的长江大堤来说，我们直接观测其沉降，并确定其预警值。

坑底隆起在本工程中将主要是浅层土被开挖后，坑底以下土体的卸载回弹以及坑壁向内位移挤压坑底土的结果，故其正常值是可以估计的。开挖深度较小时与开挖接近坑底时坑底隆起值与当时坑深的比值应是不同的，后一情况的报警值可能应小一些，这在监测分析时应引起注意。

对于变形速率，在每一部分土体被开挖的前后应允许位移的明显变化，但在开挖停止的期间内，变形发展速率应较小，并趋于稳定。

支撑内力的预警值显然应根据其设计强度确定。

根据以上分析，经总包方、监测单位、设计单位和监理单位研究，结合本工程的特点，确定各监测项目的报警值如表2-6-17所示。同时应指出，对基坑稳定性的最终判断不能仅据上述报警值及预测软件决定，而应据更全面的分析由有关专家讨论决定。

监测报警值表　　表2-6-17

监测项目	警戒值		设计值
	日变量	累计变化值	
墙体位移	±5mm	120mm	63.9mm
墙顶位移、沉降	±3mm	30mm	—
立柱隆起	±2mm	30mm	—
钢筋应力、围檩内力	±5MPa	钢筋设计强度的80%	—
支撑轴力	—	计算值的80%	—
土压力、孔隙水压力	根据墙体变形综合判断		—
水位	±500mm	±1000mm	—

(二)监测频率

根据施工进展，及时埋设监测元件，安排监测频率，具体见表2-6-18。

监测频率表　　表2-6-18

监测项目	监测频率			
	围护体施工	坑内降水	开挖至底板	施工至地面
周边地基沉降、位移	测点埋设	1次/3d	1次/1d	1次/3d
围护墙顶沉降、位移	测点埋设	—	1次/1d	1次/3d
围护墙侧向位移	测点埋设	—	1次/1d	1次/3d
连续墙钢筋应力 连续墙混凝土应力 立柱内力	测点埋设	—	1次/1d	1次/3d
支撑轴力	—	测点埋设	1次/1d	1次/3d
围檩内力	—	测点埋设	1次/1d	1次/3d
立柱隆起	—	测点埋设	1次/1d	1次/3d
坑外孔隙水压力	测点埋设	1次/3d	1次/1d	1次/3d
坑外土压力	测点埋设	1次/3d	1次/1d	1次/3d
坑内、外地下水位	测点埋设	1次/3d	1次/1d	1次/3d
温度	测点埋设	测点埋设	1次/1d	1次/3d

注：1.现场监测采用定时观测与跟踪观察相结合的方法进行。

2.监测频率可根据监测数据变化大小进行适当调整。

3.监测数据有突变时，监测频率加密到每天2～3次。

四、监测的实施

1.监测人员配备

为确保监测工作顺利进行，加强施工与质量管理，成立项目部，实行项目管理制。现场设监测负责人一名，全权负责本工程的运作，配备一个测试项目组计 4 人、一个测量项目组计 4 人。具体管理框图如图 2-6-5 所示。

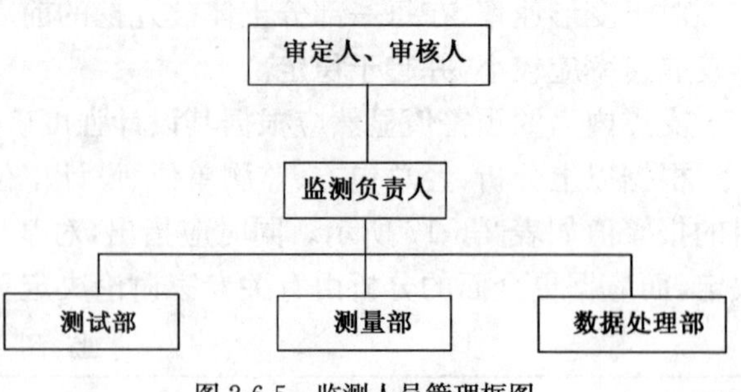

图 2-6-5　监测人员管理框图

2. 技术保险措施

(1)测试方法

①在具体测试中固定测试人员，以尽可能减小人为误差。

②在具体测试中固定测试仪器，以尽可能减小仪器本身的系统误差。

③在具体测试中固定时间按基本相同的路线，以减小温度、湿度造成的误差。

④在具体测试中用相同的测试方法进行测试，以减小不同方法间的系统误差。

(2)测试仪器

①测试仪器在投入使用以前，均应由法定计量单位进行校验，经检验合格并在有效期内方可使用。

②在每天的测试之前均应对所使用的仪器进行自检，并详细记录自检情况，使用完毕后记录仪器运转情况。

③使用过程中若发生仪器异常的情况，除立即对仪器进行维修或调换外，同时对该仪器当天测试的数据进行重新测试。

(3)监测元件

①各类监测元件均应有详细的出厂标定记录并得到法定计量单位的认可，有效期应满足工程需要。

②各类监测元件在埋设前均应再次进行测试，经检验合格方可进行埋设，埋设完成以后立即检查元件工作是否正常，如有异常应立即进行重新埋设。

(4)监测点保护

①对测量工作中使用的基准点、监测点用醒目标志进行标识的同时，对现场作业的工人进行宣传，尽量避免人为沉降和偏移，对变化异常的测点除进行复测外，若发现已遭破坏，应立即进行重新埋设。

②在围檩制作过程中，应对埋设在围护墙体内的监测元件进行巡视。

③在基坑开挖过程中，对布设有监测元件的部位用醒目标志进行标识。

(5)数据处理

①使用论证通过的专业软件对数据进行处理。

②数据处理以后汇成报告必须经过专项测试人员自检，现场测试负责校核，各项测试人员互检后，方可盖章送出。

③测试数据发生异常后，应及时与项目审核人、审定人联系，共同协商解决。

3. 实施情况

监测工作从 2001 年 12 月 14 日正式开始，至 2002 年 5 月 7 日基坑底板浇筑完成，以每天一次的监测频度开展工作，并每天提交监测日报，共完成 150 次监测日报，同时提交监测周报；从 2002 年 5 月 10 日起，每 3d 监测一次，并提供监测日报；从 5 月 25 日开始参照基坑工程的运行情况，施工监测频度调整为每 10d1 次。

在监测过程中遇到的主要问题是支撑轴力受非荷载变形因素的影响较明显，各层支撑的轴力在开始阶段往往为负值(拉力)。为此课题组对此曾进行研究，用欧洲模式规范及王铁梦公式的计算分析表明，混凝土凝固过程中的收缩与龄期较短的混凝土受载徐变的影响与荷载的影响量级接近，因此造成量测上的困难。对此，采取措施，在观测断面同时布设混凝土应变计与钢筋计，以相互对比来估计非荷载因素的影响。

五、监测成果及分析

（一）基坑顶口水平位移

在地下连续墙顶端布置了 19 个监测点，测量施工过程中基坑顶口的水平位移。基坑开挖完成时，基坑坑口位移情况如图 2-6-6 所示。

由图可见，整个支护体系的位移有些偏斜，这应是由于地层本身及施工过程的不对称引起的。如比较基坑长向和短向的基坑顶口收缩可见，长向的收缩略大于短向，即短边向坑内的水平位移大于长边。这是因为在长边中部有对撑，而短边只是靠斜撑来支撑，故长边受到的支撑更强一些。

此外，由基坑顶口位移还可以看到该体系的变形具有明显的空间作用，角区影响明显。

（二）地下连续墙体水平位移

地下连续墙的变形是反映基坑运行状况最直观、最可靠、也是最重要的指标之一，其变形的增大始终是基坑施工中关注的关键。测斜资料表明：地下连续墙的侧向变形与开挖深度密切相关，实测墙体变形随开挖深度变化仅以 P01 号斜孔为例，示于图 2-6-7。表 2-6-19 为底板浇筑完成以后各监测孔最大位移统计表。

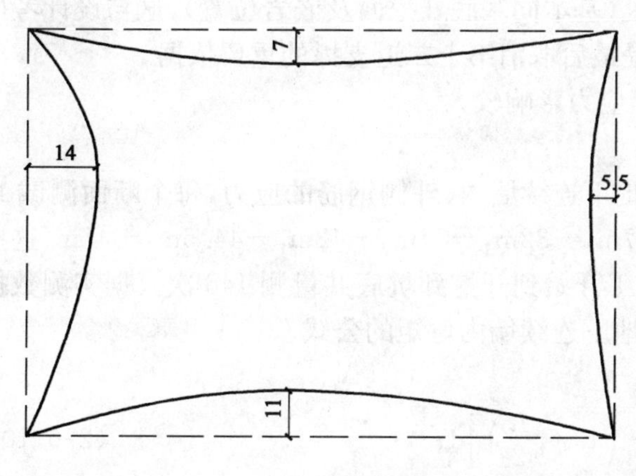

图 2-6-6　开挖到坑底时的基坑顶口变形情况

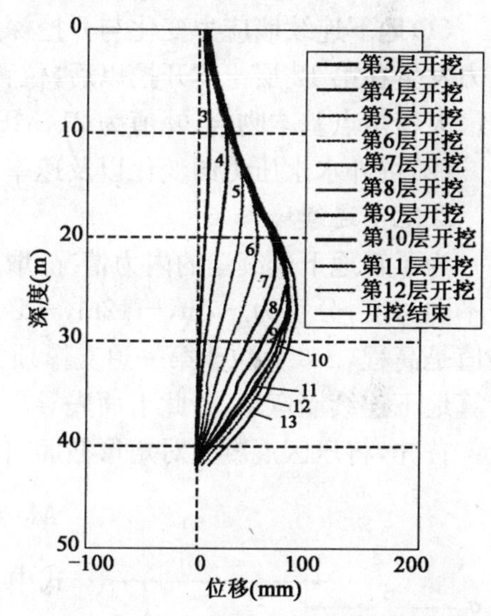

图 2-6-7　P01 号斜孔随土体开挖变化趋势图

墙体变形统计表　　表 2-6-19

监测孔位置	北侧		南侧		西侧		东侧	
监测孔编号	P07	P08	P03	P11	P05	P06	P01	P10(嵌岩)
变形最大值(mm)	111.4	129.3	125.4	97.3	131.1	114.7	90.5	132.7
最大值位置(m)	28	28	28	28	28	28	27	28

从表中及相关曲线可以发现，地下连续墙的变形主要是由土方开挖所引起，且与开挖深度成正比关系。随着开挖加深，变形逐步增大，且位移最大值所在的位置也随着开挖加深而逐步下移。各侧墙体位移较均匀，在 90.5～132.7mm 之间，平均值为 116.6mm，最大相对位移为开挖深度的 0.265%，变形幅度属中偏小。

（三）地下连续墙受力

1. 地下连续墙钢筋应力

地下连续墙应力的监测点布置按照上疏下密的原则进行，特别在接近嵌岩的部分，应力计的布置进行了适当加密。图 2-6-8 中显示了墙体各深度应力随开挖进程的变化情况，从监测资料来看，应力变化主要有以下几个特征：

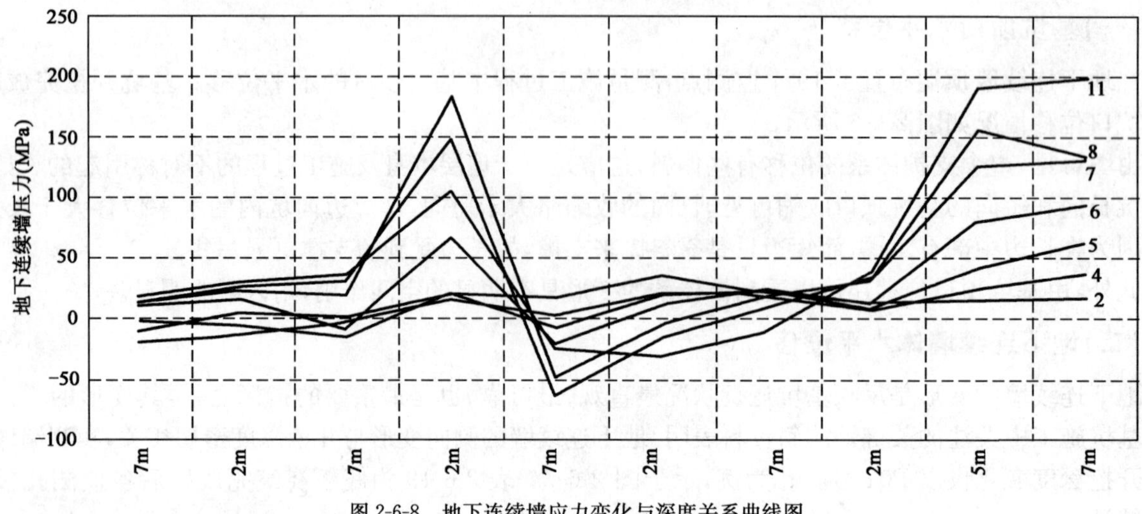

图 2-6-8 地下连续墙应力变化与深度关系曲线图

(1)地下连续墙应力变化与开挖深度密切相关。由图 2-6-8 中可以清楚地看到，地下连续墙的最大应力发生在第 12 层土体开挖以后，位置在深度 47m 处(基本同基底开挖面及嵌岩位置)，这与设计考虑的最大弯矩点基本吻合，峰值为 214MPa。这一数据是最后取消第十二道支撑的重要依据。

(2)坑外水土压力的变化以及速率，对地下连续墙应力影响较大。

2. 地下连续墙弯矩

为了解地下连续墙的内力情况，取 8 个断面测试地下连续墙内、外侧钢筋的应力，每个断面测试 10 个不同深度，分别为－7m，－12m，－17m，－22m，－27m，－32m，－37m，－42m，－44.5m，－47m(这些数值是高程，±0.0 位于第一道支撑顶面)。从基坑施工开始到开挖到坑底共量测 146 次。据实测数据计算地下连续墙弯矩，为此下面先导出计算单位长度地下连续墙内弯矩的公式。

首先，将压区混凝土对矩形截面对称轴取矩，有：

$$M_C=\int_0^{X_0}\sigma(\varepsilon)\left[x-\left(x_0-\frac{L}{2}\right)\right]\mathrm{d}x \tag{2-6-10}$$

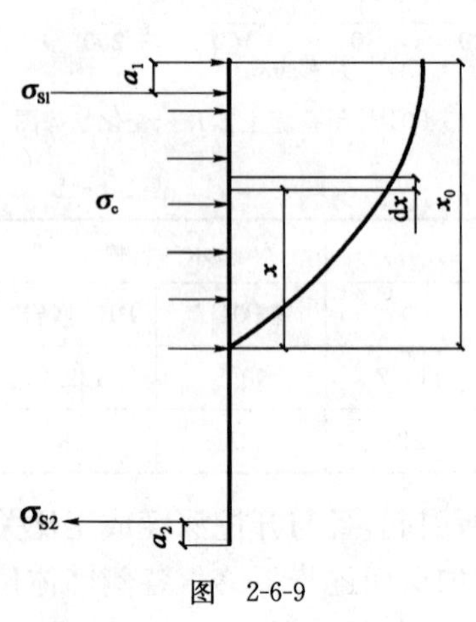

图 2-6-9

式中：x_0——压区混凝土高度；

$\sigma(\varepsilon)$——与应变有关的应力；

x——应力微元条带至中和轴的距离；

L——混凝土高度，见图 2-6-9。

在地下连续墙应力监测数据中，钢筋最大应力在 100MPa 左右，因此钢筋最大应变在 0.5‰左右，据此推测混凝土的最大压应变小于 2‰。所以按照规范规定选取混凝土应力应变关系曲线时，只取前半段，即

$$\sigma(\varepsilon)=2\sigma_0\left[\frac{\varepsilon}{\varepsilon_0}-\left(\frac{\varepsilon}{\varepsilon_0}\right)^2\right]\quad(\text{其中 }\varepsilon_0=0.002)$$

令 $k_1=\dfrac{2\sigma_0}{\varepsilon_0}$，$k_2=\dfrac{2\sigma_0}{\varepsilon_0^2}$，则上式写为：

$$\sigma(\varepsilon)=k_1\varepsilon-k_2\varepsilon^2 \tag{2-6-11}$$

又由 $\dfrac{\varepsilon}{x}=\dfrac{\varepsilon_{s1}}{x_0-a_1}$ 有

$$\varepsilon=k_3x\quad k_3=\frac{\varepsilon_{s1}}{x_0-a_1} \tag{2-6-12}$$

式中：ε_{s1}——受压钢筋应变；

a_1——受压钢筋外侧保护层厚度。

另

$$k_4=\frac{L}{2}-x_0 \tag{2-6-13}$$

由式(2-6-10)～式(2-6-13)可得：

$$M_C=\frac{1}{3}(k_1k_3-k_2k_3^2k_4)x_0^3+\frac{1}{2}k_1k_3k_4x_3^2x_0^4-\frac{1}{4}k_2k_3^2x_0^4 \tag{2-6-14}$$

其中的 x_0 由 $\frac{\varepsilon_{s1}}{x_0-a_1}=\frac{\varepsilon_{s2}}{L-x_0-a_2}$ 得出，为：

$$x_0=a_1+\frac{\varepsilon_{s1}(L-a_1-a_2)}{\varepsilon_{s1}+\varepsilon_{s2}} \tag{2-6-15}$$

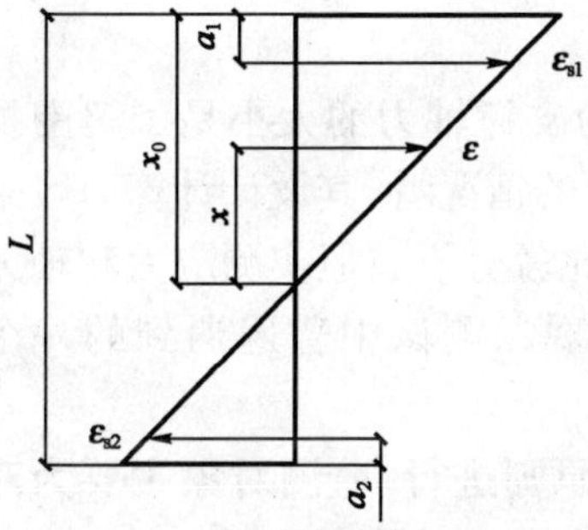

图　2-6-10

式中：a_2——受拉钢筋外侧保护层厚度。

其中 $\varepsilon_{s2}=\frac{\sigma_{s2}}{E_s}$，为受拉钢筋应变，见图 2-6-10。

其次，考虑压区钢筋对对称轴取矩

$$M_{s1}=\sigma_{s1}A_{s1}\left(\frac{L}{2}-a_1\right) \tag{2-6-16}$$

最后，考虑拉区钢筋对对称轴取矩

$$M_{s2}=-\sigma_{s2}A_{s2}\left(\frac{L}{2}-a_2\right) \tag{2-6-17}$$

式中：σ_{s1}、σ_{s2}——分别是受压和受拉钢筋应力。

所以，单位宽度地下连续墙的弯矩为：

$$M_b=M_c+M_{s1}+M_{s2} \tag{2-6-18}$$

采用上述公式及观测数据计算地下连续墙弯矩。从计算值看出，地下连续墙的弯矩不大，一般在1000～4000kN·m左右，但G2孔47m深度处的弯矩数值达－5700kN·m。所以，由这里的初步分析来看，地下连续墙的弯矩与计算值比较要小一些，但接近。

(四)坑外水土压力

图 2-6-11 是北锚基坑水土压力与深度、时间的关系曲线。通过对坑外水土压力实测资料的分析，可看出以下一些规律：

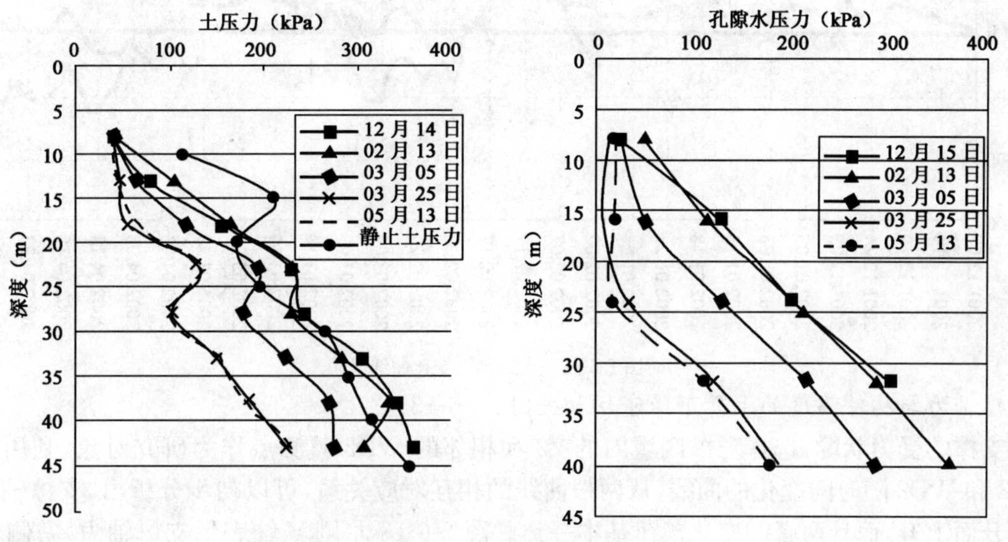

图 2-6-11　北锚基坑水压力随深度、时间变化曲线(T6、K6)

(1)水土压力均具有随深度增加而加大的特点，但二者呈非线性关系，即在16m以上和16m以下具有不同的变化规律，大致与地层的分布特征对应。

(2)在基坑外降水之前，随着基坑开挖深度的加大，土压力在22m以上有小幅增加，而在22m深度以下则有微量减小；而孔隙水压力除浅层有局部加大外，均有微量减小，表明基坑开挖后坑外水位有小幅下降；坑外降水之后，水土压力均又随坑外水位的降低而逐渐降低。

(3)坑外降水前，尽管地下连续墙体的水平位移达122mm，但土压力变化值较小，一般表现为22m深度以上土压力小幅增加，22m深度以下土压力减小，最大变化幅度达60kPa，位于地下连续墙体的下部。

(4)坑外降水后，水土压力均有明显减小，至底板浇筑结束时，坑外土压力实测值仅为土体自身重力的0.22倍。

(五)支撑轴力

支撑轴力的测试通常也是深基坑工程施工监测的重要内容之一，因为支撑轴力的大小是了解围护结构受力特性、监测结构物安全性的最重要的依据。从支护结构长期应用的情况看，其设计计算一般来讲是可行的，而钢筋计的测试误差也可控制在一定范围内，两者应可进行比较分析。但实测应力和轴力往往是设计值的2～3倍，有时甚至更大。这个情况是目前在围护结构现场测试中普遍遇到的一个问题。

根据监测方案，支撑轴力监测点的布置，按照由上而下、由疏渐密的原则进行，监测对象主要为对撑、外斜撑、内斜撑等受力明确的构件，根据监测资料分析，支撑轴力的变化有以下几点特征。

1. 支撑轴力与开挖深度成正比关系(图2-6-12)

根据支撑的受力状况，选择对撑区域内的Z2监测点作为研究对象，根据监测数据整理出各道支撑Z2处受力与基坑开挖深度的关系。支撑轴力总体随开挖深度增大而增加，但随着开挖深度的进一步加深，轴力的变化与开挖深度关系不再呈明显正比关系。

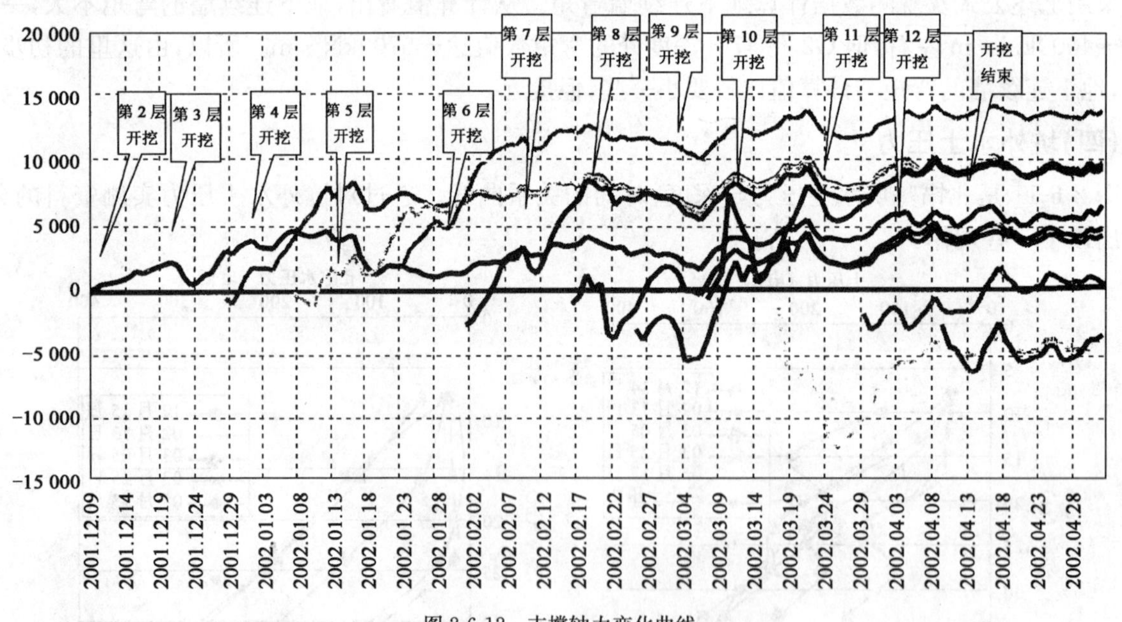

图2-6-12　支撑轴力变化曲线

2. 支撑轴力与构件温度的上升下降密切相关(图2-6-13)

根据支撑的受力状况，选择对撑区域内的Z2和相邻的WD2监测点作为研究对象，利用监测数据整理出Z2和WD2随时间变化的曲线，从两根曲线的相互对应关系，可以初步分析出，支撑轴力绝对值随温度上升而上升，而且两者的变化规律基本一致。图2-6-13左侧Y轴表示支撑轴力，右侧Y轴表示温度。

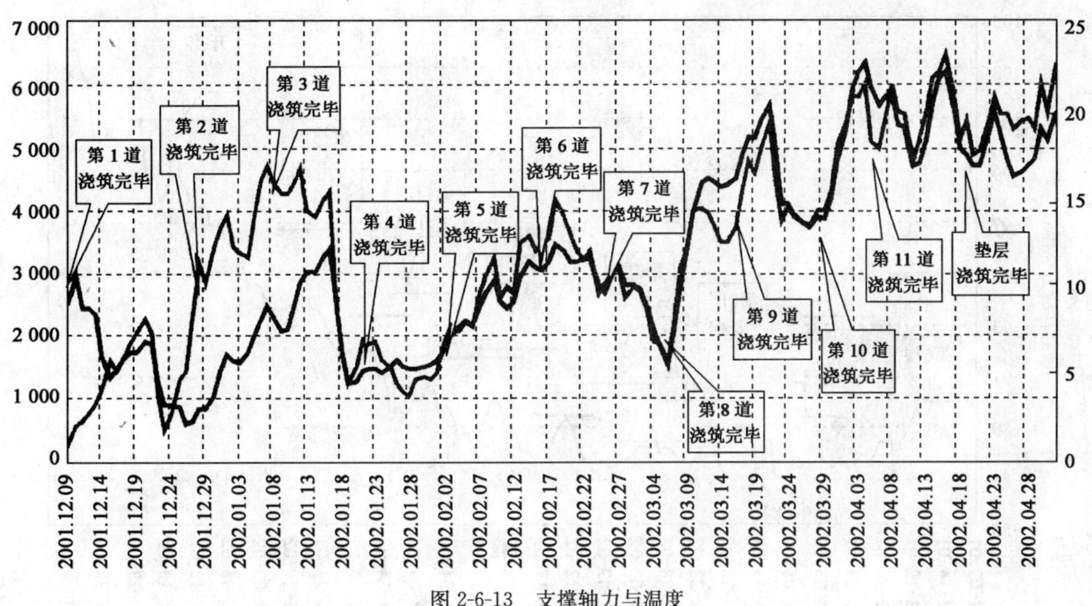

图 2-6-13　支撑轴力与温度

(六)立柱应力

根据监测元件的成活情况以及数量，选择 108 号立柱的 G1 监测点的数据，整理出立柱应力变化与开挖深度关系的曲线图 2-6-14。从图上可以初步得出“随开挖深度的加深立柱应力也小幅上升”这一变化规律，这一规律一直延续至强风化岩层清除、开挖结束。

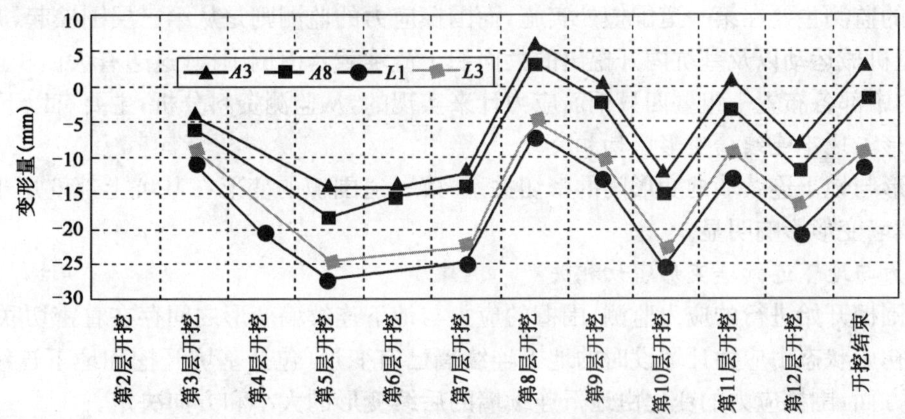

图 2-6-14　围檩和立柱垂直沉降与开挖深度关系曲线

从图 2-6-14 曲线上可以发现，在第二层土体开挖后第三层土体开挖前，立柱应力发生了一次较大幅度的变化，分析认为这与基坑开挖初期基坑内开始降水有关。因为基坑内土体开挖前采用井点降水以确保开挖时土体的可操作性，从而引起坑内土体有效应力的增加，对桩体而言则产生了一定大小的负摩阻力。降水的从无到有，导致负摩阻力的跃变，从而引起立柱应力的大幅突变。

进一步研究发现，因为在每层土体开挖前，为保证地下水位在开挖面以下均进行密集、高水量的降水，所以在每层土体开挖的初期，立柱应力均有一定幅度的上升。

从这一阶段历时变化曲线上可以观察到，在每层土体开挖的初期，立柱应力均有一定幅度的上升，但随后就会出现随坑内土方的开挖和混凝土支撑的浇筑立柱应力短时间下降而后上升的过程。在这一过程中影响因素众多，但通过对正、反影响的分析，可以初步确定混凝土支撑的浇筑引发了立柱应力减小，也可以说立柱应力的下降主要是因为支撑等混凝土构造物的浇筑这一因素产生的。

通过图 2-6-15 曲线还可以观察到，从第七层土体开挖开始，峰值和谷底的差值逐步减少。结合实际的施工工况，不难发现这主要是由于从第十层土体开挖开始，开挖速度加快，而支撑制作相对滞后造成的，换个角度说，“快挖快撑”对于优化基坑结构的竖向受力有着重要意义。

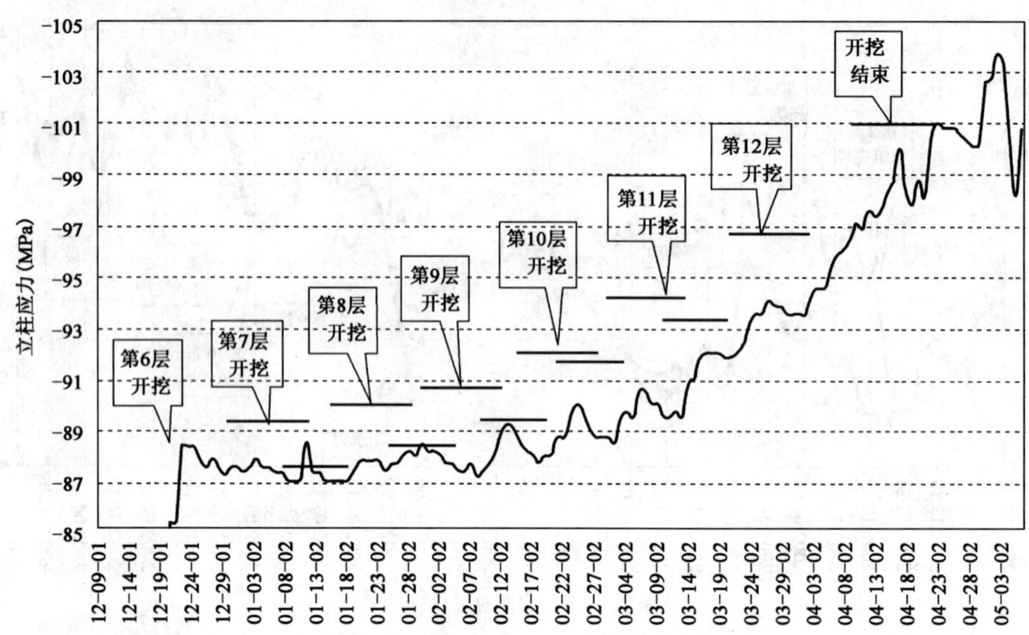

图 2-6-15　立柱应力阶段历时变化曲线

(七)围檩受力与变形

围檩变形的监测主要在第一道围檩处实施，而围檩应力的监测则是从第三层围檩起，开始在每层西侧(这边有五型机械运动以及基坑内开挖出的大面积土渣堆载)，南侧围檩(这边有大面积土体堆载以及长江主航道)的中部各布置一组暨四只钢筋应力计来实现的，从监测资料分析，主要有以下几个特征：

1. 围檩变形与地下连续墙变形密切相关

围檩的变形与地下连续墙的变形间的密切关系，第一道围檩的变形在基坑上部 6 层土体的开挖过程，受地下连续墙变形影响明显。

2. 围檩应力与地下连续墙变形密切相关

从第三道围檩开始进行的应力监测，围檩的应力与地下连续墙变形之间存在着密切联系：一方面围檩内应力计的初始状态由应力计埋设时的地下连续墙已有变形(包括基坑开挖和地下连续墙施工两部分)决定；另一方面，围檩应力的变化由地下连续墙的后续变形的大小和方向决定。

3. 围檩应力与支撑轴力的变化相互制约

围檩作为基坑内水平混凝土支撑和地下连续墙之间的连接，其内应力变化在受到地下连续墙变形影响同时，也与混凝土横向支撑轴力相互制约，围檩对于协调支撑内的应力分布以及在土体错层开挖时缓解局部支撑轴力的突变起到重要作用。

当然，在支撑混凝土达到养护期以后，支撑轴力的发挥对缓解围檩内应力进而减小地下连续墙的侧向变形发挥着重要作用。

4. 围檩对协调地下连续墙的变形有重要作用

根据第一道围檩的阶段变形图，可以看出围檩在协调基坑深层土体开挖时引起的差异变形方面作用明显，特别是在基坑局部开挖造成地下连续墙差异变形时作用显著。

(八)坑外土体沉降变形

深基坑外土体的变形分析，也常常是深基坑工程十分重要的研究内容之一。

坑外土体沉降共布置了 18 个监测点，距离基坑外侧 15m 左右。到底板完成浇筑时，坑外地基沉降如表 2-6-20 所示。

坑外地基最终沉降统计表　　表 2-6-20

点　号	沉降量(mm)	点　号	沉降量(mm)
D1	−455.1	D10	−391.5
D2	−428.3	D11	−389.5
D3	−421.9	D12	−475.1
D4	−449.9	D13	−414.8
D5	−277.8	D14	−434.4
D6	−361.8	D15	−400.1
D7	−380.5	D16	−382.0
D8	−379.6	D17	−442.0
D9	−404.6	D18	−445.9

从上表可知，坑外地基沉降最小为 277.8mm，最大达到 475.1mm，平均为 419mm，总体来说坑外四侧土体沉降较为平均，在地下连续墙四侧各角点处的沉降相对较小，与基坑挖深相比，沉降量为挖深的 0.95%。

图 2-6-16 是垂直于基坑壁的两个监测剖面中土体沉降变形随时间、距离变化的关系曲线。其中 AA 剖面位于基坑西侧的中间部位，剖面线大致垂直于基坑壁；而 BB 剖面则位于基坑南侧的中间部位，剖面线大致垂直于南侧基坑壁。

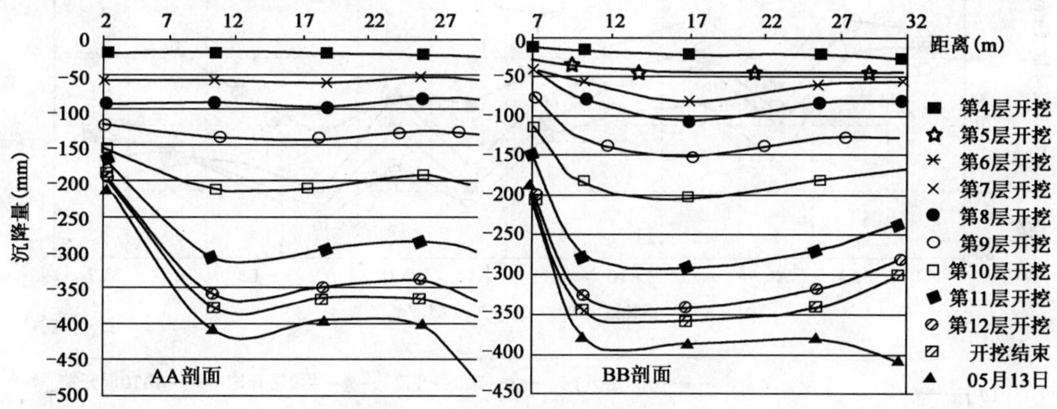

图 2-6-16　基坑西侧(AA)和南侧(BB)土体沉降时间关系曲线

底板完成浇筑时，剖面各测点沉降如表 2-6-21 所示。

坑外地基沉降剖面最终沉降统计表　　表 2-6-21

测　点　号	沉降量(mm)	测　点　号	沉降量(mm)
AA1	−201.5	BB1	−184.6
AA2	−404.7	BB2	−372.1
AA3	−390.9	BB3	−379.6
AA4	−395.4	BB4	−371.4
AA5	−479.8	BB5	−398.5

(九)基坑构件温度变化

根据科研需要以及依此制定的监测方案，在基坑东南侧 1/4 区域内对围檩、对撑、斜撑以及地下连续墙等构件的温度进行了监测，一方面作为各构件受力分析和修正的依据，另一方面也得以观测大体积混凝土自身温度变化和外界环境对构件的温度影响。根据监测资料分析，构件温度变化有以下特征：

(1)构件除地下连续墙外，温度在浇筑完毕后 48～60h，构件温度持续上升至顶峰，而后开始回落。

因施工工期关系，围檩和支撑施工中采用的混凝土系由现场试验室专门配制，而这一特点也间接造成混凝土特性的变异性。构件实际浇筑后温度变化的这一重要规律，对于围檩、支撑、地下连续墙内埋设的监测元件的起算点的最终确定有重要参考价值，尤其在后期对支撑轴力数据异常的分析、判断中，与施工现场的试块参数相结合，便于筛选可靠数据。

(2)构件的下降温度和速率与大气温度相关，各构件中部的温度与外界环境滞后12h左右。

这一变化规律与构件尺寸有一定关系，但总体而言，在本工程的实际监测中，基本均与这一规律相符。需要说明的是，地下连续墙内温度变化受基坑外侧土体的温度影响，不符合上述规律。这一规律在构件应力的分析、修正中，发挥重要意义。

(3)地下连续墙内温度变化特征，对于判断局部区域地下连续墙的渗漏有重要参考价值。

(十)围檩沉降及立柱沉降

围檩、立柱的沉降及隆起根据监测资料分析，主要与基坑土体开挖深度、基坑内外的降水密切相关。根据监测数据，选择部分支撑与围檩交接处监测点、立柱与支撑交接处监测点，整理这部分资料，通过图2-6-17和图2-6-18分析围檩、立柱沉降与基坑开挖深度的关系。

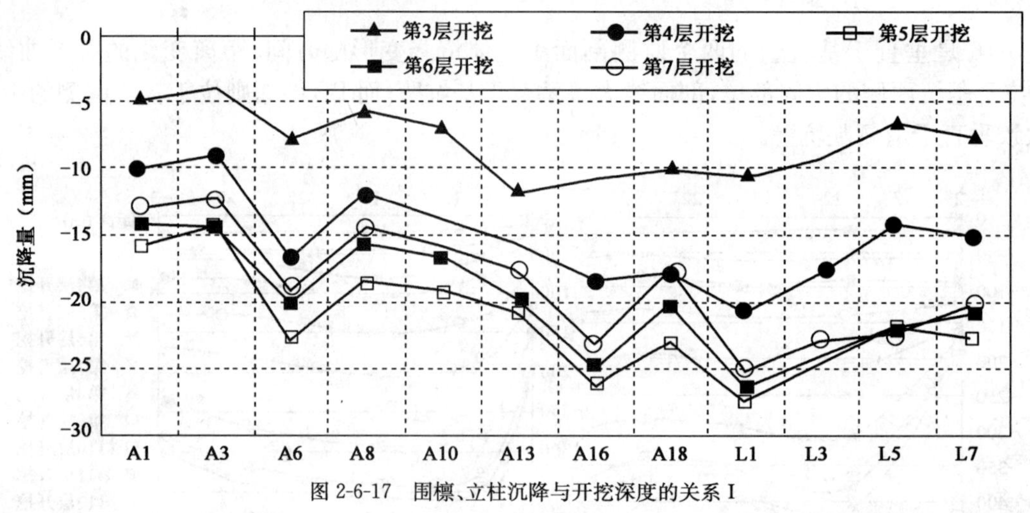

图2-6-17　围檩、立柱沉降与开挖深度的关系 I

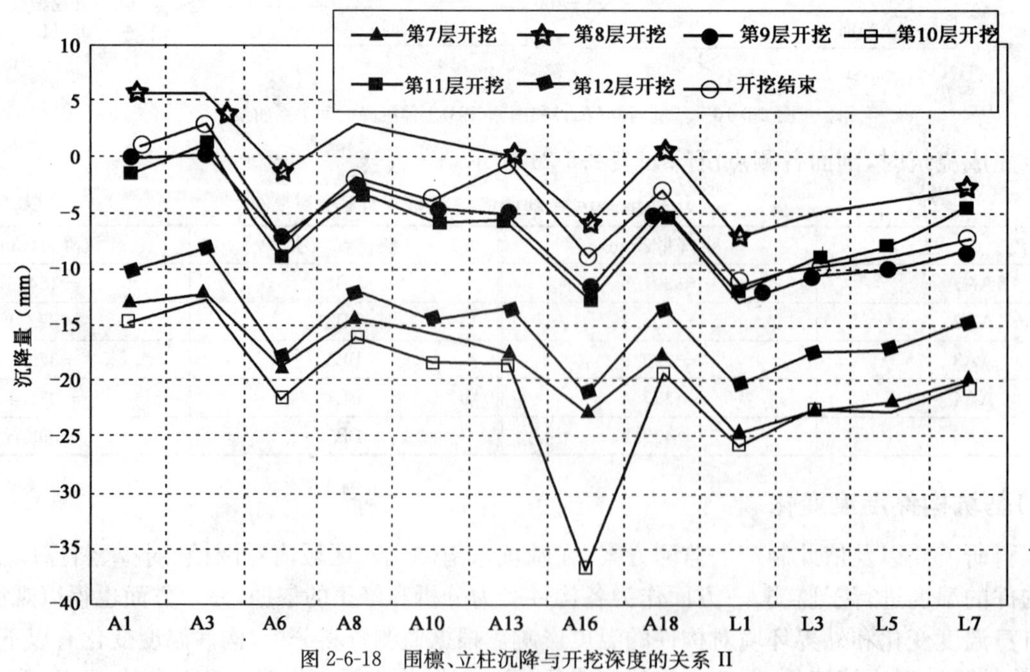

图2-6-18　围檩、立柱沉降与开挖深度的关系 II

从图 2-6-17 中可以初步得出第 3 层土体开挖～第 7 层土体开挖过程中，围檩、立柱的沉降变化特点。开挖到第 5 层土体时，整个围护结构处于沉降量最大的状态，当第 5 层土体开挖后，围护体结构开始少量上浮，一直到第 7 层土体开挖，围护体始终持续上浮，但沉降总量仍然大于前 3 层土体开挖和降水引起的下沉量。

从图 2-6-18 中可以初步得出第 7 层土体开挖～土体开挖结束过程中，围檩、立柱的沉降变化特点。进入第 7 层土体开挖以后，围檩、立柱仍然持续上浮，当准备第 8 层土体开挖时，围护体的整体沉降量已经回复至基坑开挖前的状况。需要特别说明的是，此时坑外的降水进行 8d，水位在地表以下 14m 左右。随后围护体持续下沉，在准备开挖第 10 层土体时，此时沉降量最大，坑外水位在 27m 左右，总沉降量与开挖至第 5 层土体时基本相同。此后，第 10 层土体开挖，围护体上浮；第 11 层土体开挖，围护体下沉；第 12 层土体开挖，围护体又上升，主要特征点的最终沉降量如表 2-6-22。

主要特征点的最终沉降量　　表 2-6-22

主要特征点编号	A1	A3	A6	A8	A10	A13	A16	A18	L1	L3	L5	L7
最终沉降量(mm)	−10.2	−8.1	−18.0	−12.0	−14.5	−13.5	−21.4	−13.3	−20.7	−17.4	−17.2	−14.7

第七章　深水钻孔桩钢护筒和海洋超长钢管桩施工检测

随着我国大跨径桥梁的发展，深水钻孔桩基础和海洋超长钢管桩基础日益增多。本章将分别以南京长江三桥和杭州湾跨海大桥为实例，介绍深水钻孔桩钢护筒和海洋超长钢管桩施工检测，供读者参考。

第一节　深水钻孔桩钢护筒施工检测

南京长江三桥是双塔柱斜拉桥，主跨648m，钢箱梁，钢索塔，其索塔墩处水深流急，基础采用钢套箱加钻孔灌注桩组合而成的高桩承台。

桩基础施工采用平台结构施工方法，即由定位船和两条导向船组成施工平台。施工时，首先将钢套箱（ϕ29m×24.6m×84m）沉入水下－13.1m处，通过缆索将钢套箱与定位船连接，形成相对稳固的临时结构；然后，将8根钢护筒（ϕ3.360m和ϕ3.340m）分批打入河床土中，将钢护筒与钢套箱刚性连接，使钢护筒定位；而后，在钢护筒中钻孔沉入钢筋骨架；最后，浇筑混凝土形成桩基础。基础施工平台结构如图2-7-1所示，解索前钢护筒的布设如图2-7-2所示。

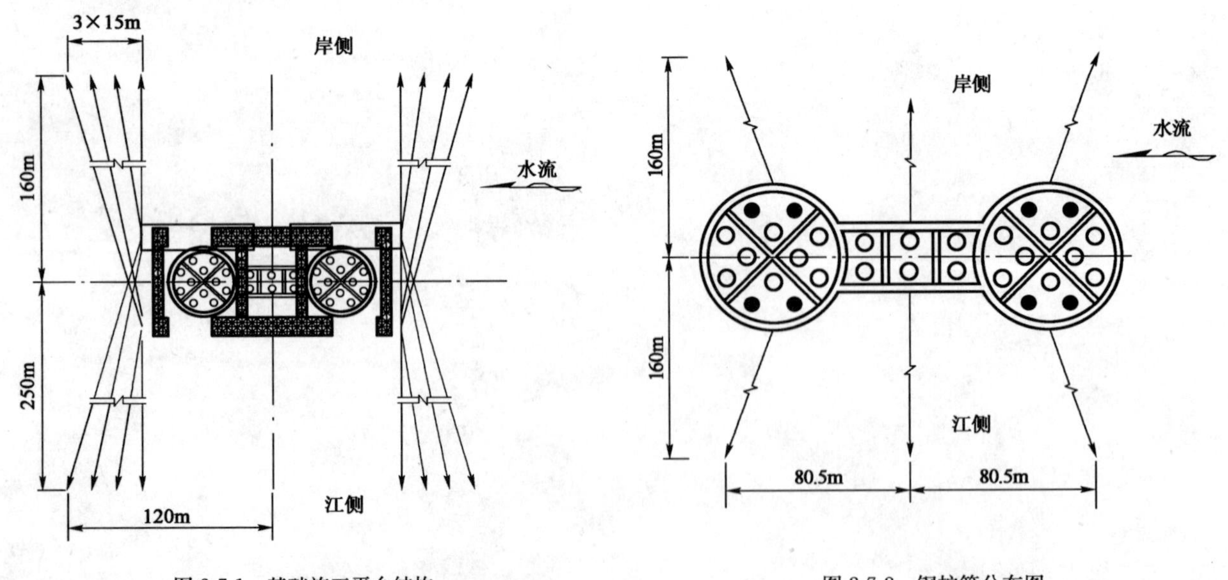

图2-7-1　基础施工平台结构

图2-7-2　钢护筒分布图

在上述施工过程中，钢护筒的受力比较复杂，在其打入河床过程中，单根钢护筒打入河床部分，承受摩阻力，水中部分将承受水压力作用，单根钢护筒在河床部位所受的弯矩和剪力最大；随着打入深度的增加，单根钢护筒在河床部位所受的最大弯矩和最大剪力也逐渐增大，实时掌握单根钢护筒在河床部位的应力状态,对保证钢护筒施工中的安全性至关重要。待部分钢护筒打入河床中后,将钢护筒与钢套箱连接,这时,与钢套箱连接部分所承受的荷载可能全部转移给与钢套箱固接的钢护筒,钢护筒与钢套箱连接处受的剪力很大,河床处所受的弯矩最大,此时,钢护筒在承受由钢套箱突然传来的荷载作用下所产生弯矩和剪力是否安全取决于钢护筒与钢套箱连接的数量,钢护筒与钢套箱连接的数量越多,钢护筒越安全。因此,监测钢护筒在打入河床过程中的受力状态及其与钢套箱连接时的受力状态,为施工中制定施工方案提供指导参考意见,防止钢护筒在施工过程中发生弯曲破坏、剪切破坏,甚至屈曲失稳破坏。

待定位钢护筒与钢套箱连接后,再继续其他钢护筒的施工,全部钢护筒打入河床中定位后,将钢筋骨架沉入钢护筒中,钢筋骨架与混凝土一起承受桩基础的荷载,监测钢筋骨架的受力状态,就可以掌握桩基础施工和运营阶段的受力状态。

综上所述,南京长江第三大桥其索塔深水桩基础的施工工艺十分复杂,施工过程中桩基础关键构件的受力具有时变特性和难于精确计算的困难,因此,采取有效措施监测其关键构件施工全过程的受力状态,对于确保桩基础施工安全是十分必要的。

一、钢护筒施工

1.钢护筒制作

钢护筒按 9m 左右长度分节制作,热气浮吊吊装高度,在岸边码头每两段焊接成整体,在桩位用浮吊吊高对接。

2.钢护筒振打

钢护筒定位着床后,用浮吊起吊 ICE 66—88 正常频率型液压振动锤(3 200kN 振动力)振打钢护筒使之下沉。在钢护筒入土下沉的前 10m 采用间断振打方式,以便调整钢护筒平面位置和垂直度,以使钢护筒的安装精度被控制在允许范围内。由于南塔处覆盖层较厚且钢护筒内径为 ϕ3.3m,内外摩阻力很大,因此,钢护筒难以一次振打到位。在钢护筒振打下沉过程中,采取了振动锤打设、液压钻机扫孔、护筒跟进的打设方法。ICE 66—88 正常频率型液压振动锤的技术参数见表 2-7-1。

正常频率型液压振动锤技术参数表　　表 2-7-1

技术参数	偏心力矩	振动频率	振动力	最大幅度	最大拉力	质量	长度	宽度	腰宽	高度
单位	N·m	r/min	kN	mm	kN	kg	cm	cm	cm	cm
ICE 66—88	760	1 600	3 200	31	800	6 917	246	55	36	253

二、施工监测软件系统和试验桩钢护筒施工监测试验

1.施工监测软件系统

监测系统的硬件采用美国 Micron Optics 公司的光纤光栅解调仪,直接将光信号转换为数字信号,数字信号进入计算机采用 PC-DIO48 数字采集卡。

结合施工实践,南京三桥开发了护筒施工监测与分析系统。该系统钢护筒施工过程分为入水、振沉、振沉结束及解索四个阶段,分为以下四个监测子系统。

(1)桩护筒入水过程监测子系统

实时监测钢护筒在入水过程中自重、水的浮力以及顺水流方向的水流压力共同作用下的变形反应。实时显示当前的应力应变与护筒钢材的屈服强度实时比较,并显示当前的安全储备。另外,这个过程的

监测可以了解桩护筒从自由状态到就位后的应力变化情况，并为振沉过程提供初始应力状态。

(2)钢护筒振沉过程监测子系统

实时监测已就位的桩护筒在振动锤作用下的控制截面处的变形反应，并与失稳临界应力比较，确定其施工过程的安全可靠性，并实时计算施工过程的安全储备。此外，通过周向的平均应力，可以计算出激振力。

(3)振沉过程结束至解索阶段子系统

监测控制部位的应变，根据测点与离护筒中心轴最远处周向位置的几何关系，按平截面假定将测点变形换算为距离护筒中性轴最远处的应力，以此应力与钢材屈服强度比较，直观显示钢护筒的抗力储备大小。

(4)钢护筒解索阶段监测子系统

监测打桩完成后钢护筒在解索阶段的水流作用下的变形，根据实时监测的当前应力应变，并与护筒钢材的屈服强度实时比较，显示当前的安全储备。

2. 试验桩钢护筒施工监测试验

南索塔基础施工工艺新颖、边界条件复杂多变，鉴于此，在地质条件相同的南塔过渡墩附近进行试验桩钢护筒试验。为检验南塔钢护筒施工监测传感器布设工艺及传输线路的可靠性、评价数据采集和监测、评价系统的可靠性，监测振动打桩机的脉冲荷载，与设计激振力比较后用于预估南索临时钢护筒振沉时的强度和稳定性储备，进行了试验桩钢护筒监测试验。

(1)测点选择与传感器布设

考虑该试验是模拟南索塔钢护筒的施工监测，因此测点与传感器的布设工艺保持基本一致，只是数量上较少而已。测点位于钢护筒限位器与护筒接触点之间的相对安全的间隔位置，如图 2-7-3 所示，在靠近护筒的最下侧沿高向每个位置布设了 2 个光纤光栅应变传感器，共 8 个。同时，为了检验环向传感器和传输线路的存活能力，在相连的 3 个测点位置布设了 3 个准分布式光纤光栅应变传感器，传输线经过限位装置。考虑钢护筒的下放与振沉过程，传感器传输线路预留足够的富余量。

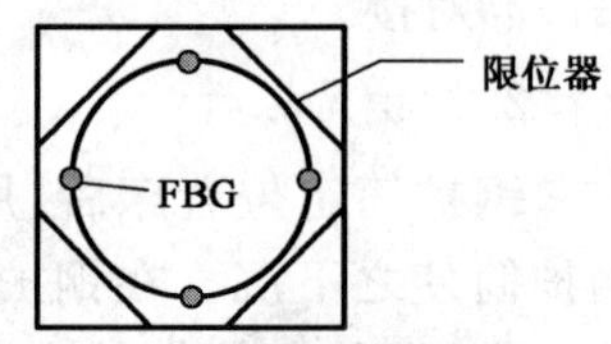

图 2-7-3 试验桩护筒施工监测

为了模拟南塔钢护筒的实际施工环境，采用基本一致的传感器布设与水下保护方案，基本工艺过程如图 2-7-4 所示。

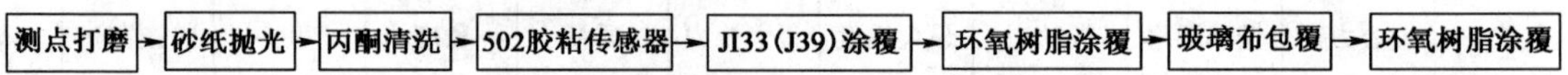

图 2-7-4 试验桩钢护筒光纤光栅布设与保护工艺

(2)试验过程

完成光纤光栅传感器的布设与保护工艺后，试验桩钢护筒下放，然后进行激振，同时开启监测系统，采集并显示监测状况，对整个过程进行全程监测。当钢护筒入土约 4m 左右时，振动过程无法继续，原因是试验桩护筒达到长江护堤的散乱抛石。至此，试验桩钢护筒施工监测试验结束。

(3)试验结果与讨论

本次试验布设的 11 个光纤光栅应变传感器在钢护筒下放以前全部存活。钢护筒下放后，传感器进入水中，由于环向布设的光纤光栅传感器的两端传输线经过限位器的导向块，只剩下一个传感器存活，而竖向布设的 8 个光纤光栅传感器依然存活良好。当第一振沉过程（约 10min）结束后，护筒入土约 2m，此时，有三个传感器突然没有了信号，很可能是传感器的传输线路因为没有很好黏结或被拉断。入土深度达到 4m，说明传感器已经接触砂土或砾石。从整个试验状况来看，传感器的布设工艺是满足钢护筒施工监测的，但是传输线路的保护是实际施工监测的关键。

入水过程、开始激振、激振过程、振动停止和结束的监测结果如图 2-7-5 所示。

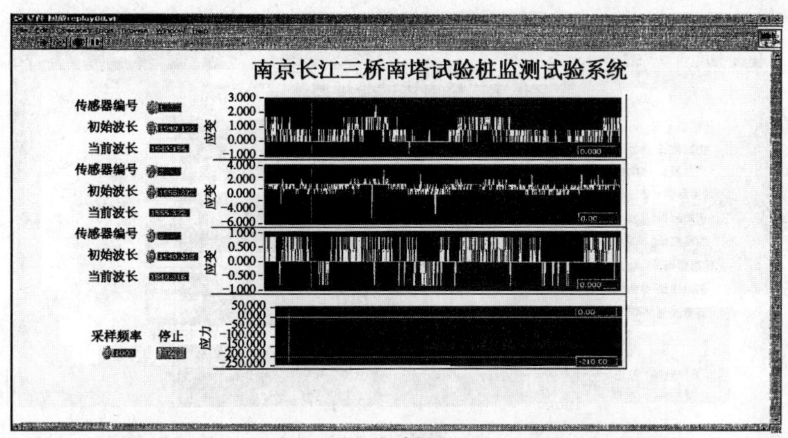

a)入水过程

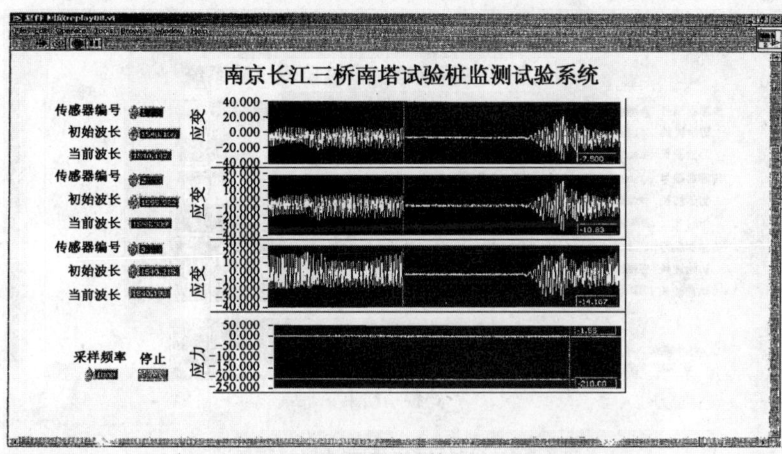

b)振动开始

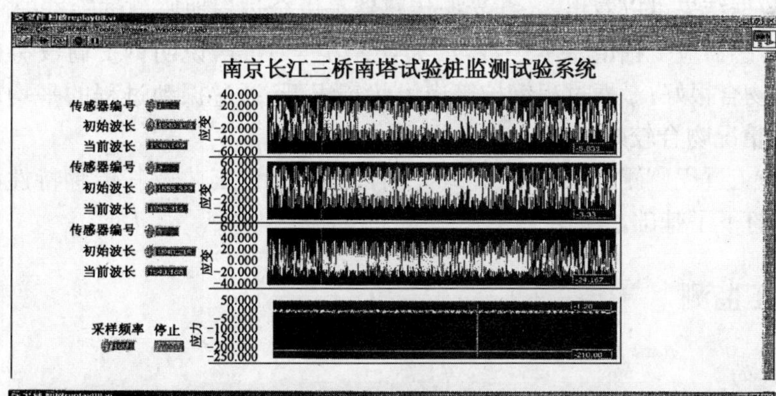

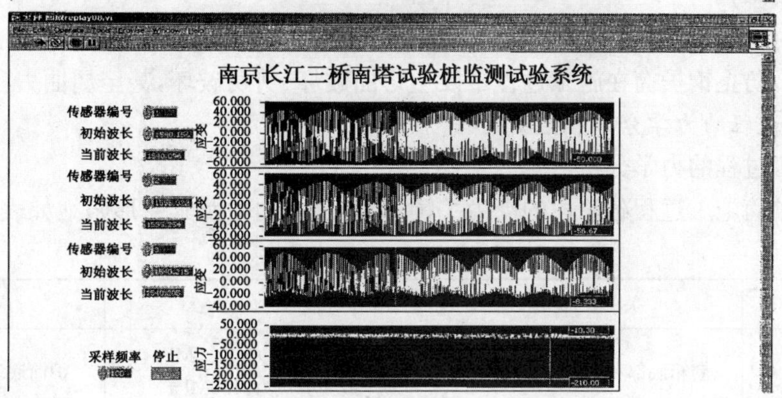

c) 振动过程 (2 个循环过程)

图　2-7-5

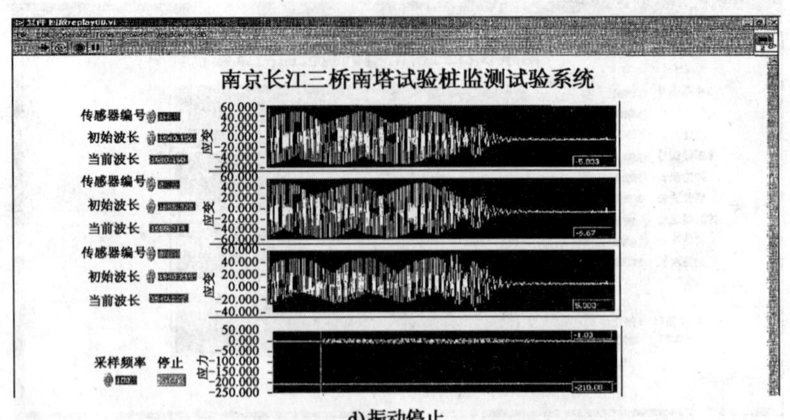

d)振动停止

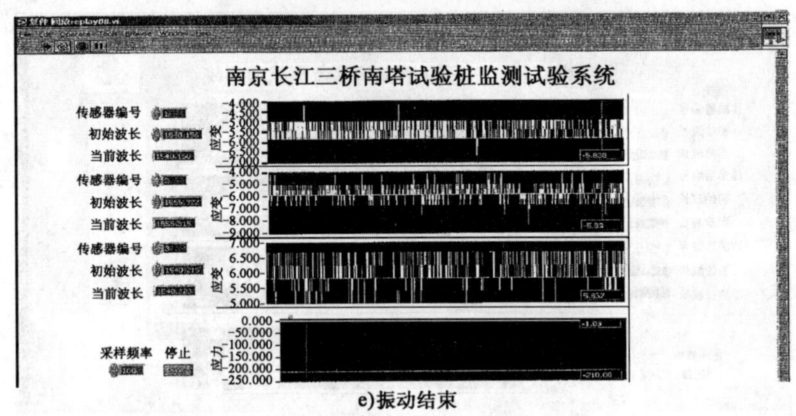

e)振动结束

图 2-7-5 试验桩钢护筒施工全过程监测

从试验过程和数据结果可以看出：光纤光栅传感器可以全过程地监测试验桩护筒的施工过程，周向布设光纤光栅应变传感器应变幅值基本一致，最大误差小于 $10\mu\varepsilon$，说明钢护筒没有偏心与局部受阻碍情况，这与实际情况吻合很好；激振过程钢护筒应力状态很低，通过振动过程的平均应变反推激振力约300t 左右，这与实际情况吻合较好。

试验桩钢护筒施工过程监测试验表明：光纤光栅传感器布设工艺及其传感特性满足实际钢护筒施工监测，为实际应用打下了基础。

三、钢护筒施工监测

1. 施工监测的目的

监测钢护筒在打入河床过程中的受力状态及其与钢套箱连接时的受力状态，为施工过程中方案的制定提供参考意见，防止钢护筒在施工过程中发生弯曲破坏、剪切破坏，甚至屈曲失稳破坏。

2. 钢护筒施工过程的力学分析和监测判据

(1)钢护筒施工过程的力学分析

根据计算，钢护筒施工过程各阶段的受力关键部位、最大内力及其变形归纳如表 2-7-2 所示。

钢护筒施工过程受力状态　　表 2-7-2

阶　段	关键部位	最大内力	最大变形(位移)
入水至着床	套箱底部和钢护筒变截面处	最大弯曲应力：11.3MPa 最大剪应力：1.6MPa	护筒底端最大位移 18.37mm
	导向轮与钢护筒的接触部位	接触压力为 172.3kN	结点位移小于 1.66mm

续上表

阶　段	关键部位	最大内力	最大变形(位移)
振沉	河床下 1m	最大正应力:35.18 MPa 最大剪应力:1.26 MPa	—
套箱平移	河床下 1m	最大弯曲应力:2.18 MPa	5mm(观测结果)
解锚	护筒距冲刷后冲刷线下 3～4m	12 根:最大弯曲应力 15.4 MPa 8 根:最大弯曲应力 45.77 MPa	13.96mm 88.6mm

(2)施工控制截面与监测判据

根据前面的计算结果,分析出相应的控制截面与施工监测的控制判据,如表 2-7-3 所示。

施工控制截面与监测判据　　表 2-7-3

阶　段	监测时机	重点部位	内　力	安全判据上限
入水至着床	着床时	导向轮与钢护筒的结合部位	接触应力	310kN
振沉	振沉困难时	—	压应力	20mm 处 181.7MPa 30mm 处 120.8MPa
套箱平移	护筒振沉较少时	河床下 1m	压应力	210MPa
解锚	解锚各阶段	护筒距河床 3～4m	压应力	210MPa

注:表中第一阶段为预警值,第二至第四阶段为极限值。

3. 钢护筒施工过程传感器布设

根据钢护筒施工过程力学分析可知,钢护筒施工过程主要包括四个控制段:钢护筒入水至着床阶段的水流压力,导致钢套箱的导向轮对钢护筒可能产生较大的集中力,从而导致钢护筒变形,产生较大的横向变位,无法保证钢护筒的竖向垂直度,给后期护筒振沉及钻孔成桩带来困难;钢护筒振沉过程中,钢护筒在水流和振动打桩机循环冲击荷载作用下的应力;在振沉、钢护筒连接完成部分情况下,钢护筒的内力监测;部分临时钢护筒和钢套箱连接完毕并解索后,钢护筒逐渐承受水流压力与风压对护筒和套箱的水平推力。根据理论计算结果,对于第一种情况,控制部位为导向轮与钢护筒的结合部位的局部接触压力;振沉阶段钢护筒受力的最不利工况为整体稳定性决定的临界应力;第三、四阶段,控制应力为弯压应力,钢护筒的最大受力部位为钢护筒距河床 1 倍直径稍深位置以及护筒的套箱底高程处。

为了监测钢护筒在打入河床过程中的受力状态,考虑钢护筒打入的先后顺序为预先打入 4 根,然后逐步打入剩余的钢护筒。考虑到前 4 根较为重要,而后面的钢护筒受力具有一定的共性,同时根据施工过程的实际情况,被监测桩护筒最后选定为如图 2-7-6 所示的 3 根。这里分为两类,前四根中的两根为第一类,后 8 根中的 1 根为第 2 类,相对应的桩号为 5 号、16 号和 19 号。

根据钢护筒施工过程的时变力学分析结果,最终确定沿钢护筒高程和周向布设的传感器如图 2-7-7、图 2-7-8 所示。

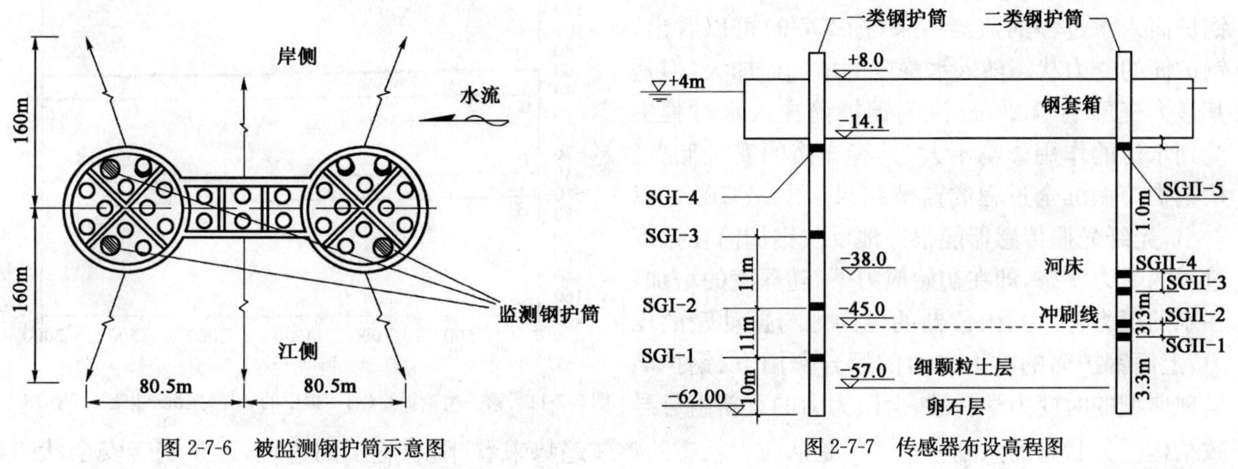

图 2-7-6　被监测钢护筒示意图　　图 2-7-7　传感器布设高程图

根据监测内容的需要，传感器布设的截面位置如图 2-7-7 所示。一类钢护筒 4 个截面，标注分别为 SGI-1～4；二类钢护筒 5 个截面，标注分别为 SGII-1～5。每个截面内包括 4 个沿纵向的光纤光栅应变传感器。此外，在第一截面环向处均布设传感器，如图 2-7-8 所示，位置为背水面偏南岸 22.5°位置。考虑温度补偿需要，在相应高程处布设 1 个温度传感器。

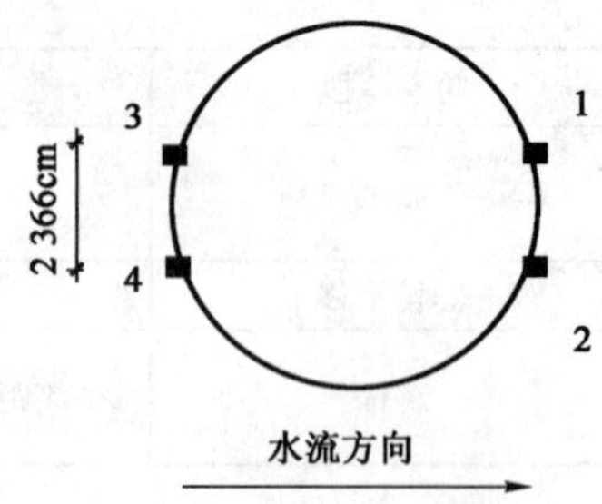

图 2-7-8　截面测点周向分布俯视图

4. 监测过程

完成光纤光栅传感器的布设与保护工艺后，钢护筒经过浮吊吊装，由限位器固定于钢套箱上待打入的位置。待完成现场传输线路焊接后，钢护筒开始下水，然后利用激振锤进行激振。当钢护筒入水时，开启钢护筒施工监测系统，采集并显示监测状况，对整个激振过程进行全程监测。由于地质条件的影响钢护筒在振沉 10m 左右时遇到困难，不能一次性达到预期的深度。此时的钢护筒尚未达到较好的嵌固状态，考虑钢护筒在水流和钢套箱水平位移的作用下有可能造成较大变形，甚至可能影响结构安全，根据施工单位的要求，监测系统保持开机状态，直到认为没有问题为止。该过程持续了 4 天。

5. 监测结果与讨论

由于钢护筒施工监测的过程较长，监测的数据量较大，而其目的是为施工过程提供可靠的参考依据，这里主要分析讨论第一类最具代表性的 5 号钢护筒的全过程监测数据，并对其结果进行讨论。图 2-7-9～图 2-7-11 为 5 号钢护筒在入水、振沉全过程和振沉结束后的监测结果。

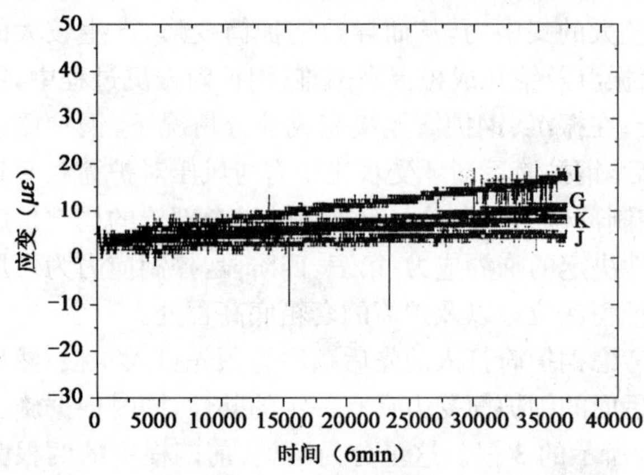

图 2-7-9　第一类钢护筒(5 号)在入水至着地过程监测结果

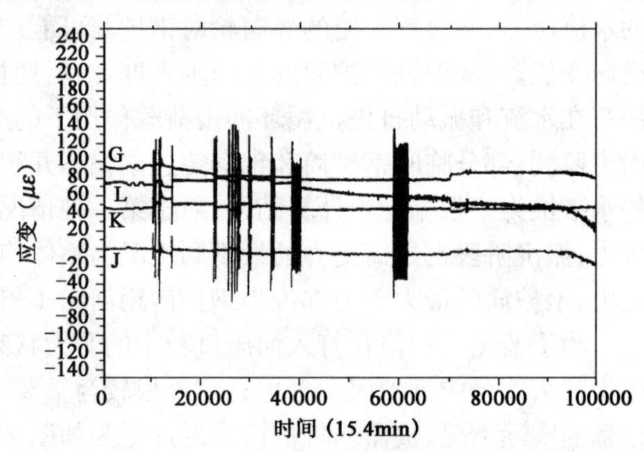

图 2-7-10　第一类钢护筒(5 号)在振沉全过程受力状态监测

从试验过程和数据结果可以看出：光纤光栅监测系统可以全过程地监测钢护筒的施工过程。从钢护筒入水过程的监测结果(图 2-7-9)可以看出，钢护筒的受力状态随入水深度的增加而加大，但是其最大变形小于 20$\mu\varepsilon$，说明钢护筒在入水过程中受到水流的作用影响不大，具有充裕的安全储备。从钢护筒振沉全过程的监测结果(图 2-7-10)可以看出，光纤光栅传感器能很好地反映钢护筒在振沉过程的受力状态，即在初始应力下，随深度的增加，在水的压力、浮力、限位器的侧向力与振动锤的压力、上面钢护筒的重力等力的耦合作用下，钢护筒呈现典型的时变力学特性，会因为力的重新组合导致结构受力状态的急剧变化。但是从应力状态的整体趋势来看，随着施工的进程，逐步趋于安全状态，

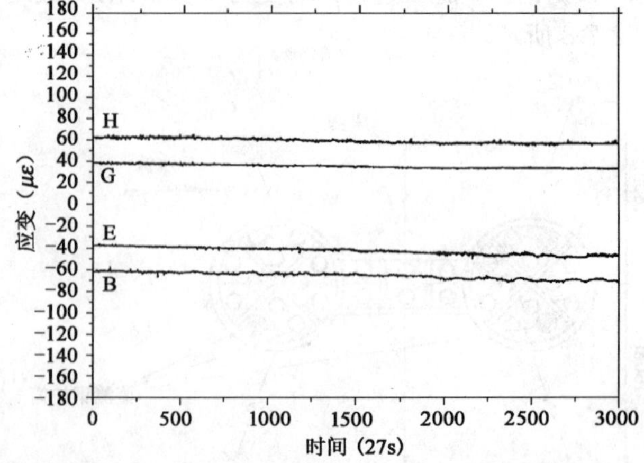

图 2-7-11　第一类钢护筒(前 4 根中的 5 号)振沉结束后监测结果

而最大的应变约 120$\mu\varepsilon$ 左右，因此钢护筒在整个振沉过程中具有足够的安全冗余。从 5 号钢护筒在振沉结束后的受力状态可以清晰地看出钢护筒此时的受力来源于水流的压力，属于弯曲变形，与传感器周向布设的位置吻合很好。

6.监测效果与施工参考意见

根据前述的力学分析与监测结果，在明确钢护筒施工过程阶段的受力关键部位、最大内力及其变形过程后，给出表 2-7-4 施工参考建议。

施工参考建议表　　表 2-7-4

施工阶段	建议内容	建议依据
入水至着床	施工过程可以大胆进行，但必须保证钢护筒的入水垂直度；为减少局部接触的应力集中，建议类似工程设计时导向轮母线的曲率略小于钢护筒外径的曲率，并对导向轮顶端边缘倒圆角	(1)最大弯曲应力和最大剪应力远远小于钢材的允许值； (2)底端具有一定的弯曲位移，如施工过程的垂直度没有保证，可能给后期的振沉过程带来较大的 P—△效应，即较大的附加弯矩； (3)导向轮母线曲率过大，导向轮边缘接触部位容易产生应力集中，导致过大的塑性变形
振沉	脉冲荷载小于 6 400kN 时，施工过程可以正常进行，但必须保证打入过程的垂直度，不必担心失稳屈曲。 施工过程必须注意振打过程钢护筒的偏心和把握限位装置可能与钢护筒产生较大的摩擦阻力，消耗振动锤提供的能量。 估计确定钢护筒入土过程的嵌固状态	(1)联合作用下护筒的最大弯曲应力和最大剪应力远远小于钢材的允许值，具有近 6 倍的强度安全储备； (2)偏心导致 P—△效应会极大提高附加弯矩； (3)通过竖向布设的传感器监测钢护筒在振沉过程的应力分布状态
套箱平移	定位系统控制套箱的摆幅小于 200mm 时，钢护筒是安全的	无论钢护筒嵌固与否，钢护筒产生的弯曲应力小于钢材的允许应力。钢护筒在 14.36m 的埋深和 20cm 摆幅下，弯曲应力为 98.27MPa，具有 2 倍以上的安全储备
解锚	建议在钢护筒顶部与套箱隔仓间建立刚性连接，以减小弯曲应力并大幅度减小位移。考虑模型与参数的偏差和施工过程的偶然性，在完成 12 根桩后可以解锚，但是考虑不可预见因素，也可继续保持锚索	水流导致的局部压力小于 30MPa，实时考虑冲刷后河床下 3～4m 处的弯矩最大，弯曲应力小于 40 MPa 左右。 由于外界船只或大风、水流，可能发生较大的压力，可能近 100MPa

第二节　海洋超长钢管桩施工测试

杭州湾是世界上三大强潮海湾之一，施工条件恶劣。潮差大，实测最低潮位－4.01m，最高潮位 5.54m；流速大，实测涨潮最大流速 5.16m/s，落潮最大流速 4.18m/s；波浪高，实测北岸最大波高3.23m，南岸最大波高 4.72m；年台风影响次数大于 2.56 次。桥位区地质复杂，软硬土层交错分布，桩基入土深度深，穿过最厚砂层达 40m，单桩承载力大。

大桥钢管桩设计直径为 ϕ1.5m 和 ϕ1.6m，桩长 71～89m，桩重 64～74t，数量大(全桥总计 5 474 根，总重约 37 万吨)，桩长、桩重和桩数均居全国第一，而且工期紧，必须在两年内跨台风、季风期连续施工。

在杭州湾恶劣的水文、地质条件下，下沉国际第一的大直径超长钢管桩，这是沉桩施工技术的突破，必须研究解决；打桩船在恶劣水文条件下的稳定问题；超长桩的吊高、吊重问题；选用合适锤型的问题；外海沉桩的定位方法问题；安全可靠的操作工艺问题；特殊条件下的对策问题；超大吨位承载力试桩方法和判定标准问题；制定和掌握科学、合理、可靠的质量标准问题等。本节仅介绍该工程的海洋超长钢管桩施工检测技术，供读者应用参考。

一、海洋超长钢管桩施工

在杭州湾恶劣的风、浪、流条件下，下沉大直径、超长钢管桩，投入大型先进的打桩设备是关键。

1. 打桩船的选择

经过认真研究和计算分析，用于杭州湾海域钢管桩施工的打桩船的性能必须满足：桩架高度大于90m，吊重大于100t，锚重大于7t。本工程前后共投入6艘打桩船：海桩8号；海力801号；航工桩7号；三航桩15号；天威号和打桩18号。所有打桩船都配备有GPS全球卫星定位系统和大能量的液压锤和柴油锤。主要大型打桩船的性能见表2-7-5。

大型打桩船性能表　　表2-7-5

序号	船　名	船型 长×宽×高(m)	吃水 (m)	桩架高度 (m)	锚定系统	所配锤型	可打桩直径、长度 (m)
1	海力801号	80×30×6	2.8	86+18	7×10t锚4根定位桩	S-280液压锤	2.5×(80+水深)
2	天威号	80×32×6	3.0	90	7×10t锚4根定位桩	S-280液压锤	2.5×(80+水深)
3	三航桩15号	72.6×27.0×6	2.6	93.5	6×7t锚 2×10t锚	D-160柴油锤 HHK-20S液压锤	2.0×(80+水深)
4	海桩8号	60×27×5.5	3.0	92	8×10t锚	D-150柴油锤 D-180柴油锤	3.2×(80+水深)

其中海力801号和天威号两艘打桩船的船型、配备、功能相近，是目前国内最先进的多功能全旋转式超重打桩船。其中，海力801号是针对杭州湾跨海大桥的特点而设计建造的。

2. 打桩锤的选择

大桥钢管桩入土深度57～74m，其中要贯穿厚达20m的粉细砂层，标贯击数最大值大于50，必须采用大能量打桩锤才能把桩沉放到设计高程。本工程试用过的锤型见表2-7-6。以上桩锤通过实践和试打，最后主要使用的是两台S-280液压锤、一台D-180柴油锤和一台D-160型柴油锤。

打桩锤的型号及性能　　表2-7-6

序　号	锤　型	锤芯重(t)	最大打击能量(kJ)
1	D-180柴油锤	12.8	435.2
2	德国DELMAG150-42	33.0	511.5
3	D-160柴油锤	35.0	544.0
4	D-180柴油锤	37.5	590.0
5	DC250液压锤	17.0	250.0
6	荷兰HHK20S液压锤	36.7	295.0
7	荷兰IHC S-208锤	13.6	280.0

由荷兰IHC液压锤公司生产的S-280双作用液压锤，是目前世界上最先进的打桩锤，它效率高（比同能量的柴油锤高出50%～80%）、锤芯轻、速度高、作用时间短、低噪声、低振动、无废气公害。S-280锤可根据地层软硬，方便地调节打击能量，能自动记录、打印每击的打击能量、总能量、贯入度和锤击数，是在国内首次使用的液压锤。D-180柴油锤，是利用德国技术，国内首次生产，并应用于实际工程的最大能量的柴油锤。

二、沉桩施工测量技术

杭州湾跨海大桥跨越海域超过 32km，无法用常规的方法进行打桩定位。另一方面，沉桩受风、浪、流和天气影响，要选择适当的时机才能施工。随着 GPS 技术的发展，特别是 GPS-RTK 实时相位差分技术的出现，很好的解决了远海打桩的定位的难题。相对传统方法具有以下优点：系统可以在距离参考站 15km 范围内的海上进行桩定位；系统工作环境不受通视、雨、雾等条件的限制；系统可以全天候工作；系统打桩定位的效率高；能够在打桩过程中实时测定桩位的平面位置、桩顶高程和贯入度，实现打桩定位的全过程控制；可视化程度高，实现电脑程序控制打桩定位全过程。

1. 大桥钢管桩沉桩施工测量控制系统

钢管桩沉桩测量控制系统主要由 GPS 外部配制系统和打桩船 GPS 定位系统两大部分组成。

(1)GPS 外部配制系统

杭州湾跨海大桥的施工控制网采用 GPS 全球定位技术建立，大桥首级控制网采用国标 B 级 GPS 精度进行观测，首级控制网的点位中误差±10mm。为保证施工定位精度，在南岸、北岸和海中 B 平台的首级网控制点上建立统一的 GPS-RTK 参考站系统，参考站仪器采用 Trimble5700 接收机，分别采用不同的电磁波频率，以 CMR+数据格式，24h 连续播发支撑 RTK 的 WGS-84 坐标和相关实时载波相位差分测量信息，不间断地提供给海中施工的 GPS 流动接收机，打桩船上的 GPS 接收机再根据参考站发射过来的数据信号和自身接收到的卫星信号进行实时差分，计算出定位点的实时坐标。

(2)打桩船 GPS 系统

下面以海力 801 号打桩船 GPS 定位系统为例，如图 2-7-12 所示，说明打桩船 GPS 系统的原理及应用。

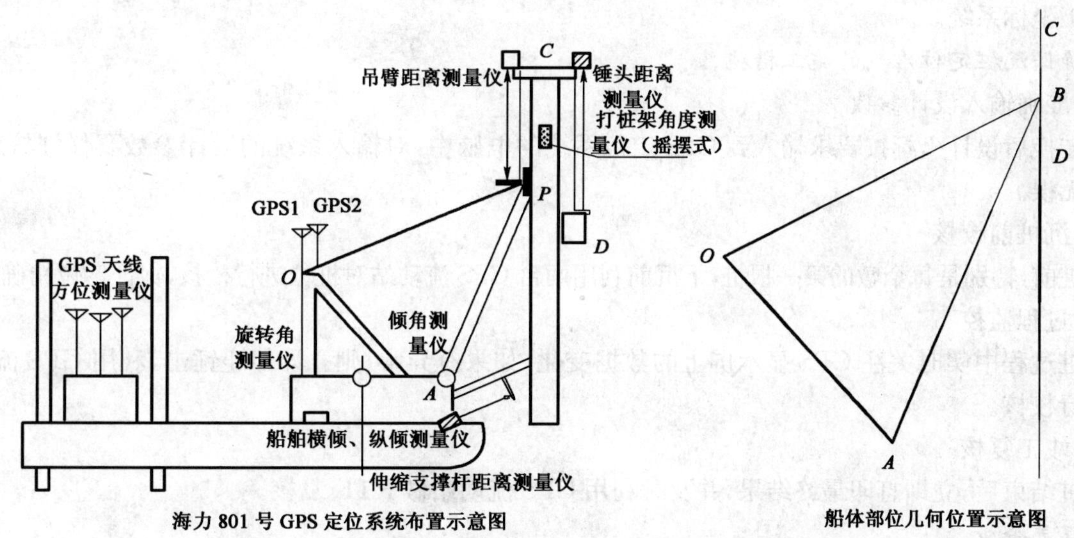

图 2-7-12　海力 801 号打桩船 GPS 定位系统

①桩顶平面位置测量系统。GPS1 和 GPS2 的天线布置垂直于船体旋转车纵轴线位置，利用 GPS1 和 GPS2 测得 0 点坐标，利用倾角测量仪测得 *AB* 段倾角，结合 *OA*、*AB* 段长度计算得出 *B* 点坐标。利用激光测距仪测出 *CB*、*CD* 长度，结合桩架角度测量仪测得桩身倾斜度，计算得出 *D* 点坐标，即桩顶平面坐标。

②桩身倾斜度测量系统。利用桩架上的角度测量仪测得桩架倾斜度，由于沉桩过程中桩身与桩架保持平行，即得出桩身倾斜度。

③方位角测量系统。如果旋转车没有转动，即桩架轴线与船体纵轴线在同一直线上，则可利用 GPS1 和 GPS2 直接测得 *OD* 方向的方位角。如果根据需要旋转车进行转动，即桩架轴线与船体纵轴线不在同一直线上，则需要利用旋转角测量仪测出桩架的相对转角，然后计算出桩的方位角。

④桩顶高程测量系统。利用 GPS1 和 GPS2 测得 O 点高程，结合第 A 点的关系计算出 D 点的高程，即桩顶高程。

⑤锤击能量及贯入度测量系统。在操作室内有自动控制能量系统，并实时监控锤击能量，同时记录锤击数，并结合桩顶下沉量可算出贯入度。

⑥数据显示及记录系统。操作室内设有电脑实时监控系统，对桩的坐标、高程、倾斜度进行实时监控，记录并打印结果。

沉桩施工定位测量控制系统运行关系如图 2-7-13 所示。

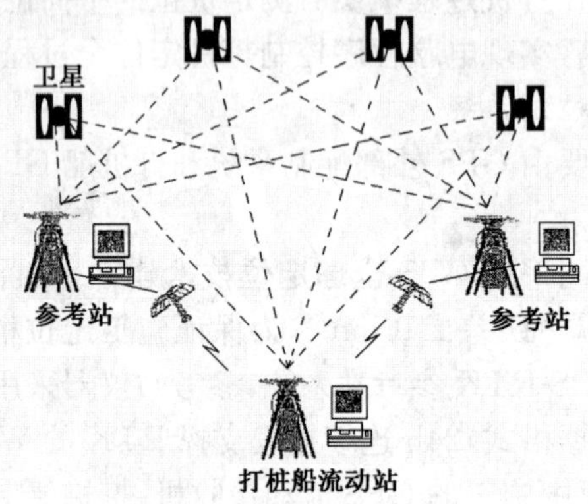

图 2-7-13　系统运行关系图

2. 坐标转换

GPS 采用 WGS-84 坐标系统，大桥施工测量平面坐标系统采用独立的施工平面坐标系——即 54 工程 65m 高程坐标系。GPS 所观测成果为 WGS-84 坐标，通过七参数转换将 WGS-84 坐标转换为大桥工程施工坐标系统。

3. 确保沉桩定位准确的施工措施

(1)准确输入设计参数

将转换后设计坐标按要求输入到 GPS 定位系统的电脑中，对输入系统的设计参数要仔细核对，做到准确无误。

(2)沉桩前校核

沉桩前，特别是每个墩的第一根桩，下沉前利用两台 GPS 流动站对桩位进行校核，保证定位精确度。

(3)过程监控

沉桩过程中实时关注 GPS 显示屏上的数据变化，如果有异常，则立即停止锤击，利用 GPS 流动站对其进行校核。

(4)竣工复核

沉桩结束后，立即打印最终结果，并及时利用 GPS 流动站做 RTK 复核。

4. 误差分析

(1)GPS 接收机仪器标称精度误差

RTK 动态测量中，GPS 接收机仪器标称精度存在一定误差，一般平面误差为 10mm，高程误差 20mm。

(2)测量系统中的船体几何参数误差

GPS 测量系统中所涉及的船体几何参数存在一定误差，通过校核对比，得出该误差为 50mm，然后根据产生误差的规律，在沉桩过程中进行抢位以消除误差。

(3)自然条件影响

水流和风浪对沉桩有很大的影响，特别是在定位后桩身下沉时，水流影响很大，要根据流速流向预先抢位，以保证桩的正位率。另外，要密切关注天气变化，杭州湾水域有较大的阵风、季风，注意带紧锚缆，防止船体走锚。

三、工程试桩测试

1. 试桩测试目的

(1)通过高应变动力检测分析桩在冲击作用下产生的力和加速度，确定桩的垂直承载力，评价桩身完整性，并分析土的阻力分布、桩锤的性能指标、打桩时桩身应力及瞬间沉降特征。并将检测出的垂直抗压承载力结果与静载荷抗压试验结果进行对比分析。

(2)通过垂直静载试验验证沉桩工艺的可行性，确定桩的垂直承载力，并提出试桩穿过各土层的侧摩阻力及桩端的承载力。

(3)通过水平静载试验确定试桩的水平承载力和水平地基反力系数，检验试桩的抗剪、抗冲切能力。

2. 试桩测试内容

(1)确定一组(二根)试桩的单桩垂直、水平承载力。

(2)确定钢管桩在不同土层的桩侧极限摩阻力和桩尖阻力数值，并确定桩基合理的持力层。

(3)确定钢管桩的桩端闭塞效应。

(4)确定一组(二根)试桩轴向反力系数。

(5)根据试桩结果检验本工程的停锤标准。

3. 试桩测试方法和测试成果

(1)试桩测试方法

①利用承台工程桩作锚桩和测桩，沉桩前安装垂直和水平试验电阻式应变计，并做好应变计和数据电缆的防护工作。

②应用 PDA 大应变检测出桩的静阻力、桩身完整性。锤击能量等参数。其中复打与初打间隔 15 天以上。

③设计、安装锚桩、反力梁系统。系统设计容许反力为 20 000kN 垂直静载试验反力系统。

④静压荷载采用快速维持荷载法，按照杭州湾跨海大桥专用技术规范要求终止加载和确定极限承载力。

⑤水平试验将三根钢管桩用槽钢连成一体，用手拉葫芦(或千斤顶)分别对试桩施加荷载，通过拉力传感器控制荷载。

⑥试验采用单向循环水平维持荷载法。设计施加水平荷载为 3 000kN，加载方法和终止条件按照杭州湾跨海大桥专用技术规范和设计要求执行。

(2)试桩测试成果

本桥对 C43 号墩、C101 号墩、E07 号墩、E68 号墩分别作了 4 组 8 根静荷载试桩和大应变动测，其试验成果见表 2-7-7。

①4 组试桩中，T1、T2 组(ϕ1 500mm)静荷载试验已达到破坏标准，极限承载力分别为 14 625kN、14 000kN，T3、T4(ϕ1 600mm)组试桩未达到破坏标准，极限承载力均大于 20 000kN。静载试验表明，钢管桩轴向承压极限承载能力满足设计要求。

②四组桩大应变动测测得的极限承载力分别为 14 280kN、15 033kN、21 150kN 和 19 712kN，静荷载极限承载力与大应变动测结果相关性较好。相关系数分别为 1.02、0.93、0.95、1.01。大应变动测结果最大误差在 7%以内。

③四组试桩分别进行了大应变初打和复打，其恢复系数分别为 1.61、1.42、1.62、1.74。

④与设计提供的承载力比较，T3、T4 组试桩极限承载力安全系数比 T1、T2 组大，与打桩的难易程度基本吻合。

⑤桩身锤击最大压应力：T1 组试桩测得最大压应力为 197.5MPa，T2 组为 166.3 MPa，T3 组为 153.5 MPa，T4 组为 204.5 MPa，均小于 Q345C 钢的设计强度。

⑥4 组试桩还分别作了水平荷载试验。在 300 kN 水平荷载作用下桩顶位移满足设计要求。

杭州湾跨海大桥 T1～T4 组试桩垂直承载力成果表

表 2-7-7

组别（墩位）	桩号	桩径（mm）	锤型	桩尖高程（m）	总锤击数（次）	平均贯入度（mm）	能量（kJ）	极限承械力（kN）						恢复系数	相关系数	设计允许承载力（kN）	安全系数
								初打		复打		静载					
									平均值		平均值		平均值				
T1 组 C43 号墩	S1	ϕ1 500	S-280	−68.9	1 642	8.9	237	8 393	8 848	13 654	14 280	15 000	14 625	1.61	1.02	6 318	2.3
	S2	ϕ1 500	S-280	−68.9	2 355	4.2	189	9 304		14 904		14 250					
T2 组 C101 号墩	S1	ϕ1 500	D-160	−80.99	2 030	10.8	195	10 900	10600	15 126	15 033	14 000	14 000	1.42	0.93	6 256	2.2
	S2	ϕ1 500	D-160	−80.99	1 437	14.0	192	10 300		14 940		1 4000					
T3 组 B07 号墩	S1	ϕ1 600	D-160	−82.89	1 709	9.7	180	13 100	13050	21 400	21150	>20 000	>20 000	1.62	0.95	6 556	3.1
	S2	ϕ1 600	D-160	−82.89	1 292	11.6	202	13 000		20 900		>20 000					
T4 组 B68 号墩	S1	ϕ1 600	D-160	−76.00	1 353	8.1		11 190	11 305	19 880	19712	>20 000	>20 000	1.74	1.01	6 651	3.0
	S2	ϕ1 600	D-160	−76.00	1 537	7.3		11 419		19 544		>20 000					

第八章 钢吊箱施工安全监测和承台大体积混凝土温控检测

随着我国大跨斜拉桥和悬索桥的建设，越来越多的索塔基础采用深水高桩承台基础。在特大型桥梁深水高桩承台基础施工中，常有钢吊箱施工安全监测和承台大体积混凝土温控检测两项现场检测工作。下面仅以苏通长江公路大桥北索塔墩（4 号墩）的检测为例，介绍此两项检测技术的方法和应用，供读者参考。

第一节 钢吊箱施工安全监测

桥梁基础尤其是大跨径桥梁的深水基础，往往需要解决其施工技术问题。一般说来，桥梁深水基础的修建，主要困难在于防水、防土，有时还要防止冲刷、滑坡等。除沉井、沉箱基础本身具有防水功能外，其他基础的施工常常配以防水围堰。即便是采用沉井、沉箱基础的，为把基础修建在水面以下，仍需在沉井、沉箱上加临时防水围堰。当承台底面距河床面较高，或水底有较厚的软弱土层时，为了减小施工难度和缩短工期，在钢围堰的基础上又发展了有底的钢吊箱围堰（简称钢吊箱）施工技术。现在钢吊箱已成为高桩承台施工的一项很重要的技术。

下面，首先以苏通长江公路大桥北索塔墩钢吊箱为例简介钢吊箱结构和钢吊箱施工，其后，依次介绍钢吊箱施工安全监测的监测仪器、测点数量和观测频度、监测点布置、钢吊箱应力监测、承台浇筑过程中的跟踪检测等。

一、钢吊箱结构和钢吊箱施工

苏通长江公路大桥北索塔墩（4 号墩）基础设计采用高桩承台式结构，桥墩中心里程桩号为 K19＋456.000m，设计有 131 根 ϕ2800/ϕ2500mm 变径钻孔灌注桩和 4 根备用桩位，呈梅花形布置，按照摩擦桩设计，考虑钢护筒与桩基础共同受力。其中：桩长 117.0m，设计桩底高程为－124.0m，桩顶高程为－6.6m；钢护筒底高程－62.2m 顶高程－3.555m；护筒以下桩径 ϕ2500mm。基础结构图见图 2-8-1。

4 号墩位于大桥施工河段深泓区，墩位处实测河床底高程为—26.00～28.50m，中心高程—28.30m，一般潮位时水深约在 30.0m 左右，且水流流速大，流态复杂，河床冲淤变化频繁，对工程施工极为不利。

1. 钢吊箱结构

钢吊箱的结构依其形式不同而不同，但其结构构造一般都包括几个基本组成部分，即底板、侧板、内支撑、悬吊及定位系统五部分。苏通长江公路大桥 4 号墩钢吊箱为纺锤形结构，总长 117.95m，总宽 52.3m，总高 16.5m（不含 2m 挡水结构），壁板为双层板架结构，双层间距为 2.0m。在双层板架之间设置箱形梁、垂向舱壁板作为一级支撑结构，水平设置环形板作为二级支撑结构，垂向设置次梁为三级支撑结构。内外壁之间通过横向连系撑和舱壁板连接而形成整体；底板为单层板架加桁架结构，由连续的主梁、间断的次梁、底板及桁架组成。钢吊箱总体结构平面如图 2-8-2 所示，钢吊箱总体结构立面如图 2-8-3 所示。

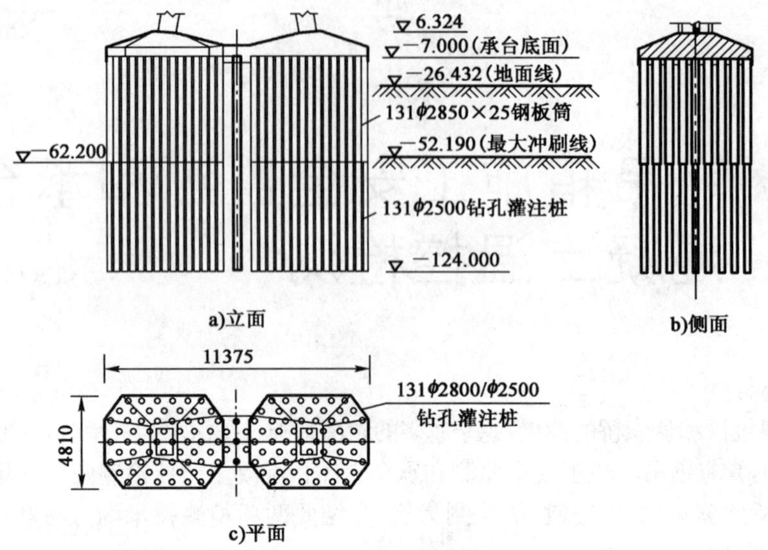

图 2-8-1　主 4 号墩基础结构图

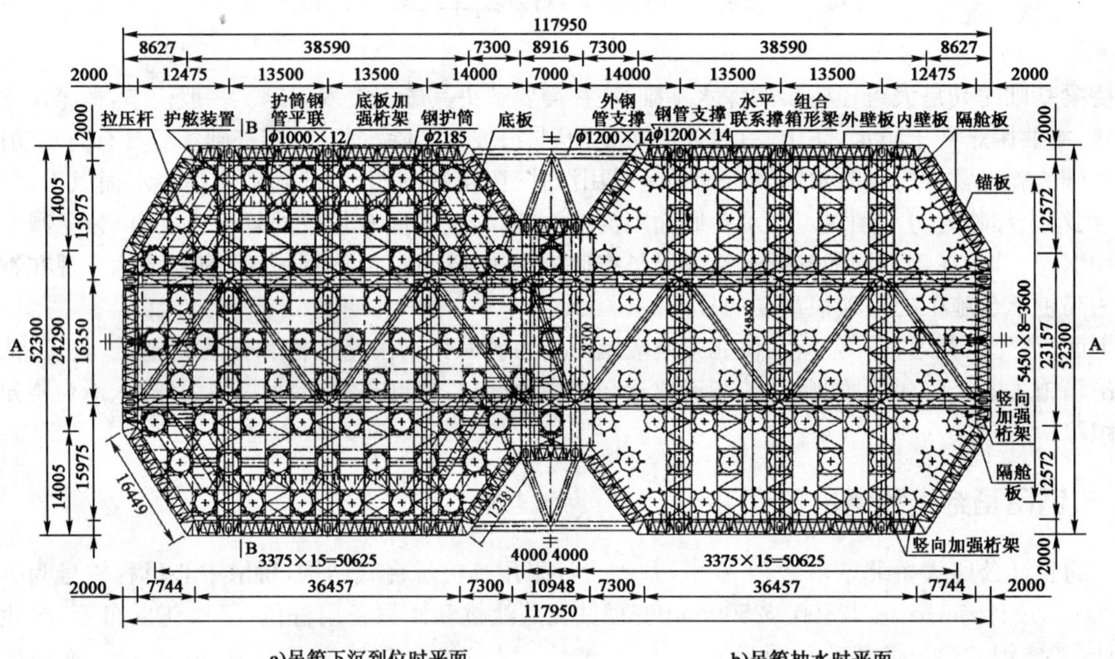

图 2-8-2　钢吊箱总体结构平面图

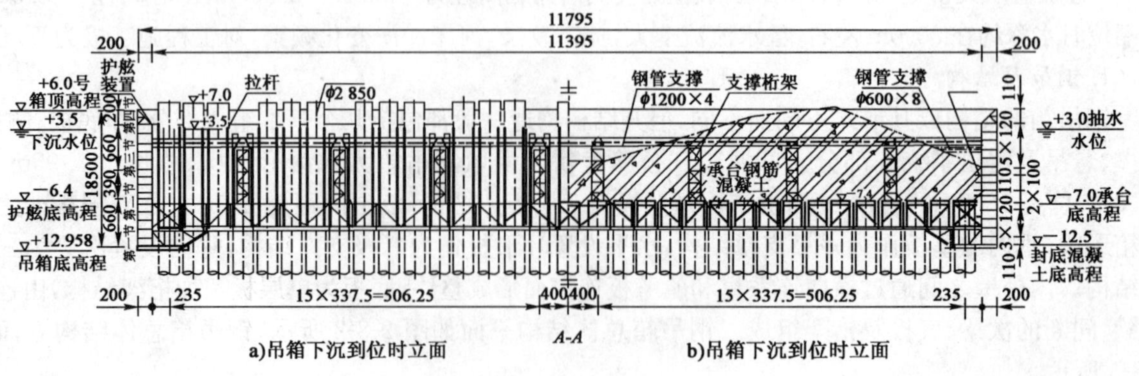

图 2-8-3　钢吊箱总体结构立面图

2.钢吊箱施工

苏通长江公路大桥采用钢吊箱作为防水措施来进行深水基础施工。

4号墩钢吊箱设计为双壁有底自浮式钢吊箱，安装完后四边非直角，沿高度方向分3节，顶另有防浪板一节，总质量5100t，综合考虑起重、运输及安装等各因素，将每节分成34块，分块质量30～36t。根据现场情况，钢吊箱施工工期紧，质量要求高，底板安装位置上、下部有二层平台需要拆除，加之平台仍在进行钻孔施工，底板安装与钻孔桩施工及平台拆除施工同时或交叉作业，增加了底板现场安装的难度，大型组合件无法吊装到位。经综合分析，决定对底板施工采取周边预制单片桁架定位安装后通过主、次梁连接构成立体桁梁结构，单层中间底板部分预制成梯形组合件，汽运、装船后运至4号墩位处安装。

苏通大桥主4号墩特大型钢吊箱为哑铃形异型结构，此超大型钢吊箱结构设计无现有范例，沉放无类似经验，其结构设计及沉放工艺是一个前所未有的复杂课题。在施工过程中面临江阔、水深、流大、风疾、浪高以及船舶撞击危险等复杂的外部条件。因此，在钢吊箱施工过程中，开展整体结构应力、变形和整体刚度的跟踪监测对钢吊箱安全施工至关重要，它确保了信息化施工方案的顺利实施和钢吊箱的安全起吊、安全沉放、安全封底和安全抽水，并为类似工程积累了宝贵的经验。

二、监测仪器

1.结构应力和应变监测仪器

(1)结构应力和应变传感器

由于钢吊箱的绝大部分应力测点处于复杂的工作环境中，太阳辐射和江水观测结果均有较大影响，而不同的工况，甚至同一工况的不同时间，太阳辐射和江水的影响都会有较大的差异，故需对观测结果作温度修正。同时考虑到钢吊箱受力条件的复杂性以及对观测精度的高要求，所以，苏通大桥钢吊箱施工应力监测采用美国Geokon(基康)公司生产的BGK-4000型振弦式表面应变计。其技术参数为：传感器长150mm，量程为3000(微应变)，分辨率为1，精度为±0.1%F.S.，非线性<0.5%F.S.，工作温度为-20℃～+80℃，采用四芯完全屏蔽土工电缆。直接焊接在钢结构的表面，可同时观测钢结构的应变和环境温度，并进行准确的温度修正，可根据钢结构的变形模量，换算其应力。

(2)信号和数据传输电缆

为了适应钢吊箱应力监测点所处的复杂工作环境，并确保监测点的成活率≥90%，监测数据传输电缆的选择十分重要。它要求传输电缆具有优异的电器性能和物理性能：常温条件下，导体直流电阻≤55Ω/km，绝缘电阻≥1×10^3，工作电容≤110PF/m，长期工作温度-40℃～70℃，接头耐水压≥5MPa，不受电磁干扰和射频干扰影响，并具有一定的承重性能。所以，所有的数据传输电缆均采用Geokon(基康)公司生产的专门铝箔完全屏蔽四芯土工电缆。

(3)便携式数据采集仪

信号和数据采集仪器采用GK-403便携式振弦读数仪。GK-403便携式振弦读数仪采用基康(Geokon)公司低电压激励技术，便携式防水结构内置充电电池，高精度、高分辨率，极好的抗干扰性能，独具实时在线监测功能，带有率定器，随时校核仪器状态。技术特点：多种激励范围选择，提供通用及专用扫频方式，更适合于各种类型的振弦传感器；存储方式灵活：选择手动或自存储，可存储6400条数据记录；同步温度测量：支持多种温度传感器；数据通信及在线监测软件：人机对话方式，图形化界面，直接显示工程值；实时时钟及光隔RS-232接口，保证在各种现场恶劣条件下的可靠数据传输；良好的低温工作性能，极限工作温度可低至-25℃；智能判断的自动开关机。

2.钢吊箱整体变形监测仪器

滑动式伺服加速度测斜仪用于监测钢吊箱不同深度的侧向变形和倾斜率。下面介绍。美国Geokon公司生产的Model CK-6000型测斜仪，它主要由以下4个部分组成。

(1)感应元件。感应元件有单轴和双轴之分，装于圆柱型不锈钢外壳内，具有极高的精度、稳定性，且非常坚固耐用。内置专门的弯曲系统和差动检波/放大器，使其具有灵敏度高、动态量程广、结构坚固、长期稳定性好和温漂极低等特点。弯曲悬挂系统不受外界振动的影响，因而有良好的抗震性。获得专利的伺服加速度计包括一个热补偿增益网，在整个操作温度范围内始终保持恒定的动态响应。不受输入电压波动影响。

(2)探头。由不锈钢制成，具有良好的防水性能。定位轮安装在位于探头轴上的密封球形轴承上，由弹簧悬臂支撑，能随套管的大小而伸缩，使探头能适应各种不同直径的测斜孔。

(3)电缆。电缆用于在探头和读数仪间传递信号，在套管中升降探头和确定探头深度。在探头升降过程中，由滑轮和电缆夹固定电缆的位置。由氯丁(二烯)橡胶外皮包裹，防水，每半米有一个标记。电缆内还有一根不锈钢丝芯，可使伸长减到最小。电缆与探头端部用防水密封接头连接。

(4)读数仪。GK-603便携式数据采集仪轻便而坚固。用户菜单界面设置简单，操作和读数非常方便。用户可通过六个功能键直接在仪器上进行设定和操作。由于仪器具有以下特点，因而可在野外恶劣环境中使用：防水；抗冲击仪器箱；防潮密封面板；接头帽保护接头不受雨雪侵蚀及泥土污染；遥控开关使仪器可方便测读数据。

三、测点数量和观测频度

4号墩钢吊箱在2004年10月10日～2005年1月9日进行了单点试吊、整体起吊、整体沉放、封底混凝土浇筑和箱体内抽水工作，在此期间根据施工进度要求及时进行了跟踪监测工作。

1.测点数量

为了做好钢吊箱的安全施工，确保万无一失，在完成规定的监测点布置和观测频度的同时，还增加了部分测点，实际测点为：

(1)16个起吊支座的48+3个应力测点，其中起吊支座2增加3个测点；

(2)底板主梁的18个应力测点；

(3)吊箱壁体的36个应力测点；

(4)底板桁架的16个应力测点；

(5)拉压杆的13个应力测点；

(6)千斤顶支撑梁的16个应力测点；

(7)钢管支撑及支撑桁架的7个应力测点；

(8)钢套箱整体变形的8个水平位移观测孔(即测斜孔，孔深为16m，每个观测孔布置31个测点)。

2.观测频度

(1)单点试吊。对16个起吊支座共67个测点根据分级加荷方式(20%、50%、60%、65%、70%、卸荷)进行6次观测。

(2)整体起吊及沉放。对起吊支座、底板主梁、桁架共101个测点进行19次观测。其中在钢吊箱自浮后起吊支座测点即不进行观测(3次)。

(3)封底混凝土浇筑期间。钢吊箱下沉自浮后起吊支座测点即不进行监测。由于施工使部分测点电缆损坏，在封底混凝土浇筑期间，对底板主梁(12个测点)、桁架(9个测点)、壁体(36个测点)内支撑钢管(7个测点)、拉压杆(13个测点)共77个测点进行40次观测。

(4)抽水期间。对底板主梁(12个测点)、桁架(9个测点)、壁体(37个测点)、内支撑钢管(7个测点)、拉压杆(13个测点)共77个测点进行14次观测。对8个水平位移观测孔共248个测点进行12次观测。

(5)桩头破除和承台浇筑期间。对底板主梁、桁架、壁体、内支撑钢管和拉压杆的应力测点进行13次观测。对8个水平位移观测孔共248个测点进行5次观测。

四、监测点的布置与测点编号原则

1. 应力监测点的布置与测点编号原则

4号墩钢吊箱监测系统包括底板主梁应力监测、加强桁架应力监测、起吊支座应力监测、壁体应力监测、内支撑钢管应力监测、拉压杆应力监测、钢套箱整体变形水平位移监测，共布置157个应力监测点、8个测斜管。

(1)底板主梁测点布置

4号墩钢吊箱底板主梁布置了4个监测剖面，测点布置及编号见表2-8-1，测点平面布置如图2-8-4所示。

底板主梁监测剖面及测点布置　　表2-8-1

横桥向轴线剖面	1111、1112、1113、1114、1115、1116、1117	顺桥向上游剖面	1211、1212、1213
横桥向主航道侧剖面	1121、1122、1123、1124、1125、1126、1127	顺桥向下游剖面	1221

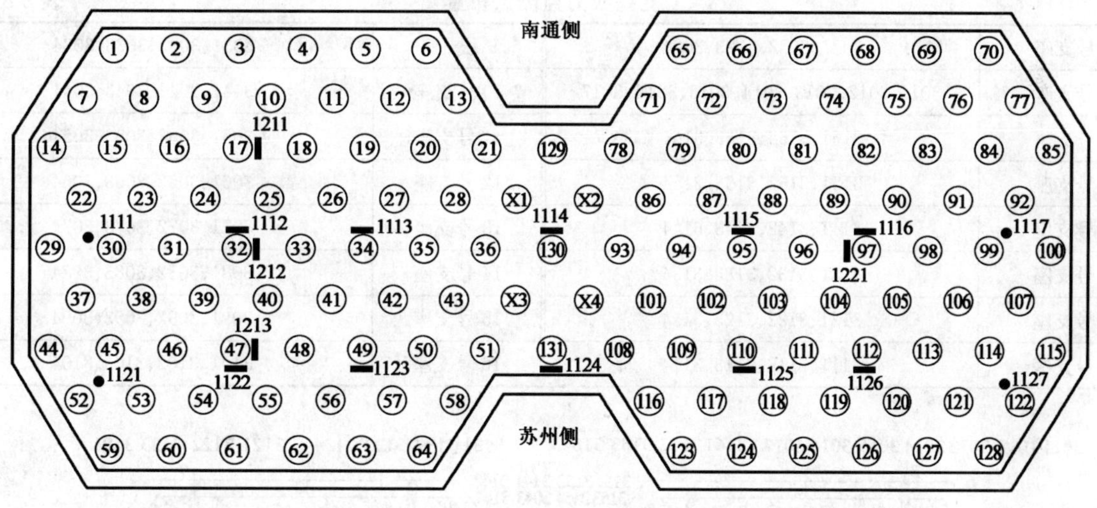

图2-8-4　4号墩钢吊箱底板主梁测点布置图

(2)桁架测点布置

4号墩钢吊箱加强桁架布置9个监测剖面，测点布置及编号见表2-8-2，测点平面布置如图2-8-5所示。

桁架监测剖面及测点布置　　表2-8-2

横桥向北侧桁架	2111、2112、2113、2114、2115	顺桥向下游侧	2241
横桥向南侧桁架	2121	系梁区顺桥向北侧桁架斜杆	2311
顺桥向上游侧	2211、2212	系梁区顺桥向南侧桁架斜杆	2321、2322、2323
顺桥向系梁区	2221	下游侧桁架斜杆	2331
顺桥向下游侧隔板桁架	2231		

(3)起吊支座测点布置

4号墩钢吊箱16个起吊支座，除1号支座布置了7个应力监测点外，其他每个支座布置了4个监测点，测点布置及编号见表2-8-3，测点平面布置如图2-8-6所示。其中，编号为×××1的，其安装位置如图中标示1；编号为×××2的，其安装位置如图中标示2；编号为×××3的，其安装位置如图中标示3；编号为×××4的，其安装位置如图中标示4；2号支座的3015、3016、3017的安装位置如图2-8-7b)中所示。

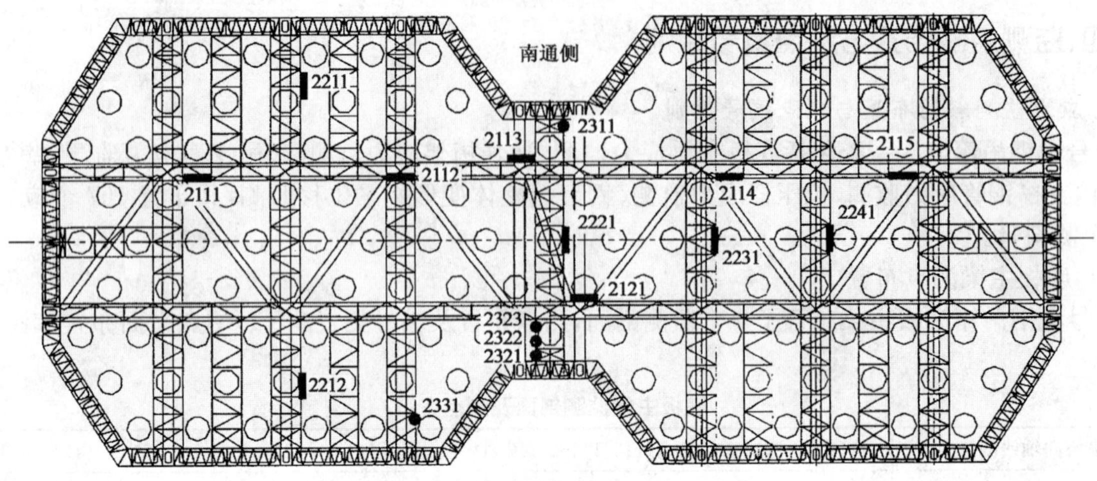

图 2-8-5　4 号墩钢吊箱桁架应力测点布置图

支座应力监测点布置　　表 2-8-3

1 号支座	3021、3022、3023、3024	9 号支座	3031、3032、3033、3034
2 号支座	3011、3012、3013、3014、3015、3016、3017	10 号支座	3041、3042、3043、3044
3 号支座	3161、3162、3163、3164	11 号支座	3051、3052、3053、3054
4 号支座	3151、3152、3153、3154	12 号支座	3061、3062、3063、3064
5 号支座	3141、3142、3143、3144	13 号支座	3071、3072、3073、3074
6 号支座	3131、3132、3133、3134	14 号支座	3081、3082、3083、3084
7 号支座	3121、3122、3123、3124	15 号支座	3091、3092、3093、3094
8 号支座	3111、3112、3113、3114	16 号支座	3101、3102、3103、3104

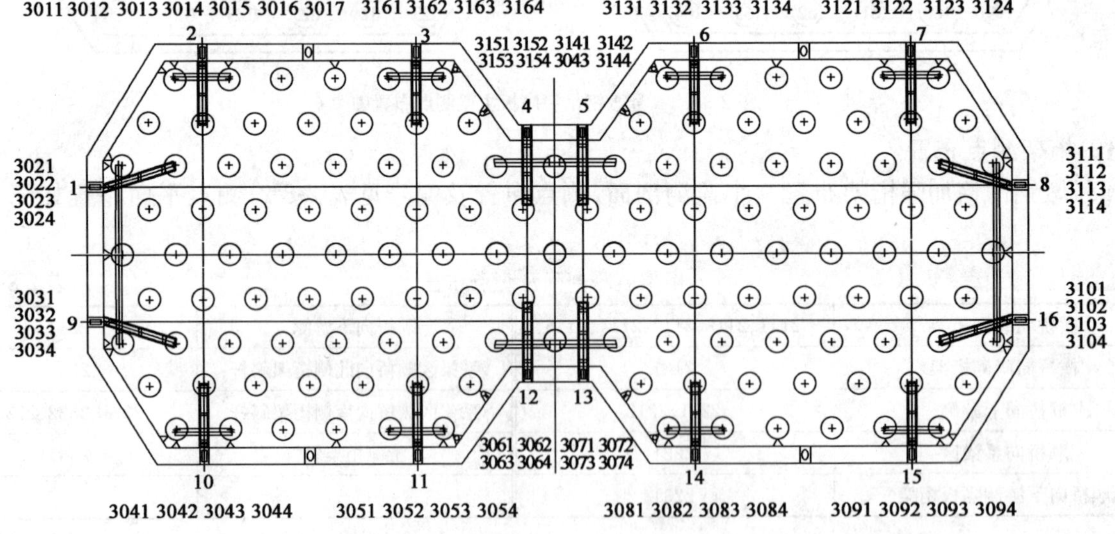

图 2-8-6　4 号墩起吊支座应力测点平面布置图

(4)壁体测点布置

主 4 号墩钢吊箱壁体共布置 8 个测点系统，其编号为 4××××，其中第二位表示测点系统编号，第三位表示安装部位，如 4×1×代表连系撑监测点，4×2×代表壁板监测点，4×3×代表次梁监测点，4×4×代表环板监测点，4×5×代表箱型梁监测点。第四位用以区分同一部位的多个测点。壁体测点平面布置见图 2-8-8 所示。

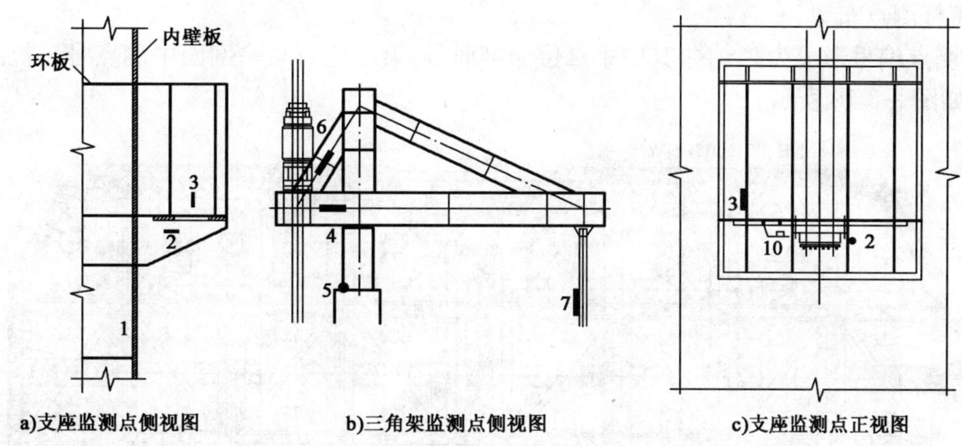

图 2-8-7　起吊支座及支架应力测点安装示意图

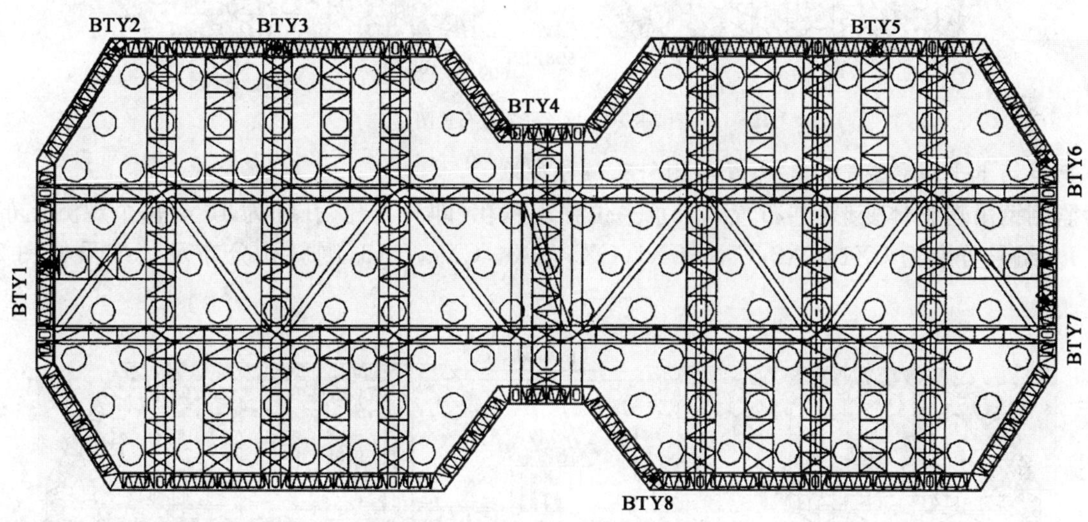

图 2-8-8　壁体测点平面布置图

(5)内支撑钢管测点布置

内支撑钢管测点编号为 5XX,第二位为剖面号,第三位为同一剖面中测点号。内支撑钢管共布置 7 个测点,如图 2-8-9 所示。

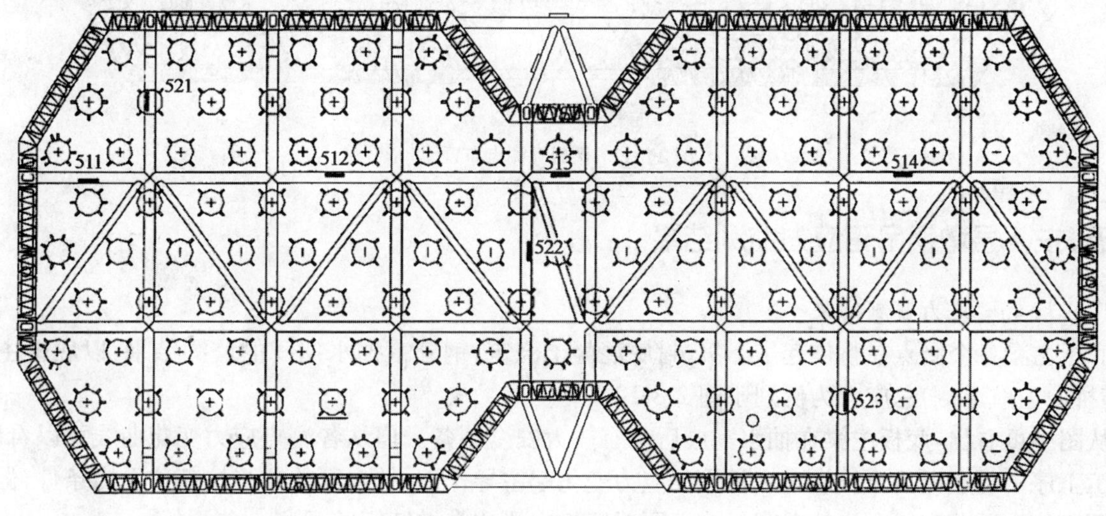

图 2-8-9　内支撑钢管应力测点布置图

(6)拉压杆测点布置

拉压杆测点编号形成为5××，其中第二位为剖面号，第三位为同一剖面中测点号。拉压杆共布置13个测点，如图2-8-10所示。

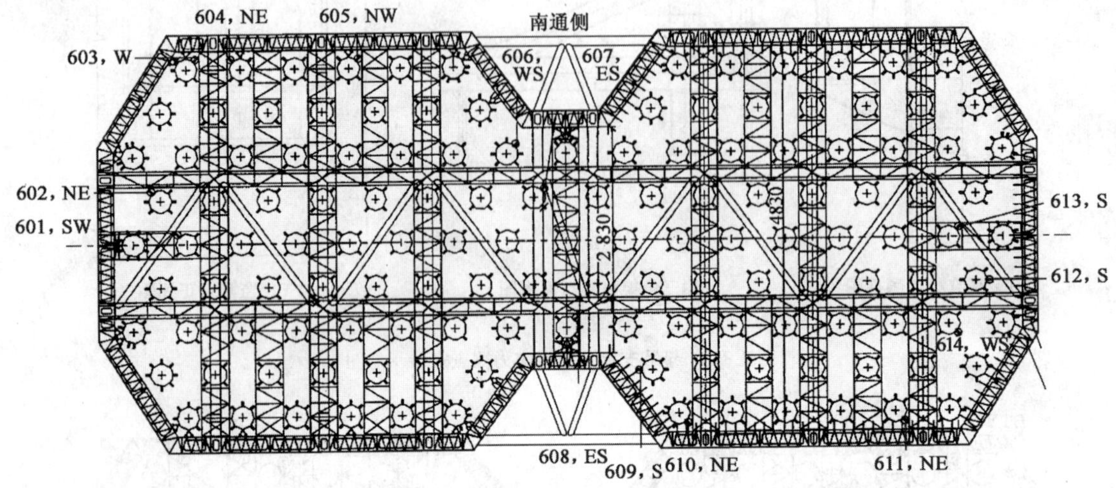

图2-8-10　拉压杆测点布置图

2.钢吊箱水平位移监测孔的布置与测斜孔编号原则

为监测钢吊箱整体变形，共布置8个水平位移观测孔（即测斜孔，孔深为16m，每个观测孔布置31个测点）。编号分别为CX1，CX2，CX3，CX4，CX5，CX6，CX7，CX8，测斜孔分布及其编号如图2-8-11所示。

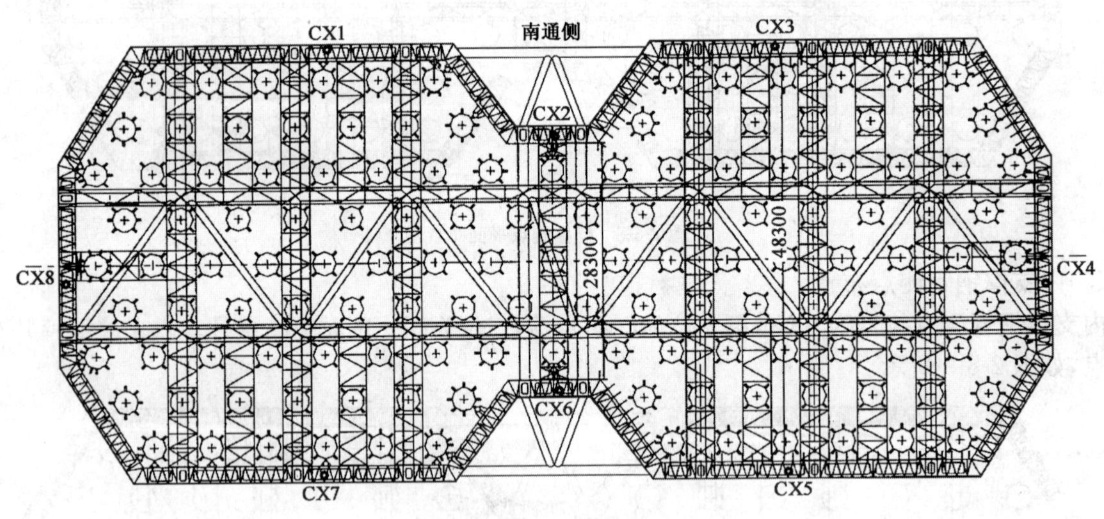

图2-8-11　测斜孔测点布置图

五、主4号墩钢吊箱应力监测结果

1.底板主梁应力监测结果

底板主梁各个测点在整体起吊下沉、封底混凝土浇筑、钢套箱抽水期间的监测结果，以底板主梁测点（横桥向主航道侧）总应力为例列于图2-8-12。

从图中可看出，底板主梁在抽水完成后仍有较大安全储备。但从各测点应力变化曲线可以看出，在各施工工序中封底混凝土浇筑对底板主梁应力变化起主导作用，抽水可改善受拉部位受力条件，但不利于受压部位。因此在承台浇筑期间仍有必要对底板主梁测点继续跟踪观测。

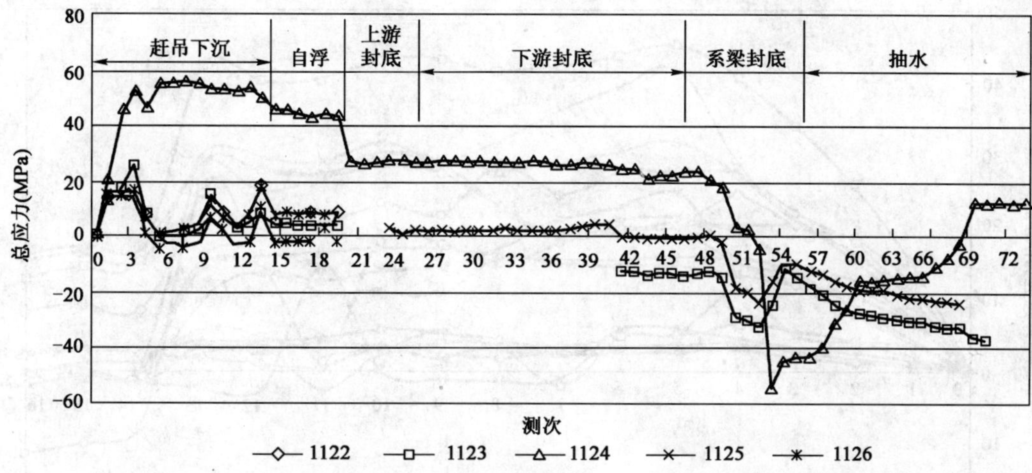

图 2-8-12　底板主梁测点(横桥向主航道侧)总应力变化图

2.加强桁架应力监测结果

桁架各个测点在整体起吊下沉、封底混凝土浇筑、钢套箱抽水期间的监测结果仅以桁架测点(横桥向)总应力为例列示于图 2-8-13。

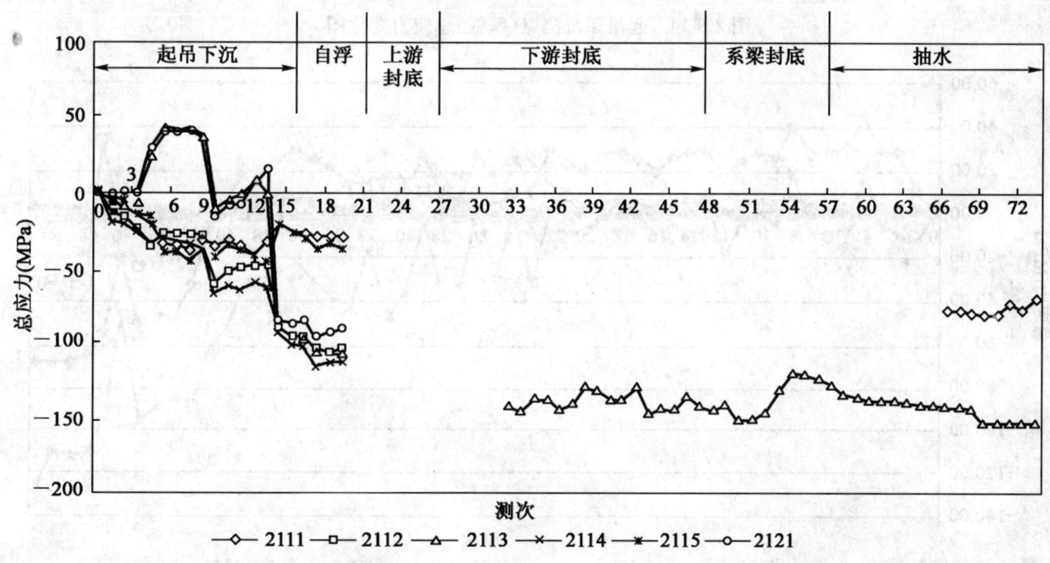

图 2-8-13　桁架测点(横桥向)总应力变化图

从图中可看出,整体起吊、下沉对桁架应力起主导作用,封底对其影响不大,抽水后趋于稳定,桁架有较大安全储备。

3.起吊系统应力监测结果

起吊系统各个测点在整体起吊下沉自浮后便无监测必要,因此起吊系统仅在整体起吊、下沉及自浮过程中进行跟踪观测,监测结果仅以起吊系统测点(壁板)总应力为例示于图 2-8-14。

监测结果表明,在整体起吊下沉中,起吊系统各测点总应力值有较大波动并具有同步性,与各工况对应,反映了在整体起吊及下沉过程中的应力调整。监测结果表明在整体起吊及下沉过程中起吊系统各构件有足够强度,完全可满足要求,钢吊箱的安全起吊及下沉也证明了监测的准确性。

4.壁体应力监测结果

由于 4 号墩钢吊箱采用分节拼装的施工工艺,壁体测点分布于各节中,所以壁体测点在钢吊箱拼装完毕、封底前开始监测。监测结果仅以壁体应力测点(壁板)总应力示于图 2-8-15。

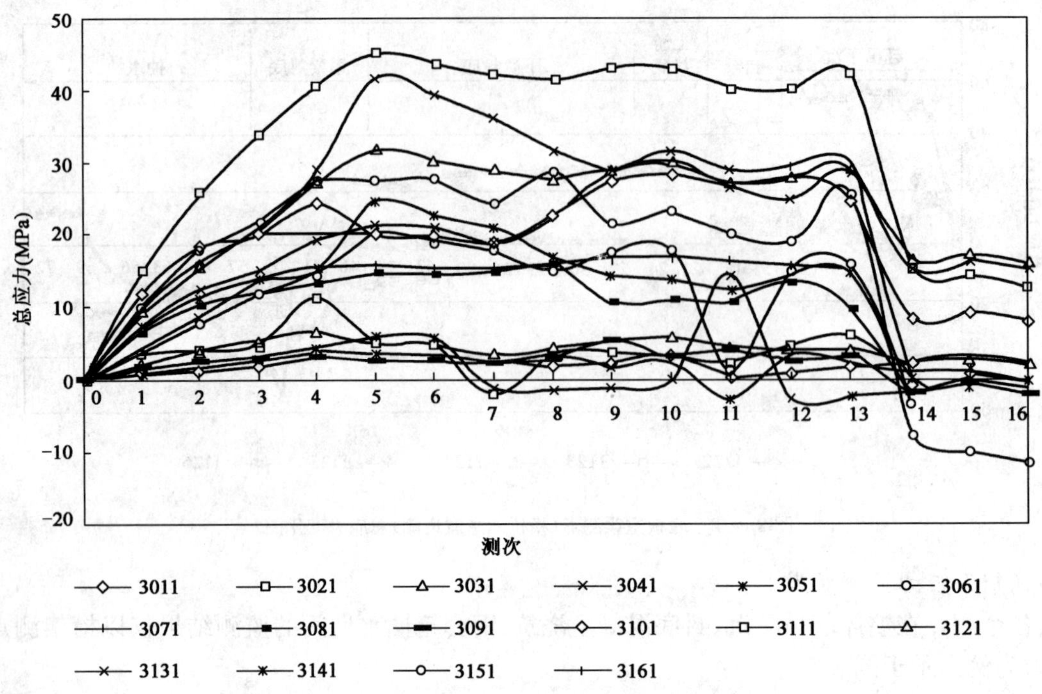

图 2-8-14　起吊系统测点(壁板)总应力变化图

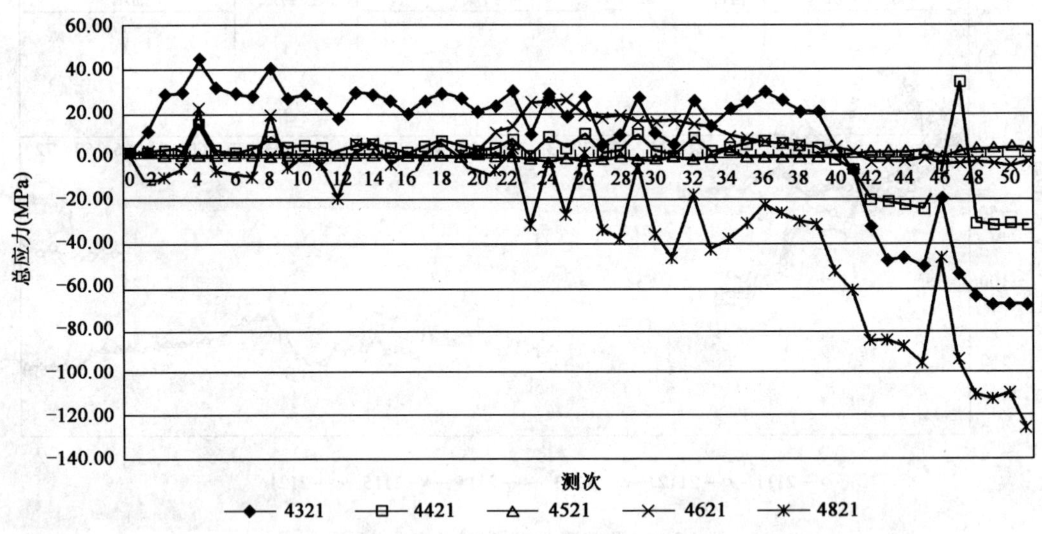

图 2-8-15　壁体测点(壁板)总应力变化图

监测结果表明，在封底混凝土浇筑期间壁体测点变化相对稳定，抽水期间应力变化较大，与内外水位差变化相关密切。

5. 内支撑钢管应力监测结果

由于主 4 号墩钢吊箱采用分节拼装的施工工艺，内支撑钢管测点只有待内支撑钢管焊接完成才能安装，所以内支撑钢管测点在钢吊箱拼装完毕、封底前开始监测。监测结果仅以内支撑钢管总应力列示于图 2-8-16。

监测结果表明，在封底混凝土浇筑期间变化相对稳定，在抽水期间压应力增加，但仍有较大安全储备。

6. 拉压杆的应力监测结果

由于主 4 号墩钢吊箱采用分节拼装的施工工艺，拉压杆测点只有待拉压杆焊接完成才能安装，所以拉压杆测点在钢吊箱拼装完毕、封底前开始监测。监测结果如图 2-8-17 所示。

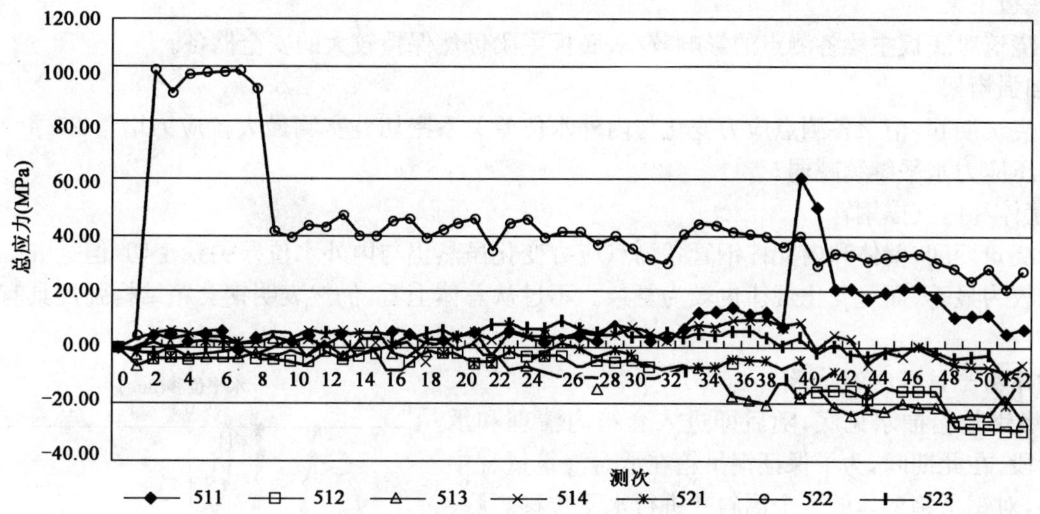

图 2-8-16　内支撑钢管总应力变化图

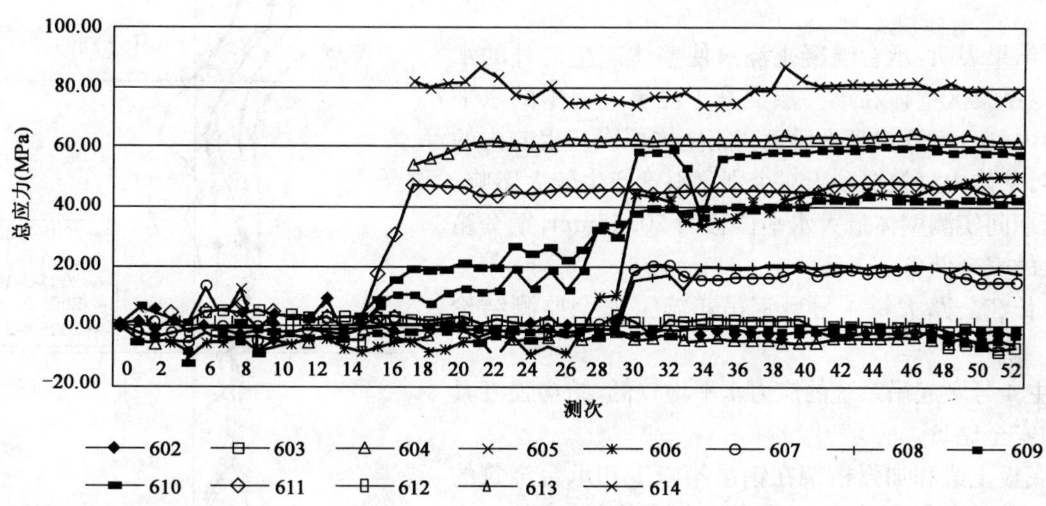

图 2-8-17　拉压杆测点总应力变化图

监测结果表明，在上游封底浇筑混凝土期间拉压杆各测点应力值无太大变化，下游封底混凝土浇筑其拉压杆测点 609、610、611、613、605 应力增大，增大到一定值应力变化相对稳定。系梁区开始浇筑混凝土时，拉压杆测点 606、608、607 开始增大，增大到一定值应力变化相对稳定。抽水期间拉压杆随内外水位差变化而变化。

六、承台浇筑过程中的跟踪观测

4 号墩承台体积庞大，混凝土需分区、分层浇筑，且施工工期紧迫，为确保承台浇筑期间钢吊箱安全与稳定，在各区、各层混凝土浇筑过程中，侧重对壁体的应力和变形以及底板主梁和加强桁架的应力测点进行及时跟踪观测。

1. 应力观测结果

为全面、客观地反映承台浇筑对钢套箱各测点应力及壁体变形的影响，所给出的应力值均为相对于钢吊箱起吊前的总附加应力值(不含初应力)，壁体水平位移值为相对于抽水前的总位移，水位差为吊箱内水位与潮位之差。各主要构件的应力观测结果分别为：

(1)底板主梁

承台浇筑对底板主梁各测点的影响较小,底板主梁仍然保持较大的安全储备。

(2)加强桁架

承台浇筑期间,桁架各测点应力变化与内外水位差关系密切。实测最大拉应力增量 25.46MPa,受压构件的压应力水平继续减弱。

(3)壁体和内支撑钢管

承台浇筑期间,壁体和内支撑钢管各测点应力变化虽然仍与内外水位差关系密切,但受混凝土浇筑的影响也较为显著,而且变化规律也较为复杂。不过从总体上看,仍然表明钢套箱结构强度具有较大的安全储备。

2.壁体水平位移观测结果

4 号墩钢号箱抽水见底,随后即进入套箱内清理和承台施工阶段,在此期间,为了保证钢吊箱在承台浇筑过程中的安全性,对钢吊箱壁体的 8 个测斜孔进行水平位移观测。

水平位移结果仅以 CX1 测斜孔为例,并示于图 2-8-18。图中所给结果为水平位移增量值,以垂直壁体向套箱内位移值为正。

监测结果表明:承台混凝土浇筑使壁体产生向外的水平位移(但系梁区壁体在第一层混凝土浇筑过程中的水平位移为向内侧),钢管撑割除后钢套箱壁体再次产生向内的水平位移,壁体内浇筑混凝土对个别测斜管产生较大影响。承台浇筑期间实测壁体最大水平位移为 20.67mm,钢套箱仍有较大的安全储备。

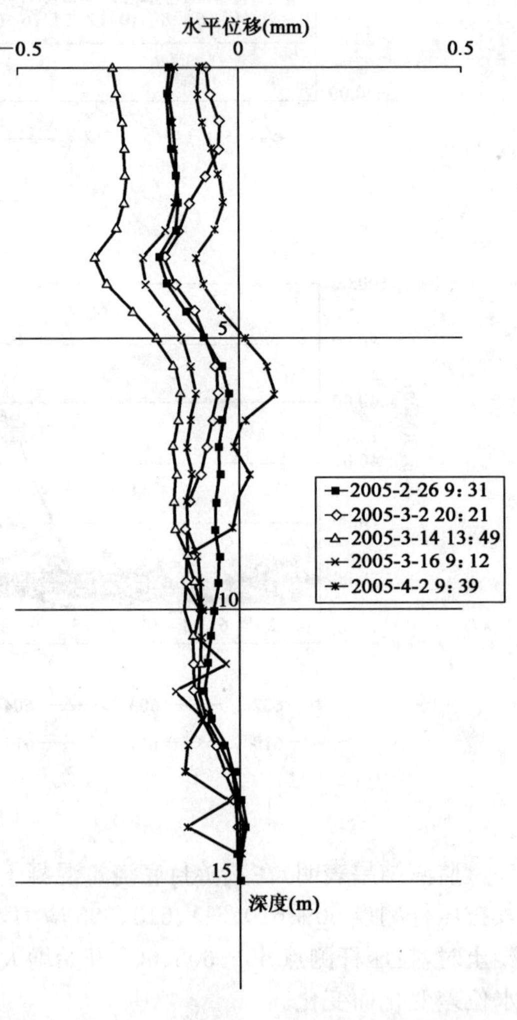

图 2-8-18　CX1 测斜孔水平位移与深度关系曲线

苏通长江公路大桥 4 号墩钢吊箱施工安全监测结论如下:

(1)主 4 号墩起吊系统的应力水平均较低,结构强度具有较大的安全储备。

(2)底板主梁和加强桁架在钢吊箱施工和承台浇筑的各个工况中,其应力水平较高(尤其是加强桁架)。但封底混凝土浇筑后,应力状态得到一定的改善,结构强度具有一定的安全储备。

(3)从单点试吊、整体起吊和沉放、封底混凝土浇筑、吊箱内抽水和承台混凝土浇筑的各个工况来看,钢吊箱壁体各个构件的应力水平也不高,整体水平位移较小,壁体具有足够的强度和刚度。值得说明的是,壁体的应力和变形与潮位变化具有明显的相关性。

(4)钢管撑在抽水期间应力变化与水位差变化具有同步性,钢管撑对壁体侧向变形的约束起到重要作用。但钢管撑的受力具有较大的不均匀性,其强度未得到充分发挥。

(5)拉压杆在吊箱封底与抽水期间为确保钢吊箱的稳定与安全起到重要作用。但其强度未充分发挥,而且很不均匀。

(6)系梁区为整个钢吊箱的薄弱部位,在整体起吊和沉放以及封底混凝土浇筑期间,其加强桁架的应力水平较高,接近设计允许值。

(7)对于 4 号墩超大型钢吊箱结构,由于其设计与施工均无现成经验借鉴,因此,根据监测结果进一步做好反演和反馈工作,对优化设计、节省工程投资具有十分重要的意义。

第二节　承台大体积混凝土温控检测

苏通长江公路大桥 4 号主墩承台最大平面尺寸为 51.35m×48.1m，其厚度由边缘的 5m 变化到最厚处的 13.324m。混凝土强度等级为 C35，承台方量为 45000 多立方米，承台采用双壁钢吊箱施工，上部用竹胶模板进行混凝土浇筑。

该承台为大体积混凝土结构，由于水泥水化过程中产生的水化热，使浇筑后初期混凝土内部温度急剧上升，引起混凝土膨胀变形，而此时混凝土的弹性模量很小，因此，升温引起受基础约束的膨胀变形产生的压应力很小。随着温度逐渐降低混凝土产生收缩变形，但此时混凝土弹性模量较大，降温引起受基础约束的变形会产生相当大的拉应力。当拉应力超过混凝土的抗拉强度时，就会产生温度裂缝，对混凝土结构产生不同程度的危害。此外，在混凝土内部温度较高时，外部环境温度较低或气温骤降期间，内表温差过大在混凝土表面也会产生较大的拉应力而导致表面裂缝。

下面，以苏通长江大桥 4 号主墩承台大体积混凝土温控检测为例，介绍温控设计计算、温控标准和现场监测。

一、温控设计计算

苏通长江大桥 4 号墩承台大体积混凝土温控检测前进行了温度场及应力场仿真计算，根据计算结果制定了承台不出现有害温度裂缝的温控标准，并制定了相应的温控措施。温控计算采用大型有限元程序“大体积混凝土施工期温度场与仿真应力场分析程序包”进行。其主要特点为：

(1)该程序用于结构施工期累积温度场及仿真应力场的计算。

(2)可以考虑混凝土分层浇筑方式、入仓温度、浇筑层厚度、施工期间歇、混凝土及基础混凝土弹性模量的变化、外界水温及气温的变化、混凝土的自身体积变形及徐变影响等复杂因素，能够模拟实际的施工运行过程。

(3)提供三种单元类型：8～20 变节点六面体等参元，6～15 变节点五面体等参元和 8 节点六面体等参元。

(4)具有多种求解器，可以选用直接解法或迭代法求解大型线性方程组，具有速度快、存储量小的特点，可利用微机进行大型混凝土结构的仿真分析。

(5)可以输出高斯点应力和节点应力。

(6)有一套完善的数据查错功能。

(7)另配有一套完善的前后处理程序。

(一)基本计算资料

1. 气象资料

(1)施工期历年气温统计资料，见表 2-8-4。

(2)施工期历年水温统计资料，见表 2-8-5。

施工期历年气温统计资料　　表 2-8-4

时　间	最高温度(℃)	最低温度(℃)	平均温度(℃)
2 月份	18.9	−3.4	5.4
3 月份	21.1	−0.5	7.8
4 月份	25.3	3.4	10.5
5 月份	27.4	8.3	17.8

续上表

时　间	最高温度(℃)	最低温度(℃)	平均温度(℃)
6月份	32.6	17.3	26.4
7月份	37.0	21.0	31.7
8月份	39.0	18.8	33.6

施工期历年水温统计资料　　表 2-8-5

时　间	最高温度(℃)	最低温度(℃)	平均温度(℃)
2月份	8.27	3.41	5.72
3月份	11.2	6.61	8.86
4月份	17.0	10.3	13.7
5月份	20.3	15.4	17.9
6月份	22.5	19.2	20.9
7月份	24.2	20.3	22.6
8月份	24.9	21.6	23.4

2. 施工资料

4 号主墩承台混凝土设计强度等级 C35，施工时拟分五层浇筑，浇筑高度分别为 2.3m、2.3m、2.0m、3.0m 和 3.724m，第一层与第二层浇筑间歇期为 10d，第二层与第三层浇筑间歇期为 35d，第三层与第四层浇筑间歇期为 10d，第四层与第五层浇筑间歇期为 10d。主墩承台预计于 2005 年 2 月中旬开始施工，5 月初结束，混凝土浇筑温度见表 2-8-6。

混凝土浇筑温度(℃)　　表 2-8-6

层号	第一层	第二层	第三层	第四层	第五层
温度	15	16	19	20	21

承台混凝土冷却水管拟采用 ϕ32mm 的薄壁钢管（壁厚 3.25mm），冷却水为江水。4 号墩承台共布置十二层冷却水管，水管水平间距为 0.8m。

3. 承台混凝土施工配合比

(1)混凝土原材料

①水泥：南通华新 P.O42.5 级水泥；

②粉煤灰：南通华能 II 级粉煤灰；

③黄砂：江西赣江中砂，细度模数为 2.75；

④碎石：镇江茅迪 5～31.5mm；

⑤外加剂：上海华登 HP400R。

(2)施工配合比

根据 1～2 号墩承台施工以验，大体积混凝土应最大限度地减小水化热温升，因此对混凝土配合比进行了优化，胶凝材料由 410kg/m^3 降低到 390kg/m^3。同时，根据原材料供应情况，配制了 3 个配合比备用。计算采用的混凝土配合比见表 2-8-7。

4 号墩承台混凝土施工配合比　　表 2-8-7

	配合比号	水泥	粉煤灰	砂	石	水	外加剂	备　注
单位用量(kg/m^3)	1	242	148	710	1180	151	3.075	华能 II 级灰
	2	222	148	738	1155	137	2.664	谏壁 I 级灰
配合比	1	0.62	0.38	1.82	3.03	0.387	0.0095	第一、二层使用
	2	0.60	0.40	2.00	3.12	0.370	0.0072	第三、四、五层使用

(3)水泥水化热及绝热温升试验

根据施工配合比进行水泥水化热试验，试验结果见表 2-8-8。混凝土绝热温升结果见图 2-8-19。

水泥水化热试验结果　　表 2-8-8

水泥掺量(%)	粉煤灰掺量(%)	水泥水化热值(kJ/kg)		
		1d	3d	7d
62	38	141	186	239

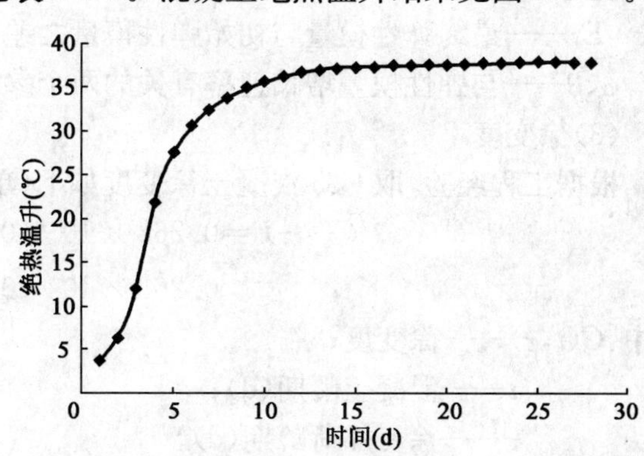

图 2-8-19　混凝土绝热温升

(二)混凝土材料参数及数值模型

1. 材料参数

混凝土材料参数参考有关设计规范及工程试验结果。C35 混凝土弹性模量、热学参数、干缩和自身体积变形取值见表 2-8-9～表 2-8-12。

C35 混凝土劈裂抗拉强度试验结果(MPa)　　表 2-8-9

龄期(d)	7	14	28	60
C35	1.63	2.57	3.21	3.54

C35 混凝土弹性模量取值($\times 10^4$MPa)　　表 2-8-10

3d	7d	28d	60d	90d	120d
1.35	2.27	3.29	3.47	3.69	3.87

C35 混凝土热学参数　　表 2-8-11

线胀系数(10^{-6}/℃)	导温系数(m^2/h)	导热系数(kcal/m·h·℃)
7.7	0.0045	2.7

C35 混凝土自身体积变形($\times 10^{-6}$)　　表 2-8-12

3d	7d	14d	21d	28d	60d	90d	180d
2.11	15.54	18.03	6.09	−3.89	−7.47	−12.07	−29.30

注：表中"－"表示收缩。

2. 数值模型

计算中使用的绝热温升、弹性模量、徐变度的数值模型分别为：

(1)绝热温升

绝热温升公式取双曲线函数：

$$\theta(\tau)=\frac{\theta_0\tau}{n+\tau} \tag{2-8-1}$$

式中：θ_0——最终绝热温升；

τ——时间；

n——参数。

混凝土的 θ_0 和 n 值分别为 40 和 13.5。

(2)弹性模量

弹性模量随时间的增长曲线采用四参数双指数形式，即：

$$E(\tau)=E_0+E_1(1-e^{-\alpha\tau^\beta}) \tag{2-8-2}$$

式中：E_0——初始弹性模量；

E_1——最终弹性模量与初始弹性模量之差；

α、β——与弹性模量增长速率有关的两个参数，其值分别取 0.402 和 0.335。

(3)徐变度

根据工程经验，取 C35 混凝土徐变度如下(单位：10^{-6}/MPa)：

$$C(t,\tau)=0.263\times10^{-4}(0.30+4.38/\tau)(1-e^{-0.25(t-\tau)})+0.263\times10^{-4}(0.252+2.04/\tau)(1-e^{-0.018(t-\tau)}) \tag{2-8-3}$$

式中：$C(t,\tau)$——徐变度；

t——混凝土龄期(d)；

τ——徐变加荷龄期(d)。

(4)计算工况

①根据承台结构特点，取单个承台的 1/4(包括系梁)进行网格剖分计算；

②4 号主墩承台最大平面尺寸为 51.35m×48.1m，其厚度由边缘的 5m 变化到最厚处的 13.324m，按 2.3m+2.3m+2.0m+3.0m+3.724m 分五次浇筑计算。

③4 号墩承台混凝土受钻孔桩和封底混凝土的约束，封底混凝土计算时视为老混凝土，取弹性模量为 2.7×10^4MPa。

④计算时考虑冷却水管的降温效果，4 号墩承台混凝土中沿厚度方向布置十二层冷却水管。

⑤平均风速按 6m/s 考虑。

⑥计算时考虑混凝土表面的保温。根据承台四周边界条件取三种不同的散热系数。承台顶面为第三类边界条件(向空气散热)，取散热系数为 1.11m/d；承台侧面下部为钢吊箱，按第一类边界条件计算；承台上部斜面为土工布加麻袋保温，取散热系数为 0.352m/d。

⑦计算过程中考虑寒潮的影响。

⑧计算时考虑徐变、自身体积变形对混凝土应力的影响。

(三)计算结果及分析

1. 网格剖分

取 1/4 承台进行有限元网格剖分计算，4 号墩承台混凝土计算模型网格剖分见图 2-8-20。

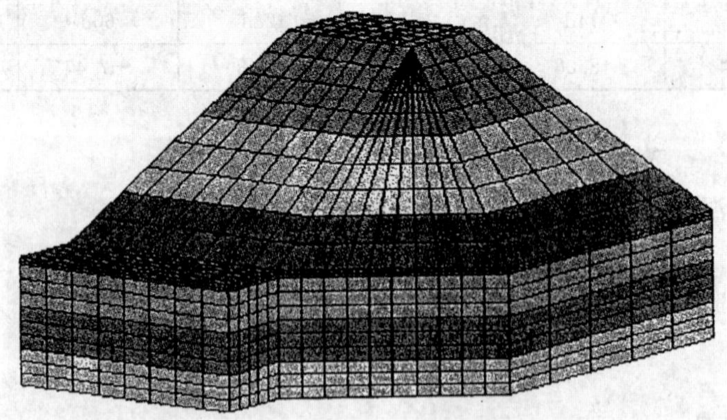

图 2-8-20　苏通大桥 4 号墩承台网格剖分图

2. 主要计算成果

(1)温度场主要特征

混凝土浇筑后，一般在 2～3d 达到峰值，约 1d 后温度开始下降，初期(4～6d)降温速度较快，以后降温速率逐渐减慢，至 15～20d 后降温平缓。由于混凝土二次浇筑，下层混凝土的温度随着上层混凝土的浇筑会出现一定程度的反弹。承台混凝土中部温度最高，四周温度较低，靠近边缘部分混凝土温度梯度较大。4 号墩承台混凝土温度特征值见表 2-8-13。

4 号墩承台各层混凝土温度特征值(℃)　　表 2-8-13

层号	1	2	3	4	5
数值	43	45	46	51	53

(2)应力场主要特征

4 号承台混凝土各龄期的最大温度主拉应力见表 2-8-14。

4 号承台混凝土各龄期的最大温度主拉应力及安全系数　　表 2-8-14

安全系数 \ 龄期(d)	3	7	14	28	60	90
第一层	0.14	1.14/1.43	1.58/1.63	2.04/1.52	2.37/1.49	2.55
第二层	0.12	1.17/1.39	1.59/1.62	2.02/1.54	2.29/1.55	2.25
第三层	0.49	1.23/1.33	1.66/1.55	2.02/1.57	2.27/1.56	2.19
第四层	0.55	1.24/1.31	1.66/1.55	1.95/1.59	2.13/1.66	2.08
第五层	0.83	1.25/1.30	1.68/1.53	1.92/1.62	2.04/1.74	1.94

3. 结果分析

计算结果表明，混凝土早期内部为压应力，以后逐步转化为拉应力。混凝土早期内部温度应力呈现出四周(边缘)应力大、中间应力小的特征，这主要是由于内外温差引起的。后期承台第一层混凝土由于受到封底混凝土和钻孔桩灌注桩的约束，温度应力较大，最大应力出现在靠近承台底部约 2.0m 左右位置。混凝土各龄期均有一定的安全系数，如果承台混凝土施工质量均匀、早期有效保温，可以避免出现有害温度裂缝。

二、温控标准和现场监测

(一)温度控制标准

混凝土温度控制的原则是：尽量降低混凝土温升、延缓最高温度出现时间；降低混凝土降温速率；降低混凝土中心和表面之间、新老混凝土之间的温差以及控制混凝土表面和气温之间温差。温度控制的方法需根据气温(季节)、混凝土内部温度、结构尺寸、约束情况、混凝土配合比等具体条件确定。根据苏通桥 4 号墩承台的实际情况，制定如下温控标准：

(1)混凝土内部最高温度按表 2-8-15 控制。

混凝土内部最高温度与浇筑温度(℃)　　表 2-8-15

层号	第 一 层	第 二 层	第 三 层	第 四 层	第 五 层
最高温度	≤43	≤45	≤46	≤51	≤53
浇筑温度	≤15	≤16	≤19	≤20	≤21

(2)混凝土最大内外温差≤24℃。

(3)混凝土浇筑温度即混凝土平仓、振捣后，上层混凝土覆盖前，距表面 5～10cm 处的温度值。

(二)现场监测

为检验施工质量和温控效果，掌握温控信息，以便及时调整和改进温控措施，做到信息化施工，需对混凝土进行温度监测。因为大体积混凝土的温度、应力发展及防裂是一个十分复杂的过程，外界温度、湿度、施工条件、原材料变化等都会引起温度、应力的变化，只有通过监控才能更准确地了解结构的质量和抗裂安全状况，检验不同时期的温度特性和温控标准。当温控措施效果不佳，达不到温控标准时，部分可及时采取补救措施；当混凝土温度远低于温控标准限值时，则可减少温控措施，避免浪费。温控实施流程，见图2-8-21。

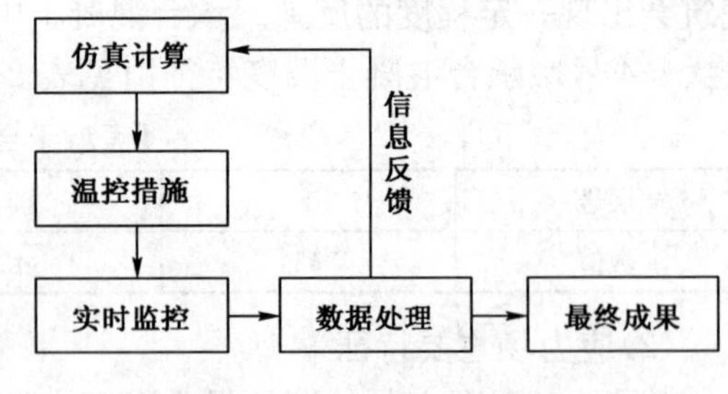

图 2-8-21　温控实施流程图

1. 监测仪器及元件布置

仪器选择依据使用可靠和经济的原则，在满足监测要求的前提下，选择操作方便、价格适宜的仪器。温度检测仪采用JGY-100型智能化数字多回路温度巡检仪，温度传感器为PN结温度传感器。JGY-100型智能化温度巡检仪可自动、手动巡回检测128点温度，并具有数据记录和数据掉电保护、历史记录查询、实时显示和数据报表处理等功能。该仪器测量结果可直接用计算机采集，人机界面好，并且测温反应灵敏、迅速，测量准确，主要性能指标：

①测温范围：－50℃～＋150℃；

②工作误差：±1℃；

③分辨率：0.1℃；

④巡检点数：64点；

⑤显示方式：LCD(240×128)；

⑥功耗：15W；

⑦外形尺寸：230mm×130mm×220mm；

⑧质量：≤1.5kg。

温度传感器的主要技术性能：

①测温范围：－50℃～150℃；

②工作误差：±0.5℃；

③分辨率：0.1℃；

④平均灵敏度：－2.1mV/℃。

应力监测即在混凝土内埋入应变计和无应力计，测量混凝土的应变，通过混凝土的应变测值可进一步计算温度应力，从而判断混凝土的应力状态和抗裂能力，预测产生裂缝的可能性，以便及时采取防护措施。

应变计和无应力计选用DI-25型差动电阻式应变计。传感器主要性能指标：

①标距L(mm)＝250，有效直径D(mm)＝29；

②测量范围：拉(1×10^{-6})，压600(1×10^{-6})－1000，最小读数f(106/0.01%)＜4；

③0℃时自由状态电阻比(E_0)为0.9600～1.0400，温度测量为－25℃～＋60℃。

检测元件的布置如下：测点的布置按照重点突出、兼顾全局的原则，在满足监测要求的前提下，以尽量少的测点获得所需的监测资料。根据结构的对称性和温度变化的一般规律，4号墩承台测点布设在一侧，共布设7层101个测点，见图2-8-22。

2. 现场观测

(1)监测元件的埋设

参照《混凝土大坝安全监测技术规范》(SDJ 336—89)，并根据桥梁大体积混凝土的特点加以改进，由具有埋设技术和经验的专业人员操作。为保护导线和测点不受混凝土振捣的影响，用35m×35m角钢及减震装置进行保护。

(2)现场监测要求

各项测试项目宜在混凝土浇筑后立即进行，连续不断。混凝土的温度监测，峰值以前每2h监测一次，峰值出现后每4h监测一次，持续5d，然后转入每天测2次，直到温度变化基本稳定。每次观测完成后及时填写记录表。在检测混凝土温度、应力变化的同时，还应监测气温、冷却水管进出口水温、混凝土浇筑温度等。

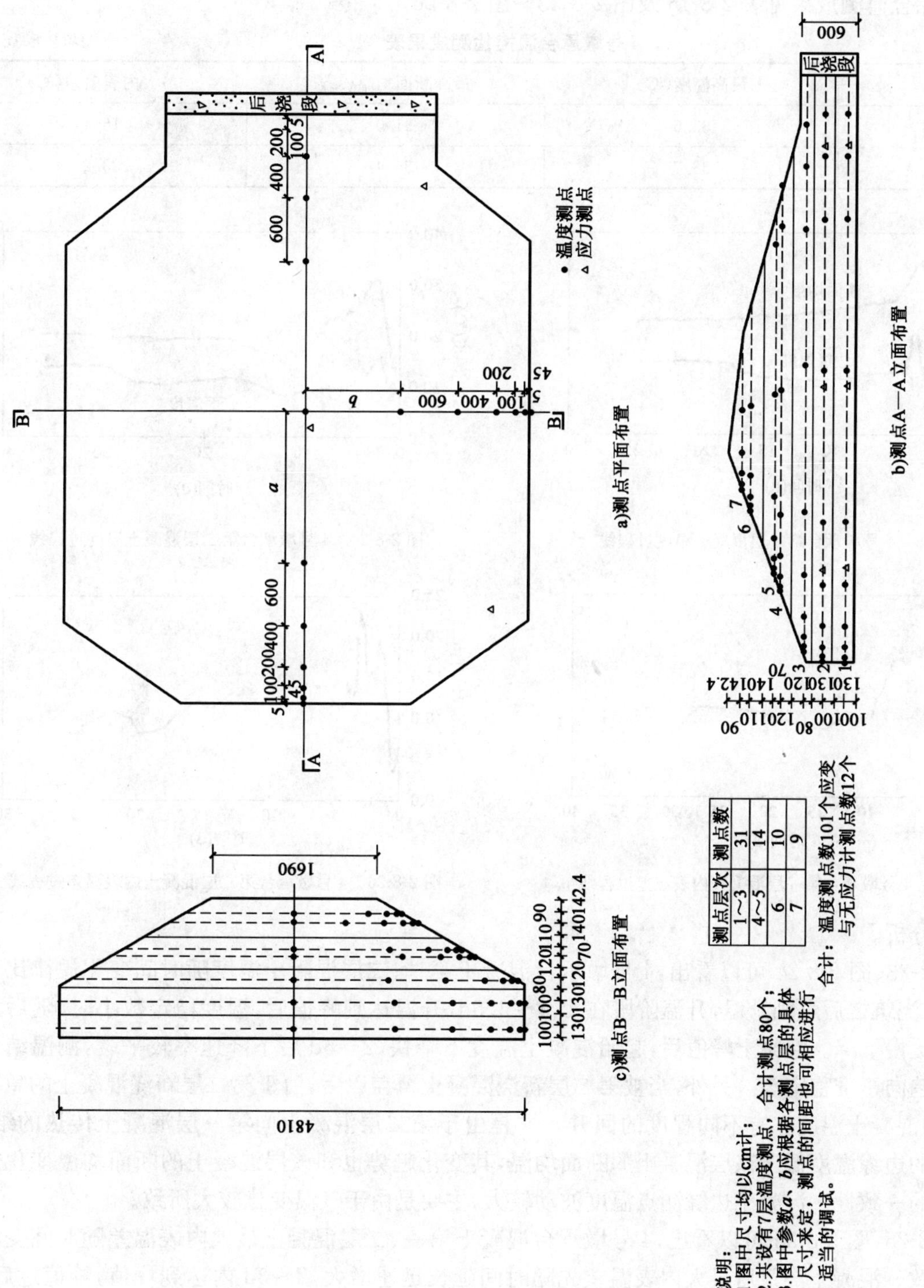

测点层次	测点数
1~3	31
4~5	14
6	10
7	9

图2-8-22　温度测点布置图

混凝土的应力监测，在浇筑完成一周内，每2h监测一次，四周内每4h监测一次，以后每天测一次直至一周测一次。

3.承台混凝土内部温度、应力监测成果

(1)温度监测成果及分析

①温度综合监测成果见表2-8-16及图2-8-23～图2-8-26。

4号墩承台温控检测成果表 表2-8-16

项目	最高温度(℃)	最高断面均温(℃)	最大内表温差(℃)
第一层	33.6	31.0	16.4
第二层	38.7	35.4	23.2

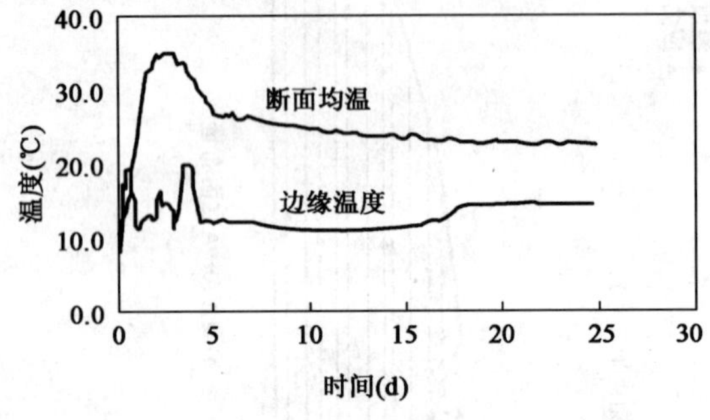

图2-8-23 4号墩承台第一层混凝土温度过程线

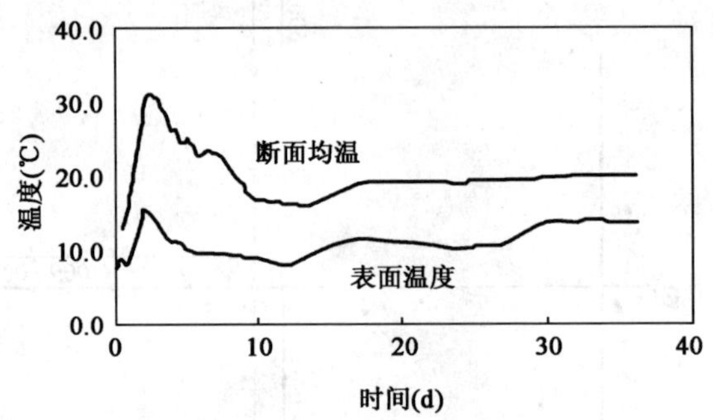

图2-8-24 4号墩承台第二层混凝土温度过程线

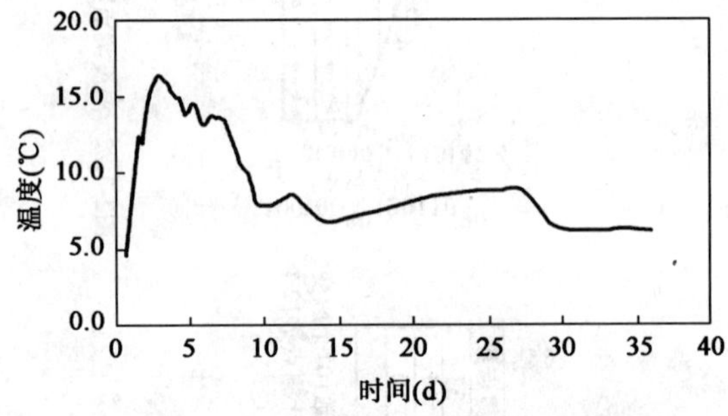

图2-8-25 4号墩承台第一层混凝土内表温差过程线

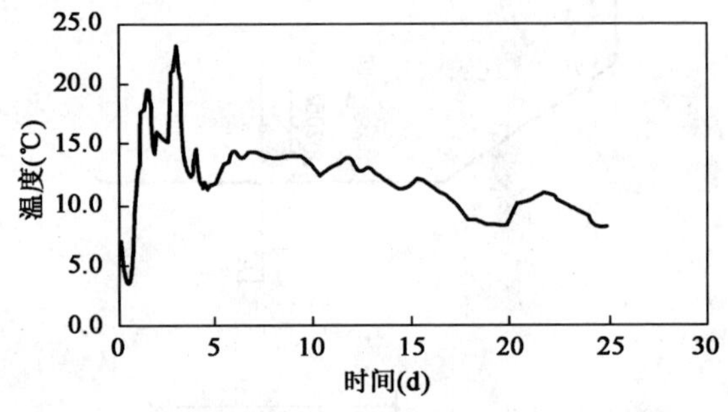

图2-8-26 4号墩承台第二层混凝土内表温差过程线

②成果分析。

从图2-8-23、图2-8-24可以看出，4号墩承台混凝土第一、二层混凝土温度随时间变化规律比较一致，混凝土在浇筑之后急剧升温，升温阶段在1.5～2.5d，升温达到峰值后，温度稳定数小时，随后承台混凝土温度缓慢下降。混凝土峰值后，起始混凝土温度下降快，2～6d后下降速率较平缓，测温结束时混凝土温度趋向于准稳定态。另外，当被第二层新浇混凝土覆盖以后，由于第二层新浇混凝土的急剧升温，使第一层混凝土温度亦有不同程度的回升。这是由于第二层混凝土向第一层混凝土传热的结果。各层混凝土的边缘温度低于该层混凝土的断面均温，其变化趋势也和该层混凝土的断面均温变化趋势呈现出较好的一致性。混凝土边缘测点温度波动较大，主要是由于气温变化较大所致。

从图2-8-25、图2-8-26可以看出，4号墩承台混凝土第一、二层混凝土最大内表温差随时间变化规律也比较一致。混凝土浇筑后最大内表温差先随时间延长迅速增大，2～3d内达到峰值，峰值过后，最大内表温差开始下降，下降速度先快后慢，测温结束时最大内表温差变化平稳、缓慢下降，最终将趋向于零。

(2)应力检测成果及分析

①应力综合监测成果见表2-8-17、图2-8-27～图2-8-32。

4号主墩承台应力检测成果表　　表 2-8-17

项　目	第一层			第二层		
	1号	2号	3号	4号	5号	6号
最大应力(MPa)	1.44	2.73	2.18	2.15	3.0	2.43

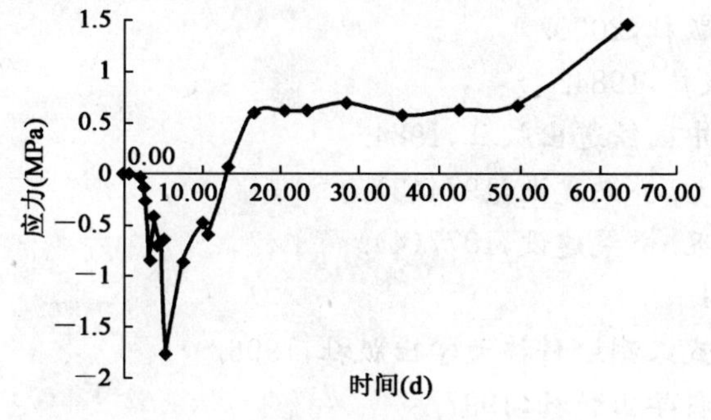

图 2-8-27　1号应力计时间过程线

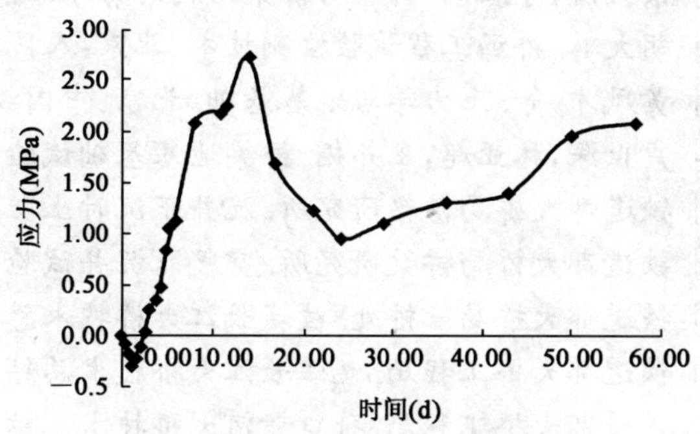

图 2-8-28　2号应力计时间过程线

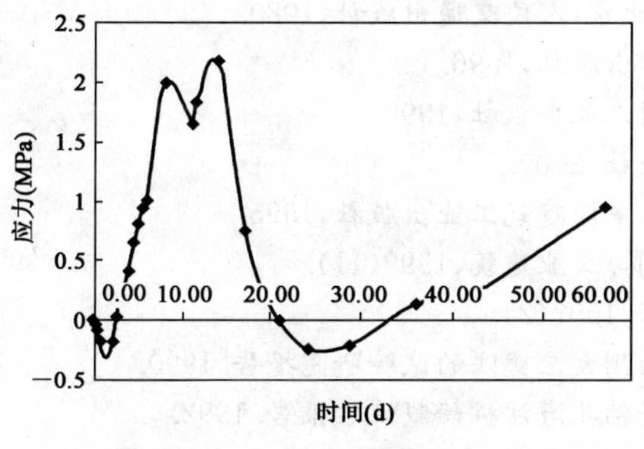

图 2-8-29　3号应力计时间过程线

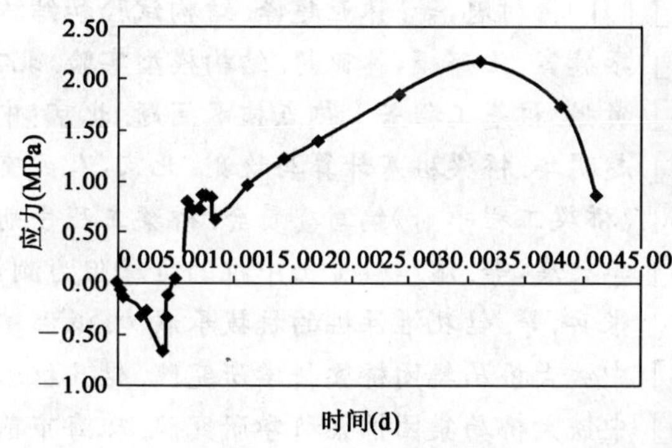

图 2-8-30　4号应力计时间过程线

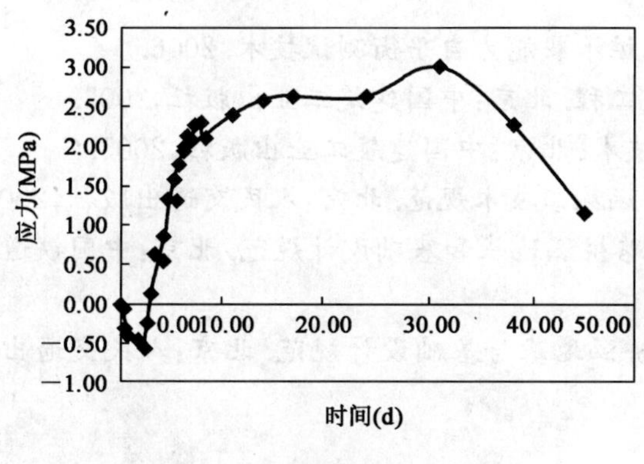

图 2-8-31　5号应力计时间过程线

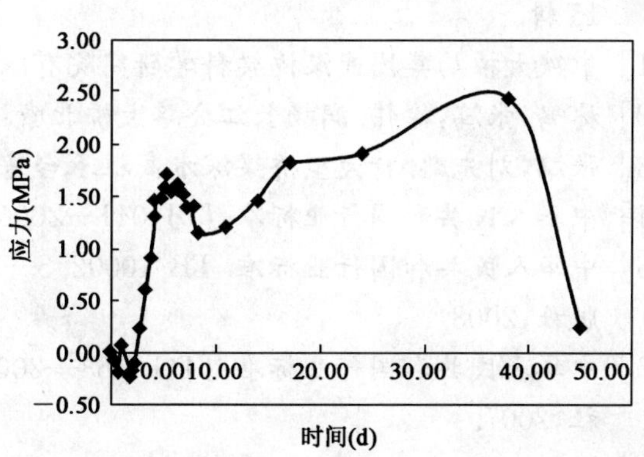

图 2-8-32　6号应力计时间过程线

②成果分析

中心点应力变化规律。从图 2-8-27 和图 2-8-30 可以看出，混凝土浇筑后，随着内部温度的上升，混凝土体积发生膨胀，1号和4号中心点处混凝土为压应力。随着内部温度降低，混凝土中心点处由压应力逐渐转化为拉应力，在混凝土降温期拉应力增长较快，待混凝土内部温度降低到接近稳定温度后，拉应力基本稳定。

边缘点应力变化规律。从图 2-8-27、图 2-8-28、图 2-8-30 和图 2-8-31 可以看出，混凝土浇筑后边缘点在 3d 之内呈现为压应力，由于边缘点降温速率较快，混凝土迅速转化为拉应力，并在 10d 左右达到最大值。之后随着气温的逐渐升高，混凝土表面温度升高，拉应力逐渐下降。

参考文献

[1] 余天庆，等. 工程材料与桥梁结构的力学性能测试. 北京：国防工业出版社，1997.
[2] 胡大琳. 桥涵工程试验检测技术. 北京：人民交通出版社，2000.
[3] 黄凤才，等. 土力学与地基基础. 北京：中国铁道出版社，1984.
[4] 卢世深，林亚超，王邦楣. 桥梁地基基础试验，北京：中国铁道出版社，1984.
[5] 铁道部大桥局桥梁研究所. 沉井下沉时土阻力的测量. 桥梁建设，1974(3).
[6] 铁道部大桥局桥梁研究所. 空气幕沉井试验工程概况. 桥梁建设，1977(4).
[7] 铁道部大桥局三桥处. 枝城长江大桥技术总结. 1981.
[8] 铁道部大桥工程局. 九江长江大桥技术总结. 武汉：武汉测绘科技大学出版社，1996.
[9] 铁道部大桥工程局. 孙口黄河大桥技术总结. 北京：科学出版社，1997.
[10] 交通部第一公路工程总公司. 公路施工手册·桥涵. 北京：人民交通出版社，2000.
[11] [日]梅村魁，等. 林亚超译. 结构试验和结构设计，北京：人民交通出版社，1980.
[12] 李德寅，王邦楣，林亚超. 结构模型实验. 北京：科学出版社，1996.
[13] 黄强. 桩基工程若干热点技术问题. 北京：中国建材工业出版社，1996.
[14] 赵明华. 桥梁桩基计算与检测. 北京：人民交通出版社，2000.
[15]《桥梁工程手册》编写委员会. 桥梁工程手册. 北京：中国建筑工业出版社，1995.
[16] 李大展，等. 湿陷性黄土中桩的负摩阻力测试与验算. 工业建筑，1992(11).
[17] 张兵，等. 钻孔灌注桩的抗拔承载力. 低温建筑技术，1997(2).
[18] 中铁大桥局集团桥梁科学研究院. 钻孔桩承载力检测大应变法的试验研究报告. 1990.
[19] 中铁大桥局集团桥梁科学研究院. 珠海市前山大桥钻孔灌注桩静载试验报告. 1992.
[20] 李秀芝，王荣鎏. 震动下沉时钢筋混凝土管桩应力及土壤阻力的探讨. 大桥工程学习汇编，第15辑.
[21] 中铁大桥局集团武汉桥梁科学研究院有限公司. 基桩承载能力自平衡测试技术. 2006.
[22] 林鸣，张鸿，徐伟. 润扬长江公路大桥北索塔北锚碇工程. 北京：中国建筑工业出版社，2003.
[23] 张鸿，刘先鹏. 特大型桥梁深水高桩承台基础施工技术. 北京：中国建筑工业出版社，2005.
[24] 中华人民共和国行业标准 JTJ 041—2000 公路桥涵施工技术规范. 北京：人民交通出版社，2000.
[25] 中华人民共和国行业标准 TB 10002.5—2005 铁路桥涵地基和基础设计规范. 北京：中国铁道出版社，2008.
[26] 中华人民共和国行业标准 JTG D63—2007 公路桥涵地基与基础设计规范. 北京：人民交通出版社，2007.

第三篇　上部结构检测

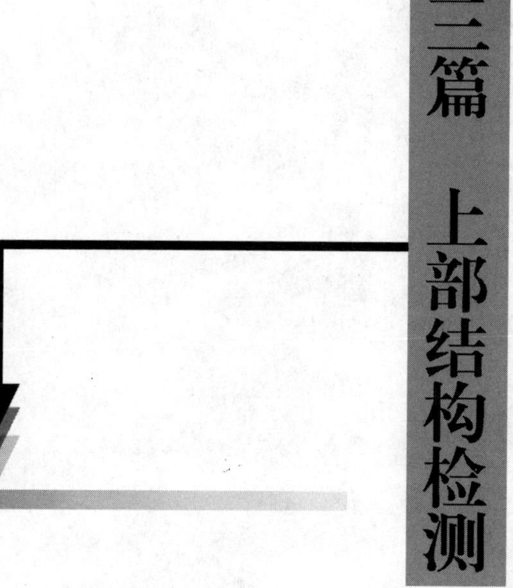

第一章　桥梁钢结构

第一节　钢桥制造概述及质量控制基础

一座健全的钢结构桥梁，除具有完善的总体和细节构造设计外，尚必须同时具有优良的制造质量。制造过程质量控制和优化，是确保钢桥使用寿命的重要环节。

一、钢桥制造概述

以全焊钢箱梁和整体节点钢桥梁为例，钢梁制造过程可分为下述阶段。

(一)技术准备

1. 材料的质量控制

按设计文件规定，钢梁主体结构采用的钢材和焊接材料及其他成品件的相应化学成分及力学性能应满足规范和设计文件要求。

采用合格的钢材和焊接材料进行焊接工艺评定和钢梁结构的制造，是钢梁质量控制的一道门槛。制造者为此应编制原材料检验规程，以杜绝不合格材料进入制造过程。

该规程应包括三个关键步骤：

(1)按规范规定审核质量证明书的内容和数据是否符合要求，不符合者退回处理；

(2)在质量证明书合格的前提下，进行外观和几何尺寸检验，并做好记录，不合格者进一步处理；

(3)外观及几何尺寸合格后，按规程规定的抽样方案和内容进行试验检查。

每一验收批次复验合格后，出厂质量证明书及理化检验报告由主管工程师签字认可方能进厂使用。钢梁制造主要材料名称、牌号、性能及相应检验项目、试验方法符合标准。

2. 施工图绘制、工装设计及工艺文件编制

钢梁制造前，首先进行施工图的绘制、工装设计和制造以及编制工艺文件。

(1)施工图绘制

施工图绘制时将桥梁结构划分解为吊装单元和制造基本单元。

钢箱梁→标准梁段或非标准梁段→各种板单元→基本板块和闭口肋；

桁梁→整体节点杆件、纵横梁及连接系杆件→基本板块；

板梁→基本板块。

杆单元、梁单元和板单元，可按类型分别在专用胎架上形成流水作业，实现生产规范化，产品质量稳定。

(2)工装设计及制造

工装是钢梁制造和组装过程中为成型、控制焊接变形及控制几何精度而采用的辅助胎架、模具、钻孔胎和样板等。如整体节点杆件组焊、钻孔的旋转胎架，联动弯折机为压制U形肋用的压形模具，U形肋现场接头高强度螺栓孔钻孔胎架，以及样板、顶、底板组装胎及反变形胎，横隔板拼接组装胎，梁段组拼及梁段厂内预拼装台架等。

(3)工艺文件编制

钢梁从钢材和制造材料进厂至桥梁结构梁制造、架设安装完成,整个工艺过程庞杂、繁复,包括多个分阶段和子过程。该过程应满足下述要求:

①满足设计文件和国家标准对相应结构产品的技术要求;

②符合本桥寿命和使用功能对结构产品的要求;

③体现现代钢桥制造技术特点。

为达到此目标,要求制造者精通现代钢桥制造技术,全面深入理解设计文件和熟悉国家标准和相应规定要求,并在此基础上编制出钢梁总体、分阶段和子过程的制造工艺文件和质量控制要点。

首先编制钢梁制造工艺方案和钢梁制造验收规则,并通过专家评审。然后编制更详细、概括制造安装全过程各阶段和子过程的规程和细则,作为全面展开钢梁制造和进行质量控制的要求和原则。

3. 焊接试验和焊接工艺评定

钢梁制造前,根据设计文件、结构构造设计和受力特点进行焊接性能试验及全面的焊接工艺评定试验,并通过对试验结果的专家评审。

焊接钢梁制造的焊接工艺,是保证钢桥制造质量的关键工艺。不恰当的焊接工艺会引起焊接接头淬火倾向,热影响区材质硬化,组织晶粒粗大,塑性和韧性下降;焊接成型质量差,甚至形成夹渣、气孔、初始裂纹等缺陷。为编制合理的焊接工艺,则必须先进行焊接性能试验和焊接工艺评定试验。

(1)焊接性能试验

焊接性能试验包括:

①斜 Y 坡口焊接裂纹试验

斜 Y 坡口焊接裂纹试验的目的是选择合适的预热温度和防止焊接裂纹。试验按《斜 Y 坡口焊接裂纹试验方法》(GB 4675—84)进行。

②板的 Z 向性能试验

对于斜拉索锚箱或锚拉板产生 Z 向拉应力的板件,板材需满足抗层状撕裂要求,即满足《厚度方向性能钢板》(GB 5313—85)性能要求。试验方法及指标详见《厚度方向性能钢板》(GB 5313—85)。

③焊接热影响区最高硬度试验

按照《焊接接头硬度试验方法》(GB/T 2654—2008)对钢板分别进行焊接热影响区最高硬度试验。热影响区钢板淬硬倾向不大,焊接性能良好,则最高硬度值不大于 HV350。

④系列温度冲击韧性试验

系列温度冲击韧性试验按《焊接接头冲击试验方法》(GB/T 2654—2008)进行。

a. 板材脆性转变温度

取代表性厚度钢板,进行 V 形缺口系列温度冲击试验,并取得韧性曲线二分之一上平台对应温度,即板材脆性转变温度。板材脆性转变温度应低于桥址设计最低温度。

b. 对接接头脆性转变温度

对接焊取顶、底板横桥向对接组合,进行接头焊缝及热影响区冲击功,并取得韧性曲线二分之一上平台脆性转变温度,即接头脆性转变温度。该温度应低于桥址设计最低温度。

(2)焊接工艺评定

桥梁钢结构焊接工艺评定按《铁路钢桥制造规范》(TB 10212—98)或《公路桥涵施工技术规范》(JTJ 041—2000)进行。

焊接工艺评定是确认了材料的可焊性以后,为验证所拟定的焊接工艺的可靠性而进行的焊接工艺试验,是控制焊接质量的重要手段。

要求评定试验必须使用与产品钢结构相同的钢材和焊接材料,相同的板厚、接头构造形式、制作条件和力学性能评定指标。TB 10212—98 或 JTG F50 规定采用对接接头和 T 形接头。接头类型能涵盖全桥。

对接接头　对接接头试板应包括不同板厚组合、坡口尺寸、焊接方法、焊缝材料、陶质衬垫单面焊双面成型焊缝、整体焊接、桥上焊接、平焊、立焊、仰焊及高拘束状况等。

熔透角焊缝　熔透角焊缝试板坡口尺寸、焊接方法及代表焊缝、板厚组合及制作要求等同对接接头。

坡口角焊缝　坡口角焊缝试板制作板厚组合、坡口尺寸、焊接方法、焊接材料及制作要求等同对接接头。

梯形角焊缝　梯形角焊缝试板制作板厚组合、坡口尺寸、焊接方法、焊接材料及制作要求等同对接接头。

所有接头试件应按不同形式列表汇总表示，表中应包括：板厚组合、坡口形式（简图表示）、焊接位置、焊接方法、参数及焊接材料和代表焊缝等各项。

（二）钢梁制造

钢梁制造是将验收合格的原料板材、型钢通过各种制造工艺制作成现场安装的吊装单元并实施现场安装的过程。对于钢箱梁现场吊装单元为梁段，桁梁则为杆件和正交异性桥面板块及纵横梁。

1. 箱梁段制作工艺

（1）板单元制造

板单元是钢箱梁制造的基本单元，板单元的制造几何精度和焊接质量直接决定梁段和成桥的几何精度、线型和内在质量，在合格的制造材料和优良的焊接工艺选定后，采用合理的板单元制造工艺是钢箱梁制造的重要步骤。

板单元制造工艺基本分为下述主要工序：板材的预处理，板材下料、矫正、刨边及开坡口、成型和钻孔（U 形肋），单件组装、焊接、修整，板单元组装、焊接、探伤、修整、除锈、涂装、标识。

（2）梁段制作工艺

板单元及部件制造完成后，在总装场进行多梁段连续匹配组焊和预拼装。梁段组焊和预拼装在胎架上完成。组装以胎架为外胎，以横纵隔板为内胎，各板单元按纵、横基线就位，辅以加固设施以确保精度和安全。为使梁段对接时易于调准各板的相互位置，将腹板、纵肋等端部焊缝留 200mm 长暂不焊接，待安装架设时调整后再施焊。为减少占用总装胎架时间，缩短总装周期，顶板和底板单元在上胎前先按工艺要求将板块在拼装胎架上两两拼成板块。

梁段制造工艺分为下述工艺过程：总装胎架设计、制造、拼装与检测，梁段拼装、梁段几何尺寸及几何精度检查，梁段整体焊接，焊接质量检查及焊缝力学性能检验。

梁段组拼接底板单元、横隔板单元和纵隔板单元、顶板单元和风嘴单元的顺序进行。

2. 桁梁

（1）杆单元、梁单元制造

杆单元和梁单元是桁梁的基本单元，也是现场安装的吊装单元。制造的几何精度和焊接质量直接决定桁梁的几何精度、线型和内在质量，在合格的制造材料和优良的焊结工艺选定后，采用合理的杆、梁单元制造工艺，是桁梁制造的重要步骤。现以整体节点弦杆为例说明如下。

整体节点弦杆单元制造工艺基本分为下述工序：板材预处理，板及节点板精下料、矫正、刨边及开坡口、对接、探伤、焊缝打磨、矫正，组装纵肋、焊接、矫正，组装下盖板及两腹板和隔板成槽形、焊隔板、磨修隔板焊缝端，组装上盖板、焊接四条棱角焊缝、探伤、修磨、矫正、钻孔，组装横梁及平联节点板、焊接、矫正、磨修、锤击，除锈、涂装、标识。

（2）厂内试拼装

为了检验钢梁的制造工艺、工艺装备及设计图、施工图纸的准确性，根据钢梁制造规则要求，桥梁厂应进行厂内试装。试装时应尽量包括各类部件和各变化节点，并能保证钢梁制造精度达到标准件互换要求。

根据钢梁制造规则要求，钢梁批量生产前进行主桁、铁路桥面系(包括下平联)、公路桥面系(包括临时上平联)和桥门架四大部分试装。

在试装现场，对主桁试装的外观质量进行检查，包括主桁的节间长度、试装全长、桁高、拱度等几何尺寸、板层缝隙、支承节点磨光顶紧和栓孔通过率等进行仔细检测和抽查，满足规范规定的几何精度和项目要求。

3.涂装及包装发运

(1)涂装

全部成品结构及构件均采用喷丸除锈工艺。对构件表面氧化皮、油污和铁锈进行彻底清除，使板面呈银灰色，达到 GB/T 8923—2008 规定的 Sa2.5 级，若手工除锈应达到 St3.0 级。

除锈后的杆件一般控制在 8h 内进行涂装，特殊情况也不超过 12h，并保证涂装时杆件表面无雨水、相对湿度大于 80%，钢材表面温度应高于大气露点 3℃以上，无结露；环境温度对环氧类涂料不低于 10℃，醇酸类涂料不低于 5℃。第一道漆未实干前不涂第二道，底漆未实干前不涂面漆。

涂装完成后进行严格的外观与干膜厚度测试，厚度及其他检验项目达到钢梁制造规则要求。表面平顺，无缺漏、咬底、脱皮、气泡、分层等缺陷。

密封胶材料的施工严格按照密封施工工艺和检验规则要求进行，并均应符合规则要求。

高强度螺栓连接面进行喷铝，厚度均满足 120～200μm 的要求，试板出厂摩擦系数值≥0.55，安装现场摩擦系数值≥0.45。

(2)包装发运

钢梁结构和构件均应按现场安装顺序编号标志、包装发运。

结构具有摩擦面喷铝部位，构件的喷铝面用加厚塑料薄膜包严，再用透明胶带将塑料布周围粘严，防止雨水侵入。其余涂漆面裸露不进行包装。装船、装车发运时，将构件和船体、车体固定，尤其是大型梁段、整体节点弦杆、纵横梁、联结杆系杆件，避免相互碰撞、变形或涂膜损坏。

对于运往工地的喷铝试件，应按代表的结构标号、包装并采用集装箱发运。

二、钢桥制作过程的变形及缺陷

钢结构桥梁建造是将板材和型材通过剪裁制成要求的几何尺寸的坯料，然后采用连接构造将坯料制作成构件和结构，进而构成整体桥梁结构。最早的连接手段是销枢连接，1840 年后销枢连接渐为铆接代替。20 世纪 60 年代大量修建的栓焊梁，在工厂制造的构件采用焊接，工地连接采用高强度螺栓。60 年代后大量出现的全焊钢箱梁，将桥梁建设推向全焊的时代。此时采用的低合金高强度钢和全焊接，是钢桥现代化建造的标志。

低合金高强度钢和焊接的采用，减轻了桥梁自重，使桥梁跨度做得更大。但同时带来了新的问题，即制造缺陷和变形。变形增加了构件几何精度控制的难度，缺陷导致运营疲劳开裂的潜在危险。

1.钢桥结构缺陷分析

美国 J·W·费希尔教授在其《钢梁的疲劳和断裂》一书中，统计和分析了 149 个钢桥构造细节开裂和断裂的事例，见表 3-1-1。

149 个钢桥细节开裂统计表 表 3-1-1

细节类型	初始缺陷或状态	疲劳细节级	所占百分比(%)
眼杆	应力腐蚀	初始裂纹	0.67
	锻造折叠和未知缺陷		8.00
销钉板	销钉固结	面外变位	0.67
	其他原因	D	0.67

续上表

细节类型	初始缺陷或状态	疲劳细节级	所占百分比(%)
有盖板的梁	正常的焊趾	E′	2.00
	制造时留下的裂纹	<E′	0.67
翼缘节点板	焊趾	E或E′	3.40
翼缘或腹板的坡口焊缝	未熔透	大的初始裂纹	4.03
盖板坡口焊缝	未熔透	大的初始裂纹	2.68
电渣焊	各种缺陷		4.11
纵向加劲肋	未熔透,焊接不良	大的初始裂纹	2.68
腹板上的节点板	交叉焊缝	<E′	3.40
	加劲肋与节点板之间的间隙	面外变位	1.34
穿过腹板的翼缘和托架	翼缘端部裂纹		2.00
补焊孔	未熔透	大的初始裂纹	2.00
悬臂托架	定位焊	面外变位	0.67
	铆接连接	面外变位	1.34
层状撕裂	约束		0.67
竖向加劲肋	运输和超吊的原因	面外变位	2.68
横梁连接板	腹板处间隙	面外变位	17.45
横隔板连接板	腹板处间隙	面外变位	6.04
桥墩处横隔板和横梁连接板	腹板处间隙	约束	2.68
系杆拱横梁	腹板处间隙	面外变位	5.37
系杆拱横梁连接	焊缝根部	约束	1.34
焰切修割的构件	焰切缺口	约束	8.72
腹板上的焊接插板	未熔透	大的初始裂纹	0.67
塞焊	裂纹	大的初始裂纹	0.67
节点板	平联振动	面外变位	2.00
箱梁角焊缝	焊缝横向冷裂纹	大的初始裂纹	2.68
纵梁与横梁间的托架	腹板处间隙	面外变位	2.68
纵梁端部连接	约束	焊缝终端	2.00
吊杆(桁架和拱)	风振	气动弹性失稳	2.68
焊接修理	未熔透,焊缝终端	<E′	1.34

注:D、E、E′为美国钢桥构造细节疲劳抗力分类。

表3-1-1中,由于连接间隙产生面外变形引起开裂的事例占到40.24%,具有明显初始裂纹占到23.41%,设计细节疲劳抗力不满足实际疲劳幅要求达到13.48%,连接强约束开裂占到15.41%。上述四项原因共占到92.54%,此外,风引起的局部振动占到2.68%,各种其他缺陷占到4.11%,应力腐蚀占到0.67%。尤其应注意的是,腹板处间隙引起面外变形占到34.22%。最后可以概括为两大类:一是设计构造不合理、引起面外变形及达到开裂临界值等达到47.70%;二是制造造成各种缺陷,包括初始裂纹、未熔透、强约束、焰切缺口、电渣焊缺陷等达42.93%。

这里我们可以采用"缺陷"广义的含义概括设计、制造过程的质量问题。设计构造不合理形成运营的病害,不当的焊接材料、不当的焊接工艺,会带来接头热影响区组织晶粒长大、硬度提高,塑、韧性下降,未能控制的变形均形成缺陷,同样引起运营中结构的开裂和破坏。这里也同样包括防腐蚀设计和施工的不足造成的腐蚀问题。

2.焊接残余应力和变形

在金属结构中不同程度存在着残余应力这一事实已为人们熟知,从未开坯的铸锭、铸件,轧成型材,直至成品钢结构均不例外。钢锭及尺寸较大铸件,由于心部最后冷却,中心部位形成似静水压力的三向应力状态。轧成型材,如宽缘工字钢,翼板残余应力达100~120MPa,通用板达40MPa左右。以各种手段加工成的结构构件或联结均保留有各种分布状态的残余应力。

用应力描述受载后的结构的性状,因为应力是抽象的,必须通过应变来量度,即$\sigma=E\varepsilon$,它仅反映材料在弹性阶段工作时的特征,在弹塑性状态,E并不是常数,同时应变此时亦由弹性应变ε_e和塑性应变ε_p两部分组成,由这一点看,残余应力并无不同。

残余应力的特点是在某种分布规律下自相平衡,荷载应力依赖于外荷载平衡,与外荷载并存。当材料处于弹性状态时,残余应力与荷载应力叠加;当材料进入弹塑性和塑性状态时,它与荷载应力共同参与重分布,同时由于塑性变形的产生,残余应力会缓解、消失。

凡是使构件或联结产生并保留了局部不均匀变形(弹性变形和塑性变形)的物理作用,冷加工以及包括金属组织相转变在内的各种热加工过程,均能造成各种残余应力分布。

(1)冷塑性变形

锤击使金属表面产生不均匀冷塑性变形,在近表面层形成近于静水压力的三向压应力状态。但在锤痕下面区域形成拉应力分量。

金属结构的冷加工和冷矫正均属冷塑性变形。冷塑性变形的不均匀性会产生局部残余应力分布。高强度钢丝和普通钢筋的冷拉调直,属于受力均匀的冷塑性变形。除非具有损伤和缺陷,一般无显著的残余应力产生,仅晶格扭曲,产生微观内应力,后经稳定化处理,便消除残余内应力。但这种冷塑性变形往往伴随加工硬化发生,使屈服极限提高,塑性、韧性降低。含碳量越高,这种加工硬化越显著,如盘条通过冷拔工艺,成为高强度钢丝,便是一例。

(2)热矫形

当用火焰对一点加热时,加热点材料受到周围材料的辐向约束,膨胀引起的压缩应力可达屈服点,随后的收缩使辐向拉应力可达屈服点,而周围材料形成压应力状态。片状和条状范围加热,随后冷却,均会在加热区造成残余拉应力,而周围区域形成压应力分布。如果杆件热矫前具有某种残余应力分布,热矫会使原来残余应力分布扰乱,缓解。

对于碳钢和合金钢,当局部加热,且随后迅速冷却时,有时会产生马氏体组织,这种微观组织很硬,也是脆性的,这种相变伴随着小的点阵格子体积膨胀。马氏体不均匀转变,会引起内应力和变形,甚至开裂。

(3)火焰切割

火焰切割后的钢板,在焰切线附近可出现达屈服点的残余拉应力,而中间部位产生压应力分布与之平衡。焰切板的残余应力随板宽增加而减小。刨边可以消除这种切割带来的残余应力和切割缺陷。数控切割、自动切割可较好控制速度和热影响,较手工切割要好得多。

(4)焊接残余应力

焊接热过程产生三种主要影响,焊接热影响区金属组织的变化引起力学性能的改变;焊接时的不均匀膨胀和随后的收缩产生残余应力分布;局部加热造成形状畸变。

靠近焊缝的基本金属,在焊接时迅速加热至高温,然后冷却到周围介质温度,受到这种热作用的金属称为热影响区。热影响区的宽度因焊接方法不同而不同,自动焊和手工焊大约为2.5~6mm,气焊和电渣焊大约为25~27mm。在热影响区内靠近熔合线温度可达1500℃,并以较大梯度降低至200~300℃的蓝脆温度,当热源强度、热源运动速度和板厚一定时以熔合线为参考温度,在垂直焊缝轴线断面上某点温度与其到焊缝中心的距离成反比例。

被迅速加热的焊缝区膨胀受到邻区约束,压缩应力达屈服点,并产生塑性变形,随后冷却时,焊缝区收缩仍受相邻区约束,使焊缝区产生达屈服点的拉应力。

无论是纵向残余应力，还是横向残余应力，当板较厚时均在板的表面达到较大值，在板厚的中间较小。

图 3-1-1～图 3-1-3 分别给出平板、工字梁及箱梁焊接残余应力分布示意图。

(5)焊接应力及变形产生的原因

①焊件局部受热温度分布不均。由于焊件局部受高温加热，熔池已达熔化状态，而离熔池较远处的低温金属材料对高温部分金属的膨胀是种约束，在约束下的材料，其伸胀量受到限制。以增加塑性变形或增加横向变形来调和，使实际伸长量小于应发生的伸胀量，而它在冷却下来时，仍有要收缩到原来收缩量的趋势。这一伸缩差，就产生焊接变形与焊接应力。

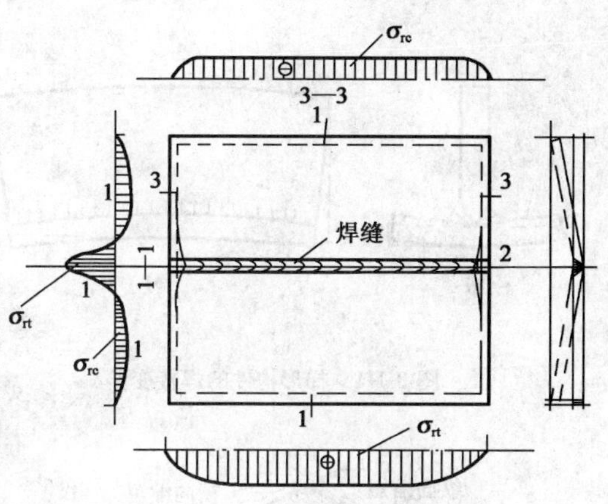

图 3-1-1　平板上一道焊道残余应力及变形

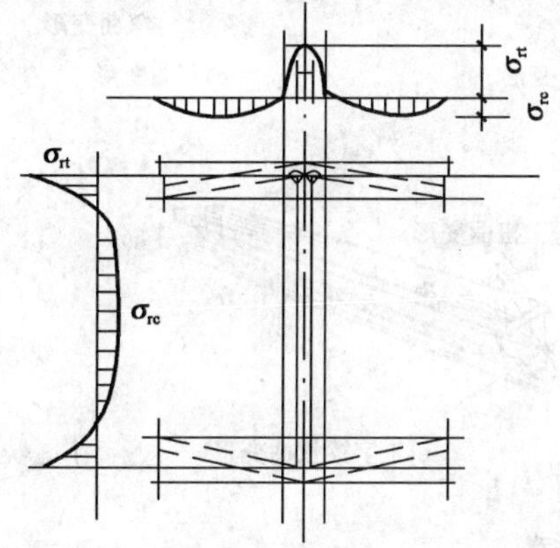

图 3-1-2　工字梁焊接残余应力与变形

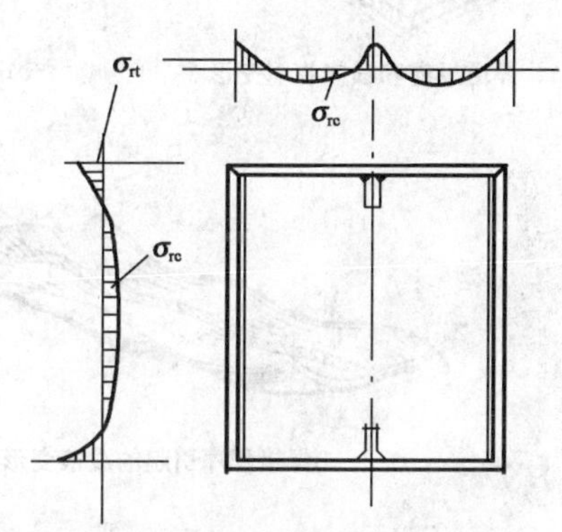

图 3-1-3　箱形截面焊接残余应力示意

②焊缝断面形状不对称。在 V 形坡口焊缝中，正面填充金属多，愈靠近背面，其填充金属愈少，填充金属愈多的部分，收缩也愈大，所以单面坡口的焊缝，正面与背面焊接收缩不等，就会产生角变形与焊接应力，如图 3-1-4。

③焊缝在焊件上位置不对称。如图 3-1-4 所示的梯形构件就属于典型的焊缝位置在焊件上不对称的情形，这常见于焊接构件中的肋板，加强肋之配件焊接处。它在焊接之后除产生如图中 a)所示的变形外，还会产生如图 b)中所示的变形。产生 a)所示的变形是由于焊缝断面形状不对称所造成；而产生 b)所示的纵向变形，则是由于焊缝在整个焊件上位置不对称所造成。这里还不包括焊件尺寸长短方向的缩小。综合起来此焊件焊后的变形有：尺寸长短的变化、角变形 a)和纵变形 b)三个方面。

有了以上三个方面的变形产生，伴随着也有三个方面的内应力出现。

④施焊程序不对称。图 3-1-5a)所示是工字梁的常用施焊程序。它们对于钢梁的中心线来讲，施焊程序也是不对称的。这样先焊好的焊缝冷却后，增加了焊件的刚性，对后焊缝就是约束，所以使构件各条焊缝的收缩不相等。不能保持理想的图 3-1-5b)的形状，这种收缩不均使工字梁产生侧弯或起拱，当然由于每条焊缝断面形状不对称，也会产生焊件的角变形，也就是腹板与翼板不成直角关系。

这种纵向变形与角变形也有对应的内应力存在。

即使对于在正中间对称的 X 形或双 U 形坡口对接焊缝，虽然它的焊缝断面形状是对称的，而它的施焊顺序也不能对称。先焊的一面收缩受到的约束小，变形量自然大，而这些先焊的金属会增加焊件的刚性，增加对反面焊缝的约束，从而产生不对称的收缩，形成角变形。图 3-1-6 所示焊接变形的基本形式亦是由焊接程序不对称引起。

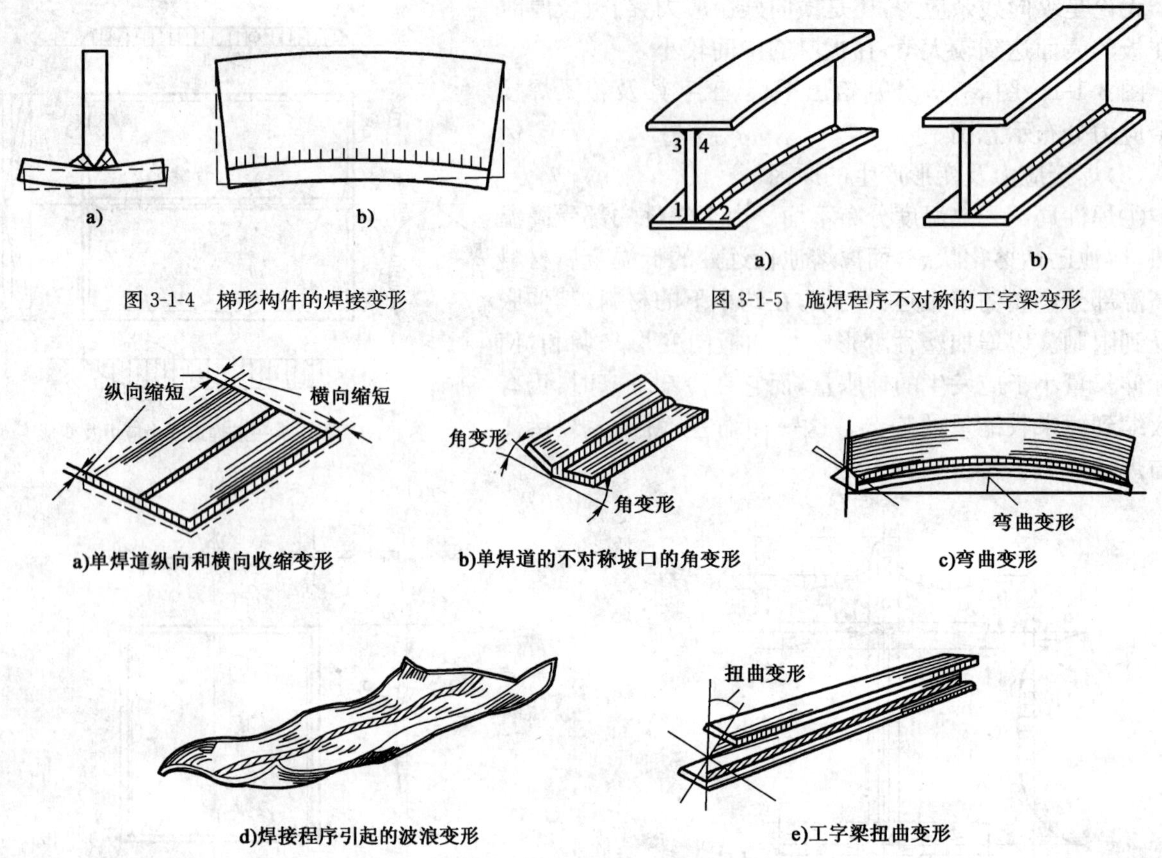

图 3-1-4　梯形构件的焊接变形

图 3-1-5　施焊程序不对称的工字梁变形

图 3-1-6　焊接变形的基本形式

上述纵向收缩、横向收缩、角变形、弯曲变形和扭曲、波浪变形基本形式是分析其他变形的基础，复杂变形无非是上述变形形式的组合。

(6)影响焊接变形的因素

从焊接变形产生的四个原因可以看出，影响焊接变形的因素有：

①焊接规范及工艺方法对焊接变形的影响

a. 焊接线能量对焊接变形的影响：一般情况下，输入的线能量越大，所产生的变形也大。

b. 焊接方法对焊接变形的影响：对于同样的构件，采用不同的焊接方法，其热影响区的大小也不相同，一般情况下，收缩变形最小的是气体保护焊，其次是埋弧自动焊、手工电弧焊。

②坡口形式对变形的影响

a. 焊接接头形式及坡口形式对变形的影响，一般来说，双面坡口比单面坡口的变形量小。

b. 坡口角度大小对变形的影响：一般地，V 形坡口（或 X 形坡口）比 U 形坡口（或双面 U 形坡口）的变形量大。因为前者填充金属多，收缩量也大。在同样一种坡口形式中比较，则坡口角度愈大，填充金属愈多，变形量也愈大。

③焊缝在结构中的位置对焊接变形的影响

焊缝在结构中的位置是确定的，施焊现场一般无法调整。凡焊缝在构件中位置越不对称的，引起的弯曲变形量越大。

④装配和焊接顺序对结构变形的影响

由于焊缝在构件中的位置变化很大，焊件本身刚性也各不相同，所以决定施焊顺序也各不相同，其一般原则是：

a. 凡对称位置的焊缝，采用对称的顺序施焊，或多人对称同时施焊。

b. 凡焊缝在构件中位置不对称，先焊刚性弱的焊缝部分，后焊刚性强的部分。因为刚性弱的焊缝部分焊后，增加了该部分的刚性，而它的收缩量对于刚性强的部分，其变形影响又较小。

c.长焊缝的施焊顺序：对于长 1m 以上的焊缝，一般采用由中心两头对称交替焊法或逐步退焊法，可使变形量较小。如果能采用两人对称焊法则更为有利。

d.厚板宽焊缝施焊顺序：应尽量采用多层多道焊，因为多层多道焊与多层单道焊相比，焊条在单道焊中要横向摆动，热影响区大，收缩量也大。而多道焊时，不仅热影响区小，而且对每层来说，未填满这层之前，其每道发生的收缩量，都因为这层还未封口，从而得到的自由度较大一些，有得到补偿的机会与可能。

⑤其他影响焊接变形的因素

a.不同材质金属对变形的影响，不同材质金属的线膨胀系数不同，则焊后变形大小也不相同，在一般情况下，线膨胀系数大的金属收缩量大，所以其焊接变形及焊接应力也大。

b.构件本身刚性大小对变形的影响：一般来说，刚性大的焊件，其变形小而焊接应力大。因为刚性大的焊件，对焊缝金属收缩的限制力存在，所以变形受到了约束，变形量小。正因为焊缝收缩变形受到约束，所以其焊缝内应力大，这种应力一直残留于焊缝及其热影响区内，故也称其为残余应力。

⑥变形量的估算

以碳钢与低合金钢为例，大小与材料截面和输入热量有关，无试验数据时可参考下述数据。

连续对接焊缝：纵向收缩 0.12～0.3mm/m；

连续角焊缝：纵向收缩 0.2～0.4mm/m；

横向对接焊缝垂直焊缝方向收缩可以采用 1.5～2mm/每道。

(7)残余应力和焊接变形控制

①采用焊接预热的方法

预热的温度已在有关焊接工艺中作过介绍，一般通过焊接工艺评定确定预热温度和需要预热的临界板厚。对于有焊接规范、规程的金属，其预热温度可按规范、规程的规定执行，这些规范、规程不仅有大量生产实践的基础，而且也有技术法规的约束力。

②采用固定胎架或反变形胎架

强制固定和反变形法。反变形法在焊接中，固定焊件并使其产生预反变形，让焊件收缩后，形成正常位置的焊件。

③采用合理的施焊顺序

在焊接材料、焊接方法、工艺参数已确定的前提下，施焊顺序的选择原则：

a.尽量由中间向两头，这样两端后焊部分的收缩所受到的约束力小。

b.先焊收缩量大的焊缝，后焊收缩量小的焊缝。这是由于收缩量大的焊缝先焊，收缩比较自由，可以减小焊接应力，其收缩影响可以在后焊焊缝间隙得到调节。

c.在 T 形交叉焊缝中，应先焊 T 形竖直焊缝，一直焊到水平焊缝坡口收弧，然后将焊在水平焊缝坡口内的部分铲去，然后再焊水平焊缝，这样不容易在交汇处产生裂纹。

(8)焊件的焊后处理

①磨修处理消除焊件产生应力集中的缺陷

焊缝的裂纹、夹渣、气孔、未熔合、表面咬肉、不平滑的断面突变等都是应力集中的缺陷，在这些缺陷处其残余应力值更大。所以对焊件进行检查并消除上述缺陷，对预防焊件产生疲劳裂纹，有很重要的意义。

②整体或局部高温回火，消除内应力

整体高温回火的加热温度不超过金属的下临界点 AC_1。在低于 AC_1 温度下恒温一段时间，然后缓慢冷却下来。这种焊后热处理称为焊件高温回火，在焊接行业中习惯上也称其为焊件消除残余应力退火。这里所用的“退火”实际上并不是退火，因为退火温度一定要超过该金属的 AC_1，金属发生相变后再缓冷下来。所以我们在“退火”的前面加了“消除残余应力”来加以区别，不能直称“焊件退火”。

局部高温回火的加热速度、恒温温度、恒温时间、降温速度等参数的选用仍与整体高温回火相同，在下临界温度以下，一般在600～750℃，通常在炉内进行，如铸焊鞍座的消除内应力。钢材的品牌不同高温回火温度也不同。

③矫正焊接变形

冷矫正　塑性良好的桥梁钢零件或构件的局部变形可以采用冷矫，即机械矫正，矫后不能产生明显的凹痕或损伤。冷矫时环境温度不宜低于－12℃。

热矫（火焰校正）　热矫温度不宜超过800℃，一般在600～800℃之间，即加热处钢呈褐红色或樱红色。

加热的方法有以下几种：

a.点加热法。该法一般用于矫正薄板波浪变形。根据变形的特点可加热一点或多点，如果是多点加热时，可以梅花状排列各加热点位置，每点加热15mm以上，每点之间距离为50～100mm之间。

矫正过程中，每加热一点后就应立即用木锤敲打加热点及其周围，敲打时背后要用木板垫底，然后冷却。

b.线状加热。该方法多用于变形量较大或刚性较大构件变形的矫正。

矫正时，火焰沿直线方向移动，或者同时在宽度方向作横向摆动，形成带状加热，加热宽度一般为钢板厚度的0.5～2倍左右，加热温度为500～600℃。加热深度不应超过板厚的三分之一。

c.三角形加热法。对弯曲变形的增长边加热，加热区呈三角形，三角形的底边在被矫正钢板的边缘，三角形的尖顶朝向内。加热方法可以用两个或更多的焊炬同时加热。

焊接应力和变形，是影响焊接构件几何精度和疲劳承载力的关键因素，是钢桥制造过程质量控制的主要项目，是制造工艺中必须有效处理的技术问题。一个编制优良的制造工艺，均需关注该两个问题的工艺措施和工艺效果。

第二节　钢桥制造和架设的质量控制

钢梁制造和架设质量控制的基本依据：《钢路钢桥制造规范》（TB 10212—98）；《铁道桥涵施工规范》（TB 10203—2002）；《公路桥涵施工技术规范》（JTJ 041—2000）。

钢梁的制造和架设依据文件为设计图和上述相应规范条文。制造和架设单位首先依据设计图和上述相应规范编制钢梁制造工艺和架设规则，对上述规范相关条文引用和补充，并经设计、监理及架设方共同审查后，制造工艺及架设规则即为制造和架设过程中的依据文件，也是监理的依据。

一、制造材料的进厂及复验

第一篇的第一章第一节已详细论述了钢桥对材料的要求和相应标准，本章第一节论述了材料进厂验收的步骤，应按上述标准执行。个别情况下提出的一些补充内容可与材料供应方和制造厂协商确定。

二、钢桥零部件的加工及质量要求

1.作样、号料和切割

作样、号料及切割是零部件加工的第一步。此前应对钢料进行清整——除锈、整平、清除油污等再行号料；号料允许偏差±1mm。作样允许偏差见表3-1-2。

作样允许偏差(mm)　表 3-1-2

项　目	允许偏差	项　目	允许偏差
两相邻孔中心线距离	±0.5	宽度、长度	+0.5—1.0
对角线、两极边孔中心距离	±1.0	曲线样板上任意点偏离	1.0
孔中心与孔群中心线的横向距离	0.5		

2.切割及边缘加工

直接剪切仅适于次要零件和边缘加工另件，手工焰切仅适于工艺特定零件，两者允许偏差±2mm。精密切割(数控、自动、半自动)如不进行边缘加工，除满足零件加工尺寸允许偏差要求外，切割面质量应满足表 3-1-3 要求，切割面硬度不大于 HV350°。不满足切割面质量的崩坑、塌角等缺陷，应按规定修补。

切割面质量　表 3-1-3

项　目	主要零件	次要零件
表面粗糙度	25μm	50μm
崩坑	不允许	1000mm 长度内允许有一处 1.0mm
塌角	圆角半径不大于 0.5mm	
切割面垂直度	≤0.05t(t 为板厚)，且不大于 2.0mm	

3.零件的矫正与弯曲

零件宜采用冷矫，冷矫环境温度不宜低于－12℃；热矫温度不宜低于 600℃，亦不宜高于 800℃，降至室温前不得锤击。零件冷弯环境温度不宜低于－5℃，内弯半径不能小于 15 倍板厚，否则需热煨；热煨温度应控制在 900～1000℃，零件边缘不得产生裂纹。零件矫正容许偏差见表 3-1-4。

零件矫正允许偏差(mm)　表 3-1-4

项　目	允许偏差	
钢板平面度	每米	1.0
钢板直线度	L≤8m	3.0
	L>8m	4.0
型钢直线度	每米	0.5
角钢肢垂直度	全长范围	0.5 *
角肢平面度	连接部位	0.5
	其余	1.0
工字钢槽钢腹板平面角	连接部位	0.5
	其余	1.0
工字钢槽钢翼缘垂直度	连接部位	0.5
	其余	1.0

注：* 用角式样板卡样时，角度不得大于 90°。

4.零件边缘加工

边缘加工深度不宜小于 3mm，加工面粗糙度 R_a 不大于 25μm。边缘加工主要是去掉硬化边缘，边缘硬度小于 HV350°，可灵活掌握。要求磨光顶紧处接触面粗糙度 R_a 应不大于 12.5μm；顶紧面垂直度偏差应小于板厚的 1％和不大于 0.3mm。加工面应光滑匀顺，应磨去飞刺、挂渣。零件加工尺寸允许偏差见表 3-1-5 及表 3-1-6。

零件加工尺寸允许偏差(mm) 表 3-1-5

名称	范围	允许偏差	
		宽度	孔边距
板梁主梁，桁梁的弦，斜、竖杆，纵、横梁，平联杆件	盖板	±2.0	—
	竖板(箱形)	±1.0	—
	腹板	—	—
主桁节点板	三边	—	±2.0
座板	四边	±1.0	—
拼接板、鱼形板、桥门弯板	两边	±2.0	—
支承节点板、拼接板、支承角	支承边端	—	+0.5 +0.3
平联、横联节点板	焊接边	—	±3.0
箱形杆件内隔板	四边	+0.5 0	—

注：1. 长度不大于 10m 的直线度允许偏差为 2.0mm，10m 以上者为 3.0mm，且不得有锐弯。

2. 腹板宽度必须按盖板厚度及焊接收缩量配制。

3. 箱形杆件内隔板板边垂直度偏差不得大于 0.5mm。

箱形梁零件加工尺寸允许偏差(mm) 表 3-1-6

名称	范围	允许偏差		图例
盖板	周边	长度(a)	+2.0 −1.0	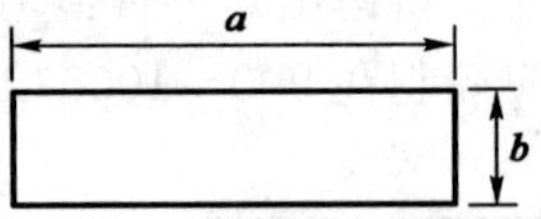
		宽度(b)	+2.0 0	
腹板	周边	长度(a)	+2.0 −1.0	
		宽度(b)	—	
隔板	周边	宽 b_1	+0.5 0	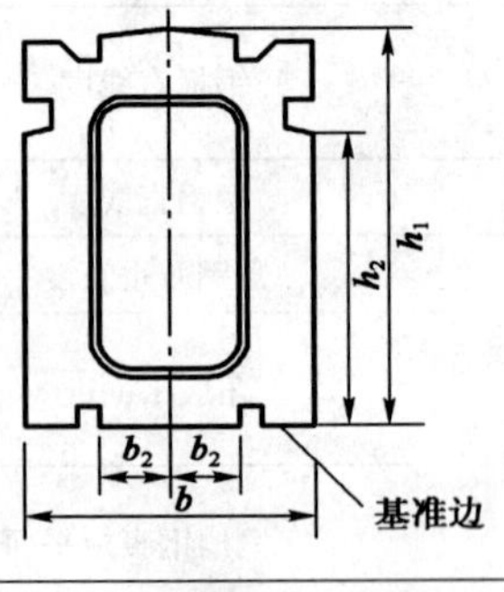
		高 h_1	+0.5 −0.5	
		对角线差	1.0	
		垂直度	$h_1/2000$	
		缺口定位尺寸 b_2、h_2	+2.0 0	基准边
纵肋与横肋	按工艺文件	高 h_1 (长 l)	±0.5 $\left(\begin{matrix}0\\-2.0\end{matrix}\right)$	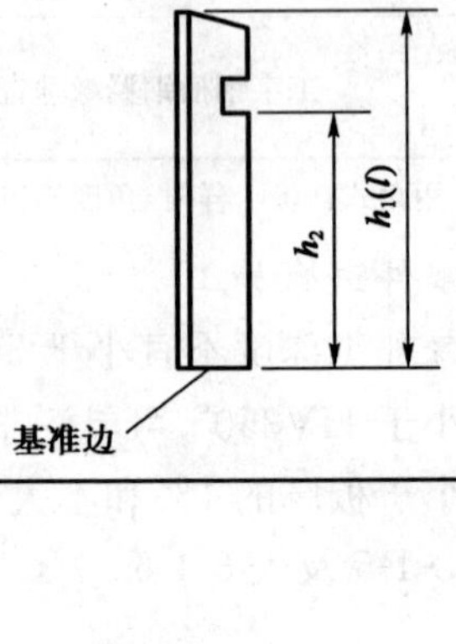
		缺口定位尺寸 h_2	0 0.2	基准边

注：1. 腹板宽度必须按盖板厚度及焊接收缩量配制。

2. 坡口可采用机加工或精密切割，坡口尺寸及允差由焊接工艺规定。

5. 制孔

螺栓孔应成正圆柱形，孔壁表面粗糙度不大于25μm，孔边缘无毛刺和缺口。孔径偏差及孔距偏差按表3-1-7及表3-1-8规定，特别情况下按设计文件执行。眼杆或眼板的孔径允差为±0.2mm；受拉眼杆两端孔外缘距允差及受压眼杆两端孔内缘距偏差允许±0.5mm。

螺栓孔径允许偏差(mm) 表3-1-7

螺栓直径	螺栓孔径	允许偏差	螺栓直径	螺栓孔径	允许偏差
M12	14	+0.5 0	M24	26	+0.7 0
M16	18	+0.5 0	M27	29	+0.7 0
M20	22	+0.7 0	M30	33	+0.7 0
M22	24	+0.7 0			

螺栓孔距允许偏差(mm) 表3-1-8

项目		允许偏差		
		主要杆件		次要杆件
		桁架杆件	板梁主梁	
两相邻孔距		±0.4	±0.4	±0.4(±1.0)②
多组孔群两相邻孔群中心距		±0.8	±1.5	±1.0(±1.5)②
两端孔群中心距	$L\leqslant 11$m	±0.8	±4.0①	±1.5
	$L>11$m	±1.0	±8.0①	±2.0
孔群中心线与杆件中心线的横向偏移	腹板不拼接	2.0	2.0	2.0
	腹板拼接	1.0	1.0	—

注：①连接支座的孔群中心距允许偏差。

②括号内数值为人检结构的允许偏差。

三、组装

板件的拼接应于组装前按规定进行：

(1)板箱梁盖板、腹板长度接料不宜小于1000mm，盖板和腹板宽度接料不宜小于200mm，板梁盖板宽度不宜拼接。横向接料焊缝轴线距焊缝和钉孔中心线不宜小于100mm。

(2)板梁腹板和箱梁盖、腹板拼接焊缝交叉点间距不得小于200mm，腹板接料焊缝焊缝宜在受压区。

(3)杆件组装时相邻焊缝应错开一定距离，见图3-1-7规定。

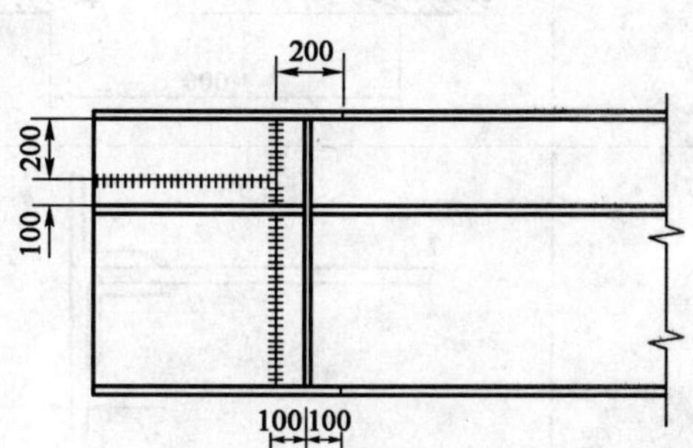

图3-1-7 焊缝错开的最小距离(尺寸单位：mm)

采用埋弧焊、CO_2气体保护焊及低氢型焊条手工焊的焊接接头，组焊前必须彻底清除待焊区域的铁锈、氧化皮、油污、水分等有害物，使其表面露出金属光泽。清除范围见图3-1-8。

当先孔法制造杆件时，组装时必须以孔定位。胎型组装时，每一孔群应不少于2个冲钉，冲钉直径应为设计孔径 $\varphi_{-0.1}^{-0}$ mm。

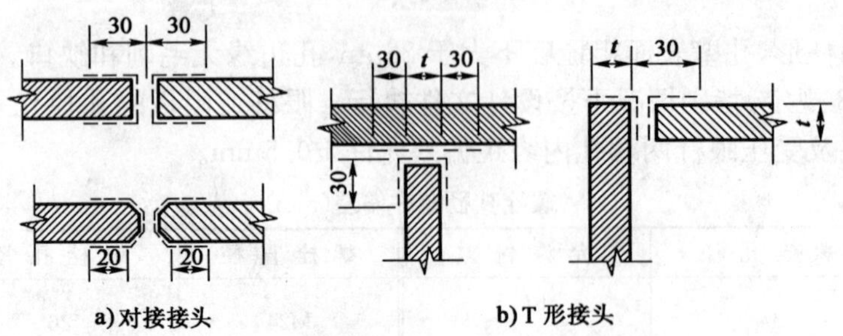

图 3-1-8　组焊前的清除范围(尺寸单位:mm)

(4)组装定位焊应符合下列要求:

定位焊缝应离开设计焊缝端部 30mm 以上,长度为 50～100mm;定位焊缝焊脚尺寸不得大于设计焊脚尺寸$\frac{1}{2}$;定位焊缝不得有裂纹、夹渣、焊瘤等缺陷,对于开裂的定位焊,应查明原因,清除开裂焊缝,并在保证杆件尺寸前提下补充定位焊。

(5)对于埋弧焊焊接的焊缝,应在焊缝端部连接引、熄弧板;引板材质、厚度及坡口与焊件相同。

焊接检验试板时,需在焊缝端连接同样材质、厚度、轧制方向及坡口的试板,试板长应大于 400mm,每侧宽大于 150mm。

杆件组装允许偏差见表 3-1-9。

杆件组装允许偏差(mm)　　　　表 3-1-9

序　号	图　　例	项　　目	允 许 偏 差
1	Δ, t, b	对接高低差	1.0($t\geqslant 25$) 0.5($t<25$)
		对接间隙 b	1.0
2	Δ	盖板中心与腹板中心线偏移	1.0
3	Δ, 1 000	梁腹板平面度	1.0
4	Δ	组合角钢肢高低差	0.5(结合处) 1.0(其他处)
5	Δ	盖板倾斜	0.5

续上表

序号	图例	项目	允许偏差
6	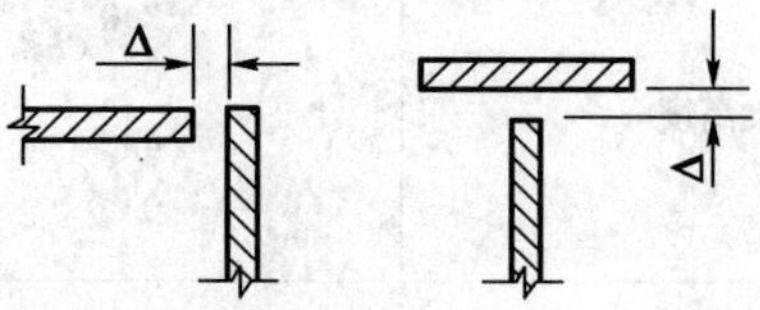 Δ	组装间隙	0.5
7	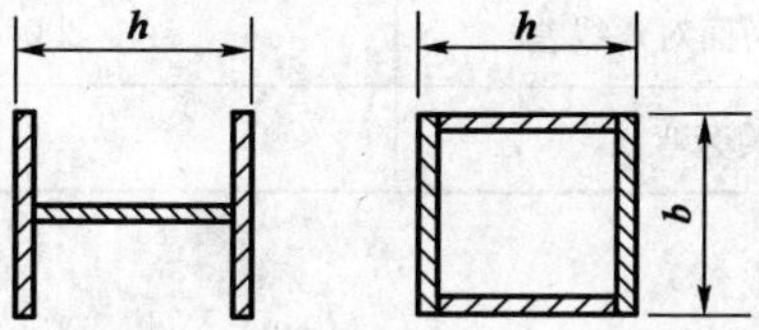 h　h　b	桁梁工形、箱形杆件高度 h	$+1.5$ 0
		桁梁箱形杆件对角线差	2.0
		桁梁箱形杆件宽度 b	±1.0(有拼接时)
8	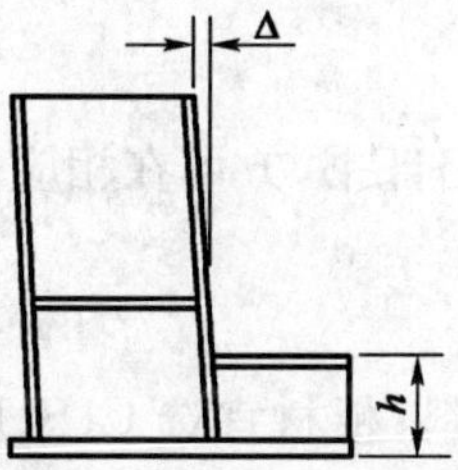 Δ　h	焊接整体节点的内侧大节点板垂直度	1.5
		高度 h	$+1.5$ 0
9	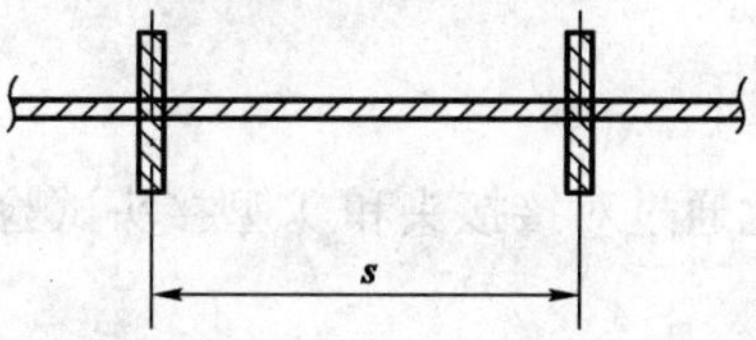 s	板梁、纵、横梁加劲肋间距 s	±1.0(有横向联结) ±3.0(无横向联结)
10	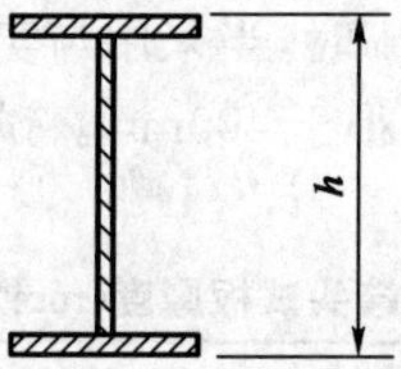 h	纵横梁高度 h	$+1.5$ 0
		板梁高度 h	$+2.0$ 0 ($h\leqslant 2m$) $+4.0$ 0 ($h>2m$)
11	磨光顶紧	局部缝隙	0.2
12	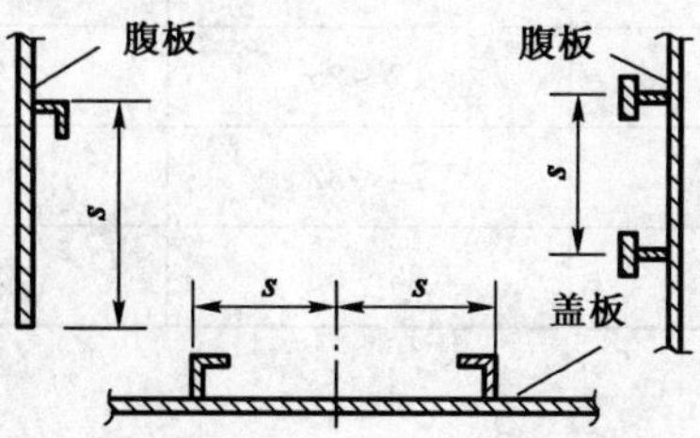 腹板　腹板　s　s　s　盖板	箱形梁盖、腹板的纵肋、横肋间距 s	±1.0
13	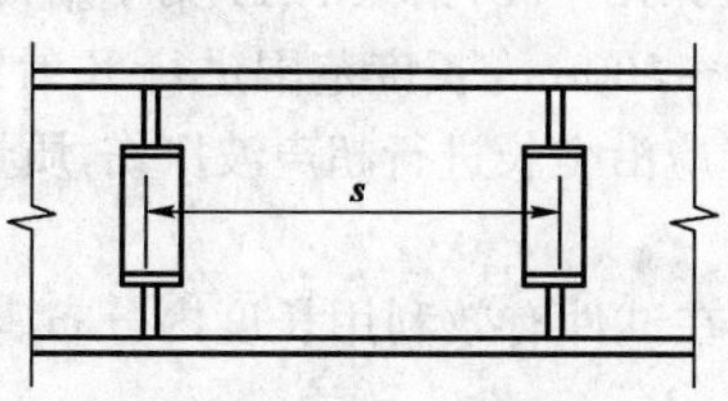 s	箱形梁隔板间距 s	±2.0

续上表

序号	图例	项目	允许偏差
14	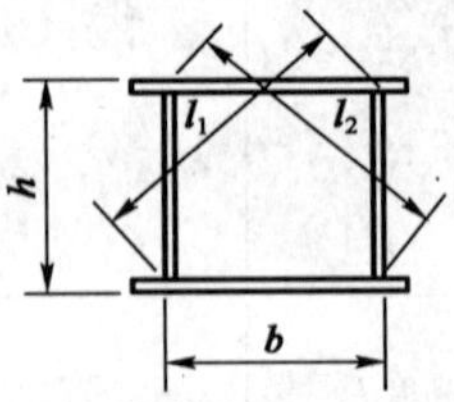	箱形梁高度 h	$^{+2.0}_{0}$ （h≤2m） $^{+4.0}_{0}$ （h>2m）
		箱形梁宽度 b	±2.0
		箱形梁横断面对角线差	3.0
		箱形梁旁弯 f	5.0

四、焊接工艺评定、焊接和焊接检验

1.焊接工艺评定

焊接工作开始前，焊工及无损检测人员应进行考核并取得资格证书，方可在相应范围内从事焊接工作外，焊接工艺须根据焊接工艺评定报告编制。

(1)焊接评定的一般要求

评定条件应与产品条件相对应，采用与产品相同的钢材和焊料；板材宜选 C、S、P 成分偏上限且冲击韧性偏下限的母材。当钢材、焊料及焊接方法、位置和影响焊接质量的其他条件如坡口等有改变时应重新评定。

(2)对接接头及 T 型接头试验

一般焊接结构均不外乎对接及 T 型接头角接焊缝，因此通过对接接头和 T 型接头试验对焊接工艺进行评定。

对接按产品板厚范围选择，每一范围选择一种；角接 T 型接头按焊脚尺寸选择板厚组合。规定板厚范围及焊脚尺寸分别见表 3-1-10 及表 3-1-11。当板厚大于 56mm 时，当采用与实桥相同板厚和设计焊脚尺寸。板长，自动焊不小于 600mm，手工焊、CO_2气体保护焊不小于 400mm。试件制作应符合技术规范要求。

对接接头试板厚度(mm)

表 3-1-10

产品厚度	试件厚度
8～16	12～16
17～32	24～32
33～56	33～56

T 型接头试板厚度(mm)　　表 3-1-11

焊脚尺寸	试板厚度	
	腹板厚	盖板厚
6.5×6.5	10～16	12～16
8×8	12～25	17～25
10×10	24～32	26～40
12×12	33～56	33～56

(3)试件焊接接头检查和试验

外观质量及探伤。试件焊缝外观质量应符合规范(TB 10212—98)第 4.7.11 第 1 款规定。对接接头应沿焊缝全长进行超声波探伤，质量等级为Ⅰ级；并在 200～300mm 长度范围进行 X 射线照相，质量符合规范(TB 10212—98)第 4.7.11 第 7 款规定。角接焊缝应沿全长进行超声波探伤，质量等级Ⅱ级。

试件应进行表 3-1-12 所列项目试验。

试件加工的样坯截取位置应根据焊缝外形及探伤结果，在试件有效利用长度内分布。加工前容许对样坯冷矫正。试件数量及试验方法见表 3-1-12 规定。

机械性能试验项目、试件数量(个)　表 3-1-12

试件型式	试验项目	试样数量	试验方法
对接接头试件	接头拉伸(拉板)试验	1	见第一篇、第一章
	焊缝金属拉伸试验	1	
	接头侧弯试验①	1	
	低温冲击试验	6②	
	接头硬度试验	1	
T型接头试件	焊缝金属拉伸试验	1	
	接头硬度试验	1	

注：①弯曲角 $\alpha=180°$。

②缺口开在焊缝中心及熔合线外 1.0mm 处各 3 个。

机械性能试验结果评定：

拉伸试验的 σ_s、σ_b 及 δ_5 的结果数值应不低于母材值；接头侧弯试件受拉面裂纹总长不大于试样总宽的 15％，且单个裂纹长不大于 3mm，则视为合格；Q345q 和 Q370q 钢－40℃Akv 及－20℃Akv 冲击值分别不低于 34J 和 41J。冲击试验的每组(3 个)试样试验结果平均值不低于规定值，且任一试样结果不低于 0.7 倍的规定值，则判为合格。当结果不满足上述要求，允许从同一试板再取三个式样进行试验，如六个试样结果平均值不低于规定值，且低于规定值结果不多于 3 个(其中，不得有 2 个以上结果低于 0.7 倍规定值，也不得有任一结果低于 0.5 倍规定值)则可判为合格，否则，判为不合格；接头硬度值不大于 HV350°；宏观断面酸蚀试验[参见规范《钢的低倍组织及缺陷酸蚀试验法》(GB 226—1991)]焊缝成型系数为 1.3～2.0。

试验法其他要求参照第一篇第一章相应规范规定。更高要求需由设计、制造方协定。

(4)焊接工艺评定报告

评定报告应包括下列内容：母材、焊料牌号、规格、化学成分和机械性能；试板图；焊接条件及施焊工艺参数；焊缝检查结果；机械性能及酸蚀试验结果；结论。

2.焊接及焊接检查

(1)焊接环境

焊接应在室内进行，环境相对湿度应小于 80％。温度：普通碳素钢应不低于 0℃，低合金钢应不低于 5℃。主要杆件应于组装后 24h 内焊接。

(2)焊前准备

清除焊区有害物质见图 3-1-8 组装前的清除范围。

(3)焊料

已通过焊接工艺评定，焊丝、焊剂、焊条按规定烘干、清除污物；CO_2 气体浓度应大于 99.5％。

(4)预热

预热温度已通过焊接工艺评定；预热范围为焊缝每侧 100mm 以上，温度检测应在距焊缝 30～50mm 范围内进行。

(5)定位焊

见本节三(4)“组装定位焊”。

(6)引板

埋弧自动焊必须在距设计焊缝端部 80mm 以外引板上起、灭弧；若焊接过程中间灭弧，则必须将熄弧处刨成 1∶5 斜坡，并搭接 50mm 引弧；焊后搭接处应修平顺。

(7)焊缝磨修和返修焊

杆件焊后两端引弧板或试板，需用气割切除，磨平切口，不得伤及杆件；垂直受力方向的对接焊缝必须顺应力方向磨平余高，超值余高、小于 1mm 但超差的咬边必须磨修平顺。

对缺欠和裂缝进行返修焊时应先用电弧气刨或机械方法清除缺欠和裂缝，磨掉两边氧化皮，使露出金属光泽，两边刨成 1∶5 斜坡和利于返修焊的坡口，裂缝的清除长度由裂纹端向两边延伸 50mm。返修焊缝检查同原焊缝。

(8)焊缝检查

焊缝应在全长范围进行外观检查，不得有裂缝、未熔合、夹渣、未填满弧坑和焊瘤等缺陷，并符合表 3-1-13 规定。

焊缝外观质量标准(mm) 表 3-1-13

项　目	焊 缝 种 类	质 量 标 准
气孔	横向对接焊缝	不允许
	纵向对接焊缝、主要角焊缝	直径小于 1.0，每米不多于 3 个，间距不小于 20
	其他焊缝	直径小于 1.5，每米不多于 3 个，间距不小于 20
咬边	受拉杆件横向对接焊缝及竖加劲肋角焊缝(腹板侧受拉区)	不允许
	受压杆件横向对接焊缝及竖加劲肋角焊缝(腹板侧受拉区)	≤0.3
	纵向对接焊缝、主要角焊缝	≤0.5
	其他焊缝	≤1.0
焊脚尺寸	主要角焊缝	$h_1{}^{+2.0}_{\ 0}$
	其他角焊缝	$h_1{}^{+2.0}_{-1.0}$
焊波	角焊缝	≤2.0(任意 25mm 范围高低差)
余高	对接焊缝	≤3.0(焊缝宽 b≤12)
		≤4.0(12<b≤25)
		≤$4b$/25(b>25)
余高铲磨后表面	横向对接焊缝	不高于母材 0.5
		不低于母材 0.3
		粗糙度 $\overset{50}{\triangledown}$

注：手工角焊缝全长的 10%允许 $h_1{}^{+3.0}_{-1.0}$。

外观检查合格的焊缝方能进行无损检验，并应在焊后 24h 后进行。焊缝超声波探伤内部质量分级应符合表 3-1-14。

焊缝超声波探伤内部质量等级 表 3-1-14

项　目	质 量 等 级	适 用 范 围
对接焊缝	I	主要杆件受拉横向对接
	II	主要杆件受压横向对接焊缝、纵向对接焊缝
角焊缝	II	主要角焊缝

超声波探伤范围和检查等级应符合表 3-1-15 规定。距离—波幅曲线灵敏度及缺陷等级评定应符合(TB 10212—98)附录 D(或 JTJ 041—2000 附录 K-1)的规定。其他要求应符合国家标准《钢焊缝手工超声波探伤方法和探伤结果分级》(GB 11345—89)。

焊缝超声波探伤范围和检验等级(mm)　　表 3-1-15

焊缝质量级别	探伤比例	探伤部位	板厚	检验等级
Ⅰ、Ⅱ级横向对接焊缝	100%	全长	10～46	B
			>46～56	B(双面双侧)
Ⅱ级横向对接焊缝	100%	焊缝两端各 1000mm	10～46	B
			>46～56	B(双面双侧)
Ⅱ级角焊缝	100%	两端螺栓孔部位并延长 500mm，板梁主梁及纵、横梁跨中加深 1000mm	10～46	A
			>46～56	B(双面单侧)

主要杆件受拉横向对接焊缝，应按接头数量 10%(不少于一个焊接接头)进行射线探伤。探伤范围为焊缝两端各 250～300mm；焊缝长大于 1200mm 时，中间加探 250～300mm。射线探应符合标准《金属熔化焊焊接接头射线照相》(GB 3323—2005)规定；照相质量等级为 B 级；焊缝内部质量为 Ⅱ 级；局部超声探伤的焊缝发现裂纹或其他缺陷时，应扩大该焊缝探伤范围，甚至延至全长；射线探伤发现超标缺陷时应加倍检查。超声探伤和射线两种方法检验的焊缝，必须达到各自质量要求，该焊缝方认为合格。

在正式生产时，受拉横向对接焊缝应按表 3-1-16 规定数量焊接产品试板，试板探伤后进行接头拉伸、侧弯和焊缝金属低温冲击试验，取样数量及试验结果应符合焊接工艺评定规定。

产 品 试 板 数 量　　表 3-1-16

焊接长度(mm)	接头数量	产品试板数量	焊接长度(mm)	接头数量	产品试板数量
≤400	15	1	>1000	5	1
>400～1000	10	1			

五、杆件矫正

杆件组焊后，对超标的变形应进行冷矫和热矫。冷矫温度不宜低于 5℃，总变形量小于 2%，热矫加热温度应控制在 600～800℃间，严禁低温或过烧和重复加热。

矫正后的板梁及桁梁杆件和箱梁的允许偏差分别满足表 3-1-17 和表 3-1-18 要求。

板梁、桁梁杆件矫正允许偏差(mm)　　表 3-1-17

图例	项目	允许偏差
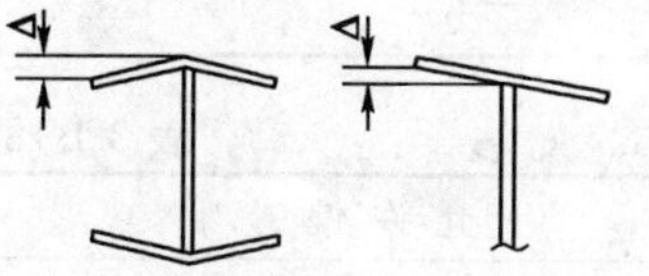	盖板对腹板的垂直度	0.5(有孔部位)
		1.5(其余部位)
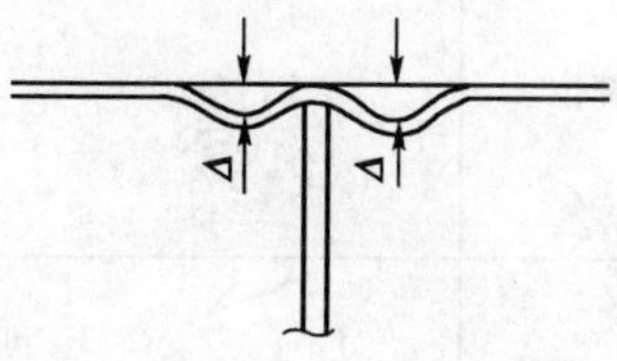	盖板平面度	0.3(有孔部位)
		1.0(其余部位)
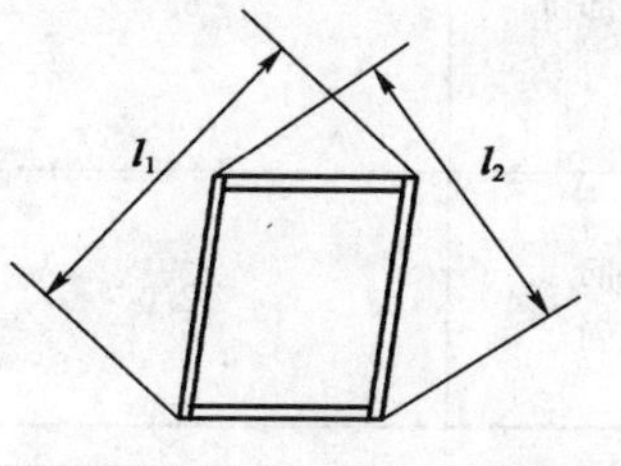 l_1　l_2	箱形杆件对角线差	2.0

续上表

图　例	项　目	允许偏差
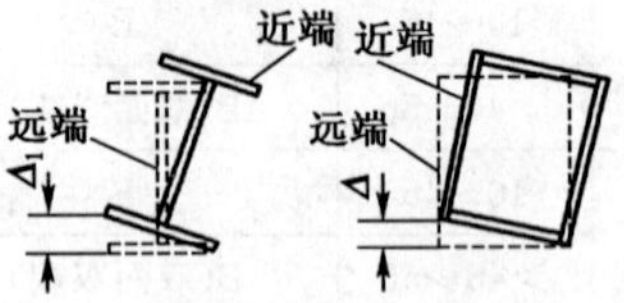 近端 近端 远端 远端 Δ_1 Δ	工形、箱形杆件的扭曲	3.0
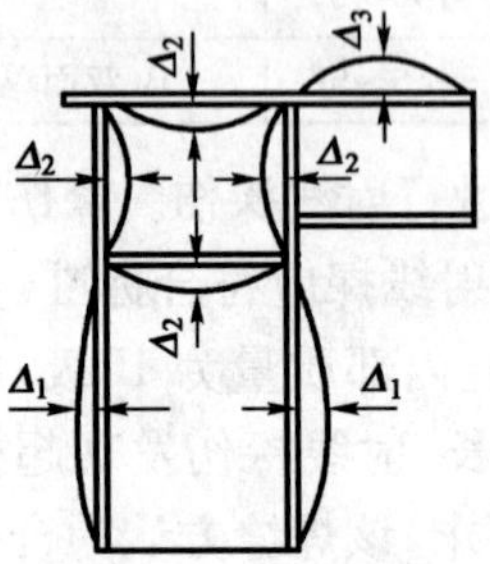 Δ_3 Δ_2 Δ_1	整体节点板平面度	Δ_1：2.0 Δ_2：1.0 Δ_3：2.0
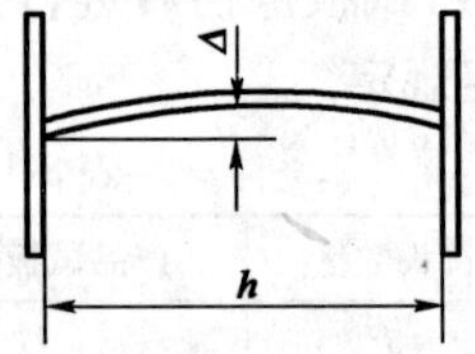 Δ h	板梁、纵、横梁腹板平面度	h/500 且不大于 5.0
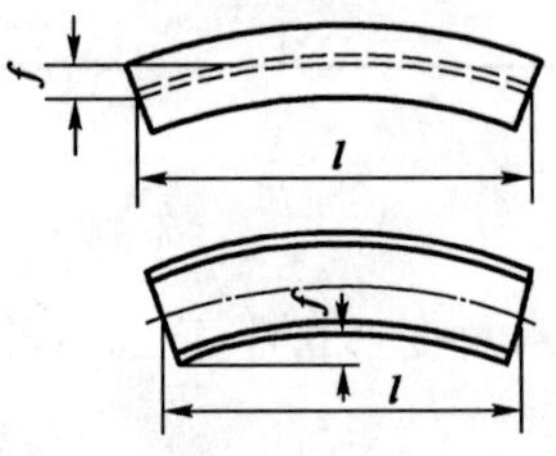 f l	工形、箱形杆件的弯曲纵、横梁的旁弯	2.0（$l \leqslant 4000$） 3.0（$4000 < l \leqslant 16000$） 5.0（$l > 16000$）
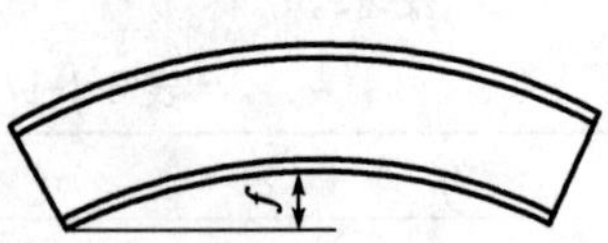 f	板梁、纵、横梁的拱度	$^{+3.0}_{0}$（不设拱度） $^{+10.0}_{-3.0}$（设拱度）

箱形梁矫正允许偏差（mm）　表 3-1-18

图　例	项　目	允许偏差	
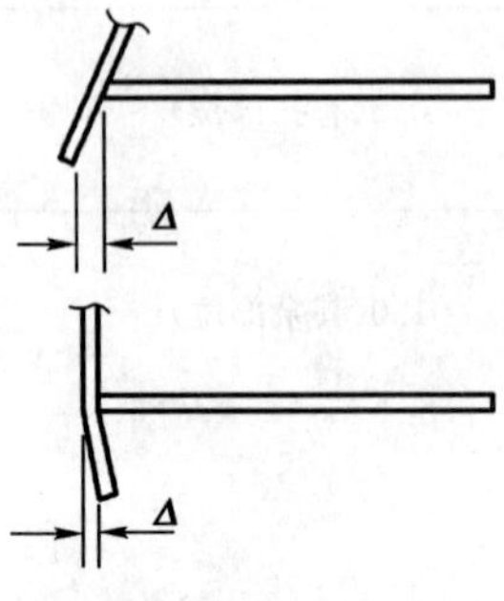 Δ	盖板对腹板的垂直度	有孔部位	1.0
Δ	盖板对腹板的垂直度	其余部位	3.0
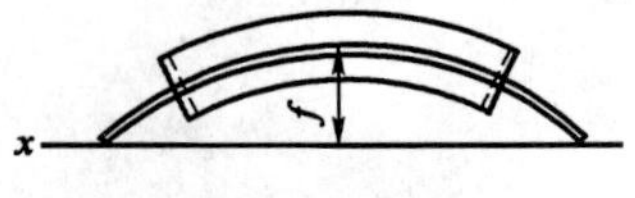 x f	隔板弯曲	横向 纵向	2.0

续上表

<table>
<tr><th>图　例</th><th>项　目</th><th colspan="2">允 许 偏 差</th></tr>
<tr><td rowspan="3"> 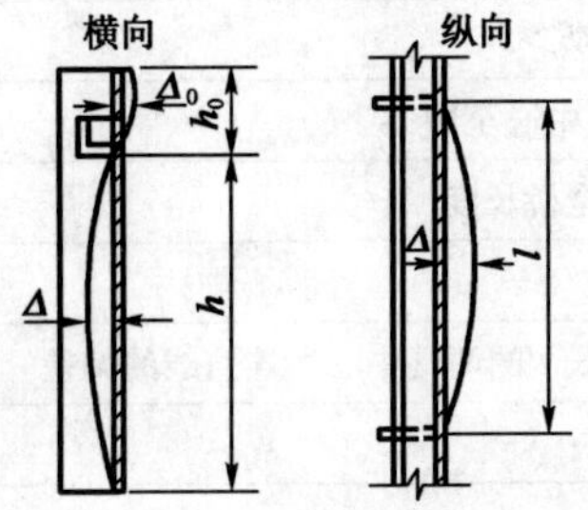横向 纵向</td><td rowspan="3">腹板平面度</td><td>有孔部位</td><td>2.0</td></tr>
<tr><td>横向</td><td>$h/250$</td></tr>
<tr><td>纵向</td><td>$l/500$</td></tr>
<tr><td rowspan="3"> 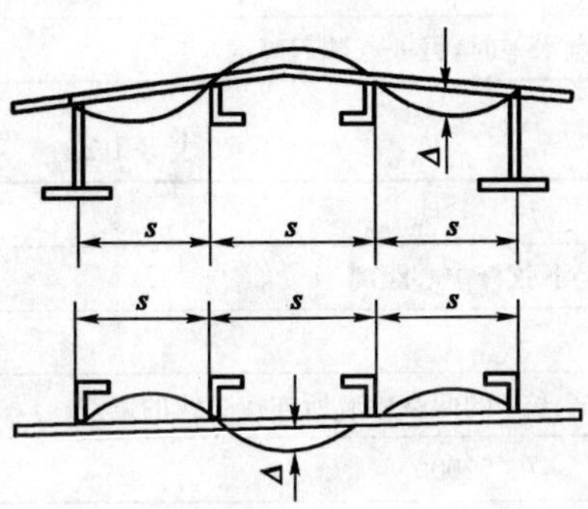</td><td rowspan="3">盖板平面度</td><td>有孔部位</td><td>2.0</td></tr>
<tr><td>横向</td><td>$s/250$</td></tr>
<tr><td>纵向 4m 范围</td><td>4.0</td></tr>
<tr><td rowspan="5"> 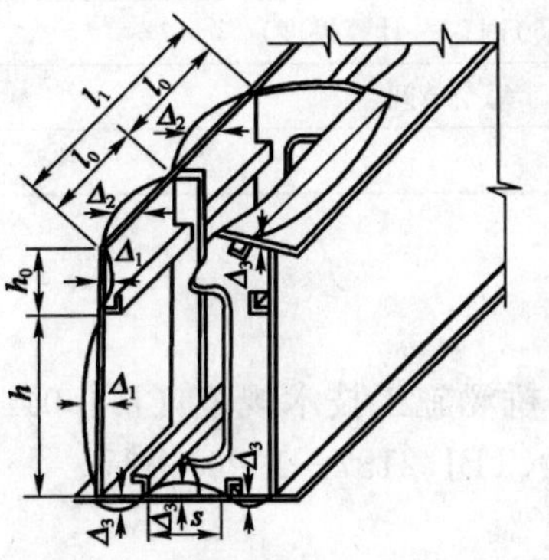</td><td rowspan="2">腹板平面度</td><td>横向 Δ_1</td><td>$h/250$ 且不大于 3.0</td></tr>
<tr><td>纵向 Δ_2</td><td>$l_0/500$ 且不大于 5.0</td></tr>
<tr><td rowspan="2">盖板平面度</td><td>横向 Δ_3</td><td>$s/250$ 且不大于 3.0</td></tr>
<tr><td>纵向 Δ_4</td><td>$l_1/500$ 且不大于 5.0</td></tr>
<tr><td>扭曲</td><td colspan="2">每米 1，且每段不大于 10</td></tr>
</table>

六、试拼装

对于新的钢梁设计或生产工艺装备或大修的均应进行代表性局部试拼装。成批连续生产的钢桥，每生产 10～20 孔试装一次。板梁应整孔试装。简支桁梁长度不宜小于半跨，连续梁应包括所有变化节点。

拼装应在经测平的台架上进行，杆件处于自由状态。试装时必须使板束密贴，冲钉不少于栓孔总数的 10%，螺栓不少于栓孔总数的 20%。杆件应无相互抵触和不易施拧的螺栓。对主桁应以较孔径小 0.75mm 试孔器检查并 100%自由通过；桥面系及连接系以较孔径小 1mm 试孔器检查并 100%自由通过，板梁以较孔径小 1.5mm 试孔器检查相应螺栓孔均应 100%通过。

磨光顶紧处应 75%以上面积密贴，以 0.2mm 塞尺塞入面积不得多于 25%。板梁和桁梁的主要尺寸允许偏差应分别符合表 3-1-19、表 3-1-20 的规定。

板梁试装主要尺寸允许偏差(mm) 表 3-1-19

项　目	允许偏差	说　明
梁高 h	±2	$h \leqslant 2m$
	±4	$h > 2m$
跨度 l	±8	支座中心至中心
全长	±15	全桥长度
主梁中心距	±3	—
旁弯	l/5000	桥梁中心线与其试装全长 l 的两端中心所连直线的偏差
平联节间对角线差	3	—
横联对角线差	4	—
主梁倾斜	5	—
支点高低差	3	支座处三点水平时，另一点翘起高度

桁梁试装的主要尺寸允许偏差(mm) 表 3-1-20

项　目	允许偏差	说　明
桁高	±2	上下弦杆中心距离
节间长度	±2	—
旁弯	l/5000	桥面系中线与其试装全长 l 的两端中心所连接直线的偏差
试装全长	±5	$l \leqslant 50000$
	±l/10000	$l > 50000$
拱度	±3	当 $f \leqslant 60$ 时(f—计算拱度)
	±5f/100	当 $f > 60$ 时(f—计算拱度)
对角线	±3	每个节间
主桁中心距	±3	—

七、涂装

钢梁涂装应符合《铁路钢桥保护涂装》(TB/T 1527—2004)或《公路桥涵施工技术规范》(JTJ 041—2000)。接触面摩擦系数测试按《铁路钢桥栓接板面抗滑移系数试验方法》(TBJ 2137—1990)进行。

八、钢梁制造验收

钢梁制造完成后应按施工图及(TB 10212—98)或(JTJ 041)进行验收。板梁、桁梁及箱梁应分别满足表 3-1-21、表 3-1-22 及表 3-1-23 的基本尺寸允差要求。板梁、桁梁及箱梁螺栓孔允许偏差应符合表 3-1-7 及表 3-1-8 要求。

板梁基本尺寸允许偏差(mm) 表 3-1-21

项　目	允许偏差	说　明
梁高 h	±2($h \leqslant 2m$)	测量两端腹板处高度
	±4($h > 2m$)	
跨度 l	±8	测量两支座中心距离
全长	±15	测量全桥长度
纵梁长度	+0.5 −1.5	测量两端角钢背至背之间距离
横梁长度	±1.5	

续上表

项　目	允 许 偏 差	说　明
纵梁高度	±1	测量两端腹板和高度
横梁高度	±1.5	
纵、横梁旁弯	3	梁立置时在腹板一侧距主焊缝 100mm 处拉线测量
主梁拱度 f	$^{+3}_{0}$（不设拱度）	梁卧置时在下盖板外侧拉线测量
	$^{+10}_{-3}$（设拱度）	
纵、横梁拱度	$^{+3}_{0}$	梁卧置时在下盖板外侧拉线测量
两片主梁拱度差	4	分别测量两片主梁拱度，求差值
主梁腹板平面度	h/350 且不大于 8	用平尺测量（h 为梁高或纵向加劲肋至下盖板间距离）
纵、横梁腹板平面度	h/500 且不大于 5	
主梁、纵横梁盖板对腹板的垂直度	0.5（有孔部位）	用直角尺测量
	1.5（其余部位）	

桁梁杆件基本尺寸允许偏差（mm）　　表 3-1-22

名　称	项　目	允 许 偏 差	图　例	说　明
联结系杆件	高度 h	±1.5	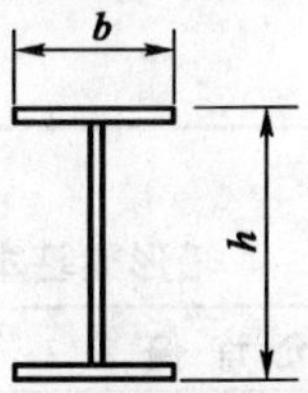	测量两端腹板处高度
	盖板宽度 b	±2.0		每 2m 测一次
	长度 l	±5		测量全长
纵横梁	纵梁高度 h	±1.0	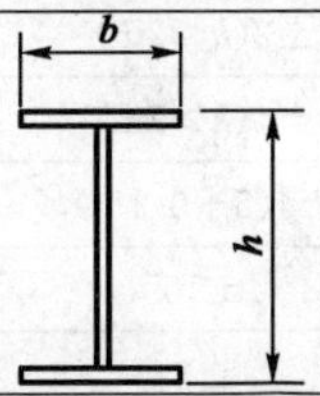	测量两端腹板处高度
	横梁高度 h	±1.5		
	盖板宽度 b	±2.0		每 2m 测量一次
	纵梁长度 l	$^{+0.5}_{-1.5}$	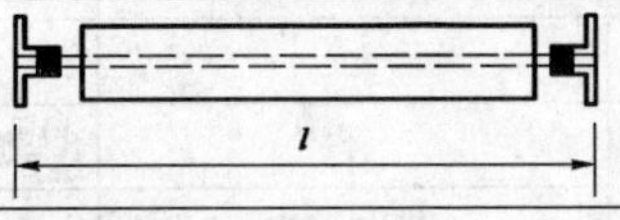	测量两端角钢背至背之间的距离
	横梁长度 l	±1.5		
	旁弯	3	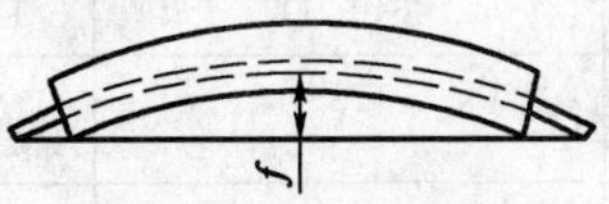	梁立置时，在腹板一侧距主焊缝 100mm 处拉线测量
	上拱度 f	$^{+3}_{0}$	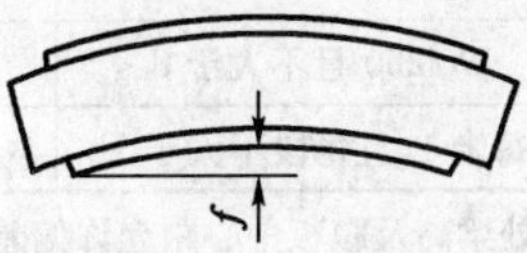	梁卧置时，在下盖板外侧拉线测量
	腹板平面度	h/500 且不大于 5	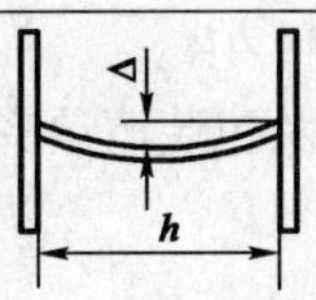	用平尺测量
	盖板对腹板的垂直度 Δ	0.5（有孔部位） 1.5（其余部位）	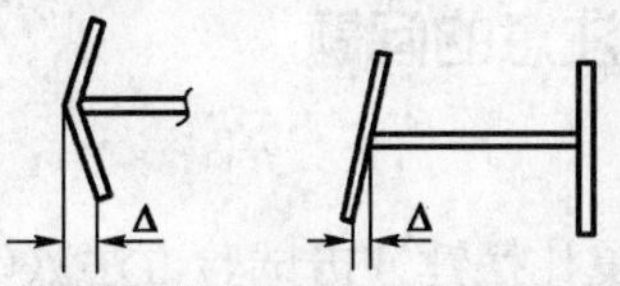	用直角尺测量

续上表

名 称	项 目	允许偏差	图 例	说 明
主桁杆件	高度 h	±1.0		测量两端腹板处高度
	盖板宽度 b	±2.0①		每 2m 测量一次
	长度 l	±5		测量全长
	工形杆件的盖板对腹板的垂直度 Δ	0.5(有孔部位) 1.5(其余部位)		用直角尺测量
	弯曲	2(l≤4000) 3(4000<l≤16000) 5(l>16000)		拉线测量
	扭曲	3	近端 远端 远端	杆件置于平台上，四角中有三角接触平台，悬空一角与平台间隙

注：①箱形杆件有拼接要求时为±1.0。

箱形梁基本尺寸允许偏差(mm) 表 3-1-23

项 目	允许偏差	说 明
梁高	±2(h≤2m)	测量两端腹板处高度
	±4(h>2m)	
跨度 l	±4(5+0.15l)	测两支座中心距离
全长	±15	—
腹板中心距	±3	测量两端腹板中心距离
盖板宽度 b	±4	—
横断面对角线差	4	测两端断面对角线差
旁弯	3+0.11	1 以 m 计
拱度	+10 −5	—
支点高度差	5	—
腹板平面度	h/250 且不大于 8	h 为盖板与加劲肋或加劲肋与加劲肋之间的距离
扭曲	每米 1，且每段不大于 10	每段以两端隔板处为准

注：1. 分段分块制造的箱形梁拼接处梁高及腹板中心距允许偏差按施工文件要求办理。
2. 箱形梁各项检查方法可参照板梁检查方法。

钢桥出厂时随附文件、发送表及包装清单齐全；质量计算正确、标牌安装正确及包装发运符合有关规定。

九、钢梁制造需特别注意的问题

1. 冲击韧性的试验方法

国家标准《金属材料　夏比摆锤冲击试验方法》(GB/T 229—2007)规定冲击韧性试样有两种缺口

形式：V形缺口，缺口夹角45°，深2mm，底部曲率半径0.25mm；U形缺口，深2mm或5mm，底部曲率半径1mm。缺口均对称于试样纵向轴线。标准截面10mm×10mm，长55mm。两试样缺口虽然均较天然裂纹状态相差较远，但前者较接近天然裂纹状态。由于天然裂纹预制困难，故尽管如此，天然裂纹冲击试件很难广泛使用，而V形缺口试件已在国内外广泛使用并积累了大量数据，并且与大型断裂试件建立了关系。因此我国的桥梁钢的韧性研究快速方便的手段仍为V形缺口冲击试验。

2. 焊接接头韧性与强度匹配

断裂力学研究成果使人们认识到，仅仅注意接头强度是远远不够的，为抗脆性破坏的需要，亦必须特别重视韧性。焊缝的强度与韧性常常是此消彼长，相互制约，在实际生产中容易出现强度偏高、韧性偏低的现象，但高强度低韧性的焊缝并不能确保结构安全。在对这种焊缝做拉伸试验时，仍可能是焊缝先断。因为焊缝冷却速度快，相变过程不充分，组织不均匀，加之焊缝中的微小缺陷难以避免，受力时微小缺陷就成为应力集中点。如果韧性不够好，缺陷处的塑性变形不充分，能量得不到耗散，就可能成为裂纹，并不断扩展。所以，以必要的韧性来确保强度发挥十分必要。但提高韧性并非易事，过高的韧性要求除增加费用外，技术上也有更大难度。所以，需要研究强度与韧性的匹配问题。

与基材强度相比，焊缝强度是高于基材（高匹配），等于基材（等匹配），还是低于基材（低匹配）呢？对此国内外学者作过一些研究。对于桥梁结构钢，主要倾向于等匹配，或"适当的"高匹配。

高匹配高韧性的焊接不会先断于焊缝；高匹配低韧性的焊接可能焊缝先断；低匹配低韧性的焊接一定是焊缝先断。低匹配，但韧性和塑性都很好的焊缝仍可能不先断。因为在这种情况下焊缝有较好的变形强化能力。强度固然很重要，但韧性也非常关键，是发挥强度的保证。就桥梁结构而言，没有必要的韧性保证，强度再高也不安全。

钢梁提出强韧性匹配的高要求是必要的，焊缝与基材的强度匹配也是合适的。在确保韧性水平满足标准要求条件下，焊缝极限强度可以比基材高21%。

两种屈服点相差较大的材料结合，当低屈服点材料首先达到流塑状态时，在界面区受到高屈服点材料约束会产生三向拉应力状态。但在桥梁使用状态中距离较大范围屈服相差甚远。这便是允许强度适当高匹配的理由。

3. 倒棱、磨修和锤击

防断首先防裂。断裂发生的必要条件之一是疲劳裂缝达到临界长度，而缺陷是产生裂纹的前提条件。因此除保证材料及焊缝具有足够塑性及韧性外，还要杜绝缺陷。因而精切后的倒棱及焊缝的磨修构成了有效的延长疲劳寿命的措施。精切外割嘴侧有淬火作用，而割嘴侧易于引发裂缝，匀速切割双侧倒棱，可以保证精切质量。试验证明，受拉力的焊脚处的错台、不匀顺及缺陷不能满足桥梁疲劳寿命的要求。因此对于横向加劲肋受拉区焊脚、平联结点板与主节点板的端焊脚、受拉箱形杆的隔板焊脚、对接焊缝等关键部位，沿其受力方向打磨至平滑匀顺非常重要。例如某桥研究有0.2mm错台不打磨，疲劳寿命130万次，按规定打磨后寿命可到300万次以上。另外锤击焊脚可产生三向压应力分布，同样可提高疲劳寿命。因此这些修整措施不能忽略。

由于焊接工艺在桥梁制造中越来越重要，可节省钢料和提高制造安装效率，但同时，焊接带来的缺陷、冶金的不利影响以及焊接结构的约束和刚性均会使联结疲劳强度降低。这些是必须在工艺过程中认真解决的。

十、钢梁的架设

钢梁架设依据的标准是《铁路桥涵施工规范》（TB 10203—2002）和《公路桥涵施工技术规范》（JTJ 041—2000），以及相关设计图、设计及制造有关文件。

1. 一般性要求及架设前准备

(1)架设前应具备下述主要技术资料

①钢梁结构设计图，杆件应力表及杆重，以及钢梁设计制造依据标准温度；

②桥址地质、地形，以便作施工组织设计；

③桥址水文、气象，以确定施工设计风速、施工水位、便桥高程、预拼场选择及胎架高程等；

④墩台结构及跨度、高程复测测试资料；

⑤钢梁制造及预拼装全部资料。

(2)架设前准备工作

①编制施工组织设计。包括场地、交通、供水供电；材料、机具、人员组织配备；主体工程数量、工程进度、组织机构；工程造价等。

②制订施工细则。包括架设方案及工艺方法；吊机施工细则及施工技术安全细则。

③施工结构设计。布置架梁布置总图，进行辅助结构设计及主结构架设过程的稳定、应力、挠度等检算及安装应力测量等。

④安装应力检测。大型钢梁的架设过程必须进行安装应力测试，其目的在于：检查和保证恒载应力、挠度等与设计一致；

保证控制断面应力、稳定等方面的安全性。测试测点的制作有时在钢梁预拼场进行，因此测试方案应与施工结构设计同时安排。

2. 钢梁杆件的验收、堆放和预拼场组装

(1)验收

按设计文件及制造技术资料对实物进行检查或抽查，并检查材质记录，加工、组装试拼装偏差记录，尤其缺陷返修记录等；摩擦系数检查，应于工厂预先以相同工艺制造试件，随杆件至工地进行复验。

(2)堆放

保证台架平整，不淹水，不发生永久变形，按安装先后次序便于查找和安装，点清数量不遗漏，对锈蚀及时处理等。

(3)预拼场组装

①清查预拼杆件编号和数量。

②绘制预拼图。

③按吊机性能、吊距、运送方式综合考虑预拼件总重(考虑动力系数)；主桁两侧对称性。

④质量要求：冲钉以35号或45号钢制作，直径较孔径小0.15～0.3mm，且柱形部分长度大于板束厚；板束密贴，0.3mm塞尺插入深度小于20mm；检孔重合率及支承节点磨光顶紧均应达到工厂预拼要求。两片纵梁间距允许偏差±1mm，对角线允许偏差±2mm。

3. 架设

钢梁架设可在膺架上进行，可悬臂安装、拖拉、顶推或浮运安装。

(1)满布膺架上安装

应计算膺架沉降和变形对钢梁拱度的影响，考虑拱度调正的设备安装位置。

满布膺架上拼梁，冲钉和螺栓总数不少于节点孔眼总数的1/3，其中冲钉数为2/3；孔眼数量较少部位，冲钉总数不少于3个，冲钉和螺栓总数不少于6个或全部放足。

(2)悬臂安装

悬臂安装应进行安装应力计算和施工结构计算：

①平衡梁的设计与安装。平衡梁可设在桥头路基上或第一孔膺架上或中墩墩旁托架间。前者由悬臂拼装桁梁连接处端节点向后拼出，除主梁端节点支座外，平衡梁端节点也设端部临时支座，以备支点高程和反力调正；当在第一孔上拼装平衡梁时，应考虑膺架的压缩及变形对拱度调整的影响；悬出部分的膺架部分设临时支座，且半悬臂端高程不得低于前方墩顶支点顶面。必须在膺架上进行平衡梁孔拱度调整，经检查合格后方能悬臂拼出。开始悬出的支座应设固定支座，其余为活动；固定支座处横联应考虑抗扭设计，此处扭转变形偏差应小于设计跨度的1/2500。

②悬拼钢梁倾覆稳定安全度大于1.3。

③悬臂孔上的各种施工荷载应不大于计算值。进入最大悬臂时应对临时不必要的荷载全面清查和撤除。

④每悬拼新节前，主桁应已形成稳定、闭合的空间结构。

⑤主桁杆应上足50％冲钉和30％螺栓，其他杆件上足30％冲钉和30％螺栓方能松钩。

⑥拼装过程及时进行拱度、偏移、应力、挠度测量与计算数据对比核定。

(3)合龙及临时连接杆拆除

悬臂安装合龙时应符合下列规定：

①合龙跨两桥墩布置临时固定支座，其余为活动支座。

②合龙节间安装前，应调整钢梁平面及空间位置，以达到两端主桁平面中线偏差小于2mm，两悬臂端间隔距离符合设计尺寸要求。

③节点合龙符合下列规定：两悬臂端高程一致；两悬臂端间隔距离与设计尺寸相符；两悬臂端转角一致。

④形成整体后立即将一端固定支座改为活动支座。

⑤合龙钉孔可以为工地扩孔或适当的长圆孔。最后采用足够高强度螺栓连接。

合龙完成后，当拆除临时连接杆时，应在应力检测指导下进行：调整支座高程、当临时连接杆应力为零时，轻轻打出冲钉及螺栓。

(4)钢梁内力及支座调整

内力和支座的调整，是钢梁安装关键步骤，钢梁转换至设计结构体系后，内力及支座的调整，需在结构设计计算和安装应力测试指导下进行。安装应力测试应已考虑此步施工的测点布置。通过支座纵、横移及高程调整保证符合设计内力和线形，钢梁质量符合表3-1-24及表3-1-25允许偏差要求。

钢梁节点位置尺寸容许误差表　　表3-1-24

项目		容许误差
钢梁主桁平面位置	1.弦杆节点对梁跨端中心联线的偏移	跨度的1/5000
	2.弦杆节点对相邻两个奇数或偶数节点中心联线的偏移	5mm
	3.立柱在横断面内相对垂直偏移	立柱理论长度的1/700
	4.拱度偏差： 设计拱度≤60mm 设计拱度≤120mm 设计拱度＞120mm	 ±4mm 设计拱度的±8％ 技术文件中另定
钢梁两主桁相对节点位置	5.支点处相对高差	梁宽的1/1000
	6.跨中心节点处相对高差	梁宽的1/500
	7.跨中其他节点处相对高差	根据支点的及跨中心节点高低差按比例增减

钢梁和支座与设计线路中线和高程容许误差表　　表3-1-25

项目		容许误差
钢梁中线与设计中线和高程关系	1.墩、台处铁路横梁中线对设计线路中线偏移	10mm
	2.简支梁与连续梁间、两端(孔)间相邻铁路横梁中线相对偏差	5mm
	3.墩、台处铁路横梁顶与设计高程偏差	±10mm
	4.两联(孔)相邻铁路横梁相对高差	5mm

续上表

<table>
<tr><th colspan="3">项　目</th><th>容 许 误 差</th></tr>
<tr><td rowspan="6">支座与设计线路中线关系</td><td rowspan="2">5. 支座十字线扭转偏差</td><td>支座尺寸≥2000mm</td><td>1/1000 边宽(mm)</td></tr>
<tr><td>支座尺寸<2000mm</td><td>1mm</td></tr>
<tr><td rowspan="2">6. 固定支座十字线中心与全桥贯通测量后墩台中心线纵向偏差</td><td>连续梁或 60m 以上简支梁</td><td>20mm</td></tr>
<tr><td>60m 以下的简支梁</td><td>10mm</td></tr>
<tr><td colspan="2">7. 辊轴位置纵向位移</td><td>按气温安装，灌注定位前±3mm</td></tr>
<tr><td colspan="2">8. 支座底板四角相对高差</td><td>2mm</td></tr>
</table>

(5)工地高强度螺栓质量验收和施拧检测

高强度螺栓制造质量与施拧检测详见本章第四节。

第三节　斜拉桥及悬索桥钢箱梁制造与安装

一、斜拉桥、悬索桥的钢箱梁所用材料

斜拉桥及悬索桥的钢箱梁同样采用满足桥梁运营荷载特征、气候及寿命要求的相应牌号桥梁钢，这在第一篇第一章第一节已有详细论述。此处钢箱梁所用板厚多在 8～12mm，最厚用至 16mm，部分用 20mm、30mm，一般采用全焊。闭口肋及吊索、斜拉索的锚箱部位均需进行抗疲劳设计，并满足要求的疲劳寿命。

二、斜拉桥、悬索桥的钢箱梁的构造及施工特点

本章第二节述及的钢箱梁，一般指梁式桥的钢箱梁，实际其构造及制造工艺要求均包容了此处的斜拉桥及悬索桥钢箱梁。也就是说，制造及安装工艺的要求原则上均应满足第二节所述内容要求。但由于大型箱梁、索结构制造和安装的特点在构造及几何允许偏差要求上仍有其自成体系的不同要求。

斜拉桥和悬索桥的钢箱梁均较宽，一般在 22m(4 车道)或 32m(6 车道)以上；梁高一般为 3～4.5m。两边人行道布位的三角形箱，构成风嘴及索锚箱构造。斜拉桥的锚箱顺应拉索的斜度，每块均有不同斜度。车行道位置的顶板加劲肋及底板加劲肋采用闭口 U 形肋，其他部分采用板或球扁钢加劲肋。横隔板一般 3.5～4m 左右设置一个，其上留有过人孔、电缆孔等。梁段制作长度一般取决于索距，斜拉桥一般 8～15m，悬索桥一般为 12m。图 3-1-9a)为典型的斜拉桥钢箱梁的构造及板单元划分，b)为加劲梁段构造及板单元划分。由图 3-1-9a)可见，由于斜拉桥有较大的负弯矩和轴向力，箱梁底板加劲肋也采用了闭口 U 形肋。两端成三角形的风嘴利于对气流导流作用，以避免产生漩涡脱落激发涡振发生。整块面板由中央向两侧做成两侧排水坡。

在制造时，梁段划分成以下单元板块——顶板单元、底板单元、斜腹板单元、纵腹板单元、横隔板单元和风嘴锚箱单元。

总体上整个钢箱分为标准梁段、特殊梁段和合龙梁段。特殊梁段适应受力和构造特殊的部位。以图 3-1-9b)桥为例，全桥 94 个梁段，标准梁段 69 个，合龙梁段 1 个，9 个特殊梁段，见图 3-1-10。

悬索桥梁段的架设，一般是将所有梁段安装就位，此时采用可做转角调整的临时联结，同时临时联结要能承担不平衡剪力。因为随梁段的安装梁段间接口处张开角度不断变化。当所有梁段就位后，线形基本形成，张开角不再变化；再经线形准确调整并定位后，即可进行梁段间的工地焊接。

而斜拉桥梁段的安装，是悬臂进行，安装过程斜拉索的水平分力使梁段轴向力不断增加，同时某些部位负弯矩很大。因此斜拦桥梁段必须随安装就位就进行梁段间的工地焊接。

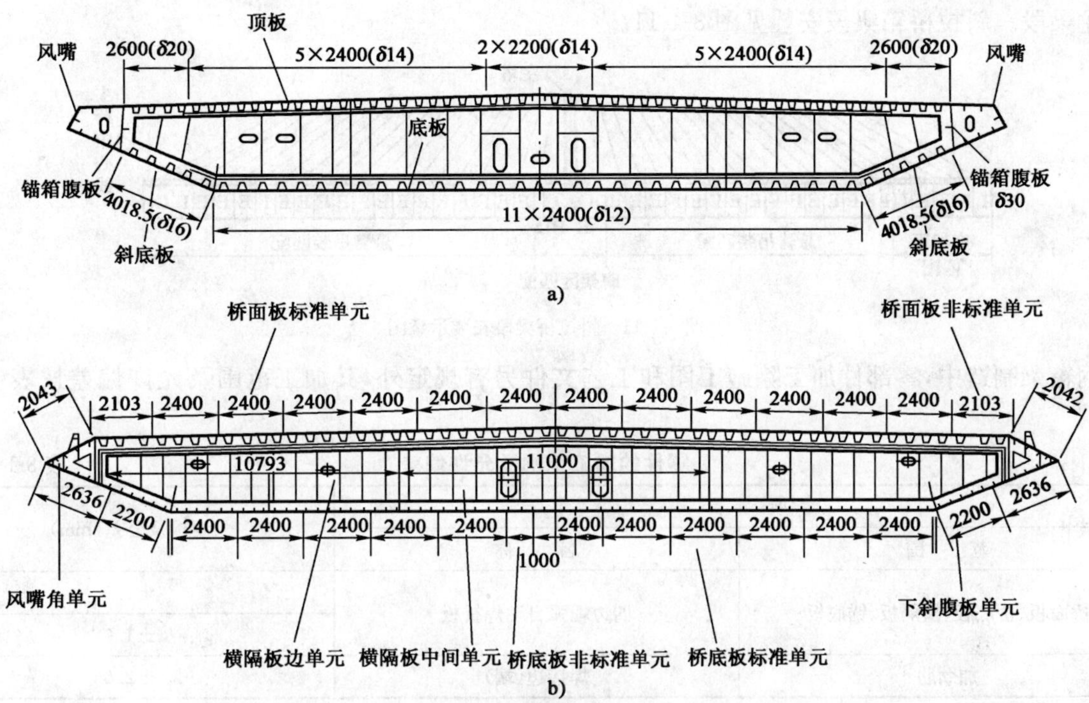

图 3-1-9　斜拉桥和悬索桥钢箱梁构造图(尺寸单位:mm)

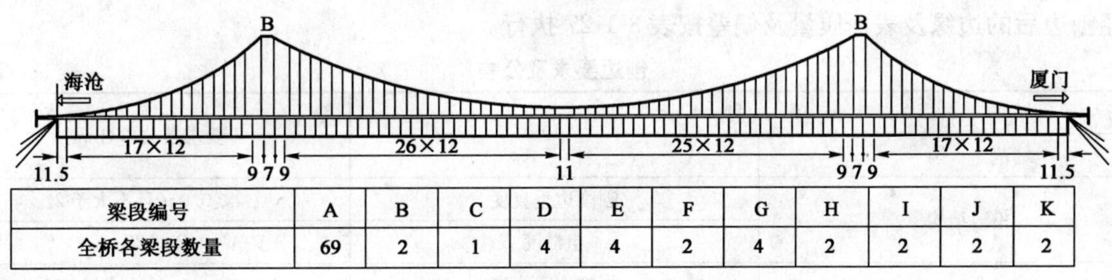

梁段编号	A	B	C	D	E	F	G	H	I	J	K
全桥各梁段数量	69	2	1	4	4	2	4	2	2	2	2

图 3-1-10　悬索桥钢加劲梁段组成示意图(尺寸单位:m)

由上述可知,斜拉桥和悬索桥的钢箱梁制造和安装过程可分为两大阶段——工厂(场)的梁段制造和现场梁段安装组焊。由于斜拉桥和悬索桥梁段的构造、制造及现场焊接基本相同,故下文将不再区别斜拉桥和悬索桥,而统称为钢箱梁梁段的制造和安装。

三、钢箱梁梁段制造

1. 焊接质量及几何精度控制

板单元一般按设计要求进行分段工厂预制,运至工地逐段起吊安装,进行箱梁段的全断面对接连接。在梁段制造和安装焊接过程中,焊接质量是严格控制项目。另外由于箱梁段顶、底板及肋的对接要求准确,成桥的拱度及中心线偏差要符合设计要求,因而几何精度的控制成为难度更大的问题。焊接质量控制和几何精度控制是钢箱梁制造工艺过程的关键。

图 3-1-12 表示钢箱梁节段生产的主要工艺步骤;图 3-1-13 给出了质量检测控制点图。

在《公路桥涵施工技术规范》(JTJ 041—2000)中,对悬索桥钢加劲梁制造和架设给出了相应规定,这些规定也适合用于斜拉桥钢箱梁的制造和架设。对于桁式钢加劲梁及本章未明确规定者则应按本章第二节钢桥条文执行。

对于斜拉桥钢箱梁段,如果不计两端风嘴及锚箱部位的单元,其梁段亦可分为标准梁段、特殊梁段和合龙梁段。斜拉桥箱梁段安装见图 3-1-11。

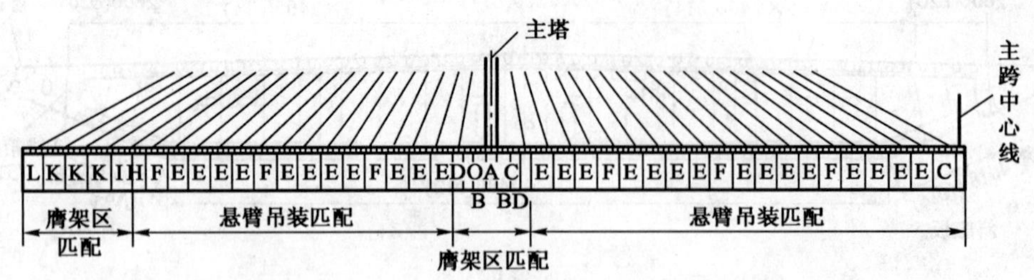

图 3-1-11　斜拉桥梁段安装示意图

钢箱梁制造中，零部件加工除施工图和工艺文件另有规定外，其加工范围及允许偏差按表 3-1-26 执行。

零件的加工范围及允许偏差　　表 3-1-26

项目		要求及公差(mm)
范　围	名　称	
桥面板、桥底板、横隔板、锚底板	四边埋弧自动焊拼板	±1.5
		±1.0
加劲肋	焊接边(端)	±2.0

注：1. 板厚 t<10mm 时，板边垂直度偏差不得大于 1mm；板厚 t>10mm 时，板边垂直度偏差为 0.1t，但不得大于 3mm。
2. 马刀形弯曲，长度 10m 及以下允许 2mm，10m 以上允许 3mm，但不得有锐弯。

经刨边后的边缘及表面质量及偏差按表 3-1-27 执行。

刨边要求及公差　　表 3-1-27

项目		要求及公差(mm)
范　围	名　称	
一般结构	刨削边垂直度	≤0.05t 且不大于 2
	粗糙度	R_a≤25μm
顶紧传力面	刨削边垂直度	≤0.01t 且不大于 0.3
	粗糙度	R_a≤12.5μm

注：t 为板厚。

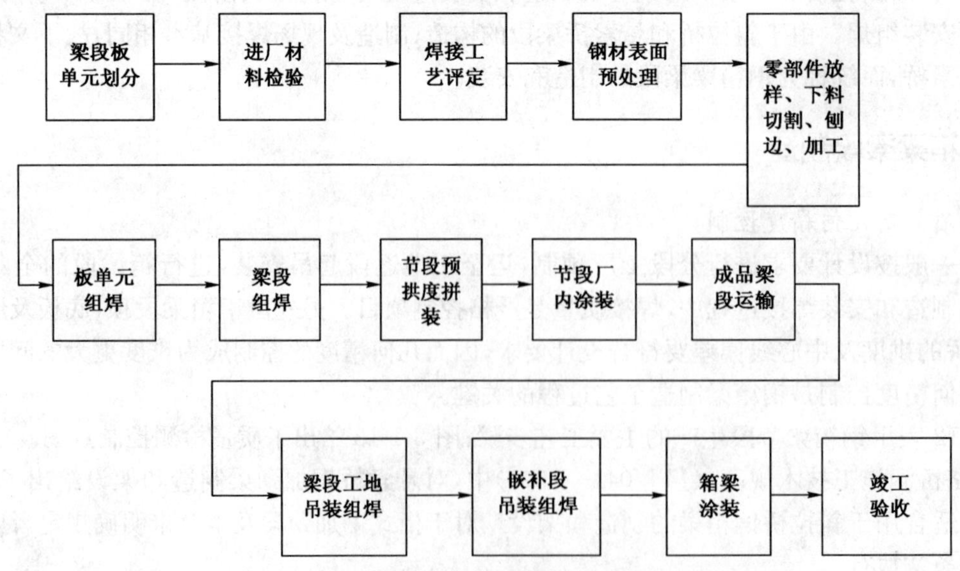

图 3-1-12　钢箱梁建造工艺框图

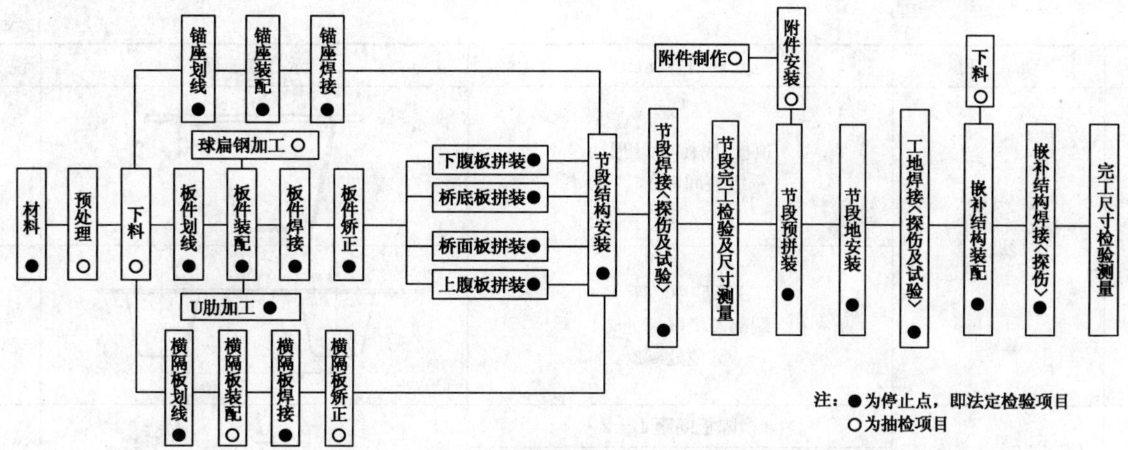

图 3-1-13　钢箱梁建造质量检测控制点图

焊接坡口的加工偏差，应符合表 3-1-28 的规定。

焊接坡口加工允许偏差　　表 3-1-28

简　图	接头类别	允许偏差
	对接接头	α_1、α_2、α_3：±1° a_1、a_2：±1mm p_1、p_2：±1.5mm
	角接接头	α_1、α_2、α_3：±3° p_1、p_2：±1.5mm
	CO_2单面衬垫焊接头	α：±3°

钢箱梁的制作质量控制由板件下料开始，严格控制板件下料几何精度，以保证后续工序的质量；板单元组拼和焊接的质量又决定梁段的制作质量。只有合格的梁段制作质量才能获得质量合格的成桥产品。

板单元组装几何尺寸容许偏差见表 3-1-29。板单元可采用下述特定工艺，以保证组焊精度满足表 3-1-29 和板单元制作精度要求。

板单元组装几何尺寸允许偏差　　表 3-1-29

序号	项　目	允许偏差(mm)	示意图	说　明
1	板材组装	板厚>25，$\delta \leqslant 1.0$		
		板厚≤25，$\delta \leqslant 0.5$		
		对接板间按工艺要求		
		顶板、底板、斜底板对接 错边量$\Delta \leqslant 0.5$		

续上表

序号	项目	允许偏差(mm)	示意图	说明
2	U形肋组装	顶板、底板与U形肋组装间隙 $a \leqslant 1$		
		U形肋中心距 B 端部及横隔板处 $\leqslant 1$ 其他处 $\leqslant 2$		
3	横(纵)隔板组装	横隔板间距 $L \pm 2$		
		纵隔板间距 $L \pm 2$		
		横隔板直线度 $f < \min[H/250; \pm 5]$		

(1)自定位组装胎架

该胎架采用轨道的直线度来控制U形肋定位的直线度,采用气动定位U肋组装机构,使用超精度冲钉定位,避免人为划线的偏差,该冲钉采用0.1mm的孔径差,而一般的安装冲钉的孔径差是0.3mm。U形肋与顶、底板的焊接是坡口焊,要求熔深为0.8倍U形肋板厚。焊接及火焰修整都会给产品带来内应力及变形。为控制变形采用了反变形胎架,在胎架上组焊,使胎架预置的反向变形刚好与焊接变形相抵消。

(2)无余量精切下料和变形控制技术

钢箱梁的节段组拼和节段现场安装,为达到和满足几何精度和拱度的要求,在整个工艺过程中采取如下措施:下料与组拼偏差控制和焊接变形控制。

①无余量精切下料

在钢结构构件的切割、焊接和矫形过程中均会发生不同程度收缩量;如果准确预计部分收缩量,下料时准确计入,就可避免留有过大余量造成材料浪费和组拼及安装的困难。准确预留余量的下料方法称为无余量下料。无余量下料更便于几何精度的控制,能较顺利满足偏差要求。

由试验结果分析可得到,纵向对接焊缝引起的横向收缩量Δ可归纳为焊缝面积A_{ω}、板厚t和坡口根部间隙G的函数:

$$\Delta = aA_{\omega}/t + bG \tag{3-1-1}$$

式中:Δ——焊接横向收缩量(mm);

A_{ω}——焊缝断面积(mm^2),可取坡口处断面积加焊缝余高,余高按3mm高等腰三角形计算;

a、b——为回归所得系数,与板厚、约束条件、焊接条件有关,见表3-1-30。

a、b 系数值 表3-1-30

组别	板厚* t(mm)	a	b	相关系数 r
a)板单元对接	12	3.2	−3.4	0.999999
b)板单元对接	14	4.3	−4.6	0.999994
c)板单元对接	16	4.8	−5.1	0.999967
d)板块总拼	12	3.5	−3.8	0.999999
e)板块总拼	14	4.0	−4.4	0.999898

注:* 12mm为底板、隔板,14mm为顶板,16mm为斜底板。

焊接工艺相同、板厚相同，约束条件相同，横向收缩量随坡口根部间隙增大呈线性增大；由 a)、b)、c)可知，焊接条件相同约束相同，坡根间隙相同，隔板厚增大横向收缩量增大；a)、d)板厚相同，约束相同横向收缩接近，b)、c)约束不同，收缩量相等。

U 形肋板单元组拼后纵、横向收缩变形量如图 3-1-14 所示。由试验测量得到顶板单元宽 2.4m，长 15m，板厚 14mm，4 条板厚 8mmU 形肋；底板单元 2.4m×15m，板厚 12mm，3 条板厚 6mmU 形肋，其纵、横收缩量见表 3-1-31。并将纵向收缩量按下述经验公式表示为焊接线能量、角缝长和单元板的关系：

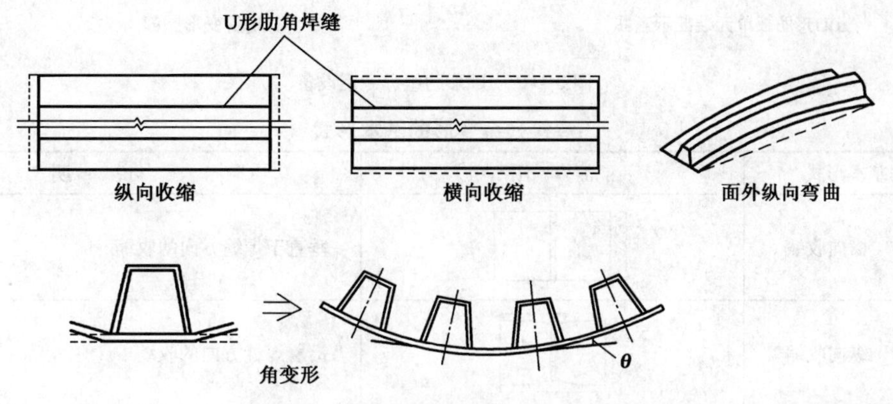

图 3-1-14　U 形肋板单元焊接变形示意图

板单元焊接收缩量统计分析结果　　表 3-1-31

项　目	收缩量均值 Δ(mm)	收缩量标准偏差 σ(mm)
顶板纵向焊接收缩	5.9	0.8
底板纵向焊接收缩	3.7	0.7
顶板横向焊接收缩	0.9	0.4
底板横向焊接收缩	0.6	0.2

$$\Delta = 8.6 \times 10^{-3} \times \frac{EL}{t} - 15.1 \tag{3-1-2}$$

式中：Δ——板单元纵向收缩量(mm)；

E——U 形肋角焊缝焊接线能量(J/cm)；

L——U 形肋角焊缝长(m)；

t——板单元厚(mm)。

测量结果认为横向收缩量一般小于 1.5mm。板单元热矫和坡口切割纵向收缩约 2mm。由上述可计算纵向预留量顶板取 8mm，底板 6mm；横向预留量可取 1.5～2mm。上述成果和数据为钢箱梁制造测试研究结果，可以供其他斜拉桥、悬索桥钢箱梁制造时参照应用。

②焊接变形控制技术

在切割、焊接和热矫形时由于钢板和构件受到不均匀的加热，而产生不均匀的热膨胀，在熔化区和热塑区受邻接区的压缩产生塑性变形，待冷却后板和构件不均衡收缩，一部分弹性变形消失，但塑性变形和一部分约束弹性变形残留下来。残留的弹、塑性变形统称残余变形。残余变形的基本形式如表 3-1-32所示。在钢箱梁板单元制造时，U 形肋板单元变形如图 3-1-14 所示。表 3-1-32 中和图 3-1-14 中的横、纵向收缩变形，可以通过研究、测试和统计确定收缩量，在精下料时预留余量。

弯曲变形、扭曲变形等可以借助合理的胎模、夹具和焊接过程焊接顺序，以及部件的矫形将其减小到最小或消除。U 形肋板单元的弯曲可通过组装的专用设备装修机或反变形胎架来进行，将变形及偏差减到最小。如图 3-1-15 所示。

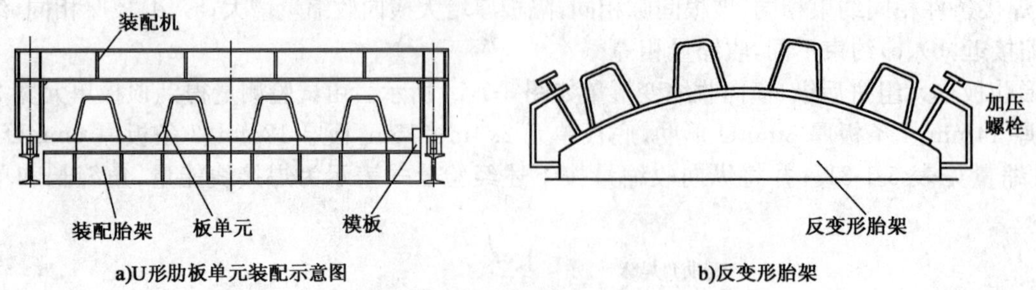

a)U形肋板单元装配示意图　　b)反变形胎架

图 3-1-15　U 形肋组焊专用设备

焊接残余变形的基本形式　　表 3-1-32

焊接变形的基本形式		简　图	说　明
板面内变形	横向收缩		垂直于焊缝方向的收缩
	纵向收缩		沿着焊缝方向的收缩
	旋转变形		坡口焊接时，随着焊接的进行，前方坡口间隙或是张开或是闭合的变形。热源的前方向完全不受拘束时，坡口间隙常常张开，焊接输入热量越大，张开量越大
板面外弯曲变形	横向弯曲变形（角变形）		在板厚方向由于焊接引起的温度分布不均匀时，钢板沿焊缝产生的弯折变形
	纵向弯曲变形		沿焊缝方向的弯曲变形

采用反变形胎架时需先进行 U 形肋变形角 θ 实测，如图 3-1-14 所示。南京长江二桥实测顶板和底板 U 形肋单元 θ 角弧度值及相应标准差为顶板 $\theta=6.0\times10^{-3}$，标准差 $\sigma=4.5\times10^{-4}$；底板 $\theta=4.9\times10^{-3}$，标准差 $\sigma=5.2\times10^{-4}$；表示为线能量、板厚的关系式，如：

$$\theta=0.065\times\frac{E}{t}-0.005 \tag{3-1-3}$$

式中：θ——焊接角变形（rad）；

E——U 形肋角焊缝线能量（J/cm）；

t——板单元面板厚（mm）。

(3)焊角磨修和锤击

焊接钢桥在承受反复加载的焊趾拉应力较大构造细节，如斜拉桥锚腹板的锚箱或顶板上的斜拉板构造。斜拉桥这些构造组焊的几何精度、焊接、修整、锤击工艺决定了构造细节的疲劳抗力。如斜拉索的锚箱，索力对锚箱和腹板的偏心形成附加弯矩。对连接焊缝及腹板形成 Z 向拉力。为降低构造焊缝的局部应力峰值，除严格控制部件几何精度外，特别注意锚箱方向角和承压板的方向角的精度，允许偏差±0.1°，并对局部进行打磨和锤击，消除和缓和拉应力分布。见图 3-1-16。

要求在划线平台定位划线组装，中心线定位偏差≤1mm，锤击工艺要求见图 3-1-16。

锚箱焊缝锤击锤头为半径 6mm、8mm、10mm 三种球面硬质合金锤头，锤坑深度≤0.6±0.2mm，锤击后要打磨锤坑使之光顺。

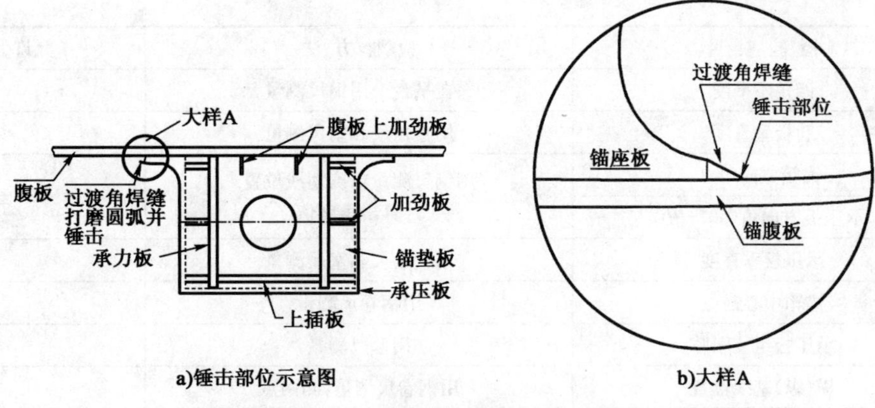

图 3-1-16　锚箱焊缝锤击部位示意

另一种锤击的工艺是通过铲形锤头的高频振动使焊趾拉应力缓解和消除。

为保证钢箱梁梁段制作精度，一般对板单元制造过程均应编制板单元组焊厂内控允许公差要求。表 3-1-33、表 3-1-34 和表 3-1-35 为某斜拉桥钢箱梁板单元组焊允许偏差。

顶、底板单元组焊允许偏差　　表 3-1-33

名　称	检 验 项 目	检 验 方 法	允 许 偏 差	
顶板（底板）单元	制作长度	用钢卷尺测量	包括二次切头量	
	制作宽度		+1～−2	
	横给基线位置	用钢卷尺测量，组装用胎型保证	±1	
	U 肋中心距			
	两端孔群中心距	用钢卷尺测量	$L \leqslant 11m$	±1.5
			$L > 11m$	±2
	U 肋与板块组装间隙	用塞尺测量	≤1	
	横接板与板块组装间隙			
	U 肋钢衬垫组装间隙			
	横向平面度	在平台上用钢板尺测量	<2	
	纵向平面度		<3mm/4m	
	对角线差	用钢卷尺测量	≤3	
	四角不平度	在平台上用钢尺测量	≤4	
	板边直线度	拉线用钢尺测量	≤2	
	横隔板接板间距	用钢卷尺测量	±2	
	横隔板接板垂直度	用直角尺和塞尺测量	≤2	
	外观质量	目测，辅助必要量具	*	

注：* 外观检查要求表面没有深度大于 0.3mm 的磕、碰、划痕和麻坑等。

锚腹板单元组焊允许偏差　　表 3-1-34

名　称	检 验 项 目	检 验 方 法	允许偏差(mm)
腹板单元	制作长度	用钢卷尺测量	包括二次切头量
	制作宽度		±1
	肋板间距		
	肋板与板块组装间隙	用塞尺测量	≤1
	横向肋板间平面度	用平尺、塞尺测量	<2
	纵向平面度	在平台上用钢尺测量	≤3mm/4m

续上表

名 称	检 验 项 目	检 验 方 法	允许偏差(mm)
腹板单元	四角不平度	在平台上用钢尺测量	≤3
	肋板垂直度	用直角尺和塞尺测量	≤2.5
	锚箱方向角 β	用钢尺测量精确划线位置计算出角度值	±0.1°
	承压板方向角(90°−β)		
	承压板垂直度	用直角尺和塞尺测量	≤2
	锚箱中心锚位	用钢卷尺测量	±2
	承压板组装间隙	用塞尺测量	<0.2
	横(纵)基线位置	用钢卷尺测量，测两点	±1
	外观质量	目测，辅助必要量具	*

注：* 见表 3-1-33 注。

横、纵隔板及风嘴单元组焊允许偏差 表 3-1-35

名 称	检 验 项 目	检 验 方 法	允许偏差(mm)
横、纵隔板单元	长度	用钢卷尺测量	±3
	高度		±2
	对角线差		≤3
	横向平面度	在平台上用钢尺测量	<2
	纵向平面度		≤3mm/4m
	肋板与板块组装间隙	用塞尺测量	≤1
	肋板间距	用钢卷尺测量	±2
横、纵隔板单元	肋板垂直度	用直角尺和塞尺测量	≤2
	外观质量	目测，辅助必要量具	*
风嘴单元	长度	用钢卷尺测量	±5
	截面尺寸		±2
	对角线差		±2
	横向平面度	在平台上用钢尺测量	<2
	纵向平面度		≤3mm/4m
	隔板平面度		≤2
	旁弯	拉线用钢尺测量	≤3
	扭曲	在平台上用钢尺测量	≤5
	隔板间距	用钢卷尺测量	±2
	外观	目测，辅助必要量具	*

注：* 外观质量：板单元表面无深度大于 0.3mm 的磕、碰、划痕或轧制缺陷。

2. 梁段制造质量控制

(1)梁段制作

板单元及部件制造完成后，梁段制造组装和焊结在胎架上完成。组装采用“正装法”以胎架为外胎，以横纵隔板为内胎，各板单元按纵、横基线就位，辅以加固设施以确保精度和安全。为使梁段对接时易于调准各板的相互位置，将腹板、纵肋等端部焊缝留 200mm 长暂不焊接，待安装架设时再施焊，为减少占用总装胎架时间，缩短总装周期，顶板和底板单元在上胎前先按工艺要求将板块在拼装胎架上两两拼成板块。梁段组装按照桥底板—横、纵隔板—腹板—桥顶板—风嘴的顺序，实现立体阶梯推进方式逐段组装与焊接。梁段间顶板 U 形肋和纵隔板用工艺拼接板连接定位，以保证桥上连接时的栓孔重合率。

总装胎架的准备包括：胎架设计、制造，拼装与检测。总装胎架设计应满足下列要求：

①胎架纵向各点高程按桥梁一期恒载线形设计：横向应考虑焊接变形和自重影响，设置适当上拱度。

②胎架基础必须具有足够承载力，确保使用过程中不发生大于 2mm 的沉降，胎架结构本身应具有足够刚度，避免使用过程产生大于 2mm 的变形。

每一轮拼装前，胎架应进行检查调整，使满足各项允许偏差要求，为此在胎架四周设置标志塔和测量网点，这些标志塔及测量网点全桥梁段制作过程不受扰动。

(2)梁段组焊检验项目及质量要求

梁段制造检验项目及允许偏差要求，见表 3-1-36～表 3-1-40。

顶板检验项目及允许公差　　表 3-1-36

序号	检验项目		检验方法	允许偏差(mm)	备注
1	长度		用钢卷尺测量	—	含二次切头量
2	宽度			±3	组装测量中心至每一个二拼一单元某一U肋距离，焊后测量中心至第 n 根 U 肋的距离，且应梁段两端校对
3	高度		用水准仪测量	±2	
4	两梁段中心线偏差		用经纬仪测量	≤1	
5	端部错边量		用平尺和钢尺或塞尺测量	≤1	
6	平面度	横向		≤2	
		纵向		≤4/4m	
7	拱度		用水准仪测量	±2	测点应做标记，横向为中心和两折弯点，锚腹板位置，纵向为横隔板处
8	线形高程				

横隔板检验项目及允许公差　　表 3-1-37

序号	检验项目		检验方法	允许偏差(mm)	备注
1	隔板竖基线与底板纵基线偏差		划线用钢尺测量	≤0.5	
2	隔板中线与锚箱中心线的纵向偏差		用经纬仪测量	±2	
3	隔板间距		用钢卷尺测量		
4	平面度	横向	用平尺和钢尺或塞尺测量	≤2	
		纵向	拉线用钢尺测量	≤4/4m	
5	与底板垂直度		吊线锤用钢尺测量	≤3	

锚箱检验项目及允许公差　　表 3-1-38

序号	检验项目	检验方法	允许偏差(mm)	备注
1	至桥轴线距离	用钢卷尺测量	±3	
2	与横隔板错位	用经纬仪测量	±2	
3	锚箱相对错位		≤3	
4	与桥轴线平行度		≤2	
5	相对高差	用水准仪测量	≤5	

底板检查项目及允许偏差 表 3-1-39

序号	检验项目		检验方法	允许偏差(mm)	备注
1	长度		用钢卷尺测量	—	含二次切头量
2	宽度			±3	组装测量中心每一个二拼一单元定位基底距离。且应梁段两端校对
3	高度		用水准仪测量	±4	
4	两梁段中心线偏差		用经纬仪测量	≤1	
5	平面度	横向	用平尺和钢尺或塞尺测量	≤2	
		纵向		≤4/4m	
6	拱度		用水准仪测量	±2	测点应做标记，横向为中心和两折弯点，锚腹板位置，纵向为横隔板处
7	线形高程		用平尺和钢尺或塞尺测量		
8	端部错边量			≤1	

几何精度检验项目及允许偏差 表 3-1-40

序号	项目		允许偏差(mm)	示意图	检验工具、方法
1	梁长 L	顶(底)板长度 L	±2	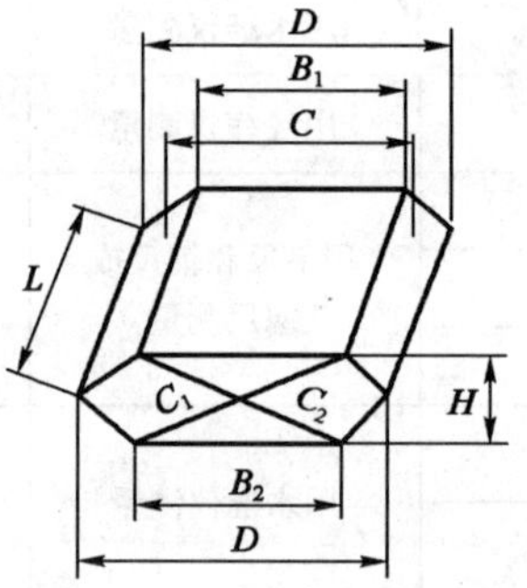	以梁段两端检查线为基准，采用钢盘尺测量长度
2	梁高 H	工地接头	±3		相邻接口错边量≤2
		其余	±3		
3	梁宽	顶板全宽 B_1 底板全宽 B_2	±3		—
4		箱梁全宽 D	±3		用钢卷尺测量
5	端口对角线相对差 C_1-C_2		≤4		用钢尺测量对角线，检查测量值相对差
6	吊点平面度		≤4		用激光经纬仪测量
7	腹板至桥轴线距离		±3		用钢尺测量
8	扭曲		≤8	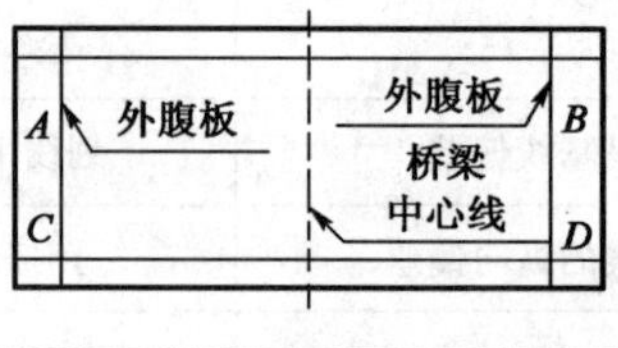	用经纬仪测量，测点在两端横隔板与腹板交点上
9	顶板与底板中线重合度 OO_1		≤2	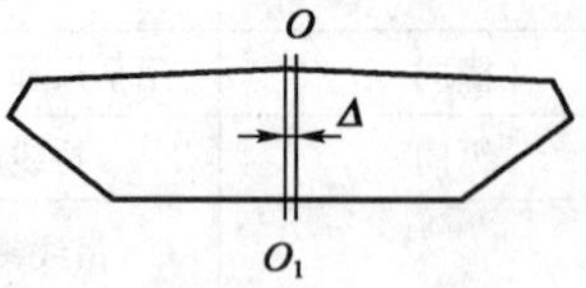	用吊线锤测量
10	横隔板垂直度偏差 Δ		≤3	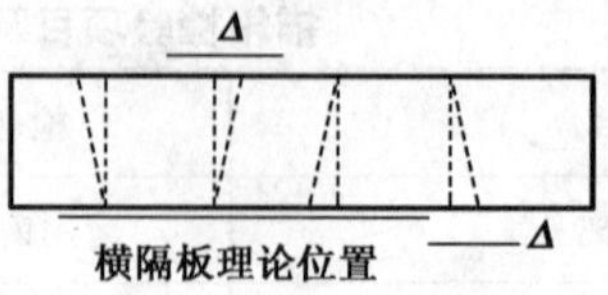 横隔板理论位置	用吊线锤测量
11	横隔板间距偏差		±2		用钢尺测量
12	旁弯 f_2		≤4		用经纬仪测量箱梁中心线
13	面板平面度	纵肋间	≤W_1/300		W_1 为纵中心距间距，W_2 为隔板间距
		隔板间	≤W_2/500		

3. 梁段场内预拼装

在厂内钢箱梁节段的预拼装主要解决节段桥位匹配安装时实现设计拱度,同时修整对接口和安装匹配件提前在厂内完成。设计拱度厂内预拼装调整与设置,通过胎架支撑高程实现。

多梁段预拼装线形为箱梁一期恒载无应力线形,一期恒载无应力线形是预拼装调整目标值。预拼装时要考虑焊接大环缝收缩量和索力引起的梁段压缩量对梁长的影响。根据上次预拼装后累计总长和误差,修正本次预拼装梁段长度,不使误差积累。为消除钢箱梁安装的累积误差,保证全桥顺利合龙,合龙段长度应预留足够的配切余量,以便中跨合龙前对梁端位移进行 24h 或 48h 测量,根据测量结果确定合龙温度和合龙段长度,进行合龙段准确配切,预拼装检查项目及允许偏差见表 3-1-41。

预拼装检查项目及允许偏差　　表 3-1-41

项　目	允许偏差(mm)	条　件	检验工具和方法
梁高 H	±3	工地接头处	钢盘尺 水平尺
	±3	其余部分	
组拼长度 L	±6	试装时最外两斜拉索中心距	钢盘尺、弹簧秤
	±2	分段时两吊点中心距	
全长	±15	分段累加总长	钢盘尺、弹簧秤、匹配试装分段累计误差要在下段试装时修正,不使误差积累
	±2	分段长	
腹板中心至桥轴线距离	±3	可量风嘴距离	钢盘尺
面板宽	±3	箱梁段面板宽	钢盘尺
横断面对角线差	≤4	工地接头处的横截面	钢盘尺
旁弯	3+0.1L,任意位置 20m 测长内<6	桥面中心连线在平面内的 偏差 L(m)三段试装长度	经纬仪、钢板尺
	≤5	单段箱梁	
左右锚箱高度差	≤5	左右高低差	水准仪、钢板尺
面板、腹板平面度	H/250、2t/3 取小值	H,加劲肋间距;t,板厚	平尺、钢板尺
工地对接板面高低差	≤1.5	安装匹配件后板面高差	钢板尺
预拱度	超过的+3+0.15L ≯12 不足的−3+0.15L ≯6	L(m)为试装匹配时三段的长度	水准仪、钢板尺

四、钢箱梁桥位安装

钢箱梁在运输过程中,其梁段端口需以临时隔板或支承支护以防起吊、运输过程撞击变形;节段存放也需坚实台架,防止地基沉降;起吊吊机需做起吊试验等。这与普通钢桥梁吊运无差别,宜按相应施工规范进行。斜拉桥钢箱梁安装几何精度要求见表 3-1-42～表 3-1-44。

边跨支架上钢箱梁安装　　表 3-1-42

序　号	检 查 项 目	允 许 偏 差	序　号	检 查 项 目	允 许 偏 差
1	轴线偏差(mm)	10	3	桥面四角水平高差(mm)	6
2	线形高程(mm)	±10			

0 号块钢箱梁安装　　表 3-1-43

序　号	检 查 项 目	允 许 偏 差	序　号	检 查 项 目	允 许 偏 差
1	轴线偏差(mm)	10	3	桥面四角水平高差(mm)	6
2	线形高程(mm)	±10	4	梁段上三点相对里程差(mm)	±4

悬拼钢箱梁安装　　表 3-1-44

序　号	检 查 项 目	允 许 偏 差	序　号	检 查 项 目	允 许 偏 差
1	轴线偏差(mm)	10	3	上下游相对吊点高程差(mm)	符合设计要求
2	线形高程(mm)	+20，−10	4	索力偏差(%)	±5%

无论是钢斜拉桥还是钢悬索桥，节段安装均需经安装控制计算，按事先计算的坐标目标值调整定位，满足线形和安装应力的要求。这在第三章及第四章有详尽的论述。

五、钢箱梁焊接及焊接质量检验

(一)钢箱梁焊接工艺

钢箱梁焊接分三个阶段——板单元焊接、梁段组焊和桥位梁段焊接。

1. 钢箱梁焊接应遵循如下一般性要求：

(1)焊接板单元宜在室内进行，且环境温度不低于 5℃，环境相对湿度不宜高于 80%。

(2)严禁在母材非焊接部位打火及引弧；焊前应将焊缝两侧 20～30mm 范围内的铁锈、油污、水分及预涂底漆打磨干净，露出金属光泽；焊后应将焊缝表面熔渣及两侧飞溅物清理干净。

(3)产品检验试板的材质、板厚、坡口尺寸、轧制方向等应与所代表的构件相同，并应接在构件上同时施焊。

(4)主要杆件应在组装后 24h 内焊接，对组装后超过 24h 的杆件应视具体情况拆开清理有害物质后重新组装。

(5)采用埋弧自动焊时，应于焊前认真检查轨道及焊丝对准位置，并在施焊过程及时调正，如有断弧则于止弧处刨成 1∶5 斜坡并搭接 50mm 施焊，焊后搭接处修磨匀顺。

(6)埋弧自动焊应于设计焊缝端 80mm 以外引板上起弧；引板厚度、材质和坡口与被焊件相同；引弧板以气割切除，并磨平切口，严禁以锤击落；当不能接引弧板时，必须将起、熄弧处打磨掉，采用手工电弧焊焊接。

(7)焊缝无损检测应在焊缝焊完 24h 后进行；板厚大于 30mm 板焊接 48h 后进行焊缝无损检测。

(8)预热，预热温度一般由斜 Y 坡口焊接裂纹试验确定。对 Q345D 钢箱梁可参考表 3-1-45 数值。

焊前预热温度及焊接过程控制温度　　表 3-1-45

材　质	焊 接 方 法	板厚(mm)	预热温度(℃)	道间温度(℃)
Q345D	手工电弧焊(包括定位焊)、CO_2气体保护焊	≤30	不预热	<200
		>30	80～120	<200

注：1. 上述预热板厚以板厚组合中厚板为准。
2. 预热方法：采用火焰预热。
3. 加热范围为焊缝及两侧 80～100mm 范围内。测温点距离焊缝中心 50mm。

(9)焊剂、焊条按规定烘干后施用，取出的焊接材料超过 4h，应重新烘干；CO_2 气体纯度应大于 99.5%，使用前必须倒置放水、排气处理，焊接气路中安装能加热的 CO_2 流量计。

2. 定位焊

(1)钢箱梁结构定位焊，U 形肋和纵向板肋采用 CO_2 气体保护焊，其余焊缝采用手工电弧焊。

(2)定位焊缝应距设计焊缝端 30mm 以上，定位焊缝长为 50～100mm，间距一般为 400～600mm。

(3)定位焊焊脚尺寸不得大于设计焊脚尺寸的一半且不小于 4mm，纵向加劲肋定位焊缝焊脚尺寸不大于 3mm，U 形肋坡口角焊缝不得超过坡口深度的$\frac{1}{2}$。

(4)定位焊应保证根部熔合良好，焊缝不得有气孔、裂纹、夹渣、焊瘤等缺陷。对开裂的定位焊必须先查明原因，然后清除开裂的定位焊缝，保证组装尺寸精度下重新进行定位焊；正式施焊前对定位焊缝打磨干净，且两端打磨成过渡坡。

3. 焊缝修磨及返修

(1)返修焊采用原焊接方法，对于局部咬边和短段焊缝返修可采手工电弧焊。

(2)当用碳弧气刨清除缺欠时，必须将裂纹或缺陷清除，并将焊缝两端打磨成 1∶5 斜坡，将重焊部位打磨干净，露出金属光泽再行补焊。

(3)返修焊缝应磨修匀顺，并按原质量要求进行复验合格。同一部位焊缝不宜返修超过两次。

4. 板单元的焊接

(1)板单元的焊接

依据相应焊接工艺评定的焊缝坡口尺寸、焊接材料、焊接方法及焊接规范参数进行。

闭口肋施焊顺序：将组装好的板单元，卡固在反变形胎型上，将反变形胎倾斜约 15°角后方施焊；尽量采用 CO_2 气体保护自动焊，自动焊小车不到处，采用 CO_2 气体保护半自动焊，焊接从中间肋向两侧并行施焊；待最后一条焊缝完成冷却后方松开卡固装置。多条闭口肋应对称焊完同一侧全部焊，然后对称焊接另一侧其余焊缝，见图 3-1-17。

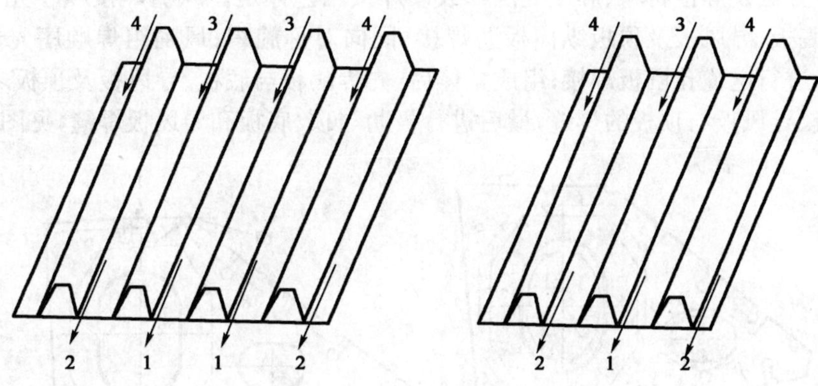

图 3-1-17　闭口肋的焊接顺序

(2)锚腹板(或锚拉板)焊接

除遵守一般要求外，由于多为厚板熔透角焊缝，尚应满足下述要求：熔透角焊缝背面焊前必须清根并打磨干净后施焊；熔透角焊缝应多道施焊，并尽量减少每一道的熔敷金属填充量；多层焊每一道焊完后必须将药皮、熔渣和飞溅物打磨干净，并将上一道焊接缺陷按规定清除补焊和磨修均顺后方能焊接下一道焊缝；焊缝检查合格后，打磨两端焊接过渡圆弧，对焊缝焊趾进行锤击工艺。

锚腹板(或锚拉板)施焊顺序：

①船位焊接腹板上纵向肋板，从腹板宽度中间向两侧对称施焊；

②组装锚箱(或锚拉板)组件，板件焊接按规定预热；

③组装焊接承力板、加劲板；

④锚箱(或锚拉板)组件修整。定位并组装锚箱(或锚拉板)至外腹板侧(或外腹板顶)，焊接熔透角焊缝，焊缝背面清根打磨干净后，焊接熔透角焊缝其余焊道，注意焊接变形，应交替施焊；

⑤熔透角焊缝探伤检查；

⑥打磨并锤击锚箱承压板(或锚拉板与锚筒间)过渡弧及熔透角焊缝。

(3)横、纵隔板单元的焊接

横、纵隔板典型焊接方法、所使用的焊接材料及焊接规范参数按焊接工艺评定。横隔板对接坡口形式为平接，围板对接为单面 V 形坡口。

横隔板下料前接长；水平肋由板段中间向两侧施焊，竖向肋、中间肋向两侧施焊；人孔围板先竖缝后圆弧，然后对接围板；横隔翻身后施焊围板背面焊缝，纵隔板实体段焊接顺序同横隔板；桁式段先焊桁式的上、下弦 T 形截面翼板，次焊节点板，最后焊接斜杆。弦杆采用埋弧自动焊，见图 3-1-18。

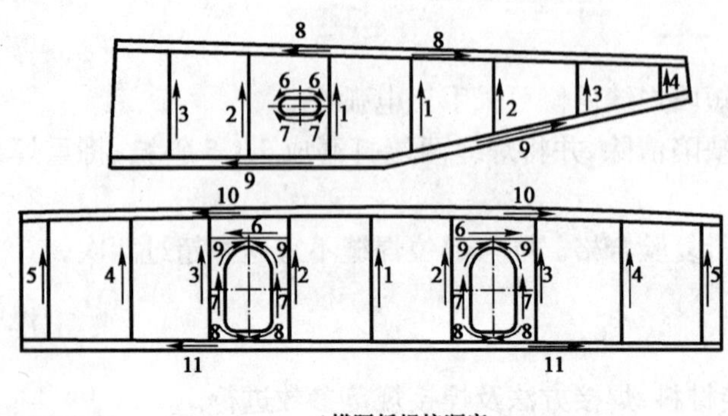

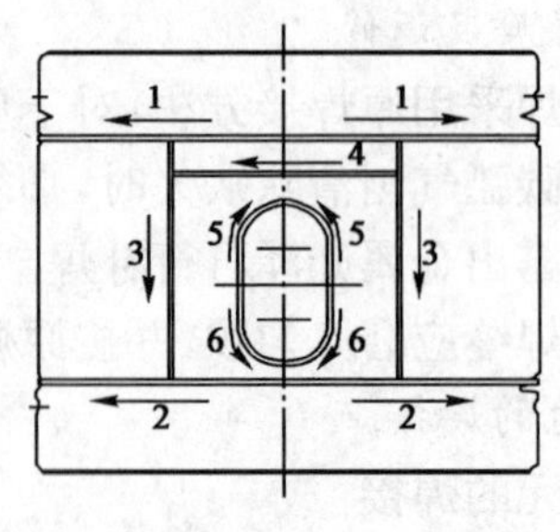

图 3-1-18　隔板的焊接顺序

(4)风嘴单元的焊接

风嘴单元焊接方法及焊接材料、焊接规范参数按焊接工艺评定。风嘴焊接顺序先下料前进行板件对接焊；然后进行底板、导风板及顶板纵向板肋焊接；同向对称施焊；风嘴组焊顺序先进行人孔围板焊接，加劲板焊接，后进行电缆孔围板焊接；组成整体后，先焊隔板与底板、导风板及顶板之内部焊缝，然后进行底板与导风板、导风板与顶板的焊缝，最后进行板肋与顶、底板和导风板焊缝，见图 3-1-19。

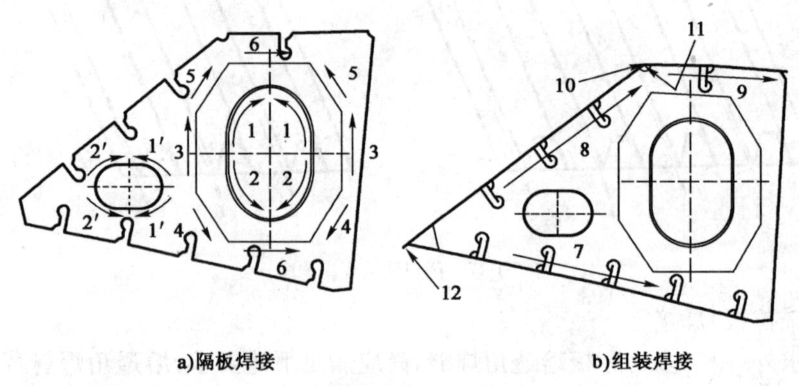

图 3-1-19　风嘴的焊接顺序

5. 梁段整体焊接工艺

焊接板单元的一般性要求仍适用于梁段整体焊接，此处不再重复。由于采用埋弧自动焊和陶磁衬垫单面焊双面成型工艺，仍需补充下述要求：

(1)采用陶磁衬垫单面焊双面成型工艺时应按坡口形状尺寸采用相配的衬垫型号；衬垫必须粘贴密实、准确。

(2)钢箱梁整体组焊允许采用码板或工艺辅助件定位，施焊完毕以火焰距母材 1～3mm 处吹除码板或辅件并将板面磨平，严禁锤击。

(3)熔透角焊缝背面施焊前必须将坡口根部清理干净，多层焊的每一道焊完后必须将药皮、熔渣和飞溅打磨干净，下一道焊前必须将前一道的焊接缺陷清除，按规定补焊磨修。

(4)横隔板立位对接焊缝、横隔板与腹板间熔透角焊缝焊接时，应为多道施焊，尽量减少每道熔敷金属填充量。

(5)顶板、底板单元，横隔板单元对接，边顶板，横隔板与腹板间熔透角焊缝为留有相应确定间隙的背面贴陶垫的焊接，组装时采用马板定位，不宜在坡口内进行定位焊。

(6)钢箱梁焊接顺序采用先内后外，先下后上，由中心向两边分步施焊原则，全面采用陶磁衬垫单面焊双面成型的工艺，优先选用 CO_2气体保护焊。

(7)焊接方法、焊接材料、坡口及焊接参数采用相应焊接工艺评定的结果。

6.桥上梁段焊接工艺

桥上梁段焊接一般性要求，预热及层间温控和定位焊的规定同梁段整体焊接；焊接磨修和返修同整体焊接或板单元焊接。同样，焊接方法、焊接材料、坡口及焊接参数采用相应焊接工艺评定结果。

钢箱梁桥上焊接主要是梁段顶、底板、腹板、纵隔板以及板肋和 U 肋的对接焊，一般遵循对称施焊的原则，特殊情况下主管工程师可酌情对其焊接顺序进行调整。

(1)梁段桥上调整定位及顶板 U 形肋高强度螺栓初拧后，对称施焊腹板、顶板、底板，顶、底板由中间向两端对称施焊。

(2)依次焊接顶板、腹板、底板剩余焊道。

(3)整体纵隔板焊接立位对接焊缝和加劲肋对接焊缝；桁式纵隔板对称焊接嵌补段 T 形腹板、盖板对接焊缝；焊接纵隔板嵌补段与顶底板间角焊缝；T 形上弦杆定位、高强度螺栓初拧后，焊接接口处杆件角焊缝。

(4)焊接底板 U 形肋嵌补段对接焊缝和 U 形肋嵌补段角焊缝。

(5)焊接腹板上纵向肋嵌补段对接和角接焊缝。

(6)焊接拉索导管加劲板构造和其余焊缝。

(二)焊缝质量检验

焊缝质量检验分三大部分，焊缝外观质量；焊缝无损检验和焊接试板检验。

1.焊缝外观质量标准

外观质量标准和所检验项目见表 3-1-13 焊缝外观检验项目表。对于板单元焊接、梁段整体焊接及桥上梁段焊接均需按表 3-1-13 要求项目及质量标准进行检测。不满足上述要求者，采用焊缝磨修和返修焊等工艺处理，直至满足要求。

2.焊缝无损检验

钢箱梁焊缝无损检测指的是对焊缝的超声波探伤、射线探伤和磁粉探伤。钢箱梁焊缝的无损检验的质量等级及探伤范围见表 3-1-46。对于焊缝无损检验质量等级及探伤范围，表 3-1-46 同时给出相应执行标准。

焊缝无损检验质量等级及探伤范围　　表 3-1-46

<table>
<tr><th>焊 缝 部 位</th><th>探伤方法</th><th>检验等级</th><th>验收等级</th><th>探伤比例</th><th>探 伤 部 位</th><th>执 行 标 准</th></tr>
<tr><td rowspan="2">桥顶(底)板、腹板纵横向对接</td><td>超声波</td><td>B</td><td>Ⅰ</td><td>100%</td><td>焊缝全长</td><td rowspan="4">TB 10212—98
GB/T 3323—2005</td></tr>
<tr><td>X 射线</td><td>AB</td><td>Ⅱ</td><td>100%</td><td>焊缝两端、中间各 250～300mm</td></tr>
<tr><td rowspan="2">工地横桥向对接焊缝</td><td>超声波</td><td>B</td><td>Ⅰ</td><td>100%</td><td>焊缝全长</td></tr>
<tr><td>X 射线</td><td>AB</td><td>Ⅱ</td><td>100%</td><td>顶板十字交叉处 100%，底板十字交叉处 30%</td></tr>
<tr><td rowspan="2">锚箱座板、承力板与腹板间熔透角焊缝</td><td>超声波</td><td>B</td><td>Ⅰ</td><td>100%</td><td rowspan="4">角焊缝全长</td><td>TB 10212—98</td></tr>
<tr><td>磁粉</td><td>—</td><td>Ⅱ</td><td>100%</td><td>JB/T 6061—2007</td></tr>
<tr><td rowspan="2">锚箱处横隔板顶熔透角焊缝</td><td>超声波</td><td>A</td><td>Ⅰ</td><td>100%</td><td>TB 10212—98</td></tr>
<tr><td>磁粉</td><td>—</td><td>Ⅱ</td><td>100%</td><td>JB/T 6061—2007</td></tr>
<tr><td>腹板与桥顶板熔透角焊缝</td><td>超声波</td><td>A</td><td>Ⅰ</td><td>100%</td><td rowspan="2">锚箱与腹板连接区外延 2000mm 及两端各 1000mm</td><td>TB 10212—98</td></tr>
<tr><td>腹板与桥底板角焊缝</td><td>磁粉</td><td>—</td><td>Ⅱ</td><td>100%</td><td>JB/T 6061—2007</td></tr>
</table>

续上表

焊缝部位	探伤方法	检验等级	验收等级	探伤比例	探伤部位	执行标准
支座处横隔板与加劲板间熔透角焊缝	超声波	A	II	100%	角焊缝角长	TB 10212—98
横隔板长度对接焊缝	超声波	B	I	100%	焊缝两端、中间各 100mm	
横隔板宽度对接焊缝	超声波	B	II	100%	焊缝两端各 500mm	
横隔板与腹板角焊缝	磁粉	—	II	100%	焊缝两端各 500mm	JB/T 6061—2007
行车道范围桥顶板U肋坡口角焊缝	磁粉	—	II	100%	焊缝两端各 500mm	
U肋嵌补段对接焊缝	磁粉	—	II	100%	焊缝全长	
纵隔板角焊缝	磁粉	—	II	100%	焊缝全长	

注：1. 射线探伤的焊缝条数不得少于焊缝总数的10%。

2. 承载力板与腹板间熔透角焊缝在距离座板600mm以外检验等级可以采用A级。

(1)超声波探伤检验

超声波探伤检验人员执业资质、探伤仪器设备及一般性要求按行业或国家标准及《钢焊缝手工超声波探伤方法和探伤结果等级》(GB 11345—89)规定。超声波探伤应在焊缝外观检查合格后进行，并要求探伤在焊接完成24h后进行，钢板厚度大于30mm的焊件则必须在焊接完成48h后进行。

(2)射线探伤检验

射线检验有关执业资质、探伤机、底片、增感屏、显影液、定影液、象质计、观片灯等应符合《钢熔化焊对接接头射线照相》(GB 3323—2005)等相关规范规定。

焊缝质量评定：I级焊缝内应无裂纹、未熔合、未焊透和条状夹渣；II级焊缝应无裂纹、未熔合、未焊透。

(3)磁粉探伤检验

磁粉探伤有关技术要求及检验方法和缺陷磁痕的分级应遵照标准《无损检测　焊缝磁粉检测》(JB/T 6061—2007)规定执行。磁粉探伤应在焊缝及探伤表面经外观检查合格并应在焊接工作完成后24h后，构件板厚大于30mm时在48h以后进行。

(4)探伤缺陷的返修长度

对接焊缝的缺陷的指示长度加6倍板厚计算缺陷的返修长度。角焊缝当缺陷的指示长度小于30mm时，按60mm计算返修长度，缺陷指示度大于30mm时，按缺陷指示长度加30mm计算返修长度，当母材板厚不同时以较薄侧板厚为准。

3. 焊接试板检验

焊接试板检验是焊接接头的力学性能检验，是通过梁段焊接时同时以完全相同的环境状况、工艺条件、材料和操作人，在施焊梁段同时制作焊接接头试板，来代表箱梁该部分焊接接头，并将试板探伤后加工成拉伸、冷弯和低温冲击试件，以取得焊接接头的试验数据。在梁段整体焊接及现场安装焊接时制作试板的部位及数量见表3-1-47。试验按第一篇、第一章相应方法进行。试件制作数量及试验结果应符合焊接工艺评定相关规定。如试验不合格，允许在原试板上重新取样，如再不合格，应首先查明原因，然后对试板所代表的焊缝进行处理。

试 板 明 细 表 表 3-1-47

<table>
<tr><th>序号</th><th>部位/形式</th><th>数 量</th><th>试验项目</th><th>试样数量</th><th>试验方法</th><th>备 注</th></tr>
<tr><td rowspan="3">1</td><td rowspan="3">顶板对接接头</td><td rowspan="3">2 组/梁段</td><td>拉伸试验</td><td>1</td><td rowspan="8">见第一篇、第一章相应方法</td><td rowspan="5">梁段整体拼装</td></tr>
<tr><td>弯曲试验</td><td>1</td></tr>
<tr><td>低温冲击试验</td><td>6</td></tr>
<tr><td>2</td><td>底板对接接头</td><td>2 组/梁段</td><td colspan="2">同上</td></tr>
<tr><td>3</td><td>横隔板对接接头</td><td>1 组/梁段</td><td></td><td></td></tr>
<tr><td>4</td><td>顶板对接接头</td><td>1 组/梁段</td><td></td><td></td><td rowspan="3">桥上焊接</td></tr>
<tr><td>5</td><td>底板对接接头</td><td>1 组/3 条环缝</td><td></td><td></td></tr>
<tr><td>6</td><td>腹板对接接头</td><td>1 组/5 条环缝</td><td></td><td></td></tr>
</table>

六、斜拉桥、悬索桥钢索塔施工的特别问题

近年我国斜拉桥及悬索桥主塔采用钢结构制造和架设，已有成套的施工设备和成熟的经验。虽然国内尚无钢塔制造和架设规范出台，但南京长江三桥建设的成功，为我国钢索塔的制造和架设创造和积累了成熟的技术经验。《南京长江第三大桥工程钢塔制造及架设工艺标准》由江苏省交通厅批准实施，可为钢塔制造和架设提供技术依据。

钢桥塔截面大、高度高、承载力大，一般板厚用至 45～60mm，钢塔制造和架设一般性质量控制与普通钢桥结构无异，钢索塔制造和安装的不同之处，决定了钢塔施工的困难之处。

1. 钢塔的连接

钢塔采用分节段在工厂制造，在现场进行节段安装。塔柱节段的连接采用高强度螺栓摩擦连接或焊接连接。采用高强度螺栓摩擦连接时，塔柱力的传递，通过端面的切削精加工的端面接触率和高强度螺栓摩擦连接两者传递。

设计要求塔柱节段的壁板、腹板和加劲肋的接触率分别为 50%、40% 和 25%，与此相对应数量的力由接触面进行传递，而其余部分则由高强度螺栓摩擦面传递。

通过接触面传力 $F_j=\gamma\times A\times P_a$，通过摩擦面传力 $F_m=(1-\gamma)A\times P_a$，采用 M30 高强螺栓，单栓容许抗滑承载力 P 及高强度螺栓数量 n 为：

$$P=m\mu N/K \tag{3-1-4}$$

$$n=F_m/P \tag{3-1-5}$$

式中：F_j——板接触传力；

F_m——板摩擦传力；

γ——板横截面的接触面积与横截面的比；

A——板截面面积；

P_a——板计算应力和容许应力的 75% 两者较大者；

m——高强螺栓连接摩擦面数；

μ——高强螺栓连接摩擦面抗滑移系数；

P——高强螺栓单栓容许抗滑承载力；

N——高强螺栓设计预拉力；

K——安全系数，此处取 1.7。

钢塔高的垂直度和接触率的要求，对钢塔制造和安装提出很高的精度要求。

对较小型钢塔板厚在 30～40mm，采用现场节段间焊接连接，对焊接工艺也必须有较高的要求，以保证焊接质量。

2.钢塔的制造与架设

(1)工艺过程的关键问题

主要有板单元制造与焊接、节段组装及焊接、端面机械加工、制孔工艺、桥位架设。

①节段长度预留量

预留板块修整、两端铣头、焊接收缩量。

板块长 8000mm，宽 2600mm。长度预留量 26～28mm；宽度预留量 2～3mm。

②壁板焊接变形控制

板焊接变形通过焊接试验和统计分析，得出表 3-1-48 所示经验数据，供生产过程参考使用。

壁板焊接变形统计平均值(单位：mm)　　表 3-1-48

壁板厚	横向收缩	纵向收缩	横向弯曲变形 ΔH	反变形预留量 ΔH
42 46 48	2.55	3.01	2	0
36	2.15	2.96	8	10
30			15	16
腹板厚	横向收缩	纵向收缩	横向弯曲变形 ΔH	反变形预留量 ΔH
32	2.05	2.56	24	20

③索塔节段端面加工程序

索塔节段端面加工程序图见图 3-1-20。

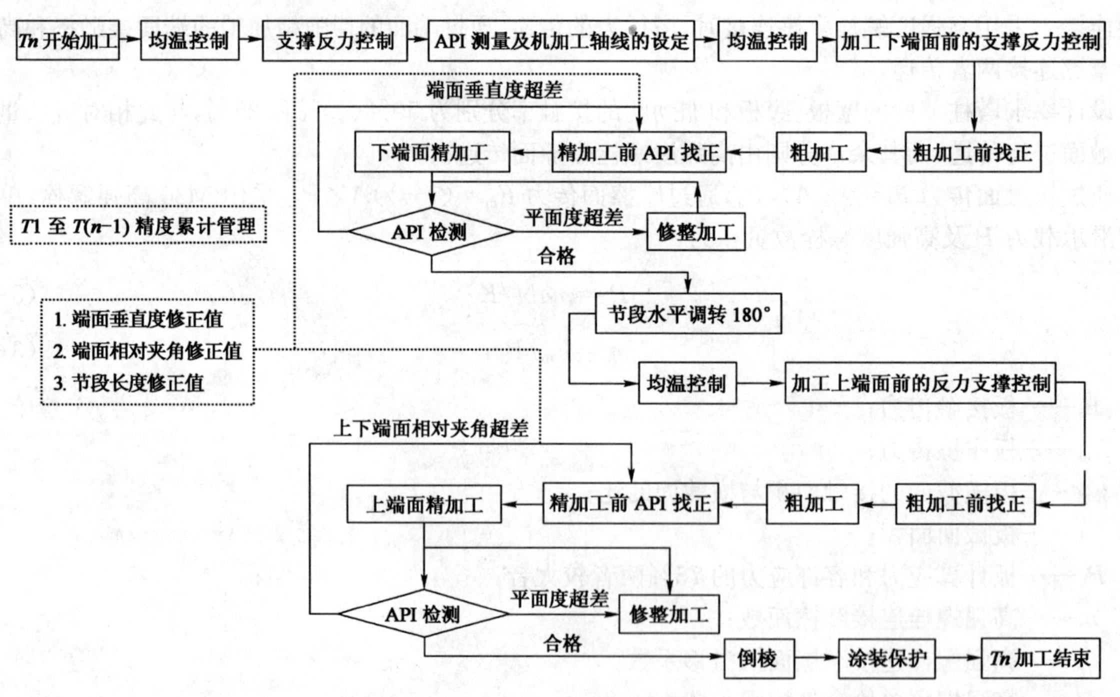

图 3-1-20　索塔节段端面加工程序图

索塔节段端面加工采用专用铣床，该铣床是以 T6920D 大型落地铣镗床为原型，改进设计制造。在 10m×5.5m 范围加工误差最大值为 0.22mm；

端面测量采用 Tracker II 型激光跟踪测量系统（API：Automated Precision Inc），角度分辨率 ±0.14″，距离分辨率 1μm，图 3-1-21 所示为激光跟踪测量系统示意图。

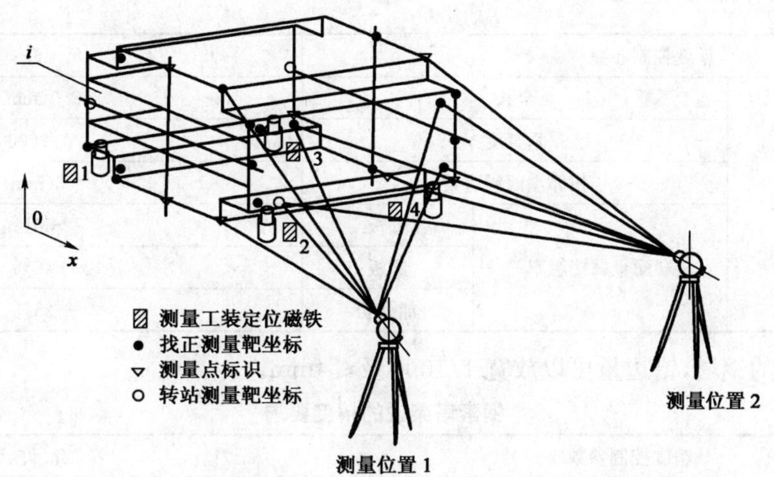

图 3-1-21　激光跟踪测量系统示意图

数控液压支撑系统，与 Tracker II 型激光跟踪测量系统配合使用，控制精度。

力控制精度±10kN；绕 X 轴角度调整控制精度：1/40000；绕 Y 轴角度控制精度：1/8000；绕 Z 轴角度调整控制精度：1/70000；Z 向距离调整控制精度：0.1mm。

采用 Tracker II 型激光跟踪测量系统进行加工前划线、结合计算机控制的数控液压控力系统进行找正调整及加工后精度检测。

④钢塔安装过程的抑振

通过风洞试验，设计上采用切角干扰窝激振动发生。见图 3-1-22。

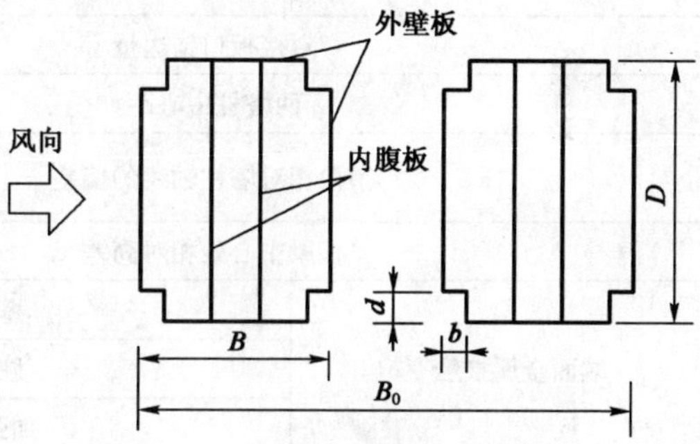

图 3-1-22　横截面切角示意

施工时采用适当抑振措施，以保证人员和结构安全。

某桥塔高 215m，高的钢塔由于阻尼低在施工过程易于发生顺桥向弯曲组合振型的窝激共振，造成施工人员的不适和不安全。

参照日本索塔施工允许振幅值，施工作业时采用加速度允许值取 30cm/s^2 以满足施工舒适性要求；强风时停止施工，同时采用允许加速度 600cm/s^2，以满足结构与施工安全性要求。为达到上述允许值，有时需通过抑振器 TMD（质量调谐阻尼器）来实现。

(2)制造及安装过程几何精度要求

钢塔节段制造精度的主要控制参数，见表 3-1-49。

机加工及预拼装允许偏差　　表 3-1-49

精度控制参数		允许值
塔柱节段组装及端面机加工允许偏差	截面长度	±2(mm)
	截面宽度	±2(mm)
	对角线	±3(mm)
	节段高度	±2(mm)
	端面对轴线的垂直度	1/10000
	扭曲	±3(mm)
	平面度	0.008mm/m，且全平面≤0.25mm
	端面粗糙度	12.5μm

续上表

精度控制参数			允 许 值
预拼装	全长		±2.0(mm)×n
	垂直度		1/10000
	相邻端面错边量		2(mm)
	端面金属接触率	壁板	50%
		腹板	40%
		加劲肋	25%

现场节段焊接的钢塔，错边量可以放宽1/10厚及≤4mm。

钢索塔架设的精度要求 表3-1-50

精度控制参数		允许误差
安装高度		±2.0mm×n
垂直率	顺桥向	H/4000
	横桥向	H/4000
对接板口错边量		2.0mm
两塔柱中心距		±4mm
节段相对塔柱轴线的偏差		顺桥相2/1000 横桥相2/1000
横梁中心处相对高差		4mm
端面金属接触率	壁板	≥50%
	腹板	≥40%
	加劲肋	≥25%
斜拉索锚固点间距	相邻锚点L_1	±6mm
	极边锚点L_2	±12mm

第四节　钢管拱制造质量与吊装检测

一、钢管混凝土拱桥的基本概念

1.钢管混凝土基本构件形式

钢管混凝土结构属于钢—混凝土组合结构。图3-1-23所示为常用于受弯构件的钢与混凝土的结合形式；钢管混凝土是用于主要受压构件的结合形式，如图3-1-24所示。前者是通过剪力键承受结合面处的弯曲剪应力来实现共同受力并各自发挥材料的受力优势，后者是通过外包钢板受拉的箍紧力来提高混凝土的抗压承载力。图3-1-24的(3)方形外包钢，由于矩形边的侧向变形不易提高混凝土的箍紧力而应用不多；(4)、(5)、(6)在钢管混凝土下又组合型钢，主要是用型钢部分承受弯曲拉应力；(7)钢管混凝土构架外再包混凝土，是施工过程应用钢管混凝土作劲性骨架，以简化施工结构。

钢管混凝土圆形截面，对构件稳定承载力不利，为提高结构稳定承载力多采用多肢钢管混凝土结构。图3-1-25为多肢钢管混凝土结构。

2.钢管混凝土受压构件基本工作性能

图3-1-26a)为钢材受压时的应力—应变图，f_P为受压时的比例极限；f_e为弹性极限，f_e以上，材料进入弹塑性阶段；f_y为屈服强度，桥梁碳素钢和低合金钢均有明显的受拉、受压屈服阶段。F_u为极限

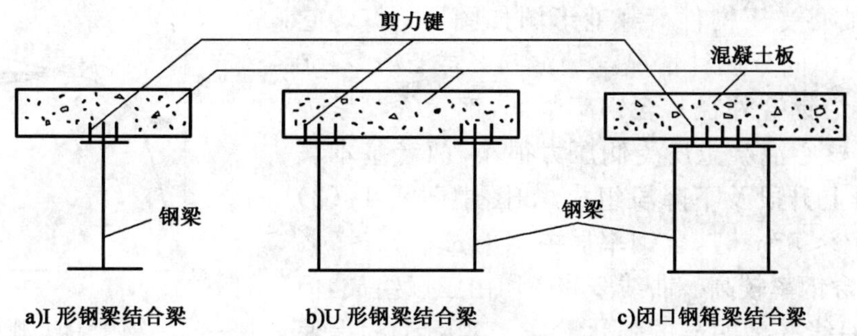

图 3-1-23　受弯构件钢-混凝土结合形式示意图

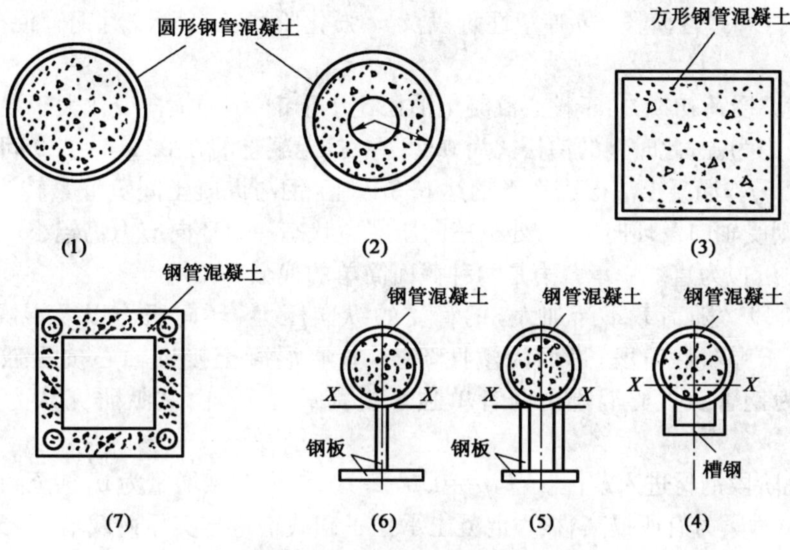

(1)、(2)、(3)—内填式，钢管混凝土，主要受压
(4)(5)(6)—内填式，钢管混凝土，压弯
(7)—内填外包式钢管混凝土，压弯、劲性骨架

图 3-1-24　主要受压构件钢—混凝土结合形式示意图

强度，f_y 以上材料经强化阶段，最后破坏，有明显颈缩变形。f_p 段的曲线斜率为钢的弹性模量。在钢结构计算中，常取 oab 段作为本构方程，即弹性阶段弹性模量为 E，相应泊松比 $\mu=0.28$，屈服阶段取 $E=0$，相应 $\mu=0.5$。实际当钢材由 f_e 至 f_y 的阶段，弹性模量由 E 逐渐变小为 0，μ 由 0.28 渐变大为 0.5。

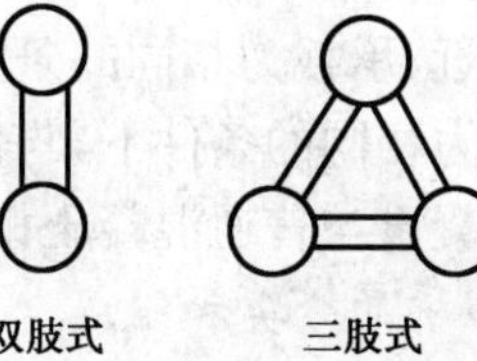

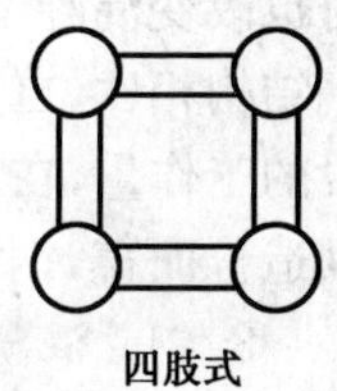

图 3-1-25　多肢钢管混凝土结构

图 3-1-26b)表示混凝土轴心受压试件的应力—应变曲线，f_a 为轴心受压极限强度，$0.4f_a$ 以下近似为线性，并取该段的割线作为混凝土弹性模量(即割线模量)。当 $\varepsilon \leqslant 0.5\varepsilon_1$ 时，相应的泊松比取 $\mu=\frac{1}{6}$，当 $\varepsilon > 0.5\varepsilon_1$ 时，$\mu=1.35\left(\frac{\varepsilon}{\varepsilon_1}\right)^2$，式中 ε 为荷载应变，ε_1 为 f_a 相应的应变值。

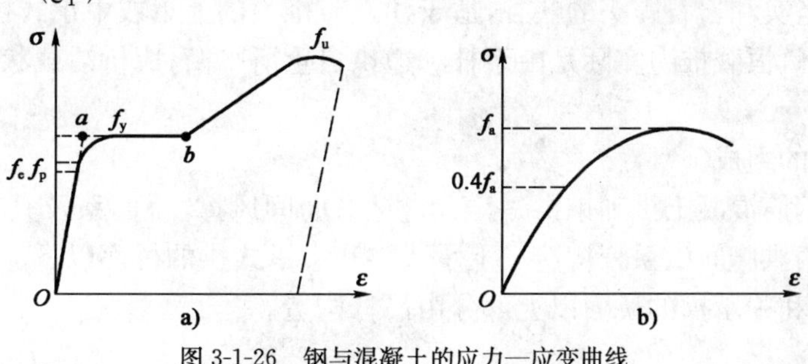

图 3-1-26　钢与混凝土的应力—应变曲线

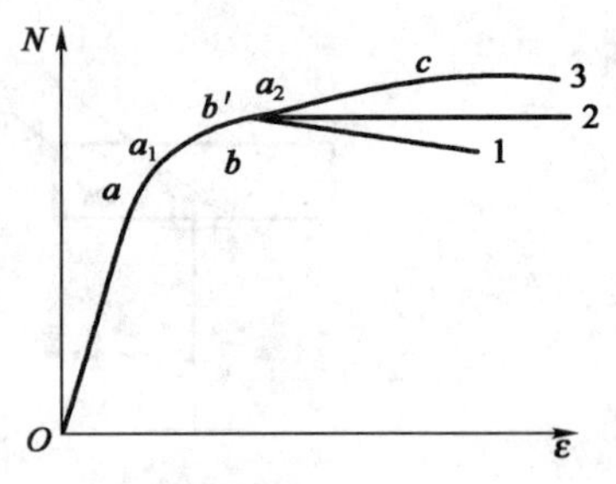

图 3-1-27　钢管混凝土轴心受压力—变形曲线

钢管混凝土轴心受压构件荷载变形图如图 3-1-27。它随含钢率 $\rho=4t/D$ 不同分三种情况：(1) $\rho<4\%$ 或 $D/t>100$（t 为钢管壁厚，D 为钢管外径），含钢率很低，钢管的箍紧力作用可忽略不计，核心混凝土所受侧压力很小，两者基本属单向受力，曲线由上升段及下降段组成，如图中曲线 1；(2) $\rho=5\%\sim6\%$ 或 $D/t<57\sim67$，含钢率居中；(3) $\rho>6\%\sim7\%$ 或 $D/t<57\sim67$，含钢率较高。曲线 2 和 3 均由三段组成，但两者的区别在于曲线 3 为明显的强化阶段。实际工程上使用的含钢率 $\rho=5\%\sim8\%$ 或 $D/t<25\sim80$，变形曲线属 2、3 类型。以下按曲线 Oa 弹性阶段，ab 弹塑性阶段及 bc 强化阶段三个阶段对钢管混凝土受力机理进行分析。

弹性工作阶段　受荷初期，由于核心混凝土泊松比小于钢，钢的横向变化大于混凝土，呈负箍紧力，受力以各自单向受力为主，此时钢的泊松比为 0.28 左右，混凝土的在 0.167～0.3 间；当荷载增加，核心混凝土应力达到 $0.5f_a$，混凝土泊松比大于钢达 0.3 以上，钢与混凝土间负箍紧转为正箍紧力，钢产生环向拉力，混凝土则受轴向及环向压力，处于三向压应力状态。但环向应力仍较小，近于各自单向受力；荷载变形曲线 Oa_1 近似为直线。承载力是两种截面简单的代数和。

弹塑性工作阶段　随荷载不断加大，钢管受的纵向压力、环向压力以及混凝土的三向压力也不断增大，钢材处于弹塑性阶段，进而为塑性阶段，核心混凝土接近轴心抗压强度，曲线成 ab 段。此时承受的荷载为钢管及核心混凝土两者单独承受荷载之和，由文献研究认为：该阶段承受承载力的 70%。

强化阶段　此阶段钢材进入塑性状态，$\mu=0.5$，$E=0$，纵向荷载增量为 0，甚至为卸载现象。此时混凝土的 μ 大于 0.5，箍紧力有所提高，核心混凝土承担了卸载增量与实际荷载增量之和。这就出现类似钢材应力—应变曲线的上升强化段。第二类含钢率，钢管的卸载增量与实际荷载增量相抵，故无明确强化阶段。

由上述分析可知：由于钢管套箍作用使混凝土处于三向压力状态，大大提高了混凝土的承载力，同时也改变混凝土的脆性破坏的缺点；钢管由于混凝土的挤紧也无局部稳定破坏之忧。工程实验表明：与钢结构相比，自重相近、承载力相同的条件下钢管混凝土结构可节约钢材达 50%，同时简化了制造和架设的工作量，在承载力相同的条件下，与普通钢筋混凝土结构相比，混凝土用量及自重可减小 50%。就其造价而言，钢管混凝土与普通混凝土相近，用钢量稍有增加。

3. 钢管混凝土拱桥的分类和组成

(1)钢管混凝土拱的类型

钢管混凝土拱桥分类与其他型式拱桥并无差别，按行车道的位置来分，有上承式、下承式和中承式；按拱推力的传递方式，有推力拱、系杆拱。图 3-1-28a) 为上承式，(b) 为下承式，c)、d)、e) 为中承式；a)、c)、e) 为有推力拱，b)、d) 为无推力拱，此处的有无推力是指拱的推力是否维持拱结构自身平衡，有无推力作用在拱脚基础上。d) 图的推力主要是系杆作用于近跨端横梁，边跨、中跨和墩构成一个自平衡的整体结构。在地基岩石坚实和岩石露头的峡谷，适于建造有推力的上承或中承式拱。d) 类中承式拱，在恒载状态边拱成悬臂状态，恒载推力实际是由系杆和边拱自重所平衡；成桥活载状态边拱有边墩参与共同工作。

(2)钢管混凝土拱的组成

钢管混凝土拱如钢筋混凝土拱和钢拱一样，由拱肋、肋间风撑、桥面系及其支撑结构组成。无推力拱也即系杆拱在拱的两拱脚间由系杆构造。上承式拱和中承式拱的桥面以下部分桥面支撑结构是拱上立柱或排架，而下承拱和中承拱的桥面以上部分由吊杆构造。

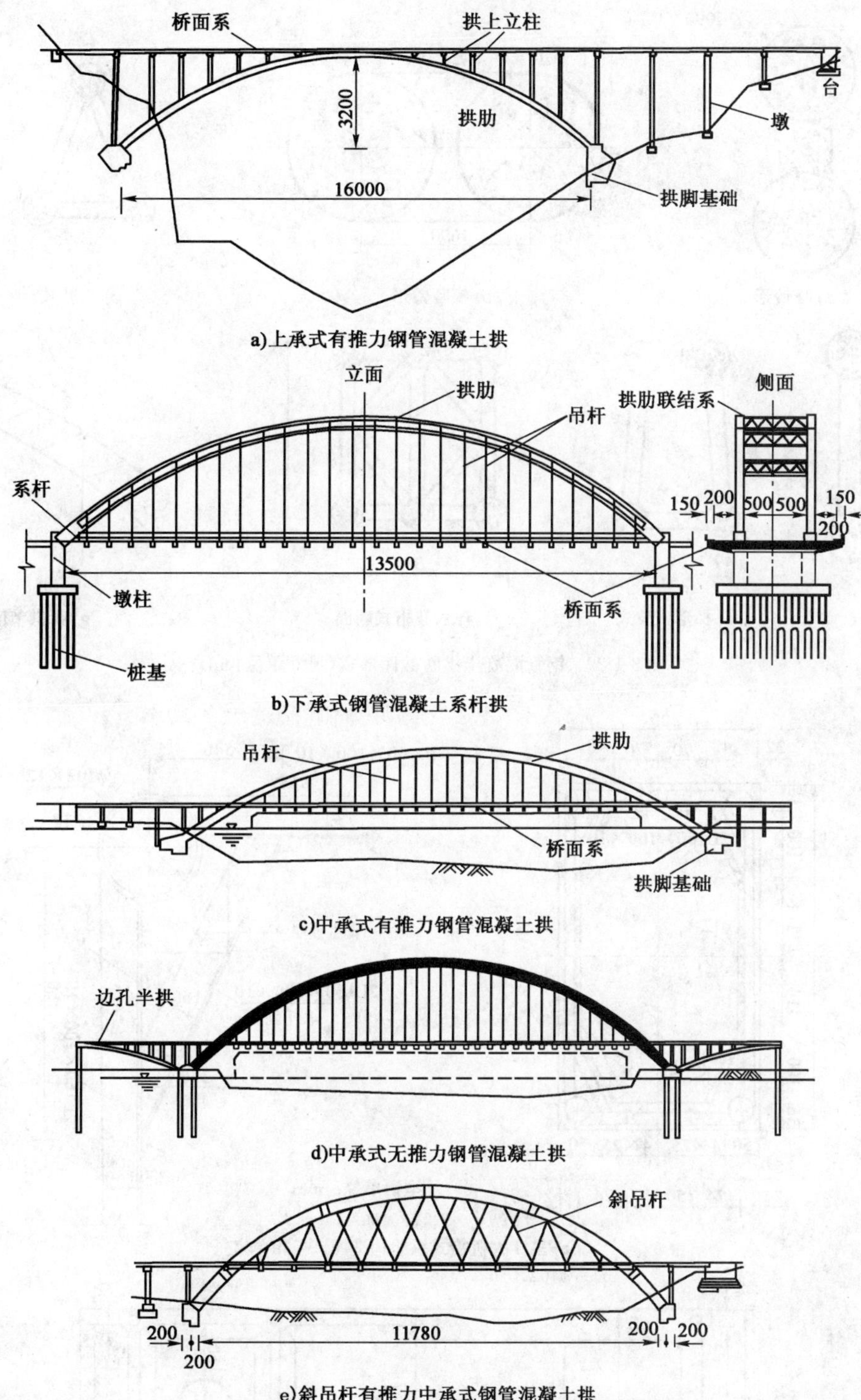

图 3-1-28　钢管混凝土拱的主要类型(尺寸单位:cm)

图 3-1-29 所示为钢管混凝土拱桥的拱肋截面形式。a)、b)为哑铃形拱肋,由两管和其间的缀板组成,常用于中小跨度;c)、d)、e)、f)为多肢桁式拱肋,管间的联结形式如 g)所示,管构成弦杆而联结管构成桁式拱肋的腹杆和横断面联结。

图 3-1-30 所示是劲性钢管混凝土骨架箱式拱肋。首先是钢管作为弦杆,钢管或型钢作成腹杆和横联,组成桁式劲性骨架,其后在其上绑扎必要的钢筋,浇筑混凝土构成箱形拱肋。先完成的劲性钢管混凝土劲性骨架,充当施工脚手架。该种结构往往拱的跨度可以做得很大,如万县长江大桥,跨度 420m。钢管混凝土桁式拱肋,最大跨度当属武汉江汉三桥(280m)。

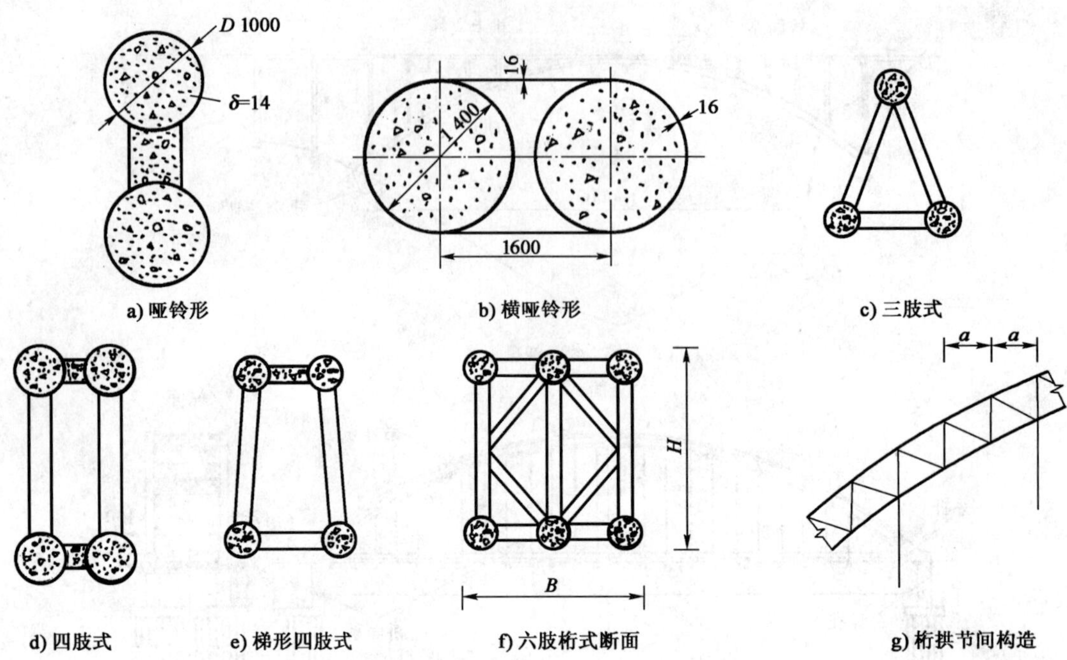

图 3-1-29　钢管混凝土拱肋截面形式(尺寸单位:cm)

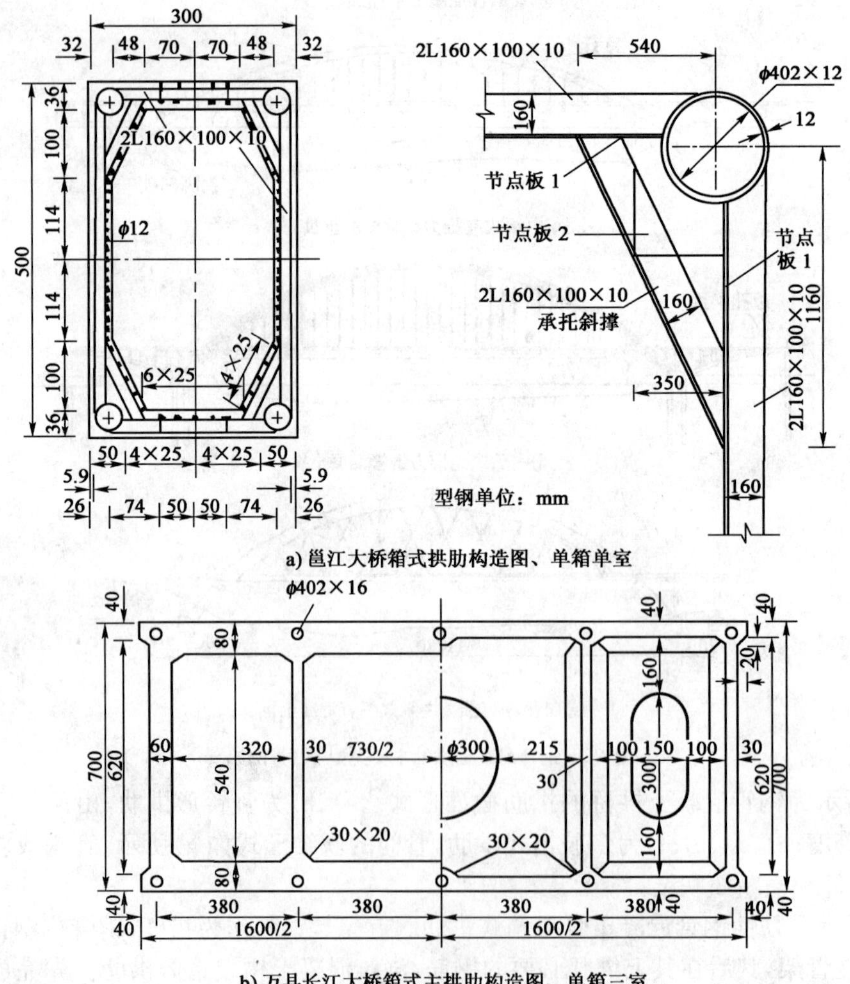

图 3-1-30　劲性钢管混凝土骨架箱式拱肋(尺寸单位:cm)

拱肋间的抗风结构如图 3-1-31 所示。竖排哑铃式拱肋，采用单管或桁式，如 a)，桁式拱肋一般均采用桁式横联结构，b)、d)、e)。拱的抗风结构与钢桁梁一样，风作用通过平联传至桥门架，再由桥门架结构传至支座。风作用下变形如 c)所示。桥门架的楣杆发生弯曲变形，因此为加强楣杆的刚度，如 d)采用 K 形结构加强，即所谓 K 撑。有的桥横向抗风结构全部采用 K 形构造。中承式拱的拱肋在桥面以下部分一般采用 K 形或十字交叉横联加强横向刚度，如 f)。

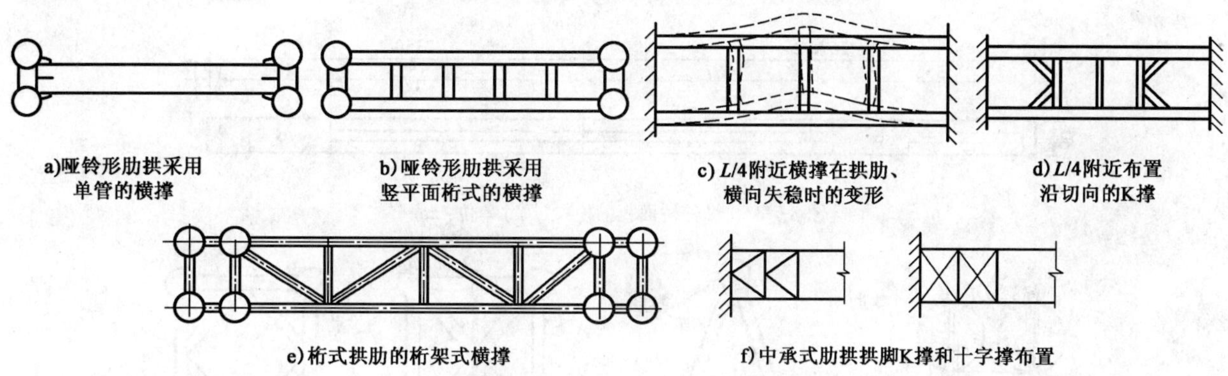

图 3-1-31　拱的抗风构造

桥面系及其支撑系统，见图 3-1-32 及图 3-1-32。图 3-1-32a)表示上承式拱的桥面系和支撑桥面系的拱肋上立柱：四根哑铃形钢管混凝土拱肋每个断面四根立柱和帽梁构成拱上排架，排架上铺设大孔板及桥铺装。当立柱较高时，柱间也设横撑。图 3-1-32b)为下承式拱悬吊桥面系结构：(1)为纵铺桥面板，吊索锚在横梁端；(2)横铺式桥面板，吊索锚在纵梁上；(3)整体式肋板，吊索锚在纵肋或横肋上。图 3-1-33为纵铺桥面板桥的横梁。

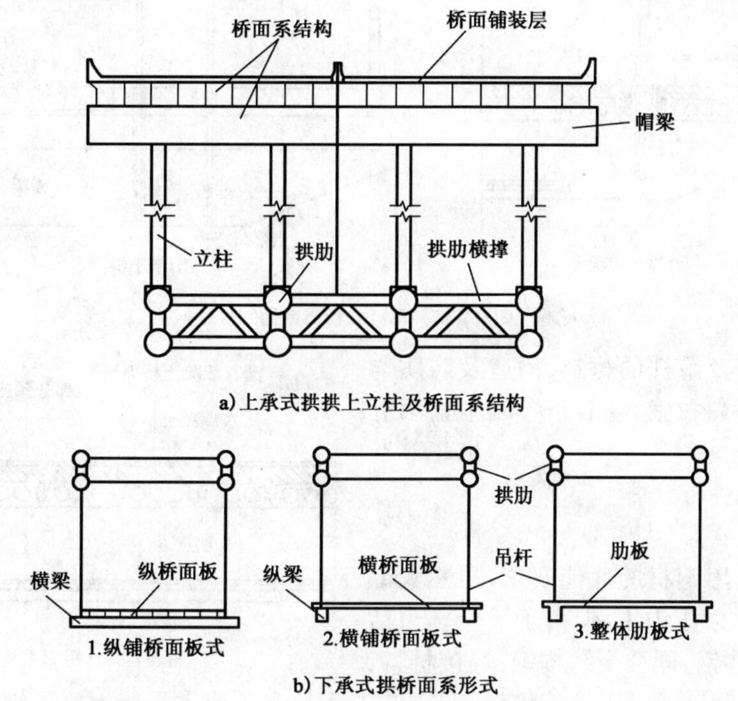

图 3-1-32　桥面系及其支撑系统示意图

吊杆在拱肋上布置见图 3-1-34，吊杆在桥面系上锚固图见图 3-1-35，图 3-1-36 表示桥面系构造详图。吊杆上、下锚固细节除应具有足够强度、刚度外，由于直接承受车道活载，应具有足够抗疲劳破坏抗力和疲劳寿命。

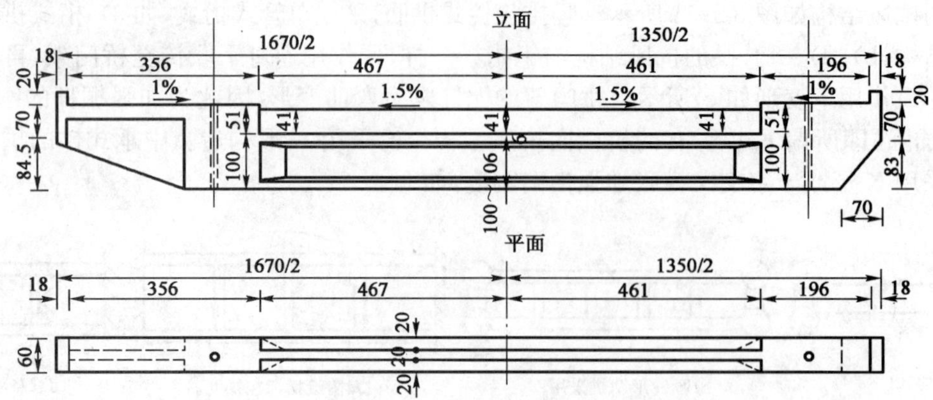

图 3-1-33　纵辅桥面板的横梁(尺寸单位:cm)

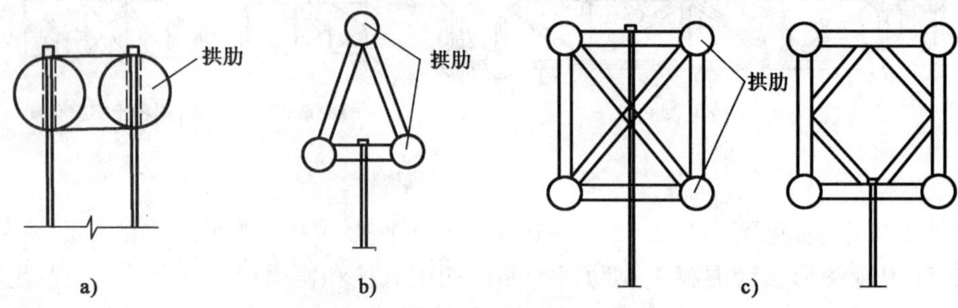

图 3-1-34　吊杆在拱肋上布置图

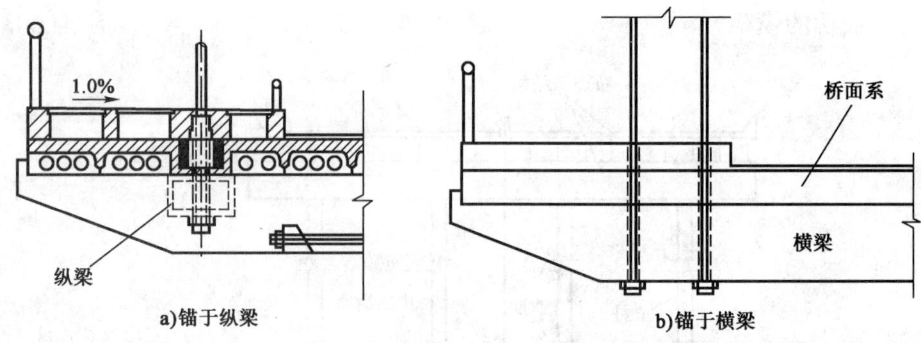

图 3-1-35　吊杆在桥面系锚固

下承式拱的系杆及吊杆的材料、构造及防腐与预应力钢丝及斜拉桥斜拉索相同，请参阅本篇第五章相关部分。

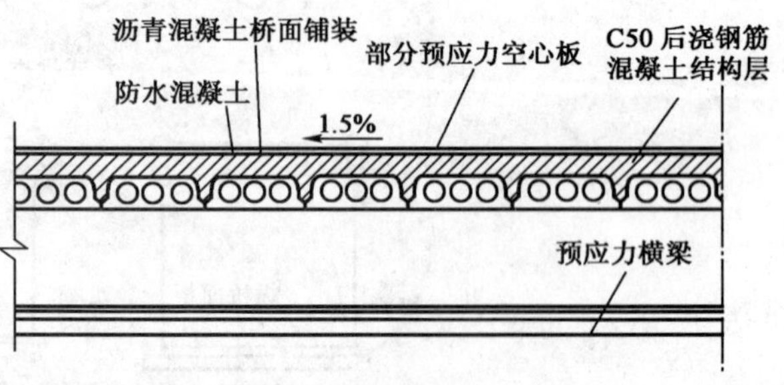

图 3-1-36　桥面系构造详图

4. 钢管混凝土拱桥的材料

(1)钢材

钢管混凝土拱所用钢材的性能要求，虽然大部分钢管混凝土拱构件以压为主，但由于承受车道活载，因而所用碳素结构钢、低合金结构钢、焊接材料、高强度螺栓、支座、高强度镀锌钢丝、钢绞线、锚具应与钢桥和预应力混凝土桥用钢材相同，详见本第一篇第一章第一节。

(2)混凝土材料

对于钢管混凝土拱桥管内填筑的混凝土，以及外包混凝土的力学性能，为了区别于建筑结构，仍应按《公路钢筋混凝土及预应力混凝土桥涵设计规范》(JTG D62—2004)取值，见表 3-1-51 及表 3-1-52，与相应《钢管混凝土结构设计与施工规程》(JCJ 01—89)规定数值无大差别，以兼顾劲性骨架外包混凝土的工作状况。混凝土受剪弹性模量G，取表3-1-52值的0.43倍；泊松比由试验确定，当无试验数据时取$\mu=\frac{1}{6}$。按钢管混凝土结构设计与施工规程规定，管内填筑混凝土强度等级宜为C30、C40、C50，一般塑性混凝土水灰比不宜大于0.4；流动性混凝土水灰比不宜大于0.45。可以使用减水剂或采用微膨胀混凝土，并应具有缓凝、早强等工程性能。为满足泵送要求，尚可加入不超过水泥用量10%的磨细粉煤灰。配合比需经试验满足设计强度要求和坍落度要求，一般泵送混凝土坍落度应达到18～22cm。

混凝土轴心抗压的设计强度和标准强度(MPa)　　表3-1-51

强度等级		C15	C20	C25	C30	C35	C40	C45	C50	C55	C60	C65	C70	C75	C80
设计强度	f_{cd}	6.9	9.2	11.5	13.8	16.1	18.4	20.5	22.4	24.4	26.5	28.5	30.5	32.4	34.6
	f_{td}	0.88	1.06	1.23	1.39	1.52	1.65	1.74	1.83	1.89	1.96	2.02	2.07	2.10	2.14
标准强度	f_{ck}	10.0	13.4	16.7	20.1	23.4	26.8	29.6	32.4	35.5	38.5	41.5	44.5	47.4	50.2
	f_{tk}	1.27	1.54	1.78	2.01	2.20	2.40	2.51	2.65	2.74	2.85	2.93	3.00	3.05	3.10

混凝土的弹性模量(MPa)　　表3-1-52

混凝土强度等级	C15	C20	C25	C30	C35	C40	C45	C50	C55	C60	C65	C70	C75	C80
E_c	2.2×10^4	2.55×10^4	2.80×10^4	3.0×10^4	3.15×10^4	3.25×10^4	3.35×10^4	3.45×10^4	3.55×10^4	3.60×10^4	3.65×10^4	3.70×10^4	3.75×10^4	3.80×10^4

二、钢管及拱节段的制造

1.钢管的制造

钢管混凝土拱桥主要采用螺旋焊接管、直缝焊接管和少量无缝钢管。

螺旋焊接管和直缝焊接管一般由厂家按设计图制作，当运输方便时，这是比较经济的选择。如按厂家生产规格选用，螺旋焊管一般尺寸单位为英制，外径范围406～1 524mm，级差为51mm；壁厚为5.2mm、6.3mm、7.0mm、8.7mm、9.0mm、10.0mm、11.0mm、12.7mm、13.0mm、14.0mm、15.9mm、16.0mm、17.5mm、18.0mm、19.1mm、20.0mm、22.2mm、23.8mm和25.4mm。使用时管径和壁厚均不是整数，不太方便。无缝钢管按国家标准选用最大外径可达630mm，壁厚也可灵活选用，范围6～20mm间，级差1mm，适用于钢管拱桥。无缝管的质量检查方法按国标(GB 8162)《结构用无缝钢管》。由于钢管拱桥为焊接结构，材料成分和力学性能应满足本第一篇第一章第一节桥梁用钢要求。

(1)螺旋焊管的制作

螺旋管采用化学成分及力学性能均符合桥梁钢要求的热轧带钢卷或热轧钢板。图3-1-37为螺旋焊接管制作工艺步骤示意图。螺旋焊接管的整个制造过程的工艺质量，应符合《公路桥涵施工技术规范》(JTJ 041—2000)要求。对于螺旋焊接管的制造有下述几项应特别予以注意：

①带钢或钢板整平后将钢带以精确的成型角送进成型机，并以导向轮设置限制钢带的边以保持成型角；

②对带钢及板材几何和力学性能不均匀的端部充分切除，以保证成品管材的良好的匀质性；

③焊接边的清洁、铣制坡口及焊缝的成型均应满足(JTJ 041—2000)钢桥制造要求。采用埋弧自动焊，内缝从卷制合缝处开始；外缝滞后内缝1.5～2.5个螺距；

④切管断面垂直于管轴线或成某角度切割，须按设计要求进行。《公路桥涵施工技术规程》(JTJ 041—2000)要求钢管混凝土拱桥管径大于600mm时，应采用卷制。

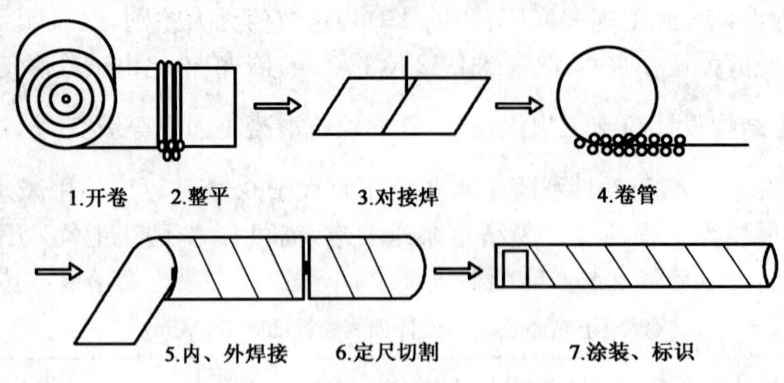

图 3-1-37　螺旋焊接管制作工艺步骤示意图

(2)直缝焊接管制作

直缝管应按钢桥制造工艺要求进行。应预留滚卷的伸长量和焊接的收缩量，预留量由试验确定。当采用火焰切割下料时，应切除硬化边缘 3～5mm。卷制时应采用一定模具或其他措施保证管的圆度，并用准确的样板检查和整圆。直缝焊接采用埋弧自动焊，起弧应加引板。坡口几何尺寸及允许偏差由表 3-1-53 给出，并采用焊接工艺评定确定的相应焊接材料及焊接工艺。

焊缝坡口允许偏差　　表 3-1-53

坡口名称	焊接方法	厚度 δ (mm)	钝边 a (mm)	垫板厚度 b (mm)	内侧间隙 c (mm)	外侧间隙 d (mm)	坡口高度 e (mm)	坡口半径 R (mm)	坡口角度 α	坡口形式	附注
齐边I形	自动焊	＜14	—	—	0+2	—	—	—	—		
V形坡口	手工焊	6～8 10～26	1±1 2±1	—	1±1 2±1	—	—	—	70°±5° 60°±5°		
	自动焊	16～22	7±1	—	0±1	—	—	—	60°±5°		
U形坡口	自动焊	＜30	2±1	6	2±1	7±1	—	3.5±1	—		
		＞30	2±1	6	4±1	13±1	—	6.5±1	—		
		＞25	2±1	—	0+1	13±1	3±1	6.5±1	90°±5°		大管径

注：* 参见《钢管混凝土结构设计与施工规程》(CECS28:90)和《钢管混凝土结构设计与施工规程》(JCJ 01—89)。以上标准总则均规定："本规程适用于工业与民用建筑及构筑物的钢管混凝土结构设计与施工"。

钢管焊接质量的检验可参见本章第一节或钢桥制造相应规范——(JTJ 041—2000)或(TB 10212—98)。

(3)钢管的质量要求

钢管的材质、制造工艺、焊接工艺及焊接质量要求。见本章第一节及相应钢桥制造规范 JTJ 041—2000 或 TB 10212—98。单管制造几何尺寸要求见表 3-1-54。

钢管制作允许几何偏差　　表 3-1-54

偏差名称	偏差示意图	允许值
初曲		$f\leqslant l/1000$ 和 $f\leqslant 10$mm
椭圆度		$\frac{f}{d}<3/1000$
端面不平度		$\frac{f}{d}<1/1500$ 和 $f\leqslant 0.3$mm

注：表列数据见规程(CECS28:90)和(JCJ 01—89)。端面不平度对于直径较大钢管 0.3mm 要求太严，该项要求在《钢结构工程施工及验收规范》(GB 50205—2001)中为：1/500 和 3.0mm。对于钢管拱桥而言，一般并非采用端面直接支承，往往通过焊缝或连接，最后由安装几何允差控制。该三项偏差虽直接影响受压管件的整体和局部的稳定承载力，实际钢管混凝土拱桥受压构件最终填筑混凝土，因此受力状况较一般钢柱要好得多。

2. 钢管拱节段的制造

钢管拱肋或桁拱节段分段的长短需根据拱的结构形式、运输及吊装能力等综合因素确定。加工前的准备工作包括绘制施工详图和工装的制造。施工详图包括：零件图、单元构件图、单元节段图以及工艺流程图等。工装台座要求满足 1∶1 几何放样要求，平整、坚实、定位模具几何尺寸准确。当采用热弯(热煨)，温度应控制在 900～1000℃(见规范 TB 10212—98)，工地热弯温度不超过 800～900℃，并且不允许微裂纹出现。

在管对接处为保证位置准确和单面坡口焊时，可采用衬管。衬管长 20mm 左右，厚度不大于 5mm，衬管与主管间保持 0.5mm 间隙。为保证受压柱与核心混凝土良好共同工作，节段间宜加封顶板；封顶板当主管 $t<30$mm 时取 12mm，$t>30$mm 时取 16mm。衬管与封顶板的构造见图 3-1-38。对小直径管对接可采用定位焊，定位点不少于三点；大直径管定位焊间距宜为 300mm，不少于三处，采用法兰式连接时，保证栓孔位置准确。

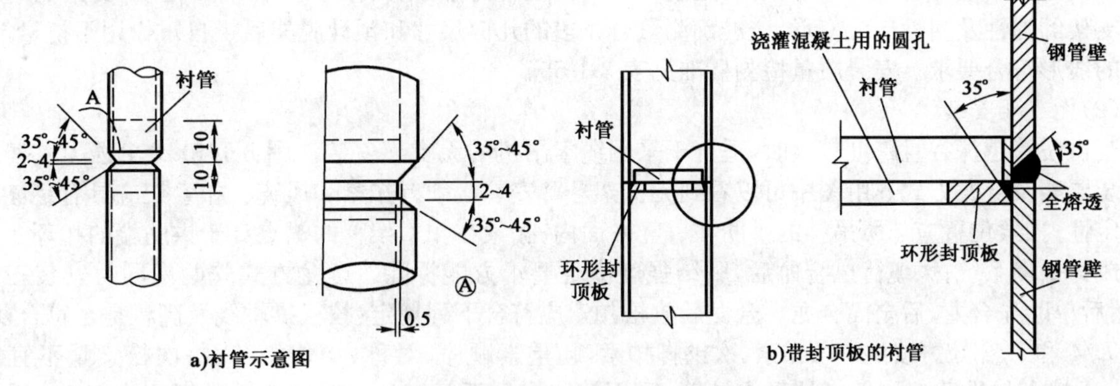

图 3-1-38　衬管及封顶板构造(尺寸单位：cm)

对桁架拱肋的组焊，相贯线的放样和坡口制作必须准确。可以按相贯连接的参数 D、d 及 β 推导出相贯线展开方程，按方程给出的坐标放样划出展开的相贯线。这个过程可以计算机上完成。坐标 x、y 及 D、d、β 如图 3-1-39 所示。相贯线展开方程如下式：

$$\left.\begin{aligned} x &= \alpha d/2 \qquad \alpha = 0 \sim 2\pi \\ y &= \{D - [D^2 - d^2(\sin\alpha)^2]^{1/2} \\ &\quad + d(1-\cos\alpha)\cos\beta\}/2\sin\beta \end{aligned}\right\} \tag{3-1-6}$$

图示 h_1、h_2分别为：

$$h_1 = \{D/2 - [D^2/4 - (d\sin\alpha/2)^2]^{\frac{1}{2}}\}/\sin\beta \tag{3-1-7}$$

$$h_2 = d(1-\cos\alpha)/(2\tan\beta) \tag{3-1-8}$$

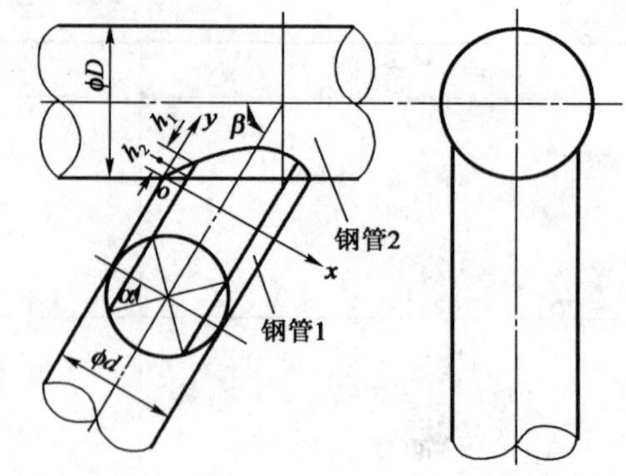

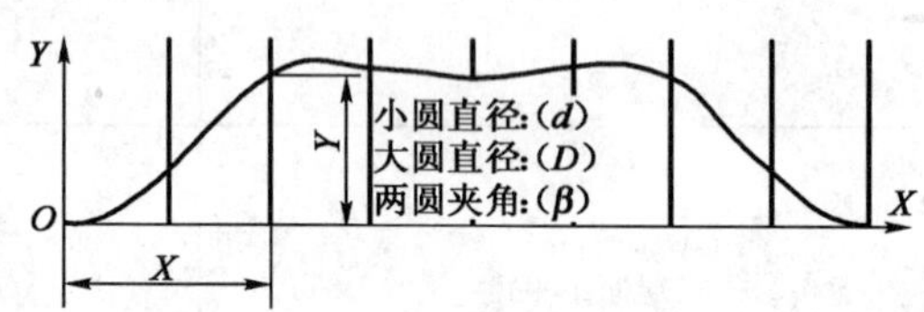

图 3-1-39 钢管相贯曲线展开示意

钢管拱节段除按相应钢结构规范控制几何精度及焊接质量外，尚须注意下述问题：

(1)制造温度与标准温度间温差对几何尺寸影响的修正。

(2)焊缝收缩对几何尺寸的影响，除在工艺过程胎夹具和焊接顺序控制外，应根据试验或经验预留收缩量；肢管对接间隙宜放大 0.5～2mm，以抵消肢管焊接收缩变形。

(3)桥位安装体与工厂制造差别对节段变形的影响，可通过计算修正，即安装应力的影响。钢管拱桥拱肋制作与安装质量检测标准如表 3-1-55 所示。

钢管拱肋制作与安装质量检测标准　　表 3-1-55

检 查 项 目	规定值或允许偏差(mm)	检 查 项 目	规定值或允许偏差(mm)
焊缝质量	符合设计要求	轴线横向偏位	$L/6000$
内弧偏离设计弧线	8	拱肋接缝错台	0.2 壁厚，且≤2
每段拱肋内弧长	0，－10	拱圈高程	符合设计要求
钢管直径	$d/500$ 及±5		

三、钢管拱节段及劲性骨架节段的安装

钢管拱节段及劲性骨架节段的安装方法与预制装配式钢筋混凝土拱相似，可采用少支架法、无支架法、转体施工或斜拉扣索法施工。安装前应对以下方面，如每一拱座起拱线处高程、跨距、横向距离、拱座面斜度及几何尺寸、拱肋实际长、几何尺寸及接头、吊点结构等，进行复核，以保证安装安全顺利进行。

(1)少支架安装

对于河谷较浅和地形平缓地方的钢管拱适于采用少支架安装。支架高度及承载能力按计算确定，支架基础坚实和满足稳定性要求；对于通航和排洪河段做好船舶和漂流物撞击的防护。支架的高程应计及支架的弹性及塑性压缩变形，应准确测量合龙段的几何尺寸和预计脱架后拱自重作用下挠量，以保证拱的线形符合要求。安装质量检测标准见表 3-1-55。

(2)无支架安装

当拱桥跨越深谷且跨度较大时，适合于采用缆索吊机的无支架安装。图 3-1-40 给出了无支架安装的安装要素及合龙方式。由图中可以看到无支架悬臂安装必须有扣索和风缆。扣索架应具有足够强度和稳定性；扣索位置应与所吊挂的拱肋在一竖平面内；扣索在扣索架上的锚点高于拱肋端的扣环。风缆系构成力平衡系统；风缆待拱合龙后，联结强度满足要求方能拆除。合龙方式先两岸同时安装三个节间，然后单肋先合龙，后全面合龙。合龙后放松扣索应符合下列规定：校核拱轴线及高程是否符合要求，尤其 $L/4$ 和 $L/2$ 处。按拱脚段扣索、次拱脚扣索，起重索顺序、对称、均匀松卸；每次松索量不宜大于 10mm。扣索与拱肋连接件需按受力计算，采用钢绞线和平行钢丝束时安全系数不应小于 2。质量检测标准见表 3-1-55。

(3)转体施工

转体施工法分三种——无平衡重平转法，有平衡重平转法，竖转体法，如图 3-1-41 所示。

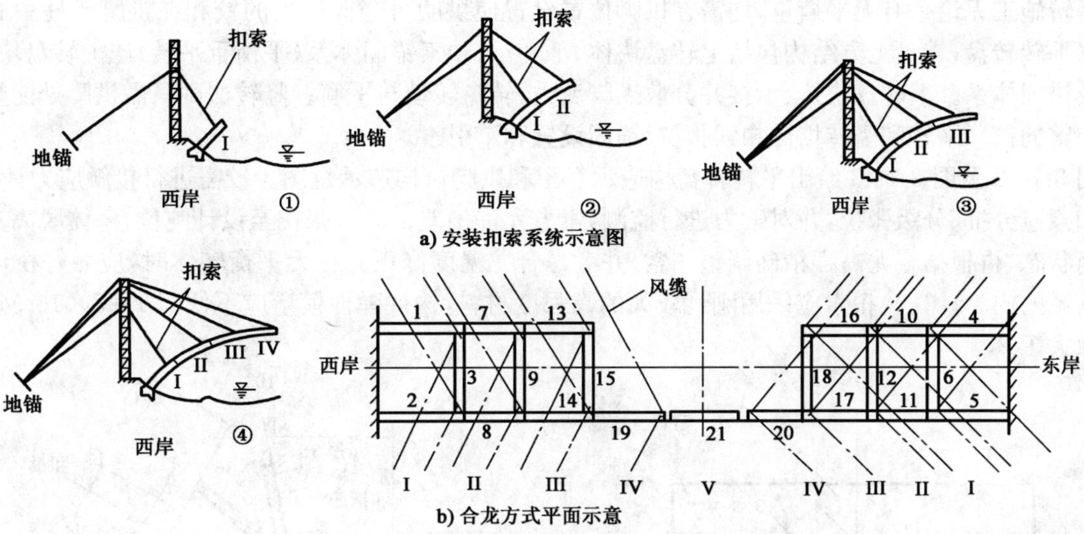

图 3-1-40　无支架安装示意图

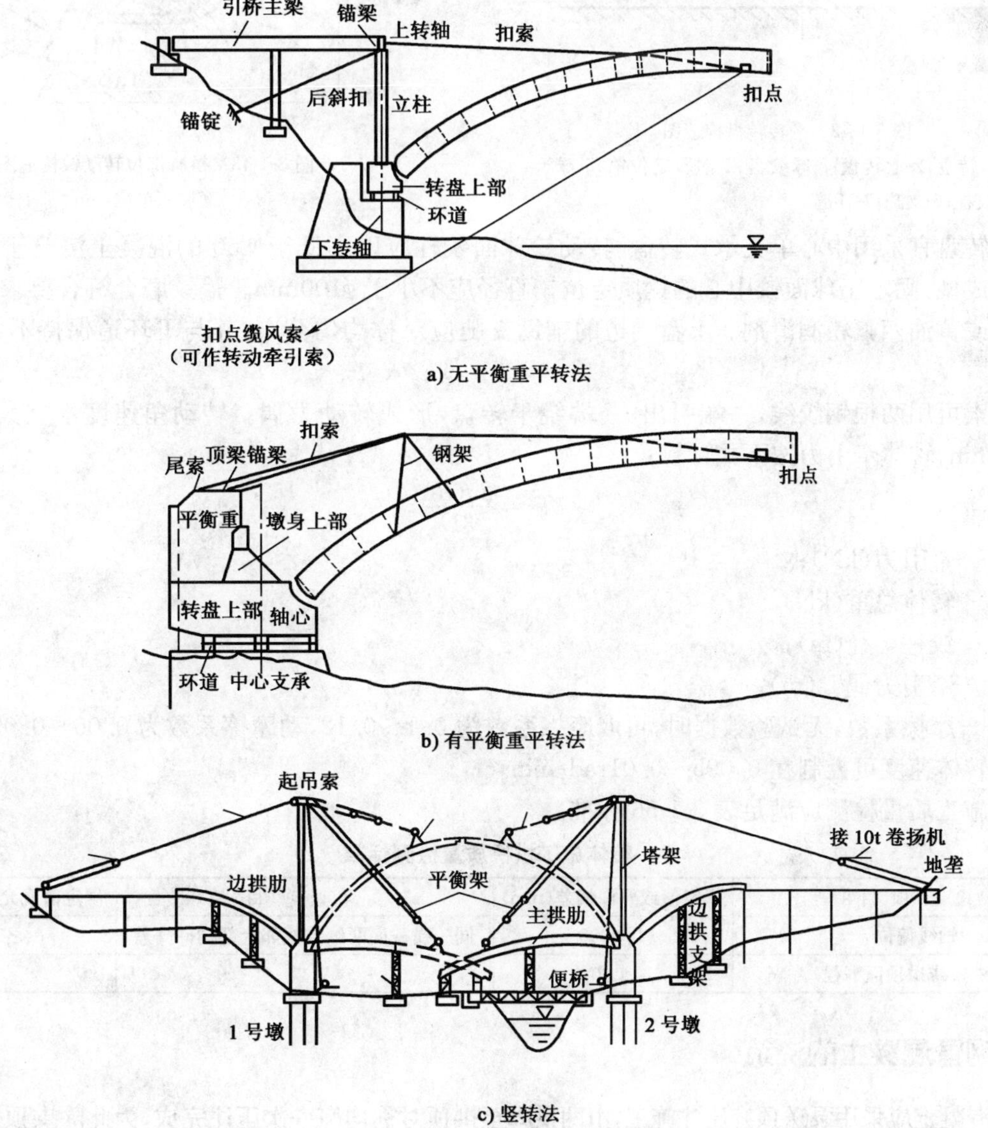

图 3-1-41　钢管混凝土拱桥转体施工法

平转施工无论是有无平衡重，均需在拱脚位置设置使拱肋可竖向转动的铰和在拱脚墩柱中心位下方设置平转转盘；转盘上方结构包括上转盘块体、平衡重、扣索锚固体系（平衡重平转）或上转盘块体，扣索柱及锚固体系。上转盘块体，承接并分散拱脚反力，转盘转动与平衡。竖转法则只需拱脚处能竖转和横向调整的铰。平转和竖转均需扣索张拉、锚固设置和牵引索。

图 3-1-42 及图 3-1-43 给出平转转盘构造示意图和拱脚铰构造示意图。铰需进行接触应力计算。

扣索应分批、分级张拉，并对索力进行监测，索力允许偏差±3%，张拉至设计吨位，桥体脱离支架悬臂平衡状态，再根据合龙高程精确调整扣索，并考虑合龙温度修正。在无平衡转体时，应做好桥体脱架时平衡系的内力计算。扣索应采用刚性较大的高强度材料，构件弹性模量应不低于 1.95×10^{5}MPa，安全系数大于 2。

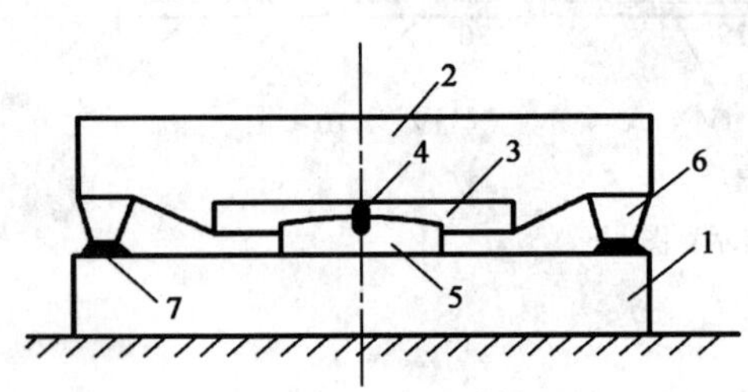

图 3-1-42　平转转盘构造图

1-下转盘；2-上转盘；3-球绞盘；4-钢质定位销；5-球面铰柱；6-支腿；7-环道

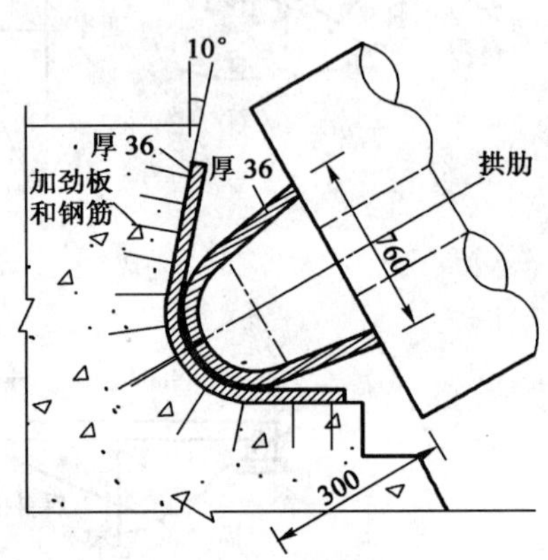

图 3-1-43　拱脚部位转动铰构造图

（尺寸单位：mm）

平转转盘宜采用中心单支承式转盘，转动铰球面铰柱应以不低于 C50 的混凝土浇筑于中央，球面以母线器成型，固定于球面铰中心的钢质定位销直径应不小于 ϕ100mm。盖铰磨合符合要求后，其间涂二硫化钼或黄油四氟粉润滑剂。上盘周边的辅助支腿应对称均匀分布，并与下环道保持不大于 20mm 的间隙。

牵引索可用两根钢绞线，一端引出，一端绕于转盘，形成转动力偶。转动角速度不宜大于 0.01～0.02rad/min。转体牵引力按下式计算：

$$T=\frac{2fGR}{3D} \tag{3-1-9}$$

式中：T——牵引力(kN)；

G——转体总重(kN)；

R——铰柱半径(m)；

D——牵引力偶臂(m)；

f——摩擦系数，无试验数据时，可取摩擦系数为 0.1～0.12，动摩擦系数为 0.06～0.09。

竖向转体速度可控制在 0.005～0.01rad/min。

转体施工质量检测应满足表 3-1-56 标准。

转体施工拱桥质量检测标准　　表 3-1-56

检 查 项 目	规定值或允许偏差(mm)	检 查 项 目	规定值或允许偏差(mm)
轴线偏位	L/6000	同一横截面两侧或相邻上部构件高差	10
跨中梁或拱顶面高程	±20		

四、钢管混凝土的浇筑

管内混凝土应采用泵送顶升压注施工，由两拱脚至拱顶对称均衡一次压注完成，为此除拱顶外其余部位不宜设置横隔板。当原送混凝土分段顶升压注时，每段仍由低向高顶升压注，此时分段处可设环形隔板。

钢管混凝土应具有低泡、大流动性、补偿收缩、缓凝早强等工程性能。压注前应对管内进行清洗污物、润湿管壁，压入适量水泥浆再压注混凝土，直至管顶排气孔排出合格混凝土时止。压注连续进行，不得中断。管内混凝土压入布置见图 3-1-44。

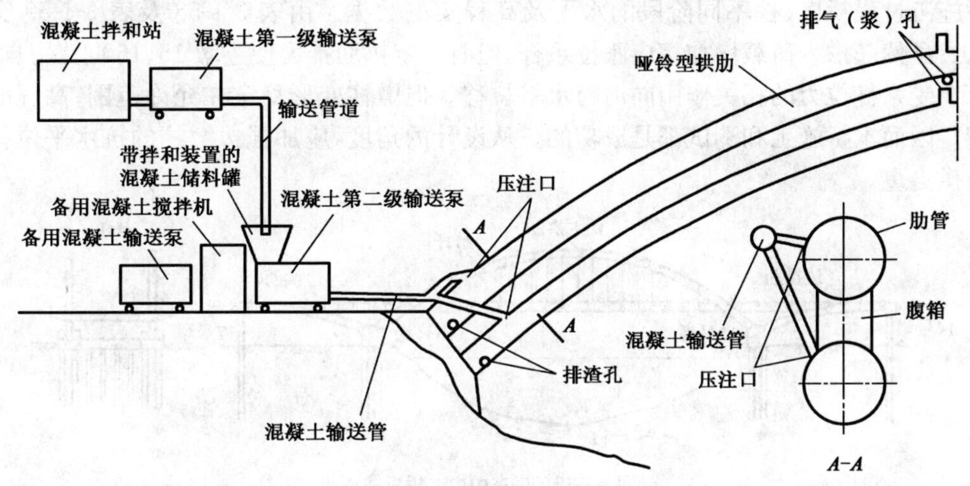

图 3-1-44　管内混凝土压注布置图

钢管混凝土及钢管混凝土劲性骨架拱桥混凝土浇筑质量检测标准如表 3-1-57 所示。

钢管混凝土拱桥及钢管混凝土劲性骨架拱桥混凝土浇筑质量检测标准表　　表 3-1-57

检 查 项 目		规定值或允许偏差(mm)
混凝土强度(MPa)		在合格标准内
轴线横向偏位	$L\leqslant 60$m	10
	$L=200$m	50
	$L>200$m	$L/4000$
拱圈高程		$L/3000$
对称点高程		$L/3000$
断面尺寸		±10

注：L 为跨径，当 L 在 60～200m 之间时，轴线偏位允许偏差内插。

断面尺寸指劲性骨架外包混凝土断面尺寸。

五、钢管混凝土拱桥现场施工过程中的检测

钢管混凝土的现场安装检测有下述各方面：

主桥墩、台和墩柱的位移和高程的变化；

主拱线形的变化，主拱控制截面应力变化；

施工辅助设施如支架、扣索塔，缆索吊机塔柱，扣索及缆索吊机走行索、锚碇等位移和受力观测；

吊杆及系杆拉力观测；

主拱肋温度观测；

管内混凝土缺陷检测等。

综上所述，所观测和监测的变量有下述五种：位移和高程、索的拉力、构件截面应力、构件温度，以及混凝土的缺陷。

1. 主桥墩、台及墩、柱的位移与高程检测

在拱肋及拱上结构安装过程，推力拱的拱脚反力不断增加，拱脚的沉降和位移，是必须随安装阶段进行测量。刚架式系杆拱，随着拱肋的安装，为了平衡拱的推力，必须将拱肋系杆按计算分批张拉至一

定拉力；有边肋的中承式拱，同样需要上部的安装进程按计算分批、分批段张拉系杆，使边拱拱肋反力与中孔拱肋反力取得平衡。为了避免理论计算误差及施工力施加器具误差造成拱结构过大变形，整个过程应对墩柱的变形置于施工监测之下。图 3-1-45 给出广东中山二桥桥式布置。表 3-1-58 及表 3-1-59 为中山二桥施工过程桥墩、柱不同阶段的水平及高程实测数据。由表 3-1-58 及表 3-1-59 实测数据变化，可以看出；虽然随拱上荷载增加相应张拉系杆，但有一定拱肋推力使主墩 15、16 向岸方向水平位移，而墩柱 14、17 受系杆拉力的相关作用向河跨水平位移。但墩柱变形稳定在允许范围；高程的变化稳定在较小范围。因而本桥施工和测试都是成功的。从设计的角度，应加强边墩柱的抗水平位移的刚度和适当增加边拱自重。

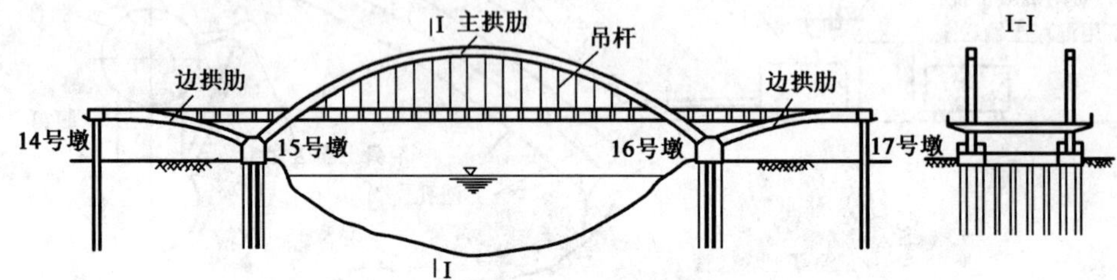

图 3-1-45 广东中山二桥桥式图

桥墩水平位移(单位:mm)　　表 3-1-58

项目	日期	施工内容	14 号墩				15 号墩		16 号墩		17 号墩			
			上游		下游		上游	下游	上游	下游	上游		下游	
			梁	柱	梁	柱	柱	柱	柱	柱	梁	柱	梁	柱
吊装	1994.10.25～29	吊东、西岸边拱肋					0	0	0	0				
拱肋	1994.11.09～18	吊主拱肋					0	0	0	0				
浇边拱混凝土	1994.12.14	东边拱浇筑混凝土					0	0	0	0				
	1994.12.15	西边拱浇筑混凝土					0	0	0	0				
主肋焊接	1994.12.27	焊主肋拱脚					0	0	0	0				
	1995.01.07～09	吊K撑					−4.0	−3.5	−2.0	−5.5				
	1995.01.14～20	吊主肋横梁	−2.0	−1.0	−15	−1.0	−5.0	−3.0	−4.0	−4.0	−6.0	−3.0	−6.0	−3.0
	1995.02.22～25	张拉系杆各束 30t	7.0	5.0	9.0	6.0	−3.00	0	−1.5	−2.5	5.3	4.0	7.0	4.0
浇主肋混凝土	1995.03.07～13	浇主拱肋混凝土，张拉系杆第 1、2、3 号束至 140t	8.0	6.0	8.5	6.0	−4.0	0	−2.0	−2.0	7.5	5.5	9.0	5.0
拆支撑	1995.03.27	拆主肋 1/2 处支撑，张拉系杆第 4 号束至 140t	8.0	5.0	7.5	7.0	−5.0	0	−2.0	−2.0	5.5	4.0	8.0	5.0
	1995.03.28	拆主肋 1/4 处支撑	7.0	5.0	5.5	6.0	−5.0	−1.0	−3.0	−3.5	5.0	3.0	7.0	4.0
	1995.03.30	拆完支撑，张拉系杆第 5 号束至 140t	7.0	6.0	4.5	5.0	−3.0	−1.0	−1.0	−3.0	4.0	3.0	5.5	3.5
	1995.04.28	主拱 1/2 处吊两根吊杆横梁	7.0	5.5	3.5	4.0	−3.0	−1.0	−1.0	−2.0	3.0	2.0	5.0	3.0
吊装横梁	1995.05.03	吊完 18 根吊杆横梁，张拉系杆第 6、7 号束至 140t	7.0	7.0	1.5	3.0	−5.0	−2.5	−2.2	−4.0	2.5	1.0	5.0	3.0
	1995.05.03～09	吊杆横梁调高程	10.0	7.0	5.5	5.5	−3.5	−1.5	−1.5	−3.5	5.5	4.0	7.5	5.0

续上表

项目	日期	施工内容	14号墩				15号墩		16号墩		17号墩			
			上游		下游		上游	下游	上游	下游	上游		下游	
			梁	柱	梁	柱	柱	柱	柱	柱	梁	柱	梁	柱
吊装面板	1995.05.12	张拉系杆第8号束至140t吊装桥面板	7.0	6.0	3.0	5.0	−4.5	−3.5	−2.5	−4.0	3.5	2.0	6.0	4.0
	1995.05.21	桥面板吊装完，张拉系杆第9、10、11号束至140t	6.0	7.0	4.5	5.0	−4.0	−2.5	−2.0	−4.2	3.2	2.0	6.0	4.0
浇桥面垫层混凝土	1995.05.23～27	绑扎桥面钢筋，浇中孔8m宽桥面垫层	6.0	5.0	2.5	4.5	−5.5	−3.5	−1.5	−4.5	1.2	1.2	4.5	2.5
	1995.05.28	浇西边孔上游桥面垫层混凝土，张拉系杆第12号束至140t	7.0	6.0	3.0	5.0	−5.5	−3.0	−1.0	−4.3	1.0	1.0	4.0	2.0
	1995.05.29～12	全桥桥面垫层混凝土浇完，张拉系杆第13～16号束至140t	11.0	9.0	5.5	7.0	−5.0	−3.0	0	−4.0	6.5	5.5	9.0	5.5
浇桥面面层混凝土	1995.06.13	浇中孔面层混凝土	9.0	7.0	3.5	6.0	−6.0	−4.0	1.0	−4.5	4.3	4.0	7.0	5.0
	1995.06.14	浇边孔面层混凝土，张拉系杆第17号束至140t	10.0	8.0	4.5	6.5	−6.0	−4.0	−0.5	−4.0	5.0	3.5	6.5	4.5
	1995.06.15～22	浇面层及主肋横梁上混凝土，张拉系杆第18、19号束至140t	8.0	7.0	4.0	6.0	−7.0	−4.5	−1.0	−4.2	2.0	2.0	4.5	3.0
	1995.06.23	桥面浇筑混凝土，张拉系杆第20号束至140t	10.0	9.0	5.0	7.0	−6.0	−3.5	−0.8	−4.0	5.0	4.0	7.0	5.0
	1995.06.28	桥面层混凝土浇完，全桥混凝土浇完	10.0	8.0	3.5	6.5	−7.0	−5.0	−1.2	−4.2	4.0	4.0	7.5	5.0
	1995.07.06	通车前夕	8.0	7.0	3.0	6.1	−8.0	−5.7	−3.5	−5.5	3.7	4.0	7.0	4.0

注：向河方向位移为正、向岸方向位移为负。

桥墩垂直位移(单位：mm) 表3-1-59

日期	施工内容	14号墩		15号墩				16号墩				17号墩	
		上游	下游	上游		下游		上游		下游		上游	下游
		河向	岸向	河向	岸向	河向	岸向	河向	岸向	河向	岸向		
1994.09.29	吊东、西岸边拱肋及端横梁	0	0	0	0	0	0	0	0	0	0	0	0
1994.11.18	吊装主拱肋	0	0	0	0	0	0	0	0	0	0	0	0
1994.12.15	边拱肋浇筑混凝土	0	0	0	0	0	0	0	0	0	0	0	0
1995.01.09	吊装过渡孔V梁	0	0	0	0	0	0	0	0	0	0	0	0
1995.02.20	过渡孔浇筑混凝土	2.0	2.0	0	0	0	0	0	0	0	0	1.0	1.0
1995.03.30	主拱灌注混凝土并拆架后	2.0	2.0	0	0	0	0	0	0	0	0	2.0	1.0
1995.05.09	吊装横梁后	2.0	2.0	2.0	1.0	2.0	1.0	2.0	2.0	1.0	2.0	2.0	1.0
1995.05.21	吊装桥面板后	2.0	2.0	2.0	1.0	2.0	1.0	4.0	3.0	1.0	2.0	2.0	1.0
1995.06.05	浇筑桥面混凝土垫层	2.0	2.0	3.0	3.0	4.0	4.0	5.0	5.0	3.0	4.0	2.0	1.0
1995.06.25	浇筑桥面面层混凝土	3.0	2.0	4.0	4.0	5.0	5.0	5.0	6.0	3.0	4.0	2.0	1.0
1995.07.05	通车前	3.0	3.0	4.0	5.0	6.0	6.0	5.0	6.0	3.0	5.0	2.0	1.0

2. 主拱肋的线型和应力监测

表 3-1-60 给出中山二桥拱肋安装过程不同阶段钢箱及混凝土应力测试结果。由测试结果可看出：箱内混凝土应力与钢箱梁应力增长大致与其弹性模量成相同比例，变形协调符合平截面假定，结构处于较好弹性阶段。钢梁应力远大于箱内混凝土应力，无明显箍紧作用，承载力相当于各自受力之和；拱肋 $L/2$ 及 $L/4$ 处处于小偏心受压状态，受力较为理想，L 为拱的跨度。

另外拱的线形符合设计要求。

主拱肋应力测试结果

表 3-1-60

位置		上游 1/2L				下游 1/2L				上游 1/4L				上游 L			
		1	2	3	4	1	2	3	4	1	2	3	4	1	2	3	4
吊装9、10号梁	钢箱	-5.560	-2.470	1.130	3.300	-6.900	4.220	1.240	5.670	2.270	0.720	-1.240	-3.400				
	混凝土	-0.741	-0.38	0.134	0.704	-1.261	-0.606	0.182	1.019	0.52		-0.128	-0.577	-0.481	-0.313	0.012	0.253
吊装8、11号梁	钢箱	-8.14	-3.61	1.24	4.84	-8.96	-6.18	0.93	6.49	3.30	0.52	-2.27	-4.53				
	混凝土	-1.4	-0.61	0.121	0.899	-1.71	-0.934	0.097	1.152	0.46		-0.412	-0.969	-0.614	-0.397	-0.072	0.024
吊装1～4、15～18号梁	钢箱	-4.84	-2.47	-0.41	1.13	-5.15	-6.39	-1.13	1.24	-2.78	-0.82	-1.03	-1.65				
	混凝土	-0.68	-0.474	-0.243	-0.121	-1.512	-0.788	-0.57	0.073	-0.121		-0.264	-0.376	-0.566	-0.554	0.337	-0.554
吊装5～7、12～14号梁	钢箱	-7.73	-5.46	-3.40	-0.41	-7.21	-10.2	-3.91	-1.13	-0.82	-3.09	-4.94	-4.94				
	混凝土	-1.239	-1.081	-0.85	-0.243	-1.492	1.334	-1.067	-0.388	-0.109		-0.945	-1.066	-0.602	-0.999	1.083	-1.565
调整横梁高程	钢箱		-6.59	-2.99	-1.13	-9.99		-3.4	-0.72	-2.58	-3.81	-5.05	-5.25				
	混凝土	-1.822	-1.312	-0.862	-0.243	-1.856	-1.225	-0.946	-0.194	-0.363		-1.054	-1.066	-0.53	0.891	-1.228	-2.19
吊装桥面板	钢箱	-17.41	-12.05	-8.55	-0.41	-13.49	-15.55	-8.96	-5.67	-7.31	-9.48	-11.33	12.88				
	混凝土	-3.17	-2.526	-2.198	-1.008	-3.141	-2.365	-2.232	-1.298	-1.999		-2.835		-1.899	-3.117	-2.66	-4.224
浇完桥面混凝土	钢箱	-40.38	-27.81	-21.84	-5.67	-42.87	-31.62	-26.37	-18.75	-18.44	-23.90	-25.03					
	混凝土	-6.097	-6.473	-5.818	-2.514	-6.38	-6.44		-3.699	-5.681		-5.693	-7.535	-4.044	-2.612	-5.692	-7.895

注：压应力为负；拉应力为正。

3. 辅助设施的测试

缆索吊机系统可在试吊时对锚碇、塔及索作较系统的应力及位移检测，包括动应力及动位移的测试。静力试验可采用额定吊重的 1.25 倍，动力试验可采用额定吊重的 1.5 倍。同时测重锚碇的高程及位移，以及索塔的应力及位移。试吊成功后，在随后的施工过程仅监测锚碇的高程及位移和索塔的偏移。

悬臂安装和转体施工时，对扣索和扣索与拱的连接，扣环和部件以及拱肋控制断面应力进行监测，以保证施工的安全顺利进行。

4. 吊杆及系杆拉力观测

吊杆拉力检测同斜拉桥斜拉索的索力测试，可采用频谱分析测试较短的索，当频谱方法不能适用时，可采用液压长效测力仪。

系杆的张拉力检测，除张拉千斤顶必须事先通过标定外，可通过液压长效测力仪检测。

吊杆与系杆拉力检测设备要求测试精度不低于 5%，扣索及锚索拉力测试也可参照斜拉索拉力测试办法进行。当转体施工的荷载过程每一阶段不大于 30min 时，可采用应变式传感器，并考虑好温度影响的补偿。

5. 管内混凝土的缺陷检测

钢管混凝土拱管内混凝土填筑质量不好，如脱粘、空洞等缺陷，会直接影响主体结构并使力分布状态劣化。因此为保证混凝土填筑密实无缺陷，除对混凝土配合比、施工工艺做优化设计外，必要的施工保证措施是十分重要的，如管内事先清洗和内壁稀浆涂层，充分的排气管布置，泵设备足够的压注高度和压送距离等，确保一次压注成功。一旦施工完成再处理管内混凝土脱粘和空洞便只有钻孔压浆的办法。

管内混凝土脱粘和空洞探查，采用超声波检测法。

(1)超声波检测的首波声时法

超声波在密实无缺陷混凝土的管内为透射形式为图 3-1-46。管内混凝土有脱离、空洞缺陷时，声波的走向可能如图 3-1-46b)(脱离)、c)(空洞)、d)(脱离加空洞)。图 3-1-46a)中首波的声时 t_1 为：

$$t_1 = t_h + t_g = \frac{D-2a}{v_h} + \frac{2a}{v_g} \tag{3-1-10}$$

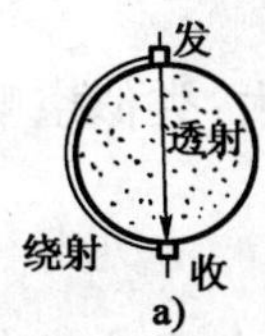

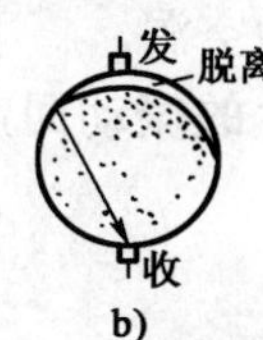

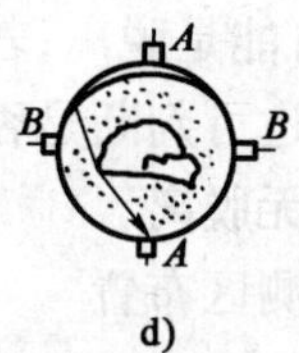

图 3-1-46 超声波通过钢管混凝土可能的声波途径

若考虑管壁 a 较管径相比较小，忽略钢管壁的影响，则：a)种情况首波声时 t_1：

$$t_1 \approx \frac{D}{v_n} \tag{3-1-11}$$

上述式中：a——钢管壁厚；

D——钢管外径；

v_h 及 v_g——超声波在混凝土及钢中的声速。

图 3-1-46a)中绕射的声时 t_2：

$$t_2 = \frac{\pi P}{Z v_g} \tag{3-1-12}$$

采用首波法的前提是 $t_1 < t_2$，亦即 $v_g/v_h < \pi/2$；当 v_h 的速度更小，使 $v_g/v_h \geqslant \pi/2$ 时，不管内混凝土有否缺陷首波均绕射达到接收探头，若检测时首先满足 $v_g/v_h < \frac{\pi}{2}$，则按首波声时走向，可按 b)、c)、d)比较判断管内混凝土缺陷。

(2)波形畸变和高频脉冲波的衰减

超声仪发出的脉冲波为正弦或余弦波在介质中传播，若遇到新的界面如空洞、脱离会发生反射和绕射现象，反射和绕射后的波与原脉冲波叠加后产生的干扰，使波发生畸变，通过脉冲波的畸变程度便可判断钢管内混凝土内部是否存在缺陷。

超声仪在检测时发射频率固定的高频脉冲波，在均质较差和缺陷混凝土中高频波将衰减，达到探头的波多为较低频波，而且频率越高，衰减越大，一般首波频率相对较高，故可根据首波判断混凝土均质、密实性和缺陷的大小。

综上所述，通过首波声时、首波波幅以及首波频率，可以对混凝土的质量及缺陷进行综合判断。

(3)管内混凝土缺陷识别

图 3-1-47 所示为钢管混凝土检测缺陷的典型波形图。a)为空钢管波形，其特征是首波频率较高，可在检测前进行标定，以便实际检测中对比使用；b)是管内混凝土填筑密实、无缺陷，波形无畸变，脉冲包络线为圆形，绕射波频率较低；c)管中混凝土与管壁脱离或有空洞，首波衰减大频率极小，波形畸变大，很难测读。

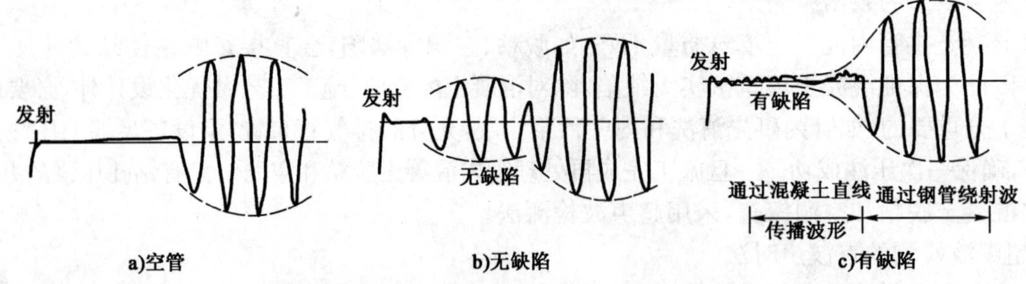

图 3-1-47 超声波检测钢管混凝土缺陷典型波形图

局部脱粘采用垂直和水平对测，如图 3-1-46a）的探头布置，缺陷形式如 b），此时 A 的首波声时偏大，而 B 首波声时正常。如果 A、B 首波声时均偏大，则有两种可能：一是 A 侧与 B 侧混凝土均与钢管脱离；二是中心部分有空洞。进一步的判断是测试断面相邻位置增加测试断面，若较长范围 A、B 的声时偏大，且衰减大，可能是脱离；若相邻范围正常，可判为空洞。

脉冲声响大小，也可判断是否脱离，超声对钢管产生的振动回声较大，类似空响，说明多为脱粘，仅为表面点击声，则为无脱离。

(4)缺陷检测的测区布置

测区的长度一般为 300～800cm，每个测区内测试断面 5 个，测点 A 与 B 方向，或适当增加（管截面较大时），测区位置按随机抽样，应具代表性，如拱顶、拱脚、$L/4$ 处等；此外泵送混凝土出现堵管的位置。万县长江大桥采用上述超声检测法获得成功，实测数据如表 3-1-61。

6. 钢管混凝土构件温度场实测

为计算超静定拱受温度影响产生的内力，必须确定其温度变化值，对其温度分布特性和与环境温度的关系进行研究。

福建闽清石潭溪大桥对桁拱弦杆的空管、浇筑混凝土、混凝土化热过程及成拱后进行温度测试，采用铜—镍热电偶和 IMP 数据采集系统。测试时间从 9 月 9 日至 10 月 16 日。图 3-1-48 给出截面测点布置图；图 3-1-49a）、b）给出测试结果典型曲线。为环境温度及水化热共同影响的结果。9 月 16 日开始浇筑混凝土，在水化热过程中，钢管与内部混凝土存在约 8℃的温差；钢管与环境存在有约 10℃的温差。浇筑初期受水化热影响明显，后期与大气变化趋势一致，温差逐渐缩小。混凝土浇筑 20d 后，水化热影响消失。

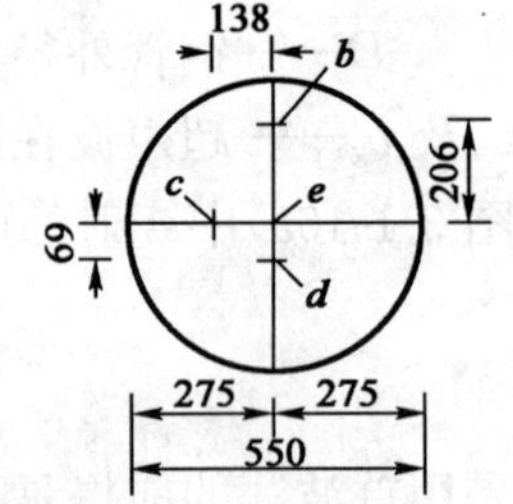

图 3-1-48 构件截面温度测点布置（尺寸单位：mm）

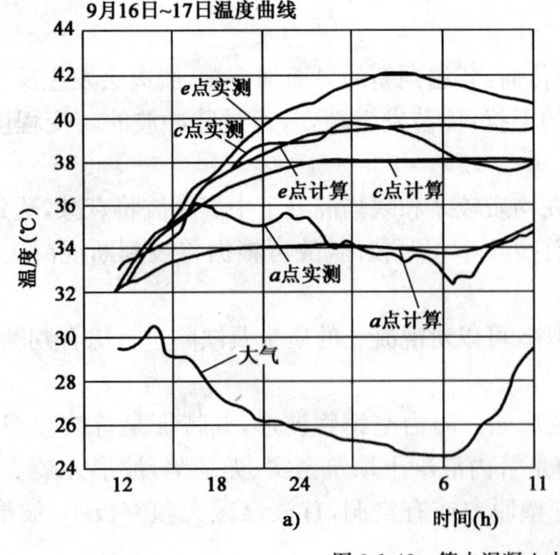

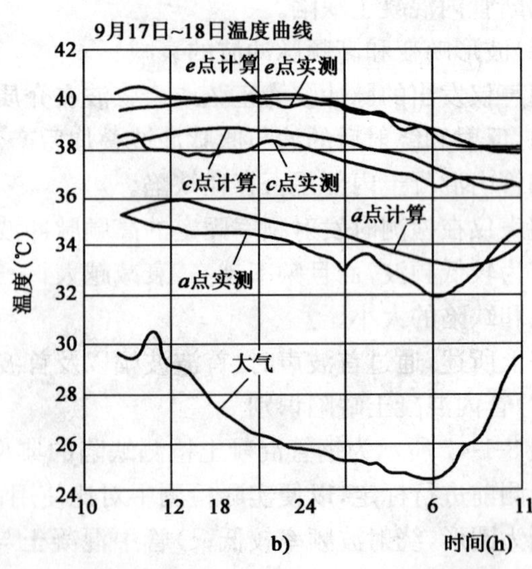

图 3-1-49 管内混凝土水化热影响测试结果曲线

万县长江大桥超声检测钢管拱混凝土缺陷结果及钻孔验证汇总表(仅上弦结果)　　表 3-1-61

测区编号		声时(μs) $\frac{B-B}{A-A}$	波形畸变分级	脉冲回响	超声综合评判	钻孔验证结果	测区编号		声时(μs) $\frac{B-B}{A-A}$	波形畸变分级	脉冲回响	超声综合评判	钻孔验证结果
北岸拱脚上弦	1号	95.0 96.5	★ √	小 小	无	—	南岸拱脚上弦	1号	92 96	√ ★	小 小	无	—
	2号	93.1 88.0	★ ★	小 小	无	—		2号	96 98	★ √	小 小	无	—
	3号	95.0 96.0	★ ★	小 小	无	—		3号	93 95	★ ★	小 小	无	—
	4号	89.0 96.0	★ √	小 小	无	—		4号	97 99	★ √	小 小	无	—
	5号	97.0 99.0	★ √	小 小	无	—		5号	97 109	★ ?	小 大	有脱离 0.1～0.4mm	有 0.3mm
北岸上弦1/4	1号	101.0 103.0	√ ◇	小 中	有 0.1～0.3mm	—	南岸上弦6/8拱	1号	97 107	★ √	小 中	无	—
	2号	100.0 98.0	√ √	小 小	无	—		2号	95 104	★ √	小 小	无	—
	3号	100.4 100.0	√ √	小 小	无	—		3号	103 105	√ √	小 中	有 0.1～ 0.3mm 脱离	不明显
	4号	96.0 130.0	★ ?	小 小	有脱离 0.2～1mm	—		4号	97 101	★ √	小 中	有 0.1～0.3mm	—
	5号	101.0 104.0	√ √	小 中	无	—		5号	101 105	√ √	中 中	有 0.1～0.3mm	—
北岸上弦1/2(拱顶)注:3号为第一次压浆后	1号	108.0 182.0	√	中 中	顶部有 0.1～ 0.5mm 脱离	—	南岸上弦1/2拱	1号	94 94	★ ★	小 中	无	—
	2号	102.0 183.0	√ ?	中 中	顶部有 0.5～2mm 空隙	有 1.2mm 脱离		2号	91 100	★ √	小 中	无	—
	3号	92.0 无法读数	★ ?		顶部 3～6mm	4～ 5cm		3号	97 104	★ √	小 中	有 0.1～0.3mm	—
	4号	94.0 123.0	★ ?	中 大	顶部有脱离 0.1～0.3mm	—		4号	96 97	★ ★	小 小	无	—
	5号	99.0 180.0	√ ?	中 中	顶部有脱离 0.1～0.3mm	—		5号	96 102	★ √	小 大	有 0.1～0.3mm	—
北岸上弦3号压浆后(第二次压浆)第16～17节段	3号	95.0 101.0	★ ★	小 小	无	无							

注:波形畸变分级为:正常—★,有小畸变—√,有畸变中等—◇,畸变很明显—》;
脉冲回响分级:回响小—小,回响中等—中,回响大—大;
$A-A$:为竖向超声,$B-B$:为横向超声。

第五节　高强度螺栓制造质量与施拧检测

一、高强度螺栓制造质量控制

钢结构桥梁所使用高强度螺栓不同于普通螺栓之处在于:几何形状及材质、制造工艺和力学性能。一套大六角头高强度螺栓连接副包括螺栓、螺母和两个垫圈;扭剪型高强度螺栓连接副包括螺栓、螺母和一个垫圈。见图 3-1-50。扭剪型高强度螺栓制造要求高,施工需专用工具,施拧剪掉部分易造成浪费，而桥梁安装往往需要上万套甚至上百万套，故桥梁上较少应用扭剪型。本节仅介绍大六角头高强度螺栓，对扭剪型高强度螺栓请参见《钢结构用扭剪型高强度螺栓连接副》（GB/T 3632—2008）及《钢结构用扭剪型高强度螺栓连接副技术条件》（GB/T 3633—2008）。

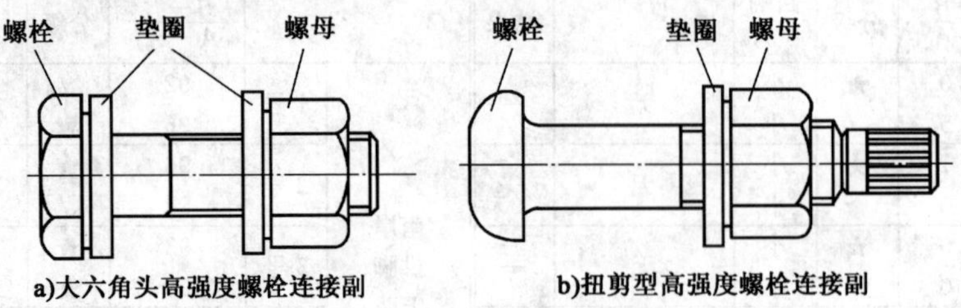

图 3-1-50　高强度螺栓连接副

1. 大六角头高强度螺栓（GB/T 1228—2006）

大六角头高强度螺栓几何尺寸和细节构造如图 3-1-51 所示；六角头较普通螺栓尺寸加大、加厚，头下有一力支撑面，头与杆的过渡圆弧半径加大。没有特别指定，一般桥梁用大六角头高强度螺栓按图 3-1-48 制造，见 GB/T 1228—2006。当特别指定时，可按图 3-1-52 选择头尾形式。

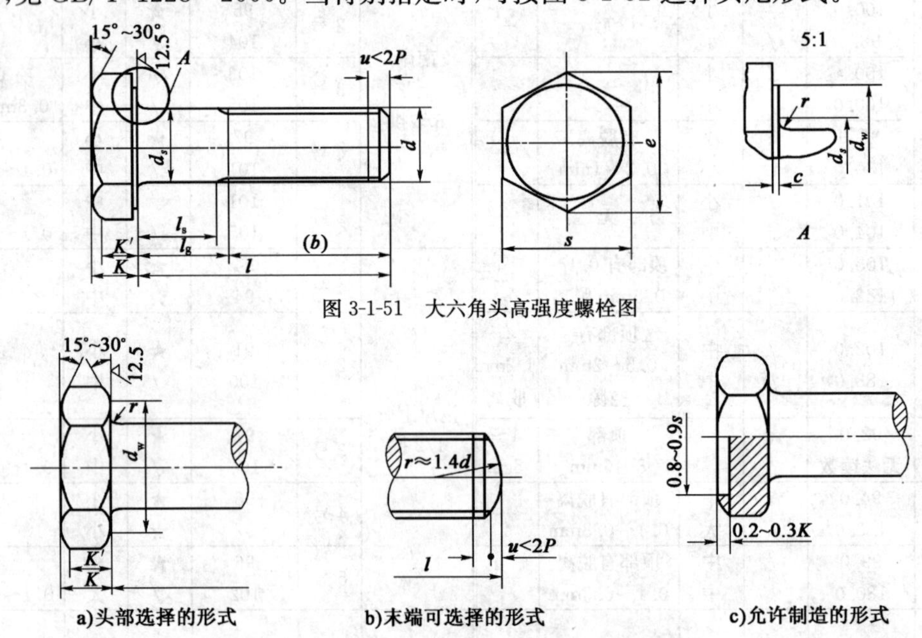

图 3-1-51　大六角头高强度螺栓图

图 3-1-52　大六角头高强度螺栓可选择头尾形式

大六角头高强度螺栓采用普通粗牙螺纹，GB196、GB/T 1228—2006 中规定了 7 种螺纹外径，分别为 M12、M16、M20、（M22）、M24、（M27）和 M30。无括号者为首选系列，见表 3-1-62。GB/T 1228—2006 规定：Mxx 表示螺纹外径，l 为螺栓公称长度（mm），性能等级分为 10.95s 和 8.8s。如螺纹外径 20mm，长度为 100mm，性能等级为 10.9s 的大六角头高强度螺栓，则表示为：螺栓 GB/T 1228M20×100－10.9s。

大六角头高强度螺栓几何规格表（单位：mm）　　表 3-1-62

螺纹规格 d		M12	M16	M20	（M22）	M24	（M27）	M30
螺距 ρ		1.75	2	2.5	2.5	3	3	3.5
C	max	0.8	0.8	0.8	0.8	0.8	0.8	0.8
	min	0.4	0.4	0.4	0.4	0.4	0.4	0.4
d_a	max	15.23	19.23	24.32	26.32	28.32	32.48	35.84
d_s	max	12.43	16.43	20.52	22.52	24.52	27.84	30.84
	min	11.57	15.57	19.48	21.48	23.48	26.16	29.16

续上表

螺纹规格 d		M12	M16	M20	(M22)	M24	(M27)	M30
d_w	min	19.2	24.9	31.4	33.3	38.0	42.8	46.5
e	min	22.78	29.56	37.29	39.55	45.20	50.85	55.37
K	公称	7.5	10	12.5	14	15	17	18.7
	max	7.95	10.75	13.40	14.90	15.90	17.90	19.75
	min	7.05	9.25	11.60	13.10	14.10	16.10	17.65
K'	min	4.9	6.5	8.1	9.2	9.9	11.3	12.4
r	min	1.0	1.0	1.5	1.5	1.5	2.0	2.0
s	max	21	27	34	36	41	46	50
	min	20.16	26.16	33	35	40	45	49

注：括号内的规格为第二选择系列。

表 3-1-63 给出各规格高强度大六角头螺栓的公称长度 l，无螺纹长度 l_s 和夹紧长度 l_g，表中 $l_{gmax}=l-(b)$，$l_{smin}=l_{gmax}-3P$。无括号为首选系列，杆部无螺纹长度 l_s 和夹紧长度 l_g 见表 3-1-64。

杆部无螺纹长度 l_s 与夹紧长度 l_g(单位：mm)　　表 3-1-63

l			无螺纹杆部长度 l_s 和夹紧长度 l_g													
			螺纹规格 d													
			M12		M16		M20		(M22)		M24		(M27)		M30	
公称	min	max	l_s min	l_g max	l_s min	l_g max	l_s min	l_g max	l_s min	l_g max	l_s min	l_g max	l_s min	l_g max	l_s min	l_g max
35	33.75	36.25	4.8	10	—	—	—	—	—	—	—	—	—	—	—	—
40	38.75	41.25	9.8	15	—	—	—	—	—	—	—	—	—	—	—	—
45	43.75	46.25	9.8	15	9	15	—	—	—	—	—	—	—	—	—	—
50	48.75	51.25	14.8	20	14	20	7.5	15	—	—	—	—	—	—	—	—
55	53.5	56.5	19.8	25	14	20	12.5	20	7.5	15	—	—	—	—	—	—
60	58.5	61.5	24.8	30	19	25	17.5	25	12.5	20	6	15	—	—	—	—
65	63.5	66.5	29.8	35	24	30	17.5	25	17.5	25	11	20	6	15	—	—
70	68.5	71.5	34.8	40	29	35	22.5	30	17.5	25	16	25	11	20	4.5	15
75	73.5	76.5	39.8	45	34	40	27.5	35	22.5	30	16	25	16	25	9.5	20
80	78.5	81.5	—	—	39	45	32.5	40	27.5	35	21	30	16	25	14.5	25
85	83.25	86.75	—	—	44	50	37.5	45	32.5	40	26	35	21	30	14.5	25
90	88.25	91.75	—	—	49	55	42.5	50	37.5	45	31	40	26	35	19.5	30
95	93.25	96.75	—	—	54	60	47.5	55	42.5	50	36	45	31	40	24.5	35
100	98.25	101.75	—	—	59	65	52.5	60	47.5	55	41	50	36	45	29.5	40
110	108.25	111.75	—	—	69	75	62.5	70	57.5	65	51	60	46	55	39.5	50
120	118.25	121.75	—	—	79	35	72.5	80	67.5	75	61	70	56	65	49.5	60
130	128	132	—	—	89	95	82.5	90	77.5	85	71	80	66	75	59.5	70
140	138	142	—	—	—	—	92.5	100	87.5	95	81	90	76	85	69.5	80
150	148	152	—	—	—	—	102.5	110	97.5	105	91	100	86	95	79.5	90
160	156	164	—	—	—	—	112.5	120	107.5	115	101	110	96	105	89.5	100
170	166	174	—	—	—	—	—	—	117.5	125	111	120	106	115	99.5	110
180	176	184	—	—	—	—	—	—	127.5	135	121	130	116	125	109.5	120

续上表

<table>
<tr><td rowspan="3">l</td><td colspan="14">无螺纹杆部长度 l_s 和夹紧长度 l_g</td></tr>
<tr><td colspan="14">螺纹规格 d</td></tr>
<tr><td colspan="2">M12</td><td colspan="2">M16</td><td colspan="2">M20</td><td colspan="2">(M22)</td><td colspan="2">M24</td><td colspan="2">(M27)</td><td colspan="2">M30</td></tr>
<tr><td>公称</td><td>min</td><td>max</td><td>l_s min</td><td>l_g max</td><td>l_s min</td><td>l_g max</td><td>l_s min</td><td>l_g max</td><td>l_s min</td><td>l_g max</td><td>l_s min</td><td>l_g max</td><td>l_s min</td><td>l_g max</td><td>l_s min</td><td>l_g max</td></tr>
<tr><td>190</td><td>185.4</td><td>194.6</td><td>—</td><td>—</td><td>—</td><td>—</td><td>—</td><td>—</td><td>137.5</td><td>145</td><td>131</td><td>140</td><td>126</td><td>135</td><td>119.5</td><td>130</td></tr>
<tr><td>200</td><td>195.4</td><td>204.6</td><td>—</td><td>—</td><td>—</td><td>—</td><td>—</td><td>—</td><td>147.5</td><td>155</td><td>141</td><td>150</td><td>136</td><td>145</td><td>129.5</td><td>140</td></tr>
<tr><td>220</td><td>215.4</td><td>224.6</td><td>—</td><td>—</td><td>—</td><td>—</td><td>—</td><td>—</td><td>167.5</td><td>175</td><td>161</td><td>170</td><td>156</td><td>165</td><td>149.5</td><td>160</td></tr>
<tr><td>240</td><td>235.4</td><td>244.6</td><td>—</td><td>—</td><td>—</td><td>—</td><td>—</td><td>—</td><td>—</td><td>—</td><td>181</td><td>190</td><td>179</td><td>185</td><td>169.5</td><td>180</td></tr>
<tr><td>260</td><td>254.8</td><td>265.2</td><td>—</td><td>—</td><td>—</td><td>—</td><td>—</td><td>—</td><td>—</td><td>—</td><td>—</td><td>—</td><td>196</td><td>205</td><td>189.5</td><td>200</td></tr>
</table>

(b)值和理论质量表 表 3-1-64

<table>
<tr><td rowspan="2">l</td><td colspan="7">螺纹规格 d</td><td colspan="7">螺纹规格 d</td></tr>
<tr><td>M12</td><td>M16</td><td>M20</td><td>(M22)</td><td>M24</td><td>(M27)</td><td>M30</td><td>M12</td><td>M16</td><td>M20</td><td>(M22)</td><td>M24</td><td>(M27)</td><td>M30</td></tr>
<tr><td>公称尺寸</td><td colspan="7">(b)mm</td><td colspan="7">每 1000 个钢螺栓的理论质量(kg)</td></tr>
<tr><td>35</td><td rowspan="2">25</td><td rowspan="2">—</td><td rowspan="3">—</td><td rowspan="4">—</td><td rowspan="5">—</td><td rowspan="6">—</td><td rowspan="7">—</td><td>49.2</td><td>—</td><td>—</td><td>—</td><td>—</td><td>—</td><td>—</td></tr>
<tr><td>40</td><td>54.2</td><td>—</td><td>—</td><td>—</td><td>—</td><td>—</td><td>—</td></tr>
<tr><td>45</td><td rowspan="6">30</td><td rowspan="2">30</td><td>57.8</td><td>113</td><td>—</td><td>—</td><td>—</td><td>—</td><td>—</td></tr>
<tr><td>50</td><td rowspan="3">35</td><td>62.5</td><td>121.3</td><td>207.3</td><td>—</td><td>—</td><td>—</td><td>—</td></tr>
<tr><td>55</td><td rowspan="13">35</td><td rowspan="3">40</td><td>67.3</td><td>127.9</td><td>220.3</td><td>269.3</td><td>—</td><td>—</td><td>—</td></tr>
<tr><td>60</td><td rowspan="3">45</td><td>72.1</td><td>136.2</td><td>233.3</td><td>284.9</td><td>357.2</td><td>—</td><td>—</td></tr>
<tr><td>65</td><td rowspan="13">40</td><td rowspan="3">50</td><td>76.3</td><td>144.5</td><td>243.6</td><td>300.5</td><td>375.7</td><td>503.2</td><td>—</td></tr>
<tr><td>70</td><td rowspan="18">45</td><td rowspan="3">55</td><td>81.6</td><td>152.8</td><td>256.5</td><td>313.2</td><td>294.2</td><td>527.1</td><td>658.2</td></tr>
<tr><td>75</td><td rowspan="19">—</td><td rowspan="18">50</td><td>86.3</td><td>161.2</td><td>269.5</td><td>328.9</td><td>409.1</td><td>551.0</td><td>607.5</td></tr>
<tr><td>80</td><td rowspan="18">55</td><td>—</td><td>169.5</td><td>282.5</td><td>344.5</td><td>428.6</td><td>570.2</td><td>716.8</td></tr>
<tr><td>85</td><td rowspan="17">60</td><td>—</td><td>177.8</td><td>295.5</td><td>360.1</td><td>446.1</td><td>594.1</td><td>740.3</td></tr>
<tr><td>90</td><td>—</td><td>186.4</td><td>308.5</td><td>375.8</td><td>464.7</td><td>617.9</td><td>769.6</td></tr>
<tr><td>95</td><td>—</td><td>194.4</td><td>321.4</td><td>391.4</td><td>483.2</td><td>641.8</td><td>799.0</td></tr>
<tr><td>100</td><td>—</td><td>202.8</td><td>334.4</td><td>407.0</td><td>501.7</td><td>665.7</td><td>828.3</td></tr>
<tr><td>110</td><td>—</td><td>219.4</td><td>360.4</td><td>438.3</td><td>538.8</td><td>713.5</td><td>886.9</td></tr>
<tr><td>120</td><td>—</td><td>236.1</td><td>386.3</td><td>469.6</td><td>575.9</td><td>761.3</td><td>945.6</td></tr>
<tr><td>130</td><td>—</td><td>252.7</td><td>412.3</td><td>500.8</td><td>612.9</td><td>809.1</td><td>1004.2</td></tr>
<tr><td>140</td><td rowspan="10">—</td><td>—</td><td>—</td><td>438.3</td><td>532.1</td><td>650.0</td><td>856.9</td><td>1062.8</td></tr>
<tr><td>150</td><td>—</td><td>—</td><td>464.2</td><td>563.4</td><td>687.1</td><td>904.7</td><td>1121.5</td></tr>
<tr><td>160</td><td rowspan="8">—</td><td>—</td><td>—</td><td>490.2</td><td>594.6</td><td>724.2</td><td>952.4</td><td>1180.1</td></tr>
<tr><td>170</td><td>—</td><td>—</td><td>—</td><td>625.9</td><td>761.2</td><td>1000.2</td><td>1238.7</td></tr>
<tr><td>180</td><td>—</td><td>—</td><td>—</td><td>657.2</td><td>798.3</td><td>1048.0</td><td>1297.4</td></tr>
<tr><td>190</td><td>—</td><td>—</td><td>—</td><td>688.4</td><td>835.4</td><td>1095.8</td><td>1356.0</td></tr>
<tr><td>200</td><td>—</td><td>—</td><td>—</td><td>719.7</td><td>872.4</td><td>1143.6</td><td>1414.7</td></tr>
<tr><td>220</td><td>—</td><td>—</td><td>—</td><td>782.2</td><td>946.6</td><td>1239.2</td><td>1531.9</td></tr>
<tr><td>240</td><td rowspan="2">—</td><td>—</td><td>—</td><td>—</td><td>—</td><td>1020.7</td><td>1334.7</td><td>1649.2</td></tr>
<tr><td>260</td><td>—</td><td>—</td><td>—</td><td>—</td><td>—</td><td>—</td><td>1430.3</td><td>1766.5</td></tr>
</table>

表 3-1-65 给出了桥梁用高强度大六角头螺栓所用普通粗牙螺纹规格和牙形结构。

GB 196 粗牙普通螺纹规格表　　表 3-1-65

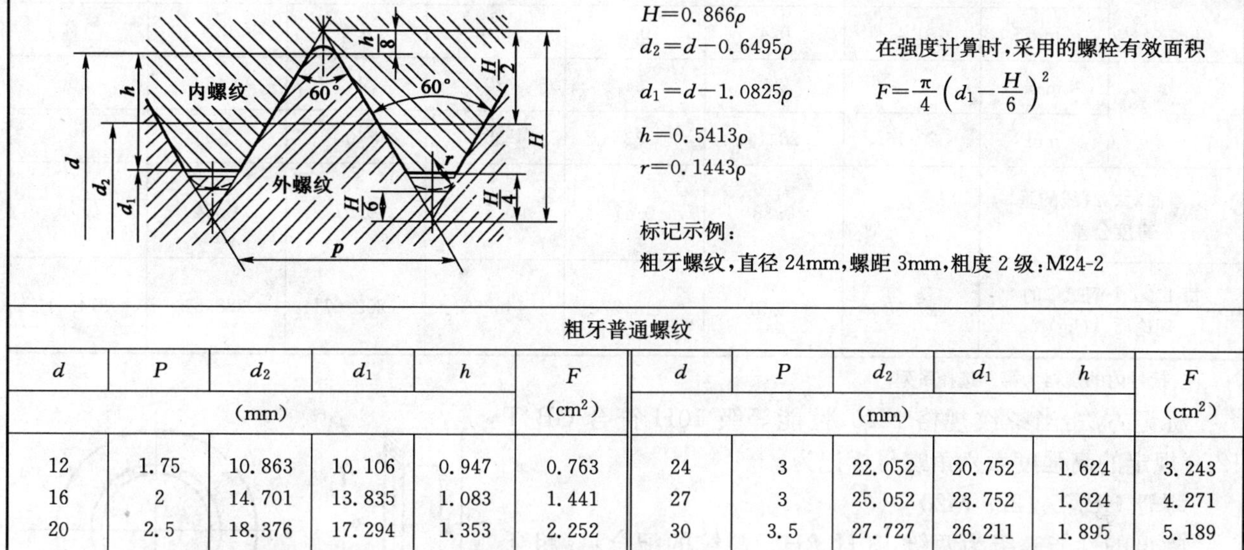

$H=0.866p$

$d_2=d-0.6495p$

$d_1=d-1.0825p$

$h=0.5413p$

$r=0.1443p$

在强度计算时，采用的螺栓有效面积

$$F=\frac{\pi}{4}\left(d_1-\frac{H}{6}\right)^2$$

标记示例：

粗牙螺纹，直径 24mm，螺距 3mm，粗度 2 级：M24-2

粗牙普通螺纹

d	P	d_2	d_1	h	F	d	P	d_2	d_1	h	F
(mm)					(cm^2)	(mm)					(cm^2)
12	1.75	10.863	10.106	0.947	0.763	24	3	22.052	20.752	1.624	3.243
16	2	14.701	13.835	1.083	1.441	27	3	25.052	23.752	1.624	4.271
20	2.5	18.376	17.294	1.353	2.252	30	3.5	27.727	26.211	1.895	5.189
22	2.5	20.376	19.294	1.353	2.815						

2. 高强度大六角螺母(GB/T 1229—2006)

对于 M12、M16、M22、M24、M27、M30 大六角头螺栓，其配套使用的大六角螺母大样图见图 3-1-53 及规格表 3-1-66。

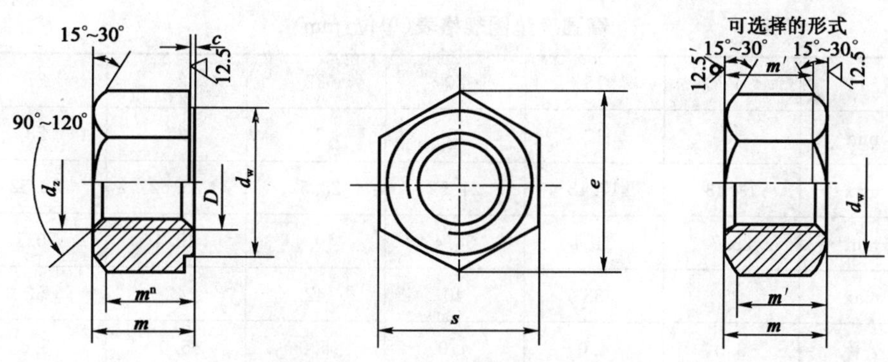

图 3-1-53　高强度大六角螺母详图

高强度大六角螺母规格表(单位：mm)　　表 3-1-66

螺纹规格 D		M12	M16	M20	M22	M24	M27	M30
螺距		1.75	2	2.5	2.5	3	3	3.5
d_a	max	13	17.3	21.6	23.8	25.9	29.1	32.4
	min	12	16	20	22	24	27	30
d_w	min	19.2	24.9	31.4	33.3	38.0	42.8	46.5
e	min	22.78	29.56	37.29	39.55	45.20	50.85	455.37
m	max	12.3	17.1	20.7	23.6	24.2	27.6	30.7
	min	11.87	16.4	19.4	22.4	22.9	26.3	29.1
m'	min	9.5	13.1	15.5	17.8	13.3	21.0	23.3
m''	min	8.3	11.5	13.6	15.6	16.0	18.4	29.4

续上表

螺纹规格 D		M12	M16	M20	M22	M24	M27	M30
c	max	0.8	0.8	0.8	0.8	0.8	0.8	0.8
	min	0.4	0.4	0.4	0.4	0.4	0.4	0.4
s	max	21	27	34	36	41	46	50
	min	20.16	26.16	33	35	40	45	49
支承面对螺纹线的垂直度公差		0.29	0.38	0.47	0.50	0.57	0.64	0.70
每1000个钢螺母的理论质量(kg)		27.68	61.51	118.77	146.59	202.67	288.51	374.01

注:括号内的规格为第二选择系列。

标记方法:当螺纹规格M20、性能等级10H符合GB/T 1229规定的高强度大六角螺母标记为:

螺母 GB/T 1229 M20

螺母的性能等级为两级:10H、8H。螺纹的配合见《粗牙普通螺纹基本尺寸》(GB 196)或表3-1-69。

3. 高强度垫圈(GB/T 1230—2006)

配合高强度大六角头螺栓和大六角螺母使用的垫圈见详图3-1-54和规格表3-1-67。

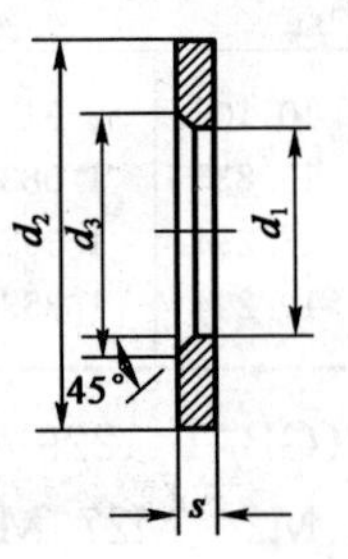

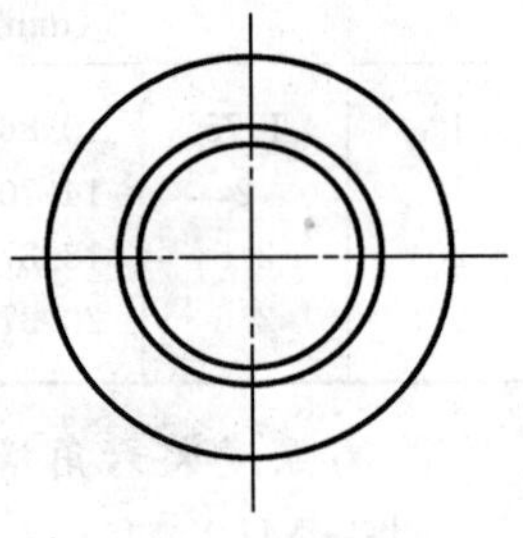

图3-1-54　高强度垫圈详图

高强度垫圈规格表(单位:mm)　　表3-1-67

规格(螺纹大径)		12	16	20	22	24	27	30
d_1	min	13	17	21	23	25	28	31
	max	13.43	17.43	21.52	23.52	25.52	28.52	31.62
d_2	min	23.7	31.4	38.4	40.4	40.4	50.1	54.1
	max	25	33	40	42	42	52	56
s	公称	3.0	4.0	4.0	5.0	5.0	5.0	5.0
	min	2.5	3.5	3.5	4.5	4.5	4.5	4.5
	max	3.8	4.8	4.8	5.8	5.8	5.8	5.8
d_3	min	15.23	19.23	24.32	26.32	26.32	32.48	35.84
	max	16.03	20.03	25.12	27.12	29.12	33.64	36.64
每1000个钢垫圈的理论质量(kg)		10.47	23.40	33.55	43.34	55.76	66.52	75.42

注:括号内的规格为第二选择系列。

标记方法:规格为20mm、热处理硬度为HRC35°～45°高强度垫圈表记为:

垫圈 GB/T 1230 20

4. 高强度大六角头螺栓、大六角螺母、垫圈技术条件(GB/T 1231—2006)

(1)性能等级、材料及使用配合

螺栓、螺母、垫圈的性能等级及推荐材料见表3-1-68,使用配合见表3-1-69。

螺栓、螺母、垫圈的材质和性能等级表　　表 3-1-68

类　别	性 能 等 级	推 荐 材 料	标 准 编 号	适 用 规 格
螺栓	10.9s	20MnTiB	GB 3077	≤M24
		35VB	—	≤M30
	8.8s	40B	GB 3077	≤M24
		45	GB 699	≤M22
		35	GB 699	≤M20
螺母	10H	45　35	GB 699	—
		15MnVB	GB 3077	
	8H	35	GB 699	
垫圈	HRC35～45	45　35	GB 699	

螺栓、螺母、垫圈的使用配合表　　表 3-1-69

螺　　栓	螺　　母	垫　　圈	螺　　栓	螺　　母	垫　　圈
10.9s	10H	HRC35～45	8.8s	8H	HRC35～45

(2)螺栓材质试验

对原制造材质进行试验时，需按图 3-1-55 由原材料取样，做成试件。进行原材料热处理，热处理工艺与产品相同；当材料直径不小于 16mm 时，需按用户要求增加常温冲击韧性试验。试验结果符合表 3-1-67 规定。

(3)实物机械性能试验

①楔负荷试验。楔负荷试验斜垫规格、要求破断力及试验示意见图3-1-56及表 3-1-70、表 3-1-71，试件断于螺纹部分或螺纹与杆交各处并符合表 3-1-72 规定视为合格。

斜垫硬度为 HRC45°～50°，螺栓螺纹至少拧入 6 扣或拧入长大于外径 d。

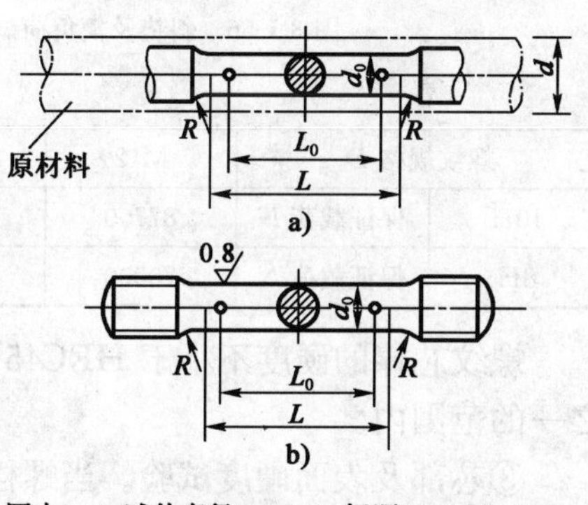

图中：d_0-试件直径, mm；L_0-标距$5d_0$；R-3~4mm；d-材料直径mm；d_0=0.75d

图 3-1-55　原材料取样图

斜 垫 规 格 表　　表 3-1-70

d	M12	M16	M20	M22	M24	M27	M30
C	0.8	1.6	3.2	3.2	3.2	3.2	3.2
R	1.2	1.4	1.6	1.6	1.6	1.6	1.6

楔负荷要求破断力表　　表 3-1-71

螺纹规格 d			M12	M16	M20	M22	M24	M27	M30
公称应力截面积 A_s(m^2)			84.3	157	245	303	353	459	561
性能等级	10.9s	拉力荷载 N	87700～104500	16300～19500	255000～304000	315000～376000	367000～438000	477000～569000	583000～696000
	8.8s		70000～86800	130000～162000	203000～252000	251000～312000	293000～364000	381000～473000	466000～578000

原材料力学性能要求　　表 3-1-72

性 能 等 级	抗拉强度 $\sigma_{0.2}$ (MPa)	屈服强度 $\sigma_{0.2}$ (MPa)	伸长率 δ_s(%)	收缩率 ψ(%)	冲击韧性 α_k (J/cm^2)
		不小于			
10.9s	1040～1240	940	10	42	59
3.8s	830～1030	660	12	45	78

②螺母保证荷载试验

螺母拧入芯棒，以试验机对螺母施加表 3-1-73 荷载，并持荷 15s 螺母不脱扣或断裂。卸载后螺母可用手退出或借助扳手松开，不超过半扣后用半退出为合格，芯棒破坏则试验失败。加载速度不大于 3mm/min 的夹头移动速度。图 3-1-57 为螺母荷载试验示意图。

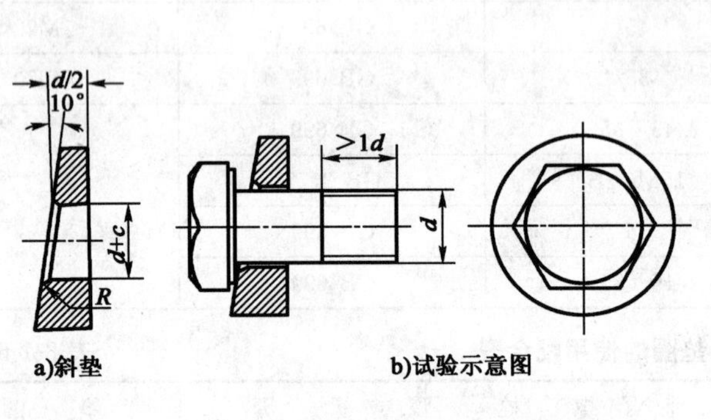

图 3-1-56　斜垫及楔负荷试验示意图

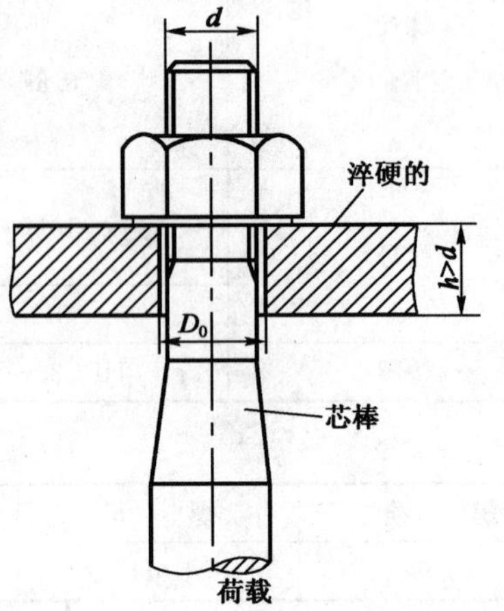

图 3-1-57　螺母荷载试验示意图

保 证 荷 载 表　　表 3-1-73

螺纹规格 D		M12	M16	M20	M22	M24	M27	M30
10H	保证载荷 N	87700	163000	255000	315000	367000	477000	583000
8H	保证载荷 N	70000	130000	203000	251000	293000	381000	466000

螺纹芯棒的硬度不小于 HRC45°，其螺纹公差带为 5hbg，但大径应控制在 6g，公差带靠近下限四分之一的范围内。

③芯部及表面硬度试验。当螺栓 $l/d \leqslant 3$ 时，不能作楔负荷试验，允许作芯部硬度试验。对螺栓距螺杆末端等于 d 的截面上，打取硬度值。在该截面距中心 $d/4$ 处任取 4 点，取后三点平均值，满足表 3-1-74规定。

要求满足芯部硬度值　　表 3-1-74

性 能 等 级	维氏硬度 HV30		洛氏硬度 HRC	
	min	max	min	max
10. 9s	312	367	33	39
8. 8s	249	296	24	31

螺母及垫圈硬度试验分别在螺母及垫圈表面进行，任取四点并取后三点平均值。垫圈满足 HV_{30} 329～436（HRC35°～45°）；螺母满足表 3-1-75 规定。

螺母满足硬度值　　表 3-1-75

性 能 等 级	洛 氏 硬 度		维 氏 硬 度	
	min	max	min	max
10H	HRB 98	HRC28	HV_{30} 222	HV_{30} 274
8H	HRB 95	HRC 22	HV_{30} 206	HV_{30} 237

上述硬度试验有争议时，均以维氏硬度（HV_{30}）试验为仲裁。

④脱碳试验。按《紧固件机械性能螺栓、螺钉和螺柱》（GB 3098. 1）中的第 8. 8 节规定进行。

(4)连接副的扭矩系试验

连接副的扭矩系数试验是在螺栓轴力计上或其他能测螺栓轴力的传感器上进行。每个连接副包括一个螺栓、一个螺母、二个垫圈，并分属同一批。每一连接副只能使用一次，不能重复使用。扭矩系数按下式计算：

$$K=\frac{T}{P\cdot d} \tag{3-1-13}$$

式中：K——扭矩系数；

T——施加于螺母上的扭矩(N·m)；

d——螺栓的螺纹规格(mm)；

P——螺栓轴力(kN)。

扭矩扳手精度应不低于1%，灵敏度应小于9.8N·m；轴力计精度应不低于2%，灵敏度应小于1%。试验时螺栓轴力应在设计轴力的92%～108%范围内，否则无效。受试连接副应置入试验环境2h以上，并记录环境温度。同时连接副扭矩系数平均值应为0.110～0.150，标准偏差小于等于0.010。

(5)其他检验项目及相应规定依据

《普通螺纹　基本尺寸》(GB/T 196—2003)

《螺纹公差带》(螺栓 GB 197 6g，螺母 GB 197 6H)

《紧固件外螺纹零件的末端》(GB/T 2—2001)

《紧固件表面缺陷》(螺栓 GB 5779.1、螺母 GB 5779.2)

《紧固件公差》(螺栓、螺钉、螺柱和螺母 GB 3103.1、平垫圈 GB 3103.3C 级)

螺栓、螺母、垫圈表面处理　工艺、配方制造厂定，满足连接副扭矩系数要求。

《金属材料　室温拉伸试验方法》(GB 228—2002)

《金属材料　夏比摆锤冲击试验方法》(GB 229—2007)

5.高强度大六角头螺栓、螺母、垫圈的材质要求和机械性能要求

表列化学成分20MnTiB、15MnVB、40B见《合金结构钢》(GB/T 3077—1999)；45、35见《优质碳素结构钢》(GB/T 699—1999)；35VB见《钢结构用高强度大六角头螺栓、大六角螺母、垫圈技术条件》(GB/T 1231—2006)附录A。

材料的机构性能要求见表3-1-76。

材质化学成分表　　表3-1-76

钢类别	牌号	化学成分(%)								
		C	Si	Mn	Ti	V	B	Cu	P	S
合金结构钢*	20MnTiB	0.17～0.24	0.17～0.37	1.30～1.60	0.04～0.10		0.0005～0.0035	≤0.30	≤0.035	≤0.035
	35VB	0.31～0.37	0.17～0.37	0.50～0.90	—	0.05～0.12	0.001～0.004	≤0.25	≤0.04	≤0.04
	15MnVB	0.12～0.18	0.17～0.37	1.20～1.60	—	0.07～0.12	0.0005～0.0035	≤0.30	≤0.035	≤0.035
	40B	0.37～0.44	0.17～0.37	0.60～0.90	—	—	0.0005～0.0035	≤0.35	≤0.035	≤0.035
碳素结构钢*	45	0.42～0.50	0.17～0.37	0.50～0.80	—	—	—	≤0.25	≤0.035	≤0.035
	35	0.32～0.40	0.17～0.37	0.50～0.80	—	—	—	≤0.25	≤0.035	≤0.035

注：*表列成分为优质合金结构钢和优质碳素结构钢。

6.高强度大六角头螺栓、大六角螺母质量检验

《周期检验计数抽样程序及表》(GB 2829—2002)和《钢结构用高强度大六角头螺栓、大六角螺母、垫圈技术条件》(GB/T 1231—2006)均规定产品的监督检查和出厂检查按批进行。

关于批的规定：批是为实施抽样检查所汇集的产品。

螺栓：同一性能等级、材料、炉号、螺纹规格、长度、机械加工、热处理工艺、表面处理工艺的螺栓(当$l\leqslant$100mm，相差15mm，或当$l>$100mm，长度相差不大于20mm，可认为同一长度)。

螺母：同一性能等级、材料、炉号、螺纹规格、长度、机械加工、热处理工艺、表面处理工艺的垫圈为同批。

垫圈：同一性能等级、材料、炉号、规格、机械加工、热处理工艺、表面处理工艺的垫圈为同批。

连接副：分别由同批螺栓、螺母、垫圈组成的连接副为同批。质量监督检查和出厂验收检查均是在同一批的连接副中抽样。

(1)产品质量监督检查

检验依据：GB/T 1228～1231—2006；抽样方法：GB 2829—2002。

抽样采用随机抽样，抽取的样本应是当年生产并检查合格的产品；样本一经抽取，不允许再加工或更换。

实施检查的单位和人应具有相应资质证明；所用仪器和设备须由法定计量单位检定合格，并有有效期证明。

抽样方案及判定标准见表 3-1-77、表 3-1-78。

抽 样 方 案 表 3-1-77

判别水平	不合格质量水平(RQL)	抽样方案(n、Ac、Re)
II	40	(4;0,1)

单件产品判定标准 表 3-1-78

项点类别	项点数	判定数(Ac、Rc)	项点类别	项点数	判定数(Ac、Rc)
A类	螺栓 9 螺母、垫圈 5	(0,1) (0,1)	B类	螺栓 12 螺母、垫圈 10	(5,6) (4,5)

项点内容见表 3-1-79。表 3-1-77～表 3-1-79 中有关名词说明如下：

a. 不合格质量水平：抽样检查中，以每百单位产品不合格品数或每百单产品不合格数表示的批质量下限值，由订货、供货方商定。

b. 不合格、不合格类别：单位产品质量特性。

不符合规定称为不合格。不合格质量的严重程度分类分为 A、B、C 类不合格。

A：质量特性极严重不符合规定；

B：质量特性严重不符合规定；

C：质量特性轻微不符合规定。

项 点 内 容 表 3-1-79

序 号	项 目	项 点	序 号	项 目	项 点
A类项点	(一)螺栓	1. 抗拉强度 σ_{bmin}(MPa) 2. 屈服强度 $\sigma_{0.2min}$(MPa) 3. 伸长率 δ_s(%) 4. 收缩率 ψ(%) 5. 冲击韧性 α_k(J/cm^2) 6. 实物楔负载机械性能 7. 硬度 8. 扭矩系数 9. 裂纹	B类项点	(一)螺栓	1. 对边宽度 2. 对角尺寸 3. 凹穴宽度 4. 凹穴深度 5. 头下圆角半径 6. 螺栓头高 7. 头下支承面直径 8. 螺纹长度 9. 无螺纹杆径 10. 公称长度 11. 螺栓外螺纹 12. 脱碳
	(二)螺母、垫圈	1. 保证荷载 2. 螺母硬度 3. 螺母倒角 30° 4. 垫圈硬度 5. 垫圈裂纹		(二)螺母、垫圈	1. 对边宽度 2. 对角尺寸 3. 螺母高度 4. 支承面直径 5. 支承面对螺纹轴线的垂直度公差 6. 螺母内螺纹 7. 垫圈外径 8. 垫圈内径 9. 垫圈倒角 10. 垫圈厚度

c. 判别水平、判别水平分级：判别生产过程。

稳定性不符合规定要求之能力大小的等级数判别水平。分 III、II、I 三级，III 级能力最强，其次为 II 级，再次为 I。根据判别能力要求的强弱和经济条件综合决定。III 级最强但经济上不允许时，采用判别水平 II。

d. 抽样方案：样本大小和判定数组的结合。

n：样本大小；

Ac：合格判定数，作出批合格判断样本中所允许的最大不合格品数或不合格数。

Re：不合格判定数，作出批不合格判断样本中所不允许的最小不合格品数或不合格数。

产品不合格判定：A 类和 B 类项点不合格数均分别小于或等于相应的合格判定数 Ac，则判为合格品；A 类和 B 类项点中有一个不合格数大于或等于相应不合格判定数的 Re 时，判为不合格。

产品质量监督抽查合格与否的判断：综合判断按表 3-1-81 规定。若样本不合格数小于或等于合格判定数 Ac 时，判定该次质量监督抽查合格；若样本不合格数等于或大于不合格判定数 Re 时，判定该次质量监督抽查不合格。

(2)验收检查

验收检查是为决定一批紧固件是否接受的整个检查过程。《紧固件　验收检查、标志与包装》(GB 90—2002)规定，在不增大供方被拒收的风险前提下，可按需方自定的抽样方案进行验收。一般情况下，螺栓、螺母、垫圈的几何尺寸、外观、机械性能及表面缺陷的检查应按(GB 90—2002)规定进行。

扭矩系数检查连接副最大批数量为 3000 套；每批抽取 8 套，8 套连接副平均扭矩系数及标准偏差符合(GB/T 231—2006)规定。

二、高强度螺栓施工检查

1. 施拧前的准备工作

(1)规格尺寸及机械性能

对到货的高强度螺栓连接副进行验收，其规格尺寸与机械性能应分别符合(GB/T 1228～1231—2006)的规定，并应与设计文件及合同文件规定相符。

(2)钢梁构件摩擦面抗滑移系数复验

《铁路钢桥高强度螺栓连接施工规定》(TBJ 214—92)规定：抗滑移系数试件与钢梁同批制造，材质相同，制造工艺相同，在相同条件运输和存放。每批钢梁三组试件。跨度小于 64m 钢梁，每二孔为一批；64～100m 时，每孔钢梁为一批；跨度大于 100m 时按设计要求及订货合同办理，不同的板面处理工艺应分别制作试件。

试验方法按《铁路钢桥栓接板面抗滑移系数试验方法》(TB 2137—90)进行。

测定抗滑移系数试件为双面拼接试件(见图 3-1-58)，试件拼接板板厚 δ_2 与被拼接板板厚 δ_1、试件板宽 b 应具有代表性，或按设计文件和《铁路桥梁钢结构设计规范》(TB 10002.2—2005)执行。加工要求符合《铁路钢桥制造规范》(TB 10212—2009)。

试验机精度不低于 1%；测螺栓轴力传感器精度不低于 2%。高强度螺栓轴力范围为设计轴力 P 的(0.95～1.05)倍，试验机加载速度 3～5kN/s。

试验时试件侧划一直线(如图 3-1-58)，直线明显错动读取滑移荷载 N，传感器的轴力 P 由电阻应变仪读取。试板应平整、清洁、无毛刺。组装时先打入冲钉，然后逐个换成螺栓。也可以采用位移计测画出荷载位移曲线取得屈服荷载作为滑移荷载 N。抗滑移系数按下式计算：

$$f=\frac{N}{m\sum P} \tag{3-1-14}$$

式中：N——由试验机测得的滑移荷载(kN)；

m——摩擦面数,此处为 2;

$\sum P$——试件滑动荷载对应一侧高强度螺栓轴力和(kN);

f——抗滑系数,取小数点后三位。

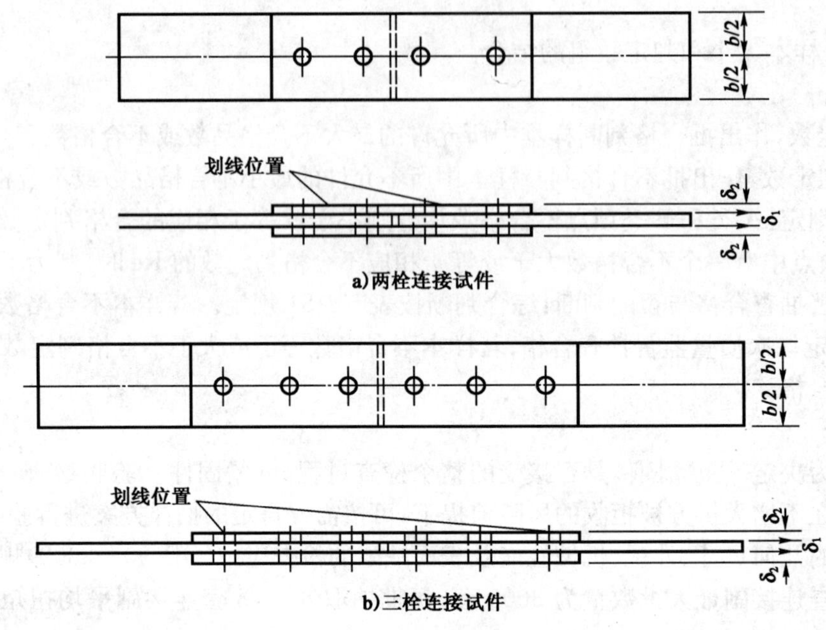

图 3-1-58　抗滑移系数试件图

(3)扭矩系数试验

按每批到货螺栓抽样进行扭矩系数试验。抽样数量较批验收多一些,方法同批验收。施拧工艺按工地试验数据执行。

(4)定扭扳手的标定

使用前定扭扳手必须标定,其施拧扭矩精度不低于±5%。

(5)终拧转角试验

当终拧采用转角施工时,需对钢梁实际的夹紧板束上进行终拧转角试验。初拧扭矩的确定需将各类板束夹紧密贴无缝。初拧和复拧均以扭矩控制,复拧扭矩等于初拧扭矩。试验测出各类板束在施工轴力下复拧后至终拧的转动角度 θ,θ 可由套在螺母上的量角器测出。扭转角 θ 按下式计算:

$$\theta = a + b(n-1) + cB \tag{3-1-15}$$

式中:θ——终拧转角(度);

a——常数项(度);

n——被连接板束钢板层数;

c——每毫米被连接钢板所需的转角(度/mm);

b——每层板缝所需转角(度/层);

B——被连接钢板总厚度(mm)。

a、b、c 值通过试验来确定。

2. 高强度螺栓连接副的安装

连接及被连接板的处理:板件安装前应除毛刺、飞边、焊接飞溅物,并用钢丝刷刷除灰尘,用丙酮或汽油除油污,待干燥后安装;连接板束的间隙按表 3-1-80 规定处理。

板束安装时必须按规定插入足够数量冲钉和安装螺栓;采用扭矩法施工时不能用高强度螺栓兼作安装螺栓。螺栓长度按下式选用,不应过长或过短。

摩擦面间隙处理　　　表 3-1-80

项　目	示　意　图	处　理　方　法
1	δ	δ<1.0mm 时不予处理
2	δ	δ=1.0～3.0 时将厚板一侧磨成 1∶10 的缓坡，使间隙小于 1.0mm。用砂轮磨时，应使砂轮打磨方向与受力方向垂直
3	δ	δ>3.0mm 时加垫板，垫板厚度不小于 3mm，垫板材质和摩擦面处理方法应与构件相同

$$L = L' + \Delta L \tag{3-1-16}$$

式中：L'——板束厚(mm)；

ΔL——附加长度(mm)，$\Delta L = m + 2s + iP$；

m——高强度螺母厚(mm)；

s——高强度垫圈厚(mm)；

i——当 $L<100$mm 时，$i=2$；当 $L>100$mm 时，$i=3$；

P——螺纹螺距(mm)。

图 3-1-59 为螺栓连接副受力分析图。由图可知，出螺母第一扣基本已无力分布，而进入连接第一扣应力集中系数达 2.54；但栓与螺母连接第一扣前最好有 2～3 扣螺距，以缓和应力峰值。

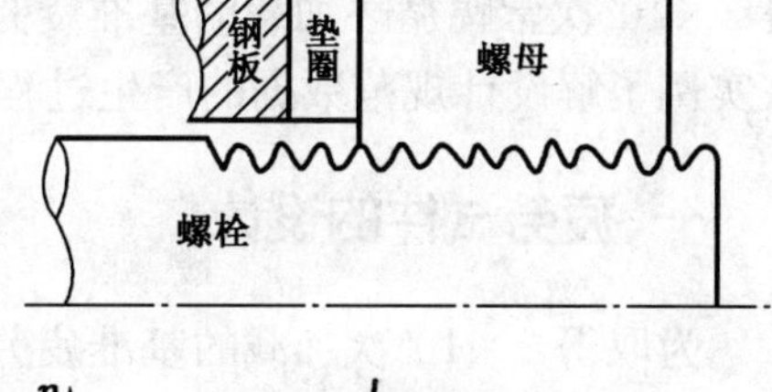

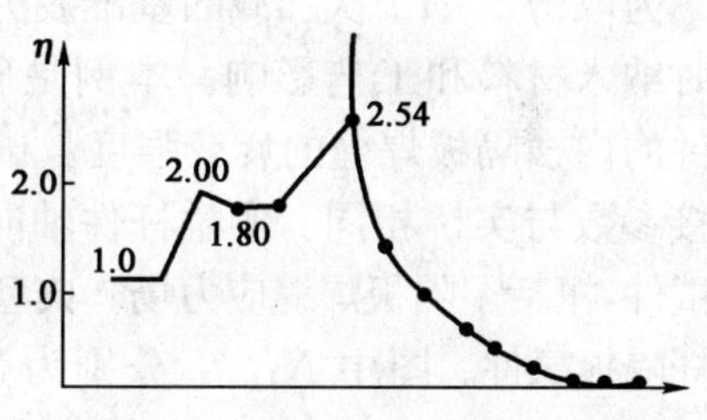

图 3-1-59　螺栓连接副受力分析图

高强度螺栓不能强行打入，以免损伤螺纹。高强度螺栓应妥善保管，不能丧失出厂润滑状态。

3.*高强度螺栓施拧及施拧检查*

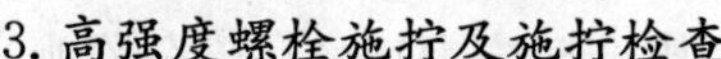

高强度螺栓连接副采用扭矩法或扭角法施工。扭角法有充分试验数据方可应用，一般优先采用扭矩法。施拧扭矩采用下式计算：

$$T_e = K \cdot P_e \cdot d \tag{3-1-17}$$

式中：T_e——终拧扭矩(N·m)；

K——高强度螺栓连接副扭矩系数平均值；

P_e——高强度螺栓施工预拉力，见表 3-1-81；

d——高强度螺栓公称直径(mm)。

高强度螺栓预拉力(kN)　　　表 3-1-81

螺纹规格 d	M22	M24	M27	M30
设计预拉力 P	200	230	300	370
施工预拉力 P_e	220	253	330	407

拧紧步骤：初拧、复拧、终拧。初拧扭矩采用终拧扭矩的 50%，复拧扭矩同初拧。

拧紧顺序：由节点中刚度大部位向不受约束的边缘进行，由节点板中央向杆件四周进行。施拧时扭矩施加螺母上。初、复、终拧应于同一工作日完成。施拧时垫圈不能转动，否则更换高强度螺栓连接副。终拧后应做好标记。

高强度螺栓连接副施拧检查有下述内容：

(1)施工扭矩扳手检查，施拧扭矩精度不低于 3%。

(2)复拧扭矩检查,首先以0.3kg小锤对全部复拧过螺栓进行敲击检查,以防漏拧。然后以扭矩法抽查节点高强度螺栓连接副的10%,主桁节点不少于10套,其节点不少于2套进行复拧检查。有一套不合格,节点全部进行复拧。

(3)终拧扭矩检查。抽查数量:节点高强度螺栓连接副的5%,不少于2套;小节点不少于1套。

抽查方法:

①松扣、回扣法。将欲查螺母松约30°,然后再将该螺母拧紧至原来标记位置,此时扭矩应在(0.9~1.1)T_{ch}范围。T_{ch}按式(3-1-17)计算,预拉力取设计预拉力P。

②紧扣法,向前断续拧紧欲查连接副至螺母发生微小相对转角,此时扭矩T_{ch}应由试验确定;做此试验时应确信预拉力值在设计预拉力±2%范围内。每个节点或栓群不合格数不超过20%,否则继续检查,直至累计合格80%止。不合格者重新施拧。

(4)转角法终拧检查。检查转角终拧标记,是否有漏拧;对角度不足者补至合格,超拧5°以上者更换,并重新施紧。

扭矩法施拧检查,需在终拧4h后进行,并在24h内完成;扭角法施工应在终拧后及时检查。

第六节　钢桥连接的疲劳试验实例

连接疲劳试验方法已在第一篇、第一章论述,本节给出试验的实例过程及分析。连接的疲劳试验取得2×10^6次常幅循环加载的基准疲劳数据和统计的S—N曲线,此为疲劳寿命设计的基础数据。通过该实例了解设计规范数据的产生过程和该种连接的疲劳强度水平。

一、疲劳试件的设计

为取得2×10^6次加载的基准疲劳强度和S—N曲线,一般采用连接局部应力场的一部分作为试件,同时纳入材料和工艺影响。本例是研究大型桁梁箱形构件的内横隔板焊缝的疲劳强度。试件的板材、厚度和焊接参数与实桥相同。实桥杆件轴向受力,故取一条作为试件,概括了隔板焊缝应力场。典型试件图见图3-1-60弦杆隔板拭件。图中N_1、N_2分别为弦杆及隔板的一部分。44mm厚14MnN$_6$q钢主板化学成分:C—0.15%,S—0.003%,P—0.015%,N—60.030%,碳当量—0.40%;力学性能:$\sigma_b=545$MPa,$\sigma_S=400$MPa,$\delta_S=31$%。板材供货状态正火。采用CO_2气体保护焊,预热温度80~100℃,试件制作数量15件,编号201-XX。

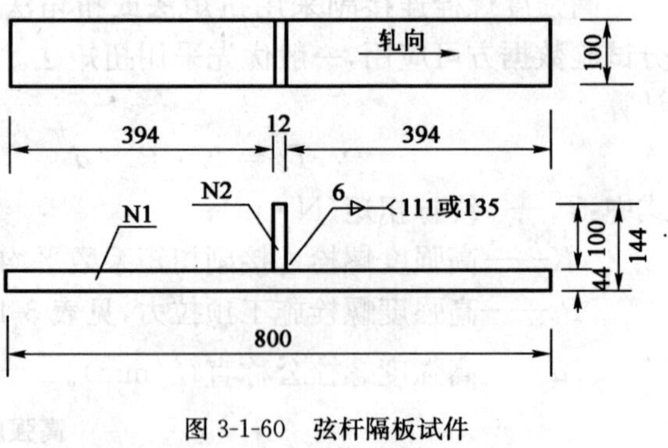

图3-1-60　弦杆隔板试件

二、疲劳试验的程序、设备及方法

疲劳试验总的程序:

(1)对加工成型的疲劳试件进行外观检查,特别是对焊缝外形、焊趾角、咬边、气孔、飞溅等进行观测描述,用直尺、游标卡尺多点测取试件的几何尺寸。

(2)试件经焊接成形后,受钢板原始不平及焊接热影响,各试件主板沿着纵向出现大小不一的面外弯曲,对试件板的正反面弯曲以1m长钢尺作基准采用塞尺测得每根试件的最大弯曲度;表3-1-82为试件测量尺寸的平均值。然后根据相关规范、经验、公式及以往的疲劳试验资料,并结合试件焊接成型状况,估算试件的疲劳强度,确定首个试件的试验荷载。

201 型试件尺寸值　　表 3-1-82

试件编号	试件板宽(mm)(平均值)	试件板厚(mm)(平均值)	隔板厚(mm)(平均值)	主板最大弯曲度(mm)
201-1	100.17	44.07	12.70	1.50
201-2	100.25	44.42	12.36	1.50
201-3	101.48	43.85	12.68	1.25
201-4	102.04	44.26	12.88	1.05
201-5	101.49	44.14	12.30	1.05
201-6	100.70	44.06	12.50	1.65
201-7	101.15	44.21	12.39	0.50
201-8	100.96	44.08	12.22	0.20
201-9	101.16	44.00	12.56	0.75
201-10	101.66	44.04	12.46	0.90
201-11	104.07	44.04	12.78	0.70
201-12	100.72	43.93	12.52	0.45
201-13	100.46	44.12	12.35	0.75
201-14	101.39	44.16	12.57	0.40
201-15	101.70	43.94	12.57	1.20

(3)对首个试件进行疲劳试验，根据试验结果及疲劳断口的形貌分析，进行综合判断，确定第二个试件的试验荷载，由此类推，最终做出试件的疲劳 S—N 曲线，并得出等幅正弦应力循环作用下 200 万次加载时试件的疲劳强度。

疲劳试验在 MTS100T 电液伺服材料疲劳试验机上进行。采用等幅正弦循环应力进行轴向加载，加载频率为 10Hz，应力循环特征系数 $\rho=0$，疲劳试验一般以试件裂缝不稳定扩展，即断裂为加载终止条件，但当超过 200 万次仍未断裂的试件则继续加载至破坏，若 300 万次试件仍未出现肉眼可见的疲劳裂纹，可停止试验或继续试验至常幅疲劳截止限 500 万次停止。

按照桥梁设计中对常规疲劳试验的假定，在双对数坐标下 S—N 曲线是直线。以 200 万次循环加载作为基数求得疲劳强度值，利用最小二乘法对数据结果进行线性分析，得 50%保证率下的回归方程：

$$\lg N = A + B\lg\sigma \tag{3-1-18}$$

$$B = \frac{\sum(\lg\sigma_i - \overline{\lg\sigma})(\lg N_i - \overline{\lg N})}{\sum(\lg\sigma_i - \overline{\lg\sigma})^2} \tag{3-1-19}$$

$$A = \overline{\lg N} - B\,\overline{\lg\sigma} \tag{3-1-20}$$

式中：σ_i——循环荷载最大应力值；

N_i——相应于 σ_i 的破坏循环次数；

$\overline{\lg\sigma}$——同组数据 $\lg\sigma_i$ 的平均值；

$\overline{\lg N}$——同组数据 $\lg N_i$ 的平均值。

对应于 σ 的 N 的标准差

$$S = \left[\frac{\sum(\lg N_i - \overline{\lg N})^2 - B\sum(\lg\sigma_i - \overline{\lg\sigma})(\lg N_i - \overline{\lg N})}{n-2}\right]^{\frac{1}{2}} \tag{3-1-21}$$

该组试验数据的相关系数为：

$$r = \frac{\sum(\lg N_i - \overline{\lg\sigma})(\lg N_i - \overline{\lg N})}{\sqrt{\sum(\lg\sigma_i - \overline{\lg\sigma})^2\sum(\lg N_i - \overline{\lg N})^2}} \tag{3-1-22}$$

对桥梁结构而言，一般取 $\lg N$ 的均值减二倍标准偏差作为置信区间，即：$\rho=0$ 时 97.7%保证率下的疲劳曲线方程为：

$$\lg N = A + B\lg\sigma - 2s \tag{3-1-23}$$

三、试验结果描述及回归分析

共对14个201型试件进行了等幅应力正弦循环加载试验，应力幅分布在100～170MPa之间，分析时应考查表3-1-82初始数据及表3-1-83断口情况。除其中应力幅分别为115MPa和120MPa的两个试件(201-10和201-9)循环加载至300万次仍未出现肉眼可见的宏观疲劳裂纹以外，其余试件已加载循环至疲劳断裂，其疲劳破坏的循环次数在40.6万次～269.5万次之间。各试件疲劳断口呈多源疲劳，疲劳源分布在整个焊趾连线上，其中主要发生在焊缝成形较差，或焊缝外形突变处，与焊趾位置无明显相关性。焊趾角大多在20°～70°之间，断口上有明显的剪切唇，焊缝凹凸不平，裂纹主要以半椭圆或1/4椭圆形状扩展，扩展区与瞬断区分界清晰。各试件承受等幅循环应力值，破坏时的循环次数及宏观的焊缝和断口描述见表3-1-83，由表3-1-83中试验结果进行线性回归得：$A=13.732$，$B=-3.632$，$S=0.129$，$r=-0.908$。

201型试件疲劳试验结果总汇 表3-1-83

试件编号	循环应力幅(MPa)	循环次数(万次)(N)	试件及疲劳断口描述
201-1	170	40.604	焊缝成型较为均匀，焊趾处的焊趾角在45°左右，多源疲劳，疲劳源分布在整个焊趾连线上，裂纹以半椭圆扩展，椭圆的长半轴与短半轴的比值较大，很小的剪切唇及塑性变形
201-5	150	50.253	断裂一侧焊缝丰满，略带处凸，焊缝成型较为匀顺，焊趾角在60°～70°左右，多源疲劳，疲劳源沿焊趾连线分布，不在同一平面，裂纹扩展区较大，该区塑性变形大，裂纹从中部向两侧，以介于矩形与梯形之间的形状扩展
201-11	140	168.849	焊缝成型一般，焊趾角在45°左右，裂缝源区位于中断，该处焊缝处形具有明显的鱼鳞状，裂纹呈半椭圆形扩展，椭圆的长半轴于短半轴的比值较小，瞬断区有较明显的颈缩
201-4	135	80.178	焊缝成型一般，约4/5整个焊缝长度的区域，焊趾角为60°左右，在起弧或熄弧处，焊趾角突变为20°左右，裂纹首先从该处萌生，以介于半椭圆和1/4椭圆之间的形状扩展，瞬断区很小，塑性颈缩也很小
201-3	135	97.642	除1/4宽焊缝外形向内凹以外，其余部分焊缝成型较好，焊趾角分布较为均匀，在45°左右，裂纹以比较典型的半椭圆形扩展
201-13	121.5	117.697	焊缝成型一般，焊缝外形平坦，焊趾角分布较不一致，主要在50°～60°左右，多源疲劳，疲劳源主要发生在焊缝成型较差的区域，裂纹以介于半椭圆和1/4椭圆之间的形状扩展
201-14	120	255.161	试件断裂断在夹持部位，为作废试件
201-9	120	300.0	焊缝成型一般，焊趾角大，无明显的咬边和气孔，试件经300万次应力循环，未发现疲劳裂纹，停止试验
201-7	115	228.235	焊缝外形经砂轮机打磨光顺，焊缝与母材光滑过渡，焊趾角约30°，表面无明显伤痕，多源疲劳，疲劳源几乎分布于整条焊趾连线，裂纹以1/4椭圆形状扩展，椭圆的长半轴与短半轴的比值较大，瞬断区略有塑性颈缩
201-10	115	300.0	试件经300万次应力循环，未发现疲劳裂纹，停止试验
201-12	110	182.527	焊缝外形较为匀顺，焊趾角分布一致，在45°左右，起弧和熄弧区较小，疲劳源区位于中段，裂纹以比较典型的半椭圆形扩展，椭圆的长半轴与短半轴的比值较大，断口上起始扩展，扩展区及瞬间区分界清晰，塑性颈缩小
201-8	105	260.289	当疲劳裂纹沿板宽方向扩展，达到27.0mm时，试件未完全断裂，即停止试验
201-2	100	269.765	焊缝成型一般，焊缝表面有气孔，焊趾角在45°左右，起弧或熄弧区焊趾角小，焊趾角在30°左右，疲劳源主要发生在该处，疲劳裂纹沿焊趾连线和板厚方向以1/4椭圆形状扩展，塑性区很小

注：表中有关焊缝成型的描述主要指疲劳裂纹萌生一侧的焊缝状况。

$\varphi=0$时，50%保证率下的疲劳曲线方程为：

$\lg N=13.732-3.621\lg\sigma$ 对应于 2×10^6 次循环加载疲劳强度为111.17MPa。

$\varphi=0$时，97.7%保证率下的疲劳曲线方程为：

$\lg N = 13.762 - 3.632\lg\sigma - 0.258$ 对应于 2×10^6 次循环加载疲劳强度为 94.4MPa；

根据求得的回归方程及标准差绘出双对数坐标 $\lg N \sim \lg\sigma$ 下的 S—N 曲线见图 3-1-61。

由 r 值达 -0.908，说明该组试验数据离散性不大，试验效果较理想。

对于与 201 型类似的焊接细节，不同规范其疲劳强度有不同的规定。

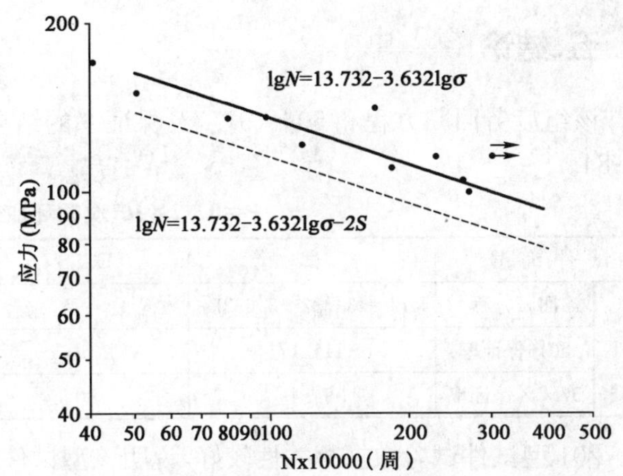

注：→表示循环加载至 300 万次未见肉眼可见的裂纹，即停止试验。

图 3-1-61　201 型试件的 S—N 曲线

欧洲钢结构协会(ECSS)《钢结构的疲劳设计规范》附录 B 中，有关焊接附连件(非承载焊缝)200 万次的疲劳强度为 80MPa(97.7%保证率下)。

英国标准协会 BS5400 第十章(疲劳实施规范)类型 2.9F 级给出的双对数坐标下的疲劳曲线方程为：$\lg N = 12.238 - 3\lg\sigma$，50%保证率下的疲劳强度为 95.28MPa，97.7%保证率下的疲劳强度为68.02MPa。

《芜湖长江大桥正桥钢梁疲劳验算规定》中，疲劳抗力类别 VII(构件及连接形式 8)给出的双对数坐标下疲劳曲线方程：$\lg N = 12.30 - 3\lg\sigma$，50%保证率下的疲劳强度为 99.92MPa。

《美国公路桥梁设计规范》(AASHTO)中细部分类 C 级 200 万次的常幅疲劳强度临界值为 89.63MPa。

四、接头的金相分析

对送检样品进金相分析，尤其是焊接接头金相分析，可以探明样品的显微组织特征、焊接缺陷等影响因素，为疲劳断口分析提供依据。

将 201 型试件沿焊接处剖开，其横截面形态如图 3-1-62 所示：A 为 201 型试件母材部分，隔板部分为 B 区，焊缝部分为 C 区，D 为疲劳断裂面。E 区是一弧形带状区域，为焊接接头的 HAZ 部分。

图 3-1-62　送检样品断口示意图

A-201 试件母材；B-隔板母材；C-焊缝金属；D-疲劳断裂面；E-HAZ

201 型试件的母材和隔板基体的组织都是典型的带状组织(铁素体＋珠光体)，两者之间的轧向相互垂直，见照片图 3-1-63a)、b)，隔板两边对称施焊，但未焊透，从照片 c)中清楚可见隔板的带状组织。

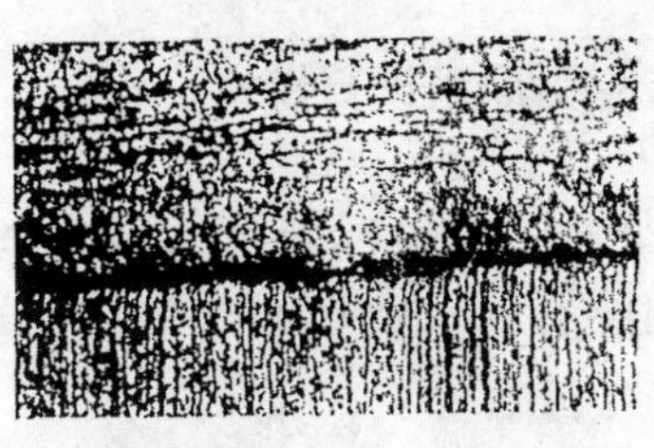

a) 两焊接材料的基体组织及轧向

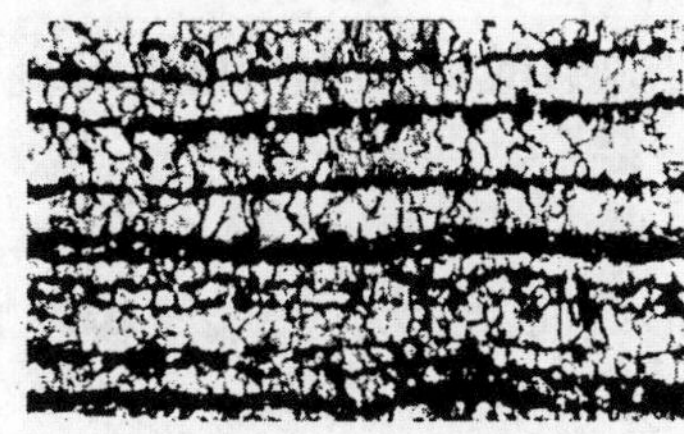

b) 型母材的带状组织（250×）

c) 隔板的带状组织（50×）

图 3-1-63　照片

对以上焊接接头进行金相分析，表明：显微组织属于正常的焊接组织，只是 HAZ 的过热区魏氏体比较粗大，对机械性能有不利影响。

五、结论

该组疲劳回归方程和50％、97.7％保证率的结果以及相类似的焊接接头国外标准采用数据列于表3-1-84。

$P=0$　2×10^6次循环加载疲劳强度对比(MPa)　　表 3-1-84

试件编号		本试验	ECSS	BS5400	AASHTO	建议规范取值
201	回归方程	$\lg N=13.732-3.632\lg\sigma$		$\lg N=12.238-3\lg\sigma$		$\lg N=12.30-3\lg\sigma$
	50％保证率	111.17		95.28		99.9
	97.7％保证率	94.4	80	68.02	89.63	94

201型试件试验数据相关性较好，说明该型试件焊接工艺对钢梁的疲劳强度提供了较好的保证，较国外数据稍高。由试验可知，材料已定时，疲劳强度首先取决于设计细节构造造成的应力峰值的大小；构造已定时，疲劳强度取决于制造工艺造成的损伤和缺陷的程度。

第七节　桁梁整体节点模型试验实例

为研究钢桁梁整体节点构造的应力分布，应力峰值状况以及构造的基准疲劳强度，为设计及规范提供真实数据，采用实桥的整体节点模型进行研究，有以下特点：第一，结合钢梁结构细部设计，进行各种构造细节的接头疲劳试验，给出相应每种构造细节的疲劳强度曲线($S-N$曲线)；第二，整体节点模型疲劳试验，采用大比例模型，模拟实桥节点受力，须用与实桥相同的材料、制造工艺制造试件，通过施加疲劳荷载，对新型整体节点的抗疲劳性能给出总的验证和评价；第三，结合整体节点模型疲劳试验进行节点模型的应力分布试验，并进行有限元分析。

一、模型的设计和制造

1. 模型的设计和制造原则

为了试件节点与实桥的相似性、设计的合理性和抗疲劳性能，模型应能反映实际结构的受力特性，为此模型的设计制造遵循以下原则：模型包含实桥节点全部构造细节，各构造细节的布置同原型；除板厚尽量采用较厚板外，模型几何形状模拟原型，以使节点应力场状态、残余应力分布、应力集中情况、表面条件尽可能接近原型；模型尺寸尽可能大些，选用尽可能厚的板材，以减小尺寸效应和板厚效应；采用与实桥节点相同的材料和制造工艺，局部不可能做到时，采用相近偏于安全的替代工艺，使模型的抗疲劳性能尽量反映原型。

2. 原型节点

节点模型的设计以某桥(120m＋2×144m)连续钢桁梁之E58节点为原型进行模拟设计。

3. 模型的设计

模型材质采用实桥使用的国产14MnNbq钢，几何缩尺为1/4。节点板厚取24mm，下平板厚20mm，上平板取16mm。两端弦杆箱形截面尺寸为：一端竖板厚20mm，另一端竖板厚16mm，两弦杆上、下翼缘厚均为16mm。见图3-1-64。

横梁连接板的设置模拟实桥；隔板较实桥节点要多，目的是为了使高应力区段有隔板构造，以求节点模型各杆力受力明确，并突出隔板受力状态；纵肋的设计只考虑其纵向角焊缝对结构的影响，几何尺寸、坡口焊焊缝有效厚度、坡口钝边尺寸的确定，由设计及桥梁厂认可。

节点模型与斜杆的连接采用高强度螺栓摩擦型连接，不作为疲劳受试部分，为便于制造和安装，采用M24高强度螺栓。另外，为便于两件模型同时加载试验，两件模型设计成一个整体，中间有一根短弦杆相连，该弦杆亦是受试结构。

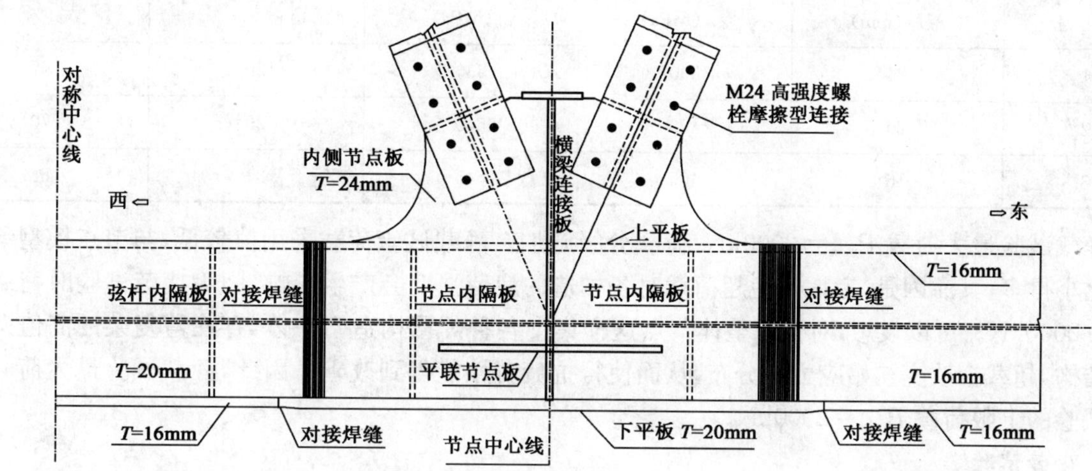

图 3-1-64　节点模型 EMI 示意图

4. 模型的制造

按该桥《钢梁制造规则》有关内容进行。为此，桥梁厂的工程技术人员专门编制了整体节点模型焊接工艺，与实际焊接工艺相比，稍有改变：

(1)4 条棱角焊缝，改为气体保护手工焊，坡口形式作了相应改变，但保证设计图要求的钝边或有效厚度尺寸不变。

(2)由于竖板距离太小，隔板角焊缝端部无法用砂轮顺受力方向打磨。

上述改变偏于安全，各焊接部位焊接方法及焊接材料见表 3-1-85。

焊接材料及焊接方法表　　　　表 3-1-85

焊接部位	焊接材料		电流(A)	备注
	焊丝	保护气体或焊剂		
节点板及弦杆腹板与加劲肋角焊缝	H08Mn2siAϕ1.2	ArC02	260±20	两面焊缝对称交替进行
及弦杆腹板与下平板坡口角焊缝	H08Mn2siAϕ1.2	ArC02	260±20	单边坡口
节点板与 20mm 厚弦杆腹板对接焊缝	H08Mn2Eϕ5	SJ101q	740±30	双面开坡口，焊第二道前清根
节点板与 16mm 厚弦杆腹板对接以及下平板(20mm)与弦杆下翼缘(16mm 厚)对接焊缝	H08Mn2Eϕ2	SJ101q	350～380	单边坡口，第一道焊前背面加焊剂垫第二道焊剂清根
上平板与节点板及弦杆腹板棱角焊缝	H08Mn2siAϕ1.2	ArC02	260±20	单边坡口
平联节点板及横梁连接板与节点板的熔焊缝	SHJ507Niϕ3.2ϕ4		110±20 170±20	双面坡口，打底焊用 ϕ3.2 焊条，反面焊前清根
其他角焊缝	E5015ϕ4		170±20	手弧焊

设计图要求节点模型所用三种板厚(24mm、20mm、16mm)，分别按模型制造所用同一钢板顺轧制方向制作拉伸试件。钢材机械性能试验结果列于表 3-1-86。

主要材料机械性能表　　表 3-1-86

序　号	板厚(mm)	Σ_s(MPa)	σ_b(MPa)	δ(%)	ψ(%)
1	24	390	530	29	67
2	20	400	540	29	70
3	16	400	545	31	64

静载试验最大荷载 P_{max}＝2000kN，荷载分级施加。静载试验荷载采用值较低，与节点模型承载能力相比小得多，其原因是，考虑避免超荷载对各构造的疲劳强度会产生影响，因为疲劳试验时荷载上限 P_{max} 取 2000kN。可以设想，对于像整体节点这样集中各种焊接构造于一体，存在着复杂的高值残余应力的结构，超载会改变初始应力的分布，从而使得抗疲劳性能得到改善。因此，静载试验最大荷载取为疲劳试验的上限荷载 P_{max}＝2000kN。

5. 疲劳试验

疲劳试验采用正弦波常幅荷载，上限 P_{max}＝2000kN，下限 P_{min}＝450kN，幅值 P_r＝1550kN。由于荷载幅较高，加载点位移幅值较大，试验机加载频率为 0.50Hz。

疲劳试验过程中，为了监测各测点应力，每加载约 10 万次，停机进行静载应变测量，以便通过各测点应变变化情况，及早发现开裂或其他异常情况。

二、试验方法

1. 加载设备

为模拟实桥节点受力，采用加载桁架对节点模型施加荷载。加载桁架示意图，见图 3-1-65。图中还示出了加载点施加压力荷载 2000kN 时各杆件轴力（不考虑节点刚性）。加载桁架各杆件均为焊接 H 形杆件，与节点采用 M24 高强度螺栓拼接。两件连成一体的模型 EM1、EM2 安装在加载桁架下弦，由试验机同时加载。试验机为 MTS6000kN 电液伺服试验机，试验机精度为，静载±0.5%，动载±1.0%。

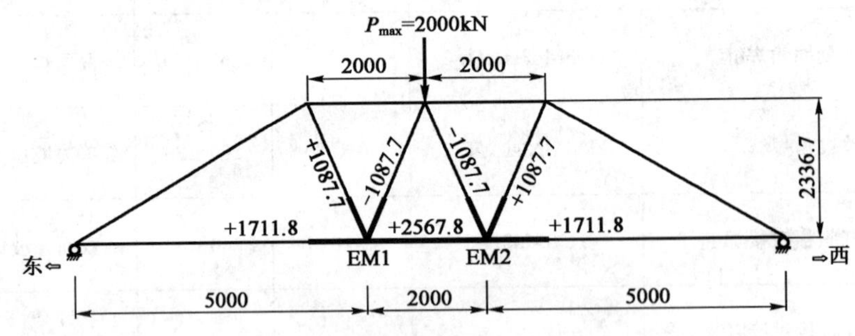

图 3-1-65　加载桁架示意图（尺寸单位：mm）

2. 静载试验

在疲劳加载前首先进行静载试验，测量节点板应力分布以及各构造细节处的应力状态。应力测量采用电测法。节点板范围内布置应变花，其他部位只沿纵向（X 方向）布置单片，在节点板及下平板圆弧过渡部位，应变片沿圆弧边缘切向布置，直接测出主应力（切向应力，径向应力为零）。

试验中只对模型 EM1 进行详细的测量，布置大量测点，对模型 EM2 只布置少量测点，用于监视弦杆应力以及隔板处下平板纵向应力。节点模型 EM1 应变测点布置见图 3-1-66。单片编号为 1～86，应变化编号为 H1～H50。

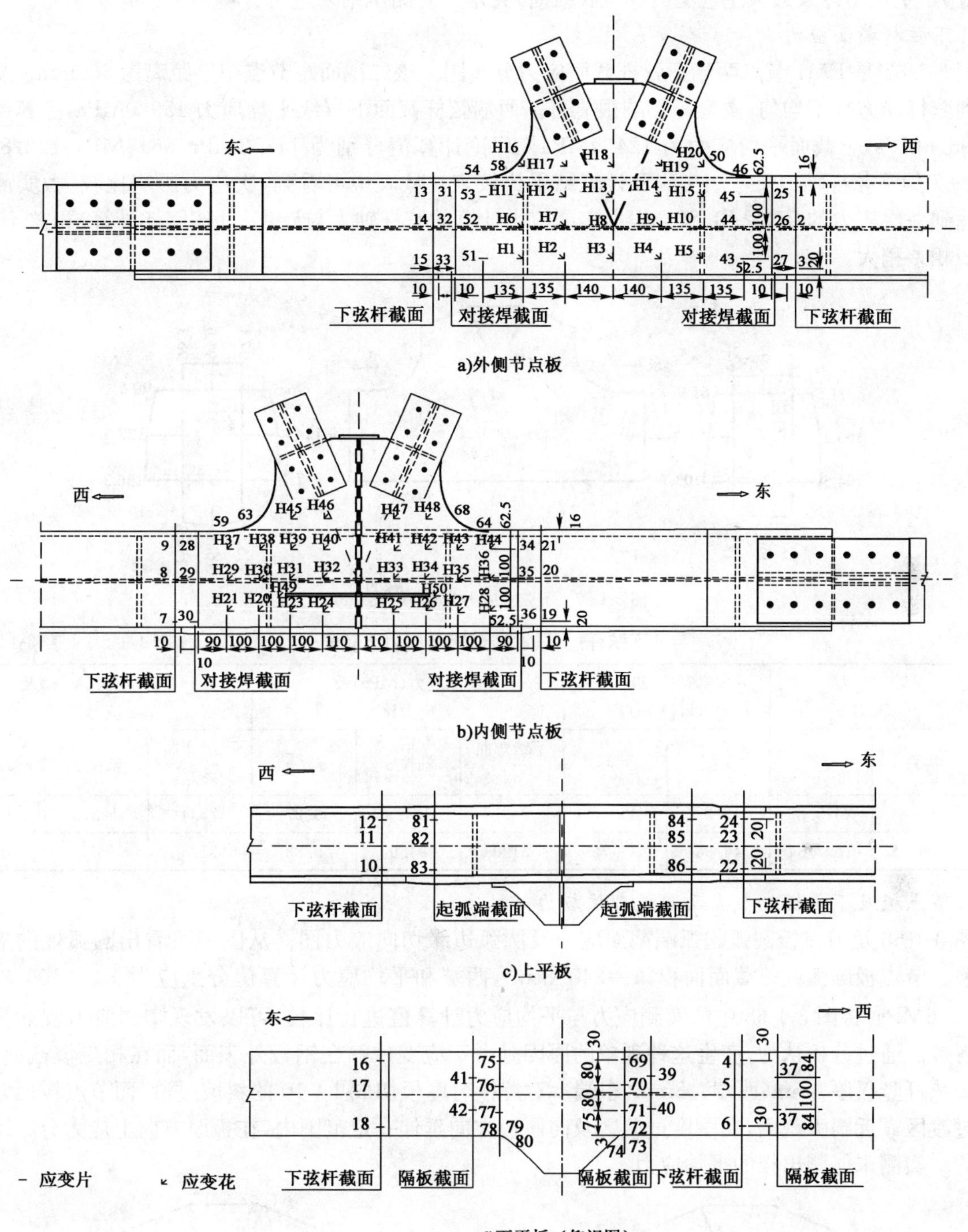

图 3-1-66　模型 EM1 应变测点布置及编号图

三、整体节点应力分布试验

节点应力分布试验只对试验节点模型 EM1 进行了详细的测量，荷载从 0 直至 2000kN，分级施加。荷载分级为：0，450kN，800kN，1200kN，1600kN，2000kN。从应变读数可发现卸载后残余应变很微小，结构处于弹性工作阶段，并可看出应力与荷载呈良好的线性关系。内外侧节点板（相对主桁而言，内侧节点板表面焊有平联节点板和横梁连接板，外侧则无，以下同）由应变花测点实测应变经计算机分析给出。应力、主应力以及最大主应力与 X 轴(纵向)夹角。对测试结果进行分析如下：

1. 下弦杆截面应力

图 3-1-67 是 EM1 节点两端下弦杆截面应力分布图。该二截面距节点中心距离为 560mm。从图中可看到弦杆受力很不均匀，次弯矩影响很显著。西端弦杆截面下翼缘平均应力 159.0MPa，上翼缘平均应力 95.8MPa，全截面平均应力为 124.9MPa。理论计算值分别为 148.2MPa、96.4MPa、122.8MPa。表 3-1-87 为下弦杆轴力及弯矩实测及计算结果比较表。从表中可看到，次应力影响比较大，实测二次应力达到一次应力的 27%～33%。根据实测应力计算的弦杆轴力与计算值(按钢架计算)相差不大，而次弯矩相差稍大。

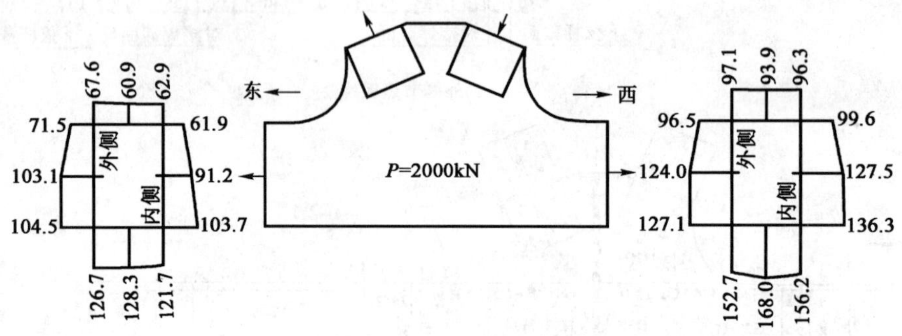

图 3-1-67 下弦杆应力分布(单位：MPa)

下弦杆截面轴力、弯矩及应力比较表 表 3-1-87

部位	轴 力 (kN)		弯 矩 (kN·m)		实测应力(MPa)及 应力比			计算应力(MPa)及 应力比		
	实测	计算	实测	计算	下缘弯曲 σ_w	轴拉 $\bar{\sigma}$	$\sigma_w/\bar{\sigma}$	下缘弯曲 σ_w	轴拉 $\bar{\sigma}$	$\sigma_w/\bar{\sigma}$
西端	2558.85	2515.86	48.27	45.47	34.1	124.9	0.27	25.4	122.8	0.21
东端	1699.12	1697.54	44.94	49.75	31.0	94.9	0.33	31.5	94.5	0.33

2. 节点板及下平板端截面及圆弧部位应力

图 3-1-68 是节点板圆弧起弧端截面应力及圆弧边缘切向应力图。从图中可看出圆弧处的应力集中现象。节点板圆弧起弧截面面积 $A=240.8\text{cm}^2$，西端和平均应力计算值分别应为 $\bar{\sigma}_{西}=106.3\text{MPa}$、$\bar{\sigma}_{东}=70.6\text{MPa}$。将图 3-1-68 中的实测应力与平均应力计算值进行比较，可以发现实测应力较计算值普遍低得多。通过分析认为，产生这种现象的原因是由于应变片贴在钢板外表面，而在相应该截面，因节点板较弦杆竖板厚 4mm(西端)、8mm(东端)，对焊接时厚板切成 1∶10 的斜坡过渡，而节点板尺寸较小使得过渡区靠近圆弧截面，在厚度过渡区及向厚板方向延伸一定范围内，在板厚方向上应力分布不均匀造成的。实测未能测出板的平均应力。

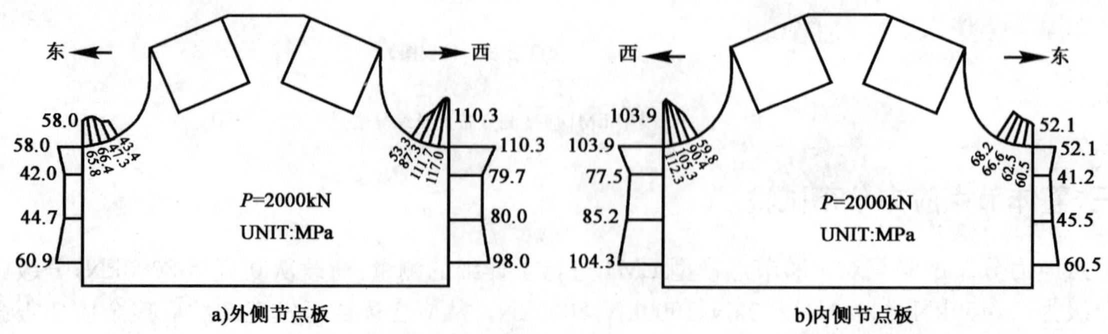

图 3-1-68 节点板圆弧边缘切向及起弧端截面纵向应力分布

西端圆弧边缘实测最大纵向应力 σ_{xmax}＝114.9MPa 是计算平均应力的 1.10 倍。东端实测最大纵向应力为 65.2MPa，是计算平均应力的 0.92 倍。在该圆弧部位由于次弯矩的影响，不能直接测出应力集中系数，但从上述数据仍可以看出，较大的圆弧半径可使应力集中降低，与文献规律相符。另外，圆弧部位的应力集中程度还与斜杆荷载有关。实测 EM1 节点模型东端圆弧部位处在应力区。这种现象可以由应力流概念形象化地给予解释，如图 3-1-69 所示。

图 3-1-69　节点板应力流示意图

关于节点板圆弧过渡处的应力集中，文献介绍了港大桥节点构造，通过分析节点板圆弧过渡采用的是以两个圆弧 R＝600mm 和 R＝200mm 连接成的曲线。应力集中系数约 1.35。该文献还介绍了其他研究者的成果，对于有两面突出部分的板的应力集中系数，在纯拉力作用下（K_p）和在纯弯矩作用下（K_m）是不同的，而对于像节点板这样只有单边突出部分的板的应力集中系数应采用一系数折减按上述条件求得的值。对于节点模型 EM1，按文献资料 $K_m/K_p \approx 0.83$。据此可根据实测应力及理论计算应力 $\bar{\sigma}_x$（起弧端截面平均应力）和 $\sigma_w^上$（起弧端最大弯曲应力）估算应力集中系数（拉力作用下）K_t：

西端
$$K_t = \frac{\sigma_{xmax}}{\sigma - 0.83\sigma_w^上} = \frac{114.9}{106.3 - 0.83 \times 24.9} = 1.34$$

东端
$$K_t = \frac{\sigma_{xmax}}{\sigma - 0.83\sigma_w^上} = \frac{65.2}{70.6 - 0.83 \times 23.2} = 1.27$$

节点下平板圆弧端截面及圆弧部位边缘切向应力分布见图 3-1-70，两端实测圆弧部纵向应力最大值分别为：西端 171.7MPa，东端 137.7MPa，与圆弧端实测应力平均值之比分别为 1.38 和 1.41。

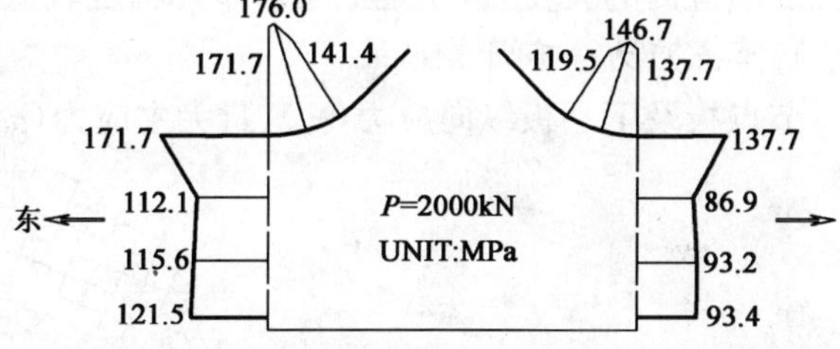

图 3-1-70　下平板圆弧边缘切向及起弧端截面纵向应力分布

3. 节点板主应力分布

见图 3-1-71。外侧节点板实测到的最大拉应力 113.6MPa，最大主压应力－72.8MPa。内侧节点板表面焊有平联节点板，在平联节点板端焊趾外约 10mm 处贴有一片应变花。西端测点 σ_i＝152.7MPa，其上方最近一测点的主拉应力为 102.2MPa。东端测点 σ_i＝103.6MPa，其上方最近一测点的主拉应力为 78.7MPa。

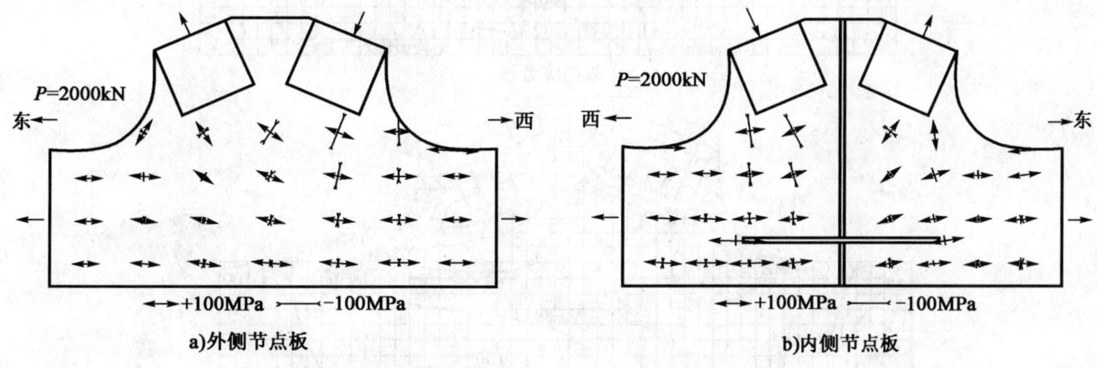

图 3-1-71　节点板应力分布图

图 3-1-72 是节点板剪应力（τ_{xy}）分布图。节点剪应力自下而上逐渐增大，在水平方向上大致呈抛物线分布，且在圆弧部位有反向现象。实测最大剪应力为 66.4MPa。

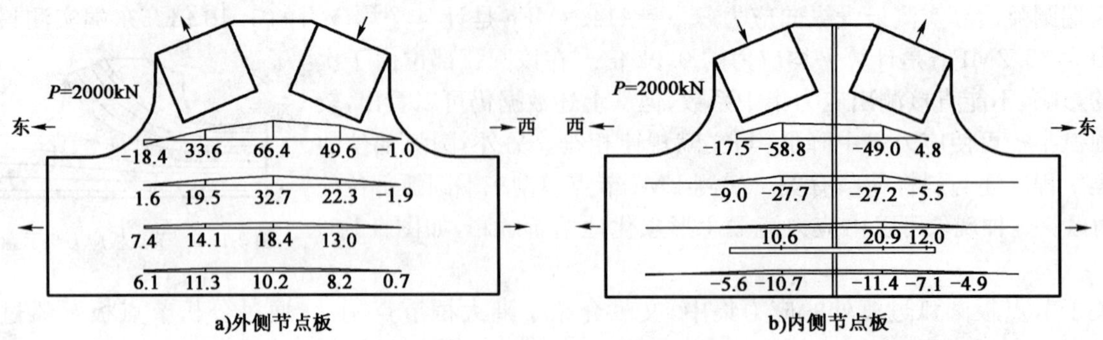

图 3-1-72 节点板剪应力分布图(单位:MPa)

四、有限元分析

对节点模型的有限元分析,采用空间板壳单元进行。为消除支承点以及集中力作用点处的局部应力不均匀,节点两端弦杆均取 500mm 长,弦杆内隔板、节点内隔板未予模拟。作用于节点的力为在 P_{max}＝2000kN 荷载作用下考虑节点刚性后的计算值。外力如图 3-1-73 所示。由于加载设备及节点模型的对称性,西端弦杆不存在剪力,其他三根杆件均承受有剪力作用,但为计算方便而未考虑这部分剪力。有限元计算模型网格划分主要采用四边形,为适应曲边界及局部网格加密,局部采用了三角形单元。三角形单元的精度较低。从计算结果可以看到,三角形单元处一般存在着不同程度的应力的突变,这就是三角形单元精度较低造成的。

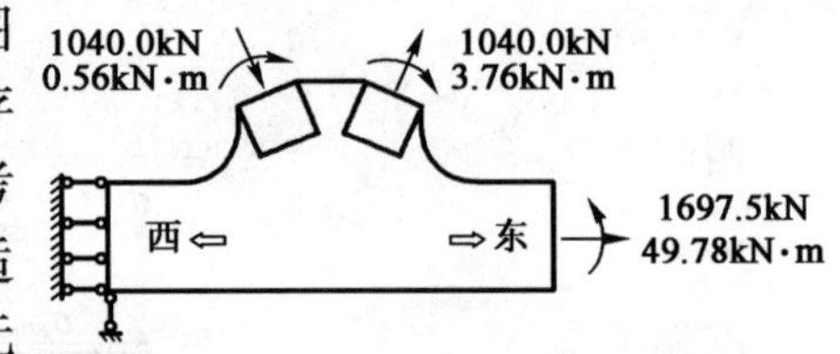

图 3-1-73 计算模型示意图

1. 节点应力分布计算结果

节点板及下平板纵向应力(σ_x)、最大主应力(σ_i)有限元分析结果见图 3-1-74～图 3-1-76。图 3-1-77、

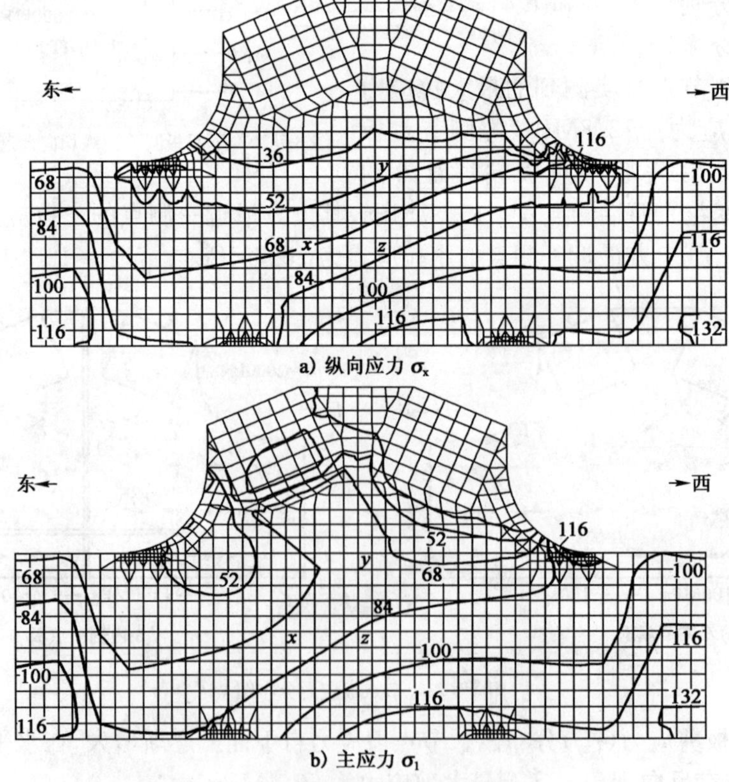

图 3-1-74 外侧节点板应力分布图(单位:MPa)

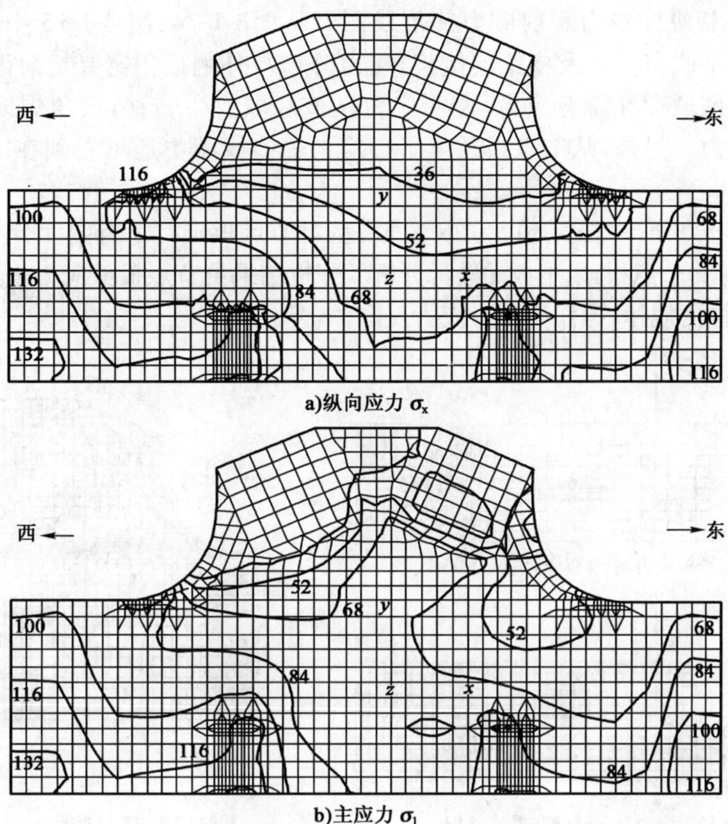

a)纵向应力 σ_x

b)主应力 σ_1

图 3-1-75　内侧节点板应力分布图(单位:MPa)

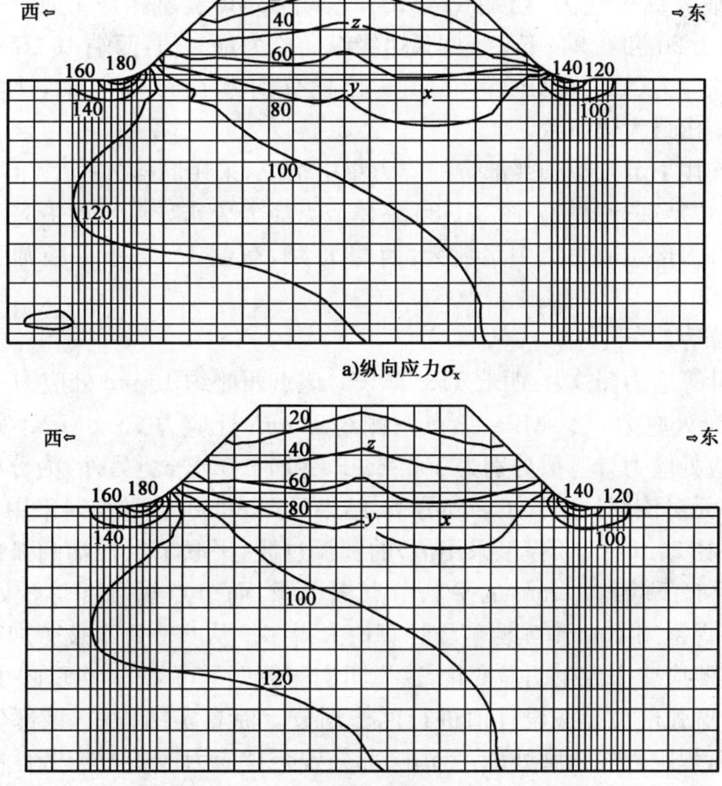

a)纵向应力 σ_x

b)主应力 σ_1

图 3-1-76　节点下平板应力分布图(单位:MPa)

图 3-1-78 分别是上平板纵向应力和剪应力等值线图。从图3-1-74、图 3-1-75 中可直观地看出,由于内侧节点板表面焊有平联节点板及横梁连接板,应力分布与外侧板相比要复杂得多。图 3-1-78 显示上平联在节点板圆弧区域存在着剪应力,说明应力在该区域发生转移,棱角焊缝在承受纵向拉应力的同时还存在着剪应力。另外,从节点板及下平板应力等值线图中还可看到在圆弧部位的应力集中现象。

为了解节点板剪应力分布情况,还以另外一种模型对节点板进行了有限元分析,即取一侧节点板,把上平板及下平板折算为节点板,采用板元进行分析。分析结果见节点板剪应力 τ_{xy} 等值线图 3-1-79。从图中可得出同实测同样的规律,圆弧部位剪应力反向。

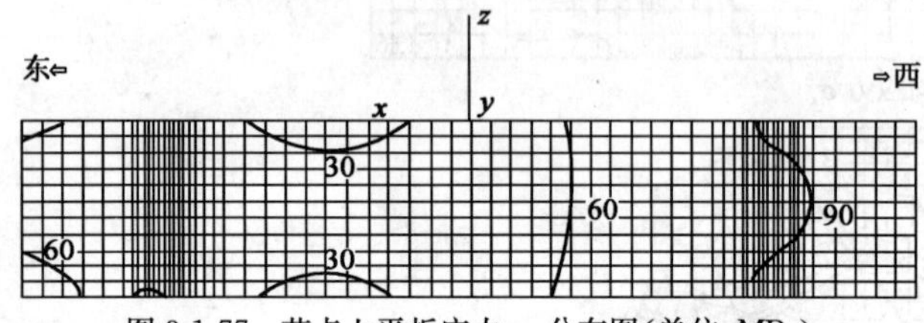

图 3-1-77　节点上平板应力 σ_x 分布图(单位:MPa)

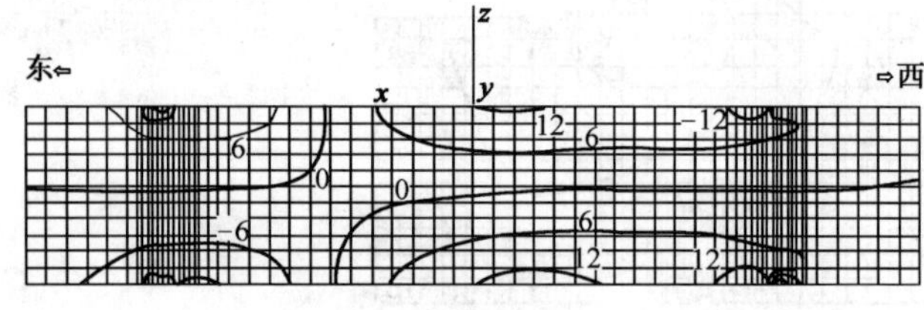

图 3-1-78　节点上平板应力 τ_{xy} 分布图(单位:MPa)

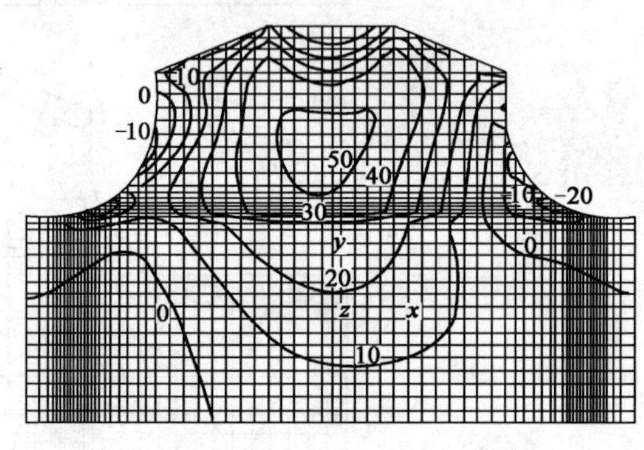

图 3-1-79　节点板剪应力 τ_{xy} 分布图(单位:MPa)

2. 节点板及下平板圆弧端截面及圆弧部位应力

节点板圆弧边缘最大纵向应力:西端 124MPa,东端 65MPa,与相应截面平均应力(103.4MPa,69.5MPa)之比分别为 1.20 和 0.94;下平板圆弧边缘纵向应力最大值:西端 193.7MPa,东端 147.0MPa,与相应截面下平板平均应力(126.6MPa,97.1MPa)之比分别为 1.53 和 1.51,比实测值大。这种现象可能是由于实测未能测出最大值所致。

为了分析在拉力作用下节点板圆弧部位的应力集中情况,采用同样的模型,但在下弦杆及斜杆上只施加轴向力,不施加次弯矩进行分析。图 3-1-80 整体节点应力分布计算最大主应力 σ_1 等值线图。根据计算结果求得节点板圆弧部位应力集中系数为:西端 1.49,东端 1.42;下平板圆弧部位应力集中系数为:西端 1.55,东端 1.59。

3. 平联节点板端应力

平联节点板端部计算应力(σ_x)为:西端 113.7MPa,该点西侧约 10mm 处应力 105.1MPa,实测值达到 152.7MPa;东端焊趾处应力 80.1MPa,该点东侧约 10mm 处应力 75.0MPa,实测值达 102.0MPa。外侧节点板与焊趾对应处应力计算值分别为 103.6MPa 和 74.0MPa。另外,为分析平联节点板端应力分布规律,采用块体单元对该部位进行了局部分析,结果见图 3-1-81。计算时采用单位应力施加于边界上。分析表明,采用半径 50mm(1/4 模型采用值)的圆弧过渡,平联节点板端圆弧部位的应力集中系数最大约 1.34,发生在距起弧端约 10mm 的平联节点板边缘,而节点板端部焊趾处应力集中系数约为 1.18。试验测点距端部焊趾约 10mm,实测值较计算值大得多。从 200 万次疲劳加载过程中进行的静载测试来看,该二测点实测应变未发生明显变化,这说明实测数据是可靠的,也反映了实际结构的复杂性。在有限元分析建模时,圆弧部位是按设计值进行网格划分。而真实结构中,该部位存在着不规律的焊缝,焊缝较板厚大得多,焊趾以经打磨处理,为消除部分残余拉应力改善抗疲劳性能还对焊缝及端部进行了锤击,节点板端部过渡区尤其是端部焊趾的曲率半径与设计不可避免地存在着偏差,从而导致应力集中情况的显著变化。

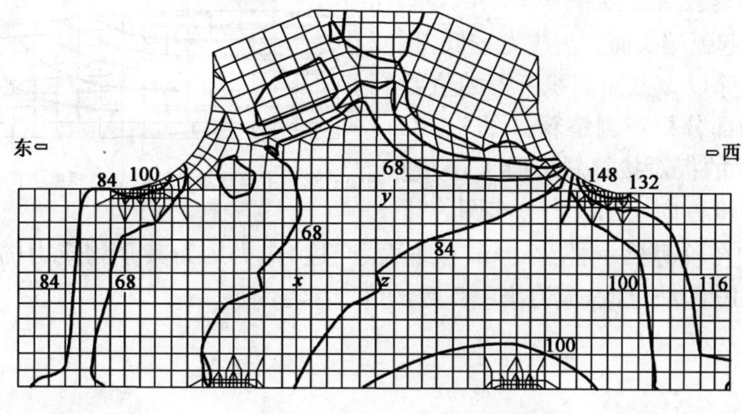

a)外侧节点板最大主应力σ_1分布图

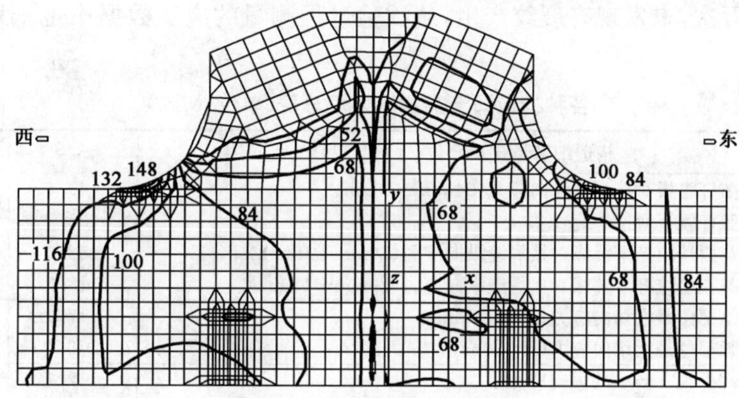

b)内侧节点板最大主应力σ_1分布图

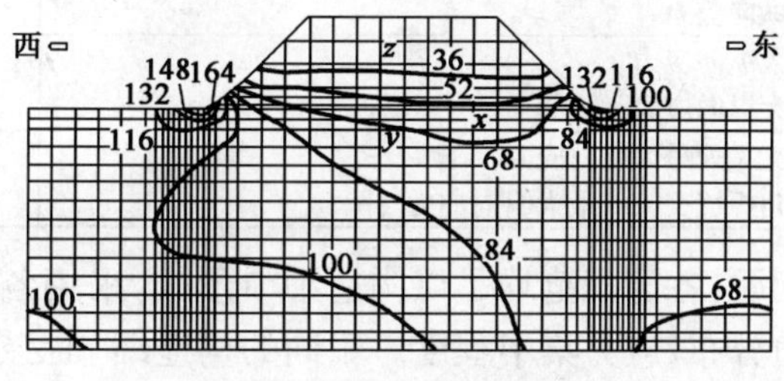

c)下平板最大主应力σ_1分布图

图 3-1-80　节点最大主应力 σ_1 分布图(单位:MPa)

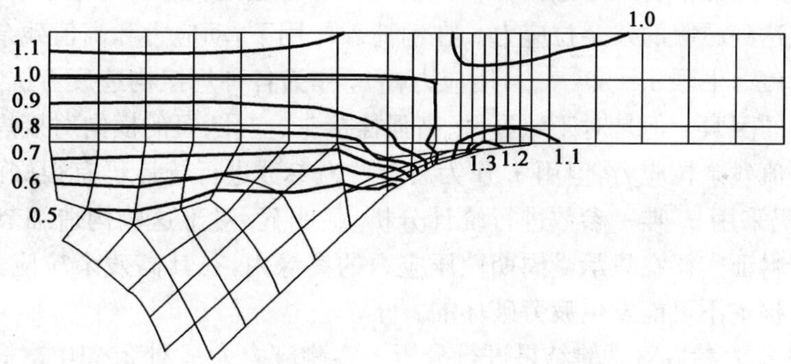

图 3-1-81　平联节点板端应力分布图

4.不等厚对接焊缝区域应力分布

前文所述节点板起弧端截面实测应力较低，其平均值比按实测荷载除以该截面面积所得的值要小。还可从以下的局部分析得到解释。图 3-1-82 是 24mm 与 20mm 厚的板对接缝斜坡（1∶10）过渡及其附近区域在厚度方向上的应力分布图。计算时以单位应力施加在较薄板一端。24mm 板表面（凸边）应力约为其平均应力的 0.71 倍。经计算不等厚对接焊采用 1∶10 斜坡过渡，应力集中系数约为 1.10。

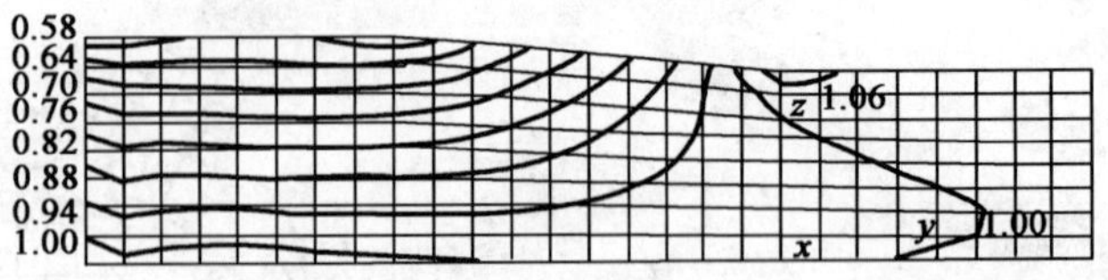

图 3-1-82　不等厚对接焊缝部位厚度方向应力分布（24mm+20mm）

五、疲劳试验

疲劳试验荷载上限为 2000kN，幅值 P_r=1550kN。实测各种构造细节处应力汇总于表 3-1-88，疲劳试验共加载 201.74 万次，未发现有裂纹产生，从试验过程测量的应变数据中也未发现测点应变有明显增大或减小现象。

各种构造细节实测应力汇总表（单位：MPa）　表 3-1-88

序号	构造细节形式及部位	σ_{max}	σ_{min}	σ_r
1	节点板西端与弦杆腹板对接焊缝纵向应力（24mm+20mm）	149.4	32.2	117.2
2	节点板东端与弦杆腹板对接焊缝	125.2	27.1	98.1
3	节点板下平板与西端弦杆下翼缘对接焊缝纵向应力（20mm+16mm）	168.0	37.7	130.3
4	节点板下平板与东端弦杆下翼缘对接焊缝纵向应力（20mm+16mm）	128.3	28.9	99.4
5	节点板西端圆弧部位最大切向应力（R=150mm）	117.0	25.4	91.6
6	节点下平板圆弧部位最大切向应力（R=50mm）	176.0	41.2	134.8
7	平联节点板西端外约 10mm 处纵向应力	152.7	36.4	116.3
8	平联节点板东端外约 10mm 处纵向应力	102.0	25.4	76.6
9	西端弦杆隔板处下平板最大纵向应力	157.6	34.8	122.8
10	节点内隔板处下平板最大纵向应力	136.7	30.9	105.8
11	西端上平板棱角焊缝处最大纵向应力	97.1	21.9	75.2
12	西端下平板棱角焊缝处最大纵向应力	156.2	35.9	120.3
13	西端竖板对接焊缝与纵肋交叉处最大纵向应力	127.5	30.1	97.4
14	西端下平板对接焊缝与棱角焊缝交叉处最大纵向应力	156.2	35.9	120.3

对于焊接钢结构的疲劳问题，各国规范均是以构造细节形式，采用各异的焊接方法和工艺，具有各不相同的受力特性和残余应力分布、应力集中程度。不同的构造细节疲劳强度的高低，基本取决于其局部应力集中的程度。残余应力对疲劳强度的影响，国外已做过大量的研究。文献认为，疲劳强度在很大程度上依赖于构造应力集中，残余应力的影响是第二位的，在反复荷载作用下，残余应力分布发生变化。由美国 Lehigh 大学 J. W. Fisher 教授等人主持的 NCHRP 项目对焊接板梁进行的试验证实，残余应力对疲劳强度的影响可用应力幅 σ_r 来考虑。对于低碳钢和低合金结构钢，常用的各种焊接方法都会在焊缝区产生数值接近或达到屈服的残余拉应力。在动荷载作用下，动应力和高值残余拉应力相叠加，使得应力上限保持在 $\sigma_{max}=\sigma_e$，下限 $\sigma_r=\sigma_e-\sigma_{min}$，用应力幅 σ_r 作为各种焊接构造疲劳抗力的指标就已经包含了 σ_{min} 及 $P(\sigma_{min}/\sigma_{max})$ 的因素。但是对于像母材、高强栓接头、空孔、短的横向对接焊缝等构造，并不存在与受力方向一致的高值残余拉应力，但用 σ_r 作为疲劳抗力参数进行统计仍有很好的相关性。为与其他焊接构造细节统一，仍采用 σ_r 唯一参数进行统计分析，很明显，对于这些构造细节，平均应力对疲劳抗力是有影响的。有资料证实梁在只承受周期性压应力的翼缘内，在其高残余拉应力范围也会开裂。而对于纯受压的母材是根本不可能发生疲劳破坏的。

本试验以应力幅 σ_r 为参数对试验结果进行分析。实测应力为 σ_r 处 2×10^6 次等幅加载未开裂者，则认为 σ_r 为基准疲劳强度。各种构造细节疲劳抗力实测 2×10^6 次循环加载未开裂的应力幅与文献资料和规范疲劳容许应力幅值比较见表 3-1-89。

各种构造细节疲劳强度试验结果及与文献或规范容许值比较表(单位:MPa)　　表 3-1-89

序　号	构造细节	试验实测值	文献资料*	BS5400 规范	AASHTO 规范	本节点模型试验结果
1	对接焊缝	130.3	[9]122.0	C级 123.8 D级 91.2	B级 125.3	112.7
2	(棱)角焊缝	120.3	[12]110.0	C级 123.8 D级 91.2	B级 125.3	94.6
3	交叉焊缝	120.3	[12]110.0			94.6
4	平联节点板端(名义应力)	80.0	[12]110.0 [14]71.0		C级 89.6	76
5	隔板	122.8	[16]90.6 [18]108.5	E级 80.3	C级 89.6	94.7
6	圆弧过渡区(母材结构应力)	134.8		B级 150.0	A级 165.0	137.1

注:* 说明:[9]、[12]、[14]、[16]均为中国以往试验数据,[18]为国外文献数据。

六、结论

通过以上分析比较,可得出如下结论:

(1)节点模型集中各种构造,受力较为复杂。内侧节点板由于表面焊有平联节点板及横梁连接板,应力分布较外侧节点板更不匀顺。实桥节点内侧节点板还要承受横梁及平联荷载,受力将更加不利。

(2)节点板圆弧过渡由于采用较大的半径,虽受次弯矩影响,但应力集中现象不太显著,实测应力集中系数 1.27～1.34。下平板圆弧半径较小,实测应力集中系数 1.38～1.41。均较有限元计算值小,有限元计算应力集中系数为 1.42～1.59(不考虑次弯矩影响)。

(3)平联节点板端采用半径 50mm 的圆弧过渡,实际结构不可避免地与设计存在偏差,并显著影响细节处的应力状态。该部位显然是节点的一个薄弱环节,焊后应于顺受力方向打磨匀顺并锤击,工艺上应予以高度重视。

(4)等宽不等厚对接焊缝采用 1∶10 斜坡过渡,焊后磨光,接头处应力集中系数较低,约 1.10。

(5)节点剪应力 τ_{xy} 分布规律是:自下而上逐渐增大,水平方向大致呈抛物线形分布,中部最大,在靠近圆弧部位反向。

(6)节点板圆弧部位易产生焊接咬边,又处在棱角焊缝过渡区,采用较大的圆弧半径。下平板圆弧部位无焊接构造采用较小的圆弧半径,易于加工制造。两处最大应力幅 134.8MPa,较母材疲劳强度容许值(BS5400 和 AASHTO 规范)低,试验中未发生开裂,表明圆弧设置合理。

(7)实测对接焊缝处最大应力幅 130.3MPa,较文献资料及国外规范容许值稍高,表明对接焊缝具有足够的抗疲劳强度。

(8)平联节点板端经打磨锤击处理后,疲劳强度较以往同类构造有明显提高。文献[12]试验结果显示其疲劳强度还有可能提高。但鉴于该部位的处理不可避免地存在着与设计的偏差,仍是疲劳薄弱环节,生产中应予以高度重视。

(9)采用整体节点必然遇到棱角焊缝与对接焊缝交叉的问题。交叉焊缝疲劳强度可达到棱角焊缝的疲劳强度。

(10)隔板角焊缝疲劳强度较纵向棱角或角焊缝疲劳强度要低,控制了弦杆的疲劳抗力。实测该部位最大应力幅 122.8MPa,未发生开裂破坏。实桥在隔板角焊缝端部要求顺受力方向打磨匀顺,以改善其抗疲劳性能。

综上所述,整体节点各构造细节布置合理,焊接及制造工艺满足要求,各种构造细节均有足够的抗疲劳强度。

第二章　钢筋混凝土结构检测

本章将介绍：预制混凝土结构检测；现浇混凝土结构检测和钢筋混凝土结构其他性能检测。

第一节　预制混凝土结构检测

预制混凝土结构的生产，按照生产工艺过程的顺序基本上可以分为五个环节：模板的制作与安装；钢筋和预埋件的制作与安装；混凝土拌合物的浇筑与捣实；结构的成型与养护；结构成品的检查、检验、保管与发放。本节即按这五个工序环节介绍预制混凝土结构的质量检验，检验内容包括基本要求和允许偏差实测项目。

一、模板工程

1. 基本要求

模板是生产预制混凝土结构的关键设备或工具，其功能在于使混凝土拌合物能按照设计规定的几何尺寸和外形得以捣实，使之符合设计要求。为使模板工程达到保证混凝土工程质量、保证施工安全、加快工程进度和降低工程成本的目的，对模板及支架做如下要求：

(1)保证工程结构和构件各部分形状尺寸和相互位置的正确。

(2)具有足够的承载能力、刚度和稳定性，能可靠承受新浇混凝土的重力和侧压力，以及施工过程中所产生的荷载。

(3)构造简单，装拆方便，并便于钢筋的绑扎与安装和混凝土的浇筑及养护等工艺要求。

(4)用作底模的地坪、铺设的底板，以及胎模等应平整光洁，不产生影响构件质量的下沉、裂缝、起砂或起鼓。

(5)模板接缝不应漏浆，固定在模板上的预埋件应安装牢固。

2. 实测项目

(1)检查频率。新制作的模板和大修后的模板，应逐件检验；对连续周转使用的模板，应根据构件质量情况定期检验。检验合格的模板应做出验收标志。

(2)模板、支架和拱架制作应根据设计要求确定模板的形式及精度要求，在设计无规定时，可按表3-2-1执行。

模板、支架及拱架制作时的允许偏差　　表3-2-1

<table>
<tr><th colspan="3">项　目</th><th>允许偏差(mm)</th></tr>
<tr><td rowspan="8">木模板制作</td><td colspan="2">模板的长度和宽度</td><td>±5</td></tr>
<tr><td colspan="2">不刨光模板相邻两板表面高低差</td><td>3</td></tr>
<tr><td colspan="2">刨光模板相邻两板表面高低差</td><td>1</td></tr>
<tr><td rowspan="2">平板模板表面最大的局部不平</td><td>刨光模板</td><td>3</td></tr>
<tr><td>不刨光模板</td><td>5</td></tr>
<tr><td colspan="2">拼合板中木板间的缝隙宽度</td><td>2</td></tr>
<tr><td colspan="2">支架、拱架尺寸</td><td>±5</td></tr>
<tr><td colspan="2">榫槽嵌接紧密度</td><td>2</td></tr>
</table>

续上表

项　目			允许偏差(mm)
钢模板制作	外形尺寸	长和高	0,−1
		肋高	±5
	面板端偏斜		≤0.5
	连接配件(螺栓、卡子等)的孔眼位置	孔中心与板面的间距	±0.3
		板端中心与板端的间距	0,−0.5
		沿板长、宽方向的孔	±0.6
	板面局部不平		1.0
	板面和板侧挠度		±1.0

注:1.木模板中第5项已考虑木板干燥后拼合板中发生缝隙的可能;2mm以下的缝隙,可在浇筑前浇湿模板,使其密合;
2.板面局部不平用2m靠尺、塞尺检测。

(3)模板、支架和拱架安装的允许偏差,在设计无要求时,应符合表3-2-2的规定。

模板、支架及拱架安装的允许偏差　　表3-2-2

项　目		允许偏差(mm)
模板标高	基础	±15
	柱、墙和梁	±10
	墩台	±10
模板内部尺寸	上部构造的所有构件	+5,0
	基础	±30
	墩台	±20
轴线偏位	基础	15
	柱或墙	8
	梁	10
	墩台	10
装配式构件支承面的高程		+2,−5
模板相邻两板表面高低差		2
模板表面平整		5
预埋件中心线位置		3
预留孔洞中心线位置		10
预留孔洞截面内部尺寸		+10,0
支架和拱架	纵轴的平面位置	跨度的1/1000或30
	曲线形拱架的高程(包括建筑拱度在内)	+20,−10

二、钢筋加工及安装

钢筋和钢丝是钢筋混凝土和预应力混凝土结构中的主要材料之一。钢筋工程的特点是加工工序多,包括钢筋调直、切断、除锈、弯制、焊接、机械接头或绑扎成型等,而且钢筋的规格和型号尺寸也比较多。鉴于钢筋的加工质量和布置在浇筑混凝土后再也无法检验,因此必须仔细认真地严格控制钢筋工程的质量。

1.基本要求

(1)钢筋、焊条、焊剂品种规格和技术性能应符合国家现行标准规定的设计要求。

(2)冷拉钢筋的机械性能必须符合规范要求,钢筋平直、表面不应有裂皮和油污。

(3)受力钢筋同一截面的接头数量、搭接长度和焊接、机械接头质量应符合规范要求。

(4)多层钢筋网要有足够的钢筋支撑,保证骨架的施工刚度。

2.实测项目

钢筋加工及安装尺寸的偏差检测见表3-2-3，钢筋网的实测项目见表3-2-4。

钢筋加工及安装实测项目 表3-2-3

项次	检查项目			规定值或允许值	检查方法和频率
1	受力钢筋间距(mm)	两排以上排距		±5	每构件检查2个断面，用尺量
		同排	梁、板、拱肋	±10	
			基础、锚碇、墩台、柱	±20	
			灌注桩	±20	
2	箍筋、横向水平钢筋、螺旋筋间距(mm)			+0，-20	每构件检查5～10个间距
3	钢筋骨架尺寸(mm)	长		±10	按骨架总数30%抽查
		宽、高或直径		±5	
4	弯起钢筋位置(mm)			±20	每骨架抽查30%
5	保护层厚度(mm)	柱、梁、拱肋		±5	每构件沿模板周边检查8处
		基础、锚碇、墩台		±10	
		板		±3	

钢筋网实测项目 表3-2-4

项次	检查项目	规定值或允许偏差	检查方法和频率
1	网的长、宽(mm)	±10	用尺量
2	网眼尺寸(mm)	±10	用尺量，抽查3个网眼
3	对角线差(mm)	10	用尺量，抽查3个网眼对角线
4	箍筋、螺旋筋间距	+0，-20	用尺量5个间距

三、混凝土浇筑

1.基本要求

(1)所用的水泥、砂、石、水、粉煤灰及添加剂的质量规格必须符合有关规范的要求，按规定的配合比施工。

(2)不得出现露筋和空洞现象。

(3)钢筋混凝土结构在自重荷载下，不允许出现受力裂缝。

(4)空心板采用胶囊施工时，胶囊上浮量应符合设计要求。

(5)寒冷地区混凝土集料应按有关规定进行抗冻试验，结果应符合规范要求。

(6)混凝土基础的地基承载力必须满足设计要求，严禁超挖回填虚土。

2.实测项目

预制梁(板)实测项目见表3-2-5，预制拱圈实测项目见表3-2-6。

预制梁(板)实测项目 表3-2-5

项　次	检查项目		规定值或允许偏差	检查方法和频率
1	混凝土强度(MPa)		在合格标准内	按规范检查
2	梁(板)长度(mm)		+5，-10	用尺量
3	宽度(mm)	干接缝(梁翼缘、板)	±10	用尺量3处
		湿接缝(梁翼缘、板)	±20	
		箱板顶宽	±30	
		腹板或梁肋	+10，-0	

续上表

项　次	检 查 项 目		规定值或允许偏差	检查方法和频率
4	高度(mm)	梁、板	±5	用尺量2处
		箱梁	+0,−5	用尺量2处
5		跨径(支座中心至支座中心)(mm)	±20	用尺量
6		支座表面平整度(mm)	2	查浇筑前记录
7		平整度(mm)	5	用2m直尺检测
8		横系梁及预埋件位置(mm)	5	用尺量

预制拱圈实测项目　　表3-2-6

项　次	检 查 项 目		规定值或允许偏差	检查方法和频率
1	混凝土强度(MPa)		在合格标准内	按规范检查
2	每段拱箱内弧长(mm)		+0,−10	用尺量
3	内弧偏离设计弧线(mm)		±5	用样板检查
4	断面尺寸(mm)	顶底腹板厚	+10,−0	用尺量2处
		宽度及高度	+5,−10	
5	轴线偏位(mm)	肋拱	5	用经纬仪测量3处
		箱拱	10	
6	拱箱接头尺寸及倾角(mm)		±5	用尺量
7	预埋件位置(mm)	肋拱	5	用尺量
		箱拱	10	

四、预制构件

1. 基本要求

(1)构件的出池、起吊、预应力筋的放松或张拉及构件出厂时的混凝土强度，必须符合设计要求；当设计无特殊要求时，必须达到混凝土立方体抗压强度标准值的75%。

(2)构件中同一受力方向上预应力钢丝断裂或滑脱的数量，对后张拉构件，严禁超过该方向钢丝总根数的1%，且一束钢丝不得超过一根；对先张拉法构件，严禁超过该方向钢丝总根数的1%，且严禁相邻两根预应力钢丝断裂或滑脱。对于浇筑混凝土前发生断裂或滑脱的钢丝必须予以更换。

(3)预应力筋的孔道灌浆必须密实、饱满。水泥浆强度必须符合设计要求或施工规范的规定。

(4)预埋件、插筋和预留孔洞的规格、数量必须符合设计的规定。

(5)预应力筋实际建立的预应力总值与检查规定值偏差的百分率，不应超过±5%。

(6)构件必须标志厂名以及构件的型号、生产日期。

2. 实测项目

构件外观质量要求及检查方法见表3-2-7。

构件外观质量要求及检验方法　　表3-2-7

项　　目		质 量 要 求	检 验 方 法
露筋	主筋	不应有	观察、用尺量测
	副筋	外露总长度不超过500mm	
孔洞	任何部位	不应有	观察、用尺量测
蜂窝	主要受力部位	不应有	观察、用方格网量测
	次要部位	蜂窝面积不超过该面面积的0.5%，且深度不超过10mm	

续上表

项 目		质量要求	检验方法
裂缝	影响结构性能和使用的裂缝	不应有	观察和用尺刻度放大镜量测
	不影响结构性能和使用的少量裂缝	不应有	
联接部位缺陷	构件端头混凝土疏松或外伸钢筋松动	不应有	观察、摇动

注：1.露筋指构件内钢筋未被混凝土包裹而外露的缺陷。

2.孔洞指混凝土中深度和长度均超过保护层厚度的孔穴。

3.蜂窝指构件混凝土表面缺少水泥砂浆而形成石子外露的缺陷。

4.裂缝指伸入混凝土内的缝隙。

5.联结部位缺陷指构件联结处混凝土疏松或受力钢筋松动等缺陷。

对预应力混凝土预制构件的质量检验，除一般钢筋混凝土工程的应有检验项目外，尚应进行钢筋冷拉、预应力钢材编束、孔道预留、施加预应力、孔道压浆等项目的施工检验，以及预应力筋、张拉机具、锚夹具的质量检验。预应力筋的加工和张拉按表 3-2-8 至表 3-2-10 进行检测。

钢丝、钢绞线先张法实测项目

表 3-2-8

项 次	项 目		规定值或允许偏差	检查方法和频率
1	镦头钢丝同束长度相对差（mm）	束长＞20m	L/5000 及 5	每批抽查 2 束
		束长 6～20m	L/3000	
		束长＞6m	2	
2	张拉应力值		符合设计要求	查张拉记录
3	张拉伸长率		±6%	查张拉记录
4	同一构件内断丝根数不超过钢丝总数的百分数		1%	查张拉记录

注：L 为长度。

粗钢筋先张法实测项目

表 3-2-9

项 次	检 查 项 目	规定值或允许偏差	检查方法和频率
1	冷拉钢筋接头在同一平面内的轴线偏差（mm）	2 及 1/10 直径	抽查 30%
2	中心偏位（mm）	4%短边及 5	用尺量
3	张拉应力值	符合设计要求	查张拉记录
4	张拉伸长率	±6%	查张拉记录

后张拉法实测项目

表 3-2-10

项次	检 查 项 目		规定值或允许偏差	检查方法和频率
1	管道坐标（mm）	梁长方向	±30	抽查 30%，每根查 10 个点
		梁高方向	±10	
2	管道间距（mm）	同排	10	抽查 30%，每根查 5 个点
		上下层	10	
3	张拉应力值		符合设计要求	查张拉记录
4	张拉伸长率		±6%	查张拉记录
5	断丝滑丝数	钢束	每束 1 根，且每断面不超过钢丝总数的 1%	查张拉记录
		钢筋	不允许	

五、预制构件安装

(一)简支梁(板)安装

1. 基本要求

(1)预制构件在脱底模、移运、堆放、吊装时，混凝土的强度不应低于设计所要求的吊装强度，一般不得低于设计强度的75%。对孔道已压浆的预应力混凝土构件，其孔道水泥浆的强度不应低于设计要求，如设计无规定时，一般不低于30MPa。

(2)安装构件时，支承结构的强度应符合设计要求。支承结构和预埋件(包括预留锚栓孔、锚栓、支座钢板等)的尺寸、高程及平面位置应符合设计要求。

(3)安装前，墩、台支座垫板必须稳固。

(4)梁板就位后，梁两端支座应对位，板梁与支座须密合，否则应重新安装。

(5)两梁板之间接缝填充材料的规格和强度应符合设计要求。

2. 实测项目

简支梁、板安装检测内容见表3-2-11。

梁、板安装实测项目　　表3-2-11

项　次	检 查 项 目		规定值或允许偏差	检查方法和频率
1	支座中心偏位(mm)	梁	5	用尺量，每孔抽查4～6个支座
		板	10	
2	竖直度		1.2%	吊垂线，每孔2片梁
3	梁、板顶面纵向高程(mm)		+8，−5	用水准仪抽查，每孔2片，每片3点

(二)顶推施工梁安装

1. 基本要求

(1)台座和滑道组的中心线必须在桥轴线或其延长线上。

(2)导梁应在地面试装后，才在台座上安装，导梁与梁身必须牢固连接。

(3)千斤顶及其他顶推设备在施工前应仔细检查校正，多点顶推必须确保同步。

(4)顶推过程中，要设专人观测墩台沉降、墩台位移及梁的偏位、导梁和梁挠度等资料，提供观测数据。

(5)顶推及落梁程序正确。万一梁体出现裂缝，应查明原因，采取措施后，方可继续顶推。

2. 实测项目

外观鉴定要求各梁段连接线形平顺，接缝光洁，色泽一致。顶推安装检测内容见表3-2-12。

顶推施工实测项目　　表3-2-12

项　次	检 查 项 目		规定值或允许偏差	检查方法和频率
1	轴线偏位(mm)		10	用经纬仪检查，每段2处
2	落梁反力		不大于1.1设计反力	用千斤顶油压计算
3	支座顶面高程(mm)		±5	用水准仪测量
4	支点高差(mm)	相邻纵向支点	5或设计要求	用水准仪测量
		同墩两侧支点	2或设计要求	

(三)悬拼施工梁安装

1. 基本要求

(1)悬拼块件前，必须对桥墩根部(0号块件)的高程、桥轴线作详细复核，符合设计要求后，方可进行悬拼。

(2)悬拼施工必须对称进行，并确保轴线和挠度达到设计要求和在允许误差范围内。

(3)在施工过程中，梁体不得出现受力裂缝。出现裂缝时，必须查明原因，经过处理后方可继续施工。

(4)必须确保接头质量。相邻块件的接缝平整密实，色泽一致，棱角分明，无明显错台。

2. 实测项目

悬臂拼梁安装的检测内容见表 3-2-13。

悬臂拼装梁实测项目 表 3-2-13

<table>
<tr><th>项 次</th><th colspan="2">检 查 项 目</th><th>规定值或允许偏差</th><th>检查方法和频率</th></tr>
<tr><td rowspan="2">1</td><td rowspan="2">轴线偏位
(mm)</td><td>L≤100m</td><td>10</td><td rowspan="2">用经纬仪检查，每跨 5 处</td></tr>
<tr><td>L>100m</td><td>L/10000</td></tr>
<tr><td>2</td><td colspan="2">合龙段混凝土强度(MPa)</td><td>在合格标准内</td><td>按规范检查</td></tr>
<tr><td rowspan="3">3</td><td rowspan="3">顶面高程
(mm)</td><td>L≤100m</td><td>±20</td><td rowspan="2">用水准仪检查，每跨 5 处</td></tr>
<tr><td>L>100m</td><td>±L/5000</td></tr>
<tr><td>相邻节段高差</td><td>10</td><td>用水准仪检查</td></tr>
<tr><td rowspan="2">4</td><td rowspan="2">同跨对称点高程差
(mm)</td><td>L≤100m</td><td>20</td><td rowspan="2">用水准仪检查，每跨 5 处</td></tr>
<tr><td>L>100m</td><td>L/5000</td></tr>
</table>

注：L 为梁跨径。

(四)拱的安装

1. 基本要求

(1)装配式拱桥构件在脱模、移运、堆放、吊装时，混凝土的强度不应低于设计所要求的强度，一般不得低于设计强度的 75%。

(2)拱桥特别是多孔拱桥的安装，必须严格按设计规定的施工程序进行。

(3)拱段接头采用现浇混凝土时，必须确保其强度和质量，并在达到强度的 70%后，才可进行拱上建筑的施工。

2. 实测项目

主拱圈及腹拱圈安装的检测内容见表 3-2-14 和表 3-2-15。

主拱圈安装实测项目 表 3-2-14

<table>
<tr><th>项 次</th><th colspan="2">检 查 项 目</th><th colspan="2">规定值或允许偏差</th><th>检查方法和频率</th></tr>
<tr><td rowspan="2">1</td><td rowspan="2">轴线横向
(mm)</td><td>L≤60m</td><td colspan="2">10</td><td rowspan="2">用经纬仪检查 5 处</td></tr>
<tr><td>L>60m</td><td colspan="2">L/6000</td></tr>
<tr><td rowspan="2">2</td><td rowspan="2">拱圈高程
(mm)</td><td>L≤60m</td><td colspan="2">±20</td><td rowspan="2">5～7 点</td></tr>
<tr><td>L>60m</td><td colspan="2">±L/3000</td></tr>
<tr><td rowspan="2">3</td><td colspan="2" rowspan="2">两对称接头点
相对高差(mm)</td><td>L≤60m</td><td>20</td><td rowspan="2">用水准仪检查每段</td></tr>
<tr><td>L>60m</td><td>L/3000</td></tr>
<tr><td rowspan="2">4</td><td colspan="2" rowspan="2">同跨各拱肋相对高差
(mm)</td><td>L≤60m</td><td>20</td><td rowspan="2">用水准仪检查 5 处</td></tr>
<tr><td>L>60m</td><td>L/3000</td></tr>
<tr><td>5</td><td colspan="2">同跨各拱肋间距(mm)</td><td colspan="2">30</td><td>用尺量 5 处</td></tr>
</table>

注：1. 正拱斜置时，3 项为两对称接头点(实际高程－设计高程)之差。
2. L 为跨径。

腹拱圈安装实测项目 表 3-2-15

项 次	检 查 项 目	规定值或允许偏差	检查方法和频率
1	轴线横向偏位(mm)	10	用经纬仪检查纵、横各 2 处
2	起拱线高程(mm)	±20	用水准仪检查
3	相邻块件高差(mm)	5	用尺检查 5 处

(五)悬臂拼装的桁架拱、桁架梁安装

1.基本要求

(1)严格按设计规定的施工程序拼装。

(2)拼装过程中,万一杆件或节点出现开裂,应查明原因,采取措施后,方可继续悬拼。

(3)合龙段两侧高差必须在设计规定的允许范围内。节点应平整,接头两侧的杆件应无错台,上下弦杆线形顺畅,表面平整。

2.实测项目

悬臂拼装的桁架拱、桁架梁安装检测内容见表3-2-16。

悬臂拼装的桁架拱、桁架梁实测项目　　表3-2-16

项　次	检 查 项 目		规定值或允许偏差		检查方法和频率
1	轴线偏差(mm)	$L \leqslant 60$m	10		用经纬仪检查,每跨5处
		$L > 60$m	$L/6000$		
2	节点混凝土强度(MPa)		在合格标准内		按规范检查
3	弦杆高程(mm)	$L \leqslant 60$m	±20		用水准仪检查,每肋每跨5处
		$L > 60$m	$\pm L/3000$		
4	相邻拱片高差(mm)		20		用水准仪检查,每跨5处
5	对称点相对高差(mm)		$L \leqslant 60$m	20	用水准仪检查,每跨5处
			$L > 60$m	$L/3000$	
6	拱片竖直度(mm)		1/300高度,不大于20		吊垂线检查,每片2处

注:L为跨径。

(六)悬臂拼装斜拉桥的梁安装

1.基本要求

(1)预制梁段,如设计无规定,宜选用长线台座(可分段设置),使各端面啮合密贴,端面不应随意修补。

(2)湿接缝拼合面应进行表面凿毛和清扫,干接缝应保持结合面清洁,黏合料应涂刷均匀。

(3)主梁施工时必须进行施工控制,即对梁体每一施工阶段的结果进行详细的检测分析和验算,以确定下一施工阶段拉索张拉量值和主梁线形、高程及索塔位移控制量值,周而复始直至合龙成桥。

(4)千斤顶及油表等斜拉索张拉工具,必须事先经过检查和标定。

(5)穿索前应将锚箱孔道毛刺打平,避免钢索损伤。

(6)非与索塔结构固结的主梁,施工时必须使梁塔临时固结,并按要求程序临时固结,完成设计的支承体系,同时必须加强施工期内对临时固结的观察。

2.实测项目

悬臂拼装混凝土斜拉桥的梁安装检验内容见表3-2-17。

悬臂拼装混凝土斜拉桥的梁实测项目　　表3-2-17

项　次	检 查 项 目	规定值或允许偏差		检查方法和频率
1	轴线偏差(mm)	$L \leqslant 100$m	10	用经纬仪或全站仪检查,每段2点
		$L > 100$m	$L/10000$	
2	斜拉索拉力(kN)	符合设计要求		用测力仪测每索拉力
3	锚具轴线与孔道轴线偏位(mm)	5		用尺量,抽查25%
4	梁锚固点高程(mm)	$L \leqslant 100$m	±20	用水准仪或全站仪检查
		$L > 100$m	$\pm L/5000$	
5	合龙段混凝土强度(MPa)	在合格标准内		按规范检查

注:L为跨径。

第二节　现浇混凝土结构检测

混凝土拌合物的浇筑，是指将符合质量要求的拌合物浇注入模并使之密实的工艺过程。混凝土的浇筑总的要求是：要能保持结构或构件的位置、形状、尺寸，以及钢筋、预埋件、预留孔洞的位置、尺寸的正确，并使混凝土达到密实，以保证经过养护硬化后达到设计要求的强度与耐久性。因此浇筑混凝土前，应检查模板的位置、高程、尺寸及支撑系统的牢固情况等；对钢筋及预埋件、预留孔洞等检查其位置、规格、尺寸、数量以及钢筋的垫块等，完全符合设计要求后方可进行浇筑。现浇混凝土结构的质量检验，分为模板工程、钢筋工程、混凝土工程和结构工程四个项，前三项的检测内容与上节的预制结构质量检验内容基本相同。本节仅讲述现浇混凝土结构外观质量检测和结构混凝土的缺陷检验的方法。

一、结构外观质量检测

1. 现浇混凝土结构的尺寸偏差

(1)就地浇筑梁(板)和拱圈的尺寸偏差检测内容分别见表 3-2-18 和表 3-2-19。

就地浇筑梁(板)实测项目　　表 3-2-18

项　次	检 查 项 目	规定值或允许偏差	检查方法和频率
1	混凝土强度(MPa)	在合格标准内	按规范检查
2	断面尺寸(mm)	+8，−5	检查 3 个断面
3	长度(mm)	+5，−10	用尺量
4	轴线偏位(mm)	10	用经纬仪测量 3 处
5	平整度(mm)	8	用 2m 直尺检查
6	支座板平面高差(mm)	2	查浇筑前记录

就地浇筑拱圈实测项目　　表 3-2-19

<table>
<tr><th>项　次</th><th colspan="2">检 查 项 目</th><th>规定值或允许偏差</th><th>检查方法和频率</th></tr>
<tr><td>1</td><td colspan="2">混凝土强度(MPa)</td><td>在合格标准内</td><td>按规范检查</td></tr>
<tr><td rowspan="2">2</td><td rowspan="2">轴线偏位
(mm)</td><td>板拱</td><td>10</td><td rowspan="2">用经纬仪测量 5 处</td></tr>
<tr><td>肋拱</td><td>5</td></tr>
<tr><td rowspan="2">3</td><td rowspan="2">内弧线偏离设计弧线
(mm)</td><td>跨径≤30m</td><td>±20</td><td rowspan="2">用水准仪测量 5 处</td></tr>
<tr><td>跨径>30m</td><td>±1/1500 跨径</td></tr>
<tr><td rowspan="2">4</td><td rowspan="2">断面尺寸
(mm)</td><td>高度</td><td>±5</td><td rowspan="2">用尺量拱脚、L/4、拱顶 5 个断面</td></tr>
<tr><td>顶底腹板厚</td><td>+10，−0</td></tr>
<tr><td>5</td><td colspan="2">拱肋间距(mm)</td><td>5</td><td>用尺量 5 处</td></tr>
</table>

(2)悬臂施工梁的外观尺寸检测内容见表 3-2-20。

悬臂浇筑梁实测项目　　表 3-2-20

<table>
<tr><th>项　次</th><th colspan="2">检 查 项 目</th><th>规定值或允许偏差</th><th>检查方法和频率</th></tr>
<tr><td>1</td><td colspan="2">混凝土强度(MPa)</td><td>在合格标准内</td><td>按规范检查</td></tr>
<tr><td rowspan="2">2</td><td rowspan="2">轴线偏位
(mm)</td><td>L≤100m</td><td>10</td><td rowspan="2">用经纬仪检查，每跨 5 处</td></tr>
<tr><td>L>100m</td><td>L/10000</td></tr>
</table>

续上表

项　次	检 查 项 目		规定值或允许偏差	检查方法和频率
3	顶面高程（mm）	L≤100m	±20	用水准仪检查，每跨5处
		L>100m	L/5000	
		相邻节段高差	10	用水准仪检查
4	断面尺寸（mm）	高度	+5，−10	检查施工记录，每跨5个断面
		顶宽	±30	
		顶底腹板厚	+10，−0	
5	同跨对称点高程差（mm）	L≤100m	20	用水准仪检查，每跨5处
		L>100m	L/5000	

注：L为梁跨径。

(3)悬臂施工斜拉桥的梁的外观尺寸检测内容见表3-2-21。

悬臂浇筑混凝土斜拉桥的梁实测项目　　表3-2-21

项　次	检 查 项 目		规定值或允许偏差		检查方法和频率
1	混凝土强度（MPa）		在合格标准内		按规范检查
2	轴线偏差（mm）		L≤100m	10	用经纬仪或全站仪检查，每段2点
			L>100m	L/10000	
3	斜拉索拉力（kN）		符合设计要求		用测力仪测每索拉力
4	断面尺寸（mm）	高	+5，−10		用尺量，每段2个断面
		顶宽	±30		
		板厚	+10，−0		
5	梁锚固点高程（mm）		L≤100m	±20	用水准仪或全站仪检查
			L>100m	±L/5000	
6	锚具轴线与孔道轴线偏位（mm）		5		用尺量，抽查25%

注：L为跨径。

2.外观鉴定

(1)结构不得出现露筋和空洞现象。

(2)结构线形平顺，梁顶面平整，无明显折变，接缝光洁，色泽一致。

(3)混凝土表面平整密实，蜂窝麻面的面积不超过该面面积的0.5%，深度不超过10mm。

(4)不得出现影响结构性能和使用的裂缝。梁体出现不影响结构性能和使用的非受力裂缝，其缝宽超过0.15mm者必须处理。

(5)封锚混凝土应密实、平整。

(6)箱室内的建筑垃圾必须清理。

二、结构混凝土缺陷检验

(一)检测混凝土缺陷的方法

在混凝土结构的施工及使用过程中，往往会造成一些缺陷和损伤，形成这些缺陷和损伤主要有四方面的原因：其一是施工原因，如振捣不足、钢筋网过密而集料最大粒径选择不当、模板漏浆，造成内部孔洞、不密实区、蜂窝及保护层不足、钢筋外露；其二是由于混凝土非外力作用形成的裂缝，如在大体积混凝土中因水泥水化热积蓄过多，在凝固及散热过程中的不均匀收缩而造成的温度裂缝，混凝土干缩及碳化收缩所造成的裂缝；其三是长期在腐蚀介质或冻融作用下由表及里的层状疏松；其四是受外力作用所产生的裂缝，如因龄期不足即行吊装而产生的吊装裂缝等。

这些缺陷和损伤往往会严重影响结构物的承载能力和耐久性，因此是事故处理、施工验收、旧有建筑物安全性鉴定、进行维修和补强设计时必须检测的项目。

混凝土缺陷无损检测技术，分为超声脉冲法和射线法两大类：射线法因穿透能力有限及操作中需要解决人体防护等问题，在我国较少采用；而超声脉冲波的穿透能力较强，并且超声检测设备较简单，操作较方便，所以广泛应用于结构混凝土缺陷检测。

1. 超声波检测混凝土缺陷的基本原理

采用超声脉冲波检测结构混凝土缺陷的基本依据是，利用脉冲波在技术条件相同（指混凝土的原材料、配合比、龄期和测试距离一致）的混凝土中传播的时间、接收波的振幅、频率和波形等声学参数的相对变化，来判定混凝土的缺陷，如匀质性、密实性、内部孔洞的大小和范围、表面裂缝的深度和施工缝的质量等。

混凝土超声检测采用以下四点作为判别缺陷的基本依据。

(1)根据低频超声在混凝土中遇到缺陷时的绕射现象，按声时及声程的变化，判别和计算缺陷的大小。

(2)振幅，即接收信号首波振幅。当混凝土内部存在缺陷时，超声波在缺陷界面上会产生发射、散射和吸收，使接收波振幅显著降低。振幅变化大小可通过增益和衰减器的调整进行测量。

(3)波形，即接收到的波形。当混凝土内部存在缺陷时，超声波在内部传播发生变化。一般情况下，正常混凝土的前几个波形振幅大、无畸变，接收波的包络线呈半圆形。有缺陷混凝土的前几个周期波形振幅低，可能发生波形畸变，接收波的包络线呈喇叭形。

(4)根据超声脉冲各频率成分在遇到缺陷时被衰减的程度不同，因而接收频率明显降低，或接收波频谱产生差异，也可判别内部缺陷。

以上四点可以单独运用，也可综合运用。

2. 声学参数测量

测量之前应视测试距离（以下简称测距）大小将仪器的发射电压调在某一档，并以扫描基线不产生明显噪声干扰为前提，将仪器“增益”调至较大位置保持不动。

(1)声时测量时，应将发射换能（以下简称 T 换能器）和接收换能器（以下简称 R 换能器）分别耦合在测区同一测点对应位置上，用“衰减器”将接收信号首波调至一定高度，再调节游标脉冲，用其前沿对准首波前沿基线弯曲的起始点，读取调节游标脉冲，用其前沿对准首波前沿基线弯曲的起始点，读取声时值 t_i（精确至 0.1μs）。该测点混凝土声时值应按下式计算：

$$t_{ct} = t_i - t_0 \tag{3-2-1}$$

式中：t_{ct}——第 i 点混凝土声时值（μs）；

t_i——第 i 点测读声时值（μs）；

t_0——声时初读数（μs），当采用厚度振动式换能器时，可参照仪器使用说明书测得；当采用径向振动式换能器时，可按“时—距”法测得。

(2)波幅测量时，应在保持换能器良好耦合状态下采用下列两种方法之一进行读数：

①刻度法：将衰减固定在某一衰减位置，从仪器波屏上读取首波幅度（格数）；

②衰减值法：采用衰减器将首波幅度调至一定高度（如 5mm 或刻度一格），读取衰减器上的 dB 值。

(3)频率测量时，应先将游标脉冲调至首波前半小时周期的波谷（或波峰），读取声时值 t_1（μs），再将游标脉冲调至相邻的波谷（或波峰），读取声时值 t_2（μs），由此即可按下式计算出该点（第 i 点）第一周期波的频率 f_i（精确至 0.1kHz）。

$$f_i = \frac{1000}{t_2 - t_1} \tag{3-2-2}$$

(4)波形观察时主要观察接收信号的波形是否畸变或观察包络线的形状，必要时可描绘或拍照。

3. 超声脉冲波检测方法

由于混凝土非匀质性，一般不能像金属探伤那样，利用脉冲波在缺陷界面反射的信号，作为判别缺陷状态的依据，而是利用超声脉冲波透过混凝土的信号来判别缺陷状况。一般根据被测结构或构件的形状、尺寸及所处环境，确定具体测试方法。常有的测试方法大致分为以下几种：

(1)平面测试(用厚度振动式换能器)

①直穿法：一对发射(T)和接收(R)换能器，分别置于被测结构相互平行的两个表面，且两个换能器的轴线位于同一直线上，见图 3-2-1a)；

②斜穿法：一对发射和接收换能器分别置于被测结构的两个表面，但两个换能器的轴线不在同一直线，见图 3-2-1b)；

③单面平测法：一对发射和接收换能器置于被测结构同一个表面上进行测试，见图 3-2-1c)。

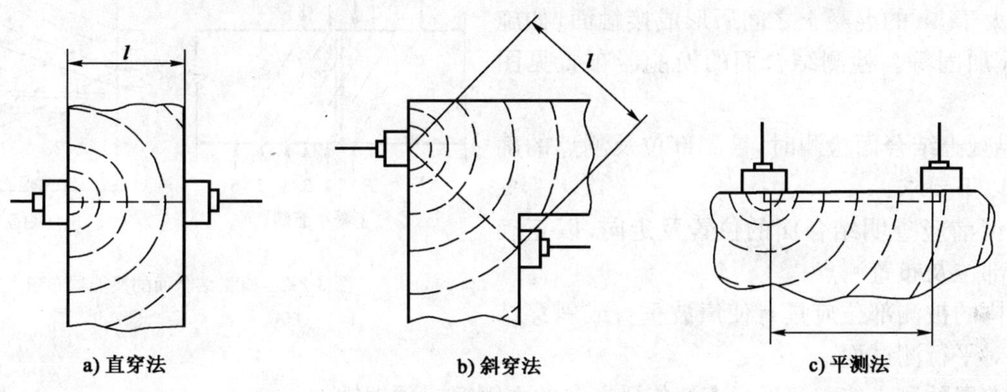

图 3-2-1　探头的布置方法

(2)钻孔测试(用径向振动式换能器)

①孔中对测：一对换能器分别置于两个对应钻孔中，位于同一高度进行测试；

②孔中斜测：一对换能器分别置于两个对应钻孔中，但不在同一高度而是在保持一定高程差的条件下进行测试；

③孔中平测：一对换能器置于同一钻孔中，以一定的高程差同步移动进行测试。

厚度振动式换能器置于结构表面，径向振动式换能器置于钻孔中进行对测和斜测。

(二)混凝土缺陷检测

1.混凝土均匀性检测

构件内部或各构件之间的混凝土不均匀性可引起脉冲速度的差异，这种差异又和质量的差别相关。脉冲速度的测量为研究匀质性提供了手段。而为达到此目的，就得选定足以均匀地布置该混凝土结构一定体积的若干测点，测点间距一般为 200～500mm，测点布置时应避开与声波传播方向相一致的钢筋。

各测点的声速值按下式计算：

$$v_i = \frac{L_i}{t_{ci}} \tag{3-2-3}$$

式中：v_i——第 i 点混凝土声速值(km/s)；

L_i——第 i 点声径长度或称测距值(mm)；

t_{ci}——第 i 点混凝土的声时值(μs)。

各测点混凝土的声速平均值 m_v、标准差 S_v 以及离差系数 C_v 分别按下式计算：

$$m_v = \frac{1}{n}\sum_{i=1}^{n} v_i \tag{3-2-4}$$

$$S_v = \sqrt{\left(\sum_{i=1}^{n} v_i^2 - n m_v^2\right)/(n-1)} \tag{3-2-5}$$

$$C_v = S_v / m_v \tag{3-2-6}$$

式中：m_v——声速平均值(km/s)；

n——测点数；

v_i——第 i 点声速值(km/s)；

S_v——声速标准差；

C_v——声速离差系数。

根据声速的标准差和离差系数，可以比较相同测距的同类结构或各部位混凝土均匀性的优劣。

2. 混凝土结合面质量检测

混凝土结合面(简称结合面)系指前后两次浇筑间隔时间大于3h的混凝土之间所形成接触面，如施工缝、修补加固等。检测结合面的换能器布置见图3-2-2。

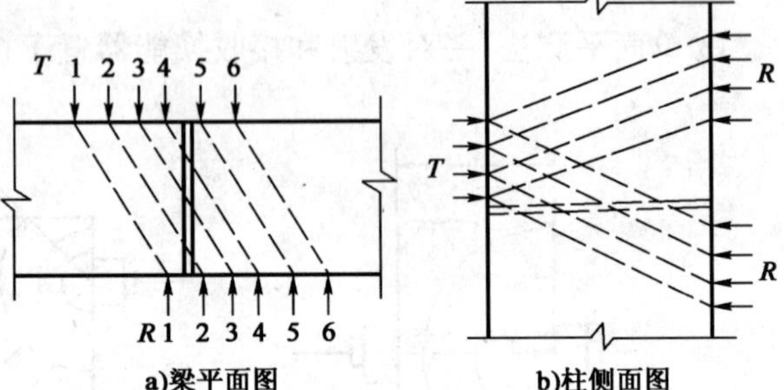

图 3-2-2　检测结合面的换能器布置

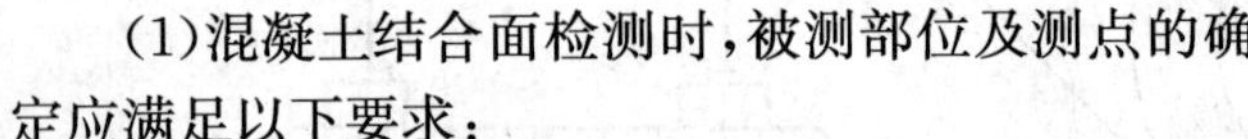

(1)混凝土结合面检测时，被测部位及测点的确定应满足以下要求：

①测试前应查明结合面的位置及走向，以正确确定被测部位及布置测点。

②结构的被测部位应具有使声波垂直或斜穿结合面的一对平行测试面。

③所布置的测点应避开平行声波传播方向的主钢筋或预埋铁件。

(2)混凝土结合面质量检测可采用斜测法布置测点。布置测点时应注意以下几点：

①使测试范围覆盖全部结合面或有怀疑的部位；

②各对T、R换能器连线的倾角及测距应相等；

③测点的间距视结构尺寸和结合面外观质量情况而定，可控制在100～300mm。

按布置好的测点分别测出各点的声时、波幅和频率值对某一测区各测点声时、波幅和频率值分别进行统计和异常值判断。当通过结合面的某些测点的数据被判为异常，并查明无其他因素影响时，可判定混凝土结合面在该部位结合不良。

3. 混凝土表面损伤层检测

检测表面损伤厚度时，被测部位和测点的确定应满足以下要求：

①根据结构的损伤情况和外观质量选取有代表性的部位布置测区；

②结构被测表面平整并处于自然干燥状态，且无接缝和饰面层；

③测点布置时应避免T、R换能器的连线方向与附近主钢筋的轴线平行。

表面损伤层检测宜选用频率较低的厚度振动式换能器。

测试时T换能器应耦合保持不动，然后将R换能器依次耦合在测点1、2、3…位置上，如图3-2-3，读取相应的声时值 t_1、t_2、t_3…，并测量每次R、T换能器之间的距离 l_1、l_2、l_3…。R换能器每次移动的距离不宜大于100mm，每一测区的测点数不得少于5个。

当结构的损伤层厚度不均匀时，应适当增加测区数。

以各测点的声时值 t_i 和相应测距值 l_i 绘制“时—距”坐标图，如图3-2-4所示。由图可以得到声速改变所形成的拐点，并按式(3-2-7)和式(3-2-8)算出损伤混凝土的声速(v_f)和未损伤混凝土的声速(v_a)。

$$v_f = \cot\alpha = \frac{l_2 - l_1}{t_2 - t_1} \tag{3-2-7}$$

$$v_a = \cot\beta = \frac{l_5 - l_3}{t_5 - t_3} \tag{3-2-8}$$

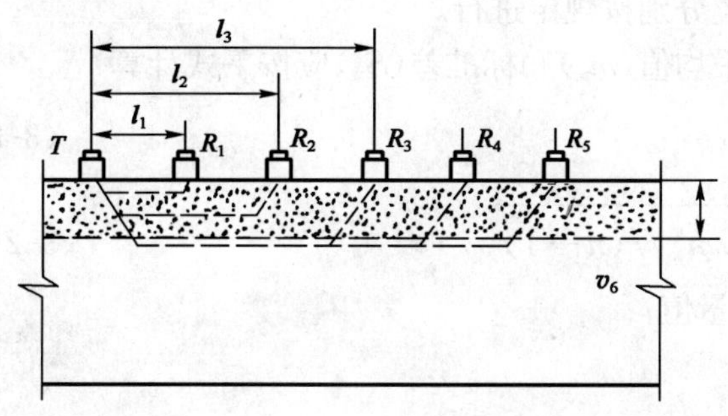

图 3-2-3　损伤层检测的换能器布置

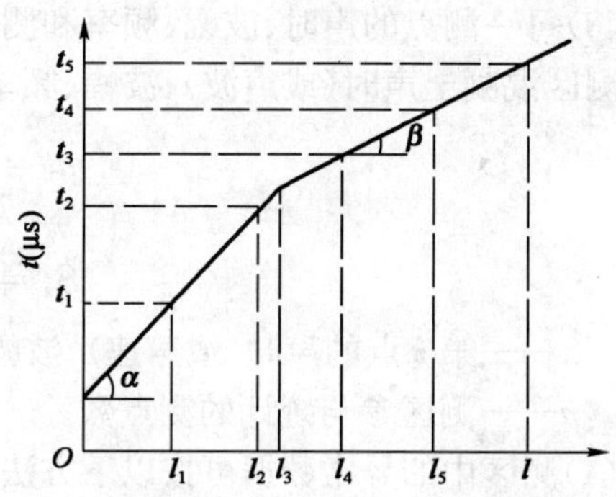

图 3-2-4　损伤层检测"时—距"图

4.混凝土不密实区和空洞检测

(1)进行混凝土不密实区和空洞检测时,结构的被测部位及测区应满足以下要求:

①被测区部位应具有一对(或两对)相互平行的测试面。

②测区的范围应大于有怀疑的区域。

③在测区布置测点时,应避免 T、R 换能器的连线与附近的主钢筋轴线平行。

(2)根据被测结构实际情况,可按下列方法之一布置换能器:

①结构具有两对平行的测试面时可采用对测法,其测试方法如图 3-2-5 所示。在测区的两对相互平行的测试面上,分别画间距为 200～300mm 的网络,并编号确定对应的测点位置。

②结构中只有一对相互平行的测试面时可采用斜测法。即在测区的两个相互平行的测试面上,分别画出交叉测试的两组测点位置,如图 3-2-6 所示。

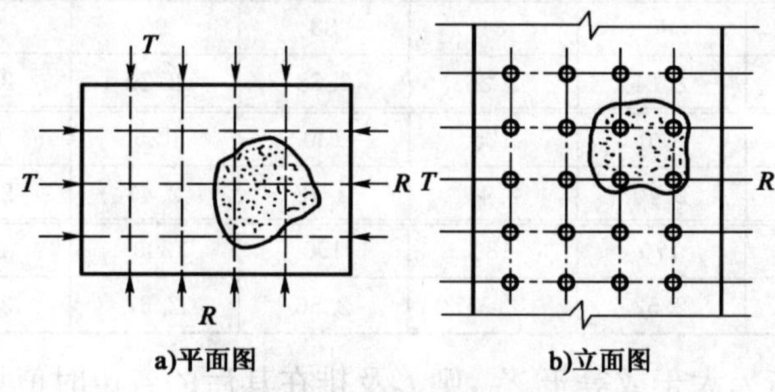

图 3-2-5　对测法换能器布置图

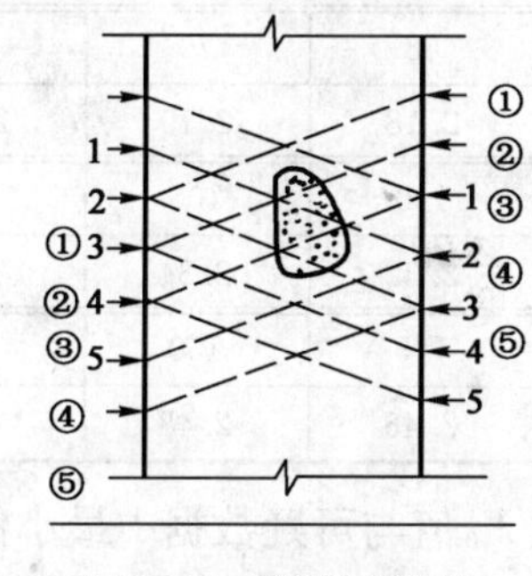

图 3-2-6　斜测法换能器布置立面图

③当结构的测试距离较大时,为了提高测试灵敏度,可在测区适当位置钻出平行侧面的测试孔。测孔直径 45～50mm,深度视测试需要而定,结构侧面采用厚度振动换能器,用黄油耦合。测孔中用径向振动式换能器,用水耦合,换能器布置如图 3-2-7 所示。

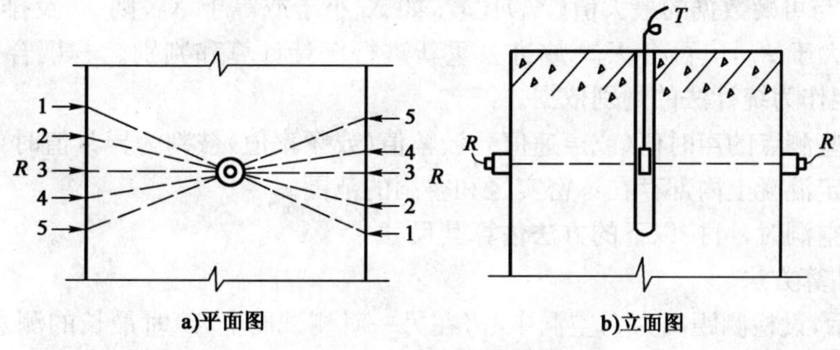

图 3-2-7　钻孔测法换能器布置图

(3)每一测点的声时、波幅、频率和测距的测量，应分别按规定进行。

测区混凝土声时（或声波）、波幅、频率测量值的平均值(m_x)和标准差(S_x)应按下式计算：

$$m_x = \frac{1}{n}\sum_{i=1}^{n} X_i \tag{3-2-9}$$

$$S_x = \sqrt{(\sum_{i=1}^{n} X_i^3 - nm_x^2)/(n-1)} \tag{3-2-10}$$

式中：X_i——第 i 点的声时（或声速）、波幅、频率的测量值；

n——测区参与统计的测点数。

(4)测区中的异常数据可按以下方法判别：

①将一测区各测点的声时值由小至大按顺序排列，即 $t_n \leqslant t_n + 1$，将排在后面明显大的数据视为可疑，再将这些可疑数据中最小的一个（假定 t_n）连同其前面的数据按式(3-2-9)和式(3-2-10)，计算出 m_t 及 S_t，并代入式(3-2-11)，算出异常情况的判断值(X_0)。

$$X_0 = m_t + \lambda_1 S_t \tag{3-2-11}$$

式中：λ_1——异常值判定系数，应按表 3-2-22 查。

统计数的个数 n 与对应的 λ_1 表 3-2-22

n	14	16	18	20	22	24	26	28	30
λ_1	1.47	1.53	1.59	1.64	1.69	1.73	1.77	1.80	1.83
n	32	34	36	38	40	42	44	46	48
λ_1	1.86	1.89	1.92	1.94	1.96	1.98	2.00	2.02	2.04
n	50	52	54	56	58	60	62	64	66
λ_1	2.18	2.19	2.21	2.23	2.34	2.26	2.28	2.29	2.31
n	68	70	74	78	80	84	88	90	95
λ_1	2.18	2.19	2.21	2.23	2.24	2.26	2.28	2.29	2.31
n	100	105	110	115	120	125	130	135	140
λ_1	2.32	2.34	2.36	2.38	2.40	2.41	2.42	2.43	2.45
n	145	150	155	160	170	180	190	200	210
λ_1	2.46	2.48	2.49	2.50	2.52	2.54	2.56	2.57	2.58

把 X_0 值与可疑数据中最小值(t_n)相比较，若 t_n 大于或等于 X_0，则 t_n 及排在其后的各声时值均为异常值；当 t_n 小于 X_0 时，应再将 t_n+1 放进去重新进行统计计算和判别。

②将一测区各测点的波幅、频率由大到小按顺序排列，即 $X_n \geqslant X_{n+1}$，将排在后面明显小的数据视为可疑，再将这些可疑数据中最大的一个（假定 X_n）连同其前面的数据按式(3-2-9)、式(3-2-10)计算出 m_x 及 S_x，并代入式(3-2-12)，计算出异常情况的判断值(X_0)。

$$X_0 = m_x - \lambda_1 \cdot S_x \tag{3-2-12}$$

将判断值(X_0)与可疑数据的最大值(X_n)比较，如 X_n 小于或等于 X_0，则 X_n 及排列于其后的各数据均为异常值；当 X_n 大于 X_0，应再将 X_{n+1} 放进去重新进行统计计算和判别。若耦合条件无法保证测幅稳定，则波幅值不能作为统计法的判别依据。

③当测区中某些测点的声时值（或声速值）、波幅值（或频率值）被判为异常值时，可结合异常测点的分布及波形状况确定混凝土内部存在不密实区和空洞的范围。

当判定缺陷是空洞时，可按以下的方法估算其尺寸。

(5)空洞尺寸估算方法

如图 3-2-8 所示，设检测距离为 l，空洞中心（在另一对测试面上，声时最长的测点位置）距一个测试面的垂直距离为 l_h，声波在空洞附近无缺陷混凝土中传播的时间平均值为 m_{ta}，绕空洞传播的时间（空洞处的最大声时）为 t_h，空洞半径为 r。

根据 l_h/l 值和 $(t_h-m_{ta})/m_{ta}\times100\%$ 值，可由表 3-2-23 查得空洞半径 r 与测距 l 的比值，再计算空洞大致尺寸 r。

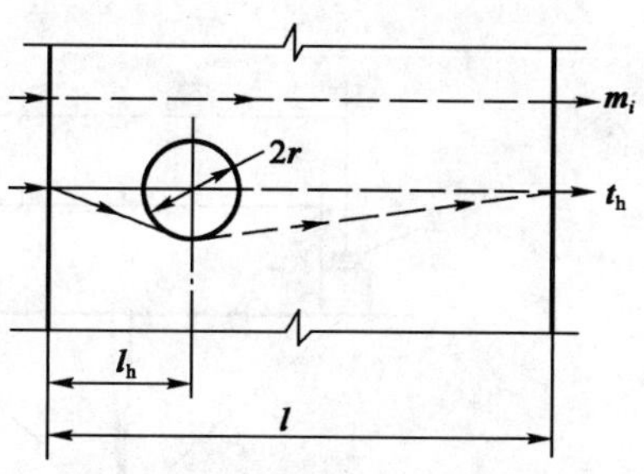

图 3-2-8　空洞尺寸估算原理

如被测部位只有一对可供测试的表面，空洞尺寸可用下式计算：

$$r=\frac{1}{2}\sqrt{\left(\frac{t_h}{m_{ta}}\right)^2-1} \tag{3-2-13}$$

式中：r——空洞半径(mm)；

l——T、R 换能器之间的距离(mm)；

t_h——缺陷处的最大声时值(μs)；

m_{ta}——无缺陷区的平均声时值(μs)。

空洞半径 r 与测距 l 的比值　　　表 3-2-23

y \ x z	0.05	0.08	0.10	0.12	0.14	0.16	0.18	0.20	0.22	0.24	0.26	0.28	0.30
0.10(0.9)	1.42	3.77	6.26	—	—	—	—	—	—	—	—	—	—
0.15(0.85)	1.00	2.56	4.06	5.97	8.39	—	—	—	—	—	—	—	—
0.2(0.8)	0.78	2.03	3.18	4.62	6.36	8..44	10.9	13.9	—	—	—	—	—
0.25(0.75)	0.67	1.72	2.69	3.90	5.34	7.03	8.98	11.2	13.8	16.8	—	—	—
0.3(0.7)	0.60	1.53	2.40	3.46	4.73	6.21	7.91	9.38	12.0	14.4	17.1	20.1	23.6
0.35(0.65)	0.55	1.41	2.21	3.19	4.35	5.70	7.25	9.00	10.9	13.1	15.5	18.1	21.0
0.4(0.6)	0.52	1.34	2.09	3.02	4.12	5.39	6.84	8.48	10.3	12.3	14.5	16.9	19.8
0.45(0.55)	0.50	1.30	2.03	2.92	3.99	5.22	6.62	8.20	9.95	11.9	14.0	16.3	18.8
0.5	0.50	1.28	2.02	2.89	3.94	5.16	6.55	8.11	9.84	11.8	13.3	16.1	18.6

注：表中 $x=(t_h-m_{ta})/m_{ta}\times100\%$；$y=l_h/l$；$z=r/l$。

5.浅裂缝检测

浅裂缝是指结构混凝土开裂深度不大于 500mm 的裂缝。需要检测的裂缝中，不得有水或泥土等夹杂物。

如有主钢筋穿过裂缝且与 T、R 换能器的连线大致平行，布置测点时应注意使 T、R 换能器连线至少与该钢筋轴线相距 1.5 倍的裂缝预计深度。

当结构的裂缝部位只有一个可测表面，可采用平测法检测，平测时应在裂缝的被测部位以不同的测距同时按跨缝和不跨缝布置测点进行声时测量。

①不跨缝声时测量：将 T 和 R 换能器置于裂缝同一侧，以两个换能器内边缘间距(l')，绘制"时—距"坐标图，见图 3-2-9 或用统计的方法求出两者的关系式。

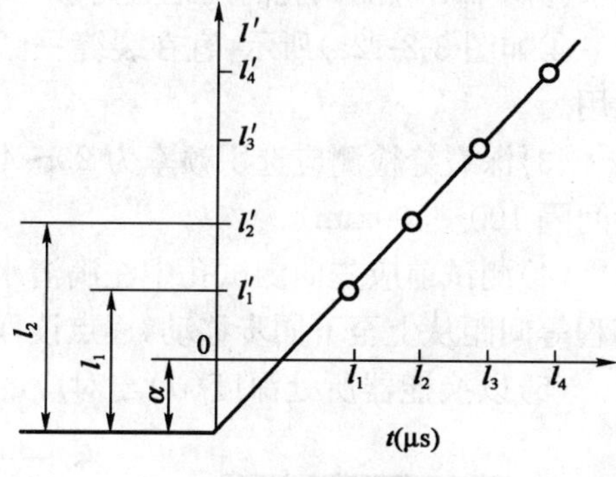

图 3-2-9　平测"时—距"图

每测点超声实际传播距离应为：

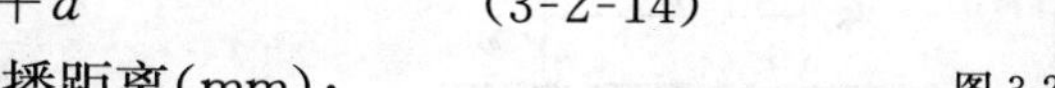

$$l_i=l'_i+a \tag{3-2-14}$$

式中：l_i——第 i 点的超声实际传播距离(mm)；

l'_i——第 i 点的 R、T 换能器内边缘距离(mm)；

a——"时—距"图中 l' 轴的截距或回归所得的关系式的常数项(mm)。

②跨缝的声时测量：如图 3-2-10 所示，将 T、R 换能器分别置于以裂缝为轴线的对称两侧，两换能器中心连线垂直于裂缝走向，以 l'=100mm、150mm、200mm、250mm、300mm…分别读声时值 t_i^0。

③当结构的裂缝部位具有两个相互平行的测试表面时，可采用斜测法检测。其方法如图 3-2-11 所示，将 T、R 换能器分别置于对应测点 1、2、3…的位置，读取相应声时值 t_i 和波幅值 A_i 及频率值 f_i。

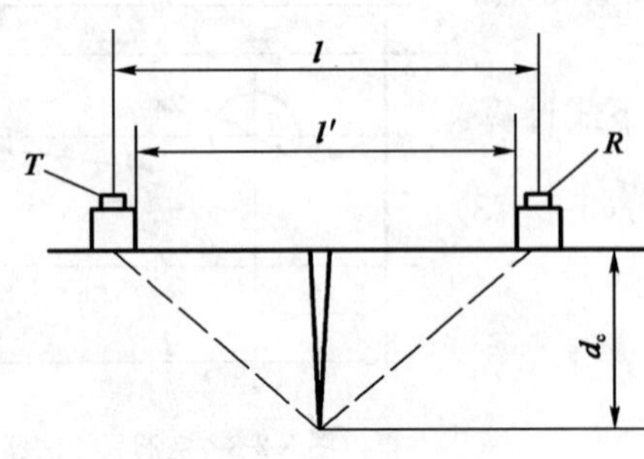

图 3-2-10　绕过裂缝测试图

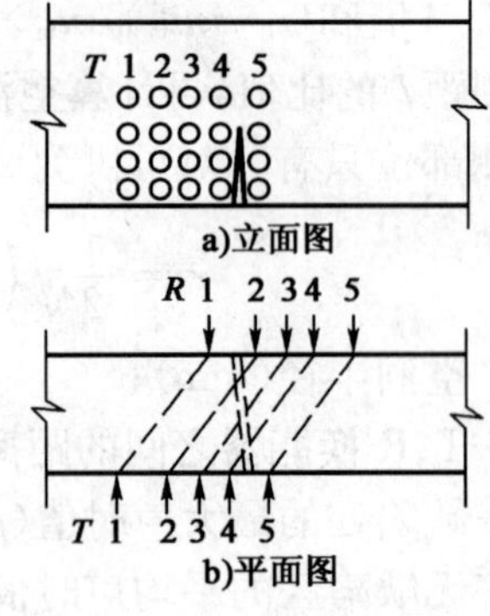

图 3-2-11　斜测裂缝示意图

④平测法的裂缝深度可按下式计算：

$$d_{ci}=\frac{l_i}{2}\sqrt{\left(\frac{t_i^0}{t_i}\right)^2-1} \tag{2-3-15}$$

式中：d_{ci}——裂缝深度(mm)；

t_i、t_i^0——分别代表测距为 l_i 时不跨缝、跨缝平测的声时值(μs)。

以不同测距取得的 d_{ci} 的平行值作为该裂缝的深度值(d_c)。如所得的 d_c 值大于原测距中任一个 l'_i，则应把该 l'_i 距离舍弃后重新计算 d_c 值。

⑤斜测法时，如 T、R 换能器的连线通过裂缝，则接收信号的波幅和频率明显降低。根据波幅和频率的突变，可以判定裂缝深度以及是否在平面方向贯通。

6. 深裂缝检测

(1)被检测结构应满足下列要求：

①允许在裂缝两旁钻测试孔；

②裂缝中不得充水或泥浆。

(2)被测结构上钻取的测试孔应满足下列要求：

①孔径应至少比裂缝预计深度深 700mm，经测试如浅于裂缝深度，则应加深钻孔。

②对应的两个测试孔，必须始终位于裂缝两侧，其轴线应保持平行。

③两个对应测试孔的间距宜为 2000mm，同一结构的各对应测孔间距相同。

④如图 3-2-12a)所示，宜在裂缝一侧多钻一个较浅的孔，测试无缝混凝土的声学参数，供对比判别之用。

(3)深裂缝检测应选用频率为 20～40kHz 的径向振动式换能器，并在其接线上作出等距离标志(一般间隔 100～500mm)。

(4)测试前应先向测试孔中注满清水，然后将 T 和 R 换能器分别置于裂缝两侧的对应孔中，以相同高程等间距从上至下同步移动，逐点读取声时、波幅和换能器所处的深度。见图 3-2-12b)。

(5)以换能器所处深度(d)与对应的波幅值(A)绘制 d—A 坐标图，如图3-2-13所示。随着换能器的

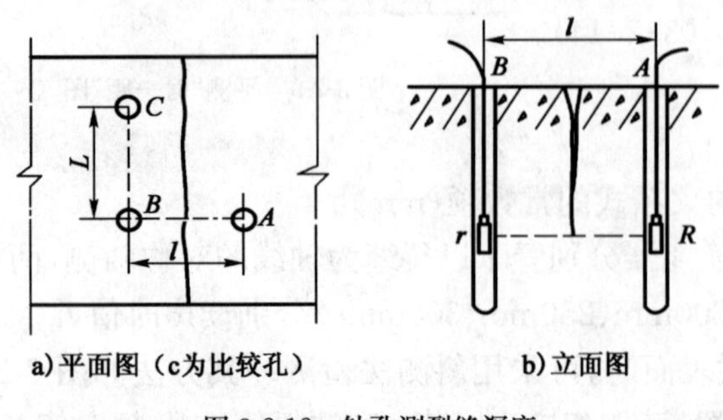

图 3-2-12　钻孔测裂缝深度

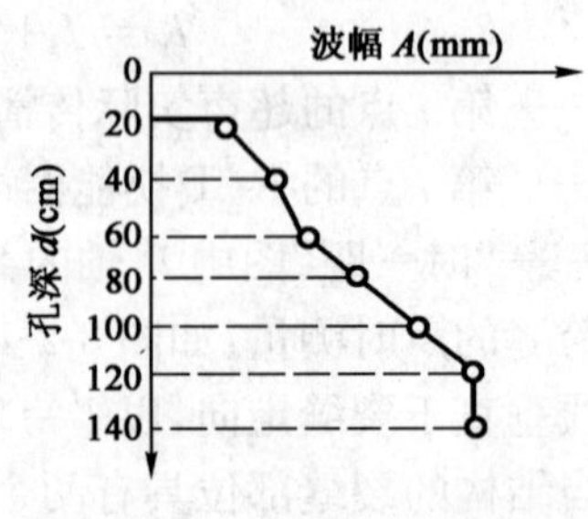

图 3-2-13　d—A 坐标图

下移，波幅逐渐增大，当换能器下移至某一位置后，波幅达到最大值并基本稳定，该位置所对应的深度便是裂缝深度 d_c。

第三节　钢筋混凝土结构的其他性能检测

一、桥梁结构混凝土强度回弹法检测

对于在用混凝土桥梁结构或构件，当只有一个可测面时，可采用回弹法检测其结构混凝土强度。下列情况下，不宜应用回弹法检测结构混凝土强度：

(1)遭受冻害、化学腐蚀、火灾、高温损伤的混凝土；

(2)被测构件厚度小于 10cm；

(3)结构表面温度低于－4℃或高于 60℃；

(4)其他表层与内部质量有明显差异或内部存在缺陷的混凝土结构或构件。

(一)回弹仪

1. 技术要求

(1)测定回弹值的仪器，宜采用示值系统为指针直读式的混凝土回弹仪。

(2)回弹仪必须具有制造厂的产品合格证及检定单位的检定合格证，并应在回弹仪的明显位置上具有下列标志：名称、型号、制造厂名(或商标)、出厂编号、出厂日期和中国计量器具制造许可证标志 CMC 及许可证证号等。

(3)回弹仪应符合下列标准状态的要求：

①水平弹击时，弹击锤脱钩的瞬间，回弹仪的标准能量应为 2.207J；

②弹击锤与弹击杆碰撞的瞬间，弹击拉簧应处于自由状态，此时弹击锤起跳点应位于指针指示刻度尺上“0”处；

③在洛氏硬度 HRC 为 60±2 的钢砧上，回弹仪的率定值应为 80±2。

(4)回弹仪使用时的环境温度应为－4～40℃。

2. 检定

(1)回弹仪具有下列情况之一时应送检定单位检定：

①新回弹仪启用前；

②超过检定有效期限(有效期为半年)；

③累计弹击次数超过 6000 次；

④经常规保养后钢砧率定值不合格；

⑤遭受严重撞击或其他损害。

(2)回弹仪应由法定部门并按照现行标准《混凝土回弹仪》(JJG 81)对回弹仪进行检定。

(3)回弹仪在工程检测前后，应在钢砧上作率定检验，并应符合上述 1. 技术要求中(3)的有关规定。

(4)回弹仪率定试验宜在干燥、室温为 5～35℃的条件下进行。率定时，钢砧应稳固地平放在刚度大的物体上。测定回弹率值时，取连续向下弹击三次的稳定回弹平均值。弹击杆应分四次旋转，每次旋转宜为 90°。弹击杆旋转一次的率定平均值应为 80±2。

3. 回弹仪的保养

(1)回弹仪具有下列情况之一时，应进行常规保养：

①弹击超过 2000 次；

②对检测值有怀疑时；

③在钢砧上的率定值不合格。

(2)常规保养应符合下列规定：

①使弹击锤脱钩后取出机芯，然后卸下弹击杆，取出里面的缓冲压簧，并取出弹击锤、弹击拉簧和拉簧座；

②机芯各零部件应进行清洗，重点清洗中心导杆、弹击锤和弹击杆的内孔和冲击面。清洗后应在中心导杆上薄薄涂抹钟表油，其他零部件均不得抹油；

③应清理机壳内壁、牌子下刻度尺，并应检查指针，其摩擦力应为0.5～0.8N；

④不得旋转尾盖上已定位紧固的调零螺丝；

⑤不得自制或更换零部件；

⑥保养后应按上述2.检定中(4)的要求进行率定试验。

(3)回弹仪使用完毕后应使弹击杆伸出机壳，清除弹击杆、杆前端球面以及刻度尺表面和外壳上的污垢、尘土。回弹仪不用时，应将弹击杆压入仪器内，经弹击后方可按下按钮锁住机芯，将回弹仪装入仪器箱，平放在干燥阴凉处。

(二)检测技术

1.一般规定

(1)采用回弹法检测混凝土结构或构件的强度宜具有下列资料：

①工程名称及设计、施工、监理(或监督)和建设单位名称。

②结构或构件名称、外形尺寸、数量及混凝土强度等级。

③水泥品种、强度等级、安定性、出厂厂名，砂、石品种、粒径，外加剂或掺合料品种、掺量以及混凝土配合比等。

④模板类型、混凝土灌注和养护情况以及成型日期。

⑤检测原因。

(2)桥梁结构或构件混凝土强度检测可采用下列两种方式：

①构件检测：适用于单个结构或构件的检测。

②部位检测：适用于对结构或构件关键控制部位的检测。

(3)按构件检测方式检测时，每一结构或构件的测区应符合下列规定：

①每一结构或构件测区数不应少于10个。

②对某一方向尺寸小于4.5m且另一方向尺寸小于0.3m的构件，其测区数量可适当减少，但不应少于6个。

③相邻两测区的间距应控制在2m以内。

④测区距构件端部或施工缝边缘的距离不宜大于0.5m，且不宜小于0.2m。

⑤测区面积不宜大于0.04m^2，且应均匀分布。

⑥在构件的重要部位及薄弱部位必须布置测区，并应避开预埋件。

(4)按部位检测方式检测时，每一部位的测区应符合下列规定：

①每一部位的测区数不应少于6个。

②相邻两测区的间距应控制在0.4m以内。

③测区距构件端部或施工缝边缘的距离不宜大于0.4m，且不宜小于0.2m。

④测区面积不宜大于0.04m^2，且应均匀分布，并应避开预埋件。

(5)混凝土检测面应清洁、平整，不应有疏松层、浮浆、油垢、涂层以及蜂窝、麻面，必要时可用砂轮清除疏松层和杂物，且不应有残留的粉末或碎屑。

(6)结构或构件的测区应标有清晰的编号，必要时应在记录纸上描述测区布置和外观质量情况。

2.回弹值的测量

(1)检测时，回弹仪的轴线应始终垂直于混凝土检测面，缓慢施压，准确读数，快速复位。

(2)测点宜在测区范围内均匀分布，相邻两测点的净距不宜小于20mm；测点距外露钢筋、预埋件的距离不宜小于30mm。测点不应在气孔或外露石子上，同一测点只应弹击一次，每一测区应记取16个回弹值，每一测点的回弹值读数估读至1。

3.混凝土碳化深度值测量

(1)回弹值测量完毕后，应在有代表性的位置上测量混凝土碳化深度值，测点数不应少于测区数的30%，取其平均值为该构件每测区的混凝土碳化深度值。

(2)当混凝土碳化深度值级差大于0.2mm时，应在每一测区测量混凝土碳化深度值。

(3)混凝土碳化深度值的测量方法参见本节五、混凝土碳化深度检测，每一测孔测量值应不少于3个，取其平均值。每次读数精确至0.5mm。

(三)回弹值的计算

(1)计算测区平均回弹值，应从该测区的16个回弹值中，分别剔除3个最大值和最小值，将余下的10个回弹值按下列公式计算：

$$R_m = \sum_{i=1}^{10} R_i / 10 \tag{3-2-16}$$

式中：R_m——测区平均回弹值，精确至0.1；

R_i——第i个测点回弹值。

(2)非水平状态检测混凝土浇筑侧面时，应按下式进行修正：

$$R_a = R_{m\alpha} + R_{a\alpha} \tag{3-2-17}$$

式中：$R_{m\alpha}$——非水平状态检测时测区的平均回弹值，精确至0.1；

$R_{a\alpha}$——非水平状态检测时回弹值修正值，可按表3-2-24采用。

非水平状态检测时回弹值修正值　　表3-2-24

$R_{m\alpha}$ \ $R_{a\alpha}$ \ α	测试角度 α							
	+90°	+60°	+45°	+30°	−30°	−45°	−60°	−90°
20	−6.0	−5.0	−4.0	−3.0	+2.5	+3.0	+3.5	+4.0
30	−5.0	−4.0	−3.5	−2.5	+2.0	+2.5	+3.0	+3.5
40	−4.0	−3.5	−3.0	−2.0	+1.5	+2.0	+2.5	+3.0
50	−3.5	−3.0	−2.5	−1.5	+1.0	+1.5	+2.0	+2.5

注：1.表中修正值可用内插法求得，精确至0.1。

2. $R_{m\alpha}$小于20或大于50时，均分别按20或50查表。

(3)水平方向检测混凝土浇筑顶面或底面时，应按下列公式修正：

$$R_m = R_m^t + R_a^t \tag{3-2-18}$$

$$R_m = R_m^b + R_a^b \tag{3-2-19}$$

式中：R_m^t、R_m^b——水平方向检测混凝土浇筑表面、底面时，测区的平均回弹值，精确至0.1；

R_a^t、R_a^b——混凝土浇筑表面、底面回弹值的修正值，应按表3-2-25采用。

混凝土浇筑表面、底面回弹值的修正　　表3-2-25

R_m	ΔR_s		R_m	ΔR_s	
	混凝土浇筑表面	混凝土浇筑底面		混凝土浇筑表面	混凝土浇筑底面
20	+2.5	−3.0	40	+0.5	−1.0
25	+2.0	−2.5	45	0	−0.5
30	+1.5	−2.0	50	0	0
35	+1.0	−1.5			

注：1.表中修正值可以用内插法求得，精确至0.1。

2. R_m^t、R_m^b小于20或大于50时，均分别按20或50查表。

3.混凝土浇筑表面为一般原浆抹面。

4.表列修正值为底面和侧面采用同一类模板在正常浇筑情况下的修正值。

(4)检测时，如回弹仪处于非水平状态，同时混凝土检测面又不是混凝土的浇筑侧面，则应对测得的测区平均回弹值，先进行角度修正，再进行不同浇筑面的修正。

(四)测强曲线

(1)混凝土强度换算值，一般可采用以下三类测强曲线计算：

①统一测强曲线：由全国有代表性的材料、成型养护工艺配制的混凝土试件，通过试验所建立的曲线。

②地区测强曲线：由本地区常用的材料、成型养护工艺配制的混凝土试件，通过试验所建立的曲线。

③专用测强曲线：由与结构或构件混凝土相同的材料、成型养护工艺配制的混凝土试件，通过试验所建立的曲线。

(2)检测时，应按专用测强曲线、地区测强曲线、统一测强曲线的次序，选用测强曲线。

(3)统一测强曲线的表达式为：

$$f_{cu,i}^{c} = 0.25R_{mi}^{2.0108}10^{-0.0358d_{mi}} \tag{3-2-20}$$

式中：$f_{cu,i}^{c}$——测区混凝土换算强度值，精确至 0.1MPa；

R_{mi}——测区经修正后的平均回弹值，精确至 0.1；

d_{mi}——测区平均混凝土碳化深度，精确至 0.5mm。$d_{mi}<0.5$mm 时，按无混凝土碳化处理；$d_{mi}\geq$ 6mm 时，按 $d_{mi}=6$mm 计算。

(4)统一测强曲线的平均相对误差(δ)为±14%，相对标准差(e_r)为±17%。

(5)当有下列情况之一时，测区混凝土强度值不得使用统一测强曲线换算：

①粗集料最大粒径大于 60mm；

②特种成型工艺制作的混凝土；

③检测部位曲率半径小于 250mm；

④潮湿或浸水混凝土。

(6)当构件混凝土抗压强度大于 60MPa 时，可采用标准能量大于 2.207J 的混凝土回弹仪，并应另行制订检测方法及专用测强曲线进行检测。

(五)混凝土强度的计算

(1)结构或构件第 i 个测区混凝土强度换算值，可按上述(三)回弹值的计算所求得的平均回弹值(R_m)及按上述(二)3.条所求得的平均混凝土碳化深度值(d_m)由式(3-2-20)计算得出。当有地区测强曲线或专用测强曲线时，混凝土强度换算值应按地区测强曲线或专用测强曲线换算得出。

(2)对于泵送混凝土，当混凝土碳化深度值不大于 2.0mm 时，每一测区混凝土强度换算值应按表 3-2-26 进行修正，当混凝土碳化深度大于 2.0mm 时，可按相关规定进行检测。

泵送混凝土测区混凝土强度换算值的修正值　　表 3-2-26

碳化深度值	抗压强度(MPa)				
0.0;0.5;1.0	f_{cu}^{c}(MPa)	≤40.0	45.0	50.0	55.0～60.0
	K(MPa)	+4.5	+3.0	+1.5	0.0
1.5;2.0	f_{cu}^{c}(MPa)	≤30.0	35.0	40.0～60.0	
	K(MPa)	+3.0	+1.5	0.0	

注：表中未列入的值(MPa)可用内插法求得其修正值，精确至 0.1MPa。

(3)结构或构件或关键控制部位的测区混凝土换算强度平均值，可根据各测区的混凝土强度换算值计算。当测区数为 10 个及以上时，应计算强度标准差。平均值及标准差应按下列公式计算：

$$m_{f_{cu}^{c}} = \frac{1}{n}\sum_{i=1}^{n} f_{cu,i}^{c} \tag{3-2-21}$$

$$S_{f_{cu}^c}=\sqrt{\frac{\sum_{i=1}^{n}(f_{cu,i}^c)^2-n(m_{f_{cu}^c})^2}{n-1}} \tag{3-2-22}$$

式中：$m_{f_{cu}^c}$——结构或构件测区混凝土强度换算值的平均值，精确至0.1MPa；

n——结构或构件或关键控制部位的测区数；

$S_{f_{cu}^c}$——测区混凝土换算强度值的标准差，精确至0.01MPa。

(4)结构或构件或关键部位的混凝土强度推定值 $f_{cu,e}$ 应按下列公式确定：

①当该结构或构件测区数少于10个时：

$$f_{cu,e}=f_{cu,min}^c \tag{3-2-23}$$

式中：$f_{cu,min}^c$——结构或构件中或关键控制部位最小的测区混凝土换算强度值。

②当该结构或构件的测区强度强度值中出现小于10.0MPa时：

$$f_{cu,e}=10.0\text{MPa} \tag{3-2-24}$$

③当该结构或构件测区数不少于10个时，应按下列公式计算：

$$f_{cu,e}=m_{f_{cu}^c}-1.645S_{f_{cu}^c} \tag{3-2-25}$$

④当结构或构件或关键控制部位的测区数大于10个时，但测区混凝土强度换算值标准差过大（当混凝土强度等级低于或等于C30时，$S_{f_{cu}^c}>4.0$MPa。当混凝土强度等级高于C30时，$S_{f_{cu}^c}>5.0$MPa）时，则其混凝土强度推定值 $f_{cu,e}^c$ 可按下式计算：

$$f_{cu,e}^c=f_{cu,min}^c \tag{3-2-26}$$

(5)结构或构件的混凝土强度推定值是指相应于强度换算值总体分布中保证率不低于95%的结构或构件或关键部位中的混凝土抗压强度值。

(六)专用测强曲线的制定方法

(1)制定专用测强曲线的试件应与欲测结构或构件在原材料(含品种、规格)的成型工艺与养护方法等方面条件相同。

(2)试件的制作、养护应符合下列规定：

①按最佳配合比设计5个强度等级，每一强度等级每一龄期制作6个150mm立方体试件，同一龄期试件宜在同一天内成型完毕。

②在成型后的第二天，应将试件移至与被测结构或构件相同的条件下养护，试件拆模日期宜与结构或构件的拆模日期相同。

(3)试件的测试应符合下列规定：

①到达龄期的试件表面应擦净，以浇筑侧面的两个相对面置于压力机的上下承压板之间，加压30～80kN(低强度试件取低值加压)。

②在试件保持30～80kN的压力下，用符合规定的标准状态的回弹仪和操作方法，在试件的另外两个相对侧面上分别选择均匀分布的8个点按要求进行弹击。

③从每一试件的16个回弹值分别剔除其中3个最大值和3个最小值，然后再求余下的10个回弹值的平均值，计算精确至0.1，即得该试件的平均回弹值 R_m。

④将试件加荷直至破坏，然后计算试件的抗压强度值 f_{cu}，精确至0.1MPa。

(4)专用测强曲线的计算应符合下列规定：

①专用测强曲线的回归方程式，应按每一试件求得的 R_m 和 f_{cu}，采用最小二乘法原理计算。

②回归方程宜采用下式：

$$f_{cu}^c=AR_m^B \tag{3-2-27}$$

③用下式计算回归方程式的强度平均相对误差 δ 和强度相对标准差 e_r。当平均相对误差(δ)不大于±12.0%，相对标准差(e_r)不大于±14.0%时，即可报请上级主管部门审批。

$$\delta=\pm\frac{1}{n}\sum_{i=1}^{n}\left|\frac{f_{cu,i}}{f_{cu,i}^{c}}-1\right|\times100\% \tag{3-2-28}$$

$$e_{r}=\sqrt{\frac{\sum_{i=1}^{n}\left(\frac{f_{cu,i}}{f_{cu,i}^{c}}-1\right)^{2}}{n-1}}\times100\% \tag{3-2-29}$$

式中：δ——回归方程式的强度平均相对误差（%），精确至0.1；

e_r——回归方程式的强度相对标准差（%），精确至0.1；

$f_{cu,i}$——由第i个试件抗压试验得出的混凝土抗压强度值，精确至0.1MPa；

$f_{cu,i}^{c}$——由同一试件的平均回弹值R_m按回归方程式算出的混凝土的强度换算值，精确至0.1MPa；

n——制定回归方程式的试件数。

(5)当需制定具有较宽龄期范围的专用测强曲线时，应在试验及回归分析时引入混凝土碳化深度变量，并求得混凝土碳化深度修正系数。

二、桥梁结构混凝土强度超声回弹综合法检测

对在用混凝土桥梁结构或构件，当有两个可测面时，宜采用超声回弹综合法检测其结构混凝土强度。在下列情况下，不宜应用超声回弹综合法检测结构混凝土强度：

(1)遭受冻害、化学腐蚀、火灾、高温损伤的混凝土；

(2)被测构件厚度小于10cm；

(3)结构表面温度低于－4℃或高于60℃。

超声回弹综合法所使用的回弹仪应满足单一参数检测时的各项要求，参见前面一、桥梁结构混凝土强度回弹法检测。

(一)超声波检测仪器

1.超声波检测仪器的技术要求

(1)超声波检测仪器须具有产品合格证，并应是通过计量检定的。

(2)仪器的声时范围应为0.5～9999μs，测读精度为0.1μs。

(3)仪器应具有良好的稳定性，声时显示调节在20～30μs范围内时，2h内声时显示的漂移不得大于0.2μs。

(4)仪器的放大器频率响应宜分为10～200kHz、200～500kHz两频段。

(5)仪器宜具有示波屏显示及手动游标测读功能。显示应清晰稳定。若采用整形自动测读，混凝土超声测距不得超过1m。

(6)仪器应能适用于温度为－10～40℃、相对湿度不大于80%、电源电压波动为220V±22V的环境中，且能连续4h正常工作。

2.换能器技术要求

(1)换能器宜采用厚度振动形式压电材料。

(2)换能器的频率宜在50～100kHz范围以内。

(3)换能器实测频率与标称频率相差应不大于10%。

3.超声波检测仪器检验和操作

(1)超声仪器检验时应满足下列要求：

①缓慢调节延时旋钮，数字显示满足十进位递交的要求。

②调节聚焦、辉度和扫描延时旋钮，扫描基线清晰稳定。

③换能器与标准棒耦合良好，衰减器及发射电压正常。

④超声波在空气中传播的计算声速与实测声速值相比，相差不大于±0.5%。

(2)超声仪器应按下列步骤进行操作：

①操作前应仔细阅读仪器使用说明书。

②仪器在接通电源前，应检查电源电压，接上电源后，仪器宜预热10min。

③换能器与标准棒应耦合良好，调节首波幅度至30～40mm后测读声时值。有调零装置的仪器，应调节调零电位器以扣除初读数。

④在实测时，接收信号的首波幅度均应调至30～40mm后，才能测读每个测点的声时值。

4.检测仪器维护

(1)超声仪应按下列规定进行维护：

①如仪器在较长时间内停用、每月应通电一次，每次不小于1h。

②仪器需存放在通风、阴凉、干燥处，无论存放或工作，均需防尘。

③在搬运过程中须防止碰撞和剧烈振动。

(2)换能器应避免摔损和撞击，工作完毕应擦拭干净，单独存放。换能器的耦合面应避免磨损。

(二)检测技术

1.一般规定

(1)采用超声回弹综合法检测桥梁结构或构件的混凝土强度前，应按本节一、(二)1.(1)的规定搜集有关资料。

(2)桥梁结构或构件混凝土强度可采用的检测方式有如下两种：

①构件检测：适用于单个结构或构件的检测。

②部位检测：适用于对结构或构件关键控制部位的检测。

(3)结构或构件上的测区、关键控制部位的测区布置应满足下列要求：

①测区尺寸为200mm×200mm。

②测区应均匀布置在构件混凝土浇筑方向的侧面，测区在两个相对应的侧面上应对称布置。

③按构件检测方式检测时，每一结构或构件的测区数不应少于10个，相邻两测区的间距不宜大于2m，测区应布置在结构或构件的重要部位及薄弱部位。

④按部位检测方式检测时，每一部位的测区数不应少于6个，相邻两测区的间距应控制在0.4m以内。

⑤测区避开钢筋密集区和预埋件。

⑥测区离构件端部或施工缝边缘间距不宜大于0.4m，也不宜小于0.2m。

⑦测区应清洁、平整、干燥，不应有接缝、饰面层、浮浆和油垢，并避开蜂窝、麻面部位，必要时可用砂轮片清除杂物和磨平不平整处，并擦净残留粉尘。

⑧测区应注明编号，并记录测区位置和外观质量情况。

(4)结构或构件或关键控制部位的每一测区内，宜先进行回弹测试，后进行超声测试。

(5)非同一测区内的回弹值及超声声速值，在计算测区混凝土换算强度值时不得混用。

2.回弹值的测量与计算

(1)用回弹仪测试时，宜使仪器处于水平状态，测试混凝土浇筑方向的侧面。如不能满足这一要求，也可非水平状态测试，或测试混凝土浇筑方向的顶面或底面。

(2)应按本节一、的各相关要求，对构件上或关键控制部位的每一测区的两个相对测试面各弹击8点，每一测点的回弹值测读数精确至1.0。

(3)测点在测区范围内宜均匀分布，但不得布置在气孔或外露石子上。相邻两测点的间距一般不小于30mm；测点距构件边缘或外露钢筋、铁件的距离不小于50mm，且同一测点只允许弹击一次。

(4)计算测区平均回弹值时，应从该测区两个相对测试面的16个回弹值中，剔除3个最大值和最小值，然后将余下的10个回弹值按本节一、的有关规定计算测区平均回弹值，精确至0.1。

3.超声声速值的测量与计算

(1)超声测点应布置在回弹测试的同一测区内。应保证换能器与混凝土耦合良好。

(2)测区的声时值应精确至 0.1μs，声速值应精确至 0.001km/s。超声测距的测量误差不应大于±10%。

(3)每个测区内的相对测试面上，应布置三个测点，且发射和接收换能器的轴线应在同一轴线上。

(4)测区声速应按下式计算

$$v_i = l/t_{mi} \tag{3-2-30}$$

$$t_{mi} = (t_1 + t_2 + t_3)/3 \tag{3-2-31}$$

式中：v_i——测区声速值(km/s)；

l——超声测距(mm)；

t_{mi}——测区平均声时值(μs)；

t_1、t_2、t_3——分别为测区中三个测点的声时值。

(5)当在混凝土浇筑的顶面与底面测试时，测区声速应按下式进行修正：

$$v_{ai} = 1.034 v_i \tag{3-2-32}$$

式中：v_{ai}——修正后的测区声速值(km/s)。

(三)混凝土强度的推定

(1)第 i 个测区的混凝土换算强度 $f^c_{cu,i}$，应根据修正后的测区回弹值 R_{ai} 修正后的测区声速值 v_{ai}，优先采用专用或地区测强曲线推定。当无专用或地区测强曲线时，经验证后可按下列公式表示的统一测强曲线进行计算：

①粗集料为卵石时：

$$f^c_{cu,i} = 0.0038 \cdot (v_{ai})^{1.23} \cdot (R_{ai})^{1.95} \tag{3-2-33}$$

②粗集料为碎石时：

$$f^c_{cu,i} = 0.008 \cdot (v_{ai})^{1.72} \cdot (R_{ai})^{1.57} \tag{3-2-34}$$

式中：$f^c_{cu,i}$——第 i 个测区换算强度值，精确至 0.01MPa；

v_{ai}——第 i 个测区修正后的声速值，精确至 0.01km/s；

R_{ai}——第 i 个测区修正后的回弹值，精确至 0.10。

(2)粗集料为卵石时，其统一测强曲线(式 3-2-33)的相对标准差为±15.6%，平均相对误差为±13.2%。

(3)粗集料为碎石时，其统一测强曲线(式 3-2-34)的相对标准差为±15.6%，平均相对误差为±13.1%。

(4)结构或构件或关键控制部位的混凝土强度推定值 f_{cu} 可按下述方法确定：

①结构或构件或关键控制部位的测区混凝土强度平均值，可根据各测区的混凝土换算强度值计算。当测区数为 10 个及以上时，应计算强度标准差。平均值及标准差按下列公式计算：

$$m_{f^c_{cu}} = \frac{1}{n}\sum_{i=1}^{n} f^c_{cu,i} \tag{3-2-35}$$

式中：$f^c_{cu,i}$——第 i 个测区混凝土换算强度值，精确至 0.1MPa；

n——结构或构件或关键控制部位的测区数；

$m_{f^c_{cu}}$——结构或构件或关键控制部位测区混凝土换算强度值的平均值。

②当结构或构件或关键控制部位的测区数少于 10 个时，则其混凝土强度推定值 $f^c_{cu,t}$ 按下列公式计算：

$$f^c_{cu,t} = f^c_{cu,min} \tag{3-2-36}$$

式中：$f^c_{cu,min}$——n 个测区中最小的测区混凝土换算强度值(MPa)。

③当结构或构件或关键控制部位的测区数少于 10 个时，则其混凝土强度推定值按下列公式计算：

$$f_{cu,t}^{c}=m_{f_{cu}^{c}}-1.645S_{f_{cu}^{c}} \tag{3-2-37}$$

式中：$S_{f_{cu}^{c}}$——结构或构件或关键控制部位测区混凝土换算强度值的标准差，精确至 0.1MPa。

④当结构或构件或关键控制部位的测区数大于 10 个时，但测区混凝土强度换算值标准差过大时（当混凝土强度等级低于或等于 C30 时，$S_{f_{cu}^{c}}>4.0$MPa；当混凝土强度等级高于 C30 时，$S_{f_{cu}^{c}}>5.0$MPa），则其混凝土强度推定值 $f_{cu,t}$ 可按下列公式计算：

$$f_{cu,t}^{c}=f_{cu,min}^{c} \tag{3-2-38}$$

⑤当测区混凝土换算强度值出现小于 100MPa 时，取 $f_{cu,t}^{c}=10$MPa。

⑥混凝土强度推定值是指相应于强度换算值总体分布保证率不低于 95％的结构或构件或关键控制部位的混凝土抗压强度值。

（四）建立专用或地区混凝土强度曲线的基本要求

（1）采用中型回弹仪，并应符合本节一、的各项要求。

（2）采用低频超声波检测仪和换能器，并应符合上述（一）超声波检测仪器中的各项要求。

（3）混凝土用水泥应符合现行国家标准《硅酸盐水泥、普通硅酸盐水泥》和《矿渣硅酸盐水泥、火山灰质硅酸盐水泥与粉煤灰硅酸盐水泥》的要求，混凝土用砂、石应符合现行部标准《普通混凝土用碎石或卵石质量标准及检验方法》和《普通混凝土用砂质量标准及检验方法》的要求。

（4）选用本地区常用水泥、粗集料、细集料，按最佳配合比制作混凝土强度等级为 C10～C50 的边长为 150mm 立方体试块。

（5）试块试验应按下列步骤进行：

①分别按龄期为 7d、14d、28d、60d、90d、180d 和 365d 进行立方体试块强度试验。

②每一龄期的每组试件由 3 个（或 6 个）试块组成。

③每种混凝土强度等级的试块数不应少于 30 块，并宜在同一天内用同条件的混凝土成型。

④试块采用振动台成型，成型后第二天拆模。

⑤如系自然养护，应将试块移至不直接受日晒雨淋处，按品字形堆放，盖上草袋并浇水养护。如用蒸汽养护，则试块静停时间和养护条件应与构件预期的相同。

（6）试块声时值测试，应按下列规定进行：

①试块声时测量，应取试块浇筑方向的侧面为测试面，宜采用黄油为耦合剂。

②声时测量采用对测法，在一个相对测试面上测 3 点（测点布置见图 3-2-14），发射和接收换能器轴线应在一轴线上，试块声时值 t_m 为 3 点平均值，保留小数点后一位数字。试块边长测量精确至 1mm，测量误差不大于 1％。

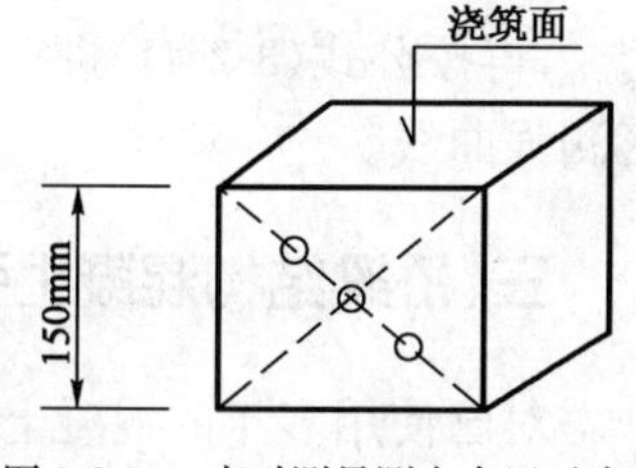

图 3-2-14　声时测量测点布置示意

③试块的声速值应按下式计算：

$$v_i=l/t_m \tag{3-2-39}$$

式中：v_i——试块声速值（km/s）；

l——超声测距（mm）；

t_m——试块平均声时值（μs）。

（7）试块回弹值应按下列规定进行测试：

①回弹值测量应选用不同于声时测量的另一相对侧面。将试块油污擦净放置在压力机上下承压板之间，加压至 30～50kN，并在此压力下，在试块相对测试面上按本节一、的有关规定各测 8 点回弹值，剔除 3 个最大和最小值，将余下 10 个回弹值的平均值作为该试块的回弹值 R_a，计算精确至 0.10。

②回值测试完毕后卸荷，将回弹面放置在压力承压板间，以每秒 6kN±4kN 的速度连续均匀加荷

至破坏。试块抗压强度值 f_{cu}，精确至 0.1MPa。

(8)测强曲线应按下述步骤进行计算：

①将各试块测试所得的声速值 v_a、回弹值 R_a 及试块抗压强度值 f_{cu} 汇总，进行多元回归分析和误差分析。

②回归分析时，可采用下列回归方程式：

$$f_{cu}=a\cdot(V_{ai})^{b}\cdot(R_{ai})^{c} \tag{3-2-40}$$

式中：f_{cu}——混凝土强度换算值(MPa)；

a——常数项系数；

b、c——回归系数。

相对标准差 e_r 可按下式计算：

$$e_r=\sqrt{\frac{\sum_{i=1}^{n}\left(\frac{f_{cu,i}}{f_{cu,i}^{c}}-1\right)^2}{n-1}}\times100\% \tag{3-2-41}$$

式中：e_r——相对标准差；

$f_{cu,i}$——第 i 个立方体试块抗压强度(MPa)；

$f_{cu,i}^{c}$——对应于 i 个立方体试块按(3-2-40)式计算的强度换算值(MPa)。

(9)经上述计算，如回归方程式的误差符合：专用测强曲线，相对标准差 $e_r\leqslant\pm12\%$；地区测强曲线，相对标准差 $e_r\leqslant\pm14\%$。则可报请有关部门批准，作为专用或地区测强曲线。

(五)超声回弹综合法测定混凝土强度曲线的验证方法

(1)如缺少专用或地区测强曲线时，在采用统一测强曲线前，应进行验证。

(2)测强曲线可按下列方法进行验证：

①选用地区常用混凝土的原材料，按最佳配合比配制强度等级为 C10、C20、C30、C40、C50 的混凝土，制作边长为 150mm 立方体试块各 3 组，采用自然养护。

②使用符合本节一、和上述(一)各项要求的回弹仪和超声波检测仪。

③按龄期为 28d、60d 和 90d 进行综合法测试和试块抗压试验。

④根据每个试块测得的回弹值 R_a、超声声速值 v_a，按式(3-2-33)、式(3-2-34)计算出其换算强度值 $f_{cu,i}^{c}$，再按公式(3-2-41)进行计算，如 $e_r\leqslant\pm15\%$，则可使用测强曲线；如 $e_r\leqslant\pm15\%$，应另建立专用或地区测强曲线。

三、桥梁结构混凝土强度回弹—取芯综合法检测

对已使用多年的混凝土桥梁结构，宜采用回弹—取芯综合法检测其混凝土强度。

当采用回弹法检测桥梁结构或构件混凝土强度时，若检测条件与测强曲线的运用条件有较大差异时，可采用回弹—取芯综合法检测其混凝土强度。

检测时，应先按本节一、的要求，在结构或构件或关键控制部位布置测区，用回弹法检测各测区混凝土换算强度值，然后根据测区混凝土换算强度值的标准差，确定钻取芯样数量。

(一)芯样的钻取

(1)钻取的芯样数量应符合下列规定：

①在按构件检测进行检测时，钻取芯样的数量不应少于 6 个；

②在按部位检测进行检测时，钻取芯样的数量不应少于 3 个。

(2)芯样应在结构或构件的下列部位钻取：

①结构或构件受力较小的部位；

②混凝土强度质量具有代表性的部位；

③便于钻芯机安放与操作的部位；

④避开主筋、预埋件和管线的位置，并尽量避开其他钢筋。

(3)钻取的芯样直径一般不宜小于集料最大粒径的 3 倍，在任何情况下不得小于集料最大粒径的 2 倍。

(4)钻取芯样的主要设备及其技术要求：

①钻取芯样及芯样加工的主要设备、仪器均应具有产品合格证。

②钻芯机应具有足够的刚度、操作灵活、固定和移动方便，并应有水冷却系统。钻芯机主轴的径向跳动不应超过 0.1mm，工作时噪声不应大于 90dB。

③钻取芯样时宜采用内径 100mm 或 150mm 的金刚石或人造金刚石薄壁钻头。钻头胎体不得有肉眼可见的裂缝、缺边、少角、倾斜及喇叭口变形。钻头胎体对钢体的同心度偏差不得大于 0.3mm，钻头的径向跳动不得大于 1.5mm。

④锯切芯样用的锯切机，应具有冷却系统和牢固夹紧芯样的装置，配套使用的人造金刚石圆锯片应有足够的刚度。

⑤芯样宜采用补平装置(或研磨机)进行端面加工。补平装置除保证芯样的端面平整外，尚应保证端面与轴线垂直。

⑥探测钢筋位置的磁感仪，应适用于现场操作，其最大探测深度不应小于 60mm，探测位置偏差不宜大于±5mm。

(5)芯样钻取，应按下述规定进行：

①钻芯机就位并安放平稳后，应将钻机固定，以便工作时不致产生位置偏移。固定的方法应根据钻芯机构造和施工现场的具体情况，分别采用顶杆支撑、配重、真空吸附或膨胀螺栓等方法。

②钻芯机在未安装钻头之前，应先通电检查主轴旋转方向(三相电动机)，当旋转方向为顺时针时，方可安装钻头。钻芯机主轴的旋转轴线，应调整到与被钻取芯样的混凝土表面相垂直。

③钻芯机接通水源、电源后，拨动变速或调到所需转速。正向转动操作手柄使钻头慢慢接触混凝土表面，待钻头刃部入槽稳定后方可加压。进钻到预定深度后，反向转动操作手柄，将钻头提升到接近混凝土表面，然后停电停水。

④钻芯时用于冷却钻头和排除混凝土料屑的冷却水流量宜为 3～5L/min，出口水温不宜超过 30℃。

⑤从钻孔中取出的芯样在稍微晾干后，应标上清晰的标记。若所取芯样的高度及质量不能满足下面(二)的技术要求，则应重新钻取芯样。芯样在运送前应仔细包装，避免损坏。

⑥结构或构件钻芯后所留下的孔洞应及时进行修补，以保证其正常工作。

⑦工作完毕后，应及时对钻芯机和芯样加工设备进行维修保养。

(二)芯样加工及技术要求

(1)芯样抗压试件的高度和直径之比应在 1～2 的范围内。

(2)采用锯切机加工芯样试件时，应将芯样固定，并使锯切平面垂直于芯样轴线。锯切过程中应冷却人造金刚石圆锯片和芯样。

(3)芯样试件内不应含有钢筋。如不能满足此项要求，每个试件内最多只允许含有两根直径小于 10mm 的钢筋，且钢筋应与芯样轴线基本垂直并不得露出端面。

(4)锯切后的芯样，当不能满足平整度及垂直度要求时，宜采用以下方法进行端面加工。

①在磨平机上磨平。

②用水泥砂浆(或水泥净浆)或硫磺胶泥(或硫磺)等材料在专用补平装置上补平。

③水泥砂浆(或水泥净浆)补平厚度不宜大于 5mm，硫磺胶泥(或硫磺)补平厚度不宜大于 1.5mm。

④补平层应与芯样结合牢固，以使受压时补平层与芯样的结合面不提前破坏。

(5)试验前应对芯样的几何尺寸作如下测量：

①平均直径：用游标卡尺测量芯样中部，在相互垂直的两个位置上，取其两次测量算术平均值，精确至0.5mm。

②芯样高度：用钢卷尺或钢板尺进行测量，精确至1mm。

③垂直度：用游标量角器测量两个端面与母线夹角，精确至0.1°。

④平整度：用钢板尺或角尺紧靠在芯样端面上，一面转动钢板尺，一面用塞尺测量与芯样端面之间的缝隙。

(6)芯样尺寸偏差及外观质量超过下列数值时，不得用作抗压强度试验：

①经端面补平后的芯样高度小于0.95d(d为芯样试件平均直径)，或大于2.05d时；

②沿芯样高度任一直径与平均直径相差达2mm以上时；

③芯样端面的平整度在100mm长度内超过0.1mm时；

④芯样端面与轴线的垂直度超过2°时；

⑤芯样有裂缝或有其他较大缺陷时。

(三)芯样抗压强度试验

(1)芯样试件的抗压试验应按现行国家标准《普通混凝土力学性能试验方法》中对立方体试块抗压试验的规定进行。

(2)芯样试件宜在与被检测结构或构件混凝土湿度基本一致的条件下进行抗压试验。如结构工作条件比较干燥，芯样试件应以自然干燥状态进行试验，如结构工作条件比较潮湿，芯样试件应以潮湿状态进行试验。

(3)按自然干燥状态进行试验时，芯样试件在受压前应在室内自然干燥3d，按潮湿状态进行试验时，芯样试件应在20℃±5℃的清水中浸泡40～48h，从水中取出后应立即进行抗压试验。

(四)芯样混凝土强度的计算

(1)芯样试件的混凝土换算强度值系指用钻芯法测得的芯样强度，换算成相应于测试龄期的、边长为150mm的立方体试块的抗压强度值。

(2)芯样试件的混凝土换算强度值，应按下列公式计算：

$$f_{cu}^{c}=\alpha\frac{4F}{\pi d^{2}} \tag{3-2-42}$$

式中：f_{cu}^{c}——芯样试件混凝土换算强度值，精确至0.1MPa；

F——芯样试件抗压试验测得的最大压力；

d——芯样试件的平均直径(mm)；

α——不同高径比的芯样试件混凝土强度换算系数，按表3-2-27选用。

芯样试件混凝土强度换算系数　　表3-2-27

高径比(h/d)	1.0	1.1	1.2	1.3	1.4	1.5	1.6	1.7	1.8	1.9	2.0
系数α	1.00	1.04	1.07	1.10	1.05	1.15	1.17	1.19	1.21	1.22	1.24

(3)高度和直径均为100mm或150mm芯样试件的抗压强度测试值，可直接作为芯样混凝土换算强度值。

(五)混凝土强度的推定

(1)根据芯样混凝土换算强度值，按下式计算测区混凝土换算强度值的修正系数：

$$\eta=\frac{1}{n}\sum_{i=1}^{n}\frac{f_{cor,i}}{f_{cu,i}^{c}} \tag{3-2-43}$$

式中：η——修正系数，精确至0.01；

$f_{cor,i}$——第 i 个芯样混凝土换算强度值，精确至 0.1MPa；

$f^{c}_{cu,i}$——对应于第 i 个芯样部位用回弹法测得的测区混凝土换算强度值，精确至 0.1MPa；

n——芯样的个数。

(2)用修正系数 η 将测区混凝土换算强度进行修正后，即可根据本节一、的有关规定，确定结构或构件或关键控制部位的混凝土强度推定值。

四、钢筋锈蚀程度检测

钢筋锈蚀状况检测范围应为主要承重构件或承重构件的主要受力部位，或根据一般检查结果有迹象表明钢筋可能存在锈蚀的部位。

(一)检测原理

目前国内外混凝土中钢筋锈蚀状况的检测主要应用半电池电位法。半电池电位法是利用混凝土中钢筋锈蚀的电化学反应引起的电位变化来测定钢筋锈蚀状态的一种方法。通过测定钢筋/混凝土做为一个电极与混凝土表面的铜/硫酸铜参考电极之间的电位差，评定钢筋的锈蚀状态。本方法适用于硬化混凝土中钢筋的半电池电位的测定，其目的是对钢筋的锈蚀状态做出适当的判定。

(二)检测设备及仪器装置

1.参考电极

(1)本方法用的参考电极为铜/硫酸铜半电池。它由一根不与铜或硫酸铜发生化学反应的刚性有机玻璃管、一只通过毛细作用保持湿润的多孔塞、一个处在刚性管里饱和硫酸铜溶液中的紫铜棒构成，如图 3-2-15 所示。

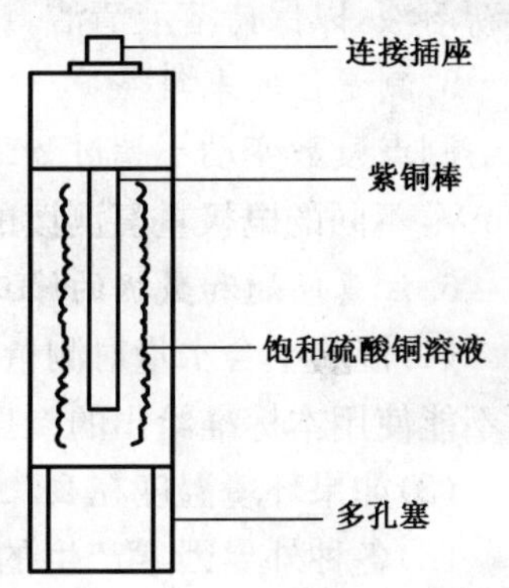

图 3-2-15　铜/硫酸铜参考电极结构图

饱和硫酸铜溶液用试剂级硫酸铜晶体溶解在蒸馏水中制成。当有多余的未溶解硫酸铜结晶体沉积在溶液底部时，可以认为该溶液是饱和的。

(2)铜/硫酸铜参考电极温度系数为 0.9mV/℃。

2.二次仪表的技术性能要求

(1)测量范围大于 1V。

(2)准确度优于 0.5%±1mV。

(3)输入电阻大于 1010Ω。

(4)仪器使用环境条件：环境温度 0～+40℃；相对湿度≥85%。

3.导线

导线总长不应超过 150m，一般选择截面积大于 0.75mm² 的导线，以使在测试回路中产生的电压降不超过 0.1mV。

4.接触液

为使铜/硫酸铜电极与混凝土表面有较好的电接触，在水中加适量的家用液态洗涤剂，可提高与混凝土表面附着，润湿效果更好。

(三)检测方法

1.测区的选择与测点布置

(1)钢筋锈蚀状况检测范围应为主要承重构件或承重构件的主要受力部位，或根据一般检查结果有迹象表明钢筋可能存在锈蚀的部位。

(2)在测区上布置测试网格，网格节点为测点，网格间距可选 200cm×200cm、300cm×300cm、200cm×100cm 等，根据构件尺寸而定，测点位置距构件边缘应大于 50cm，一般不宜少于 20 个测点。

(3)当一个测区内存在相邻测点的读数超过150mV，通常应减小测点的间距。

(4)测区应统一编号，注明位置，并描述外观情况。

2.混凝土表面处理

用钢丝刷、砂纸打磨测区混凝土表面，去除涂料、浮浆、污迹、尘土等，并将表面润湿。润湿用电接触液可以用水或加入适量液态洗涤剂的水溶液。

3.二次仪表与钢筋的电连接

(1)现场检测时，铜/硫酸铜电极一般接二次仪表的正输入端，钢筋接二次仪表的负输入端。

(2)局部打开混凝土，在钢筋上钻一小孔并拧上自攻螺钉，用加压型接线夹夹在钉帽上，保证有良好的电联接。若在远离钢筋连接点的测区进行测量，必须用万用表检查内部钢筋的连续性，如不连续，应重新进行钢筋的连接。

(3)铜/硫酸铜参考电极与测点的接触。测量前应预先将电极前端多孔塞充分浸湿，以保证良好的导电性，正式测读前应再次用喷雾器将混凝土表面润湿，但应注意两个测点之间不应留有自由表面水。连接方法见图3-2-16。

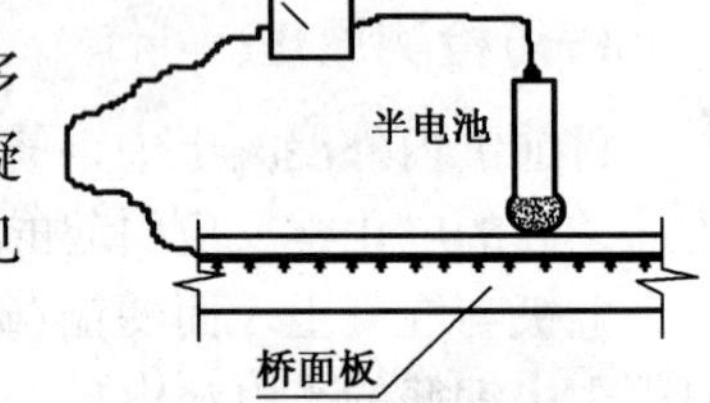

图3-2-16 测试系统简图

4.铜/硫酸铜电极的准备

饱和硫酸铜溶液用试剂级硫酸铜晶体溶解在蒸馏水中制成，当有多余的未溶解硫酸铜晶体积于溶液底部时，可认为该溶液是饱和的。电极铜棒应清洁，无明显缺陷，否则需用稀释盐酸溶液清洁铜棒，并用蒸馏水彻底冲净。硫酸铜溶液每月更换，或长时间不用时，再用应更换新溶液，以保持溶液清洁。溶液应充满电极，以保证电联接。

5.测量值的采集

测点读数变动不超过2mV，可视为稳定。在同一测点，同一支参考电极，重复测读的差异不超过10mV，不同的电极重复测读的差异不超过20mV。若不符合稳定要求，应检查测试系统的各个环节。

6.注意问题和数据的修正

(1)混凝土含水量对测量值有明显影响，因此测量时构件应在自然状态，含水量约为2%～3%，否则不能使用本标准给出的判据。

(2)如果环境温度在22℃±5℃范围之外，要对铜/硫酸铜电极做温度修正。

(3)各种外界因素产生的杂散电流，影响测量值，特别是靠近地面的测区。应避免各种电磁场的干扰。

(4)混凝土保护层电阻对测量值产生影响，除测区表面处理要符合规定外，仪器的输入阻抗要符合技术要求。

(四)检测结构的判读

(1)在对已处理的数据(包括已进行温度修正)进行判读以前，按惯例将这些数据加一负号，绘制等电位图，然后进行判读。推荐的实测数据的评判标准见表3-2-28。

推荐的混凝土中钢筋锈蚀电位的评判标准表　　表3-2-28

等级	电位水平(mV)	钢筋状态
1	0～−200	无锈蚀活动性或锈蚀活动性不确定
2	−200～−300	有锈蚀活动性，但锈蚀状态不确定，可能坑蚀
3	−300～−400	有锈蚀活动性，发生锈蚀概率大于90%
4	−400～−500	有锈蚀活动性，严重锈蚀可能性极大
5	<−500	构件存在锈蚀开裂区域

注：1.表中电位水平为采用铜/硫酸铜电极时的量测值。

2.混凝土湿度对量测值有明显影响，量测时构件应为自然状态，否则不能使用此评定标准。

(2)本测试方法存在各种影响因素，混凝土含水量对测值的影响较大，为提高现场评定钢筋状态的可靠度，一般要进行现场比较性试验。

(3)现场比较性试验通常按已暴露钢筋的锈蚀程度不同，在它们的周围分别测出相应的锈蚀电位。比较这些钢筋的锈蚀程度和相应测值的对应关系，提高评判的可靠度。

五、混凝土碳化深度检测

钢筋混凝土结构物中，钢筋在混凝土内处于碱性保护的钝化状态，混凝土碳化深度一旦达到钢筋，将造成钢筋失去保护，当外界条件成熟，钢筋就会发生锈蚀。另外碳化的混凝土硬度增加，但强度却降低，致使结构的实际有效截面折损。因此，检测混凝土碳化深度可间接的评判钢筋的可能锈蚀状态。

(一)检测方法

混凝土碳化深度的检测一般采用酚酞试剂法，将配好的酚酞溶剂喷在混凝土的新鲜破损面上，根据混凝土颜色的变化，来判断及量测混凝土的碳化深度。

(二)检测设备及仪器

白色固态酚酞粉末、75％的酒精溶液、冲击钻、圆形毛刷、喷雾器、卡尺。

(三)检测范围或区域的确定

测区位置的选择原则可参照钢筋锈蚀自然电位测试的要求，若在同一测区，应先进行保护层和锈蚀电位、电阻率的测量，再进行混凝土碳化深度的测量。

(四)测区及测孔布置

(1)测区应包括锈蚀电位测量结果有代表性的区域，也能反映不同条件及不同混凝土质量的部位，结构外侧面应布置测区。

(2)测区数不应小于3个。

(3)每一测区应布置三个测试孔，成“品”字排列，孔距应根据构件尺寸大小而定，但不宜小于2倍孔径。

(4)测孔距构件边角的距离大于2.5倍保护层厚度。

(五)检测步骤及操作过程

(1)目前常用的指示剂为酚酞试剂，配制方法为：75％的酒精溶液与白色酚酞粉末配置成酚酞浓度为1％～2％的酚酞溶剂，装入喷雾器备用，溶剂应为无色透明的液体。

(2)用装有20mm直径钻头的冲击钻在测点位置钻孔。

(3)成孔后用圆形毛刷将孔中碎屑、粉末清除，使之露出混凝土新茬。

(4)将酚酞指示剂喷到测孔壁上。

(5)待酚酞指示剂变色后，用卡尺测量混凝土表面至酚酞变色交界处的深度，精确到1mm。酚酞指示剂从无色变为紫色时混凝土未碳化，酚酞指示剂未改变颜色处的混凝土已经碳化。

(6)将测孔统一编号，并画出示意图，标上测量结果。

(7)测量值的整理应列出最大值、最小值和平均值。

(六)混凝土碳化对钢筋的影响

若测得混凝土碳化深度达到或超过钢筋混凝土保护层的厚度，则钢筋失去保护层碱性混凝土的保护，将导致钢筋锈蚀；同时混凝土碳化也会加剧混凝土的收缩，导致混凝土开裂。

混凝土碳化深度对钢筋锈蚀及材料强度均有一定影响。评判时可取构件的混凝土碳化深度平均值与该类构件保护层厚度平均值之比，并考虑其离散情况，评判标准见表3-2-29。

混凝土碳化深度对钢筋锈蚀影响的评判标准　　表 3-2-29

等　级　1	1	2	3	4	5
混凝土碳化层深度/保护层厚度	<1①	<1	=1	>1	>1②

注:①构件全部实测比值均小于 1。
　②构件全部实测比值均大于 1。

六、混凝土氯离子扩散系数快速测定方法

(一)试验目的和适用范围

1. 试验目的

定量评价混凝土抵抗氯离子扩散的能力,为氯离子侵蚀环境中的混凝土结构耐久性设计以及使用寿命的评估与预测提供基本参数。

2. 适用范围

本试验方法适用于集料最大粒径不大于 25mm(一般不宜大于 20mm)的试验室制作的或者从实体结构取芯获得的混凝土试件,试验数据可以用于氯离子侵蚀环境耐久性混凝土的配合比设计和作为混凝土结构质量检验评定的依据。

(二)试验设备和化学试剂

(1)唐氏 RCM 测定仪,原理图见图 3-2-17。

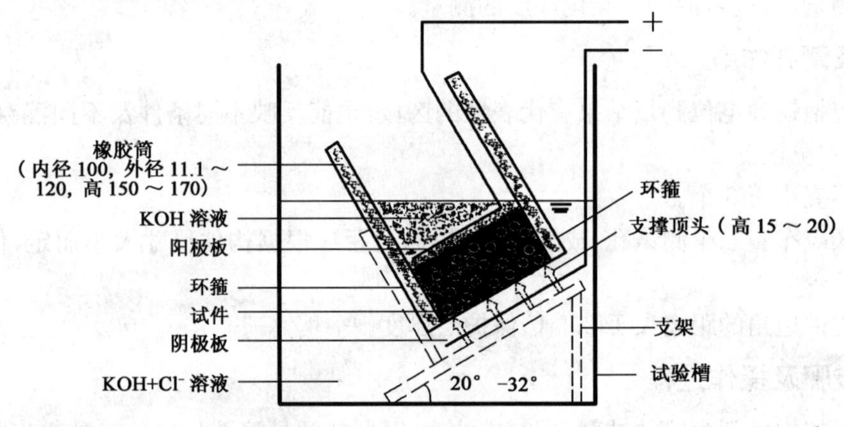

图 3-2-17　唐氏 RCM 测定仪原理

(2)含 5%NaCl 的 0.2mol/L KOH 溶液;0.2mol/L KOH 溶液。

(3)显色指示剂:0.1mol/L $AgNO_3$溶液。

(4)水砂纸(200~600 号);细锉刀;游标卡尺(精度 0.1mm)。

(5)超声浴箱:电吹风(2000W);万用表:温度计(精度 0.2℃)。

(6)扭矩扳手(20~100N·m,测量误差±5%)。

(三)试件准备

(1)标准试件尺寸为 ϕ100±1mm,h=50±2mm。

(2)试件在试验室制作时,一般可使用 ϕ100×300mm 或 150mm×150mm×150mm 试模。试件制作后立即用塑料薄膜覆盖并移至标准养护室,24h 后拆模并浸没于标准养护室的水池中。试验前 7d 加工成标准试件尺寸的试件,并用水砂纸(200~600 号)、细锉刀打磨光滑,然后继续浸没于水中养护至试验龄期。

(3)试件在实体混凝土结构中钻取时,应先切割成标准试件尺寸,再在标准养护室水池中浸泡 72h,然后才可以进行试验。

(四)试验准备

(1)试件安装前需进行15min超声清洗并用相距200～300mm的电吹风(用冷风挡)吹干。超声浴槽事先需用饮用水(室温)冲洗60s。试件的表面应该干净、无油污、无灰砂。

(2)置唐氏RCM测定仪在20℃±5℃的实验室中，其试验槽在试验前需用40℃±2℃的温饮用水冲洗干净。

(3)试件的直径和高度应该在试件安装前用游标卡尺测量(精度0.1mm)，并填入显色深度计算表(见表3-2-30)和试验原始记录表(见表3-2-31)。

(4)试件装入试件筒内，拧紧环箍螺丝至30～35N·m。

显色深度(mm)计算表　　表3-2-30

试件编号	直径(mm)	高度(mm)	显色深度(mm)												
			1	2	3	4	5	6	7	8	9	10	11	12	平均值

(五)电迁移试验过程

(1)在无负荷状态下，把40V/5A的直流电源调到30±0.2V，然后关闭电源。

(2)把装好试件的试件筒安装到试验槽中，安装好阳极板，然后在试件筒中注入约300ml0.2mol/L的KOH溶液，使阳极板和试件表面均浸没于溶液中。

(3)在试验槽中注入(含5％NaCl的0.2mol/L KOH)溶液，直至试件筒中的KOH溶液的液面。

(4)按图3-2-18连接电源、分配器和试验槽，阳极连至试件筒中，阴极连至试验槽的电解液中。

(5)打开电源，记录时间，同步测定并联电压、串联电流和温度。

(6)测量电流时，万用表调到200mA档；测量电压时，万用表调到200V档；二种溶液的温度测定应精确到0.2℃。

(7)试验时间按测得的初始电流确定(见表3-2-32)。

(8)试验数据填入试验原始记录表(见表3-2-31)。

(9)试验结束时，先关闭电源，断开连线，取出试件筒，倒除KOH溶液，松开环箍螺丝，然后从上向下移出试件。

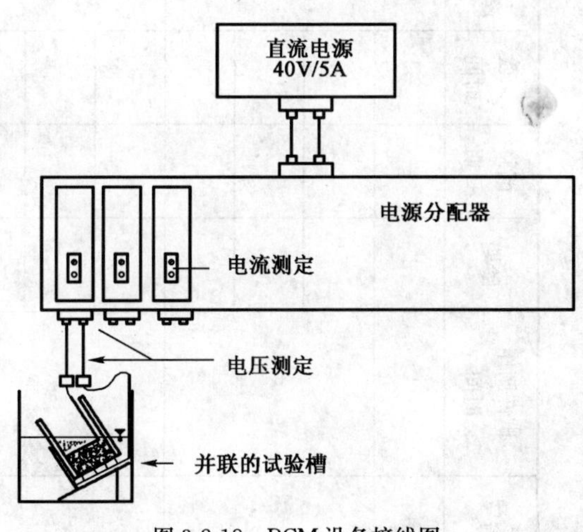

图3-2-18　RCM设备接线图

RCM 试验原始记录

表 3-2-31

编号	试件制作时间	龄期	试验日期	试验时间	超声浴	无载电压	电压	电流	KOH 溶液		KOH+Cl^- 溶液		试验持续时间		试件高度 h	显色深度 X_d	备注
—	—	d	—	—	min	V		mA	℃	mL	℃	mL	h	min	m		—

试验员：________　　　　记录员：________

初始电流与试验时间的关系　　表 3-2-32

初始电波 I_0 (mA)	选定的通电试验时间 (h)	初始电波 I_0 (mA)	选定的通电试验时间 (h)
$I_0<5$	168	$30\leqslant I_0<60$	24
$5\leqslant I_0<10$	96	$60\leqslant I_0<120$	8
$10\leqslant I_0<30$	48	$120\leqslant I_0$	4

(六)氯离子扩散深度测定

(1)试件从试件筒移出后，立即在压力试验机上劈成两半。

(2)在劈开的试件表面立即喷涂显色指示剂，混凝土表面一般变黄(实际颜色与混凝土颜色相关)，其中含氯离子部分明显较亮；表面稍干后(约 10min)喷 0.1mol/L $AgNO_3$溶液；然后将试件置于采光良好的试验室中，含氯离子部分不久(约 1d)即变成蔷薇紫罗兰色(颜色和时间按混凝土掺和料的不同略有变化)，不含氯离子部分一般显灰色。若直接在劈开的试件表面喷涂 0.1mol/L $AgNO_3$溶液，则可在约 15min 后观察到白色硝酸银沉淀。

(3)测量显色分界线离底面的距离，把如图 3-2-19 所示位置的测定值(精确到 mm)填入表 3-2-30，计算所得的平均值即为显色深度。

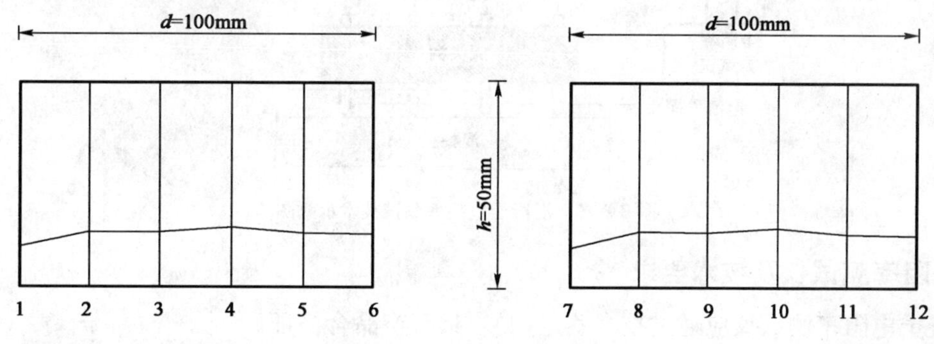

图 3-2-19　显色分界线位置编号

(4)试验后排除试验溶液，结垢或沉淀物用黄铜刷清除，试验槽和试件筒仔细用饮用水和洗涤剂冲洗 60s，最后用蒸馏水洗净并吹干。

(七)试验结果计算

(1)混凝土氯离子扩散系数按下式计算(中间运算精确到四位有效数字，最后结果保留三位有效数字)：

$$D_{RCM,0}=2.872\times10^{-6}\frac{Th\left(\chi_d-\alpha\sqrt{\chi_d}\right)}{t}\tag{3-2-44}$$

$$\alpha=3.338\times10^{-3}\sqrt{Th}$$

式中：$D_{RCM,0}$——RCM 法测定的混凝土氯离子扩散系数(m^2/s)；

T——温度(K)；

h——试件高度(m)；

χ_d——氯离子扩散深度(m)；

t——通电试验时间(s)；

α——辅助变量。

(2)一组试样的混凝土氯离子扩散系数为 3 个试样的算术平均值。如任一个测值与中值的差值超过中值的 15%，则取中值为测定值；如有两个测值与中值的差值都超过中值的 15%，则该组试验结果无效。

七、混凝土电阻率检测

(一)检测依据和检测方法

1. 检测依据

混凝土的电阻率是控制混凝土中钢筋锈蚀速率因素之一，混凝土的电阻率反映其导电性。混凝土电阻率大，若钢筋发生锈蚀，则发展速度慢，扩散能力弱；混凝土电阻率小，锈蚀发展速度快，扩散能力强。测量混凝土电阻率可间接评判钢筋的可能锈蚀速率，因此对钢筋状况进行检测评定，混凝土的电阻率是一项重要指标。

2. 检测方法

混凝土电阻率的测量采用四电极方法，即在混凝土表面等间距接触四支电极，两外侧电极为电流电极，两内侧电极为电压电极，通过检测两电压电极间的混凝土电阻即可获得混凝土电阻率，如图 3-2-20 所示。

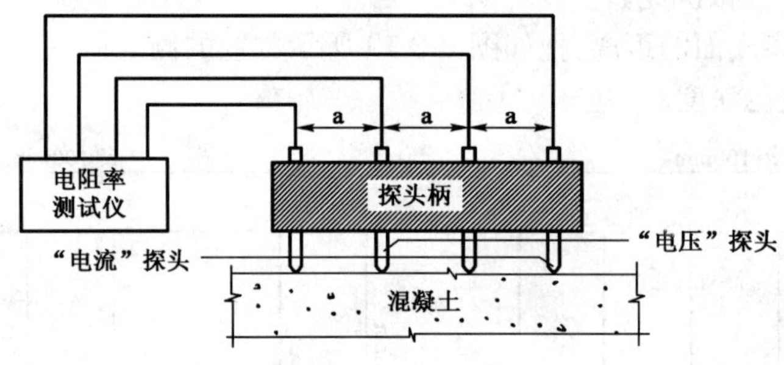

图 3-2-20　混凝土电阻率测试技术示意图

(二)电阻率测试仪及技术要求

(1)混凝土电阻率测试仪应通过技术鉴定，必须具有产品合格证。

(2)电阻率测试仪由四电极探头与电阻率仪表组成，采用交流测量系统。

①探头四电极间距可调，调节范围 10dm，每一电极内均装有压力弹簧，从而保证可测不同深度的电阻率及电极与混凝土表面接触良好。

②电压电极间的输入阻抗＞1MΩ。

③电极端部直径尺寸不得大于 5mm。

④显示方式：直接数字显示电阻率值。

⑤电源：直流供电，连续正常工作时间不小于 6h。

⑥仪器使用环境条件：环境温度 0～＋40℃；相对湿度≥85％。

(三)仪器的检查

在四个电极上分别接上三支电阻，则仪器的显示值为相应的电阻率值。例如电阻值为 1kΩ，相应是阻率值为：$2\pi E\times 1\text{k}\Omega$。

(四)混凝土电阻率的测量

(1)测区与测位布置可参照钢筋锈蚀自然电位测量的要求，在电位测量网格间进行，并做好编号。

(2)混凝土表面应清洁、无尘、无油脂。为了提高量测的准确性，必要时可去掉表面混凝土碳化层。

(3)调节好电极的间距，一般采用的间距为 50mm。

(4)为了保证电极与混凝土表面有良好、连续的电接触，应在电极前端涂上耦合剂，特别是当读数不稳定时。

(5)测量时探头应垂直置于混凝土表面，并施加适当的压力。

（五）混凝土电阻率测量值的评判标准

混凝土电阻率检测测区应根据钢筋锈蚀电位测量结果确定。对钢筋锈蚀电位测试结果表明钢筋可能锈蚀活化的区域，应进行混凝土电阻率测量。混凝土电阻率对钢筋锈蚀影响程度的评判标准见表3-2-33。

混凝土电阻率对钢筋锈蚀影响程度的评判标准　　表3-2-33

等级	电阻率（Ω·dm）	可能的锈蚀速度	等级	电阻率（Ω·dm）	可能的锈蚀速度
1	＞20000	很慢	4	5000～10000	快
2	15000～20000	慢	5	＜5000	很快
3	10000～15000	一般			

注：混凝土湿度对量测值有明显影响，量测时构件应为自然状态，否则不能使用此评判标准。

八、保护层厚度检测

钢筋混凝土保护层为钢筋提供了良好的保护，其厚度是影响钢筋耐久性的重要因素。

（一）检测方法

现场检测钢筋混凝土保护层厚度是采用非破损检测方法确定钢筋位置，辅以现场修正确定保护层厚度，量测值准确至mm。

（二）检测设备

钢筋混凝土保护层的厚度的探测采用钢筋混凝土保护层测试仪。

检测设备的技术要求：

(1)钢筋保护层测试仪应通过技术鉴定，必须具有产品合格证。

(2)仪器原保护层测量范围应大于120mm。

(3)仪器的准确度应满足：0～60mm，误差＜3％或±1mm；

60～120mm，误差＜5％或±3mm；

120～180mm，误差＜3％或±1mm。

(4)适用的钢筋直径范围应为ϕ6～ϕ50，并不少于符合有关钢筋直径系列规定的12个档次。

(5)仪器应具有在未知保护层厚度的情况下，测量钢筋直径的功能。

(6)仪器应能适用于0～40℃，相对湿度≤85％，无强磁场干扰的环境条件。

(7)仪器工作时应为直流供电，连续正常工作时间不小于6h。

(8)仪器使用前，必须使用专用的标定块进行标定。

（三）测区布置及测点要求

(1)钢筋混凝土保护层厚度的检测范围，应为主要承重构件或承重构件的主要受力部位，或钢筋锈蚀电位测试结果表明钢筋可能锈蚀活化的部位，以及根据结构检算及其他检测需要确定的部位。

(2)测区布置原则

①按单个构件检测时，应根据尺寸大小，在构件上均匀布置测区，每个构件上的测区数不应少于3个，相邻两测区的间距不宜小于2m。

②对于最大尺寸大于5m的构件，应适当增加测区数量。

③测区表面应清洁、平整，避开接缝、蜂窝、麻面、预埋件等部位。

④对构件上每一测区应检测不少于10个测点，测点间距应小于保护层测试仪传感器长度。

⑤对结构整体的检测，可先按构件类型分类，再按类型进行检测。

（四）钢筋混凝土保护层厚度检测过程

(1)测试前应了解有关图纸资料，以确定钢筋的种类和直径。

(2)进行保护层厚度测读前，应先在测区内确定钢筋的位置与走向，做法如下：将保护层测试仪传感器在构件表面平行移动，当仪器显示值最小时，传感器正下方即是所测钢筋的位置，然后将传感器在原处左右转动一定角度，仪器显示最小值时传感器长轴线的方向即为钢筋走向，用笔标出钢筋位置与走向。

(3)保护层厚度的测读：将传感器置于钢筋所在位置正上方，并左右稍稍移动，读取仪器显示最小值即为该处保护层厚度；每一测点值宜读取 2～3 次稳定读数，取其平均值，准确至 1mm；应避免在钢筋交叉位置进行测量。

(4)当缺少资料，无法确定钢筋直径的构件，先测量钢筋直径。对钢筋直径的测量宜采用 5～10 次测读，剔除异常数据，求其平均值的测量方法。

第三章　预应力钢筋混凝土结构检测

1963年，我国为满足南京长江大桥引桥预应力施加的需要，参照《英国预应力混凝土结构用钢丝》(BS 2691—1963)标准，试制成抗拉强度为1570～1760MPa的预应力钢丝。在试制与生产预应力钢丝和预应力钢绞线的基础上，我国于1965年发布实施了《预应力混凝土结构用碳素钢丝》(YB 255—64)、《预应力混凝土结构用刻痕钢丝》(YB 256—64)与《预应力混凝土结构用钢绞线》(YB 286—64)三个标准。

1984年，天津钢厂率先引进意大利瑞得利(Redaelli)公司低松弛预应力钢丝稳定化生产线，生产出了低松弛预应力钢丝和镀锌预应力钢丝。

1988年，新华金属制品有限公司全套引进意大利瑞得利(Redaelli)公司低松弛预应力钢绞线生产设备、检测设备及工艺操作技术，建成中国第一条高强度、低松弛预应力钢绞线生产线。随后，上海申佳、江阴华新等中外合资金属制品有限公司也分别引进国外的先进技术、先进设备，生产出高质量的预应力筋产品。

1985年，我国在总结预应力钢丝与钢绞线生产与推广经验的基础上，修改了1964年部颁标准，正式制定了预应力钢丝与钢绞线的国家标准(GB 5223—85、GB 5224—85)，但与当时国际上先进的水平相比还存在一定差距。经过10年的使用之后，1995年又对国标进行了重新修订，制定了预应力钢丝与钢绞线的新国家标准(GB 5223—95、GB 5224—95)，2000年以后再次对国标进行了修订，制定了预应力钢丝与钢绞线的新国家标准(GB/T 5223—2002、GB/T 5224—2003)，新标准已达到国际先进水平。自1998年以来，各预应力钢绞线生产厂家改用国产盘条生产钢绞线，极限强度普遍提高，上海申佳金属制品有限公司、江西新华金属制品有限公司和江阴厂先后研制了2000级钢绞线。在预应力张拉锚固体系方面，由于国外的关键技术保密，我国的研究与生产技术一直比较滞后，长期以来，以采用传统的预应力锚(夹)具为主，而钢绞线的锚(夹)个长期依赖进口。

1984年，建设部将钢绞线预应力张拉锚固体系的研究列入科学技术开发计划，经过几年的研制、试用，于1987年前后推出了XM与QM两种预应力体系，填补了国内的空白。随后YM体系与OVM体系等相继研制开发成功，我国的预应力张拉锚固技术得到了迅速发展，产品不断完善，已达到国际先进水平，并已向国外出口。

预应力技术从工程应用开始至今仅半个多世纪，但是，由于它所特有的优点，使其迅速发展，广泛地应用于各个领域，应用数量日益增多。具有代表性的是20世纪50年代中期，瑞士VSL国际公司研究成功并开始在实际工程中使用的威胜利(VSL)钢绞线后张系统，即罗辛格(Losingor)后张系统。由于这种体系的锚具可靠性高，且具有施工操作简便、高效、适用性广等优点，而声速为各国所采用，成为目前国际上大、中型预应力结构工程设计、施工中所广泛采用的主要方法之一。

现代预应力技术的发展主要可概括为以下几个方面：

1.高性能预应力混凝土的采用

由于预应力混凝土采用高强度、轻质材料，因而可以减小构件截面尺寸，从而减少混凝土用量，降低结构物自重，此外高强混凝土还具有良好的耐久性、低透水性及较高的弹性模量。因此，预应力混凝土结构采用高强、高性能的混凝土。抗压强度高达100MPa的混凝土早在20世纪30年代便能够工业化生产，现在试验室里已能制造出抗压强度200MPa以上的混凝土。世界各国目前正致力于将高强混凝土的研究成果编入设计规范，我国现行规范中也已将混凝土强度等级提高到 C80。

2.高强超高强预应力筋的采用

在预应力构件中，预应力筋本身处于受拉状态，因此，其抗拉强度及弹性极限越高越好。另外，从节约钢材的角度考虑，也要求采用高强预应力筋，高强、低松弛和耐腐蚀是现代预应力钢材发展的方向。当今我们所使用的预应力筋强度较过去有显著提高，有的国家粗轧螺纹钢筋最大强度可达 1570MPa，而钢绞线在国内外工程中已普遍使用强度为 1860～2000MPa 的产品，有些国家已在研制强度更高的预应力筋。在欧洲，2063MPa 等级的钢绞线已经批量生产。在日本，已经成功地研制出了 2300MPa 级的钢绞线。

钢绞线预应力筋由于强度高，锚固简单，加上与混凝土间握裹性能好，故欧洲各国及美日等国普遍采用钢绞线代替钢丝。在预应力筋中钢绞线占有绝对优势，而且这种优势将越来越大，为了提高钢绞线的使用性能，英国和日本研究出"模拔成型"的预应力钢绞线，日本神钢工业株式会还研究出刻痕钢绞线。

为保证在不利环境下使用，延长结构的使用年限和耐久性，以及作为无黏结预应力筋和体外预应力配筋使用。外涂层预应力筋已开始在工程中使用，如镀锌钢丝、钢绞线、环氧涂层钢绞线，外包 PE 管及防护油脂的钢绞线等。

3.高效率的张拉锚固体系

预应力锚固体系经过几十年的发展，技术已臻完善，预应力施加方便，安全可靠，张拉力最大可达上千吨甚至更高，锚具效率系数很高。预应力产品标准化、系列化，品种齐全（如环锚、吊杆锚、缆索锚及岩土锚等），可以满足各种不同的需要。

4.预应力施工工艺不断创新

在现代预应力的发展过程中，随着预应力混凝土、预应力筋及预应力张拉锚固体系性能的不断提高，预应力混凝土结构及预应力施工工艺也在不断完善和创新。归纳起来，有以下几个方面：

(1)预应力混凝土结构的施工技术不断发展，如桥梁结构的阶段施工、逐跨施工及顶推施工法等，可以适应不同的桥梁施工需要。

(2)采用操作灵活、安全可靠的系列化千斤顶使预应力张拉变得非常简便。

(3)在后张法预应力筋的预留孔道中，采用高强度、高弹性橡胶抽拔棒，使抽拔省力，又不易损坏；提高抽拔棒的周转率，节省投资。金属及塑料波纹管的使用使曲线束、长束及密集束预留孔道变得方便可靠，可以完全避免采用抽拔成型时的断棒、塌孔现象发生。

(4)在后张法孔道灌浆中，灌浆技术有很大突破，特别是灌浆设备的改进及新技术的出现，如"二次灌浆"法、塑料波纹管及真空压浆技术的采用，确保了孔道灌浆的密实性。

(5)无黏结预应力技术的采用使预应力筋可在工厂制作，不必在混凝土构件中预留孔道，可与普通钢筋一样直接埋入混凝土中，减少了现场施工工序，降低了成本，提高了结构的施工水平和施工速度以及产品质量。此外，作为体外预应力配筋，既减少了摩擦损失，又减小了构件断面尺寸，比前者更加方便、经济。

5.预应力新技术的不断出现

部分预应力混凝土结构，混凝土受拉区预压、受压区预拉的双向预应力混凝土结构，特别是缓黏结预应力的使用，使预应力技术上了一个新的台阶。

第一节　预应力张拉锚固体系

预应力体系通常可根据预应力筋的形成——钢筋、钢丝或钢绞线划分为三类。预应力的施加可根据时间分为两类，即先张法和后张法；后张预应力体系的施工又可分为有黏结和无黏结两种。介绍预应力钢筋混凝土结构检测前，先对国内预应力张拉锚固体系作以介绍。

国内主要的预应力张拉锚固体系有：预应力粗钢筋张拉锚固体系；预应力高强精轧螺纹钢筋张拉锚固体系；DM型、LM型、XM型、OVM型、HVM型、YM型、XYM型、B&S型、TM型、STM型、BUPC无黏结型及JM型预应力张拉锚固体系等。为节省篇幅，这里，仅简介桥梁常用的预应力高强精轧螺纹钢筋张拉锚固体系，YM型预应力张拉锚固体系和TM型预应力张拉锚固体系。

一、预应力高强精轧螺纹钢筋张拉锚固体系

我国冶金、建筑等部门于20世纪70年代中、后期开始研制精轧螺纹钢筋。鉴于高强精轧螺纹管钢筋具有广泛的应用领域。从1983年起，冶金部建筑研究总院及交通部公路规划设计院等单位对25mm、35mm两种直径的高强精轧螺纹钢筋进行了研制。精轧螺纹钢筋张拉锚固体系除具有粗钢筋冷轧螺纹张拉锚固体系的所有优点外，还具有受热不失效，钢筋可实现在任意点锚固连接的特点，既可用于后张法，也可用于先张法，因此得到广泛的应用。

1. 连接器和锚具

(1)预应力高强精轧螺纹粗钢筋的接长应采用YGL型连接，不得采用任何形式的焊接接长，当有充分的试验数据时也可采用其他形式的连接。YGL型连接器的外观见图3-3-1，其尺寸应符合表3-3-1的规定。

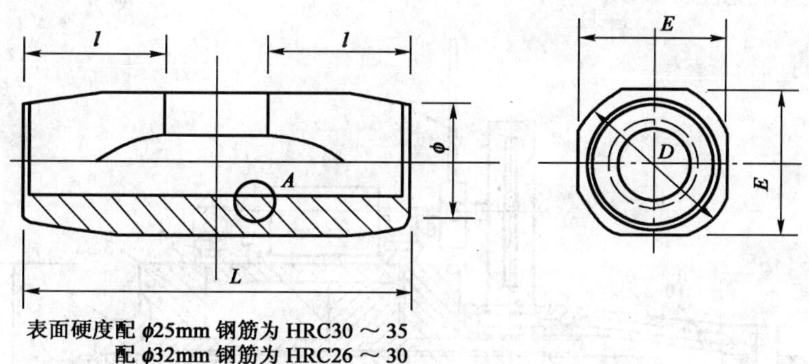

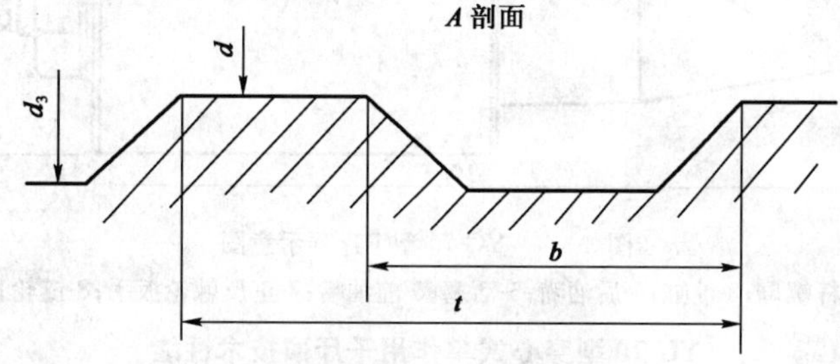

图3-3-1　YGL型连接器简图

YGL型连接器尺寸(单位：mm)　　表3-3-1

d_0	L	l	D	Φ	E	d_1	d_3	t	b	质量(kg)
25	132	45	50	38	46	25.5	29.7	12	8	1.18
32	160	60	60	46	56	32.5	37.5	16	9	1.84

(2)预应力高强精轧螺方粗钢筋的锚具为YGM型，其外形尺寸如图3-3-2和表3-3-2。当采用原联邦德国狄维达克(Dywidag)施工方法时，其锚具可采用狄维达克所推荐的钟形锚具和板式锚具。

YGM型锚具尺寸(单位：mm)　　表3-3-2

d_0	S	D	H	Φ	h	A	b	d'	δ
25	50	57.7	60	35	13	120	24	35	13
32	65	75	72	45	16	140	24	45	9.5

注：螺母硬度同连接器硬度。

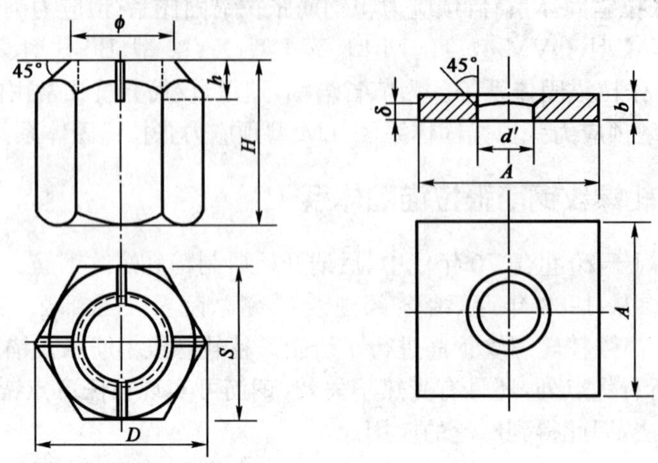

图 3-3-2　YGM 型锚具简图

2.张拉设备

预应力高强精轧螺纹粗钢筋的专用张拉设备为 YG-70 型穿心式单作用千斤顶。其主要技术性能见表 3-3-3。构造示意图见图 3-3-3。

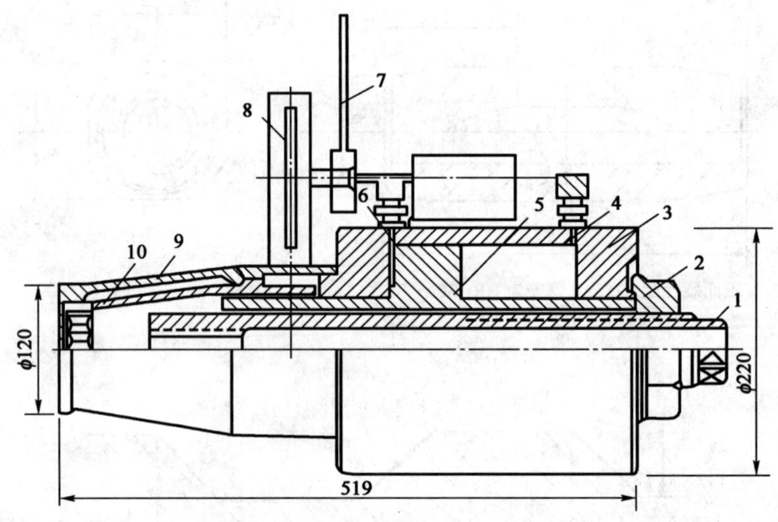

图 3-3-3　YG-70 型千斤顶示意图

1-穿心拉杆；2-穿心拉杆螺母；3-油缸；4-后油嘴；5-活塞；6-前油嘴；7-正反棘轮扳手；8-链轮；9-撑套；10-链轮套管

YG-70 型穿心式单作用千斤顶技术性能　　表 3-3-3

额定油压	MPa	40	外形尺寸　长×宽×高		mm	519×270×333
活塞面积	cm^2	190.85	质量	拧紧装置	kg	8.5
张拉力	t	72.5		千斤顶	kg	76.5
张拉行程	mm	100		总质量	kg	85.0
穿心拉杆直径	mm	64	配套油泵			
用油品种	建议　夏季用 30 号／冬季用 20 号　机械油			配套高压胶管		

二、YM 型预应力张拉锚固体系

YM 型钢绞线预应力张拉锚固体系是原交通部“七五”、“八五”期间的重点科技项目——大吨位钢绞线成套张拉设备和大吨位锚具的研究成果。

该项目于1985年经原交通部批准立项，经过六年努力，研制出YM锚具体系和配套设备，1990年9月通过交通部组织的专家评议，随后完成了工业性试验，于1992年4月通过了交通部的鉴定。

YM型预应力张拉锚固体系是在广泛地采纳工程单位意见，吸收国内外先进技术的基础上研制出来的，产品性能符合国际预应力混凝土协会《后张预应力体系的验收和应用建议》(1981年)。

该体系属于无顶压的锚固体系，现由交通部新津筑路机械厂与合肥四方交通工程设备厂生产。

1.锚具、连接器

(1)张拉端群锚

张拉端群锚结构，见图3-3-4；规格系列，见表3-3-4。

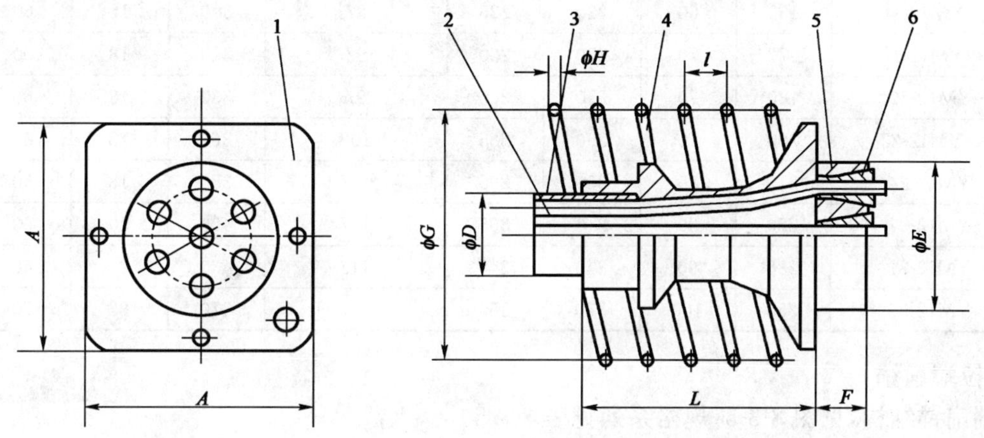

图3-3-4　张拉端群锚结构形式

1-锚下垫板；2-钢绞线；3-波纹管；4-螺旋筋；5-锚圈；6-夹片

张拉端群锚规格系列(单位:mm)　　表3-3-4

序号	型号	锚圈		锚下垫板		波纹管外径	螺旋筋			
		ϕE	F	A	L	ϕD	ϕG	ϕH	I	n
1	YM15-1*	48	55	80	—	—	—	—	—	—
2	YM15-3*	90	55	135	135	56	60	10	50	4
3	YM15-4*	105	55	150	145	56	190	14	50	5
4	YM15-5*	114	55	165	160	67	210	16	50	5
5	YM15～6～7*	132	60	190	175	77	240	16	60	6
6	YM15-8～9*	158	60	215	215	87	270	16	60	6
7	YM15-12*	170	70	250	250	92	320	18	60	7
8	YM15-14*	192	80	270	285	97	350	18	60	7
9	YM15-16*	196	80	290	285	102	370	18	60	7
10	YM15-19*	215	90	310	305	107	400	20	60	8
11	YM15-22*	235	90	340	345	117	430	20	60	8
12	YM15-24*	240	100	350	350	117	450	20	60	8
13	YM15-27*	260	100	380	380	117	480	20	70	8
14	YM15-31*	270	100	390	380	132	520	22	70	9
15	YM15-37*	300	110	430	450	142	570	22	70	10
16	YM12-1*	46	55	70	—	—	—	—	—	—
17	YM12-3*	85	55	120	130	46	140	10	50	4
18	YM12-4*	90	55	135	135	56	160	14	50	4

续上表

序　号	型　号	锚　圈		锚下垫板		波纹管外径	螺　旋　筋			
		ϕE	F	A	L	ϕD	ϕG	ϕH	I	n
19	YM12-5*	100	55	145	140	56	180	14	50	4
20	YM12-7*	112	55	165	160	67	210	14	50	5
21	YM12-8*	126	60	175	170	72	220	16	50	5
22	YM12-9*	136	60	185	180	77	240	16	60	6
23	YM12-12	150	60	215	215	82	270	16	60	6
24	YM12-14	155	60	230	225	87	300	16	60	6
25	YM12-16	172	70	250	250	92	310	18	60	6
26	YM12-19*	180	70	270	265	97	330	18	60	7
27	YM12-22	200	70	290	285	102	360	18	60	7
28	YM12-24*	210	85	300	295	107	380	18	60	7
29	YM12-27*	220	90	310	305	107	400	20	60	8
30	YM12-31*	230	90	340	345	112	430	20	60	8
31	YM12-37*	250	100	370	365	117	470	22	70	8

(2)张拉端扁锚

张拉端扁锚结构，见图 3-3-5；规格系列见表 3-3-5。

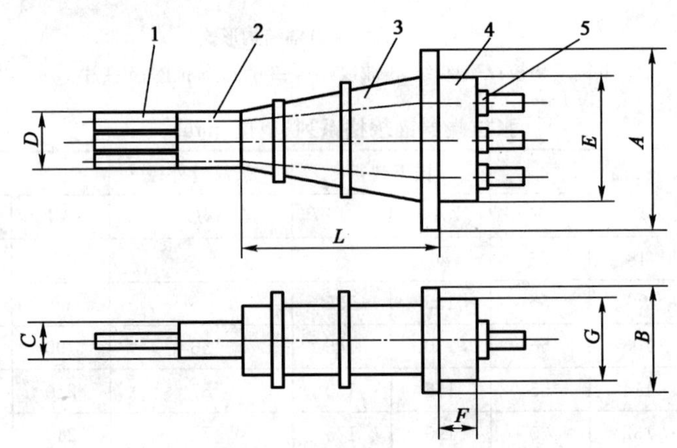

图 3-3-5　张拉端扁锚结构形式

1-钢绞线；2-波纹管；3-扁锚垫板；4-扁锚圈；5-夹片

张拉端扁锚规格系列(单位：mm)　　表 3-3-5

序　号	型　号	锚　圈			扁 锚 垫 板			波 纹 管	
		E	G	F	L	A	B	D	C
1	YMB15-2	80	48	50	150	140	70	50	19
2	YMB15-3	128	48	50	180	190	70	60	19
3	YMB15-4	160	48	50	240	230	70	70	19
4	YMB15-5	185	48	50	280	260	70	90	19
5	YMB12-2	77	48	50	130	120	70	40	19
6	YMB12-3	108	48	50	160	150	70	50	19
7	YMB12-4	140	48	50	180	190	70	60	19
8	YMB12-5	170	48	50	240	230	70	70	19

(3)固定端挤压(P型)锚具

固定端挤压(P型)锚具结构，见图 3-3-6，规格系列见表 3-3-6。

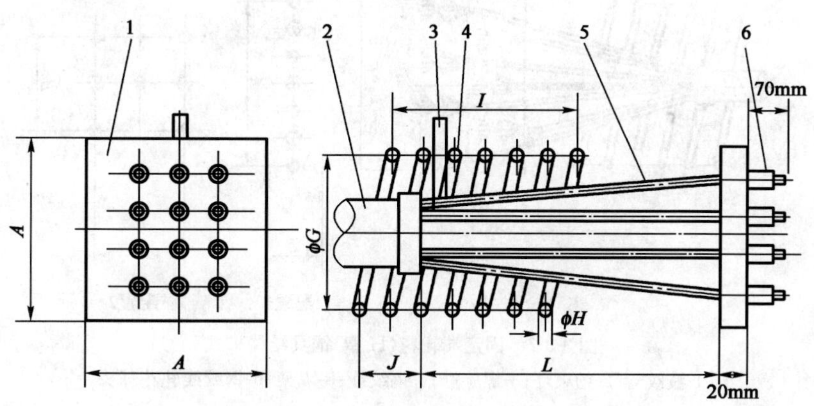

图 3-3-6　固定端挤压(P型)锚结构形式

1-垫板；2-波纹管；3-排气孔；4-螺旋筋；5-钢绞线；6-P型锚具

固定端挤压(P型)锚具规格系列(单位:mm)　　表 3-3-6

序　号	型　号	垫　板			螺　旋　筋		
		A	*L*	*J*	*I*	*ϕG*	*ϕH*
1	YMP15-3	120	180	110	200	180	10
2	YMP15-4	150	240	110	250	190	14
3	YMP15-5	170	300	110	250	210	16
4	YMP15-7	200	380	120	250	210	16
5	YMP15-8	210	420	120	250	240	16
6	YMP15-9	220	440	120	300	240	16
7	YMP15-12	250	500	135	300	240	16
8	YMP15-19	300	720	135	360	270	20
9	YMP15-27	350	860	135	360	270	20
10	YMP12-3	100	120	85	200	130	10
11	YMP12-4	120	180	110	200	150	10
12	YMP12-5	130	240	110	200	170	14
13	YMP12-7	150	300	110	250	200	16
14	YMP12-8	165	360	110	250	200	16
15	YMP12-9	170	380	110	250	200	16
16	YMP12-12	200	500	120	250	210	16
17	YMP12-19	250	500	135	300	240	16
18	YMP12-27	330	720	135	360	270	20
19	YMP12-31	350	860	135	360	270	20

(4)固定端轧花(H型)锚具

固定端轧花(H)型锚具结构，见图 3-3-7，规格系列见表 3-3-7。

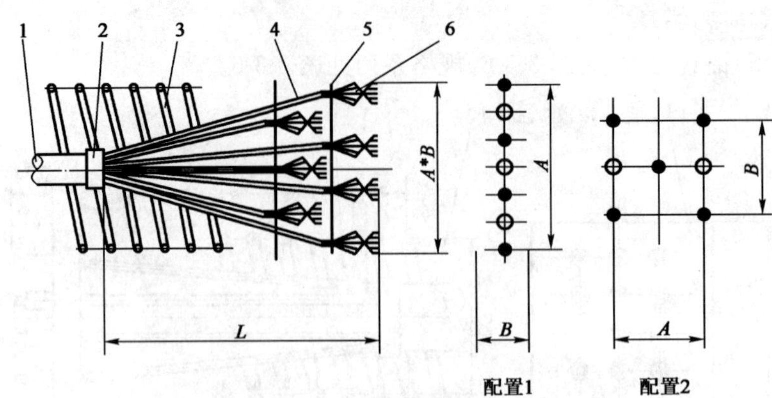

图 3-3-7 固定端轧花(H 型)锚具结构形式

1-波纹管;2-约束环;3-螺旋筋;4-钢绞线;5-隔架;6-钢绞线轧花球头

固定端轧花(H 型)锚具规格系列(单位:mm) 表 3-3-7

序号	型号	配置 1			配置 2		
		A	B	L	A	B	L
1	YMH15-3	290	90	950	—	—	—
2	YMH15-4	390	90	1300	190	210	950
3	YMH15-7	450	90	1300	210	230	1150
4	YMH15-12	430	230	1300	390	330	1300
5	YMH15-19	570	230	1300	390	470	1300
6	YMH15-31	810	260	1700	570	510	1700
7	YMH15-37	1050	370	2000	690	510	2000
8	YMH12-3	230	70	930	—	—	—
9	YMH12-4	310	70	930	150	170	930
10	YMH12-7	370	70	1280	170	190	1200
11	YMH12-12	390	190	1280	310	270	1150
12	YMH12-19	470	190	1280	310	390	1280
13	YMH12-22	570	190	1280	390	390	1280
14	YMH12-31	670	220	1280	470	430	1280
15	YMH12-37	870	310	1680	570	430	1680

(5)固定端扁锚

固定端扁锚结构见图 3-3-8,规格系列见表 3-3-8。

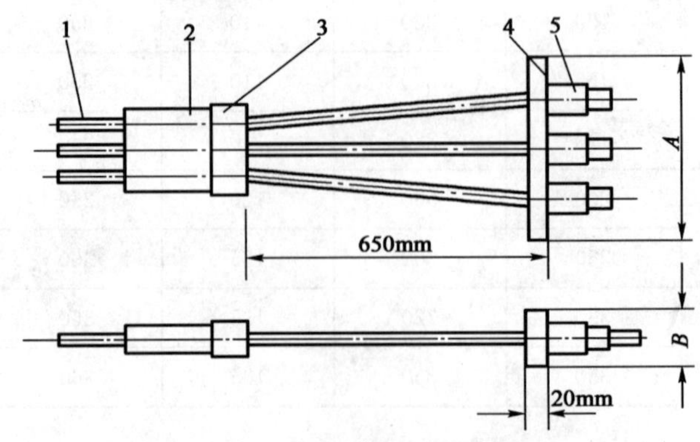

图 3-3-8 固定端扁锚结构形式

1-钢绞线;2-波纹管;3-约束环;4-垫板;5-P 型锚具

固定端扁锚规格系列(单位:mm)　　表 3-3-8

序号	型　号	A	B	序号	型　号	A	B
1	YMPB15-2	150	75	5	YMPB12-2	120	75
2	YMPB15-3	200	80	6	YMPB12-3	150	75
3	YMPB15-4	250	85	7	YMPB12-4	190	80
4	YMPB15-5	300	90	8	YMPB12-5	240	80

(6)连接器

连接器结构见图 3-3-9;规格系列见表 3-3-9。

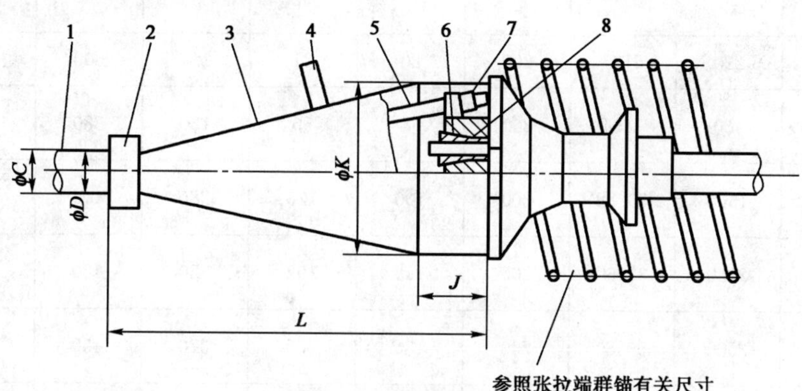

图 3-3-9　连接器结构形式

1-波纹管;2-约束环;3-罩壳;4-排气孔;5-钢绞线;6-夹片;7-P 型锚具;8-连接器

连接器规格系列(单位:mm)　　表 3-3-9

序　号	型　号	L	J	ϕK	ϕC	ϕD
1	YMJ15-2	310	1540	140	45	60
2	YMJ15-3	400	160	150	56	75
3	YMJ15-4	420	160	160	56	75
4	YMJ15-5	480	160	180	67	90
5	YMJ15-7	510	160	190	77	100
6	YMJ15-8	530	160	200	82	100
7	YMJ15-9	540	160	215	87	120
8	YMJ15-12	560	160	240	92	130
9	YMJ15-19	630	160	280	107	140
10	YMJ15-22	730	160	310	107	150
11	YMJ15-31	950	180	360	132	180
12	YMJ15-37	1100	200	430	142	195
13	YMJ12-3	360	140	130	45	60
14	YMJ12-4	380	140	145	56	75
15	YMJ12-5	400	140	160	56	75
16	YMJ12-7	430	140	170	67	90
17	YMJ12-8	460	140	180	72	95
18	YMJ12-9	480	140	190	77	100
19	YMJ12-12	500	140	200	82	110
20	YMJ12-19	580	140	240	92	130
21	YMJ12-22	650	140	260	102	140
22	YMJ12-31	1000	140	350	112	150
23	YMJ12-37	1160	140	390	117	160

2. 张拉千斤顶

YM 型预应力张拉锚固体系配套的千斤顶为 YCL 型系列穿心式千斤顶，千斤顶的结构形式和操作方法与 QM 型体系的 YCQ 型千斤顶相同，其系列技术参数见表 3-3-10。

YCL 系列千斤顶技术参数 表 3-3-10

型　号	额定压力(MPa)	张拉力(kN)	张拉活塞面积(mm^2)	张拉行程(mm)	穿心孔径(mm)	质量(kg)	外形尺寸		适用张拉锚具型号	钢绞线最短预留长度(cm)
							ϕD(mm)	L(mm)		
YC3	50	30							H 型锚具(轧花)	
YCL22	50	220	5105	200	20	21	110	500	单根张拉	180
YCL40	50	400	7854	200		50	130	380	P 型锚具(挤压)	—
YCL150	50	1500	30238	200	100	120	280	400	YM15-7 YM12-9	600
YCL200A	50	2000	39760	200	118	192	320	430	YM15-9 YM12-12	630
YCL250	50	2500	50580	200	130	235	370	450	YM15-12 YM12-19	670
YCL320	50	3200	65345	200	150	350	400	456	YM15-14 YM12-19	700
YCL420	50	4200	85058	200	160	446	460	480	YM15-19 YM12-27	750
YCL520	50	5200	100530	200	184	554	505	482	YM15-22 YM12-31	770
YCL650	50	6500	131868	200	210	898	565	630	YM15-31 YM12-42	1100
YCL900	50	9000	180249	200	240	1300	660	630	YM15-42 YM12-55	1150
YCL1200	50	12000	251406	200	270	1700	760	630	YM15-55	1200

注：钢绞线最短预留长度包含工具锚、工作锚、限位板长度。

三、TM 型预应力张拉锚固体系

TM 型预应力张拉锚固体系是由铁道部大桥局郑州预应力设备公司研制的一种后张法群锚体系。该体系从 1992 年 5 月开始研制，于 1994 年 1 月通过铁道部鉴定，鉴定认为该产品工艺先进，质量稳定，达到了设计要求的技术指标。

TM 型锚具适用于锚固标准强度为 1570MPa 级～1860MPa 级的 ϕ15.0～ϕ15.7mm 的钢绞线。锚具可以自锚，也可以采用顶压器顶压锚固。

1. 锚具、连接器

TM 型锚固体系分为张拉锚具、固定锚具和连接器三类。其中张拉锚具又分 TMI 型、TMII 型和 TMIII 型群锚及扁锚（TBM）。固定锚具分轧花式（H 型 I、II）与挤压式（P 型）。连接器分为 TMLI 和 TMLII 型。

（1）张拉锚具

TMI 型张拉锚具：其结构形式见图 3-3-10；成套设计参数见表 3-3-11。

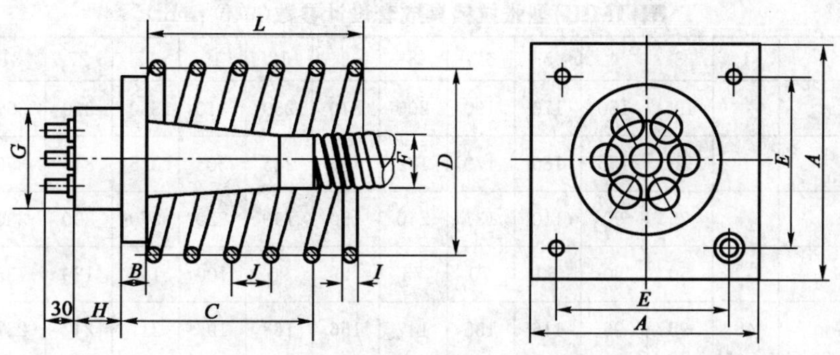

图 3-3-10　TMI 型张拉锚具结构(单位:mm)

TMI 型张拉锚具成套设计参数(单位:mm)　　表 3-3-11

规格		1	3	4	5	6,7	8	9	12	19	22	27	31	37
锚垫板	*A*		160	170	190	220	250	250	300	370	400	440	470	520
	B		20	25	25	30	35	35	40	50	50	55	60	60
	C		190	205	215	240	290	325	415	585	710	735	765	910
	E		100	110	130	160	190	190	240	310	340	380	410	460
管道	ϕF		50	50	60	70	75	80	90	100	115	120	135	148
锚环	ϕG	48	97	107	123	143	153	163	183	227	267	293	305	345
	H	48	50	50	50	55	60	60	75	78	85	90	100	116
螺旋筋	ϕD		140	170	190	210	240	260	280	350	380	430	470	500
	J		50	50	50	60	60	60	60	60	60	70	70	70
	ϕI		10	14	14	16	16	16	20	20	22	22	22	22
	L		200	200	250	300	360	360	360	420	420	560	560	560
	n		4	4	5	5	6	6	6	7	7	8	8	8

TMII 型和 TMIII 型张拉锚具:这两种形式的锚具结构(见图 3-3-11)相同,仅在所使用的夹片型方面有所不同。当采用 QM 式三夹片时,即为 TMIII 型;采用 OVM 式两夹片时,即为 TMIII 型。锚具的成套设计参数见表 3-3-12。

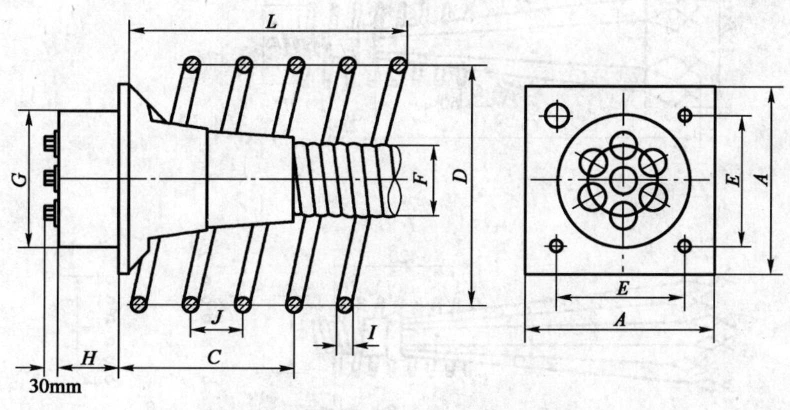

图 3-3-11　TMII(TMIII)型张拉锚具结构

TMII(TMIII)型张拉锚具成套设计参数(单位:mm) 表 3-3-12

规格		1	3	4	5	6,7	8	9	12	19	22	27	31	37	42	55
锚垫板	A		135	150	170	190	200	210	250	310	330	360	390	430	470	540
	C		125	155	160	170	185	195	245	305	325	345	350	450	480	550
	E		75	90	110	130	140	150	190	250	270	300	330	370	410	480
管道	ϕF		50	50	60	70	75	80	90	100	115	120	135	148	158	178
锚环	ϕG	48	95	96	116	135	147	156	168	197	217	247	257	267	287	317
	H	48	48	50	55	60	60	60	70	90	100	120	120	130	140	160
螺旋筋	ϕD		140	170	190	210	240	260	280	350	380	430	470	500	540	630
	J		50	50	50	60	60	60	60	60	60	70	70	70	70	80
	ϕI		10	14	14	16	16	16	20	20	22	22	22	22	25	25
	L		200	200	250	300	360	360	360	420	420	560	560	560	560	720
	n		4	4	5	5	6	6	6	7	7	8	8	8	8	9

(2)固定锚具

轧花式锚具:其作用与 YM 型同类锚具类似,结构形式根据钢绞线轧花球头的排列方式不同分 a)和 b)两种类型(见图 3-3-12),系列设计参数见表 3-3-13。

TM15 轧花式锚具系列设计参数(单位:mm) 表 3-3-13

规格	3	4		7		12		19		31		37	
型号	I	I	II	I	II	I	II	I	II	I	II	I	II
A	290	390	190	450	210	430	390	570	390	810	570	1050	600
B	90	90	210	90	230	230	330	230	470	260	510	370	510
C	845	845	845	1330	1330	1330	1180	1330	1330	1740	1740	2065	2065
D				200	200	230	230	300	300	400	400	400	400
E				14	14	14	14	16	16	18	18	20	20

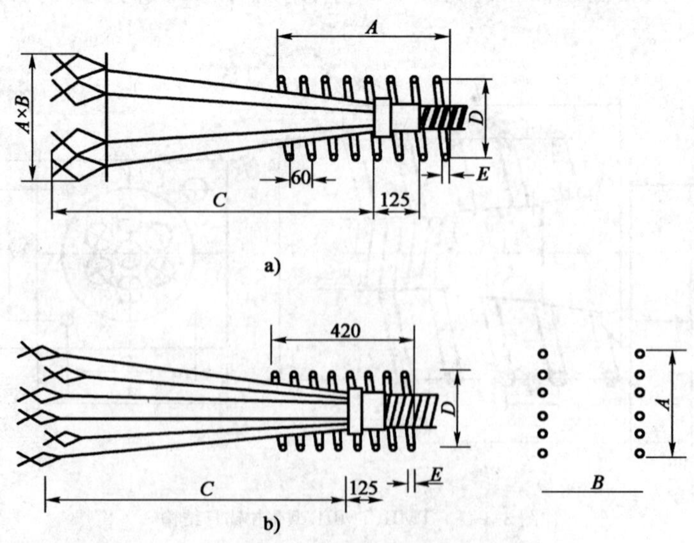

图 3-3-12 轧花式锚具结构(单位:mm)

挤压式锚具：其作用与 YM 型同类锚具相同，结构形式见图 3-3-13，系列设计参数见表 3-3-14。

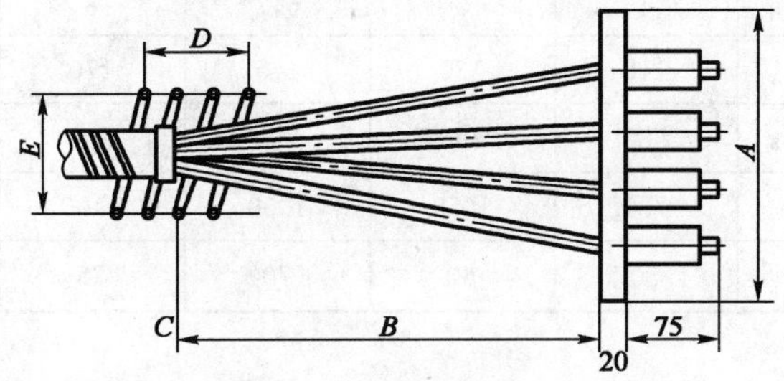

图 3-3-13　挤压式锚具结构形式

TM15 挤压式锚具系列设计参数(单位：mm)　表 3-3-14

规格	3	4	5	6,7	9	12	9	27	规格	3	4	5	6,7	9	12	9	27
A	120	150	170	200	220	250	300	350	D	200	250	250	250	300	300	360	360
B_{min}	180	240	300	380	440	500	720	860	ϕ_E	130	190	210	210	240	240	270	270
C	110	110	110	120	120	135	135	135									

(3)连接器

TML1 连接器：其作用与其他钢绞线群锚连接器相同，结构形式见图 3-3-14，系列设计参数见表 3-3-15。

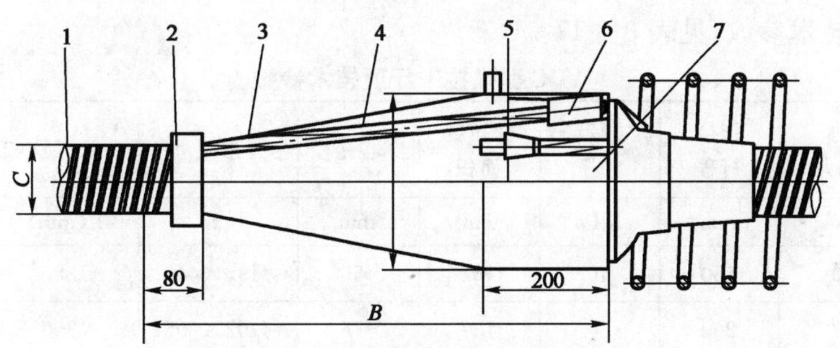

图 3-3-14　TML1 连接器结构(单位：mm)

1-波纹管；2-约束环；3-外罩壳；4-连接预应力筋；5-锚具夹片；6-挤压头；7-联结器锚杯

TML15I 连接器系列设计参数(单位：mm)　表 3-3-15

规格	3	4	5	6,7	8	9	12	19
A	170	180	195	215	225	235	265	300
B	400	450	520	570	600	660	700	760
C	50	50	60	70	75	80	90	100

TML Ⅱ连接器：其作用与其他钢绞线连接器相同；在结构上与其他连接器不同的是，新钢束的连接不是采用连接器群锚锚具，而是采用单个连接器锚具。连接器的结构见图 3-3-15，其系列设计参数见表 3-3-16。

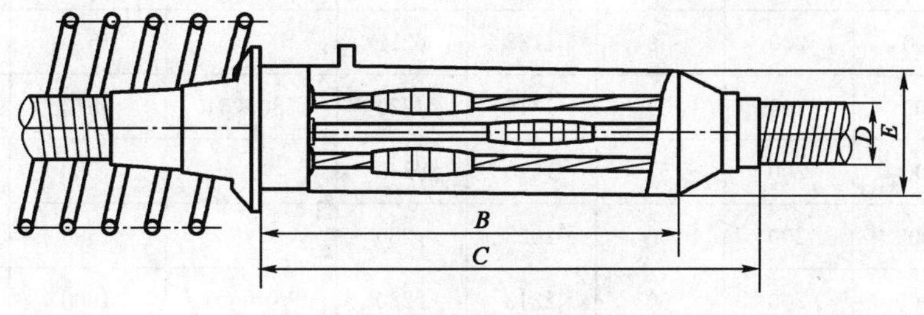

图 3-3-15　TML Ⅱ连接器结构

TML15Ⅱ连接器系列设计参数(单位:mm) 表 3-3-16

规　格		3	4	5	6,7	8	9	12	19
连接器保护套	*A*	100	115	130	145	170	170	185	230
	B	790	585	790	800	590	800	810	820
	C	950	780	1050	1060	1100	1200	1230	1420
管道	*D*	50	50	60	70	75	80	90	100

2.张拉千斤顶

TM型预应力张拉锚固体系无专用的配套千斤顶,如可以与YDC型系列千斤顶配套使用。YDC型千斤顶工作时通过工具锚首先锚固钢绞线,再由活塞带动工具锚与钢绞线一起移动,然后在张拉完成后回油顶压锚固钢绞线。如一次千斤顶的行程不够,可多次重复操作,直至最终完成。

千斤顶在锚固时采用的顶压器有液压与弹性顶压两种。液压顶压器采用多孔式多油缸并联,顶压器的每个穿心式顶压活塞对准锚具的一组夹片,钢绞线由其穿心孔中穿过,每个活塞在顶压时的压力为25kN,采用同步顶压,顶压器的使用增加了锚固的可靠性,并减少了锚固损失。

弹性顶压器采用橡胶制的筒形弹性元件,每个弹性元件对准一组夹片,钢绞线从筒形弹性元件的中孔通过。张拉时,弹性顶压器的壳体把弹性元件压紧在夹片上,由于弹性元件受夹片弹性压缩,钢绞线能正常拉出,张拉后利用钢绞线的回缩将夹片带动锚固,采用此法较为简单,但钢绞线的回缩值较采用液压顶压器要大。

YDC型千斤顶技术参数,见表3-3-17。

YDC型张拉千斤顶技术参数 表 3-3-17

型　号	公称张拉力	张拉行程	额定油压	张拉缸面积	穿心孔径	外形尺寸	最小工作空间		钢绞线预留长度
	kN	mm	MPa	cm^2	mm	mm	*L*(mm)	*E*(mm)	*K*(mm)
2YDC600	600	150	40	162	φ55	φ195×440	1350	200	700
YDC650	687	200	50	137	φ75	φ202×395	1350	150	700
YDC1500	1500	180	52	290	φ128	φ315×493	1520	260	840
YDC1500A	1500	200	52	285	φ94	φ265×377	1420	200	780
YDC2000	2200	180	50	440	φ160	φ390×493	1490	300	780
YDC2500	2500	180	50	521	φ150	φ400×493	1520	300	780
YDC2500A	2500	200	52	484	φ128	φ340×395	1350	300	780
YDC3000	3000	200	50	616	φ170	φ445×525	1500	350	850
YDC3500	3500	200	50	734	φ160	φ440×510	1500	350	800
YDC4000A	4000	200	52	761	φ175	φ432×403	1400	350	780
YDC4600	4600	200	50	970	φ200	φ500×515	1510	400	800
YDC5600	5600	200	50	1138	φ210		1570	310	850
YDC6500	6500	200	50	1319	φ220	φ580×540	1570	310	850
YDC8000	8000	200	50	1590	φ240		1580	340	860
YDC10000	10000	200	50	2023	φ280		1590	380	870
YDC12000	12000	200	50	2313	φ280		1600	400	880

第二节　桥梁预应力锚具、夹具和连接器检测

本节将基于国家标准《预应力筋用锚具、夹具和连接器》(GB/T 14370—2000)和交通行业标准《公路桥梁预应力钢绞线用锚具、连接器试验方法及检验规则》(JT 329.2—1997)对桥梁预应力锚具、夹具和连接器检测作介绍。

一、桥梁预应力筋用锚具、夹具和连接器检测

1.产品分类、代号与标记

(1)产品分类。锚具、夹具和连接器按锚固方式不同,可分为夹片式、支承式、锥塞式和握裹式四种。

(2)代号。锚具、夹具或连接器的代号可以用两个汉语拼音字母表示。第一位字母为预应力体系代号,由研制单位选定,无研制单位者可省略不写。第二位字母为锚具、夹具或连接器代号,见表3-3-18。

产品代号　　表3-3-18

名　称	锚　具	夹　具	连 接 器
代号	M	J	L

(3)标记

锚具、夹具或连接器的标记由代号、预应力钢材直径、预应力钢材根数三部分组成:

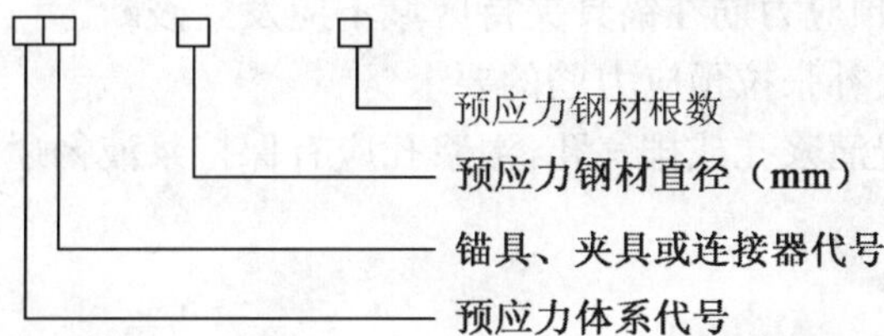

示例:锚固12根直径15.2mm预应力混凝土用钢绞线的QM型群锚锚具,标记为QM15-12。

2.技术要求

(1)使用要求

锚具、夹具和连接器应具有可靠的锚固性能、足够的承载能力和良好的适用性,以保证充分发挥预应力筋的强度,并安全地实现预应力张拉作业。

(2)锚具的基本特性

①锚具的静载锚固性能,应由预应力筋—锚具组装件静载试验测定的锚具效率系数 η_a 和达到实测极限拉力时组装件受力长度的总应变 ε_{apu} 确定。

锚具效率系数 η_a 按式计算:

$$\eta_a = \frac{F_{apu}}{\eta_p \cdot F_{pm}} \tag{3-3-1}$$

式中:F_{apu} ——预应力筋—锚具组装件的实测极限拉力;

F_{pm} ——按预应力钢材试件实测破断荷载平均值计算的预应力筋的实际平均极限抗拉力,也可表示为 $F_{pm} = f_{pm} \cdot A$;

η_p ——预应力筋的效率系数。

η_p 的取用:预应力筋—锚具组装件中预应力钢材为1至5根时 $\eta_p=1$;6至12根时,$\eta_p=0.99$;13至19根时 $\eta_p=0.98$;20根以上时 $\eta_p=0.97$。

锚具的静载锚固性能应同时满足下列两项要求:

$$\eta_a \geqslant 0.95;\varepsilon_{apu} \geqslant 2.0\% \tag{3-3-2}$$

式中：η_a ——预应力筋—锚具组装件静载试验测得的锚具效率系数。

②在预应力筋—锚具组装件达到实测极限拉力时，预应力筋断裂，但该断裂不应由锚具的破坏所导致；试验后锚具部件会有残余变形，但应能确认锚具的可靠性。

③疲劳荷载性能。预应力筋—锚具组装件，除必须满足静载锚固性能外，尚须满足循环次数为200万次的疲劳性能试验。

当锚固的预应力筋为钢丝、钢绞线或热处理钢筋时，试验应力上限取应预应力钢材抗拉强度标准值f_{ptk}的65%，疲劳应力幅度应不小于80MPa。如工程有特殊需要，试验应力上限及疲劳应力幅度取值可以另定。

当锚固的预应力筋为有明显屈服台阶的预应力钢材时，试验应力上限取预应力钢材抗拉强度标准值的80%，疲劳应力幅度取80MPa。

试件经受200万次循环荷载后，锚具零件不应疲劳破坏，预应力筋在锚具夹持区域发生疲劳破坏的截面面积不应大于试件总截面面积的5%。

④周期荷载性能。用于有抗震要求结构中的锚具，预应力筋—锚具组装件还应满足循环次数为50次的周期荷载试验。

当锚固的预应力筋为钢丝、钢绞线或热处理钢筋时，试验应力上限取预应力筋抗拉强度标准值f_{ptk}的80%，下限取预应力钢材抗拉强度标准值f_{ptk}的40%。

当锚固的预应力筋为有明显屈服台阶的预应力钢材时，试验应力上限取预应力钢材抗拉强度标准值的90%，下限取预应力钢材抗拉强度标准值的40%。

试件经50次循环荷载后预应力筋在锚具夹持区域不应发生破断。

⑤锚具应满足分级张拉及补张拉预应力筋的要求。

⑥锚具或其附件上宜设置灌浆孔或排气孔，灌浆孔应有保持浆液畅通的截面面积；排气孔应设在锚具垫板空腔的上部。

(3)夹具的基本特性

①夹具的静载锚固性能，应由预应力筋—夹具组装件静载锚固试验测定的夹具效率系数η_g确定：

$$\eta_g = \frac{F_{gpu}}{F_{pm}} \tag{3-3-3}$$

式中：F_{gpu} ——预应力筋—夹具组装件的实测极限拉力。

夹具的静载锚固性能应符合$\eta_g \geqslant 0.92$。

②在预应力筋—夹具组装件达到实测极限拉力时，应当是由预应力筋的断裂，而不应由夹具的破坏所导致。而夹具的全部零件均不应出现肉眼可见的裂缝或破坏；夹具应有良好的自锚性能、松锚性能和重复使用性能，需敲击才能松开的夹具，必须保证其对预应力筋的锚固没有影响，且对操作人员安全不造成危险。

(4)连接器的基本特性

在先张法或后张法施工中，在张拉预应力后永久留在混凝土结构或构件中的连接器，都必须符合锚具的性能要求；如在张拉后还需放张和拆卸的连接器，则必须符合夹具的性能要求。

(5)材料要求

产品所使用的材料必须符合设计要求，并有机械性能、化学成分合格证明书、质量保证书或验收试验报告。

3.试验方法

(1)一般规定

①试验用的预应力筋—锚具、夹具或连接器组装件应由全部零件和预应力筋组装而成。组装时锚

固零件必须擦拭干净，不得在锚固零件上添加影响锚固性能的物质，如金刚砂、石墨、润滑剂等(设计规定的除外)。束中各根预应力筋应等长平行，其受力长度不应小于 3m。

对于预应力筋在锚具夹持部位不弯折的组装件(全部锚筋孔均与锚板底面垂直)，可以不安装束口状的锚下垫板(参见图 3-3-16)；如预应力筋在锚具夹持部位有偏转角度(部分锚筋孔与锚板底面有倾斜角)而必须使预应力钢材在某个位置弯折时，可以在此处安装轴向可移动的偏转装置(如钢环或多孔梳子板等参见图 3-3-17 之件号)。当对组装件施加拉力时该偏转装置不应与预应力筋之间产生滑动摩擦。

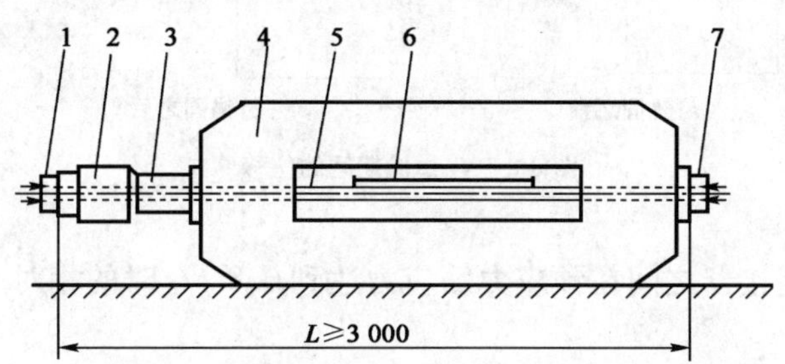

图 3-3-16　先锚固后张拉式预应力筋—锚具组装件静载试验装置

1-试验锚具；2-加荷载用千斤顶；3-荷载传感器；4-承力台座；5-预应力筋；6-测量总应变的装置；7-试验锚具

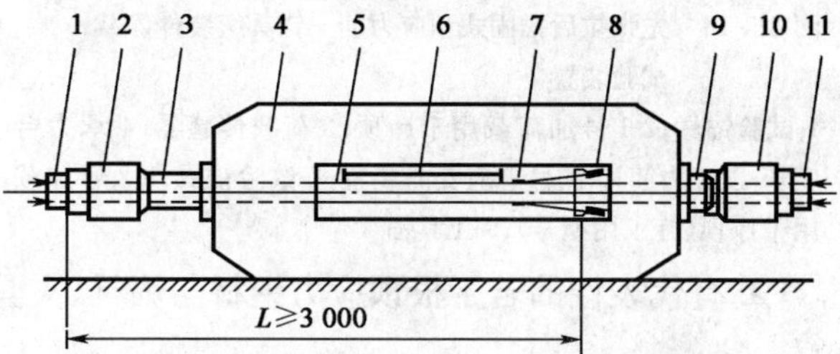

图 3-3-17　预应力筋—连接器组装件静载试验装置

1-试验锚具；2-1 号加荷载用千斤顶；3-荷载传感器；4-承力台座；5-预应力筋；6-测量总应变的装置；7-转向钢环；8-连接器；9-试验锚具；10-2 号千斤顶(预紧锚固后卸去)；11-工具锚

单根钢绞线的组装件试件，不包括夹持部位的受力长度不应小于 0.8m，并参照试验设备确定。

②试验用预应力钢材应经过选择，全部力学性能必须严格符合该产品的国家标准或行业标准；同时，所选用的预应力钢材其径公差应在锚具、夹具或连接器产品设计的允许范围之内。对符合要求的预应力钢材应先进行母材性能试验，试件不应少于 3 根，证明其符合国家或行业产品标准后才可用于组装件试验。

在锚具确定适用于某一等级的预应力钢材后，试验用的预应力钢材实测极限抗拉强度平均值 f_{pm} 不应高于产品系列中高一个等级的抗拉强度标准值 f_{ptk}。

③生产厂的型式检验和新产品试验所需用的试件，应选用同一品种、同一规格中最高强度级别的预应力钢材。用于多品种预应力钢材的锚具、夹具或连接器，应对每个品种进行试验。

④试验用的测力系统，其不确定度不得大于 2%；测量总应变用的量具，其标距的不确定度不得大于标距的 0.2%，指示应变的不确定度不得大于 0.1%。

(2)静载试验

①对于先安装锚具、夹具或连接器再张拉预应力筋的预应力体系，可直接用试验机或试验台座(见图 3-3-16、图 3-3-17)加载。加载之前必须先将各根预应力钢材的初应力调匀，初应力可取钢材抗拉强度标准值 f_{ptk} 的 5%～10%。正式加载步骤为：按预应力钢材抗拉强度标准值的 20%、40%、60%、80% 分 4 级等速加载，加载速度每分钟宜为 100MPa，达到 80%后，持荷 1h，随后逐步加载至破坏，并按下面③规定的项目进行测量和观察。

用试验机进行单根预应力筋—锚具组装件静载试验时，在应力达到 0.4 f_{ptk} 时，持荷时间可以缩短，但不少于 10min。

②对于先张拉预应力筋再锚固的预应力体系，试验装置如图 3-3-18 所示。在不安装 2 号千斤顶的情况下和①同样办法调匀初应力，然后用 2 号千斤顶(即施工用的张拉设备)按预应力钢材抗拉强度标准值 f_{ptk} 的 20%、40%、60%、80%分 4 级等速张拉达到 80%后，松开 2 号千斤顶，完成件号 7 的锚固，持荷 1h，再用 1 号千斤顶逐步加载至破坏，并按下面③规定的项目进行测量和观察。

如果能证明在先张拉预应力筋再锚固的预应力体系，其锚具对预应力筋—锚具组装件的静载性能和先锚固后张拉方式没有显著影响时，也可按上面(1)的方法加载试验。

③试验过程中应测量的项目包括(参见图 3-3-19)：

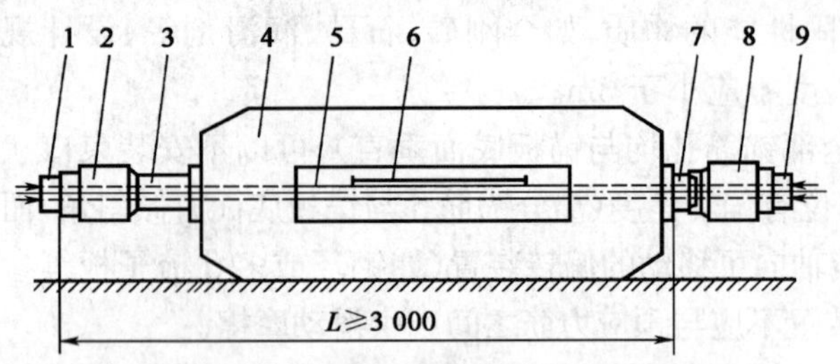

图 3-3-18 先张拉后锚固式预应力筋—锚具组装件静载试验装置

1-试验锚具；2-1 号加荷载用千斤顶；3-荷载传感器；4-承力台座；5-预应力筋；6-测量总应变的装置；7-试验锚具；8-2 号加载用千斤顶(施工用型号)；9-工具锚

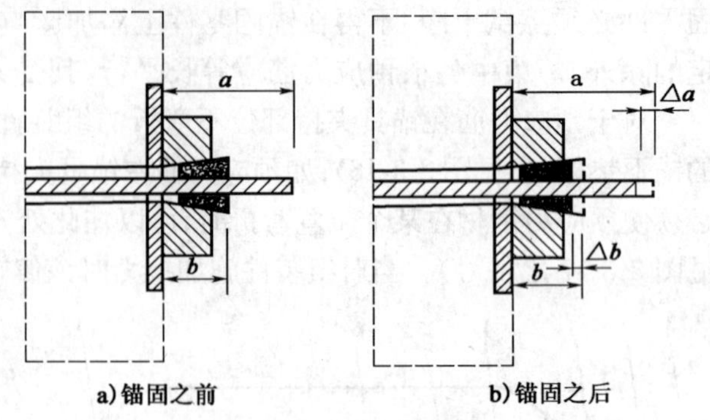

图 3-3-19 试验期间的位移

a. 有代表性的若干根预应力钢材与锚具、夹具或连接器之间在预应力筋应力达到 0.8 f_{ptk} 时的相对位移 Δa；

b. 锚具、夹具或连接器若干有代表性的零件之间在预应力筋应力达到 0.8 f_{ptk} 时的相对位移 Δb；

c. 试件的实测极限拉力 F_{apu}；

d. 达到实测极限拉力时的总应变 ε_{apu}。

试验过程中应观察的项目包括(参见图 3-3-19)：

a. 在预应力筋达到 0.8 f_{ptk} 时，持荷 1h，观察锚具、夹具或连接器的变形；

b. 试件的破坏部位与形式。

静载试验应连接进行三个组装件的试验，全部试验结果均应作出记录，并据此按公式(3-3-1)、公式(3-3-3)计算锚具、夹具或连接器的锚固效率系数 η_a 或 η_g 和相应的总应变 ε_{apu}。三个试验结果均应满足标准(JT 329.2—1997)的规定，不得进行平均。

(3)疲劳试验

①当疲劳试验机能力不够时，要以试验结果有代表性为原则，可以在实际锚板上少安装预应力钢材，或用本系列中较小规格的锚具组装成试验用组装件，但预应力钢材根数不得小于实际根数的 1/10。为了保证试验结果有代表性，直线形及有转折(如果锚具有斜孔时)的预应力钢材都应包括在试验用组装件中。

②以约 100MPa/min 的速度加载至试验应力下限值，再调节应力幅度达到规定值后，开始记录循环次数。

③选择疲劳试验机的脉冲频率，不应超过每分钟 500 次。

(4)周期荷载试验

以约 100MPa/min 的速度加荷至试验应力上限值，再卸荷至试验应力下限值为第一周期，然后荷载自下限值经上限值再回复到下限值为第 2 个周期，重复 50 个周期。

(5)辅助性试验

①对新型锚具和连接器，尚应进行辅助性试验，试验结果应予公布，供工程设计、施工单位采用。

②锚具的内缩量试验。试验的张拉力为预应力筋的 $0.8f_{ptk} \cdot A_p$，内缩量可根据锚固前后预应力筋拉力差值计算，也可用测量锚固处预应力筋相对位移等方法直接测出。试验用的试件不得少于 3 个，取平均值。

③锚具摩阻损失试验。张拉预应力筋时，锚具零件和预应力筋之间可能出现摩擦或强迫预应力筋弯折，从而产生因锚具摩阻引发的应力损失。

试验的张拉力为预应力筋的 $0.8f_{ptk} \cdot A_p$，测出锚具的前后预应力差值。试验用的试件不得少于 3 个，取平均值。

④张拉锚固工艺试验

用预应力张拉设备对锚具或用于后张法的连接器做张拉及锚固预应力筋的工艺试验，最高张拉力

为预应力筋的 $0.8f_{ptk} \cdot A_p$，等分 4 级逐级张拉，每张拉 1 级锚固 1 次，张拉完毕后，用专门设备及特别方法放松应力。

通过张拉锚固工艺试验观察：

a. 分级张拉或因张拉设备倒换行程需要临时锚固的可能性；

b. 经过多次张拉锚固后，预应力筋内各根预应力钢材受力的均匀性；

c. 张拉发生故障时，将预应力筋全部放松的可能性。

4. 检验规则

(1)检验分类

锚具、夹具和连接器的检验分出厂检验和型式检验两类。

①出厂检验为生产厂在每批产品交货前必须进行的厂内产品质量控制性检验。

②型式检验为对产品全面性能控制的检验。有下列情况之一时，一般应进行型式检验：

a. 新产品或老产品转厂生产的试制定型鉴定；

b. 正式生产后，如结构、材料、工艺有较大改变，可能影响产品性能时；

c. 正常生产时，定期或积累一定产量后，每 2 至 3 年进行一次检验；

d. 产品长期停产后，恢复生产时；

e. 出厂检验结果与上次型式检验有较大差异时；

f. 国家质量监督机构提出进行型式检验的要求时。

为技术或质量鉴定用的型式检验应由国家指定的质量检测机构主持进行，为新产品研制和生产厂产品质量控制用的型式检验可在本单位进行。

(2)检验项目

出厂检验和型式检验的检验项目应符合表 3-3-19 的规定。

产品检验项目　　表 3-3-19

产　品	出厂检验项目	型式检验项目
锚具及永久留在混凝土结构或构件中的连接器	外观 硬度 静载试验	外观 硬度 静载试验 疲劳试验 周期荷载试验 辅助性试验
夹具及张拉后将放张和拆卸的连接器	外观 硬度 静载试验	外观 硬度 静载试验

(3)产品组批、抽样方法

①出厂检验时，每批产品的数量是指同一类产品、同一批原材料、用同一种工艺一次投料生产的数量。每个抽检组批不得超过 1000 套。外观检查抽取 10%，且不少于 10 套。对其中有硬度要求的零件做硬度检验，硬度检验抽取 5%。静载锚固能力检验抽取 3 套试件的锚具、夹具或连接器。

②锚具及永久留在混凝土结构或构件中的连接器的型式检验，除按规定抽样外，尚应为疲劳试验、周期荷载试验及辅助性试验抽取各 3 套试件用的锚具或连接器。

(4)检验结果的判定

外观检验：如表面无裂缝，影响锚固能力的尺寸符合设计要求，应判为合格；如此项尺寸有 1 套超过允许偏差，则应另取双倍数量重做检验；如仍有 1 套不符合要求，则应逐套检查，合格者方可使用。如发现一套有裂纹，即应对全部产品进行逐件检验，合格者方可使用。

硬度检验：每个零件测试 3 点，当硬度值符合设计要求的范围应判为合格；如有 1 个零件不合格，则应另取双倍数量的零件重做检验；如仍有 1 个零件不合格，则应逐个检验，合格者方可使用。

静载锚固能力检验、疲劳荷载检验及周期荷载检验：如符合 2. 技术要求的规定，应判为合格；如有 1 个试件不符合要求，则另取双倍数量重做检验；如仍有 1 个试件不合格，则该批为不合格品。

辅助性试验为观测项目，不做合格与否的判定。

(5)在大批量连续生产时，应进行出厂检验，如第 1 个抽检组批(最多 1000 套)的样品检验结果能一次判定合格，则第 2 个及以后的抽检组批可扩大至 2000 套。此后，如扩大组批抽取的样品不能一次判定合格时，则应重新按未扩大的组批进行抽样检验。

(6)生产厂应有设计文件、制造记录、产品合格文件，该文件应具有可追溯性。

二、桥梁预应力钢绞线用锚具、连接器检测

1. 基本特性

(1)锚具的静载锚固性能

应由钢绞线锚具组装件静载试验测定的锚具效率系数 η_a 和达到实测极限拉力时的总应变 ε_{apu} 确定。

锚具效率系数 η_a 按下列公式计算：

$$\eta_a = F_{apu}/F_{apu}^c \tag{3-3-4}$$

式中：F_{apu}^c ——钢绞线锚具组装件中各根钢绞线计算极限拉力之和；

F_{apu} ——钢绞线锚具组装件的实测极限拉力。

钢绞线锚具组装件中各根钢绞线计算极限拉力之和按下列公式计算：

$$F_{apu}^c = nf_{ptm}A_{pm} \tag{3-3-5}$$

式中：n——钢绞线锚具组装件中钢绞线根数；

f_{ptm} ——由钢绞线中抽取的试件的极限抗拉强度平均值；

A_{pm} ——由钢绞线中抽取的试件的实际截面面积的平均值。

锚具的静载锚固性能应满足下列要求：

锚具效率系数 $\eta_a \geqslant 0.95$ (3-3-6)

锚具达极限拉力时总应变 $\varepsilon_{apu} \geqslant 2\%$ (3-3-7)

(2)在钢绞线锚具组装件达到实测极限拉力(F_{apu})时，锚具或连接器全部零件均不应出现肉眼可见的裂缝或破坏。

(3)疲劳荷载性能。钢绞线锚具组装件，除必须满足静载锚固性能外，尚需满足循环次数为 2×10^6 次的疲劳性能试验。

试验应力上限取钢绞线抗拉强度标准值(f_{pk})的 65%，应力幅度取 80MPa。

试件经受 2×10^6 次循环荷载后，钢绞线因锚具影响发生疲劳破坏的面积不应大于原试件总面积的 5%。

(4)周期荷载性能。用于抗震结构中的锚具，还应满足循环次数为 50 次的周期荷载试验，试验应力上限取钢绞线抗拉强度标准值(f_{pk})的 80%，下限取钢绞线抗拉强度标准值(f_{pk})的 40%。

试件经 50 次周期荷载试验后，不应发生钢绞线破断、滑移和夹片松脱现象。

(5)锚具内缩量不大于 6mm。

(6)锚口摩阻损失不大于 2.5%。

(7)锚具宜满足分级张拉、补张拉及放松钢绞线的要求。

(8)连接器应具有与锚具相同的性能要求。

2. 试验方法

(1)一般规定

①试验用的钢绞线锚具组装件应由全部零件和钢绞线组装而成，组装时不应在锚固零件上添加影响锚固性能的物质，如金刚砂、石蜡、石墨等，束中各根钢绞线应等长、平行。

②锚具、连接器系列产品的型式试验所用的钢绞线应选用同一品种、同一规格中最高强度级别的钢绞线，并符合《预应力混凝土用钢绞线》(GB/T 5224——2003)的规定。

③不同系列的锚具应各选取两种具有代表性尺寸的样品进行型式试验。

④钢绞线锚具组装件试验之前，必须进行单根钢绞线的力学性能试验，该试验的试件应同组装件试验的钢绞线是同一盘，并从中抽取。每次随机抽取 6 个试件。

⑤试验用测力系统，其不确定度不应大于 2%，测量总应变的量具，其标距的不确定度不应大于标距的 0.2%；指示应变的仪器的不确定度不应大于标距的 0.1%，试验设备及仪器每年至少标定一次。

⑥每项试验均应有详细记录，并依此记录计算锚具效率系数(η_a)、钢绞线锚具组装件达到实测极限拉力时的总应变(ε_{apu})和锚口摩阻损失等内容。

(2)钢绞线力学性能试验

①钢绞线力学性能试验应按《预应力混凝土用钢绞线》(GB/T 5224—2003)中有关规定进行，要求断口在母材上。应求出下列参数：

f_{ptm}：由钢绞线中抽取的试件的极限抗拉强度平均值；

ε_{apu}：由钢绞线中抽取的试件应力达到极限抗拉强度时，钢绞线试件的极限应变平均值；

A_{pm}：由钢绞线中抽取的试件的实际截面面积平均值(可用称重法测定)；

E：钢绞线的宏观弹性模量。

②钢绞线力学性能试验结果，见表 3-3-20。

钢绞线力学性能试验结果　　表 3-3-20

钢绞线规格		生产厂家	
公称面积(mm^2)		实测 A_{pm}(mm^2)	
公称直径(mm)		实测 f_{ptm}(MPa)	
抗拉强度标准值(MPa)		实测 ε_{apu}(%)	
伸长率(%)		实测 E(MPa)	

试验者：　　计算者：　　委托单位：　　备注：

校对者：　　审核者：　　生产厂家：

试验单位：　　试验日期：　　检测单位：

(3)静载试验

①试验设备、仪器

穿心式千斤顶及配套油泵、压力传感器、试验台座、卡尺、钢卷尺。

穿心式千斤顶及配套油泵，应是经过鉴定的定型产品，千斤顶额定张拉力应大于钢绞线锚具组装件中各根钢绞线计算极限拉力之和(F^c_{apu})。

测力使用的穿心式压力传感器的额定压力，应大于钢绞线锚具组装件中各根钢绞线计算极限拉力之和(F^c_{apu})，必须经过法定的计量检测机构标定，并在标定的有效期内使用。

试验台座的承载力应大于钢绞线锚具组装件中各根钢绞线计算极限拉力之和(F^c_{apu})的 1.5 倍，长度应大于或等于 3m。

测量总应变的卡尺的不确定度不大于标距的 0.2%。

②组装形式

钢绞线锚具组装件静载试验组装形式按图 3-3-20。

③试验方法

a. 将锚具、钢绞线、传感器、千斤顶、试验台座按图 3-3-20 方式组装好，应使每根钢绞线受力均匀，并敲紧夹片。

b. 用张拉设备拉至钢绞线抗拉强度标准值(f_{pk})的 10%时，测量图 3-3-20 所示 L_0 及千斤顶的活塞初始行程 L_1 尺寸并做记录；测量图 3-3-21 所示 a、b 尺寸并做记录。

c. 用试验设备按钢绞线抗拉强度标准值(f_{pk})的 20%、40%、60%、80%分 4 级等速(约 100MPa/min)张拉,张拉荷载达到 80%后锚固,持荷 1h,再逐步加大荷载,直至试件破坏。

d. 试验过程观察、记录项目包括:钢绞线锚具(或连接器)组装件的内缩量(见图 3-3-21 中 Δa);锚具或连接器各零件之间的相对位移(见图 3-3-21 中 Δb)。达到钢绞线抗拉强度标准值(f_{pk})的 80%后,在持荷 1h 时间内的锚具或连接器的变形;试件的实测极限拉力(F_{apu});达到极限拉力时的总应变(ε_{apu})。

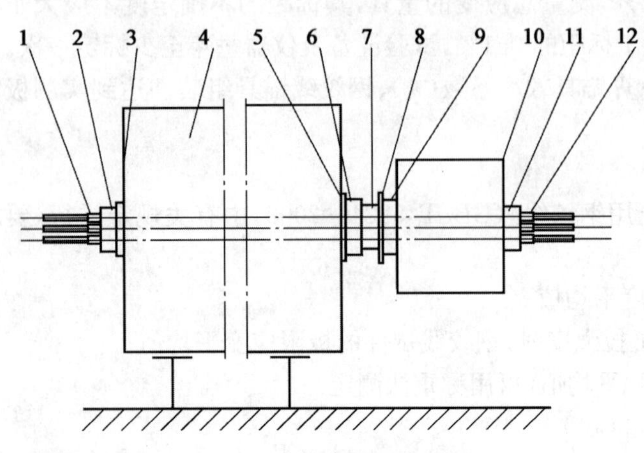

图 3-3-20 静载试验组装形式

1-钢绞线;2、12-夹片;3、11-锚圈;4、6、8、10-垫板;5-试验台座;7-千斤顶;9-传感器

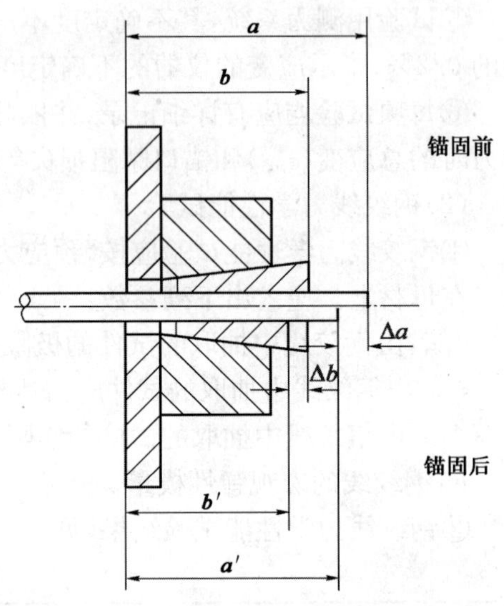

图 3-3-21 内缩量计算图

④静载试验结果

静载试验记录以表 3-3-21 表示。

静 载 试 验 记 录 表 3-3-21

锚具型号			钢绞线	规格			计算极限拉力之和(kN)			
千斤顶型号				强度级别(MPa)			实测极限拉力(kN)			
传感器型号				L_0(mm)			破断情况			
序号	加载量(kN)	夹片位移量 Δb(mm)		内缩量 Δa(mm)		千斤顶活塞行程(mm)		破断时	Δa(mm)	
		固定端	张拉端	固定端	张拉端				Δb(mm)	
持荷时间:										
持荷后										
破断后										

参加人: 日期:

锚具效率系数 η_a 按公式(3-3-3)计算。

总应变(ε_{apu})按式 3-3-7 计算:

$$\varepsilon_{apu}=\frac{L_2-L_1-\Delta a}{L_0}\times 100\% \tag{3-3-8}$$

式中:L_1——千斤顶活塞初始行程读数;

L_2——试件破坏时活塞终了行程读数。

静载试验结果以表 3-3-22 表示。

静载试验结果　　表 3-3-22

试件编号	锚具型号	钢绞线根数	钢绞线计算极限拉力之和(kN)	钢绞线锚具组装件实测极限拉力(kN)	锚具效率系数	总应变(%)	破坏情况			
							破断丝数	颈缩丝数	斜切口断丝数	其他

试验者：　　　　计算者：　　　　委托单位：　　　　备注：
校对者：　　　　审核者：　　　　生产厂家：
试验单位：　　　试验日期：　　　监检单位：

(4)疲劳试验

①试验设备、仪器疲劳试验机(一般采用脉冲千斤顶)脉冲频率不应超过 500min^{-1}，额定试验荷载区不大于钢绞线锚具组装件计算极限拉力之和(F_{apu}^{c})的 65%。

试验台座长度应不大于或等于 3m，承载力应满足试验要求。

②进行疲劳试验时，只要试验结果有代表性，在不改变试件中各根钢绞线受力的条件下，可将钢绞线根数适当减少，或用较小规格的试件，但不应低于钢绞线根数的 1/10。

③试验方法以 100MPa/min 的速度加载至试验应力上限值，再调节应力幅度达到下限值后，开始记录循环次数。

④试验过程中观察、记录项目包括：试验后锚具和连接器部件及钢绞线疲劳损伤情况及变形情况；疲劳破坏的钢绞线的断裂位置、数量以及相应的疲劳次数。

⑤疲劳试验结果，见表 3-3-23 所示。

疲劳试验结果　　表 3-3-23

试验编号	锚具型号	钢绞线抗拉强度标准值(MPa)	钢绞线截面面积(mm^2)	试验荷载(kN)		频率(次/min)	疲劳次数(10^4次)	试件情况
				上限	下限			

试验者：　　　　计算者：　　　　委托单位：　　　　备注：
校对者：　　　　审核者：　　　　生产厂家：
试验单位：　　　试验日期：　　　监检单位：

(5)周期荷载试验

①试验设备、仪器按静载试验。

②组装形式按静载试验。

③试验方法。组装好试件后，以约 100MPa/min 的速度加载至钢绞线抗拉强度标准值(f_{pk})的 80%，为试验应力上限，再卸荷至 f_{pk}的 40%为试验应力下限，为第一周期；然后卸荷自下限经上限回复到下限为一个周期，重复 50 个周期。

④周期荷载试验结果，见表 3-3-24 表示。

周期荷载试验结果　　表 3-3-24

试验编号	锚具型号	钢绞线抗拉强度标准值(MPa)	钢绞线截面面积(mm^2)	试验应力(MPa)		试验次数(次)	试件情况
				上限	下限		

试验者：　　　　计算者：　　　　委托单位：　　　　备注：
校对者：　　　　审核者：　　　　生产厂家：
试验单位：　　　试验日期：　　　监检单位：

(6)辅助性试验

①钢绞线锚具组装的内缩量试验

a. 试验设备、仪器按静载试验。

b. 组装形式按静载试验。

c. 试验方法。内缩量可用测量锚固处的钢绞线相对位移的方法直接测出。组装好后测量图 3-3-21 中每根钢绞线的 a_i 尺寸，并做记录。用试验设备张拉钢绞线锚具组装件至抗拉强度标准值（f_{pk}）的 80%后锚固，测量每根钢绞线的 a'_i 尺寸，用下式计算出每根钢绞线 Δa_i：

$$\Delta a_i = a_i - a'_i \tag{3-3-9}$$

组装件的内缩量用下式计算：

$$\Delta a=\frac{1}{n}\sum_{i=1}^{n}\Delta a_i \tag{3-3-10}$$

d. 内缩量试验结果。试验用试件应不少于三个，取平均值。内缩量试验结果以表 3-3-25 表示。

内缩量试验结果 表 3-3-25

试件编号	锚具型号	钢绞线抗拉强度标准值(MPa)	钢绞线截面面积(mm^2)	内缩量(平均值)Δa(mm)

试验者： 计算者： 委托单位： 备注：
校对者： 审核者： 生产厂家：
试验单位： 试验日期： 监检单位：

②锚口摩阻损失试验

a. 试验设备、仪器按静载试验。

b. 组装形式按图 3-3-22。

c. 试验方法。按图 3-3-22 方式组装好试件，用试验设备张拉组装件至钢绞线抗拉强度标准值（f_{pk}）的 80%后锚固，测出锚具前后钢绞线拉力差值 ΔF。

d. 锚口摩阻损失 u 按下式计算：

$$u=\frac{\Delta F}{nF_{pk}\times 80\%}\times 100\% \tag{3-3-11}$$

式中：ΔF ——锚具前后钢绞线拉力差值；

n——钢绞线锚具组装中的钢绞线根数。

试验用试件不应少于三个，取平均值。

e. 锚口摩阻损失试验结果

锚口摩阻损失试验结果以表 3-3-26。

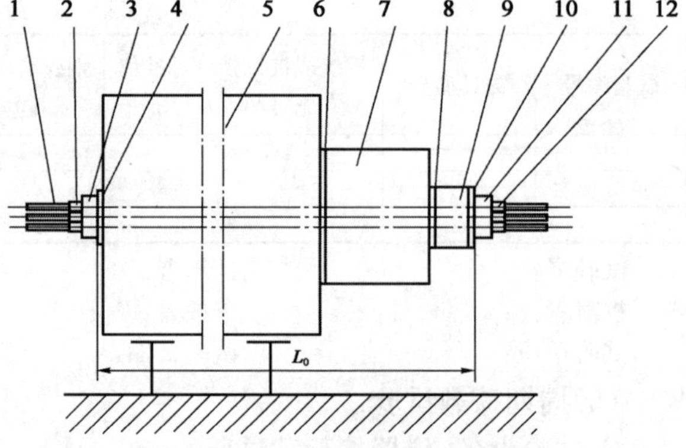

图 3-3-22 锚口摩阻损失试验组装形式

1、12-夹片；2、7、11-锚圈；3、5-垫板；4-试验台座；6、9-传感器；8-限位板；10-千斤顶

锚口摩阻损失测定值 表 3-3-26

试件编号	锚具型号	钢绞线根数 n	钢绞线极限拉力标准值(kN)	锚固前后钢绞线拉力差值(kN)	锚口摩阻损失(%)	锚口摩阻损失平均值(%)

试验者： 计算者： 委托单位： 备注：
校对者： 审核者： 生产厂家：
试验单位： 试验日期： 监检单位：

③张拉锚固工艺试验

a. 试验设备、仪器按静载试验。

b. 组装形式按静载试验。

c. 试验方法。用试验设备按钢绞线抗拉强度标准值(f_{pk})的 20%、40%、60%、80%分 4 级张拉组装件，每张拉 1 级锚固 1 次，张拉完毕后，放松组装件中各根钢绞线。

d. 通过张拉、锚固工艺试验观察：多次张拉或因张拉设备倒换行程需要临时锚固的可能性；经过多次张拉锚固后，组装件内各根钢绞线全部放松的可能性。

e. 张拉锚固工艺试验报告应包括 d 中的各项内容。

3. 检测规则

(1)检验分类

锚具、连接器的检验分出厂检验和型式检验两类。

①出厂检验为生产厂家在每批产品交货前必须进行的检验，由生产厂家的质量检验部门进行，并做出检验记录。

②存在下列情况之一，应进行型式检验，型式检验应由国家指定的检测机构进行：

a. 新产品定型鉴定时；

b. 投入批量生产后，如结构、材料、工艺有较大改变，可能影响产品性能时；

c. 正常生产时，每 2～3 年进行一次检验；

d. 产品长期停产后，恢复生产时；

e. 出厂检验结果与下次型式检验有较大差别时；

f. 国家质量监督机构提出进行型式检验时。

(2)检验项目

①出厂检验应包括下列检验项目：表面质量、粗糙度、几何尺寸、硬度；静载试验。

②型式检验应包括下列项目：表面质量、粗糙度、几何尺寸、硬度；静载试验；疲劳试验；周期荷载试验；辅助性试验。

(3)产品组批、抽样方法

每批产品的数量是指同一类产品、同一批原材料、用同一种工艺投产的数量，每批不应超过 10000 孔，外观检查抽取 10%，且不少于 10 套，硬度检验抽取 10%，且不少于 10 套。

在 2. 试验方法中提及的试验各抽取三组进行试验。

(4)检验结果的判定

外观检验如表面无裂缝、尺寸符合设计要求，判为合格；如有一套表面有裂缝或超过允许偏差，应取双倍数量重做检验，如仍有一套不符合要求，则应逐套检查，合格者方可用。

夹片的硬度检验，每个零件测试三点，当硬度值符合设计要求的范围判为合格，如有一个零件不合格，则应另取双倍数量的零件重做检验，如仍有一个零件不合格，则应逐个检验，合格者方可使用。

静载锚固能力检验，疲劳荷载检验、周期荷载检验，如符合 1. 基本要求的判为合格；如有一个零件不符合要求，则应另取双倍数量重做试验，如仍有一个试件不合格，则该批产品判为不合格品。

4. 荷载传递试验和锚具偏转角度试验

(1)荷载传递试验

锚具应满足预应力能可靠地从锚具传递到混凝土构件中。分级加载至试验应力上限后，需进行至少 10 次的慢速循环加载，循环加载后，试件应逐步加载至破坏。试件应力上限取钢绞线抗拉强度标准值(f_{pk})的 80%，下限取钢绞线抗拉强度标准值(f_{pk})的 12%，试件破坏时应满足：

$$F_u \geqslant F_{pk} \frac{f_{cm.0}}{f_{ck.0}} \tag{3-3-12}$$

$$F_u \geqslant 1.1F_u \tag{3-3-13}$$

式中：$f_{ck.0}$——施加全部预应力时混凝土的最小特征抗压强度；

$f_{cm.0}$——施加全部预应力时混凝土的平均抗压强度；

F_u——混凝土试件实测破坏荷载；

f_{pk}——混凝土 28d 龄期的抗压强度标准值。

每个试件必须满足下列要求：

第一次达到上限荷载($0.8F_{pk}$)时，试件裂缝宽度不大于 0.1mm。

最后一次达到上限荷载($0.12F_{pk}$)时，试件裂缝宽度不大于 0.1mm。

最后一次达到上限荷载($0.8F_{pk}$)时，试件裂缝宽度不大于 0.25mm。

循环加载过程中试件纵向和横向应变读数应达到稳定，如果最后两次循环的应变小于 5%，即可认为应变已经稳定。

循环加载过程中裂缝读数应达到稳定，如果在最后两次循环裂缝宽度增量不大于 0.02mm，即可认为裂缝宽度已经稳定。

(2)锚具偏转角度性能

当钢绞线锚具组装件的轴线与设计轴线存在角度偏差时，需按 2(3)静载试验给定的方法进行锚具偏转角度性能的试验。试验结果应满足：

$$\eta_a \geqslant 0.95$$

$$\varepsilon_{apu} \geqslant 2\%$$

(3)试验方法

①荷载传递试验

a. 试件应包含隐埋于混凝土构件中的锚具部件，布置应当与实际使用情况相同。

试件应为受轴向压力试验的混凝土棱柱体，其外边尺寸 a 和 b 对应于结构中规定的钢绞线束最小轴中心距，承压面以下的试件高度为 $h \geqslant 2b$，其中 $b > a$，如图 3-3-23 所示。包括锚具在内的试件部分应包括螺旋筋，它应当与规定的预应力体系和钢绞线相对应的螺旋筋具有同种尺寸和形式。为装配螺旋筋，可采用辅助钢筋，如满足下列条件，不需要辅助筋：纵向的钢筋总面积不大于 2cm²；每立方米混凝土中，均匀布置于整个试件高度上箍筋含量不大于 50kg。

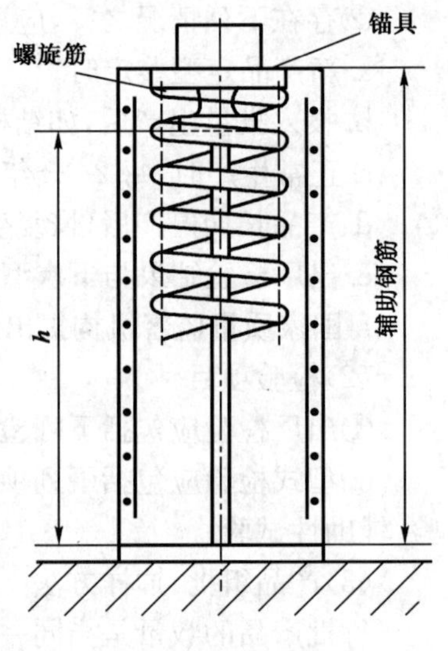

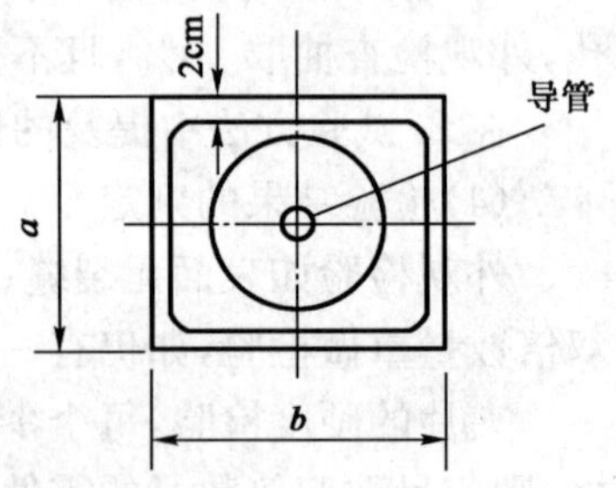

图 3-3-23　荷载传递试验试件

试件混凝土的材料、配合比、密实度及其特征强度应与实际应用中所用的相同。试件浇筑一天后拆模板，然后进行蒸汽养护直至试验，测定抗压强度的圆柱或立方体试块应同样处理。

b. 试件应安装在已标定好的试验设备上，荷载按钢绞线抗拉强度标准值(f_{pk})的 20%、40%、60%、80%(如图 3-3-24)分级加载，当达到 80%后，需进行至少 10 次的慢速循环加载，上限荷载和下限荷载分别为 $0.8 f_{pk}A_{pk}n$，循环加载后，逐步增加荷载直至试件破坏。

循环加载时，在每次循环的上限和下限荷载时进行测量，决定试件的应变和裂缝宽度是否达到满意的稳定状态，达到满意的稳定状态后才停止循环加载。图 3-3-24 绘出了加载和测量次序。

在最后的加载破坏时，试件的混凝土平均抗压强度应满足：

$$f_{cm.0} \leqslant 1.3 f_{ck.0}；f_{cm.0} \leqslant 0.85 f_{ck} \qquad (3\text{-}3\text{-}14)$$

c. 试验时应进行下列各项测量和观察并记录结果：

——各次循环加载时，对应上限和下限荷载，在最大劈裂应力影响区内试件表面的纵向和横向应变；

——上述时刻试件表面的裂缝形式、宽度及扩展情况；

——用肉眼观察或测量与混凝土接触的锚具部件变形；

——破坏位置和形式；

——破坏荷载 F_u。

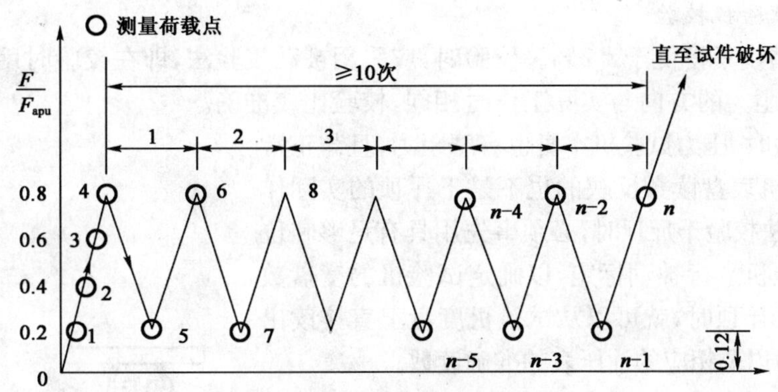

图 3-3-24　荷载传递试验的过程

②锚具偏转角度试验

将锚具与试验台座的轴线偏转 5°，按静载试验进行试验，并提出试验报告。

第三节　张拉设备校验

一、张拉设备的校验

桥梁工程中通常采用液压拉伸机作为预应力的张拉设备，它由油压千斤顶和配套的高压油泵、压力表及外接油管等组成，液压拉伸机的千斤顶按其构造可分为台座式(普通油压千斤顶)、穿心式、锥锚式和拉杆式。由于每台千斤顶液压配合面实际尺寸和表面粗糙度不同，密封圈和防尘圈松紧程度不同，造成千斤顶内摩擦阻力不同，而且摩阻要随油压高低和使用时间的变化而改变，所以，千斤顶要和工程中使用的油压表、油泵及油管一起进行配套校验，以减少累积误差，提高预应力控制张拉力的测力精度。

遇有下列情形时应该进行张拉设备的检验：

(1)新千斤顶初次使用前；

(2)油压表指针不能退回零点；

(3)千斤顶、油压表和油管进行过更换或维修后；

(4)张拉 100～200 次或连续张拉 1～2 个月后；

(5)停放三个月不用后，重新使用之前。

施加预应力用的机具设备及仪表，应由专人使用和管理，并应进行定期维护和校验。

张拉设备的校验可以在工厂、工地、科研、学校或检测机关等单位进行，校验用的标准仪器可选用材料试验机、压力机试验机或压力(拉力)传感器，该标准仪器的精度不得低于±2%。压力表的精度不宜低于 1.5 级，最大量程不宜小于设备额定张拉力的 1.3 倍。校验时，千斤顶活塞的运行方向应与实际张拉工作状态一致。

二、校验方法

油压千斤顶的作用力一般用油压表测定和控制。油压表上的指示读数为油缸内的单位油压，在理论上将其乘以活塞面积即应为千斤顶的作用力。但由于油缸与活塞之间有一定的摩阻力，此项摩阻力抵消一部分作用力，因此实际作用力要比理论值为小，为正确控制张拉力，一般均用校验标定的方法测定油压千斤顶的实际作用力与油压读数的关系。应将千斤机及配套使用的油泵、油压表一起进行校验。

校验仪器可采用压力试验机、标准测力计或传感器等，一般采用长柱压力试验机的方法。

1. 用长柱压力试验机校验

压力试验机的精度不得低于±2%。校验时，应采用被动校验法，即在校验时用千斤顶顶试验机，这样活塞运行方向、摩阻力的方向与实际工作时相同，校验比较准确。

在进行被动校验时，压力试验机本身也有摩阻力，且与正常使用时相反，故试验机表盘读数反映的也不是千斤顶的实际作用力。因此，用被动法校验千斤顶时，必须事先用具有足够吨位的标准测力计对试验机进行被动标定，以确定试验机的度盘数值。标定后在校验千斤顶时，就可以从试验机度盘上直接读出千斤顶的实际作用力以及相应的油压表的准确读数。

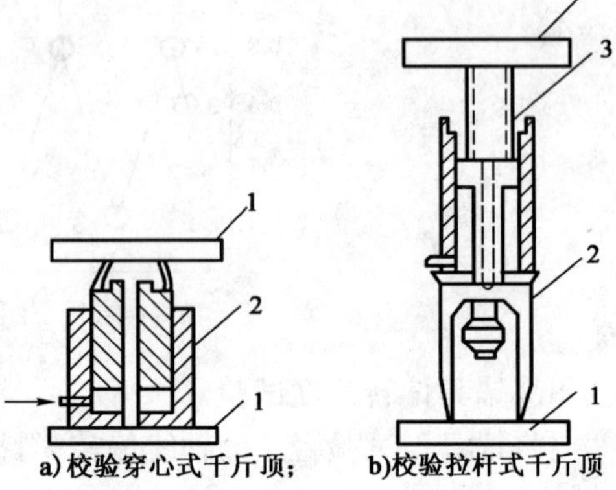

a)校验穿心式千斤顶；　b)校验拉杆式千斤顶

图 3-3-25　用压力试验机校验拉伸机

1-试验机上、下压板；2-拉伸机；3-无缝钢管

用压力试验机校验的步骤如下：

(1)千斤顶就位

当校验穿心式千斤顶时，如图 3-3-25a)所示，将千斤顶放在试验机台面上，千斤顶活塞面或撑套与试验机压板紧密接触，并使千斤顶与试验机的受力中心线重合。

当校验拉杆式千斤顶时，如图 3-3-25b)所示，先把千斤顶的活塞杆推出，取下封尾板，在缸体内放入一根厚壁无缝钢管。然后将千斤顶两脚向下立于试验机的中心线部位，放好后，调整试验机，使钢管的上端与试验机上压板接紧，下端与缸体内活塞面接紧，并对准缸体中心线。

(2)校验千斤顶

开动油泵，千斤顶进油，使活塞杆上升，顶试验机上压板，在千斤顶顶试验机的平缓增加负荷载的过程中(此时不得用试验机压千斤顶)，自零位到最大吨位，将试验机被动标定的结果逐点标定到千斤顶的油压表上。标定点应均匀地分布在整个测量范围内，且不少于 5 点。当采用最小二乘法回归分析千斤顶的标定经验公式时需 10～20 点。各标定点重复标定 3 次，取平均值，并且只测读进程，不得读回程。

(3)对千斤顶校验数值采用表 3-3-27 记录，并可根据校验结果绘千斤顶校验曲线供预应力筋钢材张拉时使用，亦可采用最小二乘法求出千斤顶校验的经验公式，供预应力筋张拉时使用。

张拉设备校验记录表　　表 3-3-27

张拉设备	油压千斤顶	名称	型号规格	精度等级	制造厂	出厂编号
	高压油泵					
	油压表					
检定吨位(kN)		油压表校验读数				
		(一)	(二)	(三)	平均	
试验机	型号规格					
	精度等级					
	制造厂					
	出厂编号					
备注						

送检单位：　　　　检定日期：

检定地点：　　　　有效期至：

检定时室温：　　　　检定单位(盖章)

2. 用标准测力计校验

用水银压力计、测力环、弹簧拉力计等标准测力计校验千斤顶，是一种简单可靠的方法。校验穿心千斤顶时的装置如图 3-3-26(校验拉杆式千斤顶的附加装置与压力试验机校验时相同)。校验时，开动油泵，千斤顶进油，活塞杆推出，顶压测力计。当测力计达到一定吨位 T_1 时，立即读出千斤顶油压表相应读数 P_1。同样方法可得 T_2、P_2、T_3、P_3；此时 T_1、T_2、T_3…即为相应于油压表读数 P_1、P_2、P_3…的实际作用力。将测得的各值绘成曲线，实际使用时，即可由此曲线找出要求的 T 值和相应的 P 值。

此外，也可采用双千斤顶卧放对顶并在其连接处装标准测力计进行标定，见图 3-3-27。

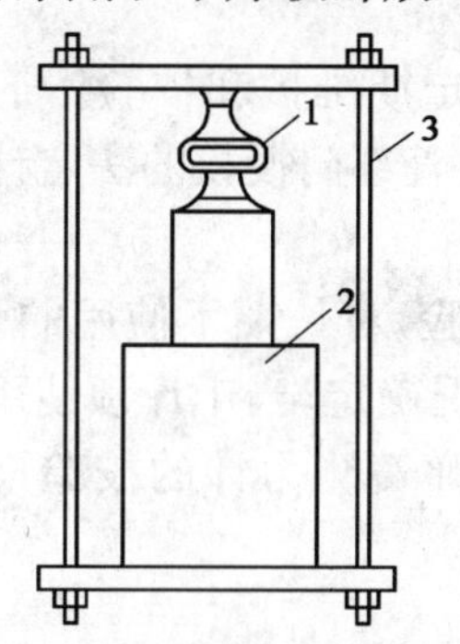

图 3-3-26　标准测力计校验千斤顶装置

1-标准测力计；2-千斤顶；3-框架

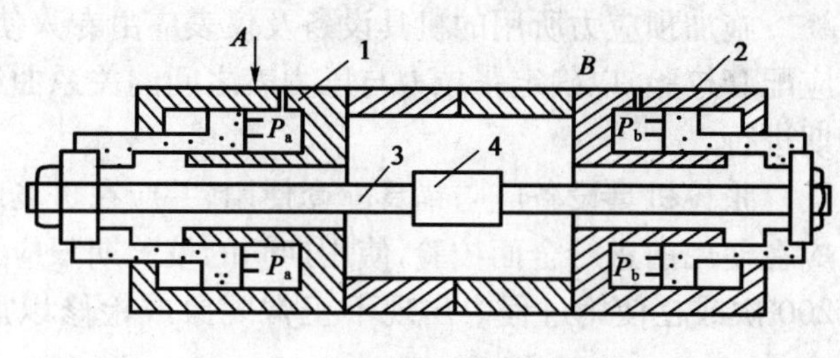

图 3-3-27　千斤顶卧放对顶标定

1-千斤顶 A；2-千斤顶 B；3-拉杆；4-测力计

3. 用电测传感器校验

传感器是在金属弹性元件表面贴上电阻应变片所组成的一个测力装置。当金属元件受外力作用变形后，电阻片也相应变形而改变其电阻值。改变的电阻值通过电阻应变仪测定出来。可从预先标定的数据中查出外力的大小，将此数据再标定到千斤顶油压表上，即可用以进行作用力的控制。

电测传感器校验千斤顶的装置如图 3-3-28。图中横梁与传感器间应设置可转动的球铰，横梁宜设球座。

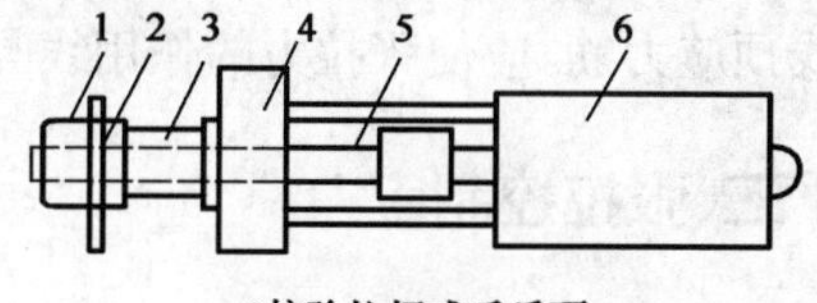

a)校验拉杆式千斤顶；

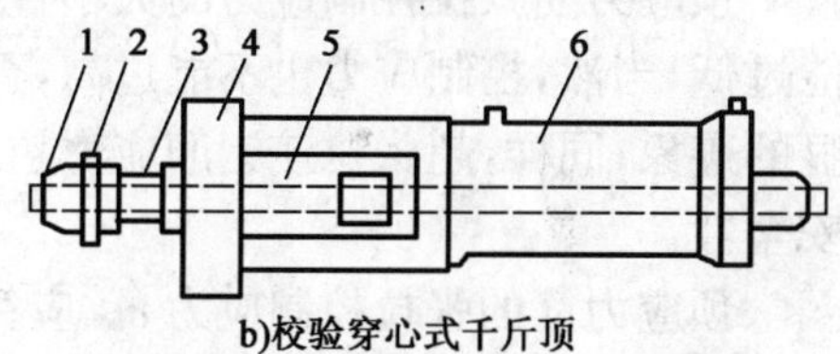

b)校验穿心式千斤顶

图 3-3-28　用传感器校验千斤顶装置

1-螺母；2-垫板；3-传感器；4-横梁；5-张拉杆；6-千斤顶

4. 千斤顶检验结果的回归计算

千斤顶的作用力 T 和油缸的油压 P 的关系是线性关系，考虑活塞和油缸之间的摩阻力后，它们的关系可以表示为：

$$T=AP+B \tag{3-3-15}$$

可以利用千斤顶检验测得的作用力和油压(T_1、P_1)、(T_2、P_2)、…(T_n，P_n)对式(3-3-15)进行线性回归，利用最小二乘原理求式(3-3-15)的回归值：

$$\hat{T}=\hat{A}P+\hat{B} \tag{3-3-16}$$

式中：

$$\left.\begin{aligned}\hat{A}&=L_{PT}/L_{PP}\\ \hat{B}&=\bar{T}-\hat{A}\bar{P}\end{aligned}\right\} \tag{3-3-17}$$

$$\bar{P}=\frac{1}{n}\sum_{i=1}^{n}P_i \tag{3-3-18}$$

$$\bar{T}=\frac{1}{n}\sum_{i=1}^{n}T_i \tag{3-3-19}$$

$$L_{PP}=\sum_{i=1}^{n}P_i^2-\frac{1}{n}\left(\sum_{i=1}^{n}P_i\right)^2 \tag{3-3-20}$$

$$L_{PT}=\sum_{i=1}^{n}P_iT_i-\frac{1}{n}\left(\sum_{i=1}^{n}P_i\right)\left(\sum_{i=1}^{n}T_i\right) \tag{3-3-21}$$

如某 YQ-500 型千斤顶检验后得到的校正方程为：$T=68.62P-23$，式中 P 的单位为 MPa，T 的单位为 kN。利用式(3-3-16)可以通过测量油压 P 对张拉力 T 进行控制。

第四节　张拉工艺和张拉力控制

一、张拉设备的安装

1. 机具及设备

施加预应力所用的机具设备及仪表应由专人使用和管理，并应定期维护和校验。千斤顶与压力表应配套校验，以确定张拉力与压力表之间的关系曲线，校验应在经主管部门授权的法定计量技术机构定期进行。

张拉机具设备应与锚具配套使用，并应在进场时进行检查和校验，对长期不使用的张拉机具设备，应在使用前进行全面校验，使用期间的校验期限应视机具设备的情况确定，当千斤顶使用超过 6 个月或 200 次或在使用过程中出现不正常现象或检修以后应重新校验。弹簧测力计的校验期限不宜超过 2 个月。

2. 张拉设备的安装

施加预应力的大小是否符合设计要求，是保证结构性能的关键。而张拉设备的安装是否准确，又直接影响张拉力的大小。因此，安装张拉设备时，直线预应力筋，应使张拉力的作用线与孔道中心线重合；曲线预应力筋，应使张拉力的作用线与孔道中心线末端的切线重合。

二、张拉控制应力

预应力筋张拉控制应力的大小直接影响预应力效果，影响到构件的抗裂度和刚度，因而控制应力不能过低，当然，控制应力也不能过高，否则会使构件出现裂缝的荷载与破坏荷载很接近，在破坏前没有明显的迹象；同样，超张拉使钢筋应力超过屈服点，产生塑性变形将影响预应力值的准确性和张拉工艺的安全性。

预应力筋的张拉控制应力 σ_{con}应符合设计要求。如果在施工时，为了提高构件在施工阶段的抗裂性能而在使用阶段受压区内设置的预应力钢筋；或为了部分抵消由于应力松弛、摩擦、钢筋分批张拉以及预应力钢筋与张拉台座之间的温差等因素产生的预应力损失，张拉控制应力允许值可适当提高，即进行超张拉。但是其最大超张拉应力，不得超过表 3-3-28 的规定。

最大张拉控制应力允许值　　表 3-3-28

钢　种	张拉方法	
	先张法	后张法
碳素钢丝、刻痕钢丝、钢绞线	$0.80f_{PTK}$	$0.75f_{PTK}$
热处理钢筋、冷拔低碳钢丝	$0.75f_{PTK}$	$0.70f_{PTK}$
冷拉钢筋	$0.95f_{PYK}$	$0.90f_{PYK}$

注：f_{PTK}为预应力筋极限抗拉强度标准值；
f_{PYK}为预应力筋屈服强度标准值。

三、先张法

1. 先张法工艺流程

先张法是在浇筑混凝土前张拉预应力钢筋，并将其固定在台座或钢模上，然后浇筑混凝土。待混凝土达到规定强度，保证预应力钢筋与混凝土有足够黏结力时，放松预应力钢筋，使混凝土产生预压应力。

先张法预应力混凝土构件的生产工艺，可分为长线台座法和短线钢模法。长线台座法，一次可以制成若干构件，具有设备简单、配套机具少、便于维修保养、投资省、效率高等特点，是一种经济实用的生产方式。

台座是先张法生产的主要设备之一，它承受预应力筋的全部张拉力。台座按构造形式分墩式和槽式两类。两座必须具有足够的承载力和刚度，且不倾覆和滑移。台座的构造应适合构件生产工艺的要求，台座的台面，可采用预应力混凝土，以防止出现裂缝。

先张法墩式台座结构应符合下列规定：

(1)承力台座须具有足够的强度和刚度，其抗倾覆安全系数应不小于 1.5，抗滑移系数应不小于 1.3。

(2)横梁须有足够的刚度，受力后挠度应不大于 2mm。

(3)在台座上铺放预应力筋时，应采取措施防止玷污预应力筋。

(4)张拉前，应对台座、横梁及各项张拉设备进行详细检查，符合要求后可进行操作。

对先张法施工，无论采用台座法或钢模法，其基本原理都相同，先张法施工的工艺流程如图 3-3-29。

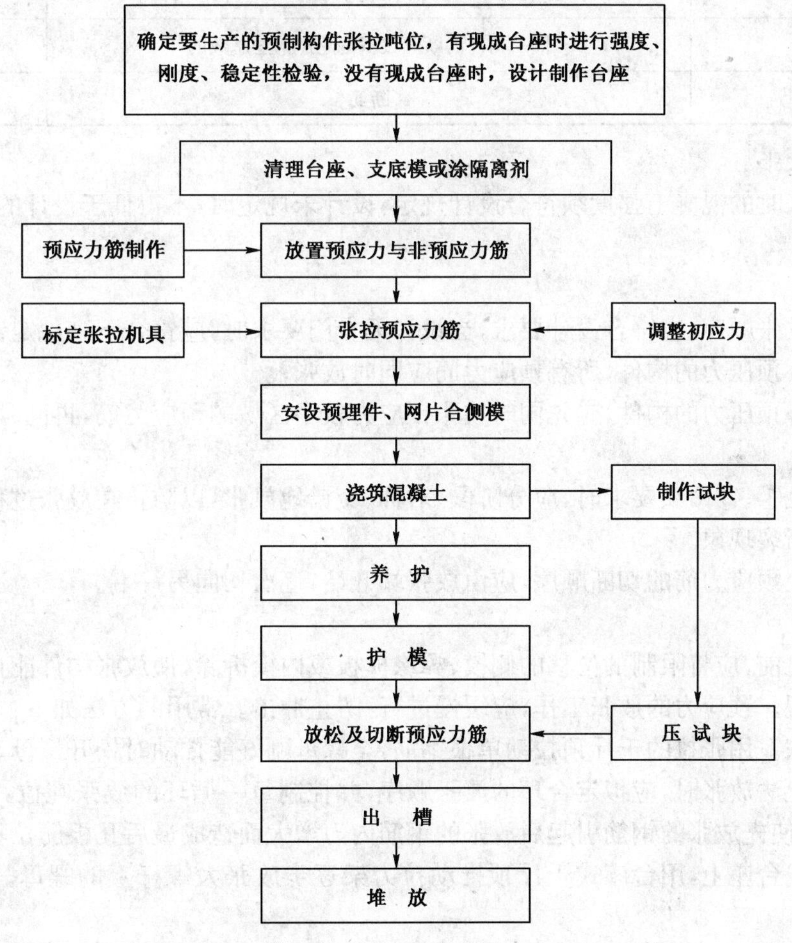

图 3-3-29　先张法施工工艺流程

2.预应力筋张拉

预应力筋的张拉工作是预应力施工中的关键工序，为确保施工质量，预应力筋的张拉应严格按设计要求进行。

(1)同时张拉多根预应力筋时，应预先调整其初应力，使相互之间的应力一致；张拉过程中，应使活动横梁与固定横梁始终保持平行，并应抽查力筋的预应力值，其偏差的绝对值不得超过按一个构件全部力筋预应力总值的 5%。

(2)预应力筋张拉完毕后，与设计位置的偏差不得大于 5mm，同时不得大于构件最短边长的 4%。

(3)预应力筋的张拉应符合设计要求，设计无规定时，其张拉程序可按表 3-3-29 的规定进行。

先张法预应力筋张拉程序　　表 3-3-29

预应力筋种类	张拉程序
钢筋	0→初应力→1.05σ_{con}(持荷 2min)→0.9σ_{con}→σ_{con}(锚固)
钢丝、钢绞线	0→初应力→1.05σ_{con}(持荷 2min)→0→σ_{con}(锚固)
	对于夹片式等具有自锚性能的锚具： 普通松弛力筋 0→初应力→1.03(锚固) 低松弛力筋 0→初应力→σ_{con}(持荷 2min 锚固)

注：1. 表中 σ_{con} 为张拉时的控制应力值，包括预应力损失值。

2. 张拉钢筋时，为保证施工安全，应在超张拉放张至 0.9σ_{con} 时安装模板、普通钢筋及预埋件等。

(4)张拉时，预应力筋的断丝数量不得超过表 3-3-30 的规定。

先张拉预应力筋断丝限制　　表 3-3-30

类别	检查项目	控制数
钢丝、钢绞线	同一构件内断丝数不得超过钢丝总数的	1%
钢筋	断筋	不容许

3. 预应力筋放张

预应力筋放张时的混凝土强度须符合设计规定，设计未规定时，不得低于设计的混凝土强度等级值的 75%。

(1)放张顺序

预应力筋的放张顺序，应符合设计要求，当设计无专门要求时，应符合下列规定：

①对承受轴心预压力的构件，所有预应力筋应同时放张；

②对承受偏心预压力的构件，应先同时放张预应力较小区域的预应力筋，再同时放张预压力较大区域的预应力筋；

③如不能满足①、②两项要求时，应分阶段、对称、交错地放张，以防止在放张过程中构件产生弯曲、裂纹及预应力筋断裂现象。

④长线台座上预应力筋的切断顺序，应由放张端开始，逐次切向另一端。

(2)放张

在力筋放张之前，应将限制的位移的侧模、翼缘模板或内模拆除，使放张构件能自由压缩，以免损坏模板或使构件开裂。预应力的放张工作，应缓慢进行，防止冲击。常用的方法如下：

①千斤顶放张。用张拉的千斤顶拉动单根钢筋，至螺母刚好能拧动时松开螺母。放张应分 3～4 次循环进行。采用此法放张时，应拟定合理的放张顺序，并控制每一循环的放张吨位，以免构件在放张过程中受力不匀，而使先放张的钢筋引起后放张的钢筋内力增大而造成最后几根筋拉不动或拉断。

在四横梁长线台座上，用台座式千斤顶推动拉力架逐步放张大螺杆上的螺母，达到整体放张预应力筋。

②砂箱放张。砂箱装置由钢制的套箱和活塞组成(见图 3-3-30)，内装石英砂或铁砂，装砂量宜为砂箱长度的 1/3～2/5。砂箱放张有用于放张单根预应力筋和成组放张预应力筋两种。砂箱放置在台座与横梁之间，预应力筋张拉时，箱内砂被压实，承受横梁的反力。预应力筋放张时，将出砂口打开，砂缓慢流出，从而使预应力筋缓慢放张。

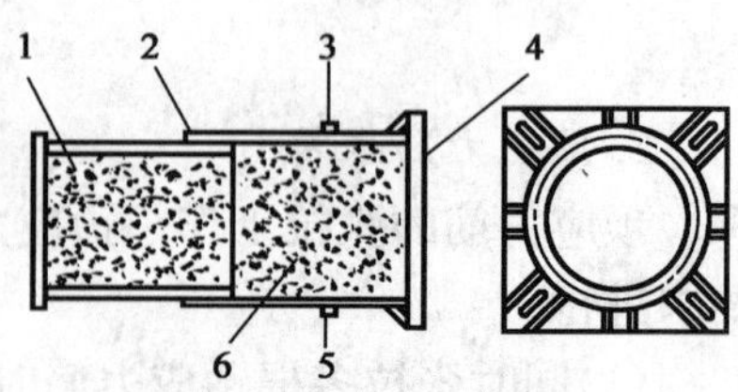

图 3-3-30　砂箱放张

1-活塞；2-钢套箱；3-进砂口；4-钢套箱底板；5-出砂口；6-砂

砂箱中的砂宜采用级配适宜的干砂，防止出现砂压碎引起流不出现象或增加砂的孔隙率，使预应力损失增大。采用两台砂箱时，放张速度应力求一致，以免构件受扭损伤。

采有砂箱放张具有放张速度易于控制、工作可靠、施工方便等特点，可用于张拉力大于1000kN的情况。

四、后张法

1.后张法工艺流程

后张法是先制作构件，并在构件中按预应力筋的位置预留出相应的孔道，待构件混凝土的强度达到设计规定的数值后，穿入预应力筋，用张拉机具进行张拉，并利用预应力锚具把张拉后的预应力筋锚固在构件的端部。预应力筋的张拉力，主要靠构件端部的锚具传给构件混凝土，使其产生压应力。张拉锚固几小时后，则可以在预留孔道内灌入水泥浆(对空隙较大的孔道、水泥浆可掺入适量的细砂)，使预应力筋不受锈蚀，并与构件联成整体。

后张法不需要台座设备，大型构件可分块制作，运到现场拼装，利用预应力筋连成整体。因此，后张法较为灵活，适用于现场预制或工厂预制块体现场拼装的大中型预应力构件、特种结构和构筑物等。但后张法施工工序较多，且锚具不能重复使用，耗钢量较大。其施工工艺流程如图3-3-31。

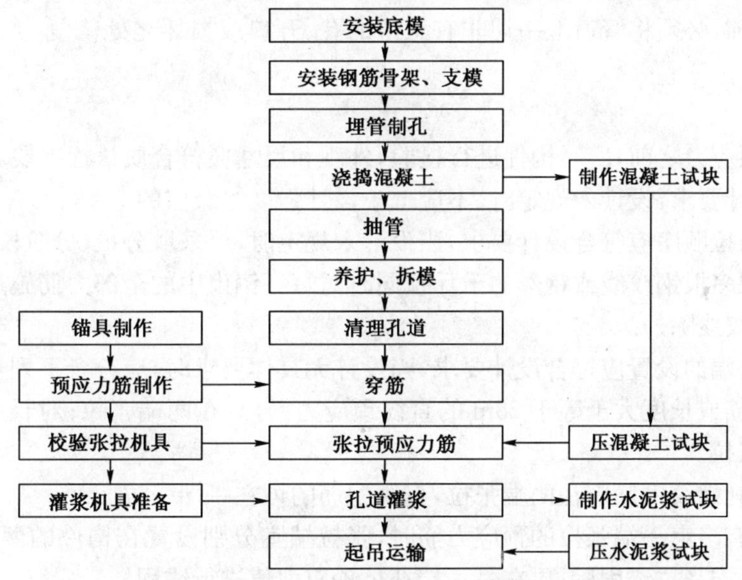

图3-3-31　后张法施工工艺流程

2.预留孔道

(1)预应力筋预留孔道的尺寸与位置应正确，孔道应平顺，端部的预埋钢垫板应垂直于孔道中心线。

(2)管道应采用定位钢筋固定安装，使其能牢固地置于模板内的设计位置，并在混凝土浇筑期间不产生位移。固定各种成孔管道用的定位钢筋的间距，对于钢管不宜大于1m；对于波纹管不宜大于0.8m；对于胶管不宜大于0.5m；对于曲线管宜适当加密。

(3)金属管道接头的连接管宜采用大一个直径级别的同类管道，其长度宜为被连接管道内径的5～7倍。连接时应不使接头处产生角度变化及在混凝土浇筑期间发生管道的转动或移位，并应缠裹紧密防止水泥浆的渗入。

(4)所有管道均应设压浆孔，还应在最高点设排气孔及需要时在最低点设排水孔。压浆管、排气管和排水管应是最小内径为20mm的标准管或适宜的塑料管，与管道之间的连接应采用金属或塑料结构扣件，长度应足以从管道引出结构物以外。

(5)管道在模板内安装完毕后，应将其端部盖好，防止水或其他杂物进入。

3.预应力筋安装

(1)预应力筋可以在浇筑混凝土前后穿入管道，对钢绞线，可将一根钢束中的全部钢绞线编束后整体装入管道中，也可逐根将钢绞线穿入管道，穿束前应检查锚垫板和孔道，锚垫板应位置准确，孔道内应畅通，无水和其他杂物。

(2)预应力筋安装后的保护。

①对在混凝土浇筑及养生之前安装在管道中但在下列规定时限内没有压浆的预应力筋，应采取防止锈蚀或其他腐蚀的措施，直至压浆。

不同暴露条件下，未采取防腐蚀措施的力筋在安装后至压浆时的容许间隔时间如下：

空气湿度大于70%或盐分过大时　　7d

空气湿度40%～70%时　　15d

空气湿度小于40%时　　20d

②在力筋安装在管道中后，管道端部开口应密封以防止湿气进入，采用蒸汽养生时，在养生完成之前不应安装力筋。

③在任何情况下，当在安装有预应力筋的构件附近进行电焊时，对全部预应力筋和金属件均应进行保护，防止溅上焊渣或造成其他损坏。

(3)对在混凝土浇筑之前穿束的管道，力筋安装完成后，应进行全面检查，以查出可能被损坏的管道。在混凝土浇筑之前，必须将管道上一切非有意留的孔、开口或损坏之处修复，并应检查力筋能否在管道内自由滑动。

4. 张拉

(1)对力筋施加预应力之前，应对构件进行检验，外观和尺寸应符合质量标准要求。张拉时，构件的混凝土强度应符合设计要求，设计未规定时，不应低于设计强度等级值的75%。

(2)预应力筋的张拉顺序应符合设计要求，当设计未规定时，可采取分批、分阶段对称张拉。

(3)应使用能张拉多根钢绞线或钢丝的千斤顶同时对每一钢束中的全部力筋施加应力，但对扁平管道中不多于4根的钢绞线除外。

(4)预应力筋张拉端的设置应符合设计要求，当设计无具体要求时，应符合下列规定：

①对曲线预应力筋或长度大于等于25m的直线预应力筋，宜在两端张拉；对长度小于25m的直线预应力筋，可在一端张拉。

②曲线配筋的精轧螺纹钢筋应在两端张拉，直线配筋的可在一端张拉。

③当同一截面中有多束一端张拉的预应力筋时，张拉端宜分别设置在构件的两端。预应力筋采用两端张拉时，可先在一端张拉锚固后，再在另一端补足预应力值进行锚固。

④后张预应力筋的张拉应符合设计要求，设计无规定时，其张拉程序可参照表3-3-31进行。

后张法预应力筋张拉程序　　表3-3-31

预应力筋		张拉程序
钢筋、钢筋束		0→初应力→1.05σ_{con}(持荷2min)→σ_{con}(锚固)
钢绞线束	对于夹片式等具有自锚性能的锚具	普通松弛力筋 0→初应力→1.03σ_{con}(锚固) 低松弛力筋 0→初应力→σ_{con}(持荷2min锚固)
	其他锚具	0→初应力→1.05σ_{con}(持荷2min)→σ_{con}(锚固)
钢丝束	对于夹片式等具有自锚性能的锚具	普通松弛力筋 0→初应力→1.03σ_{con}(锚固) 低松弛力筋 0→初应力→σ_{con}(持荷2min锚固)
	其他锚具	0→初应力→1.05σ_{con}(持荷2min)→σ_{con}(锚固)
精轧螺纹钢筋	直线配筋时	0→初应力→σ_{con}(持荷2min锚固)
	曲线配筋时	0→σ_{con}(持荷2min)→0(上述程序可反复几次)→初应力→σ_{con}(持荷2min锚固)

注：1. 表中σ_{con}为张拉时的控制应力，包括预应力损失值。

2. 两端同时张拉时，两端千斤顶降压、画线、测伸长、插垫等工作应基本一致。

3. 梁的竖向预应力筋可一次张拉到控制应力，然后于持荷5min后测伸长和锚固。

(5)后张预应力筋断丝及滑移不得超过表 3-3-32 的控制数。

(6)预应力筋在张拉控制应力达到稳定后方可锚固。预应力筋锚固后的外露长度不宜小于 30mm,锚具应用封端混凝土保护,当需长期外露时,应采取防止锈蚀的措施,一般情况下,锚固完毕并经检验合格后即可切割端头多余的预应力筋,严禁用电弧焊切割,强调用砂轮机切割。

后张预应力筋断丝、滑移限制　　表 3-3-32

类　别	检 查 项 目	控 制 数
钢丝束和钢绞线束	每束钢丝断丝或滑丝	1 根
	每束钢绞线断丝或滑丝	1 丝
	每个断面断丝之和不超过该断面钢丝总数的	1%
单根钢筋	断筋或滑移	不容许

注:1. 钢绞线断丝系指单根钢绞线内钢丝的断丝。
2. 超过表列控制数时,原则上应更换,当不能更换时,在许可的条件下,可采取补救措施,如提高其他束预应力值,但须满足设计上各阶段极限状态的要求。

五、张拉力控制

(1)预应力筋的张拉控制应力应符合设计要求。当施工中预应力筋需要超张拉或计入锚圈口预应力损失时,可比设计要求提高 5%,但在任何情况下不得超过设计规定的最大张拉控制应力。

(2)预应力筋采用应力控制方法张拉时,应以伸长值进行校核,实际伸长值与理论伸长值的差值应符合设计要求;设计无规定时,实际伸长值与理论伸长值的差值应控制在 6%以内,否则应暂停张拉,待查明原因并采取措施施予以调整后,方可继续张拉。

(3)预应力筋的理论伸长值 ΔL(mm)可按式(3-3-21)计算:

$$\Delta L = \frac{P_P L}{A_P E_P} \tag{3-3-22}$$

式中:P_P——预应力筋的平均张拉力(N),直线筋取张拉端的拉力,两端张拉的曲线筋,按式(3-3-22)计算;

L——预应力筋的长度(mm);

A_P——预应力筋的截面面积(mm^2);

E_P——预应力筋的弹性模量(N/mm^2)。

预应力筋的平均张拉力按下式计算:

$$P_P = \frac{P\left[1 - e^{-(KL+\mu\theta)}\right]}{KL + \mu\theta} \tag{3-3-23}$$

式中:P——预应力钢材张拉端的张拉力(N);

μ——预应力钢材与管道孔壁的摩擦系数,见表 3-3-33。

K——管道每米局部偏差对摩擦的影响系数,见表 3-3-33;

θ——管道曲线始端与末端切线的夹角(rad);

L——从张拉端至计算截面的孔道长度。

系数 K 及 μ 值表　　表 3-3-33

孔道成型方式	K	μ 值		
		钢丝束、钢绞线、光面钢筋	带肋钢筋	粗轧螺纹钢筋
预埋铁皮管道	0.0030	0.35	0.40	—
抽芯成型孔道	0.0015	0.55	0.60	—
预埋金属螺旋管道	0.0015	0.20～0.25	—	0.50

(4)实际伸长量的测量。

预应力筋张拉时，应先调整到初应力 σ_0，该初应力宜为张拉控制应力 σ_{con} 的 10%～15%，伸长值应从初应力时开始量测。力筋的实际伸长量除量测的伸长值外，必须加上初应力以下的推算伸长值。对后张法构件，在张拉过程中产生的弹性压缩量一般可省略。

预应力筋张拉的实际伸长值 ΔL(mm)，可按式(3-3-23)计算：

$$\Delta L = \Delta L_1 + \Delta L_2 \tag{3-3-24}$$

式中：ΔL_1——从初应力至最大张拉应力间的实测伸长值(mm)；

ΔL_2——初应力以下的推算伸长值(mm)，可采用相邻等级的伸长值。

利用实测值 ΔL_s 和相应的理论值对比，校核控制张拉力。

(5)必要时，应对锚圈口及孔道摩阻损失进行测定，张拉时予以调整。

(6)预应力筋的锚固，应在张拉控制应力处于稳定状态下进行。锚固阶段张拉端预应力筋的内缩量，应不大于设计规定或不大于表 3-3-34 所列容许值。

锚具变形、预应力筋回缩和接缝压缩容许值(mm) 表 3-3-34

锚具、接缝类型		变形形式	容许值 ΔL
钢制锥形锚具		力筋回缩、锚具变形	6
夹片式锚具(用于预应力钢绞线)		力筋回缩、锚具变形	6
镦头锚具		缝隙压缩	1
JM15 锚具	用于预应力钢丝时	力筋回缩、锚具变形	3
	用于预应力钢绞线时		6
粗钢筋锚具(用于粗轧螺纹钢筋)		力筋回缩、锚具变形	1
每块后加垫板的缝隙		缝隙压密	1
水泥砂浆接缝		缝隙压密	1
环氧树脂砂浆接缝		缝隙压密	1

第五节　成品梁试验

为了检验钢筋混凝土和预应力钢筋混凝土单片成品梁的实际承载能力，以及校核在设计荷载下梁的强度、刚度及抗裂性能，需要进行单片梁的静载试验。

一、试验的选择

试验梁的选择方法有随意抽样和典型抽样两种。随意抽样法适用于大批生产的梁(作鉴定性试验)，抽样数据一般占每批产量的 1%～5%。抽样是任意选择的，不能故意选择。这样抽样试验的结果，可以反映出梁在设计与施工中的普遍问题，具有较好的代表性。典型抽样适用于生产数量不多、施工质量差别较大的情况下，一般选择质量最差的一片进行试验，若该片梁合格，则其余的片梁就可以认为合格了。此外，对于存在某些重大缺陷的梁，在按规定进行补救以后，也应进行试验以检验其承载能力。

试验梁选定后，应将各试验梁的设计与施工资料收集好。设计资料主要是指设计图纸、计算书等，施工资料包括材料试验报告、钢筋骨架验收记录及各项施工记录等。在收集和分析试验梁的各项资料的同时，还应对梁体的几何尺寸、材料状况、施工质量、表面缺陷等进行认真细致的检查。对梁体在试验中可能产生的问题应事先考虑周到，以免试验中发生故障而影响试验的进行。

二、试验荷载

1. 试验荷载的确定

试验荷载的确定，包括荷载图式、荷载大小和加载程序三个方面。

(1)试验荷载图式最好能与设计计算的荷载图相同。这样就可使试验梁的工作情况与设计相符。但在试验中荷载量较大时，为了简化试验装置及便于试验的进行，有时也采用与设计不同的荷载图式。但是这种荷载图式，必须与设计荷载图式等效，才能保证不会因荷载图式的改变而影响梁的工作和试验结果的分析。

(2)荷载的大小，应根据试验目的来确定。非破坏性试验的荷载量，可按控制设计的弯矩值推算。若需进行超载试验时，可乘以适当的超载系数，对于预应力混凝土梁，还要考虑试验时尚未完成的预应力损失对梁体构成的抵抗力矩的作用。若进行破坏性试验时，则在加载量达到设计荷载后，仍应继续加载到梁体破坏或不能再使用时为止。

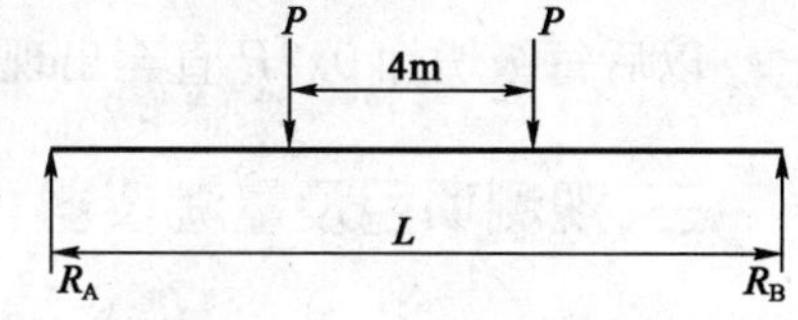

图 3-3-32　试验梁荷载图式

例如：预应力混凝土试验梁的跨径为 L，采用两个千斤顶施加集中荷载，加载点距跨 2.0m，荷载图式如图 3-3-32 所示，试换算每个千斤顶的加载量 P。

根据荷载图式，梁的跨中加载弯矩应为：

$$M_{加载}=P\cdot\frac{L}{2}-2P=P\left(\frac{L}{2}-2\right) \tag{3-3-25}$$

若在设计计算中梁的控制设计的荷载弯矩为 $M_{设}$，梁的自重弯矩为 $M_{自}$，尚未完成的后期预应力损失产生的抵抗力矩一般采用设计预应力损失弯矩的一半($M_{损失}/2$)，那么，试验梁的跨中加载弯矩又应为：

$$M_{加载}=M_{设}-M_{自}+\frac{M_{损失}}{2} \tag{3-3-26}$$

由此换算出试验梁的设计加载量 P：

$$P=\frac{2M_{加载}}{L-4}=\frac{2\left(M_{设}-M_{自}+\dfrac{M_{损失}}{2}\right)}{L-4} \tag{3-3-27}$$

若超载试验时的超载系数为 $K_{超}$，则超载试验的加载量 $P_{超}$ 为：

$$P_{超}=K_{超}\cdot P \tag{3-3-28}$$

一般情况下 $K_{超}$ 不小于 1.25。

(3)加载程序是指试验中荷载与时间的关系。如加载速度、间歇时间、分级荷级量的大小及加卸载循环次数等。只有正确地确定荷载程序，才能正确反映梁的承载能力与变形性质。

由于混凝土在首次受力时的变形与荷载关系是不稳定的，所以在正式试验前，必须通过预载使结构进入正常工作状态。同时通过预载，还可对整个试验装置进行检验，以保证试验的正常进行。预载的最大加载量可与设计加载量相同。

一般试验中加卸载分级进行。加载时每级量可取总加载量的 20%～30%。卸载时每级量可取 50%，也可一次卸载。每级荷载间应有足够的间歇时间，以便正确测定梁在各级荷载下的变形情况。钢筋混凝土梁的荷载间歇时间，一般不少于 10min。在保持恒载比较困难的情况下，为避免仪器指针不稳定，间歇时间可以缩短，但不宜少于 3～5min。当加载量达到设计加载量后，应有足够的满载时间，一般应不少于 30min。若达到规定满载间歇时间时，梁的变形仍有较显著的发展，则应延长满载间歇时间至变形稳定为止。若在三倍的满载间歇时间后，变形仍有较显著的发展，则认为该梁的不合格。为了正确测定梁的残余变形，卸荷后应有足够的零载时间，然后观测残余变形，零载时间可取 1.5 倍的满载间歇时间，为了解变形的恢复情况，在零载时间内也应经常观测读数。

2.加载程序加载可分三个阶段进行

(1)预载阶段加载程序为：

$$0 \to 10\text{kN} \to 0.5P \to P \to 0$$

(2)设计荷载阶段加载程序为：

$$0 \to 10\text{kN} \to 0.2P \to 0.4P \to 0.6P \to 0.8P \to P \to 0.5P \to 0$$

循环次数不少于两次。

(3)开裂荷载阶段加载程序为：

$$0 \to 10\text{kN} \to 0.25P \to 0.5P \to 0.75P \to P \to (P_{裂}-30\text{kN}) \to P_{裂} \to P \to 0.5P \to 0$$

第二次循环为：

$$0 \to 10\text{kN} \to P \to P_{裂} \to 0$$

以后每级增加 0.2P 直至出现裂缝为止。

三、观测项目及量测仪器

预应力混凝土简支梁静载试验的观测项目主要有：

1.挠度

梁在各级荷载下的挠度，不仅可以反映出梁的刚度以及梁的弹性和非弹性变形，而且还能反映出梁体在荷载下的整体工作状况。挠度观测是梁的静载试验的主要观测项目。在缺乏必要的量测仪器的情况下，梁的静载试验也可仅取挠度观测这一项。

梁的挠度可用精密水准仪和百分表测定。测点一般可设置在跨中、支点和四分点处，对较大跨径的梁在八分点处应增设测点。

试验时，应量测构件跨中位移和支座沉陷。对宽度较大的构件，应在每一量测截面的两边或两肋布置测点，并取其量测结果的平均值作为该处的位移。

2.跨中断面沿梁高混凝土应变的测定

在荷载作用下，简支梁跨中断面沿梁高混凝土正应变的分布情况，是验证设计计算的合理性与正确性的重要指标。测点可沿梁高等距布置，也可布置为如图 3-3-33 所示的外密里疏，以便比较准确地测定较大的应力应变。

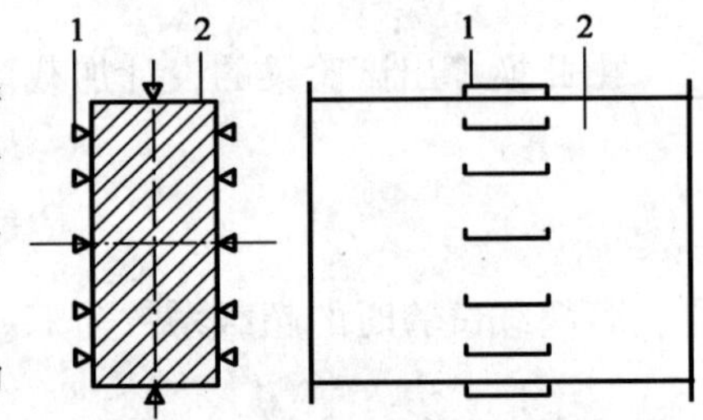

图 3-3-33 梁体混凝土应变测点布置

1-应变计；2-梁体混凝土

测定梁体混凝土应变的测点数，一般不少于 5～7 点。如梁的高度较大时，则测点还应增加。因为有了较多的测点，就能较准确地测定出中性轴的位置。

引伸仪的标距不宜太小，一般要大于混凝土粗集料粒径的 2～4 倍。一般引伸仪的标距为 15～20cm。

3.裂缝出现的观测

梁体混凝土在荷载作用下出现的裂纹能直接反映出梁的抗裂性能。将第一条裂纹出现时的开裂荷载与设计的抗裂荷载加以比较，就可知道梁的抗裂安全度的大小，因此，及时记录受拉区出现第一条裂纹时的开裂荷载是十分重要的。

监视裂纹出现的可靠办法，是在梁的可能开裂的区段上，连续布置相当数量的应变计，如图 3-3-34 所示。如在试验过程中，某处应变计的示值跳跃地增长，表示梁体混凝土在该处开裂；与此同时，相邻的应变计示值往往会下降。

观察裂缝出现可采用放大镜。

若试验中未能及时观察到正截面裂缝的出现，也可取荷载—挠度曲线的转折点（取曲线第一弯转段两端点切线的交点）的荷载值作为梁体的开裂荷载实测值。

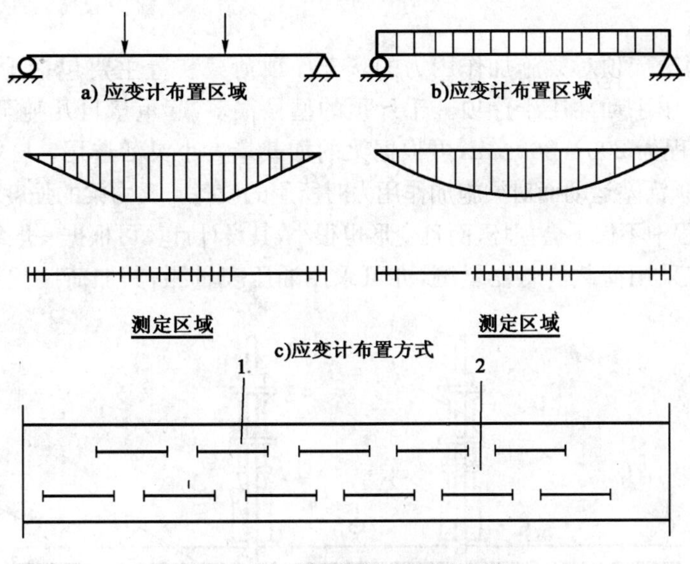

图 3-3-34　梁体混凝土裂纹的测定

1-应变计；2-梁体混凝土

4. 裂缝宽度观测

裂缝宽度可采用精度为 0.05mm 的刻度放大镜等仪器进行观测，裂缝的测量一般只需测出几条严重的裂缝尺寸。

对正载面裂缝，应量测受拉主筋处的最大裂缝宽度；对斜截面裂缝，应量测腹部斜裂缝的最大裂缝宽度。当确定受拉主筋处的裂缝宽度时，应在量测面量测。

四、加载装置

良好的试验装置，可以保证试验的顺利进行。加载装置的不完善，不仅会导致试验的失败，而且还会造成事故，因此必须慎重对待。

梁的静载试验中所采用的加载装置主要有重力荷载和千斤顶荷载两种。

1. 重力荷载加载

重力荷载是利用物体的重力对梁产生作用力的。其装置比较简单，如利用铁块、石块、混凝土预制块等加载，也可以用水箱装水加载。重力荷载一般适用于施加均布荷载或较小的集中荷载。用作加载的物体，要求选用密度大、重力恒定、在试验期间内不会有明显变化，形状规则（以便堆放）的物体。

重力荷重块宜用于均布加荷试验。荷重块应按区格成垛堆放（见图 3-3-35），垛与垛之间间隙不宜小于 50mm，以免形成拱作用。

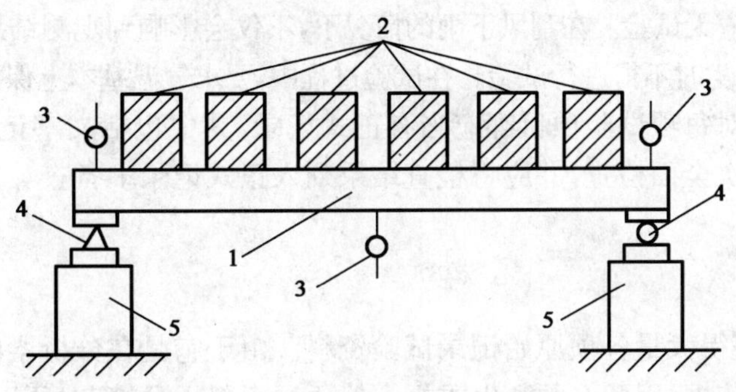

图 3-3-35　均布加载

1-试验梁；2-荷重块垛；3-百分表或位移传感器；4-支座；5-支墩

2. 千斤顶荷载加载

千斤顶荷载是利用千斤顶对梁施加作用力的。千斤顶荷载装置主要包括千斤顶、反力梁及测力仪三部分。千斤顶一般采用手动油压千斤顶。千斤顶的型号很多，起重量自几吨至几百吨不等，工作压力达 40～50MPa，活塞行程为 200～300mm，可根据梁的加载量大小灵活选用。

反力梁是限制千斤顶活塞运动而对梁施加作用力时所用的设备。反力梁的强度和刚度均应大于试验梁，这样才能保证在试验过程中不仅不会损坏，而且变形也很小，其设计计算可根据一般结构设计规范进行。

千斤顶的加荷值宜采用荷载传感器量测，亦可采用油压表量测，其加荷装置见图 3-3-36。

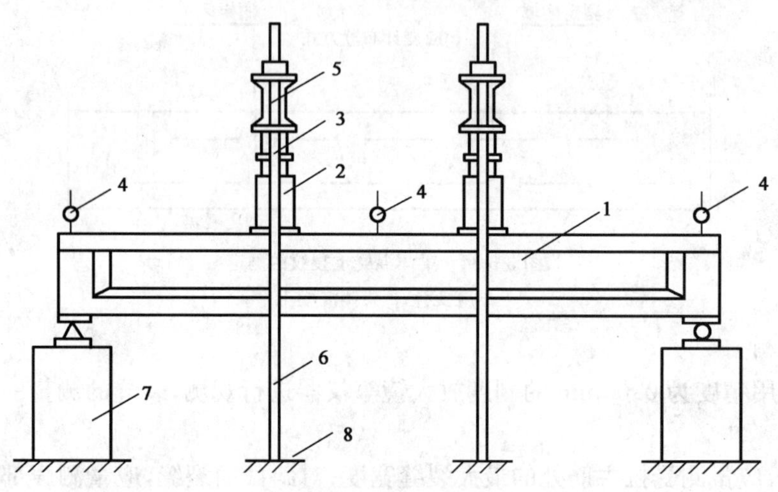

图 3-3-36　千斤顶加荷

1-试验梁；2-千斤顶；3-荷载传感器；4-百分表或位移传感器；5-横梁；6-拉杆；7-支墩；8-试验台座或地锚

五、试验测试

试验测试的目的在于收集和积累试验梁的资料，它是整个试验工作的中心环节，通过对梁体施加荷载，观测梁的工作状况。

观测过程要与荷载程序密切配合。观测时间一般在荷载过程中的恒载时间内选定。每加完一级荷载马上就进行一次观测读数，到下一级荷载加上去之前再观测读数一次。如果间歇时间较长，在满载间歇或卸载后的空载间歇中，则应每隔相当时间就观测读数一次，而每次的间隔时间要尽可能一致。

在观测过程中，观测人员应对观测结果随时加以分析。如发现反常情况，则应及时查明原因并加以消除，在试验观测中，要求在同一时间内对全部仪器同时进行观测并记下读数，因此，每个观测人员所看管的仪器不宜过多。在测点很多时，应多分几组进行观察，以保证读数的准确性。

梁的静载试验多半是露天试验。在刮风下雨的情况下，不仅会影响到观测结果的准确性，而且往往会因此造成事故，所以在天气恶劣时不得进行试验。在试验过程中，要求气温基本上保持恒定并应在 0℃以上。

在整个试验过程中，对每项试验项目都应当有正式记录，其中包括文字记录、插图和照片等。在试验结束后，对梁体应作一次全面检查，并应将检查结果列入正式记录中备查。

六、试验结果分析

通过试验观测或可获得大量各项原始记录试验资料。由于它是在分析梁的工作状况与作出技术结论时的最重要、最可靠的依据，因此必须加以重视。但原始资料十分繁杂，所以在试验结束后，对原始资料要认真地进行整理和加工。应当去伪存真，凡无参考价值的资料一律剔除，从而使试验资料能更集中地明确地反映出试验的真正结果，根据这些资料就可以对梁的工作状况作出正确的结论。

试验资料的整理和试验结果的分析可按下列步骤进行：

(1)根据原始记录整理或计算出观测项目的各相应值。

(2)找出各项观测项目的有代表性的数值。如控制设计荷载作用下的梁的挠度、最大应力应变、最大裂缝宽度及残余变形等值。

(3)将上述各有代表有性的数值，用图或表的形式列出，并与理论计算值进行比较：

①设计荷载作用下，各梁跨中测点挠度与计算挠度的比较。

②根据实测跨中测点挠度值，推算出混凝土实际弹性模量。

③几次加载后，梁的残余挠度值按表3-3-35格式列出，并在备注中说明梁的弹性恢复性能。

试验梁残余挠度表　　表3-3-35

梁　号	最大荷载(kN)	循环次数(次)	残余挠度(mm)	备注

④绘制梁的挠度—荷载关系曲线

参照梁的挠度—荷载关系线图，就可以推断梁在各级荷载作用下的工作状况。通过梁的实测最大挠度与跨径的比值，就可以鉴定出梁的刚度是否能满足设计要求。

⑤绘制梁的各加载阶段跨中断面的荷载—混凝土正应变关系曲线。找出梁截面实测中性轴位置分析梁的工作状况，并通过实测点应变与计算应力换算应变的比较，说明梁的强度是否满足设计要求。

⑥试验过程中，将观测的梁在各级荷载作用下各测点的挠度连成曲线，得出梁在各级荷载作用下的挠度曲线。

梁的挠度曲线表明梁在荷载作用下不同断面的挠度变化，正常的梁具有平滑的弹性曲线。

⑦在裂缝观测记录中，找出梁的实测开裂荷载(第一条裂缝出现时的荷载)，并算出实际抗裂弯矩$M_{抗裂}$。梁体的实测抗裂安全度用下式计算：

$$K_{实测}=\frac{M_{抗裂}}{M_{设计}} \tag{3-3-29}$$

式中：$K_{实测}$——梁体实测抗裂安全度；

$M_{抗裂}$——梁的实测抗裂弯矩；

$M_{设计}$——梁的设计抗裂弯矩。

梁的实测安全若大于或等于设计安全度时，说明梁的抗裂安全度满足设计要求；反之则不安全。

⑧对允许出现裂缝的构件，其裂缝宽度的检验结果应符合下式的要求：

$$W_{s,max}^{o}\leqslant[W_{max}] \tag{3-3-30}$$

式中：$W_{s,max}^{o}$——在正常使用的长期荷载检验值时，受拉主筋处最大裂缝宽度实测值(mm)；

$[W_{max}]$——梁检验的最大裂缝宽度允许值(mm)。

(4)根据以上各项试验结果的分析和比较后，对各试验梁作出符合实际的技术结论。

(5)写出试验报告，报告的内容有：

①试验的原因和目的；

②梁在试验前的状况；

③试验方法；

④梁在试验后的状况；

⑤试验结果及其整理分析；

⑥技术结论；

⑦附录：包括试验方案和全部试验资料，原始记录等。

第四章　钢管混凝土拱桥检测

钢管混凝土拱桥是一种新型的拱桥结构。20 世纪 90 年代，我国开始开发采用钢管混凝土拱桥，1990 年在四川旺苍建成了跨度 115m 的国内第一座公路钢管混凝土拱桥。由于其具有省材、轻便、美观及无支架施工的特点，很快得到推广和应用。在十几年内已建成和在建钢管混凝土拱桥已近 300 座。钢管吊装重量比钢筋混凝土拱肋轻很多，解决了大跨径拱桥施工问题，因而适用跨径可以增大。大跨度钢管混凝土拱(包括钢管混凝土系杆拱)，无论在经济性还是在施工技术等方面，已开始与斜拉桥方案竞争。

钢管混凝土的主要特点是：钢管拱合龙后，在其内填充混凝土，使两者共同工作，钢管壁对混凝土的套箍作用提高了混凝土的抗压强度和延性，而其内填充的混凝土又提高了钢管壁受压时的稳定性及其抗腐蚀性；在施工方面，空心钢管作为劲性骨架和模板，施工吊装重量轻，进度快，便于无支架吊装或转体施工。

第一节　钢管混凝土拱桥设计及试验检测

我国建筑部门在 20 世纪 60 年代开始应用、研究钢管混凝土结构。1989 年国家建筑材料工业局批准颁布了《钢管混凝土结构设计与施工规程》(JCJ 01—89)。1990 年中国工程建设标准化协会正式批准颁布了《钢管混凝土结构设计与施工规程》(CECS 28：90)。

钢管内混凝土抗压强度大于一般混凝土，可用强度增大系数表示二者的强度关系。CECS 28：90 提出的强度增大系数 K 计算式为：

$$K=1+\sqrt{\theta} \tag{3-4-1}$$

$$\theta=\frac{A_s f_s}{A_c f_c} \tag{3-4-2}$$

式中：θ——钢管混凝土套箍指标；

A_c、f_c——钢管的截面积和抗拉强度设计值；

A_s、f_s——核心混凝土截面积和抗压强度设计值。

但在钢管混凝土拱桥中采用多大的强度增大系数，目前仍无统一标准。有的设计仍采用普通混凝土的抗压强度，可能是基于以下原因：对大直径钢管拱还缺乏足够试验数据；混凝土徐变对应力的影响；钢管内混凝土不易振捣，不易控制管内混凝土密实度，一般灌注规律是钢管顶部不如底部混凝土密实。

上述两规程对钢管混凝土构件的换算刚度或综合刚度计算方法，基本上是一致的。对拉、压和弯曲刚度都是采用混凝土部分和钢管部分刚度的叠加。

(1)压缩和拉伸刚度：

$$EA=E_sA_s+E_cA_c \tag{3-4-3}$$

(2)弯曲刚度：

$$EI=E_sI_s+E_cI_c \tag{3-4-4}$$

式中：EA、EI——钢管混凝土受轴力及受弯矩时的换算刚度(或称综合刚度)；

E_s、E_c——钢与混凝土的弹性模量；

A_s、A_c——钢管混凝土中钢管与混凝土的截面积；

I_s、I_c——钢管混凝土中钢管与混凝土的截面惯性矩。

由于钢管混凝土拱桥是一种新型结构，在设计中遇到的一些问题还有待进一步试验研究和检测验证。下面就以青藏铁路拉萨河桥拱脚设计及局部应力分析、吊杆锚箱设计及试验检测为例，对钢管混凝土拱桥设计及试验检测作介绍。

一、青藏铁路拉萨河桥拱脚设计及局部应力分析

拉萨河桥是青藏铁路上的一座单线Ⅰ级铁路桥梁，为跨越西藏自治区拉萨河而设。该桥距青藏铁路终点拉萨车站约2km，距拉萨市中心约5km，其主桥为(36＋72＋108＋72＋36)m连续梁钢管混凝土拱组合结构。梁部设计为实体双主梁结构，桥面板带有横梁及小纵梁；中孔拱肋采用上下分层的钢管混凝土叠拱，钢管直径90cm；边孔拱肋采用哑铃形截面的钢管混凝土拱，钢管直径90cm。主桥立面布置见图3-4-1，截面见图3-4-2。

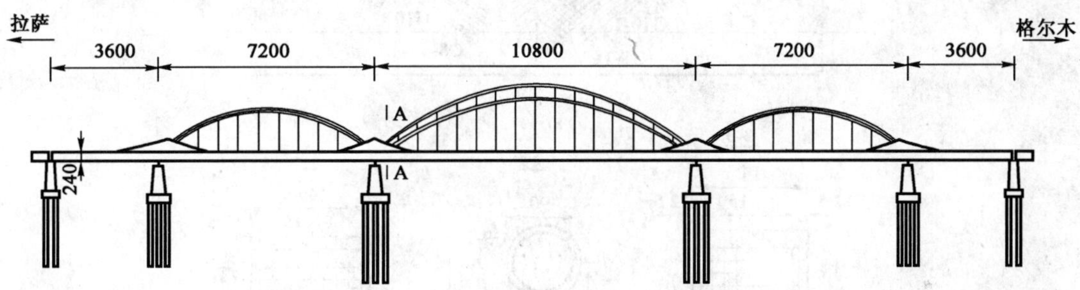

图3-4-1　主桥立面布置(尺寸单位：cm)

1. 拱脚结构设计

(1)构造设计

本桥主梁采用了实体矩形截面，每片主梁梁高2.4m，底宽1.2m，在拱脚附近主梁加宽至1.45m，主梁外侧设计为曲线形；边拱拱肋采用变高度的哑铃形截面，在拱脚处截面高度为2.1m；主孔拱肋采用上下叠拱，在拱脚处上下拱肋中心距2.26m。拱脚的设计必须满足锚固主孔拱肋、边孔拱肋、主梁部分预应力钢束和放置大吨位支座(2500t)的需要，拱脚横向宽1.45m，纵向结合景观设计的考虑，将拱脚设计为从主梁梁顶面凸起的两条边为曲线的三角形。侧面观之主梁跌宕起伏，象征着雪域高原上绵延的雪山。拱脚材料采用和主梁相同的C50混凝土，内布钢筋。拱脚和主梁混凝土浇筑在一起，形成牢固的整体结构。拱脚构造见图3-4-3。

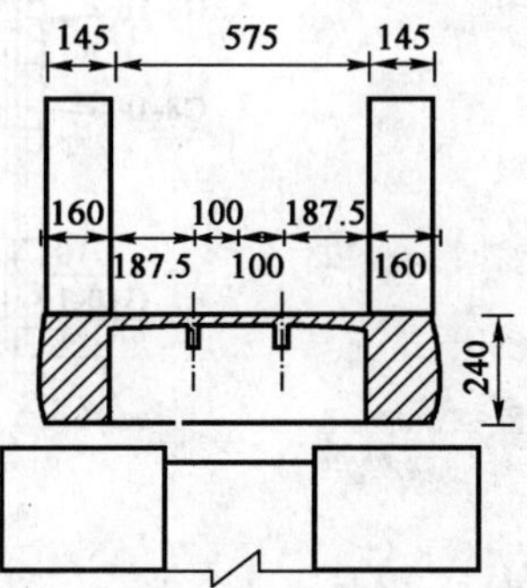

图3-4-2　主桥截面(A-A)(尺寸单位：cm)

在主孔拱肋和拱脚连接处，为了增加连接的牢固性和改善连接处的应力状态，在该位置设置缀板，材料采用Q235D钢材。缀板必须等到主梁支架拆除和主梁预应力钢束全部张拉完成后才能和拱肋焊接。其构造见图3-4-4。

(2)连接设计

拱肋和拱脚的连接方式为：将拱肋伸入钢筋混凝土拱脚中，在拱肋侧面焊接钢筋，同时在拱肋内部混凝土中布置一定数量的钢筋伸入拱脚，见图3-4-5。

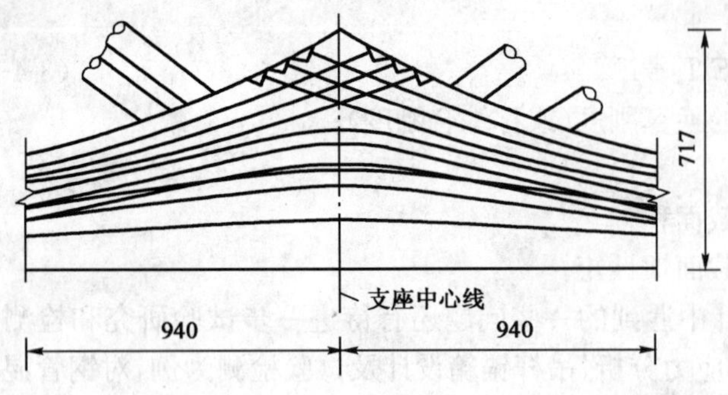

图 3-4-3　拱脚构造(尺寸单位:cm)

图 3-4-4　缀板构造

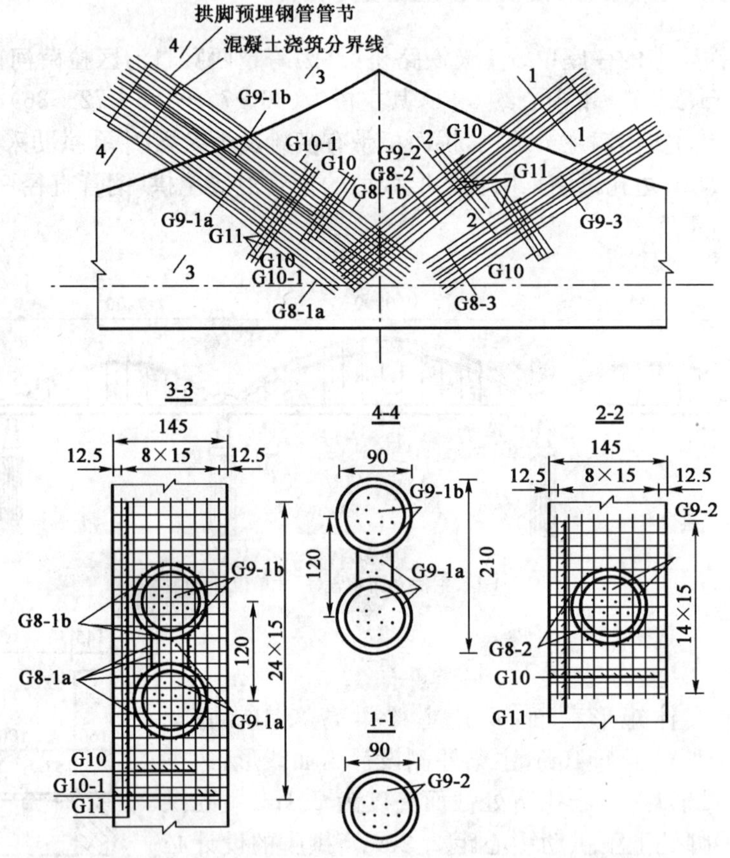

图 3-4-5　拱肋和拱脚连接(尺寸单位:cm)

2. 拱脚局部应力分析

(1)拱脚试验

根据设计要求,实桥拱脚结构考虑在 4 种加载工况下工作。

加载工况 1:结构自重、桥面二期恒载及预应力;

加载工况 2:在活载作用下,中墩顶主梁产生最大负弯矩;

加载工况 3:在活载作用下,次主跨拱肋拱脚截面产生最大负弯矩;

加载工况 4:在活载作用下,主跨上拱肋拱脚截面产生最大轴力。

采用三维电测和光弹性模型试验应力分析方法,对 4 种加载工况下的拱脚结构进行了应力测试和主应力迹线的绘制。

光弹性模型试验得到的自由边界上的应力分布见图 3-4-6。电测得到的自由边界上应力分布见图

3-4-7。在 4 种加载工况下，实桥拱脚结构电测、光弹性模型两种试验方法得到 σ_t 的分布规律是一致的。在拱与拱脚的连接局部位置 A、B、C、D 和 E、F 产生应力集中。拱脚与拱的连接部位，即钢管混凝土的圆截面拱、哑铃形截面拱与拱脚结构的连接区增加了一个圆锥形的过渡区，靠近此区域增加钢筋的布置密度，以缓和应力集中。

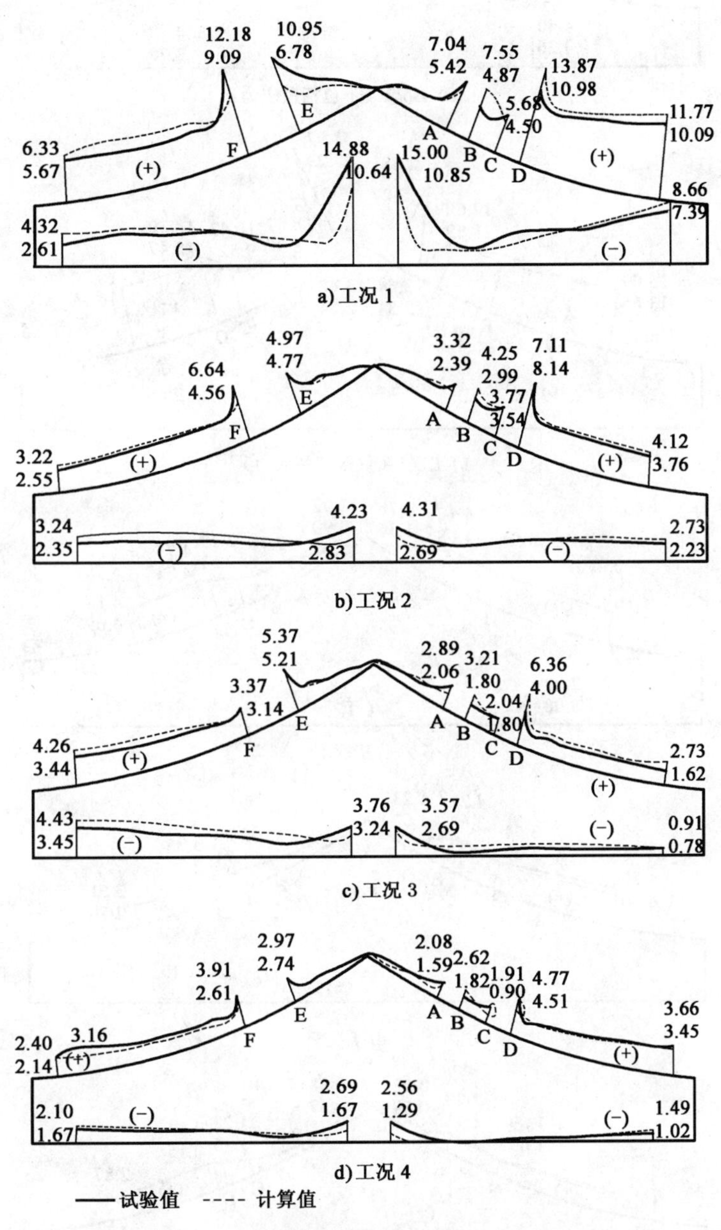

图 3-4-6 光弹性模型试验值(应力单位：MPa)

由工况 1(仅施加预应力)的拱脚 σ_t 应力分布曲线可以看出，拱脚顶部产生较大的压应力。而对于拱脚在单独加载工况 1(不包括预应力)、2、3、4 下，拱脚顶部都产生较大的拉应力。在预应力、加载工况 1(不包括预应力)和加载工况 2(或工况 3，或工况 4)的组合荷载下，拱脚顶部只发生较小的应力，这说明施加预应力的效果是良好的。

(2)拱脚有限元计算

利用 Algor 分析软件进行计算，对混凝土和拱肋采用了 Brick 实体单元，对预应力钢绞线利用有限差分法直接将预应力转化为等效节点荷载。为了全面考察拱脚受力情况，模型截取范围较大，左侧 22.8m，右侧 24.3m，全长 47.1m。网格大小 20cm×20cm。这样整个模型节点与节点荷载太多，超出解题范围。由于本模型主要考察拱脚在纵向平面内的受力情况，同时主梁和拱脚在横向结构和受力均对

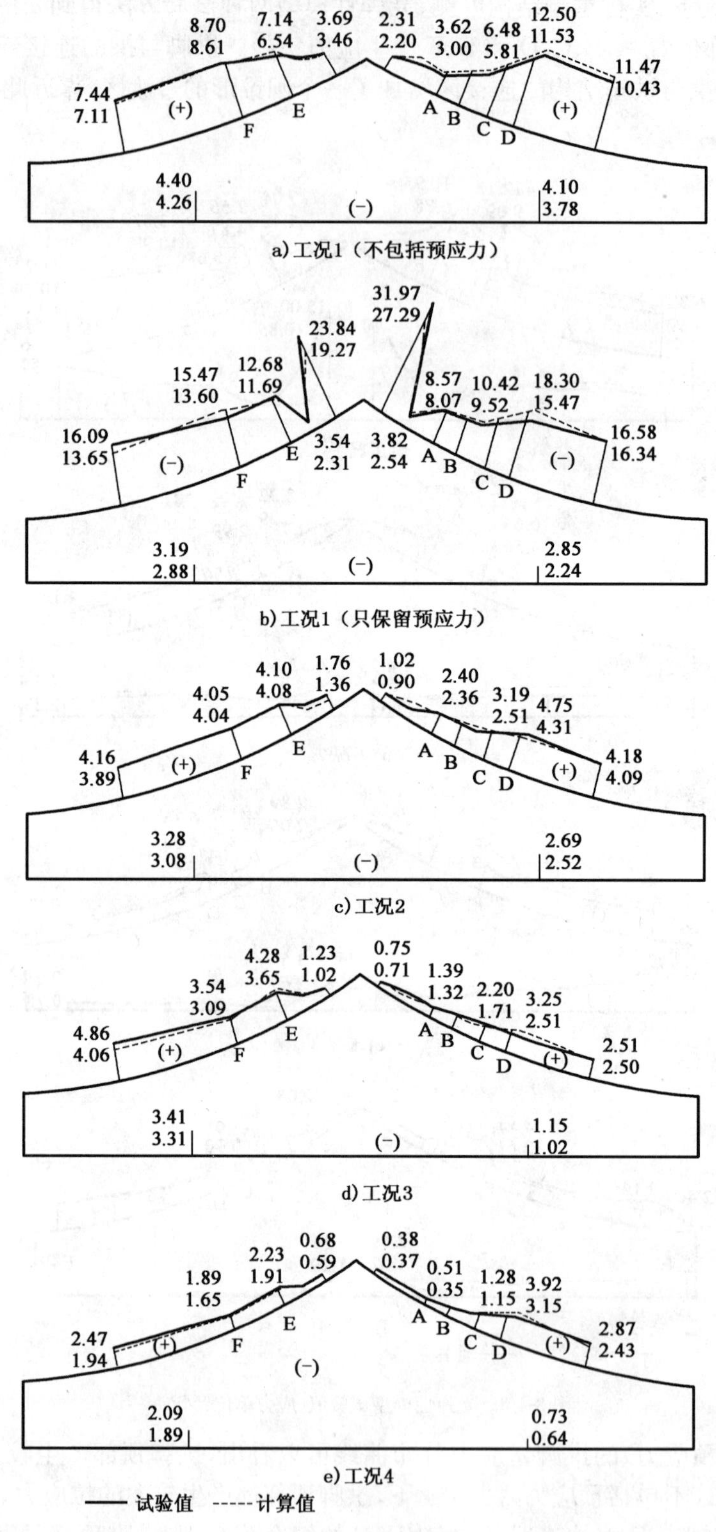

图 3-4-7 电测模型试验值（应力单位：MPa）

称，所以模型忽略了横梁和桥面板，并且主梁和拱脚在横向均取1/2 计算。

约束方式：在梁底突出一块支座大小的实体，其底部节点完全固结。其余边界条件按结构整体计算中的内力情况施加。有限元模型和变形见图 3-4-8。

图 3-4-8 有限元模型和变形

应力计算结果见图 3-4-9。从有限元模型计算结果可以看出，边拱拱脚两侧和拱脚顶部的主应力接近于 0，其余部位应力均为压应力，且满足规范要求；对于边拱，在 $7L/8$ 附近的拱肋上缘出现一些拉应力，其值为 0.3MPa，拱肋设计中在该区域考虑采取措施。

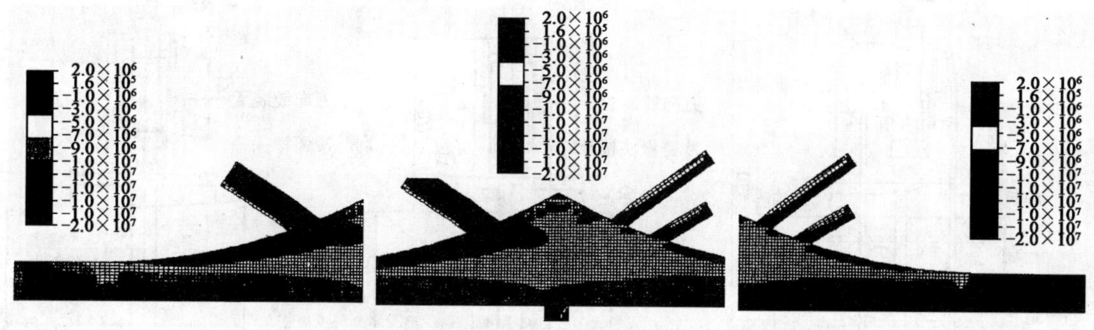

图 3-4-9　Algor 模型应力计算结果（应力单位：Pa）

二、青藏铁路拉萨河桥吊杆锚箱设计及试验检测

拉萨河桥全桥共设 29 对 58 根吊杆，中孔吊杆连于拱肋，吊杆和拱肋及主梁的连接采用特殊设计的吊杆锚箱。

1. 吊杆锚箱结构设计

(1)构造设计

吊杆锚箱主材采用 Q234D 钢材。上锚箱与钢管混凝土拱肋连接，下锚箱与矩形实体截面的预应力混凝土主梁连接。吊杆采用热挤聚乙烯拉索 OVMPES7-37。上锚箱构造见图 3-4-10，下锚箱构造见图 3-4-11。

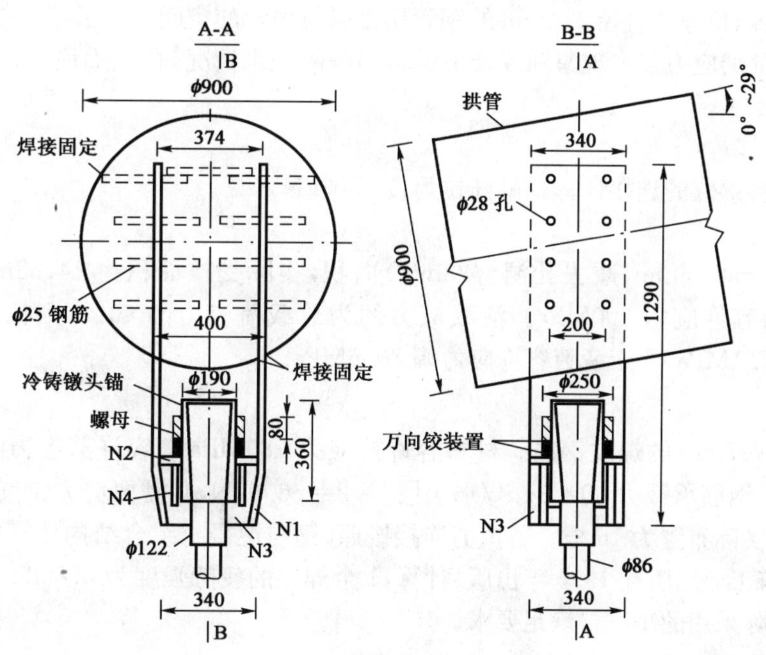

图 3-4-10　上锚箱构造（尺寸单位：mm）

上锚箱设计为固定端。吊杆端头的冷铸镦头锚杯和锚箱之间通过螺母和 N2 钢板传递内力，在螺母和 N2 钢板之间设置了万向铰装置，以适应二者之间的变形要求。N2 和 N3 钢板、N3 和 N1 钢板之间均有焊缝，利用这些焊缝将内力传递到 N1 拉板上。上锚箱利用两块 N1 钢板伸入拱

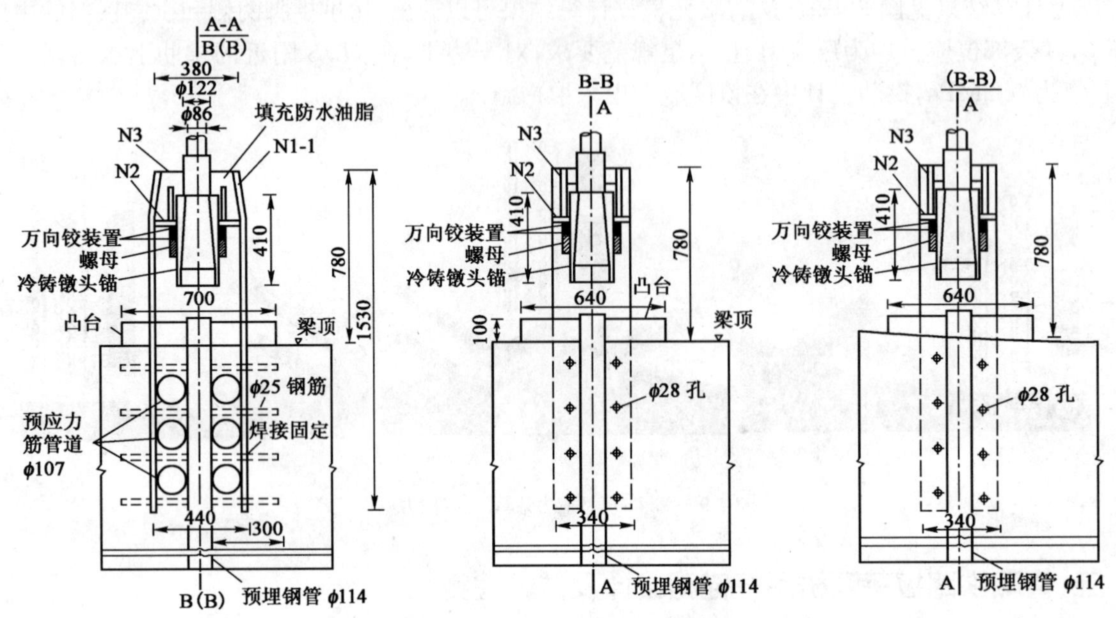

图 3-4-11　下锚箱构造(尺寸单位:mm)

肋中,在拱肋内部的每块 N1 钢板上贯穿设置了 8 根 ϕ25mm 的螺纹钢筋作为锚筋锚固于拱肋混凝土中。由于拱肋混凝土采用顶升法施工,混凝土密实程度相对来说不及梁体混凝土,加之拱肋尺寸有限,致使锚固长度受到限制,因此钢板与拱肋间也采用了焊接。尽管这样会降低拉板的疲劳强度,但考虑到吊杆内力不是特别大(小于 1000kN),因此钢板与拱肋间还是采用了焊接来加强两者的连接。

下锚箱设计为张拉端。下锚箱的构造和传力方式与上锚箱非常接近。不同的是由于下端为张拉端,因此在混凝土梁内预埋了直径 114mm 的钢管用做张拉吊索的空间。为了减少拉板 N1 和预应力混凝土主梁连接角点处的应力集中现象和改善下锚箱周围的积水情况,在主梁顶部锚箱周围设置了高度为 10cm 的混凝土凸台。

(2)设计计算

下面介绍锚箱各部位的连接计算。吊杆拉力按 1000kN 考虑。

①拉板计算

拉板截面 340mm×26mm,减去孔洞(ϕ28mm)面积,实际受拉面积为 14768mm^2,相应拉应力为 67.7MPa,小于材料容许应力 200MPa。活载应力约为总载荷应力的 40%,则拉板实际应力幅值为 67.7MPa×0.4=27.1MPa,小于疲劳容许应力幅 80.6MPa。

②剪力筋计算

剪力钢筋采用 ϕ25mm 的螺纹钢筋。材料容许拉应力 180MPa ,容许剪应力$[\tau]=180\text{MPa}/\sqrt{3}=$ 104MPa。单个剪力钢筋承载力:$Q=3\pi d^2/16\cdot[\tau]\times 2=76.6$kN,则需要剪力钢筋的数量为 1000kN/76.6kN=13.1 根,实际布置为 16 根。若抗剪连接按照《钢与混凝土组合结构计算构造手册》(严正庭,严立编著,中国建筑工业出版社 1996 年出版)计算,1 个焊钉的疲劳强度为 67652N,则需要焊钉的数量为 14.8 根,小于实际采用的 16 根,满足要求。

③焊接强度计算

N3 和 N1 之间采用坡口焊缝,焊接长度为 220mm,焊缝计算厚度取 18mm,共 4 条焊缝来承受 1000kN的剪力,则焊接剪力为 1000kN/(220mm×18mm×4)=63.1MPa,小于容许应力 120MPa,满足要求。

参考《美国公路桥梁设计规范》:对于角焊连接,其方向垂直于(或平行于)应力方向时,常幅疲劳临界值为31.0MPa，本设计 $\Delta\tau$=1000kN×0.4/[4×26mm×(220−10)mm]=18.3MPa<31.0MPa，满足要求。

④混凝土抗拔计算

假定下锚箱从混凝土中拔出，则拔出面积为(0.34+0.44)m×2×0.75m=1.17m^2，混凝土抗拔力为1.17[τ_c]=1.568MN>1000kN，满足要求。

2.锚箱试验

由于锚箱构造复杂，是整个桥梁的关键传力结构，且承拉式锚箱结构在钢管混凝土拱肋和混凝土梁内的锚固以及焊接锚箱本身，其静力和抗疲劳性能方面，可资借鉴的资料不多，因此，对本桥拟采用的吊索锚固体系进行相关性能的试验研究是十分必要的。因此委托中铁大桥局集团武汉桥梁科学研究院有限公司对该桥吊索锚固体系进行静动载试验，以检验其承载能力和抗疲劳性能是否满足设计要求。并通过试验研究对吊索锚固构造进行评价，提出改进意见或建议。

(1)试验内容

主要试验内容如下。

①静载试验：检验吊索锚固体系，包括锚箱锚固构造、焊接锚箱、吊索三部分的承载能力是否满足设计要求；

②疲劳试验：检验吊索锚固体系，包括锚箱锚固构造、焊接锚箱、吊索三部分的抗疲劳性能是否满足设计要求。

(2)模型设计

本试验模型采用足尺模型。

实桥吊索锚固体系中，上锚箱锚固于钢管混凝土拱肋内，下锚箱锚固于预应力混凝土梁内；上下锚箱相比，焊接锚箱构造基本相同，而下锚箱锚固处存在普通钢筋及预应力筋。在模型设计中采取了对上下锚箱分别进行试验的方案。

模型的设计基于仅进行吊索锚固体系本身的力学性能试验，即只考察锚箱与混凝土梁或钢管混凝土的锚固性能。因此，模型设计不考虑其他边界条件的影响。根据既有试验条件，制作T1、T2试件。试验模型详细构造及加载方式见图3-4-12、图3-4-13。

(3)试验加载系统

试验采用MTS6000kN试验机加载。试验机额定荷载：静拉4400kN，静压6000kN，疲劳±2200kN，疲劳加载频率上限1Hz。

试验机荷载精度：静载±0.5%，动载±1.0%。

(4)试验方法

①疲劳试验前静载试验

在进行疲劳试验前，对模型进行静载试验。为保证模型不破坏，将此静载试验的荷载定为疲劳试验的上、下限值，即荷载等级按1295kN、1750kN分级施加。

②疲劳试验

试验吊索按要求采用61ϕ7mm高强钢丝成品索，钢丝极限强度1670MPa。疲劳试验按吊索极限强度的0.45倍作为应力上限，疲劳应力幅值200MPa，即疲劳荷载上限1764.2kN、荷载幅值469.5kN、荷载下限1294.7kN，200万次脉冲加载。

③疲劳试验后静载试验

疲劳试验完成后，如果试件仍未破坏，即进行静载试验。静载试验按3倍的设计承载力，即3000kN加载，荷载按照600kN、1200kN、1800kN、2400kN、2700kN、3000kN分级施加。

3.试验结果和分析

1)T1试件(上锚箱)试验结果

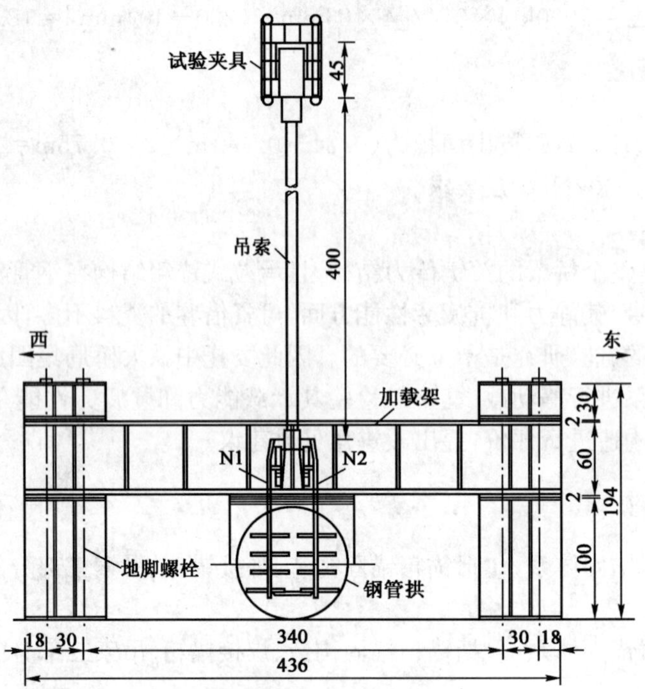

图 3-4-12　T1 试件(上锚箱)及加载布置(尺寸单位：cm)

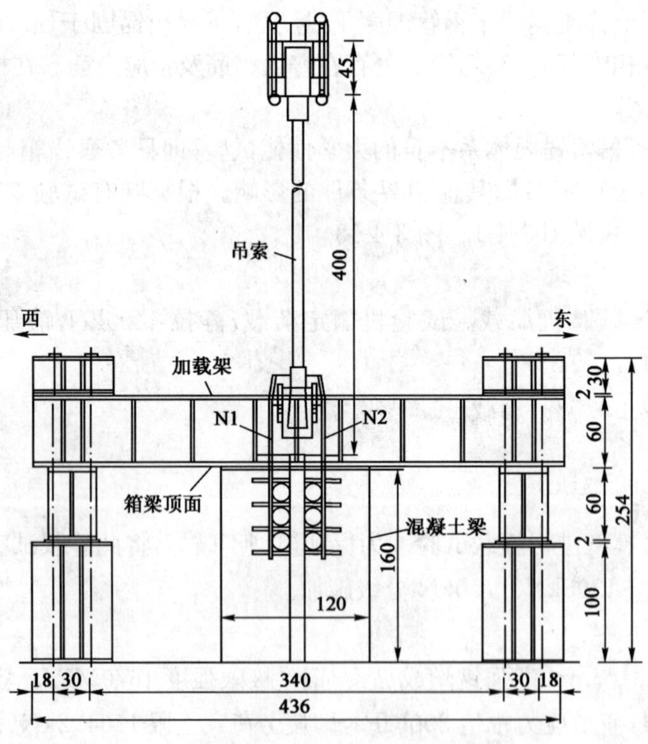

图 3-4-13　T2 试件(下锚箱)及加载布置(尺寸单位：cm)

(1)疲劳试验前静载试验

①荷载等级按 1295kN、1750kN 分级施加，T1 试件中 N1 和 N2 拉板在吊索锚固部位(N1 板 1～3 号及 N2 板 1′～3′号测点)实测应力与有限元分析计算值分别见表 3-4-1。此处的实测值与计算值基本一致，锚箱和吊索工作正常。

T1 试件疲劳前吊索锚固部位测试结果　表 3-4-1

荷载(kN)	测　点	应　　力(MPa)		
		实测 1	实测 2	计算
1295	1	62.16	64.89	64.44
	2	62.58	65.10	64.62
	3	66.57	68.25	63.86
	1′	62.37	64.68	64.44
	2′	65.52	67.41	64.62
	3′	67.62	69.93	63.86
1750	1	84.00	87.57	87.07
	2	86.10	89.04	87.32
	3	90.93	93.24	86.80
	1′	85.05	87.99	87.07
	2′	89.25	91.56	87.32
	3′	91.14	94.08	86.80

②N1、N2 板实测应力差别较大的点均位于焊缝附近，分析其主要原因如下：N2 板焊缝处的测点布置在更靠近焊缝处，是造成 N2 板上这些点的应力较 N1 板相应测点应力偏大的主要原因；焊缝处应力集中；偏心加载。当荷载值增大到 1750kN 时，N2 板焊缝附近应力值达到 169.47MPa，较 N1 板相同位置应力大 90.51MPa，但并未超出材料的容许应力值。

(2)疲劳试验

①T1 试件疲劳试验从 2004 年 1 月 31 日晚开始，疲劳上、下限荷载分别为 1764.2kN、1294.7kN，实际加载频率 0.6～0.8Hz，到 2004 年 3 月 7 日凌晨 200 万次脉冲加载完成。试验结果表明：该吊索锚固体系，包括锚箱锚固构造、焊接锚箱、吊索三部分的抗疲劳性能满足设计要求。

②位移监测结果：在疲劳荷载作用下两片加载纵梁的动位移约为 0.6mm，加载架刚度满足试验要求；试验过程中体系总位移量始终保持在约 6.5mm，说明结构未出现异常。

③疲劳试验完成后，经对试件的仔细检查，结构外观完好，表面未发现可见微裂纹。

(3)疲劳试验后静载试验

T1 试件中 N1 和 N2 拉板在吊索锚固部位(N1 板 1～3 号及 N2 板 1′～3′号测点)测试结果与有限元分析计算值分别见表 3-4-2。此处的实测值与计算值基本一致，锚箱和吊索工作正常。经对试件的仔细检查，结构外观完好，表面未发现可见微裂纹。静载试验结果表明：上锚箱吊索锚固体系，包括锚箱锚固构造、焊接锚箱、吊索三部分的承载能力能够满足设计要求。

T1 试件疲劳后吊索锚固部位测试结果　表 3-4-2

荷载(kN)	测　点	应　　力(MPa)	
		实测	计算
2700	1	140.70	134.35
	2	137.76	134.73
	3	137.76	133.14
	1′	145.53	134.35
	2′	144.27	134.73
	3′	136.92	133.14

续上表

荷载(kN)	测　　点	应　　力(MPa)	
		实测	计算
3000	1	158.13	149.28
	2	154.77	149.70
	3	153.72	147.94
	1′	162.96	149.28
	2′	161.07	149.70
	3′	153.51	147.94

2)T2 试件(下锚箱)试验结果

(1)疲劳试验

①疲劳试验从 2004 年 3 月 30 日晚开始，疲劳上、下限荷载分别为 1764.2kN、1294.7kN，实际加载频率 0.6～0.8Hz，到 2004 年 5 月 3 日 200 万次脉冲加载完成。试验结果表明：下锚箱吊索锚固体系，包括锚箱锚固构造、焊接锚箱、吊索三部分的抗疲劳性能满足设计要求。

②位移监测结果：在疲劳荷载作用下两片加载纵梁的动位移约为 0.6mm，加载架刚度满足试验要求；试验过程中体系总位移量始终保持在约 6mm，说明结构未出现异常。

③疲劳试验完成后，经对试件的仔细检查，除加载纵梁正下方的混凝土梁边局部有轻微破损外，结构外观完好，其他地方未发现可见微裂纹。

(2)静载试验

①疲劳前后静载试验加载 1295kN、1764kN 时，混凝土梁的表面应力分布规律基本一致，结构整体受力特性未发生大的变化，吊索锚固体系仍能正常工作。但经分析可知，疲劳试验前后各测点应力幅值发生一定变化，在试件构造局部，特别是在混凝土梁顶面，应力幅值变化较大，个别测点甚至出现应力反号现象。分析其主要原因是 T2 试件经疲劳试验后，锚箱 N1、N2 板与混凝土梁的黏结削弱对试件局部应力状态产生影响。

②疲劳试验后，当加载到 1800kN 时，T2 试件混凝土梁体顶面锚箱周围局部个别测点实测应力达到 5.88MPa，超出 C50 混凝土抗拉强度，但测点局部混凝土未见开裂；从 600kN 加载到 2400kN 的过程中，各测点应力与荷载的变化关系曲线基本呈线性关系，经仔细检查混凝土梁体完好；加载到 2700kN 时，大部分测点实测应力开始出现非线性变化，加载过程中检查发现混凝土梁体表面开始陆续出现微小裂纹；加载到 3000kN 过程中，微裂纹进一步扩展，加载到 3000kN 时各测点实测应力值出现突变，梁体应力出现重分布现象。混凝土梁顶面裂纹主要出现在锚箱 N1、N2 板角点处，与混凝土梁轴线夹角约 45°方向以及梁长中间位置与锚板垂直方向；混凝土梁侧面裂纹主要出现在梁长中间位置并与顶面梁长中间位置的裂纹贯通。

③在疲劳后的第 1 次静载试验完成后，为检验混凝土梁开裂后锚箱锚固系统的工作性能，对 T2 试件进行了第 2 次静载试验，并在分级加载到 3000kN 后持荷 10min。结果表明，在 3000kN 荷载作用下，试验机的拉力稳定，梁体混凝土裂纹不再扩展。表明 T2 试件混凝土梁体虽然开裂，但锚箱的锚固体系仍能正常工作。

4. 试验结论

(1)T1 试件(上锚箱)

①在疲劳试验荷载作用下，上锚箱吊索锚箱体系，包括锚箱锚固构造、焊接锚箱、吊索三部分的抗疲劳性能满足设计要求。

②在 3 倍于设计承载力的荷载(3000kN)作用下，上锚箱吊索锚箱体系，包括锚箱锚固构造、焊接锚箱、吊索三部分的承载力满足设计要求。

③对比疲劳试验前后的静载试验结果，N1、N2 板的应力分布规律及应力传播途径基本一致。但经疲劳试验后，锚箱 N1、N2 板和混凝土之间的黏结受到一定削弱。

④上锚箱焊缝周围存在较大程度的应力集中现象。

⑤上锚箱构造设计合理，满足受力要求。

(2)T2 试件(下锚箱)

①在疲劳试验荷载作用下，下锚箱吊索锚箱体系，包括锚箱锚固构造、焊接锚箱、吊索三部分的抗疲劳性能满足设计要求。

②在 3 倍于设计承载力的荷载(3000kN)作用下，下锚箱吊索锚箱体系，包括锚箱锚固构造、焊接锚箱、吊索三部分的承载力满足设计要求。

③经疲劳试验后，锚箱 N1、N2 板和混凝土梁之间的黏结受到削弱；加载 2700kN 的过程中混凝土梁体表面局部开始陆续出现微小裂纹，主要出现在锚箱 N1、N2 板角点处局部以及梁长中间位置顶面局部和侧面上方；加载至 3000kN 过程中，微裂纹进一步扩展；加载至 3000kN 时，试件混凝土梁体虽然开裂，但锚箱结构工作状态正常，吊索工作状态正常，锚固构造在剪力钉的作用下仍能继续工作。

④锚箱板件与混凝土梁的结合部位存在局部应力集中，混凝土梁在板件 4 个角点处存在局部应力集中。

⑤尽管疲劳试验后混凝土与埋置钢板之间的黏结受到削弱，但锚固仍是可靠的，此时锚固以剪力钉传力为主。

5. *施工控制建议*

通过上述试验数据和结构的有限元分析，提出如下施工控制建议：

(1)上锚箱锚板与钢管拱焊缝局部存在应力集中，实桥焊接过程中，应注意焊缝施工质量，并采取相应措施以减小焊缝局部的应力集中程度。

(2)下锚箱混凝土梁顶面在锚板 4 个角点处存在较大的应力集中，出于安全考虑，对该处作局部加强处理。

(3)N1、N2 板要严格按设计图纸要求制造，力求一致，避免受力不均匀。

(4)试验表明锚箱 N1、N2 板的应力受吊索对中影响很大。实际施工过程中，应严格控制吊索锚固体系的定位精度。

6. *结语*

通过对承拉式锚箱结构在钢管混凝土拱肋和混凝土梁内的锚固以及焊接锚箱本身进行静动载试验，可以了解到构件在实际施工中的情况，为以后锚箱结构的施工提供质量、工期上的保证。

第二节　钢管混凝土拱桥施工检测

钢管混凝土拱桥制造和施工的特点是：首先钢管焊缝较多，必须严格按要求进行施工和检测，保证焊缝质量；其次钢管内灌注混凝土要注意检测其密实度和质量。下面对武汉市江汉三桥钢管桁架焊缝超声检测、武昌鱼桥钢管混凝土拱内混凝土密实度检测和上海城市轨道交通明珠线苏州河桥钢管拱混凝土无损检测等三个实例加以介绍，供读者参考。

一、武汉市江汉三桥钢管桁架焊缝超声检测

武汉市江汉三桥主桥为净跨距 280m 的钢管混凝土下承式系杆拱桁架结构。该桥由交通部第二公路勘察设计院设计，钢管桁架由武昌造船厂制造，全焊接结构。受武汉市江汉三桥建设指挥部委托，在武昌造船厂按设计要求进行自检的基础上，武汉桥梁科学研究院对该桥的结构焊缝质量进行了超声波抽检检测。

桥梁上部结构主要由钢管混凝土桁架主拱、吊杆、系杆、横梁及纵梁等组成。钢管混凝土桁架主拱

设两条拱肋，拱肋为高5.5m、宽2.4m的等截面桁架，主要由4ϕ1000mm×12mm的钢管弦杆、钢管腹杆及缀板焊联而成，钢管弦杆横向间以缀板相连。江汉三桥主跨钢管混凝土拱桥结构示意见图3-4-14。

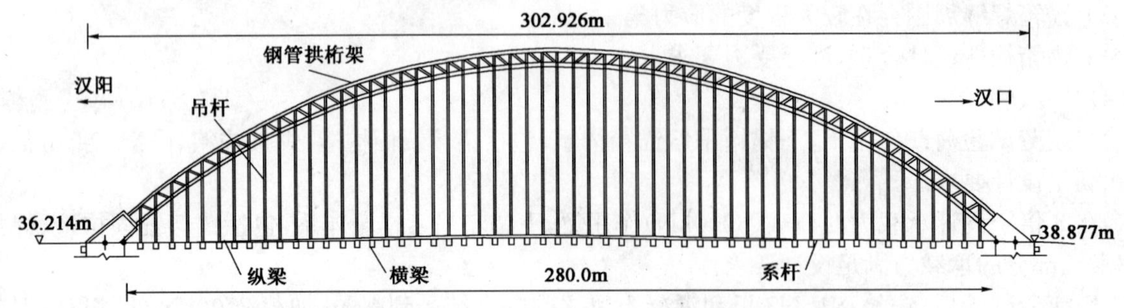

图3-4-14 江汉三桥主跨钢管混凝土拱桥结构示意图

1.检测标准和检测范围

(1)检测标准

①《钢结构工程施工及验收规范》(GB 50250—95)。

②《锅炉和钢制压力容器对接焊缝超声波探伤》(JB 1152—81)。

(2)检测范围

①ϕ1000mm主弦杆纵向焊缝、环焊缝。

②ϕ680mm横撑主杆纵向焊缝、环焊缝。

③缀板横向对接焊缝。

④缀板与主弦杆之间纵向角焊缝。

⑤主弦杆与腹杆相关线焊缝。

以上五项超声波抽检的焊缝总长度为1015m。

2.检测设备

仪器：汕头产CTS—22型超声波探伤仪。

试块：CKS-IA、CKS-IV标准试块。

探头：2.5P-K2斜探头，SP-K3斜探头。

3.检测结果

(1)ϕ1000mm主弦杆纵向焊缝、环焊缝

主弦杆由板厚12mm的16Mn卷制成管，焊接后校圆，然后再对接接长。对其纵向对接焊缝，一共抽检了96条，总长度达219m，抽检结果列于表3-4-3。对环形焊缝，一共抽检了88条，总长度达276.5m，抽检结果列于表3-4-4。

ϕ 1000mm主弦杆纵向焊缝抽检结果 表3-4-3

编号	检查结果	编号	检查结果	编号	检查结果	编号	检查结果
6-1A-1	合格	5-1B-1	合格	7-1A-1	合格	6-1B-1	合格
-2	合格	-2	合格	-2	合格	-2	合格
-3	合格	-3	合格	-3	合格	-3	合格
-4	合格	-4	合格	-4	合格	-4	合格
-5	合格	-5	合格	-5	合格	-5	合格
-6	合格	-6	合格	-6	合格	-6	合格
-7	合格	-7	合格	-7	合格	-7	合格
-8	合格	-8	合格	-8	合格	-8	合格
-9	合格	-9	合格	-9	合格	-9	合格

续上表

编　号	检查结果	编　号	检查结果	编　号	检查结果	编　号	检查结果
-10	合格	-10	合格	-10	合格	-10	合格
-11	合格	-11	合格	-11	合格	-11	合格
-12	合格					-12	合格
-13	合格					-13	合格
6-1C-1	合格	5-1D-1	合格	7-1C-1	合格	6-1D-1	合格
-2	合格	-2	合格	-2	合格	-2	合格
-3	合格	-3	合格	-3	合格	-3	合格
-4	合格	-4	合格	-4	合格	-4	合格
-5	合格	-5	合格	-5	合格	-5	合格
-6	合格	-6	合格	-6	合格	-6	合格
-7	合格	-7	合格	-7	合格	-7	合格
-8	合格	-8	合格	-8	合格	-8	合格
-9	合格	-9	合格	-9	合格	-9	合格
-10	合格	-10	合格	-10	合格	-10	合格
-11	合格	-11	合格	-11	合格	-11	合格
-12	合格					-12	合格
-13	合格					-13	合格

ϕ1000mm主弦杆环焊缝抽检结果　　表3-4-4

编　号	检查结果	编　号	检查结果	编　号	检查结果	编　号	检查结果
6-1A-1	合格	5-1B-1	合格	7-1A-1	合格	6-1B-1	合格
-2	合格	-2	合格	-2	合格	-2	合格
-3	合格	-3	合格	-3	合格	-3	合格
-4	合格	-4	合格	-4	合格	-4	合格
-5	合格	-5	合格	-5	合格	-5	合格
-6	合格	-6	合格	-6	合格	-6	合格
-7	合格	-7	合格	-7	合格	-7	合格
-8	合格	-8	合格	-8	合格	-8	合格
-9	合格	-9	合格	-9	合格	-9	合格
-10	合格	-10	合格	-10	合格	-10	合格
-11	合格					-11	合格
-12	合格					-12	合格
6-1C-1	合格	5-1D-1	合格	7-1C-1	合格	6-1D-1	合格
-2	合格	-2	合格	-2	合格	-2	合格
-3	合格	-3	合格	-3	合格	-3	合格
-4	合格	-4	合格	-4	合格	-4	合格
-5	合格	-5	合格	-5	合格	-5	合格
-6	合格	-6	合格	-6	合格	-6	合格
-7	合格	-7	合格	-7	合格	-7	合格
-8	合格	-8	合格	-8	合格	-8	合格
-9	合格	-9	合格	-9	合格	-9	合格
-10	合格	-10	合格	-10	合格	-10	合格
-11	合格					-11	合格
-12	合格					-12	合格

(2)ϕ680mm 横撑主杆纵向焊缝、环焊缝

横撑主杆由板厚 12mm 的 16Mn 钢板卷制成管，焊接后校圆。对其纵向对接焊缝，一共抽检了 16 条，总长度达 37m，抽检结果列于表 3-4-5。对环形焊缝抽检了 12 条，总长度达 26m，抽检结果列于表 3-4-6。

ϕ 680mm 横撑主杆纵向焊缝抽检结果 表 3-4-5

编　号	检查结果	编　号	检查结果	编　号	检查结果	编　号	检查结果
B4-1	合格	B8-1	合格	B12-1	合格	B16-1	合格
-2	合格	-2	合格	-2	合格	-2	合格
-3	合格	-3	合格	-3	合格	-3	合格
-4	合格	-4	合格	-4	合格	-4	合格

ϕ 680mm 横撑主杆环焊缝抽检结果 表 3-4-6

编　号	检查结果	编　号	检查结果	编　号	检查结果	编　号	检查结果
B4-1	合格	B8-1	合格	B12-1	合格	B16-1	合格
-2	合格	-2	合格	-2	合格	-2	合格
-3	合格	-3	合格	-3	合格	-3	合格

(3)缀板横向对接焊缝

缀板材质为 16Mn，板厚 10mm，每块长 25～30m 不等，各有 2～3 条横向对接焊缝。全桥共抽检了 7 块缀板，20 条焊缝，总长度达 15.5m，抽检结果列于表 3-4-7。

缀板对接横焊缝抽检结果 表 3-4-7

编　号	检查结果	编　号	检查结果	编　号	检查结果	编　号	检查结果
$6A_1$-1	合格	$8A_1$-1	合格	$2A_1$-1	合格	$4A_1$-1	合格
-2	合格	-2	合格	-2	合格	-2	合格
-3	合格	-3	合格	-3	合格		
$6A_2$-1	合格	$8A_2$-1	合格	$3A_1$-1	合格		
-2	合格	-2	合格	-2	合格		
-3	合格	-3	合格	-3	合格		

(4)缀板与主弦杆之间纵向角焊缝

缀板纵向角焊缝共计抽检了 11 条，累计长度达 303.1m。经检测每条纵向角焊缝在一个节段(约 30m)长度内，无缺陷的有效熔透厚度平均≥9.5mm；无缺陷的全熔透(10mm)焊缝总长度也不少于缝长(约 30m)的 70%；无缺陷的熔透焊缝最小厚度>8mm；均满足设计的要求。检测详细结果列于表 3-4-8。

缀板与主弦杆之间纵向角焊缝抽检结果 表 3-4-8

编　号	检查结果	编　号	检查结果	编　号	检查结果
8A-Z_{X1}	合格	6A-Z_{X1}	合格	2A-Z_{X7}	合格
-Z_{X2}	合格	-Z_{X2}	合格	3A-Z_{X7}	合格
-Z_{X7}	合格	-Z_{X7}	合格	4A-Z_{X7}	合格
-Z_{X8}	合格	-Z_{X8}	合格		

(5)主弦杆与腹杆间相关线焊缝

主弦杆(ϕ1000mm×12mm)与腹杆(ϕ400mm×10mm)间的相关线焊缝一共抽检了 92 个焊接节点，累计长度达 138m。经检测，每个焊接节点的相关线焊缝在全周长范围内，无缺陷的有效熔透厚度平均≥9mm；无缺陷的全熔透(10mm)的焊缝总长度也不少于全周长的 55%；无缺陷的熔透焊缝最小厚度>8mm；满足设计的要求。详细检测结果列于表 3-4-9。

主弦杆与腹杆间相关线焊缝抽检结果　　表 3-4-9

编　号	检查结果	编　号	检查结果	编　号	检查结果	编　号	检查结果
6A-F_{X1}	合格	6A-F_{S1}	合格	2A-F_{X1}	合格	2A-F_{S1}	合格
-F_{X2}	合格	-F_{S2}	合格	-F_{X2}	合格	-F_{S2}	合格
-F_{X3}	合格	-F_{S3}	合格	-F_{X3}	合格	-F_{S3}	合格
-F_{X4}	合格	-F_{S4}	合格	-F_{X4}	合格	-F_{S4}	合格
-F_{X5}	合格	-F_{S5}	合格	-F_{X5}	合格	-F_{S5}	合格
-F_{X6}	合格	-F_{S6}	合格	-F_{X6}	合格	-F_{S6}	合格
-F_{X7}	合格	-F_{S7}	合格	-F_{X7}	合格	-F_{S7}	合格
-F_{X8}	合格	-F_{S8}	合格	-F_{X8}	合格	-F_{S8}	合格
-F_{X9}	合格	-F_{S9}	合格	-F_{X9}	合格	-F_{S9}	合格
-F_{X10}	合格	-F_{S10}	合格	-F_{X10}	合格	-F_{S10}	合格
-F_{X11}	合格	-F_{S11}	合格	-F_{X11}	合格	-F_{S11}	合格
-F_{X12}	合格	-F_{S12}	合格				
-F_{X13}	合格	-F_{S13}	合格				
3A-F_{X1}	合格	3A-F_{S1}	合格	4A-F_{X1}	合格	4A-F_{S1}	合格
-F_{X2}	合格	-F_{S2}	合格	-F_{X2}	合格	-F_{S2}	合格
-F_{X3}	合格	-F_{S3}	合格	-F_{X3}	合格	-F_{S3}	合格
-F_{X4}	合格	-F_{S4}	合格	-F_{X4}	合格	-F_{S4}	合格
-F_{X5}	合格	-F_{S5}	合格	-F_{X5}	合格	-F_{S5}	合格
-F_{X6}	合格	-F_{S6}	合格	-F_{X6}	合格	-F_{S6}	合格
-F_{X7}	合格	-F_{S7}	合格	-F_{X7}	合格	-F_{S7}	合格
-F_{X8}	合格	-F_{S8}	合格	-F_{X8}	合格	-F_{S8}	合格
-F_{X9}	合格	-F_{S9}	合格	-F_{X9}	合格	-F_{S9}	合格
-F_{X10}	合格	-F_{S10}	合格	-F_{X10}	合格	-F_{S10}	合格
-F_{X11}	合格	-F_{S11}	合格	-F_{X11}	合格	-F_{S11}	合格

注：6A-F_{X1}、6A-F_{S1}、6A-F_{X13}、6A-F_{S13}、2A-F_{X1}、2A-F_{S1}此 6 个焊接节点符合原设计要求（全周长 10mm 全熔透）

检测结论如下：

(1)经超声波探伤，抽检的所有对接焊缝均符合设计要求和有关的验收标准。

(2)主弦杆与腹杆间的相关线焊缝及缀板与主弦杆间的纵向角焊缝，基本达到了原设计要求，即 10mm 全熔透。有少数部位熔深不足 10mm，但有效熔透平均厚度、最小熔透厚度、全熔透总长度指标均满足设计要求。

二、武昌鱼桥钢管混凝土拱管内混凝土密实度检测

武昌鱼桥是 120m 跨下承式钢管混凝土拱桥，由武汉市政设计院设计。为了了解钢管内混凝土的泵注密实性以及混凝土与钢管内壁的胶结质量，受武昌鱼桥建设工程指挥部委托，铁道部大桥局桥梁科学研究院于 2003 年 8 月采用超声波脉冲法对该桥部分主拱肋钢管混凝土及部分拱座混凝土的施工质量进行了非破损检测鉴定。

1. 测试依据

《超声法检测混凝土缺陷技术规程》(CECS 21:2000)。

2. 测试原理

混凝土是由多种材料组成的多相凝聚体材料，各相之间具有不同的声学阻抗，超声波在其中传播时，其声学参量（波形、波速、波幅）会随混凝土的密实度、均匀性不同而发生变化，如果遇到混凝土中存在的缺陷（特别是气固界面）时，就会发生散射、绕射（如遇气固界面时，还会产生相当程度的反射）从而出现相位不同的波，他们之间相互叠加将引起接收波发生畸变。且超声波散射、绕射现象的出现也将造成传播路径增长、传播时间延长、能量衰减增加，具体表现为首波声时的明显增大和接收波幅的减小。

钢管混凝土的检测不同于普通素混凝土或钢筋混凝土，下面以本次检验中的上下对测为例具体说明。

超声波检测钢管混凝土时声波主要有四种传播途径，见图 3-4-15。首波声时是从最短的途径传播来的波所需传播时间。根据超声波的首波声时的大小，可以判断超声波的传播途径。

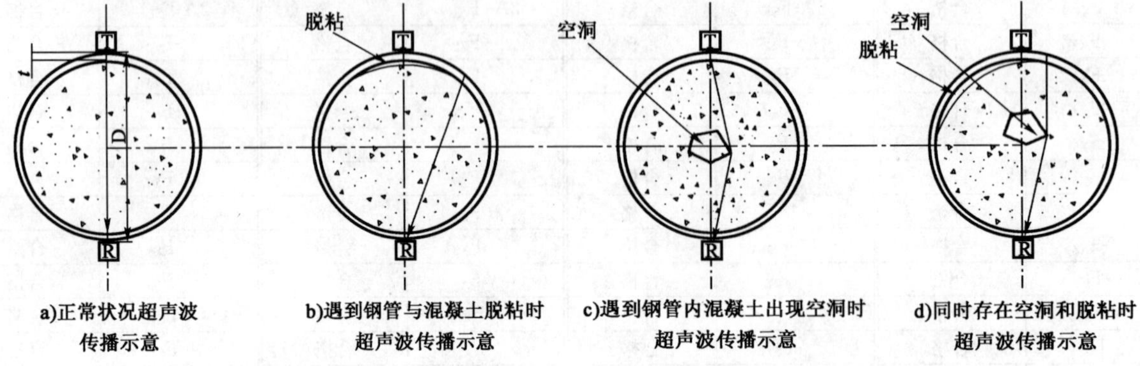

图 3-4-15 超声波检测钢管混凝土时声波传播途径

若混凝土与钢管黏结良好，且混凝土质量较好，此时超声波传播可能有两种途径：

(1)穿过钢管壁→穿过混凝土→再穿过钢管壁的直线途径，其声时为：

$$t_1 = 2a/v_g + (D-2a)/v_h \tag{3-4-5}$$

若钢管壁相对于管径比较小，可略去壁厚不计，则 t_1 可以简化为：

$$t_1=(D-2a)/v_h \tag{3-4-6}$$

(2)超声波沿钢管壁绕射至接收探头，其声时为：

$$t_2=(\pi d/2)/v_g \tag{3-4-7}$$

以上三式中：v_g——超声波在钢板中的声速；

v_h——超声波在混凝土中的声速；

t_1——超声波直线传播声时；

t_2——超声波沿钢管壁绕射传播声时；

a——钢管壁厚；

D——钢管直径。

采用首波声时法判断混凝土质量的前提：

$$t_1<t_2，即(D-2a)/v_h<(\pi D/2)/v_g$$

整理得：$v_g<1.66v_h$。

即当钢管中传播的声速高于 1.66 倍管内混凝土声速时，首波均通过钢管壁到达接收探头，则不能用首波声时法判断内部混凝土质量。超声波在钢板中的传播方式有纵波、横波、表面波等。

在薄板中纵波的波速为：

$$v_1=\sqrt{\frac{E}{\rho}\cdot\frac{1}{(1-\mu^2)}} \tag{3-4-8}$$

横波波速为：

$$v_S=\sqrt{\frac{G}{\rho}}=\sqrt{\frac{E}{\rho}\cdot\frac{1}{2(1+\mu^2)}} \tag{3-4-9}$$

表面波的波速：

$$v_R=\frac{0.87+1.12\mu}{1+\mu}v_S \tag{3-4-10}$$

式中：E——杨氏弹性模量；

μ——泊松比；

ρ——密度。

当取 E=210GPa、G=81GPa、r=0.29、ρ=7.8g/cm² 时，可计算出 v_1、v_S、v_R 分别为5422km/s、3222 km/s、2984 km/s。因此可以确定沿钢板传播的波中最先到达接受换能器的波是纵波。

为了能更准确地测量出声波在钢管壁中的传播速度，量出 1.727m 的长度（即半圆长）用探头平测的方法，测得其传播时间为 320μs。进而算出传播速度为 5409m/s，再根据在钢管密实区检测值均在 240μs 左右，即可计算出声波在混凝土中的声速为 4583m/s。

代入上式得 $v_g/v_h=1.180<1.66$。

即该钢管拱混凝土能满足超声测试其质量（首波声时法）的前提。因此，可根据首波声时进行比较，判断出钢管内混凝土缺陷。

若混凝土与管壁存在脱粘现象，或尽管黏结情况良好，但内部混凝土质量不好时，则超声波在传播过程中将发生散射、绕射、反射，不仅造成首波声时明显增大，而且引起接收波形的畸变和波幅的显著减小。因此，可通过对脉冲首波波幅及波形畸变程度进行比较、分析，判断钢管混凝土是否存在缺陷。

总之，对首波的声时、波形、波幅等参量进行综合分析、比较，可测试出其中存在的细微缺陷。

3. 检测方法

超声波对测首波声时检测方法，换能器选择的主要指标是频率，以及由频率计算出的波长 λ 应满足小于混凝土样横向垂直声线方向尺寸 D 的 2 倍，考虑到接收信号的主频率会低于发射频率，因此要求 $D\geqslant(2\sim5)\lambda$，同时要求 $\lambda\geqslant d$（d 为混凝土集料的粒径）。反过来确定换能器的频率 f，$v/d\geqslant f\geqslant(2\sim5)v/D$（$v$——波速、$D$——直径）。该拱内混凝土集料的粒径为 5～20mm，因此 230kHz≥f≥23kHz。根据现场检测经验，在检测中选用频率为 50kHz、直径 4cm 的换能器，以黄油作为耦合剂，在圆周上放置发射、接受两换能器并保证超声波径向传播。超声波换能器布置见图 3-4-16。上下弦拱各布置两对超声波测点，同时测其首波声时、波幅、波形状况等声学参量。如果发现混凝土与钢管壁脱粘等可疑点，再在该测点周围补加测点扫测，进一步判定缺陷的范围、程度。

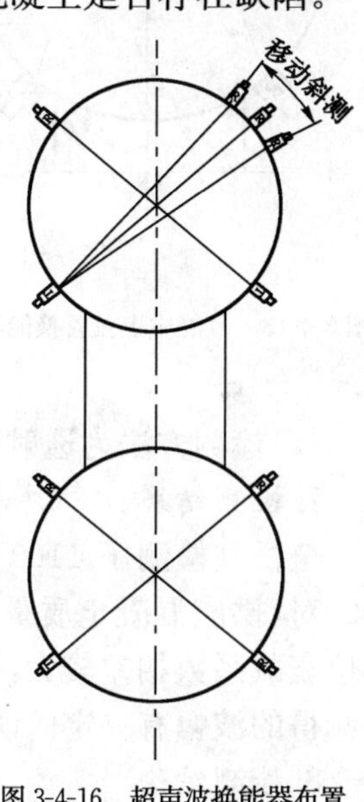

图 3-4-16 超声波换能器布置

4. 检测仪器

RS-STO1C 数字式混凝土无损检测仪。

5. 测点布置

(1)按设计提供的全桥钢管混凝土应力状况，选用应力较大的关键部位如拱顶、拱脚、1/4 跨部位，按每 50cm 布置检测断面进行对测，见图 3-4-17。

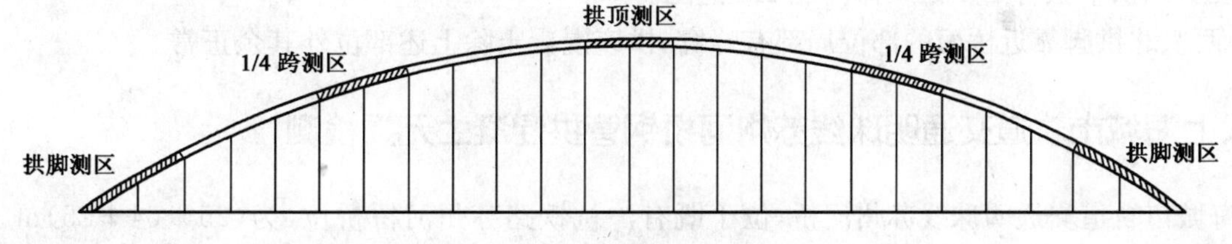

图 3-4-17 拱肋重要测区布置图

(2)灌注中出现问题的部位，按每 25cm 布置断面进行加密检测，见表 3-4-10。为了能检测到钢管顶部的浇注状况，上弦管加密检测时换能器布置改变，见图 3-4-18。

加密检测部位表　　表 3-4-10

东　拱		西　拱	
部位	范围	部位	范围
东拱南拱脚上弦	灌注口向南 2m 至向北 2m	西拱南拱脚上弦	灌注口向南 2m 至向北 2m
东拱南拱上弦 7 号吊杆处附近	灌注口向南 1m 至向北 4m	东拱南拱上弦 14 号吊杆处附近	灌注口向南 1m 至向北 4m
东拱南拱脚下弦	灌注口向南 1m 至向北 4m		

6. 拱座检测

(1)对北面拱脚的两拱座有疑问的部位进行了超声波对测。检测范围为相贯线两侧各 1m 的部位，按 30cm×30cm 布置测点，测点布置见图 3-4-19。

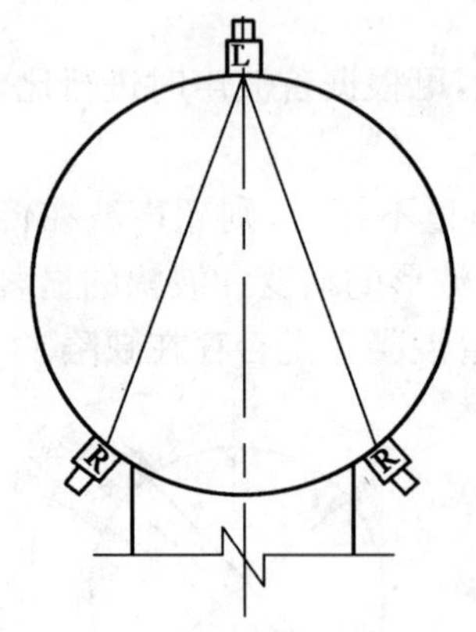

图 3-4-18　复测中上弦管换能器布置

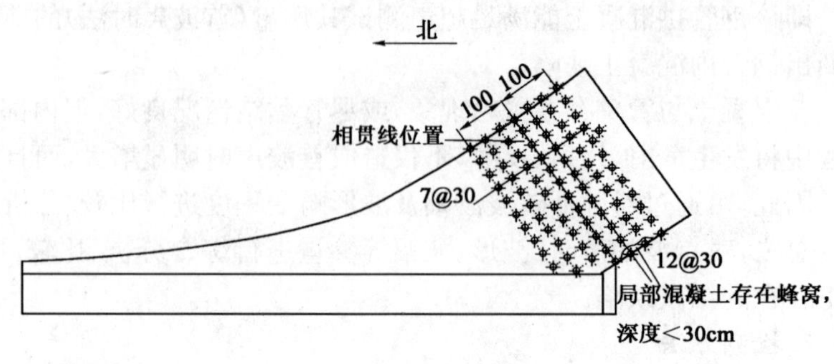

图 3-4-19　拱座测点布置图(尺寸单位：cm)

注：1. 每一拱座共计 7 排测点，从南向北依次编号为 1～7；2. 每一排共有 10～12 个测点，每一测点按从上到下的顺序编号；3. 各测点的间距 30cm。

(2)检测方法为透射法或对穿法，见图 3-4-20。

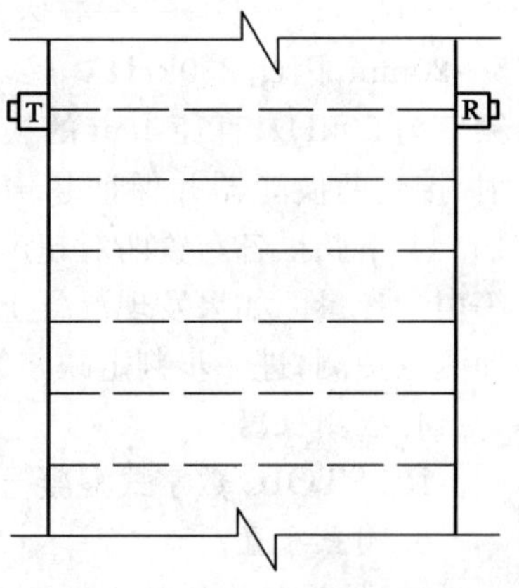

图 3-4-20　拱座混凝土检测立面图

7. 检测结果

全桥共检测了 1160 对测点，其中钢管拱管内混凝土密实度检测 1000对，拱座混凝土质量状况 160 对。由于钢管内部影响因素较多，各部位衰减系数相差较大，检测时经常须借助改变增益值的大小，从而导致测得的波幅有一定的误差，因此结果中只给出波幅值的相对大小。

8. 检测结论

通过对检测数据进行分析，对钢管拱管内混凝土密实度做出如下结论：

(1)各检测部位管内混凝土质量除局部脱粘较大外，其余部位混凝土灌注良好。管内混凝土与钢管内壁脱粘较大的部位有：东拱上下弦管拱顶正中 2m 的范围、西拱北拱脚上下弦 19 号吊杆处沿拱轴线向下 2m 的范围、东拱下弦管 1/4 处风撑向北 1m 范围。

(2)西拱北拱脚靠近桥面的部位局部有蜂窝，拱座混凝土除上述部位外其余正常。

三、上海城市轨道交通明珠线苏州河桥钢管拱混凝土无损检测

上海城市轨道交通明珠线苏州河桥，位于既有沪杭铁路苏州河桥桥位，为(25＋64＋25)m 三跨中承式钢管混凝土拱桥。由北京城建设计研究院设计，上海市政工程一公司施工。

受上海城市轨道交通明珠线工程建设指挥部的委托，铁道部大桥工程局桥梁科学研究院于 1999 年 6 月 5 日至 11 日，使用 CTS—25 型非金属超声波测试仪对上海城市轨道交通明珠线苏州河桥钢管混凝土进行了超声波无损检测。

1. 测时原理

钢管混凝土的检测不同于普通素混凝土或钢筋混凝土，现以本次检测中上下对测为例进行具体说明。超声波检测在钢管混凝土中主要有如图 3-4-21 所示传播途径，接收探头接收到的首波是从所需时间最短的途径传播来的，根据超声波的首波声时大小，可以判断超声波的传播途径。

若混凝土与钢管黏结良好，且混凝土质量强度较高，此时超声波传播可有两种途径：

(1)穿过钢管壁→穿过混凝土→再穿过钢管壁的直线途径,即声时为:

$$t_1=\frac{2R+b-2a}{v_h}+\frac{2a}{v_g} \tag{3-4-11}$$

若钢管壁厚与管径之比较小,可略去钢管壁厚不计,则声时可简化为:

$$t_1=\frac{2R+b}{v_h} \tag{3-4-12}$$

(2)超声波沿钢管壁绕射至接收器,其声时为:

$$t_2=\frac{2\pi R+2b}{2v_g} \tag{3-4-13}$$

以上三式中:t_1——超声波直线传播声时;

t_2——超声波绕射传播声时;

a——钢管壁厚;

v_h——混凝土声速;

v_g——钢声速;

R、b——详见图 3-4-21a)。

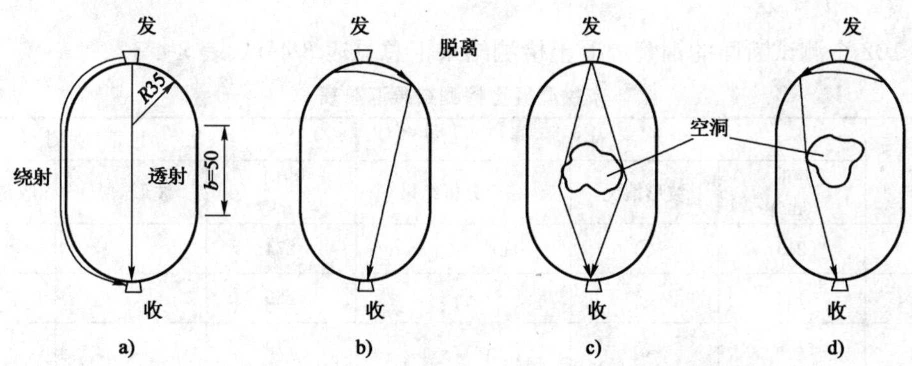

图 3-4-21　超声波通过钢管混凝土可能的声波途径(尺寸单位:cm)

采用首波声时法判断混凝土质量的前提:

$$t_1<t_2$$

即:

$$\frac{2R+b}{v_h}<\frac{2\pi R+2b}{2v_g} \tag{3-4-14}$$

将具体数据 $D=70\text{cm}$,$b=50\text{cm}$ 代入式(3-4-14)得:

$$v_g=1.333v_h \tag{3-4-15}$$

即当钢管平均声速高于 1.333 倍管内混凝土平均声速时,不能用首波声时法判断混凝土缺陷。因为,此时不管混凝土是否有缺陷,首波均通过钢管壁到达接收换能器。

现根据钢管材料及其内部混凝土的强度等级确定:

$$v_h \geqslant 4300\text{m/s}$$

$v_g=5700\text{m/s}$ 代入式(3-4-15)得:$v_g/v_h \leqslant 1.325<1.333$。

即该钢管拱混凝土能满足超声波测试其质量(首波声时法)的前提。因此,可以根据首波声时进行比较,判断出钢管内混凝土缺陷。

若混凝土与管壁有脱粘现象,或尽管黏结良好,但混凝土质量不好时,则超声波在传播过程中发生绕射现象[图 3-4-21b)、c)、d)],使得首波声时偏大,从而可以判断混凝土是否存在缺陷。

超声波参量(波形、波幅)随着钢管混凝土的密实度、均匀性不同而发生变化,超声仪发射的脉冲正弦或余弦波传播过程中若遇界面特别是气—固界面时会发生反射、绕射现象,由于声能衰减的结果使得接收信号十分微弱,如果混凝土中存在缺陷和构造非均匀性,使得声波散射、绕射以致相位发生差异,叠加结果导致接收波形畸变。因此,可通过接收脉冲首波波幅及波形畸变程度,判断钢管混凝土内是否存在缺陷。

通过对首波的声时、波形、波幅等超声参量进行综合分析、比较，能较可靠地测试出其存在的细微缺陷，具有较高的准确性。

2. 测点布置

根据委托方的要求，测试东拱和西拱钢管混凝土，沿钢管拱每米布置一个测试断面，每片拱上布置51个断面。对每个断面进行上下对测及水平对测，见图3-4-22。

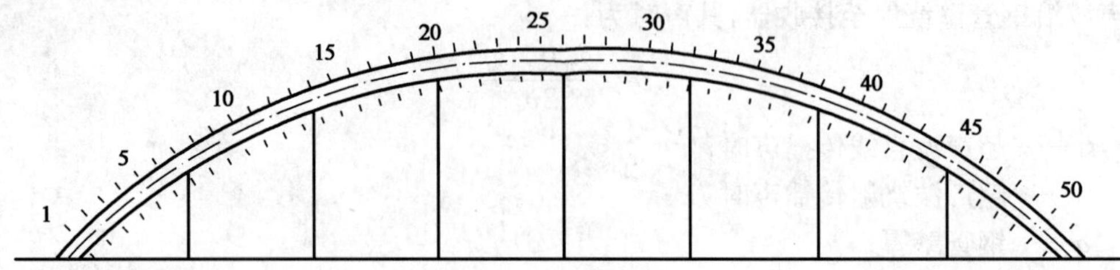

图3-4-22　测点布置示意图

注：沿钢管拱每米布置一个测试断面，如该断面正好布置于吊杆处，则向前或向后移动适当距离进行测试。

3. 检测结果

东西两拱102个测试断面的钢管混凝土检测结果汇总见表3-4-11、表3-4-12。

东拱混凝土检测结果汇总表　　表3-4-11

检测断面编号	水平对测			上下对测		
	声时(ms)	波形情况	综合分析结果	声时(ms)	波形情况	综合分析结果
1	215	○	侧面脱粘约3mm	274	√	☆
2	147	√	☆	269	√	☆
3	155	√	☆	279	√	☆
4	144	√	☆	286	√	☆
5	153	√	☆	274	√	☆
6	147	√	☆	268	√	☆
7	150	√	☆	269	√	☆
8	155	√	☆	274	√	☆
9	153	√	☆	268	√	☆
10	154	√	☆	275	√	☆
11	179	△	侧面脱粘1mm	279	√	☆
12	150	√	☆	275	√	☆
13	151	√	☆	280	√	☆
14	152	√	☆	275	√	☆
15	150	√	☆	306	△	顶部脱粘1mm
16	155	√	☆	273	√	☆
17	158	√	☆	274	√	☆
18	145	√	☆	279	√	☆
19	145	√	☆	277	√	☆

续上表

检测断面编号	水平对测			上下对测		
	声时(ms)	波形情况	综合分析结果	声时(ms)	波形情况	综合分析结果
20	149	√	☆	267	√	☆
21	151	√	☆	270	√	☆
22	141	√	☆	262	√	☆
23	143	√	☆	279	√	☆
24	144	√	☆	260	√	☆
25	142	√	☆	280	√	☆
26	150	√	☆	286	√	☆
27	139	√	☆	265	√	☆
28	143	√	☆	301	○	顶部脱粘约 3mm
29	140	√	☆	309	○	顶部脱粘约 3mm
30	140	√	☆	271	√	☆
31	148	√	☆	294	△	顶部脱粘约 1mm
32	154	√	☆	274	√	☆
33	140	√	☆	279	√	☆
34	146	√	☆	260	√	☆
35	140	√	☆	282	√	☆
36	140	√	☆	304	△	顶部脱粘 1mm
37	142	√	☆	304	△	顶部脱粘 1mm
38	143	√	☆	277	√	☆
39	148	√	☆	279	√	☆
40	147	√	☆	273	√	☆
41	147	√	☆	272	√	☆
42	158	√	☆	285	√	☆
43	150	√	☆	297	△	顶部脱粘 1mm
44	150	√	☆	266	√	☆
45	153	√	☆	278	√	☆
46	156	√	☆	290	○	顶部脱粘 2mm
47	151	√	☆	278	√	☆
48	157	√	☆	286	√	☆
49	144	√	☆	277	√	☆
50	136	√	☆	286	√	☆
51	137	√	☆	272	√	☆

注:波形情况等级,正常——√,有较小畸变——△,有较大畸变——○;☆表示混凝土较为密实,无明显缺陷。

西拱混凝土检测结果汇总表 表 3-4-12

检测断面编号	水平对测			上下对测		
	声时(ms)	波形情况	综合分析结果	声时(ms)	波形情况	综合分析结果
1	207	○	侧面脱粘 3mm	283	√	☆
2	143	√	☆	258	√	☆
3	148	√	☆	262	√	☆
4	142	√	☆	293	△	顶部脱粘 2mm
5	147	√	☆	278	√	☆
6	140	√	☆	273	√	☆
7	146	√	☆	317	○	顶部脱粘约 3mm
8	146	√	☆	281	√	☆
9	143	√	☆	275	√	☆
10	140	√	☆	278	√	☆
11	183	○	侧面脱粘 3mm	272	√	☆
12	148	√	☆	265	√	☆
13	155	√	☆	278	√	☆
14	149	√	☆	299	△	顶部脱粘 1mm
15	146	√	☆	280	√	☆
16	147	√	☆	275	√	☆
17	146	√	☆	301	○	顶部脱粘约 3mm
18	146	√	☆	277	√	☆
19	146	√	☆	291	△	顶部脱粘 1mm
20	140	√	☆	314	○	顶部脱粘约 3mm
21	215	○	侧面脱粘 3mm	277	√	☆
22	144	√	☆	272	√	☆
23	142	√	☆	274	√	☆
24	142	√	☆	277	√	☆
25	197	△	侧面脱粘约 2mm	275	√	☆
26	154	√	☆	266	√	☆
27	212	○	侧面脱粘约 3mm	275	√	☆
28	140	√	☆	275	√	☆
29	179	△	侧面脱粘 1mm	277	√	☆
30	144	√	☆	279	√	☆
31	152	√	☆	267	√	☆
32	139	√	☆	284	√	☆
33	147	√	☆	273	√	☆
34	142	√	☆	279	√	☆
35	150	√	☆	274	√	☆
36	148	√	☆	282	√	☆
37	142	√	☆	277	√	☆
38	165	√	☆	281	√	☆

续上表

检测断面编号	水平对测			上下对测		
	声时(ms)	波形情况	综合分析结果	声时(ms)	波形情况	综合分析结果
39	152	√	☆	263	√	☆
40	142	√	☆	275	√	☆
41	140	√	☆	275	√	☆
42	149	√	☆	281	√	☆
43	150	√	☆	272	√	☆
44	146	√	☆	282	√	☆
45	159	√	☆	292	△	顶部脱粘 1mm
46	154	√	☆	269	√	☆
47	147	√	☆	282	√	☆
48	143	√	☆	275	√	☆
49	141	√	☆	264	√	☆
50	146	√	☆	271	√	☆
51	144	√	☆	272	√	☆

注:波形情况等级,正常——√,有较小畸变——△,有较大畸变——○;☆表示混凝土较为密实,无明显缺陷。

4. 检测结论

根据东、西两拱 102 个测试断面检测结果可知:除了少数部位出现混凝土与钢管脱粘现象外,其余部位钢管混凝土均较密实,未发现明显缺陷。

第三节　钢管混凝土拱桥静动载试验检测

深圳市彩虹大桥的主桥跨度为 150m,为下承式钢管混凝土系杆拱桥,桥面宽 23.5m,双向双车道,两肋外侧各悬挑 2.5m 作为人行道。拱轴线取用悬链线,矢跨比为 1/4.5。拱肋由 4 根 ϕ750mm×12mm 的上下弦钢管和 ϕ400mm×10mm 的上下平联,以及 ϕ250mm×10mm 的腹杆焊接成格构式桁架截面,上下弦钢管内灌注 C50 混凝土,拱脚部分为实腹段。全桥共 17 对双吊杆,吊杆间距8.0m,桥梁设计等级为汽车超—20,挂车—120 验算。该桥是深圳市结构较为复杂的桥梁之一,为保证桥梁施工质量和安全,铁道部科学研究院深圳研究设计院受深圳市建设局的委托,对该桥的施工全过程进行监测和监控,并对成桥进行了静动载试验检测。2000 年 3 月中旬,该桥的施工基本完成,2000 年 3 月 18 日和 26 日,深圳市市政工程设计院对彩虹大桥进行了静动载试验。主桥结构布置见图 3-4-23。

本桥静动载试验检测的目的为:

(1)通过桥梁静动载试验,掌握桥梁的实际工作状态,判别结构是否达到设计要求,并对结构的使用安全性做出评估;

(2)通过动载试验,掌握结构的动力特性,对实际行车条件下桥梁的动力性能做出评价;

(3)通过本次检测,为彩虹大桥结构今后的状态评定及类似结构的设计提供参考数据。

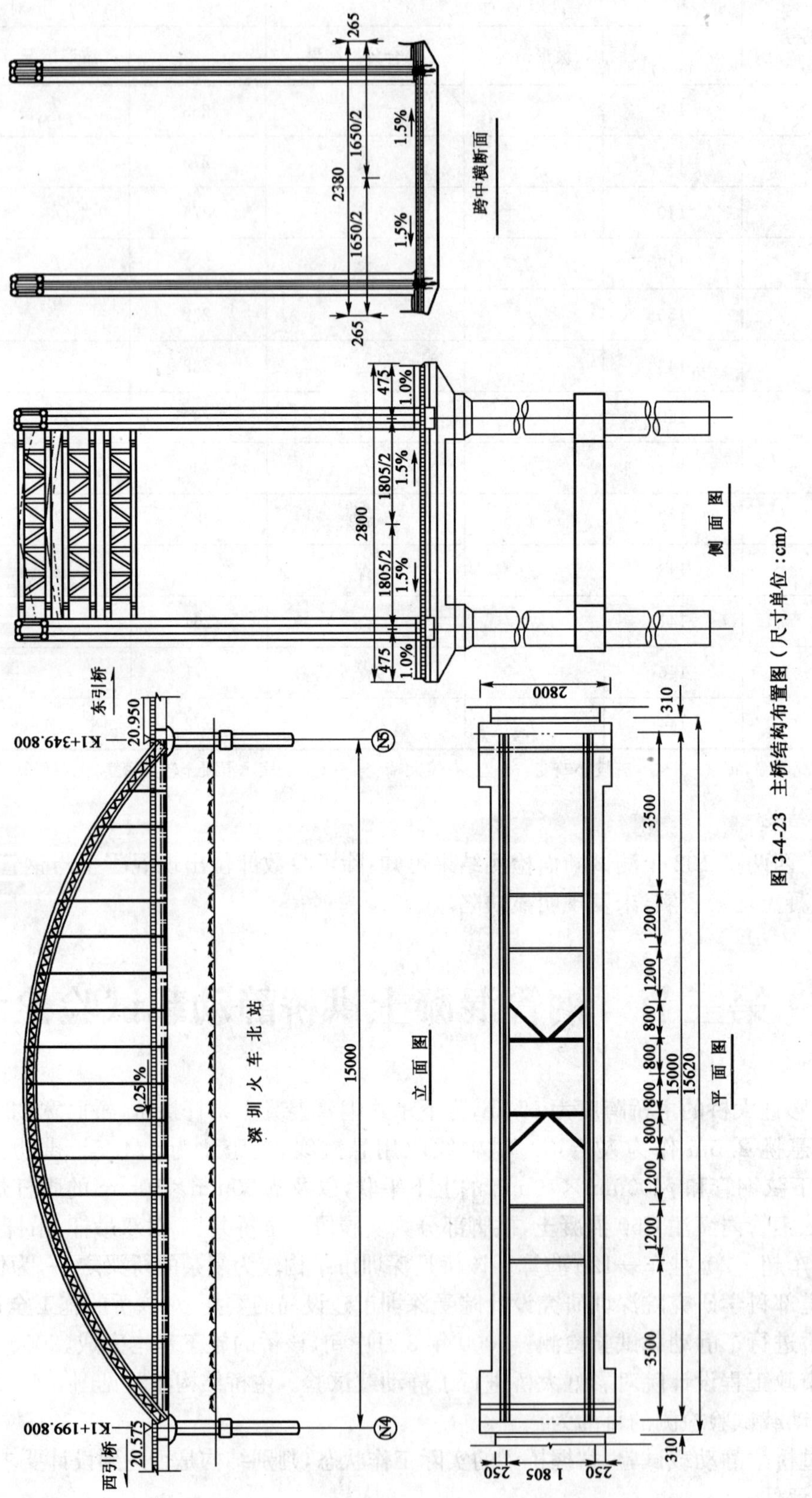

图 3-4-23　主桥结构布置图（尺寸单位：cm）

一、静载试验检测

1.试验内容及加载工况

利用几辆重车进行等效加载，使梁体主控截面的内力达到设计值。测试拱肋截面的应变、钢管拱的变形、吊杆及系杆的伸长量，由此评定结构的实际工作状况和承载能力。具体测试内容如下：

(1)位移测试：位移测点布置见图 3-4-24。测定 3、4、5、7、9 号吊杆(吊杆编号见图 3-4-27)处拱肋的挠度、旁弯，以及相应吊杆的伸长量，同时，对 9 号吊杆处横梁的跨中挠度和 4～5 号墩墩顶的纵向位移进行测定。

(2)应力测试：测定拱肋 1/2 截面、1/4 截面、拱脚截面以及 9 号吊杆处横梁跨中截面的应力。另外，在 4 号墩的墩顶和墩底亦布置了测点。应力测点布置如图 3-4-25、图 3-4-26 所示。位移和应力测点主要布置在桥南侧，在主要控制截面的北侧也布置有相应的测点。

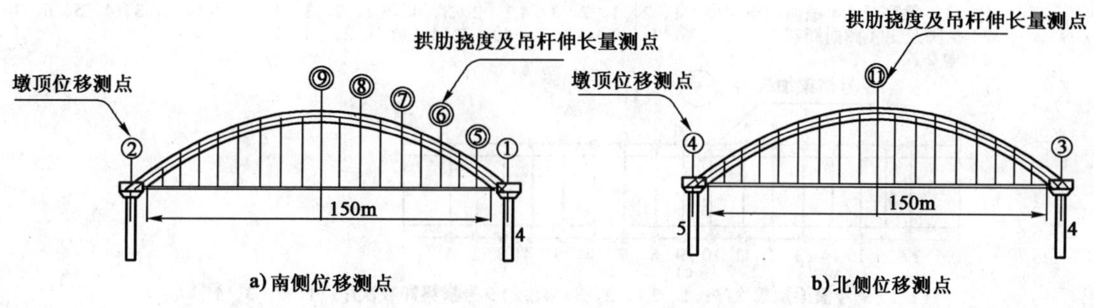

图 3-4-24　位移及吊杆伸长量测点布置

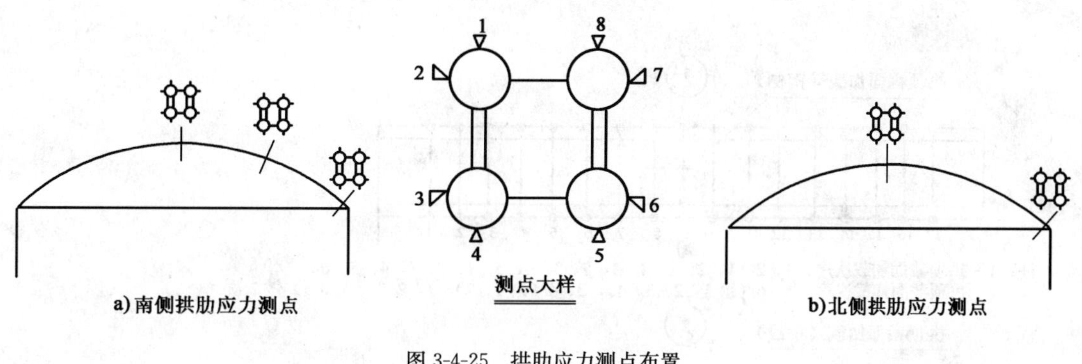

图 3-4-25　拱肋应力测点布置

a)；b)

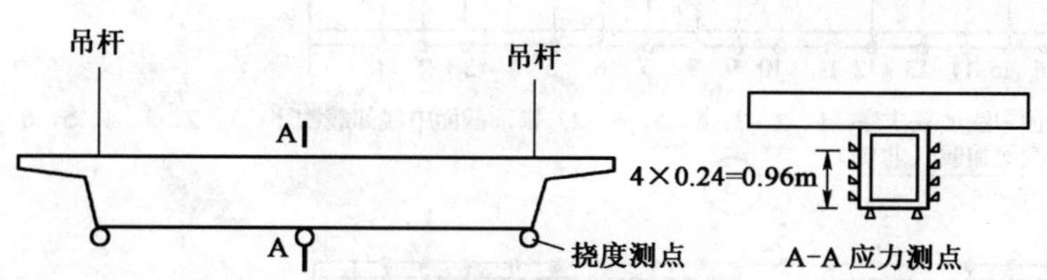

图 3-4-26　横梁测点布置图

静载试验内容包括：拱肋跨中截面、1/4 拱肋及拱脚截面最大设计活载加载，9 号吊杆处横梁跨中截面最大设计活载加载，以及 9 号吊杆处横梁影响面加载。其中，最大设计活载加载均分级逐步加载和卸载，影响面加载用一辆加载车在桥面不同位置进行加载。各工况具体加载情况如图 3-4-27～图 3-4-29 所示。

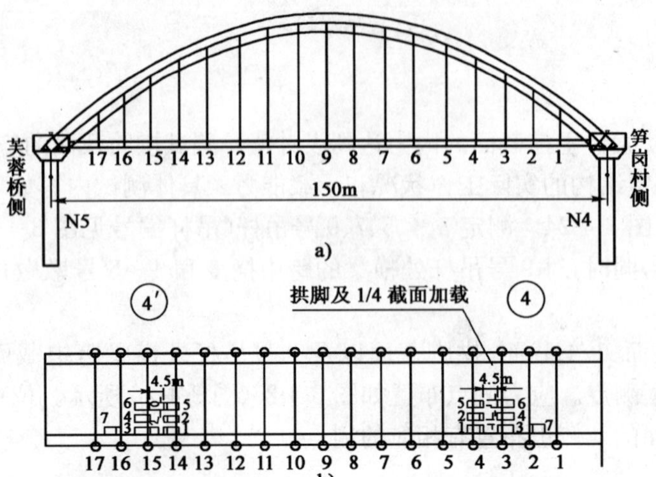

注：1）拱脚及 1/4 截面加载次序：1、2，1、2、3、4,1、2、3、4、5,1、2、3、4、5、6,1、2、3、4、5、6、7。
2）拱脚及 1/4 截面卸载次序：5、6、7（余 1、2、3、4），3、4（余 1、2），1、2（余 0）。
3）做 2 次。

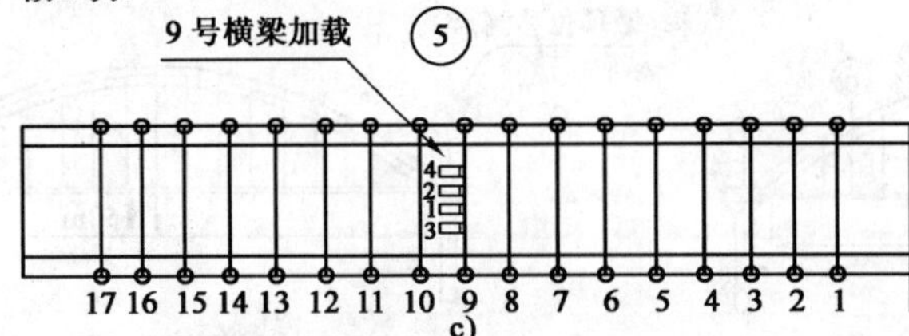

注：1）9 号横梁加载次序：1、2,1、2、3、4。2）9 号横梁卸载次序：1、2、3、4（余 0）。

图 3-4-27　拱脚及 1/4 截面、横梁跨中截面加载示意图

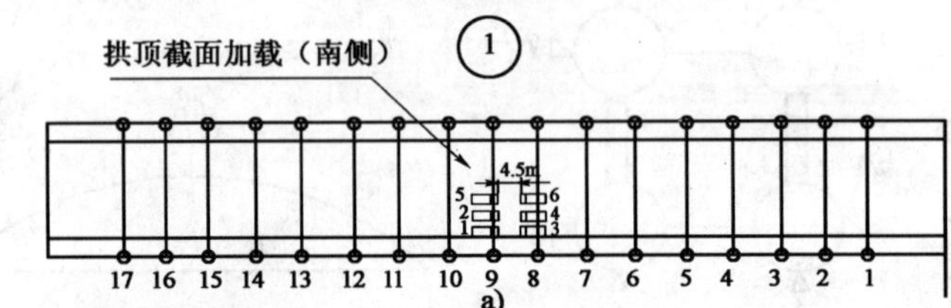

注：1）拱顶截面加载次序：1、2，1、2、3、4，1、2、3、4、5，1、2、3、4、5、6。
2）拱顶截面卸载次序：5、6（余 1、2、3、4），3、4（余 1、2），1、2（余 0）。3）做 2 次。

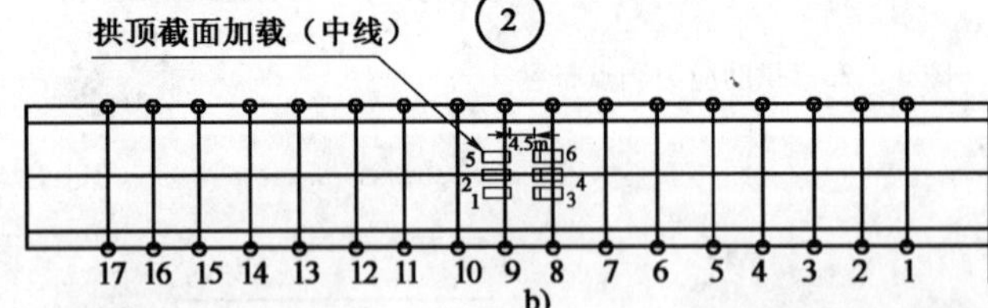

注：1）拱顶截面中线加载次序：1、2、3、4、5、6。2）拱顶截面中线卸载次序：1、2、3、4、5、6（余 0）。

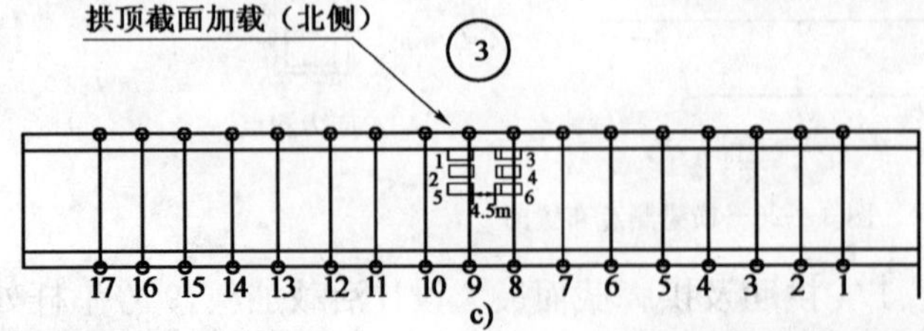

注：1）拱顶截面北侧加载次序：1、2、3、4、5、6。2）拱顶截面北侧卸载次序：1、2、3、4、5、6（余 0）。

图 3-4-28　拱顶截面加载示意图

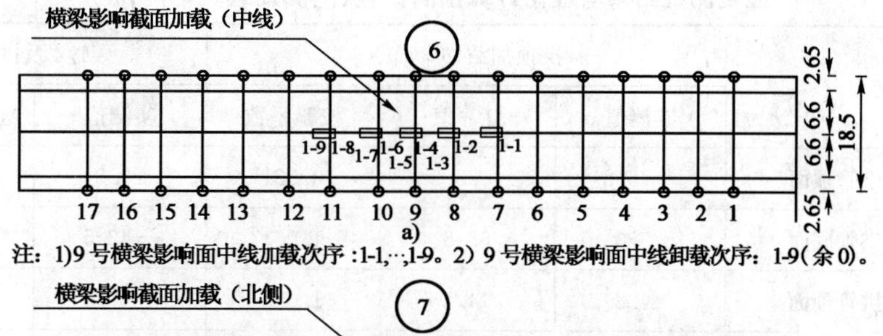

注：1）9 号横梁影响面中线加载次序：1-1，…，1-9。2）9 号横梁影响面中线卸载次序：1-9（余 0）。

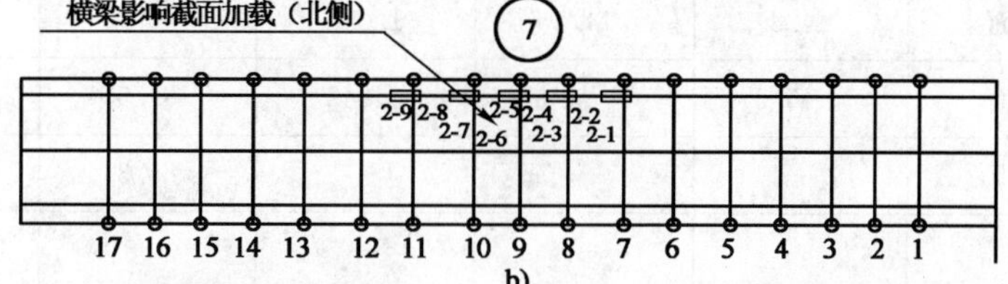

注：1）9 号横梁影响面中线加载次序：2-1，… 2-9。2）9 号横梁影响面中线卸载次序：2-9（余 0）。

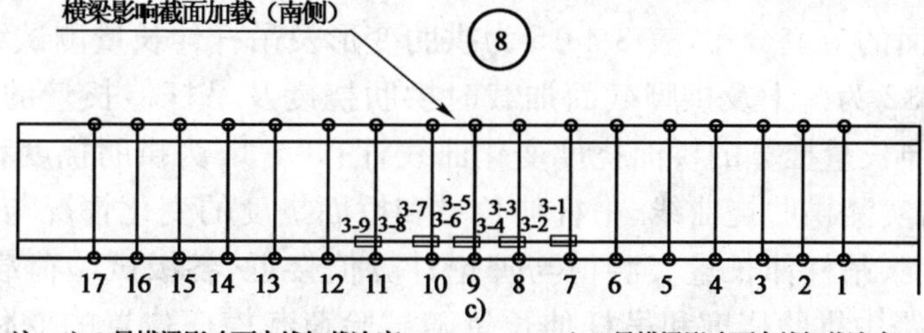

注：1）9 号横梁影响面中线加载次序：3-1，… 3-9。2）9 号横梁影响面中线卸载次序：3-9（余 0）。

图 3-4-29　横梁影响面加载示意图（尺寸单位：m）

2. 静载试验结果

表 3-4-13 列出了各级试验荷载下拱肋各控制截面的活载弯矩试验加载效率。显然，各工况试验加载效率均满足《大跨径混凝土桥梁的试验方法》的要求，即

$$0.80 \leqslant \eta = S_{stat}/(S\delta) \leqslant 1.05 \tag{3-4-16}$$

式中：S_{stat}——试验荷载作用下，检测部位变形或力的计算结果；

S——设计标准活荷载下，检测部位变形或力的计算结果（不计动力系数）；

δ——设计取用的动力系数。

静载试验加载效率 η（南侧加载）　表 3-4-13

试验加载工况		1 号加载车	1～2 号加载车	1～3 号加载车	1～4 号加载车	1～5 号加载车	1～6 号加载车	1～7 号加载车
拱顶截面加载	上拱管	0.185	0.338	0.509	0.651	0.773	0.886	—
	下拱管	0.199	0.367	0.558	0.720	0.857	0.990	—
1/4 截面加载	上拱管	0.149	0.279	0.379	0.465	0.568	0.639	0.682
	下拱管	0.170	0.327	0.448	0.566	0.691	0.767	0.816
拱顶截面加载		0.143	0.258	0.407	0.529	0.620	0.714	0.837
跨中横梁加载		0.294	0.588	0.756	0.923	—	—	—

注：试验加载效率 $\eta = M_{试验}/M_{设计}$。

(1)拱肋应力状态

表 3-4-14 列出了各控制截面上、下拱管顶面和底面的应变实测结果和理论计算值。从表中可看到各控制截面加载时，其结构校验系数在 0.883～1.064 之间，而且，相应各截面的实测应变值与理论计算结果也吻合良好，说明拱肋的整体应力状态与理论计算相符合。

应变测试结果与理论计算值的比较(南侧加载)(单位：$\mu\varepsilon$)　　表 3-4-14

加载工况		拱顶加载(6 辆车)			1/4 及拱脚加载(7 辆车)		
		实测值	计算值	校验系数	实测值	计算值	校验系数
拱顶截面	上拱管顶面	−76.8	−83.3	0.921	29.8	28.1	1.060
	下拱管底面	73.0	68.6	1.064	−42.5	−45.0	0.944
1/4 截面	上拱管顶面	14.8	14.1	1.050	−77.3	−87.5	0.883
	下拱管底面	−45.3	−48.1	0.942	81.5	86.9	0.938
拱脚截面	顶面	—	—	—	85.3	92.2	0.952
	底面	—	—	—	−108.0	−107.3	1.007

注：结构校验系数＝实测值/计算值。应变以拉为正，压为负。

图 3-4-30 为控制截面的应变分布，表 3-4-15 为拱肋变形及吊杆伸长量测试结果与理论计算值的比较。图 3-4-31、图 3-4-32 为跨中及拱脚截面加载时拱肋挠度及吊杆伸长量的变化情况，图 3-4-33 为根据拱肋挠度和吊杆伸长量推算的桥面挠度变化曲线，图 3-4-34 为拱肋挠度和吊杆伸长量与试验荷载的关系。各图显示，实测拱肋挠曲线、吊杆伸长量和桥面挠度的变化情况与计算规律完全一致，而且各吊点处拱肋的挠度、吊杆伸长量实测值与理论计算值接近，各级试验荷载作用下拱肋的变形协调。表 3-4-16 列出了跨中拱肋挠度和吊杆伸长量随试验荷载横向位置的变化情况。从表中可以看到，中线加载时跨中拱肋挠度和吊杆伸长量基本等于南、北侧加载时吊杆伸长量的平均值，而且南、北两侧实测挠度和吊杆伸长量符合互等原理，再一次说明两侧拱肋和吊杆的受力状态是相同的。

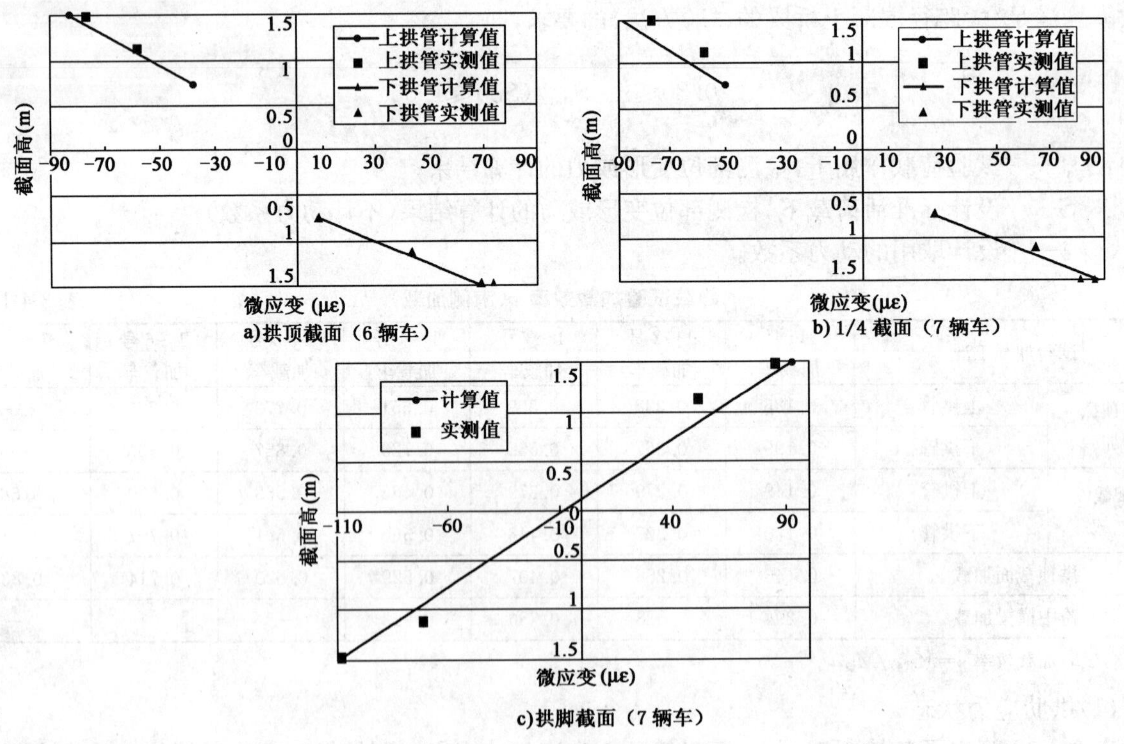

图 3-4-30　控制截面的应变分布

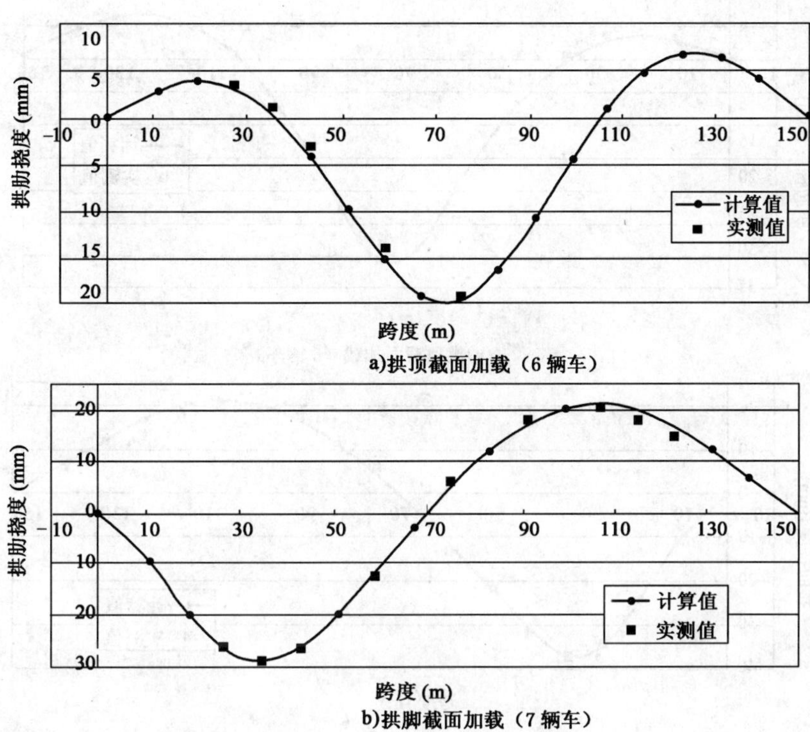

图 3-4-31　拱肋挠度变化曲线

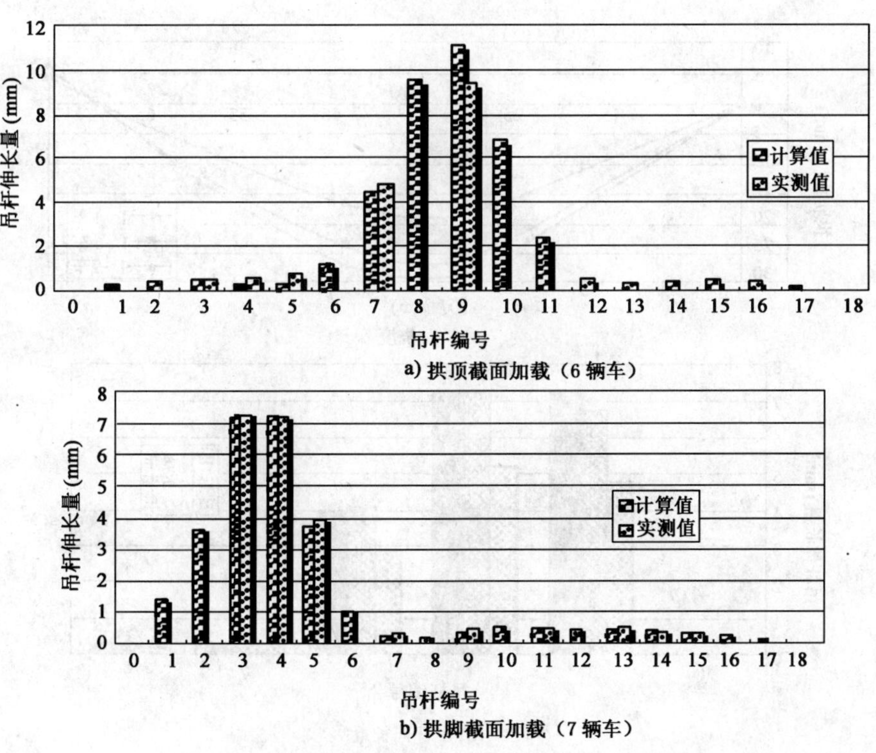

图 3-4-32　吊杆伸长量变化情况

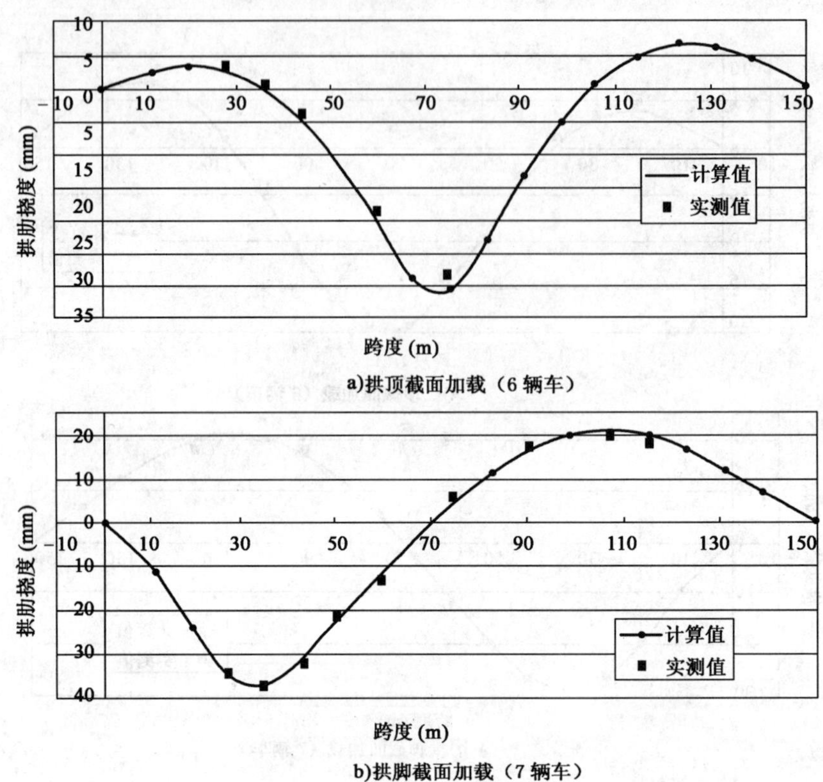

图 3-4-33　桥面挠度变化曲线

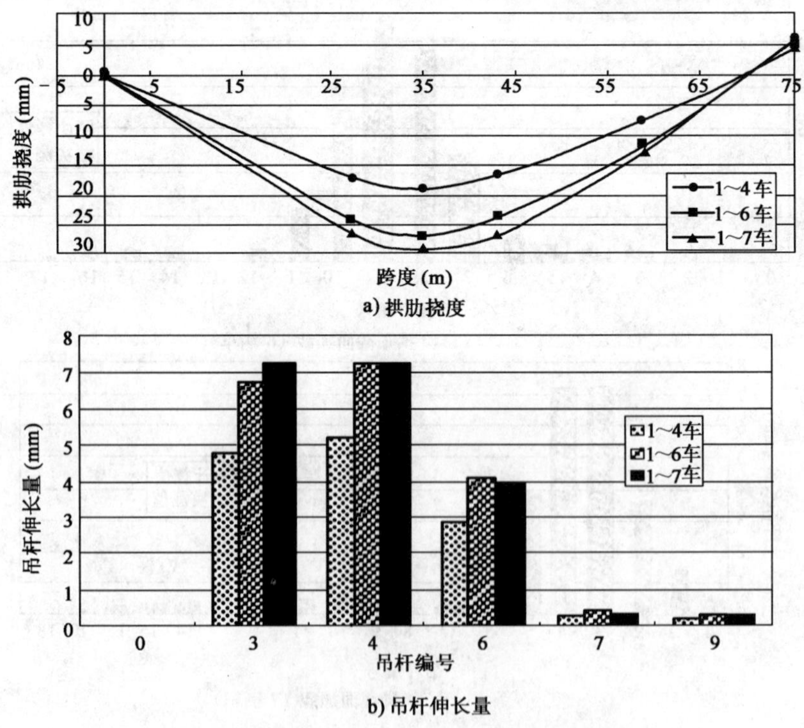

图 3-4-34　拱肋挠度和吊杆伸长量与试验荷载的关系(拱脚加载)

拱肋变形及吊杆伸长量测试结果与理论计算值的比较(南侧加载)(单位:mm)　　表 3-4-15

加载工况	拱顶加载(6 辆车)			加载工况	1/4 及拱脚加载(7 辆车)		
	实测值	计算值	校验系数		实测值	计算值	校验系数
拱顶挠度(南侧)	−18.95	−19.64	0.965	拱肋挠度(3 号吊杆处)	−26.25	−27.04	0.971
拱顶挠度(北侧)	−11.55	−12.10	0.955	拱肋挠度(4 号吊杆处)	−29.10	−29.18	0.997
9 号吊杆伸长量(南侧)	9.49	11.17	0.850	3 号吊杆伸长(南侧)	7.26	7.18	1.011
—	—	—	—	4 号吊杆伸长(南侧)	7.21	7.25	0.994

注:1.结构校验系数=实测值/计算值。
2.挠度以拱肋向上变形为正,吊杆以伸长为正。

实测跨中吊杆伸长量与荷载横向位置的关系(单位:mm)　　表 3-4-16

加载工况及加载位置		拱顶加载			
		南侧加载	中线加载	北侧加载	南北平均
拱顶挠度	南侧拱顶	−18.95	−16.00	−11.30	−15.13
	北侧拱顶	−11.55	−15.00	−18.40	−14.98
吊杆伸长量	9 号吊杆(南)	9.49	7.18	5.08	7.29
	9 号吊杆(北)	4.96	7.19	9.39	7.18

注:表中挠度以拱肋向上变形为正,吊杆以伸长为正。

根据实测吊杆伸长量换算得到最大试验荷载作用下吊杆的拉力如下:

9 号吊杆 255.34kN(跨中加载);

3 号吊杆 271.95kN(拱脚加载);

4 号吊杆 239.14kN(拱脚加载)。

(2)系杆伸长量

深圳彩虹大桥采用高强钢绞线束系杆来平衡拱的水平推力。通过测试桥墩的纵向水平位移,可以得到系杆的伸长量,从而确定系杆所承受的拉力。

表 3-4-17 列出了各测试工况水平系杆伸长量的实测结果和理论计算值。从表中可以看到,实测南、北两侧系杆伸长量的变化规律与理论计算规律一致,其绝对值较计算值小,这一方面是由于理论计算无法精确模拟系杆的实际锚固状态;另一方面也是由于墩顶位移数值较小,存在测试误差。根据实测系杆伸长量,得到跨中截面最不利加载时系杆承受的活载拉力为 93.63kN。

系杆伸长量测试结果与理论计算值的比较(南侧加载)(单位:mm)　　表 3-4-17

加载工况	拱顶加载		拱脚加载	
	实测值	计算值	实测值	计算值
4～5 号墩南侧系杆	2.80	3.41	0.20	0.55
4～5 号墩北侧系杆	1.40	2.85	0.00	0.26

(3)横梁受力状态

为了解桥面系的传力情况,对 9 号吊杆处横梁的影响面进行了测试。试验时采用 1 辆加载车在桥面不同位置进行加载,测试横梁跨中底面的应变,从而得到横梁的影响面。图 3-4-35 即为实测的横梁影响面(图中,坐标原点为横梁跨中)。实测结果显示,横梁跨中截面应力的影响面范围横向为±9.25m,即两片拱肋的距离,纵向约为±20.0m。

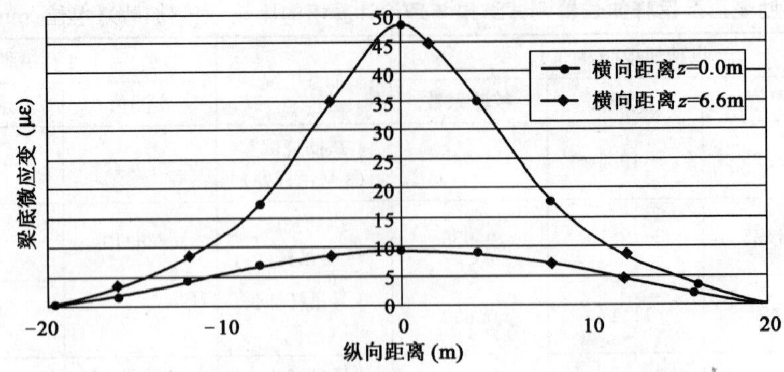

图 3-4-35　实测横梁影响面(1 辆加载车)

图 3-4-36 为实测横梁跨中截面应变分布情况。显然，横梁的应变分布符合平截面假定。从实测应变分布得到横梁截面的惯性中心距梁底的距离为 1.350m，比计算中心距离 1.134m 大。根据实测截面中心距和梁底应变(假定沥青混凝土铺装层不参与结构受力)推算得到预应力混凝土空心板及钢纤维混凝土结构层的有效参与宽度为 9.94m，截面的惯性矩为 0.0704m^4。

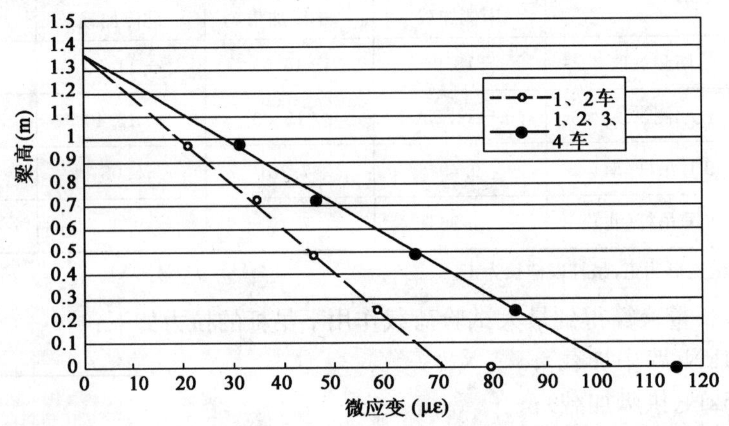

图 3-4-36　横梁跨中截面应变分布

由实测横梁的应力影响面内插计算得到试验荷载作用下梁底的应变分别为 72με(1、2 车)、108με(1、2、3、4 车)，与实测结果 78με(1、2 车)、112με(1、2、3、4 车)接近。用实测应力影响面计算得到的梁底应变和实测截面中心距及惯性矩推算的横梁跨中弯矩为1160.2kN・m，则在最大试验荷载作用下，9 号吊杆处横梁承受的外力为 4×94.33kN=377.30kN，由此推算得到横梁跨中挠度为 2.60mm。显然，此计算值与实测挠度值 2.73mm 接近。

二、动载试验检测

1. 试验内容

动载试验内容如下：

行车试验：单辆重车以 v=10km/h、20km/h、30km/h、40km/h、50km/h、60km/h、70km/h、80km/h 的速度通过桥梁，测试桥梁的动挠度和振动响应。

跳车试验：单辆重车在桥梁跨中截面越过高 10cm 的三角垫木，测试桥梁的垂直振动响应。

制动试验：测试结构在车辆紧急制动时的纵向振动响应，分析桥梁的纵向动力特性。

脉动试验：测试结构在环境振动下的微小振动响应，分析桥梁的自振特性(自振频率、振型及阻尼特性)。

动载试验测点布置见图 3-4-37。

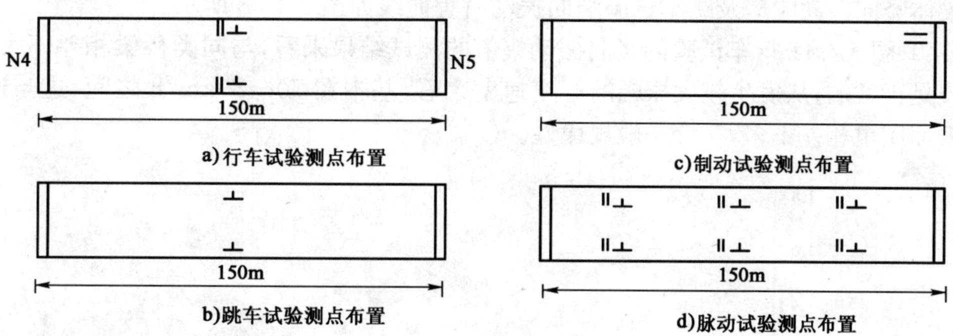

图 3-4-37　动载测点布置图

| | 横向;⊥垂直;＝纵向

2. 试验结果及分析

(1)动载试验典型波形

下面给出了动载试验的典型波形,如图 3-4-38、图 3-4-39所示。本次动载测试的各种波形图较多,由于篇幅所限,不能一一列出,以后的分析将略去波形图。

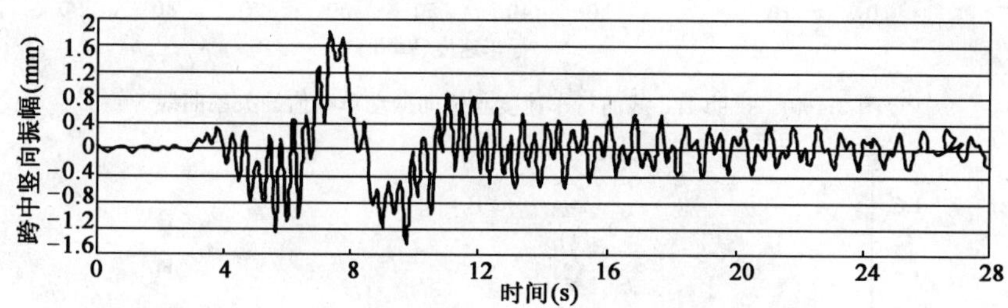

图 3-4-38　速度 80km/h 时跨中截面垂直振动时域图

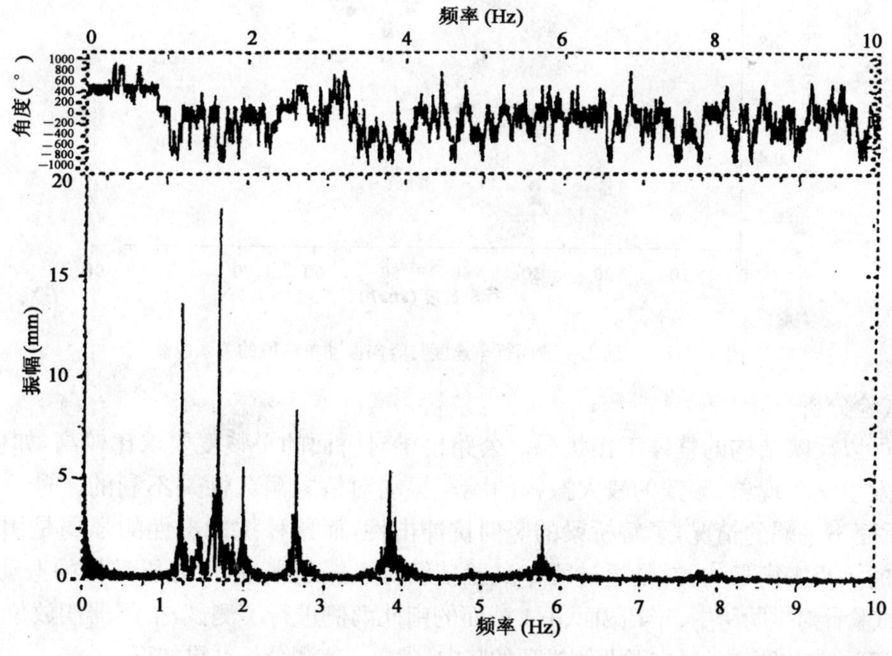

图 3-4-39　脉动试验桥梁竖向脉动波形

典型的梁体竖向振动响应及跳车试验竖向振动时程曲线如图 3-4-38 所示。

从图 3-4-40、图 3-4-41 行车试验的竖向振动幅值的测试结果来看，与同类桥梁相差不大，与以往的测试经验比较是正常的；从发生较大振幅的行车速度来看，基本在 70～80km/h 之间，这与通常较大跨度的桥梁共振速度也相差不多，符合一般规律性。

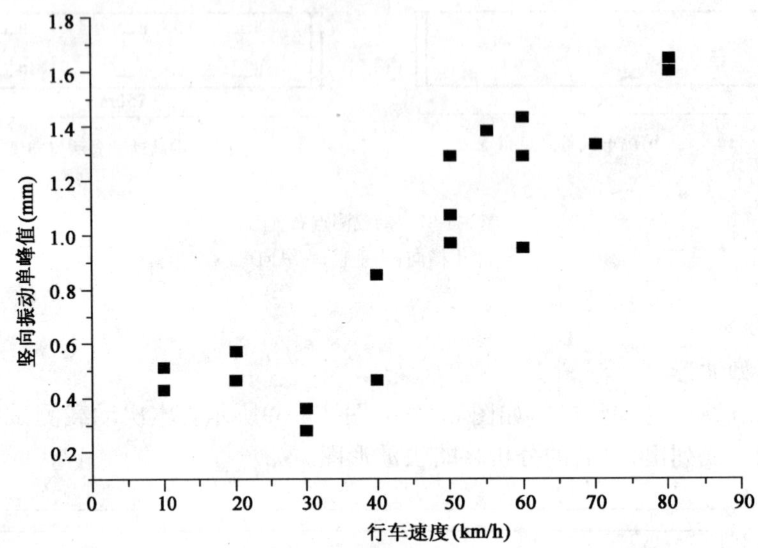

图 3-4-40　拱肋 1/2 截面行车速度与竖向振动单峰值的关系曲线

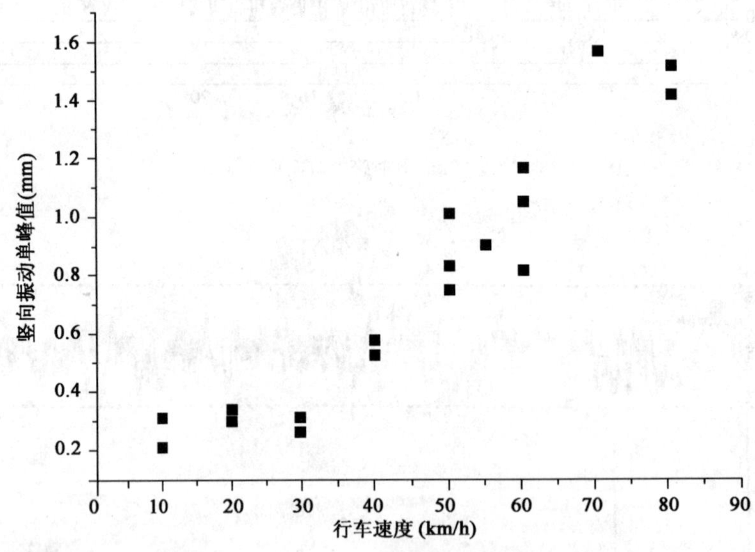

图 3-4-41　拱肋 1/4 截面行车速度与竖向振动单峰值的关系曲线

(2)跳车试验分析

跳车试验可以反映结构的整体工作状况。公路桥梁对桥面的平整度要求比较高，如桥面不平整，会引起桥上车辆发生跳车现象，频繁的较大振幅的跳车振动对桥梁耐久性是不利的。进行跳车试验的目的：一是模拟桥面不平顺的情况，了解桥梁的竖向抗冲击性，而这种抗冲击性的强弱是用跳车试验中桥梁的竖向振幅的大小来衡量的；二是通过跳车试验使结构激振起来，从而分析结构的振动特性。

本次跳车试验针对拱肋跨中、1/4 截面、3/4 截面的南北两侧进行了测试，拾震器摆放位置为拱肋跨中、1/4截面、3/4 截面的南北两侧的竖向及北侧拱顶的竖向、横向。实测分析结果如下：

跳车试验北侧拱肋跨中发生的竖向最大振幅单峰值为 2.380mm；

跳车试验南侧拱肋跨中发生的竖向最大振幅单峰值为 2.908mm；

跳车试验北侧拱肋 1/4 发生的竖向最大振幅单峰值为 2.984mm；

跳车试验南侧拱肋 1/4 发生的竖向最大振幅单峰值为 3.656mm；

跳车试验北侧拱肋 3/4 发生的竖向最大振幅单峰值为 3.105mm；

跳车试验南侧拱肋 3/4 发生的竖向最大振幅单峰值为 2.849mm；

跳车试验北侧拱顶发生的竖向最大振幅单峰值为 2.842mm；

跳车试验北侧拱顶发生的横向最大振幅单峰值为 1.484mm。

从测试数据来看，跳车试验对桥梁的冲击作用是很大的，特别是对大跨度结构来说，其结构整体刚度相对较弱，跳车引起的振动响应较大，容易对桥上行人造成心理上的不安全感；另外频繁的跳车会对结构的各受力部件不利，影响桥梁的耐久性。

(3)制动试验分析

本次制动试验针对边拱桥头、14 号墩及中拱跨中进行。从实测的数据来看，制动试验所引起的最大振动单峰值为 0.257mm。强振频率为 1.1～1.7Hz，接近桥梁的第二阶竖向振动频率，从幅值来看并不大。

(4)脉动试验分析

脉动试验即测试桥梁在自然环境下的振动响应，通过频谱分析识别结构的自振特性（自振频率、振型及阻尼系数）。

通过实测数据的自谱分析及互谱分析，可以得出如下实测桥梁竖向自振频率分析结果及计算结果：

①脉动试验实测第一阶竖向自振频率为 0.7Hz，第二阶竖向自振频率为 1.0Hz。理论计算第一阶竖向自振频率为 0.52Hz，第二阶竖向自振频率为 0.84Hz。

②脉动试验实测横向一阶频率为 0.4Hz；理论计算边拱横向一阶频率为 0.30Hz。

③脉动试验实测扭转第一阶自振频率为 2.6Hz；理论计算第一阶扭转自振频率为 2.14Hz。

对比实测数据与理论计算，两者相差不多，这说明理论计算模型与实际结构是比较接近的。

三、结论

静载试验最大荷载工况下主要测试结果见表 3-4-18。从表中可见，实测结果与理论计算结果接近，结构的整体受力状态与设计计算基本吻合。测试结果表明：各控制截面的应力分布与计算基本一致；其数值在设计允许范围内，同一片拱各截面的内力分布合理，且两片拱肋的受力状态一致；拱肋挠度曲线平滑，各吊杆的伸长量变化协调，两侧吊杆受力状态相同。设计活载作用下水平系杆承受的最大拉力为 93.63kN，吊杆承受的最大拉力在 255.34～271.95kN 之间，活载应力幅值较小，可以满足疲劳要求。

彩虹大桥主要测试结果一览表　　表 3-4-18

加载工况		拱顶加载		
		实测值	计算值	设计允许值
拱顶截面应变(με)	上拱管顶面	−76.8	−83.3	4.3～−163.5
	下拱管底面	73.0	68.6	160.8～−77.2
拱顶挠度(mm)		−18.95	−19.4	—
9 号吊杆拉力(kN)		255.34	300.54	—
系杆拉力(kN)		93.63	114.03	—
加载工况		1/4 及拱脚加载		
		实测	计算	设计允许值
1/4 截面应变(με)	上拱管顶面	−77.3	−87.5	32.0～−185.0
	下拱管底面	81.5	86.9	143.5～−151.3
拱脚截面应变(με)	顶面	85.3	92.2	158.2～−31.6
	底面	−108.0	−107.3	8.1～−156.6
4 号吊杆处拱肋挠度(mm)		−29.10	−29.18	—
3 号吊杆拉力(kN)		271.95	268.95	—

横梁加载试验结果表明，彩虹大桥采用的钢—混凝土组合横梁拉区高度为1.35m，预应力混凝土空心板及钢纤维混凝土结构层的有效参与宽度为9.94m(按理论混凝土弹性模量计算)，横梁应力影响面的范围横向为±9.25m，即两片拱肋的距离，纵向约为±20.0m。在最大设计活载作用下，横梁底面承受的最大拉应力为23MPa，跨中挠度2.73m，其强度和刚度储备较大。

动载试验结果表明：从行车试验的竖向振动幅值及自振特性的测试结果来看，与同类桥梁相差不大，与以往的测试经验比较是正常的；从发生较大振幅的行车速度来看，基本在70～80km/h之间，这与通常较大跨度的桥梁共振速度也相差不多，符合一般规律性；与行车试验梁体竖向最大振幅相比，跳车时梁体发生的竖向振幅较大，对桥梁的受力构件及桥上行人的心理承受能力有不良的影响，这也是较大跨度的桥梁普遍存在的现象。建议在该桥今后的运营中应搞好桥梁的养护维修，保证桥面平整度的完好，尽量避免跳车现象，否则频繁的跳车现象会影响到桥梁的耐久性。

综上所述，彩虹大桥的受力状态合理，施工质量满足设计要求，可以正常通车运营。

第五章 斜拉桥检测

第一节 斜拉桥的组成和结构特点

一、斜拉桥的组成

斜拉桥的结构主要由三部分组成：

1. 索塔和墩、台

索塔和墩、台是斜拉桥将恒载和活载传到地基的构件。墩、台多用钢筋混凝土建造；索塔是长大构件，从承台顶到塔顶全高往往在200m以上，苏通长江大桥索塔高达300.4m。索塔多采用劲性骨架钢筋混凝土建造，且在横梁及索锚固区采用预应力钢筋或钢锚箱。近年如南京第三长江大桥等多座斜拉桥索塔采用钢塔。为改善施工及运营状态受力性能及主跨的竖向刚度，有时在边跨设置辅助墩或压重，或采用钢—混凝土混合主梁，混合主梁边跨由预应力混凝土制作。

在设计上，索塔及墩、台要满足强度、刚度及稳定性及耐久性要求；在施工上，尤其索塔，要满足对断面、轴线的允许偏差和倾斜度的要求。

2. 主梁

主梁是斜拉桥跨越一个空间，直接承受车道活载，并把梁的自重及活载传给主塔或墩、台的构件。当跨度在450m及其以下时，多采用预应力钢筋混凝土或钢—混凝土结合梁；当跨度在500m以上时，多用混合梁、钢箱梁或钢桁架梁。

主梁设计计算是一个十分复杂的过程，要考虑在自重、活载、风力、温度及地震力的不同组合下满足强度、刚度和局部及总体稳定性要求；以及施工过程在保证安全条件下，使主梁应力不超过规范规定值，并使主梁线形达到目标值。主梁和索、塔一样是施工控制的主要部分。

3. 斜拉索

斜拉索是将主梁自重及活载传给索塔的受拉构件。刚性索一般是高强度钢筋外包钢筋混凝土的预应力混凝土构件；柔性索由ϕ7mm或ϕ5mm平行钢丝或钢绞线组成。

在设计上，由于斜拉索直接承受活载的反复加载作用，高强度钢材要满足疲劳强度的要求，同时对其提供完善的防腐防护也是延长索使用寿命的关键所在。

除了上述塔、墩、台、梁和索之外，斜拉桥的伸缩装置和支座与一般梁桥无差别。但对飘浮或半飘浮体系斜拉桥，需在主塔位置横梁两侧设置横向支座以限制主梁侧向位移。处于地震区域的斜拉桥，需同时设计防震设置，如纵向弹性索、墩顶上的抗剪挡块和索塔横梁上或两端桥台上的缓冲液压阻尼装置等。

二、斜拉桥的结构特点

斜拉桥最主要的结构特点是主梁由锚固在索塔上的斜拉索作为弹性支承，主梁作为多点弹性支承的连续梁。索将梁的自重和活载传给索塔，因而降低了主梁跨中正弯矩，增加了主梁的跨越能力。同时由于斜拉索的水平分力作用，使主梁承受巨大的纵向预压力。悬索桥的吊索虽然是加劲梁的弹性支承，但吊索力先传至弹性支承的主缆，因而斜拉桥主梁的结构刚度较悬索桥加劲梁要大得多。张拉和调整斜拉索的索力，可以使斜拉桥的主梁处于最佳受力状态。

如果将斜拉桥看成一个预应力体系，斜拉索即为体系的体外索。因此设计上体外索需要考虑的疲劳和防腐等，斜拉索亦要考虑。如果将斜拉桥主梁在墩、塔的支承全部采用活动支座，即为半飘浮体系，为了给主梁以纵向约束，则需在塔梁间设置弹性索或纵向液压阻尼装置。如将塔横梁上支承改为索支承，两边墩为活动支座，斜拉桥则成为飘浮体系。采用飘浮体系可减小主梁在塔处的负弯矩，但需要在主塔处主梁侧放置纵向阻尼装置和侧向支座，以限制梁的纵向和侧向位移。如果塔梁连接处采用固结方式，使塔梁形成刚构，这增加了悬臂施工的安全性和成桥的侧向刚度，相应削弱了索支承的特点，刚结点和塔柱截面甚至主塔基础均需加大，以承受所分配的更大的弯矩和剪力。

斜拉桥结构与一般非索结构桥梁相比，具有明显的索的非线性和结构的非线性，这是在设计时必须考虑的。索垂度造成的索的非线性，随着恒载状态的形成，可以基本消除，但成桥后活载下结构的非线性是设计需要考虑的。

斜拉桥的设计寿命为100年，斜拉索索体的设计寿命为100年，斜拉索防腐防护的寿命大于30年。

三、斜拉桥的施工特点

斜拉桥的施工过程必须进行施工监控，以保证斜拉桥施工过程的安全和使索力、主梁线形达到或接近设计目标值。斜拉桥施工的监控测试和跟踪计算是施工的重要部分。斜拉桥施工中，可以不断调整斜拉索内力，同时梁的线形和梁的内力也会做出相应改变。这种通过测试和计算，不断调整索力和主梁线形使其接近或达到目标值的控制过程，即所谓施工控制。

由于斜拉索拉力的竖向分力可以平衡梁的自重而无需额外辅助设备，因而斜拉桥特别适于悬臂安装或悬臂浇筑。在悬臂施工时梁与塔间采用临时固结，以保证在施工中施工荷载和最大风荷载作用下结构的稳定性，这是因为对于飘浮体系、半飘浮体系或连续主梁的斜拉桥，悬臂施工时的结构是不稳定、几何可变体系。

在斜拉桥悬臂施工过程中，主梁应力是易于被忽略的。理论上，施工过程中梁的线形、索力和梁应力是一致的，索力、线形符合设计要求，梁的应力自然也符合要求。实际上，由于各种偏差的积累，往往结果不同。片面执行“线形为主”、“一次性调索”，在不同具体情况下，忽略梁体应力可能会造成重大工程事故。如某跨海大桥在主梁断面比较纤细和二期恒载较大的特殊情况下，采取了索力一次设置到位的控制思想，致使主梁悬臂施工中梁体负弯矩超常而断裂。这是忽略梁体应力的惨痛教训。因此斜拉桥悬臂施工中通过计算和测试，在主梁应力不超过容许值的前提下，使主梁线形和索力满足设计要求，是斜拉桥施工中必须做好的精心控制过程。

第二节　斜拉索的检测

斜拉索组装件是对斜拉索索体和其两端锚固构件的总称。索体多以ϕ5mm或ϕ7mm热镀锌平行钢丝或镀锌钢绞线组成；锚固构件包括锚杯和锚固螺母。索体借助于杯内冷铸料或热铸锌铜合金与锚杯固结成一体。斜拉索组装件的检测包括组成材料性能的测试、制造工艺过程的测试，以及成品索各项性能的测试。

一、钢丝、钢绞线、锚具和护套塑料

1. 钢丝

斜拉桥拉索所使用的热镀锌ϕ5mm或ϕ7mm高强度钢丝，标准强度不低于1670MPa，其性能满足国家标准《桥梁缆索用热镀锌钢丝》(GB/T 17101—2008)要求，并按国家标准《钢丝验收、包装、标志及质量说明书的一般规定》(GB 2103)验收。

钢丝是盘条通过拉丝工艺由 ϕ13mm、ϕ12.5mm、ϕ12mm 或 ϕ11mm 拉拔制作的，其制作工艺为：索氏体化盘条→表面准备→拉丝→焊接点剪切→热镀锌→稳定化处理→检查→入库。盘条经几道冷拔后，晶格也发生变形。随后的稳定化处理是在传感器控制的恒张力下通过短时间的低温退火，温度由中频感应加热并控制在 350～450℃之间，以消除拉拔产生的内应力和达到低松弛的目的。

冷拔和稳定化处理的钢丝，仍然是一种抗腐性能较差的材料。因此采用热镀锌工艺提高其防蚀能力。热镀锌锌温度在 450～560℃之间，并由自动温控装置显示锌的温度。锌缸出口除用木炭擦拭外，同时采用丙烷气刷和水冷以保证锌层质量。

稳定化和热镀锌后的钢丝强度降低约 10%，但延伸率和韧性相应有所增加，与调质处理及热轧相比，冷拉钢材对氢脆最不敏感，热镀锌与电解镀锌也不同，不会招致氢脆危害。

桥梁缆索用钢丝盘条尚无国家标准和行业标准，可参照日本标准《琴钢丝用盘条》(JIS G3502)和我国宝钢企业标准《桥梁缆索用镀锌钢丝用盘条》(BZJ 521)中的 B82MnQL 或 B81MnQL。

斜拉桥斜拉索用钢丝各项力学性能要求、验收规定及力学性能检测试验方法，分别详见第一篇第一章的第一节和第七节。

有关高强度钢丝的国外标准资料见表 3-5-1。我国标准 GB/T 17101—2008 与国际标准 ISO 6934 相比，ϕ7mm 钢丝强度分级均为 1670MPa 及 1770MPa 两级，尚未将更高强度钢丝列入标准，ϕ5mm 钢丝我国标准分三级，即 1670MPa、1770MPa 及 1860MPa。

我国标准未规定屈强比的要求，ISO、英国、美国标准则规定了屈强比下限。由于屈服点的检测方式差别，屈强比数据也有较大差别，低松弛 ϕ7mm 钢丝屈强比，美国要求≥90%，而 ISO 要求≥83%。

1)疲劳试验取样及试验方法

GB/T 17101—2008 规定，抽样数量为 1 根/2 000t。在上限为 0.45F_m 条件下，360MPa 应力幅，200 万次循环加载不断裂。此处的 F_m 规范解释为钢丝公称极限拉力。

四座不同结构形式的斜拉桥斜拉索 ϕ7mm 钢丝用量见表 3-5-2。

表 3-5-2 中第 3、5 项，采用预应力混凝土主梁。由于自重大、索截面大，ϕ7mm 钢丝用量也较大。相对钢箱梁主梁，第 1、2、4 项 ϕ7mm 钢丝用量则较少。上述桥按规范取样，则最多取两个试样。一般中等以下桥则不超过 1 个试样。又鉴于疲劳试验的离散性，显然不能说明钢丝集合的疲劳抗力质量状况。

按美国《斜拉索设计、测试和安装条例》(2001 年 2 月第四版)进行钢丝疲劳强度检验，每 10t 取 1 个试样，构成集合，再取集合的 5%进行疲劳试验，满足 200 万次 282MPa 应力幅加载不破坏的要求。如有 1 个试样不满足，则应同组合再取两个试样试验，两个试样合格则认可检验集合的疲劳抗力质量。而且该规范认为疲劳试验合格的条件包括 200 万次加载不断的试件，随后的静力破坏荷载不小于 95%极限抗拉强度。

按此取样和试验规则，序号 1，有试样 209 根，需进行 10 根试样的试验；序号 5，有 246 根试样，需进行 13 根试样的试验；序号 2，需进行 4 根试样的试验。

如采用 50Hz 频率加载，11h 便可完成 1 个试样的试验，10 个试样的试验需 6d 便可完成，工作量不算大。显然，以全桥为集合，拒收数量太大。GB/T 17101—2008 规定，以批验收。规范规定的批即同一牌号、同一炉罐号、同一规格、同一生产工艺的钢丝。目前一批钢丝通常为 60t。若疲劳抗力不合格，则拒收量是 60t，易于被接受。

若每盘取一根(每盘 2 吨；若为 1 吨盘，则两盘一根)疲劳试件，则一批可有 30 个试件集合，仍按 5%计，则可有两个试件进入疲劳抗力评定试验，工作量显然可以接受。

因此，以批验收，每盘(2t)取 1 个试样构成集合，然后随机取 5%，进入疲劳强度评定试验。合格条件：应力幅 360MPa，以限 0.45 公称抗拉强度，满足 200 万次常幅加载，并随后静力抗拉强度≥95%公称抗拉强度。有一根不合格时，由相应集合中再取两根；如再不合格，认为该批钢丝疲劳性能不合格。

预应力钢丝国外标准

表 3-5-1

标准号（国别）		公称直径（mm）	公称线质量（kg/m）	公称面积（mm^2）	允差（直径）（mm）	公称抗拉强度（MPa）			最小破断荷载（kN）			屈服强度 $\sigma_{0.1}$（$\sigma_{0.2}$）1%伸长时最小应力（MPa）			屈强比（%）	延伸率（%）	最大松弛率	
						Ⅰ	Ⅱ	Ⅲ	Ⅰ	Ⅱ	Ⅲ	Ⅰ	Ⅱ	Ⅲ			初荷载（%）	1000h（%）
ASTM A421（美国）		4.88	146	18.7	±0.05 椭圆度 ≤0.05		1725	—		32.2	—			1465	普通松弛 ≥85% 低松弛 ≥90% （$\sigma_{1\%}/\sigma_b$）	L_0=250mm ≥4.0	70σ_b 80σ_b	r=2.5 r=3.5
		4.98	152	19.48		1655	1725		32.2	33.6			1407	1465				
		6.35	248	31.67		1655	1655		52.4	52.4		200（初应力）	1407	1407				
		7.01	302	38.59		1620	1620		62.5	62.5			1377	1377				
		7.80	374	47.48		1620	1620		77.4	77.4			1377	1377				
BS5896（英国）	冷拔	3.0	55.5	7.07	±0.04 椭圆度 ≤0.04	1770	1860		12.5	13.1		10kN	10.5kN	17.8kN	冷拉钢丝 ≥80% 低松弛 ≥85% （$\sigma_{1\%}/\sigma_b$）	L_0=200mm ≥3.5	60F_b 70F_b 80F_b	Ⅰ≤4.5 Ⅱ≤1.0 Ⅰ≤8.0 Ⅱ≤2.5 Ⅰ≤12.0 Ⅱ≤4.5
		4.0	98.9	12.6		1670	1720	1770	21.0	21.7	22.3	16.8kN	17.4kN					
		4.5	125	15.9		1620			25.8			20.6kN		27.8kN				
		5.0	154	196		1570	1670	1770	30.8	32.7	34.7	24.6kN	26.2kN					
	矫直	4.0	98.6	12.6	±0.05 椭圆度 ≤0.05	1670	1700	—	21.0	22.3		17.6kN	19.0kN					
		4.5	125	15.9		1620			25.8			21.9kN						
		5.0	154	19.6		1670	1770		32.7	34.7		21.8kN	29.5kN					
		6.0	222	28.3		1670	1770		47.3	50.1		40.2kN	42.3kN					
		7.0	302	38.5		1570	1670		60.4	64.3		53.1kN	54.7kN					

续上表

标准号（国别）	公称直径（mm）	公称线质量（kg/m）	公称面积（mm^2）	允差（直径）（mm）	公称抗拉强度（MPa）			最小破断荷载（kN）			屈服强度 $\sigma_{0.1}(\sigma_{0.2})$1%伸长时最小应力（MPa）			屈强比（%）	延伸率（%）	最大松弛率	
					Ⅰ	Ⅱ	Ⅲ	Ⅰ	Ⅱ	Ⅲ	Ⅰ	Ⅱ	Ⅲ			初荷载（%）	1000h（%）
ISO 6934（国际）	2.5	—	—	—	1960	1860	1670	—	—	—	—	—	—	冷拉钢丝 ≥80% 低松弛 >ϕ8mm ≥80% ≤ϕ8mm ≥83%	L_0=200mm ≥3.5	60F_b 70F_b 80F_b	Ⅰ≤4.5 Ⅱ≤1.0 Ⅰ≤8.0 Ⅱ≤2.5 Ⅰ≤12.0 Ⅱ≤4.5
	3.0				1770	1860											
	4.0				1670	1770											
	5.0				1670	1770											
	6.0				1670	1770											
	7.0				1570	1670											
	8.0				1470	1570											
	9.0				1470												
	10.0				1470	1570											
	12.2				1470	1570											
Thyssen A. G.（德国）	斜拉索用镀锌 7.0	301	38.48	+0.08，−0.02 椭圆度 ≤0.04	1600	—	—	—	—	—	（1300）	—	—	—	L_0=250mm ≥4	70F_b	≤2.5
JIS C3536（日本）	SW				±0.05	—				—	—		—	—	≥4	80F_b≤3.0	
	PR	5.0	154	19.64					31.872			27.949kN					
	I	7.0	302	38.48					58.350			50.995kN			≥4.5		
	S	8.0	395	50.27					74.040			64.234kN					
	WP	9.0	499	63.62					90.221			77.963kN					
	DI																

四座不同结构形式的斜拉桥斜拉索 **ϕ7mm** 钢丝用量　　表 3-5-2

序　号	桥 梁 名 称	上部结构形式及跨径	ϕ7mm 平行钢丝数量(t)
1	南京长江三桥	主跨 648m 双塔钢箱梁主梁双塔，6 车道	2088
2	湛江海湾桥	主跨 480m 钢—混凝土混合型主梁双塔，6 车道	790
3	武汉长江二桥	主跨 400m 双箱单室预应力混凝土箱梁主梁双塔，6 车道	2363
4	珠江黄浦大桥	主跨 383m 独塔钢箱梁双索面，6 车道	1345.2
5	重庆忠县长江大桥	主跨 460m 预应力混凝土边主梁双塔，4 车道	2463.8

2)钢丝的弹性模量和屈强比

由钢丝制成索后，受编丝、扭角等影响，钢丝的弹性模量将进一步下降。日本的试验数据表明，扭角大于 3°时，钢索的弹性模量开始下降；扭角小于 3°时，索的弹性模量要保持在2.0×10^5MPa。在斜拉桥的结构设计中，为了尽可能减小结构非线性的影响，一般要求索有稳定并较高的弹性模量。我国国标《斜拉桥热挤聚乙烯高强钢丝拉索技术条件》(GB/T 18365—2001)要求钢索的弹性模量不小于 1.90×10^5MPa。目前各设计单位的设计文件，一般要求索的弹性模量不小于 1.90×10^5MPa。GB/T 17101—2008 则要求钢丝的弹性模量为$(2.0\pm0.1)\times10^5$MPa，下限仍是 1.9×10^5。美国规范要求为$(2.0\pm0.05)\times10^5$MPa。

关于弹性模量指标，本手册认为钢丝取 $2.0^{+0.1}_{-0.05}\times10^5$ MPa，索的弹性模量不小于 1.90×10^5MPa 比较合适。

关于屈强比，对于 1%非比例伸长应力，斜拉索用低松弛钢丝，建议 $83\%\leqslant\sigma_{1\%}/\sigma_b\leqslant90\%$。

3)关于钢丝疲劳应力幅的讨论

疲劳试验仅在静力验收合格的钢丝集合中抽样进行规定寿命的疲劳应力幅值试验。采用合理的分布函数，如韦布尔分布或对数正态分布，求得 95%可靠度的应力幅 $\sigma_{钢丝}$，然后考虑制束效应和锚固效应应力幅值降低量 $\Delta\sigma$，计算索组装件试验应力幅值 $\Delta\sigma_{索}$。

$$\Delta\sigma_{索}=\sigma_{钢丝}-\Delta\sigma \tag{3-5-1}$$

式中：$\sigma_{钢丝}$——规定寿命，如 2×10^6次加载，95%可靠度的应力幅值(MPa)；

$\Delta\sigma_{索}$——索组装件试验应力幅值(MPa)；

$\Delta\sigma$——由钢丝制成索组装件疲劳应力幅的降低(MPa)。

关于 $\Delta\sigma$ 值，美国规范取值为 103.35MPa，而欧洲某桥取 140MPa。如果 $\Delta\sigma$ 取 140MPa，当前我国索疲劳试验应力幅取 200MPa，则钢丝疲劳应力幅 340MPa 可以满足要求。而按美国的规定，钢丝满足 300MPa 应力幅便可以了。铁路斜拉索试验按 250MPa 应力幅，则钢丝试验应力幅 390MPa，美国要求 353MPa 便可以了。

对于大型或特大型桥梁斜拉索的设计，钢丝的应力幅取 360MPa、340MPa 或 300MPa，均避免不了主观因素。因而采用一定钢丝的取样集合，按照某一分布函数的可靠度法经过试验取得某一寿命的应力幅试验值，是可靠的办法。也可避免按某一疲劳应力幅验收不合格拒收的问题，只需按上述方法取得的应力幅设计拉索。

4)钢丝扭转性能验收标准

斜拉索钢丝在制索工艺过程中，放盘、编丝过程中产生扭角，均会使钢丝形成一定的扭转应力。在索的疲劳试验中，曾观测到钢丝的断口为 45°的劈裂状剪应力断口。说明钢丝存在扭转剪力。GB/T 17101—2008已规定钢丝的扭转性能要求，扭转次数≥8。

2. 钢绞线

目前斜拉桥的斜拉索除使用高强钢丝外，也广泛使用钢绞线。斜拉索用钢绞线与预应力混凝土结构用钢绞线并无差别。其各项性能应满足国标《预应力混凝土用钢绞线》(GB 5224—2003)的要求，详见第一篇第一章第一节。国外钢绞线标准参考资料见表 3-5-3。

国外钢绞线标准

表 3-5-3

标准号（国别）	级别（MPa）		公称直径（mm）	公称线质量（kg/km）	公称面积（mm^2）	允差			最小破断力（kN）	1%伸长时的荷载（kN）	0.1%屈服荷载（kN）	0.2%屈服荷载（kN）	最小延伸率（%）	中心丝加大≥%（mm）	屈强比（%）	捻距（直径倍数）	捻向	弹性模量（GPa）	最大松弛率	
						直径（mm）	面积（%）	线质量（%）											初荷载（%）	1 000h，20℃（%）
ASTM A416（美国）	250（1720）		9.53	405	51.61		—	—	89.0	80.1	—	—	L_0 ≥610mm δ≥3.5%	(0.0508) (0.0635) (0.0762) (0.1016)	普通松弛≥85% 低松弛≥90%	12～16	左捻右捻均可	—	$70F_b$ $80F_b$	≤2.5 ≤3.5
			11.11	548	69.68				120.1	108.1										
			12.70	730	92.90				160.1	144.1										
			15.24	1 094	139.35	±0.41			240.2	216.2										
	270（1860）		9.53	432	54.84				102.3	92.1	—	—		(0.0508) (0.0635) (0.0762) (0.1016)						
			11.11	582	74.19	±0.66			137.9	124.1										
			12.7	775	98.17	−0.15			183.7	165.3										
			15.24	1102	140.00				260.7	234.6										
BS5896（英国）	标准	1770	9.3	408	52	+0.3	+4	+4	92	81	78	—	L_0 ≥500mm δ≥3.5%	2	$F_{0.1}/F_b$ 85% F_1/F_b 88%	12～18 模拔 14～18	最好右捻	195 ±10	$60F_b$ $70F_b$ $80F_b$	Ⅰ≤4.5 Ⅱ≤1.0 Ⅰ≤8 Ⅱ≤2.5 Ⅰ≤12 Ⅱ≤4.5
		1770	11.0	557	71	−0.15			125	110	106									
		1770	12.5	730	93	+0.4			164	144	139									
		1670	15.2	1090	139	−0.2			232	204	197									
	高级	1860	8.0	298	38	+0.3	−2	−2	70	61	59	—								
		1860	9.6	432	55	−0.15			102	90	87									
		1860	11.3	590	75				139	122	118									
		1880	12.9	785	100	+0.4			186	163	158									
		1770	15.7	1180	150	−0.2			265	233	225									
	模拔	1860	12.7	890	112				209	184	178	—								
		1820	15.2	1295	165	+0.4			300	264	255									
		1700	18.0	1750	223	−0.0			380	334	323									

续上表

标准号（国别）	级别（MPa）	公称直径（mm）	公称线质量（kg/km）	公称面积（mm²）	允差			最小破断力（kN）	1%伸长时的荷载（kN）	0.1%屈服荷载（kN）	0.2%屈服荷载（kN）	最小延伸率（%）	中心丝加大≥%（mm）	屈强比（%）	捻距（直径倍数）	捻向	弹性模量（GPa）	最大松弛率	
					直径（mm）	面积（%）	线质量（%）											初荷载（%）	1 000h，20℃（%）
INI 7676（意大利）	1770	12.5	730	93		+3		184	1570										
	1860	12.5	730	93		−2		173	1670	1600									
	1670	15.2	1090	139	—		—	232	1470	1700	—	L_0 ≥600mm ≥3.5	—	—	—	—	—	$75F_b$	普通级≤9 低松弛级≤2.2 2000h ≤2.5
	1770	15.2	1090	139				246	1570	1600									
	1600	17.8	1500	190				304	1470	1500									
AS1311（澳大利亚）	普通类	10.9	555	71				125			106.3								
		12.7	740	94				165	—	—	140.3								
		15.2	1090	139				227			193.0								
	优等类	10.9	590	75	±4	—	—	138			117.3	≥3.5	—	—	—	—	—	$70F_b$ $80F_b$	≤2.5 ≤3.5
		12.7	785	100				184	—	—	156.4								
		15.2	1125	143				250			212.5								
	超高抗拉类	15.2	1125	143				261	—	—	221.9								
JIS G3536（日本）	SWPR-7A	10.8	546	69.68				119.641			101.989								
		12.4	729	92.90				159.848			136.312								
		15.2	1101	138.70	+0.4	—	—	240.263	—	—	203.978	≥3.5	0.08	—	12～16	—	—	0.2%屈服荷载最小值的80%	≤3.0（10h）
	SWPR-7B	11.1	580	74.19	−0.2			138.274			117.680								
		12.7	774	98.71				183.384			155.926								
		15.2	1101	138.70				260.857			221.630								

续上表

标准号（国别）	级别（MPa）		公称直径（mm）	公称线质量（kg/km）	公称面积（mm²）	允差			最小破断力（kN）	1%伸长时的荷载（kN）	0.1%屈服荷载（kN）	0.2%屈服荷载（kN）	最小延伸率（%）	中心丝加大≥%（mm）	屈强比（%）	捻距（直径倍数）	捻向	弹性模量（GPa）	最大松弛率	
						直径（mm）	面积（%）	线质量（%）											初荷载（%）	1 000h，20℃（%）
ISO 6934（国际）	普通	1720	9.3	405	51.6	—	—	+4 −2	88	—	72.8	75.4	≥3.5	—	$F_{0.1}/F_b$ 82%	12～18 模拔 14～18	左捻 右捻 均可	—	$60F_b$ $70F_b$ $80F_b$	Ⅰ≤4.5 Ⅱ≤1.0 Ⅰ≤8.0 Ⅱ≤2.5 Ⅰ≤12.0 Ⅱ≤4.5
		1880	9.5	432	54.8				102		83.6	86.6								
		1720	10.8	546	69.7				120		98.4	102								
		1860	11.1	580	74.2				138		113	117								
		1720	12.4	729	92.9				160		131	136								
		1860	12.7	774	98.7				184		151	156								
		1720	15.2	1101	139				255		185	191								
		1860	15.2	1101	139				258		212	220								
	模拔	1860	12.7	890	112	—			209	—	178	184			约 85%					
		1820	15.2	1295	165				300		255	264								
		1700	18.0	1750	223				380		323	334								
EURO-NORM 138（欧洲）	标准	1770	12.5	730	93	+4 −0.2	+4 −2	+4 −2	164	144	139	—	≥3.5	2	$F_{0.1}/F_b$ 约 85% $F_{0.2}/F_b$ 约 88%	12～18		195 ±10	$60F_b$ $70F_b$ $80F_b$	Ⅰ≤4.5 Ⅱ≤1.0 Ⅰ≤8 Ⅱ≤2.5 Ⅰ≤12 Ⅱ≤4.5
		1860	12.5	730	93				173	152	147									
		1870	15.2	1090	139				232	204	197									
		1770	15.2	1090	139				246	216	209									
	高级	1770	12.9	785	100				186	163	158	—								
		1770	15.7	1180	150				265	233	225									

斜拉桥的钢绞线索大多采用环氧涂层七丝预应力钢绞线。相关标准有：国家标准《环氧涂层七丝预应力钢绞线》(GB/T 21073—2007)、交通行业标准《填充型环氧涂层钢绞线》(JT/T 737—2009)。此外，尚有斜拉索制造厂的厂标，如柳州市建筑机械总厂的企业标准《环氧树脂涂层预应力钢绞线》(Q/OVM011—1999)和江阴法尔胜住电新材料有限公司的企业标准《填充型环氧涂层钢绞线》(Q/320281PCU)。此处仅对 GB/T 21073—2007 作一简述。

环氧涂层有填充型涂层和涂装型涂层两种。外层由熔融结合涂层涂覆、钢丝间的空隙由熔融结合涂料完全填充者为填充型；由熔融结合涂料仅进行表面涂覆者为涂装型。熔融结合涂层，指的是包括颜料、热固性树脂、交联剂及其他添加剂的涂料。此涂料以粉末形式涂覆在洁净并预热的金属基体上，并熔融形成连续涂层。

1)分类

根据钢丝间的空隙是否由熔融结合环氧涂层完全填充，将环氧涂层钢绞线分为两类：

(1)钢丝间的空隙由熔融结合环氧涂层完全填充的环氧涂层钢绞线为填充型环氧涂层钢绞线，代号为 FECS。

(2)钢丝间的空隙未由熔融结合环氧涂层完全填充的涂层钢绞线为涂装型环氧涂层钢绞线，代号为 ECS。

斜拉桥所用未嵌入砂粒者环氧涂层钢绞线为光滑型，代号为 S，标记示例如下：涂装型，涂层表面未嵌砂，公称直径为 12.70mm，强度级别为 1860MPa 的环氧涂层钢绞线，标记为：ECS · S—12.70—1860—GB/T 21073—2007。

2)技术要求

(1)涂层厚度

填充型环氧涂层钢绞线，固化后的涂层厚度应在 380～1140μm 之间；涂装型环氧涂层钢绞线，固化后的涂层厚度应在 650～1150μm 之间。

(2)力学性能

①环氧涂层钢绞线应符合 GB/T 5224 或其他相关标准中整根钢绞线的最大力、规定非比例延伸力和最大力总伸长率的规定。

②填充型环氧涂层钢绞线，在初始负荷相当于公称最大力的 70%并经过 1000h 后，应力松弛率≤6.5%；涂装型环氧涂层钢绞线，在初始负荷相关于公称最大力的 70%并经过 1000h 后，应力松弛率≤4%。

(3)涂层连续性

①涂层固化后，应无孔洞、空隙、裂纹和其他目视可见的缺陷。

②环氧涂层钢绞线，应进行连续的针孔检测。如果每 30m 检测到的针孔多于两个，则该段钢绞线应被废弃；如果每 30m 有两个或两个以下的针孔，则该段钢绞线应进行修补。

(4)涂层的附着性

①经弯曲试验，环氧涂层钢绞线的外半圆上，涂层不应出现目视可见的裂纹或黏结失效。

②经拉伸试验，直到延伸率达到 1%，涂层不应出现目视可见的裂纹。

(5)与混凝土或水泥浆的黏结

嵌砂型环氧涂层钢绞线应进行拉拔试验，以保证其黏结性能。

(6)允许的涂层损伤及损伤涂层的修补

①涂层在修补前，其受损面积不应超过每 1m 长环氧涂层钢绞线总体表面积的 0.5%(不包括切割部位)。

②对目视可见的涂层损伤，用符合规定的修补材料，按照修补材料生产厂家的书面建议进行修补。在修补前，应通过合适的方法除去所有的铁锈。

3)检查与验收

产品的检查由供方质量检验部门按规定进行，需方可按照相关标准进行检查验收。

(1)组批规则

环氧涂层钢绞线应成批验收,每批由同一公称直径、同一强度级别的预应力钢绞线经同一生产工艺制作的环氧涂层钢绞线组成。每批质量不大于60t。

(2)检验项目及取样数量

供方出厂常规检验项目和取样数量应符合表3-5-4的规定。

供方出厂常规检验项目和取样数量 表3-5-4

序号	检验项目	取样数量	检验方法
1	涂层厚度	逐盘卷	按本标准GB/T 21073规定执行
2	整根钢绞线的最大力	3根/批	按本标准GB/T 21073规定执行
3	规定非比例延伸力	3根/批	
4	最大力总伸长率	3根/批	
5	应力松弛率	不小于1根/合同批*	
6	涂层连续性	逐盘卷	按本标准GB/T 21073规定执行
7	涂层的附着性	逐盘卷	按本标准GB/T 21073规定执行
8	与混凝土或水泥浆的黏结	1根/15km	按本标准GB/T 21073规定执行

注:*合同批为一个订货合同的总量或各种规格的总量。在特殊情况下,松弛试验可以由工厂连续检验提供同一原料、同一生产工艺的数据所代替。

4)有关斜拉索用钢绞线的讨论与建议

(1)疲劳性能列为验收项目

对于斜拉索用钢绞线,我国目前尚无专门的规范规定其性能要求,可按国标《预应力混凝土用钢绞线》(GB 5224—2003)取用。美国《斜拉索设计、测试和安装条例》规定,斜拉桥中使用的钢绞线应符合《预应力混凝土中无镀层的7丝钢绞线技术标准》(ASTM A416)。使用镀锌钢绞线时,应当满足ASTM A416的要求。

我国GB 5224—2003中,未规定疲劳试验检验项目和抽样数量,由供需双方协定。该规范附录A规定了钢绞线疲劳试验的荷载幅、加载上限和寿命次数。循环荷载上限为$0.7F_m$,F_m为公称最大力;应力幅为$2\Delta F_a/S_n=195$MPa,ΔF_a为半幅荷载,S_n钢绞线截面积。以2×10^6次加载不断裂为合格。并规定试件有效长度不小于500mm。

美国《斜拉索设计、测试和安装条例》明确规定10t取1根试样,试样长100cm。试验以最小极限抗拉强度的0.45倍为上限,应力幅213MPa,2×10^6次常幅循环加载不断裂,并随后静力拉伸试验达到极限强度的95%拉力为合格。并且至少有抽样集合的5%满足上述条件。如有一件不合格,则从集合中再抽两件;如再不合格,则试件集合代表的钢绞线疲劳性能不合格。

建议:将疲劳性能列为斜拉索用钢绞线的验收项目;并按60t为验收批,按卷抽样,每卷质量约2.5~3.5t,每卷抽100cm试件1根构成集合,随机取5%,即1~2根试样进入疲劳验收试验。加载上限取$0.45F_m$,应力幅220MPa,2×10^6次常幅循环加载不断裂,后静力拉伸至少达到95%公称抗拉强度为合格。不合格加倍抽样,再进行上述试验;若仍不合格,则该批拒收。

钢绞线弹性模量取值建议向美国《斜拉索设计、测试和安装条例》标准靠近,取$1.95^{+0.10}_{-0.05}$ MPa。

国外规范大都对屈强比作出了规定,该项指标要求不小于85%(II级松弛),上限无限制。该项指标容易满足,我国未作规定。屈强比指标过高,如95%以上,在使用上并无好处,因此建议规定屈强比上限不大于90%。

(2)环氧涂层钢绞线的讨论

美国《斜拉索设计、测试和安装条例》规定,斜拉索用环氧涂层钢绞线应符合《环氧树脂涂层7丝预应力钢绞线技术标准》(ASTM A882)的填充型无焊接接头、低松弛的钢绞线。保证涂层厚度在0.4~1.0mm之间,并认为控制涂层厚度对确保夹片啮合深度贯穿至钢绞线是必要的。验收时,涂层损坏的钢绞线拒收。

在“关于环氧涂层钢绞线拉索体系的几个关键技术问题探讨”一文中，作者通过刻痕试验，提出下列结论：

环氧涂层钢绞线的锚固机理是通过夹片的丝牙咬穿环氧层后卡入钢绞线的本体，产生一定深度的刻痕，构成机械啮合夹持锚固绞线。因此刻痕的形式、深浅、数量、分布是直接影响拉索锚固性能的重要因素。

厚环氧涂层钢绞线作为斜拉桥斜拉索时，在低应力状态下，无论采用张拉后直接夹持，还是采用张拉后顶压夹片的工艺，钢绞线本体均无刻痕或刻痕较浅，且刻痕数量较少。很明显，在这种情况下的锚固性能是不可靠的，夹片容易滑丝，造成锚固失效。由于斜拉索在运营中一直处于动载状态，斜拉索长期在此应力状态下工作，将使桥梁存在严重的安全隐患。这些是非常值得我们注意的，所以，认为厚环氧涂层钢绞线不能作为斜拉桥的斜拉索。

薄环氧涂层钢绞线作为斜拉桥的斜拉索，在低应力状态下，钢绞线表面有明显刻痕，且刻痕细密，通过与其锚固单元的匹配，保证了斜拉索体系静载锚固性能及抗疲劳性能的可靠性，所以，认为薄环氧涂层钢绞线适合作为斜拉桥的斜拉索。

两种环氧涂层钢绞线都是通过不同的涂层模式来达到防腐目的。薄环氧涂层钢绞线在保证其锚固性能的条件下，索体采用了单丝薄涂层环氧＋专用油脂＋单根钢绞线外层 PE 等多层防护；厚环氧涂层钢绞线则通过增加涂层的厚度来提高斜拉索的防腐性能。

采用环氧作为防腐涂层无论其厚薄如何，针眼都是不可避免的。厚环氧涂层钢绞线通过加厚环氧涂层来减少针眼的数量。而对于薄环氧涂层钢绞线来说，针眼要多些，但它采用在绞线外填充油脂，然后再热挤 HDPE，达到三层防护的效果，从而有效保证了钢绞线的防腐性能，完全满足索体耐久性的使用要求，其索体的综合防腐性能甚至强于单层厚环氧涂层钢绞线索体。

由上述讨论可知，无论薄层环氧钢绞线，还是填充型环氧涂层钢绞线，作为斜拉索必须满足的三项要求是：防腐蚀寿命、锚固效率和疲劳寿命性能要求，并需以试验数据证实。

3. 锚具

图 3-5-1a)、b)为现今斜拉桥斜拉索广泛采用的冷铸锚和钢绞线锚的拉索锚固方式。

冷铸锚锚头有如下组成部分：锚杯、锚板、端盖、圆螺母、接长筒，此外还有后部的密封板、压板、锚板定位螺钉和接长筒卡环。

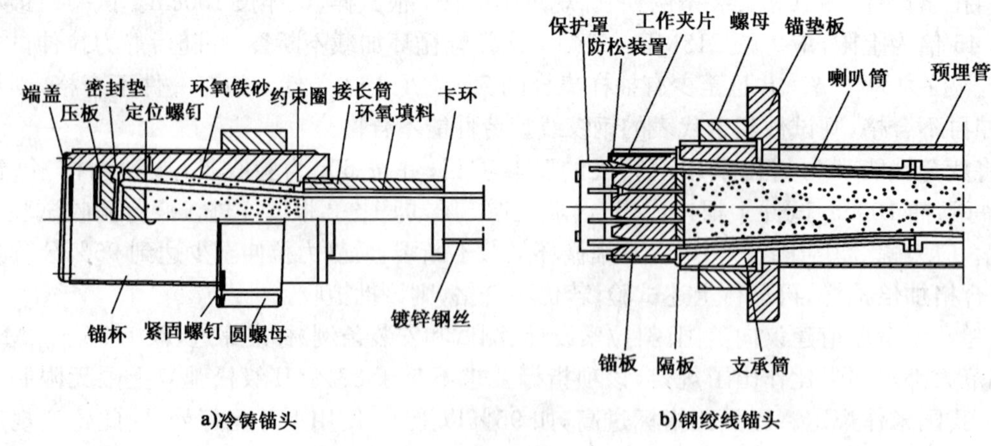

图 3-5-1　斜拉索锚头结构图

冷铸锚的钢丝锚固，主要靠环氧铁砂在圆锥挤压下的嵌固和黏结作用。锚杯内钢丝的长度按黏结力与钢丝等强设计。环氧铁砂冷铸填料由级配良好的铁砂、环氧浆液、矿粉填充料、固化剂、稀释剂及增韧剂构成。冷铸体在凝固后常温下强度应≥147MPa。

钢绞线锚头有如下组成部分：锚板、支承筒、螺母、工作夹片、防松装置、保护罩、隔板等。钢绞线索的锚固主要靠夹片的啮合夹紧作用。一般工作夹片采用特制细牙夹片，啮合深度适度，既满足锚固效率，又不使钢绞线疲劳强度有明显降低。早期钢绞线锚头支承筒制成锥形，喇叭筒内灌注聚合物水泥浆，以便将活载的大部分由锥体承受，减小夹片受力，改善疲劳性能。近年改进夹片长度及齿型，而不采用灌浆形式，以方便日后维护更换钢绞线。

我国国标 GB/T 14370—2007 将预应力体系锚具分为两类：强拉端锚具和固定端锚具。斜拉桥的斜拉索，实际相当于桥梁的体外预应力筋，其静力锚固性能、疲劳性能应符合《斜拉桥热挤聚乙烯高强钢丝拉索技术条件》(GB/T 18365—2001)的规定。

斜拉桥的斜拉索无论是冷铸锚还是钢绞线锚均需满足国标 GB/T 14370—2007 各项要求，具有可靠的锚固性能和承载能力，以及满足耐久性要求。具体地说，锚具下述几项性能要求，须通过锚具组装件的静载和疲劳试验来认证：

(1)锚具锚固效率系数 $\eta_a \geqslant 0.95$。

(2)极限总应变 $\varepsilon \geqslant 2.0\%$。

(3)索的弹性模量 $E \geqslant 1.95 \times 10^5$ MPa。

(4)应力幅 200MPa(公路斜拉桥)和 250MPa(铁路斜拉桥)下通过 200 万次循环加载，钢丝或钢绞线断丝率不大于 5%，锚具组装件仍能满足 $\eta_a \geqslant 0.95$。

(5)锚具组装件达极限荷载时全部零件不出现肉眼可见的裂缝或破坏，仍能具有良好使用性能和安全操作性能。

上述性能检测须经锚具组装件静力和疲劳试验进行，具体内容详见本节“成品索的试验”。

锚具材料和制造工艺有下述诸方面要求：

(1)制造锚具的材料必须符合设计要求，并有化学成分、机械性能合格证书、质保证书或验收报告。

(2)锚具主要部件采用优质碳素结构钢和合金结构钢：45、40Cr 或 35CrMo 等，应符合《优质碳素结构钢》(GB 699)和《合金结构钢》(GB 3077)要求。

(3)锚杯、螺母及锚板的毛坯为锻件，应符合《锻件通用技术条件》(YB 3207)或《建筑机械与设备—锻件通用技术条件》(JG/T 5011.8)要求；锻件不得有裂纹、过烧、折叠和局部晶粒粗大等缺陷。

(4)零件机加工应符合《建筑机械与设备　切削加工件通用技术条件》(JG/T 5011.10)有关规定；尺寸公差等级应不低于《一般公差　未注公差的线性和角度尺寸的公差》(GB 1804)中的 IT 14；螺纹精度等级应不低于《普通螺纹　公差》(GB 197)中的 7H/8g；

(5)热处理应按零件图样进行工艺设计，应符合《建筑机械与设备　热处理件通用技术条件》(JG/T 5011.9)有关规定，应无裂纹、无过烧和脱碳，并保证淬透、金相组织和硬度符合设计要求。

(6)锚板、锚杯和螺母应按《锻轧钢棒超声检测方法》(GB/T 4162)中 B 级要求逐件进行超声波探伤；对锚具成品进行磁粉探伤按《钢制压力容器磁粉探伤》(JB 3965)II 级执行。硬度测试按《金属材料—布氏硬度试验》(GB/T 231.1)进行。

(7)锚具各部件应做镀锌防锈处理，锌层厚 10～30μm，在镀锌工艺后进行脱氢处理。

4. 护套塑料

目前国内外广泛使用高密度聚乙烯塑料作为斜拉索防腐蚀的护套材料。斜拉索的防腐是延长拉索寿命的重要手段。由于斜拉索防腐措施不完善，20 世纪中期修建的斜拉桥的斜拉索，因腐蚀疲劳影响，不能保证安全使用而相继更换。近年来采用单层和双层高密度聚乙烯护套作为斜拉索防腐蚀措施，使用状况良好，但其自然老化寿命究竟为 30 年还是 50 年仍无可靠试验数据证明。

我国国家标准《斜拉桥热挤聚乙烯高强钢丝拉索技术条件》(GB/T 18365—2001)对护套塑料物理、力学性能要求作了详细规定，见表 3-5-5。

成品索的护套亦应满足表 3-5-5 各项性能要求。斜拉索完成后绕包工艺由热挤塑成型。护套外观应光洁平滑；要求厚度允差为±1mm。

护套塑料物理、力学性能指标　　表 3-5-5

<table>
<tr><th rowspan="2">序　号</th><th rowspan="2" colspan="3">项　目</th><th colspan="2">指　标</th></tr>
<tr><th>黑　色</th><th>彩　色</th></tr>
<tr><td>1</td><td colspan="3">密度(g/cm)</td><td>0.972～0.978</td><td>0.942～0.978</td></tr>
<tr><td>2</td><td colspan="3">熔体流动速率(g/10min)</td><td>≤0.45</td><td>≤0.45</td></tr>
<tr><td>3</td><td colspan="3">拉伸强度(MPa)</td><td>≥20</td><td>≥20</td></tr>
<tr><td>4</td><td colspan="3">拉伸屈服强度(MPa)</td><td>≥10</td><td>≥10</td></tr>
<tr><td>5</td><td colspan="3">断裂伸长率(%)</td><td>≥600</td><td>≥600</td></tr>
<tr><td>6</td><td colspan="3">硬度(Shore D)</td><td>≥60</td><td>≥60</td></tr>
<tr><td>7</td><td colspan="3">拉伸弹性模量(MPa)</td><td>≥150</td><td>≥150</td></tr>
<tr><td>8</td><td colspan="3">冲击强度(kJ/m^2)</td><td>≥25</td><td>≥25</td></tr>
<tr><td>9</td><td colspan="3">软化温度(℃)</td><td>≥115</td><td>≥110</td></tr>
<tr><td>10</td><td colspan="3">耐环境应力开裂(F_0/h)</td><td>≥1500</td><td>≥1500</td></tr>
<tr><td>11</td><td colspan="3">脆化温度(℃)</td><td><−76</td><td><−76</td></tr>
<tr><td rowspan="2">12</td><td rowspan="2" colspan="2">炭黑分散性</td><td>分散度(分)</td><td>≥6</td><td></td></tr>
<tr><td>吸收系数</td><td>≥400</td><td></td></tr>
<tr><td rowspan="2">13</td><td rowspan="2" colspan="2">耐热老化 100℃,168h</td><td>拉伸强度变化率(%)</td><td>±20</td><td>±20</td></tr>
<tr><td>断裂伸长率变化率(%)</td><td>±20</td><td>±20</td></tr>
<tr><td>14</td><td colspan="3">耐臭氧老化
延伸 25%温度 24℃±8℃
臭氧浓度 0.01～0.15mg/m^3　暴露 1h</td><td>无异常变化</td><td>无异常变化</td></tr>
<tr><td rowspan="4">15</td><td rowspan="4">人工气候老化</td><td rowspan="2">老化时间：
0～1008h</td><td>拉伸强度变化率(%)</td><td>±25</td><td>±25</td></tr>
<tr><td>断裂伸长率变化率(%)</td><td>±25</td><td>±25</td></tr>
<tr><td rowspan="2">老化时间：
504～1008h</td><td>拉伸强度变化率(%)</td><td>±15</td><td>±15</td></tr>
<tr><td>断裂伸长率变化率(%)</td><td>±15</td><td>±15</td></tr>
<tr><td>16</td><td colspan="3">耐光色牢度(级)</td><td></td><td>≥7</td></tr>
</table>

对于钢绞线索，单根钢绞线除进行环氧涂层涂敷外，在制索时单根钢绞线已进行了一次热挤塑制成护套，在桥位成索时再有一层热成型外护套。现场使用的热成型的高密度聚乙烯原材料，厚度依需要而定，其性能亦同表 3-5-5。关于钢绞线斜拉索，我国目前尚无国家标准，现有交通行业标准《无粘结钢绞线斜拉索技术条件》(JT/T 771—2009)(威胜利工程有限公司主编)，另有两个企业标准可供参考：柳州欧维姆机械股份有限公司企标《热挤聚乙烯钢绞线拉索》(Q/OVM)和江阴法尔胜住电新材料有限公司科研成果《环氧涂层填充型钢绞线斜拉索体系》。威胜利、欧维姆及法尔胜这三家企业均已定型产品。

5. 锚杯填铸料

桥梁用缆索从锚头填铸料来看，可以分成在 460℃±10℃下灌注锌铜合金的热铸锚和在 60～70℃灌注环氧铁砂的冷铸锚两种。前者主要用于悬索桥索股锚固，将在第六章悬索桥检测中详细叙述，此节内容仅针对冷铸锚。

冷铸锚最早由德国 F. Leonhart 发明并首先成功用于 Mannhein 桥。填铸料除环氧树脂黏结剂和级配良好的钢球外，还加入锌粉或矿粉作为填充料。在国内最早由上海市政设计研究院在修建泖港桥时对冷铸锚进行了较全面研究，随后铁道部大桥局桥梁科学研究院在修建武汉长江二桥时对冷铸锚填铸料的配制及工艺和力学性能进行了更进一步的研究。对于冷铸锚填铸料，已有成熟的工艺和材料，国内广泛应用。

对冷铸锚填铸料有如下技术要求：

(1)ϕ25mm×30mm试件随炉养生固化后，常温抗压强度不低于147MPa；弹性模量不低于3.6×10^4MPa；常温下握裹力24cm时，ϕ5mm、ϕ7mm钢丝拔出力分别不小于28kN和57kN。

(2)具有高温稳定性。在高温80℃条件下，填铸料的抗压强度降低值较室温条件下不大于15%。

这两项技术要求的满足，主要取决于环氧黏结剂配方的选择、铁砂的良好级配和清洗，以及填充料品种选择。上海市政设计研究院和铁道部大桥局桥梁科学研究院的试验结果显示，以锌粉作为填充料时，抗压强度有所降低，拔出量增加；以辉绿岩粉作为填充料时，填铸料固化后，高温80～100℃条件下，抗压强度降低达70%；SDS矿粉能较好满足上述技术要求。铁砂级配要使填铸料凝固后达到最大密度。

对于钢绞线索，为使夹片群锚满足200MPa活载应力幅下的疲劳强度要求，需在锚板前的锥形锚筒中压注常温固化胶凝材料，将不少于50%的活载应力幅先传递给锚垫板。一般采用改性水泥砂浆，掺入一定比例黏结剂，或用常温固化环氧砂浆。单根钢绞线当锚固长度为400mm时抗拔力不低于60kN，固化7d的7cm×7cm×7cm试块抗压强度不低于60MPa；要求在桥位不振捣条件下具有良好成型性能，不离析分层。当不采用锥形锚筒灌注胶凝材料时，长的密牙夹片需能满足疲劳抗力要求，并于直筒中灌注防腐油脂。

二、制索工艺过程及拉索检验

上面已全面论述了各种制索材料的技术要求、标准及试验方法。下面将介绍制索工艺过程、各项检查及注意事项。

1. 平行钢丝索

制索工艺流程：钢丝解卷、放线、编丝成型、缠包、挤塑成型、冷却、精下料、镦头、灌料、养生、预张拉、上盘、包装。

注意及检查事项：从解卷至缠包应着力避免钢丝损伤、刻痕和扭伤，编丝盘应为层压塑料等非金属材料，编丝应符合设计图，调整牵引速度和旋转速度使索的扭转角符合2°～3°要求。钢索的扭角可以由扭绞的节距来计算。节距直接量出。扭转角α按式(3-5-2)计算：

$$\alpha=\arctan[\pi(d-\phi)/L] \tag{3-5-2}$$

式中：d——丝束外径(mm)；

ϕ——单根钢丝直径(mm)；

L——最外层钢丝扭绞节距(mm)。

绕包应齐整致密，重叠应不少于带宽1/3，右旋，缠包拉力不小于250N；在随后的工序中缠包带不应破损。

挤塑时上机塑料颗粒必须干燥，挤出出口温度适宜，冷却后护套光洁平滑。厚度及外径允差±1mm。

精下料时计量工具应经过标定，按厂房温度与图纸给定标准温度的温差进行长度修正。长度误差应小于或等于20mm(或0.0002L)，此处L为全长。截断钢索时，截面垂直于索轴线，斜度应不大于0.005。镦头与鼓槌形颈部无裂纹。

填料灌注时，首先应做好各种准备工作：铁砂除锈并彻底风干或烘干；锚杯内壁及钢丝与填料黏结部分以丙酮或酒精清除污垢及灰尘，试块模具同时清洗；锚杯定位及振捣器安装部位应保证支撑面与索轴线垂直。保持混合料温度60～70℃，锚杯预热60～70℃；防止锚板及镦头处漏浆。养护升温和降温速度不能过快，恒温时间要够，保证炉内温度分布均匀。试件同炉养生。

整个工艺过程做好记录。

2. 钢绞线索

制索工艺流程：厂内钢绞线涂脂挤塑或喷涂环氧涂层，工地安装现场按索长下料，考虑张拉锚固余量，桥位按索位编号安装支承筒、大螺母、喇叭筒及后锚板，安装定位钢绞线并张拉至初拉力锚固，相继从中心到外圈对称安装、张拉、锚固其余钢绞线至初拉力，调整所有钢绞线初拉力使其尽量均匀，安装夹片防松装置，将钢绞线缠包成束，热成型外层防护PE管，整束钢绞线索张拉至索力目标值，喇叭筒内灌注改性水泥浆、环氧砂浆或防腐油脂，并安装减振圈或前后防护罩。

注意及检查事项：安装前须对单个张拉千斤顶和整束张拉千斤顶进行计量鉴定。张拉顺序由锚板排列中心对称向外进行。单根钢绞线初拉力最好不大于设计张拉力的10%，相当于每根钢绞线10～20kN，以便尽量减少各根钢绞线之间的误差。为此，最好经过一定的试验摸索取得一定规律。外防护PE管热成型时，应从上向下进行，制作PE层应与缠包同时进行。缠绕前应先采用电吹风彻底吹干水分和湿气，尤其下端与喇叭筒相接处，应尤为仔细，以免进水、形成电化学腐蚀的根源。向喇叭筒内灌注填料时，绞线黏结部分和筒内壁应经洗洁和干燥；注意避免不良漏浆形成不密实的孔洞。避开雨、雪、结露天气施工，固化温度与龄期应由试验确定，同时预制试件一组。向防护罩和锚内压注脂前，应检查是否密封，以免溅漏。

3. 拉索检验

拉索的检验分型式检验和出厂检验。

在下面几种情况下，拉索应进行型式检验：

(1)生产设备、产品设计、生产工艺和使用材料中某一项或几项有变更；新的索厂投入生产；

(2)用户提出要求；

(3)型式检验周期满两年。

型式检验项目：

(1)索组装件的静载破断试验：锚固效率系数、破断延伸率、抗拉弹性模量。数量不少于两件。

(2)索组装件疲劳试验。数量不少于两件。

成品索的出厂检验项目见表3-5-6。表3-5-6所列各检验项目，实际在生产工艺工序中已做检查，并作记录；每下道工序承接工件必须上道工序合格并经质量检查签认。至一根索组装件生产流程完毕，表3-5-6项目已检验完毕，并记入质保单。

拉索出厂检验　　表3-5-6

序号	试验项目		试验要求	试验方法	取样规定
1	锚具	超声探伤	合格	GB/T 4162	每副
2		磁粉探伤	合格	GB 150	
3		硬度	合格	GB/T 231	
4		螺纹	GB 5796.1	螺纹通止规	
5		外形尺寸	合格	实测	
6		发黑或镀层	合格	目测	
7		互换性	合格	实测实配	
8	钢索	钢丝排列	合格	目测	每根
9		绕包层	合格	目测	
10		护套厚度	合格	GB/T 18365　6.21	
11		护套外径	合格	GB/T 18365　6.3.1	
12	拉索	索长	合格	GB/T 18365　6.3.2.3	每根
13		预拉及锚塞回缩	合格	GB/T 18365　6.3.3	
14		索锚连接密封性能	合格	目测	

三、成品索的试验（型式检验）

目前斜拉索的各项技术要求依据国标《斜拉桥热挤聚乙烯高强钢丝拉索技术条件》（GB/T 18365—2001）的各项规定。

对于成品索的技术要求，关于锚具、扭绞、缠包、挤塑、组装及灌料等上面已述及，此处仅针对预张拉、静载及疲劳试验的试验方法和对试验结果的评定进行论述。

1．成品索预张拉、静载试验及疲劳试验结果的要求指标

（1）预张拉试验：预张荷载一般为索设计荷载的1.2～1.4倍；索张至预张拉荷载后，锚板回缩值不大于5～6mm。

（2）静载破坏试验：组装件破断荷载不小于计算破坏荷载的95%，即锚固效率系数$\eta_a \geqslant 0.95$；组装件破断延伸率$\varepsilon \geqslant 2\%$；规范规定弹性模量不小于$1.90\times10^5$MPa。

（3）疲劳试验：满足加载上限应力不小于$0.45\sigma_b$，经200万次加载断丝率不大于5%的要求；应力幅：公路桥200MPa，铁路桥250MPa。

关于疲劳试验后的静力试验，仍需满足$\eta_a \geqslant 0.95$的要求。我国相应规范中对此未明确规定，但美国斜拉索规范中有明确规定。疲劳循环加载的损伤大于5%，会引起锚固效率的降低。同时美国规范要求200万次加载后的断丝率不大于2%，但未对索的弹性模量作出规定。

2．成品索预张拉试验

由于每根出厂的索均要求经受预张拉试验方能交货，因此生产厂家必须具备承载力大于预拉荷载和安装长度与生产索相符的张拉台座及相应张拉设备。液压千斤顶及油泵压力表需通过省、市计量局的鉴定。压力表精度等级不低于1.5级。

加载可分级进行，第一级可加10%，检查加载装置和连接系统工作正常，然后缓缓加至预拉荷载，并持荷5min卸载；加载速率不大于100MPa/min。在加载过程中，可进行分级荷载的伸长量测量及加载前后的锚板回缩量测量。

锚板回缩值测量，使用计量鉴定合格的深度卡尺，以锚杯尾端面为基准面，测量钢丝镦头顶距基准面的距离，精确至0.05mm。测点不少于三点，位于以锚板中心为圆心、以锚板半径之1/3为半径的圆周上，三点时互成120°，四点时互成90°。取所有测点加载前后读数差值的平均数作为锚板回缩值。

当进行伸长量测定时，首先需在受试索上划定标距，其长度不小于20000mm。相应于加载等级荷载读数的伸长量测定，用鉴定过的钢尺进行长度测定，精确至0.1mm，即$\Delta P_i \sim \Delta L_i$。此时，需做温差和荷载伸长量修正。

由锚板回缩值的大小可以分析冷铸料灌注是否密实及钢丝主要靠冷铸锥传力还是主要靠镦头受力。灌注不密实的锥体压缩变形大，镦头受力大，镦头易于疲劳破坏。

3．索组装件的静载破断试验

此类试验采用实桥足尺截面，即除索长按台座长度选择外，其余全部同实桥索，但索接长筒端面间自由长度不小于3m。台座的张拉能力应大于按钢丝实有破断强度和实索截面计算得出的破断力。加载千斤顶及油压表应配套标定，加载精度不低于2%。正式加载前先预加载，第一级加计算破断力的10%，持荷5min；然后加至计算破断力的55%～60%，持荷10min；然后卸至10%索破断荷载，读取锚板回缩值。正式加载，每级为10%计算破断索力，每级持荷5min，至8%计算破断索力，持荷1h；然后每级为5%计算破断索力，持荷5min，直至破坏。

进行延伸率测试时，在索体上划定标距，不小于2m。安装夹具部位，应剥去PE层及缠包，以免夹具滑动，读数应精确至0.01mm。如果采用测锚具接长筒端面间距变化的方法，需扣除钢丝拔出量、螺母位移量和钢结构压缩变形量，卸载后再测锚板回缩值。锚固效率系数η_a及索引伸率，分别按式（3-5-3）、式（3-5-4）计算。

$$\eta_a = \frac{P_b}{P_c} \tag{3-5-3}$$

$$\varepsilon = \frac{\Delta l}{L_0} \tag{3-5-4}$$

式中：P_b——试验实测索破断力(kN)；

P_c——按钢丝实际破断强度和截面计算的破断力(kN)；

Δl——试验实测伸长量(mm)；

L_0——标距长(mm)。

索的弹性模量由 10%～45%破断荷载及伸长增量计算得到。

此外，进行静力试验时可在剥去 PE 和缠包的索外圈钢丝上贴多片电阻丝片，以考查外圈钢丝受力的均匀性。

4. *疲劳试验*

进行疲劳试验时，索的截面一般取实桥足尺截面，按试验机能力可取较小的实桥索截面，如试验机能力不足时可以缩小，但不能少于实桥截面的 1/5。受试的自由段不少于 3m。试验索可以切取实际索体的一段，也可单独下料制作，制作材料和工艺必须同实桥。带有 PE 套时，安装卡具及贴片部位可剥去 PE 和绕包。试验机必须鉴定合格。建议试验应力幅和上限应力可按表 3-5-7 选取。

公路桥建议试验应力幅及上限应力 表 3-5-7

索 种 类	上限应力(MPa)	应力幅(MPa)	美国规范规定的应力幅(MPa)
平行钢丝索	$(0.4\sim0.45)\sigma_b^*$	200	193
钢绞线索	$(0.4\sim0.45)\sigma_b^*$	160	158.6

注：* σ_b 为单根钢丝及钢绞线的破断应力。

疲劳试验开始前，先进行静载预拉至疲劳荷载的上限，第一级为 10%计算破断荷载，随后分级加载至疲劳荷载上限。此过程可进行伸长量及应力测试。疲劳荷载为正弦波加载，频率不大于 10Hz。试验应记录出现钢丝断裂时的加载次数、断口位置和形态。要求 200 万次加载断丝率不大于 5%。疲劳试验合格的索随后进行静力破断试验，要求静力破坏锚固效率系数 $\eta_a \geq 0.95$。当有 PE 管包裹，即难于判断断丝数与位置时，应于静力试验后进行解剖检查。钢丝疲劳断口与静力破坏断口有明显不同，静力破坏颈缩明显。当两根索出现一根不合格时，应进行第三根索试验。

5. *关于斜拉索疲劳试验的评述*

(1)国内外相应标准规定

我国国标《斜拉桥热挤聚乙烯高强钢丝拉索技术条件》(GB/T 18365—2001)规定的疲劳试验斜拉索的对应 200 万次循环加载的轴向应力幅为 $0.28\sigma_b\sim0.4\sigma_b$，按照国家标准《桥梁缆索用热镀锌钢丝》(GB/T 17101—2008)中直径为 7mm 的高强度钢丝，强度 σ_b 为 1670MPa，得出采用高强镀锌平行钢丝的斜拉索疲劳试验 200 万次对应的轴向应力幅为 $0.12\sigma_b$(即 200MPa)。评判标准为钢丝断丝率不大于 5%。我国标准未规定疲劳试验后，拉索进行静力试验并要求满足锚固系数不小于 95%。

我国标准也未对拉索的弯曲疲劳试验进行规定。

美国国际后张预应力协会(PTI)2001 年公布的《斜拉索设计、试验和安装条件》即《Recommendations for Stay Cable Design，Testing and Installation》提供了斜拉索的疲劳和静载试验规程。其中，平行钢丝拉索疲劳试验采用的应力幅值为 194MPa，上限应力为最小极限抗拉强度的 45%，应力循环次数为 200 万次。在试验过程中，要求斜拉索的断丝率不大于 2%，任何锚固组件均不能破坏。疲劳试验后进行静载试验，要求试验索的静载抗力不小于 95%的最小极限抗拉强度。

和我国规范一样，PTI 规范也未对拉索规定疲劳试验时同时考虑轴向和弯曲同时加载。该规范将疲劳试验列为斜拉索验收内容，“对每一工程项目设计的斜拉索体系的疲劳和静力强度进行验证。试验至少应在三个代表性拉索试样上进行”。“代表性”解释为:三个斜拉索试验试样应当代表所有尺寸拉索中最大的、最小的和平均值(钢材横截面积)三种情况。试验索长度应不小于3.5m。

欧洲规范PrEN1993-1-11根据拉索的疲劳荷载形式和拉索所处的自然环境将拉索划分为5个类别,斜拉桥斜拉索属于第5类。该规范规定斜拉索疲劳试验最大应力为0.45σ_{uk},应力幅值为160MPa,弯曲角度$\Delta\alpha$为0~10mrad,疲劳荷载加载次数为200万次。

法国公路部门2002年颁布的《Recommendations of the French Interministerial Commission on Prefstressing》规定:高强钢丝斜拉索疲劳试验的轴向应力幅为200MPa,峰值应力为0.45f_{class},并且考虑弯曲应力效应,在锚固端同步施加转角幅值$\Delta\alpha$为10mrad。评判标准为钢丝断丝数不大于总数的2%。

欧洲混凝土委员会和国际预应力混凝土协会CEB-FIP 2005年公布的《Acceptance of Stay Cable Systems Using Prestressing Steels》规定:高强度钢丝斜拉索疲劳试验对应200万次的轴向应力幅为200MPa,并且考虑弯曲应力影响,根据试验条件可以采用固定偏转角α为10mrad的试验方法,也可以采用同步施加变化的偏转角±5mrad。

(2)斜拉索的疲劳荷载

斜拉桥建成后,便在斜拉索中建立了恒载应力和恒载下的斜拉索与主梁间的夹角。斜拉索的疲劳损伤,主要由随后运营中的活载和风荷载引起的轴向应力和角度变化的弯曲附加应力引起,即疲劳荷载有下列因素:

①列车或汽车荷载引起的拉索轴向拉力的变幅;

②列车或汽车荷载引起轴向拉力的同时,随之产生斜拉索垂度变化使斜拉索产生附加弯曲应力和主梁挠度及转角,使斜拉索倾角发生变化产生的附加弯曲应力;

③斜拉索风致振动产生的附加弯曲应力。

上述第①项是主应力,是索的全断面均要受力;第②、③是转角产生的弯曲次应力,是圆截面部分距弯曲中性轴最远处的少数几根钢丝受力。由于梁挠曲和风使索附加弯曲的方向不同,上述附加弯曲应力也并非是叠加的。

(3)斜拉索的转角

移动荷载实桥产生斜拉桥转角计算值示例见表3-5-8。

移动荷载斜拉锚固端计算转角 表3-5-8

桥 名	主梁结构及跨度	计算转角(°)	荷载状况
苏通长江大桥	1088m钢箱梁	0.132	公路六车道
天兴洲长江大桥	504m三桁桁梁	0.2~0.3	四线铁路
第二千曲川桥(日本)	133.9m预应力混凝土主梁	0.06~0.11	双线铁路

由于风引起拉索振动产生的斜拉索的转角,苏通长江大桥计算值最大为0.212°;日本第二千曲川桥按振幅为拉索直径的1/2,并按1次振型计算拉索锚固角的变化为0.29°~0.56°。由上述可见,保守认为两种转角方向相同可以叠加,一般情况不超过0.5°,约为10mrad。

国内外采用轴向应力幅同步加转角的拉索疲劳试验,则基本均采用10mrad,即0~10mrad。

(4)轴向加载、轴向及转角组合加载疲劳试验的评述

①作为斜拉索的验收条件,我国现行标准《斜拉桥热挤聚乙烯高强钢丝拉索技术条件》(GB/T 18365—2001)和美国《斜拉索设计、测试和安装条例》均规定只进行轴向拉伸疲劳试验,未要求试验索引入转角,试验应力幅200MPa。但对于拉索设计取值较试验取值均保留一安全裕量,该裕量中国取约66.6MPa,美国取34.5MPa。并解释为长度影响及锚固应力上升,可以理解为锚固端转角影响裕量已包括在内。由于上文的分析,转角的不定性较大,影响的仅为少数几根钢丝。故采用此种方式,也可认为是一有效、简便的办法。

②欧洲规范《PrEN 1993-1-11》和法国规范《法国预加应力委员会条例》(《Recommendations of the French Interministerial Commission on Prefstressing》)均规定了除施加200MPa轴向应力幅外，尚需引入10mrad转角。由已进行的试验，如日本多多罗桥、法国诺曼底桥及香港昂船洲桥来看，转角的引入方式有的是一恒定转角，有的是同步加载的0～10mrad变角。我国规范未规定引入转角，但苏通长江大桥斜拉索的研究项目，采用了轴向和转角组合加载方式，轴向应力幅取200MPa，转角±5mrad。

(5)结论

由上述讨论可得出如下结论：

①斜拉索验收可不采用轴力加转角的组合加载方式。

②当斜拉桥主梁跨度大、挠度大，移动荷载作用下索转角也大，并且索的截面也大，如ϕ7mm钢丝截面由400丝以上组成，此时弯曲附加应力较大，可要求进行索轴向力和转角组合加载疲劳试验的专项研究，以验证斜拉索疲劳抗力的安全性。

四、斜拉桥施工过程的索力测试

斜拉索索力的测试和调整，是斜拉桥施工程序中必不可少的部分。索力的变化直接影响主梁线形和应力的变化；欲使索力达到设计目标值，则必须随主梁的安装，进行索力测试和索力调整。目前国内索力测试经不断研究改进日渐成熟，普遍认为可靠、简单易行的方法是液压测力计和频谱分析法。

1. 液压测力计

液压测力计实际是一种调索测索的专用穿心千斤顶，也称长效测力仪，体积小、质量轻，便于使用。该测力计出厂标定精度满量程可达±1%。结构和安装图见图3-5-2。用一根连接螺杆将油缸上临时连接体螺母与冷铸锚锚杯尾端螺纹相接，当油缸进油后，活塞行程将锚具抬起，精密油压表显示出压力读数，由标定曲线可以方便地查取索力。图3-5-2a)中，点划线表示锚头。当无此设备时，可采用斜拉索的张拉千斤顶测力，结构与液压测力计相似，但太笨重，使用不便。

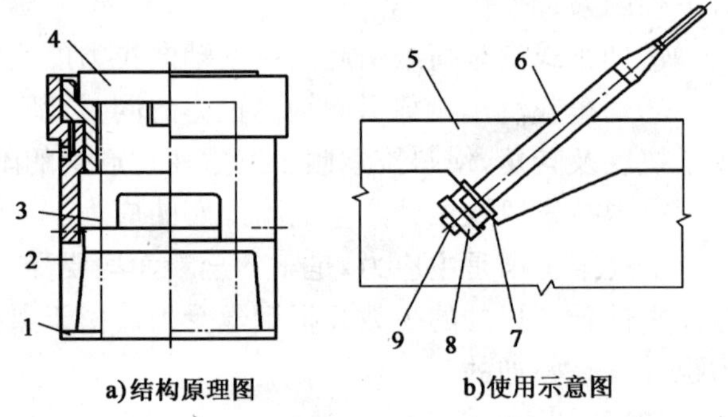

图3-5-2 液压测力计结构与安装示意图

1-临时连接体；2-支反力架；3-锚头；4-锚垫板；5-缆索；6-梁体；7-锚头支承板；8-长效测力仪；9-冷铸锚头

使用千斤顶测索力，必须准确标定千斤顶；千斤顶综合精度不应低于3%。表3-5-9给出了由中铁大桥局集团武汉桥梁科学研究院设计并生产的测索、调索液压测力计的规格，最大出力3600kN，超过3600kN应专门设计。

液压测计规格 表3-5-9

型号	CXC-110II	CXC-150	CXC-150II	CXC-190	CXC-220	CXC-270	CXC-360
最大出力(kN)	110	1500	1500	1900	2200	2700	3600
额定油压(MPa)	50						
最大行程(mm)	20	20	20	25	20	20	40
最大外径(mm)	ϕ352	ϕ362	ϕ400	ϕ400	ϕ410	ϕ470	ϕ510
高度(mm)	236	262	248	288	358	358	358
质量(kg)	51	75	71	107	110	129	200
标定测试精度(F. R.)(%)	≤1.0						

2.频谱分析法

频谱分析法测量柔性索索力，现广泛用于斜拉桥、悬索桥和钢管拱桥施工测试中。

频谱分析法测索力的基本原理如下：

设索的弯曲刚度为 EI，拉力为 p，单位长质量为 m，则索微元振动平衡方程为：

$$EI\frac{\partial^4 y}{\partial x^4}-p\frac{\partial^2 y}{\partial x^2}+m\frac{\partial^2 y}{\partial t^2}=0 \tag{3-5-5}$$

y 为振幅，x 为沿索长方向坐标。假定索两端铰支时可求得上式的解：

$$\left.\begin{aligned}&p=4ml^2f_k^2/k^2-\frac{k^2\pi^2EI}{l^2}\\ \text{或}\quad&p=4ml^2f_k^2/k^2-k^2D\\ \text{或}\quad&f_k/k=\sqrt{\frac{p}{4ml^2}+\frac{k^2D}{4ml^2}}\end{aligned}\right\} \tag{3-5-6}$$

$$D=\pi^2EI/l^2$$

式中：l——索长；

k——频率 f_k 的阶数，$f_1,f_2,\cdots,f_k$；

f_k——k 阶频率。

式(3-5-6)给出了第 k 阶频率与索力 p 的关系，式中第二项是弯曲刚度的影响部分。如果不计弯曲刚度影响，可得式(3-5-7)：

$$\left.\begin{aligned}&p=4ml^2f_k^2/k^2\\&f_k=kf_1\\&f_k-f_{(k-1)}=kf_1-(k-1)f_1=f_1\end{aligned}\right\} \tag{3-5-7}$$

式中：

$$\left.\begin{aligned}&f_1=\sqrt{\frac{p}{4ml^2}}\\ \text{或}\quad&p=4ml^2f_1^2\end{aligned}\right\} \tag{3-5-8}$$

式(3-5-8)即第一阶频率与索力的关系式。式(3-5-7)是不计弯曲刚度时，第 k 阶频率 f_k 与 p 的关系及相邻两阶频率值的特性。由式(3-5-7)可看到：第 k 阶频率为第一阶的 k 倍；相邻两阶频率差为 f_1。因此求得任何 k 阶高阶值，除以 k 便求得 f_1；任何两阶相邻值相减可得 f_1。如果不考虑弯曲刚度影响，测得任何 k 阶频值，并知其阶数 k 值，便可计算出索力了。但如何测知 f_k 和 k 进而求得 f_1 呢？

在索的环境振动的频谱图中，较低阶自振谱峰很小，而较高阶自振谱峰较高。同时传感器安装在索接近桥面附近的索长的端部，因此低阶振动和 f_1 往往测不到。还必须由测得的高阶频率，按式(3-5-7)的关系，判断求出 f_k 值。利用无弯曲刚度索的自振频率特征不难判断被测索的 f_k 值，因为索相对均较长、较细，D 项数值很小，$\frac{K^2D}{4ml^2}$ 对 f_k/k 的影响就更小了。一般斜拉索 f_k 均在 0.3～4.0Hz 范围内。

弯曲刚度对索力 p 的影响有多大，能否进行修正求得索力测试的更好的精度？按文献研究得知：当 $A/l\leqslant 0.8\times10^{-3}p^{\frac{1}{2}}$ 时使用不超过 8 阶自振频率计算索力及 $A/l\leqslant 0.75\times10^{-3}p^{\frac{1}{2}}$ 时使用不超过 10 阶自振频率计算索力所得出的索力误差小于 3%。A 为索的截面，以 cm^2 计；l 为索长，以 m 计；p 为索长，以 N 计。

为了提高测试精度，可以对不考虑弯曲刚度公式进行修正。修正的办法有两种：一是直接计算出各阶频率时的修正量；二是在索厂预张拉时，或在桥位利用张拉设备，实测求出修正量。所谓修正，是利用修正量更准确求出 f_1 值来计算索力。当使用微机采集和处理数据时，这些工作均是易于进行的。

3.现场索力测试实施

测索力的硬件配置一般包括加速度计、放大器和频谱分析及输出设备或微机。不管是采用频谱分析设备还是微机，测试过程均包括下述部分：模拟信号输入、放大、低通滤波、A/D转换、数字滤波、快速傅里叶变换、频谱分析、求出基频、误差修正、计算索力、输出结果。整个过程由硬件和软件来实现。

在上桥正式测试前应进行理论计算或标定工作，以取得理论计算的或实测的考虑抗弯刚度时的修正量。实践证明，通过标定结果的换算能更好地提高索力精度。标定时可按直径分类，每种直径取长、中、短三根索。

斜拉桥多为悬臂拼装或悬臂浇筑。0号块在主墩上临时固定，一般从1号、2号块就要挂索张拉，测索的工作就要开始。悬臂安装过程中的主梁，是弹性支承连续梁，除轴向力外，附加弯矩均控制在尽可能小的范围。故每增一个浇筑块，一般增加前端一对索，对各对索力的影响至多到5～6对索，再后面将变化幅度甚小，因此至多每次测5对索的索力已满足施工控制要求。当进入正常安装有一定规律后，测最前端3对索已能保证控制要求和安全。合龙前后一般要进行全面测试及调整索力，以保证合龙后二期恒载施加前全桥索力达到或接近此时设计目标值。成桥后再做全面测试。

索力测试往往与线形、应力及温度测试同时进行，并选择于一天内温度最为稳定的清晨进行。对于索力一次到位的控制方式，尤其当二期恒载数值较大时，为了保证安全，应密切控制主梁应力，将附加弯矩控制在一安全范围内。对于与设计目标值偏离过大的索，应及时报告监控主管，以便进行综合调整。目前斜拉索的设计有较大的静力安全裕量，一定的索力偏差并不会危及拉索的安全使用，但过大的索力偏离，会造成线形尤其是主梁应力附加弯矩的明显增加。因此，安装过程中始终控制附加弯矩在一较小的安全范围是十分必要的，亦是施工控制主管须密切注意的问题。

第三节　斜拉桥施工过程塔梁的检测

一、索塔检测

1.钢筋混凝土索塔

在我国，斜拉桥和悬索桥的主塔绝大部分用钢筋混凝土浇筑。斜拉桥桥塔不同于悬索桥桥塔之处在于塔上部斜拉索的锚固区构造和受力复杂，要求几何尺寸定位准确。尤其A形及倒Y形塔，塔柱倾斜，施工中在混凝土自重侧向力作用下，易于产生侧向位移。支撑横梁多采用预应力，塔身采用劲性钢骨架。大型斜拉桥的桥塔由承台顶面至塔顶一般均可达200m以上，混凝土的浇筑是个难度较大的施工过程。

1)钢筋混凝土索塔施工质量检测标准

混凝土索塔施工，除混凝土强度应满足设计的混凝土强度等级要求和索塔控制断面的最大施工应力小于施工阶段允许应力外，塔各部分几何尺寸和倾斜度、高程应在允许偏差之内。《公路桥涵施工技术规范》(JTJ 041—2000)相应规定见表3-5-10。

钢筋混凝土索塔　　表3-5-10

项　目	规定值或允许偏差(mm)
混凝土强度	在合格标准内
塔座底轴线偏位	10
倾斜度	塔高的1/3000，且不大于30或设计要求
断面尺寸偏差	20
锚固点高程	±10
横梁高程	±10
索塔孔道位置	10，且两端同向

混凝土强度在合格标准内，即设计文件中所要求的混凝土强度等级及塔柱各施工阶段控制截面应力满足规定要求。对于偏心受压柱，施工应力 $\sigma_{cc}^{t} \leqslant 0.8 f'_{ck}$。式中，$f'_{ck}$为相应强度等级混凝土的轴心抗压强度标准值；$\sigma_{cc}^{t}$ 为考虑偏心距影响的混凝土受压区边缘纤维应力，见《公路钢筋混凝土及预应力混凝土桥涵设计规范》(JTG D62—2004)。

混凝土级配及配合比必须满足泵送的施工要求，并在相应部位留有抗压强度和弹性模量试块。

2)斜拉桥索塔的几何检测

几何检测，包括索塔控制部位的高程、截面尺寸、位置和塔柱的倾斜度；相应偏差应不大于表 3-5-10 规定值。桥塔的测量可分为两种：施工控制测量和施工监控测量。前者由施工单位进行，而后者由监测单位利用已建立起的控制网点进行施工过程中和最后的复核性测量。现仅对施工控制测量进行简要说明，对于斜拉桥桥塔可分三部分：

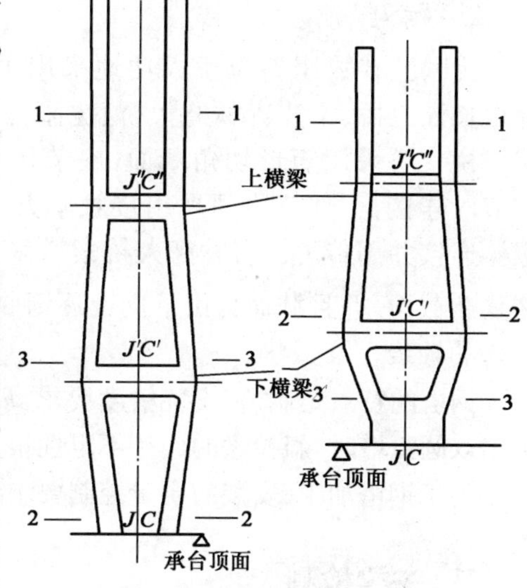

图 3-5-3　桥塔测量断面示意图

(1)索塔测量基准点的建立。根据施工控制网进行精密测量，将承台顶中心点和高程作为平面和高程基准，如图 3-5-3 中 JC 点。平面基准点按施工过程及桥塔构造向上传递，图 3-5-3所示桥塔可分两次传递至下横梁及上横梁顶面，以建立塔柱放样控制点 $J'C'$和 $J''C''$，并建立图 3-5-4 所示矩形控制网点 $MNPL$，利用精密经纬仪垂直投点进行。

高程基准点采用检定合格的钢尺导入法上传。根据这些基准点便可进行塔柱施工的放样和定位。

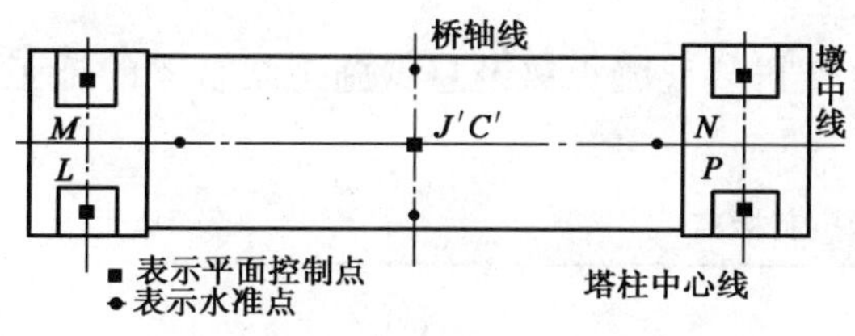

图 3-5-4　矩形控制网点示意图

(2)拉索锚管的定位。进行锚管的定位可以采用经纬仪通过 MN 或 LP 和 ML 或 NP 建立控制竖平面，并可利用劲性骨架在其上焊接纵、横角钢建立控制点、线的线架。利用以上办法将锚管顶、底口定位后，再对锚管口三维坐标进行精密测定和调整，使允差控制在限值内。

(3)施工过程塔柱变形观测。为掌握施工、受力及温度引起的柱的位置偏移，必须对塔柱进行观测。在梁顶设置测站点，另在与测点在同一竖面的塔的其他位置设置观测点。测量观测点与测站点的相对变化量。为观测塔柱横桥向、纵桥向和扭转变化，至少要建立两组测站点。

施工控制测量可使用 T_2经纬仪、精密水准仪或全站仪，测试方式各有不同。

3)桥塔混凝土强度和施工应力控制

用于浇筑索塔的混凝土为高强度泵送混凝土，设计强度为 40MPa 或 50MPa；塔高均在 200m 及以上，因此泵送高程也较高。配合比设计思路是：采用级配良好的、洁净的集料和低水灰比配制坍落度较小的基准配合比，然后加入 1.1%的泵送剂和 7.5%的磨细粉煤灰。混凝土浇筑过程中应在下部、中部、上部塔柱，上、下横梁部位留有足够的抗压强度和弹性模量试块，以检测不同龄期的混凝土强度。

为了保证最不利工况时塔控制截面偏心压应力或纵向弯曲应力不超过允许值，应在控制截面埋设应力测点以监测塔的施工应力。可选择图 3-5-3 所示的 1-1、3-3 截面；或三个截面全部布置测点。测点布置在四角，以测轴向压应变或弯曲应变，见图 3-5-5。实践证明，采用钢弦应变计效果较好。钢弦应变计辅以无应力计以对温度及收缩影响予以补偿，也可以采用差动式应变计、钢筋计或手持式应变仪等。

测量需与索力、线形同时于清晨(温度一天中最稳定时段)进行。

2. 钢索塔

我国已有数座斜拉桥成功地采用了钢结构索塔，如南京长江三桥、宁波青林湾大桥、沈阳三好桥等。南京长江三桥索塔采用矩形切角断面，底节用钢混结合段与上部节段连接，上部节段间采用接触率大于 50% 和高强度螺栓连接并用传力。青林湾大桥索塔采用双圆弧间线连接复杂截面，并且截面为由下向上逐渐收缩的变截面，节段间采用全焊接。三好桥则采用矩形截面，但塔的轴线呈圆弧状。

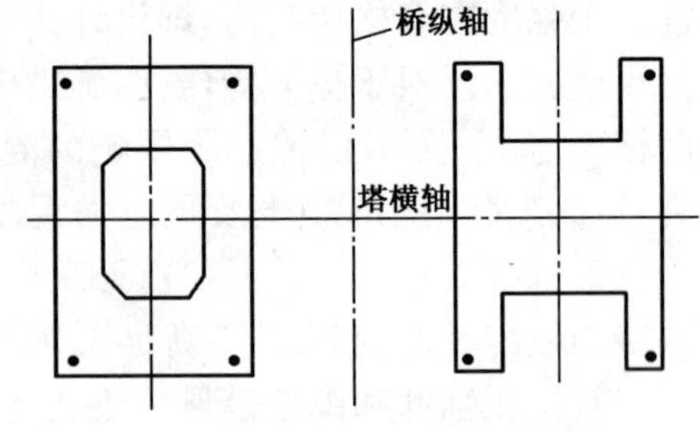

图 3-5-5　塔柱截面测点布置图

钢塔的特点是制造、安装精度要求高，工艺十分复杂。在设备技术等方面，我国现已有成套技术。采用双圆弧塔时，斜拉索的调整不定性很大，可采用索的无应力长度控制法。

关于钢塔加工、安装的质量控制要求参见第三篇第一章论述。

二、主梁检测

斜拉桥的主梁当跨度大于 450m 时，多采用钢箱梁；当在 450m 以下时，多采用结合梁或预应力混凝土箱梁或边纵梁的肋板结构。对于钢箱梁检测，请详见本手册中钢结构检测部分。预应力混凝土主梁一般每悬浇或悬装一个节段，增加一对索，直至合龙；结合梁主梁是先安装，落后一个节间在结合梁上拼装预制板，最后合龙并浇筑结合缝混凝土。

1. 悬浇、悬拼及结合梁施工的质量控制标准

表 3-5-11～表 3-5-13 分别给出了悬臂浇筑混凝土梁、悬臂拼装混凝土梁及悬臂施工结合梁的施工质量控制标准，钢梁则见表 3-5-14。

悬臂浇筑混凝土梁施工质量控制标准　　表 3-5-11

项　目		规定值或允许偏差
混凝土强度(MPa)		在合格标准内
轴线偏位(mm)	$L \leqslant 100$m	10
	$L > 100$m	$L/10000, \leqslant 30$
斜拉索拉力(kN)		符合设计和施工控制要求
断面尺寸(mm)	高	+5，−10
	顶高	±30
	板厚	+10，0
梁锚固点高程(mm)	$L \leqslant 100$m	±20
	$L > 100$m	$\pm L/5000$
锚具轴线与孔位轴线偏位(mm)		5

注：L 为跨径。

悬臂拼装混凝土梁施工质量控制标准　　表 3-5-12

项　目		规定值或允许偏差
轴线偏位(mm)	$L \leqslant 100m$	10
	$L > 100m$	$L/10000, \leqslant 30$
斜拉索拉力(kN)		符合设计要求
锚具轴线与孔位轴线偏位(mm)		5
梁锚固点高程(mm)	$L \leqslant 100m$	±20
	$L > 100m$	$\pm L/5000$
合龙段混凝土强度(MPa)		在合格标准内

注：L 为跨径。

悬臂施工结合梁施工质量控制标准　　表 3-5-13

项　目		规定值或允许偏差
轴线偏位(mm)	$L \leqslant 200m$	10
	$L > 200m$	$L/20000, \leqslant 20$
混凝土强度(MPa)		在合格标准内
混凝土板断面尺寸(mm)	厚	+10,0
	宽	±30
斜拉索拉力(kN)		符合设计要求
梁锚固点顶面高程(mm)	$L \leqslant 200m$	±20
	$L > 200m$	$\pm L/10000$
钢梁防护		涂装符合设计要求

注：L 为跨径。

钢主梁施工质量控制标准　　表 3-5-14

检 查 项 目	允许偏差		
	0 号梁	悬臂拼装梁	合龙段
轴线偏位(mm)	2	10	10
线形高程(mm)	±3	+2,−10	±10
桥面四角水平高差(mm)	6	6	6
梁段上 3 点相对里程差(mm)	±3		
梁段顶面上下游高差(mm)	2		
索力差(%)		±2.5	±2.5

以上各表中混凝土强度在合格标准内，是指浇筑好的梁各部位混凝土立方体抗压强度应达设计强度等级，同时施工各阶段截面法向压应力符合：

$$\sigma_{cc}^{t} \leqslant 0.70 f'_{ck}$$

当 $\sigma_{ct}^{t} \leqslant 0.70 f'_{tk}$ 时，预拉区应配非预应力纵向钢筋，且配筋率≥0.2%；

当 $\sigma_{ct}^{t} = 1.15 f'_{tk}$ 时，预拉区配应非预应力纵向筋，且配筋率≥0.4%；

当 $0.70 f'_{tk} < \sigma_{ct}^{t} < 1.15 f'_{tk}$ 时，预拉区配筋率按上述内插，且 σ_{ct}^{t} 不应大于 $1.15 f'_{tk}$。

式中：σ_{cc}^{t}、σ_{ct}^{t}——短暂状况截面预压区、预拉区边缘混凝土的压应力、拉应力；

f'_{ck}、f'_{tk}——与制作、运输、安装各阶段相应的混凝土轴心抗压、抗拉强度标准值。

斜拉索拉力应符合设计要求。一般容许有一定偏差，此项偏差不大于 3%，至多 5%。索力的过大偏差，会导致梁的线形与应力的变化。为保证安全，梁和索的应力均应合理控制。

2. 梁的线形测量

图 3-5-6a)为主梁几何检测的平面及高程控制点。首先在完成后的零号块及塔柱上传递索面对称中心线。图 3-5-6b)为梁体节段控制水准点，据以计算梁的扭转及梁的线形。随后各个节段施工控制及监测均相对于上述平面及高程控制点，并计算出桥轴线的偏移、线形的高差，及扭转偏移值。钢箱梁与此相同。

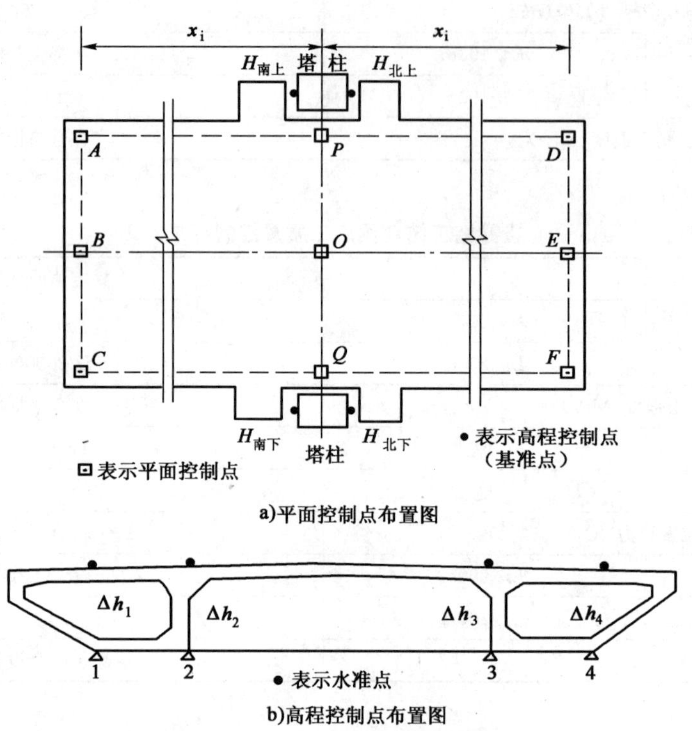

图 3-5-6　主梁几何检测的平面及高程控制点

同样，线形及偏移的监测应同步于应力和索力测量，并于清晨温度最稳定时段进行。上述是以某桥悬浇施工监控为例说明其过程，各个桥及悬浇施工会稍有差异，但基本方法无大差别。

3. 主梁混凝土强度及施工应力控制

对于预制梁段和预制结合板的悬臂安装的斜拉桥主梁混凝土，为了减少收缩和徐变，采用比较低的水灰比和小的坍落度及强的振捣，加入减水剂和早强剂以加快制梁周期。成品预制梁段及板块一般要存放 4～6 个月，以减少收缩徐变影响；并一定要留有足够数量的立方体试块和弹性模量试块，以便获得不同龄期强度数据和弹性模量数据。主梁采用预制梁段安装时，界面环氧黏结剂要按安装时的温度采用相应的配方，以保证抗拉强度及固化时间满足施工要求。预制板的工地接头，一般采用高配筋的微膨胀混凝土，以减少、细化裂缝。

对于悬臂浇筑的主梁，其施工程序要求混凝土必须满足下述特点：

(1)早期强度高。以缩短悬浇梁段的施工周期，要求混凝土 3d 龄期抗压强度达设计强度的 70%以上。

(2)初凝时间长。4m 节段和 8m 节段混凝土拌合物初凝时间分别大于 10h 和 16h，以保证索力和线形调整有足够时间，避免由此引起的接缝处混凝土的开裂，使上述程序在初凝前全部完成。

(3)坍落度大，可靠性好。一般要求坍落度不小于 18cm±2cm，停放 1h 后，坍落度亦不低于 16m。即在基准混凝土配合比组成材料组合的基础上，必须寻求既早强又缓凝，坍落度既大又有控制坍落度损失的外加剂。现国内生产的早强剂、缓凝剂及减水剂、泵送剂等混凝土外加剂种类较多，通过一定选择和试验，容易满足上述悬浇混凝土性能要求。每浇筑一个节段同样要留有足够立方体及弹性模量试块。

在悬臂施工过程中，为配合主梁线形和索力测量，保证安全施工，必须进行主梁应力监测。测点及测试断面的布置可参照图 3-5-7。在悬臂施工时，主梁靠近主塔断面轴向压力最大；在有索区中间区段，除作用轴向压力外，尚有较大负弯矩。因此，在断面 1-1、2-2 及 1′-1′、2′-2′处布置主梁应力检测点。

在断面 1′-1′、2′-2′相应处可布置少量校核性测点。实践证明，采用钢弦应变计效果尚好；也有采用差动式应变计的，但一般来讲，由于温度、收缩徐变影响，测试效果均不够理想，因而测试过程中需尽最大努力对温度、收缩进行补偿，对徐变影响进行修正。

钢箱梁主梁应力测试，测点的断面布置会有不同，见图 3-5-8。钢箱梁的行车道下顶板和 U 肋附近，锚箱构造是检测的重要部位。

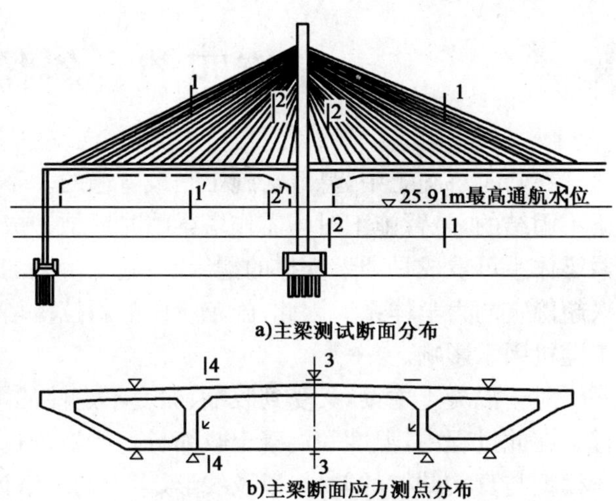

图 3-5-7　混凝土主梁应力检测测点布置图
—横向应力测点；△纵向应力测点

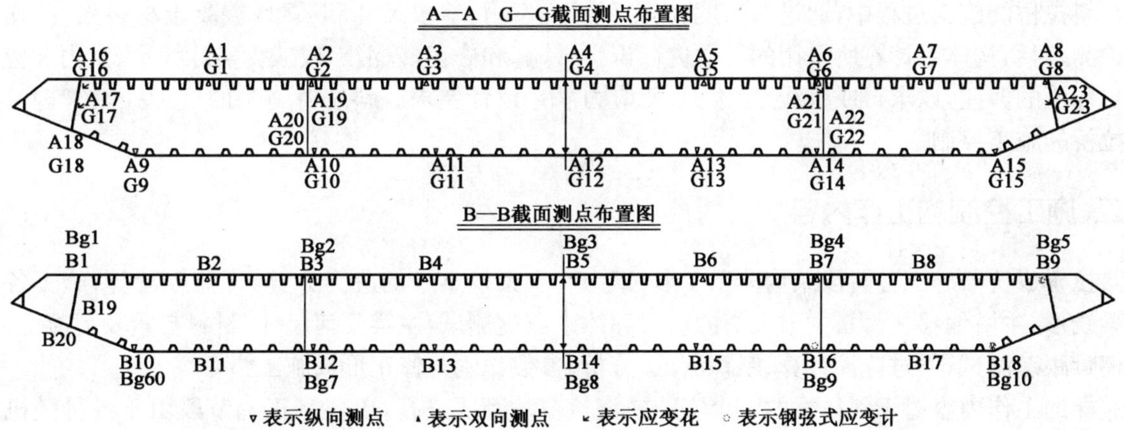

a)截面测点布置图

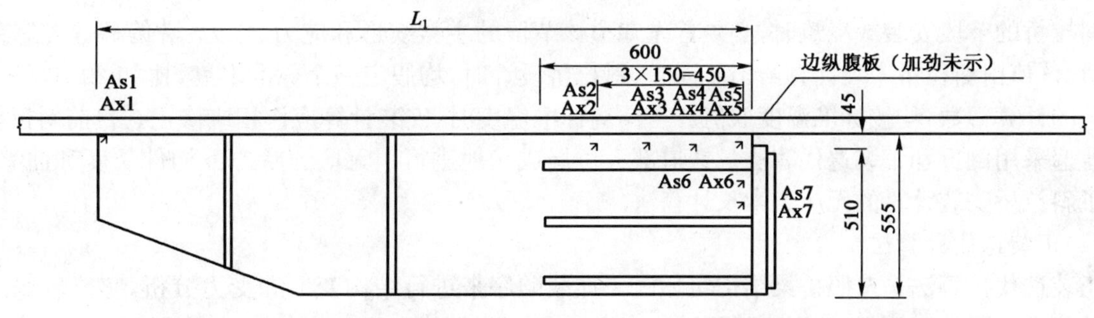

b)锚箱应力测点布置图

图 3-5-8　钢箱梁主梁应力检测测点布置图(尺寸单位：cm)

第四节　斜拉桥的施工控制

在斜拉桥施工中,悬臂法施工是最普遍的。不论是斜拉桥的全飘浮体系或是半飘浮体系,凡是塔、梁不固结的,悬臂施工时均需作塔梁临时固结。成桥后在活载作用下,拉索是主梁的弹性支撑,成桥的索梁体系可看成是弹性支撑的连续梁;施工阶段的计算,斜拉索支承可看成是刚性支承的连续梁,是高次超静定的力学体系。因此,施工阶段的斜拉桥塔、梁和索力与变形相互影响,同时又受温度和众多施工随机因素影响。

对于混凝土主梁,又受到收缩、徐变不定性的影响。因此整个施工过程是个力学体系复杂的演变过程。在此过程中,温度和混凝土收缩、徐变,施工过程中的自重、混凝土的弹性模量的不定性、计算的数学模型与真实结构的差异,以及线形、索力的测量误差等诸多因素使得每个施工节段真实的、实际线形和索力偏离设计目标值。这些偏离值的积累,即是不安全因素的累积,使成桥线形和索力达不到最终设计要求,超出规定的允差范围。

一、施工控制的概念

在斜拉桥的施工过程中,通过对温度、应力、线形、索力、节段尺寸和质量、混凝土材料强度、弹性模量的检测,对结构体系计算所采用的参数进行识别、计算和修正,以消除或减少实际线形、索力和应力与设计目标值的偏差,以求得成桥线形、索力,使应力满足设计要求。斜拉桥施工的这种控制管理过程称为斜拉桥的施工控制。

二、施工控制的工作内容

斜拉桥成桥与施工各阶段结构体系变形、索力和主梁及索塔的应力计算,即监控计算;施工各个阶段主梁线形、主塔偏移、索力、主梁及塔的应力和体系温度测试,主梁几何尺寸、材料自重及混凝土强度、弹性模量跟踪测试;通过监控计算、跟踪测试,分析、参数识别与修正形成施工指令。

这样的工作内容对于斜拉桥的每个安装或浇筑节段都要进行,以便修正上节段由于各种随机因素造成的实际主梁线形和索力值偏差,不致累积到本节段,本节段的这种偏差不致累积至下节段……

1. 监控计算

斜拉桥的节段安装或浇筑时,必须首先知道该节段的主梁线形和应力、索力、塔偏移等控制参数的目标值,该值由斜拉桥安装计算给出。同时,斜拉桥设计时,均假定一个标准温度,比如20℃,所有与温度有关的计算常数,均按标准温度取值。当偏离标准温度时,安装计算应作相应修正。目前斜拉桥安装计算普遍采用倒拆和正装迭代算法。铁道部大桥局成功地进行了无应力状态下构件长度和曲率计算,创造了斜拉桥安装计算的无应力索长计算法。

(1)正装迭代计算法

正装迭代计算法是按照桥梁结构实际施工加载顺序来进行结构变形和受力分析,它能较好地模拟桥梁结构的实际施工历程,能得到桥梁结构在各个施工阶段的位移和受力状态,这不仅可用来指导桥梁设计和施工,而且对桥梁施工控制提供了依据。同时,在正装计算中,能较好地考虑一些与桥梁结构形成历程有关的影响因素,如结构的非线性问题和混凝土收缩、徐变问题。正因为如此,正装迭代计算法在桥梁结构的计算分析中占有重要的位置,对于各种形式的大跨度桥梁,要想了解桥梁结构在各个施工阶段的位移和受力状态,都必须首先进行正装计算。

每个节段正装计算的设置参数,是通过倒拆计算取得的。倒拆计算的初始状态必须是具有良好恒载内力状态:即恒载内力是成桥后混凝土收缩徐变已经完成的内力状态。如收缩、徐变终了考虑3年,假定安装历时半年，则从成桥至3年终了有两年半的时间。主梁线形符合设计要求，由此理想的初始状态开始。主梁为拉索刚性支撑的连续梁，正负弯矩也均在刚性支撑连续梁的受力状态。按与实际安装步骤相反的顺序进行倒拆分析。于是第一步是将成桥理想状态的离散化的结构体系的内力与反符号的同一体系两年半的收缩、徐变值叠加，求得成桥初期的内力；再扣除二期恒载的内力，在这一计算阶段，便得合龙初期的内力状态；在合龙阶段相应位置加上施工荷载，放松预应力，调整合龙段相关索力，使合龙段内力为零，此时可打开合龙段；然后一段一段对称拆除两个半悬臂，直至独立塔柱。倒拆得到全部各个阶段的线形、索力和应力。随后的正装仍然有偏差而不能闭合至原初始状态，需经反复迭代多次，方能闭合至初始状态。并使倒拆正装分析的闭合精度符合规定要求。此阶段的计算参数，如自重、混凝土的弹性模量、温度等均是标准条件下的设计值，也未计安装过程各种随机因素的影响，得出的主梁线形、索力和塔的偏移数据为基础控制数据。随后的正式安装施工，每一阶段需考虑收缩徐变，并参照一系列的实测值进行分析、参数识别、修正，使索力、线形及内力最终接近或达到设计目标值，并满足精度要求。

通过以上分析，可以看出正装迭代计算法有如下特点：

①桥梁结构在作正装计算之前，必须制订详细的施工方案，只有按照施工方案中确定的施工加载顺序进行结构分析，才能得到结构中间阶段或最终成桥阶段的实际变形和受力状态。

②在结构分析之初，要确定结构最初恒载状态，即以符合设计要求的实际施工结果(如跨径、线形、应力状态等)倒拆到施工的第一阶段作为结构正装计算分析的初始状态，即倒拆计算最后还必须通过正装迭代计算才能获得指导施工的参数。

③本阶段的结构分析必须以前一阶段的计算结果为基础，前一阶段结构位移是本阶段确定结构轴线的基础，以前各施工阶段结构受力状态是本阶段结构参数增量材料非线性计算的基础。

④对于混凝土徐变、收缩等时差效应，在各施工阶段中逐步计入。

⑤在施工分析过程中严格计入结构几何非线性效应，本阶段结束时的结构受力状态用本阶段荷载作用下结构受力与以前各阶段结构受力平衡而求得。

也有许多有施工控制经验的计算者，不用倒拆取得初始参数，而直接设置参数进行迭代计算。

(2)无应力索长计算法

无应力索长计算法是以桥梁结构各构件的无应力长度和曲率不变为基础，将桥梁结构的成桥状态和施工各阶段的中间状态联系起来，这种方法特别适用于大跨度拱桥和悬索桥的施工控制。设想有一个理想无活载、无索非线性和混凝土收缩徐变影响的成桥状态，满足主梁线形、索力以及塔、梁内力要求。在此状态下，索的长度及塔、梁的单元长度及曲率也有其相应确定的数值。只要将最后无应力状态的索的长度和梁、塔单元参数恢复至成桥时的索长和梁、塔单元长度数值，便可恢复成桥内力状态。实际上，由具有“良好”内力状态的成桥状态，不考虑索的非线性和混凝土的收缩徐变所得到的无应力状态来正装，也闭合不到原“良好”的成桥状态。这里良好指的是真实的桥的设计状态。因此由成桥状态求出无应力状态参数，再正装闭合至良好成桥状态的计算，仍需一系列迭代计算。如选择索长作为控制参数，其安装计算过程如图3-5-9所示。

以上以索无应力长度为控制参量的无应力状态计算法，可称作无应力索长计算法，见图3-5-9。和倒拆正装法一样，第一轮计算可不考虑混凝土收缩徐变及其他随机因素。具体实施正装只需满足两个基本条件：

①满足各索的无应力长度与成桥状态无应力状态相等。初始成桥状态可以是理想成桥状态，但最后只能是闭合至“良好”状态。

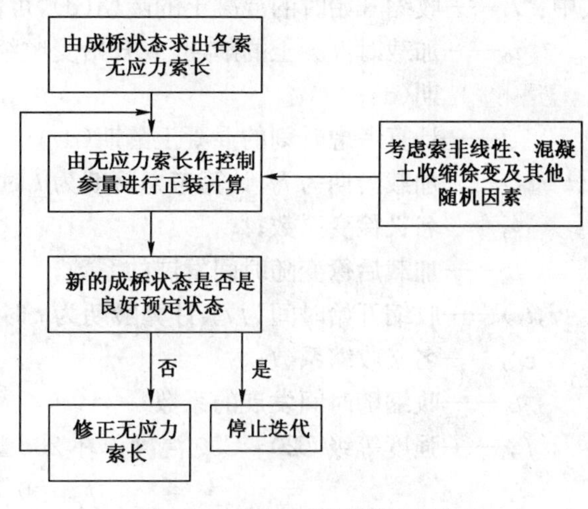

图3-5-9 无应力索长计算法框图

②满足主梁弹性曲线连续的条件。正装时和前述倒拆正装法一样使主梁形心线偏差在要求的允差以内。

严格讲，控制过程包括主梁和塔单元长度和曲率，实际采用索长易于测量和控制，索长满足要求，线形及内力基本也能满足。

无应力索长计算法尤其适用于调索时，不定性较大的斜拉桥结构，如两个环状索塔间仍然由水平索连接的"独塔"斜拉桥。

(3)混凝土收缩、徐变的计算

在预应力混凝土主梁斜拉桥的安装或悬浇过程中，混凝土的收缩徐变是使主梁线形和索力偏离设计目标值的重要因素之一。由倒拆计算结果或无应力索长计算结果进行正装时，应对收缩徐变影响进行计算修正，以避免此种偏差累积，这是控制计算的重要部分。《公路钢筋混凝土及预应力混凝土桥涵设计规范》(JTG D62—2004)附录 F 给出了徐变系数 $\phi(t,t_0)$ 及收缩应变 $\varepsilon_{cs}(t,t_s)$ 的计算公式：

收缩应变：

$$\varepsilon_{cs}(t,t_s)=\varepsilon_{cs0}\cdot\beta_s(t-t_s) \tag{3-5-9a}$$

$$\varepsilon_{cs0}=\varepsilon_s(f_{cm})\cdot\beta_{RH} \tag{3-5-9b}$$

$$\varepsilon_s(f_{cm})=[160+10\beta_{sc}(9-f_{cm}/f_{cm0})]\times10^{-6} \tag{3-5-9c}$$

$$\beta_{RH}=1.55\times[1-(RH/RH_0)^3] \tag{3-5-9d}$$

$$\beta_s(t-t_s)=\left[\frac{(t-t_s)/t_1}{350\times(h/h_0)^2+(t-t_s)/t^1}\right]^{0.5} \tag{3-5-9e}$$

徐变系数：

$$\phi(t,t_0)=\phi_0\cdot\beta_c(t-t_0) \tag{3-5-9f}$$

$$\phi_0=\phi_{RH}\cdot\beta(f_{cm})\cdot\beta(t_0) \tag{3-5-9g}$$

$$\phi_{RH}=1+\frac{1-RH/RH_0}{0.46\times(h/h_0)^{1/3}} \tag{3-5-9h}$$

$$\beta(f_{cm})=\frac{5.3}{(f_{cm}/f_{cm0})^{0.5}} \tag{3-5-9i}$$

$$\beta(t_0)=\frac{1}{0.1+(t_0/t_1)^{0.2}} \tag{3-5-9j}$$

$$\beta_c(t-t_0)=\left[\frac{(t-t_0)/t_1}{\beta_H+(t-t_0)/t_1}\right]^{0.3} \tag{3-5-9k}$$

$$\beta_H=150\left[1+\left(1.2\frac{RH}{RH_0}\right)^{18}\right]\frac{h}{h_0}+250\leqslant1500 \tag{3-5-9m}$$

式中：t_s——收缩开始时的混凝土的龄期(d)，可假定为 3～7d；

t_0——加载时混凝土的龄期，或开始受收缩影响时刻或预应力钢筋传力锚固时刻的混凝土的龄期(d)；

t——计算考虑时刻的混凝土龄期(d)；

$\phi(t-t_0)$——加载龄期为 t_0、计算考虑龄期为 t 时的混凝土徐变系数；

ϕ_0——名义徐变系数；

β_c——加载后徐变随时间发展的系数；

$\varepsilon_{cs}(t,t_s)$——收缩开始时间为 t_s、计算龄期为 t 时的收缩应变；

ε_{cs0}——名义收缩系数；

β_s——收缩随时间发展的系数；

f_{cm}——强度等级 C20～C50 混凝土在 28d 龄期时的平均立方体抗压强度(MPa)；

$$f_{cm}=0.8f_{cu,k}+8\text{MPa}$$

$f_{cu,k}$——龄期为 28d、保证率为 95%的混凝土立方体抗压强度标准值(MPa)；

β_{RH}——与年平均相对湿度相关的系数，公式(3-5-9d)适用于 40%≤RH<90%；

RH——环境年平均相对湿度(%)；

β_{sc}——依水泥种类而定的系数，对于一般硅酸盐类水泥和快硬水泥，$\beta_{sc}=5.0$；

h——构件理论厚度(mm)；

$$h=2A/u$$

A——构件截面面积；

u——构件与大气接触的周长；

$RH_0=100\%$；$h=100mm$；$t_1=1d$；$f_{cm0}=10MPa$。

对于一般硅酸盐类水泥和快硬水泥配制的、强度等级 C20～C50 混凝土，且季节性变化的平均温度为－20～＋40℃时，其名义收缩系数 ε_{cs0} 按由式(3-5-9b)计算的表 3-5-15 采用。

混凝土名义收缩系数 $\varepsilon_{cs0}\times10^3$　　表 3-5-15

40%≤RH<70%	70%≤RH<99%
0.529	0.310

注：1. 本表按 C40 混凝土计算所得，强度等级 C50 及以上混凝土需乘以 $\sqrt{\frac{32.4}{f_{ck}}}$ 修正，式中 f_{ck} 为混凝土轴心抗压强度标准值(MPa)。

2. 年平均相对湿度 40%≤RH<70%及 70%≤RH<99%分别取 55%及 80%。

在桥梁设计中，当计算收缩影响和计算阶段预应力损失时，可按下列步骤计算收缩应变：

$$\varepsilon_{cs}(t,t_0)=\varepsilon_{cs0}[\beta_s(t-t_s)-\beta_s(t_0-t_s)] \tag{3-5-9n}$$

按(3-5-9e)计算 t_s 到 t、t_s 到 t_0 的收缩应变发展系数 $\beta_s(t-t_s)$、$\beta_s(t_0-t_s)$。计算 $\beta_s(t_0-t_s)$ 时，式(3-5-9e)中的 t 均改用 t_0。式中，ε_{cs0} 按表 3-5-15 取值。

对于一般硅酸盐类水泥和快硬水泥配制的、强度等级 C20～C50 混凝土，且季节性变化的平均温度为－20～＋40℃时，其名义徐变系数 ϕ_0 可按由式(3-5-9g)算得的表 3-5-16 采用。

混凝土名义徐变系数 ϕ_0　　表 3-5-16

加载龄期(d)	40%≤RH<70% 理论厚度 h(mm)				70%≤RH<99% 理论厚度 h(mm)			
	100	200	300	≥600	100	200	300	≥600
3	3.90	3.50	3.31	3.03	2.83	2.65	2.56	2.44
7	3.33	3.00	2.82	2.59	2.41	2.26	2.19	2.08
14	2.92	2.62	2.48	2.27	2.12	1.99	1.92	1.83
28	2.56	2.30	2.17	1.99	1.86	1.74	1.69	1.60
60	2.21	1.99	1.88	1.72	1.61	1.51	1.46	1.39
90	2.05	1.84	1.74	1.59	1.49	1.39	1.35	1.28

注：1. 本表按 C40 混凝土计算所得，强度等级 C50 及以上混凝土需乘以 $\sqrt{\frac{32.4}{f_{ck}}}$ 修正，式中 f_{ck} 为混凝土轴心抗压强度标准值(MPa)。

2. 年平均相对湿度 40%≤RH<70%及 70%≤RH<99%分别取 55%及 80%。

3. 构件的实际理论厚度和加载龄期为中间值时，混凝土名义徐变系数 ϕ_0 可采用直线内插。

按公式(3-5-9m)～式(3-5-9f)便可计算出徐变系数 $\phi(t,t_0)$。

有了徐变系数后，便可以由某时段不变力的弹性应变计算徐变应变，$\varepsilon_c=\varepsilon_e\cdot\phi(t,t_0)$，式中 ε_e 和 ε_c 分别为弹性应变和徐变应变。如需求出斜拉桥第 i 梁段当悬浇至 j 梁段时的总徐变应变，按弹性徐变理论和叠加原则，可用式(3-5-10)计算。

$$\Delta\varepsilon_c^i(t_j)=\sum_{j=i}^{j}\frac{\sigma_j^i}{E}[\phi(t_j,t_i)] \tag{3-5-10}$$

式中：$\Delta\varepsilon_c^i(t_j)$——当浇至 j 梁段时，i 梁段的总徐变应变；

σ_j^i——i 梁段 i 至 j 各时段弹性应力；

$\phi(t_j,t_i)$——由 i 至 j 的各时段梁段 i 的相应徐变系数。

(4)几何非线性计算的基本概念

当荷载作用在桥梁结构节点上时，该结构节点发生位移，荷载也随之移动，这种位移不仅改变了荷载相对于该结构与节点相连的杆件的作用力方向，而且也改变了荷载对结构上其他部分产生的弯矩。如果位移量大，就会严重地影响荷载对结构产生的内力和位移效应。由于结构材料并未进入塑性，因而是属于结构几何非线性的问题。这对于如悬索桥、斜拉桥等大跨度钢桥结构分析是必须考虑的。

①增量法

增量法的荷载是以增量的形式逐级加在结构上，对每个荷载增量作用的过程，结构的刚度假定是不变的，在任一荷载增量区间，结点位移和杆端力都是由区间起点处的结构刚度算出，然后利用求得的结点位移和杆端力求出相对于增量区间终点变形后位置上的结构刚度，作为下一个荷载增量的起点刚度。在任一荷载增量 i 级作用下的平衡方程为：

$$[K]_i\{\Delta D\}_i=\{\Delta W\}_i \tag{3-5-11}$$

式中：$[K]_i$——荷载增量区间起点处的结构整体刚度矩阵；

$\{\Delta D\}_i$——该荷载增量引起的结点位移变化量；

$\{\Delta W\}_i$——结点荷载增量的大小。

荷载增量区间终点处的结点位移为起点处位移与位移增量$\{\Delta D\}_i$之和。可见，结构的几何状态在每个荷载增量后进行调整。

可以看出，荷载与位移之间的关系被一个个近似值所代替。如果荷载增量取得足够小，误差虽然是累积的，但仍可收敛到工程所允许的范围内。

②迭代法和混合法

迭代法是将整个外荷载一次性加到结构上，结点位移用结构变形前的切线刚度求得，然后根据变形后的结构计算结构刚度，求得杆端力。由于变形前后的结构刚度不同，产生结点不平衡荷载。为了满足结点平衡，将这些不平衡荷载作为结点荷载作用于各结点上，计算出相对于变形后的结点位移量，反复这一迭代过程，直至不平衡荷载小于允许值为止。

混合法是增量法和迭代法两种方法的综合，即混合法中初始荷载和每次循环后的不平衡荷载都是以增量的形式施加，在每个荷载增量求解完成后进行下一荷载增量计算前，对刚度作一次调整，以反映结构刚度非线性变化。

③拖动坐标法(修正坐标系)

在拖动坐标法中包括了迭代循环和荷载增量循环，荷载增量循环嵌套于迭代循环中，因此可称拖动坐标混合法。将结构离散为平面单元或空间单元，利用计算机进行有限元分析。实际上是把结构以线性理论计算得到的单元弹性位移作为第一次近似值，算出变形后单元结点上的不平衡力，然后计算第二次单元位移近似值，重复多次该过程，直至力平衡为止。

假设结构在荷载作用下，已用线性理论的方法求出位移的近似值，则一个典型的迭代循环的步骤为：

a. 利用整体坐标系的结点位移$\{\delta\}$建立各单元的局部坐标；

b. 计算在局部坐标系下各单元的位移列阵$\{\delta'\}^e$，并建立各单元刚度矩阵$[K']$，计算出结点力$\{F'\}^e$。

c. 将$[K']$和$[F']^e$经过坐标变换转到整体坐标系下的$[K]^e$和$\{F\}^e$。

d. 集合各单元刚度矩阵，形成结构的整体刚度矩阵，即当时变形位置的结构刚度矩阵，也即

$$[K]=\sum_{e=1}^{n_c}\{K\}^e \tag{3-5-12}$$

e. 计算各单元作用于结点上的力$\{R_r\}$，并算出不平衡力$\{\Delta R\}$，即

$$\left.\begin{aligned}\{R_r\}&=\sum_{e=1}^{n_c}\{F\}^e\\ \{\Delta R\}&=\{R\}+\{R_r\}\end{aligned}\right\} \tag{3-5-13}$$

f. 求解结构平衡方程式$[K]\cdot\{\Delta\delta\}=\{\Delta R\}$，得到位移增量$\{\Delta\delta\}$，将它加到前次迭代中累加起来的结点位移$\{\delta\}$中去，即为结点位移新的近似值。

g. 检验收敛性，如果不满足，返回步骤 a，直到$\{\Delta R\}$趋近于零为止。

上述迭代步骤用公式表示如下：

$$[K']_n\{\Delta\delta\}_{n+1}=\{R\}+\{R_r\}_n \tag{3-5-14}$$

$$\{\delta\}_{n+1}=\{\delta\}_n+\{\Delta\delta\}_{n+1} \tag{3-5-15}$$

式中，$[K']_n$和$\{R_r\}_n$是以当时位移$\{\delta\}_n$为基础的，要在每次迭代中加以以调整。关于结构所承受的荷载$\{R\}$以及不平衡力$\{\Delta R\}$，均以增量的形式逐级加载。对每一级荷载作上述步骤的运算，直到不平衡荷载小于允许值为止。

2. 斜拉桥施工控制

斜拉桥施工控制程序框图如图 3-5-10 所示。

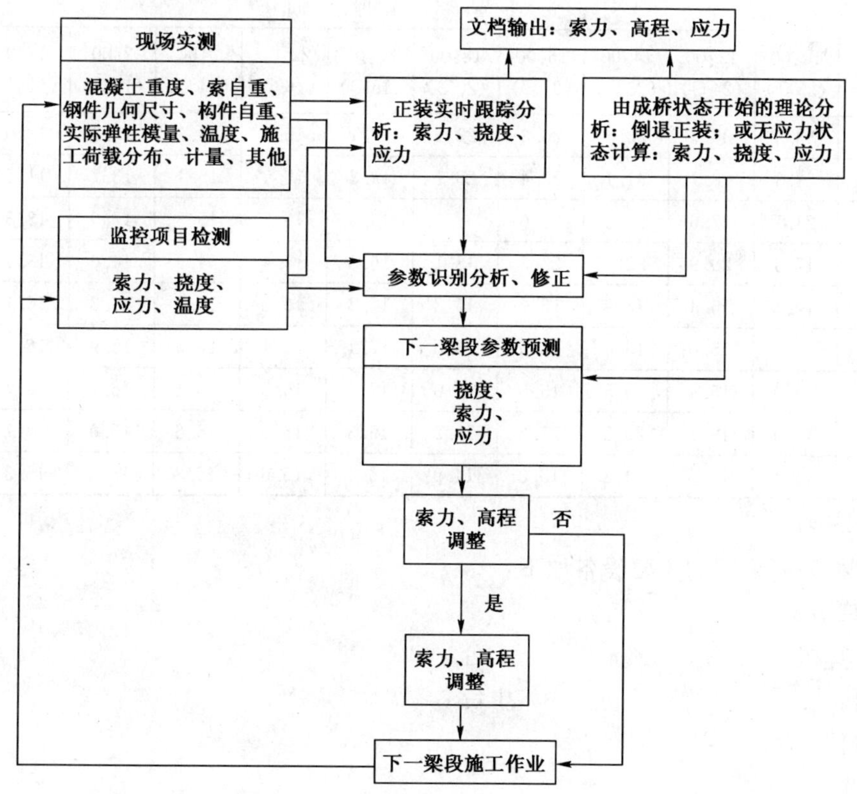

图 3-5-10　施工控制程序框图

在斜拉桥施工设计时，尽管采用了倒拆正装分析或无应力状态分析，由良好成桥状态给出参数，但每一梁段预设索力及高程，实际施工时完成一个梁段后，一般达不到相应设计目标值。引起这些不一致的主要因素包括：梁自重的偏差、计算刚度 *EI* 的偏差、收缩徐变的影响、施工荷载的偏差、温度影响等。计算刚度 *EI* 包括混凝土实际弹性模量、重度、梁段几何尺寸及计算假定取值等。索力、高程的测试误差也是不能忽视的因素。

在进行实时分析和参数识别时，总是将计算结果与实测结果来比较分析的，就应该研究这两种结果的误差来源，消除这些偏差的累积。

①影响计算结果的主要是梁自重、施工荷载、计算刚度 *EI* 和收缩徐变影响，以及未能消除的温度影响。除收缩徐变可以通过理论计算考虑外，其余均可以通过实测数据的参数识别对采用的计算参数进行修正。

②所采用的各种检测设备，必须具有足够的精度，并经标定合格。如索的张拉设备和索力测试精度应不大于±3%；应变测试误差不大于±1με；高程测试误差不大于±1mm；温度测试误差不大于±0.1℃等。影响测试过程偏差的是温度的波动。可以采用线形、索力、应力和温度测试在1d内温度最稳定的清晨同步测试来消除温度波动影响。计算中也应相对于标准温度进行修正。在选择应变测试元件时，应考虑测试元件的长期稳定性并预埋补偿温度和混凝土收缩的元件，如无应力计；对于徐变影响可按《公路钢筋混凝土及预应力混凝土桥涵设计规范》(JTG D62—2004)附录F计算或按最终徐变值和加载龄期估算进行修正。

表3-5-17给出了某桥24h温度测试结果。由表3-5-17可见，1d内各构件温度在0点至清晨8点比较稳定，由10点至18点波动较大。构件内外温度，上午外表面温度高，后半夜内表面温度高，可见中午12点左右大气温度最高，零点至清晨大气温度较为稳定。

某桥24h温度(℃)测试结果(晴天) 表3-5-17

部位		时间											
		10:00 (23℃)	12:00 (24℃)	14:00 (23℃)	16:00 (21℃)	18:00 (20℃)	20:00 (18℃)	22:00 (16℃)	0:00 (14℃)	2:00 (13℃)	4:00 (11℃)	6:00 (10℃)	8:00 (14℃)
索	外表面	33.3	35.3	28.5	26.3	22.1	17.1	15.1	13.8	12.9	12.0	10.4	12.6
	PE管内壁	23.3	28.1	31.1	32.4	28.1	19.3	15.9	15.1	13.7	11.5	10.7	13.8
	中心	24.1	27.6	29.6	30.6	28.1	19.6	16.7	15.3	15.0	13.3	12.2	14.3
梁体	顶板外表面	17.6	20.9	22.3	22.3	18.1	16.3	15.4	14.9	14.0	13.4	12.6	14.0
	顶板内表面	14.1	15.4	15.9	16.2	15.8	17.3	16.8	16.8	16.2	16.1	15.8	16.4
	底板外表面	15.1	15.6	16.0	16.5	16.5	17.4	16.1	16.5	15.9	16.0	15.1	15.5
	底板内表面	15.0	15.4	15.5	15.5	16.0	17.5	16.8	17.1	16.7	16.7	16.6	17.0
塔	外表面	18.0	19.7	20.3	21.2	19.2	19.3	16.9	16.6	16.0	15.7	14.4	17.1
	内表面	14.1	14.6	14.8	15.0	14.9	16.4	15.6	15.8	15.5	15.3	14.4	16.1

注：括号内为大气温度。

斜拉桥施工控制所采用的主要设备如下：

(1)监控计算

笔记本式计算机 1台

台式计算机 1台

结构分析软件

(2)施工监测

便携式计算机 2～3台

动态振动信号分析系统 2～3套

高灵敏度伺服式传感器	4～6 只
电荷放大器	2～3 台
12 位 A/D 转换卡	2～3 块
全站仪	2 台
自动安平水准仪	2 台
钢弦式应变计	若干
钢弦巡回检测仪	4 台
测温元件	若干
数字万用表	4 台

3. 施工误差调整方法

目前施工控制所使用的较完善的理论方法一般具有三个步骤：

①根据实测值不断对计算模型进行修正。

②通过滤波得出结构的真实状态并预测未来。

③根据滤波值与预测值采用最优控制方法对偏差进行调节。

控制思路是：首先，采用最小二乘法根据实测值对结构中的设计参数与计算模型进行自校正，重新建立施工目标状态；然后，运用卡尔曼滤波进行状态滤波与预测；最后用最小二乘法进行最优控制调节。图 3-5-11 为施工控制过程框图。

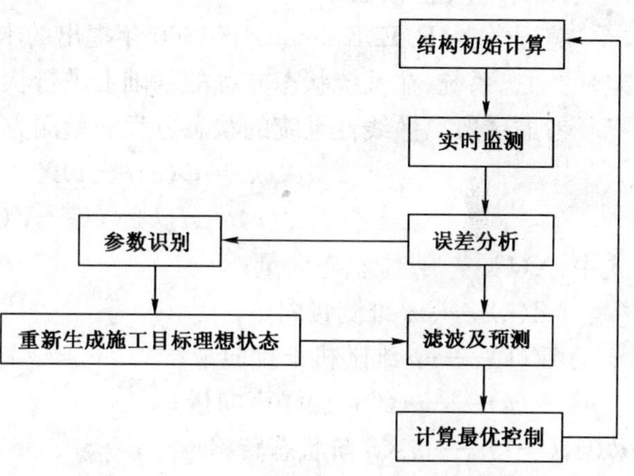

图 3-5-11 施工控制过程框图

(1)最小二乘法

在利用输入输出对结构的辨识过程中，可采用下述线性动态模型：

$$y_k+a_1y_{k-1}+\cdots+a_ny_{k-n}=b_1U_{k-1}+\cdots+b_1U_{k-n}+e(k)$$

其中，y_k、U_k和 $e(k)$分别表示系统的输出、输入和噪声。在这里，假定 $e(k)$为白噪声，模型阶次 n 为已知，模型参数 $a_1,\cdots,a_n,b_1,\cdots,b_n$未知。

假定在实际系统上取得 $n+N$ 组数据$\{y_k、u_k,k=1,2\cdots,n+N\}$，辨识的任务就是根据这批数据，来估计未知参数 $a_1,\cdots,a_n,b_1,\cdots,b_n$。

为了使估计的参数最优，必须引入一个判断准则。

当已得到一组参数值 $a_1,\cdots,a_n,b_1,\cdots,b_n$时，可以计算输出值为：

$$Y_k=-a_1y_{k-1}\cdots-a_ny_{k-n}+b_1U_{k-n}+\cdots+b_1U_{k-n}$$

记实测输出和计算输出之间的差为 $\varepsilon(k)=y_k-Y_k$。

$\varepsilon(k)$称为模型残差，它包含测量误差、参数估计误差、系统干扰误差等。

怎样判别参数 $a_1,\cdots,a_n,b_1,\cdots,b_n$的好坏呢？最直观的方法是利用最小二乘准则，使残差的平方和 $J=\sum_{K=n+1}^{N}\varepsilon^2(k)$为最小。

使 J 最小的参数估计值，叫做未知参数 $a_1,\cdots,a_n,b_1,\cdots,b_n$的最小二乘估计。

用向量表示为 $\theta^T=[a_1,\cdots,a_n,b_1,\cdots,b_n]$。

极小化估计的必要条件是：

$$\frac{\partial J}{\partial_{ai}}=\frac{\partial J}{\partial_{bi}}=0$$

展开后得一个线性方程组：

$$\varphi_N^T\phi_N\theta=\phi_N^YY_N$$

其中：

$$\Phi_N=\begin{pmatrix} -Y_n & -Y_{n-1} & \cdots & -Y_1 & U_n & U_{n-1} & \cdots & U_1 \\ -Y_{n+1} & -Y_n & \cdots & -Y_2 & U_{n+1} & U_n & \cdots & U_2 \\ \cdots & \cdots & \cdots & \cdots & \cdots & \cdots & \cdots & \cdots \\ -Y_{n+N-1} & -Y_{n+N-2} & \cdots & -Y_n & U_{n+N-1} & U_{n+N-2} & \cdots & U_n \end{pmatrix}$$

$$Y_N=[Y_{n+1},Y_{n+2},\cdots,Y_{n+N}]^T$$

当 $\phi_N^T\phi_N$ 可逆时，可解得参数 θ 的最小二乘法估计为：

$$\hat{\theta}=(\phi_N^T\phi_N)^{-1}\phi_N^TY_N \tag{3-5-16}$$

(2)卡尔曼滤波法

美国学者(R. E. Kalman)于1960年提出的卡尔曼滤波法。针对一般的系统和量测都带有噪声(误差)的动态系统，在系统状态方程的基础上进行状态估计和预测。

考虑一般离散线性系统的状态方程和量测方程为：

$$\left.\begin{aligned} X(k)&=\Phi(k,k-1)X(k-1)+\Gamma(k,k-1)W(k-1) \\ Z(k)&=H(k)X(k)+V(k) \end{aligned}\right\} \tag{3-5-17}$$

式中：$X(k)$——n 维状态向量；

$Z(k)$——m 维测量向量；

$W(k)$——p 维随机干扰向量；

$V(k)$——m 维量测噪声向量；

$\Phi(k,k-1)$——$n\times n$ 阶状态转移矩阵；

$\Gamma(k,k-1)$——$n\times p$ 阶误差系数阵；

$H(k)$——$m\times n$ 阶量测系数阵。

已知噪声的统计特性为：

$$\begin{aligned} &EW(k)=0 \\ &Cov[W(k),W(l)]=Q(k)\cdot\delta_{kl} \\ &EV(k)=0 \\ &Cov[V(k),V(l)]=R(k)\cdot\delta_{kl} \\ &Cov[W(k),V(l)]=0 \end{aligned}$$

其中，δ_{kl} 是克朗尼克 δ 函数。当 $k=l$ 时，$\delta_{kl}=1$；

当 $k\neq l$ 时，$\delta_{kl}=0$。

此处假定两个噪声均值为零，且在同时刻两者是不相关的。已知随机初始状态的统计特性为：

$$\begin{aligned} &EX(0)=\mu_0 \\ &DX(0)=P_0 \\ &Cov[X(0),W(k)]=0 \\ &Cov[X(0),V(k)]=0 \end{aligned}$$

需要解决的问题是：在取得量测值 $Z(1),Z(2),\cdots,Z(j)$ 时，求状态 $X(k,j)$ 的最佳估计 $\hat{X}(k,j)$。当 $j<k$ 时称为预测，$j=k$ 时称为滤波，$j>k$ 时称为平滑。

定义估计误差为：$\tilde{X}(k,j)=X(k,j)-\hat{X}(k,j)$

考虑最好的估计能够使估计误差的均方误差阵最小，即目标函数：

$J=E[\tilde{X}(k,k)^T\tilde{X}(k,k)]$ 最小，由此可得下列公式：

滤波算法：

$$\hat{X}(k,k)=\hat{X}(k,k-1)+K(k)[Z(k)-H(k)\hat{X}(k,k-1)]$$

预测算法：

$$\hat{X}(k,k-1)=\boldsymbol{\Phi}(k,k-1)\hat{X}(k-1,k-1)$$

增益矩阵：

$$K(k)=P(k,k-1)H^{\mathrm{T}}(k)[H(k)P(k,k-1)H^{T}(k)+R(k)]^{-1}$$

滤波误差协方差：

$$P(k/k)=[I-K(k)H(k)]P(k,k-1)$$

预测误差协方差：

$$P(k,k-1)=\boldsymbol{\Phi}(k,k-1)P(k-1,k-1)\boldsymbol{\Phi}(k,k-1)+Q(k-1) \tag{3-5-18}$$

初始条件：

$$x(0,0)=x_0$$
$$P(0,0)=P_0$$

k 时刻的最佳滤波等于前 $k-1$ 步量测 $Y(k-1)$ 对 k 时刻的状态最佳预报 $\hat{X}(k,k-1)$ 加上第 k 次量测所带来信息的加权修正。

如果初始状态估计误差、模型误差和量测误差同步增大或减小，则不影响滤波的增益矩阵 $K(k)$。

如果只是量测误差增大，即 $R(k)$ 增大，则增益阵 $K(k)$ 将减小。说明滤波将自动地减小对信息的加权，相当于一步预测权加大。

如果情况相反，量测误差减小，即 $R(k)$ 减小或 $Q(k-1)$、$P(0,0)$ 增大，则滤波将自动地增加对信息的权，相对减小对一步预报的权。

可见，$K(k)$ 能随误差的变化而调整大小，以取得最佳滤波效果。

比较最小二乘法与卡尔曼滤波法的目标函数，可知两种方法对最优估计的判定准则是相同的。但最小二乘法仅能考虑模型误差。而卡尔曼滤波法中既有状态方程又有量测方程，既可以考虑模型误差又可以考虑量测误差与初始状态误差。因此，卡尔曼滤波法在进行控制与预测方面比最小二乘法更完善。

(3)分析偏差与参数估计

取某一监控状态测得的前四个节段的高程、索力与塔顶偏位作为状态变量，设在某一施工过程中梁段的竖向位移、塔顶偏位及索力增量的实测值与计算值的绝对偏差为：

$$Y(k)=[h_1(k),\cdots h_n(k),x(k),f_1(k),\cdots f_m(k)]^{\mathrm{T}}$$

相对偏差(绝对偏差除以实测值)为：

$$Y'(k)=[h'_1(k),\cdots h'_n(k),x'(k),f'_1(k),\cdots f'_m(k)]^{\mathrm{T}}$$

式中：$h_1\sim h_n$——主梁位移的绝对偏差；

x——塔顶位移的绝对偏差；

$f_1\sim f_m$——索力增量的绝对偏差。

定义 ε 为参数估计的最大容许误差。

如果 $Y'^{\mathrm{T}}(k)Y'(k)\leqslant\varepsilon$ 时，不考虑对参数进行估计；

如果 $Y'^{\mathrm{T}}(k)Y'(k)>\varepsilon$ 时，考虑对参数进行估计。

则：

$$Y(k)=\boldsymbol{\Phi}(k)\theta_k+\varepsilon(k)$$

式中：θ_k——第 k 次待识别的参数误差；

$\boldsymbol{\Phi}(k)$——参数偏差 $\hat{\theta}_k$ 对结构状态偏差 $Y(k)$ 的影响矩阵，可通过结构计算模型求得。

因此，可得 θ_k 的最小二乘估计为：

$$\hat{\theta}_k = (\phi^T\phi)^{-1}\phi^T Y(k)$$

进行了参数识别后，需要按正装与倒拆计算重新生成各施工目标状态。

(4)高程的估计与预测

建议悬臂端高程的卡尔曼滤波状态方程与量测方程：

$$x(k)=\Phi(k-1,k)x(k-1)+\omega(k-1)$$

$$Z(k)=x(k)+V(k)$$

式中：$x(k)$——第 k 施工节段的悬臂高程；

$x(k-1)$——第 $k-1$ 施工节段的悬臂高程；

$\omega(k-1)$——第 $k-1$ 施工节段的偏差，是独立的高斯随机序列，数学期望为零，自协方差为 $Q(k-1)$；

$\Phi(k-1,k)$——状态变换系数；

$$\Phi(k-1,k)=\frac{x_r(k)}{x_r(k-1)}$$

$x_r(k)$——第 k 施工节段的悬臂高程的期望值(计算目标值)；

$x_r(k-1)$——第 $k-1$ 施工节段的悬臂高程的期望值(计算目标值)；

$Z(k)$——观测值；

$V(k)$——观测误差序列，是独立的高斯随机序列，数学期望为零，自协方差为 $R(k)$。

由此可得到第 k 节段(已施工)悬臂端高程的滤波估计值：

$$\hat{x}(k)=\bar{x}(k)+K(k)[Z(k)-\bar{x}(k)]$$

式中：$K(k)$——滤波增益矩阵；

$$K(k)=P(k,k-1)H^T(k)[H(k)P(k,k-1)H^T(k)+R(k)]^{-1}$$

$x(k)$——第 $k-1$ 节段施工后对第 k 施工节段的预测值。

第 $k+1$ 节段悬臂端高程的预测值：

$$\bar{x}(k+1)=\Phi(k,k+1)\hat{x}(k)$$

对于本桥，由于 0 号块件与理想状态的误差很小，因此初始条件为：

$x(0)$取为 0 号块两端的理论计算高程；$P(0,0)$取为 0 号块两端理论与实测高程差值的平方；$Q(k)$为系统误差均方差，取安装高程误差，根据同类桥梁的经验与本桥的实际情况，按最大或然法分析，取为 0.0008m^2；$R(k)$为测量误差均方差，与测量仪器及伸臂长度有关，取为伸臂长度乘以 10^{-4}。

(5)第 k 施工节段斜拉索的第二次补拉索力的确定

根据第 k 与 $k-1$ 节段的高程与设计值的偏差，确定第 k 节段斜拉索第二次补拉的调整量。其中，第 k 节段高程使用的是第 $k-1$ 节段时的预测值；第 $k-1$ 节段高程使用的是滤波估计值。

定义偏差为：$\Delta=[\delta_k,\delta_{k-1}]^T$

$$\delta_k=\bar{x}(k)+x_b(k)-x_r(k)$$

$$\delta_{k-1}=\hat{x}(k-1)-x_r(k-1)$$

式中：$\bar{x}(k)$——第 $k-1$ 节段施工后第 k 节段高程的预测值；

$x_b(k)$——新安装的第 k 节段定位误差；

$x_r(k)$——第 k 节段高程设计值；

$x_r(k-1)$——第 $k-1$ 节段高程设计值。

设 $T_a(k)$为索力调整量，$A(k)$为索力对竖向位移的影响矩阵，则：

$$\Delta=A(k)\times T_a(k)+\varepsilon(k)$$

由此可得索力调整量的最小二乘法估计为：

$$T_a(k)=[A^T(k+1)A(k+1)]^{-1}A^T(k+1)\Delta$$

(6)第 $k+1$ 施工节段最优安装高程的确定

设第 $k+1$ 施工节段的安装高程为 $X_a(k+1)$，则：

$$\bar{x}(k+1)=X_a(k+1)+X_m(k+1)$$

式中：$\bar{x}(k+1)$——第 k 节段施工后对第 $k+1$ 节段的预测值；

$X_m(k+1)$——第 $k+1$ 施工节段安装后，直到第 $k+1$ 斜拉索补拉结束时的竖向位移值，当第 $k+1$ 斜拉索补拉索力确定时，可通过正装计算求得。

因此，第 $k+1$ 节段的最优安装高程为：

$$X_a(k+1)=\bar{x}(k+1)-X_m(k+1)$$

(7)合龙后的施工控制实施

根据合龙后实测索力与计算索力的偏差 $D^T=[S_1,S_2,\cdots,S_j]$ 确定是否调整索力。如需调整索力，则确定具体需要调整的斜拉索数量、位置与顺序。

调索通常的做法是通过迭代试算得出索力调整过程与调整量，但这种试算过程只能得出一个较粗略的结果。而且，由于是对索力进行控制，每根斜拉索调整时都需要监测其余索力，不便于实际施工操作。

本桥调索采用了最优张拉拔出量控制法，其原理是先由影响矩阵根据调值算法求得索力的最优调整量，再求出无应力索长的改变量即是拉索的最优张拉拔出量。由于采用了最小二乘法计算索力的最优调整量，使得计算结果更为精确；另外，由于采用了张拉拔出量控制法，使得控制量与施工过程无关，对于提高施工效率大有好处。

最优张拉拔出量控制法的操作过程如下：

①将实测索力代入程序计算，模拟未调索前的实际结构状态，设索力为 $C[c_1,\cdots,c_i]$，可求解此时的无应力索长 $L_s=[l_1,\cdots,l_i]^T$。

分别对每根索索力单位增量，求出其他索力的变化量，组成索力影响矩阵 $\boldsymbol{\Phi}_s$。

②调索方程为：

$$D=\boldsymbol{\Phi}_s\times C+\varepsilon_c$$

可求得调整索力的最小二乘解为：

$$\hat{C}=(\phi_s^T\phi_s)^{-1}\phi_s^TY_s$$

③将 $\hat{C}$ 代入程序计算，得到调索后的结构状态，求出此时的无应力索长 $L_e=[l_1,\cdots,l_i]^T$。

则 $L_g=L_e-L_s$ 为需调索的无应力长度改变量，实际施工时只需按 L_g 进行张拉调拔出量控制即可，不用考虑调索顺序。

三、斜拉桥施工的合龙控制

1. 预应力混凝土主梁合龙要点

对于边跨有协作体系的独塔或双塔斜拉桥，施工时需首先进行边跨合龙；双塔斜拉桥悬浇施工最后进行中跨合龙。图 3-5-12 所示的某斜拉桥边、中跨合龙前示意图。斜拉桥在悬浇施工过程中，由于结构的不定性必须临时固定，如图 3-5-13 所示。协作跨连续梁墩顶 A 处，如图 3-5-12，用临时硫黄胶泥锚固，并以预应力钢筋将主梁与墩顶连接。由于斜拉桥中跨合龙受边跨合龙影响，边跨合龙又受邻跨影响，为了进行好控制主梁线形及斜拉桥体系转换的关键工序，也为了使中跨合龙容易进行，应首先进行边跨合龙，最后进行中跨合龙。现以中跨合龙为例，说明合龙施工控制必须考虑的问题。

边跨合龙完成、合龙预应力束张拉后，即可进行中跨合龙施工。

合龙控制过程及内容如下：

(1)移动一端挂篮到位、立模，另一端挂篮移至影响范围外拆除；清理并解除无效施工荷载；测量挂篮自重，加压重平衡单侧挂篮不平衡力矩；

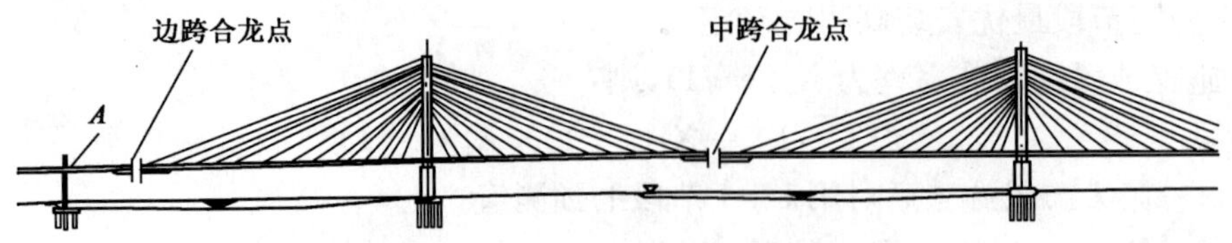

图 3-5-12　某斜拉桥边、中跨合龙前示意图

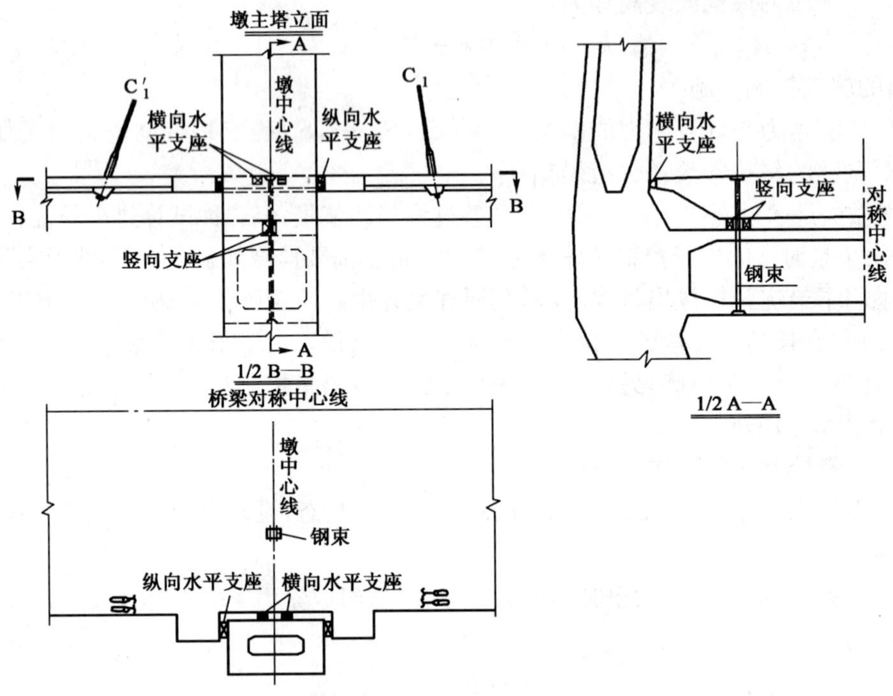

图 3-5-13　施工过程中主梁临时固定示意图

(2)检测索力、主梁线形和应力、温度，并进行监控计算，是否有索力、线形、中线偏差；并进行误差调整计算；

(3)调整索力及线形，使其满足预定值；

(4)解除竖向约束，对悬浮体系，张拉 C_0 索；对于连续梁体系，换成正式支座；

(5)对压重水箱注水，水重等于新浇注混凝土自重；

(6)施加足够临时连接，使合龙两相邻梁段形成整体；

(7)解除主梁纵向施工约束；再次检测索力、主梁线形，必要时调整索力；

(8)捆扎钢筋、浇注混凝土，边浇注边放水，直至完成混凝土浇注；

(9)养护、张拉合龙预应力束；

(10)拆除无效施工荷载，全桥索力、线形检测和监控计算，实施索力、线形调整，使合龙处于最佳状态。

在施加临时连接后，浇注混凝土前使主梁处于正式支承状态，以保证良好内力状态。合龙线形和内力均受温度影响较大，除在监控计算中计及与标准温度之间温差影响外，施加临时连接的闭合施焊应选择适当稳定温度下进行，并考虑闭合温度与标准温度温差修正。

2. 斜拉桥钢箱梁主梁合龙技术

对钢箱梁主梁斜拉桥，由于钢箱梁对温度变化比较敏感，同时，受非线性影响较大，加之梁段焊接大环缝收缩，及斜拉索水平分力的轴向压缩，使合龙段的长度难于在制造时精确确定。合龙时采用多项控制措施，并对合龙段切割余量进行精确配切。

(1)水箱压重及同步放水

在合龙段吊装前，要进行 36h 连续观测。为使连续观测的结果与合龙段合龙后的状态完全相同，保证合龙线形符合要求，必须在前端加一个与合龙段自重等效水箱。为使在起吊过程中高程不致有太大变化，在起吊合龙段时应同步放水，并实时对前端高程进行观测，以确保放水和起吊的同步性。

(2)合龙桁架及合龙段加强件的设计

合龙桁架位于箱梁竖腹板的外侧、不影响合龙段吊进的位置上。合龙桁架主要目的是保证两梁段在合龙过程中的变形协调及在合龙段焊接过程中承受部分由温度产生的轴向力。合龙桁架安装好后要经历数个白天的强烈日照，日照产生很大的体系升温及箱梁顶板升温。为了避免由于升温产生的巨大的轴向力，合龙前构件设计为不传递轴向力的连接。合龙段吊装到位，线形、高程、缝宽调整好后立即锁定合龙桁架。

合龙段加强件位于合龙段及两侧箱梁顶底板，该加强件通过拼接板采用高强度螺栓连接。

在合龙过程中，该组合龙辅助构件应工作良好，确保合龙段吊入并在匹配过程中两侧悬臂端变形协同，并保证在焊接过程中焊缝宽度不会随温度的变化而变化。在索塔临时约束解除后，该组辅助构件亦经历了白天日照的考验。

(3)连续观测

为了掌握一天内温度变化及合龙间隙变化的规律，在合龙前进行 36h 的连续观测。观测频率为 20:00～8:00 时段是一小时一次，其余时段为两小时一次。温度测量采用 3 种手段：

①采用温度计测量大气温度。

②采用点温计测量钢箱梁温度。

③采用埋置于梁段的数字温度计测点和一个温湿度测站测量钢箱梁温度及环境温湿度。合龙间隙测量，在钢箱梁合龙口上布置测点以测量顶底板及腹板的合龙间隙。此外应同步测量合龙口高差变化情况。

通过上述观测，确定 23:00 为合龙段吊进的相似环境，根据该时间合龙间隙考虑确定合龙段配切长度。

(4)塔下临时约束解除

索塔下临时约束承受纵、横向剪力及竖向拉力，一方面由于剪力会使正在焊接的合龙口承受轴向冲击，另一方面临时约束无法承受白天日照所产生的强大的力，故索塔下约束解除选择在合龙口主腹板焊接完后清晨日照前完成。

索塔下拉力采用钢绞线来抵抗，在约束解除中要释放掉其中的竖向拉力。为了避免对主梁产生冲击，在解除索塔下约束时可在索塔附近主梁上采用压重，待所有约束解除后再逐次卸除压重。

(5)某桥合龙实施实例

某桥 36h 连续观测的成果如图 3-5-14 所示。从图中可以看出，23:00 以后，温度进入相对平稳状态，温度梯度小于 1℃/h，满足合龙的要求。在此种状态下合龙，结构的安全可以得到保障，并且有足够的焊接时间。为能够在合龙当天通过温度的测量预测大致的合龙时间，选取合龙状态附近 6h 的数据进行回归分析，分析结果如图 3-5-15 所示。其回归的直线斜率约为 7mm/℃。这样在合龙当天，通过采集温度数据，就能很好地预测出合龙时间。

在实施过程中，合龙段顶板于 6:30 越过梁段的底板，并于 20:30 完成就位。凌晨 4:00 前完成了主腹板的焊接工作，随后立即解除索塔下临时约束，结束全部合龙工作。

表 3-5-18 列出了主梁线形在中跨合龙后的实际测量结果。从表中数据可以看出，中跨合龙后的主梁线形平顺，实测高程与理论高程的差值均在设计容许范围之内。最后利用最小二乘原理通过竖曲线半径调整，并结合铺装的厚度调整，能够满足行车舒适的要求。各索索力也在预定的误差范围之内，不需要后期调索。

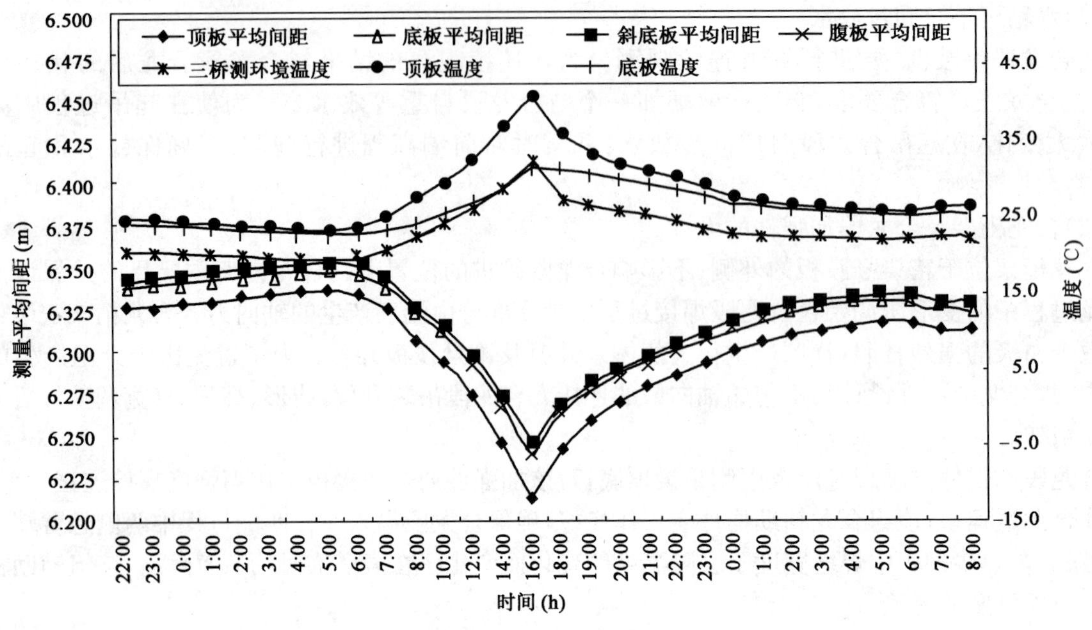

图 3-5-14　36h 连续观测

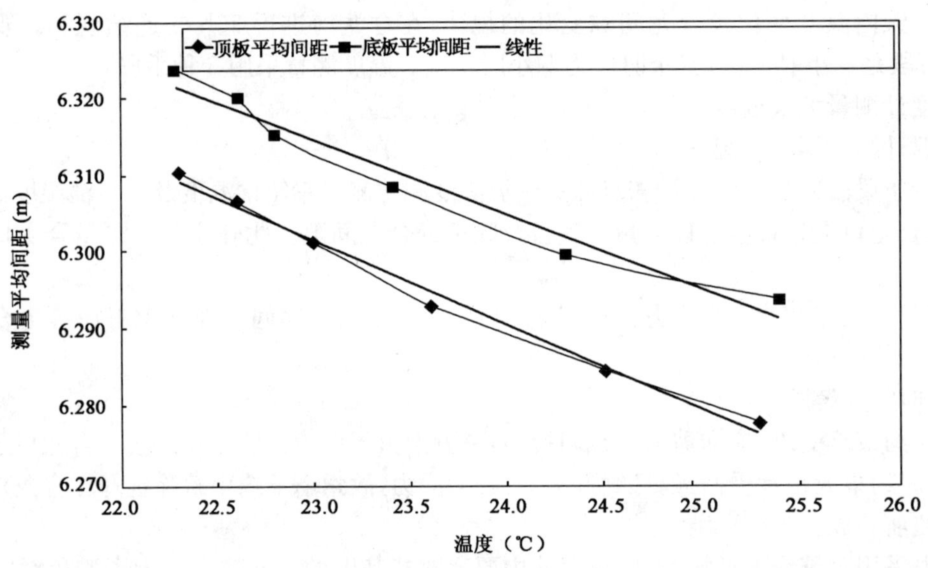

图 3-5-15　合龙口宽度与温度的回归分析

中跨合龙后主梁线形测量　　表 3-5-18

梁段编号	理论高程 (m)	实测高程(m)		理论与实测偏差 (mm)	上、下游偏差 (mm)
		上游	下游		
SA21	32.834	32.797	32.797	−37	0
SA20	33.187	33.146	33.152	−38	−6
SA19	33.539	33.507	33.514	−29	−7
NA21	32.840	32.809	32.809	−31	0
NA20	33.192	33.160	33.161	−31	−1
NA19	33.542	33.518	33.518	−24	0

3. 钢桁梁主梁合龙特点

斜拉桥钢桁梁主梁的安装合龙，不同于混凝土主梁和钢箱梁主梁，其合龙施工具有下述特点：

①合龙点多。钢桁梁合龙点多达 6 处，即 4 根弦杆、2 根斜杆，要求 6 点均能准确对位，空间形状无误，施工控制难度很大。

②钢桁梁竖向刚度很大。主桁弦杆和斜杆多采用 H 形或箱形截面，断面尺寸较大，公路桥面板采用混凝土结合板时，比一般连续钢桁梁桥的整体刚度大很多，合龙点坐标调整困难。

③合龙点空间坐标的可变性多。顺桥方向钢梁长度的偏差，受温度、钢梁制造与安装偏差及索力的影响；铅垂方向的偏差，受安装荷载、日照及索力偏差的影响；钢桁梁中线、上下游横桥向的偏差，受日照、索力及钢梁安装顺序、起吊荷载的影响。调整时，顺桥向、垂向相互制约，合龙点的位置较难控制。

④合龙精度要求高。只有实现精确合龙，才能保证线形匀顺和安装质量。所有的合龙杆件按设计图预先在工厂成孔，避免施工过程中现场扩孔。

下面以某桥预应力混凝土桥面板结合桁梁斜拉桥为例，说明合龙前后的准备和措施。

(1)合龙前

①控制安装荷载处于对称、平衡、均匀理想状态，除了为调整位移在桥上按规定坐标堆放预定荷载外，其他位置不必要荷载均清除。

②斜拉桥钢桁梁在架设过程中，要经常调整中线和高程，规定每架设一个节间，必须测量中线、高程和节间平面对角线尺寸，以及钢梁杆件内力和索力等，发现偏差及时研究原因，迅速调整，各项指标均在控制范围之内方可进行桥面板与上弦杆件的结合。

③对影响合龙高程、中线、旁弯、合龙节间距离、断面扭转等的因素，如日照、温度、荷载、索力等，广泛进行测试，寻找规律，以便适时采取有效措施。

④计算钢梁安装合龙调整时各种可能偏位的变形及应力资料，用以适时决定调整方法，确定作用力的大小及其所用的工具。

⑤检测温度及各构件合龙偏差，以便选择合龙时段及合龙顺序。构件偏差包括：

a.下弦杆：上游、下游纵向偏位及高程，上游、下游横向偏位；

b.下弦杆：上游、下游纵向偏位及高程，上游、下游横向偏位；

c.斜杆：上、下游轴向偏差；

d.斜拉索索力偏差。

(2)合龙措施

①通过试验和计算，选择调整方式；

a.横向：上、下游调整用导链对拉；

b.竖向：采用压重和调整斜拉索索力，放松或拉紧；

c.顺桥向：用顶拉设备，结构设计有弹性索时，可用弹性索调整。

②结构上采用长圆孔加圆孔合龙铰的措施。规定先调整横方向位置，然后调整竖方向，在长圆孔内穿入锥形销栓，使竖方向受到约束，再调顺桥向方向距离，在圆孔内穿入锥形销栓抽去长圆空铰轴，使合龙节点保持铰接。合龙节间按先下弦、后上弦再斜杆，最后安装下平联及纵横梁等顺序依次进行。为确保钢梁的设计拱度，防止在合龙处造成局部下凹，拼装过程中要求下弦尽量保持负公差。

③为了便于调整合龙点位置，合龙节间两侧各留 1～2 个节间暂时不装桥面板。

④为了控制合龙节间的断面尺寸，可在相临三个节间安装临时上平联，待合龙后拆除。

⑤六个合龙点仍按合龙顺序逐步打入冲钉，穿入高强度螺栓，将圆孔铰轴拔出，实现高精度合龙。

(3)合龙后

合龙以后，即进行桥面系安装、桥面板吊装以及桥面板湿接缝施工等工作，随后按设计要求，调整全桥索力。调整是用无应力索长法来控制的。

该桥钢桁梁合龙结果，拱度曲线圆顺，合龙点中线偏差仅 11mm，索力偏差在±3%内。

第六章 悬索桥检测

第一节 悬索桥的组成和结构特点

一、悬索桥的组成

悬索桥结构主要由四部分组成：锚碇、主塔、缆索系统和加劲梁。

1. 锚碇

锚碇是锚固主缆的结构，将主缆竖直及水平反力传给地基基础，是锚块、锚块基础、主缆锚碇架、锚室的总称。锚碇分为重力式和隧道式两种。隧道式在岩层条件极为良好条件下应用，一般均采用重力式锚碇。钢结构制成的锚碇架或钢绞线锚固系统，固定预埋在锚块混凝土中，主缆靠锚固设备锚在锚碇架或钢绞线锚固系统上。巨大的锚碇混凝土块自重平衡主缆竖向分力，自重与岩层间的摩阻力平衡大缆水平分力，并保持足够的抗滑移安全度。

2. 索塔

索塔主要由基础、塔身及鞍座构成。塔除承受自身重量及塔本体上风、温度、地震作用外，还要承担缆、加劲梁等悬索桥体系传给它的恒、活载和风、温度、地震等作用。成桥索塔塔顶与主缆为固定，塔顶由缆系住形成可挠性塔，即塔是主要受压并受弯的构件。在我国，塔多由劲性钢骨架钢筋混凝土浇筑而成，日本、美国等发达国家多采用钢塔。

3. 缆索系统

缆索系统包括锚固于锚碇，并支撑于索塔的主缆和直接将加劲梁悬吊于主缆的吊索。主缆索股由两端的热铸锚和索体组成；索体多由 ϕ5mm 高强度镀锌钢丝组成。钢丝破坏强度一般均大于1670MPa。小跨度悬索桥有用钢绳和钢绞线的。目前世界最大跨度悬索桥日本明石海峡大桥主缆截面达36830根 ϕ5mm 钢丝。吊索多用镀锌钢丝绳，也有的以平行钢丝组成，钢丝绳钢丝破坏强度可达1700～1800MPa；平行钢丝采用 ϕ5mm 或 ϕ7mm 镀锌高强度钢丝，破坏强度也在 1670MPa 以上。钢丝绳吊索多采用热铸锚，而平行钢丝吊索则采用冷铸锚。吊索上端通过索夹固定于主缆，吊索与索夹连接，对于钢丝绳吊索多采用骑吊式。另外，钢丝绳和平行钢丝吊索亦采用销连接。吊索下端一般通过锚头和拉杆系统与加劲梁相连。

4. 加劲梁

加劲梁一般为简支或连续支承的钢桁架或钢箱梁，少数采用薄壁预应力混凝土箱梁和结合梁。

二、悬索桥的结构特点

1. 悬索桥结构重力刚度的概念

悬索桥的刚度是指结构抵抗活载变形的能力。悬索桥抵抗活载变形的能力，是靠大缆张紧和桥跨结构巨大的恒载而形成的线形平衡稳定的状态，不因较小的短段活载而有显著变化，这便是缆的重力和桥跨结构重力形成的刚度，称之为重力刚度。另外，柔性的加劲梁所能分担的活载很小，将其看成对总体刚度可以忽略的悬吊的桥面系。1931～1962年间，O. H. Ammann所设计的华盛顿桥，其行车部分则是悬吊的桥面系而没有加劲梁，首次将梁的高跨比减少至1∶120。

2. 结构体系的几何非线性

悬索桥在承受活载后，塔、缆和吊索均发生较一般桥梁结构形式更大的变形，这使最初的几何图式改变。对于梁式、拱式、桁式桥可以忽略这种变化，对计算结果无明显影响，悬索桥的计算却不可以，尤其在成桥前的施工阶段的计算。这就是悬索桥结构体系几何非线性，必须考虑。正是由于悬索桥结构的这种特点，弹性理论分析方法不为人们所接受，而提出考虑主缆在活载下挠度的挠度理论的分析方法；跨度加大，活载比率的减少，人们寻求简化的挠度理论，即省略挠度理论基础微分方程的二次项的线性挠度理论。在计算机广泛用于结构分析的今天，广泛采用了能更好考虑悬索桥结构体系特性的有限位移论理和其他非线性有限元分析方法，其最主要特点为：

(1)荷载作用下结构大变形，平衡方程以变形后几何关系建立，力与变形关系为非线性；

(2)以恒载作用下主缆初始几何线形和初始轴力为依据。模型试验结果证明，考虑上述两点的悬索桥结构分析，尤其施工过程的内力与变形分析，结果与试验数据十分吻合。

悬索桥总体及构造设计、抗风设计、塔、锚碇及加劲梁刚度等均应满足国家、行业相关标准要求。

三、悬索桥的施工特点

悬索桥不同于其他结构形式桥梁的施工特点在于它的锚碇、主缆系统的施工，以及主缆系统和加劲梁的防腐处理。

1. 锚碇

锚碇的施工特点主要是混凝土工程巨大，一般较大型悬索桥的锚块和锚块基础C25～C30混凝土都在20000～50000m^3，甚至更大；其最小尺寸也多大于1m或更大。混凝土在凝固过程中的水化热使混凝土浇筑层间或混凝土内部与外界气温温差较高，如高于25℃。随后混凝土的冷却、收缩使混凝土产生裂缝。避免大体积混凝土浇筑过程中温差过高和产生裂缝，是锚碇施工的主要问题。必须在混凝土的掺料、施工过程、冷却方法和养护各方面采用有效措施避免过高温差和开裂，如采用矿渣水泥、掺入粉煤灰、采用水管冷却和冷却集料降低一次浇筑层高、蓄热保温养护等。施工过程温度检测及控制是必要的。

2. 主缆系统的施工

主缆系统施工分制造和架设两部分。

主缆和吊索的制造要求精度很高，制造精度决定架设施工的精度和是否顺利，同时决定成桥状态的几何尺寸是否能很好满足设计要求。我国主缆均采用工厂制作索股工地进行安装的平行丝股法(PPWS法)，国外有的采用空中纺线法(AS)。控制索股制作精度的基准丝长度精度要求不低于1/15000。在标定过的标记工作台上制作基准丝，并进行拉力和温度的修正。

钢丝绳吊索的制作也须进行恒载下料的控制过程。

热铸锚的制作要控制灌注合金的纯度、浇铸温度和反顶压力，保证钢丝的锚固力。

大缆施工的悬吊脚手即锚道的架设是悬索桥施工的独特方式，随后主缆索股的拖拉、编缆、调整整圆、紧缆、缠丝、索夹安装、涂装等工艺过程均在锚道上进行。锚道结构虽然是施工期间使用的临时结构，但在风作用下必须稳定可靠、使用方便。

3. 主缆系统及加劲梁的防腐涂装

主缆、吊索、鞍座及加劲梁的防腐涂装，是悬索桥施工的重要步骤，也是延长悬索桥使用寿命的重要措施，对于主缆尤其重要。吊索可以更换，钢加劲梁可以局部维修甚至更换，但主缆却不能。尤其对于工业城市和海洋大气的腐蚀环境下的悬索桥，对涂装设计和施工的精心考虑是十分必要的。目前国内外对于大型悬索桥的主缆防腐均采用紧缆、缠丝及涂装系统；加劲梁防腐采用重防腐系统涂装，并在钢箱梁内和锚室内采用除湿系统以防止箱梁内壁和锚室内裸露的索股腐蚀。

第二节　主缆制造与安装

目前国内外大型悬索桥的主缆多采用预制平行丝股法制作，如我国汕头海湾桥主缆由 110 股 ϕ5.1mm钢丝丝股组成，每股含 91 丝，钢丝总数为 10010 根；目前我国最大跨度的悬索桥西堠门大桥主跨主缆由 169 股 127 丝 ϕ5.25mm 的钢丝组成，钢丝总数达 21463 根，北边跨 175 股，钢丝总数 22225 根；目前世界最大跨度悬索桥明石海峡大桥主缆由 290 股 127 丝 ϕ5.23mm 钢丝组成，其钢丝总数达 36830 根。

一、预制平行钢丝股的制作

1.平行丝股的结构构造

丝股（或索股）由丝股本身和通过热铸合金与其锚固在一起的两端热铸锚构成，如图 3-6-1 所示。丝股的断面和热铸锚构造见示意图 3-6-2、图 3-6-3。丝股截面中位于左上角的一根钢丝为标志丝，沿丝股净长涂红色，用以控制丝股架设不扭转；截面右上角一根钢丝为标准线，用以控制丝股几何长度。

图 3-6-3 为丝股热铸锚构造示意图。钢丝在锚杯合金中的锚固长度，取决于单丝表面锚固试验的锚固力，对于极限强度为 1750MPa 的钢丝绳，铸体材料为锌铜合金时为 25MPa，为纯锌时为 30MPa；铸体材料为冷铸料时，ϕ7mm 钢丝可取 18 MPa。安全系数可取 2.5。图 3-6-4 所示为成品丝股两种彩色区别的连续记号，分界线即为标记点的准确位置，标记点间的尺寸精度应不低于 1/15000。标志点设置于散索鞍中心点、主塔鞍座中心点、边跨及中跨的跨中、锚头起点 1m 处，以标准丝制成束股后，在束股全周制成标记。

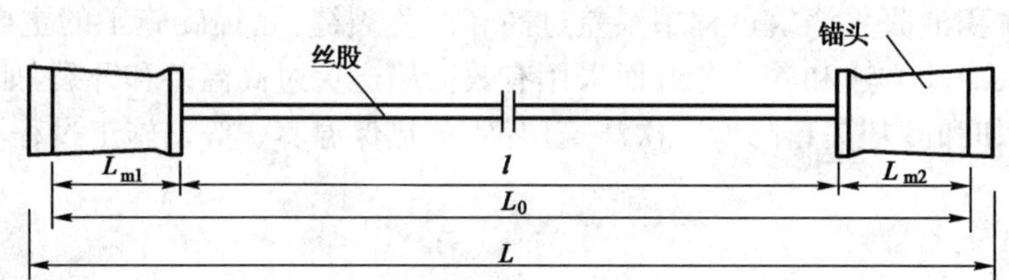

图 3-6-1　丝股构造示意图

L-成品丝股总长；L_0-丝股下料长度；l-锚头支撑面间丝股净长；L_{m1}、L_{m2}-丝股锚固长度

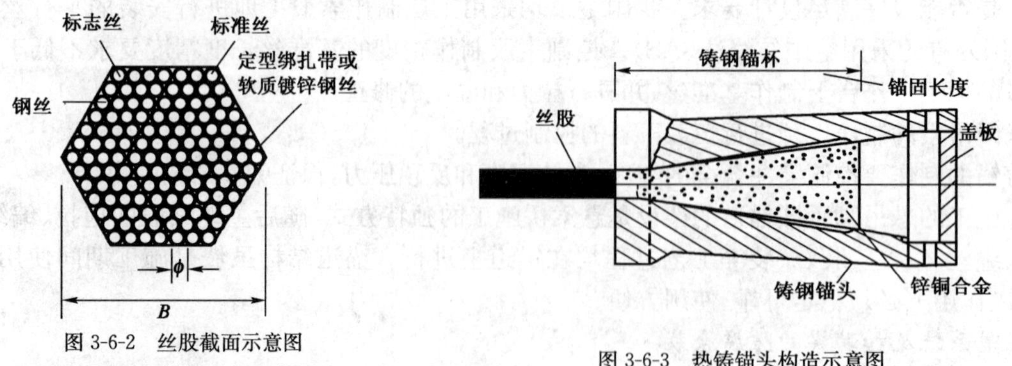

图 3-6-2　丝股截面示意图

B-丝股最大外径；ϕ-钢丝直径

图 3-6-3　热铸锚头构造示意图

2.主缆制作所用材料

(1)ϕ5mm 热镀锌高强度钢丝

主缆用热镀锌 ϕ5mm 高强度钢丝应符合《桥梁缆索用热镀锌钢丝》(GB/T 17101—2008)要求，详见第五章斜拉索用钢丝，或表 3-6-1 和表 3-6-2[见《悬索桥预制主缆丝股技术条件》(JT/T 395—1999)]。

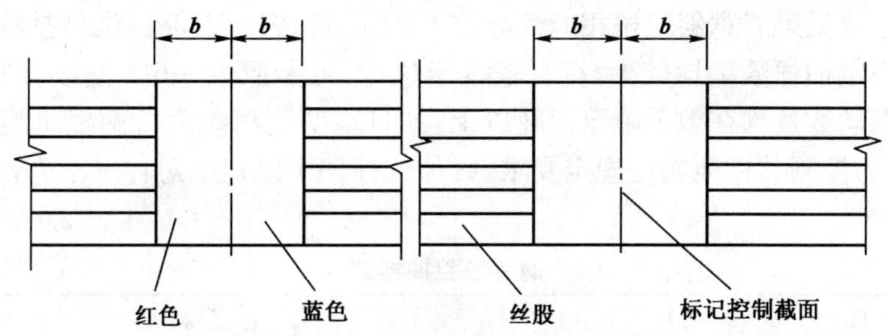

图 3-6-4 标准丝上标记示意图

注：b=6～8cm。

化学成分(%) 表 3-6-1

元素名称	C	Si	Mn	P	S	Cu
含量	0.75～0.85	0.20～0.32	0.60～0.90	≤0.025	≤0.025	≤0.20

关于悬索桥钢丝化学组成，对其他非金属夹杂物作出限制，如其他非金属夹杂物含量不大于0.10%。日本悬索桥按钢丝强度等级 1 600MPa 和 1 800MPa，将含碳量分为 0.75%～0.80%和0.80%～0.85%两级。

φ5mm 高强度钢丝技术要求 表 3-6-2

项目		技术要求
机械性质	钢丝直径(mm)	φ5.0 ± 0.06
	钢丝不圆度(mm)	<0.06
力学性质	屈服强度(MPa)	≥1410
	抗拉强度(MPa)	≥1670
	弹性模量 2.0×10^5MPa	允许误差±5%
	延伸率(L=250mm)	≥4.0%
	扭转(L=100d)	≥8 圈扭断
	缠绕(D=3d)	钢丝应经环绕直径等于钢丝直径 3 倍的圆形芯轴 8 次而无损坏、无裂纹
镀锌	外观质量	镀锌层必须光滑，无鳞皮、裂纹，整个长度无有害杂质
	镀锌层质量(g/m²)	>300
	附着质量	钢丝在 5 倍于直径的芯棒上缠绕至少两圈以后，用物擦拭的情况下镀锌层不开裂或剥落
	锌层均匀性	硫酸铜液挂铜浸蚀 4 次(1 次/min)不露铁
	镀锌后钢丝的直径增量(mm)	≤0.10
直线性	钢丝自由翘头高度(试件长度 l>5m)(cm)	15
	自由弯曲直径(m)	≥8
	钢丝长度	无接头；丝股长度的整倍数

对于悬索桥主缆来说，钢丝的疲劳强度和松弛率未明确做出要求，这是由于悬索桥主缆主要是承担恒载，活载应力幅一般不超过 10MPa，同时主缆材料非线性对结构性能影响也不像对斜拉桥那样敏感地影响结构计算。

各项性能检验方法见第五章斜拉桥相应部分或 GB/T 17101—2008。试件抽样建议参照表 3-6-3。由于我国相应标准规定抽样数量均较少，有时较难于执行，可参照表 3-6-3 或按合同协商方式及数量。一般悬索桥主缆用钢丝数量均在数千吨至万吨以上，如日本明石海峡大桥两根主缆用量达 57700t。如此巨大的钢丝集合，为控制其性能满足规定要求，必须选择一个既概括总体又节省试验费的抽样方式及数量。

钢丝检验抽样数 表 3-6-3

试验项目	试验根数
抗拉强度	从每盘钢丝的两端各取一根
屈服强度	从每盘钢丝中任抽一根，从该盘钢丝的两端取
弹性模量	从每 20 盘钢丝中任抽一盘，从该盘钢丝的两端各取一根
延伸率	从每 10 盘钢丝中任抽一盘，从该盘钢丝的两端取一根
扭转次数	从每 10 盘钢丝中任抽一盘，从该盘钢丝的一端取一根
缠绕	从每 10 盘钢丝中任抽一盘，从该盘钢丝的一端取一根
镀锌量	从每 10 盘钢丝中任抽一盘，从该盘钢丝的一端取一根
镀锌质量	从每 10 盘钢丝中任抽一盘，从该盘钢丝的一端取一根
直线性	从每 10 盘钢丝中任抽一盘，从该盘钢丝的一端取一根
钢丝直径	从每盘钢丝端取一根
外观	全部

(2)热铸锚

热铸锚锚杯采用铸钢（碳素结构钢 ZG 230-450），应符合现行《一般工程用铸造碳钢件》(GB/T 11352)要求；锚杯必须经超声探伤，并符合现行《铸钢件超声波探伤及质量评级方法》(GB 7233)中三级要求；合金灌注料为锌铜合金：锌含量 98%±0.2%，铜为 2%±0.2%，锌的纯度为 99.99%，铜的纯度为 99.95%。对每一炉合金均应取样分析并附结果报告。

3. 主缆索股制作

关于悬索桥主缆的索股制作，相关标准有《悬索桥预制主缆丝股技术条件》(JT/T 395—1999)，并可参考企业标准《悬索桥主缆预制平行钢丝束》(QTMAA 02—96)和《虎门大桥悬索桥主缆索股技术条件》(Q/CG 01—94)。正是在这些标准的支持下，我国在悬索桥建设方面取得了很大的成绩，如建设了汕头海湾大桥、西陵长江大桥、江阴长江大桥、厦门海沧大桥、润扬长江大桥南汊悬索桥、重庆鹅公岩长江大桥、西堠门大桥等数座现代悬索桥。索股制作工艺过程如图 3-6-5 所示。

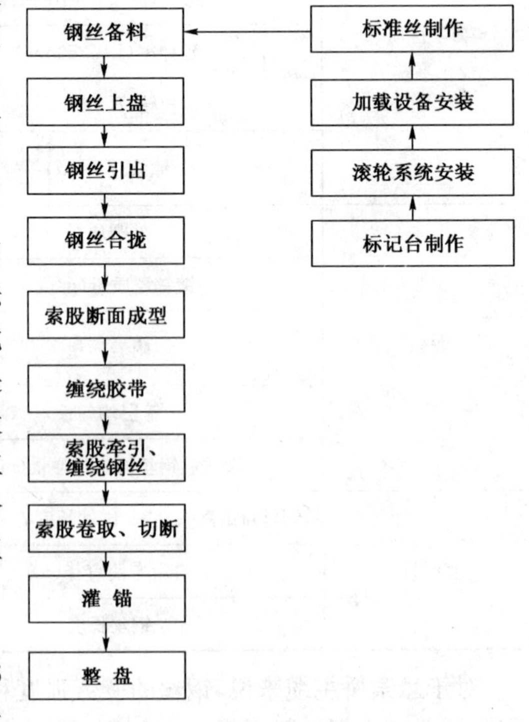

图 3-6-5 索股制作工艺步骤框图

(1)标准丝制作

制作标准丝应首先安装标准丝制作系统，如图 3-6-6 所示。标志台根据生产场地基线长及各标志段长来设置。

如标准丝长度为 L，最外端两标志台距离为 m，则生产一根标准丝需测量 $n=\frac{L}{m}$ 次。长度 m 取决于场地和实际标志点距离。一般标志点不少于 11 个：两端点、距两端点 1m 处、散索鞍中心点、边跨跨中、主索鞍主心点和中跨跨中点。中间标志台布置就取决于这些标志点间距。若中间支撑滚轮太少，则钢丝会悬垂太大、摩擦力大。

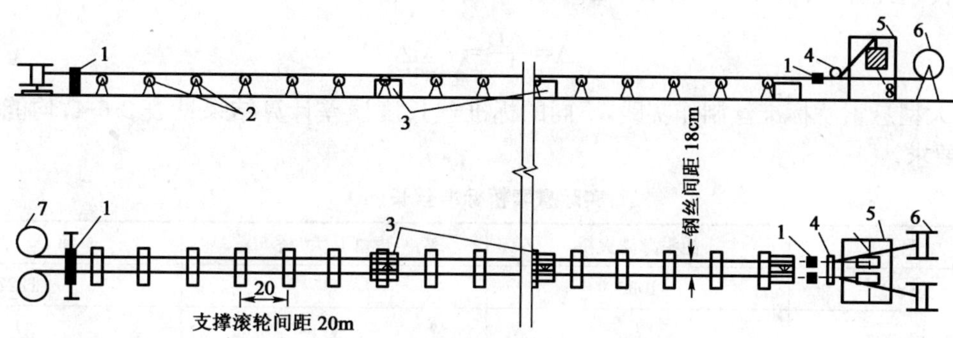

图 3-6-6　标准丝生产系统布置图

1-钢丝夹具；2-支撑滚轮；3-标志台；4-转向滚轮；5-加载系统；6-收丝盘；7-放丝盘；8-挂重

标准丝生产工艺如下：生产线试运行合格、各标志台间标志点必须满足测长精度 $1\text{mm}+10^{-6}D$、核定标准丝编号、放丝、加载、测长、长度复核、标记、盘卷、标记标准丝编号。长度值需按加载和即时温度修正，见式(3-6-1)：

$$L=L_0\left[1+\frac{P}{EF}+\alpha(t-20)\right] \tag{3-6-1}$$

式中：L——测量长度；

L_0——设计长度(20℃时无应力长度)；

P——张紧力；

E——钢丝弹性模量；

F——单根钢丝截面积；

α——钢的线膨胀系数；

t——环境即时温度。

标准钢丝制作长度误差要求相对误差不大于 $\frac{1}{15000}$。各项误差影响因素及计算如下：

①标志台设置误差，$1\text{mm}+10^{-6}D$，即每测量一次产生标志台距离误差 $1\text{mm}+10^{-6}D$，测量 n 次，则此项相对误差 $\Delta_1=n(1+10^{-6}D)/L$，D 标志台距离；

②标记、刻度误差，每次 0.5mm，一根标志丝标记五次，$\Delta_1=0.5\times 5/L$；

③环境温度误差允许 1℃，则 $\Delta_3=L\cdot\alpha/L$，α 为线胀系数，取 1.2×10^{-5}，$\Delta_3=\alpha$；

④张紧力误差，设张紧力总偏差为 3%(包括轮摩擦影响)，则 $\Delta_4=\frac{\Delta P}{EA}=0.03/EA$；

⑤此项误差主要是钢丝直径偏差引起钢丝两支撑轮间的垂度引起，可按 $L=\frac{2H}{q}\text{sh}\left(\frac{ql}{2H}\right)$ 计算出最大直径与最小直径的每米长钢丝质量 q(kg/m)计算出 L_2、L_1，$\Delta L=L_1-L_2$，则 $\Delta_5=\Delta L/L$，H 为钢丝拉力；

⑥弹性模量引起的长度误差，设 $E_{max}=2.1\times10^5\text{MPa}$，$\overline{E}=2.0\times10^5\text{MPa}$，$E_{min}=1.95\times10^5\text{MPa}$，$\Delta E_{max}/E=0.05$，则此项相对误差 $\Delta_6=0.05\frac{\Delta P}{EA}$；

⑦线胀系数 α 引起的误差，$\alpha=(1.2\pm0.1)\times10^{-5}$，则 $\Delta_7=\frac{\alpha}{10}$。

⑧加力误差引起钢丝垂度使长度产生的相对误差，仍假定支撑滚轮间距 l，H、H_{min} 分别为标准拉力和最小拉力，钢丝自重为 q，则有 $\Delta_8=\frac{\Delta l}{L}$，$\Delta l$ 按 H、H_{min}、l、q 计算出弧长之差。

按误差传递计算，总和相对误差 $\Delta=\Delta L/L$，

$$\Delta=\frac{\Delta L}{L}=\sqrt{\sum_{i=1}^{8}\Delta_i^2} \tag{3-6-2}$$

根据各大型悬索桥标准丝制作实践，不同的标准丝长度误差计算结果见表 3-6-4，均能很好地满足 1/15000 的要求。

实际悬索桥标准丝长（m）　　表 3-6-4

项　目	汕头海湾大桥	虎 门 大 桥	海 沧 大 桥
标准丝长（m）	1030	1635	1227
$\Delta L/L$	$\frac{1}{48700}$	$\frac{1}{38000}$	$\frac{1}{32115}$

（2）索股制作

索股生产线布置如图 3-6-7 所示。

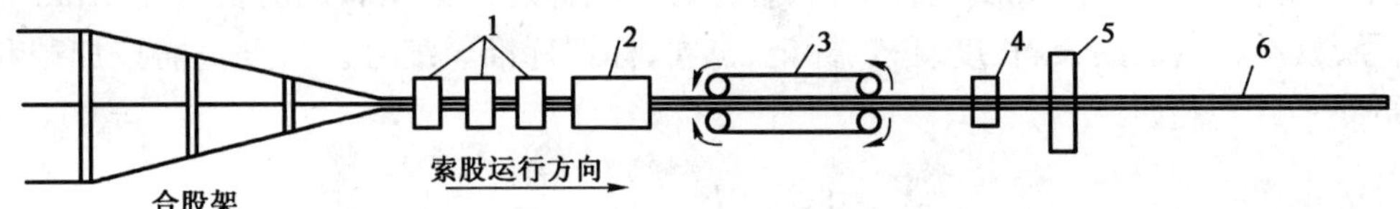

图 3-6-7　索股生产线布置图

1-成型机；2-缠包机；3-牵引机；4-缠丝机；5-切割机；6-钢丝索股

图 3-6-8 为放丝设备布置图。图 3-6-9 为钢丝合股架示意图。合股架是一系列支撑起的编丝盘。编丝盘的几何尺寸逐渐缩小，最后成型为索股断面。放丝设备应保证丝放出的方向，使钢丝能顺利进入合股架。

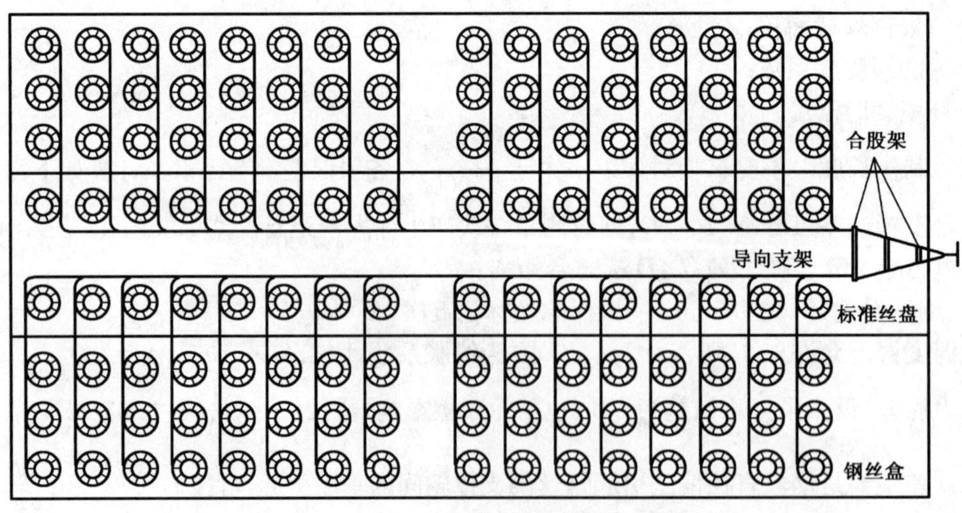

图 3-6-8　放丝设备布置图

索股表面每隔 1～1.5m 以高强度胶带缠绕，带宽 40～50mm，厚 0.07～0.15mm，防止索股松散；在索端部、主鞍座、散索鞍、跨中附近多处以 13 号软钢丝缠绕 6～10cm，保持索股形状。切断时断口两侧以成型夹具夹紧，保证切口断面准确齐整。

预制平行丝股的长度，是以标准钢丝为尺寸度量的，其误差性质与标准丝制作相同，制作标准丝时

已经计入，如钢丝直径、弹性模量、温度、线膨胀系数。切断时按标准丝两端标记，因此上述误差不能重复计入。属于索股制作的长度误差包括：

①两端标记、切割预计误差 2mm(1mm / 端)，Δ_9；

②灌锚时钢丝固定误差 6mm(3mm/ 端)，Δ_{10}；

③铸体顶压顶出误差 10mm(5mm/ 端)，Δ_{11}。

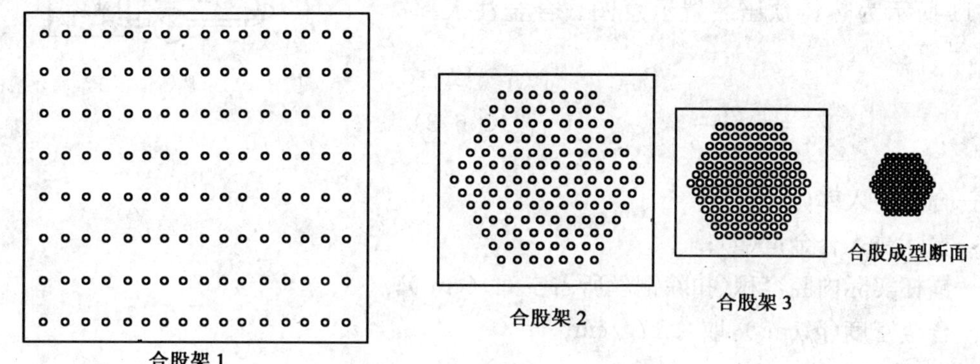

图 3-6-9　合股架示意图

最后综合误差仍然可以按式(3-6-2)计算，即 Δ_1～Δ_{11}。Δ_9～Δ_{11} 的影响一般相当于 Δ_1～Δ_8 的 1/2～1/3，计入 Δ_9～Δ_{11} 后仍能很好地满足 1/15000 的要求。

(3)热铸锚制作工艺及要求

图 3-6-10 所示为热铸锚制作工艺步骤框图，表明了热铸锚的制作工艺过程。

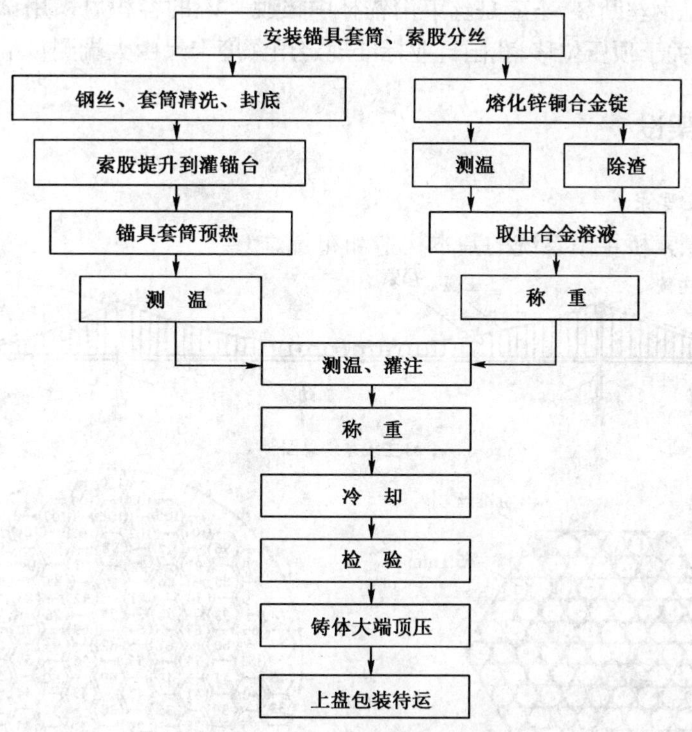

图 3-6-10　热铸锚制作工艺步骤框图

灌注工艺技术要求：

①锚杯内壁及灌端钢丝清洗、烘干；

②锚杯预热 100℃± 5℃；

③锌铜合金加热至 460℃±5℃；

④分丝板预处理,即热涂锌铜合金;

⑤合金铸入率不小于 92%;

⑥索股中心线与锚杯端面垂直度 90°±0.5°;

⑦铸体大端经 0.45 倍破断荷载的顶压力持续 5min,顶压位移不大于 5mm。

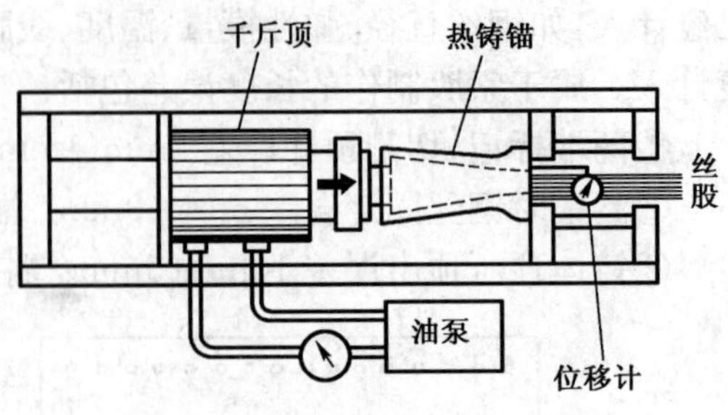

图 3-6-11 热铸锚顶压装置示意图

图 3-6-11 所示为热铸顶压装置示意图。合金注入率按(3-6-3)式计算:

$$V_2=\frac{m_g}{V_b\cdot\rho} \qquad (3\text{-}6\text{-}3)$$

式中:V_2——合金注入率(%);

m_g——实际注入合金量(g);

V_b——锚杯实际内腔容积(扣除钢丝所占空间)(cm^3);

ρ——合金密度(g/cm^3),取 $7.17g/cm^3$。

4. *索股静力破坏试验*

该项试验方法及规定同第五章斜拉索试验。

试验结果要求:

①破断荷载 $p\geqslant 0.95P_b$,P_b 为按钢丝实际破断强度和截面积计算的破断荷载;

②破断延伸率 $\delta\geqslant 2\%$,应扣除拔出量;

③抗拉弹性模量 $E\geqslant 1.9\times10^5$MPa。

另外,破断方式应是钢丝断裂,不应是丝束由锚杯中拔脱。V_b 的容积可采用试验方式求得,并可用水代替合金熔液来测量。关于顶压位移,我国行业标准规定用深度卡尺由大端测量端面顶压前后的差值。

二、悬索桥主缆架设

1. *主缆架设的技术要求*

图 3-6-12 所示为悬索桥主缆系统的基本构造和布置。

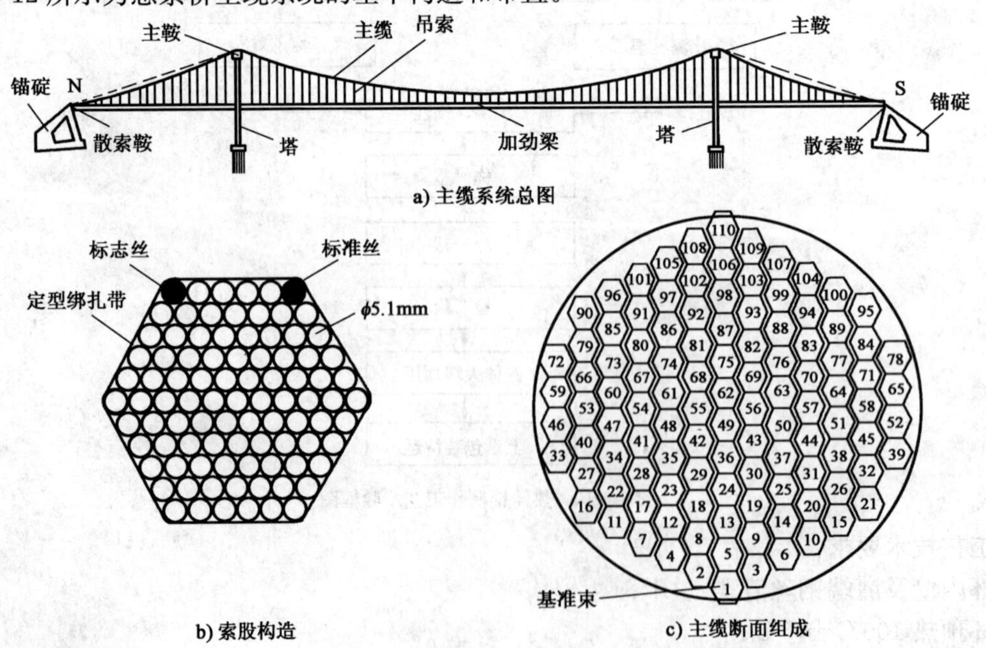

图 3-6-12 主缆系统的基本构造和布置

由图 3-6-12 可见，悬索桥由两端锚碇和两侧塔、两边散索鞍、主塔鞍、主缆和吊索、加劲梁组成。以某桥为例，主缆有 110 股索股，每股索股由 91 根 ϕ5.1mm 钢丝组成；编号为 1 的索股位于最下边，为基准索股。标志丝位于索股左上角，标准丝位于丝股右上角。

安装要求：

①主缆的安装要确保各索股受力均匀，各索股相对于基准股必须平行；

②索股各钢丝相对于标志丝也必须保持平行，不扭转、不鼓丝；

③索股张拉力控制在允许范围内；

④紧缆后空隙率应满足设计空隙率要求；

⑤防腐涂装满足设计要求。

2. 主缆架设准备

(1)猫道架设和索股拽拉系统

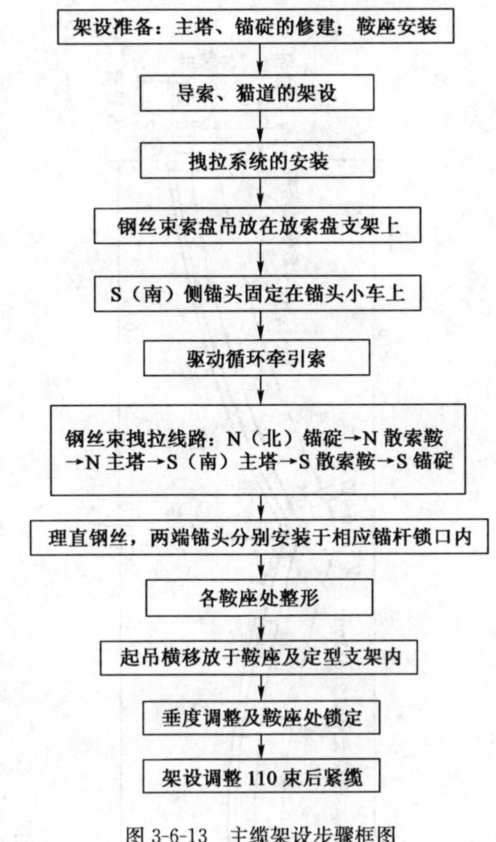

图 3-6-13　主缆架设步骤框图

图 3-6-13 所示为主缆架设步骤框图。图 3-6-14 所示为猫道布置和索股拽拉系统图。猫道在自重作用下为悬链线，平行于悬链线形的空缆状态。猫道系统架设和索股拽拉系统的安装，为主缆施工重要步骤。猫道的悬链线线形中心，距主缆中心 1.2～1.5m。猫道索的规格按计算选择和设置，并锚固在主塔两侧和散索鞍基础中事先预埋的钢构件上。猫道索的设计安全系数可采用 2.5～3。为确保猫道的线形，应以不低于实际使用的荷载预拉，并持荷 2h 来消除非弹性变形。

主缆索股拽拉系统上、下游主缆各自独立。悬索桥两端一端为放索场，另一端为拖拉场，拖拉场需设置大功率电动卷扬机。

猫道索架设跨中高程误差应不大于±30mm。猫道应满足施工期间抗风安全要求。

(2)鞍座的预偏量计算与设置

由于在加劲梁安装过程中，主缆在塔顶会产生不平衡水平力，安装过程主缆鞍座必须设置预偏量并进行临时固定。随加劲梁安装进程分数次使鞍座复位至设计位置。预先计算在不同安装阶段容许的预偏量，以保证主塔位移及弯矩不能过大，保证主塔的安全。同时在主塔塔顶设置鞍座复位设施，使上座体分阶段复位至设计位置。每次复位应解除临时锁定，顶推结束再加临时连接。当上座体与下座体间采用滑动摩擦式结构时，应在接触面间采用减摩剂并进行摩阻试验。实践证明，加减摩剂后，可将摩阻系数由 0.165～0.201 降至 0.132～0.138。当采用滚动式接触时，摩阻系数将会更小，不会带来施工的困难。当采用滑动接触时，为减轻顶推力，可采用中跨侧超前数个梁段情况下鞍座先行复位方式。

散索鞍座一般为摆轴式支承，按设计要求向锚体侧预偏，预偏量由计算给出。安装完毕，四周进行锁定；主缆完成，架梁前拆除锁定，进行预偏，按施工步骤，根据计算结果逐步复位。

3. 主缆架设

(1)主缆测量

为调索方便主缆的测点可设置在中跨跨中和边跨跨中，也可将边跨测点放在边墩上方以方便直接测量。地面三角点和水准点则可放在主塔承台和边墩墩顶。汕头海湾大桥主缆测量的测点布置如图 3-6-15所示。

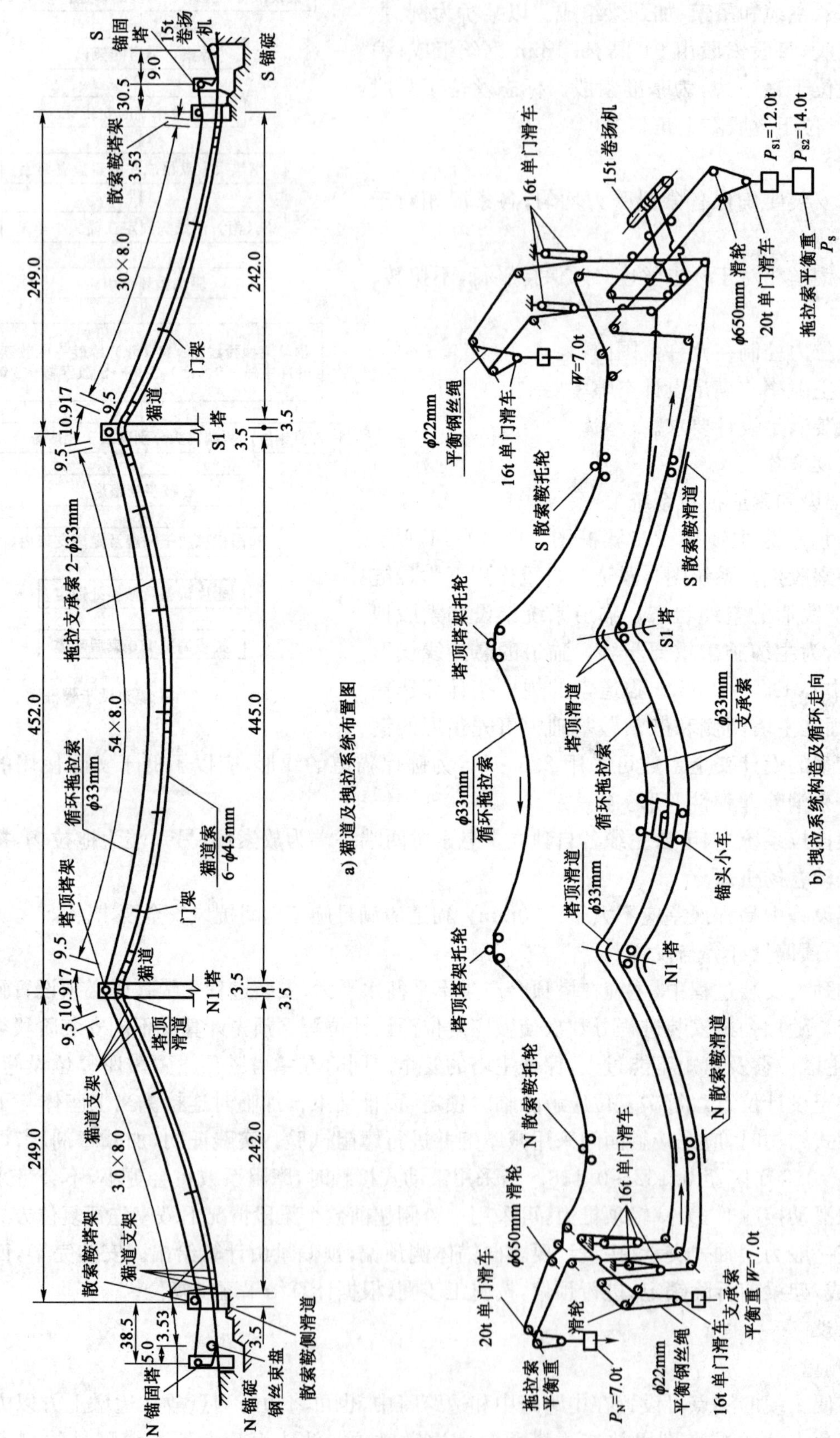

a) 猫道及拽拉系统布置图

b) 拽拉系统构造及循环走向

图 3-6-14 猫道及拽拉系统布置图（尺寸单位：m）

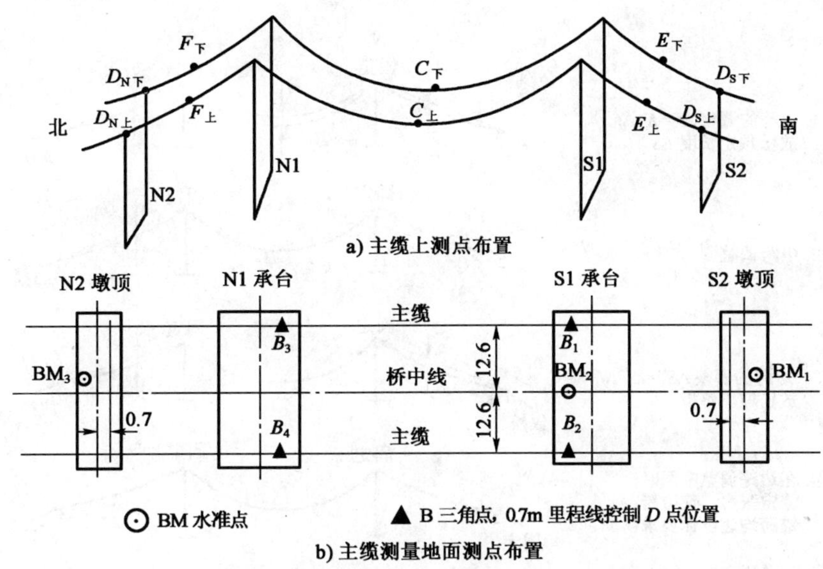

图 3-6-15　汕头海湾大桥主缆架设测点布置图

控制点 C、E、F、D 点测量示意图见图 3-6-16。主缆架设过程中，对基准索股需精确测量和设定。例如 C 点或 E 或 F 点测量，如图 3-6-16a)，全站仪立于 B_1 或 B_2，棱镜设标准束下 h_0，由全站仪读出 h 及 S，如 S 位置有偏移，可重复设置直至 S 定位准确。C 点或 E 或 F 点绝对高程为 $\mathrm{BM}+H_0+h+h_0$。墩顶处可直接测量出标准束下缘距 h 加 $\frac{d}{2}$，d 为标准束直径，则绝对高程为 $\mathrm{BM}+H_0+h+\frac{d}{2}$。

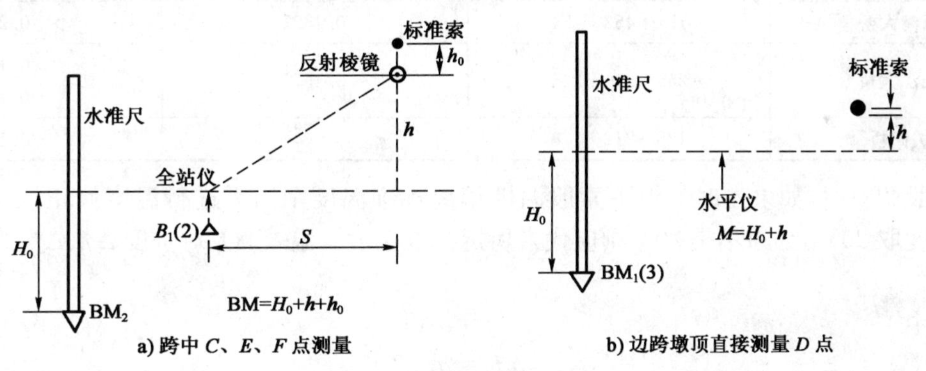

图 3-6-16　控制点测量示意图

(2)索股调整

索股线形调整分基准索股和一般索股。由于基准索股是一般索股调整的基准，所以应对基准索股进行绝对高程测量和调整。基准索股跨中允许高程误差为 $\pm L/20000$，边跨跨中为中跨中的 2 倍，上、下游基准索股高差 10mm。高程调整需在一天内温度最稳定的下半夜进行。温度稳定条件：索长方向温差 $\Delta T\leqslant 2$℃，截面温差 $\Delta T\leqslant 1$℃。一般索股相对于基准索股允许高差 +10mm、−5mm。

索股内力调整以张拉调整设备读数和锚头位移量双控确定。要求实际锚固力与设计值的偏差不大于 3%。

索股调整的步骤如图 3-6-17 所示。索股调整一般依据垂度的偏差 Δf、Δf_1 来计算出放松量 ΔS、ΔS_1，将主缆放松相应数量来实现。

索股调整需按式(3-6-4)及式(3-6-5)计算出调整量 ΔS 和 ΔS_1，它们分别为相应垂度差 Δf 和 Δf_1 的函数，常数 K 和 K_1 按跨长和矢跨比计算而得，各桥有所不同。

对主跨
$$\Delta S=k\cdot\Delta f \tag{3-6-4}$$

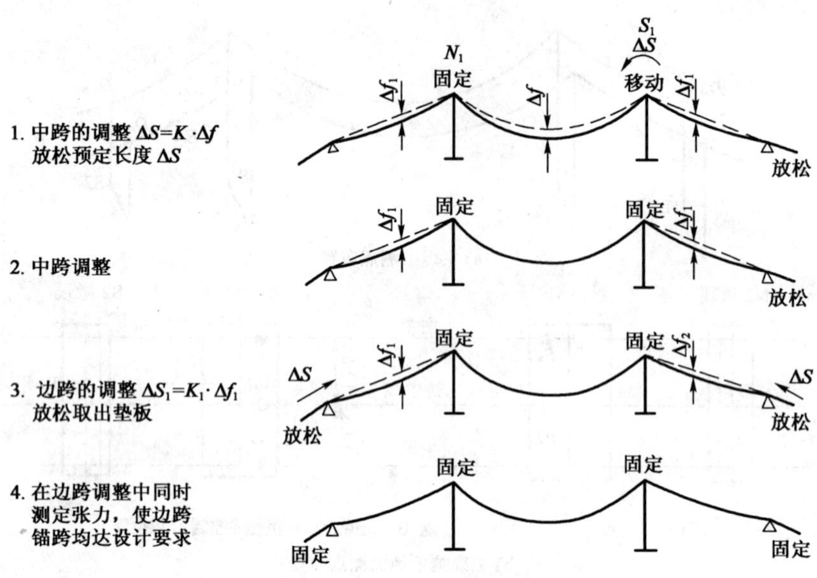

图 3-6-17　索股调整步骤示意图

对边跨

$$\Delta S_1 = k_1 \cdot \Delta f_1 \quad (3\text{-}6\text{-}5)$$

表 3-6-5 给出了汕头海湾大桥、西陵长江大桥和日本关门桥的计算数据。k、k_1 值亦可在设计过程中用有限元法、索长分析法或其他方法得出。

k 和 k_1 值表　　表 3-6-5

桥　名	边主跨组成(m)	k	k_1
汕头海湾大桥	154＋452＋154	0.4397	0.2344
西陵长江大桥	255＋900＋225	0.4577	0.1417 0.1520
日本关门桥	178＋712＋178	0.4444	0.1133

基准索股调整时，如果当时气温下索股温度偏离标准温度则尚需进行温度修正，$\Delta T = T - 20℃$。一般标准温度取 20℃，如果不是 20℃则应代入所定标准温度。温差 ΔT 对垂度 Δf、Δf_1 的影响，可按下式计算：

中跨跨中

$$\Delta f = a\Delta T \quad (3\text{-}6\text{-}6)$$

边跨跨中

$$\Delta f_1 = a_1\Delta T \quad (3\text{-}6\text{-}7)$$

关于系数 a、a_1，汕头海湾大桥 $a = 0.0127$，$a_1 = 0.0133$；西陵长江大桥 $a = 0.0242$，北边跨 $a_1 = 0.0218$，南边跨 $a_2 = 0.0209$。

在一般索股调整时，则只考虑相对于基准束的垂度差。基准束垂度调整要求连续 3d 取平均值作为基准束高程。一般束相对于基准束垂度差的测定和计算分别见图 3-6-18和式(3-6-8)。

$$\Delta f_i = H - (d_i + D + \Delta h_1 + \Delta h_2) \quad (3\text{-}6\text{-}8)$$

式中：Δf_i——第 i 根索股与基准索股的垂度差；

d_i——第 i 根索股设计位置与基准索股的差。

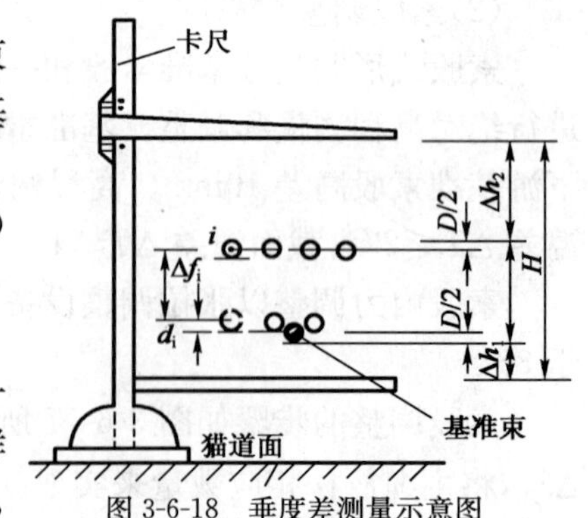

图 3-6-18　垂度差测量示意图

D-索股直径

注：⊙表示第 i 根索未调前的位置；○表示第 i 根索设计位置。

求得 Δf_i后，仍然按式(3-6-4)、式(3-6-5)计算进行索股调整。一般索股与基准索股采用若即若离原则。当索股形成相当数量的束群后，束群与待调索股的温差不能忽略，该温差可通过测温元件测得，按式(3-6-6)、式(3-6-7)算出 ΔS、ΔS_1，进行调整。

(3)主缆截面温度测试

进行索股调整时，同时要进行温度修正，这就要求必须知道主缆截面温度。主缆截面温度，实际高于外圈钢丝温度，外圈温度一般又高于大气温度。由内外温度分布规律可知，截面温度 T_i 与外圈温度 T_0 的关系如式(3-6-9)所示：

$$T_i = T_0 + \alpha \tag{3-6-9}$$

α 值假定沿长度分布为常数。一般情况下，测知外圈 n 个测点结果 T_{0i}，按式(3-6-9)计算截面温度：

$$T = \sum_{i=1}^{n}(T_{0i} + \alpha)/n \tag{3-6-10}$$

温度测试采用 ϕ5mm 热敏电阻，将测温元件粘贴固定在索股上，待气温稳定时在后半夜以数字阻值表测取阻值；事前标定测温元件阻值与温度的关系曲线，同时以分辨率为 0.1℃的水银温度计测量环境温度。测温断面可按索股调整垂度测试断面布置。汕头海湾大桥典型测试结果见图 3-6-19。三次测试结果数据经统计计算后，由表 3-6-6 给出。由测试结果可见：环境与主缆截面温差为 1～1.8℃；截面内外温差为 0.7～1.0℃。

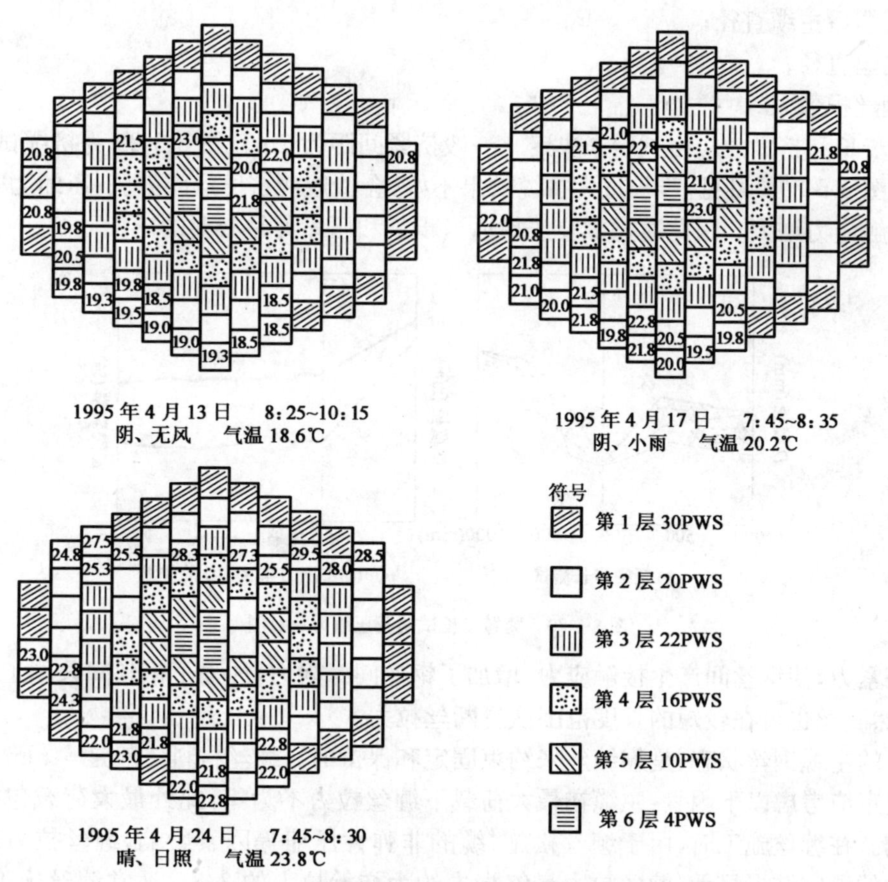

图 3-6-19　汕头海湾大桥主缆截面温度测试结果

主缆截面温度及外圈温度计算值　　表 3-6-6

时　间	气温 t(℃)和天气	$T_{内}$(℃)	$T_{外}$(℃)	$\alpha = T_{内} - t$	$\alpha = T_{内} - T_{外}$
4 月 13 日 8:25～10:15	18.6 阴、无风	20.4	19.5	1.8	0.9
4 月 17 日 7:45～8:35	20.2 阴、小雨	21.4	20.7	1.2	0.7
4 月 24 日 7:45～8:30	23.8 晴、日照	24.8	23.8	1.0	1.0

(4)主缆挤紧和缠丝

主缆架设过程中的紧缆和缠丝是主缆施工的重要步骤。紧缆缠丝使松散的钢丝集合紧密形成共同受力整体，同时也是防腐的重要措施。

紧缆是将架设后、略成六边形的索股群挤压成圆形。挤压也需在气温稳定的时候进行。

预挤压,也称初整圆,是以非金属物如棒或槌敲击,或借助导链滑车收紧,并以钢带捆扎,初间距60m,后加密至5m一道。初挤压后,空隙率应为26%~28%。

正式挤压采用专用挤紧机。要求一般空隙达到20%,索夹处18%以下。挤压顺序是由中跨跨中至塔顶,再由两边塔顶至两边桥台。如果初整圆后钢丝已基本平顺,无凹凸不平现象,也可先由两塔顶向中跨跨中,再由塔顶至两边桥台。挤紧机离开前,在靠近挤紧机处打两道钢带,间距100mm。当挤紧机离开5m以上时,便可测量竖向及横向缆径,不圆度(即竖、横径差)应不大于5%,空隙率与设计值的偏差不大于±2%。空隙率可按式(3-6-11)计算:

$$K = 1 - \frac{nd^2}{D^2} \tag{3-6-11}$$

式中:K——空隙率;

D——挤缆后主缆直径;

d——钢丝直径;

n——钢丝根数。

挤紧机的步长和挤紧力应由试验来决定。一般挤紧间距为1m。图3-6-20为挤缆试验步长及压缩力示意图。由图3-6-20a)可见,步长过大挤缆效果不好,会造成两挤压点间鼓胀;压缩力过大也无好处,会使钢丝间接触应力增大。因此通过试验选择适当步长和压缩力是必要的。

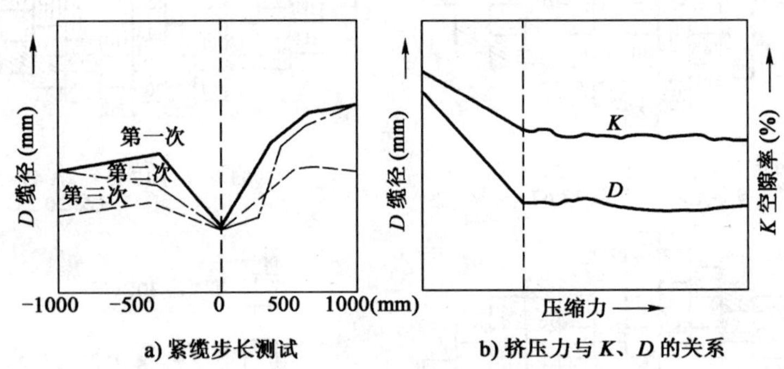

图3-6-20 紧缆步长试验及压缩力示意图

适当的挤紧力,使钢丝间产生接触应力,增加了钢丝间摩阻力,加强了钢丝间共同工作,使受力均匀化,即使有偶然断丝也可在较短的长度范围恢复断丝拉力。

挤压密实的主缆钢丝状态,是靠缠丝来约束固定和保持的。缠丝材料一般是ϕ4mm热镀锌软钢丝。缠丝拉力的确定应考虑以下因素:主缆在最大荷载下缠丝拉力不为零,此处最大荷载包括全部恒载、活载和温度影响。在缠丝施工时,由于缠丝松施、缆的非弹性压缩等因素影响,缠丝拉力减少约0.15N。日本平户大桥的测定结果显示,缠丝拉力最终损失约为初始拉力的2/3。通常缠丝施工不会等全部恒载完成后再进行,因此要考虑二期恒载、活载及温差引起缆力增量的泊松效应引起缠丝拉力的减少,此值可通过式(3-6-12)计算:

$$\Delta T_r = \frac{\mu \cdot \Delta T_c \cdot D_c \cdot E_r \cdot A_r}{D_r \cdot E_c \cdot A_c} \tag{3-6-12}$$

式中:ΔT_r——缠丝拉力的减少量(kN);

ΔT_c——主缆拉力的增量(kN);

D_c——主缆直径(cm);

D_r——缠绕钢丝的绕径(主缆直径+绕丝直径)(cm);

A_c——主缆截面积(cm^2);

A_r——缠绕钢丝截面积(cm^2);

E_c——主缆的弹性模量,2×10^5MPa;

E_r——缠绕钢丝的弹性模量，1.8×10^5MPa；

μ——泊松比。

按上述考虑的计算结果，一般缠丝拉力在2.1～2.3kN。可取软钢丝屈服强度的(0.85～0.9)倍作为拉力上限，即21.6kN。

缠丝顺序是由中跨跨中至塔顶，边跨由散索鞍至塔顶，均由下而上。

三、主缆防腐处理

1.主缆防护方法的回顾

截至目前，悬索桥主缆防护仍采用如下工艺：主缆采用热镀锌钢丝、紧缆(空隙率至18%～20%)、涂底漆或腻子、缠丝、再涂底漆、涂中间漆及面漆的涂装工艺。这种防护方式基本始于1883年美国布鲁克林(Brooklyn)桥。这种方式已有多年历史，证明该种方式基本可行或有效；如随后美国1903年修建的威廉斯堡桥(Williamsburg)和1909年修建的曼哈顿桥(Mamhaftan)均已有百年历史，主缆在锚室内和散索鞍处锈蚀较为严重，甚至出现断丝等病害，经处理这些桥仍保存或使用；著名的金门桥(GoldenGate)已有70多年历史，主缆经过一定的维护和修理，该桥仍正常运营。

美国早期的主缆防护涂料多采用红丹类涂料或铅黏稠物和植物油：钢束中注入亚麻油或鱼油；缠丝前包裹红色铅黏稠物或白色铅黏稠物；表面涂亚麻油或松子油，见表3-6-7。

美国早期悬索桥主缆防护系统　表3-6-7

桥　名	建造年代	主缆防护方式
布鲁克林桥	1883	表面涂亚麻油，缠丝前涂白色铅黏稠物包裹镀锌钢丝；1985年大修时缠丝前涂抹深红色铅黏稠物
威廉斯堡桥	1903	钢丝股及缆表面涂石墨油，主缆表面再覆盖不起受力作用的复合物和薄金属层外壳；1915～1922年亚麻子油用于镀锌钢束外包层；1944年亚麻子油由塔顶主缆注入缆中；1963年由塔顶注入鱼油混合物；1992～1994年缠丝内使用红色铅黏稠物，缠丝外用亚麻油，外包合成橡胶
曼哈顿桥	1909	钢束油质底层，镀锌缠丝在红色黏稠体外
百页山桥	1924	
哈德逊桥	1930	镀锌缠丝前使用红色铅黏稠物，钢丝束涂润滑油和亚麻子油
华盛顿桥	1931	钢丝束涂松子油，缠丝前使用红色铅黏稠物

英国和美国大致相同，使用红铅涂料；日本悬索桥建造年代较晚，代表性桥主缆防腐情况见表3-6-8。

日本几座悬索桥主缆防护　表3-6-8

桥　名	建造年代	主缆防护结构涂层		
		基　层	涂　料	漆(面层)
关门桥	1973	铬酸盐	高分子有机铅	苯二甲酸
平户桥	1977	铬酸盐	高分子有机铅	氯化橡胶
固岛桥	1983	丙烯酸树脂	HS涂料*	氯化橡胶
大鸣门桥	1985	丙烯酸树脂	HS涂料*	聚氨酯

注*：HS涂料主要成分为高铅酸钙、高分子有机铅、碳酸锡和亚麻油。

2.主缆内部的腐蚀环境研究

主缆的腐蚀与外部大气类型及环境相关，其中海洋大气由于多水及盐粒子形成氯离子化学腐蚀，比较严重；其次工业大气的CO_2和SO_2同样形成不利环境。针对这些腐蚀介质如何在主缆内部分布并造成对主缆钢丝的腐蚀，通过多年的实践对部分悬索桥主缆打开缠丝检查以及模拟试验研究结果，揭示了主缆内部腐蚀环境的规律。

悬索桥主缆打开检查发现：主缆截面底部有水存在，尤其在主缆的跨中最低点，流出的是红色的锈水；主缆侧面锈蚀严重；主缆中心部位锈蚀较轻。日本的固岛大桥、大鸣门大桥，中国的乌江桥发现这样的规律，日本的平户桥和关门桥检查结果显示锈蚀并不严重，但锈蚀规律与上述是一致的。因此认为：主缆一般情况下有水存于主缆底部。其来源是架设期间，雨水进入和冷凝水并残留于其中，即使涂装之后也仍然会有水侵入和冷凝水并存留。这些残留水使主缆内部处于十分潮湿的环境。

日本采用一段 2m 长，直径 650mm 的钢束进行模拟试验。该试件结构构造与实桥完全相同，将试件两端密封，形成一个主缆内部密封系统。在截面不同部位设置温度及湿度传感器，对试件内有水及无水情况进行湿度、温度监测。测试结果如图 3-6-21 及图 3-6-22 所示。

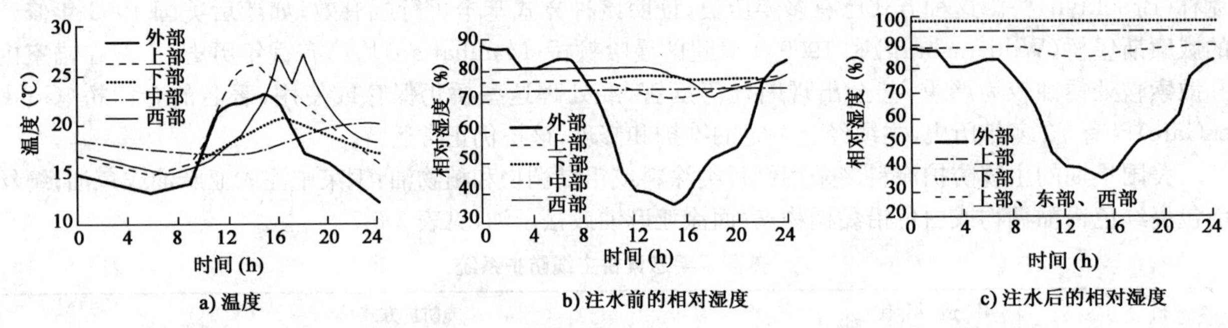

图 3-6-21 主缆内部温度湿度测试结果

实桥测试与主缆试验段试验结果一致，无残留水的主缆内部相对湿度在 70%～90%；有残留水的主缆除顶部外，相对湿度基本为 100%，而顶部相对湿度在 80%～95%间波动。主缆中确有水存在，尤其在主缆最低点主跨跨中。边跨主缆中水无法存留时，也会沿主缆流进散索鞍。图 3-6-23a）及 b）给出了日本模拟主缆不同部位相对湿度的锈蚀结果，可见主缆侧面锈蚀最为严重，而顶部及中部较轻。

由图 3-6-24 可见，钢丝表面的含盐量越多钢丝腐蚀越快，相对湿度 60%是锈蚀的临界点，相对湿度大于 60%，锈蚀会加速。

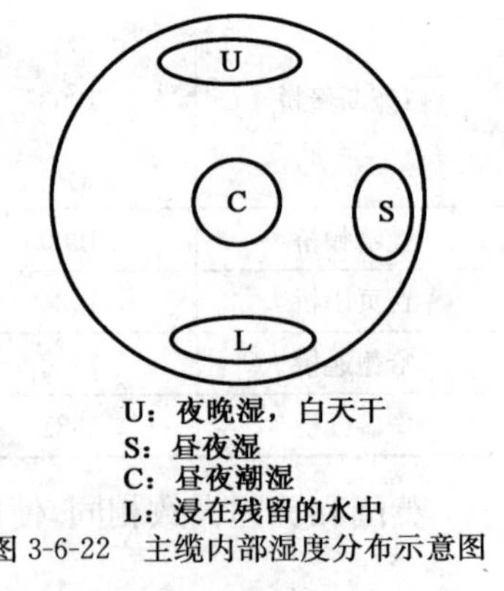

图 3-6-22 主缆内部湿度分布示意图

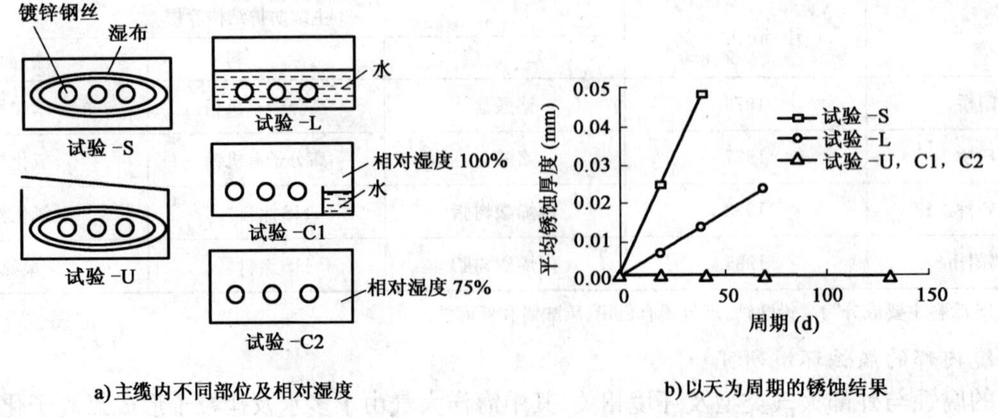

图 3-6-23 模拟主缆不同部位相对湿度的锈蚀试验

3. 主缆防护的最新方法——注入干空气法

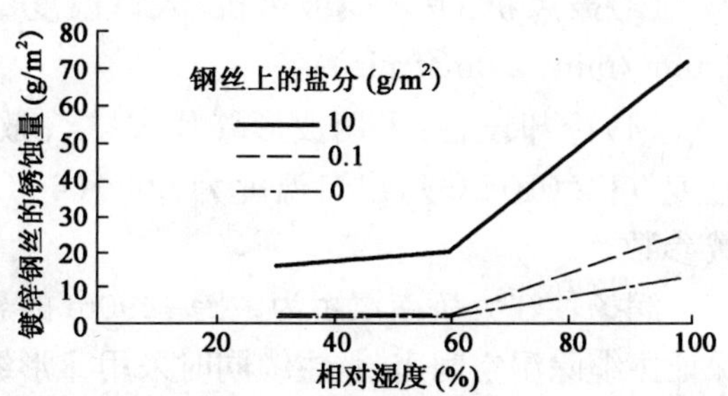

图 3-6-24 含盐量及相对湿度对镀锌钢丝锈蚀的影响

注入干空气法(图 3-6-25)的要点是：空气经过滤器过滤后，再经除湿机进行干燥，干空气经吹风机经进气罩注入主缆，然后经排气罩排出。排出气体将主缆内潮湿水汽带出。明石海峡大桥首先采用此工艺，证明有效(图 3-6-26)，全桥主缆内相对湿度均在 60%以下。为了保持主缆内形成闭合气体流通通道，主缆外表面密封是个关键问题。密封使干空气不致漏掉，而是通过设计的通道由排气罩排出。为此日本首创了 S 形缠丝。明石海峡大桥采用注入干燥空气法后，随后来岛大桥及来岛海峡第二、第三大桥均采用此法，如图 3-6-27 所示。

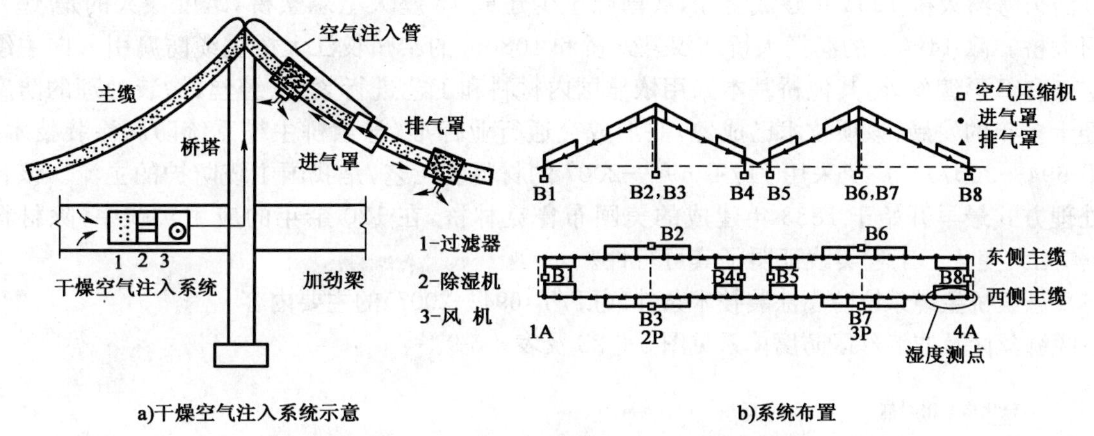

图 3-6-25 主缆干空气注入系统

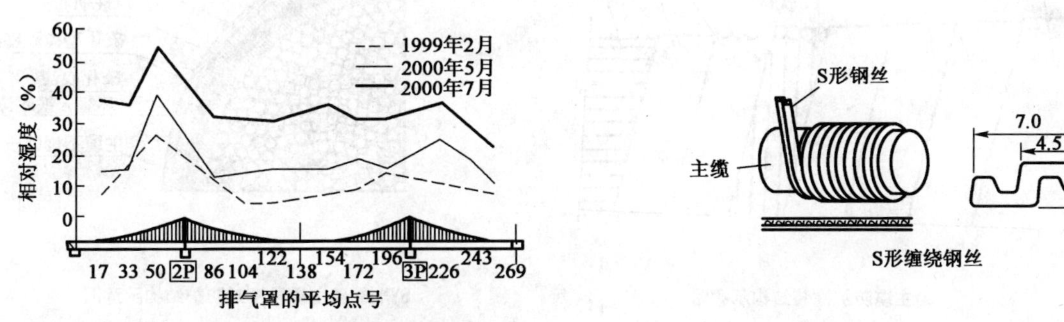

图 3-6-26 明石海峡大桥采用干燥空气注入系统后主缆内相对湿度沿主缆分布

图 3-6-27 日本来岛大桥首用的 S 形缠丝(尺寸单位：mm)

来岛海峡大桥干燥空气注入系统设计，按以下条件决定进气口及出气口间距：

(1)缆内的积水量。认为主缆孔隙(空隙率 20%)的 15%充满水分。主缆倾斜角越小截止接近水平，积水越多，送气间距越小。

(2)送气压力，考虑密封层的耐久性取 0.03 倍大气压。

(3)干燥期限，由开始注入需经一年时间完全干燥。

(4)干燥空气指标，考虑周边气象，取温度 20℃，相对湿度 18%。

由上述条件决定的进气罩与排气间距为 200m；主缆接近水平处采用 100～190m。

所采用设备如下：

(1)过滤器：由粗过滤层、海盐离子过滤层及 ULPA 过滤层组成；

(2)除湿机：蜂房式安装方式，干空气流量 2.0m³/min(4.0m³/min)；

(3)鼓风机：罗茨式鼓风机，入口温度 20℃、相对湿度 80%，出口露点温度低于 20℃，空气流量 2.0m³/min(4.0m³/min)；

(4)冷却设备：采用波形翼片式空气散热交换器，空气流量为 2.0m³/min(4.0m³/min)；入口温度 98℃(108℃)，出口温度为 60℃(60℃)。上述括号内为来岛海峡第二、第三大桥送气设备机械参数。

润扬长江大桥南汉桥为主跨 1490m 的悬索桥，是我国首次引进采用主缆除湿防护系统的桥梁；为保证主缆除湿空间密封，主缆同时采用 S 形缠丝和涂装。

泰州长江大桥为三塔两跨悬索桥，主跨 1080m，主缆防护亦采用注入干空气法，同时采用 S 缠丝和涂装。

4.我国大型悬索桥主缆防腐涂装材料及工艺

自汕头海湾大桥 1995 年建成至今，我国已至少建成 15 座大型悬索桥，跨度最大的是 1650m 的西堠门大桥。除 1490m 的润扬大桥南汉悬索桥和 1080m 的泰州长江大桥主缆防腐引入向主缆注入干燥空气和 S 形缠丝外，其他桥基本采用依靠国内材料和工艺进行紧缆、缠丝、涂装处理的防腐蚀技术。经十多年的发展，该项技术已成熟，并形成交通行业标准《悬索桥主缆系统防腐涂装技术条件》(JT/T 694—2007)。广泛采用 JT/T 694—2007 的材料和工艺，是我国主缆防护的主流。该种主缆防腐处理方式最早开始于 1883 年建成的美国布鲁克林桥，在 120 余年的应用实践中，除材料改进外，结构无大变化。工程实践证明了其可行性。

(1)《悬索桥主缆系统防腐涂装技术条件》(JT/T 694—2007)的主要内容

主缆缠丝区及非缠丝区防腐体系见图 3-6-28 及表 3-6-9。

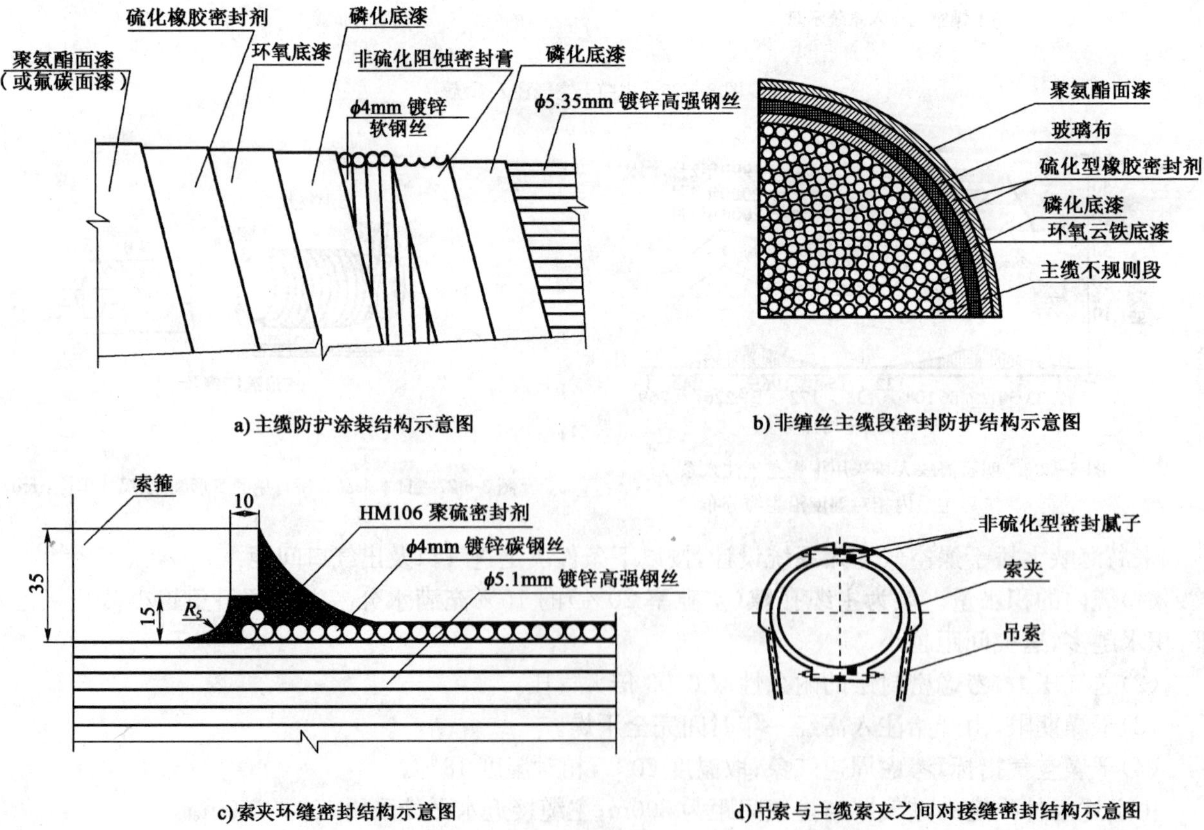

图 3-6-28 主缆防腐体系示意图(尺寸单位:mm)

主缆系统涂装材料配套体系　　表 3-6-9

序号	防护涂装部位	涂装材料	涂装干膜厚度(μm)及其他要求
1	主缆缠丝区	磷化底漆	均匀着色
		非硫化型阻蚀密封膏[①]	2000～3500（以填满结构缝隙为准）
		缠绕钢丝	圆钢丝或S形钢丝
		磷化底漆	均匀着色
		环氧底漆	≥80
		硫化型橡胶密封剂	1500～2500（可根据结构及环境条件调整）
		丙烯酸聚氨酯面漆或氟碳面漆	80～120或60～90（可根据结构及环境条件调整）
2	主缆非缠丝区[②]	磷化底漆	均匀着色
		环氧底漆	≥80
		硫化型橡胶密封剂	3500～6000
		高强度玻璃布或橡胶涂胶布	500～2000
		丙烯酸聚氨酯面漆或氟碳面漆	80～120或60～90（可根据结构及环境条件调整）
3	吊索（仅对钢丝绳吊索） 公称直径<40mm时	磷化底漆	均匀着色
		环氧底漆或硫化型橡胶密封剂	≥160或500～2000（可根据结构及环境条件调整）
		丙烯酸聚氨酯面漆或氟碳面漆	80～120或60～90（可根据结构及环境条件调整）
	吊索（仅对钢丝绳吊索） 公称直径[③]≥40mm时	磷化底漆	均匀着色
		硫化型橡胶密封剂或高强度玻璃布或橡胶涂胶布＋硫化型橡胶密封剂	1000～2000或(500～2000)＋(2000～5000)
		丙烯酸聚氨酯面漆或氟碳面漆	80～120或60～90（可根据结构及环境条件调整）
4	结构缝隙（索夹环缝、对接缝、骑跨式索夹槽缝[④]、吊索夹具[④]、减振器[④]、索鞍顶口处等）	非硫化型橡胶密封腻子	结构缝内密封
		硫化型橡胶密封剂	结构缝外密封
5	其他钢构件表面（索夹、索鞍、缆套、鞍罩、索股锚具、耳板、检查走道、主缆散索段等）	磷化底漆	均匀着色
		环氧底漆	≥120
		丙烯酸聚氨酯面漆或氟碳面漆	80～120或60～90（可根据结构及环境条件调整）

注：①对S形钢丝主缆和内部加装通干燥空气系统的主缆仅推荐使用。
②指索鞍出口至第一个紧固索夹之间的非缠丝主缆段。
③对公称直径不小于40mm的钢丝绳吊索的涂装体系仅推荐使用。
④仅对钢丝绳吊索的结构。

(2)涂装材料技术指标和用途

①磷化底漆和环氧底漆

磷化底漆和环氧底漆为双组分涂料，可用于刷涂或喷涂，主要技术指标见表3-6-10。

磷化底漆和环氧底漆技术指标　　表 3-6-10

序号	性能项目		技术指标		试验方法
			磷化底漆	环氧底漆	
1	细度(μm)		⩽35	⩽60	GB/T 1724
2	干燥时间(h)	表干	⩽0.25	⩽2	GB/T 1724
		实干	⩽24	⩽24	
3	柔韧性(mm)		1	1	GB/T 1731
4	耐冲击性(cm)		50	50	GB/T 1732
5	附着力(级)		1	1	GB/T 1720
6	耐水性		3h 漆膜不起泡、不剥落、无锈蚀	168h 漆膜不起泡、不剥落、无锈蚀	GB/T 1733
7	耐盐水性				GB/T 9274

注：磷化底漆采用铝板制备漆膜，其中柔韧性试验采用 50mm×120mm×0.2mm 的铝箔制备漆膜。

②非硫化型橡胶密封剂

非硫化型橡胶密封剂包括非硫化型橡胶阻蚀密封膏和非硫化型橡胶密封胶带或腻子，主要技术指标见表 3-6-11。

非硫化型橡胶密封剂技术指标　　表 3-6-11

序号	性能项目	技术指标		试验方法
		非硫化型橡胶阻蚀密封膏	非硫化型橡胶密封胶带	
1	外观	均质膏状物	黑色无杂质的腻子或胶带	详见 JT/T 694 附录 B、附录 C
2	密度(g/cm³)	⩽3.8	—	
3	不挥发分含量(%)	⩾85	—	
4	锥入度(0.1mm)	260～340	50～90	
5	耐热性	试样以 90℃耐热试验后，应不流淌、不结皮	经耐热试验后，应不流淌、不脆裂，表面不结皮、不起泡	
6	耐低温性	试样经耐 −40℃低温试验后，弯曲 180°应不开裂	经耐 −40℃低温试验后，弯曲 180°应不断不裂	
7	黏附率(%)	⩾90	—	
8	耐盐雾性(7d)	经中性盐雾试验后，被密封膏包覆的表面应无腐蚀缺陷	—	
9	常温剪切强度(MPa)	—	⩾0.02	
10	耐水性	—	经耐水试验后，胶带表面不开裂、不粉化，与基材不失去黏附力	
11	储存期(−5～20℃)	两年		

非硫化型橡胶阻蚀密封膏为单组分均质膏状物，可直接刮涂、灌封，不流淌、无流挂，厚度可自由控制。

非硫化型橡胶密封胶带则可直接填充、缠绕粘贴。

③硫化型橡胶密封剂

硫化型橡胶密封剂由甲、乙两组分组成，可适当调整活性期以适应现场需要，主要技术指标见表3-6-12。

施工时可用刮刀填抹装入注胶筒中用气动或手动注胶枪进行施工。

硫化型橡胶密封剂技术指标　　表 3-6-12

序号	性能项目		技术指标	试验方法
1	外观		基膏为白色黏稠体，硫化膏为黑色膏状物，混合后为驼灰色	目视法
2	密度(g/cm^3)		≤1.65	GB/T 533
3	不挥发分含量(%)		≥97	HB 6743
4	活性期(h)		0.5～8	手挑法*
5	不粘期(表干时间)(h)		8～24	HB 5242
6	流淌性(mm)		≤10	HB 5243
7	拉伸性能	拉伸强度(MPa)	≥2.5	HB 5246 GB/T 528
		扯断伸长率(%)	≥250	
8	热空气老化性能(120℃×7d)	拉伸强度(MPa)	≥2.0	HB 5246 HB 5247
		扯断伸长率(%)	≥150	
9	黏结性能	与磷化底漆和环氧底漆(kN/m)	≥4	HB 5249
		与镀锌钢板(kN/m)		
		与丙烯酸聚氨酯或氟碳面漆(kN/m)		
10	耐腐蚀性		将铝、钢、钛等金属及双金属试样全浸入3%氯化钠盐水中60℃×20d，金属表面不腐蚀，密封剂不变质	HB 5273

注*：手挑法是将混炼好的密封剂置于清洁的乙烯薄膜或其他实用的板材上，在标准条件下，用细棍每隔15min以10～20cm/s的速度挑拉一次，直至密封剂出现明显回弹时，即为活性期终点。记录密封剂从混合到终点经历的时间，为活性期。

④丙烯酸聚氨酯面漆和氟碳面漆

丙烯酸聚氨酯面漆和氟碳面漆为双组分各种色调的流体，可刷涂或喷涂，主要技术指标见表3-6-13。

丙烯酸聚氨酯面漆和氟碳面漆技术指标　　表 3-6-13

序号	性能项目		技术指标		试验方法
			丙烯酸聚氨酯面漆	氟碳面漆	
1	颜色和外观		符合商定标准样板或色卡及其色差范围，漆膜平整		目测
2	固体含量(%)		≥55		GB/T 1725
3	细度(μm)		≤35		GB/T 1724
4	干燥时间	表干(h)	≤1		GB/T 1728
		实干(h)	≤24		
5	柔韧性(mm)		1		GB/T 1731
6	耐冲击性(cm)		50		GB/T 1732
7	耐水性(h)		72h漆膜无变化		GB/T 1733
8	耐盐水性(h)		72h漆膜无变化		GB/T 9274
9	耐磨性(1kg,500r)(g)		≤0.06		GB/T 1769
10	耐酸性(10% H_2SO_4)(h)		168h漆膜无异常		GB/T 9274
11	耐碱性(10% NaOH)(h)				
12	氟含量(%)		—	≥18	HG/T 3792
13	人工加速老化(h)		1000	3000	GB/T 1865
			白色或浅色漆膜不起泡、不剥落、不粉化。白色或浅色漆膜允许失光1级和变色1级；其他颜色允许失光2级和变色2级		

(3)涂装施工工艺

①表面准备

涂装前，涂装表面应清洁、干燥，清洗，其步骤如下：

先用硬板刷或其他清扫工具除去涂装表面上的灰尘和锈蚀等杂物，然后用清洁布或脱脂棉纱蘸清洗溶剂沿同一方向擦拭，除去表面上的油污和盐渍污物，直至清洁布上无明显污迹为止。需密封的孔洞、凹陷和狭小部位，应用管式清洁条蘸清洗剂进行清洗。

不允许清洗溶剂在涂装表面上自然干涸。清洗表面应始终大于涂装表面。

②主缆缠丝区涂装

a. 在主缆丝表面刷涂一道磷化底漆，应保证涂覆表面均匀着色。

b. 刮涂 1～2 道非硫化型阻蚀密封膏，以填满缝隙为准。密封膏涂抹完毕后，要注意保护，以免沾上过多灰尘、污物，并及时进行缠丝作业。

c. 缠丝完成后，使用非金属专用工具将多余的密封膏抹去，并用清洗溶剂清洁干净缠丝表面密封膏及其他污物。

d. 刷涂一道磷化底漆，应保证涂覆表面均匀着色。

e. 涂完磷化底漆 4～24h 内刷涂两道环氧底漆。

f. 在涂完第二道环氧底漆 4h～7d 内刮涂硫化型橡胶密封剂。按配比准确称量密封剂各组分，用三辊研磨机或其他专用混合工具混合均匀。用专用刮刀将密封剂刮涂到主缆缠丝表面，共刮涂 3～4 道，每道间隔应在 8h 以上。最后一道整形成基本均匀光滑表面。

g. 刮涂最后一层密封剂后 8～48h 内刷涂丙烯酸聚氨酯面漆或氟碳面漆。用搅拌器充分搅拌面漆各组分至均匀，按规定比例配入固化剂，并用搅拌器搅拌混合均匀。共刷涂丙烯酸聚氨酯面漆 3 道或氟碳面漆 2 道，每道面漆涂装间隔时间为 4h～30d。面漆的颜色应符合色卡要求。

对有检查走道的主缆，顶面部位在涂装完面漆后 10min 内，在 30～50cm 幅宽范围内立即均匀撒上 20 目石英砂，用量以砂粒不重叠并均匀密布为佳。撒完石英砂后 8～24h 内再在该范围内涂一道面漆。

各涂层干膜厚度应不低于表 3-6-9 的规定。

③主缆非缠丝区涂装

刷涂磷化底漆一道，应保证涂覆表面均匀着色。

按②e 规定刷涂环氧底漆两道。

用硫化型橡胶密封剂填平主缆表面缝隙，并整形为圆滑过渡曲线。

用高强玻璃布或橡胶涂胶布在一侧涂上硫化型橡胶密封剂进行缠绕，共缠两层。缠绕过程中要避免空鼓、缺胶现象。在缠绕后的表面均匀刮涂 2～3 道硫化型橡胶密封剂，并整形光滑。

按②g 规定刷涂丙烯酸聚氨酯面漆 3 道或氟碳面漆两道。

各涂层干膜厚度应不低于表 3-6-9 的规定。

④吊索钢丝绳涂装

公称直径小于 40mm 的吊索钢丝绳的涂装，按下述步骤进行：

a. 安装电动或手动吊篮。

b. 对清洗后的吊索表面涂刷一道磷化底漆，应保证涂覆表面均匀着色。

c. 按②e 规定刷涂 4 道环氧底漆或刷涂 2～3 道硫化型橡胶密封剂。

d. 按②g 规定刷涂丙烯酸聚氨酯面漆 3 道或氟碳面漆两道。

公称直径不小于 40mm 的吊索钢丝绳的涂装，按下述步骤进行：

a. 安装电动或手动吊篮。

b. 对清洗后的吊索表面涂刷一道磷化底漆，应保证涂覆表面均匀着色。

c. 对采用硫化型橡胶密封剂的设计，可直接在表面均匀刮涂或刷涂 2～3 道硫化型橡胶密封剂，并整形光滑。

d. 对采用高强玻璃布或橡胶涂胶布＋硫化型橡胶密封剂的设计，用高强玻璃布或橡胶涂胶布在其一侧涂上硫化型橡胶密封剂进行 50％搭接缠绕，缠绕过程中要避免空鼓、缺胶现象。在缠绕后的表面均匀刮涂或刷涂硫化型橡胶密封剂，并整形光滑。

e. 按②g 规定刷涂丙烯酸聚氨酯面漆 3 道或氟碳面漆两道。

吊索钢丝绳涂装各涂层干膜厚度应不低于表 3-6-9 规定。

⑤索夹及吊索结构缝隙的涂装

a. 索夹环缝、对接缝的密封涂装，先采用非硫化型橡胶腻子对其内缝进行填充密封，并在腻子表面加装隔离布；最后用硫化型橡胶密封剂对其外缝进行填充密封。缝隙密封结构尺寸以填满缝隙为准。

b. 骑跨式索夹槽缝的密封涂装，使用硫化型橡胶密封剂进行整体密封，以覆盖吊索表面为准。

c. 吊索夹具、减振器的密封涂装，使用硫化型橡胶密封剂进行整体密封，填满吊索夹具和减振器内部空腔，并对外部搭接缝隙进行缝外密封。

⑥其他钢构件表面的涂装

a. 刷涂磷化底漆 1 道，应保证涂覆表面均匀着色。

b. 刷涂环氧底漆 3 道。

c. 刷涂丙烯酸聚氨酯面漆 3 道或氟碳面漆两道。

各涂层干膜厚度应不低于表 3-6-9 的规定。

(4)涂装过程损伤修复

①硫化型橡胶密封剂修复

密封剂在活性期内损坏、有缺陷或尺寸不够的，可直接补涂密封剂并整形或剔除缺陷后补涂密封剂进行修复。超过密封剂活性期损坏及有缺陷或尺寸不够的密封剂应在下述方法进行修复：

a. 已损坏的或有缺陷的缝外密封剂，使用手术刀或裁纸刀从表面一直切割到结构表面，重新涂覆密封剂，修补的密封剂略有重叠，外形相符，流线光滑。

b. 对尺寸不足的缝外密封剂，按(3)①规定清洗干净后重新涂覆。

②涂料修复

a. 涂层固化后，在涂装工序间隔时间内用毛刷对小孔、受到轻微损伤的部位和漏涂部位进行修补。大面积的损伤或漏涂部位应按工序要求重新刷涂。

b. 对超过涂料涂装间隔时间的涂层表面，修复前用细砂纸轻微打磨，并用清洁布蘸丙酮或二甲苯清洗干净，然后用相应涂料进行涂装，修复面积应略大于需修复区域。

(5)工艺检测

①施工环境

在施工过程中，应检测涂装现场温度、湿度等环境条件，温度为 5～38℃，相对湿度不大于 85％，并作检查记录。

②涂装材料

用于涂装的各类材料进场后随机抽样进行小样检验，或按要求送交第三方检测，检测结果应符合表 3-6-10～表 3-6-13 指标要求。

③表面清洗检测

目视检查被清洗后的表面是否有灰尘等杂物。用洁净白布擦拭被清洗后的表面，白布上不应有污痕。

④涂膜外观检测

外观检测采用目视法。涂膜应表面光滑无缺陷，不允许有针孔、裂纹、脱落、漏涂等现象。面漆颜色应与要求相一致。

⑤涂层厚度的检测

a. 涂装体系各涂层的实测干膜厚度的算术平均值应不低于表 3-6-9 要求。最小干膜厚度应不小于表 3-6-9 要求的 80%。

b. 非缠丝部位涂料的干膜厚度，采用无损型涂层测厚仪方法在涂层完全固化后（常温下 7d）进行检测。按每个检测单元随机检测总数不少于 5 个测点，以 5 个测点的涂层干膜厚度算术平均值代表涂层的平均干膜厚度。

c. 主缆缠丝部位涂料干膜厚度的测量：在准备涂装的主缆缠丝表面选定的试验区域内，贴尺寸为 0.5mm×50mm×100mm 的白铁皮 3 块，涂装后取下白铁皮，7d 后用磁性测厚仪测定白铁皮上的干膜厚度，可近似视为缠丝部位涂料的干膜厚度。

d. 主缆缠丝部位的硫化型橡胶密封剂的厚度，用切片方法确定，即每次从每 1～3 索夹节间的缠丝顶部用裁纸刀切下 3 片尺寸为 10mm×20mm 的胶片，每片用游标卡尺或测厚计随机测量 5 处厚度，并以其算术平均值作为每片切片的厚度，以 3 片切片厚度的算术平均值作为硫化型橡胶密封剂的厚度。用该方法测得的算术平均值应不低于设计厚度的 80%。

e. 非硫化型阻蚀密封膏和非硫化型橡胶密封胶带厚度的测量：目测检查应填满结构缝隙，同时，控制单位实际用量应不低于设计用量。

⑥涂层附着力检测

a. 涂装过程可用抽样方法对涂层附着力进行检测。

b. 非硫化型阻蚀密封膏附着力的检验采用刮刀法，即用非金属平板刮刀在主缆表面轻轻铲除密封膏时，只能铲除刮刀所至之处的密封膏，其余部位均应有密封膏残留。

c. 硫化型橡胶密封剂附着力的检验采用橡皮摩擦法，即在密封剂硫化期过后，用软质绘图橡皮摩擦密封剂边缘，应无剥离现象。

d. 涂料附着力可采用如下两种检测方法之一进行测定：

(a)画格法：按 GB/T 9286 进行，要求附着力不低于Ⅰ级。

(b)拉拔法：采用拉拔式涂层黏结强度测定仪测定。

拉拔法的具体测定方法为：用零号砂纸将涂层和测定仪的铆钉型铝合金圆盘座轻轻打磨粗糙，并用丙酮或酒精除油，然后用结构胶黏剂将圆盘座黏结到涂层上。待胶黏剂固化 24h 后，用测定仪附属套筒式割刀切隔圆盘座的周边涂层。将测定仪附属的钢环支座片套住圆盘座，并反时针旋转测定仪的手轮，使测定仪的爪具松下，嵌入铝合金铆钉型圆盘座，同时使测定仪的 3 个支撑柱立在钢环支座片上。立即记录指针的读数。按本步骤重复试验，记录每一次拉拔试验的读数。

每个检测单元随机检测 5 个测点，5 个测点的算术平均值应不小于 1.5MPa，最小值应不小于 1.2MPa。

第三节　吊索制造与安装

吊索是将加劲梁和桥面的恒载和活载传给主缆的构件。由于车辆荷载的加载和卸载，使吊索承受活载应力幅的反复作用，因此，吊索除按静力要求的安全度进行强度设计外，同时要满足与桥梁其他构件相同寿命的疲劳寿命要求。吊索的设计、制造、材料选择及工艺，均应满足交通行业标准《公路悬索桥吊索》(JT/T 449—2001)的要求。

一、吊索的构造

吊索按布置形式，可分为垂直布置吊索和斜向布置吊索，如图 3-6-29 所示；按其与主缆连接方式分为骑挂式和销接式，如图 3-6-30 所示。美国、日本及中国所修建的大型悬索桥的吊索多为垂直布置，欧洲有些悬索桥如塞文桥、亨伯尔桥及博斯普鲁斯桥采用斜向布置吊索。

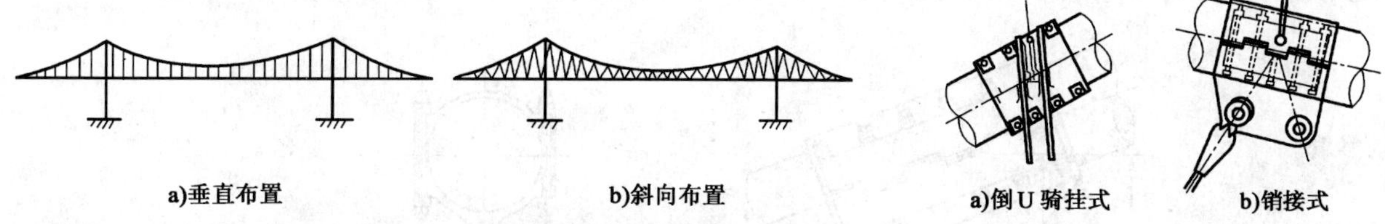

图 3-6-29　吊索的布置形式

图 3-6-30　吊索与主缆索夹连接方式

图 3-6-31～图 3-6-33 分别示出骑挂式钢丝绳吊索总布置图、销接式吊索总布置图及平行钢丝和钢丝绳吊索的横截面结构图。我国汕头海湾大桥、虎门大桥等采用骑挂式钢丝绳吊索，江阴长江大桥、重庆鹅公岩长江大桥等采用销接式吊索。骑挂式吊索和较短的吊索为了减少弯曲造成的二次应力，一般采用柔性较好的钢丝绳做索体。对于钢丝绳索，两端采用热铸锚头；ϕ5mm 平行钢丝索采用热铸锚头，亦可采用冷铸锚头，ϕ7mm 平行钢丝索则只能采用冷铸锚头。销接连接结构示意图如图 3-6-34 所示。锚头尾部的梯形螺纹与叉形连接件梯形螺纹配合，叉形连接件通过销子与索夹下伸孔板连接。

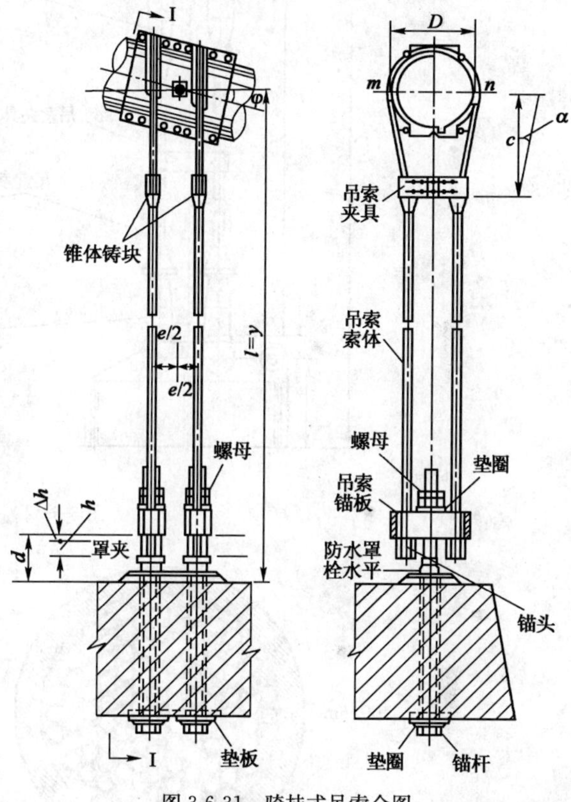

图 3-6-31　骑挂式吊索全图

对于骑挂式吊索，在运营活载下，受疲劳损伤的可能性较销接式小，但由于骑挂的方式下钢丝绳弯曲附加应力较大，是骑挂式吊索设计必须考虑的，静力安全系数多取 3.5～4.0。销接式吊索，孔板的设计、选材、制造均有较高的要求，主要是必须满足疲劳寿命要求以及断裂韧性的要求，安全系数可取3.0～3.5。

二、吊索所用材料

1. 吊索索体

吊索索体由镀锌钢丝绳或镀锌高强度钢丝组成，并外包高密度聚乙烯塑料护层。吊索用高强度钢丝、冷铸锚、PE 材料，其力学性能要求和检验标准、方法同斜拉桥斜拉索体，见本篇第五章第二节。热铸锚头力学性能要求、检验方法及应用标准同悬索桥主缆索股，见本章第二节。本节仅对钢丝绳吊索用钢丝绳要求作一阐述。

悬索桥吊索用钢丝绳，应选用交互捻的钢芯镀锌钢丝绳，其性能和质量应满足现行《重要用途钢丝绳》(GB 8918)和《粗直径钢丝绳》(GB/T 11256)的要求。

交互捻是绳与股捻向相反，同向捻是绳与股捻向相同。多层股钢丝绳内层股与外层股捻向相反。互捻钢丝绳无回弹，切断后钢丝不松散，是吊索钢丝绳首选捻制方式。同向捻钢丝绳有回弹变形。

钢芯的好处是对外层股具有较好的支撑作用，使外层丝能均匀捻制，截面保持性能好，无压扁现象。

镀锌钢丝绳芯丝和股丝均经热镀锌，是防腐蚀关键措施。

对钢丝绳一般性能要求：①股和绳的捻制质量应合格，紧密、均匀、无松动、无压扁现象；芯股支撑性好，股间缝隙均匀；②镀锌质量合格，A 级、AB 级和 B 级镀锌钢丝各有不同，见 GB 8918—2006；③钢丝接头尽量少；大于 0.4mm 的钢丝应用铜焊或对焊，直径小于或等于 0.4mm 的钢丝可用铜焊、对焊或插接；④接头位置应错开，错开距离大于 10m；⑤直径偏差及椭圆度满足现行 GB 8918。

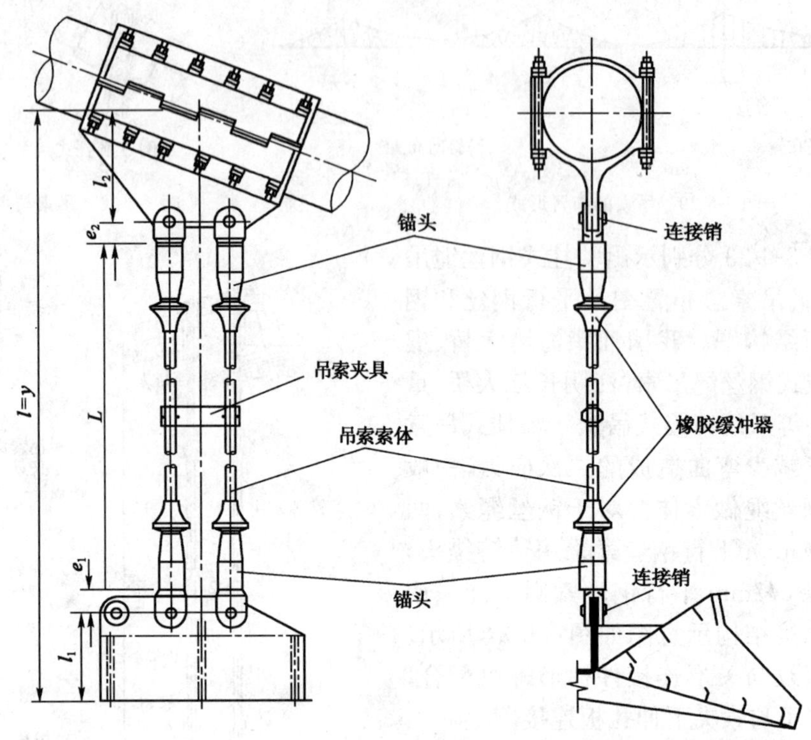

图 3-6-32　销接式吊索全图

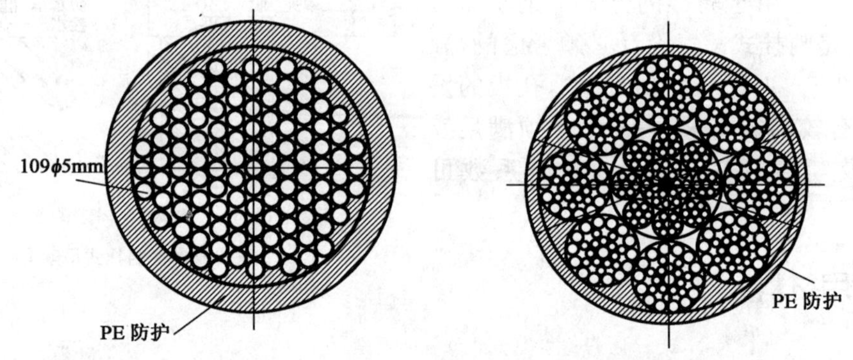

图 3-6-33　平行钢丝吊索及钢丝绳截面示意图

对钢丝绳的一般力学性能要求：

(1)最小破断力应符合现行 GB 8918 的要求，并按式(3-6-13)计算：

$$F_0 = \frac{K' \cdot d^2 \cdot R_0}{1000} \tag{3-6-13}$$

式中：F_0——钢丝绳最小破断力(kN)；

d——钢丝绳公称直径(mm)；

R_0——钢丝绳公称抗拉强度(MPa)；

K'——某指定结构钢丝绳的最小破断力系数。

最小破断力试验按现行《钢丝绳破断拉伸试验方法》(GB 8358)规定的方法进行。试验长度 l 取 $30d$，并不大于 2m。按试验长度两端扎紧，打散、切芯、清洁加助焊剂，两端以锌合金铸成锥体，以便试验夹持。试验应在室温下进行。试件在距夹头 50mm 外破坏有效。试验如图 3-6-35 所示。

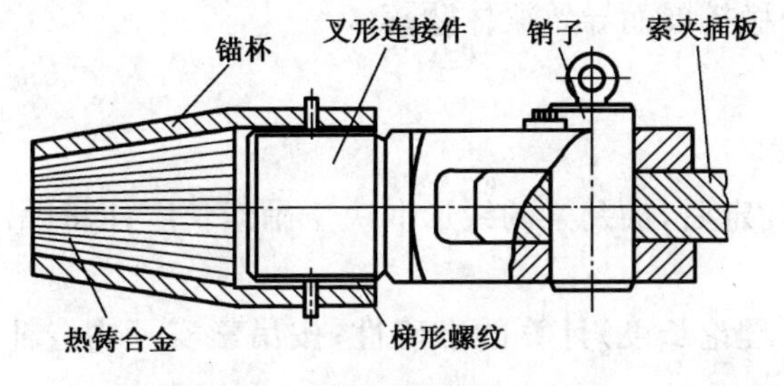

图 3-6-34 销接连接结构示意图

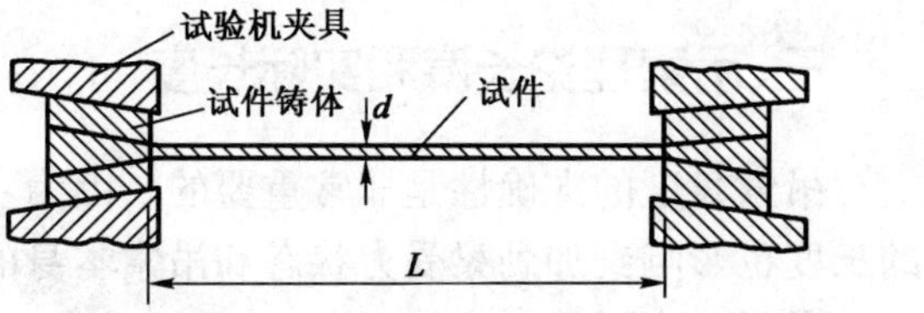

图 3-6-35 钢丝绳破断试验示意图

试验应记录:试件长、加载速度、温度、实测破断力、断股拉力、断裂特征、伸长率等。

(2)抗拉强度应不低于现行 GB 8919 规定值减 50MPa。

(3)扭转、反复弯曲、打结拉伸,应符合现行 GB 8919 要求。抗拉、扭转、弯曲三项试验低值钢丝总数不大于 10%。

对于悬索桥吊索尚有另外两个要求:

(1)钢丝绳经 55%破断力的预张拉后,弹性模量稳定,其数值应不小于 1.35×10^5 MPa(日本关门桥和中国汕头海湾大桥,均可达到此值)。《公路悬索桥吊索》(JT/T 449—2001)规定不小于 1.1×10^5 MPa,显然偏小。

(2)钢丝绳经 55%破断力的预张拉后,绳径正偏差不大于+5%,负偏差为 0。

2.吊索的销连接部件

(1)连有销孔的索夹一般采用铸钢(ZG 270—500 或 ZG 310—570)。为保证质量,需对钢材取样进行化学分析。工艺过程包括浇注、保温、冷却、落砂、退火、加热、浇注、清理补焊、正火回火、精修等关键步骤。

索夹几何尺寸与形状满足《铸钢件超声波探伤及质量评级方法》(GB 7233);全部超声探伤符合现行《铸钢件超声探伤及质量评级方法》(GB 7233)要求。力学性能满足 ZG 270—500(或 ZG 310—570)要求。

(2)吊索销连接的叉形件、锚具、销轴,是吊索的重要部件。由于直接受活载的反复加载作用,若材料选择、工艺性能及几何形状设计不当,将无法保证吊索的疲劳寿命。

材料一般采用优质调质合金结构钢,如 40Cr、35CrMo、40CrNiMo 等。经调质处理的钢材应具有足够强度、塑性和韧性。这些合金结构钢应符合现行《合金结构钢》(GB/T 3077)的要求,强度、塑性及韧性指标见表 3-6-14。

调质合金结构钢力学性能要求 表 3-6-14

合金结构钢名称	强度(MPa)	屈服强度(MPa)	δ_5(%)	φ	charp 试验吸收功(J)
40Cr	980	785	9	45	47
35CrMo	980	830	12	45	63
40CrNiMo	980	785	10	45	63
40CrNiMo	980	835	12	50	78

所采用的热处理工艺,应满足上述要求,或通过试验确定。

此外,部件的设计和制造必须避免高的应力集中和缺陷。缺陷和高的应力集中正是疲劳裂纹的根源。美国俄亥俄河上 Point Pleasant 桥倒塌正是由于销接眼杆断裂所致。该链式悬索桥 1928 年 5 月 19 日建成通车,1967 年 12 月 15 日倒塌。倒塌原因为眼杆销孔处疲劳裂纹因腐蚀疲劳裂纹失稳脆断。断裂力学计算的动应力强度因子已超过了材料的断裂韧性。材料的韧性差,V 型缺口冲击功 20J,脆转温度高达 100℃,腐蚀疲劳的敏感性高。室温下由断裂件取样进行拉伸试验,强度、屈服强度及引伸率与原设计要求无大差别。

此外,销连接的孔板悬挂孔,若孔板因疲劳开裂,将导致梁体坠落。如美国圣克莱欧大街的 157 号桥和韩国的圣水桥，分别因腐蚀疲劳造成裂纹扩展和失稳扩展而导致梁体坠落。

三、吊索理论长度和实际长度

吊索长度的准确性是非常重要的。因为主缆线形确定后，加劲梁的线形取决于吊索长度；同时吊索的长度也影响到加劲梁受力状态和吊索本身的受力。

吊索长度要从三个方面考虑：成桥状态、总体坐标（理论长度）计算的准确性；按吊索实际构造补充及修正计算；吊索制造的工艺过程。

1. 骑挂式吊索长度

图 3-6-31 中大缆的中心线至加劲梁顶面的距离是理论吊索长度。

(1)吊索间距 e 高差修正：

$$\Delta l_1 = \pm \frac{e}{2}\tan\varphi \tag{3-6-14}$$

(2)吊索夹具斜度修正：

$$\Delta l_2 = (c/\cos\alpha - c) = c(\sec\alpha - 1) \tag{3-6-15}$$

(3)索槽上绳段长度 l_{mn} 计算

在吊索力作用下，索夹变形成椭圆形（图 3-6-36），长短轴半径分别为 b、a，由推导、积分和展开得：

$$l_{mn} \approx \frac{\pi}{2}D\left(1 + \frac{1}{4}\tan^2\varphi - \frac{3}{64}\tan^4\varphi\right) \tag{3-6-16}$$

φ 角见图 3-6-31。d 为锚头支撑面至加劲梁顶面高，h 为锚头高，Δh 为锚下垫片厚，则实际成桥状态吊索全长 L 为：

$$L = l + l_{mn} + \Delta l_1 + \Delta l_2 + h + \Delta h - d \tag{3-6-17}$$

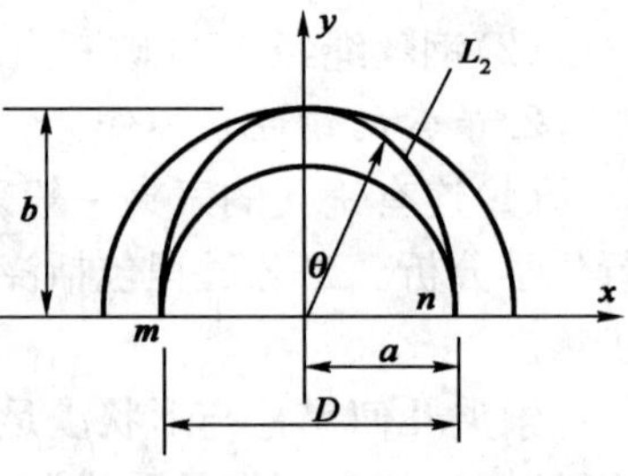

图 3-6-36　索槽绳段计算图

吊索恒载伸长为 Δl，锚内锚固长为 Δl_c，则吊索无应力长 l_0 为：

$$l_0 = L + \Delta l_c - \Delta l \tag{3-6-18}$$

2. 销接式吊索长度

图 3-6-32 中，l_1、l_2 分别为钢梁顶面至吊索下销孔中心、主缆中心线至索夹销孔（即吊索上销孔）的距离，e_1、e_2 分别为下、上叉形件销孔至吊索锚杯顶面的距离，则成桥状态吊索长 L 为：

$$L = l - (l_1 + l_2 + e_1 + e_2) \tag{3-6-19}$$

钢索恒载伸长量为 Δl，杯内锚固长 Δl_c，吊索无应力长 l_0 为：

$$l_0 = L - \Delta l + \Delta l_c \tag{3-6-20}$$

上述计算采用的温度为设计标准温度，实际温度偏离标准温度时，应进行修正。

四、吊索的工艺要求

1. 预张拉和标记画线

制造吊索时，钢丝绳的预张拉是钢丝绳吊索制造的重要工序。预张拉可消除钢丝绳非弹性变形，提高弹性模量并保持稳定。

预拉荷载为钢丝绳最小破断力的 55%；每次预拉持荷 60min，直至消除非弹性变形、弹性模量稳定为止，但不少于两次。

将预张拉后的钢丝绳张拉至恒载力，进行标志画线，如图 3-6-37 所示。图 3-6-37 给出了应标记的点和预留锚内工装长度。标记距离均相应于标准温度，偏离标准温度时应进行修正。

吊索制作完成后，两锚头顶面间，应满足表 3-6-15 及小于±1/10000 的误差要求；锚头顶面与最近标记点及标记点间均应满足表 3-6-15 要求。

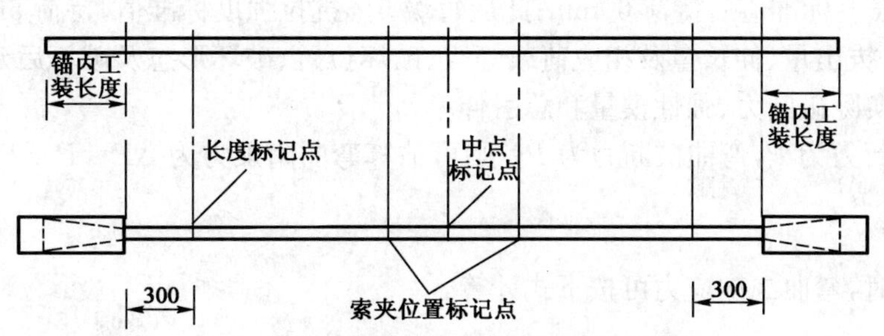

图 3-6-37　吊索标记点示意图(尺寸单位:mm)

标记点间容许误差　　表 3-6-15

标记点间距离(m)	允许误差(mm)	标记点间距离(m)	允许误差(mm)
<20	±2.0	120～180	±7.0
20～60	±3.0	>180	±9.0
60～120	±5.0		

2. 吊索工艺试验

作为吊索的钢丝绳除满足现行 GB 8919 的要求外,由于吊索的细节设计造成绳局部应力分布,允许通过实索的或模拟局部构造的试验来证明吊索满足悬索桥静、动力荷载下性能要求。这些试验项目包括:吊索组装件的静力破坏试验、弹性模量测试、疲劳试验、弯曲破坏试验、索夹抗滑移试验等。

(1)静力破坏试验及弹性模量测试

钢丝绳吊索组装件静力破坏试验一般取足尺试件,而不取按某一比例缩小的模拟试件。要求的实际断力不小于按钢丝绳标准抗拉强度和实际截面计算的破断力的 85%。要求吊索弹性模量 $E \geqslant 1.35 \times 10^5$ MPa,弹性模量测试的相应荷载为 0.55 倍抗拉强度的 20%～90%范围。

此外,试件的制作、试验方法和上述以外的其他要求,同主缆索股的静力试验。

(2)疲劳试验

吊索是直接承受桥面活载的构件,经受活载引起的变幅应力加载,因此吊索的疲劳寿命应满足与加劲梁相同的疲劳寿命要求。试验应力幅不低于 150MPa。其他的要求参照斜拉索组装件疲劳试验。试验索自由长度不小于 3m。

对于销接吊索,应连同销接件一同进行疲劳试验。销接件的寿命要求与索组装件相同。

(3)钢丝绳组装件弯曲破坏试验

此项试验主要是考查吊索在与骑挂式吊索索夹具有相同的曲率情况下的破断力和附加弯曲应力。

试件要求:钢丝绳采用足尺(直径)试件;试验钢丝绳的自由长度不小于 100d,d 为钢丝绳公称直径;支撑盘外径与索夹外径相同。

图 3-6-38 表示钢丝绳吊索在模拟索夹曲率下的试验装置。

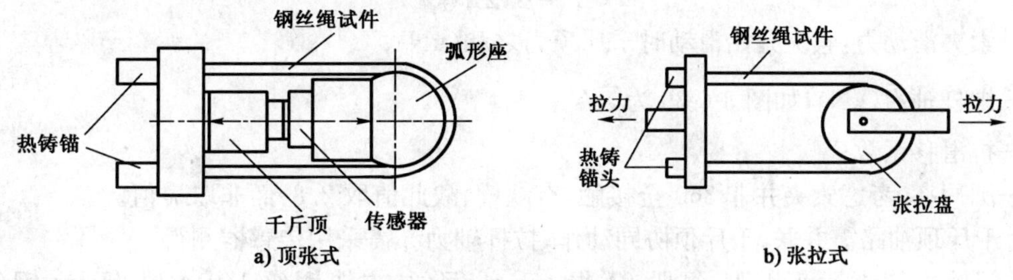

图 3-6-38　吊索组装件弯曲破坏试验示意图

试验分级加载：20%、40%、60%、80%的抗拉强度标准值，加载速度不大于100MPa/min，每级持荷5min；达80%抗拉强度标准值后持荷60min；此后每级5%抗拉强度标准值，持荷5min直至破坏。

其间，观测杯口拔出量、伸长量及相应荷载等级、破坏位置、破坏形态及破坏后延伸量。

取得数据包括实际破断力、强性模量和总引伸率。

设直索正常破断力为 P，弯曲破断力为 P_1，则可估算弯曲附加力为 $\Delta P=P-P_1$，钢索面积为 A，附加弯曲应力 $\sigma=\frac{\Delta P}{A}$。

当无试验数据时，弯曲二次应力可按下式计算：

$$\sigma=E\cdot C\frac{\delta}{D} \tag{3-6-21}$$

式中：σ——弯曲二次应力(MPa)；

E——索弹性模量(MPa)；

C——系数，$C=0.104+0.08\frac{d}{D}$；

D——吊索弯曲直径；

δ——钢丝绳单根钢丝直径。

二次应力引起的吊索附加拉力 $\Delta P=\sigma\cdot A$。

(4)索夹抗滑移系数试验

吊索力通过索夹传给主缆；吊索轴线与主缆是斜交的，尤其是靠近主塔的吊索，其轴线与主缆交角相当大，有的达45°以上。因此吊索索力沿主缆方向的下滑力使索夹与主缆间产生相对位移。为克服索夹的位移，索夹拉杆拉力将索夹紧紧压在主缆上产生摩阻力。此项阻力取决于主缆与索夹接触面状况、索夹长度和拉杆的数量，在设计索夹时必须取得可靠的抗滑移系数值。抗滑移安全系数不小于4。

试验装置如图3-6-39所示。采用足尺索和索夹，索夹长度及螺杆数目可依据加载设备确定，最少不少于4个螺杆。

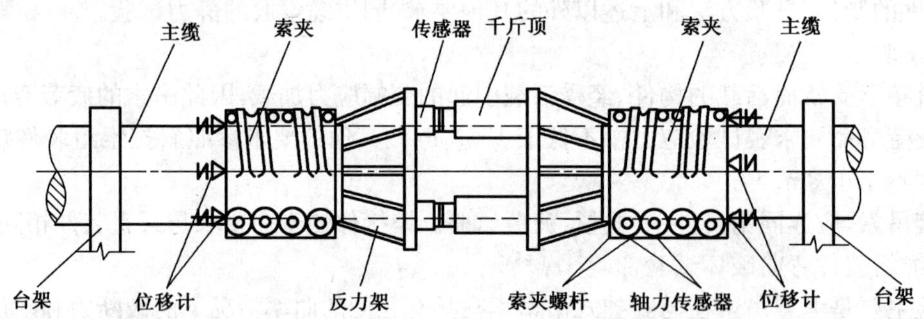

图3-6-39　索夹抗滑移系数试验示意图

两个索夹对称布置，千斤顶沿圆周等间距排列。滑动力和螺栓轴力有下述关系：

$$F=\mu\pi\sum N_{\mathrm{i}} \tag{3-6-22}$$

式中：F——索夹滑动力，索夹开始滑动时千斤顶力之和(kN)；

N_{i}——螺杆轴力(kN)，如图3-6-39为$\sum_{i=1}^{8}N_{\mathrm{i}}$；

μ——抗滑移系数；

π——圆周率；考虑索夹并非360°全接触，有缺槽，故此值取2.8，而非取π值。

试验时千斤顶油路需并联，千斤顶协同动作；拉杆轴力亦需采用传感器测得。

日本关门桥主缆索股154股，每股91根ϕ5mm钢丝，主缆钢丝14014根ϕ5mm钢丝，缆外径664mm。关门桥索夹抗滑移试结果见表3-6-16。

日本关门桥索夹抗滑移试验结果　表 3-6-16

试验序号 \ 全轴力(kN)	μ					
	300×8=2400	350×8=2800	400×8=3200	450×8=3600	500×8=4000	总平均
1	0.170	0.170	0.160	0.160	0.150	—
2	0.160	0.180	0.180	0.170	0.210	
3	0.170	0.180	0.190	0.180	0.180	
平均	0.167	0.177	0.177	0.170	0.180	0.174

试件采用 8 个螺栓，轴力以传感器控制分别加载 300kN、350kN、400kN、450kN、500kN。由分级试验结果看，抗滑移系数并非随轴力线性增加，可认为 μ 值为 0.177。加载 350～500kN 时，可取 μ 值为 0.17。关门桥设计值取 0.15。

我国虎门大桥所进行的抗滑移系数试验结果，静抗滑移系数为 0.241，动抗滑移系数为 0.206。

此外在该项试验中，同时可考虑其他内容，如：索夹安装应力测试；拉杆轴力损失试验和增加抗滑移系数的措施，或在一端索夹内壁喷涂锌、铝材料涂层等。

五、吊索的安装

吊索安装的关键步骤是索夹的定位和安装。索夹安装有两项要求：

(1)索夹定位准确。纵向位置偏差不大于 10mm；轴向两片索夹合缝与主缆轴线一致。

(2)索夹拉杆螺栓轴力适当，均匀一致，符合设计要求。

1. 索夹定位

索夹测量定位方法如图 3-6-40 所示。由于此时猫道挡住视线，定位测试只能在主塔顶摆设全站仪，由水平距离定位通过第 n 根吊索中心点 o 的竖直线。o 点是吊索竖直线与主缆轴线的交点，同时定出通过该竖直线的主缆上缘点 o'。在实施测定前，需先对空缆线形及主塔间距再次准确测试，将实际与理论值的偏差在各吊索间距上分配。无应力索长及索间距等数据由倒拆分析及相关数值分析中得到。

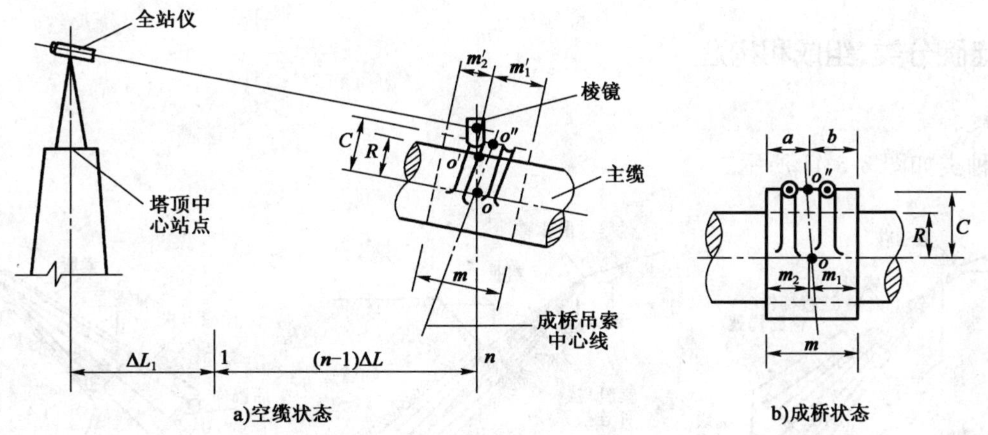

图 3-6-40　索夹定位测量示意图

由图 3-6-40b)知，$m_1=b+C\tan\alpha_1$，α_1 为成桥状态该索夹的水平倾角。a、b 为索夹顶部吊索截面中心连线与索夹竖轴线交点 o'' 至索夹外缘距离，同理计算出 $m_2=a-C\tan\alpha_1$。m_1、m_2 分别为成桥状态索夹竖轴线与主缆轴线交点 o 距索夹两端距离。在空缆状态虽然此时索轴线并不与成桥重合后，但 o 点仍然相同，o' 不相同。据空缆时索夹倾角 α_2，计算 o' 点距索夹两端的距离 m_1'、m_2'。这样可定出每个索夹两端线在空缆时的位置。至此索夹定位放线完成。$m_1'=b+R\tan\alpha_2$，$m_2'=m-m_1$。ΔL_1 为主塔中心至近塔第一个索夹的位置，$(n-1)\Delta L$ 第 n 个索夹的位置。在空缆状态，o、o' 及索夹两端线和距两端线外

10cm，均做为标记，作为索夹安装依据。

2. 索夹高强度螺栓张拉

索夹高强度螺栓的永存拉力，需经过对螺栓材料调质后的强度考虑拉杆安全度并经抗滑移试验和螺栓预拉力损失试验确定。

由国内外预拉力损失试验可知，损失值高达 30%～40%。第一次张拉螺栓时，桥面恒载、二期恒载及活载均未上。因此这种损失较大的原因，除螺栓材料松弛、挤缆的空隙率、索夹变形外，后续荷载的增加是重要因素。

高强度拉杆的长度越长，初张应力越高，损失率越小。但前者由索夹几何尺寸设计既定，后者由调质后强度和安全度限定。牺牲韧性而提高调质后强度是不可取的，会带来高强度拉杆滞后断裂的危险。因此，有效可行的办法是在不同安装阶段重复张拉到位。一般可分为如下阶段：

(1)索夹安装时；

(2)加劲梁安装完毕（或此步分成两步）；

(3)二期恒载全部完成；

(4)成桥运营一年（此时猫道已拆除，此步实施有困难，但对永久运营却十分有好处）。

轴力张拉偏差应不大于±3%。

正式施工前，应在主缆段上以实物索夹和高强度拉杆进行试验。试验螺栓可采用贴应变片法或用小型传感器测量轴力，同时以精密长度计量器具测量握距的变化和螺母旋转角度。试验应由一个短扳手拧紧初始位置开始，记录千斤顶张拉不同吨位的相应各参数变化。千斤顶事前进行计量标定。不同步骤轴力导入主要仍是液压油顶，其他参数可供参考；在随后的检查中，可借助试验获得的标距长度变化值。

第四节　锚碇建筑质量控制

悬索桥的锚碇是锚固主缆索并将主缆的巨大拉力传递和分散至基础和地基的关键构件。锚碇结构设计的安全性、合理性、耐久性和便于维护性，对保证施工质量，满足设计和规范要求是十分重要的。

一、锚碇分类、组成和构造

1. 锚碇种类

锚碇种类如图 3-6-41 所示。

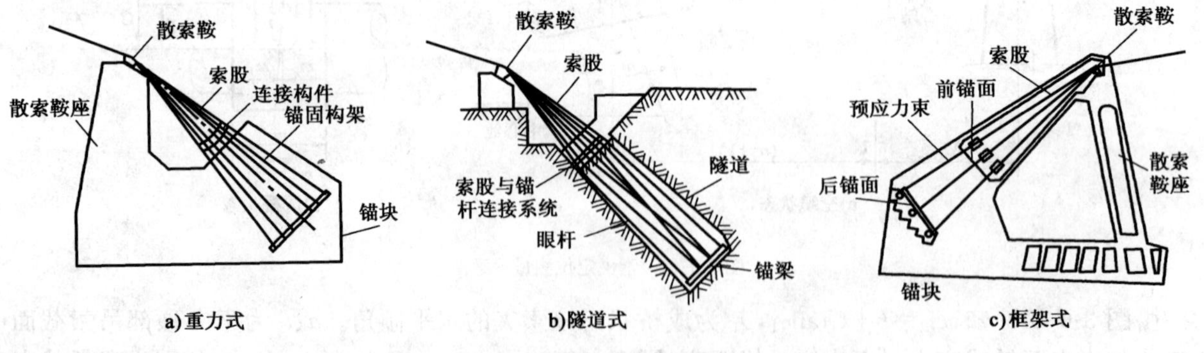

图 3-6-41　锚碇种类示意图

按锚块的构成及主缆力的传递和平衡方式，锚碇分为重力式和隧道式。重力式锚碇是靠巨大的自重竖向分力平衡缆力的竖向分力，自重对土壤的压力产生的摩阻力平衡缆力的水平分力。由于散索鞍的竖向反力作用在锚碇前部，故成桥时希望锚碇本身前轻后重。因此在结构上出现框架式锚碇，如图

3-6-41c)所示。由于框架式锚碇前部构造适当采用箱形结构，故减轻前部自重。重力式锚碇的锚块与基础形成整体，以其总体自重获得稳定性和足够抗滑移安全度。锚碇基础有扩大基础、沉井基础、地下连续墙基础或桩基础等。目前，国内外绝大多数悬索桥锚碇为重力式。丹麦大带(Creat Belt)桥和我国的海沧大桥为三角形框架重力式锚碇。隧道式锚碇适于岩石较完整、外露或埋置较浅的桥址条件，美国的George Washington、San Francisco、Oakland Bay 桥，英国 Forth 公路桥等均采用隧道式锚碇。隧道中填筑材料与相邻山体形成整体，由山体平衡缆力。

2. 锚碇的主缆锚固系统

锚碇由锚体、锚体基础、锚体上盖和主缆锚固系统组成，如图3-6-42所示。锚体可由锚块、鞍部和散索鞍墩组成。

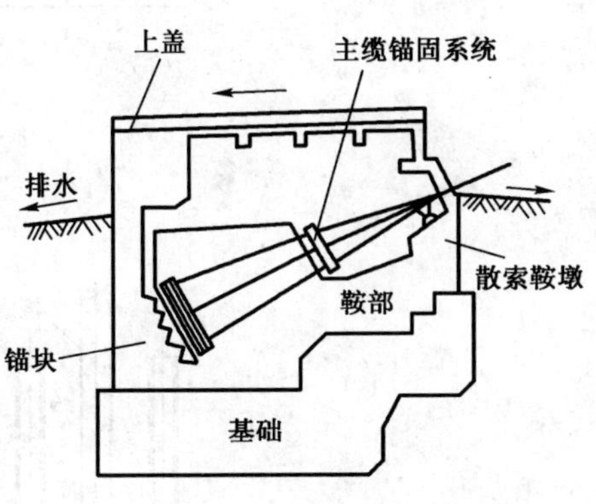

图 3-6-42　锚碇构造示意图

主缆锚固系统分型钢锚固系统和预应力锚固系统。图3-6-43为锚固系统图。图示两种锚固系统均为前锚方式。型钢锚固系统无论锚梁、拉杆、支撑构架均可采用普通碳素钢或普通低合金钢型材，以栓接或焊接构成。型钢锚固系统虽用钢较多，但整体性好、安全可靠，制造、安装也较方便，是较多采用的一种。图3-6-44a)为索股在散索鞍内分布图，b)为对应索股在型钢锚固架上的分布图。型钢锚固架构造见图3-6-43b)。我国汕头海湾大桥及虎门大桥均采用型钢锚固方式。索股在型钢上的锚固构造见图3-6-45。

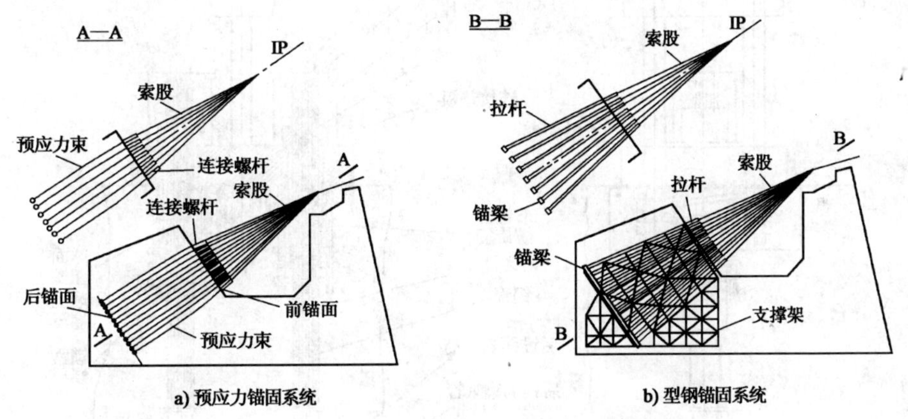

a) 预应力锚固系统　　b) 型钢锚固系统

图 3-6-43　主缆锚固系统示意图

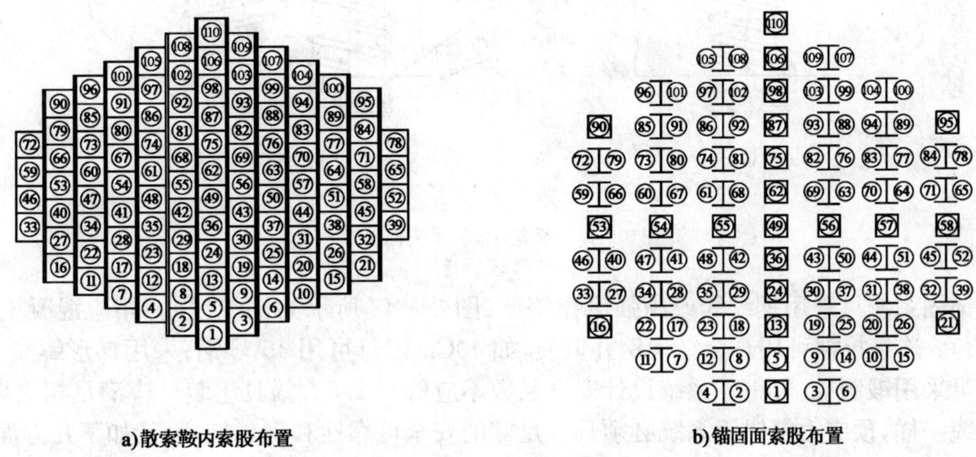
a)散索鞍内索股布置　　b)锚固面索股布置

图 3-6-44　索股在散索鞍及型钢锚固架上的布置

预应力锚固系统，见图 3-6-46。图 3-6-47 示出了预应力筋锚固方式前、后锚面索股及力筋布置图。

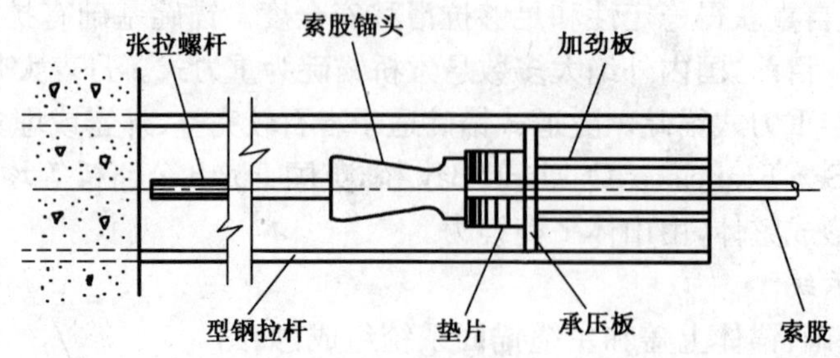

图 3-6-45　索股在型钢上的锚固构造

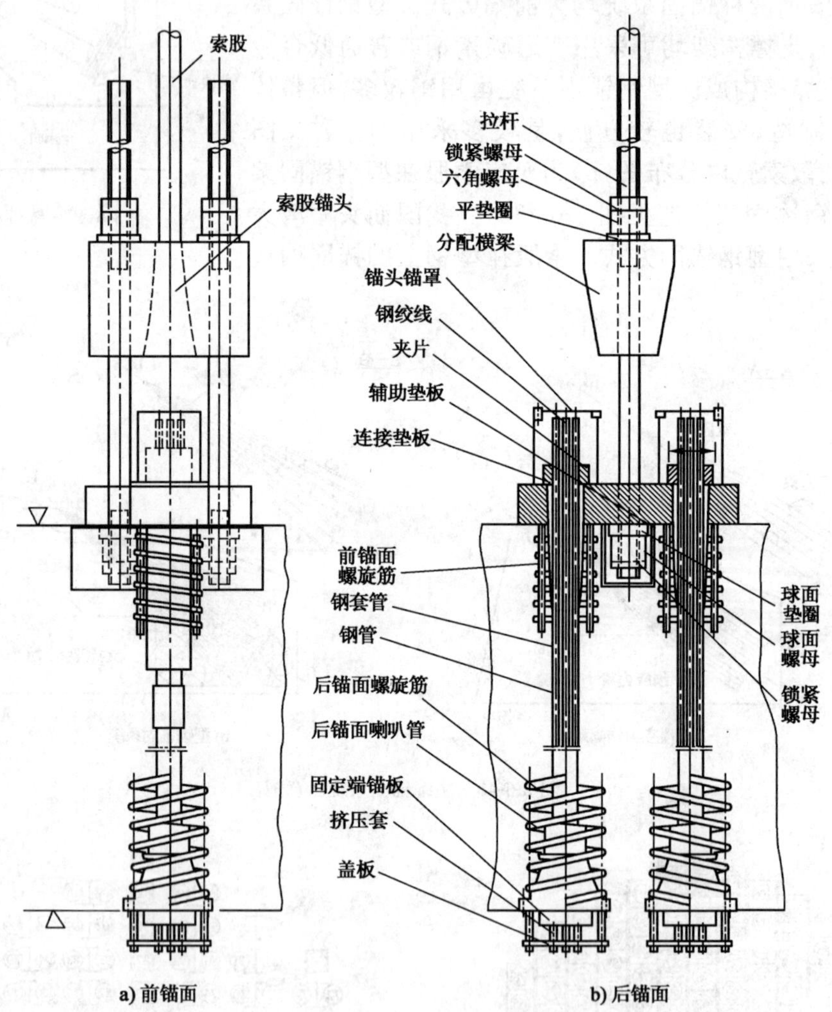

图 3-6-46　预应力锚固系统构造图

预应力锚固系统可采用钢绞线或高强度粗钢筋(图 3-6-43 所示为钢绞线)。相应混凝土强度等级不应低于 C30。连接拉杆可用合金结构钢并调质，如 40Cr；螺母可用 45 号钢；采用梯形螺纹。大垫板、分配横梁等可采用锻制 45 号钢。系统设计安全系数不应低于 2.5。锚具组装件应满足相应规范要求。

如同主缆一样，预应力筋锚固系统必须具有足够的安全可靠性和耐久性，可从如下几方面考虑：

(1)锚块在预应力体系配筋区域，配置足够普通钢筋，以防由于应力分配和温度造成锚块局部裂纹；做好排水及防漏工作。

(2)力筋采用环氧涂层钢绞线或无粘结预应力筋，并在管道内注入防护油脂。

(3)群锚采用防松装置，拉杆采用防松螺帽；锚头罩盖内采用封闭措施。

(4)外露配件进行防腐处理；锚室除湿，使相对湿度不大于 45%。

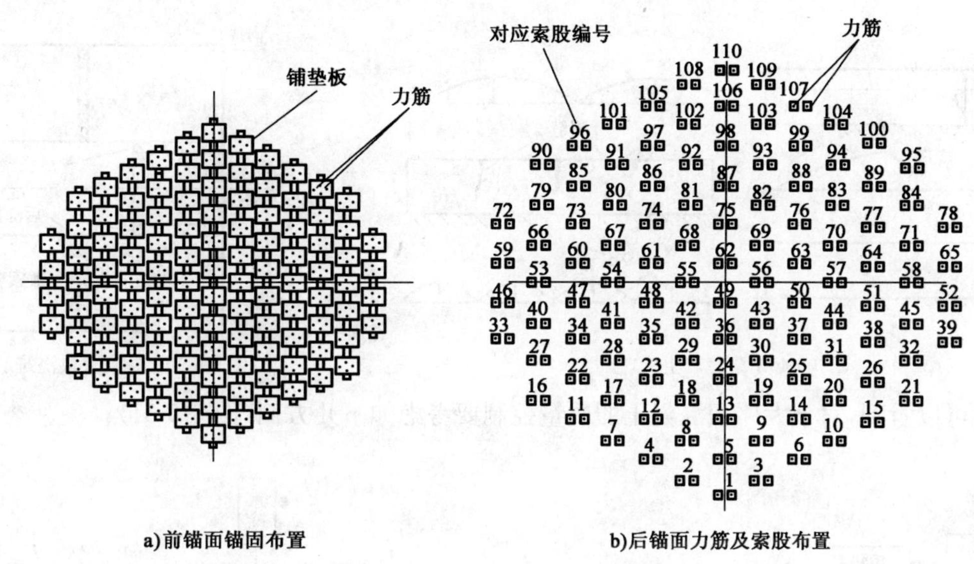

图 3-6-47　前后锚面索股与力筋布置图

二、锚碇混凝土施工质量控制

1. 大体积混凝土开裂的基本概念

我国修建的大跨度悬索桥的锚碇多为大体积混凝土浇筑的重力式锚碇。一般采用 C30 混凝土浇筑锚块、鞍部及散索鞍墩；散索鞍座局部及锚室屋盖等采用 C40 混凝土；基础采用 C20～C25 混凝土。大体积混凝土施工中主要问题是防止水化热温升及随之引起的体积变形和混凝土开裂，以保证锚碇结构的耐久性。

美国混凝土学会(AIC)对大体积混凝土有下述规定："任何就地浇注的大体积混凝土，其尺寸之大，必须要求采取措施解决水化热及随之引起的体积变形问题，以最大限度减少开裂"。日本建筑学会标准(JASS5)的定义是："结构断面最小尺寸在 80cm 以上；水化热引起混凝土内最高温度与外界气温之差，预计超过 25℃的混凝土，称为大体积混凝土"。我国现行标准《混凝土质量控制标准》(GB 50164)及《混凝土结构工程施工及验收规范》(GB 50204)的条文说明均有这样的论断"大体积混凝土在硬化过程中，产生的水化热不易散发，会由于混凝土内外温差过大而出现裂缝，因此必须采取措施，使温差控制在设计要求之内，当无设计要求时，温差不宜超过 25℃"。因此，体积大、温差大、变形开裂是锚碇混凝土的主要质量问题。

大体积混凝土裂缝的主要原因是：水泥水化热引起大体积混凝土体内升温，热量不易消散和外界气温变化形成内外温差过大、结构变形受到局部约束。混凝土体内温度变化过程如图 3-6-48 所示。混凝土浇筑完毕时的温度为浇筑温度，由于水化热，内部温度不断上升直至最高；然后由于天然热交换或人工降温，内部温度不断下降，水化热大致散发完毕混凝土温度才与大气温度相近，此时称稳定温度。

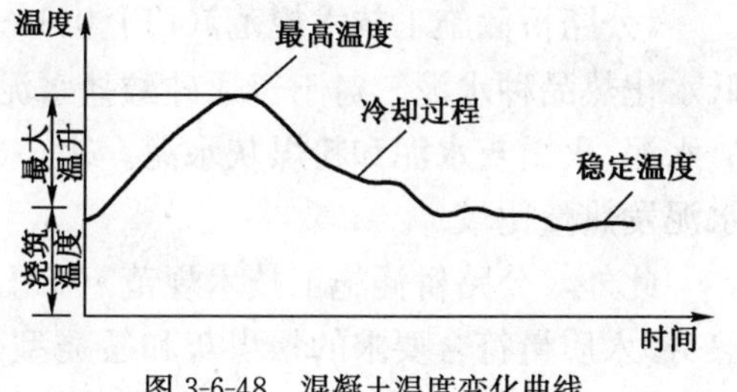

图 3-6-48　混凝土温度变化曲线

裂缝的开裂机理如图 3-6-49 所示。超值的温差产生变形，下缘受到约束，上缘中间 $l/2$ 处水平拉力 $\sigma_{x1}>R_L$ 而首先产生裂缝 1(R_L为混凝土抗拉强度)；然后 $l/4$ 处 $\sigma_{x2}>R_L$ 而开裂；随后 $l/8$ 长度处 $\sigma_{x3}<R_L$，再次开裂。此种裂缝一般不会贯穿至底部。裂缝产生，约束释放。如果正好在开裂处将结构分块，留有工作槽缝 1.5～2m，槽缝后浇筑微膨胀混凝土，便会收到很好效果。如图 3-6-50 锚碇分块浇筑便是一例。温度变形在几何形状突变处也会开裂，因此在分块浇筑时此处亦宜留槽缝。

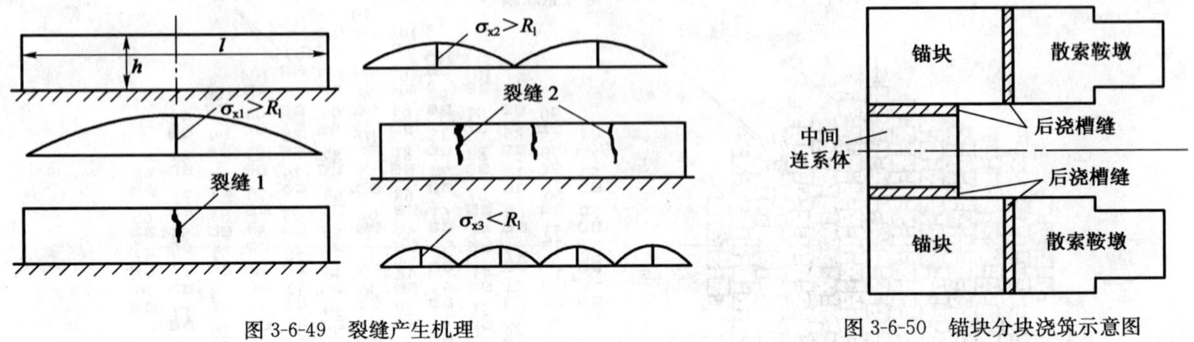

图 3-6-49　裂缝产生机理　　图 3-6-50　锚块分块浇筑示意图

由上述可以看到，对于大体积混凝土的质量控制要考虑如下几方面（图 3-6-51）：

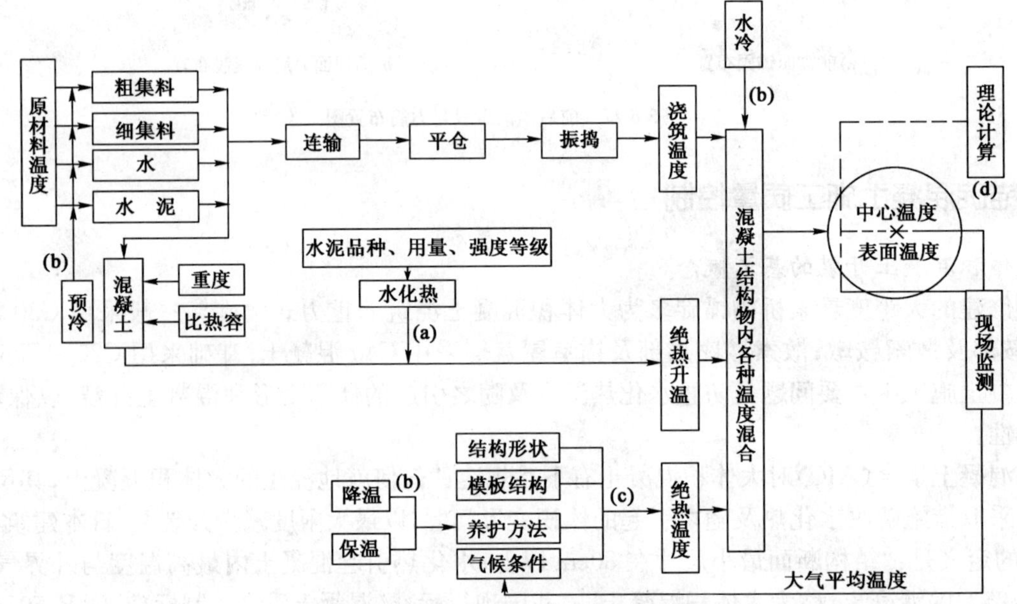

图 3-6-51　混凝土温度组成和监控因素

（1）采用低水化热、低强度等级水泥，采用减水剂减少水泥用量，掺入粉煤灰；

（2）采用预冷及浇筑后冷却；

（3）通过结构设计及浇筑、养护工艺设计降低温差和结构约束；

（4）预测计算和现场监控检测。

2. 降低混凝土水化热

《公路桥涵施工技术规范》（JTJ 041—2000）对重力式锚碇锚体混凝土施工要求（18.2.3 条）“采用低水化热品种水泥。对于普通硅酸盐水泥经过水化热试验比较后方能使用”。低水化热品种水泥有：矿渣水泥、火山灰水泥和粉煤灰水泥。表 3-6-17 给出了普通水泥（硅酸盐水泥和普通硅酸盐水泥）和矿渣水泥发热量比较。

此外，《公路桥涵施工技术规范》（JTJ 041—2000）还规定“采用下列方法降低水泥用量、减少水化热：掺入质量符合要求的粉煤灰和缓凝型外掺剂。粉煤灰用量一般为水泥用量的 30%～40%；混凝土可按 60d 的设计强度进行配合比设计”。此处符合要求指符合现行国家标准《粉煤灰混凝土应用技术规范》(GBJ 146)关于三级粉煤灰的技术要求。外掺剂可采用木钙型减水剂，用量可取水泥用量的0.2%～0.3%，可减少12%水泥，改善初期热性能，使混凝土达到同样强度时发热量降低。

水泥发热量比较　　表3-6-17

品　种	发热量(kJ/kg)				
	225号	275号	325号	425号	525号
普通水泥	201	243	289	377	461
矿渣水泥	188	205	247	335	

注：1. 火山灰水泥、粉煤灰水泥的发热量可参照矿渣水泥的数值。

2. 本表参照叶琳昌、沈义著《大体积混凝土施工》(1987年)所提供数据，仍采用老的水泥标号。

采用上述措施均必须经过混凝土配合比试验，使混凝土符合设计强度等级和坍落度的要求。

3. 预冷、后冷和保温

《公路桥涵施工技术规范》(JTJ 041—2000)规定"降低混凝土入仓温度。可对砂料加遮盖，防止日照；采用冷却水作为混凝土拌和水等"。必要时采用工业水或制水机制冷却拌和水。此外尚可对水泥预冷，即将冷气送入水泥储藏罐中，使水泥得以降温。这样预先降低混凝土原材料温度能有效降低浇筑温度。

后冷指的是对凝固后的混凝土通冷水降温。《公路桥涵施工技术规范》(JTJ 041—2000)规定"在混凝土结构中布置冷却水管，混凝土终凝后开始通水冷却降温。设计好水管流量、管道分布密度和进水温度，使进出水温差控制在10℃左右，水温与混凝土内部温差不大于20℃"。每层水管可水平并通布置和直通布置。当浇筑层高为0.8～1.2m时，可在层高中间布置一层水管；当浇筑层高为1.5～2.5m时，可于1/3层高和2/3层高处各布置一层，如图3-6-52所示。当送入混凝土的水温较高时，应采用水的冷却系统使水温降至10℃左右。一般采用$\phi25$～$\phi30$mm钢管，相邻层交错排列。

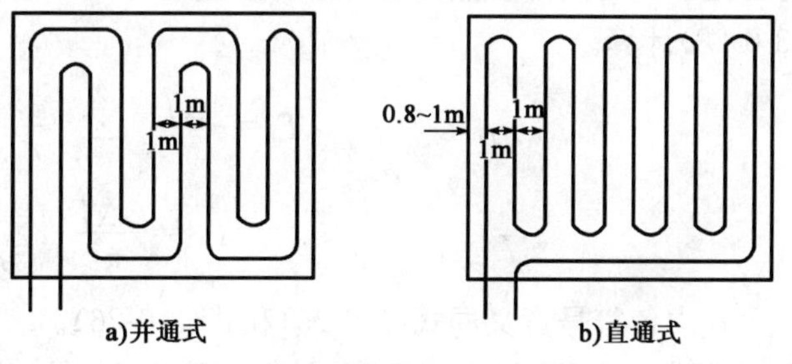

图3-6-52　冷却水管布置示意图

工程实践证明，大体积混凝土早期裂缝大多是不同深度的表面裂缝。这主要是早期混凝土内部升温较高，而拆模后，表面温度降低，形成较大内外温差；同时混凝土强度也较低。尤其当大气温度骤降时，此时应采取保温措施，减小内外温差。

保温材料可采用帆布、油布、草袋、木屑、煤灰渣、沙土等，使混凝土的水泥水化热缓慢消散，保持温差不大于20～25℃，同时使混凝土获得必要的强度。

4. 温度控制计算

通过混凝土的温度计算，可算出在施工大气温度条件下，不同浇筑层厚度的内部温度和表面温度，并求出内外温差；依据允许温差亦可以确定合理浇筑层厚度。

绝热温升是在结构物四周没有任何散热和热损失的条件下，水泥水化热全部转化为温升后的温度值。混凝土的最终(最高)绝热温升为T_h，龄期τ的绝热温升为$T_{(\tau)}$，则有：

$$T_{(\tau)} = T_h(1-e^{-m\tau}) \tag{3-6-23}$$

$$T_h = \frac{WQ}{c\rho} \tag{3-6-24}$$

式中：W——每立方米混凝土中水泥用量(kg/m^3)；

Q——每千克水泥水化热(kJ/kg)，见表3-6-17；

c——混凝土的比热容，计算时可取0.97kJ/(kg·K)(此处K为开尔文，温度1K=1℃)；

ρ——混凝土的密度，取2400kg/m^3；

m——与水泥品种、浇筑温度有关的经验系数，一般可取0.2～0.4；如浇筑温度为5℃、10℃、

15℃、20℃、25℃、30℃时，m 分别可取 0.295、0.318、0.340、0.362、0.384 和 0.406；

τ——混凝土的龄期(d)。

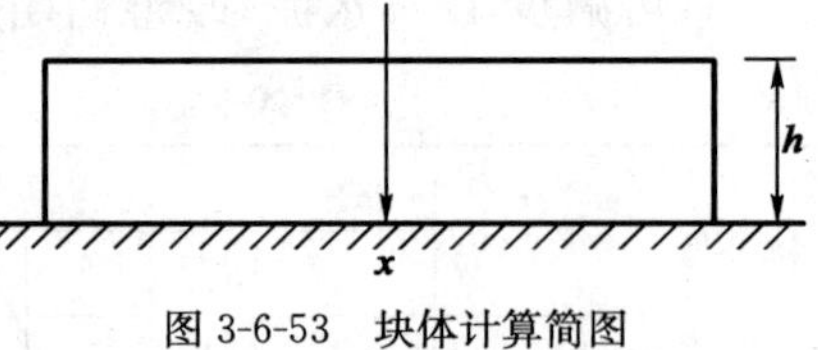

图 3-6-53　块体计算简图

实际情况下，混凝土非"绝热状态"，需要计算在实际存在热交换和与大气有温差时的混凝土温度。假设热量仅从上表面交换，并且当浇筑温度等于大气温度时，内部各点温度 T 按式(3-6-25)计算，参见图 3-6-53。内部平均温度为 T_m，按式(3-6-26)计算。

$$T=T_h\left[\frac{\cos(h-x)\sqrt{m/a}}{\cosh\sqrt{m/a}}-1\right]e^{-m\tau}-4\frac{mT_h}{\pi}\sum_{n=1,3,5\cdots}^{\infty}\frac{e^{-an^2\pi^2\tau/4h^2}}{n\left(\frac{an^2\pi^2}{4h^2}-m\right)}\sin\frac{n\pi x}{2h} \tag{3-6-25}$$

$$T_m=T_h\left[\frac{\sinh\sqrt{m/a}}{h\sqrt{\frac{m}{a}}\cosh\sqrt{\frac{m}{a}}}-1\right]e^{-m\tau}-8\frac{mT_h}{\pi^2}\sum_{n=1,3,5\cdots}^{\infty}\frac{e^{-an^2\pi^2\tau/4h^2}}{n^2\left(\frac{an^2\pi^2}{4h^2}-m\right)} \tag{3-6-26}$$

式中：T_h——混凝土的绝热温升(℃)，见式(3-6-24)；

h——混凝土块体厚度(m)；

a——混凝土的导热系数(m^2/d)，可取 0.1～0.3 m^2/d；

m——经验系数，见式(3-6-23)；

τ——混凝土龄期(d)。

当浇筑温度与大气存在温差时，即初始温差 $\Delta T=T_j-T_g$，T_g 为大气温度，ΔT 将引起混凝土内部温度变化。此时内部各点由 ΔT 影响形成的与大气的温度差值为 T_1 及平均值 T_{m1} 分别按式(3-6-27)、式(3-6-28)计算。

$$T_1=\frac{4\Delta T}{\pi}\sum_{n=1,3,5\cdots}^{\infty}\frac{1}{n}e^{-an^2\pi^2\tau/4h^2}\cdot\sin\frac{n\pi x}{2h} \tag{3-6-27}$$

$$T_{m1}=\frac{8\Delta T}{\pi^2}\sum_{n=1,3,5\cdots}^{\infty}\frac{1}{n^2}e^{-an^2\pi^2\tau/4h^2} \tag{3-6-28}$$

式中各符号意义同式(3-6-25)和式(3-6-26)。

由式(3-6-25)和式(3-6-26)计算得到的 T_m 是 τ 龄期时水泥水化热引起的温升，其条件是浇筑温度等于大气温度。由式(3-6-27)和式(3-6-28)计算得到的 T_1 和 T_{m1} 为温差 ΔT 造成的块体温度变化后内部温度与大气的温差。(T_g+T_{m1})为 τ 龄期平均温度。由于 ΔT 存在，τ 龄期的温降为 $\Delta T_2=T_j-(T_g+T_{m1})$，则 τ 龄期混凝土内部温度为 $T=T_m+T_j+\Delta T_2$。ΔT_2 降温为负，升温为正。

大量工程实践证明：混凝土浇筑体越厚，水化热升温阶段越长，温度峰值出现越晚，高峰持续时间越长；块体越薄则相反。而且温升与外界气温有关，外界气温越高，温度峰值出现越早，持续时间越长。

不同厚度、不同龄期块体中心温度 T_{max} 可按式(3-6-29)计算。

$$T_{max}=T_j+T_{(\tau)}\xi \tag{3-6-29}$$

式中：ξ——与厚度 h 有关的降温系数；根据水利水电科学院结构所提供的资料，不同块体厚度不同龄期的 ξ 值，当混凝土 T_j 为 20～30℃时，如图 3-6-54 所示；也可按采用拟合曲线外延的表 3-6-18 取用。

工程实践证明：计算值与实测值误差约为＋3～－3.5℃时吻合较好。

大体积混凝土在进行温度控制和温度应力计算时，必须知道中心与表面间的温差、表面与大气间的温差。

中心温度已由前述公式计算得出，则中心温度与外界气温差 $\Delta T_{(\tau)}$ 可以求得。可建立下述公式：

$$T_{x(\tau)}=T_g+\frac{4}{H^2}x(h-x)\Delta T_{(\tau)} \tag{3-6-30}$$

式中：$T_{x(\tau)}$——龄期 τ 时，计算厚度为 x 处的混凝土温度(℃)；

T_g——龄期 τ 时，大气平均温度(℃)；

$\Delta T_{(\tau)}$——龄期 τ 时混凝土中心温度与外界气温之差(℃)；

H——混凝土块体计算厚度。

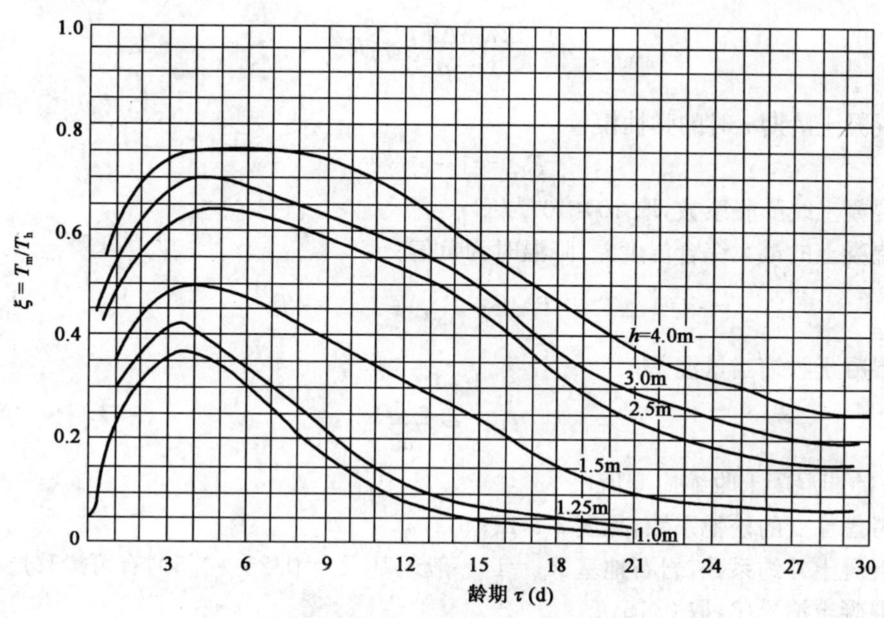

图 3-6-54　降温系数 ξ 与 τ 和 h 的关系曲线

不同厚度浇筑块的降温系数　　表 3-6-18

h(m) \ τ(d)	3	6	9	12	15	18	21	24	27	30
1	0.36	0.29	0.17	0.09	0.05	0.03	0.01	—	—	—
1.25	0.42	0.31	0.19	0.11	0.07	0.04	0.03	—	—	—
1.3	0.45	0.36	0.28	0.19	0.14	0.09	0.07	—	—	—
1.5	0.49	0.46	0.38	0.29	0.21	0.15	0.12	0.08	0.05	0.04
2	0.55	0.51	0.45	0.36	0.27	0.21	0.16	0.14	0.10	0.09
2.5	0.65	0.62	0.59	0.48	0.38	0.29	0.23	0.19	0.16	0.15
3	0.68	0.67	0.63	0.57	0.45	0.36	0.30	0.25	0.21	0.19
3.2	0.69	0.68	0.65	0.57	0.56	0.38	0.30	0.25	0.21	0.19
3.5	0.72	0.71	0.69	0.61	0.50	0.41	0.34	0.27	0.23	0.22
4	0.74	0.73	0.72	0.65	0.55	0.46	0.31	0.30	0.25	0.24
4.5	0.79	0.79	0.79	0.72	0.61	0.52	0.43	0.37	0.31	0.29
5	0.82	0.82	0.82	0.77	0.65	0.57	0.47	0.38	0.34	0.33
5.5	0.85	0.85	0.85	0.80	0.69	0.61	0.51	0.42	0.37	0.36
6	0.87	0.88	0.88	0.82	0.73	0.65	0.55	0.45	0.41	0.39

为了说明计算厚度如何计算，现将真实块体边界向外延拓一个“虚厚度”h'得到一个虚边界，块体“表面”温度等于外界介质温度。如果块体实际厚度为 h，则计算厚度 $H=h+2h'$。虚厚度 $h'\approx K\cdot\lambda/\beta$。$\lambda$ 为混凝土导热系数，取 2.33W/(m·K)；β 为混凝土模板及保温层的传热系数[W/(m²·K)]，当为木模及草袋时，取 $\beta=2.06$W/(m²·K)；K 为计算折减系数，取 0.666。

显然，当 $x=h'$时，即可求出龄期 τ 时的混凝土表面温度 $T_{b(\tau)}$，即：

$$T_{b(\tau)}=T_g+\frac{4}{H^2}h'(H-h')\Delta T_{(\tau)} \tag{3-6-31}$$

当由虚边界起，x 取不同值时，可取得距边界不同深度的点的温度。

5. 两维约束时（包括收缩）应力计算

两维约束时应力 σ 按下式计算：

$$\sigma=\frac{E_{(\tau)}\alpha\Delta T}{1-\mu}S_{h(\tau)}R_k \tag{3-6-32}$$

式中：$E_{(\tau)}$——混凝土龄期 τ 时的弹性模量；

$$E_{(\tau)}=1-e^{-0.09\tau}$$

α——混凝土线膨胀系数，取 $10\times10^{-6}/℃$；

ΔT——混凝土的最大综合温度差，降温时为负值；

$$\Delta T=T_i+\frac{2}{3}T_{(\tau)}+T_{y(\tau)}-T_g$$

$T_{y(\tau)}$——混凝土收缩当量温差；

$$T_{y(\tau)}=\frac{\varepsilon_{y(\tau)}}{\alpha}$$

$\varepsilon_{y(\tau)}$——τ 龄期混凝土收缩应变值；

$S_{h(\tau)}$——考虑徐变的松弛系数，见表 3-6-19；

R_k——混凝土外约系数，岩石地基 $R_k=1$，一般地基 $R_k=0.25\sim0.50$，有可滑移层时 $R_k=0$；

μ——混凝土泊松比，取 0.15；

其余符号同前。

当以实测混凝土内平均温度代替 ΔT 时

$$T_m=T_1+\frac{2}{3}(T_2-T_1)$$

式中：T_2、T_1——分别为实测混凝土中心最高温度和表面温度。

混凝土的松弛系数 $S_{h(\tau)}$ 表 3-6-19

τ(d)	0	0.5	1	2	3	7	10	15	20	28	40	60	90	∞
$S_{h(\tau)}$	1	0.626	0.617	0.59	0.57	0.502	0.462	0.411	0.374	0.336	0.306	0.288	0.284	0.28

计算得到的温度应力不应大于混凝土抗拉强度。大体积混凝土温度控制计算，也可求出容许的浇筑层厚度，或表面与中心的温差或层间温差。

6. 大体积混凝土温度监测

(1)温度控制限值

对于大体积混凝土，水化热引起的温升取决于水泥品种和水泥用量，水利工程中一般为 15～25℃，而建筑工程混凝土强度等级高，水泥用量大，温升多在 20～30℃。温度峰值在 3～5d 时发生，10～12d 时达到最终绝热温升。外界气温越高，混凝土浇筑温度越高，混凝土内部温度也越高，最高温度可 60～65℃。突然大气降温幅度较大时，就会形成较大内外温差。这种温差产生的变形受到约束，产生的温度应变若超过此时混凝土的极限应变值，混凝土便会产生裂缝。混凝土极限应变一般为$(50\sim100)\times10^{-6}$。由于混凝土不可能受到绝对约束，且混凝土存在塑性变形和徐变，一般温差达到 20～25℃时尚不会开裂。我国《公路桥涵施工技术规范》(JTJ 041—2000)关于锚碇混凝土规定“当气温急剧下降时须保温，并应将混凝土内外温差控制在 25℃以内”。

我国《混凝土重力坝设计规范》(SL 319—2005)规定，当基础约束区混凝土 28d 龄期极限值不低于 85×10^{-6}时，对于施工质量均匀、良好，基岩与混凝土的变形模量相近，短间歇均匀上升浇筑的浇筑块，基础允许温差可按表 3-6-20 采用。美国垦务局和原苏联关于重力坝温差限值见表 3-6-21 及表 3-6-22。上述三表均考虑了混凝土块的约束状况。当采用水管冷却水降温措施时，我国《公路桥涵施工技术规范》(JTJ 041—2000)规定水温与混凝土内部温差不大于 20℃。

基础约束区混凝土容许温差 ΔT(中国)(单位:℃)　　表 3-6-20

离基础高度 \ 浇筑块长边 L(m)	17 以下	17～20	20～30	30～40	40 至通仓长块
0～0.2L	26～25	25～22	22～19	19～16	16～14
0.2～0.4L	28～27	27～25	25～22	22～19	19～17

基础允许温差(美国垦务局)(单位:℃)　　表 3-6-21

长边 L(m) \ 离基础高度(m)	0～0.2L	(2～0.5)L	>0.5L
55～73	16.7	19.5	22.2
37～55	19.5	22.2	25.0
27～37	22.2	25.0	不限制
18～27	25.0	不限制	不限制
<18	27.8	不限制	不限制

混凝土坝允许温差(原苏联)(单位:℃)　　表 3-6-22

混凝土标号	浇筑块长度(m)	允许基础温差(℃)	允许内外温差(℃)	
			中心与侧表面	中心与上表面
300	10	32～34	28	18
	15	26～28	27	17
	20	22～24	26	17
	25	19～21	25	16
	30	17～19	24	16

一般锚碇混凝土温度控制考虑如下限值:混凝土内部容许最高温度一般在 45～50℃,依实际情况而定;中心与表面容许温差,现多以 25℃为准;层间容许温差多为 15～20℃。

(2)混凝土温度检测

现以我国海沧大桥南锚块温控监测为例,介绍温度检测过程中的温度测点布置及结果分析。

测温元件一般采用工业用热电偶或热电阻作为测温传感器,并埋设在混凝土温度检测点。测温元件事先按要求进行标定和检验。

测点布置及编号见图 3-6-55。该测试采用 DW—1 型电阻温度计。南北锚碇共埋设 51 支温度计。观测间隔时间根据升、降温速度而定,当升、降温较快时,应加密观测频次。

T12-1 代表层中心温度典型变化:混凝土浇筑后温度很快上升,2d 内达到最高,随后下降较快;当上层混凝土浇筑后,在上层温升影响下再次回升,2～3d 后达到最大,随后缓慢下降。T12-2 代表表面温度测点:开始温升与中心点相似,大约 20d 后,明显受外界气温影响呈波动状态,见图 3-6-56a)。由图 3-6-56b)可见,测点 T′4-1 受第五层升温影响由大约 35℃再次升至 40℃以上,然后一并缓慢下降,这种影响数量约 3～6℃,但上、下层差值最大在 10 月 10 日左右,温差达 15℃左右。

表 3-6-23 给出了实测南锚块温度特征值统计结果。由表列数据可见到,混凝土入仓温度与季节和天气十分密切,9 月份尚属热天,入仓温度均在 28℃以上,2 月份为最低,仅为 17.65℃。入仓温度加最高温升为最高温度。可见,要想控制混凝土配料温度,尽量降低入仓温度是行之有效的办法。至最高温升时间这两三天内浇筑上层混凝土引起下层温升约 2～5℃,最多 6.8℃。

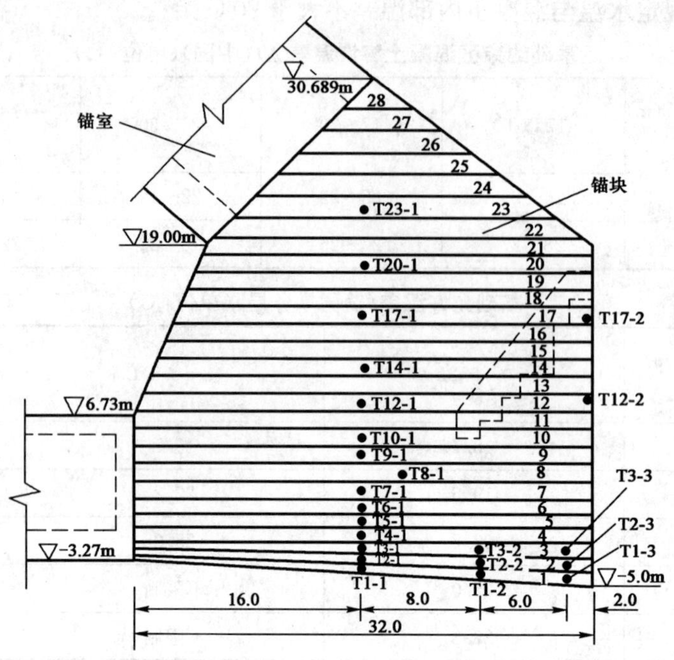

图 3-6-55　南锚块温度测点布置图(尺寸单位:m)

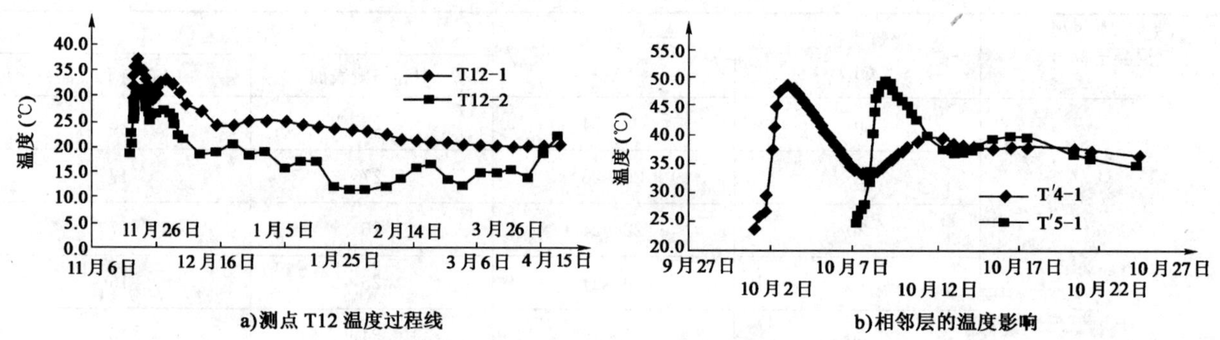

图 3-6-56　测点 T12、T′4-1、T′5-1 温度变化图

南锚块温度特征值统计表　　表 3-6-23

测点编号	入仓时间	入仓温度(℃)	最高温度(℃)	最高温升(℃)	温升历时(d)	浇上层后温度回升(℃)	最低温度(℃)
T1-1	1997-9-11	28.05	47.70	19.65	2.06	1.85	25.85
T1-2	1997-9-11	28.85	50.40	21.56	1.90	2.70	23.50
T1-3	1997-9-10	28.40	48.65	20.25	1.90	1.50	18.75
T3-1	1997-9-23	26.20	42.15	19.65	1.90	7.55	24.05
T5-1	1997-10-4	26.15	52.05	25.90	1.56	3.60	23.45
T6-1	1997-10-9	25.45	48.25	22.80	1.72	3.60	21.10
T7-1	1997-10-14	24.75	53.85	19.10	1.96	1.35	19.55
T9-1	1997-10-24	26.50	52.30	25.80	2.08	3.05	20.50
T12-1	1997-11-18	19.90	37.15	17.25	2.83	4.90	19.65
T12-2	1997-11-18	18.85	31.35	12.50	2.83	3.00	11.00
T17-1	1997-12-22	19.70	40.45	20.75	1.85	6.80	18.35
T17-2	1997-12-22	21.35	33.55	12.20	1.35	1.60	11.45
T23-1	1998-2-14	17.65	47.50	29.85	2.44	2.65	21.00

7. 锚碇混凝土施工精度

控制温度及温度应力以保证混凝土结构不开裂，是锚碇混凝土施工中的重点。此外，如同一般混凝土结构一样，还要保证满足不同龄期的设计强度等级要求，避免出现空洞及缺陷。要留有足够数量的试块，以便检测不同龄期混凝土的强度及弹性模量值，同时要满足表 3-6-24 的精度要求。

锚碇混凝土施工精度要求　　表 3-6-24

项　目		允许偏差(mm)
锚碇结构轴线偏位	基础	20
	锚面槽口	10
断面尺寸		±30
基础底面高程	土质	±50
	石质	+50，-200
顶面高程		±20
大面积平整度		5
预埋件位置		符合设计要求

三、重力式锚碇锚固体系施工

1. 型钢锚固体系

型钢锚固体系的制造及安装均应按《公路桥涵施工技术规范》(JTJ 041—2000)第 17 章要求进行，包括材料的检验、焊接、无损检测、几何验收、涂装以及出厂预拼装等。锚杆、锚梁等钢构件制作和安装尚应满足表 3-6-25 要求。

锚杆、锚梁制作安装要求　　表 3-6-25

项　目		规定值或允许偏差
锚杆制造(mm)	长度	±3
	高度	
	宽度	
支架安装(mm)	中心线偏差	±10
	横向安装锚杆之平联高差	-2，+5
锚杆安装(mm)	X 轴	±10
	Y 轴	±5
	Z 轴	±5
后锚梁安装	中心偏位(mm)	5
	偏角	符合设计要求
漆膜厚度		不小于设计要求

2. 预应力锚固体系

预应力锚固体系所用锚夹具、力筋及钢绞线应分别符合现行《预应力筋用锚具、夹具和连接器》(GB/T 14370)、《预应力混凝土用钢丝》(GB 5223)和《预应力混凝土用钢绞线》(GB 5224)、《环氧涂层七丝预应力钢绞线》(GB/T 21073)的要求。预应力筋张拉与压浆需严格按《公路桥涵施工技术规范》(JTJ 041—2000)第 12 章要求进行。按设计新配制工件均需满足现行(GB/T 4370)相应要求。

预应力系统施工精度应满足表 3-6-26 的要求。

预应力锚固系统施工要求　　表 3-6-26

项　目	规定值或允许误差	项　目	规定值或允许误差
拉杆张拉力	符合设计要求	拉杆轴线偏位(mm)	5
前锚孔道中心坐标(mm)	±10	连接器轴线(mm)	5
前锚面孔道角度(°)	±0.2		

第五节　主鞍、散索鞍、索夹制造与安装

一、主鞍

主鞍(即主塔鞍座)是设在悬索桥主塔塔顶的大型钢构件,在塔顶处于主缆的转折处,为主缆提供支撑,将主缆反力均匀传给索塔。在此处由于主缆改变方向,主鞍为其提供平顺的几何线形的转折和方向改变。当悬索桥边跨跨度不相同时,主鞍由于其转折角不同,长度也会不同。

1.主鞍的分类

悬索桥索塔可以用钢结构,也可以用混凝土结构建造。由于钢塔与混凝土塔的不同构造特点,主鞍鞍体也有不同的构造:钢塔多用斜纵肋直接传力式鞍座,如图 3-6-57a);混凝土塔则多用纵横肋间接传力式鞍座,如图 3-6-57b)。两种形式的主要区别在于鞍体的传力方式。按鞍体的构造,主鞍还可分为整体式和分体式。分体式是为减少吊装单元重量将鞍座沿纵向分块加工,前后安装以高强度螺栓连为整体。按上、下板间滑动装置的形式,主鞍又可分滚动式和滑动式。前者在上、下板间设有多个滚轴,滚轴在上、下滑槽中滚动;后者是在上、下板间填充聚四氟乙烯板和不锈钢板。聚四氟乙烯板摩擦系数小且具有高的承压能力。

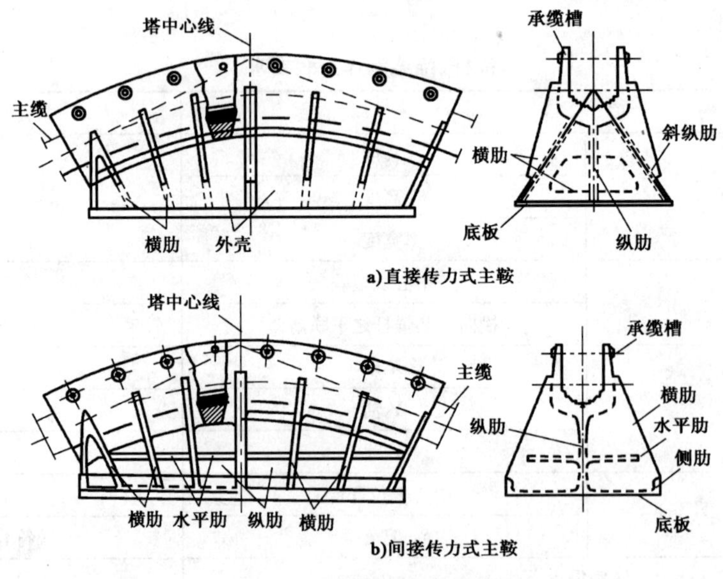

图 3-6-57　主鞍的两种形式

在施工过程中,为保持主缆拉力在塔两侧保持平衡,空缆时将鞍座向边跨预偏一个数量,随施工进行分数次将鞍座顶向中跨方向移动,最后完工时刚好主鞍中心与主塔中心重合,此后将滚动或滑动形式设置成固定形式。在运营状态下,鞍与塔处于固定状态。

由于主鞍结构庞大、构造复杂,采用何种制作方式是鞍座设计首先要解决的问题,可以采用全铸式,也可以采用全焊式或铸焊混合式。全铸式是将鞍头、鞍体及上板作为一个整体一次浇铸成,并经过热处理和机加工而成。优点是整体刚度好、工艺单一,可以适应较复杂形状;但用钢量大,机加工量大,机加

工难度亦大。全焊式由于鞍头大的弧形、钢板厚度差别大，焊接工艺相当复杂，焊接变形和焊接应力较大，易于产生缺陷和裂缝。焊前预热、焊后处理，需预留机加工余量等。全焊式整体刚度不如全铸式，采用不多。目前只有土耳其的博斯普鲁斯海峡二桥和英国塞文桥的主鞍采用全焊式，且塞文桥主鞍1970年后由于刚度不足而进行了加固处理。

铸焊式鞍座，对形状复杂的鞍头采用铸造成型，对鞍体及上、下板采用焊件。

2. 主鞍构造

主鞍由下述五部分组成：鞍头、鞍体、上承板、下承板和滑动设置，如图3-6-58所示。a)为滑动式鞍座，其上、下座板间为聚四氟乙烯板和不锈钢板；b)为滚动式鞍座，其上、下座板间是滚轴，滚轴由连动板连接，在上、下座板的肋槽中滚动。图3-6-58为典型的铸焊式鞍座。滑动式鞍座的鞍头为铸造，其余部分为焊制。

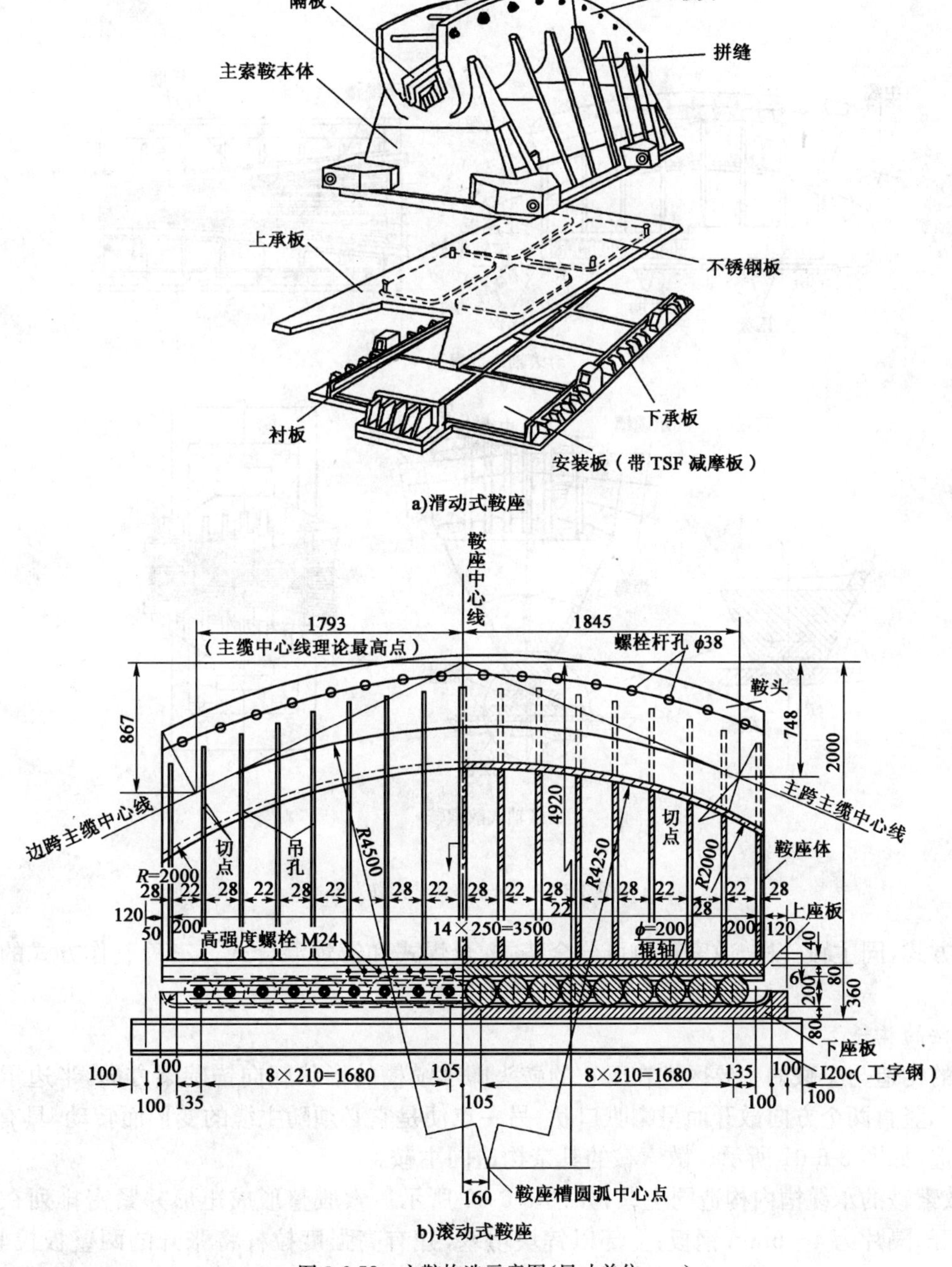

图3-6-58　主鞍构造示意图(尺寸单位:mm)

我国已建成的大型悬索桥汕头海湾大桥、西陵长江大桥、厦门海沧大桥和重庆鹅公岩长江大桥均采用全铸式鞍座；虎门悬索桥和江阴长江大桥采用铸焊混合式鞍座。

二、散索鞍

1. 散索鞍的种类

散索鞍的位置是主缆由边跨进入锚室的转折点。在这里，缆索的反力靠散索鞍传给基础，同时使缆逐渐、匀顺地改变方向，这一点与塔顶主鞍是相同的。索股的锚固要求索股借助散索鞍在平面和竖直两个方向散开。主鞍成桥后与塔是固定的，活载的变位靠高塔的柔性来适应，而散索鞍处主缆索的变形只能靠散索鞍的构造来适应。因此散索鞍分滚轴式、摆轴式（图 3-6-59）和盆式橡胶支座式（图 3-6-60）。前两者是靠钢的弧形板件滚动或摆动适应变形，后者是靠橡胶的变形适应变形。

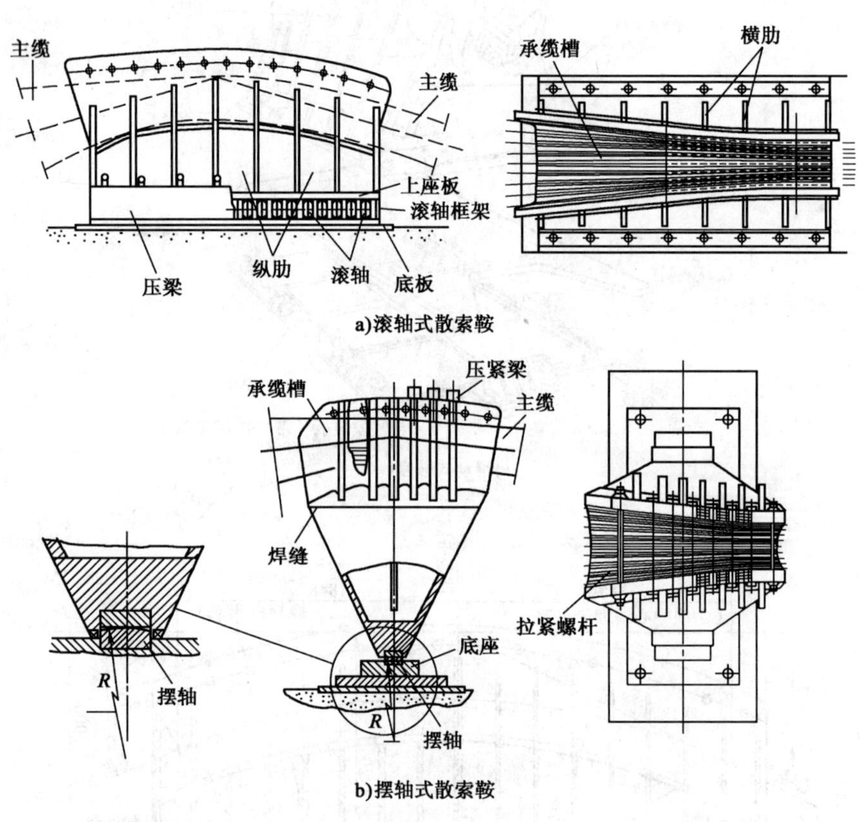

图 3-6-59　钢支座式散索鞍

按制造方式，同主鞍一样，散索鞍也可分全铸式、全焊式和铸焊混合式。三种制作方式的优缺点同主鞍。

2. 散索鞍的构造

散索鞍的构造与主鞍的主要区别在于它的鞍头即承缆槽的形状朝向锚碇架方向，半边承缆槽由于索股在平面和竖直两个方向散开而呈喇叭口状；另一点便是它必须随主缆的变形而转动，具有与桥梁支座相似的构造，如图 3-6-61 所示。散索鞍的其余构造同主鞍。

其实，散索鞍的承缆槽内构造同主鞍，如图 3-6-62 所示。索股整形成矩形并紧密排列在槽内并竖向以隔板隔开，隔片为 4～6mm 钢板；上部以锌块填塞，并有高强度拉杆将张开的两壁板拉紧，最后上面加密封盖。

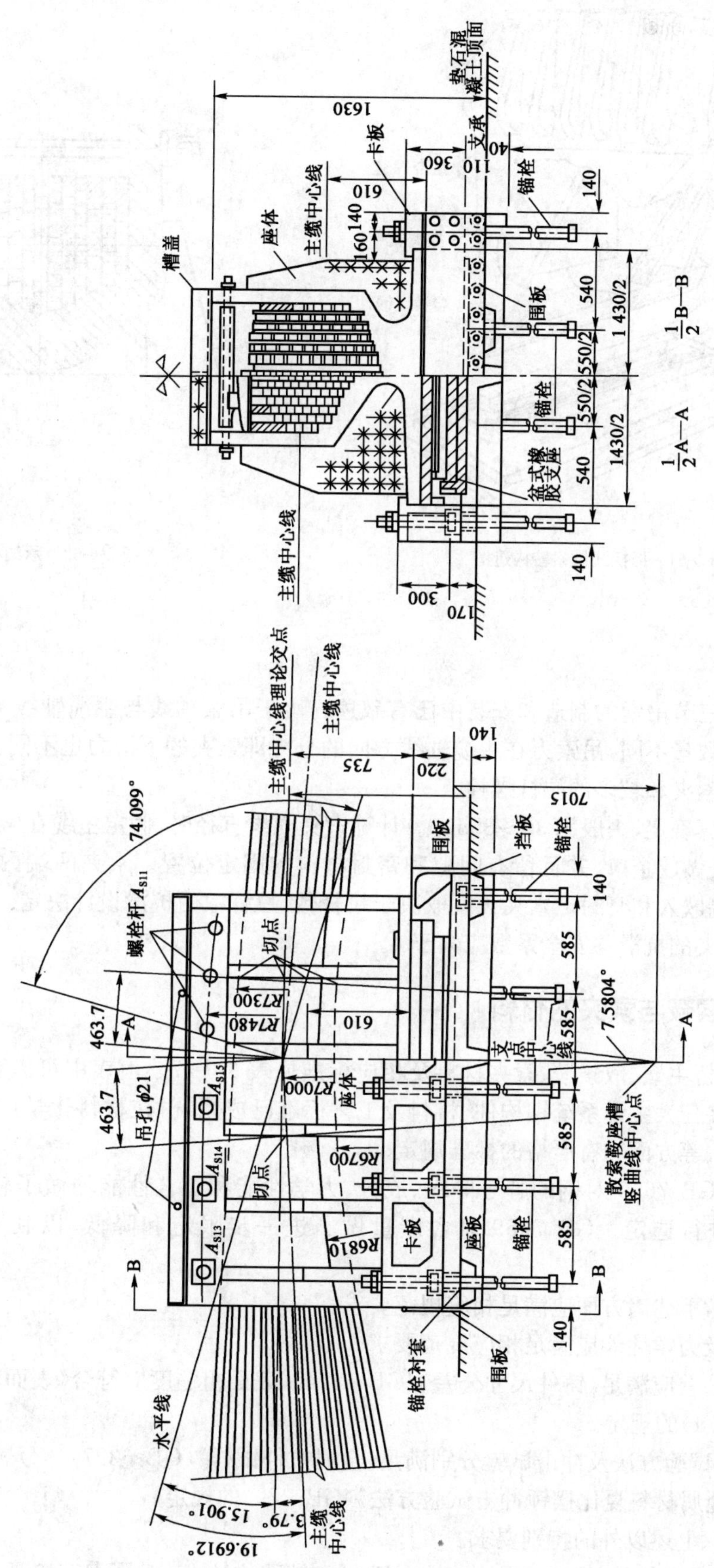

图 3-6-60　盆式橡胶支座式散索鞍（尺寸单位：cm）

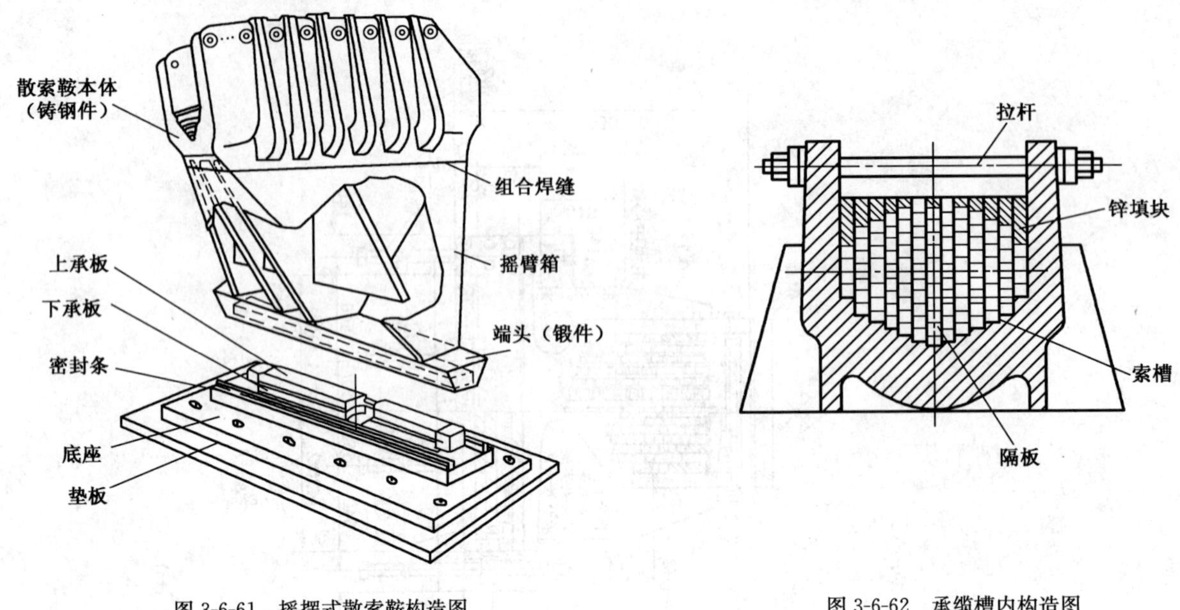

图 3-6-61　摇摆式散索鞍构造图

图 3-6-62　承缆槽内构造图

三、索夹

主缆索夹在第三节吊索的制造和安装中已有叙述。由于吊索轴线与主缆轴线夹角不同，所以索夹长度和高强度拉杆数量不同，吊索力在主缆轴线方向的分力即索夹的下滑力也不同，越是靠近主塔的吊索越是需要较长的索夹和较多的拉杆螺栓。

索夹壁厚由计算确定，一般为 30～35mm。计算索夹内缘直径时，假定主缆在索夹安装后空隙率为18%，在索夹合缝处做成企口，并且留有间隙和密封材料的固定位置。索夹两端内缘应加工 2～3mm 凹槽，以便缠丝末端嵌入和密封。索夹长度取决于拉杆数，拉杆数由抗滑设计决定。抗滑移系数及抗滑试验见第三节。索夹的抗滑移安全系数应大于 4。

四、主鞍、散索鞍与索夹的材料

我国已建悬索桥主鞍、散索鞍、索夹材料及相应标准见表 3-6-27。由表中可以看到，我国悬索桥中主鞍、散索鞍及索夹三大主缆系统钢构件、材料及工艺标准已成系统，在材料化学成分、力学性能、工艺规定，以及检验方法等方面均有严格的标准规定。

GB 11352 和 GB 7659 对钢的牌号等级、成分、力学性能和工艺性能均做了较详细规定，供设计者根据经济效益进行选定。GB 7659 对含碳量做了进一步限定和降低，以利于焊接和铸造缺欠焊补。

在制造过程中，下述诸方面应满足相应规范要求：

(1)化学成分及力学性能应满足相应规范要求。

(2)铸件尺寸公差应满足《铸件尺寸公差》(GB 6414)，表面粗糙度应符合《表面粗糙度比较样块、铸造表面》(GB 6060.1)的规定。

(3)拉伸试样，试验方法及冲击试验分别满足《金属拉伸试样》(GB 6397)、《金属材料室温拉伸试验法》(GB 228)和《金属材料夏比摆锤冲击试验方法》(GB 229)的规定。

(4)设计文件除上述以外的特别要求。

此处需要特别指出的是，销接式吊索索夹的选材和销孔构造，由于吊索直接承受车辆活载，必须从设计、制造和热处理工艺等多方面减少应力峰值、残余应力等，以提高其疲劳寿命。

中国已建悬索桥主鞍、散索鞍、索夹材料及相应标准

表 3-6-27

类别		海湾大桥	西陵长江大桥	虎门大桥	海沧大桥	江阴长江大桥	鹅公岩长江大桥	阳逻长江大桥	珠江黄埔大桥	矮寨悬索桥
主鞍座	材料	ZG270—500/GB 11352	ZG270—500/GB 11352	ZG230—450H/GB 7659 Q235A/GB 700	ZG275—485H/GB 7659	ZG230—450H/GB 7659 Q235A/GB 700	ZG275—485H/GB 7659	ZG275—485H/GB/T 11352 20g/GB/T 713	ZG275—485H/GB/T 11352 20g/GB/T 713	ZG275—485H/GB/T 7659 20g/GB/T 713
	制作方式	铸造	铸造	铸焊	铸造	铸焊	铸造	铸焊	铸焊	铸焊
散索鞍座	材料	ZG270—500/GB 11352	ZG270—500/GB 11352	ZG230—450H/GB 7659 Q235A/GB 700	ZG275—485H/GB 7659	ZG230—450H/GB 7659 Q235A/GB 700	ZG275—485H/GB 7659	ZG275—485H/GB/T 11352 20g/GB/T 713	ZG275—485H/GB/T 11352 20g/GB/T 713	ZG275—485H/GB/T 7659 20g/GB/T 713
	制作方式	铸造	铸造	铸焊	铸造	铸焊	铸造	铸焊	铸焊	铸焊
索夹	材料	ZG35II/GB 979	ZG35II/GB 979	ZG310—570/GB 11352	ZG270—500/GB 11352	ZG310—570/GB 11352	ZG310—500/GB 11352	ZG20SiMn/GB/T 6402	ZG20SiMn/GB/T 6402	ZG20SiMn/GB/T 6402
	制作方式	铸造	铸造	铸造	铸造	铸造	铸造	铸造	铸造	铸造

注：所涉及的国标分别为《一般工程用铸造碳钢件》(GB 11352)、《焊接结构用碳素钢铸件》(GB 7659)、《碳素结构钢》(GB 700)、《碳素钢铸件分类及技术条件》(GB 979)、《锅炉用钢板标准》(GB/T 713)。

五、主鞍、散索鞍及索夹制作工艺及精度要求

铸造的索鞍和索夹虽然形状构造不同，甚至铸钢牌号也不同，但工艺过程却基本相同，如图 3-6-63 所示。

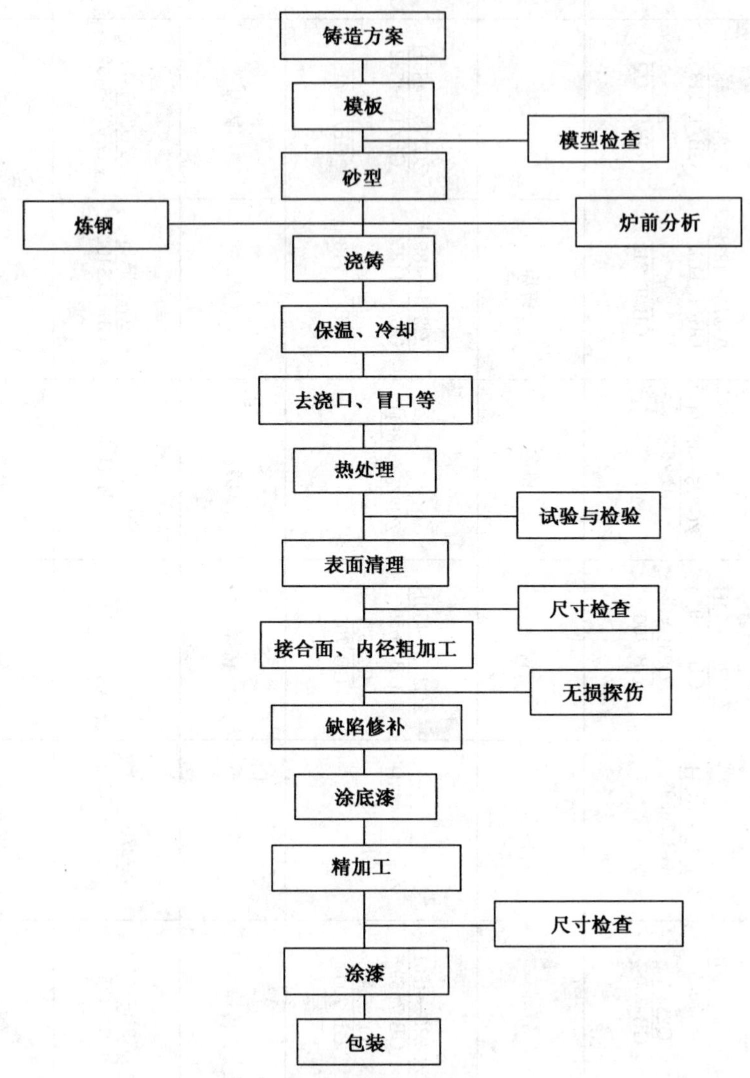

图 3-6-63　主鞍、散索鞍、索夹铸造工艺流程框图

铸焊混合式主鞍、散索鞍工艺流程如图 3-6-64 所示。

不管是全铸式还是铸焊混合式，有几个关键方面均应符合前述各相应规范要求。

(1)化学成分和力学性能。

(2)热处理工艺符合相应规定，去浇口、冒口后的热处理应是退火，加热至临界温度 A_{c1} 以上 20～30℃随炉冷却，为的是消除铸造内应力和降低硬度便于机加工；随后的热处理是正火和高温回火，加温至 A_{c3} 以上 30～50℃空冷，然后加温至 450～650℃炉冷，为的是提高综合力学特性和消除加工应力。焊后的热处理是回火消除焊接应力。热处理应有效处理温控。铸件必须冷至相变温度以下方能进行热处理。

(3)机加工后应满足几何精度要求和形位公差要求。主鞍、散索鞍几何尺寸精度要求见表 3-6-28。主鞍、散索鞍形位公差要求见表 3-6-29。分块制造时，应分块制坯，通过结合面定位销合以后再进行机加工；槽路和底板保持圆顺、平整。

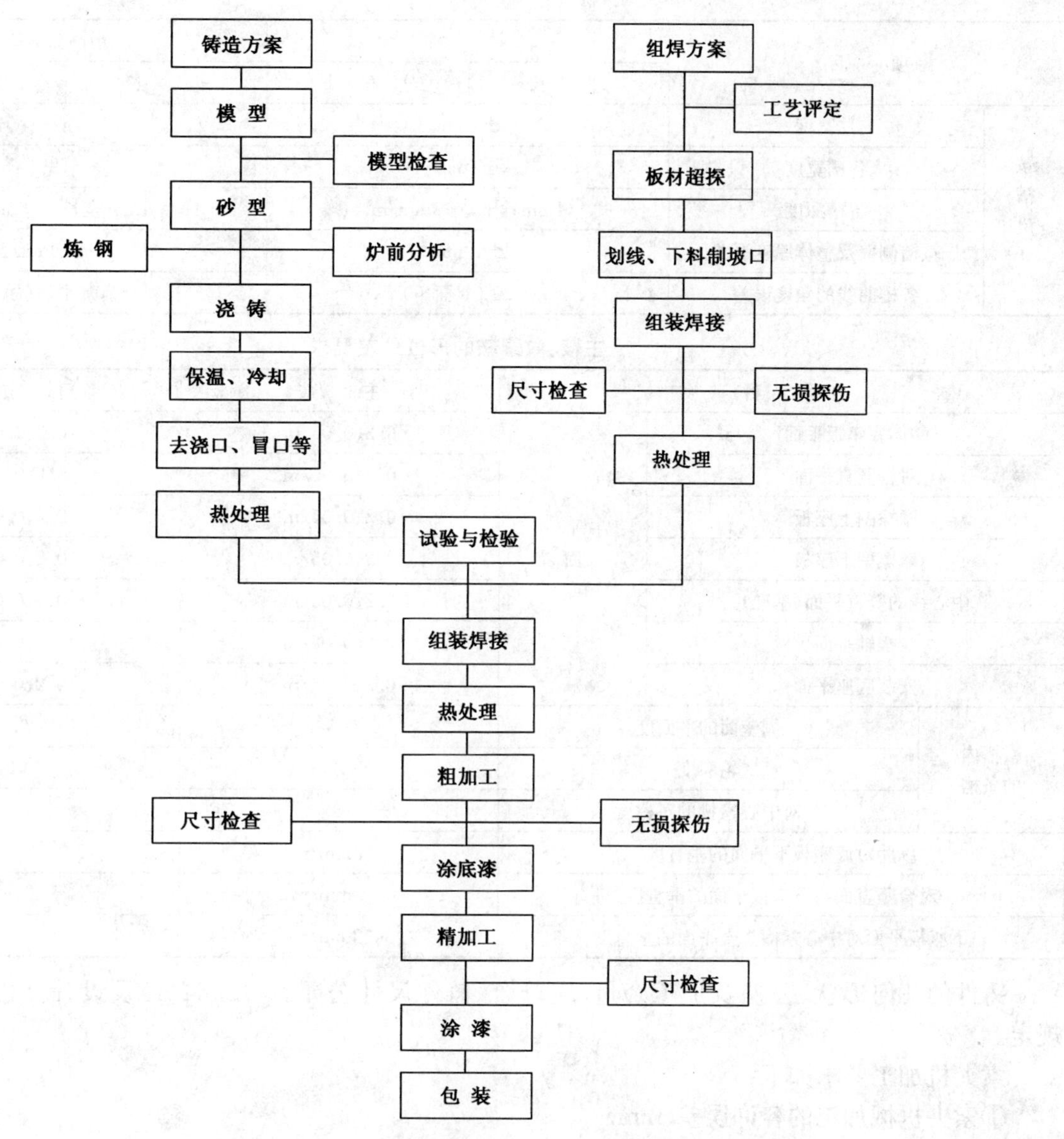

图 3-6-64　主鞍、散索鞍铸焊工艺流程框图

主鞍、散索鞍的尺寸精度公差　　表 3-6-28

项　目	主　鞍		散 索 鞍	
	边　长	对 角 长	边　长	对 角 长
鞍体下底座板平面	±1mm	±2mm	—	—
对合竖直平面	±1mm	±2mm	—	—
摩擦副上座板(上、下)	±1mm	±2mm	—	—
摩擦副下座板(上、下)	±1mm	±2mm	—	—
中心索的竖直平面(基准)	±1mm	±2mm	±1mm	±2mm
摆轴平面	—		±1mm	±2mm
安装底座平面(上、下)	—		±1mm	±2mm
高度	±2mm		±2mm	
鞍槽轮廓的圆弧半径	2/1000mm		2/1000mm	

续上表

项目		主鞍		散索鞍	
		边长	对角长	边长	对角长
鞍槽尺寸	总宽度	±2mm		—	
	各槽宽度	±1mm		—	
	各槽深度	1mm 全长、0.5mm/m		1mm 全长、0.5mm/m	
	鞍槽侧壁及整体厚度误差	±10mm		±10mm	
	各槽曲线的角度误差	±20′(立面角)		±20′(平、立面角)	

主鞍、散索鞍的形位公差要求 表 3-6-29

项目		主鞍	散索鞍
鞍体底座板平面	平面度	0.2、0.05/m	0.2、0.05/m
对合竖直平面		0.2、0.05/m	0.2、0.05/m
摩擦副上座板		0.2、0.05/m	0.2、0.05/m
摩擦副下座板		0.2、0.05/m	0.2、0.05/m
中心线的竖直平面(基准)		0.2、0.05/m	0.2、0.05/m
摆轴平面		0.2、0.05/m	0.2、0.05/m
安装底座平面		0.2、0.05/m	0.2、0.05/m
鞍槽内的条槽	侧壁面的平面度	1、0.5/m	1、0.5/m
	轮廓度	2	2
	对中心索槽的对称度	5	5
纵肋对底座板下平面的垂直度		<3mm/m	—
对合竖直面与下座板平面的垂直度		<3mm/m	—
下座板平面对中心索槽竖直平面的垂直度		<2mm/m	—

铸件的几何形状、公差及加工余量，应符合《铸件尺寸公差》(GB 6414)及设计文件及订货协议规定。

索夹机加工要求如下：

①索夹机械加工的容许误差(mm)

长度 ±2mm

内径 ±2mm

螺孔位置度 ±1.5mm

螺孔直径 +2mm

壁厚度 −5%

不圆度 2mm

平直度 1mm

②索夹内孔的表面粗糙度 Ra=12.5～25μm。

③索夹的质量容许误差±8%以内。

(4)铸件磁粉探伤、超声探伤及射线探伤分别按现行《铸钢件磁粉探伤及质量评级方法》(GB 9444)、《铸钢件超声探伤及质量评级方法》(GB 7233)和《铸钢件射线照相及底片等级分类方法》(GB 5677)执行。焊件探伤应于焊后 24h 后进行。

六、主鞍、散索鞍的安装

安装前应进行准确的线形计算，求得主鞍的预偏量和散索鞍预偏量及偏角，并根据架设期间稳定温度与标准温度的温差对计算结果进行修正。应准备好主鞍复位设备及参考数据，如是否加减摩剂的摩擦系数等。

安装过程中特别应对座板高程和平面位置精确定位，并且防止雨水、露水、脏物进入鞍槽。

《公路桥涵施工技术规范》(JTJ 041—2000)对主鞍及散索鞍安装精度要求见表3-6-30和表3-6-31。

主索鞍安装精度实测项目　　表3-6-30

项　目	规定值或允许偏差(mm)	项　目	规定值或允许偏差(mm)
纵向最终偏差	符合设计要求	高程	+20,0
横向偏位	10	四角高差	2

散索鞍安装精度实测项目　　表3-6-31

项　目	规定值或允许偏差(mm)	项　目	规定值或允许偏差(mm)
纵、横向偏位	5	角度	符合设计要求
高程	±5		

索夹安装要求见本章第三节吊索制造和安装。

第六节　主塔的建造和质量控制

虽然悬索桥的主塔在构造上与斜拉桥索塔有不同之处，但它们同样是长、大受压弯构件，其基础则取决于地质条件的不同，而可能采取完全相同的结构设计。悬索桥主塔的建造方式和材料，以及技术要求和质量控制方式与斜拉桥桥塔相同。相关内容请参见本篇第五章第三节，此处不赘述。

第七节　钢加劲梁制造和安装质量检测

大型悬索桥的钢加劲梁，多采用钢箱梁或钢桁架梁。钢箱梁及钢桁梁的制造材料、制造安装的技术要求和质量检测详见本篇第一章。

第八节　悬索桥的施工控制

悬索桥的施工安装过程和斜拉桥一样，需要进行施工控制，所要求的总目标是达到设计要求的线形和恒载状态。由于悬索桥结构特点不像斜拉桥那样，其结构内力与梁段的安装有着十分复杂的依存关系。当悬索桥进行梁段安装时，主缆的重力刚度和线形由于主缆的张紧和架设完成，已基本形成。因此主缆准确形成设计的几何形状，是悬索桥施工控制的第一步，也是重要的一步。它取决于锚碇、主塔建造精度和主缆索股的制作和架设精度。悬索桥大变形的特点决定了加劲梁的安装过程必须进行各部分变形测量、控制和调整。悬索桥施工控制的精度首先取决于制造和施工过程的计算结果。因此悬索桥与斜拉桥一样要进行施工控制计算。

悬索桥施工控制的目的和内容如下：

(1)成桥主缆和加劲梁的几何线形符合设计要求，锚碇、主塔、主鞍和散索鞍位置几何尺寸满足设计要求；

(2)主缆索股张拉内力、索夹安装内力、加劲梁的安装内力符合设计要求。

成桥设计几何线形是指在某一温度下，全部施工完成、全部恒载作用于桥上，桥梁结构已承受全部恒载内力的状态下的几何线形。

成桥设计内力状态，也是指上述条件下结构构件及连接内力。

在锚碇和主塔按设计要求完成后，上部结构施工内容为：主缆索股、吊索制作和架设安装；加劲梁制作、架设及工地焊接；主鞍、散索鞍的制作、安装、预偏复位；支座系统、伸缩缝的安装；二期恒载的施工等。严格的施工控制可保证各工序制造安装精度，减小构件安装内力。

悬索桥的施工控制计算可分为三个部分：成桥线形计算、主缆及吊索无应力长度计算和主缆施工参数计算。上述计算可用设计参数，推演必要公式进行，也可用有限元法进行程序计算。

一、参数分析法

无论是参数公式法还是有限元法，成桥线形分析均由理想成桥状态开始。“理想状态”指的是某一温度下满足设计线形和内力要求的全部恒载加载状态。一般认为，成桥状态主缆线形为二次抛物线。该认识是基于恒载沿纵向均匀分布的假定。实际悬索桥主缆是自重沿主缆轴线均匀分布，其线形为悬链线，如图 3-6-65 所示。当悬索桥跨度增大时，主缆自重总恒载比例增加，成桥线形既非二次抛物线也非悬链线。此时按二次抛物线计算主缆长度及吊索长度会造成较大误差。

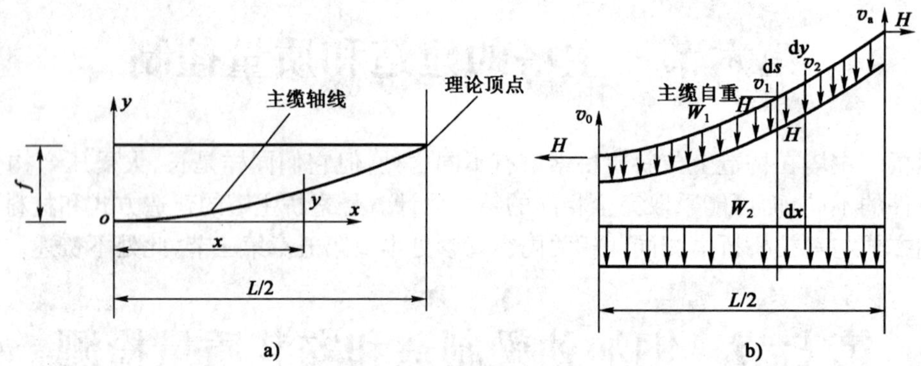

图 3-6-65　主缆线形分析示意图

实际的线形方程可通过索微段的力平衡关系求得，见式(3-6-33)：

$$
\begin{aligned}
&H\frac{\mathrm{d}y_1}{\mathrm{d}x}-H\frac{\mathrm{d}y_2}{\mathrm{d}x}=\mathrm{d}s\cdot W_1+\mathrm{d}x\cdot W_2\\
&H\frac{\mathrm{d}^2y}{\mathrm{d}x^2}=W_1\sqrt{1+(\mathrm{d}y/\mathrm{d}x)^2}+W_2
\end{aligned}
\tag{3-6-33}
$$

式中：H——恒载下主缆拉力水平分力；

W_1——主缆系统自重；

W_2——加劲梁系统均布荷重；

y——主缆曲线的坐标。

式(3-6-33)为非线性微分方程，可以通过龙格—库塔(Runge-Kutta)法在确定边界下求得数值解。边界值如下：

(1) $x=0, \mathrm{d}y/\mathrm{d}x=0$；

(2) $x=\frac{L}{2}, y=f$。

并可先假定恒载主缆拉力水平分量为 $H\approx wL^2/(8f)$，如采用龙格—库塔四阶段形式，设 $u=\frac{\mathrm{d}y}{\mathrm{d}x}$，$U_{(0)}=u_0=0, u'=F(u), F(u)=\frac{1}{H}W_1\sqrt{1+u^2}+W_2$。

计算顺序参照表 3-6-32。

参数计算顺序　　表 3-6-32

x_m	u_m	$K_i=hF$	K
x_0	u_0	$K_1=hF(x_0,u_0)$	$K=K_1+2(K_2+K_3)+K_4$
$x_0+\frac{h}{2}$	$u_0+\frac{K_1}{2}$	$K_2=hF\left(x_0+\frac{h}{2},u_0+\frac{K_1}{2}\right)$	
$x_0+\frac{h}{2}$	$u_0+\frac{K_2}{2}$	$K_3=hF\left(x_0+\frac{h}{2},u_0+\frac{K_2}{2}\right)$	
x_0+h	u_0+K_3	$K_4=hF(x_0+h,u_0+K_3)$	
$x_1=x_0+h$	$U_1=U_0+\frac{k}{6}$		

此处 h 为步长，$h=x_{i+1}-x_i$，可取足够小。

$$y=\int u(H)\mathrm{d}x$$

且

$$x=L/2$$

$$y=\int_0^{\frac{1}{2}}u(H)\mathrm{d}x=f$$

若 $y\left(\frac{L}{2}\right)<f$，则 H 偏大；$y\left(\frac{L}{2}\right)>f$，则 H 偏小。求得 $H,U=\mathrm{d}y/\mathrm{d}x$ 后，便可求得主缆理论长度。

$$S=2\int_0^{\frac{L}{2}}\sqrt{1+u^2}\mathrm{d}x \tag{3-6-34}$$

$$\Delta S=\frac{2H}{EA}\int_0^{\frac{L}{2}}\sqrt{1+u^2}\mathrm{d}x \tag{3-6-35}$$

式中：E——主缆弹性模量；

A——主缆钢丝总面积；

S——成桥缆长；

ΔS——由 W_2 产生的主缆弹性伸长。

设 $S_1=(S-\Delta S)$，即空缆长度。式(3-6-35)中的 H 应由 W_2 产生。

应用这一较为精确的方法解得成桥主缆线形，对于吊索的制造和安装尤为重要。

按二次抛物线的方式，中跨缆长及恒载弹性伸长 S、ΔS 分别由式(3-6-36)和式(3-6-37)给出。

$$S=L\left(1+\frac{8}{3}n^2-\frac{32}{5}n^4+\frac{256}{7}n^6-\cdots\right) \tag{3-6-36}$$

$$\Delta S=\frac{HL}{EA}\left(1+\frac{16}{3}n^2\right) \tag{3-6-37}$$

$$n=f/L$$

悬索桥边跨的线形计算均可参照与中跨相同的方法及相似的公式。

二、非线性有限元分析法——有限位移理论

随着我国大跨度悬索桥建设的发展，我国悬索桥计算理论研究也取得显著成就，西南交大、同济大学、长沙铁道学院、上海城建学院及各研究院所均编制了基于有限位移理论的空间、平面分析软件，为汕头海湾大桥、西陵长江大桥、虎门大桥和江阴长江大桥等桥的设计和施工进行分析和计算。由于悬索桥具有柔性的特点，计算分析必须考虑几何非线性影响，有限位移理论的分析软件，很好地解决了这个问题，适应了大跨度悬索桥设计及施工的计算要求。这些有限位移理论的分析软件有下述特点：

(1)将荷载平衡方程建立在变形后的状态上。将结构离散为空间的(或平面的)杆单元、索单元和梁

单元。通过修正坐标系(即拖动坐标法)来考虑几何形状的变化。索的垂度影响采用 Ernst 公式的换算模量考虑。

(2)考虑初始内力对切线刚度矩阵的影响。切线刚度矩阵的总变形包括两部分：由初始状态至最终状态的外力变形和初始内力引起的初始状态的变形。在初始状态，初始内力引起的变形已发生，这部分变形必须计入。研究证明，初始内力影响在悬索桥非线性中是主要因素。

(3)非线性分析的本质就是重复多次的线性分析，迭代次数用位移或平衡力收敛准则控制。

图 3-6-66 中，I 为完全线性计算；II 考虑大位移，不考虑初始内力；III 考虑初始内力不考虑大位移；IV 为完全非线性计算。可见仅考虑初始内力影响的计算结果，与完全非线性计算仅差 1.7%，完全非线性的挠度误差值最小。

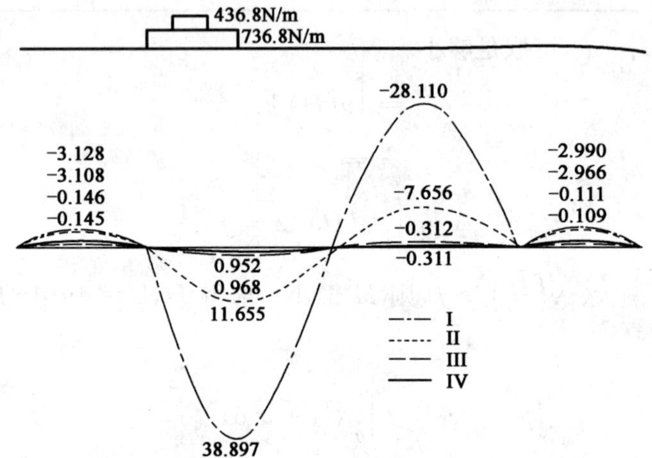

图 3-6-66　考虑不同非线性因素影响的加劲梁挠曲线(挠度单位：cm)

空间计算模型如图 3-6-67 所示。有限位移法的平面及空间悬索桥计算程序均由实桥模型试验数据验证，正确可信。

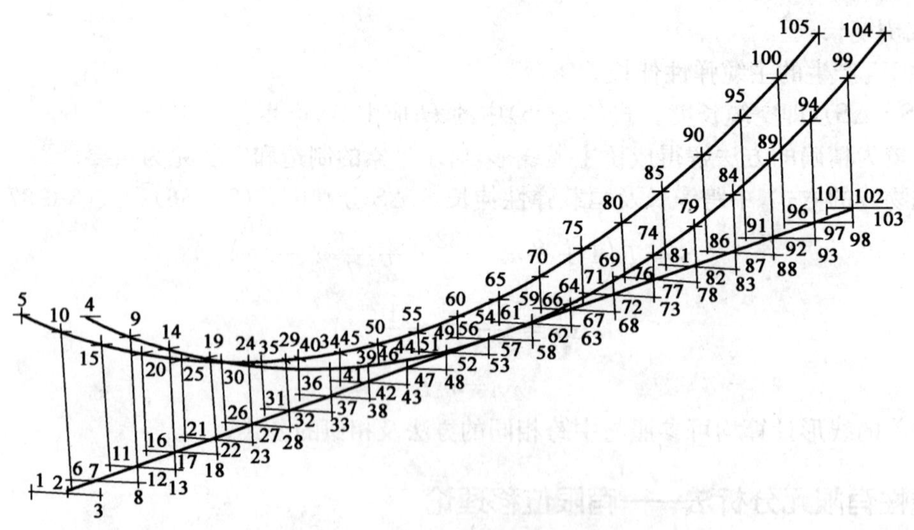

图 3-6-67　空间有限元计算离散模型

悬索桥设计、制造和施工过程需要的各项几何参数，通过这些程序软件可方便地给出。

三、自由悬挂状态(空缆状态)下主缆长度计算

图 3-6-68 所示为两端水平支撑的缆索，缆索自重 W_1 沿索曲线轴线均匀分布，线形为悬链线，其轴线坐标方程为式(3-6-38)。

$$y = a\operatorname{ch}\frac{x}{a} \tag{3-6-38}$$

缆索自重为 W_1，可以证明 $a = \frac{H}{w_1}$，即式(3-6-38)为

$$y = \frac{H}{w_1}\operatorname{ch}\frac{w_1}{H}x \tag{3-6-39}$$

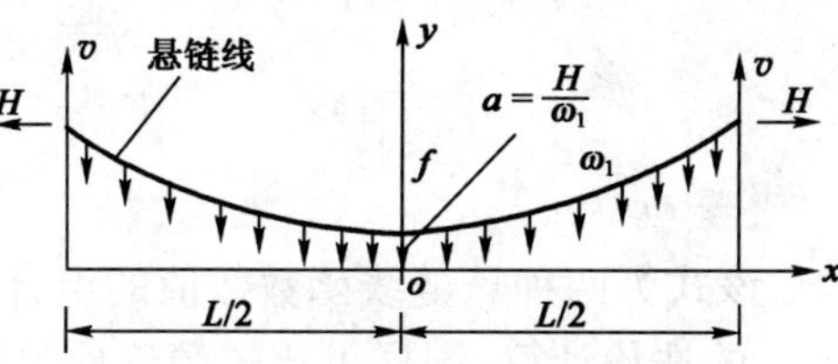

图 3-6-68　自由悬挂缆索示意图

由图 3-6-68 及式(3-6-39)可知，当 $x = \frac{L}{2}$ 时，

$$f = \frac{H}{w_1}\left(\operatorname{ch}\frac{w_1}{H}\times\frac{L}{2} - 1\right) \tag{3-6-40}$$

前述公式已求出空缆自由悬挂下缆长 $S_1 = S - \Delta S$，S_1 还可由式(3-6-39)积分求得：

$$S_1 = 2\int_0^{\frac{L}{2}} \mathrm{d}s = \int_0^{\frac{L}{2}} \sqrt{1+(y')^2}\,\mathrm{d}s = 2\frac{H}{w_1}\operatorname{sh}\left(\frac{w_1}{H}\cdot\frac{L}{2}\right) \tag{3-6-41}$$

而空缆自重产生的伸长量 ΔS_1 可由(3-6-42)计算：

$$\Delta S_1 = \frac{2H}{EA}\int_0^{\frac{L}{2}} \sec\phi\sqrt{1+(y')^2}\,\mathrm{d}x = \frac{H}{2EA}\left[L + \frac{H}{w_1}\operatorname{sh}\left(\frac{w_1}{H}L\right)\right] \tag{3-6-42}$$

此处 H 为大缆空缆水平力，可由已知 S_1 和式(3-6-41)求得。则中跨主缆无应力长度 S_0 为：

$$S_0 = S - \Delta S - \Delta S_1 \tag{3-6-43}$$

四、成桥主缆线形分段计算法

实际悬索桥主缆受力，除主缆自重沿主缆均匀分布外，桥面均匀分布荷载是以吊索集中力方式作用于主缆。设吊点集中力将主缆分成几段，则两吊点集中力间便只有主缆自重沿缆曲线的均布荷载，如图 3-6-69a)所示。H 为主缆拉力的水平分力，则可由主缆微分段 ds 竖向力平衡，导出微分方程(3-6-44)。

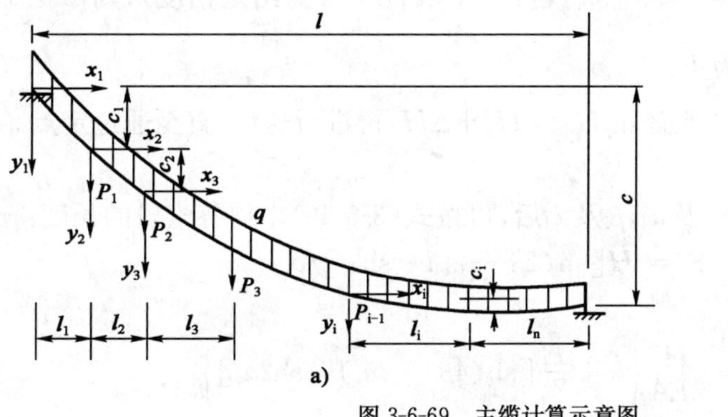

图 3-6-69　主缆计算示意图

$$y'' = \frac{q}{H}\sqrt{1+(y')^2} \tag{3-6-44}$$

式中：

$$y'' = \frac{\mathrm{d}^2 y}{\mathrm{d}x^2}$$

$$y' = \frac{\mathrm{d}y}{\mathrm{d}x}$$

满足微分方程(3-6-44)的解为：

$$y = \frac{H}{q}\left[\operatorname{ch}a - \operatorname{xh}\left(\frac{2\beta}{l}x - a\right)\right] \tag{3-6-45}$$

式中：

$$a=\mathrm{sh}^{-1}\left[\beta\left(\frac{c}{l}\right)/\mathrm{sh}\beta\right]+\beta$$

$$\beta=\frac{ql}{2H}$$

该式为两种悬链线函数数值的组合。表明此时主缆线形既非抛物线,亦非悬链线。通过对缆段由 $1\sim n$ 的迭代计算,同样可比较精确地得到主缆成桥状态的线形及吊索理论长度。计算步骤简述如下:设第 i 段主缆方程如式(3-6-46)[见图 3-6-69b)]。

$$y_i=\frac{H}{q}\left[\mathrm{ch}a_i-\mathrm{ch}\left(\frac{2\beta_i}{l_i}x_i-a_i\right)\right] \tag{3-6-46}$$

同样式中:

$$a_i=\mathrm{sh}^{-1}\left[\beta_i\left(\frac{c_i}{l_i}\right)\mathrm{sh}\beta_i\right]+\beta_i$$

$$\beta_i=\frac{ql_i}{2H}$$

若集中力将缆分为 n 段,则 n 段的各力与几何参数应满足下列力平衡关系及几何关系:

(1)
$$\sum_{i=1}^{n}C_i=C \tag{3-6-47}$$

(2)跨中或索上任意点通过给定点,如悬索桥中跨或边跨跨中矢高。

(3)各局部坐标原点处,满足力平衡条件,如在第 i 段的 $x_i=l_i$,也即第 $i+1$ 段 $X_{i+1}=0$ 处:

$$H\frac{\mathrm{d}y_i}{\mathrm{d}x_i}\bigg|_{x_i=l_i}-H\frac{\mathrm{d}y_{i+1}}{\mathrm{d}x_{i+1}}\bigg|_{X_{i+1}=0}=P_i \tag{3-6-48}$$

由式(3-6-48),建立下述迭代过程:

设初始 $H_0=QL^2/8f$,假定左鞍座,第 1 段 $x_1=0$ 处竖向力为 P_0,由式(3-6-46)、式(3-6-48)可得 $P_0=H_0\mathrm{sh}a_1$,进而求得 a_1、β_1 和 $c_1=H_0[\mathrm{ch}a_1-\mathrm{ch}(2\beta_1-\alpha_1)]$,于是 $H\frac{\mathrm{d}y_1}{\mathrm{d}x_1}|_{x_1=l_1}=-H_0\mathrm{sh}(2\beta_1-\alpha_1)$;继续求得 a_2、β_2、c_2,a_3、β_3、c_3……直至 a_n、β_n、c_n;若 $|\sum_{i=1}^{n}c_i-c|\geqslant\varepsilon$($\varepsilon$ 为给定精度),则修正 P_0 为 $P_0+\Delta P$,进行下一轮迭代,直至 $\sum_{i=1}^{n}c_i-c\leqslant\varepsilon$ 为止。

检验索曲线是否通过给定点,否则修正 H_0 为 $H_0+\Delta H$,再进行迭代,直至通过定点。这样得到 P_0、H 及 a_i、β_i 及 c_i。

(4)求得满足精度要求的 P_0、H 及 a_i,β_i 及 c_i 后,可按式(3-6-49)求得各索段的长度:

$$S_i=H[\mathrm{sh}(2\beta_i-\alpha_i)+\mathrm{sh}\alpha_i]/q \tag{3-6-49}$$

各索段的弹性伸长

$$\Delta S_i=\frac{H}{2EA}\left\{l_i+\frac{H}{2q}[\mathrm{sh}(4\beta_i-2a_i)+\mathrm{sh}2a_i]\right\} \tag{3-6-50}$$

式中:EA——主缆的抗拉刚度。

索段的无应力长度:

$$S_{i0}=S_i-\Delta S_i \tag{3-6-51}$$

计算时将分段点设在索夹中心。据曲线方程可确定主缆成桥线形吊索的理论长度。

对主缆理论长度的修正,上文已述及。吊索的理论长度的修正,需依据实际主缆缆径、索夹几何尺寸、联结件的设计尺寸及加劲梁顶面高程等进行准确计算,得出成桥状态下两端锚头支承面间距离,再扣除弹性伸长。

鞍座、散索鞍的预偏量需在由成桥状态开始的倒拆法计算和正装计算中得出加劲梁安装不同阶段的预偏值。上述计算所得之主缆无应力长度亦为理论值,仍需按主鞍、散索鞍实际曲率和弧长进行修正;在散索鞍后,由于索股散开,也需按锚架上排列层次进行长度修正。当悬索桥跨度较大时,需进行地球曲率修正。

五、索股线形调整参数计算

在索股架设过程中，为达到线形符合设计要求，需多次进行垂度调整和温度垂度调整；尤其对基准束，它是其他索股架设的基准，更需准确定位。一般测量是测量控制点的垂度，以控制点处基准束为基准，通过放松或收紧索股来达到垂度的调整。索股调整长度 ΔS 与垂度 Δf 的关系，由悬链线公式推导出：

$$\Delta S \approx \left(\frac{\mathrm{d}s}{\mathrm{d}f}\right)\Delta f$$

$$S = 2a\,\mathrm{sh}\,\frac{L}{2a}$$

$$f = a\,\mathrm{ch}\,\frac{L}{2a} - a$$

$$\Delta S = \left(\frac{2\mathrm{sh}\,\frac{L}{2a} - \frac{L}{a}\mathrm{ch}\,\frac{L}{2a}}{\mathrm{ch}\,\frac{L}{2a} - \frac{L}{2a}\mathrm{sh}\,\frac{L}{2a} - 1}\right)\Delta f \tag{3-6-52}$$

$$\Delta S = a \cdot S \cdot \Delta T \tag{3-6-53}$$

式中：f、L、a——分别为空缆的垂度、跨度和悬链线常数。

第七章　支座与伸缩装置检测

第一节　支座的检测

桥梁支座是连接桥梁上部结构和下部结构的重要部件，其主要功能是将上部结构承受的各种荷载传递给墩台，并能适应上部结构由于荷载、温度变化、混凝土收缩等产生的变形（水平位移及转角），使上部结构的实际受力情况符合设计要求。

在20世纪60年代以前，桥梁支座几乎全部采用钢支座；60年代以后，橡胶支座的应用越来越多。目前，橡胶支座已实现产品的标准化，行业标准如《公路桥梁盆式橡胶支座》(JT/T 391—2009)、《公路桥梁板式橡胶支座》(JT/T 4—2004)、《铁路桥梁盆式橡胶支座》(TB/T 2331—2004)。橡胶支座存在橡胶老化的缺点，盆式橡胶支座又有钢盆变形缺陷。20世纪90年代初我国研制成功球型钢支座，由于其承载力大，耐久性好，逐渐广泛用于公路及铁路桥以及大型公铁两用桥，现已形成国家标准《桥梁球型支座》(GB/T 17955—2009)。如杭州湾大桥斜拉桥及70m、50m预应力梁全部采用符合GB/T 17955要求的球型支座；高速铁路公铁两用桥南京大胜关长江大桥球型支座设计承载力高达180MN。

一、板式橡胶支座

1. 板式橡胶支座的构造

板式橡胶支座通常由若干层橡胶片和薄钢板组成，各层橡胶与钢板之间经加压硫化牢固地黏结成一体。支座在竖直荷载作用下，嵌入橡胶片之间的钢板将约束橡胶的侧向膨胀，使垂直变形相应减小，极大地提高了支座的竖向刚度。而支座的水平位移仅与橡胶的净厚有关。为防止薄钢板的锈蚀，在板式橡胶支座的上、下面及四周均有橡胶保护层。板式橡胶支座按其形状可分为矩形板式橡胶支座或圆形板式橡胶支座；矩形和圆形板式橡胶支座又分别分为普通板式橡胶支座和四氟滑板式橡胶支座。图3-7-1仅示出矩形普通板式橡胶支座的构造，圆形板式橡胶支座的构造相同。为减小支座摩擦力，在板式橡胶支座顶面粘贴一层聚四氟乙烯板，构成聚四氟滑板式橡胶支座，如图3-7-2所示。

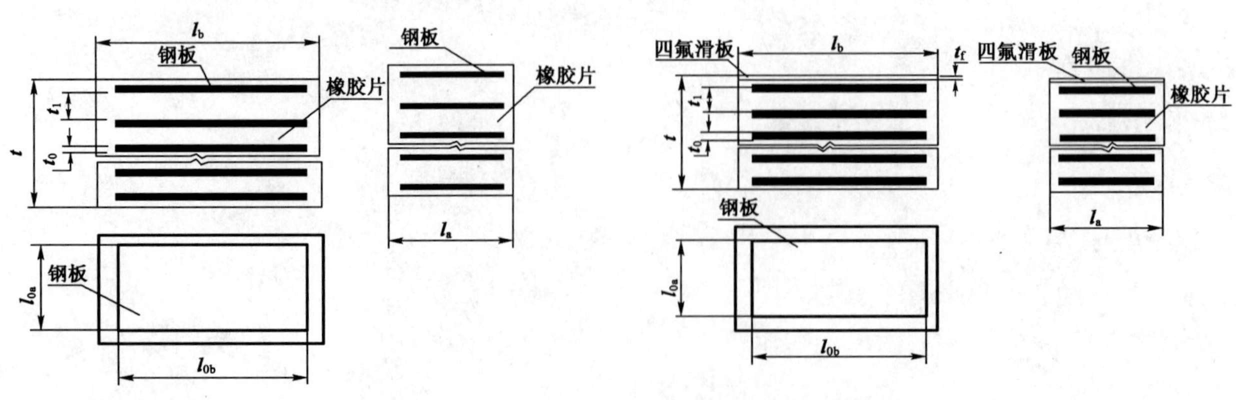

图3-7-1　矩形普通板式橡胶支座

图3-7-2　矩形聚四氟滑板式橡胶支座

2. 板式橡胶支座的力学性能

板式橡胶支座成品力学性能检验按行业标准《公路桥梁板式橡胶支座》(JT/T 4—2004)进行。试验室温度为23℃±5℃。试验前试件应在该温度下放置24h。

(1)抗压弹性模量

板式橡胶支座的抗压弹性模量是通过中心受压试验，得出应力应变曲线，即可求出支座的抗压弹性模量。在中心受压的情况下，当压应力不大时，橡胶支座的应力应变呈非线性变化，随着荷载逐步加大，橡胶支座的应力应变将呈线性变化。

试验过程中，试验机竖向加载速度为0.03～0.04MPa/s；水平加载速度为0.002～0.003MPa/s。

板式橡胶支座抗压弹性模量的试验步骤为：

①将试样置于压力机的承载板上，对准中心，对中精度不大于试件最小尺寸或直径的1%。缓缓加载至压应力为1.0MPa且稳定后，在承载板四角对称安装4只百分表。板式橡胶支座压缩试验装置见图3-7-3。

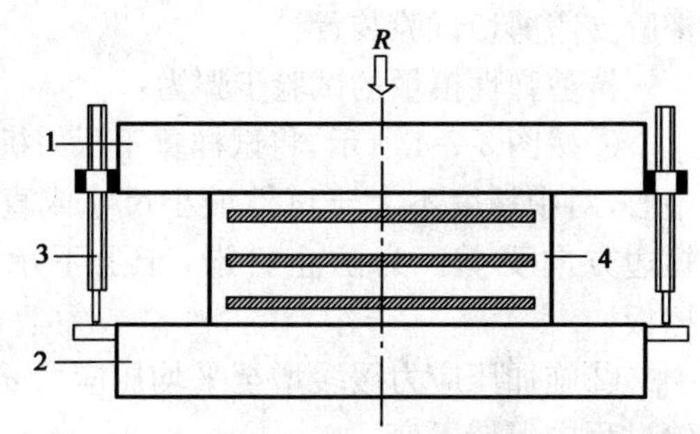

图3-7-3　板式橡胶支座压缩试验装置

1-上承压板；2-下承压板；3-位移传感器；4-支座试样

②预压。将压力缓缓增至平均压应力σ=10MPa，持荷2min，然后卸载至压应力为1.0MPa，持荷5min，并记录百分表初始值。预压3次。

③正式加载。每一加载循环自σ_1=1.0MPa开始，将压力均匀加至4MPa，持荷2min后，读取支座变形值，此后以2MPa为一级逐级加载，每级持荷2min后，读取支座变形值，直至平均压应力σ为止。然后卸载至应力为1.0MPa。10min后进行下一加载循环。加载过程连续进行3次。

④以承载板四角所测得的变化值的平均值，作为各级荷载下试样的累计压缩变形Δ_c，按试样胶层的总厚度t_e求出在各级试验荷载作用下试样累计压缩应变$\varepsilon_i=\Delta_{ci}/t_e$。

试件的抗压弹性模量按下式计算：

$$E_1=\frac{\sigma_{10}-\sigma_4}{\varepsilon_{10}-\varepsilon_4} \tag{3-7-1}$$

式中：σ_4、ε_4——第4级试验荷载下的压应力和累积压缩应变值；

σ_{10}、ε_{10}——第10级试验荷载下的压应力和累积压缩应变值；

E_1——试样的实测抗压弹性模量，精确至1MPa。

每一块试样的抗压弹性模量E为3次加载过程所得的3个结果的算术平均值。但单项结果与算术平均值之间的偏差不应大于算术平均值的3%，否则该试样应重新试验一次。应力—变形曲线应呈线性。

橡胶支座在其橡胶片与薄钢板黏结牢固的情况下，其竖向变形的主要影响因素是支座受压面积与其自由膨胀侧面积之比值，称为形状系数，用S表示。

对于矩形支座

$$S=\frac{\lambda_{0a}\lambda_{0b}}{2t_1(\lambda_{0a}-\lambda_{0b})} \tag{3-7-2}$$

对于圆形支座

$$S=\frac{d_0}{4t_1} \tag{3-7-3}$$

式中：S——支座形状系数；

λ_{0a}——矩形支座加劲钢板短边长度(mm)；

λ_{0b}——矩形支座加劲钢板长边长度(mm)；

t_1——支座中间单层橡胶片厚度(mm)；

d_0——圆形支座的直径(mm)。

支座抗压弹性模量值按下式计算：

$$E = 5.4G \cdot S^2$$

式中：G——支座抗剪弹性模量(MPa)。

(2)极限抗压强度

通过中心受压试验，缓慢加载，加载速度率按 0.1MPa/s 控制。对支座加载至式样极限抗压强度 R_u 不小于 70MPa，随时观察试样是否完好无损，中间层钢板未断裂，黏结层未发生剥离，则认为试样的极限抗压强度满足要求。

(3)抗剪弹性模量

板式橡胶支座的水平位移是通过橡胶的剪切变形实现的，其抗剪弹性模量采用双剪试验装置来测定。图 3-7-4 为橡胶支座剪切试验装置。

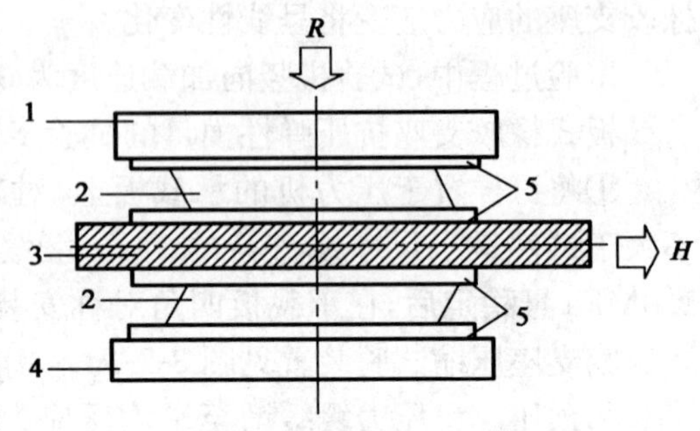

图 3-7-4　剪切试验装置

1-压力机上承载板；2-支座试样；3-中间钢拉板；4-压力机下承载板；5-防滑摩擦挡板

抗剪弹性模量的试验步骤为：

①按图 3-7-4 所示，将试样置于压力机的承载板上，对准中心，对中精度不大于试件最小尺寸或直径的 1%，使支座短边方向受剪。为防止打滑，于上下承压板间粘贴高摩擦板。

②施加压应力缓缓增至平均压应力 σ，并在整个抗剪试验过程中保持不变。

③安装水平千斤顶及测力计和位移计。水平千斤顶的轴线应与中间钢板的对称轴重合。在钢拉板与千斤顶之间安装荷载传感器测试水平力，以控制试验过程中的剪应力大小。同时在水平方向安装千分表测试支座板上下两个面的相对水平位移。

④预加载。施加水平力至剪应力 τ=1.0MPa，持荷 5min，然后卸载至剪应力为 0.1MPa，持荷 5min，记录位移计初始读数，绘制应力—应变图。预加载应进行 3 次。

⑤正式加载。每一加载循环自 τ_1=0.1MPa 开始，每级剪应力增加 0.1MPa，持荷 1min，读取变形数据，直至 τ=1.0MPa 为止，然后卸载至 τ=0.1MPa。10min 后进行下一循环。应力—剪切变形曲线应为线性。加载过程连续进行 3 次。

根据各级荷载下试样的累计剪切变形 Δ_s，按试样胶层的总厚度 t_e，求出在各级试验荷载作用下试样累计剪切应变 $\gamma_i = \Delta_s / t_e$。

板式橡胶支座的抗剪弹性模量按下式计算：

$$G_1 = \frac{\tau_1 - \tau_{0.3}}{\gamma_1 - \gamma_{0.3}} \tag{3-7-4}$$

式中：τ_1、γ_1——第 1MPa 级试验荷载下的剪应力及累积剪切变形值(MPa)；

$\tau_{0.3}$、$\gamma_{0.3}$——第 0.3MPa 级试验荷载下的剪应力及累积剪切变形值(MPa)；

G_1——试样的抗剪弹性模量(MPa)，精确至 1%。

每一块试样的抗压弹性模量 G_1 为三次加载过程所得的三个结果的算术平均值。但单个结果与算术平均值之间的偏差不应大于算术平均值的 3%，否则该试样应重新试验一次。

(4)容许剪切角

容许剪切角试验方法同抗剪弹性模量一样，并可与抗剪弹性模量试验同时完成。

试样的容许剪切角按下式计算：

$$\tan\alpha = \frac{\tau_{max}}{G_1} \tag{3-7-5}$$

式中：τ_{max}——试验时最大剪应力(MPa)；

G_1——试样抗剪弹性模量(MPa)；

$\tan\alpha$——试样橡胶片容许剪切角正切值。

(5)摩擦系数试验

摩擦系数试验,除要求必须对四氟滑板与不锈钢板进行检验外,还要求对四氟滑板与不锈钢板间摩擦系数通过摩阻系数试验检测。摩阻系数试验采用图 3-7-5 所示摩擦系数试验设备。

其试验步骤为:

①将四氟滑板支座试样安装到位,并准确对中,对中精度不大于试件短边尺寸或直径的 1%。并将四氟滑板试样储油槽内注满 5201-2 硅脂油。

②缓慢施加正压应力至平均压应力 σ,并在整个摩擦系数试验过程中保持不变;预压时间 1h。

③逐级均匀施加水平力,直至不锈钢板与四氟板试样接触面间发生滑动时为止,记录此时的水平剪应力。试验过程连续进行三次。

试样的摩擦系数按下式计算,并取三次的算术平均值。$\mu_f \leqslant 0.03$。

$$\mu_f = \frac{\tau}{\sigma} \tag{3-7-6a}$$

$$\tau = \frac{H}{A_1} \tag{3-7-6b}$$

$$\sigma = \frac{R}{A_0} \tag{3-7-6c}$$

式中:μ_f——四氟滑板与不锈钢板间摩擦系数,精确至 0.01;

τ——接触面发生滑动时的平均剪应力(MPa);

σ——支座的平均压应力(MPa);

H——支座承受的最大水平力(MPa);

R——支座最大承压力(MPa);

A_0——支座有效承压面积(mm^2)。

(6)容许转角试验

桥梁在外荷载作用下将发生竖向挠曲,并引起梁端转动,支座需适应这种转动变形。支座在转动过程中,一侧继续压缩,而另一侧则逐渐回弹。为了避免回弹侧支座边缘脱空,需对支座的容许转角进行检验。板式橡胶支座转角动试验装置见图 3-7-6。

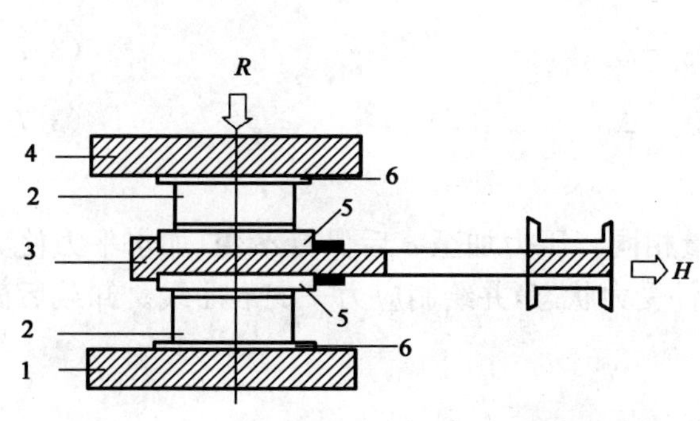

图 3-7-5　摩擦系数试验设备图

1-试验机下承载板;2-四氟滑板支座试样;3-中间钢拉板;4-试验机上承载板;5-不锈钢板试样;6-防滑摩擦挡板

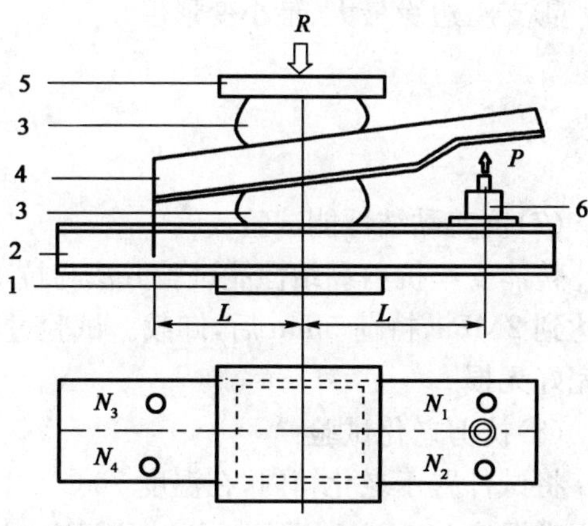

图 3-7-6　转角试验装置

1-试验机下承载板;2-承载梁(板);3-试样;4-中间工字梁(假想梁体);5-试验机上承载板;6-千斤顶

转角试验步骤为:

①按图 3-7-6 装试样。在距中心 L 处安装使梁产生转动用的千斤顶和测力计,并在承载四角对称安装四只千分表。

②预压。将压应力缓缓增至 σ,维持 5min,然后卸载至压应力为 1.0MPa,反复三次。检查千分表

工作是否正常。

③加载。施加压应力至σ，停5min读数。维持σ不变，用油压千斤顶对中间承载梁施加一个向上的力P，使支座转角正切达到预期值（偏差不大于5%），停5min后，读取千斤顶力P及千分表的读数。

在用千斤顶施加力P的过程中，支座始终处于图3-7-7的工作状态。

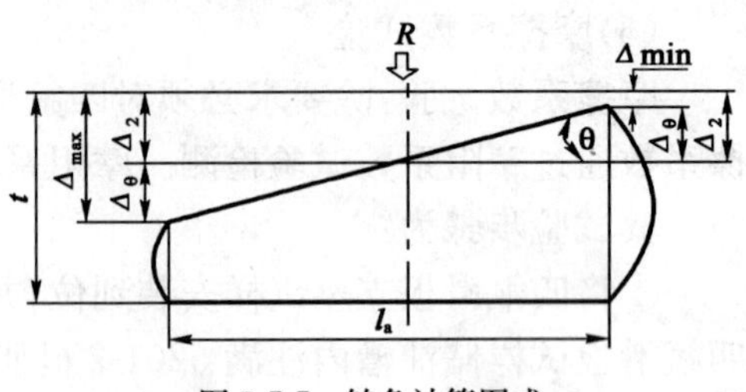

图3-7-7 转角计算图式

制作压力—变形曲线，按以下方法计算转角的正切值及压缩变形值，见图3-7-7转角计算公式：

①实测支座转角的正切值

$$\tan\theta = \frac{\Delta_1^2 + \Delta_3^4}{2L} \tag{3-7-7}$$

式中：$\tan\theta$——实测转角的正切值；

Δ_1^2——百分表N_1、N_2处的变形平均值（mm）；

Δ_3^4——百分表N_3、N_4处的变形平均值（mm）；

L——转动力臂。

②垂直荷载与转动共同影响产生的压缩变形

$$\Delta_2 = \overline{\Delta_c} - \Delta_1 \tag{3-7-8}$$

$$\Delta_1 = (\Delta_1^2 - \Delta_3^4)/2 \tag{3-7-9}$$

式中：$\overline{\Delta_c}$——垂直荷载N作用时试样累积压缩变形值（mm）；

Δ_1——转动试验时，试样中心平均回弹变形值（mm）；

Δ_2——垂直荷载和转动共同影响下试样中心处产生的压缩变形（mm）。

③各种转角下，试样边缘换算变形值

$$\Delta_\theta = \tan\theta \cdot \frac{\lambda_a}{2}$$

式中：Δ_θ——试样边缘换算变形值（mm）；

λ_a——矩形试样短边尺寸（mm），圆形试件为直径d。

④支座边缘最大、最小变形值

$$\Delta_{max} = \Delta_2 + \Delta_\theta \tag{3-7-10}$$

$$\Delta_{min} = \Delta_2 - \Delta_\theta \tag{3-7-11}$$

（7）抗剪黏结性能试验

整体支座抗剪黏结性能试验方法与抗剪弹性模量相同。压力加至σ后保持不变，加水平力使剪应力达到2MPa，持荷5min后，卸载。试验过程观察试件受力状态，并绘制应力—变形曲线。卸载后试件应完好无损。

（8）抗剪老化试验

将试件置于老化箱内，在温度70℃±2℃下经72h后取出，再于标准温度23℃±5℃下停放48h，再在标准温度23℃±5℃下进行剪切试验。方法与抗剪弹性模量相同。抗剪弹性模量G_2计算方法与抗剪弹性模量G_1相同。

3. 板式橡胶支座的设计参数及力学性能指标

板式橡胶支座的设计参数、设计要求应参照JTG D62规定执行。支座的成品力学性能应满足表3-7-1的要求。

4. 材料质量要求

（1）橡胶的性能应满足表3-7-2的要求

支座力学性能指标　　表 3-7-1

项　目		指　标
极限抗压强度 R_u(MPa)		≥70
实测抗压弹性模量 E_1(MPa)		$E\pm E\times20\%$
实测抗剪弹性模量 G_1(MPa)		$G\pm G\times15\%$
实测老化后抗剪弹性模量 G_2(MPa)		$G+G\times15\%$
实测支座转角正切值 $\tan\theta$	钢筋混凝土桥	≥1/300
	钢桥	≥1/500
四氟板与不锈钢间加硅脂时摩擦系数 μ_f*		≤0.03

注*：四氟板与不锈钢板间若不加润滑硅脂时，摩擦系数 μ_f 加倍。

橡胶的性能要求　　表 3-7-2

技 术 指 标		氯丁橡胶(适于－25～60℃)	天然橡胶(适于－40～60℃)
硬度(IRHD)		60±5	60±5
拉伸强度(MPa)		≥17.0	≥18
扯断伸长率(%)		≥400	≥400
橡胶与钢板黏结剥离强度(kN/m)		＞7	＞7
脆性温度(℃)		≤－40	≤－50
恒定压缩永久变形(70℃×24h)(%)		≤15	≤30
耐臭氧老化(试验条件，20%伸长，40℃×96h)		100×10^{-8}	25×10^{-8}
		无龟裂	无龟裂
热空气老化试验(与未老化前相比变化最大值)	试验条件(℃×h)	100×70	70×168
	拉伸强度降低率(%)	－15	－15
	扯断伸长降低率(%)	－40	－20
	硬度变化(IRHD)	0，＋10	－5，＋10
四氟板与橡胶剥离强度(kN/ m)		＞7	＞7

注：不得使用任何再生或粉碎的硫化橡胶，其最小含胶量不得低于质量的 55%。

(2)聚四氟滑板式支座中使用的纯四氟板材的性能应符合表 3-7-3 的要求。

纯四氟板材的性能要求　　表 3-7-3

项　目	指　标	项　目	指　标
密度(kg/m^3)	2130 ～ 2200	断裂伸长率(%)	≥300
拉伸强度(MPa)	≥30		

纯四氟板材的其他要求，应满足现行 GJB 3026 的要求。

四氟滑板应采用新鲜纯料模压成型，压力应不小于 30MPa。聚四氟滑板式支座上粘贴的纯四氟板材表面必须压制润滑油储油槽，储油槽直径为 8mm±0.5mm，深度为四氟板材厚度 $t_f/2\pm0.1$mm。储油槽的总平面面积不得小于支座总平面面积 20%～30%，并采用热压成型。

聚四氟滑板式支座粘贴的纯四氟板材最小厚度应符合表 3-7-4 的规定。

纯四氟板材的最小厚度　　表 3-7-4

矩 形 支 座		圆 形 支 座	
长边范围 l_b(mm)	厚度 t_f(mm)	直径范围 d(mm)	厚度 t_f(mm)
≤500	2	≤500	2
＞500	3	＞500	3

(3)不锈钢板

聚四氟滑板式支座中使用的不锈钢板，必须采用 0Cr17Ni12Mo2、1Cr19Ni13Mo3 或 1Cr18Ni9T 不锈钢，其技术条件应符合 GB/T 3280 的规定。表面粗糙度的 Ra 值小于 0.8μm。表面硬度 HV150～HV200。表面平面度最大偏差不应大于 0.0003l_b或 d。沿海或跨海桥梁支座，应采用 0Cr17Ni12Mo2 或 1Cr19Ni13Mo3 不锈钢。

聚四氟滑板式支座中使用的不锈钢板厚度，应符合表 3-7-5 规定。

不锈钢板厚度 表 3-7-5

矩形支座		圆形支座	
长边范围 l_b(mm)	厚度 t_f(mm)	直径范围 d(mm)	厚度 t_f(mm)
≤500	2	≤500	2
>500	2.5	>500	2.5

(4)硅脂油和黏结剂

宜采用 5201-2 硅脂润滑油。在－40℃不应干涸。硅脂油技术条件应符合 HG/T 5202 有关规定。黏结剂应符合表 3-7-2 要求。

(5)外观质量

每块支座成品外观质量不允许有表 3-7-6 规定的两项以上缺陷同时存在。

外观质量 表 3-7-6

名称	成品质量标准
气泡、杂质	气泡、杂质总面积不得超过支座平面面积 0.1%，且每一处气泡、杂质面积不能大于 50mm^2，最大深度不超过 2mm
凹凸不平	当支座平面面积小于 1.5m^{2}时，不多于 2 处；大于 1.5m^{2}时，不得多于 4 处，且每处凹凸高度不超过 0.5mm，面积不超过 6mm^2
四侧面裂纹、钢板外露	不允许
掉块、崩裂、机械损伤	不允许
钢板与橡胶黏结处开裂或剥落	不允许
支座表面不平整度	(1)橡胶支座：小于或等于平面最大长度的 0.4%； (2)聚四氟滑板式支座：小于等于四氟板平面最大长度的 0.2%
四氟滑板表面划痕、碰伤、敲击	不允许
四氟板与橡胶支座粘贴错位	不得超过橡胶支座短边或直径尺寸的 0.5%

(6)解剖检验

支座解剖检验应满足表 3-7-7 的要求。

支座解剖检验 表 3-7-7

名称	解剖检验标准
锯开后胶层厚度	胶层厚度必须均匀，t_1为 5mm 或 8mm 时，其偏差为额定厚度的±0.4mm；t_1为 11mm 时，其偏差不得大于±0.7mm；t_1为 15mm 时，其偏差不得大于±1.0mm
钢板与橡胶黏结	钢板与橡胶黏结应牢固，且无离层现象，其平面尺寸偏差为±1mm；上下保护层偏差±(0.5mm，0mm)
剥离胶层(应按 HG/T 2198 规定制成试样)	剥离胶层后，测定橡胶性能与表 3-7-2 规定相比，拉伸强度下降不大于 15%，扯断伸长率下降不大于 20%

(7)安装和养护

安装和养护应按 JT/T 4—2004 第 8 条进行。

二、盆式橡胶支座

1. 盆式橡胶支座结构

桥梁盆式橡胶支座规格系列详见交通行业标准《公路桥梁盆式橡胶支座》(JT/T 391—2009)。盆式橡胶支座分为双向活动支座、单向活动支座、固定支座、减震型固定支座和减震型单向活动支座。双向活动支座具有竖向承载、竖向转动和双向滑动性能，代号为 SX；单向活动支座具有竖向承载、竖向转动和单一方向滑动性能，代号为 DX；固定支座具有竖向承载和竖向转动性能，代号为 GD；减震型固定支座具有竖向承载、竖向转动和减震性能，代号为 JZGD；减震型单向活动支座，代号为 JZDX。

双向活动支座和单向活动支座由顶板、不锈钢滑板、聚四氟乙烯滑板、中间钢板、黄铜密封圈、钢盆、锚固螺栓、套筒、垫圈、橡胶板和防尘圈等组成，单向活动支座沿活动方向还设有 SF-1 导向滑条和侧向不锈钢条。固定支座由顶板、黄铜密封圈、钢盆、锚固螺栓、套筒、垫圈、橡胶板和防尘圈等组成。双向活动支座结构示意图见图 3-7-8，单向活动支座结构示意图见图 3-7-9，固定支座结构示意图见图 3-7-10，减震型固定支座结构示意图见图 3-7-11，减震型单向活动支座结构示意图见图 3-7-12。JT/T 391—2009 支座型号为 GPZ，最大竖向承载力 60MN。

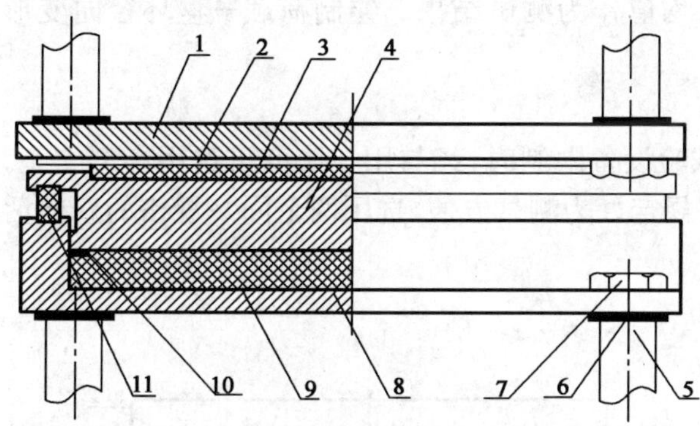

图 3-7-8　双向活动支座结构示意图

1-顶板；2-不锈钢冷轧钢板；3-聚四氟乙烯板；4-中间钢板；5-套筒；6-垫圈；7-锚固螺栓；8-钢盆；9-橡胶板；10-黄铜密封圈；11-防尘圈

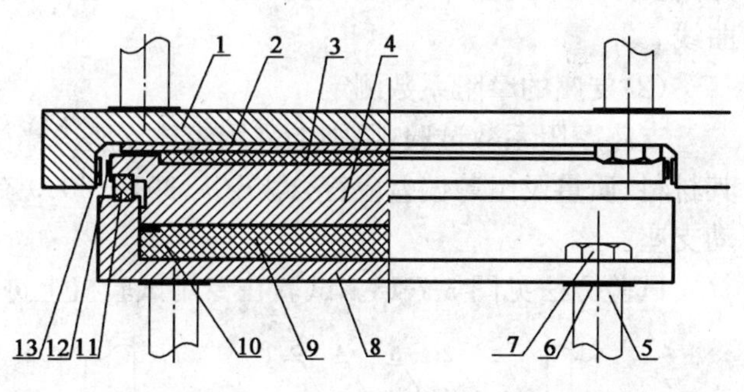

图 3-7-9　单向活动支座构造图

1-顶板；2-不锈钢冷轧钢板；3-聚四氟乙烯板；4-中间钢板；5-套筒；6-垫圈；7-锚固螺栓；8-钢盆；9-橡胶板；10-黄铜密封圈；11-防尘圈；12-SF-1 导向滑条；13-侧向不锈钢条

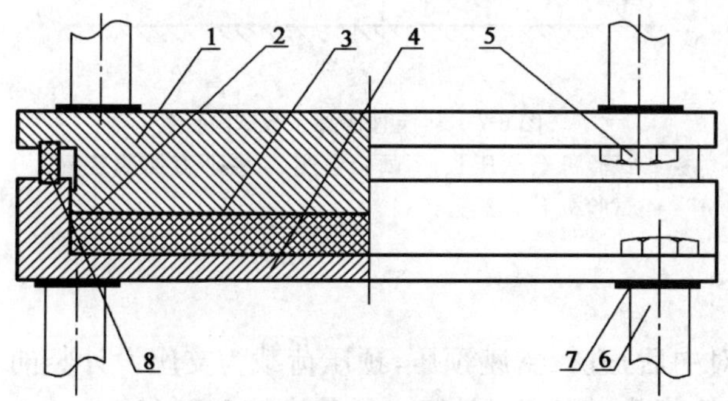

图 3-7-10　固定支座构造图

1-顶板；2-黄铜密封圈；3-橡胶板；4-钢盆；5-锚固螺栓；6-套筒；7-垫圈；8-防尘圈

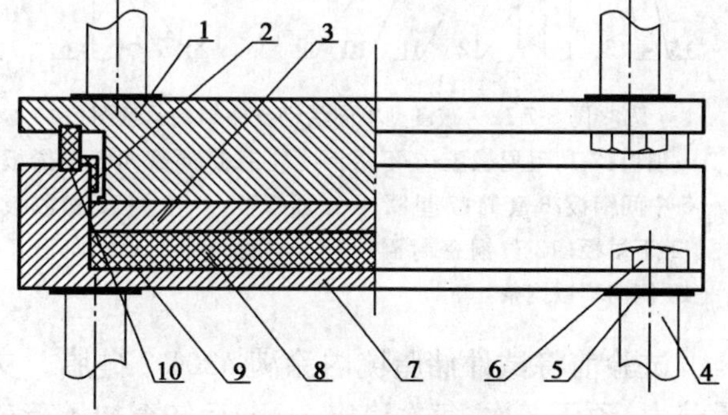

图 3-7-11　减震型固定支座结构示意图

1-顶板；2-高阻尼橡胶；3-下衬板；4-套筒；5-垫圈；6-锚固螺栓；7-钢盆；8-橡胶板；9-黄铜密封圈；10-防尘圈

铁道行业标准《铁路桥梁橡胶支座》(TB/T 2331—2004)中，支座型号为 TPZ，最大竖向承载力 50MN，以 DX 表示多向、ZX 和 HX 表示纵向和横向活动，GD 表示固定。

现以 JT/T 391—2009 为例，说明盆式橡胶支座性能测试。

2. 支座力学性能测试

(1)支座竖向压缩变形和盆环径向变形

通过中心受压试验同时测试支座的竖向压缩变形和盆环径向变形。检验荷载应为支座设计承载力的1.5倍，并以10个相等的增量加载。试验支座原则上应选实桥支座，若试验设备不允许对大型支座进行试验，经与用户协商可以选用小型模型支座。

其试验步骤为：

①将试验支座安装就位，支座中心线与试验机压力线重合。

②在支座顶、底板间均匀安装4只百分表，测试支座的竖向压缩变形。

③在盆环上口互相垂直的直径方向安装4只千分表，测试盆环径方向变形。

④预加荷载。将试验机压力缓慢加至支座设计承载力后缓慢卸载至零，预压3次。

⑤试验加载。先给支座施加设计承载力1%的初始压力，记录百分表和千斤顶的初始度数。然后将检验荷载按10等份分级施加，每级加载压力稳定后记录读数，并在支座设计荷载时加测读数，随后直至检验荷载，稳至3min后卸载至初始压力，测定残余变形。加载重复3次。

竖向试验结果取4个表的算术平均值作为该级的测值，试验结果取3次的算术平均值作为测试结果；绘制荷载—竖向压缩变形曲线。

环向试验取每级同一直径上的两个千分表结果的绝对值之和作为该直径方向上的变形。两个直径方向变形的平均值作为该级的测值。取3次的算术平均值作为测试结果。绘制荷载—盆环径向变形曲线。

(2)支座的摩阻系数测定

支座摩阻系数试验，原则上采用实体支座。当受试验设备限制时，经与用户协商可选用小型支座。其材料、质量及组装偏差应符合JT/T 391—2009有关规定。为测试方便，选用两个同一规格的双向活动支座。

试验方法见图3-7-13。试验在专用试验机上进行。

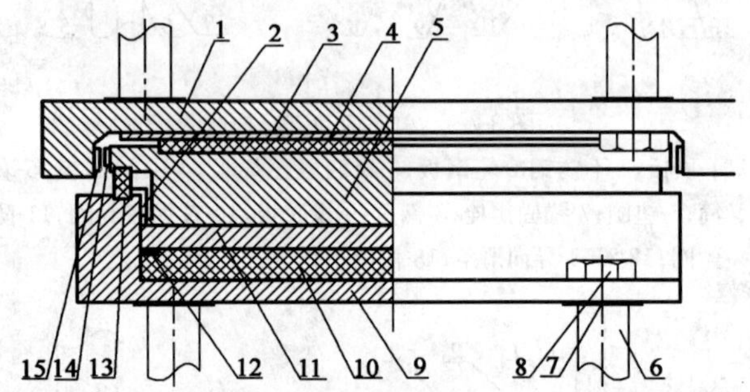

图3-7-12　减震型单向活动支座结构示意图

1-顶板；2-高阻尼橡胶；3-不锈钢冷轧钢板；4-聚四氟乙烯板；5-中间钢板；6-套筒；7-垫圈；8-锚固螺栓；9-钢盆；10-橡胶板；11-下衬板；12-黄铜密封圈；13-防尘圈；14-SF-1导向滑条；15-侧向不锈钢条

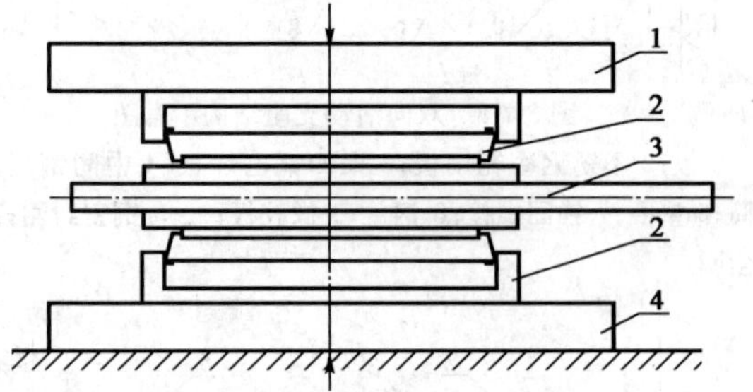

图3-7-13　支座摩擦系数试验装置

1-试验机上承压板；2-试验支座；3-水平力加载装置；4-试验机下承压板

试验前将试件储脂坑内涂满5201-2硅脂。支座对中后，进行支座预压，预压荷载为支座设计竖向承载力，预压3次，每次稳定3min后卸至初始荷载，初始荷载为支座设计竖向承载力的1.0%。

试验时对支座加载至竖向设计承载力，然后用千斤顶施加水平力，并用传感器记录水平力，支座滑移即停止施加水平力，同时计算出支座初始摩擦系数。上述试验重复3次，取3次的平均值。摩擦系数应满足常温不大于0.030，耐寒型支座不大于0.060。

(3)支座转动试验

支座转动试验，原则上采用实体支座。当受试验设备限制时，经与用户协商可选用小型支座。试验支座材料、质量及组装偏差应符合JT/T 391—2009有关规定。

为测试方便，选用两个同一规格的双向活动支座或固定支座。

试验装置如图 3-7-14。试验在专用试验机上进行。

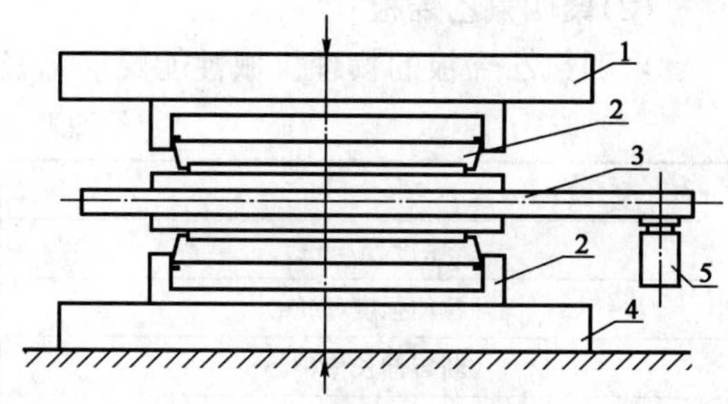

图 3-7-14　支座转动试验装置

1-试验机上承压板；2-试验支座；3-加载横梁；4-试验机下承压板；5-加载千斤顶

试件安装如图 3-7-14 所示，并使试验支座中心对准试验机中心。在距中心适当位置，安装能使横梁转动的千斤顶和测力计，于加载横梁两端安装测定转角的千分表或位移传感器。

试验前，进行支座预压，预压荷载为支座设计竖向承载力，预压 3 次，每次稳定 3min 后卸至初始荷载，初始荷载为支座设计竖向承载力的 1.0％。

试验机对支座加载至支座设计荷载时，顶起加载横梁，使支座分别产生 0.010rad、0.015rad、0.020rad 转角，达到要求转角时稳定 30min。达到最大转角时稳定 30min 后卸载。随后拆卸各部件检查聚四氟乙烯板、垫圈、钢盆、橡胶板、黄铜密封圈等有无永久变形及损伤。

结果要求：试验后各组成部件无损伤。

3. 试验结果判定

(1)在竖向设计荷载作用下，支座压缩变形值不得不大于支座总高度的 2％，盆环上口径向变形不得不大于盆环外径的 0.05％，支座残余变形不得超过总变形量的 5％。

(2)水平承载力固定支座在各方向、单向活动支座在非滑移方向均不得小于竖向承载力的 10％；抗震型支座不得小于竖向承载力的 20％。

(3)转角。支座转动角度不得小于 0.02rad。

(4)摩阻系数。加 5201 硅脂润滑后，常温活动支座设计摩阻系数最小取 0.03；耐寒型活动支座最小的取 0.06。

4. 支座用材的质量要求

(1)橡胶

橡胶物理力学性能应满足表 3-7-8 的要求。

常温支座板和防尘圈采用氯丁橡胶；耐寒型支座采用天然橡胶或三元乙丙橡胶，防尘圈采用三元乙丙橡胶。橡胶的设计容许应力为 25MPa。

橡胶的物理机械性能要求　　表 3-7-8

项　目		盆式支座橡胶板			防　尘　圈	
		氯丁橡胶	天然橡胶	三元乙丙橡胶	氯丁橡胶	三元乙丙橡胶
硬度(IRHD)		60±5	60±5	60±5	50±5	50±5
拉伸强度(MPa)		≥17.5	≥17.5	≥15.2	≥14.5	≥12.0
扯断伸长率(％)		≥400	≥450	≥350	≥400	≥350
脆性温度(℃)		≤−40	≤−55	≤−60	≤−40	≤−60
恒定压缩永久变形(70℃,24h)(％)		≤25	≤30	≤25	≤25	≤25
耐臭氧老化(试验条件：30％伸长，40℃,96h)		$(100\pm10)\times10^{-8}$ 无龟裂	$(25\pm5)\times10^{-8}$ 无龟裂	$(100\pm10)\times10^{-8}$ 无龟裂	$(100\pm10)\times10^{-8}$ 无龟裂	$(100\pm10)\times10^{-8}$ 无龟裂
热空气老化试验	试验条件(℃,h)	100,70	70,168	100,70	100,70	100,70
	拉伸强度降低率(％)	<15	<15	<15	<15	<15
	扯断伸长降低率(％)	<40	<20	<40	<40	40
	硬度变化(IRHD)	<+10	±10	<+10	<+10	<+10

(2)聚四氟乙烯板

聚四氟乙烯板的物理机械性能要求见表3-7-9。

聚四氟乙烯板的物理机械性能要求 表3-7-9

项　目	试验标准	指标要求
密度(g/cm^3)	GB/T 1033.1	2.14～2.20
拉伸强度(MPa)	GB/T 1040	≥30
断裂伸长率(%)	GB/T 1040	≥300
球压痕硬度(荷载132N,持荷60s)(MPa)	GB/T 3398.1	23～33

聚四氟乙烯板的设计容许应力为30MPa。聚四氟乙烯板的外观应符合GJB 3026的规定。

(3)不锈钢冷轧钢板

单向、双向活动支座中使用的不锈钢冷轧钢板，必须采用03Cr25Ni6Mo3Cu2N、022Cr25Ni17Mo4N牌号不锈钢冷轧钢板，其技术条件应符合GB/T 3280的规定。表面粗糙度的Ra值小于0.8μm。

(4)橡胶板外观质量

橡胶板外观不得有裂纹、吊块、损伤及鼓包，外观质量应符合表3-7-10要求，并不允许存在表3-7-10规定的3项以上的缺陷。

橡胶板外观质量 表3-7-10

缺陷名称	要　求
气泡	①橡胶板直径$D\leqslant$500mm，允许有深度小于2mm、面积小于100mm²的气泡，但不得多于两处； ②橡胶板直径500mm$<D\leqslant$1000mm，允许有深度小于2mm、面积小于200mm²的气泡，但不得多于3处； ③橡胶板直径$D>$1000mm，允许有深度小于2mm、面积小于300mm²的气泡，但不得多于3处
杂质	①橡胶板直径$D\leqslant$500mm，允许有深度小于2mm、面积小于100mm²的杂质，但不得多于两处； ②橡胶板直径500mm$<D\leqslant$1000mm，允许有深度小于2mm、面积小于200mm²的杂质，但不得多于3处； ③橡胶板直径$D>$1000mm，允许有深度小于2mm、面积小于300mm²的杂质，但不得多于3处
凹凸不平	所有规格橡胶板不允许呈凹形，除下述局部凹凸不平外，整个橡胶板应是平的： ①橡胶板直径$D\leqslant$500mm，允许有深度小于2mm、面积小于100mm²的下凹或凸起，但不得多于两处； ②橡胶板直径500mm$<D\leqslant$1000mm，允许有深度小于2mm、面积小于200mm²的下凹或凸起，但不得多于3处； ③橡胶板直径$D>$1000mm，允许有深度小于2mm、面积小于300mm²的下凹或凸起，但不得多于3处
明疤	①橡胶板直径$D\leqslant$500mm，允许有深度小于2mm、面积小于100mm²的明疤，但不得多于两处； ②橡胶板直径500mm$<D\leqslant$1000mm，允许有深度小于2mm、面积小于200mm²的明疤，但不得多于3处； ③橡胶板直径$D>$1000mm，允许有深度小于2mm、面积小于300mm²的明疤，但不得多于3处
压偏	不得超过橡胶板直径的0.2%

注：制品允许修补，但修补处应平整。

(5)硅脂

采用的5201-2硅脂应为乳白色或淡灰色半透明脂状物，物理力学性能符合HG/T 2502的规定。

(6)支座顶板、中间板等钢件

钢板力学性能应符合GB/T 699中牌号25或GB/T 700中牌号Q275的规定；铸件牌号ZG 230-450，ZG 270-500钢，热处理后各项性能均应满足ZG 230-450，ZG 270-500和GB 11352的规定要求。铸钢件外观检查合格后应逐个进行超声检验，其探测方法及质量评级方法应按GB 7233的规定进行。铸钢件质量要求为Ⅰ级。若铸钢件铸造缺陷超过表3-7-11规定，但不超过表3-7-12规定，则允许修补。超过表3-7-12的缺陷和裂缝，不得修补。

铸钢件焊补时，必须将缺陷处清铲至呈现良好金属，并将距坡口边沿30mm范围内及坡口表面清理干净。焊后应修磨至符合铸件表面质量要求，且不得有未焊透、裂纹、夹渣、气孔等缺陷。盆环和底板焊补后不应影响机械性能和寿命。

铸钢件加工后的表面缺陷　　　表 3-7-11

部　位	气孔、缩孔、砂眼、渣孔			
	缺陷大小(mm)	缺陷深度(mm)	缺陷个数	缺陷间距(mm)
盆环、盆环外径以内的底板、中间钢板、上座板	≤2	不大于所在部位厚度的 10%	在 100mm×100mm 范围内,不得多于两个	≥80
盆环外径以外底板、顶板	≤3			

铸钢件缺陷修补　　　表 3-7-12

部　位	气孔、缩孔、砂眼、渣孔			裂纹、蜂窝状孔眼
	缺陷在 317mm×317mm 评定框内总面积(%)	缺陷深度	整件上缺陷处数	
盆环	<5	不大于盆环厚度的 1/10	1	不允许存在
顶板、盆环及外径以内的底板、中间钢板、上座板	<10	不大于所在部位厚度的 1/3	≤2	不允许存在
盆环外径以外的底板	<20	不大于底板厚度的 1/3	≤2	不允许存在

注:如检测部位面积小于评定框架面积,则按检测部位实际面积计算。

(7)支座密封采用黄铜板

性能、质量应满足现行 GB 2040 有关规定。

各类支座密封圈用的黄铜板表面应光滑清洁,不应有分层、裂纹、起皮、杂质和绿锈。允许有轻微的、局部的、不使板材厚度超出其允许偏差的划伤、斑点、凹坑、皱纹、压入物等缺陷。密封圈可由 2～3 层黄铜圈叠置而成。

(8)支座组装

组装后支座高度偏差 Δh 要求为:承载力为 0.4～20MN 的支座,Δh 不大于 3mm;承载力大于 20MN 的支座,Δh 不大于 4mm。

(9)其他

支座的防腐蚀及润滑应按 JT/T 391—2009 规定进行。

三、球型支座

1. 结构形式

球型支座制造和应用主要依据国标《桥梁球型支座》(GB/T 17955—2009)。球型支座由上支座板(含不锈钢板)、球冠衬板、下支座板、平面四氟乙烯板和球面四氟乙烯板和润滑、防尘结构等组成,具有承受竖向荷载和各向转动功能。按水平位移特点,球型支座分为三类:双向活动支座,具有双向位移性能,以 SX 表示;单向活动支座,具有单向位移性能,承受单向水平荷载,以 DX 表示;固定支座,承受各向水平荷载,各向均无位移,以 GD 表示。活动支座,顺结构主位移方向的位移为±50mm、±100mm、±150mm、±200mm、±250mm、±300mm。双向活动支座横向位移±40mm,单向活动支座横向位移限值为 3mm,并可依实际需要调整。支座承载力标准产品,按 GB/T 17955—2009 最大 60000kN,非标准准产品目前最大设计承载力已达 180MN。结构形式如图 3-7-15、图 3-7-16、图 3-7-17 所示。可以看到,三种支座上支座板的不同构造,以实现对水平位移的约束。

2. 技术要求

(1)支座性能要求

①球型支座适用温度范围－40～60℃。

②在竖向设计荷载作用下,支座竖向压缩变形不得大于支座总高度的 1%,盆环径向变形不应大于盆环外径的 0.05%。

③固定支座和单向活动支座约束方向所承受的水平力不小于支座竖向设计荷载的 10%。

④活动支座的设计摩擦系数：

在支座竖向设计荷载作用下，聚四氟乙烯有 5201 硅脂润滑条件下的设计摩擦系数取值如下：

常温（−25～60℃）0.03；

低温（−40～−25℃）0.05。

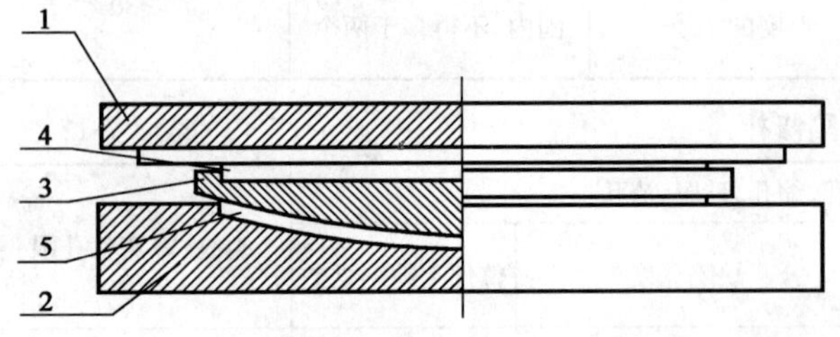

图 3-7-15　双向活动支座

1-上支座板；2-下支座板；3-球冠衬板；4-平面聚四氟乙烯板；5-球面聚四氟乙烯板

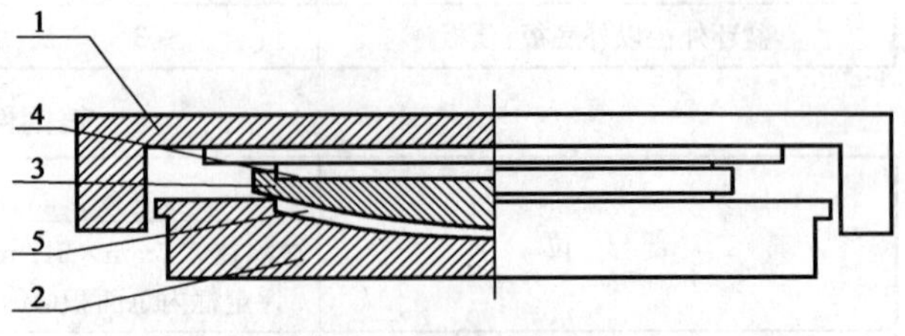

图 3-7-16　单向活动支座

1-上支座板；2-下支座板；3-球冠衬板；4-平面聚四氟乙烯板；5-球面聚四氟乙烯板

⑤支座设计转动力矩

$$M_{\vartheta} = R_{ck} \cdot \mu_f \cdot R \qquad (3\text{-}7\text{-}12)$$

式中：R_{ck}——支座竖向设计荷载（kN）；

R——球面镀铬钢衬板的球面半径（mm）；

μ_f——球面镀铬钢衬板镀铬层与球面聚四氟乙烯板的设计摩擦系数。

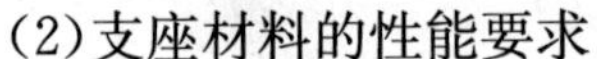

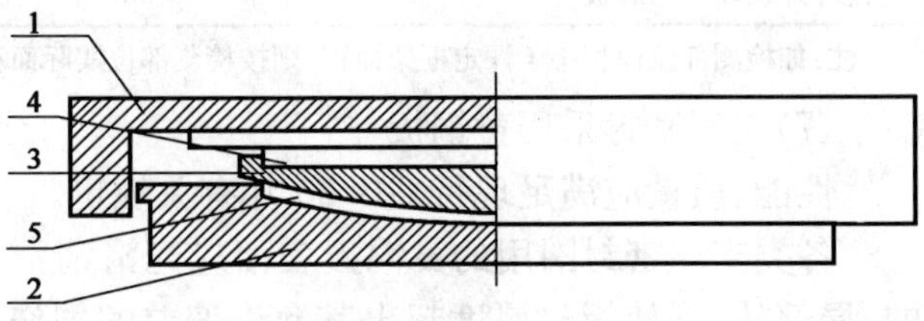

图 3-7-17　固定支座

1-上支座板；2-下支座板；3-球冠衬板；4-平面聚四氟乙烯板；5-球面聚四氟乙烯板

（2）支座材料的性能要求

①聚四氟乙烯板

支座用聚四氟乙烯板材应采用新鲜纯料模压而成，不应采用车削板，严禁使用再生料、回头料模压加工的板材。聚四氟乙烯原料的平均粒径不得大于 50μm。模压成型压力不得小于 30MPa。

聚四氟乙烯板的物理机械性能应满足表 3-7-9 要求。

支座用聚四氟乙烯板在硅脂润滑条件下与硬铬钢板和不锈钢板的摩擦系数，在平均应力为 30MPa 时，应满足表 3-7-13 要求。

聚四氟乙烯板的摩擦系数　　表 3-7-13

试验温度（℃）	初始静摩擦系数 μ_{f0}	动摩擦系数 μ_f
23±5	0.012	0.005
−35±5	0.035	0.025

②球型支座润滑用 5201-2 优质硅脂，其技术性能应符合 HG/T 2502 有关规定。

（3）支座钢构件

①支座用钢板应符合 GB/T 699 及 GB/T 700 有关规定。

②支座用铸钢件其化学成分及热处理后机械性能应符合 GB/T 11352 中 ZG230-450 或 ZG270-500 的有关规定。

③支座各焊接件必须牢固，焊接技术要求应符合 GB/T 985.1 和 JB/T 5943 的要求。

④支座用不锈钢板应符合 GB/T 3280 有关规定的 0Cr17Ni12Mo2 或 00Cr19Ni13Mo3 不锈钢板；处于严重腐蚀环境桥梁宜采用 00Cr17Ni14Mo2 或 0Cr19Ni13Mo3 不锈钢板。钢板表面加工等级应符合 No.4 抛光精整表面组别的要求。不锈钢表面处理的粗糙度 Ra 不得超过 0.8μm，表面硬度应为 HV 150～220。

⑤铸钢件不得有裂缝，铸钢件加工后的表面缺陷应符合表 3-7-14 的规定。铸钢件经机加工后的表

面超过表 3-7-14 规定，但不影响铸钢件使用寿命和使用性能时，允许修补。

铸钢件焊补前，必须将缺陷处清铲至呈现良好金属面为止，并将距坡口边沿 30mm 范围内及坡口表面清理干净。焊补后应修磨至符合铸件表面质量要求，且不得有未焊透、裂缝、夹渣、气孔等缺陷，焊补后的部件应进行退火或回火处理。

铸钢件加工的表面缺陷　　表 3-7-14

缺陷部位	气孔、缩孔、砂眼、渣孔				裂缝
	缺陷大小	缺陷深度	缺陷个数	缺陷总面积	
下支座板外圆柱以内底面、上支座板、球冠衬板	$d\leqslant2$	不大于所在部位厚度 10%	在 100mm × 100mm 内不多于 1 个	不大于所在部位面积 1.5%	不允许
下支座板外圆柱以外底面及下支座板上表面	$d\leqslant3$				

(4)几何允差

①球型支座球冠衬板球面采用镀硬铬时，硬铬层厚度不小于 100μm，镀铬用基层钢材不得有表面孔隙，收缩裂纹和疤痕，镀铬层应满足 GB/T 11379 的常规镀层的要求。镀铬后表面最终粗糙度 Ra 值应小于 1.6μm。

②采用包覆不锈钢板，不锈钢板应满足前述技术要求，包覆后的表面不应有折皱，且与基底钢衬板密贴，不应有脱空现象，并应确保球面轮廓的公差要求。

③采用不锈钢板与基底钢板惰性气体焊接时，焊后应确保不锈钢板与基底钢板的密贴。不锈钢板长度、厚度与焊后平面度、球面度最大偏差应满足表 3-7-15 要求。

不锈钢板尺寸偏差　　表 3-7-15

长度 L	厚度(mm)	平面度偏差
$L\leqslant1500$	2	$\leqslant0.0003d$
$L>1500$	3	$\leqslant0.0003d$

注：d 为聚四氟乙烯板直径。

(5)聚四氟乙烯板技术要求

①聚四氟乙烯板与基层钢板黏结剂，应质量稳定，为不溶性及热固性的。其黏结后的剥离强度不小于 5N/mm。

②聚四氟乙烯板模压表面平面度偏差及曲面的球面度偏差，当直径 $d\leqslant670$mm 时，偏差为不大于 0.2mm；当直径 $d>670$mm 时，偏差为不大于 0.0003$d$mm。

③平面及球面聚四氟乙烯板可采用整板和分片镶嵌板两种形式，其厚度应不小于 7mm，嵌入深度应不小于厚度的 1/2，尺寸偏差及镶嵌间隙应满足表 3-7-16 要求。镶嵌方式采，用中心圆盘和周边环带相组合时，中心圆盘直径应不小于 1000mm，环带宽不应小于 50mm，环带最多可分为四等分。

聚四氟乙烯板尺寸偏差(mm)　　表 3-7-16

直径 d(mm)	直径偏差	厚度偏差	外露厚度偏差	组装间隙偏差
$d\leqslant600$	+1.2,0	+0.4,0	+0.3,0	+0.5,0
$600<d\leqslant1200$	+1.8,0	+0.7,0	+0.5,0	+0.8,0
$d>1200$	+2.5,0	+1.0,0	+0.7,0	+1.1,0

(6)支座组装

支座滑动面(不锈钢表面、镀硬铬表面和聚四氟乙烯板表面)应用丙酮或酒精仔细擦净，不得夹有灰尘和杂质。在聚四氟乙烯板表面储脂坑内将硅脂填满全部凹槽，不得夹有气孔。支座组装后上、下支座板应平行，平行度应不大于直径或长边的 0.2%。支座组装后的整体高度偏差不大于表 3-7-17 规定值。

组装高度偏差 表 3-7-17

支座承载力(kN)	组装高度偏差(mm)	支座承载力(kN)	组装高度偏差(mm)
1500～9000	±2	27500～60000	±4
10000～25000	±3		

3. 支座检验与试验

(1)支座检验

球型支座的检验分原材料检验、出厂检验和型式检验三类：

①原材料检验为支座加工用原材料及外协加工件进场时所进行的验收检验，见表 3-7-18。

②出厂检验为生产厂在每批产品交货前必须进行的检验，见表 3-7-19。

③在下列情况之一时，一般应进行型式检验；

a. 新产品或老产品转厂生产的试制定型鉴定；

b. 正式生产后，如结构、材料、工艺有重大改进，可能影响产品性能时；

c. 正常生产时，定期每两年进行一次检验；

d. 国家质量监督机构或用户提出要求时。

型式检验应由国家指定的质量检测机构进行，内容见表 3-7-20。

原材料的进厂检验 表 3-7-18

检验项目	检验内容	检验周期	要求(GB/T 17955)
聚四氟乙烯板	物理机械性能、厚度、外观	每批原料(不大于 200kg)一次	4.2.1、4.4.1
不锈钢板	机械性能、厚度、光洁度、硬度	每批钢板	4.2.3、4.4.2
钢板	机械性能、外观	每批钢板	4.2.4.1
镀硬铬层	表面粗糙度、镀层厚度、外观	每件产品	4.2.5
硅脂润滑剂	物理性能	每批原料(≤150kg)一次	4.2.2、4.4.2
铸钢件	裂纹、蜂窝状空洞、缺陷	每件产品	4.4.4.2
	机械性能	每炉	4.2.4.2
黏结剂	四氟板与钢板剥离强度	每批	4.2.6

支座出厂检验 表 3-7-19

项目	检验内容	要求(GB/T 17955)	抽样
球面、平面聚四氟乙烯板	尺寸、公差、储脂槽、平面度、曲面轮廓度、与基层钢件组装间隙等	4.3.1	每批组装好产品(≤30 个)随机抽检 1 件
不锈钢板	尺寸、公差、平面度、与基层钢板焊接质量、密贴度等	4.3.2	
球面镀铬钢衬板	球面度公差、缺欠等	4.2.5、4.4.4.2	
组装后高度、上支座板与下支座板	公差、平行度	4.6.4、4.6.5	每个支座
上、下支座板	外观、缺欠	4.4.4	
防护、防尘处理	按设计图	4.5	

支座型式检验 表 3-7-20

项目		检验内容(GB/T 17955)	要求(GB/T 17955)
支座原材料检验		表 7	表 7
支座出厂检验		表 8	表 8
整体支座检验	支座竖向承载力试验	5.2.3.1	4.1.1
	支座水平承载力试验	5.2.3.2	4.1.2
	支座摩擦因数试验	5.2.3.3	4.1.4
	支座转动试验	5.2.3.4	4.1.5

(2)支座试验

支座竖向承载力试验一般应采用实桥支座。受试验设备能力限制时,经与用户协商,可使用有代表性的小型支座进行试验。支座摩擦系数及转动力矩测定试验,受试验设备能力限制,可使用有代表性的小型支座进行试验。

①竖向承载力试验

竖向承载力试验装置见图 3-7-18。试验结果要求,在设计承载力下,荷载与变形呈线性关系;支座竖向压缩变形不大于支座总高的 1%,盆环径向变形不大于盆环外径的 0.05%。

试验方法:

试验室温度为 23℃±5℃。试验前试验支座暴露于标准温度下 24h。

试验方法基本与盆式橡胶支座竖向承载力试验相同。试件安装偏差要求小于 1%球型支座直径;初始荷载为设计承载力的 0.5%;试验荷载为竖向承载力的 1.5 倍。

②摩擦系数测定

摩擦系数:试件开始滑动时的摩擦系数。

试样安装见图 3-7-19。试验室温度为 23℃±5℃。试验前试验支座暴露于标准温度下 24h。

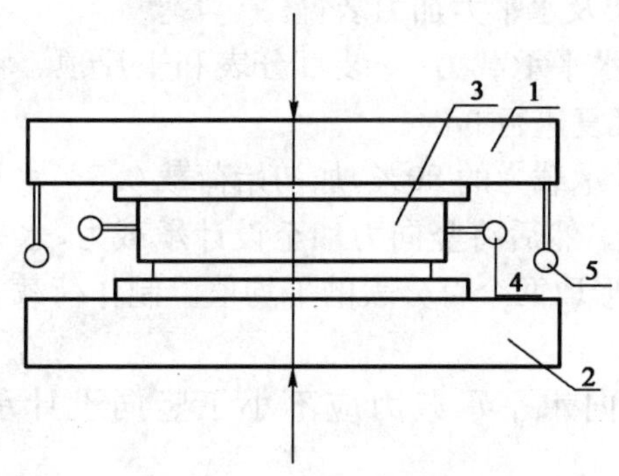

图 3-7-18　竖向承载力试验装置

1-上承载板;2-下承载板;3-试样;4-千分表;5-位移传感器

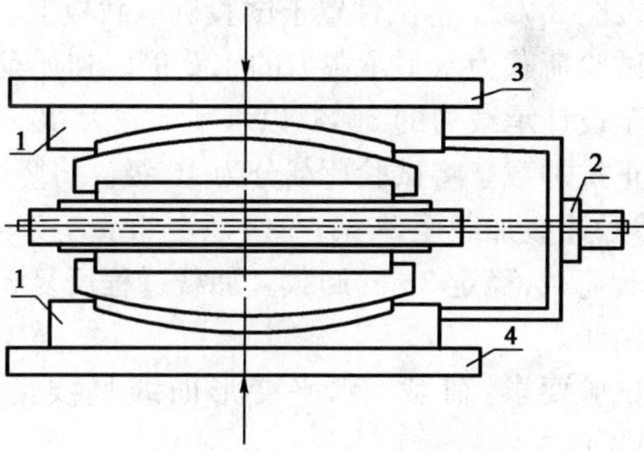

图 3-7-19　摩擦系数试验装置

1-试样;2-水平力加载装置;3-上承载板;4-下承载板

试验方法:

试件安装偏差要求小于 1%球型支座直径;竖向设计荷载预压 1h,并试验过程保持不变。其他与盆式橡胶支座摩擦系数试验相同。

试验共进行 5 次,取第二次至第五次的滑动摩擦系数的平均值,作为支座实测摩擦系数。

支座实测摩擦系数应满足:

−25～60℃　0.03

−40～−25℃　0.05

③支座转动性能试验

a. 试样。

支座转动试验试样一般应采用实体支座。受试验设备能力限制时,可使用小型支座进行试验。试验室的为 23℃±5℃。试验前试验支座暴露于标准温度下 24h。

b. 试验装置见图 3-7-20。

c. 试验方法及要求结果。

支座转动试验采取双支座转动方式。试验时先按图 3-7-18 将试验支座及试验装置组装好,试件安装偏差要求小于 1%球型支座直径;用试验机对试验支座施加竖向设计荷载,并保持不变。然后用千斤顶以 5kN/min 的速率施加转动力矩,直至支座克服静摩擦发生转动,记录支座发生转动瞬间的千斤顶最大荷载 P,则试验支座的实测转动力矩为 $P \cdot L/2$。支座实测转动力矩应小于按式(3-7-12)计算的值。

④水平承载力试验

水平承载力试验装置见图 3-7-21。

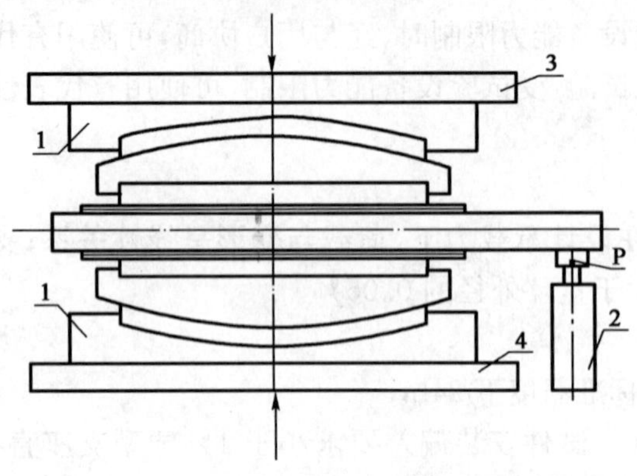

图 3-7-20 转动试验装置构造图

1-试样；2-加载装置；3-上承载板；4-下承载板

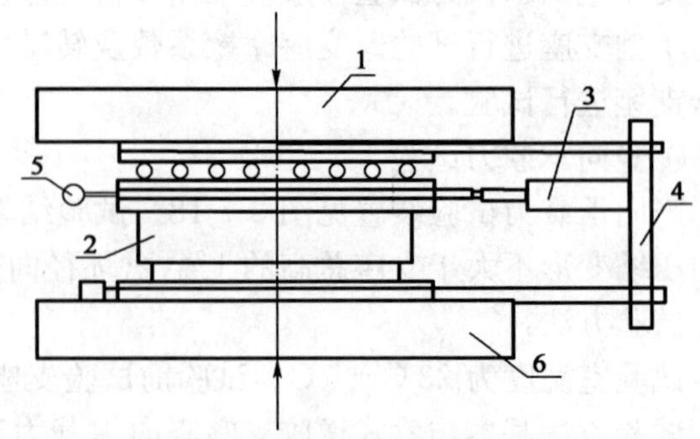

图 3-7-21 水平承载力试验装置

1-上承载板；2-试样；3-水平力试验装置；4-自平衡反力架；5-百分表；6-下承载板

试验方法：

按图 3-7-21 将试件置于试验机承载板上，安装好反力架及水平力加力装置。

试验荷载为水平承载力的 1.2 倍。初始荷载为 0.5%水平承载力，安装百分表和千斤顶。将竖向力加至设计承载力的 50%，以水平承载力 20%进行顶推，反复进行 3 次。

正式加载。将试验荷载分为 10 级。将竖向力加至设计承载力的 50%，加初始荷载 0.5%水平承载力，然后逐级加载至 90%，每级稳定 2min，读取百分表数据。然后将竖向力加至设计承载力，水平力加至试验荷载，稳定 3min 卸载。加载过程反复 3 次。水平变形取两个百分表的平均值。制作荷载—水平变形曲线。

试验要求：荷载—水平变形曲线呈线性。非滑动方向水平承载力应不小于竖向设计承载力的 10%。

4.球型支座的寿命

自从《桥梁球型支座》(GB/T 17955—2009)颁布和实施以来，现球型支座产品广泛用于各种桥梁结构，设计承载力最大已达 180MN，设计寿命可达 100 年。

(1)改性超高分子量聚乙烯板代替聚四氟乙烯板。

改性超高分子量聚乙烯板，由于它本身就是一种高分子材料，具有优良耐老性和长期耐磨性。能确保这两点，也就保证了改性超高分子量聚乙烯板的耐久性。该材料德国斯图加特材料研究中心在温度 −40～ +60℃、空气湿度 100%(含盐)、臭氧浓度按近地点的条件下，进行了改性超高分子量聚乙烯试样的耐老化试验，结果未发生老化现象：

①在给定温度条件下改性超高分子量聚乙烯与硅脂没有反应；

②改性超高分子量聚乙烯材料具有憎水性，对溶解于水中的盐无反应；

③在给定温度和环境条件下，臭氧不会引起改性超高分子量聚乙烯老化。

改性超高分子量聚乙烯板具有优良的耐老化性能，几乎不老化。

根据德国的实验研究，改性超高分子量聚乙烯滑板在正压力为 60MPa 应力条件下，以相对滑动速度为 15mm/s，与不锈钢板面的对磨距离 50km 后，改性超高分子量聚乙烯滑板几乎未发生磨损。故德国建筑技术研究所于 2005 年 11 月出版的"采用特种滑动材料的球型钢支座"附录 E 中提出：由于改性超高分子量聚乙烯板已通过了 50km 的长距离磨耗试验，而聚四氟乙烯板按欧洲标准《桥梁支座—滑动部件》(EN 1377-2)仅进行过 10km 的磨耗试验，通过对比试验结果认为，改性超高分子量聚乙烯板的使用寿命可为聚四氟乙烯板的 5 倍，目前聚四氟乙烯板在国内、外球型支座上使用了 20～30 年，因此从耐磨性能考虑改性超高分子量聚乙烯的设计寿命可达 100 年以上。

(2)增加注油嘴和设置转动套。

注油嘴和转动套构造分别见图 3-7-22 和图 3-7-23。

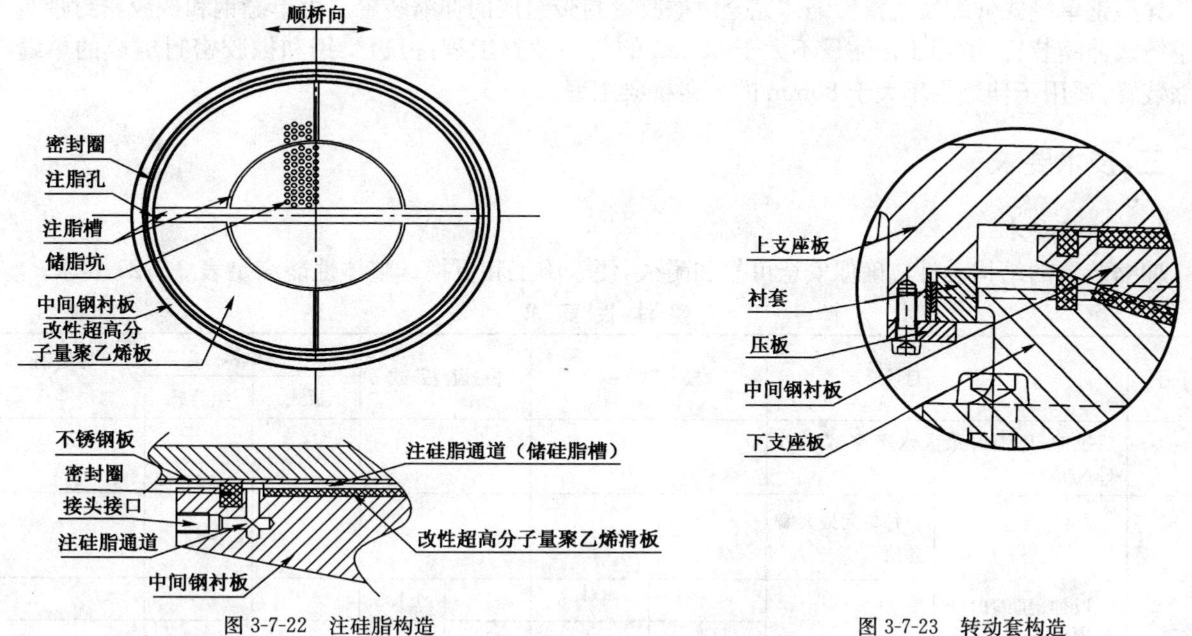

图 3-7-22　注硅脂构造　　　　图 3-7-23　转动套构造

通过压力灌注法补充硅脂，硅脂通过滑移面的相对滑转逐渐带入工作面。从而保证滑移面长效润滑。定期注入硅脂，可延长摩擦副使用寿命。

转动套的设置，解决了支座导向块及下支座凸缘易于磨损的问题；确保横向支座和固定支座同时承受顺桥向水平力。转动套的设置，改善了使用功能，保证了支座的耐久性。

第二节　伸缩装置检测

一、桥梁伸缩装置的作用及种类

桥梁伸缩装置的作用是满足桥梁上部结构纵向位移的需要并能使车辆平稳通过桥面。伸缩装置根据伸缩体结构的不同，主要分为四类，参见《公路伸缩装置》(JT/T 327—2004)。

1. 模数式伸缩装置

模数式伸缩装置指伸缩体由中梁钢和 80mm 的单元橡胶密封带组合而成的伸缩装置，适用于伸缩量为 160～2000mm 的公路桥梁工程。

2. 梳齿板式伸缩装置

梳齿板式伸缩装置指伸缩体由钢制梳齿板组合而成的伸缩装置，一般适用于伸缩量不大于 300mm 的公路桥梁工程。

3. 橡胶式伸缩装置

橡胶式伸缩装置分板式橡胶伸缩装置和组合式橡胶伸缩装置两种：

(1)伸缩体由橡胶、钢板或角钢硫化为一体的板式橡胶伸缩装置，适用于伸缩量小于 60mm 的公路桥梁工程；

(2)伸缩体由橡胶板和钢托组合而成的组合式伸缩装置，适用于伸缩量不大于 120mm 的公路桥梁工程。

橡胶式伸缩装置不宜用于高速公路、一级公路上的桥梁工程。

4.异型钢单缝式伸缩装置

异型钢单缝式伸缩装置指伸缩体完全由橡胶密封带组成的伸缩装置。由单缝钢和橡胶密封带组成的单缝式伸缩装置，适用于伸缩量不大于 60mm 的公路桥梁工程；由边梁钢和橡胶密封组成的单缝式伸缩装置，适用于伸缩量不大于 80mm 的公路桥梁工程。

二、技术要求

1.整体性要求

伸缩装置的结构设计应确保安全可靠和耐久，便于施工和更换。整体性能满足表 3-7-21 要求。

整体性要求　　表 3-7-21

<table>
<tr><th rowspan="2">序号</th><th rowspan="2" colspan="2">项　　目</th><th rowspan="2" colspan="2">模 数 式</th><th rowspan="2" colspan="2">梳 齿 板 式</th><th colspan="2">橡胶式</th><th rowspan="2">异型钢单缝式</th></tr>
<tr><th>板式</th><th>组合式</th></tr>
<tr><td>1</td><td colspan="2">拉伸、压缩时最大水平摩擦阻力(kN/m)</td><td colspan="2">≤4</td><td colspan="2">≤5</td><td><18</td><td>≤8</td><td></td></tr>
<tr><td rowspan="4">2</td><td rowspan="4">拉伸、压缩时变位均匀性(mm)</td><td>每单元最大偏差值</td><td colspan="2">−2～2</td><td colspan="2"></td><td></td><td></td><td></td></tr>
<tr><td rowspan="3">总变位最大偏差值</td><td>e≤480</td><td>−5～5</td><td>e≤80</td><td>±1.5</td><td></td><td></td><td></td></tr>
<tr><td>480<e≤800</td><td>−10～10</td><td>e>80</td><td>±2.0</td><td></td><td></td><td></td></tr>
<tr><td>e>800</td><td>−15～15</td><td></td><td></td><td></td><td></td><td></td></tr>
<tr><td>3</td><td colspan="2">拉伸、压缩时最大竖向偏差或变形(mm)</td><td colspan="2">1～2</td><td colspan="2">0.3～0.5</td><td>−3～3</td><td>−2～2</td><td></td></tr>
<tr><td rowspan="3">4</td><td rowspan="3">相对错位后拉伸、压缩试验(满足1、2项要求前提下)</td><td>纵向错位</td><td colspan="2">支承横梁倾斜角度不小于 2.5°</td><td colspan="2" rowspan="3"></td><td rowspan="3"></td><td rowspan="3"></td><td rowspan="3"></td></tr>
<tr><td>竖向错位</td><td colspan="2">相当顺桥向产生 5% 坡度</td></tr>
<tr><td>横向错位</td><td colspan="2">两支承横梁 3.6m 范围内两端相差 80mm</td></tr>
<tr><td>5</td><td colspan="2">最大荷载时中梁应力、横梁应力、应变测定、水平力(模拟制动力)</td><td colspan="2">满足设计要求</td><td colspan="2"></td><td></td><td></td><td></td></tr>
<tr><td>6</td><td colspan="2">防水性能</td><td colspan="2">注满水 24h 无渗漏</td><td colspan="2"></td><td></td><td></td><td>注满水 24h 无渗漏</td></tr>
</table>

2.材料规格性能

(1)钢材

①钢材性能应符合现行《优质碳素结构钢》(GB/T 699)、《碳素结构钢》(GB/T 700)及《低合金高强度结构钢》(GB/T 1591)的规定。

②异型钢采用整体热轧成型或整体热轧机加工成型，不允许焊接成型。整体质量应无缺陷，其质量与公称质量允许±5%偏差。化学成分及力学性能符合要求。材料几何尺寸应符合设计图纸和表 3-7-22 要求。

导性钢材沿长度方向直线度 1.0mm/m，全长直线度 5mm/10m，扭曲度不大于 1/1000。冷娇正次数不多于两次。

③不同使用温度范围、质量等级要求：

−25～60℃　　质量等级　　Q345C 及以上；

−40～60℃　　质量等级　　Q345D 及以上。

材料几何尺寸要求

表 3-7-22

断面部位＼钢梁类别	中　梁　钢	边　梁　钢	单　缝　钢
H(mm)	≥120	≥80	≥50
B(mm)	≥16	≥15	≥11
t_1(mm)	≥10	≥10	≥10
t_2(mm)	≥15	≥12	≥10
B_1(mm)	≥80	≥40	≥40
B_2(mm)	≥80	≥70	≥50
质量(kg/m)	≥36	≥19	≥12
图例	B_1, t_1, H, B, t_2, B_2	B_1, t_1, H, B, t_2, B_2	B_1, t_1, H, B, t_2, B_2

④伸缩装置中使用的圆钢及方钢应符合现行《热轧圆钢和方钢尺寸、外形、质量及允差》(GB/T 702)；薄板及钢带应符合现行《碳素结构钢及低合金结构钢热轧薄钢板和钢带》(GB/T 912)；厚板及钢带应符合现行《碳素结构钢及低合金结构钢热轧厚钢板及钢带》(GB/T 3274)；不锈钢应符合现行《不锈钢冷轧钢板》(GB/T 3280)；海洋环境使用的 Q355 NHD 及 Q235 NHD 应符合现行《焊接结构用耐候钢》(GB/T 4172)。

(2)橡胶

①橡胶式伸缩装置、模数式伸缩装置中使用的密封带橡胶的物理机械性能应满足表 3-7-23 要求。不允许使用再生胶或粉碎的硫化橡胶。

密封带橡胶性能要求

表 3-7-23

项　目		氯丁橡胶(适用于－25～60℃地区)		天然橡胶(适用于－40～60℃地区)		三元乙丙橡胶(适用于－40～60℃地区)	
		密封橡胶带	橡胶伸缩装置	密封橡胶带	橡胶伸缩装置	密封橡胶带	橡胶伸缩装置
硬度 IRHD		55±5	60±5	55±5	60±5	55±5	60±5
拉伸强度(MPa)		≥15		≥16		≥14	
扯断伸长率(%)		≥400		≥400		≥350	
脆性温度(℃)		≤－40		≤－50		≤－60	
恒定压缩永久变形(室温×24h)		≤20		≤20		≤20	
耐臭氧老化[(25～50)×10^{-6}]20%伸长(40℃×96h)		无龟裂		无龟裂		无龟裂	
热空气老化试验(与未老化前数值相比发生最大变化)	试验条件(℃×h)	70×96		70×96		70×96	
	拉伸强度(%)	±15		±15		±10	
	扯断伸长率(%)	±25		±25		±20	
	硬度变化 IRHD	0～＋10		－5～＋10		0～10	

续上表

项目		氯丁橡胶（适用于 −25～60℃地区）		天然橡胶（适用于 −40～60℃地区）		三元乙丙橡胶（适用于 −40～60℃地区）	
		密封橡胶带	橡胶伸缩装置	密封橡胶带	橡胶伸缩装置	密封橡胶带	橡胶伸缩装置
橡胶与钢板黏结剥离强度（kN/m）		>7		>7		>7	
耐盐水性（23℃×14d，浓度 4%）	体积变化（%）	⩽+10		⩽+10		⩽+10	
	硬度变化 IRHD	⩽+10		⩽+10		⩽+10	
耐油污性（一号标准油，23℃×168h）	体积变化（%）	−5～+10		<+45		<+45	
	硬度变化 IRHD	−10～+10		<−25		<−25	

②模数式伸缩装置使用的橡胶压紧支座、承压支座的橡胶的物理机械性能应满足表 3-7-24 的要求。

压紧承压支座橡胶性能要求 表 3-7-24

项目		压紧支座	承压支座
硬度 IRHD		70±2	62±2
拉伸强度（MPa）	天然橡胶	⩾18.5	⩾18.5
	氯丁橡胶	⩾17.5	⩾17.5
扯断伸长率（%）	天然橡胶	⩾350	⩾500
	氯丁橡胶	⩾300	⩾450

注：氯丁橡胶、天然橡胶的其他性能应满足现行《公路桥梁板式橡胶支座》（JT/T 4）中规定要求。

③模数式伸缩装置中使用的聚氨酯位移控制弹簧，其技术性能应满足表 3-7-25 的要求。

聚氨酯位移控制弹簧技术性能 表 3-7-25

项目		计量单位	指标
密度		kg/m³	550±10
拉伸强度		MPa	⩾4
扯断伸长率		%	⩾350
恒定压缩变形（任选一项）	70℃×72h	%	⩽6.5
	150℃×24h	%	⩽8
抗撕裂强度		kN/m	⩾120
60%压缩模量		MPa	4.0±0.2
疲劳试验 200 万次	频率⩽3 Hz		无裂纹
	压应力 7MPa		

④伸缩装置中使用的黏结剂、聚四氟乙烯板材、硅脂等材料应符合现行《公路桥梁板式橡胶支座》（JT/T 4）中的规定。

3. 外观及内在质量要求

伸缩装置的异型钢、型钢、钢板等外观应光洁、平整，表面不得有大于 0.3mm 的凹坑、麻点、裂纹、结疤、气泡和夹杂、不得有机械损伤。上下表面应平行，端面应平整，长度大于 0.5mm 的毛刺应清除。

橡胶伸缩装置、密封橡胶带外观质量应满足表 3-7-26 要求。

外观质量要求　表 3-7-26

缺陷名称	质量标准
骨架钢板外露	不允许
钢板与黏结处开裂或剥离	不允许
喷霜、发脆、裂纹	不允许
明疤缺胶	面积不超过 30mm×5mm，深度不超过 2 mm 缺陷，每延米不超过 4 处
气泡、杂质	不超过成品表面面积的 0.5%，且每处不大于 25mm²，深度不超过 2mm
螺栓定位孔歪斜及开裂	不允许
连接榫槽开裂、闭合不准	不允许

板式橡胶伸缩装置解剖后，其内在质量应满足表 3-7-27 的要求。

内在质量要求　表 3-7-27

名　　称	质　量　要　求
锯开后钢板、角钢位置	钢板、角钢位置要求准确，其平面位置偏差为±3mm，高度位置偏差应在－1～2mm 之间
钢板与橡胶黏结	钢板与橡胶黏结应牢固且无离层现象

4. 组装要求

（1）按现行《公路伸缩装置》(JT/T 327)要求，组合式橡胶伸缩装置、梳齿板式伸缩装置应在工厂进行试组装，模数式伸缩装置应在工厂进行组装。

模数式伸缩装置中异型钢需对接接长时，接头应设置在受力较小处，并错开布置，行车道位置不应设置接缝。错开距离不应小于 80mm，并应采用厚度大于 20mm 的钢板加强。

伸缩装置中使用的焊接件，其焊缝应满足设计要求。焊缝应采用CO_2气体保护焊，焊缝不得出现裂纹、夹渣、未熔合和未填满弧坑，按相关规定探伤，并满足要求。

在组装过程中，所用的螺栓、螺钉、垫片、不锈钢板、聚四氟乙烯板、弹性元件、支座等构件必须满足力学性能、几何精度和形位公差要求。

模数式伸缩装置组装后，在伸缩装置完全压缩时的任意位置，在同一断面处，以两边梁顶面的平面为准，每根中梁顶面和边梁顶面相对高差不应大于±1.5mm；每条缝宽度偏差应在±2mm 范围内。平面总宽度的偏差，当伸缩量不大于 480mm 时，应在±5mm 范围内；当伸缩量大于 480mm 且小于或等于 800mm 时，应在±10mm 范围内；当伸缩量大于 800mm 时，应在±15mm 范围内。

模数式伸缩装置在工厂组装时，经检测合格后，应按照用户提供的施工安装温度，确定其压缩量定位出厂。若用户未提供安装定位温度，可按最大伸缩量的 1/2 定位出厂。出厂时，吊装位置应用明显标志标明。

梳齿板式伸缩装置组装后，在伸缩范围内任一位置，同一断面处，当伸缩量不大于 80mm 时，两边齿板高差，应小于或等于 0.3mm；当伸缩量大于 80mm 时，应小于或等于 0.5mm。在最大压缩量时，齿板间隙不小于 15mm，横向间隙不小于 5mm；在最大拉伸量时，齿板搭接长度不小于 30mm。

（2）整体性试验

①试验台架

试验台架可一边固定一边移动。伸缩装置试样用定位螺栓或其他有效方法与锚固板联结。试验的拉伸和压缩，可用千斤顶施加荷载，荷载大小通过荷载传感器进行控制。试验台座设导向装置。图 3-7-24 为伸缩装置的加载示意图。在加载台架上可以模拟伸缩装置的拉伸、压缩与纵向、竖向、横向错位，实测挤压过程中水平摩阻力、变位均匀性等。

②试样

试验设备应能对整体组装后的伸缩装置进行力学性能试验。如果受试验设备限制，不能对整体伸缩装置进行试验时：

a. 对模数式伸缩装置的新产品或老产品转厂生产的试制定型鉴定，可取不小于 4m 长并具的 4 个单元变位、支承横梁间距等于 1.8m 的组装试样进行试验。

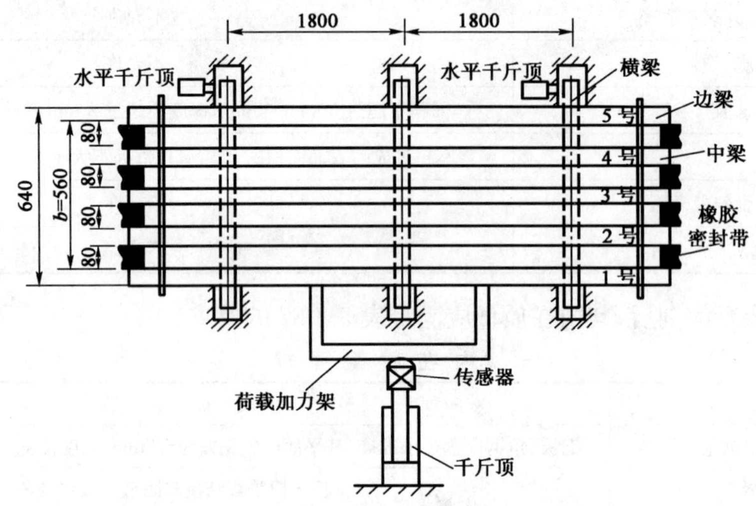

图 3-7-24　伸缩装置试验台架示意图(尺寸单位：mm)

b. 梳齿板式伸缩装置应取单元加工长度不小于 2m 组装试样进行试验。

c. 橡胶伸缩装置应取 1m 长的试样进行试验。

d. 异型钢单缝伸缩装置应取组装试样进行试验。

③试验

a. 整体试验应在制造厂或专门试验机构中进行。

b. 对整体组装的伸缩装置进行力学性能试验时，应将伸缩装置试样两边的锚固系统用定位螺栓或其他有效方法固定在试验平台上，然后使试验装置模拟伸缩装置在桥梁结构中实际受力状态进行规定项目试验。橡胶伸缩装置的试验应在 15～28℃温度下进行。

c. 模数式伸缩装置应进行拉伸、压缩，纵向、竖向、横向错位试验，测定水平摩阻力、变位均匀性。应按实际受力荷载测定中梁、支承横梁及其连接部件应力、应变值，并应对试样进行振动冲击试验，对橡胶密封带进行防水试验。

d. 梳齿板式伸缩装置应进行拉伸、压缩试验，测定水平摩阻力、变位均匀性。

e. 橡胶伸缩装置应进行拉伸、压缩试验，测定水平摩阻力及垂直变形。

f. 异型钢单缝伸缩装置应进行橡胶密封带防水试验。

横向错位、纵向错位及竖向错位试验如图 3-7-25～图 3-7-27 所示。

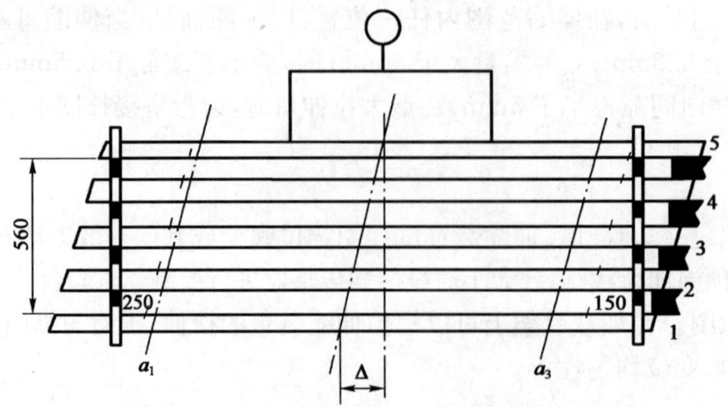

图 3-7-25　横向错位试验示意图(尺寸单位：mm)

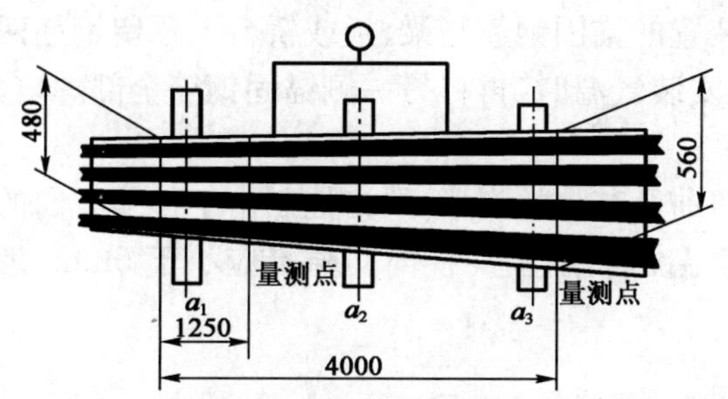

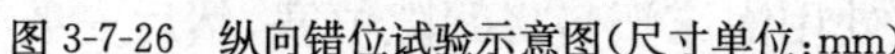

图 3-7-26 纵向错位试验示意图(尺寸单位:mm)

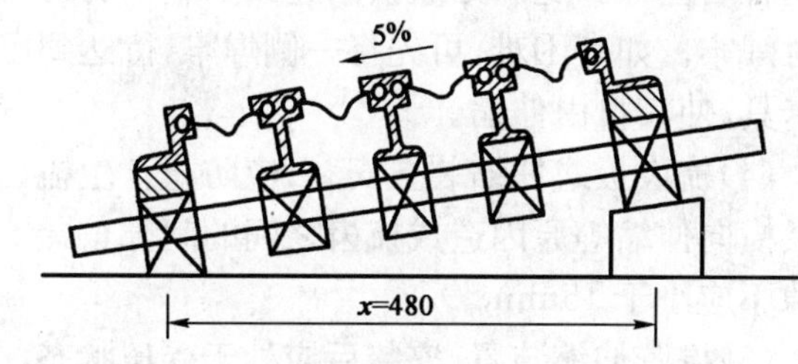

图 3-7-27 竖向错位试验示意图(尺寸单位:mm)

伸缩装置整体性试验,应满足表 3-7-19 各项要求。

(3)中梁、横梁截面应力和垂直变形试验

将伸缩装置拉伸到最大伸缩量,在中梁上模拟设计汽车荷载,压力分级进行加载,试验测点布置及加载方式如图 3-7-28 所示。中梁及横梁应力用电阻应变片进行测试,垂直变形用百分表测试。

对于板式或组合式的橡胶伸缩装置,只需用百分表测试最大拉伸、压缩时垂直变形。

(4)最大水平制动力时,中梁变位、连动机构应力测试

最大水平制动力试验,主要模拟汽车—超 20 级荷载在伸缩装置一根中梁上紧急制动时,测试中梁水平变位值和连动机构应力。

试验时,用两个水平千斤顶模拟两个车轮在伸缩装置处于最大拉伸状态时,在中梁的支承横梁跨间中点施加水平制动力;在中梁两端安装百分表,测试中梁变位;在连动机构上粘贴应变片,测试其应力。卸载后观测其恢复状况。试验重复 3 次。水平力加载如图 3-7-29 所示。

伸缩装置应力及挠度应满足设计要求。

5. 现场安装技术要求

(1)施工安装前应按照设计图纸提供的尺寸,核对梁、板端部及桥台处安装伸缩装置的预留槽的尺寸。若图纸上未注明,则模数式伸缩装置,伸缩量为 160mm 时,预留槽深度应大于或等于 250mm。其余伸缩量应根据需要逐级加深。异型钢单缝式伸缩装置的预留槽深度应大于或等于 150mm。同时应检查核对预埋锚固钢筋的规格、数量、位置与设计的一致性,与梁、板、桥台锚固的可靠性;检查核对梁、板与桥台间的伸缩缝与设计值是否一致,若不符合设计要求,施工单位应首先处理,满足设计要求后生产厂方可安装伸缩装置。

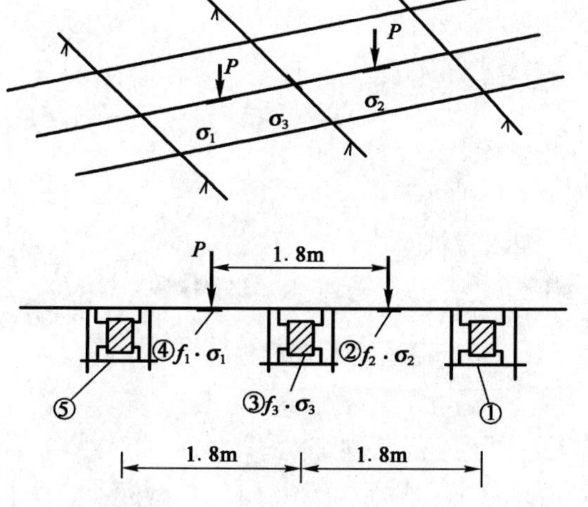

图 3-7-28 中梁和横梁的应力及挠度检测

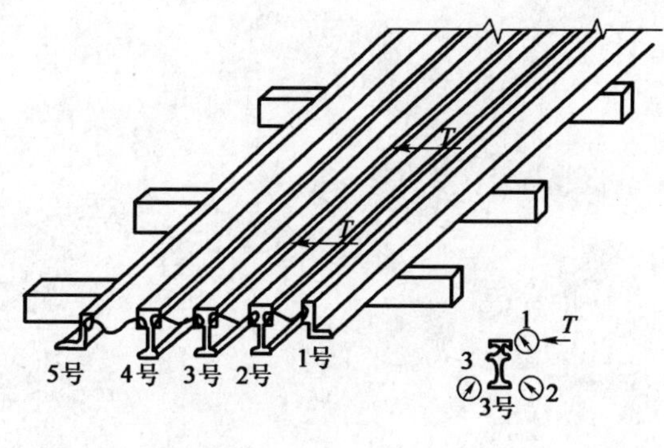

图 3-7-29 水平加载试验

(2)伸缩装置上桥安装之前,应按照安装时气温调整安装时的定位值。

(3)安装时,伸缩装置的中心线应与桥梁中心线相重合,伸缩装置顺桥向应对称放置于伸缩缝的间隙上,然后沿桥面横坡方向,每米一点测量水平高程,并用水平尺或板尺定位,使其顶面高程与设计要求

相吻合后垫平。随即穿放横向连接水平钢筋，并将伸缩装置的锚固钢筋与梁、板或桥台上预留钢筋两侧同时焊牢。如有困难，可先将一侧焊牢，待达到已确定的安装气温时，再将另一侧锚固钢筋全部焊牢，放松卡具，使其自由伸缩。

(4)梳齿板式伸缩装置安装，应防止产生梳齿不平、扭曲及其他的变形，严格控制由于伸缩方向的误差及横向伸缩等原因造成梳齿之间的间隙偏差。在最高温度时，梳齿间横向间隙不应小于 5mm，齿板间隙不应小于 15mm。

(5)橡胶伸缩装置，安装后应处于受压状态。

(6)浇筑混凝土前，应彻底清扫预留槽，并在伸缩缝间隙处用泡沫塑料将间隙填塞，然后安装必要的模板。混凝土预留槽内应浇筑 C40 环氧树脂混凝土或 C50 钢纤维混凝土，也可用 C50 以上强度等级的混凝土填充捣实。应防止混凝土渗入模数式伸缩装置位移控制箱内，也不允许将混凝土溅填在密封橡胶带缝中及表面上。如果发生此现象，应予以清除，然后进行正常养护。

(7)伸缩装置现场施工验收按现行《公路工程质量检验评定标准》(JTG F80)进行。

第八章 桥面及有关设施检测

公路桥梁的桥面部分通常包括桥面铺装、伸缩缝、栏杆与灯柱、防撞护栏、人行道、桥头搭板等构造。根据经验,建桥时若对桥面重视不足必将导致日后修补和维护的工作量增大。进行桥面及有关设施的质量检测是很有必要的。

第一节 桥面铺装检测

桥面铺装的主要功能是保护属于主梁整体部分的行车道板不受车辆轮胎(或履带)的直接磨耗,防止主梁遭受雨水的侵蚀,并对车辆轮重的集中荷载起一定的分布作用。为确保以上功能的顺利实现,进行包括沥青混凝土桥面铺装压实质量、水泥混凝土劈裂强度、平整度、抗滑性能及结构层厚度等检测是必要的。除以上检测内容外,本节还对桥面破损现场检测及试坑或钻孔的填补方法作了介绍。

一、沥青混凝土桥面铺装压实度试验方法

沥青混凝土桥面铺装压实的作用在于:

(1)可以充分发挥桥面铺装层材料的强度;

(2)可以减小铺装层在行车荷载作用下产生的变形;

(3)可增强铺装层的不透水性和强度稳定性,防止主梁遭受雨水的侵蚀。

适用于沥青混凝土桥面铺装压实度检测的标准试验方法主要为钻芯法。但对钢桥面沥青混凝土铺装而言,钻芯法易对钢板造成损伤,此时可采用核子仪法进行检测,其具体方法可参见《公路路基路面现场测试规程》(JTG E60—2008)。下面主要介绍钻芯法和核子仪法。

(一)钻芯法

1.试验仪具及材料

(1)取芯钻机;

(2)天平(感量不大于0.1g);

(3)溢流水槽;

(4)吊篮;

(5)其他:石蜡、卡尺、毛刷、小勺、取样袋(容器)、电风扇。

2.试验方法与步骤

(1)钻取芯样。按《公路路基路面现场测试规程》(JTG E60—2008)的要求钻取桥面铺装层芯样,芯样直径不宜小于ϕ100mm。一次钻孔取得的芯样包含有不同层位的沥青混合料时,应根据结构组合情况用切割机将芯样沿各层结合面锯开分层测定。

(2)将钻取的试件在水中用毛刷轻轻刷净黏附的粉尘,同时仔细清除试件边角浮动颗粒。

(3)将试件晾干或用电风扇吹干不少于24h,直至恒量。

(4)测定试件的视密度或毛体积密度ρ_s。当试件的吸水率小于2%时,采用水中重法或表干法测

定；当吸水率大于2%时，采用蜡封法测定。具体试验方法参见《公路工程沥青及沥青混合料试验规程》(JTJ 052—2000)。

3.计算

(1)当计算压实度的沥青混合料的标准密度采用马歇尔击实试件成型密度或试验路段钻孔取样密度时，沥青面层的压实度按下式计算。

$$k=\rho_s/\rho_0\times 100 \tag{3-8-1}$$

式中：k——沥青面层的压实度(%)；

ρ_s——沥青混合料芯样试件的视密度或毛体积密度(g /cm^3)；

ρ_0——沥青混合料的标准密度(g /cm^3)。

(2)计算压实度的标准密度采用最大理论密度时，沥青面层的压实度按下式计算。

$$K=\frac{\rho_s}{\rho_t}\times 100 \tag{3-8-2}$$

式中：ρ_s——沥青混合料芯样试件的实际密度(g/cm^3)；

ρ_t——沥青混合料的最大理论密度(g/cm^3)。

(3)按《公路路基路面现场测试规程》(JTG E60—2008)附录B的方法计算一个评定桥面测段检测的压实度的平均值、标准差、变异系数，并计算压实度代表值。压实度代表值不得小于94%。

(二)核子仪法

本方法适用于现场用核子密度湿度仪（简称核子仪）以散射法或直接透射法测定路基或路面材料的密度和含水率，并计算施工压实度。

核子仪是现场检测压实度较常用的一种方法，仪器按规定方法标定后，其检测结果可作为工程质量评定与验收的依据。本方法可检测土壤、碎石、土石混合物、沥青混合料和非硬化水泥混凝土等材料。

本方法属非破坏性检测，允许对同一个测试位置进行重复测试，并监测密度和压实度的变化，以确定合适的碾压方法，达到所要求的压实度。

1.干扰因素

(1)核子仪对靠近表层材料的密度最为敏感，当测试材料的表面与仪器底部之间存在空隙时，测试结果可能存在表面偏差（仅对散射法）。如果采用直接透射法测试，表面偏差不明显。

(2)材料的粒度、级配、均匀度以及组成成分等因素对密度的测试结果影响较小。但是对一些含有结晶水或有机物的化学成分，如高岭土、云母、石膏、石灰等可能会对水分的测试有明显的影响，检测时需要与其他可靠的方法进行对比，对测试结果进行调整。

(3)对刚铺筑完的热沥青混合料路面检测时，仪器不能长时间放置在路面上，测试完成后仪器应该从路面上移走冷却，避免影响测试结果。

(4)进行测试时，在周围10m之内不能存在其他核子仪和任何其他放射源。

2.仪器的标定

(1)每12个月以内要对仪器进行一次标定。标定可以由仪器生产厂家或独立的有资质的服务机构进行。

(2)新出厂的仪器事先已经标定过了，可以不标定。对现存仪器如果经过维修后，可能影响仪器的结构，必须进行新的标定后才能使用。现存仪器如果在标定核实过程中被发现不能满足规定的限值，也必须重新标定。

(3)标定后的仪器密度（或含水率）值应达到要求，所有标定块上的每一测试深度上的标定响应应该在±16kg/m^3。

3.仪具与材料技术要求

本试验需要下列仪具及材料：

(1)核子仪：符合国家规定的关于健康保护和安全使用标准，密度的测定范围为 1.12～2.73g/cm^3，测定误差不大于±0.03g/cm^3。含水率测量范围为 0～0.64g/cm^3，测定误差不大于±0.015g/cm^3。它主要包括下列部件：

①γ 射线源：双层密封的同位素放射源，如铯—137、钴—60 或镭—226 等。

②中子源：如镅(241)—铍等。

③探测器：γ 射线探测器，如 G-M 计数管；热中子探测器，如氦—3 管。

④读数显示设备：如液晶显示器、脉冲计数器、数率表或直接读数表。

⑤标准计数块：密度和含氢量都均匀不变的材料块，用于检验仪器运行状况和提供射线计数的参考标准。

⑥钻杆：用于打测试孔以便插入探测杆。

⑦安全防护设备：符合国家规定要求的设备。

⑧刮平板、钻杆、接线等。

(2)细砂：0.15～0.3mm。

(3)天平或台秤。

(4)其他：毛刷等。

4. 方法与步骤

1)本方法用于测定沥青混合料面层的压实密度或硬化混凝土等难以打孔材料的密度时，宜使用散射法；用于测定土基、基层材料或非硬化水泥混凝土等可以打孔材料的密度及含水率时，应使用直接透射法。

2)在表面用散射法测定时，所测定沥青面层的层厚应根据仪器的性能决定最大厚度。用于测定土基或基层材料的压实密度及含水率时，打洞后用直接透射法测定层的厚度不宜大于 30cm。

3)准备工作。

(1)每天使用前或者对测试结果有怀疑的时候，按下列步骤用标准计数块测定仪器的标准值：

①进行标准值测定时的地点至少离开其他放射源 10m 的距离，地面必须经压实而且平整。

②接通电源，按照仪器使用说明书建议的预热时间，预热测定仪。

③在测定前，应检查仪器性能是否正常。将仪器在标准计数块上放置平稳，按照仪器说明书的要求进行标准化计数并判断仪器标准化计数值必须符合要求，如标准计数超过规定的限值时，应确认标准计数的方法和环境是否符合要求，应重复进行标准化计数，若第二次标准计数仍超出规定的限界时，需视作故障并进行仪器检查。

(2)在进行沥青混合料压实层密度测定前，应用核子仪与钻孔取样的试件进行标定；测定其他材料密度时，宜与挖坑灌砂法的结果进行标定。标定的步骤如下：

①选择压实的路表面，与试验段测定时的条件一致，对纹理较大的路面必须用细砂填平，然后将仪器放置在测试点上转动几下，或者在测试点上用刮平板平刮几下，以达到测试条件。按要求的测定步骤用核子仪测定密度，读数。

②在测定的同一位置用钻机钻孔法或挖坑灌砂法取样，量测厚度，按相关规范规定的标准方法测定材料的密度。

③对同一种路面厚度及材料类型，在使用前至少测定 15 处，求取两种不同方法测定的密度的相关关系，其相关系数 R 应不小于 0.95。

(3)测试位置的选择。

①按照随机取样的方法确定测试位置，但与路面边缘或其他物体的最小距离不得小于 30cm。核子仪距其他的射线源不得少于 10m。

②当用散射法测定时，应按图 3-8-1 的方法用细砂填平测试位置路表结构凸凹不平的空隙，使路表面平整，能与仪器紧密接触。

③当使用直接透射法测定时，应按图 3-8-2 的方法用导板和钻杆打孔，在拟测试材料的表面打一个垂直的测试孔，测试孔要使插进探杆后仪器在测点表面上不倾斜。孔深必须大于探测杆达到的测试深度。再按图 3-8-2 的方法将探测杆放下插入已打好的测试孔内，前后或左右移动仪器，使之安放稳固。

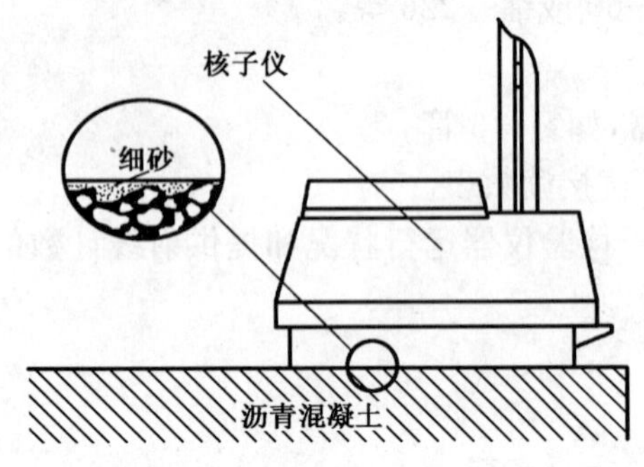

图 3-8-1　用细砂填平测试位置的方法

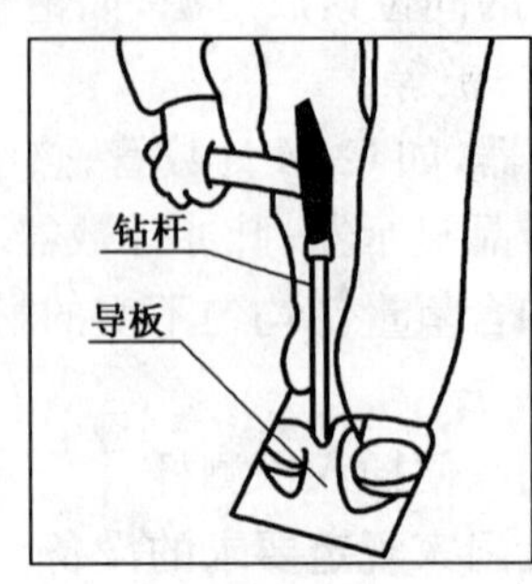

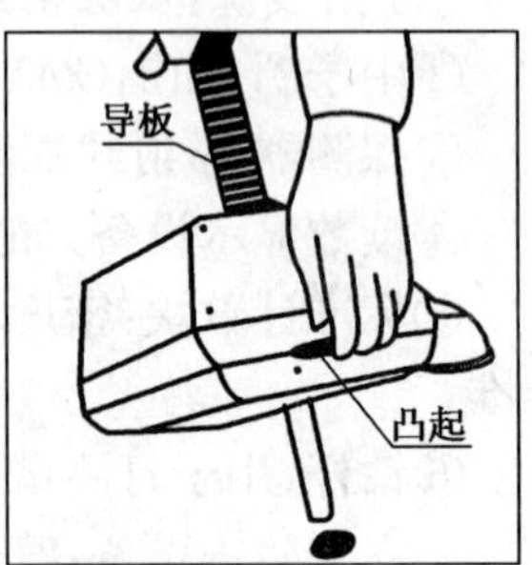

图 3-8-2　在路表面上打孔的方法

(4)按照规定的时间，预热仪器。

4)测试步骤

(1)如用散射法测定沥青混合料压实层密度时，应按图 3-8-3 的方法将核子仪平稳地置于测试位置上。测点应随机选择，测定温度应与试验段测定时一致，一组不少于 13 点，取平均值。检测精度通过试验路与钻孔试件比较评定。

(2)如用直接透射法测定时，应按图 3-8-4 的方法将放射源棒放下插入已预先打好的孔内。

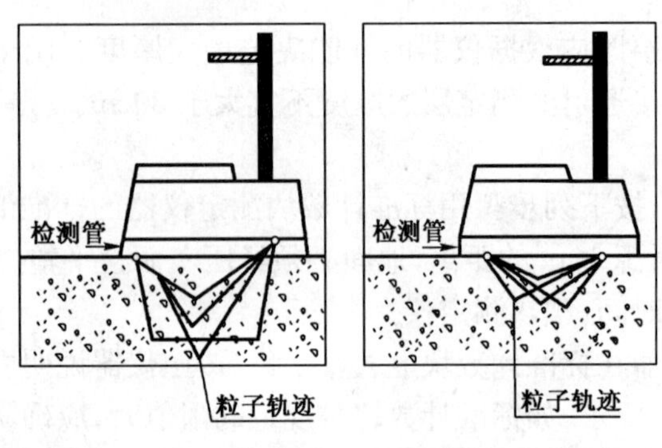

图 3-8-3　用散射法测定的方法

图 3-8-4　用直接透射法测定的方法

(3)打开仪器，测试员退至距仪器 2m 以外，按照选定的测定时间进行测量，到达测定时间后，读取显示的各项数值，并迅速关机。

注：各种型号的仪器在具体操作步骤上略有不同，可按照仪器使用说明书进行。

5. 计算

按下式计算施工干密度及压实度。

$$\rho_d = \frac{\rho_w}{1+w} \tag{3-8-3}$$

$$K = \frac{\rho_d}{\rho_c} \times 100 \tag{3-8-4}$$

式中：K——测试地点的施工压实度(%)；

w——含水率，以小数表示；

ρ_w——试样的湿密度(g/cm^3)；

ρ_d——由核子仪测定的压实沥青混合料的实际密度(g/cm^3)，一组不少于 13 个点，取平均值；

ρ_c——沥青混合料的标准密度(g/cm^3)，按照《公路沥青路面施工技术规范》(JTG F40—2004)附录 E 的规定选用。

6. 报告

测定路面密度及压实度的同时，应记录温度、材料类型、路面的结构层厚度及测试深度等数据和资料。

7. 安全使用注意事项

(1)仪器工作时，所有人员均应退至距离仪器 2m 以外的地方。

(2)仪器不使用时，应将手柄置于安全位置，仪器应装入专用的仪器箱内，放置在符合核辐射安全规定的地方。

(3)仪器应由经有关部门审查合格的专人保管，专人使用。从事仪器保管及使用的人员，应符合有关核辐射检测的有关规定。

二、水泥混凝土芯样劈裂强度试验方法

水泥混凝土桥面铺装的强度控制指标主要是弯拉或劈裂强度。由于弯拉强度试验过程较烦琐，现多用劈裂强度来代替，其试验结果常作为工程验收的依据。

1. 试验仪具及材料

(1)取芯机；

(2)压力机；

(3)劈裂夹具、木质三合板垫条、卡尺。

2. 试验方法与步骤

(1)试件外观检查：每个芯样均应详细描述有无裂缝、接缝、分层、麻面或离析集料及密实性等情况；试件两端平面应与其轴线相垂直，误差不应超过±1°，端面凹凸每 100mm 不超过 0.05mm，承压线凹凸不应大于 0.25mm。

(2)测量：应在芯样 1/4、1/2 及 3/4 三处按两个垂直方向测量三对数值确定芯样的平均直径 d_m，精确至 1.0mm。取芯样直径两端侧面测定钻取后芯样的长度及端面加工后的长度作为平均长度 l_m，精确至 1.0mm。

(3)将试件在 20℃±2℃的水中浸泡 40h，从水中取出后立即进行试验。

(4)将试件、劈裂垫条和垫层如图 3-8-5 所示放在压力机上，借助夹具两侧杆，将试件对中。

(5)启动压力机，当压力机压板与夹具条接近时调整球座使压板均匀接触试件。当压力加至 5kN 时，抽取夹具的侧杆，并以 60N/s±4N/s 的速度连续均匀加荷，直至试件劈裂，记下破坏荷载，精确至 0.01kN。

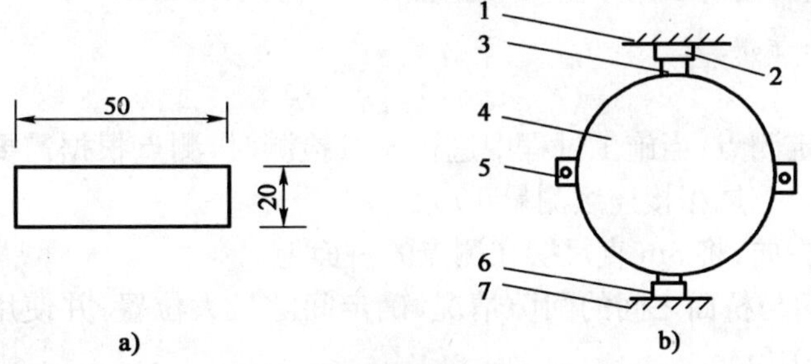

图 3-8-5　芯样劈裂试验装置示意图(尺寸单位：mm)

1、7-压力机压板；2、6-夹具钢垫条；3-木质或纤维层；4-试样；5-侧杆

3. 计算

芯样劈裂抗拉强度 R_a 按下式计算：

$$R_a = 2P/(\pi A) = 2P/(\pi d_m l_m) \tag{3-8-5}$$

式中：R_a——芯样劈裂抗拉强度(MPa)，精确至 0.1MPa；

P——极限荷载(N)；

A——芯样劈裂面面积(mm^2)；

d_m——芯样截面的平均直径(mm)；

l_m——芯样平均长度(mm)。

4.混凝土抗拉强度的合格标准

(1)试件组数大于10组时，平均强度合格判断式为：

$$\overline{R} = R_{SZ} + K\sigma \tag{3-8-6}$$

式中：$\overline{R}$——合格判断强度(MPa)；

R_{SZ}——设计弯拉强度(MPa)；

K——合格判断系数，见表3-8-1；

σ——强度均方差。

合格判断系数 K 值 表3-8-1

试件组数	11～14	15～19	≥20
K	0.75	0.70	0.65

当试件组数大于20组时，允许有一组强度小于$0.85R_{SZ}$，但不得小于$0.75R_{SZ}$。

(2)试件组数等于或少于10组时，试件平均强度不得小于$1.05R_{SZ}$，且任一组强度不得小于$0.85R_{SZ}$。

三、平整度检测试验方法

平整度是桥面铺装层施工质量与服务水平的重要指标之一。不平整的桥面铺装层，一方面会增大行车阻力，影响行车安全及旅客的舒适性；另一方面也会给桥梁结构带来较大的冲击力，引起结构产生较大的振动。平整度常用的检测方法为3m直尺法、连续式平整度仪法、车载式颠簸累积仪法、激光路面平整度测定仪法。下面将对这些检测试验方法加以简介，并对平整度指标间的相互关系进行介绍。

(一)3m直尺法

3m直尺法规定用3m直尺测定距离桥面铺装层的最大间隙表示铺装层的平整度，用mm计。此方法适用于测定压实成型的桥面铺装层各层表面的平整度，用以评定桥面施工质量及使用质量。

1.试验仪具与材料

(1)3m直尺：硬木或铝合金钢制，底面平直，长3m；

(2)楔形塞尺：木或金属制的三角形塞尺，刻度精度不小于0.2mm；

(3)皮尺或钢尺、粉笔等。

2.方法与步骤

(1)在测试桥面上选定测点：当施工过程中进行质量检测时，测点根据需要确定，可单杆检测；当为桥面铺装层验收检测时，应首尾相接连续测量10尺。

(2)根据需要测定的方向，将3m直尺摆在测点的桥面上。

(3)目测3m直尺底面与桥面之间的间隙情况，确定间隙最大位置，并使用带高度标线的塞尺量测最大间隙的高度，精确至0.2mm。

3.计算

单杆检测桥面的平整度，以3m直尺与桥面的最大间隙为测定结果。连续测量10尺时，判断每个测定值是否合格，根据要求计算合格百分率，并计算10个最大间隙的平均值。

$$合格率=(合格尺数/总测尺数)\times 100\% \tag{3-8-7}$$

4.评定指标

采用3m直尺测定最大间隙不得大于以下规定值：

水泥混凝土面层：5mm；

沥青混凝土面层和沥青碎石面层：5mm；

沥青贯入式面层：8mm；

沥青表面处治面层：10mm。

(二)连续式平整度仪法

连续式平整度仪法规定用连续式平整度仪量测桥面的不平整度的标准差 σ，以表示桥面的平整度，以 mm 计。本方法适用于评定桥面的施工质量和使用质量，不适于在破损严重的旧桥桥面上测定。

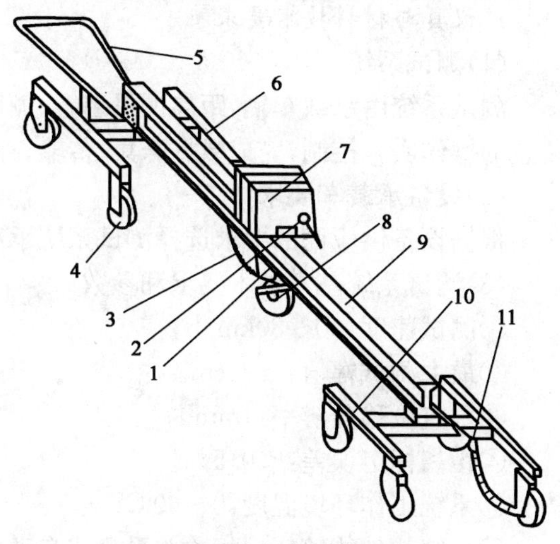

图 3-8-6　连续式平整度仪示意图

1-测量器；2-离合器；3-拉簧；4-脚轮；5-牵引架；6-前架；7-记录计；8-测定轮；9-纵梁；10-后架；11-软轴

1. 试验仪具与材料

(1)连续式平整度仪：构造如图 3-8-6 所示，标准长度为 3m，质量应符合仪器标准的要求；

(2)牵引车：小型面包车或其他小型牵引车；

(3)皮尺或测绳。

2. 方法与步骤

(1)在被检测桥梁的桥面上选定点。

(2)将连续式平整度仪置于桥面检测段起点上。

(3)在牵引汽车的后部，将平整度仪的挂钩挂上后，放下测定轮，启动检测器及记录仪，随即启动汽车，沿桥面纵向行驶，横向位置保持稳定，并检查平整度仪上测定数字显示、打印、记录情况。牵引平整度仪的速度应均匀，宜为 5km/h，最大不得超过 12km/h。

3. 计算

(1)连续式平整度仪测定后，可按每 10cm 间距采集的位移值自动计算 100m 计算区间的平整度标准差，还可记录测试长度、曲线振幅大于某一定值(3mm、5mm、8mm、10mm 等)的次数、曲线振幅的单向累计值及以 3m 机架为基准的中点桥面偏差曲线图，并打印输出。当为人工计算时，在记录曲线上任意设一基准线，每隔一定距离(宜为 1.5m)读取曲线偏离基准线的偏离位移值 d_i。

(2)每一计算区间的桥面平整度以该区间测定结果的标准差表示，按式(3-8-8)计算。

$$\sigma_i=\sqrt{\frac{\sum d_i^2-\frac{(\sum d_i)^2}{n}}{n-1}} \tag{3-8-8}$$

式中：σ_i——各计算区间的平整度计算值(mm)；

d_i——以 100m 为一个计算区间，每隔一定距离(自动采集间距 10cm，人工采集间距为 1.5m)采集的路面凸凹偏差位移值(mm)；

n——计算区间用于计算标准差的测试数据个数。

4. 评定指标

采用连续式平整度仪计算的标准差对不同的桥面铺装层应分别满足以下要求：

水泥混凝土面层：$\sigma \leqslant 2.5$mm；

沥青混凝土面层和沥青碎石面层：$\sigma \leqslant 2.5$mm；

沥青贯入式面层：$\sigma \leqslant 3.5$mm；

沥青表面处治面层：$\sigma \leqslant 4.5$mm。

(三)车载式颠簸累积仪测定平整度试验方法

本方法适用于各类颠簸累积仪在新建、改建路面工程质量验收和无严重坑槽、车辙等病害的正常行车条件下连续采集路段平整度数据。本方法的数据采集、传输、记录和处理分别由专用软件自动控制进行。

1.仪具与材料技术要求

(1)测试系统

测试系统由承载车辆、距离测量装置、颠簸累积值测试装置和主控制系统组成。主控制系统对测试装置的操作实施控制，完成数据采集、传输、存储与计算过程。

(2)设备承载车要求

根据设备供应商的要求选择测试系统承载车辆。

(3)测试系统基本技术要求和参数

①测试速度：30～80km/h。

②最大测试幅值：±20cm。

③垂直位移分辨率：1mm。

④距离标定误差：<0.5%。

⑤系统工作环境温度：0～60℃。

⑥系统软件能够依据相关关系公式自动对颠簸累积值进行换算，间接输出国际平整度指数 IRI。

2.方法与步骤

(1)准备工作

①测试车辆具备下列条件之一时，都应进行仪器测值与国际平整度指数 IRI 的相关性标定，相关系数 R 应不低于 0.99：在正常状态下行驶超过 20000km；标定的时间间隔超过 1 年；减震器、轮胎等发生更换、维修。

②检查测试车轮胎气压，应达到车辆轮胎规定的标准气压；车胎应清洁，不得黏附杂物；车上载重、人数以及分布应与仪器相关性标定试验时一致。

③距离测量系统需要现场安装的，根据设备操作手册说明进行安装，确保紧固装置安装牢固。

④检查测试系统，各部分应符合测试要求，不应有明显的可视性破损。

⑤打开系统电源，启动控制程序，检查系统各部分的工作状态。

(2)测试步骤

①测试开始之前应让测试车以测试速度行驶 5～10km，按照设备操作手册规定的预热时间对测试系统进行预热。

②测试车停在测试起点前 300～500m 处，启动平整度测试系统程序，按照设备操作手册的规定和测试路段的现场技术要求设置完毕所需的测试状态。

③驾驶员在进入测试路段前应保持车速在规定的测试速度范围内，沿正常行车轨迹驶入测试路段。

④进入测试路段后，测试人员启动系统的采集和记录程序，在测试过程中必须及时准确地将测试路段的起终点和其他需要特殊标记点的位置输入测试数据记录中。

⑤当测试车辆驶出测试路段后，仪器操作人员停止数据采集和记录，并恢复仪器各部分至初始状态。

⑥操作人员检查数据文件，文件应完整，内容应正常，否则需要重新测试。

⑦关闭测试系统电源，结束测试。

3.计算

颠簸累积仪直接测试输出的颠簸累积值 VBI，要按照相关性标定试验得到相关关系式，并以 100m 为计算区间换算成 IRI(以 m/km 计)。

4.颠簸累积仪测值与国际平整度指数 IRI 相关关系对比试验

1)基本要求

由于颠簸累积仪测值受测试速度等因素影响，因此测试系统的每一种实际采用的测试速度都应单独进行标定，建立相关关系公式。标定过程及分析结果应详细记录并存档。

2)试验条件

(1)按照每段 IRI 值变化幅度不小于 1.0 的范围选择不少于 4 段不同平整度水平的路段,且有足够加速或减速长度的路段。根据实际测试道路 IRI 的分布情况,可以增加某些范围内的标定路段。

(2)每路段长度不小于 300m。

(3)每一段内的平整度应均匀,包括路段前 50m 的引道。

(4)选择坡度变化较小的直线路段,路段交通量小,便于疏导。

(5)标定宜选择在车道的正常行驶轮迹上进行,明确标出标定路段的轮迹、起终点。

3)试验步骤

(1)距离标定

①依据设备供应商建议的长度,选择坡度变化较小的平坦直线路段,标出起终点和行驶轨迹。

②标定开始之前应让测试车以测试速度行驶 5~10km,按照设备操作手册规定的预热时间对测试系统进行预热。

③将测试车的前轮对准起点线,启动距离校准程序,然后令车辆沿着路段轨迹直线行驶,避免突然加速或减速,接近终点时,看指挥人员手势减速停车,确保测试车的前轮对准终点线,结束距离校准程序。重复此过程,确保距离传感器脉冲当量的准确性,应在允许误差范围之内。

(2)参照测试步骤,令颠簸累积仪按选定的测试速度测试每个标定路段的反应值,重复测试至少 5 次,取其平均值作为该路段的反应值。

(3)IRI 值的确定

①以精密水准仪作为标准仪具,分别测量标定路段两个轮迹的纵断高程,要求采样间隔为 250mm,高程测试精度为 0.5mm;然后用 IRI 标准计算程序对每个轮迹的纵断面测量值进行模型计算,得到该轮迹的 IRI 值。两个轮迹 IRI 值的平均值即为该路段的 IRI 值。

②其他符合世界银行一类平整度测试标准的纵断面测试仪具也可以作为确定标定路段标准 IRI 值的仪具。

4)试验数据处理

用数理统计的方法将各标定路段的 IRI 值和相应的颠簸累积仪测值进行回归分析,建立相关关系方程式,相关系数 R 不得小于 0.99。

5)报告

(1)平整度测试报告应包括颠簸累积值 VBI、国际平整度 IRI 平均值和现场测试速度。

(2)提供颠簸累积值 VBI 与国际平整度指数 IRI 在选定测试条件下的相关关系式及相关系数。

(四)车载式激光平整度仪测定平整度试验方法

本方法适用于各类车载式激光平整度仪在新建、改建路面工程质量验收和无严重坑槽、车辙等病害及无积水、积雪、泥浆的正常通车条件下连续采集路段平整度数据。本方法的数据采集、传输、记录和处理分别由专用软件自动控制进行。

1.仪具与材料技术要求

(1)测试系统

测试系统由承载车辆、距离传感器、纵断面高程传感器和主控制系统组成。主控制系统对测试装置的操作实施控制,完成数据采集、传输、存储与计算过程。

(2)设备承载车要求

根据设备供应商的要求选择测试系统承载车辆。

(3)测试系统基本技术要求和参数

①测试速度:30~100km/h。

②采样间隔:≤500mm。

③传感器测试精度：0.5mm。

④距离标定误差：<0.1%。

⑤系统工作环境温度：0～60℃。

2.方法与步骤

(1)准备工作

①设备安装到承载车上以后应进行激光平整度仪测值与国际平整度指数 IRI 相关关系对比试验。

②根据设备操作手册的要求对测试系统各传感器进行校准。

③检查测试车轮胎气压，应达到车辆轮胎规定的标准气压，车胎应清洁，不得黏附杂物。

④距离测量装置需要现场安装的，根据设备操作手册说明进行安装，确保机械紧固装置安装牢固。

⑤检查测试系统各部分应符合测试要求，不应有明显的可视性破损。

⑥打开系统电源，启动控制程序，检查各部分的工作状态。

(2)测试步骤

①测试开始之前应让测试车以测试速度行驶 5～10km，按照设备使用说明规定的预热时间对测试系统进行预热。

②测试车停在测试起点前 50～100m 处，启动平整度测试系统程序，按照设备操作手册的规定和测试路段的现场技术要求设置完毕所需的测试状态。

③驾驶员应按照设备操作手册要求的测试速度范围驾驶测试车，宜在 50～80km/h 之间，避免急加速和急减速，急弯路段应放慢车速，沿正常行车轨迹驶入测试路段。

④进入测试路段后，测试人员启动系统的采集和记录程序，在测试过程中必须及时准确地将测试路段的起终点和其他需要特殊标记的位置输入测试数据记录中。

⑤当测试车辆驶出测试路段后，测试人员停止数据采集和记录，并恢复仪器各部分至初始状态。

⑥检查测试数据文件，文件应完整，内容应正常，否则需要重新测试。

⑦关闭测试系统电源，结束测试。

3.计算

激光平整度仪采集的数据是路面相对高程值，应以 100m 为计算区间长度用 IRI 的标准计算程序计算 IRI 值，以 m/km 计。

4.激光平整度仪测值与国际平整度指数 IRI 相关关系对比试验

1)试验条件

(1)按照每段 IRI 值变化幅度不小于 1.0 的范围选择不少于 4 段不同平整度水平的路段，且有足够加速或减速长度的路段。根据实际测试道路 IRI 的分布情况，可以适当增加某些范围内的标定路段。

(2)每路段长度不小于 300m。

(3)每一段内的平整度应均匀，包括路段前 50m 的引道。

(4)选择坡度变化较小的直线路段，路段交通量小，便于疏导。

(5)有多个激光测头的系统需要分别标定。

(6)标定宜选择在车道的正常行驶轮迹上进行，明确画出轮迹带测线和起终点位置。

2)试验步骤

(1)距离标定

①依据设备供应商建议的长度，选择坡度变化较小的平坦直线路段，标出起终点和行驶轨迹。

②标定开始之前应让测试车以测试速度行驶 5～10km，按照设备操作手册规定的预热时间对测试系统进行预热。

③将测试车的前轮对准起点线，启动距离校准程序，然后令车辆沿着路段轨迹直线行驶，避免突然加速或减速，接近终点时，看指挥人员手势减速停车，确保测试车的前轮对准终点线，结束距离校准程序。重复此过程，确保距离传感器测试结果的准确性，应在允许误差范围之内。

(2)按照测试步骤，令所标定的纵断面高程传感器对准测线重复测试5次，取其IRI计算值的平均值作为该路段的测试值。

(3)IRI值的确定

①以精密水准仪作为标准仪具，测量标定路段上测线的纵断高程，要求采样间隔为250mm，高程测试精度为0.5mm；然后用IRI标准计算程序对纵断面测量值进行模型计算，得到标定线路的IRI值。

②其他符合世界银行一类平整度测试标准的纵断面测试仪具也可以作为确定标定路段IRI值的仪具。

3)试验数据处理

用数理统计的方法将各标定路段的IRI值和相应的平整度仪测值进行回归分析，建立相关关系方程式，相关系数R不得小于0.99。

5.报告

平整度检测报告应包括以下内容：

(1)国际平整度指数IRI平均值。

(2)提供激光平整度仪测值与国际平整度指数IRI在选定测试条件下的相关关系式及相关系数。

四、桥面抗滑性能试验检测方法

桥面抗滑性能是指车辆轮胎受到制动时沿表面滑动所产生的力。通常抗滑性能被看作是桥面的表面特性，并用轮胎与桥面间的摩擦因数来表示。表面特性通常包括桥面细构造和粗构造。影响抗滑性能的因素有桥面表面特性、桥面潮湿程度和行车速度。抗滑性能测试方法主要有：构造深度测试法（手工铺砂法、电动铺砂法、激光构造深度仪法）、摆式仪法、横向力系统测试法等。

(一)手工铺砂法测定桥面构造深度

本方法适用于测定沥青及水泥混凝土桥面铺装层表面构造深度，用以评定铺装层表面的宏观粗糙度、排水性能及抗滑性能。

1.试验仪具与材料

(1)人工铺砂仪（由圆筒、推平板组成，形状尺寸如图3-8-7所示）；

(2)量砂（粒径为0.15～0.3mm的匀质砂）；

(3)量尺；

(4)装砂容器（小铲）、扫帚或毛刷、挡风板等。

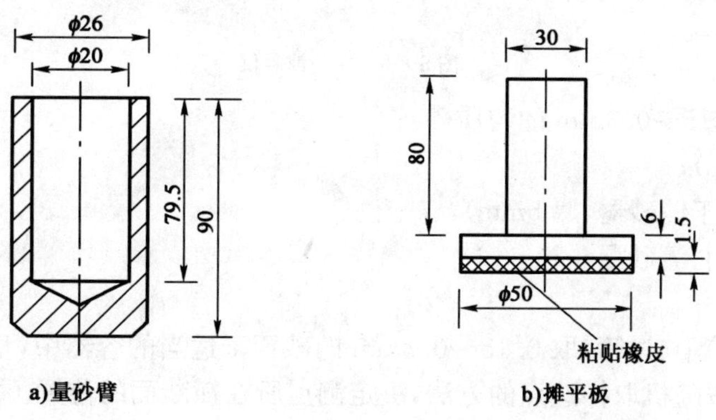

图3-8-7　人工铺砂仪示意图（尺寸单位：mm）

2.试验方法与步骤

(1)取洁净的细砂晾干、过筛，取0.15～0.3mm的砂置于适当的容器中，量砂不宜重复使用。

(2)对测试铺装段按随机选点的方法，决定测点所在横断面位置。测点应选在行车道的轮迹带上，距桥面缘石不应小于1m。

(3)用扫帚或毛刷将测点附近区域清扫干净，面积不小于30cm×30cm。

(4)用小铲装砂，向圆筒内注满砂，手提圆筒上方，在硬质路面上轻轻地敲打3次，使砂密实，补足砂面用钢尺一次刮平。不可直接用量砂筒装砂，以免影响量砂密度的均匀性。

(5)将砂倒在桥面上，用底面粘有橡胶片的推平板，由里向外重复做摊铺运动，稍稍用力将细砂尽可能地向外推开，使砂填入表面不平铺装层空隙中，尽可能将砂摊成圆形，并不得在表面留有浮动余砂。

(6)用钢板尺测量所构成圆的两个垂直方向的直径，准确至5mm。

(7)按以上方法，同一位置平行测定3次，3个测点均位于轮迹带上，测点间距3～5m。该处的测点位置以中间测点的位置表示。

3. 计算

(1)桥面铺装层构造深度测定结果按式(3-8-9)计算：

$$TD=\frac{1000V}{\pi D^2/4}=\frac{31831}{D^2} \tag{3-8-9}$$

式中：TD——桥面表面构造深度(mm)；

V——砂的体积，取25cm^3；

D——摊平砂的平均直径(mm)。

(2)每一处均取3次桥面构造深度的测定结果的平均值作为试验结果，精确至0.1mm。

(3)计算每一个评定区间铺装层构造深度的平均值、标准差、变异系数。

(二)电动铺砂法测定桥面构造深度

本方法适用于测定沥青及水泥混凝土桥面铺装层表面构造深度，用以评定铺装层表面的宏观粗糙度、排水性能及抗滑性能。

1. 试验仪具与材料

(1)电动铺砂仪：利用直流电源将量砂通过砂漏铺设成宽5cm、厚度均匀一致的器具，如图3-8-8所示；

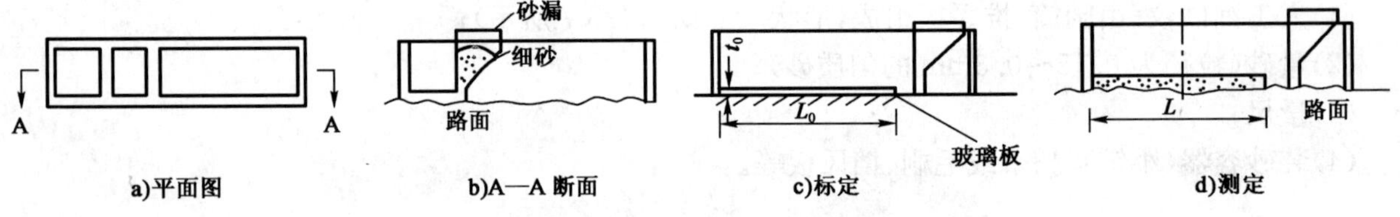

图3-8-8 电动铺砂仪

(2)量砂(粒径为0.15～0.3mm的匀质砂)；

(3)标准量筒(50mL)；

(4)玻璃板(面积大于铺砂器，厚5mm)；

(5)直尺、扫帚、毛刷、灌砂漏斗等。

2. 试验方法与步骤

(1)取洁净的细砂晾干、过筛，取0.15～0.3mm的砂置于适当的容器中，量砂不宜重复使用。

(2)对测试铺装段按随机取样选点的方法，决定测点所在横断面的位置。测点应选在行车道的轮迹带上，距桥面缘石边缘不应小于1m。

(3)电动铺砂器标定：

①将铺砂器平放在玻璃板上，将砂漏移至铺砂器端部。

②将灌砂漏斗口和量筒口大致齐平，通过漏斗向量筒中缓缓注入准备好的量砂至高出量筒成尖顶状，用直尺沿筒口一次刮平，其容积为50mL。

③将漏斗口与铺砂器砂漏上口大致齐平，将量筒中的砂通过漏斗均匀倒入砂漏，漏斗前后移动，使砂的表面大致齐平，但不得用任何其他工具刮动砂。

④开动电动马达，使砂漏向另一端缓缓运动，量砂沿砂漏底部铺成图 3-8-9 所示的宽 5cm 的带状，待砂全部漏完后停止。

⑤按图 3-8-9，依式(3-8-10)由 L_2 及 L_1 的平均值决定量砂的摊铺长度 L_0，精确至 1mm。

$$L_0 = (L_1 + L_2)/2 \tag{3-8-10}$$

式中：L_0——量砂的摊铺长度(mm)；

L_1、L_2——见图 3-8-9(mm)。

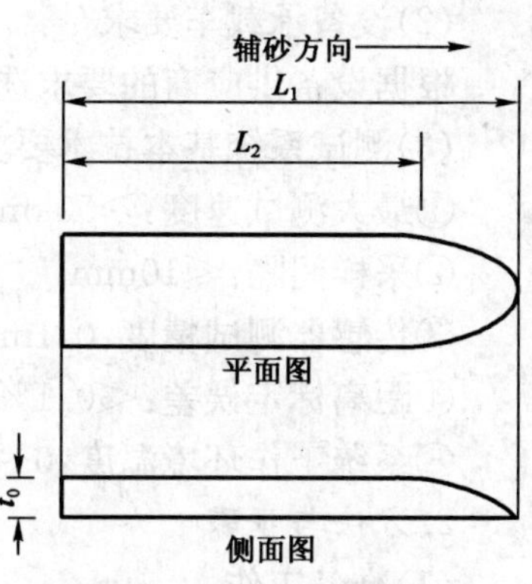

图 3-8-9　决定 L_0 及 L 的方法

⑥重复标定 3 次，取平均值决定 L_0，精确至 1mm。

标定应由同一试验员，使用同一种量砂，在测试前进行。

(4)将测试区域用毛刷刷净，面积大于铺砂仪。

(5)将铺砂仪沿道路纵向平衡地放在桥面上，将砂漏移至端部。

(6)按上述步骤(3)电动铺砂器标定②～⑤步，在测试地点摊铺 50mL 量砂，按图 3-8-9 的方法量取摊铺长度 L_1 及 L_2，由式(3-8-11)计算 L，精确至 1mm。

$$L = (L_1 + L_2)/2 \tag{3-8-11}$$

(7)按以上方法，同一横截面处平行测定不少于 3 次，3 个测点均位于轮迹带上，测点间距 3～5m。该处的测定位置以中间测点的位置表示。

3. 计算

(1)按下式计算铺砂仪在玻璃上摊铺的量砂厚度 t_0：

$$t_0 = \frac{V}{BL_0} \times 1000 = \frac{1000}{L_0} \tag{3-8-12}$$

式中：t_0——量砂在玻璃板上摊铺的标定厚度(mm)；

V——量砂体积，$V=50$mL；

B——铺砂仪铺砂宽度，$B=50$mm；

L_0——玻璃板上 50mL 量砂的摊铺长度(mm)。

(2)按下式计算桥面构造深度 TD：

$$\mathrm{TD} = \frac{L_0 - L}{L} \times t_0 = \frac{L_0 - L}{LL_0} \times 1000 \tag{3-8-13}$$

式中：TD——桥面的构造深度(mm)；

L——桥面上 50mL 量砂的摊铺长度(mm)。

(3)每一测处取 3 次测定结果的平均值作为桥面构造深度的试验结果，精确至 0.1mm。

(4)计算每一个评定区间桥面构造深度的平均值、标准差、变异系数。采用铺砂法抗滑构造深度对于水泥混凝土面层而言规定值为 0.6mm，对其他桥面铺装应符合设计要求。

(三)车载式激光构造深度仪测定路面构造深度试验方法

本方法适用于各类车载式激光构造深度仪在新建、改建路面工程质量验收和无严重破损病害及无积水、积雪、泥浆等正常行车条件下测定，连续采集路面构造深度，但不适用于带有沟槽构造的水泥混凝土路面构造深度的测定。本方法的数据采集、传输、记录和处理分别由专用软件自动控制进行。

1. 仪具与材料技术要求

(1)测试系统构成

测试系统由承载车辆、距离传感器、激光传感器和主控制系统组成。主控制系统对测试装置的操作实施控制，完成数据采集、传输、存储与计算过程。

(2)设备承载车要求

根据设备供应商的要求选择测试系统承载车辆。

(3)测试系统基本技术要求和参数

①最大测试速度:≥50km/h。

②采样间隔:≤10mm。

③传感器测试精度:0.1mm。

④距离标定误差:<0.1%。

⑤系统工作环境温度:0~60℃。

2.方法与步骤

(1)准备工作

①设备安装到承载车上以后应进行激光构造深度仪测值与铺砂仪法构造深度值相关关系对比试验。

②根据设备操作手册的要求对测试系统各传感器进行校准。

③距离测量装置需要现场安装的,根据设备操作手册说明进行安装,确保机械紧固装置安装牢固。

④测试系统各部分应符合测试要求,不应有明显的可视性破损。

⑤打开系统电源,启动控制程序,检查各部分的工作状态。

(2)测试步骤

①按照设备使用说明规定的预热时间对测试系统预热。

②测试车停在测试起点前50~100m处,启动测试系统程序,按照设备操作手册的规定和测试路段的现场技术要求设置完毕所需的测试状态。

③驾驶员应按照设备操作手册要求的测试速度范围驾驶测试车,避免急加速和急减速,急弯路段应放慢车速,沿正常行车轨迹驶入测试路段。

④进入测试路段后,测试人员启动系统的采集和记录程序,在测试过程中必须及时准确地将测试路段的起终点和其他需要特殊标记的位置输入测试数据记录中。

⑤当测试车辆驶出测试路段后,测试人员停止数据采集和记录,并恢复仪器各部分至初始状态。

⑥经检查,测试数据文件应完整,内容应正常,否则需要重新测试。

⑦关闭测试系统电源,结束测试。

3.激光构造深度仪测值与铺砂法构造深度值相关关系对比试验

(1)选择构造深度分别在0~0.3mm、0.3~0.55mm、0.55~0.8mm、0.8~1.2mm范围的4个各长100m的试验路段。试验前将路面清扫干净,并在起终点做上标记。

(2)在每个试验路段上沿一侧行车轮迹用铺砂法测试至少10点的构造深度值,并计算平均值。

(3)驾驶测试车以30~50km/h速度驶过试验路段,并且保证激光构造深度仪的激光传感器探头沿铺砂法所测构造深度的行车轮迹运行,计算试验路段的构造深度平均值。

(4)建立两种方法的相关关系式,要求相关系数R不小于0.97。

4.报告

构造深度检测报告应包括以下内容:

(1)路段构造深度平均值、标准差。

(2)提供激光构造深度仪测值与铺砂法构造深度值在选定测试条件下的相关关系式及相关系数。

(四)摆式仪测定路面摩擦因数试验方法

本方法适用于以摆式摩擦因数测定仪(摆式仪)测定沥青路面、标线或其他材料试件的抗滑值,用以评定路面或路面材料试件在潮湿状态下的抗滑能力。

1.仪具与材料技术要求

本试验需要下列仪具与材料:

(1)摆式仪:形状及结构如图 3-8-10 所示。摆及摆的连接部分总质量为 1500g±30g,摆动中心至摆的重心距离为 410mm±5mm,测定时摆在路面上滑动长度为 126mm±1mm,摆上橡胶片端部距摆动中心的距离为 510mm,橡胶片对路面的正向静压力为 22.2N±0.5N。

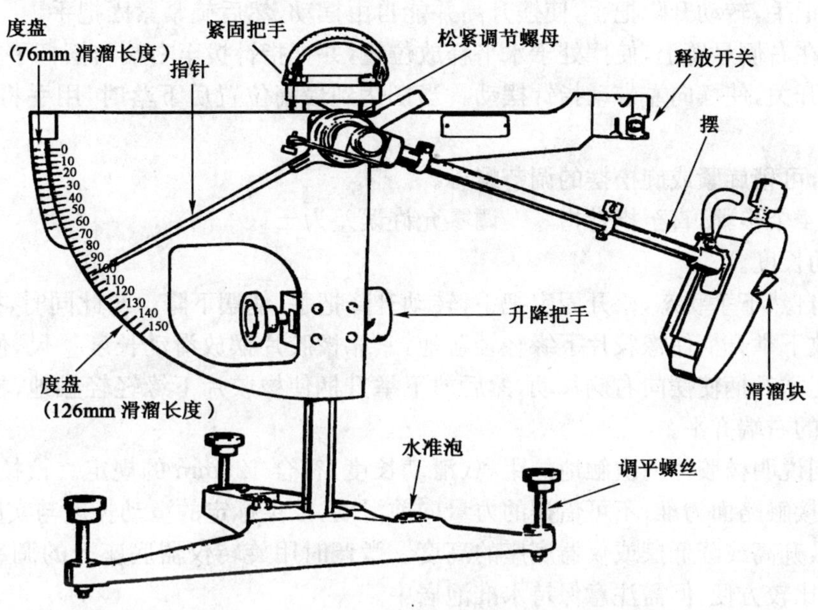

图 3-8-10　摆式仪结构示意图

(2)橡胶片:当用于测定路面抗滑值时,其尺寸为 6.35mm×25.4mm×76.2mm。橡胶质量应符合表 3-8-2 的要求。当橡胶片使用后,端部在长度方向上磨耗超过 1.6mm 或边缘在宽度方向上磨耗超过 3.2mm,或有油类污染时,即应更换新橡胶片。新橡胶片应先在干燥路面上测试 10 次后再用于测试。橡胶片的有效使用期从出厂日期起算为 12 个月。

橡胶物理性质技术要求　　表 3-8-2

性 质 指 标	温度(℃)				
	0	10	20	30	40
弹性(%)	43～49	58～65	66～73	71～77	74～79
硬度(IR)	55±5				

(3)滑动长度量尺:长 126mm。

(4)喷水壶。

(5)硬毛刷。

(6)路面温度计:分度不大于 1℃。

(7)其他:扫帚、记录表格等。

2. 方法与步骤

1)准备工作

(1)检查摆式仪的调零灵敏情况,并定期进行仪器的标定。

(2)按公路路基路面现场测试随机选点方法,进行测试路段的取样选点。在横断面上测点应选在行车道轮迹处,且距路面边缘不应小于 1m。

2)测试步骤

(1)清洁路面:用扫帚或其他工具将测点处的路面打扫干净。

(2)仪器调平。

①将仪器置于路面测点上，并使摆的摆动方向与行车方向一致。

②转动底座上的调平螺栓，使水准泡居中。

(3)调零。

①放松紧固把手，转动升降把手，使摆升高并能自由摆动，然后旋紧紧固把手。

②将摆固定在右侧悬臂上，使摆处于水平释放位置，并把指针拨至右端与摆杆平行处。

③按下释放开关，使摆向左带动指针摆动。当摆达到最高位置后下落时，用手将摆杆接住，此时指针应指零。

④若不指零，可稍旋紧或旋松摆的调节螺母。

⑤重复上述4个步骤，直至指针指零。调零允许误差为±1。

(4)校核滑动长度。

①让摆处于自然下垂状态，松开固定把手，转动升降把手，使摆下降。与此同时，提起举升柄使摆向左侧移动，然后放下举升柄使橡胶片下缘轻轻触地，紧靠橡胶片摆放滑动长度量尺，使量尺左端对准橡胶片下缘；再提起举升柄使摆向右侧移动，然后放下举升柄使橡胶片下缘轻轻触地，检查橡胶片下缘应与滑动长度量尺的右端齐平。

②若齐平，则说明橡胶片两次触地的距离(滑动长度)符合126mm的规定。校核滑动长度时，应以橡胶片长边刚刚接触路面为准，不可借摆的力量向前滑动，以免标定的滑动长度与实际不符。

③若不齐平，升高或降低摆或仪器底座的高度。微调时用旋转仪器底座上的调平螺丝调整仪器底座的高度的方法比较方便，但需注意保持水准泡居中。

④重复上述动作，直至滑动长度符合126mm的规定。

(5)将摆固定在右侧悬臂上，使摆处于水平释放位置，并把指针拨至右端与摆杆平行处。

(6)用喷水壶浇洒测点，使路面处于湿润状态。

(7)按下右侧悬臂上的释放开关，使摆在路面滑过。当摆杆回落时，用手接住，读数但不记录。然后使摆杆和指针重新置于水平释放位置。

(8)重复(6)和(7)的操作5次，并读记每次测定的摆值。

单点测定的5个值中最大值与最小值的差值不得大于3。如差值大于3时，应检查产生的原因，并再次重复上述各项操作，至符合规定为止。

取5次测定的平均值作为单点的路面抗滑值(即摆值BPN_T)，取整数。

(9)在测点位置用温度计测记潮湿路表温度，准确至1℃。

(10)每个测点由3个单点组成，即需按以上方法在同一测点处平行测定3次，以3次测定结果的平均值作为该测点的代表值(精确到1)。

3个单点均应位于轮迹带上，单点间距离为3～5m。该测点的位置以中间单点的位置表示。

3.抗滑值的温度修正

当路面温度为T(℃)时，测得的摆值为BPN_T必须按式(3-8-14)换算成标准温度20℃的摆值BPN_{20}。

$$BPN_{20}=BPN_T+\Delta BPN \tag{3-8-14}$$

式中：BPN_{20}——换算成标准温度20℃时的摆值；

BPN_T——路面温度T时测得的摆值；

ΔBPN——温度修正值，按表3-8-3采用。

温度修正值　　表3-8-3

温度(℃)	0	5	10	15	20	25	30	35	40
温度修正值ΔBPN	−6	−4	−3	−1	0	+2	+3	+5	+7

4. 报告

报告应包含如下内容:

(1)路面单点测定值 BPN_T 经温度修正后的 BPN_{20}、现场温度、3 次的平均值。

(2)评定路段路面抗滑值的平均值、标准差、变异系数。

(五)单轮式横向力系数测试系统测定路面摩擦因数试验方法

本方法适用于工作原理和结构与 SCRIM 测试车相同的横向力系数测试系统在新建、改建路面工程质量验收和无严重坑槽、车辙等病害的正常行车条件下连续采集路面的横向力系数。本方法的数据采集、传输、记录和处理分别由专用软件自动控制进行。

1. 仪具与材料技术要求

(1)测试系统构成

测试系统由承载车辆、距离测试装置、横向力测试装置、供水装置和主控制系统组成,如图 3-8-11 所示。主控制系统除实施对测试装置和供水装置的操作控制外,同时还控制数据的传输、记录与计算等环节。

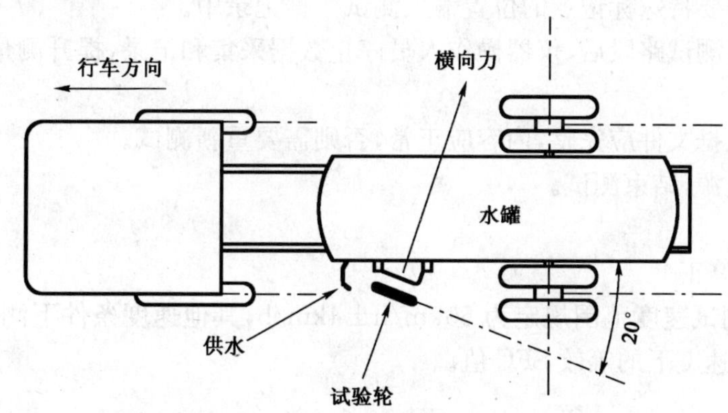

图 3-8-11 单轮式横向力系数测试系统构造示意图

(2)设备承载车基本技术要求和参数

横向力系数测试系统的承载车辆应为能够固定和安装测试、储供水、控制和记录等系统的载货车底盘,具有在水罐满载状态下最高车速大于 100km/h 的性能。

(3)测试系统技术要求和参数

①测试轮胎类型:光面天然橡胶充气轮胎。

②测试轮胎规格:3.00/20。

③测试轮胎标准气压:350kPa±20kPa。

④测试轮偏置角:19.5°～21°。

⑤测试轮静态垂直标准荷载:2000N±20N。

⑥拉力传感器非线性误差:<0.05%。

⑦拉力传感器有效量程:0～2000N。

⑧距离标定误差:<2%。

2. 方法与步骤

(1)准备工作

①每个测试项目开始前或连续测试超过 1000km 后必须按照设备使用手册规定的方法进行测试系统的标定,记录标定数据并存档。

②检查测试车轮胎气压,应达到车辆轮胎规定的标准气压。

③检查测试轮胎磨损情况,当其直径比新轮胎减小达 6mm(也即胎面磨损 3mm)以上或有明显磨损裂口时,必须立即更换新轮胎。更换的新轮胎在正式测试前应试测 2km。

④检测测试轮气压，应达到350kPa±20kPa的要求。

⑤检查测试轮固定螺栓应拧紧。将测试轮放到正常测试时的位置，检查其应能够沿两侧滑柱上下自由升降。

⑥根据测试里程的需要向水罐加注清洁测试用水。

⑦检查洒水口出水情况和洒水位置应正常；洒水位置应在测试轮触地面中点沿行驶方向前方400mm±50mm处，洒水宽度应为中心线两侧各不小于75mm。

⑧将控制面板电源打开，检查各项控制功能键、指示灯和技术参数选择状态应正常。

(2)测试步骤

①正式开始测试前，首先应按设备操作手册规定的时间要求对系统进行通电预热。

②进入测试路段前应将测试轮胎降至路面上预跑约500m。

③按照设备操作手册的规定和测试路段的现场技术要求设置完毕所需的测试状态。

④驾驶员在进入测试路段前应保持车速在规定的测试速度范围内，沿正常行车轨迹驶入测试路段。

⑤进入测试路段后，测试人员启动系统的采集和记录程序。在测试过程中必须及时准确地将测试路段的起终点和其他需要特殊标记点的位置输入测试数据记录中。

⑥当测试车辆驶出测试路段后，仪器操作人员停止数据采集和记录，提升测量轮并恢复仪器各部分至初始状态。

⑦操作人员检查数据文件应完整，内容应正常，否则需要重新测试。

⑧关闭测试系统电源，结束测试。

3. SFC值的修正

(1)SFC值的速度修正

测试系统的标准测试速度范围规定为50km/h±4km/h，其他速度条件下测试的SFC值必须通过式(3-8-15)转换至标准速度下的等效SFC值。

$$SFC_{标} = SFC_{测} - 0.22(v_{标} - v_{测}) \tag{3-8-15}$$

式中：$SFC_{标}$——标准测试速度下的等效SFC值；

$SFC_{测}$——现场实际测试速度条件下的SFC测试值；

$v_{标}$——标准测试速度，取50km/h；

$v_{测}$——现场实际测试速度(km/h)。

(2)SFC值的温度修正

测试系统的标准现场测试地面温度范围为20℃±5℃，其他地面温度条件下测试的SFC值必须通过表3-8-4转换至标准温度下的等效SFC值。系统测试要求地面温度控制在8～60℃围内。

SFC 值 温 度 修 正 表3-8-4

温度(℃)	10	15	20	25	30	35	40	45	50	55	60
修正	−3	−1	0	+1	+3	+4	+6	+7	+8	+9	+10

4. 不同类型摩擦因数测试设备间相关关系对比试验

(1)基本要求

不同类型摩擦因数测试设备的测值应换算成SFC值后使用，所以制动式摩擦因数测试设备和其他类型横向力式测试设备在使用时必须和SCRIM系统进行对比试验，建立测试结果与SCRIM系统测值——SFC值的相关关系。

(2)试验条件

①按SFC值0～30、30～50、50～70、70～100的范围选择4段不同摩擦系数的路段，路段长度可为100～300m。

②对比试验路段地面应清洁干燥，地面温度应在10～30℃范围内，天气条件宜为晴天无风。

(3)试验步骤

①测试系统和需要进行对比试验的其他类型设备分别按前述“准备工作”的方法及其操作手册规定的程序准备就绪。

②两套设备分别以40km/h、50km/h、60km/h、70km/h、80km/h的速度在所选择的4种试验路段上各测试3次，3次测试的平均值的绝对差值不得大于5，否则重测。

③两种试验设备设置的采样频率差值不应超过一倍，每个试验路段的采样数据量不应少于10个。

(4)试验数据处理

①分别计算出每种速度下各路段3次测试结果的总平均值和标准差，超过3倍标准差的值应予以舍弃。

②用数理统计的回归分析方法建立试验设备测值与速度的相关关系式，相关系数R不得小于0.95。

③建立不同速度下试验设备测值SFC的相关关系式，相关系数R不得小于0.95。

5.报告

报告应包括横向力系数SFC的平均值、标准差、代表值及现场测试速度和温度。

(六)双轮式横向力系数测试系统测定路面摩擦因数试验方法

本方法适用于工作原理和结构与Mu-Meter相同的摩擦因数测试系统在新建、改建路面工程的质量验收和无严重坑槽、车辙等病害的正常行车条件下测定沥青路面或水泥混凝土路面的摩擦因数。本方法的数据采集、传输、记录和处理分别由专用软件自动控制进行。

1.仪具与材料技术要求

(1)测定系统主要由牵引车、供水系统、测量机构(包括荷载传感器)、电子控制和数据处理系统、标定装置等组成，见图3-8-12和图3-8-13。

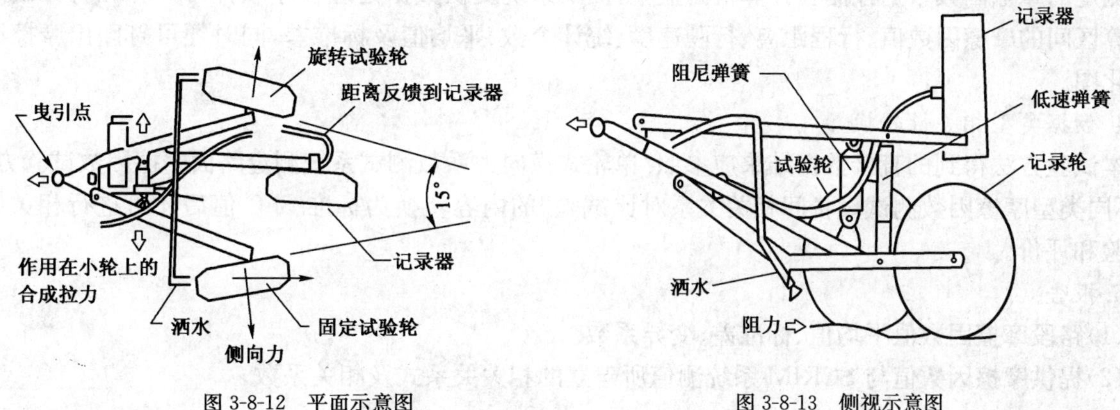

图3-8-12　平面示意图　　图3-8-13　侧视示意图

(2)设备牵引车基本技术要求和参数

牵引车最高行驶车速应大于80km/h，车辆后部可安装专用拖挂的装置，车辆应配备警灯及相关警示标志。

(3)测试系统技术要求和参数

①测试仪总质量：256kg；

②单轮静态标准荷载：1.27kN；

③测试轮夹角：15°；

④测试轮标准气压：70kPa±3.5kPa；

⑤测试轮规格：4.00/4.80-8光面轮胎；

⑥洒水量：路面水膜厚度0.5～1.0mm；

⑦测试速度范围：40～60km/h。

2. 方法与步骤

(1)准备工作

①按照仪器设备技术手册或使用说明书对测试系统进行标定。将专门的标定板放在地面上，人工将测试仪从板上拖拉3遍，系统自动判断标定是否通过，标定通过后才能用于路面测试。

②测试前，设备预热10min左右，并检查汽油机是否能正常工作，机油是否需要更换。

③测试仪及洒水车轮胎胎压应满足测试要求，野外测试时间较长时，应带上气压表和充气泵，以便随时检查测试车轮胎气压是否正常，必要时及时补气。系统各部分轮胎气压要求如下：

①摩擦测试轮：70kPa±3.5kPa；

②距离测试轮：210kPa±13.7kPa；

③水车轮胎：根据轮胎标示气压值。

④降下测试轮，打开水阀进行检查，水流情况应正常，水流应符合要求，检查仪表各项指数应正常，然后升起测试轮。

⑤将牵引车及洒水车、测试仪及控制线路连接线依次连好后，拔出测试车插销，打开电脑进入测试状态，同时发动汽油机，打开水阀，准备测试。

(2)测试步骤

①在测试路段起点前约500m处停住，开机预热时间不少于10min。

②将车辆驶向测试路段，提前100～200m处打开水阀，降下测试轮。测试时的车速为40～60km/h，测试过程中应保持匀速。

③测试过程中如遇数值异常或其他特征点，应及时通过控制程序做好标记，以备后查。

④当测试完成时，停止测试过程，存储数据文件。

3. 测试数据处理

测定的摩擦因数数据存储在计算机磁盘中，测试系统提供数据处理程序软件可计算和打印出每一个计算区间的摩擦因数值、行程距离、行驶速度、统计个数、平均值及标准差，同时还可打印出摩擦因数的变化图。

4. 数据类型相关性转换

本试验方法得到的直接数据结果应参照“单轮式横向力系数测试系统测定路面摩擦因数试验方法”中“不同类型摩擦因数测试设备间相关关系对比试验”的内容转换为标准SFC值后才可进行相关的质量检验和评价。

5. 报告

(1)路段摩擦因数值平均值、标准差、变异系数。

(2)提供摩擦因数值与SCRIM系统测值所建立的相关关系式及相关系数。

(七)动态旋转式摩擦因数测试仪测定路面摩擦因数试验方法

本方法适用于工作原理及结构与日本Dynamic Friction Tester相同的动态旋转式摩擦因数测试仪测定路面的摩擦因数。

1. 仪具与材料技术要求

动态旋转式摩擦因数测试仪包括：控制器、测试仪和记录仪（见图3-8-14）。

测试仪的主要部件是一个平面平行于测试表面的转盘，有3个橡胶滑块安装在转盘下方。测试仪还配有洒水装置，用于潮湿测试表面。测试时，当转盘加速到一定转速后被放到测试表面，使橡胶滑块与测试表面接触。在摩擦力的作用下转盘被减速，在此过程中测出由滑块所产生的力矩，并由此计算出摩擦因数。

滑块用簧片固定在转盘上。每个滑块的固定压力为11.8N；滑块的外形尺寸如图3-8-14所示，轮廓尺寸为 6mm×16mm×20mm。滑块与测试表面的接触压力为 150kPa。滑块橡胶的肖氏硬度为 58±2。

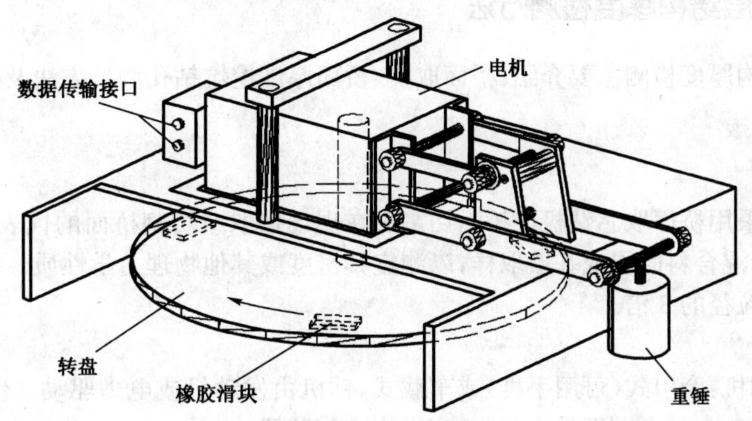

图 3-8-14　DF 仪示意图

测量范围为 20～80km/h 的模拟车速下摩擦因数 0～1 的值。在现场测试时需要通过车辆的蓄电池(DC 12V)为其提供电源。

记录仪可以是 *X-Y* 记录仪或便携式计算机。采用 *X-Y* 记录仪时应备好记录纸和专用记录笔。

其他用具有：水桶、扫帚等。

2. 方法与步骤

(1)准备工作

①检查测试仪。将测试仪中的测试盘上固定橡胶测试块的螺丝拧紧，如果橡胶测试块厚度小于 3mm，应及时更换。

②检查控制器和 *X-Y* 记录仪。将控制器上的电源线与车辆电源正确连接，开通控制器和 *X-Y* 记录仪电源检查应工作正常。检查记录笔是否可以使用。如笔尖过粗，应及时更换。

(2)测试步骤

①用车辆将动态旋转式摩擦因数测试仪运到测试地段，选择轮迹上一块较为平坦且均匀的路面作为测试点，尽量避免坑槽或突粒，使用扫把清除干净。将测试仪放到测试点上。测试仪的摆放方向应便于底部排水管将水排向测试点的方向。

②将测试仪与控制器正确连接，将灌满清水的水桶通过水管与测试仪的进水管连接，并将水桶放在高于测试仪处。将记录纸按照要求，平铺在 *X-Y* 记录仪上。将控制器上的电源线与车辆电源正确连接，为保证车辆蓄电池保持平稳电压，应将车辆怠速运转。

③按顺序开通控制器电源开关及 *X-Y* 记录仪电源开关，启动记录笔，通过 *X*、*Y* 坐标调节器将记录笔调整至记录纸圆点坐标。

④开通控制器测试电源开关，下压测试仪电磁铁的开关，此时测试盘提升旋转。开通水桶的开关，向测试点开始喷水。检查 *X-Y* 记录仪，通过 *X*、*Y* 坐标调节器调节记录笔沿坐标轴行走。

⑤检查控制器的时速表，调节水量。当时速表达到 90km/h 的时候，关闭测试电源开关和水桶开关，测试盘降落到路面上进行测试，记录笔在记录纸上开始记录。

⑥测试仪的测试盘停止转动，记录笔在记录纸上记录直至回到圆点。测试结束。按照上述方法在同一测试点测试 3 次，同一测试点测试的 3 次结果的差值应不大于 0.1 个单位。每一处取 3 次测试结果的平均值作为试验结果，准确至 0.01。

3. 报告

报告应包含如下内容：

(1)路面单点测定值、现场温度、3 次的平均值。

(2)评定路段路面摩擦因数的平均值、标准差、变异系数。

五、桥面铺装层结构厚度检测方法

桥面铺装层结构厚度检测主要介绍：桥面取样、桥面厚度挖坑钻孔测试方法及桥面厚度雷达无损检测技术。

（一）桥面取样

桥面取样一般采用桥面取芯钻机或桥面切割机在现场钻取或切割桥面的代表性试样，适用于对水泥混凝土面层、沥青混合料面层或基层取样，以测定其密度或其他物理力学性质。钻孔采取芯样的直径宜不小于最大集料粒径的3倍。

1.仪具与材料

(1)桥面取芯钻机：牵引式(可用手推)或车载式，钻机由发动机或电力驱动。钻头直径根据需要决定，宜采用直径 ϕ100mm 的金刚石钻头，并均有淋水冷却装置。

(2)桥面切割机：手推式或牵引式，由发动机或电力驱动，也可利用汽车动力由液压泵驱动。其附金刚石锯片，有淋水冷却装置。

2.采样步骤

(1)确定路段，可以是一个作业段、一天完成的路段或按规定选取一定长度的检查路段。按照随机取样选点的方法确定取样的位置，并将取样位置清扫干净。

(2)在选取采样路段的桥面上，先用粉笔对钻孔位置作出标记或画出切割桥面的大致面积。切割桥面的面积根据目的和需要确定。

(3)钻机牢固安放在取样地点，垂直对准桥面放下钻头。

(4)开放冷却水启动发动机，徐徐压下钻杆，钻取芯样。待钻透全厚后，上抬钻杆拔出钻头，停止转动，不使芯样损坏，取出芯样。沥青混合料芯样及水泥混凝土芯样可用清水漂洗干净备用。

(5)用切割机切割时将锯片对准切割位置，开放冷却水，启动发动机，徐徐压下锯片到要求深度(厚度)，仔细向前推进。到需要长度后抬起锯片，四面全部锯毕后用镐或铁锹仔细取出试样。取得的桥面试块应保持边角完整，颗粒不得散失。

(6)将钻取的芯样或切割的试块，妥善盛放于盛样器中必要时用塑料袋封装。

(7)填写样品标签，一式两份，一份粘贴在试样上，另一份作为记录备查。

(8)对取样的钻孔或被切割的桥面坑洞，采用同类型材料填补压实，但取样时留下的水分应用棉纱等吸走，待干燥后再补坑。

（二）桥面厚度挖坑钻孔测试方法

桥面厚度是施工质量管理过程、施工验收中必须检测的项目。桥面厚度检测中，常规定测量钻孔试件厚度或挖坑测量深度为标准试验方法，这些都是破坏性检验，因此测定点数应尽量减少。在施工过程中应尽量采用非破损方法进行检验，以减少对桥面造成损坏或留下后患。

1.仪具和材料

(1)挖坑用镐、铲、凿子、锤子、小铲、毛刷。

(2)取样用桥面取芯钻机及钻头、冷却水，钻头的标准直径为 ϕ100mm。如芯样仅供测量厚度，不做其他试验时，对沥青面层与水泥混凝土板也可用直径 ϕ50mm 的钻头；对基层材料有可能损坏试件时，也可用直径 ϕ150mm 的钻头，但钻孔深度均必须达到层厚。

(3)量尺：钢板尺、钢卷尺、卡尺。

(4)补坑材料：与检查层位的材料相同。

(5)补坑用具：夯、热夯、水等。

2.挖坑检查步骤

(1)根据现行规范的要求，按规定方法随机取样决定挖坑检查的位置。

(2)选一块约 40cm×40cm 的平坦表面作为试验地点，用毛刷将其清扫干净。

(3)根据材料坚硬程度，选择镐、铲、凿子等适当的工具，开挖这一层材料，直至层位底面。在便于开挖的前提下，开挖面积应尽量缩小，坑洞大体呈圆形，边开挖边将材料铲出，置搪瓷盘中。

(4)用毛刷将坑底清扫，确认为下一层的顶面。

(5)将钢板尺平放横跨于坑的两边，用另一把钢尺或卡尺等量具在坑的中部位置垂直伸至坑底，测量坑底至钢板尺的距离，即为检查层的厚度，以 cm 计，准确至 0.1cm。

3. 钻孔取样法测定厚度步骤

(1)根据现行规范的要求，按规定方法随机取样决定钻孔检查的位置。

(2)用桥面取芯钻机钻孔，钻孔深度必须达到层厚。

(3)仔细取出芯样，清除底面浮渣，找出与下层的分界面。

(4)用钢板尺或卡尺沿圆周对称的十字方向四处量取表面至上下层界面的高度，取其平均值，即为该层的厚度，准确至 0.1cm。

在施工过程中，当沥青混合料尚未冷却时可根据需要，随机选择测点，用螺丝刀插入量取或挖坑量取沥青层的厚度(必要时用小锤轻轻敲打)，但不要使用铁镐等扰动四周的沥青层。挖坑后清扫坑边，架上钢板尺，用另一钢板尺量取层厚，或用螺丝刀插入坑内量取深度后再用尺读数，即为层厚，以 cm 计，准确至 0.1cm。

(三)桥面厚度雷达无损检测技术

通过测量钻孔试件厚度或挖坑测量深度来检验桥面厚度的试验方法均是破坏性检验，会给桥面造成损坏或留下后患，因此在施工过程中应尽量采用非破损方法进行检验。自 20 世纪 80 年代起，随着雷达设备的完善，各发达国家普遍将雷达探测技术应用于高速公路路面厚度检测中，我国在 90 年代也开始了应用研究。桥面雷达测试系统是一种非接触、非破损的路面厚度测试技术。桥面雷达测试系统能在高速下，实时收集公路的雷达信息，然后将信息输入电脑程序内，在很短的时间里，通过电脑程序自动分析，在雷达剖面图上直观地显示桥面厚度的连续变化情况，准确地求取各点厚度值。采用雷达探测技术既不会损坏桥面，又可连续检测，可取代钻孔取芯法或减少钻孔取芯的数量，具有检测速度高、精度较高、检测费用低廉等优点。雷达测试技术不仅适用于沥青路面或水泥混凝土桥面各层厚度及总厚度测试，而且还可以用于桥面下空洞探测、桥面下相对高湿度区域检测、桥面下的破损状况检测、桥面混凝土剥落状况检测、桥梁混凝土与钢筋脱离状况检测、桥面沥青覆盖层的厚度测试等。

目前，国内使用的桥面雷达设备主要产于美国和欧洲，测试原理基本相同。桥面雷达的应用，除了雷达天线本身的精度外，后处理软件也非常关键。各雷达厂家都有配套的后处理软件，也有一些专业性研究开发的更为专业的后处理软件，尤其以美国和芬兰的研究较深入。

1. 主要设备介绍

(1)桥面探测雷达：典型公路勘察探地雷达系统由以下三个基本部分组成：

①天线(将脉冲发射到介质中并接收反射回来的信号)。

②转换器：包括发送机、接收机及定时、控制等电子器件。

③连接的计算机。

(2)数据采集与处理系统：包括计算机、显示器、打印机、数据采集系统和距离量测仪。

(3)Windows 电脑操作软件：具有数据的采集、处理、回放及备份等功能。用于处理探地雷达公路勘察资料的软件可以分为四组。

①GPR 数据采集软件。

②GPR 资料处理软件。

③解释和显示软件。

④综合道路分析和设计软件。

(4)交流电源转换器。

(5)雷达检测车。

2. 工作原理

雷达检测车以一定速度在桥面上行驶，桥面探测雷达通过发射天线，发射频率为数十兆赫至几千兆赫的超高频电磁脉冲，并在短时间内穿过桥面，遇到不同介电常数介质的界面时，一部分能量被界面反射，另一部分能量继续向下传播，反射回地表的脉冲反射波被无线接收机接收，并被雷达采集系统采集，数据采集系统记录返回时间和桥面结构中的不连续电介质常数的突变情况。桥面各结构层材料的电介质常数明显不同，因此电介质常数突变处，也就是两结构层的界面。根据测知的各种桥面材料的电介质常数及波速，则可计算桥面各结构层的厚度或给出含水率、破损位置等资料。图 3-8-15 所示为探地雷达基本原理示意图。

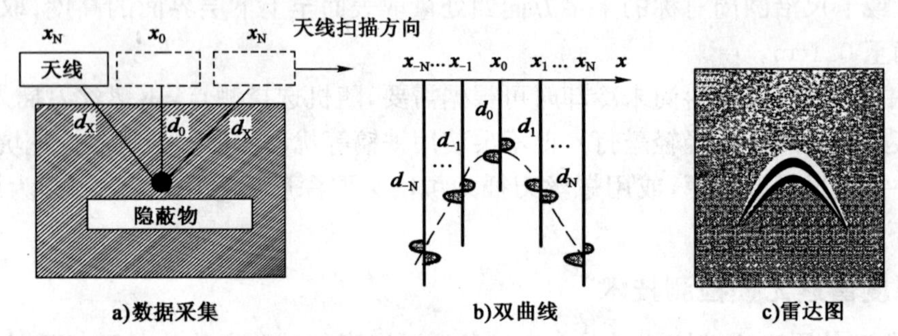

图 3-8-15　探地雷达基本原理示意图

雷达波从发射天线发射到接收天线接收，其行程时间

$$t=\sqrt{4z^2+x^2}/v \tag{3-8-16}$$

式中：z——反射界面深度；

x——发射天线与接收天线间的距离；

v——电磁波在介质中传播的波速；

$$v=c/\sqrt{\varepsilon} \tag{3-8-17}$$

c——光速($c=0.3\text{m/ns}$)；

ε——介质的相对介电常数。

在波速 v 为已知时，通过对雷达剖面上反射信号行程时间的读取计算界面深度 z 值。

雷达波反射信号的振幅与反射系统成正比，在以位移电流为主的低损耗介质中，反射系数可表示为

$$r=\frac{\sqrt{\varepsilon_1}-\sqrt{\varepsilon_2}}{\sqrt{\varepsilon_1}+\sqrt{\varepsilon_2}} \tag{3-8-18}$$

式中：ε_1、ε_2——分别为上层和下层介质的相对介电常数。

反射信号的强度主要取决于上、下层介质的电性差异，电性差越大，反射信号越强。

雷达波的穿透深度主要取决于地下介质的电性和波的频率。导电率越高，穿透深度越小；频率越高，穿透深度越小，反之亦然。

探地雷达所接收的是来自地下不同电性界面的反射波。电性界面包括桥面结构各层界面和目的体界面。检测在计算机控制下进行，可同时实时地进行数据采集、存储及雷达波形显示。数据经处理后，可显示桥面结构彩色剖面图、三维桥面厚度剖面图、雷达波形图、原始雷达波形瀑布图、桥面剥落或破损状况图，打印桥面各层厚度表。

探地雷达图像的正确解释依赖于检测参数选择合理、数据处理得当、与模拟试验类比和丰富的读图

经验等因素。测深和分辨率与天线频率发射功率、传播介质的电磁特性、目标物的形状和大小等几个因素有关。

六、桥面破损现场检测及试坑或钻孔的填补

(一)桥面破损状况现场检测

桥面结构性能的评价是通过桥面损坏状况来描述的。通过桥面损坏状况检测，鉴别各路段桥面损坏的类型，确定各项损坏的严重程度，量测损坏出现的范围。

桥面病害通常用类型、轻重程度和发生范围三方面属性来描述。由于造成病害的影响因素错综复杂，表现的形态多样，因而有必要对各种病害进行科学的分类，赋予明确的定义，以便有统一的调查和描述结果。病害的产生和发展有个过程，而不同发展过程对桥面的使用性能有不同程度的影响，为此对各种病害按其特点和影响程度分别划分为2～3个轻重程度等级。各种损坏出现的范围，对于沥青桥面，通常用面积、长度或条数等量测值除以被调查子桥段的面积或长度后，以损坏密度计(以%或总和条数/子路段长表示)。而对于水泥混凝土桥面，则调查出现该种损坏的板块数，以损坏板数占该子路段总板块数的百分率计。

损坏检测通常由2人调查小组沿线通过目测进行。检测人员鉴别调查路段上出现的损坏类型和严重程度并丈量损坏范围后，记录在调查表格中同一个调查路段上，如出现多种损坏或多种严重程度，应分别计量和记录。目测调查很费时间，如果要对整个路网中每延米的各种损坏都进行详细调查的话，将不堪重负。对于网格路面管理系统来说，仅需选择一些主要的损坏类型进行调查，并且由于对所采集数据的精度要求并不很高，往往可以采用抽样调查的方法，以便在不过多降低精度要求的前提下减少检测工作量。

1.沥青桥面破损检测方法

通过沥青桥面破损检测，测定沥青路面各类破损的数量与面积，计算路面破损率及裂缝率等，可供桥面质量管理与验收、建立桥面管理系统和决定桥面维修方案时使用。

1)试验所需的仪器与材料

(1)量尺：钢卷尺、皮尺、钢尺等。

(2)破损记录纸(毫米方格纸)。

(3)高速摄影车或其他高效测试设备。

(4)其他：粉笔、扫帚、小红旗及安全标志等。

2)检测方法与步骤

(1)准备工作

①根据目的选择各类破损检测的时间，如对强度不足或疲劳引起的荷载性裂缝(龟裂)，宜在春季或雨季最不利季节之后检测；对由于温度收缩等引起的非荷载性裂缝(块裂及横向裂缝)，宜在冬季以后观测；对车辙、壅包、波浪等热稳性变形，宜在夏季观测；对松散类破损宜在雨季观测。也可在规定的同一时间观测，需要时可定期观测，以了解破损情况。为便于裂缝观测，宜选择在雨后(或预先洒水)路表已干燥但尚有水迹的时机观测。

②选择测试路段并量测其路面的长度及宽度，计算测试路段总面积A。

③在毫米方格上按比例绘制破损记录方格，填好里程桩号。

(2)检测步骤

①当采用高速摄影车或其他高效测试设备时，按有关使用说明书操作。采用自动摄影车测试时，进行连续摄影或录像，然后在室内评定或用计算机检测裂缝等各类破损数量。

②当为人工检测时，由2～4人组成一组，沿桥面仔细观察各类破损情况。观测裂缝时，一般以逆光观测较为清楚，对不明显的裂缝，可在裂缝位置用粉笔做出标记。

③目测或用量尺量测测试路段的桥面上各类破损的长度或范围，准确至0.1m。

④车辙检测按规程规定进行。壅包、波浪、沉陷等变形类损坏除记录面积外，尚应测记壅起高度或下陷深度。

⑤记录破损位置（桩号），就地在方格纸上按比例描绘破损图，记录破损类别。

⑥必要时，可拍摄照片或录像备查。

(3)计算

①测试路段的沥青桥面各类破损的长度或面积应分类统计。

②沥青桥面的破损率为各种类型破损的换算面积与调查区域总面积之比，按式(3-8-19)计算。根据需要，可以计入破损类型及严重程度的系数，并按破损类别分别统计。

$$DR=\frac{\sum\sum A_{ij}K_{ij}}{A} \tag{3-8-19}$$

式中：DR——沥青桥面的破损率(%)；

A_{ij}——桥面各种损坏类型分别严重程度的累计面积(m^2)，i表示破损类别，j表示破损严重程度，可分为轻微、中度、严重三个等级；

K_{ij}——桥面各种损坏类型及不同严重程度的权值，根据有关规范规定选用，如无规定时均取为1；

A——调查路段桥面面积(m^2)。

③沥青桥面的裂缝率按式(3-8-20)计算。

$$C_K=\frac{C_A+L\times 0.3}{A} \tag{3-8-20}$$

式中：C_K——沥青桥面总裂缝率($m^2/1000m^2$)；

L——单根裂缝的总长度(m)；

C_A——龟裂及块裂的总面积(m^2)；

A——测试路段桥面面积，以1000 m^2计；

0.3——将单根裂缝长度换算成面积的影响系数。

④在没有龟裂和块裂的桥面上，沥青桥面横向裂缝或纵向裂缝等单根裂缝应按式(3-8-21)及式(3-8-22)计算裂缝度，总裂缝度按式(3-8-23)计算。

$$C_{1d}=\frac{\sum L_1}{A} \tag{3-8-21}$$

$$C_{2d}=\frac{\sum L_2}{A} \tag{3-8-22}$$

$$C_d=C_{1d}+C_{2d}+\cdots \tag{3-8-23}$$

式中：C_d——沥青桥面的总裂缝度($m/1000m^2$)；

C_{1d}——沥青桥面横向裂缝的裂缝度($m/1000m^2$)；

C_{2d}——沥青桥面纵向裂缝的裂缝度($m/1000m^2$)；

$\sum L_1$——横向裂缝总长度(m)；

$\sum L_2$——纵向裂缝总长度(m)。

⑤计算裂缝度时可分别将各种单根裂缝（如横向裂缝、纵向裂缝、温缩裂缝、接头裂缝、施工接缝、反射裂缝等）单独计算。如欲换算成以面积计算的裂缝率时，宜将其分别乘以0.3m得到。表3-8-5为沥青路面破损检测统计表。

沥青路面破损检测统计表　　　　表 3-8-5

调查路段(桩号):________________　　调查员:________________

调　查　时　间:________________　　天　气:________________

破损类型		数量			裂缝度 (m/1000m²)	裂缝率 (m²/1000m²)	破损率 (%)	壅起最大高度 (cm)	下陷最大深度 (cm)
		长度 (m)	面积 (m²)	加权换算面积(m²)					
裂缝类	龟裂 块裂 横裂 纵裂水泥板接缝的反射缝 边缘裂缝(啃边)								
变形类	车辙 壅包 波浪 沉陷								
松散类	掉粒、剥落、松散、脱皮、坑槽								
其他	泛油 磨光 各类修补								

2. 水泥混凝土桥面破损检测方法

水泥混凝土桥面破损检测测定水泥混凝土桥面的开裂、接缝损坏等各种破损情况,可供桥面质量管理与验收、建立桥面管理系统和决定桥面维修方案时使用。

(1)准备工作

①选定路段并量测其桥面的长度及宽度。

②如桥面不洁妨碍观测时,可用扫帚清扫裂缝附近桥面。

为便于检测,宜选择在雨后桥面已干燥但裂缝尚有水迹的时机检测。检测时,应有专人指挥交通(需要时,可封闭交通),并设置交通安全标志等以确保检测者的安全。

(2)检测步骤

①沿桥面纵向 1～2 人负责一块混凝土板宽度,仔细观察裂缝等各种破损情况,必要时用粉笔做出标记。

②用目测或量尺分别测量测试路段的桥面上每条裂缝长度及破损面积,长度准确至 10cm。对伸缩缝接缝处的破坏及边角部已成块的破坏都应单独记录条数、面积。其中,接缝拱起还应记录高度。

③记录板块号、破损位置(桩号),在方格纸中按比例绘制裂缝及破损情况图。

④根据需要,拍摄照片或录像备查。

(3)计算

①测试路段桥面的各类破损的长度或面积,可按前文所述分类统计。其中,错台、拱起、板块沉陷还应记录高度或深度。

②水泥混凝土桥面的坏板率按式(3-8-24)计算。根据需要,可按有关规范对各种坏板类型及严重程度取不同的权值进行计算。坏板是指已发生板面开裂、断板、接缝损坏、表面缺陷、板块沉陷等各种板的损坏情况。

$$B_K = \frac{\sum\sum A_{ij} K_{ij}}{S} \tag{3-8-24}$$

式中：B_K——水泥混凝土桥面的坏板率(%)；

A_{ij}——水泥混凝土板各种损坏分别严重程度的累计换算板数，i 表示破损类别，j 表示破损严重程度，可分为轻微、中度、严重三个等级；

K_{ij}——水泥混凝土板各种损坏类型及不同严重程度的权值，根据有关规范规定选用，如无规定时均取为 1；

S——调查路段桥面板总块数。

③水泥混凝土桥面的断板率按式(3-8-25)计算。

$$B_D=\frac{D}{S}\times 100 \tag{3-8-25}$$

式中：B_D——水泥混凝土桥面的断板率(%)；

D——已完全折断成两块以上的水泥混凝土桥面板总数；

S——调查路段桥面板总块数。

④水泥混凝土桥面的裂缝度、裂缝率按式(3-8-26)及式(3-8-27)计算。

$$C_d=\frac{\sum L}{A} \tag{3-8-26}$$

$$C_k=\frac{\sum C_A}{A} \tag{3-8-27}$$

式中：C_d——水泥混凝土桥面的裂缝度($m/1000m^2$)；

C_k——水泥混凝土桥面的裂缝率($m^2/1000m^2$)；

C_A——板角裂缝，D 型裂缝及完全碎裂的总面积(m^2)；

$\sum L$——水泥混凝土桥面的纵向开裂、横向开裂总长度(m)；

A——测试路段的总面积，以 $1000m^2$ 计。

⑤水泥混凝土桥面的坏缝率按式(3-8-28)计算。

$$J_k=\frac{\sum J_{1C}+\sum J_{2C}}{J_1+J_2} \tag{3-8-28}$$

式中：J_k——水泥混凝土桥面的坏缝率(m/1000m)；

$\sum J_{1C}$——水泥混凝土桥面的横向伸缩缝破坏的总长度(m)；

$\sum J_{2C}$——水泥混凝土桥面的纵向接缝破坏的总长度(m)；

J_1——测试路段的横向伸缩缝的总长度，以 1000m 计；

J_2——测试路段的纵向接缝的总长度，以 1000m 计。

表 3-8-6 为水泥混凝土桥面的破损检测统计表。

(二)试坑或钻孔的填补

补填试坑或钻孔如有疏忽，易成为隐患而导致开裂，因而应按下述步骤用与取样层相同的材料填补：

(1)适当清理坑中残留物，钻孔时留下的积水应用棉纱吸干；

(2)对无机结合料稳定层及水泥混凝土桥面板，按相同配合比用新拌的材料并用小锤击实，水泥混凝土中宜掺加少量快凝早强的外掺剂；

(3)对正在施工的沥青桥面，用相同级配的热拌沥青混合料分层填补，并用加热的铁锤或热夯压实，旧桥面钻孔也可用乳化沥青混合料修补；

(4)所有补坑结束时，宜比原面层略鼓出少许，用重锤或压路机压实平整。

补坑工序如有疏忽、遗留或补的不好，易成为隐患而导致开裂，因此，所有挖坑、钻孔均应仔细做好。

水泥混凝土桥面的破损检测统计表　　　　表 3-8-6

检测路段(桩号)：________　调查员：________
调 查 时 间：________　天　气：________

破损类型		坏板数(块)	坏缝数(条)	数量		
				面积(m^2)	长度(m)	高度(cm)
板面裂缝	板角断裂 D型裂缝 纵向裂缝 横向裂缝 纵向断板 横向断板					
接缝损坏	接缝材料损坏 边角剥落 唧泥 错台 拱起					
表面缺陷	网状细裂缝 层状剥落、起皮 露骨(集料磨光) 坑洞					
其他	板块沉陷					

根据实测厚度 T_{1i} 与设计厚度 T_{0i} 即可计算两者之差；然后按规程规定方法，计算一个评定路段检测的厚度的平均值、标准差、变异系数，并计算代表厚度。当检查桥面总厚度时，则将各层平均厚度相加即为桥面总厚度。

第二节　有关设施检测

本节介绍桥面有关设施——伸缩缝、栏杆与灯柱、防撞护栏、人行道、桥头搭板等的检测。

一、伸缩缝检测

1. 基本要求

(1)伸缩缝必须满足设计和有关技术规范的要求，须有合格证，并经验收合格后方可安装。

(2)伸缩缝必须锚固牢靠，伸缩性能必须有效。

(3)伸缩缝两侧混凝土的类型和强度，必须符合设计要求。

(4)大型伸缩缝与钢梁连接处的焊缝应做超声检测，检测结果须合格。

(5)伸缩缝处不得积水。

2. 实测项目

伸缩缝安装实测项目见表 3-8-7。

3. 外观检查

伸缩缝无阻塞、渗漏、变形、开裂现象。

伸缩缝安装实测项目　表 3-8-7

项次	检 查 项 目	规定值或允许偏差		检查方法和频率
1	长度(mm)	符合设计要求		尺量:每道
2	缝宽(mm)	符合设计要求		尺量:每道 2 处
3	与桥面高差(mm)	2		尺量:每道 3～7 处
4	纵坡(%)	一般	±0.5	水准仪:测量纵向锚固混凝土端部 3 处
		大型	±0.2	水准仪:沿纵向测伸缩缝两侧 3 处
5	横向平整度(mm)	3		3m 直尺:每道

注:项次 2 应按安装时气温折算。

二、栏杆与灯柱

安装栏杆和灯柱必须全桥对直、校平，对于弯桥、坡桥必须保证栏杆和灯柱纵向线形平顺、美观。

1.栏杆的检测

栏杆安装实测项目见表 3-8-8。

栏杆安装实测项目　表 3-8-8

项次	检 查 项 目	规定值或允许偏差	检查方法和频率
1	栏杆平面偏位(mm)	4	经纬仪、钢尺拉线检查:每 30m 检查 1 处
2	扶手高度(mm)	±10	水准仪:抽查 20%
	柱顶高差(mm)	4	
3	接缝两侧扶手高差(mm)	3	尺量:抽查 20%
4	竖杆或柱纵横向竖直度(mm)	4	吊垂线:抽查 20%

(1)栏杆平顺度检测

沿桥梁纵向，对于直桥，以每 5 根立柱为一组采用拉线检查；对于弯桥或坡桥采用经纬仪检查。测定的栏杆平面偏位不得大于 4mm。栏杆扶手平面偏位不得大于 3mm。

(2)栏杆柱顶面高差

沿桥抽查 20%的栏杆立柱，采用水准仪检查。柱顶面高差最大允许偏差为 4mm。

(3)栏杆柱纵横向竖直度检查

采用吊垂线或经纬仪检查，抽检 20%。竖直度的最大允许偏差为 4mm。

(4)相邻栏杆扶手高差

采用三角尺检测，抽检 20%。相邻栏杆扶手高差的允许偏差为 4mm。

(5)外观检查

采用目测法，主要检查栏杆有无断裂、弯曲现象；是否直顺美观；接缝处有无开裂现象；钢栏杆是否有划痕、擦伤；混凝土表面的蜂窝、麻面是否超过表面积的 0.5%，深度是否超过 10mm。

2.灯柱检测

(1)灯柱的平面位置

采用直尺或水准仪逐个检测。灯柱平面位置的允许偏差为:纵向±100mm；横向±20mm。

(2)灯柱垂直度检查

采用直尺或经纬仪逐个检查。垂直度的允许偏差为±5mm。

(3)灯柱地面以上高度

采用水准仪测基底、地面高程算得，抽检 30%。灯柱地面以上高度的允许偏差值为 40mm。

(4)外观检查

外观检查包括灯柱基座是否平整美观，金属灯柱外涂层有无划痕、擦伤现象，混凝土灯柱表面的蜂窝、麻面是否超过构件面积的0.5%。

三、混凝土防撞护栏

1. 基本要求

(1)所用的水泥、砂、石、水和外掺剂的质量和规格必须符合有关规范的要求,按规定的配合比施工。

(2)不得出现露筋和空洞现象。

(3)防撞护栏上的钢构件应焊接牢固,焊缝应满足设计和有关规范的要求,并按设计要求进行防护。

2. 实测项目

混凝土防撞护栏实测项目见表3-8-9。

混凝土防撞护栏实测项目　　表3-8-9

项次	检 查 项 目	规定值或允许偏差	检查方法和频率
1	混凝土强度(MPa)	在合格标准内	按混凝土抗压强度评定检查
2	平面偏位(mm)	4	经纬仪、钢尺拉线检查:每100m检查3处
3	断面尺寸(mm)	±5	尺量:每100m每检查3处
4	竖直度(mm)	4	吊垂线:每100m每检查3处
5	预埋件位置(mm)	5	尺量:每件

3. 外观检查

(1)防撞护栏线形直顺美观。

(2)混凝土表面应平整,不应出现蜂窝、麻面。

(3)防撞护栏浇筑节段间应平滑顺接。

四、人行道铺设

1. 基本要求

(1)悬臂式人行道必须在横向与主梁牢固连接。

(2)人行道板必须在人行道梁锚固后方可铺设。

2. 实测项目

人行道板铺设实测项目见表3-8-10。

人行道板铺设实测项目　　表3-8-10

项次	检 查 项 目	规定值或允许偏差	检查方法和频率
1	人行道边缘平面偏位(mm)	5	经纬仪、钢尺拉线检查:每30m检查1处
2	纵向高程(mm)	±10,−0	水准仪:每100m检查3处
3	接缝两侧高差(mm)	2	水准仪:抽查10%
4	横坡(%)	±0.3	水准仪:每100m检查3处
5	平整度(mm)	5	3m直尺:每100m检查3处

注:桥长不足100m者,按100m处理。

3. 外观检查

人行道构件连接牢固、密贴,线形直顺,表面平整。

五、桥头搭板

1. 基本要求

(1)所用的水泥、砂、石、水和外掺剂的质量和规格必须符合有关规范的要求,按规定的配合比施工。

(2)桥头搭板下的地基及垫层或路面基层的强度和压实度必须满足设计要求。

(3)不得出现露筋和空洞现象。

2. 实测项目

桥头搭板实测项目见表 3-8-11。

桥头搭板实测项目 表 3-8-11

项次	检查项目		规定值或允许偏差	检查方法和频率
1	混凝土强度(MPa)		在合格标准内	按混凝土抗压强度评定检查
2	枕梁尺寸(mm)	宽、高	±20	尺量:每梁检查 2 个断面
		长	±30	尺量:检查每梁
3	板尺寸(mm)	长、宽	±30	尺量:各检查 2～4 处
		厚	±10	尺量:检查 4～8 处
4	顶面高程(mm)		±2	水准仪:测量 5 处
5	板顶纵坡(%)		0.3	水准仪:测量 3～5 处

3. 外观检查

(1)板的表面应平整。

(2)板的边缘应顺直。

第九章　成桥检测

第一节　静载试验

一、概述

1. 静载试验的目的和对象

静载试验是将标准设计荷载或标准设计荷载的等效荷载施加于实桥结构的指定位置，对实桥结构的应变分布、变形进行检测，以此对实桥结构性能作出判断，从而达到检验桥梁结构的设计理论和计算方法是否合理，检验桥梁结构的设计与施工质量，判断桥梁结构实际的承载等级的目的。一般来说，下列情况下需实施荷载试验：

(1)新建的大跨度桥梁，尤其采用新结构、新材料和新工艺的桥跨结构需进行荷载试验；

(2)通过特种车辆的新、旧桥梁，为确保设备和桥梁安全，需按实际轮位和轴重进行模拟荷载或等效荷载试验；

(3)修复的、改建的或加固的旧桥，为判断是否能承受预计的荷载，也需进行荷载试验。

2. 荷载试验的分类

荷载试验按所加荷载性质分为静载试验和动载试验；按加载数量与标准设计荷载的比值(包括冲击系数在内)可分为基本荷载试验、重荷载试验和轻荷载试验。

(1)基本荷载试验：最大试验荷载为设计标准规定的荷载(包括标准规定的动力系数或荷载增大系数的因素)。

(2)重荷载试验：最大试验荷载大于基本荷载。

(3)轻荷载试验：最大试验荷载小于基本荷载，但为了充分反映结构的整体工作和减小量测的误差，要求试验荷载不小于基本荷载的0.5倍。

荷载试验按工程检验的性质，分为验收荷载和鉴定荷载试验：前者用于检验结构承载能力是否符合设计要求，以确定能否交付正常使用，一般为基本荷载试验；后者用于确定结构容许承载能力的界限。

荷载试验要求桥梁结构的恒载状态已形成，对于混凝土结构桥梁要求混凝土龄期达到设计强度。

3. 荷载试验的主要内容及观测部位

(1)检验桥梁承载能力的静力荷载试验，至少观测以下内容：

①结构的最大挠度和扭转变位(包括上、下游两侧挠度差及水平位移)，斜拉桥或悬索桥主塔及墩、台的偏位；

②结构控制截面最大应力(或应变)，包括斜拉索、主缆索股及吊索，以及疲劳敏感部位的构造细节应力；

③活动支座、伸缩装置、悬索桥散索鞍等的变位；

④受试验荷载影响的所有支点的沉降、墩台的位移与转角；

⑤桁架结构支点附近杆件及其他细长受压杆件的稳定性；

⑥混凝土构件裂缝的出现和扩展，包括初始裂缝的出现，裂缝的宽度、长度、间距、位置、方向和形状，以及卸载后的闭合状况。

(2)如果荷载试验具有检验结构工作状况的目的，可增加以下测点内容：

①沿桥长轴线的挠度分布曲线，要求在每个桥跨内布置不少于3个挠度观测点，并设支点下沉的观测点；

②结构构件的实际应变分布图形，要求沿截面高度布置不少于5个应变测点（包括最边缘和截面突变处的测点在内）；为量测混凝土内部应变和钢筋应变，需在施工中预埋相应的传感器；

③混凝土梁支点附近结构斜截面的主拉应力、主桁节点的次弯矩；

④梁的横隔板本身及其影响区的应力；

⑤检测控制截面的挠度和应力（或应变）的纵向和横向影响线；

⑥行车道板跨中和支点截面的挠度或应变影响面。

4. 静载试验步骤

桥梁结构的静载试验大致可分为三个阶段：桥梁结构的考察、试验方案设计及试验准备阶段；加载试验与观测；试验结果的分析与总结阶段。

首先进行试验结构的考察、试验方案的设计和准备。根据试验目的和要求，具体考察试验的桥梁结构，研究有关桥梁结构的图纸、文件、资料，进行必要的理论分析和核算，以及试验过程中的设计计算，补充必要的材料力学性能试验，并在此基础上有针对性地拟定出合理可行的试验方案。

进行桥梁的外观检查，全面了解桥梁结构的初始状态或现状。

其次进行加载试验与观测。在充分准备的基础上，按照预定的试验方案，对结构施加试验荷载，通过各种测试仪表、机具进行观测，取得试验数据。

最后进行测试结果的分析与总结。通过加载测试将得到的大量观测数据和资料，加以科学地整理和计算，按照最新方法进行分析，并得出结论。

综合上述三阶段的内容，组成综合性桥梁静载试验报告。

二、试验方案的设计

1. 拟定试验计划大纲

其主要内容为：

①试验要求：目的、类型、项目和依据的标准。

②试验结构的技术资料：原有的设计、计算与施工基本资料，结构现状（包括存在的问题和缺陷），必要的理论验算数据。

③加载方案：最大荷载、加载设备和加载图式。

④观测方案：观测内容、测点布置、量测方法与仪器，要求达到的测试精度。

⑤试验程序：加、卸载程序与观测程序，试验终止条件。

⑥试验筹备工作：材料和仪器设备数量、费用、进度时间表和试验日期，试验记录格式。

⑦试验人员的组织和分工：使总指挥和各部分人员明确职责，并相互保持良好的联络。

⑧安全措施：包括试验期间人身、结构物、试验加载设备和仪器设备等的安全措施。

2. 荷载试验前的调查

(1)收集设计与施工资料

①为了进行试验荷载的设计、测点布置及测试数据的对比分析，需收集桥跨结构的总体与各截面几何尺寸、高程，设计荷载等级、行车道标准，支座和墩台位置高程及布置，材料规格及其物理力学性能等。

②控制截面的计算内力、计算挠度、影响线和自振特性等。

③施工方法，实际结构尺寸、高程，施工时材料试验数据，尤其是混凝土的强度增长数据、弹性模量数据、荷载试验时混凝土龄期等。

④进行荷载试验时，承重结构混凝土要达到设计强度，一般要求施工时预留试块，以便求得与试验时龄期相同的混凝土强度和弹性模量数据。

(2)实桥调查

①查明结构物的实际技术状况，包括结构的总体尺寸、杆件截面尺寸、各部分的高程、行车道路面的平整度、墩台顶面高程和平面位置、支座位置、材料的实际物理力学性能等。

②查明上下部结构物的裂缝、缺陷、损坏和碳化深度、钢筋锈蚀状况，并在试验过程中随时注意观察其变化，检查支座有无锈蚀和损害状况。

③在加载试验过程中和试验结束后，也要对受加载影响较大的部位进行详细的检查。

(3)桥址调查

内容包括桥上和两端线路技术情况，线路容许车速、桥下净空、水深和通航情况、线路交通量、供电情况、可能选择的加载方式、有无标准荷载车辆、桥跨结构所处地理气象条件，以便选择最好、气温稳定的试验时间，将温度影响减小到最小。

(4)检查后的计算和分析

如果经检查发现结构的尺寸超过规定的误差，或材料质量没有达到设计要求，须按照结构的实际状况重新进行静力或动力分析，计算在试验荷载作用下检测部位的变位和应力(或应变)数值，以便为试验提供安全的数据保障。

3.加载方案的确定

1)加载试验项目的确定

在满足鉴定桥梁承载能力的前提下，加载项目安排应抓住重点，不宜过多。一般情况下只做静载试验，必要时增做部分动载试验项目；对于大型桥梁如钢桁梁斜拉桥、悬索桥及大型拱桥等，动载试验是必需的。公路梁桥的静载试验内容一般应包括下面的(1)～(5)项；有指定要求时，还应包括(6)项或第(6)项的部分内容：

(1)最大正弯矩截面的应力状态；

(2)最大负弯矩截面的应力状态；

(3)最大偏载作用下结构的受力状态或横向分布系数、偏载系数；

(4)最大剪力截面的应力状态；

(5)最大挠度、梁端转角以及支座沉降的测量；

(6)梁体裂缝检查、制动力、地基基础的观察和计算等。

公路斜拉桥、悬索桥的测试内容还包括：斜拉索索力、吊杆拉力、主缆索股拉力、塔的应力和偏移等。

静载试验一般有一两个主要内力控制截面。此外，根据桥梁具体情况可设置几个附加内力控制截面。

一些主要桥型的内力控制截面如下：

(1)简支梁

主要：跨中挠度和截面应力(或应变)、支座位移和支点沉降。

附加：跨径四分点的挠度、支点斜截面应力。

(2)连续梁

主要：跨中挠度、跨中和支点截面应力(或应变)、支点截面转角和支点沉降、支座位移。

附加：跨径1/4处的挠度和截面应力(或应变)、支点附近斜截面应力。

(3)悬臂梁(包括T形刚构的悬臂部分)

主要：悬臂梁的挠度、固端根部或支点截面的应力和转角、墩顶的变位(水平与垂直位移、转角)、T形刚构墩身控制截面的应力。

附加：悬臂跨中挠度、牛腿部分局部应力。

(4)拱桥

主要：跨中、跨径 1/4 和 3/8 截面的挠度和应力，拱腿截面的应力，墩台顶的变位和转角。

附加：跨径 1/8 截面的挠度和应力、拱上建筑控制截面的变位和应力。

(5)刚架桥(包括框架、斜腿刚架和刚架—拱式组合体系)

主要：跨中截面的挠度和应力，隅角结点附近截面的应力、变位和转角，墩台顶的变位和转角。

附加：柱脚截面的应力、变位和转角。

(6)悬索结构(包括斜拉桥和悬索桥)

主要：加劲梁或主梁的最大挠度、偏载扭转变位的控制截面应力、索塔顶部的水平位移和扭转变位、塔柱底截面的应力、钢索(斜拉索、吊杆、主缆索股)拉力、箱梁疲劳敏感部位细节应力幅。

附加：拉(吊)索与梁连接部位的挠度。

上述各种桥梁体系的主要部位是检验桥梁承载能力试验时必须观测的部位。此外，对桥梁的薄弱截面、损坏部位、比较薄弱的桥面结构等，是否设置内力控制截面及安排加载项目可根据桥梁调查和检算情况而定。

2)加载时截面内力的控制

(1)控制荷载的确定

为了保证荷载试验的效果，必须先确定试验的控制荷载。用于鉴定桥梁承载能力的荷载有以下三种：汽车和人群(标准荷载)、平板挂车或履带车(标准荷载)、需通行的重型车辆。

分别计算以上几种荷载对控制截面产生的最不利内力，用产生最不利内力较大的荷载作为静载试验的控制荷载。因挂车或履带车不计冲击力，所以动载试验以汽车荷载作为控制荷载。荷载试验会尽量采用与控制荷载相同的荷载，但由于客观条件的限制，实际采用的试验荷载与控制荷载会有所不同。为保证试验效果，在选择试验荷载大小和加载位置时采用静载试验效率 η_q、动载试验效率 η_d 进行控制。按结构计算或检测的控制截面的最不利工作条件布置荷载，使控制截面达到最大试验效率。

(2)静载试验效率

静载试验荷载效率定义为：试验荷载作用下被检测部位的内力(或变形)的计算值与包括动力扩大效应在内的标准设计荷载作用下同一部位的内力(或变形)计算值的比值，以 η_q 表示，则有

$$\eta_q = \frac{S_{st}}{S \cdot (1+\mu)} \tag{3-9-1}$$

式中：S_{st}——试验荷载作用下，被检测部位的内力或变形的计算值；

S——标准设计荷载作用下，被检测部位的内力或变形的计算值；

μ——按规范采用的冲击系数，平板挂车、履带车等重型车辆取用 0。

按荷载效率 η_q，荷载试验分为基本荷载试验($1 \geqslant \eta_q > 0.8$)、重荷载试验($\eta_q > 1.0$，其上限按具体结构情况和所通行特型荷载来定)、轻荷载试验($0.8 \geqslant \eta_q > 0.5$)。当 $\eta_q \leqslant 0.5$ 时，试验误差较大，不易充分发挥结构的效应和整体性。

一般的静载试验，η_q 值可采用 0.8～1.05。当桥梁的调查、检算工作比较完善而又受加载设备能力所限，η_q 值可采用低限；当桥梁的调查、检算工作不充分，尤其是缺乏桥梁计算资料时，η_q 值应采用高限。一般情况下，η_q 值不宜小于 0.95。

荷载试验宜选择温度稳定的季节和天气进行。当温度变化对桥梁结构内力影响较大时，应选择温度内力较不利的季节进行荷载试验，否则应考虑用适当增大静载试验效率 η_q 来弥补温度影响对结构控制截面产生的不利内力。

当控制荷载为挂车或履带车而采用荷载加载时，考虑到汽车荷载的横向应力增大系数较小，为了使截面的最大应力与控制荷载作用下截面最大应力相等，可适当增大静载试验效率 η_q。

3)加载设备的选择

静载试验加载设备可根据加载要求及具体条件选用，一般有以下两种加载方式：

(1)移动式车辆

可选用装载重物的汽车或平板车，也可就近利用施工机械车辆。选择装载的重物时要考虑车厢能否容纳下，装载是否方便。装载的重物应置放稳妥，以避免车辆行驶时因摇晃而改变重物的位置。当试验所用的车辆规格不符合设计标准车辆荷载图式时，可根据桥梁设计控制截面的内力影响线，换算为等效的试验车辆荷载(包括动力系数和人群荷载的影响)。

(2)重物直接加载

一般可按控制荷载的轮位先设分配梁及承载架，在承载架上堆放重物或设置水箱进行加载，如加载仅为满足控制截面内力要求，也可采取直接在桥面堆放重物或设置水箱的方法加载。承载架的设置和加载物的堆放应安全、合理，并按要求分布加载重力，避免使加载设备与桥梁结构共同承载而形成“卸载”现象。

重物直接加载准备工作量大，加卸载所需周期一般较长，交通中断时间亦较长，且试验温度变化对测点的影响较大，因此宜安排在夜间进行试验，并应严格避免加载系统参与结构的作用。

此外，在测定结构影响线和影响面时，可采用移动方便的轻型集中荷载设备。

4)加载轮位的确定

试验荷载的轮位选择，对铁路桥梁而言，分单线加载、双线一侧加载、双线两侧加载三种；对公路桥梁而言，既要考虑沿桥轴方向加载，也要考虑垂直于桥轴方向加载，见图 3-9-1。纵向加载轮位要考虑桥跨的最大弯矩、挠度、剪力控制部位；横向加载轮位分对称和偏心两种。某三跨连续梁桥静载试验加载示意图见图 3-9-2。

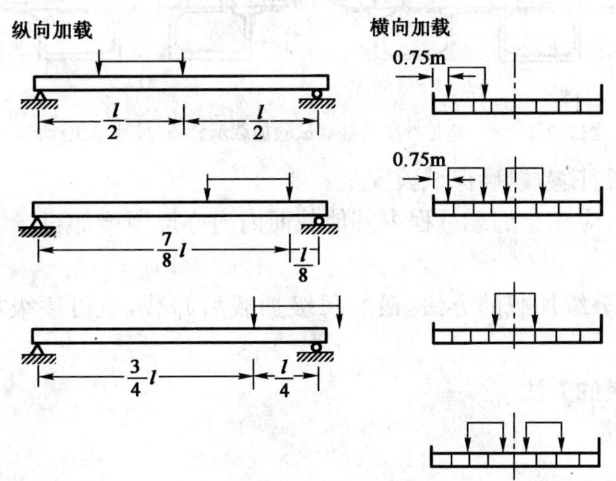

图 3-9-1　常用轮位图式

结构的力和位移影响线，是检查复杂结构受载后的整体及局部工作性能的一项重要指标。支座工作状况及整体刚度的分布均会带来实测影响线与计算值的差别。

实测桥跨结构控制截面的力或位移影响线的加载一般均采用纵向单排、横向对称布置的重车同步移动，荷载移动的步长依桥的长度和对影响线的精度要求来定，一般不大于跨长的 1/8～1/10。

5)静载加载分级与控制

为了加载安全和了解结构应变和变位随加载增加的变化关系，对桥梁主要控制截面内力的加载应分级进行，而且一般安排在开始的几个加载程序中执行。附加控制截面一般只设置最大内力加载程序。

(1)分级控制的原则

①当加载分级较为方便时，可按最大控制截面分为 4～5 级。基本荷载(等于或接近设计荷载)一般分为 4 级；超过基本荷载部分，其每级加载量比基本荷载的加载量减小一半。

②当使用载重车加载，车辆称重有困难时，也可分为 3 级加载。

③当桥梁的调查和验算工作不充分或桥况较差时，应尽量增多加载分级。如限于条件加载分级较少时，应注意每级加载时加载车辆逐辆缓缓驶入预定加载位置。必要时可在加载车辆未到达预定加载

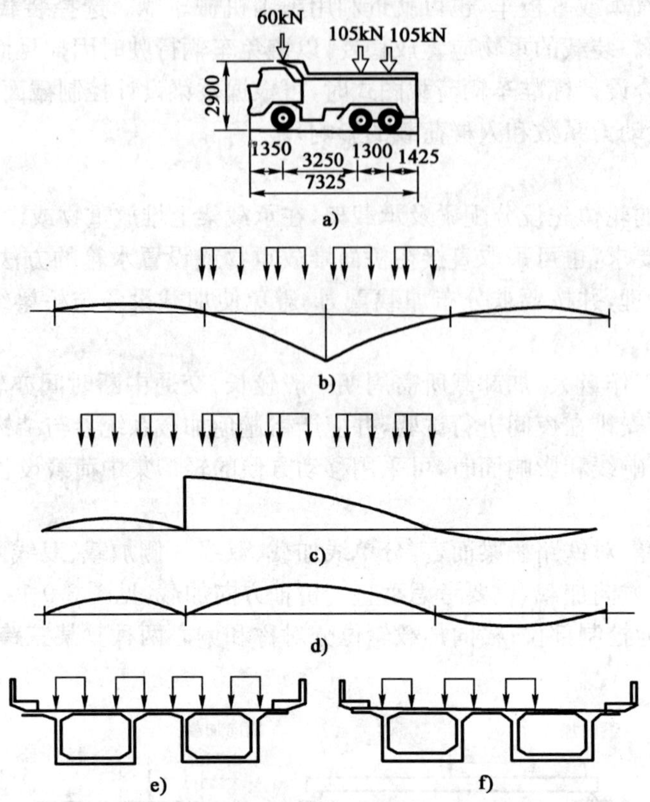

图 3-9-2 某三跨连续梁桥静载试验加载示意图(尺寸单位:mm)

位置前分次对控制测点进行读数以确保试验安全。

④在安排加载分级时,应注意加载过程中其他截面内力亦逐渐增加,且最大内力不应超过控制荷载作用下的最不利内力。

⑤根据具体条件决定分级加载的方法,最好每级加载后卸载,也可逐级加载达到最大荷载后逐级卸载。

(2)车辆荷载加载分级的方法

①逐渐增加加载车数量。

②先上轻车后上重车。

③加载车位于内力影响线的不同部位。

④加载车分次装卸重物。

(3)加、卸载的时间选择与控制

为了减少温度变化对试验造成的影响,加载试验时间以晚 12 时至晨 6 时近于恒温的条件下进行为宜,尤其是采用重物直接加载,加、卸载周期比较长的情况下只能在夜间进行试验。对于采用车辆加、卸载迅速的试验方式,如夜间试验照明等有困难时,亦可安排在白天进行,但在多云的天气下进行加载试验最好。每一加、卸载周期所花费的时间不宜超过 30min。

6)加载分级的计算

根据各加载分级,按弹性阶段计算加载各测点的理论计算变位(或应变),以便对加载试验过程进行分析和控制。

计算采用的材料弹性模量,如已做材料试验则用实测值,否则可按规范选用。

4. 测点布设

(1)挠度测点的布设

一般情况下,首先应取得恒载状态梁的线形,如是悬索桥尚需包括主缆线形。对挠度测点的布设,要求能够测量结构的竖向挠度、侧向挠度和扭转变形，应能给出受检跨及相邻跨的挠曲线和最大挠度。每跨一般需布设 3～5 个测点。挠度测试结果应考虑支点下沉修正，应观测支座下沉量、墩台的沉降、水平位移与转角、连拱桥多个墩台的水平位移等。有时为了验证计算理论，要实测控制截面挠度的纵向和横向影响线。对较宽的桥梁或偏载加载情况，应取上下游平均值或分析扭转效应。

(2)结构应变测点的布设

应力应变测点的布设应能测出内力控制截面的竖向、横向应力分布状态，对组合构件应测出组合构件的结合面上下缘应变。每个截面的竖向测点沿截面高度不少于 5 个测点，包括下、下缘和截面突变处，应能说明平截面假定是否成立。横向截面抗弯应变测点应布设在截面横桥向应力可能分布较大的部位，沿截面上下缘布设，横桥向设置一般不少于 3 处，以控制量大应力的分布，宽翼缘构件应能给出剪滞系数和剪滞效应的大小。对于箱形断面，顶板和底板测点应布设“十”字应变花，而腹板测点应布设 45°应变花，T 形断面下翼缘可用单向应变片。对于公路钢桥，如是钢板梁结构则应全断面布置测点，测点数量以能测出应力分布为原则；钢桁梁应给出杆件轴向力和次应力等。此外，一般还应实测控制断面的横向应力增大系数；当结构横向联系构件质量较差，联结较弱时，则必须测定控制断面的横向应力增大系数。简支梁跨中截面横向应力增大系数的测定，既可采用观测跨中沿桥宽方向应变变化的方法，也可采用观测跨中沿桥宽方向挠度变化的方法来进行计算或两种方法互校。

对于桁架桥，除测定杆的轴向力外还应测定节点处杆件次弯矩；对于钢箱梁，应测定疲劳敏感细节部位应力峰值，如桥面顶板纵向对接焊缝，U 形肋焊缝，切口边缘，锚箱、斜拉桥、悬索桥拉索(吊索)锚固点结构，疲劳危险部位焊缝等。

(3)混凝土结构应变测点的布设

对于预应力混凝土结构，应变测点可用长标距(5×150mm)应变片构成应变花贴在混凝土表面，而对部分预应力或钢筋混凝土结构，受拉区则应测受拉钢筋的拉应变，可凿开混凝土保护层直接在钢筋上设置拉应力测点，但在试验完成后必须修复保护层。

当采用测定混凝土表面应变的方法来确定钢筋混凝土结构中钢筋承受的拉力时，考虑到混凝土表面已经和可能产生的裂缝对观测的影响，可用测定与钢筋同高度的混凝土表面上一定间距的两点间平均应变来确定钢筋的拉应力。选择这两点的位置时，应使其标距大致等于裂缝的间距或裂缝间距的倍数，可以根据结构受力后如下几种情况进行选择：

①加载后预计混凝土不会产生裂缝的情况下，可以任意选择测定位置及标距，但标距不应小于 4 倍混凝土最大粒径。

②加载前未产生裂缝，加载后可能产生裂缝时，可如图 3-9-3 所示选择相连的 20cm、30cm 两个标距。当加载后产生裂缝时，可分别选用 20cm、30cm 或(20＋30)cm 标距的测点读数来适应裂缝间距。

③加载前已经产生裂缝，为避免加载后产生新裂缝的影响，可根据裂缝间距如图 3-9-4 所示选择测点位置及标距。为提高测试精度，也可增大标距，跨越两条以上的裂缝，但测点在裂缝间的相对位置仍应不变。

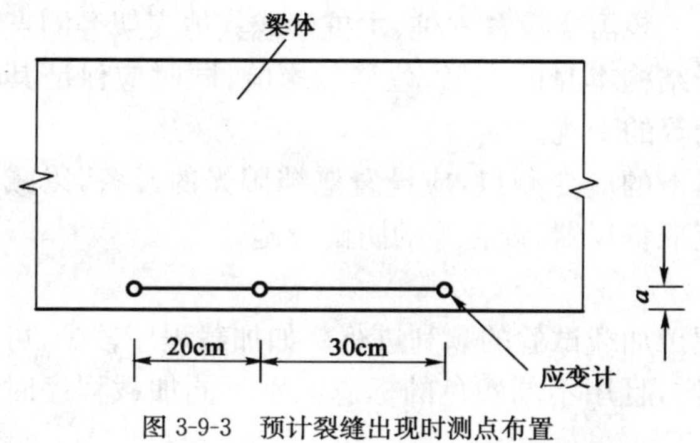

图 3-9-3　预计裂缝出现时测点布置

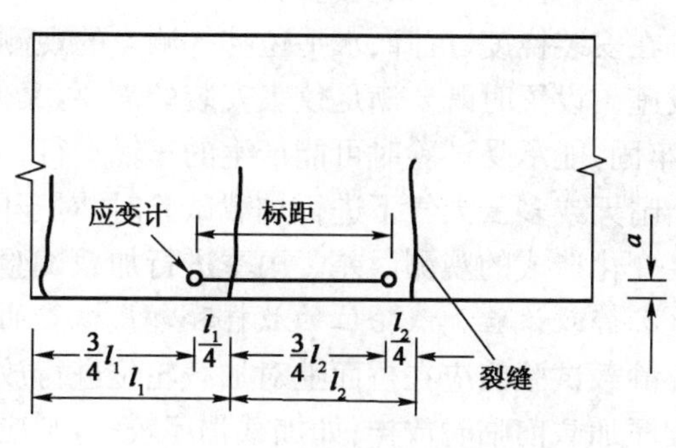

图 3-9-4　已有裂缝时测点布置

④必要时可打开混凝土保护层直接在钢筋上粘贴应变计（大多为旧桥）。一般情况下混凝土已产生裂缝后，混凝土局部已产生应力重分布，直接测钢筋应力更直接有效。

(4)剪切应变测点的布设

对于剪切应变测点，一般采取设置应变花的方法进行观测。为了方便，对于桥梁的剪应力也可在截面中性轴处或翼缘梗肋处腹板上布置应变花来进行观测。桥梁的实际最大剪应力截面应设置在支座附近而不是支座上方，具体设置位置如下：

从梁底支座中心起向跨中作与水平线成45°的斜线，此斜线与截面中性轴高度线相交的交点即为梁桥最大剪应力位置。可在这一点沿最大压应力或最大拉应力方向设置应变测点（见图3-9-5），距支座最近的加载点则应设置在45°斜线与桥面的交点上。

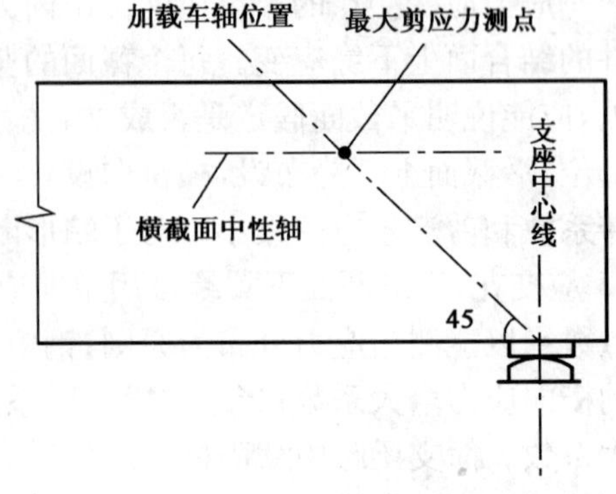

图3-9-5　最大剪应力测点布置

(5)温度测点的布设

选择与大多数测点较接近的部位设置一两处气温观测点，并可根据需要在桥梁主要测点部位设置一些构件表面温度观测点。

5.测试仪器的选择

量测仪表的相对误差要求：静载测定时应不大于±3%；动载测定时应变位移不大于±5%，振幅不大于±10%，自振频率不大于±1%。

机械式仪表具有安装与使用方便、迅速，读数可靠的优点，但需要搭设观测脚手架，而且使用试验人员较多；电测仪表安装测试比较费事，影响测试精度的因素也较多，但测试、记录较方便、安全。应根据预计的量测值并考虑仪表的设置和观测条件来选择适用的仪表。

静载试验中量测应变可采用机械式应变仪、电阻应变仪、钢弦式应变计等；量测位移或挠度可选用连通管、百分表、挠度计、全站仪等；测量倾角可选用水准式倾角仪；测量裂缝可选用刻度放大镜；量测索力可选用加速度传感器、电荷放大器、智能信号采集处理和分析系统，并配笔记本电脑及采集程序等。

三、加载及测试准备

1.搭设观测脚手架及设置测点附属设施

(1)搭设观测脚手架

脚手架的设置要因地制宜、就地取材，方便观测仪表和保证安全，不影响仪表和测点的正常工作，不干扰测点附属设施。当桥下净空较大，不便设置固定脚手架时，可考虑采用轻便活动吊架，两端用尼龙绳或细钢丝绳固定在栏杆或人行道缘石上，整套设备使用前应进行试载以确保安全。活动吊架如需多次使用，可做成拼装式，以便于运输和存放。

(2)设置测点附属设施

在安装挠度、沉降、水平位移等测点的观测仪表时，一般需要设置木桩、木桩架或其他支架等测点附属设施。设置时既要满足仪表安装的需要，又使其不受结构本身的变形、位移的影响；同时应保证其稳定、牢固，能承受试验时可能产生的车辆运行、人行走动等的干扰。

晴天或多云天气下进行加载试验时，对于阳光直射下的应变测点，应设置遮挡阳光的设备，以减小温度变化造成的观测误差。雨季进行加载试验时，则应准备仪器、设备等的防雨设施。

2.静载试验加载轮位的放样和卸载位置的安排

静载试验前应在桥面上对加载轮位进行放样，以便于加载试验的顺利进行。如加载程序较少，可在每程序加载前临时放样；如加载程序较多，则应预先放样，且用不同颜色的标志区别不同加载程序时的荷载位置。

静载试验荷载卸载的安放位置应预先安排。卸载位置的选择既要考虑加、卸载方便，离加载位置近一些，又要使安放的荷载波不影响试验孔(或墩)的受力，一般可将荷载安放在台后一定距离处。对于多孔桥，如有必要将荷载停放在孔桥上，一般应停放在距试验孔较远处，以不影响试验观测为度。

3. 仪器检查与安装

试验需用的所有仪表均应在测试前进行检查，并按仪表本身的要求进行标定，满足测试精度要求。

采用电阻应变仪进行应变测试时，粘贴电阻片的人员应具有一定的经验，要根据现场温度、湿度等条件选择贴片及防潮工艺，尽量选用与工作应变片相同的材料制作温度补偿片。补偿片应尽量靠近应变片设置。

仪表、设备容易受到碰撞、扰动的部位应加保护设备，系保险绳或设置醒目的标志，以保证仪表正常工作。

仪表安装工作一般应在加载试验前完成，但也不应安装过早，以免仪器受损和遗失。注意仪表安装位置和方法正确与否。安装完毕应由有测试经验的人员进行检查，有时可利用过往车辆来观察仪表工作是否正常。

4. 温度稳定观测

仪表安装完毕后，一般在加载试验之前应对各测点进行一段时间的温度稳定观测。中间可每隔10min读数一次，观测时间应尽量选择与加载试验相同的气候条件；对观测造成的误差影响范围，或可用于测点的测值修正。

5. 加载物的称量

加载车队或等效重物，需先准确称量。称量所用衡具应在鉴定有效期内，其称量误差最大不得超过5%。

6. 试验人员组织及分工

桥梁荷载试验是一项技术性较强的工作，最好能组织专门的桥梁试验队伍来承担，也可由熟悉这项工作的技术人员为骨干来组织试验队伍。应根据每个试验人员的特长进行分工，每人分管的仪表数目除考虑便于进行观测外，应尽量使每人对所分管仪表进行一次观测所需的时间大致相同。所有参加试验的人员应能熟练使用所分管的仪器设备，否则应在正式开始试验前进行演练，以保证试验有条不紊地进行。

7. 其他准备工作

加载试验所需的安全设施、供电照明设施、通信联络设施等，以及桥面交通管制应根据荷载试验的需要进行准备。

四、加载试验

1. 预加载

在正式试验之前，一般对结构进行2～3次预加载。通过预加载使结构进入正常工作状态，消除结构非弹性变形，尤其是对于混凝土桥跨结构。若干次预加载后，荷载位移关系趋于稳定，呈较好线性。预加载同时可以检查全部测试设备工作是否正常，性能是否可靠；人员是否组织完善，操作是否熟练。预加载值不大于标准设计荷载和开裂荷载，一般分2～3级加至标准设计荷载或更小。预加载循环次数，需根据结构弹性工作的实际情况而定。若线性及回零很好，预加载1～2次便可正式进入试验。

2. 初读数

加载前对各仪表进行初读数。

3. 加载

应严格按设计的加载程序进行加载，荷载大小、截面内力大小都应由小到大逐渐增加。首先将第一级荷载的加载车辆行驶到桥上指定的加载位置，待变形稳定后，即可读一级荷载读数；然后进行下一级荷载加载。

加载和卸载的持续时间一般以结构变形达到稳定为原则，如果 5min 的变位增量小于量测仪器最小分辨值，或结构最后 5min 的变位增量小于前一个 5min 变位增量的 15%，均认为结构变位达到相对稳定。

当最后一级荷载加载完毕，荷载读数完成后，卸去桥梁上全部试验荷载，等待 30min，再读一次数，作为残余变形值。

4. 仪表的测读与记录

仪表的测读应准确、迅速，并进行记录，以便于资料的整理和计算。记录者应对所有测点量测值变化情况进行检查，看其变化是否符合规律，尤其应着重检查第一次加载时量测变化情况。对工作反常的测点应检查仪表安装是否正确，并分析其他可能影响其正常工作的原因，及时排除故障。对加载试验的控制点应随时观测，随时计算并将计算结果报告试验指挥人员。如实测值超过计算值较多，则应暂停加载，待查明原因再决定是否继续加载。试验人员如发现其他测点的测值有较大反常变化也应查找原因，并及时向试验指挥人员报告。

当采用记录纸记录动应力、动挠度或振动时，应将被记录的曲线调节至合适的幅度，使其既不超过记录纸的范围，又有适当的精度。

5. 加载过程的观察

加载过程中应指定人员随时观察结构各部位可能产生的新裂缝，旧有裂缝是否扩展，注意观察构件薄弱部位是否有开裂、破损，组合构件的结合部位是否有开裂错位，支座附近混凝土是否开裂，横隔板的接头是否拉裂，结构是否产生不正常的响声，加载时墩台是否发生摇晃现象等。如发生这些情况，应报告试验指挥人员，以便采取相应的措施。

6. 裂缝观测

加载试验中裂缝观测重点应放在结构承受拉力较大部位及原有裂缝较长、较宽的部位。在这些部位应测量裂缝长度、宽度，并在表面沿裂缝走向进行描绘。加载过程中观测裂缝长度及宽度的变化情况，可直接在表面进行描绘记录，也可采用专门表格记录。加载至最不利荷载及卸载后应对结构裂缝进行全面检查，尤其应仔细检查是否产生新的裂缝，并将最后检查情况填入裂缝观测记录表，必要时可将裂缝发展情况绘制在裂缝展开图上。

7. 终止加载控制条件

发生下列情况应中止加载：

(1)控制测点应力值已达到或超过用弹性理论或按规范安全条件反算的控制应力值时；

(2)控制测点变位(或挠度)超过规范允许值时；

(3)由于加载，结构裂缝的长度、宽度急剧增加，新裂缝大量出现，缝宽超过允许值的裂缝大量增多，对结构使用寿命造成较大的影响时；

(4)拱桥加载时沿跨长方向的实测挠度曲线分布规律与计算值相差过大或实测挠度超过计算值过多时；

(5)发生其他损坏，影响桥梁承载能力或正常使用时。

五、试验资料的整理

1. 试验资料的修正

(1)测值修正

根据各类仪表的标定结果进行测试数据的修正，如机械式仪表的校正系数，电测仪表的率定系数、灵敏系数，电阻应变观测的导线电阻影响等。当这类因素对测值的影响小于 1%时，可不予修正。

(2)温度影响修正

由于温度影响修正比较困难，一般不进行这项工作，而采取缩短加载时间、选择温度稳定性好的时间进行试验等办法，以尽量减小温度对测试精度的影响。

(3)支点沉降影响的修正

当支点有沉降量时，应修正其对挠度值的影响，修正量 c 可按下式计算(图 3-9-6)：

$$c=\frac{L-x}{L}\cdot a+\frac{x}{L}\cdot b \tag{3-9-2}$$

式中：c——测点的支点沉降影响修正量；

L——A 支点到 B 支点的距离；

x——挠度测点到 A 支点的距离；

a——A 支点沉降量；

b——B 支点沉降量。

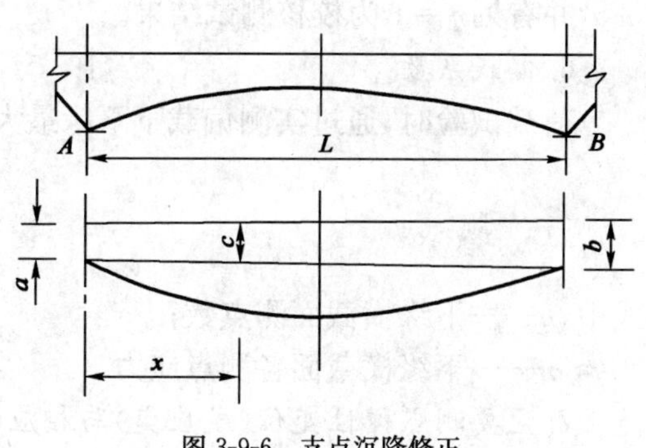

图 3-9-6　支点沉降修正

2. 各测点变位(挠度、位移、沉降)与应变的计算

根据量测数据作下列计算：

总变位(或总应变)$S_t=S_l-S_i$

弹性变位(或弹性应变)$S_e=S_l-S_u$

残余变位(或残余应变)$S_p=S_t-S_e=S_u-S_i$

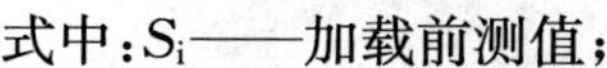

式中：S_i——加载前测值；

S_l——加载达到稳定时测值；

S_u——卸载后达到稳定时测值。

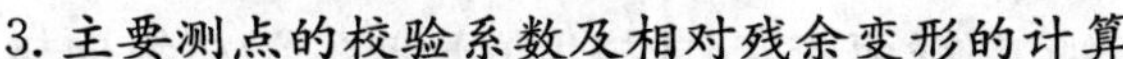

3. 主要测点的校验系数及相对残余变形的计算

对加载试验的主要测点(即控制测点或加载试验频率最大部位测点)进行如下计算：

(1)校验系数

$$\eta=\frac{S_e}{S_s} \tag{3-9-3}$$

式中：S_e——试验荷载作用下量测的弹性变位(或应变)值；

S_s——试验荷载作用下的理论计算变位(或应变)值。

S_e 与 S_s 可用实测的横截面平均值与计算值比较，也可考虑荷载横向不均匀分布而选用实测最大值与考虑横向增大系数的计算值进行比较。横向增大系数最好采用实测值，如无实测值也可采用理论计算值。

(2)相对残余变位(或应变)

$$S'_p=\frac{S_p}{S_t}\times 100 \tag{3-9-4}$$

式中：S'_p——相对残余变位(或应变)(%)；

S_p、S_t 意义同前。

4. 实测桥跨结构控制截面的力或位移影响线

在移动荷载下实测控制截面的应变和位移，可以转化为内力影响线和挠度曲线的纵坐标。若控制截面为 k，步长为 L/n，则影响线坐标应为 $0\cdots i\cdots n$。若实测结果为 α_i，其影响线坐标 y_i 为：

$$y_i=\frac{\alpha_i}{\sum p}\cdot D \tag{3-9-5}$$

式中：$\sum p$——移动荷载总重(kN)；

D——常数比例因子，如果所测内力是弯矩，$D=E\cdot W$(其中，E 为弹性模量，W 为截面抵抗矩)；若为剪力，$D=GJb/S$(其中，G 为剪切弹性模量，J 为抗扭惯性矩，b 为截面宽度，S 为面积矩)；若为挠度，则 $D=1$。在上述三种情况下，α_i 分别为移动荷载作用下的弯曲应变、剪应变和挠度值。

5.荷载横向分布系数

通过实测横向挠度影响线，利用变位互等定理，能方便地得到某梁在某种加载下的横向挠度分布。如各梁挠度值为 f_i，则第 j 梁的横向分布系数 η_j 为：

$$\eta_j=\frac{f_j}{\sum f_i} \tag{3-9-6}$$

并有 $\sum\eta_j=1$ 为校核测试结果。

6.偏载系数

荷载试验时，通过实测偏载下下缘最大应力和其平均应力的比值求得实测的偏载系数 K。

$$K=\frac{\sigma_{max}}{\sum_{1}^{n}\sigma_i/n} \tag{3-9-7}$$

式中：n——下缘横截面测点数；

σ_i——下缘横截面各测点应力。

7.主要测点弹性变位(或应变)与相应的理论计算值的关系

列出各加载程序中主要测点实测弹性变位(或应变)与相应的理论计算值的对照表，并绘出其关系曲线图。

8.裂缝发展状况

当裂缝数量较少时，可根据试验前后观测情况及裂缝观测表对裂缝状况进行描述；当裂缝发展较多时，应选择结构有代表性部位描绘裂缝展开图，图上应注明各加载程序裂缝长度和宽度的发展。除以上资料的整理外，还可根据需要整理各加载程序控制截面应变(或挠度)分布图、沿桥纵向挠度分布图等。

六、静力试验结果的分析与结构性能评定

经过荷载试验的桥梁，应根据整理的试验资料，分析结构的工作状况，进一步评定桥梁承载能力。结构性能评定根据如下资料进行：一是结构竣工时实测高程、线形和应力、裂缝状况；二是规范规定的挠度、强度和裂缝的容许值。

在进行评定时，应选择实测最大挠度和荷载效率最大的控制截面实测应力。

质量合格的混凝土桥梁结构，应满足下述几方面要求：

(1)与竣工基础数据相比较，可鉴定总体和局部劣化程度。

(2)结构实测最大应力、挠度及裂缝宽度不超过设计标准的容许值。

(3)校验系数 η 是评定结构工作状况，确定桥梁承载能力的一重要指标。不同结构形式的桥梁其 η 值常不同。铁路桥梁结构校验系数通常值见表 3-9-1。公路混凝土桥梁结构校验参考值见表 3-9-2。

铁路桥梁结构校验系数通常值 表 3-9-1

类　型	项　目	结构校验系数
上承板梁	上翼缘应力	0.75～0.85
	下翼缘应力	0.85～0.95
	挠度	0.75～0.85
下承板梁	主梁上翼缘应力	0.90～0.95
	主梁下翼缘应力	0.75～0.80
	纵梁下翼缘应力	0.80～0.58
	横梁下翼缘应力	0.90～0.95
	挠度	0.70～0.80

续上表

类 型	项 目	结构校验系数
上承桁梁	上弦应力	0.75～0.85
	下弦应力	0.85～0.95
	腹杆应力	0.90～0.95
	纵梁下翼缘应力	0.80～0.85
	横梁下翼缘应力	0.90～0.95
	挠度	0.75～0.85
下承桁梁	上弦应力	0.90～0.95
	下弦应力	0.70～0.80
	除吊杆外腹杆应力	0.90～0.95
	吊杆应力	0.95～1.00
	纵梁下翼缘应力	0.80～0.85
	横梁下翼缘应力	0.90～0.95
	挠度	0.70～0.80
钢筋混凝土梁	钢筋应力	0.55～0.65
	混凝土上翼缘应力	0.45～0.55
	挠度	0.55～0.65
预应力混凝土梁	钢丝应力	0.90～1.00
	混凝土翼缘应力	0.90～1.00
	挠度	0.70～0.80

公路混凝土桥梁结构校验系数参考值 表 3-9-2

类 型	应变(或应力)校验系数	挠度校验系数
钢筋混凝土板桥	0.20～0.40	0.20～0.50
钢筋混凝土梁桥	0.40～0.80	0.60～0.90
预应力混凝土桥	0.60～0.90	0.70～1.00
圬工拱桥	0.70～1.00	0.80～1.00

一般要求 η 值不大于 1，η 值越小结构的安全储备越大。η 值过大或过小都应该从多方面分析原因，如 η 值过大可能说明组成结构的材料强度较低，结构各部分联结性较差、刚度较低等；η 值过小可能说明材料的实际强度及弹性模量较高，梁桥的混凝土桥面铺装及人行道等与梁共同受力，拱桥拱上建筑与拱圈共同作用，支座摩阻力对结构受力有利，计算理论或简化的计算图式偏于安全等。试验时加载的称量误差、仪表的观测误差等也对 η 值有一定影响。

(4)实测值与理论值的关系曲线。

由于理论的变位(或应变)一般系按线性关系计算，所以如测点实测弹性变位(或应变)与理论计算值成正比，其关系曲线接近于直线，说明结构处于良好的弹性工作状况。

(5)相对残余变位(或应变)。

测点在控制加载程序时的相对残余变位(或应变)S_p/S_t应不大于 α。正常运营桥梁，应无残余挠度，若突然出现残余挠度，说明该桥受到严重损伤或截面某处进入弹塑性阶段。S_p/S_t越小说明结构越接近弹性工作状况。一般 α 取值为 20%；当 S_p/S_t大于 20%时，应查明原因，如确系桥梁强度不足，在评定时，应考虑降低桥梁的承载等级。

(6)裂缝是评定混凝土及预应力混凝土桥跨结构承载力及耐久性的主要指标之一，主要是评定受力裂缝的出现和扩展状态。

预应力桥跨结构在标准设计荷载下，一般不出现裂缝，或按预应力程度的不同，按相应规范查取；普通钢筋混凝土桥在标准设计荷载下，最大裂缝宽度一般不大于0.2mm。其他非受力裂缝，如施工、收缩和温度裂缝，受载后亦不应超过容许值。

结构出现第一条受力裂缝的试验荷载值应大于理论计算初裂缝荷载的90%。

运营中桥梁裂缝宽度限值见表3-9-3。

梁、拱及墩台恒载裂缝宽度限值 表3-9-3

<table>
<tr><th>类　型</th><th colspan="2">裂 缝 部 位</th><th>裂缝宽度限值(mm)</th></tr>
<tr><td rowspan="2">钢筋混凝土梁</td><td colspan="2">主筋附近竖向裂缝</td><td>0.25</td></tr>
<tr><td colspan="2">腹板竖向裂缝</td><td>0.30</td></tr>
<tr><td rowspan="3">预应力混凝土梁</td><td rowspan="2">梁体</td><td>竖向裂缝</td><td>不允许</td></tr>
<tr><td>纵向裂缝</td><td>0.2</td></tr>
<tr><td colspan="2">横隔板</td><td>0.3</td></tr>
<tr><td rowspan="2">石砌及混凝土拱</td><td colspan="2">拱圈横向</td><td>0.3</td></tr>
<tr><td colspan="2">拱圈纵向</td><td>0.5</td></tr>
<tr><td rowspan="5">墩台</td><td colspan="2">顶帽</td><td>0.3</td></tr>
<tr><td rowspan="3">墩身</td><td>经常受侵蚀性环境水影响</td><td>有筋0.1，无筋0.2</td></tr>
<tr><td>常年有水但无侵蚀性</td><td>有筋0.25，无筋0.35</td></tr>
<tr><td>干沟或季节性有水河流</td><td>0.4</td></tr>
<tr><td colspan="2">有冻结作用部分</td><td>0.2</td></tr>
</table>

(7)地基与基础。

当试验荷载作用下墩台沉降、水平位移及倾角较小，符合下部结构检算要求，卸载后变位基本恢复时，认为地基与基础在检算荷载作用下能正常工作。

当试验荷载作用下墩台沉降、水平位移、倾角较大或不稳定，卸载后变位不能恢复时，应进一步对地基、基础进行探查、检算，必要时应对地基基础进行加固处理。

若静力荷载试验结果不满足上述任何一项条件，则认为桥梁结构不符合要求，必须查明原因，并采取适当的措施(如降低通行荷载等级或进行必要的加固等，必要时按规定进行定期检验和长期观测)。

第二节　动载和运营荷载试验

一、动载及运营荷载试验的目的

桥梁结构的动载试验目的是研究桥梁结构的自振特性和车辆动力荷载与桥梁结构的联合振动特性。这些测试结果数据是判断桥梁结构运营状况和承载特性的重要指标。桥跨结构某振型的振动周期(或频率)与结构的刚度有着确定关系，尤其在研究桥跨结构的横向刚度时，往往以其横向振动周期为指标。在设计时亦要避免引起桥跨结构共振的强迫振动振源(如风、车辆等)的频率与桥跨结构自振频率相合，引起过大的共振振幅危及桥梁。

某一行车速度下，由于荷载的动力作用，结构的动挠度和动应力会增大，在设计中这种动力放大作用是采用冲击系数来考虑的。冲击系数是桥梁设计的重要技术参数，直接影响桥梁设计的安全与经济性能，实测并积累有关冲击系数的数据，是桥跨结构动载试验的任务之一。在某振动频率下，过大的振幅会使乘客和行人感觉不舒适。当桥梁振幅和频率处于某些范围时，外荷载(包括行驶车辆、行人、地震、风载、海浪冲击等)也可能会引起桥梁共振。近年来研究的桥梁结构病害诊断，实际也是以桥跨结构或构件固有频率的改变为根据的。因此新建的桥梁、运营一定年限后的桥梁以及对其结构承载能力有疑问的桥梁，均需进行动载试验。对于铁路桥梁，尤其高速铁路桥，通过车桥振动、轮轨作用测试，确定脱轨系数、轮对减载率和舒适度指标，以评定列车运行的安全性和舒适性，同时研究桥梁竖向和横向刚度指标。

二、试验项目

(1)桥梁结构动力反应的试验测定，主要是测定结构在动载作用下的反应，即结构在动载作用下强迫振动的特性，包括动位移、动应力、动力系数等。试验时，一般利用汽车以不同的速度通过桥跨而引起的振动来测定上述各种数据。

(2)测定桥跨结构的自振特性，如自振频率、振型和阻尼特性等，应根据预计的最大振幅或振动频率参数，正确布置传感器和测点，如悬臂梁与挂梁、上部结构与下部结构、行车道梁与索塔等的相互连接处和跨中。

(3)测定动载本身的动力特性，主要测定引起桥梁振动的作用力或振源特性，如动力荷载(包括车辆制动力、振动力、撞击力等)的大小、频率及作用规律。动力荷载大小通过安装在动力荷载设备底架连接部分的传感器直接量测记录，或以测定荷载运行的加速度(或减速度)与质量的乘积来确定。

(4)脱轨系数、轮对减载率及舒适度。

大多数情况下，动力试验内容往往偏重于(1)、(2)两项；对于铁路桥梁，第(3)、(4)项内容要实测机车在桥上的脱轨系数和与旅客舒适度有关的列车过桥时车桥联合振动的各项参数。

三、动载试验

1. 动载试验的测试项目

(1)检验桥梁强迫振动特性。通常采用火车车列或单辆或多辆汽车以不同车速通过桥梁，或在桥梁动力效应最大的检测位置进行制动(或起动)，汽车在桥上跳车等。

(2)测定桥梁自振特性，可利用环境激振进行脉动测试。

2. 动载试验的量测仪器

动载试验量测动应变可采用动态电阻应变仪并配以记录仪器，量测振动可选用低频拾振器并配低频测振放大器及记录仪器，量测动挠度可选用光电挠度仪或电阻应变位移计配动态电阻应变仪及记录仪器。

3. 动载试验效率

动载试验的效率为：

$$\eta_d = \frac{S_d}{S} \tag{3-9-8}$$

式中：S_d——动载试验荷载作用下控制截面最大计算内力值；

S——标准汽车荷载作用下控制截面最大计算内力值(不计入汽车荷载冲击系数)。

公路桥跨结构动载试验时，宜采用接近设计活载的车列，单车冲击系数较大，动力效率较低，误差较大。

4. 动载试验方案的主要内容

动载试验前，应编制试验方案，其主要内容为：

(1)试验目的、试验项目、试验工况编号、仪器设备准备等。

(2)根据试验目的和要求，确定测试项目、数量、激振安排，设计测点布置，每一测点均应有编号，测点布置应有总图。

(3)根据试验项目和激振及仪器设备绘制测试系统框图，按照系统配置情况将测点号、传感器号、放大器号、记录器号、连接导线号等，一一对应列成表格，以便于仪器安装和测试过程中的核对。

(4)制订试验日程，明确人员分工，使测试过程做到统一指挥，有序进行。

(5)为保证测试工作顺利和正常进行，应对联络方法、安全措施和有关事项等作出规定。

5. 准备工作

动载试验前，首先应按照试验方案进行准备工作，其内容包括：

(1)搜集与试验桥梁有关的设计资料和图纸，详细研究，慎重选择或确定试验荷载。

(2)现场调查桥上和桥两端线路状态、线路容许速度、车辆和列车实际过桥速度，和其他激振措施状态。

(3)了解有关试验部位情况，以确定测试脚手架搭设位置、导线的布设方法及仪器安放位置等。

(4)对测试的项目和测试断面，应按实际荷载和截面尺寸预先算出应力、位移、结构自振频率等，以便及时与实测值进行比较。

6. 测试工作

(1)跑车试验

动载试验一般安排标准汽车车列(对小跨径也可用单排车)在不同车速时的跑车试验，跑车速度一般定为5km/h、10km/h、20km/h、30km/h、40km/h、50km/h、60km/h。当车在桥上时为车桥联合振动，当车跨出桥后为自由衰减振动。对铁路桥跨结构，同样应安排以一定轴重装载的车列，以不同车速过桥，应测量不同行驶速度下控制断面(一般取跨中或中支点处)的动应变和动挠度，记录时间一般不少于0.5h或以波形衰减完为止。测试时需记录轴重、车速，并在时程曲线上标出首车进桥和尾车出桥的对应时间。动载测试一般应试验3组，在临界速度可增跑几趟，全面记录动应变和动位移。

(2)跳车试验

在预定激振位置设置一块高10～15cm的直角三角木，斜边朝向汽车。一辆满载重车以不同速度行驶，后轮越过三角木由直角边落下后，立即停车。此时桥跨结构的振动是带有一辆满载重车附加质量的衰减振动。在数据处理时，附加质量的影响应给以修正。跳车的动力效应与车速和三角木放置的位置有关。随车速的增加，桥跨结构的动位移、动应力会增加，从而冲击系数也会加大。跳车试验记录时间与跑车试验相同。

(3)制动试验

制动试验是测定车辆在桥上紧急制动时所产生的响应，用以测定桥梁承受活载水平力性能。制动试验是以行进车辆突然停止作为激振源，可以不同车速停在预定位置。制动试验数据同样需要进行附加质量影响的修正。由制动的位移时程曲线可读取自振特性和阻尼特性数据。不过此时是有车的质量参与的衰减振动，阻尼也非单纯桥跨结构的阻尼。制动记录项目与跑车相同，对记录的信号(包括振幅、应变或挠度等)进行频谱分析，可以得到相应的强迫振动频率等一系列参数。

(4)脉动试验

当桥跨结构无车辆通过时，桥跨结构处于环境激振之下，做振幅微小的振动。脉动测试需记录频谱信号，在高精度的信号分析仪上进行频谱分析，便得到频谱图；将频谱分析的数据再结合跑车、跳车、制动等的测试数据，综合分析便得可得到精确而真实的桥跨结构自振特性数据。脉动测试要求采用高灵敏度的传感器和放大器，同时要具备质量较高的信号分析设备及其相应软件。脉动试验记录时间不宜少于2h。大跨径桥梁测试断面多，对其可分断面记录，但每次应保证有一个参考点不动。

为了尽可能测出高阶频率，应当预先估算结构振型，以便在结构的敏感点布置传感器。为了进行动力分析或风、地震响应分析，对不同桥型，测量自振频率的阶数可以不同：悬索桥、斜拉桥不小于15阶；连续梁桥、刚构桥、拱桥和简支梁桥均不少于9阶。

7. 动载测试中应特别注意的问题

(1)动态测试仪器，由于存在频响、阻抗匹配及相位等问题，应至少保证一年整机标定一次。在振动台等条件具备的情况下，则最好是在测试前后各标定一次，以便取得准确的响应值。在标定内容上至少做频响特性、幅值线性两项试验，并给成图形。

(2)每次动态测试前应进行现场的灵敏度比对和相位一致性试验。

(3)振动测量应尽量测定位移(动位移)值和加速度值。前者反映刚度，后者反映动荷载。因此尽量采用位移传感器和加速度传感器，尽量少用微积分线路，以提高测定值精度。

(4)振动测量应包括三维空间值，即桥轴水平向、横桥水平向和横桥垂直向。在记录与分析中亦应明确标明，工况记录要详细准确。

在正式测试之前，项目负责人应检查无载状态下应变仪各测点的零状态是否良好，其变化不超过$\pm5\mu\varepsilon$。

8.动力试验资料的整理

(1)脉动试验信号谱分析

脉动试验时，信号由加速度传感器输出，并经由电荷放大器放大成模拟量，经由 A/D 转换和快速傅里叶变换(FFT)处理，包括数据采集、信号与系统分析、模态分析等，这样的设备系统称频谱分析系统。图 3-9-7 所示即为一台微机、相应软件组成的微机频谱分析系统。图中低通滤波器不一定是必要的。

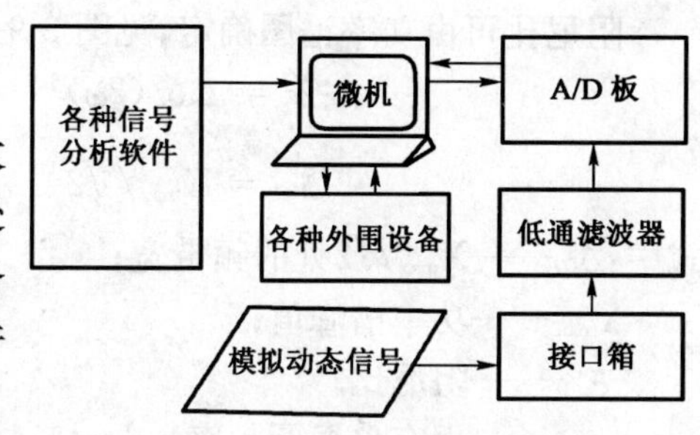

图 3-9-7　微机频谱分析系统示意图

由脉动信号的频谱分析可得到结构的各项自由振动频率、振型和阻尼比特性。图 3-9-8 及表 3-9-4 给出脉动信号频谱分析结果实例。

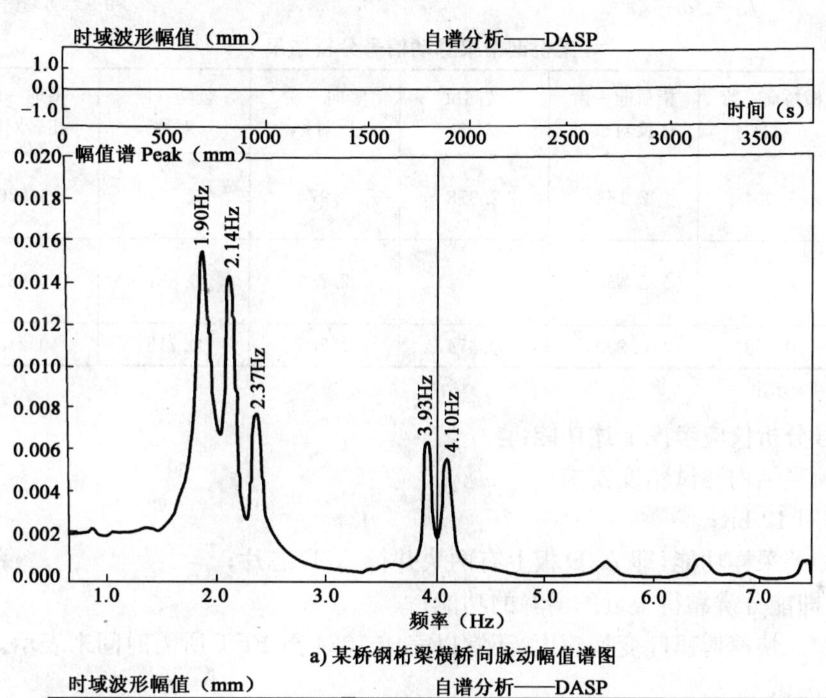

a) 某桥钢桁梁横桥向脉动幅值谱图

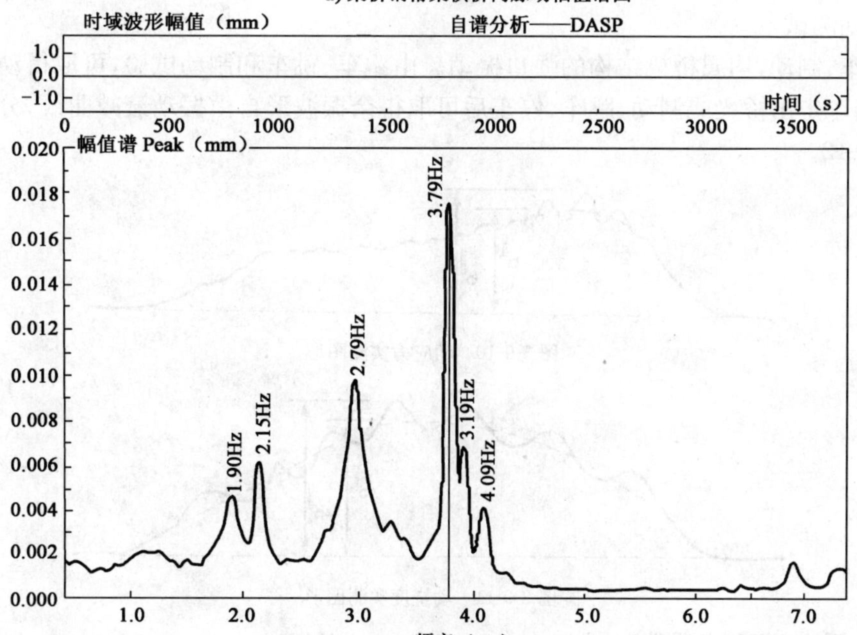

b) 某桥钢桁梁竖桥向脉动幅值谱图

图 3-9-8　脉动信号分析输出幅值图

阻尼比可由功率谱图确定，见图 3-9-9。

$$\xi\% = \Delta\omega/(2\omega)$$

$$\Delta\omega = X_{max}/\sqrt{2}$$

式中：$\Delta\omega$——$X_{max}/\sqrt{2}$处的频带宽；

X_{max}——功率谱峰值；

$\xi\%$——阻尼比；

ω_0——固有自振圆频率；

f_0——自振频率；

$$f_0 = \omega_0/2\pi$$

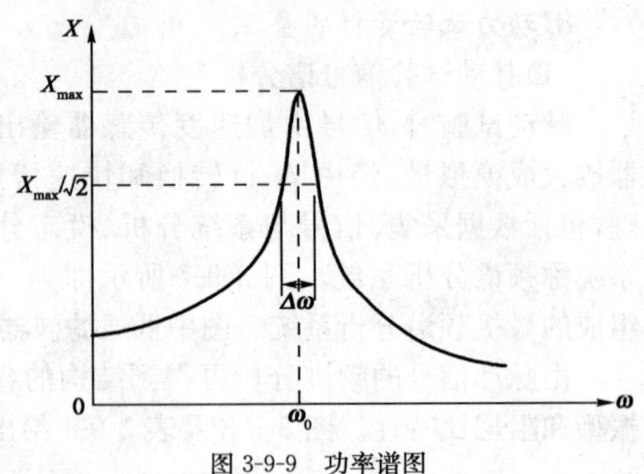

图 3-9-9　功率谱图

某桥钢桁梁脉动信号分析结果　　表 3-9-4

振动阶次及振动方向、振动参数	横桥向一阶对称	横桥向一阶反对称	横向反对称	竖向一阶反对称	竖向一阶对称	横向一阶扭转对称	横向一阶扭转反对称
实测频率(Hz)	1.904	2.153	2.373	2.974	3.794	3.926	4.102
计算频率(Hz)	2.155	2.450		2.786	3.881	3.881	4.217
实测阻尼比 ξ%	0.493	0.299	0.474	1.785	0.715	0.218	0.302

注：各阶相应振型图未示出。

选择振动信号分析仪应考虑下述功能：

①采样频率满足结构测试精度要求；

②分辨率，常用 12 bit；

③双通道无相差采样功能，即 A/D 板上有两块并行 A/D 芯片；

④细化功能，即能分辨靠得很近的谱峰的功能；

⑤分析速度快。快速傅里叶变换速度，还常以完成 1024 点 FFT 所需时间来表示。

(2)强迫振动测试

①跑车、跳车、制动，均属桥梁结构的强迫振动。由跑车、跳车和制动试验，可取得动挠度、动应力和动振幅曲线。当车走出桥梁或制动、跳车、停车后可取得余振波形自由振动衰减曲线，分别见图 3-9-10、图3-9-11、图 3-9-12。

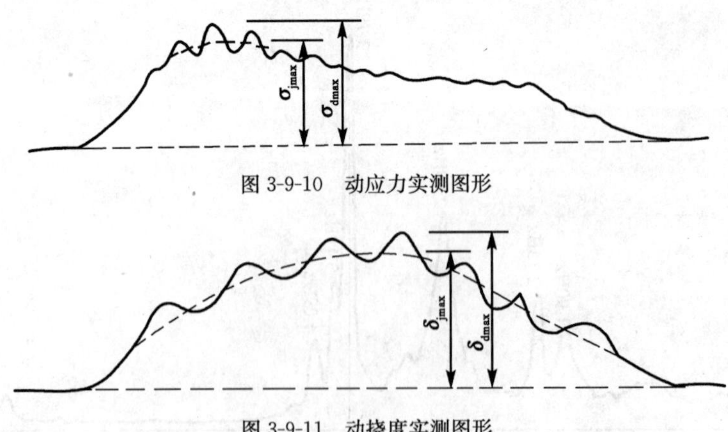

图 3-9-10　动应力实测图形

图 3-9-11　动挠度实测图形

②活载冲击系数(即动力系数)

活载冲击系数(不同速度下)可根据记录的动应力(图 3-9-10)或动挠度曲线(图 3-9-11)，进行分析整理而得，可按下式计算。

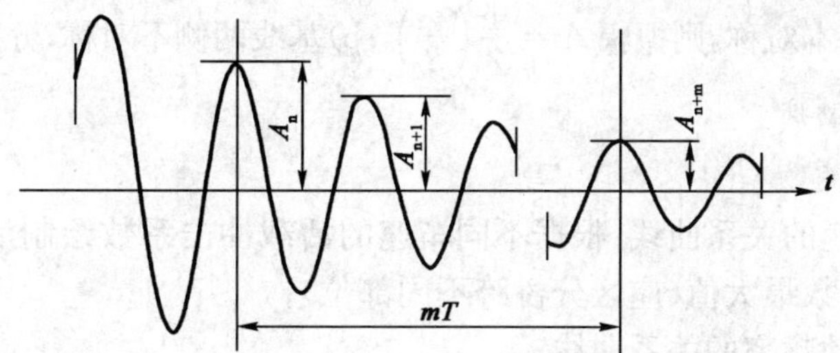

图 3-9-12　自由衰减振动波形

$$1+\mu=\frac{S_{max}}{S_{mean}} \tag{3-9-9}$$

式中：S_{max}——动载作用下该测点最大应变(或挠度)值，即量大波峰值；

S_{mean}——相应的静载作用下该测点平均应变(或挠度)值(可取本次波形的振幅中心轨迹线的顶点值)；

$$S_{mean}=\frac{1}{2}(S_{max}+S_{min})$$

S_{min}——与 S_{mean} 相应的最小应变(或挠度)值(即同周期的波谷值)。

不同部位的冲击系数是不同的。一般情况是：梁桥给出跨中和支点部位的冲击系数；斜拉桥和悬索桥给出吊点和加劲梁跨中点部位的冲击系数；而钢桁梁桥应区别弦杆、腹杆、纵梁、横梁分别给出冲击系数。

(3)强迫振动(不同车速引起)的频率、振幅、加速度

根据各工况的振动曲线，按下式分析，即可算得桥梁的振动频率，见图 3-9-12。

$$f=\frac{l}{t}\cdot\frac{N}{S} \tag{3-9-10}$$

式中：l——两时间符号间的距离(mm)；

t——时间符号的时间间隔(s)；

N——波形数；

S——N 个波的长度(mm)。

(4)由自由衰减振动计算自振频率及阻尼比

自振频率及阻尼比可由实测时域余振波形自由振动衰减曲线确定，见图 3-9-12(自由衰减振动波形)。$f_0=\frac{m}{mT}$，阻尼比为 $\xi\%=\frac{1}{2\pi}\cdot\frac{1}{m}\ln\frac{A_n}{A_{n+m}}$，其中 m 为自由衰减波形图上量取的振幅的整周期波数。

竖向振动振幅见图 3-9-13(竖向振动波形)。

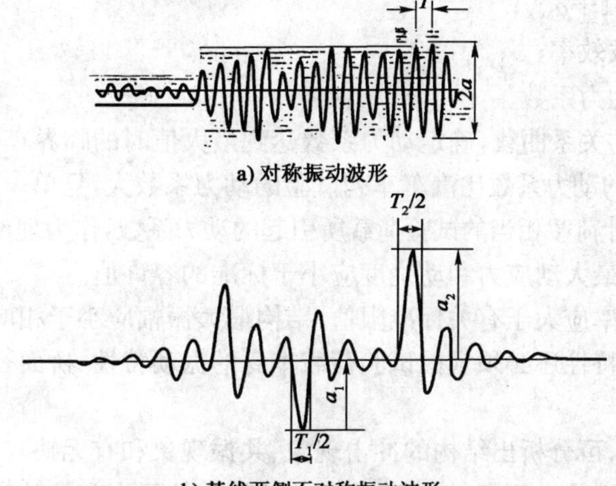

a) 对称振动波形

b) 基线两侧不对称振动波形

图 3-9-13　竖向振动振幅

图 3-9-13a)基线两侧基本对称，则振幅 $A=\frac{1}{2}\left(\frac{2\alpha}{\beta}\right)$；b)基线两侧不对称，分别得出 $A_1=\frac{\alpha_1}{\beta_1}$，$A_2=\frac{\alpha_2}{\beta_2}$，其中 β 为相应于 T 的放大倍数。

(5)振动特性曲线

①活载冲击系数与车速的关系曲线：根据不同车速的活载冲击系数绘制活载冲击系数与车速的关系曲线，并求出活载冲击系数最大值(应区分桥跨不同部位)；

②动力系数与强迫振动频率的关系曲线；

③车速与强迫振动频率的关系曲线；

④卸载后(车辆出桥后)的结构自振频率。

(6)振型曲线

将桥跨结构分为若干区段，在区段的中间或区段的分界处设置拾振器，测取同一瞬间各测点处的振幅和相位差，即可点绘出振型曲线。一般情况下，实测混凝土桥跨结构前三个振型对桥跨结构动力特征研究较有意义，特别是第一、二振型。

(7)结构的自振特性修正

结构的自振频率可根据桥梁承受冲击荷载后产生余振的动应力、挠度或振动曲线分析而得，也可根据桥上无车时的脉动曲线分析而得，两者应能吻合。当激振荷载对结构振动具有附加质量影响(如用汽车跳车或落锤激振)时，应采用下列近似公式修正。

$$T_0=T\sqrt{\frac{m_0}{m_0+m}} \tag{3-9-11}$$

式中：T_0——修正后的自振周期；

T——实测有附加质量的周期；

m——车辆的附加质量；

m_0——跳车或制动处，结构的换算质量。

结构的换算质量，可用装载不同质量 m_1、m_2 的重车进行跳车或制动，分别实测自振周期 T_1 和 T_2，并按式(3-9-12)求得 m_0。

$$m_0=\frac{T_1^2m_2-T_2^2m_1}{T_2^2-T_1^2} \tag{3-9-12}$$

9. 动力试验结果的评定与分析

(1)车辆荷载作用下测定结构的动力系数 δ_{max} 应满足下列关系式：

$$(\delta_{max}-1)\eta_d\leqslant\delta-1 \tag{3-9-13}$$

式中：δ_{max}——动力系数，即 $1+\mu_{max}$；

η_d——动力试验荷载效率；

δ——设计取用的动力系数。

根据动力系数与车速的关系曲线，确定动力系数达到最大值时的临界车速。

实际测定中，单车试验的动力系数比汽车车列试验的动力系数大，且单车的荷载效率低，因而量测的误差也大，因此应采用与设计荷载相当的试验荷载所引起的动力系数，作为理论动力系数比较的数据。

(2)结构控制截面实测最大动应力和动挠度应小于标准的容许值。

(3)结构的最低自振频率应大于有关标准限值，结构最大振幅应小于相应标准限值。

(4)评定桥梁受迫振动特性还必须掌握试验荷载本身的振动特性、桥面行车条件(伸缩缝)和路面局部不平整等的影响。

(5)根据结构振动图形，可分析出结构的冲击现象、共振现象和有无缺陷。

(6)桥梁本身的动力特性的全面资料，可作为评价结构物抗风力和抗地震力性能的计算参数。复杂结构的桥梁动力性能，还需要借助于模型的动力试验或风洞试验进行研究。

(7)定期检验的桥梁，通过基础数据动力结果的比较，可检查结构的劣化程度，如果结构的刚度降低(单位荷载的振幅增大)及频率显著减小，应查明结构可能产生的损坏。

(8)如果结构动力试验结果不满足上述(1)项条件，应分析动力系数与车速的关系和车速与强迫振动频率的关系，采取适当的措施(如限制车速和改进结构的动力性能等)。

10.荷载试验报告的内容

(1)按照试验计划大纲的内容，简要介绍试验实施概况。

(2)试验前后和试验期间对桥梁进行外观检查所得到的结构状况(包括构件锈蚀、裂缝和损坏以及混凝土结构碳化深度、强度劣化等)以评定耐久性状况。

(3)量测数据的计算结果和各种关系曲线。

(4)对试验成果的分析与评定，包括试验值与理论计算值、基础数据和标准规定值的比较，对结构承载力状况、耐久性状况和运营状况做出评估结论。

(5)关于结构适用性、耐久性、设计合理性的评定和桥梁安全运营条件的建议。

(6)试验和报告的日期、主持和参加单位及人员名称，主持者签名。

(7)附录：根据桥梁实际状况和按试验荷载校核计算的资料、试验数据的汇总图表、试验现场的结构检查的照片等。

第三节　成桥检测实例

虎背山桥位于广深高速公路宝安段。该桥为一跨越山间谷地之高架桥，桥墩高度在12～13m，桥型为30m的连续T形刚构，采用先简支后刚构的施工方法。因线路前进方向有一分离式隧道，故该高架桥按左、右线分离式设计，每线均为三车道。该桥右线曾在施工过程中发生盖梁裂缝，并更改设计进行过修补。为保证桥梁运营的可靠性，检验桥梁结构的承载能力及其工作状况，受广深珠高速公路总承包集团委托，铁道部大桥局桥梁科学研究院于1994年对虎背山桥右线进行了静、动载试验检测。

一、静载试验检测

1.试验目的

(1)验证设计理论，判断结构的强度和刚度能否满足设计要求。

(2)检测盖梁变形行为及受力状态。

(3)检验施工质量。

2.试验项目

(1)右线第一联第一跨及第三跨跨中截面的挠度及应力检测；

(2)1号、2号墩固结点附近截面由负弯矩而产生的应力检测；

(3)2号固结盖梁跨中及悬臂根部弯曲应力检测；

(4)6号支座盖梁跨中及悬臂根部应力检测；

(5)固结盖梁及6号支座盖梁裂缝观测。

3.测试断面及测点布置

测试断面全部选在右线第一联，梁体测试断面位置见图3-9-14。

梁体测试断面、2号固结盖梁、6号支座盖梁及2号墩墩身的测点布置见图3-9-15。

4.试验荷载

采用车重加载，以质量为20t的载重车代替汽车—超20车列作为试验荷载。为弥补没有质量为55t的重车的不足，采用加大车辆密度(缩小车辆间距)的方法，来达到试验荷载与设计荷载等效的目的。

试验共用8辆重车，经称重计量后，按不同工况进行试验加载。试验时，一次加在指定轮位，按最不

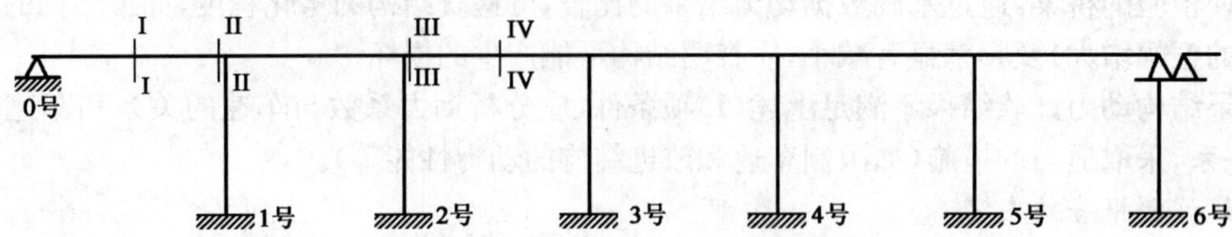

图 3-9-14 梁体测试断面

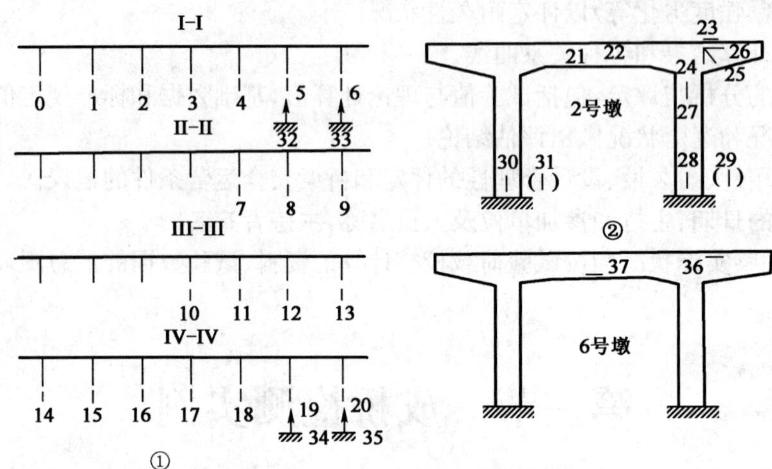

图 3-9-15 测点布置

注：①32～35 为挠度测点，其他为应力测点；②( )为墩身背后测点。

利加载方法，通过计算得出纵向内力影响线，用试验车列和设计车列比较，算出加载效率为 90%，符合《大跨径混凝土桥梁的试验方法》的要求。每次加载稳定一段时间后，采集各测点检测数据。加载轮位见图 3-9-16，分为如下七种工况：

(1)工况 1：第一跨跨中偏载最大弯矩，主测 I—I 断面应力、挠度。

(2)工况 2：第三跨跨中偏载最大弯矩，主测 IV—IV 断面应力、挠度。

(3)工况 3：1 号墩固结点偏载负弯矩，主测 II—II 断面应力、挠度。

(4)工况 4：2 号墩固结点偏载负弯矩，主测 III—III 断面应力、挠度。

(5)工况 5：2 号墩固结盖梁最大弯矩，主测 2 号盖梁上各点应力及观测裂缝。

(6)工况 6：6 号支座盖梁最大弯矩，主测 6 号支座盖梁上各点应力及观测盖梁裂缝。

(7)工况 7：6 号支座盖梁弯矩，主测 6 号支座盖梁悬臂根部应力。

5. 试验结果及分析

(1)第一跨及第三跨跨中挠度测试结果见表 3-9-5。

主梁挠度实测值 表 3-9-5

工 况	1			2		
测点号	32	33	34	32	33	34
挠度(mm)	+6.10	+5.96	+2.03	+2.24	+2.38	+4.85
工 况	3			4		
测点号	32	33	34	32	33	34
挠度(mm)	+3.6	+3.56	−0.39	−0.85	−0.91	+2.57

注：挠度向上为负，向下为正。

由表 3-9-5 可见，在工况 1 荷载作用下，第一跨边梁挠度值最大，达到 6.10mm，但与其跨长之比为 1/4910，远小于《公路钢筋混凝土及预应力混凝土桥涵设计规范》(JTG D62—2004)中的 1/600，表明结

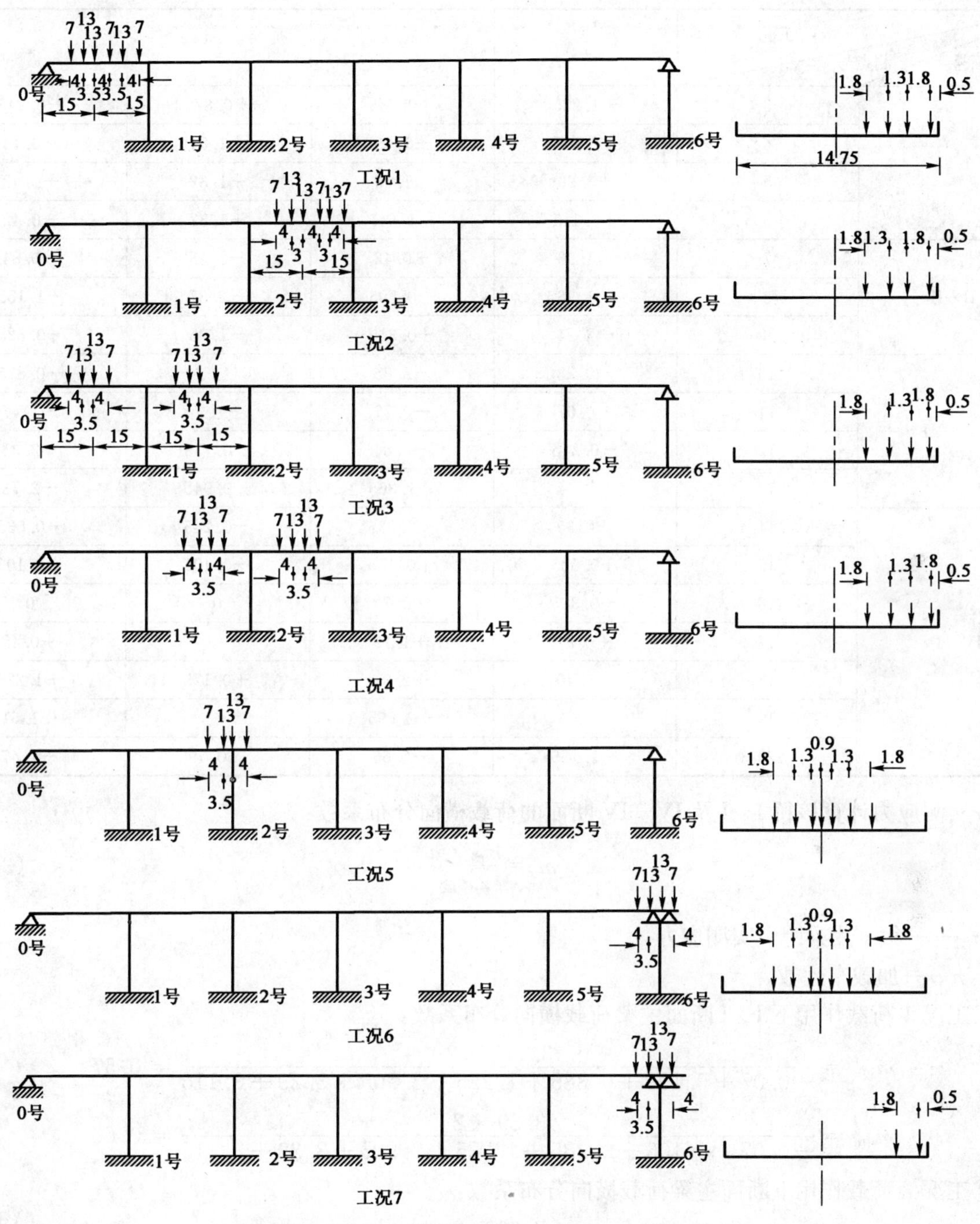

图 3-9-16　加载轮位(轴距单位:m,轴重单位:10kN)

构具有足够的刚度。

(2)第一跨及第三跨各断面梁体实测应力见表 3-9-6。

梁体实测应力(单位:MPa)　　表 3-9-6

断面号 \ 测点号 \ 工况		1	2	3	4
I—I	0	−0.07	+0.175	−0.28	+0.035
	1	+0.105	+0.14	−0.14	+0.14
	2	+0.385	—	−0.035	−0.14

续上表

断面号 \ 测点号 \ 工况		1	2	3	4
I—I	3	+1.225	+0.735	+0.875	−0.245
	4	+2.905	+1.05	+1.54	−0.14
	5	+3.29	+1.19	+1.82	−0.42
	6	+3.115	+1.645	+1.82	−0.42
II—II	7	−1.96	−0.42	−2.38	−0.84
	8	−1.96	−0.595	−2.87	−1.155
	9	−2.24	−0.315	−1.05	−0.525
III—III	10	−0.28	−5.25	—	−0.875
	11	−0.07	−0.77	−0.7	−1.47
	12	−0.245	−0.84	−0.735	−2.31
	13	−0.14	−1.365	−0.945	−2.73
IV—IV	14	+0.35	−0.035	−0.245	−0.035
	15	+0.525	+0.455	+0.105	−0.105
	16	+0.385	+0.72	0	0
	17	+0.91	+1.19	—	+0.42
	18	+1.40	+2.31	+0.175	+1.225
	19	—	+2.695	—	+1.61
	20	+1.155	+2.66	+0.49	+1.47

按实测应力计算该桥 I—I 及 IV—IV 断面的荷载横向分布系数：

$$m_{ic}=\frac{\sigma_{测}\cdot n}{\sum\sigma_{测}} \tag{3-9-14}$$

式中：$\sigma_{测}$——第 i 片梁跨中实测应力；

n——加载车道数。

①工况 1 荷载作用下 I—I 断面主梁荷载横向分布系数：

$$m_{边c}=\frac{3.115\times2}{-0.07+0.105+0.385+1.225+2.905+3.29+3.115}=0.57$$

$$m_{中c}=\frac{3.29\times2}{-0.07+0.105+0.385+1.225+2.905+3.29+3.115}=0.60$$

②工况 2 荷载作用下断面主梁荷载横向分布系数：

$$m_{边c}=\frac{2.66\times2}{-0.035+0.455+0.72+1.19+2.31+2.695+2.66}=0.53$$

$$m_{中c}=\frac{2.695\times2}{-0.035+0.455+0.72+1.19+2.31+2.695+2.66}=0.54$$

主梁梁底应力计算：

$$\sigma_h=\frac{M}{W}\cdot m_c \tag{3-9-15}$$

式中：M——车道试验荷载作用下主梁跨中弯矩。

③工况 1 荷载作用下 I—I 断面主梁计算应力：

$$\sigma_{边h}=\frac{2214.5\times0.57\times10^5}{2.593\times10^8/7}\times134.2\times10^{-2}=4.573(\text{MPa})$$

$$\sigma_{中h}=\frac{2214.54\times0.6\times10^{5}}{2.593\times10^{8}/7}\times134.2\times10^{-2}=4.814(\text{MPa})$$

④工况 2 荷载作用下 IV—IV 断面主梁计算应力：

$$\sigma_{边h}=\frac{1799.2\times0.53\times10^{5}}{2.593\times10^{8}/7}\times134.2\times10^{-2}=3.455(\text{MPa})$$

$$\sigma_{中h}=\frac{1799.2\times0.54\times10^{5}}{2.593\times10^{8}/7}\times134.2\times10^{-2}=3.520(\text{MPa})$$

主梁跨中实测应力与计算应力比较，见表 3-9-7。

主梁实测应力与计算应力比较　　表 3-9-7

主 梁 位 置	第 1 跨边梁	第 1 跨中梁	第 3 跨边梁	第 3 跨中 1 梁
实测(MPa)	3.115	3.29	2.66	2.695
计算(MPa)	4.573	4.814	3.455	3.52
实测/计算(%)	68.1	68.3	77.0	76.6

从表 3-9-7 看出，主梁实测应力与计算应力的比值为 70%左右，均在合理范围内，表明梁体强度有一定的安全储备。

(3)2 号墩墩身实测应力见表 3-9-8。由表 3-9-8 可看出，在几种工况荷载情况下，最大拉应力增量位于荷载偏载一侧墩身上方，其值为 0.945。

2 号墩墩身应力实测值(单位：MPa)　　表 3-9-8

测点号 \ 工况	1	2	3	4	5
27	+0.385	+0.945	−1.47	−0.91	−0.945
28	−0.42	−1.19	−0.07	−1.435	−0.77
29	−0.315	−0.56	−1.155	−1.365	−0.77
30	+0.175	+0.14	+0.175	+0.105	−0.595
31	+0.105	−0.105	+0.385	+0.315	−0.63

(4)盖梁应力实测结果见表 3-7-9。26、37 测点试验时被破坏，没有测到有效数据。从表 3-9-9 看出，2 号墩固结盖梁跨中最大拉应力增量为 1.98MPa，此值已接近墩身混凝土的抗拉强度。由于试验时照明条件的限制，无法清楚看出在此处有无裂缝产生或扩展，建议在运营过程中注意观测盖梁裂缝扩展情况。在试验荷载作用下，支座盖梁悬臂根部拉应力增量为 0.315MPa，在试验中肉眼观察，没有发现新裂缝产生。经用读数放大镜观察，既有裂缝没有扩展。

盖梁实测应力(单位：MPa)　　表 3-9-9

测点号 \ 工况	5	6	7
21	+1.98	—	—
22	+0.245	—	—
23	+0.105	—	—
36	—	—	+0.315

二、动载试验检测

1. 脉动测试

当桥上无汽车行驶和其他的周期性干扰力时，在风、地面微动等环境因素的作用下，桥梁所受的激励是平稳和各态历经宽带随机力。其响应的主谐量，是在其固有频率附近的振动，从而可通过脉动测试确定结构的固有频率。

2. 行车动力响应测试

本桥跨结构的动载试验检测包括：试验车辆以 40km/h、50km/h、…、90km/h 的速度进行的跑车试验；7 号墩与 8 号墩之间跨中断面的制动试验；以及 8 号墩与 9 号墩之间跨中的跳车试验。用一辆质量为 20t 的载重车为试验车，障碍物是 10cm×15cm×300cm 的三角木，汽车分别以 20km/h、30km/h、40km/h 的行车速度跳过三角木。制动试验中，汽车的制动方向为顺桥向，制动前速度分别为 20km/h、30km/h、40km/h。在行车动力响应检测中，沿汽车行驶的桥南侧车道均布置了传感器。传感器均为 891 型拾振器，测点布置如图 3-9-17 所示。测试分析流程如图 3-9-18。

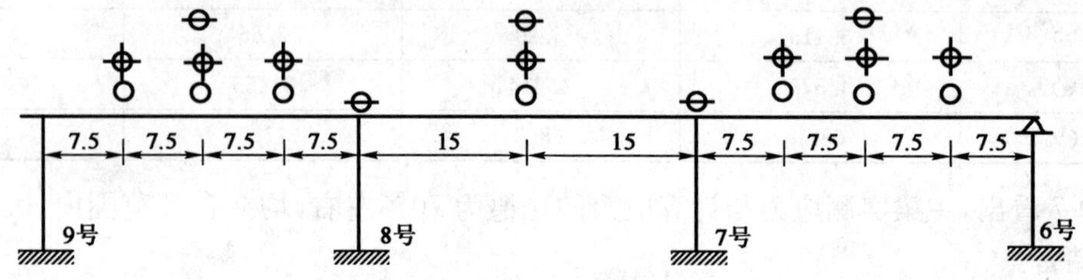

图 3-9-17 拾振器位置示意（尺寸单位：m）

3. 测试结果及分析

(1)通过对脉动响应信号作 FFT 分析，得各测点的位移功率谱，可以看出连续刚构桥的模态较密集，谱成分丰富。进一步进行宽带随机响应的互相关分析，做出第二跨跨中与第三跨跨中的竖向振动的互功率谱，从而识别得到虎背山高架桥的横向基频为 1.1Hz(示例见图 3-9-19)，竖向基频为 4.275Hz。

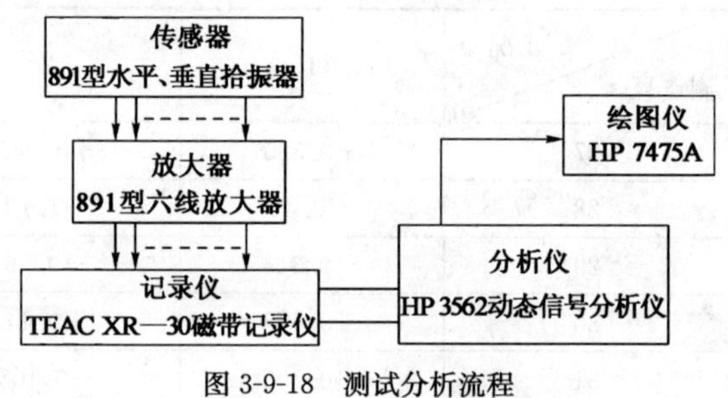

图 3-9-18 测试分析流程

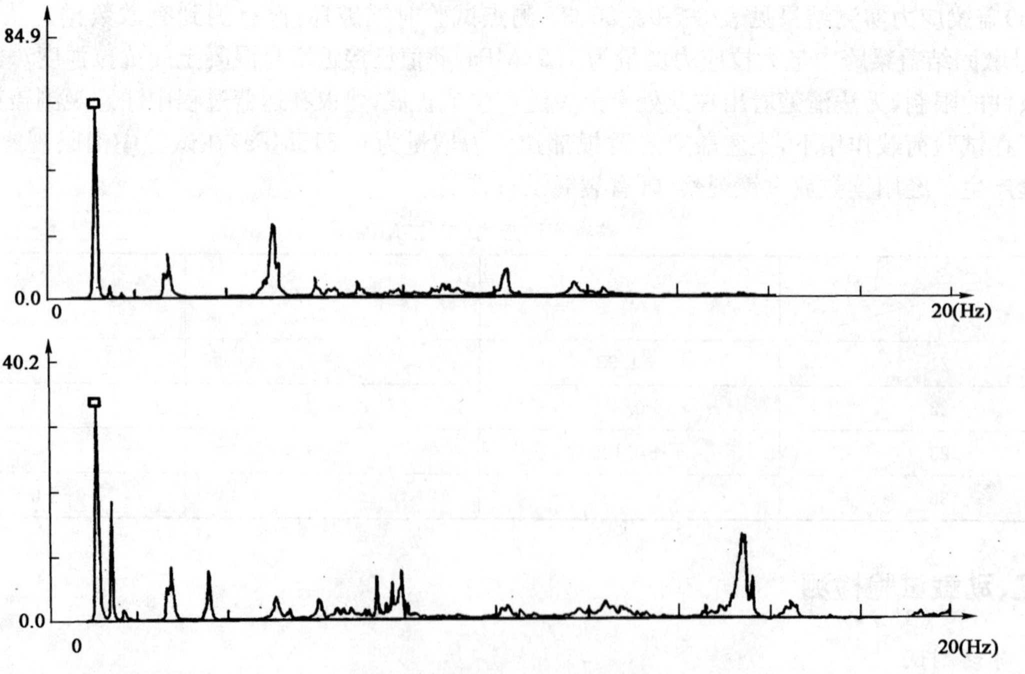

图 3-9-19 脉动测试桥梁反应谱示意图

由于测试过程中，仪器存在零漂以及外界的干扰，分析时对信号作了高低通滤波处理。为保证分析信号不产生混频失真，频率分辨选择 0.025Hz。

(2)跑车试验检测时，由于路面的粗糙不一和汽车自身振动特性等因素，汽车对桥梁的作用为一随机力叠加一个移动质量对桥梁的作用。跑车 40km/h 情况下的曲线示例见图 3-9-20。

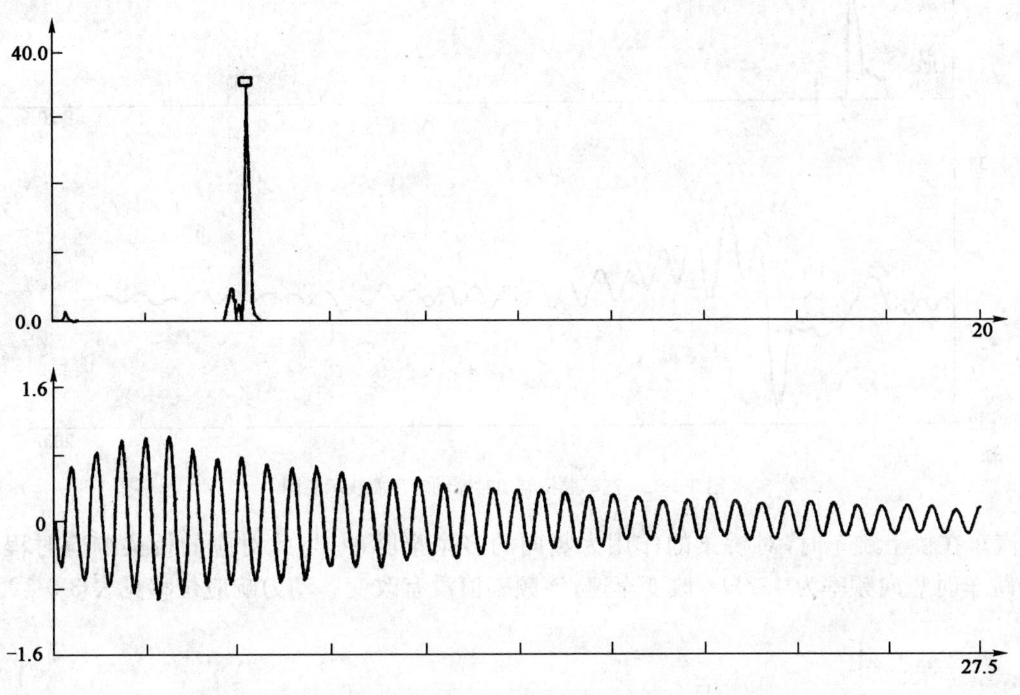

图 3-9-20　跑车 40km/h 桥梁反应时程示意图

跑车时，各种车速下桥梁结构主频几乎没有变化，横向振动主频约为 1.075Hz，竖向振动主频约为 4.225Hz。跑车时梁的最大反应竖向动位移列于表 3-9-10，与这些竖向位移响应所对应的冲击系数在 0.15～0.29 之间，冲击系数的大小与车速有一定关系。

跑 车 试 验(单位：mm)　　表 3-9-10

位置和方向 \ 速度(km/h)	三跨跨中	三跨跨中	二跨跨中	二跨跨中	一跨跨中	一跨跨中
	竖向	横桥向	竖向	横桥向	竖向	横桥向
40	0.220	0.186	0.877	0.104	0.116	0.158
50	0.613	0.126	0.246	0.156	0.752	0.137
60	0.321	0.678	0.315	0.450	0.690	0.159
70	0.787	0.269	0.480	0.143	0.880	0.130
80	1.169	0.741	0.683	0.230	0.890	0.145
90	0.976	0.764	0.667	0.229	1.001	0.151

(3)汽车顺桥制动时，振动时程曲线为振幅衰减波，顺桥频率为 3.025Hz(图 3-9-21)。改变车速时，该频率基本不变。顺桥向制动时，顺桥动力响应位移见表 3-9-11。

制 动 试 验(单位：mm)　　表 3-9-11

位置和方向 \ 速度(km/h)	8号墩顶	二跨跨中	二跨跨中	二跨跨中	7号墩顶
	顺桥向	竖向	横桥向	顺桥向	顺桥向
20	0.185	0.206	0.184	0.166	0.132
30	0.151	0.123	0.240	0.128	0.111
40	0.162	0.127	0.252	0.147	0.124

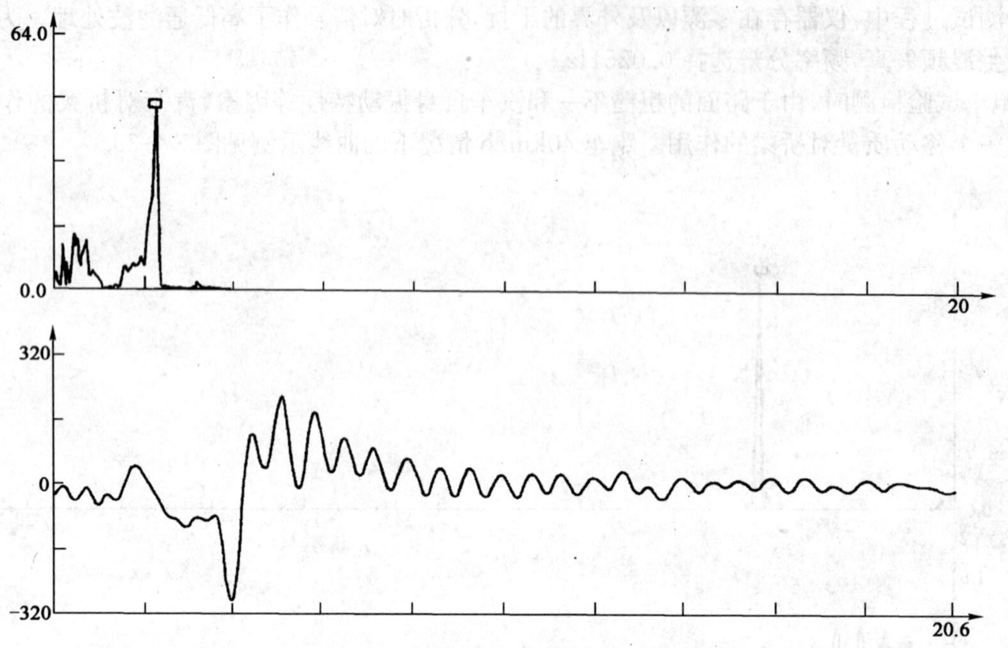

图 3-9-21　汽车顺桥制动时振动时程曲线示意图

(4)汽车在桥上跳车时，对桥梁的作用为竖向的多个窄脉冲，与此对应的桥梁响应时程曲线见图3-9-22。跳车时竖向频率为 4.2Hz，改变车速，该频率值没有改变。动力响应位移见表 3-9-12。

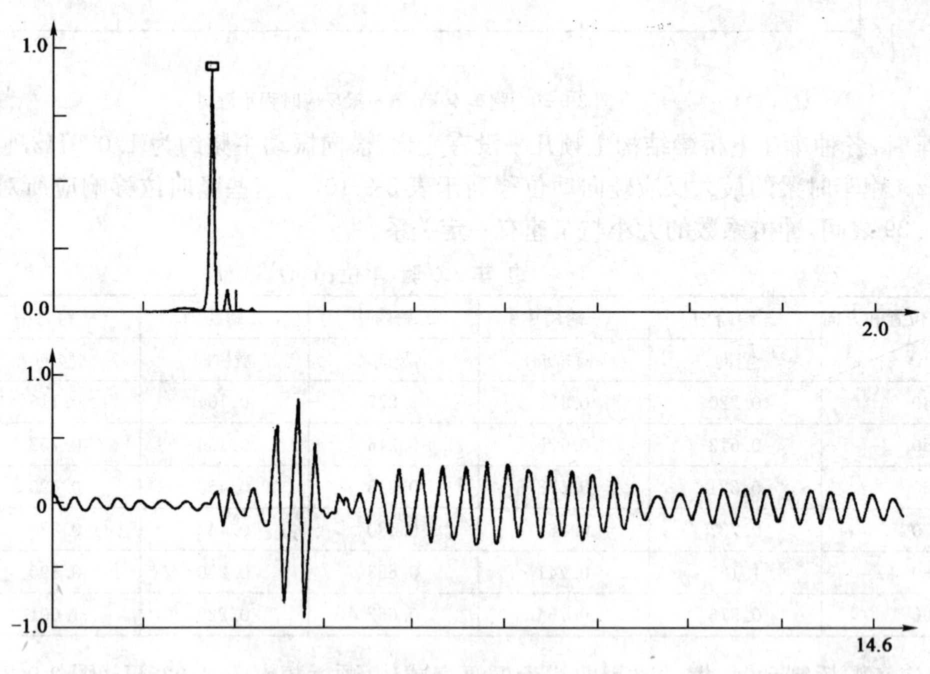

图 3-9-22　汽车跳车时振动时程曲线

跳 车 试 验(单位:mm)　　表 3-9-12

位置和方向 速度(km/h)	三跨跨中 竖向	三跨跨中 顺桥向	三跨跨中 横桥向	二跨跨中 竖向	二跨跨中 横桥向	二跨跨中 顺桥向
20	2.443	0.112	0.268	1.454	0.228	0.095
30	1.785	0.050	0.346	1.027	0.156	0.053
40	1.238	0.059	0.289	0.963	0.298	0.036

测试结果所给出的跑车、制动、跳车试验检测的动力响应位移，是比较了每种工况下重复的三次测试分析结果而得出的最大动位移值(倍振幅)。

通过各种工况幅频特性分析，推算出跑车时，横桥向阻尼比为0.033，竖向阻尼比为0.013；制动时，顺桥向阻尼比为0.049。

(5)由于驾驶员在制动瞬间制动动作的快慢存在差异，低速行驶下的迅即制动对桥的激励要大于高速行驶下较迟缓的制动所产生的激励，所以纵向位移响应存在低速大而高速时反而低的现象。此外，制动方向存在偏差也是一个影响因素。

跳车时的竖向位移响应，也是低速大于高速。该现象产生的主要原因是低速时车辆可以很容易地越过三角木，而高速时车辆先将三角木冲击出一段距离后落下，这样会导致高速跳车时对桥梁的竖向激励反而减小。另外，高速跳车时三角木被冲移位，又使车辆的行驶方向与三角木不完全垂直，致使左、右轮先后越过，这也是造成激励减小的另一原因。

三、试验检测结论

通过本次试验检测可以得到如下结论：

(1)在试验荷载作用下，主梁的刚度与强度均满足设计要求，表明施工质量良好。

(2)经过加固的支座盖梁在试验荷载作用下，悬臂端根部所产生的拉应力增量为0.315MPa。此处没有产生新的裂缝，既有裂缝也没有扩展。固结盖梁跨中的拉应力增量为1.98MPa，已接近墩身混凝土抗拉强度。建议在运营过程中注意观察变形行为。

(3)脉动试验和行车、跳车、制动试验所得到的桥梁竖向自振特性是一致的。其一阶频率为4.2Hz，动态响应较小，行车状态下最大振幅峰—峰值不到1.2mm。桥跨结构的横向自振频率为1.1Hz，跑车时的横向振幅同竖向振幅对比较接近。这可能是墩身较高使桥跨结构横向刚度降低所致。

第十章 旧桥检测与评估

本章所指的旧桥,指使用一定年限后的桥梁,即运营一定年限后的既有桥梁。

所谓评估,就是对既有桥梁的各组成部分进行检查、检测,并经检算分析后,对其病害情况、损伤程度、承载能力、耐久性以及运营状态等做出鉴定。

第一节 检测与评估的意义

桥梁都有正常设计使用期限,即设计基准期,或称设计寿命。英国桥梁设计基准期采用 120 年,美国以 75 年为标准,中国、日本则以 100 年为标准。

在桥梁使用年限内,由于频繁的承载(甚至超载)作用,再加上自然界乃至自然灾害的侵袭,以及交通事故等人为事端的侵袭,会造成桥梁损伤和局部破坏。随着桥龄的增长,桥梁损伤种类和损伤部位会越来越多,其程度也会越来越严重。如果因设计和施工的原因,从一开始就是一座先天不足的桥,则运营中更会问题丛生,难以维持正常使用状态。

根据 1982 年全国公路普查资料,当时我国公路桥梁中危桥约占 3.54%;国道干线上的危桥约占 2.4%。另据 2000 年 11 月 29 日广州《羊城晚报》报道,广东省交通厅组织大批人员对广东省内各地现有、在建路桥技术状况进行普查,结果发现广东省全省 1.87 万余座桥梁中,属于三、四类不良状况或承载力不足问题的桥梁有 4244 座,占总座数的 22.7%,长达 109616 延米。虽然这些桥不都是危桥,但却都是有隐患的桥。形成这种状况的原因,一是 20 世纪 70 年代以前建成的桥已无法适应经济快速增长、大吨位汽车发展的形势;二是旧桥的改造与老路的改造不同步,前者慢于后者,遗留不少隐患;三是桥梁工程管理不规范,有些桥梁存在质量缺陷;四是桥梁养护维修不到位,相当数量的桥梁年久失修;五是人为损伤,如一些单位乱采滥挖河段沙石,致使河床下降,造成桥墩基础隐患。

上述情况,在一些发达国家,如美国、日本、西欧和北欧等国家也相当严重。例如:美国自 1978~1981 年共用 4 年时间对全国公路桥做了调查(当时美国共有公路桥梁 56.6 万座),调查报告中叙述了 51.4 万座桥的状况,40%以上有不同程度的损坏。又如:联邦德国于 1978 年和 1979 年两年内,对一个州内的 1500 多座钢筋混凝土和预应力钢筋混凝土公路桥做了全面检查,发现桥龄在 50~60 年的钢筋混凝土桥中,有 27%的桥梁上部结构至少有一处严重损伤,64%至少有一处重要损伤,77%至少有一处中等损伤;在 30~35 年桥龄的钢筋混凝土桥中,有 13%的桥梁上部结构至少有一处严重损伤,37%至少有一处重要损伤,53%至少有一处中等损伤;在 20~30 年桥龄的钢筋混凝土桥中,有 8%的上部结构至少有一处严重损伤,24%至少有一处重要损伤,46%至少有一处中等程度损伤;而预应力混凝土桥,有近 50%的桥梁上部结构至少有一处重要损伤。

综上所述,为了保证旧桥的安全运营和尽可能延长其安全使用年限,应对旧桥进行检查、检测、评估,并应不断地定期进行。只有这样,才能及时提出有针对性的解决实际问题的维修加固方案。

第二节　检查、检测及其分类

一、桥梁检查

桥梁检查属于桥梁养护的范畴，是为了保证桥梁正常运营而进行的。要及时发现桥梁的病害，必须对桥梁各部位进行检查。其目的在于随时掌握桥梁的技术状态和安全状态，为桥梁运营、管理与维修提供依据。

1.经常性检查

经常性检查是日常工作，以目测为主，配以简单的量测工具，与日常管理及保养、小修结合进行。对特大桥而言，应每天有人员按月计划的安排进行经常性检查。检查的对象首先是桥面和易于观察的结构部位，特别在弯道和竖曲线部分有无妨碍行车的问题；其次是检查主结构有无异常情况。

进行经常性检查时，应认真做好记录和描述，必要时进行摄影和录像。

2.定期检查

根据桥梁的全长、跨度、结构类型、材质、运营情况及重要性等，一年或两年进行一次定期检查。对斜拉桥、悬索桥等结构复杂的桥，以及预应力混凝土连续梁桥、预应力混凝土连续刚构桥等，可一至两年检查一次。每年春、秋两季可对桥梁的结构状态各进行一次全面检查。春季时，桥梁经过严寒的冬天，除了应注意检查易受低温影响的部位（如钢梁的主要焊缝）、混凝土构件中易于积水冰冻的部位、桥头路基冻融变位等外，还应检查流冰过桥情况，调查上游水库，调节疏浚河道，加强防护，迎接汛期。而秋季在经过夏期洪汛后，应检查桥梁的全面技术状态，除须量测基础的水下冲淤、墩台的位置，以及上部结构受到膨胀的影响外，因秋季气候较好，检查上、下部位结构均较方便深入，检查的项目应更为全面。

3.特殊检查

台风、地震、车祸、船舶碰撞及水灾、滑坡等突发事件后，进行局部和全面的检查。

定期检查和特殊检查除目测外，要使用较多的工具及仪器设备等，必要时需进行荷载试验。内容虽然也包括了某些经常性检查的内容，但比经常性检查的内容全面、深入、详细，有时可针对某一项或几项内容进行。定期检查和特殊检查后要形成报告，对受检部位和关键数据要进行鉴定，做出评价。

二、实桥荷载试验

成桥经过长时间运营，例如10年，其实际情况有可能发生了较大变化。这是因为：

(1)科学技术进步使桥梁设计规范有了重大修订和补充。

(2)车辆类型及载重量增大，与当初采用的设计和估计发展荷载有大的差异。

(3)日交通量及车速增加，与当初设计时采用的允许车速和规定的日交通量有大的变化。

(4)疲劳、侵蚀的累积使桥梁的某个和数个部位或构件有了相当的削弱，此时就有必要对桥梁进行检测。此外，当遇到特殊情况，如台风时和台风过后、地震过后、超重车辆通过和通过后、船只等大漂浮物撞击后、火灾过后和特大交通事故后也均应对桥梁进行检测。

桥梁荷载试验应使用多种专门的仪器设备。一般应由具有相当资质和丰富经验的单位承担，而绝非是桥梁的维修养护部门所能承担的。检测完成后要有专门报告，须对某些比较严重的部位及关键部位的技术状态和安全状态做出特别说明，并对全桥的耐久性状态和承载能力做出正确评估，须对下一步桥梁的维修加固提出建议。

第三节　检测与评估的内容和方法

一、检测与评估的目的和步骤

1. 检测与评估的目的

进行旧桥检测与评估的目的，就是欲通过检测，了解旧桥存在的各种病害，取得关键部位的受载应力（应变）、变形、变位及沉降等重要数据，经过分析、研究、计算，甚至有时还要辅以相关的试验，找出病害产生的原因和其时的承载能力以及剩余寿命等。最后得出该桥还能否正常运营，需采取哪些措施（如限载、限速）和需进行哪些维修加固等结论。

2. 检测与评估的步骤

进行旧桥的检测评估，一般可采取如下几个步骤：

(1)首先了解该桥的概况、变迁、病害征兆。

(2)搜集和熟悉该桥的设计文件、施工文件、竣工资料和养护维修档案等。

(3)对全桥及其周边环境作普遍观察量测。

(4)做荷载试验，包括静载和动载试验。

(5)分析、研究、计算，必要时做相关的辅助试验，找出病因，确定其承载能力及耐久性状况，得出结论等。

二、桥梁概况所涉及的内容

所谓桥梁概况，应包括以下内容：

(1)桥位及自然条件：该桥所在的公路路线名称、所在地名、跨越的江河名称，桥位处的水文、地质、气象和地震等情况；

(2)桥全长、桥型及跨径组成；

(3)设计标准：桥梁设计依据标准，桥梁功能，桥上线路技术等级，桥上设计车速，桥面净宽，桥梁设计荷载等级，平面曲线，竖曲线，桥上纵、横坡，桥下通航净空，地震设防，基本风速，温度影响等；

(4)主要工程材料；

(5)建造年代、日后的变迁；

(6)桥上实际通过的车辆类型、载重等级、日交通量及其变化；

(7)如果病害严重或是危桥，应了解主要病害情况，特别是那些可能引起桥梁塌落的征兆。

三、搜集和熟悉桥梁的技术档案

对桥梁概况的了解是必要的，但这只是一般性的。对检测与评估能起重要参照和指导作用的是桥梁的技术档案。技术档案包括建造、大修和加固的设计文件、施工记录、设计变更及隐蔽工程检验、施工总结、监理总结、竣工资料、预制构件的出厂合格证书、材料试验及抽检资料、日常养护维修资料、定期检测及有关资料、河床的变迁等等。

应尽量将有关资料搜集齐全，这样有利于研究分析问题，有利于做出科学的恰如其分的评估，否则会给评估工作带来困难。

四、对全桥作普遍观察量测

对全桥作普遍观察量测，是对桥梁结构的各个细部和构件等观察了解现状，以及量测一些关键性的数据。只有这样，才能较全面地发现旧桥各部位存在的病害。

1. 桥头引道、河床及桥址的观察量测

观察桥梁的引道、河床和导流物时，须先根据设计资料，了解设计时的要求，然后通过观察量测检查弄清以下情况：桥头引道的构造、河道变迁，以及河床有无冲刷淤积等。

重点应察看正桥与引桥、引道的衔接处是否正常，桥墩台处的局部冲刷与设计时采用的数据相比是否偏大，河流河道是否改变，桥下净空有无改变，以及两岸的桥头锥坡有无冲刷和损坏等。在必要的情况下，还应进行水流速度的测定，并确定河流水势的流向。

2. 全桥的线形和高程量测

包括上部和下部结构的高程，如墩台的支承垫石或支承板、承台和梁底高程等。如果桥梁的高程和线形良好，说明大桥无大的病害；如果有变化，且变化较大，则表明该桥有可能基础发生了沉降、上部结构有较大的损伤和变形，对预应力混凝土结构而言，则有可能是发生了始料未及的收缩徐变等等。

3. 梁拱的观察量测要点

(1)观察圬工有无风化、剥落、破损及裂缝，注意变截面处、加固修复处及防水层的情况；对圬工剥落、裂缝处，应注意钢筋的锈蚀情况。

(2)钢筋混凝土梁应重点观察宽度超过 0.3mm 的竖向裂缝，并注意观察有无斜向裂缝及顺主筋方向的纵向裂缝。

(3)预应力钢筋混凝土梁要观测梁的上拱度变化，并注意观察有无不容许出现的垂直于主筋的竖向裂缝。

(4)拱桥应测量实际轴线和拱圈(或拱肋)尺寸，并检查它们有无横向(垂直路线方向)的裂缝发生。

(5)对所有宽度大于或等于 0.3mm 的裂缝应观察量测其深度和是否贯穿。

(6)应用回弹仪和采用其他办法量测混凝土的实际强度。

(7)应绘制裂缝分布、走向、长度、宽度及深度图。

4. 钢结构的观察量测要点

(1)观察油漆涂层的劣化程度，有无起皮、剥落、锈斑等。

(2)观察钢件，特别是容易积水、积尘或不通风部位有无锈蚀。锈蚀严重的，应量测钢板或构件的实际剩余厚度，以便考虑断面削弱的影响。

(3)观察构件有无裂纹、穿孔、硬伤、硬弯、歪扭、爆皮及材料夹层等。要特别注意以下部位有无疲劳裂纹发生：

①承受拉力或反复应力的杆件如吊杆、锚拉板等焊接接头处或平联结点板端焊缝、鱼尾板端焊缝；

②由于损伤造成杆(构)件断面削弱及应力集中处；

③纵梁与横梁的连接角钢；

④无盖板的纵梁上翼缘角钢；

⑤主梁间的纵向联结系的连接处；

⑥单剪铆钉处；

⑦焊缝端部及其附近的基材；

⑧U 形肋与横隔板连接处焊缝、U 形肋挖孔处及 U 形肋嵌补段焊缝等。

(4)观察钢箱梁工地拼接时的纵向、横向焊缝、锚箱焊缝有无开裂。

(5)观察杆件的平直度。在压杆的弯曲矢度大于杆件自由长度的 1/1000 、拉杆的弯曲矢度大于杆件自由长度的 1/500 时，均应注意弯曲的影响。

(6)观察铆钉头有无锈蚀，铆钉有无松动等。应特别注意杆件连接和接头处、纵梁与横梁连接处、纵梁及上承式板梁上翼缘角钢的垂直肢、承受反复应力杆件的连接和交叉处、联结系斜杆的交叉处等。

(7)观察高强度螺栓是否锈蚀，有无松动和延迟断裂等。

5. 砖石砌体的观察量测要点

砖石砌体不同于钢筋混凝土的一个特点是，抗拉强度小，结构脆性大，开裂荷载比较接近或几乎等于破坏荷载。因此，当砖石砌体出现由于荷载引起的裂缝时，往往是砌体破坏的特征或前兆。

砖石砌体产生裂缝虽然不是唯一的破坏形式，但却是最常见的一种缺陷。裂缝的产生将对结构外观、耐久性、强度和刚度等方面产生不同程度的影响。

砖石砌体裂缝，根据其产生的原因，主要有三种：

(1)沉降裂缝

沉降裂缝是砖石砌体最常见的一种裂缝。它是由地基基础沉降导致砌体灰缝沉降引起的，有斜面裂缝、垂直裂缝和水平裂缝等。

(2)温度裂缝

砖石砌体不均匀受热，温差较大时易引起裂缝。

(3)砌体的强度不足及荷载引起的裂缝

由于砌体强度不足及荷载引起的裂缝形式有水平裂缝、竖直裂缝及斜向裂缝等。

6. 不同类型上部结构观察量测的重要部件及重点部位

不同类型的桥，包括用不同工程材料建成的桥，各部件和各部位的受力情况各异，它们在同一座桥中所起的作用也不同。因此，在进行观察和量测时，对其重要部件和重点部位要特别小心，特别仔细。因为这些重要部件和重点部位比较容易损伤，而一旦损伤积累到一定的程度就会影响桥梁的正常运营，甚至危及桥梁的安全。表 3-10-1 示出了不同类型上部结构观察和量测的重要部件及重点部位。

上部结构观察量测的重点部件及重点部位 表 3-10-1

桥　型	观察量测的重点部件及重点部位
悬索桥	①主缆、主缆索股及其锚头，尤其锚室内；②主鞍座及散索鞍；③吊索系统，包括索夹等；④主塔顶端及塔身；⑤加劲梁；⑥加劲梁支座；⑦防雷设施；⑧钢箱梁 U 形肋焊缝、锚箱锚拉板焊缝等
斜拉桥	①斜拉索及其锚头；②斜拉索在塔和梁上的锚固区；③主梁；④主梁支座；⑤桥塔；⑥防雷设施；⑦钢箱梁顶板及锚固构造焊缝等
钢筋混凝土和预应力钢筋混凝土连续梁、悬臂梁桥	①跨中截面及其附近；②跨径 1/4 处(或 1/8 处)及其附近；③桥墩处梁上部及其附近；④梁端部及其附近；⑤支座
钢筋混凝土和预应力钢筋混凝土刚构桥	①跨中截面及 1/4 截面及其附近；②角隅处；③立柱(墩)
拱桥	①跨中截面及其附近；② 1/4 跨径处截面；③拱肋之间的连接处；④对中承式和下承式拱而言，还应注意观察量测吊杆；⑤对系杆拱而言，应注意观察量测系杆及其连接；⑥对钢管拱，应注意其钢管(包括连接)的焊缝及其支承端的焊缝
钢筋混凝土和预应力钢筋混凝土简支梁、大孔板桥	①跨中截面及其附近；② 1/4 跨径处；③梁、大孔板端部；④支座

7. 墩台及基础的观察量测要点

观察墩台及其承台圬工有无风化剥落、裂缝及破损。应对裂缝及破损具体位置、宽度、长度、深度进行量测和描述，绘制成图。

在某些特定情况下，承台的损伤是严重的。如福州市某大桥在20世纪70年代初期建成，由于施工质量差，再加上海水腐蚀和涨落潮的冲刷，该桥所有水中墩的承台均损伤严重。从外表看，承台的混凝土呈层状，缝宽最大的有10余厘米，最深的有1m多，有的钢筋外露，见图3-10-1～图3-10-3。

图3-10-1　福州市某桥承台损伤情况（一）

此外，还须了解墩台有无下沉、位移和倾侧变位等情况。尽可能查清地基基础情况，特别是墩台基础埋深有无变化，有无超过设计规定的局部冲刷现象。观察梁端部、支座及墩台的相对位置关系。

图3-10-2　福州市某桥承台损伤情况（二）

图3-10-3　福州市某桥承台损伤情况（三）

不同类型墩台的观察量测重点部位见表3-10-2。

墩台观察量测的重点部位　　表3-10-2

墩台类型	观察量测的重点部位
轻型桥台	①支座底板；②支撑梁；③耳墙
扶壁式桥台	①支座底板；②台身；③底板
重力式桥台	①支座底板；②台身；③前墙
重型桥墩	①支座底板；②墩身；③水位变化部位
柱式墩	①支座底板；②帽梁；③横系梁及其与桩的连接处

基础的常见缺陷见表3-10-3。

各类基础的常见缺陷　　表3-10-3

基础类型			常见的缺陷
浅基础	天然地基上的浅基础		①埋置深度浅，易受冲刷淘空；②埋置深度不足，易受冻害；③地基不稳定，易产生滑移或倾斜
浅基础	岩石基础		①基础置于风化石层上，风化部分未处理好，经水流冲刷而淘空或悬空；②受地震时的剪切作用，易产生裂缝
人工地基基础			因处于软弱地基上，在竖向荷载作用下压实沉陷，使基础下沉
桩基础	打入桩	木桩	水位或地下水位变化处的桩身易腐蚀
桩基础	打入桩	钢筋混凝土预制桩	①打桩时，桩身受损伤；②受水冲刷、浸蚀，产生空洞、剥落等；③受船只或其他漂浮物的撞击而损坏
桩基础	钻(挖)孔桩		①施工时钻渣未完全清除便灌注混凝土，因而使基础下沉；②施工不当或受水冲刷、浸蚀，而产生空洞、剥落、钢筋外露；③灌注混凝土过程中发生塌孔而未作处理，桩身有孔洞或夹层；④受外力冲击而产生损坏
桩基础	管柱		承载力不足而下沉
沉井			①地基下沉时，沉井也常发生一些下沉；②地基下沉不均匀时，或桥台台背高填土滑移使沉井产生滑移、倾斜

8. 支座的观察量测

现有桥梁支座,由于其上部结构的类型、跨度、荷载以及建成年代不同等原因,种类型号繁多。因此,在对支座进行观察量测时应根据实际情况办理。

总而言之,应观察支座的位置是否仍处于设计位置,能否正常工作,有无锈蚀及损坏,特别是其锚固螺栓有无松动和被剪断或变形等。

观察量测的要点可分述为:

(1)垫层支座的油毡是否老化破裂。

(2)钢板滑动支座、弧形支座球形支座是否干涩、锈蚀和锚栓变形、断裂。

(3)摆柱支座各部件相对位置是否正确,受力是否均匀,钢筋混凝土立柱是否损坏。

(4)橡胶支座是否老化、变形,位置是否正确。

(5)活动支座是否灵活,实际位置是否正确。

9. 桥面的观察量测

一座完好的桥,除了其基础、墩台及上部结构等必须完好外,桥面铺装、伸缩缝、栏杆、防撞设施、照明及排水设施等必须也是完好的。只有这样,才能保证行车安全、顺畅、舒适,才能正常运营。

1)桥面铺装

桥面铺装观察量测的重点是桥面的纵坡、横坡、平整度、磨耗及损坏等情况。

现有的桥面铺装材料主要包括水泥混凝土和沥青类材料两大类。

(1)水泥混凝土铺装层常见的缺陷

①磨光:铺装层被车轮磨耗,形成平滑的状态,因铺装层骨料抗磨性能差或交通量过大所致。

②裂缝:因施工不良、温度变化以及上部结构产生过大的挠曲所致,有纵裂、横裂、网裂。

③脱皮露骨:由于施工时没有一次成型,或者由于产生裂缝后在车辆冲击力作用下,表层产生脱皮或局部破损露骨。

④高低不平:产生跳车,主要是在桥跨结构物的连接部位,由于结构物与填土部位之间的不均匀沉陷或结构物接头不平,这不仅降低行车的舒适性、降低行车速度,甚至导致车辆减震装置的损坏。

(2)沥青类铺装层常见的缺陷

①泛油:这是由于沥青用量过多,集料级配不良,以及沥青材料软化点太低所致。桥面出现泛油后,车辆粘轮,下雨时则易打滑,降低了行车安全性。

②松散露骨:由于车辆的作用,铺装层表面的细集料慢慢松散、脱离,表面出现锯齿状的粗糙状态,为沥青混合料压实不足或用油量太少所致。

③高低不平:此项与前述的水泥混凝土铺装层相同。

2)伸缩缝

伸缩缝的宽度是否合适,有无拉开或挤抵现象,是否平整,是否完整,有无磨耗、损坏,有关设备、构件是否完善,能否活动自如,工作状况是否正常。

观察的要点是:对于锌铁皮U形槽伸缩缝要注意是否有杂物嵌入;梳形钢板伸缩缝内是否有异物填塞;钢板伸缩缝有否被震裂震断;橡胶伸缩缝是否被破坏或老化等。所有的伸缩缝应在平行、垂直于桥梁轴线的两个方向均能自由伸缩。

3)栏杆及人行道

(1)栏杆是否完整、牢固。除了因交通事故或人为损坏外,有时由于桥梁结构线形的改变而导致栏杆变形,甚至破损。

(2)人行道是否完整、符合要求。有时会因桥梁伸缩缝的问题,而将伸缩缝附近的人行道挤压破碎或隆起。

4)防撞设施

防撞设施应始终保持完好,应特别注意其锚固螺栓、立柱和横档。油漆要完好、醒目。

5)照明设施

特别是行车指示和交通信号是否完好。

6)排水设施

(1)为迅速排除雨水,防止雨水渗入梁体引起锈蚀而影响桥梁的耐久性,确保桥梁的正常使用,应保证排水设施的完好状态。

(2)排水管是否破坏、损伤、脱落、堵塞,以及引水槽有否堆塞、破裂损坏等,均是观察的重点。

10.材料强度的检测

在对旧桥作观察量测时,也应对旧桥的材料强度进行检测。

(1)对混凝土和预应力混凝土结构的各主要受力部件或部位,如主桁、主梁、主拱圈、墩台身、帽梁等,应进行材料强度检验。混凝土强度可用超声回弹法、抽芯等进行探测。

(2)钢材强度一般以设计、施工的有关资料为依据,不再检验。无资料可查时,应通过调查桥梁修建年代、钢材外观、材料来源等进行分析判定。确有条件时可在换下的构件上截取试件进行材料试验。

(3)在结构上钻取、截取材料试件时,应取有代表性的,且应尽量选择结构的次要部位。同时要采取有效措施,确保结构安全,并及时进行补强处理。

11.地基的检验

(1)当发现墩台有沉降、倾斜、位移时,一定要对地基进行探测。

(2)查考原设计时的工程地质、水文及地貌等资料,用触探和钻孔取样等方法检验,也可进行荷载板试验。

五、桥梁的静动载试验

前面论述的,是对桥梁各组成部分需要进行的观察和量测。这些工作是绝对必需的,是不可缺少或省略的。通过这些工作,可在一定程度上了解旧桥的病害情况。如果旧桥的病害不太严重,结构较简单,有关技术资料较齐全,此时进行一些分析计算,便可以对该旧桥进行评估了。但是,如果旧桥的病害较多、较严重,在进行了上述的那些工作以后,则还必须进行静、动载试验检验。

静、动载试验可以对旧桥的承载能力做出最直接、最准确的判断。

旧桥的静动载试验基本内容、方法和使用的仪器设备等,同本书中成桥检测部分。这里仅就旧桥静动载试验特别应注意的几个问题加以说明。

1.关于桥跨结构在加载时的内力控制截面和检测项目

一般来说,一些主要桥型的内力控制截面及附加内力控制截面为:

(1)简支梁桥

主要有:跨中最大正弯矩。

附加有:支点最大剪力、墩台最大垂直力。

(2)连续梁桥

主要有:支点最大负弯矩、跨中最大正弯矩。

附加有:支点最大剪力、墩台最大垂直力。

(3)连续刚构桥

主要有:隅节点和主梁相连接处的最大负弯矩、跨中最大正弯矩。

附加有:墩柱顶的最大弯矩、最大剪力及墩柱的轴向力。

(4)悬臂梁桥

主要有:支点最大负弯矩、锚跨跨中最大正弯矩。

附加有:支点最大剪力、墩台最大垂直力、挂梁跨中最大正弯矩。

(5)无铰拱桥

主要有：跨中截面最大正弯矩、支点截面最大负弯矩。

附加有：拱脚最大水平推力、$L/4$ 截面最大正弯矩和最大负弯矩。

(6)斜拉桥

主梁是斜拉桥的主要承重构件之一。它的受力状况比前述几种类型桥要复杂得多。其受力性能不仅取决于自身的结构体系，还同时与塔的刚度、梁塔连接方法、索的刚度和索型密切相关，所以主梁计算必须综合考虑梁、塔、索三者之间的因果关系。斜拉桥主梁弯矩、挠度和轴力图是随其结构体系而变化的。图 3-10-4～图 3-10-7 表示一座主跨为 330m、两边跨分别为 135m 的混凝土斜拉桥结构方案，用相同的结构尺寸，但分别采用飘浮体系、半飘浮体系、塔梁固结体系和刚构体系时主梁弯矩、挠度和轴力图，从数值上说明了这四种结构体系的特点，可供我们做检测分析时参考。

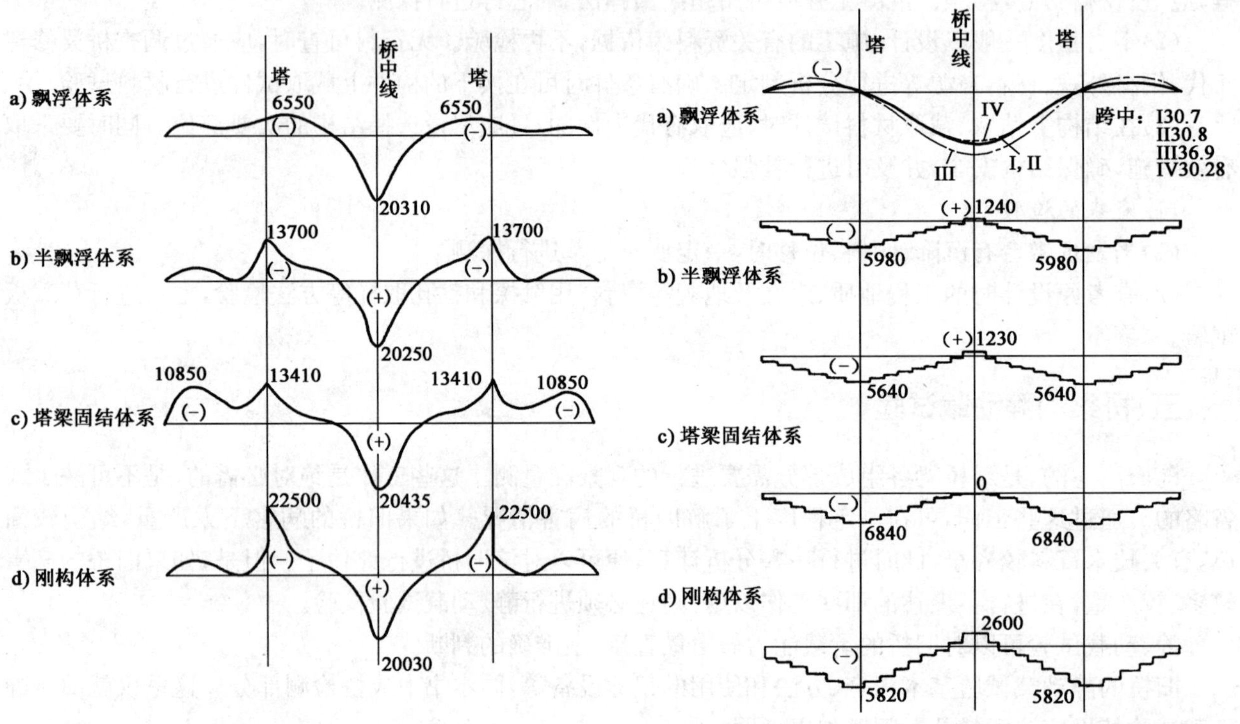

图 3-10-4　四种体系主梁弯矩图(全桥均布汽车—20 级)(弯矩单位：kN·m)

图 3-10-5　四种体系主梁竖向挠度及轴力图(全桥均布汽车—20 级)(挠度单位：cm；轴力单位：kN)

对于斜拉桥，除了对其主梁进行检测外，在做静动载试验时，尚需检测斜拉索的索力及塔的应力和变位。

(7)悬索桥

悬索桥的承重结构是主缆、锚碇和塔。而加劲梁的主要功能是作为桥面系结构直接承受竖向活荷载。与此同时，它必须能够安全地抵抗横向风压，还要能够在风动力作用下不丧失稳定，并且能经受地震的作用。

在对悬索桥做检测时，往往只加竖向荷载。这时，梁的应力不大，但变形大。这里的变形是指梁的挠度和曲率。所以加劲梁只是将短段活载分摊到附近的几根吊索，最后传到主缆、塔和锚碇等主要承重结构上。加劲梁承受的正弯矩，正是由此短段加活载工况决定；而在不加活载的区段，主缆因发生向上的竖向位移，通过吊索就使加劲梁在这些区段引发负弯矩。如果在加劲梁上的活载长度很大，加劲梁曲率沿梁分布较均匀，其峰值并不高，相应弯矩也不大，对于截面验算，该加载工况往往不受控制。

①汕头海湾大桥的主要组成部分是三跨(154m＋452m＋154m)双铰式预应力混凝土加劲箱梁悬索桥。设计为六车道(近期为四车道)，按汽车—超 20 级计算，挂车—120 验算。其加劲梁在外荷载及温度作用下的纵向弯矩包络图见图 3-10-8。

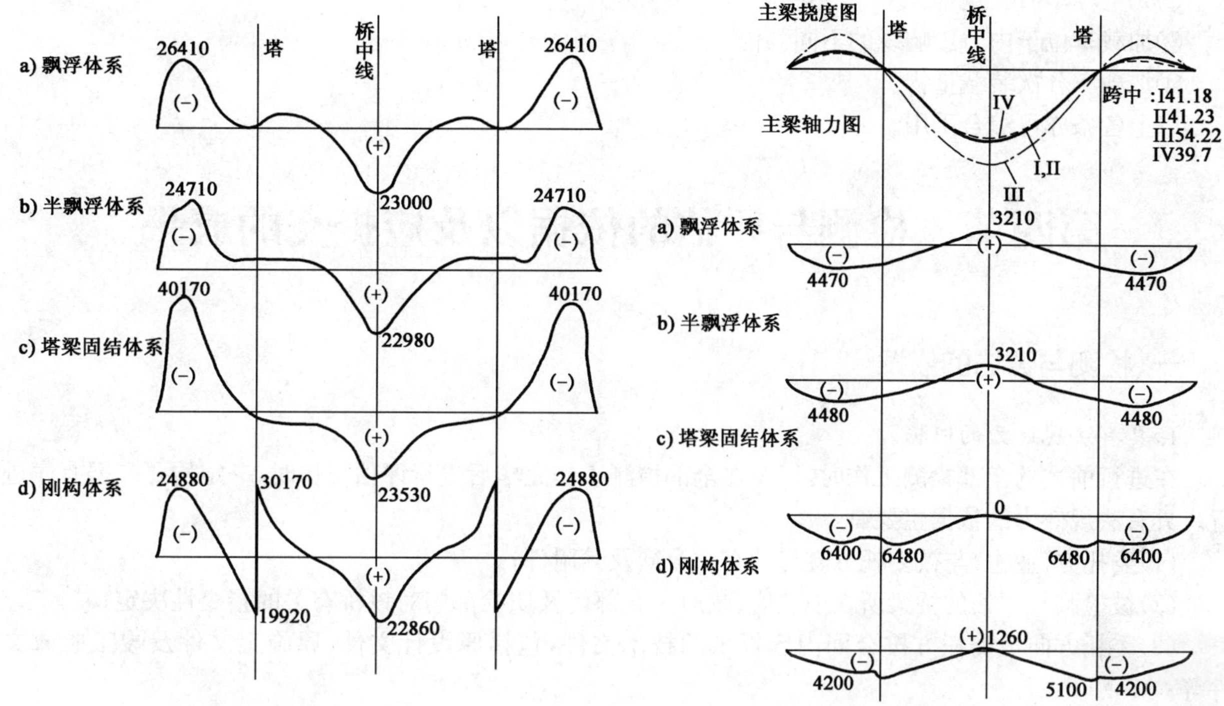

图 3-10-6　四种体系主梁弯矩图（中跨均布汽车—20 级）（弯矩单位：kN・m）

图 3-10-7　四种体系主梁竖向挠度和轴力图（中跨均布汽车—20 级）（挠度单位：cm；轴力单位：kN）

②做静载试验时，除了对加劲梁的最大挠度、应力进行检测外，还应该对主缆索力、吊索索力、塔的位移和加劲梁的线形进行检测。

③汕头海湾大桥建成以后，曾进行该桥悬索桥的成桥静载试验（即通车鉴定）和连续三年（6 次）的长期观测，其主要数据摘要及结论见附录 A。

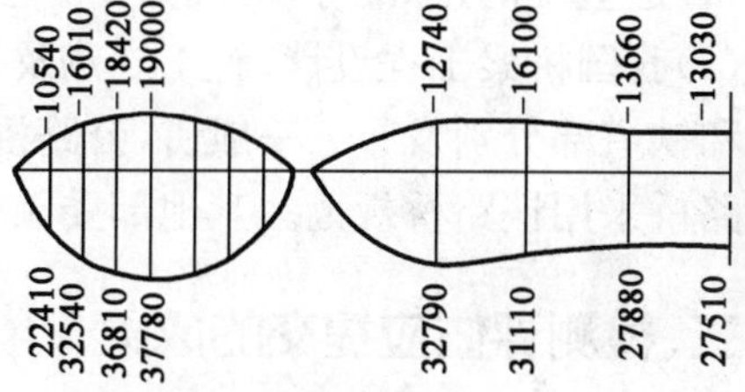

图 3-10-8　加劲梁活载弯矩包络图（弯矩单位：kN・m）

2. 关于加载时截面内力的控制

为了保证试验的效果，在有关规范和标准中，均对如何确定控制荷载、静载试验效率 η_q、动载试验效率 η_d 和静载加载分级等做了明确规定和要求，此处不再赘述。但要特别强调说明的是：对旧桥，尤其是对有病害的桥，在加活载时应特别注意安全；加载一定要分级，由小到大，循序渐进；随时观测有关数据和桥梁状况，一有异常，须立即停止，以免发生危险；查明原因后才能继续。

(1)分级控制的原则

①当加载分级较为方便时，可按最大控制截面内力均分为 4～5 级。

②当使用载重车加载，车辆称重有困难时，也可分成 3 级加载。

③当对桥梁的现状了解得不是太清楚，或桥的病害严重时，应尽量增多加载分级。如限于条件加载分级较少时，应注意每级加载时车辆荷载逐辆缓缓驶入预定加载位置，必要时可在加载车辆未到达预定加荷位置前分次对控制测点进行读数，以确保试验安全。

④在安排加载分级时，应注意加载过程中其他截面内力亦应逐渐增加，且最大内力不应超过控制荷载作用下的最不利内力。

⑤根据具体条件决定分级加载的方法，最好每级加载后卸载，也可逐级加载到最大荷载后逐级卸载。

(2)车辆荷载加载分级的方法

①逐渐增加加载车数量。

②先上轻车后上重车。

③加载车位于内力影响线的不同部位。

④加载车分次装载重物。

以上各条亦可综合采用。

第四节 检测与评估的依据以及应提交的成果

一、检测与评估的依据

1.具有法规效力的依据

在进行前述的全部检测工作时,以及在全部检测工作完毕后进行评估工作时,一定均要有据有序进行。具有法规效力的依据主要有:

(1)委托方(业主)与被委托方签订的有效合同及其附件;

(2)被检测与评估的桥梁所在地政府、政府主管部门及质检部门对该桥有关的指令性决定;

(3)委托方向被委托方按合同内容提供的技术文件,包括原设计文件、原施工文件及竣工验收文件等;

(4)国家部委颁布的规范、标准有关强制性条文。

2.采用规范、标准时的注意事项

(1)这些规范、标准等,每隔数年会修订,旧有的版本宣布废止,届时应采用有效版本。

(2)我国桥梁工程设计、施工规范及其有关检测、评估、维修及加固的规范、标准等,基本上由交通运输部和铁道部分别发布。一般讲,公路桥和公铁两用桥的公路桥采用公路桥规范,铁路桥和公铁两用桥的铁路桥采用铁路桥规范。其他部委颁布的相关标准和国外相关规范亦可参考。

二、检测评估应提交的成果

1.检测评估报告的主要内容

在进行全面检测、检算和分析的基础上,应对旧桥做出科学评估,得出符合实际情况的结论。所提交的检测评估报告应包括以下内容:

(1)检测目的;

(2)桥梁概况;

(3)桥梁现状:即经过对全桥观察量测后,了解到的桥梁病害、损伤情况及存在的主要问题等;

(4)桥梁的静、动载试验数据及结果;

(5)桥梁检算情况;

(6)桥梁承载力、耐久性状态及运营状态的分析评估;

(7)桥梁承载力及耐久性的鉴定意见及附加条件;

(8)对维修加固的建议。

此外,应附有必要的资料、图表、照片等。

2.桥梁承载力的分析与评估

对被检测旧桥的承载力和耐久性做出评估,是检测与评估工作的最终目的。应充分利用调查、检测、载荷检验的资料,根据桥梁的结构特点进行。

评估的内容首先将检测数据结果与建桥之初的基础数据进行比较,以确定桥梁技术状态劣化程度,并对养护维修做出决策;然后将检测结果与设计及规范数据进行比较,可确定耐久性和承载力状态能否满足正常承载要求，以确定是否加固、改建和拆除，目前是否需限载运行和封闭运行等。

1）结构的强度与稳定性

（1）遵照相关规范，按交通运输部或（和）铁道部颁布的荷载等级，或采用业主所希望通过的载重等级，或依桥梁所在路线近期载重要求，进行结构强度和稳定性检算。

有时为了充分利用旧桥，如按规范要求布置挂车或履带车检算桥梁承载力不能通过时，也可采用限制车辆运行路线（如加大车轮边缘与路缘石间距）、车间距和车速等措施进行桥梁承载力检算。

（2）根据桥梁的现状，即根据桥梁的实际情况，参考原设计计算资料，可着重进行结构主要控制截面、结构薄弱部位的检算。

检算时，应以实际调查量测到的结构各部位尺寸及材料强度为依据。若实际调查值与设计值相差不大时，仍可按设计值进行检算。有严重质量问题或者有严重病害损伤的构件，应考虑折减。

（3）桥梁主要构件按规范要求进行强度及稳定性检算符合要求，同时桥梁使用状况较好时，可评定桥梁承载力符合检算荷载要求；否则，应降低检算荷载，重新进行检算。

（4）桥梁的非主要构件，如拱桥拱上建筑、梁桥桥面板、横隔板等的强度和稳定性同样应满足检算要求；如不符合要求，应进行局部补强、加固或改建。

（5）仅由于少数结构构件混凝土有严重质量问题或病害损伤严重，或者是钢构件腐蚀严重、变形过大甚至有裂纹等，影响了桥梁的承载力，致使检算不能通过时，可对少数构件进行补强或更换。

（6）对混凝土结构构件及钢结构构件轻微的质量问题，或位于结构次要部位的一般问题，在基本不削弱结构承载力的情况下，可不予补强。但应采取措施，防止已发生的质量问题继续恶化。如对钢筋混凝土构件，要对钢筋采取必要的防锈措施；对钢构件，要将锈除掉，涂刷防锈漆等。

2）对桥梁结构刚度的要求

桥梁结构必须要有足够的刚度，以满足正常运营的需要。通常，用限制最大竖向挠度和横向最大振幅的办法来分别满足桥梁结构的竖向刚度和横向刚度。

（1）公路桥

在有关公路桥设计规范中，对最大竖向挠度的允许值做了如下规定。荷载检测实测挠度一般会大于建桥之初的基础数据，但应不大于相应的设计值和规范值。

①按规定的汽车荷载（不计冲击力）计算的砖石及混凝土拱桥上部结构，在一个桥跨范围内的正负挠度的最大绝对值之和不大于 $L/1000$，用挂车或履带检算时，此挠度可增加 20%。

②钢筋混凝土桥梁，以汽车荷载（不计冲击力）计算的上部构造最大竖向挠度，不应超过下列的允许值：

梁式桥主梁跨中　　$L/600$

梁式桥主梁悬臂端　　$L_1/300$

桁架、拱　　$L/800$

其中，L 为计算跨径，L_1 为悬臂长度。用平板挂车或履带荷载验算时，上述允许挠度可增加 20%。

荷载在一个桥跨范围内移动产生正负不同的挠度时，计算挠度应为正负挠度的绝对值之和。

③对预应力混凝土受弯构件，在短期使用荷载作用下最大竖向挠度的允许值，可按上述②条的规定执行。

（2）铁路桥

在有关铁路桥设计规范中，对最大竖向挠度的允许值做了如下规定。荷载检测实测挠度一般应不大于相应的计算值。

①简支钢板梁由静活载（不计冲击力）所引起的竖向挠度，不应超过 $L/800$。

②钢桁梁由静活载引起的竖向挠度（按平面桁架计算），简支桁梁及连续桁梁的边跨不应大于 $L/900$，连续桁梁的中跨不应大于 $L/750$。L 为检算跨长。

③对钢筋混凝土和预应力混凝土结构，静活载所引起的最大竖向挠度应符合下列规定：

简支梁不应超过跨度的 1/800；

连续梁边跨不应超过跨度的 1/800，中间跨不应超过跨度的 1/700。

④拱桥的 1/4 跨度处，由列车静活载所产生的上下挠度（绝对值）之和，不宜大于计算跨度的 1/800。

(3)由于公路桥与铁路桥的活荷载及车行线路（车道）不一样，相对来讲，公路桥要比铁路桥宽得多。因此，在公路桥有关的设计规范中未对桥的宽跨比做出规定和要求。而铁路桥为了满足脱轨安全和乘坐舒适度的要求，在《铁路桥梁检定规范》中给出了各类桥梁结构横向振幅和自振频率的限值。

①当列车通过时，桥跨结构在荷载平面的横向振动加速度 a_{max} 不应超过 $1.4m/s^2$。

②客货列车正常运行时，各类简支桥跨结构在荷载平面处跨中最大横向振幅和最低横向自振频率的通常值见表 3-10-4。

桥跨结构横向刚度的通常值 表 3-10-4

类别	结构类型		货列重车实测跨中横向最大振幅通常值 $v\leqslant 80km/h$ $(A_{max})_{5\%}$(mm)	客车实测跨中横向最大振幅通常值$(A_{max})_{5\%}$(mm)				实测横向最低自振频率通常值 f(Hz)
				$v\leqslant 120km/h$		$120km/h<v\leqslant 160km/h$	$160km/h<v\leqslant 200km/h$	
				有缝线路	无缝线路			
钢梁	无桥面系的板梁、桁梁	普通桥梁钢	$\leqslant\frac{L}{3.8B}$	$\leqslant\frac{L}{9.9B}$	$\leqslant\frac{L}{11.4B}$	$\leqslant\frac{L}{9.4B}$	$\leqslant\frac{L}{8.0B}$	$\geqslant\frac{100}{L}$
		低合金钢	$\leqslant\frac{L}{3.2B}$	$\leqslant\frac{L}{8.3B}$	$\leqslant\frac{L}{9.6B}$	$\leqslant\frac{L}{7.9B}$	$\leqslant\frac{L}{6.7B}$	$\geqslant\frac{90}{L}$
	有桥面系的板梁、桁梁	普通桥梁钢	$\leqslant\frac{L}{2.6B}$	$\leqslant\frac{L}{6.8B}$	$\leqslant\frac{L}{7.8B}$	$\leqslant\frac{L}{6.4B}$	$\leqslant\frac{L}{5.4B}$	$\geqslant\frac{100}{L}$
		低合金钢	$\leqslant\frac{L}{2.2B}$	$\leqslant\frac{L}{5.7B}$	$\leqslant\frac{L}{6.6B}$	$\leqslant\frac{L}{5.4B}$	$\leqslant\frac{L}{4.6B}$	$\geqslant\frac{90}{L}$
预应力混凝土梁			$\leqslant\frac{L}{7.0B}$	$\leqslant\frac{L}{18.2B}$	$\leqslant\frac{L}{20.9B}$	$\leqslant\frac{L}{17.2B}$	$\leqslant\frac{L}{14.7B}$	$\geqslant\frac{90}{L}$

注：L-跨度(m)；B-钢梁为主梁中心距，预应力混凝土梁为支座中心距(m)。

③为了保证空载货车（或混编货车）通过时车轮抗脱轨的安全度，适应不同车速条件的桥跨结构横向自振频率 f 不宜小于表 3-10-5 所列的值。

适应不同车速条件的桥跨结构横向自振频率 f 值 表 3-10-5

类别	结构类型				桥跨结构横向自振频率 f(Hz)		
					$v\leqslant 60km/h$	$v\leqslant 70km/h$	$v\leqslant 80km/h$
钢梁	无桥面系的板梁				$50/L^{0.8}$	$55/L^{0.8}$	$60/L^{0.8}$
	有桥面系	板梁			$45/^{0.8}$	$52/L^{0.8}$	$55/L^{0.8}$
		桁梁	上承	$H/L=1/6$	$70/L^{0.8}$	$75/L^{0.8}$	$80/L^{0.8}$
				$H/L=1/8$	$65/L^{0.8}$	$70/L^{0.8}$	$75L^{0.8}$
			半穿		$48/L^{0.8}$	$55/L^{0.8}$	$60/L^{0.8}$
			穿式		$50/L^{0.8}$	$60/L^{0.8}$	$65/L^{0.8}$
预应力混凝土梁					$40/L^{0.8}$	$50/L^{0.8}$	$55/L^{0.8}$

注：L-跨度(m)；H-桁梁高(m)。

④铁路桥梁墩顶横向振幅及桥墩横向自振频率通常值见表 3-10-6～表 3-10-8。

墩顶横向振幅及桥墩横向自振频率通常值　　表 3-10-6

墩身构成	墩身尺寸特征	基础与地基土		墩顶横向振幅$(A_{max})_{5\%}$(mm)		横向自振频率 f(Hz)
		基础类型	地基土	$v\leqslant 60$km/h	$v>60$km/h	
混凝土或石砌墩身	低墩：$H_1/B<2.5$	扩大基础	岩石	$H/30$	$\frac{H}{25}+0.1$	—
		沉井基础				
		桩基础		$\frac{H}{30}+0.2$	$\frac{H}{25}+0.4$	
		扩大基础	黏土或砂、砾			
	中高墩：$H_1/B\geqslant 2.5$	扩大基础	岩石	$\frac{H_1^2}{100B}+0.2$		$\geqslant\frac{24\sqrt{B}}{H_1}$
		沉井基础				
		桩基础		$\frac{(H+\Delta h)^2}{100B}+0.2$		$\geqslant\alpha_1\frac{24\sqrt{B}}{H}$
		扩大基础	黏土或砂、砾	$\alpha_2\left(\frac{H_1^2}{100B}+0.2\right)$		$\geqslant\alpha_3\frac{24\sqrt{B}}{H_1}$

注：H-墩全高（自基底或桩承台底至墩顶）(m)；H_1-墩高（自基顶或桩承台顶至墩顶）(m)；B-墩身横向平均宽度(m)。

α_1 及 Δh 值　　表 3-10-7

计算项目	参数	地基土特征	车速	
			$v\leqslant 60$km/h	$v>60$km/h
横向振幅	Δh(m)	软塑黏土	1	2
		硬塑黏土、砂、砾	0	1
		嵌岩桩	0	1
自振频率	α_1	软塑黏土	$\alpha_1=0.8$	
		硬塑黏土、砂、砾	$\alpha_1=0.9$	
		嵌岩桩	$\alpha_1=1$	

α_2 及 α_3 值　　表 3-10-8

计算项目	参数	地基土特征	车速	
			$v\leqslant 60$km/h	$v>60$km/h
横向振幅	α_2		1.0	1.15
自振频率	α_3	Ⅰ:砾石、粗砂	0.90	
		Ⅱ;硬塑黏土、中砂、细砂	0.80	

3)裂缝

桥梁结构在恒载作用下的裂缝宽度，在有关规范如《公路桥涵养护规范》(JTG H11—2004)中有明确规定，见表 3-10-9。

裂缝限值　　表 3-10-9

结构类别	裂缝部位	允许最大缝宽(mm)	其他要求
钢筋混凝土梁	主筋附近竖向裂缝	0.25	—
	腹板斜向裂缝	0.30	—
	组合梁组合面	0.50	不允许贯通结合面
	横隔板与梁体端部	0.30	—
	支座垫石	0.50	—
预应力混凝土梁	梁体竖向裂缝	不允许	—
	梁体纵向裂缝	0.20	—
砖、石、混凝土拱	拱圈横向	0.30	裂缝高小于截面高度的一半
	拱圈纵向(竖缝)	0.50	裂缝长小于跨径 1/8
	拱波与拱肋结合处	0.20	—

续上表

<table>
<tr><th>结构类别</th><th colspan="3">裂缝部位</th><th>允许最大缝宽(mm)</th><th>其他要求</th></tr>
<tr><td rowspan="7">墩台</td><td colspan="3">墩台帽</td><td>0.30</td><td rowspan="7">不允许贯通墩台身截面的一半</td></tr>
<tr><td rowspan="5">墩台身</td><td rowspan="2">经常受浸蚀性环境水影响</td><td>有筋</td><td>0.20</td></tr>
<tr><td>无筋</td><td>0.30</td></tr>
<tr><td rowspan="2">常年有水，但无浸蚀性影响</td><td>有筋</td><td>0.25</td></tr>
<tr><td>无筋</td><td>0.35</td></tr>
<tr><td colspan="2">干沟或季节性有水河流</td><td>0.40</td></tr>
<tr><td colspan="3">有冻融作用部分</td><td>0.20</td></tr>
</table>

注：表中所列除特指外适用于一般条件。对于潮湿和空气中含有较多腐蚀性气体等条件下，缝宽限制应要求严格一些。

裂缝过大，一方面会影响桥梁结构的刚度，另一方面会影响桥梁结构的耐久性。裂缝有可能是结构本身的问题，也有可能是地基基础的原因引起的，应予以重视。

4)地基与基础

对旧桥而言，对其地基基础的评定是重要的。即使上部结构是安全的，而地基基础存在问题也是不行的。

一般讲，判断地基的承载力应以调查、检算资料为主。如果桥梁经过多年运营和洪水考验，墩台未发生明显的不均匀沉陷、倾斜以及由此引起的桥面纵横坡变化，墩台未发生明显的水平位移及由此引起的桥梁伸缩缝过度的分开或抵拢、拱桥拱顶及拱脚的严重开裂等，且地基与基础检算通过时，可评定地基与基础承载力符合要求。要特别注意以下两点：

(1)根据观测，若墩台有下沉、滑动或倾斜，并在继续发展，则一定要探明情况并采取措施。

(2)对水中墩，一定要探测墩位处的局部冲刷深度是否已超过设计允许值。若已超过，则一定要采取抛填片石等方法进行处理。

5)综合评定

在实际工作中，根据前述四条可以对旧桥的承载力和耐久性做出评定。这是最根本的。但为了保证正常运营，还要根据已观测的桥面、栏杆、人行道、伸缩缝、支座和排水设施等情况，对桥梁现状做出综合评定。

第五节　旧桥检测与评估实例

——杭州钱塘江大桥检测与评估

杭州钱塘江大桥维修加固工程主要内容有：拆除旧公路钢筋混凝土桥面板，更换新设计制造的公路钢筋混凝土桥面板；车行道铺装改为改性沥青混凝土，人行道铺地砖；更换新设计的橡胶伸缩缝；更换新设计制造的栏杆、灯饰、照明系统及排水设施；维修加固钢桁梁；对冲刷严重的桥墩基础抛片石维护；对裂缝严重的桥墩进行修补；新建弯道半径较大的引桥引道，将原来的旧引桥引道废弃等。该桥的维修加固工程圆满完成，并于2001年5月1日开通运营。

经维修加固并新建引桥引道后的杭州钱塘江大桥保持了原来的风貌，且更加秀丽壮观。正桥车行道比原来增宽了0.40m，桥面行车平稳通顺。正桥公路桥面泄水流畅。新建引桥引道改善了行车条件，使汽车在上、下桥时比较平顺。从总体来讲，维修加固后的杭州钱塘江大桥仍旧保留了自身的文物价值。

在此，仅就其检测与评估工作情况作扼要介绍。

一、检测评估工作方案

1999年3月，应业主要求，我们编写了《杭州钱塘江大桥检测评估工作方案》。方案内容如下：

1. 大桥现状及检测评估工作计划

(1)大桥历史概述

杭州钱塘江大桥建于1934～1937年。1937年9月、10月铁路与公路分别正式通车。该桥全长1453m,正桥1072m,南北引桥分别为93m和288m,为公铁两用桥。上层公路为双车道,公路桥面宽6.1m,两侧人行道各1.52m;下层单线铁路。主桥由16孔跨度为65.84m简支华伦式钢桁梁及2孔14.63m上承钢板梁组成。

华伦式钢桁梁桁高10.7m,主桁中心距6.1m,铁路净空高6.7m,净宽4.9m。除风撑及公路承载构件外,钢梁材质除公路纵梁材质为普通碳素钢外,其余均为铬铜合金钢。连接全部采用铆钉。公路桥面采用钢筋混凝土板。

北岸公路桥有3孔跨度为48.768m的钢拱和5孔钢筋混凝土框架。南岸公路桥有1孔跨度为48.768m的钢拱和3孔钢筋混凝土框架。钢拱和公路纵梁材质为普通碳素钢。

铁路及公路荷载等级分别为E—50级及H—15级;人行道荷载为3.91kN/m^2。

为抵制日寇侵略,该桥通车后仅三个多月(即1937年12月)即主动炸毁:第9、13、14号墩炸坏,第10、12、13孔钢梁一端坠入江中,第14、15孔钢梁全部落入江中,第5、6、11、16孔钢梁及南岸钢拱略有损坏。1940年9月日寇利用被炸坏的钢梁,上铺木板通行军用汽车;1943年10月日寇将其修复,并于1944年10月复通火车。这以后又被我抗日游击队炸损,中断行车。抗日战争胜利后修复。后又经解放战争,几曾被炸修复。直到新中国建立后才完全修复正常通行。

1993年曾对大桥进行大修。对钢桁梁个别杆件进行了加固,并在原钢筋混凝土板上加铺沥青混凝土铺装层。伸缩缝全部更换为橡胶伸缩缝。

(2)维修加固前大桥状况

①可见到的主桁杆件、纵横梁、大节点、小节点及杆件缀板、缀条、铆钉油漆均完整,未见锈蚀迹象。公路桥面的钢构件(如公路纵、横梁等)与混凝土相接触和邻近部位,可见油漆剥落和锈蚀迹象,多有泥灰污垢黏附;公路桥面破损处有雨水泄漏,其下及附近处的钢构件锈蚀较为明显,但锈蚀程度仍需进一步检测。曾落入江中的那一孔钢桁梁杆件锈蚀麻坑明显,但其油漆良好未见进一步锈蚀。

②公路钢筋混凝土板,普遍开裂,裂缝宽度、深度及其分布待进一步检测;有局部破损;伸缩缝磨损、桥面铺装层开裂及局部破损均影响行车平顺;在桥面破损严重处,过汽车时可听到桥面板与钢构件的撞击声;钢梁两端混凝土梁牛腿及挂孔牛腿处开裂甚至混凝土破碎,有待进一步检测。混凝土桥面板有大面积渗漏迹象,在其底面有成片的白色晶体粉末析出,混凝土碳化深度、现强度等级及板的承载等级有待进一步检测确定。

③在进行铁路桥面和公路桥面考察时,虽遇几趟(约6趟)客货列车通过和不时有汽车(桥头设有只允许5t以下车通过的标志,但实际不时有大于5t的车)通过,均没有明显异常感。

(3)检测评估工作计划

为保证该桥安全运营,需对其现状、病害、承载等级及铁路主桁剩余寿命进行一次全面检测和评估。鉴于该桥桥龄已61年,与同类大跨度钢桥设计寿命100年相比,刚刚进入老龄或中年后期;该桥虽经历史沧桑,桥梁后期养护情况及实际情况相对良好,因此工作计划可划分为近期5年及5年后两种考虑。前者为:对钢筋混凝土桥面板及其他钢筋混凝土结构等做检测和整治;对公路钢纵、横梁锈蚀、破损情况进行了解和整治。后者为:考虑荷载的发展及车辆提速,除须做包括前述的全部工作以及对全桥作全面整治外,还要考虑主桁剩余寿命和承载力的潜力。故检测及评估方案也相应有两种。

2. 大桥检测评估工作的第一方案

1)检测评估工作内容

(1)混凝土及钢筋混凝土结构检测

①公路钢筋混凝土桥面板。

a. 裂缝检测——裂缝分布、裂缝宽度、裂缝深度等;

b. 破损带检测——破损位置、破损范围、破损程度等；

c. 保护层剥落及露筋检测——剥落的位置、范围、深度；露筋性质（是分布筋、箍筋，还是受力主筋）以及露筋锈蚀情况；

d. 碳化层深度及渗漏检测——部位、范围、程度；

e. 混凝土强度检测——非破损法检测混凝土强度。

②公路桥面铺装层。

a. 破损带检测——位置、范围、程度；渗漏情况；

b. 裂缝检测——分布、宽度、深度；

c. 伸缩缝检测——磨损程度、破损情况、影响行车情况。

③公路引桥钢筋混凝土框架、梁、悬臂梁及挂孔等。

a. 裂缝检测——裂缝分布、宽度、深度；

b. 保护层剥落及露筋检测；

c. 牛腿破损情况及开裂情况检测；

d. 渗漏情况检测。

④公路钢筋混凝土桥面板承载力检测。

为摸清钢筋混凝土桥面板承载能力，选择好、中、坏三孔桥面板进行加载试验。模拟汽—10 级、汽—15 级及汽—20 级荷载，测量桥面板的变形及钢筋应力。详细加载方案，需看桥面板及有关的结构尺寸后给出。

⑤对钢筋混凝土公路桥面板承载能力做出结论。

⑥对桥墩的外观、裂缝进行检测。

⑦对混凝土及钢筋混凝土结构提出养护维修及加固方案。

(2)钢梁的公路桥面系（公路纵横梁、上平剪刀撑及有关连接）检测

①油漆剥落情况；

②锈蚀情况；

③铆钉及连接松动情况；

④是否有裂纹产生；

⑤钢筋混凝土桥面板加载时，对其纵横梁应力及挠度的测定；

⑥提出整治方案；

⑦做出公路桥面系钢构件承载力的结论。

(3)公路人行道钢托架的检测

①连接及铆钉是否松动；

②锈蚀情况；

③是否有裂纹产生；

④对钢托架提出整治方案；

⑤做出钢托架承载能力的结论。

(4)主桁、铁路纵横梁、下平剪刀撑及有关连接的检测

①查阅养护、维修及加固记录，并进行现场勘察。

②查阅历次，尤其是最近一次鉴定试验结果。

③实施一般性应力、挠度及动力性能试验。如对坠河后修复的一孔钢桁梁，及另选有代表性的一孔钢桁梁，进行现有运营荷载的应力、挠度及动力性能测试。

④对实桥结构进行理论分析。

⑤给出承载能力及近期安全运营的判断结论。

⑥对主桁、铁路纵横梁、下平剪刀撑提出整治方案。

2)完成第一方案所需要时间

(1)合同签订后 7d 内即开始现场检测。

(2)现场检测需要 20d。

(3)现场检测工作完成后即分析资料,提交评估报告需要 30d。

(4)60d 内完成第一方案。

3)成第一方案所需经费(略)

3.大桥检测评估工作的第二方案

1)测评估工作内容

一个新制杆件,从承受循环加载开始至裂纹不稳定扩展失去承载能力为止的全部循环加载次数,就是该杆件全部承受疲劳荷载的寿命。一般大跨度钢桁梁主桁均按安全承受 200 万次加载来设计其寿命。整个疲劳加载的过程,是疲劳损伤的累积过程。以疲劳试验方法或断裂力学试验方法取得抗力数据,再结合运营应力谱数据,进行累积损伤计算,便可得到现有杆件剩余寿命,即应由实桥相应部位取得试件。这对杭州钱塘江大桥来讲可能是较困难的,当然亦可参照国内外已有试验数据取值。这种疲劳抗力的试验和统计分析及损伤累积的计算存在误差可能在 5 年以上,不同的方法相差可能在 10 年以上。比如同是洛口黄河大桥纵梁,不同的方法得出的结果也不同,有的认为剩余寿命为零,有的却认为剩余寿命尚有 10 年以上。鉴于上述原因,杭州钱塘江大桥全面寿命评估按如下考虑:

(1)近期检测及承载力评估

内容同方案一的有关内容。

(2)剩余寿命评估

①控制寿命构件应力谱

实测杆件应力谱:选定测试周期,选定测试杆件及部位,划分应力幅等级,实测应力历程曲线,确定一个测试周期内各应力幅等级的加载次数,并记录货车列、客车列和单机加载以及牵引机车类型。对不同控制寿命构件及应力幅等级累计一个周期的加载次数。

对不同控制寿命构件的实测应力谱,考虑偏载、一周期内漏测特重列车、铆钉孔削弱、机车种类变化、牵引力变化、车辆载重变化、年总运量及月份总运量不均匀等诸多因素影响进行修正。上述影响由历年运量调查、机车类型调查等结果统计分析取得。

②控制寿命构件细节疲劳抗力曲线

由实桥撤换切取试件进行疲劳试验,并参照国内外已有旧铆接桥细节的疲劳抗力数据,给出旧铆接桥构件疲劳评定曲线。

③计算疲劳损伤度及剩余寿命

由运营应力谱,按疲劳评定曲线进行损伤计算,求得各运营阶段的等效应力幅及相应加载次数,从而算出控制寿命构件的疲劳损伤度及剩余寿命。

上述计算是一个大量实测数据、试验数据及调查统计数据的统计分析过程。因结果不是一一对应的函数关系,而是建立在一定概率基础上的相关关系,离散、偏差是存在的。但这种分析结果仍然是必要的参考数据,是总体和长远考虑的依据。近期应该有更实际和切实有效的举措。

上述考虑是初步方案,待实施时再提供详细的试验大纲。

2)完成第二方案所需时间

(1)合同签订后一个星期内即开始现场检测和有关取样工作。

(2)现场检测及取样工作等需 20d。

(3)室内疲劳或损伤等试验需 30d。

(4)上述现场检测和室内疲劳或损伤等试验工作完成后,即进行资料分析,提出评估报告,需 40d。

(5)共需 90d 完成第二方案。

3)完成第二方案所需经费(略)

二、病害检测及承载力评估报告

经业主和有关主管部门研究决定，杭州钱塘江大桥的检测评估工作按第一工作方案实施。

检测评估结果如下：

1. 概述

1953 年，经铁道部桥梁检定队检定，载重等级为中—17.4 级，控制杆件为 U_1L_2 斜杆。1957 年，又对大桥主梁进行了应力测试和动载试验，载重等级为中—28.9 级，控制杆件为第 10 孔的 U_7L_6 斜杆。1959 年年底，对北岸 3 号钢拱和南岸钢拱进行了荷载试验，公路纵梁的载重等级均远大于汽—18 级。其后，曾对大桥钢梁和拱桥进行了病害整治和加固。1979 年，上海铁路局桥检队对大桥进行了检定计算，结果为：第 1 至第 16 孔公铁两用桁梁承载系数为 1.095（合旧中活载等级为中—24.3 级）；铁路 13.76m 上承式板梁承载系数为 1.76（合旧中活载等级为中—38.7 级）；14.63m 上承式板梁承载系数为 1.89（合旧中活载等级为中—41.54 级）；公路钢拱桥承载等级相当于我国公路活载等级汽—20 级或挂车—100 级，正桥主桁公路承载能力相应达汽—20 级，公路纵梁承载等级相当为汽—15 级或挂—60 级。1981 年，对 10 孔补强后的钢梁进行了载重等级计算，结果为：承载系数为 1.264（合旧中活载等级为中—28 级）、公路为汽—15 级，或者 1.196（合旧中活载等级为中—26.5 级）、公路为汽—20 级。1993 年，大桥大修前，也曾进行过检定，大修时对桁梁个别杆件进行了加固，桥面铺装层换成沥青混凝土铺装层，伸缩缝换成橡胶伸缩缝。

从现存的档案中，未发现对钢筋混凝土公路桥面板进行检测和荷载试验的资料。

鉴于该桥钢筋混凝土公路桥面板已出现严重病害，影响汽车行车平顺甚至行车安全。为查清病害，给维修加固提供依据，于 1999 年 3 月 25 日至 4 月 19 日对该桥进行了病害和承载力检测评估。

2. 检测内容

(1)混凝土及钢筋混凝土结构

①公路钢筋混凝土桥面板：裂缝检测、破损带检测、保护层剥落及露筋检测、碳化层深度和混凝土强度检测及渗漏检测。

在以上工作完成后，还需对桥面板进行加载检测和理论计算，最后对其承载力做出评估。

②公路钢筋混凝土桥面板铺装层：破损带检测、裂缝检测、伸缩缝检测。

③公路引桥：钢筋混凝土框架、梁、悬臂梁及挂孔等裂缝、破损及渗漏、露筋检测。

④桥墩：外观检查及裂缝检测。

(2)钢桁梁的公路桥面系（公路纵横梁、上平剪刀撑及有关连接）检测

①油漆剥落情况、锈蚀铆钉情况，铆钉及连接是否松动，是否开裂以及裂缝扩展情况。

②在公路钢筋混凝土桥面板进行荷载检测时，对桥面系杆件相应的应力水平及挠度进行检测。

(3)公路桥面的人行道托架

检查油漆是否剥落，托架是否锈蚀，连接是否松动。

(4)主桁、铁路纵横梁、下平剪刀撑及有关连接

①查阅养护、维修及加固记录，并进行现场检查。

②查阅历次，尤其是最近一次鉴定试验资料。

③施行一般性应力、挠度及动力特性测试。

④对于变形超限主桁杆件及另一孔相应部位的杆件，进行应力测试并对损伤的杆件进行超声检测，以对比判断损伤程度及其性质。

(5)桥面排水设施检查

排水设施是否合理，排水是否畅通，有无渗漏和锈蚀，排水设备是否缺损，四周有无漏水浸蚀桥跨结构。

(6)承载力评估

①对钢筋混凝土公路桥面板及公路桥面系钢构件的承载力做出评估结论。

②对公路引桥钢筋混凝土框架、梁、悬臂梁及挂孔检测做出结论。

③对公路桥面人行道钢托架的检测情况做出结论。

④对变形超限的主桁钢杆件损伤程度做出结论。

⑤对主桁承载力做出评估结论。

⑥对公路桥面排水设施检查情况做出结论。

(7)养护、维修、加固方案

对公路钢筋混凝土桥面板、桁梁公路桥面系、公路桥面人行道托架，公路引桥钢筋混凝土框架、梁、悬臂梁及挂孔，主桁杆件及主桁超限变形杆件，伸缩缝、公路桥面铺装层等依据测检结果提出养护、维修及加固建议方案。对公路钢筋混凝土桥面板的维修分别做出使用期为5年、10年、20年以上的比选方案。

3.检测依据及标准

(1)双方签订的《钱塘江大桥病害、承载力检测评估合同》；

(2)《铁路桥梁检定规范》(中国铁道出版社，1978年)；

(3)《铁路工程技术规范》(合订本)；

(4)《铁路桥涵设计规范》(TBJ 2—96)；

(5)《公路桥涵设计通用规范》(JTJ 021—89)；

(6)《公路钢筋混凝土及预应力混凝土桥涵设计规范》(JTJ 023—85)；

(7)《公路旧桥承载能力鉴定方法》(人民交通出版社，1988年)；

(8)《回弹法检测混凝土抗压强度技术规程》(JGJ/T 23—92)；

(9)《超声法检测混凝土缺陷技术规程》(CECS 21:90)。

4.混凝土及钢筋混凝土结构检测

(1)检测方法及仪器

混凝土强度用天津建筑仪器厂生产的HT—225A型回弹仪，按照前述的有关规程进行检测。碳化层深度用游标卡尺和1%酚酞酒精溶液进行测量。裂缝宽度用上海光学仪器厂生产的20倍刻度放大镜测读。裂缝深度用英国C. N. S仪器有限公司生产的“庞迪”便携式超声波非破损数字显示测试仪进行检测。检测依据为前述相关规范、规程等。

(2)正桥公路钢筋混凝土桥面板

①桥面板混凝土裂缝、碳化层深度及强度检测

裂缝、碳化层深度及混凝土强度检测结果详见表3-10-10。从表中可看出，拱1～4孔和主桁1～4、8、9、11、16孔的老桥面板(即初建桥梁时的桥面板)混凝土碳化层深度较深，分别为17mm、21mm、15mm、18mm、20mm、18mm、15mm、21mm、14mm、21mm、20mm、16mm。而桥梁炸毁后第一次更换的第5、6、7、12、14、15六孔及第二次更换的第10、13两孔桥面板混凝土碳化层深度相对浅一些，分别为14mm、8mm、11mm、6mm、6mm、6mm、6mm、6mm。老桥面板混凝土最低强度为16.2～27MPa，更换后的桥面板最低强度为25.5～33.3MPa。

正桥公路桥面板裂缝、碳化层深度及混凝土强度检测汇总　　表3-10-10

孔号	裂缝条数	裂缝总长度(m)	最大裂缝宽度(mm)	最大裂缝深度(cm)	碳化深度(mm)	平均强度(MPa)	强度标准差(MPa)	最低强度(MPa)	备　注
拱1	368	312.5	0.50	10.1	17	23.1	3.08	17.2	老桥面板
拱2	346	332.5	0.80	贯穿	21	21.2	2.93	16.2	老桥面板

续上表

孔号	裂缝条数	裂缝总长度(m)	最大裂缝宽度(mm)	最大裂缝深度(cm)	碳化深度(mm)	平均强度(MPa)	强度标准差(MPa)	最低强度(MPa)	备　注
拱3	370	344.5	0.44	9.2	15	24.6	3.24	18.2	老桥面板
主1	220	371.0	0.60	12.8	20	21.6	2.58	17.7	老桥面板
主2	229	439.0	0.50	10.8	18	20.8	2.55	18.2	老桥面板
主3	287	258.0	0.55	11.0	15	22.1	3.61	15.1	老桥面板
主4	327	333.0	0.40	8.2	21	27.2	2.61	22.5	老桥面板
主5	518	416.0	0.40	8.4	14	27.8	2.49	25.5	第一次更换的桥面板
主6	604	470.0	0.35	7.5	8	34.9	0.90	33.3	第一次更换的桥面板
主7	522	442.0	0.40	8.0	11	31.6	1.72	28.9	第一次更换的桥面板
主8	213	284.0	0.50	8.8	14	23.5	2.97	18.3	老桥面板
主9	137	331.0	0.50	10.4	21	23.6	2.90	17.1	老桥面板
主10	163	142.2	0.30	6.9	6	36.9	0.92	35.8	第二次更换的桥面板
主11	205	175.0	0.85	贯穿	20	29.8	1.97	27.0	老桥面板
主12	391	278.5	0.25	4.6	6	36.7	2.31	31.7	第一次更换的桥面板
主13	192	218.0	0.35	7.2	6	35.9	3.45	30.3	第二次更换的桥面板
主14	242	282.0	0.35	7.0	6	36.2	2.84	30.5	第一次更换的桥面板
主15	528	430.5	0.40	7.8	6	35.0	1.48	31.2	第一次更换的桥面板
主16	415	364.0	0.30	6.6	16	24.8	2.26	21.6	老桥面板
拱4	182	204.0	0.30	7.0	18	22.3	3.16	15.8	老桥面板

注：裂缝宽度和深度由该孔中具有代表性的裂缝测得。

②桥面板混凝土的破损带、保护层剥落、渗漏及露筋检测

检测结果详见表 3-10-11。

正桥公路桥面板破损带、保护层剥落、渗漏及露筋汇总 表 3-10-11

孔号	贯穿裂缝(渗漏)	保护层剥落和蜂窝松动(处)	露筋(处)	备　注
拱1	16条，累计长度 22.0m	94	1	老桥面板
拱2	57条，累计长度 70.0m	145	31	老桥面板
拱3	4条，累计长度 5.5m	142	17	老桥面板
主1	7条，累计长度 14.0m	129	23	老桥面板
主2	22条，累计长度 36.5m	181	9	老桥面板
主3	19条，累计长度 23.5m	131	1	老桥面板
主4	29条，累计长度 24.5m	154	1	老桥面板
主5	54条，累计长度 56.5m	105	14	第一次更换的桥面板
主6	25条，累计长度 22.0m	129	1	第一次更换的桥面板
主7	21条，累计长度 16.5m	193	8	第一次更换的桥面板
主8	8条，累计长度 10.0m	105	3	老桥面板
主9	34条，累计长度 46m	128	12	老桥面板
主10	3条，累计长度 10.0m	50	9	第二次更换的桥面板
主11	13条，累计长度 14.0m	235	6	老桥面板
主12	16条，累计长度 18.5m	48	1	第一次更换的桥面板

续上表

孔号	贯穿裂缝(渗漏)	保护层剥落和蜂窝松动(处)	露筋(处)	备 注
主13	12条,累计长度21.0m	34	1	第二次更换的桥面板
主14	8条,累计长度11.0m	43	1	第一次更换的桥面板
主15	39条,累计长度53.0m	58	2	第一次更换的桥面板
主16	10条,累计长度6.3m	127	1	老桥面板
拱4	8条,累计长度10.5m	166	2	老桥面板

(3)公路桥面铺装层

检测结果详见表3-10-12。

公路桥面铺装检查结果 表3-10-12

孔 号	缺陷距杭州端伸缩缝距离(m)	缺 陷 描 述
拱3	10.0	长(2.0m)×宽(0.8m)的破损带
主1	10.8	桥中处有一条长1.8m的裂缝
	46.0	靠下游车道有一个0.3m×0.2m的破碎孔洞
主2	11.5	桥中处有一条长3.7m的裂缝
	23.0	横桥向约6.0m贯穿裂缝
	30.0	横桥向桥中央有一条长3.1m的裂缝
	46.0	横桥向上游车道侧,长1.9m的裂缝
主3	23.0	横桥向约6.0m贯穿裂缝
	26.0	横桥向上游车道侧,长0.70m的裂缝
	46.0	横桥向约6.0m贯穿裂缝
	51.5	桥中央长2.4m的裂缝
	57.5	桥中央长1.0m的裂缝
主4	12.0	桥中央长2.1m的裂缝
	23.0	下游车道侧,3.0m×0.4m破碎带
	30.5	上游车道侧,长1.0m、0.6m两条裂缝
	46.0	由下游车道起延伸长4.0m的裂缝
	68.0	有一块5.0m×6.0m破碎带
主5	6.3	距上游车道0.60m处,有一条长0.8m的裂缝
	8.3	距上游车道0.50m处,有一条长0.30m的裂缝
	13.3	桥中央长约5.5m的裂缝
	20.3	桥中央长约5.2m的裂缝
	26.8	桥中央长约4.4m的裂缝
	31.8	长6.0m贯穿裂缝
	38.1	长5.0m裂缝
	39.3	长6.0m贯穿裂缝
	44.3	由上游车道延伸长4.4m的裂缝
	50.3	由下游车道延伸长5.0m的裂缝
	51.3	上游车道侧,长3.0m的裂缝
主6	11.3	长6.0m贯穿裂缝
	21.3	长6.0m贯穿裂缝
	23.8	长6.0m贯穿裂缝

续上表

孔　号	缺陷距杭州端伸缩缝距离(m)	缺 陷 描 述
主6	29.1	长6.0m贯穿裂缝
	30.1	桥中央长1.0m的裂缝
	37.4	长6.0m贯穿裂缝
	45.4	上游车道侧，长2.4m的裂缝
	49.4	有宽0.3m、长约6.0m的破碎带
主7	8.3	长6.0m贯穿裂缝
	23.0	长4.0m、宽0.2m的破碎带
	30.9	长5.5m、宽0.5m的破碎带
	46.0	长6.0m、宽1.25m的破碎带
	54.3	长6.0m贯穿裂缝
	62.6	长6.0m贯穿裂缝
主8	12.6	下游车道有一条长3.0m的裂缝
	23.0	长6.0m贯穿裂缝
	32.0	下游车道侧，有长3.0的裂缝
	46.0	长6.0m贯穿裂缝
	57.0	桥中央靠下游车道侧，有长1.8m的裂缝
	59.6	下游车道侧，有长3.0m的裂缝
主9	6.5	上游车道延伸长3.8m的裂缝
	19.5	桥中央靠上游车道侧，有长1.0m的裂缝
	30.8	长6.0m贯穿裂缝
	46.0	长6.0m贯穿裂缝
主10	14.2	长6.0m贯穿裂缝
	23.7	长5.0m、宽0.30m的破碎带
	31.0	下游车道有一条长3.0m的裂缝
	38.0	长6.0m、宽1.0m的破碎带
	43.0	桥正中向下游车道有长1.1m的裂缝
	57.0	长5.0m、宽0.30m的破碎带
	66.0	从上游车道延伸至下游车道，长4.8m的裂缝
主11	26.8	长6.0m的贯穿裂缝
	—	11孔和12孔之间的橡胶伸缩缝受挤而上翘
主12	9.0	长6.0m的贯穿裂缝
	17.5	长6.0m的贯穿裂缝
	26.5	长5.0m、宽0.60m的贯穿裂缝
	35.0	长6.0m的贯穿裂缝
	52.0	长6.0m的贯穿裂缝
	60.3	长6.0m的贯穿裂缝
主13	8.5	长6.0m的贯穿裂缝
	17.0	长6.0m的贯穿裂缝
	25.5	长6.0m的贯穿裂缝
	34.0	长6.0m的贯穿裂缝

续上表

孔　号	缺陷距杭州端伸缩缝距离(m)	缺陷描述
主13	42.5	长6.0m的贯穿裂缝
	51.0	长6.0m的贯穿裂缝
	59.5	长6.0m的贯穿裂缝
主14	9.0	下游车道侧长3.1m的裂缝
	17.5	长6.0m的贯穿裂缝
	25.7	下游车道侧长3.0m的裂缝
	30.0	长5.0m、宽0.35m的破碎带
	34.2	下游车道向上游车道延伸长4.7m的裂缝
	38.2	下游车道侧长3.0m的裂缝
	42.5	长5.0m、宽0.25m的破碎带
	51.0	长6.0m的贯穿裂缝
	59.5	长6.0m的贯穿裂缝
主15	9.0	长6.0m的贯穿裂缝
	17.5	长6.0m的贯穿裂缝
	26.0	长6.0m的贯穿裂缝
	26.5	桥中距下游车道50cm处，有长1.0m的裂缝
	34.5	长6.0m的贯穿裂缝
	43.5	长6.0m的贯穿裂缝
	52.0	长6.0m的贯穿裂缝
	61.0	长6.0m的贯穿裂缝
主16	12.3	长6.0m的贯穿裂缝
	26.8	长6.0m的贯穿裂缝
	35.8	下游车道侧，长3.2m的裂缝
	44.8	长6.0m的贯穿裂缝
	58.2	长6.0m的贯穿裂缝
拱4	14.0	下游车道侧，长3.2m的裂缝
	27.0	下游车道侧，长3.0m的裂缝
	39.3	下游车道侧，长3.0m的裂缝
萧引桥	0.5	长6.0m的贯穿裂缝
	10.5	下游车道侧，长3.0m的裂缝
	20.0	长6.0m的贯穿裂缝
	25.5	长6.0m的贯穿裂缝
	31.5	长6.0m的贯穿裂缝
	35.5	上游车道侧，长3.0m的裂缝
	37.5	长6.0m的贯穿裂缝
	40.0	长6.0m的贯穿裂缝
	44.0	长6.0m的贯穿裂缝
	47.0	长6.0m的贯穿裂缝

(4)公路引桥钢筋混凝土结构缺陷检测

①钢筋混凝土梁裂缝、碳化层深度及混凝土强度检测

检测结果详见表3-10-13。除杭州侧公路引桥第一、二孔裂缝较多外，其余各孔裂缝不是很多，但其碳化深度比主桥桥面板的深，强度也低一些。

公路引桥钢筋混凝土梁裂缝、碳化层深度及混凝土强度汇总　　表3-10-13

孔　号	裂缝条数	裂缝总长度(m)	最大裂缝宽度(mm)	最大裂缝深度(cm)	碳化深度(mm)	平均强度(MPa)	强度标准差(MPa)	最低强度(MPa)	备注
杭公引1	3	3.6	0.25	4.8	19	19.8	4.72	13.8	修补过
杭公引2	2	1.7	0.20	4.2	21	19.3	4.90	13.4	修补过
杭公引3	8	8.6	0.55	15.0	20	20.6	3.79	14.2	—
杭公引4	9	10.4	0.45	9.3	14	26.5	2.01	21.7	—
杭公引5	12	9.6	0.45	10.2	17	21.3	6.07	17.1	—
萧公引1	20	26.4	0.50	12.4	15	21.4	6.76	14.0	—
萧公引2	19	21.0	0.55	14.8	19	19.4	3.64	15.9	—
萧公引3	5	4.0	0.30	6.2	14	23.2	4.48	16.7	—

②钢筋混凝土框架、悬臂梁及挂孔等缺陷检查

两岸公路引桥的钢筋混凝土框架、梁、板及悬臂梁等普遍存在破损、露筋和渗漏。杭州侧公路引桥第三孔中的纵梁混凝土表层轻轻一敲就露出大面积蜂窝孔洞（约50cm×30cm），此处的钢筋已严重锈蚀。

另外，挂孔处的钢筋混凝土破损严重，此处桥面渗水，已将大约2cm×2cm范围内的钢筋截面锈蚀了近2/3。

(5)桥墩外观检查

主桥水中墩有13个，普遍存在横向、竖向、网状裂缝。裂缝长度从0.30～5.0m不等，宽度从0.20～1.6mm不等。各墩裂缝状况见表3-10-14。其中，5号、8号、13号墩的裂缝较严重。

主桥水中墩裂缝状况　　表3-10-14

墩　号	裂缝条数	裂缝总长度(m)	墩　号	裂缝条数	裂缝总长度(m)
1	28	24	8	48	34
2	18	28	9	19	18
3	16	25	10	11	13
4	14	22	11	12	18
5	36	68	12	15	16
6	17	29	13	26	36
7	25	22	14	13	16

对于以上所有公路桥面板、框架、桥墩等，均绘制了裂缝及缺陷分布图，图3-10-9及图3-10-10为示例，其余从略。

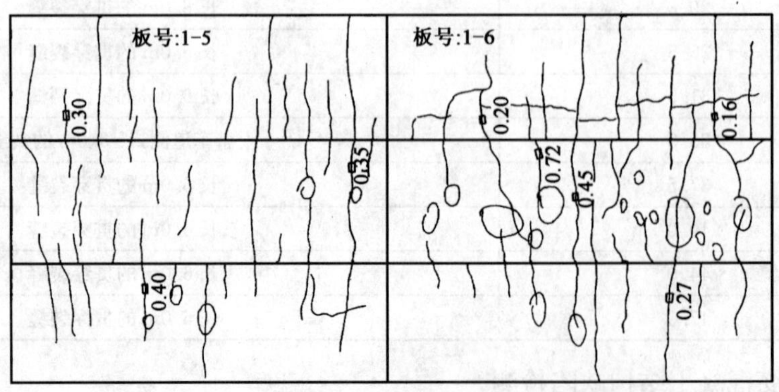

图3-10-9　钢筋混凝土公路桥面板缺陷分布（图中数字是裂缝宽度，单位:mm）

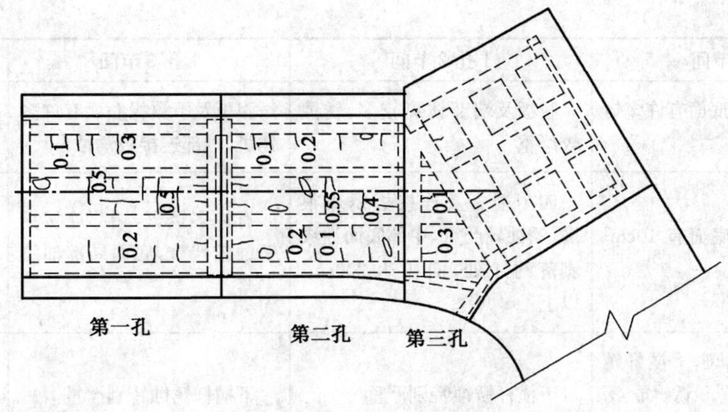

图 3-10-10　萧山侧公路引桥桥面板缺陷分布(图中数字是裂缝宽度,单位:mm)

5. 钢桁梁公路桥面系及桥面排水设施检查

杭州钱塘江大桥钢桁梁公路桥面系如图 3-10-11 所示。本次检查内容包括上弦杆、公路桥纵梁及横联杆件的油漆剥落、锈蚀情况,连接铆钉是否松动,是否存在裂纹及裂纹扩展情况等。利用手锤、游标卡尺、钢板尺和读数显微镜等逐孔进行检查。检查情况分述如下,部分检查结果汇总示于表 3-10-15。

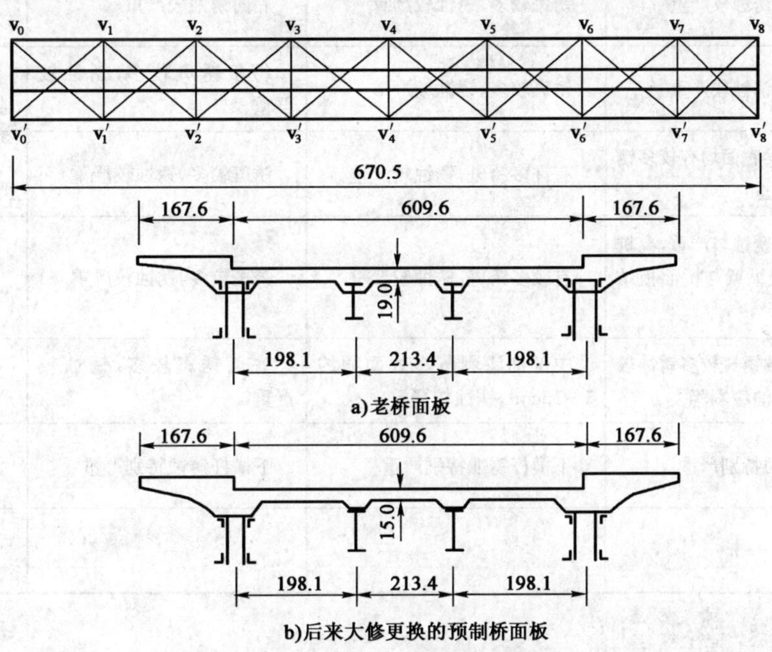

图 3-10-11　钢桁梁公路桥面系及公路钢筋混凝土桥面板示意图(尺寸单位:cm)

钢桁梁公路桥面系部分检查结果汇总　　表 3-10-15

部位	1 孔 1 节间	1 孔 2 节间	1 孔 3 节间	1 孔 4 节间
上游侧上弦	有许多锈斑、麻点,有小块(4~8cm²)油漆剥落,锈蚀较严重	有较多锈斑,锈蚀较严重	有较多锈斑,锈蚀较严重	底面缀板锈斑较多,锈蚀较严重
下游侧上弦	有较多锈斑,锈蚀较严重	有较多锈斑,锈蚀较严重	有较多锈斑,锈蚀较严重	有较多锈斑,锈蚀较严重
上游侧纵梁	有很多锈蚀,锈坑深达 0.5mm,连接未见松动	端部锈斑较多,锈蚀较严重	腹板及下翼缘底面有许多锈斑,锈蚀较严重	纵梁与桥面板结合处渗水,使纵梁中部约 0.8m 范围锈蚀,萧山端 2.5m 处也渗水

续上表

部位	1孔1节间	1孔2节间	1孔3节间	1孔4节间
下游侧纵梁	腹板及下翼缘底面有许多锈斑，锈蚀较严重	腹板及端部锈斑较多，锈蚀较严重	腹板及下翼缘底面有许多锈斑，端部连接板锈蚀	表面有较多锈斑
剪刀撑	有许多锈斑，底面有 10cm² 油漆剥落	四个端头及连接板锈斑很多，锈蚀较严重，中部底面油漆剥落约 4 处，面积达 200cm² 以上	有许多锈斑，端部连接板锈蚀较严重，底面局部油漆剥落	底面锈斑较多，锈蚀较严重
横联	各杆件均有锈斑，下横杆锈蚀特别严重，锈坑深达2～3mm	下横杆锈蚀特别严重	下横杆锈蚀特别严重	下横杆件锈蚀特别严重
桥面板支承垫层	—	—	—	—
部位	1孔5节间	1孔6节间	1孔7节间	1孔8节间
上游侧上弦	锈斑较多，锈蚀较严重	锈斑较多，锈蚀较严重	底面锈蚀较严重	有锈斑，端部缀板锈蚀较严重
下游侧上弦	锈斑较多，锈蚀较严重	锈斑较多，锈蚀较严重	缀板锈斑较多，锈蚀较严重	端部缀板锈斑较多，锈蚀较严重
上游侧纵梁	腹板及纵梁底面均有较多锈斑，锈蚀较严重	有许多锈斑，锈蚀较严重	锈斑较多，锈蚀较严重	底部锈斑较多，锈蚀较严重
下游侧纵梁	锈斑较多，锈蚀较严重，离杭州端约 2m 处纵梁与桥面板结合部渗水	有较多锈斑，锈蚀较严重	锈斑较多，锈蚀较严重	底部锈斑较多，锈蚀较严重
剪刀撑	底面及两端锈斑较多锈蚀较严重，有一处油漆剥落	中部油漆剥落多处面积约 5～15cm²，锈蚀较严重	底面锈斑较多，锈蚀较严重	中部锈斑较多，锈蚀较严重
横联	下横杆锈蚀特别严重	下横杆锈蚀特别严重	下横杆锈蚀特别严重	下横杆锈蚀特别严重
桥面板支承垫层	—	—	—	—

(1)第1孔

该孔公路桥面板为现浇钢筋混凝土板，4 个板肋分别与上弦杆和纵梁结合，如图 3-10-11a)所示。

上弦杆外露部位锈斑较多，特别是其底面及两端缀板，锈蚀比较严重。第 1 节间上弦杆有一处油漆剥落，面积约 4～8cm²；锈斑直径约 2mm，深 0.5～1.0mm。

纵梁腹板与下翼缘底面锈斑较多，第 4 节间纵梁与桥面板结合处渗水，使纵梁锈蚀。

剪刀撑底面锈斑较多，油漆剥落较严重，特别是剪力撑四角连接处锈蚀更严重。

横联杆件及连接板均有较多锈斑，下横杆件锈斑可大块剥落，该杆件锈蚀特别严重。

该孔未发现连接松动现象，也未发现杆件裂纹。

排水孔四周有渗水现象，伸缩缝漏水，接水槽基本完整，排水管有漏水现象。

(2)第2孔

该孔桥面板为现浇钢筋混凝土板。

上弦杆锈斑较多，锈蚀较严重。第 4 节间上弦杆由于桥面排水流到其上，局部锈蚀严重。

纵梁底面锈斑很多，锈蚀较严重。第 4 节间纵梁萧山端油漆剥落，面积约 100cm²。

剪刀撑底面锈斑很多，锈蚀较严重。

横联杆件和连接板均有较多锈斑，下横杆件锈蚀特别严重。

未发现连接松动和杆件开裂的现象。

伸缩缝下面锈烂。排水管漏水，接水槽基本完好，第 4 节间上下游两侧排水孔排出的水直接流到上弦杆上。

(3)第 3 孔

该孔桥面板为现浇钢筋混凝土板。

上弦杆底面及两端缀板锈斑较多，锈蚀比较严重。

纵梁底面锈斑较多，锈蚀比较严重。

剪刀撑底面锈斑较多，锈蚀比较严重。第 4、6、7、8 节间剪力撑底面油漆剥落严重，第 8 节中部几乎全部剥落。横联杆件锈斑较多，底面油漆剥落，特别是下横杆件底面，锈蚀特别严重。第 3 节间上游排水孔周围渗水，伸缩缝漏水，排水管漏水，接水槽基本完好。

(4)第 4 孔

该孔桥面板为现浇钢筋混凝土板。

上弦杆锈蚀严重。

纵梁锈斑很多，锈蚀严重。在第 2 节间上游侧纵梁上的桥面板混凝土接合处混凝土有一空洞，其宽、长、深尺寸约 8cm×10cm×10cm，第 7、8 节间纵梁因其与混凝土接合处渗水而锈蚀严重。

第 1 节间剪刀撑油漆剥落较严重。第 2 节间萧山端因渗水，连接板锈蚀严重。

横联杆件锈斑较多，第 2、4 节间因渗水使横联杆件及连接板锈蚀严重，下横杆件锈蚀特别严重。

伸缩缝钢板锈蚀严重，漏水，第 2、4 节间排水也渗水，第 4 节间与第 5 节间上游侧接合处严重漏水，下漏的泥土堆在杆件和连接板上。接水槽基本完好。排水管流水不畅，接头漏水。

(5)第 5 孔

该孔桥面板为预制的钢筋混凝土板(后来大修更换的预制桥面板)，如图 3-10-11b)所示，每个节间两块。多数接缝处渗水，预埋件锈蚀严重。

上弦杆两端及上缘锈蚀严重，缀板底面油漆剥落，锈斑较多，第 8 节间上弦因排水孔周围渗水而锈蚀严重。

第 3、6、8 节间剪刀撑底面油漆严重剥落，锈蚀较严重。

横联杆件锈蚀严重，第 4、6 节间因桥面板缝漏水，杆件被泥污包住，横联杆件及连接局部锈蚀特别严重。

未发现连接松动和杆件开裂现象。

该孔桥面板支承垫层大部分松动，特别是纵梁上的垫层松动尤为严重，有的局部已脱落，即使未脱落者也可用手将其抽出。

该孔桥面板板缝严重渗水，渗水处桁梁的有关杆件油漆剥落，锈蚀严重，排水孔周围渗水，伸缩缝下接水槽完整，排水管畅通。

(6)第 6 孔

该孔桥面板为预制板。

上弦杆锈斑较多，锈蚀严重。第 2、3 节间上弦杆因桥面板支承垫层处渗水，锈蚀较严重。

纵梁锈斑较多，锈蚀较严重。第 5、6 节间纵梁端部因桥面渗水而锈蚀严重。第 8 节间纵梁底面油漆起皮，局部已剥落。

该孔各节间剪刀撑底面油漆剥落严重。

横联杆件锈蚀较严重，特别是第 3、5 节间因桥面板接缝漏水而锈蚀严重。

该孔第 1、2 节间纵梁上的桥面板支承垫层破碎，严重脱落；其他各节间纵梁上的桥面板支承垫层也已松动、破碎，局部脱落。上弦杆上的桥面板支承垫层大部分松动，局部破损。

桥面板板缝漏水严重，特别是第 3 节间与第 4 节间、第 5 节间与第 6 节间的桥面接缝。伸缩缝漏水，接水槽基本完好，排水管接头处渗水。

(7)第 7 孔

该孔桥面板为预制板。

上弦杆两端缀板底面油漆剥落较多，其他部位有较多锈斑，锈蚀较严重。

纵梁底面锈斑较多。因桥面板接缝渗水，在渗水处，纵梁端部被泥水污染，局部锈蚀严重。

剪刀撑底面油漆剥落严重，锈蚀较多。

第 3、5 节间因桥面板接缝漏水，横联杆件上堆积满泥土，局部锈蚀严重。

纵梁上桥面板的支承垫层松动、掉边，第 6、7 节间的支承垫层脱落严重。

第 3 节间与第 4 节间、第 5 节间与第 6 节间的桥面板接缝严重漏水，伸缩缝漏水，接水槽基本完好，排水管接头漏水。

(8)第 8 孔

该孔桥面板为现浇钢筋混凝土板。

上弦杆底面及缀板锈斑较多，锈蚀较严重，第 3 节间排水孔附近锈蚀，第 5 节间萧山端腹板油漆剥落。

纵梁底面锈斑较多，锈蚀严重。剪刀撑底面油漆剥落严重。横联杆件锈斑较多。第 3 节间横联杆件油漆剥落，下横杆件锈蚀特别严重。

伸缩缝有渗水现象，接水槽基本完好，排水管接头存在漏水现象。

(9)第 9 孔

该孔桥面板为现浇钢筋混凝土板。

第 1、2 节间上弦杆和缀板锈蚀严重，纵梁与剪刀撑底面锈蚀较严重，门联连接板有大块锈斑剥落。

该孔后几个节间正在喷砂重做油漆，未发现连接松动、开裂现象。

伸缩缝处有漏水现象，排水管基本畅通，接水槽完好。

(10)第 10 孔

该孔桥面板为预制板。

1996 年对钢结构部分重新油漆，杆件表面可见旧锈坑，但未见新锈斑，没有油漆剥落现象。

第 7、8 节间纵梁曾进行过加固，第 4 节间与第 5 节间之间的桥面板接缝漏水严重，横联杆件被污染。

桥面板支承垫层进行过修补，局部松动，第 5 节间上游侧纵梁杭州端桥面板支承垫层脱落长约 0.5m。

接水槽完好，排水管接头有漏水现象。

(11)第 11 孔

该孔桥面板为现浇。

1996 年对钢结构部分重新油漆，第 3 节间下游侧上弦杆的萧山端因渗水使节点板生锈，其他杆件未见新的锈蚀。

伸缩缝有漏水现象，排水管接头漏水，接水槽完好。

(12)第 12 孔

该孔桥面板为预制板。

1995 年对钢结构部分重新油漆，上弦杆顶面垫层处因渗水，有新的锈蚀，其他杆件上有少量新锈斑。第 4、8 节间纵梁曾进行过加固。

第 3、5 节间横联杆件因漏水而污染。

第 3、4 节间之间及第 5、6 节间之间的桥面板接缝处严重漏水，伸缩缝漏水，接水槽完好，排水管接头漏水。

(13)第 13 孔

该孔桥面板为预制板。

上弦杆端部及缀板有少量锈斑，第 7 节间上游侧上弦杆的腹板变形凹进去。该节间的上弦杆件曾进行过加固。

纵梁表面有少量锈斑。第 1、4、5、6、7 节间的纵梁也曾加固过。

第 3、4 节间之间及第 5、6 节间之间桥面板接缝处均严重漏水。此两处横联杆件、上弦杆端部及纵梁端部被泥土污染，局部已锈蚀。

第 3 节间上游侧桥面板的支承垫层比下游侧厚约 8～10cm，支承垫层曾修补过，局部已松动。

伸缩缝下接水槽中间脱开，排水管接头存在漏水现象。

(14)第 14 孔

该孔桥面板为预制板。

上弦杆有锈斑，第 6 节间中部底面油漆剥落，锈蚀较严重，第 3 节间纵梁锈斑较多，第 5、6 节间纵梁端部锈蚀；第 6、8 节间纵梁曾进行过加固；第 4、7 节间剪刀撑锈斑较多；第 1 节间剪刀撑上有一颗铆钉松动。

第 4 节间桥面板中间接缝渗水，使剪刀撑中央、纵梁中部锈蚀严重；第 5 节间与第 6 节间之间桥面板接缝处漏水严重，使该处杆件上堆满泥土，局部锈蚀。

桥面板支承垫层已松动，第 1、6 节间局部已脱落。排水管接头处漏水，接水槽完好。

(15)第 15 孔

该孔桥面板为预制板。

上弦杆底面锈斑较多，第 3、7 节间纵梁锈斑较多。第 2～3 节间横联处的纵梁曾进行过加固。

第 3 节间剪刀撑底锈斑较多，第 6 节间与第 7 节间连接处油漆脱皮，第 7 节间剪刀撑四个端头的锈斑较多。

第 3 节间与第 4 节间之间、第 5 节间与第 6 节间之间桥面板接缝处漏水严重。此两处杆件被泥土污染，锈蚀，横联杆件锈蚀严重。

纵梁上的桥面板支承垫层松动，局部已脱落，伸缩缝下排水设施完好。

(16)第 16 孔

该孔桥面板为现浇钢筋混凝土板。

上弦杆、纵梁、剪刀撑、横联杆件和连接板锈斑较多，但未见其他不良现象。

(17)钢拱部分

钢拱上面的桥面板为现浇钢筋混凝土板。

桥面系构件表面锈斑较多，锈蚀比较严重，局部油漆剥落，桥面板接缝处有渗水现象，排水设施功能部分丧失，排水孔周围渗水，使钢构件锈蚀；未见连接松动，未发现钢构件开裂。

6.主桁、铁路纵横梁和下平联检查

(1)主桁

主桁上弦杆普遍有锈斑，特别是其底面及两端缀板，部分缀板油漆剥落严重；上弦杆与公路桥面板接合处都已锈蚀，渗水处锈蚀更为严重。第 5、6、7、10、12、13、14 和 15 孔的 U_3U_3'、U_5U_5'桥面板接缝处漏水，使上弦杆端部、节点板、铆钉、竖杆及斜杆端部锈斑严重。其他部位的斜杆和竖杆上部有锈斑。主桁自上弦以下的部分情况较好，未见油漆剥落和严重锈蚀情况。检查过程中未发现铆钉松动。

(2)变形超限主桁杆件超声波检测

主桁第 6 孔编号 L_1L_2下弦杆曾被扭变形。此次检测专门测试了这根杆的应力，并进行了超声波探伤。有关应力情况见后面的有关内容，探伤情况如下：

①探伤使用仪器为汕头产 CTS—22 型金属探伤仪。

②经检测发现，在杆件内侧的下排铆钉孔存在裂纹，见图 3-10-12。

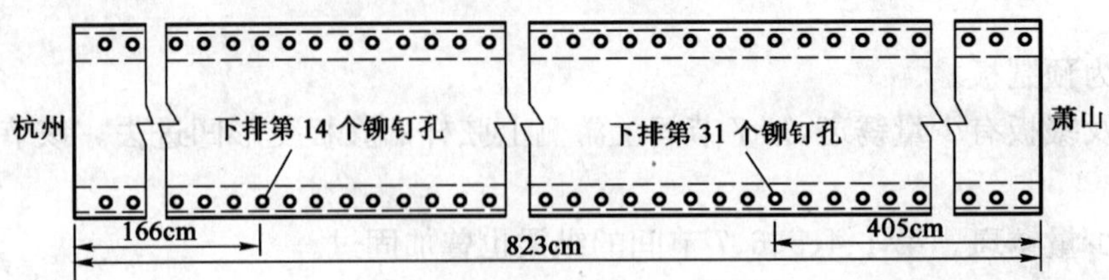

图 3-10-12　主桁第 6 孔 L_1L_2 杆件缺陷位置

(3)铁路纵横梁和下平联

第 1 孔纵梁上缘角钢锈蚀严重，下平联与纵梁连接支撑块角钢锈蚀。第 5 孔第 1 节间、第 2 节间萧山侧鱼形板开裂，1997 年 8 月检测裂缝长为 178mm，1999 年 4 月 5 日检测时发展到 188mm。第 7 孔 L_1L_1' 横梁杭州侧鱼形板开裂，左边裂缝长约 210mm，右边裂缝长约 150mm；L_1L_7' 横梁鱼形板开裂，左边裂缝长约 60mm，右边裂缝长约 30mm。第 8 孔第 2 节间纵梁鱼形板开裂，裂缝长约 100mm。第 10 孔下平联连接处锈蚀较严重。第 11 孔鱼形板锈蚀严重，大多已锈穿。第 12 孔第 3 节间、第 5 节间纵梁杭州端的节点板已锈烂；第 8 节间一根平联杆件节点板严重锈蚀，另一端已脱落。第 14 孔鱼形板锈蚀特别严重，多处平联节点板锈断，第 1 节间的一根平联杆件已掉下来。第 15 孔、第 16 孔多处平联节点板锈蚀严重。

以前发现开裂并已加固的纵横梁上，未发现新的裂缝。

7. 正桥公路钢筋混凝土桥面板荷载检测

1)正桥公路钢筋混凝土桥面板

一种为建桥时采用的现浇钢筋混凝土桥面板。每孔内有 3 块，沿桁梁纵向分别长为 25.30m、16.46m和 25.30m。板间设 2 条 2.54cm 的孔内伸缩缝及 1 条 7.62cm 的孔间伸缩缝。桥面板宽(横桥向)9.448m，其中两侧人行道各宽 1.676m，中间车行道宽 6.096m，设双车道。桥面板厚 19.05cm。在孔内伸缩缝处设宽 47.0cm、厚 34.29cm 的隔梁。桥面板与上弦杆、公路纵梁浇筑成一体，上弦杆和公路纵梁上翼及部分腹板埋入桥面板加劲梁中的深度为 15.24cm。公路桥面板沿桥横向的跨度为 1.981m、2.134m 和 1.981m，即为三跨连续板，见图 3-10-13。

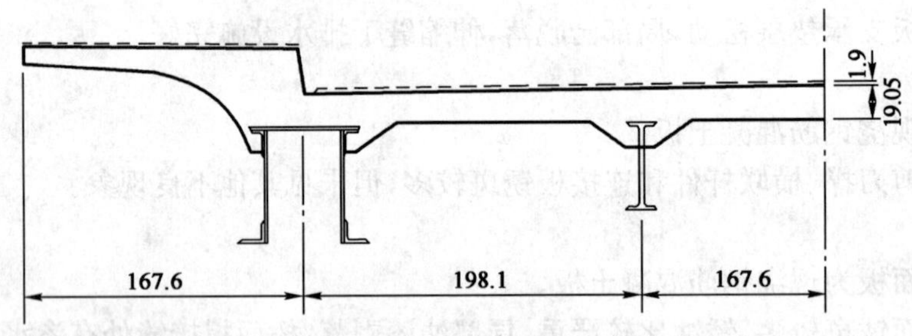

图 3-10-13　现浇钢筋混凝土公路桥面板(尺寸单位：cm)

另一种为修复时采用的预制钢筋混凝土桥面板，共有 8 孔，分别为正桥的第 5、6、7、10、12、13、14 和 15 孔。每孔有 16 块，即每个节间 2 块。沿桁梁纵向为 4.103～4.405m 不等。横桥向的尺寸与现浇板相同。桥面板厚 15.0cm，板与板之间有 4mm 缝隙。桥面板通过支承垫层支承在上弦杆和公路纵梁上，见图 3-10-14。

2)桥面板的理论分析

建桥时采用的现浇板虽无抗剪连接器，但上弦杆与公路纵梁有一部分埋入混凝土中，且相关部位有构造钢筋，而预制板只是支承在上弦杆和纵梁上。

现浇板混凝土相当于现行标准的 C15 混凝土，弹性模量为 2.4×10^4 MPa。预制板无原始资料，只得按检测的有关数据定为 C20，弹性模量为 2.7×10^4 MPa。

本桥桥面板是支承在公路纵梁、桁架上弦杆上的多跨连续板。在外荷载作用下，各支承梁(纵梁和上弦杆)的挠度并不一致，因此，分析板的内力必须考虑支承的不均匀弹性变形。再加上支承梁的扭转

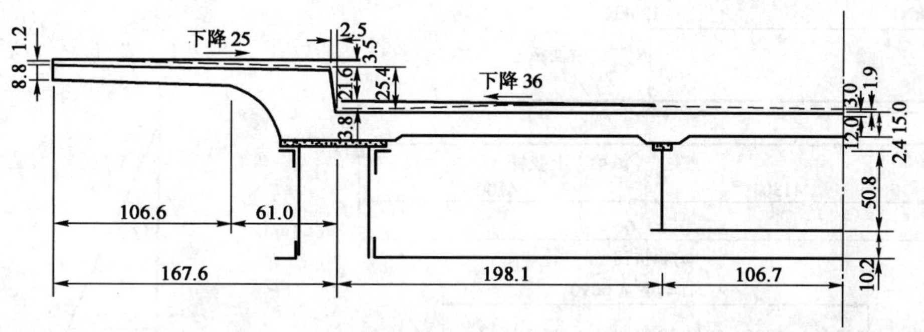

图 3-10-14　预制钢筋混凝土公路桥面板(尺寸单位:cm)

刚度影响、托板(加劲肋)作用、端部约束程度不同等因素,桥面板的实际受力情况相当复杂。为简化计算,采用有限元通用结构分析程序对公路桥面进行分析。

超静定结构内力分配与各有关构件刚度密切相关。规范规定钢筋混凝土结构计算变形时采用全截面,不计钢筋,弹性模量折减为 $0.8E_h$。

本次分析按以下条件进行:假定桥面板混凝土为匀质连续体,板厚取实际值,以简化计算;为与实测短期汽车荷载作用下的应力相比较,弹性模量就按上述值取用,不进行折减,C15 为 2.4×10^4 MPa,C20 为 2.7×10^4 MPa。

经有限元分析,求得桥面板应力分布。该应力对应一定的内力状态,按该内力反求测试点钢筋应力,可直接采用下式进行反算:

$$\sigma_g = n\frac{W_0}{W_g}\sigma_0 \tag{3-10-1}$$

式中:σ_g——钢筋应力;

σ_0——按匀质体计算的桥面板下缘应力;

W_0——按匀质体计算的单位宽桥面板下缘截面抵抗矩;

W_g——单位宽桥面板受拉钢筋处换算截面抵抗矩;

n——钢筋与混凝土的弹性模量比。

实际计算时,取 1m 宽范围内计算应力的平均值作为 σ_0。

桥面板及纵梁的挠度采用有限元计算值。以下分述对第 4 孔第 8 节间及第 5 孔第 1 节间桥面板的计算分析。

(1)第 4 孔第 8 节间桥面板

计算时,板与上弦按不连接处理,与纵梁按连接处理,板端按铰接。汽车荷载为:东风自卸车,总重 150kN,前轴 30kN,见图 3-10-15。计算结果如下:

①在纵梁下缘处最大拉应力为 40.3MPa,纵梁跨中截面应力分布见图 3-10-16,纵向应力分布见图 3-10-17。

②板中纵向 1m 范围内横桥向计算平均应力为 1.14MPa,折算成钢筋应力为 29.2MPa。

③纵梁跨中挠度,左纵梁为 3.40mm,右纵梁为 3.32mm,板中为 0.27mm。桥面板中横截面挠曲变形示意见图 3-10-18。

(2)第 5 孔第 1 节间桥面板

此孔桥面板不同于前者。此节间为两块预制板,两板间仅在两板邻近端预埋槽钢,其底面有几处采用角钢焊接连接,桥面铺装层连续。预制板搁置在上弦杆及纵梁上,彼此无连接,板与杆、与梁仅能传递压力。在荷载作用下,结构体系不同于前者,板与纵梁及上弦等会有脱空现象。这种结构采用有限元法分析比较困难。为简化分析,计算模型采用梁、杆与板间仅能承受拉压、不传递剪力的短柱。第一次计算后检查短柱轴力,去掉承拉较大的短柱,而后重新计算。计算图式及工况 5 荷载布置见图 3-10-19。计算结果如下:

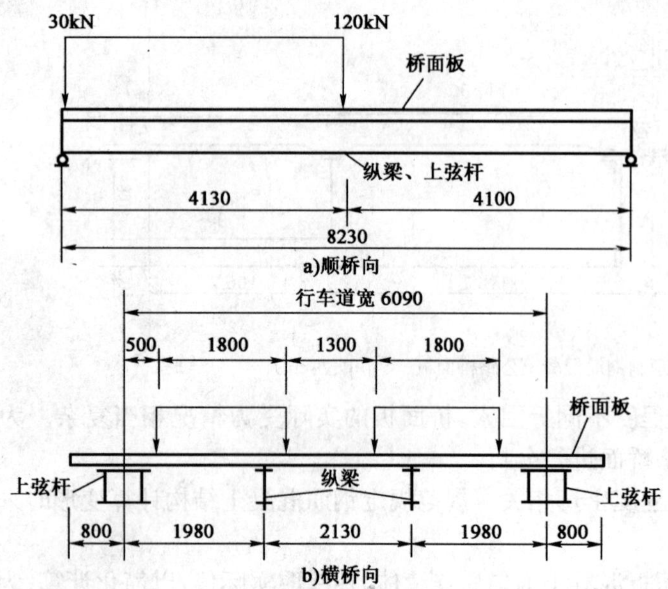

图 3-10-15　计算图式及工况 4 荷载布置（尺寸单位：mm）

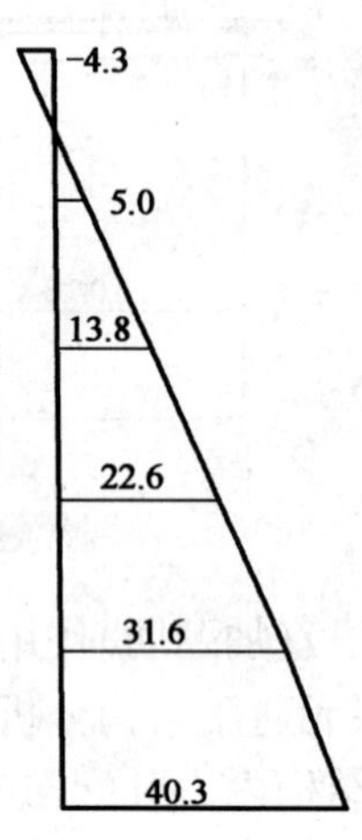

图 3-10-16　左纵梁跨中截面应力分布（应力单位：MPa）

图 3-10-17　左纵梁纵向应力分布（应力单位：MPa）

图 3-10-18　桥面板中横截面挠曲变形（尺寸单位：mm）

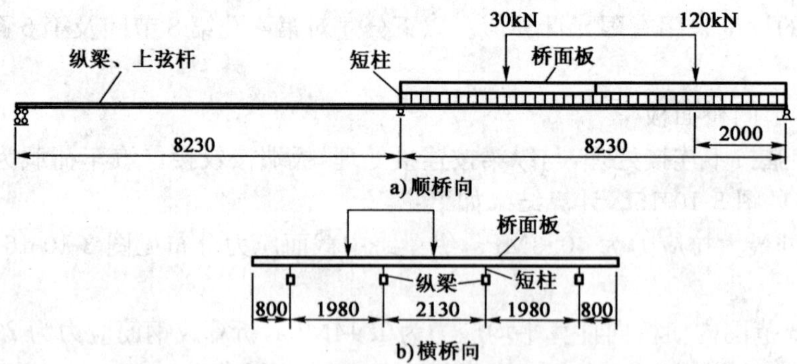

图 3-10-19　计算图式及工况 5 荷载布置（尺寸单位：mm）

①左纵梁跨中弯矩为 37.9kN·m，纵梁下缘拉应力为 18.9MPa。其挠曲变形曲线见图 3-10-20。

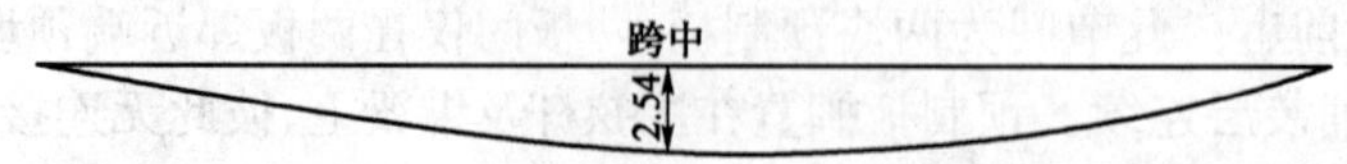

图 3-10-20　左纵梁挠曲变形（尺寸单位：mm）

②后轴下板中纵向 1m 内横桥向计算平均应力为 2.95MPa，折算成钢筋应力为 78.8MPa。

③该工况后轴下桥面板中相对二纵梁的挠度为 0.54mm。桥面板挠曲变形示意见图 3-10-21。

图 3-10-21 后轴下桥面板横截面挠曲变形(尺寸单位:mm)

由于板的支承状况及边界约束不明确,又无原设计钢筋混凝土参数,再加上板的开裂、局部破碎、钢筋锈蚀及局部脱粘等因素,板的理论计算定会与实际差别较大。因此综合评估时应主要依据荷载检测的结果。

这里需特别指出的是:板的理论计算跨度,纵向是 8m,即等于横梁的间距;横向是 1.981m+2.134m+1.981m,即上弦杆与纵梁、纵梁与纵梁、纵梁与上弦杆的间距。这实际上类似于具有纵向强肋的正交异性板。而原设计将板看做支承于上弦杆和纵梁上的连续板计算和配筋,纵向配筋弱;由于纵向刚度不大,故板的开裂方向均垂直于纵向。如果桥面板重新设计,则一定要考虑加强纵向配筋。

3)荷载检测

选择 4 块桥面板进行荷载检测。分别是:第 4 孔 3 号板、第 5 孔 1 号板、第 12 孔 12 号板和 13 号板。

(1)测点布置

在各板的横桥向中跨跨中凿除局部混凝土,显露出 4 根钢筋,在每根钢筋上各布设两个应变片测点;在下游侧的钢纵梁的跨中沿高度共布设 5 个应变片测点(其中有两个布置在底面),在上游侧的钢纵梁的跨中底面布设 1 个应变片测点;在桥面板中跨跨中及相应的钢纵梁上各布设两个(共 4 个)挠度测点。

(2)荷载布置及测试工况

鉴于该桥在试验前发现病害,已限制 5t 以上车辆通行。而原设计载重等级为 H—15,相当于我国公路活载标准的汽—11.7 级。经各方共同商定,确定本次检测荷载为 10t 车和 15t 车。根据桥面及纵梁的具体情况,检测用两辆 10t 汽车和两辆 15t 汽车。此两种汽车的轴距为 3.9m,轮距为 1.8m。装载后称重,10t 汽车前轴重 20.5kN,后轴重 79.5kN;15t 汽车前轴重 30kN,后轴重 120kN。

每块板均分别用两种汽车加载,每种汽车又分 5 种加载工况。每种工况重复两次。

工况 1:单辆汽车的后轮停在纵梁跨中。

工况 2:两辆汽车的后轮停在纵梁跨中。

工况 3:单辆汽车的后轮停在桥面板顺桥向中间截面。

工况 4:两辆汽车的后轮停在桥面板顺桥向中间截面。

工况 5:单辆汽车的一个后轮停在桥面板横桥向中跨跨中。

(3)测试结果及分析

查阅档案图纸得知,第 4 孔 3 号公路桥面板横桥向跨中底面钢筋为 2ϕ15.88mm(5″/8)螺纹钢筋和 1ϕ15.88mm 的光面钢筋相间排列,间距为 15.2cm(6″)。第 5 孔 1 号板、第 12 孔 12 号及第 13 号公路桥面板横桥向跨中底面钢筋均为 ϕ16mm 的螺纹筋,间距 15cm。各板剖面分别见图 3-10-13 和图 3-10-14。

依据《公路钢筋混凝土及预应力混凝土桥涵设计规范》(JTG D62—2004),钢筋的弹性模量 I 级钢筋为 2.1×10^5MPa、II 级钢筋为 2.0×10^5MPa;依据《铁路桥梁检定规范》普通钢筋的弹性模量 $E_g=2.1\times10^5$MPa。综合起来,本次测试 E_g 取用 2.1×10^5MPa 进行计算。

公路纵梁为普通碳钢,依据《铁路桥梁检定规范》,在进行纵梁的有关计算时 E_g 取用 2.1×10^5MPa。

应力采用下式计算:

$$\sigma_g = \varepsilon E_g \tag{3-10-2}$$

式中:σ_g——桥面板钢筋或纵梁应力;

ε——桥面板钢筋或纵梁应变;

E_g——桥面板钢筋或纵梁弹性模量。

应力的结构校正系数采用下式计算：

$$\eta_{应力}=\frac{\sigma_g}{\sigma_g'} \tag{3-10-3}$$

式中：$\eta_{应力}$——应力的结构校正系数；

σ_g——桥面板钢筋或纵梁在检测荷载作用下的实测应力；

σ_g'——桥面板钢筋或纵梁在检测荷载作用下的理论计算应力。

挠度的结构校正系数采用下式计算：

$$\eta_{挠}=\frac{S}{S'} \tag{3-10-4}$$

式中：$\eta_{挠}$——挠度的结构校正系数；

S——桥面板或纵梁在检测荷载作用下的实测挠度；

S'——桥面板或纵梁在检测荷载作用下的理论计算挠度。

①桥面板钢筋应力分析

根据实测资料(此处从略)计算结果，第4孔3号公路桥面板的应力结构校正系数为0.34～0.57；第5孔1号板的应力结构校正系数为0.13～0.30；第12孔12号板的应力结构校正系数为0.11～0.15；第12孔13号板的应力结构校正系数为0.14～0.19。前两者与《公路旧桥承载能力鉴定方法》附表6.1列举的钢筋混凝土板桥应力校验系数常值0.2～0.4比较接近，而后两者却偏低。

第4孔3号板在15t汽车按工况5加载时，实测钢筋应力最大值为22.04MPa，与理论计算值相比，比值为0.65；最小值12.08MPa，与理论计算值相比，仅为0.35，相差近1倍。可见钢筋受力很不均匀。分析其他板其他工况加载时，情况也一样。如第5孔1号板、第12孔12号板及其第13号板，在15t车工况5加载时，前者比后两者的钢筋应力分别大20%和22%，这是由于前者混凝土有许多垂直于受力主筋的裂缝，使板的整体强度降低；而后两者没有这样的裂缝。另一方面，第4孔3号板和第5孔1号板在凿开钢筋保护层后，发现钢筋已经锈蚀；而第12孔12号板和13号板凿除保护层后未见钢筋锈蚀，连其扎丝也是完好的。可见，混凝土裂缝及其钢筋锈蚀均降低了板的整体强度，导致钢筋应力增大。

受检测的4块公路桥面板，除第4孔3号板为原现浇板外，其余3块均为预制板。前者板厚19cm，支承部位的混凝土与上弦杆和纵梁上缘包裹在一起；后者板厚15cm，支承部位为搁置在上弦杆和纵梁上缘，且其支承垫层大都松动。从这一点讲，现浇板的受力条件好。但现浇板由于时间长，历经损伤，综合强度条件却较差，其混凝土开裂严重，钢筋锈蚀，脱粘，碳化层深，静活载应力幅为22MPa，且现浇板的纵向(沿桥向)钢筋太少。

②纵梁应力分析

本次荷载检测的有4个节间的纵梁。其中，第4孔第8节间，由于其公路桥面板是现浇板，可视为结合梁；第5孔第1节间、第12孔第6及第7节间，由于其公路桥面板是预制的，是搁置在上弦杆和纵梁上，是非结合梁。

纵梁应力实测值及理论计算值示例见表3-10-16、表3-10-17和图3-10-22、图3-10-23。

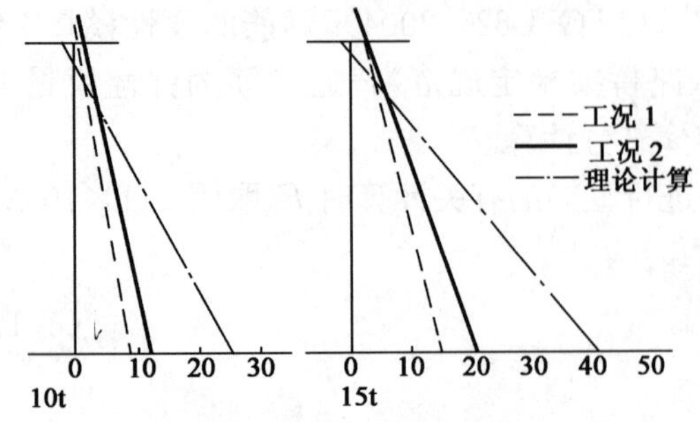

图3-10-22　第4孔第8节间纵梁跨中截面应力图(应力单位：MPa)

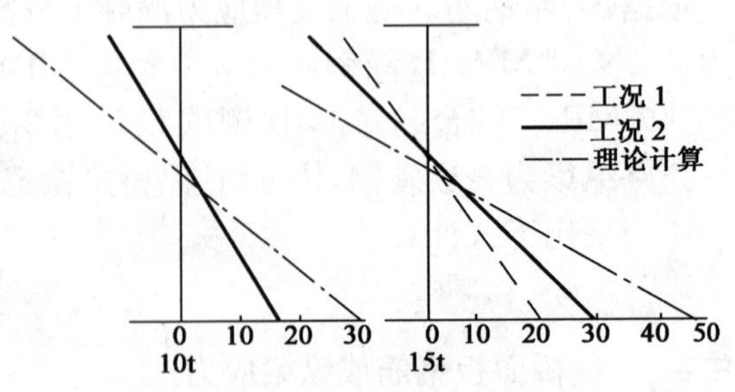

图3-10-23　第5孔第1节间纵梁跨中截面应力图(应力单位：MPa)

第 4 孔第 8 节间纵梁应力(10t 车加载)　　表 3-10-16

荷载	工况 1			工况 2			图示
测点	实测应力(MPa)	理论计算应力(MPa)	结构校正系数	实测应力(MPa)	理论计算应力(MPa)	结构校正系数	
9	3.36	6.36	0.53	12.50	25.21	0.50	10、11、13 12、上游梁底 9
10	3.78	5.98	0.63	5.25	8.87	0.59	
11	5.67	11.21	0.51	8.09	17.27	0.47	
12、13	7.56	16.67	0.45	11.29	26.87	0.42	

第 5 孔第 1 节间纵梁应力(10t 车加载)　　表 3-10-17

荷载	工况 1			工况 2			图示
测点	实测应力(MPa)	理论计算应力(MPa)	结构校正系数	实测应力(MPa)	理论计算应力(MPa)	结构校正系数	
9	—	—	—	13.86	28.69	0.48	14、10、11、13 12、上游梁底 9
14	—	—	—	−12.03	−28.15	0.43	
10	—	—	—	−4.72	−11.70	0.40	
11	—	—	—	5.78	9.02	0.64	
12、13	—	—	—	16.18	30.95	0.52	

由实测和理论计算可知，实测应力比理论计算应力小。纵梁的应力结构校正系数大部分在 0.4～0.7 之间，与《铁路桥梁检定规范》的有关数值对比，有些偏低，这是由于公路桥面系受力复杂。第 4 孔第 8 节间纵梁在 2 辆 15t 汽车加载(工况 2)时，底面最大应力为 20.48MPa；第 5 孔第 1 节间纵梁在工况 2 加载时，底面最大应力为 28.77MPa，两者相比，后者比前者大 40%。而这两者上弦杆刚度一样，纵梁截面、跨度也一样，不同的是，前者是现浇板而后者是预制板，说明现浇板对纵梁的联合作用明显。第 12 孔第 6 节间、第 7 节间的纵梁底面应力分别为 16.07MPa 和 18.80MPa。与第 5 孔第 1 节间相比，上弦杆刚度较大，且第 5 孔第 1 节间靠近端部。表明上弦杆刚度大时分配了较多的荷载，减小了纵梁的分配系数。此外，从应力图可以看出，实测截面中性轴位置比理论计算中性轴位置稍高；对现浇板而言，实测中性轴在桥面板内，表明呈结合梁；对预制板，中性轴大致在纵梁中部，表明纵梁独立抗弯。

③挠度分析

对 4 个节间的纵梁的跨中挠度和 4 块板的挠度分别进行了实测和理论计算。现将这些资料节录列于表 3-10-18 和表 3-10-19。

第 4 孔第 8 节间纵梁和板的挠度　　表 3-10-18

荷载	工况 2(10t 车)			工况 2(15t 车)		
测点	实测挠度(mm)	理论计算挠度(mm)	结构校正系数	实测挠度(mm)	理论计算挠度(mm)	结构校正系数
上游梁跨中	1.49	2.21	0.67	2.72	3.32	0.82
下游梁跨中	1.54	2.27	0.68	2.85	3.40	0.84
荷载	工况 5(10t 车)			工况 5(15t 车)		
测点	实测挠度(mm)	理论计算挠度(mm)	结构校正系数	实测挠度(mm)	理论计算挠度(mm)	结构校正系数
板 $L/4$	0.07	0.11	0.64	0.10	0.16	0.63
板 $L/2$	0.13	0.18	0.72	0.21	0.27	0.78

第 5 孔第 1 节间纵梁和板的挠度 表 3-10-19

荷　载	工况 2(10t 车)			工况 2(15t 车)		
测点	实测挠度(mm)	理论计算挠度(mm)	结构校正系数	实测挠度(mm)	理论计算挠度(mm)	结构校正系数
上游梁跨中	1.93	2.75	0.70	2.68	4.12	0.65
下游梁跨中	2.31	2.82	0.82	3.45	4.23	0.82
荷　载	工况 5(10t 车)			工况 5(15t 车)		
测点	实测挠度(mm)	理论计算挠度(mm)	结构校正系数	实测挠度(mm)	理论计算挠度(mm)	结构校正系数
板 $L/4$	0.12	0.20	0.60	0.19	0.30	0.63
板 $L/2$	0.18	0.31	0.58	0.40	0.54	0.74

从实测和理论计算资料可以看出：纵梁跨中挠度结构校正系数在 0.63～0.85 之间，与《铁路桥梁检定规范》的有关数据比较吻合。各节间纵梁在 15t 汽车按工况 2 加载时跨中最大挠度，第 4 孔第 8 节间的为 2.85mm，第 5 孔第 1 节间的为 3.45mm，第 12 孔第 6 节间的为 1.90mm，第 12 孔第 7 节间的为 1.56mm，均小于公路和铁路规范中的相关限值。

各公路桥面板在 15t 汽车按工况 5 加载时，跨中最大相对于纵梁的挠度分别为：第 4 孔 3 号板 0.21mm；第 5 孔 1 号板 0.40mm；第 12 孔 12 号板 0.34mm；第 12 孔 13 号板 0.35mm。挠度结构校正系数在 0.55～0.80 之间。

公路桥面板的总挠度值列于表 3-10-20。此值仍小于公路与铁路规范中的相关限值。

施加荷载检测的公路桥面板跨中总挠度(15t 汽车加载，单位：mm) 表 3-10-20

工况 \ 板号	第 4 孔 3 号板	第 5 孔 1 号板	第 12 孔 12 号板	第 12 孔 13 号板
4	3.06	1.81	1.36	1.13
5	1.93	1.04	0.93	0.91

8. 钢桁梁动力特性和动力响应检测

本次动力检测主要包括三部分：一是第 5 孔、第 6 孔、第 8 孔和第 9 孔部分杆件的动应力和应力冲击系数；二是全部共 16 孔桁梁的自振频率，以及火车过桥时各孔跨中及 1/4 跨处横桥向和竖向振幅及加速度；三是第 1 孔跨中动挠度冲击系数。

(1)动应力和应力冲击系数

动应变测试使用的仪器是日本共和生产的 DPM－270B 动态应变仪，记录和分析仪器是日本共和生产和 DAA－110B 数据分析仪。检测荷载是随机行驶过桥的列车。

第 5、6 孔的应变片布置在第 6 孔曾被撞坏的下弦杆中间截面，以及第 5 孔相应的下弦杆中间截面。第 8、9 孔的应变片则布置在纵梁、横梁、弦杆和斜杆上。

通过随机检测，记录上行列车和下列车过桥时上述各种杆件的动应变时程曲线，获得了多种列车荷载和车速下各有关杆件的最大动应变和应力冲击系数，见表 3-10-21。

第 5、6 孔 L_1L_2 杆各测点最大动应变和应力冲击系数检测值 表 3-10-21

测　点	工　况	最大动应变($\mu\varepsilon$)	最大轴向应变($\mu\varepsilon$)	次应力(%)	冲击系数
1	下行列车 重载 32.9km/h 跨中挠度 2.0cm	23.8	—	—	1.200
2					—
3					—
4		52.1	57.4	9.2	1.228

续上表

测　　点	工　　况	最大动应变(με)	最大轴向应变(με)	次应力(%)	冲击系数
5	下行列车	59.7	57.4	9.2	1.171
6		60.3			1.214
7	重载	73.1	79.8	8.4	1.065
8	32.9km/h	73.4			1.112
9		93.0			1.093
10	跨中挠度	69.1	—	—	1.180
11	2.0cm	86.1			1.150
12		80.1			1.171
1	下行列车	16.5	—	—	1.253
2		16.8			1.268
3					—
4	东风4型	28.7	34.5	16.9	1.174
5		35.8			1.133
6	3883	39.1			1.081
7		60.3	70.6	14.6	1.104
8	30.72km/h	69.6			1.103
9		82.0			1.095
10	跨中挠度	61.2	66.9	8.6	1.099
11		66.7			1.081
12	1.5cm	72.9			1.084

(2)各孔梁的自振频率、位移及加速度响应值

利用中科院生产的891型测振系统对共计16孔简支桁梁进行脉动测试，以及列车活载作用下的桥梁动力响应测试，然后用DAA—110B数据分析仪对动态信号进行记录和处理。

在进行脉动测试和动力响应测试时，测振仪布置在各孔简支桁梁的跨中、1/4跨和3/4跨的下弦杆上。自振频率见表3-10-22；列车过桥时测得的下弦杆各测点的竖向和横桥向最大振幅和最大加速度见表3-10-23和表3-10-24。

杭州钱塘江大桥简支钢桁梁自振频率　　表3-10-22

振动方向 孔号	横向振动基频(Hz)	竖向振动基频(Hz)
第1孔滩	1.172	3.281
第2孔滩	1.016	3.438
第3孔滩	1.016	3.242
第4孔滩	0.997	3.320
第5孔滩	0.997	3.320
第6孔滩	1.016	3.320
第7孔滩	1.094	3.281
第8孔滩	0.997	3.203
第9孔滩	0.997	3.162
第10孔滩	1.016	3.281
第11孔滩	1.016	3.242

续上表

孔号 \ 振动方向	横向振动基频(Hz)	竖向振动基频(Hz)
第12孔滩	1.055	3.359
第13孔滩	1.172	3.320
第14孔滩	1.172	3.320
第15孔滩	1.172	3.516
第16孔滩	1.172	3.223

杭州钱塘江大桥简支钢桁梁位移振幅(mm) 表 3-10-23

测点位置及方向		下平联		上平联
		$L/4$ 跨处	$L/2$ 跨处	$L/2$ 跨处
第1孔	垂直方向	—	0.761	—
	水平方向	0.580	1.080	—
第2孔	垂直方向	0.561	0.620	—
	水平方向	—	1.180	—
第2孔	垂直方向	0.436	0.632	—
	水平方向	1.560	1.920	—
第3孔	垂直方向	0.681	0.741	—
	水平方向	—	1.800	—
第4孔	垂直方向	0.404	0.618	—
	水平方向	—	0.680	—
第5孔	垂直方向	—	0.552	—
	水平方向	0.220	0.380	—
第6孔	垂直方向	0.331	0.318	—
	水平方向	0.540	0.900	—
第7孔	垂直方向	0.173	0.249	—
	水平方向	—	0.720	—
第10孔	垂直方向	0.518	0.744	—
	水平方向	1.340	1.420	2.160
第11孔	垂直方向	0.281	0.561	—
	水平方向	1.020	1.040	2.000
第11孔	垂直方向	0.373	0.374	—
	水平方向	1.080	1.280	2.040
第12孔	垂直方向	0.467	0.805	—
	水平方向	1.260	1.540	1.460
第12孔	垂直方向	0.511	0.581	—
	水平方向	1.200	1.440	—
第13孔	垂直方向	0.244	0.258	—
	水平方向	—	0.540	—
第14孔	垂直方向	0.275	—	—
	水平方向	—	0.520	—

续上表

测点位置及方向		下　平　联		下平联
		L/4 跨处	L/2 跨处	L/2 跨处
第 13 孔	垂直方向	0.110	—	—
	水平方向	0.940	1.200	—
第 14 孔	垂直方向	0.115	—	—
	水平方向	—	1.360	—
第 15 孔	垂直方向	—	0.440	—
	水平方向	—	0.800	—
第 16 孔	垂直方向	—	0.260	—
	水平方向	—	0.580	—

注：表中值为各孔梁在不同列车荷载作用下最大随机响应值。同一孔梁可能会有装载不同、方向不同的两列车通过，故同一孔梁会有两个不同的数据。

杭州钱塘江大桥简支钢桁梁加速度　　表 3-10-24

测 点 位 置		L/4 跨处	L/2 跨处	3L/4 跨处
第 4 孔	垂直方向	—	0.235	—
第 5 孔	垂直方向	0.221	0.264	—
第 6 孔	垂直方向	—	0.085	—
第 7 孔	垂直方向	0.100	0.058	—
第 6 孔	垂直方向	—	0.261	—
第 7 孔	垂直方向	0.228	—	—
第 8 孔	垂直方向	0.262	—	—
第 9 孔	垂直方向	0.268	0.268	—
第 10 孔	垂直方向	0.209	0.251	0.208
第 10 孔	垂直方向	0.022	0.026	0.020
第 11 孔	垂直方向	0.219	0.269	0.234

注：同表 3-10-23。

(3)第 1 孔桁梁跨中动挠度及挠度冲击系数

利用 BQTN 桥梁光电挠度仪对第 1 孔桁梁跨中挠度进行测试。对列车过桥时的桥梁响应共测试了 3 次。跨中挠度的时程曲线示例见图 3-10-24。3 次测试获得的最大动挠度分别为 10.49mm、15.27mm和 16.38mm。对应的挠度冲击系数分别为 1.23、1.09 和 1.16。

(4)分析与讨论

①通过资料分析可知，曾遭撞伤的下弦杆所分担的荷载值下降。

②数据表明次应力主要影响主桁面内的应力分布。在该方向次应力与轴向应力之比的最大值与最小值却相差较大，如第 5 孔下弦杆 L_1L_2 的最大值为 15.1%，最小值为 7.0%；而第 6 孔同编号杆件的最大值为 31.3%，最小值为 9.2%。

③各斜腹杆在不同列车荷载下，其次应力与轴向应力之比较为一致，最大值为 13.7%。

④因纵梁和横梁是受弯，且主要直接承受列车车轮冲击，所以动力增量较大。其余各测点在各种列车荷载作用下，冲击系数均小于 1.17，其中斜腹杆的最大冲击系数为 1.169，下弦杆的最大冲击系数为 1.147。

⑤在各种列车过桥时，测得的桁梁跨中最大动挠度为 2.0cm。此值小于日本钢桥设计规定的 $L/700$，美国 AREA 规定的 $L/640$ 和法国规定的 $0.8L/1000$ 等。

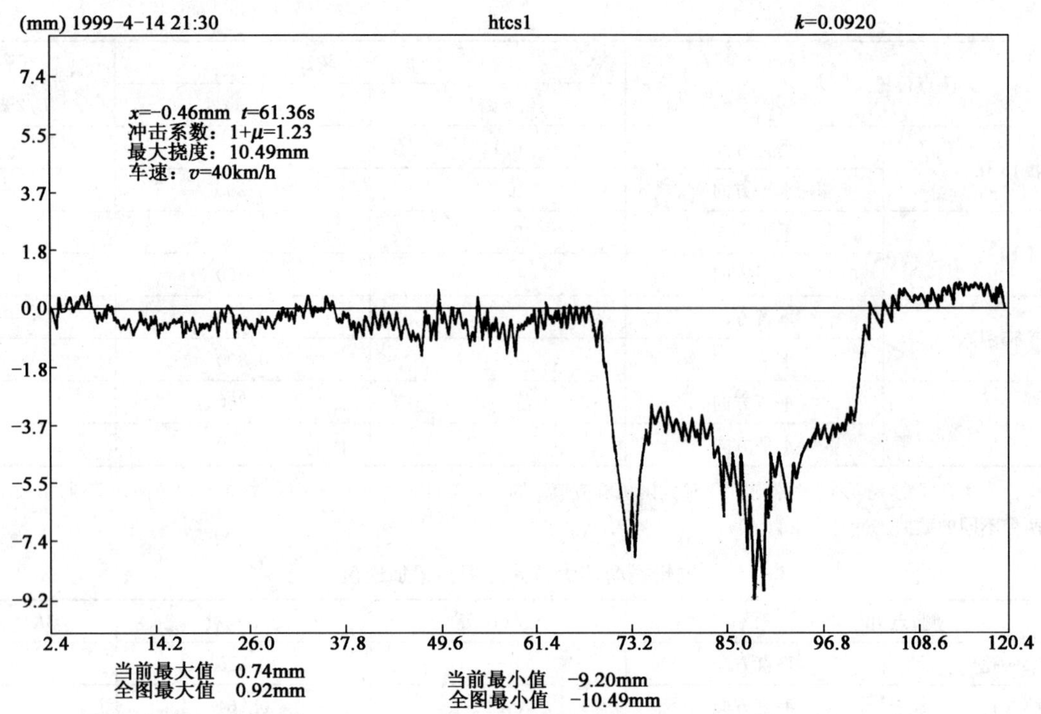

图 3-10-24 第 1 孔钢桁梁跨中挠度时程曲线示例

⑥各孔简支桁梁横向振动基频为 0.977～1.172Hz。此值不满足前苏联关于横向自振周期 $T \leqslant 0.01L=0.64$s 的规定，也不满足我国《铁路桥梁检定规范》中关于横向自振频率 $f \geqslant 90/L$ 的规定（见表 3-10-5 和表 3-10-4）。

⑦对列车荷载作用下，各孔桁梁横向和竖向振动曲线进行谱分析，得到各孔桁梁竖向振动的有载频率在 2.3～2.8Hz 之间，大部分在 2.73Hz；横向振动的有载频率在 0.898Hz 左右。

按照人体对振动敏感度的狄克曼指标 k❶，测得的杭州钱塘江大桥下平联处竖向振动对应的最大 $k=6.36$，横向振动对应的最大 $k=3.1$；在上平联处横向振动对应的最大 $k=3.48$。若假设竖向振动的最大 k 与横向振动的最大 k 按矢量进行合成，则总的最大 k 将接近人体能忍受短期振动灵敏度值的上限 $k=10$。

9. 检测评估结论

(1)全桥所有钢筋混凝土结构(包括公路桥面板，公路引桥的钢筋混凝土框架、挂孔、悬臂梁等)的混凝土的综合状况较差。裂纹多，且有破碎区；碳化层深度达 20mm；实测强度等级大多数在 20～25MPa；桥面板支承部位的垫层松动，框架挂梁牛腿支承开裂；钢筋锈蚀，有的甚至脱粘，保护层脱落，有的地方已锈透。混凝土的耐久性已较差。公路桥面预制的比现浇的状况好。即第一次与第二次更换的桥面板比老桥面板的状况好，但前者支承垫层又有很多已松动。

(2)关于主桥公路桥面板承载等级，由荷载检测的钢筋应力幅和钢筋承载状况来看，公路桥面板可通行汽—15。但考虑其混凝土综合状况较差，即使在加固维修的前提下，也只建议五年内通行汽—10，

❶狄克曼(Diekmann)指标 k 亦称敏感度，用它可准确地判别人体对结构物(如：车辆、建筑物)振动具有良好感觉的限界。对于水平振动：

$f<2.0$(Hz)　　$k=2Af^2$

$2.0 \leqslant f \leqslant 2.5$(Hz)　　$k=4Af$

$f>2.5$(Hz)　　$k=100A$

式中：A——振幅(mm)；

f——频率(Hz)。

$k=0.1$，能感到振动的下限；$k=1.0$，能忍受任意长时间的振动；$k=10.0$，仅能忍受短期振动；$k=100.0$，一般人对振动过分疲劳的上限。

严禁超载。并要求定期观察裂缝及综合状况。

(3)钢桁梁的公路桥面系，在公路荷载下，受力及变形正常。但由于钢筋混凝土桥面板开裂，且有破碎带等缺陷，导致漏水，引起钢桁梁公路桥面系污染严重锈蚀，需对各有关钢构件进行仔细维修、除锈、油漆和加固补强。

(4)钢桁梁铁路桥面系及下平联，在现行列车荷载下，受力尚属正常。但部分鱼形板、平联杆件严重锈蚀，铆钉松动，严重影响平联的作用，致使冲击较大，横向摇摆加剧。若不进行加固维修恢复原功能，必将影响运营。

(5)现行列车通过时，钢桁受力及变形正常。但横向动力性能较差，舒适度指标接近下限，横向自振频率低于《铁路桥梁检定规范》要求。因此必须重视主桁平联加固、维修，恢复正常，必要时加强横联及桥门架刚度。治理锈蚀，缩短防腐周期。

(6)排水设施不合理。特别是 6 号预制板与 7 号预制板、10 号预制板与 11 号预制板的间隙，止水失效，使桥面水流到横联上，导致上弦杆和纵梁端部横联杆件污染锈蚀严重。排水管周围普遍渗水，浸蚀附近桥跨结构，必须对排水系统进行彻底整治，以免影响桥跨结构的耐久性。

(7)第 6 孔 L_1L_2 是曾被碰损杆件，经超声波检测，只发现有两处铆钉钉孔处存在裂纹，其余部位未见裂纹。但在承载检测中，该杆件截面应力分布不均，且次应力较大，因此，可判定该杆件损伤较重。须密切关注该杆件裂纹及受力状况。

10.关于养护、维修和加固方案的建议

(1)关于进行养护、维修和加固等工作的指导思想。

杭州钱塘江大桥是一座公路铁路两用桥，上层公路，下层铁路。只有主桁保持良好，强度和刚度足够，列车才能正常运行，依附其上的公路桥面板才能处于正常工作状态；反之，若公路桥面铺装层破损、伸缩缝破损和桥面板开裂漏水，也会使主桁杆件，特别是上弦杆、公路桥面系的纵横梁、上平联承受一些本来可以避免的冲击振动等，也会造成主桁杆件的锈蚀、铆钉松动、联结功能降低。因此，钱塘江大桥养护维修及加固的一个重要原则是：大桥是一个统一的整体，不可分割对待，而要统一考虑，确保大桥的整体安全运营。

(2)关于公路钢筋混凝土桥面板和公路桥面的整治。

拆除全部旧混凝土桥面板，更换为新的预制桥面板，并适当加宽人行道。

更换或修整伸缩缝，处理好接缝处的防水，重修完善排水系统。保证公路桥面的雨水不排漏到主桁(特别是上弦杆、公路桥面系的纵横梁、上平联等)。

在完成以上工作后，重新铺设改性沥青混凝土铺装层。

(3)关于公路引桥钢筋混凝土结构的治理。

对其公路桥面板，应封闭其裂缝，封闭终止钢筋锈蚀，修复加固混凝土破碎带。

修补加固混凝土框架的支承牛腿和挂孔支承牛腿。

在完成这些工作后，其上的公路面亦应重做改性沥青混凝土铺装层。

(4)关于对钢桁梁及钢拱的治理。

一般来讲，凡是钢结构，应始终一直保持其漆膜的完好，不得锈蚀；应始终保证各杆件和有关联结完好，处于良好的工作状态。因此，一定要日常进行养护维修，并定期作仔细全面检查。

针对当前钱塘江大桥的实际情况，要特别注意做好下面的工作：

①完善、加固或更换纵横梁鱼形板和联结系。必须恢复加强这些构件的原设计功能。对严重锈蚀处，必须进行彻底的防腐蚀处理。

②对上平联、横联、桥门架及公路桥面系进行彻底的防腐处理，恢复其功能，必要时进行加固处理。

(5)加强养护维修并作定期检查。

必须重视和加强桥梁在运营过程中的养护维修工作，以将危险和灾难消灭在萌芽状态，避免事故发生。

鉴于杭州钱塘江大桥(特别是其公路桥面板、桥面系)病害较为严重,维修加固均难以治本。除注重日常养护维修外,建议每年进行一次全面检查。做到及时治理病害,对损伤开裂杆件定期观测。

(6)为比较彻底地治理公路桥病害,改善行车条件,延长大桥使用寿命,减少日后的养护维修工作,考虑将现有的公路钢筋混凝土桥面板、桥面铺装层、伸缩缝、栏杆、排水系统及灯饰等全部拆除,并重建。同时可考虑将现有的公路钢筋混凝土框架引桥废止不用,而另做转变半径大的新引桥。但做新引桥时,其风格应与现有的一致。

至于主桁及钢拱结构,仍须按上述的要求办理。

第六节　关于剩余寿命的评估

除恒载外,桥梁结构还承受活荷载,而车辆荷载又是活荷载中最主要的荷载。因此,桥梁结构的通车运营过程,也就是活荷载重复作用的过程。

在荷载作用下,结构(尤其是钢结构)的基本构件所最常遇到的破坏方式有三种:一是受拉构件的强度破坏(屈服);二是受压构件的失稳(屈曲);三是活荷载重复作用下受拉构件的疲劳开裂。

强度破坏和失稳都只要有一次力达到"最大值"就会发生,取破坏时的最大应力(f_{max})来表达抗力的应力指标是可以的;但疲劳开裂则需多次重复应力,表达其抗力的指标至少涉及其达到开裂时的三个参数,即最大应力(f_{max})、最小应力(f_{min})和致伤的循环次数(N)。

既然疲劳是积累损伤,那就可以此来评估结构的剩余寿命。

一、疲劳及其分析方法在工程中的应用

1.关于疲劳的研究

对疲劳问题的研究始于19世纪初。1829年,德国采矿工程师阿贝特(W. Albert)对链条进行了重复加载试验,提出了关于疲劳问题的研究报告,从而开始了人们对疲劳现象的进一步研究:一是铁路车轮轮轴总是有规律地在轴肩发生断裂;二是铁路桥梁采用铁制桥发生的疲劳问题。

1839年波恩斯莱特(Poncelet)首先使用了"Fatigue"一词来描述"在反复施加的荷载作用下的结构破坏"。1854年勃瑞斯威特(Braithwaite)在伦敦土木工程师学会上第一个以"疲劳"一词作为题目发表了论文。

首先提出材料疲劳特性 S-N 曲线的是德国铁路工程师韦勒(August Wohler)。1852年,韦勒发明了等幅对称循环加载疲劳试验机。韦勒是第一个对疲劳问题进行较系统的研究和第一个把工作应力和疲劳极限联系起来的人。为了纪念韦勒的开创性工作,在德国,人们将 S-N 曲线称为韦勒曲线。

进入20世纪以后,疲劳问题的研究发展比较迅速。其一是较深入地进行了机理研究;其二是开展了较复杂的试验研究。20世纪50年代后,疲劳的研究进入了探讨与破坏有关的影响因素和机理的新阶段。

在这里,特别想说明的是,在疲劳和寿命预测理论上,有两个重大进展:一是局部应力应变疲劳寿命估算方法;二是断裂力学的产生和发展。前者已开始应用于工程预测,虽然尚有一些不成熟的地方,但就其理论基础和分析过程而论,是较符合实际的方法。后者给疲劳机理研究、寿命预测提供了新的有力工具,对研究疲劳问题的贡献主要有两点:一是提供了分析裂纹尖端应力应变场的理论方法,使人们了解了裂纹尖端的应力因素和其对裂纹扩展趋势的促进和制约作用;二是建立了应力强度因子与裂纹扩展速率的关系。

虽然对疲劳问题的认识已有170余年,但由于疲劳问题非常复杂,影响因素很多,致使这方面的研究还不完善。目前还没有一个比较简单而准确可靠的寿命预测计算方法;对构件的疲劳破坏尚难于准确地进行数学描述。

2.疲劳的特性

简单来讲，所谓构件的疲劳破坏就是：构件在低于屈服强度的变化应力（或应变）的反复使用下，发生裂纹萌生和扩展，最终导致突然断裂的一种构件失效形式。

（1）疲劳的特征

前面已经述及，疲劳破坏与静强度破坏有着质的区别。它主要有以下几个特征：

①构件承受的是交变荷载，在此交变荷载的作用下，构件有可能在承受远小于其强度极限的应力条件下发生突然断裂。

②无论是塑性材料还是脆性材料，构件在断裂时的断口，均表现为两部分：有明显疲劳条纹扩展部分和瞬时断裂部分。

③疲劳破坏是由荷载的损伤引起的，这种损伤不是由一个荷载单独提供，而是由每一个交变荷载所造成的损伤累积起来。这种损伤累积需要经历很长的时间。

④疲劳破坏发生在局部的危险点。这种危险点除可能由于应力集中大产生外，还可能由于温度、截面形状变化大，或材料内部缺陷等原因产生。

对于钢桥的疲劳，它所具有的特征，上述几条是适用的。但还有几点尚需说明：

第一，对钢结构的疲劳验算，取什么样的应力合适？对于这个问题，还需要有大量试验资料以进行统计分析。在以往，因袭强度和失稳验算的先例，取最大应力 f_{max} 为指标。但 20 世纪 70 年代以来，对于焊接构造，已经公认以改用应力脉（$f_R=f_{max}-f_{min}$）为合理了。

第二，疲劳开裂是多次受力的结果。因此，为疲劳验算所进行的荷载调查就要将注意力放在承受较大反复作用荷载的构件上，制订相应的活载频值谱。

第三，疲劳开裂是在荷载虽可能远低于屈服点，但局部应力峰值较大，作用次数较多的条件下发生，其内力分析和应力计算按弹性状态进行。尤其重要的是，对于疲劳要考虑其应力作用次数，设计人员对设计应力频值谱要有所了解。

第四，疲劳验算是为防止疲劳开裂而进行的，因此，应将所有潜在裂源点所在之处均选为验算截面。

第五，就验算方式而言，强度和稳定均是用截面某一应力同其对应的限值（容许值）相比，在将疲劳验算所取的荷载制订为活荷载频值谱时，疲劳验算可采取损伤度法、应力脉限值法。

（2）疲劳破坏断口

疲劳断裂大致可分为三个阶段：裂纹萌生阶段、裂纹稳定扩展阶段和裂纹不稳定扩展的断裂阶段。

裂纹的萌生处称为裂纹源。疲劳裂纹源一般总是出现在局部应力集中、基体强度最弱的部位。对于受弯曲或扭转的构件，表层的应力最高，因而裂纹源大多出现在构件的表面，如表面加工刀痕、表面的应力集中部位、冶金过程和加工过程表面留下的缺陷等。此外，金属材料大多数为晶体，在很大的局部应力下，金属晶格歪扭并可能产生滑移或晶界开裂。因此，金属的夹杂物、滑移带开裂和晶界开裂也是裂纹萌生的原因。

裂纹萌生后，由于出现了明显的应力集中，使得裂纹以比裂纹萌生速度快得多的速度扩展。裂纹扩展阶段又可细分为两个阶段：第一阶段为裂纹沿与荷载方向约成 45°的方向扩展；第二阶段为裂纹扩展的方向变为与荷载成 90°的方向，这是裂纹扩展的主要阶段，且扩展速度一般逐渐加快。

疲劳裂纹进一步加深，构件承受荷载的截面积不断减少。当裂纹扩展使截面上的应力达到材料的强度极限时，则发生瞬时断裂。

疲劳破坏的宏观断口特征是裂纹由裂纹源向断面其他部分扩展，会形成弧形疲劳条纹，随后由于裂纹的张合裂纹表面磨光，使断口像脆性的。实际疲劳荷载不会改变材质的韧性，但会出现残余变形。一般将断口分为三个区域：裂纹源区、裂纹扩展区和瞬时断裂区，见图 3-10-25。

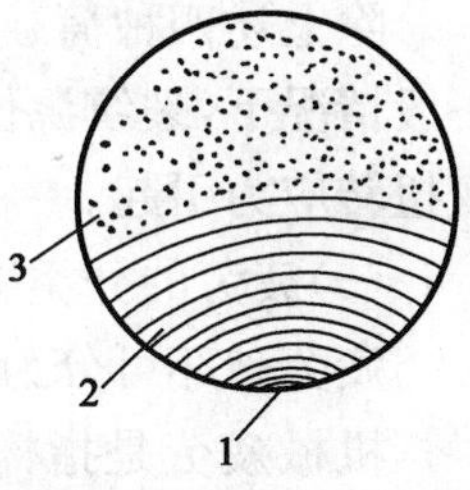

图 3-10-25　疲劳宏观断口

1-裂纹源区；2-裂纹扩展区；3-瞬时断裂区

疲劳破坏的宏观断口形式与荷载、结构形式有很大关系。图 3-10-26 所示为构件承受脉动弯曲荷载的疲劳断口情况。疲劳断口一般垂直于构件轴线。当没有应力集中时，疲劳裂纹源是从拉应力最大的一边开始。在高的名义应力情况下，可能存在着多个疲劳裂纹源，一般情况下裂纹扩展不深就发生断裂。在低的名义应力情况下，一般只有一个疲劳裂纹源，但疲劳裂纹扩展区比较大。

承受对称弯曲荷载的构件疲劳宏观断口见图 3-10-27。此时，当名义应力较高时，一般存在着多个疲劳裂纹源，而且裂纹源分布方位与最大荷载作用方向相同。在较低的名义应力下，一般也有两个疲劳裂纹源。由于它们不是同时产生的，故由两个裂纹源所产生的裂纹扩展区深度往往有较大的差别。通常，低名义应力的海滩痕深度大于高名义应力的。

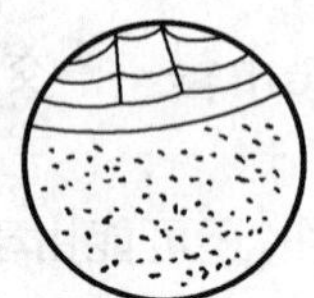

a)高名义应力无应力集中

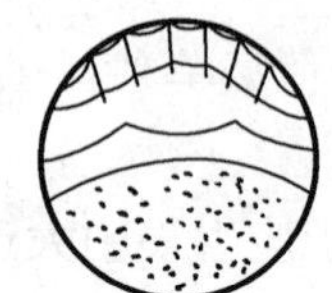

b)高名义应力大应力集中

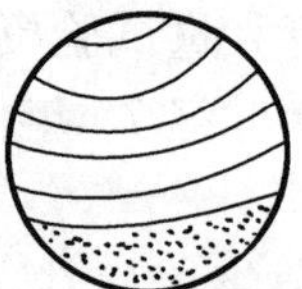

c)低名义应力无应力集中

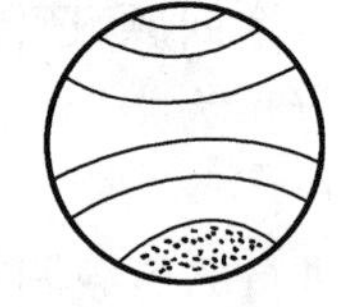

d)低名义应力大应力集中

图 3-10-26　脉动弯曲荷载疲劳断口

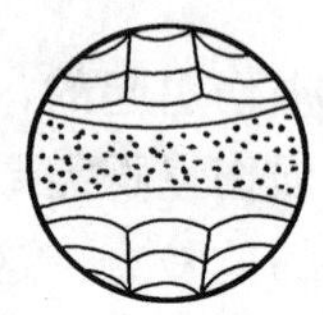

a)高名义应力无应力集中

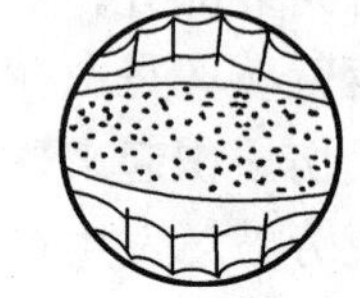

b)高名义应力大应力集中

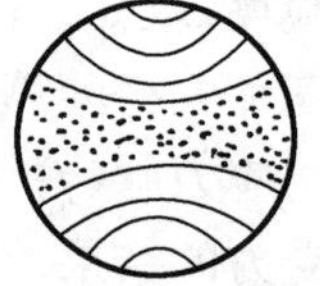

c)低名义应力无应力集中

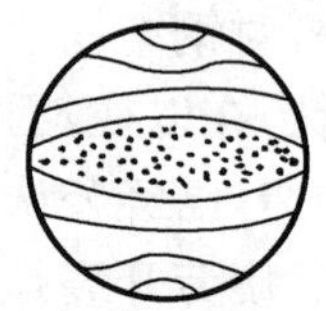

d)低名义应力大应力集中

图 3-10-27　对称弯曲荷载疲劳断口

承受旋转弯曲荷载的构件疲劳宏观断口见图 3-10-28。与前述的两种断口相比，这种荷载作用下的疲劳断口有两个显著的特点：一是疲劳裂纹可以产生于构件周界的任何一点，并向内扩展，因而很多情况下海滩痕的裂纹扩展区分布在周界附近的一个圆周上，特别是在高名义应力的情况下，这种现象更常见；二是最后的断裂区形状可以是圆形，也可以是椭圆形，并且断裂区的中心往往不在通过断裂起始点的直径上，这种情况在低名义应力条件下往往发生，这是由于在裂纹扩展过程中其前进方向发生了变化。在裂纹扩展过程中，由于轴在旋转，使得裂纹源两侧的应力场不一样，致使裂纹源两侧的扩展速率不一样。裂纹前沿顺荷载移动方向扩展快，而逆荷载移动方向扩展则较慢。因疲劳裂纹的前沿向旋转方向相反的方向偏转，故瞬时断裂区也向与旋转方向相反的方向偏转。这种偏转量的大小取决于轴的形状和断裂面上的名义应力。一般来讲，名义应力愈小，最后断裂区的偏心愈大。

承受轴向拉压荷载所产生的疲劳宏观断口见图 3-10-29。此时，由于横断面上荷载分布比较均匀，故疲劳裂源除了从表面产生外，还有可能由内部的材料缺陷引起内部裂纹，形成瞬时断裂区包围裂纹扩展区的现象。但由于构件外表受加工和腐蚀介质作用，因此还是以表面裂纹源居多。

除上述四种荷载外，扭转荷载同样会引疲劳断裂。在扭转荷载作用下，疲劳断口多与轴线成 45°。一般情况下，裂纹源位于 45°斜角两侧由双向交变扭转应力引起；裂纹源位于 45°斜角单侧多由单向交变扭转应力引起。

(3)疲劳的分类

疲劳破坏可分为机械疲劳、热疲劳和腐蚀疲劳。

机械疲劳是指构件在交变机械荷载作用下所引起的疲劳失效形式。这是研究得最多的一种形式。按荷载类型，机械疲劳又可分为轴向拉压疲劳、弯曲疲劳、扭转疲劳、接触疲劳、振动疲劳、复合荷载作用疲劳等。机械疲劳按构件的疲劳寿命又分为高周疲劳和低周疲劳：前者是指材料所受的循环应力远低于材料的屈服极限，材料在破坏前能经受 10^5 次以上的循环荷载作用，其寿命主要由裂纹萌生寿命组成，受应力幅控制，故又称应力疲劳；后者是指材料所受的循环应力较高，每次循环中材料都出现了局部的塑性变形，故低周疲劳受应变幅控制，又称为应变疲劳或塑性疲劳。机械疲劳还可按荷载的幅度和频率分为常幅疲劳、变幅疲劳和随机疲劳：常幅疲劳是指循环应力的幅度和频率都固定不变；变幅疲劳是指循环应力的幅度发生变化，而其频率不变；随机疲劳则是指应力的幅度和频率都发生变化。

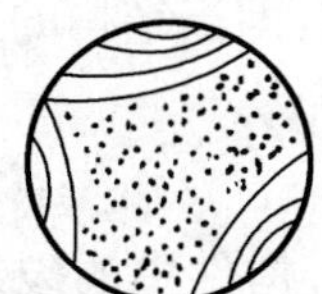
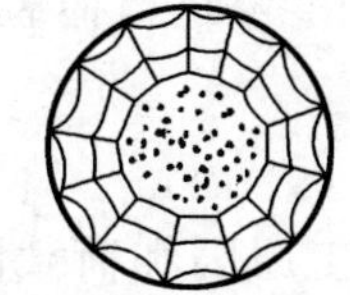

a)高名义应力无应力集中　b)高名义应力大应力集中

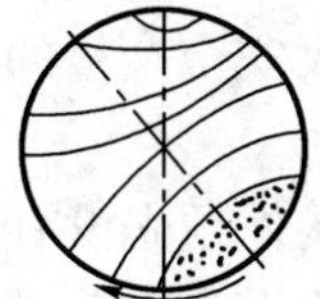
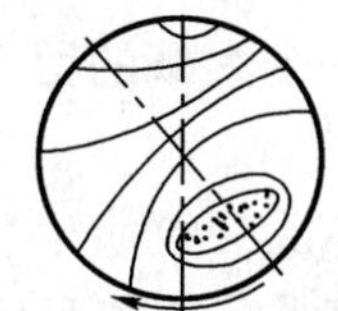

c)低名义应力无应力集中　d)低名义应力大应力集中

图 3-10-28　旋转弯曲荷载疲劳断口

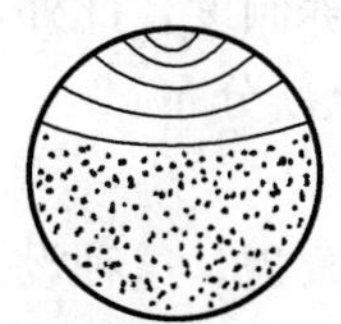
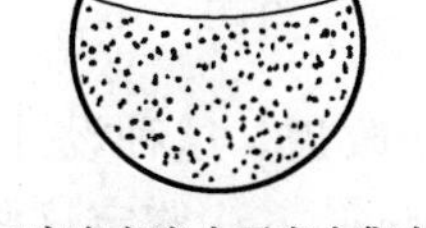
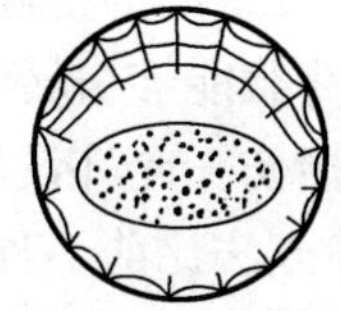

a)高名义应力无应力集中　b)高名义应力大应力集中

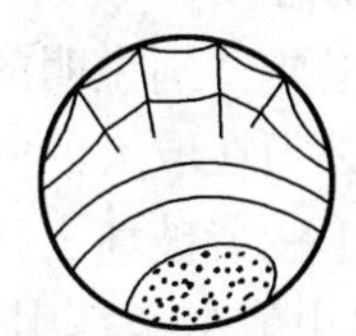

c)低名义应力无应力集中　d)低名义应力大应力集中

图 3-10-29　轴向拉压荷载疲劳断口

热疲劳是指由于温度的循环变化而引起构件内应变的变化并产生疲劳破坏的过程。

构件在腐蚀介质和循环荷载共同作用下而出现的疲劳断裂称为腐蚀疲劳。

3. 疲劳分析方法在工程中的应用

疲劳问题至少必须涉及材料科学、力学和工程设计三个领域。因此，疲劳强度这门新兴学科是由材料、力学和设计等学科综合而成的，被广泛应用于机械、建筑、交通、冶金、航空航天等领域。

在 20 世纪 40 年代以前，产品的设计均采用静强度的方法。在实际生活中，这种满足静强度的构件往往发生破坏。人们发现这种现象是由于构件实际上承受变载引起的，通常用加大安全系数的方法来解决。这种方法虽能缓解矛盾，但不能从根本上解决问题。直到疲劳理论出现，人们才能从增强构件局部疲劳强度上采取措施。

(1)无限寿命设计

对一些重要的零件，要求在使用中不发生任何破坏。从零件的破坏概率看，这是不可能的。但在疲劳强度理论上，这是可以做得到的。只需将工作应力控制在疲劳持久限(疲劳应力截止限)以下或是将裂纹尖端的应力强度因子值控制在应力强度因子门槛值 ΔK_{th}以下，这样就可保证裂纹不萌生或裂纹不扩展。这种无限寿命设计法是最早使用的疲劳寿命设计法。现在，有许多设计仍采用这个方法。

(2)有限寿命设计

此方法又称安全寿命设计，其总的思路是：对于任何一个设备，它的使用寿命总有限的，即使不发生疲劳破坏，也可能遭受其他形式的破坏。因此，对设备的零件或构件单从疲劳的角度采用无限寿命设计是不经济的，因此出现了一种称做安全寿命设计的方法。它的思想是保证构件在一定的寿命期内不出现任何疲劳缺陷，超出这个时期的构件可被更换或设备报废。

安全寿命设计法要求保证构件在一个使用时间内不发生疲劳缺陷，这就要求对构件在使用期间的荷载情况和与构件相连的其他零件在这段时期内的强度问题有充分的了解。一般情况下，并不能预测构件使用期间所有的荷载条件。因此，安全寿命设计必须考虑一个包括这些未知因素的安全系数。此安全系数可以通过寿命来表示，如使计算寿命等于所希望寿命的若干倍；安全系数也可以荷载来表示，如将设计荷载定为所受荷载因素均考虑进去。

(3)损伤—安全设计

这种方法又称失效安全设计。它首先是在航空工程中发展起来的。在飞行器的设计中，取大的安全系数使零件的质量增加很多，取小的安全系数又会增加事故的可能性。损伤—安全设计采用折中的办法解决这一问题。其设计思想是在保证安全的前提下允许疲劳损伤出现，即：该设计方法允许疲劳裂纹出现，但在裂纹被检测和进行修理之前，出现的裂纹不会导致整个结构的破坏。为了达到此项要求，对设备要有定期的检修和保养制度。此外，要求所设计的结构能够进行荷载转移，即当结构的某一环节破坏后，荷载能够被转移并重新分布。

(4)损伤—允许设计

这种方法比前一种有所改进。这种设计方法假定由于加工原因和荷载因素，构件中的裂纹是预先存在的，用断裂力学分析和试验方法鉴定这些裂纹是否在定期检查中被查出以前扩展到足够大以致造成破坏的程度。

这里要特别说明的是：目前的理论和方法往往只能进行一个大概的留有很大安全余量的设计。这时人们必须在取大的安全系数或进行特别试验之间做出选择。

由于疲劳破坏占构件失效总数的大部分，又因为疲劳破坏除裂纹萌生和扩展外预先没有明显的征兆，所以由疲劳破坏引起的事故屡见不鲜。用疲劳理论进行事故分析主要从荷载、材料和疲劳断口方面考虑。由于疲劳断口具有非常明显的特征，包含了许多信息，因此，较多分析工作是集中在断口分析上。从疲劳断口的宏观分析中和微观分析中，可以确定构件的材质情况和荷载形式，以及确定疲劳产生的原因和扩展的原因。

二、线性疲劳损伤累积理论简介

到目前为止，关于预测疲劳寿命及强度的解析分析方法，已提出的方法和假设有十余种。从大的方面分，有线性疲劳损伤累积理论、非线性疲劳损伤累积理论和双线性疲劳损伤累积理论。

1. 麦纳法则

疲劳过程既可以看成是一个损伤趋于临界损伤值的累积过程，也可以看成是材料固有寿命的消耗过程。从荷载对构件开始作用起，每一个重复交变荷载都对构件产生影响，都对构件的损伤做出“贡献”，这一点点的损伤不断累积起来，直至构件最后破坏。如果认为每一个交变荷载对构件的疲劳损伤只与其大小有关，也就是说无论在裂纹形成和扩展阶段，这个损伤量都能线性叠加，这就是著名的帕尔姆格雷—曼纳(Palmgren-Miner)损伤累积假设。

设材料在经过 N 次加载后产生疲劳破坏时所吸收的全部功为 W，而经过若干次循环后材料所吸收的功为 w_i，其中 w_i 是 W 的一部分。由于损伤率是线性的，则在某一应力水平 σ_i 时，可以得到下式：

$$\frac{w_i}{W_i}=\frac{n_i}{N_i} \tag{3-10-5}$$

设材料在疲劳破坏前，共经过了 j 次循环，每次循环的应力等级为 σ_1、σ_2、…、σ_j，将每次循环的局部功相加起来，即得：

$$w_1+w_2+\cdots+w_j=W \tag{3-10-6}$$

根据式(3-10-5)，可将局部功能表示为：

$$w_i=\frac{n_i}{N_i}W_i$$

再假设无论采用什么样的应力水平，材料疲劳破坏所吸引的总功 W 都相等。据此，式(3-10-6)可改写为：

$$\frac{n_1}{N_1}W_1+\frac{n_2}{N_2}W_2+\cdots+\frac{n_j}{N_j}W_j=W \tag{3-10-7}$$

式中：$n_1,\cdots,n_j$——分别为依次作用的每个应力水平（σ_1、…、σ_j）的循环次数；

$N_1,\cdots,N_j$——分别为应力水平为σ_1、…、σ_j的疲劳致毁循环次数。

$D=\sum\frac{n_i}{N_i}$称为损伤度。$D=\sum\frac{n_i}{N_i}=1$时，构件发生破坏（或裂纹形成）。当其小于1时，我们应可以根据$\sum\frac{n_i}{N_i}$与1的比例来推算构件的剩余寿命，也就是$\sum\frac{n_i}{N_i}$在整个寿命中所占的份额。因此，有构件的疲劳寿命推算式：

$$D=\frac{n}{N}=\sum\frac{n_i}{N_i} \tag{3-10-8}$$

式中：N——σ_1、…、σ_j等效应力幅σ_r的致毁循环次数。

式(3-10-8)就是麦纳法则，它首先于1924年由帕尔姆格雷提出，后于1924年由麦纳重申和完善。这个法则是目前疲劳寿命预测中用得最多的。主要原因是它的形式简单、概念明确、应用方便，而且在不少情况下与试验结果吻合。它的不足之处在于：考虑的因素较少——没有考虑疲劳持久限以下的荷载对裂纹形成和扩展的影响；没有考虑加载顺序的影响；没有区分裂纹形成和扩展两个不同的阶段。

2.麦纳法则的修正

因为麦纳法则存在着上述的不足，研究者们对原始麦纳法则提出了修正。

(1)基本麦纳法则

基本麦纳法则认为，疲劳持久限以下的荷载与持久限以上的荷载对构件的疲劳寿命有同样的影响。即它实际上未考虑疲劳持久限这一概念。在S-N曲线上，基本麦纳法则是一条斜线，如图3-10-30中的a线所示。这条斜线将S-N曲线的有限寿命段的斜线延伸到疲劳持久限以下，它不需要知道疲劳持久限及转折点的位置，因此作图比较简单。

基本麦纳法则不考虑疲劳持久限上下荷载的区别。而实际上，大小荷载对疲劳寿命的影响是有区别的。因此，应用基本麦纳法则预测构件疲劳寿命会使计算结果偏于过分安全，或者带来材料的浪费。

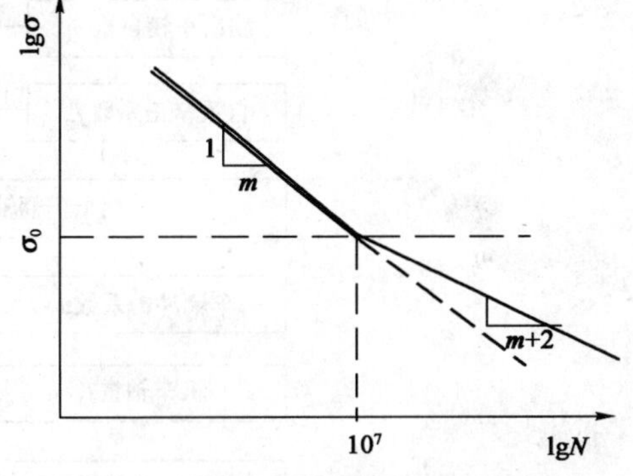

图3-10-30　变幅加载10^7次循环后的低应力幅处理

(2)低应力循环次数的处理

按BS 5400英国标准协会疲劳实施规范：循环加载的应力幅在10^7次循环以后，循环次数按$(\sigma_r/\sigma_0)^2$折算。σ_0为$N=10^7$次的应力幅，当$\sigma_r\leqslant\sigma_0$时，则有

$$\frac{n}{N}=\frac{n}{10^7}\left(\frac{\sigma_r}{\sigma_0}\right)^{m+2} \tag{3-10-9}$$

在10^7次转折点前后回归方程斜率分别采用m和$m+2$。在实际计算中，10^7次前后应力幅均可分别换算为等效应力幅处理。按英国规范，车重小于30kN的荷载效应均不计入损伤计算。

三、铁路钢桁梁剩余寿命评估实例——洛口黄河铁路大桥钢桁梁剩余寿命评估

铁道部大桥工程局桥梁科学研究院曾于1993～1994年，对洛口黄河铁路大桥简支梁进行剩余寿命评估。评估工作的主要内容有三项：应力谱计算；实桥材料铆钉接头的疲劳抗力曲线确定；剩余寿命评估。此外还进行了实桥材料的基本力学性能试验及化学成分分析。评估方法是依据线性累积损伤原理。

1.洛口黄河铁路大桥简介

洛口黄河铁路大桥建于1909年7月，1912年11月完工。该桥由德国人承建。该桥上部结构采用华伦式铆接钢桁梁。其桥孔布置为8×91.5m(简支)＋128.1m(锚孔)＋164.7 m(悬臂＋挂孔)＋128.1m(锚孔)＋91.5m，全长1256.4m。单线轨道，设计载重为E—35级。

该桥建成后，曾遭战争破坏。因此，该桥钢梁既可能有意外的非荷载作用所致的损伤，也有活荷载反复作用所造成的累积损伤。

1952、1960及1981年曾分别进行过三次检定，留下了一些可贵的技术资料。

后由于黄河河道淤积及防洪要求，1991年4月19日大桥停止使用，接着将北岸4孔钢梁拆除。

这以后有关部门又希望保留和继续使用洛口黄河铁路大桥，因此，提出对其钢桁梁的剩余寿命进行评估。经过分析研究，该评估工作针对简支钢桁梁主桁杆件及桥面系杆件进行，选定典型杆件分别为主桁斜杆 U_1L_2、下弦杆 L_4L_5、竖杆 U_5L_5、桥面系纵梁和中横梁等。

2.主桁及桥面系杆件的应力谱

(1)确定应力谱的方法

应力谱的确定方法，对于仍在服役的桥，可以选定一个周期，在此周期内对所有过往该桥的车辆荷载效应进行测量。而对已停运并已部分拆除的洛口黄河铁路大桥来说，采用这种方法则是不现实的。因此，决定利用计算机模拟方法来确定构件的应力谱。模拟框图示于图3-10-31。从图中可看出，在计算机模拟中分别考虑了车辆自重、载重的修正系数、荷载冲击系数、结构校正系数和列车偏载系数等。

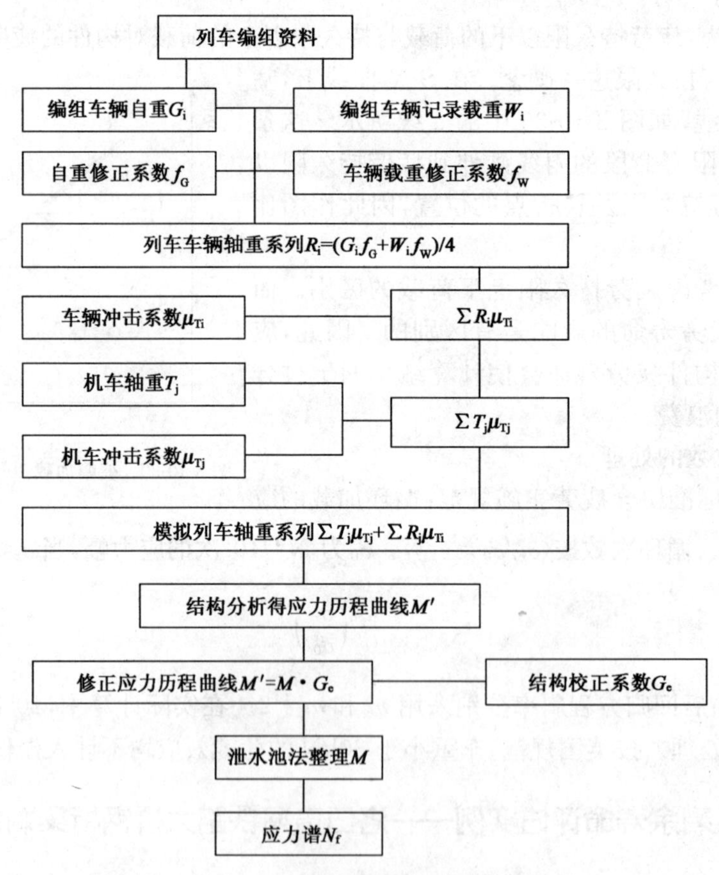

图3-10-31 利用计算机模拟应力谱的程序框图

①结构校正系数

有关技术资料指出，下承式简支钢桁梁的结构校正系数，上弦杆为0.81～0.91，下弦杆为0.75～0.83，斜杆为0.84～1.00，竖杆为0.77～0.94，桥面系为0.69～0.76。济南铁路局桥梁检定队1960年对洛口黄河铁路大桥的 91.5m 下承式简支钢桁梁做了静载试验，得到的结构校正系数下弦杆为 0.863，上弦杆为 0.877，斜杆为 0.91，横梁为 0.836。

综合上述资料，本次模拟计算中，结构校正系数取值分别为：斜杆 0.91，下弦杆 0.863，竖杆 0.94，纵梁和横梁均为 0.836。

②列车偏载系数

洛口黄河铁路大桥虽为单线，但由于轨道中线与桥梁中线有偏差时，也将引起偏载。根据《铁路大桥验收标准》(TBJ 416—87)规定，最大允许偏差为 50mm。据此可以得到偏载系数不超过 1.011。本次模拟认为此值较小，已包含在结构校正系数中，故不再另行考虑。

③活载冲击系数

有关文献认为列车活载冲击系数 K_u 符合正态分布 $N(u_u, S_u^2)$，其均值和方差列于表 3-10-25。本次模拟计算中采用蒙特卡洛法对符合正态分布的冲击系数随机抽样进行列车活载的修正。

活载冲击系数　　表 3-10-25

桥梁类别	机车车辆类别	均　值 μ	均方差 S	附　注
钢筋混凝土桥	蒸汽机车	$\frac{0.92}{L_c}+1.014$	0.038	L 为跨度，单位：m
	内燃机车、电力机车、客车	1.110	$\frac{0.234}{L_c}-0.05$	
	货车	1.150	0.040	
钢桥	蒸汽机车	$\frac{1.176}{L_c}+1.0$	$\frac{0.22}{L_c}+0.024$	L 为影响线加载长度，单位：m
	内燃机车、电力机车、客车	$\frac{0.6}{L_c}+1.014$	$\frac{0.3}{L_c}$	
	货车	$\frac{0.6}{L_c}+1.033$	$\frac{0.3}{L_c}$	

注：$L_c=\sqrt{L}-0.2$。

④超载修正系数

列车货物实际质量和记录质量之比 f_w 符合正态分布 $N(0.9978, 0.03085^2)$；车辆实际自重与设计自重之比 f_g 符合正态分布 $N(1.0015, 0.03281^2)$。本次模拟中用蒙特卡罗法分别产生 f_w 和 f_g 的随机子样值对车辆的载重和自重进行修正。

为了能够得到真正代表实际运营状态下的应力谱，需要输入大量的列车编组资料。为此，从济南铁路局查出 1990 个部分列车编组资料原始记录并输入计算机，整理出列车轴重系列后让其在影响线上移动，得出在每列车作用下，各有关杆件的应力历程曲线。对得到的应力历程曲线使用泄水池法统计应力谱。由于过往列车的载重、自重及轴距，每列车的车辆数都是不确定的，因此，用每列车算出的应力谱也不具有代表性。但可以认为，在输入大量的列车编组资料后，所得的应力谱能趋向稳定，以此稳定的应力谱来计算每列车的应力谱就具有统计意义。在本次计算中，分别输入 600 次、800 次及 1000 次列车进行计算。为便于比较，将 600 次、800 次的结果都换算成 1000 次的结果列于表 3-10-26。从表3-10-26 看出，计算 1000 次的应力谱与计算 800 次的应力谱除个别循环次数较少者外，相差均不超过0.4%。据此相信，在利用计算机进行模拟时，输入 1000 次列车编组资料足可以使得到的杆件应力谱趋于稳定，可以利用 1000 次列车的应力谱推算一年的应力谱。

斜杆 U_1L_1 模拟不同次数的应力谱 表 3-10-26

应力水平区间(MPa)	0～4	4～8	8～12	12～16	16～20	20～24	24～28	28～32	32～36	36～40
应力水平 $\Delta\sigma_i$(MPa)中间值	2.0	6.0	10.0	14.0	18.0	22.0	26.0	30.0	34.0	38.9
模拟 600 次(×10³)	2643	96.55	33.07	21.06	4.935	13.36	0.056	0.042	3.443	57.39
模拟 800 次(×10³)	2651	96.81	33.14	21.12	4.959	13.39	0.063	0.044	3.456	57.547
模拟 1000 次(×10³)	2659	97.08	33.12	21.15	4.981	13.43	0.067	0.051	3.469	57.697
800 次与 1000 次相差(%)	0.3	0.3	0.2	0.1	0.4	0.3	6	13.7	0.3	0.5

(2)模拟的荷载工况

根据济南铁路枢纽的规划和调查研究，可知修复后的洛口黄河铁路大桥所承受的荷载工况可能有 5 种。

第一种：一台 DF_4 型机车牵引现行货物列车。

第二种：一台 DF_4 型机车牵引现行货物列车中以煤车为主的列车。

第三种：两台 DF_4 型机车牵引现行货物列车。

第四种：两台 DF_4 型机车牵引现行货物列车中以煤车为主的列车。

第五种：一台 DF_4 型机车牵引旅客列车。

在上述各工况中，以煤车为主的列车是指其编组车辆超过 45 辆、平均载重超过 35t 的列车；现行货物列车则是指由各种货物车辆混杂的列车，但每列数量均超过 50 辆。旅客列车的编组为：$DF_4+8YZ_{22}+CA_{22}+RW_{22}+8YW_{22}+XL_{22}+U_{22}$。其中：$DF_4$为东风 4 型机车；$YZ_{22}$为硬座车；$CA_{22}$为餐车；$RW_{22}$为软卧车；$YW_{22}$为硬卧车；$XL_{22}$为行李车；$U_{22}$为邮政车。假定乘客最少时为空车，乘客最多时为标准载乘的两倍，按三角形分布，实际载乘与标准载乘之比为 x，其概率密度函数为：

$$f(x)=\begin{cases}x & 0\leqslant x\leqslant 1\\ 2-x & 1<x\leqslant 2\end{cases}$$

按照这 5 种荷载工况，每种工况输入 1000 次列车所算得的各杆件的应力谱分别称为 M^1、M^2、M^3、M^4、M^5，分别列于表 3-10-27～表 3-10-31。

DF_4 型机车牵引现行货物列车的应力谱 M^1 表 3-10-27

杆件	项目										
U_1L_1	$\Delta\sigma_i$(MPa)组中值	2.0	6.0	10.0	14.0	18.0	22.0	26.0	30.0	34.0	38.0
	n_i(10³)	2659	97.08	33.21	21.15	4.981	13.43	0.067	0.051	3.469	57.70
L_4L_5	$\Delta\sigma_i$(MPa)组中值	1.8	5.4	9.0	12.6	16.2	19.8	23.4	27.0	30.6	34.2
	n_i(10³)	968.7	48.79	26.42	9.961	6.713	8.936	0.048	0.103	4.834	56.3
U_5L_5	$\Delta\sigma_i$(MPa)组中值	1.8	5.3	8.9	12.4	16.0	19.6	23.1	26.7	30.2	33.8
	n_i(10³)	854.6	868.0	1091	339.4	143.8	51.90	32.77	9.391	11.15	58.4
横梁	$\Delta\sigma_i$(MPa)组中值	1.96	5.87	9.79	13.71	17.62	21.5	25.5	29.4	33.3	37.2
	n_i(10³)	854.6	868.0	1091	339.4	143.8	51.90	32.77	9.391	11.15	58.4
纵梁	$\Delta\sigma_i$(MPa)组中值	3.3	9.9	16.5	23.0	29.6	36.2	42.7	49.4	56.0	62.6
	n_i(10³)	156.9	392.8	135.9	124.1	184.7	434.8	1186	535.4	160.7	106.1

一台 DF_4 型机车牵引现行货物列车中以煤车为主的列车的应力谱 M^2 表 3-10-28

杆件	项目										
U_1L_2	$\Delta\sigma_i$(MPa)组中值	2.0	6.0	10.0	14.0	18.0	22.0	26.0	30.0	34.0	38.0
	n_i(10³)	5808	176.8	43.94	24.94	24.19	3.441	0.953	0.144	3.567	124.4
L_4L_5	$\Delta\sigma_i$(MPa)组中值	1.8	5.4	9.0	12.6	16.2	19.8	23.4	27.0	30.6	34.2
	n_i(10³)	3705	73.15	30.40	14.84	4.794	2.108	0.268	0.144	5.083	122.8
U_5L_5	$\Delta\sigma_i$(MPa)组中值	1.8	5.3	8.9	12.4	16.0	19.6	23.1	26.7	30.2	33.8
	n_i(10³)	597.5	1342	3973	564.8	233.5	65.35	40.45	11.22	2.968	126.3

续上表

横梁	$\Delta\sigma_i$(MPa)组中值	1.96	5.87	9.79	13.71	17.62	21.5	25.5	29.4	33.3	37.2
	$n_i(10^3)$	597.5	1342	3973	564.8	233.5	65.35	40.45	11.22	2.968	126.3
纵梁	$\Delta\sigma_i$(MPa)组中值	3.3	9.9	16.5	23.0	29.6	36.2	42.7	49.4	56.0	62.6
	$n_i(10^3)$	251.3	54.92	88.16	163.8	308.1	624.9	3539	1564	265.4	201.85

两台 DF_4 型机车牵引现行货物列车的应力谱 M^3　表 3-10-29

U_1L_2	$\Delta\sigma_i$(MPa)组中值	2.1	6.3	10.5	14.8	19.0	23.2	27.4	31.7	35.9	40.1
	$n_i(10^3)$	2718	98.34	34.61	20.5	8.895	5.747	1.436	0.026	16.08	52.2
L_4L_5	$\Delta\sigma_i$(MPa)组中值	1.9	5.8	9.7	13.5	17.4	21.3	25.1	29.0	32.9	36.8
	$n_i(10^3)$	895.5	47.06	29.34	12.29	7.190	3.953	0.066	7.139	15.77	45.4
U_5L_5	$\Delta\sigma_i$(MPa)组中值	2.2	6.7	11.2	15.7	20.2	24.7	29.1	33.5	38.1	33.8
	$n_i(10^3)$	963.1	1533	652.1	217.2	62.11	27.10	2.640	0	0.666	68.3
横梁	$\Delta\sigma_i$(MPa)组中值	2.7	8.1	13.6	19.0	24.5	29.9	35.3	40.8	46.2	51.6
	$n_i(10^3)$	963.1	1533	652.1	217.2	62.11	27.1	2.640	0	0.666	68.3
纵梁	$\Delta\sigma_i$(MPa)组中值	3.5	10.5	17.5	24.5	31.56	38.6	45.6	52.6	59.6	66.6
	$n_i(10^3)$	221.3	429.3	117.8	144.5	233.7	781.5	1089	286.4	144.8	98.2

两台 DF_4 型机车牵引现行货物列车中以煤车为主的列车的应力谱 M^4　表 3-10-30

U_1L_2	$\Delta\sigma_i$(MPa)组中值	2.1	6.3	10.5	14.8	19.0	23.2	27.4	31.7	35.9	40.1
	$n_i(10^3)$	5876	176.1	42.59	26.02	10.22	4.755	1.038	0.137	10.06	118.0
L_4L_5	$\Delta\sigma_i$(MPa)组中值	1.9	5.8	9.7	13.5	17.4	21.3	25.1	29.0	32.9	36.8
	$n_i(10^3)$	3635	66.21	35.34	17.10	7.282	2.465	0.280	0.004	14.07	114.1
U_5L_5	$\Delta\sigma_i$(MPa)组中值	2.2	6.7	11.2	15.7	20.2	24.7	29.1	33.5	38.1	33.8
	$n_i(10^3)$	963.1	1533	652.1	217.2	62.11	27.10	2.640	0	0.666	68.3
横梁	$\Delta\sigma_i$(MPa)组中值	2.7	8.1	13.6	19.0	24.5	29.9	35.3	40.8	46.2	51.6
	$n_i(10^3)$	963.1	1533	652.1	217.2	62.11	27.1	2.640	0	0.666	68.3
纵梁	$\Delta\sigma_i$(MPa)组中值	3.5	10.5	17.5	24.5	31.56	38.6	45.6	52.6	59.6	66.6
	$n_i(10^3)$	328.5	67.55	107.2	187.9	366.5	1013	3422	1311	220.4	185.9

一台 DF_4 型机车牵引旅客列车的应力谱 M^5　表 3-10-31

U_1L_2	$\Delta\sigma_i$(MPa)组中值	2.0	6.0	10.0	14.0	18.0	22.0	26.0	30.0	34.0	38.0
	$n_i(10^3)$	263.2	0	0	0	0	0	0	0	0	68
L_4L_5	$\Delta\sigma_i$(MPa)组中值	1.8	5.4	9.0	12.6	16.2	19.8	23.4	27.0	30.6	34.2
	$n_i(10^3)$	68	0	0	0	0	0	0	0	0	68.0
U_5L_5	$\Delta\sigma_i$(MPa)组中值	1.8	5.3	8.9	12.4	16.0	19.6	23.1	26.7	30.2	33.8
	$n_i(10^3)$	76.23	93.78	323.6	50.45	0	0	0	0	0	68.0
横梁	$\Delta\sigma_i$(MPa)组中值	1.96	5.87	9.79	13.71	17.62	21.5	25.5	29.4	33.3	37.2
	$n_i(10^3)$	76.23	93.78	323.6	50.45	0	0	0	0	0	68.0
纵梁	$\Delta\sigma_i$(MPa)组中值	3.3	9.9	16.5	23.0	29.6	36.2	42.7	49.4	56.0	62.6
	$n_i(10^3)$	42.23	34.00	0	0	0	59.23	280.8	136	34	102.2

(3)修复后洛口黄河铁路大桥的运营方案及应力谱

该桥修复后的运营方案可由前述 5 种工况组合。根据相关部门的资料和调查分析研究后认为，可能有以下 5 种组合方案。

①第一方案，作为津沪铁路下行通道之一，目前日运货物列车70对，由ND_5机车牵引，$K_{1h}=70$；日通过旅客列车30对，$K_{1h}=30$。在计算中发现ND_5与DF_4型机车所产生的荷载效应相差甚小，因此，均用DF_4型机车作为每列车的机车。此方案一年的应力谱可表达为$365\times(70M^1+30M^5)/1000$，其结果见表3-10-32。

第一方案一年的应力谱 $365(70M^1+30M^5)/1000$ 表3-10-32

杆件	项目										
U_1L_2	$\Delta\sigma_i$(MPa)组中值	2.0	6.0	10.0	14.0	18.0	22.0	26.0	30.0	34.0	38.0
	$n_i(10^5)$	708.3	24.8	8.484	5.404	1.273	3.432	0.017	0.013	0.866	22.19
L_4L_5	$\Delta\sigma_i$(MPa)组中值	1.8	5.4	9.0	12.6	16.2	19.8	23.4	27.0	30.6	34.2
	$n_i(10^5)$	254.9	12.47	6.751	2.545	1.715	2.283	0.012	0.026	1.235	21.82
U_5L_5	$\Delta\sigma_i$(MPa)组中值	1.8	5.3	8.9	12.4	16.0	19.6	23.1	26.7	30.2	33.8
	$n_i(10^5)$	226.7	232.1	314.3	92.24	36.74	13.26	8.371	2.399	2.849	22.36
横梁	$\Delta\sigma_i$(MPa)组中值	1.96	5.87	9.79	13.71	17.62	21.5	25.5	29.4	33.3	37.2
	$n_i(10^5)$	226.7	232.1	314.3	92.24	36.74	13.26	8.371	2.399	2.849	22.36
纵梁	$\Delta\sigma_i$(MPa)组中值	3.3	9.9	16.5	23.0	29.6	36.2	42.7	49.4	56.0	62.6
	$n_i(10^5)$	44.7	104.1	34.71	31.70	47.19	117.6	333.8	151.7	44.78	38.28

②第二方案，通过规划得知，济邯铁路将引入济南铁路枢纽利用洛口黄河铁路大桥。规划中的济邯铁路南段在2005年时，通过货物列车为9/8，而货物列车的85%～88%为运煤列车；旅客列车8列。$K_{2h}=17$，$K_{2k}=8$。此方案一年的应力谱可表达为$365\times(17M^2+8M^5)/1000$，结果见表3-10-33。

第二方案一年的应力谱 $365\times(17M^2+8M^5)/1000$ 表3-10-33

杆件	项目										
U_1L_2	$\Delta\sigma_i$(MPa)组中值	2.0	6.0	10.0	14.0	18.0	22.0	26.0	30.0	34.0	38.0
	$n_i(10^5)$	368.1	11.08	2.7	1.5	0.5	0.2	0.1	0	0.2	9.7
L_4L_5	$\Delta\sigma_i$(MPa)组中值	1.8	5.4	9.0	12.6	16.2	19.8	23.4	27.0	30.6	34.2
	$n_i(10^5)$	231.9	4.5	1.9	0.9	0.3	0.10	0	0	0.3	9.6
U_5L_5	$\Delta\sigma_i$(MPa)组中值	1.8	5.3	8.9	12.4	16.0	19.6	23.1	26.7	30.2	33.8
	$n_i(10^5)$	39.3	86	256	36.5	14.5	4	2.5	0.7	0.2	9.8
横梁	$\Delta\sigma_i$(MPa)组中值	1.96	5.87	9.79	13.71	17.62	21.5	25.5	29.4	33.3	37.2
	$n_i(10_5)$	39.3	86	256	36.5	14.5	4	2.5	0.7	0.2	9.8
纵梁	$\Delta\sigma_i$(MPa)组中值	3.3	9.9	16.5	23.0	29.6	36.2	42.7	49.4	56.0	62.6
	$n_i(10^5)$	16.8	4.4	5.5	10.2	19.1	40.5	227.8	101	17.5	15.4

③第三方案，通过济邯铁路南北段的全部旅客列车。考虑到洛口黄河铁路大桥的疲劳损伤以及防汛要求抬高梁底高程引起的两岸纵坡变化，不能排除这一方案。此方案的日通过旅客列车数$K_{3k}=2K_{1k}+K_{2k}=68$列；考虑到调车等目前无法估计的因素，从偏安全出发，采用$K_{3k}=80$。此方案一年的应力谱可表达为$365\times80M^5/1000$，其结果见表3-10-34。

第三方案一年的应力谱 $65\times80M^5/1000$ 表3-10-34

杆件	项目										
U_1L_2	$\Delta\sigma_i$(MPa)组中值	2.0	6.0	10.0	14.0	18.0	22.0	26.0	30.0	34.0	38.0
	$n_i(10^5)$	76.86	0	0	0	0	0	0	0	0	19.86
L_4L_5	$\Delta\sigma_i$(MPa)组中值	1.8	5.4	9.0	12.6	16.2	19.8	23.4	27.0	30.6	34.2
	$n_i(10^5)$	19.86	0	0	0	0	0	0	0	0	19.86
U_5L_5	$\Delta\sigma_i$(MPa)组中值	1.8	5.3	8.9	12.4	16.0	19.6	23.1	26.7	30.2	33.8
	$n_i(10^5)$	22.26	27.38	94.48	14.73	0	0	0	0	0	19.80

续上表

横梁	$\Delta\sigma_i$(MPa)组中值	1.96	5.87	9.79	13.71	17.62	21.5	25.5	29.4	33.3	37.2
	$n_i(10^5)$	22.26	27.38	94.48	14.73	0	0	0	0	0	19.80
纵梁	$\Delta\sigma_i$(MPa)组中值	3.3	9.9	16.5	23.0	29.6	36.2	42.7	49.4	56.0	62.6
	$n_i(10^5)$	12.33	9.928	0	0	0	17.29	81.99	39.71	9.928	29.78

④第四方案，作为津沪铁路上、下行通道之一，用两台 DF_4 型机车牵引现行货物列车；旅客列车仍以一台 DF_4 型机车牵引。$K_{4h}=70$，$K_{4k}=30$。此方案一年的应力谱可表达为 $365\times(70M^2+30M^5)/1000$，结果见表 3-10-35、表 3-10-36。

第四方案一年的应力谱(1)$365\times70M^3/1000$　　表 3-10-35

U₁L₂	$\Delta\sigma_i$(MPa)组中值	2.3	6.3	10.5	14.8	19.0	23.2	27.4	31.7	35.9	40.1
	$n_i(10^5)$	694.45	25.13	8.84	5.24	2.27	1.47	0.37	0.007	4.11	13.34
L_4L_5	$\Delta\sigma_i$(MPa)组中值	1.9	5.8	9.7	13.5	17.4	21.3	25.1	29.0	32.9	36.8
	$n_i(10^5)$	228.8	12.02	7.50	3.14	1.84	1.01	0.02	1.82	4.03	11.6
U_5L_5	$\Delta\sigma_i$(MPa)组中值	2.20	6.7	11.2	15.7	20.20	24.7	29.1	33.5	38.1	42.6
	$n_i(10^5)$	246.1	391.7	166.6	55.49	15.87	6.920	0.677	0	0.17	17.45
横梁	$\Delta\sigma_i$(MPa)组中值	2.7	8.1	13.6	19.0	24.5	29.9	35.3	40.8	46.2	51.6
	$n_i(10^5)$	246.1	391.7	166.6	55.49	15.87	6.920	0.677	0	0.17	17.45
纵梁	$\Delta\sigma_i$(MPa)组中值	3.5	10.5	17.5	24.5	31.56	38.6	45.6	52.6	59.6	66.6
	$n_i(10^5)$	56.67	109.7	30.09	36.92	59.7	199.7	278.2	73.2	37	25.1

第四方案一年的应力谱(2)$365\times30M^5/1000$　　表 3-10-36

U_1L_2	$\Delta\sigma_i$(MPa)组中值	2.0	6.0	10.0	14.0	18.0	22.0	26.0	30.0	34.0	38.0
	$n_i(10^5)$	28.82	0	0	0	0	0	0	0	0	7.44
L_4L_5	$\Delta\sigma_i$(MPa)组中值	1.8	5.4	9.0	12.6	16.2	19.8	23.4	27.0	30.6	34.2
	$n_i(10^5)$	7.45	0	0	0	0	0	0	0	0	7.46
U_5L_5	$\Delta\sigma_i$(MPa)组中值	1.8	5.3	8.9	12.4	16.0	19.6	23.1	26.7	30.2	33.8
	$n_i(10^5)$	8.35	10.27	35.43	5.52	0	0	0	0	0	7.45
横梁	$\Delta\sigma_i$(MPa)组中值	1.96	5.87	9.79	13.71	17.62	21.5	25.5	29.4	33.3	37.2
	$n_i(10^5)$	8.35	10.27	35.43	55.24	0	0	0	0	0	7.45
纵梁	$\Delta\sigma_i$(MPa)组中值	3.3	9.9	16.5	23.0	29.6	36.2	42.7	49.4	56.0	62.6
	$n_i(10^5)$	4.62	3.72	0	0	0	6.49	30.75	14.89	3.72	11.17

⑤第五方案，两台 DF_4 型机车牵引济邯铁路的货物列车，一台 DF_4 型机车牵引济邯铁路的旅客列车。$K_{5h}=17$，$K_{5k}=8$。此方案一年的应力谱可表达为 $365\times(17M^4+8M^5)/1000$，结果见表 3-10-37、表 3-10-38。

第五方案一年的应力谱(1)$365\times17M^4/1000$　　表 3-10-37

U_1L_2	$\Delta\sigma_i$(MPa)组中值	2.1	6.3	10.5	14.8	19.0	23.2	27.4	31.7	35.9	40.1
	$n_i(10^5)$	364.6	10.9	2.64	1.61	0.63	0.29	0.06	0.01	0.62	7.32
L_4L_5	$\Delta\sigma_i$(MPa)组中值	1.9	5.8	9.7	13.5	17.4	21.3	25.1	29.0	32.9	36.8
	$n_i(10^5)$	225.5	4.11	2.19	1.06	0.54	0.15	0.02	0	0.87	7.07
U_5L_5	$\Delta\sigma_i$(MPa)组中值	2.20	6.7	11.2	15.7	20.20	24.7	29.1	33.5	38.1	42.6
	$n_i(10^5)$	45.7	133.1	211.3	27.2	8.08	2.260	0.16	0	0	7.98

续上表

横梁	$\Delta\sigma_i$(MPa)组中值	2.7	8.1	13.6	19.0	24.5	29.9	35.3	40.8	46.2	51.6
	$n_i(10^5)$	45.7	133.1	211.3	27.2	8.08	2.260	0.16	0	0	7.98
纵梁	$\Delta\sigma_i$(MPa)组中值	3.5	10.5	17.5	24.5	31.56	38.6	45.6	52.6	59.6	66.6
	$n_i(10^5)$	20.38	4.19	6.65	11.66	22.74	62.86	212.33	81.35	13.67	11.53

第五方案一年的应力谱(2)365×8M^5/1000 表 3-10-38

U_1L_2	$\Delta\sigma_i$(MPa)组中值	2.0	6.0	10.0	14.0	18.0	22.0	26.0	30.0	34.0	38.0
	$n_i(10^5)$	7.868	0	0	0	0	0	0	0	0	1.99
L_4L_5	$\Delta\sigma_i$(MPa)组中值	1.8	5.4	9.0	12.6	16.2	19.8	23.4	27.0	30.6	34.2
	$n_i(10^5)$	1.986	0	0	0	0	0	0	0	0	1.99
U_5L_5	$\Delta\sigma_i$(MPa)组中值	1.8	5.3	8.9	12.4	16.0	19.6	23.1	26.7	30.2	33.8
	$n_i(10^5)$	2.226	2.738	9.449	1.473	0	0	0	0	0	1.99
横梁	$\Delta\sigma_i$(MPa)组中值	1.96	5.87	9.79	13.71	17.62	21.5	25.5	29.4	33.3	37.2
	$n_i(10^5)$	2.226	2.738	9.449	1.473	0	0	0	0	0	1.99
纵梁	$\Delta\sigma_i$(MPa)组中值	3.3	9.9	16.5	23.0	29.6	36.2	42.7	49.4	56.0	62.6
	$n_i(10^5)$	1.233	0.993	0	0	0	1.729	8.199	3.971	0.993	2.98

由表 3-10-32～表 3-10-38 可看出，三、四工况应力水平的组中值大于一、二、五工况者，在第四、五方案的叠加中应考虑该一差别。与前 3 种方案一年应力谱对应的直方图示于图 3-10-32～图 3-10-34 中。

用一年的应力谱推求未来若干年的应力谱，需考虑两个因素：一个是机车的发展；一个是运量的发展。由于我国已停止生产蒸汽机车，DF_4 型机车在现有机车中是轴重较大的，可见机车发展系数不应大于 1.0，故本次模拟计算取 1.0。另外，洛口黄河铁路大桥的最终拆除将取决于黄河河道的淤积及防洪要求，根据黄河水利委员会的年平均淤积推算，该桥可再使用 25 年左右。据此认为洛口黄河铁路大桥修复后的运量发展系数不会增加，取 1.0。

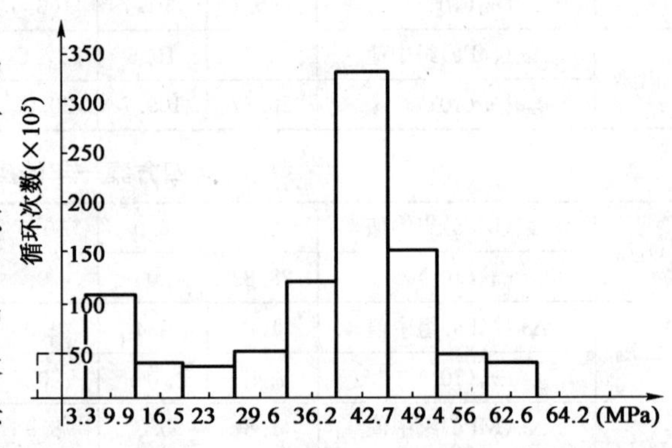

图 3-10-32 与第一方案一年应力谱对应的直方图

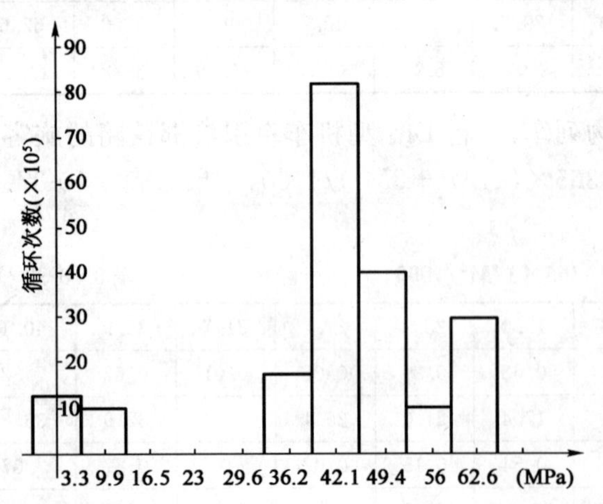

图 3-10-33 与第二方案一年应力谱对应的直方图

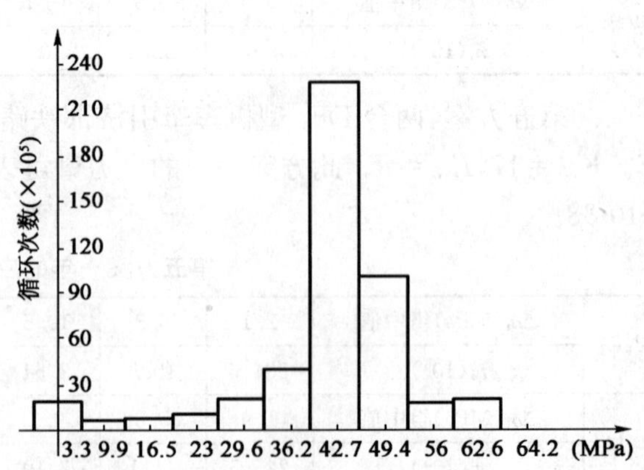

图 3-10-34 与第三方案一年应力谱对应的直方图

3. 铆钉接头的疲劳抗力曲线

根据分析，认为简支桁梁桥的桥面系纵梁在既往的近 80 年运营中所形成的累积损伤程度最高。因为纵梁所受变幅应力水平和循环次数均较高。故此，从纵梁跨中下缘取材，制作铆钉连接的疲劳试件。试件的尺寸按照试验机的加载能力及频率确定，见图 3-10-35。试验在 25t 的 INSTRON 疲劳试验机上进行，加载频率为 16Hz。为突出受损材料的薄弱疲劳性能，试件的上、下盖板和一端芯板分别采用 A3 和 16Mn 钢新材料，仅另一端芯板是用已受损的截取下来的旧材料制成。受损材料与盖板的连接用 ML2 新铆钉，其余为高强度螺栓连接。疲劳试验的结果见表 3-10-39。所有破坏的试件，疲劳裂纹均出现在用旧桥板制成的芯板的第一排铆钉净截面处，见表 3-10-39 中的附图。将这些结果点绘于双对数 $\lg N$-$\lg\Delta\sigma$ 坐标纸上，见图 3-10-36。根据最小二乘法原理对这些点进行线性回归，得到回归方程为

$$\lg N = 20.9964 - 7.137\lg\Delta\sigma \tag{3-10-10}$$

式(3-10-10)为 $\lg N$ 减去 2 倍均方差后的结果，即由式(3-10-10)算出的 $\lg N$ 具有 97.7%的保证率。相关系数 $r=-0.833$。这就是洛口黄河大桥纵梁材料铆钉接头的疲劳抗力曲线。统计计算列于表 3-10-40。

纵梁旧钢板铆钉连接试件疲劳试件结果　　表 3-10-39

σ_{max}(MPa)	σ_{min}(MPa)	$\Delta\sigma$(MPa)	$\rho=\frac{\sigma_{min}}{\sigma_{max}}$	$N(10^4)$	说　明
232.8	34.9	197.9	0.15	10.7	φ22mm铆钉 疲劳裂纹 高强螺栓
232.8	34.9	197.9	0.15	20.0	
224.1	33.6	190.5	0.15	20.14	
215.5	32.3	183.2	0.15	19.3	
215.5	32.3	183.2	0.15	26.6	
250.0	75	175	0.3	42.7	
250.0	87.5	162.5	0.35	62.6	
258.6	103.4	155.2	0.40	60.28	
258.6	107.6	151.0	0.416	174.0	
137.9	0	137.9	0	312	
258.6	103.4	155.2	0.4	17.45	

纵梁材料铆钉接头疲劳抗力曲线的统计计算　　表 3-10-40

编号	$\Delta\sigma$ (MPa)	N_i (10^4)	$\lg\Delta\sigma_i$	$\lg N_i$	$\lg\Delta\sigma_i-\overline{\lg\Delta\sigma}$	$\lg N_i-\overline{\lg N}$	$(\lg\Delta\sigma_i-\overline{\lg\Delta\sigma})\cdot(\lg N_i-\overline{\lg N})$	$(\lg\Delta\sigma_i-\overline{\lg\Delta\sigma})^2$	$(\lg N_i-\overline{\lg N})^2$
1	197.9	10.7	2.2964	5.0294	0.0643	−0.5641	−0.03627	0.00413	0.3182
2	197.9	20.0	2.2964	5.3010	0.0643	−0.2925	−0.0188	0.00413	0.856
3	190.5	20.14	2.2799	5.3041	0.0478	−0.2894	−0.0138	0.00228	0.0838
4	183.2	19.3	2.2629	5.2856	0.0308	−0.3079	−0.00948	0.00095	0.948
5	183.2	26.6	2.2629	5.4249	0.0308	−0.1686	−0.00519	0.00095	0.02842
6	175.0	42.7	2.2430	5.6304	0.0109	0.0369	0.00040	0.00012	0.00136
7	162.5	62.6	2.2109	5.7966	−0.0212	0.2031	−0.00430	0.00045	0.04125
8	155.2	60.28	2.1909	5.7802	−0.0412	0.1867	−0.00769	0.0017	0.03486
9	151.0	174.0	2.1790	4.2405	−0.0531	0.6470	−0.0344	0.00282	0.41861
10	137.9	312.0	2.1396	6.4942	−0.0925	0.9007	−0.0833	0.00856	0.81126
11	155.2	17.45	2.1909	5.2418	−0.0412	−0.3517	0.0145	0.0017	0.12369
Σ	—	—	24.5528	61.5287	—	—	−0.19833	0.02779	2.04185
平均	—	—	2.2321	5.5935	—	—	—	—	—

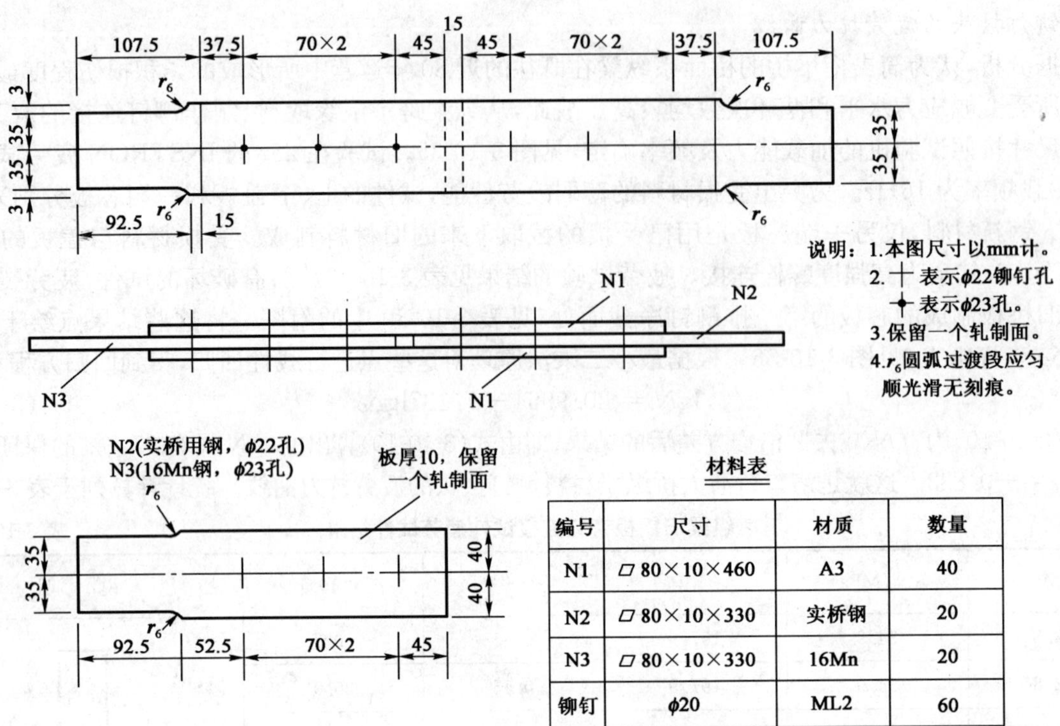

编号	尺寸	材质	数量
N1	▱ 80×10×460	A3	40
N2	▱ 80×10×330	实桥钢	20
N3	▱ 80×10×330	16Mn	20
铆钉	ϕ20	ML2	60

图 3-10-35　铆钉连接的疲劳试件图

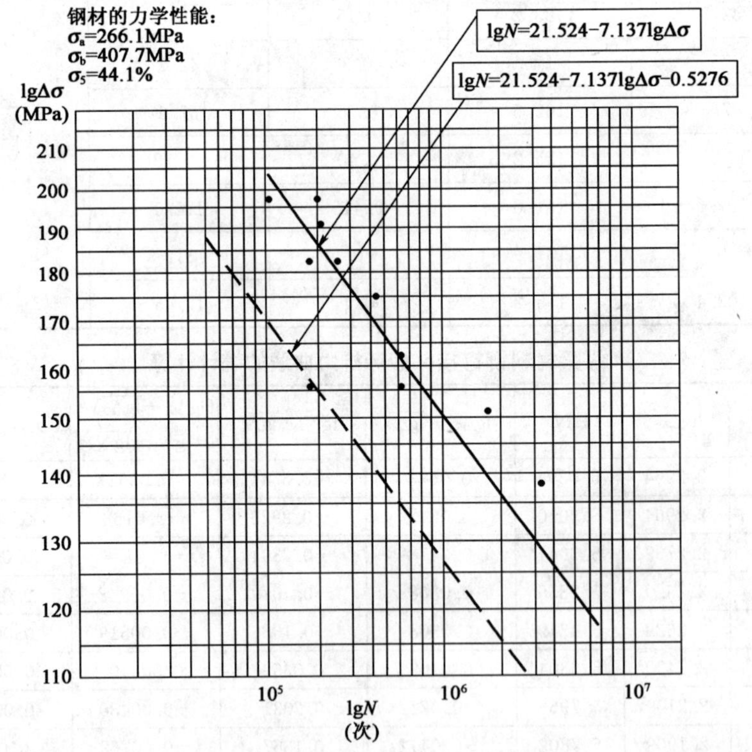

图 3-10-36　纵梁跨中下翼缘钢板 ϕ22mm 铆钉连接（100％拼接）lg$\Delta\sigma$-lg$N$ 曲线

4. 钢桁梁剩余寿命评估

(1)等效等幅应力计算

构件所承受的运营荷载是变幅循环荷载，而室内试验所得到的构件疲劳抗力曲线是在等幅应力下做出来的，从累积损伤的观点可以把变幅应力换算为等效等幅应力，即：

$$\Delta\sigma_e=\left[\frac{\sum n_i'(\Delta\sigma_i')^m}{\sum n_i'}\right]^{\frac{1}{m}} \tag{3-10-11}$$

式中：n_i'——与 $\Delta\sigma_i'$ 对应的循环次数；

$\Delta\sigma_i'$——使用年限内的循环应力水平；

m——双对数坐标系中 $\lg\Delta\sigma-\lg N$ 曲线斜率的负倒数，根据试验结果取 7.137。

用式(3-10-11)算出每种运营方案各有关杆件一年的等效等幅应力及一年的总循环次数 $\sum n_i$ 列于表 3-10-41。

等效等幅应力及总循环次数　　表 3-10-41

杆　号	内　容	方案一	方案二	方案三	方案四	方案五
U_1L_2	$\Delta\sigma_e$(MPa)	23.34	22.88	30.80	24.09	23.74
	$\sum n_i(10^5)$	774.78	394	96.717	791.48	398.35
U_4L_5	$\Delta\sigma_e$(MPa)	23.87	21.79	31.36	27.7	23.07
	$\sum n_i(10^5)$	303.76	249.5	39.718	27.7	245.39
U_5L_5	$\Delta\sigma_e$(MPa)	20.6	20.25	25.43	24.7	24.71
	$\sum n_i(10^5)$	951.32	44.95	178.70	1017.7	453.65
横梁	$\Delta\sigma_e$(MPa)	22.69	22.29	28.00	29.74	29.84
	$\sum n_i(10^5)$	951.32	44.95	178.70	1017.7	453.65
纵梁	$\Delta\sigma_e$(MPa)	46.584	47.02	51.62	47.89	49.1
	$\sum n_i(10^5)$	948.56	452.8	200.96	981.63	467.39

假定各构件均可再使用 x 年，由于前述原因，考虑到机车轴重发展系数及运量发展系数均取 1.0，那么各构件在剩余 x 年内的应力水平不会再增加，而循环次数则变为 $\sum xn_i=x\sum n_i$。与此应力谱对应的等效等幅应力变为：

$$\Delta\sigma_e=\left[\frac{\sum xn_i(\Delta\sigma_i')^m}{\sum xn_i}\right]^{\frac{1}{m}}$$

$$=\left(\frac{\sum n_i\cdot\Delta\sigma_i^m}{\sum n_i}\right)^{\frac{1}{m}} \tag{3-10-12}$$

式中：n_i、$\Delta\sigma_i$——对应于一年的循环次数和应力水平。

计算结果列于表 3-10-41。

(2)剩余寿命评估

依据线性累积损伤原理，当 $D=1$ 时，认为构件失效。在上面求出等效等幅应力后可依式(3-10-10)计算出在此应力水平下构件失效和等幅循环次数 N，进而得到

$$D=\frac{\sum n'}{N}=\frac{x\sum n_i}{N} \tag{3-10-13}$$

式中：x——剩余年限。

求解 x，令 $D=1$，变换之，得

$$x=\frac{N}{\sum n_i} \tag{3-10-14}$$

假定 x 取 25 年，可由式(3-10-13)算出主桁杆件及横梁的损伤度 $D<1$，而纵梁则不同。因此可认为：钢梁剩余寿命的控制构件是纵梁，按式(3-10-14)计算各方案纵梁杆件的剩余寿命列于表 3-10-42。由表 3-10-42 可以看出，第四方案纵梁的剩余寿命最短，为 10 年。但考虑到纵梁是可以更换的，整个钢梁的剩余使用年限则不必受此限制。

纵梁剩余寿命

表 3-10-42

年＼方案	第一方案	第二方案	第三方案	第四方案	第五方案
x(年)	13	25	29	10	18
D	0.992	1.005	0.985	0.971	0.995

5.结论

根据对应力谱和纵梁材料铆钉接头疲劳特性的试验研究，对洛口黄河铁路大桥简支钢桁梁的剩余寿命，可以得到以下结论。

(1)主桁杆件及桥面系横梁不是控制洛口黄河铁路大桥钢桁梁剩余寿命的杆件。在 25 年的假定下，其累积损伤度远小于 1.0，即这些杆件再使用 25 年是可以的。

(2)当该桥用于通行济邯铁路全部客货列车时，纵梁还可使用 25 年；当该作为津沪铁路上、下行通道之一时，纵梁还可使用 13 年；如果只通行济邯铁路和津沪铁路的全部旅客列车纵梁尚可使用 29 年；如果全部货车都改用两台 DF_4 型机车牵引，前述的 25 年和 13 年将分别降为 18 年和 10 年。

第十一章　桥梁健康监测

结构健康监测(Structural Health Monitoring,SHM)技术起源于1954年,最初目的是进行结构的荷载监测。随着结构设计日益向大型化、复杂化和智能化发展,结构健康监测技术的内容也逐渐丰富起来,不再是单纯的荷载监测,而是向结构损伤检测、损伤定位、结构剩余寿命预测,乃至结构损伤的自动修复等方面发展。目前结构健康监测技术主要应用在一些造价昂贵、对可靠性要求很高的重大工程结构中,如超大跨径桥梁、超大跨空间结构、超高层建筑、大坝和海洋平台等。由于它们的使用期长达几十年,甚至上百年,环境侵蚀、材料老化和荷载的长期效应、疲劳效应与突变效应等因素的作用将不可避免地导致结构的损伤累积和抗力衰减,进而导致其抵抗自然灾害,甚至正常环境作用的能力下降,极端情况下将引发灾难性的突发事故。所以,运营过程中桥梁结构的健康诊断和承载能力评估涉及桥梁状态评定、养护与管理、维修与加固等方面,不仅是桥梁工程师的基本职责,也是广大业主非常关心的问题。美国联邦公路局(FHWA)1989年的统计数据表明:全美578000座桥梁的41%在结构上存在缺陷,其中至少有130000座公路桥梁限制通过车辆的重量,5000座桥梁被封闭不能使用,平均每年有150～200跨遭受部分或全部破坏,修复全部受损桥梁的预算起码要900亿美元。截至1998年年底,中国共有公路桥梁210822座,其中危桥4105座,还有大量桥梁已服役了相当长的时间。大量既有桥梁在正常使用功能和安全性方面存在不同程度的隐患与缺陷,其原因主要来自以下几个方面:其一是桥梁的设计与施工存在质量缺陷;其二是桥梁荷载等级普遍不够,不能满足现代交通的要求;其三是桥梁在长期的使用过程中存在不同程度的损伤(如结构开裂、变形过大、疲劳、支座或桥台沉陷等);其四是超载导致结构损伤进一步加剧,从而降低了结构的正常使用寿命;其五是在洪水、台风、地震等自然灾害作用下功能受损,成为危桥、限载使用等情况。如1994年韩国汉城的圣水大桥断塌;1998年宁波大桥在施工过程中主跨折断;1999年四川彩虹大桥突然倒塌;2001年四川宜宾南门大桥桥面断裂坍塌;2005年贵州珍珠大桥悬拼钢拱架垮塌。这些事故不仅造成了巨大的人员伤亡和经济损失,而且对地区的社会和经济生活也造成极坏的影响。

为了保障大型桥梁的安全性、耐久性与正常使用功能,美国20世纪80年代中后期开始在多座桥梁上设计和安装了不同规模的健康检测与智能诊断系统,监测环境荷载、结构振动和局部应力状态,用以监视施工质量、验证设计假定和评定服役安全状态。1987年,英国在总长522m的三跨变高度连续钢箱梁桥Foyle桥上布设传感器,监测大桥运营阶段在车辆与风荷载作用下主梁的振动、挠度和应变等响应,同时检测环境风和结构温度场。该系统是最早安装的较为完整的监测系统之一,它实现了实时监测、实时分析和数据网络共享等功能。此后,日本的明石海峡大桥和南备赞濑户桥、丹麦的Great Belt悬索桥、挪威的Skarsundet斜拉桥以及泰国的Rama8斜拉桥等典型桥梁均建立了相应的健康监测系统。在我国,大型桥梁的健康监测也已开始受到人们的重视,自20世纪90年代起也在一些大型重要桥梁上建立了不同规模的长期健康监测系统,如香港青马大桥、汀九大桥、汲水门大桥;内地的上海徐浦大桥、江阴长江大桥、润扬长江大桥、苏通长江大桥、南京长江二桥、南京长江三桥、东海大桥、阳逻长江大桥等数座大型桥梁在施工阶段已安装了用于环境、结构响应与形变量测的传感装置,旨在获取识别结构主体性能和安全性能的各种记录,进行施工监控和桥梁运营期间的实时健康监测。国内外安装健康监测系统的一些桥见表3-11-1。

国内外安装健康监测系统的桥梁

表 3-11-1

桥 梁 名 称	结 构 类 型	跨 度(m)	位 置
Fred Hartman 大桥	斜拉桥	147+381+147	美国
Foyle 桥	连续钢箱梁桥	522	英国
Flintshire 桥	独塔斜拉桥	—	英国
Confedertion 桥	连续钢构	—	
明石海峡大桥	悬索桥	960+1990+960	日本
Great Belt East 桥	悬索桥	535+1624+535	丹麦
南备赞濑户桥	悬索桥	274+1100+274	日本
Namhae 桥	悬索桥	128+404+128	韩国
Seo-Hae 桥	斜拉桥	—	韩国
Skarsundet 桥	斜拉桥	240+530+240	挪威
Sunshine Skyway 桥	斜拉桥	主跨 440	
Rama8 桥	独塔斜拉桥	166+450+166	泰国
柜石岛大桥	斜拉桥	700	日本
New Haengju 桥	斜拉桥	160+120+100	韩国
Jindo 桥	斜拉桥	70+344+70	韩国
Storek's Bridge	斜拉桥	63+61	瑞士
Faroe 桥	斜拉桥	—	丹麦
Tampico 桥	斜拉桥	—	墨西哥
HAM42-0992 桥	连续梁	17+24+17	美国
昂船洲大桥	斜拉桥	1018	中国香港
西部通道	斜拉桥	210	中国香港
汀九大桥	斜拉桥	127+448+457+127	中国香港
汲水门大桥	斜拉桥	160+430+160	中国香港
徐浦大桥	斜拉桥	590	中国
南京长江二桥	斜拉桥	628	中国
南京长江三桥	斜拉桥	63+257+648+257+63	中国
苏通长江大桥	斜拉桥	主跨 1088	中国
东海大桥	斜拉桥	73+132+420+132+73	中国
青马大桥	悬索桥	455+1375+300	中国香港
江阴长江大桥	悬索桥	1388	中国
润扬长江大桥	悬索桥	1490	中国
阳逻长江大桥	悬索桥	125+1280+440	中国
钱江四桥	钢管拱桥	2×190+7×89	中国

桥梁健康监测的基本内涵是通过先进的监测系统对桥梁结构的工作状态及整体行为进行实时监控，并对桥梁结构安全健康状况作出评估，为桥梁在特殊气候、交通条件下或桥梁运营状况严重异常时触发预警信号，为桥梁安全运营与维护管理提供科学的决策依据和指导。为此，健康监测系统主要对以下几方面进行监控。

(1)通过测量结构各种响应的传感装置获取反映结构整体行为的各种记录，重点是在车辆和风力作用下桥梁主体结构(主塔、主梁、主缆、主索等)的振动、位移和应变等；

(2)桥梁重要的非结构部件(如支座、伸缩缝等)和附属设施(如振动控制器等)的工作状态；

(3)结构构件的损伤识别和确切部位；

(4)桥梁所处气候环境条件(环境风和结构温度场等)。

桥梁健康监测不只是传统的桥梁检测技术的简单改进，而是运用先进的检测手段(现代传感技术)与现代通信技术相结合，对桥梁结构的整体行为进行不间断的连续扫描，迅速而准确地对记录信息做出判断，保证桥梁安全运营。人们把这种监控系统称之为“现代试验室”。

第一节 桥梁健康监测的意义及其系统设计

一、桥梁健康监测的意义

随着全球经济的发展和对交通运输的迫切需求，各国的高速公路得以大规模建设，由此许多跨江河和跨海大跨度桥梁应运而生，尤其是悬索桥和斜拉桥以其跨度大、造型优美、节省材料而成为大跨度桥梁的首选。但随着桥梁跨度的增大，梁的高跨比越来越小(1/40～1/300)，安全系数也随之下降，由以前的4～5倍下降为2～3倍。另外，由于其柔性大，频率低，对风和地震力的作用很敏感，而且由于缺乏必要的监测和相应的维护，世界各地出现大量桥梁损坏事故，给社会经济和人们生命财产安全造成很大损失。

1940年完工的主跨853m的塔科马大桥(Tacoma Narrows)，只使用了3个月，便在19m/s的风速时垮塌。1951年，主跨1280m的美国旧金山金门大桥在遭遇152m/s的风速下因振动而造成桥体损坏。1994年，韩国汉城横跨汉江的圣水大桥跨中断塌50m，造成车辆落江、32人死亡的重大事故。据报道，造成桥梁在行车高峰突然断裂的原因是长时期超负荷运营，钢梁螺栓和杆件疲劳破坏所致。2001年11月，我国四川宜宾主跨250m的系杆拱桥垮塌。该桥1990年建成通车，仅使用了11年。据调查，也是严重超负荷营运所致，原为设计日通行车辆为6000辆，而破坏时实际日通行辆为3万辆。据报道，美国现有约50万座公路桥中，有20万座以上存在不同程度的损伤。

我国早期建造的斜拉桥，由于拉索的防护不合理而引起斜拉索的严重锈蚀，如1982年建成的济南黄河大桥和1988年建成的广州海印大桥的斜拉索在分别使用13年和7年以后，于1995年被迫全部更换，造成很大的经济损失和不良的社会影响。

近期，我国已建成一批举世瞩目的大跨度桥梁，如南京长江二、三桥，苏通长江大桥，东海大桥，上海南浦、杨浦、徐浦等大桥，均为具有世界先进水平的斜拉桥；另外江阴长江大桥、香港青马大桥、润扬长江大桥和阳逻长江大桥是新建的大跨度悬索桥。近几年，我国沿海地区交通发展迅速，经过可行性论证，还要建设很多大跨度桥梁。为了确保这些耗资巨大、与国计民生相关的大桥的安全，必须对它们进行长期连续的安全监测。

因此，大型桥梁的健康安全监测越来越受到重视，国内外许多专家学者致力于桥梁的监测研究，尤其是大型桥梁的健康监测正日益成为土木工程学科领域中一个非常活跃的研究方向。

桥梁健康监测的研究，不仅要求在测试技术上具有连续、快速和大容量的结构信息采集与通信能力，而且要求对桥梁的整体行为进行实时监控，并准确及时地评估桥梁的健康状况，保证桥梁安全运营。另外，更重要的是，大跨度桥梁设计中还存在许多未知和假定，通过健康监测获得的运营中的桥梁动力、静力行为和气候环境的真实信息，可验证大桥的理论模型和计算假定，以进一步完善大跨度桥梁的设计。因此，大型桥梁的健康监测概念不只是传统的桥梁检测加结构评估，而是涵盖了结构监控与健康评估、设计验证和桥梁结构理论研究与发展等三大方面的内容。

二、桥梁健康监测系统设计

1. 健康监测系统设计准则和测点布置

大型桥梁健康监测系统的设计准则主要考虑两方面的因素：第一是建立该系统的目的和功能；第二是投资成本和效益分析。桥梁健康监测项目与桥梁规模有关，不同桥梁的监测项目存在着较大差异。这些差异除了桥型和桥位环境因素外，主要是由于各自建立监测系统的功能要求和目的不同，所以监测项目和测点数量也不完全相同，同时投资成本也是重要的影响因素。

对于特大型桥梁，建立健康监测系统一般是以桥梁结构整体行为安全监控与评估和设计验证为目的，有时也包含研究和探索。一旦建立系统的目的确定，系统的监测项目亦可相应确定。但系统中各监测项目的规模、测点数量、所采用的传感仪器和通信设备等的确定需要考虑投资成本的限度。因此，为了建立高效合理的监测系统，在系统设计时必须对监测系统方案进行成本—效益分析。

根据功能要求和成本—效益分析，可以将监测项目和测点数量优化到所需要的最佳范围。这就是桥梁健康监测系统设计的两准则。

2. 监测项目

根据上述设计准则，不同的桥梁和不同的监测目的所要求的监测项目尽管不完全相同，但绝大多数大跨度桥梁健康监测系统都选择了以下具有代表性的监测项目。

(1)风力效应监测

根据大桥健康监测系统的风速、风向监测数据，利用 GPS 监测系统得出的桥身、塔顶、主缆索的三维位移实时监测资料，对大桥进行风力效应监测和桥梁结构的抗风振验算，监测大桥所处位置特定风速的持续周期，用以检验桥梁的涡激共振平均周期。

(2)桥梁结构温度场监测

结构温度场与太阳辐射强度、材料热能散发率、环境温度、风速、风向等因素有关。监测大桥环境温度和桥梁结构的温度场，可以用作推算大桥的有效桥梁温度和温度差，进而确定温度荷载产生的影响。利用 GPS 监测系统长时间监测大桥整体结构的位移变化，来验证因环境温度而引发的日夜和季节性的位移变化周期，再与监测的结构有效温度和温差变化互相验证，增强对结构温度应力的监控。

(3)交通荷载效应监测

发生交通堵塞是交通车辆荷载的主要设计考虑因素，其中每天交通堵塞的次数、交通堵塞发生的位置、持续时间和车辆分布模式和交通流量等设计假设，是大桥交通荷载监测的主要项目。通过实际监测验证设计假定的有效性。利用 GPS 监测系统得出的桥梁各主要部位的位移资料与实测交通荷载和车辆分布状况的监测资料相互验证。

(4)大桥主缆索的索力监测

利用 GPS 监测系统得出的桥梁主缆索的三轴向位移资料，运用有关的索力公式推算缆索承受的拉力。

(5)大桥主要构件的应力监测

大桥结构设计普遍采用导量位移，任何索塔和主梁偏移设计轴线，都会影响桥梁结构的内力分布和承载力。因此应力监测主要是利用 GPS 监测系统得出的桥身截面中轴线位置，将其输入模拟桥身的等效刚度结构分析模型，得出全桥整体结构的内力分布。

总之，桥梁健康监测系统涉及结构、计算机、通信等多个领域，需要多学科的研究。桥梁健康监测系统反映了一个国家的结构试验技术和桥梁管理的综合实力，是国际上的前沿热点研究领域，目前正迅速发展。为此还需要做大量的研究工作，如索的无损识别研究、材料耐久性和疲劳因素引起的原因及其检测方法研究、桥梁整体性与损伤识别研究、桥梁结构劣化模型研究、自动的载运系统识别和数据处理方法研究等等。

第二节　桥梁健康监测系统

桥梁健康监测系统是一个以桥梁结构为平台，应用现代传感、通信和网络技术，优化组合结构监测、环境监测、交通监测、设备监测、损伤识别、综合报警、信息网络分析处理和桥梁养护管理各功能子系统为一体的综合监测系统。它能实时监测桥梁在各种环境、荷载等因素作用下的结构响应，并能有效地提供桥梁养护管理的科学依据，显著提高桥梁的整体管理水平，从而最大限度地确保桥梁的安全运营，预诊断桥梁病害和延长桥梁使用寿命。

桥梁健康监测技术的成功开发将起到确保桥梁安全运营、延长桥梁使用寿命的作用，同时通过早期发现桥梁病害能大大节约桥梁的维修费用，可以避免最终频繁大修关闭交通所引起的重大损失。目前建立的大跨度桥梁结构健康监测系统通常有如下目标：

(1)全面获取桥梁运营状态的信息，用来评估结构的安全性、耐久性和实用性。

(2)对设计假定和设计荷载进行验证，为完善设计规范提供依据。

(3)为桥梁养护、维护和管理的决策提供依据。

一般来说，桥梁长期健康监测系统具有如下功能：

(1)能够自动实时监测环境条件和桥梁结构的物理及几何状态，如荷载和关键构件的物理特性等，向管理部门传送监测结果的数据和图表。

(2)能够跟踪监测结构状态并对桥梁结构的异常反映做出紧急警报。

(3)能够评估结构的静力和动力安全性、耐久性和使用性，并对结构异常进行识别，为大桥的维护管理决策提供依据。

下面将以武汉市阳逻长江大桥健康监测系统为例，并分别就结构位移监测子系统、结构受力监测子系统、数据采集及监测系统集成、健康状况评估子系统、数字化管养子系统等对桥梁健康监测系统作介绍。

一、结构位移监测子系统

本子系统主要由挠度测试子系统、动位移测试子系统和GPS测量子系统构成。

1. 挠度测试子系统

阳逻长江大桥挠度测试子系统用来测量大桥主梁挠度，为大桥的健康评估系统提供主梁的挠度数据。

此系统主要用于对阳逻长江大桥的主梁进行挠度测量。测量系统的硬件部分由压力变送器和数据采集卡组成，软件部分由LabView8.0编写。系统可以实时地观测到各个测点的挠度值和大桥的整体挠度曲线，也可以通过查询功能对历史数据进行查询，绘制历史挠度曲线。

1)系统功能

此系统的功能如下：

(1)测量大桥的挠度值，实时显示测量的结果。

(2)实现简单的报警提示功能。

(3)对测量结果和报警信息进行自动存储。

(4)历史查询。

2)用户特征和运行环境

(1)用户特征

此系统用户的对象是大桥监测系统的使用和维护人员。用户在使用此软件时需要拥有一定的计算机和桥梁方面的专业知识，要懂得基本的计算机操作。用户在进行数据实时观测时，必须先选择采样时间并且指定用户自建的UDL文件，采样时间至少选择1s，如果采样时间没有选择，系统将会在同一个时间点在数据库中记录10条数据，浪费存储空间。若没有指定UDL文件，则系统不能完成数据库的存储功能。在使用查询功能时，必须人工输入时间段，并且也要指定与上面相同的UDL文件，否则不能够进行查询。

(2)运行环境

系统使用Windows2000或者Windows XP操作平台。如果需要将此系统在网上发布，则必须在服务器端上安装LabView8.0，运行LabView8.0中的Web服务，并且提供LabView的Run-Time Engine下载地址，将系统界面显示在浏览器上。

3)功能划分和功能描述

(1)功能划分

挠度测试子系统根据功能要求分为两大模块，分别为数据采集存储模块和数据历史查询模块。详细功能划分见图3-11-1。

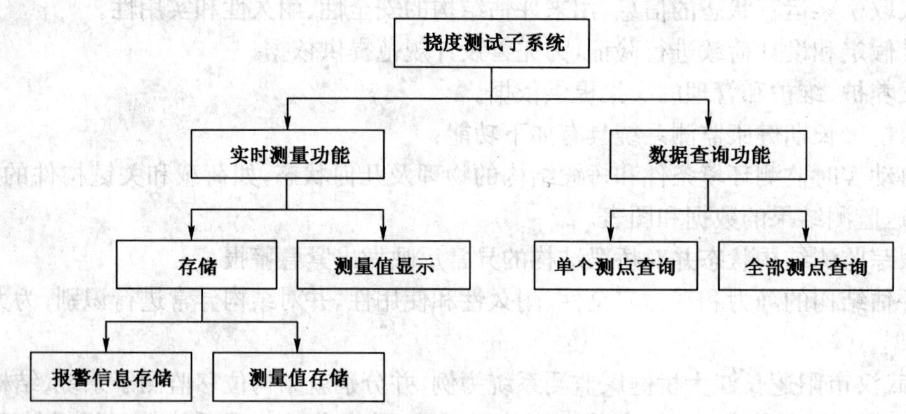

图3-11-1 系统功能模块

(2)功能描述

①数据采集见图3-11-2。

传感器采集到的数值数据表示的是液体的压强，通过液体的压强公式 $P=\rho gh$，将压强转换成为高度差，最后计算出挠度，并将测量值自动存储到数据库中。在获得挠度的同时，把测量得到的挠度值与设定的阈值进行比较，如果超过阈值，则报警指示灯变红，并且将挠度值，报警级别以及测点号自动存入数据库中。

②历史查询见图3-11-3。

图3-11-2 数据采集IPO图　　图3-11-3 信息查询IPO图

用户输入指定的时间段，系统获得时间字符串后拼接成sql查询语句，利用LabView提供的数据库操作vi对数据库进行查询，并将查询得到的数值结果显示在表格内，也可以通过用户的选择，通过图形显示出来。

4)系统接口

(1)用户接口

本软件通过PC机(一般要求PIV或以上机型)运行、操作。整个界面类似Windows2000窗口、菜单的桌面,可以点击开始菜单或桌面上的图标进行操作。运行时间由PC机本身的处理速度来决定。数据库运行在本机上或者指定的计算机上。

(2)硬件接口

本软件中串口数据采集模块需要计算机串口卡支持。

(3)软件接口

本软件在Windows操作平台上运行,需要使用RS-485通信标准。

(4)数据接口

输入:数据库中存储挠度信息的表。

操作:将输入的时间字符串转换成sql查询语句。

输出:用户希望得到的信息。

2. 动位移测试子系统

系统包含大桥健康监测所需的动位移、加速度等参数测试模块(采集和海量存储模块)、数据长距离传输通信模块、集中采样传输控制模块及配套的采样控制和计算机通信软件、分析软件等。系统实现对大桥实桥多个测量断面多测点的位移、加速度等参数的在线、长时间实时测量及连续传输,并能完成数据的海量存储、特征信号分析提取保存。

为了便于管理和维护,加速度、动位移等多种参数测试集成在一个系统中,以测试断面为单元,采用模块化设计。

测试信号经过数据采集后多通道合成,采用光纤进行数字化传输数据,解决现场采集数据的长距离高速不间断传输难题,同时也保证各个测试断面采集子站的电系统独立性,增强测试系统抗干扰能力,采集子站的局部故障不会扩散到整个系统的其他部分,便于系统维护。

系统设备布置方案:数据采集箱安放于测试断面现场,距各测点最近,使得传感器输出的微弱信号传输距离最短,减少干扰及信号传输线路;采集控制器、主控计算机安放在锚碇所在地中控室内,便于管理和维护。

主控计算机控制各现场采集箱完成桥梁动位移、加速度等动态响应信号的采集、预处理和存储,并可对数据进行基本的处理分析。

1)系统特点:

本系统特点如下:

(1)分布式数据采集系统,光纤传输数据,采集子站与总控制器的扩展距离可达1.5km,满足大跨度悬索桥的监测需要。

(2)断电自动恢复和错误报告功能。

(3)网络采集,实现采集分析自动控制。

(4)防尘机箱,满足监测现场环境的使用。

(5)以工控机为基础的硬件和软件环境,实时显示测量结果。

(6)中文视窗Windows 2000操作系统下32位采样和分析软件。

(7)每通道独立放大器,大大提高了抗干扰能力。

(8)全桥系统多参数、多测点并行全同步采样。

2)系统构成:

(1)系统总框图

本系统总框图见图3-11-4。

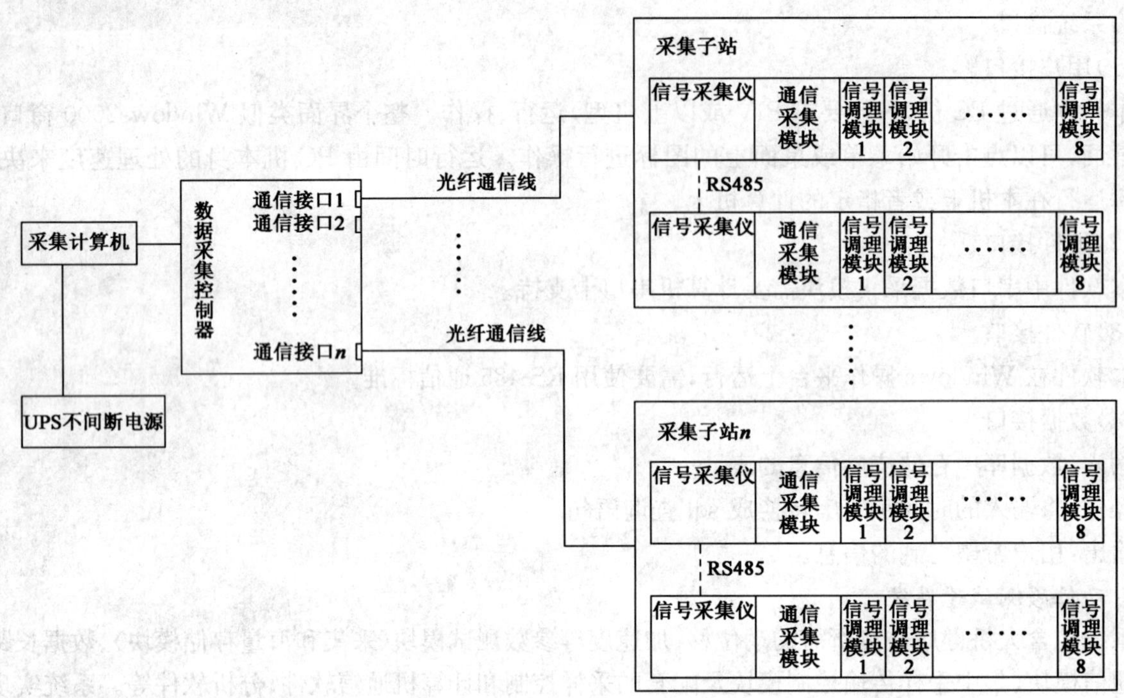

图 3-11-4　动位移测试子系统框图

(2)传感器

根据监测信号类型的需要，传感系统分为动位移、加速度等多个类别，主要完成大桥在运营过程中的动态响应等原始信号的获取，将物理量转换成电信号。加速度测试，根据悬索桥固有频率比较低的特点采用 DH610 低频速度传感器拾取信号进行微分处理，动位移测试采用此传感器进行积分处理实现。

DH610 为磁电式速度传感器，其技术指标见表 3-11-2。

DH610 技术指标　表 3-11-2

项目		指标
灵敏度[V/(m/s)]		～0.5
最大量程	位移(mm)	500
	速度(m/s)	0.6
与数采配接后的分辨率	速度(m/s)	5×10^{-6}
频带(Hz)(＋1～－3dB)		0.15～80
输出负荷电阻(mΩ)		10
质量(kg)		0.8
尺寸(mm)		63×63×63
温度(℃)		－10～＋60
湿度(%)		≤85

3)软件系统

(1)软件控制流程图见图 3-11-5。

(2)本软件系统功能如下。

①测量功能：控制通道参数设置，采集时域波形，实时存入具有时间标识的文件。

②实时显示：可同时打开 8 个显示窗口，每个窗口可显示 4 条曲线，可自定义显示模板，图形格线、曲线、光标、标记、注释。

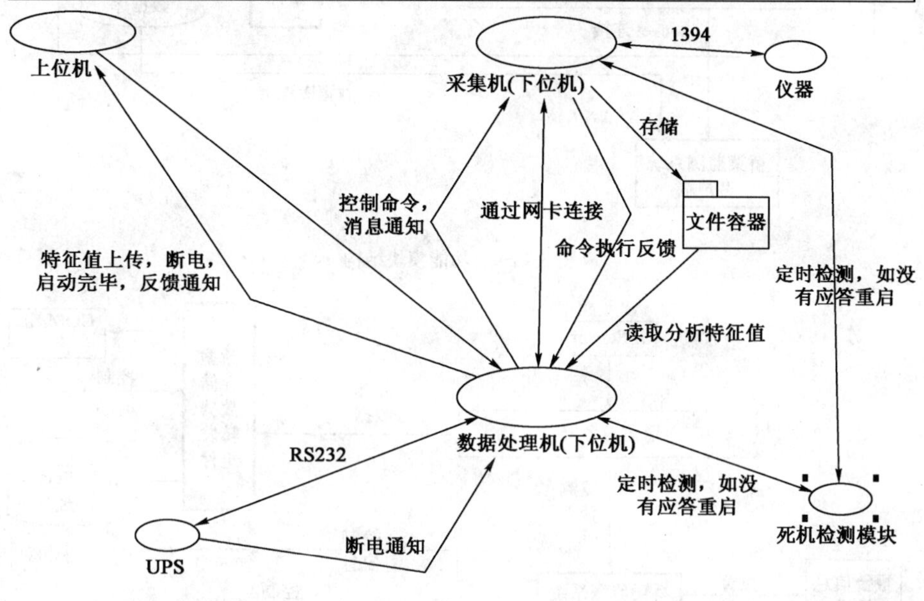

图 3-11-5　软件控制流程图

③分析存储功能：实时分析信号，统计提取信号特征值存入数据库。

④预处理系统：主要完成每天采集数据的峰值、方差、均值等分析处理，及计算机的控制采集分析过程。

⑤模态分析软件可由实时监测导出的数据分析出大桥的模态参数(环境激励法分析)。

3. GPS 测量子系统

GPS 测量子系统包括一个参考站和 4 个监测站(即测点)。两桥塔塔顶各设一个；跨中桥面设两个。

(1)监测方法

阳逻长江大桥 GPS 系统控制及数据后处理分析软件安装于控制中心，配备有两台服务器(或工控机)，一台用于设备控制，另一台用于数据分析和图形处理，以及终端服务。

在本系统中，参考站 GPS 接收机、监测站 GPS 接收机及控制中心计算机采用数据线串行连接(光纤)的通信方式。

数据流程是：监测站和基准站 GPS 接收机的观测数据通过光纤实时的传输到控制中心，控制中心的核心软件同一解算出结果、记录并实时显示出来。按照一定的规则进行评估。

(2)系统模块结构、信息流程结构和数据通信结构

GPS 测量子系统的系统模块结构、信息流程结构和数据通信结构分别见图 3-11-6、图 3-11-7 和图 3-11-8。

(3)参考站

GPS 主机及其附属设备安装在仪表箱内。仪表箱与 GPS 天线之间的距离最远达到 160m。仪表箱应尽量安装在通风位置，并可方便地接入电源及布线。应为 GPS 主机提供 220V 电源，在长期观测的条件下应考虑使用 UPS 不间断电源。UPS 不间断电源的持续时间根据市电断电恢复的可能最长时间确定。根据经验，配备一块 12V/120AH 的蓄电池一块，根据 5700 功耗 2.5W、光端机的 40W 及其他设

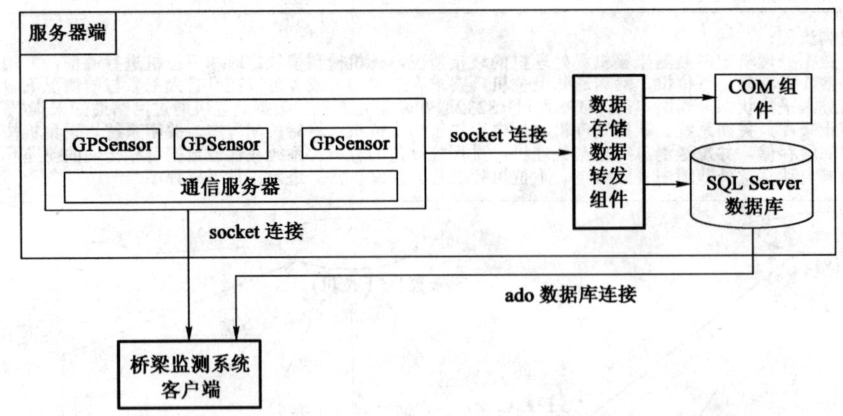

图 3-11-6　功能模块结构

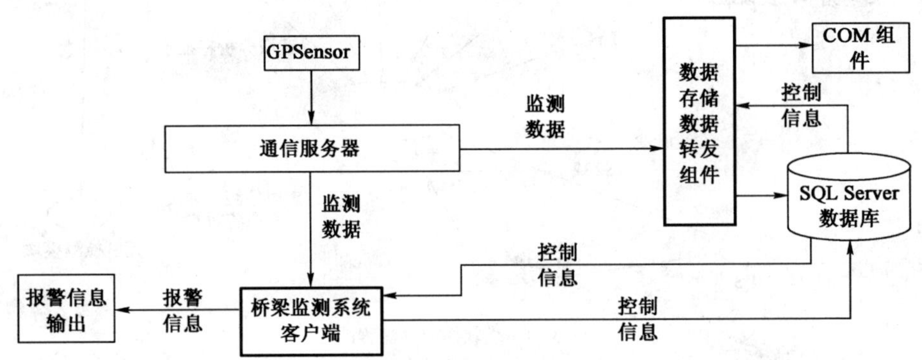

图 3-11-7　信息流程结构

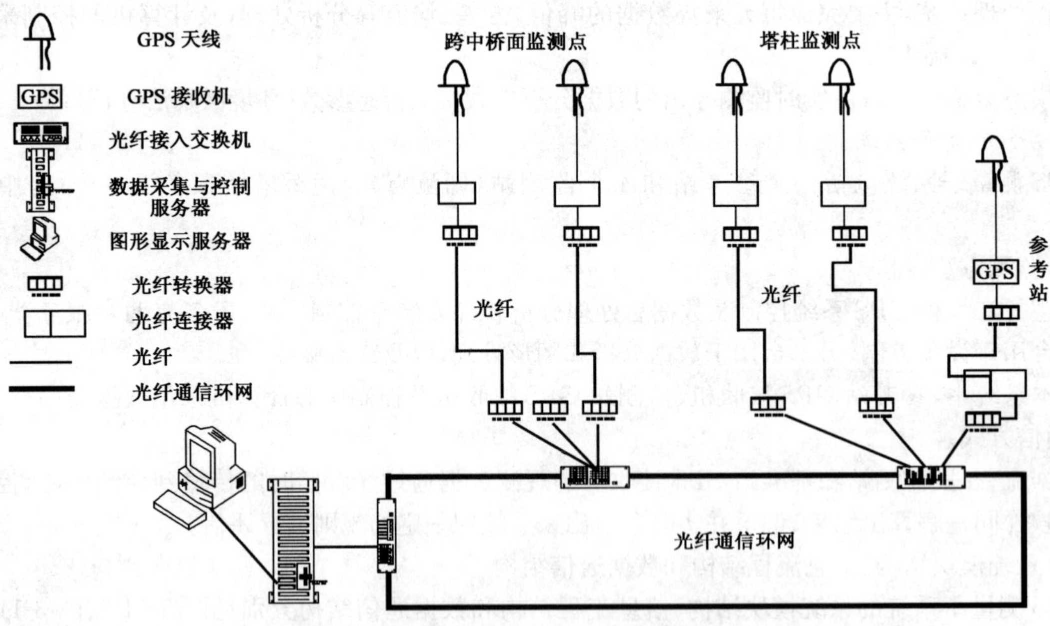

图 3-11-8　数据通信结构

备，总功耗不超过 60W，这样 UPS 持续供电能力可以达到 19h。GPS 主机与 GPS 天线之间采用 GPS 天线电缆连接，电缆直径约为 10mm。考虑外界环境的影响，天线电缆穿入 PVC 管，这样可以有效地保护天线电缆不受雨雪、日晒的腐蚀和老化，保持更长的寿命。GPS 主机通过光纤就近接入到光纤接入交换机。

安装示意见图 3-11-9。

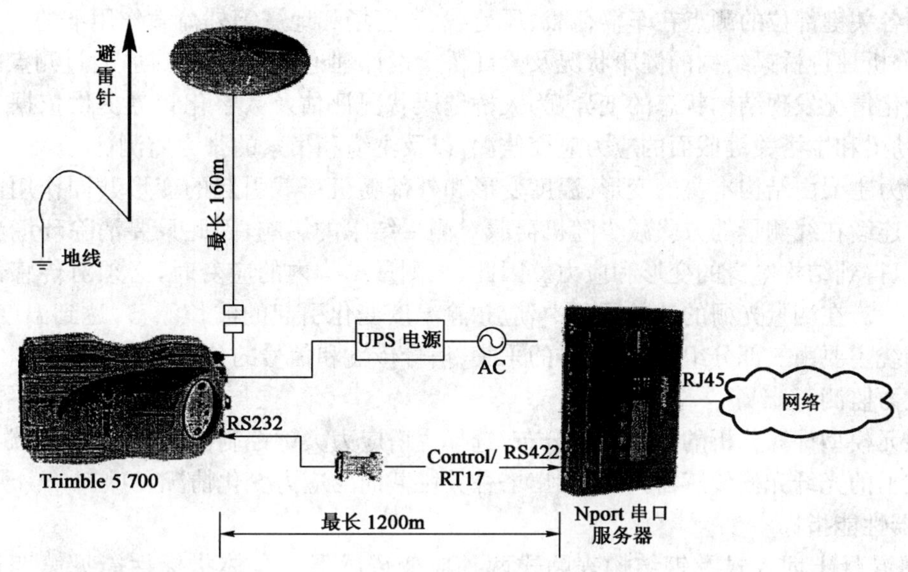

图 3-11-9 参考站示意

(4)监测站 GPS

根据桥面监测站的不同条件,监测站分为塔顶站和跨中站。

①塔顶站

塔顶 GPS 监测站共两个测点,分别安装在两个塔顶上。GPS 天线柱高度为 1.2m 左右,安装方法同参考站。天线架上端装有螺旋的天线,安装支架以固定天线。将 GPS 主机、AC/DC 转换器等设备放置于仪表箱内。仪表箱放置于塔梁结合部的梁内。GPS 主机通过光纤接入到就近的光纤接入交换机。

②跨中站

桥面跨中 GPS 监测站共两个测点,分别安装在主跨跨中两侧。GPS 天线通过天线柱与桥体固定。天线柱的顶端加工有螺旋以固定 GPS 天线,天线柱下端通过螺栓与 GPS 天线底座牢固连接。GPS 天线底座要确保整个天线安装装置与桥体箱梁形成一个整体。安装时,选择 GPS 天线的最佳安装位置。

考虑来往集装箱车辆对天线对空通视的遮挡、天线柱刚性及稳定性、天线维护便利性、桥梁外观美观性等因素,采用的天线柱高度为 4.0m、内径 180mm、外径 200mm。在加工工艺及安装工艺方面保证天线柱垂直于水平面。

GPS 主机及其附属设备安装在仪表箱内。将仪表箱放置于箱梁内。当 GPS 天线电缆引入仪表箱时,在跨中箱梁壁上钻孔,孔径大小为 20mm。电缆安装后充填空隙。GPS 主机通过光纤接入到就近的光纤接入交换机。

(5)存储及处理系统

备有存储及处理系统的微机有如下性能:很好的散热性能、更好的稳定性(MTBF20,000h),并能支持高达 3.2GHz 主频的 CPU,1G 内存,Windows NT 操作系统。小巧简约的外形设计,节省办公空间,可以随意摆放和移动位置。操控自如,三向旋转液晶显示器,高低升降幅度达 11cm,显示屏横竖旋转 90°,前后翻转 $-5°\sim135°$。

二、结构受力监测子系统

本子系统主要涉及结构受力响应及温度荷载效应相关内容,主要由应力监测子系统、温度场监测子系统、锚固力监测子系统、疲劳监测子系统构成。

1.应力监测子系统

实时掌握各关键部位的测点在车辆荷载、风荷载、温度场和地震等外荷载作用下的应力情况和索力变化情况，为分析评价桥梁结构的健康状况及验证桥梁设计理论提供相关依据；通过测点的应力状况的变异和索力变化情况发现结构状态的变异，为大桥健康状况评估及数字化管养提供依据。其主要监测内容包括：加劲梁和主塔关键截面的应力应变监测，以及主缆和吊索的张力监测。

测点的应力主要由结构本身的变形、温度变形和外部随机荷载引起的变形共同作用而产生。应力监测系统采取连续在线测量的方式减少随机荷载对测量结果的影响，因此只要消除环境温度变化产生的变形，就可以得到结构本身的变形和应力。因此，在测量结构内的应变时，必须对传感器采取温度去敏措施加以补偿。在测量光栅的波长漂移中，应扣除温度变化引起的波长漂移，达到温度补偿的目的。应力监测子系统主要由三部分组成，即信号的采集、信号传输和信号的分析处理。

1)主塔应力监测

根据有限元模型计算分析的主塔应力分布，选择主塔应力关键控制截面，布设埋入式光纤光栅传感器。通过塔柱上的光纤光栅传感器，实时测出塔柱关键截面的应力变化情况。

(1)传感器性能指标

主要选用混凝土埋入式及钢结构表贴式两种应变传感器。具体指标性能见第四篇表 4-8-3 及表 4-8-4。

(2)测点布置

根据阳逻长江大桥的实际受力状况，共选定 9 个截面作为长期健康监测的关键控制截面。所有的观测仪器、光缆均保护放置在预埋的 PVC 管内。主塔关键截面的选择与传感器的具体布置见图 3-11-10 及图 3-11-11。其主要有：

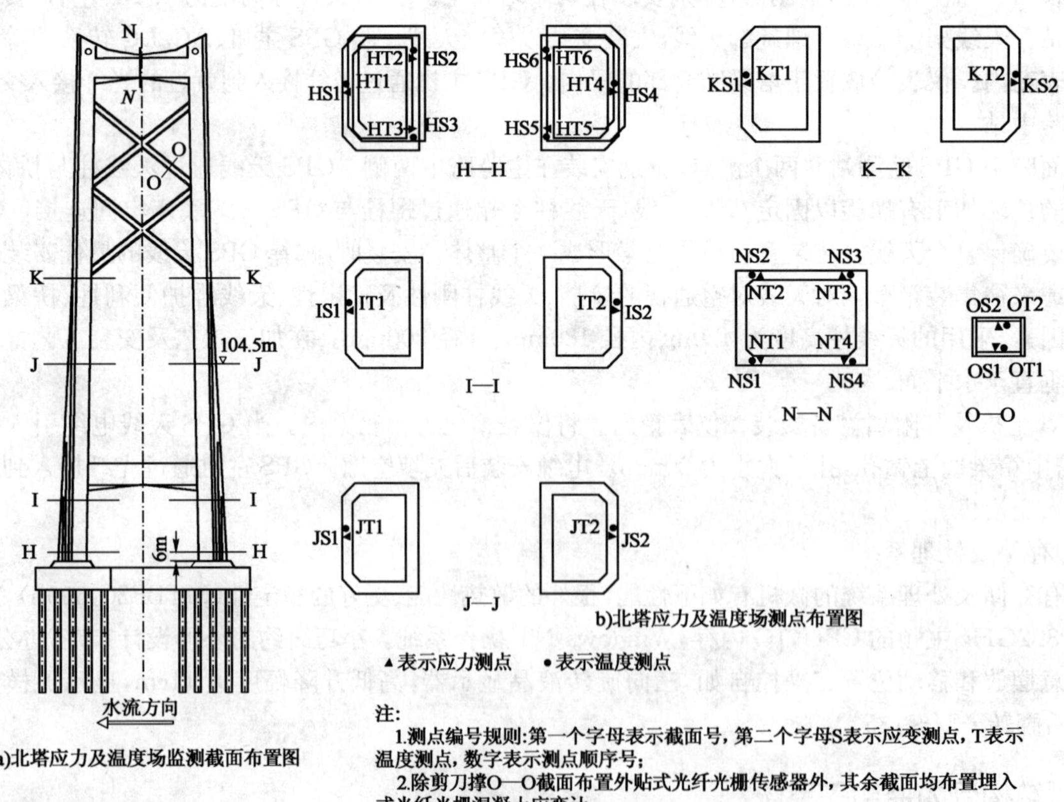

图 3-11-10　北塔应力及温度场监测布点图

①在南塔 R—R 截面和北塔 I—I、J—J、K—K 截面上，分别沿上下游对称布置两个测点，每一测点含 1 个光纤光栅混凝土应变计和 1 个光纤光栅温度计。

②在南塔 Q—Q 截面和北塔 H—H 截面上，分别沿上下游对称布置 6 个测点，每一测点含 1 个光纤光栅混凝土应变计和 1 个光纤光栅温度计。

③在南塔剪刀撑 S—S 截面和北塔剪刀撑 O—O 截面上共有两个测点，每一截面含两个光纤光栅应变计和两个光纤光栅温度计。

④在北塔横梁 N—N 截面上布置有 4 个测点，每一测点含 1 个光纤光栅混凝土应变计和 1 个光纤光栅温度计。

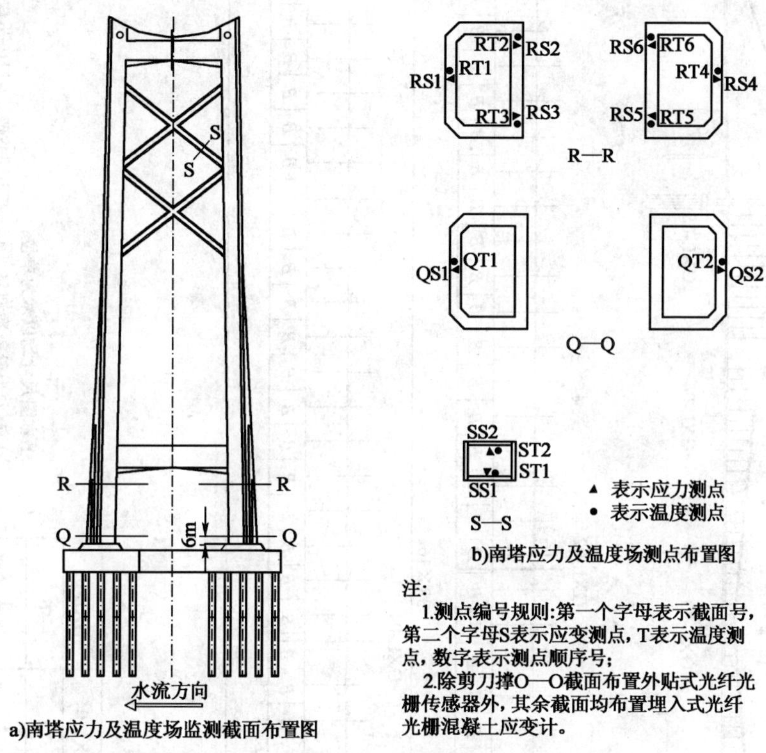

图 3-11-11 南塔应力及温度场监测布点图

(3)数据分析处理及应用

①关键截面应力大小及变化信息的可视化图形显示；

②关键截面应力变化的监测与统计分析；

③关键截面应力的异常变化报警处理。

2)钢箱梁应力监测

钢箱梁采用光纤光栅应变计(含温度补偿)及应变花进行在线监测，以便精确把握钢箱梁的实际受力状况。监测系统通过布设在钢箱梁上的光纤光栅应变传感器(应变花)，实时测量出钢箱梁控制断面上的应力，及时掌握钢箱梁的受力情况，以此为基础对桥梁的健康状况做出正确评估。

(1)传感器性能指标

主要选用钢结构表贴式应变传感器。其中光纤光栅应变花主要性能，见第四篇表 4-8-5。

(2)测点布置

钢箱梁应力监测关键截面的选取是在已有悬索桥钢箱梁的典型病害截面研究的基础上，通过有限元模型计算分析而得；其局部的布点及传感器具体布置方向由局部结构的受力分析而确定。钢箱梁应力测试断面选择中跨靠南北主塔支座附近、中跨 $L/4$、$L/2$、$3L/4$ 断面处，共计 5 个测试断面。钢箱梁应力测试系统共计 46 个光纤光栅应变传感器和 19 个光纤光栅温度传感器。钢箱梁传感器的具体布置参见图 3-11-12 和图 3-11-13。

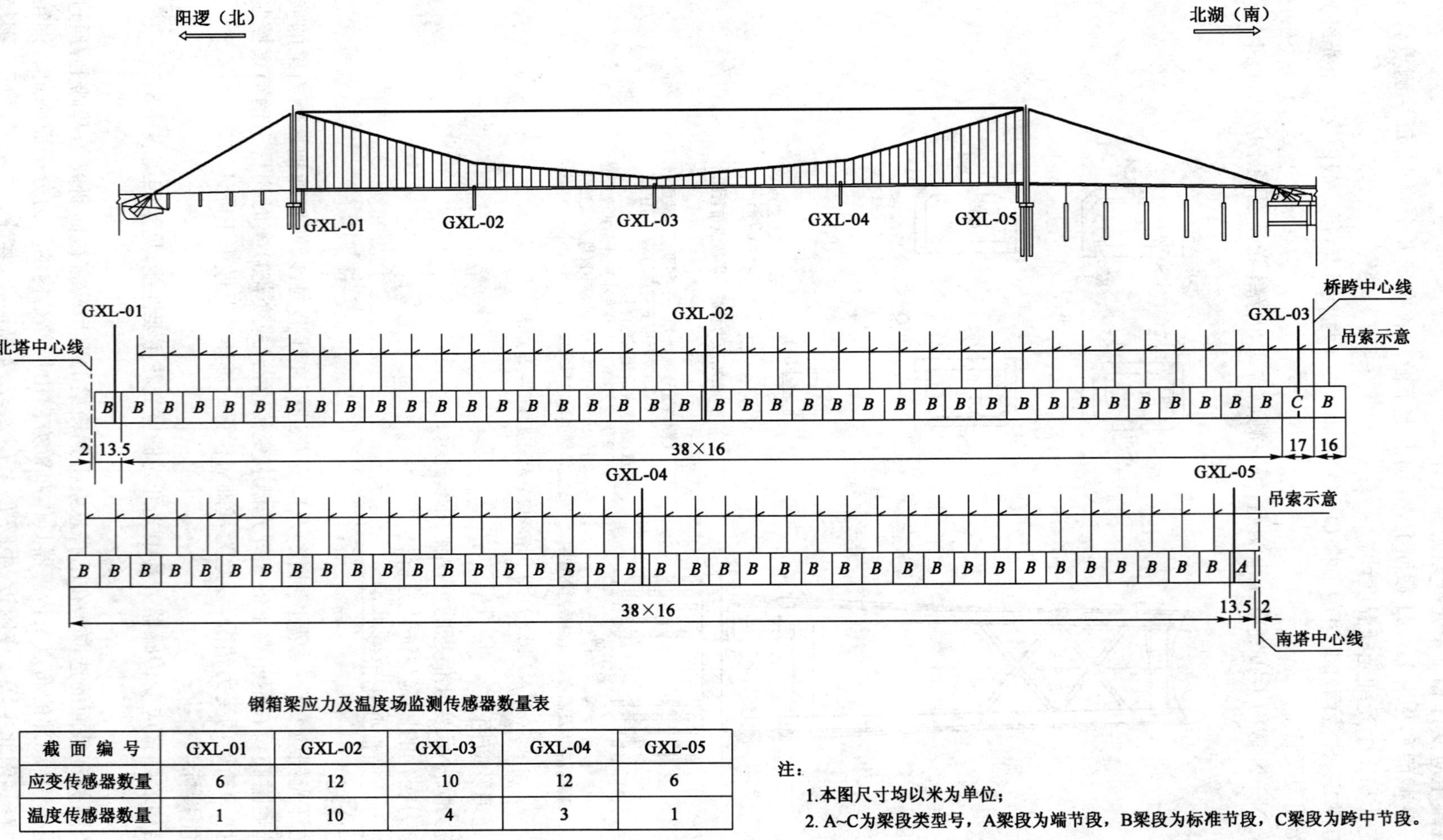

钢箱梁应力及温度场监测传感器数量表

截 面 编 号	GXL-01	GXL-02	GXL-03	GXL-04	GXL-05
应变传感器数量	6	12	10	12	6
温度传感器数量	1	10	4	3	1

注：

1.本图尺寸均以米为单位；

2. A~C为梁段类型号，A梁段为端节段，B梁段为标准节段，C梁段为跨中节段。

图3-11-12 钢箱梁应力及温度场监测布点图（一）

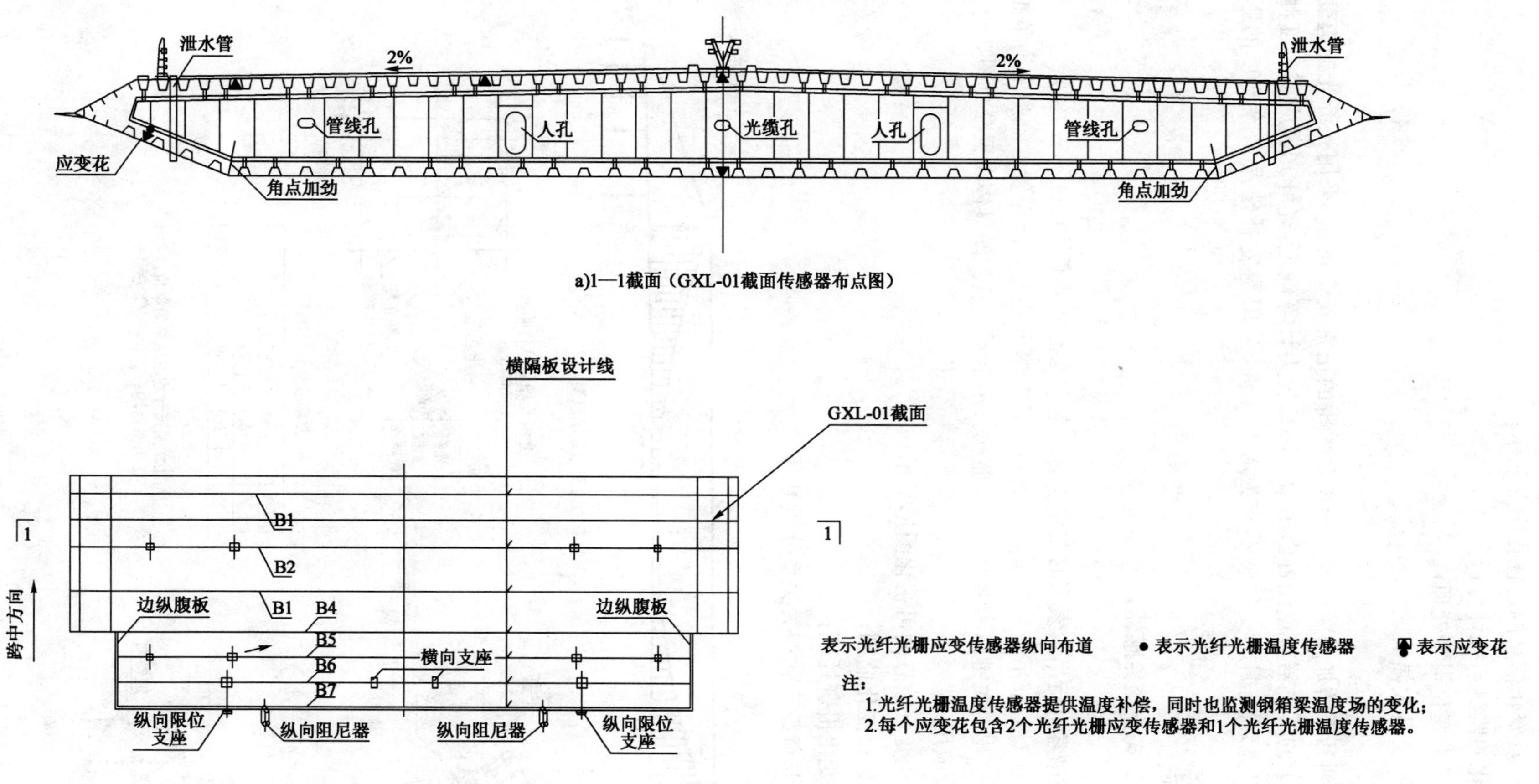

a)1—1截面（GXL-01截面传感器布点图）

b)截面GXL-01的平面位置图

注：

1.光纤光栅温度传感器提供温度补偿，同时也监测钢箱梁温度场的变化；

2.每个应变花包含2个光纤光栅应变传感器和1个光纤光栅温度传感器。

图3-11-13　钢箱梁应力及温度场监测布点图（二）

(3)数据分析处理及应用

①控制截面应力大小及变化信息的可视化图形显示；

②控制截面应力变化的监测与统计分析；

③控制截面应力的异常变化报警处理；

④关键截面应力监测及最大幅值统计。

3)吊索索力监测

吊索内力直接影响到悬索桥加劲梁的内力分布及大桥的正常安全运营，采用光纤光栅应变传感器在线监测吊索索力。吊索的传感器布点位置由吊索的局部应力计算确定，光纤光栅应变温度测试系统根据吊索的连续形式，以光纤光栅应变传感器作为应变元件，采用温度补偿法消除温度的影响进行监测。

(1)传感器性能指标

主要选用钢结构表贴式应变传感器。

(2)测点布置

全桥对称选取 14 根吊索进行吊索索力的在线监测。考虑到各个吊索的长度不一、各索索力不均匀的特点，吊索的索力监测应在对局部吊索采取重点监测的基础上尽可能地分散布置。监测中力争把握全桥吊索索力的分布情况，并突出对关键吊索索力的在线监测。吊索索力监测的具体布置参见图 3-11-14。

(3)数据分析处理及应用

①吊索索力的大小及变化信息的可视化图形显示；

②吊索索力的实时分布变化监测；

③吊索索力的异常变化报警处理；

④吊索索力的变化与荷载变化相关关系分析处理。

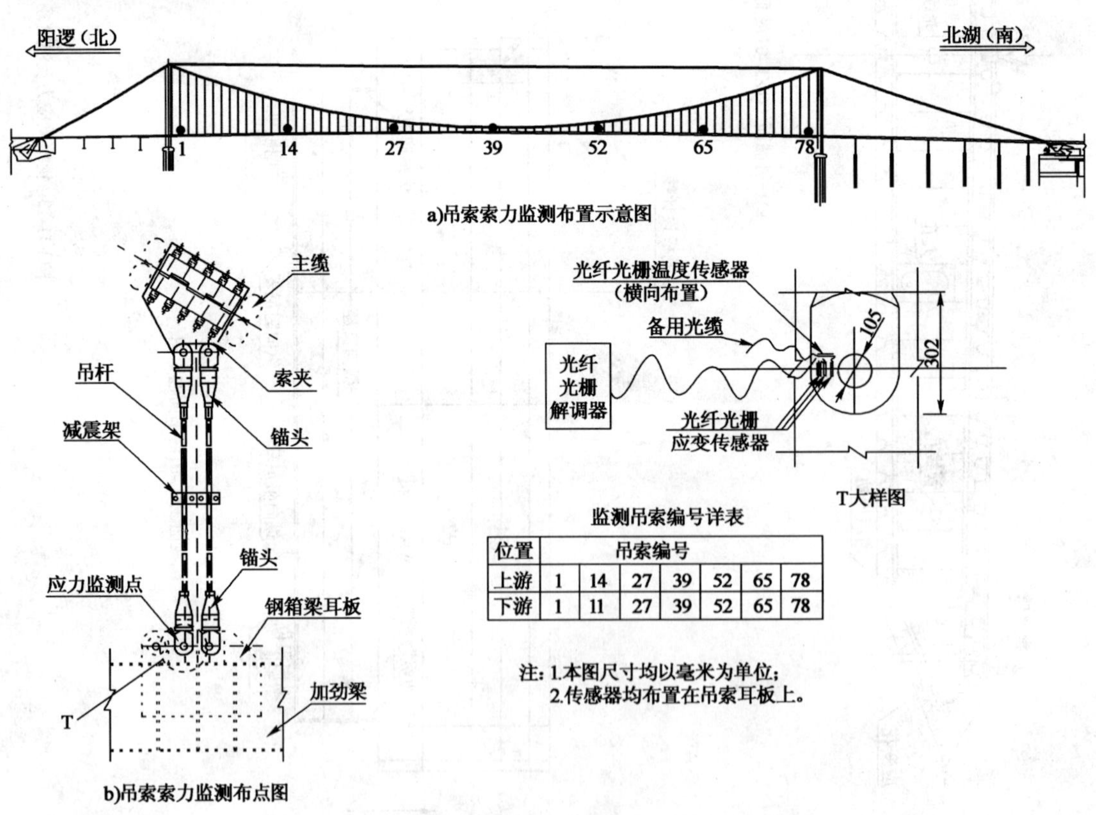

位置	吊索编号						
上游	1	14	27	39	52	65	78
下游	1	11	27	39	52	65	78

图 3-11-14　吊索应力监测点布置图

2. 锚固力监测子系统

主缆索力的监测采用光纤光栅测力环，在线监测锚固体系中的主缆索股力。在主缆索股预应力锚固体系张拉之前安装测力环，张拉过程开始进行测试。

(1)传感器性能指标

主要选用两种型号的光纤光栅测力传感器。具体指标性能见第四篇表 4-8-6。

(2)测点布置

从本锚碇索股的组成和功能来分析，它可以克服传统的监测手段对索股监测的缺点，能实时跟踪测量锚碇索股由温度、环境、静态或动态负载引起的内部应变分布，有利于索股的安全监测和整体性评价。全桥共选取 12 个索股锚固单元进行在线监测，共计 12 个测力环。其中，01 号小测力环和 11 号大测力环均含 5 个光纤光栅应变传感器和 1 个光纤光栅温度传感器，其余测力环均含 4 个光纤光栅应变传感器和 1 个光纤光栅温度传感器。测力环以光纤光栅应变传感器作为应变测量元件，采用温度补偿法消除温度的影响，经专门设计、加工制作而成。主缆锚固力监测的具体布置参见图 3-11-15；锚固单元见表 3-11-3。

主缆索股力监测的锚固单元编号　　表 3-11-3

锚　室	健康监测索股				合　计
南锚碇	01	154			上下游锚室共 4 个
北锚碇	01	154	N4 和 152	78 和 84	上下游锚室共 8 个

(3)数据分析处理及应用

①主缆索力大小及变化信息的可视化图形显示；

②主缆索力的实时分布变化监测；

③主缆索力的异常变化报警处理；

④主缆索力的变化与荷载变化相关关系分析处理。

3. 温度场监测子系统

监测温度场可以全面了解桥梁结构的钢箱梁、主塔、主缆和吊索结构内部的温度场，为分析对桥梁结构至关重要的温度应力提供依据；监测锚室温度、湿度变化情况，为分析锚碇部位的钢构件腐蚀程度提供必要的依据。

温度场监测子系统主要由三部分组成，即信号的采集、信号的传输和信号的分析处理。

1)主塔温度监测

(1)传感器性能指标

主要选用混凝土埋入式及钢结构表贴式两种温度传感器。具体指标性能见第四篇表 4-8-7 及表 4-8-9。

(2)测点布置

主塔温度场的测试断面与应力测试断面一致。

(3)数据分析处理及应用

①温度变化信息的可视化图形显示；

②主塔温度分布变化规律分析；

③温度修正；

④为分析对主塔结构至关重要的温度应力提供依据；

⑤为分析主塔结构的受力和变形提供相关依据。

2)钢箱梁温度监测

钢箱梁的温度场监测采用光纤光栅温度计进行在线监测。光纤光栅温度计一方面监测钢箱梁温度场；另一方面对光纤光栅应变计进行温度补偿，以消除外界温度对光纤光栅应变传感器的温度影响。

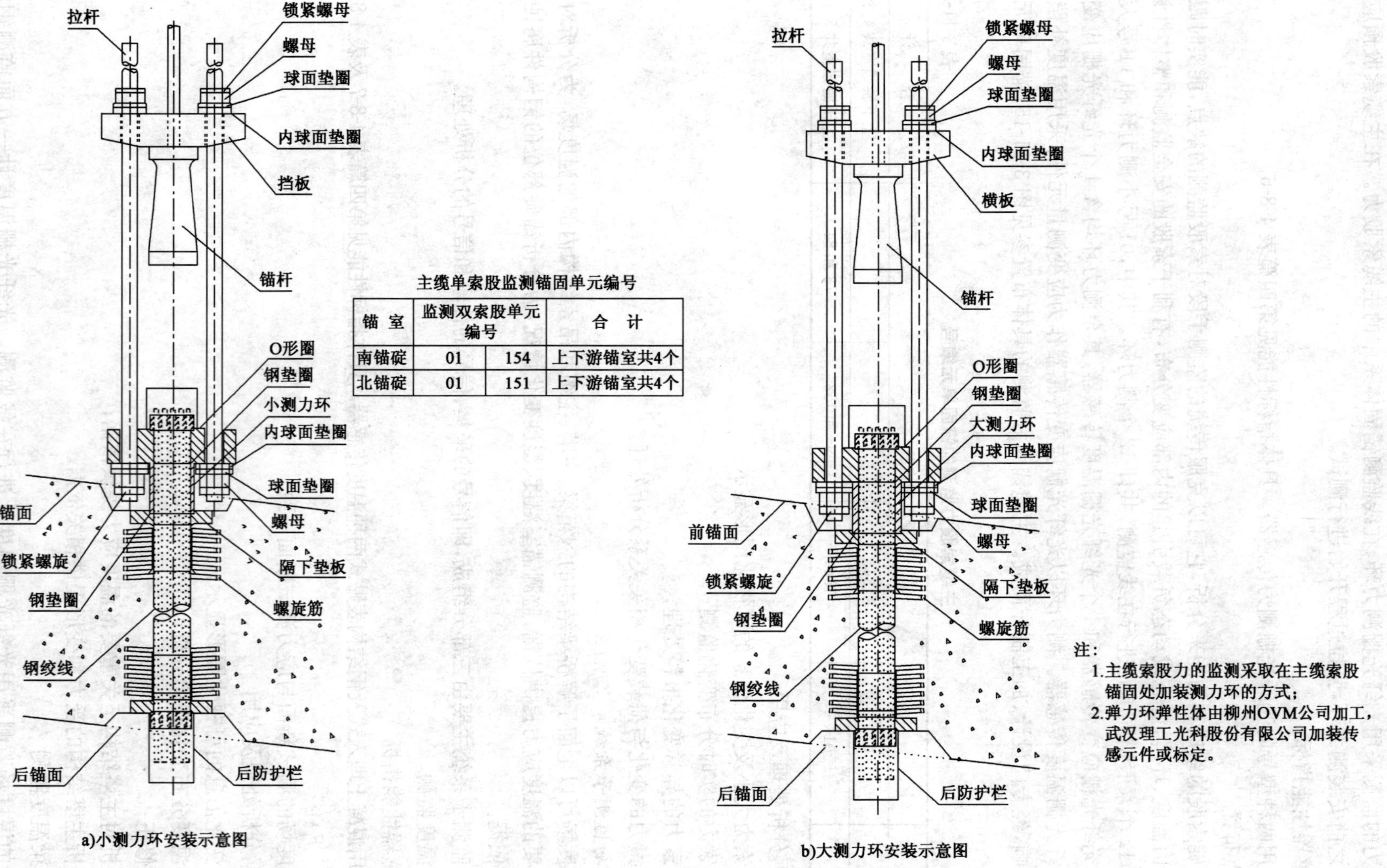

主缆单索股监测锚固单元编号

锚 室	监测双索股单元编号		合 计
南锚碇	01	154	上下游锚室共4个
北锚碇	01	151	上下游锚室共4个

注：
1. 主缆索股力的监测采取在主缆索股锚固处加装测力环的方式；
2. 弹力环弹性体由柳州OVM公司加工，武汉理工光科股份有限公司加装传感元件或标定。

图3-11-15　主缆索股测力环布置图

(1)测点布置

钢箱梁温度测试断面与应力测试断面一致，选取 GXL-02 截面作为钢箱梁温度场监测的重点控制截面。

(2)数据分析处理及应用

①温度变化信息的可视化图形显示；

②不同气候条件下控制截面的温度分布变化分析；

③温度分布变化规律分析；

④温度修正；

⑤为分析对钢箱梁结构至关重要的温度应力提供依据；

⑥为分析钢箱梁结构的受力和变形提供相关依据。

3)锚室温度监测

锚室的温度监测采用光纤光栅温度计进行在线监测；湿度监测直接接受除湿系统的数据。

(1)传感器性能指标

选用表面安装式温度传感器。具体指标性能见第四篇表 4-8-8。

(2)测点布置

锚室内光纤光栅温度计布设需满足两个条件：一是要尽可能地反映锚室内的实际温度；二是布设位置要尽量避免人为因素的干扰，防止损坏。每个锚室布置两个光纤光栅温度计。锚室温度监测详见图 3-11-16。

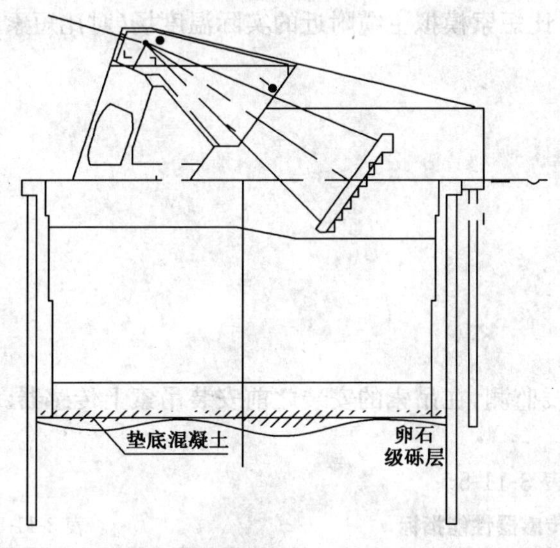

a)南锚室温度场监测布点图

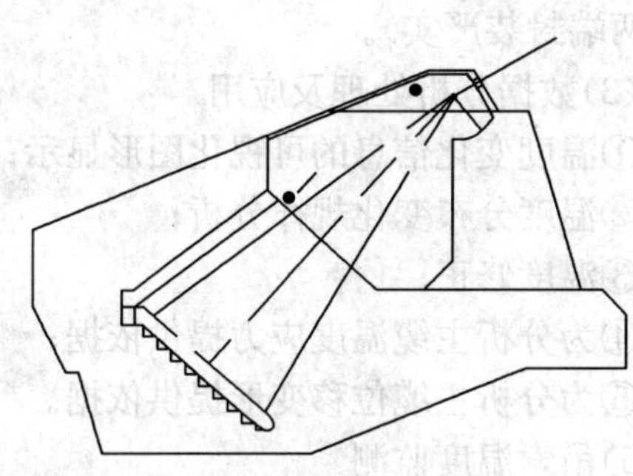
b)北锚室温度场监测布点图

注：1.本图尺寸均以厘米计；
2.全桥四个锚室各布设2个温度测点，共8个温度测点。

图 3-11-16　锚室温度场测点布置图
●代表光纤光栅温度传感器

(3)数据分析处理及应用

①温度变化信息的可视化图形显示；

②温度分布变化规律分析；

③为分析锚碇索股的应力提供依据。

4)主缆温度监测

通过在主缆外围布置光纤光栅温度传感器，并结合对比短索的温度分布规律监测实现主缆温度场监测。

(1)传感器性能指标

选用表面安装式温度传感器。具体指标性能见表 3-11-4。

GSWC—T1 温度传感器主要性能指标 表 3-11-4

产 品 编 号	GSWC—T1
产品描述	金属封装，表面安装式
技术参数	
标准量程(℃)	−50 ～ +150
测量精度(℃)	±0.5
分辨率(℃)	0.1
波长范围(nm)	1284～1327
连接方式	熔接

(2)测点布置

考虑到温度对主缆的线形变化影响非常明显，其温度监测应尽可能地分散布置，以把握全桥主缆温度的分布情况。主缆的温度场选择 7 个控制截面(不含锚室内的温度监测)作为长期健康监测，共计 29 个光纤光栅温度传感器。主缆温度传感器的具体布置：

①锚室内主缆索股的温度监测，直接利用锚室温度监测的数据。

②在中跨上游靠近南塔附近、中跨跨中上下游、中跨上游靠北塔 1/4 处、两边跨上游各设置一处监测截面，采用在主缆外围布置光纤光栅温度传感器的方式进行监测，每一截面含 4 个光纤光栅温度传感器。

③在北塔顶部上游侧设置一处监测截面，采用对比短索模拟主缆附近的实际温度场(对比短索长约 3m，两端封装严实)。

(3)数据分析处理及应用

①温度变化信息的可视化图形显示；

②温度分布变化规律分析；

③温度修正；

④为分析主缆温度应力提供依据；

⑤为分析主缆位移变形提供依据。

5)吊索温度监测

吊索的温度场监测采用光纤光栅温度计进行在线监测，在吊索的安装之前安装吊索上传感器。

(1)传感器性能指标

选用表面安装式温度传感器。具体指标性能见表 3-11-5。

GSWC—T4 温度传感器性能指标 表 3-11-5

产 品 编 号	GSWC—T4
产品描述	金属封装，表面安装式
技术参数	
标准量程(℃)	−50 ～ +150
测量精度(℃)	±0.5
分辨率(℃)	0.1
波长范围(nm)	1284～1327
连接方式	熔接

(2)测点布置

全桥上下游对称选取 1 号、20 号、39 号、59 号和 78 号共 10 根吊索进行吊索的温度场监测，每根吊索含 1 个光纤光栅温度传感器。吊索温度传感器的具体布置见图 3-11-17。

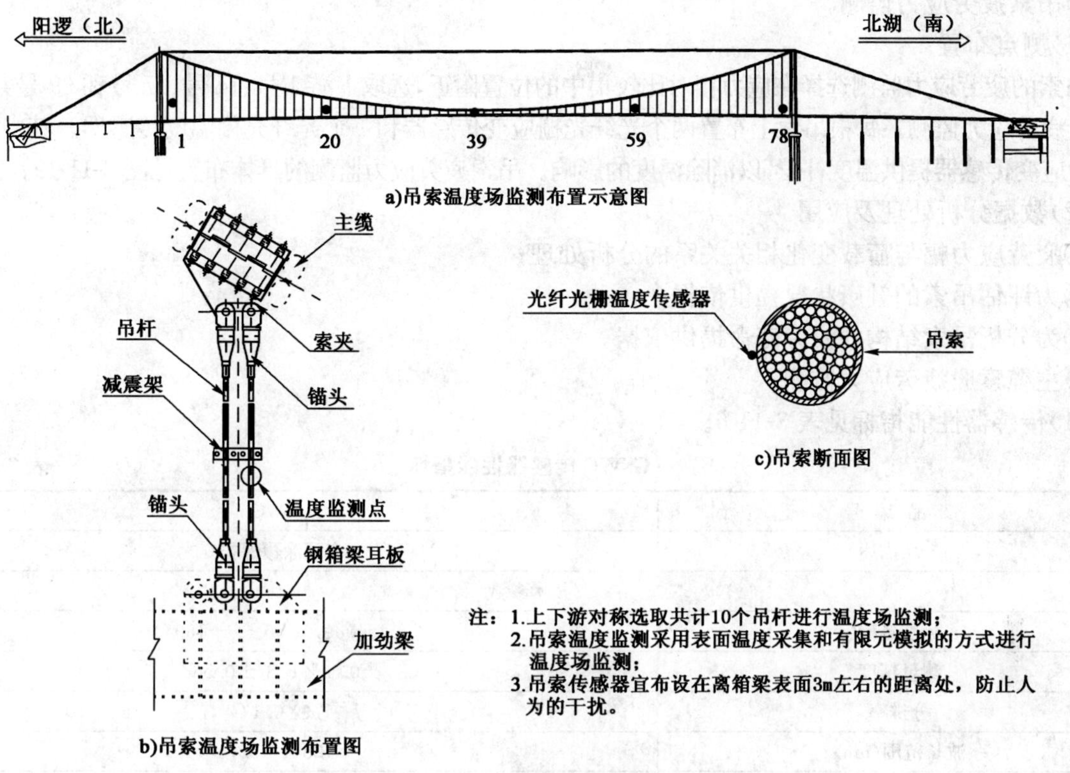

图 3-11-17　吊索温度场监测布点图

(3)数据分析处理及应用

①温度变化信息的可视化图形显示；

②温度分布变化规律分析；

③温度修正；

④为分析吊索结构的受力和变形提供相关依据。

4.疲劳应力监测子系统

疲劳应力监测的主要内容有：吊索的疲劳损伤情况，为评估吊索的健康状况提供依据；吊耳疲劳损伤情况，为评估吊耳的健康状况提供依据；锚碇索股的疲劳损伤情况，为评估主缆的健康状况提供依据。

疲劳应力监测子系统主要由三部分组成，即信号的采集、信号的传输和信号的分析处理。疲劳应力监测子系统数据流见图 3-11-18。

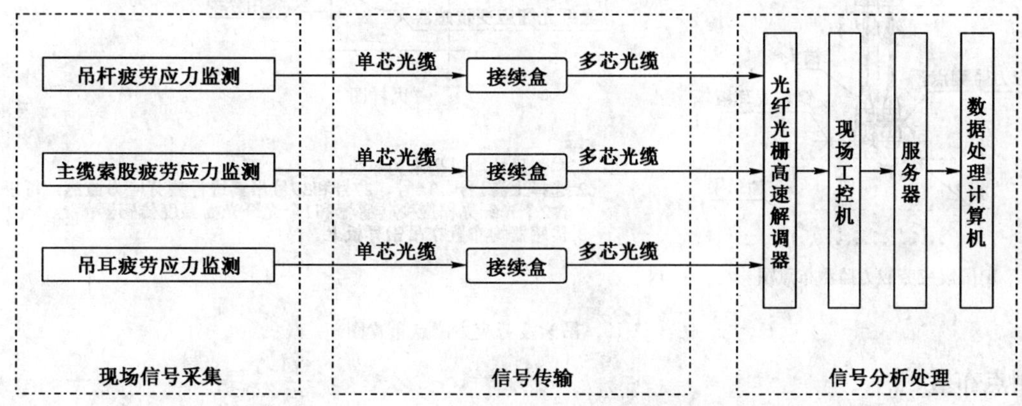

图 3-11-18　疲劳应力监测子系统数据流

1)吊索疲劳应力监测

(1)测点布置

吊索的疲劳应力监测选择在应力相对比较集中的位置附近，选取上游1号、14号、27号和39号共4根吊索进行疲劳应力监测。每根吊索上布置两个光纤光栅应变传感器和1个光纤光栅温度传感器。其中，温度传感器为应变传感器提供温度补偿，以消除温度的影响。吊索疲劳应力监测的具体布置见图3-11-19。

(2)数据分析处理及应用

①疲劳应力幅与荷载变化相关关系的分析处理；

②为评估吊索的健康状况提供依据；

③为分析吊索结构的疲劳寿命提供依据。

2)主缆索股疲劳应力监测

(1)传感器性能指标见表3-11-6。

GSWC传感器性能指标　　表3-11-6

产 品 编 号	GSWC
产品描述	表面涂覆保护
技术参数	
标准量程	±1500με，−50 ～ +150℃
测量精度	±0.2%F S，±0.5℃
分辨率	1με，0.1℃
波长范围(nm)	1284～1327
连接方式	熔接

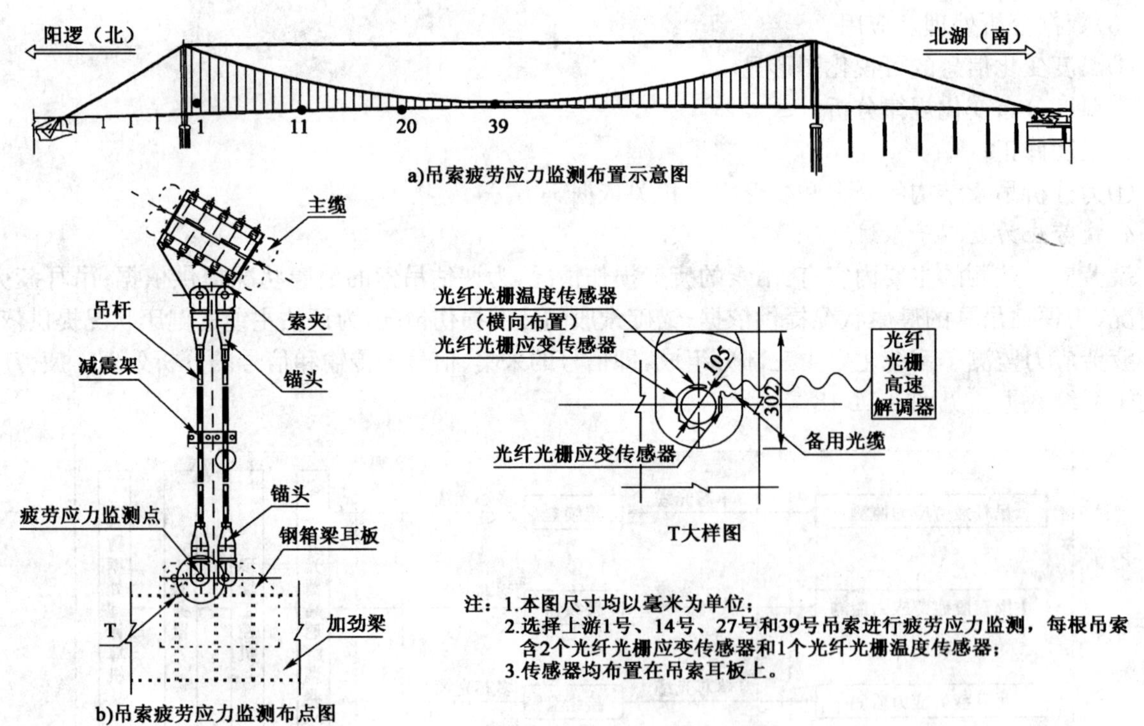

图3-11-19　吊索疲劳应力测点布置图

(2)测点布置

主缆索股疲劳应力监测的传感器布置在上游北锚碇01号单索股、N4和152双索股的拉杆周围，每一拉杆上布置1个光纤光栅应变传感器，并采用光纤光栅温度传感器进行温度补偿，以消除环境温度对光纤光栅应变传感器的影响。主缆索股疲劳应力监测传感器的具体布置见图3-11-20。

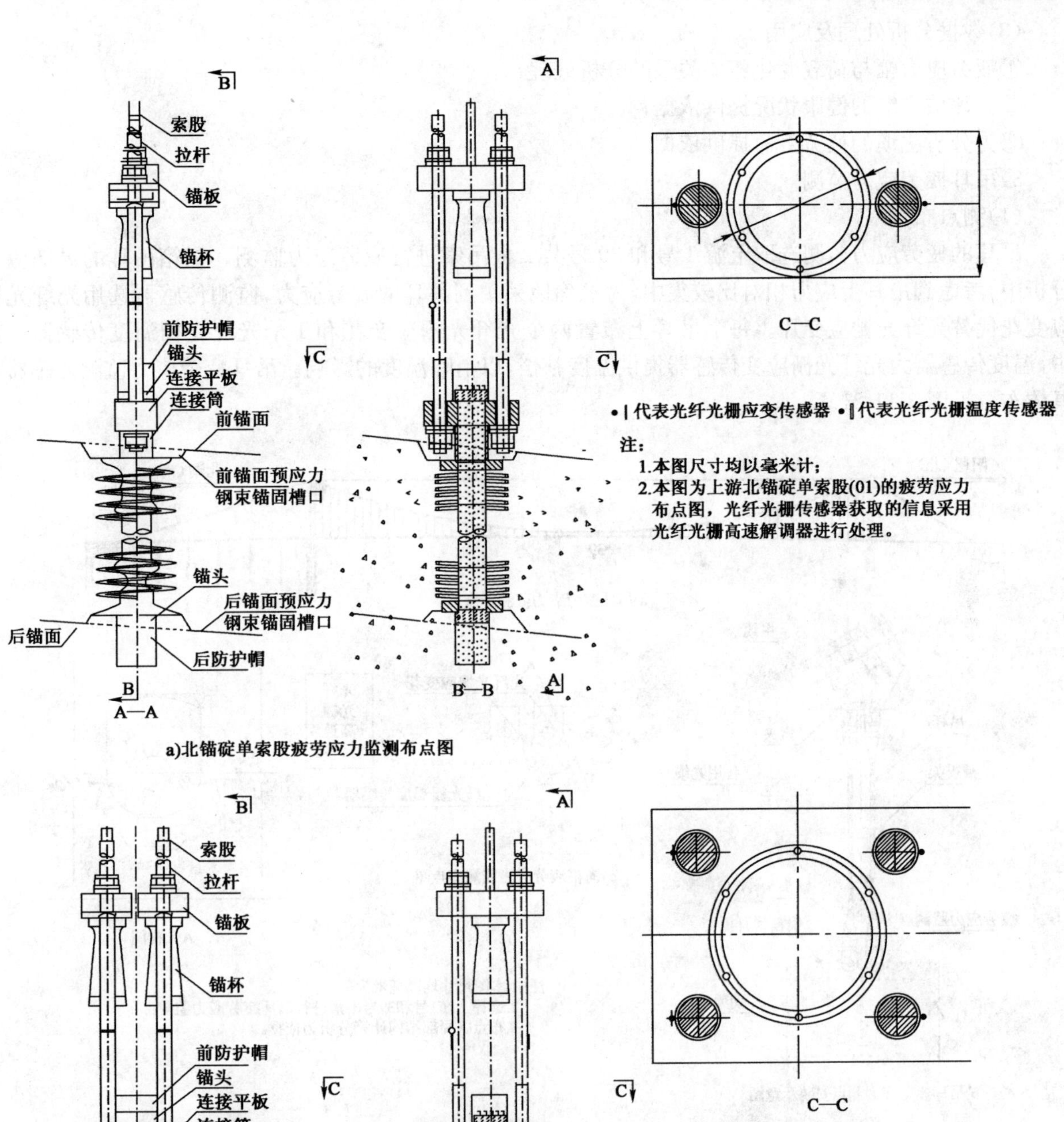

• | 代表光纤光栅应变传感器 • ‖ 代表光纤光栅温度传感器

注：

1.本图尺寸均以毫米计；

2.本图为上游北锚碇单索股(01)的疲劳应力布点图，光纤光栅传感器获取的信息采用光纤光栅高速解调器进行处理。

a)北锚碇单索股疲劳应力监测布点图

• | 代表光纤光栅应变传感器 • ‖ 代表光纤光栅温度传感器

注：

1.本图尺寸均以毫米计；

2.本图为上游北锚碇双索股(N4和52)的疲劳应力布点图，光纤光栅传感器获取的信息采用光纤光栅高速解调器进行处理。

b)北锚碇双索股疲劳应力监测布点图

图 3-11-20　主缆索股疲劳应力测点布置图

(3)数据分析处理及应用

①疲劳应力幅与荷载变化相关关系的分析处理；

②为评估主缆的健康状况提供依据；

③为分析主缆的疲劳寿命提供依据。

3)吊耳疲劳应力监测

(1)测点布置

吊耳的疲劳应力监测选取上游1号和39号共2根吊索进行疲劳应力监测。锚箱吊耳的局部应力分析中，考虑到吊耳上应力相对比较集中，为准确地采集到吊耳的疲劳应力，监测传感器选用光纤光栅应变花代替光纤光栅应变片。每个吊耳上布置两个光纤光栅应变花和1个光纤光栅温度传感器。其中，温度传感器为光纤光栅应变传感器提供温度补偿，以消除温度的影响。吊耳疲劳应力监测传感器的具体布置见图3-11-21。

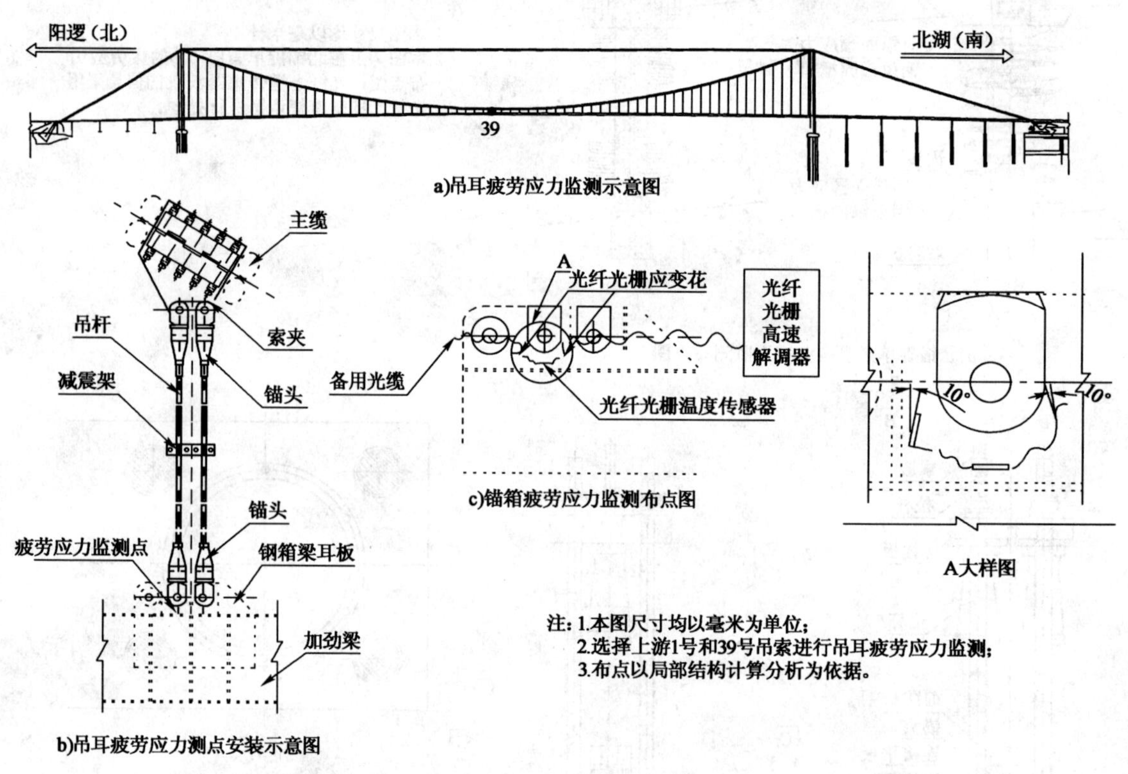

图3-11-21 吊耳疲劳应力测点布置图

(2)数据分析处理及应用

①疲劳应力幅与荷载变化相关关系的分析处理；

②为评估吊耳的健康状况提供依据；

③为分析吊耳的疲劳寿命提供依据。

三、数据采集及监测系统集成

1.系统总体构成

整个系统采用二级监控，现场监控室设在北锚室中，汇集全桥所有仪表采集到的监测数据；远程监控中心设在距离大桥现场约10km的管理中心（施岗），实现远程集中管理。系统主要由传感器及数据采集传输子系统、中央计算机处理控制子系统、健康监测及状态评估专家系统等组成。具体的构成见图3-11-22。

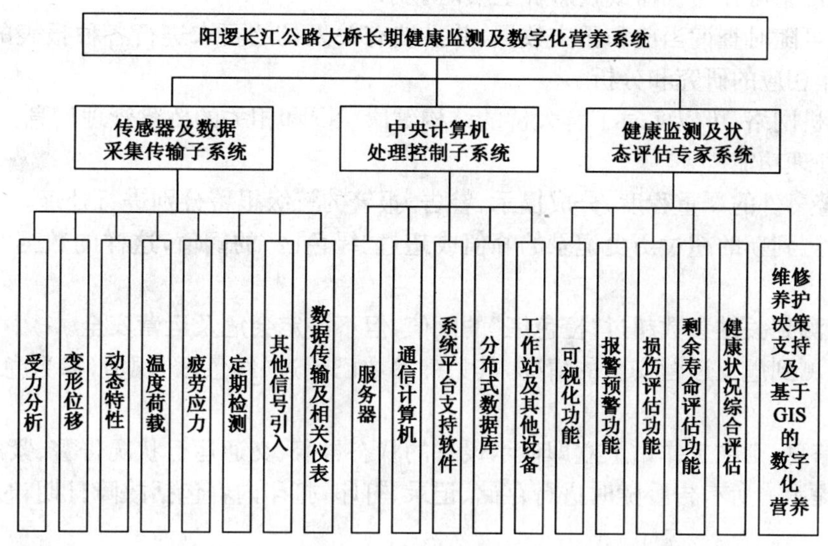

图 3-11-22　系统总体构成图

(1)传感器及数据采集传输子系统

现场仪表主要是现场的传感器系统和相应的数据采集设备，包括：主要控制截面的应力信号，加劲梁、主塔及主缆的变形信号，加劲梁纵向位移信号，加劲梁振动特性信号，主缆索股和吊索索力信号，加劲梁竖向挠度信号，各控制截面的温度信号等。

(2)中央计算机处理控制子系统

所有子系统的集成、控制，整个监测系统的运行状况和各种功能协调配合，必须由中央计算机处理控制系统控制和调度，硬件系统本身的故障诊断也要由中央计算机进行必要的处理控制。因此，中央计算机处理控制子系统主要实现整个系统的综合信息集成、协调和控制处理功能。

(3)健康监测及状况评估专家系统

健康监测及状况评估专家系统主要通过对现场关键部位的应变、变形、温度、振动、索力等信号的分析，通过软硬件系统各部分的协调配合运行，充分利用由监测信息构成的桥梁健康状况数据库，同时考虑环境和交通荷载状况的变化，实现监测和信息可视化功能(结构几何变形监测、结构的静动力响应监测)、异常预警报警功能、结构损伤及剩余寿命评估功能、桥梁健康状况分析评估功能、基于 GIS 的数字化管养决策支持功能。

2. 系统集成功能

1)信息采集功能

(1)健康监测所需的结构关键部位参数，包括加劲梁、吊索和主塔的关键截面应变、温度、变形、振动特性、索力等结构参数，以及这些参数的时间变化历程。

(2)各外场设备工作状况信息。

2)信息处理及可视化显示查询功能

(1)所有监测数据由数据库管理系统处理后形成桥梁状况监测综合数据库，通过结构可视化仿真技术，直观显示桥梁的三维模型及实时仿真结构参数变化。

(2)桥梁日常管理、维修和养护的信息可以直接输入该系统，应用可视化信息处理技术，结合历史信息作为桥梁健康监测及状况评估的依据。

(3)对交通运行状况进行模拟显示。

(4)通过图形界面，对所属设备工作状况进行实时监测和显示工作状况，并在设备出现故障时自动报警。

(5)对于图像信息可在监视器或投影屏上实时显示。

(6)有关人员可随时查询当前和历史数据，并且按有关人员的要求进行各种报表的显示和打印，同时对桥梁的状况作相应的研究和分析。

(7)通过计算机网络，可以实时了解大桥的结构健康状况和相关的桥梁管理信息。

3)预警报警处理功能

系统根据告警事件的严重程度，分成提示、警告、报警的三级报警分别进行处理。

(1)提示为检测到新的超过历史记录的峰值或超过“绿色区”的阈值，这样的数据必须采集，并加强分析。

(2)警告为检测到关键参数超过“橙色区”的阈值，但不一定会危及运营安全。

(3)报警为检测到危及运营安全的情况，其关键参数已超过“红色区”阈值，参数急剧异常变化时发出报警信息。

一旦有告警信息，则在工作站上立即显示设备的状态告警、交通运行状况告警、紧急告警等，并且有相应的声光信号提示。所有告警随时进行存储、记录、打印，打印内容包括故障日期、时间、地点、故障性质等。

4)统计分析与报表打印功能

(1)系统能按预先规定的格式和内容，定时进行日、周或旬、月、季、年报表的统计处理，并且进行自动打印。

(2)关于报表的类型和格式宜在软件设计时确定，有以下类别的报表：

①结构关键部位监测参数(包括应变、变形、温度、振动特性、索力)及其时间变化历程报表；

②设备报警记录：所有设备的报警情况记录，包括设备名称、地点、日期、报警内容等。

(3)各类报表的时效：日、周或旬报表每3个月转储，月、季、年报表按12个月转储，连续变化信息可以图形的方式绘制变化曲线。

5)自动数据备份和系统恢复功能

系统具有数据自动备份功能，系统能实时自动地将重要数据进行备份，一旦系统受到破坏，可以通过备份信息尽快地恢复系统运行。

6)系统自诊断功能

能自动测试系统的工作状况，且在检测到异常情况时，自动显示和打印诊断报告。

7)系统安全管理功能

系统对不同层次和职责的人员，分别设置不同的操作使用权限，设置不同的操作口令和密码，防止越权存取和修改，保障数据的完整性，并且对值班员的操作进行存储、记录、打印。

利用该数据库，桥梁健康状况评估专家系统能依据各种静、动力指标(应力指标、线形指标、索力指标和动态特性指标)综合评估桥梁的健康状况。

四、健康状况评估子系统

1.评估内容及评估模型

确定桥梁评估内容的主要依据为公路桥梁养护规范和监测项目的要求。阳逻长江大桥为单跨双塔钢箱梁悬索桥结构，建立评估系统时需要对其多个指标进行监测，以便综合这些监测指标，对大桥健康状况做出全面的、系统的评估。按性质，大桥状态评估初步可划分为三方面内容：

(1)安全性评估：主要针对桥梁各主要构件的承载能力、构件应力、构件刚度、结构性损伤等进行评估。

(2)耐久性评估：主要针对桥梁各主要构件的耐久性损伤(如：混凝土裂缝及腐蚀、混凝土保护层损伤、钢构件的锈蚀、构件应力集中处的疲劳损伤等)进行评估。

(3)适用性评估：即功能性评估，主要针对桥梁的功能性损伤(如：钢箱梁线形、桥面铺装层以及附属设施损坏等)进行评估。

对于大跨度悬索桥，由于结构安全性与耐久性之间界限不是很明显，其某些评估指标相互穿插，则可合并作为结构健康状况评估的一项主要内容，而适用性可作为一项辅助评估项目。对桥梁按照不同的对象分类，评估体系可分为不同的评估模型。对大型悬索桥按构件对象划分，则可分为索塔、锚碇、主缆、吊索、钢箱梁、索鞍以及附属设施等子目标。每个子目标又可划分为若干构件，每个构件拥有各自的多项属性，该属性即为评估指标，主要包括应力、变形、索股索力、结构损伤、混凝土裂缝、混凝土保护层损伤、钢构件锈蚀以及表观质量等指标。如果按照监测数据分类，则可将评估目标分为人工巡检与实时自动监测两大子目标，然后根据不同构件的测试指标，组成评估体系。采用多种不同的评估模型可以提高评估结果的准确程度。

按照以上的综述以及监测方案，考虑部分底层评估对象隶属于多个主要构件，现将阳逻长江大桥按钢箱梁、索塔、主缆、吊索、基础、附属设施来进行划分考虑，由各构件评估结果给出大桥整体状态综合评估结果。由于特大跨径钢结构悬索桥涉及的监测评价项目、方法及内容十分繁多，仅利用传感器连续采集的监测指标还无法进行综合性的健康状况评估，因此在确定评估体系的时候加入了若干定期性的人工检测指标来完善评估模型。整个评估模型体系见图 3-11-23。

2.评估基准及评估准则

1)评估基准

在进行阳逻长江大桥健康状况评估之前，需要准确地确定大桥的基准状态，为综合评估提供总体的参考基准。

作为桥梁结构健康的基准状态，一般可有三种参考模型:设计模型基准状态、竣工模型基准状态和营运稳定期基准状态。设计模型基准状态是将桥梁结构在设计寿命期内以设计预定的理想状态作为基准，按此模式进行识别和评估可以获悉当前结构状态与理想状态的差异。但是，由于大跨径桥梁的施工过程复杂，施工中的许多实际状态信息都与设计预定信息不相符，大桥竣工时的结构状态很少有与设计图纸吻合的。因此可以运用大桥结构竣工时的试验实测信息修正结构的设计模型，由此得到反映结构竣工实际状态的修正模型，并以此作为结构识别和评估的基准。当然，大桥竣工时的状态并不是最佳健康状态，有研究认为应该以桥梁稳定营运一段时间后的状态作为基准状态。当对遭受地震、风或者撞击等偶然事件的结构健康状态进行评估时，也可以以最近时期的结构健康状态作为当时识别、评估的基准。

对于阳逻长江大桥来说，属于新建桥梁，整个施工过程中各关键施工工况已经累积了一定的测试数据，获取了相当的实际信息量。并且阳逻长江大桥在竣工通车前做了一次全面的现场测试，所以反映实际状态的信息比较丰富。基于以上考虑，本评估系统是以竣工状态作为评估的基准状态。

竣工状态下，基准状态有限元分析模型首先按设计资料建立，然后通过现场采集数据进行的模型修正，进而获得反映竣工实际状态的有限元模型。

2)评估准则

(1)准则来源

对于在线监测指标的数据，需要根据一定的评估准则才能对此进行评估和打分，即健康评估指标数据的评价依据标准的确立。本健康状况综合评估标准不是建立在诊断结构失效的概念上，而是将健康评估标准建立在结构设计安全标准之上。健康评估标准主要来源于两个方面：

①规范提供的安全标准

武汉市阳逻长江公路大桥施工设计图；

《武汉阳逻长江公路大桥长期健康监测及数字化管养系统实施细则》；

《公路桥涵养护规范》(JTG H11—2004)；

《公路桥涵设计通用规范》(JTG D60—2004)；

《公路钢筋混凝土及预应力混凝土桥涵设计规范》(JTG D62—2004)；

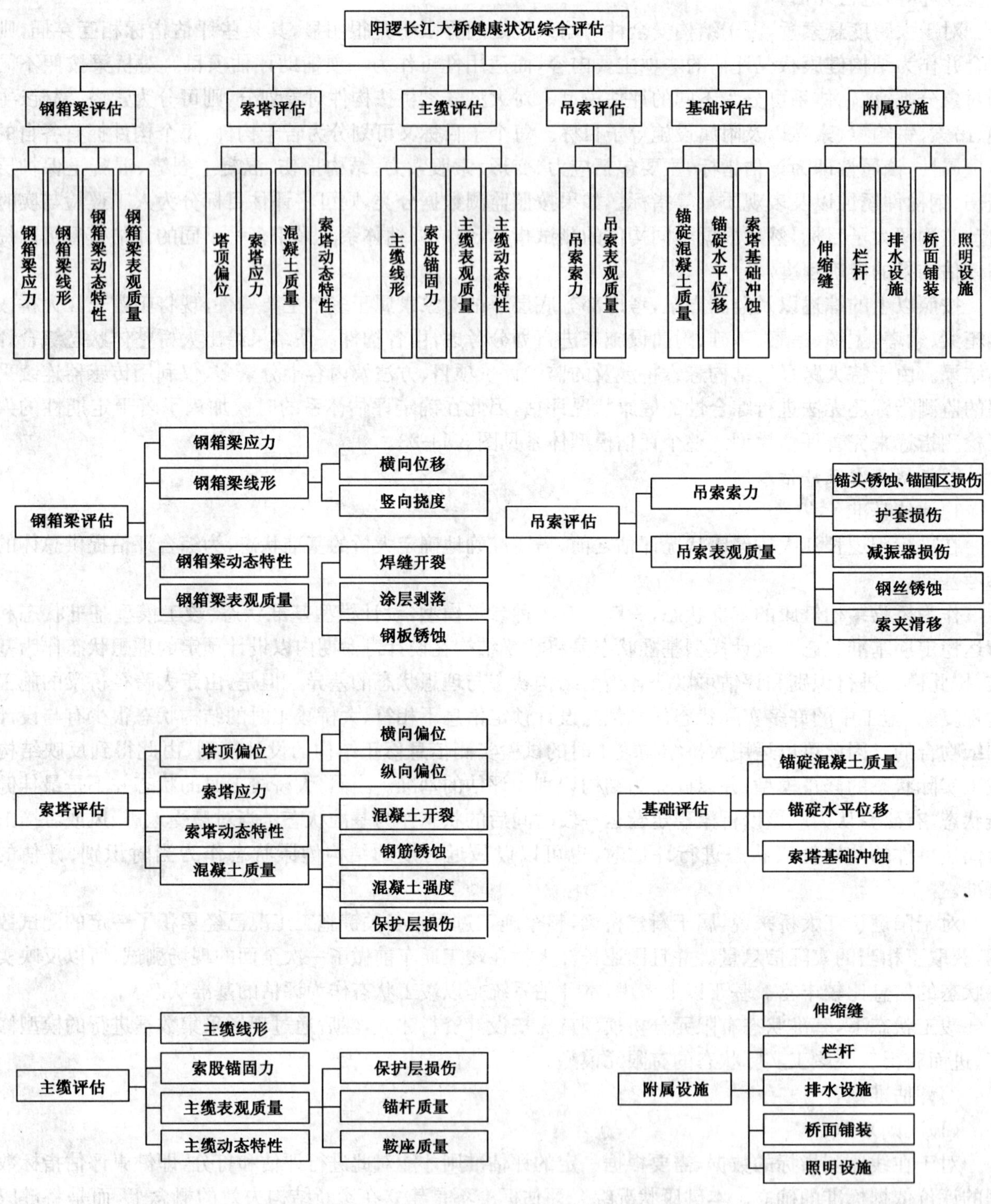

图 3-11-23　阳逻长江大桥健康状况综合评估模型

《公路悬索桥设计规范》(报批稿)；

《城市道路养护技术规范》(CJJ 36—90)；

《公路悬索桥吊索》(JT/T 449—2001)；

《公路桥梁承载能力检测评定规程》(报批稿)。

②基于修正后的大桥结构基准模型进行的理论分析结果

a. 建立营运初期的有限元分析基准模型

桥梁在营运过程中将受车辆、环境温度等外界荷载作用，故结构状态会发生相应的变化。评价结构健康安全状态等级需要有一个评估基准，为了得到准确的基准模型，需要利用竣工时刻实测监测数据对有限元计算分析模型进行修正。

b. 有限元模型修正

桥梁结构经历重大意外事故，特别是恶劣自然灾害，营运若干年后，结构内力状况、线形会发生一定变化。这样原有结构分析模型中的刚度矩阵、边界条件、材料特性参数将发生一定程度的变化，通过实测值和理论值的比较，利用优化理论、迭代理论等将参数变化量进行估计，获取结构某些参数的变化值，在此基础上将结构分析模型进行相应修正，使系统中理论计算分析结果更加可靠和准确。

(2)准则作用

①提供各评估时段部分底层指标理论计算值。

②提供部分底层指标评估等级划分的限值。

3. 系统采用的评估技术路线

显然，建立一个结合模糊数学、神经网络及逻辑推理机制的专家系统是桥梁结构健康状况评估的发展方向。但从目前情况来看，这些技术的应用并不成熟，而且开发专家系统的成本巨大。本系统采用基于层次分析的变权综合方法来建立评估系统。

根据第一部分的评估体系研究，获得了评估的层次结构模型。根据评估模型，依次求出评估模型中的指标权重；同时通过对底层指标的监测数据进行打分，进行标准化处理后，可利用下式得到底层的综合评估值。

$$V_{\mathrm{i}} = W_{\mathrm{i}} \cdot R_{\mathrm{i}} = \{w_{\mathrm{i1}}, w_{\mathrm{i2}}, \cdots, w_{\mathrm{in}}\}\begin{Bmatrix} r_{\mathrm{i1}} \\ r_{\mathrm{i2}} \\ \vdots \\ r_{\mathrm{in}} \end{Bmatrix} \tag{3-11-1}$$

式中：V_{i}——桥梁健康状态评估模型第 i 层的评估值；

W_{i}——评估模型第 i 层指标的权重值；

R_{i}——评估模型第 i 层指标的评语打分。

依次按上式对各层进行综合，便得到各层的评估值 V_{i}，最后便得到了桥梁健康状态的综合评估值 V。其基本评估流程见图 3-11-24。

采用以上技术路线的关键是合理确定指标的权重以及确定最底层指标的评估思路、评估准则等。

尽管建立的阳逻长江大桥监测系统能进行实时监测，同时也具备了在线实时状态评估的功能，但是系统运行初期，实施在线实时评估对指导桥梁维护决策意义并不大，因为桥梁营运期的累积损伤是缓慢的，只有相隔时间较长的评估结果才能有效反映桥梁健康状况的趋势。即使桥梁结构遭受了地震、风或者撞击等偶然事件后，系统也可以根据监测报警的结果，及时开启健康状况评估系统进行实时评估。因此为了减少数据的处理和储存时间，保证系统的有效运行，评估系统平时只根据设立的评估周期（譬如1个月）进行状态评估，只有当系统发生报警后，系统才进行实时状态评估。在某个周期内进行状态评估时，将评估日期最近 1d 内的监测数据分为 3 个处理时段：高峰时段、平峰时段以及低谷时段。根据桥梁结构最不利状态评估的原则，利用系统中的数据处理方法（例如统计分析工具）从高峰时段的数据中提取特征值来表征评估期内的监测指标数据，从而再利用下面的评估流程进行状态评估。如果是进行系统报警后的实时状态评估，则根据采样频率，选取采样时段（系统设置）内的特征值作为指标评估数据，从而再进行实时状态评估。

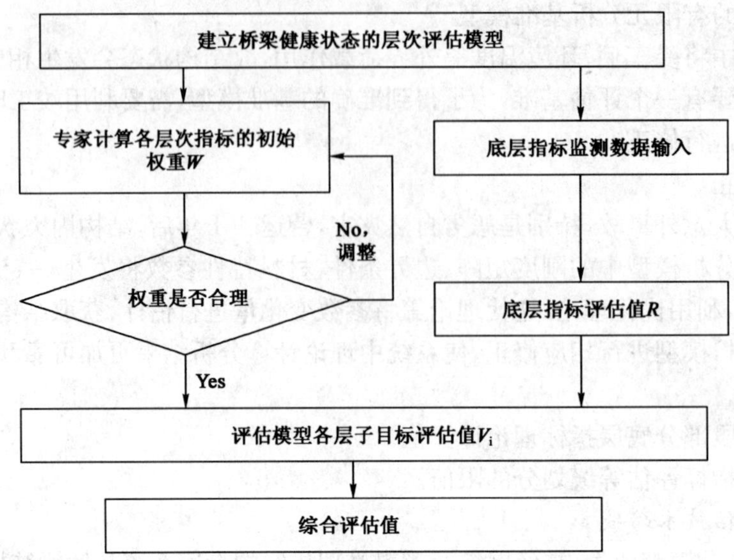

图 3-11-24　基于层次分析的桥梁健康状态综合评估流程

4. 评估系统流程

根据项目特点、国内外研究进展以及提出的评估体系方法，评估系统主要有智能报警模块、健康状况综合评估模块以及趋势预测分析模块，其评估功能的流程图见图 3-11-25。

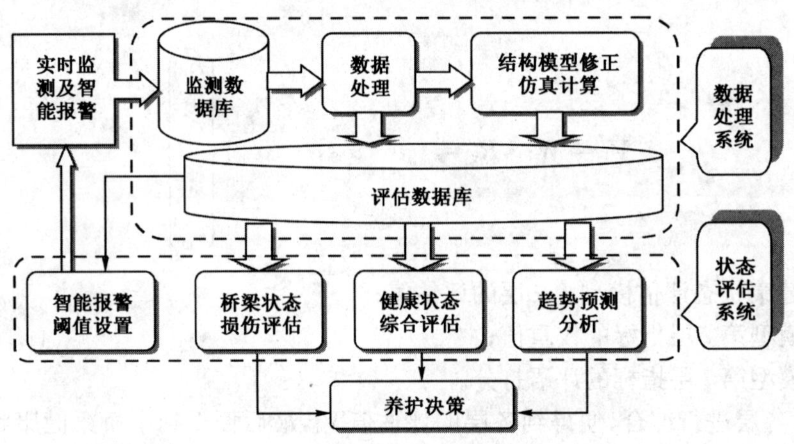

图 3-11-25　评估子系统流程图

5. 评估系统功能模块

整个健康状况评估子系统的功能模块见图 3-11-26。

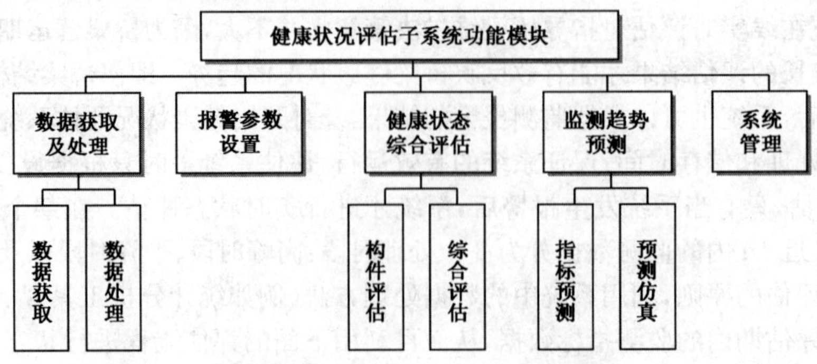

图 3-11-26　健康状况评估子系统功能模块

(1)智能报警模块功能

阈值报警系统是嵌入在各监测指标的实时监测界面中的，以便管理人员在监测时，系统能自动根据实时监测的数据进行判断是否超出阈值而报警。

对于风速风向、温度、车流量等环境指标，采用直接识别报警方式，即直接根据设置的超限阈值，判断实时监测数据是否超限。如果超限则报警，并触发紧急事件措施，监测数据存入数据库，以便进行大桥健康状态的影响评估。对于结构的响应特征参数，系统采用分析识别报警方法，即通过营运初期传感器监测大桥结构响应的有限点数据，运用人工智能技术，对大桥结构进行有限元模型智能修正，再进行动、静力分析，从而确定相应的阈值，然后与以后的实时监测值进行比较，自动判别是否触发报警和进行紧急处理。

报警阈值的主要设置参数主要有以下几种，见图 3-11-27。

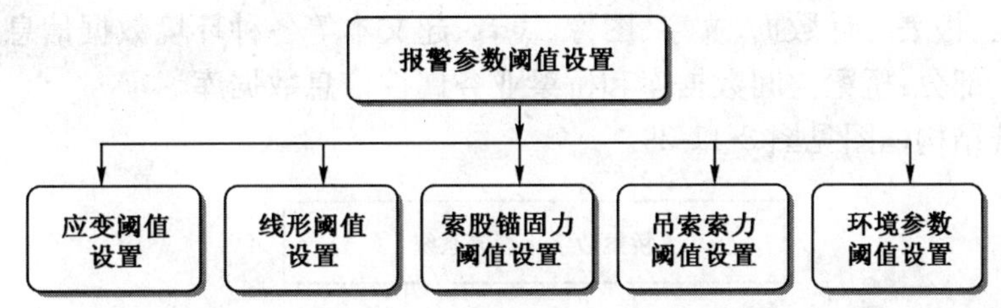

图 3-11-27　报警参数阈值设置

(2)健康状态评估模块功能

整个桥梁健康状况评估模块主要进行两方面的工作：结构损伤诊断和健康状态综合评估。结构损伤诊断主要是结合环境振动识别技术、统计分析以及有限元模型修正理论等，根据桥梁实测数据修正计算模型，以及采用各种识别方法进行结构损伤诊断，预测桥梁结构的剩余强度和安全性能，为监测工程师及桥梁专家做出最后诊断和决策提供依据。

而桥梁健康状况综合评估模块主要由数据获取评估模型体系、评估指标权重确定以及底层指标评估准则等 3 大块组成。模块主要对钢箱梁、索塔、主缆、吊杆、基础、附属设施以及整体状况进行评估。

(3)趋势预测模块功能

趋势预测主要基于监测指标展开，目的是综合统计分析、预测理论以及仿真计算等技术，对历史监测数据进行统计分析或灰色理论分析或模糊信息分析，建立相应监测指标的各种预测模型，然后调用数据库中的监测指标的各项参数，对监测指标进行趋势分析，为桥梁健康状态的走势进行预测预报，从而为进一步辅助决策提供技术支持。

趋势预测模块主要由数据预处理、预测模型库、预测曲线可视化、预测计算分析以及预测反馈验证等子项组成，系统流程见图 3-11-28。

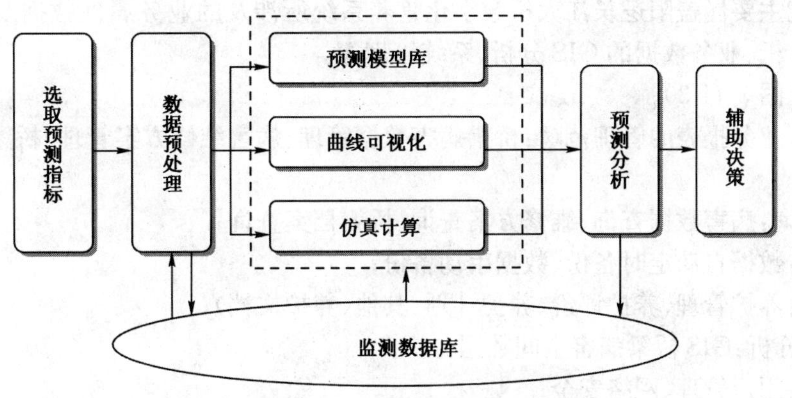

图 3-11-28　趋势预测分析流程图

五、数字化管养子系统

为使阳逻长江大桥健康监测系统长期有效地为桥梁运营管理服务，并进一步提高桥梁养护管理信息化、智能化，其配备数字化管养子系统。

1. 数字化管养子系统简介

1）系统架构

系统采用地理信息系统 GIS 技术和全球卫星定位系统 GPS 集成技术，绘制阳逻长江大桥的电子地图，即建立相应的空间数据库。采用大型数据库软件 SQLServer2000 建立阳逻长江大桥管理中心数据库及各部、处等客户端。

该系统涉及的数据众多，包括养护数据、维修方案、养护工程管理、养护评价管理、资料图库管理等，并包含各种空间数据、报表统计数据、文字、图像、声音、超文本等各种环境数据信息。

数据库分为两大部分：桥梁空间数据库和桥梁业务属性信息数据库。

数字化管养系统结构框图见图 3-11-29。

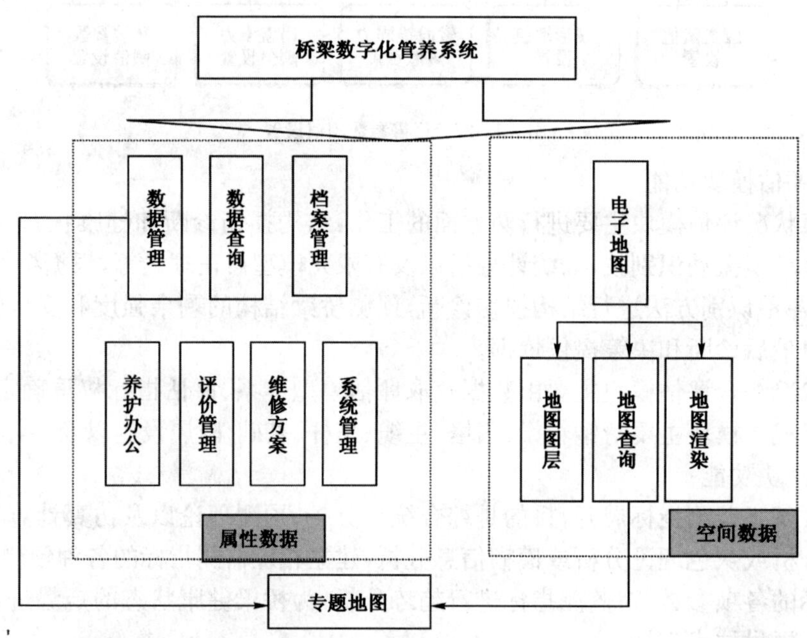

图 3-11-29 桥梁数字化管养系统结构图

2）系统功能

整个系统功能主要涵盖阳逻长江大桥数字化管养系统所涉及的业务属性数据及业务报表的管理、数据库的查询与分析、业务数据的 GIS 分析、系统管理等。

其系统功能见图 3-11-30。

(1)业务数据、业务报表的管理范畴：桥梁病害数据管理、病害维修方案管理、桥梁档案管理、其他信息管理；

(2)数据的查询：病害数据查询、维修方案查询、桥梁档案查询；

(3)数据备份：数据自动定时备份、数据手动备份；

(4)养护办公：养护管理、养护评价、养护计划、其他(养护文档)；

(5)GIS 数据分析：GIS 桥梁病害空间数据分析；

(6)系统管理：用户管理、网络安全；

(7)分布式数据库管理：主要是数据的上传下载。

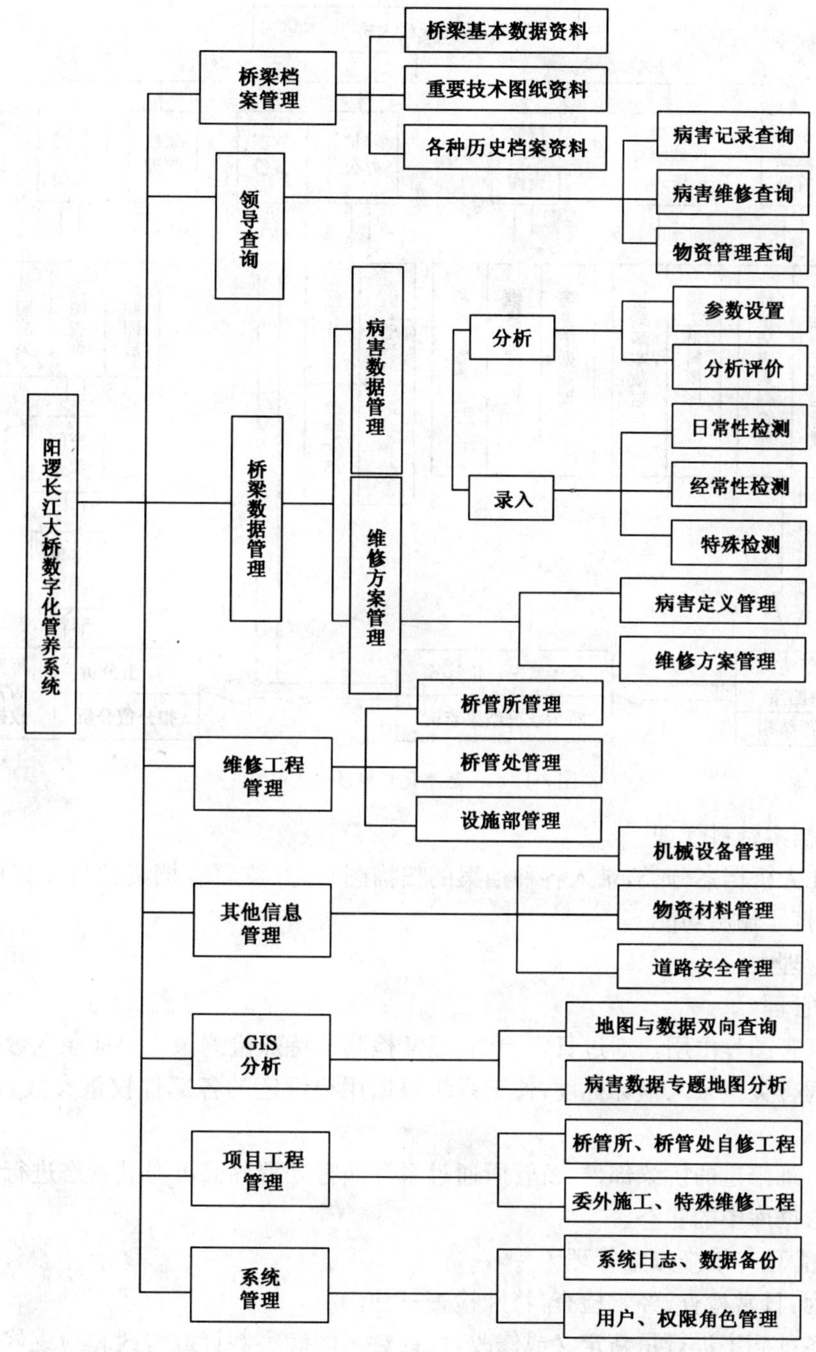

图 3-11-30　系统功能结构框图

根据所涉及的业务属性数据和空间数据（GIS 电子地图）的作用，数字化管养的系统流程图见图3-11-31。

2. 子系统功能模块描述

1）桥梁资料管理

（1）桥梁基本数据资料管理

根据武汉城市路桥收费管理中心桥管处桥梁资料卡，用户填入一般资料、上部结构、下部结构、附属工程、附挂管线等各种数据，并可录入结构简图和附照。

（2）重要技术图纸资料管理

根据桥梁技术手册提供的重要技术图纸，提供扫描输入、查询等功能。

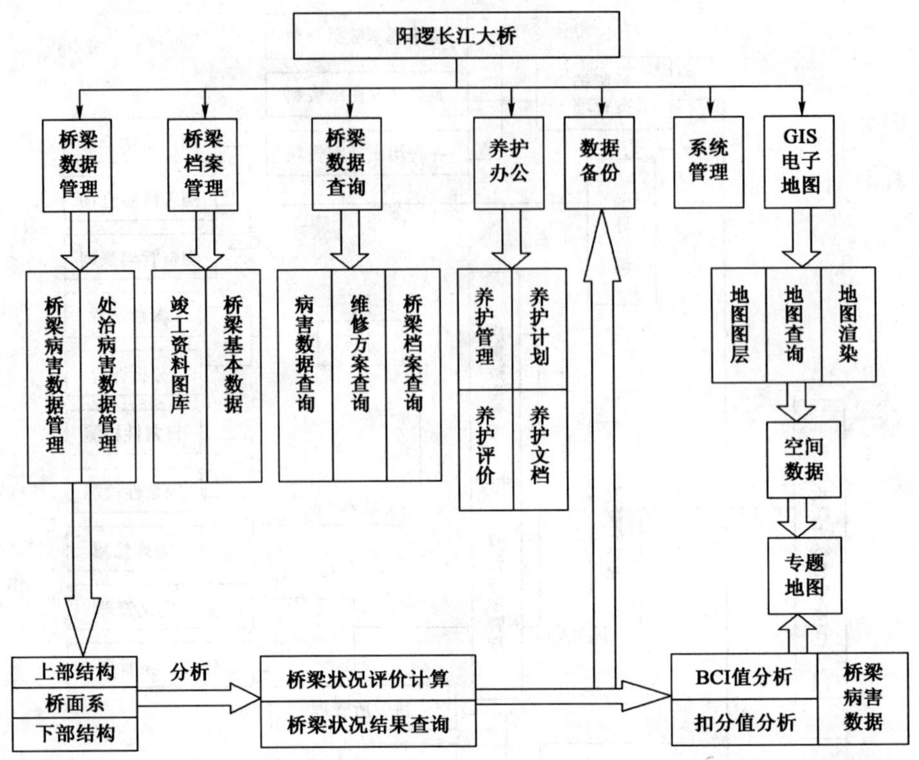

图 3-11-31　数字化管养系统流程图

(3)各种历史档案资料管理

按照阳逻长江大桥档案分类，录入各种档案的扫描图片，并按原有档案编目及代码进行自动编码。提供按编码查询、打印输出功能。

2)桥梁数据管理

(1)病害数据管理

病害数据及病害图片由用户通过日常检测、经常检测和特殊检测录入界面录入数据库，并同时针对不同部件的不同病害类型录入损坏标度，便于系统根据用户设定的各部件权重参数自动进行桥梁技术状况评定。

对于已经进行维修过的桥梁部件，桥管所通过系统病害处置界面可对其状态进行修改，从而改变该部件病害数据在数据库中的状态。

(2)病害定义管理与维修方案管理

桥梁检查分为：日常检查、经常检查、特殊检查三种。

用户可以对各种病害进行重新定义或修改，可针对不同病害制订或修改相应维修方案，为用户在录入病害数据和处置病害时提供依据。

3)维修工程管理

(1)桥管所病害维修管理

桥管所定义病害维修方式可以选择填写“桥管所自修”和“待定”。桥管所通过系统录入病害维修方式，保存在数据库中，方便桥管处查看。

(2)桥管处病害维修管理

桥管处定义病害维修方式可以选择“桥管所自修”、“桥管处自修”、“委外”。桥管处技术室通过维修工程管理模块中桥管所上报的各种病害的维修方式，提出维修方案，新建维修项目(无合同维修项目)，填写项目名称、项目开始时间、项目实施方式(桥管所自修、桥管处自修、委外)。桥管处录入项目时必须填写“项目开始时间”，此时病害状态即为“维修中”。

同时对于其他不包括病害的例行的年度维修项目，桥管处可以在“特殊维修项目”中进行新建。

桥管处自修项目下发给维修所执行。桥管所自修项目由桥管所执行。

(3)设施部

设施部定义病害维修方式有“桥管所自修”、“桥管处自修”、“委外”三种。设施部安排的维修计划为桥管处新建项目（有合同项目）。桥管处上报及合同管理均以文本方式保存。

4)项目工程管理

分别对桥管所自修工程、桥管处自修工程、委外施工和特殊维修工程各项内容进行管理。在本模块中，由桥管所监督工程进度，在工程完工后进入项目填写“完成时间”，此时病害状态由“维修中”转为“已维修”。对于有合同工程项目进行管理，包括合同管理、文档管理。用户可以录入各种管理相关的数据，提供查询、报表输出功能。

5)其他信息管理

(1)机械设备管理

对桥梁和道路检查、检测、日常维修常用机械设备及仪表进行管理，包括桥梁养护专用设备、维修机械及专用工具、仪器仪表等。管理内容包括：通过系统录入将设备属性数据存入数据库，方便用户查询；设备的登记入库，修改、新增、删除（包括编码、启用时间、购入时间、供应商、使用年限、设备使用状态、采购人等）；机械设备相关图片的新增、删除。

(2)物资材料管理

管理内容包括：物资材料的登记入库，修改、新增、删除（包括编码、数量、性能情况说明、费用、购入时间、供应商、产地、采购人等）；领用物资材料的相关信息（名称、编码、数量、用于何工程、领用时间、性能状态、部门、领用人）；物资材料的相关图片的新增、删除。

(3)道路安全管理

根据武汉市城市路桥收费管理中心桥梁道路安全管理制度，对周安全生产检查情况、安全检查评分、事故整改通知、重车过桥等内容进行管理，以备查。

6)GIS 分析

主要功能包括：

(1)信息显示、半径信息工具、区域信息工具：半径信息工具是把光标定位在要选择的区域的中心，按鼠标按钮不放拖动鼠标按钮，显示一虚形圆，当所显示的圆所包括的区域达到所需的大小时，放开鼠标，则弹出虚圆选中的特定对象的属性信息窗口。区域信息工具与半径信息工具类似，只是选中的区域不是圆而是矩形。

(2)电子地图的放大、缩小及改变视图：电子地图的放大缩小可以是鼠标点击或滚动放大缩小固定倍数，也可以是通过鼠标选中的矩形框进行电子地图的放大和缩小。

(3)移动地图：平移电子地图。

(4)计算距离：计算选中的两点间的直线距离。

(5)对象查询：空间对象的属性信息和空间信息可以进行双向查询，既可以显示电子地图上选中空间对象的属性信息（包括其病害信息），也可以通过已知的属性信息在电子地图中查询显示其空间信息。

(6)图层控制：为了方便空间对象的管理，按照其类别分为多个图层，图层控制就是对电子地图的图层进行控制操作。“图层”里显示的是当前电子地图正在使用的图层清单，包括数据表、专题地图和装饰图层。下面的属性指示每一图层是否可视、可编辑、可选择，自动标注或可缩放显示。各个图层在地图窗口中叠加在一起。图层顺序就是图层在电子地图窗口中的顺序，单击“上”、“下”按钮可以改变图层的叠加顺序。在图层控制中，有增加图层、删除图层、图层顺序、自动标注等功能。

(7)标注：单击“标注”按钮，弹出“标注选项”对话框。使用该对话框可以指定地图图层的标注属性，可以设定标注的内容、位置和样式。

(8)专题地图:主要有创建专题地图、修改专题地图、专题地图图例和删除专题地图等功能。

(9)鹰眼图:一个缩微的地图,是为了方便用户浏览地图而设,作用是显示地图框中所显示的地图在整幅地图中的位置。鹰眼图中的白色方框就是目前地图显示的电子地图部分。用户可以通过鼠标在鹰眼图任一位置指定任意大小的矩形,则地图窗口同步显示用户指定矩形区域内的地图,从而实现地图的快速定位和浏览。在鹰眼图中单击鼠标左键,则自动将鼠标点单击的位置置于地图窗口中心。

7)查询管理

查询分为:病害记录查询、病害维修查询、物资管理查询。

(1)病害记录查询

①按照巡检类别查询:查询内容为各类巡检病害,查询条件为巡检类别、时间段。

②按照部件查询:查询内容为某一部件所有病害,查询条件为部件名称、时间段。

③按照病害记录汇总表查询:查询内容为所有发现病害汇总,查询条件为时间段。

(2)病害维修查询

①桥管所自修查询:查询内容为所有桥管所自修工程,查询条件为病害维修方式、时间段。

②维修所自修查询:查询内容为所有维修所自修工程,查询条件为病害维修方式、时间段。

③桥管处维修记录汇总查询:查询内容为所有桥管处自修工程,查询条件为时间段。

④维修项目查询:查询内容为所有维修项目,查询条件为维修状态、时间段。

⑤维修项目合同查询:查询内容为有合同项目的合同内容,查询条件为维修合同号、时间段。

(3)物资管理查询

①机械设备查询:查询内容为月盘点表,查询条件为时间段。

②材料备件查询:查询内容为库存结存报表,查询条件为时间段。

8)系统管理

主要功能包括:

(1)对于系统各种数据进行及时备份,确保数据由于误操作受到损坏时的及时恢复。系统可在固定时间自动进行数据备份,也可随时进行手动备份。

(2)系统日志记录用户对系统的各种操作,便于系统管理员进行系统管理。

(3)用户管理,可直接赋予用户相应权限,也可指定其到某个用户组或角色,使其具有该用户组或角色所拥有的权限。

(4)用户组管理,可直接赋予用户组相应权限,也可指定其到角色,使其具有该角色所拥有的权限。

(5)角色管理,可直接赋予角色相应权限。

(6)具有系统最高权限者可以修改用户权限、用户组权限、角色权限。

(7)系统使用者可以通过用户向导、用户组向导、角色向导等功能方便地实现对用户、用户组、角色的权限进行管理。

第三节　桥梁健康监测系统实例简介

本节将对苏通大桥结构健康监测系统和东海大桥结构健康监测系统加以介绍。

一、苏通大桥结构健康监测系统

1.系统功能

苏通大桥主桥为采用主跨1088m的双塔双索面钢箱梁斜拉桥,不仅规模宏大,在斜拉桥几何尺度方面创造了几项世界第一,其结构设计与施工等许多方面都超出了国内外现行技术规范和标准,极具挑战性，难度极大，而且由于其现场环境条件复杂、风大水深流急，抗风安全和河床冲刷突出。因此，苏通大桥是目前中国建桥史上工程规模最大、建设标准最高、技术最复杂、科技含量最高的现代化特大型桥梁工程，也是世界斜拉桥建设史上的标志性工程。

考虑到苏通大桥规模宏大，可以预见其检查、养护和维修费用将是昂贵的。为保证苏通大桥在整个设计使用寿命内的安全运营，同时尽量减少大桥的管理维护费用，必须建立一套功能全面、性能优良、稳定耐久、经济合理的结构健康监测与安全评价系统；此外，该系统的建立对于提升苏通大桥的设计、施工和管理水平亦具有十分重要的意义。

苏通大桥结构健康监测及安全评价系统的主要功能：①确认苏通大桥的实际性能，确保达到设计目标；②增加对桥梁结构安全程度的把握，确保苏通大桥能长期安全使用；③服务于大桥的施工监测、成桥静动载试验和运营阶段的养护综合管理系统，减少非重点部位的人工检查次数，在意外发生期间和事后评估安全度，辅助和改进大桥的检测方法，为大桥的维护决策提供依据；④发展先进的大跨度斜拉桥的监测、控制和评估技术和方法。

2.系统构成

为达到上述目的，苏通大桥结构健康监测与安全评价系统由 4 个子系统构成(见图 3-11-32)：①传感器系统(SS)；②数据采集与传输系统(DATS)；③数据处理与控制系统(DPCS)；④结构健康状况评价系统(SHES)。

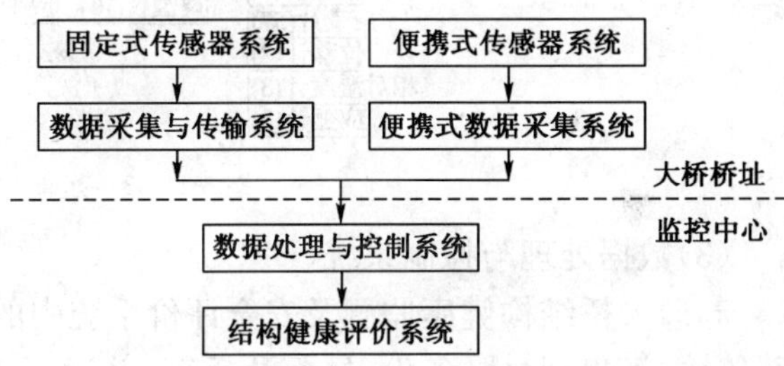

图 3-11-32 苏通大桥结构健康监测与安全评价系统框架

这 4 个子系统将运行于 4 个层次：第 1 层次是数据采集单元采集传感器系统拾取的信号；第 2 层次是将采集到的信号转换成数字信号并通过光纤网络输送到数据处理与控制系统；第 3 层次是由计算机系统完成数据的后处理、归档、显示及存储；第 4 层次是由高性能计算机系统完成大桥结构健康状况的评价工作，提供大桥在整个运营过程中工作状态的实时报告并且对非正常状态提供预警，实时评估大桥的安全性、适用性以及为大桥的定期检查和维修提供直接依据，并提交监测和结构健康评价报告。

(1)传感器系统(SS)

苏通大桥结构健康监测及安全评价系统的基本监测功能通过传感来实施。传感系统设计以技术先进、经济合理、可靠适用、确保质量为目的，充分考虑苏通大桥健康监测和安全评价系统中的三大类参数：①荷载源(输入参数)，包括风、温度、交通量和地震荷载等；②系统特性(系统参数)，包括静力效应系数和总体动力特性等；③桥梁的响应(输出参数)，包括几何外形(或桥梁位移)、索力、应力/应变分布、结构腐蚀和疲劳估计等。同时，苏通大桥结构健康监测及安全评价系统还将并入苏通大桥地基基础安全监控系统的部分传感器并考虑结构的腐蚀监测。

为达到上述目的，苏通大桥结构健康监测及安全评价系统中的传感器子系统(SS)由超声风速仪、车速车轴仪、全球定位系统、加速度传感器等 16 类传感器组成。其包括由 788 个各类传感器所构成上部结构固定式传感器系统，由 16 只高精度加速度传感器构成的便携式传感器系统及包含 636 只传感器的基础监测传感器系统，传感器总数达到 1440 只，见图 3-11-33。

(2)数据采集与传输系统(DATS)

对于主跨超过 1000m 的苏通大桥，监测系统包含的传感器种类繁多、分布范围广，为防止长距离传输造成信号失真和减少电磁信号干扰，必须对数据采集单元的布设进行优化研究，尽量减少数据采集单元的数量，以节约资金、简化系统、提高效率，同时保证信号和采集数据的精确性和可靠性。

数据采集单元的优化布置是苏通大桥健康监测和安全评价系统的重要研究内容之一。设计中，苏通大桥结构健康监测及安全评价系统中的数据采集和传输子系统(DA&TS)由光纤网络连接的计算机数据采集单元组成，其包括 9 个数据采集站和 2 个数据采集子站，并仍在考虑采集站数量的进一步精简。考虑到钢箱梁中的夏季高温，数据采集站将外设温控仓房。

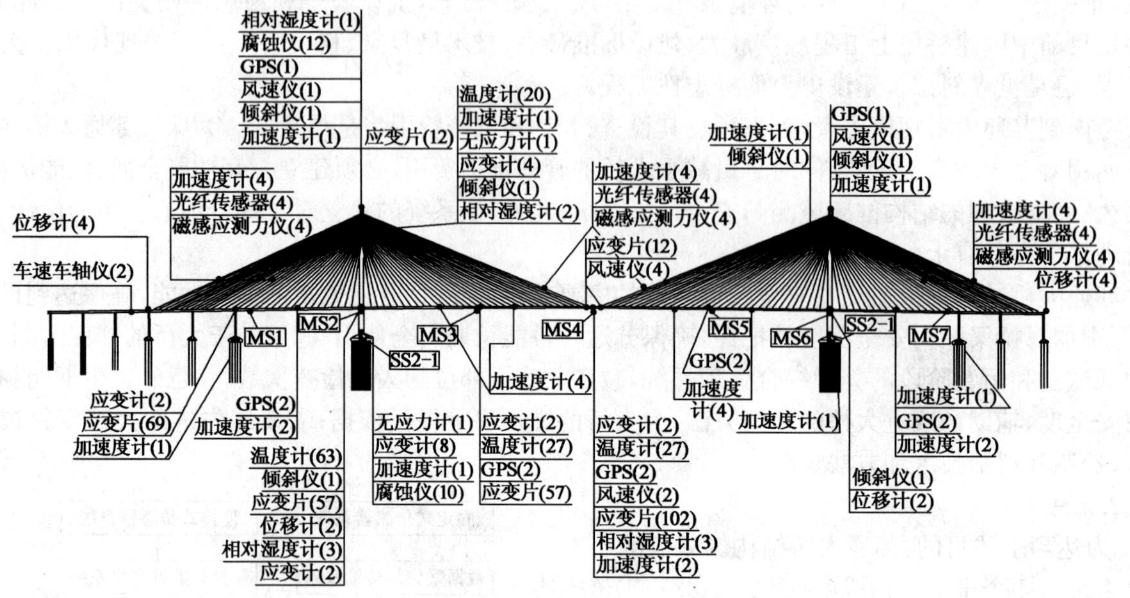

图 3-11-33　苏通大桥主桥传感器测点布置方案

(3)数据处理与控制系统(DPCS)

苏通大桥结构健康监测及安全评价系统中的数据处理与控制子系统主要是负责控制数据采集、处理、传输、汇集、归档、备份、显示及运算，并通过 FDDI 双环光纤网络控制安装在桥梁上的数据采集站(MS)。数据处理与控制子系统通过对实测数据进行校准、信号处理、数据质量和可靠性测试等过程，以各种可用方式对数据进行处理、可视化、评估、编译，从而完成数据—信息—知识的转化，并通过对数据库中的大量测试数据进行抽取、转换、分析和其他模型化处理，从中提取能辅助后续自动损伤识别与状态评估的关键性数据并将经过处理和分析的数据发送到结构健康状态评估服务器，以进行结构健康状况评估和产生监视、评估报告。

(4)结构健康状况评价系统(SHES)

苏通大桥结构健康监测及安全评价系统中的结构健康状况评价子系统是整个系统的核心和灵魂。该系统将采用功能强大的多台服务器或工作站来共同完成结构健康状态评估，并利用图形处理软件完成可视化的结果分析与显示，大桥的高精度有限元模型也建立在此系统中。该系统的一个重要功能是进行大桥在台风、地震等作用下的易损性分析。苏通大桥的性能状态主要根据桥梁设计、现场检查和监测系统三方面的信息加以评估。目前阶段，结构健康评估子系统的研究主要集中于构件评级系统、结构评估有限元模型及修正、结构健康状况局部与整体损伤评估、疲劳评估等内容。

在苏通大桥结构健康监测及安全评价系统研究与设计过程中，思考的重点主要集中于两个核心问题：①如何获取有效信息，即如何从海量信号中去除干扰获取有效信息；②如何进行信息的合理分析。对于第一个问题，主要通过在传感器系统、数据采集与传输系统及数据处理与控制系统中采用一系列先进技术手段予以解决；而对于第二个问题，则将苏通大桥结构健康状况评价系统考虑为由 5 个模块组成，即适用性评估模块、安全性评估模块、耐性评估模块、桥梁评级系统和损伤诊断与预测模块，后 4 个模块均将与桥梁养护系统紧密结合，在实际运营中将充分考虑人工检查方法与实时健康监测系统相结合。

二、东海大桥结构健康监测系统

东海大桥是我国第一座外海跨海大桥，是上海国际航运中心——洋山深水港的连岛工程。东海大桥工程规模巨大，5000t 级主通航孔 2 处，1000t 级辅助通航孔 3 处。主通航孔为跨径 420m 单索面钢—混凝土叠合斜拉桥，辅助通航孔采用大跨度变高预应力混凝土箱梁，非通航孔为等高度预应力混凝土连续箱梁，大桥全长 32.4km，按双向六车道高速公路标准设计。东海大桥也是深水港区集装箱陆路运输、供水、供电、通信等唯一通道。桥区位于北亚热带南缘海面，地貌复杂、气候多变、风速高、雷暴多、冲淤变化大、海水腐蚀性强。

鉴于东海大桥的重要性，如何确保运营阶段桥梁结构安全及交通畅通成为一个重要的问题。由于大桥规模宏大、技术复杂、所处环境恶劣，随着桥龄增加，大桥工作性能将逐渐退化，难免会发生各种结构损伤，相应的检查、维修工作会日渐加重，可以预见按照传统方式方法，其检查、管养、维修的费用将十分昂贵。

传统上，对桥梁结构的检查评估通过人工目测或借助于便携式仪器测量得到的信息进行，人工检查方法在实际应用中有很大的局限性，特别是对于东海大桥这样跨径大、组成复杂的桥梁结构群。就当前的科技发展水平而言，先进的健康监测技术与传统的人工检查相结合是此类特大型桥梁养护管理中相辅相成的两个方面。以健康监测系统为平台，监测评估桥梁的状态性能，可以全面把握大桥结构的安全性、耐久性指标及运营状态，确定桥梁结构是否满足预定的功能要求，并为养护维修提供科学依据。

1.监测系统的总体架构

1)大桥维护策略

基于人工检查的传统的桥梁养护方法大多属于在结构出现病害后的一种纠正性维护方法，或通过定期对不明情况的检查、简单测试，当检测出有病害及损伤发生时，再对其进行维修加固。显然，这种维护策略是被动式的，且难以全面掌握桥梁结构状态及反应行为，特别对于大跨、复杂桥梁结构，仅仅采取被动式的养护有时会造成巨大的养护经费支出及恶劣的社会影响。

基于健康监测系统的桥梁养护，是根据系统的测量值、衍生量及其他方面的监测、检查结果对桥梁做出合理的评估，对构件不正常的现象及时做出判断并找出根源，及早发现灾难性破坏隐患，以便采取措施加以消除或最低程度对其进行控制或延缓。这种养护策略也就是评估式、预测式的养护。

但由于资源等方面限制，对大型桥梁在复杂环境下响应的认识和经验的不足，仅依靠实时监测系统本身采集的数据对结构进行评估也是不完整的，因此必须将桥梁人工检查、定期监测与先进的健康监测系统有机结合，以期有效消除现存检测、监测方法中的诸多不足，综合传统的人工检查方法与现代监测技术的长处。东海大桥维护策略见图3-11-34。

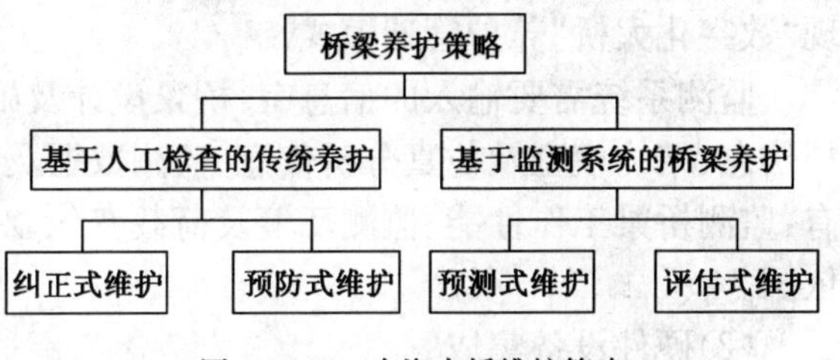

图3-11-34　东海大桥维护策略

2)监测系统的构建原则

为使东海大桥健康监控系统成为一个功能强大并能真正长期用于桥梁养护管理，同时又具经济效益和高水平的桥梁健康监测系统，系统的构建遵循如下原则：

(1)强调监测系统的科学性，遵循“简洁、实用、性能可靠、经济合理”的原则；

(2)首先满足东海大桥养护管理和运营维护的需要，同时兼顾考虑科学试验与设计验证等方面因素；

(3)根据实际需要，采用实时监测、定期监测及人工检查相结合的方法，从而全面系统地掌握大桥的工作状态；

(4)根据不同类型桥梁易损性分析结果，选择桥梁易损、重点部位及日常养护无法检查或检查非常困难的部位进行实时监测；

(5)实时监测以结构位移监测为主，以力、应力、动力特性监测为辅助；

(6)监测系统能顺应桥梁健康监测的发展方向，具有可扩展性。

3)总体目标

东海大桥桥梁结构健康监测系统的总体目标在于通过测量反映大桥环境激励和结构状态的信息，即实时测量值或其衍生量，结合定期监测、人工检测的结果，对桥梁整体与局部性能、工作状态做出合理评估，为大桥的养护维修提供科学依据，以保证大桥的安全运营。

4)监测系统的总体框架

(1)系统功能框架

东海大桥桥梁结构健康监测系统由 6 个模块组成，分别是：数据采集模块、数据传输模块、数据处理及控制模块、数据管理模块、结构健康评估模块、检查及维护模块。监测系统的构成见图 3-11-35。

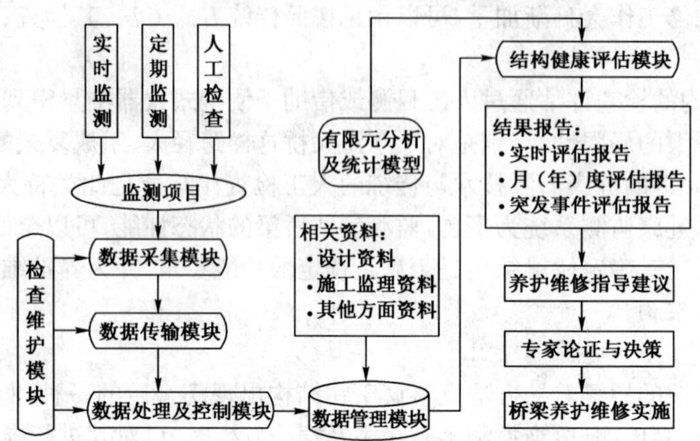

图 3-11-35　健康监测系统功能框架图

监测系统综合了大型工程科学计算、仿真分析、网络数据库、传感通信、实时健康诊断评估与结构安全预警等技术，通过对实时采集数据的分析，选择有用的数据进行处理，并综合桥梁设计、施工期间的各种资料、日常养护资料等进行信息化管理，建立大桥的连续评价体系，并预测大桥的未来发展趋势，实现以健康监测系统为平台的预测式、评估式大桥养护管理系统，提高大型桥梁的安全监测和管理水平，实现"数字化大桥"养护管理模式。

监测系统需要输入的信息有：桥梁设计及施工信息(包括结构缺陷等各种有关信息)、桥梁检查及维护信息、结构模型及仿真分析信息、监测数据及其处理结果、结构评估体系。监测系统可以输出的信息有：监测桥梁工作性能、监测环境及荷载变化、对设计假定进行验证、评估桥梁健康状态、提供桥梁维护依据。

(2)硬件设备集成

根据监测系统的总体构思，实时监测系统建立包括高性能传感元件与信号采集装备、网络系统及计算机处理系统等。同时为保证硬件设备尽量长期的工作，采取适当的防护措施，并考虑设备的可更换性。

实时监测系统特点如下：

①具有长期、实时、同步、连续地进行数据采集的能力；

②具有强大的数据传输、处理、显示、存档、管理和远程共享能力；

③具有自检、校准、控制功能；

④软件及硬件模块具有良好的可更换性和升级能力。

2. 数据采集模块

数据采集的来源有：实时监测、定期监测及人工检查。实时监测数据是从安装于桥梁结构上的固定式传感器获取，定期监测数据是通过便携式检测仪器现场测试取得，人工检查除包含可量化数据外，也有文字描述等。

1)实时监测区段的选择

因东海大桥规模庞大，以有限的资金不可能进行全面监测，也无必要，故选择重要及有代表性的桥梁结构进行实时监测。根据以上原则选取 8 座桥梁，分别是主航道斜拉桥、颗珠山斜拉桥、120m 通航孔、140m 通航孔、160 m 通航孔，及 50m、60m、70m 各一联等高连续梁进行监测。各监测区段位置见图 3-11-36。

2)实时监测内容及监测点的确定

监测内容在考虑不同结构形式的特点基础上，考虑以下三方面的因素而定：养护管理、桥梁易发事故、外部环境。

监测点布设主要考虑的因素有：桥梁类型、监测内容、传感器本身的特点等。具体布点原则如下：

(1)结构空间变形主控制点；

(2)最大应力分布及变化的位置或构件；

(3)应力集中而且能够明确测量的位置或构件；

(4)外部风力荷载主要监控点；

(5)可对结构总体温度进行监控的控制点；

(6)结构模态分析前 5 阶振型所必须监控的控制点；

(7)索力应力幅值变化最大的斜拉索；

(8)部分传感器的布设应适当的冗余。

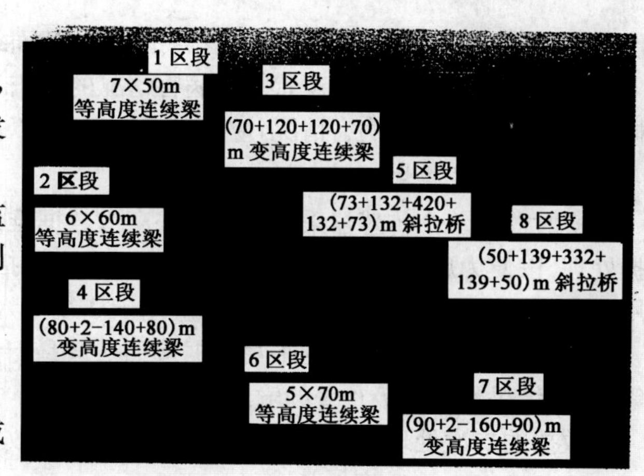

图 3-11-36　监测区段位置示意

东海大桥实时监测共布设 472 个传感器，主航道斜拉桥及辅助航道连续梁的监测点布设见图 3-11-37 及图 3-11-38。

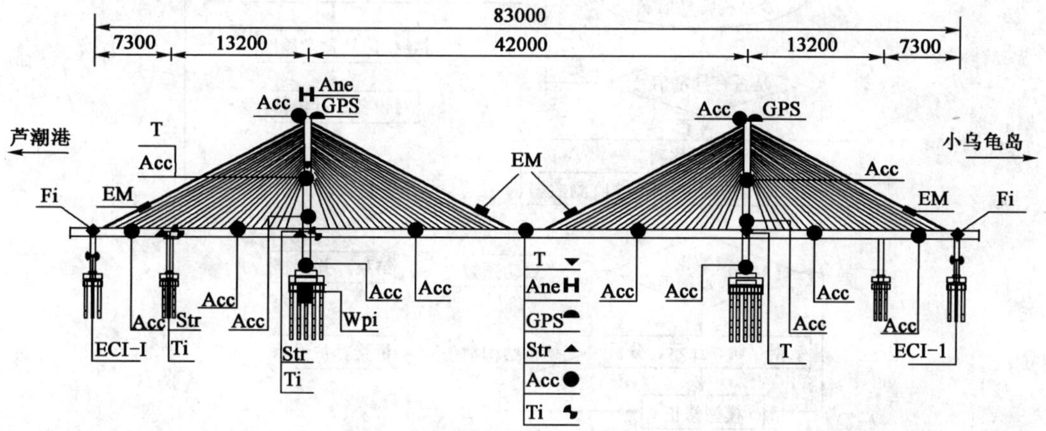

图 3-11-37　主航道斜拉桥监测点布置(尺寸单位：cm)

T-温度传感器(46 个)；Ane-风速仪(3 个)；GPS-GPS 测点(3 个)；Str-应变传感器(48 个)；Acc-加速度传感器(29 个)；Ti-疲劳计(24 个)；Fi-伸缩仪(4 个)；EM-索力仪(8 个)；Wpi-水压力传感器(76 个)；ECI-1-腐蚀仪(36 个)

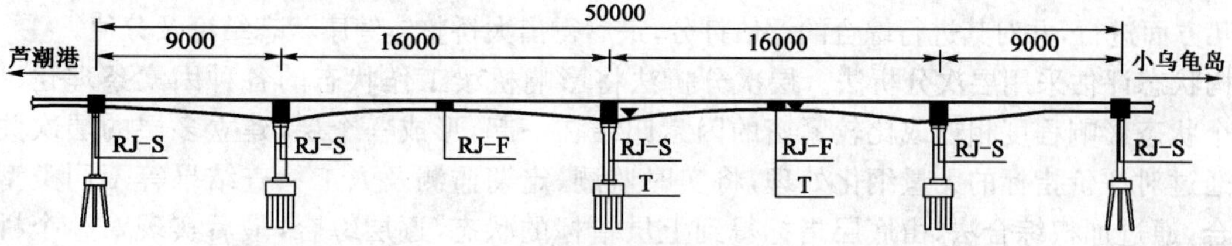

图 3-11-38　160m 连续梁辅助航道桥监测点布置(尺寸单位：cm)

RJ-S-静力水准沉降测点(16 个)；RJ-F-静力水准挠度测点(4 个)；T-温度传感器(12 个)

3)定期监测及人工检查内容的确定

定期监测通过便携式仪器设备对桥梁结构有关性能指标或外部环境参数定期测量，是对实时监测部分的补充和完善。定期监测的主要内容有：基础冲刷深度、桥墩变位、恒载索力、斜拉索探伤、焊缝探伤、混凝土强度、混凝土碳化深度、氯离子侵蚀、桥面线形等。

人工检查是对桥梁表观状态或病害情况的检查记录，包括桥面系、上部结构、下部结构等所有桥梁构件。对于可量化的病害情况，应形成量化记录，以便与定期监测的项目均作为评估的依据。

3. 数据处理模块

实时监测单个传感器采集的数据或离散数据难以反映结构性能状态的真实情况，因此需要进行数据处理，以便为后期的评估提供依据。数据处理包括数据的预处理及二次处理，其中数据预处理主要应用于在线评估中，数据二次处理主要应用于离线深入分析研究。

预处理是对实时监测的采集数据按照数理统计的方法计算相应时间段内的均值、峰谷值、标准差等，计算结果作为初级预警的输入及评估模块调用，并向数据显示模块传送，同时存入处理后数据库中。

数据的二次处理的内容主要包括对不同监测数据间的相关性分析。

4. 结构安全预警模块

预警模块作为监测系统的一部分，对涉及结构安全的监测内容设置预警功能。预警模块根据系统实时采集的数据以模型比对法对结构安全性进行状态判断、预警，提醒养护管理人员进行更为详细的现场观测。传感器的预警，即对传感器采集的数据值与设定的阈值进行比对，根据比对结果判断是否发出警报，需要比对的传感器采集数据是一时间段内数据的均值，比对的对象是一经过综合计算分析后的阈值，这一阈值随着监测时间的增加进行相应的调整修正。预警流程见图 3-11-39。

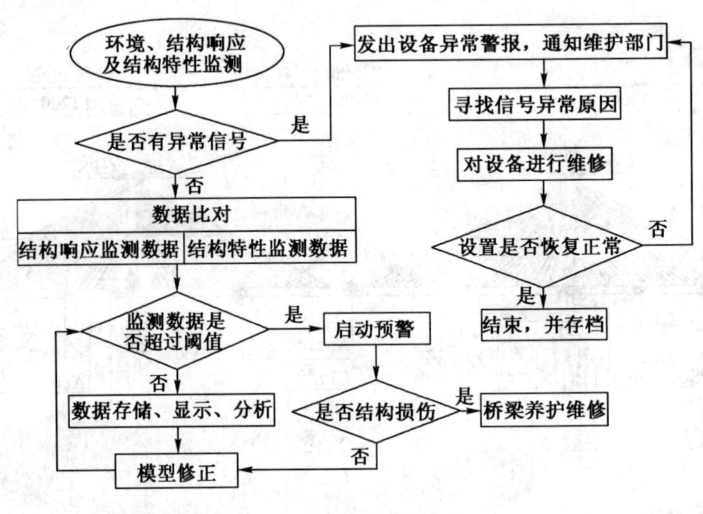

图 3-11-39 预警流程

5. 桥梁健康评估模块

桥梁健康评估模块是大桥健康监测系统的核心内容。结构状态评估按照结构安全性、耐久性及使用性等几方面进行，并对其进行综合的评估打分，最后得出大桥整体健康状态结论及分值。

结构状态评估采用层次分析法。层次分析法将影响桥梁工作状态的各种因素条理化、层次化，把对某个状态影响程度相近或比较紧密的因素归结在一起，形成一个层，建立多层的层次关系评估体系。通过对评价指标的无量纲化处理，将实时监测、定期监测及人工检查结果等不同类型的数据进行综合，通过加权综合法，由底层指标得到上层指标的状态，逐层综合，最后实现对整个桥梁状态的评估。

6. 信息管理模块

大桥监测体系中各种数据量庞大，类型多且杂，既有监测的数据、图像资料，又有设计施工的图表信息，还有检查结果的表格及某些非数字型的描述信息等，因此需要建立完善的数据库系统，用于分类存储、查询、调用。本系统共构建 9 类数据库，见表 3-11-7。

数据库类型描述　　表 3-11-7

编　号	名　称	内 容 描 述
1	原始数据库	存储各种传感器的实时监测数据和定期采样数据；存储临时采集的数据；存储其他公众信息源的数据、其他监控系统的视频图像资料及各种人工录入的有关桥梁结构安全的信息
2	处理后数据库	存储经过处理的各个监测内容的统计数据
3	健康状态数据库	存储在线评估报告及结构离线评估的报告
4	超阈值事件数据库	存储超过阈值的各监测内容的原始数据
5	结构模型数据库	存储桥梁结构的各监测项目的初始值以及随时间变化的趋势值
6	管养检查数据库	存储桥梁维修养护等信息
7	结构信息数据库	存储桥梁设计、施工、监理资料、图纸等
8	系统参数数据库	存储基本结构参数、结构与传感器关系参数，以及传感器采样频率、数据预处理参数等各类可设置参数
9	系统维护数据库	存储系统自检以及事故维修记录

系统能够快速及时地通过计算机网络提供数据库中的桥梁状态信息，灵活地以图文并茂、友好自主的方式显示。数据库管理工作主要包括系统状态监控、数据查询、信息维护、结构状态评估、系统维护、系统管理等工作。大桥健康监测信息管理架构见图 3-11-40，数据库类型见表 3-11-7。

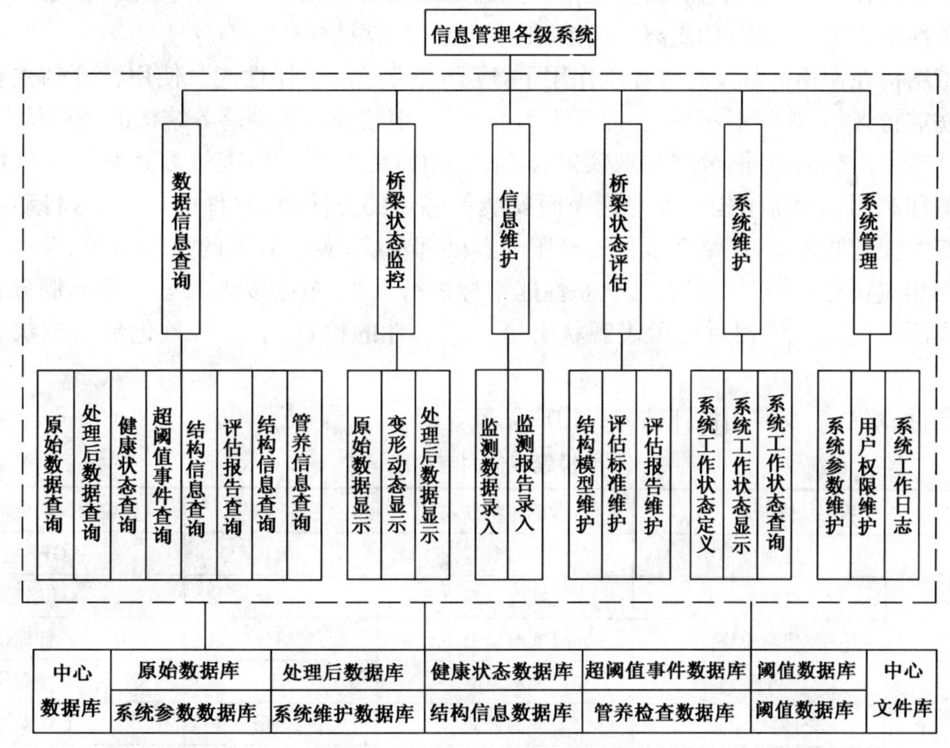

图 3-11-40　系统信息管理架构

三、评估指标体系

由于目前对桥梁在运营期间的行为特征还有很多未知领域，桥梁健康状态的准确评估需要专家的参与，这一传统评估模式的缺点是时效性较差，但桥梁的运营管理和维护却迫切需要对桥梁健康状态进行及时评估，掌握其行为状态。因此为满足这两方面的需求，东海大桥健康状态评估采取在线自动评估和离线专家评估相结合的策略。

结合东海大桥的具体情况，采用层次分析法构建大桥性能评价的层次结构模型，借助多级模糊推理法和在专家系统基础上直接打分相结合的方法，对桥梁的安全性、耐久性及使用性进行分项及综合评估，据此确定桥梁健康状态，为大桥养护维修工作提供科学依据，确保在其设计基准期内安全运营。

1. 桥梁评估指标体系的建立

东海大桥在线评估采用层次分析法，将全桥划分成不同的评估层次，逐级评估汇总。层次分析法（AHP 法）将影响桥梁工作状态的各种因素条理化、层次化，把对某个状态影响程度相近或比较紧密的因素放在一起，形成一个层，建立多层的层次关系综合评估体系。通过对评价指标的无量纲化处理，将实时监测、定期监测及人工检查等不同类型的数据进行综合，实现对东海大桥健康状态的综合评估。通过变权方式，实现根据各指标的退化情况调整指标权重，达到客观评估结构状态的目的，通过加权综合的方法由底层指标得到上层指标的状态，逐层综合，得到整个桥梁的状态。

(1)评估内容的确定

大桥健康状态评估内容根据结构特性确定，以反映各项结构性能状态的指标作为评估内容。主要从 3 个方面考虑：即桥梁结构安全性、耐久性、使用性。

安全性指结构应能承受正常的使用时可能出现的各种荷载、变形等作用，能保证其整体及局部的稳定性，如构件承载力、构件应力、构件刚度、结构损伤等。

耐久性指结构在正常养护下，随时间变化仍能满足预定的功能要求。耐久性评估主要针对桥梁主要构件的耐久性损伤进行评估，如氯离子侵蚀、混凝土强度、钢结构疲劳等。

使用性指结构在使用荷载及外部环境作用下，应具有良好的工作性能。使用性评估主要针对结构的功能性损伤进行评估，如线形不平顺、混凝土表面损伤、钢结构油漆剥落等结构的表观状况。

根据评估项目内容的不同，分别采取实时监测、定期监测及人工检查的方式获得这些数据评估指标。实时监测即利用在大桥结构中预埋或表面安装传感器的方法，在软件的控制下，自动采集结构位移、力、应力等方面的数据，经网络系统传输至服务器处理系统，实现数据的自动采集、存储、分析工作。定期监测即用相应仪器定期对桥梁有关状态性能指标进行采集，数据以人工方式输入服务器中。人工检查主要以肉眼或便携式仪器对桥梁表观状态进行经常性的检查，取得可量化数据或状态程度描述信息。

大桥安全性、耐久性及使用性评估内容构成见表 3-11-8。

桥梁评估内容构成　表 3-11-8

序　号	项目内容		数据采集方式	频　率	监测仪器设备或手段
1	安全性	塔顶位移	实时监测	10Hz	GPS 监测
2		主跨跨中位移	实时监测	10Hz	GPS 监测
3		梁端位移	实时监测	10Hz	伸缩仪
4		主梁倾斜	实时监测	1Hz	倾角仪
5		部分斜拉索索力	实时监测	10Hz	EM 索力仪
6		斜拉索恒载索力	定期监测	1 次/年	便携式索力仪
7		桥墩变位	定期监测	1 次/年	全站仪
8		基础冲刷深度	定期监测	1 次/年	多波束探测
9		钢结构应变	实时监测	1Hz	应变计
10		混凝土结构应变	实时监测	1Hz	应变计
11		动力特性	定期监测	1 次/8 年	荷载试验

续上表

序　号	项 目 内 容		数据采集方式	频　　率	监测仪器设备或手段
12	安全性	结构刚度	定期监测	1次/8年	荷载试验
13		斜拉索探伤	定期监测	1次/年	无损检测
14		钢结构焊缝探伤	定期监测	1次/年	无损检测
15		高强螺栓检查	定期监测	1次/年	无损检测
16		锚头检查	定期监测	1次/年	无损检测
17		混凝土裂缝	人工检查	1次/年	肉眼及测量工具
18	耐久性	混凝土强度	定期监测	1次/年	回弹法
19		碳化深度	定期监测	1次/年	人工测试
20		氯离子侵蚀	定期监测	1次/年	测定电阻率
21		钢结构疲劳	实时监测	1Hz	疲劳计
22	使用性	桥面线形	定期监测	1次/年	精密水准仪
23		桥面状况	人工检查	1次/年	肉眼观测
24		混凝土表观状况	人工检查	1次/年	肉眼观测
25		伸缩缝状况	人工检查	2次/年	肉眼观测
26		钢结构油漆	人工检查	1次/月	肉眼观测
27		钢结构构件	人工检查	1次/年	肉眼观测
28		斜拉索状况	人工检查	1次/年	肉眼观测
29		阻尼器状况	人工检查	2次/月	肉眼观测
30		支座状况	人工检查	1次/年	肉眼观测
31		护栏状况	人工检查	1次/年	肉眼观测
32		其他设施状况	人工检查	2次/年	肉眼观测
33	其他方面	结构温度	实时监测	1Hz	温度仪
34		风速风向	实时监测	1Hz	风速风向仪
35		车流量调查	人工调查	2次/年	肉眼观测
36		水文、波浪	定期监测	1次/年	水压力计、波浪仪

(2)评估层次划分

东海大桥健康监测评估层次共分为4层,分别是:目标层、准则层、大指标层、小指标层。目标层为全桥整体健康状态评估,准则层为各区段桥梁性能状态评估,大指标层为每一监测区段的安全性、耐久性及使用性各分项性能评估,小指标层为各监测项目评估指标。选取东海大桥中重要及有代表性的桥梁作为评估准则层。每一监测区段的各项性能指标作为大指标层。小指标层的评估指标共有两类,分别是:①可量化数值序列值或单个数据值;②对桥梁构件状态描述或简单的状态程度划分,而没有数值结果。第1类指标为各实时监测、定期监测数据及可量化检查结果,第2类为人工检查病害或状态描述。大桥健康状态评估层次划分见图3-11-41。

(3)评估的方法

根据桥梁类型,全桥共划分成8个评估区段,各评估区段采集的数据按其功能和特点组织成不同的评估项目,同时评估项目分别归属到不同的结构特性类别中,评估项目在同一逻辑组内进行综合处理,其导出量中的特征参数作为评估的指标,参与评估。

对于第一种可量化的小指标层数据,以Fuzzy模糊推理机进行数据推理评估,得出评估分值。首先对结构进行详细有限元仿真分析,根据结构在各种外荷载作用下的响应设定评估指标阈值,然后经过模糊推理计算得到某项监测指标的评估分值。随着时间的变化,有限元模型定期进行修正,以便可以真实地反映桥梁状态行为，得出正确的评估阈值。

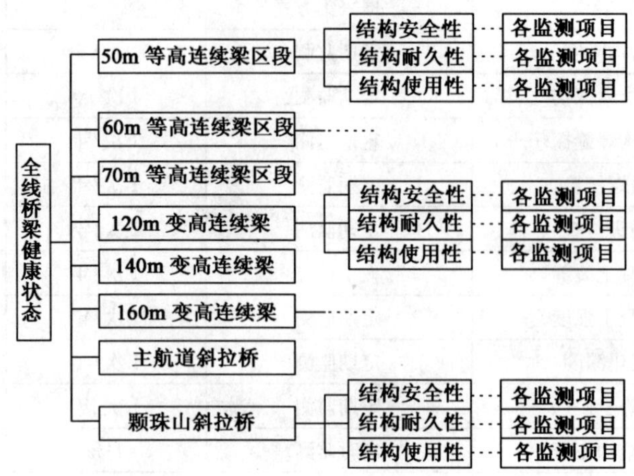

图 3-11-41　东海大桥健康状态评估层次划分

对于人工检查等非量化数据，根据现行有关桥梁养护规范及专家系统对程度描述结果直接进行量化评分，得出评估分值。

各层评估项目内容根据加权累加的方法得到上一层项目的评估分值，直到得出全桥健康状态评估分值。

通过以上方法，可以使定量、定性两种影响桥梁结构因素有机结合，经综合分析后，全面反映结构的真实状态，使评价体系更加科学化，减小人为主观判断的影响。

2. 模糊推理法

(1)总体结构

模糊推理系统是建立在模糊集合论、模糊 if-then 规则和模糊推理等基础上先进的计算框架。其基本结构由 3 个重要的部件组成：规则库、数据库、推理机制。规则库包含一系列模糊规则；数据库定义了模糊规则中用到的隶属函数；推理机制按照规则和所给定的事实执行推理过程，求得合理的输出结论。模糊推理系统是通过事先掌握的一组推理规则实现从输入到输出的推理计算。模糊推理法的总体结构见图 3-11-42。

(2)输入设计

为了便于编程实现和调解，考虑使所选取的 MF 的参数最少。按此原则，针对每个语言变量(输入指标)的整个论域，用图 3-11-43 所示的 MF 组描述：该隶属度函数组由论域轴上的 4 个参数确定，即：a、b、c、d，其中 a 和 d 为该指标的取值范围的下界、上界，b 和 c 刻画了论域的空间划分。隶属度函数组的表达式如下：

图 3-11-42　模糊推理法的总体构成

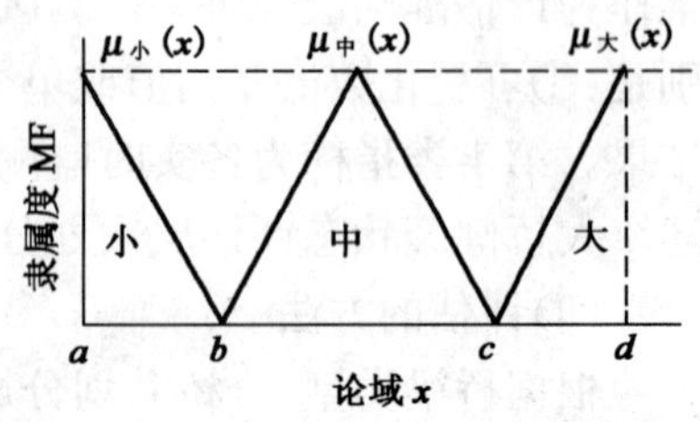

图 3-11-43　论域区间划分

$$\mu_{小}(x)=\begin{cases}1 & x\leqslant a\\ \dfrac{b-x}{b-a} & a\leqslant x\leqslant b\\ 0 & x\leqslant b\end{cases}\tag{3-11-1}$$

$$\mu_{中}(x)=\begin{cases}0 & x\leqslant b\\ \dfrac{x-0.5(b+c)}{0.5(b+c)-b} & b\leqslant x\leqslant 0.5(b+c)\\ \dfrac{c-x}{c-0.5(b+c)} & 0.5(b+c)\leqslant x\leqslant c\\ 0 & 0\end{cases}\tag{3-11-2}$$

$$\mu_{大}(x)=\begin{cases}0 & x\leqslant c\\ \dfrac{x-c}{d-c} & c\leqslant x\leqslant d\\ 1 & d\leqslant x\end{cases}\tag{3-11-3}$$

(3)输出设计

按所选取的 MF 的参数最少原则，针对每个语言变量（输入指标）的整个论域，用如图3-11-44所示的高斯 MF 组描述：该隶属度函数组由论域轴上的 3 个参数确定，即：a、b、c。a、b、c 刻画了论域子空间划分的中心。为了编程的简单，设：$\sigma_1=\sigma_2=\sigma_3=\sigma=(c-a)/9$，给出该隶属度函数组的表达式如下：

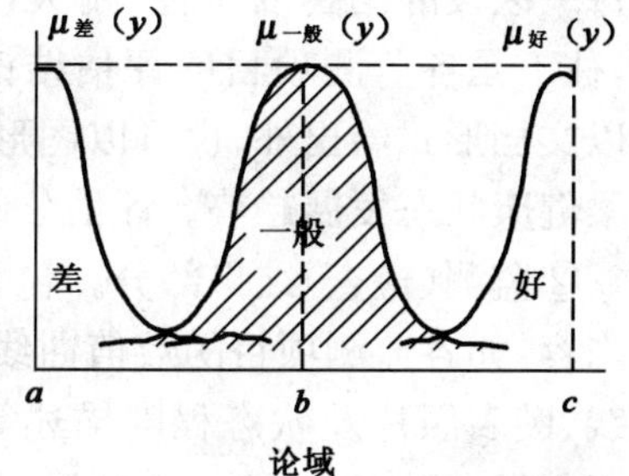

图 3-11-44　隶属度函数

$$\left.\begin{aligned}\mu_{差}(y)&=e^{-0.5\frac{y-a}{\sigma}}\\ \mu_{一般}(y)&=e^{-0.5\frac{y-b}{\sigma}}\\ \mu_{好}(y)&=e^{-0.5\frac{y-c}{\sigma}}\end{aligned}\right\}\tag{3-11-4}$$

(4)推理规则设计

评估节点的推理规则见表 3-11-9。

推 理 规 则　　表 3-11-9

规　　则	指　　标 1	指　　标 2	结　　论	规　　则	指　　标 1	指　　标 2	结　　论
Rule1	小	小	好	Rule6	中	大	差
Rule2	小	中	好	Rule7	大	小	一般
Rule3	小	大	一般	Rule8	大	中	差
Rule4	中	小	好	Rule9	大	大	差
Rule5	中	中	一般				

(5)输出的去模糊化方法

对于输出的去模糊化采用面积中心法：

$$Y_{\mathrm{COA}}=\frac{\int_{\mathrm{Y}}\mu_{\mathrm{ovr}}(y)y\,\mathrm{d}y}{\int_{\mathrm{Y}}\mu_{\mathrm{ovr}}(y)\,\mathrm{d}y}\tag{3-11-5}$$

模糊推理机输入，即用于评估的指标数目不超过两个。所有输入指标（语言变量的）的论域（取值空间）只被划分为 3 个模糊子空间，不失一般性，将它们命名为“大”、“中”和“小”，对每个具体的评估指标，分别用合适的语言术语替换即可。输入指标在物理意义上是指：指标越大，对结构安全性、耐久性及使用性越不利。

实际应用时可采用 Matlab 模糊工具箱中提供的工具模块进行。工具模块程序以源代码的形式为模糊推理提供引擎，经过编译，可生成独立执行的模糊推理机程序。

3. 评估报告的组成

评估报告由在线评估报告及离线评估报告组成。在线评估报告又可分为即时评估、月度评估。在线评估报告根据设定的程序，由系统自动完成，无需人工干涉。如发生严重的突发事件（如强度较大的地震、强台风、船舶撞击、车辆撞击斜拉索等），可根据系统采集的实时数据，对大桥进行突发事件后的状态评估，形成突发事件评估报告。

离线评估需要对采集的各种数据进行深入分析挖掘，给出完整的大桥健康状态结论及未来的发展趋势等，需要由专家完成。

(1)在线评估报告的组成

评估报告的内容包括评估结论、监测(检查)数据结果显示、养护维修指导建议等。

①评估结论部分。根据层次划分原则，逐级给出评估结论及分值。首先根据评估系统的计算分析给出大桥全线的总体评估结论及数值，再给出各区段的评估结论及分值，然后列出每一区段的结构安全性、耐久性及使用性的评估结论及分值，往下是各监测项目的评估结论及分值。各层次评估分值除以文档形式给出外，也可以图形的方式表现，以便直观看出桥梁健康状态发展趋势。评估分值示意见图 3-11-45。

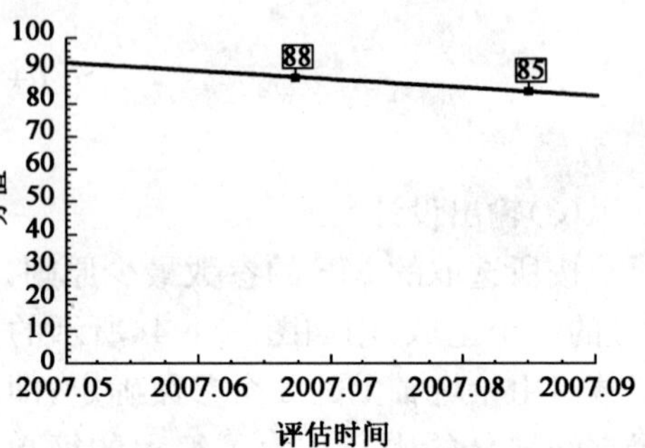

图 3-11-45　评估分值示意

②监测(检查)结果部分。包含各种监测(检查)项目的详细内容，如各监测项目的数值曲线图、人工检查可量化的趋势曲线、图表照片及状态程度描述等。实时监测项目数值曲线基于数据预处理、二次处理结果，根据采集频率的不同，数据结果曲线包括每小时、每天、每周、每月的均值、最大值、最小值及标准差等。

③养护维修指导建议。根据评估项目及评估分值的不同，分别给出每一项评估内容的养护维修指导建议。如某一监测(检查)项目结论为恶劣，重点给出其具体劣化结果描述，以便管养人员重点关注，并进一步采取必要的维护措施。

(2)离线评估报告的组成

正常情况下，离线评估每年进行一次，亦即年度评估报告。

离线评估报告的组成如下：

①在线评估报告的内容总结、优化；

②动力方面的损伤分析；

③疲劳寿命分析；

④各种监测(检查)项目的相关性分析；

⑤环境因素(气象、文水等)与结构状态关系分析；

⑥车流量与结构状态关系分析；

⑦腐蚀方面耐久性分析；

⑧大桥总体健康状态描述及养护维护意见；

⑨警戒阈值修正、系统有关参数优化；

⑩结构状态发展趋势分析。

东海大桥健康监测系统按照层次分析法构建大桥的评估体系，以模糊推理法及专家系统直接打分法相结合实现在线评估是可行的，可有效地解决大型健康监测系统采集数据量庞大、难以及时处理的问题。同时，也为桥梁养护管理部门提供了即时桥梁健康状态信息，可以及早发现灾难性破坏隐患，以便采取措施加以消除或最低程度对其进行控制或延缓，做到评估式、预测式的桥梁养护管理。

同时也应注意到，桥梁结构，特别是大跨索支承桥梁的结构，往往同时存在着彼此有联系的多层次的多个失效模式以及失效路径，它们间的相互关系非常复杂，为了真实模拟结构行为状态，随着桥梁运营时间的延长，需要不断修正、完善结构分析模型。另外，由于大多数情形下模糊推理中适合的 if-then 规则的建立不是一件容易的事，因此需要在以后的使用中对模糊推理的合理性进行验证，使之更加适合真实桥梁状态。因此，健康监测评估系统是一个动态系统，需要随着桥梁运营时间的增长而不断优化完善的系统。

4.应用方式

最后，简介东海大桥结构健康监测系统的应用方式。

大桥健康监测系统的运行需要有3组人员：日常应用管理人员、系统运行维护人员、专家系统人员。

日常应用管理人员主要进行系统的日常操作，监测系统是否正常工作，根据预警功能监测桥梁运行状态，整理月度报表，判断是否进行系统维护及是否需要进行离线分析。此类人员需具有一般的桥梁养护及计算机应用的知识，可由业主方配设。

系统维护人员定期对硬件设备进行检查、维修、更换，对软件进行维护、升级等。系统维护人员应是计算机、网络、设备等方面的专业人员，可来自业主方或由专业公司人员承担。

专家系统人员主要定期对实时采集的数据、定期监测及人工检查数据进行深度分析、信息挖掘、损伤识别，以便对大桥的安全性、耐久性及使用性进行综合分析，提出大桥健康状态综合报告及养护维修建议报告等。

参考文献

[1] 中华人民共和国行业标准 TB 10002.2—2005 铁路桥梁钢结构设计规范. 北京：中国铁道出版社,2005.

[2] 中华人民共和国国家标准 GB 700—2006 碳素结构钢. 北京：中国标准出版社,2006.

[3] 中华人民共和国国家标准 GB/T 1591—94 低合金高强度结构钢. 北京：中国标准出版社,1995.

[4] 中华人民共和国行业标准 TB 10212—2009 铁路钢桥制造规范. 北京：中国铁道出版社,2009.

[5] 中华人民共和国行业标准 TB 10203—2002 铁路桥涵施工规范. 北京：中国铁道出版社,2002.

[6] 中华人民共和国行业标准 JTJ 041—2000 公路桥涵施工技术规范. 北京：人民交通出版社,2000.

[7] 铁道部大桥工程局. 孙口黄河大桥技术总结. 北京：科学出版社,1997.

[8] 史春元,田锡唐,等. 蠕变强度匹配对钢接头断裂特性的影响. 第八次全国焊接会议论文集(第3册). 北京：机械工业出版社,1997.

[9] 钟生长,周立明,等. 厦门海沧大桥加劲钢箱梁梁段制造技术. 中国公路学会桥梁和结构工程学会一九九九年桥梁学术讨论会论文集. 北京：人民交通出版社,1999.

[10] 王禄鹏,刘晓光,等. 大跨度钢箱梁板单元构件制造. 第十四届全国桥梁学术会议论文集. 2000.

[11] 洪军,杨元录,等. 斜拉桥预制钢箱梁段桥位拼装工艺及焊接变形. 钢结构,2001.

[12] 白玲,史志强,史永吉. 大型钢箱梁焊接收缩变形及其控制. 第十四届全国桥梁学术会议论文集. 2001.

[13] 文峰,孙立雄,等. 钢正交异性板结构板单元焊接变形控制技术. 第十四届全国桥梁学术会议论文集. 2001.

[14] 牛和恩. 悬索桥　虎门大桥工程第二册. 北京：人民交通出版社,1998.

[15] 陈宝春. 钢管混凝土拱桥设计与施工. 北京：人民交通出版社,2000.

[16] 蔡绍怀. 钢管混凝土结构. 中国建筑科学研究院,1992.

[17] 中国工程建设标准化协会标准 CECS 28:90 钢管混凝土结构设计与施工规程. 北京：中国计划出版社,1992.

[18] 国家建筑材料工业局标准 JCJ 01—89 钢管混凝土结构设计与施工规程. 上海：同济大学出版社,1989.

[19] 任继新,周汉林,等. 钢管拱桥梁相贯线展开方程的开展与应用. 钢结构,2001(3).

[20] 高文义,等. 中山二桥施工监测报告. 桥梁建设,1997(2).

[21] 潘绍伟,等. 钢管混凝土拱桥超声波检测研究. 桥梁建设,1997(1).

[22] 中华人民共和国国家标准 GB/T 1228～1231—2006 钢结构用高强度大六角头螺栓、大六角螺母、垫圈与技术条件. 北京：中国标准出版社,2006.

[23] 中华人民共和国国家标准 GB/T 3632—2008 钢结构用扭剪型高强度螺栓连接副. 北京：中国标准出版社,2008.

[24] 中华人民共和国国家标准 GB/T 3077—1999 合金结构钢. 北京：中国标准出版社,1999.

[25] 中华人民共和国国家标准 GB 2829—87 周期检查计数抽样程序及抽样表. 北京：中国标准出版社,1987.

[26] 中华人民共和国国家标准 GB 90—85 紧固件验收检查、标志与包装. 北京：中国标准出版社,1985.

[27] 中华人民共和国行业标准 TBJ 214—92 铁路钢桥高强度螺栓连接施工规定. 北京：中国铁道出版社,1992.

[28] 中华人民共和国行业标准 TB 2137—90 铁路钢桥栓接板面抗滑移系数试验方法. 北京:中国铁道出版社,1990.

[29] 戴永宁. 南京长江第三大桥钢索塔技术. 北京:人民交通出版社,2005.

[30] 南京长江第三大桥建设指挥部. 南京长江第三大桥主桥技术总结. 北京:人民交通出版社,2005.

[31] 铁道部大桥工程局桥梁科学研究院. 芜湖桥焊接连接件疲劳强度试验研究——焊接接头疲劳强度. 桥梁科学研究院,1999.

[32] 铁道部大桥工程局桥梁科学研究院. 芜湖长江大桥钢梁焊接整体节点疲劳试验研究——桁梁节段模型疲劳试验. 桥梁科学研究院,1999.

[33] 中华人民共和国行业标准 JTG/T D60-01—2004 公路桥梁抗风设计规范. 北京:人民交通出版社,2004.

[34] 中华人民共和国行业标准 JTG D62—2004 公路钢筋混凝土及预应力混凝土桥涵设计规范. 北京:人民交通出版社,2004.

[35] 中华人民共和国行业标准 JTG/T D65-01—2007 公路斜拉桥设计细则. 北京:人民交通出版社,2007.

[36] 中华人民共和国行业标准 TB 10002.3—2005 铁路桥梁钢筋混凝土和预应力混凝土结构设计规范. 北京:中国铁道出版社,2005.

[37] 中华人民共和国行业标准. 铁路桥梁检定规范. 北京:中国铁道出版社,2004.

[38] 中华人民共和国公路工程标准　公路桥梁技术状况评定标准(送审稿).

[39] 刘效尧,朱新实. 预应力技术及材料设备. 北京:人民交通出版社,1998.

[40] “铁组”YC4-4/1978 科研专题. 大跨径混凝土桥梁的试验方法. 北京:人民交通出版社,1982.

[41] 国家建筑工程质量监督中心. 混凝土无损检测技术:北京:中国建材工业出版社,1996.

[42] 胡大琳. 桥涵工程试验检测技术. 北京:人民交通出版社,2000.

[43] 莫鲁,符萍芳. 混凝土结构工程施工及验收手册. 北京:地震出版社,1994.

[44] 江正荣. 建筑结构预制与吊装手册. 北京:中国建筑工业出版社,1994.

[45] 吴昌期,杨家沪,韩凤华. 预应力混凝土桥施工. 北京:人民交通出版社,1981.

[46] 吴慧敏. 结构混凝土现场检测新技术——混凝土非破损检测. 长沙:湖南大学出版社,1998.

[47] 潘景龙. 混凝土结构性能评定和检测. 哈尔滨:黑龙江科学技术出版社,1997.

[48] 徐日昶,等. 桥梁检验. 北京:人民交通出版社,1992.

[49] 裘伯永,盛兴旺,乔建东,文雨松. 桥梁工程. 北京:中国铁道出版社,2002.

[50] 李勇,陈宜言,聂建国,陈宝春. 钢—混凝土组合桥梁设计与应用. 北京:科学出版社,2002.

[51] 陈开利,林亚超. 钢管混凝土拱桥力学特性试验研究. 桥梁建设,2007(1).

[52] 铁道部大桥工程局桥梁科学研究院. 武汉市江汉三桥钢管桁架焊缝超声波检测报告. 1999.

[53] 铁道部大桥工程局桥梁科学研究院. 上海城市轨道交通明珠线苏州河桥钢管拱混凝土无损检测报告. 1999.

[54] 中铁大桥局集团武汉桥梁科学研究院有限公司. 武昌鱼桥钢管混凝土拱管内混凝土密实度检测. 2003.

[55] 朱新实,刘效尧. 公路桥涵设计手册　预应力技术及材料设备(2 版). 北京:人民交通出版社,2005.

[56] 中华人民共和国国家标准 GB 5223—2002 预应力混凝土用钢丝. 北京:中国标准出版社,2002.

[57] 中华人民共和国国家标准 GB 2103—2008 钢丝验收、包装、标准及质量说明书的一般规定. 北京:中国标准出版社,2008.

[58] 中华人民共和国国家标准 GB/T 17101—2008 桥梁缆索用热镀锌钢丝. 北京:中国标准出版社,2008.

[59] 刘效尧,朱新实.公路桥涵设计手册预应力技术及材料设备.北京:人民交通出版社,2000.
[60] 中华人民共和国国家标准 GB 5224—2003 预应力混凝土用钢绞线.北京:中国标准出版社,2008.
[61] 中华人民共和国国家标准 GB/T 14370—2000 预应力筋用锚具、夹具和连接器.北京:中国标准出版社,2000.
[62] 中华人民共和国国家标准 GB/T 18365—2001 斜拉桥热挤聚乙烯拉索技术条件.北京:中国标准出版社,2001.
[63] 党志杰.斜拉桥的疲劳抗力.桥梁建设,1999(4).
[64] 郭良友,等.武汉长江二桥的索力、温度和应力测量.铁道部大桥局桥梁研究院论文集.1999.
[65] 中华人民共和国行业标准 JTJ 041—2000 公路桥涵施工技术规范.北京:人民交通出版社,2004.
[66] 铁道部大桥局.天津永和斜拉桥施工技术总结.施工期间的工地电算.1989.
[67] 陈德伟,等.施工控制在甬江斜拉桥施工中的应用.全国桥梁结构学术大会论文集.上海:同济大学出版社,1992.
[68] 秦顺全,林国雄.斜拉桥安装计算——倒拆法与无应力状态控制法评述.全国桥梁结构学术大会论文集.上海:同济大学出版社,1992.
[69] 徐恭义.《公路桥规》中徐变系数的程序算法.中国土木工程学会桥梁及结构工程学会第九届年会论文集.1990.
[70] 陈德伟,等.混凝土斜拉桥的施工控制.土木工程学报,1993,26(1).
[71] 中华人民共和国国家标准 GB/T 21073—2007 环氧涂层七丝预应力钢绞线.北京:中国标准出版社,2007.
[72] 柳州市建筑机械总厂企业标准 Q/OVM 011—1999 环氧树脂涂层预应力钢绞线.
[73] 江阴法尔胜住电新材料有限公司企业标准 Q/32028 1PCU 填充型环氧涂层钢绞线.
[74] 美国后张协会斜拉桥委员会.斜拉索设计、测试和安装条例(4 版).2001.
[75] 唐小萍,赵靖钊,等.关于环氧涂层钢绞线拉索体系的几个关键技术问题讨论.
[76] 中华人民共和国国家标准 GB/T 14370—2007 预应力筋用锚具、夹具和连接器.北京:中国标准出版社,2007.
[77] 柳州欧维姆机械股份有限公司企业标准 Q/ OVM 016—2005 热挤聚乙烯钢绞线拉索.
[78] 威胜利工程有限公司(中国 VSL)企业标准 Q/VSL 003—2000 VSL SS1 2000 无粘结钢绞线斜拉索体系技术规范.
[79] 重庆交通科研设计院.苏通大桥主桥斜拉索疲劳试验研究.
[80] 徐君兰.大跨度桥梁施工控制.北京:人民交通出版社,2000.
[81] 严国敏译.PC 双线铁路斜拉桥 第二千曲川桥的设计(日).国外桥梁,1995(1).
[82] 铁道部大桥局桥梁科学研究院.军山长江公路大桥 钢箱梁斜拉桥施工控制技术——自校正调节法的应用.2002.
[83] 钱冬生,强士中.执著地研究大跨度悬索桥.桥梁建设,1996(2).
[84] 中华人民共和国行业标准 JT/T 395—1999 悬索桥预制主缆丝股技术条件.北京:人民交通出版社,1999.
[85] 中华人民共和国行业标准 JT/T 449—2001 公路悬索桥吊索.北京:人民交通出版社,2001.
[86] 上海浦江缆索有限公司企业标准 Q/MAA 02—96 悬索桥主缆预制平行钢丝束.
[87] 广东省企业产品标准 Q/CG 01—94 虎门大桥悬索桥主缆索股技术条件.重庆:交通部重庆公路科学研究所,广东省公路工程总公司发布,1994.
[88] 桥梁科学研究院.西陵长江大桥鞍座摩阻系数测试报告.武汉:桥梁科学研究院,1995.
[89] 日本道路公团编集.关门桥工事报告书.社团法人土木学会发行,1977.
[90] 铁道部大桥工程局.广东汕头海湾大桥工程总结 桥梁明珠.北京:科学出版社,1998.

[91] 黄铁生,杜甄编译. 大岛大桥主缆施工. 国外桥梁,1993(3).
[92] 林一宁,余屏孙,林亚超. 悬索桥架设期间主缆温度测试研究. 桥梁研究院论文集. 武汉:铁道部大桥局桥研院,1999.
[93] 广东虎门技术咨询公司编译. 大岛大桥施工总结. 广州:1995.
[94] 中华人民共和国国家标准 GB 8918—2006 重要用途钢丝绳. 北京:中国标准出版社,2006.
[95] JOHN W,费希尔,项海帆,史永吉,等译. 钢桥的疲劳和断裂. 北京:中国铁道出版社,1989.
[96] 牛和恩. 虎门大桥工程(第二册)　悬索桥. 北京:人民交通出版社,1998.
[97] 叶琳昌,沈义. 大体积混凝土. 北京:中国建筑工业出版社,1987.
[98] 王亚斌. 大体积混凝土温度预测和裂缝控制. 中国铁道学会桥梁工程委员会,学术交流会议文集. 1997.
[99] 陈仲先,等. 厦门海沧大桥东锚碇温控监测与温控效果. 桥梁建设,1999.
[100]《数学手册》编写组. 数学手册. 北京:人民教育出版社,1979.
[101] [日]小西一郎. 钢桥⑤. 北京:中国铁道出版社,1981.
[102] 田启贤. 悬索桥非线性结构分析. 桥梁建设,1998(2).
[103] 傅强. 悬索桥空间非线性分析. 桥梁建设,1998(1).
[104] 川田　忠树. 吊桥の设计と施工. 付振动论理工图书. 1965.
[105] 雷俊卿,郑明珠,徐恭义. 悬索桥设计. 北京:人民交通出版社,2002.
[106] 蒋俊峰,马迎山编译. 悬索桥的检查和维修. 国外桥梁,2001(1).
[107] 付春晓,雷俊卿编译. 既有悬索桥主缆现状的检测与研究.
[108] 张艳,张清华编译. 本州—四国联络桥索的维护技术评述. 世界桥梁,2000(4).
[109] 党志杰. 悬索桥主缆的防腐防护及涂装　大跨度桥梁设计与施工技术. 北京:人民交通出版社,2002.
[110] 中华人民共和国行业标准 JT/T 694—2007 悬索桥主缆系统防腐涂装技术条件. 北京:人民交通出版社,2007.
[111] 庄军生. 桥梁支座. 北京:中国铁道出版社,2000.
[112] 廖顺庠,吴在辉,金吉寅. 桥梁橡胶支座. 北京:人民交通出版社,1988.
[113] 中华人民共和国行业标准 JT 3132.3—90 公路桥梁板式橡胶支座成品力学性能检验规则. 北京:人民交通出版社,1990.
[114] 中华人民共和国行业标准 JT/T 4—2004 公路桥梁板式橡胶支座. 北京:人民交通出版社,2004.
[115] 中华人民共和国行业标准 JT 391—2009 公路桥梁盆式橡胶支座. 北京:人民交通出版社,2009.
[116] 中华人民共和国行业标准 JT/T 663—2006 公路桥梁板式橡胶支座规格系列. 北京:人民交通出版社,2007.
[117] 中华人民共和国行业标准 TB/T 2331—2004 铁路桥梁盆式橡胶支座. 北京:中国铁道出版社,2004.
[118] 中华人民共和国国家标准 GB/T 17955—2009 桥梁球型支座. 北京:中国标准出版社,2009.
[119] 李扬海,程潮洋,鲍卫刚,郑学珍. 公路桥梁伸缩装置. 北京:人民交通出版社,1998.
[120] 中华人民共和国行业标准 JT/T 237—2004 公路桥梁伸缩装置. 北京:人民交通出版社,2004.
[121] 黎霞,李宇峙. 路面路基工程试验. 北京:人民交通出版社,1998.
[122] 徐培华,陈忠达. 路基路面试验检测技术. 北京:人民交通出版社,2000.
[123] 胡昌斌. 道路与桥梁检测技术. 北京:人民交通出版社,2007.
[124] 中华人民共和国行业标准 JTG F80/1—2004 公路工程质量检验评定标准(土建工程). 北京:人民交通出版社,2004.
[125] 中华人民共和国行业标准 JTJ 059—95 公路路基路面现场测试规程. 北京:人民交通出版

社，1995.

[126] 中华人民共和国行业标准JTJ 052—2000 公路工程沥青及沥青混合料试验规程. 北京：人民交通出版社，2000.

[127] 中华人民共和国交通部颁标准 公路旧桥承载能力鉴定方法（试行）. 北京：人民交通出版社，1988.

[128] 大跨径混凝土桥梁的试验方法. 铁组YC4-4/1978 科研专题——用试验荷载试验桥梁及桥梁量测的统一方法. 1982.

[129] 余天庆，李德寅，熊建民，等. 工程材料与桥梁结构的力学性能测试. 北京：国防工业出版社，1997.

[130] 胡大琳. 桥涵工程试验检测技术. 北京：人民交通出版社，2000.

[131] 铁道部大桥工程局桥梁科学研究所. 广深珠高速公路虎背山桥静动载试验报告. 1994.

[132] 杨文渊，徐犇. 桥梁维修与加固. 北京：人民交通出版社，1997.

[133] 刘自明，王邦楣，等. 汕头海湾大桥养护维修手册. 武汉：铁道部大桥工程局科学研究院，汕头海湾大桥有限公司，1999.

[134] 钱冬生. 钢桥疲劳设计. 成都：西南交通大学出版社，1986.

[135] 刘义伦. 工程构件疲劳寿命预理论与方法，长沙：湖南科学技术出版社，1987.

[136] 林元培. 斜拉桥. 北京：人民交通出版社，1994.

[137] 王序森，唐寰澄. 桥梁工程. 北京：中国铁道出版社，1995.

[138] 英国标准BS 5400 钢桥、混凝土桥及结合桥 第十章疲劳实施规范. 1986.

[139] Euro code 3：Design of steel struc tures —— Part 1-9 Fatigue.

[140] 胡昌斌. 道路与桥梁检测技术. 北京：人民交通出版社，2007.

[141] 岳建平，田林亚. 变形监测技术与应用. 北京：国防工业出版社，2007.

[142] 董学武，张宇峰，徐宏，倪一清. 苏通大桥结构健康监测及安全评价系统简介. 桥梁建设，2006(4).

[143] 张敏，扬志芳，朱利明. 东海大桥桥梁结构健康监测系统研究与设计. 桥梁建设，2006(2).

[144] 岳青，朱利明. 基于健康监测系统的东海大桥桥梁结构养护管理体系的构建. 桥梁建设，2006(增刊2).

[145] 岳青，朱利明. 东海大桥健康监测系统桥梁健康状态评估方法. 桥梁建设，2006(增刊2).

[146] 武汉绕城公路建设指挥部. 武汉阳逻长江公路大桥工程技术总结. 2009.

第四篇　桥梁检测主要元件、仪器设备及检测技术

桥梁检测仪器设备可以按以下方法分类：

(1)按工作原理可分：

①机械式仪器——纯机械传动、放大和指示；

②电测仪器——利用机电变换，并用电量显示；

③光学测量仪器——利用光学原理转换、放大和显示；

④复合式仪器——由两种以上工作原理复合而成；

⑤伺服式仪器—带有控制功能的仪器。

(2)按仪器的用途可分：

①应变计；

②位移传感器；

③测力传感器；

④倾角传感器；

⑤频率计；

⑥测振传感器等。

(3)按仪器与结构的关系可分：

①附着式与手持式；

②接触式与非接触式；

③绝对式与相对式。

(4)按仪器显示与记录方式分：

①直读式与自动记录式；

②模拟式和数字式。

量测仪表的性能指标如下。

(1)量程(量测范围)：仪表所能量测的最小至最大的量值范围；

(2)最小分度值(刻度值)：仪器的指示或显示装置所能指出的最小测量值；

(3)精确度(精度)：仪表的指示值与被测值的符合程度，常用相对误差表示；

(4)灵敏度：被测量的单位变化引起仪器值的变化值。

(5)滞后：在恒定的环境条件下，仪器在整个量测范围内，从起始值到最大值来回输出中的最大偏差值或该值与最大量程的百分比。

量测仪器的某些性能之间常互为矛盾，如精度高的量程常较小，灵敏度高的仪器往往适应性能稍差。在选用时，应避繁就简，根据检测的目的要求，综合加以考虑，防止盲目性和片面性。

测试元件、仪器设备是桥梁工程检测的重要技术保障。桥梁工程检测对检测数据的精度要求，通常根据检测的目的及要求确定，并依此选择检测的元件和仪表等仪器设备。为此，全面了解桥梁检测主要仪器设备的技术性能、使用方法和适用范围是完全必要的。所以，本篇首先介绍机械式仪表和电子仪器；其次，分章介绍桥梁工程检测中常用的电阻应变片及电阻应变仪、电阻应变式传感器、动力检测仪器、钢弦式传感器及其接收仪、测温元件及其接收仪、光导纤维传感器和全球定位系统(GPS)；然后，为便于读者参考，还介绍了桥梁工程检测单位主要仪器设备。

检测技术同样是桥梁工程检测的重要技术保障。因为检测技术的科学性、准确性直接关系到桥梁工程检测能否达到预期的目的，所以，除前述各篇中已涉及的相关检测技术外，本篇还对一些检测技术进行了系统、简要的介绍。

第一章　机械式仪表

机械式仪表的主要特点是：准确度高，对环境的适应性强，使用简单、性能可靠，并在许多方面都能满足桥梁工程检测的要求。它的主要缺点是：灵敏度不很高，读数放大能力有限。

机械式仪表本身是由各种机械零件组合而成，主要零件有：杠杆、齿轮、轴、螺丝、弹簧、指针和度盘等。

仪表整体，一般包括四部分：

(1)感受机构——它直接感受被测量的物理变化；

(2)变换机构——把感受到的变化量换成长度的变化，并且加以放大或缩小，或改变方向；

(3)指示装置——指示出变化量的大小，如指针、度盘等；

(4)附属装置——仪表的支座、防护外壳等。

为便于选用仪表，对仪表性能的几个基本指标作如下简要说明；

(1)刻度值——仪表指示装置的每一刻度所代表的被测量的值，在整个范围内刻度值可能为常数，也可能不是常数；

(2)量程——仪表的最大量测范围；

(3)灵敏度——被测量的单位变化引起仪表指示装置的变化值；在检测长度时，灵敏度无单位，可用仪器的放大率来表示，灵敏度与刻度值是互成倒数；

(4)准确度——仪表指示装置的指示值与被测值的符合程度，通常用误差来表示；

(5)误差——仪表指示装置的指示值与被测值之差(绝对误差)。

当然，仪表的使用性能，应从多方面去衡量。上述的性能之间有时是相互矛盾的，如灵敏度高的量程常较小；准确度高的往往适应性差。所以，在选用仪表时，应根据检测的目的和要求，综合考虑；应防止盲目地使用高灵敏度、高准确度的仪表。其实，在桥梁工程检测中，对量测仪表的基本要求是：量测仪表不应影响桥梁结构的工作性能和受力情况；仪表性能需满足检测的具体要求，如合适的灵敏度、恰当的准确度和足够的量程；使用方便、工作可靠和经济耐用等。

第一节　位　移　计

位移计是桥梁工程检测中最基本的机械式测量仪表。常用的机械式位移计有接触式和张线式两种。

一、接触式位移计

百分表、千分表和挠度计都是接触式位移计。三者的外形相似，构造及工作原理相同，但检测的精度及量程不一样。百分表、千分表的量程较小，前者刻度值为 0.01mm，后者的刻度值为 0.001mm。挠度计的量程较大，刻度值常为 0.05mm。接触式位移计性能见表 4-1-1。

接触式位移计性能　　表 4-1-1

仪表名称	量程(mm)	刻度值(mm)	允许误差(mm)	仪表名称	量程(mm)	刻度值(mm)	允许误差(mm)
千分表	1	0.001	0.001	挠度计	≥50	0.05	0.1
百分表	5,10,50	0.01	0.02				

百分表与千分表是桥梁工程检测中最常用的机械式仪表,常用于量测桥梁结构的挠度与位移,还可与其他传感器组合成测应变、转角、曲率、扭角等的仪具。

1. 接触式位移计的构造

百分表的外观见图 4-1-1,其构造示意见图 4-1-2。

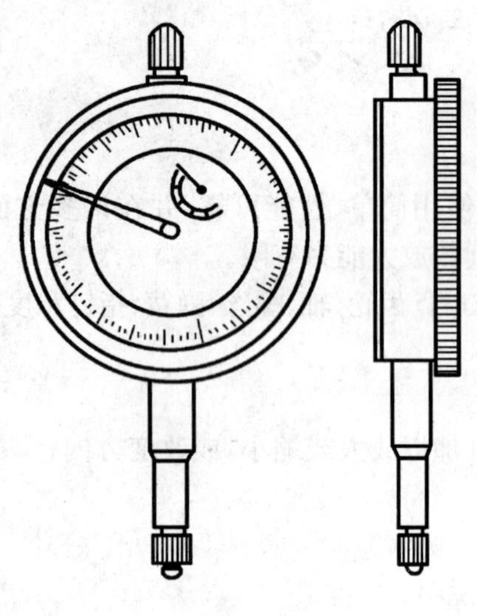

图 4-1-1　百分表

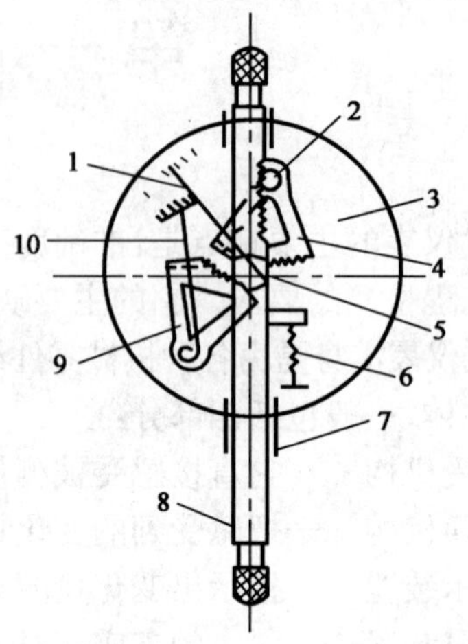

图 4-1-2　百分表构造示意图

1-长针;2-小齿轮;3-躯体;4-扇形齿轮;5-中央齿轮;6-弹簧;7-轴颈;8-测杆;9-扇形齿轮;10-螺旋形弹簧

百分表的工作原理如下:测杆 1 穿过百分表的躯体 3,齿轮 2 和 4 同轴,轴上套有短针(即小盘指针,图中未示),齿轮 5 的轴上套有长针 1,齿轮 2 和测杆的齿带相咬合,扇形齿轮 4 又和中央齿轮 5 咬合。当测杆向上运动时,这些齿轮都转动,从而带动了长针和短针的转动。因此,它们在度盘上的示值,就表示出了测杆相对于躯体 3 的位移。弹簧 6 的作用是使测杆跟上测点的位移后,能使它回到原始状态。扇形齿轮 9 和螺旋形弹簧 10 则使上述齿轮互相只有单面接触,消除齿隙所造成的无效行程。固定在躯体上的轴颈 7,可供安装仪表时使用,有些百分表背面还有耳环,安装就更为方便。

千分表的构造和百分表相似,不过是增加了一对放大齿轮或放大杠件,使灵敏度提高 10 倍。

由上可知,百分表、千分表这类接触式位移计的最大量程不会超过测杆上的齿条长度。因受仪表外观和测杆长度的限制,故量程不可能很大;若测杆太长,在使用过程中容易碰弯而失灵。

百分表与千分表的优点是:使用方便,适应性好,构造简单,价廉易购,准确度高;缺点是:量程小,特别是检测较大的变位时,常常不能满足桥梁工程检测的要求。

2. 用位移计测挠度与变位

用位移计测挠度或某点的位移时,应注意位移的相对性。位移计的表壳作为定点和测杆作为动点,必须分别和相应位移的两点连接。

位移计可装在各种表架上,见图 4-1-3。通常由颈箍夹住表的颈轴,也可用其他任何方式将表壳或轴颈固定在某一定点上。测杆可直接顶住测点,也可通过钢丝与测点相连,见图 4-1-4。

用位移计测挠度与变位时,应注意下面几点:

(1)作为固定位移计的不动点支架,必须有足够的刚性,还要考虑温度变形的影响。采用磁性表座或万能百分表架时,表架连杆不能挑出太长。因为位移计测杆顶住测点时,有一定的反力压于连杆上,如果连杆或支架的柔性较大,就会在该压力作用下产生变形。这样,当结构变形时,仪表就不动或跳动,反映不出测点的真正位移值。

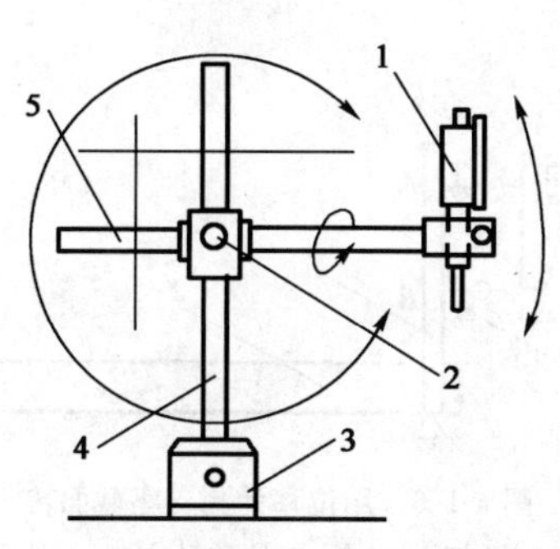

图 4-1-3　位移计装在表架上

1-位移计；2-弹簧卡具；3-底座；4-竖杆；5-横杆

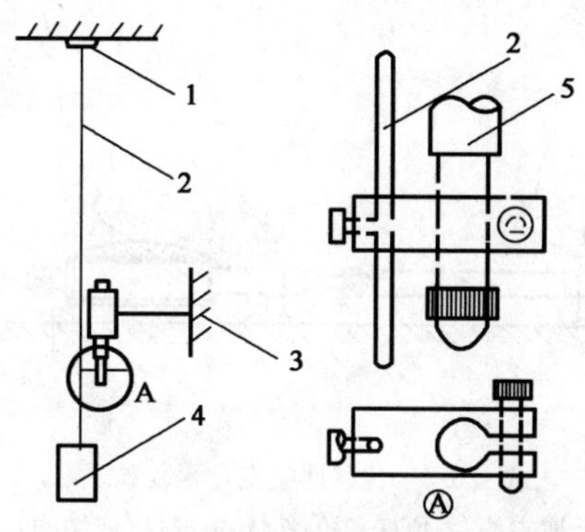

图 4-1-4　位移计测杆通过钢丝与测点相连

1-结构测点；2-细钢丝；3-不动点；4-重物；5-位移计测杆

(2)位移计测杆应与所量测的位移方向完全一致。测点表面需经一定处理，如在混凝土表面粘贴小玻璃片或金属薄片等，以避免结构变形后，由于测点垂直于百分表测杆方向的位移，而使位移计产生误差。这种误差有时会很大。如果上述方式还不足以消除误差，则不应将位移计测杆直接顶住测点，而须采用其他方式。

(3)在使用位移计前、后要认真检查测杆上、下运动的灵活性。

(4)百分表的量程一般为 5mm 或 10mm(也有 50mm 的百分表)，在量测过程中要经常注意即将产生的位移是否会超过仪表量程，以免造成测杆与测点脱离接触或测杆被顶死，所以检测中要随时观察调整，并将调整后之读数记录，以便累计和分析。

3. 用位移计测应变

应变，就是结构上某区段纤维长度的相对变化，有时也用位移计装配的仪表来测混凝土和钢梁的应变。目前，常用的用位移计测结构应变的方法有两种：一种是将夹具直接安装在结构上的位移计应变量测装置，其夹具可按需要自制；另一种为手持引伸仪，这将在下节介绍。

用特制的夹具将位移计安装在结构表面测定应变，具有精度高、标距大的特点。当应变值变化范围很大或需要大标距测定应变时，采用这种装置非常合适。此处标距就是仪器所测区段的原始长度。

图 4-1-5 为位移计应变量测装置。固定位移计和顶杆的夹具，可用钢、铜或铝合金等制成，按照选定的标距以预埋或粘贴的方式固定在混凝土梁或钢梁等结构需测应变的部位上，进行应变检测。

粘贴是最常用的固定方式。在混凝土结构上粘贴夹具时，应先将混凝土表面用砂轮打磨，并去除泥灰及污物，再用细砂布略为磨光，用丙酮等擦净，随后用胶黏剂将夹具按选定的标距粘上，待胶黏剂固化后，即可安装位移计进行检测。

位移计应变量测装置主要用于量测结构构件的轴向应变。常用的量测标距，对混凝土为 10～20cm。对受荷后发生曲率变化的构件，不宜用位移计应变量测装置来测定其表面应变。因为位移计测杆与构件表面有一个距离，当构件发生曲率变化时，所测得的应变有时是虚应变，同时顶杆与位移计测杆接触点发生移动。因此，仅当构件截面变形满足平截面假定，且曲率变化很小时，才能从所测得的虚应变值推算出实际应变。

4. 用位移计测转角、曲率、扭角

(1)转角的测定

利用两个位移计，就可以测出桥梁结构、桁架节点、支座等处的转角。图 4-1-6 所示为测定转角的装置。

结构变形后，测得 A、B 两点的位移为 Δ_1 和 Δ_2，则截面的转角为：

$$\tan\alpha = \frac{\Delta_1 - \Delta_2}{L} \qquad (4\text{-}1\text{-}1)$$

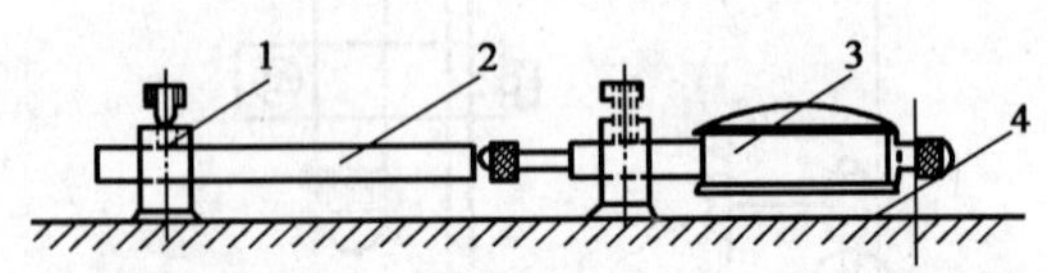

图 4-1-5　位移计应变量测装置

1-金属夹头；2-顶杆；3-位移计；4-试件（或结构）

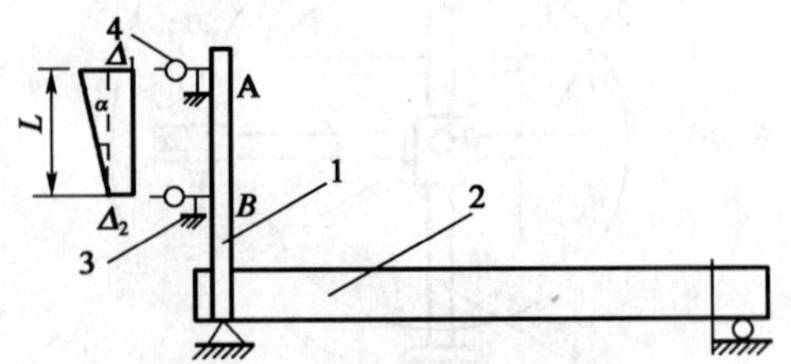

图 4-1-6　用位移计测支座截面转角

1-刚性杆；2-试件；3-位移计支架；4-位移计

如采用 $L=1000$mm，百分表刻度为 0.01，则可测得转角最小值为 1×10^{-5}rad，所以具有很高的精度。当然，按照正切函数原理，还可自行设计各种量测转角的装置。

(2)曲率的测定

利用位移计求得结构表面上某一点对其邻近两点连线的挠度差，就可近似地算出这一段构件的曲率。图 4-1-7 为用位移计测定曲率的装置简图。

计算曲率时，假定构件表面曲线近似符合二次抛物线。当位移计在结构变形前、后之读数差为 f 时，对于图 4-1-7a)装置，构件曲率为：

$$\frac{1}{\rho} = \frac{2f}{b(b-a)} \qquad (4\text{-}1\text{-}2)$$

图 4-1-7b)常用于测定薄板结构的曲率，其曲率为：

$$\frac{1}{\rho} = \frac{8f}{a^2} \qquad (4\text{-}1\text{-}3)$$

(3)扭角的测定

图 4-1-8 是利用位移计测定扭角的一种装置简图，它可用来近似地测定空间壳体结构受到扭转后，单位长度上的相对扭角。

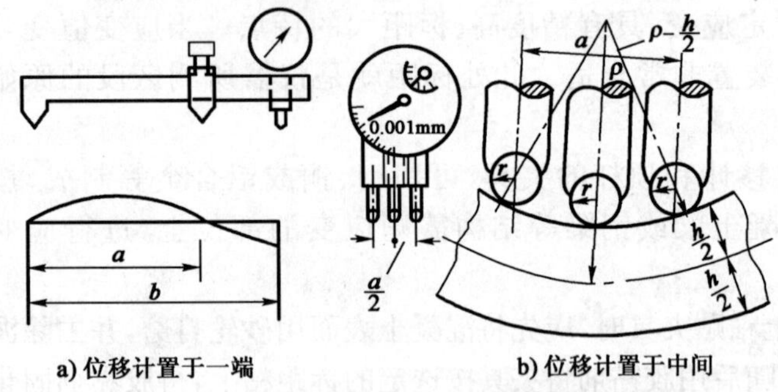

a) 位移计置于一端　　b) 位移计置于中间

图 4-1-7　用位移计测曲率的装置

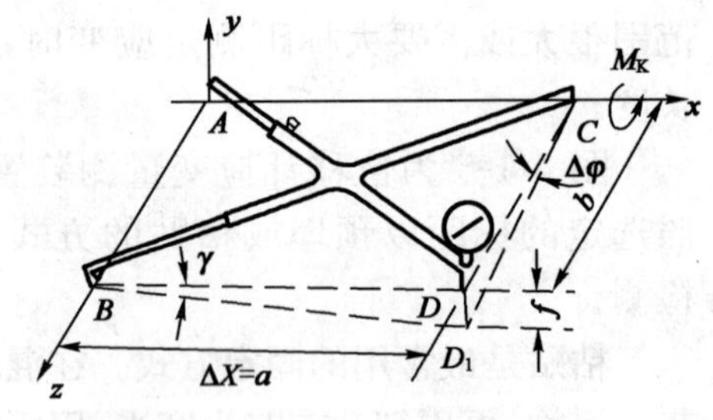

图 4-1-8　用位移计测扭角的简图

由位移计测得的位移增量 f，可得

$$\frac{f}{b} = \tan\Delta\varphi \approx \Delta\varphi$$

则单位长度上的扭角

$$\theta = \frac{d\varphi}{d\chi} \approx \frac{\Delta\varphi}{\Delta\chi} = \frac{f}{ba} \qquad (4\text{-}1\text{-}4)$$

二、张线式位移计

张线式位移计是桥梁工程检测中测量大位移的基本仪表。其基本特点是仪表通过一根张紧的钢丝与桥梁工程结构上的测点相连，利用钢丝传递测点的位移。

常用的张线式位移计是摩擦轮放大的张线式位移计。这种仪表由马克西莫夫设计，所以有时称马克西莫夫挠度仪。其工作原理见图 4-1-9，结构构造见图 4-1-10。

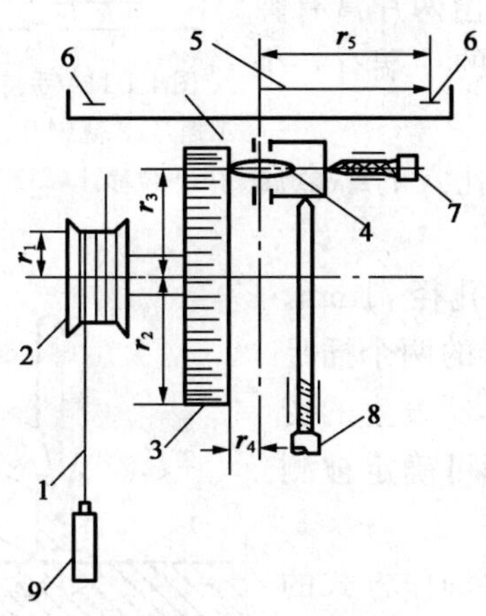

图 4-1-9　挠度仪工作原理图

1-钢丝；2-滑轮；3-刻度轮；4-摩擦轮；5-指针；6-环形标尺；7-摩擦力调整螺丝；8-放大率调整螺丝；9-重锤

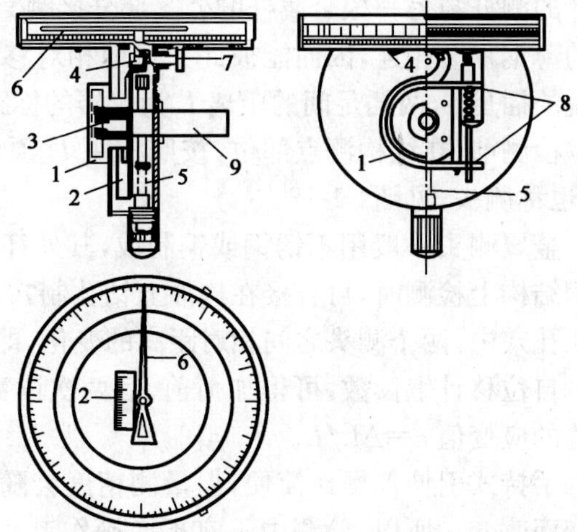

图 4-1-10　挠度仪构造图

1-滑轮；2-刻度轮；3-转轴；4-摩擦轮；5-放大率调整螺丝；6-指针；7-摩擦力调整螺丝；8-可移动的架子（与摩擦轮相连）；9-固定仪表的圆杆

如图 4-1-9 所示，被测量结构的位移或挠度通过钢丝 1 使滑轮 2 带动刻度轮 3 旋转，此转轮再经摩擦轮 4 而传递于指针 5。由从仪器度盘上的环形标尺 6 以及从槽口内能见到的刻度轮，就可记取测量的位移值。摩擦轮之间的摩擦力可用螺丝 7 调整。

仪器的放大率是由两种比例形成的。第一个比例是刻度轮半径 r_2 对滑轮半径 r_1 的比例，即 $k_1=r_2/r_1=2.5$；另一比例为指针长度 r_5 对摩擦轮半径 r_4 的比例，亦即 $k_2=(r_3/r_1)\times(r_5/r_4)=25$。刻度轮共分 100 度，每度相当位移 1mm，环形标尺（字盘）全圈共分 100 度，每度相当于位移 0.1mm。仪表的量测范围无限制，只需记住刻度轮的连续转数。读数的精度为 0.1mm，止估可达到 0.05mm，误差不大于±1%。

张线式位移计的主要优点是：构造简单，使用方便，量程无限。此外，由于其不靠齿轮传动，故无齿轮误差。其缺点是：仪表的传导作用全靠摩擦，当挠度变化迅速或仪表受碰伤时，易使摩擦部分发生相对滑动而导入误差；另外，仪表使用久后，摩擦轮和刻度轮不易保持垂直，也能产生较大差误。

在张线式位移计使用中，除注意位移的相对性外，还特别要注意所用的钢丝。通常采用钢丝的直径为 0.25～1.00mm。严格来说，钢丝直径不同，仪表的放大率就有所不同，因此钢丝直径不能差得太多，否则就需要作相应的修正。试验检测中，悬挂的重物应使钢丝的应力达到钢丝极限应力的一半左右。而且检测前必须以检测时悬锤重的 1.5 倍重物悬挂 2～3d，借以完全拉直钢丝，并消除钢丝的徐变，减少误差。

第二节　手持式引伸仪

手持式引伸仪，也是一种用位移计测量应变的仪器。其特点是：一台仪器可以做多个测点的数据检测，使用方便。使用时无须将仪器固定在结构测点上，而是每次用手持着，临时按在各测点上进行测读，故称手持式引伸仪。测读后，仪器收起，其所测的结果仍保持数值的连续性，故特别适合于长期观测和多点检测，并可解决需大量或长期占用仪器的困难。另外，它还可用于布点密集、安装固定仪表有困难的部位。

手持式引伸仪的构造见图 4-1-11。仪器的示值部分是一个位移计（千分表）4，位移计表壳固定在一对刚性金属杆 3 中的一根金属杆的外突部分上，位移计的测杆与另一根金属杆的外突部分接触。两根金属杆之间由两片富有弹性的薄钢片 2 相连，因而能彼此平行地相对移动。每根金属杆的一端有一个尖锐的插足 1，两插足间的距离 L 为仪器的标距。

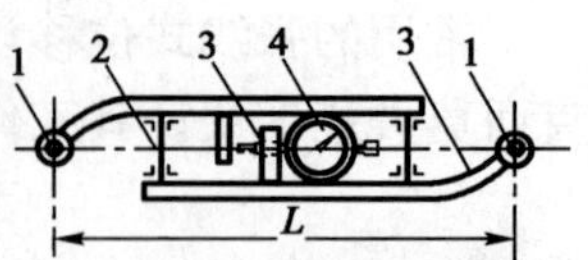

图 4-1-11　手持式引伸仪
1-插足；2-薄钢片；3-钢性金属杆；4-位移计

检测前，在结构测点部位，按照标距 L 预埋或预贴带有圆孔穴的小金属块，也称测头，见图4-1-12。

金属测头一般用不锈钢或铜制成，其外径 ϕ8mm、高 8mm、孔径 ϕ1mm。在钢结构上检测时，可直接在构件上钻孔制穴。测量时，将仪器的两个插足插在孔穴中，两个测头之间相对距离的变化，即为构件在区段 L 所发生的变形。自位移计上读数，可得加荷前、后两次读数的差值，经计算可确定被测构件的应变值 $\varepsilon=\Delta L/L$。

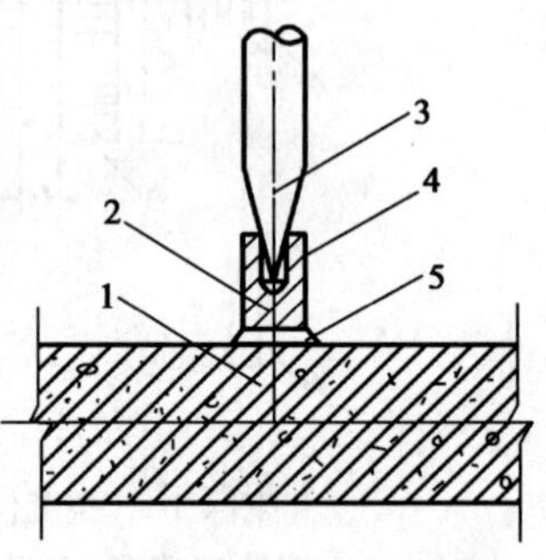

图 4-1-12　测点粘贴金属测头
1-结构；2-金属测头；3-手持式引伸仪插足；4-孔穴；5-粘贴剂

手持式引伸仪操作简便，但量测精度会随操作人员和每次操作方式的改变而改变。所以，检测中不宜更换操作者。操作者要使仪器与试件表面垂直；每次对仪器施加的压力要尽量相等；并使仪器插足对应于同一孔穴，以减小检测误差。

为避免由于仪器构造的可能松动和温度变化等原因而影响读数的准确性，每次测读前应先将仪器插足插在标准棒的两孔穴内，测记其读数。这里的标准棒是仪器的附件之一，用线膨胀系数极小的合金制成，两端有相距为 L 的孔穴。仪器的 L 值一旦改变，在量测标准棒的标准距离时便显出与原来不同的读数，其差值即为修正值。

当温度变化较大时，为取得结构因温度变化而产生的变形值，可在制作测点的同时制作一个小试块，检测时放在结构附近，不受力，作为温度补偿块，检测结构应变同时测定其变化；也可利用结构材料的线膨胀系数计算出，在计算结构变形时加以修正。

手持式引伸仪的标距、精度随着仪器型号而异。目前常用的几种仪器的度量性能见表 4-1-2。

手持式引伸仪性能　　表 4-1-2

仪器型号	标距 L (mm)	指示仪表刻度值(mm)	量测精度($\times10^{-6}$)
天津 YB—25	250	0.001	4
		0.01	40
同济	200	0.001	5
W—1	254	0.00254	10
W—2	50.8	0.00254	50

上述形式的手持式引伸仪为水平簧片式，见图 4-1-13。还有一种采用竖直簧片的手持式引伸仪，系宁波地区建材设备仪器厂生产的 YBN 型，其标距为 10cm，见图 4-1-14。

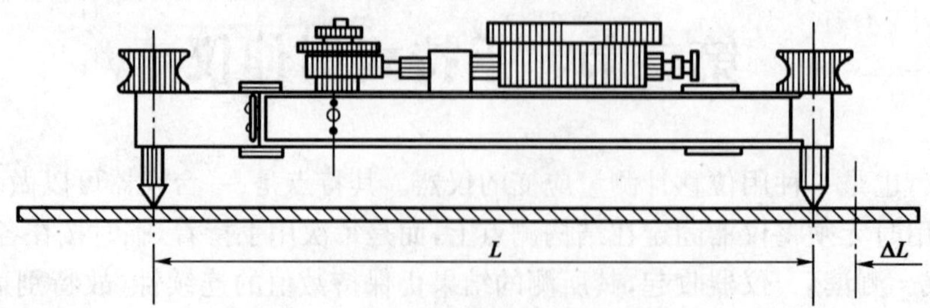

图 4-1-13　水平簧片手持式引伸仪

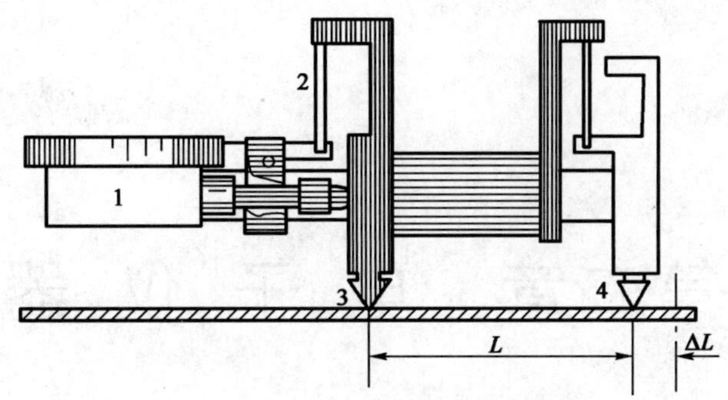

图 4-1-14　竖直簧片式手持引伸仪

1-位移；2-簧片；3-固定插足；4-活动插足

第三节　水准管式倾角仪

桥梁工程检测工作中，角变形和转角的测定多用水准式倾角仪，其构造见图 4-1-15。在仪器测微螺丝上面有刻度圆盘 6，圆盘旋转的次数在旋转记录表上指出，圆盘的刻度（共有 300 度）由圆盘旁边一根指针读出。倾角仪靠夹子 10 固定于结构测点上。水准管的方位依球形铰 7 的转动来调整。观测时，转动测微螺丝使水准管水泡在中间，当结构或构件受力后随断面发生倾角 α，水准管的气泡将偏向一边，如转动微动螺丝，把气泡调回中央位置，则调平度盘的两次读数差就代表了断面的倾角变化值。显然，该转角同样是按式（4-1-1）的原理计算，其中 L 为铰基座与微调螺丝顶点之间的距离，而 $\Delta_1-\Delta_2$ 则相应为微螺丝顶点前进或后退的位移。常用的水准式倾角仪，最小读数有的可达 $1''\sim2''$，量程为 $3°$。

水准管式倾角仪的灵敏度较高，一般能满足桥梁工程检测的要求，且安装和使用都很方便。缺点是它受外界温度影响大。还须注意，水准管不宜受阳光暴晒，以免水准管爆裂。

另外，还可依照上述原理自制表式水准管倾角仪，其构造见图 4-1-16。这种表式水准管倾角仪，就是将读数装置改为百分表或千分表，使读数更为方便。若要测量大转角，可用大量程百分表；若要测量小转角，则可用千分表。

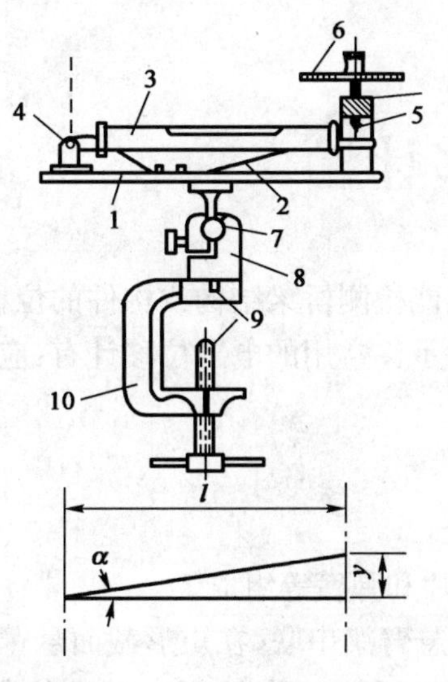

图 4-1-15　水准管式倾角仪

1-平板；2-弹簧；3-水准器；4-活铰；5-测微螺丝；6-刻度圆盘；7-球形铰；8-承环；9-转轴；10-夹子

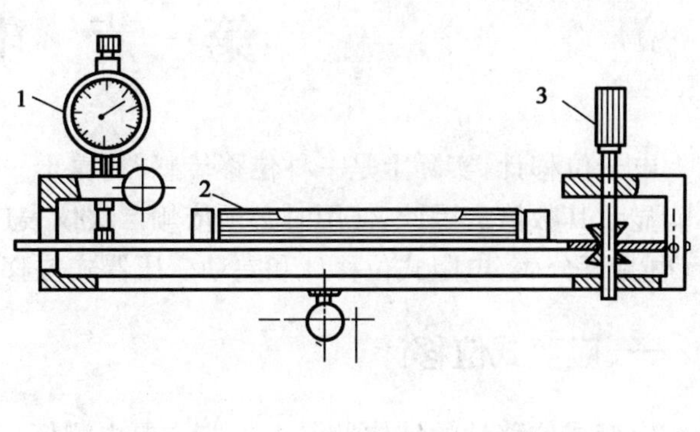

图 4-1-16　表式水准管倾角仪

1-百分表；2-水准管；3-调整螺丝

第二章　电子仪器

随着电子技术的发展，桥梁工程检测工作中越来越多地采用电子仪器。电子仪器能把桥梁工程检测中所要量测的各种参数转变为电阻、电容、电感、电压或电流等电量参数，然后进行量测。这种转变和量测的技术称为“非电量电测技术”。有关详细内容可参阅有关文献，本章只对桥梁工程检测工作最常用的电子位移计、光电挠度计和全站仪作介绍，其他各种专业电子仪器将在以后各章作介绍。

非电量电测仪器，通常由传感元件、放大器及指示记录设备三部分组成，其框图见图 4-2-1。

图 4-2-1　非电量电测系统

传感元件也称为传感器、换能器或转换器，它将被测的非电量转变成某种电量。目前传感元件最常用的是电阻应变片，几乎上述所有的力学和物理参数都可以通过它进行量测。其他类型的传感元件还有电感式、电容式、压电式等。

放大器是一个精度高、稳定性好的微信号高倍放大器件，它将传感元件所感受到的信号放大，以便于测读记录。

指示记录设备常采用笔尖记录形式的 x-y 函数记录器以及数字式记录器，也可采用动测中的磁带记录器和光线示波器等。

电子仪器由于有许多独特的优点，如能快速、准确地量测试件表面或内部各部位的各项数据，可远距离操纵、自调自记、与微机联机使用等，所以有不断发展和更新的趋势。

实际上许多电子仪器仪表均属复合式的，因为光（包括偏光、激光等）、电、磁、声等常联合使用，但各种仪器又都离不开高质量的机械零件。

第一节　电子位移计

电子位移计，实际上是一种位移传感器，属于一次仪表，它只能检测桥梁结构或构件的位移，而本身不能显示其数值。因此，使用时必须依赖二次仪表进行显示或指示。常用的电子位移计有：应变式位移计、电测百分表、电阻式位移计和差动变压器式位移计等几种。

一、应变式位移计

应变式位移计的结构见图 4-2-2，主要由测杆、悬臂梁、应变片和弹簧等组成。

由图 4-2-2 可见，其工作原理是将两个弹性元件——弹簧和悬臂梁串联，在矩形截面悬臂梁根部的正、反面分别贴上两片应变片，组成应变电桥；结构位移时推动弹性元件变形，再用应变片来感受弹性元件的变形从而实现位移的测量。

这种位移计的特点是分辨率高、反应速度快，但测量稳定性、精度受应变片粘贴质量的影响。

二、电测百分表

电测百分表的结构见图 4-2-3。其构成是在百分表里装上悬臂梁，端部通过弹簧挂在百分表限位螺钉上，根部用螺丝紧固在表座上。

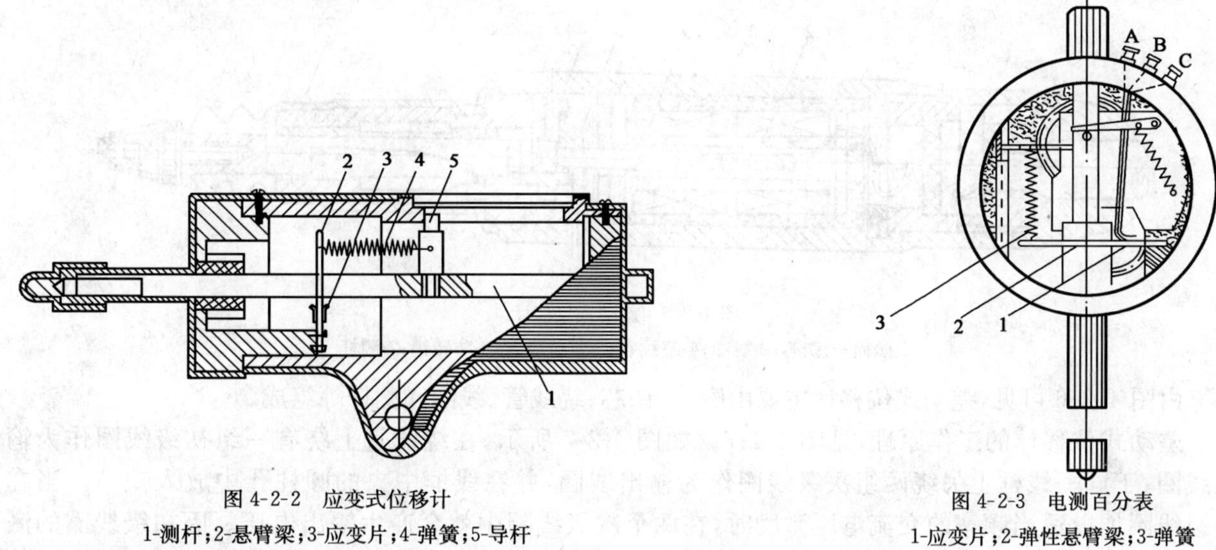

图 4-2-2　应变式位移计

1-测杆；2-悬臂梁；3-应变片；4-弹簧；5-导杆

图 4-2-3　电测百分表

1-应变片；2-弹性悬臂梁；3-弹簧

电测百分表，实际上是机械式百分表与应变式位移计融于一体的仪表。它兼有两者各自的优点，即可同普通百分表那样灵活运用、直接读数，又能同位移计那样作机械量转换成电量的一次仪表，进行电测。而且，电测百分表的电测部分工作原理与应变式位移一样，故不赘述。

三、电阻式位移计

电阻式位移计，是以机械位移（线位移或角位移）为输入量，输出量则是随机械位移而相应变化的电阻值。其结构见图 4-2-4，主要由机械传动机构、应变电桥和滑线电阻等组成。

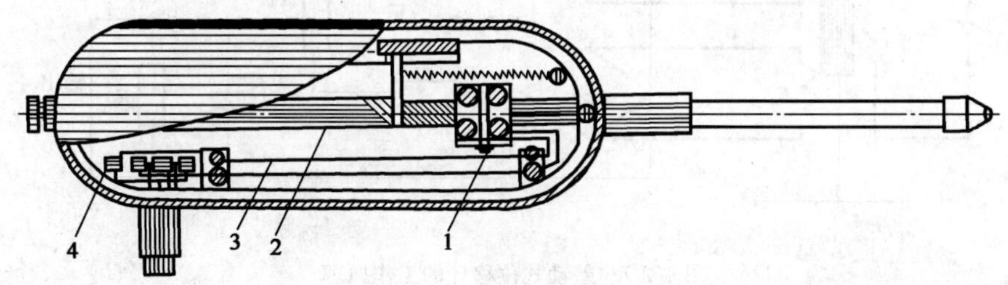

图 4-2-4　电阻式位移计

1-触点；2-测杆；3-滑线电阻；4-精密无感电阻

其实，电阻式位移计的工作原理也是利用应变电桥进行测量。仪器内部设置有四个无感电阻 R_1、R_2、R_3、R_4，在 R_1 和 R_2 之间用一根电阻丝串联起来组成应变电桥。当结构或构件产生位移时，位移计的测杆便沿着导向槽作轴向移动，带动触点在电阻丝上滑动。由图 4-2-5 可知，在两个桥臂上都产生电阻的变化。如触点向右移动时，AB 桥臂的电阻增为 $R_1+\Delta R$；BC 桥臂的电阻减为 $R_2-\Delta R$，则输出

$$\Delta U=\frac{1}{4}U\left(\frac{\Delta R}{R_1}+\frac{\Delta R}{R_2}\right)=\frac{1}{2}U\frac{\Delta R}{R}\quad(4\text{-}2\text{-}1)$$

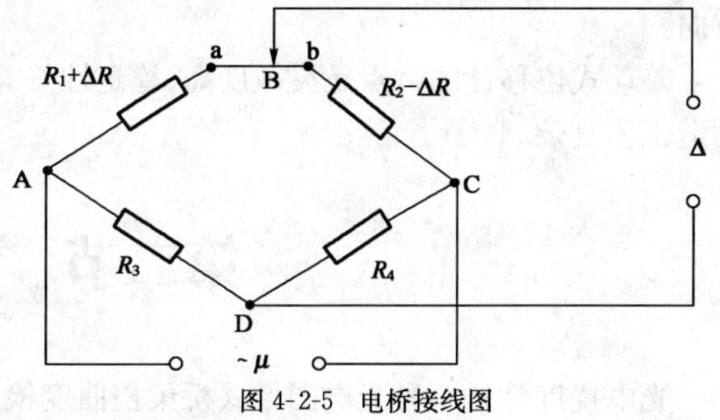

图 4-2-5　电桥接线图

电阻式位移计的特点是结构简单，输出信号大。但因存在着活动触点，其寿命受磨损影响。

四、差动变压器式位移计

差动变压器式位移计，简称差动式位移计，其结构如图 4-2-6 所示。

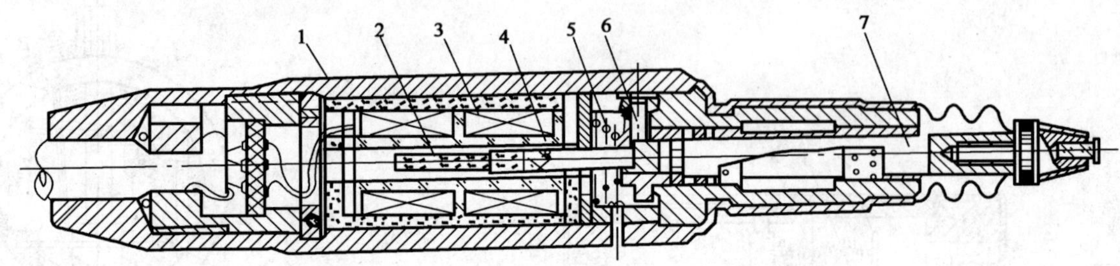

图 4-2-6　差动式位移计

1-磁筒；2-铁芯；3-线圈；4-绕线管；5-复位弹簧；6-防转销；7-测杆

由图 4-2-6 可见，差动式位移计主要由磁筒、铁芯、绕线管、线圈和测杆等组成。

差动式位移计的工作原理，见图 4-2-7。如图 4-2-7 所示，在绕线管上绕有一组初级线圈作为输入线圈，于同一线框上另绕两组次级线圈作为输出线圈，并在线框中央的圆柱孔中放入铁芯。当在初级线圈加以适当频率的交流电压激励时，在两个次级线圈中就会产生输出电压。因初级线圈的激磁所引起的磁场分布在次级线圈的范围内，而磁场分布规律与铁芯所处的位置有关，当铁芯向上移动时，在次级线圈 1 内所穿过的磁通比次级线圈 2 多些，所以互感也大些，反之亦然。差动变压器有两个次级线圈，它们的输出分别为 E_1 和 E_2。如两个次级线圈连成反向串接，则差动位移计总的输出为

$$E=E_1-E_2 \tag{4-2-2}$$

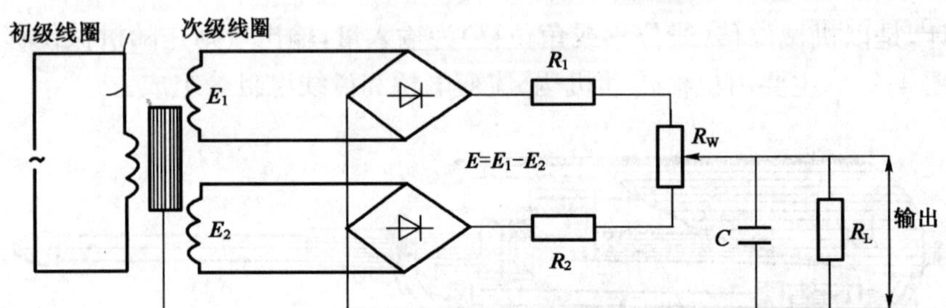

图 4-2-7　差动式位移计的工作原理

R_1、R_2-减法器电阻；R_w-调零电阻；R_L-负载电阻；C-滤波电容

因为两个次级线圈要求做到一样，当铁芯在中央位置时，$E_1=E_2$，输出为零。因此，当铁芯上、下移动时，都有电压 E 输出，可以根据差动位移计输出电压大小及极性，计量出结构或构件位移的数值和方向。

差动式位移计的特点是灵敏度高、稳定性好、输出功率大。有时可以不需放大，而直接进行测量，但制造工艺复杂。

第二节　光电挠度计

光电挠度计是一种光电图像式桥梁挠曲度检测仪，不仅解决了以往桥下有水和交通繁忙地段桥下

无净空的桥梁挠度曲度检测的要求，且检测结构的频率范围达到 0～20Hz，每秒采样达 40～200 个点。所以，它是桥梁工程检测工作中检测挠度、位移、变形的一种新型仪器。

一、工作原理

光电挠度计，采用光电图像法进行检测，不仅大大提高了量程，而且能满足各种大跨桥梁低频大位移的挠度测量，其工作原理如下。

在桥梁结构的测点上安装一个测试靶，在靶上制作一个光学标志点，即安装一个红外光学靶标。在桥下或远离桥梁的适当位置，安置检测仪器，调整其方位，使靶标成像在检测头的成像面上。当桥上有荷载通行时，靶标随梁体而振动的信息通过红外线传回检测头的成像面上，由专门设计的光学解析光路，将该成像分解为竖直和水平两个方向的变化，分别成像在两个光电接收器件上；再由单片机将此振动和位移的两维信息传到笔记本微机之中记录下来，从而完成一次桥梁两维挠曲度的检测及记录过程。

该仪器的优点是：由于设计有窄带滤光系统，使得仪器在白天和夜晚或是雾及小雨天气下均可正常工作；由于采用红外光进行检测和传递振动位移的信息，克服了阳光等杂散光的干扰，且受大气扰动的影响较小。这就为仪器使用提供了方便，使得检测工作可全天候进行。

二、仪器组成

光电挠度计由以下几部分组成：

(1)测试头部分：包括望远成像系统、分束系统、成像系统、CCD 器件及驱动电路，以及安平三角基座、垂直和水平微调、高精度两维机械轴系等部件。

(2)控制器部分：包括微处理机接口电路、单片机、面板控制键、电源部件(包括控制器直流供电电源及充电电源)。

(3)靶标部分：包括靶标、靶标电源、靶标支架等。

(4)标定器：是仪器在现场被测量点进行测量标定的专用标定装置。根据距离的远近，亦即测量范围的大小选择标定数值的大小，专用标定器装有特定的计量百分表。每次标定后的位移数值，由百分表上读出。

(5)聚焦镜头：每台仪器均配有专门设计的靶标聚光镜头，以便当测量距离远时，将其加在靶标的前面，会聚靶标的光束使其达到最好的测量效果。

(6)三角架。

(7)电缆等附件(包括靶标串口电源、笔记本微机等)。

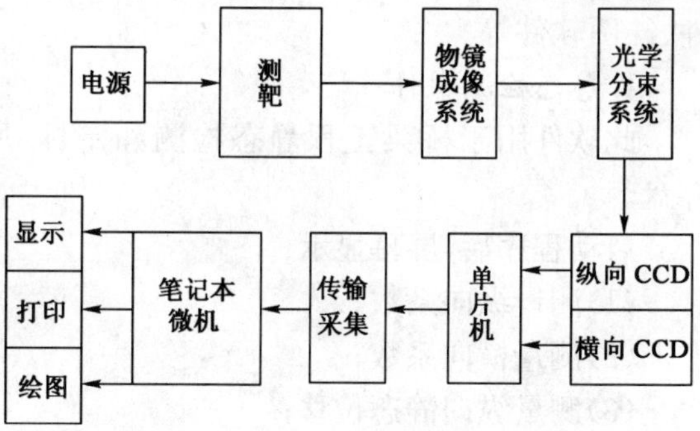

图 4-2-8　工作框图

运用光电挠度计进行桥梁工程检测时，其工作框图见图 4-2-8。

由于桥梁在载荷作用下可能为空间三维运动，通过光学解析系统把靶标的横向和纵向分量分别检出，传到线阵纵向 CCD 和横向 CCD 之上。这里，CCD 是电荷耦合固体成像器。它是由大规模硅集成电路工艺制成的模拟集成电路芯片，具有光电转换、电荷储存、传输、输出后，对初始信号进行预处理，获得幅度正比于各像素所接收图像光强的电压信号，用作测量的图像信号经过量化编码后，传输到单片机进行运算处理，通过接口把数据传输给笔记本微机。该微机首先把从每一个测点上传输来的纵向和横向位移信号储存起来，在一个检测过程结束后，通过专用软件进行数据处理计算，给出被测桥梁在荷载作用下产生的纵向和横向位移用其对时间的响应曲线，结果可由屏幕显示、打印机输出。在此基础上，通过频谱分析可得出桥梁的强迫振动频率和固有频率；通过计算分析可得出桥梁检测所需的冲击系数、横向转角等；通过软件的进一步开发，还可对桥梁结构作动应力及相关分析。

三、技术参数

光电挠度计的技术参数如下：

(1)测量方向：垂直、水平，同时可作多点测量；

(2)测量范围(最大测量距离处)：垂直不小于0～0.8m，水平不小于0～0.3m；

(3)测量距离：10～300m；

(4)频率响应：0～20Hz；

(5)可分辨率：测量范围的0.3%；

(6)精度：0.5%；

(7)采样时间：5ms、7.5ms、10ms、12.5ms四档可预置；

(8)记录时间：≤300s；

(9)工作温度：0～40℃，相对湿度不大于80%；

(10)电源：220V交流电或充足电池。

四、控制面板

光电挠度计控制器面板的布置见图4-2-9，控制器后侧板上还有交流电源插座和微机并口插座。

五、仪器面板

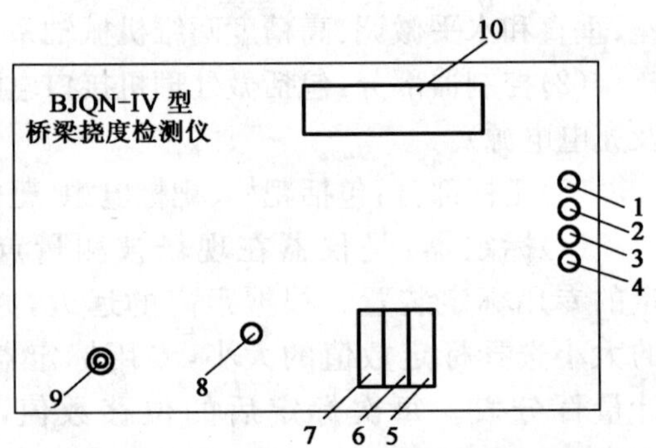

图4-2-9 控制器面板

1-交流输入指示灯；2-光电指示灯；3-电压过低指示灯；4-电源接通指示灯；5-采样速度设置拨轮；6-功能2数码拨轮；7-功能1数码拨轮；8-复位键；9-接口插座；10-四位数码管

在桥梁工程检测工作中，光电挠度计联机软件常用的有下面四种：静态检测软件、功态检测软件、多点静态检测软件、绘图软件等。

1.静态检测软件

此软件用于桥梁工程静态检测和定标，所测数据自动存盘。

启动程序后，屏幕显示：

(1)测量纵向系数；

(2)测量横向系数；

(3)测量纵向静态位移；

(4)测量横向静态位移；

(5)测量两维静态位移；

(6)退出。

该软件用于定标时，选择1或2；若检测静态位移值，选择3、4或5；每次检测完毕，均回到主菜单，直至键入0才退出。

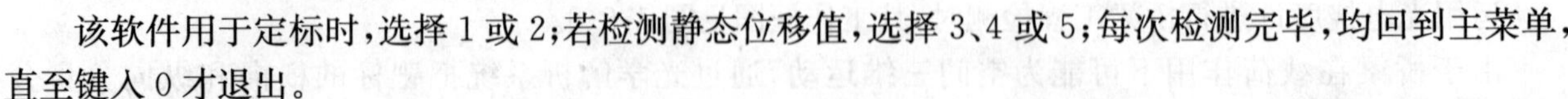

2.动态检测软件

此软件用于收取测量仪器通过并口电缆传入微机的动态数据，横向、纵向分别收取12000个点，测量时间由采样频率决定。

3.多点静态检测软件

因仪器在视角范围之内，于不同的检测距离内可以同时观测到几个靶标，如在250m的检测距离内可以排下多达8个靶标。只要这些靶标互不遮挡，有位移后也不相互遮挡，则多点检测就可完成。

当输入检测点数和其两维的标定数值后，屏幕出现下列菜单：

(1)检测竖向标定数值；

(2)检测水平标定数值；

(3)测量竖向位移；

(4)测量水平位移；

(5)测量两维位移；

(6)点灯；

(7)退出。

在进行检测之前，通常需要对每一个靶标进行检测或调整，以期达到最佳效果。这里首先选用(6)点灯，按照屏幕上的提示，不断键入需要点亮的靶标，实现调整靶标的目的。在进行加载前、后的检测时，只需按屏幕提示进行操作，即可完成静态加载的检测。

4. 绘图软件

该软件可从数据文件中读取数据用时间值，计算出相对位移值，并显示位移—时间曲线。此软件还具有两项功能：一是求冲击系数；二是可求区间频率。

六、使用步骤

采用光电挠度计进行桥梁挠度检测时，其使用步骤如下：

(1)在桥梁结构上测点处，安装标定器靶标，靶标正对测试头，连接电源线并打开开关，点亮靶标。

(2)在仪器测试处，架好三角架，装上测量头，调整三角架，使其顶部大致调平。

(3)将控制器与测试头之间、微机与控制器之间的电缆线连好，接通电源，精调支脚螺钉至测量头水准平衡。

(4)手扶测头，松开水平及俯仰方位锁紧扳手，调整焦距，使成像清晰，合上小盒。

(5)设定采样频率。操作者可根据测量距离及动载检测所需的速率两方面进行选择，当数码管显示水平或竖直初始位置的数字不稳定时，说明采光不足，需通过进一步将靶标灯对准测量头，使光束中心指向检测头或是降低采样频率。

(6)打开控制器电源，将功能1数码拨轮拨到2，按一下复位键，微调水平微调螺钉和俯仰微调螺钉，使数码管显示一较为稳定的数据，该数据表示光斑在纵向CCD上的位置像素数；调整俯仰微调螺钉，使显示像素数为1000左右；当需要的测量范围较大时，可微调至数码管显示稍小于1000。

(7)将控制器面板上功能1数码拨轮拨到4，复位后数码管显示光斑在横向CCD上的位置像素数，调整横向螺钉，使显示像素数为1000左右，该数值为水平测量的基线。

(8)再次将功能1数码拨轮拨到2，复位，确定其显示数字仍稳定在1000左右，表示横向、纵向CCD都同时接收到信号；否则，微调竖向位置，使其满足要求；此时可开始进行标定。

(9)将功能1数码拨轮拨到6，按复位键，此时进入测量且传输状态。

(10)测量K值。打开微机，启动静态测试软件，按提示进行人机对话，测定仪器在该位置的K值(单位：mm/像素)。

(11)K值测定完毕，将靶标进一步安装且固定在桥上测点位置，并保证正对测头，重复上述(4)～(9)的调整步骤，靶标位置应保持不变。

(12)打开微机，启动相应软件，进行静态或动态检测。

七、多点挠曲度的检测

1. 多点静态检测

多点静态检测有两种方式：

(1)采用几台仪器同时进行几个点的检测，既方便又快速，效果也较好，但多台仪器使用成本高。

(2)利用在同一台仪器的视野里，在不同的距离处，可以同时安放几个靶标，微机依次控制靶标、分别点亮，分别进行测量。

2. 两点动态挠曲度检测

只要被检测的两个靶标可同时在仪器望远镜的视野里显示，就可作两点动态挠曲度检测。仔细调整测量头、靶标1和靶标2三者之间的位置，使靶标1显示在望远镜十字叉丝的中心，而靶标2显示在其正下方。打开两个靶标的电源，点亮两个靶标。并观察控制器上竖直方向上的基线读数，将功能2数码拨轮拨到1的位置，这时观察靶标1的竖向基线数值，调整到500左右较为合适；再将功能2数码拨轮拨到2的位置上，这时观察靶标2的竖向基线数值，该数值调整到1200左右较为适当；细心调整测头的位置和丝距，使得上述两个数值均较稳定，即可开始进行动态检测了。当然，两点动态挠曲度检测仪有竖直方向的数据，是一维检测。

多点挠曲度检测中，特别要注意各点的电压稳定，使电压波动稳定在5%以内。否则，建议对靶标采用交流稳压器供电，以保证检测精度。

八、注意事项

在桥梁工程检测工作中，使用光电挠度计时，还须注意如下几点：

(1)现场检测时，测头应摆放在避强光的暗处，如找不到合适地点时，应加设测量伞，以便测头避免强光直射。在白天或周围较亮时，应及时在调好测头后加一罩布，以防日光或其他杂光对测量的干扰，影响检测结果。

(2)调整过程中，应随时观察水准泡的位置是否偏移，并进行调整；检测中，不可碰撞三角架及测量头，以免影响检测结果。

(3)光源必须直射望远镜筒，如有偏角将影响测量。距离远时，应细心调整靶标灯的指向，在夜间较易调整。

(4)测量头上的可开小盒，有磁力定位，须小心开闭，以防未关到位。

(5)每次检测前，应先在室内联机检查，待主机及附件均正常后，再赴现场较为妥当；赴现场途中，测头部分谨防激烈碰撞和振动，以防光学元件损坏和机械元件松动。

(6)保护镜头。不用时应及时加盖镜头盖，如有灰尘应用镜头刷轻拂灰尘，不要用镜头纸擦拭，以保护镜头表面。目镜不可随意转动。

(7)标定器下配有特制的强力磁性座，可用其在钢梁上固定靶标，一般靶标均可用此法固定；混凝土梁上若贴木板，可用木螺钉固定，或直接用膨胀螺钉固定。当桥上安设有防撞栏杆时，其上也便于安设多个靶标，以利多点检测。靶标不用时，应及时加盖，以防损坏或灰尘落入影响发光。

(8)仪器用毕，应及时放回包装箱内，以防灰尘落入和碰撞；若仪器长期不用，应三个月通一次电，以防电池等元件老化和受潮。

最后，为便于读者使用，特将北京光电技术研究所近期推出的四种激光桥梁挠度检测仪介绍如下：

(1)BJQN—48 挠度仪

测量距离：5～500m；

频率响应：0～20Hz；

可分辨率：测量范围的0.3%；

不确定度：测量范围的1%；

记录时间：1min至任意长时间；

采样频率：10～500 Hz。

(2)BJQN—4C 挠度仪

测量范围：垂直不小于150mm；

水平不小于100mm；

测量距离：5～200m；

频率响应：0～12Hz；

可分辨率：测量范围的0.2%；

不确定度：测量范围的1%；

工作温度：0～40℃；

相对湿度：≤80%。

(3)BJQN—4D挠度仪

检测距离：10～250m(电池靶)；250～500 m(交流靶)；

检测范围：竖直方向：0～500mm；水平方向：0～300mm；

分辨率：测量范围的0.1%；

检测点数：动挠度检测一个点两个方向(二维)；静挠度检测不少于20个点(二维)。

(4)BJQN—4E型无配合目标挠度检测仪

测量范围：垂直方向0～240mm；水平方向0～180mm(最大测量距离处)；

测量距离：5～200m；

频率响应：0～10Hz；

可分辨率：测量范围的0.3%；

不确定度：测量范围的1%；

工作温度：0～40℃；

相对湿度：≤80%。

第三节　全　站　仪

全站仪又称全站型电子速测仪，是一种兼有电子测距、电子测角、计算和数据自动记录及传输功能的自动化、数字化的三维坐标测量与定位系统。

全站仪由电子测角、电子测距等系统组成，测量结果能自动显示、计算和存储，并能与外围设备自动交换信息。

一、全站仪的结构原理和测量

1.全站仪的结构原理

全站仪是集光、机、电于一体的高科技仪器设备，其中轴系机械结构和望远镜光学瞄准系统，与光学经纬仪相比没有大的差异，而电子系统主要由以下三大单元构成：

(1)电子测距单元，外部称之为测距仪；

(2)电子测角及微处理器单元，外部称之为电子经纬仪；

(3)电子记录单元或称存储单元。

从系统功能方面来看，上述电子系统又可归纳为光电测量子系统和微处理子系统。

光电测量子系统主要由电子测距、角度传感器和倾斜传感器、马达板等部分组成，其主要功能有：

(1)水平角、竖直角测量；

(2)距离测量；

(3)仪器电子整平与轴系误差自动补偿；

(4)轴系驱动和目标自动照准、跟踪等。

微处理子系统主要由中央处理器、内存、键盘/显示器组件等部件和有关软件组成，主要功能有：

(1)控制和检核各类测量程序和指令，确保全站仪各部件有序工作。

(2)角度电子测微，距离精、粗读数等内容的逻辑判断与数据链接，全站仪轴系误差的补偿与改正。

(3)距离测量的气象改正或其他归化改算等。

(4)管理数据的显示、处理与存储，以及与外围设备的信息交换等。

全站仪的结构原理见图 4-2-10。图中上半部包含有测量的四大光电系统，即测距、水平角、竖直角和水平补偿。键盘指令是测量过程的控制系统，测量人员通过按键便可调用内部指令指挥仪器的测量工作过程和进行数据处理。以上各系统通过 I/O 接口接入总线与数字计算机联系起来。

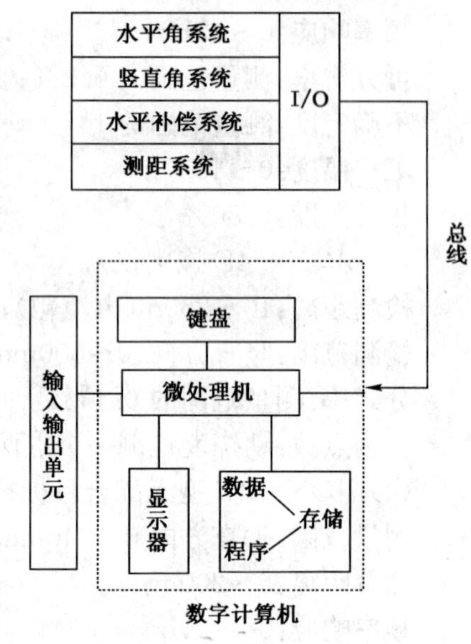

图 4-2-10　全站仪的结构原理

微处理机是全站仪的核心部件，它如同计算机的中央处理机(CPU)，主要由寄存器系列(缓冲寄存器、数据寄存器、指令寄存器等)、运算器和控制器组成。微处理机的主要功能是根据键盘指令启动仪器进行测量工作，执行测量过程的检核和数据的传输、处理、显示、储存等工作，保证整个光电测量工作有条不紊地完成。输入输出单元是与外部设备连接的装置(接口)。数据存储器是测量成果的数据库。为便于测量人员设计软件系统，处理某种目的的测量成果，在全站仪的数字计算机中还提供有程序存储器。

表 4-2-1 列出了桥梁工程检测中常用的部分全站仪产品。

桥梁工程检测中常用的全站仪　　表 4-2-1

型　号	厂　家	光源	测　程(km)		测角精度	测距精度
			单棱镜	三棱镜		
TC2002	瑞士徕卡公司	红外	2.0/2.5	2.8/3.5	±0.5″	$\pm(1mm+1\times10^{-6}D)$
TC1610	瑞士徕卡公司	红外	2.5/3.5	3.5/5.0	±1.5″	$\pm(2mm+2\times10^{-6}D)$
TC1010	瑞士徕卡公司	红外	2.0/2.5	2.8/3.5	±3.0″	$\pm(3mm+2\times10^{-6}D)$
TC500	瑞士徕卡公司	红外	0.7/0.9	1.1/1.3	±6.0″	$\pm(5mm+5\times10^{-6}D)$
SET2C II	日本索佳	红外	2.4/2.7	3.1/3.5	±2.0″	$\pm(3mm+2\times10^{-6}D)$
SET3C II	日本索佳	红外	2.2/2.5	2.9/3.3	±3.0″	$\pm(3mm+3\times10^{-6}D)$
SET4C II	日本索佳	红外	1.2/1.5	1.7/2.1	±5.0″	$\pm(5mm+3\times10^{-6}D)$
DTM—750	日本尼康	红外	2.4/2.7	3.1/3.6	±2.0″	$\pm(2mm+2\times10^{-6}D)$
DTM—730	日本尼康	红外	2.2/2.5	2.9/3.3	±3.0″	$\pm(3mm+3\times10^{-6}D)$
DTM—720	日本尼康	红外	1.6/2.0	2.3/2.8	±4.0″	$\pm(3mm+3\times10^{-6}D)$
DTM—A5LG	日本尼康	红外	2.4/2.7	3.1/3.6	±2.0″	$\pm(2mm+2\times10^{-6}D)$
DTM—A10LG	日本尼康	红外	2.2/2.5	2.9/3.3	±3.0″	$\pm(3mm+3\times10^{-6}D)$
DTM—A20LG	日本尼康	红外	1.6/2.0	2.3/2.8	±4.0″	$\pm(3mm+3\times10^{-6}D)$
C—300	日本尼康	红外	0.8/1.0	1.1/1.2	±5.0″	$\pm(5mm+3\times10^{-6}D)$
C—100	日本尼康	红外	0.5/0.7	0.8/1.0	±6.0″	$\pm(5mm+5\times10^{-6}D)$

续上表

型　号	厂　家	光源	测　程(km)		测角精度	测距精度
			单棱镜	三棱镜		
GTS—6	日本托普康	红外	2.0/2.3	2.7/3.1	±2.0″	$\pm(3mm+2\times10^{-6}D)$
GTS—6B	日本托普康	红外	1.6/1.8	2.2/2.5	±5.0″	$\pm(3mm+3\times10^{-6}D)$
PTS—III05	日本宾得	红外	1.8/2.0	2.6/3.0	±2.0″	$\pm(5mm+3\times10^{-6}D)$
PTS—III10	日本宾得	红外	1.2/1.4	1.8/2.2	±5.0″	$\pm(5mm+3\times10^{-6}D)$

注:测程为一般大气条件和良好大气条件下可测的距离。

2.全站仪测量

全站仪坐标测量充分利用了全站仪测角、测距和计算一体化的特点,只需要输入必要的已知数据,就可很快地得到待测点的三维坐标,操作十分方便。由于目前全站仪已十分普及,该方法的应用也已相当普遍。

全站仪架设在已知点 A 上,只要输入测站点 A、后视点 B 的坐标,瞄准后视点定向,按下反算方位角键,则仪器自动将测站与后视的方位角设置在该方向上。然后,瞄准目标,按下测量键,仪器将很快地测量水平角、竖直角、距离,并利用这些数据计算待测点的三维坐标。

用全站仪测量点位,可事先输入气象要素(即现场的温度和气压),仪器会自动进行气象改正。因此,用全站仪测量点位既能保证精度,同时操作十分便利,无需做任何手工计算。

如图 4-2-11 所示,O 为测站点,P 为待测点,S 为斜距,Z 为天顶方向值(即垂直角),α 为水平方向值(即方位角),则 P 点相对于测站点的三维坐标为

$$\begin{cases} X = S\sin Z\cos\alpha \\ Y = S\sin Z\sin\alpha \\ H = S\cos Z \end{cases} \tag{4-2-3}$$

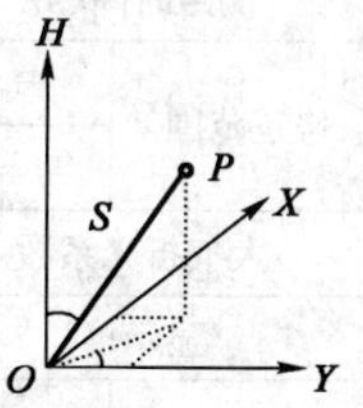

图 4-2-11　坐标测量原理

上述计算结果立即显示在全站仪的显示屏上,并可记录在袖珍计算机中。由于计算工作由仪器的计算程序自动完成,因而减少了人工计算出错的机会,同时提高了计算速度。

按照测量误差理论,从上述计算式可求得三维坐标测量的精度为

$$\begin{cases} M_X^2 = m_S^2\sin^2 Z\cos^2\alpha + S^2\cos^2 Z\cos^2\alpha \cdot m_Z^2/_{\rho^2} + S^2\sin^2 Z\sin^2\alpha \cdot m_\alpha^2/_{\rho^2} \\ M_Y^2 = m_S^2\sin^2 Z\sin^2\alpha + S^2\cos^2 Z\sin^2\alpha \cdot m_Z^2/_{\rho^2} + S^2\sin^2 Z\cos^2\alpha \cdot m_\alpha^2/_{\rho^2} \\ M_H^2 = m_S^2\cos^2 Z + S^2\sin^2 Z \cdot m_Z^2/_{\rho^2} \end{cases} \tag{4-2-4}$$

式中,p=206265。

二、索佳 SET 系列全站仪

1.仪器的主要特点

SET 全站仪为日本索佳公司生产的系列产品,它自动化程度高、测量速度快、观测精度高、性能稳定,是一种较好的全站仪。

SET 系列全站仪有以下主要特点:

(1)采用同轴双速制、微动机构,使照准更加快捷、准确。

(2)控制面板具有人机对话功能。控制面板由键盘和主、副显示窗组成。除照准以外,各种测量功能和参数均可通过键盘来实现。仪器的两侧均有控制面板,操作十分方便。

(3)设有双向倾斜补偿器,可以自动对水平和竖直方向进行修正,以消除竖轴倾斜误差的影响。

(4)机内设有测量软件,可以方便地进行三维坐标测量、导线测量、对边测量、悬高测量、偏心测量、后方交会、放样测量等工作。

(5)具有双路通信功能，可将测量数据传输给电子手簿或外部计算机，也可接受电子手簿和外部计算机的指令和数据。这种传输系统有助于开发专用程序系统，提高数据的可靠性与存储安全性。

SET 全站仪包括 C 系列和 B 系列。B 系列除未设 IC 存储卡外，其余功能与 C 系列均相同，因此以下仅讲述 C 系列 II 型全站仪。其主要技术指标见表 4-2-2。

SET C 系列 II 型全站仪主要技术指标 表 4-2-2

项目 \ 仪器类型		SET2C II	SET3C II	SET4C II
放大倍率		30×	30×	30×
成像		正像	正像	正像
视场角		1°30′	1°30′	1°30′
最短视距(m)		1.3	1.3	1.3
角度(水平角、竖直角)最小显示(″)		1	1	5
角度(水平角、竖直角)标准差(″)		±2	±3	±5
双轴自动补偿范围(′)		3	3	3
最大测距(km)	单棱镜	2.7	2.5	1.5
	三棱镜	3.5	3.3	2.1
测距标准差		±(3mm+2×$10^{-6}D$)	±(3mm+3×$10^{-6}D$)	±(5mm+3×$10^{-6}D$)
测距时间(s)		3.2(精测)	3.2(精测)	3.2(精测)
气象修正范围	气温(℃)	−30～+60	−30～+60	−30～+60
	气压(100Pa)	500～1 400	500～1 400	500～1 400
大气折光系数		可选 0.142 与 0.20	可选 0.142 与 0.20	可选 0.142 与 0.20
显示屏		16 字×3 行	16 字×3 行	16 字×3 行
水准管格值	水准管	20″/2mm	30″/2mm	30″/2mm
	圆水准	10′/2mm	10′/2mm	10′/2mm
使用温度范围(℃)		−20～+50	−20～+50	−20～+50

2. 仪器的结构

SETC 系列全站仪的外貌和结构见图 4-2-12。由图可见，其结构与经纬仪相似，主要区别是望远镜体积庞大，这是由于红外测距的照准头与望远镜合为一体的缘故。显示窗有主、副之分，主显示窗显示测量或放样的数值，副显示窗显示分为 3 行，第 1 行为气象改正值(10^{-6})，第 2 行为棱镜常数改正值，第 3 行显示表示倾角进行改正的符号$\perp^{+}$、第二功能符号 SHFT、各种模式符号以及测站点、后视点、放样点坐标的符号。

3. 仪器的辅助设备

(1)反射棱镜

在用全站仪进行除角度测量之外的所有测量工作时，反射棱镜是必不可少的合作目标。

构成反射棱镜的光学部分是直角光学玻璃锥体。它如同在正方体上切下的一角，见图 4-2-13。图中 ABC 为透射面，呈等边三角形；另外三个面 ABD、BCD 和 CAD 为反射面，呈等腰直角三角形。反射面镀银，面与面之间相互垂直。由于这种结构的棱镜，无论光线从哪个方向入射透射面，棱镜必将入射光线反射回入射光的发射方向，因此测量时，只要棱镜的透射面大致垂直于测线方向，仪器便会得到回光信号。

由于光在玻璃中的折射率为 1.5～1.6，而光在空气中的折射率近似等于 1，也就是说，光在玻璃中的传播速度要比在空气中慢，因此光在反射棱镜中传播所用的超量时间会使所测距离增大某一数值，通常我们称做棱镜常数。棱镜常数的大小与棱镜直角玻璃锥体的尺寸和玻璃的类型有关，可按下式确定：

$$P=-\left(\frac{N_G}{N_R}a-b\right) \tag{4-2-5}$$

式中：N_G——光通过棱镜玻璃的群折射率；

N_R——光在空气中的群折射率；

a——棱镜前平面（透射面）到棱镜锥顶的高；

b——棱镜前平面到棱镜装配支架竖轴之间的距离，见图 4-2-14。

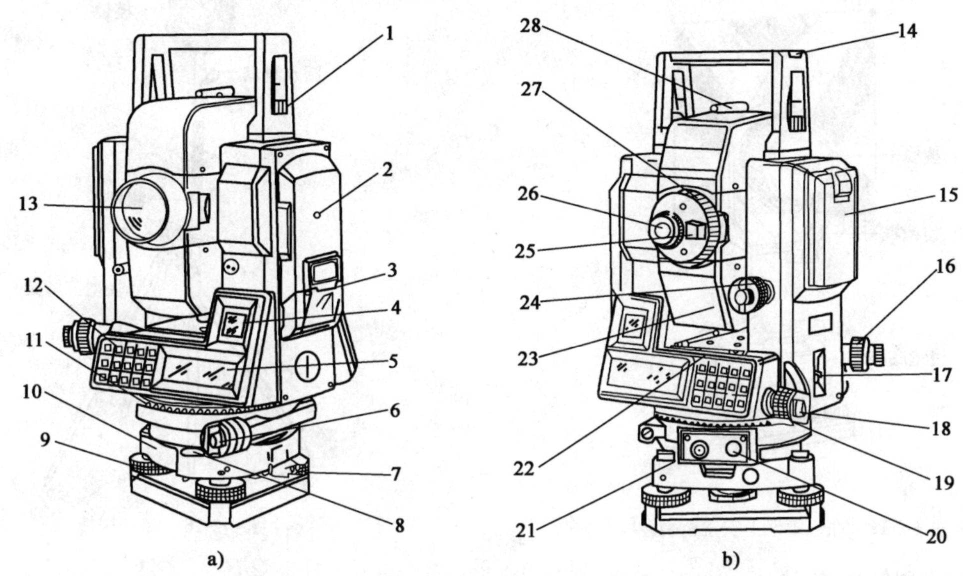

图 4-2-12　SETC 系列全站仪

1-提手；2-仪器高标志；3-存储卡；4-副显示窗；5-主显示窗；6-下盘制动螺旋及护套；7-基座固定螺旋；8-圆水准器；9-脚螺旋；10-基座；11-水平度盘安置盘；12-键盘；13-望远镜物镜；14-管式罗盘插座；15-电池；16-光学对中器；17-电源开关；18-水平制动螺旋；19-水平微动螺旋；20-数据输出插口；21-外接电源插口；22-照准部水准管；23-望远镜制动螺旋；24-望远镜微动螺旋；25-望远镜操作把手；26-望远镜目镜；27-望远镜调焦环；28-照准器

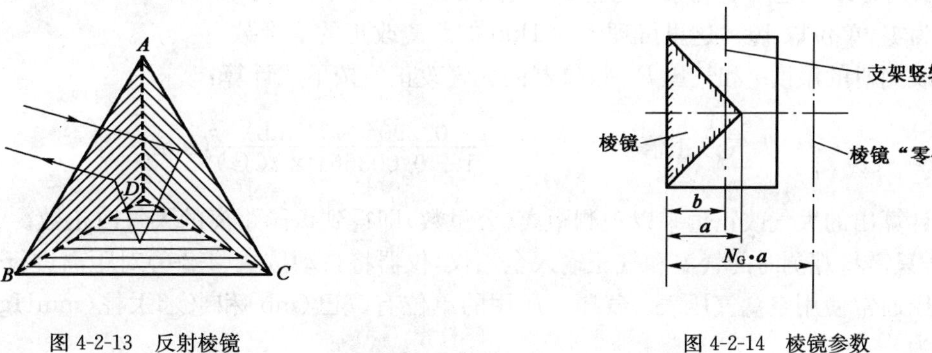

图 4-2-13　反射棱镜

图 4-2-14　棱镜参数

实际上，棱镜常数已在厂家所附的说明书或在棱镜上标出，供测距时使用。

在精密测量中，为减少误差，应使用仪器检定时使用的棱镜类型。

观测时采用一块棱镜，称为单棱镜，根据测程的不同，可以选用三棱镜、九棱镜等。

根据测量的精度要求和用途，可以选用脚架安置棱镜，或采用测杆棱镜。

①在三脚架上安置棱镜

如图 4-2-15 所示，将棱镜装在棱镜框上，再将棱镜框装在棱镜底座上，然后通过三脚架的连接螺旋与其固定。棱镜框上可装置觇牌，便于仪器精确瞄准。棱镜框上设有瞄准器，可使棱镜面朝测线方向。棱镜底座上设有圆水准器、水准管和光学对中器，用来对中和整平。松开基座上的固定螺旋，上部即可与基座分离，便于采用“三联脚架法”进行导线测量。另外，棱镜底座能调整其高度，使棱镜中心至基座的高度等于仪器横轴中心至基座的高度。

②测杆棱镜

在放样测量和精度要求不高的测量中,采用测杆棱镜是十分便利的。如图 4-2-16 所示,它由棱镜、测杆、圆水准器和轻型三脚架组成。必要时也可安装觇牌。

使用时,将测杆尖部对在测点上,利用圆水准器使测杆垂直,并用轻型三脚架固定之。放样测量时则可手持测杆,以加快放样的速度。

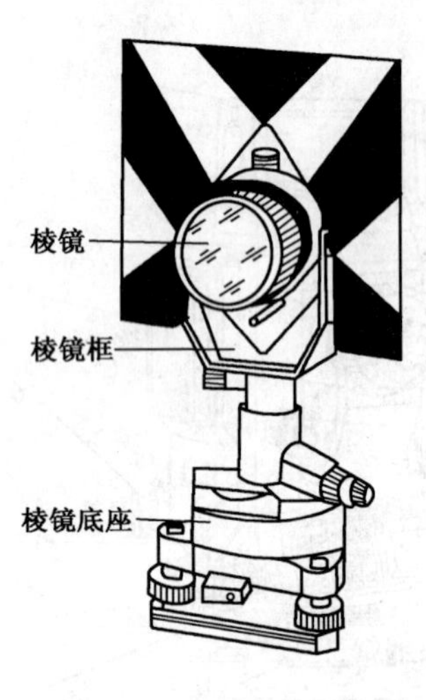

图 4-2-15 在三脚架上安置棱镜

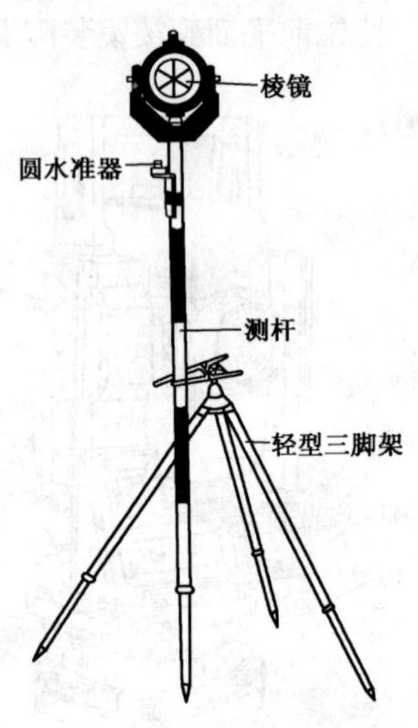

图 4-2-16 测杆棱镜

(2)温度计和气压表

大气折射率随大气条件而改变。由于仪器作业时的大气条件一般不与仪器选定的基准大气条件(通常称为气象参考点)相同,光尺长度会发生变化,使测距产生误差,因此必须进行气象改正(或称大气改正)。大气条件主要是指大气的温度和气压。精密的测距,应考虑大气湿度。

SETC 系列全站仪选用的气象参考点是:当温度 $t=+15℃$,气压 $P=1.013\times10^{5}$Pa(1 013mb)时,大气改正值为零(单位取 10^{-6},这里可理解为 1km 的距离改正的毫米数)。

当输入观测时的温度 t 和气压 P 时,仪器的大气改正值按下式计算:

$$\text{大气改正值}=278.96-\frac{0.2904\times P(\text{mb})}{1+0.003661\times t(℃)}(\text{mm}) \tag{4-2-6}$$

将上式计算出的大气改正值乘以观测距离(公里数)即得到该段距离的大气改正数。

事实上,只需将观测时的气温和气压输入全站仪,仪器将自动按式(4-2-6)对距离进行修正。

测定气压通常使用空盒气压表。气压表所用的单位有毫巴(mb)和毫米汞柱(mmHg)两种。两者的换算关系为:

$$1\text{mb}=0.7500617\text{mmHg}(=100\text{Pa}) \tag{4-2-7}$$

$$1\text{mmHg}=1.333224\text{mb}(=133.3224\text{Pa}) \tag{4-2-8}$$

测定气温通常使用通风干湿温度计。在测程较短(如数百米)或测距精度要求不高的情况下,可使用普通温度计。

三、徕卡 TCA 系列全站仪

瑞士徕卡公司生产的 TC1010 和 TC1610 型全站仪,功能与索佳 SET 型全站仪基本相同,主要技术指标见表 4-2-3。徕卡 TC1010 型全站仪外貌和结构见图 4-2-17。

徕卡 TC1010、TC1610 型全站仪技术指标　　表 4-2-3

项　目＼仪器类型		TC1010	TC1610
放大倍率		30×	30×
成像方式		正像	正像
视场角		1°30′	1°30′
最短视距(m)		1.7	1.7
角度(水平角、竖直角)最小显示(″)		1	1
角度(水平角、竖直角)标准差(″)		±3.0	±1.5
自动安平补偿范围(′)		±3	±3
测距范围(km)	单棱镜	2.5	2.5
	三棱镜	3.5	3.5
	七棱镜	4.5	4.5
	十一棱镜	5.0	5.0
测距标准差		$\pm(3\text{mm}+2\times10^{-6}D)$	$\pm(2\text{mm}+2\times10^{-6}D)$
测距时间(精测)(s)		4	4
显示窗		英、数字液晶显示，4 行×16 字	英、数字液晶显示，4 行×16 字
水准器格值	水准管	30″/2mm	30″/2mm
	圆水准	8′/2mm	8′/2mm
使用温度范围(℃)		−20～+50	−20～+50

下面主要介绍徕卡公司近期生产的 TCA 系列自动全站仪，它以其独有的智能化、自动化性能让检测者轻松自如地进行桥梁结构变形的三维位移检测。

1. ATR 原理

徕卡公司的 TCA 自动全站仪能够电子整平、自动正倒镜观测、自动记录观测数据，而其独有的 ATR(Automatic Target Recognition，自动目标识别)模式，使全站仪能够自动识别目标。ATR 是智能型的，与望远镜同轴，性能稳定可靠。当全站仪发送的红外光被反射棱镜返回并经仪器内置的 CCD 相机判别接收后，马达就驱动全站仪自动转向棱镜，并自动精确确定棱镜中心的位置。所以，操作人员不再需要精确照准和调焦，一旦粗略照准棱镜后，全站仪就可搜寻到目标，并自动精确照准，大大提高了工作效率。TCA 自动全站仪配以专用软件，就可以使整个观测过程在计算机的控制下实现自动进行。

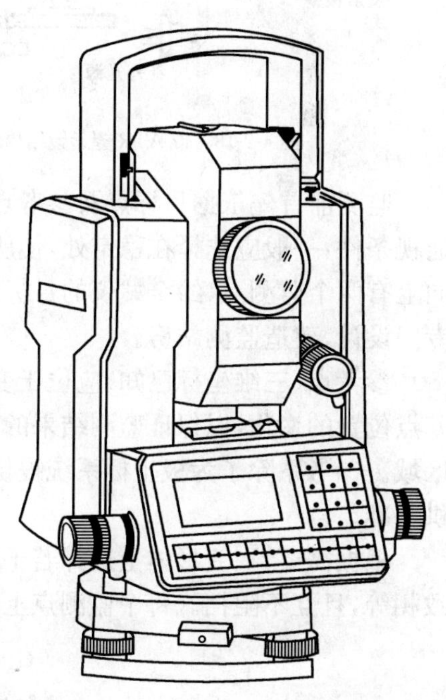

图 4-2-17　徕卡 TC1010 型全站仪

ATR 部件被安装在经纬仪的望远镜上，见图 4-2-18。红外光通过光学部件被同轴投影在望远镜上，从物镜发射出去，反射回来的光束形成光点，由内置 CCD 相机接收，其位置以 CCD 相机中心作为参考点来精确确定。假如 CCD 相机中心与望远镜光轴的调整是正确的，则可从 CCD 相机上光点的位置直接计算并输出以 ATR 方式测得的水平角度和竖直角。

ATR 自动识别并照准目标主要有 3 个过程：目标搜索过程、目标照准过程和测量过程。

在人工粗略照准棱镜后，启动ATR，首先进行目标搜索过程。在视场内如未发现棱镜，则望远镜在马达的驱动下按螺旋式或矩形方式连续搜索目标，ATR一旦探测到棱镜，望远镜便马上停止搜索，即刻进入目标照准过程。

ATR的CCD相机接收到经棱镜反射回来的照准光点，如果该光点偏离棱镜中心，CCD相机则计算出该偏离量，并按该偏离量驱动望远镜直接移向棱镜中心。当望远镜十字丝中心偏离棱镜中心在预定限差之内后，望远镜停止运动，ATR测量十字丝中心和棱镜中心间的水平和竖直剩余偏差，并对水平角和竖直角进行改正。

当使用ATR方式进行测量时，由于其望远镜不需要对目标调焦或人工照准，因此，不但加快了测量速度，并且测量精度与观测员的技术水平无关，测量结果更加稳定可靠。

2. TCA2003 自动监测系统

TCA2003智能全站仪的测角精度为±0.5″，测距精度为±(1mm＋$1\times10^{-6}D$)，由马达驱动，在望远镜中安装有同轴自动目标识别装置ATR，能自动瞄准普通棱镜进行测量。该仪器采用电子气泡精确整平至10″即可，具有纵、横轴自动补偿器，提高了仪器整平精度。仪器内置的Flash存储器可装载应用软件，并独立运行于仪器内，数据存储在SRAM存储卡上，外业不需要笔记本电脑即可控制仪器和存储数据。

TCA2003自动监测系统主要由测量机器人、基点、参考点、目标点组成。图4-2-19是基于一台测量机器人的有合作目标(照准棱镜)的变形监测系统，可实现全天候的无人职守。

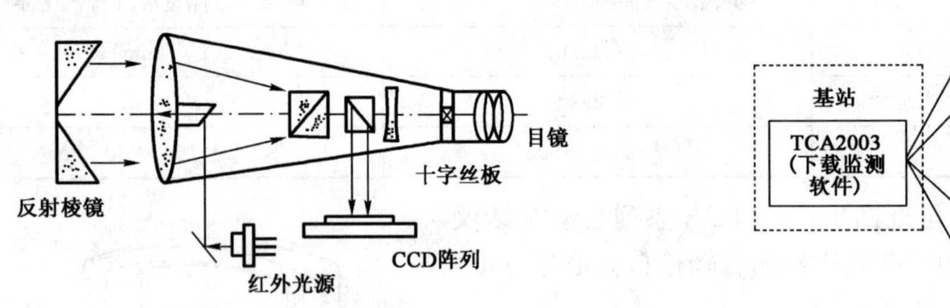

图4-2-18　带ATR望远镜结构示意图

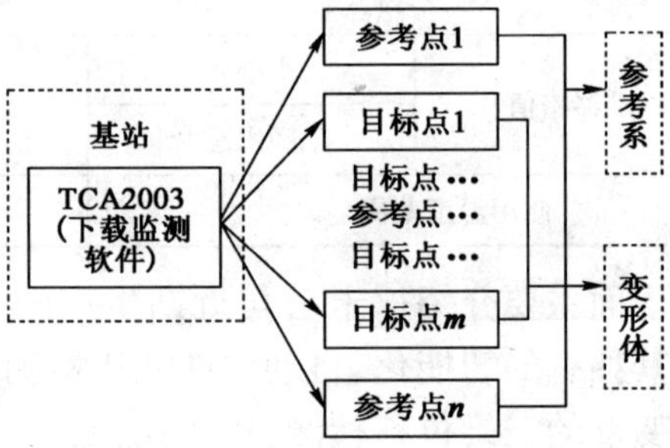

基站
TCA2003
(下载监测软件)
参考点1
目标点1
目标点…
参考点…
目标点…
目标点m
参考点n
参考系
变形体

图4-2-19　测量机器人变形监测系统

监测前首先依据目标点及参考点的分布情况，合理安置TCA2003测量机器人。要求具有良好的通视条件，一般应选择在稳定处，使所有目标点与全站仪的距离均在设置的观测范围内，且避免同一方向上有两个监测点，给全站仪的目标识别带来困难。为了仪器的防护、保温等需要，并保证通视良好，应专门设计、建造监测站房。

参考点(三维坐标已知)应位于变形区以外，选择适当的稳定的基准点，用以在监测变形点之前检测基点位置的变化，以保证监测结果的有效性。点上放置正对基站的单棱镜。参考点要求覆盖整个变形区域。参考系除了为极坐标系统提供方位外，更重要的是为系统数据处理时的距离及高差差分计算提供基准。

根据需要，在变形体上选择若干变形监测点。这些监测点均匀分布在变形体上，到基点的距离应大致相等，且互不阻挡。每个监测点上安置有对准监测站的反射单棱镜。

第四节　超声波传感器

本节将介绍桥梁工程检测中常用的超声波传感器，首先介绍超声波，其次介绍超声波传感器的工作原理和超声波传感器的应用。

一、超声波

1. 超声波的物理性质

振动在弹性介质内的传播称为波动，简称波。人类能听到的声音是由物体振动产生的，频率在20Hz～20kHz范围内。超过20kHz的称为超声波，低于20Hz的称为次声波。超声波的频率可以高达9^{11}Hz，而次声波的频率可以低达9^{-8}Hz。声波频率范围见图4-2-20。检测常用超声波频率范围为几十kHz～几十MHz。

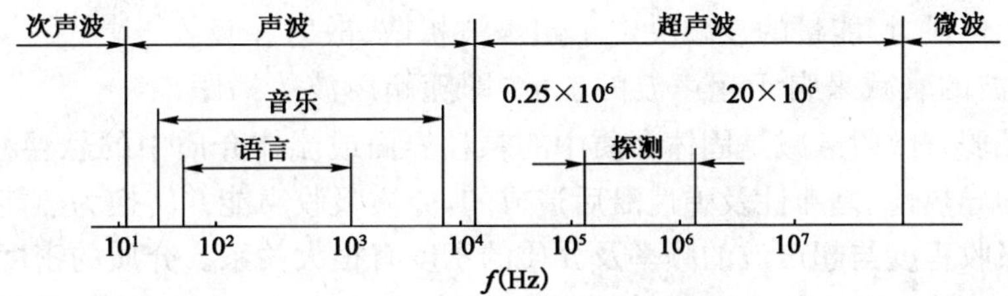

图4-2-20　声波频率范围分布图

(1)超声波的传播

超声波是一种在弹性介质中的机械振荡，它的波形有纵波、横波、表面波三种。

纵波是指质点振动方向与波的传播方向一致的波；横波是指质点振动方向垂直于传播方向的波；表面波是指质点的振动介于横波与纵波之间，沿着表面传播的波。横波只能在固体中传播；纵波能在固体、液体和气体中传播；表面波随深度增加衰减很快。

为了测量各种状态下的物理量，应多采用纵波。

当纵波以某一角度入射至第二介质(固体)的界面上时，除有纵波的反射、折射外，还发生横波的反射和折射，在某种情况下，还能产生表面波。

超声波的传播速度与介质的密度和弹性特性有关，也与环境条件有关。对于液体，其传播速度c为

$$c=\sqrt{\frac{1}{\rho B_{\mathrm{g}}}} \tag{4-2-9}$$

式中：ρ——介质的密度；

B_{g}——绝对压缩系数。

在气体中，超声波的传播速度与气体种类、压力及温度有关，在空气中传播速度c为

$$c=331.5+0.607t \tag{4-2-10}$$

式中：t——环境温度。

对于固体，其传播速度c为

$$c=\sqrt{\frac{E(1-\mu)}{\rho(1+\mu)(1-2\mu)}} \tag{4-2-11}$$

式中：E——固体的弹性模量；

μ——泊松比。

(2)超声波的反射和折射

当超声波从一种介质入射到另一种介质时，在两种介质的分界面上一部分超声波被反射，另一部分透射过界面，在另一种介质内继续传播。这两种情况称之为超声波的反射和折射，见图4-2-21。

由物理学可知，当波在界面上产生反射时，入射角α的正弦与反射角α'的正弦之比等于波速之比。当波在界面处产生折射时，入射角α的正弦与折射角β的正弦之比等于入射波在第一介质中的波速c_1与折射波在第二介质中的波速c_2之比，即

$$\frac{\sin\alpha}{\sin\beta}=\frac{c_1}{c_2} \tag{4-2-12}$$

(3)超声波的衰减

超声波在介质中传播时,随着传播距离的增加,能量逐渐衰减,其声压和声强的衰减规律为

$$P_x = P_0 e^{-ax} \tag{4-2-13}$$

$$I_x = I_0 e^{-2ax} \tag{4-2-14}$$

式中:P_x、I_x——距声源 x 处的声压和声强;

x——声波与声源问题间的距离;

a——衰减系数(Np/m)。

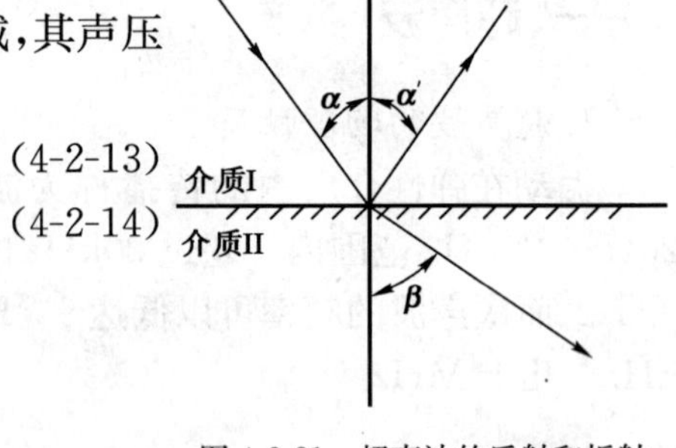

图 4-2-21　超声波的反射和折射

超声波在介质中传播时,能量的衰减决定于超声波扩散、散射和吸收。在理想介质中,超声波的衰减来自于超声波的扩散,即随超声波传播距离增加而引起能量的减弱。散射衰减是固体介质中的颗粒界面或流体介质中的悬浮粒子使超声波散射。吸收衰减是由介质的导热性、黏滞性及弹性滞后造成的,介质吸收声能并转换为热能。

介质中的能量吸收程度与超声波的频率及介质的密度有很大关系。介质的密度 ρ 越小,衰减越快,尤其在频率高时衰减更快。在空气中通常采用频率较低(几十 kHz)的超声波,在固体、液体中则采用频率较高的超声波。

利用超声波的特性,可做成各种超声波传感器(包括超声波的发射和接收),配上不同的电路,可制成各种超声波仪器及装置。

2. 超声波的发生

(1)压电式超声波发生器

压电式超声波发生器是利用压电晶体的电致伸缩现象制成的。常用的压电材料为石英晶体、压电陶瓷锆钛酸铅等。在压电材料切片上施加交变电压,使它产生电致伸缩振动,而产生超声波。

压电材料的固有频率与晶体片厚度 d 有关,即

$$f = \frac{nc}{2d} \tag{4-2-15}$$

式中:n——谐波的级数 $n=1,2,3,\cdots$;

c——波在压电材料里的传播速度(纵波);

$$c = \sqrt{\frac{E}{\rho}} \tag{4-2-16}$$

E——杨氏模量;

ρ——压电材料的密度。

对于石英晶体,$E=7.70$;对于锆钛酸铅,$E=8.300$。因此,压电材料的固有频率为

$$f = \frac{n}{2d}\sqrt{\frac{E}{\rho}} \tag{4-2-17}$$

根据共振原理,当外加交变电压频率等于晶片的固有频率时,产生共振,这时产生的超声波最强。压电式超声波发生器可以产生 10kHz~100MHz 的高频超声波,产生的声强可达 10W/cm^2。

(2)磁致伸缩超声波发生器

磁致伸缩效应的大小,即伸长缩短的程度,不同的铁磁物质其情况不同。镍的磁致伸缩效应最大,它在一切磁场中都是缩短的。如果先加一定的直流磁场,再加以交流电时,它可工作在特性最好的区域。

磁致伸缩超声波发生器把铁磁材料置于交变磁场中,使它产生机械尺寸的交替变化,即机械振动,从而产生超声波。磁致伸缩超声波发生器是用厚度为 0.1~0.4mm 的镍片叠加而成的,片间绝缘以减少涡流电流损失,其结构形状有矩形、窗形等。

磁致伸缩超声波发生器的机械振动固有频率的表达式与压电式超声波发生器的相同,即

$$f=\frac{n}{2d}\sqrt{\frac{E}{\rho}} \tag{4-2-18}$$

如果振动器是自由的，则 $n=1,2,3,\cdots$ 如果振动器的中间部分固定，则 $n=1,3,5,\cdots$

磁致伸缩超声波发生器的材料除镍外，还有铁钴钒合金（铁 49%，钴 49%，钒 2%）和含锌、镍的铁氧体。

磁致伸缩超声波发生器只能用在 10kHz 的频率范围以内，但功率可达 10^5W，声强可达 10^3W/cm^2，能耐较高的温度。

3. 超声波的接收

在超声波技术中，除了需要能产生一定频率和强度的超声波发生器以外，还需要能接收超声波的接收器。一般的超声波接收器是利用超声波发生器的逆效应进行工作的。

当超声波作用到压电晶片上时，使晶片伸缩，则在晶片的两个界面上产生交变电荷。这种电荷先被转换成电压，经过放大后送至测量电路，最后记录或显示出结果。它的结构和超声波发生器基本相同，有时就用同一个超声波发生器兼作超声波接收器。

磁致伸缩超声波接收器是利用磁致伸缩的逆效应而制成的。当超声波作用到磁致伸缩材料上时，使磁致材料伸缩，引起它的内部磁场（即导磁特性）的变化。根据电磁感应，磁致伸缩材料上所绕线圈获得感应电动势，并将此电动势送到测量电路及记录显示设备。它的结构也与超声波发生器差不多。

二、超声波传感器的工作原理

超声波传感器是利用超声波在超声场中的物理特性和各种效应，而用电信号将超声感知的器件。其主要器件是利用各种效应研制的换能装置，有时称做超声波换能器，因而有时传感器和换能器混称做探测器。

1. 超声波探头

超声波换能器有时也称为超声波探头。超声波探头是完成超声波探测的中心器件，其按工作原理可分为压电式、磁致伸缩式、电磁式等，而以压电式最为常用。

压电式超声波探头常用的材料是压电晶体和压电陶瓷，这种传感器统称为压电式超声波探头。它利用压电材料的压电效应来工作。利用逆压电效应将高频电振动转换成高频机械振动，从而产生超声波，可作为发射探头；利用正压电效应将超声波转换成电信号，可作为接收探头。

超声波探头的结构见图 4-2-22、图 4-2-23，主要由压电晶片、吸收块（阻尼块）、保护膜组成。压电晶片多为圆板形，厚度为 δ。超声波频率 f 与其厚度 δ 成反比。压电晶片的两面镀有银层，做导电的极板。阻尼块的作用是降低晶片的机械品质，吸收声能量。如果没有阻尼块，当激励的电脉冲信号停止时，晶片将会继续振荡，加长超声波的脉冲宽度，使分辨率变差。

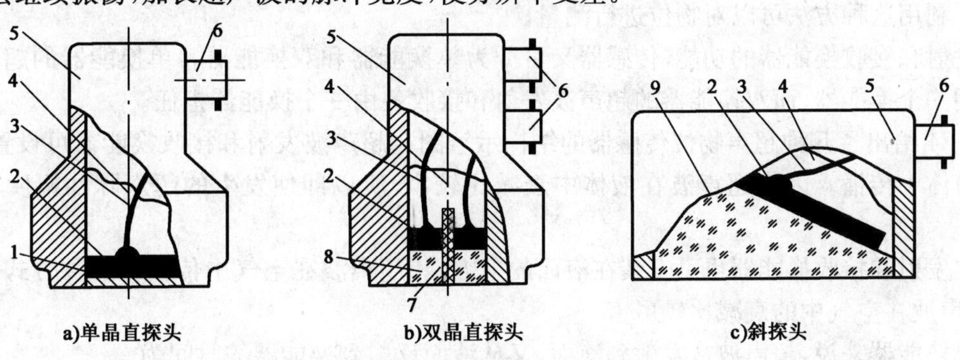

图 4-2-22　超声波探头结构示意图

1-保护膜；2-压电晶体；3-引线；4-阻尼吸收块；5-外壳；6-插头；7-隔离层；8-延迟块；9-有机玻璃斜膜块

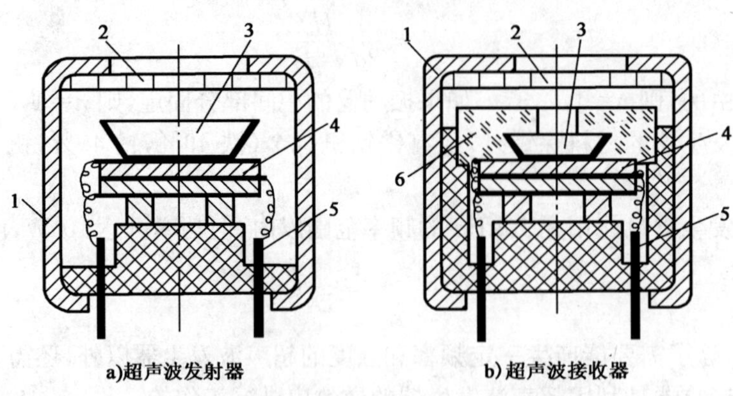

图 4-2-23　空气传导型超声波发射、接收器结构

1-外壳；2-金属丝网罩；3-锥形共振盘；4-压电晶片；5-引线端子；6-阻尼匹配器

2.超声波换能器耦合技术

超声波换能器根据其结构不同分为直探头、斜探头、双探头、表面波探头、聚焦探头、水浸探头、空气传导探头以及其他专用探头等。

(1)以固体为传导介质的探头

用于固体介质的单晶直探头(俗称直探头)的结构见图 4-2-22a)，双晶直探头的结构见图 4-2-22b)。在双探头中，一只压电晶片担任发射超声脉冲的任务，而另一只担任接收超声脉冲的任务。有时为了使超声波能倾斜入射到被测介质中，可选用斜探头，见图 4-2-22c)。

为了减少超声波的换能损失，必须将接触面之间的空气排挤掉，使超声波能顺利地入射到被测介质中。在工业中，经常使用一种称为耦合剂的液体物质，使之充满在接触层中，起到传递超声波的作用。常用的耦合剂有水、机油、甘油、水玻璃、胶水、化学浆糊等。耦合剂的厚度应尽量薄些，以减小耦合损耗。

(2)以空气为传导介质的探头

此类发射器和接收器一般是分开设置的，两者的结构也略有不同。图 4-2-23 所示为空气传导用的超声波发射器和接收器结构图。发射器的压电片上粘贴了一只锥形共振盘，以提高发射效率和方向性。接收器的共振盘上还增加了一只阻抗匹配器，以提高接收效率。

三、超声波传感器的应用

1.超声波物位传感器

超声波物位传感器是利用超声波在两种介质的分界面上的反射特性制成的。

如果从发射超声脉冲开始，到接收换能器接收到反射波为止的这个时间隔为已知，就可以求出分界面的位置。利用这种方法可以对物位进行测量。

根据发射和接收换能器的功能，传感器又可分为单换能器和双换能器。单换能器的超声波发射和接收均使用一个换能器，而双换能器的超声波发射和接收各由一个换能器担任。

图 4-2-24 给出了几种超声物位传感器的结构示意图。超声波发射和接收换能器可设置在水中，让超声波在液体中传播。因为超声波在液体中衰减比较小，所以即使发生的超声脉冲幅度较小也可以传播。

超声波发射和接收换能器也可安装在液面的上方，让超声波在空气中传播。这种方式便于安装和维修，但超声波在空气中的衰减比较厉害。

对于单换能器来说，超声波从发射到液面，又从液面反射到换能器的时间为

$$t=\frac{2h}{v} \tag{4-2-19}$$

$$h=\frac{vt}{2} \tag{4-2-20}$$

式中：h——换能器距液面的距离；

v——超声波在介质中传播的速度。

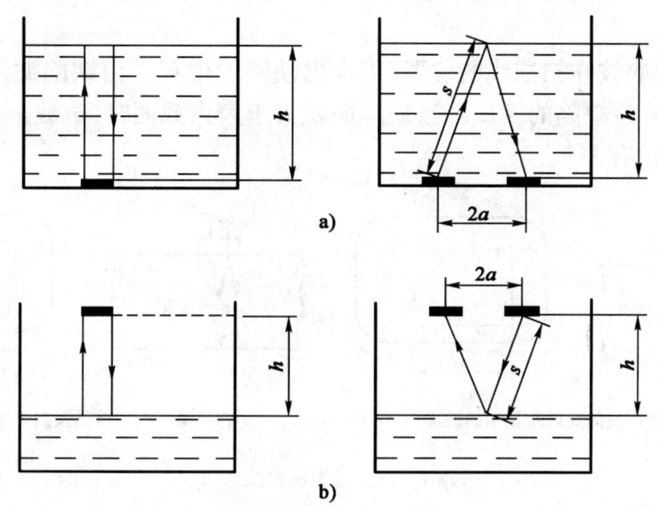

图 4-2-24　几种超声波物位传感器的结构示意图

对于双换能器来说，超声波从发射到被接收经过的路程为 $2s$，而

$$s=\frac{vt}{2} \tag{4-2-21}$$

因此液位高度为

$$h=\sqrt{s^2-a^2} \tag{4-2-22}$$

式中：s——超声波反射点到换能器的距离；

a——两换能器间距之半。

从以上公式中可以看出，只要测得超声波脉冲从发射到接收的间隔时间，便可以求得待测的物位。超声波物位传感器具有精度高和使用寿命长的特点，但若液体中有气泡或液面发生波动，便会有较大的误差。在一般使用条件下，它的测量误差为±0.1%，检测物位的范围为 10^{-2}～10^4m。

2. 超声波流量传感器

如图 4-2-25 所示，在被测管道上下游的一定距离上，分别安装两对超声波发射和接收探头（F_1，T_1）、（F_2，T_2）。其中（F_1，T_1）的超声波是顺流传播的，而（F_2，T_2）的超声波是逆流传播的。

根据这两束超声波在流体中传播速度的时间差、相位差或频率差等方法，可测量出流体的平均速度和流量。

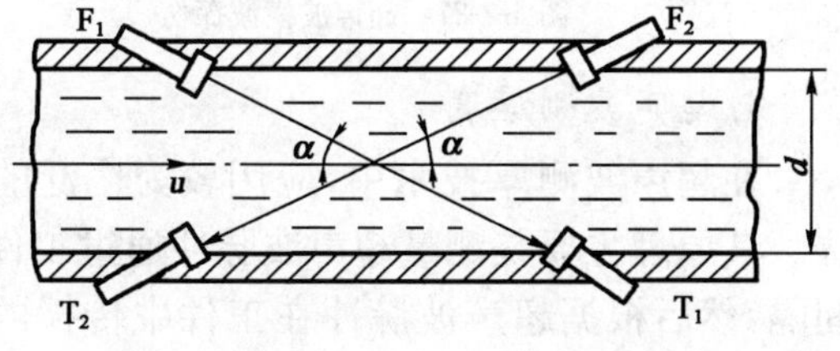

图 4-2-25　时间差法超声波流量计原理图

3. 超声波探伤

超声波探伤是无损探伤技术中的一种主要检测手段。它主要用于检测板材、管材、锻件和焊缝等材料中的缺陷（如裂缝、气孔、夹渣等），测定材料的厚度，检测材料的晶粒，配合断裂力学对材料使用寿命进行评价等。

对高频超声波，由于它的波长短，不易产生绕射，碰到杂质或分界面就会有明显反射，而且方向性好，能成为射线而定向传播，在液体、固体中衰减小，穿透本领大，所以超声波成为无损探伤方面的重要工具。

(1)纵波探伤

高频脉冲发生器产生的脉冲（发射波）加在探头上，激励压电晶体振荡，使之产生超声波。超声波以一定的速度向工件内部传播，当工件无缺陷时，荧光屏上只有T波、B波，没有F波；当工件有缺陷时，一部分超声波遇到缺陷F时反射回来，另一部分超声波继续传至工件底面B，也反射回来。由缺陷及底面反射回来的超声波被探头接收时，又变为电脉冲。发射波T、缺陷波F及底波B经放大后，在显示器荧光屏上显示出来。荧光屏上的水平亮线为扫描线（时间基准），其长度与时间成正比，见图4-2-26。

由发射波、缺陷波及底波在扫描线的位置，可求出缺陷的位置。由缺陷波的幅度，可判断缺陷的大小；由缺陷波的形状，可分析缺陷的性质。当缺陷面积大于声束截面时，声波全部由缺陷处反射回来，荧光屏上只有T波、F波，没有B波。

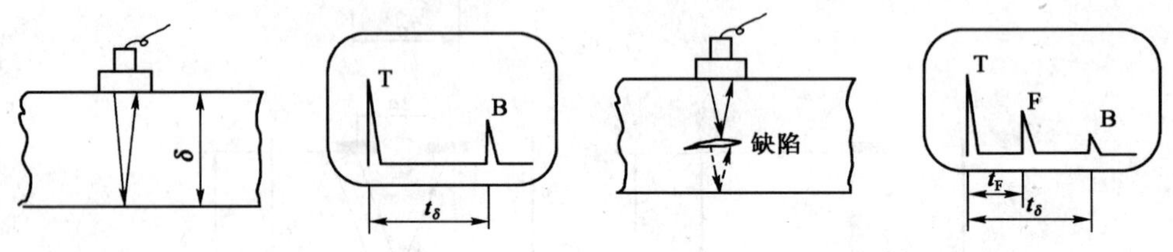

a)无缺陷时超声波的反射及显示的波形　　b)有缺陷时超声波的反射及显示的波形

图4-2-26　超声波纵波探伤

(2)横波探伤

超声波的一个显著特点是超声波波束中心线与缺陷截面垂直时，探头灵敏度最高。

遇到如图4-2-27所示的缺陷时，用直探头探测虽然可探测出缺陷存在，但并不能真实反映缺陷大小。如用斜探头探测，则探伤效果较佳。它是根据超声波进入工件后的能量变化状况，来判别工件内部质量的方法。

(3)表面波探伤

如图4-2-28所示，当超声波的入射角α超过一定值后，折射角β可达到90°，这时固体表面受到超声波能量引起的交替变化的表面张力作用，质点在介质表面的平衡位置附近作椭圆轨迹振动，这种振动称为表面波。当工件表面存在缺陷时，表面波被反射回探头，可以在荧光屏上显示出来。

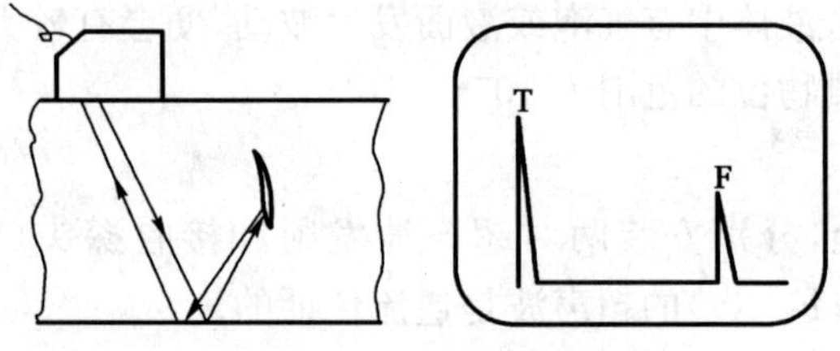

图4-2-27　超声波横波探伤

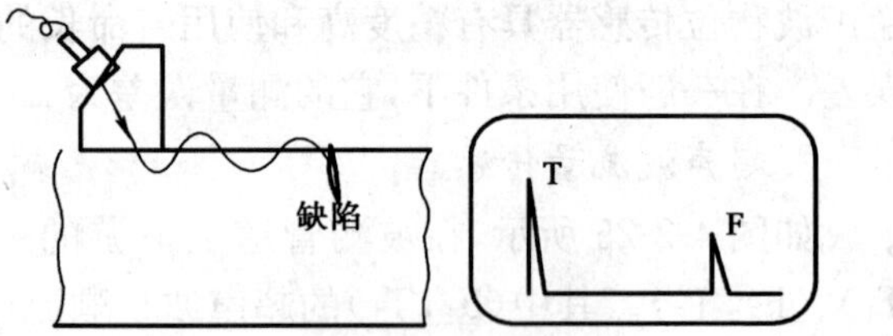

图4-2-28　超声波表面波探伤

4. *超声波测厚度*

在超声波测厚技术中，应用较为广泛的是脉冲回波法。其原理主要是测量超声波脉冲通过工件所需的时间间隔，然后根据超声波脉冲在工件中传播的速度求出工件的厚度。

图4-2-29中，主控制器产生一定频率的脉冲信号，并控制发射电路把它经电流放大后接到超声波发生器上。超声波发生器产生的超声脉冲进入工件后，被底面反射回来，并由同一个超声波发生器接收。接收到的脉冲信号经放大器加至示波器垂直偏板上。标记发生器输出一

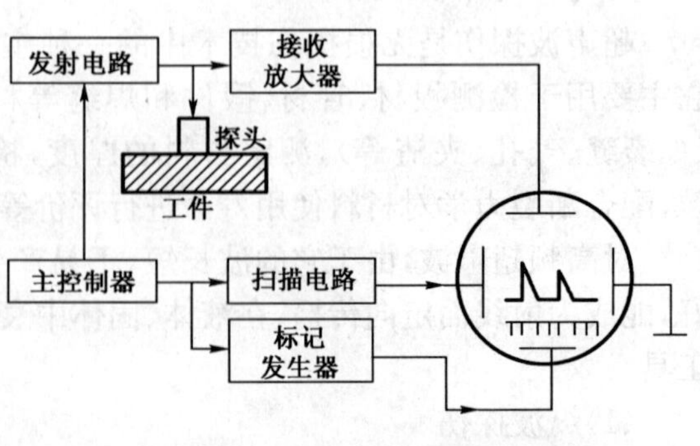

图4-2-29　超声波测厚

定时间间隔的标记脉冲信号，也加到示波器的水平偏转板上。扫描电压加到示波器的水平偏转板上。这样，在示波器荧光屏上可以直接观察到发射脉冲和接收信号。设接收的时间间隔为 t，波速为 c，则试件的厚度 d 可有下式求出：

$$d = \frac{1}{2}ct \tag{4-2-23}$$

标记信号一般可以调节，根据测量的要求选择。如果预先用标准试件进行校正，则可以根据荧光屏上发射与接收两个脉冲间的标记信号直接读出被测工件的厚度。

第五节 其他电子仪器

本节将介绍的其他电子仪器包括电子测斜仪、打桩分析仪、基桩检测仪、混凝土耐久性检测仪，以及澳大利亚 DataTaker 桥梁健康监测系统等。桥梁工程检测工作常用的电阻应变片及电阻应变仪、电阻应变式传感器、动力检测仪器、钢弦式传感器及接收仪、测温元件及其接收仪、光导纤维传感器和全球定位系统(GPS)等也都是电子仪器设备，将在后面分章详述。

一、电子测斜仪

电子测斜仪是一种在桥梁工程检测中精确地检测沿竖直方向土层、围护结构或桩身水平位移的电子仪器。在第二篇第六章地下连续墙深基坑施工监测中已介绍过其在基坑侧向变形的检测实例。电子测斜仪分为活动式和固定式两种，在桥梁工程检测中常用活动式电子测斜仪。

1. 测斜仪类型

活动式测斜仪按测头传感元件不同，又可细分为滑动电阻式、电阻片式、钢弦式及伺服加速计式四种。

(1)滑动电阻式

测头以悬吊摆为传感元件，在摆的活动端装一电刷，在测头壳体装一电位计。当摆相对壳体倾斜时，电刷在电位计表面滑动，由电位计将摆相对壳体的倾摆角位移变成电信号输出，用惠斯顿电桥测定电阻比的变化，根据标定的结果，就可进行倾斜测量。该测头优点是坚固可靠；缺点是测量精度不高(其性能受电位计分辨力限制)。

(2)电阻片式

测头是用弹性好的铍青铜簧片挂摆锤，弹簧片两侧各贴两片电阻应变片，构成差动可变式传感器。弹簧片可设计成等应变梁，使之在受弹性限度内测头的倾角变化与电阻应变仪读数呈线性关系。

(3)钢弦式

钢弦式测头是双轴测斜仪，可进行水平两个方向测斜。通过四个钢弦式应变计测定重力摆运动的弹性变形，进而求得倾斜值。

(4)伺服加速度计式

它的工作原理是建立在检测质量块因输入加速度而产生的惯性力与特殊感应系统产生的反力相平衡，感应线圈的电流与此反力成正比，根据电压大小可测定斜度，所以将其叫做力平衡伺服加速度计。

以上四种类型的测斜仪，在国内外都有厂家定型生产。目前以生产伺服加速度计式测斜仪的厂家较多，加速度计系用于惯性导航的元件，灵敏度和精度较高。

2. 测斜仪的结构

活动式测斜仪的结构大致可分为四部分：装有重力式测斜传感元件的测头、测读仪、连接测头和测读仪的电缆、测斜管。

(1)测头：倾斜角传感元件。

(2)测读仪：测读仪应和测头配套选择与使用。其测量范围、精度和灵敏度，根据工程需要而定。现场条件下，测读仪测量结果的重复性，一般应等于或优于±0.01°。

(3)电缆：电缆作用有 4 个——向测头供给电源；给测读仪传递量测信号；测头量测点距孔口的深度尺；提升与下放测头的绳索。电缆除具有很高的防水性能外，还不能有较大的长度变化，为此，电缆芯线中设有一根加强钢芯线。

(4)测斜管：测斜管一般由塑料或铝合金制成。测斜管直径大小不一，长度每节约 2～4m，管接头有固定式和伸缩式两种；测斜管内有两对互成正交的纵向导槽，测量时，测头导轮坐落在一对导槽内并可上、下自由滑动。

3. 测斜管的安装或埋设

测斜管可安装在地下连续墙或支护桩钢筋笼上，随钢筋笼浇注在混凝土中，也可钻孔埋设在支护结构或地基土体中。安装或埋设过程中的注意事项如下：

(1)测斜管现场组装后，安装在地下连续墙或支护桩的钢筋笼上，随钢筋浇注在混凝土中。浇注混凝土之前应在测斜管内注满清水，防止测斜管在浇注混凝土时浮起，并防止水泥浆渗入管内。

(2)在支护结构或被支护土体内钻孔，然后将测斜管逐节组装并放入钻孔内。测斜管底部装有底盖，管内注满清水，下入钻孔内预定深度后，即向测斜管与孔壁之间的间隙由下而上逐段灌浆或用砂填实，固定测斜管。

(3)安装或埋设时，应及时检查测斜管内的一对导槽，其指向应与欲测量的位移方向一致，并及时修正。

(4)测斜管固定完毕或浇注混凝土后，用清水将测斜管内冲洗干净，用测头模型放入测斜管内，沿导槽上下滑行一遍，以检查导槽是否畅通无阻，滚轮是否有滑出导槽的现象。由于测斜仪测头是贵重的仪器，在未确认测斜管导槽畅通前，不得放入真实的测头。

(5)量测测斜管导槽方位、管口坐标及高程，及时做好孔口保护装置，做好记录。

(6)对于安装在温泉或有地热地段的测斜管，应确定测斜管内的水温是否在测头容许工作温度范围内。如水温度过高，应在孔口安装冷水洗孔装置。

二、打桩分析仪

在第二篇第三章基桩检测中，已介绍了打桩分析仪的应用，下面对其仪器本身加以简介。

20 世纪 70 年代中期以前，关于应力波理论在量测与分析仪器方面的应用，多为工地采用示波器记录或模拟磁带记录，然后在室内做大量的整理和分析工作。美国桩动力公司、瑞典威波塞拉大学等推出的打桩分析仪能进行实时分析，应该讲这是一个大的飞跃。所谓实时分析，就是在桩锤的两次打击之间处理前次打击所得数据，并得到某些结论。如美国 PDA 打桩分析仪能在 120 次/min 以上锤击速度下对每次锤击做出分析。当然，20 世纪 80 年代中后期，我国开始从美国和瑞典引进高应变动力打桩仪(PDA 和 PID)，经过消化、吸收和改进，许多单位也推出了多种型号的打桩分析仪。下面就对目前广为采用的几种打桩分析仪加以简单描述。

1. 美国 PDA 打桩分析仪

美国 PDA 打桩分析仪(Pile Driving Analyzer)是美国桩动力学公司(Pile Dynamics Inc，简称 PDI)

设计制造的。PDA 打桩分析仪适用于陆地、海上及其任何地质条件，并可用于预制桩（钢筋混凝土桩、钢桩）、钻孔灌注桩等。整套 PDA 系统由设置在桩上的传感器、具有信号调节和计算能力的 PDA 以及记录信号的可选择的外部装置组成。其系统示意见图 4-2-30。

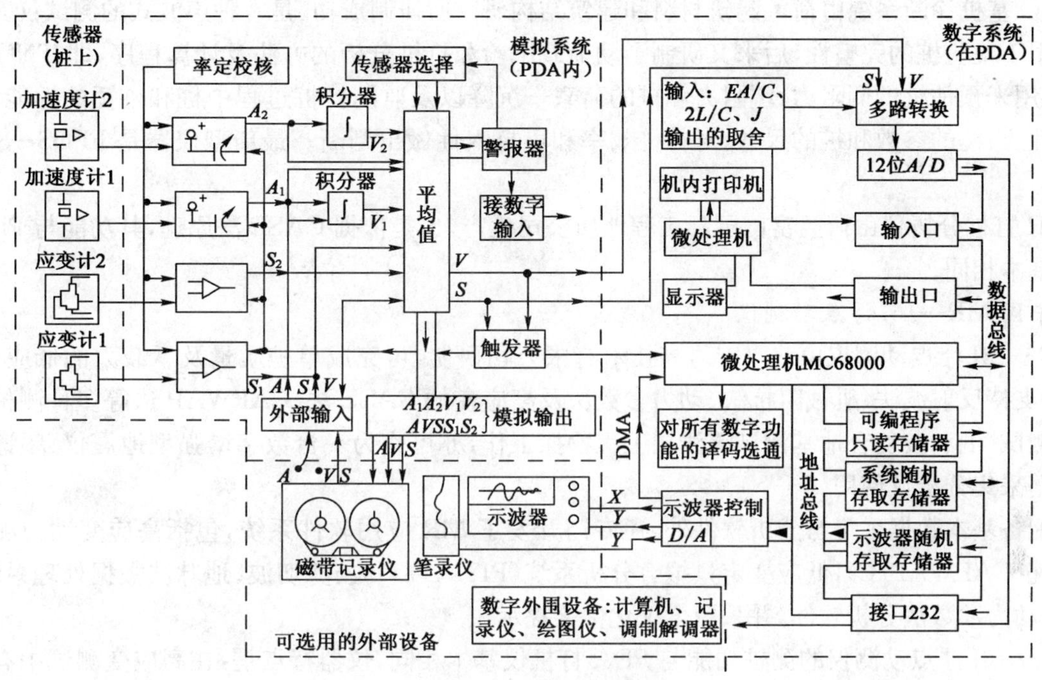

图 4-2-30 PDA 装置系统示意图

因 PDA 打桩分析仪是由美国桩动力公司在高勃尔教授主持下研制成功的，所以该仪器根据波动议程闭合解原理，按 CASE 法的公式进行计算，程序已经固化，公式简单，计算迅速。最新型的 PDA 打桩分析仪已经实现计算机一体化，可完成数据采集、信号显示、屏幕处理、计算分析、数据传输和文件储存的全部工作。该仪器可检测桩的承载力、桩身结构完整性、打桩应力及桩锤效率等。应用 CAPWAP/C 分析程序计算，还可以得到桩侧土阻力分布和模拟静荷载验的 Q-S 曲线。

2. 瑞典 PID 打桩分析仪

PID 打桩分析仪由瑞典威波塞拉（Vppsala）大学根据 CASE 法原理研制成功，并由瑞典打桩技术发展公司生产。其主要部分是：

（1）装在靠近桩头相对两边的传感器（标准应变传感器和加速度计）；

（2）弹性安装在桩上的接线盒和信号传送到测量站的主缆（为了提高信噪比，信号的第一级放大已经在接线盒内完成）；

（3）PID 打桩预分析器（用于检查传感器性能，具有信号率定、相加、相减、加速度积分等功能，对模拟信号作一些初步计算）；

（4）数字记忆示波器（在此，信号从模拟量转换成数字形式，显示并储存在软盘上，便于进一步的分析和提供文件）；

（5）微机（包括软盘驱动器、绘图仪和打印机，完成测量信号分析和打桩模拟。微机自动从示波器取出信号、分析和绘制打印结果。在标准分析中，将完成打桩力、拉力、单元速度、传输给桩的能量、打入阻力及桩承载力的 CASE 法计算，并由 PID 标准程序把有关数据绘制出来）；

（6）PID 软件包［包括模拟程序（Simth 和连续模式）、PID 分析程序和 CAPWAP/C 程序］。

PID 打桩分析系统不仅能够测试混凝土桩，同样也能测试钢桩。对于混凝土或大直径钢桩，如果频率超过 2kHz，可以用粘贴式应变计代替标准栓接力传感器。对于达到 20000g 的高加速度脉冲量，可以使用特殊加速度计。

整个系统，包括微机，能够在现场实测，并能在现场直接完成 CAPWAP/C 分析。

3. 荷兰 TNO 基桩诊断系统和 PDR 打桩分析仪

TNO 基桩诊断系统由荷兰建筑材料和建筑结构研究所研制成功，是一种声波式的测试仪。该系统最初仅用于检验桩的完整性，后来又研制了动荷载试验和打桩分析的方法及计算程序，即 TNO 波动议程法，可用来预估桩的侧阻力、端阻力和桩的荷载—沉降以及监测打桩过程中桩和桩锤的性能，并可根据土的性质、锤的参数和桩的尺寸，对打桩效率和可打入性做出判断。最新型仪器是 FPDS—3 基桩分析系统。

PDR 打桩分析仪由荷兰富国国际工程地质公司生产，也是依据 CASE 法原理，其功能与 PDA 打桩分析仪基本相同。

4. 中国 MR—16I 浮点动测仪

MR—16I 浮点动测仪由武汉宏岩高技术有限公司研制，可完成单桩质量及承载力的低应变、高应变检测，支持反射波法、机械阻抗法、动力参数法及高应变的 CASE 法、CAPWAP 法等多种测桩方法及地脉动测试、瑞利波复合地基测试等浅层工程物探工作，亦可作为一台数字增强型地震仪、频谱仪及通用型数据采集分析仪使用。

除配备基本数据采集与分析软件外，还专门开发了 MR 应用软件系统，包括高应变动力测桩分析智能系统(CAPWAP/C)，低应变定量拟合分析系统(PIT)，瑞利波、剪切波、地脉波数据处理系统，机械阻抗法、动力参数法分析软件，并采用全汉化中文提示。

MR—16I 浮点动测仪的测桩功能与 PDA 打桩仪基本相同，仪器特点是：在高应变测试中有自动增益控制(增益过大造成削波，增益过小又采集不到信号)、应变自动调零、四道传感器任意触发及连续触发、自动记录等功能。

此外，中国建筑科学研究院推出了 FEI—A 型桩基动测分析系统。该系统也包括高应变、低应变动力检测的全套软、硬件系统。武汉岩海工程技术开发公司推出了 RS 系列基桩动测仪及 CCWAPC/TM 软件，不仅达到国外同等水平并在国内得到广泛应用。

三、基桩检测仪

近期，欧美大地仪器设备(中国)有限公司推出的基桩检测设备有：

1. 瑞士 Solexperts AG 公司生产的滑动测微计

其可在桩静载试验中做桩身应力应变内力测试，测试项目如下：

1)单桩垂直载荷试桩(抗压抗拔)桩身应力应变测试

(1)垂直试桩时，绘制各级荷载下桩身应变分布曲线图，指出桩身缺陷部位；

(2)计算桩身弹性模量并计算桩身轴向力分布曲线；

(3)计算各级荷载下桩侧摩阻力分布曲线及相应端阻力值；

(4)提供各级荷载下摩阻力及端阻力值。

2)单桩水平载荷试桩桩身应力应变测试

(1)指出最大弯矩及第一反弯点位置；

(2)计算最大弯矩点处迎力面钢筋应力曲线，并提供临界荷载和极限荷载。

3)负摩阻力检测

提供各级荷载下负摩阻力值。

2. 日本 KODEN 株式会社生产的 DM604 型钻孔孔壁检测仪

可检测钻孔孔深、孔径、钻孔垂直度、孔壁状况等成孔质量。

3. 美国 PDI 公司生产的 CHAMP 型声波透射法检测仪、PIT—Y/PIT—FV 型桩基完整性测试仪

这些仪器都是采用声波透射法和应力波反射法检测桩身的完整性。

四、混凝土耐久性检测仪

北京首瑞测控技术有限公司，近期推出一批混凝土耐久性检测仪器。

1. RCMF 型多功能混凝土渗透性综合试验仪

其特点如下：

(1)一机多用：既可做国标 RCM 法试验，又可做欧盟标准 NTB 试验以及电通量 ASTM 试验；也可以做氯离子电通量 ASTM 试验；

(2)动态平衡：扩散系数试验时，自动记录初始和结束时的电流和温度，自动选择测试电压和电迁移时间；

(3)通道独立：各通道电压、电流、温度、电通量实现独立控制，可同时在操作界面全部显示；

(4)功能强大：RCM、NTB、ASTM 试验数据均可自动保存，打印输出。

2. PER—II 型混凝土电通量智能测定仪

其特点如下：

该仪器是通过快速量测 6h 流过混凝土的电量，来快速间接评价混凝土的密实性。主要用高速铁路、公路工程的生产质量控制与工程验收，也是科研院混凝土耐久性试验室的必备仪器。主芯片采用专用微处理器，匹配特殊高速转换器，具有采样速度快、测量精度高、抗干扰性能强、操作简单的特点，直接输出试验报告，整机技术达国内领先水平。

3. JDC—I 型大体积混凝土无线测温系统

其功能如下：

该系统主要用于大体积混凝土的施工现场和进程监控，也可用于其他方面的多点测温之用，现已广泛应用于高速铁路混凝土箱梁的浇筑养护测温和混凝土冬季施工、大体积混凝土施工中的过程温度监控。测量范围：−30～130℃，可同时测 100 个测点，具备测温报警功能，实用性极强。

4. RCM—D 型自动采集混凝土氯离子扩散系数测定仪

其功能如下：

该仪器主要用来在非稳态条件下测试氯离子的扩散系数，定量评价混凝土抵抗氯离子扩散的能力，用于氯离子侵蚀环境中的耐久性混凝土的配合比设计与施工及使用寿命的评估。每个通道都有独立的电压、电流、温度，电迁移时间及试验结束倒计时时间显示。既能做 NTB 试验，又能做 RCM 试验。独创的电桥平衡电路大幅提高信号电压的灵敏度。

5. PER—6F 液晶混凝土电通量智能测定仪

其功能如下：

该仪器在具备了 PER—II 型混凝土电通量智能测定仪的所有功能的同时，还能通过主机的宽屏液晶显示整个试验过程。试验完成后，随机的微型打印机可直接打印出电通量数据。当然也可以通过串口与电脑相连进行试验操作，更适合无电脑的现场检测。

6. CLU—H 型氯离子含量快速测定仪

其功能如下：

该仪器采用离子选择电极法(ISE 法)，测定混凝土、砂子、石子、拌和水等材料的水溶性氯离子含量。氯离子浓度测量范围：$1.0\times10^{-1}\sim1.0\times10^{-5}$ mol/L，3min 快速测定试样中氯离子浓度及质量百分比，测试数据连续记录，可打印和导出。

五、澳大利亚 DataTaker 桥梁健康监测系统

欧美大地仪器设备(中国)有限公司近期推出的澳大利亚 Data Taker 桥梁健康监测系统，是一个从传感器到监测软件均稳定可靠、功能强大、通信灵活的自动化桥梁健康监测系统。

其可做整座桥梁的气象监测、结构监测和振动监测，系统采用的电子仪器配置见图 4-2-31。

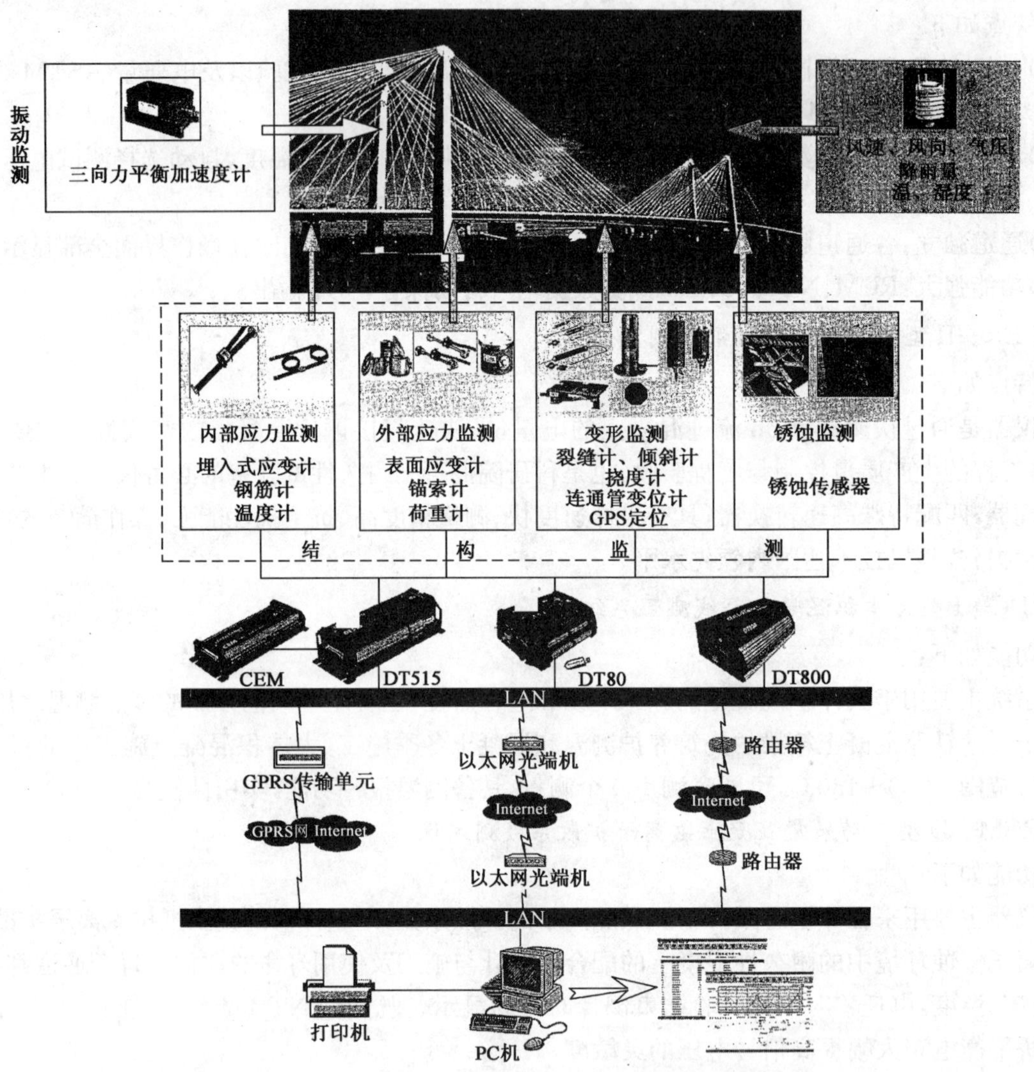

图 4-2-31　澳大利亚 Data Taker 桥梁健康监测系统

第三章　电阻应变片及电阻应变仪

电阻应变片是应用电阻丝的电阻率随丝的变形面变化的关系，即金属丝的应变效应，把力学参数(如压力、荷载、位移、应力或应变)转换成与之成比例的电学参数。在测量应变时，应变片用黏合剂贴在试件上，试件受载荷作用产生变形，贴在试件上的应变片的敏感元件随之发生变形，此时应变片的电阻值也将产生微小变化。通过测量电桥可使微小的电阻变化转换成电压或电流的变化，再经电子放大器放大，并根据某一比例常数关系，将其变换成被测试件的应变值而显示或记录下来。用来完成上述工作的仪器称为电阻应变仪。

第一节　电阻应变片的种类及其选择

一、电阻应变片的种类

电阻应变片按其构造、制造工艺及材料可分为丝栅式、箔片式和半导体式三类。

1. 丝栅式应变片

此类电阻应变片是用直径 0.02～0.05mm 的镍铬丝或康铜丝或康铜丝绕成栅状，用胶水将其固定在两层绝缘材料之间，引线用直径 0.15～0.3mm 的镀锡铜线或铜带，再用纤焊或点焊与线栅相接而制成的。此类应变片有圆角线栅式(U 形丝式)(图 4-3-1)和直角线栅式(短接式)(图 4-3-2)两种。圆角线栅式易于制造，但横向效应大；直角线栅式横向效应小，但不适用于动应变测量。

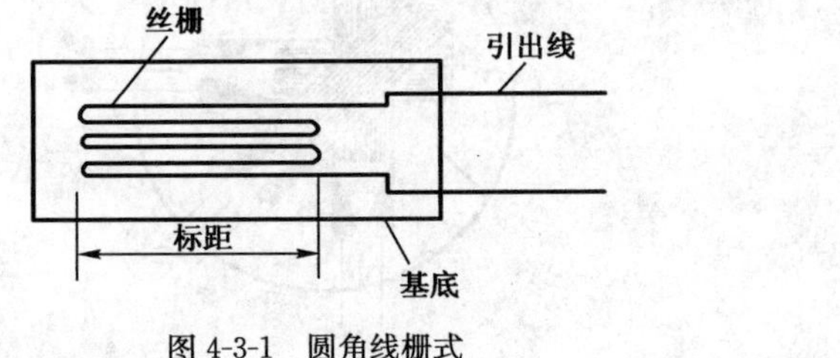

图 4-3-1　圆角线栅式

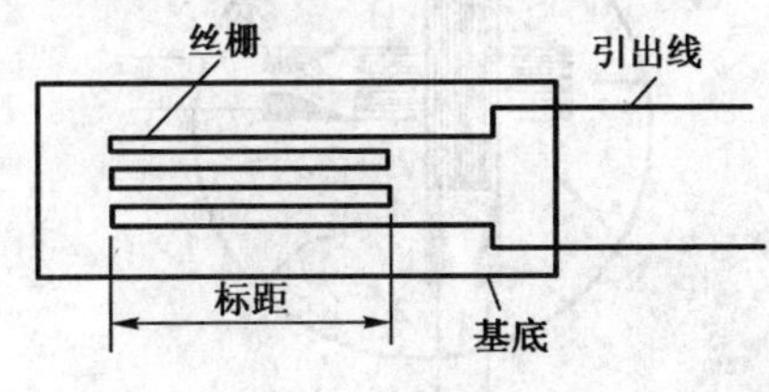

图 4-3-2　直角线栅式

2. 箔片式应变片

此类应变片是在镍铜或镍铬箔片的一面涂胶，形成胶基底，采用光刻腐蚀技术制成的。箔式应变片的几何形状和尺寸非常精密，横向效应小，阻值及灵敏系数稳定，易于制成小标距及各种形式的应变花。敏感栅断面平而薄的矩形截面，由于表面积大，因而粘贴牢固，减小了零点漂移，并且散热条件好，允许通过较大的电流，提高了测量的灵敏度。其纵横向丝是整体的，在纵横丝交接处抗剪能力强、耐疲劳。箔片式应变片外形见图 4-3-3。

3. 半导体式应变片

此类应变片是利用半导体材料(锗和硅)的压阻效应制成的。夹在两层绝缘材料间的是一片轴线一晶轴方向一致的单晶片，当其晶轴方向受力作用时，电阻值就会改变。它的灵敏系数比金属栅应变片大几十倍，所以不需放大器就可直接测量其输出信号。它的机械滞后和横向效应小。缺点是温度变化对它的电阻值与灵敏度影响较大，稳定性差；测量较大应变时，它的非线性度大。半导体式应变片外形见图 4-3-4。

图 4-3-3　箔片式应变片外形

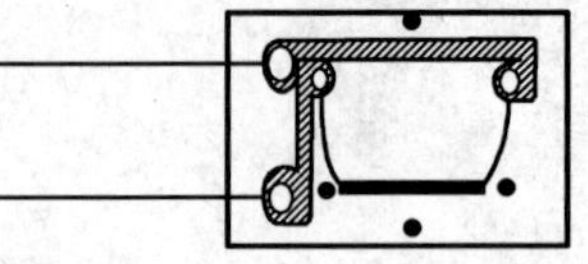

图 4-3-4　半导体式应变片外形

根据不同的方法，应变片有如下分类：

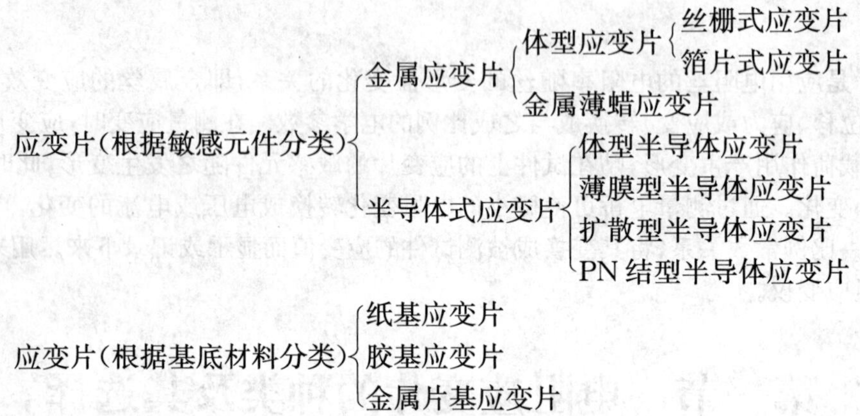

二、电阻应变片的选择

一般根据结构或试件的应力状态、材质特点等进行电阻应变片的选择。具体选择方法如下：

(1)对于应力梯度较大、材质均匀的结构和试件，应选用小标距电阻应变片；对于应力分布变化缓慢、材质不均匀的结构和试件，应选用大标距电阻应变片。如钢材试件宜选用标距为 5～20mm 的电阻应变片；混凝土试件则应选用标距大于粗集料粒径 4～5 倍的长标距(40～150mm)电阻应变片。

(2)若是一维应力，则应选用单轴电阻应变片。若是二维应力，当主应力方向已知时，可使用直角应变花，见图 4-3-5；如主应力方向未知时，必须使用多轴应变花，见图 4-3-6。

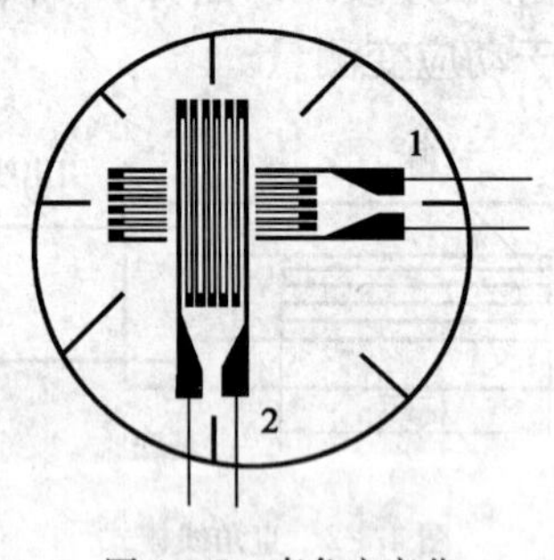

图 4-3-5　直角应变花

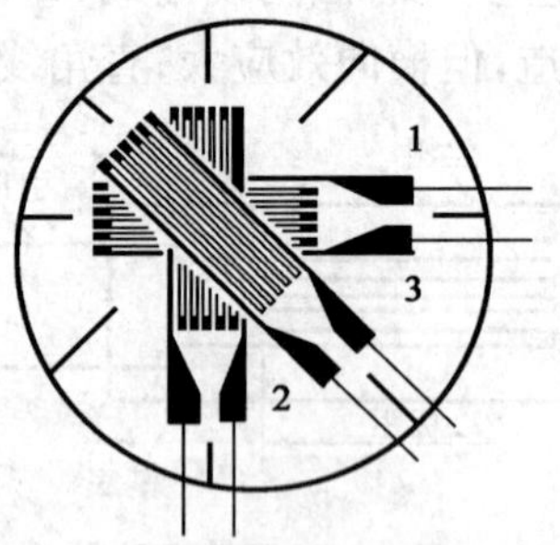

图 4-3-6　多轴应变花

(3)对于长期动荷载作用下的应变测量，应选用疲劳寿命长的电阻应变片，如箔片式应变片。对冲击荷载作用下的应变测量，还要考虑电阻应变片的频率响应，一般标距愈小的电阻应变片频响愈高。当要测量塑性范围的应变时，则应选用机械应变极限值高的电阻应变片。

第二节　电阻应变片的贴片技术

电阻应变片的粘贴是应变电测技术的一个关键环节，粘贴质量的好坏直接影响测量结果。贴片技术包括试件表面处理、贴片、固化及防潮处理、焊接导线、质量检查等技术。

一、试件表面处理

对金属试件，应先将贴片处表面的锈、油污和附着物全部除尽；然后用砂布先粗、后细地抛光，表面达到∇_4至∇_5光洁度。砂布打磨方向应与电阻应变片主轴方向成45°。抛光后，用丙酮将贴片处清洁干净。若打磨后不立即贴片，则应对贴片处进行防尘和防潮处理。

对混凝土试件，在贴片处不允许有麻面、气孔和浮浆。对贴片处用砂轮打磨机或砂布进行表面磨平，清除浮尘，然后用环氧树脂胶涂一厚度为0.05～0.2mm的底层。待底层完全固化后，再用砂布打磨平，最后用丙酮将贴片处表面清洁干净。

二、贴片

用划针或记号笔在试件的贴片处画出定位轴线。重新用丙酮清洗贴片处及其附近，在电阻应变片基底面均匀地涂一层环氧类黏结剂或502胶水，然后将电阻应变片依据定位线放在测点上，在电阻应变片上覆盖一小片聚四氟乙烯薄膜或玻璃纸，用手指在其上轻轻滚压，挤出气泡和多余的胶水，再用手指按压1～2min，待胶水初步固化后即可松手。注意按压时贴片不要移动，以免改变电阻应变片规定的位置和方向；引线不要粘在试件上；按压的力不要太大，以免使电阻值改变。

三、固化及防潮处理

贴片后必须使黏结剂充分干燥，以保证能准确传递试件的变形和电阻应变片的绝缘度以提高测量精度。干燥固化程序应根据黏结剂种类来确定，表4-3-1列出了桥梁结构试验贴片常用的几种黏结剂。一般自然干燥约需24～48h。当环境温度低、湿度大时可进行人工干燥，可用红外线灯或电吹风机等烘干设备进行干燥处理。但必须注意，不允许烘干温度太高，以免造成试件与电阻应变片基底脱离或基底与应变栅脱离，导致测量误差增大甚至失败的后果。固化和绝缘电阻达到要求后，应立即进行防潮处理，对电阻应变片敷设防潮层。必要时还应敷设防护罩防水和防机械损伤。防潮材料常用的有环氧树脂胶、无水凡士林和石蜡混合剂以及松香石蜡。

常用贴片黏合剂性能　　表4-3-1

类　型	牌　号	主要成分	宜贴应变片	固化条件	使用温度(℃)	特　点
氰基丙烯酸酯黏合剂	502	氰基丙烯酸乙酯	纸基片 胶基片 箔式片	室温24h	−30～100	操作简便，固化快，常温下几分钟可基本固化。收缩率小，蠕变小，耐潮、耐温差，储存期短
环氧树脂类黏合剂	914	环氧树脂 聚硫酸酮胺 固化剂	纸基片 胶基片	室温24h	−60～60	黏合强度高，固化时收缩率小，防潮性、耐蚀性和绝缘性好，固化后较脆，耐冲击性差，使用时配制
	—	环氧树脂 二乙烯三胺 二丁酯	纸基片 胶基片 箔式片	室温48h	−80～180	

四、焊接导线

为防止导线的摆动将电阻应变片损坏，在连接导线前，应在电阻应变片旁粘一接线端子，分别把电阻应变片的引线与导线焊在接线端子上。

静态测量时连接导线一般选用聚氯乙烯塑料绝缘包皮多股铜导线，规格为ϕ0.12mm×7或ϕ0.18mm×12。动态测量一般选用聚氯乙烯绝缘及护套屏蔽四芯电缆作为连接导线。

焊锡应选用松香芯焊锡丝，禁用酸性助焊剂。焊点必须焊透，在室外或工地现场必须用大功率电烙铁进行导线焊接，不允许有虚焊，否则测量会出现较大漂移和不稳定的情况。

五、质量检查

首先用万用表检查电阻应变片是否短路、断路，粘贴前后的电阻值应相同。再用兆欧表检查绝缘电阻，用于静态测量的电阻应变片其绝缘电阻应高于 200MΩ；用于动态测量的电阻应变片其绝缘电阻应高于 150MΩ；用于长期观测或要求较高的测量的电阻应变片其绝缘电阻应达到 500MΩ。

第三节　电阻应变仪的原理

电阻应变仪，主要由惠斯顿电桥和放大器组成。主要工作过程是：输入电路与被测应变片或传感器的应变片组成电桥，并对电桥的输出信号进行放大处理，以系统输出电路显示、打印或存储所测得的数据。

电桥测量应变的基本原理是基于电桥的输出电压与应变片的电阻变化率的代数和成正比。

根据电桥平衡条件，由图 4-3-7 可得如下关系式：

$$U=A\left(\frac{\Delta R_1}{R_1}-\frac{\Delta R_2}{R_2}+\frac{\Delta R_3}{R_3}-\frac{\Delta R_4}{R_4}\right) \tag{4-3-1}$$

式中：A——比例常数，与供桥电压 E 以及电桥的桥臂阻值之比有关；当供桥电压及桥臂电阻确定后，A 即为一固定常数。

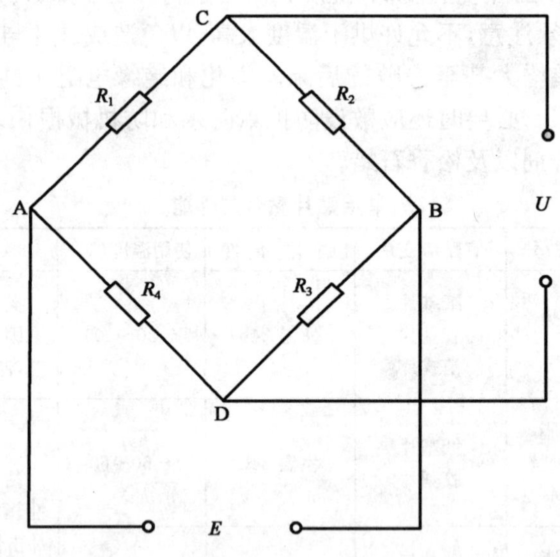

图 4-3-7　电桥示意（一）

根据关系式 $\frac{\Delta R}{R}=K_\varepsilon$，式(4-3-1)可写为如下形式：

$$U=AK(\varepsilon_1-\varepsilon_2+\varepsilon_3-\varepsilon_4) \tag{4-3-2}$$

下面介绍各种组桥形式下电桥的输出电压与电阻变化率或应变之间的关系。

一、单臂 1/4 桥测量

电桥四个桥臂中只有 R_1 接有电阻应变片，其余三个臂的电阻为应变仪输入电路内的精密电阻，见

图 4-3-8。即 $R_1 \to R_1 + \Delta R_1$，$\Delta R_2 = \Delta R_3 = \Delta R_4 = 0$。根据式(4-3-1)或式(4-3-2)得输出电压为：

$$U = A \cdot \frac{\Delta R_1}{R_1} = A \cdot K \cdot \varepsilon_1 \tag{4-3-3}$$

对于单臂测量，电桥的输出电压与 R_1 的电阻变化率成正比，或者说与 AC 臂电阻应变片的应变量成正比。

二、相邻两臂半桥测量

电桥四个桥臂中 AC 臂 R_1 及 BC 臂 R_2 接有电阻应变片，其他两臂的电阻为应变仪输入电路内的精密电阻，见图 4-3-9。即 $R_1 \to R_1 + \Delta R_1$，$R_2 \to R_2 + \Delta R_2$，$\Delta R_3 = \Delta R_4 = 0$。根据式(4-3-1)式得电桥的输出电压为：

$$U = A\left(\frac{\Delta R_1}{R_1} - \frac{\Delta R_2}{R_2}\right) \tag{4-3-4}$$

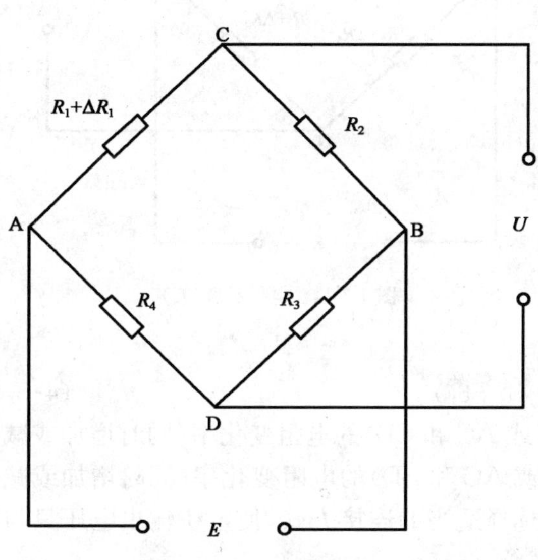

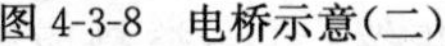
图 4-3-8　电桥示意(二)

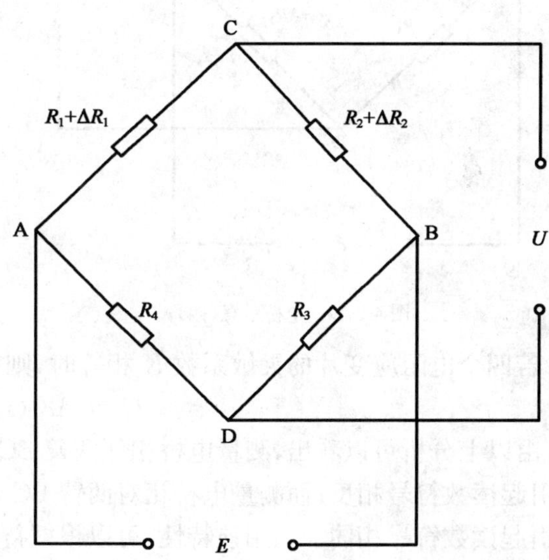

图 4-3-9　电桥示意(三)

当两臂电阻应变片的灵敏系数 K 相等时，则有：

$$U = AK(\varepsilon_1 - \varepsilon_2) \tag{4-3-5}$$

上式表明，相邻半桥接法的输出电压与两相邻臂的应变代数差成正比。

电阻应变片的温度补偿就是利用电桥的这一接法实现的。即温度引起工作片与补偿片的应变大小相等，符号相同($\varepsilon_1 = \varepsilon_2$)，由式(4-3-5)得：

$$U = AK(\varepsilon_1 - \varepsilon_2) = 0$$

上述结果表明，温度引起工作片的应变值可由补偿片进行抵消。

三、相对两臂半桥测量

四个桥臂中相对两臂工作，即 R_1、R_3 为电阻应变片，其他两臂的电阻为应变仪输入电路内的精密电阻，见图 4-3-10。即 $R_1 \to R_1 + \Delta R_1$，$R_3 \to R_3 + \Delta R_3$，$\Delta R_2 = \Delta R_4 = 0$，根据(4-3-1)式得：

$$U = A\left(\frac{\Delta R_1}{R_1} + \frac{\Delta R_3}{R_3}\right) \tag{4-3-6}$$

若两个电阻应变片的灵敏数 K 相等，则有：

$$U = AK(\varepsilon_1 + \varepsilon_3) \tag{4-3-7}$$

上式表明，相对两臂半桥测量时，输出电压与两臂的电阻应变片的应变之代数和成正比。

四、全桥测量

四个桥臂都接有电阻应变片，见图 4-3-11。当 $R_1 \to R_1 + \Delta R_1$，$R_2 \to R_2 + \Delta R_2$，$R_3 \to R_3 + \Delta R_3$，$R_4 \to R_4 + \Delta R_4$时，电桥的输出电压有：

$$U = A\left(\frac{\Delta R_1}{R_1} - \frac{\Delta R_2}{R_2} + \frac{\Delta R_3}{R_3} - \frac{\Delta R_4}{R_4}\right) \tag{4-3-8}$$

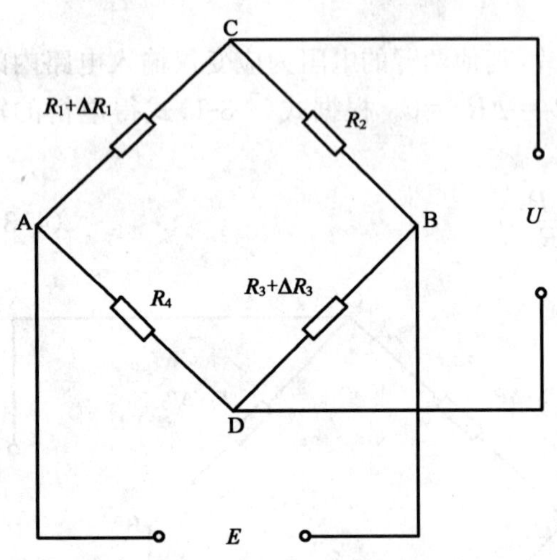

图 4-3-10　电桥示意(四)

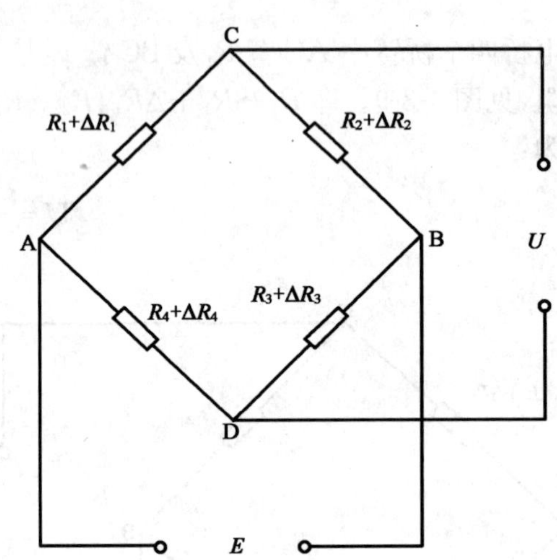

图 4-3-11　电桥示意(五)

若四个电阻应变片的灵敏系数 K 相等时，则有：

$$U = AK(\varepsilon_1 - \varepsilon_2 + \varepsilon_3 - \varepsilon_4) \tag{4-3-9}$$

由以上分析可以看出，测量电桥相邻两臂 BC 和 BD(或 AC 和 CD)的电阻变化率(同时增加或减少时)引起读数符号相反；而测量电桥相对两臂 BC 和 AD(或 AC 和 BD)的电阻变化率(同时增加或减少时)引起读数符号相同。利用该特性，可以根据待测对象选择适当的连接方式，使电桥输出电压只与需要测量的应变有关，而不需要测量的应变则相互抵消。

目前常用的电阻应变仪主要有两类：一类是手动式简易电阻应变仪；另一类是应变采集和处理系统。两者的原理框图，见图 4-3-12 和图 4-3-13。

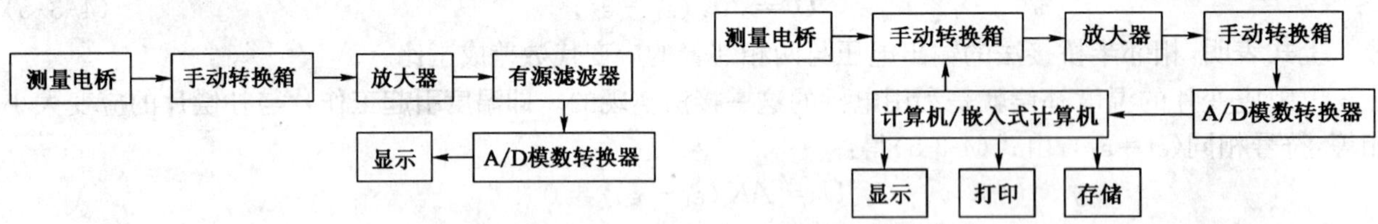

图 4-3-12　手动式简易电阻应变仪原理

图 4-3-13　应变采集和处理系统原理

手动式简易电阻应变仪的工作过程：测点的电阻应变片与电阻应变仪的输入电路的精密电阻组成惠斯顿电桥；未加载前，电阻应变片的初始值通过电阻应变仪的电桥输出给放大器及有源滤波器放大整形，再经 A/D 模数转换器转换为数字信号显示输出，通过转换开关和调零电位器由手动逐点调整初始值为零；当加载时，粘贴在试件上的电阻应变片随之产生应变，此应变信号经电桥输出由放大器和有源滤波器放大整形，再经 A/D 模数转换器转换为数字信号显示输出，此时应变仪显示输出的信号即为所测应变值。

数字应变采集和处理系统的工作过程：测点的电阻应变片与应变仪的输入电路的精密电阻组成惠斯顿电桥；未加载时，应变片(电桥)的初始值通过扫描电路逐个转接到放大器和有源滤波器进行放大和整形处理，再经 A/D 模数转换器转换成数字信号，逐点存储在系统的内存中；加载测量时，应变片的应变信号通过扫描电路逐点转接到放大器和滤波器进行放大和整形处理，再经 A/D 模数转换器转换成数字信号，最后以 CPU 运算器将内存中的初始值减去得出应变值，此应变值可经系统的输出装置进行显示、打印或存储。

第四节　电阻应变仪的种类及其选择

电阻应变仪根据所测应变的特点和变化规律可分为：静态电阻应变仪和动态电阻应变仪。下面分别对常用的各类电阻应变仪的品牌及特性进行介绍。

一、静态电阻应变仪

静态电阻应变仪可根据功能和性能分为手动式简易静态电阻应变仪和静态应变测量系统。

1. 手动式简易静态电阻应变仪

此种电阻应变仪，主要特点是功能单一、操作简单、便于携带。但因无自动扫描功能，测点转换为人工手动，所以不易多点测量；无自动平衡功能，初始平衡需人工调整，测量效率低；无计算机控制和数据处理，故无法进行现场数据处理和计算。因此，此种电阻应变仪只适用于测点较少的试件和小型结构的静载试验。

浙江奉化电子仪表厂生产的 YJR—5 型数字式静态应变仪是常用的手动式简易电阻应变仪。本仪器是一款手动平衡及转换的静态电阻应变仪，适用于应变测点较少的静载试验。

(1)仪器主要特点

①设计中采用了高稳定性的放大电路，测量性能稳定；

②操作及显示面板简捷，便于使用；

③具有方便的仪器灵敏度和灵敏系数 K 的调整功能；

④可进行 1/4 桥、半桥、全桥连接法的测量；

⑤仪器体积小、质量轻、便于携带。

(2)主要技术指标

①应变测量范围：±39998$\mu\varepsilon$；

②分辨率：1$\mu\varepsilon$；

③测试点数：主机 10 点，10 点以上可配接 P20R—5 型预调平衡箱；

④平衡范围：±0.6(应变片阻值为 120Ω 时)；

⑤零漂：±3$\mu\varepsilon$/2h。

2. 静态应变测量系统

静态应变测量系统的主要特点是：主机内嵌入或连接有计算机，整个测量过程由计算机进行程序控制，可多测点(可达 1000 点)自动扫描、自动平衡和数据自动采集处理；可通过计算机进行各种设置，自动完成初始值、长导线、灵敏度系数的修正；可现场完成多种计算和分析；直接显示或打印测量结果及计算结果。因此，此类静态应变测量系统适用于大型结构、桥梁以及多测点的静载试验。

常用的静态应变测量系统有：

1)DH3815 静态应变测试系统(由江苏靖江市东华测试技术开发有限公司生产)

本套静态应变测试系统，由计算机控制操作，能完成多测点(最多 960 个测点)的应变应力的测试和分析。

(1)主要特点

①和笔记本电脑 RS—232 口进行数据通信，便于携带，适用于试验室和工地现场的测试；

②全桥、半桥、1/4 桥（公共补偿）连接方便；

③采样测量速度快；

④参数设置及修正、平衡、采样、数据存储均由计算机完成；

⑤系统能配接桥式传感器、热电偶；

⑥对每个测点的多次采样（测量）结果可由数据序列或图形显示，并可打印输出或存储。

(2)主要技术指标

①测试点数：每台计算机可连接 16 台数据采集箱，每台数据采集箱可接 60 个测点；

②采样速度：12 点/s；

③应变测量范围：20000με；

④分辨率：1με；

⑤零漂：4με/4h；

⑥自动平衡范围：应变计阻值的±1%。

2)静态数据采集仪 UCAM—20PC（由日本共和电业公司生产）

本仪器是由笔记本电脑控制操作的测试系统，功能强，适用于中、小型结构的静载试验。

(1)主要特点

①计算机控制操作，数据采集处理方便快捷；

②可直接连接应变片、应变片式传感器以及热电偶、测温传感器等多种类型传感器；

③可通过外部扫描箱转换口，连接使用共和电业早期生产的扫描箱（USB—70A、51A/AT、50A/D、20/D）；

④小型轻便，既适合于试验室测试，也便于野外现场测试。

(2)主要技术指标

①测试点数：230 点；

②扫描速度：12.5 点/s；

③测试应变范围：±18000με、±199000με；

④分辨率：1με；

⑤自动平衡范围：同测试应变范围。

3)手持式静态应变仪 UCAM—1A（由日本共和电业公司生产）

本仪器体积小、质量轻、功能完善，是一款实用的小型静态应变仪。

(1)主要特点

①全桥、半桥、1/4 桥连接方便；

②可连接应变片、应变片式传感器和直流电压型传感器；

③仅需 12 节 5 号电池，仪器即可正常工作；

④体积小、质量轻，特别适合于野外现场测试；

⑤具有数据显示、打印、存储功能。

(2)主要技术指标

①测试点数：标准 50 点，可扩展到 100 点；

②测试应变范围：±19999με、±199990με；

③分辨率：1με；

④自动平衡范围：同测试应变范围。

4)静态数据记录仪 UCAM—70A（由日本共和电业公司生产）

该仪器内置计算机，在测试与数据记录、处理、分析方面功能强大。此仪器特别适用于大型结构、桥梁的静载试验以及数据处理和分析。

(1)主要特点

①可连接应变片、应变片式传感器、热电偶、直流电压/电流式传感器；

②提供 GP—IB 和 ELA—232—D 接口；

③具有便捷的菜单驱动功能；

④具有丰富强大的数据分析和处理功能；

⑤内置软磁盘驱动器和数据存储卡驱动器；

⑥具有数据显示、打印、存储功能。

(2)主要技术指标

①测试点数：最多 1000 点；

②测试应变范围：±500000$\mu\varepsilon$；

③扫描速度：20 点/s；

④自动平衡范围：±500000$\mu\varepsilon$；

⑤分辨率：1$\mu\varepsilon$。

二、动态电阻应变仪

动态电阻应变仪可分为手动平衡式和自动平衡式两种。手动平衡式动态电阻应变仪对应变片的初始值需人工手动调整平衡，测量信号的波形一般由连接的光线示波器或笔式记录仪显示输出。目前，此类动态电阻应变仪已基本淘汰。自动平衡式动态电阻应变仪，对应变片的初始值可自动平衡，测量信号的波形可由连接的磁带记录仪或计算机进行记录或显示、打印输出。下面介绍两款国内的自动平衡式动态电阻应变仪。

1. CS—1A 型动态电阻应变仪(由河北省北戴河电子仪器厂生产)

本仪器配接不同类型的应变片或应变片式传感器，可实现应力、拉应力、速度、加速度、位移等多种物理量的测量。

(1)主要特点

①单通道独立使用，可组成四路、六路等多路方式工作；

②具有电压、电流输出端，可以配接多种记录设备；

③桥路自动平衡；

④频响宽、噪声低、稳定性好、抗干扰能力强；

⑤质量轻、体积小，便于野外现场测试。

(2)主要技术指标

①通道数：1～10 通道；

②自动平衡范围：应变片电阻值的±1%；

③校准值：±100$\mu\varepsilon$、±200$\mu\varepsilon$、±500$\mu\varepsilon$、±1000$\mu\varepsilon$、±2000$\mu\varepsilon$；

④零点漂移：小于±0.5%(FS/4h)±1$\mu\varepsilon$。

2. DH5935 动态应变测试系统(由靖江市东华测试技术开发有限公司生产)

本仪器技术先进，配以便携式电脑和应用软件，可构成便携式多通道动态信号测试和分析系统。

(1)主要特点

①和便携式电脑的并口进行动态数据通信，满足了对便携式仪器的要求，便于野外和现场测试；

②每通道包含独立的放大器和 A/D 转换器；

③产品模块化设计，可组成 8 通道或 16 通道的动态测试分析系统；

④具有数字磁带机信号记录功能和计算机硬盘存储功能；

⑤中文 Win95/98 下 32 位全汉化应用软件，具有丰富的分析处理功能。

(2)主要技术指标

①通道数：每台计算机最多可控制 16 通道；

②自动平衡范围：应变片电阻值的±1%；

③测试范围：±1000$\mu\varepsilon$、±3000$\mu\varepsilon$、±10000$\mu\varepsilon$、±30000$\mu\varepsilon$；

④零漂：小于 3$\mu\varepsilon$/h。

第五节　电阻应变片的特性和温度补偿

桥梁工程检测中，采用电阻应变片和电阻应变仪进行检测时，除应了解上述内容外，还应熟悉电阻应变片的特性和温度补偿方法。

一、电阻应变片的特性

桥梁工程检测时，为适应各种类型检测的需要，采用各种类型的电阻应变片，其基本特性如下。

1. 几何尺寸

应变片的有效工作面积是 b(mm)×l(mm)。b 为基宽，是应变片垂直于轴线方向的电阻丝栅外侧间的距离；l 为基距，是应变片电阻丝栅在其轴线方向的长度。目前，应变片基距最小的是 0.2mm，最大为 300mm。

2. 电阻值 R

应变片的电阻值是指未粘贴时应变片在室温下测定的电阻值，单位为 Ω。为与测量电路(仪器)相适应，一般为 120Ω。应变片包装上标出的电阻值是检测若干应变片所得的阻值的平均值，并指明公差。

3. 灵敏系数 K

应变片包装所标明的灵敏系数是这批产品由抽样标定测得的平均值及其公差。测量是在单向应力状态下的标定装置(钢制纯弯曲梁或等强度悬臂梁，钢材的泊松比 μ=0.285)上用试验方法进行的。

4. 横向灵敏度 H

垂直于应变片主轴线的应变响应称为应变的横向灵敏度，见图 4-3-14。当试件受力 P 而被拉伸时(单向应力场，平面应力场)，则沿受力方向(主应力方向)的应变为 $+\varepsilon$(伸长)，垂直于此方向的应变为 $\varepsilon'=-\mu\varepsilon$(缩短，$\mu$ 为试件材料的泊松比)。试件受力后变为图 4-3-14 中虚线所示的形状。图中贴在试件上的直角丝栅其主轴线 x 与试件的受力方向一致。丝栅在 x 方向有长度为 $4l$ 的电阻丝，当发生伸长应变时，电阻值增大。在横轴线 y 方向有三段总长为 $3h$ 的电阻丝发生缩短应变，而电阻值减小。所以，横向部分对纵向部分的电阻值有影响，从而使应变片的灵敏度与单根同长度的电阻丝的灵敏度有所不同(灵敏度变化的程度与丝栅的几何形状有关)。这就是应变片的横向灵敏度的影响。

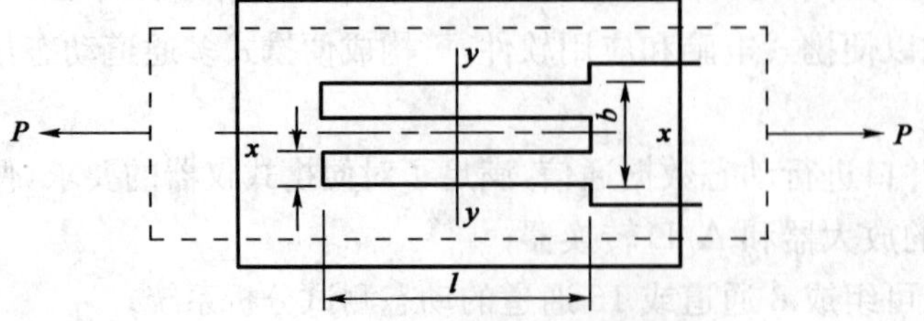

图 4-3-14　横向应变对应变片的影响

当应变片在任意平面应力场中时，其电阻变化率可用式(4-3-10)表示。

$$\frac{\Delta R}{R}=K_x\varepsilon_x+K_y\varepsilon_y \tag{4-3-10}$$

式中：ε_x——沿应变片主轴的应变；

ε_y——垂直于应变片主轴的应变；

K_x——应变片主轴向的灵敏系数；

K_y——应变片横轴向的灵敏系数。

应变片出厂时标明的应变片灵敏系数，如前所述是经抽样标定而得。标定是在特定应力场(单向应力场，$\mu_0=0.285$)进行的。标定出的 K 值实际上已包括横向灵敏度的影响。只要应变片实际使用中粘贴在单向应力场主应力方向，并且泊松系数与标定时所用标准梁的泊松系数相同，则横向灵敏系数并不引起误差。但是实际应用时，应变片往往贴在平面应力场中，沿主轴的应变 ε_x 和沿横轴的应变 ε_y 并不是标定时的应变关系($\varepsilon_y=0.285\varepsilon_x$)，所以横向灵敏度在一定场合下会引起较大的误差，需要加以考虑。

箔片式应变片除受敏感栅横向部分的影响外，因纵向部分的宽度比厚度大得多，所以横向效应对纵向电阻变化也有影响。

常用的应变片多为绕丝式，如使用时结构材料的泊松比与应变片标定时的 μ_0 值不同，应对灵敏系数 K 加以修正。修正后的应变片灵敏系数为：

$$K'=\frac{1-C(1-\mu)}{1-C(1-\mu_0)}K \tag{4-3-11}$$

$$C=\frac{2r(n-1)}{nl+\pi r(n-1)}=\frac{2\lambda(n-1)}{n+\pi\lambda(n-1)} \tag{4-3-12}$$

式中：K'——修正后的应变片灵敏系数；

K——应变片说明书上标明的应变片灵敏系数；

μ——被测构件材料的泊松比；

μ_0——标定时所用的标准梁材料的泊松比；

n——电阻丝的根数；

r——绕丝式电阻丝圆弧部分的半径；

l——绕丝式电阻丝直线段的长度；

λ——电阻丝半径与长度之比。

5. 应变极限 ε_j

应变片所能测量的应变范围是有一定限度的，这个限度称为应变片的应变极限。一般规定，在室温下其指示应变与试件的机械应变(即试件产生的应变)相差 10％时的机械应变值即为应变极限，认为此时应变片已开始失去工作能力。

6. 绝缘电阻 R_m

应变片的绝缘电阻是指应变片的引出线(或连接导线)与粘贴应变片的试件材料之间的电阻值，以兆欧(MΩ)计。一般要求 200MΩ 以上才能保证应变测量的正常进行和量测精度。它是检查粘贴应变片的质量、黏结剂是否完全干燥或固化的重要标志。绝缘电阻只能用直流电压不超过 25V 的高阻表测量，否则易将电阻丝栅烧毁。

7. 机械滞后 c_1

对已粘贴在试件上的应变片，在一定的温度条件下，在 0 和某一定应变之间加载和卸载。以这个过程中试件的机械应变为横坐标，应变片的相应指示应变为纵坐标，画出的加载和卸载曲线并不重合，这种现象称机械滞后。在同一机械应变时，加载与卸载指示应变的差值即为机械滞后。其原因很多，有的是因片基与黏结剂有滞后，也有的是因为电阻丝栅达到塑性变形而引起的。测试前，最好对构件进行三次以上的反复加载、卸载，以减少应变片的滞后和非线性。

8. 最大工作电流 I_{max}

当应变片接入测量电流时，电阻丝栅中通过一定电流而产生热量，从而温度升高，导致应变仪指针漂移。因此，需要规定允许通过电阻丝栅而不影响其工作特性的最大电流。一般静态测量时为 25mA；动态时为 75～100mA。箔片式应变片可允许较高的电流。

9. 零点漂移和蠕变

零点漂移是指粘贴好的应变片，在恒温、试件无机械应变时，应变片的指示应变随时间而变化的数值，用 $\mu\varepsilon$/h 表示。这种应变是虚假的应变。其原因是：

(1)应变片受潮使电容变化、绝缘电阻降低产生漏电；

(2)应变片通过电流产生热电势。

应变片粘贴后，在恒定的荷载和恒温下，电阻值随时间而变化的特性称为应变片的蠕变。蠕变大致是以对数衰减的规律表现出来，其数值基本上与荷载成比例。

10. 温度效应

粘贴在试件上的应变片，除感受机械应变外，环境温度变化也引起电阻相对变化，称为温度效应。前者是我们要测的，而后者是虚假现象应予以排除。由于温度变化而引起的电阻变化包括两方面：一方面是由于环境温度变化，电阻本身产生的变化；另一方面是因结构及电阻丝栅的线膨胀系数不同而产生的附加应变。消除温度应变的方法常用温度补偿法，其方法有两种：一种称桥路补偿法；一种是用温度自补偿法。

二、温度补偿

上面已介绍过应变片在应变测量时有温度效应的影响。当采用镍铬合金丝做成的应变片测量时，温度变动 1℃对钢材($E=2.1\times10^5$MPa)会产生相当于应力约有 15MPa 的示值变化。这是相当大的数值，不容忽视，应当予以消除。一般常利用应变仪测量电桥桥路特性来消除此种影响，称为桥路法温度补偿。

可在电桥 BC 桥臂上接一应变片 R_2，其阻值与工作片 R_1 相同，R_2 称为温度补偿片，R_1 称为工作片或称测量片。R_1 粘贴在受力构件上，它既反映应变的作用又反映温度作用，其电阻增量由部分组成，即 $\Delta R_1=\Delta R_\varepsilon+\Delta R_t$。

补偿片粘贴在一个与构件材料相同，置于构件附近，具有同样的温度变化条件，但不承受外力作用的小试件上，它只有温度变化的影响，即 $\Delta R_2=\Delta R_t$。此时，电阻应变仪在电流计上反映的变化是 ΔR_ε，而 $\Delta R_\varepsilon=\Delta R_1-\Delta R_t$，此处测得的应变仅仅是构件受力后产生的应变值而没有温度变化的影响。

在实际工作中，为保证补偿效果，对补偿片的设置应考虑以下因素：

(1)补偿片与工作片应为同一批产品，其电阻位、灵敏系数及几何尺寸都应相同；

(2)粘贴补偿片的试块材料应与构件材料一致，以使试块的温度变化与构件一致；当为混凝土材料时，其配合比及养护条件都应一致；

(3)补偿片和工作片的粘贴、干燥、防潮等处理工艺都应完全一致；

(4)连接补偿片和工作片的导线，其规格、长度等都应一致；

(5)补偿片和工作片应尽量在同一个温度场内，防止不均匀热源的影响；

(6)补偿片数量的多少应根据试验材料特性、测点位置、试验条件等因素决定，一般应以尽量减少因补偿片连续工作而工作片间断工作所造成的温度影响为原则。

目前，采用的温度补偿方法除桥路法外，尚有温度自补偿法。它是选用一种特殊的温度自补偿应变片，当温度变化时，其电阻增量为 0 或互相抵消。该方法主要用于机械类的试验中，在结构试验中国内目前尚少采用。

第六节　电阻应变片的布置与应变测点的布置

下面将介绍桥梁工程检测工作中常用的电阻应变片布置与接桥方法、应变测点布置方法。

一、电阻应变片的布置与接桥方法

表 4-3-2 给出了电阻应变片的各种布置和接桥方法。这些方法不仅适用于各种传感器，同样也适用在结构上。例如，测定钢筋的 σ-ε 曲线时，常用 2 或 3 接法，以消除试件初始弯曲对量测结果的影响；又如一外力未知的弹性压弯构件，当需单独分辨出轴力或弯矩对截面应力的影响时，可按 2、3 或 8、9 方式布片和接桥。

电阻应变片的布置与桥路连接方法　　表 4-3-2

序号	受力状态及其简图		工作片数	电桥形式	电桥线路	温度补偿	测量电桥输出	测量项目及应变值	特点
1	轴向拉(压)		1	半桥		另设补偿片	$U_{BD}=\frac{1}{4}UK_{\varepsilon}$	拉(压)应变 $\varepsilon_r=\varepsilon$	不易清除偏心作用引起的弯曲影响
2	轴向拉(压)		2	全桥		另设补偿片	$U_{BD}=\frac{1}{2}UK_{\varepsilon}$	拉(压)应变 $\varepsilon_r=2\varepsilon$	输出电压提高 1 倍，可消除影响
3	轴向拉(压)		2	半桥		互为补偿	$U_{BD}=\frac{1}{4}UK_{\varepsilon}(1+\upsilon)$	拉(压)应变 $\varepsilon_r=(1+\upsilon)\varepsilon$	输出电压提高到$(1+\upsilon)$倍，不能消除弯曲影响
4	轴向拉(压)		4	半桥		互为补偿	$U_{BD}=\frac{1}{4}UK_{\varepsilon}(1+\upsilon)$	拉(压)应变 $\varepsilon_r=(1+\upsilon)\varepsilon$	输出电压提高到$(1+\upsilon)$倍，能消除弯曲影响且可提高供桥桥电压
5	轴向拉(压)		4	全桥		互为补偿	$U_{BD}=\frac{1}{4}UK_{\varepsilon}(1+\upsilon)$	拉(压)应变 $\varepsilon_r=2(1+\upsilon)\varepsilon$	输出电压提高到 $2(1+\upsilon)$ 倍且能消除弯曲影响
6	拉伸		4	全桥		互为补偿	$U_{BD}=UK_{\varepsilon}$	拉(压)应变 $\varepsilon_r=4\varepsilon$	输出电压提高到 4 倍
7	弯曲		2	半桥		互为补偿	$U_{BD}=\frac{1}{2}UK_{\varepsilon}$	弯曲应变 $\varepsilon_r=2\varepsilon$	输出电压提高 1 倍且能消除轴向拉(压)影响
8	弯曲		4	全桥		互为补偿	$U_{BD}=UK_{\varepsilon}$	弯曲应变 $\varepsilon_r=4\varepsilon$	输出电压提高到 4 倍且能消除轴向拉(压)影响

续上表

序号	受力状态及其简图		工作片数	电桥形式	电桥线路	温度补偿	测量电桥输出	测量项目及应变值	特点
9	弯曲		2	半桥		互为补偿	$U_{BD}=\frac{1}{4}UK(\varepsilon_1-\varepsilon_2)$	两处弯曲应变之差 $\varepsilon_r=\varepsilon_1-\varepsilon_2$	可测出横向剪力 V 值 $V=\frac{EW}{a_1-a_2}\varepsilon_r$ E、W——弯曲板的材料弹性模量和截面模量
10	扭转		1	半桥		另设补偿片	$U_{BD}=\frac{1}{4}UK_\varepsilon$	扭转应变 $\varepsilon_r=\varepsilon$	可测出扭力 M_t 值 $M_t=\frac{E}{1+v}\varepsilon_r$
11	扭转		2	半桥		互为补偿	$U_{BD}=\frac{1}{2}UK_\varepsilon$	扭转应变 $\varepsilon_r=2\varepsilon$	输出电压提高1倍，可测剪应变 $r=\varepsilon_r$

二、应变测点布置

在了解了应变量和各种测应变仪器的特性后，需要进一步考虑如何布置应变测点，这需要对试验结构有初步的理论分析作为指导。一般测点宜布置在最不利截面的应力最大处，如最大弯矩截面的上、下表面，剪力最大截面的中间高度处或弯矩剪力同时都较大处。对于钢筋混凝土结构，受拉区混凝土在出现裂缝后便逐渐退出工作，应在受拉区主筋上布置应变片，可采用预埋应变片及预埋木块两种方法。预埋应变片是在浇注混凝土之前将应变片贴在钢筋上，应变片及其引出导线应做防水、防潮等妥善处理，防止应变片受潮后绝缘电阻下降而失效，造成不可弥补的测点损失。在做应变片防水保护时，还应注意使钢筋和混凝土之间黏结力的损害范围尽可能小。预埋木块是用小木块在欲贴应变片处留出位置，待混凝土达到强度后取出木块，贴上电阻应变片。此方法较稳妥，缺点是木块形成的空洞将损失一部分混凝土计算面积。

板壳结构上各点承受双向应力且主应力方向一般未知，每个测点应布置3个应变片。若采用电阻应变片，则可用各种应变花(图4-3-15)。

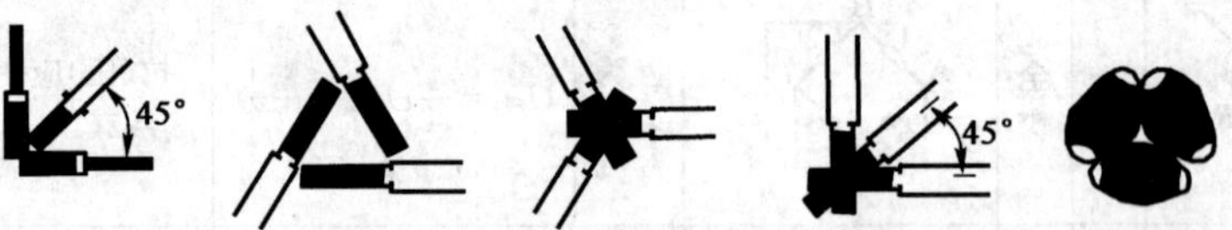

图4-3-15　电阻应变花

应变花中各应变片之间的夹角已在制造时准确固定，使用极为方便。测得各应变片的应变值后，根据变形条件和广义虎克定律，可求出各点的主应力、剪应力以及主应力的方向。

$$\left.\begin{aligned}\sigma_{max}&=\frac{E}{1-\mu}A+\frac{E}{1+\mu}\sqrt{B^2+C^2}\\ \sigma_{min}&=\frac{E}{1-\mu}A-\frac{E}{1+\mu}\sqrt{B^2+C^2}\\ \tau_{max}&=\frac{E}{1+\mu}\sqrt{B^2+C^2}\\ \theta_p&=\frac{1}{2}\arctan\frac{C}{B}\end{aligned}\right\}\qquad(4\text{-}3\text{-}13)$$

式中：E——材料的弹性模量；

μ——材料的泊松比；

A、B、C——随不同应变片夹角而异的系数。

表 4-3-3 列出了几种常用应变花的系数值。

由应变花计算应力的系数　　表 4-3-3

应变花		A	B	C
名称	形式			
三片直角	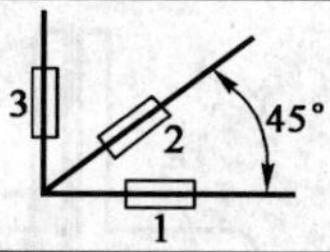	$\frac{\varepsilon_1+\varepsilon_3}{2}$	$\frac{\varepsilon_1-\varepsilon_3}{2}$	$\frac{2\varepsilon_2-\varepsilon_1-\varepsilon_3}{2}$
三片等角	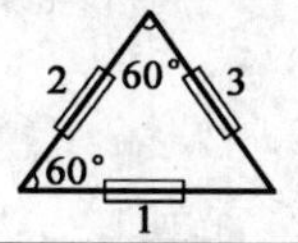	$\frac{\varepsilon_1+\varepsilon_2+\varepsilon_3}{2}$	$\frac{2\varepsilon_1-\varepsilon_2-\varepsilon_3}{2}$	$\frac{\varepsilon_2-\varepsilon_3}{\sqrt{3}}$
四片等角	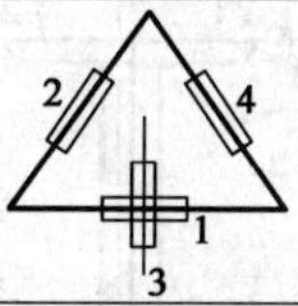	$\frac{\varepsilon_1+\varepsilon_3}{2}$	$\frac{\varepsilon_1-\varepsilon_3}{2}$	$\frac{\varepsilon_2-\varepsilon_4}{\sqrt{3}}$
四片直角	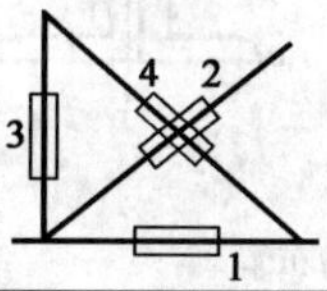	$\frac{\varepsilon_1+\varepsilon_2+\varepsilon_3+\varepsilon_4}{4}$	$\frac{\varepsilon_1-\varepsilon_3}{2}$	$\frac{\varepsilon_4-\varepsilon_2}{2}$

四片直角和四片等角的应变花多一片应变片，可任选其中 3 片的应变值算出主应力及剪应力，另一片用作校核。

当板壳结构本身及荷载都对称时，通常只需在半跨内布置测点，另半跨仅需布置一些重要测点用来校核和比较(图 4-3-16)。板壳试验时，均布荷载常加在结构的上表面，因此可将测点布置在结构的下表面或将荷载位置在局部稍加调整，在上表面留出位置布置测点。

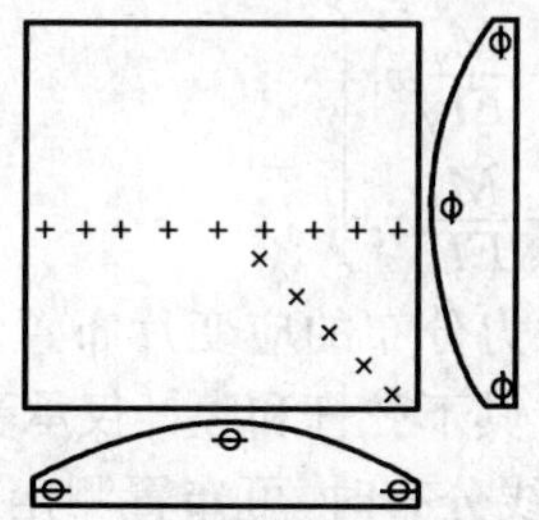
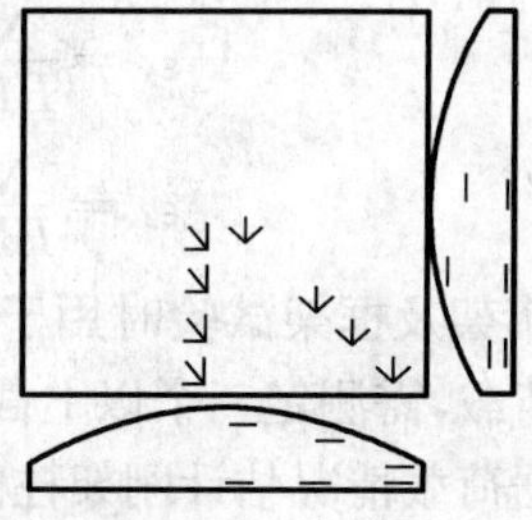

图 4-3-16　板壳结构应变测点布置

当结构处于弹性阶段时，可借助测定截面的应变分布来确定该截面的内力。此时，只需在截面上布置与未知内力(如轴力 N、x 方向的弯矩 M_x、y 方向的弯矩 M_y)数量相等的应变片即可，但是为了消除由于荷载或材料不均匀性引起的偏心影响以及校核用，通常至少布置两个对称测点，见图 4-3-17。由材料力学的基本公式，根据测得的应变值可计算出截面内力。

拉、压截面(图 4-3-17)：

$$N=\left(\frac{\varepsilon_1+\varepsilon_2}{2}\right)EA \tag{4-3-14}$$

压弯或拉弯截面(图 4-3-17)：

$$N=\frac{EA}{h}(\varepsilon_1 y_2+\varepsilon_2 y_1) \tag{4-3-15}$$

$$M=\frac{EI}{h}(\varepsilon_2-\varepsilon_1) \tag{4-3-16}$$

式中：E——结构材料的弹性模量；

A——截面面积；

I——截面惯性矩；

其他见图 4-3-17。

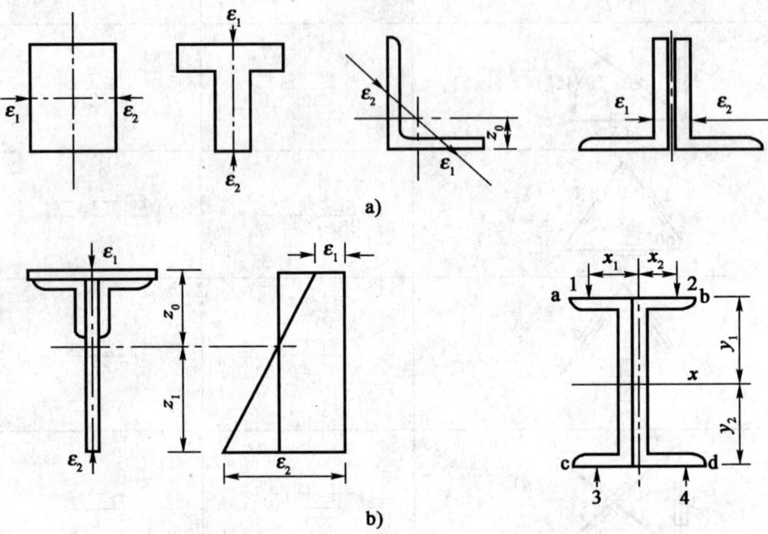

图 4-3-17　测定截面内力时应变测点的布置

对于承受轴力 N 及 M_x、M_y 双向弯矩的截面，可由下面的四个方程中任选三式算出所测 N、M_x、M_y，另一式可作校核用。

$$\left.\begin{aligned}
\varepsilon_1&=\frac{N}{EF}-\frac{M_x}{EI_x}y_1-\frac{M_y}{EI_y}x_1\\
\varepsilon_2&=\frac{N}{EF}-\frac{M_x}{EI_x}y_1+\frac{M_y}{EI_y}x_2\\
\varepsilon_3&=\frac{N}{EF}+\frac{M_x}{EI_x}y_2-\frac{M_y}{EI_y}x_1\\
\varepsilon_4&=\frac{N}{EF}+\frac{M_x}{EI_x}y_2-\frac{M_y}{EI_y}x_2
\end{aligned}\right\} \tag{4-3-17}$$

图 4-3-18 是进行桁架及框架试验时用于确定结构内力分布的应变片布置情况。桁架的上弦杆除承受轴力外还受横向荷载，需测定三个以上截面的应变。其下弦杆和腹杆仅承受轴力，测定两个靠近端部截面的应变。当根据荷载情况估计刚架柱的弯矩为直线分布时，可布置测定两个截面的应变。框架梁上弯矩为折线分布时，需量测三个截面的应变。

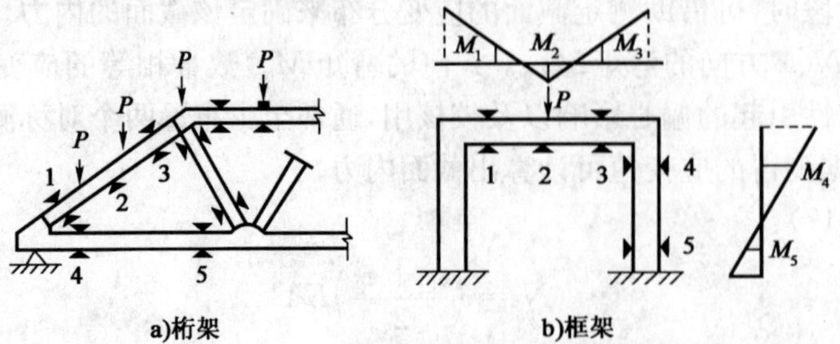

图 4-3-18　确定结构内力的应变测点布置

上述确定结构内力的方法只适用于处于弹性阶段的结构。对于钢筋混凝土构件，因材料的工作性能与弹性工作相差很远，很难从截面的应变来确定内力。但由截面应变可确定构件轴线上反弯点的位置，从而得出超静定梁或框架的内力图形。在估计的反弯点位置附近截面两侧各布置1～2个应变计，即可找出应变为0的位置，即反弯点的位置(图4-3-19)。

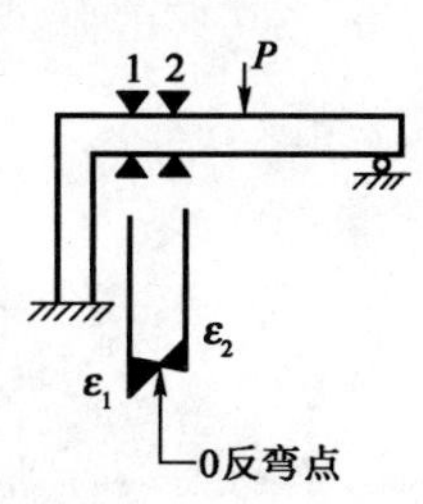

图4-3-19　确定0反弯点的应变测点布置

对于公路和铁路桥涵大体积混凝土结构，常常要量测混凝土内部的应力分布，需要采用埋入式应变计。使用各种埋入式应变计时，应注意埋入式应变计与混凝土材料之间的刚度及热膨胀的匹配问题，否则会引起应力集中及过大的热应力输出，使得量测值失真。

第七节　电阻应变仪的操作

正确地操作和使用电阻应变仪，是获取准确试验数据的关键。为此，必须注意做好下列工作。

一、操作前的准备工作及注意事项

(1)选好电阻应变仪的安装位置，尽量远离各种电磁干扰源，如大功率电动机、电焊机和高压电等。

(2)电阻应变仪要接地良好，注意模拟信号地线、数字信号地线，以及电源地线之间的隔离。

(3)电阻应变仪所用电源必须稳定可靠，输入电压(220V)的变化范围应保持在－10%～＋5%之内。

(4)测点的连接导线尽量远离电源线，以免交变电源的干扰耦合到连接导线内，对测点信号造成干扰，影响测量精度。

(5)必须固定好连接测点与电阻应变仪的导线，不允许随风摆动，以免导线的电阻变化，影响测量精度。

(6)补偿片与工作片规格必须相同，补偿片贴在与被测试材料相同且不受力的试件上(补偿块)，并将贴有补偿片的试件和被测试件放置在一起，使它们处于同一温度场。

(7)再次确认前期准备工作的质量，如电阻应变片对地的绝缘电阻、电阻应变片及连接导线是否开路或短路等。

(8)将测点连接线接入电阻应变仪，进行扫描测量，观察是否所有测点均可调整平衡，对不能平衡的重要测点应及时查找原因，采取处理补救措施。

二、试验操作

(1)测试前，电阻应变仪必须通电预热30min。

(2)做好各种参数设置：接桥测量方式、测量范围、修正值、补偿点等。

(3)加荷载前，操作电阻应变仪进行读取初始值的操作。对于动态应变仪，还要进行各测量通道的标定。

(4)所加荷载稳定后，操作电阻应变仪进行各测点的测量，读取测量数据。

(5)卸载后，操作电阻应变仪进行各测点的测量，读取回零数据。

第四章　电阻应变式传感器

在测试技术中，广泛利用电阻应变片（丝）制成各种应变式传感器来测定力、弯矩、位移、变形、压力和加速度等物理量。应变式传感器的基本结构可分为两部分：弹性敏感元件和电阻应变片（丝）。弹性元件在被测物理量的作用下，产生一个与此物理量成正比的应变；然后，应变片（丝）作为传感元件将应变转换为电阻变化；最后通过电阻应变仪或同类型的专用专用仪器，将所测物理量得出。

第一节　应变式测力传感器

应变式测力传感器的结构形式有圆柱式、圆筒式、圆环式、扁圆或椭圆式、弯曲梁式和轮辐式等。下面介绍圆筒式测力传感器的原理。

圆筒式测力传感器的结构见图 4-4-1。轴向力 P 通过球形压头传递给弹性元件。弹性元件感受应变部分为空心直圆筒，圆筒净高为 L_0，外径为 D，内径为 d。为了消除加力点应力集中的影响，采用了沿周边和轴向对称粘贴电阻应变片的方式，共布置 8 片，并将这 8 片电阻应变片接成全桥。其接线方式见图4-4-2。

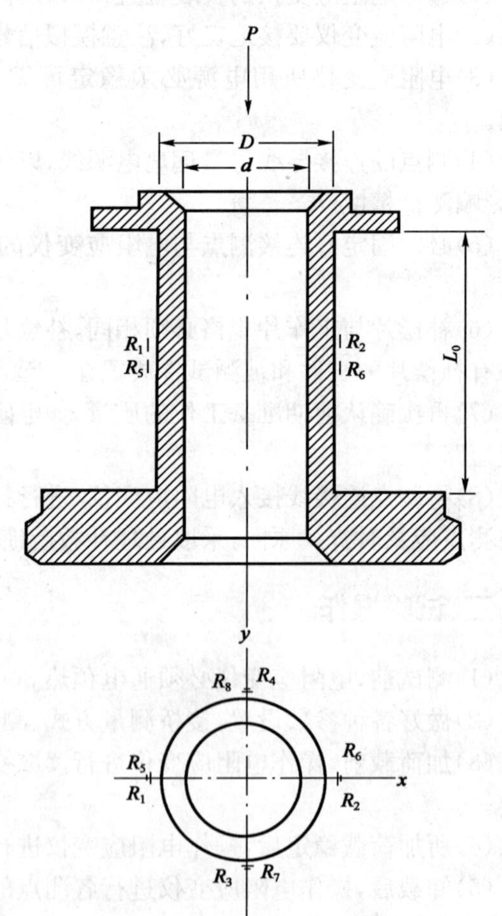

图 4-4-1　圆筒式测力传感器

根据电桥测量原理有：

$$\varepsilon_{仪} = 2(1+\mu)\varepsilon \tag{4-4-1}$$

而圆筒上的力与纵向应变有以下关系：

$$P = \frac{E \cdot \pi(D^2 - d^2)}{4} \cdot \varepsilon \tag{4-4-2}$$

由以上两式得：

$$P = \frac{E \cdot \pi(D^2 - d^2)}{8(1+\mu)} \cdot \varepsilon_{仪} \tag{4-4-3}$$

式中：P——轴向力；

μ——材料泊松比；

E——弹性模量；

$\varepsilon_{仪}$——应变仪测得的应变值。

由式(4-4-3)可知，轴向力 P 和应变仪测得的应变 $\varepsilon_{仪}$ 呈线性关系。所以测得 $\varepsilon_{仪}$ 即可得到力 P。实际应用前，必须先在压力试验机上标定出传感器的 P-$\varepsilon_{仪}$ 关系。

目前国产的 BLR 型拉压传感器和 BHR 型荷载传感器，就是应用上述原理制造的。传感器的具体参数见表 4-4-1。

应变式测力传感器一览表

表 4-4-1

	精度、特点		型号	规格（1000kg）	灵敏度（MV/V）	非线性（±%RD）	允许过载能力（%）	工作温度（℃）
测力传感器	中精度	拉压式	RLR—1	0.150～100	1～1.5	0.5	20	−10～55
	中精度、密封型		BLR-1M	0.200～1	1	0.5	20	−10～55
	中精度	拉式	BHR-4	0.200～100	1～1.5	0.5	20	−10～55
	中精度、密封型		BHR-4M	0.200～7	1～1.5	0.5	20	−10～55
	中精度		BHR-8	0.001～0.015	1	0.1/0.2	20	−10～55
	中精度、密封型		BHR-8M	0.020～0.150	1	0.1/0.2	20	−10～55
	高精度、密封充氮		BHR-23	0.020～20	3	0.05	50	−20～100
	高精度、密封充氮	拉式	BHR-24	0.020～20	3	0.05	50	−20～100
	高精度、密封充氮	压式	BHR-25	0.005～2	2	0.03	50	−20～100
	高精度、密封型	拉式	BLR-31	0.030～1	2	0.05	20	−20～100
		压式	BHR-32	0.030～1	2	0.1	50	−20～100
		拉式	BHR-37	10～20	1.5	0.03	20	−20～100
	高精度、密封充氮	压式	BHR-38	10～50	1	0.05	50	−20～100
	高精度	拉式	BLR—42	0.050～3	1.5	0.03	20	−10～70

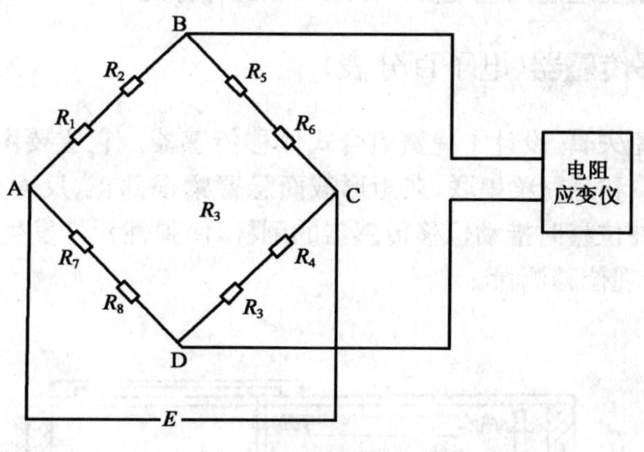

图 4-4-2　电桥接线方式

第二节　应变式位移传感器

应变式位移传感器是把被测位移量变成弹性元件的变形和应变。应变式位移传感器的弹性元件有多种形式。下面介绍悬臂梁式和弹簧组合式两种位移传感器。

一、悬臂梁式位移传感器

图 4-4-3 所示为悬臂梁式位移传感器，它是利用端点位移和梁上任一位置的应变成正比关系而设计的。梁的上、下表面离自由端为 a 处，各粘贴一枚电阻应变片，接成半桥，则测量出的应变和自由端的位移有如下关系：

$$f = \frac{l^2}{3ah}\varepsilon_{仪} \tag{4-4-4}$$

若在悬臂梁固定端附近上、下表面各贴两个电阻应变片，接成全桥，则应变和梁自由端的位移有如下关系：

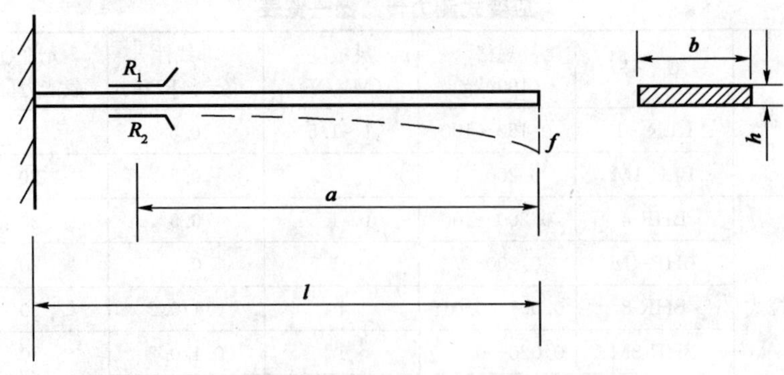

图 4-4-3　悬臂梁式位移传感器

$$f=\frac{l^3}{6ah}\varepsilon_{仪} \tag{4-4-5}$$

式中：f——悬臂梁挠度(即位移)；

$\varepsilon_{仪}$——电阻应变仪测量的应变值；

a——电阻应变片标距中点至梁自由端的距离；

l——梁的总长；

h——梁高。

一般位移传感器在使用前应连同应变仪在标准尺上进行标定。

二、弹簧组合式位移传感器(电子百分表)

为了测量大位移又避免失真，设计了弹簧组合式位移传感器。它主要由测杆、悬臂梁、应变片和弹簧等组成，见图 4-4-4。弹簧和悬臂梁串联，在矩形截面悬臂梁根部正、反面分别贴两片电阻应变片，组成应变电桥。当结构或试件位移时推动位移传感器的测杆，使弹性元件发生变形，此时再由电阻应变片来感受弹性元件的变形，实现位移测量。

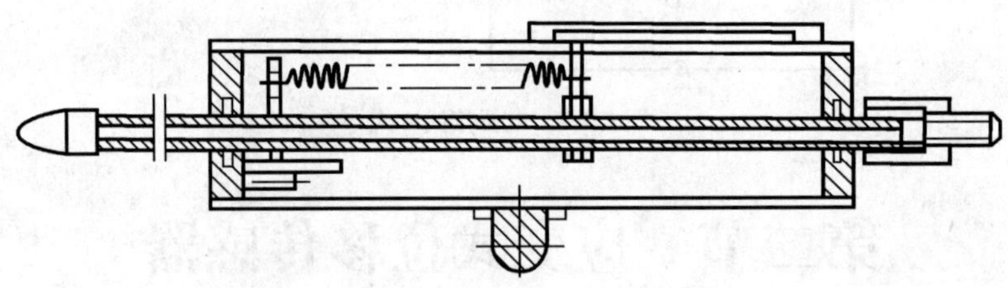

图 4-4-4　弹簧组合式位移传感器

位移与应变之间的关系有：

$$f=\frac{(k_2+k_1)l^3}{6k_2(l-l_0)}\cdot\varepsilon_{仪} \tag{4-4-6}$$

式中：f——位移量；

k_1——悬臂梁的刚度；

k_2——弹簧的刚度；

l——悬臂梁长度；

l_0——悬臂梁固定端至应变片标距中点的距离；

$\varepsilon_{仪}$——电阻应变仪测量的应变值。

实际应用中，不必用上式来求位移量，而是通过标定，得到位移传感器与应变仪之间的关系。

部分国产应变式位移传感器的参数见表 4-4-2。

应变式位移传感器的参数　　表 4-4-2

技术指标＼型号	SDT—10	SDT—20	SDT—30	SDT—50	SDT—140
量程(mm)	0～10	0～20	0～30	0～50	0～100
线性度	＜0.5％(FS)				
输出灵敏度	1～1.5mV/V(FS)				
零点漂移	＜0.05％				
使用温度	−5～＋50℃				
供桥电压	5V(DC)				

第三节　差动式应变计和土压力计

一、差动式应变计

差动式应变计用于测量混凝土内部或表面的应变，同时可兼测埋设点的温度。它是基于钢丝变形使其电阻产生相应变化和钢丝电阻随其本身的温度而变化这两个原理设计而成的。在差动式应变计内部采取两根特殊固定方式的钢丝，钢丝经过预拉，张紧在支杆上，见图 4-4-5。

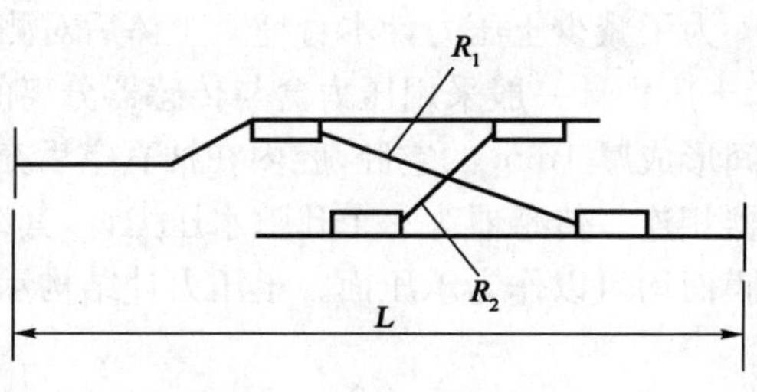

图 4-4-5　差动式应变计

当差动式应变计受到外界的拉压而变形时，其中一根钢丝受拉，其电阻增加；另一根钢丝受压，其电阻减小。测量两根钢丝电阻的比值，就可求得差动式应变计的变形量。

温度引起两根钢丝的电阻变化是同方向的：当温度升高时，两根钢丝的电阻都增大；温度降低时，两根钢丝的电阻都减小。测量两根钢丝的串联电阻，就可以求得差动式应变计感受的温度。

差动式应变计通过电阻比电桥或同类仪器测得电阻比和电阻，即可通过下列关系式，求得结构或试件的应变和温度。

$$\varepsilon = f\Delta Z + b\Delta t \tag{4-4-7}$$

式中：ε——混凝土的应变量；

f——应变计的最小读数；

b——应变计的修正系数；

ΔZ——电阻比相对基准值的变化量；

Δt——温度相对于基准值的变化量。

$t \geqslant 0$℃时　　$$t=\alpha'(R_t - R'_0) \tag{4-4-8}$$

$t < 0$℃时　　$$t=\alpha''(R_t - R'_0) \tag{4-4-9}$$

式中：t——埋设点的温度；

R_t——应变计的总电阻值；

R'_0——应变计 0℃时的计算电阻；

α'——应变计零上温度系数；

α''——应变计零下温度系数。

部分国产差动式应变计主要参数见表 4-4-3。

差动式应变计主要参数　　表 4-4-3

型　号		DI—25	DI—10	DI—25II
标距(mm)		250	100	250
测量范围($\mu\varepsilon$)	压缩	1000	1200	2000
	拉伸	500	600	200
最小读数 $f(\times10^{-6}/0.01\%)$		≤4	≤6	≤4
温度测量范围(℃)		−25～+60	−25～+60	−25～+60
温度测量精度(℃)		±0.5	±0.5	±0.5

二、土压力计

土压力计埋设于同一种介质的土体内部，又称埋入式或介质式土压力计。当它埋设于土体后，能改变测点处土体的应力状态，从而使得测值失真。因此，土压力计应在满足刚度要求的前提下尽可能使受压膜的厚度减小。各种土压力计使用时均应根据测点及各个方向可能出现的土压力大小确定相应的量程。

1.仪器结构与组成

为了减少土压力计本身埋入土体后对测点处应力状态的改变，使测值更准确地反映测点的应力状态，土压力计一般采用压力盒与传感器分离的结构。压力盒由两头圆形或矩形的不锈钢板焊接而成，两板间形成厚 1mm 的空腔，腔内在抽真空后充满防冻液体（如硅油），用一根不锈钢管将压力盒与压力传感器相连。传感器为一个孔隙水压力计，其结构与同类型的孔隙水压力计一样。土压力计压力盒的两个膜面均可以作为承压面。土压力计结构示意见图 4-4-6。

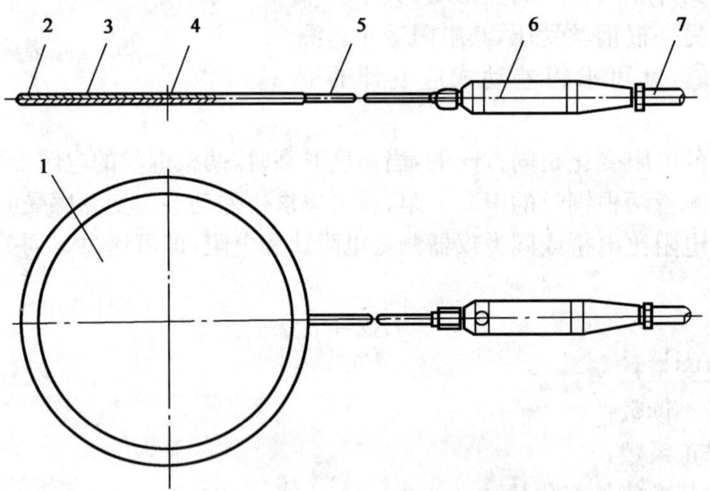

图 4-4-6　土压力计结构示意图

1-压力盒；2-橡皮边；3-承压膜；4-油腔；5-接管；6-传感器；7-屏蔽电缆

2.仪器原理

当土压力作用于压力盒承压膜（一次膜）上时，承压膜产生微小的挠曲变形，使腔内液体受压，产生的液体压力通过连接管传递到传感器的承压膜（二次膜）上，使传感器受压，用观测仪表测定输出量的变化即可计算出土压力。其原理示意见图 4-4-7。

3.仪器的类型

土压力计的类型与其传感器采用的类型相关，如传感器为钢弦式则称为钢弦式土压力计，传感器为差动电阻式则称为差动式土压力计等。下面以后者为例进行介绍。

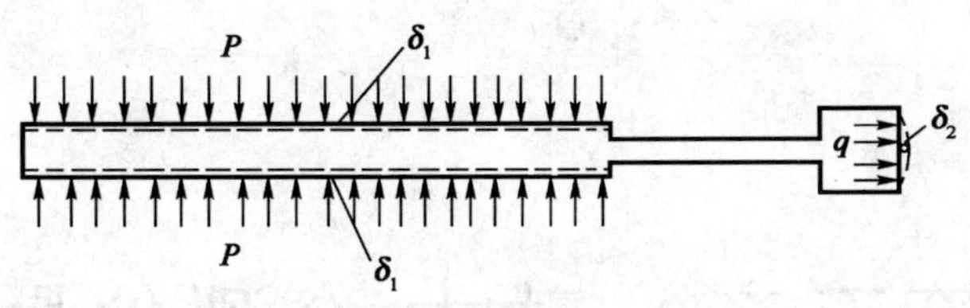

图 4-4-7　土压力计原理示意图

4. 仪器埋设

(1)确定埋设位置

当某测点埋设单支土压力计时，可直接将土压力盒埋设于该测点预定位置。当测点按平面问题埋设 3 只土压力计或按空间问题埋设 6 只土压力计时，首先应确定各仪器的埋设方向，将各仪器在测点周围的同一高程均匀布置，仪器之间的间距一般为 2m，以免互相干扰改变土体的应力状态。

(2)开挖

当土体填筑面高于测点高程 1.0m 以上时，仪器埋设坑的开挖范围至仪器边缘 1m，深至仪器埋设高程，再在水平放置的压力盒部位挖深 5cm，垂直和成 45°放置的压力盒部位挖深至压力盒半径以下 5cm。

(3)埋设

水平埋设的土压力计，在压力盒部位铺放 5cm 厚的细砂后将土压力盒放在砂层上，并用水平尺校正膜面的水平、垂直及 45°埋设的土压力计，将压力盒放在坑内，使盒的中心位于埋设高程，在盒两侧面同时回填黏土并压实，但在膜面周围填 5cm 厚的砂，使压力盒逐渐固定，同时不断校测压力盒的倾角。平面问题的土中土压力计埋设见图 4-4-8。

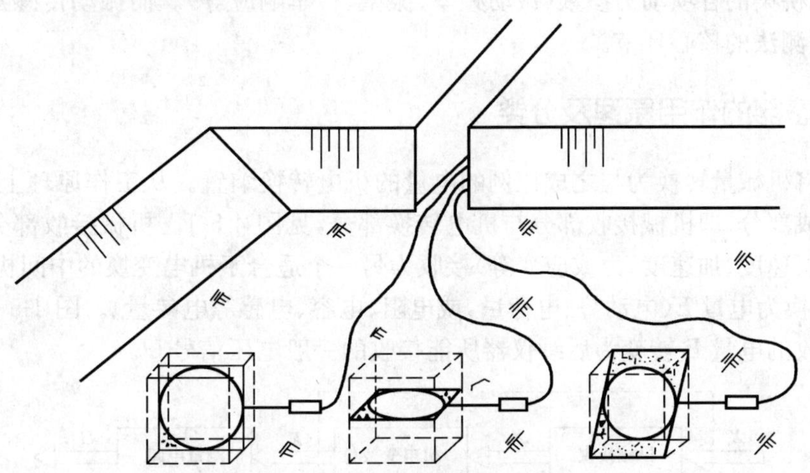

图 4-4-8　按平面问题埋设的土压力计示意图

(4)回填

若原土料为黏土或细砂，在土压力盒上部铺 5cm 厚的细砂后，可依次回填原土料至填筑面，并分层压实。若原土料为粗粒土或堆石料，则依次回填 20cm 厚的中细砂、20cm 厚的直径小于 5mm 的砂砾料、60cm 厚直径小于 20cm 的原土料至填筑面并压实。

实际测试时，应检验全部土中土压力观测结果的可靠性，计算各土压力计的实测土中土压力和各测点的主应力及方向，以及相应的有效应力与有效主应力。进行误差分析和处理，使测值准确可靠，绘制土压力计实测的土压力过程线、各测点主应力、孔隙水压力、有效应力变化过程线及相应的填筑过程与水位过程线。绘制同一轴线不同高程上各测点的土压力分布图、同一高程上不同位置的土压力分布图及同一断面内主应力等值线图；绘制土压力与上覆土柱压力关系图、侧向土压力与垂直向土压力关系图。

根据土中土压力随时间的变化过程，分析土压力随时间及土体填筑变化的合理性，大、小主应力及主方向的合理性。根据实测总应力及有效应力的大小分析土体的固结过程，分析土压力与上覆土柱压力的关系、侧压力与垂直压力的关系，计算土体的侧压力系数，分析计算边坡的稳定性。

第五章　动力检测仪器

本章简要介绍桥梁动力检测中的主要仪器设备，包括各种振动传感器及其配套测量电路、动态信号记录，以及分析仪器等的性能、原理及应用。

第一节　振动传感器概述

一般机械振动测量方法有机械法、光测法和电测法三类。机械法由于灵敏度及使用频率范围的限制，很少用于桥梁动力检测。光测法由于对环境要求过高，一般作为标准振动仪器的标定等，也极少用于桥梁动力检测中(至于前述光电挠度仪，因为涉及光电转换，本质上仍是电测的方法)。电测法是目前桥梁动力检测中所采用的主要方法，其特点是通过传感器将振动的机械量转换为电量，然后对电量进行记录与分析，得到桥梁的各项动力参数(振动频率、振型、行车响应等)。而振动传感器是动力检测信号发生源，因而是电测法的核心环节。

一、振动传感器的作用原理及分类

传感器是指将机械量转换为与之成比例的电量的机电转换装置。从工作原理上看，振动传感器总是可分为两个组成部分，即机械接收部分与机电转换部分，见图 4-5-1。机械接收部分的作用是将被测机械量(振动位移、速度、加速度、力或应变等)接收为另一个适合于机电变换的中间机械量 X_t。机电变换部分再将 X_t 变换为电量 E(电动势、电荷量，或电阻、电容、电感等电参量)。图 4-5-1 中测量电路的作用是将变换所接收的电量 E 转变为后续仪器所能接收的一般电压信号 U。

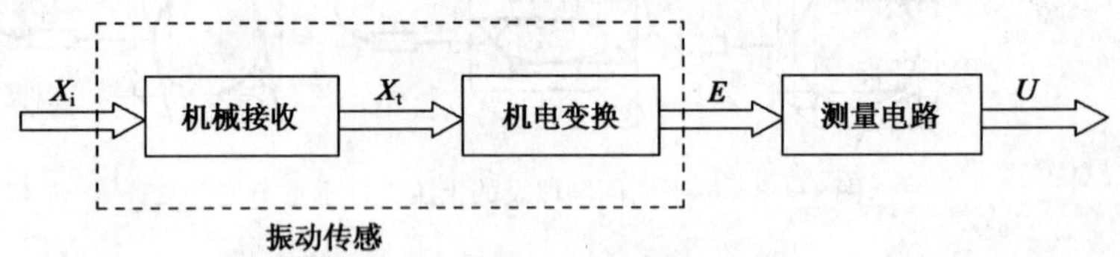

图 4-5-1　振动传感器的工作原理

振动传感器常用的机械接收原理有相对式和惯性式两种。在桥梁动测中，前者如电子百分表等用于测量支座相对于墩台的位移；后者如常用摆式拾振器、压电式加速计等，用于测量桥梁位移、加速度响应。相对式接收以传感器外壳作为参考坐标，直接接收机械振动。因此，被测机械量 X_i 与中间机械量 X_t 为与频率无关的正比关系(即所谓零阶系统)。惯性式接收是通过传感器内部由质量、弹簧和阻尼器构成的单自由度振动接收被测振动。被测机械量 X_i 与中间机械量 X_t 是用二阶微分方程联系着，故也称之为二阶系统。惯性式传感器所测得的是相对于惯性坐标系的绝对振动，故也称之为绝对式振动传感器。

机电变换原理分为发电型和参量型两类。前者经变换后输出电动势、电荷等具有电能的电量；后者则将机械量的变化变换为电阻、电容或电感等电参量的变化。

根据所测的机械量的不同，振动传感器又可分为位移、速度或加速度传感器，以及力传感器、应变传感器，另外还有扭振与扭矩传感器等。后两类在桥梁动测中较少应用。

如果传感器的机电变换部分通过反馈作用影响机械接收部分的工作，则称之为伺服式传感器。桥梁动力检测中常用的伺服式加速度计即属此类。

综上所述，可将振动传感器按表4-5-1进行分类。

振动传感器的分类　　表4-5-1

分类依据	名称	
按机械接收原理分	1. 相对式；	2. 惯性式
按机电变换原理分	1. 电动式； 2. 压电式； 3. 变电阻式； 4. 变电容式；	5. 变电感式； 6. 压阻式； 7. 电涡流式
按所测机械量分	1. 位移传感器； 2. 速度传感器； 3. 加速度传感器； 4. 力传感器；	5. 应变传感器； 6. 扭振传感器； 7. 扭矩传感器
按接收与变换无反馈分	1. 非伺服式；	2. 伺服式

二、传感器测量系统的主要性能参数

参见图4-5-1，传感器与专配的测量电路组成传感器测量系统。其输入为被测机械量X_i，输出为一般电压信号U，而U与X_i之间的关系，即构成测量系统的主要性能参数。这些性能参数是在桥梁动力测量中选择合适的传感器系统的主要依据。

1. 灵敏度与分辨率

灵敏度是指沿传感器的测量轴方向，对应每一单位简谐机械量的输入，测量系统同频率电压信号的输出（开路性况）。设输入量为：

$$x_i = X\sin(\omega t + \alpha) \tag{4-5-1}$$

输出的电压信号为：

$$u = U\sin(\omega t + \alpha - \theta) \tag{4-5-2}$$

则测量系统的灵敏度定义为：

$$S = \frac{U}{X}\left(\frac{\text{电压单位}}{\text{机械量单位}}\right) \tag{4-5-3}$$

式(4-5-2)中的θ为输出的电压信号u对被测机械量x的相位滞后，亦称之为相移。如果同时将相移考虑在内，可定义以下复数灵敏度

$$S' = \frac{\overline{U}}{\overline{X}} = S_{e}^{-j\theta} \tag{4-5-4}$$

式中：$\overline{U}$与$\overline{X}$——分别为u和x的复振幅，即

$$\overline{U} = U_{e}^{j(\alpha-\theta)};\overline{X} = X_{e}^{j\alpha}$$

与灵敏度直接相关的是分辨率。分辨率是指输出电压的变化量$\triangle U$可以辨认时输入机械量的最小变化量$\triangle X$。$\triangle X$越小，表明分辨率越高。显然，灵敏度越高，则分辨率也越高，两者成正比关系。对桥梁动力检测，一般通过脉动测量进行桥梁的模态测量，因而要求传感器测量系统具有较高的灵敏度及分辨率。

2. 使用频率范围

使用频率范围，是指灵敏度随频率的变化不超出某一给定的误差限的频率范围。使用频率范围的两端为频率下限和频率上限。如果下限可扩展至零，则称该测量系统具有零频率响应或静态响应。具有零频率响应的测量系统可以用来测量静位移、恒加速度及常力等静态机械量。

使用频率范围是测量系统的重要性能参数，在选用测量系统时，首先要看使用频率是否满足测量的要求。由于桥梁尤其是悬索桥、斜拉桥等大跨度桥梁的基频一般甚低，最低至 0.1Hz 左右，因此对测量系统的下限要求极高，一般测量中均要求使用超低频传感器。对大跨度悬索桥，最好具有零频响应。常见的传感器测量系统的使用频率范围见图 4-5-2。从图中可见，除通用速度传感器外，其他传感器均具有较好的低频特性，可根据桥梁跨度及其振频情况加以选择。

3. 动态范围

动态范围是指灵敏度随幅值的变化量不超出某一定的误差限的输入机械量的幅值范围。幅值范围的两端称为幅值上限和幅值下限。在该范围内，输出电压正比于输入的机械量，故也称为线性范围，见图 4-5-3。动态范围用分贝数表示为：

$$D = 20\lg\frac{X_{max}}{X_{min}} \quad (dB)$$

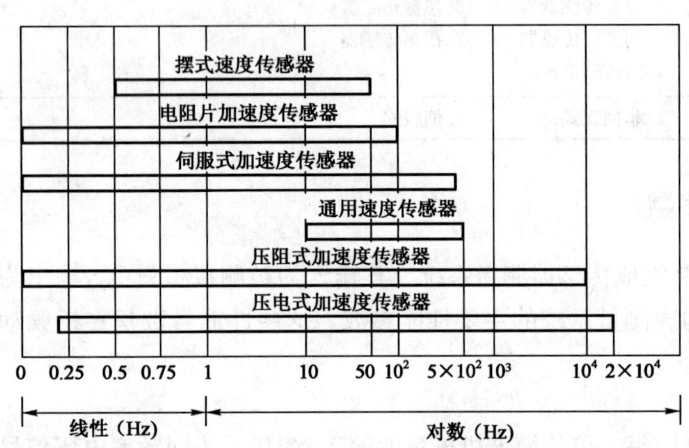

图 4-5-2　常用传感器测量系统的频率范围

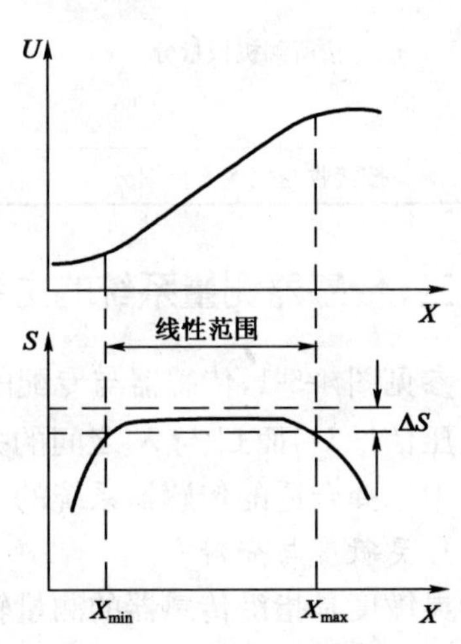

图 4-5-3　测量系统的线性范围

动态范围越大，说明测量系统对幅值变化的适应能力越强。

幅值上限也称最大可测振级，幅值下限也称最小可测振级。

综合使用频率范围和动态范围，可得到关于测量系统的完整使用范围。

4. 相移

相移是指在简谐机械量输入时，测量系统的同频率电压输出信号对输入机械量的相位滞后，即式(4-5-2)中的 θ 角。相移是由于输出在时间上滞后而造成的，它将导致合成波形的畸变。为了使合成波形不产生畸变，要求相移 $\theta=0$、π 或者相移为比例相移，即 $\theta(\omega)=\tau\omega$。

在桥梁动力检测中，由于涉及桥梁的模态测量，因此相移是不容忽视的，否则将出现误差甚至错误。

5. 环境条件

每一种传感器都有其适用环境条件，包括温度范围、温度、电磁场、辐射和声场。对桥梁进行动力测试，需注意的环境条件是温度与湿度范围。

6. 附加质量和附加刚度

由于桥梁自身的质量与刚度均很大，因而一般情形下，桥梁动力测试中不考虑传感器的附加质量与附加刚度的影响。

第二节　电动式传感器

电动式传感器是一种基于电磁感应原理的传感器。其机电变换原理见图 4-5-4。由楞次定律可知，当长度为 L 的导体以速度 v 垂直于强度为 B 的磁场方向运动时，导体上将产生感应电动势 $e=Blv$，其指向按右手定则确定。而根据安培定律，导体将受到磁场的电磁力作用，电磁力大小 $f_t=Bli$，其指向按左手定则确定。

电动式传感器有两种形式：一种是相对式；另一种为惯性式。在桥梁动测中广泛应用的是惯性式。

一、惯性式电动传感器

惯性式电动传感器一般由一个弹簧片与可动部件组成的单自由度直线振动系统来执行惯性式机械接收；另由一个由磁隙与线圈构成的机电变换部分执行电动式变换。其简化模型见图 4-5-5a)，图 4-5-5b)则为其等效电路图。

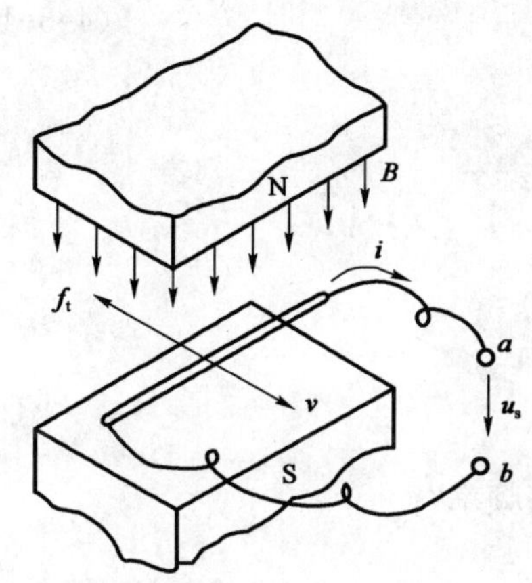

图 4-5-4　电动式变换原理图

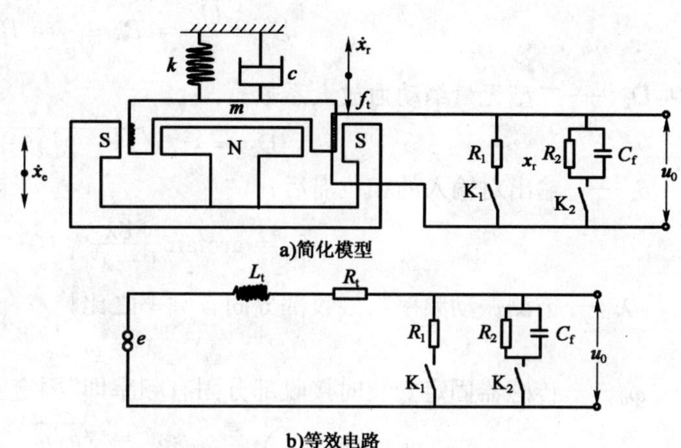

图 4-5-5　惯性式电动传感器

图 4-5-5 中 $\dot{x}_e$ 为被测绝对速度，$\dot{x}_r$ 为线圈相对于磁隙的相对速度；R_1、R_2 及 C_f 为测量电路的输入电阻和电容；L_t、R_t 为传感器内线圈的自感与电阻；f_t 为线圈受到的电磁力。传感器的运动微分方程如下。

机械接收部分

$$m\ddot{x}_r+C\dot{x}_r+kx_r=m\ddot{x}_e-f_t=-m\ddot{x}_e-BLi \tag{4-5-5}$$

机电变换部分

当 K_1 闭合、K_2 断开时：

$$\begin{cases} L_t\dfrac{di}{dt}+(R_1+R_t)i=e=BL\dot{x}_r \\ i=u_0/R_1 \end{cases} \tag{4-5-6}$$

当 K_1 闭合、K_2 闭合时：

$$\begin{cases} L_t\dfrac{di}{dt}+(R_2+R_t)i=BL\dot{x}_r \\ i=u_0/R_2+C_f\dfrac{du_0}{dt} \end{cases} \tag{4-5-7}$$

通常 $R_i\gg R_t, R_i\gg\omega L_t(i=1,2)$，即传感器线圈阻抗可忽略。

由(4-5-6)可化简得：　$i=BL\dot{x}_r/R_1$　(4-5-8)

由(4-5-7)可化简得：　$i=BL\dot{x}_r/R_2+BLC_f\ddot{x}_r$　(4-5-9)

将式(4-5-8)、式(4-5-9)分别代入式(4-5-5)得：

K_1 闭合、K_2 断开时：

$$m\ddot{x}_r+(c+c')\dot{x}_r+kx_r=-m\ddot{x}_e \tag{4-5-10}$$

其中，

$$c'=B^2L^2/R_1$$

K_1 断开、K_2 闭合时：

$$(m+m')\ddot{x}_r+(c+c')\dot{x}_r+kx_r=-m\ddot{x}_e \tag{4-5-11}$$

其中，$m'=B^2L^2/C_f$；$c'=B^2L^2/R_2$

从式(4-5-10)及式(4-5-11)可见，由于机电耦合效应，测量电路对动圈提供一当量质量m'及当量阻尼c'。

1.通用型速度传感器

当K_1闭合而K_2断开时，若$R_i \gg B^2L^2$，则c'较小可忽略，设计使c较小从而传感器阻尼比$\zeta<1$，运动部分构成一位移摆，即$x_r \propto x_e$，输出电压则正比于被测速度，即$u_0 \propto \dot{x}_e$，传感器为通用型惯性式速度传感器。

对简谐振动，令$x_r=\overline{x}_r e^{j\omega t}$，$x_e=\overline{X}e^{j\omega t}$，$u_0=\overline{U}_0 e^{j\omega t}$，$\dot{x}_r=\overline{V}_r e^{j\omega t}$，$\dot{x}_e=\overline{V}_e e^{j\omega t}$代入式(4-5-6)及式(4-5-10)可得传感器的复数灵敏度系数：

$$S'=\frac{\overline{U}_0}{\overline{V}\mathrm{e}}=BL\frac{\overline{V}r}{\overline{V}\mathrm{e}}=BLD_2e^{j\theta_2} \tag{4-5-12}$$

式中：D_2——二型无量纲动力放大系数；

$$D_2=\lambda^2/\sqrt{(1-\lambda^2)^2+4\zeta^2\lambda^2}$$

θ_2——输出对输入的相位滞后；

$$\theta_2=\arctan\frac{2\zeta\lambda}{1-\lambda^2}\quad(0\leqslant\theta_2\leqslant\pi)$$

λ——被测振动频率与接收部分固有频率之比；

$$\lambda=\omega/\omega_n$$

ω_n——传感器固定安装时接收部分固有频率即“固定安装共振频率”；

$$\omega_n=\sqrt{k/m}$$

ζ——接收部分阻尼式。

$$\zeta=\frac{c}{2\sqrt{km}}$$

D_2及θ_2随频率比λ和阻尼比ζ的变化曲线见图4-5-6a)、b)。由该曲线可知，通用型惯性式速度传感器的使用频率范围应在$\lambda>1$频段，特别当$\lambda \gg 1$时，有$D_2\approx1$，从而测量系统的名义速度灵敏度为

$$S=BL\qquad(\mathrm{V/m\cdot s^{-1}})\text{或}(\mathrm{mV/mm\cdot s^{-1}}) \tag{4-5-13}$$

由于上述通用型惯性式速度传感器使用频率范围在$\lambda>1$频段，即要求$\omega>\omega_n$或$f>f_n$，传感器固定安装固有频率f_n通常在5Hz以上，因而通用型惯性式速度传感器多用于机械振动测量而不太适合大型桥梁动力检测。用于桥梁动测的超低频传感均利用电路提供的当量质量与当量阻尼，以获取较好的低频特性。

2.惯性式加速度计

当K_1闭合而K_2断开时，若$R_1 \ll B^2L^2$，则式(4-5-10)中c'很大，从而方程第二项成为主要项，即$\dot{x}_r \propto \dot{x}_e$，传感器的动圈构成一速度摆(因为$x_r \propto \dot{x}_e$)，传感器则构成一加速度计(因为$u_0 \propto \dot{x}_r \propto \ddot{x}_e$)。其加速度复数灵敏度为：

$$S'=\frac{\overline{U}_0}{\overline{A}e}=\frac{mR_1}{BL}D_1e^{j\theta_1} \tag{4-5-14}$$

式中：D_1——一型无量纲动力放大系数；

$$D_1=\lambda/\sqrt{\lambda^2+(1-\lambda^2)^2/4\zeta'^{12}}$$

θ_1——输出对输入的相位滞后；

$$\theta_1=\arctan\frac{2\zeta'\lambda}{1-\lambda^2}\quad(0\leqslant\theta_1\leqslant\pi)$$

λ——被测振动频率与接收部分固有频率之比；

$$\lambda=\omega/\omega_n$$

ω_n——传感器固定安装共振频率；

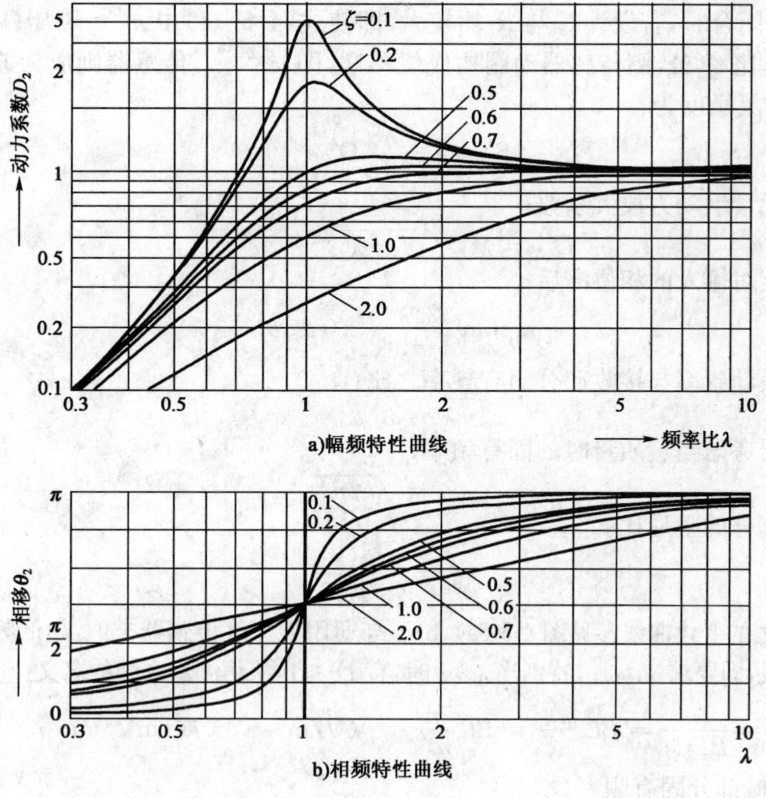

图 4-5-6　位移计型惯性式接收特性曲线

注：通常用 D_n 表示 $\lambda^n/\sqrt{(1-\lambda^2)^2+4\zeta^2\lambda^2}$，故式(4-5-12)中用 D_2。

$$\omega_n = \sqrt{k/m}$$

ζ'——接收部分当量阻尼比。

$$\zeta' = \frac{c'}{2\sqrt{km}} = \frac{B^2L^2}{2R_1\sqrt{km}}$$

此时 ζ' 一般取 5～7，D_1、θ_1 随频率比 λ 和阻尼比 ζ' 变化曲线见图 4-5-7a)、b)。由该曲线可知，惯性式加速度计的使用频率范围应在 $0.1<\lambda<0$ 频段。此时，有 $D_1\approx1$，测量系统的名义灵敏度为：

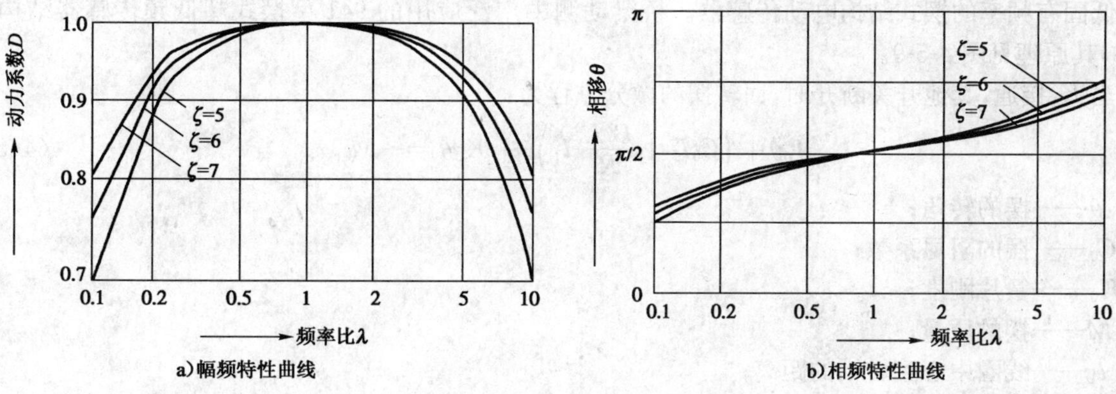

图 4-5-7　加速度计型惯性式接收特性曲线

$$S = mR_1/(BL) = BL/(2\zeta\omega_n) \qquad (\mathrm{V/m\cdot s^{-1}})\text{ 或}(\mathrm{mV/mm\cdot s^{-1}}) \qquad (4\text{-}5\text{-}15)$$

3. 超低频速度传感器

当 K_1 断开而 K_2 闭合时，若设计 C_f 与 R_2 均较大，即使式(4-5-11)中 $m'=B^2L^2C_f \gg m$，$c'=B^2L^2/R_2 \ll c$，且动圈当量阻尼比 $\zeta<1$，则传感器动圈构成位移摆，即 $x_r \propto x_e$，传感器则成为速度计，即输出电压 $u_0 \propto \dot{x}_e$。其速度复数灵敏度为：

$$S'_V=\frac{m}{BLC_f}D'_2 e^{j\theta'_2} \tag{4-5-16}$$

式中：D'_2——二型无量纲动力放大系数；

$$D'_2=\lambda^2/\sqrt{(1-\lambda^2)^2+4\zeta^2\lambda^2}$$

θ'_2——输出相对输入的相位滞后；

$$\theta'_2=\arctan\frac{2\zeta\lambda}{1-\lambda^2} \quad (0\leqslant\theta'_2\leqslant\pi)$$

λ——被测振动频率与接收部分固有频率之比；

$$\lambda=\omega/\omega'_n$$

ω'_n——传感器考虑当量质量时的固有频率；

$$\omega'_n=\sqrt{k/m'}$$

ζ——接收部分的阻尼比。

$$\zeta=\frac{c}{2\sqrt{km'}}$$

D'_2与θ'_2随λ和ζ的变化曲线参见图 4-5-6a)、b)。与通用型速度传感器类似，超低频速度传感器的作用频率范围为 $\lambda>1$ 频段，即要求 $\omega>\omega'_n$，特别当 $\lambda\gg1$ 时，有 $D_2\approx1$，从而测量系统的名义速度灵敏度为：

$$S_V=\frac{m}{BLC_f}=BL\frac{\omega'^2_n}{\omega^2_n}=BL\frac{m}{m'} \quad (\mathrm{V/m\cdot s^{-1}})\text{或}(\mathrm{mV/mm\cdot s^{-1}}) \tag{4-5-17}$$

式中：ω_n——动圈机械部分固有频率。

$$\omega_n=\sqrt{k/m}$$

由于 $m'\gg m$，故 $\omega'_n\ll\omega_n$，即传感器的下限频率大幅下降。比较式(4-5-17)与式(4-5-13)可知，超低频速度传感器低频特性的获得是以灵敏度的下降为代价的。下限频率下降 1/2 倍，灵敏度降至原来的 1/4。

二、摆式结构电动传感器

前述电动式传感器的使用频率范围，其上限受安装共振频率的限制，下限受接收部分固有频率的限制。利用电路的当量质量与当量阻尼改进传感器的低频特性，其最低使用频率可达0.33Hz，可满足中等跨度桥梁的动测要求，但对大跨度斜拉桥与悬索桥，因桥梁振动基频在0.3Hz以下，因此要求采用具有更低固有频率的摆式结构电动传感器。桥梁动测中广泛应用的 941 型摆式超低频传感器结构见图 4-5-8，其原理见图 4-5-9。

当 K_1 接通，其他开关断开时，回转摆的微分方程为：

$$J_0\ddot{\theta}+\left(C_0l_1+\frac{B^2L^2}{R_1}l_1\right)\dot{\theta}+K_0\theta=-Ml_c\ddot{x}_e \tag{4-5-18}$$

式中：θ——摆的转角；

C_0——摆的阻尼系数；

K_0——簧片刚度；

M——摆的质量；

l_1——线圈中心到转轴的距离；

l_c——质心到转轴的距离；

J_0——摆的转动惯量。

令 $l_e=\frac{\rho_0^2}{l_c}$（ρ_0为摆的回转半径），则有方程：

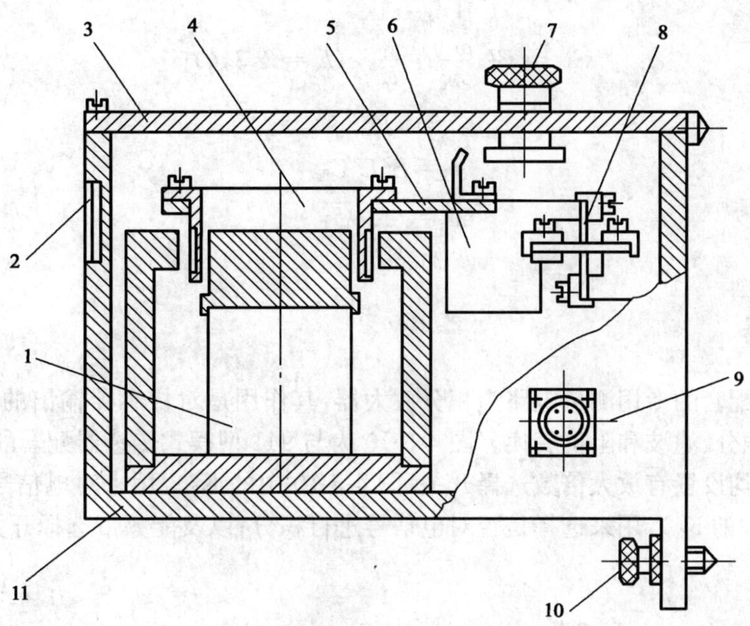

图 4-5-8　941 型摆式传感器结构简图

1-磁路；2-观察窗；3-上盖；4-线圈；5-摆架；6-摆锤；7-摆锤卡位螺栓；8-十字簧片；9-插座；10-可调地脚螺丝；11-外壳

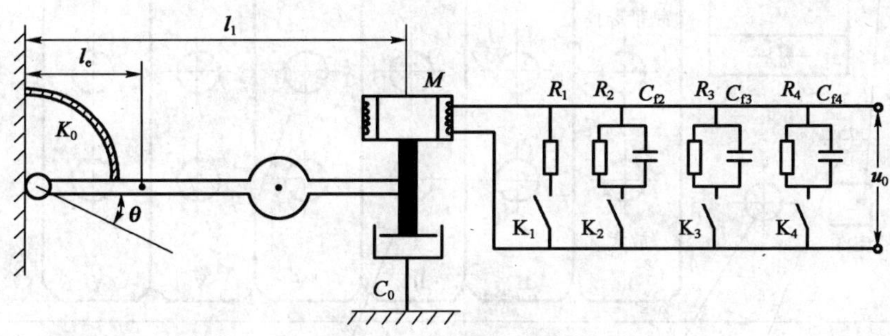

图 4-5-9　摆式电动传感器原理图

$$\ddot{\theta} + 2(\zeta + \zeta')l_1\omega_n\dot{\theta} + \omega_n^2\theta = -\frac{\ddot{x}_e}{l_e} \tag{4-5-19}$$

其中：

$$\zeta = C_0/(2\sqrt{k_0J_0})$$

$$\zeta' = \frac{B^2L^2}{2R_1\sqrt{K_0J_0}}$$

$$\omega_n = \sqrt{\frac{K_0}{J_0}}$$

若 $R_1 \ll B^2L^2$，使 $\zeta' \gg \zeta$，且 $\zeta' > 1$，则式(4-5-19)中第二项为主要项，传感器构成一加速度计，即 $u_0 \propto \ddot{x}_e$，其灵敏度为：

$$S_A = \frac{BL}{2\zeta'\omega_n} \cdot \frac{l_1}{l_e} \tag{4-5-20}$$

当开关 2、3 或 4 接通，其他开关断开时，摆的运动微分方程为：

$$(J_0 + B^2L^2C_{fk})\ddot{\theta} + \left(C_0 + \frac{B^2L^2}{R_k}\right)l_1\dot{\theta} + K_0\theta = -Ml_c\ddot{x}_e \tag{4-5-21}$$

若 R_k、C_{fk} 均较大，摆的等效阻尼比 $\zeta < 1$，则摆的位移与地面位移成正比，拾震器构成一速度计，其

灵敏度为：

$$S_V = BL\frac{\omega'^2_k}{\omega^2_n}\cdot\frac{l_1}{l_e}\quad(k=2,3,4)\tag{4-5-22}$$

其中：

$$\omega'_k=\sqrt{K_0/J'_k}$$
$$J'_k=B^2L^2C_{fk}$$
$$\omega_n=\sqrt{K_0/J_0}$$
$$l_e=\rho^2/l_c$$

三、积分放大器

与电动式传感器配套的专用测量电路为积分放大器，其作用是对传感器输出的正比于速度或加速度的信号进行放大、积分、滤波和阻抗变换。图 4-5-10 为与 941 型摆式传感器配套的放大器前面板。

一般积分放大器均设置有放大倍数选择开关（图 4-5-10 中的 K_2），用来对电信号进行放大；参数选择开关（如图 4-5-10 中的 K_3），用来选择是否对电信号进行积分；以及能频带选择开关，用来选择滤波器的能频带。

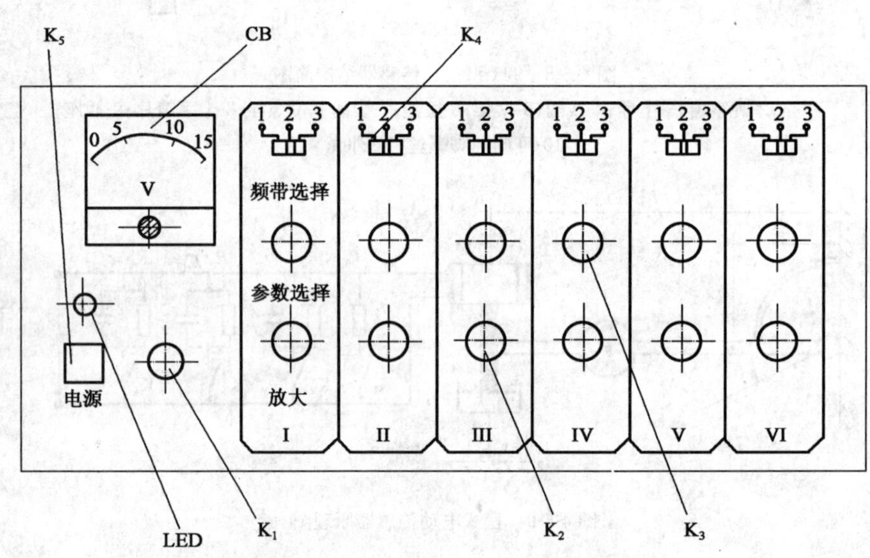

图 4-5-10　941 型摆式传感器放大器前面板图

K_1-表头功能选择开关；K_2-放大倍数选择开关；K_3-参数选择开关；

K_4-通频带选择开关；K_5-电源开关；CB-电压表；LED-发光三极管

电动式传感器与积分放大器配套后，整套测振仪的灵敏度为：

$$S=S_0\cdot K\cdot K_1\tag{4-5-23}$$

式中：K——放大器的放大倍数；

K_1——积分增益，若参数开关选择直通档，即不对电信号进行积分，$K_1=1$；

S_0——传感器自身的灵敏度。

第三节　压电晶体传感器

压电晶体传感器，是利用某些晶体材料的压电效应来实现将机械量转化为可测电量的一类传感器。其原理为：对压电晶体材料施加外加电场，将其内部各不相同的自发极化扭转到顺着电场方向，当外加电场移去后，在电场方向即具有剩余极化强度，此时极化面上出现了自由电荷。但是，由于这些电荷被束缚而不能离开极化面，因而并不能测量到任何电荷。而当在极化方向施加压力时，晶体出现了机械变形使得原极化方向的极化强度减弱，从而被束缚在电极面上的自由电荷就有部分被释放。设 F 为作用力，q 为释放出的电荷量，A 为电极面的面积，则有如下正压电效应的基本关系式：

$$\frac{q}{A}=d\frac{F}{A} \tag{4-5-24}$$

上式说明：电荷密度与压应力成正比，比例系数 d 与压电晶体材料有关，并称之为压电常数，单位为(C/N)(库仑/牛顿)。

一、压电加速度传感器的工作原理及电荷灵敏度

压电加速度传感器按晶体片受力状态不同，分为中心压缩式和剪切式两类结构，两类结构分别如图 4-5-11a)、b)所示。

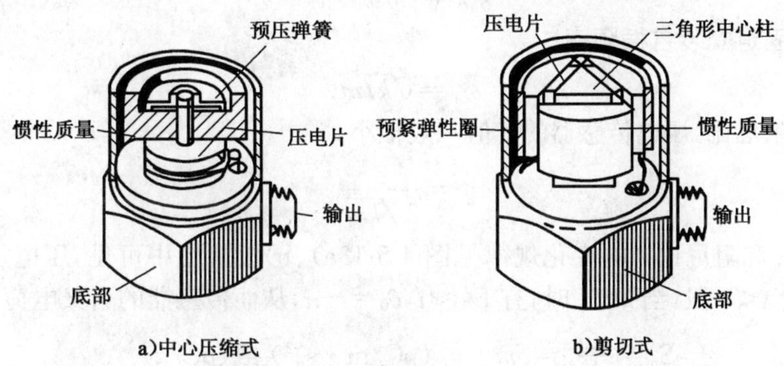

图 4-5-11　压电加速度传感器结构图

图 4-5-12a)为中心压缩式结构的简化模型，m、k 分别为传感器的当量质量与当量刚度。图 4-5-12b)为传感器的工作原理。惯性接收部分将被测加速度 $\ddot{x}_e$ 接收为 m 相对于底座的相对振动位移 x_r，于是晶体受到 $p=kx_r$ 的动压力，然后由压电效应变换为作用于晶体片极面上的电荷量 q。电荷量 q 通过测量电路(电荷放大器)输出正比于 $\ddot{x}_e$ 的电压信号 u_0。因此压电晶体加速度计不同于电动传感器，为加速度计型接收($\ddot{x}_e \rightarrow x_r$)。

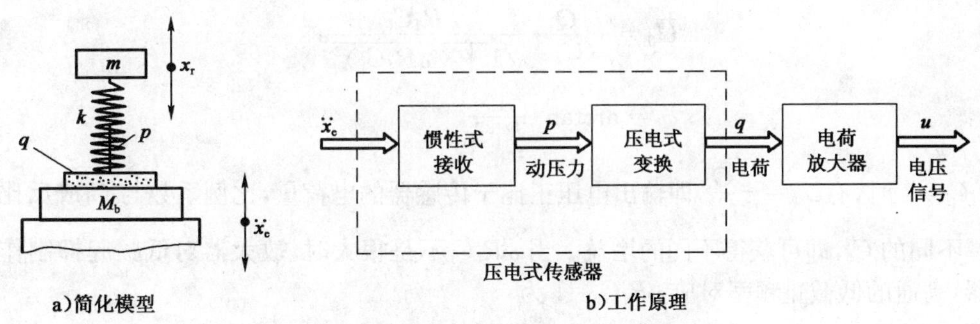

图 4-5-12　压电晶体加速度传感器工作原理

传感器运动方程如下：

$$m\ddot{x}_r+c\dot{x}_r+kx_r=-m\ddot{x}_e \tag{4-5-25}$$

$$q=dp=-dkx_r \tag{4-5-26}$$

在稳态简谐输入输出的情况下

$$x_r=\overline{X}_r e^{j\omega t}$$

$$x_{\mathrm{e}}=\overline{X}_{\mathrm{e}}e^{j\omega t}$$

$$q=\overline{Q}e^{j\omega t}$$

代入式(4-5-25)、式(4-5-26)可得复数电荷灵敏度：

$$S'_{\mathrm{q}}=\frac{\overline{Q}}{\overline{A}e}=-dmD_0e^{-j\theta_0} \tag{4-5-27}$$

式中：D_0——动力放大系数；

$$D_0=1/\sqrt{(1-\lambda^2)^2+4\zeta^2\lambda^2}$$

θ_0——输出电荷对输入加速度的相位滞后(相移)；

$$\theta_0=\arctan\frac{2\zeta\lambda}{1-\lambda^2}(-\pi\leqslant\theta_0\leqslant 0)$$

λ——被测加速度与传感器之间的频率比；

$$\lambda=\omega/\omega_{\mathrm{n}}$$

ω_n——传感器固定安装自振频率；

$$\omega_{\mathrm{n}}=\sqrt{k/m}$$

ζ——传感器阻尼比，压电传感器的ζ值一般很小。

$$\zeta=\frac{c}{2\sqrt{km}}$$

D_0、θ_0随频率比λ和阻尼比ζ的变化规律见图 4-5-13a)、b)。从图中可见，压电加速度传感器的使用频率范围位于曲线$\lambda<1$段，当$\lambda\ll 1$时，有$D_0\approx 1$，$\theta_0=-\pi$，从而传感器的名义电荷灵敏度为：

$$S_{\mathrm{q}}=\frac{Q}{A_{\mathrm{e}}}=dm\qquad(\mathrm{pC/m\cdot s^{-2}})\text{或}(\mathrm{pC/g}) \tag{4-5-28}$$

从式(4-5-28)可见，压电加速度传感器的灵敏度正比于材料压电常数d及惯性质量m。

上式从中心压缩式导出的公式对剪切式同样适用，仅公式中压电常数d取值不同。

二、电荷放大器

电荷放大器是与压电传感器配套的测量电路，其作用是将传感器产生的正比于加速度的电荷量转变为电压信号输出。典型的电荷放大器的电路图如图 4-5-14 所示。

可以证明，当运算放大器开环增益很大时，电荷放大器输出电压为：

$$\begin{aligned}\overline{U}_0&=-\frac{\overline{Q}}{C_f}\cdot\frac{\omega R_{\mathrm{f}}C_{\mathrm{f}}}{\sqrt{1+(\omega R_{\mathrm{f}}C_{\mathrm{f}})^2}}e^{j\varphi}\\ \varphi&=\arctan\frac{1}{\omega R_{\mathrm{f}}C_{\mathrm{f}}}\end{aligned} \tag{4-5-29}$$

当$\omega R_{\mathrm{f}}C_{\mathrm{f}}\gg 1$时，有$\overline{U}_0=-\dfrac{\overline{Q}}{C_{\mathrm{f}}}$，即输出电压正比于传感器的电荷量，比例系数与$C_{\mathrm{f}}$成反比，改变增益控制钮选择不同的$C_{\mathrm{f}}$，即可获得不同的增益。当$\omega R_{\mathrm{f}}C_{\mathrm{f}}$不是很大时，放大器对低频起抑制作用，相当一高通滤波器，高通的低截止频率对应$\omega R_{\mathrm{f}}C_{\mathrm{f}}=1$为

$$f_{\mathrm{L}}=\frac{\omega}{2\pi}=\frac{1}{2\pi R_{\mathrm{f}}C_{\mathrm{f}}}\qquad(\mathrm{Hz}) \tag{4-5-30}$$

通过高通低截止频率钮选择不同的R_{f}，即可获得不同的高通低截止频率。

电路上另外设置一高截止频率可调节的低通滤波器，以抑制高频噪声信号。

电路中有一适调放大环节，其作用是实现"归一化"功能，即按传感器的电荷灵敏度调节其放大倍数，从而对不同的传感器都能输出具有统一灵敏度的电压信号。

除了上述各环节外，有的电荷放大器还设置有积分环节，以实现对振动速度及振动位移的测量。

通常，电荷放大器的前面板如图 4-5-15 所示。前面板的上部用 3 位数和一个小数点来设置电荷灵

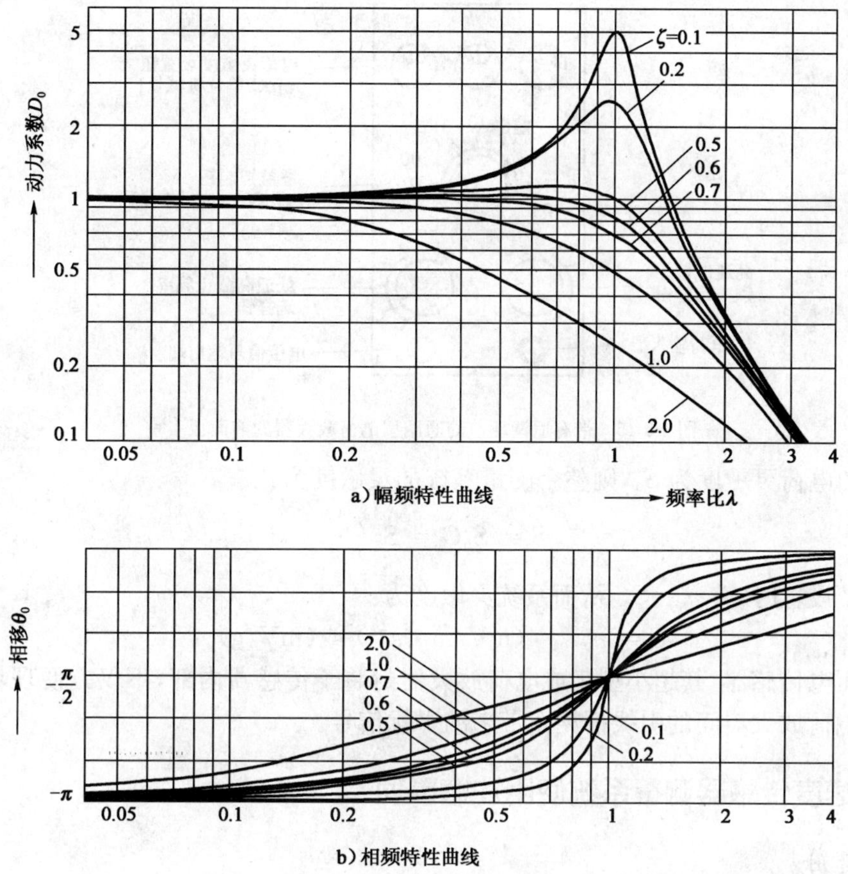

图 4-5-13　加速度计型惯性接收的特性曲线

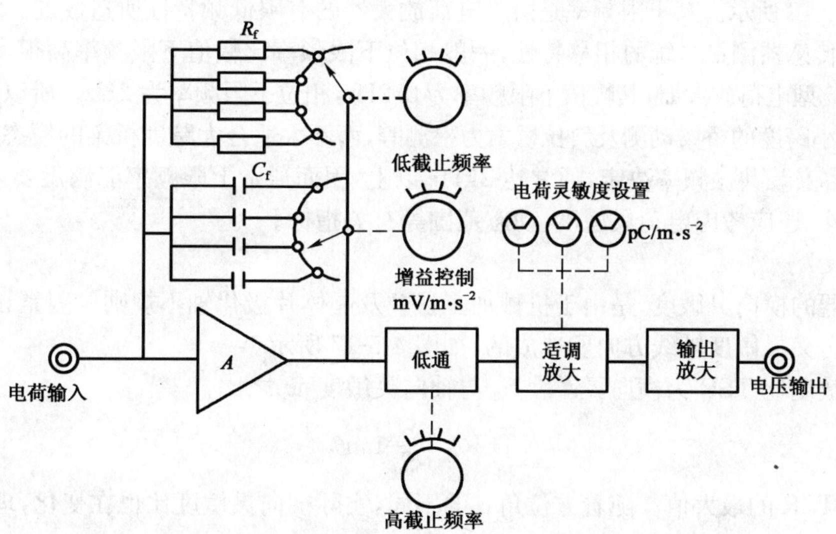

图 4-5-14　电荷放大器的电路框图

敏度 n_q，比如图上的 3.16。中部为增益控制钮，用来选择放大（衰减）系数 n_u，n_q、n_u设定后，电荷放大器的增益，即单位电荷输入时的输出电压为

$$C = \frac{n_u}{n_q} \quad (\mathrm{mV/pC}) \tag{4-5-31}$$

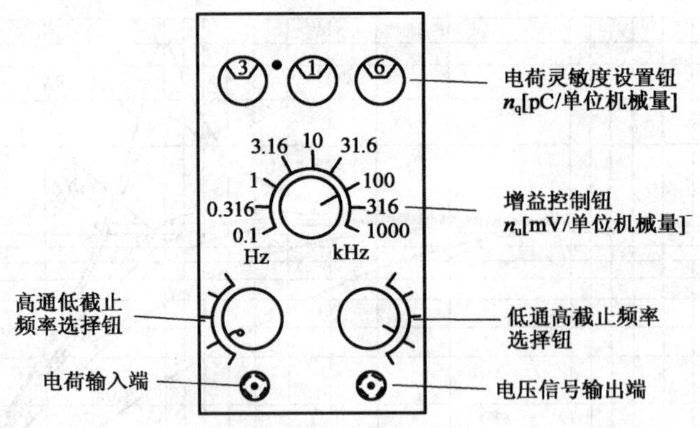

图 4-5-15　带有适调环节的通用型电荷放大器的前面板

再设传感器的电荷灵敏度为 S_q，则整个测量系统的灵敏度为：

$$S = S_q C = S_q \frac{n_u}{n_q} \tag{4-5-32}$$

当作“归一化”设置时，有 $n_q = S_q$，从而系统灵敏度为：

$$S = n_u \qquad (mV/m \cdot s^{-2}) 或 (mV/g) \tag{4-5-33}$$

现已有一类压电传感器，其超小型集成电荷放大器封装于传感器内部，不仅方便现场测试，还可避免由于传感器至电荷放大器间的引线摇晃而带来的干扰信号。

三、压电加速度传感器测量系统使用注意事项

1. 传感器的选用

对于桥梁动测，因为结构基频很低，首先应考虑传感器系统的频率范围，尤其是低频特性。压电式加速度计其惯性接收具有零频率响应(参见图 4-5-13)，但接上电荷放大器后的整个测量系统不具有零频率响应，而是如图 4-5-16 所示。其下限频率是由于电荷放大器的有限低频特性所造成的。如果进行桥梁模态测试，还要考虑传感器测量系统的相移特性，一般相位下限频率比幅值下限频率高很多，达 10 倍左右。比如 B&K 的 2635 型电荷放大器，其幅值下限频率为 0.2Hz，相位下限频率为 2Hz。所以压电式传感器系统通常适用于中、小跨度的桥梁动测及斜拉桥索力检测等，而不太适合大跨度桥梁的模态测试。压电式传感器的上限频率由安装共振频率决定，通常达 2kHz 以上，因而通常上限频率能满足要求。

除频率范围外，还应考虑电荷灵敏度、动态范围等有关指标。

2. 横向灵敏度

压电式传感器的横向灵敏度，是由于机械加工误差及晶体片极化轴不规则等因素，使得传感器实际灵敏度轴偏离了名义灵敏度轴线方向所造成的，如图 4-5-17 所示。

定义横向灵敏度比 TSR 为横向灵敏度 S_{qt} 与轴向灵敏度 S_{qz} 之比：

$$TSR = \frac{S_{qt}}{S_{qz}} \tan\theta \tag{4-5-34}$$

上式结果为 TSR 的最大值。随着方位角 α 的不同，实际横向灵敏度比也在变化，理论上应有：

$$TSR(\alpha) = TSR(0^\circ)\cos\alpha = \tan\theta\cos\alpha \tag{4-5-35}$$

式(4-5-35)中，TSR(α)为方位角 α 方向的横向灵敏度，相当于图 4-5-17 上的向径 0α，应按图上所示“8”字形曲线分布，实测结果由于其他因素影响不是严格按“8”字形分布。当 $\alpha = 90^\circ$ 时，理论上 TSR(90°)＝0。实际上不会是零，但确是最小值，通常用小圆点等在传感器上该方位做上标记，以表示横向灵敏度最小方位。横向灵敏度不仅影响幅值测量，而且影响相位测量，因此测试中应将横向灵敏度最小的方向对准横向振动较大的方向，以减小其影响。如测桥面竖向振动时，应将横向灵敏度最小方向对准横桥向。

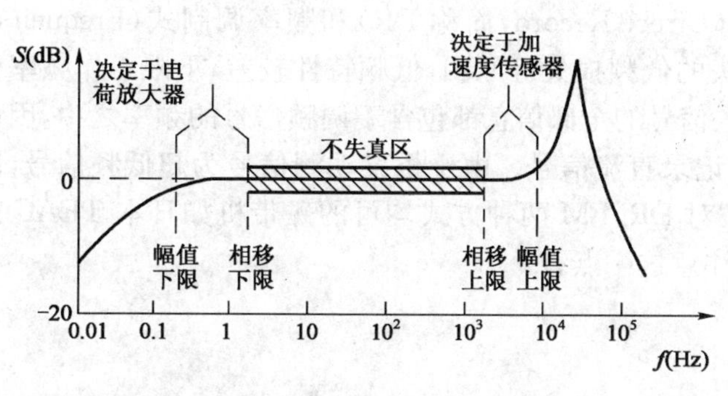

图 4-5-16　测量系统使用频率范围

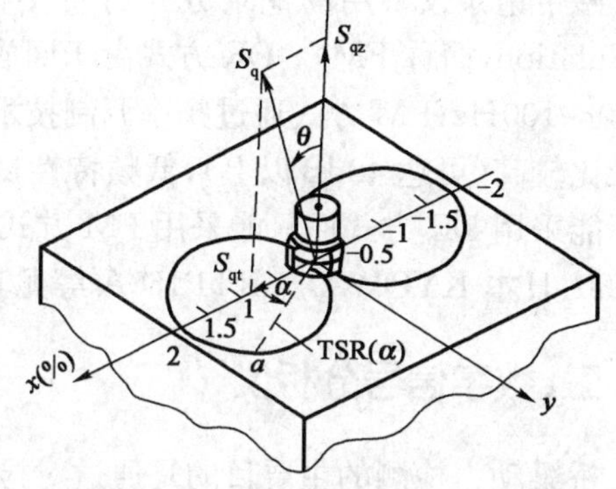

图 4-5-17　加速度传感器横向灵敏度图示

3. 接地问题

压电式传感器属于高内阻弱信号传感器，因此，引线、屏蔽和接地必须十分仔细，否则将带来很大的干扰信号，甚至无法测量。压电式加速度计一般是单端输出连线，即信号线中的一股兼作地线，且与外壳相连。因此如果外壳随测试对象接地，而电荷放大器及分析仪又各自接地时，则会造成信号通道上的多点接地而形成地回路，造成干扰信号。为防止形成地回路，正确的接地原则是整个测量系统的信号通道上只有"单点落地"。要求传感器与测试对象绝缘，放大器与分析仪器共地。

第四节　常用记录与分析仪器

完整的桥梁动测系统如图 4-5-18 所示。除了前述传感器及其配用的测量电路外，测试系统中还包括记录与分析相关的仪器设备。以下介绍常用的记录与分析仪器的工作原理、特性及使用方法。

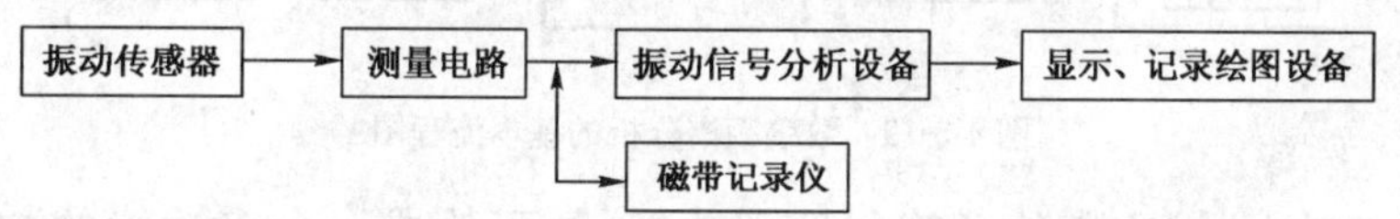

图 4-5-18　桥梁动测系统示意图

一、磁带记录仪

磁带记录仪利用电磁变换原理，将随时间变化的电信号转变为沿磁带长度方向剩磁的变化而实现信号记录，回放时则进行相逆的变换得到与记录时相同变化的电信号。

采用磁带记录仪能方便地进行多通道信号记录，并能保证各通道间的相互时间关系；记录介质（磁带）成本低且能长期保存，记录质量较高（一般信噪比高于 40dB）；最重要的是，能随时还原（回放）成电信号，供分析仪器以不同的采样频率进行分析处理。基于上述原因，尽管目前已有各种微机测量系统能利用硬盘或软盘等进行数字信号记录，磁带记录仪在桥梁动测中仍是常用的记录仪器。

磁带记录仪的工作原理如下：经消磁后的磁带由驱动机构带动，以确定的恒速度通过记录磁头，待记录的信号经放大和变换成为适于记录的电流通入记录磁头的线圈，因而在磁头的工作气隙中形成相应的磁场，它把与磁头接触的磁带磁化，在磁带上形成剩磁。当磁带移动时，随时间变化的电信号就变成沿磁带长度方向剩磁的变化被记录下来，记下的一条剩磁称为磁迹。一般磁带记录仪有多个通道，每个通道均对应一条磁迹。

回放时，磁带上的磁迹在其附近形成一个空间磁场，当磁迹移到磁头气隙附近时，磁场大部分磁通就通过磁头的铁芯，磁带的移动导致铁芯中磁通的变化，在线圈中形成感应电动势，即获得与记录时相同的电信号。

磁带记录仪常用的记录方式有直接记录式(Direct Record,简称 DR)和频率调制式(Frequen-cy Modulation,简称 FM)。DR 方式由于回放时磁头的低频损失等原因,低频特性较差,下限工作频率仅为 50～100Hz;FM 方式通过频率调制技术将输入信号的全部信息都包含于调频信号的频率之中,因而信噪比较高(可达 40dB 以上),低频特性良好,可记录直流信号。由于桥梁动测信号为超低频信号,因此不能采用 DR 方式而只能采用 FM 方式记录。对 DR、FM 两种方式均可的磁带机如日本 TEAC 产 XR-30、日本 KYOWA 产 RTP160A 等尤其应予注意这一点。

二、数字信号分析仪

桥梁动力检测的主要目的是通过对检测并记录的桥梁振动信号进行时域及频域的分析,得到桥梁振动模态及行车响应等桥梁动力指标。因此桥梁振动信号利用数字信号分析仪进行分析与处理,就是桥梁动测最后及最重要的环节。依据快速傅里叶变换(FFT)理论设计的数字信号分析仪,由于其精度高、速度快且功能强,已成为桥梁动测信号分析的主要仪器设备。

目前用于桥梁动测的数字信号分析仪包括专用动态数字信号分析仪(如美国 HP3562A、HP5432A,日本小野 CF920 等),以及利用数据采集卡及软件实现的微机动态分析系统(如美国狄飞,国内南汽京新的 CRAS、北京东方所的 DASP 等)。

下面介绍数字信号分析仪的工作原理和功能。

数字信号分析仪是通过数字运算来完成频谱分析的专用设备,其工作的基本过程如图4-5-19所示。输入信号经过模拟混滤波、波形采样及模数转换、数字抗混滤波、加窗 FFT,最后将分析结果——信号的频谱显示在屏幕上。

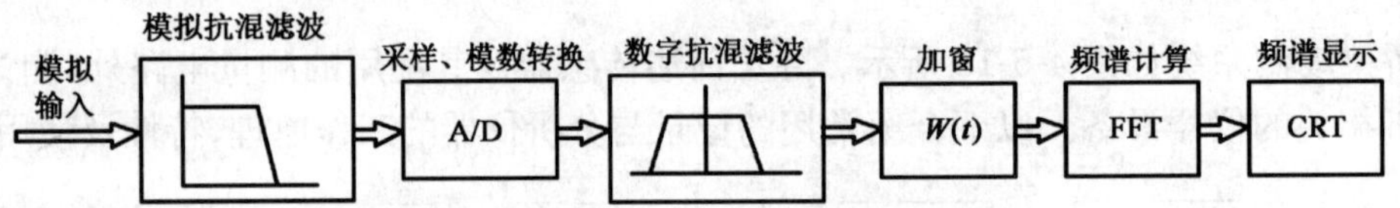

图 4-5-19　数字频谱分析的基本流程图

一般在 FFT 的基础上,扩充其他运算与处理功能,便可构成一台多功能的数字信号分析仪。图 4-5-20表示一种双通道数字信号分析仪的流程图。信号 $x(t)$和 $y(t)$分别从两个通道(CHA 和 CHB)输入,经过时域处理(抗混滤波、A/D 和加窗等)和 FFT 计算分析后,通过平均技术处理,求得两个信号的自谱和互谱,再通过其他运算处理,求得信号的自相关函数、互相关函数、频响函数、相干函数、冲激响应函数和倒频谱等。数字信号分析仪的一般原理分述如下:

1. 采样 A/D 转换与抗混滤波

采样,就是将连续模拟信号变换成离散数字信号的过程。只有在满足一定条件下,离散信号才可按一定方式恢复出原连续信号。该条件就是采样定理:采样频率必须大于被分析信号成分中最高频率 f_m 值的两倍以上,即

$$f_s = \frac{1}{\Delta t} > 2f_m \tag{4-5-36}$$

否则将产生如图 4-5-21 所示的高、低频混淆现象,即高频信号经采样后只出现频信号,两个不同频率的信号被混淆了。

为避免高、低频混淆现象产生,必须根据采样频率 f_s 设置抗混滤波器的高截止频率 f_m,使 $f_m < \frac{fs}{2}$,此外 $f_N = \frac{fs}{2}$为混叠频率或乃奎斯特(Nyquist)频率。即为了避免频率混淆,必须使被分析信号的最高频率 f_m 低于 Nyquist 频率,因此,一般信号在进入之前,先通过一个模拟式低通滤波器,也可在

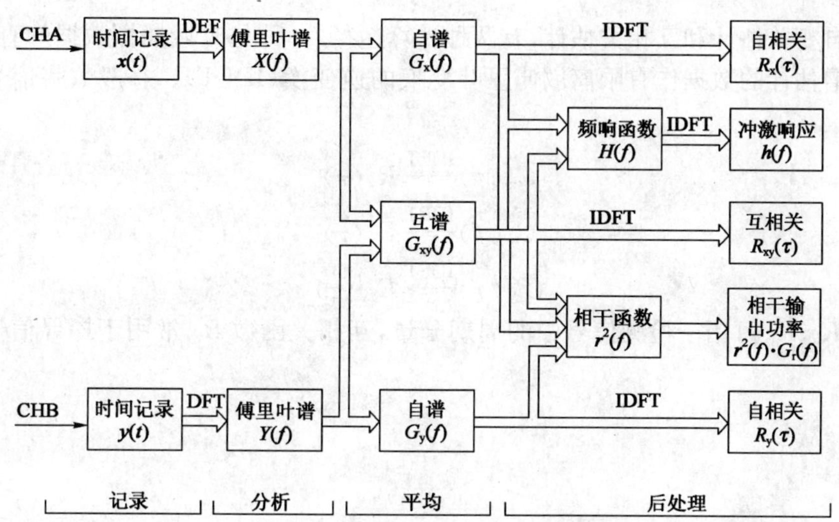

图 4-5-20　典型双通道信号分析仪的信号流程图

A/D之后，经过一个数字式低通滤波器，滤除信号中不必考虑的高频成分。这种用途的滤波器称为抗滤波器。

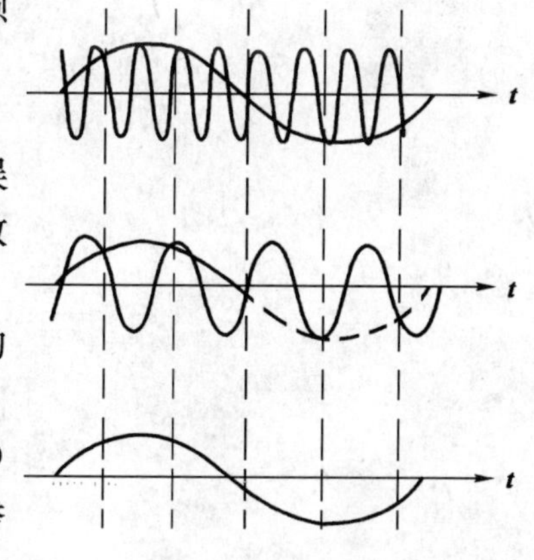

图 4-5-21　高、低频混淆现象

2. 泄漏(Leakage)和加窗(Windowing)

数字信号分析由于对时域信号进行截断，导致频谱分析出现误差，其效果是使得本来集中于某一频率的功率(或能量)，部分被分散到该频域的邻近频域，这种现象称为"泄漏"效应。

为了抑制"泄漏"，需采用特种窗函数来代替矩形窗函数(通常的信号截断时信号所乘的函数)。

在数字信号处理中常用窗数有四种，即矩形窗、汉宁(Hanning)窗、凯塞—贝塞尔(Kaiser-bessel)窗、平顶(Flat top)窗，有关原理可参见相关参考书。以下简要介绍窗函数的选择原则。

实测中，对随机信号(如脉动测试信号)，通常选用汉宁窗；对本来就具有较好离散频谱的信号，如周期信号与准周期信号，可采用凯塞—贝塞尔窗或平顶窗；对瞬态或冲击过程(如跳车试验)，则只能选用矩形窗或用于测量衰减过程的指数衰减窗。

3. 功率谱估计

在FFT分析的基础上，可按下面的关系式求得自功率谱估计 $\widetilde{C}_x(f)$、$\widetilde{C}_y(f)$ 和互功率谱估计 $\widetilde{C}_{xy}(f)$：

$$\widetilde{C}_x(f)=\frac{k_c}{n_d}\sum_{i=1}^{n_d}X_i^*(f)X_i(f) \tag{4-5-37}$$

$$\widetilde{C}_y(f)=\frac{k_c}{n_d}\sum_{i=1}^{n_d}Y_i^*(f)Y_i(f) \tag{4-5-38}$$

$$\widetilde{C}_{xy}(f)=\frac{k_c}{n_d}\sum_{i=1}^{n_d}X_i^*(f)Y_i(f) \tag{4-5-39}$$

式中：$X_i(f)$、$Y_i(f)$——信号 $x(t)$ 和 $y(t)$ 第 i 个时间记录经 FFT 计算的傅里叶变换；

$X_i^*(f)$、$Y_i^*(f)$——其共轭复数；

k_c——标尺系数；

n_d——平均次数，平均次数越多，谱估计的相对标准偏差越小。

4. 相关函数估计

离散数据的自相关估计和互相关估计，有两种计算途径：一种是时域抽样数据的直接卷积运算；另一种是利用功率谱估计的数据作有限离散傅里叶变换的逆变换（IDFT）。一般数字信号分析仪多数采用后者，即

$$\widetilde{C}_{x}(f)\xrightarrow{\text{IDFT}}\widetilde{R}_{x}(\tau) \tag{4-5-40}$$

$$\widetilde{C}_{y}(f)\xrightarrow{\text{IDFT}}\widetilde{R}_{y}(\tau) \tag{4-5-41}$$

$$\widetilde{C}_{xy}(f)\xrightarrow{\text{IDFT}}\widetilde{R}_{xy}(\tau) \tag{4-5-42}$$

自相关函数 $\widetilde{R}_{x}$、$\widetilde{R}_{y}$ 可用于检测信号中的周期分量，互相关函数 $\widetilde{R}_{xy}$ 常用于探寻信号来源及信号源的传播途径。

第六章　钢弦式传感器及其接收仪

钢弦式传感器最早于1919年得到应用。由于电子技术、测量技术、计算技术和半导体集成电路技术的发展，钢弦式传感器技术日趋完善。钢弦式传感器有体积小、稳定性好、分辨率高、抗干扰能力强及远距离输送误差小等优点，广泛应用于大坝、桥梁、基础、港口、核电站等混凝土结构，及其他建筑结构的长期工程检测中。

第一节　工作原理

钢弦式传感器是以被张紧的钢弦作为敏感元件，利用其固有频率与张拉力的函数关系，根据固有频率的变化来反映外界作用力的大小。

钢弦式传感器的结构及工作原理如图4-6-1所示。振弦固定在上、下两夹块之间，用固紧螺钉固紧，给弦加一定的初始张力 T。在弦的中间固定着软铁块、永久磁铁和线圈构成弦的激励器，同时又兼作弦的拾振器。下夹块和膜片相连而感受压力。

从图4-6-1可知，若使弦按固有频率振动，必须首先给弦以激励力 P，振弦是领先线圈中的电流脉冲所产生的电磁吸力来产生激励作用的。当电流脉冲到来时，磁铁的磁性大大增强，钢弦被磁铁吸住。当电流脉冲过去后，磁铁的磁性又大大减弱，钢弦立即脱离磁铁而产生自由振动，并使永久磁铁和弦上的软铁块间的磁路间隙发生变化，从而造成了变磁阻的条件，在兼作拾振器用的线圈中将产生与弦的振动同频率的交变电势输出。这样通过测量感应电势的频率即可检测振弦张力的大小。

由于空气等阻尼的影响，振弦的振动为一衰减振动。为了维持弦的振动，必须间隔一定时间再次加以激励，此种激励方式称为间歇激励方式。此外，亦可用电流方法作为连续激励方式。

钢弦式传感器的作用原理如图4-6-2所示。

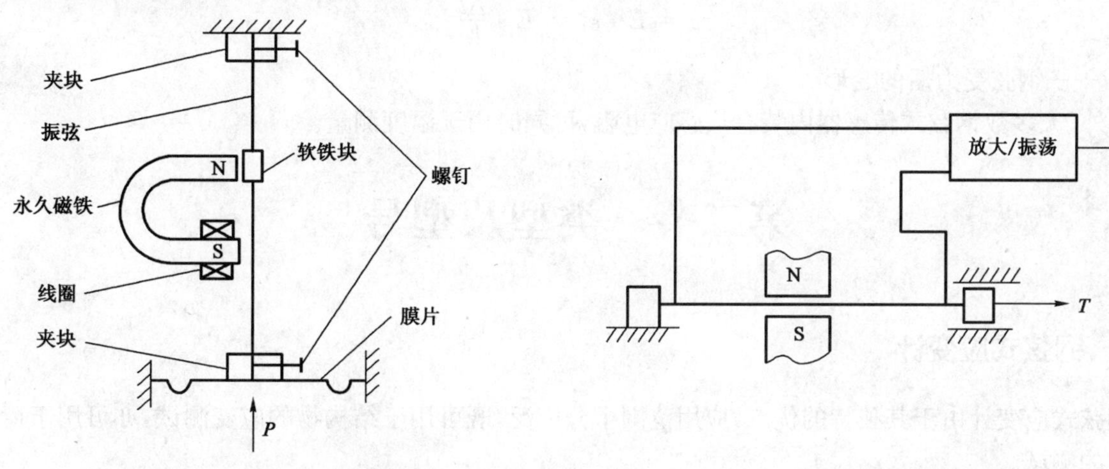

图4-6-1　钢弦式传感器结构原理

图4-6-2　钢弦式传感器作用原理图

图 4-6-2 中的振弦为测量电路的一部分，位于磁场中的弦可等效为 LC 四路。若将其接入一电子放大振荡器中，则可以组成一个力—电耦振荡器。其振荡频率为：

$$f_0=\frac{1}{2\pi\sqrt{LC}}=\frac{1}{2\pi}\cdot\frac{1}{\sqrt{\frac{B^2l^2}{K}\cdot\frac{m}{B^2l^2}}}=\frac{1}{2\pi}\sqrt{\frac{K}{m}} \tag{4-6-1}$$

式中：f_0——振荡频率；

L——电路中的等效电感；

$$L=\frac{B^2l^2}{K}$$

C——电路中的等效电容；

$$C=\frac{m}{B^2l^2}$$

B——磁场强度；

l——两支点间的钢弦有效长度；

m——钢弦的质量；

K——振弦的横向刚度。

可见，振荡电路的频率，亦即钢弦的振动频率只与钢弦的材料参数及状态有关。

由材料力学可知，振弦的横向刚度与弦的张力 T(N)的关系为：

$$K=\frac{\pi^2T}{l} \tag{4-6-2}$$

令 $\rho=\frac{m}{l}$，则式(4-6-1)可写为：

$$f_0=\frac{1}{2l}\sqrt{\frac{T}{\rho}} \tag{4-6-3}$$

将 $T=\sigma\cdot s$ 和 $\rho=\frac{m}{l}$ 代入式(4-6-3)中，有：

$$f_0=\frac{1}{2l}\sqrt{\frac{\sigma\cdot s\cdot l}{m}}=\frac{1}{2l}\sqrt{\frac{\sigma}{\rho'}} \tag{4-6-4}$$

式中：ρ'——钢弦的体积密度；

$$\rho'=\frac{m}{V}$$

s——钢弦的横截面面积；

V——钢弦的工作体积；

σ——钢弦的应力；

$$\sigma=E\cdot\varepsilon_1=E\cdot\frac{\Delta l}{L}$$

Δl——钢弦受力后的变形。

另外，大多数钢弦式传感器内装有热感应电阻，可同时用于温度测量。

第二节　类型及型号

一、钢弦式应变计

钢弦式应变计由于其独特的优点，应用范围十分广泛，既可用于结构物的应变测试，亦可用于荷载、位移等的测试。

将 $\sigma=E\cdot\varepsilon_1$ 代入式(4-6-4)中，得：

$$f_0 = \frac{1}{2l}\sqrt{\frac{E \cdot \varepsilon_1}{\rho'}}$$

可见，当用钢弦频率的变化来反映钢弦应变变化时，由于钢弦计与被测结构物变形协调，钢弦计应变即为结构物的应变。下面介绍几种常见的钢弦式应变计。

1. 埋入式应变计

埋入式应变计又称埋入式应变传感器，多埋于混凝土、钢筋混凝土等结构物中，主要用于结构物内部的应变（应力）的长期观测，也可用于病害工程，采取凿孔（槽）埋入混凝土中，观测病害的发展情况。

埋入式混凝土应变计为薄壁圆筒结构，可根据不同的混凝土强度等级选用不同规格的应变计，以使两者合理匹配，避免超载损坏应变计或灵敏度太低影响测量精度。

当混凝土发生应变（应力）时，埋设在混凝土内的应变计同时变化，它根据应变的大小而输出不同的频率。然后，根据其输出的频率，用下列公式计算混凝土发生的应变（应力）变化。

压：　$x=(F^2-f^2-A)\cdot K$

拉：　$x=(f^2-F^2-A)\cdot K$　　(4-6-5)

式中：x——微应变（$\mu\varepsilon$）；

F——初始频率，即零点频率（Hz）；

f——输出频率（Hz）；

A——截距；

K——系数。

式中，A 值（截距）和 K 值（系数）通过标定确定。

目前，国产的埋入式应变计有 JXH—2 型、MHY—150 型等。其中 JXH—2 型的最大量程可达到 1500$\mu\varepsilon$，MHY—150 型的最大量程可达到 800$\mu\varepsilon$。

2. 表面式应变计

表面式应变计安装在结构物的表面，用于结构物的应变或混凝土结构裂缝发展的观测。国产的表面应变计有 JXH—3 型及 JBY—100 型等。JXH—3 型的量程范围为 −3000～1000$\mu\varepsilon$，JBY—100 型的量程范围为 −500～1000$\mu\varepsilon$。

表面式应变计的安装是将应变计固定在与之配套的底座上，底座与结构物之间可用胶黏结、螺栓连接或焊接，生产厂家可根据不同的安装方式提供相应的底座。安装表面式应变计时，首先在结构物表面预定位置固定应变计的两块底座。为确保两底座之间距离与应变计的标距一致，并在同一轴线上，须用与底座配套的定位标准杆定位。应变计安装完成后，应使其初始频率与出厂标定的初始频率值一致。具体方法是先将应变计的一端紧固在底板上，调整另一端的微调螺母，使应变计的初频值与原出厂标定的初频值一致，然后旋紧固定螺钉。

为保护表面应变传感元件的稳定性，应变计应避免较大冲击。

表面式应变计的数据处理方法与埋入式应变计相同。

3. 钢筋应力计

钢筋应力计也称钢筋应力传感器，常用于量测钢筋混凝土结构中的钢筋应力，亦可将其串接起来用于量测隧道及地下结构锚杆的应力分布。常见型号有 JXG—1 型、JXG—2 型、GY—80 型等。其中 JXG—1 型的量测范围为 −100～200MPa。钢筋应力计常见规格有 ϕ12mm、ϕ14mm、ϕ16mm、ϕ18mm、ϕ20mm、ϕ22mm、ϕ25mm、ϕ28mm、ϕ30mm、ϕ32mm、ϕ36mm 等。

钢筋应力计埋设时，应将两端的拉杆焊接在被测钢筋上。焊接面积应不小于钢筋的有效面积；亦可采用两根短头钢筋夹在焊点两侧并焊牢。焊接时必须对钢筋应力计进行水冷却，以免由于焊接时的高温传到应力计上，损坏应力计内部的电器元件。焊接前、后应分别对钢筋应力计的初始频率进行测试，测试结果应和标定表的零点频率相同。

钢筋应力计测试数据的处理方法与埋入式应变计相同。

二、钢弦式压力计

钢弦式压力计主要用于基础结构工程动、静态的测试，以了解基础结构的具体受力行为。目前使用的压力计主要有土压力计和孔隙水压力计。

1. 土压力计

土压力计常见型号为 JXY 型钢弦式土压力计。此压力计属于静态、单向、边界型力传感器。它采用薄板结构、振弦型传感方式与带有脉冲激发器的频率仪配合使用，组成完整的量测系统。它适用于静态或缓慢变化态边界压力的测定，在房屋基础、挡土结构、桥梁墩台、沉井、土坝、隧道、船坞等结构的土压力量测中具有广泛的用途。除 JXY 系列土压力计外，还有 JDY—110 型和 JSY—110 型土压力计。

土压力计的工作过程是：当刚性板受力后，通过传力轴将力作用于弹性薄板，使之发生挠曲变形；嵌固在薄板上的两根钢弦柱偏转，使钢弦应力发生变化，弦的自振频率也相应变化；利用钢弦频率仪中的激励装置，使钢弦起振并接收其振荡频率。使用时，按产品出厂时给定的率定表或公式，便可计算出输出频率对应的压力值。JXY 型土压力计的规格系列为 0.1～10MPa，可根据不同的压力大小采用。

土压力计埋设时，可以直接埋设在预定位置，亦可先将压力盒浇入小混凝土块内，再行埋设。

2. 孔隙水压力计

孔隙水压力计主要用于测试软基处理和基础病害整治等工程中的岩石和土壤地下水的流动状态和水压力的大小，并把水压力从所量测的总土压力中分离出来；也可用孔隙水压力计量测孔隙水压力的大小和分布。

孔隙水压力计的构造如图 4-6-3 所示。在钢弦的变形膜一端有一层透水石结构，透水石与变形膜之间为一空腔，透水石可以将土壤颗粒与孔隙水分离，使孔隙水进入空腔，水压作用于变形膜上。水压力的大小与钢弦频率的关系通过标定确定。

孔隙水压力计常见型号有 JXS 型等。JXS 型孔隙水压力计具有负温度，其参考值为－0.4Hz/℃。该仪器激发线圈的直流电阻 R 与温度近于线性关系。如想利用孔隙水压力计测量温度，可预先标定 R-T 关系曲线。JXS 型孔隙水压力计常见规格有 0.1MPa、0.2MPa、0.3MPa、0.4MPa、0.5MPa、0.6MPa、0.8MPa、1.0MPa。

孔隙水压力计埋设前，要排除孔隙水压力计空腔内的空气，即将压力盒透水石朝上，向内灌满水。

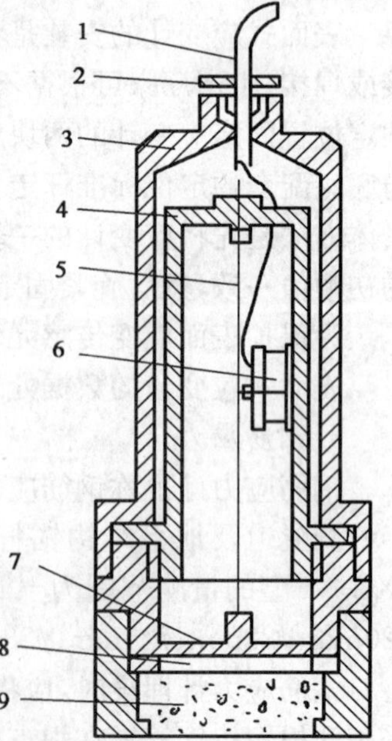

图 4-6-3 孔隙水压力计结构图

1-电缆导线；2-止水螺帽；3-保护罩；4-支架；5-钢弦；6-激发线圈；7-变形膜；8-空腔；9-透水石

三、钢弦式荷载传感器

钢弦式荷载传感器采用高强度空芯钢材作为弹性元件，可承受较大的集中荷载。采用三根或四根均布于弹性元件周围的钢弦作为敏感元件，以消除偏载的影响。工作方式有连续或间断两种，输出信号为频率。荷载传感器主要用于量测隧道和地下结构中锚杆的轴力、钢拱架及其他支撑的反力，基础边坡、挡墙和斜拉桥锚索反力，也可用于桥梁工程一般荷载的量测。

钢弦式荷载传感器受力后，受力体发生轴向变化，固定在受力体周围的钢弦产生松弛，钢弦的内应力发生变化，钢弦的振动频率也发生相应的变化。荷载大小与钢弦频率的关系通过标定确定。

常用的钢弦式荷载传感器有 JXL 型和 HL 型等。

四、钢弦式位移计

钢弦式位移计主要用于岩石位移、软土沉降、结构基础下沉等方面的测定。常见型号有JXY型及WY—60型位移计。其中，WY—60型位移计的最大量程可达400mm。

第三节　基本构造和使用方法

钢弦计的输出频率用钢弦式频率接收仪进行测试。钢弦式频率接收仪又称钢弦频率巡检仪，或称为弦式读数仪。按照其结构构造和体积大小，分为台式频率接收仪和袖珍频率接收仪两种。台式频率接收仪的接线盒与主机联为一体，可进行单点或多点测量；袖珍式频率接收仪体积小巧，采用电池供电，携带方便，进行单点测量时无需接线盒。目前，国内生产的台式频率接收仪有SS—III型、ZXY—2型等。袖珍式频率接收仪有SS—II型、ZXY—3型等。因为袖珍式频率接收仪使用较多，下面以SS—II型数字式钢弦频率接收仪为例，介绍其基本构造及使用方法。

一、基本构造

SS—II型频率接收仪既能接收双线圈连续振荡式钢弦计的输出频率，又能接收单线圈间断脉冲激发式钢弦计的频率。其频率测量范围为1000～3500Hz。工作环境温度为－10～50℃。

SS—II型频率接收仪整机可分为四部分：(1)标准“秒”信号发生部分；(2)放大及反馈部分；(3)高压激发脉冲部分；(4)计算显示部分。

1.标准“秒”信号发生部分

标准“秒”信号是用来控制计数时间的。测量连续振荡式传感器时，1s作为门控计数时间。测量脉冲激发式传感器时，采用0.5s门控计数时间。对被测信号又经乘2电路，使最后显示的数值仍为钢弦的振动频率，精度为±1Hz。

2.放大及反馈部分

由于传感器产生的信号很微弱，连续振荡式传感器只有几毫伏，脉冲激发式传感器的信号更小。必须经过放大才能驱动计数电路并显示测量结果。

在测量连续振荡传感器时，放大器输出至计数器外，再取一部分信号经射极输出作为反馈信号驱动钢弦，使钢弦持续振荡。

3.高压激发脉冲发生部分

主要是产生高压，激发传感器的钢弦，使钢弦振动。

4.计数显示部分

由放大后的传感器信号和标准门控信号送至计数，再经锁存、译码、驱动电路，最后由液晶显示。

二、仪器的使用方法

SS—II型频率接收仪的液晶显示包括两部分：左边一位为状态位，指示仪器所处的工作状态；右边四位为测量数值，单位为Hz。状态位显示“—”表示仪器处于连续工作状态；状态位显示“:”表示仪器处于间断工作状态。电源开启后，液晶显示为—□□□□。测试时，首先将传感器通过相配的分线盒和仪器相连，分线盒的转换开关表示对应的测点位置。然后根据传感器的不同形式选择相应的工作状态。

目前，钢弦计及钢弦频率接收仪在丹东、大连等地均有生产，亦有进口产品可供使用。有的仪器除可测试钢弦振动频率外，还可进行温度测量。不同仪器的使用可参见其产品说明书。

第七章　测温元件及其接收仪

第一节　元件类型与工作原理

桥梁结构的内力线形常常随着温度的变化而变化。温度测试是桥梁工程检测中的一项重要内容，用于桥梁结构温度测试的常见元件有热电阻、热敏电阻、热电偶等。

一、热电阻

热电阻是利用导体的电阻随温度变化的特性而制成的测温计。目前用得较多的热电阻材料有铂和铜等。这些导体材料的温度系数大而稳定，在电阻与温度之间表现为较好的线性关系。

1. 热阻效应

导体的电阻率随温度变化而变化的物理现象称作是导体的热阻效应。金属热电阻就是利用这一效应来测量温度的。

几乎所有的物质都具有热阻特性，但作为测温用的热电阻还应该具有以下特性：

(1)电阻值与温度变化之间具有良好的线性关系；

(2)电阻温度系数大，便于精确测量；

(3)电阻率高，热容量小，反应速度快；

(4)在测温范围内具有稳定的物理性质和化学性质；

(5)材料质量要纯，容易加工复制，价格便宜。

最常见的热电阻材料是铂和铜，在低温测量中则使用铟、锰等材料制成的热电阻。热电阻广泛用来测量－220～＋850℃范围内的温度，少数情况下，低温可测量至－272℃，高温可测量至1 000℃。

2. 热电阻的分类

热电阻是接触式温度测量中应用最普遍的测温元件。其特点是测温范围宽，性能稳定，有足够的测量准确度，能够满足工程过程温度测量的需要；结构简单，动态响应好；输出信号强，便于远传，因而方便集中检测和自动控制。导体或半导体的电阻值是随温度变化的。由导体或半导体根据这一特性制成的感温元件称为热电阻。

热电阻按感温元件的材质分为金属和半导体两大类。金属导体有铂、铜、镍等。在桥梁工程中最使用是铂和铜两种热电阻。半导体有锗、碳等。表4-7-1为常用热电阻的分类及特性。表中的R_0是热电阻在0℃时的电阻值。

常用热电阻的分类及特性　　表4-7-1

项　目	铂热电阻		铜热电阻	
分度号	Pt100	Pt10	Cu100	Cu50
R_0(Ω)	100	10	100	50
α(℃)	0.00685		0.00428	
测温范围(℃)	－200～850		－50～150	
允差(℃)	A级：±(0.15＋0.002｜t｜) B级：±(0.30＋0.005｜t｜)		±(0.30＋0.006｜t｜)	

3.热电阻的温度特性

热电阻的温度特性，是指热电阻的阻值随温度变化而变化的特性。

(1)铂热电阻

铂易于提纯，物理、化学性质稳定，电阻率较大，能耐较高的温度。铂热电阻的特点是测温精度高，稳定性好，所以在温度传感器中得到了广泛应用。铂热电阻的应用范围为－200～＋850℃。

铂热电阻的电阻—温度特性方程在－200～0℃的温度范围内为：

$$R_t = R_0[1 + At + Bt^2 + Ct^3(t - 100)] \tag{4-7-1}$$

在0～＋850℃的温度范围内为：

$$R_t = R_0(1 + At + Bt^2) \tag{4-7-2}$$

式中：R_t——温度为t℃时的电阻值；

R_0——温度为0℃时的电阻值；

A——常数，$A=3.96847\times10^{-3}$/℃；

B——常数，$B=-5.847\times10^{-7}$/℃^{2}；

C——常数，$C=-4.22\times10^{-12}$/℃^{4}。

(2)铜热电阻

由于铂是贵重金属，因此在一些测量精度要求不高、测温范围较小(－50～150℃)的情况下，普遍采用铜热电阻。铜热电阻具有较大的电阻温度系数，材料容易提纯。铜热电阻的阻值与温度之间接近线性关系。铜的价格比较便宜，所以铜热电阻在实际中得到广泛应用。

铜热电阻的缺点是电阻率较小，机械强度差，稳定性也较差，容易氧化。

铜热电阻在－50～150℃的使用范围内其电阻值与温度的关系几乎是线性的。铜热电阻的电阻—温度特性方程可用下式表示：

$$R_t = R_0(1 + \alpha t) \tag{4-7-3}$$

式中：R_t——温度为t℃时的电阻值；

R_0——温度为0℃时的电阻值；

α——温度为0℃时的电阻温度系数$\alpha=4.28\times10^{-3}$℃。

二、热敏电阻

热敏电阻是利用半导体材料的电阻率随温度变化而变化的性质制成的感温元件。其常用的半导体材料有铁、镍、锰、钴、钼、钛、镁、铜等的氧化物或其他化合物，根据产品性能不同，进行不同的配比烧结而成。

热敏电阻按照其温度特性不同可分为三种类型：正温度系数(PTC)热敏电阻、负温度系数(NTC)热敏电阻、临界温度(CTR)热敏电阻(即在某一特定温度下电阻值会发生突变)。

热敏电阻的主要特性有温度特性和伏安特性。

1.热敏电阻的温度特性

热敏电阻的温度特性是指半导体材料的电阻值随温度变化而变化的特性。

(1)热敏电阻的温度特性分析

图4-7-1为三类热敏电阻的温度特性曲线。分析这三类热敏电阻的特性图可以得出下列结论：

①热敏电阻的温度系数值远大于金属热电阻，所以灵敏度很高。

②热敏电阻R_t-t曲线非线性现象十分严重，所以其测量温度范围远小于金属热电阻。

现以负温度系数(NTC)热敏电阻为例说明其温度特性。

负温度系数热敏电阻是一种氧化物的复合烧结体，其电阻值随温度的升高而降低。用于测量的NTC型热敏电阻，在较小的温度范围内，其电阻—温度特性关系(热敏电阻温度方程)为：

$$R_{\mathrm{T}}=R_0e^{B\left(\frac{1}{T}-\frac{1}{T_0}\right)} \tag{4-7-4}$$

式中：R_{T}、R_0——温度为 T、T_0 时的阻值；

T——热力学温度；

B——热敏电阻材料常数，一般取 2000～6000K。

$$B=\frac{\ln\left(\frac{R_{\mathrm{T}}}{R_0}\right)}{\left(\frac{1}{T}-\frac{1}{T_0}\right)} \tag{4-7-5}$$

(2)热敏电阻的温度灵敏系数

热敏电阻在其自身温度变化 1℃时，电阻值的相对变化量称为热敏电阻的电阻温度系数 α，可用下式表示为：

$$\alpha=\frac{\frac{\mathrm{d}R_{\mathrm{T}}}{\mathrm{d}T}}{R_{\mathrm{T}}} \tag{4-7-6}$$

由于 $\frac{\mathrm{d}R_{\mathrm{T}}}{\mathrm{d}T}=-\frac{B}{T^2}R_{\mathrm{T}}$，可得：

$$\alpha=-\frac{B}{T^2} \tag{4-7-7}$$

由上式可知：

①热敏电阻的温度系数为负值。

②温度降低，电阻温度系数 α 增大。在低温时，负温度系数热敏电阻的温度系数比金属电阻丝高得多，故热敏电阻常用于低温测量(－100～300℃)。

2. 热敏电阻的伏安特性

把静态情况下热敏电阻的一端电压与通过热敏电阻的电流之间的关系称为伏安特性。它是热敏电阻的重要特性，如图 4-7-2 所示。

由图 4-7-2 可知，热敏电阻只有在小电流范围内端电压和电流成正比。当电压低时，电流也小，温度没有显著升高，它的电流和电压关系符合欧姆定律；但当电流增加一定数值时，元件由于温度升高而阻值下降，故电压反而下降。因此，要根据热敏电阻的允许功耗线来确定电流，在测温时电流不能选得太高。

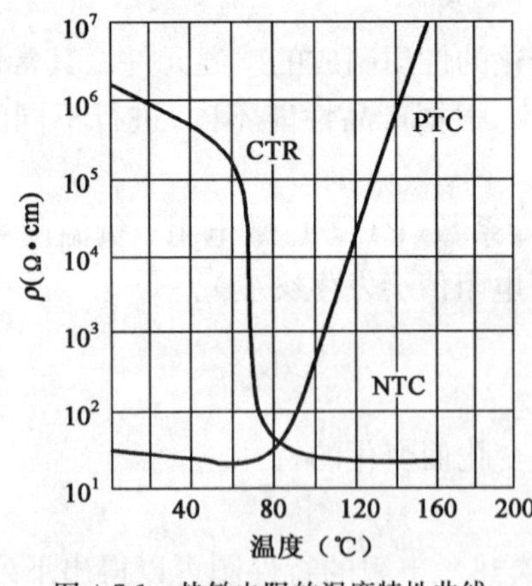

图 4-7-1　热敏电阻的温度特性曲线

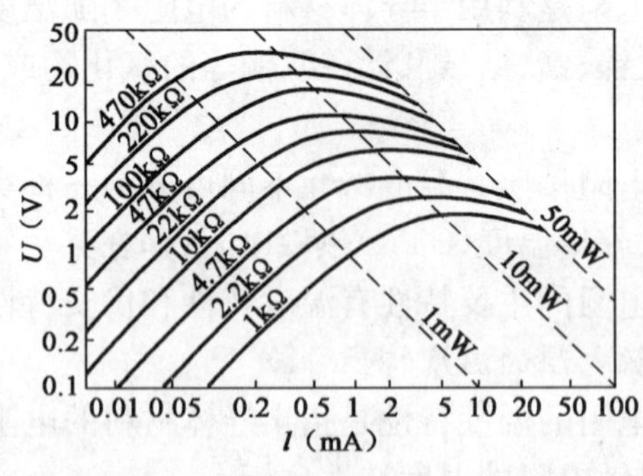

图 4-7-2　热敏电阻的伏安特性

三、热电偶

热电偶是利用物理学中的塞贝克效应制成的温度传感器。它具有构造简单、使用方便、具有较高的准确度和良好的敏感度的特点，因而被广泛用于温度量测中。

如图 4-7-3 所示，当两种不同导体 A 和 B 串接成闭合回路时，若 A、B 导体两结点温度不同，则回路中将产生电流，相应的电势称为热电势，这种装置称为热电偶。热电势与接触电势和温差有关，还和材料特性有关。试验和理论都表明：在 A、B 间接入第三种材料 C，只要结点 2、3 温度相同，则和 2、3 直接联结时的热电势一样。这一点很重要，它为热电偶测量时加引线带来方便。热电偶的热电势一般与两端点温度 t、t_0 都有关。但若让 t_0 为给定的恒定温度，习惯上采用 0℃，则热电势仅为一端温度 t 的单值函数：$E_{AB}(t,t_0)=\Phi(t)$。

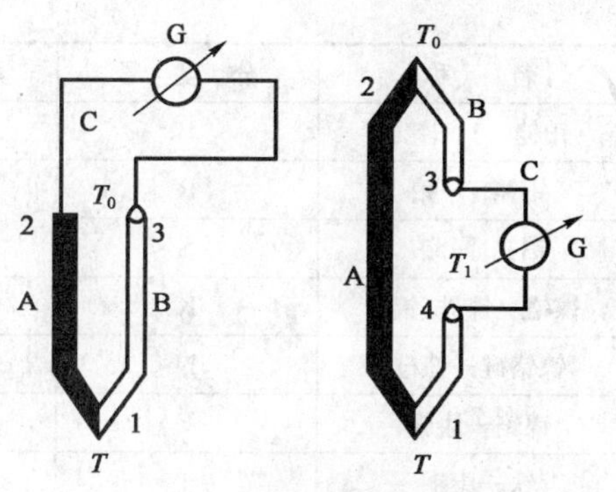

图 4-7-3　热电偶结构示意图

热电偶可按工业标准化进行生产。标准化热电偶工艺成熟，性能优良稳定，能成批生产，同一型号可以互换。适用于桥梁工程温度测量的标准化热电偶主要有：镍铬—镍硅（镍铬—镍铝）热电偶及铜—康铜热电偶。

（1）镍铬—镍硅（镍铬—镍铝）热电偶

这种热电偶属于贵重金属热电偶中最稳定的一种，用途很广，可在 0～100℃下使用。其线性较好，但是不易做得均匀。

（2）铜—康铜热电偶

这种热电偶用于较低的温度（0～400℃）具有较好的稳定性，尤其是在 0～100℃范围内，误差小于 0.1℃。其热电势—温度关系式为：

$$E = at + bt^2 \tag{4-7-8}$$

式中：a、b——系数，可通过比较铂电阻温度确定。

1. 热电偶的材料

从理论上讲，任何两种导体都可以配制成热电偶，但实际上并不是所有材料都能制作热电偶。热电偶材料必须满足一些要求，特别是用于精确可靠测量温度的热电偶材料必须满足：

（1）热电偶材料受温度作用后能产生较高的热电动势，热电动势和温度之间的关系最好呈线性或近似线性的单值函数关系；材料的电阻温度系数要小，电阻率高，资源丰富，价格便宜；

（2）能测量较高的温度，并在较宽的温度范围内应用；

（3）物理性能稳定，导电性能好，热容量要小；

（4）化学性能稳定，以保证在不同介质中测量时不被腐蚀；

（5）热电性能稳定，热电特性不随时间改变；

（6）机械性能好，材质均匀；

（7）复现性要好，便于大批生产和互换，便于制定统一的分度表。

满足上述条件的热电偶材料并不很多。我国把性能符合专业标准或国家标准并具有统一分度表的热电偶材料称为定型热电偶材料。

2. 热电偶的种类

常用热电偶可分为标准热电偶和非标准热电偶两大类。

标准热电偶是指国家标准规定了其热电动势与温度的关系、允许误差，并有统一的标准分度表的热电偶，有与其配套的显示仪表可供选用。

非标准热电偶在使用范围或数量级上均不及标准热电偶，一般也没有统一的分度表，主要用于某些特殊场合的测量。

我国从 1988 年 1 月 1 日起，热电偶和热电阻全部按 IEC 国际标准生产，并指定 S、B、E、K、R、J、T 七种标准热电偶为我国统一设计型热电偶。表 4-7-2 列出几种热电偶的分类及性能。其中所列各种型号的热电偶的电极材料前者为正极，后者为负极。

工业热电偶分类及性能 表 4-7-2

名　称	分 度 号	测量范围(℃)	适用气氛*	稳 定 性
铂铑$_{30}$—铂铑$_{6}$	B	200～1 800	O、N	＜1500℃，优；＞1500℃，良
铂铑$_{13}$—铂	R	−40～1600	O、N	＜1400℃，优；＞1400℃，良
铂铑$_{10}$—铂	S			
镍铬—镍硅(铝)	K	−270～1300	O、N	中等
镍铬硅—镍硅	N	−270～1260	O、N、R	良
镍铬—康铜	E	−270～1000	O、N	中等
铁—康铜	J	−40～760	O、N、R、V	＜500℃，＞500℃，差
铜—康铜	T	−270～350	O、N、R、V	−170～200℃，优
钨铼$_{3}$—钨铼$_{25}$	WR$_{e3}$-WR$_{e25}$	0～2 300	N、V、R	中等
钨铼$_{5}$—钨铼$_{26}$	WR$_{e5}$-WR$_{e26}$			

注*：表中O为氧化气氛，N为中性气氛，R为还原气氛，V为真空。

3. 热电偶的分度表

热电偶的热电动势与温度的关系表称为分度表，其简表见表 4-7-3。

工业热电偶分度简表(mA) 表 4-7-3

t_{90}(℃)	热 电 偶 类 型							
	B	R	S	K	N	E	J	T
−270	—	—	—	−6.458	−4.345	−9.835	—	−6.258
−200	—	—	—	−5.891	−3.990	−8.825	−7.890	−5.603
−100	—	—	—	−3.554	−2.407	−5.237	−4.633	−3.379
0	0	0	0	0	0	0	0	0
100	0.033	0.647	0.646	4.096	2.774	6.319	5.269	4.279
200	0.178	1.469	1.441	8.138	5.913	13.421	10.779	9.288
300	0.431	2.401	2.323	12.209	9.341	21.036	16.327	14.862
400	0.787	3.408	3.259	16.397	12.974	28.946	21.848	20.872
500	1.242	4.471	4.233	20.644	16.748	37.005	27.393	—
600	1.792	5.583	5.239	24.905	20.613	45.093	33.102	—
700	2.431	6.743	6.275	29.129	24.527	53.112	39.132	—
800	3.154	7.950	7.345	33.275	28.455	61.017	45.494	—
900	3.975	9.205	8.449	37.326	32.371	68.787	51.877	—
1 000	4.834	10.506	9.587	41.276	36.256	76.373	57.953	—
1 100	5.780	11.850	10.757	45.119	40.087	—	63.792	—
1 200	6.786	13.228	11.951	48.838	43.846	—	69.553	—
1 300	7.848	14.629	13.159	52.410	47.513	—	—	—
1 400	8.956	16.040	14.373	—	—	—	—	—
1 500	10.099	17.451	—	—	—	—	—	—
1 600	11.263	18.849	—	—	—	—	—	—
1 700	12.433	20.222	—	—	—	—	—	—
1 800	13.591	—	—	—	—	—	—	—
1 900	—	—	—	—	—	—	—	—

第二节　感温元件的结构及标定

一般来说，无论是热电阻、热敏电阻还是热电偶，均有专业厂家生产。元件出厂均附有相应标定值或说明，以下仅对它们作简单介绍。

一、热电阻的结构和标定

热电阻的结构比较简单，一般都将电阻丝绕在云母或石英、陶瓷、塑料等绝缘骨架上，经过固定，外面再加上保护套管即可。为了提高传热性能，在热电阻丝和套管间填上导热材料。骨架材料对热电阻的稳定性及寿命都有很大影响，因此要求它在工作温度范围内有良好的绝缘强度、低的线膨胀系数。

铜电阻的制作方法是用漆包线或丝包线分层绕在塑料制的圆柱形骨架上，其尺寸约为$\phi 8\times 40$mm，线外再浸以酚醛树脂起保护作用。为了避免寄生电感，电阻丝采用双绕法。根据用途不同，外面的保护管可分别由黄铜、碳铜或不锈钢制成。

铂电阻一般由直径为0.03～0.07mm的铂丝绕在片形云母骨架上，在云母片的边缘有锯齿缺口以保证铂丝定位良好。绕好电阻丝后，再在云母片的两面夹上稍宽一些的云母片，以保证绝缘良好。为了改善热传导，在云母片的两侧用花瓣形铜片填充导热。铂丝的引线采用银线，因为二者焊接牢固，引线用双孔瓷绝缘套管绝缘。

热电阻的标定是根据电阻与温度变化的关系特性，在元件的量测范围内给定一系列的标准温度值，测试不同温度对应的元件电阻，制成标定表格供测温时使用。

1.装配热电阻的结构

工业用热电阻温度计的结构如图4-7-4所示。该热电阻主要由电阻体、绝缘套管和接线盒等组成。为了使热电阻能得到较长的使用寿命，该热电阻加有保护套管。电阻体主要由电阻丝、引出线、骨架等几部分组成。

铂电阻用铂丝绕在云母片制成的片形支架上，绕组的两面用云母片夹住绝缘，如图4-7-4a)所示。铜电阻由绝缘铜丝绕在圆形骨架上，如图4-7-4b)所示。在骨架上绕制好热电阻丝，并焊好引线之后，在其外面加上云母片进行保护，再装入外保护套管，并和接线盒或外部导线相连接，即得到热电阻传感器。

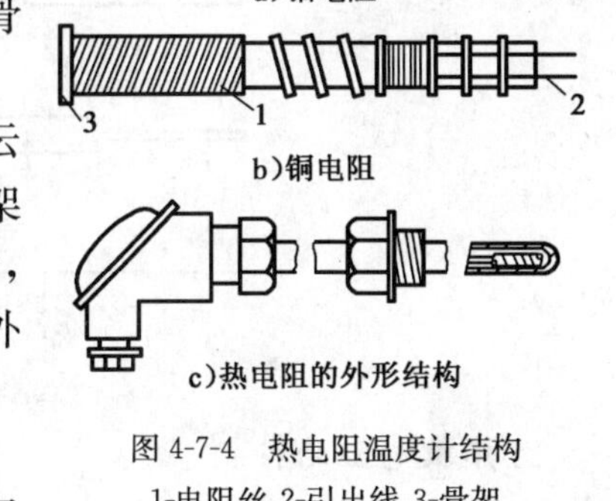

图4-7-4　热电阻温度计结构

1-电阻丝 2-引出线 3-骨架

(1)电阻丝

由于铂的电阻率较大，而且相对机械强度较大，通常铂丝的直径在(0.03～0.07)mm±0.005mm之间，可单层绕制，若铂丝粗，则强度大，但电阻体大了，热惰性也大，成本高。

由于铜的机械强度较低，电阻丝的直径需较大。一般为0.1mm±0.005mm的漆包铜线或丝包线分层绕在骨架上，并涂上绝缘漆而成。由于铜电阻的产生的热量少，故可以重叠多层绕制，一般多用双绕法，即两根丝平行绕制，在末端把两个头焊接起来。这样工作电流从一根热电阻丝进入，从另一根丝反向出来，形成两个电流方向相反的线圈，其磁场方向相反，产生的电感就互相抵消，故又称无感绕法。这种双绕法也有利于引线的引出。

(2)骨架

热电阻线是绕制在骨架上的，骨架是用来支持和固定电阻丝的。骨架应使用绝缘性能好、高温下机械强度高、体膨胀系数小、物理化学性能稳定、对热电阻丝无污染的材料制造，常用的是云母、石英、陶瓷、玻璃及塑料等。

(3)引线

引线的直径应当比热电阻丝大几倍，尽量减小引线的电阻，增加引线的机械强度和连接的可靠性。对于工业用的铂热电阻，一般采用1mm的银丝作为引线，而标准铂热电阻则用0.3mm的铂丝作为引线。对于铜热电阻，则常用0.5mm的铜线。

2.铠装热电阻的结构

铠装热电阻是将陶瓷骨架或玻璃骨架的感温元件，装入细不锈钢管内，其周围用氧化镁牢固填充。

它的三根引线同保护管之间以及引线之间，必须有良好的绝缘性，充分干燥后，将其端头密封，再经模具拉制成坚实整体。由于它的外径较小，温度响应快，结构坚固，可弯曲，所以抗震性好，可以安装在结构复杂的场合。

二、热敏电阻的结构及标定

制作热敏电阻的材料很多，如锰、镍、铜、钴和钛等氧化物。它们按一定比例混合后压制成型，然后在高温下(如1000℃左右)焙烧而成。

热敏电阻的标定是根据热敏电阻与温度之间的关系，给定 t_0 和 t，测试 R_0 和 R_t，可以计算出温度系数；也可在热敏电阻的量测范围内，给定不同的标准温度，测试对应的热敏电阻阻值，制订标定表格供测温时使用。

1.热敏电阻的结构

热敏电阻从结构上可以分为柱形、片形、珠状、松叶状等形式，如图4-7-5所示。

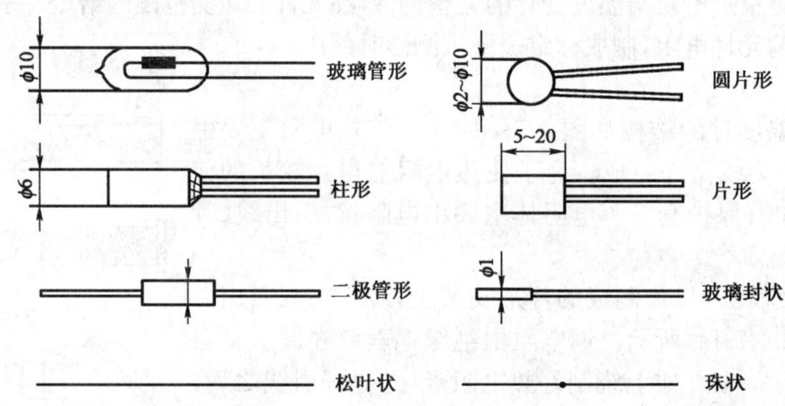

图4-7-5 热敏电阻的结构(尺寸单位:mm)

2.热敏电阻的特点

热敏电阻与其他温度传感器相比，具有以下明显的特点：

(1)灵敏度高。电阻温度系数大，约为金属热电阻的10倍。可大大降低对仪器、仪表的要求。

(2)结构简单。可根据不同要求，制成各种形状。

(3)电阻率高。热敏电阻阻值远大于金属热电阻。导线电阻的影响小，适用于远距离测量。

(4)体积小、热惯性小。可测点温，适用于动态测量。

(5)化学稳定性好，机械性能强，价格低廉，制造简单，易于维护，使用寿命长。

(6)缺点是复现性和互换性差，非线性严重，测温范围较窄。使用时，必须进行非线性校正。

三、热电偶的结构及标定

对于热电偶的制作，应兼顾元件的测试精度和元件的经济性。通常采用铜—康铜(60%Cu+40%Ni)组成的热电偶。此热电偶可测300℃以下温度而且价格低廉，可产生较大的热电势(每100℃温差约402mV)。铜和康铜接点采用锡焊，焊接接点长度约1～2mm。注意焊接处打磨光洁，杜绝假焊。焊接时因为微小焊点表面各点温度均一致，从而不会因为有焊料的加入而影响热电偶中的热电势。

为了使焊接点牢固、防潮绝缘，可在焊接处涂一层绝缘材料，如环氧树脂、704黏合剂等。制作后的热电偶，要注意防止绝缘层或包丝被破坏。

对于热电偶的标定，采用抽样的办法。具体是从不同批制成的热电偶中任抽几支($N\geqslant10$)，保持冷端温度恒定(一般为0℃)，率定其工作端温度和热电势的关系，取其平均值绘制标定曲线或表格。

1. 工业用热电偶

图 4-7-6 为典型工业用热电偶的结构示意图。它由热电偶丝、绝缘套管、保护套管和接线盒等几部分组成。在试验室使用时，也可不装保护套管，以减小热惯性。

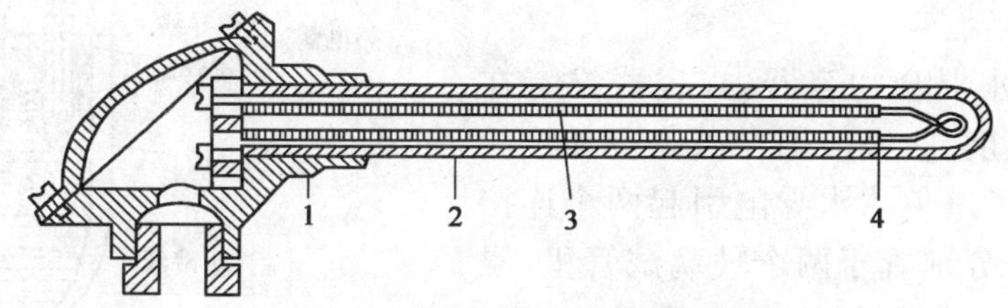

图 4-7-6 工业用热电偶结构示意图

1-接线盒；2-保护套管；3-绝缘套管；4-热电偶丝

2. 铠装式热电偶

铠装式热电偶又称套管式热电偶，其断面结构示意如图 4-7-7 所示。它是由热电偶丝、绝缘材料，金属套管三者拉细组合而成一体。根据热端形状不同，铠装式热电偶可分为四种类型。

其优点是小型化(直径 0.25～12mm)，寿命长，热惯性小，使用方便。

测温范围在 1100℃以下的有镍铬—镍硅、镍铬—康铜铠装式热电偶。

3. 快速反应薄膜热电偶

其结构如图 4-7-8 所示，特别适用于对壁面温度的快速测量。安装时，用黏结剂将它黏结在被测物体壁面上。

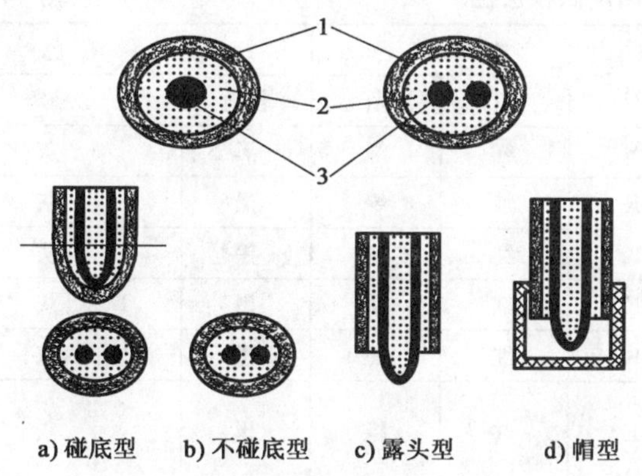

图 4-7-7 铠装式热电偶的断面结构示意图

1-金属套管；2-绝缘材料；3-热电极

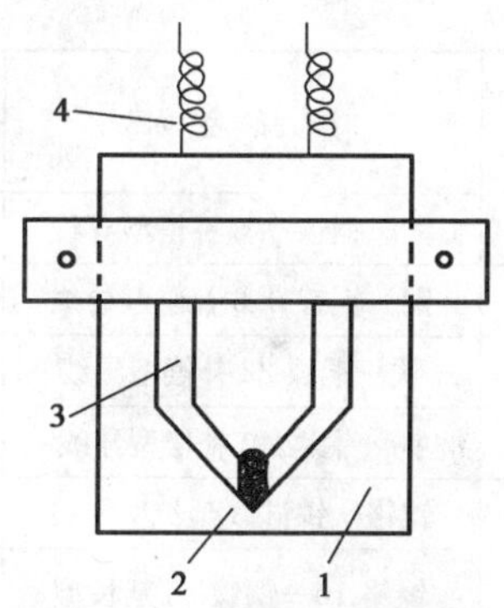

图 4-7-8 快速反应薄膜热电偶

1-绝缘基板；2-热接点；

3-热电极；4-引出线

目前我国制造的快速反应薄膜热电偶有铁—镍、铁—康铜和铜—康铜三种，尺寸为 60mm×6mm×0.2mm；绝缘基板用云母、陶瓷片、玻璃及酚醛塑料纸等；测温范围在 300℃以下；反应时间为 ms 级。

4. 热电偶的冷端补偿

热电偶的热电动势大小与热电极材料和两接点的温度有关，同时热电偶的分度表和根据分度表刻度的温度仪表都是以热电偶参考端温度等于零为条件的。但实际上，冷端温度受周围温度的影响，不可能保持为 0℃或某一常数。因此，要测出实际温度就必须采取修正或补偿措施。常用的冷端补偿方法有冰点槽法、计算修正法、补正系数法、零点迁移法、冷端补偿器法、软件处理法等。

(1)冷端恒温法

冷端恒温法就是使参考端(冷端)温度处于 0℃或某一恒定温度。具体有以下几种方法：

①将冷端放在固定的铁匣内，利用铁匣具有的较大的热容量使冷端温度变化不大或变化缓慢，或将铁匣做成水套式通以流水以提高恒定性。

②将冷端置入盛油的容器内，利用油的热惰性使接点温度保持一致并接近室温。

③将冷端置入充满绝缘物的铁管中，把铁管埋在1.5～2m或更深的地下，以保持恒温。

④将冷端置入恒温器中，恒温器可自动控制温度恒定。

⑤将冷端置入冰水混合物容器中，容器维持在0℃不变。这种方法精度高，一般用在试验室和校验热电偶的装置中。为了避免冰水导电引起两个连接点短路，必须把连接点分别置于两个玻璃试管里，浸入同一冰点槽，使其相互绝缘，如图4-7-9所示。

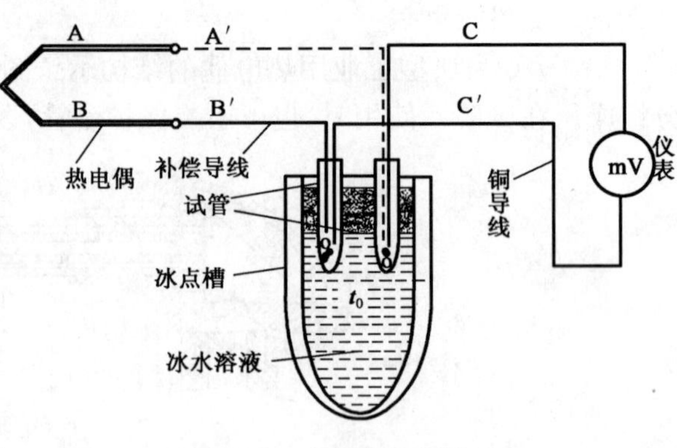

图4-7-9　冰点槽法示意图

(2)补偿导线法

测温时，热电偶长度受一定限制，使得冷端温度直接受到被测介质温度和周围环境温度的影响，难以处于0℃，而且不稳定。

根据中间温度定律，当热电极A、B与补偿导线A′、B′相连接后仍然可以看作仅由热电极A、B组成的回路。一般在低温范围内(0～100℃)，用补偿导线作为A、B，它的作用是把热电偶参考端移至离热源较远及环境温度恒定的地方。

必须注意的是，补偿导线只起延长热电极的作用，并不能消除冷端温度不为0℃时的影响，因此还应该用补正方法将其补正到0℃。

应注意不同的热电偶配用不同的补偿导线和极性，见表4-7-4。

补偿导线及配用热电偶和极性　　表4-7-4

型号	产品名称	配用热电偶	分度号	绝缘着色		护套着色	
				正	负	普通	精密
SCGV	铜—铜镍0.6补偿型导线	铂铑$_{10}$—铂	S	红	绿	黑	灰
RCGV	铜—铜镍0.6补偿型导线	铂铑$_{13}$—铂	R	红	绿	黑	灰
KCAGV	铁—铜镍22补偿型导线	镍铬—镍硅	K	红	蓝	黑	灰
KCBGV	铜—铜镍40补偿型导线		K	红	蓝	黑	灰
KXGV	镍铬—镍硅3延长型导线		K	红	黑	黑	灰
EXGV	镍铬10—铜镍45延长型导线	镍铬—铜镍	E	红	棕	黑	灰
JXGV	铁—铜45延长型导线	铁—铜镍	J	红	紫	黑	灰
TXGV	铜—铜镍45延长型导线	铜—铜镍	T	红	白	黑	灰
NCGV	铁—铜镍18补偿型导线	镍铬—镍硅	N	红	灰	黑	灰
NXGV	镍铬14—镍硅延长型导线	镍铬—镍硅	N	红	灰	黑	灰

第三节　使用方法

热电阻及热敏电阻的测量电路是常用的电桥电路。图4-7-10是一般的电桥式热电阻测温原理图。图中R_1、R_2、R_3和R_t(R_{ref}和R_{FS})组成电桥的四个臂，R_1、R_2、R_3是固定电阻，R_t是热电阻。R_{ref}和R_{FS}是锰铜电阻，两者分别代表电阻温度读报起始温度(如0℃)及满度(如100℃)时的电阻值。首先将开关K接在位置“1”中，调节R_0使指示仪表指示为零，然后将开关K接在位置“3”，调节R_{FS}使指示仪表满度偏转，最后将开关K接在位置“2”上即可正常工作。

在工程应用上，亦常用万用电表直接测试感温元件的电阻值，根据标定的元件电阻与温度的关系即可确定被测物体的温度值。

利用热电偶测温时，与之配套使用的仪表有动圈式仪表、自动电子电位差计、直流电位差计及数字式测温仪等。电位差计用于测试热电偶的输出电势，根据热电偶的标定表即可确定热电偶工作端的温度即被测物体温度。数字式测温仪可直接显示热电偶工作端的温度变化。

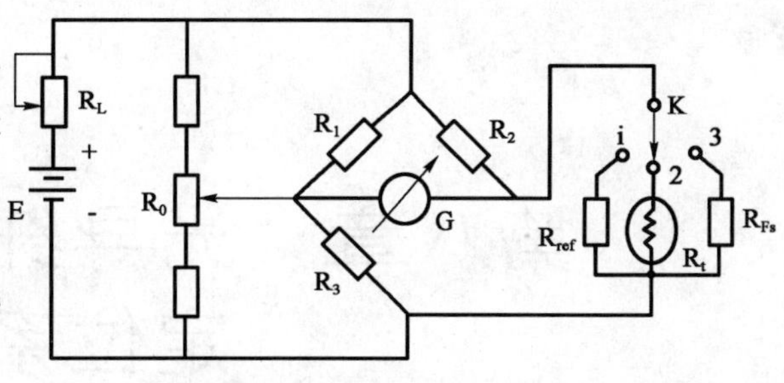

图 4-7-10　典型电阻温度计原理图

根据测量温度要求的不同，可将热电偶接成不同的线路形式，如图 4-7-11 所示。

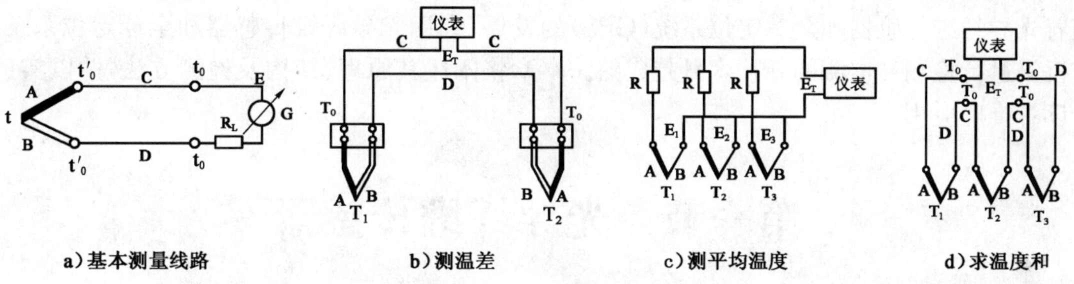

图 4-7-11　热电偶的接线形式

在现场测温时，由于热电偶长度有限，冷端温度直接受到被测介质和周围环境的影响，不仅很难保持在 0℃，而且经常是波动的。这一问题采用冷端延长线（或称冷端补偿导线）来解决。所谓延长线就是把一定温度范围内（一般为 0～100℃）与热电偶具有相同热电特性的两种较长金属导线与热电偶配接，如图 4-7-12 所示。延长线的作用是将热电偶冷端移至离热源较远且环境温度较稳定的地方，从而消除冷端温度变化的影响，即该补偿导线产生的热电势等于工作热电偶在此温度范围内产生的热电势。

为了避免恒温端温度变化的影响，可用电子补偿电路进行恒温补偿，如图 4-7-13 所示。当热电偶接入电子线路使用时，接在输入接线端的测温铜电阻构成电桥的一桥臂。若冷端输入接线板的温度给定为 0℃，则测温电阻值发生变化，电桥输出一个与冷端温度相应的电压，经放大后在 5Ω 电阻两端形成与热电偶的温差电势相对应的直流电压，补偿电压被串到热电偶电路中，就可获得需要的电势。

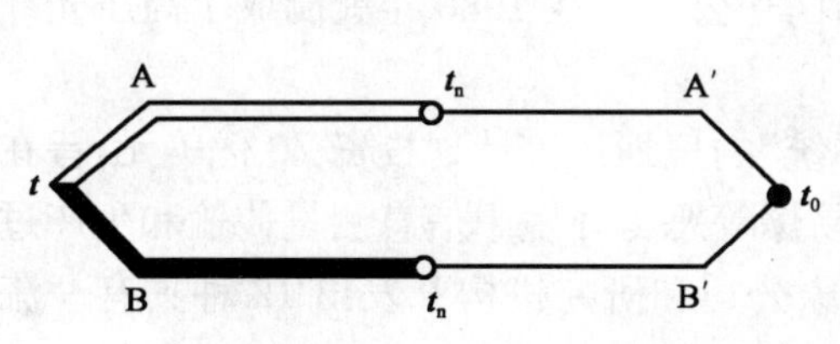

图 4-7-12　补偿导线原理图

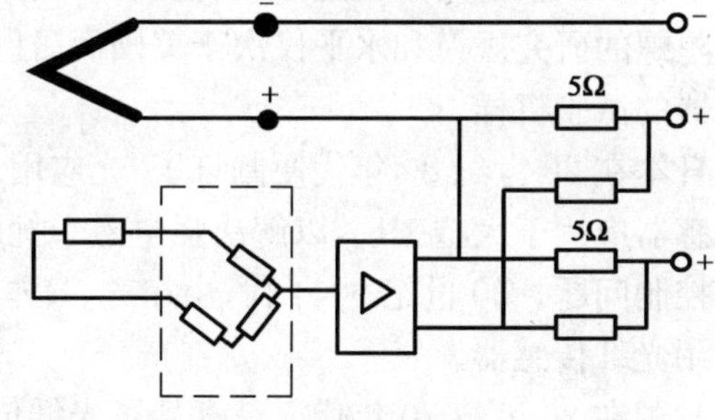

图 4-7-13　冷端补偿电路

第八章　光导纤维传感器和全球定位系统(GPS)

随着光导纤维传感器和全球定位系统(GPS)的发展，利用光导纤维传感器和全球定位系统(GPS)对大跨桥梁进行检测和监测的新技术日趋成熟。本章将阐述其原理、结构及检测方法，并以实例说明，以便于读者推广应用。

第一节　光导纤维传感器

光导纤维传感器(简称光纤传感器 FOS，Fiber Optica Sensor)用光作敏感信息的载体，用光纤作为传递敏感信息的媒质，是 20 世纪 70 年代中期发展起来一种新型传感器，它是伴随着光纤及光通信技术的发展而逐步形成的。

美国是最早研制光纤传感器且投资最大的国家，并且取得了很大成就。从 1977 年开始由美国海军研究所主持的光纤传感器系统共有 5 个公司参加，主要研究方向是水声器、磁强计和其他水下检测有关设备。1980 年开始研究、1984 年进行飞行试验的现代数字光纤控制系统(ADOSS)，采用光纤译码的光纤传感器系统代替直升机驾驶员的控制，最终将实现用光纤液压传动系统代替电源。另外，光纤陀螺(FOG)计划、核辐射监控(NRM)计划、飞机发动机监控(AEM)计划、民用研究计划(CRP)使光纤传感器技术迅猛发展，在军事、电力、桥梁、医学生物检测等方面得到广泛应用。

1983 年，英国曼彻斯特举行的欧洲传感器展览会上展出了用于压力、温度、速度测量的传感器，全光纤干涉仪以及适用于危险地区、电磁噪声恶劣的环境过程控制用的高分辨率长冲位移传感器。德国光纤陀螺的研究规模和水平仅次于美国而居世界第二，西门子公司早在 1980 年就制成了高压光纤电流互感器的试验机样。

日本在 20 世纪 80 年代便制订了“光应用计划控制系统”的规划。该计划投资 70 亿美元，旨在将光纤传感器应用于大型工厂，以解决强电磁干扰以及易燃、易爆等恶劣环境中信息测量传输和生产过程的过程控制问题。20 世纪 90 年代，由东芝、日本电器等 15 家公司和研究机构开发出 12 种具有一流水平的民用光纤传感器。

我国在 20 世纪 70 年代末就开始了光纤传感器的研究，其起步时间与国际相差不远。目前，我国的光纤传感器研究大多集中于大专院校和科研单位，仍然未完成由试验室向产品化的过渡。由于光纤传感器未能跨越产品化的门槛，并未像光纤通信产业那样成熟。

光纤传感器与传统的各类传感器相比有一系列优点，例如不受电磁干扰、体积小、重量轻、可挠曲、灵敏度高、耐腐蚀、传输频带宽、绝缘性能好、耐水抗腐蚀性好、防爆性好、易与微机连接、便于遥测等。它能用于温度、压力、应变、位移、速度、加速度、流量、振动、电压、电流、磁场、核辐射、声和 pH 值等各种物理量的测量，具有极为广泛的应用前景。

下面将按光纤的结构和类型、光纤传感器的工作原理与分类、光纤传感器在桥梁工程检测中的应用对其作以简介。

一、光纤的结构和类型

1. 光纤的结构

光导纤维简称光纤，目前材质基本上还是采用石英玻璃，其结构见图 4-8-1。它由导光的芯体玻璃（称为纤芯）和包层玻璃所组成。光纤具有多层介质结构：

纤芯：石英玻璃，直径 5～75μm，材料以二氧化硅为主，掺杂微量元素；

包层：直径 100～200μm，折射率略低于纤芯；

涂敷层：硅硐或丙烯酸盐，隔离杂光；

护套：尼龙或其他有机材料，提高机械强度，保护光纤。

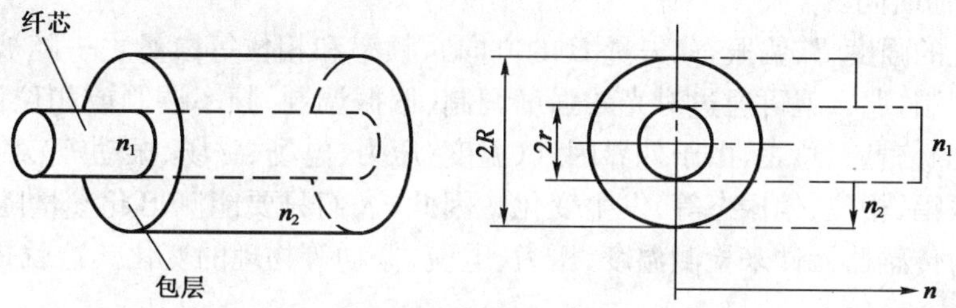

图 4-8-1　光导纤维结构

2. 光纤的主要类型

光纤按折射率变化分为阶跃型光纤和渐变型光纤，按传输模式多少分为单模光纤与多模光纤。

光纤传感器所用光纤有单模光纤和多模光纤。单模光纤的纤芯直径通常为 2～12μm，很细的纤芯半径接近于光源波长的长度，仅能维持一种模式传播。一般相位调制型和偏振调制型的光纤传感器采用单模光纤；光强度调制型或传光型光纤传感器多采用多模光纤。

为了满足特殊要求，出现了保偏光纤、低双折射光纤、高双折射光纤等。采用新材料研制特殊结构的专用光纤是光纤传感技术发展的方向。

二、光纤传感器的工作原理与分类

1. 光纤传感器的工作原理

以电为基础的传统传感器是一种把测量的状态转变为可测的电信号的装置，它的电源、电路、敏感元件、信号接收和处理系统以及信息传输均用金属导线连接，如图 4-8-2a）所示。

光纤传感器则是一种把被测量的状态转变为可测的光信号的装置，它由光发送器（光源）、光通路（光纤）、敏感元件（光纤或非光纤的）、光接收器（光电元件）、信号处理系统以及光纤构成，如图4-8-2b）所示。由光发送器发出的光经光纤引导至敏感元件。这时，光的某一性质受到被测量的调制，已调光经接收光纤耦合到光接收器，使光信号变为电信号，经信号处理得到所期待的被测量。

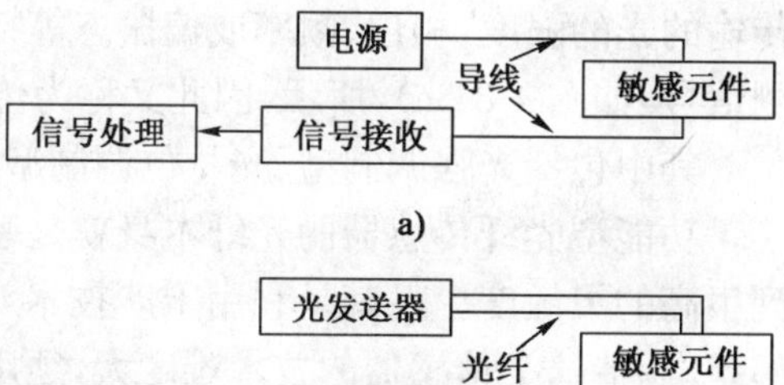

电源　导线　敏感元件　信号处理　信号接收

a)

光发送器　光纤　敏感元件　信号处理　光接收器

b)

图 4-8-2　以电为基础的传统传感器和光纤传感器的组成原理

可见，光纤传感器与以电为基础的传统传感器相比较，在测量原理上有本质的差别。传统传感器是以机电测量为基础，而光纤传感器则是以光学测量为基础。

根据光纤传感器的用途和光纤的类型，对光源一般要提出功率和调制的要求。

常用的光源有激光二极管和发光二极管。激光二极管具有亮度高、易调制、尺寸小等优点。而发光二极管具有结构简单和温度对发射功率影响小的优点。此外，也有采用白炽灯等作光源的。

光纤传感器的工作离不开光的调制和解调两个环节。光调制就是把某一被测信息加载到传输光波上。承载了被测信息的已调制光，传输到光探测系统后再经解调，便可获得所需该被测信息。

光是一种电磁波，其波长从极远红外线的1mm至极远紫外线的10nm。它的物理作用和生物化学作用主要因其中的电场而引起。因此，讨论光的敏感测量必须考虑光的电矢量振动，即

$$E = B\sin(\omega t + \varphi) \tag{4-8-1}$$

式中：E——电场矢量；

B——振幅；

ω——光波的振动频率；

φ——光相位；

t——光的传播时间。

可见，只要使光的强度B、偏振态（矢量B的方向）、频率和相位等参量之一随被测量状态的变化而变化，或受被测量调制，那么就可通过对光的强度调制、偏振调制、频率调制或相位调制等进行解调，获得所需要的被测量的信息。总之，由于外界因素（温度、压力、电场、磁场、振动等）对光纤的作用，会引起光波特征参量（如振幅、相位、偏振态等）发生变化。因此，人们只要能测出此参量随外界因素的关系变化，就可以用它作为传感器元件来检测温度、压力、电流、振动等物理的变化。这就是光纤传感器的基本工作原理。

光纤传感器主要由三部分组成，即：

(1)发送检测部分，由不同的变换机构或直接利用光纤将检测参数换成便于传输的光信号；

(2)信号传输部分，通过光导纤维进行信号传输；

(3)接收处理部分，对来自光导纤维的信号进行检测、整形、处理等。

在光纤传感器中最简单而有效的检测方法是二位置检测。它只反映光线的有无，在实际生产上已得到较为广泛的应用。在模拟检测方式中，因为光检测元件只是检测光的强度，最终的测量结果是光的强度变化，所以在这种场合，光导纤维传输线的衰减变化、光的噪音等均必须有相应的补偿装置。其中，数字检测方式容易与通信系统、数据处理及计算系统相配合，扩大了整个系统的功能和应用范围。

2.光纤传感器的分类

(1)按照光纤在传感器中的作用，光纤传感器可以分为三类：功能型、非功能型和拾光型。

①功能型传感器

功能型传感器是利用光纤本身的特性把光纤作为敏感元件，被测量对光纤内传输的光进行调制，使传输的光的强度、相位、频率或偏振态等特性发生变化，再通过对被调制过的信号进行解调，从而得出被测信号，如图4-8-3a)，所示，因此又称为传感型或物性型传感器。

其中包括光强调制型、光相位调制型、光偏振调制型等。

功能型光纤传感器的光纤本身就是敏感元件，结构紧凑、灵敏度高。因此，加长光纤的长度可以得到很高的灵敏度。尤其是利用干涉技术对光的相位变化进行测量的光纤传感器，具有极高的灵敏度。但是，制造这类传感器的技术难度大，须用特殊光纤，成本高，结构复杂，调整较困难。其典型例子为光纤陀螺、光纤水听器等。

②非功能型传感器

非功能型传感器是利用其他敏感元件感受被测量的变化，光纤仅作为信息的传输介质，如图4-8-3b)，所示，因此又称为传光型或结构型传感器。一般是在光纤的端面或在两根光纤中间放置光学材料及敏感元件来感受被测物理量的变化，从而使透射光或反射光强度随之发生变化来进行检测。

为了使光纤得到足够大的受光量和传输的光功率，这种传感器常用数值孔径和芯径较大的光纤。

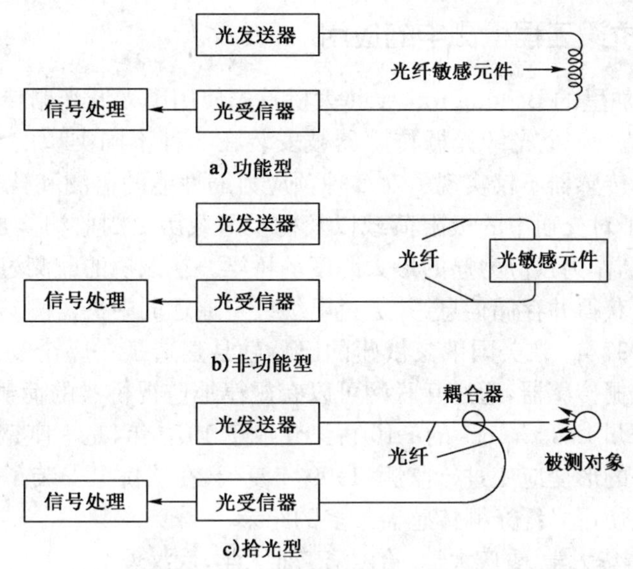

图 4-8-3　光纤传感器的分类

非功能型光纤传感器结构简单、可靠,无需特殊光纤及其他特殊技术,比较容易实现,成本低。但灵敏度、测量精度一般低于功能型光纤传感器。目前实用化的大都是非功能型的光纤传感器。

③拾光型光纤传感器

拾光型光纤传感器用光纤作为探头,接收由被测对象辐射的光或被其反射、散射的光,如图 4-8-3c)所示。

典型例子如光纤激光多普勒速度计、辐射式光纤温度传感器等。

(2)光纤传感器按照光受被测对象的调制方法可以分成四类:强度调制型、相位调制型、频率调制型、偏振调制型。

①强度调制型光纤传感器

强度调制型光纤传感器是利用被测对象的变化引起敏感元件参数的变化,从而导致光强度变化来实现敏感测量的传感器,主要应用于压力、振动、位移、气体方面的测量。其优点是结构简单、容易实现、成本低;其缺点是易受光源波动和连接器损耗变化等的影响。

②偏振调制型光纤传感器

偏振调制型传感器是利用光的偏振态的变化来传递被测对象信息,主要应用方向包括:利用法拉第效应制成光纤传感器,用于电流、磁场的测量;利用泡尔效应制成光纤传感器,用于电场、电压的测量;利用光弹效应制成光纤传感器,用于压力、振动或声音的测量;利用双折射性制成光纤传感器,用于温度、压力、振动的测量。其优点是可避免光源强度变化的影响,灵敏度高。

③频率调制型光纤传感器

频率调制型光纤传感器是利用被测对象引起的光频率的变化来进行监测,主要应用方向包括:利用运动物体反射光和散射光的多普勒效应制成光纤传感器,用于速度、流速、振动、压力、加速度测量;利用物质受强光照射时的喇曼散射制成光纤传感器,用于气体浓度测量或监测大气污染的气体测量;利用光致发光制成光纤传感器,用于温度测量等。

④相位调制型传感器

相位调制型传感器主要是利用被测对象导致光的相位变化,然后用干涉仪来检测这种相位变化而得到被测对象的信息,主要应用方向包括:利用光弹效应制成光纤传感器,用于声、压力或振动测量;利用磁致伸缩效应制成光纤传感器,用于电流、磁场测量;利用电致伸缩制成光纤传感器,用于电场、电压测量;利用 Sagnac 效应制成光纤传感器,用于旋转角速度传感器(光纤陀螺)。其优点是灵敏度很高;缺点是属于特殊光纤及高精度检测系统,成本高。

三、光纤传感器在桥梁工程检测中的应用

1993年，加拿大卡尔加里的Beddington trail大桥首先使用了光纤光栅传感器进行应力测量，并用此方法长期监测桥梁结构。18个光纤光栅传感器被安装在3种不同类型的预应力筋的各个部位上。安装在该桥中的光纤光栅传感器不仅实现了对3种预应力筋性能的监测和比较，对混凝土的状态和性能进行长期评估，还实现了对交通中的极限荷载以及桥梁荷载历史的监测。加拿大Winnipeg的Taylor大桥是目前使用CFRP作为预应力筋的最大跨度的桥梁。在该桥的监测过程中，现场解调系统和计算机从光纤光栅传感器上获得并存储信息，并通过电缆线与遥远的中央监测站相连，从而实现了对该桥的长期实时健康监测。1997年，在美国俄亥俄州的巴特勒县建造了一座全复合材料大桥，复合材料在制作过程中埋入了光纤光栅传感器，通过互联网可以有规律地监视桥梁的荷载响应和跟踪连接绳索的长期性能。美国新墨西哥州Las Cruces的I-10桥梁建成于1970年，是一座钢结构桥，已经出现了许多的疲劳裂纹。为了对该桥的形变应变进行监测，1999年夏天，在该桥上安装了120个光纤光栅传感器，创造了当时在一座桥梁上使用光纤光栅传感器最多的纪录。

在国内，一些高校如清华大学、重庆大学、哈尔滨工业大学、武汉理工大学一直在相关领域开展了一系列的理论和试验研究。在实际工程中也得到了初步应用，如香港青马大桥、山东滨洲大桥、海口世纪大桥、贵州冷盒大桥、武汉长江二桥、武汉阳逻长江大桥等均采用了光纤监测系统。但由于我国目前的社会、经济以及技术等原因，光纤光栅传感器技术在桥梁结构健康监测的领域还仅局限于对结构应力、温度场的监测，真正将光纤光栅传感技术推广至全桥多状态参量的长期远程实时监测，还有很长的一段路要走。

下面，首先对桥梁工程检测中采用的光纤压力传感器、光纤温度传感器作以简介；而后介绍些实例。

1.光纤压力传感器

就如同上述分析的那样，光纤压力传感器可以依据不同的调制方式分成不同的类型：强度调制型是基本弹性元件受压变形，将压力信号转换成位移信号来检测；相位调制型是利用光纤本身作为敏感元件；偏振调制型主要是利用晶体的光弹性效应。

(1)膜片反射式光纤压力传感器

图4-8-4所示为采用弹性元件的光纤压力传感器。弹性膜片材料是恒弹性金属，如殷钢、铍青铜等。但金属材料的弹性模量有一定的温度系数，因此要考虑温度补偿。若选用石英膜片，则可减小温度的影响。

这种光纤压力传感器的结构简单、体积小、使用方便。但是光源不够稳定或长期使用后膜片的反射率有所下降，其精度就要受到影响。

(2)弹性变形式光纤压力传感器

弹性变形式光纤压力传感器按光强度调制原理制成，结构如图4-8-5所示。

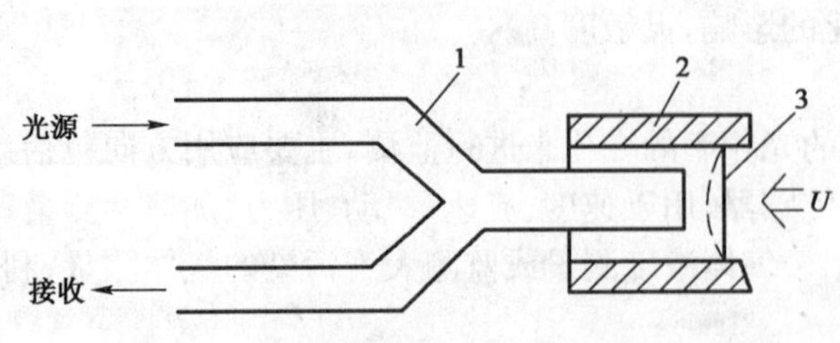

图4-8-4 膜片反射式光纤压力传感器示意图

1-Y形光纤；2-壳体；3-膜片

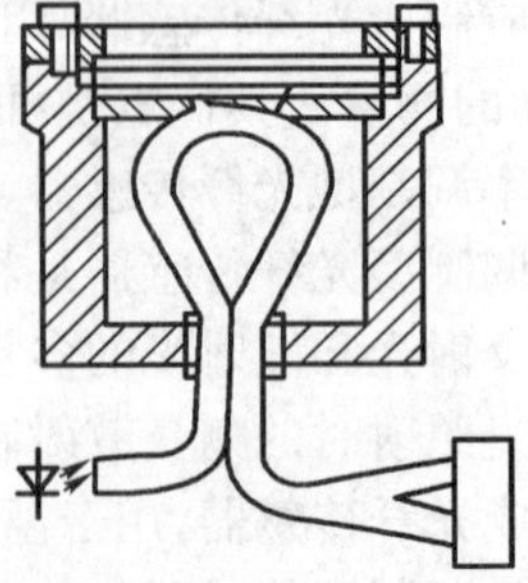

图4-8-5 光纤压力传感器

其工作原理是：

①被测力作用于膜片，使光纤与膜片间的气隙减小，使棱镜与光吸收层之间的气隙发生改变。

②气隙发生改变引起棱镜界面上全(内)反射的局部破坏，造成一部分光离开棱镜的上界面，进入吸收层并被吸收，致使反射回接收光纤的光强度减小。

③接收光纤内反射光强度的改变可由桥式光接收器检测出来。

④桥式光接收器输出信号的大小只与光纤和膜片间的距离和膜片的形状有关。

这种光纤压力传感器不受电磁干扰、响应速度快、尺寸小、重量轻、耐热性好。由于没有导电元件，特别适合于有防爆要求的场合使用。

2. 光纤位移拾振器

与其他机械量相比，位移是既容易检测又容易获得的高精度检测量，所以测量中常采用将被测对象的机械量转换成位移来检测的方法。例如将压力转换成膜的位移，将加速度转换成重物位移等。而且这种方法结构简单，所以位移传感器是机械式传感器中的基本传感器。

光纤位移传感器有强度型和干涉型两大类。

(1)反射式强度调制位移传感器

图 4-8-6 所示是最早使用的线性位移测量装置。光从光源耦合到输入光纤射向被测物体，再被反射回另一光纤，由探测器接受。设两根光纤的折射率为阶跃型分布，其距离为 d，每根光纤直径为 $2a$，数值孔径为 N，光纤到被测物体的距离为 b。这时接收光纤所接收的光强等于输入光纤所发出的光强。

(2)集成光学微位移传感器

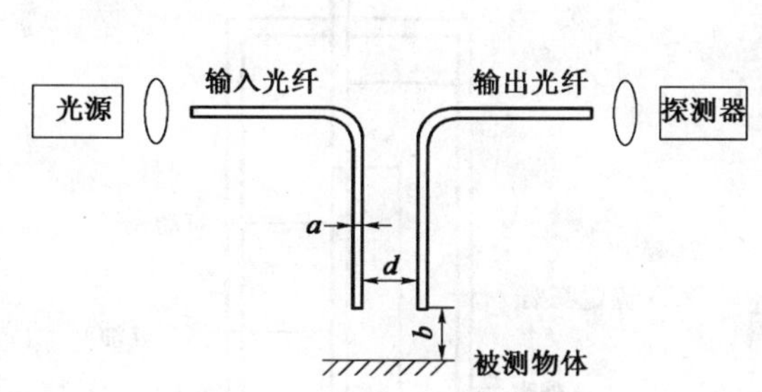

图 4-8-6　线性位移测量装置

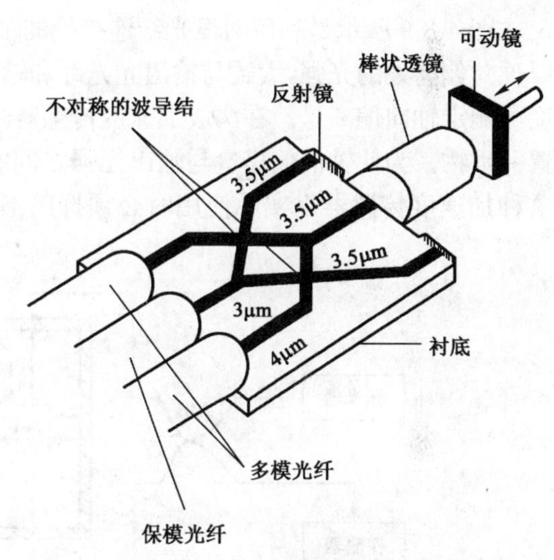

图 4-8-7　集成光学微位移传感器原理图

图 4-8-7 所示是一个由双迈克尔逊干涉仪组成的集成光学微位移传感器的原理图。它由两个截面不对称的波导结 X、两个固定反射镜、一个棒状透镜和一个可动反射镜组成。对每一个结 X，它又分成两个 Y 形连接，即一个宽度为 3.5μm 的波导；另一个宽度为 4μm 和 3μm 的波导。前一个宽度相同的 Y 形连接分别作为参考臂和信号臂，后一个宽度不同的 Y 形连接分别与保偏光纤和多模光纤相连，作为干涉仪的输入臂和输出臂。两个参考臂的终端与固定镜相连，信号臂的终端与棒状透镜、可动镜相连。为了测量位移的方向，两个参考臂的光程差调整到 1/4 波长。

从保偏光纤注入的光被波导分成两束输入光，每一束输入光又在结 X 分成参考光和信号光。参考光的光程是固定的，而信号光的光程随棒状透镜和可动镜之间的距离而变化，从镜面的反射光通过结 X 转变成强度送入多模光纤，进行检测。

光波导是由扩散钛的 $LiNbO_3$ 基片组成，考虑到光纤的包层直径，所以平行波导的距离为 125μm。

这种位移传感器不仅可以测量位移的大小，同时也能测量位移方向。这种器件稍作改进就能测量振动。

采用集成光学技术可以把若干个器件放在一个基片上，这样就提高了传感器的可靠性，降低了传感器的成本。它是一种很有发展前景的技术。

3. 光纤加速度拾振器

测量物体振动加速度的传感器通常是由重物、弹簧和减振器组成的振动装置安装在模型架上构成。当框架做加速度运动时，重物将受到与运动方向相反的惯性力(与加速度成正比)的作用，结果导致框架与重物之间的距离发生变化，其变化量与惯性力成正比，因而也就与物体的加速度成正比。现在普遍使用的加速度传感器是用压电材料与半导体应变仪将框架与重物之间的距离变化量变换成为电量，从而测出加速度的。

如果振动频率逐渐增高，将产生机械共振，其共振频率取决于重物的质量与弹簧的弹性系数，这时距离的变化不再与加速度成正比。频率更高时，重物跟不上框架的快速振动而停止下来，此时距离变化量表示的只是框架本身的振动位置。

光纤加速度传感器则用光纤测出距离的变化，而光纤既起位移检测器的作用又起弹性体的作用。

图 4-8-8 所示是用迈克尔逊干涉仪组成的双光纤加速度计的系统框图。从激光源发出的光经 3dB 的耦合器分成两束进入迈克尔逊干涉仪的两臂，通过附着在重物上的反射镜把光返回，并再次通过 3dB 的耦合器进入光电检测器。为了使光纤之间保持 π/2 相差，以获得最佳灵敏度，在干涉仪的一个臂上加了 PZT 移相器，同时它对噪声的补偿也是最为有效的。壳体的直径为 2cm，高度为 4.2cm，壳体中的 4 片膜板限制重物横移，壳体两端各有一个光纤的夹紧机构。

图 4-8-9 所示是利用两根光纤连接处的轴向偏离引起的传输损耗制成的加速度传感器。通过多模光纤轴向偏离处的光强，大致与输出光光纤和输入光光纤的纤芯重合部分的面积成正比，因此从传输光的强度可测定轴向偏离量。在构成加速度传感器时，需使固定光纤与可动光纤相距很近，并在可动光纤的端头置一重物。为使轴向偏离量与输出光强之间有良好的线性关系，还需预先使光纤芯径约有 1/2 的偏离。这种加速度传感器在实际使用时必须抑制不需要方向的振动，一般采用灌满硅油的方法来消振。

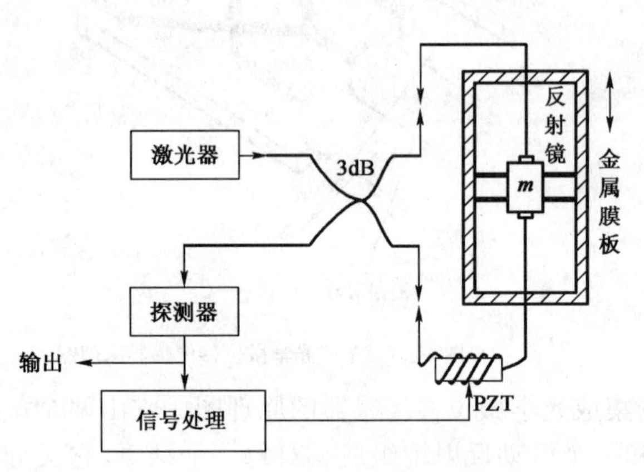

图 4-8-8　双光纤加速度计的系统框图

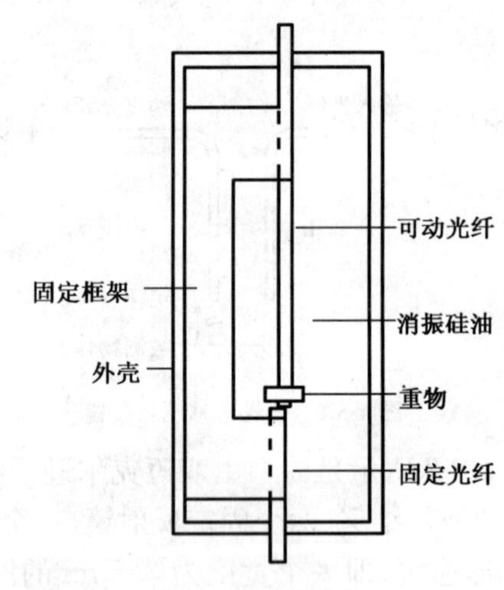

图 4-8-9　加速度传感器

4. 光纤温度传感器

光纤温度传感器是目前仅次于加速度、压力传感器而广泛使用的光纤传感器，根据工作原理可分为相位调制型、光强调制型和偏振光型等。

图 4-8-10 所示是一种光强调制型半导体光吸收型光纤温度传感器的结构原理图，它的敏感元件是一个半导体光吸收器，光纤用来传输信号。该传感器是由半导体光吸收器、光纤、发射光源和包括光控制器在内的信号处理系统等组成。

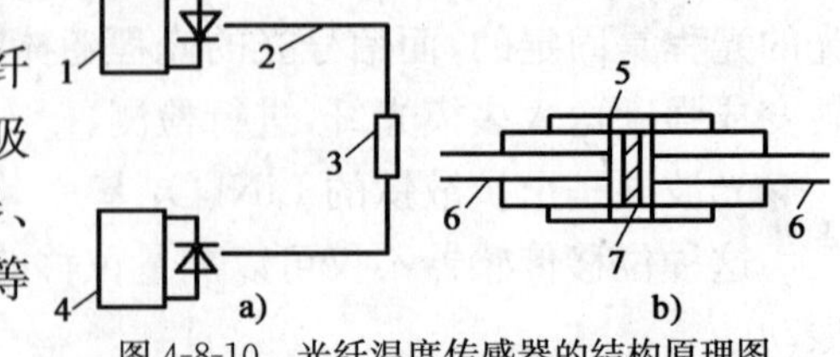

图 4-8-10　光纤温度传感器的结构原理图

1-光源；2、6-光纤；3-探头；4-光探测器；5-不锈钢套；7-半导体吸收元件

它体积小、灵敏度高、工作可靠，广泛应用于高压电力装置中的温度测量等特殊场合。

5.哈尔滨工业大学的光纤传感器

哈尔滨工业大学土木工程学院，长期以来一直从事传感元件与系统、损伤识别、模型修正与安全评定、无线传输和远程传输、健康监测系统的集成等的研究与应用；在多项国家项目的资助下，在光纤传感器的研究与应用方面获得有相关专利，见表4-8-1。

哈尔滨工业大学结构健康监测课题组获得的相关专利　　表4-8-1

序号	名称	类型	申请时间	专利号
1	光纤光栅片式封装应变计	实用新型	2002年7月	022735 63.1
2	光纤光栅毛细管式封装应变计	实用新型	2002年7月	02273562.3
3	纤维增强塑料—光纤光栅复合传感筋	发明	2002年10月	02132998.2(受理号)
4	分布式光纤光栅封装温度传感器	实用新型	2003年2月	03260021.6(受理号)
5	分布式光纤光栅增敏封装温度传感器	实用新型	2003年2月	03260022.4(受理号)
6	光纤光栅毛细管封装工艺及专用装置	发明	2003年2月	03132410.X(受理号)
7	光纤光栅毛细管式封装装置	实用新型	2003年2月	03213219.0(受理号)
8	光纤光栅智能拉索	发明	2003年7月	03132592.0(受理号)
9	一种新型智能索	实用新型	2003年7月	03260480.7(受理号)
10	胶基封装传感器	实用新型	2003年2月	03260080.1(受理号)

下面将对哈尔滨工业大学研究并应用的光纤光栅应变计、光纤光栅温度传感器和光纤光栅智能索分别作以简介，以便读者使用。

(1)光纤光栅应变计

哈尔滨工业大学研制开发的光纤光栅应变传感器的封装结构为金属片式封装，如图4-8-11所示，其性能指标为：

①精度可达1～2$\mu\varepsilon$，取决于光纤光栅解调仪；

②抗电磁干扰；

③适应恶劣环境，耐久性好，使用寿命大于25年；

④准分布式测量，留有多传感器串连接口和温度补偿；

⑤绝对测量、灵敏度高；

⑥提供传感器的多层界面应变传递误差修正系数；

⑦提供点焊的布设方案和完善的布设工艺。

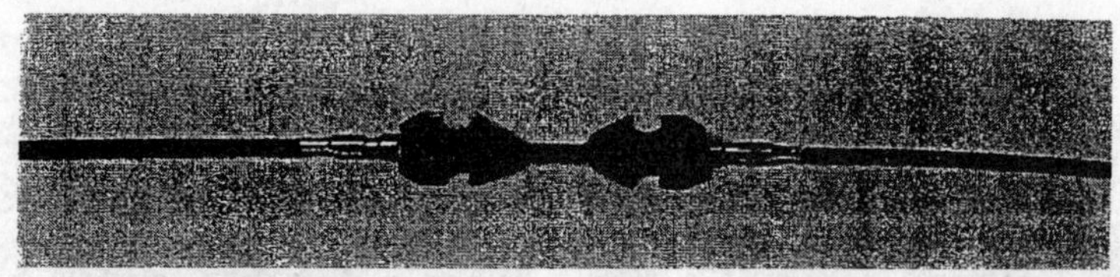

图4-8-11　光纤光栅金属片式封装传感器

(2)光纤光栅温度传感器

哈尔滨工业大学研究开发的光纤光栅温度传感器的基本原理是：光纤光栅在温度作用下中心波长移动，通过解调光纤光栅的中心波长就可以方便获得温度变化值。其构造如图4-8-12所示。其性能指标为：

①精度：0.1℃；

②量程：－100～100℃；

③线性度：大于0.999；

④抗潮湿，抗电磁干扰，耐久性好；

⑤体积小；

⑥准分布测量，绝对测量，可以长期在线监测。

图 4-8-12　光纤光栅温度传感器

(3)光纤光栅智能索

哈尔滨工业大学研制开发的光纤光栅智能索，是直接将光纤光栅传感器布设到拉索内部，监测拉索钢丝的内力，然后推算索力。由于光纤光栅传感器具有尺寸小(125μm)、精度高、抗电磁干扰、分布式监测、耐久性好等优点，其在斜拉桥索力测试技术对比中，有明显优点，见表 4-8-2。

斜拉桥索力测试技术对比　　表 4-8-2

性能指标	索力测试手段				
	液压表法	压力传感器	频率法	磁通量法(EM)	光纤光栅法
稳定性	好	好	差	差	好
精度	高	高	低	低	高
尺寸	—	大	小	小	最小
电磁干扰	小	影响	影响	影响	否
耐久性	—	较好	不好	好	好
可操作性	好	好	好	好	一般
经济性	好	差	好	差	好
温度补偿	无	无	否	否	是
分布式	否	否	否	否	是
对拉索影响	无	有	无	无	小
适用范围	施工过程	施工过程	结合液压表 施工过程/监测	监测/施工控制	监测/施工控制

智能索的结构如图 4-8-13 所示。其主要技术指标如下：

①精度：应变监测 1～2$\mu\varepsilon$，即应力精度 0.2～0.5MPa；

②耐久性：使用寿命大于 25 年；

③抗电磁干扰；

④分布式监测；

⑤温度补偿。

图 4-8-13　光纤光栅智能拉索

6. 武汉理工大学的光纤传感器

在武汉阳逻长江公路大桥健康监测中，武汉理工大学采用了如下光纤光栅(FBG)传感器。

(1)用于混凝土内部应变监测的光栅混凝土计

用于桥梁混凝土结构内部应变监测的 GSYC—T2 光纤光栅混凝土计及其主要性能见表 4-8-3。

GSYC—T2 混凝土计主要性能指标　　表 4-8-3

光纤光栅混凝土计	产品编号	GSYC—T2
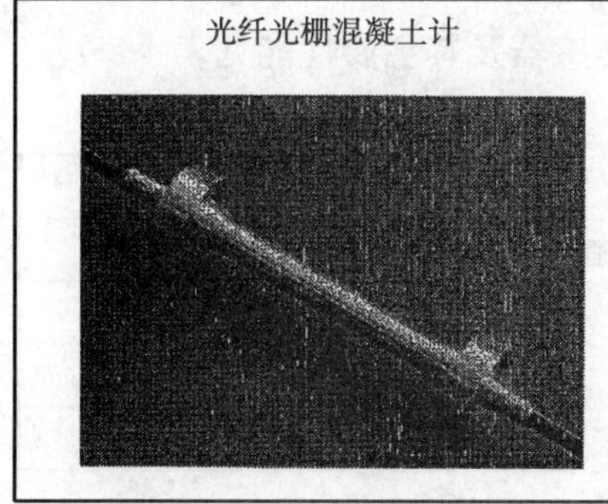	产品描述	埋入式，适合于混凝土内部的应变监测
	技术参数	
	标准量程	±1 500με
	测量精度	±0.2%FS
	分辨率	1με
	波长范围	1 284～1 327nm
	连接方式	熔接

(2)用于钢结构表面应变/温度监测的光纤光栅应变片和应变花

用于桥梁钢结构表面应变/温度监测的 GSYC—1 光纤光栅应变片及其主要性能见表 4-8-4；GSYC—2 应变花及其主要性能见表 4-8-5。

GSYC—1 应变片主要性能指标　　表 4-8-4

光纤光栅应变片	产品编号	GSYC—1
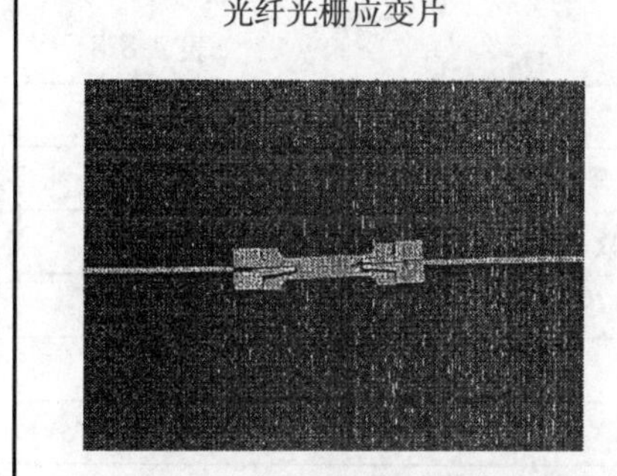	产品描述	贴片式，用于钢结构表面应变/温度监测
	技术参数	
	标准量程	±1500με
	测量精度	±0.2%FS
	分辨率	1με
	波长范围	1284～1327nm
	连接方式	熔接

GSYC—2 应变片主要性能指标　　表 4-8-5

光纤光栅应变花	产品编号	GSYC—T2
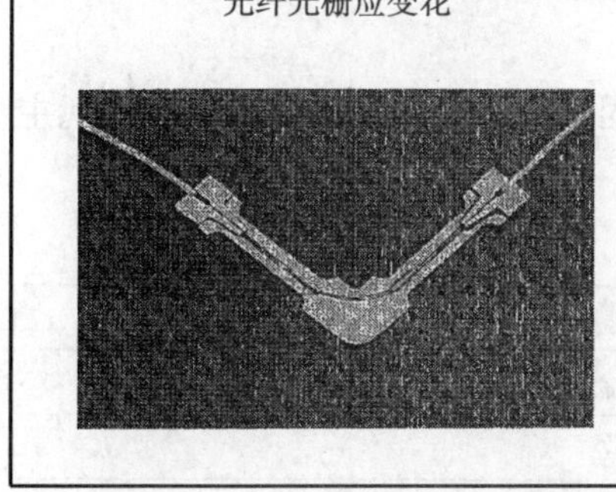	产品描述	表面安装式
	技术参数	
	标准量程	±1500με
	测量精度	±0.2%FS
	分辨率	1με
	波长范围	1284～1327nm
	连接方式	熔接

(3)用于锚固力监测的光纤光栅测力环

用于悬索桥主缆索力监测的光纤光栅测力环，在主缆索股预应力锚固体系张拉之前安装，张拉过程开始进行测试。有两种型号，其主要性能指标见表 4-8-6。

光纤光栅测力环主要性能指标　　表 4-8-6

光纤光栅测力环	产品编号	CGQ—YLQ31A—1，CAQYLQ16A—1
	产品描述	光纤光栅索股测力环
	技术参数	
	标准量程	3000kN，5500kN
	测量精度	1.0%FSR
	分辨率	0.02%FSR
	重复性	0.2%FSR

(4)用于混凝土的埋入式光纤光栅温度传感器

用于桥梁混凝土结构内部温度监测的 GSEC—T2 光纤光栅温度传感器及其主要性能见表 4-8-7。

GSWC—T2 温度传感器主要性能指标 表 4-8-7

光纤光栅温度传感器	产品编号	GSWC—T2
	产品描述	埋入式，适合于混凝土内部的温度测量
	技术参数	
	标准量程	−50～+150℃
	测量精度	±0.5℃
	分辨率	0.1℃
	波长范围	1284～1327nm
	连接方式	熔接

(5)用于结构表面的安装式光纤光栅温度传感器

用于桥梁结构表面温度监测的 GSYC—T1 光纤光栅温度传感器及其主要性能见表 4-8-8。

GSYC—T1 温度传感器主要性能指标 表 4-8-8

光纤光栅温度传感器	产品编号	GSYC—T1
	产品描述	金属封装，表面安装式
	技术参数	
	标准量程	−50～+150℃
	测量精度	±0.5℃
	分辨率	0.1℃
	波长范围	1284～1327nm
	连接方式	熔接

(6)用于主缆温度监测的光纤光栅温度传感器

通过在主缆外围布置 GSWC—T1 光纤光栅温度传感器，并结合对比短索的温度分布规律实现主缆温度场监测。GSWC—T1 温度传感器及其主要性能见表 4-8-9。

GSYC-T1 温度传感器主要性能指标 表 4-8-9

光纤光栅温度传感器	产品编号	GSWC—T1
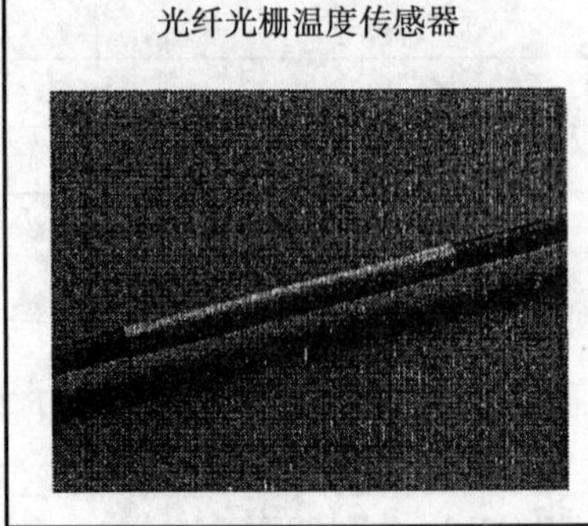	产品描述	金属封装，表面安装式
	技术参数	
	标准量程	−50～+150℃
	测量精度	±0.5℃
	分辨率	0.1℃
	波长范围	1284～1327nm
	连接方式	熔接

在阳逻长江公路大桥健康监测中，测点的应力主要由结构本身的变形、温度变形和外部随机荷载引起的变形共同作用而产生，应力监测系统采取连续在线测量的方式，以减少随机荷载对测量结果的影响，因此只要消除环境温度变化产生的变形，就可以得到结构本身的变形和应力。因此，在测量结构内的应变时，必须对传感器采取温度去敏措施加以补偿。在测量光栅的波长漂移中，应扣除温度变化引起的波长漂移，达到温度补偿的目的。应力监测子系统主要由三部分组成，即信号的采集、信号传输和信号的分析处理。应力监测子系统数据流如图 4-8-14 所示。温度场监测子系统数据流如图 4-8-15 所示。

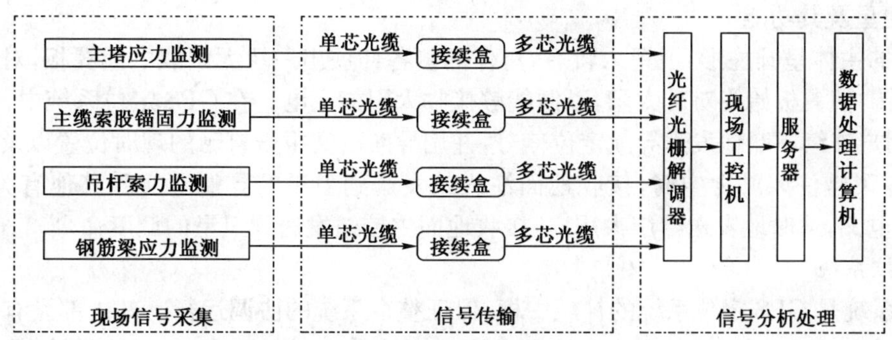

图 4-8-14 应力监测子系统数据流程图

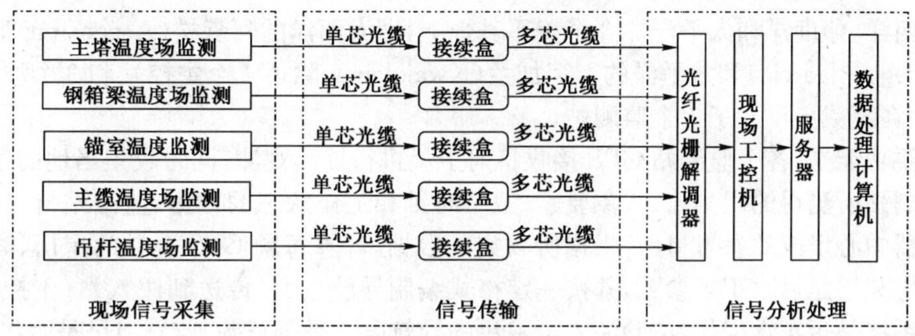

图 4-8-15 温度场监测子系统数据流程图

第二节 全球定位系统（GPS）

全球定位系统（Global Positiong System，简称 GPS）作为一项桥梁工程检测新技术具有速度快、自动化、全天候、测站间无需通视、可同时测定点的三维坐标及精度高等优点，因而获得广泛应用。目前，GPS 精密定位技术正不断地用于桥梁工程变形监测中，对大型桥梁的关键部位进行连续实时的动态监测，可为评估桥梁的稳定性、耐久性和可靠性提供有价值的信息。下面将对 GPS 定位系统的组成、GPS 定位的基本原理和实时监测技术，以及青马大桥、虎门大桥、东海大桥 GPS 监测系统作以介绍。

一、GPS 定位系统的组成

GPS 定位系统实现了全球覆盖、全天候、高精度、实时连续定位。它由 GPS 卫星组成的空间部分、若干个地面监控站组成的地面监控系统和以接收机为主体的用户定位设备 3 部分组成。三者有各自独立的功能和作用，但又有机地配合成缺一不可的整体系统。

下面分别介绍 GPS 定位系统的 3 个组成部分。

1. 空间部分

（1）GPS 卫星星座

GPS 卫星星座由 21 颗工作卫星和 3 颗在轨备用卫星组成。24 颗卫星基本上均匀分布在 6 个等间隔的轨道平面内，每个轨道平面分布 4 颗卫星，卫星高度约为 2 万 km，卫星轨道平面倾角为 55°，运行周期约为 11h58min。位于地平线上的卫星数随着时间和地点的不同而异，最少可以见到 4 颗卫星，最多可以见到 11 颗卫星，因此，保证了在地球上和近地空间任一点，任何时刻均可至少同时观测 4 颗 GPS 卫星。从全球绝大多数地方看来，是能够实现全天候、高精度、连续实时导航定位测量的。但应指出，在个别地区可能在某一段时间内，所观测到的 4 颗卫星几何图形结构较差，不能达到定位精度要求。

(2)GPS 卫星及其功能

GPS 卫星的主体呈圆柱形，卫星入轨后，星体两侧各伸展出一块太阳能电池翼板，对日定向系统控制两块翼板旋转，使翼板始终对准太阳，以便能够接收太阳能充电。在 GPS 定位系统中，GPS 卫星的作用是：向广大用户连续不断地发送导航定位信号，并用导航电文报告自己的现时位置以及其他在轨卫星的概略位置；在飞越注入站上空时，接收地面注入站发送到卫星的导航电文和其他有关信息，并通过 GPS 信号形成电文，适时地发送给广大用户；接收地面主控站发送到卫星的调度命令。

2. 地面监控系统

地面监控系统是 GPS 定位系统的神经中枢，保证整个系统的协调运行。其内部设有一组标准原子时钟。该系统是由 1 个主控站、3 个注入站和 5 个监测站组成。主控站位于美国科罗拉多州斯普林斯(Global－Springs)的联合航天操作中心 CSCO(Consolidated－Space－Operation－Center)，3 个注入站分别位于大西洋、印度洋和太平洋的 3 个美军基地上，即大西洋的阿森松(Ascension)群岛、印度洋的狄戈加西亚(Diego－Garcia)和太平洋的卡瓦加兰(Kwajalein)，除了 1 个主控站和 3 个注入站具有监测站的功能外，还在夏威夷设立了 1 个监测站。

系统的主要功能是：各个监测站 GPS 接收机对卫星进行连续观测，同时收集当地的气象数据；主控站收集各个监测站所测得的观测值、气象要素、卫星时钟和工作状态的数据、监测站自身状态的数据以及海军水面兵器中心发来的参考星历，根据所收集的数据，计算每颗 GPS 卫星的星历、时钟改正、状态数据和信号的电离层延迟改正等参数，并按一定格式编制导航电文，传送到注入站；主控站还肩负监测整个地面监控系统是否正常工作，检验注入给卫星的导航电文是否正确，监测卫星是否将导航电文发送给用户等任务；注入站在主控站的控制下，将卫星星历、卫星时钟钟差等参数和其他控制指令注入给各 GPS 卫星；主控站能够对 GPS 卫星轨道进行改变和修正，还能进行卫星调度，让备用卫星去取代失效的卫星。

在地面监控系统的监测站上配置有 GPS 双频接收机，其作用是：对全部 GPS 卫星进行连续观测，将观测数据传送到主控站；在主控站上，根据已有的观测数据计算出各个卫星的轨道参数、钟差和大气改正等，连同其他信息编制成导航电文，然后传送到注入站，定时由注入站发送到相应的卫星存储，形成卫星导航电文中的广播星历；由此地面接收机收到的广播星历而计算卫星的位置。

3. 用户接收机

GPS 卫星发送的导航定位信号，是一种可供无数用户共享的信息资源。GPS 接收机是一种能接收、跟踪和测量 GPS 信号的卫星信号接收设备。随着使用目的不同，用户要求的 GPS 接收机也各有差异，主要分为静态定位和动态定位两大类型。静态定位指的是用户天线在跟踪 GPS 卫星过程中固定不变，接收机高精度地测量 GPS 信号的传播时间，连同 GPS 卫星在轨的已知位置，从而算得固定不动的用户天线的三维坐标；动态定位指的是用 GPS 接收机测定一个运动物体的运动轨迹。目前，GPS 设备发展的主要趋势是向集成化、小型化、高动态和多通道方面发展。随着电子技术和微处理技术的发展，GPS 接收机的集成化程度越来越高，使整机尺寸和质量大大减小，价格也迅速下降。

自从 GPS 投入到实践应用，各种 GPS 接收机及应用软件迅速发展。GPS 定位技术的应用特点可归纳为以下几个方面：

(1)用途广泛。用 GPS 信号可以进行海空导航、车辆引行、导弹制导、精确定位、动态观测、设备安装、传递时间、速度测量等，并将在测绘工程中应用于地形测量、控制测量、变形监测等。

(2)自动化程度高。GPS 定位技术可以大量减少野外作业的观测时间和劳动强度。用 GPS 接收机进行测量时，只要将天线准确安置在测站上，主机可放在测站附近或者放在室内，通过专用通信线与天线相连，接通电源，启动接收机，仪器则开始自动采集数据。观测工作结束时，仅需关闭电源，取下接收机，便完成野外数据采集任务。将 GPS 接收机内部观测数据传输到计算机，采用其自带的软件，实现全自动化的 GPS 数据处理与计算。

(3)测量速度快。用 GPS 接收机作静态相对定位(边长小于 15km)时，采集数据的时间可缩短到

1h 左右，即可获得基线向量，精度为$\pm(5mm+1\times10^{-6}\times D)$。如果采用快速定位软件，对于双频接收机，仅需采集 5min 左右的时间；对于单频接收机，只要能观测到 5 颗卫星，也仅需 15min 左右的时间，便可达到上述同样的精度。作业速度快，一般能比常规手段建立控制网（包括造标）快 2～5 倍。

（4）定位精度高。大量实践和试验表明，GPS 卫星相对定位测量精度高，定位计算的内符合与外符合精度均符合$\pm(5mm+1\times10^{-6}\times D)$的标称精度，二维平面位置都相当好，仅高差方面稍逊一些。据多年来国内外众多试验与研究表明：GPS 相对定位，若方法合适，软件精良，则短距离（15km 以内）精度可达厘米级或以上，中、长距离（几十千米至几千千米）相对精度可达到 10^{-7}～10^{-8}，表明定位精度很高。

（5）经济效益高。用 GPS 定位技术建立大地控制网，要比常规大地测量技术节省 70%～80%的外业费用。这主要是由于 GPS 卫星定位不要求测站间相互通视，不用造标，节省大量经费。同时，由于作业速度快，使工期大大缩短，所以经济效益显著。

二、GPS 定位基本原理和实时监测技术

1. GPS 定位基本原理

GPS 所体现的设计思想就是要应用处于空间的人造卫星作为参考点，确定一个物体处在地球上的某个位置。根据几何学原理可以证明，通过精确地测定地球上某个点到多个人造卫星之间的距离，就能对此地点的位置进行三角形的测定，这就是 GPS 最基本的设计思路和定位原理。GPS 定位中常用的定位方法有：伪距法、载波相位测量法和射电干涉测量法。其中载波相位测量法是目前 GPS 测量中精度最高的测量方法。

2. GPS 实时监测技术

随着科学技术的进步和对变形监测要求的不断提高，变形监测技术也在不断地向前发展。GPS 作为一项高新技术，由于具有定位速度快、全天候、自动化、测站之间无需通视、可同时测定点的三维坐标及精度高等特点，对经典大地测量以及地球动力学研究的诸多方面产生了极其深刻的影响，在工程监测中的应用也越来越广泛。但是，由于监测对象变形具有不同的特点，GPS 在变形监测中的数据处理方法也有所不同。根据被监测对象的变形情况，存在周期性重复测量、固定连续 GPS 测站阵列和实时动态监测等 3 种监测模式。前两种模式适用于缓慢变形，一般采用静态相对定位方式进行数据处理。实时动态监测多适用于快速变形或在缓慢变形中存在突变的变形。

（1）GPS－RTK 技术的基本原理

实时动态（RTK）测量系统，是 GPS 测量技术与数据传输技术相结合而构成的组合系统。它是 GPS 测量技术发展中一个新的突破。RTK 测量技术，是以载波相位为根据的实时差分 GPS（RTDGPS）测量技术。实时动态测量的基本思想是：在基准站上安置一台 GPS 接收机，对所有可见 GPS 卫星进行连续观测，并将其观测数据通过无线电传输设备发送给流动站，流动站接收基准站传输的观测数据，然后根据相对定位的原理，实时地计算并显示用户站的三维坐标及其精度。

（2）GPS－RTK 实时监测系统的构成

清华大学已成功地将 GPS－RTK 技术应用于虎门大桥的实时安全监测。GPS－RTK 实时监测系统主要由 GPS 基准站、GPS 监测站、光纤通信链路和数据处理与监测中心等部分组成，数据处理与监测中心主要由工作站、服务器和局域网组成，如图 4-8-16 所示。

基准站将接收到的卫星差分信息经过光纤实时传递到监测站，监测站接收卫星信号及 GPS 基准站信息，进行实时差分后，可实时测得站点的三维空间坐标。该系统各个部分的功能为：

①GPS 基准站。输出差分信号和原始数据。基准站应设在测区内地势较高、视野开阔，且坐标已知的点上。

②GPS 监测站。输出 RTK 差分结果和原始数据。

③工控机。采集 GPS 流动站的原始数据和 RTK 差分结果，向 GPS 流动站发送控制命令。通过切

换开关控制共享、分配器的工作。

④服务器。运行数据库，处理工控机发送来的数据供工作站显示和分析。

⑤远程控制器。远程启动和复位 GPS 监测站。

⑥共享、分配器。把差分信号由一路分成多路，每路差分信号和对应的控制命令通过切换开关共享一路。

⑦局域网。网络包括调制解调器、光纤、集线器和网线等，提供数据库存取和文件操作的通道。

(3)GPS(RTK)实时位移监测系统信号流程

①差分信号的传送

由于大桥实时监测系统的精度要求较高，水平 X、Y 的误差为±1cm，高程误差为±2cm，所以采用了 RTK 差分方式，差分信号传递的实时性比较强。为减少信号延迟，在系统的设计时差分信号回路基本很少控制。差分信号的传递路径如图 4-8-17 所示。

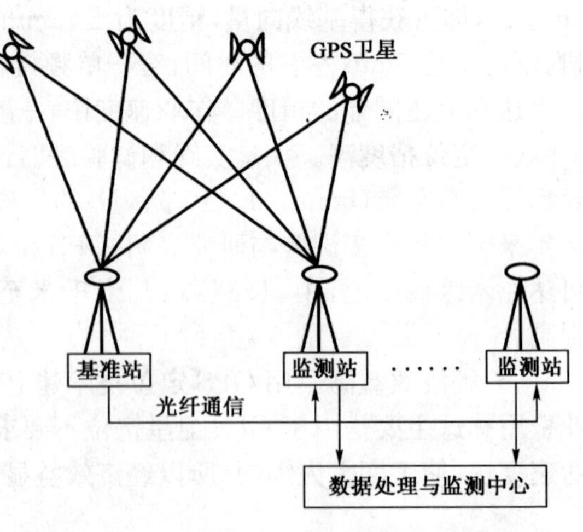

图 4-8-16　GPS－RTK 实时监控系统的构成

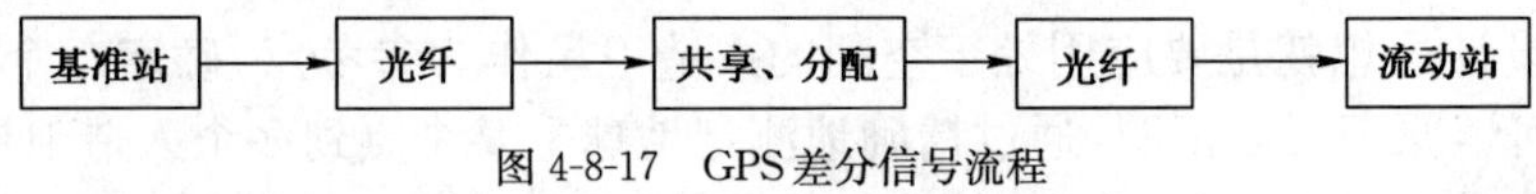

图 4-8-17　GPS 差分信号流程

②控制命令的传递

根据数据的分析要求和监测系统的实际情况，GPS 接收机应能单独输出 0～5Hz 采样频率的 RTK 数据，也能同时输出 GPS 结果和原始数据，这样系统就能根据实际的需求远距离设置桥上 GPS 接收机的参数。该系统的实现是先由工作站的设置程序通过网络通信去控制工控机上的数据采集程序，再由采集程序根据工作站的命令控制切换开关，向各个 GPS 接收机发送指令。控制命令的具体流程如图 4-8-18 所示。

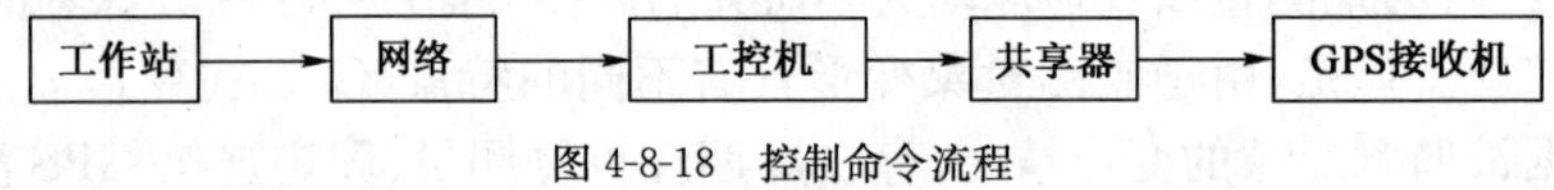

图 4-8-18　控制命令流程

③RTK 数据和原始数据传递

RTK 数据、原始数据的采集是系统工作的核心，通信回路上的数据量也是最大的。系统能处理两种数据任意频率的组合，通过工控机的处理，RTK 结果以数据库方式存入服务器，原始数据则以文件形式写入，具体流程如图 4-8-19 所示。

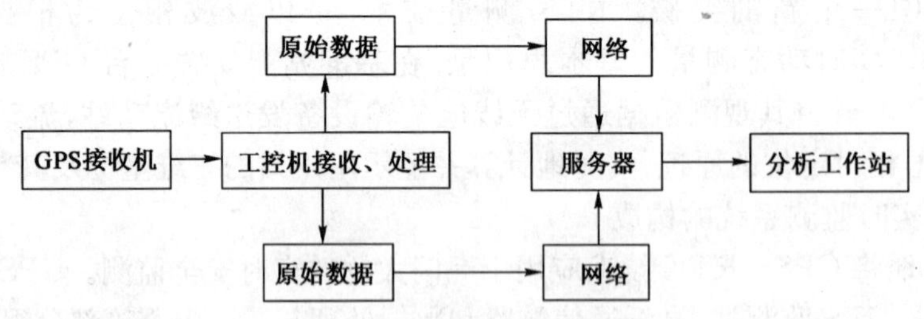

图 4-8-19　RTK 数据与原始数据流程

(4)GPS 实时监测的特点

近年来由于 GPS 硬件和软件的发展，给我们提供了一种实时监测的新手段。利用 GPS 进行实时监测具有如下特点：

①由于 GPS 是接收卫星信号进行定位，所以各监测点只要能接收 5 颗以上 GPS 卫星及基准站传来 GPS 差分信号，即可进行 GPS－RTK 差分定位。各监测站之间无需通视，是相互独立的观测值。

②GPS 可以实现全天候定位，可以在暴风雨中进行监测。

③GPS测定位移自动化程度高。从接收信号、捕捉卫星，到完成RTK差分位移都可由仪器自动完成。所测三维坐标可直接存入监控中心服务器，并进行安全性分析。

④GPS定位速度快，精度高。GPS－RTK最快可达10～20Hz速率输出定位结果，定位精度平面为±10mm，高程为±20mm。

三、青马大桥、虎门大桥、东海大桥GPS监测系统

大跨桥梁在荷载作用下的位移监测是桥梁安全控制的重要手段，目前常用的测试方法有加速度计法、激光测距法、全站仪法等。加速度计法利用加速度积分求得位移，误差较大；激光测距法易受气流影响；全站仪在室外恶劣气候条件下跟踪目标困难。因此，它们一般只用于测量距离较短、位移较小的结构物，对大跨度桥梁的监测则较为困难。随着GPS技术的发展，GPS接收机采样率已经达到每秒20次，定位精度可以达到5～10mm，完全可以用于大型结构物的位移测量。

GPS用于结构物测量是采用载波相位双差数学模型，这样可以消除卫星及接收机间的时钟误差，减少卫星轨道和大气误差，利用动态下求定周期模糊度的On-the-Fly算法。由于轨道和大气误差影响与基准点远近有关，因此，测试时是将一台GPS接收机天线安放在距待测桥梁不远的地方，称为基准站。该处地基要相对稳定，周围高度角5°以上无建筑遮挡和反射，以减少多路径影响。另一台GPS接收机天线安放在桥梁的待测位置（一般主要为跨中、1/4跨、桥塔塔顶等位置），也要求附近尽量无遮挡物，保证至少可以同时接受5颗以上卫星的信号，数据实时记录在计算机内。基准站和流动站同步记录至少15～20min数据，称为一个测段。数据处理时，是利用前200s即3min数据求定整周模糊度，当整周模糊度求准后再回代，即可将每个时段位置精确求定。提供结果是WGS—84大地坐标，经过投影、变换，可提供沿桥梁水平、竖直方向位移的时程曲线，用离散快速傅里叶变换进行频谱分析，并求定其主振频率及振幅。

GPS大桥位移实时监测系统一般有三个组成部分，即：

①GPS接收机；

②数据传输系统；

③数据管理及监测系统。

其相互关系如图4-8-20所示。

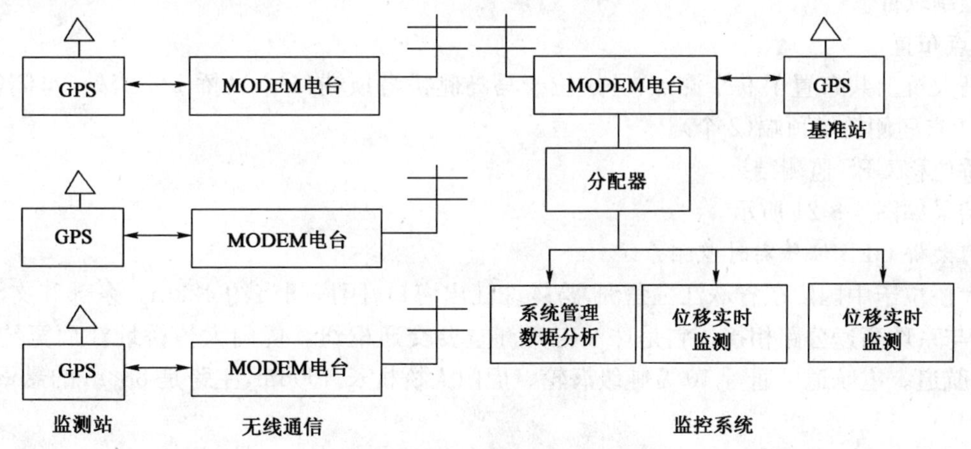

图4-8-20　位移实时监测系统

1. 青马大桥GPS位移自动化监测系统

1）大桥监测的技术要求

（1）青马大桥桥身基振周期为8～14s，塔身自振周期为4s，在台风作用下实时监测位移须用1Hz采样率，事后结构分析需用4Hz采样率。因此，要求数据采样率为4Hz，并且可人工设置。

(2)强风作用下提供桥体位移的时间应在10～15s以内。

(3)位移精度1～2cm。

(4)数据集中在控制室处理。

(5)数据传输采用无线通信。

(6)数据提供形式：

①位移数据实时记录；

②位移时程曲线(t-x，t-y，t-z)；

③二维(平面位置变化图)；

④桥塔转角；

⑤大桥动态模拟振动图；

⑥桥体频谱分析。

2)大桥GPS位移自动化监测系统的软硬件组成及测点布置

(1)GPS监测站

硬件组成：选用NOVATELRT—212通道GPS接收机，可以进行双频动态监测；差分精度1～2cm；数据输出率4Hz；天线可防多路效应。

监控软件：自开发软件，可完成GPS实时载波相位差分参数设置；基站差分信息传输监控；卫星状态监控。

(2)数据传输系统

采用无线一对多通信方式，基准站发送差分信号数据279；流动站采样率为0.25Hz，回发数据35BYT/每组。

(3)数据管理及监测系统

数据处理及控制系统建立在控制室，需微机4台。

软件系统组成包括：

①数据库管理软件；

②桥梁位移实时监测软件；

③桥梁安全分析软件；

④总控制软件。

(4)测点布置

在青马大桥上共布置了9个测点，分别位于马岛侧桥塔顶端(1个)、桥1/4跨处(每侧各2个)、跨中(2个)、青衣岛侧桥塔顶端(2个)。

3)大桥位移GPS监测结果

监测结果如图4-8-21所示。

2. 虎门大桥GPS位移实时监测系统

虎门大桥位于中国广东省珠江三角洲，跨越珠江出海口，距广州市约42km。东部和文深高速公路相连，西部与京珠高速公路相接。它是珠江三角洲重要交通枢纽。虎门大桥桥址江面宽约3.3km，分东、西两个航道。主航道可通行10万吨级海轮。虎门大桥桥长4606m，主跨是888m的悬索桥，全长为6车道。

由于虎门大桥位于热带风暴多发区，每年都有多次台风经过。为了监测台风、地震、车载及温度变化对桥梁位移的影响，故在虎门大桥上安装了包括有1个基准站、7个监测站的GPS大桥位移监测系统。其结构原理图见图4-8-22。

虎门大桥GPS位移监测系统是由基准站、监测站、数据通信系统和监测中心四部分组成。GPS基准站安置在虎门大桥管理处四楼楼顶处。周围视野开阔，高度角10°以上无遮挡物和产生多路径效应反射物，周围也没有无线电干涉源。

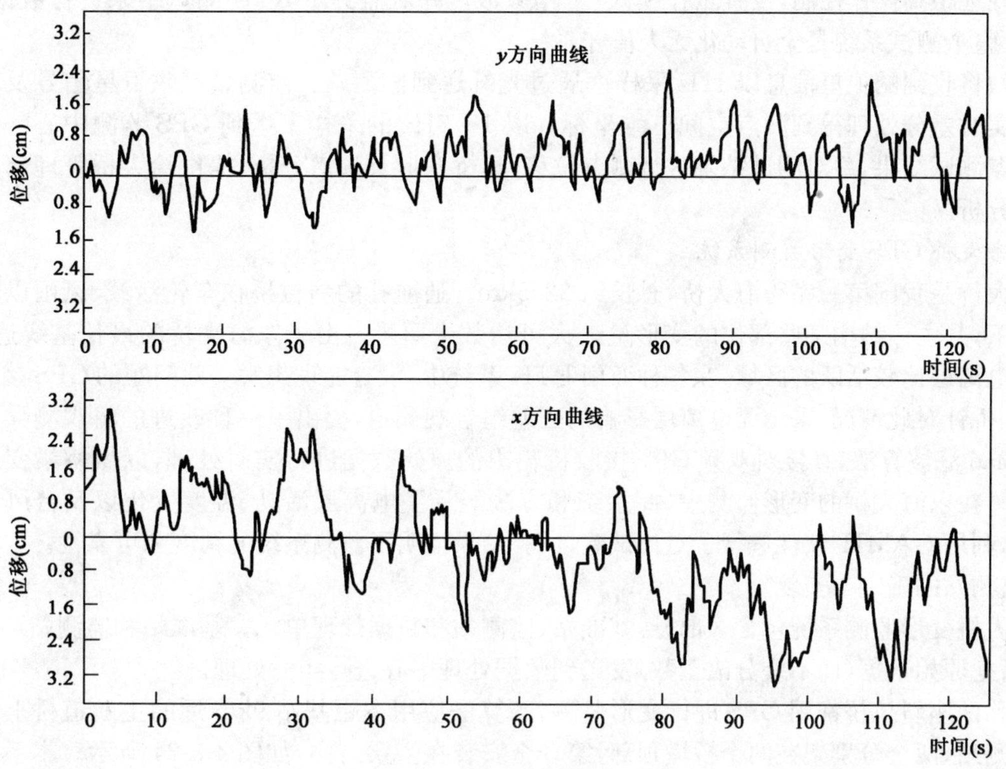

图 4-8-21　位移监测结果

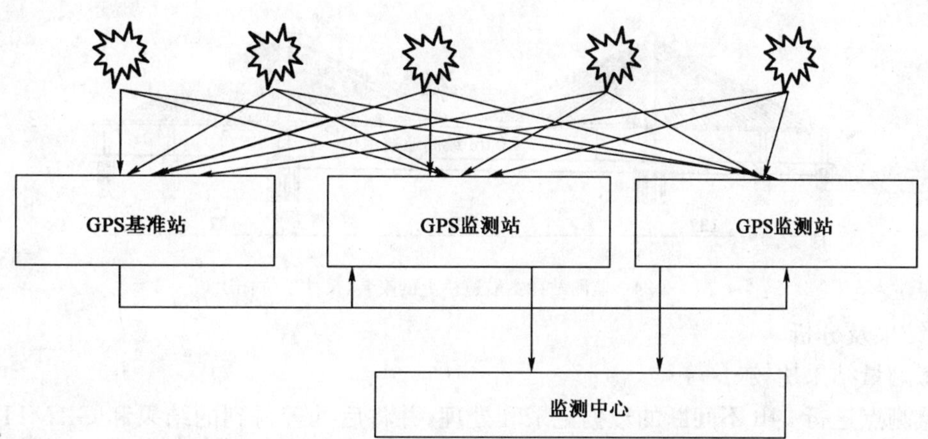

图 4-8-22　位移监测系统结构原理图

监测站是在桥两侧 1/2、1/4、1/8 处布设 10 个测点，在桥塔中间各布 1 个测点，共计 12 个点，如图 4-8-23所示。每个测点都安装有 GPS 接收机、电缆、通信光缆和电源。先期工程安装了 7 个 GPS 接收机。

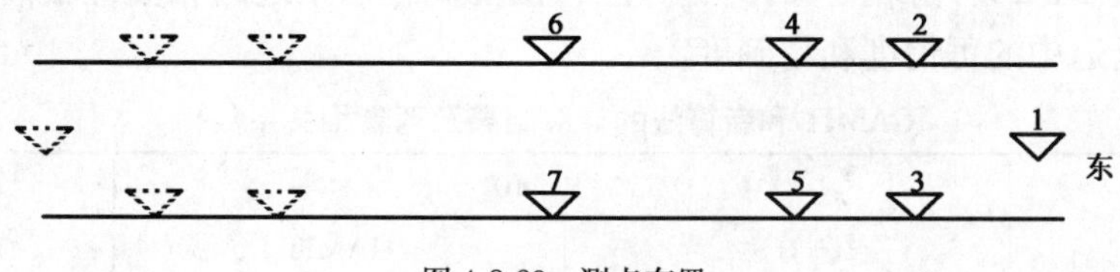

图 4-8-23　测点布置

数据通信采用光纤通信。

监测中心由操作控制服务器、分析工作站、显示器、集线器、打印机组成。监控中心可以对监测站和基准站实现远距离操作控制，设置工作模式、工作参数。并对监测站 RTK 测试结果进行数据检查、分析、存储。整个测试系统是全自动化无人值守系统。

基准站将收到的卫星信息以 1Hz 采样率通过光纤送到监测站。监测站接收卫星信号及基准站的信息进行实时差分处理得到测点空间三维坐标。以 1～5Hz 的采样率送到 GPS 监测中心。监测中心接收各测点测试结果，并对测试结果进行测点位移、整桥变形及频谱分析，提供给大桥管理部门进行大桥安全性分析。

3. 东海大桥 GPS 变形监测系统

东海大桥是我国第一座跨海大桥，总长约 32.5km。通航孔的斜拉桥在车轮活载、风雨以及温度效应的作用下，其主体结构某些部位的变形量最大可达数十厘米。由于东海大桥的最长基线达 9km，且桥位处于电离层比较活跃的区域，在各种商用 RTK 系统中，没有能理想解决此问题的 GPS 接收机。为此，东海大桥针对此情况，采用无电离层影响的三差组合观测值，提出了一种改进的将观测噪声弱化的扩展 Kalman 滤波算法，直接对双频 GPS 接收机输出的原始数据进行实时处理，以做桥梁变形的高可靠性监测。在东海大桥的变形监测中，此系统和方法经受了电离层活动、温度变化以及台风影响的考验。同时，利用 GAMIT 软件进行了对比试验，试验结果证明了监测系统的精度和可靠性。

(1)监测站的确定与安装

东海大桥变形监测系统包含 3 部分：基准站、监测站和数据处理单元。基准站和监测站从卫星接收信号，然后把原始数据(而不差分改正数)发送到数据处理中心进行实时处理。

通航孔两座斜拉桥都用 GPS 进行变形监测，新算法应用在距基站 9km 远的主航道桥上。桥上安装 3 个监测站，两个分别架在两个桥塔顶部，第 3 个安装在主梁跨中，如图 4-8-24 所示。本系统采用的是 Trimble5700GPS 接收机和 TrimbleZephyr 大地测量型天线，同时安装了避雷设施。

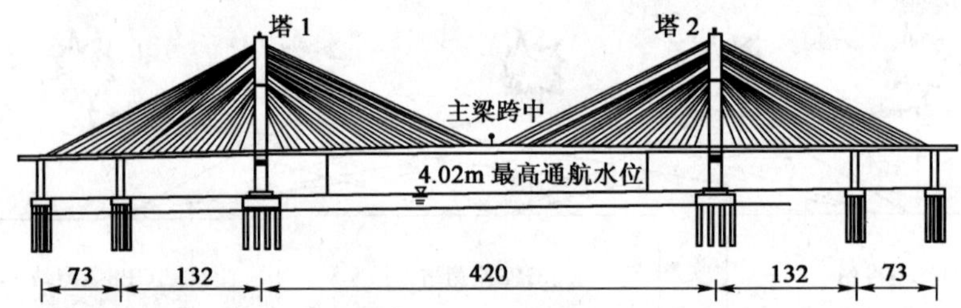

图 4-8-24 监测站在主航道桥上的安装(尺寸单位：m)

(2)监测结果及分析

①与静态测量结果比较

对 3 个监测点进行 24h 不间断的数据记录和处理，并将后处理得到的结果和 GAMIT 软件处理的结果进行比较。

为了检验 GAMIT 和新算法在数据处理上的相关性，将 GAMIT 软件得到的每 24h 一组的高程与采用本模型的监测软件提供的实时动态高程进行比较，用两软件分别对 20d 的连续观测数据进行处理，并计算两者之间的相关系数 γ。监测过程昼夜温差约 15℃，由两种方法从 3 个监测点所计算得到的高程及其变化范围见表 4-8-10。由表可知，两种方法得出的高程结果之间相关性很高，这也证明了新算法在长基线和电离层延迟中的可信度和精确度。

GAMIT 和新算法的计算结果及两者相关系数 表 4-8-10

监测点	高程(mm)		γ
	新算法	GAMIT	
塔 1	17248±24	172470±21	0.91
塔 2	172476±22	172477±20	0.89
主梁跨中	70185±17	70204±13	0.93

②温度变化和有台风时的形变情况

为了检验温度变化和有台风时大桥的形变情况，用上述 GPS 监测系统在东海大桥上进行外业观测，昼夜温度会引起斜拉索长度变化，进而对主梁的线形产生影响。因此，用 GPS 对主梁跨中的高程进行 24h 监控。当晚上温度相对较低时，拉索收缩，导致跨中高程降低，挠度变大，如图 4-8-25 所示。

当台风"桑美"在东海大桥附近区域登陆时，进行了专门的记录，如图 4-8-26 所示。监测过程中，主航道桥所在区域平均风速达 26.0m/s，引起桥塔发生位移。由图 4-8-26 可知，桥塔的横向变形量相对较小（±1cm），而纵向变形要大一些（±3cm）。

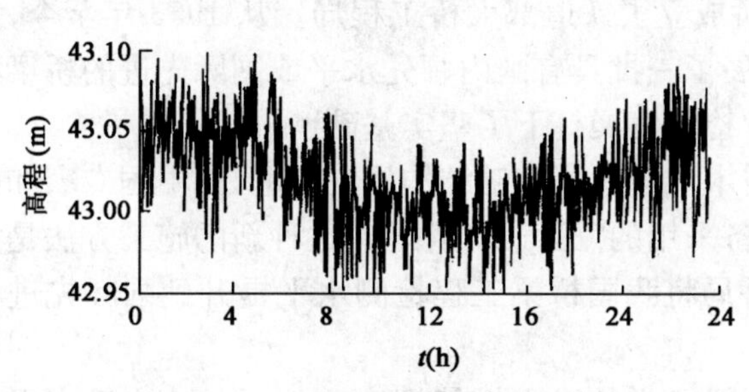

图 4-8-25　桥中跨绝对高程的 24h 变形曲线

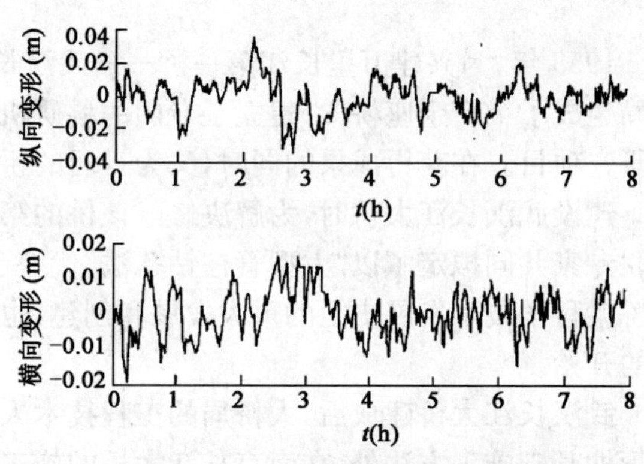

图 4-8-26　桥塔在台风中的变形

第九章　桥梁工程检测单位主要仪器设备

1953年，为兴建万里长江第一桥——武汉长江大桥成立了铁道部大桥工程局。从1953年至今，大桥局建成了700余座桥梁；建立了专门的科研机构，开展了一批具有国内领先水平或国际先进的桥梁科学研究项目。在获得成果的同时，又为日后的桥梁工程检测发展打下了坚实基础。

建设武汉长江大桥时，为解决修建该桥的第一大技术难题——基础结构施工问题，由中国专家和前苏联专家共同拟定了以“大型管柱钻孔法”代替了原准备采用的“压气沉箱法”。这种新的施工方法是我国桥梁科学技术发展史上的重大发展和创建，也是大桥局将我国桥梁工程检测水平提升到国际先进水平的开始。

武汉长江大桥建成后，大桥局的工程技术人员在桥梁科学技术上继续探索和创新。除广泛应用大型管柱基础施工方法外，在南京长江大桥的施工中，还因地制宜地研究试用了包括沉井基础在内的多种基础施工方法。根据9个墩位不同的地质情况，成功地设计了四种不同的桥墩基础结构，即重型钢筋混凝土沉井基础、钢沉井加管柱基础、轻型自浮钢筋混凝土沉井基础和钢板桩围堰管柱基础。这又使我国桥梁基础工程检测水平进一步提升。

南京长江大桥之后，大桥局在桥梁科学技术上又有新的发展，20世纪70年代以来，修建了一批各具特色的特大型桥梁。具有代表性的有：杭州钱塘江二桥大胆采用18孔一联、长度为1340m的三联预应力混凝土箱形连续梁，桥面无接缝，国家验收总评为优良；九江长江大桥集中采用了“双壁钢围堰钻孔基础”、“刚性梁柔性拱”、“空气幕下沉井基础”、“40m跨度无渣无枕预应力混凝土箱梁”、“新型质量调谐阻尼器”、“双层吊索塔架全伸臂架设法”等十几项新技术和新工艺；武汉长江二桥系采用自锚式悬浮边连续体系双塔双索面预应力钢筋混凝土梁的斜拉桥，主跨400m，使用复合型牵索挂篮，对称悬浇施工；汕头海湾大桥为主跨452m的三跨双铰预应力混凝土加劲箱梁悬索桥，是我国第一座现代化大跨度混凝土梁悬索桥；1995年修建的西陵长江大桥系采用单跨900m双铰式钢箱梁悬索桥，一跨过长江，被誉为“神州第一跨”；2000年建成的芜湖长江大桥，主桥跨度(180＋312＋180)m，为公铁两用(上层四车道公路，下层双线中活载铁路)双塔双索面三跨连续桁的低塔斜拉桥，其主梁为公路混凝土桥面板与钢桁梁形成的结合桁梁，每塔侧设8对斜拉索，其后又修建了一座全长1092m的公铁两用斜拉桥，加劲梁采用直主桁，桁宽为30m，三片主桁结构、三面索，斜拉桥上层为六车道公路桥面，下层铁路桥面设四条铁路线，其中两线为客运专线按高速标准设计，另两线为Ⅰ级铁路标准。以上几座大桥，无论在设计构思和施工技术上，还是桥梁基础和上部结构上，都创造性地使用了大量的先进桥梁工程检测技术，集中显示了我国桥梁科技水平和检测能力，也使我国桥梁工程检测技术水平大大提高。

下面，就以大桥局的桥梁工程检测单位为例，简单介绍桥梁工程检测单位常用的仪器设备和桥梁工程检测单位的新型仪器设备。

第一节　桥梁工程检测单位常用的仪器设备

1956年修建武汉长江大桥时，便成立了由大桥局主持的中苏合作武汉科学研究基点。1959年1月，根据铁道部科学会议，决定成立铁道部桥梁科学研究所(简称桥研所)，撤销科研基点。1995年4

月，桥研所更名为铁道部大桥工程局桥梁科学研究院（简称桥科院）。2003 年 9 月，桥科院改制为中铁大桥局集团武汉桥梁科学研究院有限公司。自成立以来，桥科院是以桥梁研究和检测为主的科学研究机构，是大桥局集设计、施工、科学、制造四位一体的重要组成部分。

大桥局的桥梁试验研究及检测等工作，主要由桥科院承担。桥科院对长江、黄河等全国各大水系上的 120 多座大型铁路桥、公路桥、公铁两用桥以及城市立交桥、高架桥等，进行了近 700 项科研和检测等试验研究工作。

中铁大桥局集团桥梁科学研究院主要科研检测仪器设备见表 4-9-1。

中铁大桥局集团桥梁科学研究院主要科研检测仪器设备一览表　　表 4-9-1

序号	仪器设备名称	规格型号	产　地	性　能
1	万能疲劳试验机	MTS600T	美国 MTS 公司	压 6400kN，拉 4400kN，疲劳 2200kN，精度 0.5%
2	万能疲劳试验机	MTS100T	美国 MTS 公司	压 1000kN，拉 1000kN，疲劳 1000kN，精度 0.5%
3	材料试验机	MTS10T	美国 MTS 公司	压 100kN，拉 100kN，疲劳 100kN，精度 0.5%
4	材料疲劳试验机	ZD100	原民主德国莱比锡	50～500kN 材料疲劳试验机及 1000kN 静载
5	万能试验机	WE—100	上海试验机厂	1000kN 拉或压力试验
6	电子拉力试验机	LDW—50	济南泰思特仪器公司	范围：0～50kN，数显
7	强制混凝土搅拌机	SLD—60	浙江晨鑫机械公司	最大出料量：66L
8	电液式压力试验机	WAY—300B	无锡锡仪建材仪器厂	测量范围：12～300kN
9	水泥胶砂搅拌振动机	JJ—5/ZS—15	无锡建筑仪器厂	140r/min±5r/min
10	净浆搅拌机	SS—160B	沈阳建工仪器厂	140r/min±5r/min
11	新拌混凝土测定仪	WT52700	英国	坍落度、水灰比、抗压强度及温度的测定
12	电动振筛机	ZBSX—92A	浙江上虞试验机厂	148 次/min
13	混凝土空气含量测定仪	LA—0316	美国 FORNE 公司	测量范围：0～22%±0.25%；集料最大直径：50mm
14	混凝土振动台	ZHJ—100	天津试验仪器厂	$1\times1m^2$ 磁性
15	数控标养箱	SHBY—40B	浙江晨鑫机械公司	精度±1℃
16	数据分析系统	UCAM—70A	日本共和电业	自动测及分析多达 1000 点，可接计算机
17	便携应变仪	UCAM—1A	日本共和电业	可单点或多点自动测量，最大可测 100 点
18	应变测试仪	UCAM—60A	日本共和电业	自动测量及分析多达 1000 点，可接计算机及网络
19	光纤应变测量仪	GYY—2	重庆渝宇	测量范围±1000$\mu\varepsilon$
20	钢筋定位测试仪	Profometer5	瑞士	钢筋分布可视化
21	超声波井壁测定仪	KE—400	日本	可同时测出四个方向的侧壁状态
22	磁粉探伤仪	MP—A2L	韩国	两磁极距离 84～176mm
23	应变测量系统（多台）	DH3815	靖江东华	单台 60 测点，可接计算机
24	应变测试仪	DH3818	靖江东华	单台 60 测点，可接计算机
25	应变测试系统	DH3815N	靖江东华	可测 128 点，可接计算机
26	电子百分表（多台）	TD—50D	日本共和电业	测量范围：0～50mm，可接应变仪测量
27	电子百分表（多台）	TD—20D	日本共和电业	测量范围：0～20mm，可接应变仪测量
28	裂缝观测仪	SW—LW—101	深圳思韦尔	测量范围：0.02～0.1mm
29	软性内窥镜	GYR—6.5/1 000	上海齐名光电	工作距离：3～100mm，多角度测量
30	传感器及显示仪	JZ—3	余姚传感器厂	测量范围：0～2000kN
31	超声波检测仪（多台）	PXUT—350	南通友联数码科技	测金属
32	超声波检测仪（多台）	RS—ST01C	武汉岩海公司	测非金属
33	混凝土泌水仪	ST—2	北京	工作压力 6MPa

续上表

序号	仪器设备名称	规格型号	产　地	性　能
34	涂层测厚仪	TT220	北京	测量范围：0～1250μm
35	三辊研磨机	SG—65	秦皇岛抚宁机械厂	88r/min
36	温湿度显示仪	SP—30A	武汉盛科	温度：0～99.9℃，湿度：30%～90%RH
37	超声波雾化器	CSB—P6-4	武汉盛科	雾化量>900mL/h
38	蒸养柜	CR—ZY100C	武汉盛科	温度范围40～100℃之间进行调节
39	CHA跨孔超声仪	SN1030	美国PDI公司	自动连续扫描，发射频率：一般为100kHz
40	氯离子渗透仪	NCM—60100	武汉港湾设计院	工作方式：连续
41	混凝土抗渗仪	HD—40	上海英松工矿设备	最大压力：6MPa
42	硬度计（洛氏）	HR150	山东莱州	测定硬度范围：20～8HRA，20～100HRB，20～70HRC
43	混凝土弹模仪	TM—2	扬州天恒电子公司	精度1%
44	恒温恒湿机	HF—20WM	上海冷汽机厂	温度20～35℃，湿度45%～75%RH
45	酸度计	PHS—3C	上海雷磁仪器厂	测量范围：pH0.00～14.00
46	水泥筛析仪（负压筛）	FSY—150	浙江上虞纱筛厂	筛析细度80μm
47	混凝土贯入阻力仪	0～1200N	天津建工仪器厂	含气量量程0～10%
48	混凝土含气量测定仪	HK—1	津华仪器厂	含气量量程0～10%
49	压力泌水仪	SY—2	北京动力机械厂	工作压力6MPa
50	低温箱	−40DW	沈阳医疗仪器厂	−40℃
51	沸煮箱	CF—B	沈阳建工仪器厂	保温沸煮时间：3h
52	超声波探伤仪	CTS—22B	汕头超声仪器公司	工作频率：0.5～10MHz
53	硬度计（布氏）	HB—3000	原山东掖县试验机厂	测量范围HBS8～450　HBW8～650
54	动态分析系统	3562	美国HP公司	测量范围：64μHz～100Hz，精度：频率读数的+0.004%
55	轴力计	ETM—70A	日本总合计装	轴力0～700kN，精度：满量程的1%
56	测振系统	891	国家地震局	通频带：0.5～100Hz
57	磁带记录仪	RTP—770A	日本共和电业	14通道
58	超低频测振仪	941	国家地震局	通频带：0.25～200Hz
59	挠度检测仪	BJQN—4B	北京光电所	竖直方向10～5000mm 水平方向0～1000mm
60	测力锤	5100系列	航天工业702所	测量范围0.4～250Hz
61	电荷放大器（多台）	BZ2102-4	北戴河电气所	测量范围（pC）：10^5；量程精度：≤±1
62	测速仪	LDR	铜陵三维电子	测量速度：10～250km/h
63	振动台	XS	哈力所	最大振幅：水平向±2.5mm；铅垂向±2.5mm
64	拾振器（多台）	941B	哈力所	通频带0.25～80Hz
65	振弦检测仪	ZFZX—3001	长沙金码高科	振弦频率：600～3000Hz；频率精度：0.1%
66	动测仪	Ifm168	长沙金码科技	动态范围136dB
67	扭矩系数测量仪		济击泰气动公	LED显示转矩、转速、功率
68	动态应变仪	BZ2210—4	北戴河电气所	频响宽，−3dB频响为DC～20kHz
69	抗混滤波器	BZ2303—8	北戴河电气所	阻带衰减速率140dB/oct
70	电荷放大器	BZ2101	北戴河电气所	最大输入电荷量1000000pC
71	振弦检测仪（多台）	JMZX—301	长沙金码高科	振弦频率600～3000Hz 频率精度0.1%
72	电荷放大器（多台）	BZ2019	北戴河电气所	电荷输入0.1～50000pC可测速度，测位移
73	INV32通道采集系统	306G（LF）	北京东方振动技术所	采样频率0.001～200MHz

续上表

序号	仪器设备名称	规格型号	产　地	性　能
74	电子倾角传感器	D21102	康宇测控仪器仪表	量程：±60°，±30°，分辨率 0.001
75	便携振弦读数仪	VW—403C	大连基康公司	振弦计数激励范围：400～6000Hz
76	桩基测试仪	JYC	武汉岩海公司	量程：70MPa；精度：0.5%
77	振弦检测仪	JMZM—2001	长沙金码高科	任意叫点测量，内存 0.5Mb×n，量大 85000 点×n
78	应变放大器	DH3840	江苏东华测试	平衡方式：自动平衡；平衡范围：桥臂电阻 1.5%的误差
79	索力动测仪(多台)	JMM—268—1	长沙金码高科	自振频率：0.3～65Hz；频率精度：0.5%±0.01Hz
80	综合测试仪	JMZM—2006	长沙金码高科	任意叫点测量，内存容量 0.5MB，最大存储 85000 点
81	小型工具显微镜	JGX—1	南通光学仪器厂	测微鼓轮的分度值：0.01mm
82	经纬仪	TDJ2 2″	北京光学仪器厂	水平方向标准偏差：≤±2″
83	全站仪	GTS—6A 2″	日本拓普康	测距可达 3km
84	弯管目镜	DIA—10	日本拓普康	可做 90°测量
85	激光测距仪	CH—9435	瑞士莱卡	测距精度：0.2～100m 标准：±1.5mm
86	全站仪	GTS—602 2″	日本拓普康	精度可达 $2+2\times10^{-6}$
87	水准仪(多台)	NA2 0.7	瑞士莱卡	每公里往返测量，标准偏差：±0.8mm
88	全站仪(多台)	GTS—601 1″	日本拓普康	测距可达 3.6km；精度可达 $2+2\times10^{-6}$
89	全站仪(多台)	SET1130R	日本索佳	测距可达 5km；精度可达 $2+2\times10^{-6}$， 反射片测距可达 1.3～500，精度可达 $3+2\times10^{-6}$
90	水准仪	B20 0.8mm	日本索佳	每公里往返测量，标准偏差：±0.8mm
91	测微器	OM5	日本索佳	范围：10mm；直读：0.1mm
92	水准仪(多台)	DSZ2	苏州一光	每公里往返测量，标准偏差：1.5mm
93	笔记本电脑(多台)	多种型号	多种厂家	
94	计算机(多台)	多种型号	多种厂家	

第二节　桥梁工程检测单位的新型仪器设备

21 世纪桥梁将实现大跨、整体、新型、快速的发展新目标，跨度将突破 3000m 以上；桥梁主体材料将向高强轻质方向发展；桥梁新型装备将使桥梁建造变得更加快速。国内外桥梁建设项目特点是高(技术要求高、投入高)、大(大跨度、大型、超大型)、难(地形地质复杂、深水急流涌潮、技术难度大、施工难度大)、新(新技术、新材料、新装备、新工艺)。

下面，首先介绍桥梁工程新的研究方向和项目；其次介绍新试验项目开展需配置的仪器设备。

一、桥梁工程新的研究方向和项目

今后，桥梁工程新的研究方向是：新型桥梁结构(钢混组合)、高墩、高塔、大跨、跨海大桥和高强、耐久、轻型新材料等。具体进行如下项目的试验研究及检测。

1. 桥梁结构受力状态研究

(1)大跨度新型钢混组合式桥梁结构受力行为研究及检测

钢与混凝土组合式桥梁结构以其能够发挥两种主要材料各自优势的合理性、整体受力的经济性，以及施工便利的特点在国内外桥梁结构中得到了广泛应用，有组合钢板梁桥、组合箱梁桥、组合桁梁桥、混合结构桥(混合梁斜拉桥、混合梁连续梁桥、钢梁与混凝土墩固结的连续刚构桥等)及拱梁组合结构桥(钢管混凝土拱桥、型钢混凝土结构、钢筋混凝土拱肋与钢梁或组合梁拱桥等)。钢混组合结构最大的技术特点是组合后的整体性能已超过材料各自的力学性能；两者力学上具备互补性，即钢材对混凝土的支援以及混凝土对钢材的支援。

钢混组合式桥的首要关键问题是其抗剪连接键是否能为结构提供足够完整的组合作用。因此，必须针对不同的组合结构，首先研究其适用的剪力连接键及其相应的结合段构造、应力分布、力的传递等等。此外，还应研究如何提高钢混组合截面性能，如何改变(善)钢构件局部受力状况，即对结构体系进行研究。

进行相关课题研究的方法是：根据课题任务书，进行有关设计、计算(包括仿真分析)，做局部模型或(和)整体模型加载(静、动)试验并进行理论分析和检测等。

(2)大跨度多车道、多线路公铁两用桥梁的整体受力状态及局部应力研究及检测

结合武汉天兴洲长江大桥和南京大胜关长江大桥进行课题的研究工作。天兴洲桥是公铁两用桥，主桥设计为(98＋196＋504＋196＋98)m 双塔三索面斜拉桥，上层为六车道公路，下层为四线铁路。斜拉桥主梁为板桁梁，N 形桁架，三片主桁，桁宽 30m，桁高 15.2m，节间长度 14m，斜拉索锚固于主桁上弦点。在斜拉桥 98m 锚跨及相邻边跨 28m 段，上弦杆顶面与混凝土桥面板通过剪力钉相结合，其余梁段上弦杆与正交异性板结合联为一体。钢梁采用 14MnNbq 钢，焊接整体节点，工地连接采用高强度螺栓。

大胜关桥是高速铁路桥。主桥采用(108＋192＋336＋192＋108)m 六跨连续钢桁梁拱桥，三片主桁结构，桁宽 30m。桁内分幅布置京沪高速与沪汉蓉四线铁路，搭载的南京地铁双线则分置于主桁两侧。主桁节点采用整体节点构造形式，斜杆及竖杆均采用插入形式。铁路桥面采用正交异性板整体道渣桥面，南京地铁采用明桥面布置。

这两座桥的共同特点是：荷载重、技术标准高、施工难度大，无论是国内桥梁工程界还是在国际上，都是具有挑战性的工程，无借鉴的先例。

设计施工需开展的科研和检测的项目有：

①四线铁路活载组合、疲劳验算荷载标准研究；

②上部结构抗风性能分析与试验研究；

③三桁结构受力特性分析与施工控制措施研究；

④新型主桁结构特殊构造分析与试验研究。

(3)桥梁动力响应耦合分析理论研究及检测(具体内容略)

2. 桥梁结构振动检测及控制研究

1)桥梁结构阻尼器的研究及检测

(1)桥梁结构振动控制的重要性

桥梁结构日益向高、大、轻、柔的方向发展，特别是悬吊型结构桥梁的广泛建造。随着桥梁跨度的增大，桥梁结构的刚度与阻尼减小，在地震、风和交通工具等外界激励下的结构响应越来越大，必须加以控制，不然，轻则引起行车、行人不适，影响使用功能，重则因响应过大引起结构疲劳破坏，甚至动力失稳。如美国的塔科马悬索桥在建成四个月后便在八级大风下发生扭转颤振破坏，国内也有几座桥的个别构件发生过涡激振动或风雨振等。因此，对桥梁结构进行振动控制日益成为工程界高度关注的课题。

(2)结构振动控制的类型

①与通常的控制工作相比，土木工程结构控制有其特殊性，主要有：土木工程结构是固定的，是静态稳定的，外加的纯粹主动控制会带来不稳定的可能性，从而要求人们应用主动控制时必须非常小心。与土木结构相关的外界扰动，如风、地震，其大小与作用时间是高度不确定的。与航天器相比，对土木结构性能的要求通常是较低的。

②依据是否需要外界能源，结构控制可分为被动控制、主动控制、半主动控制、混合控制和智能控制五类。被动控制也称无源控制，它不需要对外部输入能量，仅通过控制系统改变结构系统的动力特性达到减轻动力响应的目的。

结构被动控制包括隔振、吸振和耗能三大控制形式。由于被动控制易于工程实现，对多数结构，尤其是钢结构具有较好的减振效果，受到工程界普遍重视。常用的有黏弹性阻尼器（VED）、滞迴型阻尼器（HD）、摩擦阻尼器（FD）、黏性液体阻尼器（VFD）、调谐质量阻尼器（TMD）、调谐液体阻尼器（TLD）、调谐液柱阻尼器（TLCD）、铅阻尼器（LD）及冲击阻尼器（ID）等。

（3）大桥局集团桥梁科学研究院在结构振动控制领域的研究与检测

①已成功地将多个小型 TMD（MTMD）用于九江长江大桥，对三大钢拱吊杆涡激共振具有很好的抑振效果，可将吊杆的自由振动对数衰减率从无 TMD 时的 0.006 提高到 0.3 左右，增大约 50 倍。

②MTLD（小型液体调谐阻尼器）在深圳世界之窗仿埃菲尔铁塔风振控制中得到应用。经过方案比选，决定采用在小振幅时有良好抑振效果，经济、适用、便于安装、便于维护且能同时抑制铁塔各个方向振动的圆形 TLD。实测的抑制效果很好，将其自由振动的对数衰减率由未装 TLD 时的 0.019 提高到 0.2，即结构有效阻尼为原来的 10.5 倍。

③将黏性剪切阻尼器（VSD）用在斜拉索风振控制中。斜拉桥的斜拉索长而柔软，抗弯刚度小，自振频率低，一般仅千分之一左右（对数衰减率在 0.007 上下），因此极易在风、风雨、地震及交通等外界激励下发生过大的振动，甚至产生大幅的发散振动，引起斜拉索的破坏。研究结果表明，只要采取措施提高斜拉索的阻尼，使斜拉索自由振动对数衰减率提高到 0.03～0.05，即可抑制斜拉索的各种振动。在斜拉索和桥面之间设置阻尼装置提高斜拉索模态阻尼成为最直接、最可靠、最有效的措施。

大桥局集团桥梁科学研究院已成功地在武汉长江二桥、巴东长江大桥、海口世纪大桥、南京长江三桥、武汉汉江月湖桥、山东滨州黄河桥等多座斜拉桥拉索上采用 VSD 控制振动。

（4）继续研究、开发

桥梁结构振动控制有广泛的市场需求，又是大桥局集团桥梁科学研究院的强项之一。目前，仍在继续进行有关方面的研究工作。例如，正在研究开发的斜拉桥斜拉索杠杆质量减振器（LMD）就是其中之一。这种减振器与其他类型的减振器相比，可使斜拉索减振器对斜拉桥景观影响尽可能的小，且使斜拉索减振器的设计、制造与安装规范化，并在降低减振成本的同时提高减振效果。LMD 的减振原理为：当斜拉索振动时，连接索将斜拉索索夹处的运动传至杠杆，引起杠杆及质量块运动，质量块的运动产生惯性力，与杠杆相连的阻尼部件运动产生弹性力与阻尼力，这些力通常阻碍斜拉索的运动，从而抑制斜拉索的振动。质量块除可增加系统惯性从而提高减振器效果外，其另一个重要作用是通过杠杆对连接索施加预拉力，使其始终处于受拉状态。

LMD 在实现阻尼器与桥梁构件之间的柔性连接的基础上，还能对结构位移、速度及加速度同时进行反馈，并通过杠杆将相关反馈根据需要进行放大与缩小，还可通过采用不同的阻尼器实现对结构振动的被动、半主动，甚至主动控制，是一种新的极具应用前景的减振方式。经过对各种减振方式更深入的研究，不仅可实现对如吊杆、斜拉索等构件的振动控制，而且有望对桥梁整体振动实现一体化控制，开发出具有自主知识产权的极具竞争力的系列产品。

2）减震支座的研究及检测

减震支座的基本原理是采用柔性支承，以增加结构的周期，达到减小力的反应效果。

这种支座从大的方面区分，有叠层橡胶支座、螺旋弹簧支座和滑、转支座等三大类。可在充分调研的基础上，认清不同支座的优缺点、适用范围及造价等因素，分析市场的前景，确定研发类型，进行相关的试验研究和设计工作，绘出制造图纸，试用推广。

3. 大吨位及困难条件下基桩承载检测技术研究

传统的单桩静载试验，长期以来一直被世界公认为是确定单桩承载力的最可靠方法，已纳入各国有关规范。但这种方法不论采用堆载法还是锚桩法，都存在费时、费钱、费力等缺点，尤其是大吨位及困难条件下的基桩更是如此。

1988 年，美国西北大学教授 Jorj O. Osterberg 研究成功了一种与传统方法截然不同的静载试桩法，它被称为 Osterberg 试桩法。我们称之为基桩自平衡测试技术。

近年来，大桥局集团桥梁科学研究院对有关的一系列问题展开了试验研究，并在武汉阳逻长江大桥、武汉天兴洲长江大桥等 5 座大桥基桩承载力测试中应用，取得了令人满意的成果。

自平衡测试法是利用试桩自身反力平衡的原则，在桩端附近或桩身截面处预先埋设单层(或多层)荷载箱，加载时荷载箱以下桩段将产生端阻和(或)向上的侧阻以抵抗向下的位移，同时荷载箱以上桩段将产生向下的侧阻以抵抗向上的位移，上下桩段的反力大小相等、方向相反，从而达到试桩自身反力平衡加载的目的。试验时，实测各级荷载作用下桩身轴力分布和荷载箱的位移变化，采用合理的测试数据等效转换方法和承载力确定方法，即可确定基桩的极限承载力、桩侧、桩端阻力分担情况等。

针对传统静载试验法的局限性和高应变测桩法的缺憾而系统研究的基桩承载能力自平衡测试技术，经过工程实践的检验，已成为一种确定基桩承载能力及研究基桩工作性能的有力工具。与传统静载试验法和高应变测桩法相比，自平衡试桩法的优越性体现在以下几下方面：

(1)分别测量桩侧分层摩阻力和桩端阻力；

(2)单独测试嵌岩桩嵌岩阻力；

(3)适合水上、坡地试桩及搭设堆载平台或锚桩反力架困难的情况；

(4)可测试斜桩的极限承载能力；

(5)较大的加载能力，尤其适用于超大吨位桩和超长桩；

(6)多次循环加载能力，可研究桩土相互作用的时间效应；

(7)通过荷载箱的合理设置，试验后对试桩荷载箱压浆仍可作为工程桩使用；

(8)较传统静载试验，经济效益显著，同时自平衡试桩法测试工期短，附属设备安装简单、快捷，体现了其时间效益。

近几年开展的工作内容有：

(1)根据不同桩型、桩径及承载力等条件，设计了不同的荷载箱；

(2)建立了全自动数据检测系统，实时观测并自动记录测试数据，保证了测试数据的准确性；

(3)经过深入理论研究，提出了考虑土体连续性的改进荷载函数法，特别适用于长桩和超长桩，同时将反演分析技术引入，使试验系统更为完善。

今后进一步研究内容主要是：从理论方面、试验测试工艺等方面进一步完善，进行大量的对比试验和工程应用，积累丰富的资料，争取早日将其纳入我国铁路、公路、建筑等行业规范。

4. 桥梁运营状态监测与健康诊断系统检测的研究

为保障结构复杂、大型重要桥梁，如斜拉桥、悬索桥、系杆拱桥和组合式桥梁等的安全性、耐久性及正常使用功能，人们越来越重视桥梁健康监测诊断。

一些科技先进国家虽然此项工作开始得较早，但真正意义上的健康监测也都只是最近 20 多年才在某些大桥上实施。例如，挪威在 1992 年建成的主跨 530m 的斯卡恩圣特斜拉桥，英国在 1997 年建成的主跨 194m 的迪河港湾独塔斜拉桥，丹麦在 1998 年建成的主跨 1624m 的大贝尔特悬索桥，日本在 1998 年建成的主跨 1990m 的明石海峡悬索桥分别建立了适宜于各自特点的长期监测系统。

我国于 1997 年 7 月建成的主跨 1377m 的香港青马大桥、1999 年 9 月建成的主跨 1385m 的江阴长江大桥都是悬索桥，已建立了健康监测系统。据知，正在修建的重庆菜园坝长江大桥、武汉阳逻长江大桥、武汉天兴洲长江大桥和南京大胜关长江大桥等等，均正在考虑和研究建立健康监测系统。由此看出，桥梁健康监测系统市场需求很大。

中铁大桥局集团桥梁科学研究院已为武汉阳逻长江大桥研究建立健康监测系统，今后还要继续深入研究，解决关键技术问题，不断充实完善。近期主攻以下几个方面的问题：

(1)针对具体大桥，进行运行状态监测与健康诊断系统的设计。有两大部分内容：各种数据(信息)监测与状态评估。

根据不同的桥型，确定监测范围，在其关键部位设置功能不同的各类型传感器(元件)，组成桥梁监测系统，包括荷载监测、几何监测及结构的静动力反应监测等。在建立监测系统时，应特别注意的问题至少有：各类测试元件、仪器、仪表必须具有足够的精度；必须有良好的耐久性，对有些元件还应考虑其更换性；所测得的数据(信息)必须能准确传输给数据处理系统。

(2)建立各类数据(信息)的处理系统。处理系统由硬件、软件和工控机房组成。处理系统的作用是将测得的各种数据(信息)进行整理、分析，形成届时桥梁的环境状态、荷载状态、力的响应状态等等，以便对桥梁健康状态进行评估。

(3)建立健康诊断系统。按照不同的桥型，根据桥梁设计文件、有关规范和业主的要求，拟定桥梁各主要构件、各部分和整体的评价标准，并将这些评定标准等级化、数字化。这是一项复杂、难度大的工作。要求技术人员必须具备坚实的理论基础、丰富的桥梁技术实践和对有关规范十分透彻的理解。

将评价标准表格化、数字化，使诊断(评估)工作尽量用电脑分析评估并作出维修优选排列。

5. 高性能混凝土研究及检测

当代大跨、高速、高层、海洋、军事及高寒地区的工程结构对混凝土提出了更高的要求。高性能混凝土(HPC)一词是20世纪90年代前后提出的，目前尚无统一认识，各国学者有不同的看法，主要有：

美、加学派认为：高性能混凝土是一种符合特殊性能组合和匀质要求的混凝土，所谓特殊性能组合是指易于浇注而不离析的工作性，好的长期力学性能、早强、韧性、体积稳定性以及严酷环境下的高耐久性等性能的组合；

欧洲学派认为：高性能混凝土是一种水胶比为0.4的新型混凝土；

日本学派认为：高性能混凝土是一种高流态、自密实、免振的混凝土；

我国学者认为：高性能混凝土是一种以耐久性和可持续发展为基本要求并适合工业化生产与施工的混凝土，是一种环保型、集约型的绿色混凝土。

从以上可知，欧洲学派强调的是低水胶比条件下高强、高耐久性的特点，而日本学派强调的是良好的工作性能，我国学者则从发展的角度强调可持续发展与工业化生产，各有所侧重，而美、加学派阐述得比较全面。总之，高性能混凝土是具有高强度、高耐久、高流动性等多方面优越性能的新型混凝土。随着高性能混凝土的不断发展和完善，各国学派的观点也会逐步统一起来。

从目前实际应用的高性能混凝土的情况分析，归纳起来和传统的普通混凝土(简称OPC)相比有以下几个特点：

(1)原材料上，除了常规的水泥、水、砂、石四种材料外，必需使用化学外加剂和矿物细掺料，一共是六种必不可少的材料，而且后两种可以是一种也可以是多种复合，这在选材上就要求与水泥具有良好的相容性，多种的外加剂之间(或细掺料之间)要求合理匹配，使其具有黄金搭配、叠加效应的效果，增加了选材的复杂性。

(2)本比上，为了适应高耐久、高强度的要求，使用的是低用水量、低水胶比，控制胶结材总量。

(3)性能上，具有高耐久性(抗渗、抗冻、抗蚀、抗碳化、抗碱集料反应、耐磨等)；良好的施工性(大流动、可灌性、可泵性、均匀性等)；良好的力学性能，早强后强均高；良好的尺寸稳定性；合理的适用性与经济性等。总之，具有良好的综合技术性能，能满足各种工程结构的使用要求。

近年，国内一些科研院所和大专院校对高性能混凝土进行了很多研究，取得了很多成果。高性能混凝土已用于许多国家重点工程，如青藏铁路工程、东海大桥、杭州湾大桥、苏通长江大桥、铁路客运专线等。但是由于其性能要求与工程所在地的环境密切相关，其性能与地材相关性大，许多工程技术人员对其了解不多，对其长期性能（收缩、徐变）研究很不系统，推广面还不是很大，使用过程中也存在不少不尽如人意的地方。

中铁大桥局集团武汉桥梁科学研究院有限公司结合一些海洋工程（杭州湾跨海大桥等）对高性能混凝土进行了一些研究，成果也得到了应用，但也不够系统。目前和将来，还需对高性能混凝土的工作进行归纳总结，增加对高性能混凝土的各种试验，对高性能混凝土的工作性能、力学性能、耐久性能、长期性能等进行试验，为结构设计人员提供包括长期性能在内的高性能混凝土的各种参数，以便更好地、更方便地使用高性能混凝土。

拟研究和检测的内容如下：

(1)高性能混凝土技术要求调研

调研铁路客运专线、高速铁路、海洋建筑、高寒地区及其他工程对高性能混凝土的技术要求，归纳总结高性能混凝土技术要求的共性，包括工作性能、力学性能、长期性能和耐久性能要求。

(2)高性能混凝土原材料的检验

对水泥、砂、石、陶粒、外加剂、矿物掺合料和水的常规性能进行试验，同时对这些原材料进行氯离子含量测定，水泥、外加剂、矿物掺合料和水的碱含量测定，砂和石进行碱活性成分测试。另外，还需要进行水泥水化热测试。

(3)原材料品种及掺量对高性能混凝土工作性能的影响

摸索配制高性能混凝土所用原材料（水泥、砂、石子、陶粒、外加剂、矿物掺合料）品种及掺量对高性能混凝土拌合物的坍落度、坍落度保持、扩展度、L 形流动度仪指标、坍落度筒指标、凝结时间、含气量、重度、剪切应力和黏度等的影响，并测试水胶比。

(4)原材料品种及掺量对高性能混凝土力学性能的影响

摸索配制高性能混凝土所用原材料品种及掺量，尤其是外加剂、矿物掺合料的品种及掺量对高性能混凝土早期和后期抗压强度、抗拉强度、抗折强度、棱柱体强度、弹性模量的影响。

(5)原材料品种及掺量对高性能混凝土长期性能的影响

摸索配制高性能混凝土所用原材料品种及掺量对高性能混凝土各阶段收缩、徐变的影响，同时模拟现场条件进行徐变小梁试验（考虑分次张拉、应力水平、截面尺寸、配筋率、温度、湿度等因素），为设计人员提供高性能混凝土的收缩、徐变参数。

(6)原材料品种及掺量对高性能混凝土耐久性能的影响

摸索配制高性能混凝土所用原材料品种及掺量对高性能混凝土抗冻性、抗渗性、钢筋锈蚀、氯离子电通量、氯离子扩散系数、抗碳化、抗碱集料反应、抗硫酸盐等有害物侵蚀的影响。

(7)高性能混凝土的热膨胀系数

测试高性能混凝土的热膨胀系数，为混凝土结构设计人员提供有关参数。

(8)高性能混凝土的早期抗裂性

测试高性能混凝土的早期应力，测试抗裂试件相对抗裂能力。

(9)高性能混凝土的微观结构

了解高性能混凝土的矿物组成、结构情况、水化产物的形貌、界面特征、孔的大小与分布。

(10)总结高性能混凝土配合比的设计方法

对高性能混凝土配合比的设计方法进行归纳，特别是总结出配制的关键点，为广大工程技术人员设计高性能混凝土配合比提供参考。

(11)总结高性能混凝土的施工工艺

测试高性能混凝土的成熟度，总结高性能混凝土的施工注意要点。

6.既有桥梁养护维修、检测评估、加固及拆除重建成套技术的研究

我国现有公路总里程 187 万 km，铁路总里程 7.5 万 km。在这些线路上有大批钢筋混凝土桥、预应

力混凝土桥和钢结构桥梁，有的已功能耗尽需拆除重建；有的进入中老龄，亟待正确的评估、维修加固；即使是近期修建的桥，也需要妥善维护。因此该项目是保证交通网正常运营的大事，与新建同等重要。该项目研究应包括下述方面：

(1)钢筋混凝土结构防腐及耐久性检测研究

①混凝土劣化机理与腐蚀因素；

②钢筋腐蚀过程及腐蚀因素；

③混凝土劣化检测方法，钢筋锈蚀检测方法；

④混凝土劣化与钢筋锈蚀程度对钢筋混凝土结构承载力及寿命影响的研究；

⑤病害钢筋混凝土结构维修加固的方法研究；

⑥钢筋混凝土结构承载力及寿命评估理论与方法。

(2)钢结构桥梁防蚀及耐久性检测研究

①钢结构涂膜劣化检测及劣化等级评定研究；劣化等级与维修的关系：局部修补及重涂标准；

②裂纹检测及修补方法，提高承载力的加固方法；

③旧钢桥承载力评估；

④旧钢桥寿命评估。

(3)补强计算理论与设计原理的研究及检测

①混凝土劣化、已发生塑性挠度和带裂纹的预应力混凝土结构承载力计算及检测；

②贴钢或贴布加固后的钢筋混凝土结构承载力计算，承载机理和施工工艺研究及检测；

③体外索加固桥梁结构锚固细节研究和承载力理论计算及检测；

④钢板梁和桁架横向和竖向刚度加固理论分析及加固设计研究及检测。

(4)桥梁下部结构的检测评估研究

桥梁下部结构包括桥墩(台)、基础和地基。

一般情况下，下部结构病害的发生是渐变的，与时间有关；特殊自然条件下，是偶然的，与地震、水灾、船舶撞击有关。

评估的根据是外观的变化：混凝土劣化、裂缝、沉降、倾斜，地基的冲刷塌陷等。内在的变化是力学参数变化：刚度、应力振动参数。

评估的主要方法是对比：将有病害的下部结构与有关的设计或竣工数据比较，并进行相应理论计算。

通过上述分析可知，该项目应进行下述研究工作：

①建立图形及数据档案，包括设计竣工数据、定期与不定期检测数据、偶然事件损伤及检算数据、运营检测数据等；

②建立并培训专业检测人员和检测设备；进行定期与不定期观测，数据分析整理进入数据库；

③建立计算机评估系统。

(5)危桥拆除重建检测及研究

①危桥、废桥评定标准研究

根据耐久性、承载力及运营状态评定结果，若无利用和加固的价值，或旧桥标准过低已不能适应发展需要，则予以拆除。

②拆除方案研究

研究内容包括环保考虑、安全考虑、设备及工期条件。

③新桥设计方案

新桥设计方案应满足发展要求，桥位环境改善及满足长久规划要求。

7.测试、试验技术的研究

新的桥梁结构研发、新的材料和施工技术，依赖于桥梁科研工作。目前，在结构试验、长期健康监测、施工控制及旧桥检测评估等方面主要依赖于测试、试验技术。在下述各方面应取得进一步发展。

(1)应变、测试系统

应变测试目前存在两方面问题需要研究解决:

①健康检测及结构长期观测需要长期、稳定、精度满足要求的应变传感器,传统的电阻应变片及钢弦计由于长期稳定性差,精度不能满足要求,光纤类传感器目前尚无大量采用的成功事例。

②混凝土应变测试,同样存在上述问题;并且在如何考虑扣除非应力应变,如收缩、温度和徐变等的影响,至今未能较好解决。

③二次仪表必须配套,要求瞬态测试精度高,不受环境影响。

(2)斜拉索、吊索(杆)及系杆拉力测量系统

①力传感器目前类型太少,不能适应各类构件,需进一步研制能用于主缆索股和吊索力测量,能即时安装、拆除且精度高的传感器。

②斜拉索索力测试,目前采用平行钢丝索测试方法及传感系统。

(3)位移、挠度测量系统

①动态多点位移扫描设备需要研制,以测试风、车辆及地震作用下瞬间变形的精确状态,给出挠曲线。

②在桥梁施工中引进并研究应用 GPS 全球定位系统。

(4)转角测量系统

研究用于大型柔性结构,如悬索桥、斜拉桥之索塔、索及梁的多点转角动态测量系统,以提供结构评估应用。

8. 大吨位(1200t 以上)预应力索施工技术研究及检测

大吨位预应力索张拉锚固系统的制造和施工技术是大吨位预应力索应用的关键,是实现预应力桥梁大跨、轻型所要解决的重要问题。

目前国外最大吨位钢丝束产品是钢绞线夹片群锚。国外 VSL 体系最大为 55ϕ15mm 钢绞线,张拉力为 1000t;国内 XM 型、OVM 型及 TM11 型张拉锚具均可用于 55ϕ15mm 钢绞线,张拉力约 1000t。这些国内外大吨位张拉锚固系统均有配套张拉设备、锚垫板、锚座及加强筋定型设计。

国内在 270m 刚构桥采用钢丝束最大达 31ϕ15mm 钢绞线,张拉力不大于 700t。

在桥梁结构上采用 1200t 以上预应力索,需做下述工作:

(1)大吨位预应力索张拉锚固系统,包括张拉工艺、张拉设备、锚固系统、锚下抗裂、摩阻损失、压浆工艺及防腐系统等研究;

(2)依托工程项目进行结构性能及施工工艺研究,并做运营实践验证。

9. 预应力钢筋混凝土先张箱梁制造技术研究及检测

中铁大桥局集团有限公司进行了大跨度先张梁的研制,已具备了一些条件:海上及陆上均已具有吊运能力,拥有海上 3000t、陆上 900t 级架运设备。这是整孔生产先张混凝土箱梁的基本设施。尚需进行下述研究工作:

(1)先张箱梁预应力筋的选型、锚具的研制;

(2)张拉设备、台座的研究设计;

(3)张拉工艺、梁生产工艺的研究;

(4)预应力张拉,及各种损失的测试研究;

(5)依托工程项目,进行实梁生产、架设、运营全过程测试研究。

10. 大跨度(1650m)钢梁整体焊接及修建技术研究及检测

大跨度公路桥及公铁两用桥,主要采用钢结构(全焊),具有整体性能好、轻型、省工省料、工期短等显著优点,目前发展得较快。日本的悬索桥加劲梁主跨桁梁(明石海峡桥)做到 1990m,我国的斜拉桥主梁全焊箱梁(苏通长江大桥)做到 1088m,丹麦厄勒海峡桥公铁两用斜拉桥主梁全焊钢桁梁主跨做

到 490m。

目前我国悬索桥加劲梁和斜拉桥主梁钢箱梁已达到全焊水平，桁梁仍处于焊接整体节点、节点外高强度螺栓拼接技术阶段。

要发展整体焊接桥梁，需在下述诸方面作进一步研究和开发：

(1)研究焊接性能好、满足高寒地区抗断要求及抗 Z 向拉伸要求的新品牌桥梁钢；优化现有屈服点 400～420MPa 等级桥梁钢的品质。

(2)研发 5000t 级大节段及整孔架运的吊运设备，减少整体焊接桥梁工地焊接接头，加快架设。

(3)研究新的焊接接头形式，改进制造工艺和焊接工艺，研发新的焊接材料，满足高速铁路活载下疲劳抗断要求。

(4)研发、推广大型斜拉桥和悬索桥钢塔制造、安装技术及安装设备。

(5)研发和完善焊接质量检验设备和技术，提高全焊接结构件加工制造质量。

11. 正交异性板桁结构施工技术研究及检测

全焊钢桁梁铁路或公路桥面板采用正交异性板结构，是加强桥梁结构横向刚度，减轻结构自重及节省钢材的重要设计措施。但在其结构设计、制造及施工架设方面均需要做进一步的研究工作。

(1)减小焊接变形，减小焊接残余应力，保证高制造精度的焊接工艺及制造工艺研究，包括板材预处理、无余量精切下料、预变形焊接胎及组装胎、大节段厂内整体制造。

(2)采用焊接性优良的板材及配套焊材料，通过焊接试验及焊接工艺试验，确定优良的焊接工艺，保证焊接质量；研发改善及提高接头疲劳强度工艺措施，保证焊件的抗断性。

(3)研究海上、江河上大节段运输及大节段整体架设技术，保证安装质量及提高施工速度。

(4)进行板桁结构现场施工控制研究。保证内力及线形符合设计要求；采用自动化数据采集系统，实现非停工状态下的实时同步测量；采用空间非线性计算程序进行监控计算，满足设计目标状态。

二、新试验项目开展需配置的仪器设备

欲进行桥梁及结构工程发展关键技术研究及检测试验，仅有表 4-9-1 所列已有的设备、仪器是不够的，尚需配置下列一些供测试和试验研究用的设备、仪器及相应的配套设施，见表 4-9-2。

国家重点实验室拟新配仪器设备方案简表　　表 4-9-2

编　号	名　　称	功 能 简 介
1	美国 MTS 10000kN 四柱型结构疲劳试验机	大型构件、结构模型的静力、动力试验静压(拉)10000kN 或±5000kN 的疲劳荷载
2	美国 MTS 1000kN 结构试验作动系统	独立完成结构加载或提供三维加载静压(拉)1000kN 或±1000kN 的疲劳荷载
3	美国 MTS 5000kN 结构试验作动系统	独立完成结构加载或提供三维加载静压(拉)5000kN 或±2500kN 的疲劳荷载
4	美国 MTS 多通道控制器、静音泵站	控制结构试验作动系统、提供液压源本表 2、3 项所列的作动系统共用
5	大型结构试验系统配套设施	MTS 10000kN 试验机基础台座、剪力墙、试验设备房屋、起重设备；天车最大起重能力 30t
6	日本 KYOWA UCAM—70A 数据采集系统	大规模结构试验应力应变数据采集，满足同时采集 2000 测点的应力应变数据

续上表

编号	名　　称	功能简介
7	芬兰 Noptel PSM—200 激光挠度仪	桥梁竖向、横向位移动态测量； 测量范围 200 mm，最大测距 400mm
8	美国 AGI 801—S 测斜仪及数据采集器	桥梁结构倾角动态测量； 单轴，测量范围±3°，精度 0.001°
9	英国 Colebrang 公司新拌混凝土性能快速测定仪(FCT101)	新拌混凝土性能快速测定仪(FCT101)是由英国 Colebrang 公司生产的用于对新拌混凝土进行质量检测的新型混凝土检测仪器。该仪器可以在实验室或施工现场对新拌混凝土进行检测，获得相关参数，经过标定能在数分钟内检测出新拌混凝土的水灰比、坍落度和温度性能，并能迅速预测出新拌混凝土工程事前反馈质量控制机制，具有重要作用
10	美国安特公司 WorkHorse—1 型热膨胀仪	用于检测材料在一定温度范围内的热膨胀系数，可以检测某温度下的即时膨胀系数和一定温度范围内平均膨胀系数。仪器满足 ASTM E228 标准要求及其他类似标准，可测试多种材料类型的样品，可应用于模拟混凝土桥梁受火灾情况时混凝土构件性能评定
11	英国水泥水化热测量装置	W—Ca1.01 型水化热装置是由德国引进的、专门用于测定水泥水化热(溶解法)的试验设备，主要由热量计和贝克曼温度计组成。测定方法符合 ASTM C186 等标准，具有测量精度高的特点。水泥的水化热是反映混凝土内部温升的一个重要指标。采用溶解法测定水泥的水化热在国际上具有较大的通用性和可比性，它尤其适用于测定水泥长龄期水化热
12	意大利产 3000kN 自动压力试验机、国产 1000kN 电液伺服万能材料试验机	全电脑控制压力荷载，自动计算混凝土强度，方便快捷，节省大量的人力物力，并可以准确地进行强度等级达到 C70 以上的混凝土试件的抗压试验。电液伺服万能材料试验机可在金属材料拉伸试验过程中进行全过程测试，包括屈服强度、极限强度、弹性模量、延伸率等性能指标
13	国产混凝土试验室温度控制装置	调节混凝土拌和时温、湿度，模拟其施工现场实际环境条件。也可以对混凝土进行在不同温、湿度环境下的系列研究
14	国产全自动数字回弹仪	现场快速测试混凝土抗压强度，按构件采集，管理数据，能够现场记录碳化值，现场进行角度、测试面、泵送、碳化等修正
15	英国产混凝土钢筋锈蚀仪	根据混凝土中钢筋锈蚀的电化学反应机理，通过 Stern-Geary 公式转化，测定混凝土以及钢筋的电学性能。采用半电池电位数据判断锈蚀可能区域，缩小测试范围，并初步给出锈蚀可能区域，缩小测试范围，并初步给出锈蚀判定，给出瞬时锈蚀速率进而判断钢筋混凝土的服务寿命
16	美国 James 公司 M—3056 Maturity-METER 混凝土成熟度仪	采用高精度温度传感器监控新拌混凝土的内部温度变化，并利用 Arrhenius 方程计算 20℃时混凝土的等价龄期。使用本仪器可以监控新拌混凝土硬化过程，避免冬季施工中拆模过早；夏季施工中，可防止由于养护温度不均匀而造成混凝土强度的不均匀；可持续监测和记录混凝土硬化过程中的强度变化，通过早期强度来预测混凝土的后期强度。仪器符合 ASTM C1074 标准
17	长沙亚新温度—应力试验机	提供轴向约束、控制温度条件和测量轴向应力。通过在约束条件下观察混凝土试件应力和温度及其他参数的发展即可了解混凝土的开裂敏感性
18	美国 FLIR SYSTEMS 公司红外热像仪	红外热像仪是通过吸收目标物体的能量辐射生成红外图像和温度测量的仪器。红外热像仪能够生成红外图像或热辐射图像，并且能够提供精确的非接触温度测量功能，广泛用于桥梁结构病害、缺陷检测
19	德国 instruments A/S 公司黏结强度测定仪	主要用于测定两种混凝土材料之间的界面结合力。邦德测试仪测定界面结合力是一种微破损测试手段，具有破损轻微、快速、准确等特点。另外，根据拔出力与抗压强度之间的关系，也可以用于推测混凝土的抗压强度

续上表

编　号	名　称	功 能 简 介
20	丹东华日电气有限公司便携式X射线探伤机XX—2005系列	X射线管电压：120～200kV；X射线管电流：5mA（平均值）；焦点尺寸：1.5m×1.5m；最大穿透：28mm，A3钢；发生器外形尺寸：285mm×285mm×650mm；发生器质量：23kg；控制器外形尺寸：390mm×380mm×170mm；控制器质量：12kg
21	美国GSSI公司结构扫描诊断系统	由地质雷达SIR—3000、1.5GHz高频天线以及Radan6.0软件组成。运用结构扫描诊断系统能够快速、准确、形象、直观地进行公路结构层划分、病害检测、隐患调查等。此外，混凝土结构中地空洞、裂缝、钢筋等在扫描诊断的图像中具有良好的反映。它通过电磁脉波在地下传播的原理进行工作，电磁脉波由发射天线发出，被结构中不同介质界面反射，然后由接收天线接受，据此进行探查。通过软件处理还可以实现三维成像功能
22	美国Humboldt公司快速冻融试验机	测定混凝土及其他材料在水和负温共同反复作用下的抵抗能力，评价其抗冻性能
23	天津DT—10W动弹模量仪	从试件受敲击后的复杂振动状态中析出基频振动，并通过计数显示系统显示出试件基频振动周期。仪器相应的频率测量范围为30～30000Hz。与快速冻融试验机配合使用，测定混凝土抗冻性能
24	MTS标准双向地震台	行程±200mm，最大承载10t，尺寸3m×3m
25	B&K 3 627大型激振器	用于结构振动试验激振
26	Endevoc 65-100高精度振动传感器	用于结构振动信号采集

1.大型结构疲劳试验加载系统

(1)美国MTS－10000kN四柱型结构疲劳试验机

为增强大型结构疲劳试验能力，需要具有更加强大的加载能力，并且具有可以控制在三维方向同时施加荷载的结构疲劳试验机。美国MTS公司是国际著名的试验机制造商，其产品性能可靠，设计先进。

用途：可进行各类大型构件、结构模型的静力、动力试验。例如：大跨度新型桥梁结构（钢混组合）的结构受力行为研究，大型深水基础施工新技术、大吨位（1200t以上）预应力索施工技术、正交异性板桁结构施工技术和预应力钢筋混凝土先张箱梁制造等桥梁修建技术的研究。

型号与配置：10000kN四柱型结构疲劳试验机主要部件包括MTS 244型10000kN作动器、FTGT数字式三通道控制器、505.180静音泵站、293型电控分油站、四柱型液压升降反力架，见图4-9-1。

主要性能指标：

施力（静载）：±10000kN　　施力（疲劳）：±5000kN

伺服阀流量：600LPM　　泵站流量：600LPM

试验机高度：11m　　最大动载频率：3Hz

(2)美国MTS 1000kN、5000kN结构试验作动系统

配置理由：为承担国家重点实验室的科研项目，需要独立的结构试验作动系统，以配合美国MTS 10 000kN四柱型结构疲劳试验机和剪力墙完成三维方向同时加载或结构独立加载。

用途：可进行各类大型构件、结构模型的静力、动力试验。例如：大跨度新型桥梁结构（钢混组合）的结构受力行为研究，大型深水基础施工新技术、大吨位（1200t以上）预应力索施工技术、正交异性板桁结构施工技术和预应力钢筋混凝土先张箱梁制造等桥梁修建技术的研究。

型号与配置：MTS 244型1000kN作动器、MTS244型5000kN作动器、FTGT数字式三通道控制器、505.90静音泵站、293型电控分油站。

主要性能指标：

1000kN作动器施力（静载）：±1000kN；

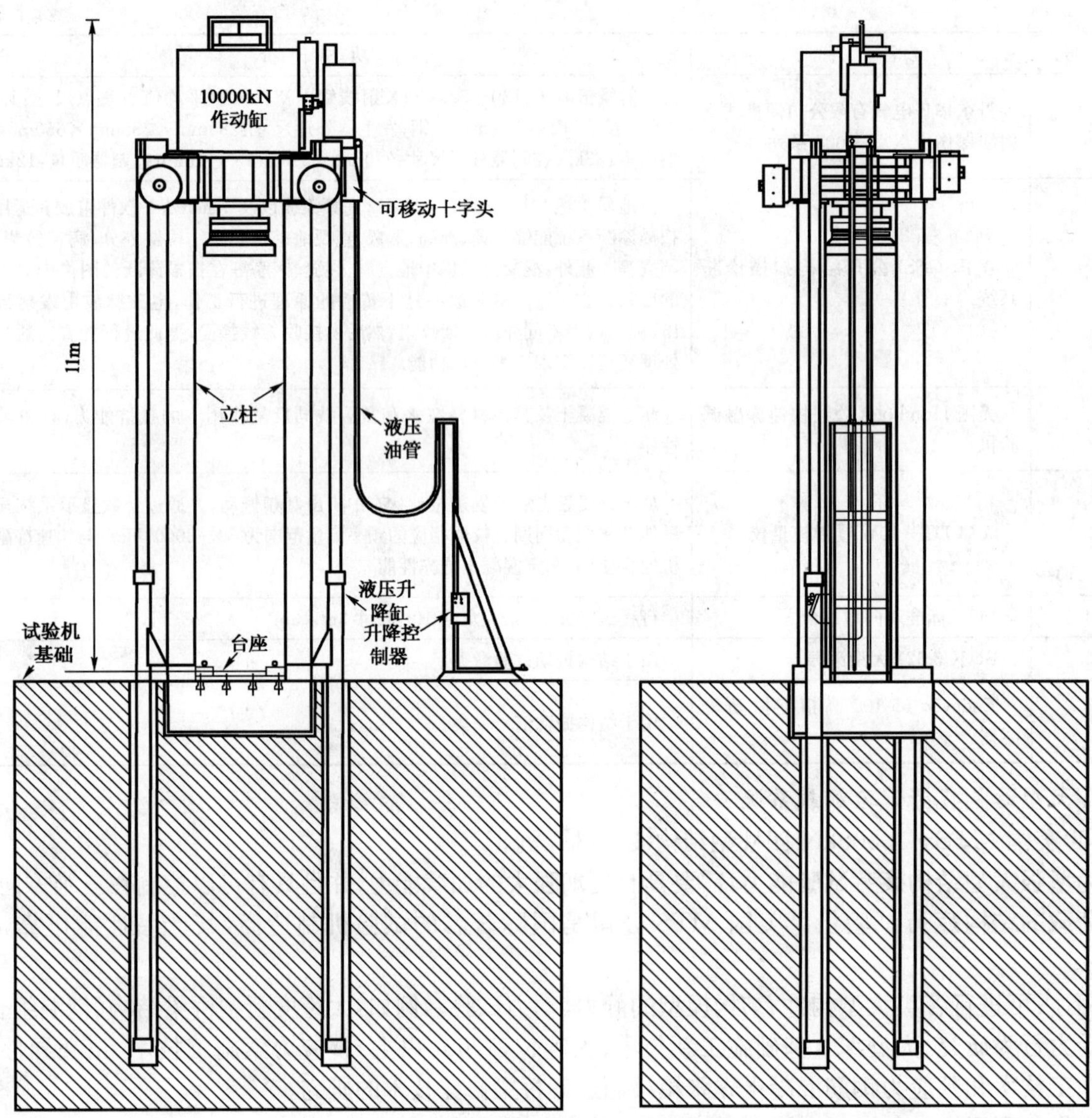

图 4-9-1 MTS 10 000kN 结构疲劳试验机示意图

3000kN 作动器施力(静载)：±3000kN；

伺服阀流量：160 LPM/330 LPM；

(疲劳)：±500kN；

(疲劳)：±1500kN；

泵站流量：300 LPM。

(3)大型结构试验系统配套设施

配置理由：为 MTS 10000 kN 结构疲劳试验机和 MTS 1000kN、5000kN 结构试验作动系统完成大型结构试验所需要的配套设施。

配置：MTS 10000kN 结构疲劳试验机基础台座、作动系统剪力墙、试验设备房屋及 30t 起重设备。

2. 大规模结构试验数据采集系统

(1)大规模结构试验应力应变数据采集系统

购置理由：为开展国家重点实验室提出的科研项目，需要具备能够同时采集 2000 个测试通道的数据采集系统。大桥局集团公司中心实验室虽然现在已有多种应变数据采集器(共 1000 个测试通道)，而其中现有的日本 KYOWA UCAW—70A 数据采集系统仅 300 个测试通道，不能满足大规模结构试验应力应变数据采集的需求。下面提出的仪器配置方案已经考虑到设备的配套使用。日本 KYOWA 公司是一家历史悠久的数据采集系统制造商，产品性能稳定，采集数据可靠且仪器抗干扰能力强。

用途：可用于任何结构及构件的应力应变测量。例如：大跨度新型桥梁结构（钢混组合）的结构受力行为研究；大型深水基础施工新技术、大吨位（1200t 以上）预应力索施工技术、正交异性板桁结构施工技术和预应力钢筋混凝土先张箱梁制造等桥梁修建技术的研究。

型号与配置：日本 KYOWA UCAW—70A 主机 2 台、USB—70A 采集箱 34 台，见图 4-9-2。主要性能指标：

分辨率：1$\mu\varepsilon$；

测量内容：应力、应变、温度、电压等；

测量范围：240000$\mu\varepsilon$；

可扩展：≤1000 通道。

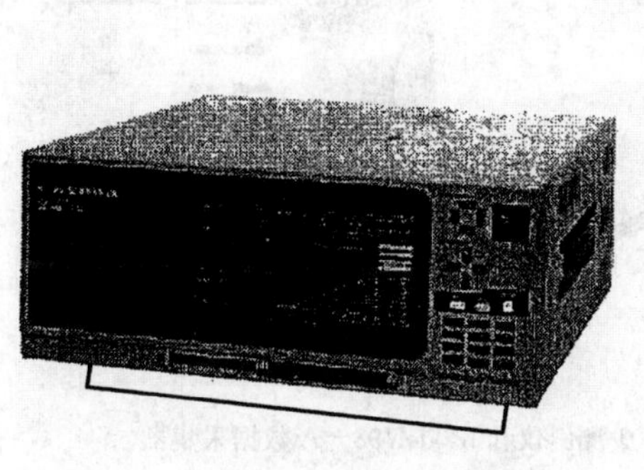

图 4-9-2　KYOWA UCAW—70A 数据采集箱

(2)芬兰 Noptel PSM—200 激光挠度仪

购置理由：配置一套挠度测量精度高，可以同时进行桥梁竖向、横向位移测量，并且可以完成动态测试的挠度测量仪是开展大跨度桥梁相关技术研究所必需的。芬兰 Noptel 公司是欧洲著名的光学仪器制造商。PSM－200 激光挠度仪具有很好的环境适应性，可以在阳光、温度变化、雾、雨、雪等环境下测量；分辨率高；具有良好的动态性能。

用途：结合高墩、大跨、跨海大桥、高强、钢塔和高速铁路工程项目进行相关技术研究，测试、试验技术的研究，桥梁健康监测与诊断系统的研究。

型号与配置：芬兰 Noptel 公司，PSM－200 激光挠度仪，10 个测量通道，见图 4-9-3。

图 4-9-3　Noptel PSM－200 激光挠度仪

主要性能指标：

测量范围（光靶直径）：200mm；

分辨率：＜0.1mm；

最大采样率：500 次/s；

测量距离：1～400m；

精度：<1mm；

激光级别：II 级(对眼安全)。

(3)美国 AGI 801 测斜仪及采集器

购置理由：配合 PSM－200 激光挠度仪，同时动态检测大跨度桥梁结构的倾角也是开展大跨度桥梁相关技术研究所必需的。美国 AGI 公司是国际知名的岩土结构监测仪器制造商。AGI 801 测斜仪是适合用于桥梁结构倾角检测的仪器，具有很高的灵敏度和很好的环境适应性，且具备有良好的动态性能。

用途：结合高墩、大跨、跨海大桥、高强、钢塔和高速铁路工程项目进行相关技术研究，测试、试验技术的研究，桥梁健康监测与诊断系统的研究。

型号与配置：美国 AGI 801 测斜仪 20 只，798－A 数据采集器 4 台，见图 4-9-4。

图 4-9-4　Model 801 测斜仪和 Model798－A 数据采集器

Model 801-S 主要性能指标：

测量范围：±3°；

精度：0.001°；

分辨率：0.0006°；

线性：<2%FS 。

3.进行高性能混凝土试验研究的设备、仪器

(1)美国 WORKHORSE—1 型热膨胀仪；

(2)英国新拌混凝土性能快速测定仪(FCT101)；

(3)英国水泥水化热测量装置(W—Cal.01)；

(4)意大利 3000kN 自动试验机；

国产 1000kN 电液伺服万能材料试验机；

(5)国产混凝土实验室温度控制装置；

(6)国产全自动数字回弹仪；

(7)英国混凝土钢筋锈蚀仪；

(8)美国 M—3056 Maturiry—METER 混凝土成熟度仪；

(9)国产温度—应力试验机；

(10)美国红外热像仪；

(11)德国黏结度测定仪；

(12)国产便携式 X 射线探伤机 XX—2005 系列；

(13)美国结构扫描诊断系统；

(14)美国快速冻融试验机；

(15)国产 DT－10W 动弹模量仪。

以上设备、仪器的主要技术性能见表 4-9-2。

第十章　桥梁工程检测技术

本编最后将对桥梁工程检测技术的一些基础知识和新技术作以简介，内容包括：检测技术基础、检测资料的整编与分析、自动化检测技术和智能系统。

第一节　检测技术基础

桥梁工程检测，就是利用仪器设备来获取桥梁工程中的被测对象信息的大小。这样，信息采集的主要含义就是通过检测（也称测量）取得检测数据（或测量数据）。在现代桥梁工程检测中，需要将各种传感器与多台仪器组合在一起，才能完成信号的检测，这样便形成了检测系统。尤其是随着计算机技术及信息处理技术的发展，检测系统和检测技术所涉及的内容也在不断充实。

一般来说，为了更好地掌握桥梁工程检测（或称桥梁工程测量）工作，需要对测量的基本概念，如测量技术、测量方法、测量系统、测量误差作以了解和研究。

一、测量技术与非电量测量

测量是以确定量值为目的的一系列操作。所以测量也就是将被测量与同种性质的标准量进行比较，确定被测量的倍数。它可以由下式表示：

$$x = nu \quad 或 \quad n = \frac{x}{u} \tag{4-10-1}$$

式中：x——被测量数值；

u——标准量，即测量单位；

n——比值（纯数），含有测量误差。

1.测量技术

由测量所获得的被测的量值叫测量结果。测量结果可用一定的数值表示，也可以用一条曲线或某种图形表示。但无论其表现形式如何，测量结果都应包括误差部分。

被测量值等都是测量过程的信息，这些信息依托于物质才能在空间和时间上进行传递。

参数承载了信息而成为信号。选择其中适当的参数作为测量信号，例如热电偶温度传感器的工作参数是热电偶的电动势。

测量就是传感器从被测对象获取被测量的信息，建立起测量信号，经过变换、传输、处理、从而获得被测量的量值的过程。

2.非电量测量

在桥梁工程中所要测量的参数大多数为非电量，这就出现用电测的方法来研究非电量，即研究用电测的方法测量非电量的仪器仪表，研究如何能正确和快速地测得非电量的技术。

非电量电测量技术的优点是测量精度高，反应速度快，能自动连续地进行测量，可以进行遥测，便于自动记录，可以与计算机连接进行数据处理，可采用微处理器做成智能仪表，能实现自动检测与转换等。

二、测量方法

实现被测量与标准量比较得出比值的方法，称为测量方法。针对不同测量任务进行具体分析以找出切实可行的测量方法，对测量工作是十分重要的。

对于测量方法，从不同角度，有不同的分类方法：

(1)根据获得测量值的方法可分为直接测量、间接测量和组合测量；

(2)根据测量的精度因素可分为等精度测量与不等精度测量；

(3)根据测量方式可分为偏差式测量、零位式测量与微差式测量；

(4)根据被测量变化快慢可分为静态测量与动态测量；

(5)根据测量敏感元件是否与被测介质接触可分为接触测量与非接触测量；

(6)根据测量系统是否向被测量对象施加能量可分为主动式测量与被动式测量等。

上述六类测量方法中，(4)、(5)、(6)项方法很容易理解。下面仅对(1)、(2)、(3)等三项作以说明。

1. 直接测量、间接测量与组合测量

在使用仪表或传感器进行测量时，对仪表读数不需要经过任何运算就能直接表示测量所需要的结果的测量方法称为直接测量。例如，用磁电式电流量电路的某一支路电流，用弹簧管压力表测量压力等，都属于直接测量。直接测量的优点是测量过程简单且迅速，缺点是测量精度不高。

在使用仪表或传感器进行测量时，首先对与测量有确定函数关系的几个量进行测量，将被测量代入函数关系式，经过计算得到所需要的结果，这种测量称为间接测量。间接测量的测量手续较多，花费时间较长，一般用在直接测量不方便或者缺乏直接测量手段的场合。

若被测量必须经过求解联立方程组，才能得到结果，则称这样的测量为组合测量。组合测量是一种特殊的精密测量方法，操作手续复杂，花费时间长，多用于科学实验或特殊场合。

2. 等精度测量与不等精度测量

用相同仪表与测量方法对同一被测量进行多次重复测量，称为等精度测量。

用不同精度的仪表或不同的测量方法，或在环境条件相差很大时对同一被测量进行多次重复测量，称为非等精度测量。

3. 偏差式测量、零位式测量与微差式测量

用仪表指针的位移(即偏差)确定被测量的量值的测量方法称为偏差式测量。应用这种方法测量时，仪表刻度事先用标准器具标定。在测量时，输入被测量，按照仪表指针在标尺上的示值，确定被测量的数值。这种方法测量过程比较简单、迅速，但测量结果精度较低。

用指零仪表的零位指示检测测量系统的平衡状态，在测量系统平衡时，用已知的标准量确定被测量的量值，这种测量方法称零位式测量。在测量时，已知标准量直接与被测量相比较，已知量应连续可调，指零仪表指零时，被测量与已知标准量相等，例如天平、电位差计等。零位式测量的优点是可获得比较高的测量精度，但测量过程比较复杂，费时较长，不适用于测量迅速变化的信号。

微差式测量是综合了偏差式测量与零位式测量的优点而提出的一种测量方法。它将被测量与已知的标准量相比较，取得差值后，再用偏差法测量得此差值。应用这种方法测量时，不需要调整标准，而只需测量两者的差值，即

$$x = N + \Delta \tag{4-10-2}$$

式中：N——标准量；

x——被测量；

Δ——二者之差。

由于 N 是标准量，其误差很小，且使用的是 ΔN，因此可选用高灵敏度的偏差式仪表测量 Δ，即使测量 Δ 的精度较低，但因测量的是 Δx，故总的测量精度仍很高。

微差式测量的优点是反应快，且测量精度高，特别适用于控制参数的测量。

三、测量系统

1. 测量系统的构成

测量系统是传感器与测量仪表、变换装置等的有机组合。图 4-10-1 为测量系统原理结构框图。

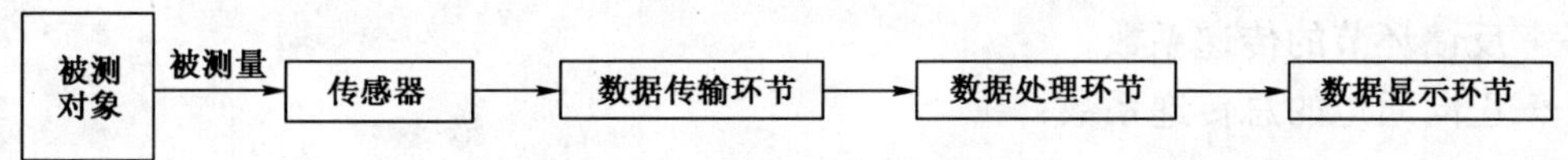

图 4-10-1　测量系统原理结构框图

由图 4-10-1 可看出：

(1)系统中的传感器是感受被测量的大小并输出相对应的信号的器件或装置。

(2)数据传输环节用来传输数据。当测量系统的几个功能环节独立地分隔开的时候，就必须由一个地方向另一个地方传输数据，数据传输环节就来完成这种传输功能。

(3)数据处理环节是将传感器输出信号进行处理和交换。如对信号进行放大、运算、线性化、数／模或模／数转换，变成另一种参数的信号或变成某种标准化的统一信号等，使输出信号便于显示、记录，既可用于自动控制系统，也可与计算机系统连接，以便对测量信号进行信息处理。

(4)数据显示环节将被测量信息变成人的感官能接受的形式，以完成监视、控制或分析的目的。测量结果可以采用模拟显示，也可采用数字显示，还可以由记录仪器进行自动记录或由打印机将数据打印出来。

2. 开环测量系统与闭环测量系统

(1)开环测量系统

开环测量系统全部信息变换只沿着一个方向进行，如图 4-10-2 所示。

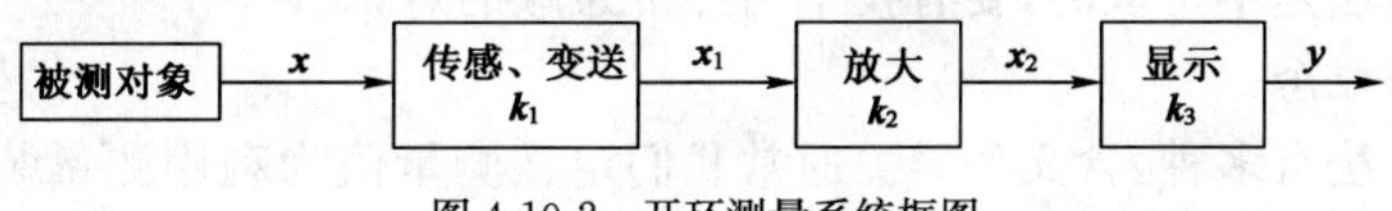

图 4-10-2　开环测量系统框图

输入、输出关系为：

$$y = k_1 k_2 k_3 x \tag{4-10-3}$$

式中：x——输入量；

y——输出量；

k_1、k_2、k_3——各环节的传递系数。

采用开环方式构成的测量系统，其结构较简单，但各环节特性的变化都会造成测量误差。

(2)闭环测量系统

闭环测量系统有两个通道，一个为正向通道，另一个位反馈通道。其结构如图 4-10-3 所示。

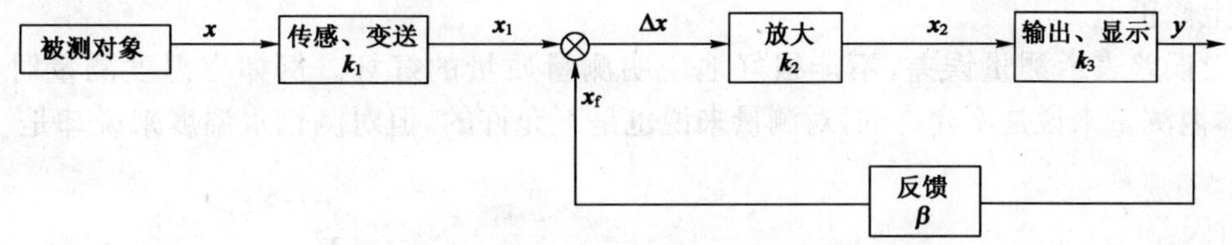

图 4-10-3　闭环测量系统框图

由图 4-10-3 可知：

$$y = k\Delta x = k(x_1 - x_f) = kx_1 - k\beta y = kk_1 x - k\rho y \tag{4-10-4}$$

当 $k>1$ 时，有

$$y=\frac{k_1}{\beta}x \tag{4-10-5}$$

式中：x——输入量；

y——输出量；

Δx——正向通道的输入量；

β——反馈环节的传递系数；

k——正向通道的总传递系数；

$$k=k_2k_3$$

k_1、k_2、k_3——各个环节的传递系数。

显然，这时整个系统的输入输出关系由反馈环节的特性决定，放大器等环节特性的变化不会造成测量误差，或者说造成的误差很小。

根据以上分析可知，在构成测量系统时，只有将开环系统与闭环系统巧妙地组合在一起加以应用，才能达到所期望的目的。

四、测量误差

测量的目的是希望通过测量获取被测量的真实值。但由于种种原因，例如（监测仪）传感器本身性能不十分优良，测量方法不十分完善，外界干扰的影响等，都会造成被测参数的测量值与真实值不一致，两者的不一致程度用测量误差表示。

测量的可靠性至关重要，不同场合对测量结果可靠性的要求也不同。例如，在量值传递、经济核算、产品检验等场合应保证测量结果有足够的准确度；当测量值用作控制信号时，则要注意测量的稳定性和可靠性。因此，测量结果的准确程度应与测量的目的与要求相联系、相适应。那种不惜工本、不顾场合，一味追求越准越好的做法是不可取的，要有技术与经济兼顾的意识。

1. 测量误差的基本概念

测量误差的表示方法有多种，含义各异。通常我们定义测量值为利用测量装置对被测物体的某个参数测得的值，又叫示值。真值是被测物体这个参数的真实值。

(1)绝对误差

绝对误差又叫示值误差，是指测量值与被测量参数真值之间的差值，即测量值不能准确表示真值的程度。它反映了测量质量的好坏。

$$\Delta = x - L_0 \tag{4-10-6}$$

式中：Δ——绝对误差；

L_0——真值；

x——测量值。

对测量值进行修正时，要用到绝对误差。修正值是与绝对误差大小相等、符号相反的值，实际值等于测量值加上修正值。

采用绝对误差表示测量误差，不能很好地说明测量质量的好坏。例如在温度测量时，绝对误差$\Delta=1$℃，对体温测量来说是不允许的，对测量来说也是不允许的，但对测钢水温度来说却是一个极好的测量结果。

(2)相对误差

相对误差的定义由下式给出：

$$\gamma = \frac{\Delta}{L_0}\times 100\% \tag{4-10-7}$$

$$\xi = \frac{\Delta}{x}\times 100\% \tag{4-10-8}$$

式中：γ——相对误差；

Δ——绝对误差；

L_0——真值；

ξ——标称相对误差；

x——测量值。

由于被测量的真实值无法知道，实际测量时用测量值代替真实值进行计算，这个相对误差称为标称相对误差。

(3)引用误差

引用误差是一种实用方便的相对误差，常常在多档和连续刻度的仪器仪表中使用。这类仪表的测量范围不是一个点，而是一个量程。这时按照式(4-10-7)和式(4-10-8)计算。由于分母是随着被测量的变化而变化的变量，所以计算很麻烦。

为了便于计算和划分仪表精度等级，通常采用引用误差。它是从相对误差演变过来的，其分母是常数，取自仪器仪表的量程值，因而它是相对于仪表满量程的一种误差。一般也用百分数表示，即

$$\delta=\frac{\Delta}{R}\times100\% \tag{4-10-9}$$

式中：δ——引用误差；

Δ——满量程绝对误差；

R——仪表满程量。

2. 基本误差与附加误差

这些讨论基本针对仪表的静态误差。静态误差是指仪表静止状态时的误差，或被测量变化十分缓慢时所呈现的误差。此时不考虑仪表的惯性因素。仪表静态误差的应用更为普遍。仪表还存在动态误差。动态误差是指仪表因惯性迟延所引起的附加误差，或变化过程中的误差。

(1)基本误差

任何测量都是与环境条件相关的，测量仪表应严格按规定来使用。

基本误差是指仪表在规定的标准条件下(即参比工作条件)进行测量所得到的误差。这些环境条件包括环境温度、相对湿度、电源电压和安装方式等。例如，仪表是在电源电压(220±5)V、电网频率(50±2)Hz、环境温度(20±5)℃、温度65%±5%的条件下标定的。如果这台仪表在这个条件下工作，则仪表所具有的误差为基本误差。测量仪表的精度等级是由基本误差决定的。

(2)附加误差

附加误差是指当仪表的使用条件偏离额定条件下出现的误差。例如温度附加误差、频率附加误差、电源电压波动附加误差等。因此，在非参比工作条件下进行测量所获得的误差为：

$$\Delta=\Delta_B+\Delta_A \tag{4-10-10}$$

式中：Δ——误差；

Δ_B——基本误差；

Δ_A——附加误差。

3. 误差的性质与分类

根据测量误差所呈现的规律，将误差分为三种，即系统误差、随机误差和粗大误差。这种分类方法便于测量数据处理。

(1)系统误差

对同一被测量多次重复测量时，如果误差按照一定的规律出现，则把这种误差称为系统误差。例如，标准量值的不准确而引起的误差。

引起系统误差的原因主要是仪表制造、安装、使用方法不正确，也可能是测量人员的一些不良的读数习惯引起的。

系统误差是一种有规律的误差，可以采用修正值或补偿校正的方法来减小或消除。

(2)随机误差

对同一被测量进行多次重复测量时，绝对值和符号不可预知地随机变化，但就误差的总体而言，具有一定的统计规律性的误差称为随机误差。

引起随机误差的原因是很多难以掌握或暂时未能掌握的微小因素，一般无法控制。例如电磁场的微变、零件的摩擦、空气的扰动、气压或湿度的变化等。

对于随机误差不能用简单的修正值来修正，只能用概率和数理统计的方法来计算它出现的可能性的大小。

(3)粗大误差

明显偏离测量结果的误差称为粗大误差，又称疏忽误差。这类误差是由于测量者疏忽大意或环境条件的突然变化而引起的。对于粗大误差，首先应设法判断其是否存在，然后将其剔除。

第二节　检测资料的整编与分析

桥梁工程检测，除了进行实地检测或测量取得第一手资料外，还必须对检测资料进行整编分析，即对检测资料做出正确的分析处理。桥梁工程检测资料处理工作的主要内容包括两个方面：资料整编和资料分析。

对检测资料进行汇集、审核、整理、编排，使之集中化、系统化、规格化和图表化，并编印成册，称为检测资料的整编。其目的是便于应用分析，向需要的单位提供资料和归档保存。

对桥梁工程及有关各项检测资料进行综合性的定性和定量分析，找出变化规律及发展趋势，称为检测目标分析，以便发现问题，及时处理。桥梁工程检测资料分析是根据桥梁设计理论、施工组织和有关的基本理论和专业知识进行的。检测资料分析成果，可提供设计、施工、运行参考，同时也是进行科学研究、验证和提高桥梁设计理论和施工技术的基本资料。

一、检测资料的整编与管理

1.检测资料整编

检测资料整编，包括平时资料整理与定期资料管理。

平时资料整理工作的主要内容包括：

(1)适时检查各检测项目原始检测数据和巡视检查记录的正确性、准确性和完整性。如有漏测、误读(记)或异常，应及时补(复)测、确认或更正。

(2)及时进行各检测物理量的计(换)算，填写数据记录表格。

(3)随时点绘检测物理量过程线图，考察和判断测值的变化趋势。如有异常，应及时上报主管部门。

(4)随时整理巡视检查记录(含摄像资料)，补充或修正有关检测系统及检测设施的变动或检验、校(引)测情况，以及各种考证图、表等，确保资料的衔接与连续性。

定期资料管理工作的主要内容包括：

(1)汇集工程的基本概况、检测系统布置和各项考证资料，以及各次巡检资料和有关报告、文件等。

(2)在平时资料整理基础上，对整编时段内的各项检测物理量按时序进行列表统计和校对。

(3)绘制能表示各检测物理量在时间和空间上的分布特征图，以及有关因素的相互关系图。

(4)分析各检测物理量的变化规律及其对工程安全的影响，并对影响工程安全的问题提出运行和处理意见。

(5)对上述资料进行全面复核、汇编，并附以整编说明后，刊印成册，建档保存。采用计算机数据库系统进行资料存储和整编的，整编软件应具有数据录入、修改、查询，以及整编图、表的输出打印等功能。

还应复制软盘备份。

整编后的资料应包含如下内容：封面、目录、整编说明、工程概况、考证资料、巡视检查资料、检测资料、分析成果和封底。

封面内容应包括：工程名称、整编时段、卷册名称与编号、整编单位、刊印日期等。

整编说明应包括：本时段内的工程变化和运行概况，巡视检查和检测工作概况，资料的可信程度；检测设备的维修、检验、校测及更新改造情况，检测中发现的问题及其分析、处理情况（含有关报告、文件的引述），对工程管理运行的建议，以及整编工作的组织、人员等。

检测资料的内容和编排顺序，一般可根据本工程的实有检测项目编印，每一项目中，统计表在前，整编图在后。资料分析成果，主要整编单位对本时段内各检测资料进行的常规性简单分析结果，包括分析内容和方法，得出的图、表和简要结论及建议。委托其他单位所作的专门研究和分析、论证，仅简要引用其中已被采纳的、与工程安全检测和运行管理有关的内容及建议，并注明出处备查。

整编资料在交印前需经整编单位技术主管全面审查，审查工作的主要内容包括：

(1)完整性审查：整编资料的内容、项目、测次等是否齐全，各类图标内容、规格、符号、单位，以及标注方式和编排顺序是否符合规定要求等。

(2)连续性审查：各项检测资料整编的时间与前次整编是否衔接，整编图所选工程部位、测点及坐标系统等与历次整编是否一致。

(3)合理性审查：各检测物理量的计(换)算和统计是否正确、合理，特征值数据有无遗漏、谬误，有关图件是否准确、清晰，以及工程变化是否符合一般规律等。

(4)整编说明审查：整编说明是否包含有关规定内容，尤其注重工程存在的问题、分析意见和处理措施等是否正确，以及需要说明的其他事项有无疏漏等。

正式刊印的整编资料应体例统一，图标完整，线条清新，装帧美观，查阅方便。一般不应有印刷错误。如发现印刷错误，必须补印勘误表并装于印册目录后。

2.检测资料管理

检测数据的管理方式可分为人工管理和计算机管理。人工管理是指采用人工量测效应量，将每个测次采集到的原始资料，按规定格式记录在一定的记簿中，对这些检测值在资料处理时可靠性检验后按时序制表或点绘过程线图与相关图，再依靠检测人员的经验和直觉来进行原因量与效应量的相关分析和对过程线进行观察，据此做出判断，最后整理归档。

由于变形检测资料需要保存的时间长，数据量大且使用频繁，尤其为了满足检测自动化和适时检测分析预报的要求，上述的人工处理与管理不仅难度大，而且容易出错。随着计算机电子技术的发展，变形检测的自动化水平有了很大提高。数据库管理系统已经发展成为一种较为成熟的技术，在变形检测资料管理中已得到应用，并将成为检测数据管理的主要方式。

数据库管理系统是用户的应用程序和数据库中数据间的一个接口。数据库管理系统包括描述数据库、建立数据库、使用数据库、对数据库进行维护的语言，系统运行、控制程序对数据库的运行进行管理和调度，以及对数据库生成、原始装入、统计、维护、故障排除等一系列的服务程序。

利用数据库管理系统技术建立的检测资料管理系统，由资料处理和资料解释两个既有继承关系，又有一定独立性的子系统组成，并有与资料库结合的成套的应用软件系统。图 4-10-4 所示为检测资料管理系统的逻辑结构。

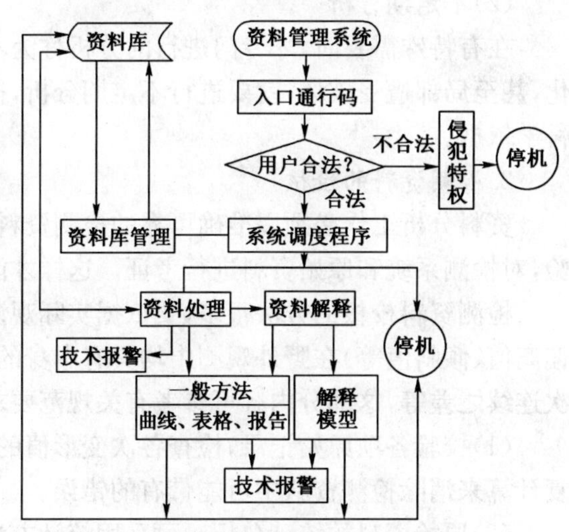

图 4-10-4　检测资料管理系统的逻辑结构

一般而言，数据库管理系统具有以下功能：

(1)各种检测资料以及有关文件的存储、更新、增删、更改、检索和管理；

(2)检测资料的处理；

(3)检测资料的解释。

目前，我国不少单位已开始桥梁健康检测资料管理系统的开发工作。对系统的要求有以下两个方面：

(1)系统功能全面，运行可靠，使用简便，易于维护，有利于高效率地进行健康检测工作。

(2)要求使用合理的机型和软、硬件配置，便于推广、扩展，在将来必要时，可与自动采集系统连接，实现联机进行实时的安全检测。

二、检测资料的分析

20 世纪 30 ～ 50 年代，检测资料分析工作全部用人工进行；60 年代以后，逐步采用电子计算机辅助进行；80 年代初期，工业发达国家如美国、日本、意大利都已实现检测数据处理自动化。中国在 20 世纪 50 ～ 60 年代即已经进行分析工作，主要用人工计算和点图；70 年代后期，开始应用电子计算机；80 年代中期主要用计算机辅助进行资料分析，并已开始研制安全检测专家系统。

1. 检测资料分析的类型

检测资料的分析一般可分为定期分析和不定期分析。

(1)定期分析

①施工期资料分析

计算分析桥梁结构物在施工期取得的观测资料，可为施工决策提供必要的依据。施工期资料分析也为施工质量的评估和工程运用的可能性提供论证。

②运营初期资料分析

从桥梁工程开始运用起，各项观测都需要加强，并应及时计算分析观测资料，以查明桥梁结构物承受实际荷载作用时的工作状态，保证结构物的安全。观测资料的分析成果，除作为运营初期安全控制的依据外，还为工程验收及长期运营提供重要资料。

③运行期资料分析

应定期进行资料分析（例如大型桥梁结构物每 5 年一次），分析成果作为长期安全运营的科学依据，用以判断结构物性态是否正常，评估其安全程度，制订维修加固方案，更新改造安全监测系统。运行期资料分析是定期进行桥梁结构物安全鉴定的必要资料。

(2)不定期分析

在有特殊需要时，才专门进行的分析称为不定期分析。如遭遇洪水、地震后，结构物发生了异常变化，甚至局部遭受破坏，就要进行不定期分析，据以判断结构物的安全程度，并为制订修复加固方案提供科学依据。

2. 检测资料的检核

资料分析工作必须以准确可靠的检测资料为基础。在计算分析之前，必须对实测资料进行校核检验，对检测系统和原始资料进行考证。这样才能得到正确的分析成果，发挥检测资料应有的作用。

检测资料校核的方法很多，要依据实际观测情况而定。一般来说，任一观测元素（如高差、方向值、偏离值、倾斜值等）在野外观测中均具有本身的观测校核方法，如限差所规定的水准测量线路闭合差、两次连续之差等，这部分内容可参考有关规范要求。进一步的校验是在室内所进行的工作，具体有：

(1)校验各项原始记录，检查各次变形值的计算是否有误。可通过不同方法的验算、不同人员的重复计算来消除检测资料中可能带有的错误。

(2)原始资料的统计分析。可采用统计方法进行粗差检验。

(3)原始实测值的逻辑分析。根据检测点的内在物理意义来分析原始实测值的可靠性。

3. 资料分析方法

变形分析主要包括两方面内容：

①对桥梁结构物变形进行几何分析，即对结构物的空间变化给出几何描述；

②对结构物变形进行物理解释。

几何分析的成果是结构物运营状态正确判断的基础。常用的分析方法有作图分析、系统分析、对比分析和建模分析。

(1)作图分析

通过绘制各观测物理量的过程线图，考察效应量随时间的变化规律和趋势，常用的是将观测资料按时间顺序绘制成过程线。通过观测物理量的过程线，分析其变化规律。

(2)统计分析

对各观测物理量历年的最大和量小(含出现时间)、变幅、周期、年平均值及年变化率等进行统计、分析，以考察各观测量之间在数量变化方面是否具有一致性、合理性，以及它们的重现性和稳定性等。这种方法是具有定量的概念，使分析成果更具实用性。

(3)对比分析

比较各次检测资料，定性考察桥梁结构物外观异常现象的部位、变化规律和发展趋势；比较同类效应观测值的变化规律或发展趋势，是否具有一致性和合理性；将检测成果与理论计算或模型试验成果相比较，观察其规律和趋势是否有一致性、合理性；并与桥梁工程的某些技术警戒值相比较，以判断桥梁工程的工作状态是否异常。

(4)建模分析

采用系统识别方法处理观测资料，建立数学模型，用以分离影响因素，研究观测物理量的变化规律，进行实测值预报和实现安全控制。常用数学模型有3种：

①统计模型，主要以逐步回归计算方法处理实测资料建立的模型。

②确定性模型，主要以有限元计算和最小二乘法处理实测资料建立的模型。

③混合模型，一部分观测物理量(如温度)用统计模型，一部分观测物理量(如变形)用确定性模型。这种方法能够定量分析，是长期观测资料进行系统分析的主要方法。

三、检测数据的预处理

检测数据的预处理主要包括：检测物理量的转换、检测数据的粗差检查，以及系统误差的检验等。检测物理量的转换主要是将检测到的电信号转换为需要的位移、压力等物理量，这与所采用的测量仪器密切相关，读者可根据实际情况查阅相关资料。本节主要介绍粗差和系统误差的检验方法。

1. 粗差检验

对于任何一个检测系统，其观测数据中或多或少会存在粗差，在变形分析的开始阶段有必要先对观测数据进行预处理，将粗差剔除。

(1)3σ 准则

考虑到系统检测的连续、实时和自动化，剔除粗差最简便的方法是“3σ 准则”。观测数据中的误差，既可以用观测值序列本身直接进行估计，也可以长期观测的统计结果确定，或取经验数值。

对于检测数据序列 $\{x_1, x_2, \cdots, x_N\}$，描述该序列数据的变化特征为：

$$d_j = 2x_j - (x_{j+1} + x_{j-1}) \quad (j = 2, 3, \cdots, N-1) \tag{4-10-11}$$

这样，由 N 个检测数据可得 $N-2$ 个 d_j。这时，由 d_j 值可计算序列数据变化的统计均值 $\bar{d}$ 和均方差 $\hat{\sigma}$：

$$\bar{d} = \sum_{j=2}^{N-1} \frac{d_j}{N-2} \tag{4-10-12}$$

$$\hat{\sigma}_{\mathrm{d}}=\sqrt{\sum_{j=2}^{N-1}\frac{(d_{\mathrm{j}}-\overline{d})^{2}}{N-3}} \tag{4-10-13}$$

则 d_j 绝差的绝对值与均方差的比值

$$q_{\mathrm{j}}=\frac{|d_{\mathrm{j}}-\overline{d}|}{\hat{\sigma}_{\mathrm{d}}} \tag{4-10-14}$$

若 $q_j>3$ 时，则认为 x_j 是奇异值，应予以舍弃。

(2)统计检验法

根据弹性力学理论，相同材料的桥梁结构物在相同的荷载作用下，如果其结构条件、材料性质及地基性质不变，则其变形量应相同。根据以上事实，可取历年同一季节、相同荷载的观测值作为同一母体的子样。假设以前的观测值子样为$\{y'_1, y'_2, y'_3, \cdots, y'_{n-1}\}$，本次测值为 y'_n，则可求得样本的均值和方差为：

$$\overline{Y}=\sum y'_{\mathrm{i}}/(n-1) \quad (i=1,2,3,\cdots,n-1) \tag{4-10-15}$$

$$S=\sqrt{\frac{\sum(y'_{\mathrm{i}}-\overline{Y})^{2}}{n-1}} \quad (i=1,2,3,\cdots,n-1) \tag{4-10-16}$$

当$|y'_n-\overline{Y}|<KS$时，则认为测值无粗差；否则，认为测值异常。

(3)关联分析法

在变形检测中，对于结构物的水平位移、竖直位移等一般在同一部位都布有多个测点，这些测点由于其所在的地质条件、荷载条件等都十分相近，其位移变化趋势、位移量都有十分密切的联系。因此，可以利用这种相关性，来相互检核检测数据是否异常。

检测数据的相关性检验，可借用回归分析的方法。假设有测点 A 与 B，其观测值分别为 y_A 与 y_B，它们的关系可用下列多项式数学模型描述：

$$y_{\mathrm{A}}=a_0+a_1y_{\mathrm{B}}+a_2y_{\mathrm{B}}^2+\varepsilon \tag{4-10-17}$$

式中：a_0、a_1、a_2——系数；

ε——随机误差。

为估计上式中的系数 a_0、a_1、a_2，可用最小二乘法求得其估值，并可求出回归中误差 S 为：

$$S=\sqrt{\frac{\sum\varepsilon_{\mathrm{i}}^{2}}{n-3}} \quad (i=1,2,3,\cdots,n) \tag{4-10-18}$$

式中：n——子样个数。

利用该回归方程，就可以根据相邻测点的变形值，预计该相关测点的变形值，从而检核检测数据。在实际检验中，如异常测点的若干个关联测点在时间、方向等方面都发现类似的异常情况，则认为测值异常是由结构变化引起的；否则，认为异常是由检测因素引起的。

2. 系统误差检验

在检测数据中，除了存在偶然误差和可能含有粗差外，还有可能存在系统误差。在有些情况下，观测值误差中的系统误差点有相当大的比例。对这些系统误差若不加以恰当的处理，势必要影响检测成果的质量，对结构物的安全评判也将产生不利的影响。

系统误差产生的原因主要有检测仪器老化、基准点的蠕变等。它虽对结构的安全不产生影响，但对资料分析结果有一定的影响。目前，系统误差的检验方法主要有：U 检验法、均方连差检验法和 t 检验法等。

(1)U 检验法

以结构物发生较大事件、检测系统更新改造或出现故障等作为分界点，将测值序列分为两组或若干组，并设 $Y_1 \backsim N(\mu_1, \sigma_1^2)$，$Y_2 \backsim N(\mu_2, \sigma_2^2)$，选择统计量：

$$U=\frac{Y_1-Y_2}{\sqrt{S_1^2/n_1+S_2^2/n_2}} \tag{4-10-19}$$

式中：Y_1、Y_2——两组样本的平均值；

n_1、n_2——两组样本的子样数；

S_1、S_2——两组样本的方差。

当$|U|>U_{a/2}$时，则存在系统误差；否则，不存在系统误差。若检测资料存在系统误差，则在资料分析时，应设法消除系统误差的影响。

该方法适用于测值系列较长，且结构物的时效变形已基本收敛的情况。因为，在时效变形显著时，时效变形和系统误差将难以分辨。

(2)均方连差检验法

从某个母体中抽取的子样为x_1、x_2、…、x_n，则$\frac{1}{n-1}\sum_{i=1}^{n-1}(x_{i+1}-x_i)^2$称为均方连差，可用它作为统计量。若母体为$N(\xi,\sigma)$，则：

$$\begin{cases}d_i=(x_{i+1}-x_i)\sim N(0,\sqrt{2}\sigma)\\ E\left(\frac{d_i^2}{2\sigma^2}\right)=1,E(d_i^2)=2\sigma^2\end{cases} \tag{4-10-20}$$

若令

$$q^2=\frac{1}{2(n-1)}\sum_{i=1}^{n-1}(x_{i+1}-x_i)^2=\frac{1}{2(n-1)}\sum_{i=1}^{n-1}d_i^2$$

则

$$E(q^2)=\frac{1}{2(n-1)}\sum_{i=1}^{n-1}E(d_i^2)=\sigma^2$$

所以q^2为σ^2的无偏估计量，而$\hat{\sigma}^2$是σ^2的无偏估计量，则作出统计量：

$$r=\frac{q^2}{\hat{\sigma}^2} \tag{4-10-21}$$

式中：$\hat{\sigma}^2$——检测值方差σ^2的无偏估计量。

如果在检测过程中，母体均值逐渐移动(有系统误差)而保持其方差σ^2不变，则$\hat{\sigma}^2$会受到此移动的影响而变得过大，但q^2只包含先后连续两次观测之差，上述移动的影响会得到部分消除，所以q^2受移动的影响比$\hat{\sigma}^2$受到的影响小。进行检验时，利用观测值算出r值，若r值过小，则认为母体均值的逐渐移动是显著的。

由于$n>20$时，r近似正态$N(1,\sigma_r)$，亦即：$\frac{r-1}{\sigma_r}\sim N(0,1)$。此外，$\sigma_r^2=\frac{1}{n+1}$，所以在检验中，原假设$H_0:r=1$，备选假设$H_0:r<1$，则拒绝域为$r<r'_a$。当$n>20$时拒绝域为：

$$\frac{r-1}{\sqrt{n+1}}<u'_a \tag{4-10-22}$$

式中：u'_a——$N(0,1)$分布的左尾分位值。

利用均方连差检验系统误差时，可根据回归模型求得的改正数v_i进行检验，但由于各个v_i的方差σv_i均不等，它服从

$$v_i\sim N(0,\sigma v_i)$$

在使用均方连差检验时，必须把它标准化，即

$$\frac{v_i}{\sigma\sqrt{1-h_{ii}}}\sim N(0,1) \tag{4-10-23}$$

当为大子样时($n>20$)，$\hat{\sigma}$为σ的无偏估值，以$\hat{\sigma}$代替σ，则上式可看作近似正态分布，再构成均方连差统计量，实施系统误差检验。

第三节　自动化检测技术和智能系统

随着桥梁工程检测仪器设备、计算机和软件技术的发展，特别时网络、通信和数据库技术的飞速发展，桥梁工程检测自动化技术得到空前的发展。高精度的自动化检测仪器、海量数据管理和先进实用的数据分析处理理论为自动化技术提供了有力的技术支撑。同时，为适应信息化和自动化管理发展的要求，桥梁工程检测自动化正式成为桥梁工程检测的一个发展方向；另外，基于检测新技术的智能系统也是其发展方向。本节将对这些新技术的基本原理和内容作以简介，以供读者深入研究参考。

一、自动化检测技术

自动化检测技术是20世纪60年代发展起来的一种全新的检测技术，它是随着计算机技术、网络通信技术的发展而发展起来的。由于检测系统的各个环节都可以实现自动化，因此，自动化检测就有多种含义。国外区分为3种含义（或3种形式）：第一种是数据处理自动化，俗称“后自动化”；第二种时实现数据采集自动化，俗称“前自动化”；第三种是实现在线自动采集数据、离线资料分析，俗称“全自动化”。我国的自动化检测经过多年的发展，在理论上、产品质量上都已达到了相当的水平。

自动化检测主要包括数据采集的自动化、数据传输的自动化、数据管理的自动化和数据分析的自动化等内容。

桥梁工程检测的自动化系统应具有以下功能：

(1)数据采集功能。能自动采集各类传感器的输出信号，并把模拟量转换为数字量；数据采集能适应应答式和自报式两种方式，能按设计的方式自动进行定时测量，能接收命令进行选点、巡回检测和定时检测。

(2)掉电保护功能。现场的数据采集装置应有储存器和掉电保护模块，能暂存已经采集的数据，并在掉电的情况下不丢失数据。系统应设有备用电源，在断电情况下，系统应能自动切换，并继续工作一段时间。具体持续工作时间应根据工程的具体要求确定，一般应在3d以上。

(3)自检、自诊断功能。即对仪器自身的工作性态进行检查，对发生故障的仪器应自动报警。

(4)现场网络数据通信和远程通信功能。现场数据通信一般采用电缆、光纤和无线传输等形式，对于远程通信一般采用因特网和微波方式。

(5)防雷和抗干扰功能。为保证系统的安全和正常运行，防止遭受雷击和外界因素的干扰，系统应具备本功能。系统的防雷一般应进行专门的设计。

(6)数据管理功能。对检测数据应用数据库技术进行有效的管理，并编制相应的管理软件，对检测数据实行查询、修改、统计等操作，对数据异常及故障能进行显示和报警。另外，为保证数据的安全，系统应具有数据备份功能。

(7)数据分析功能。对检测数据进行及时的分析处理是自动化检测的一个重要特征，是及时发现工程隐患的重要手段。一般的数据分析主要是判断数据的正常或异常特征，并根据其异常特性作进一步的分析。

自动化检测系统在性能上应满足以下要求：

(1)采样时间应有一定的限制，具体的时间可根据工程实际情况确定。通常对某个项目的巡测时间应小于30min，对单个测点的采样时间应小于3min。

(2)测量的周期可根据工程的实际需要调整，在特殊情况下，可实现加测、补测等。

(3)自动化检测系统应建立监控室，用于对整个系统的控制和数据管理。监控室的温度一般应保持在20～30℃，湿度保持不大于85%。

(4)系统可采用交流电作为工作电源，其工作电压为220V。

(5)系统应有较高的可靠性，系统的故障率应低于5%，并能稳定可靠地工作。

(6)数据采集装置的测量精度应满足有关规范和工程实际需要的要求，因此，应在精度、量程、稳定性、可靠性等方面选择合适的数据采集装置。

1. 自动化检测系统的布置形式

经多年研制和开发，自动化检测系统的布置形成三大基本形式：集中式检测系统、分布式检测系统和混合式检测系统。近期，在分布式检测系统的基础上，又开发了网络集成式检测系统。

(1)集中式检测系统

集中式检测系统是将传感器通过集线箱或直接连接到采集器的一端进行集中观测。在这种系统中，不同类型的传感器要用不同的采集器控制测量，由一条总线连接，形成一个独立的子系统。系统中有几种传感器，就有几个子系统和几条总线。系统结构如图4-10-5所示。

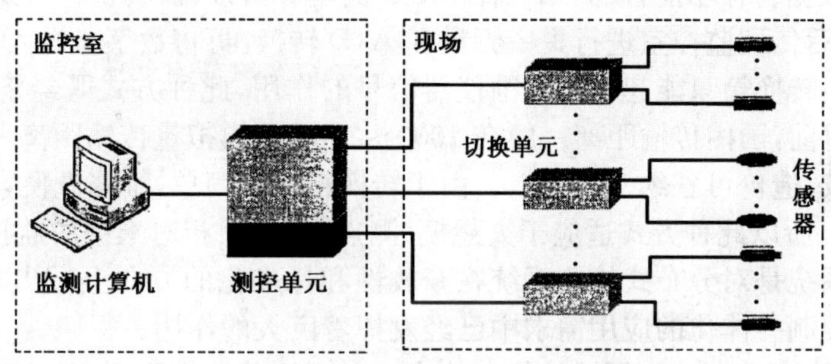

图4-10-5　集中式检测系统结构示意图

所有采集器都集中在主机附近，由主机存储和管理各个采集器数据。采集器通过集线箱实现选点，如直接选点则可靠性较差。

集中式检测系统中高技术部件均集中在机房，工作环境好，便于管理，系统重复部件少，相对投资也较少；但系统传输的是模拟量，易受外界干扰，系统风险集中，可靠性不高，技术复杂，电缆用量大，维护不便。

(2)分布式检测系统

分布式检测系统通常由检测计算机、测控单元传感器组成，根据不同检测任务需要而埋设的各类传感器通过一定的通信介质(一般为屏蔽电缆)接入布置在其附近的测控单元，由测控单元按照采集程序的控制将检测数据转换、存储并通过数据通信网络发送至远方的检测计算机作深入分析和处理，其结构如图4-10-6所示。另外，测控单元还可以接收来自检测计算机的控制命令，将本身的工作状况以及传感器的工作状况发送给检测计算机，由操作员做出分析判断以及时排除系统中硬件设备的故障。因此，虽然系统设备的类型与集中式无大的差别，但是由于测控单元与集中式结构中的测控单元相比有了本质的变化，且系统中数据传输多为数字量信号，使得分布式系统在诸如测量精度、速度、可靠性和可扩展性等方面比集中式系统有了显著提高。

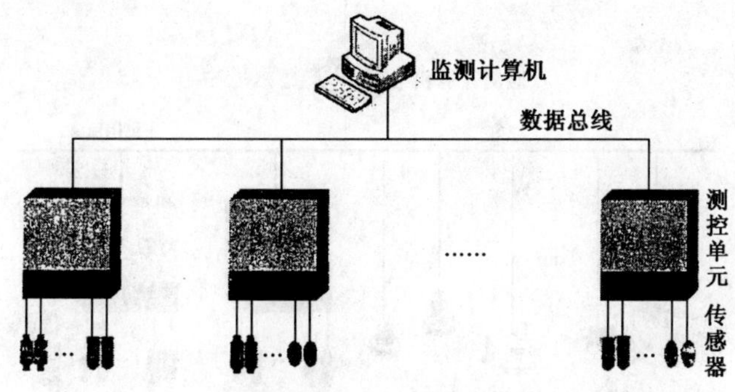

图4-10-6　分布式检测系统结构示意图

分布式检测系统是把数据采集工作分散到靠近较多传感器的采集站(测控单元)来完成,然后将所测数据传送到主机。这种系统要求检测现场的测控单元应是多功能智能型仪器,能对各种类型的传感器进行控制测量。

在这种系统中,采集站(测控单元)一般布置在较集中的测点附近,不仅起开关切换作用,而且将传感器输出的模拟信号转换成抗干扰性能好、便于传送的数字信号。

分布式检测系统传输的是数字量,传输距离长,精度高,风险分散,可靠性高,技术简单,电缆用量小,布置灵活,观测速度快;但系统重复部件多,投资相对较大。

(3)混合式检测系统

混合式检测系统是介于集中式和分布式之间的一种采集方式。它具有分布式布置的外形,而采用集中方式进行采集。设置在仪器附近的遥控转换箱类似于 MCU,汇集其周围的仪器信号,但不具有 MCU 的 A/D 转换和数据暂存功能,故其结构比 MCU 简单。可以说,转换箱仅是将仪器的模拟信号汇集于一条总线之中,然后传到监控室进行集中测量和 A/D 转换,再将数字量送入计算机进行存储处理。

混合式检测系统中转换箱只能起汇集周围仪器信号的作用,此种方式既经济又可靠地解决了模拟量长距离传输技术。目前,国内传输距离一般在 1000～2000m(模拟量传输距离一般不能大于2000m)。与分布式检测系统比较,造价可省约 1/3 左右。由于转换箱结构简单,维修方便,在恶劣气候条件下,比 MCU 产生的故障率低,所以此种方式适应于大规模、测点数量多、相对集中的监控系统。

网络集成式检测系统是对分布式检测系统在开放性和标准化的方向上做出本质改变的系统结构,它在先进的企业管理控制一体化的应用需求中已经发挥着巨大的作用。

在现场控制层,它将当今自动化领域的热点技术——现场总线应用于产生现场的数据通信核心,并且随着现场总线技术的不断发展和其内容的不断扩充,现场总线超出了原有的定位范围——一种应用于产生现场,在现场设备之间、现场设备与控制装置之间实现双向、串行、多节点数字通信的技术,而成为网络系统与控制系统。

网络集成式检测系统突破了分布式结构中因专用网络的封闭造成的缺陷,改变了分布式检测系统中的模拟、数字信号混合,一个简单控制的信号传递需经历从现场到控制室,再从控制室到现场的往返专线传递过程。近年来在桥梁安全检测系统中,具有智能化结构的检测传感器日益增多,使现场传感器具备了自主测量、A/D 转换、数字滤波、温度补偿等各种功能,可以直接挂接在总线网络上依照现场总线的协议标准工作,无需通过测控单元获取检测数据。这种将完整的检测功能彻底分散到现场的做法,从根本上提高了检测系统运行的可靠性。

随着网络信息化和安全性的提高,接入 Internet 的管理层可以为远方的专家和上级管理部门提供远程检测分析结构物安全状况的手段,提高安全状况分析的效率。网络集成式检测系统结构示意图如图 4-10-7 所示。

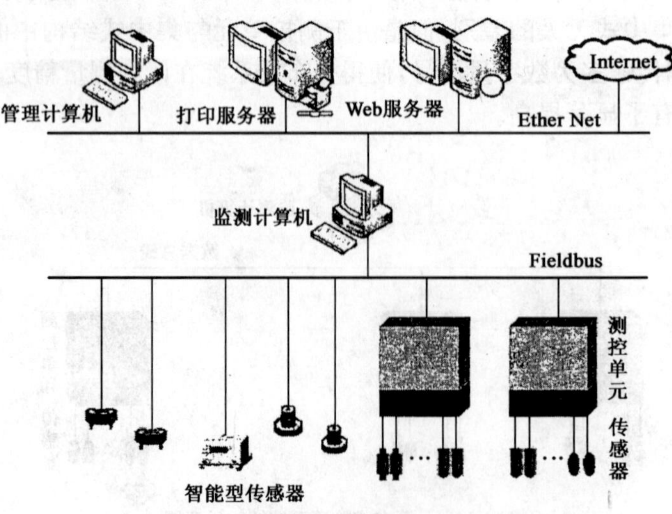

图 4-10-7　网络集成式检测系统结构示意图

2. 自动化检测系统的组成

自动化检测系统，一般由如下六部分组成：电缆、传感器、采集站、检测分站、检测总站、检测中心。

(1)电缆

检测系统的不同部位和不同仪器需要连接不同规格的电缆。电缆选型和敷设是确保检测仪器和系统正常运行的基础，因此，必须予以足够的重视。电缆选型要充分了解电缆结构及信号传输和工作环境对电缆的要求，并根据实际情况进行试验分析。电缆敷设要注意对每一个环节进行严格的质量控制，避开不利的区域。

(2)传感器

传感器是感应建筑物变形、渗流、应力、温度等各种物理量的仪器设备，它将测量到的模拟量、数字量、脉冲量、状态量等信号输送到采集站。传感器可分为以下几类：电阻式、电感式、电容式、振弦式、调频式、压阻式、变压器式、电位器式等。

桥梁工程检测中常用的传感器包括渗压计、渗流量计、垂线仪、倾斜仪、测缝计、锚杆应力计、钢筋计、应变计、温度计等各种仪器。应选择其中对监控工程安全起重要作用且人工观测又不能满足要求的关键测点纳入自动化观测系统。同时所有纳入自动化系统的仪器，都应预先经过现场观测值可靠性鉴定，证明其工作性态正常。

另外，值得一提的是新近发展的一种智能传感器。这是一种将传感器与微型计算机集成在一起的装置。它的主要特征是将敏感技术和信息处理技术相结合，使其除了具有感知的本能外，还具有认知能力。智能传感器的功能是通过模拟人的感官和大脑协调动作，结合长期以来测试技术的研究和实际经验而提出来的，是一个相对独立的智能单元。它的出现对原来硬件性能的苛刻要求有所降低，而靠软件帮助可以使传感器的性能大幅度提高。一般认为，智能传感器应具备以下功能：

①复合敏感功能；

②自补偿和计算功能；

③自检、自校、自诊断功能；

④信息存储和传输功能。

(3)采集站

采集站由测控单元组成，并根据仪器分布情况决定其布置，一般设在较集中的仪器测点附近。采集站根据确定的观测参数、计划和顺序进行实际测量、计算和存储，并有自检、自动诊断功能和人工观测接口。

采集站除与主机通信外，还可定期用便携式计算机读取数据。根据确定的记录条件，将观测结果及出错信息与指定检测分站或其他测控单元进行通信。能送配不同的测量模块或板卡，以实现对各种类型传感器的信号采集。检测指定报警条件，一旦报警状态或条件改变，则通知指定的检测分站。将所有观测结果保存在缓冲区中，直到这些信息被所有指定检测分站明确无误地接收完为止。管理电能消耗，在断电、过电流引起重启动或正常关机时，保留所有配置设定的信息。并具有防雷、抗干燥、防尘、防腐功能，适用于恶劣温度环境。采集系统的运行方式主要分中央控制式(应答式)及自动控制式(自报式)，必要时也可以采用任意控制式。

(4)检测分站

检测分站一般根据建筑物规模及布置情况决定是否设置，应避免强电磁干扰。如果系统规模较小，则可以不设分站。检测分站的主要功能是启动测量系统，自动采集数据，实现数据的通信和传输，可对检测数据检查校核，包括软硬件系统自身检查、数据可靠性和准确度检查及数学模型检查。另外，还可进行测量数据的存储、删除、插入、记录、显示、换算、打印、查询及仪器位置、参数工作状态显示等操作，对结构物的安全状况实行监控、预报及报警。

(5)检测总站

一个工程设一个总站，即现场安全监控中心，应有足够的设备和工作空间，具备良好的照明、通风和温控条件。

检测总站除分站功能外，还应具有图像显示、工程数据库及其数据管理功能。能将各检测分站数据和人工检测数据汇集到总站数据库内，建立安全监控数学模型，并进行影响因素分解及综合性的分析、预报和安全评价。

(6)检测中心

检测中心是需要远传检测数据的上级领导单位。

二、基于检测新技术的智能系统

1. 智能调节阀系统概述

智能调节系统是以调节阀为主体，并把许多部件组装在一起的一体化结构。它是集常规仪表的检测、控制、执行、调节等功能于一身，具有智能化的控制、显示、诊断、保护和通信功能的系统。

一般来说，智能调节阀系统包含了如下几个部分：

(1)带有微处理器及智能控制软件的控制器；

(2)用于提供各种参数变化信号的传感器；

(3)信号变换器与I/O及通信接口；

(4)执行机构和阀。

图 4-10-8 是一种智能调节阀系统的结构图。从图 4-10-8 中可以看出，除了执行机构和阀组成的气缸式调节阀外，还有电—气转换定位器、微处理器、现场显示器、压力传感器、温度传感器、位置传感器、模拟及数字量输入输出通道以及与计算机通信的接口。

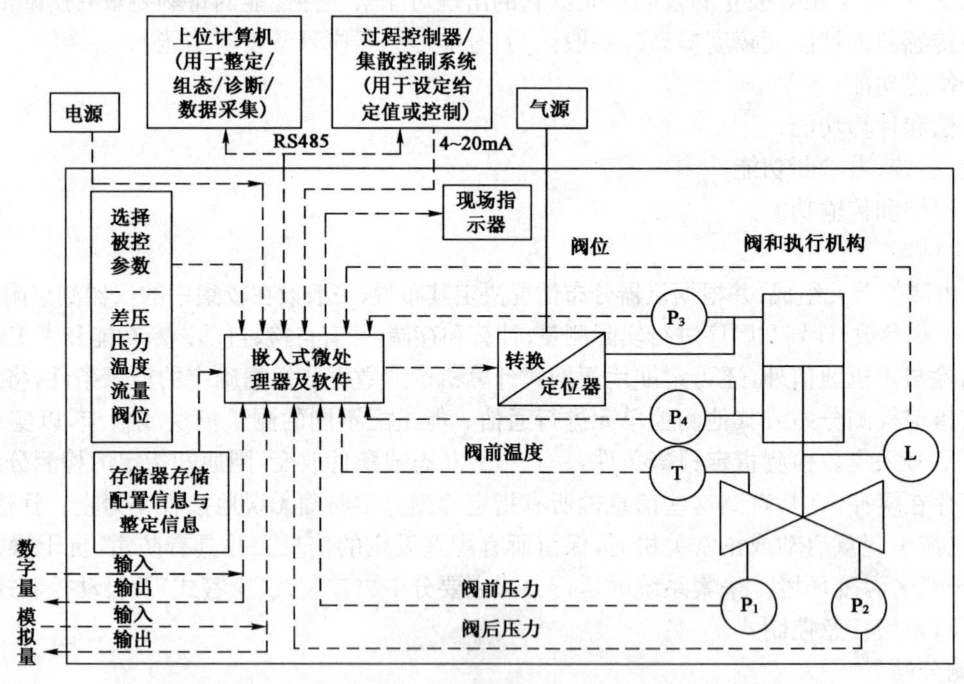

图 4-10-8 智能调节阀系统结构示意图

由此可见，智能调节阀系统是一个多传感器数据融合技术在调节阀产品上的应用，这是一个并行结构的像素级融合的多传感器系统。

同时，智能调节阀又是一个软测量技术的典型应用，它利用容易测得的过程参数(温度、压力、位置等参数)，借助于模型，由程序计算出难以直接测量的过程参数——流量。

2. 智能调节阀系统的智能

(1)控制智能

智能调节阀系统具有更完善的控制智能。图示的智能阀系统可以在程序控制下作为调节阀接受

4～20mA的信号，调节阀门开度，也可以作为一个独立控制器或变送器单独工作。在作为控制器使用时，它接受4～20mA的模拟信号，或经由RS485通信接口发送的数字信号，或按编定的程序进行PID调节。阀前和阀后都有压力、温度和位置等参数的传感器，可对流量、压力、温度、阀位等参数进行调节。这种调节阀系统由于采用微处理器控制，调节质量高，有利于实现最优控制和自适应控制。

(2)通信智能

智能调节阀系统可以采用数字通信的办法与主控制室相连接。主控制室进出的可寻址数字信号通过电缆被智能调节阀接收，系统中的微处理器根据信号对阀进行调节。

主计算机可以对调节阀群进行调节和管理，也可以用其他方法连接网络，单独连接或多阀门连接都可以。智能调节阀系统还允许远程检测整定并修改参数或算法。

(3)诊断智能

在现场安装智能调节阀系统要比仪表控制室集中控制的方式更迅速、更准确、更安全。这是因为集中控制系统对传感器所采集的数据进行检测和处理的时间比较长，特别是对气路传输系统，气路很长则滞后严重。而现场智能调节阀系统进行诊断和控制是十分及时的。

从图4-10-8中可以看出，系统中有各种各样的传感器。这些传感器就是诊断的工具，即使是对电路上的电压、电流也可以进行检测。有些软件使用阶跃法或斜坡函数法自动测试某些参数，并把这些参数与标准值相比较，进行自动诊断。这些诊断项目包括量程、始点和终点、线性度、变差、填料的密封性、膜头的气密性、阀芯阀杆的对中性等，甚至过滤器是否堵塞、阀门的磨损和其他障碍，都能进行诊断。总之，只要编好程序，就可以诊断各种故障项目。

智能调节阀系统在运行中受微处理器装置的监视，产生故障能及时采取措施并报警。

(4)保护智能

智能调节阀系统的保护智能体现在两个方面：一是要保护调节阀本身；二是要保护整个系统。

调节阀的故障是多种多样的。气动调节阀主要是机械部分的损坏，而电动调节阀还有电动机和一套减速机构。电动机可能因为电路接线错误而转动方向相反，减速机构可能因零件损坏不能传动，气动调节阀可能因为气源中断而没有动作，也可能有其他原因。

智能型调节阀的特点就在于正确诊断之后进行自身保护。例如，监视电动机执行机构的电源相序及信号输入，确保电动机正确转动；当阀门卡住时切断电源，保护电动机不被烧坏并及时报警；当阀门填料泄露，温度、压力、阀位等参数变化时及时调整。

对整套系统的保护功能体现在各种应急措施方面。例如，给系统配备辅助电源，一旦断电，自动切换到辅助电源，用新电路供电；对电路的电压、电流进行周期性检查，过高、过低都报警并调查；当防爆装置可能因为损坏而诱发火灾时，应能检测出温度和烟气的变化而报警并切断能源；当系统的位置、温度、压力等状况超过规定时，有自我保护措施。

参 考 文 献

[1] 郭振芹.非电量电测量.北京:中国计量出版社,1986.
[2] 储海宁.混凝土坝内部观测技术.北京:水利电力出版社,1989.
[3] 赵志仁.三门峡大坝的观测与分析.天津:天津科学技术出版社,1993.
[4] 贺安之,阎大鹏.现代传感器原理及应用.北京:宇航出版社,1995.
[5] 林圣华.结构试验.南京:南京工学院出版社,1987.
[6] [美]G M 萨布尼斯,等.结构模型和试验技术.朱世杰,等译.北京:中国铁道出版社,1989.
[7] 胡大琳.桥涵工程试验检测技术.北京:人民交通出版社,2000.
[8] 湖南大学,太原工学院,福州大学.建筑结构试验.北京:中国建筑工业出版社,1982.
[9] 贯有权.材料力学实验.北京:高等教育出版社,1984.
[10] 吉林工业大学农机系,机械工业部农业机械科学研究院.应变片电测技术.北京:机械工业出版社,1978.
[11] 华东水利学院.模型试验量测技术.北京:水利电力出版社,1983.
[12] 郑秀瑗,谢大吉.应力应变电测技术.北京:国防工业出版社,1985.
[13] 余瑞芬.传感器原理,北京:航空工业出版社,1995.
[14] 李方泽,刘馥清,王正.工程振动测试与分析,北京:高等教育出版社,1992.
[15] 倪振华.振动力学.西安:西安交通大学出版社,1989.
[16] 国家地震局工程力学研究所.891 型超低频测振仪使用说明书.1994.
[17] 国家地震局工程力学研究所.941 型超低频测振仪使用说明书.1994.
[18] 聂让.全站仪与高等级公路测量.北京:人民交通出版社,1999.
[19] 张翠玉.公路工程常用仪器的使用与检修.北京:人民交通出版社,2000.
[20] 岳建平,田林亚.变形监测技术与应用.北京:国防工业出版社,2007.
[21] 胡昌斌.道路与桥梁检测技术.北京:人民交通出版社,2007.
[22] 扬新安,李怒放,李志华.路基检测新技术.北京:中国铁道出版社,2006.
[23] 董春利.传感器与检测技术.北京:机械工业出版社,2008.

附录A　汕头海湾大桥成桥后历次检测主要数据摘要及结论

一、成桥静载试验

1. 静载试验有关参数

(1)汕头海湾大桥之悬索桥主要结构参数(表A-1)

主要结构参数　　表A-1

构　件	参　数	量　值	单　位	备　注
主缆索	跨度组成	150＋444＋150	m	按加劲梁划分
	矢高	44.4	m	
	缆索间距	25.2	m	
	面积	0.19655	m^2	单侧
	单位长度质量	2.0	t/m	含吊索
	弹性模量	1.85×10^5	MPa	
吊索	面积	0.00375	m^2	单侧
	弹性模量	1.6×10^5	MPa	
加劲梁	面积	8.934	m^2	
	竖向抗弯惯性矩	5.37	m^4	
	水平抗弯惯性矩	450.00	m^4	
	抗扭惯性矩	20.06	m^4	
	单位长度质量	34.0	t/m	
	弹性模量	3.65×10^4	MPa	
塔柱	面积	10.25	m^2	单柱
	面内抗弯惯性矩	13.76	m^4	单柱
	面外抗弯惯性矩	35.34	m^4	单柱
	抗扭惯性矩	33.17	m^4	单柱
	弹性模量	3.5×10^4	MPa	

(2)成桥荷载检测内容(表 A-2)

加 载 内 容 表 A-2

工况	试验内容	加载方式	测试项目	附注
1	单侧边跨满布	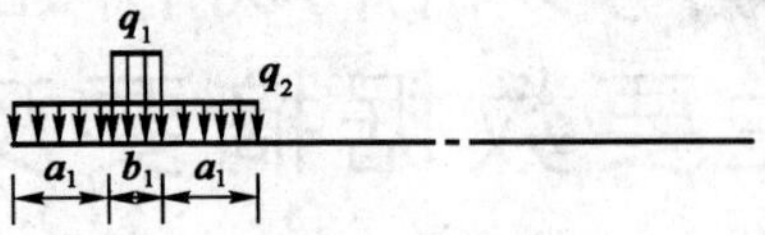	顺桥向主塔位移；加劲梁最大挠度；加劲梁纵向弯曲应力；吊索拉力；主缆内力增量	q_1=26.208kN/m q_2=44.209kN/m a_1=50.6m b_1=32.8m
2	中跨最不利影响区段满布	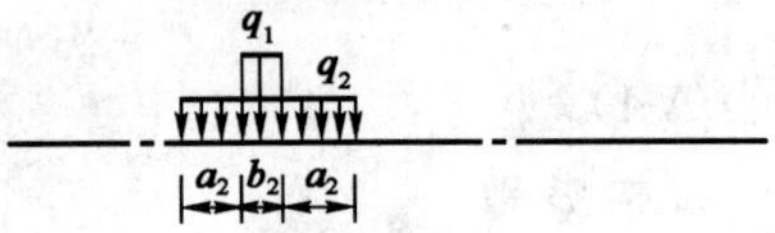	主塔顺桥向水平位移；主塔根部弯矩；加劲梁挠度；加劲梁纵向弯曲应力；主缆内力增量	q_1=26.208kN/m q_2=44.209kN/m a_2=45.1m b_2=32.8m
3	单侧边跨最不利影响区段满布	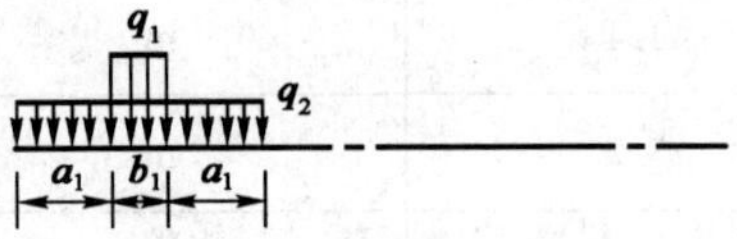	加跨加劲梁最大弯曲应力	
4	主跨桥面反对称横向偏载	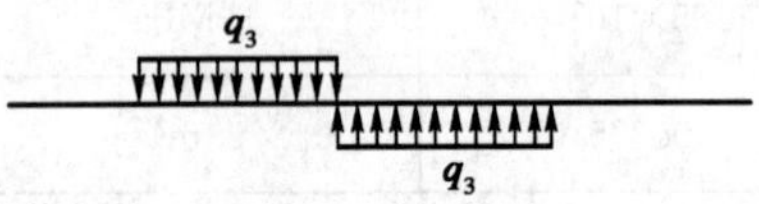	中跨加劲梁最大扭矩；主缆内力增量	q_3=21.715kN/m
5	集中荷载作用于控制截面	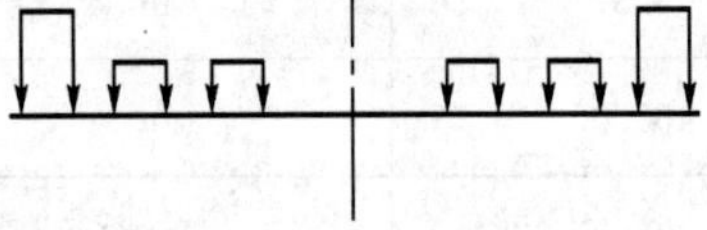	局部吊索拉力	标准车轴重 200kN，重车轴重 550kN
6	按要求横向布载	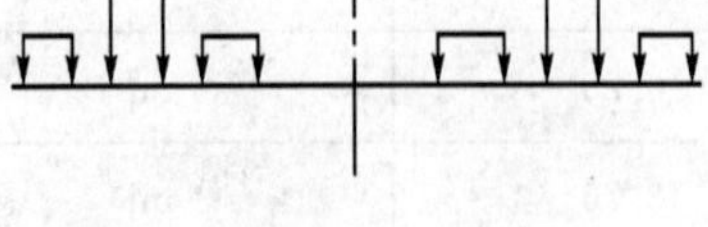	20 号、24 号梁局部横向应力	标准车轴重 200kN，重车轴重 550kN
7	副航道上 T 构偏载		T 构挠度及弯曲应力	

注：附注项所列为设计荷载强度。

(3)静载检测荷载效率系数(表 A-3)

静载试验荷载效率系数　　表 A-3

工　况	测试项目	设计荷载计算值	试验荷载计算值	荷载效率
1	塔顶水平位移	7.08cm	6.26cm	0.88
2	中跨主梁弯矩	28870.0kN・m	27530.0kN・m	0.95
3	边跨主梁弯矩	31660.0kN・m	28080.0kN・m	0.89

2. 静载检测主要结果

(1)边跨满载(工况 1)

①边跨满载时顺桥向塔的位移(表 A-4)

主塔顺桥向最大水平位移　　表 A-4

加载等级	位移实测值(cm)			位移理论值(cm)	K=实测/理论
	试验 1	试验 2	平均值		
2(四车道)	3.8	3.7	3.8	4.4	0.86
3(六车道)	5.2	5.2	5.2	6.3	0.83

②边跨满载时加劲梁最大挠度(发生在边跨跨中,表 A-5)

边跨加劲梁最大挠度　　表 A-5

加载等级	位移实测值(cm)			位移理论值(cm)	K=实测/理论
	试验 1	试验 2	平均值		
2(四车道)	25.1	25.1	25.1	26.8	0.94
3(六车道)	31.5	32.0	31.8	37.8	0.84

③边跨满载时加劲梁纵向弯曲应力

最大弯矩发生在边跨第 13 号吊索附近,其测点纵向弯曲应力平均值见表 A-6,该截面最大应力与理论计算值的比较见表 A-7。

加劲梁截面平均应力　　表 A-6

加载等级	上翼缘应力(MPa)			下翼缘应力(MPa)			作用荷载(kN)
	试验 1	试验 2	平均值	试验 1	试验 2	平均值	
1(二车道)	−0.77	−0.81	−0.79	1.54	1.58	1.56	2240
2(四车道)	−1.67	−1.74	−1.71	3.49	3.53	3.51	4760
3(六车道)	−1.97	−2.12	−2.05	4.26	4.37	4.32	6720

加劲梁截面应力比较　　表 A-7

上翼缘测点 13 应力(MPa)		K=实测/理论	下翼缘测点 14 应力(MPa)		K=实测/理论
实测	理论		实测	理论	
−3.39	−4.81	0.70	5.24	6.69	0.78

④边跨满载时吊索拉力

实测的吊索拉力增量大部分小于理论计算值;极个别索力大于理论计算值,约 10%。但总体来讲,理论与实测值吻合较好,见表 A-8。

北边跨吊索拉力增量 表 A-8

吊　索	拉力实测值(kN)			拉力理论值(kN)	实测值/理论值
	试验 1	试验 2	平均		
N_1	25.8	28.8	27.3	—	—
N_2	25.2	24.0	24.6	—	—
N_3	49.5	47.7	48.6	—	—
N_{11}	98.4	97.2	97.8	—	—
N_{12}	90.2	87.8	89.0	114.5	0.78
N_{13}	92.9	110.5	101.7	113.5	0.90
N_{14}	130.3	115.4	122.9	111.5	1.10
N_{15}	84.4	82.0	83.2	—	—
N_{21}	60.6	70.6	65.6	—	—
N_{23}	46.0	46.6	46.3	—	—

(2)中跨最不利加载(工况 2)

①中跨最不利加载时主塔塔顶顺桥向水平位移及主塔根部的弯矩

塔顶位移见表 A-9。根部弯矩值计算如下。

塔顶顺桥向水平位移 表 A-9

加 载 等 级	作用荷载(kN)	北塔水平位移(cm)		K_1=实测/理论	南塔水平位移(cm)		K_2=实测/理论
		实测值	理论值		实测值	理论值	
1(二车道)	1680	0.6	—	—	—	—	—
2(四车道)	3640	0.5	—	—	—	—	—
3(六车道)	5880	2.6	2.5	1.04	1.6	2.4	0.67

北塔根部按实测位移数据的计算弯矩为：

$$M_{实} = 10410\text{kN} \cdot \text{m}$$

而理论计算

$$M_{理} = 9498\text{kN} \cdot \text{m}$$

$$K' = M_{实} / M_{理} = 1.10$$

②中跨最不利加载时加劲梁挠度

中跨最不利加载时,加劲梁的最大挠度值示于表 A-10。加劲梁的挠曲线示于图 A-1。

中跨加劲梁最大挠度 表 A-10

加 载 等 级	作用荷载(kN)	挠度实测值(cm)	挠度理论值(cm)	K=实测/理论
1(二车道)	1680	8.8	—	—
2(四车道)	3640	21.7	—	—
3(六车道)	5880	36.1	46.6	0.77

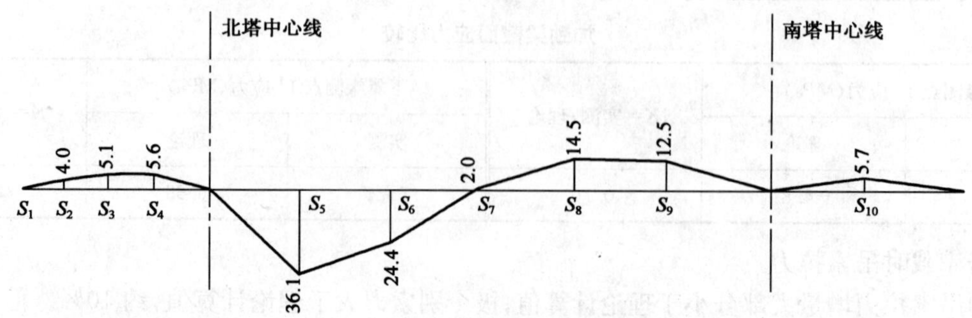

图 A-1　中跨最不利加载时加劲梁挠曲线(尺寸单位:cm)

③中跨最不利加载时加劲梁纵向弯曲应力

其最不利截面在中跨第11号索与第12号索间。加劲梁纵向弯曲应力平均值见表A-11及表A-12。

截面测点平均纵向弯曲应力　表A-11

加载等级	作用荷载(kN)	应力平均值(MPa)	
		上翼缘	下翼缘
1(二车道)	1680	−0.34	1.11
2(四车道)	3640	−1.06	2.65
3(六车道)	5880	−1.78	4.52

截面应力比较　表A-12

上翼缘测点15应力(MPa)		K_1'=实测/理论	下翼缘测点43应力(MPa)		K_1'=实测/理论
实测	理论		实测	理论	
−2.45	−4.72	0.52	4.56	6.56	0.70

(3)主缆在各加载工况下活载产生的内力增量

主缆在各加载工况下活载产生的内力增量示于表A-13。主缆在恒载作用下相应测点处的内力为102500 kN,活载内力幅为3344kN,实际活载应力幅小于20MPa,应力比大于0.96。

各工况主缆内力增量　表A-13

工况	索股应变(平均)($\mu\varepsilon$)	索股内力增量(kN)	主缆内力增量(kN)
1	28.0	7.3	1023
2	60.0	19.8	2178
4	92.0	30.4	3344

(4)吊索拉力(工况5)

工况5所测得的吊索拉力示于表A-14。它与工况1所测得的相比(见表A-8),规律基本一致:靠近荷载处的吊索拉力较大,远离者较小。一般结构校正系数在0.5~1.2间。由此推算出吊索活载应力幅在60 MPa左右,应力比为0.85。

北边跨吊索内力增量　表A-14

工况	测点	内力增量(kN)		K=实测/理论
		实测	理论	
5-1	N_{11}	—	66.5	—
	N_{12}	58.0	73.5	0.79
	N_{13}	70.3	73.5	0.96
	N_{14}	76.1	60.0	1.17
	N_{15}	24.6	53.5	0.46
5-2	N_2	10.6	20.5	0.52
	N_3	9.5	32.5	0.29

二、历次主缆内力及吊索内力检测

1.主缆内力的历次检测

对主缆内力的检测实际上是对其部分索股内力的检测。表A-15列出了历次主缆部分索股内力的比较,而表A-16为第五次与第六次检测数据的汇总比较。从表列数值比较可以看出,主缆内力变化的幅度大致为5%,个别可达8%。不言而喻,桥上恒、活载的变化及温度影响均会引起主缆内力的波动。检测误差也是存在的,但较小,在3%以内。因此可以断言,主缆处于良好的施工及运营状态。

北岸上游锚室部分主缆索股的内力变化 表 A-15

主缆索股编号	索股内力（kN）						变化率（%）				
	第一次	第二次	第三次	第四次	第五次	第六次	A_{61}	A_{62}	A_{63}	A_{64}	A_{65}
$N_{5上}$	1262.1	1293.2	1216.1	1293.2	1315.4	1270.2	0.6	−1.8	4.3	−1.8	−3.6
$N_{40上}$	1245.0	1371.2	1346.9	1371.2	1316.6	1340.1	7.1	−2.3	−0.5	−2.3	2.0
$N_{53上}$	—	1256.9	1256.6	1294.4	1316.6	1260.4	—	0.3	0.3	−2.7	−4.5
$N_{62上}$	1218.9	1257.4	1257.4	1257.4	1268.1	1231.1	1.0	2.1	2.1	2.1	−3.0
$N_{71上}$	1323.4	1331.6	1331.6	1331.6	1264.1	1231.1	−7.5	−8.2	−8.2	−8.2	−2.7
$N_{98上}$	1188.9	1219.1	1219.1	1181.2	1219.1	1183.2	0.5	3.0	3.0	0.2	3.0

北岸上游锚室第五次、第六次测量主缆索股内力值 表 A-16

索号	索股内力(kN)			索号	索股内力(kN)			索号	索股内力(kN)		
	第六次	第五次	第六与第五之差		第六次	第五次	第六与第五之差		第六次	第五次	第六与第五之差
1	1280.1	1290.0	−9.9	38	1250.6	1240.9	9.7	75	1192.7	1240.9	49.1
2	1330.0	1290.0	40.0	39	1231.1	1290.0	−58.9	76	1231.1	1240.9	−48.2
3	1309.9	1290.0	19.9	40	1340.1	1313.6	26.5	77	1250.6	1192.7	57.9
4	1231.1	1290	−58.9	41	1231.1	1240.9	−9.8	78	1231.1	1240.9	−9.8
5	1280.1	1315.4	−35.3	42	1202.2	1240.9	−38.7	79	1240.9	1240.9	0.0
6	1231.1	1290.0	−58.9	43	1240.9	1192.7	48.2	80	1290.0	1240.9	49.1
7	1350.0	1290.0	60.0	44	1231.1	1340.1	−109.0	81	1231.1	1240.9	−9.8
8	1309.9	1290.0	19.9	45	1260.4	1240.9	19.5	82	1211.8	1192.7	19.1
9	1270.2	1240.9	29.3	46	1280.1	1250.6	29.5	83	1309.9	1240.9	69.0
10	1250.6	1290.0	−39.4	47	1221.5	1250.6	−29.1	84	1300.0	1240.9	59.1
11	1350.0	1290.0	60.0	48	1250.6	1240.9	9.7	85	1221.5	1192.7	28.8
12	1202.2	1240.9	−38.7	49	1211.8	1240.9	−29.1	86	1231.1	1240.9	−9.8
13	1231.1	1240.9	−9.8	50	1250.6	1240.9	9.7	87	1192.7	1192.7	0.0
14	1250.6	1290.0	−39.4	51	1270.2	1240.9	−9.8	88	1219.5	1192.7	26.8
15	1270.2	1240.9	29.3	52	1231.1	1240.9	−9.8	89	1231.1	1192.7	38.4
16	1250.6	1266.3	−15.7	53	1260.4	1316.6	−56.2	90	1192.7	1192.7	0.0
17	1250.6	1240.9	9.7	54	1260.4	1340.1	−79.7	91	1309.9	1204.9	69.4
18	1231.1	1290.0	−58.9	55	1231.1	1340.1	−109.0	92	1221.5	1240.9	−19.4
19	1250.6	1240.9	9.7	56	1250.6	1290.0	−39.4	93	1221.5	1192.7	28.8
20	1231.1	1290.0	−58.9	57	1250.6	1340.1	−89.5	94	1231.1	1240.9	−9.8
21	1270.2	1240.9	29.3	58	1270.2	1240.9	29.3	95	1340.1	1240.9	99.2
22	1330.0	1290.0	40.0	59	1319.9	1309.9	10.0	96	1221.5	1240.9	−19.4
23	1240.9	1240.9	0.0	60	1250.6	1340.1	−89.5	97	1300	1240.9	59.1
24	1231.1	1240.9	−9.8	61	1250.6	1240.9	9.7	98	1183.2	1219.1	−35.9
25	1250.6	1240.9	9.7	62	1231.1	1268.1	−37.0	99	1231.1	1192.7	38.4
26	1319.9	1240.9	79.0	63	1211.8	1192.7	19.1	100	1250.6	1192.7	57.9
27	1330.0	1309.9	20.1	64	1260.4	1240.9	19.5	101	1250.6	1240.9	9.7
28	1211.8	1240.9	−29.1	65	1240.9	1240.9	0.0	102	1250.6	1240.9	9.7
29	1231.1	1240.9	−9.8	66	1280.1	1240.9	39.2	103	1240.9	1240.9	0.0
30	1270.2	1240.9	29.3	67	1250.6	1240.9	9.7	104	1230.0	1192.7	37.3
31	1231.1	1240.9	−9.8	68	1260.4	1340.1	−79.7	105	1250.6	1192.7	57.9
32	1250.6	1290.0	−39.4	69	1231.1	1290.0	−58.9	106	1250.6	1240.9	9.7
33	1270.0	1270.2	0.0	70	1270.2	1290.0	−19.8	107	1270.2	1240.9	29.3
34	1270.2	1231.2	39.0	71	1231.1	1264.1	−33.0	108	1231.1	1240.9	−9.8
35	1260.4	1240.9	19.5	72	1250.6	1250.6	0.0	109	1270.2	1240.9	29.3
36	1231.1	1240.9	−9.8	73	1250.6	1240.9	9.7	110	1231.1	1240.9	−9.8
37	1221.5	1240.9	−19.4	74	1290.0	1240.9	49.1				
Σ_5=137766.8kN			Σ_6=137852.9 kN			N_5=1252.4			N_6=1253.2		

注：Σ_5、Σ_6表示第五、第六次测量北岸下游锚室全部索股内力之和；N_5、N_6表示第五、第六测量北岸下游锚室全部索股内力之均值。

2.吊索索力的历次检测

表A-17及表A-18为第五次与第六次边跨吊索内力与中跨吊索内力的详细检测结果。而吊索历次检测内力的比较,见表A-19。

第五次、第六次测量边跨吊索内力 表A-17

吊索位置	吊索内力(kN)				整根吊索内力(kN)		第六与第五次整根吊索内力之差(kN)
	第五次		第六次		第五次	第六次	
	内侧	外侧	内侧	外侧			
$N_{1下南}$	254.4	256.2	251.6	219.1	510.6	470.7	−39.9
$N_{1下北}$	274.0	195.4	225.4	206.8	469.4	432.2	−37.2
$N_{2下南}$	238.7	238.7	254.7	250.4	477.3	505.1	27.8
$N_{2下北}$	261.9	274.5	286.2	280.8	536.4	567.0	30.6
$N_{4下南}$	274.0	286.3	311.6	287.1	560.3	598.7	38.4
$N_{4下北}$	261.9	250.2	287.1	287.1	512.1	574.2	62.1
$N_{12下南}$	247.4	256.6	268.8	272.0	504.0	540.8	36.8
$N_{12下北}$	247.4	247.4	265.6	240.9	498.8	506.5	7.7
$N_{13下南}$	229.4	238.4	264.7	250.5	467.8	515.2	47.4
$N_{13下北}$	229.4	238.4	264.7	250.5	467.8	515.2	47.4
$N_{14下南}$	253.4	277.5	217.4	251.7	530.9	469.1	−61.8
$N_{15下北}$	233.8	244.1	275.2	287.3	477.9	562.5	84.6
$N_{23下南}$	351.2	312.7	291.9	302.0	633.9	593.9	−65.1
$N_{23下北}$	351.2	312.7	291.9	302.0	663.9	593.9	−70.0
$N_{1上北}$	231.9	243.0	269.3	269.3	474.9	538.6	63.7
$N_{2上南}$	234.1	245.5	261.1	249.9	479.6	511.0	31.4
$N_{2上北}$	228.6	247.8	251.7	272.9	476.4	524.6	48.2
$N_{4上南}$	245.6	245.6	283.1	287.1	491.2	570.2	79.0
$N_{4上北}$	277.6	256.0	293.1	314.8	533.6	607.9	74.3
$N_{12上南}$	238.3	238.3	284.9	284.9	476.6	569.8	93.2
$N_{12上北}$	256.6	256.6	284.9	284.9	513.2	569.8	56.6
$N_{13上南}$	229.4	229.4	265.3	247.7	458.8	513.2	54.2
$N_{13上北}$	256.2	247.4	245.0	259.0	503.6	504.0	0.4
$N_{14上南}$	241.7	241.7	269.9	202.5	483.4	472.4	−11.0
$N_{15上南}$	276.3	265.3	259.1	259.1	541.6	518.2	−23.4
$N_{15上北}$	298.8	254.6	305.1	270.3	553.4	575.4	22.0
$N_{23上北}$	308.3	331.0	302.6	278.7	639.3	581.3	−58.0
$N_{24上南}$	265.3	265.3	289.0	282.2	530.6	571.2	40.6

第五次、第六次测量中跨吊索内力 表A-18

吊索位置	吊索内力(kN)				整根吊索内力(kN)		第六与第五次整根吊索内力之差(kN)
	第五次		第六次		第五次	第六次	
	内侧	外侧	内侧	外侧			
$MN_{6下南}$	252.5	266.7	276.7	309.5	519.2	586.2	+67.0
$MN_{6下北}$	216.5	252.5	255.8	266.1	469.0	521.9	+52.9

续上表

吊索位置	吊索内力（kN）				整根吊索内力(kN)		第六与第五次整根吊索内力之差(kN)
	第五次		第六次		第五次	第六次	
	内侧	外侧	内侧	外侧			
$MN_{9下南}$	279.8	296.5	266.3	292.7	576.3	559.0	−17.3
$MN_{9下北}$	255.6	259.6	268.0	259.4	515.2	527.4	+12.2
$MN_{14下南}$	266.6	244.9	258.1	270.1	511.5	528.2	−16.7
$MN_{14下北}$	272.2	244.9	291.6	285.4	517.1	577.0	+59.9
$MN_{6上南}$	281.3	261.9	266.1	255.8	543.2	521.9	−21.3
$MN_{6上北}$	243.2	220.8	276.7	262.0	464.0	538.7	+74.7
$MN_{9上南}$	325.1	263.5	259.4	331.9	588.6	591.3	+2.7
$MN_{9上北}$	271.6	251.7	285.6	285.6	523.3	571.2	+47.9
$MN_{14上南}$	258.4	309.9	255.2	264.1	568.3	519.3	−49.0
$MN_{14上北}$	231.8	286.4	270.0	279.2	518.2	549.2	+31.0

部分吊索历次测量内力 表 A-19

吊索位置	整根吊索内力(kN)				
	第二次	第三次	第四次	第五次	第六次
$N_{1上南}$	444.1	485.6	444.1	—	460.3
$N_{1下北}$	419.2	444.1	402.6	469.4	432.2
$N_{2下南}$	469.0	512.3	469.0	477.3	505.1
$N_{4上北}$	599.6	556.7	608.0	533.6	607.9
$N_{12上南}$	547.8	538.9	521.2	476.6	569.8
$N_{13上南}$	494.5	471.1	485.6	458.8	513.0
$N_{14下南}$	556.7	565.6	565.6	530.9	469.1
$N_{15上北}$	503.4	521.2	530.1	553.4	575.4
$N_{23上北}$	503.4	538.9	503.4	639.3	581.3
$N_{24上北}$	521.2	512.3	512.3	472.2	564.5
$N_{24下北}$	—	574.5	530.1	500.9	601.2
$N_{24下南}$	691.7	741.9	767.0	—	605.0
$MN_{6上北}$	—	485.6	521.2	464.0	538.7
$MN_{6上南}$	616.4	582.9	591.2	543.2	521.9
$MN_{6下北}$	469.0	503.4	521.2	469.0	521.9
$MN_{6下南}$	538.9	556.7	638.9	519.2	586.2
$MN_{9上北}$	469.0	503.4	469.0	523.3	571.2
$MN_{9下北}$	485.6	521.2	503.4	515.2	527.4
$MN_{14上北}$	565.5	556.7	547.8	518.2	549.2
$MN_{14上南}$	538.9	574.5	538.9	568.3	519.3
$MN_{14下北}$	512.2	503.4	521.2	517.1	577.0
$MN_{14下南}$	574.5	591.2	582.0	511.5	528.2
总和	10520.7	11842.1	11773.8	10261.4	11925.8
均值	526.0	538.3	535.2	513.1	542.1

由表 A-19 可以看出，历次吊索内力的检测值的差别一般在 10%以内，绝大多数在 5%以内。这种差值的存在是由于恒载、活载、温度变化和检测误差的综合影响。检测结果表明吊索处于良好的施工及运营状态。因为吊索静力安全系数大，在加劲梁线性良好的条件下，对吊索的内力不宜随意调整，它不会影响桥梁及吊索的安全运营。

本桥索股内力及吊索内力的检测方法，采用了长效测力仪及频谱分析等不同方法。从检测结果看，两者效果均较好，精度在 5%以内。

三、历次加劲梁线性检测

历次加劲梁线形检测结果见表 A-20 和图 A-2。历次线形检测结果表明，加劲梁线形处于良好状态，跨中高程变化在 15cm 之内。这种变化主要是温度变化导致主缆线形发生变化的结果；且在第一次至第五次检测期间，桥面二期恒载发生了变化（桥面铺装由钢纤维混凝土改为改性沥青），也影响了线形的变化。

前后六次加劲梁线形测量结果　　表 A-20

测点	里程	高程 (m)								备注
		设计计算 H	成桥观测 H_0	第一次 (25℃) H_1	第二次 (18.0℃) H_2	第三次 (27.2℃) H_3	第四次 (24.0℃) H_4	第五次 (27.0℃) H_5	第六次 (20.0℃) H_6	
1	0	42.199	42.230	—	41.892	41.890	41.890	41.832	42.230	北边墩
3	33	43.354	43.592	43.405	43.385	43.424	43.478	43.378	43.406	
5	93	45.454	45.684	45.470	45.485	45.491	45.554	45.457	45.474	
7	154	47.407	47.420	47.128	47.128	47.128	47.128	47.128	47.424	北塔
9	215	48.898	48.734	48.538	48.538	48.499	48.634	48.538	48.576	
11	275	49.911	49.481	49.339	49.427	49.241	49.443	49.326	49.401	
13	335	50.473	50.186	49.776	49.897	49.677	49.879	49.763	49.865	
15	380	50.600	50.319	49.885	50.044	49.853	50.020	49.900	50.005	中跨跨中
17	425	50.473	50.203	49.783	49.929	49.528	49.785	49.780	49.869	
19	485	49.911	49.718	49.374	49.480	49.326	49.481	49.372	49.432	
21	545	48.898	48.800	48.585	48.663	48.580	48.704	48.614	48.632	
23	606	47.407	47.385	47.145	47.145	47.145	47.145	47.145	47.420	南塔
25	667	45.454	45.663	45.406	45.438	45.409	45.409	45.448	45.446	
27	727	43.354	43.552	43.314	43.332	43.331	43.331	43.351	43.336	
29	760	42.199	42.168	—	41.807	41.810	41.810	41.843	42.180	南边墩

注：第一次至第五次测试在北边墩、南边墩、北塔及南塔处数据不同，是因测点位置不同所致。设计计算、成桥观测及第六次测试，均换算至加劲梁中线处。

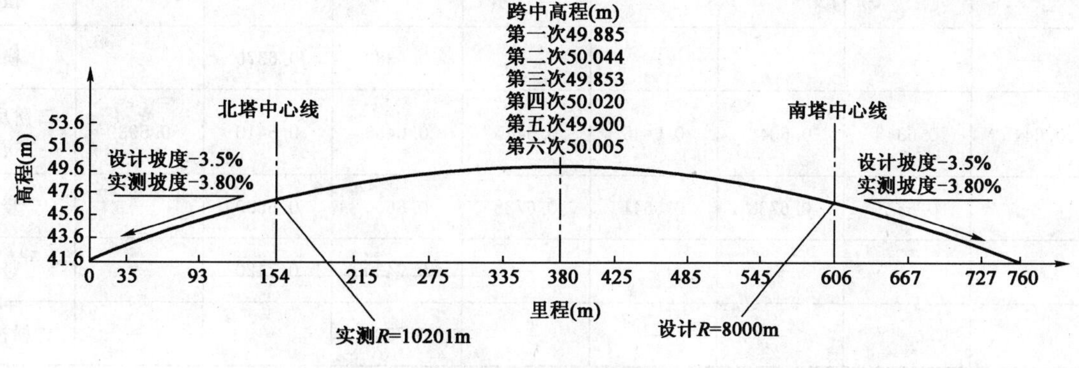

图 A-2　实测加劲梁线形

四、历次悬索桥自振特性检测结果

历次自振特性检测均采用脉动法。为保证精度，采用了精密度高的日本产 TEAC 和共和电业的磁带记录仪以及美国产 HP3562 动态信号分析仪。检测时进行了交通封闭。前四次检测时桥面铺装为钢纤维混凝土；第五次检测时，桥面铺装已更换为改性沥青路面。经过理论分析，桥面铺装的更换对自振特性的影响可以忽略不计。将历次自振特性检测结果与计算值相比较，见表 A-21。振型见图 A-3。由历次检测结果可知，各阶频率相差很小，表明结构的自振特性处于稳定状态。

历次自振特性测试结果与计算值比较　　表 A-21

序号	历次测试频率值(Hz)							设计计算频率值(Hz)	振型特征
	成桥时(1995.12)	长期观测一(1996.7)	长期观测二(1996.12)	长期观测三(1997.5)	长期观测四(1997.11)	长期观测五(1998.5)	长期观测五(1998.12)		
1	—	0.1367	0.1465	0.1367	0.1367	0.1400	0.1410	0.1580	顺桥向振动(纵漂)
2	0.2051	0.2051	0.2051	0.2051	0.2051	0.2030	0.2030	0.1869	一阶竖向反对称
3	0.2148	0.2148	0.2148	0.2148	—	0.2120	0.2110	—	一阶横向对称
4	—	—	0.2734	0.2821	0.2734	0.2830	0.2850	—	横向对称
5	0.2930	—	—	—	—	0.3210	0.3160	0.2960	二阶竖向对称
6	0.3320	0.3223	0.3223	0.3223	0.3223	0.3290	0.3200	—	二阶横向反对称
7	—	0.3906	0.4102	0.4005	0.4004	0.4050	0.398	—	竖向反对称
8	—	—	—	—	—	0.4080	0.4020	—	横向反对称
9	—	0.4785	0.4785	0.4785	0.4785	0.4650	0.4690	—	边跨横桥向
10	—	0.4883	0.4883	0.4980	0.4883	0.4730	0.4730	—	对称竖向
11	—	0.5664	0.5664	0.5664	0.5664	0.5680	0.5640	—	对称横向
12	—	0.6055	0.6055	0.5957	0.6055	0.5970	0.5980	0.5871	一阶反对称扭转
13	—	—	—	—	—	0.6380	0.6370	—	横向
14	0.6445	0.6348	0.6348	0.6445	0.6445	0.6430	0.6410	0.5930	二阶反对称扭转
15	—	0.6641	0.6738	0.6641	0.6738	0.6600	0.6600	—	竖向
16	—	—	—	—	—	0.7430	0.7420	—	竖向
17	—	—	—	—	—	0.7530	—	—	横桥向

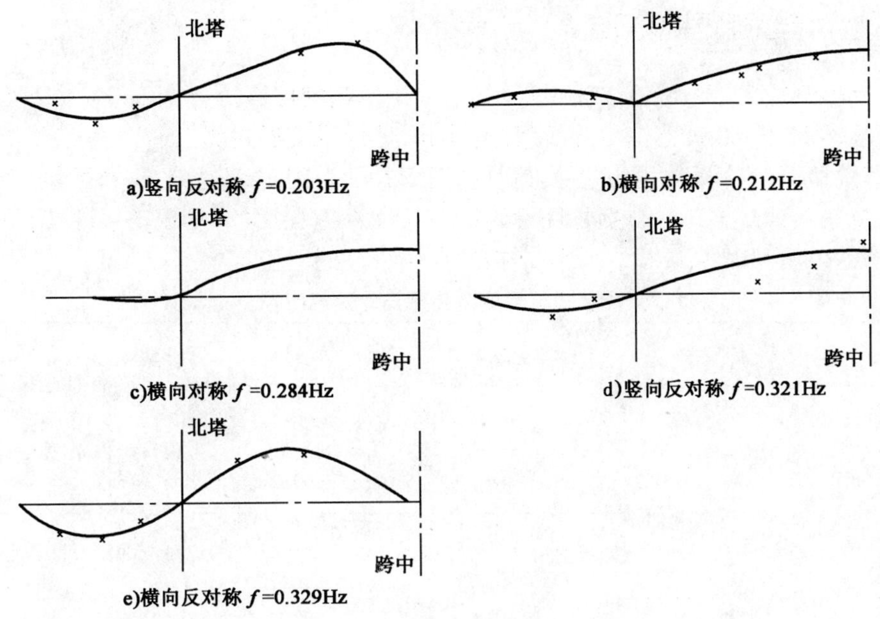

图 A-3 加劲梁振型

五、历次检测结论

(1)汕头海湾大桥悬索桥从开通运营以来,结构主要构件外观未见明显异常变化,均处于正常工作状态。但对某些局部出现的开裂腐蚀现象,应及时采取维修措施。

(2)主缆索股力均匀、稳定,表明主缆工作可靠。

(3)不同时期(前后三年)检测的吊索索力无明显变化,正常。加劲梁受力情况亦正常,可靠。

(4)历次检测加劲梁的线形基本一致,无明显变化。

(5)历次检测结果比较,结构自振特性没有明显变化。本桥动力特性处于稳定状态;结构静力特性亦无明显变化,表明结构正常。